2013

中国铁路工程总公司年鉴

YEARBOOK OF CHINA RAILWAY ENGINEERING CORPORATION

中国铁路工程总公司年鉴编委会　　编

中国铁道出版社

内容提要

中国铁路工程总公司年鉴（2013 年卷），记述总公司 2012 年企业改革和发展实况，企业重组、主要业绩、技术进步和创新，可供社会各界阅读参考。

图书在版编目（CIP）数据

中国铁路工程总公司年鉴. 2013 / 《中国铁路工程总公司年鉴》编委会编. -- 北京 : 中国铁道出版社, 2014.12

ISBN 978-7-113-19435-2

Ⅰ. ①中… Ⅱ. ①中… Ⅲ. ①铁路运输－建筑企业－中国－2013－年鉴 Ⅳ. ①F532.6-54

中国版本图书馆 CIP 数据核字(2014)第 246629 号

书　　名：中国铁路工程总公司年鉴（2013）
作　　者：《中国铁路工程总公司年鉴》编委会
责任编辑：罗桂英　电话：51873698
封面设计：唐艳静
责任校对：龚长江
责任印制：赵星辰
出版发行：中国铁道出版社（100054，北京市西城区右安门西街 8 号）
网　　址：http://www.tdpress.com/
印　　刷：北京京海印刷厂
版　　次：2014 年 12 月第 1 版　2014 年 12 月第 1 次印刷
开　　本：880mm×1230 mm　1/16　印张：54.25　字数：1580 千
书　　号：ISBN 978-7-113-19435-2
定　　价：300 元

《中国铁路工程总公司年鉴》（2012）编委会

企业精神

勇于跨越　追求卓越

中国铁路工程总公司　中国中铁股份有限公司

China Railway Engineering Corporation

地址：北京市海淀区复兴路 69 号 9 号楼中国中铁大厦

邮编：100039

电话：(086) 010-51845225

网址：www.crecg.com

电子信箱：Webmaster@crec.cn

▲ 2012 年 4 月 13 日，中共中央政治局常委、全国人大常委会委员长吴邦国察中铁建工集团承建的石武客专郑州东站。

▲ 2012 年 9 月 11 日，中共中央政治局常委、国务院副总理李克强到中铁四局承建的银川市第六污水处理厂工地考察。

▲ 2012 年 2 月 3 日，中共中央政治局委员、国务院副总理张德江在国务院国资委主任王勇，湖北省委书记李鸿忠，中国中铁董事长、党委书记李长进等陪同下视察中铁大桥局集团公司。

▲ 2012 年 6 月 27 日，中共中央政治局委员、广东省委书记胡春华到中铁七局施工的广佛肇城际轨道交通项目标段视察。

▲ 2012 年 4 月 13 日，中共中央政治局委员新疆维吾尔自治区党委书记张春贤视察中铁一局承建的新疆喀什深喀大道工程。

▲ 2012 年 6 月 17 日，贵州省委书记栗战书、省长赵克志率到中铁建工承建的中煤盘江重工项目进行参观考察。

▲ 2012 年 4 月 24 日，铁道部党组书记、部长盛光祖到中铁十局施工的济南站北货场住宅项目工地检查工作。

▲ 2012 年 6 月 7 日，辽宁省省长陈政高视察中铁九局承建的丹大快速铁路石佛跨 201 国道特大桥连续梁现场。

◀ 2012 年 8 月 10 日，中共黑龙江省委书记、省人大常委会主任吉炳轩视察中铁大桥局承建的黑龙江黑瞎子岛乌苏大桥。

► 2012 年 10 月 18 日，北京市市长王安顺等领导到中铁三局施工的北京地铁 7 号线工地视察工作。

◀ 2012 年 8 月 3 日，湖南省委书记、省人大常委会主任周强同志到中铁一局施工的长沙地铁 2 号线工程视察进展情况。

▲ 上海崇明越江通道（长江隧桥）工程（2012年国家优质工程金质奖）

▲ 宜昌东站站房及无柱雨棚（2012年国家优质工程银质奖）

▲ 南宁铁路局调度所（2012年国家优质工程银质奖）

▲ 郑西客运专线渭南渭河特大桥（2012年国家优质工程银质奖）

▲ 沪杭客专余杭南站（全国用户满意工程）

◀ 甘肃大剧院兼会议中心工程（2012 年中国建筑工程鲁班奖）

▶ 深圳港大铲湾港区集装箱码头一期工程（2012 年中国建筑工程鲁班奖）

◀ 武汉天兴洲长江大桥正桥工程（2012 年中国建筑工程鲁班奖）

◄ 深圳北站交通枢纽工程（中国建设工程鲁班奖）

▶ 北京中海九号公馆（2012 中国土木工程詹天佑奖优秀住宅小区金奖）

◄ 蚌埠火车站无站台柱雨棚工程（中国建筑钢结构金奖）

▲ 2012 年 12 月 1 日，中国中铁参建的哈大客运专线胜利通车。

▲ 2012 年 6 月 29 日，中国中铁参建的龙厦铁路通车。

▲ 2012 年 7 月 1 日，中国中铁参建的汉宜铁路客运专线通车。

1. 成渝铁路客运专线施工
2. 杭长客运专线平塘特大桥施工
3. 吉珲铁路重点控制工程 JHSK2 标施工
4. 嘉峪关梁场生产 32 米箱型梁灌注混凝土

1. 兰渝铁路太公车站边坡防护
2. 钦北铁路铺架
3. 日喀则梁场第一片梁成功架设
4. 向莆铁路三明北站铺架基地

1. 沈阳四环西苏堡特大桥施工现场

2. 南宁枢纽邕江四线特大桥主跨合龙

3. 兰渝铁路新黄角树特大桥－连续跨越遂（宁）渝（重庆）线、黄井联络线和蔡东联络线

4. 大西客专涑水河特大桥

1. 黑瞎子岛乌苏大桥
2. 京福铁路客专梧山隧道施工
3. 宁波象山港大桥
4. 施工中的恩来、恩黔高速公路控制工程－龙桥特大桥
5. 兰渝铁路桐子林隧道出口和龙凤隧道入口之间跨越嘉陵江特大桥

1. 沈阳南阳湖大桥
2. 施工中的惠兴高速公路红纳河特大桥
3. 映汶高速公路映秀隧道
4. 云南中缅油气管道澜沧江大桥
5. 施工中的汝郴高速公路文明特大桥

▲ 2012 年 4 月 28 日零时成都地铁 3 号线开始打围

▲ 广州地铁 9 号线 1 标钢筋笼加工区

▲ 成都地铁 4 号线盾构首发

▲ 西安地铁 1 号线一期供电系统工程施工

▲ 长沙地铁 2 号线站后工程黄兴车辆段柔性接触网架设

1

1. 北京铁路局客运专线调度所工程（北京市长城杯金奖）

2. 国家汽车检验中心（北京市长城杯金奖）

3. 天津站工程（结构海河杯、建筑海河杯、国优银奖）

4. 上海市白龙港污水处理厂扩建二期工程进水泵房逆作法施工成功封底

5. 哈大客专沈阳枢纽沈北动车运用所工程

6. 苏州高新国际商务广场(2012年苏州市“姑苏杯”优质工程奖)

2

3

4

5

6

1. 时速 350 公里 60kg/m 钢轨 42 号可动心轨高速道岔，道岔全长 157.2 米，侧向通过时速 160 公里
2. 用于钢结构制造的数控水下等离子切钻机组
3. 出口委内瑞拉的 UC-14 号单开道岔
4. 上印度新德里地铁 CC07 标 1 号盾构机
5. CCPG500 型长钢轨铺轨机组
6. YJ900 型运架一体机
7. 双线多箱同步起吊箱梁架桥机

▲ 埃塞俄比亚铁路项目首批物资从天津港启运

▲ 施工中的坦桑尼亚基甘博尼斜拉桥

▲ 委内瑞拉比西亚电站项目集控楼底板混凝土浇筑

▲ 文莱 356 套住房项目

▲中国中铁在深圳深圳地铁三期工程与深圳地铁集团等单位开展“共建联控”工作。

▲中国中铁在深圳地铁三期工程举办中国中铁英模报告会。

◄ 中国中铁在深圳地铁 11 号线举行廉洁示范线启动仪式。

► 中央企业党建政研会第十二课题组优秀成果初评会在中国中铁召开。

◄ 中铁成都投资公司开展“文明城市 共建共享”活动。

▲ 2012 年 1 月 11 日，中国中铁与成都市政府举行成都地铁建设合作协议签约仪式。

▲ 李长进董事长、戴和根副总裁为中铁交通集团更名揭牌。

▲ 2012 年 4 月 19 日， 深圳前海合作区系列项目启动暨地铁 11 号线开工仪式。

▲ 2012 年 10 月 15 日，中国中铁与南昌市政府签订战略合作框架协议。

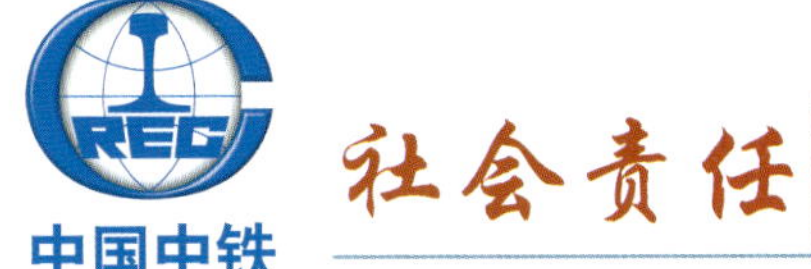

▲ 2012年3月4日，“央企郭明义爱心团队”授旗仪式在中国中铁总部举行。

▲ 中国中铁捐建的中国中铁映秀幼儿园

▲ 为旱灾地区捐水

▲ 为农民工义诊

▲ 中国中铁承建的玉树灾后重建项目

▲ 春节庆祝活动

▲ 青年技能大赛

▲ 隧道施工技术培训

▲ 安全质量活动宣誓

▲ 项目文化建设现场

中国中铁股份有限公司组织机构图

- 中国铁路工程总公司
  - 中铁宏达资产管理中心
    - 学校、医院、辅业分离资产等非上市机构
  - 中国中铁股份有限公司
    - 基建建设
      - 中铁一局集团有限公司
      - 中铁二局集团有限公司
      - 中铁三局集团有限公司
      - 中铁四局集团有限公司
      - 中铁五局（集团）有限公司
      - 中铁六局集团有限公司
      - 中铁七局集团有限公司
      - 中铁八局集团有限公司
      - 中铁九局集团有限公司
      - 中铁十局集团有限公司
      - 中铁大桥局集团有限公司
      - 中铁隧道集团有限公司
      - 中铁电气化局集团有限公司
      - 中铁建工集团有限公司
      - 中铁港航局集团有限公司
      - 中国中铁航空港建设集团有限公司
      - 中铁上海工程局有限公司
    - 勘察设计与咨询服务
      - 中铁二院工程集团有限责任公司
      - 中铁工程设计咨询集团有限公司
      - 中铁西北科学研究院有限公司
      - 中铁西南科学研究院有限公司
      - 华铁工程咨询有限责任公司
      - 中铁大桥勘测设计院集团有限公司
    - 工程设备和零部件制造
      - 中铁山桥集团有限公司
      - 中铁宝桥集团有限公司
      - 中铁科工集团有限公司
      - 中铁隧道装备制造有限公司
    - 海外业务
      - 中国海外工程有限责任公司
      - 中铁国际经济合作有限公司
    - 房地产开发
      - 中铁置业集团有限公司
    - 矿产资源
      - 中铁资源集团有限公司
    - 其他业务
      - 中铁物贸有限责任公司
      - 中铁信托有限责任公司
      - 中铁人才交流咨询有限责任公司
      - 中铁交通投资集团有限公司
      - 中铁南方投资发展有限公司
      - 中铁珠三角投资发展有限公司
      - 中铁海西投资发展有限公司
      - 中铁南通投资建设管理有限公司
      - 中铁中原投资发展有限公司
      - 中铁中南投资发展有限公司
      - 中铁贵州旅游文化发展有限公司
      - 中铁东北投资发展有限公司
      - 中铁平潭投资建设有限公司
      - 中铁昆明建设投资有限公司
      - 中铁成都投资发展有限公司
      - 中铁贵阳投资发展有限公司
      - 中铁北方投资发展有限公司
      - 中铁印尼有限责任公司
    - 分公司、直属项目机构
      - 工程建设分公司
      - 设计咨询分公司
      - 委内瑞拉分公司
      - 老挝分公司
      - 东方国际建设分公司
      - 青岛分公司
      - 各工程指挥部
      - 各项目经理部

中国中铁股份有限公司总部组织机构图

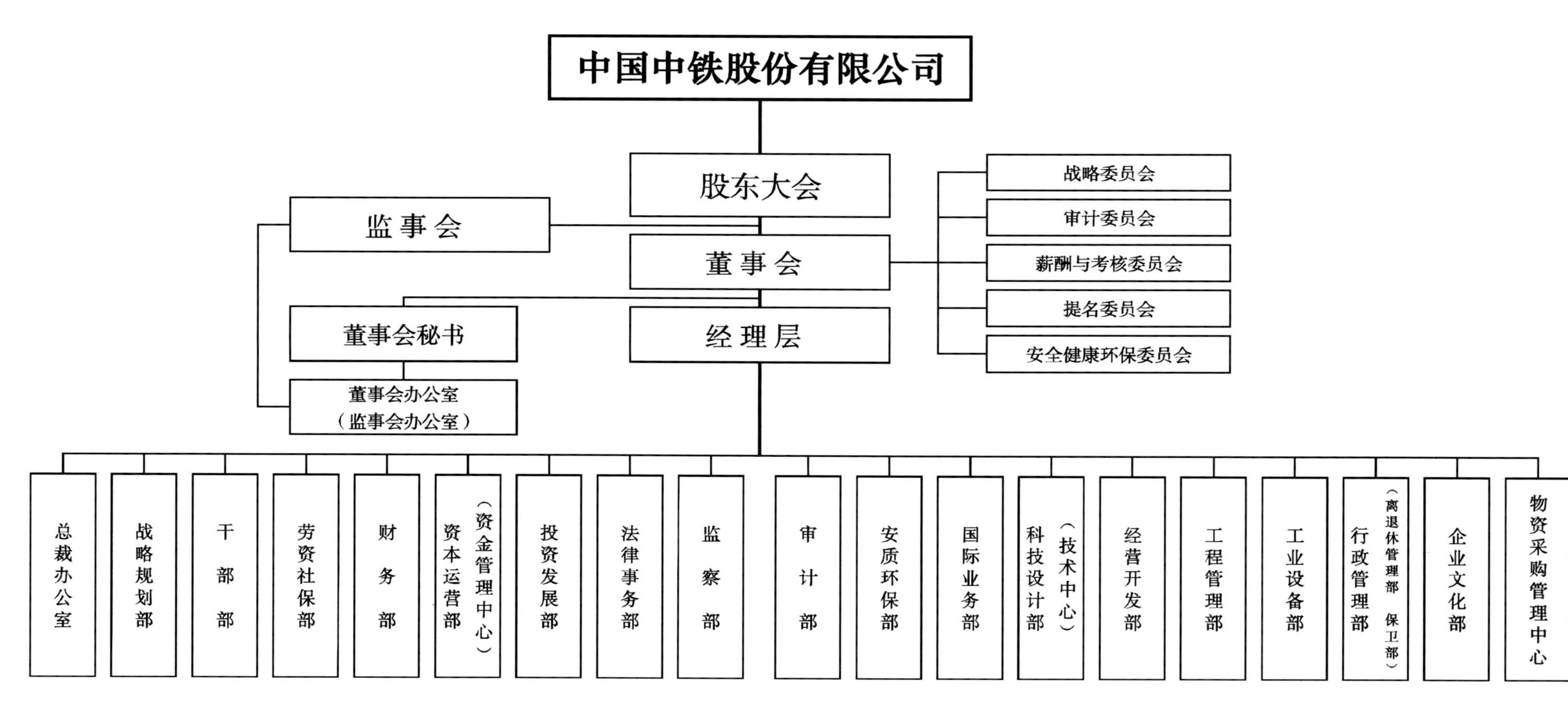

▲中国中铁股份有限公司总部党群机构：党委办公室（保密办）（与总裁办合署办公）、党委干部部（与干部部合署办公）、党委组织部、党委宣传部（与企业文化部合署办公）、纪委、工会、团委、机关党委（机关工会）、报社、政研会

编 辑 说 明

1.《中国铁路工程总公司年鉴》由中国铁路工程总公司办公厅主办。

2.《中国铁路工程总公司年鉴》重点记述中国铁路工程总公司和中国中铁股份有限公司的改革和发展概况，反映公司的主要业绩和良好的社会形象，突出企业创新和进步，是一部资料性工具书，既有存史价值，又为现实服务。2013年卷记事时限为2012年1月1日至12月31日，重大事件适当前伸和后延。

3. 本期年鉴的框架结构设计划分为11个栏目：特稿、大事记、概述篇、市场篇、工程篇、工业篇、科技篇、管理篇、党群篇、荣誉篇、附录，下设分目、条目。

4. 本年鉴行文采用记述体，以条目为主，每个条目一般为200～400字。特稿采用摘要，重要文件和文件目录摘要，以免过繁、过长。对重点工程的记述突出技术进步、特点和创新，不过细叙述一般情况。

5. 编入年鉴的内容，着重反映企业基本情况和创新成就，资料来源主要是由公司总部各主管部门和各所属单位提报，并经主管领导审核。有一部分资料为编辑部日常积累的资料(含图表)，保持了各方面事物的系统性和连续性。

6. 年鉴的统计指标，主要采用公司总部提供的统计资料，不足或缺项部分由各单位提报资料补充。

7. 彩页图片的编选，重点选择中央及部委和省市领导视察代表性照片，各类重点工程和获奖工程富有特色的图片，以及反映企业改革、管理、企业文化和对外交往的照片等，大多数为各单位提供，部分由编辑部采编。

8. 本年鉴的版式编排执行国家标准，以便于进行广泛交流。计量单位一律采用国际单位制，以便与国际接轨。采用国家文字改革委员会公布的标准简化汉字，专业术语采用有关国家标准和行业标准的约定，标点符号和数字书写，按出版部门有关出版物的规定执行。

9. 本年鉴出现的中国铁路工程总公司所属各单位全称和简称对照参看下表。

中国铁路工程总公司所属单位全称及简称对照

中国铁路工程总公司——总公司

中国中铁股份有限公司——中国中铁、股份公司

中国海外工程有限责任公司——中海外

中铁一局集团有限公司——中铁一局

中铁二局集团有限公司——中铁二局

中铁三局集团有限公司——中铁三局

中铁四局集团有限公司——中铁四局

中铁五局(集团)有限公司——中铁五局

中铁六局集团有限公司——中铁六局

中铁七局集团有限公司——中铁七局

中铁八局集团有限公司——中铁八局

中铁九局集团有限公司——中铁九局

中铁十局集团有限公司——中铁十局

中铁大桥局集团有限公司——中铁大桥局

中铁隧道集团有限公司——中铁隧道

中铁电气化局集团有限公司——中铁电气化局

中铁建工集团有限公司——中铁建工

中铁港航局集团有限公司——中铁港航局

中国中铁航空港建设集团有限公司——中铁航空港

中铁上海工程局有限公司——中铁上海局

中铁二院工程集团有限责任公司——中铁二院

中铁工程设计咨询集团有限公司——中铁设计咨询

中铁大桥勘测设计院集团有限公司——中铁大桥院

中铁山桥集团有限公司——中铁山桥

中铁宝桥集团有限公司——中铁宝桥

中铁科工集团有限公司——中铁科工

中铁隧道装备制造有限公司——中铁装备

中铁信托有限责任公司——中铁信托

中铁置业集团有限公司——中铁置业

中铁资源集团有限公司——中铁资源

中铁国际经济合作有限公司——中铁国际

中铁物贸有限责任公司——中铁物贸

中铁西北科学研究院有限公司——中铁西北院

中铁西南科学研究院有限公司——中铁西南院

中铁工程建设分公司——建设分公司

华铁工程咨询有限责任公司——华铁咨询

中国中铁委内瑞拉分公司——委内瑞拉分公司

中国中铁老挝分公司——老挝分公司

中国中铁东方国际建设分公司——东方国际分公司

中铁交通投资集团有限公司——中铁交通公司

中铁南方投资发展有限公司——中铁南方公司

中铁海西投资发展有限公司——中铁海西公司

中铁中原投资发展有限公司——中铁中原公司

中铁印尼有限责任公司——中铁印尼公司

中铁贵州旅游文化发展有限公司——中铁贵州公司

中铁昆明建设投资有限公司——中铁昆明公司

中铁成都投资发展有限公司——中铁成都公司

中铁北方投资限有限公司——中铁北方公司

中国中铁哈大铁路客运专线工程指挥部——哈大指挥部

中国中铁股份有限公司驻上海办事处——上海办事处

中铁宏达资产管理中心——宏达中心

目　　录

企业基本情况

职工队伍

资产和财务状况

管理体制创新

生产经营发展

企业新纪录

四 市场篇

市场开发

铁路市场

城轨市场

公路市场

桥隧市场

其他建筑市场

海外市场

工程概况

新建、续建铁路

铁路复线技改

电气化铁路

桥隧工程

公路工程

城轨工程

市政工程

工业和民用建筑

其他工程

海外工程

六 工业篇

生产组织经营

钢梁钢结构

道岔和提速道岔

机械类产品

混凝土及其他产品

生产工艺及技术创新

八 科技篇

科技管理

攻关研究课题

成果和进步

工法与专利

设计经营管理

铁路设计

城轨设计

桥隧设计

四电设计

其他设计

技术咨询与服务

学会及学术活动

教育与培训

八　管理篇

董事会、监事会工作

综合管理

战略管理

干部管理

劳资社保管理

财务管理

资本运营管理

投资开发管理

法律事务管理

审计工作

安全质量环保工作

国际业务管理

科技设计管理

经营开发管理

工程管理

工业设备管理

行政管理

物资管理

非上市资产管理

九 党群篇

企业党的工作

组织工作

宣传思想和文化工作

纪检监察工作

工会工作

共青团工作

机关党委工作

机关工会工作

报　社

政研会工作

高级技术专家

优秀施工企业和企业家

劳模和先进单位及个人

优秀工程勘察设计奖

优秀工程咨询成果奖

优质工程奖

科技成果奖

十一　附　录

所属单位

托管机构

人员变动情况

统计资料

文件辑要

专题资料

认真贯彻落实党的十八大精神
推动企业全面协调可持续发展

——在中国中铁2013年工作会暨一届四次职代会上的讲话（摘要）

李　长　进

（2013年2月28日）

一、关于2012年公司党群工作及董事会工作简要回顾

2012年，全公司各级组织和广大干部职工面对前所未有的生产经营压力和各种突发性危机事件，坚定执着、迎难而上、攻坚克难、开拓进取，取得了难能可贵的发展业绩。各级党组织紧密围绕企业“保发展、调结构、强管理、促稳定”的中心工作，充分发挥政治核心作用，为确保企业持续稳定发展做出了不懈努力。

1、以实际行动迎接党的十八大胜利召开。公司党委紧密围绕迎接党的十八大召开这一主线，以“保安全生产、保工程质量、保舆情控制、保企业稳定”为重点，深入开展企业发展战略、形势任务、“两个坚定不移”等方面的宣传教育，不断统一全公司广大干部职工的思想和行动。认真组织开展十八大代表推荐选举，三位同志光荣当选十八大代表，是公司历史上当选党的全国代表大会代表最多的一次。全面动员广大干部职工开展以“六比六创”为重点的劳动竞赛以及群众安全生产监督员、青年安全监督岗活动，特别是在党的十八大召开前夕，组织全公司3900多个工程项目部掀起“大干120天”竞赛高潮，为全面实现企业年度各项目标做出了积极贡献。结合管理提升活动，积极开展加强执行力建设、全面预算管理、外协队伍管理、清收清欠等方面的督导宣传，组织由公司领导带队的13个调研组，深入基层对企业改革发展中需要解决的十余项重要问题进行了专题调研，通过党委中心组集中研讨，提出了新的发展举措，有力地促进了企业转型升级。十八大召开后，公司党委又迅速启动学习宣传贯彻十八大精神活动，通过党委中心组学习、举行专题辅导会、举办骨干培训班、编发宣传提纲、召开研讨会、领导班子民主生活会等途径，认真学习领会十八大精神，谋划企业发展的新思路和新举措，推动了企业新的发展。

2、着力加强领导班子和干部队伍建设。公司党委从创新机制、从严管理、加强监督入手，进一步加大了各级领导班子和干部队伍建设力度。探索开展了二级企业领导班子副职后备干部公开选拔工作，从500余名同志中筛选出一批政治素质强、工作业绩优、作风形象好、职工群众公认的后备干部，为企业可持续发展奠定了重要基础。深入开展“四好”班子建设，评选表彰二级企业“四好”班子13个；认真落实领导人员10项管理制度，加大日常考核调整力度，共调整充实二级企业领导人员99人，其中提拔党政正职9人，对9名领导人员进行了问责；加强领导干部作风建设，制定出台了加强领导干部改进工作作风、密切联系职工群众的12项具体措施；提高领导人员思想政治和能力素质，通过选派和自培方式，培训处职以上领导人员837人次；启动股份公司级专家评聘工作，评选认定“中国中铁特级专家”11名、“中国中铁专家”6名。

3、全面深化“创先争优”活动。各级党组织按照中央和国资委党委的统一部署，深入开展以“基层组织建设年”为重点的创先争优活动。加强基层党组织书记培训，共举办培训班60多期，培训2400多人次；对全公司7900多个基层党支部进行了全面调查摸底，对标分类，加强整改，进一步推进了基层党建标准化建设，职工群众对公司创先争优活动评价满意率达到95.9%；召开了创先争优总结表彰大会，对全公司100个集体、242名个人进行了表彰，巨晓林被授予“全国创先争优活动优秀共产党员”称号；探索开展了“深圳地铁党旗红，共建联控当先锋”等主题实践活动，总结推广了中铁四局外协队伍“党员代表”、工会协理员等制度，玉树灾后重建“两基一强抓党建，双标共建新玉树”、中铁置业“区域、企地、产业链条”共建等经验。公司党委探索创新基层党组织建设的经验得到中组部、国资委的充分肯定。

4、加快推进企业文化建设。各级党群组织认真贯彻落实党的十七届六中全会精神，进一步加强了企业文化建设。公司党委在深入调研的基础上，制定了中国中铁企业文化发展战略实施纲要，推出了中国中铁核心价值体系，实施了12项文化工程建设；中国中铁青藏铁路建设精神与大庆精神、铁人精神、载人航天精神一同被誉为中央企业先进精神，在全国各地巡回报告，受到广泛赞誉；大桥局“桥文化”、七局三公司“家文化”受到中央领导同志充分肯定，多家企业被评为中央企业“企业文化示范单位”，10余家单位获全国文明单位称号；深入开展学雷锋、学郭明义活动，广泛开展“双学双扶”10项行动，股份公司领导班子成员带头联系1个三级困难企业、帮扶2名困难职工，全公司各级领导干部共帮扶困难单位147个、困难职工1938人，个人资助帮扶资金173万多元，营造了团结奋进的企业氛围；参与拍摄了纪录片《中国公路》、《城•轨》，参与拍摄的电视连续剧《雪域天路》荣获全国“五个一工程奖”；组织了京沪高铁、哈大客专等一批重点工程报道，连续五年在全国重要媒体刊发稿件突破1万篇，扩大了企业知名度。

5、不断加大反腐倡廉力度。年初，公司党委首次召开了反腐倡廉建设工作会议，把防范企业廉政风险列入重大风险之一，提出了明确工作目标和要求。一年来，全公司各级党委和纪委认真落实党风廉政建设责任制，公司党委领导带队对有关单位进行党风廉政责任落实情况的检查；深入开展“执行力建设年”活动，进一步完善惩防体系，强化监督约束，规范从业行为，严肃党纪政纪；针对协作队伍管理问题，对17个子分公司和29个项目部进行了专项效能监察，清退不合格队伍298支。加大办案力度，全年共配合中纪委、国资委纪委及地方机关查办涉及企业的案件104件，立案查办违纪违法案件78件，给予党纪政纪处分137人，推进了企业风清气正。

6、全面推进和谐企业建设。各级党群组织认真贯彻党的“依靠”方针，深入开展“三工建设”、“三不让”承诺和“送温暖”活动，深化“五同”管理，加强离退休管理工作，采取得力措施，认真解决职工群众在上岗就业、收入分配、规范内退、安全生产、职业健康、五险一金和住房等方面存在的突出问题，先后筹措资金1亿多元，为24万多名一线职工、困难职工及家庭解决实际困难；对青海玉树灾后重建参建职工先后进行了三次较大规模的慰问；组织有关部门对援建坦赞铁路殉职人员进行了专项慰问，并对海外职工的工作生活情况进行了调研，对薪酬、休假等海外职工关注的重点问题进行了研究。特别是采取有力措施，全力解决拖欠职工和农民工工资问题，有力维护了企业和社会稳定，进一步调动了广大职工发展企业的积极性，全年共有75个集体、个人获全国五一劳动奖状、工人先锋号、火车头奖章等荣誉称号，推出了刘颖慧、范成江等一批新的典型。

7、果断应对企业重大危机事件。公司党委坚持把维护企业发展大局作为重大职责，针对少数单位发生的重大经济案件、重大安全事故、重大不稳定事件等重点难点问题，冷静分析，沉着应对，加强请示汇报、加强沟通协调、加强舆情引导，并认真汲取经验教训，痛定思痛，举一反三，推进整改，着力控制和减轻对企业的负面影响。

2012年共召开董事会及其专门委员会会议28次，审议和决策重大议题101项，所有决策经过充分审议，程序符合规定，没有出现重大决策失误，公司董事会荣获上海证券交易所“2012年度上市公司董事会奖”。

二、关于2013年工作需要把握的基本思路

今年是全面贯彻落实十八大精神的开局之年，是实现“十二五”战略目标的关键一年，我们面临的形势虽有所好转，但仍不容乐观。世界经济的深度调整为我们发挥自身优势，提高国际化经营水平带来了新的机遇，但世界经济低迷、形势动荡，特别是中东、非洲、东南亚的形势变化，直接影响着企业加快“走出去”的步伐；我国经济发展长期趋好，中央加强和改善宏观调控，实施积极的财政政策和稳健的货币政策，推进城镇化建设等一系列政策措施，铁路市场在经历了大起大落之后又回归到相对稳定发展时期，给我们提供了新的契机，但国内经济下行的压力依然较大，建筑市场过度竞争的局面没有改变，铁路建设规模也不会有更多的增长，企业生产经营仍然面临着巨大的压力和挑战。

从企业目前的发展阶段看，面临着“五大突出矛盾”。一是企业的各种现有资源与发展规模需求之间的矛盾，面临着一个新的“突破期”；二是提高企业发展质量和效益的迫切要求与传统的企业经营模式、体制机制之间的矛盾，面临着一个新的“转型期”；三是转变企业发展方式的客观需要与落后的管理理念、方式和手段之间的矛盾，面临着一个新的“提升期”；四是企业发展现状与广大职工较高期盼之间的矛盾，面临着一个新的“期待期”；五是市场环境的复杂多变与各级领导干部把控大局、应对各种复杂局面能力之间的矛盾，面临着一个重大的“考验期”。总之，我们仍然处在一个从做大向做强做优转变的“攻坚期”。

从企业目前的发展状况看，面临着“四个突出风险”。一是干部廉政风险。从去年暴露出的问题看，这一风险已经上升为企业面临的最突出风险，如果不引起重视，解决得不好，不仅会毁掉我们一批干部，也会毁掉一批企业。二是安全生产风险。近年来，我们在项目管理、安全生产上投入了大量精力，但基础管理薄弱，管理失控的问题仍然十分突出，重大事故时有发生，给企业造成了难以弥补的灾难性损失，这仍然是企业面临的重大风险。三是投资过热风险。现在企业投融资规模已经达到了极限，资金高度紧张，资产负债率居高不下，但一些单位的投资欲望仍然高涨、千方百计地争取上投资项目，少数单位违规“先斩后奏”、甚至“斩而不奏”，盲目投资，加大了投资风险。如不严格控制，不仅现金流难以为继，一些单位还有可能出现资金断链而导致破产。四是协作队伍管控风险。当前工程项目管理中出现的主要问题，都与协作队伍管理不到位有关。协作队伍管控不力，给企业造成了资金、安全、稳定、信誉等方面的重大隐患，成为危及企业发展的重大风险。

根据以上分析，今年全公司工作要围绕转变发展方式、提升发展质量和提高经济效益这一主线，“突出六个重点、实现六大突破”，为建设具有国际竞争力的世界一流企业打下坚实基础。

1、突出深化改革，在企业深层次改革上有新突破。随着国家开放的广度和深度不断加大，我们将会在更大领域与外资企业、民营企业同台竞技，如果不主动加快改革，就有在更高层次的市场竞争中被淘汰出局的危险。因此，必须要解放思想、深化改革，进一步解放生产力，给企业注入新的内生动力，重塑企业的核心竞争力。要加快推进人事、用工、分配三项制度的改革。首先要进一步探索完善选人用人的体制机制，建立健全更加公开民主、竞争择优的企业领导选聘、考核、奖惩机制。在初步建立后备干部人才库的基础上，充分尊重下一级单位领导班子在选人用人上的意见和建议，既以后备干部队伍为主渠道，也要大胆提拔使用在实践中表现突出的其他优秀干部。要进一步完善和落实领导干部正常退出机制，给更多年富力强的优秀干部提供施展才华的机会。要进一步研究市场化组织结构设置，打破传统级别体制，对业绩十分突出的三级企业，在不改变管理关系的条件下，可以按照有关规定破格提升管理层级，逐步建立起能升能降的分级管理体制。其次，要进一步改革企业用工制度。要积极推进市场化用工，加强企业用工组织建设，依法规范用工准入管理制度，严格控制劳务派遣用工，对一线关键工种、关键岗位的优秀劳务人员逐步向长期合同工过渡。要进一步规范内退工作，认真贯彻落实国家和上级的有关政策规定，充分调动干部职工的积极性。要进一步清理长期脱离岗位、无能力素质、不服从分配的人员。要严格控制员工总量，努力做到员工总量逐年下降。第三，要进一步改革企业薪酬制度。理顺各类人员的收入分配关系，使员工个人收入与岗位贡献紧密挂钩，员工工资整体增长幅度与企业效益增长幅度挂钩，各级领导人员收入分配与广大员工收入增长挂钩，真正做到效益增、工资涨，效益减、收入降，从而建立更加市场化的考核分配和激励约束机制，充分调动全员发展企业的积极性。第四，要加大解决历史遗留问题的力度，抓住政策机遇，多渠道筹措资金，加强与地方的沟通，集中力量解决企业的厂办大集体人员待遇、中小学校和公安队伍移交、破产企业清算和职工安置等历史遗留问题，努力减轻企业负担。

2、突出结构调整，在优化企业结构上有新突破。结构调整是企业提高发展质量和经济效益的关键。目前，我们多数的企业仍然处于产业链、价值链的中低端环节，主业核心竞争力不强，战略性新兴产业比重低，资源配置效率不高，组织结构不合理，加快“四大结构”调整的任务十分迫切。一是要继续推进产品结构调整。传统建筑施工业务要通过BT、总承包方式继续向建筑业产业链、价值链的高端发展，要把“BT+总承包”模式从轨道交通领域推广拓展到市政工程、房建工程、海外工程和其他领域，逐步形成上中下游一体化的产业链，带动设计、施工、工业制造等业务发展，形成优势互补的协同效应；勘察设计企业要扩大业务领域，提高设计质量，强化设计施工总承包能力，通过优质服务获得更大的市场；工业板块要加快产品研发，更新换代，创新经营模式，以服务求发展，以质量促提升，赢得更好的效益。二是要不断深化产业结构调整。在产业结构调整上要方向不变，镜头不换，坚定不移地推进“十二五”发展战略，大力发展房地产、矿产资源开发、金融业务、国际物流等新兴业务，努力形成“传统业务、房地产、资源开发、金融业务、海外经营”的主业突出、多元发展的产业架构。三是要大力推进资产结构调整。首先要采取得力措施减少企业应收账款和存货。在继续加大目标责任落实和奖惩力度的基础上，把减少应收账款和存货列入企业重要年度考核指标，加大考核的权重，通过重奖重罚来促进各级企业改善财务状况。其次，要通过转让和出售等途径，及时处理和变现低效资产，回收企业资金，降低企业负债水平，改善资产结构。积极探索资产证券化的路子，通过与证券公司的合作，把部分应收账款通过证券途径提前回笼资金。第三，要加快产融结合。积极探索银企结合、产融结合的道路，建立与基建产业、房地产业发展模式相匹配的综合金融服务平台，选择资本雄厚、融资渠道通畅、基金管理经验丰富的合作方，引入社会资本，通过合理的产权结构和交易结构设置，优化公司资产结构。要加快推进财务公司审批步伐，力争年内成功注册财务公司，努力提高资金集中度。认真研究、积极推进海外业务、房地产板块和金融业务的资源整合，改变散兵游勇、各自为战的格局。四是要加快推进组织结构调整。下决心通过关停并转等各种途径，对扭亏无望的三级困难企业进行重组，甩掉企业发展的“包袱”。要认真研究国家加快城镇化建设的相关政策，思考和推进区域化经营布局，打造区域性经营管理公司，做熟做大区域市场。要加强投资部门的组织建设，配齐配强业务人员，加强投资管理人才的选拔培训，探索新的管理模式。要向先进的跨国公司学习借鉴全新的组织结构，探索建立扁平化管理组织形式，缩短管理链条，提高工作效率。

3、突出创新驱动，在科技创新和经营模式创新上有新突破。在科技创新上，要进一步构建以企业为主体、市场为导向、产学研相结合的技术创新体系，依托国家级实验室、技术中心、博士后工作站“三大创新平台”，瞄准行业高端，加大自主创新力度，加快培养创新型人才，造就科技领军人才和创新团队，建立有效的激励机制，进一步营造鼓励创新的环境，努力突破一批关键核心技术，自主研发一批新的科研成果，在深水大跨桥梁、地质复杂隧道、超高层大体量建筑综合体等方面占领科技制高点，形成市场竞争优势。在业务创新上，要进一步探索新的经营模式，以独具特色的差异化经营方式，争取更多的市场份额和更好的效益。要继续推广 BT+总承包模式，带动传统主业的发展。要探索“BT+总承包+上盖物业”的新模式，牢牢盯住未来城市轨道交通市场大发展的潜力，抓住地方政府资金短缺、地铁上盖物业目前还没有引起普遍重视的先机，采用“BT+总承包+上盖物业”合作开发分享收益的模式，满足业主的需求，提供超值服务，谋求差异化经营效益。要积极探索参与城镇化建设的经营模式，深入研究城镇化建设的特点和规律，积极探索土地一级整理和房地产联动开发的经营模式，在城镇化建设中占得先机，力争到“十二五”末，使房地产业务成为企业实现利润的支撑板块，成为国内知名的地产开发商。

4、突出管理提升，在解决企业重点难点问题上有新突破。管理提升的关键在基层、在项目。要在全面推进管理提升的同时，重点抓好协作队伍的管理和困难三级公司的扭亏解困。多年来，我们在协作队伍管理上，缺乏有效的管理措施和强有力的管理手段，有些项目受制于协作队伍，甚至发展到被要挟勒索的地步。因此，我们必须把协作队伍管理作为管理提升的最突出和最紧迫的工作来抓。要认真查找协作队伍管理上存在问题的深层次原因，总结经验教训，深化“架子队”模式，严格协作队伍准入、规范合同管理、加强现场监控，高度重视变更调概及工程清算，管住管好协作队伍。要积极推行外协队伍“党员代表”、“工会协理员”、“农民工团小组”等制度，把企业的组织管理、施工管理、安全质量管理和党建、纪检、工会、共青团工作延伸到协作队伍中。要加强企业劳务基地建设，抓好定向培训和使用。认真贯彻中央五部委的新要求，普遍建立工程项目部农民工业校，健全机制、完善措施，落实经费投入，加强培训，努力提升农民工的综合素质，推动项目管理水平不断提升。三级公司建设事关企业发展基础，一个三级公司造成的亏损，往往需要几个单位、甚至一个集团公司的盈利来弥补。因此，我们要把困难三级公司扭亏解困作为管理提升的重点，认真落实股份公司“双学双扶”的要求，明确各级领导干部困难企业帮扶联系点，提出具体目标和要求，并作为干部转变作风的重点内容来考核。各级领导干部要积极主动到困难突出、矛盾集中、长期打不开发展局面的单位调查研究、了解情况、解决问题。要加大困难单位班子建设、战略管控、资质申报、市场开发等方面的帮扶力度，切实解决发展中的问题，使困难企业有明显改观，夯实企业的发展基础。

5、突出风险管控，在控制负债率、降低财务风险上有新突破。加强风险管控是企业稳定发展的必然要求，也是今年的一项重要工作。要继续推进全面预算管理，严格按照企业三年滚动发展规划编制年度预算，深入推进对标管理，强化预算执行分析管控和考核评价，强化预算的价值导向和经营管控功能，充分发挥预算对生产经营关键指标的控制。在制定收入、利润等经济指标时要做到实事求是、适度偏高。特别是要进一步控制投资总量，严格投资预算，在锁定利润后倒算投融资规模，做到量力而行、适度从紧，严格控制新上项目。要加强项目的前期考察论证、过程监督、事后评估。要适度控制房地产开发节奏，避免因资金短缺带来企业经营风险。

6、突出班子建设，在提高领导干部素质、转变作风上有新突破。要把各级领导班子的思想作风建设摆到更加突出的位置，坚持从严教育、从严要求、从严管理、从严监督、从严考核各级领导干部，进一步加强领导干部党性观念、宗旨意识、大局意识、责任意识教育，加强能力素质的培养，加强日常管理监督和考核，使各级领导干部真正成为职工群众满意的带头人。要结合企业实际，认真开展好以为民、务实、清廉为主要内容的群众路线教育实践活动，树正气、清风气、提士气。要认真贯彻落实中央八项规定，严格执行股份公司制定的十二项具体措施，从自己做起，从现在做起，从具体事情做起，把各项工作落到实处。要严肃执行政治纪律，加强执行力建设，对上级的各项决策部署，必须要认真贯彻执行，决不允许我行我素；对各级领导班子正在酝酿研究的重大事项和人事安排，要严格执行保密制度，决不允许跑风漏气，更不能传播小道消息，发表不负责任、不利于团结的言论。要严格执行党风廉政建设责任制，对一些苗头性、倾向性问题，群众有反映的问题，要主动进行约谈、打招呼、提要求，及时予以纠正，决不能放任自流。要增强政治敏感性、预见性和超前性，防微杜渐，见微知著，努力做到能通过教育环节解决的问题，就不要进入管理环节；能通过内部审计环节解决的问题，就不要进入外部审计环节；能通过纪检监察环节解决的问题，就不要进入司法环节。要进一步强化廉洁风险防控，对各类违纪违法问题要实行“零容忍”，发现一起就要严肃查处一起，决不能使问题蔓延扩大，危及企业生存和发展。

三、关于 2013 年党群工作和董事会工作的主要任务

根据党的十八大精神和国资委党委的总体部署，2013 年全公司政治工作的总体要求是：**认真贯彻落实党的十八大**

精神，坚持以科学发展观为指导，以转变发展方式、提高质量效益为中心，以党的群众路线教育实践活动为载体，以加强领导干部思想作风建设为重点，进一步提高党建思想政治工作科学化水平，推动企业在新的历史起点上持续平稳健康发展。

1、深入贯彻十八大精神，在推动企业科学发展上取得新成效。深入学习贯彻党的十八大精神是全公司各级党组织当前及今后一个时期的首要任务。学习十八大精神，重在联系实际、重在指导实践、重在取得实效。要全面领会、准确把握科学发展观的本质要求，在如何转变企业发展方式、提高企业发展质量上探索新思路、提出新举措；全面领会、准确把握全面深化经济体制改革的方针政策，在创新体制机制、激发企业活力上探索新思路、提出新举措；全面领会、准确把握推进经济结构战略性调整这一主攻方向，在优化企业经营结构上探索新思路、提出新举措；全面领会、准确把握建设社会主义文化强国这一战略任务，在企业文化建设上探索新思路、提出新举措；全面领会、准确把握全面提高党的建设科学化水平这一重大课题，在加强各级领导班子和领导干部队伍建设，充分发挥企业政治优势上探索新思路、提出新举措，推动企业持续健康发展。各级党委要认真抓好中心组学习和研讨，抓好副处职以上干部的集中轮训，抓好广大干部职工的宣讲和辅导，特别是要结合企业当前的形势任务，加强调查研究，以科学发展观为指导，找准抓住影响企业发展的主要矛盾和突出问题，制定切实可行的措施，在开拓国内外市场、深化企业改革、推进管理提升、优化企业结构、防控企业风险、提高发展质量和经济效益等方面下功夫、见成效，推动企业科学发展。

2、深入开展党的群众路线教育实践活动，在加强领导干部管理监督上取得新成效。按照中央的部署，今年全党将开展以为民务实清廉为主要内容的党的群众路线教育实践活动，这既是党的十八大作出的重大部署，也是全公司各级党组织的一项重大政治任务，也是我们加强各级领导班子和干部队伍建设的重大契机。公司党委今年将把这项工作作为重点来抓。要在深入调查、广泛听取职工群众意见和建议的基础上，认真谋划活动方案，以整风的精神开展好这次教育实践活动。要认真解决领导班子和干部队伍建设中，重提拔使用、轻严格管理，重集中考评、轻日常监督，重事后处理、轻超前教育等问题，突出“重在建设”这一思路，突出“德才兼备、以德为先”这一原则，突出“在状态、靠得住、有本事、善共事”这一要求，全面强化对各级领导班子和领导干部的教育管理和监督。要认真解决一些领导干部党性观念不强、宗旨意识消弱、精神不在状态、工作作风漂浮、“令行禁止”理念不牢，群众观点淡漠，“骄娇二气”滋长、奢侈之风抬头等职工群众反映强烈的突出问题，狠刹各种不正之风。通过活动开展，使各级领导干部进一步树立宗旨意识、责任意识和群众意识，切实转变工作作风，增强做好新形势下群众工作的能力，为职工群众做出表率。各级党委要按照公司党委的统一部署和上述要求，扎扎实实解决一些突出问题，在加强领导班子和干部队伍思想作风建设上取得明显成效。要进一步加强党风和反腐倡廉建设，公司党委将专门召开全公司反腐倡廉建设工作会议进行部署，以更大的决心和更为有力的措施，进一步落实党风建设责任制，加强惩防体系建设，加大违纪违法案件查处力度，着力解决企业目前存在的违法违规问题突出、干部腐败案件多发高发的问题，增强反腐倡廉建设的效果，提高企业防范风险的能力。

3、积极探索创新基层党建思想政治工作，在提高党建科学化水平上取得新成效。推动党建工作科学化必须要围绕中心、立足基层、融入管理、务求实效。各级党委要坚持以工程项目建设为依托，以提高基层党组织的凝聚力、战斗力为重点，加强项目党组织书记的配备和培训，配齐配强工程项目政工干部，积极推动项目党建与项目管理的有机融合，做到“五个并重”，即发挥作用与参与决策并重；服务保证与监督约束并重；员工队伍与协作队伍并重；完成项目管理工作与项目党建工作并重；项目党建工作与群众工作并重，使基层党组织的作用得到全面发挥。要把全公司各级党群组织工作的重点转移到推进协作队伍建设上来，明确职责分工，发挥各自优势，加强政治工作力量，形成工作合力。要把改进创新项目党建工作的着力点放在加强协作队伍党建思想政治工作、提高协作队伍管控能力上来，结合“五同”管理，积极推广协作队伍党代表、工会协理员制度，对农民工积极开展形势任务、利益共同体、安全质量和遵章守纪教育，加强生产技能和安全生产培训，强化对协作队伍使用、劳务分包、工程结算的监督，促进协作队伍管理提升。要探索创先争优活动长效化、常态化，进一步完善党建工作标准化体系，努力构建具有中国中铁特色的项目党建、海外党建、机关党建、协作队伍党建、区域党建和党群共建工作新格局，全面提高基层党建科学化水平。

4、加强企业文化建设，在营造“风清气正”的良好风气上取得新成效。建设先进的企业文化、营造良好的企业风气是实现企业稳定健康发展的重要保证，也是各级党政工团组织的重大责任。各级党委要认真贯彻落实《中国中铁企业文化发展战略实施纲要》，以“铸魂、育人、塑形”为重点，深入推进十二项文化建设工程，积极构建企业核心价值体系，引导广大职工传承“报效祖国、拼搏奉献”的光荣传统，弘扬“勇于跨越、追求卓越”的企业精神，培育“诚实守信、科学发展”的价值理念，强化“锐意进取、坚韧顽强”的企业作风，营造“以人为本、共建共享”的企业风尚，彰显“冲锋在前、勇担重任”的社会责任。特别要大力加强“家文化”建设，树立心连心、同呼吸、共命运的“一家人”良好风尚，构建“理性平和、包容开放”的精神家园，创造“风清气正、人和企兴”的发展氛围。各级领导人员都要牢固树立中央反复强调的“心里装着群众”、“把群众当亲人”、“群众利益无小事”的理念，广大干部职工都要自觉坚持以企业为家、以企业为荣，为企业分忧、为企业增光，同心同德、全力发展企业这个家，和衷共济、用心维护企业这个家，从而使全公司广大员工共享家的温暖和成果。

5、坚持依靠职工办企业，在构建和谐企业上取得新成效。广大职工始终是推动企业发展的根本动力，依靠职工办企业始终是我们决不能动摇的企业理念。多年来，无论是企业发展顺利、还是面临困难的时候，全公司广大职工始终与企业同心同德，同甘共苦，攻坚克难，共克时艰。我们任何时候都不能忘记广大职工是企业的主人，任何时候都要始终坚持想问题、作决策、办事情从广大员工的根本利益出发，把关心职工群众的生产生活作为一件大事来抓。各级组织要全面落实党的依靠方针，进一步建立健全以职代会、厂务公开、《集体合同》和职工收入正常增长和支付保障为重点的民主管理、权益保障机制，发展好、保障好和维护好广大职工的合法权益。要进一步深入开展“三工建设”，落实“三不让”承诺，加强农民工“五同”管理，加大困难职工的帮扶力度，实实在在的解决每一名职工工作生活中的现实问题。特别是各级领导干部要切实增强政治意识、宗旨意识和责任意识，以满腔热情和深厚感情为职工群众服务，做职工群众的知心人、贴心人、暖心人，为职工群众多办好事、多做实事、多解难事。要高度重视维稳信访工作，深入开展矛盾纠纷的排查化解，认真处理职工群众反映的突出问题，切实解决好职工和农民工工资拖欠问题，建立健全应对各类突发事件的应急预案，最大限度减少不和谐因素，努力维护企业和社会稳定。

在新一年里，公司董事会要进一步强化战略引导功能，加强对国内外经济、市场环境、行业政策走势、企业管理创新的调查研究，提高发展战略决策的前瞻性和科学性，增强战略执行的协同性和严肃性，引导企业深化结构调整，创新管理模式，推动产融结合，加快转型升级。要积极探索专职董事监事队伍管理的新机制，严格任职条件，建立精干高效的专职董事监事队伍，赋予其更大的监督指导权力，抓紧完善管理、业务指导和考核评价办法，统一薪酬标准，充分发挥好这支队伍的作用。要继续完善对公司高管人员业绩考核和薪酬管理，试行公司股票市值与高管薪酬挂钩，增强考核指标设计的针对性和实效性，研究探索股权期权激励制度。加强对二级公司领导班子的业绩考核和薪酬管理，健全薪酬激励和履职考核评价机制，充分发挥激励约束的导向作用。要建立健全内部控制体系，加强企业管理中的“短板”分析，督促内控缺陷的持续整改，加强对亏损和潜亏单位、新兴业务板块的内控管理，切实防范和化解企业风险。要充分发挥董事会专门委员会的咨询参谋作用，加强决策调研和论证，加大董事会决议执行跟踪检查评价的力度，探索建立董事会决议执行奖惩机制，进一步提高执行效果。

各级党委要积极指导和支持工会、共青团开展各具特色的活动，认真做好离退休、政研会、保密、体协等方面工作，尤其要注重加强网络信息管理，加强舆情引导工作，促进企业改革发展。

着力固本强基　提高质量效益
全面开创中国中铁改革发展新局面

——在中国中铁2013年工作会暨一届四次职代会上的工作报告（摘要）

白　中　仁

（2013年2月28日）

一、关于2012年工作的简要回顾

2012年是企业发展史上极不平凡的一年，也是全公司上下坚定信心、同心同德、攻坚克难、开拓进取的一年。一年来，面对更为严峻的市场环境、更为突出的经营压力和更为集中的突发事件，股份公司始终坚持以“保发展、调结构、强管理、促稳定”为中心，紧密围绕“两个坚定不移”，加强企业战略管理，自我加压，及时调整优化企业年度预算和中长期战略规划；加强市场营销策划和协调，全面拓展铁路、公路、城轨、市政和海外市场；加强对各单位生产经营的督导，确保企业各项经济指标的完成；加强企业基础管理，大力推进以全面预算管理和项目管理为重点的管理提升活动；加强投融资管理，推动新兴业务有序发展，促进企业转型升级；加强科技创新和管理创新，提高企业核心竞争力；加强风险管控，从容应对各种突发性事件，维护稳定大局；加强和谐企业和文化建设，不断提高广大员工的生活水平，营造风清气正的企业氛围，圆满实现了企业年度各项目标。

（一）市场营销成果丰硕。全公司坚持以经营开发为龙头，积极拓展市场领域。中铁五局、八局、隧道局、电化局、大桥局、港航局等单位在水利水电、航道治理、光伏发电、油气管道、水务水工等领域实现了突破。中铁山桥和宝桥承揽了港珠澳大桥50%以上钢结构工程；中铁二院连续七年位列全国勘察设计企业勘察设计收入首位，华铁咨询连续两年排名全国百强工程监理企业首位。

（二）施工生产有序推进。全公司坚持以加强工程项目管理为重点，强化施工组织，合理调配资源，大力推进项目标准化和安全生产标准化建设，强化工程分包管理和劳务队伍管控，特别是四季度，组织全公司3900多个工程项目部全面开展“大干120天”劳动竞赛，确保了重点工程顺利推进。参建的世界运营里程最长高速铁路京广高铁、世界首条高寒地区高速铁路哈大客专，以及合蚌、龙厦、汉宜、哈罗等17项铁路工程，玉蒙、红乌、红烟等14项铁路电气化工程开通运营；北京、天津、重庆等7条地铁以及武汉二七长江大桥、湖南矮寨大桥、黑龙江乌苏大桥相继建成通车；津秦、西宝、宁杭客专和兰新、南广、贵广铁路，以及投资建设的深圳地铁、昆明地铁、成都地铁、沈阳四环、贵州生态城等一批重难点项目进展顺利；玉树灾后重建五大商住组团胜利竣工并交付使用，为国家经济建设做出了新的贡献。中铁二局营业额超过600亿元，中铁一局和四局超过400亿元。全年荣获鲁班奖6项，国家优质工程21项，全国铁路优质工程61项。

（三）管理提升卓有成效。全公司坚持以“五个强化、五个提升”为重点，深入推进管理提升，通过集中动员、深入调研、自我诊断、全面对标、查找短板，制定措施、着力整改。扎实推进物资、设备、资金、协作队伍“四个集中”管理，优化“十二五”后三年滚动发展规划，制定工程项目成本、资金、合同、分包管理等33项制度办法，规范领导人员薪酬、业绩考核和职务消费管理。重点推进全面预算管理，设计预算管理体系，编写《全面预算管理手册》，加强各单位预算专项督导，深化经济活动分析和财务风险预警，强化资金整体筹划，合理调配资金，推动财务公司建设，确保企业资金链安全。股份公司被标准普尔、惠誉国际先后授予“BBB+”、展望为稳定的评级结果，成为目前国内建筑行业国际信用评级最高的企业。强化工程经济管理，加强清收清欠，中铁四局、隧道局实行“一把手”主责制取得明显成效，中铁四局连续四年保持“零贷款”。同时，全面加强风险管控，编制了年度全面风险管理报告，针对10个重大风险源采取了防范措施；推进内控体系建设试点，加强非上市企业内控管理；继续加强投融资预算管理和投资项目监管，严格投资决策程序，严控预算外投资和集团授信、大额度资金使用和对外担保；加强专项审计、内部经济纠纷调解和重大法律案件管理，积极防范境外项目法律风险。特别是面对多起危及企业发展的突发性事件，采取有效措施，果断及时应对，最大程度减少了负面影响，确保了企业健康稳定发展。

（四）产业结构不断优化。全公司坚持以推动新兴业务发展为导向，以控制投融资预算为重点，以提高收益回报为目标，促进产业结构不断优化。基建上游业务以BT、施工总承包等经营模式，成功实施了深圳、成都、昆明、石家庄、青岛等地铁项目以及蒙西铁路公安长江特大桥和洞庭湖特大桥工程，中铁四局、五局、六局、七局、十局海外业务实现了滚动发展，中铁装备盾构设备成功进入马来西亚市场；矿产资源业务加快投产建设步伐，刚果金绿纱矿和MKM矿提前半年试投产，鹿鸣矿取得突破。高速公路运营业务加强内部管理，5条线路实现了年度盈亏平衡。中铁二局、八局、建工集团在物流、汽车销售、房地产等方面取得了良好成效；贵州生态城被列为省“十二五”旅游发展规划“十大项目”。

（五）创新能力持续增强。全公司大力推进科技创新和经营模式创新，进一步健全和完善技术创新体系，加大科技投入和研发力度，突破了一批关键核心技术。高速铁路建造技术和盾构及掘进技术国家重点实验室顺利通过验收，全年累计获得国家各项技术资金支持7599万元，高速铁路特长水下高风险隧道盾构施工及对接技术等94项成果达到国际先进水平，新增国家和省级认定企业技术中心3个，有效专利授权632项，其中发明专利151项；通过省部级工法评审267项；获国家科技进步奖3项，省部级科技进步奖334项，省部级优秀工程勘察设计和咨询成果奖72项，全国绿色示范工程和国家重点环境保护示范工程称号3项；企业特级资质就位工作圆满完成，新重组企业资质申报顺利。“五统一”信息化平台建设进一步完善，电子商务平台建设稳步推进。中铁山桥产业园一期建成投产，中铁轨道交通高科技产业园开工建设并开始销售，首次以我公司品牌（GLC）命名的高速铁路专用道岔在京沪高铁成功应用。进一步探索和推广了BT+设计施工总承包+上盖物业、土地一级开发+设计施工+溢价分红+回报等商业运作模式。股份公司入选中央企业“十二五”科技创新战略实施纲要十五家重点联系企业。

（六）企业环境和谐稳定。全公司各级党政工团组织坚持以实际行动迎接党的十八大召开为目标，紧密围绕保安全生产、保工程质量、保舆情控制、保企业稳定等重点工作，充分发挥政治优势，积极推进党的十八大代表选举工作，开展公开选拔所属二级企业领导班子副职后备干部工作，大力加强项目党建和现场思想工作，大力加强群团工作，大力加强企业文化建设，大力加强党风和反腐倡廉建设，狠刹企业“六种歪风”，广泛开展“三工建设”、“双学双扶”、“送温暖”、“三不让”承诺和农民工“五同”管理，认真抓好维稳信访工作，有力维护了企业和社会稳定。

二、关于2013年生产经营的指导思想、目标和工作思路

2013年是贯彻落实党的十八大精神的开局之年，也是实施企业“十二五”规划承前启后的关键一年。总体上看，企业发展既处于大有作为的战略机遇期，具备很多有利条件和积极因素，同时又处于转型升级的攻坚关键期，面临的各种困难和挑战依然严峻。我们既要抓好当前，强化管理、降本增效，提高企业经济效益，又要立足长远，推进转型升级，增强核心竞争力，打造世界一流品牌；既要坚定信心，抢抓机遇，推动发展，又要常存忧患，沉着应对，稳定大局，确保企业持续健康发展。

结合当前形势和任务，全公司2013年生产经营工作的指导思想是：**深入贯彻落实党的十八大精神，按照中央企业负责人会议部署，紧密围绕“突出六个重点、实现六大突破”的中心任务，以深化改革为动力，以转型升级为主线，以管理提升为重点，以科技创新为支撑，以防控风险为保障，以提高质量效益为目标，努力推动企业做强做优，为建设世界一流企业奠定坚实的基础。**

要实现2013年生产经营的各项奋斗目标，我们首先必须明确全年工作的总体思路和总体要求。根据上级的有关精神，总结思考去年的工作，分析研判当前的形势，按照已确定的全年生产经营主要经济指标，我们必须在指导思想、工作思路、基本要求上，认真研究解决在新的一年里以一个什么样的精神状态、奔向一个什么样的奋斗目标、解决一个什么样的主要矛盾、采取一个什么样的基本举措、朝着一个什么样的主攻方向、树立一个什么样的工作作风等一系列重要问题。具体说来，就是要始终保持“勇于竞争”这一精神状态，坚决破除“等待依赖”的消极思想，积极主动地投入市场竞争；就是要牢牢把握“做强做优”这一目标，既要全面完成生产经营的主要指标，又要确保企业的安全、和谐、稳定发展；就是要紧紧抓住“提高效益”这一中心，从根本上解决企业发展质量不高、经济效益低下这一主要矛盾；就是要着力抓好“管理提升”这一重点，通过这一基本举措，切实解决管理粗放问题，真正转变发展方式；就是要持续拓展“转型升级”这一途径，切实朝着主业突出、相关产业多元的主攻方向去推进；就是要大力弘扬“实干兴企”这一作风，加强对各级领导人员特别是基层干部的教育管理和监督，把各项工作落到实处。

一是要始终保持“勇于竞争”这一状态。坚定发展企业的信心，主动适应市场的变化，积极投入市场竞争，是我们应对近两年企业面临各种困难和挑战的根本举措。实践使我们深刻体会到，建筑市场有着周期性波动的规律，这一规律决不会以我们的意志为转移。把企业的命运放在依赖国家加大基建投入上就是“靠天吃饭”，“等靠要”同样也是“靠天吃饭”。根本的出路，就要坚决破除“等待依赖”的消极思想，坚决克服“无所作为”懈怠状态，把发展企业的基点，放在依靠自身的能力，抢抓机遇、化危为机，开拓市场、提高效益、谋求发展上。因此，今年无论市场环境如何变化，我们都要始终坚定发展企业的信心，都要始终眼睛向内，从提高能力上要潜力；都要眼睛向外，在市场竞争中找出路。今年全公司各级企业要做到“两个必须”，既必须全面完成各项预算目标，必须全面兑现业绩考核指标。要加大对各级企业业绩考核的力度，特别对经营开发、营业额、经营效益、成本控制等关键指标要设置“红线”，完成好的要重奖，完成不好的要重罚，推动全公司各级企业全方位投入市场竞争，把企业发展的主动权掌握在自己手中。

二是要牢牢把握“做强做优”这一目标。我们企业经过十多年的发展，综合实力得到了明显增强，但发展不平衡、不协调、不可持续的问题仍然相当突出，还没有真正实现从做大向做强做优的转变。总结近年来生产经营的经验教训，企业经历了多起重大危机事件，耗费了大量的精力，付出了高昂的学费，这使我们更加深刻地体会到，企业的状况如何，发展水平的高低，不仅要看主要经济指标的增长，更要看企业的经营质量和内在品质，更要看企业是否做到了安全发展、和谐发展、稳定发展。基础不牢，地动山摇。如果我们仅仅追求指标的增长，而不重视企业的固本强基，即使能够保持一定程度的发展，但还是没有全面完成上级交给的任务，还是没有完全履行央企的社会责任，而且这种发展也是难以持续的。因此，今年全公司都要牢牢把握“做强做优”这一根本目标，把抓好固本强基，维护企业持续稳定发展大局作为首要职责，把更大的精力放在苦练内功、加强管理、夯实基础上，放在加强执行力建设、强化遵纪守法、令行禁止上，放在防控企业风险、确保企业安全发展上。不仅要确保企业各项经济指标的实现，而且要确保企业不发生重大安全质量责任事故、突发性事件、违法违纪问题。股份公司要加大对各级领导班子和领导干部驾驭企业大局、夯实发展基础、加强执行力建设、应对复杂矛盾、化解重大危机的能力和业绩的考核力度，推动企业从重规模向重品质的转变，使企业发展质量有一个明显提升。

三是要紧紧抓住“提高效益”这一中心。提高经济效益是企业永恒的主题，也是当前企业发展的迫切要求。这些年，我们企业的经济效益逐步提高，但从根本上说，这种效益的增长，仍然是依赖于规模的增长。随着市场竞争的日趋激烈，这种高投入、低产出的增长方式是没有出路的。我们必须要认识到，低成本竞争不等于低利润，而是市场竞争的内在规律，持续降低成本既是企业提高管理效能的必然要求，更是企业最重要的竞争能力。因此，今年全公司都要采取更为有力的措施，强化企业基础管理，切实提高企业毛利率，从降本增效中争取更多的“红利”。要在做精工程项目上下更大的功夫，全面树立“既要会干、又要会算、更要会收”的全过程经营理念，构建工程项目全面预算管理体制，加强工程项目经济管理，强化清收清欠，提高项目盈利能力和水平；要在做实三级公司上下更大的功夫，全面提高三级公司经营开发和项目管理能力，改善经营管理水平，加强困难三级公司的扭亏解困，做实企业的发展基础；要在做强二级企业上下更大的功夫，加强领导班子建设，强化绩效考核，调整经营结构，提高自我发展能力，增强创利能力，提高企业经营效益。

四是要着力抓好“管理提升”这一重点。管理提升是提高企业生产效率的根本途径。这些年，我们在加强企业管理上取得了一定成效，但企业的管理理念依然陈旧、管理方式粗放、管理效率低下的问题还是没有从根本上得到解决，这既是目前企业存在的最突出问题，也是我们突破发展“瓶颈”的最大潜力。因此，今年全公司都要把管理提升作为重中之重来抓。要从最基本的管理标准、制度、流程和环节入手，学习借鉴现代管理方法和管理手段，建立系统科学实用的标准和制度体系，梳理管理流程，优化管理环节，推动管理制度化、制度流程化、流程信息化。要着力推进全面预算管理，提高企业全方位管控能力。要进一步加强工程项目标准化、精细化管理，大力推进工程项目施工机械化、生产工厂化、资源集中化、管控信息化的“四化”管理，加强协作队伍管控，推动项目管理提升。要继续深化对标管理，抓好专项提升，解决管理短板，建立评价验收制度，固化管理提升成果，形成管理创新的长效机制，为企业发展提供体制机制的保证。

五是要持续拓展“转型升级”这一途径。转型升级是突破企业发展平台的根本途径。这些年，我们在调整产业结构方面进行了积极探索，效果已经逐步显现，但新兴业务对企业的整体贡献度和影响力还未达到战略转型的要求。同时，大多数单位仍处在产业链、价值链的中低端，资源配置效率低，核心竞争力不强，升级的要求更为迫切。企业既要加快转型，更要加快升级。因此，今年全公司都要把推动转型升级作为重要任务来抓。要进一步推进房地产、矿产资源、金融业务、海外业务、物流贸易等新兴业务的发展，完善主业突出、相关多元的产业结构，进一步拓展基建上游、海外工程、运输维管、水工水务、城镇化建设等领域，完善上中下游的一体化产业链条。要进一步明确各级企业的发展定位，细化经营管理分工，明确发展重点领域和专业优势，优化区域经营布局，扩大新兴业务领域，力争形成新的经济增长点。特别是要加大科技创新和管理创新的力度，进一步健全技术创新体系、研发投入保障和创新激励机制，在建筑领域科技研发和应用上占领行业制高点，推动企业管理创新和商业模式创新，实现从做项目向做品牌、做标准的转化，从被动适应市场向主动引领市场转变，为做强做优企业提供有力支撑。

六是要大力弘扬“实干兴企”这一作风。企业的发展关键在领导班子和领导干部。只有好班子和好干部才能带出好队伍，只有带出好队伍才能建设好企业。目前，全公司各级领导班子和干部队伍总体是好的，但也存在着一些思想作风方面的突出问题。从去年发生的几起重大突发事件来看，这些问题已不仅仅是管理问题，从根本上说，是我们少数干部党性观念不强，责任意识淡漠，执行力低下，思想浮躁、作风漂浮、脱离群众，甚至丧失了基本的法律红线和道德底线。因此，要实现企业今年的奋斗目标，就必须大力加强各级领导班子和干部队伍的思想作风建设，从严教育管理和监督各级领导干部，切实转变作风，真抓实干。要认真贯彻中央“八项规定”和股份公司“十二条措施”，大力弘扬艰苦奋斗的优良传统和“实干兴企”的工作作风，始终把发展企业的重大责任摆在第一位，对自己工作岗位怀有敬畏之心，对职工群众怀有深厚感情，始终把自己的品格形象视为最重要的领导素质，带头改进工作作风，带头深入基层一线，带头执行党纪政纪，带头密切联系职工群众，要求别人做到的自己先要做到，要求别人不做的自己坚决不做，为职工群众树立表率，把转变作风的要求落到实处，形成实干创业的良好氛围。

三、2013 年股份公司要着力抓好的重点工作

股份公司要按照“定方向、决大事、控风险”的宏观管理主体职能，着力抓好六项重点工作，各单位也要全力配合、共同推进。

（一）深化全面预算管理，提升企业运行质量。要坚持以“十二五”后三年滚动发展规划为引领，抓好全公司年度主要经济指标的设定及各单位目标的分解、细化和落实。要不断改进预算编制流程和方法，持续优化预算标杆，强化各类定额、标准的制订工作，认真做好预算执行监控和分析，及时发现和纠正预算执行中的偏差与问题，充分发挥预算对生产经营关键指标的管控作用。要加强预算执行结果考核，探索建立行之有效的预算考核评价模型，进一步提高预算执行结果考核的科学性。要加快全面预算管理咨询成果落地，在开展试点、总结经验的基础上，尽快在全公司全面推广；加强《中国中铁全面预算管理手册》的宣贯和运用，加大培训和督促力度，推进预算管理信息化建设，保障全面预算管理的顺利实施。今年，股份公司的投资总额必须控制在 XXXX 亿元以内，融资总额控制在 XXXX 亿元以内，三项费用控制在 XXX 亿元以内，资产负债率控制在 84%以下。各单位要严格落实各项指标要求，确保全面预算管理的严肃执行。

（二）突出业绩考核导向，激发企业发展活力。要按照国资委新的业绩考核办法，结合企业实际，修订完善内部考核办法、考核体系和考核机制，把考核重点放到引导企业提高发展质量、提高经营效益上来，切实增强业绩考核的针对性和有效性，推动企业各项重点工作的落实和发展目标的实现。要深入推进经济增加值考核，严格落实稳增长、提效益的责任，实施更为严格的目标管理，加大经济增加值考核权重，并逐级分解到各层级和各业务领域，落实到工程项目和基层班组。要继续深化全员业绩考核，针对企业所处不同行业、不同发展阶段的特点，针对管理层和部门的不同职责、员工的不同岗位，合理确立业绩考核指标，加强履职考核，做到工作有标准、管理全覆盖、考核无盲区。要积极探索对标考核，在找准标杆企业、构建对标体系的基础上，将反映行业特点、体现核心竞争力的关键短板指标纳入业绩考核体系，引导企业对照标杆找差距，不断消除管理短板。要完善与考核紧密衔接的激励约束机制，坚持与薪酬激励、干部任免紧密挂钩，做到以业绩定薪酬、以考核定奖惩，效益增长收入提高，效益下降收入降低，充分调动干部职工的积极性和创造性。

（三）全面做强新兴业务，推动企业转型发展。基建上游业务，要进一步探索和总结推广 BT、施工总承包等成功模式，狠抓项目运作与评审、过会项目实施、在建项目监管、项目成本与回报、投资预算落实、项目回购六个环节，重点推进深圳地铁 11 号线、昆明地铁、成都地铁、石家庄地铁、贵州生态城等在建项目。房地产业务，要进一步加强政策和市场的预判，创新开发模式，适度控制土地一级开发节奏，促进库存销售，盘活现有土地，尽快回笼资金，实现滚动发展。矿产资源业务，要坚持有保、有压、有舍的原则，加快既有重点项目建设投产步伐，尽快实现由投入期、建设期向生产期、回报期的转变。要高度关注市场走向及产品售价，优选资源开发品种，积极引入战略投资者，改善投资结构，重点推进华刚矿业、鹿鸣钼矿、刚果（金）铜钴矿和木里煤矿项目。金融业务，要围绕公司主业和产业链，进一步拓展融资渠道，加大产融结合的力度和广度，创新融资思路和运作模式，通过部分资产变现、资产证券化、产业基金等多种方式调整公司的资本结构。重点推进财务公司筹建和开业工作，加强对产业基金、银行、保险、融资租赁等金融类企业的研究论证和设立，积极推动股份公司大金融平台的建设。高速公路管理业务，要进一步研究解决融资负担过重的问题，探索部分项目或股权出让的可能性，重点强化内部管理，降低运营成本，提高运营收入，推动“绿通车”、节假日免费补偿问题的解决。物流贸易业务，要进一步扩大集采品种和范围，健全完善生产和供应商合作名录，提高直采比例和战略采购空间，重点推进电子商务平台建设。今年，股份公司基础设施投资、房地产和矿产资源投资总额要控制在 XXX 亿元。各单位要严格执行投资项目报告审批制度，坚决杜绝“先上项目、后补程序”的违规行为。

（四）加快走出去步伐，全力拓展海外业务。要以重大海外工程项目开发落地为重点，大力发展国际物流贸易，尝试进行适度对外投资。重点推动中老铁路项目 EPC 合同签订和开工准备，伊朗高铁项目预付款项到位和一期合同生效，柬埔寨柏沙矿山铁路和港口项目融资工作，印尼苏门答腊煤炭铁路商务合同生效；继续跟踪运作西澳铁矿铁路、昆士兰州煤矿铁路、中越互联互通铁路、泰国和马来西亚高铁、印尼加里曼丹煤矿专用线、巴西货运铁路和南美洲两洋通道、坦赞铁路大修改造、南非水堡铁路及高铁、北欧东西铁路大通道等项目，加快委内瑞拉北部平原铁路、埃塞国铁和首都轻轨等项目建设。要根据企业发展战略要求，整合优化外经资源，积极探索大海外业务平台建设，完善全球区域市场布局，建立区域市场协调机制，健全国际化经营管理体系。要

适应国际规则，创新商业运作模式和方式，积极推进区域化和属地化经营，优化资本、人才、技术等资源配置，加强与国外企业和金融机构的技术交流和经济合作，逐步提升公司全球市场竞争力。要坚持抓基础、强管理、控风险，进一步加强海外项目投标、合同、财务、分包等关键要素的管控以及境外资产监管，加强海外安全和突发事件的危机管理，防范和控制境外经营风险。要加强与当地文化的融合，注重履行社会责任，实现合作共赢。

（五）加大科技创新力度，增强企业竞争优势。要进一步推进技术研发体系建设，明确各层级在创新链条中的职责定位，加强两个国家重点实验室建设和国家认定企业技术中心、专业研发中心的运行管理，推动研发、设计、施工及生产的有机结合，推进企业科技资源整合、产学研结合，吸引外部创新要素向企业积聚，合理配置各种创新资源，组织开展重大项目的联合攻关，实现协同创新。要切实加大研发投入，探索建立科技投入稳定增长的保障体系，努力突破一批关键核心技术，打造一批知名品牌。要大力推进企业信息化建设，进一步推广“五统一”基础平台，加快系统优化升级，完善 IT 基础设施，健全境外资金管理等业务信息系统。要加强知识产权建设，制定并实施企业知识产权战略，加强知识产权的创造、应用和管理，有重点有步骤地构筑知识产权优势。要积极争取国家技术研发和节能减排资金支持，促进技术提升和节能减排，今年要确保单位产值综合能耗在上年的基础上下降 XX%。

（六）强化全面风险管理，防控企业发展风险。要及时把握并深入分析国内外形势的变化，加强对企业未来中长期所面临风险的全局性、趋势性研判，及时调整当期经营策略和应对措施，合理控制纯粹风险，稳妥把握机会风险，特别是要认真总结近年来企业发生的各类重大风险事件和典型案例，深刻汲取教训。要紧密围绕企业战略目标和当期经营目标开展风险评估，重视风险量化分析，对高风险业务建立专项风险评估制度，明确责任主体和应对措施，实现全过程的动态管理和有效管控。要加强以风险管理为导向的内控体系建设，加强宣传和培训，健全完善管理机制，积极探索建立风险管理评价与考核制度，推动风险管理与日常经营管理有机融合。要深入开展经济活动分析和财务预警活动，加强企业规章制度、经济合同、重要决策的法律审核把关，加大工程项目审计、经济效益审计和专项审计的力度，建立健全舆情应对机制，提升突发事件的处置水平，有效防范发展风险。

四、2013 年对全公司各单位的重点要求

二级公司要按照“抓经营、树品牌、强管控”的经营主体职能，突出抓好五项工作，股份公司将加强协调指导和督促检查，确保取得实效。

（一）全面开拓市场，确保企业市场份额。要抓住机遇，认真分析研究铁路出台的新投标办法，摸清内在的规律，争取在铁路投标不确定性、随机性加大的情况下提高中标率。要继续加大路外市场营销力度，分层次、有重点地开展营销工作，股份公司主要做好总体营销的策划、组织和协调工作，重点运作路外 BT 大项目和路内总承包项目，工程局要集中精力抢抓铁路任务，工程处主抓路外市场，形成三级联动机制，全力抢抓市场、抢抓订单、抢占制高点。重点是巩固发展铁路、公路、市政、城轨、房建等传统业务，加快拓展水利水电、港口码头、疏浚炸礁、机场航道、生态环保、民生工程等领域；勘察设计企业要进一步强化专业优势，提升综合能力，延伸产业链条；工业制造企业要加强市场调研，调整产品结构，提高服务质量。要加强战略合作和沟通协调，统筹运用各种资源，加大与各级政府、知名企业的战略合作，实现互利共赢；特别是内部上下游企业之间要发挥优势，主动对接，相互提供商机；同行业企业要有序竞争，依法竞争，实现优势互补、协同发展。要健全完善经营工作机制，落实各级经营主体责任，整合优化经营资源，创新市场营销模式，充分发挥三级公司的竞争主体作用，强化可研、标前、合同评审，加强激励约束机制和经营人才队伍建设，提高营销质量和水平。要加强资质管理和建设，根据市场的新变化，进一步增加竞争主体，扩大资质数量，拓宽资质领域，提高资质等级，为企业调整产业结构、增强竞争能力奠定坚实基础。

（二）强化施工组织，确保重点工程建设。要坚持把管理力量、管理重点和管理资源向现场倾斜，全面落实领导包区域、包项目的分工责任制和下基层、抓现场的要求，促进各级领导干部靠前指挥，推动施工生产。要围绕工程项目建设目标，加强前期现场调查、施工组织设计、施工方案、技术交底等关键环节的管控，准确把握项目施工重点、难点和关键点，狠抓现场管理、动态管控和过程监督，合理配置生产要素，充分挖掘施工潜力，确保在建工程有序推进。要强化协作队伍管理，全面落实“五同管理”、“五个纳入”、“四个集中”和“两个统一”要求，从源头上把好准入关，严禁违法转包和违规分包，坚决整顿和清理不合格外协队伍，切实加强分包工程的过程监控；进一步总结和推广架子队管理，加快劳务基地建设，提高外协队伍的整体素质。要加强对行业发展趋势、生产要素变化和市场的研判，合理安排施工生产计划，超前做好各项应对措施，有序把控在建项目的施工进度，特别是要密切关注项目建设资金的落实到位情况，严格控制赶工期和垫资施工。今年，要全力确保津秦、西宝、宁杭、杭甬客专等拟开通项目，认真抓好兰新、南广、贵广、宁西等铁路项目，以及杭长、长昆、成渝、宝兰、郑徐等客专项目的组织实施，全面做好玉树灾后重建的收尾，确保各项目标的圆满实现。

（三）加强安全质量，确保企业安全发展。要全面落实安全质量“零事故”理念，以及“关键在管理、根本在落实、

重点在项目”的要求，继续完善和规范安全总监岗位配置，加强片区稽查队伍建设，落实安全质量责任制和全员包保责任制，积极开展党工团特色安全生产活动，建立健全责任明确的考核链条，努力构建全方位的安全质量管理体系。要加强国家法律法规和安全质量警示教育，强化岗前培训和技能培训，提高全员安全质量意识和防范能力。要进一步落实生产过程管理的领导责任，加强对生产现场监督检查，严格查处违章指挥、违规作业、违反劳动纪律的“三违”行为。要深入开展安全质量大检查活动，完善各级各类重大危险源、事故隐患动态监控及预警预报体系，建立安全质量隐患整改效果评价制度，对重大隐患实行挂牌督办和销号，确保整改到位。要积极推进安全质量标准化建设，加大安全专项投入，推广应用安全质量科技成果，提升安全质量保障水平。要进一步完善安全质量应急预案，加强救援基地和队伍建设，健全应急救援协调联动机制，加强和改进突发事件舆情应对工作，确保今年杜绝重大安全质量责任事故，减少较大生产安全责任事故。

（四）狠抓降本增效，确保企业效益提升。要加强工程经济管理，健全完善业务流程和管理体系，强化全方位、全过程管控，严格落实各个层级特别是工程项目的目标成本责任制，加强在建和已完工程项目的概算清理，健全考核奖惩和亏损责任追究机制，特别是要集中抓好清收清欠，全面梳理企业应收应付账款和存货，加强领导和工作力量，制定明确的目标和措施，采取更加有效的激励和奖罚机制，尽最大努力回笼资金，努力改善企业的财务状况。要继续推进资金、物资、设备、协作队伍“四个集中”管理，提高集约化程度，降低经营成本。要加强企业税务管理，认真研究“营改增”相关政策，全面开展税收筹划活动，用好用足税收优惠政策。坚持勤俭办企业的方针，严格控制各类非生产性开支，严格控制工资总额，进一步梳理和缩减各类会议、文件简报、职务消费、差旅标准、公务接待等活动和费用支出，狠刹铺张浪费、互相攀比、吃喝送礼等各种歪风，最大限度降低管理成本。

（五）关心职工生活，确保企业和谐稳定。要认真贯彻党的依靠方针，加强职工民主管理，深入推进以职代会为基本形式的民主管理工作，全面保障职代会的各项职权，认真落实集体合同协商制度，做好职工代表提案的征集和落实工作，充分调动和发挥广大职工发展企业的积极性。要深入推进“四个一流”职工队伍建设，加强职工思想道德、技能素质和文化的培养，广泛开展劳动竞赛、岗位培训、技术比武、科技攻关、技术革新等活动，积极选树各类先进典型，全面提升职工的综合素质。要充分尊重职工的就业权，健全完善职工薪酬正常增长机制，按时足额支付工资报酬，及时足额缴纳养老、医疗、失业、工伤等各项社会保险费和住房公积金。要进一步开展“三工建设”，改善劳动安全卫生条件、劳动防护以及特殊工种的保护工作，落实“三不让”承诺，切实帮助困难职工解决生活中的具体问题，构建和谐稳定的劳动关系，让企业改革发展成果惠及全体职工。要高度重视维稳信访工作，深入开展矛盾纠纷的排查化解，及时解决好职工和农民工工资拖欠问题，建立健全应对各类突发事件的应急预案，最大限度减少不和谐因素，努力维护企业和社会稳定。

认真学习贯彻党的十八大精神
团结动员职工在企业转型升级科学发展中
发挥主力军作用

——在中国中铁工会二届十三次全委（扩大）会议上的工作报告（摘要）

姚 桂 清

（2013 年 3 月 2 日）

一、2012 年工会工作总结回顾

2012 年是中国中铁面临形势严峻、发展压力较大的一年。全公司各级工会主动围绕中心，自觉服务大局，认真履行职责，扎实开展工作，取得了较好成效。

（一）协助党政开展形势任务教育，助推了企业持续稳定发展。面对严峻的生产经营形势，充分发挥教育职能，紧紧围绕“保发展、调结构、强管理、促稳定”的中心任务，主动协助党政开展“保发展、保安全、保稳定”形势任务教育和“岗位学雷锋、争当好员工”、“远学郭明义、近学刘颖慧”活动，全公司共举办了 4300 多场、近 20 万人次参加的报告会和座谈会。结合形势任务教育，积极为一线职民工配送了 50 余万元的图书，组织职工开展“凝心聚力、共克时艰”主题读书活动，教育引导广大职工认清形势、坚定信心，爱岗敬业、创先争优，激发了职工责任意识和工作热情。党的十八大胜利闭幕后，各级工会干部利用各种形式学习宣传贯彻党的十八大精神，进一步统一思想，鼓舞干劲，营造了同舟共济、合力攻坚、共谋发展的良好氛围，为企业持续稳定发展奠定了坚实的思想基础。

（二）围绕中心开展建功立业活动，确保了年度生产经营目标实现。以创新创效为主题，深化“二次创业杯”劳动竞赛，组织召开劳动竞赛现场经验交流会，总结推广了大桥局“长江大桥杯”劳动竞赛经验。在清华大学举办首期劳模疗休养研修班，召开庆“五一”再踏新征程劳模座谈会。，组织开展“建言献策保发展”活动，征集职工合理化建议 1000 多条，择优汇编《职工群众建言献策箴言集》，表彰了 30 个“建言献策金点子”。深入推进群安员活动标准化建设，组织编制《中国中铁群众安全生产监督工作指南》，举办群众安全生产监督工作标准化培训研讨班，会同安质部门对重点工程开展群众安全生产监督工作联合互检。下半年，围绕打好生产经营攻坚战，组织在建工程开展大干 120 天劳动竞赛，建立劳动竞赛月报制度，加强定期通报和督促检查，指导开展“深圳地铁杯”专项劳动竞赛，促进了年度各项目标的顺利完成。全年共获 18 个全国五一劳动奖状、奖章，12 个全国工人先锋号，7 个火车头奖杯、38 个火车头奖章，表彰了 67 个中国中铁 2011 年度“工人先锋号”。

（三）深入推进职代会规范化建设，提升了企业民主管理水平。年初，成功召开了中国中铁一届三次职代会，按程序圆满完成了审议行政工作报告、领导干部述职述廉、民主评议领导干部、协商签订集体合同、职工代表大会提案发言等议程。会后及时将 205 项立项提案分配到总部各职能部门处理办复，并将领导人员民主测评结果按 10%权重纳入年度业绩考核指标。职代会闭会期间召开代表团长联席会议，审议通过了企业负责人职务消费管理办法等议案。在清华大学举办首届职工董事监事高级课程研修班，制定下发《职工董事监事考核评价暂行办法》，健全激励约束机制，提高了职工董事监事履职意识和能力。

（四）全力维护职工合法权益，有力推动了和谐劳动关系建设。认真抓好《集体合同》履行，全年两次联合行政有关部门组成检查组，深入二、三级公司和项目部，加强对《集体合同》履行情况的监督检查，重点关注和推动职工上岗率、工资支付保障、休息休假等核心条款的落实。组织开展困难职工帮扶救助工作、农民工入会及“五同”管理、海外员工待遇及思想状况等专题调研，形成调研报告，针对存在的问题，提出改进意见和建议，并研究起草了相关制度，同时将保障海外员工待遇作为重要条款列入了 2013 年集体合同。继续深化农民工“五同”管理，积极推动农民入会工作，部分单位试点向外协队伍派驻工会指导员，畅通利益诉求渠道，促进权益有效维护。注重加强维权维稳工作，推动建立了职民工工资发放月度专题协调例会和协商分析制度，健全完善了职民工工资拖欠预警机制和考核责任追究制度，配合行政部门加强对重点单位的督导检查，协调妥善解决工资拖欠和劳务纠纷问题，较好维护了职民工利益和队伍稳

定。

（五）扎实开展“面心实”活动，帮助解决了职工实际困难。针对去年困难形势，进一步加大关心服务职工的工作力度。特别是结合“面心实”活动，建立了工会常委联系点和工会干部联系职工等制度，组织各级工会干部深入基层单位，走访慰问困难职工，了解一线职工诉求，帮助解决实际困难，全年各级工会干部共结对联系职工 3942 名，发放慰问金 400 多万元，帮助解决问题 1355 个。加大困难职工帮扶救助力度，深入开展“送温暖”、“金秋助学”活动，“两节”期间共筹资 9100 余万元，慰问困难职民工 24.6 万人，全年共资助困难职民工子女 3981 人，发放助学金 579.12 万元。积极配合修建坦赞铁路 40 周年纪念活动，组织开展援建殉职人员遗属查询和走访慰问，为 26 户家庭发放慰问金 8 万余元。加强对重点工程慰问，先后拨款 150 万多元，深入一线慰问了兰新二线、鹿鸣钼矿、玉树重建等工程参建员工。股份公司在中央企业困难职工帮扶救助工作座谈会上作了经验介绍。

（六）不断创新深化女职工工作，推动了女工工作再上新台阶。成功召开女工委二届五次全委（扩大）会议暨女工工作创新研讨会，通过“打擂台”方式现场评选出“最有创意、最有活力、最有亲和力、最有影响力”等特色品牌活动。举办清华大学第四期先进女职工素质提升和“婚姻与家庭”专题培训班，延伸《玫瑰绽放》、《帼之慧》学习座谈活动，编印女职工系列丛书三《余音》，促进了女职工素质提升。组织参加第二届中华女性书画摄影和“铁路巾帼风采”摄影大赛，先后有 29 人次获奖，充分展示了中国中铁女职工风采。表彰授予刘颖慧“中国中铁女职工楷模”称号，深入开展向刘颖慧学习活动，激发了女职工建功立业热情。代表铁总牵头对六大公司女职工专项集体合同的签订及履行情况进行专题调研，研究起草了专题调研报告和专项合同范本。全年有 3 名女职工荣获“2011 中国经济女性优秀人物”称号，股份公司工会女工委荣获了全国“三八”红旗集体称号。

（七）加强工会自身建设，提高了新形势下群众工作能力。组织召开工会重点工作推进研讨会，编印《中国中铁工会文件汇编》，深入二、三级公司和项目部进行调研检查，加强了对基层工会工作指导。制定下发《所属单位工会组织新建、换届有关事项的指导意见》、《创建四好工会班子活动考核办法》，指导 11 家单位工会（工委）完成换届改选与新组建工作，调整补充 7 家单位工会班子，促进了基层工会组织建设。在工会干部中开展“大兴三风”活动，选送 20 名新任职工会干部参加铁总培训，举办 120 人参加的基层工会主席培训班，组织参加全总网络有奖征文活动并获“优秀组织奖”，促进了工会干部队伍素质提升。深入推进“党工共建创先争优”活动，评选表彰 10 个“四好工会班子”、45 个先进集体和 58 名优秀工会工作者。股份公司工会在首次“会员评家”中综合评价满意率达 99.5%。“群众安全生产监督工作”、“智慧女性联谊会”、“总部职代会规范化建设”等活动，被命名为“全国铁路工会特色工作品牌”。

二、2013 年工会工作面临的形势和主要任务

2013 年是全面深入贯彻落实党的十八大精神的开局之年，是实施“十二五”规划承前启后的关键一年，也是推进企业转型升级科学发展的攻坚之年，新形势、新任务对工会工作提出了新要求、新考验。**一是学习贯彻落实党的十八大精神，对工会工作提出了新的更高要求。**党的十八大确定了全面建成小康社会和全面深化改革开放的目标，对新的时代条件下推进中国特色社会主义事业作出了全面部署，对全面提高党的建设科学化水平提出了明确要求。特别是十八大报告贯穿了以人为本、执政为民的思想，对全心全意依靠工人阶级、保障和改善民生、完善基层民主制度、充分发挥桥梁纽带作用、保持与群众的血肉联系，以及更好反映群众呼声、维护群众合法权益等作出了重要论述，为做好新时期群众工作指明了方向，也提出了新的更高要求。工会作为党领导的群众组织，如何贯彻落实党的十八大精神，发挥好群众工作的主体作用，更好地服务职工、维护职工，推动党的依靠方针贯彻落实，需要我们认真思考和积极实践。**二是加快转变企业发展方式，对工会工作提出了新的更高要求。**当前股份公司正处在转型升级、加快发展的关键时期，既面临着国家发展和建设的战略机遇，也经受着更加激烈的外部市场竞争的严峻考验，还面临着深化内部改革、创新体制机制、加快转型升级、优化产业结构的重要挑战，企业改革发展稳定的任务更加繁重，对工会工作提出了新的要求和考验。作为企业发展的推动者，工会团结动员广大职工的责任更加突出、任务更加艰巨。各级工会如何在深化改革、结构调整、创新驱动、管理提升中，充分发挥组织优势，更好地引导职工、组织职工，最大限度地激发职工群众的创造活力和劳动热情，加快推进“二次创业”发展进程，需要我们认真思考和积极实践。**三是深入实践“为民务实清廉”党的群众路线，对工会工作提出了新的更高要求。**党的十八大指出，要围绕保持党的先进性和纯洁性，在全党深入开展以为民务实清廉为主要内容的党的群众路线教育实践活动，着力解决人民群众反映强烈的突出问题，提高做好新形势下群众工作的能力。这是做好新形势下群众工作的重要要求，也是推进企业持续稳定发展的重要保证。作为党联系群众的桥梁纽带，工会更应在贯彻党的群众路线中走在前、抓落实。各级工会如何把为民务实清廉各项要求落到实处，进一步改进工作作风，密切同职工群众的联系，全心全意服务好职工群众，把广大职工紧密团结凝聚在企业和党组织周围，为推动企业发展集聚智慧和力量，需要我们认真思考和积极实践。

根据面临的形势和任务，2013 年全公司工会工作的总

体要求是：以党的十八大精神为指导，深入贯彻落实科学发展观，认真贯彻股份公司党委和上级工会的重要工作部署，以服务企业发展、维护职工权益为原则，以深化“面对面、心贴心、实打实服务职工在基层”活动为主线，深入实践“为民务实清廉”党的群众路线，围绕企业中心、突出发展主题，维护职工权益、破解职工难题，开创工作局面、实现载体创新，夯实组织基础、提高基层活力，不断提升工会工作科学化水平，团结动员广大职工充分发挥主力军作用，在推进企业转型升级科学发展中展示新作为、作出新贡献。

按照以上总体思路，重点做好以下几个方面工作：

（一）以学习贯彻十八大精神为指导，积极实践中国特色社会主义工会发展道路。一是在政治立场上，坚定走中国特色社会主义工运发展道路的信心。要把学习贯彻党的十八大精神与实践工会发展道路紧密结合起来，始终坚定走中国特色社会主义道路的理想信念，牢牢把握工会工作正确政治方向，自觉实践中国特色社会主义工会发展道路，进一步增强做好工会工作的责任感和使命感。二是在服务大局上，坚定推动企业科学发展的决心。要把学习贯彻党的十八大精神与企业改革发展实践紧密结合起来，始终坚持融入中心，服务大局，充分发挥工会组织优势，紧紧围绕企业发展目标和中心任务，广泛开展“凝心聚力谋发展，建功立业促转型”主题教育活动，把广大职工的思想和行动统一到十八大精神和公司党委决策部署上，把智慧和力量凝聚到“推动转型升级”和“实现做强做优”的具体实践上，最大程度地焕发劳动热情和创造活力。三是在群众观念上，坚定全心全意依靠职工办企业的理念。要把学习贯彻党的十八大精神与推动落实党的依靠方针紧密结合起来，准确把握“两个凡是”的新要求，即凡是涉及群众切身利益的决策都要充分听取群众意见，凡是损害群众利益的做法都要坚决防止和纠正，始终坚持以人为本，切实尊重职工主体地位，把表达和维护广大职工利益作为一切工作的出发点和落脚点。

（二）以推进企业科学发展为主题，进一步深化建功立业劳动竞赛和职工经济技术创新活动。一是不断深化“二次创业杯”劳动竞赛。评选表彰2012年度“二次创业杯”、“大干120天”劳动竞赛先进集体，并授予“中国中铁工人先锋号”称号。深入推进重点工程劳动竞赛，加强对深圳地铁、成都地铁等项目劳动竞赛的组织指导，扩大竞赛的吸引力、影响力，充分激发职工的劳动热情和创造活力。同时围绕企业转型升级，不断深化竞赛内容，突出创新创效主题，深入开展节支创收、技术创新、管理创效、项目创利、环保创优等竞赛活动，切实增强劳动竞赛的针对性和实效性。二是深入推进职工经济技术创新。结合企业管理提升，广泛开展技术革新、技术攻关、发明创造、合理化建议等职工经济技术创新活动。联合行政开展经济技术创新成果大赛，汇编推广优秀创新成果，加大表彰奖励力度，并以此为平台，引领和带动职工经济技术创新工作。要深入推进“四个一流”职工队伍建设，深化职工学习工作室、创新工作室创建活动，考核验收和命名表彰一批“专家型职工学习工作室”，搭建职工技能培训、技术交流平台，为企业创新发展培养更多人才，不断提高企业管理效益和发展质量。三是继续深化群众安全生产监督员活动。在规范化、标准化的基础上，全面巩固和深化群众安全生产监督工作，重点在提高队伍素质、切实发挥作用、拓宽监督领域、确保监督实效上下功夫。要不断拓宽群众监督的广度和深度，积极推动向协作队伍延伸、向质量监督延展，真正实现全覆盖、无死角。联合行政召开群众安全生产监督工作现场推进会，表彰一批有突出贡献的优秀群安员和优秀管理者，组织开展群安工作联合互检，不断提高群众安全生产监督工作的有效性和实效性。

（三）以深化“面心实”活动为主线，切实维护职工权益，努力保障和改善民生。一是认真落实平等协商集体合同制度。根据集体合同调研检查中发现的职工就业上岗、工资支付保障、海外职工利益、社会保险缴纳、内退管理、劳模待遇等重点问题，结合企业实际，协商行政修订完善2013年集体合同，切实增强合同的针对性、有效性和可操作性。切实抓好集体合同履行，联合有关部门和职工代表，进一步加强集体合同执行情况监督检查，开展职工内退规范管理、劳模待遇落实等专项执法检查，确保职工利益得到有效维护。二是扎实推进困难职工帮扶救助工作。高度关注困难职工群体生活，完善“三不让”帮扶救助和职工互助保险等制度，健全扶贫帮困体系，形成帮扶救助长效机制，确保困难职工及时得到救助。深入开展“两节”送温暖和“金秋助学”活动，推动完善制度措施，总结推广典型经验，挖掘和汇编受助成才学子典型事例，开展励志教育，扩大助学效果。同时积极拓宽救助渠道，开发造血扶贫，增强自救能力，实现源头脱贫，从根本上改善生活现状。三是切实关心一线职工生活。深入推进“三工”建设，努力改善一线职工生产生活环境。加大对一线职工的慰问帮扶力度，广泛开展重点工程“送清凉”、“送关爱”、“送健康”活动，及时把企业关怀送到生产一线。高度关注海外职工生活，推动健全相关制度措施，有效维护海外职工利益。加大海外职工及家庭关怀力度，及时帮助解决实际困难，适时开展海外慰问、家庭走访、家属座谈会等活动，充分调动海外职工积极性。

（四）以构建和谐劳动关系为重点，大力加强厂务公开民主管理和维权维稳工作。一是进一步深化企业民主管理。认真筹备召开一届四次职代会，加强基层职代会建设检查指导，全面落实职代会职权，坚持企业重大决策事项、重大改革措施、涉及职工利益的重要规章制度须经职代会审议，加大民主评议领导干部结果运用，切实保障职工民主权益。加强职代会闭会期间日常民主管理，发挥好团长联席会作用，建立职工代表日常联系制度，组织开展巡视检查，提高职工代表责任意识和参政议政能力。二是进一步完善职工董事监事管理。认真落实职工董事监事考核评价办法，强化履职管理和考核激励，切实增强职工董事监事的责任意识和积极性。组织召开职工董事监事工作研讨会，加强工作交流和业务培训，增强职工董事监事的履职能力。围绕企业管理的重要问题和职工关心的热点问题，开展巡视检查和专项调研，广泛收集职工意见建议，及时把职工利益诉求反映到公司决策过程中，不断提高源头参与决策和维护职工权益的能力和水平。三是进一步做好农民工管理工作。协助党政做好农民工管理和服务，加强协作队伍选用民主监督，从源头上规范农民工管理。积极推动农民工入会，力争入会率95%以上。深化农民工“五同”管理，组织召开“农民工之家”建设现场推进会，探索在重点项目建立农民工服务站或向协作队伍派驻工会协理员，密切与农民工联系，加强监管教育，及时化解矛盾。加强农民工工资发放情况的督促检查，切实维护农民工合法权益。四是认真做好劳动关系协调工作。切实发挥工会组织在维权维稳中的重要作用，坚持源头参与涉及职工切身利益的政策制定，积极提出工会的意见和主张，有效维护职工利益。进一步加强工会信息、信访工作，及时关注网络舆情和职工思想动态，随时掌握职工利益诉求，建立健全信息通报和沟通协调制度，协助党政妥善做好劳务纠纷处置工作，确保队伍稳定。

（五）以社会主义核心价值体系为根本，着力推进先进企业文化职工文化建设。一是加强社会主义核心价值体系教育，大力弘扬劳模精神。认真落实文化强企战略，积极参与和推进以“12项文化建设”为重点的企业文化建设，在职工中深入开展社会主义核心价值和“四德”教育，广泛宣传青藏铁路建设精神，大力弘扬中国中铁劳模精神，加大各类先进典型的培养选树和宣传推广力度，组织开展“感动中铁”十大人物评选活动，召开第五届中国中铁劳模表彰大会，认真做好劳模走访慰问和疗休养工作，督促落实各项待遇，进一步营造尊重劳模、关心劳模、学习劳模的浓厚氛围。二是加强形势任务教育，切实做好职工思想政治工作。主动适应新媒体时代特点，善于运用微博、QQ群、手机短信等手段，充分发挥网络舆论引导作用，进一步加强人文关怀和心理疏导，及时协调解决职工关心的热点问题，增强思想政治工作的针对性和实效性。特别是在当前困难时期，及时把握职工思想动态，深入开展形势任务教育，引导广大职工增强大局意识、发展意识、责任意识和忧患意识，把思想统一到公司党委决策部署上，把精力集中到公司发展目标上，聚精会神抓管理，一心一意谋发展。三是加强群众文化建设，不断丰富职工精神文化生活。积极推进“工会网站”、“职工书屋”、“职工业校”、“文体协会”等文化阵地建设，广泛开展为一线送文化、送图书、送体育活动，切实满足新形势下职工群众的精神文化需要。在生产一线开展“健身在行动，和谐中铁行”职工体育主题活动，组织举办健身操（舞）、健身气功、太极拳（剑）、广播操、各种球类等健身比赛活动，活跃职工文化生活。

（六）以女职工提升素质建功立业工程为载体，进一步创新女职工工作。一是大力开展女职工建功立业活动。要围绕转型升级和管理提升，在重点工程建设中开展适合女职工特色的劳动竞赛活动，进一步激发广大女职工的创造活力。大力培养选树和宣传推广先进女职工典型，组织召开“三八”表彰会暨女工全委会，集中评选表彰一批先进女职工和女职工组织，引导广大女职工立足本职岗位，争创一流业绩。二是大力实施女职工素质提升工程。深入推进公司党委《关于进一步加强培养选拔女干部的指导意见》和公司工会《关于实施女职工提升素质建功立业工程的指导意见》的贯彻落实，加强督导检查，及时总结经验，促进女职工成长发展。进一步深化“智慧女性”联谊活动，组织召开“转变发展方式、提高发展质量”片区研讨会，为推动企业转型发展集中女职工智慧。组织开展女职工大众健身操大赛，促进女职工素质全面提升。三是大力维护女职工特殊权益。认真落实《女职工劳动保护特别规定》，深入推进女职工权益保护专项集体合同工作，从源头上维护女职工的合法权益。以服务女职工在基层为重点，加强与一线女职工的联系沟通，及时反映女职工诉求。注重抓好困难女职工，特别是特、重困女职工和单亲困难女职工的帮扶救助，深入开展“两节”送温暖、“金秋助学扶困育才”、“一对一”爱心温暖工程等活动，协调推动解决女职工生产生活中的实际问题。

（七）以提升工作科学化水平为目标，切实加强工会自身建设。一是不断加强基层工会组织建设。抓好公司党委《关于加强和改进新形势下工会工作的指导意见》的检查落实，进一步规范基层工会组织建设。认真做好“四好工会班子”评选表彰工作，促进工会领导班子建设。深入开展创建“职工之家”、“职工小家”和“会员评家”活动，着力推进学习型、服务型、创新型工会建设，增强基层工会组织的活力和凝聚力。二是不断加强工会干部队伍建设。认真落实中央和公司党委关于改进工作作风、密切联系群众的规定，深入开展“为民务实清廉”党的群众路线教育实践活动，继续深化“大兴三风”建设，切实改进文风会风作风，坚持将工作重心下移，密切联系群众，深入调查研究，总结推广经验，研究解决问题，指导基层工作。继续加强工会干部培训，举办基层工会干部心理咨询师培训班，组织参加国家心理咨询师认证考试，提高新形势下群众工作能力。三是不断推动工会工作创新。适应时代发展要求，积极创新工作标准、方法和载体，组织召开工会工作研讨会，研究制定工会工作目标责任考核制度。开展特色工会工作品牌评选活动，推广基层先进经验，推动工会工作创新。加快中国中铁工会网站建设，召开工会网站启动暨推进会，举办网站管理员、信息员、通讯员培训班，着力提高网站建设质量，不断增强中国中铁工会的凝聚力、战斗力和影响力。四是进一步加强工会财务经审工作。规范财务会计基础工作，全面实现规范化管理目标。加大工会经费收缴力度，确保工会重点工作资金需求。强化财务预算管理，严格预算执行，加强资产清查管理，提高资金资产使用效益。加强工会财务经审干部业务培训，提升财务经审人员素质。进一步强化经费审查审计，年内完成对18个单位经费审计和财务检查工作，对重点单位加大审计回访力度，不断提高审计监督实效，依法管好用好工会资金资产。

深化反腐倡廉建设 打造廉洁中国中铁 为企业科学发展提供动力和保证

——在中国中铁反腐倡廉建设工作会议上的报告（摘要）

王 秋 明

（2013 年 3 月 1 日）

一、2012 年党风建设和反腐倡廉工作基本情况

一年来，全公司各级纪检监察组织紧紧围绕企业改革发展中心任务，以落实党风廉政建设责任制为抓手，以健全惩治和预防腐败体系为重点，全面加强反腐倡廉建设，为企业科学发展营造了良好环境、提供了有力保证。

（一）深入开展执行力建设年活动，促进了领导人员作风的转变。公司党委明确了“五促五个明显提升”的基本要求，提出了构建执行力建设长效机制的总体目标。各单位大力宣传“无条件执行、高效率执行、高标准执行、创造性执行”的执行理念，共设立执行力建设专栏 1834 个，编发宣传资料和期刊 1168 期，组织集中教育 57000 人次，领导人员撰写心得体会 4860 篇，营造了良好的活动氛围。积极开展大调查、大讨论、大剖析活动，举办专题讨论 806 场次，查找工作作风不实、危机意识不足、工作能力不强、执行效率不高等方面突出问题 236 项，收集意见和建议 3218 条，修订完善管理制度 192 项。公司纪委带队深入 4 个二级企业、2 个三级企业和 4 个工程项目进行检查，对查摆出的 87 个突出问题进行整改督导。中铁十局开展了“转变机关作风，增强服务意识，提高执行能力”和“提高执行力，推进精细化管理”两个专题大讨论，查找机关作风和精细化管理方面的问题。中铁建工由五名班子成员带队成立宣讲团，以“增强执行能力、促进管理提升”主题，深入工程项目巡回宣讲。中铁置业制定《整改落实责任表》，明确整改目标和整改责任，有针对性地解决突出问题，促进了企业执行力的进一步增强。

（二）着力加强专项教育整治，维护了党纪政纪的严肃性。组织召开了“6.20”、“7.3”、“8.3”三次专题会议，通报重大案件情况，反思深层次原因，开展自查自纠专项治理。中铁五局召开领导人员廉政培训会，机关职工形势任务报告会，财会、物资、经营系统专题会议等 10 余场廉洁风险防控宣讲会，主要领导亲自讲形势、讲风险、讲案例、讲要求。中铁西北院对 34 个重点监理项目开展了为期 10 天的全面检查，认真督导整改，解决了一系列突出问题。各级纪检监察组织切实履行监督职责，以若干规定《实施办法》、“三重一大”决策制度、“四个集中”管理制度为重点，加强企业重大决策部署和规章制度贯彻落实的监督检查，规范权力运行。中铁二局对重大亏损项目和盈利率偏低的项目进行了全面梳理排查，对贵广、成渝、湘桂等重大亏损项目进行重点整治，剖析原因，确认责任，严肃追究，促进项目减亏扭亏。

（三）严肃查办违纪违法案件，有效净化了企业发展环境。各级纪检监察组织坚持从严治党、从严执纪，深入分析违纪违法案件的特点和规律，紧密围绕工程项目，突出六大类办案重点，严肃查处了一批重大违纪违法案件。针对国资委纪委转来的六沾项目小金库问题、国家审计署长沙特派办发现的四川铁科公司小金库问题，公司纪委整合办案资源，认真开展调查核实，实事求是形成核实报告，得到国资委纪委高度评价。发挥企地共建协调机制作用，加强与上级办案部门沟通联系，积极配合中纪委查办刘志军案件、湖北省检察院查办刘志远案件等，保障了企业稳定发展大局。2012 年，全公司共受理信访举报 565 件次，摸排掌握案件线索 210 件，其中初核 198 件，初核查结 168 件；立案 78 件，结案 71 件；给予党纪政纪处分 137 人，责任追究 53 人，组织处理 12 人，被依法判刑 21 人；案件涉及总金额 8101.35 万元，办案挽回直接经济损失 1756.18 万元。同时，配合查办涉及企业案件 104 件。中铁九局纪委坚持主动协调服务、主动掌握案情、主动查办案件、主动依靠司法机关，严肃查处违纪违法案件，维护了企业合法权益。

（四）深化协作队伍效能监察，有效规范了协作队伍管理。各级纪检监察组织抓住协作队伍管理这一影响企业经济效益、项目安全质量、干部廉洁从业、企业稳定发展的突出问题，从制度建设、责任落实、问题整改、日常管理、现场监管五个方面入手，通过自查自纠、督导检查、巩固提高三个阶段重点工作，促进了协作队伍管理使用进一步合法合规，违法分包转包问题得到进一步遏制，现场监管和架子队管理进一步加强，项目安全质量管理进一步可控。公司纪委联合相关部门，深入17个二级企业和29个项目部，重点对协作队伍管理的制度建设、准入年审和考核、招标选用、合同签订、工资发放和培训、现场安全监管等5个大项、31个子项进行督导检查，提出整改项111个，建议项88个，并及时督促整改形成闭环。中铁港航局、中铁二院、中铁山桥等单位把效能监察作为企业风险防控的重要手段，延伸监察触角，丰富工作内涵，强化综合功能，深化机制建设，为企业管理提升提供了有力支持。

（五）认真落实党风廉政建设责任制，推进了惩防体系建设各项任务的落实。公司党委高度重视党风建设和反腐倡廉工作，党政主要领导和两位副书记亲自带队，对中海外、中铁一局、五局、交通投资等9个单位落实党风廉政建设责任制情况进行检查，对各级领导人员履行“一岗双责”、落实“三重一大”、自觉廉洁从业等提出明确要求。公司纪委积极协助党委落实检查方案，组织问卷调查896人次、召开座谈会12个、与39名领导人员进行了廉洁谈话，从4个方面、分38项内容，对惩防体系建设情况进行了客观评价，深入了解党风建设基本情况和主要问题，提出整改要求和措施。中铁一局坚持五个强化，落实五个到位，推动党风廉政建设责任制落地生根。中铁四局创新项目党风建设交底制度，制定项目党风建设工作流程，明确考核办法，确保党风廉政建设责任在项目有效落实。中铁信托以健全风险防控机制为重点，强化流程设计和监督制约，努力构建具有金融企业特点的惩治和预防腐败体系。

（六）加强自身建设，有效提高了纪检监察组织履职能力。认真贯彻落实中央纪委等四部委《关于加强和改进中央企业和中央金融机构纪检监察组织建设的若干意见》，召开了中国中铁纪检监察组织建设专题会议，总结近年来纪检监察组织建设基本情况，部署加强和改进自身建设重点任务，制定《关于加强和改进全公司纪检监察组织建设的实施意见》、《纪委书记述职制度实施意见》和《2013-2015年纪检监察干部培训工作规划》，进一步明确了各级纪检监察组织的职能定位，细化了机构设置、人员配备的具体要求，完善了纪委全委会、纪委书记述职评价、联合办案等工作机制，提出了重大项目纪委书记派驻制新课题。去年，公司纪委组织31名二级企业纪委书记参加国有企业监察部长培训，对91名三级企业纪委书记进行业务培训；首次组织9个单位纪委书记向纪委全委（扩大）会述职；围绕纪检监察工作重点难点问题进行理论研讨，评选优秀理论成果36篇，各级纪检监察干部的履职能力、纪检监察工作服务企业发展的能力得到进一步提升。

二、2013年党风建设和反腐倡廉工作主要任务

2013年全公司党风建设和反腐倡廉工作总体要求是：认真学习贯彻党的十八大、十八届中央纪委二次全会和中央企业反腐倡廉建设工作会议精神，紧密围绕企业改革发展中心任务，以落实八项规定和具体措施为重点，加强干部作风建设；以强化法律教育和权力监督为重点，规范领导人员从业行为；深化协作队伍管理效能监察，加大惩腐办案力度，健全惩防体系，提高反腐倡廉建设科学化水平，为企业改革发展提供有力支持和坚强保证。

（一）全面落实中央关于作风建设新要求，进一步促进领导人员作风转变

1、坚决践行群众路线，着力解决职工群众反映的突出问题。要建立健全领导人员直接联系群众工作制度，加强对困难企业和矛盾集中企业的调研、帮扶与指导。要坚定不移地依靠广大职工群众，充分调动广大职工的积极性，组织、引导职工群众坚定发展信心，增强发展动力。要关心职工群众疾苦，倾听群众呼声，体察职工情绪，畅通表达合理诉求的渠道，认真解决职工群众反映强烈的突出问题，维护好职工群众合法权益。

2、坚决克服形式主义，着力解决工作虚浮不实的问题。要切实改进调研方式，深入基层，深入一线，了解真实情况，提出有针对性的意见建议；要转变会风文风，从严控制会议数量和规模，开短会、讲实话，切实解决实际问题；要坚持轻车简从，简化迎接招待，切实减轻基层负担。

3、坚决制止奢侈浪费，着力解决铺张攀比的问题。加强全面预算管理，规范各级领导人员职务消费和企业非生产性支出。严禁公款大吃大喝，超标准使用业务招待费用；严禁以各种名义内部吃请，安排高消费娱乐活动；严禁以开会、调研、考察等名义变相旅游，从严控制各类出国考察；严禁相互攀比，超标准配备公务用车，高标准装修办公用房和配置办公用品，坚决杜绝各种铺张浪费行为。

4、加强监督检查，强化责任追究。按照中央关于改进工作作风、密切联系群众的“八项规定”和公司党委制定的“十二项具体措施”，各单位要结合实际，对照梳理问题，组织专项整改，完善规章制度，形成长效机制。各级领导人员要以身作则，严格自律，带头改进作风，自觉接受监督。各级纪检监察组织要认真履行监督职能，主动协助党委制定监督检查方案，重点检查调查研究、文风会风、出差接待、厉行节约等方面存在的突出问题，对走形式、搞变通违反规定的，要严格执行纪律，严肃追究责任。

（二）深入开展法律法规教育年活动，努力营造依法经营管理良好氛围

1、提高认识，加强领导。依法经营，廉洁从业，是企业科学发展的根本保证。当前，我们一些领导人员法律法规意识淡薄，依法治企能力不强，特别是近一个时期，个别单位违规决策导致项目重大亏损，干部违纪导致大案要案多发，失职渎职导致重大安全质量事故，维权不力导致企业合

法权益受损等等，给企业造成了严重经济损失和不良社会影响。各级党委要充分认识开展法律法规教育年活动的重要意义，将活动纳入党委、纪委重点工作部署，作为建设廉洁文化、转变干部作风的重点内容，制定方案，明确要求，精心组织，确保活动取得实效。

2、突出重点，明确目标。开展法律法规教育年活动要坚持以各级领导人员为重点，以增强法律意识、规范从业行为、推进依法治企为内容，抓依法决策，促发展方式转变；抓依法经营，促廉洁意识增强；抓依法管理，促风险防控建设；抓依法维权，促盈利水平提升，确保质量零缺陷、安全零事故、资金零风险、案件零发生，保证企业持续健康发展。

3、精心组织，务求实效。法律法规主题教育活动分四个阶段。在宣传教育阶段，要认真制定活动推进方案，广泛宣传活动的重要意义和方法措施，组织领导人员深入学习党的十八大有关反腐倡廉、依法治国的重要论述和要求，普及法律法规知识，使法纪意识深入人心。在查找问题阶段，要认真组织法律风险排查，针对市场营销管理、物资招标采购、协作队伍管理等生产经营重点环节，查找制度性缺陷和漏洞，制定防范和应对措施。在重点整改阶段，要认真分析存在的突出问题，按岗位、部门、单位分别制定整改措施，落实整改责任。在健全提高阶段，要注重健全督办督查和考核问责制度，不断健全防控法律风险长效机制。

（三）强化权力运行监督，进一步规范领导人员从业行为

1、加强对“若干规定”执行情况的监督。要按照《国有企业领导人员廉洁从业若干规定》要求，结合企业实际，把领导人员违规介绍协作队伍、违反职务消费规定奢侈浪费、私设小金库体外循环资金作为监督的重点。要把贯彻“若干规定”情况作为责任制检查、民主生活会和个人重大事项报告的重要内容，切实加强党内监督；作为领导人员述职述廉的重要内容，切实加强民主监督。要充分发挥组织、人事、财务、审计等监督主体作用，形成监督合力，不断规范领导人员从业行为。

2、加强对“三重一大”决策制度贯彻情况的监督。各单位要对“三重一大”决策过程的监督工作作出明确规定，明确监督内容、程序、方法，不断畅通监督渠道。要继续把重大投资决策是否经过班子论证，大额资金使用是否经过集体讨论等作为监督的重点，强化对矿产资源、房地产、上游投资等新兴板块和海外工程等领域决策的监督。要全面实施厂务公开，积极推进党务公开，主动公开重大事项决策过程、决策结果，确保企业重大事项集体研究、科学决策。

3、加强对“四个集中”管理制度落实情况的监督。各单位要进一步明确纪检监察组织在落实“四个集中”管理中的监督职责、方法途径。要按照公司关于物资、设备、资金和协作队伍集中管理要求，加强重点环节过程监督，强化专项检查，有效防止重要管理环节腐败行为发生。要坚持定性分析与定量考核相结合，逐步健全“四个集中”管理工作评价体系，增强监督的科学性、有效性，确保企业重要管理措施落到实处。

（四）加大惩腐办案力度，进一步净化企业发展环境

1、坚持主动办案。近两年来，发生在企业的违纪违法案件依然居高不下，并呈现出涉案人员层级更高、涉案金额更大、窝案串案更多、案发“潜伏期”更长的特点。特别是中央和地方纪委、司法审计等机关发现和查处涉及企业的案件呈逐年上升趋势，给企业正常的生产经营造成巨大冲击。各单位要站在干部和企业长远发展的高度，正确认识查办案件与保护干部、稳定企业的关系，树立自办优于他办、早办胜于晚办的观念，增强主动办案意识，坚决克服重保护、轻惩处的倾向，有案必查、有腐必反、有贪必肃。要拓展案源渠道，注重从效能监察、审计监督、财务检查中发现线索，牢牢把握案件查处的主动权。

2、突出办案重点。各级领导人员、关键岗位管理人员仍然是违纪违法案件易发高发的重点人群。要重点查处失职渎职造成效益严重流失的案件；索贿、受贿、贪污、挪用公款的案件；经营中假公济私、中饱私囊的案件；工程分包、协作队伍使用中严重损害企业利益、个人捞取好处的案件，以及违反廉洁从业规定的案件。要高度关注私设小金库引发问题更加突出、审计机关调查涉及企业问题不断增多、失职渎职造成损失和影响愈发严重的倾向，适时调整办案重点。

3、健全办案工作机制。要全面落实信访举报工作责任制，做好信访件受理、核实工作并及时答复，对信访件不负责任、核实不清、处理不当的，要予以通报批评。要健全案件督办机制，加大对上级交办案件和重点案件的督办力度，对办案不力、特别是有案不办的，要严肃追究责任。要健全办案协调机制，完善与地方纪委、司法机关合作办案、监督预防的工作机制，维护企业稳定发展大局。要严格落实重大案件报告制度，发生严重违纪违法案件、地方机关直接查办涉企案件、新闻媒体披露造成较大影响等案件的，必须及时上报。

4、加强办案人才队伍建设。要进一步加强办案人才库建设，选配一批具备法律、审计、财务、工程等专业知识，具有一定办案工作经验的优秀纪检监察干部充实人才库，根据办案需要，适时启动联合办案工作机制。要制订培训计划，强化办案人员业务知识的学习和培训，提高自主办案能力，适应企业办案工作需要。

（五）深化协作队伍管理效能监察，进一步促进企业管理优化升级

1、进一步突出效能监察工作重点。当前，协作队伍管理仍然是制约企业发展的突出问题。在近三年协作队伍管理效能监察取得阶段性成果基础上，今年，要继续以《劳务企业使用管理办法》为依据，重点监督检查进场队伍资质是否合规、考核评价体系是否落实、单价定额标准是否统一等内容，确保协作队伍管理各项制度有效执行，努力推进全公司协作队伍管理标准化建设。

2、坚决制止特权包工队。一个时期以来，个别领导人员违反廉洁从业规定，介绍亲属包工队和“关系户”队伍进入工程项目。这些特权包工队，有的不具备基本的准入条件，施工能力、管理水平低下，有的缺乏基本的职业素养，无视施工规范和现场管理。这些特权队伍一旦被清退，轻则漫天要价，重则制造事端，成为工程项目安全质量、进度效益、队伍稳定和干部廉洁的“定时炸弹”。各级纪检监察组织要积极协调推进，协助本单位建立特权包工队的认定、追溯、查处、清退等管理规定，重点从完善管理制度、执行管理流程等方面实施监察，坚决制止特权队伍进入，坚决清退协作队伍中的害群之马。

3、落实管理责任，强化责任追究。要积极推进本单位健全协作队伍管理考核评价机制，明确管理主体、管理责任和问责标准，进一步完善激励和约束机制。要继续紧盯亏损项目和发生重大安全质量事故的项目，紧紧抓住特权队伍损害企业利益这个重点，进一步加大责任追究力度，对涉及其中的领导人员，要坚决一查到底，决不姑息迁就。

（六）健全惩治和预防腐败体系，进一步提升反腐倡廉建设科学化水平

1、深入总结调研，认真制定 2013-2017 年工作规划。要全面总结 2008-2012 年惩防体系建设工作，认真提炼在推进整体工作、落实重点任务、创新体制机制等方面的典型做法，深入分析在制度建设、改革创新、监督制衡、惩治威慑等方面还有哪些不足，通过检查、问卷、座谈、测评等方式深入了解基层干部职工对惩防体系建设的期望和要求，认真研究制定惩防体系建设 2013-2017 年工作规划。

2、注重风险防控，不断健全内控体系。要把惩防体系建设作为企业全面风险管理的重要任务，通过廉洁风险识别、廉洁风险评估，找准企业各层面、生产经营各环节存在的廉洁风险，进一步明确惩防体系建设工作重点；通过制定廉洁风险防范和应对措施，将惩防体系建设基本任务融入企业管理重点环节，健全防控廉洁风险长效机制；通过廉洁风险管理考评，不断完善惩防体系，努力提高企业防控廉洁风险的能力和水平。

3、注重拓展思路，不断创新工作载体。要在抓好惩防体系建设基础工作的同时，大胆探索实践，创新具有中国中铁特色的工作品牌。要继续深化区域联建，选准活动主题、突出工作重点，确保活动有目标、有措施、有载体、有效果。要继续深化企地共建，完善共建工作机制，建立信息预警系统，充分利用地方优势资源，最大限度地规避企业风险，维护合法权益。要认真总结推广基层的创造性做法，探索具有企业特色、易于操作、效果明显的活动载体，推进反腐倡廉工作机制不断创新。

4、注重夯实基础，推进廉洁工程建设。要继续把廉洁工程建设作为惩防体系建设的基础工程，认真总结实践中的经验与不足，突出项目特色，丰富活动内容，细化考核标准，确保活动扎实有效。要注重创建活动内容创新和范围拓展，大力推广深圳地铁三期工程 BT“共建联控”模式、港珠澳大桥“企地共建”模式，推进联合创建，共同防控廉洁风险，实现资金安全、工程优质、干部优秀的创建目标。

（七）加强自身建设和机制创新，进一步提升服务改革发展能力

1、落实纪委书记述职评价工作机制。为切实提升纪委书记履职能力，增强纪检监察工作实际效果，二级企业纪委书记要按照《纪委书记述职制度实施意见》规定，每年向公司纪委全委会提出书面述职报告，报告个人履职情况。纪委全委会将结合实际组织述职并进行评议和测评。评价结果将作为评先表彰、交流、提拔的重要依据。

2、落实企业内部监督工作联席会议工作机制。要积极整合企业内部监督资源，建立由纪委牵头召集，监察、审计、财务、干部、工会等监督主体共同参与的企业内部监督工作机制。要定期或不定期召开监督工作联席会议，沟通监督情况，根据监督工作需要，全面实施委托办理、交待办理和联合办理监督工作。要继续探索解决各监督主体的工作协调问题，积极构建内部监督力量协同机制，实现监督职能优势互补和监督资源统一调配。

3、探索重大工程项目纪委书记派驻工作机制。二级企业管理的工程项目部必须配备专职纪工委书记。纪工委书记由二级企业纪委会同干部部门选定人选，由党委任命，作为上级纪委派出人员，参与项目重大生产经营活动，检查重要制度落实，监督关键业务流程。纪工委书记不参与所在项目收入分配，其薪酬待遇由派出单位支付。纪工委书记的工作对派出的组织负责，由二级企业纪委会同干部部门进行考核评价。通过探索，逐步在全公司建立一支相对独立的企业内部监督力量。

各级党委要高度重视纪检监察组织建设，认真落实中国中铁纪检监察组织建设推进会议精神，严格执行《关于加强和改进全公司纪检监察组织建设的实施意见》等相关文件要求，健全机构、配强人员。要强化教育，从严管理，引导纪检监察人员牢固树立政治意识、责任意识、大局意识和自律意识，求真务实、秉公执纪，树立纪检监察干部的良好形象。

汇青春力量　促企业发展
努力推动全公司共青团和青年工作水平不断提高
——在共青团中国中铁二届十次全委（扩大）会议上的报告（摘要）

李 新 生

（2013 年 3 月 2 日）

第一部分　2012 年工作回顾

2012 年，在公司、公司党委和上级团组织的正确领导下，全公司各级团组织认真学习宣传贯彻党的十八大精神，紧密围绕企业“保发展、调结构、强管理、促稳定”中心任务，遵循企业发展规律、履行组织根本职责，积极推动共青团和青年工作发展，努力提高团组织对企业核心竞争力的贡献能力，为企业改革发展和实现各项奋斗目标做出了积极的贡献。

一、围绕企业改革发展，强化青年思想引导

1.高举旗帜跟党走，“十八大”精神学习宣传贯彻活动兴起热潮。以建团 90 周年和党的“十八大”为契机，认真开展理想信念教育活动。开展“纪念建团 90 周年、喜迎党的十八大”主题活动，各级团组织共开展学习胡锦涛同志五四重要讲话、学习贯彻“十八大”精神“五个一”主题教育活动、思想政治教育、主题团日等各类活动 6500 余场；举行了“青春事业，薪火相传”新老团干部座谈会；开展了团干部与十八大代表面对面、中国中铁共青团学习贯彻十八大精神会议等诸多宣贯活动。**中铁七局**深入重点工程一线开展了党的十八大精神宣讲活动。**中铁西南院**组织了集中收听收看十八大开幕式活动。

2.坚定信心聚精神，“四新三讲”教育活动扎实全面。落实公司党代会、工作会等重要会议精神，扎实开展企业形势任务宣传教育活动，引导青年正确看待企业面临的机遇和挑战。下发文件通知，号召各级团组织积极邀请领导作辅导、组织青年大讨论、号召青年读好书、引导青年做贡献、鼓励青年献良策、引导青年学雷锋、发动团干上一线，共开展各类活动 7558 场。**中铁三局**开展了主题学习教育活动。**中铁大桥院**邀请党政领导参加了“爱国主义大家谈”座谈会。

3.注重创新树文化，青年引导工作机制日臻完善。积极打造完善的青年引导工作体系，创新青年引导工作思路方法。认真落实《分类引导青年大纲》，编写了《中国中铁分类引导青年手册》和《分类引导青年调研报告》；开展了《钢铁是怎样炼成的》读书征文活动并汇编了《前进的力量》一书；开展了“成长·共享，青年视界看中铁”青年 DV 作品征集评选活动；启动了优秀散文作品征集评选和共青团文化、青年文化理念征集活动；组建成立了“中国中铁男子篮球队”，并参加了全国建筑业篮球赛。**中海外**开展了主题为“我的境外长驻生活”的征文活动。**昆明公司**开展了“迎中秋·庆国庆”文体活动。

二、围绕企业中心工作，拓展青年品牌活动

1.服务重点工程稳步推进。坚持以重点项目为依托，以品牌活动为载体，组织青年在服务企业施工生产中冲锋在前。在深圳地铁、成都地铁、昆明地铁、郑州地铁等重点工程项目启动了“青春建功主题实践活动”；扎实开展了“玉树扬团旗，创争展风采”主题实践活动，6 个青年集体和个人受到青海团省委、中央企业团工委联合表彰；积极配合党政开展了服务“大干 120 天”主题活动。**南方公司、中原公司、成都公司**分别结合实际启动了主题实践活动，量化了活动实施和考核细则。

2.服务安全生产有序可控。深化落实青年安全生产活动，切实加强对企业安全管理工作的服务能力。与公司签订了青年安全包保责任书，层层建立青年安全包保网络，部署开展了“安全生产，青年争先”主题实践活动；开展了“大干 120 天”青年安全监督岗签名宣誓大接力活动，在 101 个基层项目开展了接力传递；举办了第三届青年安全监督岗岗员技能大赛。**中铁港航局**开展了“安全生产当先锋，企业发展建新功”安全演讲比赛及巡回演讲活动。

3.服务科技创新深入推动。进一步深化青年创新创效活动，激发青年的创新热情和创造潜能。制定印发了《关于进一步深化中国中铁青年创新创效活动的意见》；表彰了青年创新创效活动中涌现出来的优秀成果和创新小组；开展了青年节能减排示范行动，评选表彰了节能减排优秀青年先进集体和个人。**中铁一局**成立了青年创新创效小组 63 个，取得 97 项科研成果。**中铁隧道**成立了青年“节约降本”和“创新创效”小组 38 个，拥有组员 116 人，研发成果 39 项。

4.服务管理提升扎实开展。积极落实企业管理提升工作要求，广泛开展具有青年特色的活动。以“有话要对领导说”为主题开展了“青年建言贴”活动，共收到合理化建议和诉求997条；开展了“管理提升，青年先行”主题实践活动，股份公司团委在中央企业“管理提升，青年先行”活动推进会上作了先进经验交流；开展了“百元节约，千元增效”主题实践活动。**中铁八局**部署开展了“双增双节”主题实践活动。

5. 服务社会责任切实履行。积极发挥青年在建设和谐企业中的骨干作用，扎实落实公司“双学双扶”十项行动要求，推进学雷锋活动常态化。下发了《关于在全公司广大青年中深入开展学雷锋活动的实施意见》；大力开展郭明义爱心团队组建活动，共组建爱心团队1086支，《中央企业青年通讯》以专刊刊发了中国中铁活动信息；2012年共有5个集体、个人和工作项目受中央企业团工委表彰，1名个人荣获“中国优秀青年志愿者”称号；两部作品荣获央企“神华杯”青年志愿者DV大赛一等奖。**中铁航空港**开展了学雷锋主题团日活动，请郭明义、窦铁成、巨晓林分别为活动题词、寄语。**中铁资源**组织青年为尕吾昂完小学、阿洛小平小学等的贫困儿童奉献爱心。

6. 服务走出去战略有效实施。积极贯彻落实公司走出去战略，在服务企业国际化经营中发挥生力军和突击队作用。广泛开展了“CREC 每日一句”英语学习活动，组织开展了有奖问答活动；股份公司团委在中央企业青年工作服务“走出去”战略座谈会上作经验交流。**中铁二院**积极开展深化每周一影、外语角、外语协会等特色品牌活动，以及“中埃”联谊等学习交流活动。**中铁国际**组织开展了青年国际化人才大赛。

三、围绕职工队伍建设，服务青年成长成才

1. 搭台，青年素质提升扎实有效。紧密结合时代发展要求、企业发展需求以及青年发展诉求，大力开展青年素质提升活动。通过编制《新毕业生入企指引手册》、开展职业生涯导航、组织志愿服务、配合岗前培训等形式和载体，开展了迎接新进大中专毕业生工作；组织了第六届香港大学生暑期实习团实习交流活动；推进了青年模拟竞聘试点和“三推”工作。**中铁十局**举办了青年模拟竞聘活动，编辑了《2012年度青年风采录》。**中铁设计咨询**开展了专业技术交流、“工程师每人一课”、与新员工“无领导小组讨论”等活动。

2. 育人，技能人才培养全面推进。围绕“人才强企”的战略目标，着力提高青年业务技能。举办了第十一届青年技能竞赛盾构机械操作工、工程测量、电工技能大赛，17名同志通过比赛晋升技术等级，18名选手受到团中央、国资委表彰；持续开展导师带徒活动，表彰了中国中铁2012年度“模范师徒”。**华铁咨询**为青年考取各类资格证书提供平台，2012年实现87.2%青年报考注册安全工程师，45%报考一级建造师。

3. 树标，青年典型培育大力开展。积极向上级团组织和青年团体协会推荐优秀人才。2名同志增补为央企青联委员，8名同志分别任央企青志协、青科协副主席、秘书长、理事；21个集体和个人受中央企业团工委表彰，中铁大桥局王国英当选中央企业杰出青年岗位能手，中国中铁成为获奖集体和个人最多的单位；30名同志被授予“全国青年岗位能手”称号；股份公司团委也表彰选树了一大批先进集体和个人。**中铁建工**评选表彰了“两先两优”、“青年号手”，并制作专题网站，大力宣传先进事迹。**中铁交通**培养的“雷锋哥”被广西区电视台、玉林市电视台作为典型报道。

4. 服务，青年权益维护贴近实际。不断健全完善服务青年的工作机制，努力提升服务青年的能力和水平。通过调查研究，及时了解基层青年需求和思想状况；通过搭平台、献爱心、送温暖等方式，努力为青年提供力所能及的帮助和服务；通过开展交友婚恋、住房团购、文化娱乐、心理辅导等方面工作，为青年人做好事、办实事、解难事；通过扎实服务外来务工青年，扩大共青团工作覆盖。**中铁电气化局**与北汽集团签订青年购车服务协议，成为北京汽车青年购车基地的认证单位。**中铁装备**举行了“爱在盾构家园，情定中铁装备”青年婚恋活动。

四、围绕提高党建工作科学化水平，切实加强团建工作

1. 强基，深化团组织建设。始终坚持党建带团建，切实加强团的组织建设。成立了昆明、贵州、成都、老挝、建设分公司、东方国际分公司等团组织；中铁二局、五局、十局、二院、资源相继召开了团代会；深入推进“党团共建创先争优百千万示范工程”，组织了总结表彰会议；继续加强学习型团组织建设，启动了“团干部小课堂”活动；成立了四个协作区，分别开展了特色活动；组织召开了团委负责人年中述职会、工作研讨会。**中铁二局**召开了共青团务虚会，建立了团的工作闭环管理模式。**贵州公司**建立了“三注重”的制度建设模式。

2. 固本，优化团干部队伍建设。坚持以教育和培训为抓手，不断加强和改进团干部队伍建设。制定印发了《中国中铁所属单位团委负责人管理办法》，进一步深化落实团干部队伍建设“123”工程要求；举办了2012年团干部培训班，开展了“Fun动青春，乐活中铁”趣味运动会；举办了第二届中国中铁魅力团支书评选活动；建立了团委工作日志上网和日常工作考核机制。**中铁五局**加强了团干部的“五种意识”、“五种能力”培养。

3. 创新，强化信息化建设。对中国中铁青年网进行了完善升级，进一步提升了信息工作水平，全年共发布信息5412条；加大向上级报送信息力度，全年共上报信息4089篇，在中央企业中名列第一；推进省部级以上荣誉备案制度，建立了共青团荣誉信息库；开展了“团干部QQ群—每日一题”畅聊活动，开通了“共青团手机报”和“共青团官方微博”。

中铁四局开设了“中铁四局青年微博”和“四局青年”手机彩信频道，制作了以《母亲》为代表的一系列青年电子刊物。**中铁大桥局**编制《大桥团讯》33期，发《大桥青年手机报》四万余条彩信。

五、围绕标准化建设，加强理论调查研究

1.深入基层，积极了解一线情况。股份公司团委先后陪同中央企业团工委领导到三局、十局、装备的基层单位和项目开展调研；股份公司团委也多次到基层单位和项目开展调查研究工作，与青年采取面对面访谈、举行座谈会等方式交流沟通；扎实推行团委负责人重难点工程联系点制度，坚持开展“七个一”活动，进一步加大工作调研力度。**中铁九局**团委开展了“以真心换真言”主题谈心活动。**中铁上海局**深入到大西客专、兰新铁路等25个项目进行广泛的工作调研。

2.研究课题，努力创新理论成果。努力提高理论素养和工作水平，下发了《关于开展2012年度共青团理论研究工作的通知》，拟定理论研究题目64项；召集10余次团干部理论研讨会，对团建标准化、项目团建、农民工团建等课题进行研讨。**中铁山桥**通过调研，形成了对公司“90后”青年的理论研究成果。

3.探索试点，积极促进成果转化。建立了一系列与企业发展相适应的长效机制，逐渐形成了青年突击队、青年安全监督岗、青年创新创效小组、青年技能竞赛、导师带徒、推优入党等工作理论研究成果；积极开展了青年模拟竞聘、双导师带徒、青年婚恋、青年农民工管理等活动的试点工作。**中铁六局**陆续研究形成了《中铁六局直属工程项目指挥部团建工作管理办法（试行）》和《中铁六局青年网信息上报细则》等制度。**中铁置业**制定了《青年安全生产监督岗管理办法》。

4.广泛交流，促进工作视野拓展。积极开展系统内部各单位团组织之间、与央企团组织之间、与地方团组织之间的沟通交流，与共青团廊坊市广阳区委签订《合作交流协议》；到中国商飞等兄弟单位开展了交流和调研活动；组织共青团第一协作区团干部与中央团校贵州移动公司研修班开展了交流活动。**中铁宝桥**团委组织开展了与宝鸡秦川机床工具集团的“宝桥·秦机”团青工作交流会。

第二部分 主要工作经验和体会

2012年，全公司各级团组织和广大青年凝心聚力，服务发展，逐步探索形成了一些认识成果和工作原则，主要体会有：

一、必须把握好企业共青团的属性。一是坚持党的领导，在任何时候都要牢牢把握党委的目标、指导思想和中心任务，当好党的助手和后备军；二是坚持服务企业，注重共青团组织在企业经济运行中的定位，以服务企业的生产经营为前提，努力找准共青团组织根本属性、根本任务与企业根本功能相融合的工作切入点，发挥组织优势，整合各类资源，紧扣企业中心任务，为企业改革发展多做贡献；三是坚持服务青年，尊重青年主体地位，热忱服务青年，特别要注重融入广大青年，融入他们的工作生活，增强共青团工作的吸引力和感召力。

二、必须认清企业改革发展新形势。一是必须让青年理解企业的发展战略，通过企业形势任务教育，进一步在青年中宣传企业发展的总体思路，引导广大青年将思想统一到企业的战略部署上来，把力量凝聚到企业发展的目标任务中去；二是必须让青年认清企业当前的形势任务，积极投身青春建功、青年突击队竞赛、青年安全监督岗、“管理提升，青年先行”、“百元节约、千元增效”等活动，为企业攻坚克难、转型升级贡献力量；三是必须让青年坚定“与企业同发展”的信心，引导青年正确对待企业面临的机遇和挑战、困难和优势，正确理解企业应对发展形势变化做出的各项决策。

三、必须有针对性地引导青年。一是清晰认识当代青年思想、价值观念日趋多元化的形势，注重不同青年群体在理想信念、精神追求、生活态度方面的思想意识关键点，在广大青年中唱响“筑路青春，阳光自信”、“励志励行，勤学勤勉”的主旋律；二是正确把握青年的认识逻辑，积极践行企业核心价值观，引导青年树立正确的世界观、人生观、价值观，培养正直、善良、诚实、友爱等基本道德品格；三是加强新媒体和文化元素的运用，多组织一些可视化、直观化、时尚化的文化产品，努力增强青年引导工作的普遍性和实效性。

四、必须通过团组织的作为体现价值。一是努力使团的品牌活动发挥最大作用，努力使青春建功活动、青年突击队、青年创新创效活动、青年安全监督岗、青年节能减排等品牌活动在基层取得实效；二是积极辅助企业的人力资源开发，组织业务技能培训，开展技能竞赛、导师带徒、职业生涯导航等活动着力提升青年综合素质，积极做好“三推”工作，努力探索青年模拟竞聘活动的实现途径和载体；三是努力服务企业的和谐稳定，广泛开展郭明义爱心团队活动和“关爱农民工子女”行动，服务企业困难群体，服务企业履行社会责任。

五、必须重视团组织的自身建设。一是高度重视团的基层组织建设，针对基层工作现状，大力开展标准化建设；二是高度重视团干部综合素质，通过选拔魅力团支书的活动，带动基层团支部工作全面活跃，通过实施重难点联系点制度，狠抓团干部的作风建设；三是高度重视团的基础性工作，抓好基础台账管理，摸清摸准全公司团组织和青年各项数据，抓好信息工作，实现经验交流、信息共享，抓好理论研究工作，在更高的层面上对实际工作做好分析和判断，抓好工作的督办落实，使各项活动和工作形成合力。

六、必须主动营造良好的内外部环境。一是主动承担上级交办的重大工作事项，通过扎实有效地活动落实，积极争当工作典型，争取和拓展系统内各种有利的因素和资源，努力实现企业荣誉和工作能力双提升；二是积极营造良好工作氛围，努力做到党政领导支持、其他系统配合、青年广泛参与，学会横向联合，纵向借力，实现共谋共赢；三是坚持资源向基层倾斜，为基层团组织顺畅各种关系，多和所属单位党政领导沟通和交流，及时帮助解决基层共青团工作中出现的难题；四是倡导人文关怀，进一步转变工作作风，多做说服教育、化解矛盾、排忧解难的工作。

第三部分 2013 年工作安排

2013 年是全面贯彻落实十八大精神的开局之年，是实现“十二五”战略目标的关键一年。全公司共青团和青年工作的指导思想和总体要求是：**把学习宣传贯彻党的十八大会议精神作为首要政治任务，贯彻落实公司年度工作会议各项要求，紧密围绕企业经营生产中心工作，强化青年思想引导，组织青年岗位建功，服务青年成长成才，不断加强自身建设，团结动员广大青年在建设世界一流企业的进程中发挥生力军和突击队作用。**

一、践行核心价值，拓展引领渠道，强化青年理想信念

1. 学习贯彻党的十八大、团的十七大精神。组织青年深入学习贯彻党的十八大精神，引导青年深刻理解、准确把握精神实质，扎实开展好“三观”、“三热爱”主题教育活动；认真开展贯彻落实十八大精神“五个一”主题教育活动，充分发挥网站、微博、QQ 群等新媒体作用，努力推进十八大精神“上桥头、进洞口、下工班、到宿舍、入人心”。认真组织开展团的十七大精神学习宣传贯彻活动，在广大青年中开展宣讲活动，通过举办知识竞赛、征文、演讲比赛等丰富多彩的活动，把团的十七大精神贯彻落实到实际工作中。

2. 把握重要契机，开展丰富多彩活动。把握纪念建党、建团等重要契机，开展各项党史党情、团史团情教育，以党的光荣传统激励青年，激发青年爱党、爱国热情。把握好国庆、元旦等重要节日，广泛宣传国家建设成就，用中国特色社会主义共同理想凝聚青年，用以爱国主义为核心的民族精神和以改革创新为核心的时代精神鼓舞青年，用社会主义荣辱观引领青年风尚，凝聚推动中华民族伟大复兴的精神力量，进一步巩固和扩大党执政的青年群众基础。

3. 结合企业改革发展，加强形势任务教育。及时掌握青年思想动态，组织青年正确认识企业发展所面临的形势任务和内外部环境，开展形式多样的形势任务教育活动，大力宣传贯彻公司工作会议精神，细化共青团服务企业改革发展大局各项工作任务。深入开展以企业核心价值观为主题的文化宣传活动，帮助青年树立创新意识、风险意识、竞争意识、效率意识和责任意识，培育青年爱岗敬业、诚实守信、拼搏奉献的职业精神。

4. 结合青年需求，深入开展引导青年工作。结合青年特点和需求，积极运用新的媒体工具和文化元素，在引导青年树立坚定理想信念的同时树立正确的世界观、人生观、价值观，在探索丰富路径载体的同时坚持面对面交流引导，在解决青年思想问题的同时努力帮助解决实际问题，在推进引导青年工作的同时加强团的组织建设，在把握工作主体的同时进一步注重机关青年、农民工青年、海外青年群体。要继续开展好青年分类引导试点工作，开展青年思想状况调查，完善《青年分类引导手册》。

二、围绕中心工作，凝聚青年力量，服务企业改革发展

1. 大力开展青春建功和青年突击队活动。深入开展青春建功主题实践活动，组织召开协作区主题实践活动推进会。成立青年突击队竞赛领导小组，细化竞赛细则，广泛开展以“六比、两争”为主要内容的青年突击队竞赛活动。探索青年突击队活动运行机制和考核模式，推进青年突击队标准化建设和量化考核管理。结合施工企业特点，围绕“急难险重新”任务，找准青年突击队与企业管理的结合点，使竞赛活动更富实效。

2. 进一步深化青年创新创效活动。进一步落实《关于进一步深化青年创新创效活动的意见》，推行《青年创新创效小组管理办法》，开展青年创新个人、小组和成果奖评选活动。找准定位，以“小”处着眼，大力开展青年“五小”活动。进一步规范青年创新创效活动流程，推进青年创新创效活动标准化、规范化。

3. 持续狠抓青年安全生产工作。大力开展“安全生产，青年争先”主题实践活动，将活动重点放到在项目部和青年班组。制定印发《青安岗岗员管理办法》和《青安岗通用知识读本》，举办第四届青安岗岗员技能大赛。大力推进青年安全监督岗活动，进一步抓好青年的安全意识教育、安全技能培训和安全监督排查活动。扎实开展青安岗安全知识“万人赛”活动，形成良好的安全文化氛围，保障企业安全生产，让每一名青年职工做到立足岗位“讲安全、要安全、保安全”。

4. 深入推进“管理提升，青年先行”主题实践活动。抓好面上指导，抓好典型选树，广泛开展“管理提升，青年先行 ”金点子征集活动，深入开展团组织工作水平提升“三个十”学习调研活动。总结活动经验，召开协作区“管理提升，青年先行”主题实践活动现场会。大力开展好“百元节约，千元增效”主题实践活动，强化青年的成本意识和节约意识，树立“节约降耗，效益至上”的观念，养成勤俭务实的行为习惯。

5. 深入推进青年节能减排示范行动。落实好“青年节能减排示范行动”，抓好观念示范、技能示范、实践示范，表彰青年节能减排先进个人，努力为企业科学健康发展做出更大贡献。把工作重点放在支部，放在青年班组，不断加强节能减排标准化建设，开展好全国“节能宣传周”活动，增强青年节能减排意识和技能，使青年成为推进企业节能减排的

生力军。

6. 扎实提升青年志愿活动广度和深度。认真落实股份公司党政工团“双学双扶10项行动”要求，深入开展青年志愿者活动，探索青年志愿者网络注册和管理工作。加强郭明义爱心团队建设，完善青年志愿者工作体系，号召青年从自己做起、从身边做起、从小事做起，争做雷锋精神的传承人。积极开展关爱农民工子女志愿服务行动，公开帮扶举措，开展与农民工子女结对帮扶活动。

三、把握成才需求，服务成长需要，培养一流青年人才

1. 健全机制，服务青年成长。做好大中专毕业生接收服务工作，编制统一规范的《入职引导手册》。制定《中国中铁青年模拟竞聘活动指导意见》，开展协作区青年模拟竞聘活动，为青年搭建展示自身才能的平台，服务企业人才梯队建设。积极为企业建立青年人才库，将在各方面表现突出的人才信息入库管理，建立完善利于青年人才脱颖而出的机制。进一步加强培养举荐优秀青年的制度，做好“推优、推才、推岗”工作。充分利用网络资源、社会机构、高校党校、自考函授等资源，为青年加强学习、提升素质创造条件。

2. 搭建平台，提升青年素质。大力开展青年技能人才培养工作，举办第十二届青年技能竞赛盾构机械操作工、工程试验、测量工技能大赛。联合有关职能部门，制定青工晋级晋升制度，定期开展青年技能培训、技能竞赛、技能鉴定，服务企业高技能人才队伍建设。开展青年素质提升工程，实施“四个一”青年登高计划。开展青年国际化人才培养工作，举办协作区青年国际化人才大赛。推进导师带徒活动，落实《中国中铁导师带徒活动实施意见》，开展模范师徒评选活动。继续开展领导荐书、组织送书、青年读书、集体评书活动，发挥青年书屋在工地一线的作用。

3. 合理疏导，强化人文关怀。运用互联网信息平台，在青年婚恋、住房、文化娱乐、人际关系、心理疏导等方面积极开展工作，为青年创造条件、提供帮助，使青年身心健康、思想稳定、精神振奋，努力建立网络青年婚恋服务平台，举办“青年文体活动千场赛”。切实推动重组企业文化融合，切实加强对农民工等临时性用工青年和生活困难青年的关怀，开展为有困难青年献爱心活动，使企业发展的受益群体覆盖全体青年。加强青年文化建设，评选青年原创MV作品和优秀青年散文作品。密切关注青年最现实的利益诉求，在企业职代会以及涉及青年利益的重要会议等渠道，积极反映青年呼声，努力寻求解决途径，切实维护青年权益。

4. 创新渠道，加大典型选树。认真组织好十大杰出青年、青年文明号和青年岗位能手、青年创新奖、青年项目经理和青年项目总工、模范师徒等评选活动。创新典型选树的工作机制、工作内容和工作渠道，不断深化典型选树的内涵，提高典型选树的质量，扩大典型选树的覆盖面，使各类人才脱颖而出。开展“你是最可爱的人”身边榜样故事大赛，大力加强重大青年典型的发现和培养。充分利用各类网站、报刊、杂志、简报、宣传栏等载体，宣传先进青年集体和个人的典型事迹，激励青年立足岗位，立志成才。

四、夯实工作基础，扎实创先争优，大力加强自身建设

1. 着力加强团的基层组织建设。坚持党建带团建，紧跟党建步伐，充分借助党建在基层的新格局和新成果，努力使团建与党建在工作空间和工作内容上紧密结合。开展党建带团建及组织建设工作调研检查，落实党委“三个文件”。组织召开总公司第三次（股份公司第一次）团代会。按照规范管理的思路，努力做好基层团组织标准化建设，打牢基层团建基础。注重团建模式的创新，大力推行“六种团建”新模式。加强流动团员管理，探索团务项目管理，延伸机关团建形式，拓展农民工队伍团建和架子队团建。利用好新媒体实现虚拟建团，进一步地整合好区域团建。

2. 着力提升团干部综合素质。扎实团干部工作作风，召开团委负责人年中述职会，在各级团干部中深入开展重难点工程联系点制度，坚持做到“七个一”。落实好团干部队伍建设“123”工程的要求，切实完善团干部的培养、选拔、使用和作用发挥机制，把好团干部入口关和出口关，研究和探索团干部选拔、任用方面的新思路。加强对团干部的教育和管理，按照分级培训的思路，认真落实团干部教育培训计划，不断提高团的工作科学化水平，提升团干部队伍素质。举办2013年团干部培训班，开展第三届魅力团支书评选活动。

3. 着力强化团的基础工作。大力推进制度建设和制度落实，深入落实理论研究安排，努力形成长效工作机制。加强舆论宣传，加大与《中国青年报》、中央企业青年网等团属媒体的合作力度，拓宽团组织的宣传渠道。加强信息化建设和信息工作，改版“中国中铁青年网”，做好团干部QQ群“每日一题”、“CREC每日一句”、“团委工作日志上网”等工作，办好“中国中铁共青团手机报、微博”。落实《重点工作督办落实》和《常项工作督办考核》两项制度，出台《中国中铁共青团绩效考核管理办法》。完善共青团基础台账统计工作，做好省部级以上荣誉备案、团费收缴和管理、文件文稿汇编等工作。

4. 加强学习和理论研究工作。扎实开展学习型团组织建设，制定《共青团2013年理论研究工作计划》，落实团干部集体学习制度和“团干部小课堂”活动。扎实开展调查研究，认真总结试点工作，建立工作机制及制度文件，科学规划和推进协作区建设。加强与其他央企以及地方团组织的沟通交流，学习其他单位的先进做法和经验。

总公司 2012 年大事记

一 月

5 日，股份公司副总裁戴和根与莆田市市长梁建勇进行会谈，双方就妈祖城项目建设相关事宜进行了磋商。

✦股份公司党委副书记、纪委书记、监事会主席王秋明参加了中铁四局 2011 年度领导班子民主生活会。

✦股份公司总经济师许廷旺参加中铁五局 2011 年度党员领导干部民主生活会。

6 日，股份公司董事长、党委书记李长进参加中铁航空港 2011 年度党员领导干部民主生活会。

✦股份公司总裁白中仁在深圳市市民中心，会晤深圳市常务副市长吕锐锋一行，就进一步加强政企合作，积极参与深圳地铁三期工程等双方关心的问题进行了深入交谈。

✦股份公司副总裁周孟波参加中铁科工 2011 年度党员领导干部民主生活会。

✦股份公司副总裁戴和根参加中铁海西 2011 年度党员领导干部民主生活会。

✦股份公司副总裁章献参加中铁十局领导干部民主生活会。

✦股份公司副总裁周孟波在总部会客厅会见了蒙古乌兰巴托副市长朝格自勒玛女士一行。

6 日-8 日，公司党委书记、董事长李长进带领检查组，先后深入到北京铁建公司和中铁六局机关本部，对党风廉政建设责任制落实和反腐倡廉建设情况进行了检查。

7 日，股份公司总裁白中仁参加中铁二局 2011 年度的党员领导干部民主生活会。

✦股份公司副总裁、财务总监、总法律顾问李建生参加中铁九局党委 2011 年党员领导干部专题民主生活会。

✦股份公司副总裁、总工程师刘辉参加了中铁西南院 2011 年度党员领导干部专题民主生活会。

✦股份公司副总裁戴和根参加中铁贵州 2011 年度党员领导干部民主生活会。

✦股份公司董事长、党委书记李长进参加中铁六局 2011 年党员领导干部民主生活会。

✦中铁信托召开党员领导干部会议，股份公司总裁白中仁出席会议。

✦股份公司副董事长、党委副书记、工会主席姚桂清出席中铁三局干部会议。

8 日至 9 日，股份公司党委副书记、纪委书记、监事会主席王秋明参加中铁上海局领导干部民主生活会。

8 日-9 日，公司党委副书记、纪委书记王秋明等一行参加了中铁上海局领导班子民主生活会，对党风廉政建设责任制落实情况进行检查。

9 日，股份公司总裁白中仁，副总裁、总工程师刘辉在昆明会晤了云南省委常委、昆明市委书记张田欣，市长张祖林。双方就进一步深化战略合作，继续加快昆明市基础设施建设深入交换了意见。

✦股份公司总裁白中仁，副总裁、总工程师刘辉，赴昆宣布中铁泛亚建设投资有限公司领导班子，并对其下步工作提出明确要求。

✦股份公司副董事长、党委副书记、工会主席姚桂清参加中铁七局领导干部民主生活会。

10 日，中国中铁参建的泛亚国际铁路通道——玉（溪）蒙（自）铁路秀山隧道贯通，股份公司总裁白中仁出席贯通仪式庆祝大会。

✦股份公司副总裁、财务总监、总法律顾问李建生参加中铁置业 2011 年度党员领导干部民主生活会。

11 日，中国中铁与成都市签署地铁建设战略合作协议，合作建设地铁 1 号线南延线工程、3 号线工程、7 号线工程，3 条线路首期工程全长约 64 公里。

✦股份公司副总裁马力参加中铁西北院 2011 年度党员

领导干部民主生活会。

12 日，铁道部副部长卢春房到中铁八局遂渝二线工程项目现场检查指导。

✦股份公司副总裁刘辉参加中铁设计咨询领导干部民主生活会。

✦中国中铁 2012 年一季度对外经营例会在股份公司总部召开。会上，股份公司副总裁周孟波作重要讲话。

✦中国中铁承建的斐济道路升级项目 MOTO 路工程正式开工。

13 日，股份公司召开节能减排工作视频会议。会上，股份公司总裁白中仁作重要讲话，副总裁、总工程师刘辉作了总结讲话。

✦股份公司副总裁戴和根参加中铁南方公司 2011 年度党员领导干部民主生活会。

股份公司董事长李长进在机关总部会客厅会见了马来西亚金务大公司执行董事拿督黄奇仁。

15 日，全国总工会副主席、书记处书记、党组副书记陈豪在安徽省政协党组副书记、省总工会主席王秀芳陪同下，到中铁四局四公司，看望和慰问 2011 年度“中国好人”樊竹香及家人。

✦股份公司总经济师许廷旺参加中铁港航局党委 2011 年领导干部民主生活会。

✦中国中铁参建的世界首座非对称拉索布置形式的大跨度斜拉桥——万州长江公路三桥开工建设。

16 日，股份公司总裁白中仁参加中铁三局 2011 年度领导干部民主生活会。

✦股份公司副总裁段秀斌参加中铁宝桥 2011 年度党员领导干部民主生活会。

16 日至 18 日，股份公司副总裁戴和根出席中铁置业职代会暨 2012 年工作会议。

17 日，中央企业团工委书记、中央企业青联主席许高峰到中铁十局德大铁路项目部开展春节慰问活动。

✦国资委召开中央企业反腐倡廉建设工作会议，公司党委书记、董事长李长进，总裁白中仁，党委副书记、纪委书记王秋明参加会议。

✦股份公司副总裁、财务总监、总法律顾问李建生参加中铁资源 2011 年度领导干部专题民主生活会。

✦股份公司副总裁周孟波在总部会客厅会见了印度客人，就印度、马来西亚市场合作事宜交换了意见。

18 日，股份公司第二届监事会第六次会议（属 2012 年第 1 次临时会议）在股份公司总部召开。

19 日，股份公司第二届董事会第九次会议（属 2012 年第 1 次临时会议）在公司总部召开。

26 日，老挝人民民主共和国国家主席朱马利.赛亚松到中铁五局施工的湄公河大桥工地参观。

28 日，共青团中国中铁二届九次全委（扩大）会议在总部机关召开。公司领导李长进、白中仁、姚桂清出席会议并作重要讲话。

29 日，铁道部副部长卢春房春节期间检查中铁建工参建的郑州东站。

30 日，铁道部副部长卢春房到中铁建工承建的石武客运专线河南段信阳东站检查指导工作。

二 月

2 日，中国中铁承建的肯尼亚基苏木机场一期项目举行竣工典礼暨正式开通仪式。肯尼亚总统齐贝吉、总理奥加廷，中国驻肯尼亚大使刘光源、经商处参赞韩春霖等出席该典礼仪式。

3 日，中共中央政治局委员、国务院副总理张德江在国务院国资委主任王勇、副主任黄淑和，湖北省委书记李鸿忠、省长王国生，股份公司董事长、党委书记李长进等陪同下到中国中铁大桥局调研，并称赞中铁大桥局是“建桥国家队”。

✦股份公司总裁白中仁在公司总部会见深圳市副市长唐杰一行，双方就进一步加强政企合作，加大深圳地铁 11 号线推进力度进行了深入交流。

✦中铁设计咨询与秦龙（国际）集团签订新建蒙古国铁路达赛线的设计合同。项目新建铁路全长 519 公里，按照中国重载运输标准设计，轴重 25 吨。

4 日，中国中铁承建的坦桑尼亚国家档案中心项目举行奠基仪式。

5 日，贵州省省委书记栗战书到中国中铁承建的乌撒民族公园检查指导。

7 日，股份公司总裁白中仁在成都会晤成都市市长葛红林，双方就深化战略合作协议，加快推进成都地铁工程建设有关事宜深入交换了意见，达成了共识。

8 日，股份公司副总裁、总工程师刘辉参加中铁装备领导班子民主生活会。

✦深圳市地铁集团组织中国中铁、中国铁建、中交集团、中国建筑、中国电建等五家央企召开了深圳市轨道交通三期工程 BT 项目招标座谈会，股份公司副总裁戴和根参加会议。

9 日，股份公司总经济师许廷旺参加中铁隧道党员领导干部民主生活会。

✦铁道部副部长卢春房对哈大客专沈大段进行了检查，并在大连召开现场办公会。

11 日，股份公司副董事长、党委副书记、工会主席姚桂清参加中铁八局 2011 年领导干部民主生活会。

12 日，股份公司副董事长、党委副书记、工会主席姚桂清参加中铁信托 2011 年度党员领导干部民主生活会。

2 月 13 日，北京辖区上市公司监管工作会议在京召开，股份公司董事长、党委书记李长进参加会议。

13 日，在中国中铁承建的上海轨道交通 11 号线北段延伸工程施工中，重 150 吨、长 30 米的预制箱梁顺利吊装就位，标志着中国首条跨省际城轨工程首片箱梁成功架设。

14 日，国务院国有重点大型企业监事会主席时希平、07 办主任夏策平、副主任李慧敏一行在股份公司董事长、党委书记李长进，副总裁、财务总监、总法律顾问李建生，董事会秘书于腾群等的陪同下，到中铁建工检查指导工作。

✦中铁四局参建的中国最长的跨海铁路轮渡——烟大铁路轮渡工程获得 2011 年度国家科学技术进步二等奖。

16 日，股份公司副总裁、总工程师刘辉出席中铁七局首届科技大会。

✦股份公司副总裁周孟波在总部会客厅会见了加拿大 ALLINA 公司代表，双方就埃塞钾盐矿及边境铁路建设等事宜交换了意见

17 日，股份公司副总裁段秀斌参加中铁山桥 2011 年度党员领导干部民主生活会。

✦股份公司党委副书记、纪委书记、监事会主席王秋明参加中铁西南公司领导干部民主生活会。

18 日，国务院国有重点大型企业监事会主席石大华带领部分国有重点大型企业负责人与云南省省长李纪恒在昆明举行工作会谈。股份公司总裁白中仁、副总裁刘辉参加会谈。

20 日至 3 月 1 日，股份公司副总裁周孟波随商务部陈健副部长率领的“中国经贸代表团”赴老挝、泰国和马来西亚进行了访问。

21 日，股份公司副董事长、党委副书记、工会主席姚桂清参加中央企业工会工作视频会议并作经验交流。

22 日，股份公司董事长、党委书记李长进在成都主持召开股份公司成都新一轮地铁建设现场办公会。

✦在总部机关召开了第二十二次扶贫开发工作领导小组会议。股份公司副总裁、总工程师刘辉和总经济师许廷旺出席会议并讲话，有关部门负责人参加了会议。

23 日，中国中铁与成都市政府共同举行加快成都新一轮地铁建设动员大会。成都市委副书记、市长葛红林，股份公司总裁白中仁在会上致辞。四川省委常委、成都市委书记黄新初，股份公司董事长、党委书记李长进共同启动建设仪式。

✦白中仁总裁出席中铁二局领导班子会议，会议由股份公司副总裁戴和根主持。

✦股份公司党委副书记、纪委书记、监事会主席王秋明参加华刚公司 2011 年度领导班子民主生活会。

✦股份公司总经济师许廷旺参加中铁中原公司领导班子民主生活会。

25 至 26 日，股份公司在京召开一届三次职工代表大会。会上，股份公司董事长、党委书记李长进，总裁白中仁分别作重要讲话。

27 日，股份公司在京召开 2012 年工作会议。会上，股份公司董事长、党委书记李长进、总裁白中仁作重要讲话，副董事长、党委副书记、工会主席姚桂清作了总结讲话。

✦股份公司首次召开了反腐倡廉建设工作会议。会上，国务院国资委党委委员、纪委书记强卫东，股份公司董事长、党委书记李长进，党委副书记、纪委书记、监事会主席王秋明分别作了重要讲话。

28 日，股份公司在京召开 2012 年安全质量工作会议。会上，股份公司董事长、党委书记李长进，总裁白中仁分别作了重要讲话。

✦公司纪委召开纪委书记座谈会，会议交流了部分单位反腐倡廉建设工作经验，部署了执行力建设年活动和协作队伍管理效能监察工作安排，调整了纪检监察支会，与会代表围绕中国中铁反腐倡廉建设工作会议精神进行了座谈讨论。

✦股份公司副总裁段秀斌在总部会客厅会见了莫桑比克铁路与码头管理局代表团，双方就钢轨、道岔提供和铁路、公路、码头建设等方面的合作交换了意见。

三月

2 日，中国中铁哈大客专施工生产会于沈阳召开，股份公司副总裁、总工程师刘辉参加会议。

5 日

✦国有重点大型企业监事会听取中国中铁境外国有资产检查整改方案汇报会在股份公司总部召开。国有企业监事会主席时希平，国有企业监事会 07 办主任夏策明、副主任李慧敏及专兼职监事，股份公司领导及高管白中仁、李建生、周孟波、章献、许廷旺、于腾群等参加会议，会议由白中仁总裁主持。

✦股份公司总裁白中仁在公司总部会见南宁市市长周红波一行，双方就进一步深化战略合作，加强城市基础设施建设等事宜进行了深入交流。

✦中国中铁中标实施深圳城市轨道交通 11 号线 BT 项目。中标价约为 255.5 亿元，项目包括深圳市城市轨道交通 11 号线、车公庙枢纽工程、与 11 号线同步实施工程、11 号线上盖物业工程，将采用“融资+设计施工总承包”的 BT 模式投资建设，项目建设工期从 BT 工程合同生效之日起至 2016 年 6 月 30 日止。

7 日，中国中铁与武汉市政府在中国中铁总部签署了投资合作意向书。湖北省委常委、武汉市委书记阮成发出席签

字仪式。武汉市市长唐良智、股份公司总裁白中仁分别在仪式上致辞。签约仪式前后，李长进董事长、白中仁总裁先后会见了阮成发书记、唐良智市长等一行。

7日至8日，股份公司党委副书记、纪委书记、监事会主席王秋明带领调研组到中铁隧道三公司调研基层党建工作和协作队伍管理情况。

7日至9日，股份公司副总裁戴和根出席中铁资源2012年度工作会议暨一届三次职代会议。

7日-9日，公司党委副书记、纪委书记王秋明带领调研组深入中铁隧道集团三公司和中铁南方投资公司，对加强基层党组织建设，规范协作队伍管理和创新反腐倡廉建设体制机制等工作进行调研。

8日，贵州省委副书记陈敏尔一行到中铁贵州国际生态城项目检查指导工作。

9日

✦股份公司总裁白中仁在总部会见了亳州市市长沈强一行，双方就加强基础设施建设、加快推进亳州古城综合改造等有关事宜进行了深入交流。

✦股份公司党委副书记、纪委书记、监事会主席王秋明到中铁南方公司，重点就加强基层党组织建设，规范协作队伍管理和创新反腐倡廉建设体制机制等工作进行调研。

10日

✦中铁资源与鹤岗市战略合作协议签署仪式在京举行。黑龙江省省长王宪魁、中国中铁总裁白中仁出席并讲话。

✦中铁二局承建的青海省玉树县第一民族中学建成并投入使用。3月11日至3月15日，股份公司副总裁周孟波率领股份公司副总工程师、南洋公司总经理陈诗平，国际业务部部长陈之功赴伊朗德黑兰，就德黑兰霍梅尼国际机场扩建事宜与伊朗交通部进行了洽谈。

12日，中国中铁承建的世界跨度最大的公铁两用斜拉桥——湖北黄冈长江大桥两主塔实现封顶。

✦白中仁总裁在股份公司总部会见了巴基斯坦巡回大使哈里尔•艾哈迈德，双方就巴基斯坦铁路项目的运作模式等问题进行了交流。

13日，股份公司副总裁、总工程师刘辉参加中铁郑州指挥部2012年度生产计划会议。

✦公司党委下发通知，在全公司开展“执行力建设年活动”。

15日，中铁山桥28.4亿元中标港珠澳大桥CB01标段结构制造工程。该标段是港珠澳大桥钢结构项目最大一个标段，大桥主体建造工程将于2016年完成。

16日

✦股份公司总裁白中仁到中铁南方公司调研检查。

✦中铁宏达资产管理中心2012年工作会议在北京召开。马力副总裁代表总公司、总公司党委在会上作了重要讲话。

✦由共青团中央、人力资源和社会保障部共同组织的全国青年岗位能手(标兵)评选结果揭晓。中国中铁13名优秀青年受到表彰，是股份公司历史上年度获“全国青年岗位能手”称号最多的一次。

18日，中国中铁开工建设中铁轨道交通高科技产业园，园址位于成都市金牛区高科技产业园，总占地面积1432亩，总建筑面积约200万平方米。

19日

✦股份公司董事长、党委书记李长进、副总裁马力到中铁八局青白江地铁管片厂和物流基地开展企业转型升级课题调研。

✦股份公司总裁白中仁在公司总部会见了进出口银行副行长诸鑫强一行。

✦股份公司副总裁段秀斌一行到中铁航空港，就经营开发、成本管理等工作进行调研。

20日

✦四川省委书记刘奇葆到中铁西南院监理公司成都地铁项目检查。

✦博茨瓦纳总统祖玛协与到访的赞比亚总统萨塔共同出席了由中海外承建的博茨瓦纳莫各迪查尼（MOGODITSHANE）高级中学开校典礼。

✦中铁二局承建的文莱356套住房项目一期工程完成验收。该项目合同金额3264万美元，是文莱当前最大在建房建项目——“国家房屋建设计划”的重要组成部分。

✦股份公司总裁白中仁在机关总部会见了中国驻印度尼西亚大使刘建超。

21日，中共中央政治局委员、北京市委书记刘淇在安哥拉访问期间，会见了中铁四局等驻安中资企业代表并举行座谈。

✦国资委纪委召开中央企业纪委书记、纪检组组长述职会议。公司党委副书记、纪委书记王秋明参加会议。

21日至4月1日，周孟波副总裁出访柬埔寨、坦桑尼亚和埃塞俄比亚三国，分别就柬埔寨柏威夏省矿山至国公省沙密港新建铁路项目、援坦桑尼亚至赞比亚铁路大修改造项目和埃塞俄比亚Addis Ababa-Mieso国铁项目开工以及亚的斯亚贝巴轻轨项目启动等有关事宜开展工作。

22日

✦股份公司党委副书记、纪委书记、监事会主席王秋明一行深入中铁二局四公司，对基层党组织建设和协作队伍管理等工作进行调研。

✦股份公司副总裁章献到中铁南方公司调研薪酬管理和企业定位。股份公司劳资社保部部长刘志伟等陪同调研。

✦湖南省委副书记、省长徐守盛到中铁隧道长沙南湖路湘江隧道项目部检查指导工作。

22日至24日，股份公司2012年度审计工作会议在苏州召开。

23 日，国资委召开了中央企业开展管理提升活动视频会议。中国中铁所属 48 家二级企业、300 多家三级公司中层以上干部在各分会场参加了会议。

24 日，股份公司副总裁、总工程师刘辉在检查中铁建工承建的草海安置房工程。

26 日，股份公司副总裁、财务总监、总法律顾问李建生到中铁二局调研全面预算管理情况。

27 日

✦国务院国资委与广西壮族自治区人民政府合作备忘录签字仪式暨央企广西行活动在南宁举行。国务院国资委主任王勇、广西自治区主席马飚出席活动并作重要讲话。广西自治区政协主席陈际瓦、国资委副主任黄丹华以及 107 家中央企业负责同志参加活动仪式。股份公司章献副总裁参加仪式，并代表中国中铁与南宁市人民政府续签了合作框架协议。

✦股份公司副总裁章献在南宁市国际会展中心与南宁市市长周红波举行了会谈，双方就深化战略合作、促进南宁市社会经济发展开展了广泛的沟通和交流。

✦中铁西南公司与南宁市邕宁区签订龙岗新区 29.9 亿元 BT 项目合同。

28 日

✦股份公司总裁白中仁在江门市市委书记刘海等市委、市政府领导陪同下，先后到江顺大桥顺德岸和江门岸施工现场检查指导，并对参建单位提出要求。

✦中国中铁开工建设深圳观澜保障性安居工程。该项目以 BT 模式投资建设，是深圳市近期集中开工的保障性住房中最大的一个。

29 日，佛山市高明区西江新城核心区动工仪式举行。股份公司总裁白中仁、广东省有关部门领导，佛山市委市政府及高明区委区政府主要负责人出席仪式。

29 日-4 月 1 日，国资委纪委举办中央企业纪委书记（纪检组组长）研讨培训班。公司党委副书记、纪委书记王秋明参加培训。

30 日，股份公司第二届董事会第十一次会议（属 2012 年第 1 次定期会议）在京召开。股份公司董事李长进、白中仁、姚桂清、韩修国、贺恭、贡华章、王泰文、辛定华出席了会议。国有企业监事会主席时希平，07 办主任夏策明、副主任李慧敏，监事魏新岚、姚森雄、赵志德，股份公司监事张喜学、林隆彪、陈文鑫，高管李建生、马力、章献、许廷旺、于腾群，联席公司秘书谭振忠及有关人员列席会议。

31 日

✦股份公司 2011 年年报（A 股）业绩推介会在总部举行。董事长、党委书记李长进，执行董事、总裁白中仁，副总裁、财务总监、总法律顾问李建生，董事会秘书丁腾群出席了推介会。

✦股份公司副董事长、党委副书记、工会主席姚桂清在中铁七局主持召开股份公司郑州地区单位调研座谈会，就全面落实 2012 年股份公司工作会议精神，加强基层党组织建设和外协队伍管控开展座谈调研。

✦股份公司副总裁、总工程师刘辉在长沙主持召开高速铁路建造技术国家工程实验室第八次理事会。

✦青海省副省长骆玉林到中铁资源海西煤业公司调研。

✦中国中铁参建的世界跨峡谷跨径最大的钢桁梁悬索桥——湖南矮寨大桥正式建成通车。

四 月

3 日

✦中国中铁开工建设白俄罗斯奥西波维奇—日罗宾铁路电气化改造项目。

✦中国中铁承建的伊朗国内第一长隧道——德黑兰北部高速公路塔隆隧道左线贯通。

5 日，安徽省委副书记、省长李斌到中国中铁承建的合肥联想基地项目调研工作。

✦股份公司董秘于腾群到中铁十局进行企业三级法人职能定位调研。

5 日至 8 日，股份公司副总裁、财务总监、总法律顾问李建生率股份公司全面预算管理咨询联合项目组到中铁港航局进行全面预算工作调研，并就做实三级企业进行调研。

6 日，股份公司召开了 2012 年一季度施工生产安全质量管理视频会议，白中仁总裁作重要讲话，副总裁、总工程师刘辉主持会议并作了会议总结。

8 日，中铁建工集团第十次派员随队出征南极首批 11 名队员回国。此次中铁建工集团派出的 18 名员工随中国第 28 次南极科考队于 2011 年 11 月 3 号赴南极，完成了中山站越冬宿舍楼、医院改造和油罐建设等的基础设施的施工任务，为本次南极科考做出了重要贡献。

9 日

✦中国中铁自建的国内最先进耙吸式挖泥船——“中铁浚 16”号建成上水。

✦股份公司召开 2012 年职称改革工作领导小组会议、职业项目经理评审工作领导小组会议和股份公司级专家首次评选认定工作会议。总裁白中仁主持会议，副总裁刘辉、马力、周孟波、总经济师许廷旺，副总经济师参加了有关会议。

10 日

✦股份公司总裁白中仁出席了港珠澳大桥主体桥梁工程钢箱梁制造项目合同签约仪式。

✦中国中铁集中开工建设 19 个玉树灾后重建项目。此举拉开了玉树灾后重建最后一年决战序幕。

10 日至 12 日，中国中铁 2012 年二季度对外经营例会在武汉召开，周孟波副总裁在会上作重要讲话。

10 日至 30 日，根据公司党委的总体安排部署，为深入查找分析领导人员队伍建设的风险，研究制定对策，总经济师许廷旺带队开展了以“领导人员队伍建设风险防控”为课题的专题调研。

11 日

✦股份公司总裁白中仁一行到中铁五局进行调研。

✦股份公司副总裁、总工程师刘辉到中铁隧道重庆轨道项目检查调研，就如何提升传统业务竞争力进行了专题座谈。

12 日，股份公司副总裁、财务总监、总法律顾问李建生一行到中铁五局机械化公司、二公司对做实企业发展基础和推进全面预算管理工作进行调研。

✦4 月 12 日-23 日，周孟波副总裁随商务部高访团出访阿根廷、智利及委内瑞拉三国。考察期间，周孟波副总裁拜会了三国政府主管计划、基础设施建设等有关部门。

13 日

✦股份公司总裁白中仁在江门市会晤了澳门特首崔世安一行，双方就加强政企合作，加快推进澳门基础设施建设深入交换了意见。

✦股份公司副董事长、党委副书记、工会主席姚桂清陪同国务院国资委副主任姜志刚到南京大胜关长江大桥参观考察。

✦股份公司副总裁、总工程师刘辉在昆明主持召开昆明轨道交通 BT 项目设计工作会。

14 日

✦股份公司总裁白中仁到中铁贵州公司检查指导工作，现场察看了中铁国际生态城项目。

✦中铁昆明建设投资有限公司与昆明轨道公司联合举行了昆明地铁 3 号线西标段小渔村站主体结构封顶暨岷山站盾构始发仪式。股份公司副总裁、总工程师刘辉，昆明市副市长何波出席仪式并致辞。

✦青海省 2012 年玉树灾后重建誓师动员大会在玉树结古镇召开。青海省省委书记强卫出席会议并宣布 2012 年重建施工全面开工，省长骆惠宁作了重要讲话。股份公司马力副总裁代表公司参加了会议。

15 日

✦中国中铁昆明轨道交通 BT 项目施工推进动员会在昆明召开，股份公司总裁白中仁在会上作了重要讲话，副总裁、总工程师刘辉就昆明轨道交通 BT 项目的组织实施进行了全面安排部署。

✦股份公司副董事长、党委副书记、工会主席姚桂清到武汉地区调研基层党组织建设和外协队伍管理工作。

16 日

✦股份公司 2011 年度 H 股业绩推介会分析师会议和新闻发布会在香港举行。股份公司董事长、党委书记李长进，独立董事辛定华，副总裁、财务总监、总法律顾问李建生，副总裁章献，董事会秘书于腾群等参加会议。

✦铁道部党组书记、部长盛光祖赴京石、石武客专建设一线进行现场办公，实地检查了中国中铁承建的永定河特大桥杜家坎拆迁工程、无砟轨道及高碑店东站，股份公司总裁白中仁陪同铁道部领导全程添乘检查全线。

✦中国中铁完成哈大客专开建以来最大规模封锁转线施工。

17 日

✦股份公司总裁白中仁一行到中铁航空港调研。

✦股份公司副总裁戴和根一行到中铁电气化局泰州地产项目现场进行实地考察调研。

18 日

✦股份公司总裁白中仁在北京国贸大酒店贵宾厅拜会了来华访问的泰王国总理英拉阁下，双方进行了亲切友好的会谈。

✦美国《福布斯》杂志公布了全球企业 2000 强(Forbes Global 2000)榜单，中国中铁列第 356 位，全球建筑行业第 5 位。

✦股份公司党委副书记、纪委书记、监事会主席王秋明率调研组到中铁四局二公司就基层党建和协作队伍管理工作开展调研。

✦股份公司副董事长、党委副书记、工会主席姚桂清就加强基层党组织建设到中铁九局进行调研。

18 日-19 日，公司党委副书记、纪委书记王秋明带领调研组，深入中铁四局二公司和中铁置业蚌埠公司，进行工作调研。

19 日

✦马力副总裁在钓鱼台会见了泰国交通部长和副部长，就高铁建设事宜进行了交流，双方表达了合作建设泰国高铁的意向。

✦深圳前海合作区系列项目启动暨地铁 11 号线开工仪式在前海举行。中共中央政治局委员、广东省委书记汪洋出席仪式并宣布开工。广东省委常委、深圳市委书记王荣，股份公司总裁白中仁出席仪式并致辞。

✦股份公司党委副书记、纪委书记、监事会主席王秋明带领调研组深入中铁置业蚌埠公司，重点就加强基层党组织建设，规范协作队伍管理等工作进行调研。

20 日

✦股份公司总裁白中仁在京会见了吉尔吉斯共和国议会议员兼预算与财政委员会副主席图马诺夫先生一行，双方就加强中铁资源在吉尔吉斯境内资源开发、勘探及基础设施建设等方面合作事宜进行了会谈。

✦中国中铁承建的哈大铁路客运专线辽阳至普湾段开始联调联试。

21 日，中国中铁成功研制世界最先进的地铁专用全自动砂浆搅拌站。

22 日，股份公司副总裁戴和根会见青岛市市长张新起。

24 日

✦全国政协副主席陈宗兴调研中铁八局承建的东航西安维修基地新机库项目。

✦铁道部部长盛光祖到中铁十局承建的济南铁路局北货场职工住宅项目检查工作。

23 至 24 日，股份公司副总裁、总工程师刘辉到中铁山桥就提高传统业务竞争力进行了专题检查调研。

24 至 26 日，国有企业监事会主席时希平一行前往中铁海西妈祖城项目、厦（门）漳（洲）跨海大桥项目、中铁源昌置业元湾项目开展实地调研检查，看望慰问参建员工。股份公司副总裁戴和根、董事会秘书于腾群等陪同检查。

25 日

✦股份公司副总裁、总工程师刘辉到中铁大桥局就提高传统业务竞争力进行调研座谈。

✦股份公司副总裁章献率队到中铁二局，就加强劳务企业管控工作进行调研。

✦中国中铁资源鹿鸣钼矿项目首台特大型球磨机在中信重工机械股份有限公司成功试车，伊春鹿鸣钼矿项目投产后，日处理矿量将达到 5 万吨。此次成功试车的溢流型球磨机为中国目前最大的钼矿球磨机。

26 日

✦股份公司董事长、党委书记李长进到中铁装备公司，就推动企业转型升级进行专项调研，并在召开的座谈会上作了重要讲话。

✦盾构及掘进技术国家重点实验室在郑州举行了揭牌仪式。股份公司董事长、党委书记李长进出席揭牌仪式，与国家科技部副部长陈小娅、河南省政协副主席张亚忠、铁道部总工程师何华武共同为实验室揭牌。郑州市市长马懿、河南省科技厅厅长贾跃和股份公司副总裁、总工程师刘辉分别致辞。

✦股份公司副总裁段秀斌到中铁科工进行调研。

27 日

✦股份公司第二届董事会第十二次会议（属 2012 年第 2 次定期会议）在京召开。股份公司全体董事李长进、白中仁、姚桂清、韩修国、贺恭、贡华章、王泰文、辛定华出席了会议。国有企业监事会 07 办、国资委改组局有关人员，股份公司部分监事和高管等列席了会议。

✦股份公司副总裁、总工程师刘辉到中铁四局就创新工程项目管理模式进行了专题调研。

27 至 29 日，股份公司董事长、党委书记李长进出席中铁大桥局召开第三次党员代表大会。

28 日

✦股份公司董事长、党委书记李长进到中铁科工检查指导工作。

✦股份公司董事长、党委书记李长进在武汉会见了武汉市市长唐良智，就进一步深化落实中国中铁与武汉市的战略合作事宜进行了会谈。

✦股份公司总裁白中仁在公司总部会见了渭南市市长徐新荣一行，双方就加强区域交通建设、渭河综合治理等事宜进行了深入交流，并达成了初步共识。

✦中国中铁以 BT 模式投资建设的成都地铁 3 号线一期工程正式开工。该工程线路全长 20.359 公里，共设车站 17 座、车辆段 1 座，预计 2015 年建成通车。

✦股份公司在郑州召开郑州片区离退休干部管理和内部治安保卫工作调研会，股份公司总经济师许廷旺出席会议并讲话。

五 月

2 日

✦中国中铁与中国兵器工业集团在钓鱼台国宾馆举行战略合作协议签字仪式。十七届中央候补委员、国资委国有重点大型企业监事会主席石大华，股份公司董事长、党委书记李长进，总裁白中仁，中国兵器工业集团党组书记尹家绪出席签字仪式。股份公司副总裁马力和中国兵器工业集团副总经理温刚分别代表双方在战略合作协议上签字。

✦股份公司副总裁、华刚公司董事长戴和根出席华刚公司干部大会。

3 日

✦股份公司副总裁周孟波在公司总部会见了香港土木工程署前署长、现任职于 AECOM 工程咨询公司的刘正光博士。

✦中国中铁开始世界首条轴重 30 吨的重载铁路——山西中南部铁路铺轨施工。

✦“中国中铁郭明义爱心团队——总部青年在行动”授旗仪式在总部举行，股份公司副董事长、党委副书记、工会主席姚桂清出席授旗仪式，总部机关 80 余名团员青年参加了授旗仪式。

3 日至 4 日，股份公司在京召开 2011 年度暨 2012 年一季度经济活动分析会。股份公司董事长、党委书记李长进和总裁白中仁分别在会上作重要讲话。

4 日，由中铁四局承办并冠名的全国首个“农民工”主题摄影大赛"'中国中铁四局杯'农民工·我的兄弟姐妹"全国摄影大赛获奖作品展在安徽省合肥市人民广场开幕。

✦"中国中铁纪念建团90周年新老团干座谈会"在总部举行，来自股份公司及所属单位45名新老团干代表参加了座谈会，股份公司领导李长进、白中仁、姚桂清出席了座谈会。

✦周孟波副总裁在股份公司总部会见了南非交通委员会主席班古女士一行，双方就合作实施南非基础设施建设项目交换了意见。

4日至18日，举办了中央党校中国中铁第七期领导人员理论培训班。共有57名二级企业领导班子成员参加。培训期间，董事长、党委书记李长进、总裁白中仁看望了学员，分别参加了开班式和结业式并为学员授课。

6日，中国中铁参建的西安地铁1号线全线贯通。

7日

✦股份公司召开开展管理提升活动视频会议。会议由副总裁马力主持，白中仁总裁在会上作重要讲话。

✦中国中铁中标昆明轨道交通4个BT项目，总投资额340亿元，项目包括轨道交通1号线延长线工程、3号线延长线工程、4号线工程和昆明市安嵩地方铁路安宁段工程。

8日

✦中国中铁与兴业银行银企合作协议在总部签署。股份公司董事长、党委书记李长进，副总裁、财务总监、总法律顾问李建生，董事会秘书于腾群，兴业银行股份公司行长李仁杰、副行长林章毅等参加了签字仪式。

✦股份公司在深圳召开深圳地铁5号线、北站枢纽总结表彰暨11号线BT项目誓师动员大会。股份公司总裁白中仁出席会议并讲话，副董事长、党委副书记、工会主席姚桂清宣布表彰决定，副总裁戴和根重点就深圳地铁11号线建设管理工作强调了三方面要求。

✦股份公司2012年度安全质量监督环保座谈会在济南召开。股份公司副总裁、总工程师刘辉参加会议并讲话。

✦8日，国资委纪委召开国资委纪委通讯员座谈会，传达学习全国反腐倡廉宣传教育工作座谈会精神；部署2012年中央企业反腐倡廉宣传重点工作；对写作新闻通讯稿件进行专题辅导。公司纪委派人参加会议。

10日

✦国务院国资委与云南省政府在昆明举行合作备忘录签署暨央企入滇活动。国务院国资委主任王勇，云南省省委书记、省人大常委会主任秦光荣出席会议并讲话。股份公司总裁白中仁出席会议，并代表中国中铁与云南省政府签署战略合作协议。

✦中国中铁江门市江顺大桥BT工程百日劳动竞赛动员大会在江门市召开。股份公司副总裁戴和根出席会议并作重要讲话。

✦周孟波副总裁在股份公司总部会见南非国家运输公司TRANSNET执行董事伽马，双方就南非水堡重载铁路项目的融资和实施方式进行了交流。

11日

✦哈尔滨铁道职业技术学院举办建院10周年庆典大会暨哈尔滨铁道职业技术学院新校区（哈尔滨平房校区）开工剪彩仪式。全国人大常委、全国人大教科文委员会主任、民进中央副主席王佐书，股份公司董事长、党委书记李长进，副总裁马力等领导出席了奠基仪式并培土奠基。

✦股份公司总裁白中仁，副总裁、财务总监、总法律顾问李建生到中铁昆明公司，就昆明轨道交通项目下一步合同谈判及建设管理工作作出重要指示。

✦股份公司董事会秘书于腾群一行到中铁置业，就"企业三级法人职能定位"开展专题调研。

✦刚果（金）新任总理奥古斯丁•马塔塔•蓬约到中海外金沙萨卢蒙巴大道工程视察。该项目为股份公司总承包，委托中海外实施管理。

✦中铁一局专家型技术工人窦铁成当选中国共产党第十八次全国代表大会代表。

✦中国中铁承建的中国援助斐济低造价住房项目竣工发售。

12日

✦股份公司总裁白中仁在贵阳会晤了贵州省委书记栗战书，省委副书记、省长赵克志，双方就加强政企合作，以多种方式积极参与贵州省基础设施建设等问题进行了深入交谈。

✦国家安全生产应急救援指挥中心副主任王晋中在股份公司副总裁、总工程师刘辉的陪同下，到中国中铁昆明救援基地检查指导工作。

12日，股份公司副总裁戴和根、段秀斌一行到中铁贵州国际生态城项目调研。

13日，股份公司副总裁戴和根一行到贵州省遵义市中铁置业中铁共青湖项目调研。

14日，股份公司董事长、党委书记李长进在昆明拜会了云南省委副书记、省长李纪恒。

15日，周孟波副总裁在股份公司总部会见了南非驻华使馆参赞格雷戈，双方就中国中铁在南非的项目合作模式、投融资等话题进行了交流。

15至16日，国务院国资委在渝召开中央企业强化基础管理工作现场会。国资委主任王勇出席会议并讲话。重庆市市长黄奇帆致辞。国资委副主任邵宁主持会议，副主任黄丹华出席会议。117家中央企业主要负责人及企业管理提升活动领导小组办公室负责人参加会议。股份公司总裁白中仁全程参加会议。

16 日

✦股份公司董事长、党委书记李长进，副总裁章献在总部机关会见了华夏基金总经理滕天鸣一行。

✦股份公司副总裁、总工程师刘辉到中铁贵州国际旅游体育休闲度假中心项目调研。

✦中国中铁开工建设昆明呈贡新区保障房项目。

✦马力副总裁在股份公司总部会见了以色列特拉维夫市政交通公司董事长，双方就特拉维夫市地铁项目的合作进行了充分的交流。

17 日

✦中国中铁与大连交大在中国中铁大厦签订战略合作协议。中国中铁董事长、党委书记李长进、总裁白中仁、副总裁、总工程师刘辉，副总裁马力，大连交大校长李学伟、副校长任瑞铭、关天民、马云东等领导出席了签字仪式。

✦中国中铁承建的国内首条重型车辆综合试验道项目竣工。

18 日，中铁宏达中心召开了成立五周年纪念暨先进集体、先进个人表彰大会。股份公司董事长、党委书记李长进，总裁白中仁，副董事长、党委副书记、工会主席姚桂清，副总裁马力出席大会。

20 至 28 日，股份公司副总裁戴和根赴刚果（金），先后对中刚一揽子合作协议项下的基础设施及矿业项目建设的进展情况进行了调研，并对中铁资源“两矿一厂”项目进行了考察。

23 日

✦广西自治区主席马飚，到中铁隧道承建的南宁东站轨道交通换乘站项目工地进行实地考察。

✦铁道部党组书记、部长盛光祖到哈大客运专线进行现场办公，检查哈大客专建设进展情况。铁道部党组成员、副部长彭开宙、胡亚东、卢春房、王志国参加现场检查办公。股份公司总裁白中仁陪同铁道部领导全程添乘检查线路及哈大客专沈阳北站，并代表股份公司在总结会议上表态发言。

✦股份公司副总裁马力一行到中铁四局，就企业内控体系建设、风险管控和管理提升等课题进行调研。

23 至 24 日，股份公司董事长、党委书记李长进，副总裁章献一行到广西壮族自治区考察调研。期间，李董事长先后拜会了广西自治区主席马飚、副主席杨道喜，与广西自治区常委、南宁市委书记陈武和南宁市长周红波等党政主要领导举行会谈，就政企双方深化合作进行了交流。

24 日

✦股份公司总裁白中仁，副总裁、总工程师刘辉一行检查了股份公司沈阳四环快速路工程项目并现场办公。

✦中国中铁二院中标国内首条以地方投资为主的市域铁路—温州市域铁路 S1 线一期工程勘察设计咨询项目。

✦全国政协常委、全国政协经济委员会副主任、中国工程院院士长孙永福，在股份公司副总裁马力的陪同下到中铁四局检查工作。

26 日

✦中共中央政治局常委、国务院总理温家宝在中共湖南省委书记周强的陪同下视察中铁大桥局桥科院监理的矮寨大桥。

✦中国中铁参建的拉日铁路与青藏铁路成功对接。

28 日，郑州铁路技师学院新校区开工奠基仪式在上街区郑州宜居职教城隆重举行，股份公司副总裁马力出席奠基仪式。

29 日

✦股份公司董事长、党委书记李长进，总裁白中仁，副总裁周孟波在股份公司总部会见老挝总理通邢•塔马冯和副总理宋沙瓦•凌沙瓦一行。

✦国务院国资委与安徽省人民政府合作备忘录签字暨安徽省与中央企业合作项目签约仪式在合肥举行。安徽省省委书记张宝顺、国务院国资委主任王勇出席并发表重要讲话，安徽省省长李斌主持签约仪式。股份公司副总裁段秀斌代表股份公司应邀出席。

✦中国中铁自主研制的国内最大吨位铁路客专运架设备在吉图珲客专大成村特大桥项目成功完成首次运架施工。

31 日，公司纪委在京召开加强纪检监察组织建设座谈会，。公司纪委副书记、监察部长王宏光，部分在京二、三级企业纪委书记、项目党工委书记参加会议。

六 月

1 日

✦中央企业创先争优活动领导小组成员、国资委宣传工作局局长卢卫东一行，到股份公司检查指导“基层组织建设年”活动开展情况，并召开了座谈会。股份公司董事长、党委书记李长进，总裁白中仁，副董事长、党委副书记、工会主席姚桂清，党委副书记、纪委书记、监事会主席王秋明，总经济师许廷旺等领导参加了会议。

✦总公司下发《关于中铁咸阳管理干部学院划归中铁宏达资产管理中心直接管理的通知》将咸阳管理干部学院划入宏达中心直接管理。

✦股份公司总部机关举行员工安全质量宣誓活动。李长进董事长、白中仁总裁等 13 位公司领导和高管出席。

✦中国中铁与加纳政府日前签订 3 万套 EPC 模式保障性住房谅解备忘录。

✦周孟波副总裁在股份公司总部会见了阿根廷费尔德曼集团总裁、中阿友好协会主席诺贝尔多•费尔德曼。双方就阿根廷水电站项目，巴拉圭铁路、港口、水泥厂扩建等项目的情况进行了交流。

4日，中央企业系统（在京）党代表会议在北京会议中心召开。股份公司董事长、党委书记李长进，总裁白中仁，副董事长、党委副书记、工会主席姚桂清等参加会议。会议选举产生了中央企业系统（在京）出席党的十八大的52名代表，李长进董事长光荣当选。

5日，股份公司召开安全生产专题视频会议。

5日至8日，股份公司党委副书记、纪委书记、监事会主席王秋明对中铁大桥局、中铁科工、中铁大桥院执行力建设年活动开展情况进行督导检查。

6日，中国中铁与国家开发银行在股份公司总部签署开发性金融合作协议。国家开发银行副行长郑之杰，股份公司总裁白中仁出席签字仪式并分别致辞。国家开发银行规划总监郭明社与股份公司副总裁、财务总监、总法律顾问李建生代表双方签订了《中国中铁股份有限公司与国家开发银行股份有限公司开发性金融合作协议》。

6日，股份公司副总裁马力到中铁昆明公司，重点就企业管理、内控建设、风险管理、文化建设等工作进行调研。

7日

✦辽宁省省长陈政高到中国中铁承建的辽宁省第一长隧---丹通高速错草沟隧道检查指导。

✦股份公司章献副总裁一行到中铁五局进行劳务企业管控调研，认为中铁五局在劳务企业管控方面不断总结、完善和创新，形成了富有五局特色的劳务管理模式，走在了股份公司全系统的前列。

7至8日，国务委员兼国务院秘书长马凯在山东、河北调研铁路建设工作，铁道部部长盛光祖和国务院有关部门负责同志陪同调研。股份公司董事长、党委书记李长进全程陪同调研。

8日

✦股份公司董事长、党委书记李长进到石家庄党校检查指导工作。

✦股份公司总裁白中仁，副董事长、党委副书记、工会主席姚桂清，副总裁戴和根在股份公司总部会见了河南省省委常委、郑州市委书记吴天君，市长马懿一行。双方就基础设施建设、城市轨道交通、装备制造、商务区开发等项目的合作深入交换了意见，并达成多项共识。

✦股份公司副总裁章献到中铁港航局进行劳资社保及劳务企业管理工作调研。

✦中国中铁2011-2012年度战备工作会议在郑州召开。

9日至10日，刘辉副总裁检查了哈大线冻胀整治工作进展并组织召开专题会议研究施组和预算编制安排。

12日，中国中铁承建的南京大胜关长江大桥在第29届国际桥梁大会上获乔治•理查德森大奖。

13日，四川省委书记刘奇葆一行到中铁隧道承建的雅泸高速泥巴山隧道调研。

14日，许廷旺总经济师会见西藏住建厅党组书记、副厅长王亚蔺一行，就援藏事宜进行了协商。

15日，股份公司副总裁戴和根到中铁昆明公司，重点就创新优化昆明轨道交通BT项目管理方式，加强工程设计、资本运作、建设管理成本控制等进行调研，并对昆明公司下步资金管控、物资设备管控等重点工作提出要求。

17日，贵州省委书记栗战书、省长赵克志率贵州省第二轮工业项目建设现场观摩会的代表300人来到中铁建工西南分公司中煤盘江重工项目进行参观考察。

18日，国有重点大型企业监事会主席时希平，07办主任夏策明，副主任李慧敏，监事王玉清、魏新岚、赵志德、黄克臣、姚森雄一行在股份公司董事会秘书于腾群等陪同下，到中国中铁承建的沈阳四环快速路工程检查调研。

✦股份公司副董事长、党委副书记、工会主席姚桂清参加中铁山桥第三次党代会。

✦股份公司工程分包座谈会在京召开，副总裁、总工程师刘辉出席会议并讲话。

19日，中国中铁在玉树承建的最后一个居民住房建设项目——结古镇巴塘滨水休闲组团工程开工。

20日

✦股份公司董事长、党委书记李长进，总裁白中仁，副董事长、党委副书记、工会主席姚桂清，党委副书记、纪委书记、监事会主席王秋明一行莅临沈阳四环控制性重点工程——高坎大桥施工现场慰问施工一线全体员工。

✦公司党委在沈阳召开廉政建设专题会议，通报了近期重大案件情况，分析案件带来的重大影响和产生的深层次原因，对当前和今后一个时期切实加强反腐倡廉建设做出部署。公司所属各单位党委书记、董事长、总经理共100余人出席了会议。

✦中国中铁参建的中国首条穿越长江的地铁——武汉地铁2号线轨道全线贯通。

✦辽宁省省委书记王珉检查中铁隧道辽西四标工作。

21日

✦中国中铁大桥局中标港珠澳大桥主体工程。中标价格约37.39亿。该项目的中标也标志着中国中铁成为港珠澳大桥的第二大承包商。

✦中国中铁承建的国内首座铁路四线曲线斜拉桥——贵广南广铁路广州枢纽跨穗盐路斜拉桥广州侧实现合龙。

26日

✦股份公司2011年度股东大会在股份公司总部召开。

✦经股份公司党委常委会研究审定，中铁四局、建工集团、一局、十局、置业、建设分公司、山桥、委内瑞拉分公司、宝桥、南方投资、大桥院、西南院、二院共13家单位获2011年度股份公司“四好班子”称号。

✦中国中铁参建的中国首条国家机场示范线--昆明地铁 6 号线（长水国际机场专线）正式通车。

26 日，中央纪委监察部、国资委和湖南省省委联合召开深入学习陈超英同志先进事迹座谈会。公司党委书记、董事长李长进，党委副书记、纪委书记王秋明参加会议。

26 至 30 日，中国中铁第二期办公室负责人高级研修班在清华大学成功举办。股份公司董事长、党委书记李长进，总裁白中仁，副董事长、党委副书记、工会主席姚桂清联名致信培训班。

27 日，中国中铁庆祝建党 91 周年暨创先争优活动总结表彰大会在股份公司总部召开。

28 日，中铁电气化局巨晓林荣获“全国创先争优活动优秀共产党员”荣誉称号。

28 日

✦国家交通运输部副部长冯正霖率全国 30 多个省市交通厅厅长和专家一行 200 余人，到中铁隧道施工的铜黄高速公路 TH-C03 合同段制梁厂进行观摩指导。

✦国内首台 JQDS900 箱梁架桥机在中铁一局京福项目投入使用。

✦28 日-7 月 3 日，周孟波副总裁率团出访柬埔寨，就落实中国中铁与埔寨钢铁矿业集团在柬埔寨柏威夏至沙密港矿山铁路项目中达成的有关前期工作要求，成立柬埔寨资源开发银行，推动项目融资工作等事宜。

29 日

✦中国中铁参建的龙厦铁路开通暨动车组首发仪式在龙厦铁路起点站龙岩车站举行，福建省委书记孙春兰、省长苏树木参加仪式。

✦股份公司总裁白中仁在厦门会晤福建省委常委、厦门市委书记于伟国。

✦中国中铁参建的龙（岩）厦（门）铁路正式开通运营。

✦中铁昆明建设投资有限公司正式落户昆明。

七 月

1 日

✦股份公司副董事长、党委副书记、工会主席姚桂清参加中铁西南院第二次党代会。

✦中国中铁参建的（武）汉宜（昌）铁路正式开通运营。

2 日，铁道部副部长卢春房到中铁五局青藏公司综合调度楼项目检查。

✦中央纪委、监察部、国资委纪委联合召开部分中央企业党政纪主要负责人会议。公司党委书记、董事长李长进，总裁白中仁，党委副书记、纪委书记王秋明参加会议。

3 日，在北京市第十一次党代会上，中铁电气化局巨晓林当选党的十八大代表。

✦公司纪委组织召开了关于刘志军案件涉及中央企业有关问题后续处理工作专题会议，明确了 17 家施工单位集中教育整治工作的目标和重点。

3 至 6 日，国际工程项目风险管控培训班在股份公司总部成功举办。6 日下午，股份公司副总裁周孟波听取学员分组讨论成果汇报，并作重要讲话。

4 日，股份公司副总裁、总工程师刘辉对中铁电气化局北京地铁 10 号线、7 号线、14 号线和 15 号线进行“打非治违”及安全质量专项检查。

✦公司区域联建华北二片区会议在黑龙江伊春中铁资源鹿鸣矿业公司召开，公司党委副书记、纪委书记王秋明，纪委副书记苑宝印及中海外、中铁建工、航空港、设计咨询等 9 个片区单位的纪委书记、监察部长和中铁九局董事长、纪委书记，中铁资源所属企业党委书记、纪委书记 30 余人参加了会议。5 日

✦股份公司党委副书记、纪委书记、监事会主席王秋明到中铁资源鹿鸣公司现场调研指导工作，并看望慰问生产一线建设者。

✦中国中铁参建的全国首条“高原、高寒、高速”铁路——兰新铁路第二双线项目正式进入无砟轨道施工。

6 至 7 日，股份公司总裁白中仁出席全国科技创新大会。

7 日，中国中铁开工建设中国海拔最高的公路隧道——雀儿山隧道。

12 日，股份公司副董事长、党委副书记、工会主席姚桂清到中铁五局检查指导工作。

✦周孟波副总裁在股份公司总部会见了几内亚工程部长奥斯曼一行。双方就几内亚科纳克里-刚波亚铁路项目和西芒杜路项目等基础设施建设的合作深入交换了意见。

12 日至 15 日，中国中铁第十一届青年技能竞赛工程测量工比赛在哈尔滨举行，来自 22 个单位的 110 名选手参加了比赛，股份公司副总裁章献出席闭幕式并讲话。

12 日-19 日，国资委纪委举办中央企业监察部长（主任）培训班，公司纪委副书记、监察部长王宏光参加培训。

13 日

✦中国中铁与中国澳大利亚商会签署合作谅解备忘录。

✦股份公司总裁白中仁、副总裁李建生等一行赴中国银监会拜会蔡锷生副主席，就我公司申请设立财务公司事宜做专项汇报。本此专题会议纪要（中国银监会办公厅〔2012〕28 号）指出：在符合准入条件的前提下，银监会将支持中铁集团设立财务公司，并要求北京银监局加强对中铁集团设立财务公司的辅导工作。这次会议，为我公司设立财务公司迈出关键的一步。

14 日

✦白中仁总裁在郑州会晤了郑州铁路局局长张军邦、党

委书记杨建祥、副局长李会林。

✦国资委监事会主席时希平到中国中铁拉日铁路管段调研。

16日，股份公司总裁白中仁应邀出席昆明市加快市域铁路及地铁建设工作会议。期间，白中仁总裁与张祖林市长就有关加快推进昆明轨道交通及市政基础设施建设进行了会谈。

16至18日，股份公司副总裁、财务总监、总法律顾问李建生到中铁航空港一公司、中铁一局调研。

17日

✦国务院在人民大会堂召开全国就业创业工作表彰大会，中铁大桥局受表彰，荣获“全国就业创业先进企业”称号，这是中国中铁系统唯一获此殊荣的单位。股份公司董事长、党委书记李长进参加表彰大会。

✦股份公司总裁白中仁在昆明先后实地察看了昆明市安嵩地方铁路工程安宁段碧鸡关隧道斜井、昆明地铁3号线西标段施工现场，并对中铁昆明公司积极响应昆明市加快市域铁路及地铁建设工作会议号召，扎实推进好昆明轨道交通BT项目提出要求。

17日至19日，中国公路建设行业协会常务副理事长单长刚、专家委员会秘书长程树本一行到西南公司开展高速公路“绿通车”政策情况调研，股份公司副总裁戴和根等陪同调研。

18日

✦中共中央政治局常委、全国人大常委会委员长吴邦国在黑龙江省委书记吉炳轩的陪同下到中铁大桥院设计、中铁大桥局承建的黑瞎子岛乌苏大桥视察。

✦股份公司副总裁段秀斌参加中铁山桥举行的港珠澳大桥钢箱梁制造CB01标开工暨山桥产业园投产典礼。

✦中国中铁承建的世界高铁最大跨度悬灌桥——杭长客专金华江特大桥主跨合龙。

19日

✦由国家开发银行主办，国土资源部科技和国际合作司、农业部国际合作司、中国中铁等单位协办的国家开发银行跨国规划项目推介会在上海召开。会上，中国中铁与国家开发银行签署了跨国规划合作协议。

✦中国交通部部长李盛霖、泰国交通部部长素甘蓬·素万纳塔一行，到中铁五局昆曼公路湄公河大桥项目检查工作并慰问参建员工。

19日至21日，中央企业、地方国资委负责人研讨班在青岛举行。股份公司董事长、党委书记李长进，总裁白中仁全程参加会议。

21日，中国中铁与中国保利集团公司在青岛签署战略合作协议，股份公司白中仁总裁代表公司签署该协议。

22日，中国中铁参建的新疆哈（密）罗（布泊）铁路全线贯通。

23日，铁道部副部长卢春房一行对哈大线进行现场检查，股份公司副总裁、总工程师刘辉陪同检查。

25日，中国中铁离退休干部工作座谈会在京召开。股份公司董事长、党委书记李长进，总经济师许廷旺出席会议并作重要讲话。

28日，中国中铁承建的中国第一座重载铁路大桥——晋豫鲁铁路通道将军渡黄河特大桥主桥钢桁梁合龙。

30日，盾构及掘进技术国家重点实验室理事会成立暨首届一次理事会议在郑州召开。首届理事会由白中仁总裁担任理事长，刘辉副总裁担任常务副理事长。

31日，股份公司总裁白中仁，副总裁、总工程师刘辉，总经济师许廷旺一行，到华铁咨询进行调研。

八月

1日

✦股份公司董事长、党委书记李长进分别到成都投资公司、中铁西南院、中铁二局参加干部大会。

✦中国中铁隧道集团台山核电项目攻克泥水盾构施工“海底特硬地层及孤石群”世界级难题。

1日-7日，周孟波副总裁率团出访老挝，先后拜会了老挝公共工程与交通运输部部长宋玛，老挝人民革命党政治局委员、中央办公厅主任本邦•布达纳翁、中国驻老挝特命全权大使布建国，老挝国会主席巴妮•娅托杜，老挝国家副主席本扬•沃拉吉，老挝副总理宋沙瓦，老挝国务部长兼总理府秘书长希拉冯•库派吞，并与他们重点就中老铁路项目有关事宜进行了会谈和交流。

2日

✦在北戴河休养的中铁一局全国劳模胡华贵，作为中铁一局劳模代表和全国各地300名劳模一起，受到中共中央政治局委员、全国人大常委会副委员长、中华全国总工会主席王兆国接见。

✦四川省委副书记、省长蒋巨峰到中铁成都投资发展有限公司投融资建设管理的成都天府大道南延线项目调研。

3日，安徽省委副书记、省长李斌到中铁四局合肥铁路枢纽南环线南站施工现场，亲切慰问现场员工。

4日，中国中铁成功穿越世界最长高原冻土隧道——共（和）玉（树）公路鄂拉山隧道多年冻土段。

5日

✦全国创先争优优秀共产党员、十八大代表、中铁电气化局巨晓林被党中央、国务院邀请到北戴河休假，期间受到习近平等中央领导同志亲切接见。

✦股份公司二级企业领导后备干部公开选拔笔试工作

在股份公司总部机关进行，共计 516 人参加考试，294 人通过考试进入考察程序，其中行政副职岗位 168 人，总工程师岗位 23 人，总会计师岗位 23 人，党群副职岗位 80 人。

✦中国中铁参建的合（肥）蚌（埠）客专开始联调联试。

6 日

✦股份公司外部独立董事贺恭、王泰文、辛定华一行在股份公司副总裁、总工程师刘辉，董事会秘书于腾群的陪同下，莅临中铁昆明建设投资有限公司，就昆明公司发展概况和对董事会决议的执行情况进行考察调研。

✦中铁建工北京诺德中心启用升旗仪式隆重举行。股份公司董事长、党委书记李长进，副董事长、党委副书记、工会主席姚桂清，副总裁段秀斌等出席仪式。

✦股份公司党委副书记、纪委书记、监事会主席王秋明到济南“中铁•逸都国际”和“中铁•汇苑”项目调研。

✦中国中铁以 BT 模式投资建设的柳州市“两桥一路”项目建成通车。

7 日，股份公司董事长、党委书记李长进在股份公司总部会见了来访的中国建设银行总行行长张建国一行。股份公司副总裁、财务总监、总法律顾问李建生参加会见。

7 至 8 日，股份公司副总裁戴和根拜访福建省委常委、福州市委书记杨岳。

8 日

✦云南省省长李纪恒、政协主席罗正富、副省长李江，铁道部副部长陆东福到中铁八局承建的昆明铁路枢纽工程施工现场检查指导。

✦中国中铁承建的中国西北地区最大的客运专线连续梁（西宝客专跨西宝高速公路）全面竣工。

9 日

✦中国中铁“党团共建、创先争优”总结表彰大会在石家庄党校举行。股份公司副董事长、党委副书记、工会主席姚桂清出席大会并作重要讲话。

✦股份公司副总裁段秀斌到中铁南方装备基地建设现场检查指导工作，期间还与中山市委副书记、市长陈茂辉进行了会谈。

9 日-10 日，中国中铁反腐倡廉区域联建华北一片区工作会议在中铁山桥港珠澳大桥项目召开。公司党委副书记、纪委书记王秋明，纪委副书记苑宝印出席会议并做重要讲话。

10 日，中国中铁承建的“神州东方第一桥”——黑瞎子岛乌苏大桥合龙。

12 日至 13 日，股份公司在沈阳召开了管理提升现场推进会。股份公司董事长、党委书记李长进，总裁白中仁出席会议并作了重要讲话。

13 日，中国中铁参建的映(秀）汶（川）高速公路全线贯通。

✦股份公司副总裁戴和根与青岛市张新起市长等人就青岛地铁、北站枢纽房地产开发及西海岸房地产开发事宜进行了会谈。

✦中国中铁参建的玉蒙铁路全线铺架贯通。

13 日-14 日，深圳市地铁集团与中国中铁等央企，共同召开深圳地铁三期工程 BT 模式“共建联控”专项工作研讨会。国务院国资委纪委、深圳市纪委、组织部、检察院等领导出席会议。

16 日，股份公司董事长、党委书记李长进在长沙主持召开高速铁路建造技术国家工程实验室第九次理事会。

17 日

✦股份公司副总裁章献到中铁十局调研社保工作。

✦中国中铁参建的石（家庄）武（汉）客运专线石家庄至郑州段开始联调联试。

✦中国中铁承建的国内首条跨省轨道交通——上海轨道交通 11 号线北延线昆山段主体工程完成。

19 日-26 日，周孟波副总裁随商务部陈健副部长率领的中国政府经贸代表团再次访问老挝。经中老双方商定，决定在 EPC 模式下推进项目建设，并于今年 11 月在中国领导人访老期间举行项目奠基仪式 。

20 日

✦国务院机关事务管理局住宅中心副主任宫建钢一行，到股份公司进行实地考察。股份公司副总裁段秀斌会见了考察团一行，并进行了座谈交流。

✦中国中铁参建的青海省首条高海拔超长隧道——拉脊山隧道左线全线贯通。

21 日，中国中铁西南片区十家单位与广西、四川、湖南、贵州、云南等五省区人民检察院签署《共同开展职务犯罪预防工作的实施意见》。

23 日

✦美国《工程新闻记录》(ENR）公布了 2012 年 225 家全球最大的承包商和 225 家最大国际承包商最新排名，中国中铁列全球最大承包商第 39 位。

✦中国中铁参建的中国西北地区最长的地铁线路——西安地铁 1 号线全线贯通。

24 日，中国中铁内部治安保卫工作会议在京召开，股份公司总裁白中仁、总经济师许廷旺，北京市公安局铁路工程公安局党委书记、局长亢军出席会议并作重要讲话。

25 日，股份公司副董事长、党委副书记、工会主席姚桂清到总公司党校看望第十一期三级企业领导人员培训班学员，并作重要讲话。

26 日，中国中铁参建的石武客专郑州至武汉段开始运行试验。

27 日，周孟波副总裁在股份公司总部会见了伊拉克铁路公司技术代表团一行十人，会见中，双方就战后伊拉克铁路重建等话题进行了交流。

28日

✦股份公司总裁白中仁，副总裁、总工程师刘辉到中铁物贸调研。

✦中国中铁自建的国内最大吊高和最大吊幅的600吨变幅式起重船——“中铁起1”号吊重实验完成。

29日，中国中铁参建的中国高寒地区最大客运综合交通枢纽——哈尔滨西站建成。

29日至31日，第二届中国中铁魅力团支书评选活动决赛在上海举办。

30日至31日，第七届中国企业文化论坛在京举行。股份公司党委副书记、副董事长、工会主席姚桂清出席论坛并作了《以先进企业文化促进农民工向新型产业工人转化》的经验交流发言。

31日

✦中国中铁与北京矿冶研究总院战略合作协议签字仪式在京举行。股份公司总裁白中仁，北京矿冶研究总院党委书记夏晓鸥出席会议并致辞。股份公司副总裁马力与北京矿冶研究总院副院长韩龙代表双方在战略合作协议书上签字。签约仪式由股份公司副董事长、党委副书记、工会主席姚桂清主持。

31日，中央纪委监察部、国务院国资委联合召开规范中央企业负责人职务消费座谈会。公司党委副书记、纪委书记王秋明、副总裁章献参加会议。

✦中国中铁参建的中国西南地区施工难度最大的地铁工程——成都地铁4号线首批盾构始发。

九月

1日

✦中国中铁参建的“第三条亚欧大陆桥”——渝新欧国际铁路联运大通道正式运营。

✦中国中铁开工建设河南省最大的商业区地产项目——郑州市中央商务区项目。

✦中国中铁参建的世界最高海拔公路隧道工程——雀儿山隧道正式开工。

1日至2日，股份公司董事长、党委书记李长进应邀出席在吉林省长春市召开的“2012中国企业500强发布暨中国大企业高峰会”。中国中铁位列2012年度中国企业500强第12名。

✦3日，周孟波副总裁在股份公司总部会见了克罗地亚企业部长古登•马拉斯，双方就克罗地亚基础设施项目建设等话题进行了交流。

4日，股份公司副总裁章献到中铁贵州公司调研，重点检查了中铁贵州公司经营管理和“贵州国际旅游体育休闲度假中心”项目开发建设情况。

4日至10日，股份公司副总裁戴和根率队赴成都、济南等地，先后对中铁成都投资公司天府大道南延线、成都地铁1号线、3号线BT项目和中铁八局、中铁二局、中铁十局房地产项目进行了检查，并出席了成都地铁投融资建设项目座谈会。

5日，股份公司副总裁章献到中铁科工调研薪酬管理工作。

6日

✦国务院国资委在京召开专题会议，听取中国中铁董事会2011年度工作报告。

✦股份公司副总裁周孟波到中铁十局调研海外工作。

7日，中国中铁参建的哈大高铁开始试运营。

8日

✦股份公司董事长、党委书记李长进，副总裁、总工程师刘辉，副总裁戴和根出席中铁二院“中铁产业园创新与发展”研讨会。

✦中国中铁承建的韩国三星电子在大陆首个产业园快速干道工程开工建设。

✦8日-12日，李长进董事长、周孟波副总裁率团出访老挝，会见了老挝国家主席朱马里，总理通邢、副总理宋沙瓦，公共工程与运输部部长宋玛，老挝总理府办公厅主任辛拉冯，拜会了中国驻老挝大使布建国女士，与他们重点就中老铁路项目有关事宜进行了会谈和交流。

9至12日，股份公司董事长、党委书记李长进率团出访老挝，先后会见了老挝人民革命党中央总书记、国家主席、国防治安委员会主席朱马里•赛雅颂，政府总理通邢•塔马冯，副总理宋沙瓦•凌沙瓦，政府办公厅部长兼主任辛拉冯•库派吞，公共工程与运输部部长宋马•奔舍那，以及中国驻老大使布建国，主要就加快推进中老铁路建设工作深入交换了意见。

9日

✦中国中铁诺德名城品牌发布盛典在济南章丘举行。股份公司副总裁戴和根出席会议并致辞。

✦中国中铁参建的世界首条轴重30吨的重载铁路——山西中南部铁路进入铺架阶段。

✦中国中铁参建的南疆铁路库阿二线库车站改最大封锁施工顺利开通。

✦10日-13日，国资委举办预防和应对跨国商业贿赂风险培训班。公司副总工程师郑机，公司纪委副书记、监察部长王宏光参加培训。

11日

✦中共中央政治局常委、国务院副总理李克强到中国中铁承建的银川市第六污水处理厂项目考察。

✦股份公司召开铁路建设项目施工动员视频会议。会上，股份公司总裁白中仁作了重要讲话，股份公司副总裁、总工程师刘辉传达了 6 日铁道部铁路建设推进座谈会上盛光祖部长和卢春房副部长的讲话精神并作会议总结。

✦中铁一局成功签约南美洲国家圭亚那最大的电力项目——阿迈拉水电站项目。

12 日

✦中央企业党建思想政治工作研究会第三次会员大会在北京召开。股份公司党委书记、董事长李长进当选为中央企业党建思想政治工作研究会理事、常务理事及副会长。

✦股份公司董事长、党委书记李长进在昆明与云南省省长李纪恒、昆明市委书记张田欣举行会晤，双方就有关昆明轨道交通 BT 项目推进工作进行会谈。

13 日至 14 日，股份公司接受并顺利通过质量、环境和职业健康安全管理体系监督审核。审核机构认为股份公司管理体系符合标准要求、运行有效，同意继续保持认证注册资格。

14 日

✦股份公司副总裁章献到中铁港航局就社会保险管理工作进行调研并召开座谈会。

✦国资委组织召开了中央企业反腐倡廉管理提升专题视频培训会议，公司纪委委员，纪检监察机关全体成员在总部机关参加了会议，进行了对标学习。

✦中国中铁承建的中国投资和建设规模最大的合资铁路——神华集团朔黄铁路电气化扩能改造工程肃宁北站交付运营使用。

15 日，中国中铁承建的辽宁省首条城内快速公路——沈阳绕三环东南环段正式通车。

16 日

✦中国中铁参建的成都地铁 2 号线开通试运营。

✦中国中铁承建的黄冈长江大桥主跨合龙。

17 日，中铁二院分别与俄罗斯雅库茨克市政府及萨哈共和国交通部签署战略合作协议。

17 日至 18 日，2012 年度股份公司职业项目经理资格评审会于在郑州召开。会议由股份公司副总裁、总工程师刘辉主持，许廷旺总经济师参加了会议。会议评审通过一级职业项目经理 46 人、二级职业项目经理 80 人。

17 日-18 日，中国中铁纪检监察组织建设推进会暨 2012 年纪委书记会议在成都召开。中国中铁党委书记、董事长李长进出席会议并讲话，总裁白中仁作书面讲话，党委副书记、纪委书记、监事会主席王秋明做工作报告。

18 日，中国中铁承建的刚果（金）首府金沙萨市门户工程——机场大道建成通车。

19 日，股份公司董事长李长进到中铁资源投资公司调研指导工作，指出中铁资源率先迈出了产融结合、银企结合的步伐，发展前景非常好，并要求加大对投资公司的支持和帮扶力度，积极探索资本和资产市场相结合的发展道路。

20 日

✦中央企业创先争优活动领导小组、国资委党委在京召开中央企业创先争优活动经验交流总结会。会上，宝钢集团等 8 家中央企业作了大会发言，中国中铁等 13 家中央企业以书面形式交流了创先争优活动经验做法。

✦中铁隧道兰渝铁道西秦岭 TBM 隧道出口段，创造了月完成衬砌 846 米的全国新纪录。

✦坦桑尼亚总统贾卡亚•姆里绍•基奎特出席由中铁建工集团--中铁大桥局联营体承建的坦桑尼亚基甘博尼跨海大桥及引道工程项目奠基仪式。

✦中国中铁参建的北京轨道交通 6 号线、8 号线南段、9 号线北段、10 号线二期等 4 条地铁新线开始为期 3 个月的空载试运行。

20 日至 21 日，股份公司工程项目管理交流座谈会在安徽省铜陵市召开，副总裁、总工程师刘辉出席会议并讲话。

20 日至 22 日，股份公司在九江召开“劳务队伍集中”管理提升会。

21 日，铁道部副部长卢春房检查中国中铁承建的将军渡黄河特大桥。

21 日，中国中铁参建的世界储量最大的 LPG 地下洞库——烟台 LPG 地下储库工程进入丙烷主洞库开挖。

22 日，老挝副总理宋萨瓦•梭沙瓦对中铁建工进行了非正式访问，股份公司董事长李长进、中国进出口银行行长李若谷陪同访问。

23 日，股份公司召开 2012 年法律事务工作座谈会，白中仁总裁出席会议并作重要讲话。

24 日，中国中铁成功发行 2012 年度第一期非公开定向债务融资工具。本期定向工具发行额度人民币 10 亿元，单位面值为人民币 100 元，发行票面利率为 5.53%，期限为 5 年。

25 日

✦中国上市公司内部控制指数发布会暨高峰论坛在北京隆重召开，评选出 2012 年中国上市公司内部控制百强企业，中国中铁连续两年位居前列，中国中铁董事长李长进荣获中国上市公司内部控制杰出领袖称号。

✦中国中铁承建的中国桥梁设计抗震级别最高的大桥——海南清澜大桥合龙。

26 日

✦中国中铁参建的中国东北地区新的出海通道——丹通高速建成通车。

✦中国中铁参建的通灌铁路正式建成通车——中国东北东部铁路通道全线打通。辽宁省委书记王珉，省委副书记、省长陈政高等领导为铁路开通剪彩。

27 日

✦股份公司董事长、党委书记李长进在西宁分别与青海省委书记强卫和省长骆惠宁、常务副省长骆玉宁等举行会谈。

✦中国中铁承建的“中国东方第一桥”——乌苏大桥建成通车。

28日

✦白中仁总裁出席石家庄城市轨道交通开工典礼。

✦中国中铁上海局承建的上海白龙港南线东段SST2.6标项目顺利完成双线并排顶进1900米的施工任务，创造了4米直径顶管顶进距离的世界新纪录。

✦中国中铁参建的郑州至武汉高速铁路正式通车运营。

✦中国中铁开工建设中国最南端铁路——海南西环快速铁路凤凰机场至三亚段站前工程。

✦中国中铁承建的青海省玉树结古镇五大商住组团竣工。

✦中国中铁参建的重庆轨道交通6号线首段（五里店至康庄段）正式开通试运营。

29日，中国中铁参建的玉蒙铁路进入试运行阶段。

30日，中国中铁参建的内蒙古博克图至牙克石高速公路开通运营。

十 月

1日

✦中国中铁参建的拉（萨）日（喀则）铁路正式铺轨。

✦中国中铁参建的天津地铁3号线开通试运营。

✦中国中铁参建的南涪铁路开通运营。

5日，中国中铁承建的加纳Achimota-Ofankor公路建成通车。

8日，中国中铁参建的世界首条高寒地区高速铁路哈大高铁开始试运行。

9日

✦股份公司召开第三季度施工生产、安全质量管理视频会议。股份公司董事长、党委书记李长进，总裁白中仁，副董事长、党委副书记、工会主席姚桂清，副总裁、总工程师刘辉出席会议。

✦股份公司总裁白中仁主持召开全面预算管理咨询项目验收汇报会。

10日，四川省委副书记、省长蒋巨峰检查中国八局承建的德阳新客站。

✦李长进董事长在公司总部会见了世界银行国际金融公司执行副总裁兼首席执行官蔡金勇先生一行12人，双方就投融资等方面的合作进行了友好会谈。

11日，中国中铁承建的中国最长的企业自建自管运煤专用铁路——大（同）准（格尔）铁路增建二线信号工程开通。

12日

✦中国中铁承建的新疆将军庙至黑山铁路专用线工程正式开工。

✦中国中铁参建的国内首条海底沉管隧道——舟山沈家门港海底隧道首节沉管成功沉放。

14日，周孟波副总裁在股份公司总部会见了澳大利亚中国商会主席沈文一行，双方就深入开展合作交换了意见。

15日

✦中国中铁与南昌市人民政府战略合作框架协议签约仪式在南昌举行。江西省委常委、南昌市委书记王文涛出席签约仪式。中国中铁总裁白中仁，南昌市长陈俊卿分别致辞。中国中铁副总裁章献与南昌市委常委、常务副市长张鸿星分别代表双方在战略合作框架协议上签字。

✦中国中铁承建的国内首条高纬度、高寒地区地铁车辆基地——哈尔滨地铁1号线车辆基地正式启用。

16日

✦国务委员兼国务院秘书长马凯在岳阳市主持召开加快推进铁路建设工作座谈会，股份公司董事长、党委书记李长进参加会议。

✦股份公司副总裁、总工程师刘辉到中铁昆明公司调研，并指导召开了昆明公司领导班子专题民主生活会。

✦股份公司副总裁戴和根参加伦敦金属交易所年会。

✦中国中铁参建的（北）京福（州）高铁合（肥）蚌（埠）段正式开通运营。

✦中国中铁参建的西气东输三线工程正式开工。

✦纵贯中国南北、途经7省区、连接多条路网干线、衔接多条煤炭集疏运线路的大能力煤炭运输通道——蒙西华中铁路煤运通道建设动员大会在湖南岳阳举行。

✦青海省委书记强卫检查中铁二局玉树西杭商住组团项目。

✦中国中铁开工建设武汉地铁4号线（一期）轨道工程。

17日至18日，中国中铁纪检监察组织建设推进会暨2012年纪委书记会议在成都召开。股份公司党委书记、董事长李长进出席会议并讲话，总裁白中仁作书面讲话，党委副书记、纪委书记、监事会主席王秋明作工作报告。

17日至19日，股份公司领导白中仁、李建生、段秀斌及相关部门负责人分别与惠誉、标普、穆迪等三家评级机构召开股份公司国际信用评级演示会议。

18日

✦纪念中乌正式建交50周年招待会在乌首都坎帕拉举行。全国人大副委员长韩启德作为胡锦涛总书记的特使出席招待会。作为中资企业在乌干达地区的重要代表，中铁七局受邀参加了此次招待会。

✦中铁二院举行建院60周年庆典大会，股份公司董事长、党委书记李长进，副总裁、总工程师刘辉，党委副书记、纪委书记、监事会主席王秋明出席大会。

19 日

✦第三届中国劳动学会劳动标准专业委员会换届会在北京召开。中国中铁代表建筑行业出席了此次换届选举，中国中铁副总裁章献被推举并当选为该委员会常务理事。

✦中国中铁参建的非洲首条高速铁路——摩洛哥丹吉尔至肯尼特拉高铁项目开工建设。

✦中国中铁参建的徐兰高铁宝鸡至兰州段正式开工。

✦股份公司中标青岛市地铁 2 号线一期工程土建施工 1 标段，中标价 15.6 亿元。

20 日，中国中铁参建哈大铁路客运专线通过初步验收。

20 至 24 日，中铁西南院与意大利洛克索伊公司就“新意法”技术推广与合作签署协议。协议的签署也标志着中铁西南院成为国内唯一引进“新意法”技术的单位。

22 至 23 日，股份公司组织召开 2012 年工程经济管理现场交流会，白中仁总裁作了重要讲话，段秀斌副总裁就全公司工程经济管理工作作出了部署和要求。

22 日，股份公司党委副书记、纪委书记、监事会主席王秋明参加中铁科工第一次党代会。

22 日至 26 日，中国中铁首期职工董事、监事高级课程研修班在清华大学成功举办。股份公司副董事长、党委副书记、工会主席姚桂清出席培训班开学和结业典礼。

23 日

✦中国中铁“深圳地铁党旗红，共建联控当先锋”主题实践活动启动仪式在深圳地铁 11 号线举行。股份公司党委书记、董事长李长进出席会议并作重要讲话，副董事长、党委副书记、工会主席姚桂清，党委副书记、纪委书记、监事会主席王秋明等出席会议。

✦中国中铁参建的宁（南京）西（安）铁路新建第二线正式开工。

24 日

✦中国中铁英模报告会在深圳举行。

✦中国中铁所属盾构及掘进技术国家重点实验室研制的国内首台滚刀岩机作用综合实验平台投入使用。

✦中国中铁参建的中缅油气管道澜沧江跨越工程贯通并交付铺管。

25 日，四川省省委书记刘奇葆检查中铁五局成兰铁路建设项目。

25 日，中国中铁所属中铁隧道台山核电项目创大断面泥水盾构施工月掘进 844.5 米（563 环）全国新纪录。

25 日至 28 日，戴和根副总裁率队到中铁大桥局、中铁大桥院检查指导工作。

27 日

✦北京汽车自主品牌高端基地竣工暨生产线启动仪式在北京市顺义区举行。竣工暨生产线启动仪式前，中共中央政治局常委、全国政协主席贾庆林，全国政协副主席、科技部部长万钢、国家质量监督局局长支树平和北京市委书记郭金龙等参观了中国中铁承建的国家汽车质量监督检验中心项目。

✦股份公司总经济师许廷旺到中铁昆明公司，就昆明公司战略定位及发展、制度体系建立、干部队伍建设等工作进行调研。

✦中国首条连接西北和西南地区的高速铁路——西安至成都客运专线举行开工仪式，中铁一局等参加了开工仪式。

✦ “中铁贵州国际旅游体育休闲度假中心”项目龙滩水厂供水工程正式通水。

27 日-29 日，股份公司团委在洛阳召开所属单位团委负责人工作研讨会。

29 日-11 月 2 日，公司纪委在总公司党校举办中国中铁三级企业纪委书记培训班。

30 日

✦股份公司第二届董事会第十五次会议（属 2012 年第 4 次定期会议）在股份公司总部召开。

✦中国中铁参建的兰新铁路第二双线重点配套工程——哈密铁路货车南环线建成开通并投入使用。

✦中国中铁参建哈大铁路客运专线通过安全评估。

31 日

✦中铁四局以 EPC 模式承揽实施的安哥拉 NCC 社会住房项目一期工程 9808 套住房日前全部交付使用。

✦中铁信托取得博士后创新实践基地资格，成为四川省内金融机构第一家、信托行业内第四家获取该资格的信托公司。

十一月

1 日

✦国资委召开中央企业廉洁文化建设推进会，公司党委副书记、纪委书记王秋明参加会议。公司《扎实推进廉洁文化建设，着力打造廉洁中国中铁》的经验材料做大会书面交流。

✦中国中铁参建的泛亚铁路东线玉（溪）蒙（自）段全线铺通，结束中国滇南地区没有准轨铁路的历史。

✦中国中铁开工建设苏州地铁 4 号线工程。

✦中国中铁承建的中国援毛里塔尼亚总统府办公楼和国际会议中心维修项目通过竣工验收并移交毛方使用。

✦中国中铁参建的国内最长一条民企投资铁路——巴新铁路进入铺轨阶段。

2 日

✦国有企业监事会 07 办工作交流会议在中国中铁总部召开。国有企业监事会主席时希平，国有企业监事会 07 办主任夏策明，副主任李慧敏、王玉清、魏新岚及其他专职监事和专业人员，07 办监管企业中国中铁、中国建筑、中国保利和中国中丝负责联系国有企业监事会工作的领导、部门和国有企业监事会兼职监事 30 余人参加了座谈。

✦2 日，国资委纪委召开中央企业查办案件工作座谈会，总结交流中央企业查办案件工作的经验和做法，公司党委副书记、纪委书记王秋明参加会议，并做大会经验介绍。

✦青岛地铁 2 号线开工典礼仪式在青岛汽车东站南侧隆重举行。股份公司总裁白中仁出席开工仪式，副总裁戴和根代表公司在仪式上致词。

✦中国中铁承建的世界同类桥梁中跨度最大的公铁两用斜拉桥黄冈长江大桥主桥贯通。

✦中国中铁参建的宁夏回族自治区中南部地区城乡饮水安全水源工程开工。

3 日

✦2012“收获金秋”投资昆明年会在昆明举行。云南省委常委、昆明市委书记张田欣，市委副书记、市长张祖林，股份公司总裁白中仁出席会议并致辞。中国中铁和昆明轨道交通有限公司在本次年会上签署了昆明轨道交通 4 个 BT 项目框架合同。

✦深圳市政府副秘书长赵鹏林、深圳地铁集团董事长林茂德一行对中铁置业青岛中心项目考察调研，股份公司副总裁戴和根陪同考察。

5 日

✦股份公司总裁白中仁一行到中铁成都投资发展有限公司检查指导工作。

✦中铁建工 20 名勇士登上中国南极科考船“雪龙号”，跟随中国第 29 次南极科考队第 11 次出征南极。

6 日，股份公司第二十三次扶贫开发工作领导小组会议在总部机关召开，会议介绍了即将挂职锻炼的刘文国、王盟两位同志的基本情况，听取了目前正在挂职的杨保成、黄宁树两位副县长对各自在定点扶贫县工作开展情况的汇报。

8 日，中国中铁参建的青海省首条高海拔超长公路隧道——拉脊山隧道历时五年全面贯通。

9 日，中国中铁与佛山市战略合作框架协议签字仪式在佛山举行。中国中铁总裁白中仁、佛山市市长刘悦伦出席签字仪式并致辞。中国中铁副总裁段秀斌和佛山市副市长许国分别代表双方签署了战略合作协议。

11 日

✦股份公司总裁白中仁在郑州会晤了郑州铁路局局长张军邦、党委书记杨建祥等，双方就加快推进郑州铁路局管内铁路建设进行了会谈，股份公司副总裁段秀斌参加会谈。

✦股份公司副总裁章献到中铁五局就职务消费、工资总额、农民工工资和职业技能鉴定工作进行了专项检查。

13 日

✦国有企业监事会专题听取中国中铁开展管理提升活动情况汇报。国有企业监事会主席时希平，国有企业监事会 07 办主任夏策明、副主任魏新岚，国资委改革局熊晓彤处长，股份公司领导和高管白中仁、姚桂清、刘辉、马力、周孟波、王秋明、于腾群及相关部门负责人参加了会议。

✦中国中铁参建的武汉地铁 3 号线工程全面启动。

14 日，周孟波副总裁在股份公司总部会见了澳大利亚中国商会主席沈文一行，双方就深入开展合作交换了意见。

14 日至 15 日，股份公司副总裁、总工程师刘辉对张唐铁路项目，中铁六局和中铁隧道标段有关冬施准备情况和安全质量措施进行了检查。

15 日-24 日，国资委纪委举办中央企业纪检监察业务培训班，对案件检查、案件审理、企业效能监察及廉洁文化建设等纪检监察专业知识进行培训。公司纪委审教室主任参加培训。

16 日，股份公司总裁白中仁在公司总部会见了来访的襄阳市市长别必雄一行，就推进双方深入合作举行了会谈。

18 日，中国中铁与贵阳市龙洞堡新城基础设施建设合作框架协议签字仪式在贵阳举行。贵州省委常委、贵阳市委书记李军出席签约仪式。中国中铁总裁白中仁，贵阳市市长李再勇分别致辞。中国中铁副总裁章献与贵阳市副市长高卫东分别代表双方在合作框架协议上签字。

19 日，中国中铁传达学习党的十八大精神报告会在京召开。党的十八大代表、股份公司党委书记、董事长李长进传达了党的十八大精神。股份公司总裁白中仁主持会议。

20 日，公司纪委下发《中国中铁股份有限公司 2013-2015 年纪检监察干部教育培训规划》（中铁股份纪审〔2012〕7 号），对今后三年纪检监察干部教育培训工作作出明确规定；下发《中国中铁股份有限公司纪委书记述职制度实施意见》（中铁股份纪审〔2012〕8 号），对公司所属二级企业纪委（纪工委）书记向公司纪委全委（扩大）会述职工作作出明确规定。

21 日

✦股份公司副总裁刘辉参加武汉 2012 国际桥梁论坛。

✦惠誉给予股份公司长期外币发行人违约评级为「BBB+」，展望稳定。

22 日

✦标准普尔授予股份公司「BBB+」长期企业信用评级，展望稳定。

✦国家科技部组织专家在郑州召开了“盾构及掘进技术国家重点实验室”的建设验收会。股份公司副总裁、总工程师刘辉参加等验收会。

✦股份公司党委副书记、纪委书记、监事会主席王秋明在参加中铁科工第一次党代会。

22 日至 23 日，股份公司组织召开 2012 年工程经济管理现场交流会。股份公司总裁白中仁、副总裁段秀斌出席会议。

23 日至 24 日，股份公司副总裁、总工程师刘辉到中铁八局一公司检查调研。

22 日-23 日，公司党委副书记、纪委书记王秋明一行，对中铁大桥局信访举报处理和案件检查工作进行调研。

25 日

✦中国中铁参建的京广高铁京郑段正式进入模拟运营阶段。

✦中国中铁参建的世界首条覆盖 4G 网络的地铁线路——杭州地铁 1 号线日前正式开通。

✦中国中铁设计的世界首座主跨超千米的三塔两跨悬索桥—泰州长江公路大桥建成通车。

26 日

✦石家庄轨道交通 1 号线土建及相关工程投资建设项目合同框架协议签约仪式在石家庄市举行。股份公司副总裁戴和根、石家庄市政协副主席张发旺出席签约仪式并致辞。

✦股份公司副总裁戴和根在河北省政府迎宾馆拜访了河北省省长张庆伟，双方就进一步加强政企合作，加快河北省基础设施建设等有关事宜进行会谈。

✦股份公司中标蒙西至华中铁路荆岳段公安长江公铁两用特大桥和洞庭湖特大桥工程，中标价 34.21 亿元。

26 日至 30 日，股份公司董事长、党委书记李长进，总裁白中仁，副董事长、党委副书记、工会主席姚桂清，独立董事贺恭、王泰文、辛定华和董事会秘书于腾群组成董事会调研组，赴香港、澳门地区培训和考察调研。

27 日至 29 日，股份公司党委副书记、纪委书记、监事会主席王秋明到中铁五局对企业党风责任制情况进行检查，对惩防体系建设情况、信访举报处理和案件检查工作进行调研。

29 日

✦股份公司董事长、党委书记李长进出席中铁二局学习贯彻十八大精神暨党建思想政治工作现场会。

✦中国中铁参建的新疆哈（密）罗（布泊）铁路正式建成通车。

✦中国中铁参建的向莆铁路全线铺通。

✦中国中铁承建的肯尼亚 Athi River-Namanga 公路项目通车。肯尼亚、坦桑尼亚、卢旺达、乌干达、布隆迪五国总统及政府要员等出席了典礼。

✦中国中铁参建的亚洲跨度最大万吨级铁路钢桥梁——合肥铁路枢纽南环线钢桁梁特大桥合龙。

✦国内首次应用的特殊槽形梁在中铁四局兰（州）新（疆）铁路架设完毕。

30 日

✦ 股份公司党委书记、董事长李长进出席中铁信托有限责任公司党员大会。

✦中国中铁参建的新疆自治区首个轨道交通工程——乌鲁木齐轨道交通项目正式启动。

十二月

1 日，中国中铁参建的世界首条高寒地区高速铁路——哈（尔滨）大（连）高铁正式开通运营。

2 日，中国中铁参建的中国西南地区首条高铁——成（都）绵（阳）乐（山）铁路客运专线开始铺轨。

3 日，中国中铁参建的集（宁）包（头）铁路增建二线建成通车。

3 日至 8 日，股份公司在石家庄党校举办了中国中铁第一期子公司董办监办主任培训班。

4 日，中国中铁参建的被喻为“5.12 地震生命线”的四川映秀至汶川高速公路通车。

4 日至 8 日，股份公司党委在石家庄党校举办中国中铁学习宣传党的十八大精神理论骨干培训班。股份公司董事长、党委书记李长进，副董事长、党委副书记、工会主席姚桂清分别作了辅导报告并作重要讲话。

6 日

✦中国中铁参建的六（盘水）沾（益）复线铁路开通运营，与沾昆复线连接，共同形成了云南省首条入滇复线电气化铁路大通道。

✦甘肃省委副书记、省长刘伟平到中国中铁承建的兰州铁路枢纽工程检查工作。

✦股份公司副总裁戴和根在贵阳拜会了贵州省政协副主席王富玉，重点就中铁贵州国际生态城、十二滩山地户外体育旅游休闲基地建设情况等有关事宜进行了会谈。

✦中国中铁参建的沪昆铁路双线全线贯通。

✦6 日-8 日，周孟波副总裁赴澳大利亚就西澳州奥卡吉港口铁路项目与西澳州政府、铭德律师事务所、普华永道会计师事务所等有关人士进行了磋商，取得了良好的效果。

7 日

✦股份公司董事长、党委书记李长进在江门江顺大桥现场办公。

✦股份公司副总裁戴和根出席中铁置业贵阳十二滩山地户外体育旅游休闲基地开工典礼。

✦ “四川省慈善总会•中铁信托爱心基金”正式签约成立，首期规模达 244 万元。

8 日，股份公司副总裁戴和根出席三亚美丽之冠大树公馆开盘仪式。

12 日

✦中铁建工成立六十周年庆祝大会在京举行。中国工程院院士、铁道部原副部长孙永福，铁道部原副部长蔡庆华，国有重点大型企业监事会主席石大华、时希平、吕黄生，贵州省人大常委会原副主任杨谨华，李长进董事长、白中仁总裁等出席会议。

✦经股份公司党委常委会研究，确定了二级企业领导班子副职后备干部79名，其中行政副职后备干部52名，总会计师后备干部4名，总工程师后备干部8名，党群副职后备干部15名。同时，确定了21名比较成熟的考察人选，作为重点关注对象。

13日

✦国务院国资委、青海省人民政府在北京联合召开玉树地震灾后重建援建央企座谈会，股份公司党委书记、董事长李长进参加会议。

✦中国中铁参建的新建锦（州）赤（峰）铁路赤峰至朝阳北段开通运营。

✦中国中铁承建的深圳市重点民生工程---观澜河干流污染治理工程观澜调蓄池（3号）顺利封顶。项目位于深圳市宝安区观澜河右岸，3号调蓄池单体可日处理污水40万方，是目前国内最大的调蓄池。

13日至14日，股份公司党委中心组召开学习会议，学习、理解、领会党的十八大精神。会议由股份公司党委书记、董事长李长进，总裁白中仁主持，股份公司领导班子成员等参加会议。

14日，国有企业监事会07办听取中国中铁投资情况汇报会在股份公司总部召开。国有企业监事会07办主任夏策明、副主任魏新岚、王玉清、监事姚森雄，股份公司领导及高管白中仁、李建生、戴和根、于腾群等参加会议。

15日

✦股份公司董事长、党委书记李长进参加中铁建工第三次党代会。

✦周孟波副总裁参加在沈阳举行的中铁九局2012年外经工作会议。

✦中铁西南投资管理有限公司更名为中铁交通投资集团有限公司。

16日，股份公司董事长、党委书记李长进到中铁八局承建的中铁国际生态城白晶谷C区检查指导工作。

16-17日，股份公司董事长、党委书记李长进，副总裁戴和根等到中铁贵州公司进行调研，对中铁贵州公司整体工作和中铁国际生态城项目开发建设作出重要指示。

18日，穆迪给予股份公司发行人评级Baa2，展望稳定。

✦公司党委副书记、纪委书记王秋明一行，对中铁二局深圳公司执行力建设、协作队伍管理效能监察和信访案件等工作进行调研。

✦国资委纪委召开中央企业效能监察工作推进会，公司纪委副书记、监察部长王宏光参加会议。

19日

✦李长进董事长出席第十一届中国公司治理论坛，中国中铁荣获“2012年度董事会奖”

✦第三届中国中铁青年安全监督岗岗员技能大赛在股份公司总部隆重举行，股份公司领导白中仁、姚桂清、刘辉出席决赛。

✦中国中铁承建的世界最大跨度的四线铁路斜拉桥—宁安铁路安庆长江大桥全桥合龙。

20日，深圳地铁11号线举行“阳光和谐，廉洁工程”主题活动暨创建廉洁示范线启动仪式。深圳市纪委监察局、市人民检察院、深圳地铁集团，以及公司党委副书记、纪委书记王秋明等领导出席会议并讲话。中铁南方公司及公司各参建项目党工委书记、项目经理、纪检监督员等共计80余人参加了活动。会议期间，深圳市监察局和深圳市地铁公司领导共同为深圳地铁11号线“廉洁示范线”揭牌；各参建项目党工委书记共同签署了创建廉洁示范线共建宣言。

21日，中国中铁参建的兰州铁路枢纽北编组站正式运行。

22日，中国中铁参建的哈萨克斯坦与中国第二条铁路通道正式开通。

24日，中国中铁参建的中国首座双塔三跨悬索桥——南京长江第四大桥正式通车。

25日

✦中铁贵州国际旅游体育休闲度假中心项目安置区“贵龙新苑”一期10万平方米安置房竣工，具备基本生活居住条件。

✦股份公司党委副书记、纪委书记王秋明出席中铁八局领导班子民主生活会。

26日，中国中铁参建的世界运营里程第一的京广铁路正式开通运营，其全长2294公里，全线设计时速350公里，是中国“四纵四横”高铁网的重要“一纵”。

26日，中国中铁参建的湘桂线衡阳至永州段开通运营。

26至27日，股份公司在沈阳召开2012年度电务(化)工作会。

27日，股份公司总经济师许廷旺出席中国施工企业管理协会组织召开的“保障性住房建设施工质量管理年暨创建国家优质工程总结表彰大会”。中国中铁共有21项工程荣获2011～2012年度国家优质工程奖。

28日，中国中铁参建的中国首条穿越长江地铁项目——武汉地铁2号线一期建成通车。

30日，中国中铁参建的北京4条地铁线路正式开通运营。4条线路分别为6号线一期、9号线北段、8号线二期南段部分线路，以及10号线二期。这4条线路的通车标志着北京地铁运营总里程超过440公里。

31日

✦中国中铁参建的广珠线开通运营。

✦中国中铁参建的成都市天府大道南延线竣工通车。

企业基本情况

【简况】 中国铁路工程总公司（China Railway Engineering Corporation，缩写CREC）是集勘察设计、施工安装、房地产开发、工业制造、科研咨询、工程监理、资本经营、金融信托、资源开发和外经外贸于一体的多功能、特大型企业集团，总部设在北京。中国铁路工程总公司具有住房和城乡建设部批准的铁路工程施工总承包特级资质、公路工程施工总承包一级资质、市政公用工程施工总承包一级资质以及桥梁工程、隧道工程、公路路面、公路路基工程专业承包一级资质，城市轨道交通工程专业承包资质，拥有中华人民共和国对外经济合作经营资格证书和进出口企业资格证书。2000年通过质量管理体系认证，同时获得英国皇家UKAS证书。2003年通过环境管理体系和职业健康安全管理体系认证。2004年通过香港品质保证局质量/环保/安全综合管理体系认证，并获得国际资格证书。作为全球最大建筑工程承包商之一，连续七年进入世界企业500强，2012年排名世界企业500强第112位，排名全球225家最大承包商第39位，在中国企业500强中排名第12位。

中国铁路工程总公司的前身是1950年3月成立的铁道部工程总局和设计总局，后变更为铁道部基本建设总局。1989年7月，铁道部撤销基本建设总局，组建中国铁路工程总公司。2000年9月，与铁道部“脱钩”，整体移交中央大型企业工作委员会管理。2003年4月归属国务院国资委管理。2006年11月，成为首批国有独资企业董事会试点企业。2007年9月12日，独家发起设立中国中铁股份有限公司（以下简称中国中铁），并于2007年12月3日和12月7日，分别在上海证券交易所和香港联合交易所挂牌上市。

截至2012年底，职工总数为287813人，其中在岗职工234219人，管理人员154528人。中级职称及以上专业技术人员56095人，股份公司高级专业技术人才达到14294人，其中：教授级高级工程师971人，高级工程师9326人，高级会计师919人，高级经济师971人。拥有高层次技术专家644人，其中中国工程院院士3名、国家级突出贡献专家5名、国家勘测设计大师5名、享受国务院政府特殊津贴专家人员285名。

作为国家科技部、国务院国资委和中华全国总工会授予的全国首批“创新型企业”，中国铁路工程总公司拥有“高速铁路建造技术国家工程试验室”和“盾构及掘进技术国家重点实验室”，及4个博士后工作站，14家经国家实验室认可委员会认可的检测实验中心。拥有2个国家认定的技术中心和17个省部认定的技术中心，并先后组建了桥梁、隧道、电气化、先进工程材料、轨道和施工装备6个专业研发中心，在高原铁路、高速铁路、电气化铁路、城市轨道交通、大型桥梁及隧道、高速铁路道岔、钢结构研发生产等多个领域拥有核心技术，达到了世界先进、国内领先水平。截至2012年底，共荣获国家科技进步和发明奖94项，其中特等奖4项、一等奖13项，荣获省部级科技进步奖1586项。公司拥有有效专利2134项，其中发明专利505项，在诸多领域达到世界先进水平。

同时，中国中铁还被中央和国家有关部委授予全国最佳诚信企业、全国学习型组织标兵单位、全国西部大开发突出贡献集体、全国抗震救灾先进集体、全国农民工工作先进集体、全国体育工作先进单位等称号，荣获全国五一劳动奖状。2012年公司荣获上海证券交易所“2012年度上市公司董事会奖”，并在资本市场先后荣获“优秀董事会”、“中国上市公司诚信企业100强”、“中国上市公司综合实力100强”、“中国新型跨国公司50强”、“中国上市公司十佳董事会”等多项殊荣。

【控股经营】 2012年，公司主要控股子公司49家，其中从事基建建设业务的19家子公司有：中国海外工程有限责任公司、中铁一局集团有限公司、中铁二局集团有限公司、中铁三局集团有限公司、中铁四局集团有限公司、中铁五局(集团)有限公司、中铁六局集团有限公司、中铁七局集团有限公司、中铁八局集团有限公司、中铁九局集团有限公司、中铁十局集团有限公司、中铁大桥局集团有限公司、中铁隧道集团有限公司、中铁电气化局集团有限公司、中铁建工集团有限公司、中铁国际经济合作有限公司、中铁港航工程局集团有限公司、中国航空港建设集团有限公司、中铁上海工程局有限公司。从事勘察设计业务的6家子公司有：中铁二院工程集团有限责任公司、中铁工程设计咨询集团有限公司、中铁大桥勘测设计院有限公司、中铁西北科学研究院有限公司、中铁西南科学研究院有限公司、华铁工程咨询有限责任公司。从事工程设备和零部件制造业务的 4 家子公司有：中铁山桥集团有限公司、中铁宝桥集团有限公司、中铁科工集团有限公司、中铁隧道装备制造有限公司。从事房地产开发业务的1家子公司是中铁置业集团有限公司。从事其他业务的 17 家子公司有：中铁交通投资集团有限公司、中铁信托有限责任公司、中铁资源集团有限公司、中铁南方投资发展有限公司、中铁珠三角投资发展有限公司、中铁海西投资发展有限公司、中铁物贸有限责任公司、中铁中原投资发展有限公司、中铁中南投资发展有限公司、中铁人才交流咨询有限责任公司、中铁东北投资发展有限公司、中铁贵州旅游文化发展有限公司、中铁（平潭）投资建设有限公司、中铁昆明建设投资有限公司、中铁成都投资发展有限公司、中国中铁印尼有限责任公司、中国铁路工程（马来西亚）有限公司。

【企业分级】 股份公司 2012 年度按年度工作报告企业分级情况见表 3-1。

表 3-1 中国铁路工程总公司企业分级情况（2012）

序号	企业名称	企业代码	企业级次	类别	备注
1	中国铁路工程总公司	10201654-8	一级	境内	
2	中国中铁股份有限公司	71093500-3	二级	境内	
3	中国海外工程有限责任公司	10000662-9	三级	境内	
4	中铁一局集团有限公司	22052234-5	三级	境内	
5	中铁二局集团有限公司	62160289-9	三级	境内	
6	中铁三局集团有限公司	11010451-3	三级	境内	
7	中铁四局集团有限公司	14918552-5	三级	境内	
8	中铁五局（集团）有限公司	21440016-5	三级	境内	
9	中铁六局集团有限公司	10188476-5	三级	境内	
10	中铁七局集团有限公司	170071602	三级	境内	
11	中铁八局集团有限公司	20197383-8	三级	境内	
12	中铁九局集团有限公司	24061200-6	三级	境内	
13	中铁十局集团有限公司	16319874-4	三级	境内	
14	中铁大桥局集团有限公司	17768578-9	三级	境内	
15	中铁隧道集团有限公司	17107568-0	三级	境内	
16	中铁电气化局集团有限公司	62590614-4	三级	境内	
17	中铁建工集团有限公司	71092118-9	三级	境内	
18	中铁港航局集团有限公司	190383398	三级	境内	
19	中铁航空港建设集团有限公司	10205420-2	三级	境内	
20	中铁上海工程局有限公司	56652893-9	三级	境内	
21	中铁二院工程集团有限责任公司	73020712-6	三级	境内	
22	中铁设计咨询集团有限公司	76420572-7	三级	境内	
23	中铁大桥勘测设计院集团有限公司	17768505X	三级	境内	
24	中铁西北科学研究院有限公司	H1706520X	三级	境内	
25	中铁西南科学研究院有限公司	G5151927-1	三级	境内	
26	华铁工程咨询有限责任公司	10111219-1	三级	境内	
27	中铁山桥集团有限公司	10531159-3	三级	境内	
28	中铁宝桥集团有限公司	72735754-5	三级	境内	
29	中铁科工集团有限公司	30006541-2	三级	境内	

30	中铁隧道装备制造有限公司	69872966-0	三级	境内	
31	中铁信托有限责任公司	743633968	三级	境内金融	
32	中铁置业集团有限公司	71093457-X	三级	境内	
33	中铁国际经济合作有限公司	67235278-9	三级	境内	
34	中铁资源集团有限公司	67660374-1	三级	境内	
35	中铁物贸有限责任公司	56575979-4	三级	境内	
36	中铁交通投资集团有限公司	66972427-0	三级	境内	
37	中铁南方投资发展有限公司	671879861	三级	境内	
38	中铁海西投资发展有限公司	68085885-1	三级	境内	
39	中铁中原投资发展有限公司	56645200-6	三级	境内	
40	中铁贵州旅游文化发展有限公司	57330175-9	三级	境内	
41	中铁宏达资产管理中心	565000008	二级	境内	
42	中国铁路工程总公司党校	E0263314-5	二级	境内	

【改革发展】 2012 年，中国中铁坚持以“保发展、调结构、强管理、促稳定”为中心，紧密围绕“两个坚定不移”，加强企业战略管理，调整优化企业中长期战略规划；加强市场营销策划和协调，全面拓展铁路、公路、城轨、市政和海外市场；加强对各单位生产经营的督导，确保企业各项经济指标的完成；加强企业基础管理，大力推进以全面预算管理和项目管理为重点的管理提升活动；加强投融资管理，推动新兴业务有序发展，促进企业转型升级；加强科技创新和管理创新，提高企业核心竞争力；加强风险管控，从容应对各种突发性事件，维护稳定大局；加强和谐企业和文化建设，不断提高广大员工的生活水平，营造风清气正的企业氛围，圆满实现了企业年度各项目标。

积极推进战略合作。根据国资委资源大整合、大联合的要求，先后与云南省、南昌市、佛山市政府以及平安信托、中国兵器、中国保利、北京矿冶研究总院等、省市和企业签订了战略合作协议。为实现“大市场、大业主、大项目”的战略转型奠定了基础。

开展全面风险管理工作。按照国资委的要求，组织各职能部门结合企业实际，在风险管理初始信息收集和所属各单位风险评估结果的基础上，编制风险评估调查问卷。识别出 2012 年股份公司十个重大风险，编制完成《2012 年度全面风险管理报告》，经公司董事会批准，上报国资委。

继续推进四级以下法人企业注销。按照董事会要求，对压缩管理层级、缩短管理链条工作进行了安排部署，共清理整合四级及以下企业 9 家，有 7 家企业接近尾声，其余 5 家正在办理有关注销手续。

【中国中铁股份有限公司法人治理结构】

（一）董事会

股份公司董事会由李长进、白中仁、姚桂清、韩修国、贺恭、贡华章、王泰文、辛定华 8 位董事组成，其中李长进为执行董事、董事长，白中仁为执行董事、总裁，姚桂清为执行董事、副董事长，韩修国为非执行董事，贺恭、贡华章、王泰文、辛定华为独立非执行董事。

（二）监事会

股份公司监事会由王秋明、刘建媛、张喜学、林隆彪、陈文鑫 5 位监事构成，王秋明任监事会主席。其中，王秋明、陈文鑫为股东代表监事，刘建媛、张喜学、林隆彪为职工代表监事。

（三）董事会监事会管理制度

公司按照《公司法》、《证券法》等有关法律法规的要求以及中国证券监督管理委员会等有关监管机构的规定，积极推进现代企业制度，完善法人治理结构。制定了《支持配合国有企业监事会开展监督检查工作制度》。进一步修订完善了《中国铁路工程总公司章程》和《中国中铁股份有限公司章程》、《董事会议事规则》、《董事会审计委员会议事规则》、《董事会薪酬与考核委员会议事规则》、《董事会提名委员会议事规则》、《董事会秘书工作规则》、《关联交易管理制度》、《高级管理人员薪酬与考核管理办法》、《内幕信息知情人管理制度》。2012 年，中国中铁董事会运作的 11 项制度被国资委副主任、党委副书记邵宁主编的《大企业治理构架》一书收录，作为董事会建设的制度范本。

【公司治理规则】 积极适应现代企业制度要求，以加强考核评价为抓手，着力加强董监事队伍建设，进一步提升了公司治理水平。按照股份公司《董事会、董事考核评价暂行办法》、《监事会、监事考核评价暂行办法》规定，完成了对 27 家单位董事会、董事、监事会、监事的 2011 年度考核测评工作和 3 家单位董事会、董事、监事会、监事的任期考核评价工作。积极创新领导人员选拔任用机制，制定出台了股份公司《二级企业领导班子后备干部管理暂行办法》，进一步完善和发展了干部管理制度体系。建立子公司负责人副职绩效考核制度。为提升子公司治理水平，科学评判经营成果，规范子公司负责人副职绩效考核管理，制定了《中国中铁股份有限公司子公司负责人副职绩效考核管理办法》，修订《股份公司高级管理人员薪酬与考核管理暂行办法》。

【社会责任】 中国中铁切实践行“建造精品、改善民生”的神圣使命，在一系列重大自然灾害面前挺身而出，勇挑重担，积极投身抢险救灾；广泛参与公益事业，捐款捐物，扶贫助困，积极践行央企责任，受到政府和社会各界好评。青海玉树灾后重建工作中承建的玉树县第一民族中学、第二完全小学、第一幼儿园、第二幼儿园四所学校均已完工。2012年，中国中铁继续定点帮扶湖南省桂东和汝城两个贫困县，选送第九批扶贫干部到两个贫困县，全年共投入278万元，启动并完成了7个扶贫项目。由于扶贫成绩显著，公司被国务院国资委评选为中央企业扶贫开发工作先进单位，2人获得扶贫开发先进个人称号。2012年，全公司新接收大中专毕业生5544人，军转干部在京安置工作也得到国务院军转办肯定，公司还在南美洲、东南亚、非洲、中东等国外地区，为当地劳动力提供了约2.5万个就业岗位。2012年，公司大力推进节能减排，坚持节约优先方针，秉承节约能源宗旨，完善三大体系，严格贯彻执行能源管理体系（GB/T2331-2009）标准要求，建立资源节约型、环境友好型企业公司2个项目获“全国建筑业绿色施工示范工程”称号。公司承建的合福铁路长临河制梁场获“国家重点环境保护示范工程”称号。2012年全公司无环境责任事故及节能减排重大违规违纪事件，排放污染物均达到国家和所在地相应排放标准，圆满完成了国家和国资委的年度考核目标。

职工队伍

【公司组织机构】 见彩页机构图。

【职工队伍概况】 截至2012年12月31日，总公司职工人数294020人（其中在岗职工252292人、非在岗职工41728人）；总公司年末从业人员总数284445人（其中其他从业人员32153人）。

股份公司职工中，管理人员98681人，各类专业技术人员148801人（含在管理岗位任职的具有专业技术职务的人员83894人）。工人总数12.1万人（其中技术工人9.5万人）。在岗职工中，中专及以下占45.5%，大专及以上占54.5%。

【总公司、股份公司干部队伍结构情况】 2012年末，全公司干部数为164418人。

干部的年龄结构：35岁及以下93776人，占57%；36～40岁21600人，占13.1%；41～45岁17478人，占10.6%；46～50岁18058人，占11%，51岁及以上13506人，占8.3%。

干部的教育结构：硕士及以上5073人，占3.1%；本科78519人，占47.8%；专科53071人，占32.3%；中专16017人，占9.7%；高中及以下11738人，占7.1%。

【总公司领导】

李长进　董事长、总经理、党委副书记
白中仁　党委书记、董事
姚桂清　副董事长、党委副书记、工会主席
李建生　党委常委
刘　辉　党委常委
马　力　党委常委
周孟波　党委常委
戴和根　党委常委
段秀斌　党委常委
王秋明　党委副书记、纪委书记

【总公司董事会组成人员】

董 事 长：李长进
副董事长：姚桂清
董　　事：白中仁
职工董事：刘建媛

【股份公司领导及高管】

李长进　董事长、党委书记
白中仁　总裁、党委副书记、董事
姚桂清　副董事长、党委副书记、工会主席
李建生　副总裁、财务总监、总法律顾问、党委常委
刘　辉　副总裁、总工程师、党委常委
马　力　副总裁、党委常委
周孟波　副总裁、党委常委
戴和根　副总裁、党委常委
段秀斌　副总裁、党委常委
王秋明　党委副书记、纪委书记、监事会主席
章　献　副总裁、党委常委
许廷旺　总经济师
于腾群　董事会秘书

【股份公司三总师副职】

副总会计师　张继华
副总工程师　季志华、汪建刚、郑　机、李开言、闵国暲、刘成军、史柏生、甘百先、温德智、陈诗平

【股份公司外派专职董事监事】 股份公司外派专职董事监事任职单位情况见表 3-2。

表 3-2 股份公司外派专职董事监事任职单位情况

序号	姓名	任职单位及职务	
		董事	监事
1	魏振国	港航董事，设计咨询董事、国际董事	宝桥监事、中原公司监事会主席
2	郭佳芳	三局董事、十局董事、华铁董事	六局监事、九局监事、设计咨询监事会主席
3	刘关洪	大桥董事、山桥董事、西南投资董事	七局监事、隧道监事会主席、港航监事
4	舒　畅	建工董事、上海局董事、大桥局董事	一局监事会主席、国际监事、海西监事
5	常仲相	八局董事、资源董事、大桥院董事、西南院董事	大桥监事、山桥监事会主席
6	陈晓春	六局董事、九局董事、电化董事、西南院董事	大桥（股份）监事会主席
7	刘　坚	建工董事、宝桥董事、山桥董事	上海局监事、西北院监事会主席
8	刘永红	二局董事、四局董事、电化董事	大桥院监事会主席、设计咨询监事
8	方永忠	中海外董事、五局董事、科工董事、航空港董事	建工监事会主席
10	梅　权	三局董事、大桥院董事、电化局董事	中海外监事、六局监事会主席、科工监事会主席
11	魏　都	七局董事、八局董事	十局监事会主席、电化局监事、科工监事
12	齐学勇	二局董事、六局董事	宝桥监事会主席、航空港监事、上海局监事
13	张明贤	西南院董事、西南投资董事	二局监事会主席、八局监事、隧道监事
14	韦忠信	二局董事、六局董事、置业董事、隧道装备董事、航空港董事	九局监事会主席
15	范胜利	置业董事、二院董事、设计咨询董事	国际监事、西南院监事会主席
16	吴泽林	一局董事、海西董事	港航监事、隧道装备监事会主席、西南院监事
17	程广朝	四局董事、隧道董事、贵州旅游董事	三局监事会主席、置业监事
18	李小京	七局董事、隧道董事、二院董事	贵州旅游监事会主席、中海外监事会主席
19	刘宝来	一局董事、五局董事、二院董事	四局监事、航空港监事、海西监事会主席
20	张喜学	三局董事、九局董事、上海局董事、华铁董事	八局监事会主席
21	李德忠	大桥董事、山桥董事、设计咨询董事	七局监事会主席、建工监事、二院监事
22	陈路明	五局董事、七局董事、隧道董事	四局监事主席、佛山监事
23	王凤江	一局董事、宝桥董事、西北院董事	十局监事、华铁监事会主席
24	修　贵	建工董事、国际董事(股东代表）、西北院董事	一局监事、 二局监事、电化监事会主席
25	曹建生	八局董事、九局董事、港航局董事	五局监事会主席、西北院监事
26	李安宁	十局董事、宝桥董事、华铁董事	五局监事、二院监事主席、隧道装备监事
27	毛小民	四局董事、十局董事、中原董事	西南投资监事会主席、山桥监事

【总公司总部干部情况】 2012 年，中国铁路工程总公司总部干部现员 29 人。各部门干部员工情况见表 3-3：

表 3-3　中国铁路工程总公司总部干部情况表（2012）

序号	部　　门	定员	现员	姓　　名	
1	办公厅、党委办公室、保密办		3	杨玉堂、常玉伟 李　辉	
2	人力资源部（党委干部部）		2	余汉林、王飞孟 裴清宁	
3	党委宣传部		3	徐　进、曹艳春 刘福广	
4	党委组织部		2	丁荣昌、黄建中	
5	政研会		1	曹艳春	
6	纪委（监察部）		6	王宏光、苑宝印 曹　兴、杨建华 陈文志、俞　坚 林道明	
7	工　会		5	刘建媛、池洪军、 郑　黎 陈宝华、刘治国	
8	团　委		2	李新生、曹　彬	
9	财务部		2	李　平	沈　炜
11	内退人员		2		寇春华、谢　宾
12	不在岗人员		1		张志龙

【股份公司总部干部情况】　截至 2012 年底，中国中铁股份有限公司总部定员 321 人，现员 275 人，专职三总师副职 16 人。各部门干部员工情况见表 3-4：

表 3-4　2012 年度股份公司总部员工情况分布

序号	部　　门	定员	现员	姓　　名	
	公司领导及高管		13	李长进、白中仁、姚桂清、李建生、刘　辉、马　力、周孟波、戴和根、段秀斌、王秋明、章　献、许廷旺、于腾群	
	三总师副职		16	季志华、汪建刚、王立平、李开言、郑　机、闵国暐、李新洲、刘成军、余汉林、史柏生、张继华、傅漳湖、甘百先、温德智、陈诗平、周振国	
1	董事会办公室	16	9	张睿开、陈文鑫 余　赞、万　明	蔡　阳、李　伟、段银华、王凯、高伟 李德忠、张喜学、陈路明、王凤江、修　贵、曹建生、李安宁、刘宝来、吴泽林、毛小民 专职董、监事 10 人
2	总裁办公室 （党办、保密办）	36	30	杨玉堂、常玉伟、 李　辉	谭风华、杨文博、吕月胜、王国卿、冉新彦、甘　军、罗庆梅、高丽萍、葛瑞鹏、唐艳静、王利生、孙玉宝、庞德宁、王　剑、周　慧、余金平、赵家兴、徐　朵、陈一鑫、台玉春、张旭升、郑　江、付晓涛、汪　鲤、吴宗宝、刘卫生、罗　恒
3	战略规划部	15	11	周民忠、范永贵 方　锐、景　象	法中奎、曾　虹、朱公梅、郭新立、刘小莹、王晋铎、丁　宾
4	干部部 （党委干部部）	14	11	*余汉林 王飞孟、裴清宁	张春全、韩绿滨、张劲枫、胡丁旺、陈光建、任玉超、段　鹏、刘传刚、续海龙
5	劳资社保部	19	15	刘志伟、靖建平 李　敏	曾庆光、杨书华、张顺昌、宋智聪、黄建宁、钱荣华、仝　婕、卢　峰、王　鋆、李　博、谢学文、王源海
6	财 务 部	31	23	杨　良、李　静 王　恺	王为林、尹翔飞、许小林、辛小松、宋　洁、石　磊、王大中、白　桦、闫　刚、黄弘昭、闫　旭、孙　琳、彭　娜、朱　沛、李晓鹏、田　华、吕　琨、曾　晶、吴飞飞、董　晓。
7	资本运营部	15	13	林　鑫、肖　圣 杨　涛	汪　涛、周　雅、于晓涛、孔令同、戴春华、石晓烽、黄荣虹、文少兵、贺传亮、李　娜

8	法律事务部	9	7	王怀远、陈晓平	吴　青、吴　茵、林　一、孙晋迎、罗　志
9	监察部	14		与纪委合署办公	
10	审计部	10	8	林隆彪、张利生 吴　青	王　芸、吴　昊、何　勇、李晓寒、刘贵明
11	安质环保部	10	8	李凤超、韩学诠 樊玉智	任乐春、柴海楼、张　柠、胡科敏、张业忠
12	国际业务部	16	10	陈之功、赵艳杰 曹登敬、杨新平	邓飞喜、刘铁民、蒋　莉、胡　海、杨　蕾、傅晓江
13	科技设计部	22	22	*刘成军、 陈唯一、何　宁 李海明、高　峰 张　瀚、刘涵宁	朱高明、王　洁、刘建廷、白　昭、王　烨、罗静峰、袁　明、李永全、黄从治、于　波、赵远志、黄佳强、耿治平、马志伟、冯莎莎、杨晶晶
14	经营开发部	13	8	梁　勇、杨宗林 李夏初	曹增才、王永胜、史　洁、赵文光、闫荣泽
15	工程管理部	12	10	*汪建刚、 何荣康	李恒高、许　德、撒应群、卢　炜、宋上明、陈铁师 毛建军、李卫华、游利平
16	投资发展部	13	6	冯慧光、孙旭东	罗元恒、汪先俊、王圣明、艾秋根
17	工业设备部	6	5	沈　平、孟祥红	杨路帆、贤慧、全国星
18	企业文化部 （党委宣传部）	6	8	徐　进、曹艳春 刘福广	史艳丽、李翊萌、刘赪、尚宪鹏、李元
19	行政管理部	10	10	权有勇、韩　东 袁立新	单保中、刘　辉、刘建锁、夏玉民、任宝生、常金盛、刘刚
小计		281	243	现员为 253 人	
1	党委办公室				与总裁办公室合署办公，定员列行政编制
2	党委组织部	5	4	丁荣昌、黄建中	高元宝、王正芹
3	党委宣传部				与企业文化部合署办公，定员列行政编制
4	党委干部部				与干部部合署办公，定员列行政编制
5	纪　委 （监察部）	12	10	王宏光、苑宝印 曹　兴、杨建华 陈文志、俞　坚 林道明	章　静、韩凤岩、童旭升
6	工　会 （体　协）	12	11	刘建媛、王　伟、 池洪军、郑　黎、 陈宝华、刘治国	白敏芳、邓志胜、王丹、朱成亮、魏建芳
7	机关党委	2	1	*权有勇	杨云峰
8	团　委	4	2	李新生、曹　彬	
9	《中国中铁》 报社	4	4	程建伟、屈建国	戴　骥、陈　丽
10	政研会秘书长	1	0	*曹艳春	
小计		40	32	现员为人 31	
合计		321	275		

注：姓名前加“*”的为兼职人员

【股份公司总部部门及内设机构负责人】 中国中铁股份有限公司总部内设机构负责人及以内设机构负责人名单见表 3-6（以 2012 年 12 月 31 日在册为准）。

表 3-5　股份公司总部部门负责人及内设机构负责人

部　门	姓　名	职　务
董事会办公室（监事会办公室）	张睿开	副主任（主持工作）
董事会办公室（监事会办公室）	陈文鑫	股份公司专职监事
董事会办公室（监事会办公室）	余　赞	副主任
董事会办公室（监事会办公室）	万　明	副主任
总裁办公室（党委办公室、保密办公室）	杨玉堂	主　任
总裁办公室（党委办公室）	常玉伟	副主任
总裁办公室（党委办公室）	李　辉	副主任
战略规划部	周民忠	部　长
战略规划部	范永贵	副部长
战略规划部	方　锐	副部长
战略规划部	景　象	副部长
干部部（党委干部部）	王飞孟	副部长
干部部（党委干部部）	裴清宁	副部长
劳资社保部	刘志伟	部　长
劳资社保部	靖建平	副部长
劳资社保部	李　敏	副部长
财务部	杨　良	部　长
财务部	李　静	副部长
财务部	王　恺	副部长
资本运营部	林　鑫	部　长
资本运营部	肖　圣	副部长
资本运营部	杨　涛	副部长
投资发展部	冯慧光	部　长
投资发展部	孙旭东	副部长
法律事务部	王怀远	部　长
法律事务部	陈晓平	副部长
审计部	林隆彪	部　长
审计部	张利生	副部长
审计部	吴　青	副部长
安质环保部	李凤超	部　长
安质环保部	韩学诠	副部长
安质环保部	樊玉智	副部长
国际业务部	陈之功	部　长
国际业务部	赵艳杰	副部长
国际业务部	曹登敬	副部长
国际业务部	杨新平	副部长
科技设计部	陈唯一	副部长
科技设计部	何　宁	副部长
科技设计部	李海明	副部长

科技设计部	高　峰	副部长
科技设计部	张　瀚	副部长
科技设计部	刘涵宁	副部长
经营开发部	梁　勇	部　长
经营开发部	杨宗林	副部长
经营开发部	李夏初	副部长
工程管理部	何荣康	副部长
工业设备部	沈　平	部　长
工业设备部	孟祥红	副部长
行政管理部	权有勇	部　长
行政管理部	韩　东	副部长
行政管理部	袁立新	副部长
企业文化部（党委宣传部）	徐　进	部　长
企业文化部（党委宣传部）	曹艳春	副部长、政研会秘书长
企业文化部（党委宣传部）	刘福广	副部长
党委组织部	丁荣昌	部　长
党委组织部	黄建中	副部长
纪委（监察部）	王宏光	纪委副书记兼监察部部长
纪委（监察部）	苑宝印	纪委副书记
纪委（监察部）	曹　兴	案件检查室主任
纪委（监察部）	杨建华	案件审理宣传教育室主任
纪委（监察部）	陈文志	纪委办公室主任
纪委（监察部）	林道明	案件检查室副主任
纪委（监察部）	俞　坚	执法监察室副主任
工　会	刘建媛	工会副主席
工会（体协）	王　伟	体协秘书长
工　会	郑　黎	工会办公室主任
工　会	刘治国	工会组织民管部部长
工　会	池洪军	生产宣传部部长
工　会	陈宝华	工会生活保障女工部部长
团　委	李新生	书　记
团　委	曹　彬	副书记
中国中铁报社	程建伟	总　编
中国中铁报社	屈建国	副总编

【总公司总部业务部室负责人】 中国铁路工程总公司各部室副职以上人员名单见表3-6：

表3-6　总公司总部业务部室负责人

部　门	职　务	姓　名
办公厅、党委办公室、保密办公室	主　任	杨玉堂
办公厅、党委办公室	副主任	常玉伟
办公厅、党委办公室	副主任	李　辉
党委干部部	部　长	余汉林
党委干部部	副部长	王飞孟

党委干部部	副部长	裴清宁
党委宣传部	部　长	徐　进
党委宣传部	副部长	曹艳春
党委宣传部	副部长	刘福广
党委组织部	部　长	丁荣昌
党委组织部	副部长	黄建中
政研会	秘书长	曹艳春
纪委（监察部）	纪委副书记兼监察部部长	王宏光
纪委（监察部）	纪委副书记	苑宝印
纪委（监察部）	纪委办公室主任	陈文志
纪委（监察部）	案件检查处处长	曹　兴
纪委（监察部）	案件审理宣传教育处处长	杨建华
纪委（监察部）	案件检查处副处长	林道明
纪委（监察部）	执法监察室处副处长	俞　坚
工　会	副主席	刘建媛
工　会	办公室主任	郑　黎
工　会	生产宣传部部长	池洪军
工　会	组织民管部	刘治国
工　会	生活保障女工部	陈宝华
团　委	团委书记	李新生
团　委	团委副书记	曹　彬
财务部	部　长	李　平

【专业技术队伍】 围绕“人才强企”战略，不断加大专业技术人才队伍建设，人才队伍实力逐步增强，人才队伍结构进一步优化。全公司已拥有管理和专业技术人员149153人，技师、高级技师12175人。总公司现有中国工程院院士3人，全国勘察设计大师5人，国家有突出贡献的中青年专家5人，新世纪百千万人才工程国家级人选5人，中国青年科技奖2人，詹天佑奖获得者66人，享受政府特殊津贴290人，省部级有突出贡献的中青年专家12人，铁道部级有突出贡献的中青年专家43人，总公司有突出贡献的中青年专家66人，铁道部青年科技拔尖人才95人，茅以升铁道工程师奖获得者42人，总公司科技拔尖人才321人。

【工人队伍结构】 2012年末总公司工人总数为121197人，其中技术工人95717人。技术工人中初级工9250人，中级工20279人，高级工42384人，技师9867人，高级技师3085人。高级工以上的高技能人才数量占全部技术工人的58%，技师、高级技师占全部技术工人的15.3%。工人队伍文化结构为初中及以下占48%，高中、技校、中专占44%，大专及以上占8%。工人队伍年龄结构为30至49岁占72%。

【职工培训及有关重大活动】 （一）2012年组织了13141名员工参加职业技能鉴定和高技能人才评价，完成计划的140%。通过鉴定和评价的人数10692人，总通过率81.3%。其中各集团公司评价通过技师1812人、评价通过高级技师821人。

（二）2012年股份公司举办了盾构机械操作、电工和工程测量技能培训班（500人参加培训）和第十一届青工技能大赛，78名优秀技能人才获奖并晋升国家职业资格。

【薪酬分配改革】 （一）薪酬分配体系进一步健全。一是完善制度措施。制定《子公司负责人薪酬管理补充规定》，对子公司负责人副职薪酬差距、政府奖励、四好班子奖励标准等问题进一步规范，调整了投资管理板块负责人基本薪金确定方法；制定《直属项目机构负责人薪酬管理办法》，通过合理设计薪酬单元，明确激励约束导向，充分调动直属项目机构负责人积极性，促进公司上游业务健康发展；制定《加强境外人员薪酬管理指导意见》，明确境外薪酬分级管理体制，建立了境外工作人员薪酬分类管理模式，理顺了境内境外、各类用工间薪酬关系。二是及时完成所属34家子公司主要负责人2011年薪酬结算工作，下达10家暂不纳入办法管理单位和4家非上市单位主要负责人薪酬结算标准。三是认真开展典型岗位薪酬统计调查工作，全面掌握所属单位薪酬及福利水平，指导所属单位不断完善薪酬制度，增强企业薪酬调控能力。

（二）工资总额管控进一步强化。一是努力争取国资委政策支持。2011年工资总额结算缺口17.9亿元，经主动争取，国资委给予了最大限度的帮助和支持，免除了4.3亿元的纳税额。二是强化工资总额管控。及时组织召开股份公司加强工资总额管理专题会，白中仁总裁、国资委分配局李燕斌局长、章献副总裁亲临会议讲话，统一思想，传递压力，明确责任，严肃纪律。采取月度动态监控、提示和预警，电话约谈、电报通报、专项检查等多种有效措施，强化对所属单位工资总额执行控制，取得明显预期效果。根据统计监测数据，预计全年工资总额196.3亿元，全年工资总额预算偏离度仅0.6%。三是加强人工成本管理，完成《2011年度人工成本分析报告》，促进了各单位提升人工成本投入产出水平。

（三）高管人员薪酬考核进一步完善。一是修订《股份公司高级管理人员薪酬与考核管理暂行办法》，在总结近几年实践的基础上完善了在国资委指导、监督下董事会决定高管薪酬的机制，改进了高管正职及其他高管薪酬的确定方式，合理拉开高管副职之间薪酬差距。二是拟订了《2011年度公司高管正职和其他高管薪酬兑现方案》。高管正职按照90万元确定，高管副职按照3.5%的薪酬差距，根据绩效考核得分计算确定。兑现方案既遵循了“业绩升，薪酬升；业绩降，薪酬降”的原则，又体现了董事会对高管人员在2011年困难环境中，带领企业攻坚克难，保持稳定，促进发展，所取得工作成效的肯定。三是按照国资委相关要求及时完成《2011年度负责人薪酬和董事报酬管理总结的报告》、《2011年度高级管理人员业绩考核和薪酬兑现情况报告》和相关薪酬手册上报工作，规范高管薪酬内业资料管理。四是高管绩效考核规范有序。2012年通过对高管薪酬与考核管理暂行办法修订完善，建立了考核指标动态调节机制，完善了绩效反馈工作。通过规范、有序地开展2011年度高管绩效考核和2012年绩效合约签订工作，提升了高管绩效考核工作的质量和水平。此项工作得到国资委充分认可，被推荐与中海油、中国中冶、东方电气等央企进行经验交流，“中国中铁创新高管人员薪酬与考核机制”被《央企要情》第210期收录为头条信息。

（四）规范职务消费管理进一步推进。一是建立了覆盖各层级职务消费管理制度体系。制定股份公司企业负责人、总部和所出资企业负责人职务消费管理的3个办法，指导所属单位制定和报备规范职务消费管理专项制度。二是落实职务消费预算管控。及时向国资委报送股份公司企业负责人职务消费管理预算，组织44家二级企业完成本单位企业负责人2012年度职务消费预算报备工作。从严控制职务消费预算水平，全公司职务消费预算占主营业务收入0.0376%，占管理费用0.72%，整体水平和人均水平的控制与股份公司的经营规模、市场地位相适应。三是组织协调做好国资委监事会07办对股份公司本部、中铁置业和电化局的专项检查。股份公司企业负责人职务消费管理工作，得到了国资委王勇主任在中央企业负责人职务消费管理专题会议上的充分肯定。

【高技能人才培养】 （一）中铁大桥局王国英、中铁隧道集团李友坤、中铁二局任绍刚等3人被评为全国技术能手；中铁电气化局被评为国家技能人才培育突出贡献奖单位；中铁三局孙洪利被评为国家技能人才培育突出贡献奖个人；中铁四局、九局被评为国家级示范职业技能鉴定站；中铁大桥局王国英、中铁一局白芝勇、中铁二局任绍刚、中铁九局孙宏义等4名高技能人才获得国务院2012年政府特殊津贴。

（二）以窦铁成和巨晓林两个国家级技能大师工作室为依托，大力推动技能培训和技术创新工作，申请国家专利两项；窦铁成、巨晓林当选为党的十八大代表。

（三）股份公司农民工选手在全国技能大赛取得优异成绩，荣获“全国建筑业技术能手”称号。

【总公司及股份公司总部机构、编制情况】 一、中国铁路工程总公司总部行政职能部门设置和人员编制情况

总公司总部设置以下3个行政职能部门：

（一）董事会秘书局：履行总公司董事会秘书局职能，由中国中铁股份有限公司董事会办公室负责具体工作；

（二）办公厅：履行总公司行政办公职能，由中国中铁股份有限公司总裁办负责具体工作；

（三）财务部：履行总公司财务管理职能。

总公司总部行政职能部门专职员工2人。

二、中国中铁股份有限公司总部设置19个行政职能部门和3个管理中心。总编制285人，各部门不设内部机构（参见总公司股份公司总部组织机构图）。

三、中国铁路工程总公司（中国中铁股份有限公司）总部党群机构有党委组织部、党委干部部（与股份公司干部部合署办公）、党委宣传部（与股份公司企业文化部合署办公）、党委办公室（保密办）（与股份公司总裁办合署办公）、纪委（与股份公司监察部合署办公）、工会（体协）、团委、机关党委（机关工会）（与股份公司行政管理部合署办公）、中铁报社、政研会等部门，总编制40人。

资产和财务状况

【主要指标】 2012 年中国铁路工程总公司新签合同额7318 亿元，企业营业额 5145.4 亿元，其中国内完成 4893.3 亿元；海外完成 252.1 亿元。截至 2012 年底，中国铁路工程总公司的资产总额达 5554.6 亿元，同比增长 17.2%。其中，流动资产 4,380.3 亿元，同比增长 20.4%，流动资产占资产总额 78.9%。负债总额 4,620.0 亿元，其中带息负债 1,626.2 亿元。（总公司完成主要经济指标见表 3-7）

表 3-7　中国铁路工程总公司主要经济指标（2012）

项目	2012 年	2011 年	比上年增长（%）
资产总额（亿元）	5554.6	4738.9	17.2
所有者权益（亿元）	934.6	860.4	8.6
营业总收入（亿元）	4846.2	4613.2	5.1
利润总额（亿元）	106.1	95.7	10.9
净利润(亿元)	80.6	72.4	11.3
归属于母公司所有者的净利润（亿元）	41.5	37.6	10.4
技术开发投入（亿元）	89.7	98.2	-8.7
利税总额（亿元）	244.3	241.5	1.2
应交税金总额(亿元)	202.8	203.9	-0.5
全员劳动生产率(万元/人•年)	19.4	19.1	1.6
净资产收益率（%）	8.8	8.7	1.1
总资产报酬率（%）	3.3	3.1	6.5
国有资本保值增值率（%）	108.4	107.8	0.6

【财务指标】 见表 3-8。

表 3-8 中国铁路工程总公司 2012 年度财务指标

一、绩效指标：	
（一）盈利能力指标：	
1. 净资产收益率（不含少数股东权益）（%）	8.83
2. 总资产报酬率（%）	3.30
3. 营业利润率（%）	2.01
4. 主营业务利润率（%）	7.35
5. 成本费用利润率（%）	2.23
6. 盈余现金保障倍数	-0.52
7. 成本费用总额占营业总收入的比率（%）	98.05
（二）资产质量指标：	
1. 总资产周转率（次）	0.93
2. 流动资产周转率（次）	1.20
3. 存货周转率（次）	2.46
4. 应收账款周转率（次）	4.79
5. 资产现金回收率（%）	-0.81
6. 应收账款增长率（%）	5.09
7. 存货增长率（%）	30.48
（三）债务风险指标：	

1. 资产负债率（%）	83.17
2. 已获利息倍数	2.67
3. 流动比率	1.20
4. 速动比率	0.66
5. 现金流动负债比率（%）	-1.14
6. 短期借款占全部借款的比率（%）	44.69
7. 抵押资产占总资产比率（%）	4.98
8. 担保金额占净资产比率（%）	51.67
9. 带息负债比率（%）	35.20
10. 或有负债比率（%）	2.01
（四）经营增长指标：	
1. 营业总收入增长率（%）	5.05
2. 主营业务收入增长率（%）	5.16
3. 营业利润增长率（%）	8.34
4. 利润增长率（%）	10.85

【资产比重变动】 见表 3-9。

表 3-9 中国铁路工程总公司 2012 年资产比重及变动情况

单位：亿元

项目	年末数	年初数	增长额	增幅%	占总资产%
货币资金	745.2	672.4	72.8	10.8	13.4
应收账款	1,010.3	963.8	46.5	4.8	18.2
预付账款	285.8	247.4	38.4	15.5	5.1
其他应收款	296.0	206.4	89.6	43.4	5.3
存货	1,980.3	1,517.0	463.3	30.5	35.7
流动资产合计	4,380.3	3,637.4	742.9	20.4	78.9
长期股权投资	78.7	70.4	8.3	11.8	1.4
固定资产	354.2	330.0	24.2	7.3	6.4
资产总计	5,554.6	4,738.9	815.7	17.2	100.0

【技术动力装备】 截至 2012 年底，股份公司主要施工设备总台数达到 73000 台，原值约 350 亿元，净值约 176 亿元，总功率进 656 万 Kw。2012 年全公司新增主要施工设备 5858 台，设备采购投入约 33 亿元。装备结构得到有效改善，全公司围绕高速铁路、城市轨道交通、长大桥梁和隧道、大体量混凝土和超高层建筑等高技术工程建设领域，加大设备投入和技术创新，增加大型、专用、高技术含量、高价值的设备，提高企业工程建造技术水平。截止 2012 年底，全公司共有 TBM/盾构等设备 162 台，占有全国地铁盾构数量的三分之一。目前全公司除了中铁大桥局、中铁建工集团等单位未保有盾构设备外，其他 14 个工程局都拥有盾构设备，其中中铁隧道集团自有 46 台，中铁一局自有 25 台，中铁二局自有 14 台，位列设备保有数量前三名。

管理体制创新

【战略管理】 1.编制2013～2015年发展规划。根据国资委关于发展规划滚动调整的有关规定和股份公司领导要求，战略规划部组织相关部门在回顾总结2011～2012年发展规划执行情况、预测分析未来发展环境的基础上，9月中旬完成了《中国中铁股份有限公司2013～2015年发展规划》编制工作，经股份公司总裁办公会、股份公司董事会战略委员会和股份公司董事会审议通过，行文上报国资委。2.认真做好战略合作协议的签署工作。根据国资委资源大整合、大联合的要求，先后组织起草、评审、完成了中国中铁与平安信托、中国兵器、云南省、中国保利、北京矿冶研究总院、南昌市、佛山市签订战略合作协议的相关工作，并与上述省市和企业签订了战略合作协议。为实现“大市场、大业主、大项目”的战略转型奠定了基础。

【内控监督、体系建设、风险管理】 1.加强内控体系建设。一是推进工程项目内控体系建设。股份公司内控体系“逐级推进、横向到边、纵向到底、全面覆盖”的工作部署，在总部、二级及三级单位基本完成内控体系建设的基础上，股份公司进一步将内部控制体系纵向延伸到项目部层面。制定了《工程项目内控体系建设工作方案》。完成了中铁二局、中铁四局、中铁隧道项目内控体系建设试点工作。编写股份公司具有规范性和指导性的《工程项目内部控制指导手册》。手册作为股份公司工程项目内部控制体系建设的通用性模板，2013年将在全公司各类项目经理部推广实施。二是推动公司非上市企业建立内控体系，宏达资产管理中心内控体系建设于10月底顺利完成。三是做好内控缺陷整改落实工作。对德勤内控审计和公司内控自我评价中发现的管理缺陷，进行了认真整改，上报了整改报告。四是加强制度建设。年初下发了发总部2012年规章制度制定及修订计划，确保制度管理的计划性和规范性。全年召开管理制度评审会议共计10次，制定各项管理制度73个，对公司“试行”和“暂行”超过一年以上的84个规章制度进行了全面清理。五是协助开展2012年内控审计工作。六是参与国资委监事会开展公司资金管理、招投标、采购业务内部控制专项检查。2月13日，北京辖区上市公司监管工作会议对股份公司内部控制工作提出了表扬作为两家内控建设经验交流单位之一，公司进行了交流发言，9月25日，中国上市公司内部控制指数发布会暨高峰论坛在北京隆重召开，评选出2012年中国上市公司内部控制百强企业，中国中铁连续两年位居前列，中国中铁董事长李长进荣获中国上市公司内部控制杰出领袖称号。会上，中国中铁作了题为《内部控制和风险管理体系构建及信息系统》的交流发言，国资委改革局于宝恒副局长对中国中铁内控管理和信息化工作给予了高度评价。

2.开展全面风险管理工作。按照国资委的要求，组织各职能部门结合企业实际，在风险管理初始信息收集和所属各单位风险评估结果的基础上，编制风险评估调查问卷。识别出2012年股份公司十个重大风险，编制完成《2012年度全面风险管理报告》，经公司董事会批准，上报国资委。

【修订管理制度】 年初下发了发总部2012年规章制度制定及修订计划，确保制度管理的计划性和规范性。全年召开管理制度评审会议共计10次，制定各项管理制度73个，对公司“试行”和“暂行”超过一年以上的84个规章制度进行了全面清理。

【中铁二局管理制度】 2012年，中铁二局夯实基础与管理提升同步强化，企业管理有新提升。一是财务管理基础地位不断强化。全年累计取得银行授信751亿，月均资金集中度79%，减少利息支出2168万元；通过推进预算管理，确保年度各项经济目标完成；通过开展专项整治，规范资金管理。二是人力资源管理不断深入。较好满足企业对各类人才的需求，全年新增中高级职称646人、技师和高级技师331人、一级建造师141人。改革完善系统性薪酬管理制度，实现员工工资合理增长。三是资质申报成效显著。在铁路总承包特级资质基础上，公司又获得房建总承包特级资质，成为西部地区建筑业资质数量最多、覆盖领域最广的企业之一。四是管理提升活动不断深入。内控体系建设形成公司、子公司、项目部三级全覆盖，建立中国中铁范围内具有指导性的内控体系建设模板。五是子公司进一步做实、做优、做大。在13个施工类子公司中，去年营业额超40亿的达6个，新签合同额超30亿的达7个，其中超40亿、超50亿的各有两个，各子公司基本完成上交，可持续发展能力进一步增强。

【中铁三局管理体制创新】 2012年，中铁三局精心谋划企业发展战略，以战略引领“九大指标”，大力实施转型升级战略，强化战略集中管控，推动战略规划的稳步实施，确保九大目标的实现。1、完成三年滚动规划的编制、审批、上报工作。2、发布实施“十二五”规划。3、加强战略管控，确保规划实施。为确保公司战略规划的有效实施，加强了战略集中管控，对各单位制定落实规划提出了明确要求，要切实加强领导，健全组织，完善战略和规划研究、制定、实施、控制的管理工作机制。要紧紧围绕规划的核心，细化、分解落实各项指标、措施，确保规划的顺利实施。4、企业重组、改制改革。进一步优化产品结构。调整优化子分公司产品结构，满足企业生产经营需要。对运输分公司的营业范围进行了适当调整，适应了企业生产经营需要，提高了企业竞争能力。优化资本结构。适应区域经营工作的需要。成立以经营工作为主体的哈尔滨、海南、珠海、兰州四家非实体性分公司，明确了职责和管理职责，满足了集团公司区域经营战略的需要。

【中铁四局管理体制创新】 2012 年，中铁四局在经营布局、资源配置、财经工作等方面进行了一系列改革和创新，为推进企业持续、优质发展提供了保证。组织机构日益合理。按照企业生产经营及管理工作需求，先后成立了集投资、生产和营销职能于一身的江苏投资建设公司、安徽投资建设公司，佛山分公司（营销性分公司）和大连土木工程公司（营销性分公司）等机构，撤销了阜阳工指、上海嘉金高速公路项目经理部、大连分公司（营销性分公司）和辽宁分公司（营销性分公司）等机构，满足了企业生产经营要求。管理转型按部推进。按照“三个阶段六个环节”的工作要求，管理提升活动第一阶段梳理出了 15 大类制约发展的问题，明确了改进总目标、措施路线图和推进时间表，已全面进入第二阶段的专项提升、全面整改环节阶段；两级机关内控体系全面完成，步入工程项目试点建设阶段，企业风险“防火墙”逐渐构成。人力资源改革深入推进。制定出台了境外项目外派劳务管理、新增劳务派遣人员登记薄和半年报送劳务派遣人员报表等多项制度，项目经理职业化、首签合同考核制、内部人才流动制等政策深入推行；开展了一、二级职业项目经理资格推荐工作和三、四级职业项目经理资格评审工作；贯彻落实了领导人员管理十项制度，全年共下达出国（境）批件 11 份合计 32 人次，新增报备领导人员 74 人，解除报备 15 人；优化了人力资源配置，全年共为局机关、局工指及各子（分）公司选拔、考核、调配人力资源 460 多人次，及时缓解了部分单位人力资源不足问题。集约化管理有序实施。区域物资集中招标采购在合肥、南京地区迈开步伐；全年共完成机械设备集中采购 5.41 亿元，占年度计划的 94%。同时，做好了大型设备的集中调配工作，尤其是强化了盾构机统筹调配，提高了设备利用率，提升了项目整体效益。经济效益不断攀升。2012 年，全局实现归属于母公司净利润 5.41 亿元；企业综合毛利率 7.77%，较 2011 年度的 6.78% 提高 0.99 个百分点；净资产收益率 14.84%。虽然全局营业收入较 2011 年下降，但净利润较 2011 年 5.29 亿元增长 2.34%。工经工作持续加强。2012 年，全局共 58 个铁路项目合同总额 1145 亿元。其中，昌九、宜万、南京南、大胜关等 12 个项目先后办理完成了末次清算，12 个项目原合同额 159 亿元。清欠工作取得成效。积极利用党的“十八大”召开有利时机开展了专项清欠，共回收资金 126.3 亿元，完成目标的 109.4%。针对铁路建设市场：1.施行项目施工专业片区项目管控模式：依据全局在建工程的规模、技术难度、安全质量风险和所处地域，划分五大片区，由 5 个专业组、5 个片区综合组、5 个稽查队及 3 个海外组构成“5553 组合”，以专业组管点、综合组管线、稽查队管片的方式，对全局在建所有项目实施全覆盖管控。2.试行项目管理约束性条款。为配合专业片区项目管控模式，今年先试行《中铁四局集团项目管控约束性条款制度》（生产技术方面）。该制度以局现行项目管理制度、办法、通知等为基础，结合当前全局项目管理需求，并针对目前项目管理工作中存在的薄弱环节，编制出台局项目管理约束性条款（红线条款），它是全局项目管理中最基本的工作要求，是每个项目经理部都必须无条件贯彻执行的，达到该制度的所有条款是项目管理的底线，反之则视为不可接受。3.重点工程推行安全质量管理组织设计制度。重点工程项目要根据项目管控的重点和存在的安全风险情况，以及项目施工不同时期的不同管控重点，由项目安全总监或者安质部长牵头，工程技术部门、安质部和项目经理参加，编制项目安全质量管理组织设计，使项目管理人员在开工前，对整个工程不同阶段的重大风险源、安全监控重点等工作内容有全面的了解，以便事前去主动控制管理。4.实行高风险项目分工序劳务分包模式。要求各子（分）公司在高风险的项目上，如隧道、地铁（深基坑、盾构）、架梁、涉及营业线等施工，或关键工序如隧道开挖和支护、二衬施工等，根据自身特点，灵活地采取“架子队、员工班组承包或工序劳务分包”等模式，不断丰富劳务分包管理的形式和内容，可不拘泥于形式，主要是确保现场实现施工生产有序可控，把安全质量牢牢掌握在自己手中；同时还要杜绝合并工序，或偷换概念以工序大包、整个作业面大包形式代替工序分包，导致施工过程控制仍受制于他人。5.开展项目安全质量总监委派制试点。

【中铁五局改革与资源整合】 2012 年 3 月中铁五局电务公司和中铁五局城市轨道交通分公司合并，成立中铁五局集团电务城通工程有限责任公司"（简称"中铁五局电务城通公司"）。两个单位重组后，作为一个单位进行管理局；对外保留"中铁五局集团电务工程有限公司"和"中铁五局城通分公司"牌子，电务公司和城通分公司产权关系暂不变，实行两块牌子，一套人马的管理；2012 年 8 月 31 日将长沙分公司管理的天凤建筑工程技术咨询有限公司划归物资公司管理，管理关系的移交，不涉及股权移交和人员移交，主要是档案移交和债权债务的移交，债权债务由物资公司全部承接；五局多元中心三建公司施工板块资产和人员整体划入五局建筑公司；五局本部设置工程经济管理部和投资管理部。成立重庆、济南、福建、拉萨、新加坡分公司，成都工程分公司，斐济办事处；根据 2012 年股份公司《关于下达 2012 年四级及以下法人企业清理注销计划的通知》（中铁股份规划［2012］76 号）文件精神，注销贵阳铁五建物业管理有限公司、贵阳快达航空服务有限公司、注销广州迈吉贝斯网络信息公司和深圳迈吉贝斯网络信息公司。

五局把集约化管理作为提升发展质量的主要举措，作为管理提升活动的主要内容，在五局一公司及五局山西中南部通道项目试点基础上，2012 年形成以体制机制建设为主要内容的集约化管理"五化"体系即："组织构建专业化、要素管控集中化、经营承包责任化、劳务建设组织化、基础管理精细化"。一是推进了组织构建专业化。以子分公司为责任主体，构建物资、机械租赁、测量、试验、混凝土生产、钢结构加工六类专业化分公司 65 个，隧道、桥梁、路基等专业作业队 197 支，共组建为自建型架子队 421 支，成为五局项目施工生产的骨干力量。二是推进了劳务建设组织化。各公司把现场作业的劳务队伍作为企业的一类组织来建设，实行对劳务队伍统一注册、统一命名、统一编制、统一管理，初步实现了由间接管理到直接管理、由分散管理到集中管理、由临时性管理到常态化管理的"三大转变"。三是推进了经营承包责任化。全局落实子分公司和专业化分公司资产经营责任制、项目部承包责任制、架子队和工班责任成本承包制、经营窗口单位经营目标责任制。四是推进了要素管控集中化。全局资金集中度 74.9%，部分单位达到 80%以上，资金预算管理推行率 100%，企业节省财务费用 7200 万元。物资集中采购供应在铁路项目和贵州、云南、西北片区项目实质性运作，集中采购供应率 93.6%，其中局集中采购供应物资 11.3 亿元，平均降低采购成本 7%，取得效益 8000 万元。局管设备集中采购率 89%。开展工程险、团体人身意外险、车辆险商业保险集中管理，为企业创造效益 700 万元。五是推进了基础管理精细化。局以内控体系建设为载体，完善了管理制度，优化了工作流程，促进了基础工作的规范化、精细化。五局被股份公司评为 2012 年度管理提升优秀单位。

【中铁六局修订管理制度】 中铁六局集团有限公司 2012 年度新制定或修订规章制度 29 项，其中包括：群众安全生产监督工作实施细则、优质工程奖励办法、优秀质量管理小组奖励办法、"金牌员工"学习工作室创建标准及管理办法、本部机关通信费用管理办法、生产经营季度考核评比管理办法、工程项目成本管理办法、工程项目合同管理办法、区域经营开发管理办法、铁路建设工程企业信用管理暂行办法、员工调动管理办法、二次经营考核奖惩办法、铁路建设项目物资设备管理办法、本部员工住房供暖费管理暂行办法、高级管理人员绩效考核与薪酬管理办法、本部职务消费管理办法、子分公司和指挥部（项目）负责人职务消费管理办法、财务决算考核评比办法、工程项目施工机械管理办法、全面预算管理办法等。

【中铁七局修订管理制度】 2012年，中铁七局坚持"镜头不换、纵深发展"的工作思路，全面落实"一三五"发展举措，奋发有为，勤勉务实，圆满完成了年度奋斗目标，企业发展再上新台阶。集团公司铁路工程施工总承包特级和铁道行业甲（II）级资质顺利获批、成功申报并荣获2012年度河南省省长质量奖、管理提升活动有计划开展、架子队建设标准化管理工作稳步推进。企业经营开发、施工生产、发展质量、质量安全、技术创新、海外业务、房地产领域取得了长足的发展和进步。

2012年企业新修订的规章制约30余项。其中包括：《档案工作评价办法》、《企业负责人职务消费管理办法》、《项目质量安全责任制》、《项目质量安全检查处罚标准》、《安全质量责任追究办法》、《专家和主任（副主任）工程师管理办法（暂行）》、《海外工程项目管理办法》、《投标资料库管理办法》、《资质使用管理办法》、《国内铁路、公路和城轨市场区域经营实施办法》、《经营分公司日常工作考核办法》、《经营开发中心开发风险奖惩办法》、《经营分公司开发风险奖惩办法》、《经营开发费用提取和使用管理办法》、《档案工作评价办法》、《企业年金管理委员会工作规则》、《劳务企业使用管理办法》、《项目经理、总工程师业绩评价管理暂行办法》、《海外资料库管理办法》、《收尾项目管理办法》、《工程项目成本管理办法》、《员工教育培训管理办法》、《项目经理管理办法（暂行）》、《企业绩效考核管理办法》、《离退休人员管理暂行办法》、《高级管理人员薪酬与考核管理暂行办法》、《工程项目物资招标管理办法》、《物资集中采购管理办法》等管理制度。

【中铁九局企业改革重组】 组织机构改革。按照九局“十二五”规划目标，加强产业、产品结构调整，对部分单位进行了机构调整，1. 成立中铁九局第九工程有限公司，与长春分公司实行一套机构、两块牌子。2. 成立大连海外建设工程有限公司，与大连工程处实行一套机构、两块牌子。3. 成立中铁九局通信工程有限公司，由电务公司代管。4. 将监理公司改造成参股公司。指导监理公司完成清产核资、股权变更、公司更名等工作，并与中铁西北院完成了股权改造和增资扩股工作。5. 撤销了隧道分公司。

对项目型和管理型公司加强管理，严格按管理办法规范各项业务，组建前研讨、过程中管理、转换或撤销三个重点环节，严格管控，实现项目型公司和管理型公司的常态化管理。根据经营管理需要，分别在重庆、海南、珠海、佛山成立 5 个项目型分公司；成立八公司、沈阳路桥工程有限公司、芜湖建设有限公司 3 个子公司；成立了吉林混凝土有限公司，调整了厦门分公司的隶属关系，撤销了通辽分公司。截至 2012 年末，九局共有项目型分公司 16 家，子公司 5 家。

【中铁十局改革及修订管理制度】 2012 年，依据集团战略规划，按照建立现代企业制度的要求，进一步调整和优化了组织结构，以满足企业持续健康发展的需要。一是根据企业发展战略需要，对海外公司职能进行调整，解除海外公司对六公司的委托管理，成立海外部，进一步理顺了管理关系，加强了对海外市场生产经营的管理，促进了海外业务的大力发展。二是为进一步拓展海外市场，在东非注册成立乌干达分公司和肯尼亚办事处。三是对局属委内瑞拉各单位优化整合，明确了委内瑞拉分公司的职责权限，管理关系得到理顺。四是勘察设计分公司开始组建。五是对 8 个子公司进行增资，成员企业竞争力进一步增强。六是为进一步优化经营布局，提升企业在胶东地区尤其是青岛市场的影响力，促进青岛公司快速平稳发展，经局董事会三届六次会议审议通过，将青岛公司改制为一人有限责任公司，2013 年 2 月完成工商注册登记，为进一步拓展青岛市及周边建筑市场、增强企业竞争力、促进企业持续健康快速发展奠定了基础。

2012 年，局结合实际，进一步完善管理制度，优化管理流程，管理体系持续完善。结合内部控制体系建设，围绕经营管理各个环节，进一步梳理、修订现行有关制度、办法，以满足企业不断发展的需要。全年出台和修订完善规章制度 85 项，更加注重各项管理制度的协调统一，提高了规章制度的实用性和时效性。通过科学规范的管理和体系的持续有效运行，保障了各项管理工作的有序开展，实现了各项管理工作的有效控制，企业管理和控制能力不断得到加强。

【中铁大桥局重组与改革改制】 2012 年，中铁大桥局组建中铁大桥局武汉商业运营管理有限公司，设立中铁大桥局安徽工程有限公司。设立了重庆分公司、新疆分公司、萧山分公司、内蒙古分公司、宁夏分公司、贵州分公司、山西分公司、坦桑尼亚分公司。原中铁大桥局集团物资有限责任公司正式更名为“中铁大桥局集团物资有限公司”。注销厦门分公司和股份公司沈阳分公司。

【中铁隧道管理体制创新】 一是组织结构调整。解散集团理事会，集团公司通过理事会对集团进行管理的历史结束；同时在集团公司董事会下设立战略、审计、预算、薪酬与考核四个专门委员会，促进集团母子公司管控体系依法、合规、有效运行，并全面清理集团及集团公司设立的领导小组、委员会等机构。

按照集团公司国际市场战略要求，推进集团公司“大海外”经营格局，进一步理顺海外项目经营管理关系，全面加强海外市场开拓能力，加强海外经营布局，设立驻澳门代表处。

根据内部控制与风险管理体系建设要求，梳理总部各部门职能，重新按照总部各部门定位设置职能，并及时调整审计处、工程部、事务处、企划部、财务部、企业文化部、物资部、法律事务部机构编制。

二是完善、修订管理制度。制定发布《海外工程项目管理办法》、《设计采购施工总承包工程项目管理暂行办法》；结合 2011 年度考核结果执行情况，组织总部各部门完成集团公司 2012 年度绩效考核评价方案的制定和发布工作；完成集团公司一期内控体系建设工作，发布《中铁隧道集团有限公司内部控制与风险管理手册》和第一期《集团公司内控体系流程文件》。

为规范重点实验室运行，迎接国家科技部检查验收，审议发布国家重点实验室科研成果奖励条例、访问学者科研成果奖励条例、开放基金管理办法、青年学术骨干科研启动基金制度、人才引进细则、科研课题管理办法、科研经费管理办法、科研立项管理办法、课题组长管理办法等九项管理制度及章程。

【中铁建工管理创新】 一是加强组织机构优化调整。2012年，完成了中国铁工建设与北京分公司、北方公司的内部重组工作，重组后的铁工建设在人才、设备和技术力量上有所提升，在经营生产上有了新的突破，实现了资源优化配置最大化，目前，生产经营已经进入正常的运转轨道。

为满足经营发展需要，优化企业资源配置，通过公司决策有关程序和股份公司的审批，新成立了中铁建工集团吉林有限公司、山东中铁诺德物业管理有限公司、牡丹江分公司、南昌分公司、加纳分公司等2家子公司和13家分公司，并完成四级法人深圳市中铁建投资有限公司的注销清理。

加强两级机关建设，为全面加强总部机关建设，制定了进一步加强集团领导班子建设、总部机关建设、员工素质建设和后勤保障建设的四个《指导意见》，引导总部机关各级领导和广大员工以入驻新办公楼为起点，展示新形象，谋划新发展，全面提升管理，全面加强建设。为加强所属二级单位的机关建设，下半年所属二级单位从优化管理职能部门入手，按照精干高效原则，依据“三级定位职能体系”的要求，开展了机构改革，对部门职能、岗位职责、定岗定编、业务流程进行重新定位。

落实三级职能定位要求，提高项目管理标准化建设水平。集团总部组织相关部门成立调研组针对管理部、分处等不符合三级职能体系的现状，开展深入调研，认真分析其优劣势，形成调研报告，提出优化改进建议，确保企业管理链条三级最优化。在积极深入落实项目部“合同履约、制度落实、目标管理、开拓经营”职能的同时，对项目部机构标准化配置提出了新的要求，初步确定了财务部、经营预算部、工程管理部、安质环保部、物资设备部及办公室“五部一室”的标准化机构配置原则，并组织各业务系统领域专家着手研讨制定《项目机构标准化管理指导手册》，以明确人员配备、岗位职能的具体要求。

二是强化内控与风险管理工作。开展了流程体系文件的优化工作，总部机关各职能部门依据企业内外环境变化和业务调整的实际情况，对原有业务流程进行调整，共涉及9个部门，最终确定流程283个。

先行推进项目内控试点建设工作，选取北京分公司作为试点，通过项目调研，采取业务管理流程和党建管理流程双标共建的方式，确定选择31个核心业务流程开展内控体系工作，为全面推进集团“横向到边、纵向到底”的相对统一的内控平台的搭建奠定基础。

三是落实管理提升活动精神。通过成立活动领导机构、制定活动方案、召开动员大会和推进会，全面动员部署。在专项提升活动过程中针对存在的问题，由集团总部分管领导带队，分片区深入基层面对面宣讲，推动了管理提升活动下基层、强基础、出实招、见实效。

【中铁港航局改革重组与管理制度】 2012年内控体系进入试运行阶段，在运行过程中根据股份公司《内控运行管理办法》并结合集团公司运行的效果编制发布《港航局内控运行管理办法（试行）》，为内控体系运行提供了制度依据。

2012年，集团公司先后组织开展管理制度评审6次，修改完善各项管理制度文件98个，基本将公司管理制度全面更新，同时将截至2012年5月31日现行有效的制度和管理流程汇编印制成册，共印制300套1500册。

为了进一步规范全集团的企业管理，公司加强管理制度文件的评审更新，基本完善了公司的管理制度体系，形成了符合具有港航局自身管理实际的系统性管理制度，为企业的规范运行奠定了基础。公司在集团总部和各子分公司全面启动开展了管理提升活动。发布《中铁港航局管理提升活动实施阶段的指导意见》和《中铁港航局全面开展管理提升活动的实施方案》。

2012年，公司成立了船舶分公司，将集团公司层面的船机设备进行统一管理。2012年6月，集团公司将游艇俱乐部的全部船员划归船舶分公司管理，有效地实现了相关船舶资源的整合。2012年，集团公司还就重组后的遗留的业绩划分问题分别与被重组企业原主管局进行了联络、沟通和组织对接，经双方友好协商，共划转工程业绩（含在建）42项到中铁港航局（其中：从中铁五局共划转业绩14项，从中铁大桥局划转业绩28项），并签订了业绩划分协议书，完成了划转业绩的归集。

【中铁航空港改革及修订管理制度】 2012年，中铁航空港组建新中铁航空港三公司、中铁航空港重庆第四分公司和中铁航空港杭州分公司等三个新公司，组织子、分公司对重组遗留问题进行全面梳理，编制中铁航空港《子、分公司遗留问题解决方案》。

2012年，组织编制中铁航空港“十二五”战略规划，经中铁航空港董事会审议通过并报中国中铁股份有限公司评审同意后，以单行本形式下发至各部门和单位贯彻执行。同时，完成三年滚动规划、战略规划实施任务计划书、战略规划管理实施办法、战略评价报告等配套文件的编报工作，组织和指导子、分公司编制子、分公司"十二五"战略规划，并对子、分公司的专业定位进行修改完善。此外，继续加强与其他单位的战略合作，与中铁西北院、中铁西南院签订战略合作框架协议。先后取得房建总承包特级、建筑行业（建筑工程）设计甲级和公路总承包壹级、建筑装饰装修工程设计与施工壹级、机电设备安装专业承包壹级、矿山总承包叁级、土石方专业承包壹级等7项资质，并完成了公路路面专业承包壹级资质的平移工作。此外，根据北京市住建委文件要求，开展资质挂靠专项清理活动，组织对23个京内在建项目进行检查并督促整改，通过了建设主管部门的复查并受到好评，进一步规范了项目部的管理。组织完成相关制度的起草和修订、全面风险管理报告的上报；指导子、分公司完成内控体系文件的编制；组织对《子、分公司绩效考核管理办法》进行修订，调整考核指标及权重，使办法更加全面、合理。通过宣传动员、精心组织和认真落实，管理提升活动已从第一阶段工作转入第二阶段，加强自主营销、提高项目管控能力、加强遗留问题处理等三大重点任务提升效果初显，管理水平的提高促进了经济效益的增长，中铁航空港2012年合同额和营业额均完成中国中铁股份有限公司下达的年度生产经营计划指标。

2012年，中铁航空港编制发布2012年规章制度建设工作计划，机关部门出台和修订各类制度62项，并及时通过工作平台制度专栏通报了修订的规章制度情况。通过一系列制度的建立和完善，进一步健全科学决策、务实执行、有效监管的机制，促进各项制度的有效执行，确保企业战略目标的顺利实现。

【中铁上海局改革重组及修订管理制度】 为进一步深化企业内部改革，加快组织结构、产品结构、队伍结构调整，优化资源配置，增加市场竞争主体，扩大生产营销规模，提升企业综合实力，努力实现公司"十二五"发展目标，实施企业内部重组，2012年5月6日在天津市滨海新区设立"中铁上海工程局第四工程分公司"。在广西壮族自治区南宁市设立"中铁上海工程局第五工程分公司"。在云南省昆明市设立"中铁上海工程局第六工程分公司"。

在上海市闸北区设立"中铁上海工程局城市轨道交通工程分公司",。将一公司兰新铁路制梁场项目部人员整体划转到二公司，将一公司金温铁路五项目部人员整体划转到三分公司，华海公司代局天津办事处并入四分公司，一公司代局南宁办事处并入五分公司，公司昆明办事处并入六分公司。

2012年12月编印《中铁上海工程局有限公司规章制度汇编》（第四册），并下发给公司所属各单位贯彻执行。

【中铁宝桥管理体制创新】 2011年，中铁宝桥通过收集、整理、分析、梳理公司现状，提出了660条管理建议和371项管理缺陷，建立了公司业务流程框架，编制了内部控制手册，对212个三级流程进行了测试、缺陷认定和整改工作。

完善升级信息化管理系统，对道岔车间网络管理信息系统进行升级改造，完善储运部产品出入库系统，建设并实施了上网行为管理系统，对财务管理系统进行了二次开发。

坚持管理体制创新，坚持中干竞聘制和岗位交流制。1.对17个中层管理岗位公开竞聘。按照程序，严格筛选16人。（2.先后两次调整中层干部77人次。3.在物资保障部进行了大范围的岗位交流。坚持高标准人才引进方针。1.通过院校招聘2011年度应届大学毕业生45人、通过社会招聘专业技术人才11人。2.根据《2011年优秀劳务派遣工招聘管理办法》和招聘工作安排，严格按照程序筛选转化48名优秀劳务工。

【中铁科工修订管理制度】 2012年度，中铁科工集团制定了《中铁科工集团有限公司安全质量事故责任追究办法》、《中铁科工集团有限公司董事会薪酬与考核委员会议事规则》、《中铁科工集团有限公司优秀科技工作者评选表彰办法》、关于印发中铁科工集团机关部门办公会议规定的通知、《中铁科工集团有限公司科技计划项目管理办法》、关于印发《中铁科工集团有限公司专利管理办法》的通知、关于印发《中铁科工集团有限公司科技奖励管理办法》的通知、关于印发《中铁科工集团有限公司科技论文管理办法》的通知、关于公布《中铁科工集团有限公司劳务企业使用管理暂行办法》的通知、关于印发《中铁科工集团有限公司产品技术标准管理办法》的通知、关于印发《中铁科工集团有限公司工法管理办法》的通知、关于印发《中铁科工集团有限公司科技档案管理办法》的通知、关于印发《中铁科工集团机械成套分公司执行董事、监事制度》的通知、关于印发《中铁科工集团有限公司董事会战略委员会议事规则》的通知、关于发布《中铁科工集团有限公司其他负责人薪酬及绩效考核试行办法》的通知、关于公布《中铁科工集团有限公司劳务企业资格准入制度》的通知、《中铁科工集团有限公司负责人职务消费管理暂行办法》、《中铁科工集团后学历初级职称管理办法》。

【中铁西北院管理体制创新】 2012年，中铁西北院加强管理体制创新，起草编制了以下管理办法和规定：

1.制定了《中铁西北科学研究院有限公司薪酬管理暂行办法》，弥补了该公司原有岗位结构工资方案的不足，通过贯彻同工同酬、劳资两利的原则，建立了一套以能力素质、岗位职责为前提，绩效管理为基础，与市场接轨的薪酬体系。

2.制定了《中铁西北科学研究院有限公司企业负责人职务消费管理办法》，通过规范管理流程，实施预算管理，明确了该公司负责人职务消费标准，建立健全了该公司职务消费管理制度。

3制定了《中铁西北科学研究院有限公司员工绩效考核暂行办法》，办法以该公司岗位说明书为基础，区别并分别设置岗位指标权重，初步做到了指标的分解量化，同已颁布的《中铁西北科学研究院有限公司年度业绩考核管理暂行办法》、《中铁西北科学研究院有限公司生产经营单位效益结算管理办法》，形成办法间的互为补足，实现了考核对象的全覆盖、薪酬收入与员工绩效水平相结合。

4、制定了《中铁科技大厦办公区及各小区停车场管理办法》。

5、制定了《中铁西北科学研究院有限公司仪器设备安全操作规程》，完善了该公司在现场设备使用和管理工作方面的规程依据，弥补了在安全生产管理方面的不足。

6、制定了《中铁西北科学研究院有限公司分公司、项目部印章使用管理暂行办法》和《中铁西北科学研究院有限公司授权委托书管理办法》，进一步强化了该公司的印章、授权委托书的使用规范，强化了规避生产经营风险和法律纠纷防范能力。

7、成立了中铁西北院全面预算管理工作推进领导小组和预算管理办公室，确保了全面预算管理工作分步骤、分层次开展，形成了该公司与项目部、二级单位的上下联动、齐抓共管。

8、制定了《中铁西北科学研究院有限公司职业安全健康监督管理规定》，实行该公司年度安全生产指标与二级单位领导干部业绩考核相结合，使该公司安全生产监督管理工作得以在职业健康安全管理体系的推行下进一步完善和规范。

【中铁西南院管理体制创新】 1.管理创新：2012年，中铁西南院按照《公司章程》和《公司法》的规定，将铁科院咨询公司西南分公司从所属子公司四川铁科建设监理有限公司分离出来，成为独立的市场竞争主体；成立了东北、华北、西北、华东等4个区域分公司以及成都、昆明2个直管轨道项目部。成立了人民武装部，将社会事业管理职能单设，加强了法律事务部人员配置，进一步明确了科技研发中心职责，完成了管理部门定岗定编，机关本部形成“八部两室一中心”格局。

开展了以“五个强化、五个提升”为主题的管理提升活动，成立了管理提升活动领导小组及5个管理提升工作组，重点开展了财务、人力资源、项目成本管理及子公司监管等专项管理提升活动。开展了监理业务“自查自纠专项治理活动”，完成了46个在建监理项目的整改和检查。

公司标准化管理体系由原来的“三体系三个标准”升级为“三体系四个标准”。即，增加引进了GB/T50430-2007《工程建设施工企业质量管理规范》体系。

2.制度建设：对全公司规章制度的建立及执行情况进行了专项检查，对转企后现行制度办法进行了全面梳理，编制了《2001-2011年制度办法汇编》。制定了外事工作、海外项目、资质证书管理等38项制度办法，修订了经营、合同、科技等25项管理办法，规范了领导班子副职绩效考核、实体业绩考核、负责人职务消费等内容。

3.人才队伍建设：通过干部考察和民主评议，选拔了18名年轻骨干充实到科研生产管理关键岗位。重视后备人才的培养，与西南交通大学合作实施了高级管理人员工商管理硕士（EMBA）教育项目，选拔19名经营管理方面人员进行集中学习；加强在职教育培训工作，制定了年度培训计划，组织执业资格证培训17个班次，共169人，业务培训29个班次，共471人，学历教育5次，共46人，举办了《领导干部素质与能力提升》、《企业转型与创新思维》等讲座。完成了2012年专业技术职务任职资格评审，晋升初级、中级技术职称26人、高级技术职称12人、教授级高级技术职称1人。从各种渠道引进人才16人，引进全国各大高校毕业生15名，自主培养硕士研究生5名，为公司发展储备了人才。

4.科技创新：2012年，公司的科技创新管理主要围绕科技创新体系建设、科技研发与成果管理、自主知识产权管理、学术学会建设与管理以及企业科技创新平台建设开展。公司立足交通土建行业，申报国家科技部、铁道部、交通部、四川省交通厅以及国家重点交通工程科研项目36项，新签科研项目25项。获得国家发明专利1项，实用新型专利12项。申报受理专利5项，其中国家发明专利1项，国家实用新型专利4项。参与编写技术规范（规程）3本。获得四川省、中国铁道学会、中国公路学会、中国中铁、中国施工企业管理协会等科技成果奖 24 项，通过评审、鉴定的科技成果 8 项。

利用四川省创新技术促进会企业技术中心专委会交流平台，加强与其他企业技术中心的学习与交流。根据公司的实际情况，对技术中心的科技创新资源进行合理配置、组织管理体系进行了完善与优化。举办“知识产权培训”讲座及“QC 小组培训会”讲座。

5. 信息化建设：2012 年，公司结合信息化网络建设整体规划，以“五统一信息建设”为目标，夯实基础，升级网络体系，创新信息化平台。对办公大楼弱电系统进行全面改造，对局域网、视频会议系统、OA 办公系统及有线电视等系统进行全面升级。更新局域网络信息资源，推动网络化学习进程。完善工作制度，强化网络维护及管理。

6. 风险管控：2012 年，公司认真开展协作队伍效能监察，对全公司范围内的协作队伍进行了梳理。开展了“加强内部管理、防范经营风险”自查自纠工作，对所属各单位内部治理、重大经营决策、会计财务管理、资产管理、项目管理、合同管理、关联交易、违纪违规问题等八个方面进行全面检查，查找存在的各种问题和隐患，督促制定整改措施。着力加强内控体系建设，完善子（分）公司内控体系，督促并指导 5 家子公司、1 家分公司制定了相关流程文件。

7. 安全管控：2012 年，公司始终牢固树立“零事故”安全理念，下发了年度安全质量管理工作要点，颁布了安全生产目标管理考核及奖惩办法，修订完善了项目安全检查评比及奖惩办法、安全生产实施细则等管理制度，调整了生产管理部和安质环保部内设机构及编制，返聘经验丰富的专家充实安全生产管理力量，全面实施安全责任目标管理，加强安全生产工作督促和检查，严格执行安全质量信息季报制度，全面掌握安全生产动态。开展了安全生产标准化建设活动、“打非治违”专项行动、“隐患大排查、大整改”、“安全生产月”及消防安全知识讲座、安全生产知识培训等系列活动。公司全年没有发生一起安全责任事故。

8. 社会责任管理：公司始终坚持“承建一项工程，竖立一座丰碑；培养一批人才，造福一方人民”的企业价值观，依法经营，诚实信用，把“诚信立业”作为企业发展的准则，积极打造“诚信项目”和信用良好型企业，实现了 2012 年生产经营零投诉。依靠科技，鼓励创新，积极组织大型会议，扩大公司在业界的影响力。推行电子政务，降低行政成本；开展节能改造，降低水电消耗；加强公车管理，降低车辆耗费，减少公务费用开支；注重新建项目的环保节能；加大对项目的扬尘污染处理，并注重对各项目的能源消耗和环境影响评价。认真落实“三不让”承诺，大力开展“送温暖”活动，参与公益活动，坚持每年到中国中铁援建项目——映秀幼儿园进行慰问和无偿捐赠。

【中铁南方公司管理体制创新】 投资理念方面。中铁南方公司坚持有所为有所不为，注重项目选择，加强分级评审，从源头上降低风险，为提高经济效益奠定了基础，为公司提升经营质量提供了支撑。其中，联合经营取得了实际效果。借助兄弟工程局积累的资源，合作投标龙珠八路保障性住房，加大南昌、厦门等地市场开拓，提高了企业经营效果。高端经营成效突出。依靠股份公司积极介入，以签订战略合作协议、高层对接等形式，为贵州、江西等市场开拓创造了条件。投资公关更加自信。在满足业主需求和保证企业利益前提下，完善合作模式，谋求合作共赢点，为项目最终中标打下了基础。

产品结构调整方面。2012 年，公司经营结构多元化逐步改变着产品结构的单一性。中标的观澜安居商品房，宣告公司首次进入房建板块，对于公司开拓地产市场具有里程碑意义。积极跟踪的珠海项目，为实施土地一级开发奠定了基础；已确定公司承揽的深圳地铁 11 号线车公庙枢纽新增工程，有望成为公司探索实施地铁上盖物业合作开发的标志性工程。龙珠八路保障性住房采取 BOT 模式运作，进一步丰富了公司经营类别。

信贷融资方面。2012 年，中铁南方公司结合投资工作实际，把握金融市场发展趋势，深化银企合作，加大融资力度，拓宽融资渠道，尝试多种方式融资，先后以基准利率取得银行贷款 5 亿元，有力支持了在建项目工程建设。加强深圳地铁 11 号线融资策划，客观分析拼盘融资与银团融资利弊，经过与各大银行广泛沟通，成功择优组建了以进出口银行、中信银行为牵头行，农业银行等为参与行的融资银团，取得了 150 亿信用可周转使用额度，并且贷款利率不高于基准利率，为 11 号线开工建设提供了充足的资金保障。观澜保障房、塘朗保障性住房克服国家对房地产项目调控影响，采取以银行贷款和理财基金对接的融资模式，降低了融资成本，保障了资金需求。东莞公司引进深圳平安银行获得贷款 5 亿元，实现子公司自主融资。

风险防范方面。完成了公司层面的内控体系建设，颁发了内控手册和流程文件；按照评价指引要求，全面推进内控体系的有效运行。高度重视投资风险，完善风险防控体系，实行风险评估前置，全年完成 6 个项目的可行性分析报告。对纳入可行性研究报告的重点项目，严格执行分级评审和决策程序。遵义、南昌等项目通过层层把关，保证了投资决策严谨、科学。风险识别能力进一步增强，形成了对征拆风险、实施风险、安全风险、信贷利率风险、回购担保风险以及合法合规性风险的全覆盖，由项目自身条件审查，扩展到对业主及政府财力、诚信度审查。风险应对措施更加有效，通过运用甩项回购、签订补充合同、完善土地他项权证、纳入政府预算支出等手段，提高相关投资项目的保障水平。

管理提升方面。公司按照国资委和股份公司的部署，把开展管理提升活动作为加强各项管理工作的契机，以规范化、标准化、精细化为重点，以加强基础工作为着力点，努力将管理提升活动覆盖到企业管理的各个领域和层面，以推动企业管理水平的提升。活动开展以来，公司成立活动领导小组，并召开专题推进会，周密组织、全面部署。印发了《南方公司全面开展管理提升活动工作方案》，将活动重点任务分解落实到各部门。积极开展“自我诊断”，认真寻找差距、总结分析问题，按专业形成诊断报告 11 份，涵盖了 14 大主要管理系统，发现管理短板或薄弱环节 77 项，制定了提升措施 153 条。为杜绝活动“重形式”、“走过场”，公司延期推进活动转段，扎实开展“回头看”工作。在确保第一阶段任务真正取得成效的基础上，稳妥推进第二阶段任务，明确了专项提升具体目标，坚持重点突破、以点带面、逐层推进，以“投资项目建设管理”与“人力资源管理”为重点的专项提升工作正在有序推进。东莞公司、总部大厦指挥部等单位也按照公司统一部署，根据自身实际，对基础管理工作进行了不同程度的改进和加强。

【中铁贵州公司企业管理】 中铁贵州公司坚持走“土地一级投资整理带动二级房地产开发”的发展模式，同时兼顾多元化旅游复合房地产项目的发展和研究，创新传统的房地产商业模式，积聚商业资源，建立资本纽带，形成具有核心竞争能力，符合国家产业导向的多元化、多层次的产业结构，走稳健发展之路，降低开发风险，提升经营效益。

在资金管控方面。一是引进战略投资者，减少全资控股公司，合理安排控股比例，有效控制公司在投入期的资产负债率；二是成立资金管理中心，加强内部资金管理，统一调配公司资金，通过高度集中管理的方式，有效掌握资金链条，盘活自有资金，减少资金沉淀，降低外部融资；三是巧妙运用金融政策广泛与各大金融机构接洽，增加银行授信额度，为进一步扩大融资规模创造良好条件；四是加快销售款和各项预付款项及应收款项的回收力度，加快资金回流，减少公司垫款额度，推动项目良性循环发展；五是引进合作单位、参建施工单位的资金，减少营运资金需求。

2012 年，中铁贵州公司对全面推进预算管理工作进行了安排部署，成立了预算管理工作领导小组和预算办公室，具体负责推进预算管理工作，加强了对全面推进预算管理工作的领导和组织协调。认真组织研究编制公司年度全面预算和项目整体预算，做到有的放矢，合理规划。

公司在所有经营业务范围内推行全过程、全方位的预算管理，一是抓制度建设和全面预算相关知识培训；二是定期召开经济活动分析会，及时评价考核各部门预算执行情况；三是建立预算工作激励机制，营造全员积极参与预算管理的氛围。在推进全面预算管理工作中，公司牢牢抓住预算管理工作的关键点：分解预算到每个部门、每道工序、每个责任人；变事后分析补救为事前谋划设计、事中监督控制，做到每项工作先编预算，再按内控程序进行审核、审批，最后下发到各预算单位进行执行，并且按季度分析总结预算执行效果，查漏补缺，加强了风险监控。

中铁贵州公司根据公司的整体战略规划，侧重于激发员工工作积极性，结合公司实际，立足岗位职责，制定了一系列切实可行、便于实际操作的绩效考核管理工作制度，明确了绩效考核的领导、标准、原则、方式和程序，并提出了绩效考核管理工作五大原则：一是实行员工全员参与绩效考核的原则。二是全面系统原则。三是客观公正原则。四是按劳分配原则。五是实行奖优罚劣、鼓励争先的原则。同时，把公司绩效考核管理与年度考核工资严格挂钩，充分发挥绩效考核对员工的激励与约束作用。

2012 年，中铁贵州公司结合中铁国际生态城项目整体发展计划和市场行情分析，制订了《中铁国际生态城三年营销战略方案》，并在此战略的指导下，开展了客户积累、产品研发、营销平台搭建、营销推广筹备等营销准备工作，为项目 2013 年正式开盘销售奠定了良好基础。

2012 年中铁贵州公司新设立了安全质量监察部，在机构设置和人员配备上，保证了质量安全管理工作的规范有序开展。其次在规划设计、措施保证、质量管理、监督改进等重点关键环节入手，健全质量保证体系，强化对各环节管理和控制，从体系保证、制度保障、措施落实等方面下功夫，为确保工程质量，建造精品工程奠定了坚实基础。

中铁贵州公司始终“坚持自我培养和战略引进相结合，坚持人才优先发展，以更加开放的心态集聚人才，夯实项目发展的人才基础，为推动项目开发建设提供强有力的人才引领和智力支撑”的人才引进指导思想，并结合项目特点，已初步摸索开辟了依托中铁系统内部员工举荐、系统内公开招聘、面向社会公开招聘以及人才中介机构猎取的“3+1”引进人才渠道。

2012 年，完成公司《内控及风险管理手册》的编制工作。

【中铁昆明公司管理体制创新】 2012 年，昆明公司按照股份公司领导“高标准，高起点，打造一流建设投资公司”的要求，从零开始、白手起家，在公司组建及制度建设等方面展开了卓有成效的工作。

一、确定公司管理模式

按照股份公司的要求，昆明公司结合昆明轨道交通 BT 项目管理需要，提出实行“公司-项目经理部-项目分部”三级管理模式的建议得到了股份公司的批准，并于 2012 年 7 月 4 日正式行文实施，由中铁昆明建设投资有限公司（以下简称昆明公司）代表股份公司对昆明市轨道交通项目实施全权管理，并成立“中国中铁股份有限公司昆明市安嵩地方铁路工程安宁段项目经理部”、“中国中铁股份有限公司昆明市轨道交通 1 号线延长线暨 4 号线项目经理部”、“中国中铁股份有限公司昆明市轨道交通 3 号线西标段暨延长线项目经理部”等 3 个项目经理部，分别负责对应标段轨道交通项目工程建设等工作。原“中国中铁股份有限公司昆明市轨道交通 3 号线土建工程西标段项目经理部”并入“中国中铁股份有限公司昆明市轨道交通 3 号线西标段暨延长线项目经理部”并由昆明公司负责管理。

昆明公司本部设综合部、融资财务部、工程设计部、安质环保部、经济合同部、物资设备部 6 个职能部门，主要负责 BT 项目的融资、资金管理、合同管理、财务管理、重要物资设备集中管理、施工图设计管理、设计变更管理和对地方政府、轨道公司等的外部协调，并对现场施工管理进行指导和监控。各项目经理部主要负责项目施工进度、安全、质量、环境保护、文明施工等现场生产组织和协调。项目经理部所属各项目分部由股份公司所属各参建子公司组建，负责对应区段工程项目的具体实施。

二、建立管理制度体系

2012 年，昆明公司高度重视整章建制及内部控制体系建设工作，制订了公司制度建设规划大纲，全年共制定发布规章制度管理办法 54 个，内容涵盖行政管理、党务工作、财务管理、人事管理、经营开发、合同管理、设计管理、征拆管理、施工管理、技术管理、安全质量管理、物资设备管理等 12 个方面，建立起了公司“一切管理行为都有法可依、所有管理环节都有章可循”的内部管理体系。

【中铁成都公司管理体制创新】 2012 年，成都公司按照中国中铁与成都市政府签定的《关于成都地铁建设合作协议》，以“投融资+设计施工总承包+回报”的模式建设成都地铁。成都公司以“践行承诺、树誉蓉城”为目标，在公司组建、整章建制、项目投融资管理等方面开展了大量工作。

一、整章建制及内控体系建设。成都公司成立伊始，坚持高起点、高标准、严要求，制订了工程施工、安全质量、物资设备、预算合同、财务管理、人力资源、劳动工资、法人治理等方面管理制度 68 项，建立了较为完善的公司管理制度、办法。成都地铁 3 号线、1 号线南延线和天府大道南延线市政道路工程投融资建设合同签订后，用 5 个月时间，分启动、体系建立、报告等 3 个实施阶段，建立起公司相对统一的，以风险管理为目标与核心，以内部环境、风险评估、控制活动、信息与沟通及内部监督为主要内容，较为完善和有效运行和维护工的内部控制规范体系。为加强领导班子民主集中制建设，充分发扬民主，更好地发挥领导班子整体功能，不断提高决策水平和工作效率，保证决策正确和政令畅通，制定了《中铁成都投资发展有限公司党工委会议制度》等会议制度。

二、积极推进融资保障建设资金。成都公司从筹建开始便高度重视筹融资工作，在股份公司和相关部门指导下，就地铁项目和天府大道南延线项目的筹融资工作进行总体策划。公司积极与各家银行及其他金融机构进行接触和探讨，研究适合公司的其他融资方式，对融资方案进行补充和优化，资金满足了工程建设需要。由于采用投融资建设这种全新的合作模式，目前所有银行借款均用流动资金贷款或银行理财产品，在四部委 463 号文和银监会 8 号文出台后，公司积极与银行等相关金融机构研究，不断探索新的融资模式，以满足公司融资需求。

三、提升管理水平增强执行能力。成都公司统一思想认识和工程标准，集中资源优势，力争实现多赢局面。在深入推进“四个集中、五个统一”的基础上，积极发挥建设管理职能，促使参建单位充分发挥施工生产、安全质量、工期进度、文明施工等工作的主体作用。一是以验工计价、资金拨付、重大施工方案审核、派驻现场代表随时纠偏等手段加强对参建三级子分公司项目的管控。二是加强项目现场管理，增强管理工作的针对性，提升现场解决问题、推进工程建设的效率。三是通过现场会、专题会和施工生产大会等形式，对工期、资源、安全、质量以及文明施工提出明确要求，结合现场检查发现的安全隐患以及工期滞后等相关问题制定了严格的整改措施。四是对劳动竞赛、重要节点工期完成的情况执行严格的考评和奖励。

四、切实加强合同管理工作。成都地铁、天府大道项目合同签订后，公司采取召开会议、集中解读、现场检查等多种形式和向设计、施工单位进行了合同交底，组织学习投融资建设合同，认真了解掌握内涵和要素，合理控制设计调整和设计变更，加强施工组织设计管理，强化资源配置，严格过程控制，全面推进合同成果转化。

五、加快推进项目施工生产。在公司统筹安排下，各参建单位迅速组织人财物资源进场，建立健全施工生产管理体系，积极开展交通疏解工作，密切配合地铁公司与产权单位，推进征地拆迁、管线改移等前期准备工作，有效推进了施工生产的顺利开展。

六、加快设计进度引领工程建设。公司以设计为龙头，不等不靠，主动与政府、业主及相关单位协调沟通，积极组织推进设计工作，严格落实初步设计修编，科学合理的开展工筹调整研究，组建专家库，引入内审机制，提升了设计质量，保证了生产供图，较好发挥了设计施工一体化的优势。

七、全面加强安全质量管理。一是进一步加强安全质量管理体系的建设。充实安质部门管理力量，成立安全质量稽查大队，加大对技术规范和安全操作规程及强制性标准的执行力的检查，组建两支专业应急救援队。二是进一步加强安全质量意识教育、知识培训及技术交底工作。组织参建单位项目安全总监和安质工作人员进行 BT 项目安全质量知识和技能考试。三是开展安全质量管理活动。组织召开安全质量管理基础工作现场会，进一步提高参建单位安全质量意识，认真开展整改活动。

生产经营发展

【股份公司生产经营】 2012 年，新签合同额完成 7310 亿元，同比增加 1602 亿元，增幅 28.1%。基建板块同比增加 1241.4 亿元，增幅 30.1%；房地产板块同比增加 70.8 亿元，增幅 30%；其他业务同比增加 282 亿元，增幅 26.1%。基建板块中，铁路、市政、房建、城轨同比均呈增长趋势，其中，城轨增幅最大，同比增加 444.9 亿元，增幅 79.8%；其次是铁路同比增加 280.9 亿元，增幅 28.8%；市政同比增加 239.6 亿元，增幅 44.6%；房建同比增加 19.2 亿元，增幅 2.2%。而公路同比减少 18.8%。

企业营业额完成 5137.4 亿元，同比增加 90.8 亿元，增幅 1.8%。房地产板块同比增加 31.8 亿元，增幅 17.9%；其他业务同比增加 77.7 亿元，增幅 12.8%。基建板块整体比去年有小幅下降，降幅 0.2%，其中，铁路同比减少 292 亿元，降幅 14.6%；公路同比减少 17.2 亿元，降幅 2.4%。而市政、房建、城轨同比均呈增长趋势，市政同比增加 84.7 亿元，增幅 23.6%；房建同比增加 129.7 亿元，增幅 32.8%；城轨同比增加 38.1 亿元，增幅 10.1%。

中铁二局新签合同额超过 700 亿元，中铁一局和四局均超过 500 亿元。中铁五局、八局、隧道局、电化局、大桥局、港航局等单位在水利水电、航道治理、光伏发电、油气管道、水务水工等领域实现了突破。中铁山桥和宝桥承揽了港珠澳大桥 50%以上钢结构工程；中铁二院连续七年位列全国勘察设计企业勘察设计收入首位，华铁咨询连续两年排名全国百强工程监理企业首位。

【投资项目情况】 2012 年，三大投资板块在建项目共 149 个，投资总规模 3800 亿元（含贵州龙里 267 亿元），开累完成投资 1772 亿元，剩余投资 2028 亿元。其中：基础设施投资项目 32 个，投资规模 1158 亿元，开累完成投资 459 亿元；房地产项目 110 个，投资规模 2486 亿元，开累完成投资 1218 亿元；矿产资源项目 7 个（含华刚项目 37 亿元），投资规模 156 亿元，开累完成投资 95 亿元。三大投资板块过会待实施项目 26 个，投资规模 846 亿元。三大板块年度完成投资 579 亿元，较上年同比增长 24%，其中：基础设施板块完成投资 216 亿元、较上年同比增长 115%，年度回款 30 亿元、较上年同比增长 22%，实现收益 34.7 亿元、较上年同比翻番，平均投资利润率为 16.4%；矿产资源板块完成投资 43 亿元，均用于在建项目开发，剔除股权投资后较上年 28 亿元同比增长 55%，实现营业收入 33 亿元、较上年同比增长 26%，实现净利润 4 亿元；房地产板块完成投资 320 亿元、较上年同比增长 4%，年度回款 207 亿元、较上年同比增长 33%，高于投资额增长幅度近 26%，其中：（1）土地一级开发完成投资 25 亿元、较上年同比降低 24%，出让土地面积 1729 亩、较上年同比增长 31%，划拨土地面积 679 亩、较上年同比增长 143%，实现营业收入 25 亿元、较上年同比增长 37%，年度回款 12 亿元、为上年同期的 71%，在考虑税收筹划和超正常（5%）施工利润后，预计收益 8 亿元，受放缓开发节奏影响较上年同比减少 5 亿元，投资利润率为 32.8%；

（2）房地产二级开发完成投资295亿元（在建项目开发195亿元，购地款100亿元），较上年增长7.4%，营业收入136亿元，年度竣工面积210万平米、较上年174万平米增长21%，销售面积260万平米、较上年186万平米增长40%，去库存面积50万平米，完成销售额220亿元、较上年150亿元增长47%，整体销售率74.6%、较上年提高5.4百分点，年度回款195亿元、较上年增长41%，报表利润15亿元，考虑税收筹划和超正常（5%）施工利润38.5亿元，实际收益53.1亿元，较上年同比增加25亿元，投资利润率为18%，高于传统业务利润水平。

【中铁一局生产经营发展】 2012年，公司实现新签合同额573.87亿元。其中，铁路105.44（国铁61.52亿元），公路54.22亿元，城轨157.48亿元，市政96.85亿元，房建38.85亿元，其它领域17.24亿元，海外工程41.38亿元，投融资23亿元，工附营39.42亿元。

【中铁二局生产经营发展】 并实现公司董事会确定"十二五"发展战略规划目标，企业营业额、施工产值和新签合同额均超额完成总公司下达年度计划目标，企业营业额、新签合同额在总公司系统14家集团公司中绝对值排名第一。同时，在科技研发、专利申报以及优质工程方面取得不错成绩。全年完成企业营业额673.6亿元，为公司董事会年度目标620亿元的108.6%；完成施工产值375.3亿元，为公司董事会目标340亿元的110.4%；完成新签合同额813亿元，为公司董事会年度工作目标620亿元的131.2%，

2012年度，公司各项目任务完成总体较好，从七大板块完成情况来看，基建、批发零售、勘测设计、交通运输、工业等5个板块完成年度计划，房地产和住宿餐饮等2个板块未兑现计划目标。

【中铁三局生产经营发展】 2012年，中铁三局紧紧围绕"调结构、闯市场、练内功、保增长"的工作中心，按照"文化建设年"的工作部署，推进结构调整，深化项目治理，提升管理水平，稳住了严峻的安全生产形势。核心经济指标达到职代会和股份公司的计划要求，实现合同额362.69亿元，营业额306.78亿元，其中施工产值272.7亿元，净利润2.83亿元。企业品牌信誉逐渐恢复，发展态势企稳回升。路内、路外和海外均衡营销初步实现。城轨市场取得宁波地铁车辆段和无锡地铁"四电"工程的突破，进入长春，延展了北京、天津、南京等地铁市场，在股份公司投资的深圳、昆明、成都和石家庄地铁BT项目上也获取了较大份额；房建市场实现营销额连年增长；公路市场上，各子分公司按照"2+x"模式建立根据地，市场拓展呈现新的局面；市政公用工程秉承"经营城市"的理念精心培育市场，路外市场合计中标213.2亿元。独立中标印度德里地铁项目，承揽了几内亚科纳克里至贡博雅40公里铁路项目，海外营销额成为有史以来完成最多的一年。

【中铁四局生产经营发展】 2012年，中铁四局经历了建筑市场深度触底又反弹回升的波动，营销工作紧紧把握市场变化，呈现出前期精心布局、全程不懈努力、后期捷报频传的良好态势。全年完成新签合同额518.5亿元，同比增加118.2亿元，占股份公司下达计划400亿元的129.6%，在股份公司排名第三。其中完成国内非铁路工程营销额337亿元，占年度计划240亿元的140.4%，同比增加96.5亿元，连续两年跨上新百亿元台阶。国内营销均衡开拓。充分利用营销生产一体化、投资带动营销等新手段，实现了"营销系统主攻、生产系统助力、资本撬动市场"的有机结合，江苏、新疆、贵州等多个区域市场开发取得新进展，铁路、非铁路两大市场同力共进。尤其是城轨开发成果喜人，完成营销额93.9亿元，同比净增53.7亿元，盾构新进城市达6个，业绩与先进单位差距正逐步缩小。新的经营领域实现突破，城轨分公司、八分公司、西安分公司分别中标了南水北调配套工程、沈阳有轨电车项目与渭河治理工程。海外市场再有建树。全年完成海外业务营销额48.8亿元，安哥拉市场经过5年精心培育，又签约了1.8亿美元的腰果树别墅和医院项目，实现了滚动发展。同时紧盯股份公司运作项目，在埃塞铁路分得5020万美元的施工任务。委内瑞拉市场相继中标杜伊谷农业、中西部铁路应急工程等项目，营销触角正在向周边国家延伸，南美大市场格局逐步做实。投资业务稳中求进。全年新签投资项目5个，合同额51.1亿元，占年度计划15亿元的340.7%；完成投资额21.9亿元。淮南阳光城房地产项目基本开发完成，如皋公路BT项目等待回收最后一笔回购款，江苏、安徽两大片区4个BT项目签约实施，黄山地块竞拍有序，投资业务迈向了市场多元可持续发展新阶段。同时，科学取舍，果断退出了江北产业区投资项目。

2012年，全局生产管理立足模式创新，突出严格执法，保持高压态势，构建了从源头预防到过程管控、从发现问题到整改闭合、从处置隐患到问责处罚的全方位管控体系，促进了施工生产有序进行。全年完成营业额425.7亿元，占股份公司下达计划350亿元的121.6%，在股份公司排名第二，连续3年全年企业营业完成超过400亿元，全局共有29个

子（分）公司超额完成了年度计划。参建的汉宜、合蚌、石武、集包铁路及杭州地铁1号线、北京地铁6号线等一批路内外重大工程顺利开通，尤其是历经四年艰辛建设，安哥拉社会住房一期9808套住房全面交付，合蚌客专工程质量被誉为在开通项目中最好；杭长客专施工组织井然有序，连续11次被业主评定为“甲级”；西安地铁、沈阳有轨电车项目现场管理规范，施工业绩位居全线前列；宁西二线、集通铁路等项目快速进场，施工进度在全线排名前列。

在15个开展公路信用评价的省份中，局五个公路一级资质共获得32个A级和AA级，尤其在交通运输部综合评价中，五个公路一级资质和电气化、机电安装资质均获得AA级或A级的良好业绩。

【中铁五局生产经营发展】 2012年中铁五局完成新签合同额405亿元，占股份公司下达计划的119%，同比增长30.6%，非铁路市场新签合同额334亿元，其中公路合同额150亿元，是五局历年来承揽公路任务最多的一年，在中国中铁二级企业中排名第一。

2012年全局完成企业营业额331.9亿元，（其中：施工产值297.7亿元，附营产值34亿元），占局年度计划310亿元的107%，完成股份公司年度计划300亿元的111%，比2011年（318.8亿元）同比增长4%，同比增加13亿元。职工年人均收入48668元，同比增长10.1%。关键管理指标：有息负债总额69.9亿元，控制在股份公司下达的70亿元指标内；资金集中度74.9%，比上年提高2.9%，完成股份公司下达70%的指标；综合毛利率为8.5%，较上年增长0.6%；经营性净现金流3.4亿元，完成股份公司下达指标；已完工未结算款39.7亿元，较上年下降8.3亿元，控制在股份公司下达的40亿元指标内。

【中铁六局生产经营发展】 2012年，中铁六局全年完成国内新签合同额212.6亿元，其中路内完成新签合同额63.8亿元，路外完成新签合同额148.8亿元。完成营业额182.3亿元，完成年度计划的01.3%。

【中铁七局生产经营发展】 2012年，中铁七局紧紧围绕股份公司“保增长、调结构、强管理、促稳定”中心任务，从七局的实际出发，按照2011年确立的“积极开发、稳步推进、精耕细作、协调统一”发展方针，坚持“镜头不换、纵深发展”，聚精会神抓管理、一心一意谋发展，在严峻的形势和巨大的挑战下，保持了企业经济运行向好态势，维护了和谐稳定的发展局面。全年完成营业收入201.45亿元，占股份公司下达年度指标193亿元的104%；全年新签合同额265亿元，占股份公司下达年度指标255亿元的104%。全年实现净利润2.5亿元，完成了股份公司下达的年度利润指标；质量安全稳定受控。实现了安全年，有5项工程荣获省部级以上优质工程奖；集团公司荣获了2012年度河南省“省长质量奖”，这是河南省建筑行业和全国铁路特级施工企业中第一家获此殊荣。

【中铁八局生产经营发展】 2012年，中铁八局全年共完成营业收入214.75亿元，为股份公司下达预算210亿元的102.3%；全年实现利润总额3.34亿元、净利润2.81亿元。其中，归属于母公司净利润2.51亿元，为股份公司下达预算2.5亿元的100.4%。

完成新签合同额293.6亿元，为股份公司下达预算260亿元的112.92%。其中，完成国内建筑工程新签合同额247.15亿元，为股份公司下达预算226.7亿元的109.02%。

【中铁九局生产经营发展】 2012年中铁九局完成施工产值162.2亿元，完成年度计划的101%，是2011年完成营业额的102%。其中铁路工程完成82.3亿元，占50.7%；公路工程完成15.7亿元，占9.7%；市政工程完成19.9亿元，占12.3%；房建工程完成18.7亿元，占11.5%；城市轨道交通工程完成4.59亿元，占2.8%；房地产完成4.5亿元，占2.8%；海外工程完成11.7亿元，占7.2%；其他工程完成4.81亿元，占3%。

2012年，九局完成新签合同额166.06亿元，完成股份公司年初下达的156亿元经营指标计划的106%。铁路工程中标23.58亿元，占中标总额的14.2%；非铁路工程中标142.48亿元，占中标总额的85.8%，其中：公路12.78亿元，占中标总额的7.7%；市政40.2亿元，占中标总额的24.22%；房建19.51亿元，占中标总额的11.75%；城轨17.49亿元，占中标总额的10.53%；BT项目11.3亿元，占中标总额的6.8%；水利电力0.44亿元，占中标总额的0.26%；其他工程7.72亿元，占中标总额的4.6%；房地产中标1.83亿元，占中标总额的1.1%；勘察设计0.3亿元，占中标总额的0.18%；海外项目中标30.32亿元，占中标总额的18.26%；其他中标0.59亿元，占中标额0.4%。

【中铁十局生产经营发展】 2012年公司完成施工产值223.3亿元，继续保持强劲的发展势头，完成股份公司年度计划214.5亿元的104.1%。2012年局施工生产完成主要工作量：桥梁90.2公里，隧道62.7公里，路基土石方5723

万立方米，铺轨531.1公里，房屋建筑119.4万平方米。

2012年，十局完成境内新签合同额248.32亿元，其中铁路82.45亿元，公路34.72亿元，市政40.86亿元，房建40.72亿元，城轨27.42亿元，房地产8.31亿元，物资9.58亿元，其他4.26亿元。

2012年，十局完成境外新签合同额53.89亿元，其中公路项目3.4亿元，水利项目3.5亿元，房建项目1000万元，境外开矿46.89亿元。

【中铁大桥局生产经营发展】 2012年，面对前所未有的复杂形势和困难局面，中铁大桥局集团公司上下以科学发展观为指导，始终保持清醒的头脑，始终坚持围绕发展战略推进企业发展，始终坚持“稳中求进、顺势而为”，用更加坚强的团结和更加顽强的拼搏创造了非凡的经营业绩。企业各项经营指标实现逆市增长，超额完成了中国中铁下达的年度计划，成功抵御了市场低潮的挑战，继续保持了稳健向上的良好发展态势。

2012年，新签合同额301.6亿元，占中国中铁下达年度计划的105.8%；完成企业营业额224.8亿元，占中国中铁下达年度计划的102.2%；实现利润总额5.57亿元，归属母公司净利润3.57亿元，均超过了中国中铁下达的年度计划。

在强手如林的竞争中，大桥局成功中标港珠澳大桥主体工程最大的桥梁标段CB05标段，中标价37.3885亿元；成功中标新建蒙西至华中铁路荆岳段公安长江公铁两用特大桥和洞庭湖特大桥工程MHQS-01标，中标价格34.12亿元。

汉宜铁路、石武客专、黑瞎子岛“神州东方第一桥”乌苏大桥、厦漳跨海大桥、南京长江四桥、海南清澜湾跨海大桥等40项工程建成或竣工。在工程建设上取得的显著成绩，受到社会各界的充分肯定。荣获创鲁班奖工程突出贡献奖、天兴洲桥荣获鲁班奖；大胜关桥荣获国际桥梁大会（IBC）“乔治•理查德森奖”；上海崇明越江通道工程和苏通长江公路大桥获得国家优质工程金质奖；铜陵长江大桥工程荣获国家AAA级安全文明标准化工地；6个QC小组荣获全国优秀QC小组荣誉称号，4个QC小组荣获省部级优秀QC小组荣誉称号。

【中铁隧道生产经营发展】 2012年，中铁隧道全年完成企业总产值342.3亿元，为年度计划265亿元129.2%，同比增长6.7%，其中设计3.9亿元，施工326.8亿元。施工中，铁路工程138.2亿元，公路工程57.4亿元，城市轨道72亿元，市政工程44.6亿元，水利水电8亿元，房建工程2.3亿元，其他工程4.3亿元。

2012年实现新签合同额363亿元，为年度计划290亿元的125.2%，同比增长20.3%，其中设计6.4亿元，施工344.5亿元。施工中，铁路工程82.2元，公路工程49.7亿元，城市轨道128.69亿元，市政工程48.1亿元，水利水电15.9亿元，房建工程4.5亿元，其他工程8.1亿元。

【中铁建工生产经营发展】 2012年累计完成新签合同额315.29亿元，完成股份公司计划280亿的112.6%，较2011年同比增长4.79%。在区域经营中，华南地区、东北地区及海外市场的新签合同额增长较快，同比增长为91.15%、40.63%和74.28%，各区域市场占有率分别为：华北地区经营份额占全集团新签合同额的16.35%、华南地区经营份额占全集团新签合同额的21.82%、东北地区经营份额占全集团新签合同额的6.88%、华东地区经营份额占全集团新签合同额的10.13%、华中地区经营份额占全集团新签合同额的6.49%、西北地区经营份额占全集团新签合同额的7.53%、西南地区经营份额占全集团新签合同额5.46%，海外市场占全集团新签合同额的6.41%。此外，房地产和设计工贸板块占全集团新签合同额的18.93%，未计入区域经营。

【中铁航空港生产经营发展】 2012年，中铁航空港建设集团完成产值119.85亿元，同比减少2.44%。其中铁路项目完成35.01亿元，同比减少18.79%；公路项目完成23.35亿元，同比增长9.62%；城轨项目完成6.31亿元，同比减少16.09%；市政项目完成6.58亿元，同比增长97.60%；房建项目完成47.46亿元，同比增长2.13%；其他基建项目完成1.14亿元，同比增长1.79%。

2012年，中铁航空港建设集团产值同比减少2.44%，主要原因是2012年铁路板块，无新开工铁路项目，完成施工产值均为续建项目贡献产值。因国家实施积极财政和稳健货币政策，2012年上半年在建铁路项目资金相对2011年度稍有缓解，但并不充裕；2012年下半年，货币政策稳健之中有微调，铁路基建投资计划追加，在建铁路项目资金也进一步得到缓解，进入10月份在建铁路建设出现小高潮，但因前期无新开工铁路项目接续，铁路板块总体形势已定。

2012年，中铁航空港建设集团新签合同额149.3亿元，完成股份公司下达年度计划148亿元的100.88%。其中房建项目54项，合同额83.82亿元,占新签合同额的56.15%;城轨项目11项，合同额34.01亿元，占新签合同额的22.78%；铁路项目36项，合同额9.65亿元，占新签合同额的6.46%；公路项目18项，合同额19.12亿元，占新签合同额的

12.81%；市政项目9项，合同额2.24亿元，占新签合同额的1.5%，机场及其它项目3项，合同额0.45亿元，占新签合同额的0.3%。

【中铁上海工程局生产经营发展】 2012年公司中标101项，完成新签合同额129.1156亿元，二次经营项目84项，合同额为12.9206亿元，总计142.0362亿元。完成股份公司下达的年度营销指标140亿元的101.45%。其中铁路工程完成4.9079亿元；城市轨道交通工程完成58.5165亿元；公路工程完成16.4342亿元；市政工程完成28.1837亿元；水务工程完成14.3598亿元；房建工程完成19.6340亿元。公司资质已初显成效，以中铁上海工程局资质中标65项，中标额87.53亿元，占新签合同额的61.62%。

【中铁大桥院生产经营】 2012年，中铁大桥院新签合同额、营业收入和利润保持了持续增长。新签合同额5.57亿元，较上年同期4.53亿元增加1.04亿元，增长22.96%，完成年度预算4.30亿元的129.53%；实现营业收入5.39亿元，较上年同期4.76亿元增加0.63亿元，增长13.24%，完成年度预算4.23亿元的127.42%；实现利润总额6043万元，较上年同期5437万元增加606万元，增长11.15%。2012年承担的工程项目分布于上海、重庆、山西、陕西、安徽、福建、四川、贵州、广西、湖北、广东、新疆、内蒙古等19个省市自治区，以及柬埔寨、摩洛哥、加纳、赞比亚、伊拉克等近10个国家和地区，行业遍布铁路、公路、轨道交通、市政、规划、建筑等多领域。

【中铁资源生产经营发展】 2012年，中铁资源全年实现营业收入31.80亿元，为年度计划的80%；实现净利润4.90亿元，归属母公司净利润4.60亿元，为年度计划的115%；完成投资33.12亿元，为年度计划的138%。

在管理提升中深入查找管理工作上的短板，集团总部通过对标开展自我诊断，共梳理出问题16项，制定或修订管理制度70余项。企业法人治理结构得到有效运转，全年共召开董事会5次，监事会3次，总经理办公会4次，审议了126项重大事宜，及时对基层单位高管人员进行了调整补充。积极推进全面预算管理工作，加强投资、融资、费用预算的过程控制，进一步推动了标准化建设。加大了矿山项目证照手续办理工作力度，鹿鸣钼矿完成了国家各项审批手续，芒来煤矿、刚果（金）"两矿一厂"、鹤岗云山石墨矿、如意物流等项目的手续办理工作均取得了突破进展，为依法合规的开展生产经营工作奠定了基础。

经营工作中，充分发挥"基础设施建设联动矿产资源开发"的核心竞争力优势，先后筛选了贵州煤炭资源、广西贵港金矿、云南文山州钨矿、刚果（金）Kisanfu铜钴矿、印尼煤炭和铜金矿等项目，陕西曹家滩煤田项目和内蒙五一牧场煤田项目取得了阶段性进展。鹿鸣钼矿项目获得了地方政府贷款贴息1000万元，国金公司获得了10年期的减免10%企业所得税优惠政策，提高了"二次经营"效果。生产工作中，共完成采矿量158万吨，选矿量59万吨；生产阴极铜10513吨、钴金属250吨、铅精矿701吨、锌精矿705吨、黄金224公斤、银3.42吨；生产原煤470万吨，销售530万吨。钴盐厂创造了阴极铜生产单月1030吨和单日48吨的历史新高。经过多番艰苦商讨，海西煤业在年底实现了生产和销售。绿纱公司、钴盐厂和国金公司均超额完成了年度利润计划。矿建工作中，鹿鸣钼矿以试车投产为目标，矿区生产主体及辅助设施基本完工，公开招标采购设备496台套，有效降低了矿山建设成本。MKM公司提前半年实现试生产，年产12万吨的硫酸厂也成功投料试产。绿纱公司一期选冶厂建设速度全面加快，已进入单机调试阶段。芒来煤矿地面储装系统完成建设并投入使用，提高劳动效率4.5倍。

地勘公司积极申请国家地勘基金，在多个项目实现了较好找矿效果，新增绿纱公司铜钴矿石量1200万吨；中海睿智基金募集资金2.96亿元。商贸公司做大国际物流运输服务传统业务，保证了海外项目的物资采购供应，全年签订采购合同5.1亿元；与伦敦金属交易所报盘实现了实时点价销售，保证了矿产品销售效益最大化。地勘、商贸两家公司均超额完成了年度利润计划。华通恒泰物流公司加快专用线建设，实现了当年投资、当年运营、当年盈利。郭白铁路公司克服煤炭市场疲软对运输力的影响，发运煤炭956列325万吨。信通能源公司积极拓展煤炭销售渠道，完成煤炭运销102万吨。鑫峰公司不等不靠主动开拓市场，额济纳旗公司取得煤炭经营资格证，提高了市场生存发展能力。

2012年8月，股份公司将位于刚果（金）的华刚项目交由集团公司管理，在深入分析查找制约项目发展的主要症结的基础上，理清了思路，明确了目标，在融资、优化实施方案和技术方案、解决供电问题等方面均取得了突破，基建期剥离量减少了1.66亿吨，剥采比降低至了10：1，有效压缩了前期投资规模。

在股份公司的大力支持下，成功发行了10年期5亿美元债券，受到了全球350名投资者近98亿美元订单的追捧；股份公司在美元债券发行中，被标准普尔和惠誉国际授予了BBB+的长期企业国际信用评级。相继开展了内保外贷、融资租赁等多种形式的融资业务，改善了债务结构，降低了资金使用成本，全年共实现融资102亿元。中铁资源投资公司通过基金业务开展资金募集，为集团公司发展提供了资金支持，并畅通了矿权退出通道，盘活了存量资产。

【中铁西北院生产经营发展】 2012年，中铁西北院紧紧围绕中国中铁“推进两大转变、实现二次创业”的战略发展目标，紧抓国家全面实施“十二五”规划开局之年和西部大开发政策延续的历史机遇，面对铁路市场回暖，但国内经济下行压力依然较大，建筑市场过度竞争等不利形势，审时度势，制定了继续做优做强中铁西北院的发展规划，以开展“管理提升和执行力建设年”活动为有利契机，深化“向管理要效益”的发展理念，通过依托自身专业特色，持续改进发展结构，攻坚克难，市场经营业绩实现逆势增长，超额完成了中国中铁下达的年度各项经济指标，为该公司“十二五”战略发展目标的实现夯实了基础。2012年，该公司承揽合同额8.3亿元，新签合同额6.04亿元，完成年度预算5.7亿元的105.96%，其中：基建建设合同3.48亿元，勘察设计合同0.59亿元，工程监理合同0.36亿元，科研及监测等技术服务合同1.61亿元；完成营业额5.7亿元，完成年度预算4.4亿元的129.54%，其中：基建建设项目完成2.74亿元，勘察设计项目完成0.56亿元，工程监理项目完成1.30亿元，科研及监测等技术服务项目完成1.10亿元。

【中铁西南院生产经营发展】 2012年公司全年完成营业收入4.33亿元，为中国中铁下达年度任务4.22亿元的102.6%，超额完成计划指标。完成经营指标7.07亿元，为中国中铁下达年度任务7亿元的101%；实现归属母公司净利润3738万元，达到中国中铁对资本回报的要求；企业净资产达到2.55亿元，比上年末增长9.91%。

2012年，公司完成经营开发指标7.07亿元，其中铁路板块3.72亿元；公路板块3886万元，同比增长9.7%，城市轨道交通板块1.6亿元，同比增长53.1%；市政板块5795万元，同比增长60.7%；其它新签合同额7519万元，同比增长120.4%。海外经营方面取得突破进展，完成合同额492.65万美元，为公司年度经营计划指标200万美元的246.48%。

公司已从过去单一的模式发展成为拥有5个全资子公司（监理公司、岩锋公司、检测公司、设计院公司、桥梁公司），6个分公司（工程分公司、广东分公司、东北分公司、西北分公司、华北分公司、华东分公司），4个实体（隧道所，地质所，地灾所，信息所）和一个中心（科技研发中心）的结构多元化的公司。

2012年，公司还先后与日本中央复建工程咨询株式会社、比利时贝卡尔特集团、法国拉哲尔-贝克公司、意大利马克菲尔集团、意大利吉欧德塔公司、日本应用地质株式会社、意大利洛克索伊公司、瑞士安伯格技术公司等八家国际知名企业进行技术交流和合作洽谈。于2012年10月21日，与意大利洛克索伊公司签订“新意法”技术合作协议，成为“新意法”在中国唯一引进吸收和推广应用单位。

【建设分公司生产经营发展】 中铁工程建设公司2012完成营业额62.58亿元。

2012年建设分公司所属的在建工程项目共计20个，完成或超额完成了建设单位下达的年度计划，年累完成营业额62.58亿元，占股份公司下达年度计划50.77亿元的123%，比2011年52.89亿元同比增长18%。各项目基本都做到了“施工安全稳定、工程质量可控、重点项目进度有序、施工难点均有突破”，其中：佛山市高明区西江新城一级土地开发项目、广东揭博高速X1标、中电投绥阳化工有限责任公司电石场平工程项目、重庆长安南路等新中标项目准备充分、组织科学、管理到位，取得良好开局；云南省玉蒙铁路、沧江四桥、杭州地铁1号线湘湖站及湘滨区间、福建莆永高速A6标、广三高速S03标、青海西久拉脊山隧道工程一合同段等项目顺利通过交工验收，并实现通车运营。沈阳四环快速路BT项目、长沙县BT交通投资项目、广东轨道交通产业园配套基地项目、佛山市高明区投资项目、江门市江顺大桥、重钢环保搬迁铁路专用线、深圳市观澜河调蓄池、福建靖海高速A2标、山西苛临高速LJ5标、河南郑卢高速11标等重难点工程取得突破性进展；高明大道海天路口立交工程、福建福永高速公路A8标、广东博深高速公路四标、广东沙溪高速公路五标、陕西蓝临公路改建工程I2标段等收尾项目工程进展顺利。

【华铁咨询生产经营发展】 2012年，华铁工程咨询有限责任公司超额完成股份公司下达的各项经济效益指标，主营业务收入、利润总额、净利润创历史新高。新签合同额4.3亿元，营业收入3.6亿元，实现净利润2586.13万元，实现利润总额3562.92万元。承揽了西成铁路、郑州城际铁路、中川铁路等国家重点铁路项目的监理工作，中标了中国三沙市成立以来第一个进行对外监理招标的军事项目。

【中铁交通公司生产经营发展】 2012年，中铁交通投资集团有限公司新签合同额76亿元，为年度计划30亿元的

253%；完成营业额 25.37 亿元，为年度计划 27.35 亿元的 92.7%；归属母公司净利润-1.07 亿元，比年度计划-2.9 亿元减亏 1.83 亿元；通行费收入 13 亿元（6 家控股单位），为年度目标 12.36 亿元的 105%；投资完成 9.6 亿元，为中期预算调整 9 亿元的 106.7%；建安完成 6.5 亿元，为年度计划的 89.1%，七条高速公路共征收通行费 14.97 亿元，增幅 14.5%，高于全国平均增幅；节能减排在去年基础上下降 5.1%，超额完成下降 5%的年度任务；全年未发生一起重伤以上安全责任事故。

公司全年在建 BT 项目 3 个，即柳州“三桥一路”项目、桂林“一路两江”项目、南宁龙岗项目，其中柳州“三桥一路”项目加大了剩余工程建设，全年完成产值 1.6 亿元，占年度计划的 173%，广雅大桥基本完成了主桥建设任务，双拥大桥、维义大桥于 8 月 6 日正式移交柳州市政府并收回第三、四期回购款 3.3 亿元，全年共收回柳州市政府回购款 15.98 亿元；桂林“一路两江”项目克服融资、征地拆迁困难，全年完成产值 4.94 亿元，为年度调整计划 4.4 亿元的 112%，完成了小东江与西二环路延长线工程置换；南宁项目于 3 月 27 日签订 BT 合同，首批 7 条路共 5 亿元项目于 12 月 2 日正式开工。

2012 年，岑兴、岑梧、渝邻三条高速公路实现了盈利，其中岑兴通行费收入 5.1 亿元，同比增幅 26%，实现盈利 1.37 亿元，弥补完前期亏损后实现累计盈利 3500 多万元，并成为集团公司第一条实现累计盈利的高速公路。同时，狠抓高速公路养护管理，全年养护成本同比下降 14.55%，打击各类偷逃通行费事件 55435 次，打击各类偷盗路产行为 89 起，挽回企业直接经济损失 472.63 万元，同比增长 46.44%；各高速公司狠抓“五规范”管理，岑兴公司荣获广西全区高速公路运营管理 2012 年度考评第一名、“广西高速公路交通绿化美化先进单位”，岑兴高速玉林支队荣获广西区 2012 年度路政执法支队先进集体；岑梧公司获得 2012 年度“广西高速公路联网收费业务考评”三等奖，全兴公司兴安收费站获得广西高速公路管理行业 2012 年度“十佳收费站”；平正公司荣获河南省高管局 2012 年高速公路信息工作先进单位、驻马店市政府 2012 年“交通服务地方经济建设”先进单位。高速公路标准化建设成效明显，岑梧公司和德商公司作为管理制度标准化示范点，运营管理标准化水平有较大提升。

公司积极拓宽融资渠道，开展了本级授信、农行“资金池”、融资租赁、银行票据贴现等业务，全年开展本级银行授信 14 亿元，共筹措各类资金 28 亿元，满足了公司全年资金需求，保障了企业正常生产经营；竣工验收工作积极推进，全兴、德商公司顺利通过竣工验收，岑梧公司开始了合并审计和财务并帐工作，岑兴公司土地报批得到了国务院批复；股权划转持续进行，9 月完成富砚公司股权划转，渝邻公司股权划转在得到股份公司同意后，正积极推进；清收清欠工作也取得了实效，明确了田德铁路借款主体，成功收回岑梧服务区中石化欠款，加大德商日东分甥问题处理力度；管理提升活动全面深入开展，公司从战略管理、制度管理、高速公路运营管理、BT 项目建设管理、全面风险管理等 16 个方面，查找管理漏洞 61 个，拟定 72 条提升措施，明确了高速公路标准化建设和 BT 项目建设管理的专项提升重点；安全质量工作高质量完成，构建了安全生产标准化体系文件，全年共开展安全教育培训 2000 多人次，排除各类险情 93 件，实现全年零安全责任事故目标。

【中铁南方公司生产经营发展】 2012 年中铁南方公司计划完成产值 40.82 亿元，实际完成产值 41.66 亿元，完成计划的 102%，其中深圳地铁 5 号线 BT 项目完成 3.2 亿元，深圳北站枢纽项目完成 3.76 亿元，深圳地铁 11 号线项目完成 20.28 亿元，观澜保障房项目完成 3.52 亿元，遵义市共青大道项目完成 4.17 亿元，东莞市虎门长堤路项目完成 3.62 亿元，塘朗车辆段上盖保障性住房完成 3.11 亿元。

【中铁贵州公司生产经营发展】 截至 2012 年底，“中铁贵州国际旅游体育休闲度假中心”项目开累完成投资 29 亿元。

在基础配套设施方面，高速公路开口“中铁生态城收费站”于年初建成投用；白晶环线、白晶中路等路网骨架已基本形成，1 号路完成路面硬化和景观绿化，中铁大道等骨干路网已完成规划设计，正着手开工建设准备工作；龙滩供水工程已大部完工，用电专线架设已投入使用；安置区一期 10 万平方米安置房已顺利竣工，具备基本居住使用条件，二期及配套设施正抓紧实施；区域内水、电、气管网铺设进入设计准备阶段；中心景观湖一级湖区完成蓄水。

在产业配套方面，项目高尔夫 A 球场 18 洞已全面完成，B 球场正全面推进，C 球场开始小范围施工，计划 2013 年 5 月底确保一个球场达到运营条件；项目高尔夫会所、抗衰老中心已开工建设；酒店及其它配套工程也正积极筹备中，计划 2013 年初正式动工。

在产品开发方面，项目当前启动的 A、B 区样板房建设共有 75 栋，建筑面积约 11 万平方米，共计 748 套房屋，其中，A 区样板房正进行室内外装修和相关配套建设，B 区正进行房屋主体施工（部分已完工），按照产品开发节奏和施工速度，可满足项目 2013 年开盘需要。

在土地征收及拆迁安置方面，累计完成土地征测 3.16

万亩（放坡面积），其中，已兑付2.92万亩，完成政企交接2.16万亩，取得建设用地指标6257亩，开累支付土地款项约15亿元。累计签订房屋拆迁合同492户，支付拆迁补偿443户，破坏拆除408户（含征用）。

在融资招商方面，分别与银行、信托等金融机构展开全方位合作，累计融资约17亿元，通过“中铁会”内部认筹收取意向金的方式融资2.17亿元，同时与国家开发银行贵州省分行签订融资总量为50亿元的合作备忘录。成功引入三家专业运营合作企业，签约配套产业板块投资金额约13.3亿元，主要包括：与北京裕福达签订了总投资额约3亿元的中铁大道合作建设协议；与香港华恒签订了总投资额约6亿元的医院、温泉酒店、养生养老中心合作建设协议；与云南鼎业签订了总投资约4.3亿元的民族风情小镇合作建设协议。同时通过与三家企业合作，共计引入二级开发配套资金约69亿元。

【中铁昆明公司生产经营发展】 2012年，中铁昆明公司按照“以我为主，稳中求进”的指导方针，全力推动昆明轨道交通BT项目的投标和合同谈判工作，努力抓好在建工程的安全质量。全年累计完成新签合同额340亿元，完成施工产值66613万元。

【中铁成都公司生产经营发展】 2012年中铁成都公司完成建安产值22.0095亿元，为年度计划18.92亿元的116%。其中地铁1号线南延线完成产值2.493亿元，地铁3号线完成产值6.5亿元，地铁7号线完成产值0.6165亿元，天府大道南延线完成产值12.4亿元。

企业新纪录

【世界 500 强排名】 7 月 8 日，《财富（Fortune）》公布了 2012 年度世界企业 500 强（Fortune Global 500）排名，股份公司位列世界企业 500 强第 112 位。

【中国中铁获中国承包商 60 强第一名】 11 月 23 日，由美国《工程新闻记录》（ENR）与中国《建筑时报》共同主办的 2012 年度中国承包商与工程设计企业“双 60 强”举行颁奖礼，中国中铁荣列 2012 年中国承包商 60 强第 1 名，中铁二院荣列中国工程设计企业 60 强第 4 名。

【中国中铁位列《福布斯》全球企业 2000 强第 356 位】 4 月 18 日，美国《福布斯》杂志公布了全球企业 2000 强（Forbes Global 2000）榜单，中国中铁列第 356 位，全球建筑行业第 5 位。《福布斯》全球企业 2000 强榜单统计了世界范围内规模最大、实力最强的上市公司，得分根据其销售额、利润、资产和市值方面排名综合评估而得出的。

【中国中铁董事会获得多项奖项】 2012 年公司荣获上海证券交易所“2012 年度上市公司董事会奖”，并在资本市场先后荣获“优秀董事会”、“中国上市公司诚信企业 100 强”、“中国上市公司综合实力 100 强”、“中国新型跨国公司 50 强”、“中国上市公司十佳董事会”等多项殊荣。

【中国中铁获"最具创新力企业"奖】 6 月 9 日，第四届中国企业创新活动日暨 2012（第十二届）中国企业创新论坛在京举行，股份公司荣获“2012 中国最具创新力企业”奖，总裁白中仁荣获“2012 中国企业最具创新力十大领军人物”奖。

【中国中铁获多项鲁班奖】 2012 年，公司 6 项工程获中国建筑工程鲁班奖，分别是：深圳北站综合交通枢纽工程、甘肃会展中心建筑群项目—大剧院兼会议中心、新建铁路成都东客站及相关工程 I 标段工程、新建武汉天兴洲公铁两用长江大桥正桥、深圳港大铲湾港区集装箱码头一期工程（与中交四航局联合承建）、天津市团泊新城团泊新桥工程（与天津第一市政工程有限公司联合承建）。至此，中国中铁累计有 113 个项目获此殊荣。

【股份公司获得多项科技成果】 2012 年，全公司组织评审科研成果 555 项，通过省（部、直辖市）级科技成果鉴定（评审）84 项；授权专利 632 项，其中发明专利 151 项；完成标准编制 21 项，其中国标 6 项，行业标准 15 项；获省部级工法 267 项 2012 年，公司获国家科技进步奖 3 项；获中国施工企业管理协会科学技术奖 66 项（其中特等奖 4 项，一等奖 31 项）、中国公路学会科学技术奖 7 项。

【股份公司质量创优成果显著】 2012 年公司在海外、上游投资、房地产、资源开发、工业制造、勘察设计、咨询等业务板块和绝大部分基建建设单位实现了“零事故”；质量创优成果显著，武汉天兴洲公铁两用大桥等 6 项工程通过鲁班奖评审，76 项工程通过铁路优质工程评审。

【深圳北站枢纽工程分别获评中国土木工程詹天佑大奖和中国建设工程鲁班奖】 由中铁四局参建的深圳北站综合交通枢纽工程，分别获评中国土木工程詹天佑大奖和 2012—2013 年度中国建设工程鲁班奖。

深圳北站综合交通枢纽工程位于深圳市宝安区龙华镇，为市二线扩展区。以国铁站场为基准，由民塘路、留仙大道、玉龙路、站场西侧规划路所围合的矩形用地基本范围，东西向长约 800 米，南北向长约 600 米，占地近 50 公顷。是集国铁、口岸、轨道交通、长途汽车、各种城市常规公交于一体的综合客运交通枢纽，也是中国中铁股份公司以施工总承包模式承建的国内最大的综合交通枢纽工程。中铁四局主要承揽地铁五号线深圳北站及站后深民区间、地铁四、六号线站前站后高架区间、深圳北站站前东广场、新区大道及民塘路两条市政道路。

【宜昌东站获国家优质工程银奖】 中铁四局参建的宜（昌）万（州）铁路宜昌东站站房工程荣获国家优质工程奖（银奖）。新建宜昌火车东站位于宜万铁路的东起点，是宜万铁路 W1 标段主要单体工程，也是全线最大的综合客运站之一。宜昌东站是宜昌市重要的交通中心和对外门户，也是鄂西部重要交通调控中心，是继三峡大坝后宜昌市又一标志性建筑。该工程建筑面积 23562 平方米，1 个基本站台、4 个岛式站台、3 个地下通道。工程总造价 3.8 亿元。

【长江西路高架桥获国家优质工程银奖】 经国家工程建设质量奖审定委员会最终评定，合肥市长江西路高架快速路综合建设工程喜获“国家优质工程银奖”荣誉称号。中铁四局四公司施工的高架桥 B 标段第 36 联上跨合武、合九等 4 股电气化铁路的单跨 40m 简支箱梁架设施工，及西二环交叉口处四层互通式立交是全线的重点控制工程，由于采取了一系列有效措施，成功组织综合弱电管网、道排、绿化、桥梁等立体交叉施工，确保了工程施工质量。

【云南水麻高速公路工程获国家优质工程】 由中铁四局等单位参建的云南水（富）麻（柳湾）高速公路获得了 2012 年国家优质工程。

水富至麻柳湾高速公路是云南连接四川、重庆和祖国内地的黄金大通道。该公路建成后，可以促进滇东北部矿产、农业、水利资源的进一步开发，加强云南与四川、重庆长江经济带和发达地区间经济、信息、人员交流，推动云南经济发展。

【沈阳四环快速路跨秦沈客专成功转体】 沈阳四环快速路跨秦沈客专转体桥是沈阳四环三大重点控制性工程之一，是国内首座快速路跨高铁、双幅水平同步转体、单座转体重量达万吨以上的转体桥，科技含量高，工艺要求严，施工难度大。该桥的安全成功转体，再一次彰显了中铁人“勇于跨越，追求卓越”的品质，标志着沈阳四环快速路重点控制性工程在关键技术运用上实现新的突破，在东北地区桥梁建设史上写下了浓墨重彩的一笔。

【大同美术馆钢结构工程整体滑移成功】 山西大同美术馆位于大同市御东文化核心区西南地块，南北向长度为 206 米，东西向长度为 178 米。建筑面积 32239 平方米。美术馆钢结构工程采用整体滑移施工，钢屋盖由四个 24 米到 36 米高度不等的大三角锥体组成，主体周边由比较低缓的 5 个三角锥形围绕，最高约 7 米。钢屋盖结构总重为 4300 吨，滑移总重约为 3500 吨，滑移共计前行约 206 米，采用计算机同步控制的液压千斤顶推进。钢结构屋盖造型复杂、跨度大、滑移距离长以及采用的施工工艺，在国内外尚属首次。大同美术馆钢结构工程整体滑移的成功，标志着中铁航空港建设集团有限公司钢结构拼装整体滑移技术，居于国内领先水平。

【甘肃大剧院兼会议中心工程获国家中国建设工程鲁班奖】 中铁航空港八分公司承建的甘肃大剧院兼会议中心工程，荣获 2012 年度中国建设工程鲁班奖（国家级优质工程），荣获甘肃省建设工程飞天金奖（省部级优质工程）。甘肃大剧院兼会议中心工程，位于兰州市城关区北滨河东路 1 号，建筑面积 33108 平方米，总高 33.15 米，框架剪力墙结构，地下 3 层主要为舞台机械及设备用房；地上 4 层包括 1593 座剧场兼大会堂 1 个，300 座剧院式报告厅 1 个，120 座国际会议厅 1 个，50-200 座会议厅 20 个，还设有新闻发布、会见休息等辅助性用房。大剧院部分满足音乐、戏剧、曲艺、杂技和话剧等表演功能。会议中心部分具备承办省、市党代会和人大、政协“两会”等政务性会议以及各种类型国际会议和商务会议等功能，是一座具有全新概念和强烈时代感的集艺术与会议于一体的大型公共建筑。

【郑西客专渭南渭河特大桥获国家优质工程银奖】 中铁航空港一公司参建的郑西铁路客运专线渭南渭河特大桥，荣获 2011-2012 年度国家优质工程银质奖（国家级优质工程）。本项目管段起讫里程为：DIK414+862.77~DIK431+400，全长 16537.23 米（含短链 DIK426+000=DIK423+644.27，短链长度 2355.73 米），其中区间段全长 14181.5 米，新渭南高架车站全长 1959.4 米。管段内全部为桥梁工程，下部工程为钻孔灌注桩基础、矩形承台，墩柱形式主要有矩形实体墩，圆端实体墩、圆端空心墩以及车站站台的矩形双墩。

【北京中海 9 号公馆 A-B 项目获中国土木工程詹天佑奖优秀住宅小区金奖】 中铁航空港八分公司承建的北京中海 9 号公馆 A-B 项目，荣获 2012 年度中国土木工程詹天佑奖优秀住宅小区金奖（省部级优质工程）。北京市丰台区花乡六圈 A 居住项目 B 地块，总建筑面积约 20 万平米，主要由 4 栋地下 3 层、地上 18 层，2 栋地下 3 层、地上 16 层和 18 栋联排别墅组成，合同期为 2010 年 9 月 20 日至 2013 年 3 月 15 日。自开工以来，项目部以创造精品工程，树立中铁航空港品牌为目标，精心组织，科学施工，历经 2 年努力，比合同竣工日期提前了半年，于 2012 年 8 月 19 通过竣工验收。

【南京南站无站台柱雨棚钢结构工程、蚌埠站无站台柱雨棚及相关钢结构工程获得钢结构金奖】 由中铁四局承建的南京南站无站台柱雨棚钢结构工程、蚌埠站无站台柱雨棚及相关钢结构工程日前获得第十届中国钢结构金奖。

南京南站无站台柱雨棚以主站房为轴心分为东西两个对称的部分，雨棚覆盖面积为 106496 平方米，具有结构形式多、工程体量大、分布面积大、构件数量多、规格大、重量重、厚板焊接量大等特点。

蚌埠站是京沪铁路运输和水运的枢纽。自 2010 年 7 月 1 日开工以来，中铁四局钢构克服了既有线施工、交叉作业、作业面狭窄、工期紧张等种种困难，于 2011 年 10 月 15 日顺利完工。改造后的蚌埠站以面积达 38399 平方米的钢结构大跨度无柱雨棚代替现有的水泥雨棚，高度也由老雨棚的五六米加高至 10 多米，站台空间更加宽敞。

【合肥南环铁路包河大道特大桥 1—128m 系杆拱获评全国优秀焊接工程】 由中铁四局集团四公司承建的合肥铁路枢纽南环线包河大道特大桥 1—128m 系杆拱桥被中国工程建设焊接协会评为“全国优秀焊接工程”。

该系杆拱桥于2010年11月25日开工建设，2011年7月23日完成膺架拆除作业。工程地点位于合肥铁路枢纽南环线包河大道特大桥跨越合宁高速公路包河大道收费站处，设计为1-128m系杆拱，桥梁计算跨长128米，拱肋平面内矢高25.6米，拱肋采用悬链线线型。桥梁上部为拱钢结构，拱钢总重约为564吨。

合肥铁路枢纽南环线钢桁梁柔性拱特大桥，小角度跨越合宁高速公路，两座桥的长度同为461米，其主跨229.5米，在国内同类型桥梁中居于首位。两座特大桥用钢量达2.3万吨，总造价3.97亿元，是沪汉蓉快速铁路引入合肥铁路枢纽南环线的重点控制工程，桥梁架设科技含量高、安全风险大、施工难度大。在业主委托进行的超声波检测和X射线拍片及监控量测单位对拱肋轴线的测量中，焊接质量均符合规范要求，合格率达100%。

【柳州双拥大桥钢箱梁制造工程获“全国优秀焊接工程】中铁四局钢结构公司柳州双拥大桥钢箱梁制造工程获2012年度全国优秀焊接工程。

柳州双拥桥工程是目前世界上最大跨度的单主缆斜吊杆地锚式悬索桥，为钢结构公司首次涉足的超过500米、跨万吨级的钢桥项目，是钢结构公司发展桥梁重钢产品的一座里程碑。全桥划分为7类共53个梁段，分成9个轮次进行制造、加工及拼装，分成12个轮次进行吊装、桥位焊接和顶推架设。

【中铁二局企业新纪录】 2012年，公司通过“三保两抓一控”，克服“五难一大”困难，企业营业额、新签合同额均提前完成年度计划，连续6年稳居中国中铁系统榜首。全年获省部级以上荣誉41项，被评为全国17家创鲁班奖金奖企业之一、建筑业先进企业，连续三年入选上市公司社会责任榜。全年荣获创建鲁班奖工程突出贡献奖（金奖）1项、获得国家级优质工程奖8项、省部级优质工程奖20项。

【中铁三局企业新纪录】 2012年，中铁三局新增省部级工法39项、企业级工法69项。2012年为历年来各子分公司开发企业级工法最多的一年。

2012年，中铁三局新增受理52件，新增授权专利63件，其中发明专利14件。

2012年通过山西省鉴定科技成果5项，铁道部验收科技成果3项，股份公司评审成果8项。其中1项达到国际领先水平，4项达到国际先进水平。

2012年，获山西省、青海省科技进步二等奖各1项；获股份公司科学技术一等奖2项，二等奖1项，三等奖1项；获中施企协创新成果一等奖4项，二等奖2项。

【中铁四局企业新纪录】 2012年，在企业文化建设方面被国务院国资委党委授予“中央企业思想政治工作先进单位”荣誉称号。

2012年，在科学技术方面获2项詹天佑大奖，分别为公司主报的“沈阳地铁一号线”和参报的“深圳北站综合交通枢纽工程”。

2012年，在优质工程方面共获得国家级优质工程11项，获得省部级优质工程32项，中国中铁优质工程24项。其中深圳北站综合交通枢纽工程获中国建设工程鲁班奖；宜昌东站工程、合肥市长江西路高架快速路综合建设工程、国道主干线（GZ40）云南水富至麻柳湾高速公路项目获得国家级优质工程银质奖；上海嘉定区惠平路上跨铁路立交桥荣获全国用户满意工程。同时，被安徽省推荐为对创建鲁班奖工程做出突出贡献的单位，有力地提升了企业的形象。

2012年获得安徽省级工法12项，公路工法4项；获得2011-2012年度铁道部工法5项。

获得国家授权专利120项，其中，发明专利25项；著作权2项，获得国家授权专利数量大幅度增长。在授权专利中，有涉及高速铁路无砟轨道建设和维护技术的：“铁路客运专线双块式无砟轨道道床板双线施工方法”、“轮轨式高速铁路板式无砟轨道砂浆层剔除机”、“ 轮胎式高速铁路板式无砟轨道砂浆层剔除车”、“一种无砟轨道填充修补剂及其制备方法”等；有用于沥青搅拌环保的设备：“废粉湿排机”；有铁路桥梁中应用的：“钢桁梁柔性拱桥带拱顶推施工方法”、“大跨度连续钢桁梁带拱顶锥装置”等高铁施工重要相关专有技术；还有公司具有优势技术的试车场系列技术：“沥青噪音路面施工方法”、“ 试车场高速环道边坡修整方法”等，这些专利的授权，有效地保护了企业自主知识产权，增强了公司的核心技术，提高了公司的市场竞争力。

2012年公司参加安徽省首届发明专利奖申报工作，申报的发明专利“乳化沥青砂浆的制备方法”获得了专利奖“金奖”，并综合评议（经国家知识产权局专家）名列第一推荐申报中国第十五届专利奖，安徽省将其列为优秀专利产业化合同项目给予支持，同时，安徽知识产权局编印《2012安徽专利奖》宣传画册，为项目及企业进行宣传，提升了企业的形象。

【中铁五局企业新纪录】 2012年，中铁五局机电公司下属长沙三环厂自主研制的《SJZ30型砂浆搅拌站》通过了中铁五局科技成果评审会，并申请通过了国家专利，填补了中国砂浆搅拌站尚无专利产品的空白，该产品已销往郑州地铁工地投入使用；五局成绵乐8标乐山架梁队承担的91孔450吨单线梁架设任务中，有18孔为下坡架梁，且最大坡度为29.92‰，架梁队编制《成绵乐8标乐山大坡度箱梁架设专项施工方案》，将设计的下坡架梁改为上坡架梁，对架桥机进行技术改造，并通过局内、外多位专家的评审，最终成功安全架设完成大坡度单线箱梁，此种超常规施工属国内罕有，它成功架设标志着五局架梁技术突破了国内最大坡度箱梁架设的极限。中铁五局五公司中低速磁悬浮技术标准填补国内空白。该技术标准已在中国南车株机磁浮项目得到成功运用。解决了中低速磁悬浮预制轨道梁钢模板的加工与制作、现浇连续梁（梁上梁）梁体曲线半径、超高及扭转参数控制、路基轨道梁模板安装精调定位等技术难题，为今后国内中低速磁悬浮土建施工提供了成熟的施工方案和技术支持。

【中铁六局企业新纪录】1、2012 年，中铁六局新增省部级工法 25 项、企业级工法 36 项。2012 年为历年来各子分公司开发企业级工法最多的一年。

2、2012 年，中铁六局新增授权专利 45 件，其中发明专利 12 件。

3、2012 年，共计完成课题研究 12 项，9 项通过省部级和股份公司评审，其中 5 项达到了国际先进水平，2 项达到了国内领先水平，2 项达到国内先进水平。

4、2012 年，获山西省、天津市科技进步二等奖各 1 项；获股份公司科学技术一等奖 2 项，二等奖 1 项，三等奖 2 项；获中施企协创新成果一等奖 1 项，二等奖 2 项。

【中铁七局企业新纪录】 2012 年，中铁七局承建的武广客运专线新建武汉动车段工程荣获国家级优质工程银奖。成都东客站跨绕城高速立交特大桥工程、郑州铁路集装箱中心站工程荣获铁道部铁路优质工程二等奖；成都新客站片区涉铁市政工程荣获河南省建设工程中州杯奖；京沪高铁上海虹桥相关工程“四电”专业等 3 项工程荣获中国中铁优质工程奖。西安地铁 1 号线土建七标段项目荣获国家 AAA 级安全文明标准化工地；江苏临海高速如东段四标工程项目荣获江苏省公路水运工程“平安工地”奖；郑州轨道交通 2 号线一期工程土建施工 06 工区、郑州京广快速路上跨铁路工程、长沙市轨道交通二号线一期工程土建 12 标、洛张电化洛阳枢纽配套改造工程、南疆铁路轮台至库车三电工程等 5 个项目荣获中国中铁安全标准工地奖。

在技术创新方面，《神府高速公路大断面黄土隧道施工技术研究》获得中施协科学技术奖技术创新成果二等奖。三峡库区滑坡群地段隧道施工变形控制技术研究、地铁车站砂卵石地层基坑承压水预防技术研究、跨既有线刚架桥模板台车施工技术研究、墩顶纵向支撑膺架法在跨线施工中的设计与应用、客运专线有碴轨道精调技术、挖孔桩钢模自沉下导拼装式护壁施工工艺、复杂地质条件下超长冲孔桩施工技术、V 型峡谷大吨位悬索吊装技术研究等 8 项科技成果通过省（部）级鉴定。滑坡群地段隧道施工变形控制技术研究、既有高速铁路插铺有砟 1/41 高速道岔综合施工技术研究、无砟轨道不破板条件下路基加固施工技术、下穿铁路道岔群顶进大跨度箱桥施工技术研究等 4 项科技成果通过股份公司鉴定。三峡库区滑坡群地段隧道施工变形控制技术研究、无砟轨道不破板条件下路基加固施工技术获股份公司科学技术进步奖二等奖；既有高速铁路插铺有砟 1/41 高速道岔综合施工技术研究、下穿铁路道岔群顶进大跨度箱桥施工技术研究获股份公司科学技术进步奖三等奖。

高速公路拓宽天桥拆除方法、隔离式桥墩防撞装置 2 项技术获得国家发明专利；多功能刀具刃磨装置、钢筋笼起吊装置、桥梁施工滑轨、地轨式龙门吊、整体式箱梁吊架、用于连续箱梁施工的挂篮、一种吊机、铁路隧道衬砌顶升架、单向透水人行道基层、铁路道口隐式轮缘槽、铁路桥墩分层施工装置、预制梁钢筋笼绑扎作业用防护棚、既有铁路营业线增建桥涵施工线路架空加固用标准构件、一种透水无尘树池、预制梁止浆模具、变高度走行架梁机、内摩擦式管道密封塞、隧道泡沫混凝土减震结构、线型可调曲线桥梁翼缘板模板、斜向支撑线型可调曲线桥梁翼缘板模板、面板与骨架分离式建筑施工模板、平面测量后视对中定位仪、桥梁湿接缝作业车、一种护坡加固装置、桥梁混凝土防撞护栏多功能作业车、一种钢筋拉杆收紧装置、一种轮轨机械固定装置、灌注混凝土过滤溜槽、跨营业线刚架桥模板施工台车等 29 项技术获得国家实用新型专利。飞燕式系杆拱桥体外预应力锚索施工工法、大断面黄土公路隧道快速施工工法、铁路后张预应力混凝土梁封锚施工工法、跨既有线刚架桥模板台车施工工法、上跨高速铁路现浇简支箱梁墩顶纵向支撑膺架施工工法、铁路后张法预应力混凝土梁封锚施工工法、48 米跨薄壁双箱槽形梁施工工法、高速铁路接触网恒张力弹簧补偿装置安装工法、既有 350km/h 高速铁路路基加宽施工工法、旋挖钻机配套长大钢护筒干孔作业施工钢管柱工法、土压平衡复合式盾构机填充土仓洞内注浆换刀施工工法等 11 项成果获部省级工法。

在生产经营方面，首次采用 EPC 总承包模式开发了乍得 92 公里公路项目，实现了海外项目国际工程承包模式的新突破。

中铁七局荣获 2012 年度河南省“省长质量奖”；荣获 2011 年度“中施企协科技创新先进企业”；“河南省建筑业技术创新先进企业”荣誉。

【中铁八局企业新纪录】 2012 年，中铁八局获集团公司获得四川省人民政府安委会表彰的中央在川企业安全生产目标考核先进单位称号；获得建设部“AAA 级安全标准文明诚信工地”1 个；获得成都市安全文明标准工地 1 个；获得股份公司级安标工地 7 个；获得“国家优质工程”奖 2 项；获得“全国用户满意工程”奖 3 项；获得省“用户满意工程”

奖5项；获得“全国市政金杯示范工程”奖1项；获得省优质工程奖10项（四川省“天府杯”3项、湖北省“楚天杯”1项、云南省优质工程奖2项、铁路优质工程奖1项、中国中铁杯3项）；获得股份公司优质工程奖11项；四川省优质结构工程奖1项；获得成都市优质结构工程奖1项。集团公司还获得了“全国用户满意企业”称号，以及四川省建筑业“品牌建设争先创优单位”、四川省第二届“放心工程示范单位”荣誉称号。

【中铁十局企业新纪录】 2012年，中铁十局组织申报的沪陕线西安至商州高速公路第36合同段，昆山区域供水第三水厂二、三期，济南市小清河综合治理工程获得了2012年度山东省“泰山杯”优质工程奖；组织申报的沪宁城际铁路京杭大运河特大桥、聊城站客运设施改造工程获得了铁路优质工程奖（二等奖）；组织申报的京沪高铁快速路（227省道相城段及福临路（S227至澄阳路）工程、南京纬七路西延建设工程（一、二标段）获得了江苏省市政示范工程；组织申报的济南市小清河综合治理工程(林家桥至洪园节制闸段）获得了山东省市政金杯示范工程。

2012年，局共审查科技课题立项申请45项，共签订局级以上科研合同30项，有9项在股份公司立项，16项列为山东省省级技术创新项目；评审科技成果37项（局级成果22项，股份公司成果8项，省级成果6项）；申报科技成果奖励19项，获得了省级（含国家认可的社会力量设奖）科学技术奖9项；省级技术创新优秀奖励33项；34项工法被评为局级工法，获得省级工法32项；新增专利申请54项，其中发明专利17项；新增专利授权44项，其中发明专利授权4项。

【中铁大桥局企业新纪录】 2012年，中铁大桥局1项工程获美国国际桥梁大会颁发的乔治理查德森奖(南京大胜关长江大桥)；1项工程获中国建设工程鲁班奖（武汉天兴洲公铁两用长江大桥）；申报并获得获得美国专利1项，国家授权发明专利27项、实用新型专利22项，截至2012年底，获得发明专利授权117项，实用新型专利授权126项。

【中铁隧道企业新纪录】 2012年，投入科研经费6.05亿元，完成科研立项29项、工法立项25项、专利立项12项，取得国家专利13项(其中发明专利8项)，获省部级以上工法17项，通过省部级以上评审鉴定的科研项目9项；获国家科技进步一等奖1项(盾构装备自主设计制造关键技术及产业化)、省部级科技进步奖15项、省部级以上设计、勘察、咨询类奖项6项；石家庄城区铁路隧道修建环境影响及灾害控制技术研究和地铁暗挖车站设置原则及快速施工技术研究成果将为以后类似浅埋暗挖法工程提供技术借鉴；自主研制的超级电容出碴车、35吨液力传动低污染内燃牵引机车通过验收，国内首台盾构电液控制系统综合实验平台正式启动，国内首台滚刀岩机作用综合实验平台投入使用并填补国际技术空白，泥水盾构施工“海底特硬地层及孤石群”世界级难题成功攻克，复合盾构科研成果亮相国家高新区建设20周年成就展。低碳环保优质工程修建技术交流会、TBM施工管理现场观摩暨技术交流会、水下立交隧道修建技术交流会暨院士行、中国土木工程学会第十五届年会暨隧道及地下工程分会第十七届年会成功召开。盾构及掘进技术国家重点实验室首家通过国家科技部第二批企业重点实验室的验收，标志着集团公司科技创新上了一个新台阶。

【中铁建工企业新纪录】 2012年，全年累计荣获“鲁班奖”承建奖1项、参建奖4项，国家优质工程2项、参建1项；荣获国家“AAA级安全文明标准化诚信工地”3项，省部级优质工程22项，省部级安全文明工地30项；荣获国家级优秀QC成果7项。被中国建筑业协会评为“创鲁班奖工程突出贡献奖金奖企业”、“全国工程建设质量管理小组活动优秀企业”、2012年科研立项共97项，其中重点项目58项、引导项目27项、一般项目12项；12年完成科研技革项目58项；评审通过集团级工法79项。通过“股份公司科技成果评审”9项，获得股份公司“科学技术奖”6项，获得省部级及社会力量科技奖项共4项，1项科技示范工程通过住建部评审，11项工法通过省部级评审。授权发明专利3项、实用新型专利16项。

2012年设计院荣获江苏省住建厅优秀工程设计奖4项；获河北省优秀工程勘察设计奖评审委员会所颁发的优秀工程设计奖 1 项；获北京市规划委员会的优秀工程设计奖 1项。荣获股份公司优秀工程咨询奖3项，荣获优秀工程设计奖2项。

【中铁港航局企业新纪录】 2012年集团、、公司科技研发费用共计2.94亿元，占集团公司产值的3.3%。其中，集团公司新立项局级科研课题20项，其中4项科研课题列入中国中铁股份有限公司科研计划；完成科技成果鉴定7项，涵盖了路桥、水下爆破、陆上控制爆破等专业领域，技术经鉴定达到国内领先及以上水平；获得省部级及社会力量认可的工法7项；新授权的发明专利2项，实用新型专利8项；获得中国工程爆破协会等机构颁发的科学技术奖6项，其中特等奖2项，一等奖3项。此外，在节能减排工作上，集团公司2个项目部还获得中国中铁股份公司“节能减排标准化工地称号”。

【中铁航空港企业新纪录】 2012年， 中铁航空港八分公司承建的甘肃大剧院兼会议中心工程，荣获 2012~2013 年度中国建设工程鲁班奖（国家级优质工程），荣获甘肃省建设工程飞天金奖（省部级优质工程）。中铁航空港一公司，承建的郑西铁路客运专线渭南渭河特大桥，荣获2011-2012年度国家优质工程银质奖（国家级优质工程）。中铁航空港八分公司承建的北京中海9号公馆A-B项目，荣获2012年度中国土木工程詹天佑奖优秀住宅小区金奖（省部级优质工程）。

2012年，中铁航空港集团获股份公司科技进步二等奖2项、三等奖1项；取得了省部级工法5项；获得省级科技示范工程2项；获中国施工协会管理协会科技进步奖一等奖1项；获国家军用标准2项。整理编写了市级认定企业技术中心 2012 年度复查评价材料，并报送至北京市经济和信息化委员会；召开2012年度与国家救灾应急装备工程技术研究中心合作考研项目阶段性总结评审会，其中《地下工程电渗透防渗防潮装置研究》、《海水海砂结构混凝土新技术应用示范》、《无机保温结构一体化墙体》三项项科研项目完成阶段性总结评审。

【中铁上海局企业新纪录】 2012年，公司获4项企业荣誉：2012年度全国优秀施工企业、2012年度全国工程建设质量管理优秀企业、上海市用户满意施工企业和上海市重合同守信用企业。获1项省部级工法，2项省部级科学技术进步奖，5项社会力量科学技术进步奖，获得授权7项发明专利，30项实用新型专利。广西柳州双拥大桥获建设部“AAA级安全文明标准化诚信工地”、长江隧桥工程获“国家优质工程（金奖）”、武汉落步嘴污水处理厂土建工程等9项工程获省级优质工程奖，南宁枢纽Ⅰ标、南京市石杨路（科技园2号路-东麒路）建设工程SG1标、南通如东沿海高等级公路等项目获省级“安全标准工地”、“文明工地”或“平安工地”。2012年度公司属各单位获得各类安全奖项26项，其中获得国家级1项；省部级奖15项；市局级10项；获得各类优质工程奖23项，其中国家优质工程（金奖）1项、省部级优质工程9项、“上海市用户满意工程”2项、“上海市十佳用户满意工程”4项、铁道部优质工程1项、股份公司“中国中铁杯”优质工程5项、股份公司“中国中铁优”优质工程1项。获得“国家环保实用技术奖”1项，省部级“环境保护优秀施工示范单位”以及市级“环境保护管理工作先进单位”各1个、省部级“环境保护示范工地”1个。

【中铁大桥院企业新纪录】 2012年，中铁大桥院首次入选全球工程建设权威学术杂志——《工程新闻纪录》和《建筑时报》评选的“中国工程设计企业60强”，企业影响力进一步增强。由中铁大桥院勘测设计的南京大胜关长江大桥获得国际桥协乔治•理查德森大奖，这是继武汉天兴洲长江大桥后，中铁大桥院再次获得国际桥梁科技创新最高奖；“三索面三主桁公铁两用斜拉桥建造技术”获中国铁道学会科技进步特等奖。

【中铁科工企业新纪录】 中铁科工集团科技创新工作全面并超额完成了股份公司下达的2012年度科技创新各项业绩考核指标，并创历史新高。

全年获批外部各级、各类科技计划项目18项，获批科技计划项目经费1617万元；获批外部各级、各类科技奖励17项；其中：集体获奖3项、个人获奖1项、项目成果获奖13项；完成科技成果鉴定5项，其中：湖北省科技成果鉴定3项、股份公司科技成果评审2项；新申请专利26项，其中：发明专利14项，实用新型专利12项；获得专利授权9项，其中：发明专利4项，实用新型专利5项；铁道行业标准化归口管理工作取得长足进展，颁布实施了1项国家标准和1项铁道行业标准，首次获得武汉市标准制定奖励一等奖。

在企业内部管理工作中，召开了“中铁科工集团首届科技大会”，颁布实施了《中铁科工集团“十二五”科技发展规划》，颁布实施了《科技奖励》等七项科技管理文件，完成了中铁科工集团第二届技术创新成果奖的评选和内部科技研发计划的立项等科管工作。

【中铁西北院企业新纪录】 2012年，与兰州交通大学、中铁二十一局联合申报的“甘肃省道桥工程灾害防治工程实验室”获批并已挂牌；与福州大学签署了联合建设国家大学科技园孵化器大楼的框架协议；与兰州大学、甘肃省科学院等单位共同申报的“甘肃省环境地质与灾害防治工程技术研究中心”也已由甘肃省科技厅批准。与中铁一局、中铁航空港、中铁港航局、中交公路规划设计院签订了战略合作框架协议，与兰州国家高新技术开发区、广东高速公路公司、中铁南方投资公司、中铁昆明轨道交通工程指挥部、中铁成都投资有限公司、新疆广汇实业股份有限公司深化合作、互利共赢、共同发展，为做优做强中铁西北院创造了良好的舆论氛围。

2012年，中铁西北院在专利申请和授权方面也取得了突破。申请并受理专利14项，其中发明专利6项，实用新型专利8项；有20项专利获得授权，其中发明专利6项，实用新型专利14项。

2012年，中铁西北院申报甘肃省优秀工程勘察设计奖2项，其中1项获得甘肃省优秀勘察设计二等奖；申报甘肃省优秀工程咨询成果奖 1 项，获得甘肃省优秀咨询成果一等奖。

【中铁西南院企业新纪录】 2012年，公司参加了国际隧道协会2012年世界隧道年会；加入国家轨道交通产业技术创新联盟及成都轨道交通协会；承办了“四川省创新技术促进会企业技术中心专委会创新例会”。

公司研制的HSP系列地质预报系统，获得2012年中国中铁科学技术奖一等奖，并在300多座隧道得到应用。研发的CRTS Ⅱ板式无砟轨道CA砂浆专用修补材料，在实际应用中形成了一套完整的现场施工修补体系，成功应用于杭甬高铁CA砂浆修补，并获业主好评。中国中铁映秀幼儿园岩土工程勘察荣获2012年全国勘察设计一等奖。申请并通过了中石油HSE市场勘查业务准入资格，获得了中石油二类承包商准入资格。完成芦山县佛图寺塔地基基础加固变更设计方案工作，开始发展文物保护工作。

首台TKJ-15型喷射混凝土机组成功交付，并实现产业化。

与意大利洛克索伊公司签订“新意法”技术合作协议，成为“新意法”在中国唯一引进吸收和推广应用单位。

2012年，公司参加了“丙烯酸盐喷膜防水应用技术规程”、“中国高速铁路工务技术”和“铁路工程纤维混凝土结构技术规程”3项技术规程（规范）的编制。

公司标准化管理体系由原来的“三体系三个标准”升级为“三体系四个标准”，引进了GB/T50430-2007《工程建设施工企业质量管理规范》体系。对目前使用的1052项技术标准进行了现场核查；完成了全年《现代隧道技术》编辑出版工作，刊登论文184篇；完成各类技术汇编、论坛论文集、会议论文集、专业杂志等共计百万余字的编辑出版工作，组织参加国内外学术会议10次。

公司申报各类科研项目36项，新签科研项目25项。获得国家发明专利1项，实用新型专利12项。组织申报国家专利16项，其中国家发明专利5项，国家实用新型专利11项。获得授权国家专利13项，其中国家发明专利1项，国家实用新型专利12项。获得四川省、中国铁道学会、中国公路学会、中国中铁、中国施工企业管理协会等科技成果奖24项，通过评审、鉴定的科技成果8项。

2012年，公司在研重大科研项目50项，新签科研合同25项，合同额合计 2468.34 万元，其中获得外部科研经费资助合同额合计 1451.37 万，自筹资金合同额合计 1016.97 万。

【建设分公司企业新纪录】 2012年获得2项省部级奖项，3项股份公司级奖项。其中：重庆轻轨一号线14标荣获重庆市市政工程金杯奖；广东博深高速公路4标获得”中国中铁杯”省部级优质工程；福建省厦门至漳州高速公路漳州段路基土建工程A1标和广东二广高速公路粤境连州至怀集段第十七标项目荣获中国中铁股份公司“安全标准工地”称号；顺德BT工程高红公路工程项目荣获股份公司“节能减排标准化工地”。

【华铁咨询企业新纪录】 2012年，华铁工程咨询有限责任公司“地铁暗挖车站扣拱初支钢架连接”、“拼装式人工挖孔防护装置”两项技术获实用新型技术专利；宜万铁路高压富水大型充填岩溶及断裂带隧道修建技术”获铁道科技特等奖。

【中铁交通公司企业新纪录】 2012年，中铁交通科技成果显著，柳州项目《大跨度钢桁拱梁膺架法半悬臂架设施工工法》成为公司首个交通部部级工法，双拥大桥荣获股份公司优质工程称号；荣获股份公司信息工作先进单位。

市场开发

【市场环境】 从国内基建市场来看，中央对地方政府融资平台的管理不断加强，房地产调控政策不动摇，宏观经济政策以“稳增长、调结构、控通涨”为主导，2012年10月十八大召开，全年基本建设投资继续保持平稳的态势。从铁路市场来看，铁路市场经历了2011年最为困难的一年之后，2012年随着国家加大对重点在建续建项目的信贷投放，铁路建设各类不良事件的影响会逐步消除，以及2009、2010年开工的大批铁路项目的站后工程进入招标期，特别是2012年9月6日铁道部召开关于加快铁路建设的推进会之后，铁路建设市场明显回暖。从非铁路市场来看，地方政府融资平台严格受控，土地财政难以为继；基础设施建设重点逐步向西部转移，但西部地区经济普遍欠发达；非铁路市场点多面广，竞争激烈。这些因素决定了非铁路市场承揽任务额难以在短期内大幅度提升，特别是近两年来非铁路市场招投标对施工单位增加了许多不利因素，各类现金保证金过多、必须在当地注册分公司等问题，给建筑施工企业造成了巨大的资金压力。

【营销策略】 2012年经济形势复杂多变，国内基建市场经营开发环境十分严峻，竞争异常激烈。经营开发工作在股份公司及分管领导的正确领导下，认真贯彻落实股份公司年初工作会议精神，积极应对市场环境变化，加强建筑政策变化研究，紧扣市场脉搏，完善区域经营开发布局，拓展横向联合协作，推动三级子公司之间合作，推动建立、完善工程经济管理工作体系，加快玉树灾后重建工作。

【拓展市场空间】 根据公司的投融资能力，进一步深化政企合作，瞄准大市场、运作大项目。年度新签基础设施投资项目合同额1280亿元、房地产项目合同额197亿元，为公司带来近1500亿元的施工任务储备、占公司全年新签合同额7310亿元的20.5%。其中，年度新签的深圳地铁、成都地铁、昆明地铁、石家庄地铁等城轨项目合同额约900亿元，进一步提高了公司城轨市场占有率。

表4-1　2012年股份公司中标重大工程项目

序号	中标单位	项目名称	业主单位	中标价（万元）	中标时间
一	铁路工程				
1	中铁一局	新建郑州至徐州铁路客运专线ZXZQ-6标段	郑西铁路客运专线有限责任公司	367356	2012年12月
2	中铁三局	新建郑州至徐州铁路客运专线站前工程	郑西铁路客运专线有限责任公司	308806	2012年12月
3	中铁二局	新建重庆至万州铁路站前工程5标段	渝万铁路有限责任公司	241639	2012年12月
4	中铁三局	新建西安至成都铁路西安至江油段（陕西境内）站前工程XCZQ-10标段	西成铁路客运专线陕西有限责任公司	238783	2012年11月
5	中铁隧道局	新建西安至成都铁路西安至江油段（陕西境内）站前工程XCZQ-9标段	西成铁路客运专线陕西有限责任公司	206937	2012年11月
6	中铁隧道局	新建成都至兰州铁路成都至川主寺段站前工程CLZQ-9标	成兰铁路有限责任公司	193509	2012年12月

7	中铁五局	新建成都至兰州铁路成都至川主寺段CLZQ-6标	成兰铁路有限责任公司	169252	2012年12月
8	中铁隧道局	西宁站改造及相关工程施工总价承包QZXNZG-2标	青藏铁路公司	153493	2012年9月
9	中铁三局	新建成都至兰州铁路成都至川主寺段站前工程	成兰铁路有限责任公司	144110	2012年12月
二	公路工程				
1	中铁五局	S202从江至贯洞公路工程项目施工	从江县交通运输局	91817	2012年1月
2	中铁上海局	上海市嘉闵高架路北延伸（北翟路-G2公路）及地面道路新建工程JMB1-4	甘肃长达路业有限责任公司	71243	2012年8月
3	中铁一局	乌鲁木齐东二环道路项目WDRH-2标段分包	中交第二航务工程局有限公司第六工程分公司	50000	2012年1月
4	中铁一局	长沙县黄江公路东延线一期工程	长沙县交通局	49800	2012年12月
5	中铁四局	三门峡至淅川高速公路卢氏至西坪段工程LXTJ-14	河南省三门峡至淅川高速公路项目有限公司	45123	2012年7月
三	市政、房建工程				
1	中铁一局	南充市顺庆区地下商业开发及地下通道BOT项目建设工程	汉森恒发投资有限公司	120000	2012年5月
2	中铁一局	海口市快速路网骨干工程海秀快速路（一期）工程施工承包	北京新颐华卓投资有限公司	100000	2012年2月
3	中铁二局	省级小城镇试点荆溪新城启动区城市综合体投资建设项目	闽侯县铁岭发展有限公司	300000	2012年11月
4	中铁二局	贵阳市南明区五里冲片区花果园大街延伸段、松花路延伸段、解放西路立交、公园中路市政路网项目	贵州中建南明投资有限公司	447012	2012年12月
5	中铁四局	南京城西干道综合改造工程A标BT项目	南京城建隧桥经营管理有限责任公司	215492	2012年9月
四	轨道交通工程				
1	中铁隧道局	昆明轨道交通3号线延长线1站3盾构区间及安嵩线2大盾构区间1明挖区段BT项目	昆明轨道交通有限公司	170400	2012年4月
2	中铁隧道局	天津地铁5、6号线工程文化中心部分第1合同段（盾构标）	天津市地下铁道集团有限公司	83483	2012年9月
3	中铁港航局	深圳地铁三期工程11号线	深圳市地铁集团有限公司	80000	2012年3月
4	中铁四局	宁波市轨道交通1号线一期天童庄车辆段与综合基地±0.00以上工程1标段	宁波市轨道交通工程建设指挥部	80964	2012年2月
5	中铁上海局	深圳市城市轨道交通11号线后海站及端头暗挖隧道项目	深圳市地铁集团有限公司	72000	2012年6月
6	中铁四局	苏州市轨道交通2号线延伸线工程土建首批02标	苏州市轨道交通集团有限公司	62972	2012年9月
五	桥梁工程				
1	中铁大桥局	武汉青山长江公路大桥施工	武汉交通投资有限公司	409892	2012年10月
2	中铁大桥局	港珠澳大桥主体工程桥梁工程土建工程及组合梁施工CB05标段	港珠澳大桥管理局	373885	2012年5月
3	中铁大桥局	新建蒙西至华中铁路荆岳段公安长江公铁两用特大桥和洞庭湖特大桥工程MHQS-01标	荆岳铁路有限责任公司	342141	2012年11月

【中海外市场开发】 一、新签合同额完成情况

1. 公司全系统新签合同额完成情况和构成

2012年，公司全系统新签合同额完成59,290万美元，折合人民币37.4亿元，同比减少27.1%，完成股份公司下达年度计划80亿元的46.7%；完成公司年度计划13.66亿美元的43.4%。其中外经业务新签合同额48,925万美元，完成股份公司下达外经业务年度计划12亿美元的40.8%。公司2012年新签合同额在持续多年增长后继续呈下降趋势。

新签合同额的主要构成：对外承包工程39,308万美元，占合同总额66.3%；国内承包工程30,000万元人民币，占8.0%；进出口贸易7,056万美元，占11.9%；国内贸易等其他业务30,588万元人民币，占8.2%；对外劳务合作1,147万美元，占1.9%；海外实业1,414万美元，占2.4%；房地产4,709万元人民币，占1.3%。

2. 公司主营业务境外承包工程新签合同构成情况见表4-2、3。3.按项目类别分类情况：公路交通16个，36,268万美元，占92.3%；房建工程9个，1,002万美元，占2.5%；机场工程1个，619万美元，占1.6%；其他工程5个，1,419万美元，占3.6%。

表4-2　中海外主营业务境外承包工程新签合同按市场分布分类情况表

地区	新签合同额（万美元）	比例（%）
东非（南苏丹、肯尼亚）	9340	23.8
南非（博茨、南非）	1259	3.2
西非（马里、赤几、加蓬）	1258	3.2
北非(摩洛哥、毛塔）	0	0
中非（刚果〈金〉）	196	0.5
亚太地区（巴新、兰卡、澳门）	27255	69.3
合　计	**39308**	**100**

表4-3　中海外主营业务境外承包工程新签合同按项目规模分类情况表

项目规模	项目个数	新签合同额（万美元）	所占比例（%）
1亿美元以上	1	11446	29.1
5000万-1亿美元	2	15356	39.1
1000-5000万美元	1	2294	5.8
500-1000万美元	5	7179	18.3
500万美元以下	22	3033	7.7
合 计	**31**	**39308**	**100**

【中铁一局市场开发】　2012年，在股份公司的正确领导下，中铁一局认真贯彻落实“区域化经营、多元化发展、精细化管理”的指导思想，坚持“抓大兼小、化劣为优、重视结构、拓宽新域”的营销方针，加快推进区域化营销的步伐，优化产品结构，调整、完善营销体制、机制，在严峻的建筑市场形势下，取得了较好成绩。

2012年,集团公司实现新签合同额573.87 亿元。其中,铁路105.44（国铁61.52 亿元），公路54.22 亿元，城轨157.48 亿元，市政96.85 亿元，房建38.85 亿元，其它领域17.24 亿元，海外工程41.38 亿元，投融资23 亿元，工附营39.42 亿元。

【中铁二局市场开发】 2012年，公司经营系统及时了解掌握国家经济政策形势及基本建设发展态势，高度关注铁路基建系统的管理结构变化及机制调整，积极参加铁路启动项目的招投标，有标必争；调整各级经营分支机构布局，加强人员配备，继续做好公路、地铁、房建等传统市场的经营开发；积极主动配合总公司开发上游项目，获取施工份额逐年增长；利用公司人员、资金、设备资源，发挥上市公司公信力，与有实力的企业或投资人联盟和合作，积极探索“金融+施工总承包”多种经营模式，在总公司系统内率先拓展市场空间；子、分公司主责市场显现新气象，市场融入度增大，大经营氛围渐浓；对重大项目统一协调运作，集中编标，项目中标率和中标质量明显上升；坚持不懈抓内控管理，内务工作各层面各环节行事日渐流畅，工作效率和工作质量逐年提高；坚持投标项目风险评审，倡导理性报价，从投标源头控制项目亏损；努力维护正常经营秩序，利益纷争事件逐年减少，经营系统团结协作、大局风尚正逐步形成。

公司累计中标工程 302 项，中标金额 489.59 亿元，完成公司年度经营目标计划 380 亿元的 128.84%，完成中国中铁下达的年度经营目标计划（含基建建设、勘测设计、外经）360.5 亿元的 135.81%。中标工程中，铁路项目 21 项，金额 37.56 亿元，非铁路项目 279 项，金额 438.85 亿元（含勘察设计与咨询 1.06 亿元，物资 11.76 亿元）。各类工程中标额由高到低排名依次是轨道交通、市政、房建、铁路、公路、其它工程。

【中铁三局市场开发】 2012 年国内经济形势低迷不振，建筑市场动荡不安，各种危机和矛盾不断。在复杂多变的内外形势下，公司经营开发工作在集团公司和集团公司党委的正确领导下，坚持科学发展观，认真贯彻落实集团公司工作会议精神，抓住“危”中之“机”，经营系统的全体人员在集团公司各部门、各单位的鼎力支持下，团结协作，迎难而上，挖掘潜力，积极进取，超额完成了全年的经营工作任务。

2012 年，集团公司共承揽工程项目 165 项，完成新签合同额 362.7 亿元，为股份公司下达经营任务指标 350 亿元的 103.62%，超额完成全年任务。其中，铁路（含海外）项目 50 项，107.9 亿元，占完成任务总额的 29.7%；公路（含海外）项目 16 项，47.1 亿元，占 13%；市政项目 11 项，11.9 亿元，占 3.59%；房建项目 34 项，41.4 亿元，占 11.33%；城轨交通（含海外）项目 30 项，85.1 亿元，占 23.5%，其它项目 24 项，68.2 亿元，占 18.8%。（详见表 4-5）

【中铁四局市场开发】 随着我国城镇化建设进程的不断加快和“美丽中国”宏伟蓝图的推进实施，城市发展正变得日新月异，各地纷纷加大市政配套设施的建设力度，市政基础建设领域具有广阔的发展前景，根据发改委最新发布的城镇化规划，涉及 20 多个城市群、180 多个地级及以上城市和 1 万多个城镇，伴随一批新兴城市群的诞生与发展，与之相配套的城际铁路、城市道路、市政管网、供水供电、污水处理、垃圾处理等一系列基础设施建设必将得到大力发展，投资总量和建设规模能够得到长效保证。所以，2012 年我局正式将市政市场营销确立为继铁路、公路、城轨市场之后的又一个主战场。

市政市场具有业主相对固定、投资期限较长、易于滚动发展，但区域差别较大、地方保护严重、支付比例偏低等特点，是铁路、公路建设投资趋缓后，国内基础建设行业可以期待的另一个新的增长点，所以，我局通过深入推行营销生产一体化管理，进一步对区域市场细分，加大了市政营销力度，本着“建立根据地，滚动求发展”的思路，力争实现市政营销的新突破。

2012 年全局共完成国内工程新签合同额 437.7 亿元，占年度计划 310 亿元的 141.2%，其中完成铁路新签合同额 100.7 亿元，占年初计划 70 亿元的 143.9%；完成非铁路工程新签合同额 337 亿元，同比增加 96.5 亿元，占年度计划 240 亿元的 140.3%，其中，承揽公路工程 92.4 亿元，市政工程 94 亿元，城轨工程 93.9 亿元，房建工程 24.3 亿元，水利水电工程 3.4 亿元，机场工程 0.4 亿元，港口与航道工程 4.1 亿元，其他项目 24.5 亿元。

【中铁五局市场开发】 坚持把经营开发作为企业的龙头战略来实施，大力加强经营开发管理，建立经营开发目标责任制，实施核心经营、合作经营等经营理念，努力提升全局经营开发的水平。积极拓展公路、城轨、房建和海外市场，非铁路市场新签合同额 334 亿元，其中公路合同额 150 亿元，是我局历年来承揽公路任务最多的一年，在中国中铁二级企业中排名第一。抓住 9 月份后铁路市场回暖的契机，全力加强铁路项目的开发，连续中标西宁站改、广大、成兰、织纳等项目，合同总额 71.4 亿元。巩固市场份额。全局全年新签合同额超过 400 亿元。一年来，我局在经营开发中实现了“四个新突破”：**一是**经营方式新突破。在贵阳市政项目实施了资金撬动项目模式，在龙洞堡新城项目实施了 BT 投资建设模式，在铁路和公路市场广泛运用了合作经营模式，这些经营模式的创新，成为局及各公司确保市场份额和中标质量的重要保障。**二是**区域开发新突破。局紧紧抓住“国发 2 号”文件实施的新机遇，全方位、宽领域、深层次开发贵州市场，全年在贵州市场承揽任务 136 亿元。加强西北市场的统筹协调，在青海、甘肃承揽任务近 50 亿元。**三是**组织建设新突破。新成立拉萨、呼和浩特、济南、福建、重庆分公司，以及海外的塔吉克斯坦、斯里兰卡、肯尼亚、加纳、贝宁、新加坡分公司，为进一步抢占潜力市场、海外市场奠定了基础。**四是**子公司经营能力新突破。建筑公司完成 50.6 亿元，成为首个超过 50 亿元的子公司；二、机械化、电务城通、建筑、路桥、贵州公司均超额完成局下达的年度计划。

【中铁六局市场开发】 中铁六局集团有限公司紧密围绕年初制定的经营目标，按照企业发展战略的要求，在坚持既有市场的基础上，大力拓展东北、华南、西南等新入地域，全年完成国内新签合同额 212.6 亿元，其中路内完成新签合同额 86.3 亿元，路外完成新签合同额 126.3 亿元。

2012 年新签合同额 217.96 亿，为股份公司下达计划的 103.8%。完成路内新签合同额 86.3 亿元，占国内新签合同额的 40.6%，在核心区域市场竞争实力仍然突出。全年路外市场完成新签合同额 126.3 亿元，占国内新签合同额的 59.4%，路外板块合同额实现了较大增长。牵头配合股份公司成功签订了柬埔寨柏沙铁路和港口项目商务合同，合同总额 96 亿美元，约合 602 亿元人民币，创造了国际建筑企业对外工程承包的新纪录。同时，越南市场成功签订了 2 项物贸合同，总价值约 5.4 亿元人民币，海外市场显现良好态势。在坚守既有市场的基础上，东北、华南、西南市场也取得了一定收获，先后中标深圳地铁、成都地铁、宁西铁路等工程项目，调整市场布局取得了初步效果。内蒙古乌海房地产项目住宅及公寓楼全部售罄，累计实现营业额 2.046 亿元。工程设计与咨询业务得到逐步加强，先后完成了 10 余项可研和施工图设计，成功取得岩土工程设计乙级等 4 项资质。

铁路 107.53 亿元，占 49.33%；公路 6.71 亿元，占 3.08%；市政 21.58 亿元，占 9.9%；房建 13.57 亿元，占 6.22%；水利水电 13.87 亿元，占 6.36%；机场工程 2.80 亿元，占 1.29%；轨道交通 39.55 亿元，占 18.15%；房地产 2.05 亿元，占 0.94%；工业 2.29 亿元，占 1.05%；国外工程 5.4 亿元，占 2.48%；其他 2.61 亿元，占 1.2%。

【中铁七局市场开发】 2012 年，中铁七局面对严峻的市场形势和残酷的竞争压力，坚持以企业发展战略为指导，优化经营机构、完善经营机制、转变经营思路，及时转变工作重心，坚定贯彻营销理念，积极调整营销思路，不断强化营销手段，采取一系列切实可行的应对措施，实现了股份公司下达的年度经营指标。

全集团经营开发系统始终坚持理性投标的原则，认真贯彻落实股份公司经营开发工作会和集团公司职代会、工作会精神，全面把握“十六字”发展思路，深刻领会“积极开发”的丰富内涵，依托“系统管理、区域经营、条块结合、包保考核”的经营新格局，以“重点开发铁路市场、稳健开发路外市场”为主线，以区域包保为抓手，以信用评价为体现，以考核奖惩为保障，始终坚持科学开发，不断提升开发能力，切实提高开发质量，全力当好企业持续健康发展的开路先锋，在 2012 年市场逐步好转的过程中，抓住机遇，取得了丰硕的经营开发成果，创造历史新高。

表 4-4　中铁七局 2012 年完成新签合同额一览表　　　　计量单位：亿元

类别	铁路	公路	市政	房建	城轨	物资	其他	房地产	海外	合计
金额（亿元）	83.56	44.36	16.66	23.71	30.29	5.49	4.24	2.25	33.74	265.31

【中铁八局市场开发】 2012 年，由于国家采取“积极促进经济结构调整，严格财政收支管理，加强地方政府债务管理”等经济措施，基本建设领域遭到强力冲击，基建规模大《关于铁路工程项目进入地方公共资源交易市场招投标工作的指导意见》，充分开放了铁路建设市场，完善了招标体系，优化了评标办法。使企业之间的质量竞争、价格竞争更加激烈。从去年以来，随着宏观经济调控力度的加强，信贷控制总体偏紧，地方融资平台受控，各个行业均受到不同影响。严厉的楼市调控政策使土地出让受阻，地方财政收入大幅减少，更无资金投入项目建设，建设单位对施工单位越来越挑剔，非铁路市场竞争更趋白热化，使我局的经营开发工幅压缩，招投标项目急剧减少。同时，铁道部印发关于《铁路建设工程施工招标投标实施细则》的通知及中央治理工程建设领域突出问题工作领导小组办公室、铁道部联合发布作受到一定的影响。集团公司经营部现员 31 人，其中部长 1 人、副部长 3 人。内设技术科、商务科、报价科、综合科、财务室 5 个科室及北京、福州、兰州 3 个驻外办事处和广州分公司。

2012 年中铁八局共完成新签合同额 279.47 亿元，其中国内部分 278.80 亿元；国外部分 0.67 亿元。完成股份公司年度计划 260 亿元的 107.49%，比去年同期减少 27.55 亿元，降低幅度为 9.0%。

表 4-5　2012 年中铁八局集团完成新签合同额一览表

类别	铁路工程	公路工程	市政工程	房建工程	水利水电工程	城市轨道	海外工程	其它工程	房地产项目	其它	合计
金额	623194	176132	401272	725681	22000	377914	6689	31220	152254	278332	2794688
比重	22.3%	6.3%	14.4%	26.0%	0.8%	13.5%	0.2%	1.1%	5.4%	10.0%	
去年同期	284399	98944	279481	1256886	13794	85701	188106	54165	224222	584472	3070170
增长	119.1%	78.0%	43.6%	-42.3%	59.5%	341.0%	-96.4%	-42.4%	-32.1%	-52.4%	-9.0%

【中铁九局市场开发】 2012年，中铁九局完成新签合同额166.06亿元，完成股份公司年初下达的156亿元经营指标计划的106%。与2011年同期相比增长了23%。铁路市场开发额与2011年同比下降59%，但路外市场开发能力凸显，路外市场的占有率大幅度提高，市政工程、城市轨道交通工程比2011年同期增长110.3%和517.9%，分别占合同额的31.0%和

10.5%，在路外工程中增速最为明显。

市场转型，结构优化。即由过度依赖铁路市场到路内、路外、海外三大市场协调发展转变，由过度依赖东北市场到国内市场合理布局转变。2012年国内基建项目开发额为134亿元，其中路内市场23.59亿元，占总开发额的17.6%；路外市场110.41亿元，占总开发额的82.4%。东北市场68.8亿元，占总开发额的51%；华北市场6.6亿元，占总开发额的5%；华东市场18.1亿元，占总开发额的13.5%；华南市场17.67亿元，占总开发额的13.2%；西南市场19.67亿元，占总开发额的14.7%；西北市场4.88亿元，占总开发额的4%。市场转型已显有成效。

【中铁十局市场开发】 2012年，我局完成境内新签合同额248.32亿元，其中铁路82.45亿元，公路34.72亿元，市政40.86亿元，房建40.72亿元，城轨27.42亿元，房地产8.31亿元，物资9.58亿元，其他4.26亿元。全年完成境外新签合同额53.89亿元，其中公路项目3.4亿元，水利项目3.5亿元，房建项目1000万元，境外开矿46.89亿元。“铁路市场”成绩突出。中标宁西铁路西安至合肥段增建第二线工程（上海局管段）Ⅱ标、新建沈阳南站工程(站场部分)、胶新铁路电气化改造工程站前标段、厦门站改扩建工程、新建重庆至利川铁路重庆北站站房及相关工程5个一级项目。在济南局、上海局继续保持优势，两个市场共中标36项，价值6.31亿元，除此之外，在昆明局、兰州局、成都局、乌鲁木齐等局均有中标项目。公路市场区域成果实现巩固与拓展。逐步培育了安徽、江苏、广东、陕西、山东、浙江、河北等具有优势的公路市场，并逐步开拓了湖南、贵州、青海等新市场。2012年在以上三个区域内实现新签合同额14.38亿元。除此之外，继续开拓了上海、湖北、甘肃等市场，实现区域内新签合同额8.46亿元。市政市场实现区域新拓展。2012年，在巩固济南、合肥、苏州、天津、吉林等原有市场的基础上，深层次挖掘资源，开拓了长沙、榆林、拉萨等新区域。房建市场成果显著。抓住机遇，发挥专业优势和区域优势，积极参与房建市场的竞争。重点跟踪济南市、济南铁路局、兰州铁路局投资的房建项目，全年中标24项，新签合同额总计24.41亿元，占年新签合同额的9.54%。

【中铁大桥局市场开发】 2012年，铁道部对铁路工程建设招标方式进行改革，铁路工程建设招投标进入地方交易市场，下半年，铁路招投标工作开始趋于正常，项目建设才逐步启动。在此之前，项目招投标基本处于停滞状态。受铁路市场缓停招标影响，路外市场竞争更加激烈。在国家清理地方融资平台后，政府和业主筹集项目建设资金更加困难，许多公路、市政项目也不同程度地推迟建设，地方政府越来越多地采取BT建设模式，企业面临的资金压力越来越大，经营开发的难度不断增加。面对市场新形势、新变化，公司上下统一思想，及时调整营销工作思路，加强营销模式探索和创新，通过多种形式广泛参与BT、BOT项目建设取得新签投资及施工合同额近63.7亿元；在着重打好铁路市场攻坚战同时，加大路外营销工作力度，经营开发取得了较好成绩。

2012年，中铁大桥局集团新签合同额301.5亿元，占总公司下达年度目标计划285亿元的105.8%。新签合同额分类情况为：国内项目合计259.1亿元，占总合同额的85.9%，其中：铁路工程39.2亿元，占13%；公路工程26亿元，占8.6%；市政工程82.4亿元，占27.3%；水利电力工程0.7亿元，占0.2%；城市轨道工程5亿元，占1.6%；工业产品销售1.7亿元，占0.6%；其他75.8亿元，占25.1%。国外项目合计42.4亿元，占总合同额的14.1%。合同额超过1亿元以上的工程项目26项，合同额188.2亿元，占总合同额的62.4%。

【中铁隧道市场开发】 2012年，中铁隧道集团新签合同额3630000万元，完成股份公司下达计划2900000万元的125.2%，其中国内施工项目3372000万元、勘测设计64000万元、其他194000万元。

各工程施工领域市场开发情况：（1）铁路市场：新签合同额822400万元，占总额的24.39%，主要项目包括新建西安至成都铁路西安至江油段（陕西境内）站前工程XCZQ-9标段、新建成都至兰州铁路成都至川主寺段站前工程CLZQ-9标、重庆至贵阳铁路扩能改造工程天坪隧道、新凉风垭隧道站前工程YQZQ-6标等5项；（2）公路市场：新签合同额496700万元，占总额的14.73%，主要项目包括四川汶川至马尔康高速公路鹧鸪山隧道工程C1标、京台线建瓯至闽侯高速公路南平段土建工程A5标、国家高速公路网包头至茂名高速公路（G65）陕西境铜川至黄陵高速公路14标、湄洲湾至重庆高速公路三明（莘口）至明溪（城关）段路基土建工程A3标、湄洲湾至重庆高速公路莆田段(萩芦至五星)11标、贵州织金至普定高速公路十标段等23项；（3）城轨市场：新签合同额1286900万元，占总额的38.16%，主要项目包括沈阳桃仙机场地铁配套土建工程施工(明挖)、北京轨道交通昌平线工程土建施工05合同段、深圳地铁11号线BT项目、南昌西客站南北广场工程BT项目、青岛市地铁2号线一期工程、南宁轨道交通一号线11标等23项；（4）其他建筑市场：新签合同额765900万元，占总额的23%，主要项目包括王家墩商务区核心区地下交通环廊工程二标段、贵阳市东站路道路工程第1-2标、贵阳市东站路道路工程第3标、贵阳市龙洞堡片区十号路道路建设工程项目、杭州环城北路地下通道（中河立交-凯旋路东）工程、河南禹州市中药材物流园二期工程、辽西北供水工程（二段）施工五标等 49 项。

【中铁电气化局市场开发】 2012 年，中铁电气化局完成新签合同额 393.75 亿元，为年度计划的 135.8%，列股份公司第 5 位；完成企业营业额 309.98 亿元，为年度计划的 125%，列股份公司第 6 位。全年新签合同由境内工程项目、勘测设计、工业产品销售、房地产开发、技术咨询、工程监理、物资供应和境外项目 8 部分组成。其中，境内工程项目新签合同额 347.8 亿元，占总额的 88.3%；勘测设计新签合同额 2.7 亿元，占总额的 0.7%；工业产品销售新签合同额 26.1 亿元，占总额的 6.6%；房地产新签合同额 13.1 亿元，占总额的 3.3%；技术咨询新签合同额 0.3 亿元，占总额的 0.1%；工程监理新签合同额 1.3 亿元，占总额的 0.3%；物资供应新签合同额 0.9 亿元，占总额的 0.2%；境外项目新签合同额 1.6 亿元，占总额的 0.4%。

全年境内工程项目共中标 1011 项，由铁路、公路、市政、房建、城市轨道交通、水利电力和其它 7 部分组成，没有港口码头和机场工程。其中，铁路工程 574 项，中标额约为 96.9 亿元，约占工程项目总额的 38.9%；公路工程 41 项，中标额约为 8.5 亿元，约占工程项目总额的 3.4%；市政工程 22 项，中标额约为 3.8 亿元，约占工程项目总额的 1.5%；房建工程 38 项，中标额约为 58.2 亿元，约占工程项目总额的 23.4%；水利电力工程 10 项，中标额约为 3.7 亿元，约占工程项目总额的 1.5%；城轨交通工程 74 项，中标额约为 173.7 亿元，约占工程项目总额的 69.7%；其它项目 252 项，中标额约为 3.0 亿元，约占工程项目总额的 1.2%。

【中铁建工市场开发】 2012 年，企业处于实现“十二五”发展战略的攻坚期，建设世界一流企业的关键期。面对错综复杂的经营形势，企业以科学发展观统领全局，准确把握市场定位，科学规划经营目标，按照国资委管理提升的一系列要求，紧紧围绕“提高经营质量”这一主题，及时调整部署。2012 年集团公司两大主业发展突出，三大市场协调发展，九大业务板块平稳推进。集团公司的第三次党代会为经营开发工作确定了新的愿景和目标，集团公司的开发式搬迁对于经营开发的促进作用明显，集团公司的市场地位、企业形象显著提升。

2012 年累计完成新签合同额 315.29 亿元，完成股份公司计划 280 亿的 112.6%，较 2011 年同比增长 4.79%。在区域经营中，华南地区、东北地区及海外市场的新签合同额增长较快，同比增长为 91.15%、40.63%和 74.28%，各区域市场占有率分别为：华北地区经营份额占全集团新签合同额的 16.35%、华南地区经营份额占全集团新签合同额的 21.82%、东北地区经营份额占全集团新签合同额的 6.88%、华东地区经营份额占全集团新签合同额的 10.13%、华中地区经营份额占全集团新签合同额的 6.49%、西北地区经营份额占全集团新签合同额的 7.53%、西南地区经营份额占全集团新签合同额 5.46%，海外市场占全集团新签合同额的 6.41%。此外，房地产和设计工贸板块占全集团新签合同额的 18.93%，未计入区域经营。

【中铁港航局市场开发】 2012 年集团公司开发跟踪的项目共 130 个，范围分布北京、辽宁、广东、广西、海南、山东、山西、陕西、福建、江苏、浙江、湖北、云南等二十二个省市。其中：共承接 101 个项目，开发新签合同额 1250895 万元，二次经营合同额 253059 万元，项目具体如下：

【中铁航空港市场开发】 2012 年，中铁航空港集团认真贯彻“区域化经营，专业化发展，精细化管理”的经营思路，加强市场开发基础建设，进一步完善管理机制，提高自主经营开发能力，积极应对市场形势，紧抓市场机遇，重点营销，多元开发，圆满完成了股份公司下达的新签合同额计划。

2012 年，中铁航空港新签合同额 149.3 亿元，完成股份公司下达年度计划 148 亿元的 100.88%。其中房建项目 54 项，合同额 83.82 亿元，占新签合同额的 56.15%；城轨项目 11 项，合同额 34.01 亿元，占新签合同额的 22.78%；铁路项目 36 项，合同额 9.65 亿元，占新签合同额的 6.46%；公路项目 18 项，合同额 19.12 亿元，占新签合同额的 12.81%；市政项目 9 项，合同额 2.24 亿元，占新签合同额的 1.5%，机场及其它项目 3 项，合同额 0.45 亿元，占新签合同额的 0.3%。

【中铁上海局市场开发】 2012 年公司中标 101 项，完成新签合同额 129.1156 亿元，二次经营项目 84 项，合同额为 12.9206 亿元，总计 142.0362 亿元，完成股份公司下达的年度营销指标 140 亿元的 101.45%。其中铁路工程完成 4.9079 亿元，占各类工程比重 3.46%，总体看单标中标价偏低；城市轨道交通工程完成 58.5165 亿元，较 2011 年增长 396%，占年度计划 45.25 亿元的 129.32%，占各类工程比重 41.20%；公路工程完成 16.4342 亿元，占各类工程比重 11.57%；市政工程完成 42.5435 亿元，较 2011 年增长 229%，占各类工程的比重 29.95%；房建工程完成 19.6340 亿元，占各类工程比重 13.82%。主要项目有潘一东区铁路专用线及矿井装车站通信、信号安装工程，上海市嘉闵高架路北延伸（北翟路—G2 公路）及地面道路新建工程 JMB1-4，安吉凯蒂猫家园项目总承包工程，成都地铁 7 号线 2 标，安徽亳州市谯城区基础设施建设安置房工程。

【中铁二院市场开发】 2012 年度，中铁二院全年共完成新签合同额 692300 万元，与 2011 年相较，同比下降 21.75%，为中铁股份公司为中铁二院所定年度目标 590000 万元的117.34%。其构成如下：

1.工程勘察设计板块：新签合同额330800万元，占新签合同额的47.79%。与2011年相较，同比下降12.81%。其中，铁路项目新签合同额191300万元，同比下降20.66%，占新签合同总额的 27.63%；城市轨道交通项目新签合同额78600 万元，同比下降 4.5%，占新签合同总额的 11.35%；公路项目新签合同额 15300 万元，同比下降 42.83%，占新签合同总额的2.21%；市政工程项目新签合同额42700万元，同比增长144%，占新签合同总额的6.17%；其他项目新签合同额2790万元，同比下降63.19%，占新签合同总额的0.4%。

2.海外板块：成功签约埃塞俄比亚轻轨EPC等22个项目，新签合同额158800万元，占新签合同总额的22.93%。与2011年相较，同比下降57.92%。其中，工程勘察设计项目新签合同额 56400 万元，同比增长 45.74%，占新签合同总额的8.15%；工程技术管理服务项目新签合同额711万元，占新签合同总额的 0.10%；工程总承包 101700 万元，同比下降 69.96%，占新签合同额的 14.69%。

3.工程技术管理项目服务板块：新签合同额 87700 万元，占新签合同总额的12.67%，与2011年相较，同比增长65.16%。

4.工程总承包项目板块：新签合同额 91000 万元，占新签合同总额的13.14%，与2011年相较，同比增长56.09%。

5.房地产项目板块：新签合同额 18400 万元，占新签合同总额的2.66%，与2011年相较，同比增长29.60%。

6.产品产业化板块：新签合同额5528万元，占新签合同总额的0.80%，与2011年相较，同比增长139.72%。

表4-6 中铁二院2012年度经营情况表　　　　单位：万元

项目		新签合同额	营业收入	清算收入	收款
合计		692311	551202	489212	563579
国内	小计	533472	505371	437073	522837
	一、工程勘察设计	330818	366831	328549	369647
	1. 铁路	191342	265168	214171	267984
	2. 城市轨道交通	78601	62445	69428	62445
	3. 公路	15345	16192	28318	16192
	4. 市政	42740	14828	16632	14828
	5. 水运	/	/	/	/
	6. 其他	2790	8198	/	8198
	二、工程技术管理服务	87743	32898	45959	37668
	1. 工程咨询	68046	14668	45959	19302
	2. 工程监理	19697	18230	/	18366
	3. 工程项目管理	/	/	/	/
	三、工程总承包	90972	55523	55010	61496
	四、房地产	18411	28574	/	50340
	五、产品产业化	5528	5401	7343	3603
	六、矿产资源开发	/	406	48	83
	七、其他	/	15739	165	/
国外	小计	158839	45831	52139	40742
	1. 工程勘察设计	56442	38318	19045	25082
	2. 工程技术管理服务	711	/	9585	/
	3. 工程总承包	101686	7513	23474	15660
	4. 其他	/	/	35	/

（注：中铁二院下属合资港航公司、亚佳公司和彭水渝东矿业公司2012年生产经营数据未并入表。）

【中铁设计咨询市场开发】 2012年，中铁设计咨询企业营业额为19.39亿元，完成中国中铁股份有限公司下达计划企业营业额15亿元的129%，同比2011年企业营业额17.48亿元增加11%。实现利润总额1.756亿元，同比上年增加7.1%。2012年中铁设计咨询在努力做好在建项目勘察设计工作的同时，以经营开发为首要任务，加大开拓城市轨道交通等路外市场开发力度，加强与有关公司合作经营海外项目，积极发展新兴业务，在市场环境不利的情况下，仍然取得了比较好的经营业绩。中铁设计咨询全年新签合同949

项，新签合同额30.23亿元，完成中国中铁股份有限公司下达计划新签合同额26亿元的116%，比去年同期新签合同额28.97亿元增加44.3%。新签合同额主要构成：铁路工程合同额12.49亿元（同比上年减少1.97亿元），占新签合同额的41.3%；城市轨道交通合同额2.04亿元（同比上年增加0.57亿元），占新签合同额的6.8%；工程总承包合同额6.21亿元（同比上年增加1.01亿元），占新签合同额的20.5%；技术咨询合同额1.25亿元（同比上年减少0.24亿元），占新签合同额的4.1%；工程监理（含岩土工程）合同额3.82亿元，占新签合同额的12. 7%；外经合同额2.31亿元（同比上年增加1.24亿元），占新签合同额的7.7%。

【中铁西北院市场开发】 2012年，中铁西北院以继续做优做强为发展主题，以调整发展方式为主线，深化管理体质改革，全盘统筹生产经营工作，夯实片区联动机制，有效整合企业优势资源，加大项目安全管控力度，在确保铁路市场的同时，集中发挥传统专业优势，不断扩展新专业、新领域，形成点面结合的发展方式。受铁路市场萎缩的影响，2012年该公司铁路市场合同额明显下滑，但在公路、市政及其他建筑市场较上一年度都取得了10%以上的增长。全年承揽各类勘察设计、咨询、检测、施工、地灾治理项目496项，累计8.26亿元，其中已签合同额6.8亿元，完成中国中铁经营指标的119%，市场领域覆盖公路、铁路、市政、文保、城轨及房建、水电、矿山等。重点项目包括该公司在玉树地震灾后重建过程中对公路沿线地质病害的勘察、设计，对玉树格萨尔宾馆地震遗址文物保护工程，玉树县第一幼儿园、玉树州地方税务局业务用房、玉树县胜利路商住组团的咨询和监理等项目，国道214线玉树结古镇巴塘机场公路高边坡病害治理工程，青海省道308线玉树至曲麻莱段红土山隧道地质超前预报、监控量测及施工质量检测，新疆柏孜克里克石窟保护二期工程，陕西新元洁能有限公司府谷Ⅰ区边坡治理工程，南疆县路堑危石整治专项承包，国道318线中尼公路樟木至友谊桥段K5384-K5388路基病害治理工程，兰州市北环路九州隧道滑坡应急治理工程，深圳地铁11号线BT项目土建工程施工监测第四标段，兰州地铁1号线一期工程初勘监理和试验段施工监理。

【中铁西南院市场开发】 2012年，公司在经营形势十分严峻的环境下，认真分析经营开发的内外部环境，以市场开发为龙头，以科研成果为依托，加大力度拓展市场，全年承揽任务7.07亿元，其中铁路板块3.72亿元；城市轨道交通板块1.64亿元，同比增长53%；市政板块0.58亿元，同比增长61%。

2012年，公司成立了东北、华北、西北、华东等四个区域分公司，积极拓展区域市场经营开发，并向周边区域和市场辐射，促进了产业升级和经营转型；加强产品市场开发，推出新产品KT600型湿喷机、TKJ-16型混凝土喷射机组、JSS6-D型双螺旋搅拌输送机；加大城市轨道交通、水利水电、高速公路、矿山、石化、石油、桥隧等路外市场的经营开发力度，成功打开城市轨道交通试验检测市场。通过了中石油HSE市场准入换证，晋升为中石油二类承包商，获得了勘探与生产板块的市场准入资格。公司与意大利吉欧德塔公司、比利时贝卡尔特集团等八家国际知名企业进行技术交流和合作洽谈，与意大利洛克索伊公司签订“新意法”技术合作协议，成为“新意法”在中国唯一引进吸收和推广应用单位。新产品、新业务、新市场的开发取得了一定的成绩，保证了国有资产的保值升值。

2012年，公司以传统铁路项目为依托，加大城市轨道交通项目、水电项目、公路项目等路外项目的经营开发力度。路外市场合同额合计3.36亿元，同比增长57.7%。

公司还先后与日本中央复建工程咨询株式会社、比利时贝卡尔特集团、法国拉哲尔-贝克公司、意大利马克菲尔集团、意大利吉欧德塔公司、日本应用地质株式会社、意大利洛克索伊公司、瑞士安伯格技术公司等八家国际知名企业进行技术交流和合作洽谈。公司将在新技术推广、项目合作、新业务领域拓展等方面与上述国际知名企业进一步加强合作，建立长期、紧密的合作关系，共同推动土木工程技术的发展。其中2012年10月21日，公司与意大利洛克索伊公司签订了“新意法”技术合作协议，成为“新意法”在中国唯一引进吸收和推广应用单位。此次合作协议的签订，标志着双方将在地下工程设计、技术研究与应用等领域开展全方位的合作，共同努力将“新意法”技术引入中国市场，为国内外项目提供最佳隧道工程设计及施工方案。

【华铁咨询市场开发】 2012年，承揽城市轨道交通监理任务2.4亿元，同比增长18.6%，逐年增长幅度在15%以上；承揽铁路监理任务1.1亿元；其他市政、房建等工程监理任务7000余万元，保持了稳定的市场份额。延续了在城市轨道交通特别是地铁轻轨工程监理领域的优势，成功中标沈阳、北京、成都、昆明、无锡、长春、宁波等16个城市的地铁轻轨项目，中标北京地区有史以来最大的地铁监理标段，全国城市轨道交通监理市场份额更加稳定。与此同时，充分利用新一轮铁路基建高潮的有利时机，承揽了西成铁路、郑州城际铁路、中川铁路等国家重点铁路项目的监理工作，铁路市场经营逐步好转。此外，能源建筑市场开发取得突破，国防工程市场经营逐步成熟，旅游基建市场业绩不断提升，国际工程市场开拓取得实质性进展。

【中铁交通市场开发】 2012年，中铁交通投资集团有限公司根据股份公司要求，大力开发和拓展经营周期短、回报高、风险小、有发展潜力的"短平快"项目，以广西南宁、柳州、桂林为主战场的同时，努力开拓全国其他省市重点市场。全年先后考察追踪了龙岗新区城市基础设施项目、昆明草海片区基础设施项目、云南省临海产业园（北海）专属配套码头项目、南宁市3桥11路项目、南宁市龙岗新区项目A1地块投资开发项目、云南保山保障房项目等6个项目，并于2012年5月30日中标昆明草海项目。

在大力开拓市场的同时，按照股份公司"下大力创新商业模式"的要求，积极实践以"BT模式投资基础设施与房地产开发联动"的商业模式，公司进一步完善组织机构，将投资管理部与市场开发部进行人员与资源整合，成立投资发展部，部门业务从单一的市场开发转为市场开发及投资项目（前期、中期、后期）管理，从而进一步加强项目管控，化解投资风险。2012年，顺利完成了柳州项目剩余工程补充协议签订工作，并在总投资额不变的前提下，于2012年12月25日，成功完成了桂林小东江项目置换西二环路三期项目合同签订工作，也重新开启以投资置换土地回购的谈判，为有效规避桂林"一路两江"BT项目投资风险，实现二次滚动开发奠定了基础。

【中铁中原公司市场开发】 中原公司始终坚持依托中国中铁的品牌优势，实践"大中原、大市场、大经营、大格局"的战略构想，全面推进中原地区的上游业务板块投资开发业务。公司投资开发工作的总体思路是：以郑州市轨道交通2号线一期工程施工总承包为依托，以郑州市轨道交通项目为重点，加强河南省城际铁路项目跟踪，并有选择性地参与郑州市市政交通工程，同时收集周边地区项目信息选择性参与。

公司协调中铁隧道集团、中铁隧道设计院、中铁隧道装备公司、中铁隧道股份公司组成联合体，参与了郑州市四条下穿中州大道隧道项目投标。经过严密规划、精心协调，组织内外部专家多方论证和评审，通过加强与业主及郑州市发改委、规划局等部门的联系沟通，采用了设计方案、工程总承包两阶段招标新模式，并推荐业主对新设备采取设备采购方式进入报价。方案征集第一阶段取得了专家评委的一致认可，第二阶段投标时取得1、2标两个标段第一名，最终选择第一标段，中标价3.8亿元。

该项目作为中州大道快速化工程的重要组成部分，是郑州市市政项目中投资较大、省政府领导关心、解决郑州市东西交通拥堵问题的重点项目。该项目集新技术、新工艺、新设备等多项创新于一体，经济效益和社会效益显著，有利于中国中铁进入后续郑州市市政工程市场；同时，该项目采用世界首例超大尺寸矩形断面，必将提升中国中铁设计、施工、设备研制、施工管理的综合实力和品牌形象，带动科技创新。

【中铁南方公司市场开发】 2012年，中铁南方公司共中标3个投资项目，累计新签合同额228亿元：深圳地铁11号线BT项目，合同额204亿元；观澜安居商品房BT项目，合同额14亿元；塘朗山上盖保障房BT项目，合同额10亿元。

截至2012年底，中铁南方公司共投资管理8个项目，累计合同额405亿元。其中，以BT模式建设的有6项，施工总承包模式1项，自筹资金投资1项；8项工程中，已完工3项，在建5项。在8项投资项目中，轨道交通板块投资额316亿，占比78%；市政工程板块投资额55亿（含施工总承包模式的深圳北站综合交通枢纽），占比14%；房建板块及其它投资额34亿，占比8%。

【中铁昆明公司市场开发】 2012年，中铁昆明公司在股份公司的正确领导和大力支持下，市场开发取得"零"突破：2012年5月7日，正式中标昆明轨道交通1号线延长线工程、3号线延长线工程、4号线工程和安宁至嵩明地方铁路安宁段工程等4个BT项目的投资建设任务；2012年11月3日，成功与昆明轨道交通有限公司签订昆明轨道交通4个BT项目的框架合同，合同总额340亿元。

为了增强公司抵御风险的能力，进一步扩大云南省建设市场的占有份额，根据股份公司对昆明公司"立足昆明，全方位开拓云南建筑市场"的战略定位，从长远发展的战略角度出发，昆明公司制定了"立足昆明轨道交通，适度开发高速公路和城市保障房建设市场，逐步形成'三足鼎立'的多领域工程项目投资建设格局"的经营思路。在大力推动昆明轨道交通BT项目的同时，积极在多领域开拓市场，主动跟进了麻昭高速公路、昆明市绕城高速公路东南段、昆明轨道交通宝丰地下停车场、宝丰半岛土地一级整理等项目，为股份公司战略经营布局和中铁昆明公司可持续发展奠定基础。

在项目推进过程中，BT项目的融资工作进展也非常顺利，公司先后与8家金融机构建立了良好的合作关系，并与4家银行达成合作协议，累计取得贷款利率为基准、期限为一年期的20亿元综合授信额度，为项目实施提供了有力的保障。

铁路市场

【股份公司铁路市场情况】 2012 年，公司全年承揽铁路任务 1103 亿元，比上年的 814 亿元增加 289 亿元，增长 35.5%，铁路市场的传统优势地位得以巩固和发展。

2012 年全年铁路市场大中型项目开标并公布中标结果的累计 96 个项目共 173 个标段，开标合同总额 1694.1 亿元。工总累计中标 86 个标段，中标总额 769.9 亿元，占 45.4%；建总中标 73 个标段，中标总额 770.1 亿元，占 45.5%；其他单位中标 14 个标段，中标总额 164 亿元，占 9.1%。

【中铁一局铁路市场】 2012 年，中铁一局铁路市场中标情况：

1. 新建大准至朔黄铁路联络线项目工程 JC 铺架-1 标：大准至朔黄铁路联络线工程位于内蒙古自治区、山西省境内，起于大准铁路外西沟站，终点至朔黄铁路神池南站。正线全长 179.862 公里 。中铁一局中标的项目 ZC 铺架-1 标段施工范围为：起点至朔州隧道出口；及董半川支线。主要工程数量为：桥梁预制及架设 2032 单线孔，正线铺轨 287.49 铺轨公里，站线铺轨 22.79 铺轨公里，铺设道岔 56 组。总工期 507 日历天，计划开工日期 2012 年 2 月 10 日，计划竣工日期 2013 年 6 月 30 日；铺架起始日期 2012 年 12 月 15 日，竣工日期 2013 年 6 月 30 日。中标日期：2012 年 1 月 20 日；合同价： 141642 万元；合同工期：2012-09-01 至 2013-09-30。

2. 宁西铁路西安至合肥段增建第二线工程（西安局管段）站前工程 NXZQ－2 标：宁西铁路西安至合肥段增建第二线工程位于陕西省东南部，西起西安枢纽新丰镇编组站，在商南站以东约 6 公里处到达局界。中铁一局中标的 2 标正线长 49.796km，包括砚川（含）～孝义乡（含）段增建二线工程，商洛铺架基地（含商南简易轨排组装场），承担新黄沙岭隧道进口至局界段铺架。其中新黄沙岭隧道全长 6901m，穿越山体坡度较陡，大理岩节理裂隙发育，通过 F4 断层及其影响带，岩体破碎，工程地质较差；隧道出口端分布于膨胀土，属弱-中膨胀性，遇水崩解，隧道易发生塌方、变形；隧道进口端下穿 S307 省道；预测该隧道涌水量相对较大，是全线重难点控制性工程。中标日期：2012 年 7 月 27 日；合同价：167911 万元；合同工期：2012-08-16 至 2016-02-15。

3. 厦深铁路广东段惠州南站等站站房工程及相关设施工程施工总价承包(XSGZH-3 标段)：中铁一局建安公司中标厦深铁路广东段惠州南站等站站房及相关设施工程 XSGZH-3 标。该工程包括陆丰、汕尾、惠东、惠州南四站站房及相关设施工程。工程内容涵盖建筑、结构、给排水、消防、通风空调、电气等。站房总建筑面积 37878 ㎡，站台雨棚总面积 60888 ㎡。中标日期：2012 年 11 月 20 日；合同价： 46690 万元；合同工期：2012-11-20 至 2013-08-31。

4. 新建郑州至徐州铁路客运专线 ZXZQ-6 标段：郑州至徐州客运专线位于河南省东部及安徽、江苏省西北部地区，西起河南省省会郑州市，东至江苏省北部 重镇徐州市，沿途经过安徽省。线路西连郑州枢纽，东接徐州枢纽，与京沪高速铁路衔接。线路全长 361. 937km，中铁一局中标的 ZXZQ06 标段起讫里程为：DK197+892.55～DK253+791.25，全长 55.90km，位于商丘市虞城县境内，线路走向基本与陇海铁路和国道 G310 交平行。路基长 1.855 公里，为砀山南站站场路基，其中土方 198407 立方米、填改良土 142185 立方米、级配碎石 51373 立方米、AB 组填料 84866 立方米。虞城特大桥全长 54043.33m，占正线长度 96.6%，其中：预制预应力简支箱梁共 1634 孔（其中；24m 梁孔片，32 m 梁 1523 孔），连续梁共 8 联、连续钢构 1 联；小桥 32.08m/3 座。车站一座，即：砀山南站。无砟道床铺设共计 110.31 铺轨公里。中标日期：2012 年 12 月 24 日；合同价：367356 万元；合同工期：2012-12-25 至 2016-12-25。

【中铁二局铁路市场】 2012 年，公司认真贯彻落实中国中铁及公司工作会、经营工作会、经营座谈会精神，及时了解掌握国家经济政策形势及基本建设发展态势，高度关注铁路基建系统的管理结构变化及机制调整，积极参加铁路启动项目的招投标，有标必争。全年中标铁路项目 21 项，金额 37.56 亿元，与上年相比增幅为 2506.7%。其中：新建乌鲁木齐新客站工程 52522 万元、新建西安和谐型大功率机车检修段工程 49146 万元、新建重庆至万州铁路站前工程 5 标段 241639 万元。

【中铁三局铁路市场】 2012 年，中铁三局高度重视，抢占先机，集全公司之力做好铁路经营工作，取得了突出成绩。铁路市场共承揽 92.7 亿元，超额完成年初下达的 40 亿元计划指标。其中铁路一级市场承揽合同额 49.2 亿元，充分显示了集团公司在铁路市场的传统优势和实力。

【中铁四局铁路市场】 2012 年，中铁四局积极加强与铁道部、铁路局（或公司）和设计院的沟通和联系，及时收集、定期发布《铁路工程招标项目动态表》，随时掌握招标动态、标段划分、评标办法和业主意向等基本信息，努力将前期工作做细做实，用心维护长期以来建立的良好关系。先后中标了宁西铁路西安至合肥段增建第二线（武汉局管段）站前工程1标、集通线扩能改造站前工程、郑徐客专站前1标、织金至毕节铁路站前工程2标等多个大中型铁路项目，全年完成铁路新签合同额 100.7 亿元，占年初计划 70 亿元的 143.9%。

1．大准至朔黄铁路联络线项目站前施工 ZCZQ-2 标。合同造价 44258.5958 万元。合同工期：2012 年 2 月 10 日～2012 年 12 月 30 日。

2．织金至毕节铁路站前工程二标。合同造价：147198.8281 万元。合同工期：2012 年 12 月 25 日～2015 年 7 月 10 日。合同段起讫里程为 D2K359+272～D1K399+639.275，线路长度为 40.559 公里，主要施工内容为新建车站 3 座，改建车站 1 座；全线共有桥隧 44 座，30.263 公里。

3. 浙赣铁路线临浦货场搬迁至白鹿塘工程。合同造价：33110.7296 万元。合同工期：2012 年 12 月 5 日～2013 年 12 月 4 日。

4. 宁西铁路西安至合肥段增建第二线工程。合同造价：1043392187 元。合同工期：2012 年 7 月 28 日～2016 年 1 月 28 日。

5. 兰永铁路 4 标。合同造价：40776 万元。合同工期：2012 年 4 月～2014 年 12 月。

6．红淖三 S2、S3 标铁路项目。合同造价：84883 万元。合同工期：2012 年 8 月～2013 年 6 月。

7. 集通复线站前 2 标。合同总造价：14.2 亿元。其中：土建工程 8.4 个亿、轨道工程 5.2 亿、迁改及其他费用 0.5 亿、总承包风险费 0.1 亿 。合同工期：2012 年 9 月 12 日～2014 年 9 月 11 日。

8. 上海调度所运营调度系统工程。合同造价：52449 万元。合同工期：2012 年 6 月 30 日～2012 年 12 月 31 日。

【中铁五局铁路市场】 2012 年，中铁五局铁路工程新签合同额 71.4 亿元。在建铁路项目 26 项，完成铁路工程 130 亿元，为年初下达路内计划 113 亿元的 115%。剩余任务总额 176 亿元。从工期进度分析，有 11 项铁路工程将会进入收尾阶段，这些项目分别是：贵广铁路、成绵乐 2 标、成绵乐 8 标、向莆、湘桂、沪昆江西、沪昆浙江、衡茶吉、拉日、兰新 2 标、兰新。续建项目分别是贵开、赣龙、沪昆贵州、沪昆云南、西宁站改、蒙河铁路、山西通道等项目。新开项目分别是广大铁路、成兰 6 标、织纳铁路，是 2013 年关注的重点。

1. 拉萨新建至日喀则铁路站后工程 SD2 标段。中标时间 2012 年 7 月 8 日。标段位于卡如（不含）至日喀则（含）段，全长 123.426 正线公里，包括仁布、大竹卡、灯古、吉琼、卡堆和日喀则总计 6 站 6 区间。2012 年 9 月 28 日开工，合同开工时间 2012 年 8 月 10 日，合同竣工时间 2014 年 7 月 31 日，业主调整工期目标：2012 年 8 月 10 日至 2013 年 10 月份竣工。年累完成 6200 万元，开累完成 6200 万元，剩余价值 30783.51 万元。

2. 西宁站改造及相关工程施工 QZXNZG-2 标段。中标时间 2012 年 9 月 2 日。工程位于青海省西宁市西宁（货）区段站至小桥站、西宁北站、双寨站。工程内容：改建车站（小桥站、西宁客车站、西宁北站、双寨站、西宁货站咽喉区）；新建线路四条（西宁动车走行线上下行线，西宁客车上下行疏解线；高普速客车联络线，西宁区段站至小桥站货车外绕线，全长 4.69km；合同总额 153493.4 万元。合同开工时间：2012 年 9 月 5 日，竣工时间：合同竣工时间：2014 年 12 月 5 日。年累完成 7867 万元，廾累完成 7867 万元，剩余价值 145626 万元。

3. 广大铁路扩能改造工程土建五标。中标时间 2012 年 11 月 23 日。项目为广通至大理铁路扩能改造工程站前工程五标，管段长度 22.885km。主要工程内容：桥梁工程、路基工程、涵洞工程、隧道工程、站场工程。主要工程数量：土石方 197.2 万方；隧道 8 座，长 15266m；桥 7 座，长 3643.93m；盖板箱涵 21 个共计 721.93 横延米，倒虹吸 1 座横延米 27m。合同总额 122896 万元。

4. 新建铁路成都至兰州线 CLZQ-6 标段。中标时间 2012 年 12 月 5 日。标段位于四川阿坝州茂县境内，线路长 20.35 千米。标段主要工程量：跃龙门隧道 0.5 座（左线 7296m，右线 8886m）、杨家坪隧道 1 座（12815m），桥梁 1 座（羊记沟大桥左线 233.46m、右线 264.23m），标段重难点工程杨家坪隧道 12815 米和跃龙门隧道 7296 米。合同总额 169252 万元。合同开工时间：2012 年 12 月 1，计划竣工时间：2017 年 5 月 31 日。

5. 织金至纳雍铁路第 1 合同段。项目地点贵州省织金县。本标段起点里程 DK0+320（其中 DK0+000～DK0+320 段纳入毕节至织金铁路），终点里程 DK24+885，适正线全长 24.038km 共设 2 个车站（板桥会让站、大田坝中间站），其中板桥会让站为缓开站。工程数量桥梁 9 座长 2202.66 延长米，隧道 13 座长 15931 延长米，涵洞 28 座。其中重点工程为武佐河特大桥和孙家坡 1 号隧道，梁山隧道为控制工程。合同总额 83921 万元 2012 年 12 月 25 日开工，合同竣工时间 2015 年 6 月 20 日。

6. 新建武汉至黄石城际铁路站房工程施工总价承包 WHZF 标段 。项目地点位于湖北省。该工程为铁路站房工程，包括南湖东站、花山站、华容南站、鄂州东站、黄石北站共计五个站，其施工任务主要包括站房及雨棚新建，装饰装修、水电安装以及招标文件所规定的其他辅助工程，工程站房建筑面积 13921 平方米。合同总额 19788 万元。2012 年 11 月 15 日开工，合同竣工时间 2013 年 7 月 27 日完工。年累完成 6653 万元，开累完成 6653 万元，剩余价值 13135 万元。

【中铁六局铁路市场】 2012年中铁六局集团中标项目：

1.改建铁路成昆线广通至昆明段扩能改造工程铺架标（GKPJ-01）。改建铁路成昆线广通至昆明段扩能改造工程铺架施工项目中铁六局铺架分公司分劈任务主要工程量为：铺架基地1处，道碴存放场3处，运、架（钢筋）预应力混凝土T梁623孔，正线铺轨96.02单线公里，站线铺轨11.37单线公里，铺道砟（一级道砟）23.809万m^3，铺道岔58组。合同总价款256293433元，铺架分劈94571008元。于2012年11月17日中标。

2.宁西铁路西安至合肥段增建第二线工程（郑州局管段）站前工程NX7标段。西安到南京铁路增建第二线工程郑州铁路局管辖范围内增建、改建、南阳西以西既有线电化改造等工程。主要是K248+289-K563+000段正线长度为315.2855km的站前、后工程，自动闭塞改造，既有线换铺无缝线路，南阳西以西既有线电化改造，正线铺轨长度328.9km，站线铺轨长度新建32.6km，改建36.45km；南阳枢纽配套工程，疏解区新建联络线7.873km，改建联络线1.538km，自动闭塞改造工程、电化改造工程等。中标时间2012年9月6日，建设单位为郑州铁路局，合同价1153954595元，合同工期2012年9月20日到2016年3月20日。

3.北京铁路枢纽丰台西站技术改造工程。丰台西站位于北京市西南郊的卢沟桥畔，紧贴西五环路。站坪面积 8.5平方公里，南北长9.5公里，东西最宽处3.5公里，站线总延长276公里。丰台西站作为北京枢纽内主要编组站，为路网性编组站，由上、下行到达场、编组场、出发场、上行直通场、交换场组成的上、下行系统纵列式三级八场自动化驼峰编组站。承担枢纽内除京承线区段列车和摘挂列车的解编作业以及枢纽东部地区的部分小运转列车解编作业外的全部列车解编作业，是华北地区铁路车辆的主要集散地和晋煤外运的主要通道。中标时间2012年11月28日，建设单位为北京铁路局丰台枢纽改建工程建设指挥部，合同价274628613元，合同工期365日。

【中铁七局铁路市场】 2012年，面对铁路市场发生的重大变化，中铁七局坚定不移地推进铁路市场的拓展工作，全力以赴承揽市场份额。全年铁路项目新签合同额83.56亿元，其中：铁路一级市场65.72亿元；铁路二级市场6.37亿元；地方铁路12.27亿元，占新签合同额的41.0%。主要中标项目：

1.新建拉萨至日喀则铁路站后工程 FJ1 标段施工总价承包。合同工期700天，合同价款28000万元。本标段工程范围为：DK0+900～DK257+350（拉萨地区、拉萨南（不含）至日喀则（含））范围内除5个客运站房外的所有房屋工程及给排水工程；全线机务工程（机务段、折返段、整备所）；全线车辆工程（客车段、客车整备所、列车检修所、5T 及车号识别），房屋共计45380平方米，总价值21700万元。

2.新建郑州至新郑机场城际铁路地上段站前工程ZJZQ-I标。合同工期1278天，合同价值37000万元。新建郑州至新郑机场城际铁路工程正线全长43.02公里，其中利用既有陇海线及在建西南联络线14.155公里，改建陇海线0.8公里，新建线路28.062公里。新建线路中，地上段全长19.282公里。

3.宁西铁路西安至合肥段增建二线工程NXPJ标段，合同工期1279天，合同价值74000万元。宁西线衔接陇海、焦枝、京广、京九、京沪等五大干线铁路，是连接西北至华中、华东地区便捷的铁路通道，也是“山西”煤炭输往华东、中南地区最便 捷的通道，路网地位十分重要，实施宁西二线建设，对缓解西煤东运通道瓶颈制约，提高宁西铁路通道运输能力和服务质量，改善沿线地区运输条件，密切东中西部地区交流合作，推动区域社会经济可持续发展具有积极意义。全长236.8正线公里，新建线路长188.982公里。新建正线铺轨174.459公里、铺碴58.375万立方米、既有线路换铺长轨43.992 公里；架梁794孔1588片，其中32米梁590孔，24米梁134孔，20米梁5孔，16米梁65孔。

4.新建海南西环铁路凤凰机场至三亚段站前工程XHZQ-1标段，合同工期730天，合同价值39000万元。线路全长10.253公里，既有西环线至三亚联络线1.093公里，还建三亚动车走行线 1.757 公里。路基工程区间土石方375866 立方米，铺新轨 14.413 公里。站场土石方 400233立方米；桥涵工程包括特大桥桥梁1座（三亚动车单线特大桥 970.9 米），单线大桥 1 座（金鸡岭动车单线大桥，共175.13米），羊栏左线大桥1座（118.1米），隧道2座，（共计1390米）及部分站场工程；大型临时设施及过渡工程包括制存梁场 1 处，混凝土拌合站 1 处，大型道碴存放场1处。

5.宁西铁路西安至合肥段增建二线工程（郑州局管段）NX5标段合同工期1277天，合同价值100000万元。宁西铁路西安至合肥段增建第二线工程（郑州局管段）站前工程NX5标段里程范围：宁西正线K405＋350～K454＋060（遮山（不含）～仝堂（不含）、南阳地区，含K411＋244.75～K411＋892.405跨南水北调工程特大桥电缆槽），全长48.71公里， 特大桥 1772.76 延长米，大桥 858.26 延长米，中桥1210.39延长米，小桥362.9延长米；新建框架顶进涵688.56横延米、接长框架涵3112.61横延米。轨道正线：粒料道床59078立方米，拆除线路0.24公里，重铺线路2.18公里，轨道调整3.67公里。

6.广通至大理铁路扩能改造工程站前工程3标，合同工期1094天，合同价值91000万元。线路长度24.518公里，隧道9座/6.189公里、桥梁16座/8.343公里、路基长9.986

公里（含涵洞），车站1座（新建南华南站）。重点工程：南华1号隧道（DK60+532），长度1900米；沙桥跨楚大高速立交双线特大桥（D2K73+390），孔跨形式为1×24+9×32+3×24+5×32+（44+80+44）米砼连续梁+33×32+2×24米；冲井家跨楚大高速立交双线特大桥（D2K66+872），孔跨形式为1×32+（44+80+44）米砼连续梁+3×32米。该标段有两处上跨既有广大铁路和两处上跨既有楚大高速公路。

【中铁八局铁路市场】 2012年中铁八局承揽铁路市场情况见表4-7。

表4-7 中铁八局2012年承揽铁路市场情况表

序号	项目名称	合同金额（万元）	工期	工程概况
1	贵阳枢纽补充合同	196647	工程竣工日期暂定为2014年6月30日	贵阳北站土石方(未含贵开)共计2256.1万方(挖方1407.75（石903.5、土504.25)、填方848.35)、桥梁12座6218米、框架桥15座994.83米、涵洞32座3809.8米；铺轨114.8kg，道岔205组（车场149组、动车所56组)、架梁144孔。建设方：成都铁路局贵阳建设指挥部
2	新建沈西工业走廊火石岗至渤海铁路工程HB-1标段	102045	开工时间：2013年03月20日； 竣工时间：2015年3月20日； 总工期：731日历天。	新建沈西工业走廊火石岗至渤海铁路工程HB-1标段位于辽宁沈阳市、鞍山市境内，本标段正线起讫里程为DK37+400～DK89+000,线路正线全长51.74正线公里。沿线村镇密集，道路较多，交通较为便利。 本标段主要工程数量为：路基土石方645.33万立方米，梁式桥9935.81延长米/32座，T梁预制架设531孔，框架桥3477.57顶平米，涵洞3117.9横延米，铺轨127.5铺轨公里，新建车站2座。建设单位：沈阳铁路局沈阳工程建设指挥部
3	新建东乌至包西铁路联络线鄂尔多斯至桃林段站前工程	80285	开工时间：2012年06月20日； 竣工时间：2013年11月20日； 总工期：519日历天。	鄂尔多斯（含）至桃林（东乌线K60+652.82）段线路下行线线路全长35.789千米（其中利用既有东乌线长度为8.153千米），上行线线路全长35.774千米。双线并行地段长度为16.064千米,上行线绕行地段长度为19.708千米。 本标段主要工程数量为：路基土石方416万立方米，梁式桥5245.38延长米/16座，框架桥595.82顶平米，涵洞1565.7横延米，铺轨74.67铺轨公里。建设单位：呼和浩特铁路局
4	广通至大理铁路扩能改造工程站前工程施工总价承包站前一标段	97997	开工时间:2012年12月1日； 竣工时间:2015年4月30日； 总工期:880日历天。	广通至大理铁路扩能改造工程站前工程施工总价承包站前一标段：起止里程DK0+000～D2K23+606.06，线路长度23.633km。主要工程数量：隧道7座/12.193千米、桥梁12座/3.419千米、路基长8.021千米。建设单位：昆明铁路局滇西铁路建设指挥部
5	沪昆线百亩井至大龙段自动闭塞改造工程2标段	29727	以开工令为准，18个月完成	建设单位：广州铁路（集团）公司工程管理所 标段范围为沪昆线下行线K1445+690(上行线1446+100,溆浦至仁里冲区间)至大龙（不含）段自动闭塞改造，含通信、电力、房屋等配套工程。主要施工内容及主要工程数量 (1)通信专业：新设同步数字传输体系，新设接入网，新设IP数据网，光缆敷设。挖填光电缆沟197.7公里，敷设光电缆265.49条公里，安装接入网设备16套，安装SDH传输设备22套。 (2)信号专业：新建四显示自动闭塞，对各站TDCS设备利旧改造；仁里冲、辰溪、怀化南到达场3站场室内、室外联锁设备改造，怀化、怀化东2站室内联锁设备改造；仁里冲、辰溪、怀化南、怀化、怀化东新建联锁设备的车站，新设车站综合智能电源屏，其他车站站内电源屏利旧，增设区间电源屏；室外电缆、信号贯通地线敷设；车站新建信号集中监测，怀化电务段信号集中监测系统总机设备升级改造。挖填电缆沟203公里，敷设电缆1510公里，安装各类信号机310架。安装ZPW-2000轨道电路369区段。安装各类机柜206个。 (3)电力专业：既有10KV配电所电磁保护改造为微机保护；增设电力远动系统，纳入广州调度所。高压架空线路17.5公里，低压架空线路12公里，配电所改造4个。远动设备

				改造21个，电力改造41座。 (4)房屋建筑专业：新建房屋及改造房屋，主要施工内容是地基处理、房屋建筑、装修、消防设施安装、动力及照明线路安装、暖通设施安装等，以及接建房屋时既有电缆、杆塔、路灯、架空线路迁移等工作。 新建房屋1200平方米，房屋改造装修1400平方米。

【中铁九局铁路市场】 2012年，铁路工程中标23.6亿元，占中标总额的14.22%，其中中标沈阳铁路局项目3.89亿元，占铁路工程的16.5%，其他中标项目多数为铁路专用线工程。

【中铁十局铁路市场】 1.宁西增二线2标工程。工期及投资：本工程开工日期2012年11月28日开工，竣工日期2015年5月20日，总工期904日历天。总投资5.6亿元。

2.新建沈阳南站工程(站场部分)项目。工期及投资：本工程计划2012年12月1日开工，2015年11月30日竣工，总工期36个月。总投资8.1亿元。

3.胶新铁路电气化改造工程站前标段工程。工期及投资：本标段工程计划工期18个月，计划开工时间：2013年3月1日，计划竣工日期：2014年8月31日。总投资3.8亿元。

4.厦门站改扩建工程。工期及投资：施工总工期按36个月进行安排，2013年1月1日工程正式开工， 2015年12月31日建成。总投资5亿元。

5.新建重庆至利川铁路重庆北站站房及相关工程。工期及投资：总工期66个月。2012年12月31日开工，2018年6月30日竣工，共2008日历天。总投资3.5亿元。

6.沈阳铁道工业集团有限公司大屯物流仓储分公司专用线改造工程。工期及投资：计划于2012年4月21日开工，工程计划于2012年9月20日竣工，计划工期5个月。总投资3535.8559万元。

7.内蒙古青春塔煤矿铁路专用线项目施工总承包工程综合五标。工期及投资：2012年9月1日开工， 2014年3月达到铺架条件，2014年6月30日全部完工。总投资20340万元。

8.新建新疆天山铁道有限公司将军庙至黑山铁路专用线工程。工期：本工程总工期：18个月，开工日期：2012年9月28日；竣工日期：2014年3月27日。工程造价：27604万元。

【中铁隧道铁路市场】 2012年，中铁隧道铁路工程新签合同额82.24亿元，占总额的24.39%，主要项目包括：

1.宝成线下行K395+880～K401+872危岩体综合整治工程1标，工期：2012年9月26日至2014年9月30日，合同价1.82亿元；

2.新建西安至成都铁路西安至江油段（陕西境内）站前工程XCZQ-9标段，工期：2012年12月1日至2016年11月28日，合同价20.69亿元；

3.新建成都至兰州铁路成都至川主寺段站前工程CLZQ-9标，工期：2012年12月1日至2017年4月15日，合同价19.35亿元；

4.重庆至贵阳铁路扩能改造工程天坪隧道、新凉风垭隧道站前工程YQZQ-6标，工期：2012年12月31日至2016年12月20日，合同价9.99亿元；

5.巴准铁路保佬兔沟隧道、潘家圪楞隧道、曹养线1号、2号立交桥工程，工期：2012年4月1日至2013年5月30日，合同价1.3亿元。

【中铁电气化局铁路市场】 铁路工程（亿元以上）13项：宁西铁路西安至合肥段增建第二线工程（西安局管段）NXZQ-4标段111744万元；宁西铁路西安至合肥段增建第二线工程（郑州局管段）站前工程NX6标段83043万元；新建郑州至新郑机场城际铁路地下段站前工程 JZQ-Ⅲ标段67025万元；新建成都和谐型大功率机车检修段工程施工46939万元；北京调度所运营调度系统工程41125万元；改建铁路成昆线广通至昆明段扩能改造工程站后 GKZH-01 标段 26279 万元；新建沈西工业走廊火石岗至渤海铁路工程HB-3标段23731万元；黄陵至韩城至侯马铁路（西安局管内）站后四电工程施工总价承包HHZH-2标段14305万元；神华准能大准线增建二线二道河至九苏木段工程 4 标段12956万元；北京轨道交通运行控制系统工程12637万元；朔黄铁路2012年第二批大修改造黄骅港三期配套铁路站后工程11784万元；向莆铁路全线防灾系统安装及调试10980万元；新建铁路巴准线巴图塔站（不含）至点岱沟（不含）段站后四电工程（电气化二标段）10692万元。

【中铁建工铁路市场】铁路市场实施新的招投标办法以来，虽然中标的不确定性加大了铁路经营的风险，但是企业紧盯项目不放，逢标必投，全力以赴，新签合同额同比增长50.18%，承接京石客专引入北京西站站房改造工程、新建成都至绵阳至乐山铁路客运专线江油至眉山客站站房CMLZF-1标段工程、南宁东站站房及相关工程、成绵乐客专眉山东站等站站房及相关工程、全段隧道照明等工程，最大限度地提高铁路市场份额，确保了铁路站房建设王牌军的地位。

【中铁航空港铁路市场】 2012 年，中铁航空港集团中标项目：

1. 新建吉林至珲春铁路延吉西等四个车站站房标段工程。建设单位：长吉城际铁路有限责任公司。本项目为新建吉林至珲春铁路延吉西等四个车站站房及相关工程 JHSIX 标段，标段区间共设车站 4 个，分别为敦化站、大石头南站、安图西站和延吉西站，各车站施工主要内容包括：站房、地下通道装修与安装、站台雨棚及站台面层。总造价 29603 万元。合同工期为 2012 年 9 月 20 日至 2014 年 6 月 25 日，644 日历天。

2. 哈大客专冻胀整治工程。建设单位为哈大铁路客运专线有限责任公司。本项目是既有线施工，哈大客专冻胀整治工程起始于 DK82+DK94，线路路堑地段新增渗沟 4.6 千米。总造价 2108 万元，合同工期为 2012 年 8 月 11 日至 2012 年 9 月 20 日。

3. 太原南站相关（餐饮）配套设施工程。建设单位为大秦铁路股份有限公司太原客运段，工程位于太原市东南，太榆路与晋中环城北路交汇处，规模 10500 平方米，分为地下 1 层，地上 1 层，公共建筑。结构型式地下为现浇钢筋混凝土框架结构，地上为门式钢架结构，总造价 4063.3 万元，合同工期 8 个月。

4. 太原南站相关（洗涤）配套设施工程。建设单位为大秦铁路股份有限公司太原客运段，工程位于太原市东南，太榆路与晋中环城北路交汇处，规模 6746 平方米，分为地下 1 层，地上 1 层，公共建筑。该工程结构型式地下为现浇钢筋混凝土框架结构，地上为门式钢架结构，总造价 2089.7 万元，合同工期 8 个月。

【中铁上海局铁路市场】 2012 年，中铁上海工程局在铁路市场中标 2 项，分别是潘一东区铁路专用线及矿井装车站通信、信号安装工程和中煤陕西榆林能源化工有限公司榆横煤化工项目厂内铁路工程。

1. 潘一东区铁路专用线及矿井装车站通信、信号安装工程。合同造价：1469 万元。合同工期：2012 年 3 月 8 日－2012 年 5 月 20 日。施工单位：中铁上海局第三分公司。工程概况：起讫里程为 DK0+000～DK8+538.03，线路全长 8.5 公里，主要为新建潘一东区铁路专用线新建通信、信号、电力工程，潘一东区新建车站信号工程为 9 组道岔、8.5 公里的轨道电路以及潘二矿站到潘一矿站的闭塞设备修改和联锁修改，通信工程为 8.5 公里的外线和机房设备、视频摄像、道口及站舍的通讯电话设备，电力工程为 4 个投光灯塔和空调照明设备。

2. 中煤陕西榆林能源化工有限公司榆横煤化工项目厂内铁路工程。合同造价：16895 万元。合同工期：2012 年 10 月 10 日－2013 年 12 月 10 日，工期 426 日历天。施工单位：中铁上海局市政公司。工程概况：线路长 3.088 公里，区间路基土石方 3.0 万立方米，站场土石方 78.5 万立方米，涵洞 1 座，区间铺轨 0.378 公里，站场铺轨 10.35 公里，房屋建筑 1825 平方米。

【中铁二院铁路市场】 2012 年度，由于铁路建设的大调整，新批铁路项目急剧减少，签订铁路合同遇到了前所未有的困难。中铁二院抓紧后期勘察设计合同和前期预付款合同的签订工作，在铁路勘察设计和咨询领域，全年共完成了 463 项合同的签订工作，合同金额 19.13 亿元。

一、铁路前期规划和预可研项目管理

（一）前期规划：2012 年，中铁二院铁路前期规划项目共计 11 项。已经完成的有贵州省城际轨道综合交通、贵阳至北海铁路、遵义至黔江铁路、吉安至泉州铁路通道研究、防城港铁路总体规划、雅安市、新津市有轨电车规划研究任务等 6 项。正在开展工作的有天府新区轨道交通线网规划、乌鲁木齐铁路局专用线规划研究、皖北地区综合交通规划、重庆市综合交通规划、成都车辆段站区规划设计等 5 个项目。（二）预可研项目：2012 年，中铁二院铁路预可研项目共开展了 23 项。详情见表 4-8：

表 4-8　中铁二院 2012 年铁路预可研项目情况表

序号	项目名称	规模(km)	有关情况说明
1	成昆铁路峨眉至米易段	约 368	经过前期的一些反复，于 2012 年 8 月 30 日在北京重新进行预可研审查，待项目建议书批复后开展相关工作。
2	菜园坝至小南海至重庆西至沙坪坝既有线改建为城市铁路	约 60	预可工作已基本完成，目前正处于收尾阶段。
3	成都至金堂城际轨道交通	53	成都市交投集团已委托中铁二院开展本项目的预可，2011 年底已完成预可，随后经过多方论证、对接、修改，于 7 月补充完善方案，待成都市规委会给出明确意见后再开展下一步工作。
4	川藏铁路雅安至昌都段	约 800	2011 年 7 月 16 日完成预可研上报。2012 年 2 月进一步论证两大走向方案。地质外业工作已完成，8 月底完成内业及线路方案调整工作。康定至昌都段地质加深工作已于 8 月 30 日前完成，康定（新都桥）

			至昌都段预可研已于2012年9月10日完成。
5	厦漳泉城际铁路	约225	于2012年8月20日前完成。
6	川藏铁路昌都至林芝段预可	约530	2012年6月初完成初稿， 2012年9月20日完成地质加深工作。
7	防城港至崇左至百色铁路	约200	2012年3月底完成。
8	丽江至攀枝花铁路	约240	受丽江市委托，重新按单线做预可研，2012年7月初完成。
9	成都枢纽普速列车整备能力加强		2012年4月10日前完成，将本项目作为一个单元纳入成峨线。
10	（福建）沿海铁路通道		2012年8月20日与投标同步完成。
11	绵阳至遂宁铁路		2012年5月31日前完成。
12	川藏铁路拉萨至林芝段	约404	2012年4月18日在拉萨进行了预可审查，预可修编已于4月28日上报计划司，2012年8月29日～8月31日进行了评估、待批复项目建议书。
13	厦门北动车所预可研		已于2012年5月25日完成。
14	成昆铁路成峨段既有线扩能改造预可研	约135	2012年7月27日完成初稿报送成都局，成铁局已审查完并反馈意见，8月5日修改完成后报送正式稿。
15	川藏铁路成都至康定（新都桥）段预可研修编	约252	2012年8月20日完成上报，预可研已于2012年8月30日在北京审查完毕，待评估、待批复。
16	郑万铁路预可补充研究	约460	2012年8月15日前已完成250km/h的客专推荐，并补充研究200km/h客货共线。
17	遵义地区既有川黔铁路改移工程		有些资料遵义市政府没有提供，未完成。
18	长泉铁路（含吉安至永安段）修改预可研		2012年8月20日已完成报福建省发改委，。
19	海南西环铁路榆林港支线		2012年8月上旬完成。
20	燕岗、赶水车站新建箭翎线预可研		2012年10月31日前完成。
21	厦漳泉R1线预可研		2012年11月30日前完成。
22	贵阳至六盘水城际轨道预可研		2012年11月15日前完成。
23	宜宾港铁路专用线预可研		2012年11月25日前完成。

表4-9 2012年中铁二院铁路板块主要新签合同一览表

序号	项目名称	合同额（万元）
1	新建贵阳枢纽白云至龙里北联络线施工图阶段勘察设计	3658.2
2	新建铁路成都至重庆客运专线勘察设计	52000
3	织金至毕节铁路初步勘察设计	3360
4	小碧经清镇至白云铁路	4650
5	新建成都至蒲江铁路建设工程勘察设计	12540
6	新建铁路武汉至广州客运专线乌花段韶关（不含）至花都（不含）	3086.05
7	玉屏至铜仁铁路定测及初步设计	2500
8	织金至纳雍铁路初步勘察设计	1560
9	南充市化学工业园区铁路专用线新建工程	1000
10	新建铁路将军庙至黑山专用线	1853
11	山西高河能源有限公司铁路专用线	1414
12	新疆天足投资有限公司化工新材料产业园铁路专用线	1600
13	其他451项	102120.75
合计 463项		137798

【中铁设计咨询铁路市场】 2012年中，中铁设计咨询取得了粤东地区城际轨道交通规划研究、（江苏）沿江城际铁路先行先试方案研究、鄂尔多斯市铁路外运通道规划研究和危险化学品运输铁路规划研究等多项规划研究项目；新建二

连浩特至满都拉铁路、新建神木至靖边铁路集疏运通道、沧州市沧港地方铁路扩能改造工程、新建内蒙古乌力吉口岸至中卫地方铁路、新建中煤尿素铁路专用线、新建中煤大牛地煤炭铁路专用线、新建蒙西工业园至三北羊场铁路等几十项地方铁路和厂矿企业铁路专用线项目。同时，发挥不同专业的各自优势，向铁路勘察设计两端延伸，拓展开辟新的业务领域。通号院承担了吉图珲铁路通信、信号数据编制及测试项目。2012 年中铁设计咨询铁路市场新签合同额 12.49 亿元（同比上年减少 1.97 亿元），占全年新签合同额的 41.3%。

【中铁西北院铁路市场】 2012 年，国家铁路建设推行“保在建、上必需、重配套”的原则，在市场萎缩、竞争激烈的背景下，中铁西北院利用传统技术优势，大力开发新市场，新签铁路市场合同 110 项，主要涵盖隧道检测监测、桥梁病害治理、冻土区路基防护、原材料抽检等项目，特别是在新疆铁路建设市场中充分利用路基病害整治、风沙防治优势技术，承揽铁路项目 23 个，为深入开拓新疆地区铁路建设市场奠定基础，主要有兰新线水害复旧工程（合同额 4475 万元，工期 3 个月）、精霍线路堑高边坡滑坡整治（合同额 511 万元，工期 3 个月）、阿克苏和喀什地区防沙设施更新改造等项目（合同额 627 万元，工期 4 个月）。同时，该公司充分发挥在多年冻土、特殊地质等领域雄厚的科研力量，还承担了高寒地区铁路病害技术研究、大厚度强湿陷性黄土地基新结构应用技术研究、高速铁路混凝土重力式桥墩抗震设计、多年冻土区生态修复及隧道浅埋段热棒防护、铁路滑坡灾害安全监测与预警等多个科研项目共计 14 个。

【中铁西南院铁路市场】 2012 年，公司成功运作长株潭城际铁路、成渝客专隧道监测项目，云桂铁路（云南段）部分隧道超前地质预报项目、大西铁路客运专线检测项目、新建铁路成都至兰州线监测项目、新建张唐铁路监理项目、新建成绵乐客运专线监理项目、都铁路西安至江油段（陕西境内）工程监理项目，承担屯新建大准至朔黄铁路联络线工程、中化重庆涪陵化工厂铁路专用线改扩建工程，承担新建巴彦乌拉至新丘铁路工程 JL-06 标段、新建铁路向莆线三江镇至福州段 XPFJJL-4 标段、新建铁路重庆至利川线 YLJL-2 标段、新建南宁至广州铁路站前工程 NGJL-2 标段、新建兰州至重庆铁路兰州东至夏官营、广元至重庆北段土建工程及夏官营至重庆北段铺架工程 LYJL-9 标段等的监理。公司年度铁路新签合同额 3.7 亿元。

【华铁工程咨询铁路市场】 2012 年华铁工程咨询有限责任公司新承揽铁路项目 23 项，主要项目情况：

1. 新建郑州至新郑机场城际铁路地上段工程监理（工期：2012.8-2014.12 总投资：18 亿）。

2. 新建西安至成都铁路西安至江油段（陕西境内）工程监理（工期：2012.12-2017.12 总投资：60 亿）。

3. 长春高新开发区铁路专用线工程监理（工期：2012.3-2013.8 总投资：9 亿）。

4. 西宁站改造及相关工程 QZXNZG-JL3 标段工程监理（工期：2012.5-2014.8 总投资：15 亿）。

5. 新建铁路麟游矿区至宝鸡二电厂铁路专用线工程监理（工期：2012.1-2014.6 总投资：8 亿）。

6. 新建乌鲁木齐新客站工程 J2 标工程监理（工期：2012.10-2015.10 总投资：11 亿）。

城轨市场

【股份公司城轨市场情况】 2012 年，股份公司城轨城轨工程新签合同额 1002 亿元，同比增长 79.8%。

【中铁一局城轨市场情况】 2012 年，中铁一局城轨市承揽情况：

1、成都地铁 4 号线一期工程土建 6 标：中铁一局中标中铁一局四公司施工。成都地铁 4 号线土建 6 标包含太升路站、省文联站、盾构始发井，以及骡马市站至太升路站、太升路站至省文联站区间施工，线路全长 2300m，标段位于成都市中心地区。中标日期：2012 年 1 月 16 日；合同价：39862 万元；合同工期： 2012-02-01 至 2014-09-01。业主单位：成都轨道交通有限公司。

2、沈阳南站地铁配套工程土建施工：中铁一局中标中铁一局二公司施工。该工程位于沈阳南站交通枢纽内，包括东广场下地铁 4 号线和 10 号线沈阳南站及相关区间土建工程、西广场下 10 号线区间土建工程。该工程建筑结构共分三层，总建筑面积约 51475.97 平方米。中标日期：2012 年 1 月 19 日；合同价： 35693 万元；合同工期： 2012-02-01 至 2014-09-01；业主单位：沈阳地铁集团有限公司。

3、西安市地铁四号线试验段工程土建施工项目试验段 -3 标段：中铁一局中标中铁一局城轨公司施工中标日期：

2012年1月20日；合同价：46962万元；合同工期：2012至2016，工期5年。业主单位：西安市地下铁道有限责任公司。

4、长春地铁1号线一期工程（长春火车站南广场）-北京大街-（人民广场）车站及区间工程：中铁一局中标中铁一局二公司承建。工程全长2.149公里，包括一站两区间，即北京大街站、长春火车站南广场至北京大街区间、北京大街至人民广场区间。北京大街站采用暗挖逆做法施工，车站为地下二层三跨岛车站，车站长度为157米，宽度21.9米。长春火车站南广场站至北京大街站区间采用盾构法施工，区间长度为898米。北京大街站至人民广场站区间采用盾构法和暗挖法施工，区间长度为1092.3米。中标日期：2012年2月16日；中标价：45004.3905万元；建设工期：2012年3月15日-2014年6月15日，共822天；业主单位：长春市地铁有限责任公司。

5、北京地铁14号线轨道II标：中铁一局中标中铁一局新运公司施工。北京地铁14号线是北京轨道交通规划网中一条连接东北、西南方向的轨道交通“L”型骨干线，既服务于中心城中心地区，同时服务于外围的边缘集团，其兼顾交通疏解和引导发展的功能。本次中标的14号线Ⅱ标段施工范围为：西局站（不含）至大望路站（站中心）的正线及辅助线；丽泽商务区站与16号线联络线的分界点。主要工程数量为：铺轨工程40.148km；铺道岔24组。中标日期：2012年3月8日；中标价：50551万元；建设工期：2013年2月1日-2014年12月31日；业主单位：北京轨道交通建设有限公司。

6、深圳地铁11号线BT项目11302A、11303A标：中铁一局中标中铁一局城轨公司、中铁一局广州分公司承建。中铁一局深圳地铁11号线BT项目11302A、11303A标，该项目包含前海湾站、南山站、红树湾站～后海站区间、后海站～南山站区间、南山站～前海湾站区间，共两站三区间。中标日期：2012年6月27日；中标价：24.1亿元；建设工期：2012年5月31日- 2015年1月30日。

7、南京地铁四号线一期工程土建施工（D4-TA09标）：南京地铁四号线一期工程为中保站～仙林东站，沿北京西路、北京东路东西向贯穿主城区，线路全长33.5公里。D4-TA09标共一站两区间，车站为金马路站，区间分别为徐庄软件园站～金马路站和金马路站～中间风井，采用盾构法和明挖结合施工。中标日期：2012年7月3日；中标价：36626万元；建设工期：2012年6月1日-2014年12月31日；业主单位：南京地下铁道有限责任公司。

8、天津地铁6号线工程17标：由中铁一局天津公司中标并施工。本标段为鞍山西道站（不含）～保泽道站（含）～晋宁道站（含）～红旗南路站（不含），共2站3区间，包括保泽道站、晋宁道站、鞍山西道站～保泽道站区间、保泽道站～晋宁道站区间、晋宁道站～红旗南路站区间。中标日期：2012年8月3日；中标价：42923万元；建设工期：2012年8月11日-2015年12月31日；业主单位：天津地铁建设发展有限公司。

9、大连市地铁工程二号线轨道铺装工程：大连市地铁二号线工程起自东海公园，终至南关岭，线路全长36.569km。线路连接了东海新区、港湾广场、中山广场、胜利广场、人民广场、西安路商业中心、交通大学、师范大学、马栏广场、湾家、机场、革镇堡、体育中心、南关岭镇及南关岭综合交通枢纽等客流集散点。全线均为地下段，共设28座车站。设张前路车辆段。中标日期：2012年8月7日；中标价：53068万元；建设工期：2012年8月1日-2014年4月30日；业主单位：大连地铁有限公司。

10、宁波市轨道交通2号线一期工程黄隘车辆段与综合基地施工：中铁一局中标中铁一局建安公司施工。主要工程：房屋建筑58153㎡、机电设备安装、轨道、接触网、站场、园林绿化、桥梁等。中标日期：2012年8月9日；中标价：41619万元；建设工期：2012年12月01日-2014年11月30日；业主单位：宁波市轨道交通工程建设指挥部。

11、沈阳市浑南新区现代有轨电车一期工程3号线：中铁一局中标中铁一局二公司施工。该工程为3号线路基、车站及轨道工程，包括21世纪大厦综合交通枢纽及绿化附属工程。中标日期：2012年8月24日；中标价：42536万元；合同工期：2012年4月28日-2013年3月1日；业主单位：沈阳北车建设工程有限责任公司。

12、苏州市轨道交通4号线土建4标：中铁一局中标中铁一局城轨公司施工。该工程包括三站三区间，苏锦村站、北寺塔站、苏州火车站及苏锦村站～火车站站～北寺塔站～观前街站区间。车站采用明挖、区间采用盾构施工。中标日期：2012年10月10日；中标价：58437万元；合同工期：2012年4月28日-2013年3月1日；业主单位：苏州轨道交通二号线有限公司。

13、南京地铁三号线轨道工程D3-TA20：中铁一局中标中铁一局新运公司施工。南京地铁三号线起自京沪高速铁路林场站附近，沿线经过江北浦口区，江南下关区、玄武区、白下区、秦淮区、雨花区和江宁区等重要片区。D3-TA20标工程范围为林场停车场、出入线、起点～大行宫站（含大行宫站）的正线、辅助线、联络线铺轨工程、正线长约22.120km。中标日期：2012年10月10日；中标价：32499万元；合同工期：2012年4月28日-2013年3月1日；业主单位：南京地下铁道有限责任公司。

14、深圳地铁11号线BT项目下穿隧道：中铁一局中标中铁一局广州分公司施工。中标日期：2012年12月27日；中标价：80000万元；合同工期：2012年5月31日- 2015年1月30日。

15、成都地铁7号线BT项目：中铁一局中标中铁一局二、四、城轨公司施工。地铁7号线是一条环形线路，位于二、三环之间，串连了火车北站、火车东站和火车南站三大交通枢纽，并与城市快速轨道交通和市域轨道交通的放射线大多数线路相交。线路走向顺时针方向主要沿北二环路及2.5环构成环状闭合线路，全线全部为地下线，全长约39公里，共设车站31座。中标日期：2012年12月27日；中标价：80000万元；合同工期：2012年8月31日- 2015年1月30日。

【中铁二局城轨市场】 积极配合中国中铁上游业务的经营开发，先后参与昆明地铁4号线、成都地铁3、7号线及1号线延长线等10余个项目的前期商务洽谈和项目竞标工作，中标分配青岛地铁二号线2.33亿元、深圳地铁11号线23.1亿元、深圳地铁5号线5.11亿元、成都地铁3、7号线及1号线延长线26.04亿元、昆明地铁4号线16.16亿元等，取得可喜成绩。全年中标城市轨道工程40项，金额164.54亿元，与上所相比，增幅为271.4%。

【中铁三局城轨市场】 2012年，中铁三局各区域指挥部、子分公司、办事处协调配合，积极开拓市场，取得了突出成绩，超额完成年初下达的全年营销任务，并且开辟了长春地铁市场，重新占领了宁波地铁市场，补充了公司急需的车辆段业绩。其中，电务公司中标无锡地铁通信标，拓展了地铁领域的“四电”市场；桥隧公司地铁市场独立完成8.7亿元，首创专业承揽新高；华东公司成立之初就表现不俗，承揽城轨任务2项计7.1亿元；四公司先后中标北京地铁、长春地铁和沈阳有轨电车项目共计19.9亿元；线桥公司中标北京地铁、杭州地铁、南京地铁8.6亿元；建安公司中标宁波地铁；天津公司中标天津地铁2.6亿元项目；海外地铁项目也有收获，中标印度德里地铁11.6亿元。

【中铁四局城轨市场】 城轨运输是改善城市公共交通的重点发展方向，市场空间非常广阔，也是中铁四局路外营销的主攻方向。为了有效开拓城轨市场，努力扩大市场占有率，从信息收集入手，通过编发《城轨工程招标项目动态表》，随时了解各个城市城轨建设进展，提前介入，主动营销，并且收集整理了《城轨业主通讯录》和《城轨评标专家库》，为更好地开展城轨营销提供支持。在进行具体项目投标时，力争做到逢标必投、寸土必争，积极做好项目的营销策划，责任到人，分工协作，充分整合内部资源，切实加大人财物的投入，层层把关、全过程做好编投标管理工作。

一年来，中铁四局先后在北京、上海、天津、深圳、成都、武汉、宁波、昆明、苏州、合肥、沈阳、杭州、南京、无锡、南宁、青岛、郑州等17个城市承揽城轨项目51个，总价值达93.88亿元，是2011年承揽总额的233%，取得了历史最好成绩，并且首次进入了南宁、苏州、宁波等地铁市场。

1. 成都地铁4号线和7号线工程。合同造价：59613.18万元。合同工期：2012年2月1日～2014年7月31日。

2. 四川省成都地铁4号线一期工程7标。合同造价53651.86万元，计划开、竣工日期2012年2月1日～2014年7月31日。

3. 宁波市轨道交通1号线二期试验段。合同造价32234.79万元，合同工期：2012年2月10日～2014年5月31日。

4. 南宁市轨道交通1号线一期工程土建施工TJSG-13标。合同造价：2950.55万元。合同工期：2012年7月1日～2014年12月1日。

5.深圳地铁11号线土建工程BT项目。合同造价:20700.万元。合同工期：2012年6月1日～2016年4月30日。深圳市城市轨道交通11号线为西部快线兼机场快线，起于福田中心区，终于宝安区松岗碧头站。根据初步设计文件统计全长51.5公里，其中地下线长39.3公里，占线路总长的76.3%；高架线长10.9公里，占线路总长的21.2%；过渡段长1.3公里，占线路总长的2.5%；全线共设车站17座，其中地下车站13座，高架车站4座。项目总投资约284.6亿元，其中BT范围内工程费暂定价约为170亿元。枢纽集合的轨道交通线路主要包括：1号线、7号线、9号线和11号线。枢纽占地3.9公顷，建筑面积约7.1万平米，车公庙枢纽及相关工程工程费暂定21.6亿元。

6. 青岛地铁二号线。合同造价：20000万元。合同工期：2012年11月～2015年6月。青岛市地铁2号线一期工程土建施工1标一工区地处青岛市市北区，为2号线一期工程的起点。包括：泰山路站、泰山路站站后折返线两个工点，其中泰山路站长234.5米，折返线区间长276.033米,，线路总长510.5米。

7. 苏州市轨道交通2号线工程主线车站机电安装及装修施工项目。合同造价： 13372万元。合同工期：2012年8月1日～2013年6月30日。苏州市轨道交通2号线总体呈南北走向，线路起于相城区京沪高速铁路苏州站，终于吴中区迎春南路站，线路全长右线26.557公里，左线26.535公里。合同造价款及调整：1）本合同承包方式按照工程量清单计价的方式，采用综合单价与综合合价包干的形式总价合同，

8. 无锡地铁2号线车站机电（风、水、电）安装03标。合同造价：8670万元。合同工期：2012年11月1日～2014年12月1日。无锡地铁2号线全长26.301公里，其中高架线6.734公里，地下线19.567公里（含U形槽），共

设车站22座，其中高架站4座，地下站18座，平均站间距约1235.15米。

【中铁五局城轨市场】 2012年，中铁五局城轨市承揽简要情况：

1.深圳地铁11号线BT项目11303标 。项目位于广东省深圳市宝安区西乡宝源路。本工程项目为一区间，始于宝安站，终止于碧海站，简称宝碧区间。整个区间均为盾构法施工。合同总额 40247.2334万元。合同开工时间2012年6月25日，合同竣工时间2015年3月08日，实际开工时间2012年6月25日。年累完成1767万元 ，开累完成1767万元，剩余价值38480万元。

2.成都地铁7号线工程第七标段。项目位于成都市2.5环的武阳大道和科园大道，工程起点里程YCK22+926.000，终点里程YCK29+248.700,总长6322.7米。主要工程量：神仙树站～神仙树西站区间2923.47米，2座联络通道一座泵房；神仙树西站～红牌楼站区间2009.01米，1座联络通道一座泵房；红牌楼站～武侯双楠站区间2707.34米，2座联络通道一座泵房；武侯双楠站～清水河大桥站区间2261.64米，2座联络通道一座泵房。区间采用盾构法施工，联络通道采用矿山暗挖法施工。合同总额108113万元（暂定）。开工时间2012年12月31日，竣工时间2015年5月10日。

【中铁六局城轨市场】 2012年中铁六局集团中标项目：

1.天津地铁6号线工程土建施工第8合同段。天津地铁6号线工程土建施工第8合同段工程主要分为两部分，一是北宁公园站。北宁公园站位于中山北路路中，横跨养鱼池路。车站主体结构设计年限为100年，安全等级为一级，重要性系数1.1。二是北宁公园站～天津北站区间，本区间右线长1176.765米，左线长1181.795米，单圆盾构区间隧道以及联络通道、泵站等附属结构，其中联络通道有2处，泵站有1处。区间盾构隧道管片外径6.2米，内径5.5米，管片宽度1.5米。设计年限为100年。中标时间2012年8月20日，建设单位为天津地铁建设发展有限公司，合同价271087924元，合同工期2012年8月11日到2015年12月31日。

2.成都地铁3号线一期工程第五标段。中铁六局集团有限公司承建的成都地铁3号线一期05标工程盾构区间包含驷马桥北站～动物园站区间和动物园站～熊猫大道站区间。区间线路出驷马桥北站后，沿川陕路向北入动物园站，出动物园站，继续沿川陕路北行，下穿三环路川陕立交桥后向北，在川陕路与熊猫大道交叉路口进入熊猫大道站。本工程造价为1.1亿元，建设单位为成都地铁运营公司，总包单位为中国中铁成都投资发展有限责任公司，监理单位为北京铁城建设监理有限责任公司，工期从2013年1月3日至2014年7月15日。

3.深圳市城市轨道交通11号线BT项目11301-1标段。中铁六局集团有限公司承建的深圳地铁11号线11301-1标福田到车公庙区间东起福田站西至车公庙站，全长约2.5千米。2号和4号联络通道为暗挖法施工。明挖施工段靠近深圳广电集团正门口，临近深南大道。本标段工程造价3.6亿元。中国中铁采用BT模式建设深圳地铁11号线工程，BT范围总投资约255.5亿元，采用“融资+设计施工承包”的模式。管理单位为中铁建设投资集团有限公司，监理单位为铁四院工程监理咨询有限公司，工期从2012年4月20日到2014年9月30日

4.成都地铁7号线工程第十标段工程。成都地铁7号线为环线，位于成都市二、三环之间，从成都市北部的火车北站沿顺时针方向行进，沿线串联了火车北站、火车东站、火车南站三个重要交通枢纽以及与城市快速轨道交通和市域轨道交通放射线形成换乘关系，全线分别设车辆段、停车场各一座。川师车辆段位于成都地铁7号线琉璃场站与川师站之间，与琉璃场站接轨，车辆段地块位于成都市锦江区金像寺村，成龙路西侧、机场路东延线北侧，川师附属中学后面，属当地居民生活区，地形变化较大，属一般斜坡地带，地形略有起伏，地面高程497～517米。川师车辆段基坑尺寸最大宽度约187.8米，长度约为487.8米，最大开挖深度约为10-33米不等，设地下车站31座。承担7号线车辆的停放和列检任务，和7号线车辆的定修、临修任务，并预留7号线远期增配车辆的双周/三月检和停放任务。建设方是成都地铁有限公司，承建方是中国中铁成都投资发展有限公司，工期从2012年12月1日到2014年9月30日。

【中铁七局城轨市场】 2012年，中铁七局城轨市场中标8项，新签合同额30.29亿元，占中标总额的11.42%。主要中标项目：

1. 南京地铁三号线工程土建施工D3-TA24标段。合同工期28个月，合同价款约8700万元。本标段为一区间。南京南站站～宏运大道站区间（矿山法）：区间左线长715.228米，右线长715.312米。

2. 苏州市轨道交通4号线土建工程7标段。合同工期1127天，合同价款约49000万元。南门路站主体结构内净尺寸为200.6米（长）×21.2米（标准段宽），地下二层岛式车站，连续墙共计89幅。团结桥站：车站为地下两层岛式车站，长174.6米，宽19.7米，高14.1米，连续墙共计74幅。竹辉路站～南门路站区间长368.206米，南门路站～团结桥站区间长818米，团结桥站～宝带东路站区间长870米，均采用盾构法施工。附属结构采用明挖顺做法施工。

3. 珠江三角洲城际快速轨道交通广州至佛山段西郎至沥滘段(供电系统)安装工程。中标价值5900万元，合同工

期456天。工程概况：供电系统安装工程包括正线（西朗站至沥滘站）设备及材料的运输和安装、乙供设备及材料的采购、设备（或系统）的试验和调试、竣工验收（包括竣工图设计）、工程临管和培训、结算、归档等，以实现供电系统的完整功能。

4. 郑州市轨道交通1号线一期工程车站风水电安装工程02标。中标价值5000万元，合同工期572天。工程概况：包括相应标段的通风空调系统设备（除甲供设备外）及材料的采购、安装、调试；相应标段的给排水及消防系统设备（除甲供设备外）及材料的采购、安装、调试；相应标段的低压配电与照明设备及其配电管、线的安装、调试、验收等工作。

【中铁八局城轨市场】 2012年，中铁八局城市轨道承揽情况见表4-10。

表4-10 中铁八局2012年城市轨道工程承揽情况

序号	项目名称	合同金额（万元）	工期	工程概况
	成都地铁2号线二期工程（东延伸线）土建2标段	36813	2012.4.28-2014.8.31	成都地铁2号线二期工程（东延伸线）土建2标共包含一站二区间，即：龙泉站、过渡段洞口～龙泉站、龙泉站～保安村站区间。其中，龙泉站为地下二层岛式明挖车站，车站主体长度450米，车站主体标准宽度19.2米，车站共设4个出入口，2个风亭。总建筑面积21618.06平方米。车站的东西两端均设有盾构始发井；明挖区间全长388米，东端设有盾构吊出井
	安宁至嵩明城市轨道交通安宁至巫家坝段	100629	规划调整，工期暂未定	成都地铁2号线二期工程（东延伸线）土建2标共包含一站二区间，即：龙泉站、过渡段洞口～龙泉站、龙泉站～保安村站区间。其中，龙泉站为地下二层岛式明挖车站，车站主体长度450米，车站主体标准宽度19.2米，车站共设4个出入口，2个风亭。总建筑面积21618.06平方米。车站的东西两端均设有盾构始发井；明挖区间全长388米，东端设有盾构吊出井
	南宁市轨道交通一号线一期工程土建施工TJSG-02标	17990	2012年12月1日至2015年4月30日	成都地铁2号线二期工程（东延伸线）土建2标共包含一站二区间，即：龙泉站、过渡段洞口～龙泉站、龙泉站～保安村站区间。其中，龙泉站为地下二层岛式明挖车站，车站主体长度450米，车站主体标准宽度19.2米，车站共设4个出入口，2个风亭。总建筑面积21618.06平方米。车站的东西两端均设有盾构始发井；明挖区间全长388米，东端设有盾构吊出井
	昆明市轨道交通3号线延长线	36443	规划调整，工期暂未定	1、起点站至西山公园站折返线；2、西山公园站、车家壁站；3、西山公园站至车家壁站区间 业主：中铁昆明建设投资有限公司
	南京地铁四号线一期工程土建施工D4-TA07标	29006	2012.6.1-2014.12.31	南京地铁四号线一期工程TA07标施工范围包括一站一区间，即岔路口东站、紫金山北站～岔路口东站矿山法区间。 岔路口东站为地下二层岛式车站，车站总体建筑面积11507.70平方米，主体建筑面积10149.36平方米，附属建筑面积1358.34平方米。车站长度为196.8米，站台宽度10.5米，覆土约2.3～3.6米，两端为矿山法施工区间。附属结构共设2个出入口、1个预留出入口、1个紧急消防疏散口和2组风亭；风亭和紧急消防疏散口从车站主体左右两端直出地面，1、3号出入口预留，2号出入口下穿玄武大道，4号出入口顶板直出地面，出地面部分设置在辅道地块内。 紫金山北站～岔路口东站矿山法隧道位于蒋王庙街、宁栖路与玄武大道上，区间里程右CK22+266.977，区间终点里程右CK24+726.0，区间隧道全长2459米，矿山法施工，拱顶埋深约12.0～29.0米。区间内设置施工竖井2座、区间中间风井1座、联络通道5处，其中3处联络通道与竖井、风井合建。区间风井和施工竖井采用明挖法施工，联络通道采用矿山法施工。 建设单位：南京地下铁道有限责任公司

【中铁九局城轨市场】 2012年，城轨工程中标17.5亿元，占中标总额的10.54%。

1. 长春地铁1号线人民广场站主体工程。2012年1月中标，中标价2.1亿元，计划总工期822天，车站主体总长度210.3米。

2.西安市地铁3号线一期鱼化寨至保税区土建D3TJSG-1标段。2012年8月中标，中标价2.67亿元，计划工期：2012年10月1日开工，2015年5月11日竣工。线路全长39.15公里。

【中铁十局城轨市场】 1.合肥市轨道交通1号线一、二期工程土建5标段。工期及投资：计划开工日期为2012年10月1日，计划完工日期为2014年11月15日，共776天。总投资32129.929057万元。主要工程量：两个车站总建筑面积为26037.85平方米，3个区间，共长3148.158米。

2.苏州高新区有轨电车 1 号线第二批土建施工项目ST1-TJ-1标。工期及投资：计划工期为295日历天。计划开工日期：2012年11月10日，计划竣工日期：2013年8月31日。总投资18681.65万元。工程范围：里程范围SDK0+00～SDK5+300，线路全长5.3米，工程内容包括：路基、路面恢复、桥梁、车站、地下通道、给排水、供电及通信信号管线、接触网支柱底座、交叉口渠化改造、市政管线改迁、施工便道等。

3.苏州市轨道交通4号线及支线、2号线延伸线工程土方运输项目工程。 工期及投资：计划工期为1554日历天。计划开工日期：2012年9月30日，计划竣工日期：2016年12月31日。总投资15727.54万元。工程范围：团结桥站、宝带东路站（含）～龙翔路站（含）之间所有区间和站点及天鹅荡停车场出入线、天鹅荡停车场±0以下部分；包括但不限于土石方运输、泥浆外运、堆放、推平、弃土场地（弃土场地由招标人指定）的清淤、排水、清理、看护、运输过程的保洁、弃土现场临时道路铺设、场地平整等（不包括土建施工现场的土方、泥浆装车）。

4.成都地铁4号线一期工程土建工程1标。中标项目名称：成都地铁4号线一期工程土建工程1标段。建设单位：成都地铁有限公司。工程地点：成都市。工期：本合同段计划开工日期：2012年4月1日；计划竣工日期：2014年8月31日；总工期：883日历天。工程造价：38500万元。

【中铁大桥局城轨市场】 宁波市轨道交通1号线二期土建工程施工TJ1214标段，合同价45894万元，全长4.5公里，工期为2012年8月至2014年6月。

【中铁隧道城轨市场】 2012年，中铁隧道城轨工程新签合同额1286900万元。主要项目包括：

1.沈阳桃仙机场地铁配套土建工程施工（明挖），工期：2012年3月10日至2013年6月29日，合同价18800万元；

2.世行贷款昆明市轨道交通3号线工程大树营站，工期：2012年2月10日至2013年9月15日，合同价11800万元；

3.北京轨道交通昌平线工程土建施工05合同段，工期：2012年5月1日至2015年9月20日，合同价45300万元；

4.乌鲁木齐三屯碑快速公交枢纽项目施工A标，工期：2012年5月28日至2014年11月26日，合同价24000万元；

5.深圳地铁11号线BT项目，工期：2011年12月31日至2016年6月30日，合同价422000万元；

6.成都地铁3号线一期工程BT项目，工期：2012年4月1日至2014年9月30日，合同价：100000万元；

7.南昌西客站南北广场工程BT项目，工期：2012年6月1日至2013年9月30日，合同价：85000万元；

8.南京地铁4号线一期工程土建施工D4-TA03标，工期：2012年6月1日至2015年1月31日，合同价：39300万元；

9.昆明轨道交通3号线延长线1站3盾构区间及安嵩线2大盾构区间1明挖区段BT项目，工期：2012年4月1日至2014年5月1日，合同价：170400万元；

10.沈阳市浑南新区现代有轨电车一期工程线路路基、车站、轨道及奥体中心地下停车场工程，工期：2012年5月1日至2013年3月31日，合同价：67800万元；

11.广州市轨道交通7号线一期工程（盾构标）9标，工期：2012年10月1日至2014年10月31日，合同价：23100万元；

12.青岛市地铁2号线一期工程，工期：2012年11月1日至2016年2月28日，合同价：81600万元；

13.广州市轨道交通二/八号线延长线工程施工14标，工期:2013年1月1日至2015年10月31日,合同价:34600万元；

14.南宁轨道交通1号线11标，工期：2012年12月1日至2016年3月31日，合同价：116000万元；

15.江西南昌红谷滩新区B-7-1-1地铁一期（保护预留工程），工期：2012年11月13日至2012年12月30日，合同价： 700万元；

16.宁波市轨道交通2号线一期高架土建工程施工TJ2110标段，工期：2012年12月13日至2014年8月15日，合同价：20000万元；

17.江西南昌红谷滩新区B-7-1-2地铁一期（保护预留工程），工期：2012年11月20日至2012年12月30日，合同价： 500万元；

18.广州轨道交通6号线越秀南站剩余工程,工期:2012年4月1日至2012年10月1日，合同价： 1000万元；

19.广州市轨道交通6号线沙贝站二期人行天桥土建工程，工期：2012年10月12日至2013年2月12日，合同价：1000万元；

20. 广州市轨道交通 6 号线二期萝岗站新增土建工程，工期：2012 年 12 月 18 日至 2013 年 12 月 17 日，合同价：20900 万元；

21. 石家庄地铁 1 号线北国商城站、北国商城站—市招待所区间、北国商城站—省博物馆区间，工期：2013 年 1 月 15 日至 2015 年 8 月 31 日，合同价：45000 万元；

22. 成都地铁 7 号线一期土建工程城北客运中心站，工期：2012 年 10 月 15 日至 2014 年 6 月 15 日，合同价：23000 万元；

23. 天津地铁 3 号线解放桥至天津站盾构区间工程，工期：2012 年 12 月 15 日至 2013 年 12 月 15 日，合同价：7500 万元。

【中铁电气化局城轨市场】 （亿元以上）27 项：宁天城际一期工程 BT 项目 984150 万元；昆明地铁安宁至嵩明站后四电工程 100000 万元；重庆六号线二期设备系统 84000 万元；沈阳市浑南新区现代有轨电车一期工程站后四电工程 40000 万元；郑州市轨道交通 1 号线一期工程供电系统施工项目 39133 万元；南昌市轨道交通 1 号线瑶湖定修段工程总承包 32515 万元；苏州市轨道交通 2 号线主线接触网、供电系统安装施工项目 27773 万元；无锡地铁 1 号线供电安装工程 1 标段 23790 万元；南京三号线供电系统 22518 万元；沈阳市浑南新区现代有轨电车一期工程-沈抚新城停车场 22090 万元；南京地铁四号线一期工程 D4-TA06 土建施工 20455 万元；北京 7 号线机电安装 1 标 20432 万元；北京 14 号线机电安装 19591 万元；南京三号线接触网 17933 万元；大连地铁工程机电设备（风水电）安装总承包项目四标段 17821 万元；重庆轨道交通三号线北延伸段工程 16000 万元；宁波一号线供电系统 15600 万元；沈阳 2 号线北沿供电 14339 万元；北京 14 号线信号安装 14332 万元；重庆二号线延伸段设备系统内部分包 14169 万元；南京地铁三号线（林场）停车场房建工程总承包项目（D3-TA18 标）12995 万元；无锡地铁 2 号线车站机电（风、水、电）安装 01 标 12883 万元；大连地铁工程机电设备（风水电）安装总承包项目五标段 12600 万元；郑州市轨道交通 2 号线一期弱电系统安装工程 01 标（通信和综合监控系统）12468 万元；深圳 11 号线主变安装 12000 万元；北京 7 号线通信安装 10771 万元；无锡 1 号线机电系统 10270 万元。

【中铁建工城轨市场】 非铁开路市场在 2012 年受宏观经济放缓，房地产继续实施调控等诸多因素影响，新签合同额有一定幅度的下降，同比增长-21.21%。2012 年企业把轨道交通市场，作为非铁路市场的开发重点，先后承接了深圳地铁塘朗车辆段上盖保障房及配套工程 BT 项目（Ⅱ标段）、昆明地方铁路站房项目、沈阳北车集团的代建有轨电车 BT 项目等工程。

【中铁航空港城轨市场】 中铁航空港集团抓住轨道交通建设机遇，进一步加大城轨板块的高层营销力度，以既有地铁项目为依托，加强对在建地铁项目的施工管理，以现场保市场，实现滚动发展。紧盯长沙、西安、南宁、沈阳、天津、深圳、贵阳、重庆、成都、昆明等城市地铁，取得了较好成效。新签了贵阳市轨道交通运管中心及配套项目（腾祥·迈德国际）（二期）工程、深圳市城市轨道交通 11 号线 BT 项目 11303D 标段、深圳地铁 5 号线塘朗车辆段 B 区地块上盖物业平台及以下土建工程、深圳地铁塘朗车辆段上盖保障房及配套工程（Ⅱ标段-2）、成都地铁 7 号线 3 标段等项目。

【中铁上海局城轨市场】 2012 年，公司完成城市轨道交通市场营销 585165.23 万元，占年度计划 45.25 亿元的 129.32%，主要项目如下：

1. 北京地铁 8 号线二期平西府车辆上盖综合开发减振垫铺设工程。合同造价：6107.1631 万元。合同工期：2012 年 4 月 17 日－2012 年 9 月 30 日。施工单位：中铁上海局一公司。工程概况：减振垫的采购和铺设工程。

2. 北京地铁 14 号线工程土建施工 26 合同段。合同造价：4213.4672 万元。合同工期：2012 年 9 月 10 日－2013 年 9 月 10 日。施工单位：中铁上海局一公司。工程概况：起点里程为 CK0+640.000，终点里程为 CK0+920.000，总长度约为 280 米，线路纵坡为 19.02‰。线路轨顶标高 24.542～29.401 米，结构最大覆土厚度约 7.4 米。结构小里程端与矿山法出入段线相接。本段结构起点段下穿西干渠。工程主体结构采用明挖法施工。结构施工时，需对奶善路进行二次导改，并对西干渠进行临时断流或导流。

3. 深圳地铁 5 号线上水径停车场工程。合同造价：51000 万元。合同工期：总工期 40 个月。施工单位：中铁上海局一公司。工程概况：上水径停车场位于龙岗区布吉上水径村水径石场内，清平高速路的东侧。场址原状为高山、高山平整区及简易采石场，车场咽喉区处峰高 192 米，最高峰处约 210 米。停车场用地面积约为 9.94 万平方米。整个停车场工程需在上部土石方完工之后进行，整治后的停车场周边地势呈西北方高（最高高程 112 米），东南方低（最低为 80 米左右），轨顶设计高程 82.046 米。停车场工程包括暗挖隧道、站场与线路、房屋建筑及路基与挡墙工程等。

4. 上海市轨道交通 11 号线工程东明路浦三路站风水电安装。合同造价：4758.3 万元。合同工期：2012 年 5 月 12 日－2013 年 6 月 30 日，实际开工时间：东明路站 2012 年 5 月 20 日；浦三路站 6 月 20 日。施工单位：中铁上海局二公司。

5.苏州市轨道交通 2 号线工程主线车站机电安装及装修施工项目7标。合同造价：10700万元。合同工期：2012年8月1日－2013年6月30日，实际开工时间：2012年8月1日。施工单位：中铁上海局二公司。工程概况：包括胥江路站－宝带西路站半个区间(含与6标分界处区间泵房)、桐泾公园站、桐泾公园站－长吴路站区间、长吴路站、长吴路站－宝带西路站区间、宝带西路站区间、宝带西路站－旺吴路站半个区间。

6. 南京地铁 3、10 号线车站设备安装工程（D3-CA02标)。合同造价：5530.2535 万元。合同工期：2012 年 12月31日－2014年2月29日。 施工单位：中铁上海局二公司。工程概况：主要施工内容含D3-CA02标的管理及设备用房区域内的砌体结构工程、地面工程、抹灰工程、门窗工程、吊顶工程、饰面板工程、涂饰工程、细部工程及其它一些特殊位置的施工如员工卫生间装修工程、公共区顶面涂黑、土建风道保温工程等。

7.南宁市轨道交通 1 号线一期工程土建施工 TJSG-04标西乡塘区客运站。工程总价：24733.7万元。合同工期：2012年12月10日－2015年8月7日。施工单位：中铁上海局五分公司。工程概况：西乡塘客运站为南宁市轨道交通1号线由西往东的第四座车站，位于大学西路与梧桐路口交叉口。设计站台宽度为12米岛式站台，地下两层双柱3跨箱型框架结构(局部单柱双跨)，采用明挖法施工。车站起点里程为YSK4+577.455，车站终点里程为YSK5+047.255，总长469.8米，标准段外包总宽20.7米。

8.昆明市轨道交通首期工程北段车站设备（风水电）施工安装总承包及设备区装修项目（标段四)。合同造价：8274.3166万元。合同工期：2012年12月20日－2013年5月30日。施工单位：中铁上海局第六分公司。工程概况：北段车站设备（风水电）施工安装总承包及设备区装修项目分为五个标段，本标段为第四标段，主要范围及施工内容为：塘子巷站、环城南路站、昆明火车站站及相应区间（里程左ⅡDK11+467.566～左ⅠDK14+505.378，右ⅡDK11+467.566～右ⅠDK14+521.868，不含昆明火车站站－展览中心站区间废水泵房)。

9.苏州市轨道交通 2 号线工程轨道施工项目Ⅱ-GS-01标。工程总价：46430.8188万元。合同工期：2012年2月1日－2013年6月30日。施工单位：中铁上海局华海公司。工程概况：苏州轨道交通2号线工程北端起点为苏州高速站站，南至迎春南路站，主线全长26.557千米，设置车辆段1处。车辆段位于线路北端，与苏州调整站站接轨。施工内容包括主线正线和车辆段铺轨工程。

10.上海市轨道交通11号线北段延伸工程（安亭站－花桥站）11.H.3 标正线及辅助线轨道工程。工程总价：6590.1003万元。合同工期：2012年4月1日－2012年8月31日。施工单位：中铁上海局华海公司。工程概况：上海市轨道交通 11 号线工程花桥段（安亭站－花桥站）正线及辅助线的轨道系统（不含车辆段、停车场范围)。

11.无锡地铁1号线轨道施工工程01标。工程总价：19627.2269万元。合同工期：2012年4月10日－2013年4月30日。施工单位：中铁上海局华海公司。工程概况：无锡地铁1号线正线全长约29.4公里，全线设有车站24座，其中高架站5座，地下站19座；轨道施工工程01标施工内容为堰桥－南禅寺站（不含）以及西漳车辆段的所有轨道工程、高架段防水铺装及疏散平台工程等。

12.宁波市轨道交通 1 号线一期工程正线铺轨施工。工程总价：25629.6118万元。合同工期：2012年4月10日－2014年10月31日。施工单位：中铁上海局华海公司。工程概况：宁波市轨道交通1号线一期工程起点为市区西部的高桥镇，终点为东环南路站。正线线路全长21.101公里，其中高架线5.823公里，U型槽过渡段0.227公里，地下线15.051公里；设置车站20座，其中高架站5座，地下车站15座。设1个车辆综合基地、1个停车场、1个控制中心、2个主变电站。

13.南京地铁4号线一期工程土建施工（D4-TA01）标。工程总价：66118.0863万元。合同工期：2012年6月1日－2015年1月31日。施工单位：中铁上海局华海公司。工程概况：南京地铁四号线一期工程为中保站—仙林东站，沿北京西路、北京东路东西向贯穿主城区，线路全长33.5公里，其中地下线长度32.4公里，高架线长度1.1公里，共设站17座，其中地下站15座，地面站1座，高架站1座。D4-TA01标内容包括，中保路（地下车站)、草场门站（地下车站)、中保站合建隧道、草场门站合建隧道。

14.无锡地铁2号线轨道施工工程01标。工程总价：25828.3519万元。合同工期：2012年11月1日－2014年11月30日。施工单位：中铁上海局华海公司。工程概况：无锡地铁2号线轨道工程施工工程01标包括梅园站起点－友春区间U型槽（含）正线、辅助线、及出入场线轨道工程以及青龙山停车场轨道工程，标段的具体分界里程为 SK15+676.8。施工内容包括：线路整体道床铺设、无缝线路铺设、道岔铺设、信号标志安装、车挡及附属设备安装及与其它专业的过轨管线埋设等施工。在施工期间，负责合同段施工场区范围内的垃圾清理、区间抽水轨行区行车管理、成品保护、协调施工场区范围内其它承包人的相关事项等。

15.苏州市轨道交通4号线及支线工程土建施工项目（第二批）Ⅳ-TS-19标。工程总价：56249.5582万元。合同工期：2012 年 11 月 1 日－2015 年 10 月 31 日。施工单位：中铁上海局华海公司。工程概况：苏州轨道交通 4 号线由主线与支线两部分组成，主线线路全长 41.5 公里，设地下车站 30 座；支线线路全长 19.2 公里，设地下车站 16 座，预计 2016 年建成通车。

16. 深圳地铁 7 号线 BT 工程车站施工 3 标段(笋岗站)。工程总价：13888.5511 万元。合同工期：2012 年 11 月 1 日－2015 年 3 月 15 日。施工单位：中铁上海局华海公司。工程概况：笋岗站位于宝安北路与梅园路十字交叉路口东侧，全长 228.830 米，起点里程 DK26+661.961，终点里程 DK26+890.322，车站总建筑面积 14511.6 平方米，站厅层面积 3816 平方米，右线站台层面积 3816 平方米，左线站台层面积 3816 平方米，出入口通道面积 1096.7 平方米，风道面积 1446.9 平方米，出入口上盖、风亭上盖面积 520 平方米。

【中铁二院城轨市场】 2012 年，中铁二院大力参与城市轨道交通的市场竞争，努力开拓市场业务，全年累计中标标的为 5.3 亿元，完成新签合同额 7.86 亿元。

2012 年，中铁二院先后在青岛、合肥、厦门、昆明、温州、广州、郑州、石家庄等城市组织完成城市轨道交通投标项目 51 项，中标 14 项。

一、主要中标项目

青岛地铁用地规划、厦门市轨道交通 1 号线一期工程土建 1 标、系统 2 标和 4 标、温州市域铁路 S 线设计咨询、昆明安嵩市域线的总体及工点系统设计、合肥地铁 2 号线勘察设计总承包、郑州地铁 5 号线土建 1 标、广州十二五规划项目的部分工点系统设计等项目。

2012 年度中铁二院城市轨道交通主要中标项目见表 4-11。

表 4-1　2012 年中铁二院城市轨道交通主要中标项目一览表

序号	项　目　名　称	中标价(万元)
1	青岛市轨道交通用地控制规划第二标段	198
2	厦门市轨道交通 1 号线一期工程土建 01 标	3446
3	厦门市轨道交通 1 号线一期工程系 02、04 标	4276
4	温州市域铁路 S1 线一期工程勘察设计咨询项目	1440
5	合肥市轨道交通 2 号线工程勘察设计总承包	24888
6	安宁至嵩明地方铁路工程可行性研究及设计总体总包	2000（估）
7	安宁至嵩明地方铁路工程地质勘察及工点设计(2 标段)	6000（估）
8	南京城市轨道交通 5 号线和 7 号线及 10 号线二期工程预可研及沿线用地控制规划	147.042
9	广州市十二五轨道交通线网前期深化研究（设计、设计咨询） 车站/区间 5 标、通号 2 标、通号 3 标、通号 5 标	4759
10	河南鲁山大佛景区“大佛至尧山景区旅游轨道工程”勘察设计合同	3700
11	其他项目（包括直接委托的前期研究项目）	2154
	小计	53008.04

二、通过经营开发直接获取的项目。2012 年，中铁二院通过经营开发，直接获取了河南鲁山大佛景区旅游交通线勘察设计、成都地铁 7 号线工程、成都地铁 1 号线南延线工程、西安地铁 6 号线、南京地铁 5 号线、7 号线、10 号线二期工程预可研及沿线用地控制规划等前期研究项目，为其后续业务的开发创造了有利条件。

【中铁设计咨询城轨市场】 2012 年中铁设计咨询仍持续努力开发城市轨道交通勘察设计市场，采取积极参与中国中铁主导的城市轨道交通 BT 项目；除已经承担轨道交通勘察设计项目的城市外，争取进入一些尚未承担项目的城市，扩大市场范围；增加投标数量，提高标书质量，力争增加中标项目；将一些已在高速铁路上应用的精测技术、设备引入城市轨道交通中来，拓展业务范围。采取上述措施，收到了成效。年内，承担了中国中铁 BT 项目成都地铁 1 号线南延线工程勘察设计总体总包，实现了中铁设计咨询在城市轨道交通项目总体总包上的突破。中标承担了长春市轻轨 3 号线东延工程设计总承包，沈阳地铁 9 号线土建 1 个标段、10 号线土建 3 个标段和成都地铁 7 号线 2 个站的工点设计，北京地铁 8 号线（三期）、沈阳地铁 9 号、10 号线、南宁轨道交通 2

号线的轨道系统设计。承揽了上海地铁 12 号线 CPIII测量、宁波地铁 1 号线 CPIII测量评估和成都地铁 3 号线、7 号线 BT 咨询。截至 2012 年末，中铁设计咨询承担城市轨道交通项目的城市已有北京、上海、天津、长春、沈阳、大连、青岛、太原、广州、深圳、昆明、南宁、长沙、成都、南京、无锡、苏州、石家庄等 18 个城市。2012 年中铁设计咨询城市轨道交通市场新签合同额 2.04 亿元（同比上年增加 0.57 亿元），占全年新签合同额的 6.8%。

【中铁西北院城轨市场】 2012 年 6 月，兰州地铁建设规划获国家发改委批复，根据计划，总里程约 36 公里，总投资 229.22 亿元的地铁项目正式在兰州立项建设。中铁西北院利用属地优势，在大量前期市场开发铺垫的基础上，迅速组织相关专业人员及时跟进，先后承揽了 1 号线一期工程初勘监理和试验段施工监理（合同额 512 万元）。随着后期地铁建设的相继展开，该公司将积极争取参与到监理、咨询、检测等多个业务板块。另外，该公司还承担了深圳地铁 11 号线 BT 项目土建工程施工监测（合同额 124 万元）。

【中铁西南院城轨市场】 2012 年，公司开发了深圳地铁 11 号线 BT 项目土建工程施工监测第 2 标段、郑州市轨道交通 1 号线二期工程河工大站、雪松路站的辅助设计、成都地铁 4 号线一期工程土建 1 标出入段线工程施工监测、成都地铁 3 号线一期工程 BT 项目土建工程施工监测等。公司年度城轨新签合同额 1.6 亿元，同比增长 53.1%。

【华铁咨询城轨市场】 1、无锡地铁 2 号线土建工程施工监理 09 标（工期：2012.2-2013.12 总投资：6 亿）

2、宁波市轨道交通 1 号线一期工程供电系统安装施工监理（工期：2012.4-2014.1 总投资：6 亿）

3、北京轨道交通昌平线工程土建施工监理 05 合同段工程监理（工期：2012.4-2015.10 总投资：11 亿）

4、珠江三角洲城际快速轨道交通广州至佛山段二期工程土建监理二标段（工期：2012.9-2014.12 总投资：6.7 亿）

5、大连地铁工程 2 号线轨道工程施工监理（工期：2012.8-2014.6 总投资：5.6 亿）

6、沈阳市地铁十号线土建工程施工监理 3 标段（工期：2012.12-2017.6 总投资：22 亿）

7、沈阳市地铁九号线土建工程施工监理 2 标段（工期：2012.12-2016.7 总投资：19 亿）

8、南京地铁四号线一期工程土建施工监理 D4-TJ02 标（工期：2012.5-2014.12 总投资：13 亿）

9、苏州市轨道交通 4 号线、2 号线延伸线工程车站、区间土建施工监理（工期：2012.9-2015.10 总投资：18 亿）

10、昆明新机场快速公交基础设施二期工程土建施工监理二标段（工期：2012.10-2015.12 总投资：7.5 亿）

11、成都地铁 4 号线一期工程施工监理 1 标（工期：2012.2-2015.3 总投资：10 亿）

【中铁中原公司城轨市场】 郑州市计划 2012 年开建轨道交通 1 号线二期和 5 号线工程。（1）1 号线二期工程包含东西两段，西段线路长 9.872km，设站 6 座；东段线路长 3.902km，设站 2 座；线路总长 13.774km，计划工期 3 年。投资估算总额为 70.5 亿元。（2）5 号线为沿城市核心区外围走行的一条轨道交通环线，起止于新郑州站，线路全长 40.7km，设站 30 座，其中包括 14 座换乘站。由于郑州市轨道交通建设规划的调整，4 号线龙湖试验段进行施工招标，5 号线完成了设计招标，其他线路建设程序未启动。

【中铁昆明公司城轨市场】 2012 年，中铁昆明公司新承揽的 4 个项目均为城市轨道交通项目，其中：1 个市域铁路项目，3 个地铁项目。项目具体情况详见表 4-12。

表 4-12　中铁昆明公司 2012 年承揽城轨项目情况表

序号	项目名称	合同金额（万元）	工程概况
1	昆明市轨道交通 1 号线延长线工程 BT 项目	约 250000	昆明市轨道交通 1 号线延长线工程包括 1 号线三期及延长线，线路初步规划全长约 7 千米，共设车站 7 座和 1 个车辆段。
2	昆明市轨道交通 3 号线延长线工程 BT 项目	约 150000	昆明市轨道交通 3 号线延长线工程初步规划线路长约 4 千米，共设车站 3 座。
3	昆明市轨道交通 4 号线工程 BT 项目	约 1600000	昆明市轨道交通 4 号线初步规划全长约 43 千米，共设车站 28 座，平均站间距约 1.5 千米，设换乘车站 7 座；全线设一段一场（大漾田停车场和跑马山车辆段）。

4	安嵩地方铁路工程安宁段BT项目（市域铁路）	约1400000	安嵩地方铁路工程安宁段工程线路长约39千米，共设车站11座，一座车辆段和一座停车场。

【中铁南方公司城轨市场】 2012年，中国中铁中标深圳地铁11号线BT项目。11号线BT项目主要包括11号线工程、车公庙枢纽工程、同步实施工程及上盖物业工程等 4 个部分，投资总额约255.5亿元，合同工期2012年6月1日至2016年6月30日，创目前国内单体项目合同额之最。

深圳市城市轨道交通11号线为西部快线兼有机场快线功能，起于福田中心区，终点于宝安区松岗碧头站，全长51.7km，其中地下线长42.26千米，高架线长8.34千米，过渡段长0.65千米，全线共设车站17座，其中地下车站13座，高架车站4座，在松岗设车辆段1座，在机场北设停车场1座，设110KV机场北主变电站。工程费暂定价约为170亿元。车公庙枢纽工程集合轨道交通1号线、7号线、9号线和11号线。枢纽占地3.9公顷，建筑面积约7.1万平米，工程费暂定21.6亿元。与11号线同步实施工程费暂定价约为13.9亿元。11号线上盖物业工程费暂定50亿元。

公路市场

【股份公司公路市场情况】 2012年，股份公司公路工程新签合同额762.4亿元，占公司新签合同额的14.2%。

【中铁一局公路市场】 2012年，中铁一局承揽任务情况：

1、川黄公路雪山梁隧道A标段。 该标段由中铁一局中标中铁一局三公司施工，项目位于四川省阿坝州松潘县境内。A标段全长13.037公里，主要是雪山梁隧道进口段3996米主洞和4134米平导，以及9公里连接线和19公里路面交安工程的施工任务，工期54个月。中标日期：2012年2月23日；合同价： 47801万元；合同工期：2012-03-30至2016-09-30;业主单位：阿坝藏族羌族自治州公路管理局。

2、青岛至兰州公路（宁夏境）东山坡至毛家沟段高速公路六盘山隧道工程A3合同段。中铁一局中标中铁一局五公司施工，青岛至兰州公路（宁夏境）东山坡至毛家沟段高速公路六盘山隧道设计为单洞分离式隧道，左右线间隔31～48米，属超长隧道。中标日期：2012年7月12日；合同价： 40760万元；合同工期：2012-10-10至2015-07-10；业主单位：宁夏公路建设管理局。

3、国道317线雀儿山隧道工程项目土建施工Q2标。 中铁一局中标中铁一局四公司施工。国道317线是四川和西藏间的省际干线公路，是西藏昌都地区8县1区及川西北广大地区与内地联系的必经之道。国道 317 线雀儿山隧道起于K336+200(对应国道317线桩号K859＋568)，止于K349+200（对应国道317线桩号K892+000）左右，路线全长12.995公里。中标日期：2012年7月13日；合同价： 38489万元；合同工期:2012-08-30至2017-03-01;业主单位：甘孜州交通建设投资有限公司。

4、漳永高速公路漳州段路基土建工程A9标。 中铁一局中标中铁一局厦门公司施工。主要工程量:路基挖方1.98万立方米、填方0.43万万立方米，防护排水4.13万立方米，隧道3931米/1座。中标日期：2012年9月22日；合同价：24210万元；合同工期：2012年8月30日至2015年7月31日；业主单位:漳州漳永高速公路有限责任公司。

5、国道110线乌海黄河特大桥工程(桥梁及互通工程)。中铁一局中标中铁一局桥梁公司施工。工程起止里程K1105+613.5～K1106+743.5，全长1.13公里，主要由乌达区侧引桥、主桥、海南区侧引桥三大部分组成。中标日期：2012年12月27日；合同价： 45231万元；合同工期：2012年10月15日至2015年10月1日；业主单位：国道111线乌海黄河特大桥工程项目管理办公室。

6、利川至万州高速公路湖北段一期土建工程施工LWTJ-2。中铁一局中标中铁一局桥梁公司施工，该工程地点位于湖北省利川市境内，工期为29个月。路线起点位于利川市谋道镇桂花坪村杉木园，终点为万州区龙驹镇田家垭口，接利川至万州高速公路重庆段，线路全长16.548公里，桥隧工程占线路总长度的89.6%。设计标准为双向四车道高速公路，设计速度每小时80公里。中标日期：2012年12月27日；合同价： 127965万元；计划工期：2013至2015;

业主单位：湖北高路鄂西高速公路建设指挥部。

【中铁二局公路市场】 2012 年，中标县至河津高速公路（25366 万元）、济宁至祁门高速公路永城段（12308 万元）、广西柳武高速公路（35249 万元）、四川省汶川至马尔康高速公路工程（56747 万元）、成都天府大道南延线工程（165000 万元）等 11 项工程，金额 28.36 亿元，与上年相比，下降 55%。

【中铁三局公路市场】 公路（含海外）项目 16 项，47.1 亿元，占 13%。霍永高速公路（西段）HYTJ1 合同段合同价款：265834 万元。2012 年 3 月 1 日正式开工。完成全部建筑桩基，12 月 31 日前完成 C、D 区承台、基础梁及一层盖（C、D 区）。年内完成 P1 桥、渡架桥江 1 号、2 号中桥的桩基、承墩身、梁部及附属工程。

【中铁四局公路市场】 2013 年，在公路市场中铁四局共承揽项目 63 个，总价值 92.44 亿元。一公司全年共承揽公路项目 19 个，总价值 30.35 亿元。在公路项目上承揽超过十亿元的单位有：五公司，15.34 亿元；四公司，14.05 亿元；七分公司，12.55 亿元。承揽额超十亿的区域有：贵州，5 个项目，13.51 亿元；河南，5 个项目，11.19 亿元；江苏，7 个项目，10.43 亿元。

1. 内蒙省道 301 线黑河至黑山头公路根河至拉布大林段一级公路工程施工 GLTJ-2 标。合同造价：17262.6 万元，合同工期：2012 年 5 月 1～2014 年 10 月 30 日。本项目是呼伦贝尔市重点规划中的一条公路。路线总长 125.762 公里。GLTJ-2 标段为 GLTJ-2 合同段，起讫里程为 K9+000～K25+000。

2. 安徽省芜湖市弋江路北延一期工程。合同造价：31718.69 万元，合同工期：2012 年 7 月 20 日～2013 年 8 月 31 日。

3. 江苏省阜宁至建湖公路路基桥梁施工 FJ-JH2 标。合同造价：18330.26 万元，合同工期 2012 年 8 月 30～2014 年 5 月 30 日。路线全长约 36.203 公里。JH-2 标段起点桩号 K29+129.250，终点桩号 K36+700；线路全长 7.571

4. 唐津高速公路扩建工程 2 标。合同造价：18959 万元。合同工期：2011 年 11 月 1 日～2014 年 9 月 30 日。唐津高速公路（河北丰南界-塘承高速）扩建工程第三标起点，起止桩号 K1019+219.964- K11023+237.334，全长 4017.37 米。

5. 塘承高速公路 2 期三标段。合同造价：15856 万元。合同工期：2011 年 12 月 15 日～2013 年 10 月 31 日，受业主资金及征地拆迁影响，工期延后。本标段工程范围 K76+943.2～K83+950，路线全长 7006.8 米（按招标文件补遗书的规定）。其中 K76+943.2～K78+466.13 为林南仓铁路分离式立交，线路长度 1520.000 米，桥梁面积 50160 平方米。

6. 贵州三黎高速公路 LJ16 合同段。合同造价：18368.9 万元(暂定金额 1610 万元)。合同工期：2012 年 9 月 13 日～2014 年 9 月 12 日。路线起止桩号为 K121+300～K131+108.9，路线全长 9.809 公里。

7. 贵州毕都高速 T4 标。合同造价：38138 万元。合同工期：2012 年 6 月 15 日～2014 年 6 月 15 日。合同段起讫桩号为 K110+600～K118+600，全长 7.414 公里。

8. 贵州毕都高速 T14 标。合同造价：3.52 亿元。合同工期：2012 年 12 月～2015 年 5 月。本标段里程起讫桩号为 K196+200～K202+650，全长 6.45 公里。

9. 九江绕城高速。合同造价：19645.2 万元。合同工期：2012 年 10 月 1 日～2014 年 1 月 31 日。

10. 阜盘高速公路北延伸线。合同造价：15683 万元。合同工期：2011 年 3 月～2012 年 6 月。第三合同段起止里程为 K4+914.4-K6+717.5，路线全长 1803.1 米，

11. 合肥金屯立交桥匝道工程。合同造价：5000 万元。合同工期：2012 年 6 月 30 日主体完成。

12. 贵州黔东工业区城市道路工程。合同造价：16500 万元。合同工期：2011 年 9 月 7 日～2012 年 12 月 31 日。本标段起讫里程为 K4+000～K6+805.537，线路全长 2805.537 米，路基工程总长 2350.197 米。

13. 阜阳北路高架项目经理部。合同造价：26126.55 万元。合同工期：2012 年 4 月～2013 年 6 月。承建第四标段位于二环路以内，起讫里程为 K7+101～K9+735(工程终点)，道路全长 2634 米，其中高架主桥长 2456 米。

14. 合肥市铜陵路高架工程三标段。合同造价：22596 万元。合同工期：2012 年 5 月～2013 年 5 月。路线全长 1741.850 米。

15. 江东路部分节点改造工程项目。合同造价：35242.2 万元。合同工期：2012 年 10 月～2013 年 12 月。

16. 重庆两江新区水土高新园次干道及支路一期工程。(1)重庆两江新区水土园 Z3 路一标项目。合同造价：1387.2 万元。合同工期：2012 年 2 月-2012 年 6 月。重庆两江新区水土园 Z3 路一标项目，设计为城市次干路 I 级，全长 1230.537 米。（2）重庆两江新区水土园次干道及支路一期工程项目。合同造价：5799.3 万元。合同工期：2012 年 1 月-2012 年 12 月。重庆两江新区水土园次干道及支路一期工程项目：该项目道路全长约 5.33 公里。

17. 铜陵市滨江大道北段二期工程。合同造价：12260 万元。开工日期：2011 年 11 月～2014 年 5 月。

18. 京台线建瓯至闽侯高速公路福州境内段路基土建施工 JTA6 标。合同造价：4102.万元。合同工期：2012 年 5

月1日至2014年4月30日。JTA6合同段路线全长7.4公里，起点桩号K126+000，终点桩号K133+400，其中桥隧构造物占标段全长的54.6%。

19. 贵州省织金至纳雍高速公路路基、桥隧施工6标。合同造价：2043.46万元。合同工期：2012年1月1日～2014年6月30日。合同段路线全长11.22公里。

20. 贵州省余庆至凯里高速公路路基、桥隧工程第七合同段。合同造价：3110.47万元。合同工期：2012年4月28日～2014年4月28日。本合同段全长6.0公里。

21. 海峡西岸经济区高速公路网沈海复线柘荣至福安段路基土建工程施工A6标。合同造价：5246.97万元。合同工期：2012年11月10日～2014年11月30日。

22. 南平市武夷新区滨江西路、南林大道、纬三路、南林大桥工程施工项目Ⅰ标段。合同造价：130058410元。合同工期：2012年10月15日～2013年3月29日。

23. 澳前海峡客运码头疏港道路建设项目。合同造价：8936万元。 合同工期：2012年8月～2013年5月。

24. 十天高速公路四标。 合同造价：35782万元。 合同工期：2012年8月～2014年12月。 本合同段路线终点（K561+400）位于李家河赵家坝，路线全长5.939公里。

25. 三星电子快速干线公路项目。 合同造价：18897万元。 合同工期：2012年9月1日～2013年8月31日。

26. 巢湖市裕溪路改造工程（BT）。合同造价：28388万元（含预留金1600万元），合同工期：2012年7月6日～2013年7月31日。路线总长6.873公里，实际改造长度6.439公里。

27. 合肥市方兴大道工程（BT）。合同造价：89206万元（含预留金4600万元）。合同工期：2012年10月28日～2013年10月27日。

【中铁五局公路市场】2012年中铁五局公路合同额150亿元。中标项目主要有：

1. 新建铁路成都至兰州线CLZQ-6标段。中标时间2012年12月5日。标段位于四川阿坝州茂县境内，线路长20.35千米。标段主要工程量：跃龙门隧道0.5座（左线7296m，右线8886m）、杨家坪隧道1座（12815m），桥梁1座（羊记沟大桥左线233.46m、右线264.23m），标段重难点工程杨家坪隧道12815米和跃龙门隧道7296米。合同总额169252万元。

2. 兰州-海口国家高速公路武都至罐子沟建设项目房建工程WGFJ4标。项目地点位于甘肃省陇南市。该工程为高速公路房建工程，主要包括汉王匝道收费站、桔柑匝道收费站、赵家坪隧道变电所、汪家坝隧道变电所、小石村隧道变电所及麻崖子隧道变电所的土建、装饰、安装工程。总建筑面积6133.6㎡，结构形式为框架结构。合同总额2979.1万元。2012年5月20日开工，合同竣工时间2013年10月12日完工。年累完成1693万元，开累完成1693万元，剩余价值1286.3万元。

3. 国家高速公路网包茂高速（G65)陕西境铜川至黄陵公路路基桥隧工程TH-C13标。中标时间2012年10月1日。项目位于陕西省铜川市宜君县金锁关镇，是包头至茂名高速公路铜川至黄陵段的一部分。路线起点K112+220，终点K115+800，全长3.58公里。合同总额25738.7万元。开工时间2012年10月01日，竣工时间2014年04月30日。年累完成40万元，开累完成40万元，剩余价值23228万元。

4. 九江绕城高速公路A5标。中标时间2012年9月30日。标段起点K19+300位于九江市庐山区海会镇光明村，终点K26+900位于星子县白鹿镇交通村附近，主线路长7.6千米，星子北互通匝道总长3.603千米。2012年10月20日开工，合同开工时间2012年 9 月 30 日，合同竣工时间：2014年1月31日。年累完成2258.1万元，开累完成2258.1万元，剩余价值19968.2067万元。

5. 吉河高速公路LJ1合同段。项目地点山西省临汾市。本标段自K1+440至K3+500，线路长度2.06公里，位于山西省临汾市吉县车城乡境内。合同总额25550万元。2012年9月3日开工，合同竣工时间2014年6月30日。年累完成4384万元，开累完成7040万元，剩余价值18510万元。

【中铁六局公路市场】 2012年中铁六局集团中标项目：

京秦高速公路天津段工程2标段。本标段为京秦高速公路天津段工程大秦铁路分离式立交桥，长度为944.43米；道路等级为高速公路双向六车道，设计速度V=120千米每小时。中标时间2012年7月4日，建设单位为天津高速公路集团有限公司，合同价108657083元，合同工期2012年7月15日到2014年6月30日。

【中铁七局公路市场】2012年，中铁七局公路工程中标30项，中标额44.4亿元，占中标总额的21.8%。主要中标项目：

1. 兰州至郎木寺高速公路临夏至合作段工程LH02合同段。合同工期548天，合同价值约28500万元。兰州至郎木寺高速公路临夏至合作段工程LH02合同段，路线全长8.0公里，主要工程包括路基、桥涵工程等的施工及缺陷修复。

2. S208线洛门至礼县二级公路改建工程LLSG2标。合同工期457天，合同价值约25000万元。甘肃省S208线洛门至礼县二级公路改扩建工程，起点位于洛门镇东G316线K2657+610处，止于礼县县城，路线总长81.445公里。公路等级为二级公路，设计速度采用60km/h与40km/h，路基宽度采用8.5米与12米，其余指标符合有关公路工程施工技术标准和公路路线设计规范。LLSG2标段起讫里程为

K30+000～K81+320，长51.372公里。

3.省道216、217线理塘县至稻城亚丁段公路改建工程TJ4标。合同工期24个月，合同价值约33000万元。长度44.466公里。中桥76米/1座、小桥48米/3座。

4.三门峡至淅川高速公路西坪至寺湾（豫鄂省界）段土建工程A类XSTJ-1标段。合同工期21个月，合同价值约37000万元。全长5.8公里，大中桥1180.045米/4座，涵洞通道22道，枢纽互通1处；路基挖土23.8万立方米，挖石177.6万立方米，填土方18.3万立方米，填石方81万立方米。

5.唐廊高速天津段4标段。合同工期776天，合同价值约20000万元。唐廊高速公路天津段一期工程第四标，设计范围为K15+026.036-K18+965.926全长约3.940公里，本标段路线呈西东方向，路线在宁河镇牛口庄南侧，与唐廊高速公路天津段一期工程三标修筑路终点相接，向东在张辛庄西侧斜跨宝芦公路，在张辛庄北侧上跨蓟运河及其堤顶道路在田庄坨南侧进入板桥镇界内，在齐家沽与田庄坨间斜跨齐家沽村道与路侧排涝渠，止于齐家沽大桥大桩号桥头背墙，与唐廊高速公路天津段一期工程五标相接。

6.江西寻乌至全南高速公路寻乌至信丰段土建工程B6标，合同工期18个月，合同价值约36000万元。本合同段起止桩号为K64+050-K70+000，全长5.950公里。路基挖方（挖土80.97万立方米、挖石51.7万立方米、挖除非适用材料4.1万立方米）、路基填方（69.5万立方米）；大桥1404米/4座；隧道1189米/2座；上跨分离式立交（普通钢筋砼连续梁）67米/1座；通道（钢筋砼盖板）531.85米/8座；改路（水泥砼路面）1549.5米。

7.黄冈至鄂州高速公路团风段工程.合同工期30个月，合同价值约58000万元。本标段主要工程量有：大桥900.28米/4座、中桥271.21米/4座，匝道桥715.4米/5座；涵洞63道，通道22道，天桥10道，互通式立交3处，分离式立交3处；路基挖土石方173.5万立方米，路基填筑土石方197.1万立方米；路面底基层37.8万平方米，路面沥青砼37.6万平方米。

8.营城子至松江河高速公路抚松至松江河段建设项目路基、桥梁、隧道工程YS10标。合同工期26个月，合同价值约33000万元。营城子至松江河高速公路抚松至松江河段建设项目路基、桥梁、隧道工程施工YS10合同段：起讫桩号K272+033.738～K278+650，标段长度6.62公里。标段主要内容：路面垫层、路基土石方、桥梁（大桥2座，总长1658米；中桥2座，长172米；小桥1座，总长16米）、涵洞3道、隧道1处（左洞长1624米，右洞长1602.89米）、交叉工程（互通立交1处；通道4处）、防护、排水、环保绿化及其它附属工程。

【中铁八局公路市场】 2012年中铁八局公路市场中标情况见表4-13。

表4-13 中铁八局2012年公路市场中标情况

序号	项目名称	合同金额（万元）	工期	工程概况
1	成温路改造工程	13975	195天	约1500片梁。业主：中国五冶集团有限公司
2	花溪区田园南路道路工程、花溪区新骑路道路工程、青岩污水处理厂土建工程	105000	24个月	工程概况：本工程位于贵阳花溪，单位工程项目众多，主要工程项目如下：花溪公园平桥旅游服务配套项目休闲区、停车场，青岩木制品加工厂，田园南路道路工程，新骑路道路工程，小碧乡生态养殖基地，青岩污水处理厂等。根据目前图纸到位情况，仅能施工花溪公园平桥旅游服务配套项目休闲区、停车场，青岩木制品加工厂。主要工程数量：平桥休闲区总建筑面积3169平方米，平桥停车场总建筑面积17629平方米，青岩木制品加工厂总建筑面积6250平方米。建设单位：贵州长生绿色资源发展有限公司
3	湖北省保康至宜昌高速公路襄阳段一期土建工程10标段	39494	2012.7.1-2014.12.31	本标段起讫里程为K66+800～K74+650.729，路线全长7.85千米，设大桥5座，长1910.1米，主要桥梁为任家沟1号大桥（314.8米），任家沟2#大桥（554.3米），龙王冲大桥（321米），甘河村大桥（346米），陈家垴大桥（374米）；主线路基土石挖方约198.6万立方米；设涵洞24座，共657横延米；本合同段设尚家湾特长隧道0.5座，本标段长1362.5米，峡口隧道1座，长375.5

				米，设峡口互通一处，互通内含主线桥1座，长47米。设甘河村主线上跨分离式立交1处，长57.1米。建设单位：湖北省保康至宜昌高速公路建设指挥部
4	国道昆明南连接线高速公路工程土建施工	10000	488日历天	主线全长 4.998 千米。主要包括昆河铁路跨线桥（长384m）、南昆铁路跨线桥（长1020.08米，包括箱梁顶推施工）、大冲立交GFK主线桥（长794.6米）、大冲立交B匝道桥（长618.06米）、盖板涵3座、框架涵6座、路基工程3.594千米等。业主：上海隧道工程股份有限公司昆明分公司

【中铁九局公路市场】 2012年公路工程中标12.78亿元，占中标总额的7.7%。

主要中标项目：1.朔神大道东延线一级公路施工。2012年6月中标，中标价4300万元，计划工期： 2012年6月21日开工，2012年9月30日竣工。线路全长6.35公里。

2.G205芜湖段改造(K25+770-K38+000)示范工程。2012年7月中标，中标价20400万元，计划2012年8月1日开工，预计2013年7月末竣工。线路全长12.23公里。

3.福建漳州至永安联络线漳州华安(玉兰)至新圩 6 标段工程。2012年9月中标，中标价40600万元，计划工期28个月。线路全长34.32公里。

【中铁十局公路市场】 1.沈阳市迎“十二运”城市道路系统建设改造及环境综合改造项目——马宋公路改扩建工程施工项目二标段。工期及投资：本工程计划开工日期：2012年4月27日；计划竣工日期：2012年9月30日。总投资8327.5488万元。工程范围：马宋公路改扩建工程位于沈阳市大东区、棋盘山开发区，呈东西走向，起点位于大东区工农路东端点，终点与沈北大道相交，路线全长16.344公里。

2.天津市滨海新区西中环及延长线快速路二期(京港高速公路—京津高速公路）(K4+742.598～K6+450）段工程。工期及投资：合同工期535个日历天；计划开工日期：2012年7月15日，计划竣工日期：2013年12月31日。合同价款 20781.0707 万元。工程范围：工程起点桩号为K4+742.598，终点桩号K6+450，路线全长1707.402米，总长度约 1707.402 米；桥梁面积 34084 平方米，道路面积20930 平方米。主要工程内容包括永定新河特大桥桥梁工程、道路工程、排水工程及景观照明预埋工程等。

3.十堰至天水国家高速公路甘肃段徽县（大石碑）至天水公路土建工程ST05合同段。工期及投资：计划工期为882日历天。计划开工日期：2012年8月1日开工，计划竣工日期：2014年12月31日。总投资21097.3399万元。 工程范围：本标段为ST05合同段，起点里程L1K0+800，终点里程L1K8+665.145，标段长度7.87公里。本合同段工程内容主要包括路基、隧道、桥梁。

4.青海省张掖至河南公路牙什尕至同仁段公路工程YTSG-B标段。工期及投资：本标段总工期为48个月，计划2012年9月20开工 2016年9月20日竣工。总投资36635.5999万元。工程范围：本合同段为YTSG－B标段，YK9+700（ZK9+700）～K19+900，线路长10.13公里，本合同段工程内容主要包括路基、隧道、桥梁。

5.国家高速公路网包茂公路（G65）陕西境铜川至黄陵公路TH-C22合同段。工期及投资：合同工期19个月；于2012年10月1日开工、2014年4月30日竣工。总投资18164.8221万元。主要工程量：本合同段为TH-C22合同段，里程为K148+400～K153+120，全长4.72公里。标段位于铜川市宜君县彭镇境内，主要工程项目包括路基土石方81.2万立方米，桥梁1021.04米/10座，涵洞、通道259.8米/6道，停车区1处。

6.西安市二级公路网化工程路面面层、交安、绿化工程A11标段。工期及投资：计划工期为9个月。计划开工日期：2012年1月15日，计划竣工日期：2012年8月15日。总投资1.4亿元。工程范围：A11标段为路面面层、交通安全设施、绿化工程合同段，工程范围包含蓝田安村至周至哑柏公路主线起讫里程K0+000～K57+260段，路线长57.26公里，马鸣公路连接线9.116公里，西汤公路连接线10.28公里，长安大道连接线8.097公里。路面主要结构为4厘米AC-20中粒式沥青混凝土+3厘米AC-13细粒式沥青混凝土。

7.延安至延川高速公路LJ-8标段。工期及投资：计划工期为730日历天。计划开工日期：2012年12月20日，计划竣工日期：2014年12月19日。总投资3.02万亿元。工程范围：本合同段为 LJ-8 合同段，路线起讫里程K29+500～K37+800。本合同段全长8.3公里。本合同段工程内容主要包括路基、桥梁。

8.榆神工业区大保当移民安置区道路工程N2标段。工期及投资：计划工期为24个月。计划开工日期：2012年9月1日，计划竣工日期：2014年8月31日。总投资4.28亿元。工程范围：本合同段为N2合同段，包括西环线、汉城西路、汉城北路、汉城路、安居路五条线路。本合同段工程内容主要包括路基、路面、涵洞等。

9.中铁沈阳四环快速路 BT 工程项目路面匝道工程(铁

西区）。工期及投资：计划2012年9月1日开工，2013年5月31日主线完成，计划工期9个月。总投资1.69亿元。工程范围：9.661公里，起讫里程为K121+100～K130+761。

10.宁宣杭高速公路宁国至千秋关段路基工程第4标段。工期及投资：计划工期为24个月。计划开工日期：2012年7月20日，计划竣工日期：2014年7月20日。总投资1.9亿元。工程范围：本合同段为4合同段，路线起讫里程K18+600～ K26+500。本合同段全长7.9公里。本合同段工程内容主要包括路基、桥涵。

11.徐州至明光高速公路安徽段路面5标。工期及投资：计划工期21个月，计划开工日期2012年11月，计划交工日期2014年7月。总投资2.2亿元。工程范围：路线起点桩号为K116+070.5，终点桩号为YK142+232.041，主线长度26.16公里，路面结构为4厘米厚SMS改性沥青AC-13上面层+6厘米厚SMS改性沥青AC-20中面层+8厘米AC-25下面层+36厘米厚水稳碎石基层+20厘米低剂量水稳碎石底基层，主要工程内容包括该段主线路面、桥头服务区广场路面、明光枢纽互通路面、中分带护栏安装、通信管道预埋、路面排水系统等。

12.义乌至武义公路工程（武义段）第2标段。工期及投资：计划工期为24个月。计划开工日期：2012年5月20日，计划竣工日期：2014年5月19日。总投资12348.8万元。工程范围：本合同段为第2合同段，桩号K26+200—K29+340，全长3.14公里;本合同段主要工程内容路基、路面、桥涵、绿化工程等的施工及缺陷责任。

13.杭新景高速公路建德寿昌至开化白沙关（浙赣界）段（衢州段）土建11标。工期及投资：计划工期为32个月。计划开工日期：2012年10月10日，计划竣工日期：2015年6月9日。总投资42492万元。工程范围：本合同段为第11合同段，桩号K187+400—K193+680，全长6.280公里；本合同段主要工程内容路基、三改路面、桥涵、隧道工程等的施工及缺陷责任期缺陷修复。

14.龙泉至浦城（浙闽界）高速公路土建施工LP03标。工期及投资：计划工期为24个月。计划开工日期：2012年12月1日，计划竣工日期：2014年11月30日。总投资44483.76万元。工程范围：本合同段为第LP03标合同段，全长5.58公里；本合同段主要工程内容路基、桥涵、隧道工程等的施工及缺陷责任期缺陷修复。

15.湖北省保康全宜昌高速公路襄阳段一期工程施工BYXYTJ-6标段。工期及投资：计划工期为24个月。计划开工日期：2012年6月30日，计划竣工日期：2013年6月30日。总投资28719.22万元。工程范围：本合同段为BYXYTJ-6合同段，路线起讫里程KY41+400～KY46+620。本合同段全长5.22公里。标段主要构造物：苗家沟大桥、苗家沟分离、朱家湾大桥、石门口中桥、陈家湾中桥、南山隧道（1253米）。

【中铁大桥局公路市场】1.福建省漳州至永安高速公路龙岩段A3标段，合同价41838万元，全长6.01公里，工期为2012年7月至2014年6月。主要工作量：本标段主线共有桥梁444m/2座，分离式隧道4418米/5座，涵洞250.62米/5座、通道160.23米/2座，路基1098米/土石方87万方。

2.贵州省织金至纳雍高速第5合同段，合同价49671万元，全长1.91公里，工期为2012年7月至2015年5月。主要工作量：武佐河特大桥(13×40mT梁+178+380+178米预应力混凝土斜拉桥+5×40mT梁)、寒家崖大桥(22×20米，右幅21×20米预应力混凝土T梁)、分离式立体交叉1处。

3.川藏公路（西藏境）通麦至105道班段整治改建工程第二标段，合同价34448万元，全长2.77公里，工期为2012年9月至2015年9月。主要工作量：帕隆1号隧道/1390米、混凝土梁+组合梁的混合梁斜拉桥—迫龙沟特大桥1座/743米和641米/路基土石方6万方。

4.孝感市三汊至武汉天河公路改建工程(孝汉大道三期工程)SG-5合同段，合同价24563万元，全长2.46公里，工期为2012年10月至2014年10月。

【中铁隧道公路市场】 2012年，中铁隧道公路工程新签合同额496700万元。主要项目包括：

1．四川汶川至马尔康高速公路鹧鸪山隧道工程C1标，工期：2012年3月1日至2016年8月31日，合同价65900万元；

2．京台线建瓯至闽侯高速公路南平段土建工程A5标，工期：2012年3月20日至2014年9月20日，合同价53200万元；

3．京台线建瓯至闽侯高速公路福州市境内路基土建工程A4标，工期：2012年3月20日至2014年2月20日，合同价38400万元；

4．安徽合肥长丰县合水路改造工程，工期：2012年4月1日至2012年9月30日，合同价22300万元；

5．国家高速公路网包头至茂名高速公路（G65）陕西境铜川至黄陵高速公路14标，工期:2012年5月1日至2014年9月30日，合同价39900万元;

6．安徽歙县正歙公路歙县至富堨段工程1标，工期：2012年5月18日至2013年1月17日，合同价2500万元;

7．岳西至武汉高速公路安徽段路基工程YW-02标，工期：2012年6月1日至2014年9月30日，合同价18900万元；

8．岳西至武汉高速公路安徽段路基工程YW-08标，工期：2012年6月1日至2014年9月30日，合同价24600

万元；

9. 安徽省宁宣杭高速公路宁国至千秋关段路基工程施工 NQ-07 标，工期：2012 年 6 月 15 日至 2014 年 6 月 15 日，合同价 9900 万元；

10. 沪霍公路（G312 线）宁夏境六盘山隧道临时加固、维修加固工程，工期：2012 年 4 月 10 日至 2014 年 6 月 10 日，合同价 1200 万元；

11. 青海 S308 玉树至曲麻莱段公路工程 B2 标段，工期：2012 年 7 月 1 日至 2014 年 12 月 31 日，合同价 17100 万元；

12. 寻乌（赣闽界）至全南高速公路项目寻乌至信丰段工程 LM2 标，工期：2012 年 8 月 1 日至 2013 年 7 月 31 日，合同价 34600 万元；

13. 寻乌（赣闽界）至全南高速公路项目寻乌至信丰段工程 B7 标，工期：2012 年 8 月 1 日至 2014 年 1 月 31 日，合同价 32500 万元；

14. 湖南临湘至岳阳高速公路项目土建工程 10 标，工期：2012 年 8 月 1 日至 2014 年 7 月 31 日，合同价 21900 万元；

15. 湄洲湾至重庆高速公路三明（莘口）至明溪（城关）段路基土建工程 A3 标，工期：2012 年 8 月 1 日至 2014 年 7 月 15 日，合同价 32600 万元；

16. 河南三门峡至淅川高速公路西坪至寺湾（豫鄂省界）段 XSTJ-2 标，工期：2012 年 8 月 15 日至 2014 年 7 月 31 日，合同价 54000 万元；

17. 福建海峡西岸经济区高速公路网漳州至永安联络线漳州华安（玉兰）至新圩段及漳州华安段 A8 标，工期：2012 年 9 月 27 日至 2014 年 9 月 27 日，合同价 29000 万元；

18. 湄洲湾至重庆高速公路莆田段（萩芦至五星）11 标，工期：2012 年 10 月 1 日至 2016 年 2 月 28 日，合同价 46000 万元；

19. 河北省涿州（京冀界）至石家庄公路改扩建工程项目路基桥涵、路面工程 16 标，工期：2012 年 10 月 1 日至 2014 年 4 月 30 日，合同价 27000 万元；

20. 福建省漳州至永安高速公路龙岩段路基土建工程 A2 标，工期：2012 年 11 月 1 日至 2015 年 4 月 30 日，合同价 32900 万元元；

21. 济南至广州国家高速公路平远（赣粤界）至兴宁段 9 标，工期：2013 年 3 月 1 日至 2014 年 9 月 1 日，合同价 56300 万元；

22. 甘肃省省道 301 线海石湾至岗子沟公路路基工程施工 1 标，工期：2013 年 1 月 20 日至 2015 年 1 月 20 日，合同价 31100 万元；

23. 贵州织金至普定高速公路十标段，工期：2013 年 1 月 20 日至 2015 年 1 月 20 日，合同价 40000 万元。

【中铁电气化局公路市场】 公路工程（亿元以上）1 项：辽宁省高速旺清门至南杂木高速公路机电系统 11200 万元。

【中铁航空港公路市场】 2012 年，中铁航空港集团中标项目：

1. 温州绕城高速公路西南线工程（第 1～12 标段）项目第 1 施工标段。建设单位温州绕城高速公路西南线有限公司，起终点里程为 K0+000～K6+625，路线全长 6.625 千米，主要工程项目有路基、桥梁、隧道工程等。总造价 36822.21 万元，合同工期 30 个月，2012 年 12 月 1 日至 2015 年 6 月 1 日。

2. 温州绕城高速公路西南线工程（第 1～12 标段）项目第 2 施工标段。建设单位温州绕城高速公路西南线有限公司，起终点里程为 K6+625～K9+979.5，路线全长 3.355 千米，主要工程项目有路基、桥梁、隧道工程等的施工及缺陷责任期缺陷修复。总造价 46513.78 万元，合同工期 30 个月。

3. 湄洲湾至重庆高速公路莆田段（萩芦至五星）路基土建工程 A12 合同段。建设单位莆田湄渝高速公路有限责任公司，项目位于福建省莆田市。起终点里程为桩号 YK84+129，ZK84+119.793，路线全长 5.559 千米，主要工程项目有桥梁、路基、隧道。总造价 39434.94 万元，合同工期 30 个月，2012 年 12 月 1 日至 2015 年 6 月 1 日。

4. 郑州市科学大道与西南绕城高速公路互通式立交新建工程项目。建设单位郑州交通重点工程建设管理中心，起点为大学南路，路线终点西南绕城高速公路。全长约 2.8 千米。本标为 KXDDLJ-SG 合同段，起终点里程为 2.8 千米，路线全长 2.8 千米，总造价 8753.95 万元，合同工期 24 个月，2012 年 11 月 1 日至 2014 年 10 月 31 日。

【中铁上海局公路市场】 2012 年，公司在公路市场完成营销额达 16.4342 亿元，占各类工程比重 11.57%，主要项目如下：

1. 上海嘉闵高架路北延伸（北翟路-G2 公路）及地面道路新建工程 JMB1-4 标。合同造价：71200 万元。合同工期：2012 年 6 月 16 日－2014 年 1 月 20 日。施工单位：中铁上海局一公司。

2. 安徽当涂县纬五路工程建设-移交（BT）项目。合同造价：29000 万元。合同工期：2013 年 2 月 1 日－2014 年 7 月 31 日。施工单位：中铁上海局一公司。

3. 上海嘉闵高架路南延伸（莘松路－联明路）新建工程（JMN1-2 标）。合同造价：25700 万元。合同工期：2012 年 6 月 16 日－2014 年 1 月 20 日。施工单位：中铁上海局二公司。

4. 浙江义乌至武义高速公路（义乌段）四标。合同造价：21133.5015 万元。合同工期：2013 年 5 月 2 日－2015

年 11 月 2 日，实际开工时间：2013 年 5 月 2 日。施工单位：中铁上海局二公司。

5. 芜湖市鸠江经济开发区官陡门路下穿芜马高速公路立交桥工程。合同造价：2502.4829 万元。合同工期：2012 年 10 月 25 日—2013 年 5 月 1 日。施工单位：中铁上海局第三分公司。

6. 省道 225 怀远县茨河大桥及连接线工程。合同造价：8742.3362 万元。合同工期：2012 年 10 月 15 日—2014 年 4 月 14 日（暂定）。施工单位：中铁上海局第三分公司。

7. 规划经五路（规划纬一西路—规划纬五西路）道路及排水工程 1 标段。合同造价：4979.9942 万元。合同工期：2012 年 7 月 18 日—2012 年 11 月 15 日。施工单位：中铁上海局第四分公司。

8. 中新天津生态城中部片区中泰大道（中央大道—中新大道）“一路三水”工程。合同造价：2248.0802 万元。合同工期：2012 年 12 月 30 日—2013 年 11 月 15 日。施工单位：中铁上海局第四分公司。

9. 东兰县岩滩水电站水库移民遗留问题处理规划 2012 年四级公路项目工程。工程造价：8793.7 万元。合同工期：2012 年 10 月 24 日—2014 年 9 月 24 日。施工单位：中铁上海局第五分公司。

【中铁二院公路市场】 2012 年，中铁二院在公路市政项目市场，中标 48 项，中标金额约 2.24 亿元(未计部分按费率报价项目)，新签合同额共计 58100 万元(其中公路项目新签合同额 15300 万元，同比下降 42.83%。市政工程项目新签合同额 42700 万元，同比增长 144%)。

中标项目主要有：洪雅至峨嵋山旅游快速通道新建工程勘察设计，天府新区“三纵一横”重大基础设施项目-正公路及铁路立交节点施工图设计、建设北路北延线（蜀龙路五期）等勘察设计项目。天府新区正公路及铁路立交节点施工图设计项目，是中铁二院在成都地区继人民南路斜拉桥后又一重大市政工程项目，标志着中铁二院对本土市政建设的又一重大贡献。2012 年，中铁二院公路、市政工程勘察设计中标项目详情见表 4-14：

表 4-14　2012 年中铁二院公路、市政板块中标项目汇总表

序号	项目名称	中标金额（万元）
1	哈尔滨经济技术开发区哈南工业新城京哈高速与哈五公路连接线（联盟路以东）路桥工程（二标段）	595.62
2	遵义大道（忠南快线）上跨川黔铁路立交桥工程	195.00
3	郑州市三环线快速化景观亮化设计	2.24%费率
4	拉萨市柳东大桥勘察、设计项目	2931.60
5	成都两快两射一环设计二标段	610.00
6	成华区圣灯片区基础设施配套项目一期工程	192.00
7	崇州定江桥工可及勘察设计	基准价下浮 20%
8	洪雅至峨嵋山旅游快速通道新建工程勘察设计 2 标	1600.00
9	华蓥市新华大桥工程设计	301.00
10	南充市西河南路桥隧工程竞争性谈判	基准价下浮 50%
11	天府新区“三纵一横”重大基础设施项目-正公路及铁路立交节点施工图设计	4354.00
12	长沙市星沙联络线工程勘察设计	797.00
13	南宁市长罡路污水管道下穿铁路立交涵工程	6.50
14	钦州市进口资源加工区（钦南片区）铁路专用线大榄坪站站改工程	46.00
15	G321 丹寨县羊甲至台辰公路工程勘察设计	500.00
16	贵阳市阿哈水库饮用水源保护区金竹片区污水治理工程设计	165.44
17	沙文生态科技产业园高沙路、金潘南路道路工程设计	369.74
18	沙文生态科技产业园金干北路道路工程施工图设计	451.76
19	沙文生态科技产业园沙果南路、沙果北路、四苏路及金干北路道路工程设计	659.75
20	沙文生态科技产业园四苏路道路工程施工图设计	179.59
21	遵义市官井隧道复线（互能立交）设计	基准价下浮 20%

22	遵义市嘉陵江路道路工程施工图设计	202.32
23	遵义市新火车站城市组团礼仪片区道路网络设计	480.00
24	遵义市新火车站片区新南大道工程设计	446.46
25	2011年大邑县乡镇污水处理厂配套管网续建工程设计	91.00
26	大邑县第四水厂二期工程勘察设计	156.80
27	眉山市中心城区供水管网工程项目比选	102.00
28	岷东新区西纵线市政道路工程勘察设计	408.00
29	盐亭县城石龙片区建设用地一级整理项目	221.00
30	费县县城集中供热管道下穿铁路工程	15.00
31	章丘市滨湖路下穿章丘站大机线K346+260立交桥及相关工程	45.50
32	山东众和热电有限公司供热管道工程	6.50
33	蒸汽管线钢筋混凝土防护套管张东线K9+360	4.00
34	淄川区集中供热工程	11.00
35	2012年沈抚新城城内汪双线铁路下穿框构桥、汽博大街铁路下穿框构桥工程	260.00
36	昆铁家园住宅小区工程设计	623.27
37	曲靖市经开区工业园区富靖北路勘察设计	43.81
38	腾冲机场公路改造工程勘察设计	132.00
39	镇雄县环城公路工程可行性研究报告编制	29.00
40	建水县羊街工业园区建业大道工程勘察设计及曲江站、建水站通站道路工程补充勘察设计	280.00
41	曲靖经济技术开发区百万平方米标准厂房生活配套区基坑开挖及支护工程施工图勘察技术咨询	8.00
42	彝良（红石岩）至牛街（油光坎）二级公路设计咨询	120.00
43	建设北路北延线（蜀龙路五期）项目第二标段	基准价下浮20%
44	国道108线剑阁境下寺至普安段公路新改建工程勘察设计	966.00
45	贵港市解放路、同济路建设项目勘察设计	2150.00
46	东沙绿道示范段建设工程工程勘察	173.10
47	长江大道（常青立交-范湖）工程设计	900.00
48	李纸路（南湖大道～新路村）工程	600.00
中标金额合计		22429.76

【中铁西北院公路市场】面对国家重新调整铁路建设规划，份额缩减的不利局面，中铁西北院以边坡加固、滑坡治理、工程监测、设计、施工、咨询和科研等传统优势为经营突破口，利用在中国西北、西南等地区多年来打造的良好企业品牌形象，大力拓展公路市场。2012年新签公路合同203项，主要包括滑坡病害位移监测、桥梁和隧道质量检测、施工监理、边坡加固与滑坡治理设计和施工等项目，在不良地质处理、地灾防治领域等优势专业品牌效应的引导下，承担项目覆盖到检测监测、勘察设计、施工、监理、咨询等多个业务板块，合同额占到年度总合同额的47%，并承担公路咨询、评估评价及科研类项目40个，合同额达到1480万元，极大提升了该公司在专项领域的知名度。同时，该公司在西藏地区承担了19个公路项目，其中包括波密扎木至墨脱县城公路新改建项目后续工程监理（合同额230万元，工期12个月）、中尼公路樟木至友谊桥段路基病害治理（合同额106万元，工期4个月），为中铁西北院在西藏地区公路交通、国土资源系统进一步开拓市场打开了局面。

【中铁西南院公路市场】 2012年，经营开发了省道203线公路改建工程（走马岭至溪口段）监理项目、广州至乐昌高速公路工程项目T15合同段隧道超前地质预报、映秀至汶川高速公路隧道二次衬砌质量检测、贵州省毕节至生机高速公路三坡咨询服务、南充～大竹～梁平（川渝界）高速公路项目等。公司年度公路新签合同额3886万元。

【建设分公司公路市场】 2012 年，建设分公司承揽公路市场情况：

1. 汕头至湛江高速公路揭西大溪至博罗石坝段项目先行及控制工程 X1 标。工程概况：起终点桩号为 K235+950～K237+300，该标段位于惠州市博罗县和河源市紫金县的交界处的东江河，东江特大桥长约 1028 米，跨径组合为 21×30+76+126+76+4×30 东江特大桥两头路基段长度分别为 174 米（紫金县内），148 米（博罗县内），公路等级为高速公路。合同额：1.5257 亿元；工 期：912 日历天；主要工程数量：东江特大桥 1028 米。

3. 延安至延川高速公路路基桥隧工程 LJ-10 标。工程概况：本合同段为陕西省延安至延川（陕晋界）高速公路第 10 合同段工程位于延安市宝塔区甘谷驿镇和延长县境内，距延安市区 40 千米,起止桩号为 K44+550～K48+500，全长 3.95 千米。合同额： 2.9581 亿元；工期：总工期为 24 个月，暂定开工日期计划为 2012 年 12 月 1 日，竣工日期计划为 2014 年 11 月 30 日。

4. 西安市地铁 3 号线一期工程鱼化寨至保税区段土建施工项目-8 标。工程概况：西安市地铁 3 号线一期工程鱼化寨至保税区段（不含试验段）土建施工项目 TJSG-8 标段，包括一个车站两个区间，即北池头站、小寨站～大雁塔站区间和大雁塔站～北池头站区间的土建工程施工。标段起讫里程为 YDK21+613.952～YDK24+461.502，跨度总长 2647.55 米。合同额：3.6477 亿元；工 期：966 日历天，计划 2011 年 12 月 1 日开工，2014 年 7 月 24 日竣工；

5. 长安南路项目。工程概况：主要内容包括路基、路面、桥梁及排水工程等；其中长堰溪大桥共分两联，全长 188 米，上部结构为预应力混凝土连续箱梁，桥跨布置为 6×30 米。合同额：3648 万元；工期：210 日历天。主要工程数量：路基土石方 9.17 万方，路面工程 3.28 万平方米，人行道方块及附属工程及旧路改造、绿化工程；桥梁工程 188 延米。

【华铁咨询公路市场】1. 海口市快速路网骨干工程海秀快速路（一期）监理 1 标（工期：2012.10-2014.9 总投资：10 亿）

2. 西气东输三线天然气管道东段（江西吉安—福建福州）工程隧道工程委托监理（工期：2012.7-2013.8 总投资：10 亿）

2. 四川省绵阳至遂宁高速公路遂宁段项目麻柳坪互通式立交施工监理（工期：2012.7-2013.5 总投资：2 亿）

桥隧市场

【中铁大桥局桥隧市场】 2012 年，中铁大桥局中标主要工程：

1. 新建大准至朔黄铁路联络线项目 ZC 铺架-2 标段，合同价 42920 万元，主要工作量：T 梁制架 2748 片，铺轨 78.968 千米，工期为 2012 年 2 月至 2013 年 8 月。

2. 港珠澳大桥主体工程桥梁工程土建工程及组合梁施工 CB05 标段，合同价 373885 万元，全长 6.653 公里，工期为 2012 年 6 月至 2017 年 3 月。

3. 新建蒙西至华中铁路荆岳段公安长江公铁两用特大桥和洞庭湖特大桥工程 MHQS-01 标，合同价 342141 万元，全长 16.77 公里，工期为 2012 年 12 月至 2017 年 12 月。主要工作量：特大桥 2 座，湖北公安长江公铁两用特大桥，全长 6.32 公里，湖南洞庭湖特大桥，全长 10.45 公里。

4. 武汉青山长江公路大桥工程，合同价 409892 万元，全长 7.494 公里，工期为 2013 年 10 月至 2017 年 9 月。

5. 江苏省南通市东方大道快速路高架工程，合同价 36327 万元，全长 2.73 公里，工期为 2012 年 5 月至 2013 年 9 月。

6. 江苏宜兴市太湖大道跨芜申运河桥梁新庄大桥工程，合同价 21752 万元，工期为 2012 年 7 月至 2014 年 5 月。

7. 江西省吉安永和大桥新建工程，合同价 30010 万元，全长 2.42 公里，工期为 2012 年 5 月至 2014 年 3 月。

8. 江苏南通市通州区东沙大桥及接线工程，合同价 45157 万元，全长 3.24 公里，工期为 2012 年 3 月至 2014 年 12 月。

9. 郑东新区北三环隧道及地面道路工程施工第七标段，合同价 39523 万元，隧道长 1.29 公里，工期为 2012 年 6 月至 2013 年 4 月。

【中铁四局桥隧市场】 2012 年中标的主要工程：

1. 江苏海安通榆路南屏大桥桥梁工程。合同造价 13139.85 万元，合同工期:2012 年 9 月 1 日～2013 年 5 月 30 日。通榆路是连接海安县城与江海高速公路的重要道路，是海安县城通往南通、上海、盐城的便捷通道，是海安对外的“窗口”。通榆路南起海安与如皋的县界，向北依次连接江海高速公路海安南互通、南屏大道、328 国道、黄海路、长江路、江海路，终点接221省道，路线全长12.3公里。通榆路南屏大桥工程路线起点桩号K4+961.392，终点桩号K6+643.991，路线全长1.683公里。

2．江苏省连申线海安段航道整治工程桥梁施工项目LSX-SG-QL2标。合同造价:18572.59万元，合同工期::2012年1月10日～2013年12月31日。连申线是江苏省干线航道网规划“两纵四横”中的第二纵。LSX-SG-QL2标段主要施工内容为仁桥大桥、向阳桥、海田桥和千禧桥共4座桥梁的主桥工程、引桥及接线工程、老桥（路）拆除、航道工程（桥梁上下游各50米范围内的航道工程）、附属工程以及为实施以上工程所必须的相关预埋件的预埋及临时工程的施工和缺陷修复。

3．苏南运河镇江段三级航道整治工程桥梁项目SNZJ-QLSG1标段。合同造价:4056.95万元，合同工期:2012年6月26日～2013年5月31日。苏南运河北起长江谏壁口门，南至江浙交界的鸭子坝，全长约211.926公里。

4。江苏省锡澄运河江阴段航道整治工程桥梁施工项目XCYH-SG-QL3标段。合同造价:12128.48万元，合同工期:2012年10月10日～2014年9月30日。锡澄运河三级航道整治工程起自于无锡市北塘区(黄巷街道)锡澄运河与京杭大运河交界处，终止于江阴市夏港河与长江汇合处。全长39.74公里，其中北塘区2公里，惠山区11.5公里，江阴市26.24公里。本次中标的XCYH-SG-QL3标段工程内容包括时家村桥、黄昌河三号桥、凤凰山桥、茶岐桥、璜观桥5座桥梁的主桥工程、引桥、匝道桥工程、接线（含匝道）工程、老桥拆除、航道工程（新建及改建桥梁的上、下游50米范围内的航道工程）、附属设施以及为实施以上工程所必须的相关预埋件的预埋以及临时工程的施工与缺陷修复。

5．南宁市英华大桥工程。合同造价：4930.383万元。合同工期： 2012年10月15日～2014年9月14日。英华大桥起于西岸风亭路，上跨亭江路，向东跨越邕江后，在柳沙半岛接英华路与半岛环线交叉口。主桥采用单索面悬索桥方案，引桥均采用现浇连续箱梁。

【中铁十局桥隧市场】 1.贵州省毕节至生机（黔川界）公路路基、桥隧工程6标。工期及投资：计划2012年7月1日开工，2014年6月30日。总投资38179.03万元。主要工程量：本工程总挖方27.5万立方米，总填方11.1万立方米。防护及排水工程15028立方米。大桥5座，隧道3座，涵洞3道。

2.开运街南延长线上跨铁路立交桥工程。工期及投资：合同工期426天。总投资12000万元。主要工程量：四联预应力混凝土连续梁桥，2×(3×30)+(30+50+30)+30+(35+60+35)+(3×30)，桥全长544.30米。

3.长春市机场大道高架桥（远达大街—杨浦大街）工程东环城路下穿长图铁路立交桥工程。工期及投资：合同工期578天；建设工期：2013年3月1日到2014年9月30日。总投资39500万元。主要工程量：行车框构长198米，宽63.6米，共12593顶平方米。U型槽63米，新建道路结构47987平方米。

4.昆明铁路局南昆、威红线新建棚洞工程。工期及投资：计划工期为286日历天。计划开工日期：2012年2月19日，计划竣工日期:2012年11月30日。总投资3938.9211万元。工程范围：南昆线罗平至羊者窝区间，K572+600-K573+100；威红线新坪田至瓦窑田区间，K14+577-K14+677；威红线瓦窑田至小雨谷区间，K19+466老鹰岩隧道进、出口；威红线威箐站，K39+405-K39+505。本合同段工程内容主要包括路基、桥涵、隧道及明洞、轨道。

5.合肥市铜陵路高架涉铁工程第三标段。工期及投资：合同工期360个日历天，预计开工日期：2012年4月28日。总投资13339.8377万元。主要工程量：本工程是为上跨合肥火车站咽喉处的铁路桥，设计里程范围为：K6+924.85～K7+609.85，桥长685米，主桥两端接高架；两侧匝道桥自主桥K7+324.85～K7+495.9接地面道路，桥长171.05米，台后路基范围为：K7+495.9～K7+550.485，路基长度54.585米，其中道路设计行车速度为60公里/小时，匝道桥行车速度为30公里/小时。

6.2014青岛世界园艺博览会园区基础设施建设项目外环路隧道工程。工期及投资：计划2012年2月15日开工，2012年8月15日竣工，总工期6个月。总投资1102.964万元。主要工程量：隧道起点位于A2线道路桩号K1+126处，终点位于道路桩号K1+224处，长98米。

7.建平县红山新城繁荣路公铁立交桥工程。工期及投资：2012年7月21日—2013年1月20日（184日历天），总投资2862.18万元。主要工程量：本桥为铁路上跨桥，总长275米，桥宽28.5米清单编制项目。

8.长沙路跨铁路高架桥工程。工期及投资：本工程暂定工期240天，按国家规定的工期定额执行，满足招标文件要求。暂定开工日期2012年11月15日，暂定竣工日期2013年7月12日，实际开工日期以招标单位书面通知为准。总投资5159.51万元。主要工程量：本次长沙路跨铁路工程实施范围为5号、6号、7号三联桥以及人行桥RQX1号、RQX2号、RQX3号和两侧梯道。桩号范围K0+823-K1+145。

9.邳州市东兴路下穿陇海线铁路立交桥扩孔工程。 工期及投资：合同工期305天，计划开工日期：2012年3月1日，计划竣工日期：2012年12月31日。总投资1582.0863万元。主要工程量：既有1-5.0米箱形立交桥拆除，新增2-9.0米分离式框架桥（9.0米机非一体车道+9.0米机非一体车道），框架主体设计长度为13.0米，配套新建泵房24.62

平方米，新建生产房屋 104 平方米，新建沉井一座（D=5000），格栅井、出水池各 1 座。

10. 陇海线 K304+640 芒砀路立交桥扩孔改造工程。工期及投资：合同工期 305 天，计划开工日期：2012 年 3 月 1 日，计划竣工日期：2012 年 12 月 31 日。总投资 1611.1876 万元。主要工程量：既有立交桥孔径为：3.0 米+8.0 米+3.0 米三孔分离式箱形桥，现拆除西侧既有 3 米边孔，保留既有 8 米中孔与东侧 3 米边孔，并于西侧边孔原位处新建 8.0 米+5.0 米两孔分离式箱形桥，分别作为机动车道与人非混合车道。新建两孔箱形桥跨径 8.0 米+5.0 米，为并列等高两座单孔框架结构，单孔间间距为 0.1 米，框架长度为 14 米，两端开口 U 型槽长度为 3 米；引道设计范围：北 1+007～南 0+85.9，长 192.9 米。

11. 清流高架（跨清流河桥）工程。工期及投资：合同工期 240 天，计划开工日期：2012 年 6 月 19 日，计划竣工日期：2013 年 2 月 19 日。总投资 5734.0123 万元。主要工程量：清流河大桥桥梁总长 210 米，桥宽 46 米，其中两侧各为 2.5 米、3 米 宽的非机动车道和人行道，中间为 30 米宽的车行道。桥型采用飞燕式钢管混凝土拱桥，主桥全长 180 米，为三跨拱式结构，其具体孔跨布置为 30 米+120 米+30 米，边中跨比为 0.25。主拱肋、边拱肋横桥向内倾 9°。主跨跨径 120 米。

12. 连云港 204 国道新浦连接线（郁洲路）下穿陇海铁路立交工程。 工期及投资：合同工期 520 天，计划开工日期：2012 年 6 月 28 日，计划竣工日期：2013 年 11 月 30 日。总投资 8342.9625 万元。主要工程量：郁洲路下穿陇海铁路结构采用 4 孔（8+12+12+8）米分离式钢筋混凝土框架结构，箱身长度为 27 米(正交尺寸)，为提高顶进施工的安全性，箱身两侧各设一段长度为 5 米(正交尺寸)的开口箱。引道工程总长 353 米，排水泵站 1 座，尺寸为 φ×H=9 米×15 米。

13. 滁州市南湖四期-古胜桥工程。工期及投资：合同工期 180 天，计划开工日期：2012 年 7 月 17 日，计划竣工日期：2013 年 1 月 17 日。总投资 1193.2972 万元。主要工程量：古胜桥桥宽 24 米，桥梁形式为单跨上承式钢筋混凝土拱桥，净跨 22.56 米，净矢高 4.39 米，桥面全长 58.12 米。

14. 海安县 328 国道下穿宁启铁路立交桥工程。工期及投资：合同工期 150 天，计划开工日期：2012 年 9 月 18 日，计划竣工日期：2013 年 2 月 15 日。总投资 4091.5986 万元。主要工程量：新建宁启下行货线 L3DK7+102.94 处与 G328 交点处的 3 号箱身，箱身斜长 12 米，箱身外高 10.8 米；辅道箱身为（2 孔 12 米×6.05 米）；西 U1～U18 和东 U1～U13 的 U 槽共 31 节；G328 线 K24+519.44～K25+330 段和辅道 FK0+000～FK1+157.883 段的路基路面、排水及泵站 1 座。

15. 新沂市郯新路上跨陇海铁路立交桥工程。 工期及投资：合同工期 365 天，计划开工日期：2012 年 12 月 26 日，计划竣工日期：2013 年 12 月 26 日。总投资 3271.8789 万元。主要工程量：郯新路上跨陇海铁路立交桥跨布置：(3×30 米)小箱梁+48 米小箱梁+(4×33 米)小箱梁+48 米小箱梁+(3×33 米)小箱梁+(4×30 米)小箱梁，桥宽 17.5 米。

16. 济南市二环西路下穿铁路立交桥改造工程.中标项目名称：济南市二环西路下穿铁路立交桥改造工程。建设单位：山东济铁建设监理工程公司。工程地点：济南市。工期：本工程计划于 2012 年 4 月 20 日开工，2013 年 4 月 30 日竣工，总工期375日历天。工程造价：10094.4万元。主要工程量：C40 钢筋混凝 5638.1 立方米，钢筋 1172.6 吨，C30 钢筋砼挖孔桩 1822 立方米，C25 速凝砼 3660.8 立方米，挖土方 118788 立方米。

其他建筑市场

【中铁一局其他建筑市场】 2012 年，中铁一局承揽其他建设市场情况：

1、平潭综合实验区金井湾大道道路工程 I 标段（娘宫～先建一路段）。 中铁一局中标中铁一局厦门公司施工。该工程定位于对现状万宝路进行功能升级，道路分为南、北线。北线起点为 NK1+340,终点为 NK4+169.8.3，道路全长 2.82983 千米。中标日期：2012 年 2 月 2 日；中标价：47146 万元；合同工期：2012 年 2 月 15 日-2013 年 2 月 14 日；业主单位：平潭综合实验区土地储备中心。

2、南充市顺庆区地下商业开发及地下通道 BOT 项目建设工程。中铁一局中标中铁一局四公司施工。该工程位于南充市顺庆区，包括人民南路至西河大桥高架桥、团结商务酒店路口南北向高架桥、地下 5 万平方米的商业工程等，总投资约 12 亿元，总工期 600 天，其中两座上跨桥、地下通道工程工期 240 天。中标日期：2012 年 5 月 16 日； 中标价：12 亿元；合同工期：2012 年 6 月 12 日-2014 年 2 月 4 日；业主单位：汉森恒发投资有限公司。

3、西安市第二污水处理厂二期建设工程总承包项目。西安市第二污水处理厂二期工程位于西安市昆明路以南，富裕路以北，阿房路以西，总占地面积 394 亩。该工程由中铁一局市政环保公司和西北市政设计研究院联合体中标，中铁一局市政环保公司为联合体主体方。工程建设总规模为 20 万立方米/日，污水处理工艺采用曝气沉砂池、辐流式初沉池和倒置 A2/O 工艺，工艺流程为进出水沉淀、混凝沉淀、纤维转盘过滤、液氯消毒。出水水质执行《城镇污水处理厂污染物排放标准》(GB18918-2002) 一级A标准。中标日期：2012年7月3日；中标价：3.135亿元；合同工期：2012年6月19日-2013年6月30日；业主单位：西安兴蓉投资发展有限责任公司

4、福建平潭金井湾II标(先建一路-坛西立交段)。中铁一局中标中铁一局厦门公司施工。该工程II标段(先建一路段～坛西立交段)，道路全长约2.396公里，本道路分为北线和南线进行设计，北线起点桩号NK4+092，终点桩号NK6+495.687，南线起点桩号SK4+092，终点桩号SK6+496.414。金井湾大道道路标准横断面红线宽度80米。中标日期：2012年9月24日；中标价：5.6亿元；合同工期：2012年7月1日-2013年12月31日；　业主单位：平潭综合实验区金井湾大道建设指挥部。

5、福建平潭环岛公路（流水至平原段）。中铁一局中标中铁一局厦门公司施工。该工程位于平潭岛东北部。项目起点位于流水镇谢厝村与环岛路(龙王头至山门段)终点相接，终点位于平原镇上攀村，路线总长度为14.685公里（K0+000～K14+684.801)。中标日期：2012年9月24日；中标价：4.8亿元；合同工期：2012年7月1日-2013年12月31日；业主单位：平潭综合实验区金井湾大道建设指挥部。

7、河源市迎客大桥及连接线工程（BT建设模式）。中铁一局中标中铁一局广州分公司施工。该工程位于河源市南部，跨东江，为四索面独塔斜拉桥，桥梁总长为834米，双向八车道，主桥面宽48.5米，引桥宽46米。连接线工程起点为迎客大桥东桥头路线，与东环路、X168线平交，与河源市东环高速公路高望出口相接，路线全长5.2公里。路线采用一级公路结合城市主干路功能的标准，路基宽度46米，双向八车道。合同总概算4.86亿元，合同工期24个月；中标日期:2012年10月16日;中标价:3亿元;合同工期:2012年10月1日-2014年10月31日；　业主单位：河源市交通运输局。

8、海口市快速路网骨干工程海秀快速路（一期）工程施工承包。中铁一局中标中铁一局五公司施工。该项目位于海口市，工程总长度3.892KM，主要内容是桥梁、道路、排水及附属工程。中标日期：2012年10月24日；中标价：10亿元;合同工期：2012年10月1日-2014年10月31日；业主单位：北京新颐华卓投资有限公司。

9、苏州市中环快速路高新区段（312国道-玉山路南）二标段。中铁一局中标中铁一局上海分公司施工。该标段北环西延主要工程内容包括主线高架桥、互通匝道及地面道路；高架桥起止里程为JFK1+924.512-JFK2+639.312，主线长714.8m，设计为钻孔桩基础，上部结构为现浇梁、预制箱梁及钢箱梁；互通立交A、B、C、D、E、F、G、H匝道共8条，全长约4181米。中标日期：2012年12月4日；中标价：3.63亿元；合同工期：2012年11月15日-2014年8月31日；业主单位：苏州高新区市政工程部。

10、喀什市阿瓦提路工程。中铁一局中标中铁一局三公司施工。该工程位于新疆喀什市，地处边境地区，属喀什市阿瓦提路工程BT建设项目。阿瓦提路市政工程道路红线宽60米，全长9.38km。道路沿线基本为一片地势平坦的绿洲平原，分布有农田、水库及自然村落。大部分地块尚未开发建设，公共服务配套设施不完善。工程内容为路基、桥梁、路面、交通设施和交通监控。主要技术标准：道路等级为城市主干路；设计时速50km/h；道路标准轴载BZZ-100，路面结构为沥青砼路面。中标日期：2012年12月6日；中标价：4.27亿元；合同工期：2012年7月15日-2013年11月15日；　业主单位：喀什市重点项目建设管理中心。

【中铁二局其他建筑市场】 2012年，公司利用大型国有上市公司平台和综合实力，充分发挥其资信度高的优势，创新多种“金融+施工总承包”经营模式，采取不垫资或小额垫资撬动大规模施工总承包合同项目，取得较好成效。今年先后参加福建闽侯荆溪小城镇安置房、昆明五华区回迁安置房、海南清水湾棕榈泉花园、成都东大街D10号地块、成都汇日国际广场、隆鑫.重庆中心、合肥新桥阳光半岛和宝利丰广场等近20个项目的开发。2012年，市政项目中标40项，金额115亿元，房建项目中标106项，金额114亿元，其它项目中标82项，金额16.95亿元。与上年相比，房建工程降幅为44.8%，市政工程增幅为221.2%。

【中铁三局其他建筑市场】 市政项目11项，11.9亿元，占3.59%；房建项目34项，41.4亿元，占11.33%；

【中铁四局其它建筑市场】 2012年,中铁四局在市政市场共承揽项目68个，总价值94亿元；在房建市场共承揽项目61个，总价值24亿元；在水利水电市场共承揽项目2个，总价值3.44亿元；在港口与航道市场共承揽项目5个，总价值4.14亿元；在机场市场共承揽项目2个，总价值0.4亿元。

1. 内蒙省道301线黑河至黑山头公路根河至拉布大林段一级公路工程施工GLTJ-2标。合同造价：17262.6万元，合同工期：2012年5月1～2014年10月30日。本项目是呼伦贝尔市重点规划中的一条公路。项目路线起点位于省道301线里程碑K372+600处，终点位于拉布大林镇省道201线里程碑K167+580处，路线总长125.762公里。GLTJ-2标段为GLTJ-2合同段，起讫里程为K9+000～K25+000。

2. 安徽省芜湖市弋江路北延一期工程。合同造价：31718.69万元，合同工期：2012年7月20日～2013年8

月31日。

3. 江苏省阜宁至建湖公路路基桥梁施工FJ-JH2标。合同造价：18330.26万元，合同工期2012年8月30～2014年5月30日。JH-2标段起点桩号K29+129.250，终点桩号K36+700；线路全长7.571

4. 唐津高速公路扩建工程2标。合同造价：18959万元。合同工期：2011年11月1日～2014年9月30日。线路全长4017.37米。

5. 塘承高速公路二期三标段。合同造价：15856万元。合同工期：2011年12月15日～2013年10月31日，受业主资金及征地拆迁影响，工期延后。本标段工程范围K76+943.2～K83+950，路线全长7006.8米（按招标文件补遗书的规定）。其中K76+943.2～K78+466.13为林南仓铁路分离式立交，线路长度1520.000米，桥梁面积50160平方米。

6. 天津市汉沽区污泥干化处理项目。合同造价：2815万元。合同工期：2011年6月28日-2012年03月31日。

7. 银川第六污水处理厂建设项目设计采购施工（EPC）总承包项目。合同造价：8323万元。合同工期：2011年8月7日～2012年10月30日。

8. 临港工业区部分道路工程渤海十八路道路排水工程。合同造价：7882万元。合同工期：2011年8月1日～2012年6月30日。

9. 天津滨海新区轻纺经济区二期市政基础设施工程五标段。合同造价：5120万元。合同工期：2011年08月25日～2012年05月30日。

10. 湖南永州冷水滩下河线污水处理厂二期。合同造价：3005万元。合同工期：2012年8月～2012年.6月。

11. 成都市青白江区污水处理厂技改项目（二期）。合同造价：11700万元。合同工期：2012年2月16日～2012年5月31日。

12. 山东胶南污水处理厂。合同造价：7916万元。合同工期：2012年3月1日～2013年3月31日

13. 昆明嵩明县污水处理及再生水工程、安宁市第二自来水厂供水工程。　　合同造价：9310万元。合同工期：2012年6月30日～2012年12月31日。

14. 津南污水处理厂（一标）工程。合同造价：12000万元。合同工期：2012年8月9日～2013年9月30日。

15. 贵州三黎高速公路LJ16合同段。合同造价：18368.9万元(暂定金额1610万元)。合同工期：2012年9月13日～2014年9月12日。

15. 贵州毕都高速T4标。合同造价：38138万元。合同工期：2012年6月15日～2014年6月15日。

16. 贵州毕都高速T14标。合同造价：3.52亿元。合同工期：2012年12月～2015年5月。里程起讫桩号为K196+200～K202+650，全长6.45公里。

17. 九江绕城高速。合同造价：19645.2万元。合同工期：2012年10月1日～2014年1月31日。

18. 阜盘高速公路北延伸线。合同造价：15683万元。合同工期：2011年3月～2012年6月。第三合同段起止里程为K4+914.4-K6+717.5，路线全长1803.1米，

19. 合肥金屯立交桥匝道工程。合同造价：5000万元。合同工期：2012年6月30日主体完成。

20. 贵州黔东工业区城市道路工程。合同造价：16500万元。合同工期：2011年9月7日～2012年12月31日。本标段起讫里程为K4+000～K6+805.537，线路全长2805.537米，包括路基工程，桥涵工程。本标段路基工程总长2350.197米。

21. 阜阳北路高架桥项目。合同造价：26126.55万元。合同工期：2012年4月～2013年6月。承建第四标段位于二环路以内，起讫里程为K7+101～K9+735(工程终点)，道路全长2634米，其中高架主桥长2456米。

22. 合肥市铜陵路高架工程三标段。合同造价：22596万元。合同工期：2012年5月～2013年5月。路线全长1741.850米。

23. 江东路部分节点改造工程项目。合同造价：35242.2万元。合同工期：2012年10月～2013年12月。

25. 重庆两江新区水土高新园次干道及支路一期工程。(1)重庆两江新区水土园Z3路一标项目；合同造价：1387.2万元。合同工期：2012年2月～2012年6月。（2）重庆两江新区水土园次干道及支路一期工程项目。合同造价：5799.3万元。合同工期：2012年1月～2012年12月。

26. 铜陵市滨江大道北段二期工程。合同造价：12260万元。合同工期：2011年11月～2014年5月。

27. 京台线建瓯至闽侯高速公路福州境内段路基土建施工JTA6标。合同造价：410201410.3元。合同工期：2012年5月1日至2014年4月30日。JTA6合同段路线全长7.4公里，起点桩号K126+000，终点桩号K133+400,。

28. 贵州省织金至纳雍高速公路路基、桥隧施工6标。合同造价：2043.46万元。合同工期：2012年1月1日～2014年6月30日。合同段路线全长11.22公里。

29. 贵州省余庆至凯里高速公路路基、桥隧工程第七合同段。合同造价：3110.47万元。合同工期：2012年4月28日～2014年4月28日。本合同段全长6.0公里。

30. 海峡西岸经济区高速公路网沈海复线柘荣至福安段路基土建工程施工A6标。合同造价：5246.97万元。合同工期：2012年11月10日～2014年11月30日。

31. 南平市武夷新区滨江西路、南林大道、纬三路、南林大桥工程施工项目Ⅰ标段。合同造价：1300.58万元。合同工期：2012年10月15日～2013年3月29日。

32．澳前海峡客运码头疏港道路建设项目。合同造价：8936万元。 合同工期：2012年8月～2013年5月。

33．十天高速公路四标。合同造价：35782万元。 合同工期：2012年8月～2014年12月。路线全长5.939公里。

34．三星电子快速干线公路项目。合同造价：18897万元。 合同工期：2012年9月1日～2013年8月31日。

35．巢湖市裕溪路改造工程（BT）。合同造价:28388万元(含预留金1600万元),合同工期:2012年7月6日～2013年7月31日。路线总长6.873公里，实际改造长度6.439公里。。

36．合肥市方兴大道工程（BT）。合同造价：89206万元（含预留金4600万元）。合同工期：2012年10月28日～2013年10月27日。

【中铁五局其他建筑市场】1、昆明王家营标准工业厂房建设项目一标段。中铁五局承建，系新建工程。项目地点昆明市呈贡区大冲工业园。合同总额5414万元。建设单位：云南泛亚物流集团有限公司，设计单位：西南有色昆明勘测设计（院）股份有限公司，监理单位：成都衡泰工程管理有限责任公司。2012年5月11日开工，竣工2012年10月8日，工期延长。年累完成产值4747.44万元，开累完成5207万元，剩余价值207万元。

2、开阳县环湖新区土地一级整理环湖大道、迎宾大道工程。 中铁五局承建。环湖大道长550米（含148米桥），宽32米；迎宾大道长2919米（含256米桥），宽40米。建设单位：中铁五局集团置业开阳投资有限公司，设计单位：贵州省建筑设计研究院，监理单位：贵州三维工程建设监理咨询有限公司。开工时间：2012年7月9日，合同工期两年。开累产值完成7348万元，剩余产值13642万元。

3、贵阳市南明区中坝路保障性住房建设工程B标段。中铁五局承建，新建工程。项目地点位于贵阳市中坝。该工程为保障性住房工程，项目由6栋高层建筑物组成，其中3栋30层，3栋32层，总建筑面积130000平方米。合同总额18179.8万元。建设单位：贵阳市公共住宅建设投资有限公司，设计单位：贵州省建筑设计研究院，监理单位：国龙项目管理有限公司。2012年3月1日开工，计划竣工时间2014年3月。年累完成9564万元，开累完成12732万元，剩余价值5447.8万元。

4、贵州省贵阳市新王府公寓1、2、3、5号商住楼。 中铁五局承建。4栋商住楼：地上商业三层,住宅32层,地下室四层,建筑高度98.8米,框架剪力墙结构。主要工程数量：房屋面积105395平方米。合同总额11430万元。建设单位：贵州兆基房地产开发有限公司，设计单位：贵州化兴建设监理有限公司，监理单位：中国华西工程设计建设有限公司。2009年4月10日开工，竣工时间2012年12月31日前。年累完成2074万元，开累完成13340万元，剩余价值854万元。

5、贵州省遵义市水榭花都项目。中铁五局承建。4栋高层商住楼，裙楼5层，上部结构27层。主要工程数量：房屋建筑面积127162平方米。合同总额11292万元（现14704万元）。建设单位：遵义瑞港企事业主地产开发有限公司，设计单位：贵州化工医药规划设计院，监理单位：贵州建工监理咨询有限公司。2007年9月23日开工，合同工期585天。年累完成1413万元，开累完成14704万元。2012年6月25日至2012年9月25日进行收尾工作。

6、贵州大学花溪校园扩建工程7标。 中铁五局承建。贵州大学花溪校园扩建工程第7标段位于贵州省贵阳市花溪区吉林村。本标段总建筑面积约141260平方米，合同总额22388万元（现24403万元）。建设单位：贵州大学，设计单位：贵阳市建筑设计院有限公司，监理单位：贵州三力建设监理有限责任公司、贵州弘典工程建设咨询有限公司、贵州国龙项目管理咨询有限公司。2010年11月15日开工，合同竣工时间2011年6月12日。年累完成2578万元，开累完成24403万元。交验。

7、贵州都匀福安凯莱大饭店工程。中铁五局承建。建筑面积：地下室48448平方米，地上62000平方米，高度104.4米，框架-剪力墙结构，层高3.3-20.4米，标准层3.3-4.1米，地下5层，地上24层。五星级酒店2.5万平方米，酒店式公寓1.7万平方米，裙房建筑（商业及停车场）6.9万平方米。房屋建筑面积110448平方米。合同总额16800万元。建设单位：贵州黔南福安房地产开发有限公司，设计单位：重庆市卓创国际工程设计有限公司，监理单位：贵州建工监理咨询有限公司。2010年4月22日开工，合同竣工时间2011年6月21日。年累完成288万元，开累完成3935万元。2012年3月25日至2012年9月停工清算。

8、贵州贵阳银海元隆广场（A区）1、2#楼。中铁五局承建。2栋商住楼，地下室4层，标高-21.2米，上部31层（其中：裙楼2层，住宅29层）；10#楼：859万元，7451平方米（-2、6层）；消防工程2008万元。总建筑面积85396平方米。合同总额15057万元。建设单位：贵州银海益沣房地产开发有限公司、贵州地矿投资有限公司，设计单位：贵阳市建筑设计院有限公司，监理单位：贵州建工监理咨询有限公司。2010年7月5日开工，合同工期650天，总工期至2012年4月21日。年累完成3490万元，开累完成14213万元。

99、青海交通职业技术学院新校区生活保障区建设工程施工A标段。中铁五局承建。学生公寓4栋38407平方米，共6层，建筑高度20米 ；老师公寓1栋面积2718平方米，共6层，建筑高度18米；食堂及后勤服务中心1栋，面积18330平方米，共4层，建筑高度18米。合同总额12231.1192

万元。建设单位：青海省地方铁路局，设计单位：青海建筑勘测设计研究院，监理单位：青海省工程监理公司。2010年9月29日开工，合同竣工时间2012年9月30日。年累完成5007万元，开累完成12465万元，剩余价值1266万元。

10、青藏花园五期项目（青藏铁路公司职工保障性住房项目。中铁五局承建。13栋房屋，其中，10栋33层，2栋30层，1栋12层。建筑面积264861平方米。合同总额46960万元。建设单位：青藏铁路公司生活基地建设指挥部，设计单位：中国中建设计集团有限公司。开工时间2012年2月20日，竣工时间2014年8月8日。年累完成12110万元，开累完成15727万元，剩余价值31233万元。

11、成都清水·路苑六组团项目。中铁五局承建。本工程位于成都青羊区黄土村武清路段（原成都西货场）总组团街区的西南角，占地面积3.2万平方米，总建筑面积约15万平方米，由11栋18层住宅楼及一层地下车库和配套小区商业建筑构成。合同总额27009万元。建设单位：成都铁路地区旧改中心，设计单位：四川建筑西南设计研究院有限公司，监理单位：四川康利建设项目管理有限责任公司。开工时间2010年10月15日，竣工时间2012年10月3日，实际开工2010年5月1日，合同工期720天。年累完成5404万元，开累完成27009万元。

12、贵阳市乌当区新庄村公租房工程。中铁五局承建。工程位于贵阳市乌当区新庄村，分廉租房（含L-4、L-6、L-7、L-8、L-9、L-10、L-11共7栋），公租房（G-1、G-2、G-3共3栋），公共设施（幼儿园、小学、球场），总建筑面积约187000平方米。合同总额23913万元。建设单位：贵阳市公共住宅建筑投资有限公司，设计单位：华西建筑设计院，监理单位：贵州化兴建设监理有限责任公司。2011年11月1日开工。年累完成4050万元，开累完成4050万元，剩余价值19863万元。

13、中铁贵龙新村项目。中铁五局承建。项目位于贵州省龙里县谷脚镇。主要工程数量：建筑面积100000平方米。合同总额28764万元。建设单位：中铁贵州旅游文化发展有限公司，设计单位：贵州筑城建筑设计有限公司，监理单位深圳广厦顾问有限公司。实际开工2011年11月10日，竣工时间2012年8月31日。2012年已完工程数量144202平方米、未完工程数量37141平方米。年累完成23388万元，开累完成23388万元，剩余价值5376万元。

14、西气东输三线东段隧道工程第2EPC项目。中铁五局承建，新建工程。项目地点江西省瑞金市（福建省长汀县）。本标段隧道长度6.7554公里，位于江西省瑞金市境内。合同总额13689.9673万元。建设单位：中国石油天然气股份有限公司管道建设项目经理部，设计单位：中铁二院集团有限责任公司；监理单位：华铁工程咨询有限责任公司西气东输三线东段隧道工程监理项目部。2012年9月24日开工，合同竣工时间2013年8月31日。年累完成6231.13万元，开累完成6829.13万元，剩余价值6860.84万元。

15、牛栏江-滇池补水输水线施工12标大五山隧洞。中铁五局承建，系新建工程。项目地点昆明市盘龙区双龙乡庄房村。本标段为输水线路桩号103+838.701～107+764.445。合同总额17340.94929万元。建设单位：云南省牛栏江—滇池补水工程建设指挥部，设计单位：中国水电顾问集团昆明勘测设计研究院。监理单位：北京海策工程咨询有限公司。2012年1月15日开工，竣工日期2013年9月30日。年累完成产值10898万元，开累完成16424万元，剩余价值917万元。

16、贵阳市花溪南部污水处理厂及配套管网工程。中铁五局承建，项目地点贵阳市花溪大学城。污水管起讫里程：K0+000～K6+331.308，临时压力管起讫里程为K0+000～K3+178，管道线路总长9.5千米。本工程工程重点：是贵阳市花溪区南部新建污水处理厂新建截污管，管径为DN600，长约1690m、截污管采用DN600钢管，壁厚8毫米，一根6米的管重量为0.75吨，压力等级1.0MPa，纵坡为1‰。该段工程地理环境恶劣、交通极为不便，管道较重，多在悬臂作业，仅能采用人工运输，人工运输长达900余米，管道及材料运输极其为困难，工作效率低，工作难度大。合同总额3500万元，建设单位：贵阳市建设投资控股有限公司，设计单位：贵阳建筑勘察设计有限公司，监理单位：贵州三维工程建设监理咨询公司。2012年3月15日开工，合同竣工时间2012年8月31日。年累完成3500万元，开累完成3500万元。

17、贵州省三穗县塘冲水库工程C1标。中铁五局承建，项目地点贵州省三穗县塘冲村。塘冲水库是六洞河第二级综合开发利用水利工程，上衔上塘水库，下接附廓水库。塘冲水库枢纽工程位于滚马乡塘冲村河段，坝址控制流域面积185K平方米，多年平均年径流量1.024亿立方米。主要工程：大坝、溢洪道、冲砂、放空兼导流隧洞、引水隧洞及发电厂房、金属结构制作安装。水库大坝高53.米，坝顶长392.776米；导流洞总长411.779米，引水洞总长421.163米，溢洪道长142米。合同总额14201万元。建设单位：黔东南州水利投资有限责任公司，设计单位：贵州省水利水电勘测设计研究院，监理单位：贵州黔水工程监理有限责任公司。2012年12月12日开工，合同竣工时间2015年6月20日。年累完成0万元，开累完成0万元，剩余价值14201元。

18、北京地铁昌平线与8号线联络线工程机电专业设备安装工程。中铁五局电务公司承建，新建工程，中标时间2012年11月1日。昌8联络线工程是一条连接昌平线与8号线的轨道交通线，旨在分流昌平线建成后对13号线的客流压力，提高回龙观地区轨道交通的服务水平，充分发挥8

号线骨干作用的轨道交通线。整条线位于昌平区，能提高昌平新城区域轨道交通服务水平，促进、带动昌平新城发展，顺应城市总体规划要求，加快国际化城市建设步伐。合同总额 10608.3776 万元。建设单位：北京市轨道交通建设管理有限公司，设计单位：中铁电气化勘测设计研究院有限公司，北京城市建筑设计院，监理单位：天津路安监理公司。2012 年 12 月 1 日开工，合同开工时间 2012 年 8 月 1 日，合同竣工时间 2013 年 12 月 28 日。年累完成 60 万元，开累完成 60 万元，剩余价值 10548.3776 万元。

19、北京地铁 10 号线二期工程通信系统设备安装工程。中铁五局电务公司承建。主要工程量：通信系统钢管敷设，桥架、机房设备和终端安装，设备调试及线缆敷设。10 号线二期车站，除丰台、泥洼站外，区间除首经贸-丰台、丰台-泥哇、泥哇-西局（两站三区间），其余 21 站、2 个停车场、一中心、区间 22 个，2 个停车场出入线工作。及部分材料的采购、相应的系统设备调试、对民用通信施工相关单位的管理、与土建单位的工程配合、相关技术培训、试运营前的临管维护、竣工图编制等服务内容。合同总额 10573.0840 万元。建设单位：北京市轨道交通建设管理有限公司，设计单位：北京全路通信信号研究设计院、北京城建设计研究院，监理单位：铁科院（北京）工程咨询有限公司。合同开工时间：2010 年 12 月 20 日，合同竣工时间：2012 年 12 月 30 日年累完成 5679 万元，开累完成 7052 万元， 剩余价值 3521.08 万元。

20、贵州省黔中水利枢纽工程总干渠C1标。中铁五承建。项目位于贵州省六枝特区梭戛乡，标段起点为水源工程渠首电站尾水池出口，桩号为总干0+000，末端为李家寨隧洞进口前10米处，桩号为总干12+094，总长12.094千米。总干渠C1标明渠5段共7052米，隧洞2座共4575米（梭嘎隧洞长3143米、下安助隧洞长1432米），渡槽2座共467米（平寨渡槽长217米、白鸡坡渡槽长250米）。渠系配套建筑物有渠首节制闸、白鸡坡节制闸及泄水堰、4个分水斗门、7座排洪渡槽、4座排洪涵洞、20座人行桥（预留5座）、渠外排水沟10条长750m等。金属结构有渠首及白鸡坡节制闸的闸门、放空闸阀及启闭设备的安装，4个斗门闸阀及启闭设备安装、以及进口检修门槽等。合同总额10375万元。建设单位：贵州省水利投资有限责任公司，设计单位：贵州省水利水电勘测设计院，监理单位：广州新珠工程监理有限公司。开工时间2011年6月25日，竣工时间2014年2月28日，实际开工2011年6月25日。年累完成4588万元，开累完成6871万元，剩余价值3504万元。

21、大理市三哨水库扩建工程项目施工三标。中铁五局承建，系新开工程。项目地点云南省大理市凤仪镇。主要工程数量：本工程Ⅱ#引水隧洞长 1684m，陡槽 220m。合同总额 1174.18 万元。建设单位：大理市建设管理局；设计单位：大理市水勘院；监理单位：大理禹光工程监理咨询有限公司。2012 年 7 月 26 日开工，竣工时间 2013 年 10 月 26 日。年累完成产值 265 万元，开累完成 837 万元，剩余价值 337 万元。

22、柳州市城郊污水收集系统工程管网修复第一合同段。中铁五局承建，系新开工程。项目地点广西省柳州市。本合同段钢筋混凝土排水管（渠）总长约 2611.57 米。合同中标价 1012 万元。建设单位：柳州市污水治理有限责任公司，设计单位：柳州市市政设计科学研究院，监理单位：柳州市诚信建设监理有限责任公司。2012 年 5 月 30 日开工，竣工时间 2012 年 11 月 25 日。开累完成 1012 万元。

23、云南昆明市城东片区关上南路雨水泵站、雨水箱涵工程。中铁五局承建，系新开工程。项目地点云南省昆明市。本项工程是滇池北岸水环境综合整治工程当中的子项目之一，主要内容是关上南路雨水泵站、雨水箱涵。片区雨水由箱涵收集，经全地下式雨水泵站提升后通过压力管排入清水河，解决关上片区部分地段水淹的问题。建设单位：昆明市滇池北岸水环境综合治理工程建设管理局，设计单位：广州市市政工程设计研究院，监理单位：昆明建设咨询监理有限公司。主要工程量：箱涵：2146 米；污水管道：1172 米；泵房一座；管理用房一座。合同总额 4055 万元。年累完成产值 950 万元，开累完成 4055 万元。

24、贵阳市会文至渔安 220 千伏线隧道工程。 中铁五局承建，项目地点贵阳市会文巷。项目施工段为电缆隧道进口里程为 K0+000，出口里程为 K1+320，单线隧道全长 1320 米，区间下设 3 个竖井。电缆沟位于贵阳市东山路和渔安 220kV 变电站，总长 2052 米，为线路明挖施工段。工程数量：隧道 1 座长 1320 延长米，明挖电缆沟长 2052 米。合同总额 4807.225253 万元。建设单位：贵阳供电局，设计单位：贵州电力设计研究院，监理单位：贵州三力建设监理有限责任公司。合同竣工时间 2013 年 3 月 25 日。年累完成 757 万元，开累完成 757 万元，剩余价值 4373 万元。

25、中铁五局晋宁县酸水塘水库输水隧洞工程。中铁五局承建，项目地点昆明市晋宁县酸水塘村。本标段工程范围是输水隧洞工程（全长：3475. 281 米米），位于晋宁县昆阳镇酸水塘村委会以南 2 千米处的龙母河上，埋深 0.74~190.91 米，底板坡度为 i=1/500。合同总额 1550.8 万元。建设单位：晋宁县酸水塘水库工程建设管理局，设计单位：昆明市水利水电勘测设计院，监理单位：云南润滇工程技术咨询有限公司。2011 年 12 月 1 日开工，合同竣工时间 2013 年 11 月 30 日。年累完成 829 万元，开累完成 829 万元，剩余价值 1950 万元。

26、贵州省盘县下屯水电站工程。中铁五局承建，项目地点贵州省盘县新民乡。下屯水电站水库总库容 970 万 m3，正常蓄水位 1173.00 米，相应库容 814 万立方米；死水位 1167 米，死库容 596 万 m3；有效库容 245 万立方米。电站装机容量 20MW，正常尾水位 1123.90 米。根据《水电枢纽工程等级划分及设计安全标准》（DL5180-2003）和《防洪标准》（GB50201-94）的规定，本工程为Ⅳ等小（1）型。合同总额 9153 万元。建设单位：盘县楼下河水电开发有限公司，设计单位：贵州中水建设管理股份有限公司，监理单位：贵州智龙水利监理有限公司。2012 年 8 月 3 日开工，合同竣工时间 2014 年 5 月 27 日。年累完成 1035 万元，开累完成 1035 万元，剩余价值 7118 万元。

【中铁六局其他建筑市场】1.南水北调中线一期工程总干渠漳河北至古运河南段穿越既有铁路立交工程。该标段主要包括马磁铁路框架桥工程、邯长铁路框架桥工程、沙午铁路明挖框架桥工程、官东铁路简支梁桥工程、官东铁路明挖框架桥工程、内磨铁路框架桥工程、石太铁路引入线暗渠工程和石太铁路正线暗渠工程。中标时间 2012 年 3 月 22 日，建设单位为北京铁路局石家庄工程项目管理部，合同价 375120331 元，合同工期 2012 年 3 月 20 日到 2013 年 5 月 19 日。

2.武安市城市主干道南延跨穿邯长铁路修建立交桥工程。该工程位于河北省武安市。为加快城市化和工业化建设，进一步拉开城市发展框架、扩大城区规模，使武安经济社会实现跨越发展，对武安市西苑大街、新华大街、中山大街、曹公泉大街进行南延建设，4 条城市主干道均采取下穿邯长线的方案。既有邯长铁路为单线非电气化铁路，60kg/m 钢轨，钢筋混凝土枕。该工程主要分为四个部分——曹公泉大街与邯长铁路立交工程、中山大街与邯长铁路立交工程、新华大街与邯长铁路立交工程、西苑大街与邯长铁路立交工程。中标时间 2011 年 12 月 31 日，建设单位为武安市交通运输局，合同价 188496222 元，合同工期 2012 年 1 月 1 日到 2012 年 11 月 15 日。

3.北京市南水北调配套工程东干渠工程施工第八标段。东干渠工程是北京市南水北调配套工程的重要组成部分，工程承担为第八水厂、第十水厂、亦庄水厂、通州水厂和永乐水厂以及首都新机场等提供南水北调水源的任务。东干渠工程位于北京市东部地区，工程起点位于五环路上清桥东团城湖至第九水厂输水工程末端（关西庄泵站北）预留分水排空井处，沿北五环向东约 10 千米，至广顺桥向南折向东五环约 29 千米，至亦庄桥与五环路分离，其后穿越凉水河，沿凉水河右（南）岸至荣京西街向南至亦庄镇宝善庄村与南干渠工程相接。输水隧道总长 44722 米。沿线地形较为平坦。地貌单元主要为永定河冲积扇东北边缘。本标段主要工作内容为：标段内的盾构隧洞、13 号盾构始发兼接收井、24～25 号二衬施工竖井、37-39 号排气阀井、通州水厂分水口、第四管理站房屋建筑工程、水机设备安装工程、电气设备采购及安装工程、自动化系统土建工程、防护工程、施工现场远程监控系统、永久安全监测工程、水土保持工程、环境保护工程。中标时间 2012 年 5 月 10 日，建设单位为北京市南水北调工程建设管理中心，合同价 236704779 元，合同工期 762 日。

4.辽西北供水工程（二段）施工三标。本合同工程位于新宾县境内，合同主体为输水隧洞工程。输水隧洞长 23471 米。主洞沿线布置了 4 条施工支洞，分别为 7 号、8 号、9 号、10 号施工支洞，支洞长度分别 1324.57 米、1084.12 米、1410.75 米、1667.10 米，支洞断面均为圆拱直墙型，其中 8 号施工支洞成洞断面尺寸为 5.5×5.5 米（宽×高）、10 号施工支洞成洞断面尺寸为 6.6×5.5 米（宽×高），其余施工支洞成洞断面尺寸为 6.6×6.0 米（宽×高）。为实施本工程，已对 7 号、8 号、9 号和 10 号支洞先期进行了地质勘探试验洞开挖和初期支护的施工，预计 7 号支洞完成 1000 米，8#支洞完成 500 米，9 号支洞完成 1250 米,10 号支洞完成 1550 米。中标时间 2012 年 6 月 24 日，建设单位为辽宁西北供水有限责任公司，合同价 594892326 元。

【中铁七局其他建筑市场】2012 年，中铁七局其他建筑市场中标情况：房建工程中标 21 项，中标额 23.7 亿元，占中标总额的 11.6%。其他工程（水利水电、电力等）中标 2 项，中标额 0.8 亿元，占中标总额的 0.4%。主要中标项目：

1.铁路青岛北客站安置区项目 E-1、F-1 区工程-五标段。中标价值 22000 万元，合同工期 780 天。工程概况：铁路青岛北客站安置区项目 E-1、F-1 区工程五标段，位于青岛李沧区沧安路以北、安顺路以东、铁路既有线以西，总建筑面积 92113.14 平方米，框架剪力墙结构。

2.湖南长沙至湘潭高速公路项目房建工程。中标价值 5200 万元，合同工期 276 天。工程概况：总体建筑面积 8108 平方米。其中：综合楼 2 座，2 层框架结构，建筑高度 11 米，单栋总建筑面积为 2900 平方米，建筑基底面积 2400 平方米。员工宿舍 1 座，3 层砖混结构，建筑高度 12.07 米，总建筑面积为 1558 平方米，建筑基底面积 634 平方米。加油站 2 座，站房为框架结构，罩棚为网架结构，单座房建筑面积为 153.75 平方米，罩棚投影面积为 1253.6 平方米。小修车间 2 处，1 层建筑高度 6.456 米，单处建筑面积 221 平方米。

3.洛阳广宜镁盐有限公司项目工程。中标价值 52000 万元，合同工期 240 天。工程概况：本项目为洛阳广宜镁盐项目，建设地点位于洛阳市宜阳县三乡镇工业园区，总建筑面积约 16 万平方米。本项目分为工程施工二个标段，工程施工第 1 标段为土建部分；工程施工第 2 标段为厂房钢结构部分。

【中铁八局其他建筑市场】 中铁八局承揽其他建筑市场情况见表4-15。

表4-15 中铁八局承揽其他建筑市场情况

序号	项目名称	合同金额（万元）	工期	工程概况
	市政工程			
1	小南海港区大道工程	48379	每个标段施工工期24个月。	小南海港区大道位于重庆市大渡口区境内南部长江北岸，起于小南海长江大桥北引道，止于鱼洞长江大桥，包括主线、南海大道连接线和西小路连接线三部分。其中主线长约7.94公里；南海大道连接线长0.52公里；西小路连接线长0.227公里。本项目以桩号K3+913.8为界，划分为Ⅰ、Ⅱ两段，Ⅰ段（K3+913.8至K7+941.378），Ⅱ段（K0+000至K3+913.8），先实施Ⅰ段，再实施Ⅱ段。主要工程量：包括桥梁2座，地下通道1座，隧道1条，分别为跳磴河大桥（全长170米）、伏牛溪大桥（全长765.5米）、中石油润滑油铁路专线地下通道（全长66.294米）及黄桷堡隧道（全长355米）。建设单位：重庆大晟资产经营（集团）有限公司
2	贵州黔东南长生林业高新技术产业园区建设工程	100000	24个月	该项目地处凯里市镇远县，主要为钢结构厂房及生活办公用房及场坪工程，该工程规划用地面积57752平方米，总建筑面积31101平方米。主要工程量：其中木塑制品车间9867平方米/1层，原料车间4933平方米/1层，物料库2466平方米/1层，成品库4933平方米/1层，综合楼2693平方米/4层，宿舍楼6012平方米/5层，中心配电所130平方米，给排水房65平方米，烘干房2466平方米，露天原料堆场720平方米，蓄水池1480平方米。建设单位：贵州长生绿色资源发展有限公司
3	天府大道南延线工程Ⅰ期	46400	2012-4-14至2012-12-31	天府大道南延线工程位于成都天府新区，天府新区是成渝经济区“双核”发展格局的重要极核。“三纵一横”道路是天府新区规划“五纵十横”骨干网络的重要组成部分。天府大道南延线起点与现状华牧路（麓山大道）相交，终点至成都市域南侧边界，接眉山界，全长约26.1公里。 主要工程为桥梁共4座（均为预制箱梁），桥梁全长227米，预制箱梁260片；地下过街通道2座；人行过街天桥2座；框架箱涵1座，全长366.4横延米；路基全长1500米，路基土石方91万立方（其中挖方64万立方米、填方27万立方米）。建设单位：成都兴城投资有限公司
4	沈阳市“十二运”——二环路改造工程三标段：沈吉铁路至沈铁路段	27176	2012年03月01日（以监理工程师的开工报告为准） 竣工日期：2012年07月28日 合同工期总日历天数：150天	全长2358.75米，全桥设计为双向6车道。高架桥上部结构分预应力混凝土连续箱梁和钢梁两种结构形式，预应力混凝土连续梁桥宽为23.5米，标准跨径为30米；钢梁桥宽为23.5米，跨径为50米， 业主：沈阳全运投资运营有限责任公司
	房建工程			
1	牡丹江方润城市广场项目	120000	2013年4月1日（以开工令为准）-2014年12月31日	约62万平方米，含写字楼，商务酒店、电器服装鞋帽家具建材市场、超级市场、酒店式公寓、配套住宅及建筑范围内涉及到的全部市政全部设施建筑。建设单位：厦门方润投资有限公司
2	黑龙江哈西数码科技城项目	120000	待定	哈西新能源科技城位于哈尔滨市哈西新区，北边是哈西高铁站，东边是万达广场；项目总用地面积137000平方米，总建筑面积587962平方米，其中高层公寓292320平方米，商业85520平方米，办公123760平方米，地下室86362平方米。 建设单位：黑龙江鉴盟房地产开发有限公司
3	银海尚御建设工程（第二标段）	26241	开工时间以发包人的开工通知为准。合同约定的承包范围内5栋、	4号、5号、6号、地下车库的土建、水电安装工程，建筑面积约140741.31平方米

			6 栋的工程竣工时间 2014 年 6 月 30 日，4 栋的工程竣工时间 2014 年 7 月 30 日	
4	普兴镇山河村徐家渡社区工程	22500	开竣工日期：2012.5.20-2013.1.20（一期；)2013 年 3 月 1 日-2013 年 10 月 30 日（二批次:10 号-15 号楼，24 号-26 号楼）	建设单位：成都其兴投资有限公司 设计单位：四川三众建筑设计有限公司 监理单位：四川康力项目管理有限公司 建筑面积：122659.08 平方米。

【中铁九局房建及其他市场】2012 年，其他建筑市场共中标 81.86 亿元，占中标总额的 49.3%。主要中标项目：

1.沈阳市迎“十二运”城市道路改造-南北二干线建设工程高架桥上部结构第 1、2 标段。2012 年 1 月中标，1 标段中标价 24000 万元，2 标段中标价 11600 万元，计划工期：2012 年 3 月-2012 年 8 月。1 标段全长 2112.57 米，2 标段全长 1080.24 米。

2.沈阳市迎“十二运”城市道路改造—二环路改造工程 7 标段。2012 年 2 月中标，中标价 21000 万元，计划工期 2012 年 3 月 14 日-2012 年 7 月 31 日。工程由上跨桥和下穿桥及引道两部分组成，上跨桥全长 230 米，下穿桥全长 700 米。

3.沈阳市迎“十二运”城市道路改造—南阳湖大桥续建工程。2012 年 1 月中标，中标价 11700 万元，计划工期：2012 年 3 月 1 日-2013 年 4 月 30 日。包括主桥、引桥、附属设施，主桥长 384 米，北引桥长 495 米，南引桥长 66 米。

4.大连中华路跨华北路、朱棋路立交桥工程 2 标段。2012 年 4 月中标，中标价 12900 万元，计划工期 2012 年 4 月 30 日-2012 年 12 月 25 日。

5.沈阳北站人防工程。2012 年 8 月中标，中标价 21400 万元，计划工期： 2012 年 7 月 1 日-2012 年 11 月 15 日，总建筑面积 47829 平方米。

6. 徐州市三环东路高架快速路工程。2012年4月中标，中标价160000万元，总工期18个月。线路全长14.56公里，其中高架段11.5公里，地面段3.06公里。

7.吉林铁道职业技术学院新校区一期工程。2012 年 4 月中标，中标价 11200 万元，工期 257 天，总建筑面积 53129.44 平方米。

8.蓟县新城示范镇 A 地块农民还迁经济适用房项目。2012 年 11 月中标，中标价 14400 万元，计划工期：2012 年 11 月 12 日-2014 年 5 月 30 日，总建筑面积约 66143.19 平方米。

9.辽宁省反腐倡廉教育基地工程 3 标段。2012 年 4 月中标，中标价 16000 万元，工程计划 2012 年 5 月 1 日开工，预计 2013 年 7 月 15 日竣工，建筑面积 43210 平方米。

10.沈阳北站综合交通枢纽改扩建工程 BT 项目。2012 年 2 月中标，中标价 72500 万元，工期 16 个月。

【中铁十局其他建筑市场】1.聊城市昌润莲城 9 号、10 号住宅楼建设施工项目。 中标项目名称：聊城市昌润莲城 9 号、10 号住宅楼建设施工项目。建设单位：聊城昌润住房开发建设有限公司。工程地点：聊城市。工期：本工程拟开工日期为 2012 年 4 月 10 日， 2014 年 4 月底完工。工程造价：5900 万元。

主要工程量：9 号地下建筑面积为 1496.44 平方米，地上建筑面积为 19522.97 平方米；10 号地下建筑面积为 1213.6 平方米，地上建筑面积为 13786.99 平方米，总建筑面积 15000.59 平方米。

要点：基坑降水采用管井井点降水，基坑开挖采用机械挖土，汽车外运人工清槽。底板采用整体浇筑，地下室墙体采用竹胶板施工，楼板模板采用 12 毫米竹胶模板，采用钢管脚手架支撑系统。

2.济南铁路局纬四路职工单身宿舍公共租赁住房建设项目建设项目。中标项目名称：济南铁路局纬四路职工单身宿舍公共租赁住房建设项目建设项目。建设单位：济南铁路局建设项目管理中心。工程地点：济南市。工期：工期：607 日历天；开工日期：2012 年 9 月 18 日；竣工日期：2014 年 5 月 18 日。工程造价：6848.08 万元

主要工程量：1 号楼 15269.79 平方米，2 号楼 9402 平方米，总建筑面积为 24671.79 平方米。

要点：桩基人工挖孔灌注桩，部分地基采用强夯处理，基坑支护采用土钉墙结合锚喷支护。土方开挖以反铲挖土机为主，人工清底为辅，深基坑支护采用土钉墙网喷砼进行边坡支护，随开挖进度每 2 米左右支护一次，随挖随进行支护。

3.烟台中铁逸都二期工程。中标项目名称：烟台中铁逸都二期工程三标段。建设单位：烟台中铁置业有限公司。工程地点：烟台市。工期：计划开工时间 2012 年 11 月 8 日，计划竣工时间 2013 年 10 月 30 日，施工总工期 356 天（日历天数）。工程造价：2983 万元。主要工程量：第三标段：B2 号建筑面积约 23455.35 平方米。总建筑面积约 12.011 万平方米。

4.中铁•汇苑建设项目。中标项目名称：中铁•汇苑建

设项目施工一标段。建设单位：中铁十局房地产开发有限公司。工程地点：济南市。工期：计划工期：545日历天；计划开工日期：2012年5月20日；计划竣工日期：2013年11月15日。工程造价：13090万元。主要工程量：6号楼建筑面积19759.41平方米；9号楼建筑面积16485.72平方米；10号楼建筑面积16476.69平方米；11号楼建筑面积22945.16平方米。总建筑面积75666平方米。

5.成都市自来水七厂一期工程输水管线施工10标段。中标项目名称：成都市自来水七厂一期工程输水管线施工10标段。建设单位：成都市自来水有限责任公司。工程地点：四川省成都市。工期：本工程计划2012年6月1日开工，2013年9月30日试压验收合格，具备通水条件，2012年6月1日竣工。工程造价：3865.57万元。主要工程量：标段从起点桩号150+00沿规划给定管位至桩号200+00止，敷设一根DN2200、DN2400输水管线一根，全长5000米。

6.徐州港徐州港区顺堤河作业区煤炭码头一期工程生产与辅助建筑物施工项目（SDHMT-FJ3合同段）。工期及投资：合同工期5个月，具体开工日期以业主开工令为准。总投资3795.8815万元。主要工程量：本工程分为2个单位工程和1项辅助工程，分别为生活辅助楼、候工楼、场区道路及水池。生活辅助楼建筑面积为5555.3平方米，占地面积3368平方米，采用筏板基础，地面上三层，局部一层和两层，建筑面积高度17.35米；候工楼建筑面积3484.6平方米，占地面积1110.3平方米，为预制管桩加承台基础，地上三层，建筑高度13.5米。场内外道路、停车场50000平方米。

7.华能长兴电厂2×660MW燃煤机组“上大压小”工程码头建筑工程（14号标段）。工期及投资：合同工期303天，计划开工日期：2013年3月1日，计划竣工日期：2013年12月28日。总投资7255万元。主要工程量：水工建筑物：卸煤泊位：1000吨级泊位6个、装灰泊位：1000吨级泊位1个、重件泊位（兼锚泊位）：1000吨级泊位1个、锚泊位：1000吨级泊位11个、码头总长度：1100.5米；护岸总长度：533.6米（其中茅柴园港护岸283.6米）；候工楼一座，面积319平方米，层数1层；变电所一座，面积172平方米，层数1层；装卸工具库一座，面积177平方米，层数1层；T1转运站一座，面积275平方米，层数3层；T2转运站一座，面积275平方米，层数3层。

8.济南中铁汉峪建设项目地块四工程（四标段）。工期及投资：计划工期为549日历天。计划开工日期：2012年5月30日，计划竣工日期：2013年11月30日。报价14195.12万元。工程范围：发包人提供给承包人的施工图纸范围内建筑物建筑、安装工程施工（发包人直接分包工程除外），包括但不限于基础、主体、楼地面、屋面、总包管理及配合、内外装饰（不含精装修）、给排水、电气、有关的预留预埋和配合（如弱电智能等）等内容。

9.中铁·汇苑建设项目施工（二标段）。工期及投资：计划工期为544日历天。计划开工日期：2012年5月20日，计划竣工日期：2013年11月15日。报价49308.04万元。工程范围：发包人提供给承包人的施工图纸范围内建筑物建筑、安装工程施工（发包人直接分包工程除外），包括但不限于基础、主体、楼地面、屋面、总包管理及配合、内外装饰（不含精装修）、给排水、电气、有关的预留预埋和配合（如弱电智能等）等内容。

10.烟台中铁·逸都项目二期工程。工期及投资：计划工期为479日历天。计划开工日期：2012年8月28日，计划竣工日期：2013年12月20日。报价11488.15万元。工程范围：发包人提供给承包人施工用图纸范围内建筑、安装工程施工总承包。

11.2014年青岛世界园艺博览会园区基础设施建设项目场地平整工程。工期及投资：本工程计划2012年9月25日开工，2013年4月12日竣工。总投资4889.2058万元。主要工程量：本项目为2014年青岛世界园艺博览会园区基础设施建设项目场地平整工程，工程内容涉及1号出入口及集散广场、3号出入口及集散广场、4号出入口、科学园、童梦园、绿业园、原主题广场（大坝南侧）、中轴南区鲜花大道、中华园、国际园、飞花区、天水区、地池区、主题馆位置变更部分地形整理土石方挖、填、运等工作。其中土石方开挖约130万立方米，土石方回填约90万立方米，外运土石方约40万立方米。

12.北京地铁7号线工程AFC系统设备安装工程。工期及投资：工期为2012年5月1日-2012年12月27日，建安部分造价为1565.2万元。工程范围：为7号线全线21站自动售检票系统设备安装。

13.新建地方铁路寿（光）（邹）平线寿光至广饶段“三电”迁改工程。工期及投资：工期为2012年9月1日-2013年8月31日，工程造价为4598.8万元。工程范围：主要工程内容为寿平铁路寿广正线、华星支线和益羊改线建设及运营要求而受影响的通信、广播电视、电力线路及设施的迁改。

14.新建铁路巴准线巴图塔（不含）至点岱沟（不含）段站后四电工程施工（信号二标）。工期及投资：工期为2012年11月-竣工日期2013年6月，工程造价为4598.8万元。工程范围：上行：DK16+611-DK79+115；下行：DK16+611-DK78+743。

15.规三路、薛赵路、绿地大道综合管廊工程。工期及投资：计划工期为540日历天。计划开工日期：2011年11月10日，计划竣工日期：2013年5月2日。总投资17319.54万元。

16.石家庄市桥东扩规10万吨/日污水处理厂。工期及投资：计划工期为192日历天。计划开工日期：2012年11

月，计划竣工日期：2013 年 5 月。总投资 14000 万元。工程范围：石家庄市楼底村桥东污水处理厂东南侧，10 万吨/日污水处理。

【中铁大桥局其他建筑市场】 2012 年，市政和港口码头等项目新签合同额 86.34 亿元，占新签合同总额的 28.6%。其中，市政工程 76.78 亿元，水利电力工程 0.7 亿元，其他工程 3.91 亿元。主要项目有：

1. 杭州市秋石快速路三期工程一标工程，合同价 20968 万元，全长 3.55 公里，工期为 2012 年 12 月至 2014 年 11 月。

2. 江西省修水县秋湖里大桥与南圳大桥及其引道工程，合同价 15767 万元，全长 1.11 公里，工期为 2012 年 5 月至 2014 年 3 月。

3. 安徽省庐江县环巢湖旅游大道庐江段（原庐江县白石天河大桥及两侧连接线、庐江县滨湖景观大道）工程，合同价 12534 万元，全长 11.4 公里，工期为 2012 年 9 月至 2014 年 3 月。主要工作量：道路工程 11.419 千米、中桥 4 座/218.56 米、小桥 1/24 米座、涵洞 17 道/566.85 米、平面交叉 5 处，土石方 92.27 万立方米。

4. 武汉市二环线武昌段接线工程（原鹦鹉洲长江大桥武昌段接线工程）一标段，合同价 31763 万元，全长 0.985 公里，工期为 2012 年 10 月至 2014 年 8 月。

5. 海珠桥危桥抢修工程设计施工总承包工程，合同价 15467 万元，全长 0.185 公里，工期为 2012 年 2 月-2013 年 8 月。

【中铁隧道其他建筑市场】 2012 年，中铁隧道其他建筑工程新签合同额 76.59 亿元。主要项目包括：

1. 王家墩商务区核心区地下交通环廊工程二标段，工期：2012 年 2 月 20 日至 2013 年 5 月 20 日，合同价：10500 万元；

2. 贵阳市东站路道路工程第 1-2 标，工期：2012 年 4 月 1 日至 2012 年 2 月 15 日，合同价：61900 万元；

3. 贵阳市东站路道路工程第 3 标，工期：2012 年 4 月 1 日至 2012 年 12 月 15 日，合同价：39900 万元；

4. 福建省福安市韩阳大桥改建工程，工期：2012 年 3 月 17 日至 2012 年 12 月 16 日，合同价： 1600 万元；

5. 合肥市铜陵路高架工程 4 标，工期：2012 年 4 月 15 日至 2013 年 1 月 14 日，合同价：23400 万元；

6. 福建福安市令之大道软基处理及涵洞工程，工期：2012 年 4 月 23 日至 2012 年 11 月 22 日，合同价： 1400 万元；

7. 南京纬一路快速化中央北路隧道与地铁五塘村站接口段工程，工期：2011 年 8 月 20 日至 2013 年 3 月 31 日，合同价： 6400 万元；

8. 郑州市四条下穿中州大道隧道工程勘测、设计、施工总承包项目 1 标，工期：2012 年 6 月 15 日至 2013 年 12 月 31 日，合同价：33000 万元；

9. 杭州幸福北路穿湖隧道二期工程，工期：2012 年 7 月 20 日至 2013 年 7 月 15 日，合同价： 8900 万元；

10. 贵阳市龙洞堡片区十号路道路建设工程项目，工期：2012 年 6 月 30 日至 2013 年 6 月 30 日，合同价：3.25 亿元；

11. 贵阳至遵义城市一级主干道工程 6 标，工期：2013 年 3 月 14 日至 2014 年 6 月 6 日，合同价：20000 万元；

12. 贵阳市金阳新区金清联络线工程施工 2 标，工期：2012 年 10 月 27 日至 2014 年 10 月 17 日，合同价：36100 万元；

13. 贵阳五里冲项目解放西路隧道、太金线隧道工程，工期：2012 年 8 月 1 日至 2013 年 8 月 1 日，合同价：28000 万元；

14. 合肥南站综合交通枢纽配套北广场工程，工期：2012 年 8 月 1 日至 2013 年 10 月 31 日，合同价：21400 万元；

15. 浙江青田县城引水延伸改建工程 II 标段，工期：2012 年 8 月 1 日至 2014 年 6 月 30 日，合同价：7600 万元；

16. 深圳彩田路北延工程 2 标，工期：2012 年 8 月 24 日至 2014 年 12 月 31 日，合同价：27300 万元；

17. 宜兴市双湖路（阳灵隧道）新建工程隧道标，工期：2012 年 10 月 10 日至 2013 年 12 月 31 日，合同价： 8600 万元；

18. 广东省江门市建设路-迎宾路立交工程 BT 项目，工期：2012 年 10 月 18 日至 2014 年 6 月 17 日，合同价：18000 万元；

19. 广州雅瑶东路（镜湖大道～G106）一期工程，工期：2012 年 11 月 10 日至 2013 年 5 月 31 日，合同价： 6400 万元；

20. 广东佛山西江新城明湖南、北路新增工程，工期：2012 年 12 月 1 日至 2013 年 12 月 31 日，合同价： 8400 万元；

21. 广东江门市西环路隧道工程 BT 项目，工期：2012 年 9 月 1 日至 2014 年 9 月 1 日，合同价：25000 万元；

22. 杭州环城北路地下通道（中河立交-凯旋路东）工程，工期：2012 年 12 月 28 日至 2014 年 12 月 28 日，合同价：79500 万元；

23. 河南禹州市中药材物流园二期工程，工期：2012 年 6 月 15 日至 2014 年 3 月 31 日，合同价：45800 万元；

24. 沈阳市地铁二号线一期浑南车辆段二期定修段检修组合库、地铁丽水新城二期工程（公租房）土建工程，工期：2012 年 6 月 15 日至 2013 年 8 月 30 日，合同价：21700 万元；

25. 广西南宁工业设计城（一期工程）项目，工期：2012年10月8日至2013年6月8日，合同价：1800万元；

26. 广西贵港豪港华庭3期工程，工期：2013年1月15日至2014年7月15日，合同价：26900万元；

27. 北京市南水北调配套工程东干渠工程5标，工期：2012年5月15日至2014年7月15日，合同价：34600万元；

28. 辽西北供水工程（二段）施工五标，工期：2012年6月15日至2016年5月31日，合同价：116700万元；

29. 引汉济渭工程秦岭隧洞（越岭段）3号勘探试验洞主洞延伸段工程，工期：2012年7月1日至2013年11月1日，合同价：12100万元；

30. 宁夏固原地区（宁夏中南部）城乡饮水安全水源工程2#胭脂川隧洞，工期：2012年9月27日至2014年12月31日，合同价：5000万元；

31. 山西中部引黄工程勘探试验洞1标，工期：2012年6月14日至2014年12月31日，合同价：5700万元；

32. 河南省南水北调受水区漯河供水配套工程3标，工期：2012年11月1日至2013年8月31日，合同价：2400万元；

33. 北京海淀550千伏电缆隧道工程3标，工期：2012年2月28日至2013年9月19日，合同价：12300万元；

34. 深圳建筑业协会的施工企业石岩基地内道路管网工程2标，工期：2012年3月1日至2012年5月31日，合同价：1000万元；

35. 福建海西天然气管网二期工程福州-宁德段山体隧道穿越2标，工期：2012年4月1日至2012年7月15日，合同价：1300万元；

36. 福建海西天然气管网二期工程福州-宁德段山体隧道穿越5标，工期：2012年4月1日至2013年10月31日，合同价：2200万元；

37. 重庆奉节至巫溪、江津至合江（二期）高速公路项目机电工程项目ESD1标，工期：2012年4月1日至2012年12月15日，合同价：6500万元；

38. 广东台山核电站1、2号机组海域工程取水隧洞工程，工期：2012年5月8日至2013年5月4日，合同价：12000万元；

39. 北京市草桥热电厂出线电力隧道工程，工期：2012年6月25日至2012年7月25日，合同价：700万元；

40. 西气东输三线天然气管道东段（吉安－福州）隧道工程EPC总承包工程3标，工期：2012年6月20日至2013年8月18日，合同价：28200万元；

41. 杭州南地块延安路西侧汽车坡道工程，工期：2012年8月1日至2012年12月31日，合同价：2000万元；

42. 220千伏广州航云输变电电力隧道工程二标，工期：2012年6月30日至2013年12月30日，合同价：10900万元；

43. 北京金宝街电缆工程第二标段，工期：2012年8月15日至2012年11月2日，合同价：500万元；

44. 南昌市城北水厂隧道土建工程，工期：2012年10月9日至2014年12月31日，合同价：6900万元；

45. 220KV石家庄东南-石牵双回线路电缆隧道工程下穿铁路，工期：2012年6月19日至2012年9月1日，合同价：200万元；

46. 河南省电力公司2012年特五批输变电工程（红旗变电站隧道工程）1标段（TQ-02标），工期：2012年12月1日至2014年6月30日，合同价：12700万元；

47. 河南省电力公司2012年特五批输变电工程（红旗变电站隧道工程）2标段（TQ-03标），工期：2012年12月1日至2014年6月30日，合同价：13200万元；

48. 海南万宁神州半岛君悦酒店护岸及防波堤工程，工期：2012年12月20日至2013年6月30日，合同价：2100万元；

49. 深圳地铁5号线黄贝岭站地下空间工程及出入口安装装修工程，工期：2012年12月20日至2013年9月30日，合同价：1400万元。

【中铁电气化局房建市场】 房建工程（亿元以上）16项：西山•秀林沐社住宅工程100700万元；临汾西荣家苑工程58600万元；呼和浩特市集通凯宸佳苑工程45720万元；泰安市泰山站货场职工住宅工程41083万元；北京轨道交通安全风险监控中心、安全生产教育基地施工40485万元；武汉铁路局武昌职工住宅39585万元；信阳市商城县南关古街旧城区改造工程35000万元；中国铁道科学研究院永丰科技创新基地扩建工程28352万元；河北建投固安科技园项目22000万元；太铁路景苑经济适用房工程21120万元；靛厂新村三期农民回迁房A1楼等5项15267万元；豆各庄一号地块东城区旧城保护定向安置房2号地下车库工程14552万元；中铁山河城项目一期（地块四）（更名为：中铁•逸都国际项目一期工程）12306万元；龙山新居（三期）12000万元；衡水中景天玺香颂二期11800万元；秦皇半岛三区一期工程（三标段）10103万元。

水利电力工程1项：北京市南水北调配套工程东干渠施工第十二标段25946万元。

【中铁建工其他建筑市场】 非铁开路市场在2012年受宏观经济放缓，房地产继续实施调控等诸多因素影响，新签合同额有一定幅度的下降，同比增长-21.21%。2012年企业把轨道交通市场，作为非铁路市场的开发重点，先后承接了深圳地铁塘朗车辆段上盖保障房及配套工程BT项目（Ⅱ标段）、昆明地方铁路站房项目、沈阳北车集团的代建有轨电车 BT 项目等工程。

【中铁航空港其他建筑市场】 2012 年，中铁航空港集团中标项目：

1. 中铁·西安中心工程。建设单位为中铁置业集团西安有限公司，工程位于陕西省西安市高新区锦业路与丈八一路西南面角，规模 133449 平方米，总高度约为 230 米，属超高层建筑，地下室及裙房为框剪结构，塔楼为筒中筒钢框架结构。地下 3 层，地上 51 层，公共建筑。总造价 28826 万元，合同工期 1050 日历天。

2. 北京海关职工住宅建设项目工程。建设单位为中华人民共和国北京海关，工程位于北京市大兴区亦庄河西区 X13 街 X13R1 地块，规模：建筑用地面积 30400 平方米，总建筑面积 110762 平方米，其中地上建筑面积 76000 平方米，地下建筑面积 34762 平方米，共布置了 6 栋住宅，结构型式为筏板基础、钢筋混凝土剪力墙结构体系，地下车库为框架剪力墙结构，总造价 44186 万元，合同工期 945 日历天。

3. 丰台区卢沟桥乡 C9 地块公建项目。建设单位为北京金石联合置地房地产开发有限公司。工程位于丰台区卢沟桥乡，为商业金融综合体，包括办公、商场、地下车库及附属配套设施，建筑面积 233315.97 平方米（其中地上建筑面积 165095 平方米，地下建筑面积 68220.97 平方米），建筑高度 99.90 米，地上 22 层，地下 4 层。框架剪力墙结构，总造价 163722 万元，开工日期 2013 年 1 月 31 日，计划竣工日期 2016 年 5 月 4 日，合同工期 1190 日历天。

4. 六郎庄拆迁安置用房二标段工程。建设单位北京万柳置业集团有限公司，本项目位于北京市海淀区海淀区，规模 148600 平方米，该项目由 1 号至 4 号、15 号至 20 号楼，及开闭站、垃圾楼组成。结构型式为全现浇剪力墙结构（车库为框架结构），基础部分采用筏板式基础，总造价 47349 万元，合同工期 414 日历天。

5. 石景山区老古城综合改造 E 地块定向安置房项目 1 号楼等 6 项工程。建设单位为北京古城兴业置业有限公司，工程位于石景山区古城西路和古城西街交汇处东南角，古城西路以南，规模 61953.77 平方米，本工程由 E-1 号楼、E-2 号楼、E-3 号楼、E-4 号楼、地下车库及锅炉房组成。四栋高层建筑均为地下一层加夹层，地上 21 层。结构型式为钢筋混凝土框剪结构，总造价 10668.16 万元，合同工期 485 日历天。

6. 深圳坂田新围仔项目 01 地块超高层住宅工程。建设单位为深圳中铁粤丰置业有限公司，工程位于坂雪岗大道和永香路交汇处东北侧，工程内容为住宅、商业、公共建筑，规模 138243.76 平方米，总造价 35000 万元。

7. 中铁佛山市高明西江新城核心启动区合作开发项目第一标段工程。建设单位为中国中铁股份有限公司工程建设分公司、中铁佛山投资发展有限公司，工程位于广东佛山市高明区的荷城街道内，规模 48066 平方米，为地上 3 层，公共建筑。该工程结构型式为现浇钢筋混凝土框架结构，总造价 48000 万元，合同工期 24 个月。

8. 海口丹娜国际游艇都会（酒店）工程。建设单位为海南华彩置业有限公司，工程位于海口市美兰区碧海大道 86 号，规模 75000 平方米，分为地下 2 层，地上 20 层，是退台式高层酒店建筑。结构型式为现浇钢筋混凝土框架结构，总造价 11730 万元，合同工期 638 日历天。

9. 新建市级美术馆工程。建设单位大同市市政建设发展公司，工程位于大同市御东新区文瀛路西侧，规模 32238.5 平方米，多功能综合性建筑。结构型式为钢筋混凝土框架-抗震墙结构，总造价 32559 万元，合同工期 201 天。

10. 海罗.翡翠蓝湾工程。建设单位：阜新海罗恒基房地产有限公司，工程位于阜新市经济开发区，包括多层、高层住宅工程、公建、地下室工程等，总建筑面积约 265554 平方米，主体为框架剪力墙结构。 六层住宅 15 栋、 18 层住宅 9 栋、26 层住宅 7 栋、28 层住宅 4 栋 ，公建商铺 15 栋，一座单层地下室。总造价 35000 万元，合同开竣工日期 2012 年 3 月 1 日至 2013 年 10 月 31 日，合同工期总日历天数 610 天。

11. 柏阳景园 37 号住宅楼等 35 项（住宅）工程。建设单位为北京柏基置业有限公司。工程位于朝阳区王四营道口，总建筑面积 45445 平方米，35 幢别墅，剪力墙结构，檐高 10.5 米，地上 3 层，地下 1 层。总造价 21956 万元。开工日期 2012 年 6 月 1 日，计划竣工日期 2013 年 10 月 13 日，合同工期 500 日历天。

12.河南省社旗县文化教育及市政基础设施 BT 投资建设项目工程。建设单位为河南省恒都实业有限公司，工程位于河南省南阳市社旗县，综合性建筑。结构型式为钢筋混凝土框架-抗震墙结构，总造价 39000 万元，合同工期 21 个月。

13. 平潭协和医院（一期）工程。建设单位为平潭县卫生局，工程位于平潭综合实验区金井湾，规模 154310.6 平方米，地下 2 层，地上 17 层。结构型式为框架-剪力墙结构，总造价 68053 万元，开工时间 2013 年 1 月 18 日，计划竣工时间为 2015 年 6 月 30 日。

14. 平潭综合实验区澳前安置小区工程 A1、A2、A3、A4 及先锋公园地块。建设单位为平潭综合实验区交通投资发展有限公司。工程位于福建省平潭县澳前镇，规模 54 万平方米，含 34 栋单元式住宅，幼儿园及小学各一所，同时含沿街商业、社区配套用房及公园一处。本工程创新点为采用混凝土抗防腐措施。总造价 131947 万元，合同工期 30 个月。

15. 厦航南昌基地南区地块（一期）工程。建设单位为厦门航空有限公司，工程位于江西省南昌昌北机场南区，建筑面积：26961.89 平方米，工程内容包括土石方工程、桩基础工程、人防工程、建筑工程、装饰工程。总造价 9346.64 万元，合同工期 430 日历天。

【中铁上海局其他建筑市场】2012 年，公司完成市政市场营销 425435.60 万元，占年度计划 25.50 亿元的 166.84%，房建工程营销额达 19.6340 亿元，占各类工程比重 13.82%。主要项目有：

1. 浙江安吉凯蒂猫家园（Hello Kitty 家园）建设工程。合同造价：28000 万元。合同工期：2012 年 10 月 15 日－2013 年 12 月 31 日。施工单位：中铁上海局一公司。工程概况：本项目规划用地面积为 294667.2 平方米，工程总建筑面积 48852.2 平方米，其中地上建筑面积 41120.6 平方米，地下室建筑面积 7731.6 平方米。本工程地上为多幢多层建筑，设 43 个单体，建筑类别入口商业为Ⅰ类，其余单体为Ⅲ类，各单体耐火等级均为二级，所在地区的抗震设防烈度 6 度，建筑高度低于 24 米。

2. 安徽当涂九山（青山河）大桥工程建设-移交（BT）工程。合同造价：17068.6767 万元。合同工期：开工日期：2012 年 10 月 20 日，竣工日期：2014 年 3 月 20 日。施工单位：中铁上海工程局一公司。工程概况：九山（青山河）大桥起讫桩号为 K0+963.8～K1+817.2，全长 853.4 米。在青山河东岸河堤设置（46+52+46）米的预应力混凝土直腹板等截面连续箱梁结构；引桥上部结构设计为预应力混凝土组合箱梁，单幅横桥向由 5 片 30 米小箱梁组成，全桥共设置 150 片预制小箱梁。半幅桥梁断面 16.75 米。主要技术标准：设计荷载：公路—Ⅰ级。设计车速：60 公里/时。

3. 重庆快速路三纵线红岩村嘉陵江大桥主塔基础施工。合同造价：8864.169043 万元。合同工期：2012 年 12 月底－2014 年 6 月。施工单位：中铁上海局一公司。工程概况：本次招标范围为红岩村嘉陵江大桥的主桥主塔 P3 墩基础、承台及施工围堰、栈桥，主塔 P4 墩基础、承台及施工围堰、抗滑桩工程等施工。大桥起讫里程 K2+874.986(P1 墩中心)～K3+607.786(A5 台尾)，全长 732.8 米。下层桥面总宽 27.0 米[2×(0.65 米防撞护栏+7 米机动车道+0.6 米防撞护栏)+10.5 米双线轨道。

4. 福州螺洲大桥南连接线项目（辅路隧道）。合同造价：11379 万元。合同工期：2012 年 11 月 4 日－2013 年 6 月 4 日。施工单位：中铁上海局二公司。工程概况：螺洲大桥南接线工程隧道部分为主、辅路隧道四洞并行设置，采取了一次设计分期实施的原则，为辅路隧道工程。主路隧道为收尾阶段，为双向八车道，设计时速 80 公里/时；在主路隧道两侧各修建辅路隧道左右线，辅路隧道为双向二车道加非机动车道、人行道，设计时速 40 公里/时。辅路隧道左线 ZFK0+270～ZFK1+260，全长 990 米，右线 YFK0+215～YFK1+386，全长 1171 米。

5. 安徽省亳州市谯城区基础设施建设项目（亳州市北部新城一期工程）市政道路项目一期工程（1、4 标段）。合同造价：8000 万元。合同工期：2012 年 7 月 26 日－2013 年 5 月 22 日。施工单位：中铁上海局第三分公司。工程概况：第 1 标段西一环路（文帝路－和平西路）全长 1829 米，道路红线 60 米；第 4 标段文帝路（西一环－汤王大道）全长 951.2 米，道路红线 30 米，桃园路（西一环－汤王大道）全长 961.03 米，道路红线 24 米。主要工程包括道路、排水及绿化工程，不含沥青路面、照明和交通工程。

6. 梧州市西江四桥主桥及引桥工程钢结构制作安装工程。工程总价：21338.2 万元。合同工期：2013 年 6 月 1 日－2015 年 10 月 1 日。施工单位：中铁上海局第五分公司。工程概况：拟建主桥为中承式钢箱系杆拱桥，分上下两层桥面系，上层为机动车道，下层为非机动车道、人行道。主桥桥长 558 米，由 300 米中跨和两侧对称的 129 米边跨组成。

7. 梧州市西江四桥主桥及引桥工程土建工程。工程总价：26774.5 万元。合同工期：2013 年 6 月 1 日－2015 年 10 月 1 日。施工单位：中铁上海局第五分公司。工程概况：拟建的梧州市西江四桥位于梧州市长洲岛尾端下游约 1.5 千米处，南岸起点与高旺路平交，跨越浔江、西堤路，向北连接日化路，路线终点位于日化路与新兴一路交叉口处，在工厂一路附近设匝道 A、B，匝道 A 连接主线和西堤路，匝道 B 连接主线和工厂一路。主线路线总长 2200.982 米（其中桥梁长 1506.5 米）；匝道 A 路线总长 269.291 米（其中桥梁长 104.5 米）；匝道 B 路线总长 318.33 米（其中桥梁长 104.5 米）。

8. 成都市新建污水处理厂（一、二厂迁建）工程土建及安装工程Ⅴ标

工程总价：16878 万元。

合同工期：2012 年 7 月 10 日－2012 年 12 月 26 日。

施工单位：中铁上海局市政公司。

工程概况：工程包括絮凝池及滤池、1 号反冲洗房及 4 号变配电间、2 号反冲洗房及 5 号变配电间、1 号紫外线消毒渠、2 号紫外线消毒渠、厂内污水提升泵房、出水井、加药间、储泥池、污泥浓缩脱水间、物资保障中心、中控楼、1 号除臭装置、总平面布置。

9. 宜昌市共联路（东站路－花溪路）、东站路（柏临河路－同强路）市政工程。工程总价：14019 万元。合同工期：2012 年 7 月 20 日－2013 年 7 月 15 日。施工单位：中铁上海局市政公司。 工程概况：共联路（东站路－花溪路）起点为东站路，终点为花溪路，道路等级为城市Ⅰ级次干道，道路全长 1802.718 米，其中含双孔隧道两座：求雨台隧道，

全长175米；联谊隧道，全长110米。两座隧道均为单孔断面97.275平米，单洞建筑限界净宽12.5米。隧道建筑限界净高：人行道净高2.5米，行车道净高5米。宜昌市东站路（柏临河路－同强路）市政工程起点为柏临河路，终点为同强路，道路等级为城市Ⅰ级主干道，道路全长1453.962米。

10.南京市城东污水处理系统三期工程。工程总价：12835万元。合同工期：2012年10月18日－2013年6月14日。施工单位：中铁上海局市政公司。工程概况：污水处理工艺采用MBR工艺，污泥处理采用机械浓缩脱水工艺。包含粗格栅及进水泵房、细格栅间、曝气沉砂池及精细格栅间、MBR池及消毒接触池两座、好氧鼓风机房、膜池鼓风机房、1号变电所、2号变电所、综合楼、厂区除臭和污泥技改区除臭系统改造工程（混凝土设备基础）、污泥平衡池、污泥浓缩池、围墙、门卫房工程土建、安装、厂区管道、厂区道路等全部工程内容。

11.南京市人防606工程。工程总价：9437万元。合同工期：2012年10月12日－2014年9月28日。施工单位：中铁上海局市政公司。工程概况：南京市人防606工程为坑道式人防指挥所，总建筑面积8363.45平方米。本工程为平面呈“U”型的隧洞，主体结构为坑道式一层，局部二层钢筋混凝土被复结构，总建筑面积坑道主轴线长度1131.275米，主要由口部穿廊、通道段，车辆掩蔽所，主体段，大跨度大厅段及电站防护段组成，其中主体：618.438米，穿廊：358.837米，支坑道：154.00米。

12.上海崇明岛原水输水系统一期工程4标。工程总价：8995万元。合同工期：2012年8月10日－2013年12月31日。施工单位：中铁上海局市政公司。 工程概况：崇明岛原水输水一期（起点桩号35+531.82前竖公路西侧约130米—终点桩号44+454.91合五公路东侧约500米，含堡镇水厂接拢管范围）施工、竣工验收及保修。

13.湖北襄阳市长征东路跨清河桥（长征路－永安南路）。工程总价：7388万元。合同工期：2012年5月28日－2013年5月22日。施工单位：中铁上海局市政公司。工程概况：小清河大桥工程全长482.83米，由西岸引桥、主拱桥、东岸跨堤引桥、东岸陆地引桥组成。西岸引桥全长164米，为钢筋混凝土连续梁桥，起止里程K0+169.50～K0+333.50；跨径布置为4（桥台尾墙）+（4×20+4×20）米，墩号N0～N8，位于岸上。主桥全长80米，为钢管混凝土系杆拱桥，起止里程K0+333.50～K0+413.50，墩号8～9号，桥墩位于岸边水中。东岸跨堤引桥全长134.83米，为预应力混凝土连续梁桥，起止里程K0+413.50～K0+548.33，跨径布置为（30+30+39.03+35.8）米，墩号N9～N13，位于岸上。东岸陆地引桥全长100米，为钢筋混凝土连续梁桥，起止里程K0+548.33～K0+648.33，跨径布置为（5×20）米，墩号N13～N18，位于大堤外陆地上。

14.蚌埠解放路南段二期、延安路南段二期（黄山大道－中环线）道路排水工程。工程总价：7528万元。合同工期：2012年8月5日－2013年2月20日。施工单位：中铁上海局市政公司。工程概况：蚌埠市解放路（黄山大道—中环线）工程位于蚌埠市姜桥物流工业园内，起于黄山大道，止于中环线，道路全线长2793.173米，红线宽45米，为直线线形。道路沿线分别与黄山大道、纬五路、纬四路（姜桥3号路）、纬三路、纬二路（姜桥 2号路）、纬一路、姜桥路、中环线等8条道路相交，除中环线上跨解放路，其余相交道路均采用平面交叉形式，并设置信号灯控制，同时与沿线交叉口采用展宽车道，设置港湾式停靠站计8处，在道路交叉口、出入口人行道处设置无障碍坡道，全线设置盲道。延安路南段二期工程，位于蚌埠姜桥物流工业园区的中东部，北起黄山大道，南至中环线，道路全长2866.172米，规划道路红线宽45米。道路沿线分别与黄山大道、姜桥四路、姜桥三路、姜桥一路、姜桥二路、Z-30路、姜桥路、Z-31路、中环线等道路相交，交叉口处根据具体情况进行渠化设计。

15.新建铁路巴准线（巴图塔至点岱沟）全线房屋工程2标段。工程总价：6096万元。合同工期：2012年7月5日－2013年6月30日。施工单位：中铁上海局市政公司。工程概况：包括海勒斯壕南机务段、综合维修工区、空重车场、巴准线内蒙准旗公沟煤矿还建厂房共7处钢结构房屋，面积总计18497平方米。

【中铁二院其他市场情况】 2012年，中铁二院在工程总承包及工程技术服务板块市场开经营开发方面，进步明显。工程技术管理项目服务板块全年新签合同额8.77亿元，占新签合同总额的12.67%，与2011年相较，同比增长65.16%。工程总承包项目板块全年新签合同额9.10亿元，占新签合同总额的13.14%，与2011年相较，同比增长56.09%。分述如下：

一、工程总承包

2012年，中铁二院主要签订了云南冶金集团建水产业集群基地专用铁路、蒲城清洁能源化工有限责任公司180万吨甲醇70万吨聚烯烃项目铁路专用线站前工程、陕西延长石油集团四川中心油库铁路专用线、朔黄重载铁路新型宽带移动通信系统小觉至西柏坡试验段等13项工程总承包合同，合同金额90972万元。（见表416）：

表4-16　中铁二院工程总承包板块新签工程总承包项目汇总表

序号	项目名称	合同金额(万元)

1	贵州省六盘水花园路水钢隧道工程	35000
2	五福大道（五凤至洛带金堂段）上跨成渝铁路桥项目 EPC 框架协议	40
3	拉法基瑞安（重庆）实业有限公司湿渣取料机一侧轨道破损整改工程总承包	38.9732
4	攀成钢旺苍 60 万吨焦化项目铁路专用线补充合同	210
5	六塘站专用线电气化改造工程总承包	42.7798
6	田东站专用线电气化改造工程总承包	125
7	田阳站专用线电气化改造工程总承包	65.3537
8	新建钦州至钦州港 10kV 电力贯通线及配电所设计施工总承包	1075
9	云南冶金集团建水产业集群基地专用铁路项目	8780
10	朔黄重载铁路新型宽带移动通信系统小觉至西柏坡试验段工程总承包	3716.0258
11	彭山县下穿成昆铁路及成绵乐客运专线立交工程 EPC 项目框架协议	200
12	陕西延长石油集团四川中心油库铁路专用线工程设计、施工总承包	11144.79854
13	云南冶金集团建水产业集群基地专用铁路项目	8780
14	中化泉州石化铁路专用线(待签)	8000
15	蒲城 180 万吨甲醇 70 万吨聚烯烃项目铁路专用线站前工程 EPC 总承包	13064
16	水江铁路（企业）企业专用线工程 EPC 总承包	689.7
合计		90971.63104

二、咨询评估

2012 年，中铁二院承担了福州市地铁 2 号线一期工程可行性研究报告评估、石家庄市城市轨道交通 1、3 号线一期工程可行性研究报告评估、南平至龙岩铁路扩能改造工程可研评估等项目。目前已顺利完成福州市和南平至龙岩铁路可研评估项目，即将上报石家庄市工可评估报告。

中铁二院房地产市场经营情况： 2012 年，中铁二院房地产业务积极适应国家宏观调控，强化楼盘销售管理，加快资金回笼，销售收入达到 2.86 亿元，为院下达指标的 102.1%。全年新签合同额 1. 84 亿元，占新签合同总额的 2.66%，与 2011 年相较，同比增长 29.60%。全年完成收款 5.034 亿元，为院下达指标的 104.87%。营业利润 2386.9 万元（完成考核指标 2691.2 万元），净利润 1448.96 万元。超额完成中铁二院年初预定的各项生产经营指标。

2012 年中铁二院房地产板块项目开发经营情况简介如下：

一、中铁•峰汇国际项目：位于重庆市北部新区重庆火车北站附近，占地面积 30000 余平方米，总建筑面积近 11 万平方米，容积率 2.99，绿地率 37%。 一期酒店代建、后期收尾工作，已完成中铁二院重庆公司办公楼资产组固移交，完成酒店外装代建工程并通过了质检站的验收和规划竣工测量及验收手续，酒店销售合同正式签订。二期工程建设，已完成主体封顶和隔垾砌筑，完成电梯、化粪池、外电引入工程的招投标。销售方面：2012 年 7 月 10 日，完成一期伊可莎酒店预售许可证办理，与伊可莎酒店公司签订酒店项目销售合同，完成合同备案所需各项手续。8 月 3 日，取得二期预售许可证，收回锁定包销款 3.234 亿元。

二、西安优胜美地：已完成西安项目转让后续事务处理，优胜美地项目工地已移交给伟基公司。

三、仁寿中铁•仁禾广场项目：位于仁寿新城区，项目用地 101.8 亩，为中铁二院下属子公司置业公司与腾启公司合作开发项目，总建筑面积 42 万平方米，是中铁二院房地产业务迄今开发建设的规模最大项目。该项目已于 2012 年 11 月 12 日开工，项目分 3 期开发，周期 4 年。截止 11 月 25 日，已新签各项合同 7 份，合同总额 2461 万元。一期 1 批次计划在 2013 年 1 月 26 日开盘，预计税前利润 5 亿元以上。该项目实现了当年拿地、当年开工、当年蓄客。

四、伊萨贝拉项目：位于郫县犀浦镇，占地 136 亩，开发物业形态为高层住宅及商业，建筑面积 274402.1 平方米、居住户数 2289 户、地下车库 1192 个。该项目幼儿园工程于 2012 年 8 月 30 日竣工验收。完成游泳池附属设施二装、小区垃圾房建设工作。完成伊萨贝拉一期决算，初步完成伊萨贝拉二期决算工作。完成团校路竣工结算资料送郫县审计局审查。完成沱江河竣工结算送审计局审查并已出报告。销售情况：2012 年全年认购 401 套，面积 34849. 平方米，金额 19186 万元，幼儿园销售 900 万元，总计 20086 万元；签约 381 套，面积 32838 平方米，金额 1.6506 亿元，回款 1.5400 亿元。

五、夏纳湾信托监管项目：该项目为中铁二院房地产业务的第一个监管项目，开创了一种经营开发的全新模式。已签订《三方合作协议》和《监管协议》，监管团队已进驻项目公司开展项目监管工作。该项目每年将带来1120万元的收入，监管期2年。

中铁二院其他新兴板块市场经营情况：2012年，中铁二院在铁路市场的持续低迷的市场环境下，在确保传统业务稳定发展的同时，多元产业呈现良性发展势头。随着产品产业化配套措施的陆续出台，中铁二院在原有4家产业公司的基础上，又成立了四川迈铁龙科技有限公司、四川艾德瑞电气有限公司两家新产业公司，产品研发和测试工作也在同步开展，即将投向市场。产品产业化板块全年新签合同额5528万元，占新签合同总额的0.80%，与2011年相较，同比增长139.72%。

中铁二院各产业公司2012年产品产业化经营情况如下：

1．旷谷公司：完成营业收入3907.63万元，为下达目标的105.61%；新签合同5226.41万元，为下达目标的130.66%；完成收款2041万元、为下达计划的102.05%；实现净利润178.95万元。

2．环保公司：完成营业收入2007.11万元，为下达目标的100.35%；新签合同2870.29万元，为下达目标的110.4%；完成收款2012万元，为下达计划的335.33%；实现净利润98.696万元。

3．亚佳公司：完成营业收入546.23万元，为下达目标的36.42%；新签合同1072.6万元、为下达目标的42.9%；实现净利润99.5万元。

4．新成立的四川迈铁龙科技有限公司：正在开展“幕帘风阀”等相关产品研发和测试工作，待条件成熟即可马上投入生产。

5．新成立的四川艾德瑞电气有限公司：结合电化院科研项目，已与成都铁路局签订了1套并联开关站供货合同。

6．中铁轨道交通高科技产业园：定位为国家级轨道交通高科技产业创新与服务基地和西部轨道交通产业的发展载体，2012年，已正式签订《中铁产业园房屋定制协议》的企业共计11家，其中认购地面建筑总面积约为6.4万平方米，总金额2.85亿元，地下车库车位500余个，总金额0.52亿元。签约面积已达8.42万平方米，签约金额累计3.54亿元。

7．中铁天宝公司：股权由中铁二院与美国天宝各占50%，调整为25%与75%的变更工作，已在年内完成。

8．中铁二院下属各生产业务院、子公司的产品产业化板块的营业收入：已累计实现737万元，新签合同额306万元。

9．港航板块业务：实现营业收入5257万元。

中铁二院投融资项目经营情况：2012年，中铁二院投融资项目经营情况简介如下：

一、投资项目市场经营情况

1.“中国海南国际高铁技术研究中心及培训中心”项目：2012年12月1日，中铁二院第二届董事会（第12次）会议审议通过，同意出资1000万元人民币设立中铁二院海南勘察设计有限公司（暂定名），同意出资1000万元人民币设立中铁二院海南高铁研发培训中心建设有限公司（暂定名），作为海南高铁研发培训中心及中铁二院海南勘察设计有限公司项目配套工程建设的项目公司。

2．“产业投资基金”项目：2012年12月1日，中铁二院第二届董事会（第12次）会议审议通过，同意出资200万元人民币，与天津海达创业投资管理有限公司合资设立成都中铁海达股权投资基金管理有限公司（新公司注册资金为500万元人民币，中铁二院持有40%的股权，天津海达持有60%的股权）。中铁二院总经理办公会，同意基金规模初期设定为3.03亿元人民币（其中可申请国家和地方政策性引导基金约1亿元，集团公司认购5000万元，向社会投资者募集1.5亿元）。

3．房地产开发业务：2012年，中铁二院房地产业务充分依托铁路、城市轨道交通等规划设计的独特优势，加大对铁路、城市轨道交通等沿线土地资源的获取，实现土地一级整理与房地产二级开发的联动发展。同时，借助与中铁信托有限公司的平台进行项目的开发和监管。主要项目有：伊萨贝拉项目和中铁.峰汇国际项目两个在建项目，戛纳湾监管项目，中国海南国际高铁技术研发中心及培训中心项目、沙湾项目和广安项目三个待开发项目。

4．矿产投资业务：2012年，中铁二院矿产资源业务新签合同额0.04亿元，实现营业收入0.08亿元。从事矿产资源开发业务的控股子公司有：中铁二院彭水渝东矿业开发有限公司和成都华丰应用地质开发有限公司。其中，中铁二院彭水渝东矿业开发有限公司是重庆彭水萤石重晶石项目公司，已经具备较为可行的生产能力，截止2012年11月底完成了429万元的营业收入。成都华丰应用地质开发有限公司主要从事固体矿产勘察、矿产品技术开发和服务，本年度完成了四川青川县金厂湾金矿普查、四川会东县竹色铁矿地质详查、四川木里县沙湾铜金多金属矿地质普查、拟建铁路沿线矿产资源前期研究等工作，完成了7个金矿权年检或变更延续工作，其中四川平武县涌沟洼金矿区普查权已成功申请到探矿证，该探矿权为中铁二院自主申请的第一个矿权，明年继续依托主业优势，力争在拟建铁路沿线区域实现自主申请到有价值的矿权。

5．股权投资业务：2012年，中铁二院参与完成中铁信托的增资扩股项目，受让小股东的增资额度，股权比例由1.543%增加到1.983%，为中铁信托第四大股东。2012年年底，中铁信托有限责任公司完成注册资本变更。

2012年，中铁二院完成华丰公司的股权变更项目。华丰公司注册资本由600万元减至540万元，中铁二院股权比例调整为90%，2012年9月12日完成工商变更手续。

二、融资项目市场经营情况

1. 彭水渝东矿业公司融资工作：2012年11月21日，中铁二院通过中海信托，完成首期4800万元的融资（年利率9.9%，无抵押信用贷款）。

2. 郫县房地产监管项目：由中铁二院投融资部提供项目信息，与中铁信托合作向融资方提供项目融资咨询和项目监管服务，项目已于11月28日正式签约。项目成功实施后，预计两年内可为中铁二院带来2400万元的咨询和监管收入。

【中铁设计咨询其他市场情况】2012年中铁设计咨询在确保做好已进入工程收尾阶段的广西桂林康密劳铁路专用线工程，正在施工阶段的内蒙古察哈素矿井铁路专用线和青海省黄南坎布拉旅游景区俄家台接待区四星级宾馆工程总承包项目外，积极承揽新的工程总承包项目。承揽了鄂尔多斯金诚泰聚丰物流园察汗淖煤炭集运站、新建世林投资乌兰陶勒盖铁路专用线（车站）和大同煤矿集团朔州矿业公司金沙滩运销站3个工程总承包项目。2012年中铁设计咨询工程总承包新签合同额6.21亿元（同比上年增加1.01亿元），占全年新签合同额的20.5%。

技术咨询及工程监理市场。技术咨询及工程监理业务是中铁设计咨询重点培育的业务之一。2011年成立的咨询公司2012年已步入正轨，同时中铁设计咨询鼓励以各生产单位为主体开展市政、桥梁、公路、地质勘察、建筑设计等专项工程咨询类业务。年内，除继续完成已承担的广州地铁9号线和13号线、郑徐和大西客运专线等续建工程项目的咨询、施工图审核项目外，并通过投标、新技术推广应用等措施开发新的咨询业务领域和承揽新项目。承担了成都地铁3号线、7号线BT咨询，昆明市轨道交通呈贡支线及晋宁线一期工程咨询，苏州市新区有轨电车1号线轨道、结构、路桥、通号系统设计咨询。专业生产院也利用专业优势开发咨询业务，桥梁院承担了广东高速公路集团的桥梁标准化咨询；航遥院开展城市轨道交通测量与监测业务，获得了珠三角城际快速轨道交通（广佛段）二期工程第三方监测、宁波地铁1号线CPIII测量评估等项目。2012年咨询（含技术咨询、工程检测、地勘监理）新签合同额1.25亿元（同比上年减少0.24亿元），占新签合同额的4.1%。

中铁设计咨询各监理公司，除继续完成续建项目监理外，年内新承担了北京地铁15号线、西郊线、南京地铁机场线的轨道系统监理，南京地铁4号线（一期）土建标段监理。济南工程技术公司承揽了中国铝业山东分公司矿山铁路路基病害整治、天津新港北铁路集装箱中心站工程地基处理等岩土工程项目。2012年工程监理（含岩土工程）新签合同额3.83亿元，占全年新签合同额的12.7%。

【中铁资源资源开发情况】一、国内资源开发

1. 芒来煤矿。芒来煤矿地处内蒙古白音乌拉煤田西北边缘，矿区面积53.96平方公里，现已探明煤炭储量9.1亿吨，煤矿改扩建项目已列入《内蒙古自治区煤炭工业“十二五”发展规划》。

一、煤炭开采生产：2012年，芒来煤矿共完成土方剥离全年共完成土方剥离量2461万方，占集团公司年初计划指标2200万方的112%。实现新增可采煤量1169万吨。2012年5月正式启动了1号原煤破碎站，每小时平均可达到1500吨的破碎能力。同时对2号破碎站进行改造，并增设了一组细破设备，提高了破碎能力。实现了煤炭生产470万吨。

二、煤碳销售运输：开通庙梁、堡子湾等货运站，恢复了丰镇货场、170线运煤通道，销售运煤进入河北、山西市场。公司采取“保价减量”和“保量降价”两种措施，全年共完成煤炭销售530万吨，其中铁路运输325万吨，公路运输205万吨。全年完成营业收入5.48亿元，实现净利润1.06亿元。

2. 国金矿业。2012年，国金公司常福龙金矿生产成品金172公斤，完成年初计划119.9公斤的143.5%，年度调整计划150公斤的114.7%；加上解析2011年度遗留载金碳产金42公斤，共完成214公斤。取得销售黄金收入6840.7万元，2012年12月底库存成品黄金62公斤未销售。完成掘进工程8225.55米，占年度计划4300米的191%；实现采矿28.27万吨，占年度计划20万吨的141%；选矿28.53万吨，其中一期处理矿量23.59万吨，二期处理矿量4.94万吨；入选品位0.65克/吨；回收率87.29%；钻探工程完成4200.35米，其中地表钻探2008.2米，坑内钻探2192.15米，占年度计划4000米的105%，实现成果是二、三、四中段圈定低品位矿量约82.08万吨，平均地质品位0.657克/吨。五中段13线到27线预计控制矿石量35万吨以上，平均地质品位2.65克/吨；实现了安全年。

3. 鹿鸣矿业。鹿鸣矿业伊春鹿鸣矿业有限公司是中铁资源集团有限公司的控股子公司，位于景色宜人、矿产丰富的小兴安岭境内，主要负责中铁资源在国内投资最大的矿山项目—鹿鸣钼矿的采选工程建设和生产管理工作。

公司拥有位居国内前列的资源优势，矿区面积4.6平方公里，主矿产钼矿矿石量8.14亿吨，钼金属量75.18万吨，平均品位0.092%，目前单体钼矿规模居全国第一。公司以“建绿色矿山，创和谐林区”为宗旨，坚持“建设与保护并重，发展与和谐并举”的指导思想，致力于将鹿鸣钼矿打造成为国际一流的数字化绿色矿山：计划投资48亿元，建设日处理矿石5万吨、年处理矿石1500万吨现代化大型钼采选工业基地。

2012 年，鹿鸣矿业基建工程主要包括鹿鸣林场公路、采矿工程、选矿工程、尾矿库、水源设计、外部输变电工程、110KVA 变电站、中心林场生活区、林场办公管理设施、林场生产配套仓储设施、办公生活区、相应服务配套设施、行政办公服务设施、市政公共设施等。

2012 年，公司实现了选矿磨矿厂房、选矿主厂房在入冬前封闭；选厂锅炉房及供暖管网投入使用；选厂球磨、半自磨设备基础完工，球磨机筒体就位，浮选机基础完工、筒体逐步安装就位；采、选厂办公楼、试化验楼投入使用；炸药库全面完工；110KV 变电站完工；旋回破碎机厂房完工、斜井贯通；生活区单身宿舍入住，辅助配套设施逐步形成；尾矿坝坝体填筑、排洪隧洞掘进均按年度计划进行。

二、海外资源开发

1.绿纱矿业。绿纱矿业有限责任公司位于刚果民主共和国东南部加丹加省上加丹加县冈博夫地区绿纱镇，是 2006 年4月在刚果（金）成立的合资公司。其中：中铁资源集团有限公司占股 72%，刚果国家矿业公司占股 28%。公司所拥有的绿纱（Luishia）铜钴矿矿床有5个矿体，矿区总的资源储量为 3111.4 万吨，铜平均品位是 2.47%，钴平均品位是 0.18%，铜金属量 76.81 万吨，钴 5.69 万吨。探明的和控制的矿量为 2176.9 万吨，其中，铜平均品位是 2.69%，钴平均品位是 0.13%，铜金属量 58.48 万吨，钴金属量 2.80 万吨。项目正在进行扩产建设，预计 2014 年全面投入生产，服务年限 14 年。总投资 3.3 亿美金，年产阴极铜 30100 吨、钴 1033 吨、硫酸 52000 吨。

绿纱铜钴矿床有 5 个矿体，其中以Ⅰ号铜矿体规模最大，其它依次为Ⅲ、Ⅱ、Ⅳ、Ⅴ。Ⅰ号铜矿体分布在矿区中部，矿体主要赋存在大理岩化白云岩、粉砂质板岩中，矿体顶板在不整合面附近，底板在白云石大理岩中，现状出露总长 1150 米，垂直厚度 10～160 米，平均厚度 100 米，矿体呈长椭圆状，走向北西-南东。

公司建成投产后，日处理矿石 5000 吨，1-3 年平均阴极铜 2.2 万吨/年，4-5 年平均阴极铜 3.2 万吨/年，6 年之后平均阴极铜 3.48 万吨/年； 1-3 年平均钴金属量 2004 吨/年，4-6 年平均钴金属量 921 吨/年，6 年后平均钴金属量 608 吨/年。

截至 2012 年底，全年生产标准阴极铜 3124 吨，实现筑堆矿石 207549 吨，完成基建剥离 97 万立方米；完成营业收入 14412 万元（人民币），实现利润总额 5898 万元（人民币），净利润 4736 万元（人民币）。

2012 年，绿纱公司在优先工程建设的前提下，继续深化“厂矿联动”和“废矿加工”合作，通过翻晒废矿和优化入料方式等措施保证堆筑效率，通过技术改造降低新堆喷淋合格液悬浮物含量，有效保证了生产稳定有序进行。截至 2012 年底，绿纱公司标准阴极铜生产完成年度计划的 100%；筑堆矿石完成全年计划的 104%；基建剥离完成年计划的 161.67%；生产勘探完成总进尺 5525.60 米，提前超额完成全年勘探任务。

2. MKM 矿业。MKM 矿业有限责任公司位于刚果民主共和国东南部加丹加省科卢韦奇市东部，成立于 2006 年 1 月，2008 年 12 月 19 日起由中铁资源集团有限公司控股，刚方股东是刚果国家矿业公司和 LUNA 矿业公司。目前，中铁资源持股 71%，刚果国家矿业公司持股 17.5%；LUNA 矿业公司持股 11.5%。项目总投资 1.75 亿美元，2012 年 10 月 26 日正式试投产。达产后可年产 2.5 万吨阴极铜、3400 吨氢氧化钴，是从事矿山开采、选矿、冶炼、矿产品加工及销售为一体的综合型矿产资源开发企业。公司所属两个矿区分别为 M 矿区和 K 矿区，总面积为 6.72 平方公里，为露天开采型铜钴矿山。

MKM 铜钴矿床位于举世闻名的刚果（金）-赞比亚铜（钴）矿带西部，矿区东西长约 3.65 公司，南北宽约 1.84 公里，面积 6.72 平方公里。矿床包括允嘎（MYUNGA）和卡隆布维（KALUMBWE）两个矿段，分别在矿区内的西部和东部。矿区资源总储量（122b+333）为 8533.67 千吨，Cu 金属量 296.26 千吨，含 Cu 品位 3.472%，Co 金属量 26.88 千吨，Co 品位 0.315%。

2012 年，MKM 公司积极落实建设计划、采剥计划、试生产计划，精心组织生产建设与施工。为适应生产需要，组织员工学习公司操作规程与规章制度，提高操作水平和工作效率。

2012 年各项建设工作按计划全面推进，所有工程均按期或提前完成。截止 12 月 31 日，累计完成土方施工 133.5 万立方米，房建工程 41100 平方米，钢筋混凝土基础浇筑 25216 立方米。露天采场、冶炼厂、公用和辅助设施及生活基地等工程全面竣工。

MKM 矿区地形为低矮丘陵，地势中北部高，南部低，海拔高为 1297.07m～1384.69 米，矿石出露地表，开采方式为露天开采。在矿区开采范围内，有 M 矿段和 K 矿段，在 2 个矿段内有 5 个矿体。主要由氧化矿和原生矿组成，设计开采对象主要为氧化矿。2012 年元月开始开采工作，至 12 月 31 日，共采矿石 30 万吨。采矿工程由中铁九局海外公司负责施工。

全公司共安装机械及设备 500 余台套，分布在下属 8 个生产（辅助生产）单位，18 个工段。其中大型设备主要有 MQY4261 型球磨机、C3050 型鄂式破碎机、HP300 型圆锥破碎机、2FLC-30 型螺旋分级机、阴极剥片机组、可控硅整流机组。

公司 120 千瓦总变电站安装单台容量为 16MW 的三相有载调压变压器 2 台，磨浸分厂、冶炼分厂各建有 3 个 10 千瓦变电所，硫酸分厂建有 1 个 10 千瓦变电所。为保证在电电网停电时特殊设备的运行安全，磨浸分厂和硫酸分厂还备有柴油发电机组。

2012 年各项生产建设工作按计划全面推进，所有工程均按期或超前完成。全年完成投资 7898 万美元，累计完成总投资 17577 万美元，实现冶炼分厂、硫酸分厂、磨浸分厂试生产的目标。

3.钴盐厂。刚果国际矿业公司（以下简称公司或钴盐厂）2005 年 5 月 5 日在非洲刚果（金）注册成立，是一家铜钴湿法冶炼公司。2008 年中铁资源集团成为钴盐厂大股东。从 2010 年 3 月 18 日开始，钴盐厂实行中铁资源集团独家经营管理。公司全体员工精诚团结，艰苦创业，呈现人心齐、士气高、干劲足、风气正的良好态势，各项工作进展顺利。2010 年 6 月 1 日，钴盐厂成功投料试车。2010 年 6 月 16 日，首批阴极铜出槽。2010 年 6 月 20 日，首次产出碳酸钴。

2010 年底完成了该年度生产任务指标，2011 年上半年，公司与同属中铁资源旗下的绿纱矿业实现联动，8 月份阴极铜生产线成功达产，月产超过 1000 吨，同时实现“时间过半，任务过半”。2011 年公司提前完成年度生产任务。

经营范围矿业开发、勘探、开采、冶炼系列，建筑房地产、运输服务。

2012 年度生产计划；2012 年度计划生产阴极铜 9200 吨，其中：自产阴极铜 6100 吨，代加工阴极铜 3100 吨；计划生产钴金属 500 吨；计划生产硫酸 15000 吨。

2012 年度实际完成；2012 年实际生产：(1)阴极铜 10034 吨，完成年度生产计划的 109%，其中：自产阴极铜 7076 吨，完成年度计划的 116%，代加工阴极铜 2958 吨，完成年度计划的 95%。(2) 钴金属 250 吨，完成年度计划的 50%，未完成年度计划的主要原因是自 2012 年以来，当地政府对环保的要求进一步提高，为了达到环保政策的要求，从 2012 年 8 月份开始，公司将原来用碳酸钠沉钴生产碳酸钴产品进行工艺改造，改为用石灰沉钴生产氢氧化钴产品，目前生产的氢氧化钴，杂质较多，品位较低，加上钴市场低迷，销售价格较低，导致钴产品效益较差，同时，由于当地冶炼企业纷纷停止钴生产，受此影响，矿石供应商大多停止了钴矿石供应业务，公司库存钴矿石为低品位矿石，钴生产配矿所需的高品位矿石缺少来源。公司针对生产以及经营的实际情况，对钴金属的生产做了适当调整。(3) 硫酸 19005 吨，完成年度生产计划的 127%。

三、矿产地质勘探

2012 年全年，公司共完成矿产地质钻探 46816 米、水文钻孔 631 米、槽探 68798 立方米、基本分析样品 34151 件，实施项目共计 17 个，其中刚果（金）加丹加省绿纱铜钴矿深部及外围详查、黑龙江省萝北县云山石墨矿详查、内蒙古额济纳旗流沙山钼矿勘查、内蒙古呼伦贝尔市牙克石免渡河金矿普查、青海省都兰县约尔根地区金矿预查、内蒙古额济纳旗海尔很锑矿普查、内蒙东乌旗霍朔根敖包铜多金属矿普查、黑龙江省饶河县西川河金多金属矿普查等 8 个项目都取得良好找矿效果或工作进展。此外，黑龙江省大兴安岭新林区黑龙沟-瓦拉里岩金矿普查、陕西省旬阳县金洞河地区金矿普查、内蒙赤峰市兴隆庄铅多金属矿普查、黑龙江鸡东县向阳镇金多金属矿普查、黑龙江省伊春市红旗屯金多金属矿普查、黑龙江省海林市海浪林场金多金属矿普查、黑龙江省呼玛县二道沟上游金多金属矿普查、黑龙江省呼玛县宝泉沟金多金属矿普查、黑龙江省鸡东县哈达-东海萤石矿普查均有良好找矿前景。

四、商贸物流

1. 中铁资源集团商贸有限公司。中铁资源集团商贸有限公司成立于 2010 年 5 月 19 日，注册地为北京顺义区空港物流园区，注册资本 5000 万元人民币。截至 2012 年底，中铁资源集团商贸有限公司共拥有 4 家全资、控股公司。

北京兴源诚经贸发展有限公司前身是中铁资源集团有限公司商贸部，于 2009 年 7 月 29 日注册成为独立法人，注册地为北京门头沟区，注册资本 600 万元人民币，具有独立的对外贸易经营权。

2012 年，结合公司加强南非、坦桑尼亚市场布局的基础上，公司以此为支点，在已完全打通两条货运线路的基础上，在周边国家初步建立了物流运输网络，获得了大批优质的客户资源，优化了国外物资采购工作环境。高峰时段，保证了每天数十辆卡车的装车发运，从港口和物资采购地驶往项目公司的运输车辆不少于 500 多台次；通过不断积累经验，做好运输各环节的衔接，国内运输到刚果（金）的货物也从原来的 65 天，进一步缩短到现在的 50 多天。

公司紧密结合驻外单位的建设进度和工作重点，围绕 MKM 公司年终投产、绿纱公司萃取电积先行投产、钴盐厂技术改造等工作，不断强化服务保障工作，及时做好国内采购、物流运输等关键节点的掌控，保证了集团公司驻外项目生产经营的顺利进行。全年组织招投标 6 次，完成竞争性谈判 6 次，签订采购合同 350 份，合同金额约人民币 5.1 亿元；零星采购应急物资 90 余批次约 500 万元，随飞机托运约 1800 余件行李，总重量达到了 38 吨。

2012 年初，依据市场价格变动情况，与尤利时公司签订了电解铜销售合同，这也是公司首次操作电解铜的实时点价及销售工作，整个点价过程与伦敦报盘时时联动，保证了矿产品销售效益最大化。随后，公司与刚果国家矿业公司签署了 2012 年电解铜长单销售合同，为保证集团公司全年电解铜销售奠定了坚实的基础。全年完成电解铜销售共计约 11464.119 金属吨，比计划 7200 吨，超额 159.22%。在钴市场国内价格低迷的特殊背景下，及时开拓海外市场，与韩国 COSMO 公司签订了 2012 年粗制碳酸钴长单销售协议，首次以转口贸易的形式交货到第三国。全年完成碳酸钴销售约492.559金属吨，比计划400吨，超额123.14%。在乌兰矿停产的不利情况下，全年完成铅精矿销售1000.899金属吨，锌精矿销售1275.72金属吨。

为拓展煤炭贸易业务，公司多方运作，为所属煤炭贸易公司的快速发展创造条件。面对低迷的煤炭市场，密切跟踪市场变化，疏通政府关系，积极加强与蒙古国煤矿的接触与沟通，拓宽煤炭销售渠道。2012年，鑫峰公司完成焦煤长倒任务2万吨，短倒任务11万吨，销售12.5万吨；额济纳旗公司在11月份获得了内蒙古自治区经信局颁发的煤炭经营资格证书，为公司下一步正常开展经营创造了条件，同时，与同煤集团朔州煤电有限公司签订了30万吨电煤合同，并在中国（太原）煤炭交易中心成功注册，为公司在山西开展煤炭贸易奠定了基础；牡丹江公司受整体煤炭市场影响，全年生产受到很大制约，由于缺少核心竞争力，人员配备不完善，全年仅完成动力煤销售 10 万吨，实现营业收入 5500万元。

2. 内蒙古郭白铁路公司。内蒙古郭白铁路有限责任公司的前身为中铁工程苏尼特铁路有限责任公司，成立于 2007年4月16日，由中铁资源集团有限公司和自然人杨国良先生共同出资成立，注册资本金为20000万元，中铁资源集团有限公司持股51%，杨国良持股49%。2009年12月铁道部的出资者代表呼和浩特铁路局以既有郭查线实物资产出资，与中铁工程苏尼特铁路公司进行公司重组，重组后公司名称变更为“内蒙古郭白铁路有限责任公司”，注册资本金增加为38124.06万元，股权结构变更为：呼和浩特铁路局持股35%，中铁资源集团有限公司持股35%，杨国良先生持股30%。郭白铁路乌白段于2007年9月开工建设，2009年8月投入临管运营。

2012年完成运输量360万吨，其中完成煤炭运输量336万吨 ，化工产品24万吨，实现运输收入11811万元；连续三年实现安全年。

2012年计划完成运输量475万吨，计划实现收入13585万元。实际完成运量360万吨，实现运输收入11811万元。运量完成年度计划的75.8%；运输收入完成计划的86.9%。

【中铁西北院其他建筑市场】 2012年，中铁西北院在建筑物纠偏、古建及文物保护等新兴专业拓展方面实现了新突破，培养了一支专业化、年轻化的人才队伍，凭借成功进入青海、甘肃、陕西、山西、新疆、四川等建筑市场， 2012年共承揽文保类项目29个，涉及一批国家、地方重点保护文物古迹，合同额累计4798万元，主要有张掖马蹄寺石窟群金塔寺石窟病害治理（合同额261万元，工期6个月）、塔梁子崖墓群灾后维修工程(合同额236万元，工期5个月)、柏孜克里克石窟保护二期工程（合同额1520万元，工期15个月）、胜金口石窟寺抢险加固工程（合同额805万元，工期12个月）、玉树格萨尔宾馆地震遗址文物保护工程（合同额764万元，工期4个月）。

【中铁西南院其他建筑市场】 2012 年，公司继续合作了双流县东升、华阳、航空港（含牧马山）36 座城市桥梁检测项目，成都高新区 120 座桥涵的养护管理，2012 年双流县城市桥梁检测项目等。参与完成了四川省 2011 年第三、四批，2012 年第一、二、三批重大地质灾害勘查比选、招标项目共计 30 余项，获得了北内环磨溪、肖溪输气站地面沉降治理工程勘察设计、龙岗 22 井滑坡治理工程设计、桂70 井汛期隐患治理工程、龙岗 27 井汛期隐患治理工程等多项地质灾害勘查设计项目。公司年度其它新签合同额 7519万元，同比增长 120.4%。

【建设分公司其他市场情况】 1.深圳观澜河污水工程。观澜河干流污染治理工程观澜调蓄池工程（3号）根据市政府常务会议纪要（四届一五七次）及深圳市住房和建设局（深建函〔2010〕131号）文件要求，作为深圳固戍污水处理厂一期“鲁班奖”获奖项目的奖励工程。调蓄池施工场地位于深圳市宝安区观澜河右岸，观澜应急污水厂对面，距离西侧观澜河约为30米。拟开挖基坑占地面积约2.6万平方米，开挖深度15.9～21.7米，基坑开挖周长约740米。主体构筑物主要有：调蓄池池体、池内格栅间、池内跌水间、池内车道、提升泵房、闸门井。工程造价 20000 万元，合同工期24月，2010年10月3日开工，2013年4月26日竣工。

截至12月31日，项目基坑开挖支护完成土石方开挖爆破16.28万方及相关支护内容，基坑相关分部工程完成验收工作；除新增泵房、配电房外主体结构工程全部完成；完成调蓄池底板、侧墙、框架梁、柱及顶板混凝土浇筑6.22万方，并于2012年12月13日进行结构封顶；调蓄池附属部分外防腐完成50%，内防腐完成试验段；基坑回填北侧A-V轴完成第一段验收。新增项目大湖交通桥完成施工围堰及直径1.4m冲孔桩4条，共计87米；箱涵连接段完成围堰施工及第一段箱涵（H0+057～H0+040）土方开挖，共计 1637.1方。项目累计完成产值20788万元，占工程造价20000万元的104%。

2. 杭州地铁1号线湘湖站及湘滨区间。工程位于杭州市江南副城湘湖旅游度假区内，湘湖站位于风情大道与规划中湘西路交叉口处，工程包括一站一区间以及区间盾构施工。工程造价30621.42万元，2007年7月26日开工，2012年6月30日竣工。主要工程为车站的主体工程及附属工程（包括15个出入口、1个紧急疏散口、7个风亭）等土建工程。湘湖站～滨康路站盾构区间（19号盾构），区间总长左线约1626.87米，右线约1687.57米，以及其中的1个联络通道、1个中间风井（兼作联络通道及泵房）等附属结构。

项目主体工程6月移交后续施工单位，7月18日区间隧道完成交工验收，8月附属工程全部交验，2012年11月24日杭州地铁全线实现通车运营。

3. 重庆两江新区长安南路道路工程。两江新区长安南路道路工程位于重庆市两江新区鱼嘴镇内，设计等级为城市次干道路Ⅱ级，合同段起点为朝阳西路（K0+000），跨越长堰溪，途经郭鱼路平交、C26平交、规划路平交，终点位于唐复路南北干道（K2+106.599），线路全长2106.599米。设计主要工程内容为：路基土石方（挖方：约12万方，填方：约14万方）、防护及排水（网格护坡6882平方）、桥梁工程（预应力现浇箱梁，桥长188米）、雨污水管（HDPE双壁波纹管2019米、Ⅱ级钢筋混凝土管1853m）、水稳层及沥青路面等。

合同工期210日历天，合同金额3634万元，由于旧路改造段工程量减半（约减少合同金额550万元），变更后（预计批复变更金额约为350万元）合同金额约为3400万元。

截至12月31日，项目累计完成施工产值2009万元，占工程造价3400万元的59%。路基工程：新建路基（K0+324～K0+960段）右幅已全部施工完毕，左幅水稳层已铺设完毕，网格护坡完成约6600平方米。管网工程：新建路基段管网施工全部完成，累计施工管道约1300米，检查井27座。桥梁工程：累计完成桩基50根，承台13个，墩柱11个，现浇箱梁两联6跨共计3400立方米，全桥主体工程已全部完成，目前仅剩余人行道板及桥面系。

4. 中电投绥阳化工有限责任公司电石场平工程项目。主要工程内容为对场地施工范围按设计要求进行清理或处理，包括各区域林木、杂草、垃圾、废碴及障碍物的清理外运；土石方开挖（含爆破）、运输、抛石挤淤、回填碾压、场地平整、施工临时排水；厂区内泉眼处理、厂区内截洪沟施工、区块间挡墙、边坡防护治理施工，河道整治（河道HDM0+0～HDM7+402.95及S0104-05图纸包含的所有施工内容；河道一期未施工完成的HDM7+402.95～HDM10+523断面之间的草皮骨架护坡及回填土石方量）、厂区围墙、护栏等全部工作内容。合同工期10个月，于2012年7月1日正式开工。项目中标价8164.6万元（含400万元合同预留金和460万暂估价均由业主掌握使用）。

截至12月31日，本项目累计完成产值4142万元，占工程造价8164.6万元的51%。项目主要完成土石方开挖累计完成74.31万立方米，占合同数量92.5万方的80%；土石方填筑累计完成73.43万立方米，占合同数量94.2万立方米的78%。锚杆石层支护1962米，锚索石层支护1027米，泄洪沟525米。

5.沈阳四环快速路交通BT工程。沈阳四环快速路全长131.982公里，全线共设置大型桥梁46座，其中跨浑河大桥2座，铁路分离式立交桥10座，高速分离式立交桥6座，菱形互通立交27座，跨线桥1座；中小型桥梁51座；路基挖方592万立方米（其中弃方18万立方米），填方1010万立方米（其中外借方504万立方米）。路面主路3106千平方米，辅路1856千平方米，人行道643千平方米；相关的绿化工程、房建工程、交通工程、监控设施等。设计行车速度主线100公里/小时；辅路40公里/小时道路红线宽度70米。土建工程建安费约为38亿元、路面工程建安费约为20亿元（工程总投资额约65亿元）。2011年3月1日开工，2013年7月31日竣。截止12月31日，项目累计完成产值51.27亿元，占工程造价65亿元的79%。

6 江顺大桥及配套道路BT工程。江顺大桥工程是规划连接江门市蓬江区与佛山市顺德区的桥梁。项目起点位于顺德区杏坛镇，中间跨越西江干流，终于江门市北部的蓬江区棠下镇附近。顺德岸通过互通立交与顺番公路、高富路快速对接，并顺接顺德区主干线杏龙路；江门岸通过互通立交连接滨江大道，并顺接后续建设的广佛江快速通道江门段工程。项目按双向6车道一级公路、设计时速为80千米每小时标准设计。工程总投资额28.6亿元，其中土建工程建安费约为24.3亿元,合同工期42个月，2011年10月12日开工，2015年4月11日竣工。

项目路线全长约3.58KM，其中江顺大桥工程桥长约2250米，桥宽40米，主桥为双塔斜拉桥，跨径布置形式为（60+176）米+700米+（176+60）米，索塔采用塔高为186米的H型桥塔。其中主桥数量：钻孔桩92根，墩台6个，钢箱梁1016米，斜拉索44对。

截至12月31日，项目累计完成产值29746万元，占工程造价28.6亿元的10%。江顺大桥主塔混凝土浇筑已完成了9节，下横梁模板支架搭设完毕进行钢筋绑扎。Z2、Z5辅助墩已施工完毕，Z1、Z6过渡墩桩基已经施工完毕。东西引桥工作面也逐步展开。建设路-迎宾路立交工程因征拆及招标工作等影响于10月8日正式开工，截止目前已完成钻孔支护桩5800米，基底处理水泥搅拌桩1.2万米，抗拔桩410米，冠梁80米。

7. 广东轨道交通产业园配套基地工程。广东轨道交通产业园区配套基地首期“三路一块”工程项目包括：厂前路2. 61公里、连接线1.14公里、疏港路3.0公里，园区软基处理590亩。工程总投资额约25亿元，其中土建工程建安费约为10.78亿元，合同工期18个月，2011年7月28日开工，2013年1月27日竣工。

厂前路总造价约2.41亿；公路等级采用城市主干路Ⅰ级，设计行车速度60千米每小时，道路标准路基宽度34m，机动车道宽2×（3.5+2×3.75）米，中间带宽度4（中央分隔带）+2×0.5（路缘带）米。

江门南站连接线（一期）总造价约0.26亿；全长1.14

公里。采用一级公路兼城市道路设计标准，设计车速 60 千米每小时，路基宽度 25 米，双向四车道。

疏港路（一期）总造价约 1.37 亿；线路全长 3 千米。采用一级公路技术标准，兼顾城市道路功能，设计速度 60 千米每小时，路基总宽度为 40 米，双向六车道通行，中央分隔带宽为 3 米，行车道宽 2×3×3.5 米，人行道宽 2×2.5 米，绿化带宽 2×4.5 米。

截止截至 12 月 31 日，本项目累计完成产值 25760 万元，占工程造价 220000 万元的 12%。南车厂前路在新会区政府工期要求内顺利交付使用，疏港路（1.15 公里）、江门南站连接线全部完工。金瓯路所辖四个标段临建工程全部完成，交通疏导及围闭完成 1070 米（半幅），完成排水工程水泥搅拌桩 2090 米，麻园河危桥改造工程桥头范围水泥搅拌桩 8500 米。西环路隧道：完成路基土石方 9 万立方米，桥梁钻孔桩 60 米，隧道右洞完成开挖 90 米，左洞完成开挖 20 米。

8. 长沙县交通 BT 工程。长沙交通 BT 项目工程包括黄兴大道南北延线、人民路东延线（长沙县段）、万家丽北路北延线、开元大道东延线与三环线连接线、省道 S207 线南延线、黄江公路东延线等子项目组成，工程估算总投资 22.35 亿元。

截至 12 月 31 日，已开工四个工程项目累计完成产值 68000 万元，占工程造价 223500 万元的 30%。1、黄兴大道北延线二期工程：路基、桥涵工程完成设计 100%，沥青路面完成设计 84%。2、人民路东延线（长沙县段）：路基、桥涵工程完成设计 86%，沥青路面完成设计 6%。3、万家丽北路北延线：路基工程完成设计 100%，捞刀河大桥完成设计 92%，沥青路面施工正准备开展。4、黄兴大道南延线：完成项目组建，路基、桥涵工程完成设计 3%。

9. 顺德 BT 项目碧桂路、容桂大道工程。顺德 BT 项目是中国中铁股份公司与顺德区政府战略合作的重点项目，也是广州市 2010 年亚运会的重点工程。碧桂路工程项目全长 14.12 千米，合同工期二年，工程造价 16.5 亿元，2008 年 5 月 20 日开工，2010 年 4 月 20 日竣工。项目受征地拆迁影响，项目预计 2013 年底完工。

截至 12 月 31 日，本项目累计完成产值 139844 万元，占工程造价 165000 万元的 85%。项目三洲路口高架桥、碧桂路高架桥、扁滘跨线桥、碧桂路德胜路立交桥已通车。主要剩余工程大岑村至南区快速路改造项目剩余的路面工程、红星至海尾快速路改造工程完成 304 片小箱梁的预制及架设，和桥面铺装等附属工程，因征地拆迁问题仍未完工，目前正在积极协调解决征地拆迁问题。

10. 顺德 BT 项目高富路、红旗路工程。佛山市顺德快速干线高富路、红旗路工程，全长 24.6km，是佛山市一环南拓工程的重要组成部分，也是顺德区快速干线网首期工程的重点项目。工程造价 23.6 亿元，2008 年 8 月 30 日开工，2010 年 10 月 31 竣工。受征地拆迁影响，经业主已批复，红旗路、高富路工期暂延至 2013 年底。

截至 12 月 31 日，本项目累计完成产值 148300 万元，占工程造价 236000 万元的 63%。高富路主体工程全部完工，主线实现了 12 月 30 日达到通车条件的总体目标。红旗路高赞立交主线实现了 12 月 30 日达到通车条件的总体目标。

11. 佛山市高明区 BT 工程。佛山市高明区 BT 工程项目包括高明区快速路海天地道 BT 工程、沧江四桥和西江新城土地一级开发项目，其中沧江四桥、海天地道 BT 工程为在建项目，西江新城正在做施工准备。

截止 12 月 31 日，项目开累完成产值为 37768 万元，其中海天立交完成产值 18800 万元，沧江四桥完成产值 7868 万元，西江新城完成产值 11100 万元。

【中铁南方公司其他建筑市场】 观澜安居商品房项目。项目概况：项目位于深圳市龙华新区观澜镇大水坑社区，总共建设 14 栋高层住宅（每栋 34 层，不含地下两层停车库）和 1 栋幼儿园，总建筑面积 46.6 万平方米（其中地下室 9.56 万平方米）。观澜镇是深圳通往东莞、惠州、汕头的重要交通枢纽，辖区内有梅观、机荷高速公路交叉穿过，区位优势明显。

海外市场

【股份公司海外市场情况】 2012 年 1-12 月份，股份公司全系统在 56 个国家和地区新签国际业务项目合同 260 个，合同总额共计 100.1300 亿美元。其中：境外承包工程合同 202 个；设计项目合同 27 个； 道岔机械产品加工合同 28 个。新签国际业务项目合同 中 500 万美元以上 122 个（含上亿美元以上项目 21 个）。新签合同分类情况见表 4-17：

表 4-17.1 中国中铁 2012 年新签境外业务合同额按板块分类统计表

分项 类别	承包工程	道岔机械产品加工	设计咨询	进出口贸易	外派劳务	境外实业	境外开矿	其它
金　额	780047	10419	21676	99276	1154	1414	86279	1035
占　比	77.90%	1.04%	2.16%	9.91%	0.12%	0.14%	8.62%	0.10%

注：总合同额 1001300 万美元

表 4-17.2　中国中铁 2012 年新签境外业务合同额按工程及业务类别统计表

分项 类别	铁路	公路	市政	房建	水电	码头	机场	城轨	劳务	贸易	境外办厂	境外开矿	其他
金 额	338909	160417	38162	163204	59782	869	4468	46331	1154	99276	1414	86279	1035
占比 %	33.85	16.02	3.81	16.30	5.97	0.09	0.45	4.63	0.12	9.91	0.14	8.62%	0.10

表 4-17.3　中国中铁 2012 年新签境外业务合同额按区域划分统计表

分项 类别	亚　洲	非　洲	拉　美	欧　洲	大洋洲
金　额	442504	339759	197606	7554	13877
占　比	44.19%	33.93%	19.73%	0.75%	1.39%

注：总合同额 1001300 万美元

【中海外海外市场】 2012 年初至 2012 年底中标的在建项目主要有：

1. 巴新 Enga 省 Laiagam-Porgera 段公路升级改造及 10 年维护项目。该项目是与巴新工程局签订的公路项目，于 2012 年 2 月正式签订合同，合同额 11,446 万美元。

2. 巴新南高地省 Mendi-Kandep 段公路升级改造及 10 年维护项目。该项目是与巴新工程局签订的公路项目，于 2012 年 2 月正式签订合同，合同额 9,900 万美元。

3. 巴新东高地省高地公路项目。该项目是与巴新工程局签订的公路项目，于 2012 年 9 月正式签订合同，合同额 2,294 万美元。

4. 巴新西赛匹克省乌通区边境管理局办公区施工项目。该项目是与巴新边境管理局签订的房建项目，于 2012 年 7 月正式签订合同，合同额 1,513 万美元。

5. 肯尼亚基苏木到卡卡枚加公路工程(LOT1)项目。该项目是与肯尼亚高速管理局签订的公路项目，于 2012 年 5 月正式签订合同，合同额 5,465 万美元。

6. 肯尼亚山二期乡村公路补充合同项目。该项目是与肯尼亚乡村公路局签订的公路项目，于 2012 年 7 月正式签订合同，合同额 1,241 万美元。

【中铁一局海外市场】 2012 年，中铁一局紧盯重点项目和市场，全面贯彻“内联外合、突出主业；防控风险，适当多元”的海外经营方针，围绕公路、铁路、房建、地铁等主营业务领域，拓宽水电、贸易等其他领域，海外新签合同额 34.97 亿元，合同兑现率达到 100%，同时境外营销网络也逐步扩大，分别在香港、圭亚那、巴基斯坦设立了境外公司，在蒙古、印尼、印度、古巴设立了办事处，在哥伦比亚设立营销工作组，为市场区域的战略布局奠定了基础。

1. 圭亚那阿迈拉水电站项目。圭亚那 AMAILA 瀑布水电项目位于南美洲国家圭亚那中西部，距离首都乔治敦约 290 千米，总装机容量 165.95MW。该工程大坝位于 Amaila 和 Kuribrong 两河交汇处上游。主项目业主：圭亚那阿迈拉水电公司。合 同 额：4.06 亿美金/2,638,594,000.00 元人民币。工期：三十九个月。

二、斐济纳布瓦鲁公路项目。该项目位于斐济国，瓦努阿岛西南侧，项目起点为 Dreketi，终点为 Nabouwalu，全长 69.7 公里。该项目是斐济政府使用中国政府优惠贷款启动的重要项目，2012 年 6 月，中铁一局和斐济政府签署了该项目的商务合同。项目业主：斐济总理办公室。合 同 额：132，852，856 美金/837,039,419.00 元人民币。工期：30 个月。

三、斐济疏浚项目。该项目是中铁一局水务事业在海外的拓展，也是市场潜力巨大的民生项目。2012 年 4 月，中铁一局同斐济农业部签署了协议。该项目设计方量为 47.2 万立方米，设计疏浚里程为 3.4 公里，设计底高程-4 米，设计疏浚底宽为 70 米(CS40-63)至 50 米（CS39-34），土质为中粗砂。项目业主：斐济农业部。合 同 额：2,565,360 美金/16,283,900.00 元人民币。工期：6 个月。

三、斐济贝雷梁采购项目。该项目是中铁一局海外业务多元化发展的体现，是企业培育新增长点的一次成功尝试，中铁一局于 2012 年 2 月同业主签署贸易合同。主要是采购 moto 路立交的贝雷梁，4 跨，每跨 51 米。项目业主：斐济公共工程部。合 同 额：730,000 美金/4,550,000.00 元人民币。合同类型：贸易合同。

【中铁二局海外市场】2012 年，积极践行国际业务板块“十二五”发展规划，全面落实年度工作总体部署，圆满完成各项年度考核指标：经营开发新签合同 2 个，累计达 2.0272 亿美元，是公司下达 2 亿美元的 101.36%；公司完成营业额 30241.39 万美元，为中国中铁下达年计划的 86.40%。公司成为中国机电产品进出口商会会员。获得“对外承包工程企业社会责任绩效评价达标型企业”、“最具创新力‘走出去’企业 50 强”等荣誉。

【中铁三局海外市场】 2012 年，海外地铁项目也有收获，中标印度德里地铁 11.6 亿元。

1、印度德里地铁 CC20 标。建设单位：德里地铁公司。工程概况：Mayapuri 与 Delhi Cantt 区间隧道盾构施工及地下车站的设计与施工，总造价约 4.36 亿人民币。(6855 万美元)CC20：标段全长 2073m，地下车站 1 座，车站长 221.6m，TMB 隧道总长 2*1065m，开挖隧道总长 185m+118m，明挖段长度 264m+218m，附属建筑 1 座，地下连续墙 500m。已开工，2012 年 10 月成立项目部，委托四公司管理，目前进展顺利。

2、印度德里地铁 CC24 标。建设单位：德里地铁公司。工程概况：Lajpat Nagar 至 Hazrat Nizamuddin 区间盾构施工及地下车站的设计与施工，总造价约 11.68 亿人民币，工期 42 个月。2012.9.28 已签订合同。(18352 万美元)CC24：标段总长 5725m，地下车站 4 个，TBM 隧道总长 2*3420m，开挖隧道总长 860m，明挖段长 240m，辅助建筑物 1 座，地下连续墙 570m。已开工，2012 年 10 月成立项目部，委托四公司管理，目前进展顺利。

3、坦桑尼亚道路升级项目 MSOGA - MSOLWA ROAD。建设单位：坦桑尼亚道路公路局。工程概况：土石方、路面施工、路肩施工，桥涵及排水施工（工程造价 510 万美元）已开工，委托天津分公司管理。

4、援尼泊尔加德满都内环路拥堵路段改造项目。工程概况：加德满都内环路拥堵路段（K11+450 至 K20+950）改造项目主要包括：修建主线双向四车道+辅道双向四车道+双向自行车道+双向人行道，其中包括公交车站、停车场、维修主线跨河桥、新建辅道跨河桥及一处简易城市立交，新建三个过街天桥。该项目援款使用限额为 34100 万元人民币。2012 年 10 月 17 日递交资审

【中铁四局海外市场】2012 年是中铁四局海外业务发展历程中极不平凡的一年。全年实现新签及调增合同额 7.75 亿美元（折合人民币 50.23 亿元）。占股份公司下达年度计划 4.5 亿美元的 172%，名列股份公司系统第三，在安徽省排名第一。

2012 年中标安哥拉腰果树别墅项目 14480 万美元；安哥拉腰果树医院项目 3500 万美元；委内瑞拉杜伊谷农业项目 1048 万美元；埃塞俄比亚 SEBETA-米 IESO 段新建准轨铁路项目第六标 5020 万美元；委内瑞拉亚巴、亚阿线应急工程施工项目 1102 万美元；安哥拉社会住房一期项目合同物价调增 17800 万美元；安哥拉社会住房一期项目合同汇率调增 15044 万美元；安哥拉社会住房一期项目变更部分 19500 万美元。

1.埃塞俄比亚铁路项目工程。合同造价：约 3.18 亿元人民币。合同工期：2012 年 2 月 12 日-2014 年 8 月 31 日。亚的斯亚贝巴(SEBETA)-米索（米 IESO）段新建准轨铁路是埃塞国家铁路网一期工程项目 1 号线的第一段，是埃塞政府“新五年计划”中的重点项目。本标段为第六标，土建工程起讫里程为：DK260+000～DK300+000 段全长 40 公里的工程。主要工程内容为：一座车站，15 座桥梁（其中大桥 6 座，中桥 9 座，其中 Awash 1 号大桥为悬臂连续梁，长 155.55 延米），47 座涵洞，土石方挖方约 114.01 万立方米，填方约 90.86 万立方米，以及加固防护。

2.中国援安哥拉卢安达总医院维修与扩建工程。合同造价：3.22 亿元人民币。合同工期：2011 年 12 月 30 日-2014 年 5 月 31 日。本工程名称为中国援安哥拉卢安达总医院维修与扩建工程，是目前中国政府对外援建的最大在建项目，引进了中国政府、安哥拉人民及国内外媒体的广泛关注。工程地址位于安哥拉卢安达省，总占地约 5 公顷，原项目于 2006 年投入使用，建筑面积为 7914 平方米。中安两国政府决定对该项目进行改造和扩建。工程中标价 3.22 亿元人民币，合同工期 29 个月。改造扩建后医院总建筑面积 22000 平方米，包括已建成的周转用房（建筑面积为 1360 平方米），本期工程实际建筑面积为 20640 平方米，医院规模为 268 床，其中包含 ICU 床位 17 床、NICU 床位 12 床。未含留观床位 24 床，透析床位 14 床，普通床位 288 张。建成投入后以妇幼为主的综合性医院，将有效改善安哥拉人民的就医条件。

【中铁五局海外市场】 2012 年，中铁五局海外承揽任务

30.7亿元，占年初下达计划的100%，尤其承揽的斯里兰卡南部铁路项目合同价10.8亿元，是五局历史上承揽最大的海外项目。

1.斯里兰卡南部铁路。中标时间2012年8月22中标，项目位于斯里兰卡南部省，是斯里兰卡现有Colombo至Matara铁路的延长线Ⅰ期工程。起止里程为DK0+044-DK26+461,长26.417公里,线路设计时速120km/h,为当地最高列车设计时速。工程内容：桥、涵、隧、路基、站场、轨道和站房等。合同总额108200万元，2013年8月1日开工，竣工日期为2016年2月1日。

2.加纳北部省电网项目。中标时间2012年7月2日。项目位于加纳共和国北部地区，项目包括160个村庄。施工范围：低压和高压网络设计；11.5KV和34.5KV线路清障；11.5KV、34.5KV中压架空线施工和安装；415V低压线施工和安装；变压器安装；单相、三相电表和入户连接的安装；最终配电图(竣工)的设计,编制及提交；通电调试。合同总额15902万元。开工时间2012年8月23日，竣工时间2015年12月31日，实际开工2012年8月23日。

3.贝宁GP公路项目。中标时间2012年1月11日。项目位于贝宁共和国政府所在地科托努市，起于GODOMEY（戈多美，即目前中国援建立交桥西头），止于PAHOU（巴乌）“T”字路口，全长16.5公里，是阿比让-拉格斯商业通道的一部分。工程内容：路基土石方工程，排水工程，三网迁改。合同总额40802万元。开工时间2012年4月15日，竣工时间2014年4月15日。

4.贝宁38km北方便道项目。中标时间2012年3月27日。本工程起止地点为马郎维尔至尼日利亚边境，属于跨国道路。道路全长32公里，工程内容：新建涵洞15座，接长涵洞7座。合同总额1547万元。建设单位：贝宁政府公路局，设计单位：CIRA-SARL监理公司，监理单位：CIRA-SARL监理公司。2012年7月4日开工，合同开工时间2012年4月，竣工时间待定。年累完成255万元，开累完成255万元，剩余价值1292万元。

5.加纳BURMA CAMP（LOT2）项目。中标时间2012年2月29日。公路项目是北马军营道路Ⅰ期，位于加纳阿克拉闹市区,全长3.66公里，为新建双向4车道的城市道路（含4米宽中央隔离带），每车道宽3.5米，主要工程内容：路基土石方、水沟、涵洞、9跨、每跨20米的分离式现浇简支梁桥1座，桥全长180（20x9）米，下设环形交叉路口。跨度为24米的车行天桥1座并附有两排共600米长的挡土墙及人行道、沥青路面及附属工程。现项目新增标尾一公里路基。合同总额13118万元。2012年11月15日开工，合同开工时间2012年9月1日，合同竣工时间2014年5月15日。

6.援肯尼亚甘塞公路新增破损路面修复项目。中标时间2012年7月30日。工程为“援肯尼亚甘塞公路既有13.5km路段新增破损路面修复工程”。合同总额2483万元。开工时间2012年9月30日，竣工时间2013年9月29日，实际开工2012年11月20日。

7.利比里亚邦矿边坡治理项目。中标时间2012年10月15日。项目位于利比里亚邦州的邦镇与邦峰境内。主要工程数量有：锚杆3060米、灰土回填594方、土方开挖8.15万方、C15素砼垫层228方、C20喷射砼75.6方、C25钢筋砼131方、C30素砼挡土墙1929方、三维植被网防护1.76万平方。合同总额1678万元。开工时间2012年11月1日，竣工时间2013年2月28日，实际开工2012年10月29日。

8.利比里亚邦矿先期复产工程项目。中标时间2012年8月。本工程位于利比里亚邦州邦矿，为中利联（香港）矿业有限公司投资建设的利比里亚邦矿先期100万t/a铁精矿项目采矿辅助工程。合同总额4378万元。开工时间2012年6月15日，竣工时间待定，实际开工2012年6月15日。

【中铁七局海外市场】 2012年，中铁七局海外业务取得了较大发展，实现了新的突破，在经营开发方面，全年海外市场投标52个项目,中标共计23个,全年新签合同额达5.355亿美元，占集团公司年度开发计划3.15亿元的170%，占股份公司下达年度计划3亿美元的179%。

中铁七局在“规避风险，效益优先，以我为主，稳步发展”指导思想下，修订了《中铁七局海外项目投标监管办法》，对大项目进行开标前的报价评审，签订合同前进行项目的合同评审，确保项目报价风险基本有序可控，如中标的博茨29.6公里公路项目合同额1.36亿美元在标前组织报价评审。在传统合作市场坦桑尼亚，2012年已开始用中铁七局的资质投标并中了2个公路标；在塞内加尔、赞比亚注册了分公司，计划逐步实施自主投标经营。在经营模式方面，中标乍得92公里公路项目，是EPC项目合同模式的新尝试。中标项目分布在埃塞俄比亚、坦桑尼亚、赞比亚、塞内加尔、乌干达、刚果（金）、塞拉利昂、乍得、博茨瓦纳等国家，其中乍得为新开辟的市场。

1.博茨瓦纳弗朗西-投闹塔A1道路升级项目合同额13360万美元，业主为博茨瓦纳交通通讯部公路局。工程概况挖方15.3万立方米，既有道路便道30公里，半幅施工时便道36.7公里，填方172.5万立方米，清表262公顷。

2.坦桑尼亚锡塔利凯至姆潘达36.9公里道路升级项目合同额为2340万美元，业主为坦桑尼亚国家公路局。该项目位于坦桑尼亚南部省份鲁夸省，距首都约1400公里。土方开挖4.82万立方米；填方45.6万立方米；透层3.9万升；管涵为1465延米；箱涵混凝土3620立方米。

3.坦桑尼亚阿鲁沙投资附属项目2标段合同额为706万美元，业主为阿鲁沙市政委员会。该道路施工项目位于坦桑尼亚北部阿鲁沙市，4 段市政道路全长共计 9.43 公里，挖方 4000 立方米；填方 9300 立方米；沥青混凝土 715 立方米。该市政道路项目施工主要目的在于改善阿鲁沙市区交通状况，促进市区商业发展，方便对外交流。

4. 塞拉利昂 28+7 公里道路项目合同额为 1370 万美元，业主为塞拉利昂公路局。工程概况为桥梁结构施工；涵管及箱涵设计及施工（重建）；行车道拓宽至 6 米，两边路肩各 1 米宽；必要处将路面修建为平整面标高；道路面层为天然砾石底基层、基层和沥青双表处理的磨耗层；土边沟的设计和施工，以及必要处便道交叉口的混凝土衬砌边沟；道路标识及标线，以及其他必要的道路设施。

5. 塞拉利昂两区主要城镇 12.15 公里市政道路修复项目合同额为 800 万美元，业主为塞拉利昂公路局。工程内容包含 Port Loko 和 Kambia 地区主城镇两条共 12.15 公里长道路的修复。道路铺设包括底基层、基层、以及沥青磨耗层的施工；排水工程包括，人行道以及边沟施工；涵洞及排水工程，包括桥梁；道路设施（交通控制设备，路面标识及交通指示和公共设施迁移。

6. 乍得阿贝歇 - 比尔廷公路项目为 EPC 项目，合同额为 6987 万美元，业主为乍得政府。该项目位于乍得东北部，靠近北苏丹方向，起点 ABECHE 市，终点 IRIBA 市，全长 292 公里。承包商需要设计施工约 292 公里沥青公路，为新建道路、桥涵施工。

7. 乌干达北部走廊项目 LOT1 标（40.5 公里）项目合同额为 6000 万美元，业主为乌干达政府。该项目位于乌干达西部大区 Mbarara 市，在坎帕拉西南 300KM 处，为北部走廊的部分工程。道路全长 40 公里，其中新建 14 公里，道路重建 26 公里，级配碎石基层，沥青混凝土路面。同时还包括建桥一座以及排水设施等。主要预计工程量：机械稳定底基层 16 万立方米，碎石基层 21.6 万立方米，沥青 8500 吨。

【中铁八局海外市场】 见表4-18。

表 4-18　中铁八局 2012 年海外市场情况

项目名称	合同金额（万美元）	工期	工程概况
刚果(金)金沙萨市政道路（龚贝路、武装路）	282.86	3 个月	业主：刚果（金）市政道路局。工程概况：630 大道至赛尔让莫格段，1.45 千米；解放大道至 BATELA 段，1.6 千米既有道路改造。
刚果(金)凯旋大道新增补充协议	409.04	待定	业主：刚果（金）大型工程局。工程概况：凯旋大道新增腐殖土剥离 2.5 万立方米，换填片石 2.4 万立方米，新增换填碎石 2.2 万立方米等工程.

【中铁九局海外市场】 2012 年海外市场中标 30.32 亿元，占中标总额的 18.3%。

【中铁十局海外市场】 2012 年，中铁十局完成境外新签合同额 53.89 亿元，其中公路项目 3.4 亿元，水利项目 3.5 亿元，房建项目 1000 万元，境外开矿 46.89 亿元。

【中铁大桥局海外市场】 坦桑尼亚 Kigamboni 斜拉桥工程，合同价 41250 万元，桥长 0.786 公里，工期为 2012 年 2 月至 2015 年 1 月。

【中铁隧道海外市场】 2012 年，中铁隧道海外市场中标 2 项，新签合同额约 11400 万美元，完成股份公司下达计划 5000 万美元的 228%。其中，吉隆坡地铁项目 11200 万美元、新加坡 TRUNK SEWER LINK 排污隧道盾构技术咨询项目 200 万美元。

1. 马来西亚吉隆坡 MRT 项目：2012 年 7 月 12 日，马来西亚吉隆坡 MRT 项目总包方 Gamuda 将授标函签发给南洋隧道工程公司，合同额 8.98 亿林吉特。南洋隧道工程公司是由中铁马来西亚分公司和隧道海外按 6:4 的比例在吉隆坡注册成立，中铁隧道集团公司按 40%的股份比例，承担施工任务约 3.592 亿林吉特，约合 11200 万美元。工期：2012 年 8 月 1 日至 2016 年 11 月 31 日。

2. 新加坡 TRUNK SEWER LINK 排污隧道盾构技术咨询项目：2012 年 9 月，中铁隧道海外公司与新加坡 TACTIC 公司（金鼎公司）签订 TRUNK SEWER LINK 排污隧道盾构施工技术咨询合同，为金鼎公司提供至少 2 名盾构技术专家，月咨询费 USD30,000//月，总计约 200 万美元，服务时间自 2012 年 9 月开始，至 2014 年 9 月完成开挖为止。

【中铁电气化局海外市场】 2012 年，境外项目新签合同额 1.6 亿元，占总额的 0.4%。

【中铁建工海外市场】海外市场2012年取得长足发展，同比增长74.28%。2012年，建工集团境外经营经过艰苦卓越的工作，加快了发展速度，取得了较好的成绩，在做大、做深、做熟、做透坦桑尼亚和阿尔及利亚市场的基础上，在沙特、加纳市场也有突破，合同额、营业额取得了大幅度增长，进一步巩固了市场领先地位。建工集团在境外经营管理工作中，要求各相关单位严格遵守各项制度要求，防范风险，目前境外业务方面市场风险处于可控状态。

【中铁港航局海外市场】 海外事业部明确了海外经营理念，优化和完善海外经营战略，培养、调整和充实海外经营工作人员。在股份公司的指导下，与中铁国际、中海外、中铁东方国际及各兄弟单位合作，适时探索、推进海外项目经营。组织二公司、三公司、航道公司以及中铁二院（广东）港航设计院先后参加了澳门轻轨工程、香港兄弟岛疏浚工程、澳门填海项目、马来西亚轻快铁工程、泰国雪佛龙码头等工程项目的投标工作，提高了集团公司在海外市场的知名度，同时也锻炼了各分子公司的外经人才。为拓展海外市场，海外事业部在集团公司领导的带领下，重点甄别东南亚各国市场，仔细挑选海外合作伙伴，并适时派员出访有外经往来的国家及邀请外宾到集团公司考察、访问。海外事业部严格按照集团公司《外事工作管理办法》的要求和集团公司领导的指示，先后成功接待了马来西亚轻快铁工程业主考察团、马来西亚RMCC公司和泰国商务代表团的来访外商3批12人次，充分展示了集团公司作为世界500强企业骨干成员的形象，获得外宾的一致称赞，圆满地完成了外宾的接待工作。海外事业部共办理出国及赴港澳团组10批15人次，其中因公出国2批3人次，因公赴港澳3批4人次。办理局级领导出访共3人次，往返4个国家，办理集团出国签证共30人次，对促进集团公司外经事业及对外交流发挥了积极作用。

【中铁二院海外市场】2012年，中铁二院海外市场经营方面，成功签约埃塞俄比亚轻轨EPC等22个项目，新签合同额15.88亿元，并在中老、中缅、伊朗高铁等项目上取得进展。完成中铁二院“十二五”规划中2012年目标（境外勘察设计6亿人民币和工程总承包6亿人民币）的130.83%。，中铁二院2012年度海外市场经营开发方面情况分述如下：

一、基础市场研究

为做好境外经营开发市场和海外经营点的统筹研究，中铁二院采取了远程建设（设置国家代表，相对固定，每人负责2个国家基础市场的长期研究，为是否需要进场驻点建设作基础性前期研究）、进场驻点建设（在远程建设的基础上，有选择地在有关国家设立分公司或办事处，近距离对该国市场进行研究开发）两种方式。2012年完成了老挝、越南、缅甸、孟加拉、格鲁吉亚、阿尔及利亚、南非、尼日利亚、哥伦比亚、俄罗斯10个海外分公司或办事处的建点工作。

二、商务关系优化拓展

2012年，中铁二院加强与金融机构的合作，成功与国家开发银行以及国开行四川分行签订战略合作协议，寻找到从源头孵化项目的有效途径；拓展与中国进出口银行的合作关系，为最终走向自主开发之路奠定基础。与中国信保四川分公司签订框架协议，在资本、技术、服务、货物等方面展开全方位合作，为海外项目保驾护航。

2012年，中铁二院成功获得东帝汶、佛得角、密克罗尼西亚、援坦桑尼亚医疗队宿舍勘察设计等多个援外项目；同时与非洲铁矿集团、北京首创龙基科技有限公司、新加坡三泰集团、新加坡立琽集团等国内外窗口企业、大型国际集团建立合作关系，在几内亚、土库曼斯坦、印度、泰国等非洲、亚洲市场开展实质性项目合作。

三、2012年新签的海外工程项目

中铁二院2012年度新签海外工程项目合同22项，新签合同额15.88亿元，详情见表4-19：

表4-19 中铁二院2012年度新签海外工程项目情况

序号	名 称	金额（万元）	类 别
1	埃塞俄比亚亚的斯亚贝巴东西线和南北线（一期）轻轨EPC项目	70509.425	EPC
2	缅甸密松水电站密松至腊撒公路工程勘察设计合同	2680.886	勘察设计
3	刚果（金）重建和发展规划—交通专项规划	20	技术管理服务
4	刚果（金）重建和发展规划——港口专项规划	20	技术管理服务
5	委内瑞拉帕鲁阿港口改扩建EPC项目	24699.46	EPC
6	缅甸国家交通领域规划咨询研究	15	技术管理服务
7	援巴基斯坦国道公路网维修项目考察任务	40.26	技术管理服务
8	东盟泛亚铁路及交通跨国规划—东盟泛亚铁路中线通道专项课题研究	25	技术管理服务
9	几内亚康塔临时码头建设工程监理与相关服务合同	7480	技术管理服务

10	中国参与南部非洲交通网络建设战略规划课题研究	48	技术管理服务
11	中国参与横贯东西非公路铁路战略规划	48	技术管理服务
12	格鲁吉亚第比利斯绕城铁路施工图设计	4116	勘察设计
13	援巴基斯坦国道公路网修复项目勘察设计任务内部总承包合同	2540.77	勘察设计
14	委内瑞拉帕鲁阿港口改扩建项目勘察设计分包合同	3937.60	勘察设计
15	埃塞俄比亚亚的斯亚贝巴-吉布提铁路项目第1、2标段勘察设计分包合同	25195.20	勘察设计
16	埃塞俄比亚亚的斯亚贝巴东西线和南北线（一期）轻轨项目勘察设计分包合同	10584.95	勘察设计
17	援密克罗尼西亚科斯雷州大桥项目可行性考察任务内部总承包合同	36.80	技术管理服务
18	非洲跨国跨区域基础设施建设规划-中国参与非洲交通基础设施建设战略研究	57	技术管理服务
19	埃塞俄比亚新建铁路MIESO-DIRE DAWA段项目合同	6500	勘察设计
20	援佛得角综合技术学校项目勘察设计合同	387.27	勘察设计
21	中国与印度交通（铁路）领域经济贸易合作五年发展规划研究	15	技术管理服务
22	格鲁吉亚现代化铁路施工图设计	661640	勘察设计
	合计金额	158841.02	

四、2012年海外市场在建项目（17项）

孟加拉国栋吉至巴扎尔铁路增建二线工程（64.2千米）、缅甸木姐至皎漂铁路运输系统（中缅铁路）项目（884千米）、新建泛亚铁路磨憨/磨丁至万象段（中老铁路）项目（417.682千米）、委内瑞拉北部平原铁路（470千米）、委内瑞拉PALUA（帕鲁阿）港口改扩建工程（含2.5千米专用线）、委内瑞拉FMO铁矿专用线改扩建工程（123.2千米维修改造、12.5千米增建二线）、埃塞俄比亚亚的斯亚贝巴至吉布提铁路项目（319千米）、埃塞俄比亚轻轨项目（31千米）、尼日利亚铁路现代化项目伊都至卡杜纳段（187.45千米）、尼日利亚阿布贾城铁项目（77.782千米）、阿根廷贝尔格拉诺货运铁路改造项目（1335千米）、几内亚马塔康至卡利亚铁矿重载专用线项目（291.7千米）、阿尔及利亚东西高速公路项目（52千米）、援蒙古乌兰巴托北京街改造项目（0.9千米）、援巴基斯坦国道公路网维修项目（193千米）、格鲁吉亚第比利斯绕城铁路项目（新建双线28.73千米，既有线改造增建二线9,96千米）、格鲁吉亚现代化铁路项目（既有线改造22千米，新建双线38.3千米）。

【中铁设计咨询海外市场】 中铁设计咨询勘察设计能力的提高，为海外项目生产经营提供了保障，海外市场规模逐步扩大。中铁设计咨询依靠股份公司整体开发海外市场的优势，与股份公司所属中海外、中铁国际公司等密切配合，参与股份公司海外项目。同时与国内的武汉钢铁集团、中国石化集团上海工程公司、中机集团成套公司等单位配合参与国际项目投标。年内承担了新建蒙古国铁路达赛线达兰扎来盖特至赛音山段铁路，新建柬埔寨柏威夏铁矿至沙密港铁路工程，澳大利亚（西澳）oakajee港口至yakgoo铁路，沙特JUBAI港物流中心工业园区配套铁路工程总承包，中国援吉布提哈桑——古莱德国家体育场维修总承包等项目。2012年海外项目新签合同额2.31亿元（同比上年增加1.24亿元），占新签合同额的7.6%。

【中铁西北院海外市场】 2012年，根据《中国中铁“十二五”国际化经营发展规划》要求，中铁西北院被纳入国际业务考核单位，并下达合同额指标100万美元。作为新考核单位，尽管中铁西北院在国际业务拓展领域存在较多挑战，但是该公司2011年承揽了安哥拉岩土咨询项目，合同额25万元，虽仅完成指标的3%，但实现了该公司海外市场零突破。2013年，中铁西北院将继续在海外市场开拓方面寻找机遇，通过和中国中铁兄弟单位加强合作，搭建平台，实现该公司海外市场的技术输出，用于弥补国际化人才短缺和经验不足等制约因素。

【中铁西南院海外市场】 2012年，公司参与了阿根廷和智利之间穿越安第斯山的Bioceánico Aconcagua（双洋阿空加瓜）铁路通道项目、肯尼亚内罗毕轻轨咨询项目、吉隆坡地铁监控量测项目、卡塔尔地铁设计项目、博茨瓦纳-赞比亚桥梁项目、印度班加罗尔等地铁设计项目、世界银行湖北省襄阳市第四汉江通道可行性研究项目等多个项目的兴趣函编制和投标工作。其中，吉隆坡地铁监控量测项目（1352万马币，折合433万美元）和印度班加罗尔等地铁设计项目（40万欧元，折合51.7万美元）分别于2012年10月12日、11月10日成功签订合同。吉隆坡地铁监控量测项目是公司全面实施“走出去”战略后签订的第一个海外项目，实现了公司海外项目零的突破，为进一步拓展海外市场奠定了基础。

工程概况

【股份公司工程概况】 一、股份公司2012年度建安工程施工情况

在股份公司正确领导和各施工单位的齐心协力下，股份公司2012年度施工生产平稳运行，施工安全稳定、工程质量可控、重点项目进度有序、施工难点均有突破。各子分公司严格执行股份公司下达的生产计划，精心组织，标准化、精细化管理，圆满完成了年度生产任务。国内建安工程年度完成3786亿元（其中：铁路项目1659亿元，路外项目2127亿元），超额完成了年度计划3461.7481亿元的109%。施工产值完成较去年3733亿元增加53亿元，其中铁路项目较去年1913亿元减少了254亿元，路外项目较去年1820增加了307亿元。

2012年开通的主要铁路项目：玉蒙铁路秀山隧道、哈大铁路、京石铁路、石武铁路、合蚌铁路、湘桂铁路、六沾二线、龙厦铁路、广珠铁路、东北通灌铁路、哈密南环线、哈罗线、锦赤线、汉宜铁路、洛阳枢纽配套改造、郑西高铁、枣临铁路、南疆铁路…顺利通过交工验收，并实现通车运营。

2012年开通的主要地铁项目：北京地铁九号线四标、北京地铁十号线二期、杭州地铁1号线、苏州轨道交通1号线、西安地铁1号线、武汉轨道交通二号线、重庆轨道交通六号线、天津市线按期完工通车。

2012年开通的主要电气化铁路：龙厦线电气化、集包增建二线电气化、玉蒙电气化铁路、哈大客专“四电”系统集成、枣临电气化、合蚌及合肥枢纽客专“四电”系统集成、红乌电气化、红烟电气化工程、哈密南环电气化、广珠货线电气化、湘桂电气化扩能改造、西金电气化铁路、大郑电气化铁路、六沾电气化等14项电气化工程。

2012年开通的主要火车站：哈大线大连站、大连北站、沈阳北站。武广高铁郑州东站。广珠城际珠海站即将开通运营。

2012年开工的重点地铁项目：成都地铁4号线、成都地铁3号线2标、深圳市轨道交通11号线BT项目。北京地铁15号线11标，南京地铁四号线TA03标，成都地铁7号线城北客运站，合肥南站综合交通枢纽配套工程，南宁地铁1号线11标朝阳站，沈阳桃仙机场地铁配套土建工程，昆明市轨道交通3号线大树营站，北京轨道交通昌平线工程土建施工05合同段，昆明轨道交通3号线延长线，广州市轨道交通7号线一期，青岛市地铁2号线一期，广州市轨道交通2号、8号线延长线工程，南宁轨道交通1号线11标。

2012年进展较缓慢的重点铁路项目：大瑞铁路Ⅰ标、Ⅲ标、澜沧江特大桥，因资金紧张、征地拆迁原因，施工进度严重滞后。兰渝铁路、向莆铁路受建设资金紧张影响，上半年曾处于停工或半停工状态，目前各单位积极筹措资金，保证重点铁路项目控制工程正常施工，为确保按期完工创造条件。

2012年新建云桂铁路、吉图珲客专取得突破性进展，各收尾工程项目也进展顺利。

2012年突出项目：9月20日大桥局承建的乌苏大桥建成通车，乌苏大桥位于黑龙江省佳木斯市抚远县黑瞎子岛，中国版图最东边，跨越黑龙江抚远水道，被誉为中国“东方第一桥”。全国首次穿越高寒地区的长大干线高铁哈大客专“四电”系统集成工程，经过全体参展员工的不懈努力，顽强拼搏，创造了多个第一；地处高原严寒地区兰新线红乌、红烟、哈密南环电气化工程顺利建成开通为新疆地扩大运能创造了条件，玉蒙电气化工程的建成开通为云南玉溪至蒙自的运输能力扩充奠定了基础。

二、2012年建安产值完成情况

股份公司2012年完成施工产值384亿元，完成月计划324亿元的118%；四季度完成1091亿元，完成四季度计划985亿元的111%；2012年度完成3786亿元，完成年度计划3461亿元的109%。

表 5-1　2012 年 2012 年境内在建工程项目施工产值完成表

序号	单位	2011 年度完成（万元）								
		年计划	年完成	%	路内			路外		
					年计划	年完成	%	年计划	年完成	%
1	一局	3166550	3684418	116	1360000	1583279	116	1806550	2101139	116
2	二局	2948750	3403189	115	1086637	1413876	130	1862113	1989313	107
3	三局	2641000	2727385	103	1189915	1273145	107	1451085	1454240	100
4	四局	2738750	3665125	134	998750	1565293	157	1740000	2099832	121
5	五局	2765701	2788982	101	1189000	1254171	105	1576701	1534811	97
6	六局	1708600	1718100	101	1240500	1214470	98	468100	503630	108
7	七局	1736250	1771000	102	765173	797026	104	971077	973974	100
8	八局	1620425	1712319	106	489300	555013	113	1131125	1157306	102
9	九局	1446400	1457901	101	756791	823103	109	689609	634798	92
10	十局	2081500	2111783	101	733000	751074	102	1348500	1360709	101
11	大桥局	1791900	1792899	100	671205	824671	123	1120695	968228	86
12	隧道局	2483855	3013318	121	896149	1184772	132	1587706	1828546	115
13	电气化局	2269000	2702565	119	1523368	1885700	124	745632	816865	110
14	建工	1988800	2172609	109	626080	608423	97	1362720	1564186	115
15	航空港	1200000	1221358	102	263054	341789	130	936946	879569	94
16	上海局	1000000	862456	86	385482	198682	52	614518	663774	108
17	港航局	1030000	1055739	103	306700	318826	104	723300	736913	102
公司合计		34617481	37861146	109	14481104	16593313	115	20136377	21267833	106

【中铁一局工程概况】 2012 年中铁一局在建工程 348 项，其中：铁路工程 72 项、公路工程 67 项、城轨 93 项、市政 80 项、房建 28 项、其它 8 项。

2012 年中铁一局充分发挥主观能动性，努力克服客观因素影响，加强施工方案研究，强化现场组织，狠抓施工过程精细化管理，配足资源，合理降低工程成本，挖掘潜力，在确保安全、质量受控的前提下，较好地完成了年度计划任务。

明年要求各施工单位对施工全过程进行有效控制，不断推进生产安全稳步发展，制定安全措施，明确防范重点，落实安全责任，消除安全隐患，杜绝安全事故。特别是隧道施工要加强初期支护，二次衬砌必须确保开挖的安全要求，确保洞内施工安全；高墩台、大基坑开挖、既有线施工安全始终要处于受控状态。在抓施工生产的同时，要处理好工期与安全质量生产的关系，明确责任，加强隐患排查，坚决消除重大安全隐患。同时要进一步做好维稳工作，确保施工队伍的稳定。

【中铁二局工程概况】 2012 年，是中铁二局集团公司“十二五”发展战略规划实施的第二年，公司各单位坚持以科学发展为主题，认真贯彻落实企业发展战略和《年度施工生产总体部署》，并针对“项目安全质量管理突出问题集中整治”活动中发现的问题，制定多项管理制度，狠抓项目基础管理工作，取得较好效果，全年完成施工产值 3753238 万元，为集团公司年度计划 3400000 万元的 110.4%，为总公司年度计划 3171000 万元的 118.4%；与去年同期完成相比，增加

351358万元，增长10.3%。

实现均衡生产，14个单位有13个完成年度计划，建筑公司1个单位受鄂尔多斯、泉州项目推迟建设进程以及贵阳花果园项目交地滞后未完成年度任务。从七大专业完成任务占总任务比例来分析，今年铁路、公路、地铁完成比例降低，房建工程增幅明显。截止2012年12月底，集团公司共有在建项目518项，其中正在施工的项目226项，主体完工及收尾项目292项。

为完成年初制定施工生产计划，精心组织施工生产确定64个重点及关注项目，针对工期压力特别大、施工组织难度大、困难较多的成绵乐客专、钦北铁路、湘桂铁路Ⅳ标、京福客专、兰新铁路5标、向莆铁路、林织铁路、青岛北客站Ⅰ标、乌鲁木齐新客站等项目，组织现场办公，及时解决现场存在的施工组织和技术方案等难题。目前，哈大铁路、石武铁路、龙厦铁路等项目如期实现开通目标；湘桂Ⅳ标、兰新5标、向莆铁路、林织铁路、青岛北客站Ⅰ标等项目重点关注项目推进顺利，大战“120”天施工任务完成较好。加强劳务分包管理，制定《关于调整劳务分包和架子队管理职责分工及机构设置的通知》，成立工程管理部劳务管理科，全面负责劳务分包和架子队管理具体工作。抓好质量、环境、职业健康安全管理体系运行工作

组织编制完成集团及股份公司质量、环境、职业健康安全管理体系文件；完成2012年集团及股份公司体系管理内审工作，分别对兰新铁路二线5标、甘青8标、大西铁路站前工程9标、贵阳花果园市政工程等项目和公司本部管理体系的运行情况进行内部审核并督促和指导完成内审不合格项的整改和验证。上报参加省、部、行业及国家评审的QC成果资料67项，其中，荣获国家级（包括行业）优秀质量管理小组13个；优秀企业5个；优秀推进者及优秀积极分子16人；质量信得过班组9个。

【中铁三局工程概况】 中铁三局2012年重点工程项目41个项目，其中铁路工程项目26个（客运专线项目7个）；城市轨道交通工程项目14个，公路工程项目1个。

【中铁四局工程概况】 2012年，中铁四局完成企业营业额425.66亿元，其中：境内基建建设完成316.59亿元（铁路146.22亿元，公路61.92亿元，市政34.89亿元，房建24.28亿元，城规32.54亿元，其他12.65亿元），勘察设计3527万元，工业2.63亿元，房地产2亿元，基础设施投资5.1亿元，批发零售贸易2.74亿元，其他39.3亿元，为局年度计划420亿的101.34%，为股份公司年度计划385亿元的110.56%；其中：境外完成56.91亿元（铁路12.3亿元，房建44.6亿元），占年度计划55亿元的103.47%。

2012年铁路铺轨总里程420公里（其中：正线350公里，站线70公里）；铁路桥梁13公里，铁路通信信号787公里，铁路通信信号自动闭塞161公里。境外完成铁路投资12.3亿元。

截至到2012年12月，全局在建项目352个，按行业：其中铁路71个，公路97个，房建34个，地铁38个，市政90个，轻轨2个，其他20个。按区域：安徽78个，北京5个，福建11个，甘肃10个，广东8个，广西6个，贵州11个，国外12个，河北8个，河南13个，湖北14个，湖南5个，吉林2个，江苏36个，江西10个，辽宁8个，内蒙古13个，宁夏1个，山东10个，山西2个，陕西12个，上海12个，四川8个，天津13个，新疆4个，云南16个，浙江20个，重庆4个。

2012年，中铁四局在总结以往施工生产监管模式的基础上，创新管控模式，自2012年2月份起，成立了5553专业片区管控组，对全局所有在建项目进行全覆盖管控，22个管控小组对全局在建的367个项目进行了管控检查，共计管控875项次，其中：专业、片区组共计管控395项次，稽查队管控365项次，试验检测小组管控115项次。共检查出问题6808个，整改回复6775个. 针对局项目管控文件未及时有效地传递、项目质量管理薄弱，项目领导重视不够，质量意识较差等存在问题较多、安全隐患突出的项目局共计下发告知书54份，全局通报21个项目、调度通知6份。

2012年参建的汉宜铁路、合蚌高铁、石武高铁、集包铁路顺利开通运营；兰新铁路经过参建单位和增援单位的全力拼抢，基本完成了年度计划，得到了建设单位高度评价；咸阳西站改、长安集站改、宜春东站改提前完成了站改任务；宁杭客专、成绵乐客专按期实现了节点目标；合肥站、苏州站、蚌埠站无柱雨棚加固顺利实施；合福铁路、杭长浙江段、沪昆江西段、金温铁路有序推进；宁西二线、集通铁路等项目快速进场，施工进度在全线排名前列。非铁路工程：安哥拉社会住房一期工程房屋主体工程顺利交验；参建的杭州地铁一号线开通运营；郑卢高速12标多次荣获第一名佳绩；义乌至浦江公路工程（浦江段）建成通车；西安地铁、青岛地铁排名维持前列；昆明地铁3号线盾构机率先始发，右线隧道顺利贯通；郑州地铁1号线双线顺利铺通；滁州污水处理厂顺利完成了建设任务。

【中铁五局工程概况】 2012年，中铁五局工程项目总计331个。其中：铁路工程39个、城市轨道交通38个、公路工程101个、房建工程74个、市政工程56个、水利水电工程15个、其它工程8个。合同造价共计1377.71亿元，其中铁路工程占51.27%，路外工程占48.73%。全局在建项目剩余施工任务总计为572.83亿元，铁路项目占37.43%、路外工程占62.57%。

五局2012年在建项目共分布在28个省及直辖市。五局

下属各子、分公司有序推进施工生产。在分片区统计上，贵州市场是五局施工生产的主战场，全年完成营业额 94.4 亿元，较 2011 年 64 亿元营业额增长 32%；其次湖南、四川、江西、甘肃等省份，分别完成产值为 34 亿元、31 亿元、21 亿元；中南片区 41 亿元、西北片区 39 亿元；完成海外产值 17 亿元。哈大、石武、德靖、南宁铁路枢纽南防线按期开通。杭甬、湘桂铁路完成联调联试。向莆铁路正线铺轨按期完成。渝利铁路铺轨通过五局管段。成绵乐八标、沪昆江西、兰新甘青段架梁完工。贵广铁路第一长隧岩山隧道贯通。杭长浙江段金华江特大桥合龙。成绵乐二标无砟轨道先导段通过铁道部验收。兰新二线、山西中南部通道、衡茶吉、拉日、蒙河等铁路项目，以及全局非铁路重点项目进展总体顺利。海外的加纳 N1 公路项目建成通车，中老昆曼公路湄公河大桥合龙。各公司都较好地完成了营业额计划，建筑公司(117%)、机械化公司(113%)、一公司(112%)、物资公司(110%)、四公司(108%)、六公司(107%)、路桥公司(106%)等单位，同时与 2011 年比较，增幅增长最快的单位有多元中心(44%)、六公司(35%)、建筑公司(30%)、物资公司(28%)、机电公司(28%)等单位。其中一公司年完成产值 50.18 亿，是中铁五局第一家年度产值超 50 亿元的单位；二、四、五、六、建筑公司超过 30 亿元。

2012 年中铁五局以项目管理为工作重心，把主要领导力量、主要管理资源投放在现场，组织推进施工生产。在前八个月铁路建设资金普遍不足的情况下，投入资金 14.8 亿元，为项目有序推进提供资金保障。中铁五局推行架子队标准化管理，各单位按照《中铁五局架子队标准化管理实施意见》，全面开展架子队建设管理，重新构建作业层。2012 年 9 月，中铁五局施工组织与集约化管理督导组在局党委书记、董事长马江黔和局总经理张回家的带领下，通过听汇报、看现场、查资料、小型座谈、召开督导情况通报会等方式，对公司和项目施工组织、标准化管理、集约化管理、经济效能进行检查督导。制定实施《安全质量红线管理责任追究办法》、《工程项目领导挂牌责任包保管理办法》，以及隧道施工防坍塌、火工品管理、起重吊装作业、大型模板支撑体系安全卡控红线规定。开展安全质量稽查和专项检查，督促整改问题 4000 多个。全年发生两起非责任死亡事故，未发生一般及以上质量事故、环境污染责任事故。单位工程一次验收合格率 100%。获国家优质工程银奖 1 项、全国市政金杯示范工程 1 项、省部级优质工程奖 6 项、国家级优秀 QC 小组 8 个、省部级优秀 QC 小组 34 个。中铁五局在上、下半年的铁路信用评价中，分别名列 A 级、B 级第四名。

【中铁六局工程概况】 2012 年，中铁六局完成企业营业额 182.3 亿元，为股份公司下达计划的 101%。在施工生产过程中，中铁六局始终坚持“技术为先导、方案为主导、施组为主线、安质为前提、资源作保障、效益为根本”的生产组织原则，对内从各个业务口与公司和项目部做好系统对接，确保集团公司各项部署的有效落实；对外加强了与业主、设计、监理和地方政府的全方位沟通，协调推进好工程建设和区域经营。牢固树立“抓生产从方案抓起、抓生产以施组为主线”的思想，从研究方案和施组入手，抓好工程项目的总体策划；从研究现场动态和资源调配保障入手，抓好施组的优化落实和生产组织的有序推进。京石客专、石家庄新客站、集包增双线、广珠铁路等重点工程均按期开通；38 项铁路站改和 4 条专用线工程均顺利开通使用；津秦客专、太原枢纽、准朔铁路黄河特大桥、辽西北引水、北京地铁 14 号线、越南轻轨和通号等 18 项控制性工程均实现了关键工期节点目标；宁西铁路和北京、天津、成都地铁等新中标工程均实现了快速开工；铁路营业线施工项目共涉及北京、太原、呼和浩特、济南、武汉、昆明、上海、哈尔滨共 9 个铁路局，优势能力突出，全年营业线封锁要点施工共计 5408 项，临近营业线施工共计 25790 项，安全正点开通率均达到 100%，做到了有序可控、安全优质，得到了业主、监理及政府职能部门等方面的高度评价。

全年未发生一般 C 类及以上铁路交通责任事故，圆满实现年度安全生产目标。全年共获得全国用户满意工程和省部级优质工程 15 项，获得国家和省部级 QC 成果 45 项，集团公司荣获全国“安康杯”竞赛优秀企业，在 2012 年下半年铁路工程信用评价中，集团公司名列 66 家参评企业第 5 名，建局以来首次进入 A 类施工企业行列。

【中铁七局工程概况】 2012 年，中铁七局完成企业营业额 201.45 亿元，占股份公司下达年度指标 190 亿元的 106%，其中完成基建任务 199.2 亿元，完成了股份公司下达的营业额任务。

一年来，中铁七局紧紧围绕“镜头不换，纵深发展”的总体工作思路，以“质量、安全、成本”管理为着力点，以架子队建设标准化管理为抓手，以区域包保为保障，全面加强内部管理，大力推进科技进步，促进企业发展转型、管理升级。在压力凸显的形势下，全集团上下科学组织、负重爬坡，确保了施工生产有序推进。全年按期完工或开通 55 项工程。石武客专、郑州动车所、准朔铁路、长荆铁路电气化改造、郑徐客专应急工程等重点铁路项目按期完成；国内首例高铁营运线插铺高速道岔在郑西高铁荥阳南站圆满完成；全国首例 ZQ900T 架桥机穿隧作业在柳南铁路成功穿越；参建的淮息、宁武、福永、南厦高速公路、豫西地区 5 条高速公路及郑州京沙快速通道、郑州火车站西广场、洛阳枢纽、哈尔滨地铁、西安地铁一号线、苏州轨道交通一号线等工程相继顺利开通运营。

【中铁八局工程概况】 2012年，中铁八局共有在建工程项目218个，其中2011年结转142个，新开工76个，完工97个。合同额总计738亿，累计完成395亿，剩余343亿。其中铁路项目76个，完工50个，合同额401亿，占合同总额的554.3%，累计完成234亿，剩余167亿。路外项目134个，完工44个，合同额315亿，占合同总额的42.7%，累计完成154亿，剩余161亿；(其中公路项目29个，完工15个，合同额69亿，占合同总额的9.3%，累计完成43亿，剩余26亿；房建项目46个，完工9个，合同额80亿，占合同总额的10.8%，累计完成33亿，剩余47亿；市政项目42个，完工12个，合同额112亿，占合同总额的15.2%，累计完成62亿，剩余51亿；轨道交通项目13个，合同额46亿，合同总额的6.2%，累计完成10亿，剩余36亿；其它项目7个，完工4个，合同额8亿，占合同总额的1.1%，累计完成7亿，剩余1亿)。另海外工程在建项目6个，完工1个，合同额22亿元（按6.5汇率折算人民币)，累计完成7亿，剩余15亿。

【中铁九局工程概况】 2012年，中铁九局在建工程项目150项，其中铁路工程36项、公路工程16项、市政工程31项、房建工程32项、城市轨道工程13项、海外工程12项、房地产工程1项、其他工程9项。

2012年，中铁九局直管项目包括盘营客专工程、沈阳枢纽工程、前庄铁路工程、沈丹客专工程、杭长客专工程、吉图珲客专工程、兰新客专工程、宇松铁路工程、平齐铁路工程、徐州三环工程10项，子分公司代局管项目8项，子分公司自管项目132项。

【中铁十局工程概况】 2012年中铁十局完成施工产值223.3亿元，继续保持强劲的发展势头，完成股份公司年度计划214.5亿元的104.1%。2012年，中铁十局施工生产完成主要工作量：桥梁90.2公里，隧道62.7公里，路基土石方5723万方，铺轨531.1公里，房屋建筑119.4万平方米。

【中铁大桥局工程概况】 2012年，中铁大桥局新开工项目54项，年度在建工程累计155项，分布在全国26个省、市、自治区，44项工程完工或收尾。

【中铁隧道工程概况】 2012年，中铁隧道共承建工程项目322个，其中铁路项目34个，公路项目94个，市政项目42个，城市轨道项目98个，水电项目32个，房建项目10个，其他项目12个。年累完成施工产值3267919万元，其中铁路工程完成1382374万元，占总数的42.3%；市政工程完成445640万元，占总数的13.6 %；城市轨道交通完成719975万元，占总数的22 %；公路工程完成573929万元，占总数的17.6%；水电工程完成80391万元，占总数的2.5%；房建工程完成23210万元，占总数的0.7%；其他工程完成42400万元，占总数的1.3 %；年累完成隧道成洞329.6千米，较上年减少115.4千米，减幅25.9%，其中铁路隧道成洞完成157.3千米，较上年减少46.9千米，减幅23.0%；折合单线完成422.7千米，较上年减少231.9千米，减幅35.4%。桥梁年累完成64.977.95千米，较上年减少13千米，减幅16.7%；土石方年累完成4391万立方米，较上年减少565万立方米，减幅11.4%。

铁路工程：全年新上工程4个：成兰铁路XCZQ-9标、西成铁路西安至江油段XCZQ-9标、宝成铁路K400综合整治工程1标、巴准铁路保佬兔沟隧道、潘家圪楞隧道、曹养线1号、2号立交桥工程。当年完工项目6个：贵昆铁路六盘水至沾益段W4标工程、玉蒙铁路秀山隧道工程、东北通化至灌水工程DT3标工程、新疆库车至鄂霍布拉克铁路支线工程、神准铁路TJ-1标、重钢铁路专用线项目。

续建项目：南广8标、兰渝3标、贵广铁路GGTJ-2标，渝利铁路4标，西平XPS-2标，京福6标、合福8标，金温4标、云桂1标、北京铁路地下直径线、长株潭城际1标、吉图珲JHSK-I标，青藏铁路西格Ⅱ线关角隧道，南疆铁路中天山隧道，兰渝铁路西秦岭隧道，山西中南部铁路通道，张唐铁路ZTSG-2标，沪昆铁路CKTJ-6标，府谷煤炭专用线控制段工程，麟游矿区至宝鸡二电厂铁路专用线土建工程TJ-D标。2012上半年，受铁路建设资金不足的影响，大部分在建铁路项目停工或半停工。施工比较正常的项目仅有贵广、沪昆、渝利、西秦岭和山西中南部通道等。年中，整体资金情况有所好转，部分项目逐步恢复施工，但开工率不足，四季度，总体情况开始好转，各项目业主开始要求加大投入，确保年度计划，各项目施工基本恢复正常。

公路工程：全年集团在建公路工程项目共61个。其中续建项目13个。当年完工公路项目29个：雅泸高速公路C6合同段，黄祁高速公路路基工程第13合同段，阜盘高速公路路基工程第1合同段，巴达高速公路BD14合同段，江肇高速公路G12标段，保腾公路第2合同段，博深高速公路4合同段，高栏港高速公路A2标，宁武高速公路A4合同段，莆永高速公路6标，沪霍公路（G312线）宁夏境六盘山隧道加固工程，广西六寨至河池高速公路土建工程№4合同段，广州增城至从化高速公路S09标，广陕高速公路LJ4合同段，辽宁西丰安民至开原金沟子开高速公路4标，新疆连霍高速公路赛果段2标，宁武高速公路（南平段）A1合同段，福建省永春至永定（闽粤界）高速公路龙岩段A2合同段，中山沙溪至月环段高速公路3标，S218线甘蔗公路改建工程03标，广甘高速公路G14标，临吉高速公路S17标，防东高速公路№3合同段，达万高速公路DW05标，铜黄高速TH-C03合同段，吉首至怀化高速公路第9合同段，杭长高速公路 10 合同段，宁波穿好 7 合同段，舟山金塘岛疏港公路 1 标。

新上公路项目 19 个：汶马高速公路鹧鸪山隧道 C1 标，雅康高速 C1 合同段，福州京台高速公路 JTA4 合同段，南平京台高速公路 A5 合同段，玉树至曲麻莱 B2 标，寻乌（赣闽界）至全南高速公路寻乌至信丰段，岳西至武汉高速公路安徽段路基工程 YW-02 标，包头至茂名线（G65）陕西境铜川至黄陵公路何家坊至黄陵段 TH-C14 标，福建湄重高速公路莆田段三组 A11 合同段，福建漳州至永安高速公路龙岩段 A2 标，岳西至武汉高速公路安徽段 8 标，寻乌（赣闽界）至全南高速公路寻乌至信丰段土建工程 LM2 标，河北涿州至石家庄公路改扩建 JS16 标，黄山正歙公路 1 标，宁国至千秋关高速公路路基 7 标，龙永高速公路 4 标，湄渝高速公路三明段 A3 标，大岳高速公路 10 标，福建漳永高速公路 A8 标。

市政工程：全年集团在建市政工程项目 46 个，其中续建项目个 12 个。当年完工项目 11 个：杭州市运河隧道工程，盐沙线道路工程 E 标，深圳市粪渣无害化处理厂工程进场道路(立交段)工程，溪北洋隧道 A 标，合肥市铜陵路高架工程二标，沈阳华润过街通道工程，崇文门电力隧道穿越地铁工程，富春江路南延一期工程隧道段，遵义市子尹路南延线隧道工程，首都博物馆电力管线穿越地铁工程，北京郑常庄热电厂热力管线工程。

新上市政工程项目 23 个：重庆两江新区长安南路，佛山市西江新城核心启动区项目道路及配套工程，贵阳市东站路道路工程 1-2 标，贵阳市东站路道路工程 3 标，贵阳龙洞堡十号路项目部，江门西环路隧道项目，江门立交工程项目，贵阳市金清联络线工程施工 2 标，贵遵主干道一期工程 F 标，深圳市滨河南北路该改造，工程南昌市西客站（二期）南广场工程 BT 项目，广东广州雅瑶东路一期工程，深圳市彩田路北延段工程第二合同段，石岩生产基地内道路管网工程，韩阳大桥、福安令之大道、合肥南站北广场工程，合肥铜陵路高架工程 4 标，武汉王家墩商务核心区地下交通环廊工程 2 标，海淀 500 千伏电缆隧道工程第 3 标段，武汉市轨道交通 2 号线一期工程常青花园站站下矿山法隧道土建工程，长丰县合水路改造工程，幸福北路穿湖隧道二期工程。

城轨工程：全年集团新上城轨项目 16 个：西安地铁 3 号线 TJSG-4 标，成都地铁 4 号线土建 4 标，成都地铁 3 号线一期工程土建 2 标，深圳市城市轨道交通 11 号线 BT 项目，南宁市轨道交通 1 号线一期工程土建施工 TJSG-11 标段，南京地铁 4 号线一期工程 D4-TA03 标，昆明轨道交通 3 号线延长线及安嵩线 BT 项目，广州市轨道交通 7 号线一期工程施工 9 标土建工程，广州轨道交通二、八号线延长线 14 标，杭州延安路/平海路过街 C、D 通道，昆明轨道交通 3 号线大树营站，乌鲁木齐三屯碑快速公交枢纽工程项目施工 A 标，广州市轨道交通 6 号线越秀南站工程，成都地铁 7 号线城北客运中心站，南宁地铁 1 号线 11 标朝阳广场站，沈阳桃仙机场地铁配套土建工程。

2012 年完工城轨项目 21 个：天津地铁 3 号线第 10 合同段，北京地铁 10 号线二期 12 标，武汉地铁 2 号线越江隧道，武汉市轨道交通 2 号线一期工程第 12 标段，重庆轨道交通 6 号线一期 TBM 标，苏州地铁 II-TS-05 标，上海轨道交通 13 号线 2 标，重庆轻轨 6 号线（花卉园、大龙山、冉家坝车站），重庆轨道交通 6 号线新会展中心及其区间隧道，郑州市城市快速轨道交通土建施工 03 合同段，深圳地铁 11 号线车公庙站-红树湾站区间深孔爆破工程，杭州地铁 1 号线凤起路站土建工程，杭州市地铁 1 号线武艮区间，杭州地铁 1 号线工程 SG1-40-1 地铁控制中心地下工程，杭州地铁 1 号线 SG1-52 七堡综合体核心区南侧地下工程，无锡市轨道交通 GD01TJSG-03 标，重庆轨道交通 1 号线 15 标沙坪坝车站及区间隧道和站后折返线工程，天津地铁 3 号线第 7 合同段，天津市文化中心交通枢纽工程土建 1 标，哈尔滨市地铁一期土建工程 7 标，北京地铁 15 号线一期工程 07 标段。

房屋建筑：2012 年，集团房建工程新上 4 个：沈阳地铁定修库.丽水新城，郑东新区小店村安居工程综合小区，广西工业设计城，禹州市万家中药材物流园二期。全年完工房建工程 5 个：郑州盾构及掘进技术国家重点实验室，六寨至河池高速公路 NoLH-FJ2 合同段，钦州至崇左高速公路 NO.QC-FJ1 合同段，六景至钦州港高速公路 NO.LQ-FJ2 合同段，玉铁至铁山港高速公路房建工程 N@F2 标。

其他工程：集团 2012 年新上其他工程项目 9 个：辽西北供水工程二段施工 5 标，宁夏水源工程项目，西气东输三线东段隧道工程 EPC 项目，北京市南水北调配套工程东干渠 5 标，杭州市嘉里中心南地块延安路西侧汽车坡道工程，山西中部引黄勘探试验洞 I 标工程，南水北调受水区漯河供水配套工程 3 标段，海西天然气管网二期工程 2 标、5 标，青田县城引水延伸改建工程。

当年完工其他工程项目 6 个：辽西北供水工程地质勘探洞 4 标，辽西北供水工程地质勘探洞 5 标，昆明清水海引水隧洞，青岛黄岛 LPG 地下储库工程，于砦 110 千伏电缆隧道，南水北调配套工程南干渠工程 2 标工程。

【中铁电气化局工程概况】 2012 年中铁电气化局集团参建项目 314 项。其中铁路工程 198 项，公路工程 15 项，市政工程 16 项，城市轨道交通工程 63 项，工民建筑工程 22 项。全年建成、开通电气化铁路 3057.745 正线公里，架设接触网 7032.815 条公里，建成投入使用各种所亭 205 座；建成广珠货线、枣临电气化、玉蒙线等通信线路 2184.3 公里；建成开通兰新复线、集包增建第二复线等信号自闭线路 1653 正线公里；建成投产武汉大功率检修基地、京石客专中间站房、哈大客专等各类房屋 57.85 万平方米；建成开通京石客专、津秦客专、两宝灾后重建、等土建工程，完成土石方 2333.1 万方，贯通隧道 7436.82 洞米，桥梁折合完成 30153.53 延米，正线铺轨 11.24 公里，站线铺轨 25.1 条公里；建成开通北京地铁 6、8、9、10 号线、杭州地铁号线等轨道交通工程 335.599 正线公里，建成投入使用成都地铁、北京地铁 10 号线城市轨道交通车站 4 座，建成投入使用北京地铁五路停车场停车场 1 座，完成区间盾构 5868 米。全集团完成工程任务总额 3108637.1 万元、施工产值 2700425.4 万元，分别为年度调整计划的 98.6%和 101.1%。其中铁路工程完成工程任务总额 2133675.3 万元、施工产值 1764201.9 万元，分别为年度调整计划的 94.47%和 96.89%；公路工程完成工程任务总额 151839 万元、施工产值 144979 万元，分别为年度调整计划的 107.44%和 108.81%；市政工程完成工程任务总额 36197.9 万元、施工产值 35737.9 万元，分别为年度调整计划的 146.07%和 149.63%；水利工程完成工程任务总额 5202.8 万元、施工产值 5202.8 万元，分别为年度调整计划的 114.85%和 114.85%；房建工程完成工程任务总额 217911.6 万元、施工产值 217911.6 万元，分别为年度调整计划的 194.38%和 194.38%；城市轨道交通工程完成工程任务总额 554599.8 万元、施工产值 525065.1 万元，分别为年度调整计划的 98.43%和 99.85%；其他零小工程完成工程任务总额 9211 万元、施工产值 7327.4 万元，分别为年度调整计划的 84.63%和 77.49%。

【中铁建工工程概况】 2012 年，中铁建工集团累计完成企业营业额 249 亿元，，为年度计划 228 亿元的 109%。与去年同期相比增长 3%。国内在施面积 2300.5 万平方米。其中重点工程面积 406.6 万平方米，占施工面积的 19%。铁路项目完成 118 亿元，占施工产值的 45%。施工面积 554.8 万平方米，约占总施工面积的 24%。全年累计共有 5000 万以上施工项目 265 个。年累新开工项目 120 项，年累新开工面积 109 万平方米，累计新开工项目价值 413.1 亿元。

全年重点工程项目完工 18 项。完工面积 114 万平方米。完工产值 199903 万元。完成项目占 2012 年重点工程项目个数 34%，占 2012 年重点工程项目施工面积的 23%，占 2012 年重点工程项目施工产值 30%。完成项目重点集中在深圳分公司 1 项、承包总公司 2 项、北京分公司 3 项、西北分公司 3 项、华北分公司 4 项、北方公司 1 项、北京公司 2 项、安装公司 1 项、装饰公司 1 项。其中包括铁路站房工程 15 项。重点工程年累完成产值 660729 万元。

【中铁航空港工程概况】 2012 年，中铁航空港局共有在建项目 148 个，其中铁路项目 18 个，公路项目 22 个，城轨项目 7 个，市政项目 7 个，房建项目 88 个，其他项目 6 个。全年完成产值 119.85 亿元，其中铁路项目完成 35.01 亿元，占全年完成产值的 29.21%；公路项目完成 23.35 亿元，占全年完成产值的 19.48%；城轨项目完成 6.31 亿元，占全年完成产值的 5.27%；市政项目完成 6.58 亿元，占全年完成产值的 5.49%；房建项目完成 47.46 亿元，占全年完成产值的 39.6%；其它项目完成 1.14 亿元，占全年完成产值的 0.95%。

铁路工程：2012 年在建项目 18 个，无新开工铁路项目，完成产值均为续建项目贡献产值。主要是：新建山西中南部铁路通道瓦塘至汤阴东（含）段站前工程 ZNTJ-11 标 DK447+200 至 DK547+200 里程段、新建铁路西安至宝鸡客运专线站前工程 XBZQ-1 标 DIK511+803 至 DIK527+500 里程段、沪昆铁路客运专线长昆湖南段Ⅷ标 DK345+790.4 至 DK357+963.62 里程段、沪昆铁路客运专线杭长湖南段 HCTJ-Ⅱ标 DK887+226.3 至 DK907+171.235 里程段、新建铁路大同至西安客运专线站前施工 7 标 DK442+280 至 DK458+378.15 里程段、新建铁路天津至秦皇岛客运专线滨海站房工程、新建铁路德龙烟线德州至大家洼段综合 3 标 DK218+745 至 DK257+530.37 里程段、新建青岛至荣成城际铁路 QZRH-II 标 DK59+500 至 DK73+689 里程段等；完工铁路项目有 3 个，分别是：长春至吉林城际铁路工程双吉站站房及雨棚工程、新建铁路哈尔滨到大连客运专线房屋及相关站场工程 ZH-1 标段鞍山西站-辽阳站工程、新建铁路北京至石家庄客运专线 DK140+000 至 DK156+600 里程段。

公路工程：2012 年在建项目 22 个，其中新开工公路项目 7 个，主要是中铁沈阳四环快速路 BT 项目路面工程第一标段、湖南省益阳市苏家坝至新风村高速公路 TJ3 合同段、湄渝高速公路莆田段 A12 合同段；续建公路项目 15 个，主要是：河北省茅荆坝至承德公路工程 1 标段、中铁沈阳四环快速路 BT 项目土建工程第一标段、钱江通道及接线工程南接线段 10 标、仁怀至赤水高速公路 RCTJ-19 合同段、郑卢高速公路洛宁至卢氏段 LSTJ-3 合同段等；完工公路项目 9 个，主要是：郑卢高速公路洛宁至卢氏段 LSTJ-3 合同段、榆商线榆林至绥德高速公路路基桥隧工程第 N6 标、山西省山阴至平鲁高速公路 1j6 标、山西省太原至古交高速公路（路基、桥涵、隧道）工程施工第 S3 合同段、湖南省郴州至宁远高速公路 TJ-7 标、湖南省怀化至通道高速公路 TJ36 合同段等。

城轨工程：2012 年在建项目 7 个，其中新开工城轨项目 2 个，深圳地铁 11 号线 11303D 标、西安市地铁 3 号线一期 TJSG-8 标段；续建城轨项目 5 个，主要是：北京地铁 10 号线二期工程土建施工 13 合同段慈寿寺站、长沙市轨道交通 2 号线一期工程 8 标、西安市地铁 1 号线一期工程汉城路至纺织城段土建施工 TJSG-14 标等；完工城轨项目 3 个，分别是：武汉轨道交通 2 号线一期工程 4 标段金色雅园站、长沙市轨道交通2号线一期工程8标、西安市地铁1号线一期工程汉城路至纺织城段14标。

市政工程：2012年在建项目7个，其中新开工市政项目4个，主要是：洛阳市青岛路、景华路人防地下商业街一期等；续建市政项目3个，主要是：武汉市中北路延长线道路排水工程4标、宝安区福永码头至洲石路道路工程2标等；完工市政项目4个，分别是：武汉市中北路延长线道路排水工程4标段、宝安区福永码头至洲石路道路工程2标、松福大道(福永码头至公明北环道路)土建工程3标、山西蓝焰煤层气集团有限责任公司2012年井场道路工程。

房建工程：2012年在建项目88个，其中新开工房建项目31个，主要是：中铁佛山市高明西江新城核心启动区合作开发项目第一标段、平潭综合实验区澳前安置小区、北京市丰台区卢沟桥乡C9地块公建项目、北京海关职工住宅建设项目等；续建项目57个，主要是：广安门铁路住宅小区施工总承包工程A标段、海南省三亚市美丽之冠大酒店工程、山西省大同市新建市级美术馆工程、小园安置房2C地块工程、六郎庄拆迁安置用房二标段等；完工房建项目36个，主要是：国家汽车质量监督检验中心工程（一期）、烟台玺萌住宅小区一期工程、海湖新区电力住宅小区建设工程、海淀区唐家岭新城项目。

其他工程：2012年在建项目6个，均为新开工项目。主要是新建黑龙江省抚远东极飞行区场道工程、陕西省府谷县和谐煤矿地面建筑末煤仓工程等；完工项目3个，主要是：新建黑龙江省抚远东极飞行区场道工程等。

【中铁上海局工程概况】 2012年，中铁上海工程局在建项目146个（含2个上海局BT项目），其中铁路项目16个，公路项目14个，市政项目77个，城市轨道项目31个，房建项目8个。工程项目分布在全国21个省、市、自治区。

年内开工项目45个，其中：公路项目4个，市政项目36个，城市轨道项目12个，房建项目6个。

年内完工项目45个，其中：铁路项目9个，公路项目2个，市政项目22个，城市轨道项目10个，房建项目2个。

2012年中铁上海工程局在建项目完成的主要重大节点：

1月12日，上海S6公路5标全线箱梁架设完成；

2月13日，国内首条跨省际城轨上海轨道交通11号线11.H.2标工程首片箱梁成功架设；

4月14日，昆明市轨道交通3号线小渔村站土建工程在全线率先封顶；

5月6日，金温铁路东阳江特大桥连续梁合龙；

6月6日，上海S6公路5标梁场负责预制的6、7标段箱梁全部预制完毕；

6月13日，北京地铁14号线车站主体完工；

6月15日，兰新铁路完成全部493孔箱梁架设；

6月30日，北京地铁14号线24标车站主体结构全部封顶；

7月5日，大西铁路晋陕黄河特大桥898节节段梁全部预制完成；

7月17日，甘泉铁路乌拉山一号隧道二衬全完；

8月6日，柳州双拥大桥顺利通车；

8月7日，北京地铁八号线提前3天完成了业主下达的“8·10”轨通目标；

8月10日，广州地铁六号线高架线左线短轨贯通；

8月23日，大西铁路晋陕黄河特大桥82孔节段拼装简支梁全部安装完成；

8月27日，甘泉铁路主体工程全部完成；

8月28日，北京地铁八号线接触轨全部安装完成；

8月30日，黄山花山大桥主塔完工；

8月30日，上海市污水治理白龙港2.6标双线顶管贯通；

10月8日，大西铁路晋陕黄河特大桥主桥合龙；

10月12日，金温铁路白阳岭隧道贯通；

10月21日，沈阳四环十标混凝土结构全部浇筑完成；

10月26日，金温铁路跨金丽温公路、金温铁路连续梁合龙；

11月13日，黄山文峰桥主桥提前2天达到通车条件；

11月18日，广州轨道交通六号线项目提前2天实现短轨铺设贯通目标；

12月6日，黄山花山大桥、黄山文峰桥建设工程通车；

12月12日，昆明轨道交通首期工程呈贡站完工；

12月18日，上海轨道11号线11.H.2标土建主体结构顺利完工；

12月23日，宁波地铁1号线右线长轨通；

12月24日，苏州轨道交通2号线双线短轨通。

12月26日，新建石武铁路客运专线SZ-3标（河北段）正式开通运营。

新建、续建铁路

【新建铁路成都至兰州线】 中铁五局承建 2 标及 CLZQ-6 标段。其中 2 标合同总额 10.7 亿元，2011 年 3 月 21 日开工，计划 2014 年 6 月 10 日竣工。建设单位：成兰铁路责任有限公司；设计单位：中铁二院工程集团有限责任公司；监理单位：北京铁城建设监理有限责任公司。本标段起止里程 DK7+800～D1K43+400，主要施工内容包含路基土石方及附属工程、区间站、桥涵工程（不含 T 梁制架）、改移道路、改移沟渠、部分三电迁改。管段长 38.645 公里，其中路基长 20.245 公里，桥梁长 18.4 公里。主要工程数量：桥梁 10 座，框架涵 12 座，涵洞 111 座，路基 11 段，车站 1 座。年累完成 2 亿元，开累完成 2 亿元，剩余价值 8.7 亿元。

CLZQ-6 标于 2012 年 12 月 5 日中标。标段位于四川阿坝州茂县境内，线路长 20.35 千米。标段主要工程量：跃龙门隧道 0.5 座（左线 7296 米，右线 8886 米）、杨家坪隧道 1 座（12815 米），桥梁 1 座（羊记沟大桥左线 233.46 米、右线 264.23 米），标段重难点工程杨家坪隧道 12815 米和跃龙门隧道 7296 米。合同总额 169252 万元。建设单位：成兰铁路有限责任公司，设计单位：中铁第二勘察设计院集团有限公司，监理单位：北京铁城监理公司。合同开工时间：2012 年 12 月 1，计划竣工时间：2017 年 5 月 31 日。年累完成 3031 万元，开累完成 3031 万元，剩余价值 164010 万元。主体未开工，主要施工大小临建工程（完成全部新建便道和既有便道改建的施工，完成 5 座搅拌站，6 座便桥，及挡土墙等便道防护工程）。

中铁隧道承建成兰铁路 XCZQ-9 标。该标段位于四川茂县境内，标段起讫里程左线 D8K149+550～D8K170+850，右线 YD8K148+753～YD8K170+935，主要包括大型临建工程、榴桐寨隧道出口段、龙塘四线大桥（40+64+40 连续梁）、平安隧道进口段。其中榴桐寨隧道含 2 号横洞；平安隧道含 1 号横洞、2 号横洞、1 号斜井、2 号斜井、3 号斜井。工程以隧道为主，桥隧相连。各隧道施工场地狭窄，平安隧道 1 号斜井便道修建长且难度大，平安隧道 2、3 号斜井坡度大（11%），全标段行车安全风险高，洞碴运距远且经国道，临建规划难度大。隧道不良地质种类多、大变形段落长、不可预见风险多、灾害性地质类型多；辅助坑道距离长，多个工作面为反坡施工，存在涌水淹井的风险，长距离通风效果难以实现。多个工作面独头掘进超过 4.5 千米，保证通风效果管理难度大。合同工期 2012 年 12 月 1 日至 2017 年 6 月 30 日，总工期 55 个月，合同总价 193509.2371 万元。12 月份开始进场，主要施工临建设施。

【拉萨至日喀则铁路】 拉萨至日喀则铁路全长 253.156 公里，桥、隧占总工程量的 46.69%。建设单位为青藏铁路有限公司；设计单位为中铁第一勘察设计院集团有限公司；监理单位为西南交大监理咨询有限公司。

中铁五局承建 TJ3 标工程。合同总额 10.2 亿元，2011 年 5 月 1 日开工，合同竣工时间 2013 年 8 月 4 日。TJ3 标段位于雅鲁藏布江峡谷区，色麦至大竹卡段，起止里程为 DK86+700～DK111+000，管段总长 24.3 公里。主要工程量：标段内站场路基土石方及其附属、桥梁、涵洞、有碴轨道和无碴轨道的铺设、站台墙和地道等站场设施及大型临时设施工程等。其中，路基 1599 米；特大桥 4 座 3403.95 延长米，大桥 3 座 736.84 延长米，中桥 2 座 123.7 延长米；涵洞 10 座 267.61 横延米。2011 年 3 月 15 日开工，合同开工时间 2011 年 2 月 1 日，合同竣工时间 2013 年 8 月 4 日及。2012 年累完成 51083 万元，开累完成 87805 万元，剩余价值 14593 万元。

中铁八局承建 TJ1 标工程。拉萨至日喀则铁路站前工程 TJ1 标段位于西藏拉萨市、曲水县境内，本标段正线起讫里程为 K2005+437.8～DK41+000（青藏铁路 K2003+837.8=拉日铁路 DK1+600），联络线起讫里程为 LDK0+000～LDK2+228.96（青藏铁路 K2001+573=联络线 LDK0+000）；线路正线全长 41.025 公里，联络线全长 2.241 公里。主要工程数量为：路基 34.35 公里（含联络线）；桥梁 12 座，其中特大桥 2 座 3669.849 延长米，大桥 1 座 378.56 延长米，中小桥 8 座；隧道 6 座共计 4.382 公里；涵洞 122 座 2844.17 横延米；铺轨 295.69 公里，预制架设 T 梁 1397 孔；新建车站 3 座。合同工期 1461 天，合同价 201290 万元，2012 年完成产值 62803 万元，开累完成产值 118116 万元。

【吉林至珲春铁路】 中铁四局承建 JHSⅠ标工程。工程造价：19.3 亿元。合同工期：2011 年 6 月～2015 年 7 月。JHSⅠ标正线长 37.588 公里，主要工作内容有：正线桥梁 17 座（11.29 公里）；隧道 8 座（12.537 公里）；路基 13.761 公里（挖方 251 万方，填方 139.8 万方）；涵洞 45 座；预制箱梁 238 孔；吉林站、龙潭山站改造工程；吉林枢纽长图线改建 3.31 公里。重点工程：香水隧道（长 4560 米），草木沟隧道（长 3413 米 ），既有长图线改线至改建电厂线，改建长图线回拨。2012 年度完成投资 8.22 亿元，占局年初下达计划 6 亿元的 131%，占局年度调整计划 6.6 亿元的 125%。开累完成投资 10.62 亿元，占总造价 19.3 亿元的 55%。2012 年主要形象进度完成情况：⑴ 路基工程。路基 21 段，全部开工。区间土石方年度完成 152.5 万方，开累完成 330.5 万方，（其中填方 95.4 万方，挖方 235.1 万方），累计完成比例 84.5%（设计 390.8 万方）；路基附属年度完成 7127 米，开累完成 7375 米，累计完成比例 53.5%（设计 13761 米）；⑵ 桥涵工程。大桥、特大桥 17 座，全部开工，涵洞 45 座，已开工 42 座（未开工部分位于站改内，受征拆影响）；⑶ 隧道工程。隧道 8 座，全部开工，年度完成 6871 成洞米，开累完成 7923 成洞米，累计完成 63.2%（设计 12537 延米）。其中草木沟隧道年度完成 1758 成洞米，开累完成 1961 成洞米，完成比例 57.5%（设计 3413 米）；香水隧道年度完成 2137 成洞米，开累完成 2452 成洞米，完成比例 53.8%（设计 4560 米）。

中铁九局承建 JHS-Ⅳ标段站前工程。工程为长吉图开发开放先导区规划实施交通基础设施的重要组成部分，对提高通道运输系统效率和运输服务水平，完善俄、朝口岸功能，密切经贸的合作交流，加快沿线地区城镇化建设进程和资源开发都有重要的意义和作用。工程位于吉林省敦化市境内，起始里程 DK146+300，终点里程 DK191+000，路线长度 44.7 公里。2011 年 6 月 15 日开工，预计 2013 年 10 月 30 日竣工，总造价 27.4 亿元。设计时速 250 公里/小时。主要工程数量：路基工程 21.26 公里，包含软土地基处理 CFG 桩 120.9 万延米、水泥搅拌桩 93.7 万延米、碎石桩 18.9 万延米、预应力管桩 28.2 万延米，路基土石方 541.55 万立方米，路基附属 22.2 万立方米，支挡结构圬工 6.1 万立方米；大桥、特大桥 21.895 公里/13 座，框架中桥 4 座，小桥 11 座，涵洞 54 座；新建隧道 4.754 公里/5 座；正线铺轨 6.6 公里，站线铺轨 5.02 公里，铺岔 15 组，铺道碴 3.64 万立方米；新建站台 7 座及三电工程等。建设单位为长吉城际铁路有限责任公司，设计单位为中铁工程设计咨询集团有限公司，监理单位为黑龙江铁路建设监理公司。2012 年完成产值 90368 万元，开累完成产值 224311 万元，完成总价的 81.9%。

中铁隧道承建吉图珲客运专线工程Ⅰ标项目。该标段位于吉林省吉林市和延边州，标段全长 89.868 公里，由拉法山隧道段、石门隧道段、安图桥隧群段等三个段落组成。其中：①拉法山隧道段长度 14.646 公里，主要包括拉法山隧道（10035 米）、生菜顶子大桥(5 孔简支箱梁)、双庙子隧道（3295 米）、双庙子特大桥；②石门隧道段长度 6522 米；③安图桥隧群段长度 68.7 公里，主要包含桥梁 11610 米/25 座，隧道 40252 米/28 座，路基填筑 361 万立方米/16.6 公里。铁路等级为客运专线，设计车速为 250 公里/小时，隧道线型为单洞双线隧道。合同价款 538013 万元。合同工期 2011 年 1 月 15 日至 2014 年 8 月 14 日。截至 2012 年底，开累完成产值 340754 万元。隧道开累完成成洞 31608 成洞米。其中拉法山隧道开累成洞 2117 米；石门隧道开累成洞 1848 米；桥梁开累完成成桥 11297 米；土石方开累完成 440 万立方米。

中铁大桥局承建吉林至珲春铁路 JHSK-2 标。桩基完成 2011 根，占设计数量 2852 根的 70%；承台完成 151 个，占设计数量 301 个的 50%；墩身完成 136 个，占设计数量 308 个的 44%；吉林隧道开挖完成 600 米，占设计数量 1170 米的 51%；大川隧道开挖完成 611 米，占设计数量 872 米的 70%。

【哈尔滨至大连铁路客运专线】 中铁一局承建 TJ—1 标段。2012 年 12 月 1 日正式通车。年累完成施工产值 14177 万元；开工累计完成施工产值 488844 万元。

中铁二局承建哈尔滨至大连客运专线 TJ-1 标 DK233+000～DK308+665.5 长 75.3 公里的线下工程及全标段铺轨等施工任务。2012 年施工生产主要是大连北站、沈阳两大枢纽轨道工程施工。全年完成施工产值 23263 万元（验工计价额），为公司年度计划 8316 万元的 279.9%。完成正线铺轨 33.65 公里，累完 755.65 公里，占设计的 99%；站线铺轨 21.6 公里，累完 55.6 公里，占设计的 91%；铺岔 89 组，累完 195 组，占设计的 91%；铺砟 9.6 万方，开累 35.3 万方，占设计的 93%。至此，线上轨道工程除大连北站丹大场外全部完成，线下附属工程除海城西站 290 米防护栅栏外因拆迁遗留问题未完成外全部完成。

中铁五局承建沈大段 TJ-1 标。管段位于辽宁省境内，里程为 DK185+275～DK233+000，线路正线全长 47.143 公里。合同总额 28 亿元，合同开工时间 2007 年 9 月，合同竣工时间 2012 年 12 月 31 日。建设单位：哈大铁路客运专线公司；监理单位：哈大铁路客运专线北京铁城联合体监理站主要工程数量：桥梁 6 座 43674.06 米，其中特大桥 4 座 43553.66 米，分别为惠屯特大桥、潮沟特大桥、西海特大桥、营海特大桥（五局管段内计 14005.35 米），中桥 2 座 120.4 米，分别为盖陈公路中桥、营口站刚构中桥；车站 2 座，分别为新盖州站、新营口站；梁场 2 个，负责制架梁 1316 片；轨道板场 1 个；框架涵 4 座；水泥搅拌桩 64538 根计 689015 米，CFG 桩 67470 根计 1587870 米；路基土石方 140.1 万方，其中区间为 14.4 万方，站场 125.7 万方。管段内重点工程为西海特大桥和营海特大桥，分别为 26545.8 米和 13994 米。2012 年 12 月 1 日开通运营。

中铁八局承建 TJ-1 标段土建工程。工程始于 DK131＋209，止于 DK185＋275，全长 54.066 公里。管段内工程内容及主要工程数量为：路基土石方工程 341 万方，长度 16.811 公里，占管段全长的 31%；桥梁工程 15 座，长 36.773 公里，占管段长的 67.9%，制运架梁 990 榀，连续梁 6 联，其中特大桥 10 座，最长的鲅鱼圈特大桥全长 17.914 公里；隧道 1 座，长 582 延米，占管段长的 1.1%；涵洞 55 座，计 1247.98 横延米；车站 1 个；制梁场 1 处 990 榀箱梁预制；轨道板预制场 1 处，轨道板铺设 53.456 公里(双线)。由一、二、昆建、桥梁公司参与施工。合同工期：2007 年 8 月 1 日~2011 年 4 月 30 日，开工日期 2007 年 9 月 10 日，2012 年完成的主要工程内容有：变更新增路基补强工程渗水盲沟于 2012 年 9 月 15 日前完成，无砟轨道精调及动态检测完成，并于 2012 年 12 月 1 日 9 时，哈大客专开通运营。合同总价 264400 万元，2012 年完成产值 7643 万元，开累完成产值 311829 万元。

中铁九局承建部分。工程造价 254000 万元，2007 年 10 月 10 日开工，2012 年 12 月 1 日开通运营。建设单位：哈大铁路客运专线有限公司；设计单位：铁道第三勘测设计院；监理单位：韩国铁道施设公团外方总监组和铁城铁科院联合体监理公司。工程位于辽宁省辽阳市和沈阳市境内，施工管段起始里程 DK308+665.5，标段终点于 DK390+865.4，路线长度 70.09 公里。施工范围：本管段内设有辽阳 1 个车站、预留新灯塔和新沈阳 2 个车站、4 个区间施工，包括路基、桥涵、无砟轨道、站场、房屋等工作内容。主要工程数量：路基工程长度 9.31 公里，其中路基挖方 41.4 万立方米，路基填方 170 万立方米，涵洞 17 座。桥梁工程 17 座，特大桥 60.78 公里/4 座，中桥 11 座。无砟轨道板 58.04 双线公里。改建辽阳站站场 1 处。

中铁建工承建房屋及站场相关工程。该工程是国家“十一五”规划的重点建设工程项目之一，纳入国家《中长期铁路网规划》，国家发改委于 2005 年末批复立项。客运专线沿途设鞍山西站、辽阳站、普兰店西站、瓦房店西站、营口东站、海城西站、盖州西站、鲅鱼圈东站 8 座车站。由哈大铁路客运专线有限责任公司建设，铁道部第三勘察设计院集团有限公司设计，北京铁城铁科院监理联合体监理。1.鞍山西站。位于鞍山市千山区大阳气村内，整座车站包括站房综合楼、无站台柱雨蓬、站台面、地道及配套房屋。站房综合楼地上 2 层，建筑面积 14234 平方米，建筑高度 22.5 米，框架结构，独立基础。合同额 3 亿元，合同工期 2009 年 8 月 1 日～2010 年 12 月 31 日。2012 年继续列为集团重点工程，年完成产值 10098 万元，竣工通车。2.辽阳站。位于辽宁省辽阳市，整座车包括站房综合楼、无站台柱雨篷天桥、站台、旅客地道及配套房屋。站房综合楼地上 2 层，建筑面积 7497 平方米，建筑高度 22.05 米，框架结构。合同额 28000 万元。合同工期 2009 年 8 月 1 日至 2010 年 12 月 31 日。2012 年继续列为集团重点工程，竣工通车。3.普兰店西站。位于辽宁省普兰店市石河镇，整座车站包括站房综合楼、无站台柱雨篷天桥、站台、旅客地道及配套房屋。站房综合楼地上 2 层，建筑面积 3188 平方米，建筑总高度 14.55 米，框架结构。合同额 5000 万元，合同工期 2009 年 8 月 1 日～2010 年 12 月 31 日。2012 年继续列为集团重点工程，年完成产值 3873 万元，竣工通车。4.瓦房店西站。位于辽宁省瓦房店市老虎屯镇，整座车站包括站房综合楼、无站台柱雨篷天桥、站台、旅客地道及配套房屋。站房综合楼地上 2 层，建筑面积 3089.49 平方米，建筑总高度 14.85 米，主体结构为框架结构。合同额 7900 万元，合同工期 2009 年 8 月 1 日～2010 年 12 月 31 日。2012 年继续列为集团重点工程，年完成产值 3873 万元，竣工通车。5.营口东站。位于辽宁省营口市柳树镇，整座车站包括站房综合楼、无站台柱雨篷天桥、站台、旅客地道及配套房屋。站房综合楼地上 2 层，建筑面积 5281 平方米，建筑总高度 17.45 米，现浇钢筋混凝土框架结构体系。合同额 1.5 亿元，合同工期 2009 年 8 月 1 日～2010 年 12 月 31 日。2012 年继续列为集团重点工程，年完成产值 146 万元，竣工通车。6.海城西站。位于辽宁省海城市东四镇，整座车站包括站房综合楼、无站台柱雨篷天桥、站台、旅客地道及配套房屋。站房综合楼地上 2 层，建筑面积 3184 平方米，建筑总高度 15.3 米，现浇钢筋混凝土框架结构体系。合同额 1.05 亿元，合同工期 2009 年 8 月 1 日～2010 年 12 月 31 日。2012 继续列为集团重点工程，年完成产值 146 万元，竣工通车。7.盖州西站。位于辽宁省盖州市团山镇，整座车站包括站房综合楼、无站台柱雨篷天桥、站台、旅客地道及配套房屋。站房综合楼地上 2 层，建筑面积 3196 平方米，建筑总高度 13.4 米，现浇钢筋混凝土框架结构体系。合同额 1.08 亿元，合同工期 2009 年 8 月 1 日～2010 年 12 月 31 日。2012 年继续列为集团重点工程，年完成产值 146 万元，竣工通车。8.鲅鱼圈东站。本工程位于辽宁省营口市鲅鱼圈开发区于园子村，整座车站包括站房综合楼、无站台柱雨篷天桥、站台、旅客地道及配套房屋。站房综合楼地上 2 层，建筑面积 5254 平方米，建筑总高度 21.05 米，框架结构。合同额 13000 万元，合同工期 2009 年 8 月 1 日～2010 年 12 月 31 日。2012 年继续列为集团重点工程，年内完成所有合同额，2012 年竣工通车。

【北京至石家庄铁路客运专线】 2012 年 12 月 26 日京石铁路客运专线顺利通车。

中铁一局承建京石客专 JS-2 标段。该标段位于涿州市至保定市之间，里程范围线路长度为 91.9 正线公里，其中桥梁 81.62 公里，占管段全长 88.8%。合同总价 56.9 亿元，合同工期 2008 年 8 月 1 日～2011 年 4 月 30 日。2012 年完成 17131.83 万元，开累完成 598481.7 万元，占施工总额 596947 万元的 100.26%。

中铁六局承建京石客专 JS-1 标段。京石客运专线工程 JS-1 标从起点北京西客站至永定河特大桥 96 号墩（DK12+343）处，全长 12.343 公里。主要工程包括：京石正线工程全长 12.343 公里，包括岳家楼特大桥（1053 延米）、永定河特大桥（总长 52 公里，我单位承担其中的 3.64 公里，）及该范围的路基、小桥涵、有碴轨道施工。西长线改建工程：西长下行正线改建线路长度 8.721 公里。西长上行正线改建线路长度 8.719 公里。包括跨西四环特大桥（4153 米）、八宝山中桥、西翠路框构接长及该范围的路基、小桥涵、轨道工程施工。西站站改工程：拆除道岔8组，新铺道岔9组。本工程位于北京市，合同额8.0亿元，开竣工日期2009年3月16日至2012年12月31日。2012年12月26日，京广高铁全线安全顺利开通运营。

中铁六局承建京石客专石家庄枢纽工程。京石客专石家庄枢纽代建工程起点自DK277+500开始，在石纺路与义堂路之间以六线隧道（局部七线隧道）形式走地下，依次下钻既有石太直通线、石德线、和平路、正东路、中山路、穿既有石家庄客站四站台、裕华路，于裕华路至槐安路之间钻出地面，在槐安路和南二环高架桥之间(既有石家庄上行编组场位置）设石家庄客站（DK285+080）。线路全长10.2公里。代建部分主要工程内容有三部分：石家庄六线隧道、石家庄新客站、既有石家站场过渡改造。本工程位于河北省石家庄市，合同额13.216亿元，开竣工日期2009年11月1日至2013年12月31日。2012年12月26日，京广高铁开通运营，石家庄枢纽高速场、动车所以及普速场投入使用。

中铁电气化局承建京石客专土建工程。为续建工程，工程于2008年8月1日开工。由于铁道部技改建成开通时间向后推迟到2012年12月26日建成开通，截至开通完成钻孔桩11872根、承台1111个、墩柱1122个、预制架设箱梁723孔，现浇连续梁31连，现浇简支梁178孔，CRTSⅡ型板式无砟轨道45.2公里，双块式无砟轨道8.113公里。

【石家庄至武汉铁路客运专线】 中铁三局石武客专（河南段）SWZQ-1。合同价款62.4亿元，合同工期：2008年10月15日～2012年6月30日。业主调整工期：2012年5月1日联调联试，2012年9月1日正式运营。形象进度：静态验收、联调联试。

中铁四局承建石武客专河北段SZ-3标段工程。投资总额：47.2亿元。合同工期：2008年10月15月～2012年6月30日。由于受市场等的影响，铁道部推迟京石、石武客专全线开通日期至2012年12月26日正式开通运营。标段工程全长70.248公里，起止里程为DK420＋000～DK490＋248，工程所在地位于河北省邯郸市境内，途径永年县、邯郸县、成安县、临漳县和邯郸高开区。主要工程为“两桥一站”即：20.11公里的榆林洺河特大桥、47.915公里的张庄漳河特大桥和2.223公里邯郸东站及区间路基。主要施工内容为：标段范围内的改移道路、管线路防护、通讯线路和高压电线路迁改等，路基工程（包括地基处理、区间路基土石方、邯郸东站场土石方、路基加固防护、路基地段综合接地引入地下等站后预留接口、声屏障工程）、桥涵工程、信号、综合接地贯通地线及连接、旅客站台墙、综合管沟、地道、路基及桥梁地段无碴轨道道床、大型临时设施和过渡工程。石武客专在梁面聚脲防水层、CRTS-2型无砟轨道、桥面玻璃钢管栏杆施工方面，技术工艺较为先进。2012年度局产值计划9963万元，实际完成19049万元，开累48884万元；各项形象进度与节点工期顺利完成，在完成静态验收问题库的整改后，于8月17日正式开始联调联试，12月26日全线开通运营。

中铁建工承建石武客专郑州东站工程。石武客专郑州东站工程是全国最大铁路站房工程，在国家铁路网中处于重要枢纽地位，是河南省、铁道部、郑州市和郑州铁路局各级领导极为关注的重点工程民心工程。工程位于郑州市郑东新区，总规划用地面积约240公顷，其中车站枢纽用地规模约100公顷，总建筑面积41.2万平方米。是国家规划的“四纵四横”铁路快速客运网中石武客运专线和徐兰客运专线的十字交汇枢纽。汇集铁路客运、公路客运、轨道交通、城市公交等多种交通方式，实现多种交通方式的有机衔接。设股道32条，设旅客列车到发线30条。设站台16座。站房高峰小时旅客发送量7400人，最高聚集人数5000人。结构形式：框架、钢结构。高度为52.3米，站房为地上3层。本工程由郑州铁路局郑州工程指挥部建设，中南建筑设计研究院设计，郑州中原铁道建设工程监理有限公司监理。合同额302873万元，合同工期2009年9月20日～2011年12月31日。2012年继续列为集团重点工程，完成年产值46619万元，已竣工通车。

中铁上海工程局承建石武客专河北段SZ-3标工程。合同造价：303400万元。合同工期：2008年10月15日－2012年6月30日（含调试期），共计1172天。施工单位：中铁上海局一公司。石武铁路客运专线（河北段）第3标段，线路正线双线47.915公里，其中桥梁1座，即张庄漳河特大桥（河北省内管段）/47915.202延长米，包括连续梁7座（挂篮和支架法施工）/794.5延长米，桩基12878根，桥墩台1484个；其中制梁场2处，分别为邯郸制梁场和临漳制梁场，预制架设简支双线整孔箱梁1461孔；其中CRTSⅡ型轨道板制板场1处，即成安制板场，预制、打磨CRTSⅡ型标准轨道板21331块，铺设、精调CRTSⅡ型标准轨道板14550块；其中CRTSⅡ型板式无砟轨道95.949公里（含与邯郸东站相接过渡段）。石武客运专线铁路设计为跨区间无缝线路，采用具有中国自主知识产权的无砟轨道技术，轨道板规模化生产与铺设、铺设精度的控制等均是本合同段内的重点控制项目。施工任务部署：根据工程数量及特点，石武铁路客运专线（河北段）SZ-3标在施工现场下设四个线下项目分部、两个制梁场、一个轨道板厂。每个分部设立五部二室：工程技术部、安全质量部、物资机械部、工经部、财务部、综合办公室和工地试验室。每个分部根据现场情况及施工进度要求设立若干个协作队伍。线下项目部负责本标段范围内的路基、桥涵、轨道、大临等工程的施工。两个制梁场负责本标段范围内的箱梁预制、架设。轨道板厂负责本标段范围内的轨道板预制打磨。

中铁七局承建石武客运专线（河南段）站前 SWZQ-3 标段工程。工程造价 526000 万元，合同工期：2008 年 10 月 15 月～2012 年 6 月 30 日。标段工程包括石武线 30.618 公里和郑西贯通线 39.389 公里，起自郑州枢纽黄河大桥南岸，向南跨贾鲁河、连霍高速，经新郑州站进入郑州市管城区，继续向南跨陇海铁路、机场高速，经南曹乡进入新郑市孟庄镇，并止于孟庄镇。郑西贯通正线起自新郑州站，向南跨陇海铁路，转向西跨石武客专，继续西行跨南水北调中线工程、西南环城高速公路，接入郑西客运专线新荥阳站。主要工程包括：石武跨贾鲁河特大桥、跨连霍高速公路特大桥及两桥间路基，郑武跨陇海铁路特大桥、跨机场高速公路特大桥及两桥间路基，郑西贯通线跨陇海铁路特大桥、跨南水北调特大桥及两桥间路基。其中特大桥 6 座 66.738 公里，路基 3 段 1.7 公里。2012 年已完成标段所有工程的施工任务，于 12 月 26 日正式开通运营。

【天津至秦皇岛铁路客运专线】 中铁六局承建津秦客专 5 标段工程。本标段正线长度 40.258 公里。主要工程包括路基（含综合接地及预埋）、桥涵（含制运架梁、综合接地及预埋、含全线 T 梁制作）、轨道、秦山地区相关工程、房屋建筑（不含站房）及给排水、其他运营生产设备及建筑物（不含雨棚）、大临及过渡工程。本工程位于河北省秦皇岛市，合同额 39.4 亿元，开竣工日期 2008 年 11 月 8 日至 2013 年 7 月 20 日。2012 年全标段轨道板铺设、精调全面完成；11 月 22 日、28 日津秦客专秦皇岛站-秦东下联便线和京哈一次上下行便线分别开通。至此，全标段大部分工作量已完成，剩余部分断点正在施工。

中铁电气化局承建津秦客专土建工程。为续建工程，于 2008 年 11 月 18 日开工。截至 2012 年年底完成的主要实物量：路基基底处理：ф1.0 米桩基 1397 根（合计 22352 延米）、钢筋混凝土筏板 22812 圬工方；站场路基：换填 30 万立方米、填方 16.8 万立方米、表层级配碎石 4.9 万立方米；路基附属：铺设电缆槽 5.8 公里、栅栏安装 11 公里、混凝土水沟 10 公里、路基边坡绿化 7.5 万平方米；站场构筑物：站台墙混凝土 3190.6 圬工方、钢筋混凝土板涵 335 横延米；唐山站站线：铺轨 4.7 公里、道岔 7 组；四电房屋：全部完成 19 处。

中铁航空港承建津秦客专滨海站站房工程。系中铁建工集团中标，重组前中铁建工集团北京公司承建，重组后中铁航空港集团北京公司承建。合同价：142053.9 万元。合同工期：2010 年 9 月 1 日至 2012 年 12 月 31 日，总工期 28 个月。设计技术标准：站房主体按设计基准期 50 年，设计使用年限 100 年；耐火等级：站房地下一级、地上部分及站台雨棚二级；结构安全等级：站房为一级，站台雨棚为二级。

新建铁路天津至秦皇岛客运专线滨海站站房工程是新建天津至秦皇岛铁路客运专线引入天津枢纽中四个主要客运站之一，是集多种交通出行方式为一体的综合交通枢纽。位于天津市塘沽区北部滨海新区，北环线北塘西站与京津唐高速公路之间，距塘沽城区新北路约有 5 千米。

合同主要施工内容为滨海站站房及站台雨棚。站房地下二层、地上二层，即：地上站台层、高架候车层及地下出站层、地铁站台层构成。候车形式为高架候车，进出站形式为上进下出。站房总建筑面积 79950 平方米，包括南北站房、高架站房及设备用房等。站台雨棚采用无站台柱雨棚，建筑面积 69344 平方米，站台面至雨棚屋面总高 18.7 米，东西向长 447 米，南北方向宽 189 米。

2012 年累完成施工产值 77298 万元，开累完成施工产值 112323 万元。年累完成主要工程量：站房工土方开挖 21 万立方米；地下结构防水工程 35601 平方米；基础底板混凝土 10210 立方米；地下室混凝土浇筑 2008 立方米；站台雨棚桁架工程 596 吨，檩条 227 吨。

【南京至杭州铁路客运专线】 中铁四局承建宁杭客专 I 标工程。合同总额：454693 万元。合同工期：2009 年 3 月～2012 年 4 月。I 标正线全长 74.151 公里，宁杭客运专线至京沪高速场 L3 上下行联络线 4.612 公里。途经南京市秦淮区（2.1 公里）、江宁区（22.6 公里）、溧水县（29.7 公里）、句容市（7.6 公里）、溧阳市（13.2 公里）五个区县市。主要工程数量为：路基全长 33.09 公里，填方 450.8 万立方米（含级配碎石 104.5 万立方米），挖方 370.4 万立方米；特大桥 10 座 36401.51 延长米，大中桥 6 座 1193.19 延长米，框架桥 9 座 4798.09 顶平方米，联络线单线特大桥 2 座 4612.28 延长米，公路桥 4 座 4645 平米；涵洞 168 座 4445.49 横延米（包括倒虹吸 14 座 419 横延米）；隧道 3 座 3284 延长米，明洞 1 座 166 延长米；CRTS II 型板式无砟轨道 22492 块；四座车站站房 15459.2 平方米；钢结构站台雨棚 49308 平方米。工程设计时速每小时 350 公里，

2012 年上半年，由于铺轨工期从 3 月 1 日调整至 6 月中旬，铺轨后的工程无法施工。工指及时调整施工计划，加大管段内江宁、句容西、溧水、瓦屋山 4 座车站站房及剩余附属工程的施工进度，为完成全年的产值任务奠定了基础。

2012 年 6 月份从湖州向南京方向铺轨，6 月 26 日局管段内铺轨结束。工指立即部署铺轨后的工程施工，各分项目部整合资源，加大人员、设备的投入，于 2012 年 9 月底前完成了 18060 个侧向挡块、81219 平方米桥面线间防水等项目的施工。

2012 年三季度，工指重点开展工程验收的各项准备工作。工指班子成员和各部门成员成立 4 组包保小组，制定工作展开表，积极配合南京桥工段等设备管理单位，对管段内存在缺陷进行整改销号。2012 年 10 月 31 日，工指向宁杭

公司正式提交静态验收报告，成立6个专业验收小组，并在年底通过了上海铁路局组织的路基、桥梁、隧道、涵洞、轨道、站房、环水保等专业验收，具备了联调联试条件。

【绵阳－成都－乐山铁路客运专线】 中铁二局承建成绵乐客专 CMLZQ-5 标工程。工程总投资 39.9 亿元，工期 29 个月。主要承建 DK171+550～DK181+920 段路基、隧道、桥涵等线下工程，正线长 10.37 公里，其中路基 3.9 公里、明挖隧道及车站 6470 米/1 座、涵洞 420.7 米/19 座；DK181+920～DK232+500 简支箱梁制、运、架 926 孔；DK171+550～DK232+500 无砟轨道板的制、铺及无缝线路铺设，其中桥梁段无砟道床 44.8 公里、路基段无砟道床 62.02 公里、隧道段无砟道床 16.82 公里、正线铺轨折合单线 121.9 公里、无砟道岔 34 组、普通道岔 6 组。2012 年，完成施工产值 9.6682 亿元，占公司年度计划 9.4394 亿元的 102.4%，开累完成建安产值 37.9060 亿元，占合同总价 40.2645 亿元的 94.14%。主要实物指标完成情况：完成路基土石方 0.2 万立方米、双流西站旅客通道 1 座、双流机场隧道折合 47 成洞米；双流机场站主体、附属工程已全部完成，机场站装修及机电安装完成 3247 平方米；完成制梁 133 孔、轨道板 21279 块，架梁 174 孔，Ⅰ型轨道板本年度铺设 47.924 单线公里，双块式无砟轨道板设计 17.5 单线公里，铺无砟道岔 17 组。

中铁四局承建的成绵乐城际铁路（站前工程 CMLZQ-3 标段）。合同造价：原合同总造价 15.78 亿元，调整后工程总造价 16.09 亿元。

合同工期：原合同工期：2009 年 7 月 1 日～2011 年 10 月 31 日，共计 28 个月。调整后合同工期：2009 年 7 月 1 日～2012 年 12 月 31 日，共计 42 个月。

新建铁路成都至绵阳至乐山客运专线江油至眉山段站前工程 CMLZQ-3 标段，本标段里程范围为：DK111+400～DK136+720（毗河双线特大桥大桥北段台尾（不含过渡段）），正线长度 24.904 公里。本标段线路自广汉北出站端 DK111+400 向南，设鸭子河特大桥上跨宝成线和鸭子河后沿既有线西侧通过广汉市境内，之后在向阳镇境内设青白江特大桥上跨 G108 国道和青白江后设青白江东车站，出站后沿成绵高速西行进、跨青温铁路、北环线和新都大道（在建）、设新都东车站至标段线路终点 DK136+720。

主要工程数量：特大桥 4 座 18.068 公里；路基长 6.835 公里，填方/挖方：136.7 立方米；框架桥 11 座 8900.9 顶平方米；涵洞 27 座 829.85 横延米；站场 2 处，分别为青白江东车站和新都东车站；通道 2 处 1405.1 顶平方米；预制和架设箱梁 502 片；无砟轨道 49.09 公里，采用 CRTS-I 型板式轨道。

当年及开累完成建安产值和主要工程形象进度

2012 年完成建安产值：10548.89 万元，开累完成建安产值：168519.38 万元。

全管段桥梁及路基主体工程全部完成，箱梁制架全部完成。无砟轨道施工全部完成。管段内铺轨在全线首家全部完成。

实绩：2012 年信用评价上半年第二，下半年第三，获得业主样板工程七个。一队鸭子河桥面系、三队路基防护工程、四队路基护肩工程迎接业主组织的沪昆公司，合安公司等其他客专公司经验交流，赢得了高度评价。2012 年，无砟轨道底座板施工成为全线施工观摩点和经验推广点。华金大道特大桥获得局安全标准化工地，鸭子河双线特大桥获得中国中铁总公司安全标准化工地。2012 年 11 月中铁四局成绵乐指挥部获得成绵乐铁路客运专线物资设备管理工作优秀材料库荣誉称号。

中铁五局承建成绵乐客专江油至眉山段 CMLZQ-2 标段。系续建工程。项目位于四川省绵阳市高新区至广汉市北外乡境内，起讫里程为 DK35+310～DK111+400，全长 72.937 公里。主要工程量：路基工程总长为 42.21 公里，土石方总量约 1100 万方；桥梁 37 座 30.731 公里，其中特大桥 16 座 26.121 公里，大桥 17 座 4.241 公里，中桥 4 座 0.370 公里；轨道工程为 DK0+000～DK111+400 范围内 44146 块 CRTSI 型无砟轨道板的预制，以及 CMLZQ-2 标段 145.87 单线公里 CRTSⅠ型无砟道床板的铺设；绵阳北站、绵阳站、罗江东站、德阳站、旌阳站和广汉北站等 6 个车站的站场建筑及附属工程。合同总额 377511.5323 万元。建设单位：成都成绵乐城际铁路有限责任公司，设计单位：中铁二院工程集团有限责任公司，监理单位：北京铁城建设监理有限责任公司成绵乐铁路工程监理项目部。2009 年 7 月 1 日开工，合同竣工时间 2011 年 11 月 30 日。年累完成 60101 万元，开累完成 369647 万元，剩余价值 34299 万元。

中铁五局承建眉山至峨眉段 CMLZQ-8 标段。系续建工程。成绵乐客运专线眉山至峨眉段线路全长 85.818 公里，站前工程 CMLZQ-8 标线路长 53.410 公里，以及 7 标范围内（DK232+500～DK264+900）简支箱梁的制、运、架，及无砟轨道制、铺及轨道铺设。主要工程量：路基（含站场路基）折合成双线长度 14941.289 米，车站 3 个（乐山车站、峨眉山车站、天下名山站）；桥梁69座39747米，制架梁1947孔；隧道5座1099延长米；正线无砟轨道铺轨170.38公里，正线无砟道床170.38公里。合同总额513631万元。建设单位：成绵乐铁路客运专线有限责任公司，设计单位：中铁二院，监理单位：四川铁科建设监理有限公司。2010年9月17日开工，合同竣工时间2012年12月31日（架梁结束时间：2012年11月4日，无碴轨道结束时间：2013年3月24日，铺轨结束时间：2013年4月16日，轨道精调及站后工程结束时间：2013年8月15日）。年累完成150591万元，开累完成477131万元，剩余价值36500万元。

【合肥至蚌埠铁路客运专线站前工程】 中铁四局承建。投资总额： 355794万元。原合同额344023万元，补签合同额11771万元。开竣工日期：2009年5月19日～2012年10月16日。该标段施工范围：DK57+580～DK100+000，共计42.42公里范围内的站前及相关工程；DK0+000～DK100+000铺轨；合蚌客专站前一标蚌埠联络线特大桥T型梁、九龙岗特大桥243孔箱梁制、架。全线设计为无砟轨道跨区间无缝线路，路基所占比重较大。

主要工程量：路基填方214.3万立方米；特大桥25787.93延米，中桥380.9延米，小桥103.91延米，涵洞1015.2横延米，制、架双线箱梁1027孔、单线T型梁116孔、双线T型梁20孔；CRTSⅡ型板式无砟道床84.84公里，粒料道床3.82万立方米，正线铺轨210.456公里，站线铺轨6.319公里，铺道岔46组；房屋6208.58平方米。

无砟轨道施工过程中，将底座板模型由“可调式模板”改为“设有提浆整平机走行轨的全断面式模板”，克服了底座板“烂根”、错台等质量通病，使底座板线型更加易控，确保了底座板面的平整度及标高控制。

2012年完成产值23085.72万元，开累完成354383.27万元。路基护坡完成300米（单侧），路基防护栅栏安装完成6743米(单侧)；箱梁架设完成3孔；长轨铺设完成71.33公里，轨道精调完成5320米（单侧）。

【合肥铁路枢纽工程】 中铁四局承建。投资总额：280392万元。原合同额269644万元，补签合同额10748万元。合同工期：2010年6月15日～2012年10月16日。中铁四局承建合肥铁路枢纽新建合肥北城至合肥站HFSN-1标工程，施工范围：DK100+000～DK128+540(合肥铁路枢纽新建合肥北城至合肥站），全长28.54公里；蚌福联络线HBDK106+300～HBDK124+000；合肥铁路枢纽因新建合肥北城至合肥站工程引起的既有线改造工程（改建淮南线K80+900～K82+700,正线长1.8公里;改建淮南线K83+100～K84+700，正线长1.6公里；改建淮南绕行下行线K6+200～K7+800，长1.6公里；改建铝厂专用线(K0+000～K0+600)，长0.6公里；改建铁四局材料厂专用线(CDK0+000～CDK0+640)，长0.64公里；改建物流专用线(WDK0+000～WDK0+500)，长0.5公里）。距离市区近，拆迁工程量、难度大；改线工程量大；临近营业线、跨营业线施工工点多。

主要工程量：路基土石方275.05万方；特大桥30841.42延米，中桥546.28延米，小桥48.94延米，涵洞1023.1横延米，制、架双线箱梁686孔、单线箱梁244孔；正线铺轨89.67公里、站线铺轨4.368公里、铺设道岔26组；新建房屋4115平方米。

2012年完成产值24506.87万元，开累完成产值280219.2万元。2012年主要形象进度：箱梁架设3孔；防护墙完成842孔、竖墙完成38孔；电缆槽安装8孔；底座板浇筑154孔；轨道板粗铺154孔；轨道板精调、灌浆199孔；路基护坡完成2310米（单侧）；水沟完成2456米（单侧）；路基电缆槽安装150米（单侧）；防护栅栏完成7695米（单侧）；路基轨道板粗铺552块；路基轨道板精调、灌浆659块； 路基封闭层完成1592米（双侧）；长轨铺设14公里。

【西安至宝鸡客运专线】 新建铁路西安至宝鸡客运专线是国家中长期铁路网规划的重要组成部分，也是国家实施西部大开发战略的重点项目。项目建成后对提升西安铁路枢纽地位，增强中西部地区铁路运输能力和路网机动性，推动关中—天水经济区和川陕渝经济区快速发展产生重要促进作用。

中铁一局承建西宝客运专线XBZQ-1标，由一、二、三、四、新运、物贸、电务公司施工。该标段全长60.86公里，从咸阳西到杨凌南站跨越秦都区、兴平市、武功县及杨凌区四区县。合同总价49.6亿元，合同工期36个月，2009年12月15日～2012年12月15日。业主调整工期为2013年6月(但未下书面通知)。主要工程量为3座特大桥54.80公里，4段路基6.69公里（含杨凌南车站），无砟轨道122.2公里，正线铺轨276.57公里，站线铺轨25.15公里，涵洞15座337横延米，箱梁制架1582孔，32米T梁架设13孔，悬臂灌注连续梁T构15个，支架现浇梁40孔，制梁场3个，轨枕厂1个，铺轨基地1处，车站1个。线路四跨既有铁路，三跨国道，多次跨越县乡级道路。全线共计混凝土173万方。2012年年累完成90737.14万元，占年计划61300万元的148.02%；累计完成438034.83万元，占任务总额496307万元的88.26%。

中铁航空港集团承建站前工程XBZQ-1标DIK511+803至DIK527+500里程段。系中铁一局中标，重组前中铁一局一公司承建，重组后中铁航空港集团一公司承建。合同价：62000万元。合同工期：2009年12月30日至2012年12月30日，共36个月。设计技术标准：客运专线，双线，设计速度目标值350千米/小时。西安至宝鸡铁路客运专线

XBZQ-1 标 DIK511+803 至 DIK527+500 里程段，全长 15.995 千米（长链 298.849 米），施工段落位于陕西省兴平市境内。主要工程数量：特大桥 13.521 千米/2 座，中桥 48.8 米/1 座。路基 2.425 千米/2 段，路基地基处理桩 125.43 万米，土石方填筑 40 万立方米，路基区间涵洞 8 个。其中咸阳西特大桥(7.794 千米)和漆水河特大桥(5.727 千米)为标段重点控制性工程。2012 年累完成施工产值 15238 万元，开累完成施工产值 71513 万元。年累完成主要工程量：无砟轨道 31853 单延米，其中漆水河特大桥 11454 单延米，咸阳西特大桥 15535 单延米，路基段 4864 延米。

【长沙至昆明客运专线】 中铁一局承建长沙至昆明客专湖南段八标，起讫里程 DK324+218.25～DK380+075，线路全长 55.857 公里，途经湖南省怀化市下属的中方县、鹤城区、经开区和芷江县，主要工程数量有：19925.11 米/54 座、隧道 24872 米/27 座、路基 11075.13 米/88 段、车站 2 座、梁场 2 处、箱梁预制架设 518 孔、铺轨基地 1 处、正线铺轨 364 单线公里、站线铺轨 8.162 单线公里。施工正常合同工期:2010.9.1～2014.2.28 日。总工期 40.7 个月。合同总价 512374 万元。2012 年度完成 168717 万元，年度计划 100129 万元，完成 168.5%。累计完成 317039 万元，占投资总额 512374 万元的 61.88%。

中铁三局承建沪昆铁路客运专线云南段 TJ4 标段。合同价款 40.5 亿元，合同工期：2010 年 10 月 1 日～2015 年 3 月 25 日。形象进度：征地拆迁：临时用地完成设计的 80%，永久用地完成设计的 100%，房屋拆迁完成设计的 60%；路基工程：年内完成路基土石方 49 万方，其中：区间路基土方完成 28 万方，区间路基石方完成 21 万方，路基主体成型 2.302 公里；桥梁工程：年内完成 2391.2 延长米，其中特大桥完成 1262 延长米；大桥完成 964.4 延长米；中桥完成 165 延长米；制梁场昆明制梁场 6 月 1 日开始建场，11 月 30 日建设完成，开始试制梁；涵洞工程设计 55 座 1594 横延米，6 月 20 日开工，年内完成 1133 横延米；隧道工程：设计 12 座 22116 米，年内完成 4800 成洞米，其中：文笔山隧道：设计长度 7784 米，年内完成正洞 1010 成洞米，设进、出口及两个横洞四个口施工；石将军隧道：设计长度 4805 米，年内完成正洞 725 成洞米，设进出口及横洞三个口施工。

中铁三局承建沪昆铁路客运专线贵州段 CKGZTJ-2 标。合同价款 41.8 亿元，合同工期：2010 年 10 月 1 日～2013 年 12 月 31 日。形象进度：征地拆迁：年内永久性征地完成设计的 91%，临时用地完成设计的 89%；拆迁完成设计的 35%；路基工程：区间路基完成土石方 130 万方，站场路基完成土石方 20.1 万方；桥涵工程：主要完成朱砂堡 2 号隧道出口至新光大桥间的桥梁工程，完成 3120 成桥米；涵洞年内全部完成，完成 694 横延米；制架梁三穗梁场年内完成预制箱梁 80 孔，箱梁架设 75 孔。8 月份开始预制箱梁并进行取证，10 月份开始箱梁架设；隧道工程：设计 34 座 26673 米，年内完成 5375 成洞米。其中：重点工程三岔坡隧道设计 3632 米，年内完成 1000 成洞米，进口完成掘进 520 米，出口完成掘进 520 米。长度大于 1 公里小于 3 公里隧道 6 座 9882 米，年内完成 2075 成洞米，完成 2 座。长度小于 1 公里隧道 27 座 13350 米，年内完成 2300 成洞米，完成 16 座。

中铁五局承建沪昆铁路客运专线贵州段 CKGZTJ-8 标，系续建工程。本标段起讫里程为 DK784+137～DK818+413，线路长度 36.479 公里。主要工程量:挖土方 29.71 万方，挖石方 128.62 万方，级配碎石 31.17 万方，挖淤泥 20.54 万方，AB 组填料 259.39 万方；桥梁 22 座，其中特大桥 8 座 7833.79 米，大桥 7 座 2034.81 米，中桥 5 座 390.35 米，小桥 2 座；新建涵洞 59 座 1893.15 横延米；预制架设整孔箱梁 261 孔；隧道 18 座 12.036 公里；正线铺轨 481.477 公里，站线铺轨 17.54 公里，铺道岔 31 组，线路有关工程 36.479 公里；大临工程包括简支箱梁制梁场 1 处，铺轨基地 1 处，铺轨基地引入沪昆客专线便线 1 条。合同总额 275692 万元。建设单位：沪昆铁路客专贵州公司，设计单位：中国中铁二院工程集团有限责任公司，监理单位：河南长城铁路和美国哈莫尼公司联合体。2010 年 11 月 15 日开工。合同开工时间 2010 年 10 月 1 日，竣工时间 2016 年 3 月 31 日（本标段线下工程 2014 年 9 月 10 日竣工；架梁开始日期 2013 年 5 月 18 日，架梁结束日期 2014 年 5 月 5 日；铺轨开始日期 2013 年 11 月 1 日，铺轨结束日期 2015 年 6 月 30 日）。2012 年累完成 73493 万元，开累完成 124568 万元，剩余价值 151124 万元。

中铁五局承建沪昆铁路客运专线云南段站前工程 1 标，系续建工程。标段全长 40.258 公里，起讫里程 DK977+651.51～DK1017+906.7。工程内容：标段范围内桥涵、隧道、路基、车站、无砟轨道及道岔、三电迁改、大临电力及其它大临工程；站后预埋管道、接触网基础和声屏障；富源梁场。主要工程数量有：路基 7.275 公里，桥梁 9.051 公里/15 座，隧道双线 23.962 公里/8 座（变更增加 1 座隧道），富源车站，富源梁场（制架 269 孔箱梁），双块式无砟轨道道床正线 80.26 单线公里、站线 1.45 单线 公里，涵洞 0.533 公里/30 座等，三电迁改、大临电力。合同总额 346200 万元。建设单位：沪昆铁路客运专线云南有限责任公司。设计单位：中铁二院工程集团有限责任公司。监理单位：华铁工程咨询有限责任公司。2010 年 12 月 3 日开工，合同开工时间：2010 年 10 月 1 日，合同竣工时间 2015 年 10 月 15 日。年累完成 81462 万元，开累完成 116835 万元，剩余价值 229384.5 万元。

中铁八局承建长沙至昆明客运专线引入贵阳枢纽工程。新建长沙至昆明客运专线引入贵阳枢纽线路位于贵州省贵阳市境内，站前工程起点里程 DK693+138，终点里程 DK731+600.061，正线全长 36.389 公里。主要工程量：区间路基断面土石方 349.3 万方（其中填方 49.69 万方，挖方 299.61 万方），站场路基土石方 514.53 万方，隧道 13 座/8865 米，特大桥 6905.34 米/9 座，大桥 4615.62 米/18 座，中桥 169 米/2 座，小桥 228.9 平方米/1 座，涵洞 1469.1 横延米/35 座，车站 2 座，区间路基 9.4 公里。合同工期：2010 年 10 月 1 日至 2014 年 6 月 30 日。合同价 277889 万元，2012 年完成产值 43013 万元，开累完成产值 61644 万元。

中铁九局承建沪昆铁路云南段引入昆明枢纽工程站前工程。工程造价约 100000 万元，2010 年 12 月 1 日开工，预计 2014 年 11 月 30 日竣工。建设单位：昆明铁路局；设计单位：铁道第二勘测设计院；监理单位：中铁二院咨询监理公司。工程位于昆明市呈贡县洛羊镇境内。施工范围：昆明南站至动车运用所出入段线；昆明南动车运用所及综合维修车间；本线与枢纽环线间上、下行联络线。主要工程数量：路基土石方 739.94 万立方米，路基附属圬工 18.39 万立方米，改良土 145.87 万立方米；复杂特大桥 2535.54 米/1 座，一般特大桥 5508.06 米/5 座，大桥 3 座，框架桥 2 座，小钢构中桥 2 座，涵洞 23 座；正线铺轨 6.37 公里，站线铺轨 55.85 公里，铺岔 92 组，铺道床 12.67 万立方米。

中铁大桥局承建沪昆客专长昆湖南段 GKTJ-1 标。主桥悬浇梁完成 157 块段，占设计数量 407 块段的 38.6%；路基土石方工程全部完成，隧道开挖完成 784 米，占设计数量 845 米的 93%。

中铁隧道承建长沙至昆明铁路客运专线 CKTJ-6 标。该标段位于湖南省溆浦县，全长 27.832 千米。主要包括隧道 5 座 25805 米，占线路长度的 92.72%。合同价款 246034 万元。合同工期 2010 年 9 月 1 日至 2013 年 10 月 31 日。截至 2012 年底，开累完成产值 188533 万元。隧道开累完成成洞 22912 成洞米。

中铁港航承建沪昆铁路客运专线长沙至昆明段（贵州）站前工程 CKGZTJ－10 标段　合同总价：44646 万元。合同工期 2010 年 10 月～2015 年 2 月。施工单位：中铁港航局集团有限公司。工程概况：北盘江特大桥位于贵州西南部光照水电站下游 1.2 公里处。桥梁中心里程为 DK881+943.0，桥梁全长：721.25 米。主桥采用 1－445 米上承式钢筋混凝土拱桥。引桥及拱上孔跨布置为：6.6 米+1－32.75 米简支箱梁+2－65.9 米预应力混凝土 T 构+4－42 米预应力混凝土连续梁+4－42 米预应力混凝土连续梁+2－65.9 米预应力混凝土 T 构+2－37.85 米预应力混凝土连续梁+6.6 米。主桥为上承式全劲性骨架钢筋混凝土拱桥，拱圈立面为悬链线，拱轴系数米=2.0。拱圈跨度为 445 米，矢高 100.0 米，矢跨比 1/4.45。拱圈采用单箱三室的变宽度箱型截面。在拱脚到拱顶 65 米范围拱圈平面由 28 米变至 20 米，拱顶水平长度 315 米范围内为 20 米等宽。上部结构箱梁采用单箱单室截面，梁顶宽为 13.4 米，梁底宽为 8.0 米。全桥除 T 构段箱梁高从 7.5 米变化到 4.0 米外，其余跨梁段梁高均为 4.0 米。主拱采用钢筋混凝土劲性骨架拱圈，主梁采用简支梁、预应力混凝土 T 构、连续梁三种组合形式。建成后将成为我国乃至世界建桥史上又一座里程碑式的工程。主要工程数量：土石方开挖约 38.3 万立方，浇筑混凝土约 17 万立方。截至 2012 年底累计完成产值为 19436 万元（包含合同外边坡防护产值）。

中铁港航承建新建沪昆铁路客运专线湖南段站前工程 CKTJ－1 标段。合同总价：65000 万元人民币。合同工期：2010 年 9 月 1 日～2013 年 11 月 30 日。施工单位：中铁港航局集团第二工程有限公司。工程概况：本标段位于湖南省长沙地区，里程范围：DK6+848.4～DK19+395.95，全长 12.5 公里。主要包括 3 座特大桥、5 座大桥、2 座中桥。分别是：1、周家冲大桥，2、邹家大屋大桥，3、白田村大桥，4、跨武广客专特大桥，5、柳树塘中桥，6、柳树塘特大桥，7、寺头冲中桥，8、寺头冲大桥，9、跨芙蓉大道特大桥 18 个墩台，10、盘古庙大桥。1 座隧道即袁家冲隧道（总长 425 米）、13 段路基（总长 3284 米）、6 座涵洞（总长 205 米）。截至 2012 年底累计完成 48273 万元。

中铁航空港集团承建长昆湖南段Ⅷ标 DK345+790.4 至 DK357+963.62 里程段。系中铁一局中标，重组前中铁一局一公司承建，重组后中铁航空港集团二公司承建。合同价：79000 万元。合同工期：2010 年 9 月 1 日至 2014 年 1 月 20 日，共 41 个月。设计技术标准：客运专线，双线，设计速度目标值 250 千米/小时，预留进一步提速条件。沪昆铁路客运专线长昆湖南段Ⅷ标 DK345+790.4 至 DK357+963.62 里程段，全长 12.173 千米，沿线途经湖南省怀化、芷江两市县。主要工程数量：路基 1.748 千米/16 段，特大桥 3.107 千米/4 座，大桥 1.842 千米/8 座，中桥 0.070 千米/1 座，隧道 5.418 千米/5 座，其中新屋里隧道(全长 4181 米)和罗旧舞水特大桥(1202.74 米)为标段重点控制性工程。2012 年累完成施工产值 44056 万元，开累完成施工产值 71294 万元。年累完成主要工程量：路基土石方 14.96 万立方米；特大桥 1446.24 延米；大桥 833.72 延米；中桥 32 延米；隧道 3709.2 成洞米；涵洞 61.26 横延米。

【成都至重庆客运专线】　中铁二局承建成渝客专 CYSG-5 标。工程造价 31.36 亿元，总工期 52 个月。该标段起讫里程为 DK240+154.2～DK289+100，正线长度 48.946 公里，起于永川东站，以大安隧道下穿既有成渝高速公路，经九龙河双线大桥和梅江河双线特大桥上跨九龙河和梅江河，经来凤双线特大桥接壁山车站，出璧山车站以缙云山隧道下穿缙云山，经大学城双线特大桥上跨大学城，最后经梁滩河双线特大桥至标段终点重庆西左联络线起点。2012 年共完成投资 9.9877 亿元，为股份公司计划 7.0235 亿元的 142%；开工累计共完成投资 21.5609 亿元，为设计总量 31.3692 亿元的 68.7%。完成路基土石方 169.1 万方，为年度计划的 261.4%，开累 748.7 万方，为设计的 98.5%；完成桥梁 8434 成桥米，为年度计划的 309%，开累 17823 成桥米，为设计的 99.2%；完成隧道工程成洞 6518 延米，为年度计划成洞 6148 延米的 106%，开累成洞 11952 延米，为设计成洞 12921 延米的 92.5%；完成架梁 296 孔，为计划的 384%，完成制梁 283 孔。

中铁八局承建成渝客专 CYSG-1 标段工程。新建铁路成都至重庆客运专线工程 CYSG-1 标段位于成都市、简阳市境内，本标段起讫里程为 DK5+000～DK55+578，全长 50.62 公里。本标段地处成都市、简阳市;成都市内、简阳市内城市交通道路众多，成都市郊、简阳市郊村镇密布，省道、县道、乡道交织成网，交通便利。施工范围包括：DK5+000～DK55+578 段设计范围内站前工程及站后接口工程；DK0+000～DK103+050 轨道板制作；DK0+000～DK55+578 段正线箱梁制运架、无砟道床，不含铺轨工程。本标段主要工程数量为：正线路基 9.36 公里，占线路长度的 18.49%；桥梁 26.5 座计 33.72 公里，其中特大桥共 11.5 座计 30.05 公里，大桥 12 座计 3.40 公里，中桥 3 座计 0.27 公里，桥梁长度占线路长度的 66.61%，其中成都高架特大桥为全线重点工程，全长 20218.97 米；隧道 2 座计 7.54 公里，占线路长度的 14.90%，其中龙泉山隧道为全线控制工程，为高瓦斯隧道，全长 7328 米；新建车站 1 座。工程于 2010 年 09 月 01 日开工，计划 2014 年 08 月 31 日竣工，总工期 1461 天(48 个月)。合同总价 373831 万元，2012 年完成产值 80141 万元，开累完成产值 221249 万元。

【新建郑州至徐州铁路客运专线】 中铁一局承建 ZXZQ-6 标段。郑州至徐州客运专线位于河南省东部及安徽、江苏省西北部地区，西起河南省省会郑州市，东至江苏省北部 重镇徐州市，沿途经过安徽省。线路西连郑州枢纽，东接徐州枢纽，与京沪高速铁路衔接。线路全长 361. 937 公里，中铁一局中标的 ZXZQ06 标段起讫里程为：DK197+892.55～DK253+791.25，全长 55.90 公里，位于商丘市虞城县境内，线路走向基本与陇海铁路和国道 G310 交平行。路基长 1.855 公里，为砀山南站站场路基，其中土方 198407 立方米、填改良土 142185 立方米、级配碎石 51373 立方米、AB 组填料 84866 立方米。虞城特大桥全长 54043.33 米，占正线长度 96.6%，小桥 32.08 米/3 座。车站一座，无砟道床铺设共计 110.31 铺轨公里。 中标日期：2012 年 12 月 24 日； 合同价:367356 万元； 合同工期:2012-12-25 至 2016-12-25。

中铁四局承建的郑州至徐州铁路客运专线 ZXZQ01 标。合同总额：142490.98 万元。合同工期： 2012 年 12 月 10 日～2016 年 12 月 9 日。

郑州至徐州客运专线位于河南省东部及安徽、江苏省西北部地区，西起河南省省会郑州市，东至江苏省北部重镇徐州市，沿途经过安徽省。线路西连郑州枢纽，东接徐州枢纽，与京沪高速铁路衔接。线路全长 361.937 公里，其中河南省 252.826 公里、安徽省 73.436 公里、江苏省 35.675 公里。

本标段为 ZXZQ1 标，起讫里程为 DK10+076.865～DK26+196.570（含该墩），长度 16.12 公里。

主要施工内容：（1）郑汴特大桥 0#～490#墩下部结构、桥面系及 4 联挂篮悬臂浇筑连续梁。

（2）郑汴 1#梁场，里程 DK13+860，预制架梁 665 孔，预制架设范围 DK1+282～DK26+200。其中郑汴 1#特大桥 478 孔，代建连霍高速特大桥 187 孔。

（3）无砟道床施工范围：DK10+076.865～DK26+196.570。

（4）郑州东铺轨基地 1 处，里程 GBDK9+000，铺轨范围：ZXDK1+460～DK0+000～DK197+892.855。

2012 年完成的主要工程形象进度：施工临建工程。

中铁七局承建 ZXZQ-08 标段，合同工期：2012 年 12 月 25 日至 2016 年 12 月 24 日。合同总价：25.62 亿元。业主单位：郑西客运专线有限责任公司。工程概况：新建郑州至徐州铁路客运专线，起点为郑州东站中心，线路自河南省郑州市，经开封、商丘和安徽省萧县，至江苏省徐州市，止于徐州东站中心，正线全长 362 公里，其中:河南省境内 252 公里、安徽省 74 公里、江苏省 36 公里。全线设郑州东、开封北、兰考南、民权北、商丘、砀山南、永城北、萧县北、徐州东 9 个车站，包含郑州、徐州枢纽配套工程。郑州枢纽疏解线 25 公里，徐州枢纽建设铜山联络线 16. 7 公里，及动车存车场等配套工程。其中特大中桥 336.268 公里/20 座，路基(含站场)长 25.669 公里。郑徐铁路客运专线 ZXZQ08 标段，位于安徽省萧县和江苏省徐州市境内，施工里程范围为：DK302+270.94～DK339+052.58(含该墩)，正线长 36.782 公里，桥梁占线路全长的 80%。

主要工程数量：路基 7 段，总长 8.467 公里，约 151.7 万立方米；特大桥 3 座，27.994 公里，(含萧县特大桥 17.288 公里、跨京福高速公路特大桥 4.419 公里、徐州特大桥 6.287 公里)，大桥 1 座(友谊河大桥，137.06 米)，中桥 2 座 174.34 米（老岱河中桥，X013 中桥），框架小桥 13 座，涵洞 19 座。标段铺设 CRTSI 型双块式无砟轨道 71.804 单线公里(不含铺轨)。箱梁预制场 1 个，预制 32 米、24 米箱梁 826 孔，架设 826 孔；现浇连续梁 13 联(含 2 联刚构)。

重难点工程：标段内共有现浇连续梁 13 联，其中大跨度连续梁六处，萧县特大桥（DK309+350 跨大沙河 40+64+40）；跨京福高速特大桥（DK330+918 跨京福高速

40+64+40)；徐州特大桥(DK333+666 跨 G310 国道 40+72+72；DK334+498 跨陇海正线 48+80+48；DK335+187 跨杨铜联络线 48+80+48；DK336+113 跨夹孟疏解线 48+80+48)，且跨度 48 米以上连续梁采用悬灌法施工，施工时间长。现浇连续梁多跨铁路、高速公路，施工保通压力大。路基工程开始施工时间晚，气候条件有一定的影响。另外本段工程位于安徽经济欠发达地区，农业生产为主，土地意识比较强，征迁难度大。

【宁西铁路增建二线（陕西段）NXZQ-2 标】 中铁一局承建。标段起讫里程为：砚川（含）～孝义乡（含）（K113+400～K163+196.15），正线长 49.796 公里。主要工程内容包括：砚川（含）～孝义乡（含）段增建二线工程，商洛铺架基地（含商南简易轨排组装场），其中：大中桥 8202.94 延长米/24 座(另既有线有三座大桥已完成桥梁下部结构，新线工程为王村板桥大桥补架 5～12 孔梁，汉沟大桥补架第 1～4 孔梁，两岔河板桥沟大桥补架第 1 孔梁)，隧道 11408 延长米/9 座，正线铺轨 231.01 公里、站线铺轨 2.75 公里，制架梁 645 孔，站场 2 座(砚川、商洛车站)，主要控制工期工程为新黄沙岭隧道（6901 米）。合同工期： 合同工期 42 个月， 2012 年 8 月 15 日开工，2016 年 2 月 15 日竣工。工程总造价：1679111470 元。节点工期:铺架开始 2014 年 6 月 1 日；新黄沙岭隧道完成时间 2015 年 9 月 15 日。

2012 年完成产值 2759.25 万元，完成计划 5000 万元的 55.2%。累完 2759.25 万元，完成施工总额 167911 万元的 1.64%。征地拆迁临时征地完成 76.5 亩，完成总量的 16.4%；永久征地完成 666 亩,完成总量的 73%。桥梁工程：设计新建桥梁 24 座，到图 24 座，已开工 2 座。隧道工程：设计 9 座，到图 9 座。已开工 5 座。

【兰新铁路第二双线】 中铁一局承建兰新二线甘青段 LXS-4 标段。该标段合同工期为 2010.3.1-2013.6.30；2011 年 4 月业主变更合同工期为 2010.3.1-2014.6.30。合同总额 184945.5 万元。2010 年 2 月 4 日进场，标段所辖工程项目包括：3 座隧道（含 1 座斜井）、3 座桥梁和 194 米路基工程。主要工程数量:路基土石方 2.47 万立方;桥梁 3 座 648.2 延长米；隧道 3 座 18025 成洞米，其中：上旧庄隧道 4040 米，陈家山隧道 8661 米，照壁山隧道 5324 米；无砟道床 37.668 公里；无缝线路铺设 546.964 公里。2012 年年累完成 40918 万元，年度计划 40697 万元，完成年度计划的 100.5%。工程总造价 184945.5 万元，开累完成 107800 万元，完成总投资计划的 58.3%。

中铁一局承建兰新二线红柳河至哈密段 LXTJ3 标段。标段正线全长 55.6 公里，位于哈密市境内，东起 DK1245+000，西至 DK1300+600，总标价 370746 万元。主要经过哈密市和农十三师管辖地段。主要工程内容：迁改、路基、桥涵、铺架、无砟轨道（含 DK1119+679～DK1501+500 的铺轨工程)、大临及过渡和综合接地、接触网立柱基础、声屏障基础、电缆沟槽、连通管道等站后工程中有关接口工作内容。主要工程数量有：路基工程 36.658 公里，桥梁工程特大桥 1 座 19.671 公里，预制架设箱梁 591 孔。其中路基断面方约 355 万方，圬工方 35 万方，CFG 桩 448 万米，水泥搅拌桩 27 万米，强夯 40 万平方，重锤夯 24 万平方，冲击碾压 2 万平方；现浇（32+48+32）米和（60+100+60）米连续梁各 1 座；涵洞 40 座；箱形桥 2 座；铺轨 382 公里。自 2010 年 4 月初进场。合同工期：2010、4、1～2013、6、30。总工期延期到 2014 年 12 月 31 日。路基工程：2013 年 5 月 31 日（基本在 2012 年内结束）。桥梁架设：2012 年 10 月 31 日。无碴轨道：2013 年 8 月 31 日。铺轨：2013 年 9 月 1 日～2014 年 4 月 15 日。初验及安全评估：2014 年 12 月 31 日。 进度与工期基本同步，业主满意。2012 年年累完 71599 万元，占年度计划 45406 万元的 157.7%；累计完成 260181.5 万元，占总标价 370746 万元的 70.2%。

中铁二局承建兰新二线甘青段 LXS-8 标段。2010 年 2 月中标，合同标价 29.98 亿元，2010 年 4 月开工建设。新建兰新铁路第二双线西宁至张掖段站前工程 LXS-8 标设计里程 DK345+155～DK407+122，线路长 61.363 正线公里，位于甘肃省中牧山丹马场和张掖市民乐县境内。工程包括：三电迁改工程、道路改移工程；路基；桥涵；隧道及明洞：不含隧道照明，含接触网滑槽；轨道；站后四电工程基础及预埋件、预埋过轨管线、电缆沟槽、贯通综合接地铜缆及引入等；旅客地道；大临设施及过渡工程（不含轨道、站后四电工程的大临工程）。2012 年共完成施工产值 87630 万元，为甘青公司年调计划 75494 万元的 116.08%，年度完成施工产值在甘青公司排名第四，这是甘青项目年度任务完成最好的一年。

中铁二局承建兰新二线 LXTJ5 标。合同总价 58.25 亿元，合同开工日期为 2010 年 1 月 1 日，因调整工期，完工日期待定。该标段位于新疆吐鲁番地区管辖的鄯善县和吐鲁番市境内，起于新疆吐鲁番地区和哈密地区交界附近（DK1489+000），向西延伸至新建吐鲁番北站西端出口（DK1679+000），标段全长 187.905 公里。主要工程：路基设计全长 165.069 公里，土石方 1968.8 万立方米（不含过渡段及基床表层级配碎石 177 万立方米），桥梁设计 22.835 公里，共计 88 座，其中特大桥 8 座，计 12.346 公里；大桥 38 座，计 8.724 公里；中桥 23 座，计 1.508 公里；小桥 19 座，计 0.256 公里；制运架 T 梁 836 孔，槽型梁 75 孔；涵洞设计 415 座，共计 8984 横延米；双块式无砟道床 187.905 双线公里；新建吐哈、鄯善北、吐鲁番北、小草湖西、胜金北 5 座车站（只做土石方工程）。2012 年是兰新二线铁路建设攻坚之年，二局项目部以开展“大干五个月”

劳动竞赛活动为抓手，优化施工组织，倒排工期，做到以日保周、以周保月、以月保总体施组，有序推进施工生产，超额完成年度施工生产任务。全年累计完成施工产值 199434 万元，占股份公司调整计划产值 164567 万元的 121.2%，开累完成 470913 万元，占合同总额 582548 万元的 80.83%。

中铁三局承建兰新铁路 10 标。合同价款 32.3 亿元，合同工期：2010 年 4 月 1 日～2013 年 12 月 31 日。形象进度：迁改工程：4 月 1 日～10 月 31 日完成改沟、改渠、改路工程；路基工程：张掖南站基床表层以下土石方 3 月 15 日～6 月 30 日完成；张掖南站预压土施工 7 月 1 日～7 月 31 日；先架梁段堆载预压，2012 年 7 月 31 日预压土评估完成,并完成预压土卸载；基床表层级配碎石施工 8 月 1 日～10 月 31 日；导流堤施工 4 月 1 日～10 月 31 日；路基边坡防护(桥台、涵洞两侧各 20 米范围）施工时间：4 月 1 日～10 月 31 日；排水沟施工时间：4 月 1 日～10 月 31 日；桥涵工程：箱梁预制剩余 387 孔，8 月底全部完成。箱梁架设剩余 472 孔，10 月 30 日架设全部完成；张掖南站箱形桥、箱形涵 3 月 15 日～6 月 15 日全部完成施工；桥涵附属工程 4 月 1 日～10 月 31 日完成；轨道工程：轨枕预制完成 33 万根。5 月份完成 3 万根，6 月份完成 6 万根，7 月份完成 6 万根，8 月份完成 6 万根，9 月份完成 6 万根，10 月份完成 6 万根。绿化工程：边坡绿化、桥下绿化全部完成，施工时间为 6 月 1 日～10 月 30 日。

中铁四局承建兰新铁路第二双线（新疆段）站前工程 LXTJ4 标段，系续建工程。工程造价：88 亿元。合同工期：2010 年 3 月 1 日～2014 年。LXTJ4 标段线路全部位于哈密市管辖内，线路东起哈密出站端，向西延伸至哈密与吐鲁番地区交界处。线路起讫里程：DK1310+000—DK1489+000，标段全长 179.017 公里。该段线路均走在既有兰新铁路的南侧，与既有兰新铁路的间距大多在 2 至 7 公里不等，主要经过的周边村镇有二堡、柳树泉镇和三道岭矿区。施工内容：路基土石方 2864 万立方米，改移道路 13.48 公里，桥梁 43 座共 30.23 公里，隧道 5 座共 5.68 公里，小桥涵 318 座，防风明洞 1.149 公里，无砟轨道 179 双线公里。全年累计完成 24.7 亿元，开累完成 73.6 亿元，占合同总额 88.3 亿元的 83.29%。成为全线 9 个单位中全面完成施工生产任务的四个单位之一，并获兰新公司年度劳动竞赛第一名，获得绿牌 7 个，优质样板工程 12 项，被评为铁道部“火车头奖状”单位。为确保 2013 年 9 月 1 日铺轨创造有利条件。

中铁五局承建兰新二线西宁至大通段站前工程 LXSQZ-2 标段，系续建工程。合同总额 29.6 亿元， 2010 年 5 月 16 日开工，合同竣工时间 2013 年 6 月 30 日，后根据甘青指《关于核报五年总工期施工组织方案的通知》(兰新铁工程〔2011〕40 号文），工期将延迟 1 年，即从 2014 年 2 月 1 日开始铺轨，2014 年 12 月 31 日达到开通条件，总工期为 5 年。建设单位：青藏铁路公司西宁站枢纽改造工程建设指挥部；设计单位：中铁第一勘察设计院集团有限公司；监理单位：北京铁城监理有限责任公司兰新铁路西宁至大通段工程监理站。项目为新建铁路兰新第二双线西宁至大通段站前工程，位于青海省西宁市城东区、城北区、大通县境内。起止里程 DK192+100～DK240+431.01，标段长 48.33 公里。主要工程数量：路基 19.586 公里、桥梁 9 座 19.598 公里、涵洞 50 座 1158.1 横延米、隧道 3 座 9.147 公里、铺无砟轨道道床 100.37 单线公里。2010 年 5 月 16 日开工，合同开工时间，2010 年 3 月 1 日合同竣工时间 2013 年 6 月 30 日，根据铁道部铁建设函[2010]143 文件要求：兰新铁路第二双线 2010 年 1 月 1 日开工，2013 年 6 月 30 日完成工程施工全部内容及子系统调试，2013 年 7 月 1 日开始联调联试和运行试验，2013 年 12 月 31 日达到开通条件。施组总工期按 48 个月安排。年累完成 76484 万元，开累完成 250764 万元，剩余价值 44740 万元。

中铁五局承建兰新二线甘青段 12 标。项目地点甘肃省酒泉市清水镇。本标段自 DK605+800～DK682+737.05，线路长度 76.937 公里，位于甘肃省酒泉市肃州区境内，主要工程数量：路基 50.47 公里，区间土石方 597 万方，站场土石方 62 万方，CFG 桩 44.3 万米；隧道明洞 1 座 625 米；桥梁 38 座，其中特大桥 4 座 23392.78 米，大桥 6 座 1963.84 米，中桥 9 座 612.03 米；涵洞 95 座；站场 1 座，其中黄沙嘴明洞和连续钢构为重点工程，三坝沙河特大桥和西店村特大桥为控制工程。合同总额 295965 万元。2010 年 4 月 1 日开工，合同竣工时间 2013 年 12 月 31 日。建设单位：兰新铁路甘青有限公司；设计单位：中铁第一勘察设计院集团有限公司；监理单位：北京铁城建设监理有限责任公司。2010 年 4 月 1 日开工，合同竣工时间 2013 年 12 月 31 日。2012 年累完成 76451 万元，开累完成 248012 万元，剩余价值 47952 万元。

中铁八局承建兰新二线西宁至张掖段站前工程 LXS-9 标。该标段位于甘肃省民乐县、张掖市甘州区境内，线路自民乐县八卦营村附近 DK407+122 引出，沿干巴子山东侧行进，在李尤村附近设民乐车站，出站后线路跨越 G227 国道，走行于 G227 国道西侧，沿 G227 线向西北前行，线路在河满村附近以 120 米主跨跨越连霍高速公路，在金张掖酒业以西 250 米至本段终点 DK487+298.6，全长 80.176 公里。主要有桥梁共 21 座，其中特大桥共 10 座计 39220 延长米，大桥 2 座计 382 延长米，中桥 1 座计 44 延长米，框架桥 8 座计 140 延长米，桥梁长度占线路长度的 49.4%；正线路基 40.583 公里，占线路长度的 50.6%，区间路基土石方共计 492 万方，其中挖方 127 万方；涵洞 71 座，计 1582 延米。工程 2010 年 03 月 01 日开工，计划 2013 年 11 月 30 日竣工，总工期 45 个月。合同价 351972 万元，2012 年完成产值 109887 万元，开累完成产值 274044 万元。

中铁九局承建兰新二线张掖至红柳河段 LX-13 标段。里程桩号 DK682+737.05～DK800+970.18（其中两处短链长 43.89 公里），线路长度 74.34 公里，跨越三个行政区域，线路分别位于甘肃省酒泉市、嘉峪关市及玉门市境内。工程自 2010 年 4 月 1 日开工，预计 2013 年 12 月 31 日竣工。工程总造价 37.93 亿元。主要工程数量：路基土石方 762 万立方米，CFG 桩基 286.8 万延长米；特大桥 8 座 24445.4 米，大桥 5 座 1433 延长米，中桥 6 座，小桥 13 座，涵洞 161 座；隧道 1 座；正线铺轨 147 公里，站线铺轨 4.61 公里，拆除既有有碴轨道 6.4 公里，新铺有碴轨道 6.53 公里；新建车站 2 座；生产及办公房 9912 平方米。建设单位为兰新铁路甘青公司，设计单位为铁路第一勘察设计院，监理单位为北京铁城建设监理有限责任公司兰新铁路甘青段监理站。2012 年完成产值 84201 万元，开累完成产值 262812 万元，完成总价的 69.3%。

中铁十局承建兰新二线乌鲁木齐枢纽引入工程。标段全长 4.6 公里，合同价 40876 万元，合同工期 2010 年 6 月-2012 年 4 月。主要工程为仓房沟立交特大桥，全长 2609.9 米；涵洞 7 座/296.7 米，箱型桥 1 座 325.2 平方米，地道桥 2 座/1552 平方米；轨道 8.51 公里，其中路基地段 3.29 公里，桥梁地段 5.22 公里，道岔 12 组。施工进度：仓房沟立交特大桥桩基（设计 736 颗）完成 398 颗，墩台身（设计 91 个）完成 36 个，现浇梁（设计 21 孔）完成 11 孔。

中铁航空港承建兰新二线张掖至红柳河段 LXS-10 标。项目由中铁三局中标，重组前中铁三局一公司承建，重组后中铁航空港三公司承建。起止里程 DK527+204.68～DK546+272.58，合同价款 6.3 亿元，合同工期：2010 年 4 月 1 日～2013 年 12 月 31 日，共 45 个月。线下工程 2011 年 10 月 31 日完工。设计技术标准：线路等级 I，双线、设计速度 200 公里/小时及以上。标段位于甘肃省临泽县境内，管段长 19067.9 米，区段内正线结构物有 2 座特大桥、1 座大桥、1 座中桥，分别是临泽南跨兰新铁路立交特大桥（桥长 3839.94 米）、程家河特大桥（桥长 3184.98 米）、茶子河大桥（桥长 207.53 米）、兰堡村干渠立交中桥（桥长 66.2 米），桥梁总长 7301.65 米；8 段路基，路基总长 11766.25 米；箱桥 7 座，涵洞 24 座。2011 年累完成施工产值 8143.5 万元，开累完成施工产值 2.8 亿元。年累完成主要工程量：路基土石方 2.5 万立方米，桥梁工程桩基 34 根、承台 56 个、墩台 143 个、现浇梁 508 米，成桥 6152 米。

中铁港航局承建兰新第二双线西宁至大通段 LXSQZ－2 标。工程总价：61596 万元。合同工期：48 个月。施工单位：中铁港航局三公司。工程概况：路基土石方：设计数量 113.89 万立方。其中：挖方 24.22 万立方，换填渗水土 15.71 万立方，卵砾石垫层 8.51 万立方，B 组料 56.29 万立方，级配碎石 5.15 万立方，中粗砂 4.01 万立方；桥梁：特大桥 1 座，全长 1983.65 米，中桥 1 座，全长 35.82 米。涵洞 14 座，梁场 1 处，制架预制箱梁 588 孔（32 米简支箱梁 538 孔、24 米简支箱梁 50 孔）。主要工程数量：桥梁 2 座/2007.65 米，路基挖填方 113.89 万立方，涵洞 14 座 264.56 米；预制箱梁 588 孔。截至 2012 年底完成 61071 万元。

中铁上海工程局一公司承建兰新铁路第二双线红柳河至乌鲁木齐段工程 LXTJ4 标段工程。合同造价：883334.7195 万元，暂分劈 152366 万元。合同工期：2010 年 1 月 1 日－2013 年 1 月 31 日。调整后开、竣工时间：2010 年 3 月 1 日－2013 年 1 月 31 日，实际开工时间：2010 年 3 月 1 日。施工单位：中铁上海局一公司。工程概况：管段位于新疆维吾尔自治区哈密市，管段里程为 DK1340+000～DK1384+000，全长 44 公里，临近著名的百里风区。有桥梁 13 座，共 9.7 公里，路基 34.3 公里，涵洞 69 座，箱梁预制及架设 493 片。双块式无砟轨道是本管段剩余工作量的重难点工程。施工进度：一项目部按计划完成 32 单线公里无砟轨道，三项目部完成 14 双线公里无砟轨道。完成无砟轨道道床板 46.6 单线延米，其中一项目部完成 32.55 公里，三项目部完成 14.08 公里。路基附属基床表层级配碎石、浆砌片石防护、导流堤等全部完成。完成年度产值 30682 万元，公司计划产值 30025 万元，完成产值占年度计划任务的 102%。

【沈阳至丹东客运专线】 中铁九局承建沈阳至丹东客专本溪枢纽及丹东站工程。位于辽宁省境内，包括本溪枢纽和丹东站两部分。本溪枢纽起自本溪石桥子开发区高城村 DK43+635.2 至本溪市平山区解放南路本溪隧道进口 DK68+460，客专正线线路全长 19.38 公里；丹东站 DK252+000 至 DK252+994。工程于 2010 年 5 月 1 日开工，预计 2013 年 12 月 31 日竣工，总造价约 33.15 亿元。主要工程数量：路基土石方 442 万立方米，桥梁 5875.42 米 /12 座，隧道 8395.87 米 /9 座，站场 4 座，铺轨 113.1 公里，铺道岔 297 组，铺道碴 25.8 万立方米，拆除道岔 183 组，站场 4 座，涵洞 19 座，新建房屋 6.15 万平方米，新建站台 7 座，地下通道 4 座，行包通道 2 座等。建设单位为京沈客专辽宁有限责任公司，委托沈阳铁路局代建；设计单位为铁道第三勘察设计集团公司，监理单位为沈阳铁路局建设监理有限公司。2012 年，年累完成产值 52098 万元，开累完成产值 143858 万元，完成总价的 43.4%。

【杭州至长沙客运专线】 中铁三局承建杭长客运专线浙江段 1 标。合同价款 42.6 亿元，合同工期：2010 年 4 月 15 日～2013 年 6 月 30 日。业主调整工期：2013 年 3 月 1 日架梁工程全部完成；2013 年 9 月 15 日完成铺轨，2014 年 6 月 30 日开通。形象进度：路基工程：杭州南站大里程方向路基地基处理及路基填筑于 5 月 15 日完成，基床表层填筑

6 月 30 日完成。普安寺右线大桥至特大桥间路基填筑于 8 月 30 日完成；桥涵工程：钱江南引桥 1 月 15 日前完成箱梁架设；萧山特大桥 0-24 号四线刚构于 6 月 18 日前完成，确保 7 月 10 日架桥机通过；普安寺右线大桥线下工程 8 月 15 日完成；普安寺右线特大桥线下工程 9 月 15 日完成；联络线线下工程及特殊孔跨的施工年内完成；金城路框架中桥剩余附属工程于 8 月 28 日完成；桥面系工程在架梁后两个月内完成；制梁 532 孔，架梁 547 孔，其中双线箱梁 169 孔，单线箱梁 378 孔；双线箱梁架设杭州方向剩余 21 孔于 1 月 15 日完成，萧山特大桥 88 孔 7 月 10 日～10 月 28 日完成；普安寺左线特大桥 14 孔，普安寺右线特大桥 27 孔，传芳右线特大桥 19 孔于 11 月 16 日～12 月 31 日完成；单线箱梁架设 L1 联络线 98 孔于 8 月 1 日～11 月 3 日完成；L2 联络线 97 孔于 7 月 18 日～9 月 18 日完成；L4 联络线剩余 89 孔于 10 月 5 日～12 月 20 日完成；传芳右线特大桥 84 孔于 11 月 16 日～12 月 31 日完成；普安寺左线连接 L3 联络线 10 孔于 9 月 20 日～25 日完成；轨道工程：绍兴轨枕板预制设计 6135 块，本年完成 6135 块，开累完成 6135 块，完成设计 100%； 钱江南岸引桥完成无砟轨道 16.18 单线公里。

中铁三局承建杭长客运专线湖南段 2 标。合同价款 37.8 亿元，合同工期：2010 年 4 月 15 日～2012 年 7 月 31 日。业主调整工期：业主要求湖南段 HCTJII 标按照 2013 年 5 月 1 日开始铺设长轨、5 月 30 日铺设完成的工期目标组织施工，施组已上报业主。按照这一要求安排：路基桥涵工程于 2012 年 6 月底基本完成；隧道工程于 2011 年 9 月底完工；正线无砟轨道年内完成 82%；站线轨道工程于 2012 年 6 月份开始施工。形象进度：征地拆迁：剩余改移道路 6.71 公里、超高压电力线迁改 2 处全部完成；路基工程：剩余路基填筑 400 米、附属圬工 18366 圬工方、电缆槽 50019 米、声屏障 28190 平方米、接触网基础 1070 个全部完成，防护栅栏 30 单侧公里（除部分地段外），6 月底前全部完成；桥梁工程：剩余 10562 延长米全部完成，涵洞剩余 63 横延米全部完成；隧道工程：剩余 813 成洞米全部完成；轨道工程：正线 CRTSII 型板式无砟轨道年内完成 DK874+693-DK903+974 和 DK907+196-DK913+566 两段铺设 34.5 双线公里；道岔铺设于 6 月份开始，年内完成 50 组，完成沪昆场 22 组、动车所 19 组全部完成、联络线 4 组、醴陵北站 5 组；站线铺轨年内完成动车所铺轨 6.018 公里；完成上砟、布枕 23.532 公里。

中铁四局承建的杭州至长沙铁路客运专线浙江段站前工程 HCZJ-4 合同段。合同造价：34.7 亿元。合同工期：2010 年 4 月-2013 年 7 月。

管段正线全长 46.653 公里，杭长东南及东孝联络线 5.657 公里，工程总造价 34.7 亿元，总工期 39 个月。本标段桥梁共计 11 座，其中特大桥 7 座，联络线单线特大桥 2 座，大中桥 2 座，路基 9 段，涵洞 81 座，制架双线整孔箱梁 870 孔，现浇连续梁及钢构 15 联，CRTSⅡ形板式无砟道床 93 公里，CRTSⅡ型板预制 191.5 公里。

完成产值：截止 12 月 31 日，完成产值 219230 万元，占总价的 63%。

中铁四局承建的杭州至长沙铁路客运专线江西段站前工程 HKJX-7 合同段。合同造价：五公司约 40.34 亿元。合同工期：2010 年 1 月 1 日～2014 年 9 月 30 日。

杭州至长沙铁路客运专线（江西段）工程 HKJX-7 标段位于江西省境内，途经江西省新余、宜春两个地级市以及新余所辖渝水区和分宜县，线路自 DK695+618.85 路基引出，新余市以北 6 公里处新设新余北站、在宜春市东南 4.5 公里处新设宜春东站，标段终点位于上官塘 1 号大桥桥端（DK758+383.27）。江西省新余、宜春境内共设 2 个车站，线路长度 63.28 公里。

本标段结构物密集，以特大桥及大、中桥、隧道为主。主要工作量有：路基土石方 380.59 万立方米，特大桥、大中桥 28 座 45.611 公里，框架式桥 2 座 94.6 公里，隧道 7 座 4785.12 米，新建高速站场 2 个、CRTS II 型无砟轨道施工 63280 延米，正线铺轨 695.27 公里（含湖南段铺轨），站线铺轨 80.885 公里，铺道岔 116 组。

2012 年年累完成产值 168895 万元，开累完成产值 44.66 亿元，完成总合同造价的 70.5%。

中铁五局承建杭长客运专线浙江段 HCZJ-5 标。系续建工程。项目位于浙江省金华市、衢州市境内。中铁五局全管段里程为：DK163+639.61～DK212+155.58。正线全长 48.515 公里，其中，桥梁 7 座 41.81 公里，涵洞 39 座 896.6 横延米，路基正线长度 6.71 公里，正线区间路基土石方 85.35 万方、站场路基土石方 25.64 万方，车站 1 座（龙游车站），正线无砟道床 97.031 单线公里，站线无砟道床 1.76 公里，铺面渣 1346 立方米等线路相关工程等。合同总额 302493 万元。建设单位：沪昆铁路客运专线浙江有限责任公司，设计单位：中铁第四勘察设计院集团有限公司，监理单位：北京铁城建设监理有限责任公司。2010 年 5 月 30 日开工，合同开工时间：2010 年 4 月 10 日，合同竣工时间 2013 年 6 月 30 日。2012 年累完成 90126 万元，开累完成 284000 万元，剩余价值 28005 万元。

中铁五局承建沪昆铁路客运专线江西段站前工程 HKJX-2 标，系续建工程。标段走向为由东向西，途经上饶县、上饶开发区、横峰县、铅山县、弋阳县、贵溪市六县市。全长 64.029 公里，里程 DK365+430～DK430+172.34，桥梁 46 座，其中特大桥 20 座，大桥 17 座，中桥 9 座，，占正线总长的 73.7%，路基全长 16.82 公里，占正线总长的 26.3%（含弋阳东站）。制架整孔箱梁 1426 孔。线路基本与沪瑞高速公路并行，标段有 8 联连续梁（含连续刚构），最大主跨为125米。沿线1次跨越沪昆高速公路、1次跨越320国道，5次跨越既有铁路，2次跨越既有粮库专用线，多次上跨县乡公路、河道和水库，与既有线并行达6公里，协调难度大，施工及安全压力较大。合同总额384784万元。建设单位：沪昆铁路客运专线江西有限责任公司，设计单位：中铁第四勘察设计院集团有限公司，监理单位：铁四院（湖北）工程监理咨询有限公司、沃森工程技术（北京）有限公司联合体。2010年6月30日开工，合同开工时间：2010年4月1日，合同竣工时间2013年12月30日。开累完成243993万元，剩余价值140791万元。

中铁九局承建杭长客专 6 标段。位于浙江省衢州市境内，正线长度35.02公里，起点里程为DK212+155.08，线路跨龙丽高速公路至衢州，在既有衢州站站房同侧落地设客专车站，出站后线路跨江山港，走向基本与既有浙赣铁路左侧平行，在江山港附近跨越浙赣铁路，线路终点里程为DK247+173。工程2010年4月16日开工，预计2013年6月竣工，工程总造价260000万元。主要工程数量：路基土石方176万立方米，路基附属6万立方米，土工合成材料14万平方米，地基处理CFG桩8.7万米。特大桥7座，大桥1座，中桥1座。无碴道床69.24公里，轨道板预制161.76公里，轨道板铺设69.24公里，新铺单开道岔54组，拆除单开道岔14组，重铺4组及三电工程等。建设单位为沪昆铁路客运专线浙江有限责任公司，设计单位为中铁第四勘察设计院集团有限公司，监理单位为华铁-德铁国际联合体。2012年完成产值95549万元，开累完成产值210226万元，完成总价的80.6%。

中铁港航局承建沪昆客运专线(江西段)2 标。工程总价：109000万元。合同工期：2010年1月1日～2013年12月30日。施工单位：中铁港航局集团第三工程有限公司。工程概况：管段起讫里程为：DK415+097.91～DK430+179.725，总长约15公里，桥梁4座/总桥长12714.3米，占线路总长的84.3%。桥梁从管段起点至终点布置顺序分别为胡家特大桥（长569.46米）、河潭特大桥（长3088.16米），应家坞特大桥（长569.46米），贵溪特大桥（长8487.23米）；其中贵溪特大桥含60+100+60米连续梁一联跨沪昆高速公路、32+48+32米连续梁一联跨贵溪至志光公路、70+125+70米连续梁一联跨既有铁路皖赣线及江铜专用线，该桥是全线的控制性工程；线路路基共有4段，总长度2359.61米，主要为填方；涵洞12座，合计229.23米。主要工程数量：桥梁4座，长12.715公里；涵洞12座/229.23米，路基土石方：设计34.39万立方。截至2012年底完成98133万元。

【大同至西安铁路客运专线】 中铁二局承建大西客专站前9标工程。该标段起讫里程为DK596+633～DK653+500，正线长55.451公里。工程主要内容：道路改移、“三电”迁改、路基、桥涵、隧道、无砟轨道、铺轨（霍州—西安）、房屋(不含站房和设备房屋)、站场、大临、配合辅助工程。2012年完成施工产值20.2亿元，是年度调整计划15.3亿元的132%；开累完成46.67亿元，是承包合同价63.69亿元的73.3%。

中铁三局承建大西客专7标工程。合同价款40.2亿元，合同工期：2010年3月10日～2013年12月31日。业主调整工期：建设工期54个月，较合同工期延长8个月。其主要阶段工期为：施工工期48个月(含建设准备)，2013年6月1日开始铺轨，2013年11月30日全线铺通，其中太原至西安段于2013年10月底铺通。2014年2月28日前完成工程建设与子系统调试（静态验收)；2014年3月1日开始联调联试、运行试验；确保2014年8月31日达到开通条件。形象进度：征地拆迁：8月底前完成所有房屋拆迁、电力线路迁改、道路改移工程全部完成；路基工程：完成剩余区间、站场路基基床表层填筑。先架区段预压于8月15日前完成；桥梁工程：8月底前完成所有桥梁的承台、墩身、连续梁及制架梁工程；制架梁：年内完成制梁467孔，架梁650孔。其中：霍州梁场：剩余制梁262孔全部完成；架梁322孔于11月30日完成。洪洞梁场：剩余制梁205孔全部完成；架梁328孔于10月15日完成；隧道工程：架梁前完成李家峰隧道剩余衬砌，架梁完成后施工隧底填充及附属工程；轨道工程：年内完成双块式无砟轨道道床铺设16.6公里。

中铁六局承建大西客专太原枢纽代建工程 DXTS-1 标段。大西客专太原枢纽太原局代建工程DXTS-1标段合同价款13.2亿元，合同工期：2010年10月1日～2013年12月31日，共38个月，实际开工日期2011年3月1日。建设单位：太原铁路局太原南站工程建设指挥部；设计单位：铁道第三勘察设计院；监理单位：山西铁建工程监理有限公司大西太原枢纽监理部；质监单位：铁道部工程质量安全监督总站太原监督站。2011年完成3771万元，开累完成3771万元。完成路基土方19.9万方；标段内除征地拆迁及其它因素影响外，已完工框构中桥2座、涵洞3座。

中铁十局承建大西客专3标段。工程概况：本标段为站前施工3标段，起讫里程为太中DK9+100～DK332+568.31，正线长度为40.354公里。合同价375462万元，合同工期2010年3月～2013年12月31日。主要工程数量：路基土石方82万方；特大桥2座/38131米，其中鸣李跨石太铁路特大桥9134米，晋中萧何特大桥28997米；框架式中桥1座，涵洞4座；预制箱梁1144孔；正线铺轨283.27公里，站线铺轨12.49公里，铺无碴道床79.89公里。施工进度：路基挖土方完成59万方；特大桥2座全部完成，制、架梁全部完成；无碴轨道完成12.75公里。

中铁航空港集团承建站前施工 7 标 DK442+280 至

DK458+378.15 里程段。系中铁三局中标，重组前中铁三局一公司承建，重组后中铁航空港集团三公司承建。合同价：82799 万元。合同工期：2010 年 3 月 10 日至 2013 年 6 月 30 日，共 40 个月。设计技术标准：客运专线，双线、350 千米/小时。新建铁路大同至西安客运专线站前施工 7 标 DK442+280 至 DK458+378.15 里程段，位于山西省临汾市霍州市境内，跨三教乡、李曹镇 2 个乡镇，12 个自然村，正线长度 15.731 千米。主要工程数量：路基 5.742 千米(含站场)，正线桥梁 15 座 7.045 千米，隧道 1 座 2.882 千米，正线无碴轨道铺设 31.462 单线千米，站线无碴轨道铺设 1.25 单线千米，站场 1 座（霍州东站）。2012 年累完成施工产值 15713 万元，开累完成施工产值 77287 万元。年累完成主要工程量：路基土石方 7.5 万立方米，其中软基处理 12 万延米，高桩板承载板 688 米；隧道衬砌 252 米；桥梁桩基 98 根，承台 36 个，墩台 61 个，现浇梁 504 米，桥面附属 1420 折合米；涵洞 74 横延米。

中铁上海工程局承建第11合同段工程。合同造价：202000万元。合同工期：2010年3月10日－2013年12月31日（含调试期)，共计46个月。施工单位：中铁上海局一公司。工程概况：中铁上海局一公司承建大同至西安铁路客运专线晋陕黄河特大桥工程。晋陕黄河特大桥位于山西省永济市和陕西省合阳县境内，大桥里程为:DK701+923.61～DK711+892.79，桥梁全长9.969公里，孔跨布置为（31-32米）简支箱梁+(54+2×90+54) 米连续梁+(19-48米)简支箱梁+(15-2×108米)单T刚构钢桁加劲组合结构+(63-48米)简支箱梁+（8-2×48米）单T刚构+(48+80+48) 米连续梁+(3-2×48米)简支箱梁+(1-2×35米)单T刚构。桥梁施工规模大、难度高、技术复杂，其中2×108米单T刚构钢桁加劲组合结构在国内首次运用，是本桥的重点和难点工程。CRTS I型双块式无砟轨道，铺轨长度19.96公里。施工进度：桥梁工程全部完成，其中：桩基完成2950根，桥墩台完成175个，预制架设箱梁114孔，2×108米单T刚构完成15联，钢桁安装15联，桥面系完成9969.1延长米；无砟轨道底座板完成3000米。

【合肥至福州铁路客运专线】 中铁一局承建合福客专土建施工 HFMG-5 标段，管段从南岸特大桥合肥端台尾到莆建村大桥福州端台尾，里程为 DK578＋027～DK630+331.95，管段长度 52.3 公里。本标段路基 9.264 公里/61 段（其中框架涵 1076.5 横延米/29 座)；桥梁 24.249 千米/49 座；隧道 18.57 千米/24 座；正线 II 型轨道板预制 203.685 公里（含 IV 标）,II 型轨道板铺设 103.262 公里；梁场 2 处:武夷山东站梁场和丰乐梁场;轨道板场 1 处:武夷山东站轨道板场；车站 1 座：武夷山东站；人行天桥 1 座。计划开工日期 2010 年 4 月 18 日，原计划架梁开始日期 2011 年 11 月 1 日，结束日期 2012 年 12 月 20 日；2013 年 6 月 27 日前完成全标段无砟道床铺设，2013 年 6 月 30 日交付铺轨并达到交工程度,2013 年 7 月 31 日前完成完工验收。合同工期:2010-4-18 至 2013-7-31(由于 2011 年下半年受资金制约影响，业主会议通知工期向后延长半年)，目前总体不滞后。2012 年年累完成 123186.22 万元，占年计划 126800 万元的 97.2％，累完 304838.14 万元占施工总额 419271 万元的 72.7%。

中铁二局承建闽赣Ⅷ标。新建合福铁路客运专线共划分为 8 个施工标段，8 标段标段编号 HF 米 G-08，起讫里程为 DK741+245～DK812+640,起于古田隧道出口,止于福州车站，线路全长 71.067 千米。主要工程内容包括：三电迁改及永临结合、道路改移、桥梁、涵洞、路基、隧道、轨道、车站和站后房建等。其中：区间路基 4320.3 米，占线路总长的 6.1%；站场 2 个，即闽清北车站、福州站；桥梁 14351.2 米/29 座，占线路总长的 20.2%；隧道 49980 米/15.5 座，占线路总长的 70.3%；铺设无砟道床 128.01 千米；铺轨 460.23 铺轨千米。2010 年 04 月 15 日中标，总中标金额 50.74 亿元。2010 年 04 月 18 日开工，计划 2014 年 6 月 30 日竣工。截至 2012 年底，共完成施工产值 15.1 亿元，为公司下达计划 14.5 亿元的 104.2%，累计完成施工产值 30.7 亿元，为合同总量 50.74 亿元的 60.7%。

中铁四局承建合福客专安徽段站前及相关工程 HFZQ-1 标工程。投资总额：419464 万元。原合同额 408619 万元，补签合同额 10845 万元。开竣工日期：2010 年 4 月 18 日～2015 年 3 月 31 日。该标段施工范围含：线下工程：HBDK124+000-HBDK148+135 蚌福联络线、合肥枢纽配套工程，含新、改建（含铺轨）工程；DK1+250-DK32+058 线下工程（不含轨道板预制），共计 57.64 公里范围内的桥涵、路基、箱梁制、架、合肥西站改等工程。线上工程：HBDK124+000-HBDK148+135 蚌福联络线无砟道床轨道板预制、铺设，合蚌合福设计分界点-DK130+040 轨道铺设。本标全线设计为无砟轨道跨区间无缝线路，全长 54.94 公里，桥梁占 69.6%。桥梁上部结构梁型有预应力连续梁、连续梁拱、钢筋混凝土连续刚构、系杆拱及 24 米、32 米双线箱梁；多处与既有地方道路、公路、高速公路、铁路交叉，管理难度、安全压力大；蚌福联络线引入合肥枢纽改建施工难度大（蚌福联络线自合蚌客专接轨，经桃花店、合肥西站引入在建合肥南站，除新建地段外，部分利用既有宁西、合九线，改建工程量大，对营业线运营影响大）。

主要工程量：路基 7 段 6.87 公里，土石方 163 .47 万方、CFG 桩 57 万米；特大桥 38025.36 延米/6 座，中桥 676 延米/8 座，制、架双线箱梁 1255 孔（111-24 米、1144-32 米）、单线 T 型梁 41 孔（31-16 米、10-32 米）；涵洞 895 横延米/38 座；CRTS II 型板式无砟道床 86.94 公里，正线铺轨 306.83 公里，站线铺轨 15.48 公里，铺设无砟道岔 29

组、有砟道岔28组；房屋2000平方米。

起讫里程和地理位置：起点为合蚌合福设计分界点HBDK124+000，终点为DK32+058，主要位于安徽省合肥市境内。蚌福联络线从合肥北站引出，沿合九线向西至合肥西站，出合肥西站后继续南行至合宁高速公路，折向东至合肥南站；合福铁路正线自合肥南站引出，与在建的南环线南侧并行，跨合宁高速公路后折向南至肥东长临河镇设站，出站后至巢湖炯炀镇。

2012年完成产值121032.3万元，开累完成产值241201.48万元。2012年主要工程形象进度：钻孔桩完成1681根、承台完成303个、墩身完成315个；CFG桩完成0.1万米；挖、填方（含AB组填料）完成65.54万方；制梁542孔、架梁362孔；现浇简支梁28孔，连续梁完成17联。

中铁六局承建合福客专站前六标。工程造价21.4亿元，工程已于2010年8月1日开工，计划于2013年3月31日前完成无砟轨道铺设工作，总工期32个月。本标段起止里程为DK212+145～DK249+236，正线总长37.091公里。本标段线路均处于宣城市辖区，沿途通过泾县、旌德县和绩溪县。标段起点(DK212+145)位于泾县榔桥镇，泾县境内线路长度约14公里，线路穿过笔架山隧道后进入旌德县境，沿途通过蔡家桥镇、板书镇、旌阳镇，线路多桥隧相连，在DK237+900处设旌德车站，旌德境内线路长度约14.5公里,在梅王尖隧道出口附近进入绩溪县板头桥镇，绩溪境内线路长度约4.5公里。主要工程量有：桥梁14060米/21座，占标段正线长度的37.9%；隧道16354米/11座，占标段正线长度的44.1%；路基长6677米/24段，占标段正线长度的18.0%；车站1处(旌德)；房屋建筑面积1220㎡，涵洞29座，本工程位于安徽省宣城市，合同额21.4亿元，开竣工日期2010年4月18日至2015年3月31日。2012年5月10日，铺架分公司在合福线成功采用运架一体机实施首架；12月12日，桥隧分公司合福铁路东山隧道贯通；各项工作步入良性循环，工期目标可控。

中铁隧道承建合肥至福州铁路客运专线（闽赣段）土建工程HFMG—6标。本标段位于福建省东北部地区建瓯市，正线全厂51.663千米，线路等级为客运专线，正线数目为双线。合同价款360043万元。区间正线桥梁40座13.989千米，隧道16.5座32.843千米，车站1个,桥隧总长46.832千米，桥隧比90.65%。其中有8座特大桥长度为7667.1米，占总桥长的54.8%，全线大于3千米隧道共有3.5座长度为22.16千米，占隧道总长度的67.69%。南平建溪特大桥全桥长1231.42米，跨越建溪。特殊桥梁结构施工技术要求高、难度大，位于河中的水中墩施工水深约11米，采用钢套箱围堰施工。为全线难点桥梁工程之一。南雅隧道(全长8684米）是本标段最长的隧道，且隧道穿越煤系地层，存在瓦斯突出的可能性，是本标段的重点和难点。截至2012年底,开累完成产值2624556万元。隧道开累完成成洞30126成洞米，南雅隧道贯通。桥梁开累完成成桥11002米。南平建溪特大桥开累完成成桥849米。

中铁隧道承建合肥至福州铁路客运专线安徽段站前及相关工程HFZQ—8标。该标段位于安徽黄山市歙县、徽州区、休宁县、屯溪区境内。标段全长54.734千米。主要包括道路改移、路基、站场、桥梁、涵洞、隧道、无砟道床和相应的大临辅助工程。其中路基（含站场）512万立方米，长17.218公里；桥梁52座，长29519.9延长米；涵洞54座，长1333.03横延米；隧道6.5座，长7996延米。合同价款343584万元。截至2012年底，开累完成产值163240万元。隧道开累完成成洞7082成洞米。桥梁开累完成成桥21685米。土石方开累完成410万立方米。

【青岛至荣成城际铁路】 青荣城际铁路是山东省内第一条区域性城际高速铁路，也是省内投资最大的单体铁路建设项目。这条铁路位于胶东半岛，连接青岛、烟台、威海三个主要城市，是构建半岛城市群间最重要的交通基础设施和最快捷运输通道。青荣城际铁路设计起点为青岛北站，终点为荣成站，线路长度298.971公里，其中桥梁164.696公里，占正线长度的55.09%。全线共设15个车站。青荣城际铁路速度目标值推荐设计速度为250公里/小时，青荣正线线下工程预留300公里/小时的条件。

中铁一局承建青荣城际铁路（QRZH-II标段）。该标段起终点里程DK59+500-DK102+220，路线跨青岛市的即墨市、莱西市两个县(市)，正线长42.72公里。合同总价为319642万元。合同工期：2010年10月-2013年9月。施工总工期37个月。2011年2月23日正式开工.竣工日期铁道部批复为2014年12月31日。2012年度计划67162万元，年度累计完成67203万元;完成年计划的100.1%;开累完成104917万元，约完成合同量的319642万元的32.8%。

中铁航空港集团承建QZRH-II标DK59+500至DK73+689里程段。系中铁一局中标，重组前中铁一局一公司承建，重组后中铁航空港集团辽宁公司承建。合同价：40500万元。合同工期：2010年10月01日至2013年9月30，总工期36个月。设计技术标准：线下250千米/小时。新建青岛至荣成城际铁路QZRH-II标DK59+500至DK73+689里程段，正线长14.189千米，途径两市四镇，分别是即墨市、莱西市，北安办事处、灵山镇、段泊岗镇，夏格庄镇，途经13个村庄。主要工程项目2座特大桥、2段路基，其中韩流庄特大桥全长1.49千米，五沽河特大桥全长9.7千米；第一段路基长732.29米，第二段路基长2284.86米。重点工程为五沽河特大桥跨S209省道（48+80+80+48）米连续梁、跨S394省道（32+48+32）米连续梁和蒙沙河、五沽河、孙旺疃水塘等水中墩施工。2012 年累完成施工产值 16664 万元，开累完成施工产值 22886 万元。年累完成主要工程量：路基 1724 延米，其中路基填方 52.56 万立方米，过渡段级配碎石 3.69 万立方米，土工格栅 171355 平方米，路基附属圬工 6504 立方米；特大桥 6015 延米，其中桩基 1811 根，承台 297 个，墩台 280 个，连续梁 74.5 折合米；毛埠中桥 525 顶平方米；涵洞 60.73 横延米。

【穗莞深城际轨道交通项目工程】 中铁港航局承建穗莞深城际轨道交通项目工程施工总承包 SZH－1 标段。合同总额：170414 万元。合同工期:22 个月。施工单位：中铁港航局集团第二工程有限公司。工程概况：穗莞深城际轨道交通工程 SZH－1 标起止里程：DK26+000～DK40+370。线路经沙田、道滘、洪梅三镇，由洪梅大桥(DK26+000～DK26+343.35)、洪梅站特大桥（DK26+343.35～DK27+588.35)、洪梅特大桥（DK27+588.35 ～ DK29+603.35）、东江南特大桥（DK29+603.35 ～ DK36+726.35）、沙田站大桥（DK36+726.35 ～ DK37+106.35）、南环河特大桥(DK37+106.35～DK40+186.95)共 6 座桥梁组成，全部采用高架桥布置，其余 0.183 公里为桥隧过渡段路基。东江南特大桥主桥为穗莞深线重难点工程。该主桥结构型式为：新建桥与既有公路桥墩对应布置。主桥全长 552 米，桥式采用（143+264+143）米加劲连续钢桁梁结构，两桥墩之间 264 米，梁端至边支座中心 1.0 米，主墩墩身为门式结构（高 34 米)，承台均为大体积混凝土承台（26.85 米×16.8 米×6 米，2706 立方)，主墩基础采用Φ2.8 米大直径钻孔桩基础，桩长 44 米。主要工程数量：全标段共约 463 个墩台，约 3379 根桩基，双线简支梁约 392 孔，连续混凝土梁约 11 联，连续钢桁梁 1 联。截至 2012 年底累计完成产值为 70629 万元。

【贵阳至广州铁路】 中铁二局承建贵广铁路 GGTJ-1 标，该标段位于贵州省黔南州龙里县至都匀市区间。线下工程起讫里程为 DK37+017.86～DK106+220，线路全长 69.202k 米，其中，路基 7.605k 米，占线路总长 11.0%；隧道 23 座，49.777k 米，占线路总长的 71.9%；桥梁 43 座，11.82k 米，占线路总长的 17.1% 。正线预制并架设双线组合箱梁 324 片、单线整孔箱梁 187 片、T 梁 348 片；铺轨工程正线全长 213.793k 米。新增改建沪昆铁路既有线、白（云）龙（里）线引入龙里北车站工程。标段合同总投资 49.0633 亿元，2008 年 12 月 16 日中标。开工时间为 2008 年 12 月 19 日。2012 年，共完成施工产值 8.98 亿元。25 座隧道全面展开施工，完成 9724 成洞米，管段内长大高风险隧道顺利贯通；桥梁开工 47 座，完成 2808 延米；路基开工 23 段，完成土石方 146.9 万立方米；完成箱梁预制 227 片（其中 32 米 185 片，24 米 42 片)，架梁 140 片（32 米 122 片，24 米 18 片)。

中铁五局承建贵广铁路 GGTJ-3 标。系续建工程。本标段为三江乡车站至邦土站（不含），起讫里程为 DK186+080.75～DK250+811，主要位于黔东南州的榕江县和从江县，线路长度 64.687 公里。业主指定 21 局分包 DK239+376 ～ DK250+811，计 11.435 公里；管段 DK186+080.75～DK238+376，线路长 53.252 公里。主要工程包括标段内的改移道路、管线等迁改工程；区间和站场路基土石方及其附属、桥梁、涵洞；无碴轨道的铺设；站台墙和地道等站场设施；大型临时设施工程等。主要工程量：路基 2.8198 公里；桥梁 20 座 5.4958 公里；车站 1 个（榕江车站）；隧道 15.5 座（单洞双线隧道）44939.697 公里；无砟道床总计 53.252 公里(双线米，不含车站侧线长度)。合同总额 379810.4848 万元（含 21 局分包）。建设单位：贵广铁路股份有限公司，设计单位：中铁第二勘察设计院集团有限公司，监理单位：郑州中原铁道建设监理公司。2008 年 12 月 19 日开工，竣工时间 2013 年 1 月 18 日(根据《关于下发《新建贵阳至广州铁路指导性施工组织设计（2010 年修编版）》的通知》（贵广工管 2011【29】号）文，竣工时间调整为 2014 年 6 月 30 日。)。年累完成 102065 万元，开累完成 413399 万元，剩余价值 37737.4 万元。

中铁八局承建贵广铁路引入贵阳枢纽站前工程。新建贵阳至广州铁路贵阳北站经贵阳站至在建贵阳枢纽客车外绕线新望城坡隧道（客车外绕线里程为 DK597+250）间约 14.659 正线公里，工程起止里程为 DK0+000～DK14+653.9。主要工程量有 7 座桥梁共计 4465 延米；5 座隧道工程共计 3574 延长米；区间路基土石方：挖方 1143820 立方米，其中控爆 23831 立方米；填方 126975 立方米；2 个站场，贵阳站和贵阳北站，站场土石方：挖方 2113899 立方米，其中控爆 134415 立方米；填方 3072282 立方米。开工日期 2009 年 6 月 30 日，计划 2012 年 11 月 30 日完工。由二、三、市政、桥梁、昆建公司参与施工。合同总价 121713 万元，2012 年完成产值 27997 万元，开累完成产值 78349 万元。

中铁隧道承建新建贵阳至广州铁路站前工程 GGTJ-2 标。该标段位于贵州黔南州、黔东南州境内。主要工程为隧道 21 座共 62464.4 米，主线桥梁 30 座共 8258.511 米。标段内高风险隧道 1 座：三都隧道（14637 米）为全线重难点工程，全线控制工期工程。其他重点工程有：大寨隧道(8974 米)、羊甲隧道（8069 米)、同马山隧道（13931 米)。合同价款 548834 万元。截至 2012 年底，开累完成产值 472943 万元。隧道开累完成成洞 51882 成洞米，桥梁开累完成成桥 7941 米。大寨隧道、同马山隧道开挖贯通，三都隧道开累完成成洞 14090 成洞米，羊甲隧道开累完成成洞 7026 米。

【兰州至重庆铁路】 中铁一局承建兰渝铁路广元至重庆段

LYS-13 标段。该标段为南充经广安至高兴段单线铁路，位于四川南充、广安、华蓥市境内，正线长度 89.34 公里，为兰州至重庆铁路的支线，由南充经广安由高兴站和襄渝二线相接，国铁 I 级单线铁路。合同工期 54 个月，2009 年 07 月 20 日至 2014 年 1 月 20 日，合同总价 31.83 亿元。 工程内容：南充至高兴单线 ID2K770+955.51～ID2K860+092，正线长 89.34 公里及高兴单线、阆中（不含）DK686+975～DK754+000 段、南充地区的兰渝正线 DK754+000～D1K764+700 段（包括兰渝线至南充东左、右联络线左、右联络线及铺架等内容组成。 2012 年年累完成 42243 万元，占年计划 54745 万元的 77.2%，累计完成建安产值 193748.2 万元，占施工总额 326567 万元的 59.3%。

中铁二局承建兰渝铁路 LYS—10 标段。新建兰州至重庆铁路兰州东至夏官营、广元至重庆段土建工程及兰州东至重庆段铺架工程施工总价承包 10 标段。线下工程施工里程为 DK615＋725～DK647＋305，穿越四川省广元市元坝区、苍溪县两地，线路全长 31.58 公里。合同总金额 34.44 亿元（变更设计后），其中线下工程 15.85 亿元，铺架工程 18.59 亿元。2012 年是兰渝铁路主体工程全面推进、攻坚克难的关键年。二局兰渝项目部完成施工产值 301499051 万元，为公司下达年度计划 27800 万元的 108.45%，为兰渝公司下达年度计划 25125 万元的 119.99%，开累完成施工产值 157713 万元，占合同 334585 万元的 47.14%。获得 2012 年度兰渝铁路建设先进集体的称号。

中铁七局承建 LYS-3 标段。线路总长 40.597 公里，起讫里程为 DK192+403-DK233+000，其内容主要包括迁改工程（道路、光电缆及管道）、路基（含站场）及附属工程、桥梁（下部结构、现浇连续梁及桥面系）、涵洞、隧道、轨道（整体道床和线路标志）、车站房建和运营设备及建筑物。其中隧道四座，特大桥八座，大桥一座，小桥四座，车站一座，路基 10.7 公里。该标段为中铁隧道集团和中铁七局三公司联合投标，中铁隧道集团为主体投标单位，中铁七局三公司为专业联合方。合同工期：2009 年 2 月 18 日至 2014 年 7 月 17 日。合同总价：合同总价约为 217938 万元重难点工程：纸坊隧道、哈达铺隧道，为本标段重点工程，纸坊隧道初始风险等级为“极高”，哈达铺隧道初始风险等级为“高度”。2012 年完成 25375 万元，开累完成 165770 万元，占合同价 217938 万元的 76%。哈达铺隧道为双洞单线隧道，全长为 16501 米，集团公司管段为 12501 米，哈达铺隧道 2009 年 4 月 18 日正式施工，截止 2012 年年底，工程进展顺利。开累开挖 20377 米，占设计 25002 米的 81.5%；仰拱开累完成 20150 米，占设计 25002 米的 80.5%；二衬开累完成 20012 米，占设计 25002 米的 80%。

中铁隧道承建新建兰州至重庆铁路夏官营至广元段封建工程 LYS—3 标：本标段线路总长 83.74 千米，位于甘肃省定西、陇南市境内。中铁隧道承担的重点工程为木寨岭隧道，全长 19095 米（右线 19115 米），为双洞单线特长隧道。哈达铺隧道全长 16591 米，其中中铁隧道施工出口段左右线共 8172 米（含 1 座单车道无轨斜井，设计断面 5 米×5.9 米），为双洞单线特长隧道。马家山隧道全长 7435 米，同寨隧道全长 8827 米，青岗隧道全长 3050 米，均为双线单洞隧道。桥梁 3 座，其中秋末河大桥 394.28 米，理川河 180.1 米，油坊沟大桥 317.9 米。合同价款 407371 万元。截至 2012 年底，开累完成产值 247428 万元。隧道开累完成成洞 34863 成洞米，桥梁开累完成成桥 6627 米。木寨岭隧道开累完成 28356 成洞米，哈达铺隧道开累完成成洞 7765 米，马家山隧道开累完成成洞 6341 米，同寨隧道开累完成成洞 6436 米，青岗隧道主体完工。桥梁开累完成成桥 262 米。

中铁八局承建兰渝铁路成都铁路局代建站前施工 2 标工程。新建兰渝铁路成都铁路局代建站前施工 2 标工程施工范围为熊洞湾隧道出口（不含）至王家岩 1 号双线大桥（不含）DK577+450～DK606+710。工程线路起点为 DK577+450，正线引入既有广元车站，出站后线路经新皇泽寺隧道，沿既有宝成铁路右侧行进至 DK587+100 处跨过既有宝成铁路，于王家沟村附近跨过嘉陵江，而后线路经轩盘岭隧道、明觉寺隧道后至本标段终点 DK606+710。本标段正线长度 29.302 公里，主要工程量，共有桥梁 32 座 13770 延米，隧道 17 座 25460 延米，铺轨 282 公里，制架梁 1569 孔，其中，轩盘岭隧道 5986 米，属高瓦斯隧道；明觉寺隧道 5716 米及其它隧道属低瓦斯隧道。合同工期：2009 年 7 月 20 日至 2014 年 9 月 19 日，开工日期 2009 年 10 月 28 日。由一、二、四、建筑、桥梁、电务公司参与施工。截止 2012 年 12 月 31 日，在建隧道 3 座，未开工隧道一座，其余隧道已贯通完成。在建桥梁 20 座，其余桥梁已完工。路基工程，区间：设计土石方 213.2 万立方米，开累完成 163 万立方米；站场：设计土石方 385 万立方米，开累完成 331 万立方米；软基处理及边坡防护：完成抗滑桩 1049.3 米，水泥搅拌桩 164534 米，广元西站七级边坡已施工至第 7 级。合同总价 333358 万元，2012 年完成产值 46569 万元，开累完成产值 173109 万元。

中铁九局承建兰渝铁路兰州枢纽工程 2 标段，兰州枢纽工程是国家“十一五”重点工程建设项目兰渝铁路的引入部分，为腾出原兰州西站编组场场地，建设新兰州西客站，给动车组开行创造条件。起点为 HDK54+300 富民村隧道出口处，终点接入兰新线 K20+000 处，本段内工程由三部分组成：北环货线及兰州北编组站，正线线路全长 9.06 公里；西固环线 4.2 公里（单线）；西固疏解线（单线）总长 7.2 公里，全长 20.5 公里。2009 年 8 月 1 日开工， 预计 2013 年 12 月 31 日竣工，工程总造价 165200 万元。主要工程数量：路基土石方 2236 万立方米，路基附属 6.08 万立方米。特大桥

2座，箱形桥5座，涵洞15座，框构桥2座。正线铺轨7.17公里，站线铺轨212公里，铺碴36万立方米，铺岔398组。房屋8.02万平方米等。建设单位为兰州铁路局兰州枢纽工程建设指挥部，设计单位为中铁第一勘察设计院集团有限公司，监理单位为甘肃铁一院工程监理有限责任公司。2012年完成产值27306万元，开累完成产值150401万元，完成总价的91%。

中铁十局承建兰渝铁路广元至重庆段站前工程LYS-14标段。本标段范围包括渭沱（含）至重庆北（不含）DK881+400～DK952+110、新井口嘉陵江大桥(含)至井口(含)DHK6+500～DHK10+670，正线长70.713公里。合同价59.31亿元，合同工期2009年7月-2014年1月。主要工程数量：路基土石方1047万立方米，其中区间路基土石方664万立方米，站场土石方383万立方米；隧道24座/28318米；特大桥12座/18791米、大桥25座、中小桥4座、涵洞110座；正线铺轨350.9公里，站线铺轨26.6公里；制架梁2929孔。施工进度：路基土方累计完成1019万立方米；特大桥桩基础（设计5090颗）累计完成4814颗，墩台身（541个）累计完成464个；隧道开挖完成28315米，衬砌累计完成28085米。

中铁十局承建兰渝铁路夏官营至广元土建LYS－1、LYS－2标段。LYS-1标段（DK30+150～DK63+849）、LYS-2标段（DK103+150～DK119+050）共49.7公里的铁路站前工程。合同价134583万元，合同工期2009年2月～2014年7月。主要工程数量：路基土方476万方，特大桥5座/5725米、大中桥18座、箱型桥4座、跨线桥7座、涵洞107座、隧道3座11972米、车站1个（张家庄）。施工进度：路基土方完成443万立方米；特大桥桩基921颗全部完成，墩台身（设计172个）完成171个；隧道开挖完成9138米，衬砌完成8959米。

【南宁至广州铁路】 中铁一局承建南广铁路NGZQ-6标段。合同工期：2009.3.1-2012.3.1（共计1095天）。合同总价：303503万元。主要工程量：路基区间土石方735万断面方，站场土石方514万断面方，路基附属圬工43.5万方，软基桩38万米，特大桥6座6290.09延米，大桥23座7109.26延米，中桥2座139延米，涵洞128座4336.42横延米，隧道20座7080米，正线铺轨399.772公里，站线铺轨30.528公里。铺道岔102组，铺道碴102.2万方。2012年年累完成54727万元，完成年度计划88360万元的61.9%；开累完成271355万元，完成施工总额303503万元的89.4%。工期要求2013年5月15日本标段完工。2013年7月1日开始联调联试，10月份开通。铺轨自2012年10月6日开始自梧州南站向小里程（南宁）铺轨，南宁方向已铺轨到始点，11月底前调头向广州方向开铺。广州方向铺轨已到年度计划DK267+150（大山头隧道进口）。铺轨工期顺延至2013年5月开始向广州方向延铺止DK357+322（飞鹰隧道进口），剩余的2014年铺完止DK406+250段。

中铁三局承建南广铁路4标。合同价款16.5亿元，合同工期：2009年3月1日～2011年11月30日。形象进度：迁改工程：完成剩余7处改路改渠工程；路基工程：主要剩余电缆槽安装、防护栅栏预制安装、电缆井制作等，在3月底前全部完成；桥梁工程：主要剩余桥面系及附属设施工程，在3月底前全部完成；箱梁架设：郁江桥东侧剩余28孔箱梁（后调整），2月底完成。

中铁大桥局承建南广铁路站前工程NGZQ-8标。西江特大桥主体工程完成，缆索吊机继续扣塔拆除施工；小麦坑特大桥累计完成现浇箱梁19孔，完成设计总量22孔的86.36%。鼎湖梁场累计完成箱梁预制273孔、架设238孔，分别完成设计总量278孔的98.2%和85.6%。跨县道连续梁39号墩边跨正在进行直线段模板安装施工，40号主墩完成5号对称块混凝土浇筑施工，41号-42号边跨合龙段浇筑完毕。

中铁隧道集团承建南广铁路8标。该标段位于广东省云浮市和肇庆市境内，全长71.74401千米+(左线3.79963千米、右线3.705千米)。站前工程主要有路基11742.92米+左线3799.63米(右线2937.1米)；云浮、大湾两座车站；正线上隧道13座42483米；桥梁22座7363.3米，特大桥5座(含1座三线特大桥660.25米)3690.84米，大桥12座3142米，中桥5座530.46米，小涵桥45座；重点工程：五指山隧道（12213米）、北岭山隧道（12438米）、飞鹰隧道（7141米）。合同价款30.7亿元。截至2012年末，开累完成产值290375万元。隧道开累完成成洞34863成洞米，桥梁开累完成成桥6627米。五指山隧道贯通，北岭山隧道开累完成成洞8218米，飞鹰隧道开累完成成洞4701米。

中铁港航局承建南宁至广州铁路站前工程施工NGZQ—8标。工程总价：66900万元。合同工期：28个月。施工单位：中铁港航局集团第二工程有限公司。工程概况：鼎湖特大桥位于肇庆市西江北岸，西起北岭山，经九坑水库大坝下游约200米，跨三茂线、国道321、长利涌河道及进港公路，东至莲花镇。鼎湖特大桥桥址内地势较为平坦，全线地质层较多，有素填土层、第四系全新统冲洪积层、四系全新统残坡积层、泥盆系中统砂岩、石炭系下统层。桥位区多为溶洞区，溶洞高度最高达18米。地形以水田和鱼塘为主，水系纵横交错。该桥技术标准高，施工难度大，南广线被提为全国样板工程，鼎湖特大桥为全线的重点工程之一。本项目施工段为南广铁路NGZQ－8标鼎湖特大桥119号～286号墩，里程为D1K400+697.54～ D1K406+250；桥长5535米；桥梁孔跨布置为（1－32米+1－22+2－24+4－32+2－24+1－22）简支箱梁+(27－32 米)简支箱梁+(1－20 米)简支箱梁+(49

－32 米)简支箱梁+（1－24 米）简支箱梁+（82－32 米）简支箱梁 。桩基φ1.25 米，计 1111 根（暂定），总延米约为 40495 延米，桩基混凝土方量：5.3 万方；承台混凝土方量为 2.5 万方；墩身混凝土方量为 1.7 万方；路基 17.46 米。截至 2012 年底累计完成:65811 万元。

【云南至桂州铁路】 中铁一局承建云桂铁路云南段站前工程 7 标。线路全长 50.9 公里，其中正线长 26.402 公里，联络线长 24.529 公里。主要工程数量包括：特长隧道(石林隧道)1 座 18.218 公里、短隧道 4 座 999 米、桥梁 18 座 8145.04 米（新增 16-32 米桥梁 1 座）、涵渠 133 座、路基 26.6 公里、T 梁预制及架设 207 孔，正线铺轨 492.329 铺轨公里等。合同工期：2010 年 6 月 1 日-2014 年 5 月 31 日，共 64 个月，其中石林隧道计划贯通工期为 47.2 个月。总造价 35.9 亿元。2012 年度计划 32701 万元，年累完成 61268 万元，完成计划的 187.36%。累计完成 125530 万元，完成施工总额 359277 万元的 35%。

中铁十局承建云桂线（广西段）站前工程 1 标段。工程概况：本标段为 DK21+500～D2K110+700 的站前工程，架梁范围为 DK21+728～DK110+211。合同价 310809 万元，合同工期 2010 年 5 月-2015 年 7 月。主要工程数量：路基土石方 1115 万方，桥梁 28 座/21.937 公里，隧道 9 座/7.543 公里。重点控制工程为：扬美左江双线特大桥（L-8423 米），主跨采用(88+168+88)米连续钢构；渌驮双线特大桥(L-2484 米），主跨采用（68+128+68）米连续梁；平果右江双线特大桥（L-1496 米），主跨采用（80+144+80）米连续梁；平果车站改扩建。施工进度：路基土石方完成 316 万方；特大桥（6 座）桩基（设计 3458 颗）完成 3157 颗，墩台身（设计 465 个）完成 323 个；隧道开挖完成 3242 米，衬砌完成 2747 米。

中铁十局承建云桂线（云南段）站前工程 4 标段。本标段施工里程 DK473+300～DK539+120，长度 65.818 公里，合同价 390051 万元，合同工期 2010 年 6 月～2015 年 4 月。主要工程数量：路基土石方 608 万方，隧道 12 座/40416 米，特大桥 7 座/6087 米（其中复杂特大桥 2 座 1659.7 米）、大桥 9 座/2550 米、中桥 1 座、涵洞 33 座，正线有砟道床 51.728 公里，无砟道床 79.908 公里，车站 2 座。施工进度：路基土方完成 150 万方；特大桥桩基（设计 1662 颗）完成 1571 颗，墩台身（设计 192 个）完成 103 个；隧道开挖完成 17174 米，衬砌完成 13994 米。

中铁隧道承建新建铁路云桂线站前工程 1 标。该标段位于云南省文山州境内，正线长度 61.223 千米，其中正线隧道 11 座，全长 57856 米，辅助坑道 13 个，全长 11788.136 米；桥梁 14 座，全长 2732 米。合同工期 2010 年 6 月 1 日至 2015 年 3 月 31 日，合同价款 4281185656 元。本标段桥隧比例达 98.38%，其中隧道比例高达 94.5%。重点隧道：富宁隧道长 13625 米，孟村隧道长 10068 米，平朗隧道长 8855 米。截至 2012 年底，开累完成产值 124252 万元。隧道开累完成成洞 17481 米，其中富宁隧道开累完成 3502 米，孟村隧道开累完成 2281 米，平朗隧道开累完成 2315 米。桥梁开累完成成桥 209 米。土石方开累完成 42 万立方米。

中铁上海工程局承建云桂铁路引入南宁枢纽站前及站后工程 SN-1 标工程。合同造价：168600 万元。合同工期：2010 年 5 月 1 日－2013 年 12 月 31 日，总工期 44 个月，调整到 2014 年 12 月 31 日。施工单位：中铁上海局五分公司。工程概况：中铁上海局第五分公司承建云桂铁路引入南宁铁路枢纽站前及部分站后工程 I 标段，自南宁站(不含)－江西村特大桥(不含)，里程范围为 DK1+363～DK21+500。本标段工程内容为：南宁枢纽相关配套工程，SN-2 标、SN-3 标施工范围内的 T 梁预制及架设。枢纽 I 工程工作内容包括：三电迁改、管线迁改、改移道路、路基、桥涵、轨道工程、站场工程、其他运营生产设备及建筑物(包括给排水建安工程、站场建筑、站场附属工程)及大型临时设施。主要工程量：区间路基土方 159.74 万立方米，站场路基土方 7.45 万立方米。桩板挡土墙 23985 圬工方，水泥搅拌桩 130779.8 米，抗滑桩 2204 米，CFG 桩 25743.7 米，高压旋喷桩 3812 根。四线特大桥 1723.68 延长米/1 座，双线特大桥 6681.76 延长米/2 座，双线大桥 684.414 延长米/2 座，四线中桥 1 座；南宁枢纽内铺新轨 98.992 铺轨公里，铺道床 97.592 铺轨公里。施工进度：预制 T 梁完成 1134 片。铺架工程：架梁完成 662 片，铺轨完成 49.7 公里。路基土石方设计 167.19 万立方米，累计完成 88.6 万立方米。四线特大桥 1 座，完成 1220 延米。双线特大桥 2 座，已开工 2 座，完成 4703 延米。双线大桥 2 座，已开工 2 座，全部完成。四线中桥 1 座，未开工。

【向塘至莆田铁路】 中铁一局承建向塘至莆田铁路 FJ-5A 标段。合同价 28.1832 亿元，管段长度为 35.68 公里，主要施工项目有站场 2 个：杜坞车站、永泰车站，土石方约 246 万方。隧道 10 座：其中高盖山隧道（半座）左线 7721 米，右线 7710 米，高盖山二号隧道左线 1755 米，右线 1753.14 米，寨尾山隧道单洞双线长 3972 米，洋门隧道（半座）单洞双线长 3170 米，金瓜山隧道（半座）单洞双线长 6991 米，小远亭隧道单洞双线长 347 米，仙人脚隧道单洞双线长 352 米，西岭隧道单洞双线长 819 米。桥梁 10 座：其中特大桥 1 座，大桥 4 座，中桥 1 座，小桥 4 座。涵洞 28 座。DK454+100～DK545+875.699；FDK489+460～FDK543+674.01 段长庆站（不含）至永泰站（含）、永泰站（不含）至福州站（不含）、永泰站（不含）至莆田站（不含）的铺轨、制架工程及大机养、护轮轨、线路备料。原合同工期 2008 年

10 月 01 日---2012 年 08 月 01 日，铺架工期调整至 2013.1.30。计划 2013 年 1 月 25 日开始线路精调，5 月 20 日开始联调联试。9 月 30 日开通。2012 年年累完成 76364 万元，完成年度计划 73265 万元的 104.2%，开累完成 271881 万元，完成施工总额 281832 万元的 96.5%。重点隧道-高盖山隧道：高盖山隧道出口正在进行无砟轨道施工。高盖山隧道无砟轨道设计数量：左线 7892 米，右线 7802 米，于 2012 年 9 月 26 日开始无砟轨道施工，左线 11 月 9 日全部完成、右线完成 7522 米。高盖山隧道无砟轨道施工总体目标为 12 月 30 日前完成。

中铁二局承建向莆铁路 XPFJ-5B 标。施工段全长 30.322 千米，工程总价为 15.35 亿元。2012 年全年完成产值 1.78 亿元，为年度计划 1.30 亿元的 137%；开累完成 16.25 亿元，为任务总额 15.35 亿元的 106%。

中铁三局承建向莆铁路 JX-4B 标。合同价款 15.4 亿元，合同工期：2008 年 10 月 1 日～2011 年 9 月 30 日。形象进度：桥梁工程：完成剩余桥面系 9694 延长米，6 月底全部完成；路基工程：2012 年三月底前完成全线绿化工程。防护栅栏 2012 年 10 月底前全部完成；隧道工程：武夷山隧道完成 8652 双线米整体道床施工，整体道床 4 月底达到铺架条件；西城隧道完成剩余 98 成洞米；房建工程：完成南丰站生产生活房屋 2860 平米，根据业主安排，力争年内完成；轨道工程：完成剩余 14 万方道碴施工。完成情况：路基主体工程全部完工；桥梁线下工程全部完工，桥面系完成 30%；隧道工程西城隧道开挖完成，武夷山隧道主体全部完成。

中铁五局承建向莆铁路 JX-3 标。系续建工程。JX-3 标土建工程范围 DK46+484.663～DK95+900，线路长度 49.298 公里，里程为 D1K14～D2K1501+670.6=DK46+484.663；DK46+484.663～DK258+200，线路长度 288.940 公里。本标段设有大型铺架基地及制梁场各 1 处。主要工程量：设计改移道路 20.388 公里,其中，路基土石方 49.7 万立方米,新建公路桥 14 座,路面(沥青和水泥路面)8.3 万立方米;还有电力、通信线路、信号及给排水管路迁改工程；取弃土场 659.8 亩；区间路基土石方 667.19 万方，站场土石方 69.5653 万方；桥梁 20 座，共 7576.4 延长，其中特大桥 2 座 5235.87 米，大桥 9 座 1846.04 米，中桥 6 座 447.78 米，小桥 3 座 46.72 米，桥面系 7576.4 延长米。涵洞 209 座 5055 横延长米。制架 T 型桥梁：折为单线梁共计 2760.5 孔；正线铺轨 589.856 公里，站线铺轨 67.806 公里，铺道岔 270 组。合同总额 319332 万元 （13069 万元正在办理签补充合同）。建设单位：向莆铁路股份有限公司，设计单位：中铁第四勘察设计院集团有限公司，监理单位：西南交通大学工程建设监理公司。2008 年 10 月 1 日开工，竣工时间 2012 年 10 月 10 日。2012 年累完成 91431，开累完成 332893 剩余价值 7098。

中铁建工承建向莆铁路南昌西站。中铁建工承建。南昌西站是亚洲最先进的高铁车站之一，是一座高度现代化的中国铁路客运特等站，南昌西站建成后将成为华中地区最重要的铁路客运枢纽与规模最大铁路客运站。工程位于南昌市红谷滩新区，生米大桥连接线以南、320 国道以西、赣江以西，面积达 10 平方公里，车站总建筑面积 25.88 万平方米。是国家规划的“四纵四横”铁路快速客运网沪昆客运专线和杭南长客运专线交汇枢纽。建成后将成为汇集高速铁路、城际和城市轨道交通、公共汽车、出租车及航空港紧密衔接的国际一流的现代化大型综合交通枢纽，实现多种交通方式的无缝衔接。车场总规模 12 台 22 条到发线、4 条正线。站房高峰小时旅客发送量 8635 人，最高聚集人数 8000 人。结构形式：站房为框架+钢结构，雨棚为钢桁架。建筑总高度为 41.6 米，站房为地下 1 层，地上 2 层。本工程由向莆铁路股份有限公司建设，中南建筑设计研究院股份有限公司设计，北京赛瑞斯国际工程咨询有限公司监理。合同额 201197 万元，合同工期 2010 年 8 月 15 日～2013 年 6 月 30 日。2012 继续列为集团重点工程，完成年产值 30003 万元，形象进度为主体、钢结构施工阶段。

【山西中南部铁路通道】 中铁一局承建山西中南部铁路通道 ZNTJ-11 标段。标段起终点里程 DK447+200-DK547+200，正线长 91.4 公里，合同工期：2010.4.10-2014.9.30，总工期 54 个月。合同总价：463710.21 万元。主要工程：“三电”迁改、路基、桥涵、隧道、无砟轨道、铺轨、站场设施等工程。主要工程数量：区间路基土石方 8909141 立方米，站场土石方 5454768 立方米，特大桥(11 座)12327.22 延长米，大桥(17 座)3994.34 延长米，中桥(16 座) 1300.39 延长米，框架式桥(20 座)5727.6 顶平米，涵洞(186 座)5931.65 横延米，隧道(14 座)26582 延长米，正线铺轨 322.79 公里，站线铺轨 59.67 公里，铺轨基地 1 处，T 梁预制存梁场 1 处，共 1233 孔，另外还有站场建筑，防护圬工，软基处理。2012 年年累完成 134966.64 万元，占年度计划 126053 万元的 107.07%，累完 315476.35 万元，占施工总额 481495.79 万元的 65.52%。

中铁三局承建山西中南部铁路通道洪洞北至汤阴东段 ZNTJ-9 标段。合同价款 18.4 亿元，合同工期：2010 年 4 月 10 日～2014 年 9 月 30 日。形象进度：路基工程：年内区间路基及站场土石方全部完成（其中：区间路基土石方完成 20.1 万方；站场土石方完成 66.8 万方）；桥梁工程：桥梁完成 2471 延米，其中：特大桥完成 393 延米；大桥完成 1760 延米；中桥完成 318 延米；涵洞年内全部完成（完成 230 横延米）；隧道工程：年内完成 7472 成洞米。其中，重点工程太岳山隧道全长 16194 米，为单洞双线隧道，设 5 座辅助坑道施工，为全线控制工程，年内完成 7126 成洞米。

中铁五局承建山西中南部铁路通道 ZNTJ-10 标。系续建工程。项目位于山西省临汾市安泽县、长治市长子县境内。起讫里程为 DK416+250～DK447+200，线路长度 30.95 公里，合同总额 162843 万元。主要工程量：路基挖方 29.3 万方，填方 3.7 万方；桥梁 6 座 2498.53 米（特大桥 2 座 1529.22 米，大桥 3 座 886.4 米，中桥 1 座 82.91 米）；新建涵洞 3 座 62.11 横延米；隧道 8 座 26995 米，占线路总长的 87.22%。其中，10 公里以上隧道 2 座，4 公里～10 公里隧道 1 座，1 公里～2 公里隧道 2 座，1 公里以下 3 座。建设单位：晋豫鲁铁路通道股份有限公司，设计单位：中铁工程设计咨询集团有限公司、中铁隧道勘测设计院有限公司，监理单位：甘肃铁一院工程监理有限责任公司。2010 年 5 月 25 日开工，合同开工时间 2010 年 4 月 10 日，合同竣工时间 2014 年 9 月 30 日。2012 年累完成 62757.05 万元，开累完成 132212.88 万元，剩余价值 25839.22 万元。

中铁七局承建山西中南部铁路通道工程 ZNTJ-14 标段。2012 年完成 93185 万元，开累完成 201205 万元，占合同价 288680 万元的 69.6%。路基工程：区间路基设计 227 万平方米，开累完成 225 万平方米；站场路基设计 105 万平方米，开累完成 85.4 万平方米。桥梁工程：大中桥设计 7 座，已全部开工，中桥设计 5 座，已全部完工。五陵卫河特大桥主体结构已完成。小桥开累完成了设计的 97%。涵洞设计 190 座，开工 180 座，完工 162 座。公跨铁立交桥设计 72 座，开工 46 座，主体完工 30 座。桥梁预制及架梁情况；预制梁设计 3544 片，开累完成 2647 片。T 梁架设共设计 2454 片，累计架设 T 梁 1638 片。箱梁架设设计 1090 片，开累架设 320 片。 轨道工程：铺轨设计 196.51 公里，开累完成 79.8 公里，其中：正线设计 170.71 公里，开累完成 67.5 公里；站线设计 25.8 公里，开累完成 12.3 公里。房建工程：开累完成了设计的 8.5%。迁改工程：电力迁改设计 672 处，开累完成 514 处；通信迁改设计 1154 条，开累完成 530 条；水管迁改设计 73 处，开累完成 47 处；油气管道迁改设计 59 处，开累完成 12 处。

中铁十局承建山西中南部铁路通道 ZNTJ-15 标段。施工地点位于河南省濮阳市，标段长 72.11 公里，合同价 32.19 亿元，合同工期 2010 年 9 月-2012 年 12 月。主要工程数量：路基 59.39 公里，路基土石方 687 万方；桥梁 14 座/17107 米，其中特大桥 5 座/15913 米，大桥 4 座，中桥 5 座，框架中桥 2 座；连续梁 5 处，钢桁梁 4 处；框架中桥 2 座，框架小桥 71 座，顶进框架桥 41 座，上跨公路桥 46 座，涵洞 319 座；正线铺轨 156.29 公里（柳屯至台前北）、站线铺轨 17.97 公里。施工进度：路基土方完成 683 万方；特大桥桩基（3945 颗）完成 3695 颗，墩台身（528 个）完成 502 个；铺轨完成 132 公里。

中铁大桥局承建山西中南通道 ZNTJ-16 标。主桥钢梁全部架设完成，东平湖滞洪区特大桥（40+72+40）米连续梁完成 36 个块段，（65+112+65）米连续梁已全部浇筑完成。

中铁隧道承建山西中南部铁路通道瓦塘至汤阴（含）段站前工程 6 标。该标段位于山西省临汾市蒲县及隰县境内，线路总长 51.8 千米，本标段主要以隧道及桥梁为主，其中重点控制工程有南吕梁山隧道、隰县隧道。本标段区间土石方总量 85.5 万立方米；站场土石方总量为 265.6 万立方米。涵洞 33 座，总量为 2350.83 横延米；桥梁 12 座，3827 米。隧道 14.5 座，55565 米。其中南吕梁山为双洞单线特长隧道，左线全长 23441 米，右线全长 23464.7 米（本标段负责进口段：左线长 12625 米、右线长 12655 米。隰县隧道全长 10512 米。合同价款 316409 万元，合同工期 2010 年 4 月 10 日至 2014 年 1 月 31 日。截至 2012 年底，开累完成产值 298710 万元。隧道开累完成成洞 49983 成洞米。其中南吕梁山隧道开累完成成洞 23344 米，隰县隧道开累完成成洞 9715 米；桥梁开累成桥 1921 米；土石方开累 80.75 万立方米。

中铁航空港集团承建瓦塘至汤阴东（含）段站前工程 ZNTJ-11 标 DK501+400 至 DK530+000 里程段。系中铁一局中标，重组前中铁一局一公司承建，重组后中铁航空港集团一公司承建。合同价：71000 万元。合同工期：2010 年 4 月 1 日至 2013 年 3 月 31 日，共 36 个月。设计技术标准：中南铁路设计等级为国铁Ⅰ级双线重载铁路，时速 120 千米/小时，牵引质量为 10000 吨，轴载 30 吨，是我国目前轴载最大的重载铁路。新建山西中南部铁路通道瓦塘至汤阴东（含）段站前工程 ZNTJ-11 标 DK501+400 至 DK530+000 里程段，地处长治、壶关两县。路基长 12.644 千米；框架小桥（涵）46 道，共长 978.85 延米；特大桥 4 座，共长 3042.25 米；大中桥 7 座，共长 929.53 米；隧道 4 座，共长 9245 米；车站 1 座，长 2812.05 米，其中西岭隧道长度 5118 米，为标段重点控制性工程。

2012 年累完成施工产值 24125 万元，开累完成施工产值 80361 万元。年累完成主要工程量：路基土石方 263.4 万立方米，附属工程 1.63 万立方米；特大桥 1029.6 延米；大桥 103.6 延米；中桥 217.7 延米；小桥 143.4 延米；涵洞 237.7 横延米；隧道成洞 4555.5 米。

【天津至保定铁路】 中铁二局承建津保铁路第四标段，系续建工程。工程造价 29.8 亿元，合同工期：2010 年 9 月 11 日～2013 年 2 月 11 日。新建天津至保定铁路工程 JBSG-4 标段位于河北省霸州市、保定市境内， 包括：津保正线 DK55+224.36～DK96+813.4，正线长度 41.58904 公里，京九联络线左线 HLDK97+000～霸州西站站中心，右线 HLDK96+600～霸州西站站中心，左线长 1.257 公里，右线长 1.244 公里。主要工程量为：路基工程 21.6 公里，以填方为主，包括区间路基土石方约为273.4万立方米；站场土石方约143万立方米，水泥砂浆桩约227万米，碎石桩约403万米，CFG桩17.8万米，多方位水泥搅拌桩6.24万米，旋喷桩 0.71 万米。桥梁 21203 米/9 座，其中一般特大桥20706.12米/5座，大桥442.8米/2座，中桥110.32米/2座；包括连续梁 4 联，其中两联（40+64+40）米和两联（32+48+32）米连续梁。双线整孔箱梁642孔，箱梁预制场1个。正线铺轨263.862公里，站线铺轨19.931公里。

2012年6月26日按期实现津保铁路首片箱梁架设并于10月31日顺利完成跨大广高速公路特大桥架梁，后架方向跨106省道连续梁主跨于12月中旬合拢。截至11月30日，津保项目开累完成土石方86.5万立方、制箱梁396孔、架设箱梁283孔、涵洞487横延米、桥梁18832梁折合米，年完成施工产值6.8亿元，为津保公司年度计划的105%。累计完成11.8亿，为津保全线5个标段总产值的50%。

中铁大桥局承建天津至保定铁路工程JBSG-3标。桩基完成1568根，占设计数量8931根的17.5%；承台完成49个，占设计数量964个的5%；墩身完成27个，占设计数量964个的3%；预制梁完成105片，占设计数量1076片的10%。

【湘桂铁路4标】 中铁二局承建，为续建工程。合同主体为中铁二局股份公司，中标价227005万元。施工范围起讫里程为DK344+000～DK368+100，合同内包括正线23.9公里、货车外绕线25.2公里以及灵川站、桂林北站II场、桂林站、二塘站站场改造。2012年完成施工产值123276万元，为年度计划105693万元的116.7%，开累完成产值200924万元，占投标总造价227005万元的88.5%。

【龙厦铁路Ⅴ标】 中铁二局承建，为续建工程。龙厦铁路顺利实现年初制定的6月30日开通的工作目标。截至2012年10月30日，指挥部累计完成路基土石方171万立方米，附属圬工 84,513 立方米，植草 109,489.5 平方米，植树30,287株； 声屏障22,255平方米，防护栅栏16.3公里；完成桥梁20座，8,552成桥米，其中桩基础2,918米，承台256个，墩台身4,746米，连续梁1,204.3米。完成隧道11座，17,752成洞米；涵洞52座，1,683横延米；完成三电迁改819处，总长达56.3公里；龙岩东站、铁山洋站和漳龙铁路铁山洋至龙岩东站既有线改造全部完成（含铺轨11.55公里）；全线道砟上道完成26万立方米，为设计的118%，整道完成33.4千米，马坑尾矿尾闭库工程、漳龙线三座隧道整治全部完成。全年共计完成施工产值0 .28亿元，累计完成15.5亿元，为原合同总价13.39亿元的115.75％。

【张家口至唐山铁路】 中铁三局承建张唐铁路ZTSG-4标。合同价款31.3亿元，合同工期：2010年9月1日～2014年8月31日。形象进度：征地拆迁：年内完成剩余征地拆迁工作。其中电务完成125处三电迁改工程；路基工程：区间路基土石方年内完成 316 万方，占设计 519.76 万方的60.8%；站场土石方完成 272 万方，占设计 690.27 万方的39.4%；桥涵工程：特大桥设计6座5608.21延长米，年内完成2466.61延长米；隧道工程：设计28座55451米，年内完成19408.6成洞米。

中铁四局张家口至唐山铁路管段里程 1、 DK365＋886～DK375＋830,全长8.777公里,管段内工施工项目有隧道三座，长6.086公里，分别为长2498米的后杖子隧道、长2694米的珠岭隧道和长894米的何家峪隧道，路基及涵洞2.691公里,主有涵洞及区间路基土石方、陡坡路堤填筑、路堑开挖及坡面防护等相关配套工程，由三分部施工。2、起讫里程DK375+832~DK383+187，本标段有遵化跨大秦铁路特大桥及曹家堡特大桥两座，后肖庄大桥及獐子峪大桥两座，桥头路基约700米，桥尾路基约2公里（由于张唐铁路重载标准补充初步设计尚未批准，现场暂停施工）。

张唐五分部施工内容，管段全长 12132 米，起讫里程DK390+393～DK402+525，管段内桃花山隧道（DK395+986～DK402+390）长6404米，路基长度2472米，站场长度2600米（填方量约140万方）；桥梁两座，DK390+628.95朱官屯黎河大桥，桥长 469 米，孔跨形式 14-32 米；简支梁，DK392+415.50西下院寺大桥，桥长310米，孔跨形式9-32米。涵洞18座，框架桥3座。由五分部施工。

合同总额：68500万元。

合同工期：2010年8月1日～2014年12月1日。

一、张唐线三分部。路基：挖方：设计18万方，开累完成12.8万方，剩余5.2万方；填方：设计98.5万方，开累完成20.81万方，剩余77.69万方(3月15日开始复工)。

隧道工程：1、何家峪隧道：进口正洞开挖支护完成2.3米，开累完成608.8米； 仰拱开累完成591米； 二衬开累完成574.2米（3月14日开始复工）。 2、珠岭隧道：出口正洞开挖支护Ⅳ围岩完成14.8米，开累完成429.1米；仰拱混凝土30米，开累完成390米；二衬完成24米，开累完成351.1米。

桥梁工程： 1、曹家堡特大桥：灌桩开累完成78根；承台开累完成3个，挖井基础开累完成2个；墩台开累完成2个；13#墩身开始搭架子（3月14日开始复工）。

2、遵化跨大秦铁路特大桥：灌桩开累完成541根（含转体）；承台开累完成37个，挖井基础开累完成6个；墩台开累完成33个。

其他形象进度描述：钻孔累计10-3#3米；7#、46～49#承台开挖完成，49#承台开始立模，26#墩身开始立模，50#墩身搭架子，54#墩身具备报检条件， 70#开始绑扎墩身钢筋（第一次12米）， 82#墩身第一次10米浇筑完成；跨大秦转体：防护桩成桩6根，开累完成20根，剩余5根；钻孔桩成桩4根，开累完成15根，剩余9根；94-5、94-13、94-22#钻孔桩开钻，94-9、11、13、15、17#挖孔累计1米。

2、后肖庄大桥：灌桩开累完成36根，承台开累完成1个；钻机就位，准备开钻（3月15日开始复工）。

涵洞：共14座，已开工10座，竣工8座，1座主体已完成（冬休）。

现场存在的问题：

1、征拆问题将会制约下步施工生产安排，问题凸显在以下方面：

后肖庄大桥尾部7#、8#、9#、唐方台尾；曹家堡特大桥14#～19#墩；遵化跨大秦铁路特大桥27#～31#、37#、38#、74#～79#、88#～91#、99#～132#均受房屋拆迁影响，若不能及时解决，将会出现机械停置现象；遵化跨大秦铁路特大桥118#、119#、122#～132#等受征拆影响未勘探。

2、施工图影响：

①曹家堡特大桥16#～21#无施工图；

②遵化跨大秦铁路特大桥118#、119#、122#～132#未出图；

二、张唐线五分部。桃花山隧道进度情况：目前累计施工3872.5米，其中进口计划完成1265米，平均每天施工2.41米，累计完成715.9米，剩余549.1米；出口计划完成2307米，平均每天施工3.14米，累计完成1444米，剩余863米；斜井大里程计划完成1723米，累计完成826.6米，剩余896.4米；斜井小里程计划完成1109米，平均每天施工3.26米，累计完成841米，剩余268米。

西下院寺大桥钻孔桩设计102根，全部完成。承台设计10个，累计完成3个，剩余7个。墩身设计10个，累计完成2个，剩余8个。

朱官屯黎河大桥钻孔桩设计121根，累计完成62根，剩余59根。承台设计15个，累计完成5个，剩余10个。墩身设计15个，累计完成1个，剩余14个。

涵洞工程设计涵洞16座，其中已开工11座，完成4座，剩余5座未开工。

路基工程设计185万方，其中区间38万方，站场147万方。目前完成27万方，其中区间5万方，站场22万方。站场路基土方累计19.2万方，剩余127.8万方。

施工中存在的问题：1、桃花山隧道按铁道部要求贯通时间，目前工期滞后240天，每周平均完成12.4米。

2、桥梁工程计划工期9个月，贯通时间为2013年4月16日。目前完成西下院寺大桥承台4个 墩身2个，朱官屯黎河大桥承台2个。

中铁六局承建张唐铁路ZTSG-1标。本标段线路出沙岭子西后，于京包线沙岭子站北咽喉外跨京包线，并行高压走廊西侧跨越既有京包线、110国道、丹拉高速公路、张承高速公路，于沙岭子电厂吹会场西侧穿越北草帽山，穿越宣化北部山区到达赵川。标段正线全长50.288公里（线下），标段内共设车站一座赵川站。其中路基19.11公里，占正线总长度的38%；桥梁累计长度13.567公里，占正线总长的27%；隧道17.53公里，占正线总长35%；全标段铺轨长度144.44公里，分为无砟轨道和有砟轨道；全标段共架梁1393孔。本工程位于河北省张家口市，合同额22.37亿元，开竣工日期2010年9月1日至2015年2月28日。2012年路基、隧道、桥涵全面展开施工，全线掀起了施工高潮。

中铁隧道承建张唐铁路ZTSG-2标工程。该标段位于河北省宣化县和赤城县境内。线路长66.096千米。主要工程为燕山隧道(双洞单线,左线长21154米,右线长21178米)，共设7处斜井。赤城隧道（单洞双线，全长度15053米），共设4处斜井。白草鞍隧道（单洞双线，全长度10779米），共设2处斜井。桥梁8座，6229.4米。合同工期2010年9月1日至2015年3月1日，合同价款373142万元。截至2012年底，开累完成产值145466万元。隧道开累完成成洞28863成洞米。其中燕山隧道开累完成成洞12888米，赤城隧道开累完成成洞6213米，白草鞍隧道开累完成成洞5021米；桥梁开累成桥1520米。

【石长铁路增建二线站前工程SCFX-3标段】 中铁三局承建。合同价款：19.6532亿元。合同工期：2010年4月1日至2012年11月30日。形象进度：路基工程：区间土石方剩余145万方，年内完成125万方，剩余20万方；站场土石方剩余70万方，年内完成50万方，剩余20万方；桥涵工程：特大桥5座，年内完成1400延长米，下部主体全部完成；涵洞剩余180座，完成2400横延米；隧道工程：剩余2座2143成洞米，完成960成洞米；制架梁：制梁完成50孔，其中32米T梁35孔，24米T梁15孔。

【准朔5标段】 中铁三局承建。合同价款：6.7218亿元。合同工期:2010年3月1日至2011年11月30日。业主初步确定工期：2012年4月1日开始铺架，2013年5月20日竣工。整体道床完成工期：六狼山隧道为2012年4月22日；鹰鹞山隧道为2012年5月8日；卧龙山隧道为2012年10月10日。形象进度：桥梁工程：预制T梁595孔，占设计873孔的68.2%，3～10月完成。架设T梁585孔，4～12月完成；轨道工程：整体道床浇筑38.435公里，2～7月份全部完成；正线铺轨134.474公里；站线铺轨25.13公里；铺设单开道岔47组；4～12月份完成；铺架施工采用一架、一铺、二～四运，铺轨采用换铺法施工。

【新建大准至朔黄铁路联络线项目】 中铁三局承建ZCZQ-1

标段（包括前窑子水库大桥）。合同价款：5.04 亿元。合同工期：2012 年 2 月 10 日至 2012 年 11 月 10 日。形象进度：拆改工程：2012 年 3 月 31 日前完成；路基工程：2012 年 10 月 20 日前完成；桥梁工程:2012 年 10 月 20 日前完成全部工程，桥面系在铺架后 1-2.5 月完成。其中前窑子水库大桥为控制工程，必须确保在 10 月份完成；涵洞工程:2012 年 7 月 20 日前完成；隧道工程：2012 年 11 月 5 日前完成，其中重点工程前窑子隧道为重点控制工程，必须加强管理，确保按期完成。

中铁大桥局承建 ZC 铺架-2 标。准池铁路为神华集团规划新建大准至朔黄铁路联络线，项目跨内蒙古和林格尔、山西省北部右玉县、朔州市平鲁区、朔城区及忻州市神池县，线路基本呈南北走向。铺架二标起点位于朔州隧道出口，终点位于神池南站西侧，全长 39.249 千米。线路经过桥梁 21 座、隧道 10 座。我公司承建ＺＣＰＪ－２合同段，铺架施工起讫里程为左线 DK139+955～DK179+185.15，全长 39.249 公里；右 DK139+955～DK179+645.14，全长 39.719 公里。全线主要工程量为 T 梁预制 1392 片，其中 24 米梁 136 片、32 米 T 梁 1256 片；轨排预制和正线铺轨 78.968 公里。预制梁施工完成 265 片。

【大理至瑞丽铁路】 中铁一局承建大瑞铁路大理至保山段站前工程 3 标。中标价 101399 万元，标段始于大理州永平县杉阳镇仁寿村，终于保山市隆阳区小青村，线路全长 31.6 公里（里程桩号为 D1K104+100～D1K135+666），其中大理段 6.2 公里 ，保山段 25.4 公里。合同工期：2008 年 3 月 31 日-2013 年 8 月 31 日。其中 2013 年 5 月 1 日至 2013 年 8 月 31 日进行桥面系及配合铺轨架梁等施工。主要工程有隧道 2 座，分别为大柱山隧道，全长 14535 米，江顶寺隧道，全长 3887 米。特大桥 4 座，分别为杉阳 2 号双线特大桥，长 1017.9 米；西山寺特大桥，长 677.1 米；妻贤村特大桥，长 774.3 米；孟营特大桥，长 1126.6 米。中桥 2 座，为佛田庄中桥、马家庄中桥,共计 77.8 米。小桥 1 座，涵洞 40 座，计 934.66 横延米。区间路基和 3 个车站的土石方工程（衫阳会让站、保山北站、保山站）。区间土石方设计 68.42 万方；站场土石方设计 150.9 万方；软基处理水泥搅拌桩设计 767188 米。2012 年累完成 4606.74 万元，占年计划 6000 万元的 76.8%；开累完成 48004.93 万元，占施工总额 84372 万元的 56.9%。建设单位：滇西铁路有限责任公司。

中铁八局承建大瑞线大理至保山段站前工程 I 标，起讫里程 DK0+920～D1K72+100[大坡岭隧道进口工区（含）]，线路由既有大理站西端引出，穿福星隧道，跨西洱河及楚大高速公路，穿太邑隧道、漾濞隧道后，沿漾濞江左岸紧坡而下，于石家村跨越漾濞江至漾濞县河西镇设站；出站后线路沿老滇缅公路西行，穿秀岭隧道、跨顺濞河、穿阿克路隧道，经北斗，穿大坡岭隧道至本标段终点，线路正线长度 70.03 公里，桥隧总长 65.084 公里，占线路长度的 92.9%。本标段内有：区间路基 3.62 公里，车站路基 1.76 公里，路基总长 5.38 公里，占线路长度的 7.68%，路基土石方 35 万立方，附属圬工 10 万立方；车站 5 座；桥梁 16 座计 5288.3 延长米（其中特大桥 3 座，大桥 8 座，中桥 5 座），占线路长度的 7.55%；涵洞 39 座计 538.14 横延米；隧道 13.5 座计 59.941 公里（其中隧道长度＜1 公里的有 3 座计有 770 米、在 1＞L≤2 公里的有 4 座计有 5620 米、在 3＞L≤4 公里的有 2 座计有 7210 米、在 5＞L≤9 公里的有 3 座计有 2137 米、＞10 公里的有 1.5 座计有 24969 米，其中秀岭隧道长 17605 米），占线路长度的 85.59%；隧道内弹性支撑块式无碴轨道 39.173 公里；公路桥 2 座计 2827 平方米。由一、二、三、昆建、昆房、电务公司施工。工程合同工期 55 个月，开工日期 2008 年 6 月 16 日，目前已贯通隧道 5 座(漾濞 3 号隧道、大坡箐隧道、漾濞 2 号隧道、罗家村隧道、栗子园 1 号隧道)。合同总价 184237 万元，2012 年完成产值 8680 万元，开累完成产值 109196 万元。

【贵阳至开阳铁路】 中铁五局承建贵阳至开阳铁路站前工程施工标。系续建工程。新建贵阳至开阳铁路位于贵阳市境内东北部，线路起于长昆线贵阳北站，途径贵阳东、三江农场、羊昌、南江乡，终点位于开阳县城附近。线路全长 62.83 公里。包括贵阳东站长沙端(DK0+000)至开阳站(DK54+450)，建筑长度为 54.32 公里；贵阳北（LgDK1+200）至贵阳东站（LgDK9+710）联络线，其中左线长 8.51 公里、右线长 8.11 公里。合同总额 329447.1495 万元。建设单位：贵阳市域铁路有限公司，设计单位：中国中铁二院工程集团有限责任公司，监理单位：武汉铁道工程建设监理有限责任公司贵阳市域铁路贵开监理站。2010 年 9 月 1 日开工，合同竣工时间 2013 年 6 月 30 日。2012 年累完成 60404.99 万元，开累完成 128698.52 万元，剩余价值 200749 万元。

中铁港航局承建贵开铁路第三项目。贵开铁路第三项目工程总价：52000 万元。合同工期：29 个月。施工单位：中铁港航局集团第三工程有限公司。工程概况：施工范围为 DK31+807.4～DK44+040.3，全长 12.233 公里。主要结构物有桥梁 8 座，隧道 4 座。其中桥梁工程包括龙泉寺双线大桥 145.99 米（4－32 米梁）、高寨双线特大桥 699.485 米(21－32 米梁)、王选双线大桥 392.826 米（10－32 米+2－24 米梁）、朱家寨双线大桥 411.2 米（12－32 米梁）、大坝土双线特大桥 538.891 米（5－32+（36+64+36）连续梁+7－32 米梁）、田坡头双线大桥 291.2 米（72+128+72 米连续刚构梁）、兰家寨双线大桥 295.715 米（2－24+7－32 米梁）、南江双线特大桥 649.5 米（1－24+7－32+（93.1+176+93.1）连续刚构+1－24 米梁）、隧道工程包括兰家寨明洞 2（70）

米、兰家寨隧道2（172米）、双园一号隧道2（313米）、双园二号隧道2（1545米）、DK40+533兰家寨框架桥（1－8米），路基土石方和站场土石方共计178.89万立方。主要工程数量：隧道座4/2100米，桥梁座8/3424.81米，涵洞18座/378.9米，路基土石方和站场土石方共计178.89万立方。截至2012年底完成30748万元。

【杭州至宁波客运专线】 中铁三局承建杭甬客专HYZQ-1标。合同价款62亿元，合同工期：2009年3月1日～2011年12月31日。业主调整工期：2012年5月底前完成与联调联试相关所有工程；6月底前完成所有工程，以及站前和四电纠缺；7月底前站房工程完成；7月份完成初验同时纠缺，8月份联调联试。杭长与四条联络线，跨线工程在联调联试前完成，开通前全部完成跨线工程桥面系。形象进度：路基及站场设备工程：3月底前完成路基附属工程，5月5日前完成站场设备工程；桥涵工程：6月2日前完成所有剩余工程；轨道工程：6月2日前完成所有剩余轨道工程，达到静态验收。

中铁五局承建杭甬铁路客运专线HYZQ-1标。中铁五局施工的杭甬铁路客运专线HYZQ-1标DK47＋311～DK65+704段工程全长18.392公里。工程内容：特大桥2座18.28公里，路基105.58米。其中袍江特大桥起讫里程DK47+311.27～DK47+879.67，全长568.4米，绍兴特大桥起讫里程DK47+985.25～DK65+704，全长17718.75米，二标曹娥江特大桥制架梁72孔，支架现浇24米标准梁1孔；制架梁共576孔。管段内无砟轨道CRTSⅡ型板施工共计5658块。合同总额132213万元。建设单位：上海铁路局，浙江省铁路投资集团有限公司，设计单位：中铁第四勘察设计院集团有限公司，监理单位：华东监理公司。2009年4月27日开工，合同竣工时间2011年10月31日，业主调整工期目标:2012年8月1日。2012年累完成1604万元，开累完成137360万元，剩余价值-5147万元。

【西安至平凉铁路】 中铁一局承建西安至平凉铁路3标，总造价260202万元，总工期27个月。2008年12月20日至2011年2月20日。本标段线路经彬县、长武及甘肃省宁县、泾川等县，至陇东重镇平凉市，即从太峪隧道出口～平凉南，起至里程为DK120+648～DK269+768；DK269+768～宝中K169+500，长149.13公里。主要工程有：车站11座。新建彬县、彬县西、大佛寺、上孟、宁县南、长武、长庆桥、泾明、泾川、花所，改建平凉南站；铺架工程永寿梁隧道(左线)出口(DK112+770)～平凉南(宝中K169＋500)段铺架工程(含预制梁)157.14正线公里；铺轨基地及制梁场设在平凉南站，预制T梁1773片。桥梁工程特大桥30058.05延长米/18座，大桥948.74延长米/4座，中桥2649.34延长米/40座；隧道工程18229延长米/18座，其中相公塬隧道4178延长米；电力：蒿店（DK92+250）～大佛寺（DK135+000）电力线路永临结合部分。2012年年累完成21866.09万元，完成年度计划26800万元的81.6%；开累完成211830.18万元，完成施工总额267942万元的79.1%。

中铁三局承建西平铁路XPS-1标。合同价款14.1亿元，合同工期：2008年12月20日～2012年2月20日。形象进度：路基工程：完成剩余区间路基土方95.57万立方米、站场路基土方剩余54.76万立方米；桥梁工程：2012年6月30日前完成高速引道大桥剩余连续刚构梁。漠谷河2号大桥2012年6月30日完成全桥合拢及桥面附属工程。阳峪大桥2012年6月30日完成全桥合拢及桥面附属工程。田家窑2号大桥2012年8月20日梁体完成，在2012年10月2日前完成所有桥面系；涵洞完成剩余6座，折合147横延米。5月30日完成主体工程，6月30日完成所有涵洞的附属工程和相关道路改移；制梁预制T梁22孔，7月底全部完成；铺架施工:桥梁架设157孔；正线新铺轨60kg/米线路82.425公里；无碴道床铺轨34.19公里；站线新铺轨50kg/米线路26.183公里；铺新道岔64组；铺设面碴164.85万立方米。5月15日开始恢复铺架，年底全部完成；房屋建筑：房屋12976平米，10月底完成生产用房屋，其他房建工程年底全部完成。

中铁隧道承建西平铁路XPS-2标。该标段位于陕西省咸阳市境内，起于永寿县永平乡，终于彬县太峪镇。标段全长26.06千米，合同价款130972.43万元。隧道4座：中咀隧道761米，永寿梁隧道Ⅰ线17160.76米，永寿梁隧道Ⅱ线17154.92米，太峪隧道5598米。桥梁工程：太峪大桥左线457米、右线495米，太峪中桥119米，公主川大桥143米，蔡家山大桥273米。截至2012年底，开累完成产值126420万元。隧道主体工程全部完工；桥梁完成858成桥米。

【蒙（自）河（口）铁路】 中铁一局承建蒙河铁路1标段，本标段中标价为236623万元，起点位于云南省蒙自县，终点位于屏边县，线路起讫里程为DK1+000～DK72+080，线路全长71.137正线公里。合同工期45个月，2009.3.25-2012.12.25。主要工程内容：本标段内的路基、桥涵(预应力混凝土连续梁、连续刚构梁、支座及桥面系)、二标桥梁桥面系中吊篮、墩台围栏除外的桥面系工程、隧道及明洞、线路防护栅栏、改移道路、改移公路桥、三电及水油气管道的迁改、无碴道床、大型临时设施及过渡工程、配合辅助工程、路基上的电缆沟槽、全线范围内的预制梁、架梁和轨道工程(含铺轨)等土建工程项目。结构物众多，分布不均衡本标段共有特大、大、中、小桥30座，共计7993.12米；隧道12座，共计35324.65米，桥隧结构物占线路60.9%，另外有涵洞149座，共计2920.21横延米。大部分大型结构物多集中在郎敞寨至屏边的群山峻岭内，蒙自至郎敞寨大部分地段为路基工程。2012年年累完成30875万元，占年度计划29127万元的106%；开累完成173675万元，占施工总额236623万元的73.4%。

中铁五局承建蒙河铁路2标，系续建工程。云南国际铁路通道蒙自至河口铁路，位于云南省红河州屏边县和河口县境内，其2标管段线下工程全长70.36公里；米轨联络线长1.89公里；路基（含站场路基）长3.82公里；桥梁18座4428.06米；涵洞29座1772.61横延米；隧道20座61859延长米；车站6个；总工期43个月。隧道进出口大都在陡峭的山坡上，桥隧相连，地质环境复杂，施工难度大，交通不便，施工条件艰苦。合同总额226644万元（变更设计增加4761.6万元）。建设单位：滇南铁路有限责任公司，设计单位：中铁二院工程集团有限责任公司，监理单位：云南铁路工程监理有限责任公司蒙河铁路监理站。2009年4月1日开工，合同开工时间2009年03月25日，合同竣工时间2012年10月25日。2012年累完成39391.4万元 ，开累完成175912.9万元，剩余价值55492.7万元。

中铁隧道承建西平铁路XPS-2标。该标段位于陕西省咸阳市境内，起于永寿县永平乡，终于彬县太峪镇。标段全长26.06千米，合同价款130972.43万元。隧道4座：中咀隧道761米，永寿梁隧道Ⅰ线17160.76米，永寿梁隧道Ⅱ线17154.92米，太峪隧道5598米。桥梁工程：太峪大桥左线457米、右线495米，太峪中桥119米，公主川大桥143米，蔡家山大桥273米。截至2012年底，开累完成产值126420万元。隧道主体工程全部完工；桥梁完成858成桥米。

【新建铁路昆明至河口线蒙自至河口段站前工程二标】 中铁五局承建。在建工程。项目地点云南省河口县莲花滩乡。本标段自DIK72+080至DK107+118.15,线路长度35.038公里，位于云南省屏边县、河口县境内，主要工程数量：路基1.2067公里,区间、站场土石方31万方；隧道9座，正线31.549公里，辅助导坑6.807公里；桥梁9座，2.28224公里；路基1.2067公里，车站3个;桥隧总长33.831公里，占96.56%。涵洞5座；站场3座，其中平寨隧道、毛坡良隧道、马英河大桥连续钢构为重点工程，平寨隧道、毛坡良隧道为控制工程。合同总额113000万元。建设单位：滇南铁路有限责任公司，设计单位：中铁第二勘察设计院集团有限公司，监理单位：云南铁路工程监理有限责任公司。2009年3月25日开工，合同竣工时间2013年12月25日。2012年累完成13337万元，开累完成94516.35万元，剩余价值18483.7万元。

【德（州）龙（口）烟（台）铁路】 中铁一局承建德龙烟铁路德州至大家洼段Ⅲ标段。线路起于东营市北宋镇南宋村，经龙居镇、史口镇、牛庄镇，田庄镇、寿光市清水油农场、官台村，止于东宅科村，起讫里程为DK182+947-DK257+529。中铁一局新运公司承担全标段T梁架设612孔、正线铺轨74.6公里、站线铺轨20.8公里、铺道岔52组、料粒道床28万方、线路有关及相应大临过渡工程的施工管理，产值约2.3亿元；中铁一局物贸公司承担全标段612孔T梁预制及相应大临工程的施工管理，产值约1.5亿元；同时负责本标段主要材料的采购供应工作；中铁一局电务公司承担本标段三电迁改任务，产值约0.6亿元。全线控制工程黄河特大桥：设计8092.74延长米，月完350.78延长米，累完5736.1延长米。黄河特大桥已累计成桩2354/2354根、已累计完成承台210/214个、墩台身累计完成207/214个。主墩97号~103号完成墩身施工。东引桥（104墩~213号台完成全部墩台身110个；堤内引桥（82号墩~96号墩）完成全部墩身，引桥16孔56米现浇梁本月全部完成，跨堤引桥（80号墩~81号墩）完成80号、81号墩身施工；跨堤106米系杆拱桥完成了拱部钢拱圈架设焊接。西引桥（79号墩~0号台）桩基累完840/840根、承台完成76/80，墩台身73/80。
2012年年累完成80436.9万元，占年度计划56545万元的142.25%。开累完成159738.72万元，完成总投资251458.1万元的63.5%。工期到2014.6.30。

中铁四局承建德龙烟铁路德大段二标工程。工程造价：18.35亿元。合同工期： 2010年6月6日～2013年6月5日。起讫里程为DK95+130～DK182+947。主要工程数量：电力迁改工程91处、1100万余立方土石方工程、地基处理水泥搅拌桩约350万延米、袋装砂井约230万延米、特大桥4座4065.33延米、大中桥67座6761.56延米（其中连续梁5处、1-64米系杆拱4处、1-64米钢桁梁1处、现浇槽型梁1处）、小桥1090.62延米、涵洞5842.34延米、房屋8345平方米、粒料道床36.7万方、新道岔铺设63组等。工程进度：袋装砂井214万米，路基搅拌桩132万米，结构物搅拌桩74万米，碎石垫层28万立方米，砂垫层13万立方米，区间路基填方540万立方米；站场挖方10.5万立方米，填方226万立方米。桩基2177根，承台335个，墩柱335个。主要剩余工程量：路基工程：土石方300万立方米，片石40万立方米，播草籽1409030平方米，栽植灌木、乔木1095万株，土工合成材料140万平方米，防护栅栏192.585单侧公里，声屏障10563平方米；桥梁工程：特大桥1056延长米，大桥540延长米，中桥467延长米，小桥97.7延长米，涵洞94横延米。新技术：采用重物搬运装置将钢桁梁拖拉就位，将滑动摩擦改为滚动摩擦。累计完成投资12.3亿元、建安产值数12.3亿元。

中铁十局承建德龙烟铁路德州至大家洼段工程综合Ⅰ标段。施工范围为黄河涯（含）DK000+000～DK95+130段新建工程（单线），黄河涯至岳高铺上行疏解线4.12公里，DK95+130～DK170+000段内T型梁的预制、架设及长钢轨铺设。合同价220309万元，合同工期2010年6月-2013年6月。主要工程数量：路基土石方1057万方，特大桥4座，大桥18座，中桥37座，正线铺轨175.9公里，站线铺轨21.6公里。施工进度：路基土方完成1004万方；特大桥桩基（设计867颗）完成845颗，墩台身（设计148个）完成143个；预制梁（设计1138片，含Ⅱ标496片）完成474片。

中铁航空港集团承建德州至大家洼段综合3标DK218+745至DK257+530.37里程段。系中铁一局中标，重组前中铁一局一公司承建，重组后中铁航空港集团辽宁公司承建。合同价：57841万元。合同工期：2010年6月6日至2013年6月5日，共36个月。设计技术标准：客货共用国铁1级；单线、预留复线；设计时速160千米/h；最小曲线半径：一般3500米、困难2800米。

新建铁路德龙烟线德州至大家洼段综合3标DK218+745至DK257+530.37里程段，线路长36.975千米，其中有短链一处，长2055.28米。沿线途经东营、潍坊两市。管段内有车站四座(田庄站、小清河西站、官台站、东宅科站)；改线一处(长度为1.956千米)；共有桥梁26座，其中特大桥6座(含益羊线弥河分流特大桥)、大桥8座、中桥12座，共计9759.55米/26座。路基总长度约30.167千米，路基过渡段软基处理为水泥土搅拌桩设计90万延米，设计土石方量370万立方米。

管段内四次跨越公路、六次跨越河流、一次跨越铁路，分别为:DK219+399.7跨东青高速公路、DK224+135.9跨230省道、DK248+480.03跨南海路、DK254+435.9跨226省道、DK225+579跨武家大河、DK231+718.16跨支脉河、DK248+220.95跨小清河、DK241+472.2跨新塌河、DK246+436.61跨系张僧河、DK249+72跨营子沟、DK256+171.3跨宅羊铁路。

2012年累完成施工产值18675万元，开累完成施工产值43781万元。年累完成主要工程量：涵洞485横延米，其中旋喷桩34110延米，水泥搅拌桩27194延米；路基18924延米，其中搅拌桩63520延米，C组料196.8立方米，A组料完成22万立方米，改良土完成31.19万立方米；桥梁工程2615.48延米，其中桩基372根，承台80个，墩柱86个，钢桁梁拼装1-64米，系杆拱吊装1-64米。

【(东)莞惠(州)城际轨道】 中铁三局承建莞惠城际GZH-7标（含SKZH-1标）。合同价款21.3亿元，合同工期：2009年9月18日～2012年1月31日。业主调整工期：试验段土建工程2013年10月10日完成，铺轨及轨道道岔精调2013年10月20日至11月10日，四电安装2013年10月20日至2013年12月31日，试验段综合实验和评审时间2014年1月1日至2014年5月31日。除试验段外，其余土建工程2014年2月28日完成（不含望洪段），铺轨及轨道道岔精调2014年3月1日至4月30日，四电安装2014年8月1日至2014年9月30日，联调联试及试运行2014年10月1日至2014年12月31日，2014年12月31日具备全线开通运营条件。形象进度：征地拆迁：剩余9.28万平米房屋拆迁、征地工作全部完成；路基工程：区间路基设计145米，土石方1.97万方全部完成；桥梁工程：特大桥设计2235双延米，剩余785双延米年内全部完成；轨枕预制：预制轨枕10万根，完成设计30.8112万根的32.5%；隧道工程：暗挖隧道年内完成3640双延米；明挖隧道设计661米，年内完成246双延米，占设计的37.2%。剩余76幅地连墙全部完成，主体结构完成132米。

中铁八局承建莞惠城际轨道交通GZH-10标段工程。莞惠城际轨道交通项目GZH-10标位于广东省惠州市，施工范围：DK84+685～DK90+930段，正线长6.245公里，其中桥梁长6.082(含高架车站)，路基长0.163公里，合同工期为2009年9月18日至2012年1月31日。实际开工为2009年10月18日。合同价55800万元，2012年完成产值10093万元，开累完成产值25226万元。

中铁十局承建莞惠城际轨道交通项目9标。施工地点位于惠州市惠城区沥林镇，标段起讫里程GDK67+151～DK82+314，长14.823公里，其中高架桥长11.103公里。合同总价94216万元，合同工期2009.9.18-2012.1.31。主要工程数量：路基3.5公里，路基土石方32万方；高架桥5座/22496米，预制梁507片，架梁357片；隧道一座205米；无砟轨枕道床施工包括GZH-8至GZH-14标轨枕板预制，标段内共铺设无砟轨枕道床30.11公里。施工进度：路基土石方完成，桥梁完成16729成桥米，完成制梁285孔，架梁155片。

【集（宁）包（头）铁路增建第二双线】 中铁六局承建集宁至包头增建第二双线JBZH-5标段。本标段施工范围包含京包线DK632+483～DK759+800段，南绕货物线NDK623+388.89～NDK687+747.68段，土建综合工程。主要内容包括区段内改移道路，路基、桥涵、轨道、房屋以及其他运营生产设备及大型临时设施和过渡工程、呼东客车整备所工程。本工程位于内蒙古呼和浩特市，合同额21.3亿元，开竣工日期2009年4月10日2012年12月3日。2012年12月3日，集包增双线工程安全顺利完成拨接施工，实现全线开通。

中铁四局承建集宁至包头段增建第二双线工程6标铺

架。合同造价：6．8亿元。

完成情况：2012年12月3日，集包铁路第二双线全线开通运营。

铺架工程及工程量：察素齐至包头枢纽区间里程为DK705+047-K22+850＝DK824+669，正线长度113公里。主要工程量为：正线铺轨243．85公里，站线铺轨39．38公里，铺道岔169组，铺道砟75万立方米，桥梁架设795孔及线路相关工程。察素齐至台阁牧区间里程为DK672+738-DK705+047，正线长度约33．309公里。主要工程量为：正线铺轨66．618公里，铺道砟约15万立方米，桥梁架设256孔及线路相关工程。

桥梁架设：严格按供梁计划组织生产桥梁，认真组织桥梁运输，满足铺架进度要求。合理安排施工方案和工艺，成立QC攻关小组，使用新技术，采用先进的机械设备TJ165架桥机、DJ168公铁两用架桥机，保证满足施工质量和工期要求。

跨区间无缝线路施工： 500米长钢轨焊接委托呼铁局焊轨段焊接，除道岔内部焊接采用铝热焊外，其余现场单元轨焊接和锁定焊均采用移动式接触焊，以确保钢轨焊接质量和进度。

铺砟工作：加强与业主及线下施工单位的联系，密切关注线下单位的施工进度，尽早进行路基面交接。沿线路选择合理位置设小型道砟存放场，缩短运砟距离，保证道砟及时供应。

施工进度安排：

铺架基地至察素齐间联络线铺架：利用公铁两用架桥机架设联络线上4座18孔桥梁，然后人工铺设工具轨，进行线路人工养护。轨道通过工务段验收，达到进车条件后，PG28铺轨机和TJ165铁路架桥机，通过该联络线进入铺架基地。察素齐往台阁牧方向进行铺架：利用工具轨人工铺设左线预留出桥梁缺口，然后利用DJ168公铁两用架桥机一次架设双线桥梁并连通左线，利用左线将右线轨料卸至现场，人工铺设右线，进行上砟整道、无缝线路施工等作业。铺架基地至包头枢纽铺架：利用PG28铺轨机铺设左线25m工具轨排，并利用TJ165架桥机一次性架设双线桥梁，然后利用左线将右线轨料卸至现场，人工铺设右线，进行上砟整道、无缝线路施工等作业。包头站枢纽改造：根据路局下达的《施工封锁计划》分步进行施工，完成全部包头站轨道部分的改造。包头东站枢纽改造：根据路局下达的《施工封锁计划》分步进行施工，完成全部包头东站轨道部分的改造。

【广（州）深（圳）铁路新建站房工程】 中铁五局承建广深铁路布吉站辅助客运站行包房工程，系新建工程。合同总额4601万元，2011年9月7日开工。建设单位：广深铁路股份有限公司；设计单位：华南理工大学建筑设计研究院；监理单位：广东至艺工程建设监理有限公司。项目位于广东深圳市布吉镇，行包房建筑面积4926.49平方米，西侧为布吉车站一站台、东侧为深惠路、北侧靠近布吉枢纽的东广场。层数为地下一层，局部楼梯间位置有地面一层，与行包地道相连。主要工程数量：行包房建筑面积4926.49平方米，年累完成1461万元。

中铁十局承建广深铁路石龙车站迁建工程。施工地点位于广东省东莞市石龙镇，合同价62000万元，合同工期2010年8月-2011年9月。主要工程数量：路基土方92万方；中小桥7座/227米；站房建筑面积17204平方米，R2线全长201米；旅客地道1577平方米；正线铺轨10.66公里，站线铺轨3.1公里。施工进度：站房、雨棚、R2线过轨段、城市联系通道、海关通道主体结构完成；站房内装修（19900平方米）完成11000平方米；线路铺轨完成7.85公里。

中铁建工承建广深铁路布吉辅助客运站站房建设工程。布吉综合客运枢纽是深圳市六大综合交通枢纽之一，位于深圳市龙岗布吉镇布吉火车站地区，西靠现吉华路、东临深惠路，南起穿孔桥、北至规划车站路所围合的梯形区域，总用地面积为13.71公顷。新建的广深线布吉辅助客运站为布吉客运枢纽的重要组成部分，其站房模式为跨线式，主站房采用框架结构，基础形式为桩基筏板，地上2层，地下1层，建筑高度27.5米。本工程由广深铁路股份有限公司建设，华南理工大学建筑设计院设计，广东至艺工程建设监理有限公司监理。合同额：41120万元，合同工期：2010年3月29日～2012年8月31日。2012年继续列为集团重点工程，年完成产值16686万元，已竣工通车。

【厦（门）深（圳）铁路】 中铁二局承建Ⅱ标。2012年，完成建安产值约3025.4万元（含合同外），占年度调整计划1300万元的232.7%；合同内累计完成约129726万元，占合同总额130093万元的99.72%；合同外累计完成6031万元。本部以强推工程移交和单位工程验收为主线，努力推进剩余工程和缺陷工程整治。目前，主体工程现已基本完成，并于8月份完成单位工程验收。

中铁三局承建厦深铁路2标。合同价款7.7亿元，合同工期：2008年9月1日～ 2011年3月14日。形象进度：完成站场剩余土方0.32万方，大桥、特大桥桥面系工程，CPIII辅助立柱施工，DK313+063-DK313+540段路基剩余部分水沟。

中铁八局承建厦深铁路 XSGW-1 合同段。厦深铁路（XSGW-1标）施工里程为DK245+962.61~DK260+292，线路正线长度14.464公里。主要工程包括路基土石方202万方；桥梁双线6座7.513公里；隧道双线2座1.354公里；普宁站设制梁场1处，预制箱梁467片。由二、三、电务、桥梁公司施工。其中设普宁站：DK256+200~DK258+105。开工日期2008年8月23日，总工期28个月。合同总价81434万元，2012年完成产值12159万元，开累完成产值89110万元。

【巴彦乌拉至新邱铁路】 中铁四局承建的巴彦乌拉至新邱铁路ZH-06标段。工程造价：20244万元。

合同工期：2009年2月15日~2010年9月30日，受业主资金及征地拆迁影响，工期延后。

本标段工程范围DK81+530~DK124+000，线路正线长度42.47公里，桥梁工程设单线桥5座计2502.72延米（其中特大桥3座，中桥2座），涵洞76座计1841横延米；新设车站2个（白音昌站、黄花塔拉站）。

桥梁工程：博等沟特大桥、东扣根特大桥、新镇特大桥。由于博等沟特大桥墩身较高，工程量较大，因此将该特大桥列为本标段的重点工作。

2012年度完成产值150万元；开累完成产值19046万元。

存在问题：业主资金不到位，仍有部分征地问题未解决。

中铁四局承建的巴彦乌拉至新邱铁路ZH-08标段。工程造价：23876万元。合同工期：2009年2月15日~2010年9月30日，受业主资金及征地拆迁影响，工期延后。

本标段工程范围DK150+100~DK196+000，线路正线长度45.930公里。本标段起始3.9公里位于通辽市奈曼旗境界，剩余里程均位于赤峰市敖汉旗境内。主要施工内容为：路基、桥涵、房屋、其他生产运营设备及建筑物、临时工程及过度工程。其中路基土石方546万断面方；孟克河特大桥819.03延米（24墩2台，158根桩），孟克河大桥436.02延米（12墩2台，72根桩）；框架桥2座22.545延米；涵洞111座计2161.84横延米；车站2座（清河站与长胜站），房屋面积1680平方米。

2012年度完成产值190万元；开累完成产值18152万元。

存在问题：业主资金不到位，仍有部分征地问题未解决。

中铁九局承建巴新铁路工程KZ-01标段、ZH-02标段。工程里程为DK1+200 -DK19+000，是巴新铁路组成的一部分，走行线全长15.4公里，隶属北方巴新铁路有限公司管辖。工程自2007年11月15日开工，预计2013年5月28日竣工，工程总造价13143万元。主要工程数量：公路桥2630平方米，涵洞33座，中桥5座，特大桥816.4米/1座；路基土方251.52万立方米。建设单位为辽宁春城工贸有限公司，设计单位为铁道第三勘察设计院，监理单位为天津新亚太工程监理有限公司。2012年完成产值1087.6万元，开累完成产值10263.6万元，完成总价的78.1%。

【重庆至利川铁路】 中铁五局承建重庆至利川线VI标段，系续建工程。标段里程为D1K233+370.3～DK274+983，线路长41.626公里，途经重庆沙子镇、冷水乡、枫木乡及湖北省利川市汪营镇，在凉雾乡与在建宜万铁路接轨。主要工程量：区间路基土石方1918973立方米（断面方），车站2座（沙子关车站和凉雾车站）；桥梁20座9418.21延长米，特大桥5座6122.5延长米，大桥13座3177.85延长米，中桥2座117.86延长米；涵洞48座1521.9横延米；隧道8座23440米。合同总额197909万元。建设单位：渝利铁路有限责任公司，设计单位：中国中铁二院工程集团有限责任公司，监理单位：长沙中大监理公司。2008年12月28日开工，合同竣工时间2013年12月28日。年累完成8806万元，开累完成210608万元，剩余价值3766万元（合同内）。

中铁大桥局承建重庆至利川线土建铺架工程施工III标段。主体工程结束，进行收尾工作。

中铁隧道承建渝利铁路土建4标。该标段位于重庆市，沿途跨越涪陵区、丰都县和石柱县，全长77.188千米，合同价为41亿元。标段正线隧道19座，计64.832千米，牵出线隧道1座，计282米。其中正线10000米以上特长隧道2座，3000～10000米长隧道6座，500～3000米中长隧道9座，500米以下短隧道2座。大梁、观音岩、胡家坡、南白洞、长洪岭5座隧道为无砟轨道整体式道床。桥梁27座，特大桥4座、大桥16座、中小桥6座，人行天桥1座，共计7000延长米。涵洞13座，计517.01横延米；区间路基土石方45.8万立方米；站场（丰都、石柱车站）土石方301.5万立方米。合同价款410212万元。截至2012年底，开累完成产值393388万元；开累隧道完成65117成洞米（全部完成），桥梁完成6768.78成桥米，路基土石方全部完成，涵洞全部完成。

【佛山至肇庆城际轨道项目】 中铁八局承建佛肇城际佛山至肇庆城际轨道交通GZZH-1标段工程。主要施工内容为：桥梁6.882公里（含狮山高架车站），路基0.278公里，全长7.16公里。主要工作内容5座桥梁下部结构（含7联连续梁、12孔支架现浇40米简支梁，不含25米和30米简支梁的预制、架设）、路基、桥梁过渡段、无碴轨道道床、双块式轨枕运输、铺装、道路改移、道路绿化、沟渠改移、“三电”及管线改移（不包含10kV及以上高压线路迁改）。桥梁工程比例大，占本标段正线长度的96.1%（含高架站桥），是本标段的最主要的特点。桥梁工程多处跨越既有公路、鱼塘、小型水库。合同工期：2010年05月15日至2012年08月31日，实际开工：2010年05月15日。合同价41781万元，2012年完成产值7384万元，开累完成产值12947万元。

中铁港航局承建佛肇段工程施工总承包GZZH－3标段。工程总价：65720万元。合同工期：22个月。施工单位：中铁港航局集团深圳工程有限公司。工程概况：珠三角城际轨道交通项目佛肇段工程施工总承包GZZH－3标段起点里程为DK50+107.82，终点里程为DK55+329.27，线路全长5.22公里。位于佛山市三水区城市北侧，自东向西，从瓷砖市场进场，然后穿过同福路，进洞后一直西延，沿途穿过东信山庄别墅区、沿广三高速布线、下穿在建的二广高速及广茂铁路，在三水西站货场东侧出洞，标段止于三水西站货场。主要工程数量：本标段工程主要为云山隧道及隧道两端的路基段。云山隧道全长4720双延米，分为明挖段900双延米（含过渡段、敞开段）及矿山法施工段3840双延米；路基段长481.5米，路基段地基处理CFG桩75567米、管桩处理119355米、碎石垫层5327立方，路基填筑50693立方，双块式轨枕施工10.32公里。截止2012年底完成68693万元（含变更）。

【巴准铁路（巴图塔至点岱沟）】 中铁九局承建DK117+533～DK127+771标段。工程位于内蒙古西南部准格尔旗境内。标段里程桩号DK117+533- DK127+771，长12.24公里，工程自海子塔，下穿109国道，到大饭铺下穿荣乌高速，经长树梁，跨酸刺沟铁路专用线，到后碾房梁，最终与点岱沟段接轨。工程自2010年9月5日开工，预计2013年6月30日竣工，工程总造价30900万元。主要工程数量：路基土石方195.08万立方米，填改良土6.64万立方米，A组土（过渡段）4.12万立方米，A组土3.84万立方米。大桥7座，中桥2座，涵洞14座，肋式盖板涵1座。隧道4237米/4座。建设单位为神华新准铁路有限责任公司，设计单位为中铁第五勘察设计院集团有限公司，监理单位为内蒙古沁原工程建设监理有限责任公司。2012年完成产值19408万元，占调整后总产值30900万元的68%。

中铁上海工程局巴准线（巴图塔至点岱沟段）工程施工第二标段。工程总价：37017万元。合同工期：2010年9月5日－2011年9月20日。施工单位：中铁上海局市政公司。工程概况：中铁上海工程局市政工程有限公司承建铁路巴准线（巴图塔至点岱沟段）工程施工第二标段。工程位于内蒙古自治区鄂尔多斯市准格尔旗境内，为铁路Ⅰ级双线，电力牵引，牵引质量10000吨。起始里程为：DK16+450～DK32+804，正线长度16.354公里，施工内容为路基、桥梁及涵洞。其中路基累计10.923公里(其中填方44万立方米，挖方404万立方米)，桥梁5.502公里。土工格栅9万平方米，不透水土工布13万平方米。特大桥3座分别为：奎洞沟特大桥872.61米；木匠沟特大桥1737.65米，碾房塔特大桥847.61米，累计3457.26延米。大中桥7座，累计1973.88延米。涵洞15座，累计796.49延米。混凝土233963立方米。主要工程数量为：特大桥3280.81延米/3座，大桥2221.37延米/7座，涵洞236.77延米/9座。其余为路基工程，其中路基挖方426.3万立方米，填方29.82万立方米。混凝土约23万立方米。钢筋约7200吨。完成产值及形象进度：完成路基土石方218万立方米，占总量的48%，开累完成100%。涵洞完成53米，占总量的22.4%，开累完成100%。特大中桥折合完成1191米，占总量的20%，开累完成100%。2012年6月30日主体工程完工。年度完成17032万元，占年度计划的213%。

中铁隧道承建巴准铁路保佬兔沟隧道、潘家圪楞隧道、曹养线1号、2号立交桥工程：地处内蒙古自治区西南部鄂尔多斯市准格尔旗境内，隧道全长545米，原中铁九局施工上台阶开挖、支护至DK117+931.3，仰拱施做至DK117+947，二衬施做26.8米。潘家圪楞隧道全长2547米，为双线隧道。潘家圪楞隧道出口洞门里程为DK125+915，九局施工至里程为DK125+869，此段均已坍塌，改为明洞；潘家圪楞2号斜井与1号斜井的正洞分界里程为DK125+180，暂定划分给中铁隧道任务为2号斜井（与正洞交于DK125+390）进口方向210米（DK125+180～+390）、至出口525米（DK125+390～+925），共计735米（新增潘家圪楞隧道2号斜井1座）。曹羊公路，是二级公路，设计行车速度60千米/小时，路肩宽度9.5米（行车道3.5米×2，左右各75厘米硬路肩，左右各50厘米土路肩），路面为沥青混凝土路面。曹羊1号立交桥于公路里程K0+402.55处上跨巴准线，巴准线为双线铁路，桥位处铁路位于路基路堑段，铁路里程为DK54+123。新建3×35米公跨铁桥，桥全宽10米。曹羊2号立交桥于公路里程K0+498.381处上跨巴准线，巴准线为双线铁路，桥位处铁路位于路基路堑段，铁路里程为DK55+474.5。新建3×35米+4×35米公跨铁桥，桥全宽10米。工程进展：（1）保佬兔沟隧道：开挖支护467米，剩余30米；仰拱及仰拱填充423米，剩余87米；二衬351米，剩余162米；剩余附属工程545延长米，洞门1座；

（2）潘家圪楞隧道：2号斜井向正洞进口方向开挖支护97.7米，剩余112米；仰拱及仰拱填充56米，剩余154米，二衬剩余210米，附属工程剩余210米；向出口方向开挖支护167米，剩余142米；仰拱及仰拱填充105米，剩余200米；二衬剩余301米，附属工程剩余310米；出口完成开挖支护43米，剩余150米，仰拱及仰拱填充38.6米，剩余176米；二衬10.5米，剩余204米，附属工程剩余215米，洞门一座；（3）曹羊线1号、2号立交：完成桩基础24根，盖梁12座，箱梁预制及安装30片，桥面铺装10孔。

【广州至珠海铁路】 中铁三局承建广州至珠海铁路4标。合同价款：13.1亿元，合同工期：2008年5月16日～2011年12月15日。形象进度：路基工程：剩余路基附属工程4月底前全部完成；桥涵工程：剩余大中小桥桥面系安装3月31日前全部完成；隧道工程：江门隧道年内完成120成洞米。3月15日前隧道贯通，4月15日前衬砌完成，必须满足业主的最新施组安排；轨道工程：年内完成江门隧道的无砟轨道 18.37 公里（单线），5 月 15 日前完成右线整体道床施工，5 月 30 日前完成左线整体道床施工；房屋工程：房屋 9177 平方米，5 月 31 日全部完成；其他营运生产设备及建筑物：给排水、站台面、雨棚、车辆及站场设备、围墙、道路等工程在图纸到位同时即展开施工，6 月 30 日前完成。

中铁六局承建广州至珠海铁路 SG-5 标段。本标段起点里程为 DK124+658，终点里程为 DK187+700，标段里程范围线路正线长度 63.3 公里，跨越江门水道、虎坑水道、虎跳门水道等三个主航道，沿珠海市珠港大道南行至终点高栏港站。沿线途经 2 市（江门市约 30 公里，珠海市约 33.3 公里）4 区 8 镇 52 村。主要工程包括拆迁（含三电迁改）、路基、桥涵（不含梁部结构）、隧道、轨道（只含底碴）、站场房屋工程及房屋附属工程、其他营运生产设备及建筑物、大临及过渡工程。本工程位于广东省珠海市，合同额 14.84 亿元，开竣工日期 2008 年 4 月 28 日至 2012 年 12 月 31 日。2012 年 12 月 29 日，广珠铁路正式开通。

【东北东部铁路通道项目】 中铁九局承建东北东部铁路通道前阳至庄河段 DT2 标段。位于辽宁省丹东市境内，正线长度为 93.66 公里，起点里程为 DK63+798，线路毗邻丹大高速和 201 国道，东至丹东市，线路终点里程为 DK252+000。工程自 2010 年 4 月 7 日开工，预计 2013 年 9 月 30 日完工，工程总造价 616100 万元。主要工程数量：路基土石方 1249 万立方米，软基处理：水泥砂浆桩 97.57 万米，水泥搅拌桩 54.54 万米，CFG 桩 118.49 万米，钢筋混凝土管桩 134.81 万米。正线桥梁长 49.14 公里，联络线及配套工程桥梁长 3.879 公里。全线共计 37 座桥梁，其中特大桥 49797 米/26 座，大桥 2446.5 米/8 座，中桥 524.9 米/3 座。涵洞 119 座。隧道 15601.5 米/8 座。正线铺轨 226.11 公里，站线铺轨 60.79 公里，铺碴 80.7 万立方米，铺岔 192 组。新建车站 6 个，改建车站 1 个，房屋 29271 平方米及大临工程等。建设单位为丹大快速铁路有限责任公司，设计单位为铁道第三勘察设计院集团有限公司，监理单位为沈阳铁路建设监理有限公司。截至 2012 年末，开累完成产值 302800 万元，完成总价的 49%。

东北东部靖宇至松江河铁路工程，中铁九局承建，位于吉林省白山市靖宇和抚松两个县境内，线路起点接轨于宇辉铁路靖宇站，车站中心为新线起点 DK0+000，经由靖宇县、三道湖镇、花园口镇，抚松县县城、松江镇等地，终点引入浑白铁路松江河站，车站中心为新线终点 DK73+910，线路全长 73.92 公里。其中：路基长度 32.21 公里，占正线长度的 43.58%；桥梁 30 座 10.09 公里，占正线长度的 13.66%；隧道 16 座 31.661 公里，占线路总长的 42.8%。工程自 2009 年 9 月 20 日开工，由于全国铁路建设形势放缓，竣工工期尚未确定，工程总造价 175800 万元。主要工程数量：特大桥 7 座 5458.0 米，大桥 16 座，中桥 7 座，框构桥 5 座，涵洞 92 座，公路桥 5 座；全线 500 米以下隧道 6 座 0.387 公里，500 米以上至 3000 米的中长隧道有 11 座 14.87 公里，3000 米以上至 10000 米的长隧道有 3 座 16.433 公里，全线最长的隧道为下山头隧道，全长 7960 米；路基土石方 775.47 万立方米；正线铺轨 75.51 公里，站线铺轨 19.9 公里，铺道岔 69 组；新建房屋 1.61 万平方米。建设单位为东北东部铁路通道工程建设指挥部，设计单位为吉林铁道勘察设计院有限公司，监理单位为沈阳铁路建设监理有限公司。2012 年完成产值 7045 万元，开累完成产值 106019 万元，完成总价的 61.65%。

东北东部铁路通道通化至灌水段，中铁九局承建。位于吉林省通化市境内，与辽宁省接壤。正线长度为 63 公里，起点里程 DK119+000，接轨点为 DK136+355 处。工程自 2009 年 4 月 1 日开工，2012 年 9 月 26 日开通，工程总造价 149000 万元。主要工程数量：站场路基土方 638.1 万立方米，挡墙片石混泥土 3.15 万立方米，路基加固及防护浆砌片石 13.81 万立方米，铺设土工格栅 43.73 万平方米，土工膜 5.77 万平方米，排水沟 6.97 万立方米；特大桥 3 座，大桥 8 座，中桥 5 座，小桥 2 座，框构桥 2 座，公铁上跨立交桥 2 座，涵洞 63 座；隧道 5780 米/6 座；正线铺轨 103.16 公里，站线铺轨 10.7 公里，拆改 9.73 公里，铺砟 12 万立方米。建设单位为沈阳铁路局，设计单位为沈阳铁路局吉林勘测设计院，监理单位为沈阳铁路局建设监理公司。2012 年完成产值 25609 万元，开累完成产值 144212 万元，完成总价的 97%。

【青岛北客站】 中铁二局承建青岛北客站Ⅰ标，系续建工程。该工程项目为青岛北客站及相关工程综合（ZH）Ⅰ标段，青岛北客站设在青岛市李沧区，位于胶济线现有沧口站西南侧。青岛北客站线路引入工程主要呈南北走向，沿既有胶济线，途经青岛市四方区、李沧区。青岛北站（含站场、站房及相关配套工程）为 8 台 18 线，车站站房建筑为地上二层、地下三层和局部设置夹层，总建筑面积为 65239 平方米，站台无柱雨棚覆盖面积 72800 平方米。综合（ZH）Ⅰ标段线路起自胶济客专线 KDK13+900，以路基的形式进入青岛北客站，出站后，以 2-24 米五线中桥跨越营子河，线路终点至 KDK18+100，线路全长 4.2 公里。在此范围还包括货线 HDK16+700～HDK18+100，线路长度 1.4 公里；青荣线 QRDK13+900～QRDK18+100，线路长度 4.2 公里。地铁青岛北站站工程，是地铁 1、3、8 号线同站换乘车站。

国铁中标时间为 2010 年 2 月 11 日，地铁中标时间为 2010 年 3 月 16 日。开工时间为 2010 年 4 月 1 日，竣工日期为 2014 年 3 月 31 日。其中，国铁引入线工程工期为 2010 年 4 月 1 日～2014 年 3 月 31 日；青岛北客站站房及雨棚工程工期为 2010 年 4 月 1 日～2014 年 1 月 31 日；地铁工程工期为2010年4月1日～2013年6月30日。

青岛北客站及相关工程造价307804万元，其主要规模涉及路基工程4.2公里，桥涵工程有五线中桥1座/60.4米、框架桥8座/16127.6顶平米；涵洞15座/861横延米；行包地道7072顶平米；人行天桥1座/101.8米；房屋建筑面积65239平方米，无站台柱雨棚面积72800平方米；正线铺轨15.28公里，站线铺轨17.34公里。

地铁工程是本标段的重点工程。地铁车站是地铁3、8号线与1号线共同换乘的地铁车站，造价达10亿元，是普通地铁车站的几倍。钢结构是本标段的重点工程，也是本标段的难点工程。本标段铁路工程是客运专线，为了达到一次开通成功，站前工程要严格控制路基和桥梁的工后沉降、差异沉降和结构变形。

2012年度计划超额完成，完成产值47871万元，为上报计划35057万元的136%，累计完成产值174460万元。12月份计划完成产值7070万元，预计年度完成54941万元，为上报计划35057万元的156%。

中铁十局承建青岛北客站及相关工程综合2标段。本标段为新建青岛北客站及相关工程综合（ZH）Ⅱ标段，范围包括新建四方-沙岭庄货单线、沙岭庄动车运用所、沙岭庄-青岛北客站双线工程。合同价75476.2213万元，合同工期2010年3月-2012年2月。主要工程数量：路基土石方108万立方米；一般双线特大桥1座1649米，购架预应力混凝土T梁100孔；新建改建中桥2座，小桥5座，涵洞17座；新建正线轨道16.87公里，站线轨道26.55公里，改建站线5.81公里；房屋总计29206平方米，其中附属房屋22座共计8020平方米，动车组检修基地21186平方米。施工进度：路基土石方完成94万立方米；桥梁下部结构完成，T梁预制完成，架梁完成68孔；正线铺轨完成9.2公里，站线铺轨完成12.6公里，换铺长轨完成6公里；站房完成46%。

【北同蒲（大同至太原）铁路工程】 中铁十局承建北同蒲铁路1标。本工程位于山西省原平市，标段长度22.3公里，合同工期2007年10月21日-2010年10月20日。十局、十二局联合中标，投标价9.21亿元，其中10局承担工程约5.61亿元。主要工程数量：路基土石方368万立方米，大桥1座，中桥10座，小桥、涵洞73座；架设单线桥梁527孔，新铺无缝线路170.8公里，站线铺轨3.6公里。施工进度：路基土石方、桥涵主体工程完成；架梁完成333孔，铺轨完成85.8公里。

【衡（阳）茶（陵）吉（安）铁路】 中铁五局承建衡茶吉铁路HCJ-2标，系续建工程。HCJ-2标线路全长136.452公里，其中包括DK49+326～DK124+650（正线长度75.675公里，长链351米）以及醴茶支线改建（LDK101+050～LDK108+400，长7.35公里）、文（竹）茶（陵）联络线（DK0+007～DK52+883.954＝K117+400～K116+647.01，长53.427公里。短链202.84米）；全线预制梁1085孔，铺架总长341.76公里，包括井冈山站（不含）至茶山坳、文竹至茶陵联络线，醴茶支线改建，衡阳枢纽相关工程（含衡阳北增建调车线工程）。主要工程数量：路基土石方1944万立方米，其中区间路基土石方1601万立方米,站场343万立方米；各类桥梁79座，其中特大桥13座，大中桥37座，框架桥21座，空心板梁桥8座；涵洞507座；隧道17座24188延长米，其中正线16座22549米，文茶联络线1座1639米，最长控制性工程云阳山隧道5083米。合同总额279865万元（注：合同外价值约35060万元）。建设单位：南昌铁路局衡茶吉铁路公司；设计单位：中铁第五勘察设计院；监理单位：长沙中大监理有限公司。2009年6月15日开工，合同开工时间，2009年4月25日合同竣工时间2012年10月25日。年累完成70920万元，开累288350万元，剩余价值26575万元。

中铁电气化局承建衡茶吉铁路土建工程，为续建工程，于2009年5月18日开工。截至2012年底完成路基土石方1548.68万方，特大桥折合完成13970.53延米，涵洞合计7156横延米，隧道折合完成5273成洞米（全部完成），房建完成1.37万平米。

【锡（林浩特）乌（兰浩特）铁路】 新建锡乌铁路工程西起锡林郭勒盟首府锡林浩特市，东至兴安盟首府乌兰浩特市，沿途经过西乌珠穆沁旗，赤峰的阿鲁科尔沁旗，通辽的扎鲁特旗、霍林郭勒市，兴安盟的科尔沁右翼中旗、科尔沁右翼前旗。

中铁四局承建锡乌铁路XWTZ-2标段。工程造价15.1亿元，合同工期：2009年4月1日～2011年9月30日（由于投资问题延长）。本标段土建工程起讫里程为：DK174+750～DK303+400，起点西乌旗（含），终点阿拉坦（不含），长度127.62正线公里。铺架工程里程为：DK244+200～通霍K416+528.46，起点包木台站（含），终点霍林河站，长度157.79正线公里（含站场）。主要工程量:区间路基和站场土石方约1600万立方米，特大桥5座累计10225.22延米，大桥6座累计1748.27延米，框架桥3座累计81.68延米，公路上跨桥3座累计318.92延米，涵洞235座累计4925.66延米，房屋15876平方米，制架梁544孔，播草籽18万平方米，栽植灌木1858.7万株，碎石包坡49.8万立方米，浆砌片石约54万立方米，干砌片石约15万立方米，铺设道砟约55万立方米。全标段共有桥梁桩基2818根，墩台身403个。2012年共完成建安产值1.5779亿元,开累共完成建安产值约12.41亿元。在2012年下半年铁道部质量信誉评价中获得第一名的好成绩。2012年完成制梁517片，架梁84孔(168片)，正线铺轨16.267公里，站线铺轨2.446公里，桥梁湿接缝9726.7延长米，路基附属与防护工程(浆砌片石)89533立方米，站场房屋工程2090.5平方米，片石混凝土挡土墙2204立方米。

中铁八局承建锡林浩特至乌兰浩特WXTZ-03标段工程，新建铁路锡林浩特至乌兰浩特线地处内蒙古东部，由西向东贯穿郭勒盟、赤峰市、通辽市、兴安盟四个盟市，基本为东西走向。WXTZ-03标段范围DK303+000～通霍K416+528.46(阿拉坦至霍林河)，线路正线长度99.603公里，其中：路基长度78.201公里，占线路长度的78.5%；正线桥梁计9352.73延长米(其中特大桥4座,7129.9米;大桥7座,1938.03米;中桥4座,284.8米;小桥1座,15米)，正线铁路桥占线路长度的9.4%；涵洞186座,4114.79横延米；隧道4座,7.935公里，占线路长度的8%。新建线路设计行车速度120公里/h。合同中标工期：913日历天(合同中标的时间是从2009年4月1日到2011年9月30日),实际开工日期:2009年4月1日;由建筑公司施工。合同总价108560万元，2012年完成产值5600万元，开累完成产值92880万元。

中铁九局一公司承建锡乌铁路忙罕屯至乌兰浩特段，是新建锡林浩特至乌兰浩特铁路引入忙罕屯车站后，沿既有白阿铁路增建第二线及既有线改造至乌兰浩特站及相关工程。起点为白阿线乌兰浩特站K80+950站场土石分界线，终点为K144+095，锡乌铁路与白阿铁路在忙罕屯站接轨，全长62.8公里，其中双绕双改线段三处，总长26.3公里；增二线并行段长36.5公里。工程自2009年3月1日开工，预计2013年8月30日竣工，工程总造价线下70235万元，线上总造价28603万元，合计98838万元。主要工程数量：路基土石方445.3万立方米，路基附属34.32万立方米。大桥5座，中桥4座，框架桥1座，涵洞41座，地道桥1座，无柱风雨棚1座，天桥1座，公路大桥9座。正线铺轨124.3公里，站线铺轨23.62公里，连接线铺轨0.15公里，铺碴48.4万立方米，铺岔83组。新建2个车站，改建2个车站及三电工程等。建设单位为沈阳铁路局白阿工程建设指挥部，设计单位为铁道第三勘察设计院集团公司，监理单位为黑龙江中铁建设监理有限责任公司。2012年完成产值6916.04万元，开累完成产值78661.71万元，占工程总产值的79.8%。

【沪(上海)杭(州)铁路客运专线】 中铁一局承建7标段。2012年4季度完成建安产值(业主计价)2000万元，年度累计完成5601.4万元，占年度计划5736.9万元的97.6%；开累完成284335.1万元，完成合同总量284470.6万元的99.95%。根据10月31日上海铁路局建设处杭州东枢纽协调会议，确定2012年12月15日剩余长轨铺设由杭州东枢纽开始铺设，2013年2月28日具备联调联试条件。由于杭州东枢纽项目影响，实际铺轨时间为2012年12月18日开始，12月24日，由集团公司承担的沪杭高铁正线接入杭州东站未开通段最后一对500米长钢轨铺设完成，这标志着中铁一局沪杭高铁铺轨任务全部结束。由于焊轨机不到位，焊联锁定计划2013年1月10日开始施工

【广(州)深(圳)(香)港铁路客运专线】 广深港客运专线是北京—武汉—广州—深州—香港客运专线的南段，起自在建的武广客运专线新广州站，向东经番禺、东莞至深圳市，在深圳市龙华镇设新深圳站，出新深圳站后客运专线以隧道穿深圳市福田区至深圳河接香港段，至终点西九龙站。

中铁一局参建广深港铁路客运专线PJ-标段。本标段为广深港客运专线广深段羊台山隧道出口以南综合工程PJ标段，铺轨起讫里程为:DK1+600～DK115+930，正线长113.884公里。主要工程包括：1.新广州至羊台山隧道出口端(DK1+600～DK97+172)，正线长95.126公里铺轨、铺岔工程，东涌(2条到发线)、虎门(4条到发线)、光明(2条到发线)站线铺轨工程。2.羊台山隧道出口至深圳河深港分界段(DK97+172～DK115+930)长18.758公里正线轨道工程(无碴轨道)，及新深圳车站(含正线20股道)、福田站(含正线8股道)轨道工程。3.新深圳动车运用所综合工程(不含“四电工程”)：动车运用所场坪工程，动车走行线(2.1单线公里)，综合维修工区场坪工程，动车所、综合维修工区场坪工程，动车所、综合维修工区房屋工程，动车所设备、给排水设备及机械设备,给排水设备及机械设备,动车运用所、动车走行线、综合维修工区轨道工程，“三电”及管线迁改等工程。主要工程数量：站场土石方366.58万立方米、路基附属圬工2.38万方、出入段左右线大桥805.5米、小桥34.4米、矩形涵238.83米、正线铺轨223.614公里、站线铺轨47.465公里、房屋20702平方米。2008年11月2日开工。工期2008.10.10-2012.3.10。广深段2011年12月26日已开通运营，剩余工程福田段铺轨，线下还没施工完，福田段广深港公司计划2013年9月打通益田路隧道，然后我公司才能施工。福田段我公司主要是轨道工程，正线21公里、站线3.4公里、道岔18组，预计工期5个月。开累完成96109万元，完成施工总额110715万元的86.8%。

【陕西麻园子煤炭铁路专用线土建工程】 中铁一局参建麻园子铁路专用线土建工程施工总承包合同TJ-A、B标段。麻园子铁路专用线施工里程分为DK128+300～DK129+680段(B标段)和XDK0+000～XDK2+718段(A标段)，全长4.098公里,位于彬县境内西平铁路南侧。东接西平铁路彬县西车站，西至麻园子村。B标段线路长1.38公里，主要工程内容有：区间路基1.38公里；箱型桥2座；线路穿越1个乡镇，3个自然村。A标段线路长2.718公里，主要工程内容有：装

车站1座，站场路基1.918 公里；桥梁1座，146.11延米；隧道1座，507延米，煤矿采空区自该隧道下穿过；箱型桥1座；涵洞5座，线路穿越1个乡镇，2个自然村。B标段合同工期4.5个月，即2011年6月1日至2011年10月15日；A标段合同工期8个月，即2011年6月1日至2012年1月30日。

2012年年度完成6588.96万元，完成年计划6840万元的96.3%，开累完成9048.96万元，占设计的11749.721万元77%。合同工期：2011年6月1日至2012年1月30日；TJ-A、B标段合同总价：11749.7211万元。建设单位：陕西西平物流有限责任公司。监理单位：陕西同大铁道建设监理有限责任公司。

【贵阳市域铁路久永线】 中铁一局承建贵阳市域铁路久永线。新建久长至永温铁路工程范围为久长站(含)至永温站，全长35.736公里，为设计行车速度120公里/小时的II级（单线）电气化铁路。合同工期：2010年 5月 1日至 2012年10月 31 日，原合同工期到2012.11.30，由于业主资金不到位，相对于合同工期滞后，最新上报铁道部调整施组要求2014年2月28日通车,目前工期受控。主要工程数量：桥梁31座,长度9.567公里，隧道15座,长度7.6886公里全线桥隧比重约为48.75%；区间土石方为246.0万方，站场土石方243.3万方；涵洞50座1623.7横延长米；正线铺轨33.484公里,铺站轨11.95公里,房屋7600平方米。2012年年累完成 25678.37 万元，完成年度计划 15078 万元的170.3%。累计完成62229.04万元，完成施工总额108971.05万元的57.1%。

【林（歹）织（金）铁路】 中铁二局承建。林织铁路项目线路全长129.277公里。标段合同总投资29.16亿元，于2010年9月1日正式开工。2012年，林织铁路2012年完成建安产值72145万元，占建指年度调整投资计划7.2亿的100.2%,累计完成建安产值 125972 万元，占合同总造价的41.75%。实现林织铁路安全质量可控、林新段铺通、年度投资计划完成三大目标。

【福建德宁白马港铁路支线】 中铁三局承建。合同价款8.5亿元,合同工期：2010年9月1日～2012年8月31日。形象进度：征地拆迁：年底前完成征地850亩。改移道路及三电迁改工程年内完成85%；路基工程：区间土石方剩余80万方全部完成,站场土石方完成20万方,挡护工程完成8000米；桥涵工程：年内完成2174延米；涵洞完成400横延米，占设计935.18横延米的31.79%。主体完成11座；制架T梁：设计制梁108孔，6月1日开始制梁，年底全部完成；隧道工程：隧道设计8座11370米，年内完成4500成洞米。

【上海铁路动车段工程】 上海动车段为全国四大动车（北京、广州、武汉和上海）检修基地之一，主要承担华东地区、部分华中地区、部分沿海通道动车组的检修任务。在实现动车组高度优先化管理基础上，满足动车组的一二级检查、动车组临修、客运整备以及存车条件；满足CRH3、CRH2型动车组的三～五级检修及CRH1型动车组的三级检修需要。

该工程由中铁四局承建。合同造价调整后为 29.12 亿元。原计划工期为2008年3月～2010年12月，2010年铁道部增加投资新增四线库等工程，工期相应延长。主要施工内容：上海动车段工程共分为四大板块：动车存车检查场(含动车东走行线、动车存车场、轮对诊断装置、外皮清洗装置、不落轮镟库、临修库、检查库）、高级修场（含三级修库、转向架检修库、解体组装库、车体涂装库）、沪杭改线、新增四线库和存车场轨道工程。至2011年底，前三项施工任务已基本完成。

2012年完成年度产值2.2亿元，为年度计划2.2亿元的100%。至2012年12月28日，新增四线库及存车线工程全部结束。12月31日通过了上海铁路局验收委员会的初步验收，认为新建铁路上海动车段工程符合设计要求，达到相关工程质量验收标准，工程质量合格。至此，历时5年的上海动车段工程圆满结束。

【宁西铁路增建二线项目】 中铁四局承建NXZQ1标段。合同造价：10.34亿元。合同工期:2012年7月28日～2016年1月28日。标段正线长92.2公里,起止里程为K563+600～K655+800 小林-罗山（含）。施工总工期为 1279 天（42个月）。主要施工的工程项目及产值：（1）征地拆迁工程：改移道路，公路桥，路内、路外通信、电力迁改、油气管道迁改、给排水管道迁改（不含110KV及以上高压迁改，干线油气管道，干线通信）、隔声窗、站前青苗补偿，临时用地及复垦。产值0.94亿；（2）路基工程：含区间和站场路肩整形、绿化、防护栅栏、声屏障、站场咽喉硬化、路外安全封闭防护，封闭车站路肩及水系恢复、绿化、既有线病害整治等全部路基工程。产值3.76亿；（3）桥涵工程：不含制梁、架梁、梁端伸缩缝、道砟桥面钢筋混凝土挡砟块及支座。含现浇梁、桥面系、限高架、防撞墩、新建桥接触网基础、电缆槽等全部桥涵工程。产值3.47亿；（4）隧道工程：隧道病害整治。产值83.7万；（5）轨道工程：不含区间铺轨、区间面砟和底砟。含更换电容轨枕、电气绝缘节轨枕等各种专业轨枕。站场含正站线铺轨铺砟等全部工程。封闭车站含正线换铺轨、线路拆除、旧轨料和弃砟清运堆码至指定地点等全部工程。既有线拨移线路。产值1.58亿；（6）站场工程：含地道、雨棚、站台及铺面、围墙、站台接触网合建柱基础等全部工程。产值0.25亿元；（7）大临及过渡工程：

不含站后过渡工程、制存梁场、长钢轨存放及轨排场、大型道砟存放场。含汽车运输便道、混凝土集中拌和站、电力线路、栈桥及临时用地复垦等全部大临及过渡工程。产值0.14亿元。

主要工程数量：区间路基土石方269.05万立方米，站场土石方83.63万立方米，路基附属土石方32.41万立方米；特大桥5座5594.4延长米，大桥18座4840.9延长米，中桥11座926.0延长米；框架式小桥3座318.56顶平米；新建顶进框架涵45座1014.54横延米，改建涵洞298座3736.64横延米（其中盖板箱涵2座，框架涵250座、倒虹吸管46座）；隧道病害整治1座371.9延长米；正线铺轨26.79铺轨公里，站线铺轨12.81铺轨公里、铺道岔126组。截至12月31日，已开累完成28916万元，占总投资104339万元的27.7%。

【德保至靖西铁路】 中铁五局承建全线制梁、铺架工程和站后“四电”工程施工任务。新建德靖铁路自在建田德线德保站引出，向西沿210省道走行，经坡堂、那西，折向西南，经陇至、都安、大道于靖西县西北侧约2公里其荣村附近设靖西站至线路终点，正线全长39.977公里，国铁Ⅱ级。项目承建全线制梁、铺架工程和站后“四电”工程施工任务。合同总额26934万元。建设单位：南宁铁路局田德铁路建设指挥部，设计单位：中铁五院工程集团有限责任公司，监理单位：南宁铁路局柳铁建设监理公司。制梁于2010年11月15日开工；铺架于2011年12月1日开工，竣工时间2012年8月31日（竣工时间调整为：2012年10月31日）。年累完成19434万元，开累完成26934万元。已按时竣工。

【织金至纳雍铁路第1合同段】 中铁五局承建。项目地点贵州省织金县。本标段起点里程DK0+320（其中DK0+000～DK0+320段纳入毕节至织金铁路），终点里程DK24+885，适正线全长24.038公里共设2个车站（板桥会让站、大田坝中间站），其中板桥会让站为缓开站。工程数量桥梁9座长2202.66延长米，隧道13座长15931延长米，涵洞28座。其中重点工程为武佐河特大桥和孙家坡1号隧道，梁山隧道为控制工程。合同总额83921万元。建设单位：成都铁路局；设计单位：中铁二院；监理单位：大西南铁路监理有限公司。2012年12月25日开工，合同竣工时间2015年6月20日。

【新建武汉至黄石城际铁路站房工程施工总价承包WHZF标段】 中铁五局承建。新建工程。项目地点位于湖北省。该工程为铁路站房工程，包括南湖东站、花山站、华容南站、鄂州东站、黄石北站共计五个站，其施工任务主要包括站房及雨棚新建，装饰装修、水电安装以及招标文件所规定的其他辅助工程，工程站房建筑面积13921平方米。合同总额19788万元。建设单位：湖北城际铁路有限责任公司，设计单位：中南建筑设计院股份有限公司，监理单位：兰州交大工程咨询有限责任公司。2012年11月15日开工，合同竣工时间2013年7月27日完工。2012年累完成6653万元，开累完成6653万元，剩余价值13135万元。

【广深铁路布吉站辅助客运站行包房工程】 中铁五局承建。系新建工程。项目位于广东深圳市布吉镇，行包房建筑面积4926.49平方米，西侧为布吉车站一站台、东侧为深惠路、北侧靠近布吉枢纽的东广场。层数为地下一层，局部楼梯间位置有地面一层，与行包地道相连。主要工程量：行包房建筑面积4926.49平方米，合同总额5251万元。建设单位：广深铁路股份有限公司，设计单位：华南理工大学建筑设计研究院，监理单位：广东至艺工程建设监理有限公司。2011年9月7日开工，合同工期540天，2012-10-1完工。2012年累完成4512万元，开累完成5442万元，剩余价值371万元。

【邯郸至黄骅港铁路】 中铁六局承建邯郸至黄骅港铁路工程3标段。本标段为DK167+491～DK254+972.56段贯通正线、石德联络线全部站前工程，以及三、四标段DK167+491～DK386+650工程终点间所有铺轨架梁工程。各标段线路情况如下：土建三标：DK167+491～DK254+973，正线长107.631公里，包含清凉店站、石德联络线。石德铁路联络线清凉店站（含）至衡水东站K132+895.6～DK187+100，上行10.536公里，下行9.610公里。共计架设T梁633孔；新建车站7座，分别为流常、衡水东、审坡、阜城、古城、崔家庙、霞口；改建车站1座，即清凉店站。土建四标：DK254+973～DK386+650，正线长130.050公里，含杨庄北至渤海新区、渤海新区至装车站。其中DK376+400以东正在填海造地，DK376+400以东待填海造地完成后设计；杨庄北站因地方取土量较大，设计方案未确定。共计架设T梁765孔；新建车站11座，分别为东光北、南皮、张旗屯站、孟村站、盐山站、张褚站、海兴站、东辛庄站、杨庄北站、渤海新区站、装车站。主要工程量:路基土石方1109万方，涵洞252座；小桥23座；特大桥5座，大桥9座，中桥13座（钻孔桩3904根，墩台身654个，现浇梁10孔，连续梁6联、钢桁梁2孔）；正线铺轨234.98公里，站线铺轨78.93公里，铺道岔201组，房屋10428㎡；预制及架设T梁1398孔。本工程位于河北省沧州市，合同总额26.52亿元，开竣工日期2010年10月3日～2013年9月30日。2012年主要进行路基、桥梁、铺轨施工，路基土方剩余51万方，桥梁下部结构基本完成，架梁剩余赵庄跨京沪高速公路特大桥162孔，正线铺设工具轨剩余164公里，站房剩余7300平米。

【北京至天津城际铁路延伸线】 中铁六局承建。京津城际延伸线天津至于家堡工程二标段从地理位置上分为天津、塘沽和区间三部分。天津部分为城际延伸线正线 CJDK117+100～CJDK9+000 和还建张贵庄卸油线。塘沽部分包括客专部分和普速部分。客专部分包括城际延伸线正线 CJDK177+900～CJDK179+900；普速部分包括津山线改线 JSDK177+300～JSDK181+004.715；进港Ⅱ线改线 JGⅡDK0+400～改 JGⅡDK4+013；泰达线改线 TDDK0+129～TDDK0+633；货运上行通路 HYYDK0+397～HYYDK4+107.49 范围内的全部工程。区间为天津至于家堡全线铺轨。本工程位于天津市，合同额 10.7 亿元，开竣工日期 2009 年 9 月 1 日至 2013 年 12 月 31 日。2012 年 11 月 30 日京津城际延伸线货运通路一期工程新港站及进港二线要点拨接开通。

【太兴铁路太原至静游段】 中铁六局承建太兴铁路太原至静游段 TXXS-1 标工程。太兴铁路太原至静游段起于太北编组Ⅵ场的汾河站，经由古交、镇城底、娄烦，止于娄烦县静游镇。TXXS-1 标工程施工区段为既有太岚线增建二线，既有太岚线从太原枢纽太北编组站Ⅵ场即汾河站接轨，经西张、土堂、柳林河、扫石、古东、古交，至镇城底站，全长 57.65 公里。主要工程内容为改造既有中间站 4 座，分别为：西张站、古东站、古交站及镇城底站。封闭既有车站 3 座，分别为：土堂站、柳林河站及扫石站以及全线范围内通信、信号、信息、电力及电力牵引供电、大型临时设施和过渡工程等全部四电工程（不含铺架工程）。本工程位于山西省太原市，合同总额 17.35 亿元，开竣工日期 2010 年 03 月 20 日至 2014 年 6 月 30 日。2012 年 10 月 10 日，由桥隧分公司施工太兴铁路最长的单线隧道新横岭隧道（4.9 公里）实现全断面贯通；11 月 2 日桥隧分公司施工的太兴铁路新扫石隧道顺利贯通；12 月 19 日新柳林河隧道贯通。剩余路基土石方 93.5 万方，隧道剩余 4250 延米，铺轨剩余 35 公里。

【太原铁路枢纽西南环线】 中铁六局承建太原铁路枢纽西南环线工程 XNHS-1 标段。合同价款 22.78 亿元，开竣日期为 2009 年 9 月 1 日～2013 年 8 月 31 日。建设单位：太原铁路枢纽线有限责任公司；设计单位：铁道第三勘察设计院集团有限公司；监理单位：山西铁建工程监理咨询有限责任公司西南环线监理站。西南环线基本呈南北走向，起点是西山支线汾河车站，终点是太中银线北六堡车站。正线全长 53.54 公里。其中Ⅰ标段分为两个段落：汾北段主要为新增汾皇联络线、汾太疏解线、改石太右线及其相关工程；汾河至北堰为既有线增二线，速度目标值为 120 公里/小时，局部限速 80 公里/小时。2011 年完成产值 5455 万元，开累完成产值 3.6 亿元，结转 19.2 亿元。截至 2011 年底，完成路基土方 69 万方，路基附属完成排水槽 3.2 公里；桥涵工程中，一跨汾河特大桥全部完成；柴村右线特大桥完成钻孔桩 64 根，承台 7 个，墩身 5 个；公路中桥完成钻孔桩 20 根，承台 3 个，墩台 2 个，柴村双线特大桥完成钻孔桩 364 根：承台 36 个，墩台身 36 个；柴村左线特大桥完成钻孔桩 244 根，承台 25 个，墩台身 14 个。预制梁 24 片框构 8 座、涵洞 7 座和旅客地道 1 座，新建站台墙 1350 延米；铺设线路 2.8 公里。

【准格尔至朔州铁路】 中铁六局承建准格尔至朔州铁路工程 ZSXS-2 标段。合同价款 9.6 亿元，后调整为 10.3 亿元，投标工期 29 个月，即 2008 年 12 月 1 日～2012 年 4 月 30 日；后铁道部对准朔二标施工工期进行调整，要求 2013 年 6 月 30 日完成。准朔铁路起自朔州平朔专用线既有店坪站南侧的店坪南站进站端（DK8+400）。出站后下钻平朔公路，先后行经山西朔州市朔城区、平鲁区，忻州市偏关县、河曲县，内蒙古鄂尔多斯市准格尔旗，陕西省榆林市府谷县等，到达本线设计终点红进塔站。新建线路长度 206.231 公里。中铁二局承建的准朔铁路 ZSXS-2 标，起点里程为 DK92+180，终点里程为 DK141+700，榆树湾改线前正线长度为 30.443 公里，改线后正线长度 36.168 公里。由太原公司和桥隧公司分专业施工，太原公司负责标段内隧道除外的所有施工项目，主要包括路基、桥涵、铺碴、线路有关工程、车站、房建、暖通、给排水等工程，桥隧分公司负责标段内隧道工程。本工程位于山西省大同市、朔州市，开竣工日期 2008 年 12 月 1 日至 2014 年 6 月 30 日完成。2011 年 11 月底，360 米跨的黄河特大桥钢管拱顺利完成合龙；2012 年 6 月 13 日，成功完成准朔黄河桥钢钎维混凝土顶升。

【巴中至达州铁路站前工程】 中铁七局承建第一标段。合同工期：2010 年 9 月 21 日至 2015 年 9 月 30 日。2012 年完成产值 63249 万元，开累完成产值 114578 万元，占合同价 274500 万元的 41.7%。形象进度：路基土石方设计 640 万立方米，开累完成 420 万立方米，占设计总量的 65.7%。桥梁工程计 46 座，开工 41 座（其中曾口巴河特大桥、王家院子特大桥、郑家湾大桥、大湾中桥下部结构已完成），桩基设计 2063 根，挖孔桩开累完成 1136 根，钻孔桩开累完成 669 根，扩大基础设计 61 个，开累完成 49 个。承台设计 347 个，开累完成 221 个。墩台身设计 408 个，开累完成 126 个。涵洞设计 62 座（总长 1596 横延米），开工 34 座，完工 14 座。隧道工程设计 25 座（设计长度为 41622.75 米），开工 23 座，共 32 个工作面，其中 31 个工作面已经进洞。截止目前郭家沟隧道、潘家湾隧道主体已完成，洞沟隧道、葫芦咀 2 号隧道、青龙咀隧道、马耳梁隧道已贯通。

【武汉新港江北铁路】 中铁七局承建 XGSG-1 标工程。工期要求：2010 年 7 月 1 日至 2012 年 12 月 30 日。2012 年完成 26449 万元，开累完成 54832 万元，占合同价 70734 万元的 77.5%。形象进度：区间路基土石方设计 104 万立方米，开累完成 86.4 万立方米。站场路基土石方设计 29.8 万立方米，开累完成 19.4 万立方米。钻孔桩开累完成 1576 根，承台累计完成 251 个，墩身开累完成 237 个。涵洞设计 118 座，到图 68 座，开工 62 座，完工 54 座。制、架梁：制梁设计 710 片，累计制梁 345 片。开累架梁 56 孔。轨道工程：正线铺轨设计 40.55 公里。开累完成 16.1 公里。 站线铺轨设计 7.74 公里。开累完成 4.7 公里。

【娄邵铁路工程】 中铁七局承建第 1 标段。合同工期：2010 年 8 月 6 日至 2013 年 4 月 25 日。中铁七局承建第 1 标段。合同工期： 2010 年 8 月 6 日至 2014 年 10 月 30 日。2012 年完成 47918 万元，开累完成 79918 万元，占合同价 253335 万元的 31.5%。永久征地设计 4705 亩，已征 3220 亩。桥梁图纸到位 50 座（设计 56 座），路基、涵洞图纸已全部到位，隧道图纸已基本到位。电力迁改设计 211 处，实际迁改完成 115 处。通信迁改设计 35 处，实际迁改完成 5 处。信号迁改设计 9 处，完成 1 处。形象进度：路基工程土石方设计总量 1281 万立方米，开累完成 575 万立方米，占设计的 44.8%。地基处理水泥搅拌桩开累完成 30.7 万延米，占设计 73.5 万延米的 41.7%。路基附属开累完成 7.3 万立方米，占设计 56.1 万立方米的 13%。桥梁工程共设计 32.9 公里/56 座，其中特大桥 17 座，大桥 28 座，中桥 11 座，开工 42 座。开累完成 3734 根，承台开累完成 313 个，墩台身开累完成 116 个。涵洞设计 137 座，开工 70 座，主体完工 55 座。隧道设计 4 座/总计 2422 米，开工 3 座，龙山隧道（设计 1686 米，其中暗洞 1634 米）：累计开挖 1198 米，仰拱累计完成 1206 米，二衬累计完成 1110 米。金凤村隧道（设计 338 米，其中暗洞 284 米）、老屋冲隧道（设计 199 米，暗洞 154 米）：主体结构已完。邵东制梁场：制梁设计 3728 片（已到图纸部分），开累制梁 345 片。双峰梁场：正在进行梁场建设。

【郑州至新郑机场城际铁路】 由中铁七局郑州公司承建的郑机城际铁路地上段站前工程 ZJZQ-Ⅰ标段主要为郑州东站至二郎庙线路所的联络线 5.59 公里和陇海线改建部份 0.8 公里。工程总造价 36800 万元，合同工期 42 个月。开工时间 2012 年 8 月 8 日，主要工程数量为：区间路基 492 米，土石方 10.8 万立方米；桥梁工程有：跨陇海线特大桥双)3.34 公里，左线并行石武客专特大桥（单）0.98 公里，右线跨石武客专特大桥（单，1-65 墩〈含〉）1.89 公里，中桥 0.19 公里；共有桥墩台 203 座，预制梁 169 孔（其中单线梁 82 孔，双线梁 87 孔），现浇简支梁 5 孔，现梁连续梁 5 座（跨 G107 国道、跨航海路、异形连续梁两座、道岔连续梁一座），现浇刚构梁 2 座（左线、左渡线跨南三环）；轨道工程有陇海线平面改建部份 0.8 公里，改建 1.76 公里；通信工程有敷设信号电缆 6.4 公里；大临工程有预制梁场 1 座，路料拌合站、砼搅拌站各 1 座，施工便道 4 公里。截止 2012 年底，完成产值 8895 万元。形象进度：桥梁工程：桩基本年完成桩基 1278 根；承台完成 69 座；墩身完成 13 座。路基工程 ：本年水泥搅拌桩完成 28143 延米。

【广珠城际轨道交通工程】 中铁三局承建广珠城际轨道交通工程 ZH-1 标。合同价款：40.2 亿元。合同工期：广珠城际轨道交通工程广州南至珠海北段已于 2011 年 1 月 7 日交付运营，剩余的未开通段珠海北至珠海的长钢轨运输及正线和站线铺轨计划于 2011 年 11 月 1 日至 11 月 12 日完成铺设。形象进度：完成正线无缝线路铺设 26 公里，珠海站站线 2.191 公里，共计 28.191 公里；道岔铺设 6 组（包括 5 组 60Kg12 号有砟道岔和 1 组交叉渡线）。

中铁八局承建广珠城际轨道交通工程 ZH-3 标段。工程位于 K62+822.49 ～ K90+202.59 、 K104+893.72 ～ K107+825.34，工程经由中山市中山北站（石岐）至珠海拱北。主要工程数量为：25 座桥梁（其中特大桥 17 座，大桥 6 座，中桥 2 座）线下施工，29 座桥梁箱梁预制架设（含首开段特大桥 4 座），隧道 2 座共 635 米，路基 4.063 公里，车站 9 座，单线 104.504 公里无碴轨道施工。正线长 35.71 公里，设计最高行车速度：200 公里/h。合同工期：2006 年 6 月 1 日至 2008 年 10 月 8 日，开工日期 2006 年 6 月 28 日。由二、三、四、昆建、桥梁公司参与施工。2012 年 5 月 29 日顺利完成无砟轨道施工。2012 年 12 月 31 日广珠城际全线贯通。合同总价 334508 万元，2012 年完成产值 21443 万元，开累完成产值 346725 万元。

【南川至涪陵铁路】 中铁八局承建，新建铁路南川至涪陵线土建施工标段地处四川盆地的东南边缘，南起重庆市南川区金佛山西侧的万盛～南川地方铁路南川火车站，向北途经南川区的水江镇，武隆县的平桥镇、鸭江镇，涪陵区的梓里镇，北止长江边的重庆市涪陵区渝怀铁路的涪陵站。起讫里程为：南川段 DK33+000～DK56+000，涪陵段 DK97+020~相应渝怀线 K130+728.43，正线全长 78.331 公里。主要工程量：路基土石方 845 万立方米；特大桥共 6 座计 4653.48 延长米，大桥 28 座计 7027.05 延长米，中桥 19 座计 1702.89 延长米，框架桥 5 座计 141.9 延长米；涵洞 177 座，计 3438 横延米；隧道 20 座计 25.9 公里，其中梓里隧道设计为高风险隧道；新建车站 5 座；房屋 11156 平方米，制架梁 437 孔，铺设轨道 98.35 公里。由一、二、四、电务公司施工。合同工期

27个月，开工日期2008年9月1日，合同总价198159万元，2012年完成产值19101万元，开累完成产值215193万元。

【成都至都江堰铁路彭州支线站前工程】 中铁八局承建。本工程位于成都市境内，从成灌铁路郫县西站至彭州站，正线长20.561公里，其中桥梁占线路长度的99.78%；均按时速200公里客运专线标准设计。主要工程数量：挖方8.38万立方米，填方9.2万立方米（其中A、B填料为8.58万立方米，级配碎石0.62万立方米），特大桥一座20.516公里，其中，预应力混凝土预制简支箱梁702孔，现浇简支箱梁7孔，连续梁7联27跨；站房6个16130平方米；箱梁预制场1个；正线无砟轨道约41公里，站线有砟轨道1.31公里，道岔6组。由一、二、三、四、桥梁、建筑、电务公司施工。合同工期：2010年5月10日至2011年11月10日。工程于2010年7月8日正式开工。合同价210254万元，2012年完成产值29679万元，开累完成产值159373万元。

【桐梓煤化铁路专用线工程】 中铁八局承建。该工程负责承建由贵州省金赤化工公司投资建设的桐梓县煤化工基地铁路专用线的路基、桥涵、轨道、及四电部分。专用线全长8.116公里。桥梁总长2123.71米，其中特大桥2座、大桥3座、中、小桥各1座、框架桥3座、涵洞5座；路基总长3576米，其中挖、填方共计28万方、A B组填料3.4万方、路基挡土墙1.1万方、水沟6484m3；架梁73孔、铺轨总长12.485公里、新铺道岔17组、道砟3.3万方。合同工期2011年4月1日至2012年4月1日，合同金额17990万元。

【新建东乌至包西铁路联络线鄂尔多斯至桃林段站前工程】 中铁八局承建DWBXSG-1标工程。项目位于内蒙古自治区鄂尔多斯市境内。线路起自格德尔盖站北端设计起点DK117+771引出后折向西，跨过包茂高速公路、乌兰木伦河后分方向别引入包西铁路鄂尔多斯站（上行线SDK126+945处上跨包西铁路），出站后线路与包西铁路并行，先后上跨纬二路、阿新公路、阿大一级公路后折向西南再上跨包西铁路（下行线DK138+554处上跨包西铁路），线路继续向西行进先后上跨杆占庙河、老G210、甘公线于DK52+500处接入既有东乌线，上行线并行既有东乌线，经桃林站后至本次设计终点（东乌线K60+652.82）。线路全长47.316公里，其中双线地段长度24.293公里，单线地段长度37.899公里(上下行总长)，利用既有线长度8.153公里。沿线经过鄂尔多斯市的东胜区、康巴什新区和伊金霍洛旗。鄂尔多斯（含）至桃林(东乌线K60+652.82)段线路下行线线路全长35.789公里（其中利用既有东乌线长度为8.153公里），上行线线路全长35.774公里。双线并行地段长度为16.064公里，上行线绕行地段长度为19.708公里。主要桥梁工程为：新建单线特大桥1座2769.35米，新建双线特大桥1座1244.08米，新建单线大中桥12座，新建双线大中桥2座，新建及接长小桥18座，新建及接长涵洞46座，新建公路桥1座，框架中桥1座。主要路基工程为：挖土方50.36万方、挖石方28.97万方、基床底层改良土58.24万方、基床以下路堤填筑139.77万方、路基表层A组填料16.82万方、过渡段A组填料17.09万方。临时便线路基长6.058公里，挖土方13.12万方、挖石方2.78万方、填方15.3万方、基床表层A组料2.45万方。正线铺轨61.67公里，新铺道床20.5077万方，改建拆除9.67公里，换轨8.15公里，清筛道碴0.6657万方，补充道碴2.7672万方。站线铺新轨3.32公里，铺旧轨9.68公里，铺新岔41组，铺旧岔9组，新铺道床4.2133万方；改建拆除2.18公里，拆除道岔9组。便线新铺轨道6.058公里，新铺道床1.3551万方，改建拆除5.937公里，清筛道床1.328万方。制梁180孔，铺架基地一座。2012年06月20日开工，2013年11月20日竣工，总工期17个月（519日历天）。由二、三公司施工。2012年仅完成了部分征地、临时驻地、便道等施工准备及临时设施建设。合同价80285万元，2012年完成产值530万元。

【新建向塘综合性货场工程】 中铁八局承建1标段。本工程位于江西省南昌市，主要工程有：站前及室外给排水工程；房屋工程，总面积约12312平米，包括货运办公楼、食堂、变配电间、货物仓库等房屋相关工程。该标段划分为两个单元：单元一：南昌南货场迁建工程走行线及货场；单元二：新建向塘综合性货场走行线及货场；货场位于丽湖大道西侧，南昌西环线南面.货场新建怕湿货物线 1 条，装卸有效长度406米；存车线1条， 有效长度661米；笨重兼散堆装货物线1条， 装卸有效长度560米。主要工程数量：房屋工程总面积约12312平米，铁路工程：土石方45.89万方、桥梁7座184.61米、涵洞9座267.86横延米、铺轨5.036公里、铺新岔4组。工期：2012年9月20日-2013年10月20日。工程投资 6391 万元。2012 年完成产值 300 万元，完成DK1+580、DK1+752.7框架涵基础开挖、水泥搅拌桩6335米。

【南疆线吐鲁番至库尔勒段增建第二线吐库制梁场】 中铁八局承建。南疆线吐鲁番至库尔勒段增建第二线PJS1标段铺架工程桥梁数量为1008孔通桥（2005）2101客货共线铁路预制后张法简支T梁的预制（其中32米梁746孔，24米梁86孔，16米梁112孔，12米梁64孔），为完成桥梁的预制，在吐鲁番设立制梁场。计划供货期从2009年5月至2011年10月，历时30个月。2008年9月1日开始梁场基建施工，2008年12月31日开始试制第一孔桥梁。2012年8月20日完成生产。

中铁隧道承建南疆铁路吐库二线SK2标中天山隧道。该标段项目有隧道工程、桥梁工程、涵洞工程、路基工程及1个站场，其中全长22467米的中天山隧道属全线控制性工程。工程地点位于吐鲁番的托克逊县与巴州和硕县境内。合同工期2007年5月1日至2013年10月20日。合同价款94322万元。中天山隧道设进口、出口、斜井(本身需掘进2545米才能到正洞)共3个工作面，其中TBM单口掘进13011米。截至2012年底，开累完成产值83524万元。隧道进口开累完成TBM掘进12152米；出口完成开挖9204米。

【盘锦至营口铁路客运专线】 中铁九局承建。位于辽宁省锦州市、盘锦市境内，全长48.57公里，起点位于京哈线秦沈通道上的锦北站，分为左右两个单线，左线跨越G305线、京哈线秦沈通道、沟海线，右线部分利用秦沈沟海联络线，跨越沟海线，左右两线在赵荒地线路所处并线；之后线路在沟海线左侧与既有沟海线并行，跨越西沙河、绕阳河进入盘锦站，在越过双台河后，在渤海站前二次跨越沟海线，然后在沟海线右侧与既有线并行，终于DK48+569.68盘锦特大桥桥尾。工程于2009年7月15日开工，计划2013年8月31日竣工，总造价44.39亿元。主要工程数量：路基长3.6公里，土石方78万立方米；桥梁长44.97公里，其中单线特大桥6.97公里/3座，双线特大桥40.387公里/2座，单线连续钢构中桥79.82米/1座；盘锦北、盘锦2个车站，赵荒地线路所1处；无砟轨道铺设86.47公里，1-12米旅客地道1座，平改立13处等。建设单位为京沈铁路客专辽宁有限责任公司，设计单位为铁道第三勘察设计集团公司，监理单位沈铁监理公司盘营客专监理一标监理站。截至2012年底，开累完成产值413600万元，完成总造价的97.5%。

【扎兰屯至阿荣旗铁路工程】 中铁九局承建。工程位于内蒙古自治区呼伦贝尔市所辖的阿荣旗、扎兰屯市境内，线路全长34公里，为新建单线地方Ⅰ级铁路。工程自2009年5月20日开工，预计2013年8月31日竣工，工程总造价42926万元，另已批复Ⅰ类变更增加912万元，2012年批复Ⅱ类变更增加241.6万元。主要工程数量：路基土石方255.26万立方米；特大桥2座2225.3米；大桥1座，中桥9座，框架桥5座，涵洞31座，公路特大桥1座；隧道2座5271米；正线铺轨33.16公里，站线铺轨3.99公里，铺碴7.53万立方米，拆除线路6.91公里，新铺道岔23组，拆除道岔30组，重铺7组及三电工程等。建设单位为呼伦贝尔阿扎铁路有限责任公司，设计单位为铁道部第五勘察设计院集团有限责任公司，监理单位为黑龙江中铁建设监理有限责任公司。2012年完成产值6253.2万元，开累完成产值27494.9万元，完成总价的64%。

【府谷煤业铁路专用线7标段】 中铁九局一公司承建，工程位于陕西省榆林市府谷县赵五加湾乡，起讫里程为DK23+560-DK29+223，标段全长5.66公里。工程自2011年11月15日开工，预计竣工2013年10月15日，工程总价18900万元。主要工程数量：路基土石方61.03万立方米；特大桥2596.42延米/2座，大桥3座，涵洞7座；单线隧道1348成洞米/2座；轨道粒料道床1.41万立方米。建设单位为府谷煤业集团有限公司，设计单位为中铁第五勘察设计院集团有限公司，监理单位为北京铁研监理有限公司。2012年完成产值5441.4万元，开累完成产值5553.4万元，完成总价的29.5%。

【新建察哈素矿井铁路专用线ZH1标段】 中铁九局承建，工程位于内蒙古鄂尔多斯市伊金霍洛旗境内。工程包括接轨站新街车站改扩建、新建察哈素矿井铁路专用线DK0+000～DK5+360及立交疏解线。计划开工日期2011年7月1日，预计2013年3月31日竣工，总造价29000万元。主要工程数量：路基土石方72.34万立方米；特大桥2座3794.36米，框架式中桥1座，框架式小桥2座，框架涵5座，框架式接长涵2座；正线铺轨9.49公里，站线铺轨5.97公里，改建2.01公里。新铺单开道岔16组，改建道岔8组，粒料道床6.13万立方米及三电工程等。建设单位为内蒙古华信国电建投物流有限公司，设计单位为中铁工程设计咨询集团有限公司，监理单位为沁原监理公司。2012年完成运输便道施工2公里，110kV电力迁改2处，10kV电力迁改4处，开累完成产值454.3万元，完成总价的1.5%。

【包钢新体系铁路专用线工程】 中铁九局承建。工程位于内蒙古包头市包头钢铁集团公司新体系厂区内，包括路基、桥梁、轨道、四电及附属工程。工程自2012年10月1日开工，预计竣工2013年10月，工程总价28600万元。主要工程数量：路基土石方50.2万立方米；特大桥1126.34米/座，大桥1座，框构桥12座，涵洞9座；铺轨50.1公里，铺岔102组。建设单位为包头钢铁（集团）有限公司，设计单位为内蒙古铁道勘察设计院有限公司，监理单位为内蒙古沁原工程监理有限责任公司。2012年完成产值1951万元，完成总价的6.8%。

【陕西延长石油铁路专用线工程】 中铁九局承建，工程位于西安市大桥区邵平店村，起点从既有陇海下行K1054+150至联络线K1056+641终点。工程自2012年11月16日开工，预计2014年7月15日竣工，工程总造价16937万元。主要工程数量：改移乡村混凝土公路1.96公里，路基土方25万立方米；特大桥1座2162米，涵洞13座；铺轨14.87公里，新铺道岔16组，既有线插入道岔2组；房屋905平方米；四电14.87公里。建设单位为陕西延长石油（集团）管道运输公司，设计单位为中铁第一勘测设计院，监理单位为郑州中原铁道监理公司。2012年完成产值800万元，开累完成产值800万元，完成总价的4.7%。

【赣州至韶关铁路】 中铁十局承建赣州至韶关铁路站前工程ZQ-3标段。赣州-韶关铁路正线长179.07公里。ZQ-3标包括南康下行疏解线6.254公里，邵关上行疏解线8.78公里，改建京广线下行线0.569公里，南康京九线改线1.376公里。合同价97629万元，合同工期2009年8月-2012年2月。主要工程数量：路基土石方202万立方米；特大桥2座/3161.27米，大桥3座/921米，中小桥7座；隧道1座380米；正线铺轨188.53公里，站线铺轨34公里，制架T梁914孔。施工进度：除疏解线湞江特大桥外，其余线下工程完成；制梁（设计1832片）完成527片，架梁完成95孔；正线铺轨完成18.6公里。

【宿州至淮安铁路工程】 中铁十局承建宿州至淮安铁路工程SHZH-1标段。标段工程范围包括DK0+000～DK113+518.298的站前、站后及相关工程，含符离集站疏解线及安徽段铺轨基地、制梁厂建设，线路长度113.5公里，符离集站疏解线长5.18公里。合同价51194万元，合同工期2009年7月-2012年1月。主要工程数量：土石方6.4万立方米；区间正线铺轨119.59公里（含疏解线），站线铺轨20.65公里，道岔66组；跨京沪线特大桥3.882公里，制架梁489孔964片。施工进度：完成土石方4.9万立方米；制梁全部完成，架梁完成355孔，铺轨完成75.9公里。

【哈尔滨西客站】 中铁十局承建哈尔滨西客站III标段。施工地点位于哈尔滨市，施工里程DK14+950～DK18+300，合同价56868万元，合同工期2009年12月-2011年10月。主要工程数量：路基水泥搅拌桩73.6万立方米，路基土石方120万立方米；单线特大桥2座/1494.4米，架设T梁46孔；涵洞1座264米；铺轨23.7公里，铺道岔61组；房屋3.2万平方米。施工进度：已全部完工。

【湄南铁路支线工程】 中铁十局承建。施工地点位于福建省泉州市泉港区，标段长度26.75公里，合同价91936万元，合同工期2010年9月15日-2012年9月14日。主要工程数量：路基26.75公里，土石方265万立方米；桥梁11座/3427.47米，框架桥7座1385.54顶平米，涵洞77座1183.73横延米；铺轨39.14公里，其中正线铺轨28.31公里，站线铺轨10.83公里，铺道碴（含底碴）15.25万立方米，铺道岔40组。施工进度：路基土石方完成109万立方米；桥梁完成909成桥米。

【包兰线新增第二线青草圈站房工程】 中铁十局承建。站房建筑物长152米，在主站房东南侧设有站台雨棚长450米，宽69.5米；人行天桥主桥采用跨度（26.7+31.5）米钢箱梁，一端悬臂长度3.5米；合同工期2011年5月-2012年8月，建设单位调整工期2013年5月底完成，工程总造价17160万元。施工进度：青草圈站站房主体结构完成，钢结构网架完成；外墙干挂石材完成70%，内墙干挂石材龙骨完成；站房吊顶龙骨完成；站台雨棚钢梁吊装完成，屋面板完成33%。惠农站站房主体结构完成，砌体完成30%，安装工程完成30%，雨棚基础完成85%。

【贵广南广铁路广州枢纽工程】 中铁大桥局承建贵广南广铁路广州枢纽工程GTGG-2标。西东平水道特大桥斜拉桥和钢桁拱桥主体工程完成，附属工程施工基本完成；跨龙溪大道（40+64+40）米四线连续梁119号主墩完成7号块，120号主墩边跨合龙段完成。

中铁港航局二公司承建贵广南广铁路广州枢纽及相关工程GTGG－2标段。工程总价：158553万元。合同工期：25个月。施工单位：中铁港航局集团第二工程有限公司。贵广南广铁路广州枢纽GTGG－2标段，起讫里程GDK815+050.83～GDK828+098.938，贵广线设计长度13.715公里，建筑长度13.048公里；南广线设计长度12.306公里，建筑长度为11.001公里，标段范围内分为东平水道特大桥，路基段及陈村水道特大桥3个部分。

东平水道特大桥起讫里程为：DK815+050.83～DK822+829.14，全长7.778公里，其中由北向南依次为四线桥（DK815+050.83～DK819+848.662）、双线桥（NDK819+848.719～NDK822+529.148）和单线桥（YDK822+559.038～YDK822+853.953）。路基段起讫里程为：DK822+829.14～DK822+959.77，全长130.63米。

陈村水道特大桥起讫里程为：DK822+940.946～DK828+098.938，全长5.158公里，其中由北向南依次为贵广双线，南广左单线和南广右单线并行（DK822+940.946～DK826+197.246）、贵广双线（DK826+197.246～DK826+594.756）、贵广左单线与贵广右单线并行（DK826+594.756～DK828+098.938）。南广左单线桥及南广右单线桥终点均为在建武广客专92号墩。本标段新建特大桥梁2座，为东平水道特大桥和陈村水道特大桥（其中四线桥部分4.798公里），桥梁总长12.936公里，占本段线路长度的98.99%；路基段长度130.63米，占本段线路长度的1.01%，路基土石方工程填挖方共计约78700立方。截至2012年底累计完成产值139542万元。

【锦州至赤峰铁路】 中铁大桥局承建综合5标。12月25日完工。

【新建西安至成都铁路】 中铁隧道承建西成都铁路西安至江油段XCZQ-9标段。该标段全长27.702千米，位于汉中市勉县及宁强县境内。工程主要包括桥梁1302.97米/5座，桥梁长度占标段线路总长约4.6%；正线路基长度约143.3米，占标段线路总长约0.5%；隧道26277.649米/4.5座，隧道长度占标段线路总长约94.9%；工期为2012年12月1日至2016年11月28日，中标价款2069368431元。工程重难点：何家梁隧道全长12409米，为高风险隧道，为全线的关键控制工程。铁锁关玉带河特大桥及铁锁关立交大桥，施工风险高，难度大，是施工管理的重难点。12月份开始进场，主要施工临建设施。

【青藏铁路西格2线】 中铁隧道承建青藏铁路西格2线关角隧道XGZHQ5—2标。该标段位于青海省乌兰县、天峻县境内，关角隧道全长32.645千米，为双线单洞上下分离式隧道，分为两个标段，项目承建全长15.273千米，中铁十六局承建长17.372千米，2012年6月由于十六局施工进度较慢，6号斜井剩余较多，决定由中铁隧道增援6号斜井Ⅰ、Ⅱ线各施工422米。关角隧道全长32645米，是世界高海拔第一长隧，国内最长的铁路隧道。合同价款118464万元。合同工期2007年11月7日至2014年6月30日。截至2012年底，开累完成产值120747万元。隧道开累完成成洞28427成洞米。

【西（安）（安）康二线土建】 中铁电气化局承建，为续建工程，于2009年11月15日开工。截至2012年底完成路基土石方259.9万方，完成桥梁折合132108.13延米，涵洞1414.9横延米全部完成，隧道11258洞米全部完成。接触网专业完成基础浇注283个，立杆725根本，立铁塔272棵，架设承力索60.6条公里，架设接触线24.2条公里，架设附加线34.8条公里。变电专业完成设备基础浇注12座，构支架组立12组，主变就位4台，自偶变就位4台，设备安装84台套，综合自动化安装调试4个所，高压电缆敷设2.8条公里。

【海（天）青（岛）铁路土建工程】 中铁电气化局承建，为续建工程，于2010年10月18日开工。由于受到铁路建设速度放缓的影响，建成开通时间向后延迟。截至2012年底完成路基土石方680.34万方；特大桥9座，主体结构完成施工3座，折合完成4354.695延米；大桥17座，主体结构完成施工16座，折合完成1673.239延米；中桥28座，主体结构完成施工27座，折合完成1270.65延米；小桥91座，主体结构完成施工78座，折合完成1244.6延米；涵洞279座，完成237座，折合完成5700横延米；预制梁完成724片。房建工程完成折合3295.77平米。站后工程未开工。

【漳州港尾铁路工程】 中铁电气化局承建，为续建工程，于2010年10月6日开工，2011年由于铁路建设速度放缓，2011年9月底开始停工，2012年3月复工。至停工完成路基土石方19.2万方，隧道掘进3010.1洞米，涵洞完成170.9横延米，桥梁工程折合完成1187.8延米。

【于家堡站站房工程】 中铁建工承建。于家堡站地处滨海新区于家堡中心商务区北端，是于家堡综合交通枢纽工程的一部分，建筑面积为87943平方米，地下2层，基底标高-20.5米（场区自然地面大沽高程1.60米），基坑开挖深度22.1米。本工程由北京铁路局建设，铁道第三勘察设计集团有限公司设计，北京赛瑞斯国际工程咨询有限公司监理。合同额：161300万元，合同工期2010年3月～2012年8月。2012年继续列为集团重点工程，年完成产值40781万元，形象进度盖挖区底板、明挖区侧墙结构施工。

【广州和谐型大功率机车检修基地】 中铁建工承建。本工程位于广州市花都区，铺轨总长度约11公里，总规模满足年检修500台2年修机车、200台6年修机车以及年制造200台新车能力，并预留年检修500台2年修机车的能力。钢筋混凝土、钢结构形式，建筑面积22.9万平方米，建筑高度19米，跨度48米。本工程由广铁集团建设，中铁工程设计院有限公司设计，浙江江南工程管理股份有限公司监理，合同额36028万元。合同工期2010年4月19日～2011年1月10日。2012年继续列为集团重点工程，年完成产值37033万元。年底进行综合办公楼公寓楼主体结构施工，厂房装修。

【贵昆铁路六盘水至沾益段增建第二线工程】 中铁建工承建。贵昆铁路六盘水至沾益段位于贵州省六盘水市、毕节地区和云南省曲靖市境内，线路东起六盘水枢纽滥坝车站，向西途径水城、威宁、宣武、沾益等县市，终至沾益车站，线路全长247.633公里。本段铁路向西经嵩明抵云南省会昆明，向东经贵州省会贵阳至上海，为上海～株洲～怀化～昆明铁路通道的重要组成部分。贵昆线六盘水至沾益段里程自贵昆铁路K233+300至K477+100，既有线路全长253.8公里，其中昆明铁路局管段K366+900至K471+000，既有线路全长104.1公里，沾益站为盘西线接轨站。

本标段正线长度44.619公里，桥梁16座，其中特大桥1座、大桥2座、中桥3座、框架桥2座、跨线公路桥6座、人行天桥2座；隧道1座4584延长米，涵洞102个，站场4个。本工程由昆明铁路局曲靖铁路建设指挥部建设，中铁二院工程集团有限责任公司设计，中铁二院咨询监理公司进行监理。合同额：37597万元。工期为2008年1月～

2010年10月。2012年继续列为集团重点工程，完成产值5581万元，竣工通车。

【西宁站房及西宁西过渡工程】 中铁建工承建。西宁站房工程位于青海省西宁市区既有西宁车站处，西宁车站规模按到发线17台（面）、21条到发线（含正线），其中普速场5台（面）、7条到发线（含正线），高速场12台（面）、14条到发线（含正线）。

西宁站站区位于岗地间坳谷及阶地，岗地地形稍有起伏，局部地段墓地及成片的民房，坳谷及阶地地形平缓，开阔。结合站场的布置形式，西宁站车站建筑设计采用线侧候车与线下出站的布局方式，旅客流线采取“上进下出”的设计构思，将车站分为地上二层候车层、站台层、出站层三个主要层面。

西宁站站房总建筑面积139121平方米，其中客运用房面积59109平方米，无站台柱雨棚10800平方米，地下通道面积12059平方米，站房地上面积47050平方米，建筑层数：地下1层，地上2层；站房建筑高度：42米。

本工程由青藏铁路公司建设指挥部建设、中南建筑设计研究院股份有限公司和中铁第一勘察设计院集团有限公司设计、沈阳方正建设监理有限公司监理。合同额302873万元，合同工期2010年9月20日～2013年3月19日。2012年继续列为集团重点工程，完成年产值8003万元，形象进度为线侧站房、雨棚、高架站房结构施工。

【玉蒙铁路第一合同段】 中铁建设分公司承建。新建铁路昆明至河口线玉溪至蒙自段是西南国际铁路通道的重要组成部分，也是铁道部和云南省的重点建设项目。本标段全长37.45公里，总造价7亿元，中国铁路工程总公司2005年11月24日中标，合同期工期2005年11月15日至2008年10月15日。实际开工日期2006年3月26日，竣工日期为2012年10月。本标段工程项目多，包括路基、桥梁、隧道、涵洞、既有线改造、站场及附属工程等，全标段共有隧道10座，总计长23990延米；桥梁10座，总计1825.138延米；涵洞84座，总计1827.6横延米；路基及站场土石方共243.37万方。工程量大，桥隧长度占线路总长的67%。正线大部分地段桥隧相连，场地窄，施工难度大；本合同段有长10.29公里的全线控制工程秀山隧道和6.67公里的重点工程汉邑村隧道，其地质条件复杂、地下水发育，施工难度大，工期相对较紧。

秀山隧道全长10302米，不良地质包括煤层瓦斯、放射性铀矿、高膨胀岩等，隧道日最大涌水量24万方，被列为铁道部Ⅰ级高风险隧道。经过6年的艰苦奋战，国家重点工程泛亚国际铁路通道玉(溪)蒙(自)铁路秀山隧道于2012年1月10日胜利贯通，秀山隧道是云南省目前已打通的最长铁路隧道。全长10294米的秀山隧道平行导坑已于2011年6月9日安全顺利贯通。

2012年10月1日，玉蒙铁路开通试运行。截至12月31日，玉蒙铁路第一标段累计完成施工产值110425万元，占合同总额7亿元的158%。

【重钢集团环保搬迁铁路专用线工程】 中铁建设分公司承建。重钢环保搬迁铁路专用线工程分两期实施。前期工程主要包括：王家坝接轨站扩建、SDK联络线、新建重钢车场。后期工程主要包括：XDK联络线。工程造价69697万元，合同工期35个月，开工日期：2005年11月15日，预计竣工日期：2013年9月。截至12月31日，项目累计完成产值105523万元，占合同总额10.96亿元的96%。一期工程：重钢车场及SDK联络线工程已完工并交验(接触网除外)。2012年7月23日，王家坝车站7道顺利开通。二期工程进展情况： 二期工程进展情况：二期XDK联络线土石方开累完成21.9万方，占总量22.7万方的96%。桥梁工程开累完成折合成桥1584米，占合同数量2099.39米的75%。铺轨开累完成1500米，占合同数量8309米的18%。

【阳春市铁路支线工程】 中铁上海局二公司承建阳春市铁路支线工程Ⅰ标。合同造价：4753万元。合同工期：2010年5月15日—2011年5月15日，调整后工期：2010年6月28日—2011年9月30日，实际开工时间：2010年6月28日。施工单位：中铁上海局二公司。工程概况：中铁上海局二公司承建阳春市铁路支线工程Ⅰ标。阳春南山铁路专用线线路自岗美站北端预留牵出线接轨，平行既有阳阳铁路走行约3公里左折自阳阳高速南穿屯堡小学北侧垭口，上跨省道S277，穿华吉岭垭口，跨黄村公路，经观河、狗仔头，绕观音山南，于大塘上跨漠阳江，其后线路前行经下南山、上南山，由鬼仔陂左转至工业园工厂站，线路全长16.315公里。铺轨总长度19.524公里，其中正线16.315公里，站线3.209公里。沿线分布特大桥2座1756.96米，中桥2座137.62米，渡槽1座36米，涵洞49道，通道21道，线外涵12道，平交5处，改移道路3.572公里。该标段起始里程为DK0+000～DK4+475.6(含岗美站)，总长4.475公里，主要工程包括特大桥一座（4×32+18×24米）、中桥一座（2×32米），涵洞15座，其余全部为路基工程。主要工作内容为：岗美站改扩建、桥涵工程、路基工程（包括地基处理、路基填筑、路基附属工程）、渡槽、道路顺接、拆铺轨道、通信、绿化及环境保护工程、临时设施及过渡工程等。

施工重、难点：并行既有线施工，且有货车车辆通行，保障铁路运输安全是施工过程中应控制的技术重点。

进度情况：2012年，完成建安产值787万元，开累完成5093万元，占合同金额的107.2%。经理部管理人员23

人，外协队伍现到位5家合计75人，机械设备进场8台。

主要形象进度：完成岗美站9.3978公里主体铺轨工程，岗美中桥75.82延米桥面系铺装、S277立交桥587.66延米桥面铺装、战场道床3万立方米，所有工程全部完工。阳春线岗美站及阳春新钢铁铁路支线于2012年9月21日18:00时正式开通。

时正式开通。

【芜湖新兴铸管三山工业区铁路专用线】 中铁上海局第三分公司承建。合同造价：4700万元。合同工期：2011年11月11日—2012年4月10日。施工单位：中铁上海局第三分公司。工程概况：芜湖新兴铸管有限责任公司三山工业区铁路专用线位于安徽省芜湖市三山工业区新兴铸管厂新厂区内，合同暂定工程量：路基土石方 4 万立方米，粉喷桩25万米，路基渗水料1.76万立方米，轨道3.92公里，道岔20组，交叉渡线2组，路基排水沟2.28公里，过轨涵7座。工程进度：主体全部完成。建安产值：截至2012年12月底，经理部完成年度产值 4217.2 万元，完成开累产值4217.2万元。

【甘其毛都至万水泉南铁路】 中铁上海局市政公司承建甘其毛都至万水泉南铁路站前工程施工一标。工程总价：51774.2724万元。合同工期：合同总工期578日历天，开工日期2010年8月6日。施工单位：中铁上海局市政公司。工程概况：工程位于内蒙古自治区西北部的包头市、巴彦淖尔市境内，为塔本陶勒盖矿区配套铁路运煤专用线的境内部分，线路南起包神铁路的万水泉南站，向北至中蒙边境中方口岸甘其毛都，线路全长366.853公里（其中万水泉南至河西段21.619公里已建成）。GQSG-1标段位于包头市境内，标段施工范围：DK22+500～DK56+769，正线长度34.8公里，含乌兰计站和哈业脑包站。主要工程数量：路基填方395.55万立方米，路基挖方206.45万立方米；隧道5534延长米/1座；特大桥3946延长米/3座，大中桥1969延长米/11座；涵洞2200横延米/78座。完成产值及形象进度：完成路基土石方371万立方米，占总量的51%。乌拉山隧道全线贯通，折合成洞米384米，占总量的7%，累计完成100%。涵洞完成220米，占总量的14.5%，累计完成100%。特大中桥折合完成2380米，占总量的38%，累计完成100%。2012年9月16日实现全线通车。年度完成产值19921万元，占年度计划的172%。

【沈阳至铁岭城际铁路】 中铁三局承建（松山路～道义）工程土建施工第二合同段。合同价款：3.1亿元。合同工期：2010年4月5日～2012年2月5日。业主要求工期：2012年10月30日土建工程全部完成。形象进度：车站除站台板和轨顶风道外剩余附属工程2012年10月30日前全部完成。区间风井结构 2012 年 4 月 3 日前完成；区间盾构 2268.1双延米2012年9月30日前完成。

中铁三局承建（松山路～道义）工程土建施工第三合同段。合同价款：2.1亿元。合同工期：2010年5月4日～2012年3月3日。形象进度：车站剩余主体结构施工2012年4月30日前完成，区间盾构左右线总计1533.6米在2012年9月30日前全部完成。

【长株潭城际铁路】 中铁隧道承建长株潭城际1标。该标段位于长沙市，全长14.7045千米。主要包括湘江隧道、桥梁、地下车站段、既有站改造、新建动车运用所和调车场工程。其中湘江隧道（双洞单线）8899.12双延长米/1座，其中盾构段4839双线延长米，进口明挖段暗埋段140米，矿山法段3663双延长米；地下车站四座（开福寺站、滨江新城站、市府站和雷锋大道站）；特大桥（跃进湖特大桥、上行客车联络线）3496.81米/2座，其中跃进湖为复杂特大桥。合同工期2010年9月1日至2014年3月31日，合同价款331271万元。截至2012年底，开累完成产值62346万元。盾构隧道开累完成掘进635米；暗挖隧道开累完成成洞496米。滨江新城站、市府站和雷锋大道站进行围护结构和土方施工。

【北京铁路枢纽地下直径线】 中铁隧道承建北京铁路枢纽地下直径线2标。本标段全长6225米，线路大致呈东西走向，包含181.2米段明挖工程、871.3米的暗挖隧道工程（其预埋段暗挖隧道240.8米、拱形段暗挖隧道630.5米）、5175米盾构隧道。直径线工程是北京市“最难的、风险最大的在建地下工程”。合同价款 97043 万元，合同工期 2005 年12月～2014年10月。截至2012年底，开累完成产值88187万元。181.2米段明挖工程、871.3米的暗挖隧道工程完工，盾构隧道开累完成掘进4618米。

铁路复线技改

【广西沿海铁路扩能改造工程】 中铁三局承建钦防铁路QF-1标。合同价款11.4亿元，合同工期：2010年3月1日～2012年7月31日。业主调整工期：要求2012年10月31日达到联调联试条件，12月31日全线达到开通条件。形象进度：剩余的桥面系于3月30日前全部完成，路基绿色防护、防护栅栏于6月20日前全部完成，跨线桥、人行天桥及道路改移于6月底前全部完成；铺轨工程：既有南防线改建1.8公里单线人工铺轨3月20日完成；钦州北至钦州区间7.325双线公里机械铺轨4月1日-6月17日完成；钦州至防城港北区间39.29双线公里机械铺轨4月5日～10月31日完成；防城港北至防城港15.7公里单线人工铺轨（含车站）4月1日～6月14日完成。

中铁九局承建广西沿海铁路黎塘至钦州段扩能改造工程LQ标段。标段从广西南宁市黎塘镇出发，经横州跨郁江，过沙坪、陆屋、平吉向南延伸至钦州马皇，是广西沿海铁路的组成部分，也是跨越北部湾地区的区域性铁路线路。本线为增建二线，从既有湘桂线沙江站引出向南至马皇站，长度约99正线公里，全线大部分线路沿既有线两侧修建；同步实施的黎塘地区相关工程全长4.061公里；钦州地区相关工程全长14.7公里。2010年9月1日开工，预计2013年12月31日竣工，工程总造价203400万元。主要工程数量：特大桥5座，大桥16座，中桥16座，小桥12座，隧道4座，区间路基土石方740万立方米，站场路基土石方128万立方米，正线铺轨174.29公里，站线铺轨13.69公里。建设单位为南宁铁路局沿海铁路扩能改造工程建设指挥部，设计单位为中铁四院集团南宁勘察设计院有限公司，监理单位为华铁工程咨询有限责任公司黎钦监理站。2012年完成产值72072万元，开累完成产值127855万元，完成总价的62.8%。

中铁大桥局承建广西沿海铁路南钦北段扩能改造工程NQ-1标。主体工程基本结束，进行收尾工作。

中铁港航局二公司承建广西沿海铁路南宁至钦州北段扩能改造工程站前工程（NQ－1标）。工程总价：67200万元。合同工期：30个月。本标段起于南宁东站DK0+000处，终点里程约为DK18左右，全长约为18公里左右。自DK0+000始：屯里特大桥（左右线）——小那舅大桥（左右线）——那平双线大桥——杨屋双线特大桥——邕江双线特大桥——联坡双线特大桥——待定（DK18左右）。其中桥与桥之间为路基工程。本工程范围含3座特大桥（杨屋双线特大桥、邕江双线特大桥、联坡双线特大桥），其余为路基、涵洞、框架桥等工程。杨屋双线特大桥：2×24+33×32+（56+88+48）连续梁+1×32+1×24+2×32+（80+2×128+80）连续梁+41×32+1×24米预应力混凝土箱梁；全长3237.2米，其中全桥24米箱梁4片，32米箱梁77片。邕江双线特大桥：4×24+8×32+2×24+9×32+（132+276+132）钢桁拱+39×32米箱梁；全长2537.2米，其中全桥24米箱梁6片，32米箱梁56片。联坡双线特大桥：19×32米箱梁；全长608米，其中全桥32米箱梁19片。截至2012年底累计完成70013万元（含变更），本项目已于2012年竣工。

【湘桂铁路扩能改造工程】 中铁二局承建衡阳至永州段GTXG-2标，系续建工程。该工程造价30.09亿元，于2009年3月中标，合同工期2009年3月28日～2011年11月28日（因2011年建设资金不到位，完工时间调整为2012年7月31日）。湘桂铁路衡阳至永州段扩能改造工程GTXG-2标段起讫里程为DK13+500～DK110+100，线路全长96.6公里，途经湖南省衡阳市雁峰区、蒸湘区、衡南县、祁东县和永州市祁阳县，工程建设单位为广州铁路（集团）公司，设计单位为中铁第四勘测设计院集团有限公司，监理单位为华南铁路监理公司。本标段主要工程有：路基土石方1765万立方米，其中区间土石方1198万立方米，站场土石方567万立方米；桥梁37座14372双线米，其中特大桥7座6083双线米，大桥30座8289双线米；隧道19座，13796双线米；涵洞252座，8089米横延米；制梁场3处，共预制箱梁549孔。2012年是湘桂2标收官决战年，剩余工程主要有部分制架梁和路基交铺，以及防护栅栏、路基边坡浆砌、水沟电缆槽等，交铺和开通工期任务紧，压力大。全年完成产值32584万元，为计划28023万元的116.3%，并于2012年11月在各施工单位中帅先完成线内实体工程，12月完成建设指挥部组织的工务段静态验收工作，确保湘桂2标工程在年底前具备开通货车条件，为打好湘桂铁路工程收官决战奠定坚实的基础。

中铁五局承建湘桂铁路扩能改造工程1标，系续建工程。中铁五局承建。系续建工程。项目位于湖南省永州市冷水滩区、东安县；广西壮族自治区全州县。主要工程量：隧道8315米/6座（陡岭山隧道3346米、山乾隧道1965米），桥梁9587.57米/24座（特大桥5737.22米/6座，大桥3763.65米/12座，其它86.7米/6座），路基土石方998万方（正线856万方 、站场142万方），涵洞4783.82米/209座，车站2座（东安东车站 、庙头西车站），正线铺轨135.298千米，站线铺轨9.098千米，铺道岔43组，铺道碴54万方，旅客地道29.9延米/座。合同总额233389万元。建设单位：南宁铁路局湘桂线提速扩能改造工程建设指挥部，设计单位：中国中铁第二勘察设计院，监理单位：华铁工程咨询公司。合同开工时间 2009 年 3 月 10 日，合同竣工时间 2012 年 12 月 31 日。2012 年累完成 25942 万元，开累完成 232905 万元，剩余价值 483 万元。

中铁九局广州分公司承建湘桂铁路衡阳至永州段扩能改造工程 DK110+100～DK153+828.13 段。工程位于湖南省永州市境内，线路全长 43.7 公里，起讫里程为 DK110+100～DK153+828.13。工程自 2009 年 3 月 28 日开工，预计 2013 年 6 月 30 日竣工，工程总造价 113200 万元。主要工程数量：路基土石方约 500.5 万立方米，路基附属 450.5 万立方米；桥梁总长 7160.72 米/12 座，其中特大桥 5271.08 米/5 座，大桥 7 座；隧道 1876 米/4 座；正线铺轨 92.53 公里，站线铺轨 10.83 公里。建设单位为广州铁路（集团）公司湘桂铁路扩能改造工程建设指挥部，设计单位为中铁第四勘察设计院集团有限公司，监理单位为华南铁路建设监理公司。2012 年完成产值 29148 万元，开累完成产值 117080 万元，完成总价的 98.49%。

【牡绥扩能改造工程】 中铁三局承建 3 标。合同价款 7.3 亿元，合同工期：2010 年 5 月 1 日～2012 年 10 月 31 日。形象进度：路基工程:路基主体及附属剩余工程年内全部完成，完成土石方 15.17 万方。其中：土方 10.9 万方，石方 2.5 万方，渗水土 427 立方米，级配碎石(砂砾石)8311 立方米，AB 组填料 8874 立方米及相应附属工程；桥涵工程：转心湖大桥下部工程剩余承台 5 个、墩台身 7 个年内完成全部，完成 135.18 延长米；涵洞剩余 1 座 16.15 横延米全部完成；隧道工程：完成隧道 3639 成洞米，占设计的 30%。

【长春枢纽长春站改工程】 中铁三局承建。合同价 4.6978 亿元。合同工期：2010 年 4 月 1 日至 2011 年 6 月 30 日。形象进度：高速场：6-8 站台站台面装修：3 月 1 日-6 月 20 日；9 站台站台面装修：6 月 1 日-7 月 20 日；东、西旅客地道装修：3 月 15 日-6 月 30 日；7 月 1 日高速场开通。普速场：①. 2012 年 3 月 1 日～3 月 31 日封锁普速场客 4～7 道及二站台，拆除二站台雨棚，对 5 道北侧进行防护桩加固。②. 2012 年 4 月 1 日～4 月 30 日封锁普速场客 5～8 道及二站台北半侧、三站台，施工客 5～客 8 道旅客地道、综合管沟、线间排水沟及给排水。③. 2012 年 5 月 1 日～7 月 20 日封锁普速场客 5～10 道及三站台，施工客 5～客 8 道旅客地道、综合管沟、线间排水沟及给排水。施工 7 道雨棚临时立柱，做 7 道～10 道无站台柱雨棚。④. 2012 年 7 月 21 日～2012 年 11 月 30 日（结合南换乘中心改造）封锁普速场客 1～5 道及一、二站台，拆除既有一、二候车室及一站台雨棚、外挂钢梯、进行管线排迁。施工旅客地道及综合管沟，高架候车室及无站台柱雨棚基础，开始对临时第三候车室进行拆除还建

【神朔改线及神池南站改工程】 中铁三局承建。合同价款：7.0821 亿元。合同工期：2009 年 8 月 1 日至 2011 年 6 月 30 日。业主要求工期：2011 年 12 月 30 日开通下行场，2012 年 9 月底开通上行场。形象进度：路基工程：剩余挖石 4.0 万方，5 月底前完成；填方 210 万方，7 月 15 日前完成；路基附属工程 6.5 万圬工方，9 月底前完成；涵洞工程：剩余 6 座涵洞共 418.81 横延米，6 月 15 日前完成；轨道工程：剩余上行场铺轨 54.1 公里，拆除线路 33.14 公里，新铺道岔 200 组，拆除道岔 118 组，道碴 27.6 万方，清筛道碴 6.9 万方。

【金华至温州铁路扩能改造工程】 中铁隧道承建金华至温州铁路扩能改造工程站前工程 4 标。该标段位于浙江青田，线路总长度 37.461 千米，主要工程为隧道 11 座，长 32.33 千米；桥梁 12 座，长 2.402 千米；路基 5 段，长 165.05 米；站场 3 个，为青田站、帧埠站及温溪货场。合同工期 2010 年 9 月至 2015 年 5 月。合同价款 174073 万元。截至 2012 年底，开累完成产值 59650 万元；隧道开累完成成洞 14287 成洞米，桥梁开累完成成桥 650 米，土石方开累完成 42 万立方米。

中铁上海局承建金华至温州铁路扩能改造工程站前工程 JWSG-Ⅰ标。合同造价：278036.96 万元，暂分劈 118765 万元。合同工期：2010 年 9 月 1 日－2013 年 4 月 30 日。调整后开、竣工时间：2010 年 9 月 12 日－2015 年 8 月 31 日。实际开工时间：2010 年 9 月 12 日。施工单位：中铁上海局一公司。工程概况：中铁上海局一公司承建金温铁路扩能改造工程站前工程 JWSG-Ⅰ标段。正线里程范围：DK0+000～DK34+665，线路全长 34.665 公里，负责施工全正线的 34.665 公里。下设四个项目部：二项目部负责 11.562 公里（DK0+000～DK11+562），三项目部负责 7.642 公里（DK11+561.9～DK19+204），四项目部负责 6.548 公里（DK19+204～DK25+752.35），五项目部负责 8.913 公里（DK25+752.35～DK34+665）。

主要工程量：桥梁 17 座/10454.02 米，其中特大桥 7 座/9416.53 米，大桥 2 座/673.63 米，中桥 4 座/316.86 米，小桥 4 座/47 米；涵洞 74 座/1652.33 横延米，隧道 2 座/10190 米，其中汤村隧道全长 9645 米，为金温线上重点控制性工程之一；路基 6.595 公里，土石方 256.55 万方，其中区间 124.69 万立方米，站场 231.86 万立方米；车站 3 处（东孝、金华南为改建，武义北为新建）。

施工进度：东阳江特大桥（32+48+48+32米、48+80+48米连续梁）钻孔桩累完374根（完）；承台累完43个（0号～27号、29号～43号承台）；墩台身累完43个（0号～27号、29

号～43号墩台）；水中墩10号墩～14号墩48米连续梁施工完成；金义公路35号～38号墩80米连续梁施工完成。跨金丽温高速公路1号特大桥（48+80+48米、60+100+60米连续梁）钻孔桩累完715根；承台施工1个，累完67个（0号～35号、48号～60号、62号～79号承台）；墩身施工1个，累完66个（0号～35号、48号～60号、62号～71号、73号～79号墩身）；跨330国道连续梁0号台～3号墩80米连续梁施工完成，跨金丽温公路、金温铁路连续梁73号～76号墩100米连续梁施工完成。汤村隧道（全长9645米）进口24米明洞开挖、仰拱及二衬完；进口正洞上（中）台开挖支护1102米，下台开挖支护1047米，仰拱开累1023米，二衬开累981米；1号斜井掘进、仰拱累计550米（完），二衬开累40米；1号斜井出口正洞上（中）台累计518米，下台累计479米，仰拱累计436米，二衬累计371米；1号斜井进口正洞上（中）台累计545米，下台累计482米，仰拱累计433米，二衬累计397米。2号斜井掘进累计1085米（贯通），仰拱开累1070米，二衬开累45米；2号斜井向进口正洞上（中）台开挖支护416米，下台累计359米，仰拱开累293米，二衬累计248米；2号斜井向出口正洞上（中）台开挖支护429米，下台累计394米，仰拱累计353米，二衬累计282米。3号斜井260米井身开挖、仰拱完，二衬开累30米；3号斜井向出口正洞上台开挖支护460.9米，中台开挖支护420米，下台开挖支护409米，仰拱开累366米，二衬开累332米；3号斜井向进口正洞上（中）台开挖支护871米，下台开挖支护795米，仰拱开累764米，二衬开累706米。出口明洞清表受阻。

中铁四局承建的金华至温州铁路扩能改造工程站前工程 JWSG-I 标“三电”迁改。

合同总额：4542.8 万元。三电迁改 24015939 元，隧道照明 8619248 元，信号 24763062 元，“三电”过渡工程 15717020 元，其他费 6792749 元，设备费 4321374 元、总承包风险费 1244320 元、安全生产费 1096729 元。

合同工期：2010 年 9 月 12 日～2013 年 5 月 2 日。

形象进度：塘雅夹心路基横铁路通信线路，顶管施工准备完成。L2DK3+850 处（前田村）移动基站迁改、通信光缆迁改施工、其它工程正在施工中。

【杭州东站改扩建工程】 中铁四局承建的杭州东站扩建工程。工程造价：246600 万元。合同工期：2009 年 12 月～2011 年 6 月。

杭州东站扩建工程由 4 台 9 线扩建为 15 台 30 线，按 3 个场横列式布置，由东向西依次布置为普速场、沪杭长场、宁杭甬场。其中普速场 2 台 5 线，沪杭长场 6 台 12 线，宁杭甬场 7 台 13 线。车站北端引入沪杭客专线、宁杭客专线、浙赣绕行线改线以及动车走行线；南端引入杭甬客专线、杭长客专线以及浙赣绕行线改线。包含了路基、桥涵、站场，无柱雨棚、轨道、通信、信号、信息，电力及电力牵引供电，房屋建筑及给排水、过渡工程、其他运营生产设备及建筑物，大型临时设施、改路改河等工程量。

主要工程量：站场土石方 272.076 万方，水泥搅拌桩 3933661 米，旋喷桩 112560 米，钢筋混凝土管桩 52014 米，特大桥 4 座，大桥 3 座，中桥 18 座，小桥 16 座，涵洞 47 座，无柱雨棚基础 396 根，承台 94 个。

2. 完成产值：

截止 12 月 31 日，完成产值 199390 万元，占总价的 94.8%。

钢构无柱雨棚：雨棚钢柱、格构柱全完。

中铁十局承建杭州东站扩建工程艮山门动车运用所。施工地点位于杭州东站，将艮山门编组站改建为动车运用所，合同价 37524 万元（其中：电力通信信号 11044 万元，三电及房建内设备费用 9623 万元），合同工期 2009 年 12 月-2013 年 4 月。主要工程数量：拆除艮山门编组场既有 17 股编组线，新建动车存车线 15 条，新建 4 线检查库 1 座；局部既有沪杭线和宣杭线的改线；2011 年 10 月增加杭长综合维修车间通道工程。施工进度：已全部完工。

【集通铁路复线扩能改造工程】 中铁四局承建。合同总造价：14.2 亿元。其中：土建工程 8.4 个亿、轨道工程 5.2 亿、迁改及其他费用 0.5 亿、总承包风险费 0.1 亿 。合同工期：2012 年 9 月 12 日～2014 年 9 月 11 日。

集通扩能改造工程按照铁道部初步设计批复意见划分为 11 段落， ZQ2 标（8、9 段）由中铁四局施工，尚未招标的有 5、6、7、10 段，其中 5、10 段年内将组织上报铁道部进行施工图审查工作。剩余的 6、7 段的工程量较大、桥隧数量众多，其中控制性工程克什克腾隧道长达 29.8 公里，这两段目前仍处在施工图设计阶段。

改建铁路集通铁路扩能改造工程 JTZQ-2 标段包括设计范围内的迁改、路基、桥涵、轨道、其他运营生产设备及建筑物、大临及过渡工程的施工。按照铁道部的批复意见划分为大板-林东段、林东-查布嘎段（也就是 8、9 段），大板东-麻斯塔拉联络线、林白铁路联络线（国电蒙东集团投资，委托集通公司建设）四个施工单元。本标段工程范围跨内蒙古自治区赤峰地区的巴林右旗、巴林左旗、阿鲁科尔沁旗三个旗(县)，工程范围近170公里。

主要工程数量：土建工程长度166公里，铺架工程长度230.582公里，其中区间路基土石方765万立方米、站场土石方130万立方米；框架桥顶进16座2462顶平方米，公路改造及上跨铁路桥16座，接长涵165座1381横延米，新建正线轨道162.5公里、改建正线轨道62.26公里，新铺道岔187组、拆除道岔120组。既有车站封闭5座，既有车站改造6座，其中大板、林东、查布嘎三个办理客运业务的改建工程量较大。本标段新线于既有线的线位关系可分为增建二线、双线绕行、单线绕行、换边四种情况，并对既有线线路平纵段面不良地段进行改建施工（改线、改坡)。

完成工程情况：既有集通线设计等级较低，桥梁病害较多，近两年内先后进行了多次病害改造，本标段内有部分合同清单内工程（桥梁、平改立、线路所）已经先期完成了施工，如巴彦塔拉大桥、乌尔吉沐沦大桥等4座桥梁及部分路基工程，以及K678、K682、K714、K719四处平改立工程也已先期完成，上述各类已完工程造价约估5900万元，其中一公司管段约2800万元，八分公司管段约3100万元。（界时以业主、监理、原施工单位、设计共同现场勘验并结合施工图数量进行清算)。

【赣州至龙岩铁路扩能改造工程】 中铁五局承建GL-5标段，系续建工程。项目位于福建省连城县、上杭县、龙岩市新罗区境内，从主线DK224+881开始至龙岩站DK272+789结束，长度47.91公里；铁山洋站及东南联络线，其中东南下行联络线LZDK0+000至LZDK6+895.15，长6.89515公里；东南上行联络线LYDK4+900至LYDK7+111.08，长2.21108公里。主要工程量：路基279.65万方，桥梁30座9905.82延长米，其中特大桥6座4184.9延长米，大桥18座5537.6延长米，中小桥6座183.32延长米；涵洞34座1234.76延长米；隧道19座38943米；此外，还包括站场、无砟轨道、房屋、三电迁改、综合接口等工程项目，合同总额258922万元。建设单位：赣龙复线铁路有限责任公司，设计单位：中铁第四勘察设计院集团有限公司，监理单位：西安铁一院监理公司赣龙铁路GL-4标监理项目部。2010年10月1日开工，合同开工时间2010年9月1日，合同竣工时间2014年2月28日(根据2012年8月13日业主召开的施组审查会确定竣工时间为2014年10月31日)。2012年累完成产值58432万元，开累完成产值100009万元，剩余158913万元。

【广大铁路扩能改造工程站前工程土建五标】 中铁五局承建，系新开工程。项目地点云南省大理市祥云县下庄镇。本标段为站前五标，起迄里程为：D1K98+217.95～DK121+100，包含桥梁工程、路基工程、涵洞工程、隧道工程、站场工程。主要工程数量：土石方197.2万方；隧道8座，长15266米；桥7座，长3643.93米；盖板箱涵21个共计721.93横延米，倒虹吸1座横延米27米。合同总额12.29亿元。建设单位：昆明铁路局滇西铁路有限责任公司，设计单位：中国中铁二院工程集团有限责任公司，监理单位：长沙中大广大铁路监理经理部。2012年12月1日开工，竣工时间2016年3月31日。2012年累完成产值698万元，开累完成8138万元，剩余价值114762万元。

【西宁站改造及相关工程施工QZXNZG-2标段】 中铁五局承建。新建工程，中标时间2012年9月2日。工程位于青海省西宁市西宁（货）区段站至小桥站、西宁北站、双寨站。工程内容：改建车站（小桥站、西宁客车站、西宁北站、双寨站、西宁货站咽喉区）；新建线路四条（西宁动车走行线上下行线，西宁客车上下行疏解线；高普速客车联络线，西宁区段站至小桥站货车外绕线，全长4.69公里；隧道一座：褚家营双线隧道长3130米；施工过渡便线共设两处；西宁车场施工过渡便线全长2.92公里；林家崖施工过渡便线全长0.77公里。主要工程量：征地拆迁：改移道路5.36公里。路基工程：区间路基土石方施工方818792方；路基附属土石方708122方，混凝土及浆砌工程96378方，支挡结构39042方。站场土石方施工方5164046方。桥涵：小桥19座/26010.4顶平米，涵洞40座/ 2733.76横延长米。隧道：褚家营双线隧道全长3130米。轨道：轨道全长58.61975铺轨公里（正线：新建25.804铺轨公里，改建线路3.137公里；站线：新建32.81575铺轨公里，改建线路5.517公里）。房屋：生产及办公房屋44631.09平方米；居住及公共房屋14075.64平方米；通信、信号及信息工程：综合接地系统7公里。合同总额153493.4万元。建设单位：青藏铁路公司西宁站枢纽改造工程建设指挥部，设计单位：中铁第一勘察设计院集团有限公司，监理单位：兰州交大工程咨询有限公司西宁站改监理项目部。合同开工时间：2012年9月5日，竣工时间：合同竣工时间：2014年12月5日。2012年累完成7867万元，开累完成7867万元，剩余价值145626万元。

【京广铁路保定站改造工程】 中铁六局承建Ⅱ标段。工程位于河北省保定市，合同额3.78亿元，开竣工日期2010年9月1日至2014年1月20日。2013年12月30日，西半场顺利开通，东半场开始要点施工。建设单位：北京铁路局保定站改造工程和既有石太线扩能改造工程建设指挥部，设计单位：中铁工程设计咨询集团有限公司，监理单位：北京铁建工程监理有限公司保定站改造工程项目监理部。本项目在原有保定站场地基础上实施改造。站场规模为5台10线（含正线2条）。西侧基本站台一座，宽12米，长500米。设中间站台三座，宽12米，长为500米，东侧设基本站台一座，宽 12 米，长 500 米。本车站属客货共线型，设东西侧式站房和高架候车室，设无站台柱雨蓬。结合车站进、出站流线模式设出站地道一座，宽 12 米，另设行包地道一座。

【南疆铁路库阿增建二线】 中铁六局承建 ZH-4 标段。合同额 6.28 亿元，开竣工日期 2009 年 9 月 15 日至 2013 年 12 月 31 日。改建铁路南疆线特尔希克至阿克苏增建第二线工程，线路东起阿克苏地区特尔希克（K833+500），西至阿克苏站（K985+200），线路全长共计 151.68 公里。其中区间路基土方 396.1 万立方米；站场土方 34 万立方米；梁桥：大桥 8 座/1592.1 延长米，中小桥 32 座/1489.1 延长米，框架桥 52 座/3758.1 顶平米；涵洞 396 座/3233 延长米（14 座平改立）；房建工程 4168 平方米。本标段线路东起阿克苏地区特尔希克（K833+500），西至阿克苏站（K985+200），线路全长共计 151.68 公里。既有线共有 6 个车站，即特尔希克、羊塔克库都克、咸水沟、喀拉玉尔滚、帕满、阿克苏站，建成后开站 3 个，即羊塔克库都克、喀拉玉尔滚、阿克苏站，关闭 3 个站，即特尔希克、咸水沟、帕满。其中区间路基土方 396.1 万方；站场土方 34 万方；大桥 8 座，中小桥 32 座，框架桥 52 座，涵洞 396 座；房建工程 4168 平米。2012 年 12 月 5 日，南疆铁路特喀段顺利开通；标志着全线的顺利开通又迈出了坚实的一步。

【改建铁路枢纽太原南站及相关工程】 中铁六局承建。合同价款 26.62 亿元，合同工期：2011 年 2 月 1 日～2012 年 7 月 30 日。新建太原南站工程包括一站、两区间、一所。一站为太原南站，包括大西和石太两个车场，各为 5 台 11 线，总规模为 10 台 22 线，有效长 650 米，站台长度 450 米；两区间为太原至太原南区间、太原南至新鸣李区间；一所为动车运用所，其中包括石太客专 8 股道，大西客专 21 股道；具体施工内容为路基工程、桥涵工程（含公跨铁）、轨道工程、通信信号工程、电力牵引及供电工程、房屋工程（不含南站站房）、其他运营生产设备及建筑物工程及大型临时设备及过渡等配套工程。本工程位于山西省太原市，合同额为 26.62 亿元，开竣工日 2011 年 2 月 1 日至 2013 年 9 月 30 日。截至 2012 年底，路基土方完成 286 万方，剩余 56 万方；桥梁墩台身完成 143 个，剩余 30 个，架梁完成 180 孔，剩余 48 孔，框构桥完成 20 座，剩余 8 座，涵洞完成 22 座，剩余 11 座；铺轨完成 30.7 公里，剩余 46.6 公里，铺道岔完成 34 组，剩余 55 组；房建完成 2200 平米，剩余 13200 平米；站场设备除吸音板外全部完成。

【改建铁路昆明枢纽工程站前二标】 中铁六局承建。中铁六局承建的改建铁路昆明枢纽扩能改造工程站前二标段施工范围包含两大部分：线下工程和线上工程。线下工程包括：昆阳支线读书铺～昆阳增建二线，线路长 39.3 公里；温泉至桃花村联络线，线路长 2.239 公里；新建桃花村物流中心。线上工程包括：昆明枢纽工程增建线路的铺轨、架梁、12 个站场改造和 1 个新建物流中心。包括：温泉（含）至读书铺（含）增建Ⅱ、Ⅲ线工程，线路长 11.27 公里；读书铺（不含）至昆明西（含）增建Ⅱ、Ⅲ、Ⅳ线工程，线路长 12.73 公里；昆明西（不含）至昆明（不含）增建Ⅲ、Ⅳ线工程，线路长 5.934 公里；昆明（含）至昆明东（不含）增建Ⅲ、Ⅳ线工程，线路长 5.017 公里；昆明东扩建三级六场及联络线改建，联络线线路长 6.718 公里；昆明东至小石坝联络线工程，线路长 6.797 公里；小石坝机车及客车车辆检修中心；读书铺（不含）至中谊村（含），增建二线，线路长 30.954 公里；中谊村（不含）至昆阳（含）增建二线，线路长 8.5 公里；新建桃花村物流中心；温泉至桃花村联络线，线路长 2.239 公里。12 个站场改造分别为：昆明东编组站、昆明客站、昆明西客站、羊方凹站、王家营西还建货场、小石坝机车及车辆检修中心、温泉中间站、读书铺站、白塔村中间站、中滩中间站、中谊村中间站、昆阳中间站。本工程位于云南省昆明市，合同额 22.62 亿元，开竣工日期 2009 年 11 月 1 日至 2013 年 12 月 31 日。2012 年 12 月 30 日，昆明枢纽昆阳支线开通。

【昆明至玉溪铁路扩能改造工程站前二标】 中铁六局承建。本标段工程线路正线长 30.968 公里。主要含道路、管线迁改、路基、桥涵（不含预制梁、架梁、桥面系，含连续梁及其连续梁上的桥面系和预应力桥面系中的吊篮、墩台围栏）、隧道、其他运营生产设备及建筑物工程（地道、天桥）及大型临时设施等工程项目。其中：路基 9.507 公里，占线路全长 31%；桥涵 10.443 延长米，占线路全长 34%；隧道 11.008 公里，占线路全长 35%。本工程位于云南省玉溪市，合同额 15.42 亿元，开竣工日期 2010 年 8 月 1 日至 2014 年 5 月 31 日。2012 年 12 月 13 日，大坡山隧道出口至横洞工区顺利贯通。标志着全线正式开始进入施工高峰期。

【改建铁路遂渝二线遂宁至重庆站前工程 1 标及铺架工程】 中铁八局承建。 站前工程 1 标位于新桥（不含）至三星（含），起始里程：DK0+000-ZDK32+100，含遂宁南疏解线，土建 37.69 公里；临电 141.17 公里；铺轨 157.66 公里。主要工程内容：隧道 18 座，计 5867 延长米；桥梁 17 座，计 6636.15 延长米；涵洞 111 座，计 1784.11 横延米；路基土石方 296.45 万立方米；制梁 1064 孔，及三电迁改、油气管道迁改，环保等工程。合同工期：2009 年 2 月 5 日至 2011 年 12 月 31 日，合同总价 151905 万元，2012 年完成产值 64775 万元，开累完成产值 204695 万元。

铺架工程起止里程为 DK0+000～YDK125+690.59，正线长度 130.832 公里。全线按重型、有砟轨道、一次铺设跨区间无缝线路设计。正线无缝线路地段采用 60kg/米、定尺长 100 米 U75V 无孔新轨在成都铁路局石板滩焊轨厂焊成 500 米长轨，既有线改建地段按新建标准予以恢复。Ⅲ型有挡肩轨枕和Ⅱ型弹条扣件，按 1667 根/公里铺设。采用Ⅰ级碎石道砟。

【昆明铁路枢纽扩能改造站前一标工程】 中铁八局承建。改建铁路昆明枢纽扩能改造工程站前工程一标段主要工程内容有路基、桥涵、隧道及明洞、站场、设备安装、环保及水保等 7 各方面。线路由读书铺至昆明西、昆明西至昆明东、昆明东至小石坝段等线路组成。读书铺（不含）至昆明段增建线路全长约 19.93 公里；昆明东至昆明段增建线路全长约 18.67 公里；昆明东扩建三级六场及联络线改建 5.017 公里，昆明东至小石坝联络线 6.797 公里，既有线改建 4.4 公里；新建小石坝机车、客车车辆检修中心；还建王家营西货场。车站改建 6 个：昆明西、昆明站、昆明东、羊方凹、小石坝、王家营西。合同工期：2009 年 11 月 1 日至 2012 年 10 月 31 日，由于征拆工作未能按期进行，工期推迟。合同总价 218854 万元，2012 年完成产值 46733 万元，开累完成产值 97955 万元。

【山西朔黄铁路扩能改造工程】 中铁八局承建。山西朔黄铁路扩能改造工程全长 10.85 公里，由电务公司和昆建公司参与施工。合同工期：2009 年 7 月 10 日至 2011 年 7 月 10 日。实际开工：2009 年 7 月 13 日。完成情况：桥涵完成 258 延米，路基土石方完成 134 万立方米，新铺正线 5 公里，新铺站线 18.8 公里，新铺道岔 34 组。路基土石方完、桥涵完。于 2012 年 10 月 25 日完工。工程合同价 13985 万元，2012 年完成产值 2322 万元。

【改建铁路贵昆线六盘水至沾益段增建第二线工程站前工程施工Ⅰ标】 中铁八局承建。工程位于 K235+300-K253+700，由三公司施工。线路长度 40.591 单线公里，桥梁设计 25 座总长 7.0344 公里；隧道设计 14 座总长 7.107 公里；路基土石方设计 410.6 万立方米。合同工期：2007 年 4 月 2 日至 2009 年 4 月 26 日，开工日期 2007 年 6 月 1 日，由于征拆工作未能按期进行，工期推迟，预计 2013 年完工。合同总价 56018 万元，2012 年完成产值 10369 万元，开累完成产值 55925 万元。

【平齐线郑家屯至满汉营增建二线工程】 中铁九局承建。起于 K89+400，向北行进，从 K92+000 平齐双线绕行，于 DK94+301.36 处跨越设计大郑左线，依次跨越西辽河、省道 207 后于 K101+300 与既有线衔接，绕行结束。全线扩能后左线长 106.81 公里，右线长 106.81 公里，贯通线车站依次双辽站、郑家屯站、山场屯站（封闭）、大土山（封闭）、卧虎屯、玻璃山（封闭）、堡石图（封闭）、茂林 、保康 、金山（封闭）、丰库（封闭）、满汉营（封闭）。工程于 2010 年 10 月 1 日开工，预计 2013 年 11 月 30 日竣工，总造价约 12.4 亿元。主要工程数量：路基总长 106600 米；特大桥 3225 米/1 座，梁式中桥 8 座，框构桥 9 座，平改立 17 座，涵洞 21 座；站场 4 座，铺轨 161.98 公里，其中正线铺轨 124.94 公里，站线铺轨 37.04 公里，铺碴 41.44 万立方米，铺新岔 64 组，铺旧岔 4 组；新建旅客地道 3 座等。建设单位为沈阳铁路局辽西工程建设指挥部，设计单位为锦州铁道勘察设计院有限公司，监理单位为沈阳铁路建设监理有限公司平齐线增建二线工程监理站。2012 年完成产值 22377 万元，开累完成产值 104049 万元，完成总价的 83.9%。

【萧甬铁路绍兴县城区段改造工程】 中铁九局承建。工程位于浙江省绍兴市内，主要为既有萧甬铁路改建，将城区内既有路基改造为高架桥通过。其里程为 DK23+100-DK30+900。包括特大桥一座 5.66 公里和两侧龙口段路基 2.14 公里。因既有柯桥站拆除引起钱清站站场改造一处。工程自 2010 年 7 月 1 日开工，预计 2013 年 9 月 30 日竣工，工程总造价 59405 万元。主要工程数量：路基土石方 42.72 万立方米；特大桥 5660.82 米/1 座，中桥 3 座，小桥 2 座，涵洞 4 座；正线铺轨 16.58 公里，站线铺轨 8.19 公里；站场改造 1 座；房屋 1.2 万平方米。建设单位为上海铁路局宁波铁路枢纽工程建设指挥部，设计单位为中铁上海设计院集团有限公司，监理单位为上海华东铁路建设监理有限公司。2012 年完成产值 17443 万元，开累完成产值 42536 万元，完成总价的 83.3%。

【大同至准格尔增二线二道河至点岱沟段】 中铁九局承建 03 标段。工程位于内蒙古准格尔旗，标段全长 8.88 公里。包括 3 座大桥、1 座中桥、20 座涵洞、9 座隧道、路基及其附属工程，工程自 2008 年 5 月 25 日开工，预计 2013 年 6 月竣工，工程总价 16586.9 万元。主要工程数量：路基土石方 95.3 万立方米；大桥 3 座，中桥 1 座，涵洞 20 座；单线隧道 6 座，共计 3767 米，双线隧道 1 座，长 345 米。建设单位为中国神华准格尔能源有限公司，设计单位为铁道第三勘察设计院，监理单位为中铁济南工程建设监理有限公司。2012 年完成产值 9875 万元，开累完成产值 17693 万元，完成总价的 80%。

【鲅鱼圈北站扩能改造工程】 中铁九局承建。工程位于辽宁省营口市鲅鱼圈境内，站场内铺轨 1.34 公里，起点里程为 K10+600～K11+250。工程自 2011 年 9 月 20 日开工，2012 年 6 月 20 日竣工，工程总造价 13207 万元。主要工程数量：路基土石方 21.76 万立方米，框架涵 15.6 米/1 座，正线铺轨 1.34 公里，面碴 30728 立方米,底碴 437 立方米，拆除线路 1.3 公里，站线铺轨 18.793 公里，铺新岔 49 组。通信线路 9.4 公里,通信设备 6 公里，联锁道岔 53 组，生产及办公房屋 2260.12 平方米。建设单位为沈阳铁路局大连工程建设指挥部，设计单位为沈阳铁道勘察设计院有限公司，监理单位为北京铁研建设监理有限公司。2012 年完成产值 11204 万元，开累完成产值 13207 万元，完成总造价的 100%。

【哈大客专沈阳枢纽改建工程】 中铁九局承建哈大客专沈阳站沈阳北站改建工程。工程位于辽宁省沈阳市境内，正线全长为 13.334 公里，起点里程 DK390+865.34，终点 DK404+200，工程自 2008 年 8 月 1 日开工，计划 2011 年 11 月 30 日竣工，后延长至 2013 年 12 月 31 日竣工，工程总造价 113618.2 万元。主要工程数量：路基土石方 462.26 万立方米，路基附属混凝土 8.76 万立方米；特大桥 3733 单延米/2 座，中桥 232 双延米/1 座，框构中桥 4664.1 顶平米/11 座，小桥 1166.7 顶平米/8 座，涵洞 14 座；正线铺轨 34.61 公里，站线铺轨 23.38 公里，铺碴 47.74 万立方米，铺岔 160 组；房屋建筑 3.89 万平方米及三电工程等。建设单位为沈阳铁路局哈大客专沈阳枢纽工程建设指挥部，设计单位为铁道第三勘测设计院集团有限公司，监理单位为沈阳铁路建设监理有限公司。2012 年完成产值 22902.5 万元，开累完成产值 128904.8 万元，完成总价的 92.3%。

中铁九局承建沈阳北动车存车场及相关工程。工程位于辽宁省沈阳市境内，新建客专正线 2.66 公里，起点里程为 WZDK405+700，终点 WZDK408+361，工程自 2009 年 4 月 10 日开工，计划 2011 年 6 月 30 日竣工，后延长至 2013 年 6 月 30 日竣工，工程总造价 44320.5 万元。主要工程数量：路基土石方 151.67 万立方米；铺轨 19.89 公里，铺碴 6.1 万立方米，铺岔 55 组；框构中桥 2547.1 顶平米/2 座；房屋建筑 2.92 万平方米；给水管路 15.05 公里，排水管路 10.98 公里；以及相配套的四电工程。建设单位为沈阳铁路局哈大客专沈阳枢纽工程建设指挥部，设计单位铁道第三勘测设计院集团有限公司，监理单位为沈阳铁路建设监理有限公司。2012 年完成产值 7042.4 万元，开累完成产值 40868.4 万元，完成总价的 90.1 %。

中铁九局承建哈大客专沈阳站改造工程。工程位于沈阳市既有沈阳站站场内，车站中心里程 J2K395+804.452，在原沈阳站的基础上新、扩建，包括建筑、结构、落客平台、给排水、暖通、电气及相关配套工程，总建筑面积 17.46 万平方米，由中铁建工集团及中铁九局集团联合体共同施工。工程总造价 71364 万元。主要工程数量：高架候车室 30187 平方米，地下通道 13340 平方米，西站房 21390 平方米，高架车道、落客平台及匝道 9900 平方米，无站台柱雨棚 88617 平方米，行包地道 5124 平方米，站台墙 9000 延米，给水管道 14 公里，排水管道 12 公里，给排水附属构筑物 448 座。建设单位为沈阳铁路局哈大客专沈阳枢纽工程建设指挥部，设计单位为中南建筑设计院与中铁第一勘察设计院集团有限公司，监理单位为北京赛瑞斯国际工程咨询有限公司。2012 年完成产值 5881.9 万元，开累完成产值 66540.9 万元，完成总价的 95.3%。

中铁九局承建哈大客专沈阳北站改造工程 2 标段，位于沈阳市皇姑区昆山东路 37 号，工程于 2010 年 4 月 1 日开工，计划 2012 年 12 月 30 日竣工，后延长至 2013 年 6 月 30 日竣工。工程总造价 68057 万元。主要工程数量：高架候车室 23663 平方米，无站台柱雨棚 33669 平米，行包地道 1084 平米，旅客地道 5500 平米，站台 53047 平米。建设单位为沈阳铁路局哈大客运专线沈阳枢纽工程建设指挥部，设计单位为铁道第三勘察设计院集团有限公司，监理单位为沈阳铁路建设监理有限公司哈大客专沈阳北站工程监理站。2012 年完成产值 23172.4 万元。

【邯济铁路扩能改造工程】 中铁十局承建 ZH-3 标。施工地点位于聊城、德州、齐河，标段起点为邯济线 K164+500，终点为津浦线 K328+000，全长 84.13 公里，合同价 189552 万元，合同工期 2010 年 10 月-2012 年 12 月。主要工程数量：路基土方 368.4 万立方米；特大桥 2 座/7547 米，大中桥 22 座/1772 米，新建、改建涵洞 4450 横延米，制梁 1714 片，架梁 312 孔；正线铺轨 106 公里、站线铺轨 26.71 公里。施工进度：路基土方完成 363 万立方米；特大桥 2 座下部结构完成；制梁完成 1270 片，架梁完成 252 孔。

【赣龙复线铁路扩能改造工程】 中铁大桥局承建 GL-2 标。桩基完成 4458 根，占设计数量 7194 根的 62%；承台完成 292 个，占设计数量 789 个的 37%；墩身完成 150 个，占设计数量 789 个的 19%；隧道开挖完成 8262 米，占设计数量 14941 米的 55%。

【邯长铁路扩能改造工程】 中铁十局承建 I 标段。工程地点位于河北武安市，标段长度 107.614 公里，合同价 160000 万元，合同工期 2010 年 9 月 28 日～2012 年 8 月 31 日。主要工程数量：路基土石方 481 万方；特大桥 1 座/604 米，大桥 10 座，中桥 15 座，涵洞 188 座；隧道 3 座/1540 米；正线铺轨 165.8 公里、站线铺轨 69.87 公里。施工进度：路基土石方完成 425 万方；特大桥 1 座墩台身（设计 19 个）完成 18 个，大桥 10 座桩基（设计 584 棵）完成 379 棵，墩台（设计84个）完成55个；隧道完成1343米。

【**大庆西站改建工程**】 中铁建工承建。大庆西站（暨让湖路站）站房及站台雨棚位于大庆市主要城区-暨让湖路区的北部。站场北侧是联系大庆让湖路区、行政区萨尔图区和开发区的东西向城市主干道-中三路。

本站为高架跨线候车模式，采用“上进下出”的设计构思，将车站功能划分为二层候车室、基本站台候车室、地下出站层三个层面。站房、股道上方19米标高商业夹层、高架平台、站台雨棚总建筑面积为10.2万平方米，其中雨篷总建筑面积为39185平方米、站房建筑面积为408089平方米、商业夹层建筑面积为5024平方米、高架平台建筑面积为9623平方米。建筑设计为地上2层（局部设置夹层）地下1层（局部设置夹层）。建筑层高为：站台层9米、高架候车层10米、商业夹层9米、办公夹层4.45米、站房檐高35米、基底标高-13米。其中：出站厅及换乘城市交通系统的地下层净空高度9.5米，设备机房及派出所办公夹层4.45米。

本工程由哈齐客专大庆西站指挥部建设，中南建筑设计研究院设计，黑龙江中铁建建设监理有限公司监理。合同额73000万元，合同工期2010年12月1日～2013年5月31日。2012继续列为集团重点工程，完成年产值21020万元，形象进度为南站房首层、二层顶板、框架柱、钢骨柱、二层钢桁架完。中央站房幕墙龙骨、抗风桁架安装完。高速场地下通道底板完、侧墙完成50%。北站房地下室结构施工。站房静态标示完成10%。雨棚虹吸雨水、照明施工。

【**宝成铁路K400 综合整治工程**】 中铁隧道承建宝成铁路K400 综合整治工程1标。宝成线下行K395+880～K401+872危岩体综合整治工程1标位于剑阁县上寺乡猫儿村境内，清江河谷右岸，线路全长2.395千米，起讫里程为K395+850～K398+245。主要工程项目包括杨家湾隧道进口段1.692千米及平导1320米、泄水洞429米、新猫儿坝双线大桥250.16米、新建一般段路基110.83米、与既有线连接段路基342.01米、涵洞3座、三电迁改及轨道工程、声屏障、隔离栅栏等。主要设计技术指标：设计为时速80千米/小时客货共线电力牵引双线铁路。轨道采用有砟轨道，区间无缝线路。单元轨节接头为现场焊接接头，轨枕采用2.6米III型有挡肩混凝土枕，轨枕扣采用弹条II型扣件，桥梁上新III型混凝土桥轨枕下采用14毫米胶垫。合同工期24个月，合同价款182258101元。本项目2012年10月份进场。

电气化铁路

【黄韩侯铁路土建电气化工程】 中铁电气化局承建，为续建工程。黄韩侯铁路（山西段）土建电气化工程于2010年9月28日开工，2011由于受到铁路建设速度放缓的影响，建成开通时间向后延迟。截至2012年底，土建专业完成土石方63.2万方，桥梁开工10座，完成钻孔桩784根，承台完成161个，墩身完成161个，涵洞完成221座。电力专业完成架线2.9条公里，敷设电缆1.0条公里。接触网专业立杆970根，信号专业敷设电缆8.5条公里，箱盒安装214个，箱盒配线95个。黄韩侯铁路工程西安局管内HHQ-3标段，于2010年11月开工。截至2012年年底，完成土石方34.5万方，桥梁开工8座折合2126.89延长米，隧道折合233.2延长米，小桥涵7座折合322.61横延米。房建累计折合完成240平米。

【西格二线电气化工程】 中铁电气化局承建，为续建工程，于2007年10月6日开工。除关角山隧道外2011年6月26日建成开通，截至2012年底关角山隧道仍未贯通，无法进行该隧道四电施工。

【水蚌线土建电气化工程】 中铁电气化局承建，为续建工程，于2010年1月1日开工。截至2012年年底完成征地639亩，路基土石方44.5万方，房建工程10处，轨道工程新铺线路20.63公里，预铺道岔25组，拆除道岔7组；桥梁工程完成现浇梁144米，架梁88片，框架涵完成305.24横延米，评改立交完成1753.24顶进米。接触网专业基础浇注完成75个，立杆263根，电力专业敷设低压电缆4.5公里。通信专业敷设地区电缆91.23条公里。信号专业安装道岔17组，信号机25架，敷设信号电缆1026.92条公里。

【沿河铁路土建电气化工程】 中铁电气化局承建，为续建工程，于2009年11月15日开工，由于受铁路建设放缓的影响，2011年9月份土建专业开始停工，四电专业11月份开始停工。2012年8月份复工，截至2012年底，土建专业完成土石方499.698万方，桥梁钻孔桩1294根，墩身243个，承台243个，贯通隧道1420洞米全部贯通，涵洞111座全部完成，站线铺轨0.2公里。接触网专业完成基础浇注503个，立杆940根，立钢柱369根。变电专业基础浇注47个，地网敷设150米。通信专业敷设电缆5049条公里，敷设光缆104.654条公里。信号专业敷设电缆105.57条公里，安装信号机15架，安装道岔9组。电力专业立杆887根，架线48.85公里。房建专业完成343.7平米。

【兰新线红乌段电气化工程】 中铁电气化局承建，为续建工程，于2009年4月20日开工，该工程由于铁道部技改及2011年铁路建设速度放缓等因素影响延期到2012年12月31日正式开通。截至开通，土建专业完成土石方36.86万方。正线铺轨5.89公里，安装道岔31组，站线铺轨6.023公里。通信专业建成通信基站22座，敷设光缆567.174条公里，电缆36.514条公里，室内设备安装398台件，室外设备安装25台件，设备调试423台件。信号专业建成电气集中站16站，完成信号机安装890架，道岔安装184组，敷设电缆861.232条公里，室内设备安装18台件，室外设备安装18台件。电力专业完成立杆1996根，架线201.751条公里，敷设电缆188.706条公里，配电所完成13座，箱变安装74台，杆式变压器13台。接触网专业完成基础浇制23973个，立杆18985根，架设承力索1018.58条公里，架设接触线1018.58条公里，架设附加线1775.867条公里。变电专业建成35座所亭，完成2816个基础浇制，构支架基础浇制2154组，地网敷设26095米，设备安装2502台件，主变就位16台。房建专业完成24499平方米。

【渝利线电气化工程】 中铁电气化局承建。为续建工程，2011年因站前工程影响，渝利线接触网、电力、变电、通信、房建专业没有开工，信号专业2011年12月1日开工，各专业2012年陆续开工，截至年底，信号专业累计完成敷设贯通地线90.62公里。通信专业完成隧道内漏缆打眼55.792公里;安装漏缆吊夹40625套。接触网专业完成基础浇注1240个，立杆251根，立铁塔554根，房建专业折合完成287.7平方米。

【渝怀铁路重庆北至涪陵段增建二线工程站后标段】 中铁电气化局承建。为续建工程。

因站前工程进度影响，2011年渝涪线主要进行承力索更换和接触网改建任务。接触网专业2011年3月16日开工，变电专业电力专业2011年8月16日开工，通信专业2011年7月27日开工，信号专业2011年6月27日开工。截至2012年年底接触网专业基础浇制501个，立杆427根，钢柱安装243根，承力索架设92.507条公里，导线架设24.262条公里，附加线架设30.163条公里。变电专业进行长寿变电所改造，拆除设备10台件，安装设备10台件，地网敷设3620米。电力专业：电缆敷设56.216千米，电杆组立323根，配电箱安装5个，变压器安装4台，架线4.3条公里。通信专业：光缆敷设14.9条公里，水泥槽防护3.424千米，敷设电缆8.135条公里，敷设电源线4227米，安装设备28台套。信号专业：电缆敷设69.04条公里，信号机安装98架，扼流变209台，箱合安装448个，安装道岔62组，安装各类组合柜 93 架。

【西平线电气化工程】 中铁电气化局承建。为续建工程，于 2010 年 9 月组建项目部，由于受站前施工进度影响不具备站后工程施工条件，只是配合站前工程施工。新线 2012 年 3 月份开始正式施工，截至 2012 年年底，接触网专业完成基础浇注 808 个，立杆 2536 根，立钢柱 427 根，架设承力索 21.11 条公里，架设导线 21.11 条公里，架设附加线 8.8 条公里。变电专业地网敷设 700 米，软母线制作 66 条公里。电力专业敷设低压电缆 0.74 条公里，立杆 130 根，安装电缆托架 4680 组。

【哈密货车南环线站后四电工程】 中铁电气化局承建。为续建工程，于 2011 年 3 月 26 日开工，2012 年 12 月 30 日建成开通，截至开通接触网专业完成基础浇注 3007 个，立杆 1892 根，立钢柱 804 根，承力索架设 191.3 条公里，接触线架设 191.3 条公里，附加线架设 215.5 条公里，设备安装 124 台件。变电专业建成各种所亭 4 座，完成设备基础浇注 418 个，构支架组立 48 组，主变就位 10 台，地网敷设 2850 米，设备安装 304 台件；通信专业完成光缆敷设 124.533 条公里，电缆敷设 58.745 条公里，设备安装 378 台套，安装铁塔 4 座。信号专业完成电气集中站 6 站，电缆敷设 1043 条公里，道岔安装 202 组，信号机架设 366 架，设备安装 15441 台件；电力专业完成立杆 995 根，架线 226.17 条公里，高压电缆敷设 43.982 条公里，低压电缆敷设 56.451 条公里，箱变安装 23 台；房建专业完成房屋建设 20536.29 平方米。

【唐山客车线工程】 中铁电气化局承建。为续建工程，2010 年 9 月 1 日土建专业开工，截至 2012 年底，桥梁：桩基 444 根（混凝土 11995 圬工方），承台 94 个（混凝土 9618 圬工方），墩身 96 个（混凝土 12496 圬工方）；连续梁： 5-32 米 简支箱梁、唐丰连续梁 221.5 延米、唐遵连续梁 177.7 延米、102 国道 连续梁 89.7 延米、京沈连续梁 109 延米；小桥涵、框构：框构 802 顶平米、涵洞 72 横延米；路基：区间路基填方 106629 立方米、站场路基填方 14557 立方米；骨架护坡：10725.5 立方米；制梁：406 片 架梁：303 片（151.5 单线孔）。

【哈大客专“四电”系统集成工程】 中铁电气化局承建。为续建工程， 2009 年 10 月 27 日开工，于 2012 年 12 月 1 日建成开通，截至开通，接触网专业完成立杆 41887 根，承力索架设 2500 条公里，导线架设 2500 条公里，附加线架设 3297 条公里。变电专业，建成各种所亭 73 座，完成设备基础 2052 个，构支架组立 474 组，各种设备 2199 台件，地网敷设 66670 米，电缆头制作 6852 个。电力专业敷设综合电缆 3126.2 条公里，敷设 10kv 一级贯通电缆 3111.7 条公里，箱变安装 385 个；房建专业折合完成 9050 平米

【京福客专“四电”系统集成工程】 中铁电气化局承建。为续建工程，由于铁道部技改等因素延期建成开通。工程于 2010 年 10 月 4 日合蚌段及合肥枢纽正式开工，2012 年 10 月 16 日合蚌客专、合肥枢纽开通运营。京福段尚未开工。截至合蚌段及合肥枢纽开通，接触网专业立杆 6086 根，架设承力索 385 条公里，架设承力索 385 条公里，架设附加线 781 条公里，设备安装 333 台。变电专业建成所亭 14 座，完成设备基础浇注 288 个，设备安装 306 台套，地网敷设 103070 米。电力专业 10/0.4kV 变电所（所）建成 5 座，控制电缆敷设 1000 米，贯通电缆敷设 888 条公里，高压电缆敷设 92.2 条公里，箱变安装 40 座。房屋建成 5228 平方米。

【厦深客专“四电”系统集成工程】 中铁电气化局承建。为续建工程，由于铁道部技改等因素，厦深公司初步安排，工程于 2012 年 12 月 31 日建成达到联调联试条件，商业运营日期 2013 年 7 月 1 日。由于受站前工程影响 2010 年组建项目部，只是配合站前单位施工并作开工前的准备工作。2010 年 9 月 10 日正式开工，截至 2012 年年底接触网专业：完成 H 型钢柱安装完成 6288 根，腕臂安装累计完成 8357 组，附加线肩架累计完成 6150 根，承力索架设完成 350.57 条公里，AF、PW 线架设累计完成 355.85 条公里，隧道腕臂吊柱安装累计完成 3333 根，附加线吊柱安装累计完成 7624 根，硬横梁安装累计完成 4 组，拉线安装累计完成 1257 组，下锚补偿安装累计完成 292 处。变电专业：变电所开工 4 个、AT 所开工 1 个、葵潭分区所 1 个。深湖、普宁、陆丰变电所主变基础浇注累计完成 6 个，深湖变电所主变安装 2 台，各种设备基础浇注累计完成 352 个，杆塔组立累计完成 200 根，地网敷设累计完成 5070 米。电力专业：电览敷设累计完成 378.63 条公里。房建专业：房屋完成征地 77 处，，累计征地面积 132.14 亩，变电所开工 5 个、AT 所开工 7 个、分区所 1 个、信号中继站开工 2 个、基站、直放站开工 5 个，场坪面积累计完成 87600 平方，建筑面积累计完成 1459 平方。土石方累计完成 324350 立方；变电所围墙累计完成 2490 米；变电所道路累计完成 1080 平米；排水沟累计完成 1680 米；给、排水管道累计完成 200 米。

【津秦客专“四电”系统集成工程】 中铁电气化局承建。为续建工程，由于铁道部技改等因素延期到 2013 年建成开通。工程于 2010 年 10 月 30 日开工，截至 2012 年底接触网专业立支柱 10541 根，架设承力索 602.371 条公里，架设导线 574.993 条公里，架设附加线 764.025 条公里。电力专业立杆 182 根，架线 41.304 条公里，箱变只能装 75 台，敷设高压电缆 1737.704 条公里，敷设低压电缆 47.902 条公里，

建成配电所10座。变电专业建成1座AT所，完成设备基础浇注473个，构支架组立146组，安装设备215台套，主变就位16台，自偶变就位26台。通信专业敷设光缆707.768条公里，铁塔安装完成52座，安装设备759台套。信号专业安装信号中继站设备11站，安装道岔53组，安装信号机74架，敷设电缆1934.766条公里，安装设备12915台件。

【向蒲客专“四电”系统集成工程】 中铁电气化局承建。为续建工程，由于铁道部技改等因素延期建成开通。建设单位最新安排全线2013年3月1日建成达到联调联试条件，2013年9月30日完成联调联试，2013年12月30日商业运营。该工程于2009年12月26日开工，截至2012年底接触网专业完成基础浇注3095个，支柱安装18776个，硬横梁安装766组，接触网架设1530条公里，附加线架1744条公里。变电专业主变就位30台，设备安装800台，基础浇注完成1023个，杆塔组立855根，箱式分区所安装12座，高低压电缆敷设158.6公里。电力专业完成10kv贯通线路敷设1344公里，光缆敷设，474.2公里，，低压电缆敷设560公里， 10kv电源架空线路架设154.5公里， 10kv配电所安装完成15座，箱变安装，开累199座。四电房建独立房屋共计204处全部完工。隧道照明、通风，全线施工69座隧道，已开工69座，电缆敷设、设备安装完成91%。

【杭甬客专四电系统集成工程】 中铁电气化局承建。为续建工程，由于铁道部技改等因素延期建成开通。工程于2010年10月20日房建专业开工，接触网专业12月8日立第一杆，到2012年底房建专业：房屋建设共16座；主体工程已完成；完成全线所亭空调安装，房屋主体工程3458平米，房屋装修5680平米，场坪处理15处。变电专业：牵引变电所3座、分区所2座、AT所6座、10kV配电所2座、线路所1座、设备综合楼1座，上网杆塔组立26组，软母线架设2600米，避雷针安装26组，地网敷设10.29公里，主变安装12台，高压电缆敷设6653米。电力专业：敷设区间高压电力累计完成944.12条公里，设备安装箱变、电抗器、电缆分接箱完成58台，10/0.4变电所18座。接触网专业：支柱安装208根，硬横梁151组，腕臂安装2355组，承力索架设294.21条公里，接触线架设296.922条公里，供电线安装支柱98组，供电线架设54.388条公里，供电线基础19组，正馈线保护线敷设安装149.269条公里，避雷器安装309台。

【南广铁路“四电”系统集成工程】 中铁电气化局承建。为续建工程，于2010年9月组建项目部，由于受站前工程影响推迟到2011年12月10日开工，建成开通时间相应向后推迟。截至2012年年底，接触网专业隧道打眼完成7934处，隧道灌注7925处，隧道吊柱6429处，混凝土支柱完成5329棵， H型钢柱完成4190棵，支柱装配完成4132处，AF线肩架完成7914处，PW线肩架完成5190处。通信专业完成铁塔基础浇筑71处，铁塔组立完成42座，根竹站安装设备4套。信号专业敷设信号电缆完成147公里，根竹站过度箱盒安装89个，轨道电容安装32个。电力专业安装设备完成8面，箱变基础完成73处，投光灯塔基础完成5处，电缆沟开挖1公里，高低压电缆敷设5公里。变电专业累计完成变压器基础2处，牵引变电所架构1处，基础浇筑546处，立电杆124棵。房建专业站后用地201块，场坪移交125块，主体完成85块，开累完成面积约2429平方米。

【成绵乐铁路“四电”系统集成工程】 中铁电气化局承建。为续建工程，于2009年10月组建项目部，由于受站前工程影响，推迟到2011年2月22日开工。截至2012年底配合站前绵阳北、江油站改造，完成接触网接触网改造50条公里。新线电气化工程接触网专业支柱安装6218根，附加线架设36.463条公里。变电专业浇注设备基础884个，组立构支架634组，地网敷设6581米，安装设备194台套。电力专业安装杆式变压器8台，敷设高压电缆3.75条公里，敷设低压电缆0.6条公里。房建专业折合完成4777.5平方米。

【武黄城际铁路“四电”系统集成工程】 中铁电气化局承建。为续建工程，于2010年9月30日组建项目部，由于受站前工程影响推迟到2011年10月8日开工，由因铁道部技改，具体建成开通时间未确定。接触网工程2011年10月8日开工。截至2012年底，接触网专业完成基础浇制135个，立杆217根，钢柱1745根，软横跨安装16组，支柱装配7组，附加线架设15.897条公里。拆除工程:完成附加线拆除3.62条公里，支柱拆除66根，软横跨拆除28组。房建工程折合完成1087.5平方米。

【湘桂铁路扩能改造工程站后四电及房建工程】 中铁电气化局承建。为续建工程，于2010年2月1日开工，2012年12月30日建成，截至建成信号专业：安装道岔76组，各类电缆1017.5条公里，安装信号机348架，安装轨道区段520区段，安装各类电源12组。通信专业：敷设长途电缆744.78条公里，敷设光缆704.589条公里，安装铁塔48座，安装视频监控57站。电力专业：架线199条公里，电缆敷设409.9公里，架设电源线38.6条公里，建成配电所4座。牵引变电专业建成牵引变电所3座，改建牵引变电所1处，分区亭4所，新建网上开关站2处。接触网专业完成基础浇注5528个，支柱组立5814根，承导线架设459.185条公里，架设附加线455.413条公里。房建专业建成投产生产及办公室房屋面积27000平方米。

【红烟铁路电气化工程】 中铁电气化局承建。为续建工程，于2010年8月1日开工，2012年12月30日建成开通，截至开通接触网专业完成基础浇注8068个，立杆5951根，立钢柱1553根，架设承力索378.53条公里，架设导线378.53条公里，架设附加线697.638条公里，设备安装178台件。变电专业建成所亭10座，完成设备基础浇注270个，构支架组立424组，地网敷设5800米，主变就位4台，设备安装435台件。通信专业完成电缆敷设220.55条公里，光缆敷设455.05条公里，设备安装400台件。信号专业建成电气集中站4座，完成自闭电缆敷设895条公里，道岔安装80组，信号机安装326架。电力专业完成立杆5009根，架线297.84条公里，高压电缆敷设35.71条公里，低压电缆敷设35.71条公里，安装箱变42台；房建专业完成12009折合平方米。

【淮南线电气化Ⅱ标】 中铁二局电务公司承建，为续建工程。淮南线电气化改造工程位于安徽省境内，北起淮南站（不含），南至合肥东站，线路全长98.5公里，双线Ⅰ级线路，运行速度120公里。本工程2009年9月中标，合同总价68247.3152万元。

2012年淮南线按照路以路基施工为前提，以合肥东站、合肥北站站场改造为难点（同步完成信号开通），以接触网施工为重点的思路，确保淮南（不含）至大包郢、大包郢-合肥北-合肥站（不含）、大包郢至合肥东（不含）的接触网达到送电开通条件。全年完成土方开挖3.8万立方米，渗水料填筑1.75万立方米，平改立3座；上道砟4.3万立方米，拆除道岔40组，新铺道岔27组，拆除线路5.77公里，新铺线路13.209公里，线路拨接15处；信号开通4站；接触网架设190条公里；2座开闭所、3座分区所的设备安装和调试；高压电缆敷设15.9公里，低压电缆敷设119.4公里，外电引入38处；5处直放站的安装和调试；设备和生活配套房屋3100平方米，累计完成建安1.53亿元。目前淮南线除接触网剩合肥东Ⅰ场、合肥东机务段、合肥北引入合肥站外其余已全部完工，达到送电条件；房建工程除房建Ⅰ类设计变更新增生活配套房屋1396平方米以及相关配套的电力和通信工程外其余已全部完工；其他各专业已全部完工并完成初验。

【衡茶吉铁路四电工程】 中铁二局承建，为续建工程。2010年3月22日中标，工程造价90967.4686万元。2012年，累计完成投资15545万元，建安完成14080万元，开累完成投资34748万元，建安完成25273万元。其中：通信工程完成建安2013万元，占全段建安的37%；信号工程完成建安2564万元，占全段建安的39%；电力工程完成建安2735万元，占全段建安的29%；接触网工程完成建安5996元，占全段建安的26%；牵引变电工程完成建安770万元，占全段建安的25%；过渡完成30万元，占全段建安的7%。

【新建铁路阜阳至六安线“四电”工程】 中铁三局承建。合同价款：2.5789亿元。合同工期：2010年2月1日至2011年9月30日。业主要求工期：2012年12月30日。形象进度：电力工程：高压架空线路468.651条公里，高压电缆线路35.345条公里，低压电缆线路14.845条公里，新建10KV电力配电所2座；接触网工程：计划架设接触网295条公里、供电线42条公里、回流线188条公里、保护线（架空地线）62条公里；牵引变电工程：新建牵引变电所3处、既有牵引变电所改造1处；通信、信号工程：完成光电缆的敷设及设备安装。

【西宝铁路客运专线电气化工程】 中铁四局承建。合同价款2429万元，合同工期：2010年1月1日～2013年6月1日。咸阳西跨线联络线电力、电气化工程，包括咸阳西站电气化过渡改造及咸阳西至茂陵东区间电力、电气化正式工程。咸阳西上行联络线4.346公里，设上行线立交特大桥1座，643.6米在里程K1103+600处通过新插铺13号道岔接入既有陇海上行线；下行联络线4.718公里，设下行线立交特大桥1座1527.6米，在里程K1104+000处通过新插铺2号道岔接入既有陇海下行线。其中电气化工程概算1751万：包括各型钢柱组立188根，混凝土支柱组立110根，架设硬横梁40组，接触网25.5条公里，独立供电线5条公里，回流线4.2条公里，架空地线11条公里，新建分相2处，改移分相2处；拆除硬横梁26组，混凝土支柱50根，钢柱59根，接触悬挂16.8条公里，附加导线22条公里。咸阳西联络线合同内电力工程概算44万：含高压电缆0.3公里、低压电缆2.1公里，箱变2台。合同外增加彩虹厂还建信号楼电力外线工程及咸平路立交市政照明配套工程。咸阳西电力迁改合同内主要工程量：路内10千伏贯通、自闭各一处共1.1公里；路外10千伏线路1处0.3公里，已于2010年12月完成迁改施工。合同外咸平路立交电力自闭、贯通电缆迁改1.9公里。施工进度：接触网工程：完成咸阳西4道接触网拆除1.1条公里；浇制供电线基础31个、硬横梁基础80个，锚板拉线基础埋设50个；组立混凝土支柱42根，组立硬横梁圆管钢柱50根，组立供电线及回流线钢柱20根；咸阳西站接触网施工下部工程基本结束，已全面转入上部施工。电力工程：咸阳西接建信号楼电力工程箱式变压器已安装完成；咸阳西接建信号楼照明系统安装完成。电力迁改工程：完成咸平路立交顶进涵贯通、自闭电力迁改工程。电力电气化工程2011年完成建安产值700万元，开累完成建安产值2147万元，截至2011年底累计完成验工计价2147万元。

【新建铁路云桂线引入南宁枢纽（南环线、环发线、反到线）

接触网工程】 中铁五局电务公司承建，新建工程，中标时间2012年9月20日。本工程主要对南宁南站南场至那罗站接触网工程施工（既有南环线、便线、货车联络右线，线路全长约8.452公里）和新建云桂铁路引入南宁枢纽环发线接触网工程（正线公里5.4公里，接触网6.476条公里）。合同总额13400万元。建设单位：广西南宁铁路局及沿海铁路公司，设计单位：中铁二院工程集团有限责任公司。监理单位：柳州铁路建设监理公司南宁铁路枢纽工程监理站。合同开工时间2012年10月15日，合同竣工时间2012年12月31日。2012年累完成 7945万元，开累完成7945万元，剩余价值5455万元。

【六沾复线站后2标】 中铁五局承建。项目位于贵州毕节威宁县、云南曲靖宣威市。主要工程数量：接触网205条公里、供电线 36 条公里；电力架空线路 24 公里、电缆线路136公里、低压线路21公里；房建9813平米；信号73组联锁道岔、自闭线路73公里；牵引供电2所、3个分区所。合同总额319377万元。建设单位：成都都铁路局贵阳建设指挥部，设计单位：中铁二院工程集团有限责任公司，监理单位：北就现代通号工程资询有限公司（六沾项目监理站）。2010年 4 月 15 日开工，合同开工时间2009年 9 月1日，合同竣工时间：2011年12月31日。年累完成10374万元，开累完成12711万元，剩余价值202万元。

【拉萨新建至日喀则铁路站后工程SD2标段】 中铁五局电务公司承建，新建工程，中标时间 2012 年 7 月 8 日。标段位于卡如（不含）至日喀则（含）段，全长123.426正线公里，包括仁布、大竹卡、灯古、吉琼、卡堆和日喀则总计6站6区间。主要工程量有：隧道照明32.21公里；长途干线光缆354.67公里，长途干线电缆27.4公里，地区光电缆46.19公里，GSM—R（无线列调线路）123.426正线公里。列控系统 123.426 正线公里，闭塞设备连锁装置 123.426正线公里，56组道岔；高压架空线路33.09公里，高压电缆线路204.11公里，低压电缆线路48.03，配电所3站，变电所6站。合同总额36983万元。建设单位：铁道部拉日铁路建设总指挥部，设计单位：中铁第一勘察设计院集团有限公司，监理单位：成都西南交大工程建设咨询监理有限责任公司。2012年 9 月 28 日开工，合同开工时间2012年 8 月 10 日，合同竣工时间2014年 7 月 31 日，业主调整工期目标：2012年 8 月 10 日至2013年 10月份竣工。2012年累完成 6200 万元，开累完成 6200 万元，剩余价值30783.51万元。

【成都地铁二号线供电系统工程】 中铁八局承建。成都地铁二号线始于郫县犀浦站，止于龙泉区的龙泉东站，全长41.3公里，共设28座车站，一个控制中心，一座车辆段及综合基地，1个停车场，2台主变电所。该工程共设15座在牵引降压混合变电所，32座降压变电所，7座跟随式降压变电所，PSCADA、杂散电流系统等设备安装、单体调试及系统联调联试工作。该工程于2011年4月20日开工，2012年4月30日全线完成单体试验工作，各变、配电所均一次送电成功，安全文明施工情况良好，工期得到了保证。

【大连至大连北站列控改造工程】 中铁八局承建。大连至大连北站列控系统改造工程，含大连、沙河口、周水子三站及区间通信、信号及电力改造。信号：自动闭塞13.2公里，敷设各种信号电缆104.34公里，电缆割接 84 根、箱盒安装更换300个。电力：10KV贯通线36公里及金州配电所改造。轨道工程：抽换轨枕483根，清筛道碴1433立方米，补充道碴1164立方米。通信工程：新旧机械室光、电缆敷设及新通信机房设备安装。总造价5284万元。于2012年1月20日开工，2012年5月9日全部投入使用。

【宁启复线电化工程3标】 中铁十局承建。工程地点位于海安县、如皋市、南通市，标段起讫里程 K195+100～K268+300，全长73.2公里，合同工期2009年12月15日-2011年11月30日，合同价25.26亿元。主要工程数量：路基土方386万立方米；特大桥8座/18128米（其中复杂特大桥6座、一般特大桥2座），大桥3座，中桥64座，小桥35座，涵洞553座11544.51横延米；车站改造四座14910平方米（海安站、如皋站、白浦站、南通站）。施工进度：完成路基土方369.6万立方米；新建特大桥8座已开工6座，剩余钻孔桩20棵、墩台3个，特殊孔跨6处连续梁全部完成，6孔现浇梁已完成2孔，2座钢桁梁均已加工完；新建大桥1座下部工程全部完成，梁式中桥18座全部完成；涵洞完成440座。

【阜淮线电气化改造工程Ⅰ标段】 中铁十局承建。阜阳枢纽袁寨站（不含）～淮南站（含）段范围内的路基、轨道、桥涵、站场、电力、通信信号、三电迁改、房屋等工程，标段全长114公里，工程造价6.5亿元，合同工期2009年10月-2011年3月。 主要工程数量：路基土石方16.5万立方米，路基声屏障8463平方米，线路防护栅栏227公里（单侧）；平改立框架桥13座，上跨公路立交1座，小桥5座，涵洞16座；正线铺轨5.38公里，站线铺轨12.38公里。施工进度：已全部完工。

【杭州至长沙铁路客运专线电力工程】 1.中铁四局承建的杭州至长沙铁路客运专线浙江段站前工程4标电力工程。合同总额： 8762万元。合同工期： 2012年2月9日～2012年12月31日完工。

承担本标段工程中三电迁改、通信、信号、电力、牵引供电及信号、牵引供电相关过渡工程、立交桥综合电力等工程施工内容。

形象进度：咽喉区站场改造、金华东牵引变电所已完成。目前进行“三电”迁改工作。

2. 杭州至长沙铁路客运专线（江西段）工程站前工程7标段电力工程。 合同总额： 4777万元。合同工期：2010年4月15日～2013年6月30日。

HKJX-7标段位于江西省境内，途经江西省新余、宜春两个地级市以及新余所辖渝水区和分宜县，线路自DK695+618.85路基引出，新余市以北6公里处新设新余北站、在宜春市东南4.5公里处新设宜春东站，标段终点位于上官塘1号大桥桥端（DK758+383.27）。江西省新余、宜春境内共设2个车站，线路长度63.28公里。主要工作内容：三电迁改工程、道路改移工程；路基、桥涵（含制架梁）、隧道及明洞（不含隧道照明，含接触网滑槽）；轨道（含轨道板的预制和铺设）、站场其他运营设备及建筑物和站后四电工程基础及预埋件、预埋过轨管线、电缆沟槽、贯通综合接地铜缆及引入等；大临设施及过渡工程。

形象进度：目前，宜春东站电力部分已全部完成，并完成了验收。通信部分由于土建的影响，只剩下泵房光缆敷设和站场广播音柱安装不具备施工条件，但不影响通信部分的开通，截止目前，通信通信部分已经完成验收并开通。本周完成拆钢柱10根，拆除回流线5条公里，拆除60组。混凝土支柱组立6根。

桥隧工程

【闽清隧道】 中铁二局承建，为续建工程。京福铁路客专线闽清隧道设计长10518.2米，目前完成成洞8160米，其中完成正洞开挖8604米，最高月单口开挖261米，仰拱8440米，二衬6920米。

【梧山隧道】 中铁二局承建，为续建工程。京福铁路客专线梧山隧道设计长8432.69米，目前完成成洞7120米，其中完成正洞开挖7611米，最高月单口开挖262米，仰拱6922米，二衬6080米。目前四个工作面均为Ⅱ级围岩，采用全断面开挖，持续高产。

【闽侯隧道】 中铁二局承建，为续建工程。京福铁路客专线闽侯隧道设计长7933米，目前完成成洞3631.5米，其中正洞开挖已于10月30日完成，最高月单口开挖280米，仰拱7917米，二衬7679米。目前各项工作开展有序，正积极施工二衬和水沟电缆槽等。

【古田溪特大桥】 中铁二局承建，为续建工程。京福铁路客专线古田溪特大桥全长588.89米，共计墩台13座、桩基130根。因其深水（43米）、长桩（59米）、高墩（50米）、大跨（60+2×100+60 米）的工程特点，水文、地质条件复杂，施工质量标准要求高，施工工期紧张，施工组织难度大，施工技术难度极大，被列为全线重点控制性桥梁工程之一。目前该桥完成成桥516.5米，深水基础、墩身等均已完成，7号墩较调整后计划提前34天完成，目前6号墩0号墩准备浇筑混凝土， 7号、8号墩已完成0号段浇筑，正有序的进行挂篮拼装工作，准备开始进行悬臂段施工。

【跨西岭互通特大桥】 中铁二局承建，为续建工程。京福铁路客专线跨西岭互通特大桥全长1237.26米，共计墩台30座、桩基314根。该桥同时跨越规划的福州市三环辅道、外福铁路、绕城高速西岭互通立交桥（在建）、规划的铜盘路辅道，桥梁与公路、铁路交叉较多，施工干扰大。目前完成成桥1181.3米，下部结构及136米连续梁主跨均已完成，正有序进行（40+64+64+40）米连续梁梁部施工。

【三角岩大桥】 中铁二局承建，为续建工程。张花高速公路三角岩大桥主桥上部结构采用（66+3×120+66）米预应力混凝土连续刚构，前引桥为5×40米预应力混凝土先简支后连续T梁，后引桥为（6×40）米预应力混凝土先简支后连续T梁，全长933.8米。该桥造价1.7亿元。2012年，除8号墩中跨合龙段未浇筑混凝土外，其余主桥全部合龙。

【锦州国家石油储备库工程】 中铁二局承建，为续建工程。中铁二局承建锦州国家石油储备库工程项目地下洞库施工C1合同包，库区占地面积为0.584平方公里（折合约885.6亩）。锦州储备库采用地下水封技术进行地下岩洞储油，设计库容300×104立方米。该工程主要分为地下工程和地面工程两部分。地下工程主要由储油洞室、水幕系统、连接巷道、施工巷道、密封塞、竖井及泵坑等地下结构单元组成。2012年，北施工巷道开挖至STA9+72，累计完成开挖852米（未包含明槽段），占设计的80.6%，系统支护639米，占设计的60.5%，仰拱完成51米，占设计的100%，二衬完成86米，占设计的70.5%，路面及排水沟施工565米，占设计的53.5%；水幕巷道6开挖178.25米，占设计的100%；水幕巷道2开挖496.5米（东侧开挖419.8米，西侧开挖76.7米），占设计的51.3%；水幕巷道1开挖373.5米（东侧开挖262.8米，西侧开挖110.7米），占设计的38.6%；竖井完成锁口盘4个，占设计的100%，开挖支护（含二衬）累计完成18.1米，占设计的5.6%；2012年计划完成6000万元，实际年度完成6300万元，完成年度计划的105%，开累完成产值7213万元。

【江苏海安通榆路南屏大桥桥梁工程】 中铁四局承建。合同造价：13139.85万元。合同工期：2012年9月1日～2013年5月30日。通榆路是连接海安县城与江海高速公路的重要道路，是海安县城通往南通、上海、盐城的便捷通道，是海安对外的"窗口"。通榆路南起海安与如皋的县界，向北依次连接江海高速公路海安南互通、南屏大道、328国道、黄海路、长江路、江海路，终点接221省道，路线全长12.3公里。通榆路南屏大桥工程路线起点桩号 K4+961.392，终点桩号 K6+643.991，路线全长1.683公里。建设标准为城市Ⅰ级主干道，设计时速60公里/小时。其中桥梁起止里程：K5+667.45～K6+016.53，桥跨布置为6*20+(108+46.1+33.9)+2*20米，桥梁全长349.08米。主桥为塔梁墩固结的独塔双索面预应力混凝土斜拉桥，引桥为20米先张法预应力混凝土空心板，边跨设辅助墩。

【苏南运河镇江段三级航道整治工程桥梁项目 SNZJ-QLSG1标段】 中铁四局承建。合同造价：4056.95万元。合同工期：2012年6月26日～2013年5月31日。苏南运河北起长江谏壁口门，南至江浙交界的鸭子坝，全长约 211.926

公里。本航道规划等级为三级。施工内容为辛丰公路桥、辛丰公路南桥共2座桥梁的主桥工程、引桥及接线工程、老桥拆除、航道工程（桥梁上下游各50米范围内的航道工程）、附属工程以及为实施以上工程所必须的相关预埋件的预埋及临时工程的施工和缺陷修复。

辛丰公路桥：路线总长365米，宽度10.5米，其中主桥宽度 12.9 米，引桥宽度 10.5 米。桥梁跨径布置为1x16+104.4+2x16米，主桥上部结构采用104.4米钢管混凝土系杆拱，整体吊装施工；引桥上部结构采用16米预应力混凝土空心板；下部结构采用柱式墩，墙式台，钻孔灌注桩基础。

辛丰公路南桥：路线总长257米，宽度10.5米，其中主桥宽度 12.9 米，引桥宽度 10.5 米。桥梁跨径布置为1x16+104.4+1x16米，主桥上部结构采用104.4米钢管混凝土系杆拱，整体吊装施工；引桥上部结构采用16米预应力混凝土空心板；下部结构采用柱式墩，肋板台，钻孔灌注桩基础。

【江苏省锡澄运河江阴段航道整治工程桥梁施工项目 XCY 小时-SG-QL3标段】 中铁四局承建。合同造价：12128.4801万元。合同工期：2012年10月10日～2014年9月30日。业主单位是无锡市锡澄运河三级航道整治工程建设指挥部办公室，中标时间锡澄运河三级航道整治工程起自于无锡市北塘区（黄巷街道）锡澄运河与京杭大运河交界处，流经无锡市惠山区（堰桥街道、洛社街道、惠山开发区、前洲街道）、江阴市（青阳镇、月城镇、南闸街道、夏港街道），终止于江阴市夏港河与长江汇合处。全长39.74公里，其中北塘区2公里，惠山区11.5公里，江阴市26.24公里。本次中标的XCY小时-SG-QL3标段工程内容包括时家村桥、黄昌河三号桥、凤凰山桥、茶岐桥、璜观桥5座桥梁的主桥工程、引桥、匝道桥工程、接线（含匝道）工程、老桥拆除、航道工程（新建及改建桥梁的上、下游50米范围内的航道工程）、附属设施以及为实施以上工程所必须的相关预埋件的预埋以及临时工程的施工与缺陷修复。

时家村桥：道路等级：三级；设计时速：40公里/小时；路基宽度：8 米；路线全长：684.591 米。桥跨布置：6×20+80+5×20+3×20 米；结构形式：主桥采用 80 米下承式预应力钢筋混凝土系杆拱桥；引桥采用20米部分预应力混凝土空心板；

黄昌河三号桥：道路等级：三级；设计时速：40公里/小时；路基宽度：8 米；路线全长：537 米。桥跨布置：4×20+80+6×20 米；结构形式：主桥采用 80 米下承式预应力钢筋混凝土系杆拱桥；引桥采用20米部分预应力混凝土空心板；

凤凰山桥：道路等级：三级；设计时速：40公里/小时；路基宽度：8米；路线全长：340.785米。桥跨布置：10+90+2×20米；结构形式：主桥采用90米下承式预应力钢筋混凝土系杆拱桥；引桥采用10米、20米部分预应力混凝土空心板；

茶岐桥：道路等级：三级；设计时速：40公里/小时；路基宽度：8米；路线全长：481.671米。桥跨布置：2x20+75+3×20米；结构形式：主桥采用75米下承式预应力钢筋混凝土系杆拱桥；引桥采用20米部分预应力混凝土空心板；

璜观桥：道路等级：城市主干路；设计时速：60公里/小时；桥梁宽度：0.5米（防撞护栏）+3.5米(非机动车道)+11.5米(机动车道)+0.5米（防撞护栏） +3.4（中分带）+0.5米（防撞护栏）+11.5米(机动车道)+ 3.5米(非机动车道)+0.5 米（防撞护栏）=35.4 米；路线全长：900 米。桥跨布置：6x20+90+8×20 米；结构形式：主桥采用 90 米下承式钢管混凝土系杆拱桥；引桥采用 20 米部分预应力混凝土空心板；

路基土石方：路基填筑设计23.6万方，开累完成23.5万方，完成占设计的98.5%；路基挖方设计1.3万方，累计完成 1.3 万方，完成占设计的 100%；软基处理设计 12.24万方，累计完成11.7万方，完成占设计的95.6%。

桥梁工程：设计承台172个，开累完成172个，完成占设计的 100%；墩台身设计 181 座，开累完成 181 座，累计完成设计的 100%;支架现浇连续梁设计 39 联，悬臂浇筑现浇梁完成0联，开累完成22.2联，完成占设计的57%;完成预制小箱梁0片，开累完成48片，累计完成设计的100%，完成防撞护栏浇筑60米,累计完成320米;完成支架地基处理0联，支架搭设2联，支架预压1联

涵洞设计共9座，开累完成9座，完成占设计的100%。

排水工程设计114.04万元，累计完成95.8万元完成占设计的84.0%。

【大准至朔黄铁路联络线杀虎口隧道】 中铁四局承建。合同造价：1.685亿。合同工期：2011年10月～2013年3月。施工单位：中铁四局集团二公司。大准至朔黄铁路联络线杀虎口隧道工程，是大准至朔黄铁路联络线重点控制工程，位于内蒙古呼和浩特市和林格尔县新店子镇境内，隧道出口与朔州市右玉县相邻。隧道起讫里程为DK14+703～DK17+653，全长2950米。完成产值：截止12月31日，完成产值24332.01万元，占总价的:144.4%。工程进展情况：隧道工程：设计1座，开工1座。1）隧道进口开挖支护上台完成320.8米，中台完成319.8米，下台完成318米，仰拱完成300米，衬砌完成292.4米。（2）杀虎口隧道1号斜井、目前施工段为Ⅳ级围岩。1斜井进入主洞。1号斜井正洞小里程上台完成610米，中台完成604米，下台完成574米，仰拱完成570米，衬砌完成550米。大里程完成270米，中台完成270

米，下台完成 270,米，仰拱 270 米，衬砌 270,米。(3)杀虎口隧道 2 号斜井、目前施工段为Ⅳ级围岩。2 号斜井正洞小里程上台完成 415 米，中台完成 415 米，下台完成 415 米，仰拱完成 415 米，衬砌完成 415 米。大里程上台完成 416 米，中台 409 米，下台完成 386 米。仰拱 377 米，衬砌 360 米。(4)隧道出口开挖支护上台完成665.6米，中台 654.3 米，下台 644 米。仰拱 630.8 米，衬砌 610.8 米。

【长丰五湖大道上跨铁路立交桥】 中铁四局承建。合同造价：4248 万元。合同工期 2012 年 8 月～2013 年 5 月。建设单位：合肥北城办、京福公司监管。本桥为新建五湖大道上跨铁路立交桥引桥，该桥西侧引桥 180 米，桥跨布置为一联 4x30 米简支变连续预应力混凝土小箱梁结构和两孔 30 米简支预应力混凝土小箱梁结构，该桥东侧引桥长 180 米，桥跨布置为 1 孔 30 米简支预应力混凝土小箱梁结构和一联 5x30 米简支变连续预应力混凝土小箱梁结构；引桥小箱梁均采用预制架设施工； 主桥 85 米已经施工完毕，本次工程任务为 360 米引桥。西侧墩号为 W0—W5（W0 为桥台），东侧 E1—E6（E6 为桥台），制梁场设在五湖桥西侧。主要工程量为：钻孔桩 92 根，系梁 18 个，桥台 2 个，墩身 66 个，盖梁 20 个，预制梁 156 片；工程重点难点：本工程跨越淮南铁路线，桩基中心距离淮南铁路中心最近距离为 16.5 米，下部结构施工难度大，且箱梁架设需向铁路部门要点施工；安全风险大，若控制不当，对铁路工务、供电等设备以及行车安全造成重大隐患；2012 年工程进度：钻孔桩设计 92 根，累完 78 根，墩柱设计 66 个，累完 40 个，桥台设计 4 个，累完 2 个；系梁设计 18 个，累完 15 个；盖梁设计 20 个，累完 9 个；箱梁设计 156 片，累完 19 片。2012 年完成产值：1752 万元。

【阜阳北路高架项目经理部】 中铁四局承建。合同造价：26126.55 万元。合同工期：2012 年 4 月～2013 年 6 月。承建第四标段位于二环路以内，起讫里程为 K7+101～K9+735(工程终点)，道路全长 2634 米，其中高架主桥长 2456 米。高架桥梁：桥梁起点 K7+101，终点 K9+557，全标段Φ1.5 米钻孔灌注桩 88 根；Φ1.2 米钻孔灌注桩 198 根；钢筋混凝土实体承台共 109 个；矩形墩柱共 127 个；高架主桥上部结构连续箱梁共 24 联（第 59 联～第 82 联）；匝道桥（三条）上部结构连续箱梁共 5 联。道排工程：道路支护桩Φ1.2 米人工挖孔桩共 294 根，Φ1.0 米人工挖孔桩共 8 根。雨水工程：钢带增强（PE）螺旋波纹管（D500～D800 不等）共 3234 米；钢筋混凝土承插管（d300～d1400 不等）共 3270 米；钢筋混凝土平口管（d1600～d1800 不等）共 819 米。污水工程：钢带增强（PE）螺旋波纹管（D500～D1200 不等）共 3146 米；顶管用钢筋混凝土钢承口管（d800、d1000、d1200）共 1488 米。2012 年工程进展：完成桥梁主体施工。2012 年完成产值 14637 万元。

【合肥市铜陵路高架工程三标段】 中铁四局承建。合同价：22596 万元。合同工期：2012 年 5 月～2013 年 5 月。合肥市铜陵路高架工程三标段设计起点桩号 K4+280.000（和平路以北 40 米），终点桩号 K6+021.850（临淮路以北 80 米），路线整体呈南北走向，路线全长 1741.850 米。主要跨越路口为：大通路、长江东大街、长江东路、临淮路。主要工程内容：道路、桥梁、排水、绿化工程、交通（监控）工程、照明及灯饰工程等。工程重点及难点：1.本项目为多专业综合性市政工程，规模浩大、专业繁多，施工涉及路基、桥梁、路面、市政管网及照明、绿化等专业，项目总工期仅 300 个日历天，工期紧张。各专业项目施工的协调衔接十分重要，施工中必须统筹规划，制定周密、可行的进度计划，配备成套的施工设备，同时优化组合熟练的施工队伍，调集充足的机械设备、劳动力作保证。

2.本工程沿线涉及各类管杆线较多，需要充分考虑管杆线施工对工期的影响，特别是既有管线，必须采取有效措施，确保既有管杆线安全运行。3.城市桥梁外观要求高，本项目地处合肥市市区，不仅主体工程结构必须坚固、稳定、耐久、安全，而且外观也要达到要求，成为城市景观的组成部分。2012 年工程进展：阜阳北路高架桥：桩设计 286 根完，承台设计 109 个，累完 102 个，墩台身设计 127 个，累完 121 个，连续梁设计 24 联，累完 16 联，匝道连续梁设计 5 联；道排工程：土方设计 68 万立方米，开累 40.4 万立方米，级配碎石 40 万立方米，开累 36.88 万立方米，二灰碎石 12.75 万平方米，开累 8.92 万平方米，水稳设计 10.39 万平方米，累完 8.99 万平方米，设计挖孔支护桩设计 302 根，雨水管设计 8385 米，累 6198.4 米，污水管设计 3076 米，累完 3031.7 米，顶管设计 1488 米完；阜阳北路高架桥涉铁 1 标：桩设计 52 根完，承台设计 12 个，累完 7 个，墩台身设计 24 个，累完 8 个，连续梁设计 4 联。

2012 年完成产值 9563 万元。

【S209 金寨县黄林至马店段公路改建工程——猴子岭隧道】 中铁四局承建。合同造价：4399.55 万元。合同工期：2011 年 12 月～2012 年 12 月。S209 金寨县黄林至马店段公路改建工程位于金寨县梅山镇境内。本项目为猴子岭隧道及接线工程，实施线路全长 1.82 公里，起止桩号为 K8+020～K9+840。其中隧道轴线起止桩号为 K8+270～K9+120，中心桩号 K8+695，全长 850 米，属中隧道。隧道设计净宽 11.00 米，净高 7.00 米，轴线为弧线形，轴向为 0.57%至 K8+680 处后以-0.927%下坡至隧道终点，洞内路面宽 9.0 米。隧道两端接线长 0.97 公里，桩号为 K8+020～K8+270，K9+120～

K9+840。路基宽度为 12 米，路面宽度为 9 米。猴子岭隧道 850 米、新建两端接线道路共 970 米、盖板涵 4 座，以及相应的道路安全设施和隧道机电设备安装工程。

工程重难点：进洞难、隧道Ⅴ级围岩段长、隧址区分布有褶皱和断层，裂隙水发育，如何保证安全是隧道施工的重难点。

项目组织机构：项目共设项目经理 1 人，项目总工程师 1 人，副经理 2 人，安全总监 1 人，下设工程部、安质部、物设部、财务部、办公室、实验室，共计 25 人；劳务分包队伍共 6 家，分别为隧道队、道路队、机电安装队、交通标志队、综合施工队、搅拌站。

截止 2012 年 12 月 31 日止，2012 年度完成产值 3303 万元，占工程总造价的 75%。

【长丰五湖大道上跨铁路立交桥】 中铁四局承建。合同造价：4248 万元。合同工期 2012 年 8 月～2013 年 5 月。本桥为新建五湖大道上跨铁路立交桥引桥，该桥西侧引桥 180 米，桥跨布置为一联 4x30 米简支变连续预应力混凝土小箱梁结构和两孔 30 米简支预应力混凝土小箱梁结构，该桥东侧引桥长 180 米，桥跨布置为 1 孔 30 米简支预应力混凝土小箱梁结构和一联 5x30 米简支变连续预应力混凝土小箱梁结构；引桥小箱梁均采用预制架设施工；

主桥 85 米已经施工完毕，本次工程任务为 360 米引桥。西侧墩号为 W0—W5（W0 为桥台），东侧 E1—E6（E6 为桥台），制梁场设在五湖桥西侧。主要工程量为：钻孔桩 92 根，系梁 18 个，桥台 2 个，墩身 66 个，盖梁 20 个，预制梁 156 片；

2012 年工程进度：钻孔桩设计 92 根，累完 78 根，墩柱设计 66 个，累完 40 个，桥台设计 4 个，累完 2 个；系梁设计 18 个，累完 15 个；盖梁设计 20 个，累完 9 个；箱梁设计 156 片，累完 19 片。

2012 年完成产值：1752 万元。

【新疆阿尔塔什水利枢纽工程跨河大桥】 中铁五局承建，系新建工程。项目地点新疆喀什啥车县阿尔塔什。本项目管段长度 1116.827 米，桥梁一座长度 368 米。主要工程量路基土石方 6.5354 万立方米，桥梁设计长度 368 米。合同总额 2587.1379 万元万元，建设单位：新疆新华叶尔羌河流域水利水电开发有限公司，设计单位：水利部新疆维吾尔自治区水利水电勘测设计研究院，监理单位：黄河工程咨询监理有限责任公司。2012 年 8 月 7 日开工，竣工时间 2013 年 10 月 31 日。开累完成 1180 万元，剩余价值 1407 万元。

【山西中南部铁路通道沁河特大桥】 中铁五局承。建沁河特大桥中心里程为 DK417+277.05，全长 903.25 米，桥跨形式为（1－32 米简支 T 梁+10－64 米简支箱梁+6－32 米简支 T 梁），墩高最高为 70 米，64 米简支箱梁采用节段预制，移动支架上拼装架设，32 米 T 梁采用预制架设。本桥采用双线矩形空心桥台，台顶斜置，1 号、12～16 号采用双线圆端形实体桥墩，2～11 号桥墩采用圆端形空心墩，孔桩 189 根，桥墩 16 个，最高墩为 70 米，桥台 2 个，本桥采用钻孔灌注桩基础。2012 年，开累完成 589.16 成桥米，完成设计的 65.23%，剩余 314.09 成桥米；其中孔桩和承台全部完成，墩台完成 11 个，剩余 5 个。

【杭长浙江客运专线金华江特大桥】 中铁五局承建。金华江特大桥位于浙江省金华市境内，中心里 DK169+359.217，11435.346 米，其中跨金华江主跨 103 墩～109 墩（75+4*135+75）米按连续梁设计，连续梁及水中墩施工是本桥的重难点，该连续梁是目前高铁建设史上最大跨度的悬灌连续梁，也是铁道部重点关注的建设项目。开累 9814 米，剩余 1621 米。

【拉日铁路雅江 1 号特大桥】 中铁五局承建。拉日铁路雅江 1 号特大桥起讫里程为 IDK103+856.8～IDK104+729.05，中心里程为 IDK104+291.925，全长 874.25 米。孔跨布置：1-24 米+3-32 米预应力混凝土梁+（72+120+72）米连续刚构+14-32 米预应力混凝土梁。主桥采用墩梁固结体系，箱梁采用单箱单室截面，箱梁底宽 6.0 米，顶宽 7.5 米，支点梁高 8.5 米，跨中及端部现浇段梁高 4.5 米，梁底曲线采用 1.6 次抛物线，箱梁顶板厚 0.4 米，底板厚 0.45～0.9 米，腹板厚 0.4～0.7 米。主墩采用空心桥墩，百年水位+1 米以上部分采用矩形截面，以下部分采用由矩形渐变为圆端形的实体截面，两主墩高分别为 52.5 米、49 米，空心部分墩高 38.5 米，基础采用钻孔灌注桩基础。2012 年成桥 551.9 米，开累完成 791.25 米。剩余 83 米。年累完成 4370 万元，开累 5771.9 万元，剩余 1097 万元。

【沪昆铁路客运专线（江西段）贵溪特大桥】 中铁五局承建。沪昆铁路客运专线贵溪特大桥长 8.487 公里，有箱梁 244 孔，（60+100+60）米、（32+48+32）米、（70+125+70）米连续梁各一联，同时 2 次跨越既有粮库专用线，1 次跨越既有皖赣铁路。年累完成 1800 成桥米，开累完成 8155 成桥米，剩余 322 成桥米。桥梁下部工程、架梁已全部完成，仅剩桥梁栏杆、沟槽盖板未完成。

【沪昆铁路客运专线贵州段 CKGZTJ-8 标七眼桥特大桥】 中铁五局承建。七眼桥特大桥全长 1835 米，共有简支箱梁 49 跨，悬臂连续梁 6 跨/2 联。简支箱梁采用预制架设，32 米+48 米+32 米连续梁采用支架现浇施工，48 米+88 米+48 米跨既有铁路连续梁采用挂蓝施工。经工期推算，本桥最晚架梁时间为 2013 年 7 月 16 日，按施工组织设计本桥跨铁路连续梁主墩下部结构最迟于 2013 年 3 月 25 日完工。目前跨铁路连续梁主墩 32 号桩基础已完成，31 号墩已开始施工，开累完成 531.7 成桥米，完成总量的 29.0%。

【成绵乐客专 8 标乐山青衣江特大桥】 中铁五局承建。乐山青衣江特大桥（DK296+037）桥梁全长 5028 米，孔桩 22277 米/1306 根，承台 142 个，制、架梁 125 孔，特殊结构 5 联，分别上跨 306 省道收费站、成乐高速公路、青衣江主航道、在建乐宜高速公路、在建乐雅高速公路，为标段重难点控制工程。2012 年成桥 498 米，开累完成 5028 米。

【成绵乐客专 8 标峨眉车站特大桥】 中铁五局承建。峨眉车站特大桥（D3K312+284.8）桥梁全长 7781 米，孔桩 73766 米/1961 根，承台 239 个，制、架梁 223 孔，其中两联双线变四线道岔连续梁，上跨既有成昆线峨眉山车站出线处新建峨眉车站站台，亦为标段重难点控制性工程。截至 2011 年底，除了 229 号～238 号墩因 525 厂拆迁影响不能施工外，其余墩（台）身已全部施工完成，且 2 联 7*32 米连续梁和一孔现浇简支梁已全部施工完成，架梁完成 118 孔； 2012 年成桥 680 米，开累完成 7781 米。剩余 150.38 米。

【新建成都至兰州铁路 2 标北延线双线大桥】 中铁五局承建。北延线大桥设计全桥长 208.38 米，设计结构型式为（36+112+36）米连续梁钢管混凝土系杆拱桥。全桥共 2 墩 2 台，中心里程 D1K14+744。开累 1186 米，剩余 1458.36 米。

【新建成都至兰州铁路 2 标鸭子河特大桥】中铁五局承建。鸭子河特大桥设计全桥长 2644.36 米，设计结构型式为全桥结构为 1×（32+40+32）连续梁+2×32+2×24+9×32+1×24+6×32+2×24+8×32+(11×48)简支箱梁（移动模架施工）+（36+64+36）连续梁+1×32+3×24+24×32 米，全桥共 74 墩 2 台。开累完成 327 根。

【贵开铁路南江双线特大桥】 中铁五局承建。贵开铁路南江双线特大桥全长 649.5 米，最大墩高 83 米，10×19.9 米的挖井基础深达 33 米，基础深 11 米，墩身伸入挖井 22 米。上部构造为（1×24+7×32）T 梁+（92+176+92）连续刚构+（1×24）T 梁。跨越南江大峡谷核心景区，轨面与河谷高差 230 余米，两岸山势陡峻，安全风险大。2011 年完成基础孔桩 40 根，占设计数量 82 根的 49%，2 号墩墩身浇注完成 18 米，4 号墩墩身浇注完成 7 米，3 号、5 号墩承台混凝土灌注完成；7 号墩孔桩开挖 100 米；8 号墩防护施工完成，孔桩开始开挖；9 号主墩 11 米钢筋混凝土基础灌注完成；10 号主墩基础开挖完成，等待设计院出处理方案；开累完成成桥米 494.82 米，剩余 154.68 米。

【玉蒙铁路秀山隧道】 中铁五局承建。秀山隧道是昆河线玉蒙段的重点工程，位于云南省通海县境内，隧道进口里程为 DK27+060，出口里程为 DK37+362，中心里程为 DK32+211，全长 10302 米，是全线的控制性重点工程。中铁五局承建秀山隧道正洞 5260 米（DK31+902～DK37+362）、平导 5452 米（PDK31+902～PDK37+354）的施工任务。正洞年度开挖完成上台阶 1405 米、下台阶 1419 米、衬砌 1504 米、铺底 1430 米、成洞米 5260 米，完成设计的 99.9%，剩余 2 米 。平导年度开挖完成 497 米，开累开挖完成 5016 米，成洞米 4448.54 米，完成设计的 82%，剩余 567.46 米。

【沪昆客专云南段壁板坡隧道】 中铁五局承建。壁板坡隧道是全线重难点工程及控制工期工程，也是沪昆客专云南段确定的 3 座Ⅰ级风险控制隧道中最长的隧道，更是本标段施工的重中之重。壁板坡隧道进口起讫里程 DK977+657，出口里程 DK992+413，全长 14756 米，中心里程 DK985+035，进口 1363 米为合修段，其余 13393 为分修段。线路左侧设贯通平导（长 14717 米）。进口里程 PDK977+683，出口里程 PDK992+400。进口位于贵州省盘县境内，出口位于云南省富源县境内。壁板坡隧道进口正洞（合修段）年度开挖完成上台阶 984 米、下台阶 1017 米、衬砌 1030 米、铺底 1024 米、成洞米 932.9 米。开累完成成洞米 1257.1 米，完成设计的 92.2%。剩余 105.9 成洞米。左线正洞，年度开挖完成上台阶 3559 米、下台阶 3311 米、衬砌 2352 米、铺底 2621 米、成洞米 1440.7 米，开累完成成洞米 1568.1 米，完成设计的 11.7%。剩余 11824.9 米。右线正洞年度开挖完成上台阶 1031 米、下台阶 898 米、衬砌 384 米、铺底 606 米、成洞米 365.3 米，开累完成成洞米 365.3 米，完成设计的 2.7%。剩余 13047.4 米。平导年度开挖完成 4445 米，开累开挖完成 6806 米，开累完成设计的 46.2%，剩余 7911 米。

【贵广快速铁路岩山隧道】 中铁五局承建。隧道位于贵州省黔东南州榕江县境内，岩山隧道 DK218+640～DK233+190 全长 14693 米，为贵广全线第一长隧道，全隧共设 3 个斜井、1 个平导、1 个横洞共 5 个辅助坑道进行施工。岩山隧道洞身共穿越 22 个断层带，岩体破碎程度较高，褶皱分布广泛，不良地质和特殊地质段较多，偏压顺层、岩爆、涌水突泥、软岩变形等不良地质现象极其发育，隧道洞身两次下穿八匡河河床，隧道最大涌水量 11.4 万立方米/d，为Ⅰ级高风险隧道，是贵广铁路重点控制性工程之一。20112 年，开累完成成洞 14537.5 米，剩余 155.5 米。

【山西中南部铁路通道范家山隧道】 中铁五局承建。山西中南部铁路通道范家山隧道设计 10190 米，本年成洞 4210.49 米，开累 7831.94 米，剩余 2358.06 米。范家山隧道 2010 年 7 月 1 日进洞，隧道采用单洞双线方案，隧道进口里程为 DK419+820，出口里程为 DK430+010，全长 10190 米，最大埋深约 260 米，最小埋深约 55 米。隧道线路平面为直线。本隧道为单洞双线隧道，左线和右线线路中线线距 4 米。隧道岩性以砂质黄土、砂岩、泥岩为主，其中Ⅲ级围岩长 8750 米、Ⅳ级围岩长 1070 米、Ⅴ级围岩长 370 米，分别占隧道总长的 86%、10%、4%。DK424+240～DK424+440 段通过断层，断层与隧道洞身大角度相交于 DK424+312 米处，断层宽度约为 50 米，岩体较破碎，同时由于受节裂隙的影响，该段可能富水。洞身地下水主要为基岩裂隙水。正常涌水量 2278 立方米/d，最大涌水量 4900 立方米/d。2012 年，开累完成 7831.94 成洞米，完成设计的 76.86%，剩余 2358.06 成洞米。

【山西中南部铁路通道发鸠山隧道（进口段）】 中铁五局承建。2010 年 12 月 1 日进洞，发鸠山隧道采用单洞双线方案，隧道进口里程为 D2K440+342，出口里程为 D2K454+915，全长 14573 米，我标为进口段，管段长度为 7019 米。最大埋深约 382 米，最小埋深约 8 米。其中Ⅲ级围岩长度为 3328 米，占隧道总长的 47.4%，Ⅳ级围岩长度为 3078 米，占隧道总长的 43.9%，Ⅴ级围岩长度为 613 米，占隧道总长的 8.7%。地下水主要为第四系孔隙潜水和基岩裂隙水。1 号斜井涌水量一般为 178 立方米/d，2 号斜井涌水量一般为 400 立方米/d。隧道洞身主要穿越三叠系和尚沟组（T1h）紫红色、灰紫色泥岩与细～中粒长石砂岩互层；三叠系下统刘家沟组（T1l）紫红色厚层中细粒砂岩夹薄层砖红色泥岩。2012 年，开累完成 5540.55 成洞米，完成设计的 78.94%，剩余 1478.45 成洞米。

【山西中南部铁路通道红泥寺 1 号隧道】 中铁五局承建。红泥寺 1 号隧道位于该线 D2K430+575～D2K435+635 段，隧道中心里程 D2K433+105，隧道全长 5060 米。2010 年 8 月 23 日进洞。隧道最大埋深约 216 米，最小埋深约 23 米，本隧道为单洞双线隧道，左线和右线线路中线线距 4 米。隧道岩性以砂质黄土、砂岩、泥岩为主，其中Ⅲ级围岩长 2812 米、Ⅳ级围岩长 1481 米、Ⅴ级围岩长 782 米，分别占隧道总长的 56%、29%、15%。隧道区内地下水类型以基岩裂隙水为主，正常涌水量 1166 立方米/d，最大涌水量 3499 立方米/d。2012 年，开累完成 4460.38 成洞米，完成设计的 88.15%，剩余 599.62 成洞米。

【拉日铁路甭当隧道】 中铁五局承建。拉日铁路甭当隧道起讫里程 IDK94+468～IDK101+971 ，全长 7564.89 米（含长链 61.89 米），最大埋深约 380 米，为单线隧道。甭当隧道位于雅鲁藏布江左岸，河谷深切，呈“V”字形，地形起伏大，地面高程 3730～3750 之间，相当高差达 200 米以上。隧道进口 867.75 米位于半径 R-2000 米的曲线上、洞身 923.07 米位于 R-2000 米的左偏曲线、948.14 米位于 R-1600 米的左偏曲线、出口 56.42 米位于 R-1200 米的右偏曲线上，其余均处于直线上，洞内坡度 5‰和-5‰。甭当隧道洞身长，围岩含水体较大，存在突然涌水、岩爆、泥石流、危岩、落石、围岩失稳、坍塌等不良地质情况。2012 年成洞 13931.33 米，开累 5722.77 米，剩余 1842.12 米。年累完成 15767.25 万元，开累完成 22956.9 万元，剩余 7388 万元。

【拉日铁路色麦村隧道】 中铁五局承建。拉日铁路色麦村隧道起讫里程：IDK087+695～IDK094+388，全长 6693 米，为单线隧道。进口位于雅江北岸山坡，洞口基岩裸露，山坡较陡；隧道洞身分别有 2034.35 米位于半径为 R-2000 米的曲线上，出口 115.76 米位于半径 R-2000 米的右偏曲线上，洞内单面上坡，坡度依次为 12‰、9‰。洞身通过低高山区，左侧为雅鲁藏布江，地形起伏较大，洞身穿越的山体高程超过 3900 米，山势总体东高西低，其上沟谷发育，切割相对较深，洞身上方有一条常年流水冲沟；出口位于一泥石流冲沟内。2012 年成洞 12471.2 米，完成计划 6693 米，开累 5770.82 米，剩余 922.18 米。年累完成 2471.2 万元，开累完成 9297.3 万元，剩余 3081 万元。

【拉日铁路帕当山隧道】 中铁五局承建。拉日铁路帕当山隧道位于雅鲁藏布江南岸，起讫里程 IDK106+190～IDK109+026，全长 2886.69 米，（含长链 50.69 米）为单线隧道。该处河谷深切，呈 V 字形，地形起伏大，相对高差达 200 米以上。山体脊部高程约 4400 米，进口坡面较缓，出口坡面较陡，进、出口段地面高程为 3730～3750 米之间。山体基岩裸露，岩体破碎，雨季时有泥石流爆发，淹没公路。山体坡面上植被较稀疏。工点范围内仅局部有小便道通行，大部分地段行走困难，交通极为困难，对岸江边有 318 国道；帕当山隧道存在危岩落石、错落等不良地质，是本标段的重难点之一。本年计划完成 905.158 成洞米，本隧道共有 1 处横洞，与进出口合计 4 个工作面，根据年度计划，以及隧道整体进度计划，分别在 2011 年的 3、4 季度达到施工高峰期，施工高峰期进度指标为 480 米/每月，最高指标达到 500 米/每月，计每个工作面正洞进度指标为 125 米，工期满足工程总工期要求。年成洞 1930.58 米，完成计划 2886.69 米，开累 2538 米，剩余 348.7 米。年累完成 7336.8 万元，开累完成 9470.7 万元，剩余 1325 万元。

【兰新铁路2标西宁隧道】 中铁五局承建。西宁隧道全长5743米，围岩较差，Ⅵ级围岩1370米、Ⅴ级围岩1843米、Ⅳ级围岩2530米，有膨胀岩、盐岩、石膏岩等不良地质；浅埋段部分地段隧道基础需要进行加固处理；下穿西宁市区段，地表建筑物密集；出口端与防空洞相交，安全风险高。是本标段的隧道重难点工程，为一级风险隧道。2012年成洞2631米，开累成洞5141米，剩余599米。

【前庄铁路大洋河特大桥】 中铁九局承建，位于辽宁省丹东东港市大孤山镇，桥位横跨大洋河，中心里程为DK75+144.46，起讫里程DK73+264.1～DK77+024.17，全桥长3760.3米。桥梁孔跨样式为3孔-32米+1孔-24米+2孔-32米+2孔-24米+99孔-32米结构，其中6孔-32米、7孔-32米为道岔连续梁。2010年10月20日开工，2012年4月7日竣工，总造价22497万元。

【前庄铁路石佛跨201国道特大桥】 中铁九局承建，位于辽宁省丹东东港市前阳镇，桥位经过前阳镇石佛村，全桥长3498.36米，中心里程为DK125+156.12，起讫里程为DK123+406.84～DK126+905.2。大桥孔跨样式： 3孔-32米+1孔-24米+25孔-32米+1联（48+80+48）米连续梁+33孔-32米+1孔-24米+26孔-32米+2孔-24米+11孔-32米，桩基础890根，承台106座，墩台106座，双线预应力混凝土简支T梁102孔，1联连续梁。2010年10月15日开工，预计2013年5月31日竣工，工程总造价15530万元。

【前庄铁路石头沟特大桥】 中铁九局承建，位于辽宁省东港市新城区，桥位经过新城区宣城村、八棵树村、柞木村、刘家泡村，中心里程为DK118+377.17，起讫里程为DK116+661～DK120+093.33，全桥长3432.3米。大桥孔跨样式： 10孔-32米+1孔-24米+32孔-32米+2孔-24米+1孔-32米+1联（32+48+32）米连续梁+48孔-32米+1孔-24米+7孔-32米，桩基础970根，承台106座，墩台106座，双线预应力混凝土简支T梁102孔，1联连续梁。2010年10月9日开工，预计2013年5月31日竣工，工程总造价16610万元。

【前庄铁路潘家坝跨丹大高速特大桥】 中铁九局承建，位于辽宁省东港市黄土坎镇于椅圈镇之间，桥位经过黄土坎镇赵家岭村和椅圈镇德祥村，中心里程为DK83+189.01，起讫里程为DK82+454.88～DK83+923.14，全桥长1468.26米，大桥孔跨样式： 29孔-32米+1孔-116米简支系杆拱+12孔-32米，桩基础318根，承台43座，墩台43座，双线预应力混凝土简支T梁41孔，1联简支系杆拱。2010年7月16日开工，2012年9月30日竣工，工程总造价6825万元。

【前庄铁路跨铁甲灌渠特大桥】 中铁九局承建，位于辽宁省丹东东港市长山镇，桥位经过长山镇卧龙村和大顶子村，中心里程为DK113+094.3，起讫里程为DK111+893.53～DK114+295.56，全桥长2402.03米。上部为73孔32米双线预应力混凝土简支T梁结构，桩基础622根，承台74座，墩台74座。2010年6月6日开工，2012年10月10日竣工，工程总造价10180万元。

【前庄铁路前卧龙特大桥】 中铁九局承建，位于辽宁省东港市椅圈镇，桥位经过椅圈镇马家岗，中心里程为DK88+842.51，起讫里程为DK87+878.1～DK89+804.62，全桥长1926.52米。上部为52孔-32米+2孔-24米+5孔-32米双线预应力混凝土简支T梁结构，桩基础570根，承台60座，墩台60座。2010年6月7日开工，2012年10月10日竣工，工程总造价6708万元。2012年完成桩基础10根，承台4座，墩台身4座，双线预应力混凝土简支T梁22孔。

【前庄铁路前阳跨201国道特大桥】 中铁九局承建，位于辽宁省东港市前阳镇，桥位经过前阳镇农民村、新疆村，中心里程为DK134+451.99，起讫里程为DK133+028.42～DK135+872.37，全桥长2843.95米。大桥孔跨样式： 23孔-32米+1孔-116米简支系杆拱+60孔-32米。桩基础724根，墩台85座，双线预应力混凝土简支T梁83孔，1联简支系杆拱。2010年7月15日开工，预计2013年11月18日竣工，工程总造价14890万元。2012年完成钻孔14根，承台2座。

【前庄铁路安民河特大桥】 中铁九局承建，位于辽宁省丹东市汤池镇，桥位经过接梨树村、金固村，中心里程为DK141+181.56，起讫里程为DK140+138.6～DK142+227.02，全桥长2088.42米。上部为38孔-32米+2孔-24米+24孔-32米双线预应力混凝土简支T梁结构，桩基础536根，墩台65座。2010年5月10日开工，预计2013年8月30日竣工，工程总造价7013万元。2012年完成钻孔34根，承台5座，墩身4座。

【沈丹客专本溪枢纽太子河特大桥】 中铁九局七公司承建，位于辽宁省本溪市境内，全桥长1355.42米，钻孔桩246根，承台24座，墩台身38座，明挖基础4座，挖井基础10个，双线预应力混凝土简支箱梁35孔，1联32+48+32米连续梁，1联60+100+60米连续梁。工程自2010年7月26日开工，预计2013年10月30日竣工，总造价9770万元。2012年完成产值2316万元，完成钻孔桩56根、挖井基础 2 个、承台 6 个、墩台身 6 个、（32+48+32）米连续梁 89.55 米，（60+100+60）连续梁 117.75 米。

【杭长客专夏金特大桥】 中铁九局承建，位于浙江省龙游县内，全桥长 6659 米，钻孔桩 1752 根，承台 206 座，墩台身 206 座，双线预应力混凝土简支箱梁 199 片，连续梁 2 联。工程自 2010 年 7 月 1 日开工，预计 2013 年 6 月 30 日竣工，总造价 34600 万元。2012 年完成产值 181 万元。

【杭长客专安仁特大桥】 中铁九局承建，位于浙江省龙游县内，全桥长 2951 米，钻孔桩 546 根，承台 91 座，墩台身 91 座，双线预应力混凝土简支箱梁 90 片。工程自 2010 年 7 月 1 日开工，2012 年 12 月 31 日竣工。工程总造价 12584 万元。2012 年完成产值 673 万元。

【杭长客专上山溪特大桥】 中铁九局承建，位于浙江省衢州市郊，全桥长 5668 米，钻孔桩 932 根，承台 171 座，墩台身 171 座，双线预应力混凝土简支箱梁 164 片，现浇连续梁 2 联。工程自 2010 年 7 月 1 日开工，2012 年 11 月 30 日竣工，总造价 29451.3 万元。2012 年完成产值 3490 万元。

【杭长客专乌溪江特大桥】 中铁九局承建，位于浙江省衢州市郊，全桥长 5799 米，钻孔桩 1510 根，承台 180 座，墩台身 180 座，双线预应力混凝土简支箱梁 175 片，现浇连续梁 1 联，1-132 米提篮拱一联。工程自 2010 年 7 月 1 日开工，预计 2013 年 5 月 30 日竣工，总造价 30132 万元。2012 年完成产值 6800 万元。

【杭长客专江山港特大桥】 中铁九局承建，位于浙江省衢州市内，全桥长 5225 米，钻孔桩 1323 根，承台 157 座，墩台身 157 座，双线预应力混凝土简支箱梁 136 片，现浇连续梁 5 联及斜连续刚构 1 联。工程自 2010 年 8 月 2 日开工，预计 2013 年 8 月 20 日竣工，总造价 27149.5 万元。2012 年完成产值 8973 万元。

【平齐线增二线工程西辽河特大桥】 中铁九局二公司承建，位于吉林省双辽市境内，全桥长 3225.61 米，钻孔桩 812 根，承台 100 座，墩身 98 座，桥台 2 座。工程自 2011 年 4 月 1 日开工，预计 2013 年 6 月 30 日竣工，总造价 1528 万元。2012 年完成产值 480 万元，完成总价的 31.4%。

【吉图珲客专平安堡特大桥】 中铁九局承建，位于敦化市平安堡村东南侧，中心里程为 DK148+556.185，桥梁全长 2645.39 米。本桥为跨越江平线、规划鹤大高速公路及既有长图线等立交而设。2011 年 6 月 15 日开工，预计 2013 年 10 月 30 日竣工，总造价 11693.6 万元。桥梁跨孔类型：35 孔-31.5 米简支箱梁+1 联-（40+64+40）连续梁+41 孔-31.5 米简支箱梁。圆端形桥墩，双线矩形空心桥台，钻孔桩基础。钻孔桩 600 根，承台 74 座，扩大基础 6 座，墩台身 80 座。2012 年完成产值 3963.6 万元，开累完成产值 5016.5 万元，完成总价的 42.9%。

【吉图珲客专小石河特大桥】 中铁九局承建，中心里程 GDK152+860.275，桥梁全长 2302.27 米，线间距 4.6 米，位于曲线上。本桥位于敦化市柳树沟村至敦化火车站之间，为跨越既有长图铁路、市政公路及小石河河堤等立交而设。2011 年 6 月 15 日开工，预计 2013 年 10 月 30 日竣工，总造价 13689.3 万元。桥梁跨孔类型：34 孔-31.5 米简支梁+1 联（40+64+40）米连续梁+2 孔-31.5 米简支梁+1 孔-23.5 米简支梁+1 联（40+64+40）米连续梁+15 孔-31.5 米简支梁+1 孔-23.5 米简支梁+4 孔-31.5 米简支梁+1 联（32+48+32）米连续梁，圆端形桥墩，双线矩形空心桥台，钻孔桩基础。2012 年完成产值 4753.8 万元，开累完成产值 6895.1 万元，完成总价的 50.4%。

【吉图珲客专牡丹江特大桥】 中铁九局承建，位于敦化市江南镇附近，中心里程 GDK157+785.12，全长 2761.68 米，为跨越牡丹江、市政道路及既有长图线而设。2011 年 6 月 15 日开工，预计 2013 年 10 月 30 日竣工，总造价 20037.0 万元。桥梁跨孔类型：2 孔-31.5 米简支箱梁+1 联-（32+48+32）米预应力混凝土连续梁+4 孔-31.5 米简支箱梁+1 联-（40+64+40）米预应力混凝土连续梁+16 孔-31.5 米简支箱梁+1 孔-23.5 米简支箱梁+1 孔-19.5 米简支箱梁+1 孔-23.5 米简支箱梁+2 孔-31.5 米简支箱梁+1 联-（40+64+40）米预应力混凝土连续梁+34 孔-31.5 米简支箱梁+11 孔-31.5 米简支箱梁，圆端形桥墩，双线矩形空心桥台，钻孔桩基础。2012 年完成产值 7903.7 万元，开累完成产值 16539.1 万元，完成总价的 82.5%。

【吉图珲客专改长图线牡丹江特大桥】 中铁九局承建，位于敦化市江南镇双胜村东侧，中心里程 CTDK157+556.055，全长 2327.38 米，位于曲线上，为跨越牡丹江河及城市立交而设。2011 年 6 月 15 日开工，预计 2013 年 6 月 30 日竣工，总造价 7175.3 万元。桥梁为 3 孔-32 米简支 T 梁+1 联-（32+48+32）米预应力混凝土连续梁+4 孔-32 米简支 T 梁+1 联-（40+64+40）米预应力混凝土连续梁+17 孔-32 米简支 T 梁+3 孔-24 米简支 T 梁+2 孔-32 米简支 T 梁+1 联-（40+64+40）米预应力混凝土连续梁+31 孔-32 米简支 T 梁，圆端形桥墩，双线矩形空心桥台，钻孔桩基础。2012 年完成产值 1244.0 万元，开累完成产值 4809.0 万元，完成总价的 67.0%。

【吉图珲客专得胜特大桥】 中铁九局承建，位于敦化市得胜村南侧，中心里程 DK163+945.095，全长 2597.81 米。本桥为城乡立交而设。2011 年 6 月 15 日开工，预计 2013 年 8 月 30 日竣工，工程总造价 11271.5 万元。上部结构为 79 孔-31.5 米简支箱梁，圆端形桥墩，双线矩形空心桥台，钻孔桩基础。2012 年完成产值 6513.5 万元，开累完成产值 10888.7 万元，完成总价的 96.6%。

【吉图珲客专大石头特大桥】 中铁九局承建，位于延边州敦化市大石头镇李家屯村南侧，中心里程 GDK179+651.53，全长 5607.22 米，为城乡立交而设。2011 年 6 月 15 日开工，预计 2013 年 8 月 30 日竣工，总造价 28701.3 万元。上部为 171 孔-31.5 米简支箱梁结构，圆端形桥墩，双线矩形空心桥台，钻孔桩基础。2012 年完成产值 14269.3 万元，开累完成产值 28498.8 万元，完成总价的 99.3%。

【兰新铁路第二双线酒泉立交特大桥】 中铁九局承建，位于甘肃省嘉峪关市内，全桥长 7371.8 米，钻孔桩 1876 根，承台 222 座，墩台身 222 座，双线预应力混凝土简支箱梁 212 孔。工程自 2010 年 4 月 1 日开工，2012 年 8 月 31 日竣工，总造价 42506 万元。

【兰新铁路第二双线河口村 1 号立交特大桥】 中铁九局承建，位于甘肃省嘉峪关市内，全桥长 7980.5 米，钻孔桩 2102 根，承台 246 座，墩台身 246 座，双线预应力混凝土简支箱梁 237 孔。工程自 2010 年 4 月 1 日开工，2012 年 5 月 1 日竣工，总造价 46016 万元。

【兰新铁路第二双线北大河特大桥】 中铁九局承建，位于甘肃省嘉峪关市内，全桥长 1119.7 米，钻孔桩 340 根，承台 52 座，墩台身 34 座，双线预应力混凝土简支箱梁 32 孔。工程自 2010 年 4 月 1 日开工，2012 年 4 月 30 日竣工，总造价 6456 万元。

【兰新铁路第二双线黑山湖跨兰新立交特大桥】 中铁九局承建，位于甘肃省嘉峪关市内，全桥长 3351.6 米，钻孔桩 593 根，承台 71 座，墩台身 100 座，双线预应力混凝土简支箱梁 93 孔。工程自 2010 年 4 月 1 日开工，2012 年 4 月 30 日竣工，总造价 19326 万元。

【兰新铁路嘉峪关既有线跨兰新第二双线特大桥】 中铁九局承建，位于甘肃省嘉峪关市内，全桥长 1913.2 米。钻孔桩 370 根，承台 61 座，墩台身 61 座，双线预应力混凝土简支 T 梁 60 孔。工程自 2010 年 4 月 1 日开工，2012 年 5 月 30 日竣工，总造价 8739 万元。

【萧甬铁路工程柯桥特大桥】 中铁九局一公司承建，位于浙江省绍兴市内，全桥长 5660.82 米，钻孔桩 1416 根，承台 176 个，墩台身 176 个，双线预应力混凝土简支 T 梁 175 孔。工程自 2010 年 7 月 1 日开工，预计 2013 年 4 月 30 日竣工，总造价 26070 万元。2012 年完成产值 9384 万元，开累完成产值 25486 万元，完成总价的 97.8%。

【黎钦铁路飞龙郁江特大桥】 中铁九局承建，位于广西省横县新福镇飞龙郁江上游，新建桥位于既有桥的左侧，线间距 30 米。横跨郁江，为西津水库库区，黎塘岸为六新村，钦州岸为塘孔村，距下游西津水电站大坝约 38 公里，起止里程为 DK29+411.56～DK30+010.975，桥梁全长 599.415 米，孔跨布置为：7 孔-32 米简支 T 梁＋1 联(62+2×100+62)米连续刚构＋1 孔-32 米简支 T 梁，单线，工程造价 4521 万元。2012 年开累完成 1859.3 万元，完成总价的 41.1%。完成钻孔桩 24 根、承台 7 个、墩台 10 个。

【黎钦铁路江表河特大桥】 中铁九局承建，本桥主要跨越江表河，江表河流向曲折，河床呈 U 型，水深 0.5-1.0 米。水流较缓，河床底部较平坦。桥长 1406.635 米，孔跨布置为：41 孔-32 米+2 孔-24 米简支梁，单线，总造价 3476 万元。至 2012 年底开累完成 3373 万元，完成总价的 97.03%。

【黎钦铁路跨南钦铁路特大桥】 中铁九局六公司承建，主要为跨越江表河、本线联络线、南防改线及南钦铁路而设。桥跨布置 48 孔-32 米+3 孔-24 米+2 孔-32 米简支 T 梁+1 联（32+48+32）米连续梁+39 孔-32 米简支 T 梁，桥梁中心里程 YDK106+917.48，桥梁全长 3107 米，总造价 8720 万元。有钻孔桩 667 根，墩台 93 座，桥台 2 座。截至 2012 年底开累完成产值 2193 万元，完成总价的 25.14%，完成桩基 255 根、承台 40 座、墩台 33 座。

【巴新铁路跨新义线特大桥（右线）】 中铁九局一公司负责承建，桥梁全长 1138.05 延米，承台 45 个，墩台身 43 个，钻孔桩 244 根。工程自 2008 年 3 月 15 日开工，预计 2013 年 3 月 31 日竣工，总造价 904.4 万元。2012 年完成钻孔桩 109 根，承台 23 个，墩台身 25 个，开累完成产值 892.21 万元，完成总价的 98%。

【扎阿铁路音河特大桥】 中铁九局一公司承建，位于音河乡附近，全长 1360.07 米，为跨越音河而设。桥墩均采用圆端型实体墩，墩台为 6.5～7.5 米，桥台均采用 T 型桥台，钻孔灌注桩基础，桩径均为φ1.0 米，孔桩深度为 24～30 米。桥台均设双侧钢筋混凝土步板人行道，桥上设护轮轨。单线 50 公斤/米钢轨普通线路。线下工程工期：2009 年 6 月 20 日-2010 年 9 月，架梁及桥面系：2011 年 8 月 20 日至 2013 年 6 月 30 日，工程总造价 2473 万元。2012 年完成架梁 8 孔，本年完成产值 218 万元，开累完成 1771.23 万元，完成总价的 71%。

【府谷铁路专用线石峡沟 1 号特大桥】 中铁九局一公司承建，位于陕西省榆林市府谷县赵五加湾乡。起讫里程 DK25+435.99-DK27+050.815，中心里程 DK26+243.653，2 孔-24 米+48 孔-32 米 T 梁，桥长 1614.83 米，单线。工程开工日期 2012 年 4 月 14 日，预计 2013 年 10 月 15 日竣工，总造价为 2395 万元。2012 年开累完成产值 1646 万元，完成总价的 68.7%。

【包钢新体系铁路专用线跨包白包兰线特大桥】 中铁九局一公司承建，位于内蒙古包头市包头钢铁集团公司新体系厂区内，本桥全长为 1126.34 米，单线， 19 孔-16 米+1 孔-14 米+32 孔-16 米+1 孔-20 米+9 孔-24 米预应力混凝土 T 梁。开工日期 2012 年 10 月 1 日，预计竣工日期 2013 年 8 月 30 日，工程总价 5900 万元。2012 年完成钻孔桩 279 根。

【陕西延长石油铁路专用线中立特大桥】 中铁九局一公司承建，位于西安市灞桥区窑村车站附近，本桥全长 2166.89 米，单线，5-16 米+1-12 米+1 联（12+25+12）米连续刚构+1-12 米+10-16 米+1-12 米+38-16 米+1-12 米+7-16 米+1-12 米+3-16 米+1-12 米+1-16 米+1-32 米+4-16 米+1-12 米+27-16 米+1-12 米+16-16 米+2-12 米+1-16 米+1-12 米+3-16 米简支梁。开工日期 2012 年 11 月 16 日，预计 2014 年 7 月 15 日竣工。工程总价 7863.87 万元。2012 年完成钻孔桩 38 根，完成产值 201 万元，占总造价的 2.6%。

【前庄铁路草莓沟 1 号隧道】 中铁九局承建，位于辽宁省丹东市草莓沟村，起讫里程 DK248+775～DK251+980，全长 3205 米，为单洞双线隧道，设计时速 200 公里/小时，洞身最大埋深约 105.33 米。隧道进口至 DK251+527.642 段位于曲线上，曲线半径 R-2200 米；DK251+527.642 至隧道出口位于直线上，隧道内纵坡为单字坡，为 15‰的下坡。2009 年 10 月 1 日开工，预计 2014 年 4 月 4 日竣工，工程总造价 19003.4 万元。隧道开挖方 43.6 万立方米，仰拱填充混凝土 3.26 万 立方米，二衬混凝土 5.30 万立方米，注浆锚杆（φ25）11.63 万米，φ22 砂浆锚杆 5.17 万米，超前小导管 11.55 万米。2012 年完成产值 6423 万元，完成总价的 33.7%。

【前庄铁路草莓沟 2 号隧道】 中铁九局承建，起讫里程 TJLDK154+965～TJLDK159+227，全长 4262 米，进口位于草莓沟村东，出口位于山城一组南侧，为单洞双线隧道，设计时速 120 公里/小时，隧道内埋深约 20～150 米。隧道在 TJLDK158+053 下穿盘道岭公路，公路路面高程为 51.24 米，轨面与路面高差为 21.118 米，隧道在 TJLDK158+161 下穿盘道岭公路隧道，公路隧道路面高程 45.53 米，轨面与公路路面高差为 16.06 米。隧道在 TJLDK156+440 处下穿沈丹客专锦江山隧道，轨面高差为 27.18 米。2009 年 10 月 1 日开工，预计 2014 年 7 月 3 日竣工，总造价 19548.32 万元。隧道开挖方 43.3 万立方米，仰拱填充混凝土 2.38 万立方米，二衬混凝土 5.45 万立方米，注浆锚杆（φ25）10.44 万米，φ22 砂浆锚杆 8.84 万米，超前小导管 5.11 万米。2012 年完成产值 4013 万元，完成总价的 20.5%。

【前庄铁路盘道岭隧道】 中铁九局承建，位于辽宁省丹东市振兴区，起讫里程 JDLDK0+355～TJLDK5+225，进口位于锦江山东侧，出口位于山城一组南侧，全长 4870 米，为单线隧道，设计时速 120 公里/小时，隧道内埋深约 17.5～106.5 米。隧道在 K2+458 位置设置斜井一座，斜井长度为 416 米。隧道在 JDLDK01+423.15 处下穿正线草莓沟 1 号隧道，轨面高差 14.08 米；隧道在 JDLDK1+907.91 处下穿沈丹客专锦江山隧道，轨面高差 25.855 米；隧道在 JDLDK3+935 和 JDLDK4+050 处下穿盘道岭公路隧道，公路隧道路面高程分别为 54.41 米和 46.31 米，轨面到路面高差分别为 33.155 米和 24.71 米。2009 年 10 月 1 日开工，预计 2014 年 1 月 3 日竣工，总造价 14377.92 万元。隧道开挖方 25.8 万立方米，仰拱填充混凝土 12139 立方米，二衬混凝土 39627 立方米，注浆锚杆（φ25）36862 米，φ22 砂浆锚杆 29074 米，超前小导管 27836 米。2012 年完成产值 2567 万元，完成总价的 17.85%。

【沈丹客专本溪枢纽新岭隧道】 中铁九局六公司承建，穿越本溪市北中低山区，进出口里程为 DK44+255，出口里程为 DK45+794.91，全长 1539.91 米，为单洞双线隧道，隧道最大埋深 103 米。隧道全长位于直线上，隧道内线间距 4.6 米，隧道内纵坡为单字坡，隧道全长为 17.38‰的上坡。2010 年 6 月 29 日开工，预计 2013 年 7 月 30 日竣工混凝土工程总造价 7621 万元。隧道开挖方 21.07 万立方米，初衬混凝土 9067 立方米，二衬混凝土 4.82 万立方米，中空锚杆（φ25）52434 米，φ22 砂浆锚杆 23830 米，超前小导管 48712 米。

2012 年完成产值 3043 万元，完成总价的 39%。洞身开挖 724 米，仰拱 743 米，二衬 754 米。

【沈丹客专本溪枢纽唐家堡子隧道】 中铁九局六公司承建，位于辽宁省本溪市境内，穿越北中低山区及凹地，进口里程为 DK46+078.44,出口里程为 DK47+095,全长 1016.56 米，为单洞双线隧道，隧道最大埋深为 90 米。2010 年 9 月 15 日开工，预计 2013 年 7 月 30 日开通，总造价 5030.97 万元。隧道总开挖方量 12.68 万立方米，二衬混凝土总量 15972.5 立方米，仰拱回填混凝土总量 8055 立方米，回填量进口帽檐式洞门 13 米，出口帽檐式洞门 13 米，偏压式明洞一个，长度 34 米，II 级下锚洞一个，长度 4 米，IV 级下锚洞一个，长度 4 米，对称路堑式明洞一个，长度 11 米，综合设备洞室 4 个。2012 年完成产值 2011 万元，完成总价的 39%。唐家堡子隧道开挖 476 米，初期支护 440 米，仰拱 499 米。

【沈丹客专本溪枢纽威宁营隧道】 中铁九局七公司承建，位于本溪市威宁营，为双线铁路隧道。进口里程为 DK49+659.21，出口里程为 DK52+167.77，全长 2508.56 米。洞身最大埋深约 157 米，最小埋深约 13 米。隧道纵坡为单坡，坡度为-15.7‰。工程自 2010 年 7 月 20 日开工，预计 2013 年 12 月 31 日竣工，工程总造价 11051 万元。隧道开挖方 35 万立方米，初衬混凝土 12540 立方米，二衬混凝土 68970 立方米，中空锚杆（φ25）65659 米，φ22 砂浆锚杆 27824 米，超前小导管 85639 米。2012 年完成产值 3717 万元，完成总价的 33.6%。

【沈丹客专本溪枢纽小明沟隧道】 中铁九局七公司承建，位于辽宁省本溪市境内,进口里程为 DK52+301，出口里程为 DK53+830.24，全长 1529.24 米。隧道位于 R=2200 曲线上，进口至出口为 4‰的上坡，最大埋深约 99.8 米。工程自 2010 年7月15日开工，预计2013年8月31日竣工，总造价6380.8 万元。隧道开挖方 21 万立方米，初衬混凝土 7620 立方米，二衬混凝土 39624 立方米，中空锚杆（φ25）52438 米，φ22 砂浆锚杆 24944 米，超前小导管 36131 米。2011 年完成产值 3858 万元，完成总价的 60.5%。

【吉图珲客专西山隧道】 中铁九局承建，位于敦化盆地内，进口里程 DK170+610，出口里程 GDK172+152，隧道全长 1542 米，最大埋深 92 米，本隧道设置 1 处斜井，斜井与线路左线交于 DK171+000，平面投影长度 197 米，斜长 197.3 米，综合坡度 5.2%。工程自 2011 年 6 月 15 日开工，预计 2013 年 9 月 30 日竣工，工程总造价 9573.1 万元。2012 年完成产值 5242.3万元，开累完成产值 7340.0万元，完成总价的 76.7%。开累完成掘进 1213 米，仰拱 987 米，二衬 856 米。

【吉图珲客专增益 1 号隧道】 中铁九局承建，位于延边州敦化市大石头镇增益村西侧，进口里程 DK185+568，出口里程 GDK187+113，隧道全长 1545 米，最大埋深 72 米。本隧道设置 1 处斜井，本斜井为临时工程，工程竣工后进行封堵，斜井与线路左线交于 DK186+300，斜长 214 米，综合坡度 6.3%。工程自 2011 年 6 月 15 日开工，预计 2013 年 10 月 30 日竣工，总造价 8996.5 万元。III 级围岩 590 米、IV 级围岩 433 米、V 级围岩 388 米，弃渣 19.59 万立方米，喷射混凝土 13465 立方米，二衬混凝土 39128 立方米，衬砌钢筋 1216 吨，钢架 1537 吨。2012 年完成产值 3298.1 万元，开累完成产值 5395.8 万元，完成总价的 60%。开累完成掘进 803 米，仰拱 652 米，二衬 504 米。

【宇松铁路下山头隧道】 中铁九局二公司承建，进口里程为 DK53+770，出口里程为 DK61+730，全长 7960 米。平面入口位于直线上，出口位于左偏、R=1200 米的曲线上。隧道地形相对高差较大，相对高差最大接近 400 米。隧道进口处自然坡度约 32 度，出口处自然坡度约 17 度。最大埋深为 323.14 米。工程自 2009 年 9 月 25 日开工，预计 2014 年 5 月 31 日竣工，总造价 15218.99 万元。隧道开挖方 41.9 万立方米，初衬混凝土 20556 立方米，二衬混凝土 79055.6 立方米，注浆锚杆（φ25）54924 米，φ22 药卷锚杆 48754 米，超前小导管 19362 米。2012 年开累完成产值 9897.5 万元，完成总价的 62%。

【宇松铁路花园口 1 号隧道】 中铁九局长春分公司承建，进口里程为 DK22+980，位于爬犁沟村西南侧，河谷东岸，出口里程为 DK28+330，位于花园口镇西南方，腰甸子村东北方，全长 5350 米。隧道相对高差最大约 268 米。隧道进口处自然坡角约 30 度，出口处自然坡度约 31 度。最大埋深 296.21 米。2009 年 9 月 25 日开工，预计 2013 年 12 月 31 日竣工，总造价 10576.35 万元。隧道开挖方 27.4 万立方米，初衬混凝土 12646 立方米，二衬混凝土 52334.1 立方米，注浆锚杆（φ25）29700 米，φ22 药卷锚杆 35773 米，超前小导管 4323 米。2012 年开累完成产值 7368.9 万元，完成总价的 70.78%。

【宇松铁路迟榆顶子隧道】 中铁九局三公司承建，进口里程为 DK20+855,出口里程为 DK22+440.位于爬梨沟村西南方，河谷西岸，全长 1585 米。进口位于直线上，出口位于左偏，R=1600 米的曲线上。隧道最大埋深为 73.77 米，出口洞口段为隧道最小埋深处，埋深仅为 8.22 米，属洞口浅埋地段。考虑进洞困难，进口采用 50 米长的φ108 大管棚超前支护，出口采用 140 米长的φ108 大管棚超前支护。2009 年 9 月 20 日开工，预计 2014 年 2 月 28 日竣工，总造价

3885.42 万元。Ⅲ级围岩 192 米，Ⅳ级围岩 638 米，Ⅴ级围岩 755 米，施工采用出入口双侧作业。围岩开挖 8.5 万立方米，衬砌圬工方 2.2 万立方米，水沟电缆槽 3170 米（双侧）。2012 年开累完成产值 1789 万元，完成总价的 46.3%。

【宇松铁路花园口 3 号隧道】 中铁九局三公司承建，隧道进口里程为 DK31+425，位于花园村正东方，河谷东岸，出口里程为 DK32+455，位于花园村正东向，河谷东岸，全长 1030 米。隧道全长位于 6.0‰的下坡段，进口位于右偏 R=1200 米的曲线上。2010 年 5 月 20 日开工，预计 2013 年 11 月 30 日竣工，总造价 2035.67 万元。为单线铁路隧道，其中Ⅲ级围岩 645 米，Ⅳ级围岩 235 米，Ⅴ级围岩 150 米，施工采用入口作业。围岩开挖 5.04 万立方米，衬砌圬工方 1.16 万立方米，水沟电缆槽 2060 米（双侧）。2012 年开累完成产值 700 万元，完成总价的 34%。完成洞身开挖 338 米，二衬 217 米。

【宇松铁路珠宝 1 号隧道】 中铁九局长春分公司承建，进口里程为 DK32+935，位于珠宝沟屯西北侧，珠宝河西岸，出口里程为 DK35+046，全长 2111 米。平面进出口位于直线上，洞身有一右偏，R=2000 米的曲线，隧道最大埋深约为 128.26 米。工程自 2009 年 10 月 10 日开工，预计 2013 年 12 月 31 日竣工，总造价 4015.49 万元。为单线铁路隧道，其中Ⅲ级围岩 1235 米，Ⅳ级围岩 760 米，Ⅴ级围岩 116 米，施工采用出入口双侧作业。围岩开挖 10.26 万立方米，衬砌圬工方 2.39 万立方米，水沟电缆槽 4222 米（双侧）。2012 年开累完成产值 2056 万元，完成总价的 51.2%。洞身开挖 1000 米，二衬 716 米完成。

【宇松铁路珠宝 2 号隧道】 中铁九局长春分公司承建，进口里程为 DK35+355，位于珠宝沟屯西北，珠宝河西岸，出口里程为 DK38+478，位于白兴屯东北方约 1 公里，全长 3123 米。平面位于直线上，其中 DK35+355～DK35+489 为丘前缓坡，DK35+489～+DK38+485 为低山丘陵剥蚀区，陵剥蚀区地势较为陡峻，“V”字型冲沟较发育，地形相对高差较大，相对高差最大接近 95 米。隧道最大埋深为 164.07 米。2009 年 10 月 10 日开工，预计 2014 年 2 月 15 日竣工，总造价 7185.31 万元。为单线铁路隧道，其中Ⅳ级围岩 2930 米，Ⅴ级围岩 193 米，施工采用出入口双侧作业。围岩开挖 16.78 万立方米，衬砌圬工方 4.43 万立方米，水沟电缆槽 6246 米（双侧）。2012 年开累完成产值 4286 万元，完成总价的 59.7%。洞身开挖 1541 米，二衬 1288 米完成。

【宇松铁路双河村隧道】 中铁九局三公司承建，进口里程为 DK41+320，出口里程为 DK43+948，位于徐家沟西南约 300 米处，河谷北岸，全长 2628 米。隧道全程位于 4.5‰坡度的上坡段，最大埋深为 175.82 米。考虑进洞困难，进口采用 10 米长的φ108 大管棚超前支护，出口采用 30 米长的φ108 大管棚超前支护。2009 年 10 月 10 日开工，预计 2014 年 2 月 15 日竣工，总造价 4783.39 万元。为单线铁路隧道，其中Ⅲ级围岩 1500 米，Ⅳ级围岩 960 米，Ⅴ级围岩 168 米，施工采用出入口双侧作业。围岩开挖 12.89 万立方米，衬砌圬工方 3.01 万立方米，水沟电缆槽 5256 米（双侧）。2012 年开累完成产值 1668 万元，完成总价的 34.9%。洞身开挖 821 米，二衬 540 米完成。

【宇松铁路江沿村隧道】 中铁九局三公司承建，进口里程为 DK45+106，位于徐家沟东约 800 米处，出口里程为 DK46+355，位于江沿村西南约 500 米处，河谷西岸，全长 1249 米。平面进口位于直线上，出口位于右偏，R=1200 米的曲线上，最大埋深为 107.16 米。考虑进洞困难，进口采用 30 米长的φ108 大管棚超前支护。2009 年 10 月 10 日开工，预计 2013 年 12 月 31 日竣工，总造价 2649.55 万元。为单线铁路隧道，其中Ⅲ级围岩 20 米，Ⅳ级围岩 1138 米，Ⅴ级围岩 91 米，施工采用入口作业。围岩开挖 6.90 万立方米，衬砌圬工方 1.79 万立方米，水沟电缆槽 2498 米（双侧）。2012 年开累完成产值 1345 万元，完成总价的 50.8%。洞身开挖 600 米，二衬 558 米完成。

【宇松铁路庙岭 1 号隧道】 中铁九局三公司承建，位于白山市抚松县松江河镇松江村，隧道全长 1145 米，最大埋深为 81.92 米。2010 年 4 月 30 日开工，预计 2013 年 10 月 30 日竣工，总造价 2135.06 万元。为单线铁路隧道，其中Ⅱ级围岩、Ⅲ级围岩 736 米，Ⅳ级围岩 288 米，Ⅴ级围岩 121 米，施工采用出口作业。围岩开挖 5.47 万立方米，衬砌圬工方 1.6 万立方米，水沟电缆槽 2290 米（双侧）。2012 年开累完成产值 1160 万元，完成总价的 53.4%。洞身开挖 660 米，二衬 552 米完成。

【宇松铁路庙岭 2 号隧道】 中铁九局三公司承建，位于白山市抚松县松江河镇松江村，隧道全长 1935 米，最大埋深为 91.86 米。2010 年 5 月 30 日开工，预计 2014 年 4 月 30 日竣工，总造价 4153.2 万元。为单线铁路隧道，其中Ⅱ级围岩 355 米、Ⅲ级围岩 557 米，Ⅳ级围岩 248 米，Ⅴ级围岩 775 米，施工采用进出口两端同时掘进。围岩开挖 9.69 万立方米，衬砌圬工方 3.1 万立方米，水沟电缆槽 3870 米（双侧）。2012 年开累完成产值 1603 万元，完成总价的 37.9%。隧道洞身开挖 784 米，二衬 508 米完成。

【扎阿铁路新发村隧道】 中铁九局一公司承建，位于新发村附近，起迄里程为 DK5+449～DK8+718，全长 3269 米，为单线隧道，是全线的重点工程之一。施工采用进、出口加斜井同时作业。隧道经过地段的围岩级别为 434 米Ⅴ级围岩、358 米Ⅵ级围岩、536 米Ⅴ级围岩、1375 米Ⅲ级围岩、110 米Ⅳ级围岩、456 米Ⅴ级围岩。工期：2010 年 4 月 10 日至 2013 年 7 月 20 日，总造价 8615 万元。明洞 241 米，中心深埋水沟 587 米，隧道弃碴 27.46 万立方米，喷混凝土 10724 立方米，二衬混凝土 25137 立方米，仰拱混凝土 5131 立方米，衬砌钢筋 762 吨，型钢钢架 640 吨。2012 年完成产值 1892.6 万元，开累完成 6725.3796 万元，完成总价的 78%。

【扎阿铁路五星隧道】 中铁九局一公司承建，位于五星村附近，起讫里程为 DK12+362～DK14+220，全长 1858 米，为单线隧道。施工采用进、出口同时作业。隧道穿过山峰高程为 435 米，最大埋深 57 米。工期：2009 年 8 月 10 日至 2013 年 7 月 20 日，总造价 4014 万元。Ⅴ级围岩的开挖及支护 569 米，Ⅳ级围岩的开挖及支护 56 米，Ⅲ级围岩的开挖及支护 1183 米，明洞 50 米，中心深埋水沟 500 米，隧道弃碴 10.09 万立方米，喷混凝土 5487 立方米，二衬混凝土 13963 立方米，仰拱混凝土 2776 立方米，衬砌钢筋 277 吨，型钢钢架 206 吨。2012 年完成产值 1478.4 万元，开累完成 3505.4 万元，完成总价的 87%。

【巴准铁路潘家圪楞隧道】 中铁九局一公司承建，位于内蒙古鄂尔多斯市准格尔旗潘家圪楞村境内，隧道起讫里程 DK123+368-DK126+115，全长 2747 米。隧道最大埋深约 100 米，洞内纵坡为 3.0‰、-5‰和-8‰的人字坡。根据隧道地形、地质条件及工期要求，设无轨单车道运输斜井 1 座，斜井与线路左线相交于 DK124+535，与线路大里程方向平面夹角 53°，最大纵坡 11.5%，全长 337 米。工程于 2011 年 9 月 13 日开工，预计 2013 年 5 月 30 日竣工，总造价 15973.07 万元。Ⅴ级围岩的开挖及支护 2257 米，Ⅳ级围岩的开挖及支护 340 米，明洞工程 150 米，隧道洞身土石方开挖 31.86 万立方米，喷混凝土 22090 立方米，二衬混凝土 48633 立方米，仰拱填充混凝土 19794 立方米，衬砌钢筋 2971.94 吨，格栅钢架 1112.43 吨，Ⅰ16/Ⅰ18/HW175 型钢钢架 1741.75 吨。2012 年，完成隧道进口下台阶开挖 330 米，仰拱及填充 330 米，二衬 296.5 米；斜井开挖进尺 835 米，仰拱及填充 723 米，二衬 580 米。

【庄盖高速公路戴峪岭 2 号隧道】 中铁九局六公司承建，位于盖州市徐屯镇与小石棚镇境内，庄河端左线洞口里程为 ZK81+975，右线洞口里程为 K81+985，盖州端左线洞口里程为 ZK84+905，右线洞口里程为 K84+850。其中左线长 2930 米，右线长 2865 米。隧道纵断面线型两段位于凸形竖曲线上，左、右洞身直坡段均为-2.50%，洞身范围内最大深埋为 262 米。工程自 2009 年 10 月 1 日开工， 2012 年 6 月 30 日竣工，总造价 23962 万元。隧道开挖方 59.34 万立方米，初衬混凝土 22722 立方米，二衬混凝土 55179 立方米，砂浆锚杆（φ25）48480 米，砂浆锚杆（φ22）231869 米，超前小导管 10411 米。

【梅大高速工程圣人山隧道】 中铁九局广州分公司承建，位于广东省梅州市境内，左线起讫里程 LK3+600—LK6+176，长 2576 米；右线起讫里程 RK3+631—RK6+196，长 2565 米，最大埋深 212 米。工程自 2011 年 1 月 14 日开工，预计 2013 年 8 月 9 日完工，总造价 23135 万元。隧道开挖 56 万立方米，初衬混凝土 33123 立方米，二衬混凝土 77490 立方米，注浆锚杆（φ25）228790 米，φ22 药卷锚杆 399802 米，超前小导管 253840 米。2012 年完成隧道开挖 2946 米、二衬 2808 米。年累完成产值 13691 万元，占总价值的 59%。

【沈海复线高速工程金钟山 1 号隧道】 中铁九局广州分公司承建，位于福建省莆田市仙游县高阳村，隧道起讫桩号为左洞 ZK71+637—ZK73+770，右洞 YK71+685—YK73+745。左洞长 2133 米，右洞长 2060 米。采用分离式双洞布置，左洞进口处于半径为 1100 米的平曲线上，洞身位于直线上，出口处于半径为 3525 米的平曲线上；右洞进口处于半径为 1100 米的平曲线上，洞身位于直线上，出口处于半径为 3500 米的平曲线上。左洞纵坡为 2%，右洞纵坡为 2%。工程自 2011 年 5 月 25 日开工，预计 2013 年 5 月 25 日完成，总造价 14081.9 万元。隧道开挖 51.5 万立方米，初衬混凝土 1.5 万立方米，二衬混凝土 5.2 万立方米，φ22 毫米水泥砂浆锚杆 82551.7 米，φ50 毫米无缝钢管注浆小导管 52706.6 米。2012 年开累完成产值 7983.25 万元，占总价值的 56.7%。

【沈海复线高速工程金钟山 2 号隧道】 中铁九局广州分公司承建，位于福建省莆田市仙游县高阳村，隧道起讫桩号为左洞 ZK73+841—ZK76+533，右洞 YK73+815—YK76+563，左洞长 2692 米，右洞长 2748 米。采用分离式双洞布置，左洞进口处于半径为 3525 米的平曲线上，洞身位于直线上，出口处于半径为 960 米的平曲线上；右洞进口处于半径为 3500 米的平曲线上，洞身位于直线上，出口处于半径为 970 米的平曲线上。左洞纵坡为 2%和 3%，右洞纵坡为 2%和 3%。工程自 2011 年 5 月 25 日开工，预计 2013 年 5 月 25 日完成，总造价 19581.4 万元。隧道开挖 67.8 万立方米，初衬混凝土 2.1 万立方米，二衬混凝土 6.9 万立方米，φ2 毫米水泥砂浆锚杆 137628.1 米，φ50 毫米无缝钢管注浆小导管 45929.1 米。2012 年开累完成产值 13608.21 万元，占总价值的 69.4%。

【温州七都大桥 2 标】 中铁十局承建。施工地点位于温州市鹿城区七都镇，合同价 33759 万元，合同工期 2006 年 6 月 28 日-2008 年 12 月 31 日，业主调整竣工日期为 2012 年 12 月。主要工程数量：特大桥 0.5 座/1121 米，主跨（20～25＃墩）采用 68 米+3×120 米+68 米五跨连续箱梁结构；匝道桥 2 座/500 米。施工进度：工程完工，2012 年 12 月 21 日开始通车。

【长春市光复路斜拉桥工程】 中铁十局承建。施工地点位于长春市亚泰大街，桥梁长度 368 米，合同工期 2010 年 7 月-2011 年 12 月，合同价 16994 万元。主要工程数量：桥跨布置为（84+200+84）米，悬灌段 14 个节段，主塔柱 26 号墩设计 82.6 米、27 号墩设计 86.9 米，砼 4.8 万立方米，钢筋 7652 吨，预应力钢绞线 431 吨，索塔 2 座，斜拉索 120 根。施工进度：25 号墩、28 号墩墩身施工完成；26 号、27 号墩中塔柱（左右侧各 6 节）完成，26 号墩上横梁施工完。主梁施工 26 号、27 号墩 0 号、1 号块灌注完成。

【淮北市相王大桥】 中铁十局承建。施工地点位于安徽省淮北市烈山区宋疃镇，标段长度 972.7 米，工程造价 11552 万元，合同工期 2011 年 11 月-2013 年 5 月。主要工程数量：大桥 475 米，其中主桥全长 265 米，为（50+110+ 60+45）米斜拉桥。施工进度：桥梁下部结构完成，4 号墩完成至 A4、B4 号块，5 号墩完成至 C4 号、D4 号块，E1 号块、F1 号块完成。

【湖南长沙万家丽北延线捞刀河大桥】 中铁十局承建。工程地点位于长沙市长沙县，项目预计建安投资为 2.407 亿元。合同工期 2011 年 7 月-2013 年 7 月。主要工程数量：捞刀河大桥全长 621 米，桥梁主跨采用（75+110+75）米变截面 Y 型刚构，主墩 5、6 号墩，悬灌段 101-111 号块共 11 个节段，引桥采用 30 米等截面连续箱梁；路基土石方 87 万立方米。施工进度：路基土石方全部完成；捞刀河大桥下部结构完成，左幅 5 号墩 109 号块完成、6 号墩 108 号块完成；右幅 5 号墩 100 号块完成、6 号墩 100 号块完成。

【兰州市中心滩黄河大桥】中铁十局承建。工程概况：施工地点位于兰州市城关区，标段长度 6558 米，工程造价 11131 万元，合同工期 2010 年 11 月 01 日-2011 年 12 月 30 日，业主调整的工期 2012 年 11 月 15 日主线路通车。主要工程数量：桥梁长度 441 米，结构形式（46+138+46）米中承式钢箱系杆拱桥。施工进度：已建成开通。

【青海省道西久公路拉脊山隧道平行导洞扩建主洞工程 B 合同段】 中铁十局承建。拉脊山隧道设计 2697 米，已贯通，二衬完成 2645 米。

【山西阳泉西环路隧道工程】 中铁十局承建。施工地点位于山西省阳泉市，标段长度 1.9 公里，工程造价 17700 万元，合同工期 2011 年 3 月-2012 年 8 月。施工进度：檀树岩隧道 3823.5 米，左洞（设计 1921 米）开挖完成 1476 米，衬砌完成 1353 米；右洞（设计 1902.5 米）开挖完成 1320 米，衬砌完成 1158 米。

【兰渝 14 标龙凤隧道、桐子林隧道】 中铁十局承建。龙凤隧道设计 5214 米，已全部完成。桐子林隧道设计 2511 米，已全部完成。

【兰渝 1、2 标马家坡隧道】 中铁十局承建。马家坡隧道设计 5830 米，合同工期 2009 年 2 月-2014 年 7 月。开挖完成 3288 米、衬砌完成 3210 米。

【云桂 1 标隆安 3 号隧道】 中铁十局承建。隆安 3 号隧道设计 3045 米，开挖完成 1056 米、衬砌完成 822 米。

【云桂 4 标：长庆坡隧道、幸福隧道、天星隧道】 中铁十局承建。长庆坡隧道设计 12676 米，开挖完成 4849 米、衬砌完成 3356 米。幸福隧道设计 12787 米，开挖完成 4336 米、衬砌完成 3922 米。天星隧道设计 6550 米，开挖完成 2378 米、衬砌完成 1809 米。

【港珠澳大桥主体工程桥梁工程土建工程及组合梁施工CB05合同段】 中铁大桥局承建。港珠澳大桥主体工程建设内容包括：海中桥隧工程；香港、珠海和澳门三地口岸；香港、珠海、澳门三地连接线。其中海中桥隧工程总长约35.6公里，我局中标CB05合同段。

CB05合同段主线设计总长度6653米，其中主线桥梁全长6368米，包括九洲航道桥、浅水区非通航孔桥及珠澳口岸连接桥，桥跨布置为：

九洲航道桥以东浅水区非通航孔桥：5×85+8（6×85）=4505米钢混组合连续梁桥；

九洲航道桥：（85+127.5+268+127.5+85）=693米双塔单索面钢混组合梁斜拉桥；

九洲航道桥以西浅水区非通航孔桥：6×85+5×85=935米钢混组合连续梁桥；

珠澳口岸连接桥：3×65+40=235米预应力混凝土连续箱梁桥。

九洲航道桥采用双塔单索面钢混组合梁斜拉桥，主桥位于半径R=14500米的竖曲线上，主跨桥面标准宽度为36.8米，采用塔、梁、墩固结体系。主梁采用分离式开口钢箱+混凝土桥面板的组合截面，主塔采用钢混结构，“风帆”造型。

斜拉索采用竖琴形布置，梁上索距12.5米，塔上索距6.1米。主塔墩采用22根φ2.5米钢管复合桩结合φ2.2米钻孔桩，桩长分别为86米和85米，钢管长38米，壁厚为25毫米和32毫米。

浅水区非通航孔桥采用85米连续组合梁，5～6孔一联，桥面总宽33.1米，采用整墩分幅组合梁布置型式，两幅主梁中心距16.8米，桥梁中心线处梁缝宽0.5米，单幅桥面宽16.30米，主梁采用U型钢梁+混凝土桥面板的组合结构，下部结构采用整体式布置，钢管复合桩基础，埋置式承台。承台和墩身均采用预制施工。

珠澳口岸连接桥桥梁总长为235米，桥跨布置为（3×65+40）米，4跨为一联，采用预应力混凝土连续箱梁桥。

连接桥采用分墩分幅布置形式，为了与人工岛上暗桥顺畅衔接，连续梁截面采用变宽方式，单幅桥桥面宽度由16.30米逐渐变化至39.204米，采用单箱双室截面，连续箱梁截面中心处高4.0米，悬臂板长3.50米，桥面设2%横坡。

珠澳口岸人工岛收费站平台位于人工岛东北角。暗桥起点桩号K35＋592，与珠澳口岸人工岛接线桥相接；终点桩号K35＋890，接人工岛A、B、C、D、F匝道，顺桥向长度298米，起点横向宽度约为72.5米，终点横向宽度约为143.2米。跨径布置为（8+2×10）+2×（4×10）+6×10+2×（4×10）+5×10米，上部为现浇实心钢筋混凝土板梁，联与联之间设置伸缩缝，板梁通过板式橡胶支座与桥梁墩台相连，下部采用桩柱式桥墩，扶壁式桥台。

九洲通航孔桥主塔墩 206 号墩已累计完成钢护筒插打 12 根，12 月 12 日开钻；非通航孔桥优先墩 174 号墩剩余 3 根桩已钻孔到位，其它桩全部完成水下砼。

【港珠澳大桥主体工程桥梁工程土建工程及组合梁施工CB05合同段】 中铁大桥局承建。港珠澳大桥主体工程建设内容包括：海中桥隧工程；香港、珠海和澳门三地口岸；香港、珠海、澳门三地连接线。其中海中桥隧工程总长约35.6千米，我集团公司中标CB05合同段。

CB05合同段主线设计总长度6653米，其中主线桥梁全长6368米，包括九洲航道桥、浅水区非通航孔桥及珠澳口岸连接桥，桥跨布置为：

九洲航道桥以东浅水区非通航孔桥：5×85+8（6×85）=4505米钢混组合连续梁桥；

九洲航道桥：（85+127.5+268+127.5+85）=693米双塔单索面钢混组合梁斜拉桥；

九洲航道桥以西浅水区非通航孔桥：6×85+5×85=935米钢混组合连续梁桥；

珠澳口岸连接桥：3×65+40=235米预应力混凝土连续箱梁桥。

九洲航道桥采用双塔单索面钢混组合梁斜拉桥，主桥位于半径R=14500米的竖曲线上，主跨桥面标准宽度为36.8米，采用塔、梁、墩固结体系。主梁采用分离式开口钢箱+混凝土桥面板的组合截面，主塔采用钢混结构，“风帆”造型。斜拉索采用竖琴形布置，梁上索距12.5米，塔上索距6.1米。主塔墩采用22根φ2.5米钢管复合桩结合φ2.2米钻孔桩，桩长分别为86米和85米，钢管长38米，壁厚为25毫米和32毫米。

浅水区非通航孔桥采用85米连续组合梁，5～6孔一联，桥面总宽33.1米，采用整墩分幅组合梁布置型式，两幅主梁中心距16.8米，桥梁中心线处梁缝宽0.5米，单幅桥面宽16.30米，主梁采用U型钢梁+混凝土桥面板的组合结构，下部结构采用整体式布置，钢管复合桩基础，埋置式承台。承台和墩身均采用预制施工。

珠澳口岸连接桥桥梁总长为235米，桥跨布置为（3×65+40）米，4跨为一联，采用预应力混凝土连续箱梁桥。

连接桥采用分墩分幅布置形式，为了与人工岛上暗桥顺畅衔接，连续梁截面采用变宽方式，单幅桥桥面宽度由16.30米逐渐变化至39.204米，采用单箱双室截面，连续箱梁截面中心处高4.0米，悬臂板长3.50米，桥面设2%横坡。

珠澳口岸人工岛收费站平台位于人工岛东北角。暗桥起点桩号K35＋592，与珠澳口岸人工岛接线桥相接；终点桩号K35＋890，接人工岛A、B、C、D、F匝道，顺桥向长度298米，起点横向宽度约为72.5米，终点横向宽度约为143.2米。跨径布置为（8+2×10）+2×（4×10）+6×10+2×（4×10）+5×10米，上部为现浇实心钢筋混凝土板梁，联与联之间设置伸缩缝，板梁通过板式橡胶支座与桥梁墩台相连，下部采用桩柱式桥墩，扶壁式桥台。

九洲通航孔桥主塔墩 206 号墩已累计完成钢护筒插打 12 根，12 月 12 日开钻；非通航孔桥优先墩 174 号墩剩余 3 根桩已钻孔到位，其它桩全部完成水下混凝土

【郑州市郑东新区隧道及地面道路工程】 中铁大桥局承建。郑东新区龙湖区如意东路—龙源十三街隧道工程，位于郑州市东北部规划龙湖区内，隧道由南向北沿如意东路、龙源十三街分别与鑫融路、北三环、龙湖、龙行街、副 CBD 环路、龙湖内环路交叉，其中在和北三环交叉处，本隧道位于规划北三环隧道下方，全长 3150 米，其中隧道暗埋段长 2630 米，南侧引坡段长 300 米，北侧引坡长 220 米。本标段为第七标段，起止桩号为：K1+760～K3+050，长度 1290 米。隧道标准段采用双孔拱形钢筋混凝土整体箱涵结构。

全线隧道单孔净宽为 12.9 米，单孔横断面布置为：0.75（检修通道）+0.5 米（路缘带）+10.75 米（机动车道）+0.5 米（路缘带）+0.4 米（防撞侧石），隧道采用双向六车道布置。隧道引坡采用 U 型槽结构形式，南侧引坡段横断面布置为：0.75 米（检修通道）+0.5 米（路缘带）+10.75 米（机动车道）+0.5 米（路缘带）+0.4 米（防撞侧石）+0.9 米（中央绿化带）。

钢筋绑扎开累完成23116吨，占设计总量的76%；隧道底板混凝土浇筑开累完成52767立方米，占设计总量的95%；隧道侧墙及顶板混凝土开累完成16605立方米，占设计总量的21%。

【武汉至黄冈城际铁路WGSG标段，黄冈长江大桥】中铁大桥局承建。主桥钢梁合龙完成，铁路道砟槽板完成，开始桥面系施工；南引桥公路板式墩完成4个，框架墩完成8个，连续梁已开始施工；梁场制梁全部完成，架梁完成371孔。

【宁安铁路安庆长江铁路大桥】中铁大桥局承建。12月12日全桥合龙完成，3号墩塔端挂设完成17号斜拉索(还剩18号斜拉索未安装)，池州侧混凝土梁面附属工程全部完成；4号墩 18 号斜拉索挂设，安庆侧混凝土梁面附属工程已完成85%。

【合福铁路铜陵长江大桥HFZQ-3标段】 中铁大桥局承建。3号墩主塔第31节浇注完成，4号墩主塔第33节浇筑完成；钢梁架设19个节间，其中北岸架设9.5节间，南岸架设9.5节间。

【嘉绍大桥Ⅶ标】 中铁大桥局承建。主体工程结束，进行收尾工作。

【武汉鹦鹉洲长江大桥正桥】 中铁大桥局承建。北锚锚固系统安装全部完成，锚块及压重块混凝土全部完成，正在进行锚室顶板预制；1号塔下部结构施工完成，鞍座安装完成。2号塔上、下游侧T15节段吊装完成，上横梁吊装装完成，目前正在进行塔顶门架及猫道平台施工；3号塔下部结构施工完成，鞍座安装完毕。南锚锚固系统安装开累全部完成，锚块及压重块混凝土开累全部完成，正在进行锚室顶板预制。

【武西高速公路桃花峪黄河大桥TJ-5、TJ-6标】 中铁大桥局承建。主体工程基本完成，进行主索和吊索挂设施工。

【福建省泉州湾跨海大桥路基土建工程A1标】中铁大桥局承建。桩基开累完成382根，50米节段梁预制395片，架设完成1孔。

【大连市长海县长山大桥】中铁大桥局承建。主桥14号墩主梁9号块完成，主塔完成57.9米；15号墩主梁6号块完成，主塔完成45.9米。

【九江长江公路大桥A2合同段】中铁大桥局承建。主体工程完工，进行收尾工作。

【福州市琅岐闽江大桥】 中铁大桥局承建。主桥4号主墩索塔封顶，主桥钢箱梁完成4节段钢箱梁架设；钢箱梁制造完成14节段。

【重庆东水门长江大桥】 中铁大桥局承建。P1、P2墩主塔完成；P1 墩钢梁架设完成 20 个节段；P2 墩钢梁架设完成20个节段。

【江门江顺大桥】 中铁大桥局承建。主桥Z4号墩中塔柱第八节混凝土浇筑完成。

【宁波象山港公路大桥及接线工程1标】中铁大桥局承建。12月28日通车。

【文昌市清澜大桥】 中铁大桥局承建。12月18日通车。

【黑瞎子岛乌苏大桥及引道工程】 中铁大桥局承建。9 月27日通车。

【漳州市九龙江大桥及接线工程】 中铁大桥局承建。11月17日通车。

【厦漳跨海大桥】 中铁大桥局承建。10月完工。

【莫家寨双线特大桥】 中铁隧道承建。该大桥属于新建贵阳至广州铁路站前工程施工总价承包GGTJ-2标，位于贵州省黔南、黔东南自治州。全长696.13 米。6×32+(72+128+72)连续刚构+5×32+2×24 米，连续梁均采用悬臂现浇施工，下部结构基础采用钻孔桩、挖孔桩和明挖施工，墩柱一般采用支架法翻模施工，莫家寨双线特大桥最高墩85米，采用塔吊提升、翻模施工。于2008年底开工，至2012年底完成成桥677.5米。

【南平建溪特大桥】 中铁隧道承建。京福铁路客运专线闽赣VI标南平建溪特大长1231.42米，跨越建溪（闽江一级支流）、205国道、既有横南铁路（单线）。特殊桥梁结构施工技术要求高、难度大，为全线难点桥梁工程之一。同时位于河中的水中墩施工水深约11米，采用钢套箱围堰施工。位于山坡、铁路边的桥墩施工时，施工工艺复杂，技术含量高，保证方案可行，稳步推进科学施工组织是本工程的难点。该桥于2010年7月开工，至2012年底完成成桥米835.64米。

【中天山隧道】 中铁隧道集团承建。该隧道属新建南疆吐鲁番至库尔勒二线铁路工程（Ⅰ级），工程位于吐鲁番的托克逊县与巴州和硕县境内， 隧道全长22467米，为国内在建的第二铁路长隧，进口采用TBM掘进，出口钻爆法施工。工程于2007年4月26日开工，计划2011年2月28日完工。施工队伍于2007年5月1日陆续进场建点，2007年6月8日正式开工，项目合同线下工程竣工日期为2011年2月28日。由于种种原因工期推迟，业主要求2013年9月份开挖贯通。截至2012年底隧道开累开挖21356米。

【关角隧道】 中铁隧道集团承建。关角隧道属新建青藏铁路西宁至格尔木段增建第二线工程XGZHQ5-2标，工程位于青海省天峻县乌兰县，关角隧道通过区属青藏高原亚寒带半干旱气候区，海拔3417米，高寒缺氧，年平均气温-0.5℃，极端最高气温28.0℃，极端最低气温-35.8℃，最大月平均日温差 24.7℃，常冬无夏，春秋相连，施工环境恶劣。关角隧道单洞长32.605千米，中铁隧道承建的XGZHQ5-2标，长15.253千米。工程于2007年11月6日开工，计划2013年8月开挖贯通。截至2012年底隧道开累开挖29610米。

【北京铁路地下直径线隧道】 中铁隧道集团承建。北京铁路地下直径线隧道属于北京铁路枢纽北京站至北京西站地下直径线2标，位于北京市中心区。线路大致呈东西走向，包含一个出口段明挖工程、一个西端预埋段工程、一个拱形暗挖段工程、一个风井兼盾构井工程、一个宣武门至吊出井区间盾构工程、一个盾构吊出井和区间轨道工程，其中宣武门盾构井（DK4+756）～盾构吊出井（DK6+782.5）盾构区间隧道长5175米。2005年12月25日开工，原计划2007年12 月完工，由于业主的原因，工期顺延。北京铁路局对项目工期的最新要求为：盾构掘进要求2013年6月30日前结束截至 2012 年底暗挖隧道施工全部完工，盾构掘进 4350米。

【西秦岭特长隧道】 中铁隧道集团承建。系兰渝铁路重点隧道，位于甘肃省陇南市武都区境内，进口位于透防乡潘家沟，出口位于洛塘镇老盘底，左线DK395+116～DK423+352，长28236米，中铁隧道施工长度为27105米(DIK402+519～DIK403+650段1131米为XQLS1标施工任务)，其中钻爆法施工段长度为10958米,TBM法施工段长度为16147米，采用的TBM直径为10.2米，中铁隧道还包括2739米右线隧道的施工任务。截至 2012 年底钻爆法施工全部完成，TBM 隧道掘进开累14272米。

【永寿梁隧道】 中铁隧道集团承建。新建西安至平凉铁路永寿梁隧道位于陕西省咸阳市境内，通过黄土浅埋段、土石分界及不整合接触带和圆砾土段、膨胀（岩）土段、近水平岩层段、黄土地段及黄土陷穴段、突涌水段等不良地质地段，出口紧临银武高速。Ⅰ线 DK95+607～DK112+765，长17160.76米，Ⅱ线DK95+591～DK112+750，长17154.92米，单线隧道，一次建成双线。全隧围岩为Ⅲ级、Ⅳ级、Ⅴ级，设计辅助坑道有4座斜井和1座横洞。截至2012年底隧道开累开挖31118米。

【三都隧道】 中铁隧道集团承建。新建贵阳至广州铁路三都隧道位于贵州省三都县普安镇，全长14598米，是全线的控制工期工程。该隧道一平一斜井一横洞带平导，地质复杂，隧道进口段及以西段存在岩溶施工高风险，为Ⅰ级风险隧道。2008年底开工，计划施工工期为44.5个月（不含隧道内整体道床施工）。截至2012年底隧道开累开挖14402米。

【大寨隧道】 中铁隧道集团承建。新建贵阳至广州铁路大寨隧道位于贵州省黔南、黔东南自治州，全长8969米，隧道穿越含汞地层。沿线穿越众多断层破碎带。隧道设2座斜井。2008年底开工，计划施工工期为44.5个月（不含隧道内整体道床施工）。2012年底隧道开挖贯通。

【羊甲隧道】 中铁隧道集团承建。新建贵阳至广州铁路羊甲隧道位于贵州省黔南、黔东南自治州，全长8069米，2008年底开工，计划施工工期为44.5个月（不含隧道内整体道床施工）。截至2012年底隧道开累开挖7490米。

【同马山隧道】 中铁隧道集团承建。新建贵阳至广州铁路同马山隧道位于贵州省黔南、黔东南自治州，全长13929米，隧道设2座斜井，1座横洞。2008年底开工，计划施工工期为44.5个月（不含隧道内整体道床施工）。2012年底隧道开挖贯通。

【北岭山隧道】 中铁隧道集团承建。新建南宁至广州铁路北岭山隧道位于广东省云浮市和肇庆市境内，全长11669米，设1座斜井，是全线控制工程。2009年3月开工，计划施工工期为36个月。截至2012年底隧道开累开挖9069米。

【飞鹰隧道】 中铁隧道集团承建。新建南宁至广州铁路飞鹰隧道位于广东省云浮市和肇庆市境内，全长7143米，设两座斜井，是全线控制工程。2009年3月开工，计划施工工期为36个月。截至2012年底隧道开累开挖5143米。

【木寨岭隧道】 中铁隧道集团承建。新建兰州至重庆铁路木寨岭隧道位于位于甘肃省定西市，全长19050米（右线

19068 米），为双洞单线特长隧道。含 8 座辅助坑道。隧道地质构造复杂，地处地震区，不良地质发育，山体滑坡、泥石流、岩堆、危岩落石及人为坑洞等频繁存在，断层破碎带数量众多（约 18 个）且带宽较长（最长近 1 千米），隧道洞身穿过岩层富含板岩及炭质板岩，该岩石遇水易崩解软化，围岩稳定性较差；局部有灰岩，推测存在岩溶水；洞身穿过板岩及炭质板岩比例较大，约 46.53%；同时，木寨岭隧道中段有约 350 米长的纯灰岩段，推测存在大量岩溶水，开挖中可能发生突水突泥；另外，木寨岭隧道先后间断通过 11 条断层破碎带，断层破碎带长度约 200～950 米，合计占总隧长约 23.66%；开挖遇断层破碎带时围岩易产生大滑坍；该座隧道为极高风险隧道。是本标段控制性重难点工程。2009 年 2 月开工，计划施工工期为 67 个月。截至 2012 年底隧道开累开挖 29020 米。

【哈达铺隧道】 中铁隧道集团承建。新建兰州至重庆铁路哈达铺隧道位于位于甘肃省定西市，隧道全长 16591 米，其中中铁隧道施工出口段左右线 4090 米（含 1 座单车道无轨斜井，设计断面 5 米×5.9 米），为双洞单线特长隧道。隧道地质构造复杂，地处地震区，不良地质发育，山体滑坡、泥石流、岩堆、危岩落石及人为坑洞等频繁存在，断层破碎带数量众多（约 18 个）且带宽较长（最长近 1 千米），隧道洞身穿过岩层富含板岩及炭质板岩，该岩石遇水易崩解软化，围岩稳定性较差；局部有灰岩，推测存在岩溶水；开挖遇断层破碎带时围岩易产生大滑坍隧道板岩夹灰岩和板岩夹砂岩合计占总隧长约 50.03%，同时通过 1 条断层破碎带长约 100 米，该座隧道为高风险隧道。隧道施工难度大、风险性高，是本标段控制性重难点工程。2009 年 2 月开工，计划施工工期为 67 个月。截至 2012 年底隧道开累开挖 7847 米。

【马家山隧道】 中铁隧道集团承建。新建兰州至重庆铁路马家山隧道位于位于甘肃省定西市，隧道全长 7435 米。2009 年 2 月开工，计划施工工期为 67 个月。截至 2012 年底隧道开累开挖 6415 米。

【平郎隧道】 中铁隧道集团承建。新建铁路云桂线（云南段）站前工程 1 标段平郎隧道(8840 米）本标段的重点工程。开挖跨度达 22 米的平郎出口施工控制难度极大，故既是重点又是难点。工程开工日期为 2010 年 6 月 1 日，计划 2014 年 12 月 10 日竣工。截至 2012 年底隧道开累开挖 2812 米。

【孟村隧道】 中铁隧道集团承建。新建铁路云桂线（云南段）站前工程 1 标段孟村隧道(10002 米)是本标段的重点工程。工程开工日期为 2010 年 6 月 1 日，计划 2014 年 12 月 10 日竣工。截至 2012 年底隧道开累开挖 2642 米。

【富宁隧道】 中铁隧道集团承建。新建铁路云桂线（云南段）站前工程 1 标段富宁隧道(13748 米）是本标段的重点工程，富宁隧道地质构造复杂，不良地质主要有断层破碎带、危岩落石、岩溶、岩体风化破碎、软岩变形问题和地温等，为全线Ⅰ级风险隧道，因此施工难度大，风险性高，工期紧。工程开工日期为 2010 年 6 月 1 日，计划 2014 年 12 月 10 日竣工。截至 2012 年底隧道开累开挖 3902 米。

【南吕梁山隧道】 中铁隧道集团承建。山西中南部通道南吕梁山隧道为双洞单线特长隧道，左线全长 23441 米，右线全长 23464.7 米（本标段负责进口段左线长 12628 米、右线长 12650 米，1 号斜井为无轨运输，全长 2630 米，2 号斜井为无轨运输，全长 2450 米）；南吕梁山隧道为全线控制性工程，主要有黄土、砂岩、页岩、泥岩、灰岩、角砾状白云质泥灰岩及白云质泥灰岩、膏溶角砾岩、页岩夹灰岩、页岩夹砂岩、白云岩与泥灰岩互层等；通过煤系地层，存在煤与瓦斯突出、煤层自燃的可能性，属于瓦斯隧道（进口分部），为风险隧道。本工程开工日期为 2010 年 4 月 10 日，计划竣工日期为 2014 年 1 月 15 日。截至 2012 年底隧道开累开挖 25280 米。

【隰县隧道】 中铁隧道集团承建。西中南部通道隰县隧道全长 10505 米，斜井均为无轨运输，1 号斜井全长 420 米，2 号斜井全长 645 米；隰县隧道通过砂岩、泥岩及泥质砂岩，部分地段穿越膨胀性粉质粘土地段，施工中可能发生软岩大变形，个别地段地下水位高，存在突泥、涌水的危险，为一级风险隧道。进口洞门位于陡壁黄土上，且洞口明洞要在高填方路堤上修筑，进洞安全是难点。本工程开工日期为 2010 年 4 月 10 日，计划竣工日期为 2014 年 1 月 15 日。截至 2012 年底隧道开累开挖 10246 米。

【南雅隧道】 中铁隧道集团承建。京福铁路客运专线闽赣 VI 标南雅隧道（全长 8690 米）是本标段最长的隧道，且隧道穿越煤系地层，存在瓦斯突出的可能性，是本标段的重点和难点。本工程开工日期为 2010 年 8 月 1 日，计划竣工日期为 2012 年 12 月 4 日。截至 2012 年底隧道开挖贯通。

【雪峰山 3 号隧道】 中铁隧道集团承建。沪昆客专 6 标雪峰山 3 号隧道全长 6815 米，隧道存在多条断破碎带、富水地层、放射性、高地应力、岩爆、危岩落石等诸多不良地质段，成为隧道施工的技术难题。施工进度指标较大。隧道辅助坑道多且地质条件较差，施工进度对总工期影响大。开工日期为 2010 年 9 月 1 日，计划竣工日期为 2013 年 10 月 31 日。截至 2012 年底隧道开累开挖 5899 米。

【梨子坪隧道】 中铁隧道集团承建。沪昆客专6标梨子坪隧道全长6315米，隧道存在多条断破碎带、富水地层、放射性、高地应力、岩爆、危岩落石等诸多不良地质段，成为隧道施工的技术难题。施工进度指标较大。隧道辅助坑道多且地质条件较差，施工进度对总工期影响大。开工日期为2010年9月1日，计划竣工日期为2013年10月31日。截至2012年底隧道开累开挖6293米。

【长城岭隧道】 中铁隧道集团承建。沪昆客专6标长城岭隧道全长7554米，隧道存在多条断破碎带、富水地层、放射性、高地应力、岩爆、危岩落石等诸多不良地质段，成为隧道施工的技术难题。施工进度指标较大。隧道辅助坑道多且地质条件较差，施工进度对总工期影响大。开工日期为2010年9月1日，计划竣工日期为2013年10月31日。截止2012年底隧道开累开挖7419米。

【燕山隧道】 中铁隧道集团承建。张家口至唐山铁路ZTSG-2标段燕山特长隧道长21167米，是本标段的控制性工程，隧道洞身穿越的主要地层岩性为花岗岩。隧址区的断层、构造裂隙带岩体破碎，节理裂隙发育，燕山隧道洞身穿越断层多达14条。洞身埋深超过200米硬岩地段存在岩爆，施工风险高。隧道采用7座斜井辅助施工，现场施工组织管理难度大，因此，安全、优质、按期完成该隧道的施工任务将是本标段的重点。开工日期为2010年9月1日，计划竣工日期为2014年8月31日。截至2012年底隧道开累开挖14416米。

【赤城隧道】 中铁隧道集团承建。属张家口至唐山铁路ZTSG-2标段工程。存在湿陷性黄土、断层破碎带(洞身穿越9条断层)、岩爆等不良地质，存在较大的安全风险和工期压力，施工难度极大，对组织管理要求极高。确保在不良地质地段的快速安全施工属于本标段施工的难点。本工程为新上项目，开工日期为2010年9月1日，计划竣工日期为2014年8月31日。截至2012年底隧道开累开挖7496米。

【白草鞍隧道】 中铁隧道集团承建。属张家口至唐山铁路ZTSG-2标段工程。本工程为新上项目，计划开工日期为2010年9月1日，竣工日期为2014年8月31日。截至2012年底隧道开累开挖5967米。

【拉法山隧道】 中铁隧道集团承建。吉图珲铁路拉法山隧道（10035米）合同开工日期为2011年1月15日，竣工日期为2012年2月29日，总工期为411天，由于业主铁路投资计划调整，合同工期也发生了变化，业主调整后的铺轨时间为2014年7月8日开始，2014年8月14日结束。截至2012年底隧道开累开挖2522米。

【跨越秦沈客专公铁转体立交桥】 中铁航空港集团承建。跨越秦沈客专公铁分离立交桥属中铁股份公司沈阳市四环快速路交通BT工程第一合同段重点工程。桥长1448.06米，桥梁总体布置为14-40米+（2-80米）+18-40米，主跨转体部分采用2-80米T型刚构连续箱梁，为减少上部结构施工对铁路行车的影响，在既有京哈线铁路两侧浇筑梁体，然后通过转体使主梁就位、调整梁体线形、封固球铰转动体系的上、下盘，最后浇筑合拢段，使全桥贯通。转体部分采用2-80米T型刚构连续箱梁，转体角度为52°；转体重量11800吨，为东北地区最大吨位转体。2012年3月20日，15号主墩、17号主墩上球铰安装完毕；2012年4月19日，15号主墩、17号主墩上承台二次浇注混凝土顺利完成；2012年5月26日，15号主墩墩身混凝土浇筑完毕；2012年5月29日，17号主墩墩身混凝土浇筑完毕；2012年6月13日至9月10日，15号主墩0号块至7号块混凝土浇筑完毕；2012年6月18日至9月10日，17号主墩0号块至7号块混凝土浇筑完毕；2012年9月25日转体顺利完成。

公路工程

【湖北恩来恩黔高速公路第七合同段】中铁一局桥梁公司承建。本合同段含1407米特大桥1座，大桥6座全长2940米，分离式隧道4座；分离式立交1座，互通立交1处，天桥4处，路基长度8.9千米、挖填方495.5万立方米，涵洞通道52道，混凝土总方量约为40.8万立方米。

管段内朝阳寺1号大桥、花果山隧道为全线控制性工程。其中朝阳寺1号大桥全长1407米，主桥结构3×35+29×40+4×35米预应力混凝土连续T梁。花果山隧道为分离式特长隧道，左线长为3254米，右线长为3218米，围岩级别Ⅱ至Ⅴ。

7座桥均在施工下部结构，桩基设计673个，共开孔655个，成桩620根。涵洞设计48座，目前已有33座涵洞施工。路基挖方设计248万，完成142万。填方设计234万，完成99万。

合同标价：93702.79万元本标段长20.58千米。

合同工期：2011年6月30日-2013年11月29日。

【思南至遵义高速公路SZTJ-16标】中铁一局桥梁公司承建。合同段共有20米的预应力混凝土箱梁123片；30米的预应力混凝土箱梁224片；40米的预应力混凝土T梁324片，30米的预应力混凝土T梁132片，共803片梁。桥梁上部结构采用箱梁、T梁等多种结构形式。

管段内金窝大桥主线上跨桥桥长740.08m，桥宽26m，上部结构采用40m预应力T梁，共计192片。跨和平大道3号-5号墩，即第4,5跨采用现浇箱梁施工，金窝大桥第16跨15号-16号墩以40米T梁的形式上跨渝黔铁路。海龙隧道为双连拱隧道，全长405米。路基：挖土石方75.5万立方米，填方57.4万立方米。

目前项目施工进度情况：海龙隧道为双连拱隧道设计长405米，目前中导洞、中隔墙全部完成。思南端正洞右洞累计开挖及支护405米，仰拱完成375米，二次衬砌累计完成336米；左洞开挖405米，仰拱完成375米，二次衬砌累计完成375米。桥梁工程：海龙大桥、金钟大桥、石板大桥已全部完工。海龙隧道出口塌方段已施工完成，设计挖方13.3万方，已累计开挖13.3万立方米。项目控制点为2个梁场预制和架设施工。梁设计803片，累计完成803片，架设累计完成760片。

合同标价：25534万元本段长度约6.67千米。

合同工期：2010年8月15日-2012年8月15日

【新疆深喀大道】中铁一局三公司承建。该项目对口援建城市---深圳市采取了分批投入项目建设资金的方式，因此工程被确定为分两期建设，其中第一期工程的施工范围为K0+000-K6+750，道路总长6.75千米（含1座长318.84米的跨水库桥梁），双向8车道；工程施工起点为315国道，终点为规划的绕城快速路，其间涉及市政桥梁、道路土方、道路基层、道路沥青面层、边沟、绿化、排水管道、交通监控、给水管道、电信管道、电力管道、路灯照明等施工图纸范围内全部工作内容及临时工程的施工。合同价款暂定为肆亿伍仟万元（45000万元）。该项目第二期工程的施工范围为K6+750-K9+856，其建设规模和工期将另行确定。

合同价：45000万元（第一期工程合同价款暂定）

合同工期：2012年1月1日至2012年12月31日

【黄榄快速干线（西段）工程】续建工程，中铁二局四公司承建。广州市番禺区黄榄快速干线（西段）工程据现场实际预计完工时间2013年6月30日。合同工期变更为2009年10月至2012年12月30日。公司同意延期到2012年9月30日。正式工程于2010年1月7日破土动工，开工令于2010年1月5日下达。本标段包括黄榄快速干线主线和规划三路跨线工程。主线桥长1781.5米，路基长218.5米。规划三路全长580米，采用桥梁形式上跨黄榄快速干线。施工产值年度完成3939.4万元，为年度计划8600万元的46%。累计完成24645.2万元，占总价29270.18万元的84%。桥梁工程：西樵水道特大桥下部结构全完，全桥设计1767.52米，成桥累完1474.28米，占设计的83%，余桥面系。全线桥梁下部结构完1座（西樵水道特大桥），余下的正在施工下部结构。

2012年，完成施工产值10903万元，累计完成施工产值45420万元。

【乌阿高速公路WA-1标段】续建工程，中铁二局二公司承建。本项目全线采用设计速度120Km/h高速公路技术标准，采用双向四车道28米路基宽度，合同段总长107.269公里。

2012年，完成产值58903万元，为计划55000万元的107.1%。

【水盘公路10标】续建工程，中铁二局一公司承建。六（盘水）至盘（县）高速公路第10合同段长1.770千米，主要为路基土石方和桥梁工程，其中新寨大桥是该标段重点控制性工程，为连续刚构桥，主墩高76米、主跨宽120米，合同造价1.59亿元、合同工期30个月。

2012年，完成产值2676.5万元，完成桥梁304.76成桥米，连续刚构悬灌段64个对称段，边跨直线段4段，中边跨合拢段4段，制架梁128片，累计完成15148.7万元，剩余产值250.3万元。

【思剑高速公路2标】续建工程，中铁二局一公司承建。思（南）至剑（河）高速公路是贵州省规划的“678”高速公路网的第2纵——沿河至榕江高速公路中段，思剑高速公路第2合同段位于贵州省思南县城郊，全长8.008千米；合同造价价5.055亿元，工期30个月。

2012年，完成产值11795万元，开累完成产值39416.2万元，剩余产值11135.6万元。

【大思高速公路17合同段】续建工程，中铁二局一公司承建。线路起讫里程为K141+750-K143+610，路线全长1.860公里。

2012年，完成产值10857.19万元，完成桥梁576.7成桥米，制梁124片，架梁83片，涵渠及通道19.8横延米，累计完成25790.7万元，剩余产值8951.1万元。

【六镇高速公路8标段】续建工程，中铁二局一公司承建。六枝至镇宁高速公路8标段位于贵州境内，线路全长6.31公里，起讫里程为LGK0+000-LGK6+310。工程造价10895万元，中标工期为2011年4月1日至2012年9月30日（575天）。

2012年，完成产值5557.1万元，完成桥梁252.96成桥米，制梁60片，架梁43片，涵渠及通道171横延米，隧道230.65折合米，累计完成6699万元，剩余产值4196万元。

【炎汝高速公路6标】续建工程，中铁二局五公司承建。炎陵至汝城（湘粤界）高速公路第6合同段起讫里程为K28+302-K31+937，全长3.286千米。

2012年，累完施工产值8755万元，累完施工产值27357万元，占合同价27233的100%。路基工程、桥梁工程、隧道主体结构工程全部完工。

【西藏303线马洛公路A标】续建工程，中铁二局五公司承建。西藏省道303线马利至洛隆公路改建工程路基A标段起讫里程为K116+962-K126+000，全长约9.02公里，白达乡支线LK0+000-LK9+100。

2012年，累完7109万元，累完产值30591万元，占设计7109万元的62.3%。路基土石方38.5万方，占设计的96.7%；桥梁工程累完267.7成桥米，占设计的59.6%；怒江大桥拱肋于2012年11月12日顺利合拢。涵洞工程累完149横延米，占设计的54.1%。

【霍永高速公路（西段）HYTJ1合同段】中铁三局承建。

合同价款：26.5834亿元。

合同工期:2012年2月1日至2013年10月31日，2013年7月31日具备接车条件。

形象进度：3月1日正式开工，7月31日前完成全部建筑桩基，12月31日前完成C、D区承台、基础梁及一层盖（C、D区）。

年内完成P1桥、渡架桥江1号、2号中桥的桩基、承墩身、梁部及附属工程。

【龙泉至庆元（浙闽界）公路路面工程1标】中铁四局承建。

合同造价：17274.1万元。

合同工期：2012年2月1日-2013年元月31日。

本项目是长春至深圳高速公路浙江境内的重要组成部分，起点设在龙泉市龙渊镇，与丽龙高速公路连接，终点为庆元县的新窑与福建省松溪县的木城交界处。主线按高速公路标准建设，设计速度100公里/小时，整体式路基宽度26米，双向4车道。

本标段为第LQB1合同段，起讫桩号K109+697.499-K134+600，主线长24.903公里。主要工程内容为:水稳碎石底基层473518平方米,水稳碎石基层461463平方米。

2012年完成的主要工程形象进度：完成底基层16.10公里，基层15.35公里，下面层14.8公里，中面层22.9公里，上面层22.9公里。

【江苏省临海高等级公路如东段路面工程第1、2标段】中铁四局承建。

合同造价：1标：24276.69万元；2标：28073.22万元。

合同工期：2012年7月1日-2012年12月31日。

该项目在江苏省内沿线途经南通市、盐城市和连云港市项目起点桩号K3+298.000，终点桩号为K77+670.000，路线全长74.372公里。按双向四车道一级公路标准实施(开发区路段按双向六车道一级公路标准)，规划预留远期实施六车道条件，全线采用设计时速100公里。

LHRD-LM1合同段，起讫里程：K3+298-K39+700，全长36.402公里。主要工程数量：水泥稳定碎石基层90.54万万平方米、黏层174.07万平方米、细粒式沥青混凝土91.5万平方米、中粒式沥青混凝土85.万平方米、封层86.22万平方米、培土路肩2.6万立方米、路缘石69973米、中央分隔带防水层88121.70平方米、路面用玻纤格栅64596平方米。

2012年完成的主要工程形象进度：完成水稳底基层34.9公里，基层34.9公里。沥青下面层0.3公里。

LHRD-LM2 合同段，起讫里程：K39+700-K77+670，全长37.97 公里。水泥稳定碎石基层 109.67 万平方米、黏层177.99 万平方米、细粒式沥青混凝土 94.37 万平方米、中粒式沥青混凝土 93.35 万平方米、封层 91.07 万平方米、培土路肩 2.64 万立方米、路缘石 6.99 万米、中央分隔带防水层 77831 平方米、路面用玻纤格栅 33321 平方米。

2012 年完成的主要工程形象进度：完成水稳底基层6.15 公里，基层 6.15 公里。

【三门峡至淅川高速公路卢氏至西坪段土建工程 LXTJ-2、14 标】中铁四局承建。

合同造价：LXTJ-14 标 45123.1119 万元、

LXTJ-2 标 39294.4721 万元。

合同工期：2012 年 8 月 15 日-2014 年 7 月 31 日。

本项目（卢氏至西坪段）是三淅高速公路南段，起于卢氏县西南侧的马家岭，与三淅高速灵宝至卢氏段终点顺接，起点桩号 K0+000；终点接西坪至寺湾高速公路的柳林沟枢纽互通起点，终点桩号 K85+921.278，路线全长 84.213 公里。主线采用双向 4 车道高速公路标准建设，设计速度为80 公里/小时，路基宽度 24.5 米。

A 类 14 标段（LXTJ-14），位于西峡县境内，起讫里程：K76+825.5-K85+921.278，全长 9.098 公里。

LXTJ-2 标段，起讫里程桩号为 K4+545-K9+100，主线长4.555 公里，主要包含工作内容为合同段范围内路基土石方、防护排水、桥涵、隧道等工程施工。

2012 年完成的主要工程形象进度：2 标：临建完成，完成挖方 1.14 万立方米，填方 0.5 万立方米，桩基 3 根。

14 标：临建完成。

【宁宣杭高速宁国至千秋关段路基工程 NQ-01 标】中铁四局承建。

合同造价：20355.73 万元

合同工期：2012 年 7 月 20 日-2014 年 7 月 20 日。

宁宣杭高速公路宁国至千秋关段位于安徽省东南部宁国市，项目路线总长 40.202 公里。第一标段起讫桩号为：宁国枢纽互通的 ZZK0+010.261-ZZK1+355.52 及K0+000-K5+200，全长 6.545 公里。项目采用高速公路标准，双向四车道，设计时速 100 公里，路基宽度 26 米。

2012 年完成的主要工程形象进度：完成挖方 9.58 万立方米，填方 6.73 万立方米，桩基 34 根，涵渠 1 座。

【国道 322 线苏圩（隆德）至凭祥（连城）公路（三期和四期）土建工程 NO.9 标】中铁四局承建。

合同造价：3306.61 万元。

合同工期：2012 年 7 月 15 日-2014 年 7 月 14 日。

本次招标工程为三期和四期工程，其中三期工程全长约65.37 公里，四期工程全长约 25.96 公里。本次招标工程投资额约 2.7 亿，计划工期 24 个月。NO.9 标段起讫桩号为K146+500-K161+000，主线长 14.497 公里，施工内容包括路基、路面、桥梁、涵洞等。

2012 年完成的主要工程形象进度：完成挖方 0.68 万立方米，填方 0.48 万立方米，涵渠 2 座。

【绍诸高速公路陶堰互通及接线工程 TY01 标】中铁四局承建。

合同造价：6346.9798 万元。

合同工期：2012 年 10 月 1 日-2014 年 7 月 31 日。

本标段为绍诸高速公路陶堰互通及接线工程 TY01 标段。

陶堰互通为绍诸高速公路施工图设计中的预留互通，该互通位于绍兴县陶堰镇东南部，距起点上虞枢纽 5.42 公里，距离后面富盛吼山互通 5.88 公里。

本工程技术标准采用主线设计时速 100 公里。陶堰互通及接线工程匝道全长 3.01 公里，被交线范围 0.33 公里，共设置互通收费站 1 处，桥梁 5 座（其中大桥 2 座，531 米、中桥 2 座 135.74 米，小桥 1 座 33.74 米），均为匝道桥。

2012 年完成的主要工程形象进度：完成换填土 1.2 万立方米，预应力管桩 2 万米，碎石垫层 0.9 万立方米，钢塑格栅 2000 平方米。涵渠基础 2 座。

【济南至祁门高速公路砀山段路基工程 5 标】中铁四局承建。

合同造价：12696.112 万元。

合同工期：2012 年 9 月-2014 年 5 月。

本标段为 LJ-05 标段，起点里程 K27+164.5，终点里程K32+960，标段长度 5.796 公里。项目采用高速公路标准，双向四车道，设计时速 120 公里，路基宽度 27 米，路面宽23.5 米。

2012 年完成的主要工程形象进度：完成填方 4 万立方米，石灰改良土 7.5 万立方米，桩基 97 根，涵渠基础 15座，完工 1 座。

【济宁至祁门高速公路永城段（一期工程）路面工程 1、2 标】中铁四局承建。

合同造价：LM-1 标 12307.7158 万元。LM-2 标12166.0637 万元

合同工期：2012 年 4 月 25 日-2012 年 9 月 30 日。

本项目位于河南省永城市境内，主线采用双向 4 车道高速公路标准建设，全长 41.020 公里，设计时速度为 120 公里，路基宽度 28 米，计划工期 159 日历天。LM1 标长 20.254

公里，LM2 标长 20.766 公里。主要内容包括：各标段范围内主线及匝道的沥青混凝土各面层、黏层、透层、封层、沥青拦水带、桥面沥青混凝土铺装层等工程施工，缺陷责任期（通车后两年）以及缺陷责任期结束后三年的除日常保洁外的路面养护；机电工程的预埋管道（包括硅芯管、玻璃钢管箱）安装和缺陷责任期内的缺陷修复。

2012 年完成的主要工程形象进度：

LM-1 标：工程全部完工。

LM-2 标：工程全部完工。

【内蒙省道 301 线黑河至黑山头公路根河至拉布大林段一级公路工程施工 GLTJ-2 标】中铁四局承建。

合同造价：17262.0551 万元。

合同工期：2012 年 5 月 1 日-2014 年 10 月 30 日。

业主单位：是内蒙古自治区呼伦贝尔市交通运输局，

本项目是呼伦贝尔市重点规划中的一条公路。省道 301 线是内蒙古自治区干线公路网规划的组成部分，同时也是连接呼伦贝尔市和黑龙江省之间的一条重要通道，是根河市和呼伦贝尔市经济往来最便捷的通道。项目路线起点位于省道 301 线里程碑 K372+600 处，路线途经好里堡镇、根河飞机场、木瑞农场、达力马河农场、上库力农场伊根生产队、上库力农场二队、上库力农场，终点位于拉布大林镇省道 201 线里程碑 K167+580 处，路线总长 125.762 公里。GLTJ-2 标段为 GLTJ-2 合同段，起讫里程为 K9+000-K25+000，主要工程内容包括有路基、路面、桥涵、防护、排水、路线交叉等，其中路面包含前 25 公里及连接线路面，断链 51.57 米，段线路伴行原 301 省道右侧布设。

主要工程数量：路基填筑方 59.4 万立方米，筑方 49.28 万立方米，路面基层 61.81 万平方米，路面面层 51.71 万平方米。涵洞 26 道。桥梁 3 座 131.5 延米。

【安徽省芜湖市弋江路北延一期工程】中铁四局二公司承建。

合同造价：31718.6924 万元。

合同工期：2012 年 7 月 20 日-2013 年 8 月 31 日。

芜湖市弋江路北延线一期工程为 G205 一级路改造重要组成部分，路线起点位于铁路枢纽立交以南（G205 里程桩号 K10+853.783），沿九华北路向南，跨芜宁铁路（宁安城际）、南阳路后，偏离老路，跨万春路，穿官陡村，下穿南岸接线，终点位于天门山东路交叉口（G205 里程桩号 K13+879.169），主线长 3.025 公里，包括主道、两侧辅道、十里牌互通立交、芜宁铁路分离立交及南阳路改路等部分；道路等级为：城市 I 级主干路；主道为双向六车道，主线桥宽 26 米。

主要工程数量：路基填筑方 20.72 万立方米，挖方 32.3612 万立方米，路面基层 34.94 万平方米，路面面层 32.3929 万平方米；涵洞 5 道，桥梁 8 座 3756.16 延米。

【上海市 S26 公路东延伸（G1501 公路-G15 公路）新建工程 S26-1、S26-1D 标】中铁四局二公司承建。

合同造价：39136.9019 万元

合同工期：2012 年 7 月 18 日-2014 年 7 月 18 日。

S26 公路东延伸(G1501 公路-G15 公路)新建工程 S26-1、S26-1D 标段工程内容为：主线桥起讫点里程为 NK-1+980-K2+407.545（不含对应墩及伸缩缝），总长度为 2.43 公里。

匝道部分共包括四条分别为：EN 匝道起讫点里程为 ENK0+168.543-ENK0+504.543，全长 336 米。桥梁上部结构为 2-4 跨一联钢筋混凝土现浇梁，共计 14 跨，桥面宽 8.0 米。ES 匝道起讫点里程为 ESK0+328.5-ESK1+051.477722.98 米，桥梁上部为预制小箱梁及 2-4 跨一联钢筋混凝土现浇梁，共计 29 跨，桥面宽 10.0 米。NE 匝道起讫点里程为 NEK0+509.885-NEK1+168.929，全长 659.044 米，上部结构为预制小箱梁及 3 跨一联钢筋混凝土现浇梁，共计 25 跨，桥面标准部位宽 8.0 米。SE 匝道起讫点里程为 SE0+242.-SE0+511.497，全长 269 米，上部为 3-4 跨一联现浇混凝土箱梁，共计 11 跨，桥面宽 10.0 米。桥梁下部基础均为钻孔桩基础。

地面桥包含：NE 匝道奚阳河护管桥，桥梁总长为 106.14 米，桥梁全部采用预应力混凝土空心板梁，墩台均与道路中心线正交。ES 匝道奚阳河桥：该桥为 ES 匝道跨越奚阳河而设立的桥梁，桥梁总长为 22.85 米。联络道—奚阳河桥，该桥为地面联络道跨越奚阳河的桥梁。桥梁跨径布置为一跨 22 米，桥梁总长为 22.84 米。NE 匝道—拼接箱涵该箱涵为 NE 匝道跨越王淀泾的结构，由于现状 G1501 已经设置箱涵，故本工程在原有箱涵基础上进行拼接。

地面道路包含高速道路、匝道道路及乡村联络道路。

主要工程数量：路基填方 4.7 万立方米，挖方 0.71 万立方米，路面基层 1.86 万平方米，路面面层 1 万平方米。涵洞 1 道。桥梁 7 座 4486.84 延米。

【江苏省阜宁至建湖公路路基桥梁施工 FJ-JH2 标】中铁四局承建。

合同造价：18330.258 万元。

合同工期：2012 年 8 月 30 日-2014 年 5 月 30 日。

阜宁至建湖高速公路位于江苏省沿海地区的盐城市，直接联系了盐城市重要城市节点阜宁和建湖，项目起点位于阜宁县城西南接 S329，路线向南经硕集西，在东益经济开发区以东与规划东益大道东延线相交并设置东益互通，向南跨蔑粮河及新长铁路，在规划建阳石油机械产业园预留走廊内通过，分别于新老 S324、向阳路西延段相交并于向阳路西段设置建湖西互通，终点在建湖高新产业园西侧接淮盐高速公路并设置蒋营枢纽，路线全长约 36.203 公里。

JH-2 标段起点桩号 K29+129.250，终点桩号 K36+700；线路全长 7.571 公里；主要工点分别为：主线跨新长铁路分离式立交桥（第八-十联），主线跨新 S324 大桥，主线跨老 S324、北建港沟大桥。主要工程内容为：路基、桥梁、涵洞、通道、线外道路路面、埋设在路基及桥梁混凝土中的过路过桥管道、桥梁混凝土护栏内手孔及接线盒、照明设施基础的施工。

主要工程数量：路基填筑方 89.27 万立方米，挖方 0.9151 万立方米；路面底基层 4.15 万平方米，路面面层 1 万平方米；涵洞 21 道，通道 15 道；桥梁 7 座 1657.58 延米。

【唐津高速公路扩建工程 2 标】中铁四局承建。

合同造价：18959 万元。

合同工期：2011 年 11 月 1 日-2014 年 9 月 30 日。

本工程位于汉沽农场及汉沽区内，路线起点接唐津高速公路（河北丰南界-塘承高速）扩建工程第一标终点，向西上跨汉南铁路，与新华路相交处设置汉沽互通式立交，而后分别上跨煤厂专用线、天化专用线、津山铁路和津汉公路改线，终点接唐津高速公路（河北丰南界-塘承高速）扩建工程第三标起点，起止桩号 K1019+219.964-K11023+237.334，全长 4017.37 米，设计速度每小时 120 公里，扩建后路基宽度为 34.5 米，采用双向六车道的整体式断面；桥梁计算荷载为公路-Ⅰ级，沥青混凝土路面。

主要工程数量：钻孔灌注桩 500 根，承台（系梁）242 个，墩柱 238 个，桥台 12 个，盖梁 238 个，现浇梁 9 联，预制梁 716 片，软基处理 18890 立方米，路基挖方 52558 立方米，路基填筑 205483 立方米，石灰粉煤灰稳定土底基层 41610 平方米，水泥稳定碎石基层 128661 平方米，沥青路面 199310 平方米，圆管涵、箱涵 5 座。

截至 2012 年底，完成产值 7670 万元；开累完成产值 7670 万元。

完成汉南铁路桥：承台完成 70 个；墩柱完成 70 个；预制板梁完成 29 片；

完成津山铁路桥：承台完成 85 个；墩柱完成 85 个；盖梁完成 78 片；现浇梁完成 2 联；预制 T 梁完成 172 片；板梁完成 2 片；拆除防撞护栏、梁体移除完成 33 跨；梁体架设及安装完成 99 片；BK0+399.194 涵洞线右全部完成；路基工程：PTC 管桩完成 1926 根；水泥搅拌桩完成 4441 根；8%灰土 300 立方米；便道完成 2930 米。

【塘承高速公路二期三标段】中铁四局承建。

合同造价：15856 万元。

合同工期：2011 年 12 月 15 日-2013 年 10 月 31 日，受业主资金及征地拆迁影响，工期延后。

本标段工程范围 K76+943.2-K83+950，路线全长 7006.8 米（按招标文件补遗书的规定）。其中 K76+943.2-K78+466.13 为林南仓铁路分离式立交，线路长度 1520 米，桥梁面积 50160 平方米，该立交位于蓟县境内杨玉公路北侧，上跨林南仓铁路，相交里程桩号为 K77+668.000，此外在 K78+000 跨越老军蓟公路，在 K77+086、K77+386.95 跨越地方机耕路。

本标段还包括中桥两座，具体为：K78+566 中桥、三道港干渠中桥。K78+566 中桥桥长 80 米，桥梁面积 2640 平方米；三道港干渠中桥桥长 52 米，桥梁面积 1716 平方米（桥梁长度均指分跨线间长度）。

主要工程项目为：路基挖方 42800.71 立方米，路基填筑借土填方 745354 立方米，8%灰土 130352.3 立方米，水泥搅拌桩 59455 米，高压旋喷桩 26581 米，钢塑土工格栅 21999 平方米，M7.5 浆砌片石排水沟 1696.48 立方米，石灰稳定土底基层 187906 平方米，钻孔灌注桩 16524 米，桥梁建筑面积 54516 平方米，箱涵一道、单孔钢筋混凝土圆管涵 7 道，通道桥 6 座。

截至 2012 年底，完成产值 1215 万元；开累完成产值 1215 万元。

【滨海新区西外环高速公路（津汉高速—海景大道）6 标】中铁四局承建。

合同造价：22500 万元。

合同工期：2011 年 2 月 01 日-2012 年 5 月 31 日，受业主资金及征地拆迁影响，工期延后。

工程位于天津市滨海新区，工程北起位于东南环铁路（现状蓟港铁路）南侧，与北侧港城大道分离式立交，止于京津塘高速互通式立交北侧，起止桩号 K11+870.007-K14+851.5，路线长度 2981.5 米，道路面积 133510 平方米，桥梁面积 47129.6 平方米。设计标准为双向八车道高速公路，路基宽度为 43.5 米，设计车辆荷载为公路—Ⅰ级，桥面净宽 41.5 米，设计时速 100 公里，沥青混凝土路面。

主要工程数量：钻孔灌注桩 278 根、承台（系梁）64 个、墩柱 216 根、桥台 4 座、盖梁 68 片、现浇梁 2 联、预制梁 372 片、软基处理 367659 立方米、路基填筑 207250 立方米。

截至 2012 年，完成产值 785 万元；开累完成产值 2728 万元。

存在问题：K11+870.007-K13+600、K14+130-K14+851.5 红线内用地征迁工作尚未完成；业主资金不到位。目前已无工作面，停工。

【沈阳绕城高速公路改扩建工程】中铁四局承建。

合同造价：29910万元。

合同工期：2010年11月-2012年10月。

本合同段为沈阳绕城高速公路改扩建工程桥梁四标，起点在白塔堡 K61+558.5-金宝台 K70+300，路线全长 8741.5 米。

主要工程数量：本合同段内构造物有：特大桥1座，通道桥5座，匝道桥8座，小桥4座，涵洞17道，分离式立交6座，互通式立交3处。

工程重点及难点：

苏北大桥起讫里程为 K64+460.2-K65+815.2，全长1361米，桥下跨越沈大铁路、苏抚铁路、长轨基地1-3号线及编组站。主跨为（55+80+80+55）米悬臂浇注箱梁，跨越长轨基地1-3号线及编组站。主跨悬臂浇注箱梁跨度大、线型控制较难，施工工艺复杂，跨电气化铁路施工安全风险大，是本合同段的控制性工程。

2012年工程进展：土方设计131.6万方，累完131.6万方，完成100%；路基设计13000米，完12960米，完成99.69%；大、中、小桥设计27座，设计3379延米，累完3369延米，完成99.7%；11座通道桥：在施工。

制梁、架梁：苏北大桥：制梁设计296片完，架梁累完296片完；雪莲街互通 K63+220.5 哈大高铁中桥：制梁设计14片完；沈苏快速干道立交、雪莲街互通A匝道、雪莲街互通上河湾分离式立交、白塔堡互通 CK0+565.728 匝道桥、白塔堡互通 DK0+402.62 匝道桥、下河湾互通 DK0+181.5 匝道桥、下河湾互通 EK0+378.504 匝道桥、下河湾互通 K67+656.33 公公分离式立交、K69+499.4 公公分离立交、下河湾互通 AK0+814.044 匝道桥：主体完；下河湾互通 CK0+255.655 匝道桥：板梁设计10片完；下河湾互通 K67+824.1 小桥：板梁设计29片完。

2012年完成产值10585万元。

【江西德上高速公路】中铁四局承建。

合同价：22000万元。

合同工期：2010年10月-2012年6月。

B1 合同段起始桩号：K30+625.691，终点桩号：K36+060.304。全长5.434613公里。路线总体为南北向，位于上饶市怀玉乡境内。本段路线起于怀玉乡白泥村，上跨省道S203后，设三清山西互通，路线向南经月垄、墩头、设三清山西服务区，跨锦溪河，终于樟村镇小源村北。主要控制点有三清山西互通、三清山西服务区、锦溪大桥、童家圩一号大桥、童家圩二号大桥、童家圩三号大桥。

本段路线起于怀玉乡白泥村，上跨省道S203后，设三清山西互通，路线向南经月垄、墩头、设三清山西服务区，跨锦溪河，终于樟村镇小源村北。沿线多是村庄，拆迁工作量非常大，给施工造成的影响很大，使得施工进展非常慢，施工不能形成全面施工，只能是断断续续的分片施工。主要控制点有三清山西互通、三清山西服务区、锦溪大桥、童家圩一号大桥、童家圩二号大桥、童家圩三号大桥等工程，工程控制点多，安全、质量控制难度大，安全风险点多，给施工管理造成很大难度。

2012年工程进展：主体全部完工。2012年完成产值4303万元。

【贵州仁赤高速公路】中铁四局承建。

合同价：28566万元。

合同工期：2010年7月-2012年7月。

仁怀至赤水高速公路 RCTJ-1 合同段起讫桩号为 K0+997.235-K9+450，全长8.453公里，起点位于已建成的茅台高速上，顺仁怀市西侧的山包布设，依次经过罗家坝、磨槽湾、构皮湾，跨越仁怀至茅台公路、仁怀垃圾场门口公路，再经过水滴岩、第远溪、在物资公司民用爆材仓库附近设置仁怀北互通，至本合同段终点，呈南-北走向，主要工作内容为路基土石方、防护及排水、桥涵。

2012年工程进展：土方设计320.1万立方米，累完312.7万立方米，完成97.69%；路基设计6455米，完5035米，完成78%；大桥设计座，设计1998延米，累完1250延米，完成62.56%；制梁设计307片，累完146片，完成47.56%；架梁累完96片。涵洞设计22座，主体完10座，12座在施工。

2012年完成产值7199万元。

【甘肃雷西高速公路】中铁四局承建。

合同造价：43776万元。

合同工期：2011年1月20日-2013年7月20日。

岛至兰州国家高速公路雷家角（陕甘界）至西峰段起点位于甘陕交界的雷家角，即合水县太白镇，终点位于西峰李家寺，路线全长126.56公里，全线按四车道高速公路标准建设，设计时速80公里，整体式路基宽24.5米。

LX05 合同段路线起点桩号 YK1296+100（ZK1295+900），位于蒿嘴铺乡陈家河村，终点桩号 K1309+400，位于合水县蒿嘴铺乡蒿嘴铺村，路线全长13.152公里。标段主要工程项目为：路基土石方及路基附属、桥梁、涵洞通道及改移道路、河道等工程。

桥涵工程包括桥梁18座（特大桥1座，长2408米，大桥10座，长2460米，中桥2座，长172米，小桥1座，长15.52米，通道桥3座，长51.12米，天桥1座，长48.12米）、盖板涵20座。路基挖土方105.7万立方米，挖石方3.9万立方米，路基填筑57万立方米，桥涵两侧8%灰土填筑 2.9 万立方米，路基土方掺 5%石灰处理 6.8 万立方米，土工格栅 39520 平方米，M7.5 浆片 3.5 万立方米。

2012 年工程进展：土方设计 167.9 万方，累完 167.9 万方，完成 100%；路基设计 8115 米，完 7750 米，完成 95.5%；大、中桥设计 13 座，设计 5040 延米，累完 4780 延米，完成 94.84%；通道桥设计 3 座，开工 2 座在施工；中、小桥设计 6 座，开工 2 座；涵洞涵洞设计 20 个，开工 16 座，主体完 12 座。制梁设计 1676 片，累完 1676 片，完成 100%，架梁累完 1676 片完。

2012 年完成产值 18051 万元。

【甘肃金武高速公路】中铁四局承建。

合同造价：12896 万元。

合同工期：2011 年 6 月-2012 年 6 月。

JW2 合同段路线起点桩号 K24+000，位于龙口坝东南方向 2 公里，路线终点桩号 K45+000，位于水源镇东南方向 1 公里，路线全长 21 公里。标段主要工程项目为：路基土石方及路基附属、桥梁、涵洞通道及改移道路、河道等工程。

2012 年工程进展：土方设计 201.84 万立方米，累完 195.94 万立方米 3，完成 97.08%；

2012 年完成产值 16217 万元。

【贵州三黎高速公路 LJ16 合同段】中铁四局承建。

合同造价： 18368.9 万元(暂定金额 1610 万元)。

合同工期：2012 年 9 月 13 日-2014 年 9 月 12 日。

贵州三黎高速公路 LJ16 合同段位于贵州省黔东南州黎平县境内，路线起止桩号为 K121+300-K131+108.9，路线全长 9.809 公里。标段主要工程项目为：路基土石方及路基附属、桥梁、涵洞通道及改移道路等工程。

2012 年工程进展：路基土方设计 248.04 万立方米（挖方 119.91 万立方米、填方 128.13 万立方米），累完 75.87 万立方米；漫坡大桥：挖孔桩设计 12 根，累完 12 根；洞寨大桥：挖孔桩设计 38 根，累完 6 根；梁场：T 梁设计 200 片，空心板梁设计 256 片；；涵洞：设计 47 座，开工 34 座。

2012 年完成产值 6615 万元。

【贵州毕都高速 T4 标】中铁四局承建。

合同造价：38138 万元。

合同工期：2012 年 6 月 15 日-2014 年 6 月 15 日。

贵州省毕节至都格（黔滇界）高速公路为双向四车道高速公路，设计时速为 80 公里，路基宽 24.5 米。

T4 合同段起讫桩号为 K110+600-K118+600，全长 7.414 公里。起点位于毕纳雍县董地乡周家寨，接 T3 合同段终点，线路沿以补鲁西侧自北向南布设，设街上隧道、曾家大寨隧道，到达本合同段终点化作乡街上，顺接本项目 T5 合同段起点。主要控制点：周家大寨、以补鲁、下木溪、董地乡、曾家大寨。主要工作内容有路基、桥涵、排水与防护、隧道等。

全线桥梁设特大桥 1 座、大桥 3 座、中桥 2 座、分离式立交（主线上跨）2 座、通道 4 座、涵洞 5 道。共计桩基 260 根，计 7418 米，承台累计 18 个；墩台身累计 128 个；梁板共计 340 片（不含涵盖板），其中 20 米 T 梁 175 片，30 米 T 梁 105 片，40 米 T 梁 60 片。

全线路基左线 3.812 公里，右线 3.817 公里路基按四车道设计。全线路基挖方 1423379 立方米，利用土石方填方 1665296 立方米，借方 156805 立方米。

全线隧道设计两座，分别为街上隧道和曾家寨隧道，共长 4751 米。形式为分离式小净距。

2012 年工程进展：土方设计 326.99 万立方米，累完 94.15 万立方米；

2012 年完成产值 4680 万元。

获得荣誉：2012 年业主平安工地考评获得双 A 荣誉（最高）。

【贵州毕都高速 T14 标】中铁四局承建。

合同造价：3.52 亿元。

合同工期：2012 年 12 月-2015 年 5 月。

贵州省毕节至都格（黔滇界）高速公路第 T14 标段路线起点位于六盘水市水城县勺米乡鱼塘村，路线向西进入水菁沟隧道，之后设置苏海田大桥跨越玉马公路和水柏铁路，路线之后进入白龙山隧道，本标段终点位于白龙山隧道中部，六盘水市水城县玉舍乡俄脚村。里程起讫桩号为 K196+200-K202+650，全长 6.45 公里。主要工作内容有 1.298 公里路基，其中挖方 29.2 万立方米、利用土石方填筑 31.9 万立方米，苏海田大桥 1 座 296 米、涵洞 3 座，水菁沟隧道 2855 米，白龙山隧道进口端 2005 米。

2012 年工程进展：便道累完 12.2 公里，实验室标定完成，搅拌站设备安装完成；土方设计 61.16 万立方米，苏海田大桥：挖孔桩设计 28 根，墩身设计 24 个，承台设计 4 个，系梁设计 22 个，盖梁设计 12 个；水菁沟隧道:搅拌站设备正在安装，左线进口设计 1428 米，出口设计 1427 米，右线进口设计 1428 米，出口设计 1427 米；白龙山隧道：搅拌站设备安装完成，左线进口设计 2005 米，右线进口设计 2010 米；涵洞设计 3 座。

2012 年完成产值 1388 万元。

【九江绕城高速公路】中铁四局承建。

合同造价：19645.2 万元。

合同工期：2012 年 10 月 1 日-2014 年 1 月 31 日。

分离立交两座：尹家分离立交总长 86 米，钻孔桩 28

根，10个墩台；王家垄分离立交总长66米，钻孔桩32根，8个墩台；大桥两座：庐山于家大桥总长206米，钻孔桩52根，22个墩台；庐山水泥厂铁路跨线桥总长329米，钻孔桩40根，16个墩台；特大桥一座：庐山青山湖特大桥总长1369米，钻孔桩144根，68个墩台；涵洞11个，区间路基长约3544米，其中路基土石方开挖92万立方米，土石方填筑66万立方米。

青山湖特大桥水中墩施工、以及溶洞处理是本工程的难点。

2012年工程进展：路基土方设计162万立方米，累完20.95万立方米；庐山青山湖特大桥：钻孔桩设计144根，累完5根；王家垄分离立交桥：钻孔桩设计32根，累9根。

2012年完成产值384万元。

【阜盘高速公路北延伸线】中铁四局承建。

工程造价：15683万元。

工期计划：2011年3月-2012年6月。

第三合同段南起位于阜新市水泉镇户部营子村，向北跨越海新路、新义铁路及铁路货场、细河和中华路，止于阜新市阜新镇西关村，起止里程为K4+914.4-K6+717.5，路线全长1803.1米，本合同段全线均为桥梁，即规划区高架桥第25-37联，桥梁面积44176平方米，是规划区高架桥的中间一部分。设计标准为双向四车道高速公路。主要工程内容为桥梁。

2012年工程进展：钻桩桩设计236根完，承台设计110个，累完109个，墩台身设计110个，累完102个，连续梁设计22联（98孔），累完11联（49孔），悬浇设计54块，累完20块。

2012年完成产值6068万元。

【合肥金屯立交桥匝道工程】中铁四局承建。

合同造价：5000万元。

合同工期：2012年6月30日。

金寨路一环立交右转匝道工程，WS匝道桥梁长约230米、SE匝道桥梁长约240M，匝道两端通过拼桥形式与老桥衔接，桥梁总宽7.5米，工程主要建设内容：桥梁、道路、排水、交通、绿化、照明、供电、声屏障等。

2012年工程进展：工程全部完工，2012年8月1日通车。

2012年完成产值1798万元。

【京台线建瓯至闽侯高速公路福州境内段路基土建施工JTA6标】中铁四局承建。

合同造价：41020.14万元。

合同工期：2012年5月1日-2014年4月30日。

JTA6合同段路线全长7.4公里，起点桩号K126+000，终点桩号K133+400，其中桥隧构造物占标段全长的54.6%，桥梁工程和隧道工程为本标段的重点和难点工程。

主要工程数量：路基土石方126.7704万立方米、防护排水工程4.142万立方米、、桥梁8座3167.13米、涵洞6道285.85米、通道2道158.27米、隧道1座879.5米。

【贵州省织金至纳雍高速公路路基、桥隧施工6标】中铁四局承建。

合同造价：20434.57万元。

合同工期：2012年1月1日-2014年6月30日。

织金至纳雍高速公路是《国家高速公路网规划》“7918网”中第16横（编号G76）厦门至成都高速公路贵州境内段与《贵州省高速公路网规划》“678网”中第3横一部分的共线路段。第6合同段位于纳雍县老凹坝乡、乐治镇境内，起于老凹坝乡平寨村南面，起点里程K100+520，与第5合同段终点相接。于老凹坝设置互通，出互通后经老虎洞、箐脚村、后塘寨，止于乐治镇的黄家包包，并在此设置乐治服务区。终点桩号K110+900，接本项目第7合同段。合同段路线全长11.220555公里。

主要工程数量：路基土石方544.3018万立方米、防护排水工程14.6397万立方米、天桥6座、涵洞31道、通道25道、互通式立体交叉1处、服务区1处。

【贵州省余庆至凯里高速公路路基、桥隧工程第七合同段】中铁四局承建。

合同造价：31104.68万元。

合同工期：2012年4月28日-2014年4月28日。

本合同段（第7合同段）起点位于重安镇石家寨右侧（桩号K57+400），设重安大桥跨过凯施二级公路及河谷从重安中学东侧的山脊通过至杨司院，在桂花坪附近设重安互通连接凯施二级公路，出互通后路线沿山腰布线至五水庄，即本合同段终点（桩号K63+400），全长6.0公里。

主要工程数量：路基土石方挖方145.5万立方米、填方149.5万立方米、主线大桥4座2029.0米、互通式匝道桥1座43米、涵洞8道386.6米、通道14道434.5米。

【海峡西岸经济区高速公路网沈海复线柘荣至福安段路基土建工程施工A6标】中铁四局承建。

合同造价：52469.71万元。

合同工期：2012年11月10日-2014年11月30日。

A6合同段路线全长11.34公里，起点（桩号K43+060）位于柘荣县东源乡，终点（桩号YK54+400、ZK54+420）位于柘荣县黄柏乡。

A6合同段于南山村设柘荣互通区（K43+540.5）与柘荣

县规划环城路连接，经西源村、建西源大桥（157 米），在太洋村设柘荣服务区（K45+760），经聚宝洋村，建聚宝洋大桥（203.25 米），经富溪镇北岭村、穿金龟山隧道（1462米），设富溪加水区（K49+732.5），再设富溪大桥（500.75米）终点止于赐敢岩特长隧道内（全长5692.5米，其中A6标段右洞长2523米，左洞长2596米，平均长2559.5米）

主要工程数量：路基土石方107.91万立方米、防护排水工程14.809万立方米、路面工程13.397万平方米、桥梁3座861米、涵洞、通道13道465.86米、隧道1.5座4021.5米、互通式立交1处、分离式立交2座88米、服务区1处、加水区1处、制动失效缓冲车道1处。

【广西壮族自治区南宁（坛洛）至崇左公路一、三期土建工程施工№1标】中铁四局五公司承建。

合同造价：5259.80万元。

合同工期：2012年8月15日-2014年8月14日。

南宁(坛洛)至崇左公路第一期及第三期工程位于南宁市西乡塘区境、崇左市扶绥县境及崇左市江州区境，路线起点K0+000位于南宁市西乡塘区坛洛镇，路线沿有三级公路X010线及S315线布设，自北东向南西延伸，经坛洛镇、中东镇、驮卢镇、直至崇左市江州区，终点K88+678.954与崇左市江州区富太线终点衔接，路线全长88.367573公里。路基宽度8.5米，按二级公路标准建设。本合同段为该项目工程NO.1,起讫里程桩号为K0+000-K15+000，路线长14.892公里，主要包含工作内容为合同段范围内路基土石方、防护排水、桥涵及路面等工程施工。

主要工程数量：路基土石方155717立方米、水泥混凝土路面114177平方米、桥梁1座48.08米、涵洞35道432米。

【湖北谷竹高速公路GZTJ-25标】中铁四局承建。

合同造价：35800万元。

原合同工期：2010年8月15日-2012年10月15日。

调整后合同工期：2010年8月15日-2013年6月30日。

本标段为GZTJ-25标段，起讫桩号为（K156+000-K160+610），全长4.61公里。位于竹山县城关镇和潘口乡境内，起点位于城关镇莲花村八组，线路向西北前行穿竹山隧道后利用铜皮沟为开阔的地形设竹山互通连接新旧305省道，跨堵河，经水晶沟到达本合同段终点，潘口乡小漩村三组。本合同段线路主要控制因素为杜家沟滑坡、竹山互通、堵河大桥。

主要工程数量：

路基挖土石方101.1万立方米、填土石方152.4万立方米；主线桥梁4座1850.75米、匝道桥梁1座366.08米；盖板涵洞和通道15座395.15米；分离式隧道1座（左幅长970米，右幅长965米）；竹山互通1处，有A、B、C、D、E、M、Q，匝道，总长度2.07公里。

施工组织机构及劳动力布署：

项目经理部设五部二室（工程技术部、计划合同部、安全质量部、财务部、物资机械部、试验室、综合办公室）；设项目经理一人，项目副经理四人，总工程师一人，经理部下设四个项目工区。

当年及开累完成产值和主要形象进度：

截至2012年底，共计完成建安产值12926万元，开累完成建安产值为25461万元,占合同总额的75.2%。

实绩：

2012年在业主组织的全线34个标段季度评比、年度考核中分别获得如下荣誉：

2012年度第二季度中“双优杯”劳动竞赛获得进度奖励30万；

2012年业主组织的“再动员、再鼓劲、再冲刺、大战四季度，攻坚克难保保目标”劳动竞赛中进度获得进度奖励30万；

2012年度业主组织的“双优杯”劳动竞赛中获得先进集体第7名和“优秀项目经理”称号。

【福建宁武高速公路A19标】中铁四局承建。

合同造价：39283.56万元。

合同工期：2009年10月30日-2011年10月30日。

工程位置及施工范围：

国家高速公路沈阳至海口纵线，福建宁德至江西上饶联络线。本标段为A19标段，位于武夷山市洋庄乡境内，起讫桩号为K273+600，跨佛岭大桥穿伞街隧道和伞街大桥（跨横南铁路），沿崇阳溪河床过三渡中桥再沿河床跨四渡大桥进入武夷山北互通区到洋庄服务区，穿洋庄隧道建郑家大桥、水槽大桥穿天子岗隧道终天子岗大桥，终点分界桩K283+500，路线全长9.9公里。

主要工程数量：

本13道标段共设桥12座2474.55米,隧道4座2416.5米，涵9道256.48米；盖板涵529.46米；互通一座，服务区1处，主线省际收费站1处；路基挖方84.88万立方米，路基填方145.25万立方米。

2012年完成产值2800万元，开累完成产值35561.35万元，已完成合同内所有工程量。

实绩:2012年9月25日一次性通过宁武公司交工验收；10月8日建成通车。

【福建宁武高速公路A3标】中铁四局承建。

合同造价：23947.99万元。

合同工期：2009年11月16日-2011年11月15日。

本项目为国家高速公路沈阳至海口纵线，福建宁德至江西上饶联络线。本合同段编号为A3合同段，主线起点位于政和县杨源乡杨源村东侧(YK108+780)，与A2合同段终点相连接，终于杨源乡下畲村附近(YK116+000)，与A4合同段起点相接，路线全长7.216478公里。本段全线位于政和县杨源乡境内。施工范围为K108+780-K116+000，路基、桥梁、涵洞、互通、服务区、绿化环保及相关安全设施、预埋管线等配套工程。

主要工程数量：

主线大5座桥1151.7米，互通桥2座309米；涵洞16座738.21米；通道3座165.47米；路基挖方233.0817万立方米，路基填方208.0119万立方米。

2012年完成产值926万元，开累完成产值22542万元，已完成合同内所有工程量。

实绩:2012年9月25日一次性通过宁武公司交工验收；10月8日建成通车。

【江西奉铜高速公路B4标】中铁四局承建。

合同造价：15020万元。调整后工程造价：1.5600万元。

合同工期：原合同工期为2010年8月9日-2011年10月8日。根据业主工期调整为2010年8月9日-2012年5月30日。

江西奉新至铜鼓高速公路项目土建工程线路起于奉新县干洲镇源头村，起点桩号为K37+100，止于白田西南，与A2测设段（桩号为K79+554.836）的起点相接，主线线路全长约45.334公里。设计为全封闭、全立交，双向四车道高速公路。奉铜高速B4项目经理部路线起讫里程K70+900-K79+554.836,本合同段主线全长8.655公里，设计为全封闭、全立交，双向四车道高速公路，其中含互通一处，互通起讫里程：K78+400-K79+554.836，互通主线长1.155公里，下部基础均为钻孔桩基础、柱式墩、肋式台，上部为预应力混凝土连续箱梁及预应力混凝土空心板梁。

本段主要工程内容为路基土石方、桥梁、涵洞、通道等工程。路基开挖土石方共计93.4万立方米，路基填方共计104.9万立方米；大桥2座500.6延长米；中桥3座233.2延米；分离立交1处132.4延米；互通匝道桥2座226.15延米；桥式汽车通道5座254.5延米；盖板涵20座689.90横延米；箱涵3座102.78横延米；圆管涵8座245.59横延米。

2012年完成产值为为269万元，开累完成建安产值为16666万元，已完成合同内所有工程量。

实绩：2012年8月15日通过江西省质监站进行质量标准验收；

10月28日建成通车。

【江西奉铜高速公路B8标】中铁四局承建。

合同造价：20400万元。

合同工期：原合同工期为2010年8月9日-2011年10月8日，共计14个月。根据业主工期调整为2010年8月9日-2012年5月30日。

江西奉新至铜鼓高速公路项目土建工程线路起于奉新县干洲镇源头村，起点桩号为K37+100，止于白田西南，与A2测设段（桩号为K79+554.836）的起点相接，主线线路全长约45.334公里。设计为全封闭、全立交，双向四车道高速公路。奉新至铜鼓（赣湘界）高速公路B8标段起点K106+280位于江西省宜丰县草坪村，终点桩号K114+255.148，全长7.975公里。路线途经下坑水库和山塘水库，在彪马岭处建彪马岭大桥，上跨县道X574，终于大广高速天宝互通。

主要工程数量：

B8标段主要工作内容包括路基土石方、桥梁涵洞、防护、排水、环保绿化等工程。其中大桥7座，长2802米，中桥7座，长348.82米，其中制架梁:25米后张箱梁576片,20米空心板梁36片，现浇梁19孔；路基挖方111.3万立方米，填方102.8万立方米;涵洞及通道42座，长1374.4米。

2012年完成产值为712万元，开累完成建安产值为1.8557亿元，已完成合同内所有工程量。

实绩：2012年9月28日通过江西省质监站进行质量标准验收；10月28日建成通车。

【江西德上高速公路A4标】中铁四局承建。

合同造价：25614.44万元。

合同工期：2010年10月28日-2012年4月28日。调整后合同工期2010年10月28日-2012年8月31日。

德上高速A4标段起点桩号K12+940,终点桩号K15+400,全长2.46公里。线路总体为东西走向，位于德兴市龙头山乡和玉山县怀玉乡境内。

主要工程数量：

管段内桥梁5座，分别为陇首1、2、3、4高架桥和汪村高架桥，其中陇首3、4高架桥为半幅桥梁半幅路基结构，桥梁全长1850米，其中桩基346根、薄壁实体墩39个、薄壁空心墩39个、柱式墩14根、30米简支T梁45片、40米简支T梁420片，混凝土共计约13万立方米；路基开挖土石方24.4万立方米、填筑土方6.1万立方米、挡土墙1.1万立方米。

2012年度产值8255万元，累计完产产值24037.11万元，已完成合同内所有工程量。截至2012年12月31日，项目已全部完工，并于2012年12月31日通车试运营，进入缺陷责任期。

实绩：获得局2012年上半年重点工程夺红旗劳动竞赛第五组第一名；德上项目第二阶段路基施工检查评比第三名；德上先进基层党组织；公司先进基层党组织等荣誉。

【江西德上高速公路A8标】中铁四局承建。

合同造价：16147万元。

合同工期：原合同工期2010年10月28-2012年2月28日。调整后合同工期2010年10月28日-2012年6月31日。

A8合同段起点桩号K25+700，终点桩号K30+550，全长4.85公里。线路总体为东北至西南走向，位于玉山县怀玉乡境内，起于关口村凿字亭西南侧150米，终于白泥村北侧300米处。

本项目工程主要工作内容：路基土石方、桥梁涵洞、防护、排水、环保绿化等工程。其中大桥2座，长976米；挖方115.5万立方米，填方114.9万立方米；涵洞及通道14座，长634.56米。C15片石混凝土挡土墙18417立方米。

2012年度完成建安产值2451万元，开累完成16973万元，已完成合同内所有工程量。截至2012年12月31日，项目已全部完工，并于2012年12月31日通车试运营，进入缺陷责任期。

【江西抚吉高速公路B3标】中铁四局承建。

合同造价：16202万元。

合同工期：2011年6月28日-2012年6月27日。

抚州至吉安高速公路B3合同段路线处于赣中地区，总体呈东西走向，起于永丰县沿陂镇的艾溪源，经过佐龙乡的马形坑、五石，于K123+963处跨越恩江后进入恩江镇，终于K128+000处与B4标段相接，里程范围为：K117+000-K128+000，全长11公里。

主要工程数量：大桥2座796米，中桥3座159.8米，公路分离立交（主线上跨）1座44.06米，公路分离立交（主线下穿）3座160.26米；圆管涵10座239.5米，盖板涵30座1245.43米，暗板桥2座78.23米，改路8条2127.23米，路基土石方为113万立方米。

2012年度完成产值8963万元，开累完成建安产值14895万元，完成主要形象进度：路基填土方112万立方米，开累完成100%，挖土方113万立方米，开累完成100%；边坡防护4633立方米，开累完成100%；排水工程11261米，开累完成100%；下边坡绿化94888平方米，开累完成100%；上边坡绿化78236平方米，开累完成100%；桥梁墩柱156根，开累完成100%；梁体制安552片，开累完成100%；桥面铺装1480米，开累完成100%。

实绩：2012年半幅通车活动中获优胜单位；5月份月度检查荣获第二名；6月份月度检查荣获第三名。

【江西抚吉高速公路B7标】中铁四局承建。

合同造价：21740万元。

合同工期：2011年6月28日-2012年8月27日。

抚州至吉安高速公路B7合同段工程路线处于赣中地区，总体呈东西走向，起于吉水县文峰镇店前村，经过洲上村至文峰山，于K161+030-K162+070段设置文峰山隧道穿越文峰山，终于K162+560处与B8标段相接，路线起讫里程为K156+540-K162+560，全长6.02公里。

本合同段主要工作内容包括路基土石方、桥梁涵洞、隧道、防护、排水、环保绿化等工程。其中路基挖方56.4万立方米；挖土方42万立方米，挖石方14.4万立方米，路基填方82.7万立方米，借方24.5万立方米；大桥2座605米，中桥2座122.14米；涵洞、通道、暗板桥、圆管涵等共21道；隧道1座单洞长1040米。

施工组织机构及施工队伍部署：

抚吉B7标项目经理部下设工程部、工经部、物机部、安质部、财务部、试验室、办公室“五部两室”和三个项目队。一项目队负责K156+540-K159+165.5段路基施工管段内路基、桥梁、涵洞通道、预制场、防护及排水等工程施工；二项目队负责K159+165.5-161+030段路基施工管段内路基、桥梁、涵洞通道、搅拌站、防护及排水等工程施工；三项目队负责文峰山隧道右线K161+030-K162+070、左线K161+027-K162+060工程以及K162+070-+560的路基施工。

2012年度完成产值13825万元，开累完成建安产值21741万元，已完成合同内所有工程量。

【京台线建闽高速公路JTA6标】中铁四局承建。

合同造价：41000万元.

合同工期：2012年9月17日-2014年9月16日。

A6合同段起点（桩号YK126+000，ZK126+020.653）位于闽侯县白沙镇的联坑村，终点（桩号K133+400）位于闽侯县白沙镇的上寨村，线路总长7.4公里。

主要施工范围包括路基土石方主体工程、桥梁主体工程、涵洞工程、隧道主体工程、路基防排水、环保绿化等工程。

主要工程量包括路基挖方148.5万立方米，填方122.8万立方米；桥梁8座3167.13米；涵洞6道285.85米；通道涵2道158.27米；隧道1座879.5米。

京台高速公路JTA6标项目经理部2012年度完成产值4545万元，开累完成4545万元，占合同价的11.07%。

主要工程形象进度：

路基工程：路基土石方年累完成73.4万方；其中挖方年累完成48.6万方、填方年累完成24.8万方；软基换填年累完成0.9万方。涵洞工程：年累完成68.1延长米；附属工程：浆砌工程及排水工程年累完成各1000方。桥梁工程：桩基年累完成进尺3608米/228根，成孔210根、成桩180根、桩系梁8个、承台2个、扩大基础2个、桥台2个、墩柱6根。隧道工程：半山隧道出口上导开挖/初支完成90米；洞口工程完成10米。

实绩：2012年3季度考核评比中取得全线九个标段的第一名；4季度获得业主考核评比第二名。

【织纳高速公路T6标】中铁四局承建。

合同造价：20430万元

合同工期：30个月.

中铁四局集团承建的厦蓉高速织纳段六合同段位于纳雍县境内，起于老凹坝乡的平寨村南面，起点里程为K100+520，止于乐治镇的黄家包包，终点里程K110+900，其中K105+340.555=K104+500长链840.555米m,管段线路全长11.22公里。线路途径一乡一镇，共计7个自然村。起于老凹坝乡平寨村南面，途径坝子村，于老凹坝设置互通，出互通后经老虎洞、箐脚村、后塘寨，止于乐治镇的黄家包包，并在此设置乐治服务区。

主要工程数量：路基挖方307万立方米，路基填方243.6万立方米；主线跨线桥1座43米；分离式立交2座111.5米；跨线天桥6座349米；涵洞、通道45座1766.67横延米；互通一处，服务区一处。

2012年度开累完成建安产值4788万元，开累完成4788万元，占合同造价20435万元的23.4%。

主要形象进度：路基工程:土石方开挖完成105.3万立方米；利用土石方填筑完成92.6万立方米。完成路基清表30万立方米，完成浆砌片石挡墙5071立方米。桥涵工程:涵洞完成290延米。已开工32座涵洞，其中完成13座涵洞基础及墙身

【南石高速公路】中铁四局承建。

合同造价：27370万元。

合同工期：2011年2月-2013年2月。

南石高速公路A4标位于南安市官桥镇，主线起于一片寺隧道中变坡点处，经岩前、成竹、泗溪，设下溪边分离式桥上跨X319，于林边设官桥互通与G324衔接，终于泗溪村林边南，起止里程：K15+900-K22+524，全长6.624公里，设计有隧道0.5座计单洞2427米，桥梁10座1194米，涵洞通道24座880.61米，官桥互通区立交一座。

2012年度完成建安产值10147万元，累计完成19013万元。

【武罐高速公路3标】中铁四局承建。

合同造价：20259万元。

合同工期：2009年6月-2012年10月。

甘肃省武罐高速公路工程是“国家高速公路网”—兰州至海口公路的重要地段，同时也是甘肃省规划的公路网主骨架中的第二纵。它的建设将为陇南地区提供一条快速、安全、畅通、经济的通道，将极大地改善该地区的交通条件及投资环境，有力促进社会经济发展。

本标段位于甘肃省陇南市武都区城郊乡，起点里程K15+085，向东方向经大堡村、崔家梁、潘家湾，终点里程K18+070，线路长度为2.985公里。主要控制点有：水中墩桩基施工。

主要工程数量：本工程共计灌注桩274根，共长6827米。盖梁均采用半幅式及双幅式墩盖梁。上部结构均采用预制30米后张预应力混凝土箱梁，共计预制箱梁796片。

2012年完成建安产值3784万元，累计完成20386万元。

工程全部完工。

【武罐高速公路5标】中铁四局承建。

合同造价：22697万元。

合同工期：2010年6月-2013年6月。

甘肃省武罐高速公路工程是“国家高速公路网”—兰州至海口公路的重要地段，同时也是甘肃省规划的公路网主骨架中的第二纵。它的建设将为陇南地区提供一条快速、安全、畅通、经济的通道，将极大地改善该地区的交通条件及投资环境，有力促进社会经济发展。

本标段位于甘肃省陇南市武都区汉王镇范围内，起点里程K27+028，自西北向东南走向，途经甘家沟、罗寨、汉坪、绸子坝、包家坝、固水子等村庄，终点里程K35+100，线路长度为8.025公里。

工程数量：路基挖方4.3万立方米，路基填筑152.8万立方米，大桥5座其中左侧1609延米，右侧1591.75延米；中桥4座共218.7延米；涵洞18座共696.74横延米，通道桥涵11座共424.22延米。

2012年完成建安产值8448万元，累计22809万元。

路基土方完成，桥梁、涵洞全部完成。

【莆永高速公路】中铁四局承建。

合同造价：37613万元。

合同工期：2011年5月-2013年3月。

莆永高速A2合同段，位于福建省泉州市永春县湖洋镇，起讫桩号K97+180-K105+880，路线全长8.7公里。

主要工程数量：本标段路基长度3.926公里，路基挖方135.75万立方米，填方138.42万立方米，边沟、排水沟等20.117公里，浆砌片石23025.7立方米，片石混凝土4694.8立方米，坳口隧道1座1226米、岭庵山隧道1座3004.5米，大桥1座478.5米，中桥1座85米，涵洞10座，通道

4 座。路线主要控制点：坡口隧道、岭庵山隧道、坡口电站。

2012 年完成建安产值 22524 万元，累计完成 20652 万元。

业主对全线施工单位的综合考核评比中，4 月份第七名，5 月份第三名；6 月份第一名；7 月份第二名；8 月份第三名；9 月份第二名；10 月份第二名。

【龙青高速公路】中铁四局承建。

合同造价：30388 万元。

合同工期：2011 年 5 月-2013 年 11 月 1 日。

山东龙口至青岛公路莱西（沈海高速）至城阳段二标段位于山东省青岛市，起止里程：K75+470-K83+925，全长 8.455 公里。

主要工程数量：路基挖方 24.2611 万立方米，路基填筑 198.1146 万立方米，主线大桥 1 座 157 米，中桥 1 座 44.4 米，分离式立交桥 3 座 972.5 米，天桥 1 座 68.78 米；莱西东互通桥梁 3 座 328.24 米。

2012 年完成建安产值 6477 万元，累计完成 6477 万元。

【十天高速公路四标】中铁四局承建。

合同造价：35782 万元。

合同工期：2012 年 8 月-2014 年 12 月。

十堰至天水国家高速公路甘肃段徽县（大石碑）至天水公路土建工程 ST4 标段，位于甘肃省徽县，路线起点桩号 YK555+518(ZY555+274)，位于胡家河村，顺接 ST03 合同段路线终点，本合同段路线终点（K561+400）位于李家河赵家坝，路线全长 5.939 公里。

主要工程数量：路基挖方 37.3 万立方米，路基填方 63.5 万立方米，特大桥 1 座 1530 米，大桥 3 座 1919 米，立交匝道 1 座 107 米，小桥 2 座 34.08 米，通道 3 座、涵洞 5 座，隧道 2 座 584.5 米，徽县互通立交 1 处。

【兰州-海口国家高速公路武都-罐子沟建设项目房建工程 WGFJ4 标】中铁五局承建，新建工程。项目地点位于甘肃省陇南市。该工程为高速公路房建工程，主要包括汉王匝道收费站、桔柑匝道收费站、赵家坪隧道变电所、汪家坝隧道变电所、小石村隧道变电所及麻崖子隧道变电所的土建、装饰、安装工程。总建筑面积 6133.6 ㎡，结构形式为框架结构。合同总额 2979.1 万元。建设单位：甘肃长达路业有限责任公司，设计单位：中国公路工程咨询集团有限公司，监理单位：甘肃省交通工程建设监理公司。2012 年 5 月 20 日开工，合同竣工时间 2013 年 10 月 12 日完工。年累完成 1693 万元，开累完成 1693 万元，剩余价值 1286.3 万元。

【国家高速公路网包茂高速（G65）陕西境铜川至黄陵公路路基桥隧工程 TH-C13 标】中铁五局承建，新建工程，中标时间 2012 年 10 月 1 日。项目位于陕西省铜川市宜君县金锁关镇，是包头至茂名高速公路铜川至黄陵段的一部分。路线起点 K112+220，终点 K115+800，全长 3.58 公里。主要工程为路基土石方、桥涵、防护及排水工程。主要工程量：大桥 8 座，中桥 1 座，小桥 3 座，盖板涵 9 道，前烈桥互通立交一处，互通立交设匝道 6 条。合同总额 25738.7 万元。建设单位：陕西省高速公路建设集团公司，设计单位：陕西省交通规划设计院，监理单位：陕西高速公路工程咨询有限公司。开工时间 2012 年 10 月 01 日，竣工时间 2014 年 04 月 30 日。年累完成 40 万元，开累完成 40 万元，剩余价值 23228 万元。

【九江绕城高速公路 A5 标】中铁五局承建，新建工程，中标时间 2012 年 9 月 30 日。标段起点 K19+300 位于九江市庐山区海会镇光明村，终点 K26+900 位于星子县白鹿镇交通村附近，主线路长 7.6 千米，星子北互通匝道总长 3.603 千米。主要工程量：路基土石方 324.011 万方，桥梁 13 座 1923.94 延米（星子白鹿洞大桥 929 延米，中小桥 12 座 994.04 延米）涵渠 42 座 1780.88 横延米。合同总额 22226.3067 万元。建设单位：江西省高速投资集团有限责任九江绕城高速公路建设项目办公司，设计单位：江西省交通设计院，监理单位：江西省交通咨询公司。2012 年 10 月 20 日开工，合同开工时间 2012 年 9 月 30 日，合同竣工时间：2014 年 1 月 31 日。年累完成 2258.1 万元，开累完成 2258.1 万元，剩余价值 19968.2067 万元。

【二连浩特至广州国家高速公路湖南省安化（梅城）至邵阳公路 1 标段】中铁五局承建。安邵高速公路全长 130 公里。全线采用双向四车道高速公标准建设，设计速度 100 公里/小时，路基宽度 26 米。第 1 标段位于湖南省益阳市安化县梅城镇、清塘镇及娄底涟源市的伏口镇，里程范围为：K94+112-K127+660，总长 33.548 公里。主要工程数量：路基 15.407 公里，其中挖方 399.17 万立方米，填方 400.52 万立方米，防护工程 14.04 万立方米，排水工程 7.92 万立方米；桥梁按单幅为 42 座 18184.47 米（按双幅为 29 座 9.092 公里），预制梁 5650 片；隧道 9 座 9049.75 米（双洞）；涵洞 83 道 3834.28 米（包含倒虹吸管）；渡槽 2 道 150.4 米；天桥 8 座 411.22 米。设清塘服务区（K95+400-K96+500）、清塘 U 型转弯（K103+200-K104+800）和伏口互通（K123+200-K124+500）。合同总额 194814.55 万元。建设单位：湖南利联安邵高速公路开发有限公司，设计单位：湖南省交通规划勘察设计院，监理单位：北京华路顺工程咨询有限公司。合同竣工时间 2012 年 12 月 6 日；2010 年 3 月 16 日开工，除清塘铺隧道外其他工程 2012 年 8 月 6 日完工。年累完成 46202.64 万元万元，开累完成 132610.64 万元元，剩余价值 62296.19 万元万元。

【京石高速第七合同段】中铁五局承建。项目地点北京市房山区石楼镇、窦店镇、城关镇。本合同段里程为 K15+050-K19+450，全长 4.4 公里，其中桥梁全长 1935m，路基长 2465m，位于北京市房山区石楼镇、窦店镇、城关镇境内。主要工程数量：桥梁 9 座（大石河桥、夏村立交桥、马刨泉河桥、石夏路分离式立交桥及 5 座通道桥）；路基借土填方 65 万方；钢筋混凝土箱涵 2 座，主线圆管涵 1 座；石灰粉煤灰稳定碎石路面底基层 183482m2，水泥稳定碎石路面基层 78286m2，地方线路改造 10 条 2665m。其中大石河主桥连续刚构箱梁及跨路、跨河段现浇箱梁为本项目的重难点工程。合同总额 35454 万元。建设单位：北京市首都公路发展集团有限公司，设计单位：北京市国道通公路设计研究院股份有限公司，监理单位：北京正宏监理咨询有限公司。合同工期 2011 年 6 月 1 日至 2013 年 5 月 31 日，实际开工日期 2012 年 8 月 25 日。年累完成 15283.95 万元，开累完成 15283.95 万元，剩余价值 20170.05 万元。

【承德至赤峰高速公路第 3 合同段】中铁五局承建。河北省茅荆坝（蒙冀界）至承德公路工程Ⅰ类 3 标段项目位于河北省承德市承德县境内，起点里程 K37+050，终点里程 K60+100，全长 23.05 公里。本工程按双向四车道高速公路标准设计，设计速度 100 公里/小时，线路采用整体式+分离式路基，整体式路基宽为 26 米，分离式路基宽（2×13 米）。主要工程量：路基挖土石方 399.3 万立方米，路基土石方填筑 448 万立方米，隧道 6513 单延米，桥梁 20 座 1849 延米，涵洞 54 座。合同总额 110771.7616 万元。建设单位：承赤高速筹建处，设计单位：河北省交通规划设计院，监理单位：河北路桥技术开发有限公司承赤高速公路 JL 三驻地办。合同开工时间 2010 年 3 月 20 日，合同竣工时间 2013 年 1 月 19 日。2010 年 11 月开工，年累完成 41786 万元，开累完成 96922 万元，剩余价值 13850 万元。

【长韶娄高速公路第 9 合同段】中铁五局承建。项目地点在湖南省宁乡县金石镇龙潭村。本标段自 K44+375.436 至 K52+000，线路长度 7.625 公里，位于湖南省宁乡县境内，主要工程数量：路基 7.625 公里，区间土石方 157.7 万方；桥梁 6 座，其中大桥 2 座 432 米，中小桥 4 座 290.52 米，互通一处；涵洞 54 座。合同总额 15989.1247 万元。建设单位：湖南省长韶娄高速公路有限公司，设计单位：湖南省交通科学研究院，监理单位：北京中交公路桥梁工程监理有限公司。2011 年 8 月 26 日开工，合同竣工时间 2013 年 6 月 25 日。年累完成 2524 万元，开累完成 14686 万元，剩余价值 1303 万元。

【厦门至成都国家高速公路湖南省汝城（湘赣界）至郴州公路 14 标段】中铁五局承建。本合同段位于郴州市汝城县境内，起于文明乡快乐村 ZK66+291(YK66+285)，终于文明乡新东村 K68+200，全长 1.909 公里。工程主体为 K67+184 文明特大桥。文明大桥为一座特大型桥梁，起于分离式隧道出口，止于整体式路基，线形、地形、地质等情况复杂，左、右幅桥桥型布置不尽相同。左幅桥桩号范围为 K66+296.40-K68+071.78，右幅桥桩号范围为 YK66+297.021-YK67+200.621 和 K67+200-K68+087.28。主桥因跨越一开阔平坦区域而采用较大跨径的高墩多跨连续刚构结构形式。全桥总长 1790.88 米。合同总金额 36200 万元(含变更产值)。建设单位：湖南省汝郴高速公路建设开发有限公司，设计单位：湖南省交通勘测设计公司，监理单位：湖南湖大建设监理有限公司。2008 年 12 月 16 日开工，合同竣工时间 2012 年 6 月 18 日。开累完成 35472.80 万元，剩余价值 727.2 万元。

【湖北省宜昌至巴东（鄂渝界）高速公路第 YBE24 合同段】中铁五局承建。湖北省宜昌至巴东（鄂渝界）高速公路第二十四合同段，起讫桩号 YK139＋452-K144＋397.404，线路总长 4.95 公里，其中有两桥一隧和路基，即响水河大桥、王家湾大桥、马家坡隧道和一小段路基。桥梁 2 座 1460 延长米，隧道 1 座 7928 延长米，重点工程马家坡隧道长 7928 单延米，建筑限界宽 10.25 米，高 5.0 米，双向四车道高速公路隧道。合同总额 36352.71 万元。建设单位：湖北省宜昌至巴东高速公路建设指挥部，设计单位：中交第二公路勘察设计研究院有限公司，监理单位：湖北顺达公路工程咨询监理有限公司。2009 年 8 月 10 日开工，合同竣工时间 2012 年 10 月 20 日。开累完成 33333.91 万元，剩余价值 3018.8 万元。

【唐津高速公路(塘承高速-津塘公路)扩建工程 3 标】中铁五局承建。本标段起止里程 K1055+125.465-K1063+159.666 全长 8.034 公里，总造价 3.589 亿元。主要工程量有互通式立交桥 2 座，中小桥 4 座，涵洞 11 座，路基 2 段共计 3.3 公里。其中津塘互通式立交桥全长 2781.666 米，5 个匝道；津京塘互通式立交桥全长 1900 米，三个匝道。合同总额 36500 万元。建设单位：天津新展高速公路有限公司，设计单位：天津市市政工程设计研究院，监理单位：天津市路驰建设工程监理公司，2011 年 11 月上旬开工，合同竣工时间 2014 年 9 月 30 日。年累完成 20840 万元，开累完成 23374 万元，剩余价值 12516 万元。

【灵河高速公路神池至河曲段 LJ7 标】中铁五局承建。神河高速公路路基第 LJ7 合同段施工管段位于山西省忻州市偏关县境内，起点里程 K72+210，终点里程 K77+000，全长 4.79 公里。全线按双向四车道公路标准建设，设计时速 80 公里/小时，整体式路基宽 24.5 米，桥涵设计荷载采用公路—Ⅰ级。主要工程数量：挖土方 353.43 万立方米，(站场 52.43 万方，区间 298.3 万方)填土方 89.4 万立方米（其中灰土填筑 6.33 万立方米），填石方 4.52 万立方米；桥梁 9 座 2143.32 米，其中大桥 6 座 1936.16 米，中桥 2 座 129 米，天桥 1 座 78.16 米，涵洞 6 道 549.44 米，圬工 5.9 万方，预制 T 梁 436 片（预制 T 梁为 40 米），箱梁 36 片，现浇梁 4 孔，桩基 451 根 21282 米。合同总额 37589 万元。建设单位：山西神河高速公路建设管理处，设计单位：山西交科公路勘察设计院，监理单位：河北华达公路工程咨询监理有限公司。2011 年 6 月 10 日开工，合同开工时间 2011 年 4 月 15 日，合同竣工时间：2012 年 4 月 30 日。年累完成 10193 万元，开累完成 13739 万元，剩余价值 23851 万元。

【连霍高速洛三（豫陕界）段改扩建工程 TJ-12 标段】中铁五局承建。连霍高速公路洛阳至三门峡（豫陕界）改扩建工程 TJ-12 标位于三门峡市陕县境内，跨硖石乡、张茅乡，位于陇海线与郑西高铁之间，走向基本平行于郑西高铁。起讫里程为 RK91+400-RK99+300，全长 7.9 公里，分离式路基宽 2*13 米。主要工程为：路基土石挖方 137.5 万立方米(土方：71.7 万立方米，石方：65.8 万立方米)，填方 4.3 万立方米，防排水 14463 立方米；大中桥 5 座 1911 米，天桥 3 座 294 米，涵洞 1 座 21 米；隧道 2 座 3181.5 延米，其中，金银山隧道左线 1187 米，右线 1233 米，张茅隧道左线 2027 米，右线 1916 米。合同总额 63432.5 万元。建设单位：河南省弘扬高速公路有限公司，设计单位：河南省交通规划勘察设计院有限责任公司，监理单位：北京中通公路桥梁咨询发展有限公司。2011 年 1 月 15 日开工，合同竣工时间 2013 年 6 月 30 日。年累完成 12807 万元，开累完成 20053 万元，剩余价值 43380 万元。

【连霍国道主干线（GZ45）永登（徐家磨）至古浪高速公路 YG7 合同段】中铁五局承建。本标段起点桩号为右线 YK2396+200（左线 ZK2396+200），位于安远镇极乐村；终点桩号为右线 YK2400+900(左线 ZK2400+876)，路线全长 4.7 公里。主要工程量：隧道 1 座 7072 米（单线），涵管 7 个 430 米（变更后），防护 10074 平方米，路基挖方 77409 立方米、填方 860817 立方米。合同总额 37395.671 万元。建设单位：甘肃路桥公路投资有限公司，设计单位：甘肃省交通规划勘察设计院有限责任公司，监理单位：甘肃兴陇交通工程监理有限责任公司。2009 年 4 月 15 日开工，合同竣工时间 2011 年 9 月 30 日。开累完成 42043 万元，剩余价值 2245.45 万元。

【连霍国道主干线永登（徐家磨）至古浪高速公路第 10 标】中铁五局承建。连霍国道主干线永登（徐家磨）至古浪高速公路 YG10 合同段位于武威市古浪县境内，线路起点里程 YK2412+300=ZK2412+243.19，终点里程 K2417+740，线路全长 5440 米（以右线计）。本标段内重点工程为高岭隧道，右幅全长 6333.45 米，左幅全长 6314.45 米。隧道进出口洞顶上方为危岩落石，洞身围岩属于Ⅴ级围岩黄土隧道，局部有地下水，施工较为困难。合同总额 38600 万元。建设单位：甘肃路桥公路投资有限公司，设计单位：甘肃省交通规划勘察设计院有限责任公司，监理单位：山东德州交通工程监理有限公司。2009 年 5 月 1 日开工，合同开工时间 2009 年 4 月 11 日，合同竣工时间 2011 年 9 月 30 日，后调整工期至 2012 年 10 月。年累完成 10992 万元，开累完成 33647 万元，剩余价值 4953 万元。

【青海省共和至玉树（结古）公路一期工程施工 A5 标段】中铁五局承建。青海省共和至玉树公路 A5 合同段主要工程内容：K290+000-K303+500（兴海岔口至苦海滩段）左幅鄂拉山隧道 2560 米及引道路基、防护、桥涵（下部）、路面垫层工程部分，路线全长 13.500 公里；K298+000-K303+500（兴海岔口至苦海滩段）右幅鄂拉山隧道 2585 米及引道路基、防护、桥涵（下部）、路面垫层工程部分，路线全长 5.500 公里。合同总额 62001 万元。建设单位：青海省共和至玉树公路建设指挥部，设计单位：青海省公路科研勘测设计院，监理单位：青海省公路工程咨询监理处。2011 年 7 月 15 日开工，合同竣工时间 2013 年 7 月 31 日。年累完成 23047 万元，开累完成 27283 万元，剩余价值 34718 万元。

【青岛至兰州国家高速公路雷家角（陕甘界）至西峰段 LX14 合同段】中铁五局承建。雷西项目部管段为 LX14 合同段，起讫里程为 K1369+600-K1387+695.402，全长 18.376 公里。起点位于庆城县驿马镇太乐村（K1369+600），顺接 LX13 合同段终点，终点位于庆阳市西峰区彭原乡李家寺村（K1387+695.402），长链长 281.070 米。其中大中桥 7 座，涵洞 9 道，天桥 16 座，通道桥 17 座，通道涵 18 道，互通立交 1 处，路基挖方 330.97 万立方米，路基填筑 413.54 万立方米。合同总额 44288.4535 万元。建设单位：甘肃省高等级公路建设开发有限公司，设计单位：甘肃省交通规划勘察设计院有限责任公司，监理单位：北京港通路桥工程监理有限责任公司。2011 年 2 月 8 日开工，合同开工时间 2011 年 1 月 20 日，合同竣工时间 2013 年 7 月 20 日。年累完成 14921 万元，开累完成 30744 万元，剩余价值 13544 万元。

【贵州惠兴高速公路 16 合同段】中铁五局承建。本标段为贵州省惠水至兴仁高速公路镇宁至兴仁段土建工程施工第 16 合同段，位于黔西南州贞丰县境内，起讫桩号为 K137+835-YK144+541.231，路线全长 6.727 公里。路线起于贞丰境白层镇田湾，沿麻窝沟谷斜坡布线至海子坝，沿线设置 3 座大桥和海子坝隧道，然后以长隧道（老熊湾隧道）至叶家湾出洞，后设叶家湾大桥至本合段终点。主要工程数量：路基土石方 112.8 万立方米（其中挖石方 65.9 万立方米，填方 46.9 万立方米）；大桥 4 座 1936.8 双延米；隧道 2 座 2850 双延米。本标段重点工程为老熊湾隧道、坡内地大桥。合同总额 45115 万元。建设单位：贵州高速公路开发总公司，监理单位：贵州科达公路工程咨询监理有限公司。2010 年 9 月 13 日开工，合同竣工时间 2013 年 3 月 12 日。年累完成 1822 万元，开累完成 42946 万元，剩余价值 2169 万元。

【S202 从江至贯洞公路】中铁五局承建。S202 从江至贯洞公路位于贵州省从江县境内东北部，项目起于从江县城东北面的高增乡银良村，接从江县城銮里大道，止于贯洞镇德刷寨，路线全长 13.264 公里。项目工程主要有路基、路面、桥梁、隧道、安全设施及交通工程等。设计等级一级，设计车速为 60 公里/小时，设计路基宽 21 米，双向四车道。主要工程量有路基挖方 251.8 万方、填方 260.6 万方、软基处理 23 万方、结构层及沥青路面约 17 万平米；大桥 6 座、中桥 1 座、小桥 2 座、涵洞 23 座，隧道 1 座 3961 米。合同总额 91816.6666 万元。建设单位：从江县交通运输局，设计单位：贵州省交通规划勘察设计研究院，监理单位：贵州通力达公路工程监理咨询有限公司。2011 年 8 月 1 日开工，合同竣工时间 2015 年 10 月 25 日。开累完成 28736.37 万元，剩余价值 63080.2966 万元。

【杭州至瑞丽国家高速公路贵州境大兴（湘黔境）至思南段第 DSTJ-12 合同段】中铁五局承建。大思高速公路 12 合内段位于贵州省铜仁市印江县境内，起讫点里程为 K118+560、终点里程为 K124+100，全长 5.54 公里，全线按双向四车道公路标准建设，设计时速 80 公里/小时，桥涵设计荷载采用公路—Ⅰ级。主要工程量为：大桥 2 座单线长 1657.1 延米（大桥 1 座，分离式立交 1 座））；隧道 1.5 座单洞长 7030 延米；路基单线长 2433 米；通道 2 座；涵洞 1 座；路面工程 52.069 公里。合同总额 65441 万元。建设单位：贵州省公路局，设计单位：中交第一公路勘察设计研究院有限公司，监理单位：广西桂通公路工程监理咨询有限责任公司。2010 年 12 月 30 日开工，合同竣工时间 2013 年 6 月 30 日。年累完成 26092 万元，开累完成 50950 万元，剩余价值 14491 万元。

【大兴至思南高速公路 DSTJ-3 合同段】中铁五局承建。本合同段起讫里程为 K25+380-K36+600，线路总长 11.2 公里。主要工程量：路基土石方 382.68 万立方米，其中挖方 209.79 万立方米，填方 172.89 万立方米；路基防护和附属工程 18.3 万方；大桥 5 座 1403.06 米，中桥 2 座 141.68 米，匝道桥 3 座；铜仁西互通 1 处；分离式隧道 2 座 1583 米，连拱隧道 1 座 210 米；通道、涵洞 40 座。合同总额 43490 万元。建设单位：贵州省公路局，设计单位：贵州省交通规划勘察设计研究院，监理单位：贵州科达公路工程咨询监理有限公司。2010 年 11 月 19 日开工，合同竣工时间 2012 年 10 月 14 日。开累完成 42094 万元剩余价值 2666 万元。

【吉河高速公路 LJ1 合同段】中铁五局承建。系新建公路工程。项目地点山西省临汾市。本标段自 K1+440 至 K3+500，线路长度 2.06 公里，位于山西省临汾市吉县车城乡境内，主要工程数量：路基土石方 3.9 万方；隧道半座，其中北乐原隧道左线长 2000 米，北乐原隧道右线长 2005 米；北乐原隧道为控制工程。合同总额 25550 万元。建设单位：吉河高速公路建设管理处，设计单位：山西省交通规划勘察设计院，监理单位：山西省公路工程监理技术咨询公司。2012 年 9 月 3 日开工，合同竣工时间 2014 年 6 月 30 日。年累完成 4384 万元，开累完成 7040 万元，剩余价值 18510 万元。

【江西省抚州至吉安高速公路 B6 合同段】中铁五局承建。系新建工程。项目地点江西省吉安市吉水县乌江镇。本标段至 K144+000 至 K156+540，线路长度 12.54km，位于江西省吉安市吉水县境内，主要工程数量：路基土石方 340 万方；桥梁 13 座，其中大桥 9 座，中桥 4 座；涵洞 56 座；其中吉水恩江大桥为重点工程。合同总额 2.3 亿。建设单位：江西省交通运输厅，设计单位：江西省交通设计院，监理单位：江西交通咨询公司。2010 年 6 月 28 日开工，合同竣工时间 2012 年 12 月 28 日。累计完成产值 2.1 亿。

【内蒙古省道 308 线小上公路 TJ-5 标（含补充工程）】中铁五局承建，系公路工程。项目地点内蒙古锡林郭勒盟多伦县诺尔镇。本标段起讫里程为：K1+240-K17+000，线路长 15.76Km，位于内蒙古锡林郭勒盟多伦县诺尔镇境内。主要工程数量：路基挖方 266596m^3，填方 1382023m^3；桥梁 10 座，其中有大桥 2 座/322.8m（公铁立交桥为重点工程和控制性工程），中桥 2 座/151.2m，小桥 6 座/113.14m；涵洞 8 座/210.75m；路面碎石垫层 340895m^2，底基层 387630m^2，基层 377511m^2，面层 726877m^2。合同总额约 23081.8152 万元。建设单位：内蒙古锡林郭勒盟交通局，设计单位：内蒙古交通设计研究院有限责任公司，监理单位：省道 308 线小上公路锡林郭勒盟协力交通监理有限公司总监办、省道 308 线小上公路内蒙古晟昱公路工程监理有限公司驻地办。2011 年 12 月 10 日（实际开工时间 2012 年 4 月 19 日）；合同竣工时间 2013 年 11 月 10 日。年累完成 5962.61 万元，开累完成 15271.2 万元，剩余价值 7810.6152 万元。

【青海省省道 312 线珍秦至称多段公路工程 C 标段】中铁五局承建。系续建工程。项目地点青海省玉树自治州称多县。本标段该项目里程桩号 K8+800-K13+000，路线全长 4.2 公里。主要工程数量：路基全长 2.765K 米，其中清表、草皮保护及回填 20382 平方米，路基挖方 153692 立方米，路基填筑 430267 立方米，改渠利用土方 1589 立方米，保通便道土石方 36121 立方米，便涵 28 米，便桥 10 米，防护 42121 立方米，排水 4272 立方米/7275 米。高填深挖路基 541 米，低填浅挖路基 770m，陡坡路基及填挖交界 745 米，泥石流整治—排导槽 122 米/2 处。大桥 160.8 米/1 座，涵洞 382.75 米/7 道，隧道 0.5 座，拉庚拉隧道出口 1435 米。绿化及环保工程：回填种植土 8981m^3，播撒草种 44885 平方米，弃土坑绿化 25333 平方米。合同总额 18438.31 万元。建设单位：青海省珍秦至称多公路建设指挥部，设计单位：中交第一设计院，监理单位：湖北楚维监理有限公司。2011 年 8 月 10 日开工，竣工时间 2013 年 9 月 30 日。年累完成 11016.59 万元，开累计完成 11888.4 万元，剩余价值 6550 万元。

【京石二通道（大宛村-市庙段）高速公路第 3 标段】中铁六局承建。项目地点位于北京市。京石二通道（大苑村-市界段）高速公路起点位于房山区大苑村北侧，西六环东 1.4 公里处，与京良路西延相接，终点位于房山区大石窝镇西南，土堤村附近市界处，与京昆高速公路河北段相接，路线全长 50.942km，全部位于房山区境内。第 3 标段主要是阎东路互通立交。本标段道路工程设计起点为 K4+000，设计终点 K7+500，全长 3.5 公里。本标段共设置桥梁 8 座，其中主线桥梁 6 座，总长 1110.343m；匝道桥梁 2 座，总长 318.06m。主线路基总长 2389.657m，其中起点至阎东路主线桥段主要为互通工程，位于丘陵地区，路基总长 1211.74m，以挖方路基为主，设置匝道 5 条，总长度 1926.07m，其中匝道路基总长 1608.01m，A 匝道设置收费站 1 处。阎东路主线桥尾至标段终点位于平原地区，以填方路基为主。合同工期：2011 年 6 月 1 日—2013 年 5 月 31 日，共 24 个月。受拆迁滞后影响，尚未实质性开工。

【沈海复线漳浦高速公路宁德段 A4 标段】中铁六局承建。起点位于宁德市蕉城区飞鸾镇梅田村以南，经梅田村、飞鸾村，建飞鸾 1 号（L=308m）、2 号隧道(L=729m)，经蒲岭村、宫后门，建宫后门中桥（L=97m），经清水下，本标段终点在油车岭隧道（右洞全长 5726m，福州段 3105m，宁德段 2621m；左洞全长 5754m，福州段 3126m，宁德段 2628m）与沈海复线宁德漳湾至连江浦口（福州境）相接，两标段分界线在油车岭特长隧道中部洞内交界。本标段全长 6560.583m，起止桩号为 K24+440～K31+060，其中隧道 3 座，总长度 7322/2 米，路基长度 2797 米（挖方总量 74 万立方，填方总量 84 万立方），桥梁 1 座长度 97 米（三跨 30 米 T 梁，42 片 T 梁），盖板涵 10 道。 合同工期：开工日期 2011 年 7 月 1 日，投标工期为 28 个月，即合同竣工日期应为 2013 年 11 月 2 日。合同额 3.54 亿元，调整合同额 3.54 亿元，截止 2011 年底完成 0.1 亿元。

【国家高速公路网厦成线厦门（海沧）至漳州（天宝）高速公路漳州段】中铁七局承建路基土建工程 A2 合同段。合同价：28944.85 万元，合同工期 2010 年 6 月 8 日开工，2012 年 5 月 7 日竣工。厦成高速公路 A2 标位于福建省漳州市长泰县，项目线路总长 6.88 公里，主要工程为灯火寨隧道（左线 1355 米，右线 1380 米）；十里大桥（307.08 米）、黄土沟大桥（左线 308.98 米，右线 360.58 米）、马洋溪大桥（248.9 米）、预应力混凝土现浇箱梁桥梁共计 413 米（其中馨香谷 1 号分离式中桥长 96 米、馨香谷 2 号分离式中桥长 63 米、天柱山互通立交 A 匝道桥长 97 米、新村分离式立交中桥桥长 151 米）。路基填方 139 万方，路基挖方 140 万方，防护工程 6 万方，天柱山互通区及沿线路基、桥涵工程等。2012 年累计完成施工产值 25569 万元，占工程造价 2.63 亿元的 88.3%。本合同段桥梁工程仅剩余新村立交桥的施工、隧道工程左右洞合计剩余约 520 延米，路基工程剩余填方 4 万方，挖方 3 万方，完成路基移交 60%，计划全部工程于 2013 年底完成。

【河北邢台至山西汾阳高速公路】中铁七局承建土建工程第十三合同段。合同价款 3.94 亿元，2010 年 3 月 31 日开工，2012 年 6 月 30 日竣工。标段起点位河北省邢台市邢台县路罗镇清家沟村附近，起讫里程为 K66+690-K71+900，路线全长 5.21 公里。主要工程内容包括路基挖土方 26.98 万立方米，挖石方 183.2 万立方米，路基填筑石方 249.5 万立方米；共设置主线大桥 3 座，其中西寺沟大桥左线 243.5 米，跨径组合为 4×30 米+4×30 米装配式 T 梁；西寺沟大桥右线 337 米，跨径组合为 6×30 米+5×30 米装配式 T 梁；桃树坪大桥位于清家沟服务区主线上，桥长 231.6m，跨径组合为 4×25 米+5×25 米装配式 T 梁、清家沟天桥 62.6 米/1 座；隧道 2217 米/2 座（按单洞计），分别为西寺沟 2 号隧道和清家沟隧道；涵洞 19 道，通道 1 座，其中盖板涵 15 道，拱涵 2 座，圆管涵 2 道（位于清家沟服务区内）。2012 年累计完成施工产值 3.72 亿元，占工程造价 3.94 亿元的 94.4%。路基土石方剩余挖方 3.12 万方填方 2 万方、涵洞工程累计完成906.101米剩余19.498米。桥梁开累完成折合成桥994.8米，占合同数量1105.3米的90%。

【十堰至房县高速公路】中铁七局承建土建工程第九合同段。合同价款1.83143亿元，合同工期为2010年5月4日（监理全线开工令日期，实际进场施工日期为2009年12月18日）-2012年11月3日，合同工期30个月。标段起点位于湖北省十堰市房县土城镇马蹄山村，路线长度3.84公里。工程内容包括路基工程(路基挖土石方12.2934万方，利用土石填方46.9361万方，路床顶面填级配碎石0.1699万方）及附属工程、涵洞工程（73.49横延米/1座）和隧道工程（6885/1座双线）。2012年累计完成施工产值1.1208亿元，占工程造价1.83143亿元的61%。涵洞工程完成，路基土石方完成挖填方,隧道工程（左洞完成905.8米，占设计3450米的26.2%，右洞完成1053.4米，占设计3435米的30.7%）。阶段工期：2013年底隧道右洞贯通，2014年3月底隧道左洞贯通。

【福建仙南高速公路】中铁七局承建土建工程A4合同段。合同总造价49951万元。合同工期24个月（2011.5.25-2013.5.25）。标段位于福建省莆田市仙游县，路线全长6.5公里，线内主要工程为：5座桥梁共计2731.75米，预制梁T梁1225片，薄壁空心墩高墩23根，悬浇梁为59m+110m+59m，6道涵洞共计265.41米，1座通道55.64，1座隧道965米，避险车道1处，路基挖方166.8万方，填方56.9万方。截至2012年底，累计完成施工产值3.027亿元，占工程造价4.995亿元的60.6%。路基土石方累计完成219.4万方，占合同数量的222.74万方的98.5%，涵洞工程全部完成。预制T梁累计完成580片，占合同数量1225的47.3%，桥梁开累完成折合成桥1687米，占合同数量2744米的61.5%。隧道累计完成洞身开挖1026米，占合同数量1930米的53.1%。

【漳州南联落线南靖至龙海高速公路A5标工程】中铁七局承建。合同价款2.9亿元。建设单位：漳州沈海复线高速公路有限公司；设计单位：中交第二公路勘察设计研究院有限公司；监理单位：北京中港路通工程管理有限公司。工程位于龙海市白水镇山边村，漳州南联络线靖海高速A5标起点位于白水镇（起点里程K41+500)，线路经过白水镇庄林村、磁美村进入东园镇，设枫林枢纽互通与招银高速、福广高速相接（终点里程K46+517)，全长5.017公里。主要工程量有路基（约1.8km）挖方8.4万方，路基填方52.1万方，涵洞及通道14座，桥梁1608.2m/3座，互通立交1处，分离式隧道927m以及其他构造物工程等。2012年完成产值6149万元，开累完成25905万元，剩余价值3717万元。

【福建厦成高速漳州段A6标工程】中铁七局承建。合同价款2.9亿元。建设单位：厦成高速公路发展有限公司；设计单位：中交第二公路勘察设计研究院有限公司；监理单位：中交建工程咨询（北京有限公司)。工程位于漳州市芗城区境内，起始里程K48+500，终点里程K58+254.923，全长9.755公里，路基土石方挖方121万m3、填方178万m3；路基防护及排水9.2万m3；大桥1966.2米/7座；中、小桥638.52米/13座；互通式立体交叉2处；分离式立体交叉6座（与公路立体交叉)；涵洞18道，通道12道。2012年完成产值12662万元，开累完成27796万元，剩余价值1431万元。

【会河公路二标项目部】中铁七局承建，合同价款3.33亿元，合同工期：2012年4月15日-2013年8月13日，计划2014年6月底完工。工程概况：隧道9103m/3座，其中老嘎木隧道长2153m，下腰岩隧道长4192m，灰泥坡隧道长2760m，大桥360m/1座，中桥59m/1座，涵洞285.8横延米/23座，路基填方4.21万方，挖方39.49万方。截至到2012年完成情况：⑴开挖土石方42.18万m^3，利用土石方4.05万m^3，挡墙2.98万m^3；⑵下喇叭沟大桥桩基10棵，扩大基础1个，沙河沟中桥桩基4棵、台身2个、墩柱4个，涵洞154.5延米；⑶老嘎木隧道开挖及初期支护384延米，下腰岩隧道开挖280.5延米、初支280延米，灰泥坡隧道199延米。2012年完成产值7018万元，占合同价33300万元的21%。

【兰州至海口国家高速公路广元至南充段工程项目第D类GN4标段】中铁八局承建。

主线部分：施工里程为K18+000-K26+290，全长8.293km，主要工程数量为：桥梁3243米/10座，涵洞（通道）375.2米/12道；停车区一处，路基挖方91.5万方，路基填方37.4万方及附属工程。控制性工程为祝神庙大桥(墩高103米)，杨家沟大桥（墩68米）和三个梁场的988片T梁预制。枢纽部分：全长约5km，主要工程数量为：桥梁2179米/6座，涵洞（通道）83.5米/6道；其中：整体式大桥532米/2座，单幅式大桥1647米/4座。路基挖方45.7万方，路基填方3.6万方及附属工程。控制性工程为A、B匝道桥的高墩，分别为97米和92米，以及453片T梁预制。主线部分自2009年5月1日开工，2011年11月30日完工。枢纽部分：2010年5月1日开工，2012年4月28日完工。由二公司施工，原合同工程造价3.3亿，增加枢纽后预计合同总价3.9亿。

【映秀至汶川高速公路A6合同段项目】中铁八局承建。

本合同段工程位于映秀镇桃关村境内，起讫里程为

K18+850-K22+572，线路长 3.722Km。主要工程为福堂隧道、福堂岷江大桥、桃关 1 号隧道、桃关沟大桥及 G213 线分离式拱桥。福堂隧道、桃关 1 号隧道均为分离双向四车道高速公路隧道，其中福堂隧道左幅长 2680m，右幅长 2600m，桃关 1 号隧道左幅长 611m，右幅长 670m。其中福堂特长隧道为主要控制性工程。工期 30 个月(2009 年 12 月 18 日至 2012 年 6 月 18 日)。开工时间 2009 年 10 月 10 日，竣工时间 2012 年 4 月 9 日。合同价为 25323 万元。

【成都—自贡—泸州高速公路 CR2 合同段】中铁八局承建。

成都—自贡—泸州高速公路成都境、眉山境段是《四川省高速公路网布局规划》中成都至赤水公路的重要组成部分。项目起始于成都绕城高速公路，止于泸州分水岭，接泸州至赤水高速公路。成都—自贡—泸州—赤水（川黔界）高速公路 CR2 合同段位于成都市区锦江区双流县境内。成都—自贡—泸州高速公路 CR2 合同段为高架桥工程，主要技术标准：设计速度为 100km/h；设计荷载为公路-Ⅰ级；设计净空高度为 5m；地震动峰值加速度为 0.1g；主线最大纵坡为 3.0%；路基（桥面）宽度为：2×16.75 米（主线分离式）；路拱横坡为 2%；设计洪水频率为 1/10（桥涵及主线路基）。本标段起讫里程桩号为 K2+938.5-K7+495.5，全长 4557m，本标段工程数量合计：桩基 861 根、承台 376 个、墩身 401 个、盖梁 362 个、预制梁 1746 片。全桥混凝土共计 196407m3，钢筋 31013502Kg。工程自 2010 年 5 月 10 日开工，2012 年 3 月 8 日完工，工程总投资为 49300 万元。

【乐山至雅安段公路路基土建工程施工 TJ11 标段】中铁八局承建。

标段里程：K80+370-K90+050，线路长 9680m。2 座隧道合计长度 4535m；8 座桥梁合计长度 1321m；桩基 227 根、墩柱 140 根、系梁 52 个、箱梁 331 片。涵洞及通道 34 道，其中圆管涵 11 座，总长 354.33m，盖板涵 23 座，总长 766m；隧道 2 座（单线总长 2268 米），其中水口隧道左线长 1294m，右线长 1298m；肖家山隧道左线长 973m，右线长 970m。合同工期为 24 个月。合同金额为 31098 万元，工程于 2010 年 4 月 30 日开工，于 2012 年 4 月 30 日完工。

【G213 线映秀至都江堰段灾后恢复重建工程Ⅲ标段】中铁八局承建。

G213 线映秀至都江堰段灾后恢复重建工程两阶段施工图设计Ⅲ标段（K1016+788.415-K1019+220），路线起于漩口水泥厂对面，起点里程 K1016+788.415，新建漩口大桥跨漩口工业园区，进入漩口隧道，出隧道后新建寿江大桥跨寿江，与 G213 线原有公路相接，终点里程为 K1019+220.000，路线全长 2.4 公里。主要工程量：新建漩口大桥，新建漩口隧道，新建寿江大桥，既有友谊隧道加固，路基及附属工程和路面工程。合同工期为 730 日历天，工程自 2010 年 7 月 20 日开工，预计 2013 年 7 月 19 日完工。工程总投资为 1.36 亿元。2012 年完成产值 3344 万元，开累已完成产值 4065 万元。

【乐山至雅安段公路路基土建工程施工 TJ5 标段】中铁八局承建。

标段起讫里程为 K30+800-K37+300，线路长 6500m。3 座桥梁合计长度 2597.5m；桩基 4444 根、墩柱 292 根、地系梁 146 个、墩系梁 11 个、盖梁 146 个、一座隧道单洞合计长度 5069.5m、路基挖方 87922m3，填方 328841m3 及附属工程。工程于 2010 年 4 月 30 日开工，2012 年 4 月 29 日完工，工程总投资为 3.56 亿元。

【湖北宜都市陆渔一级公路改扩建工程第四合同段】中铁八局承建。

起讫里程为 K26+770-K28+700、ZK26+775-ZK28+700，全长 1.93 公里。工程内容：桥梁 1 座，涵洞 1 道，隧道 1 座，其余为路基工程。其中本标段熊渡电站大桥为分离式桥梁，起讫里程桩号分别为 K26+770.5-K27+336.5，全长 566 米，ZK26+780-ZK28+348，全长 568 米。左右线上均为 14×40 米预应力混凝土 T 梁，先简支后连续结构。左线 2-12 号墩和右线 5-12 号墩采用空心薄壁墩，其余采用圆柱墩。左线 6、9、10、11 号和右线 6-12 号采用挖孔桩，其余采用钻孔桩。桥台左右线都为 U 型桥台，明挖扩大基础。熊渡 2 号隧道也为左右分离式隧道，其中左线隧道起讫里程桩号为 ZK27+357-ZK28+638，隧道全长为 1.28 公里；右线隧道起讫里程桩号为 K27+337.5-K28+612.5，隧道全长为 1.275 公里。2009 年 3 月 24 日正式开工，预计竣工日期为 2013 年 6 月 30 日。合同总价为 10638 万元，2012 年度完成产值 4884 万元。

【兰州至海口国家高速公路姚渡（甘川界）至广元公路工程土建工程 G1 标段】中铁八局承建。

兰州至海口高速公路是 8 条西部大通道之一，是国家高速公路网“7918”网中，9 条南北纵线中的第 8 纵，是新疆、西藏、甘肃、四川、重庆、贵州等西部地区进入海南的主要通道。川甘界至广元界 G1 合同段地处甘肃省文县中庙乡侯家沟村境内，靠近国道 212 线 3.5 公里；将军石隧道全长左线 5805m、右线全长 5804 米。我标左线施工范围正线 ZK0+010-ZK2+890，全长 2880 米，右线施工范围正线 K0+015-K2+900，全长 2895 米。主要工程量为隧道施工 5775m 及隧道进口端路基 25m，无桥梁。全线采用全封闭、全立交、控制出入的双向四车道高速公路标准。本项目地处山区，且处于四川、甘肃两省交界处，因此对外协调困难，进场便道所经处居民居住较密集，当地老百姓经常阻工，对施工进度影响较大。施工便道由武灌二十二标所修且与我标共用，因此交通相互影响较大。施工工期为2009年9月1日至2012年4月31日。工程于2009年9月开工，2012年9月完工，工程总投资为1.77亿元，2012年度完成产值7041万元。

【兰州至海口国家高速公路姚渡（甘川界）至广元公路工程土建工程G15标】中铁八局承建。

广甘高速G15标段合同段起于宝轮镇龙泉村，止于宝轮镇小林村，施工岂止里程为K50+235-K55+696.627，全长5.46km。工程有桥梁6座：清江河特大桥（全长1704.55m）、徐家梁1号（全长393.5m）、徐家梁2号大桥（全长226.1m）、晏家河大桥（全长186.1m）、李家沟大桥（全长278.1m）、宝轮服务区中桥（长28m）一座，涵洞7道、人行通道5道，路基挖方66.6万m3，填方67.3万m3，抗滑桩21根，横重式挡土墙共6段，累计297.5米，服务区改河一处以及边坡防护工程等。路基土石方完成130万余方；路基原设计抗滑桩21根全部施工完成，目前正在对变更新增的抗滑桩施工；路基框架锚杆完成400余延米，挡墙施工完成3800余方；清江河特大桥下部构造全部施工完毕，目前T梁已经架设130片；李家沟大桥下部构造施工全部施工完成；晏家河大桥下部构造全部施工完成，目前该桥箱梁已经架设全部施工完成，桥面铺装及防撞护栏全部施工完成，徐家梁二号大桥下部构造全部施工完成；徐家梁一号大桥桩基、地系梁全部施工完成；墩身完成26根，盖梁完成8片；完成下部构造总产值的90%；梁片预制：20m箱梁共计310片，预制完成137片；T梁共计310片，预制完成137片；梁片预制设计共850已共计完成264片。该标段合同开工时间为2009年6月17日，合同工期32个月，2012年5月完工。工程总价24476万元，2012年度完成产值2895万元。

【省道S102线渝巫路开县镇安至白鹤段改造工程炮台梁隧道工程】中铁八局承建。

炮台梁隧道工程位于开县镇东街道办。炮台梁隧道工程位于开县镇东街道办。隧道为分离式公路隧道，设计速度为60km/h，设计荷载：公路-Ⅰ级。最大埋深217米；隧道进口浅埋存在偏压问题，长度约200m。岩层为厚层状泥岩夹砂岩。覆盖土层厚约1-3m。经调查进洞口未见不良地质现象。洞身围岩主要为粉砂质泥岩，厚层块状，层理不发育，岩层产状近水平，围岩级别为Ⅲ-Ⅳ级。洞门型式采用城墙式和棚洞式，并对洞门进行装饰。隧道单洞净宽：10.25m，建筑限界净高：5.0m；左线隧道进口里程K2+720，出口里程K4+200，左洞长1480米；右线隧道进口里程K2+790，出口里程K4+180，右洞长1390米。工期要求：合同工期：2011年4月-2012年12月；调整工期：2011年4月至2013年6月。

工程总投资1.05亿元，2012年完成投资6004万元，右线开挖1043m，仰拱1180m，二衬1139m；左线开挖915m，仰拱824m，二衬1004m。

【省道S364十水线改建工程小榄水道特大桥】中铁八局承建。

小榄水道特大桥位于中山市东凤镇沙口大桥下游约3.5km处的广珠城际快速轨道小榄水道特大桥的两侧，本桥分左右幅设计，中间预留33m空间置轻轨桥，左右幅主塔墩基础错位15m布置。小主线桥左线起于K6+700.2，终于K7+715.4，总长1015.2m；右线起于K6+700.2、终于K7+682.7，总长982.5m。主桥为跨越小榄水的一座预应力混凝土双塔双索面斜拉桥，跨径布置为98+220+98=416m。两侧为引桥部分，引桥跨越小榄岸大堤处采用一孔50m预制T梁外，其余各跨均采用20-34m跨径的预制T梁，并采用先简支后桥面连续体系。主要工程数量：主桥长832m，引桥长1198.4m。桩基168根，系梁承台112个，墩柱99个，箱梁832m，预制T梁350片。工期要求2010年8月-2014年9月。工程总投资22649万元，2012年完成投资3168万元。

【长安高速公路长治至平顺段主线LJ2合同段】中铁八局承建。

本合同段工期紧，资源投入大，施工组织难度大。施工高峰期有多个工作面同时作业，人力、物力、财力需求投入大，施工过程中必须作好协调，有效调度，做到均衡生产，确保工期、质量、安全，控制施工成本。桥隧比重大，施工条件差。隧道工程施工是本标段施工组织的重点和难点，是控制工期、质量和成本的关键。长大隧道施工组织要求高，是本标段最显著的特点。主要工程数量：挖土方93万方，挖石方28万方，填方73万方；大桥2座：槐树坪大桥75+130+75米的连续刚构，碑滩大桥(虹梯关互通主线)13孔40米；匝道桥12孔30米；通道涵1处，互通立交1座，服务区1座；槐树坪分离式隧道：左线1561.7米，右线1577米。设计速度为80Km/h，双幅四车道，路基宽度24.5米。工期要求2009年9月1日至2012年12月31日。工程投资3.1亿元，2012年完成投资3270万元。

【福州市南台大道南段（螺洲互通立交及配套）工程】中铁八局承建。

福州市南台大道南段项目位于福州市南台岛南部，北起牛头山边南二环路——南台大道交叉口，与已设计并正在实施的南台大道北段相接，向东南经程巷村，在光桥村与既有迎宾路相交，继续向南行经义序镇、半天村、天福村后，与三环路相交（螺洲互通），止于社园山侧与正在建设的螺洲大桥北接线相连，路线全长 4.26 公里。螺洲互通立交 1 座，主干路水桥（小桥）1 座，立交辅路水桥（中小桥）1 座。其中螺洲互通立交由 1 座主线桥及 8 座匝道桥组成，共长 7.8km，道路工程 4.26km。工期要求:2011 年 1 月至 2014 年 6 月。工程投资 3.3 亿元，2012 年完成投资 8511 万元。

【宜宾市屏山岷江大桥工程】中铁八局承建。

屏山岷江大桥桥梁全长 816.08m，桥面宽度为 16.5 米，主桥为连续刚构桥，桥跨布置为 130.5m（边跨）+235m（主跨）+130.5m（边跨），梁体采用悬臂现浇，共 29 节段，引桥北岸为 3×30m 预制简支梁跨，南岸为 7×30m 预制简支梁跨。工期要求:2011 年 11 月至 2014 年 8 月。工程投资 1.55 亿元，2012 年完成投资 4661 万元。

【宁武高速（南平段）A11 合同段】中铁八局承建。

本工程位于福建省政和县，施工里程 DK160+000-DK168+690，全长 8.69 公里。主要工程数量：路基土石方 199 万方，隧道 4 座，桥梁 22 座，涵洞 8 座，1 号制梁 510 片，1 号架梁 516 片，2 号制梁 708 片，2 号架梁 708 片。工期：2009 年 10 月 30 日至 2012 年 5 月 30 日。工程投资 4.088 亿元，2012 年完成产值 7816 万元。2012 年完成主要工程数量：路基土石方 9 万方、界溪 1 号隧道左线 192 延米、界溪 1 号隧道右线 182 延米、桥梁 220 延米，1 号梁场制梁完成 103 片、架设完成 168 片；2 号梁场制梁 305 片，架设完成 375 片。

【城口至万源快速公路通道工程 CW02 合同段】中铁八局承建。

本工程位于重庆市城口县，城万快速公路通道是连接重庆城口县至四川万源石塘新建二级公路，为 4 小时重庆的部分工程，施工里程 k5+500-k10+294，全长 4.794 公里。主要工程数量：路基土石方 33.4 万方，长隧道 0.5 座 1460 米、短隧道 1 座 185 米、中桥 4 座 230 米，涵洞 12 座。工期:2010 年 5 月 17 日至 2012 年 11 月 30 日。工程投资 8088 万元，2012 年完成产值 3676 万元，完成主要工程数量：路基土石方 0.4 万方、漆树坡隧道 414 延米、明月隧道 185 米桥梁 134 延米、涵洞 4 座。

【广西南宁外环公路 NO.5 合同段】中铁八局承建。

本合同段全长 12.424 公里。主要工程内容包括：临时工程及设施、路基、特殊路基处理、防护、排水、路面、桥梁、互通、分离式立交、涵洞、通道等，合同段内土石方 364 万方，共布设桥梁 22 座（含互通式跨线桥、分离式立交桥及改路桥梁共 4842 米）、涵洞 79 道、通道 34 道。总工期为 24 个月，由于业主变更设计，减少大量土石方，涵洞等，合同造价变为 25200 万元。合同竣工时间 2013 年 5 月完工。由于征地拆迁影响，工期延误，预计完成时间 2013 年 5 月 30 日。2012 年完成土石方 60 万方，桥梁 1006 成桥米，涵洞完成 1003 横延米，桥梁制梁完成 83 片，架梁完成 8 片。现浇段完成 53 米。

【呈七公路改扩建一标工程】中铁八局承建。

呈七公路一标段全长 1.35km，设计道路为双向 6 车道，其中道路 965m，桥梁 385m，工程结构多样，包含大桥两座，上跨南昆铁路和昆河铁路，属既有线施工，桥梁水下桩 4000 余米，空心板梁 400 余片，钢梁 3000 余吨，涵洞 2 座，路基开挖施工，路基填筑施工，路基最大开挖高度 51m，高边坡段设计采用锚杆防护施工。全段中标价 14600 万元，2012 年完成施工产值 11241 万元。

【昆明南连接线高速公路工程五标】中铁八局承建。

全长 5km。主要工程数量：昆河铁路跨线桥（长 384.08m）、南昆铁路跨线桥（长 997.08m）、大冲立交 GFK 主线桥（长 794.6m）、大冲立交 B 匝道桥（长 618.06m）、大冲立交 A 匝道路基工程 981.038m、盖板涵 9 座、框架涵 1 座，框架桥 3 座，主线路基工程 3617.098m，改移道路路基工程 858.07m 等。合同工期：2011 年 9 月-2013 年 4 月。合同价 50000 万元。2012 年完成投资 8100 万元。

【花溪区田园南路道路工程、花溪区新骑路道路工程、青岩污水处理厂土建工程】中铁八局承建。

本工程位于贵阳花溪，单位工程项目众多，主要工程项目如下：花溪公园平桥旅游服务配套项目休闲区、停车场，青岩木制品加工厂，田园南路道路工程，新骑路道路工程，小碧乡生态养殖基地，青岩污水处理厂等。根据目前图纸到位情况，仅能施工花溪公园平桥旅游服务配套项目休闲区、停车场，青岩木制品加工厂。主要工程数量：平桥休闲区总建筑面积 3169m2，平桥停车场总建筑面积 17629m2，青岩木制品加工厂总建筑面积 6250m2。工程投资 10.5 亿元，工期要求:2012 年 12 月-2014 年 12 月。2012 年完成投资 2407 万元，完成土石方开挖 1.3 万 m3，填方 0.35 万 m。完成场平混凝土 0.75 万 m2，停车场 4363m2，青岩木制品 1 号加工厂 3308m2，青岩木制品 1 号加工厂 2048m2。

【沈阳四环快速路 BT 工程第二标段】九局七公司承建，位于沈阳市于洪区全胜、范家屯，工程起点桩号 K9+000，路线向西北延伸，在前辛台跨越沈通高速公路，在平罗镇北跨越沈于公路，在沈北新区跨越黄河北大街，终点桩号

K30+300，无断链，全长21.3公里。工程2011年3月1日开工，预计2013年4月30日完工，工程造价5.6亿元。主要工程量：结构物44座，其中特大桥3座，大桥2座，中桥1座，小桥1座，盖板涵6座，圆管涵31座。路基土方188.6万立方米，其中挖方62.3万立方米，填方126.3万立方米。

建设单位为沈阳市交通局，设计单位为沈阳市公路规划设计院，监理单位为北京中鑫伟业公路工程建立有限公司。

2012年完成产值33000万元，开累完成产值54000万元，完成总产值的96%。

【海峡西岸经济区高速公路漳州至永安联络线漳州华安段】九局一公司承建，位于福建漳州市华安县新圩镇、华丰镇，里程K34+320-K41+230，总长6.91公里。该工程施工难度大，控制性工程多，是漳永高速9个标段中施工最复杂的标段；主要存在着“施工便道艰险，施工地材价高，隧道、桥梁深水高墩、大跨度连续梁施工风险大，山区多雨汛期长”等问题。计划工期：2012年10月31日-2015年2月28日，总工期852天，总造价40582万元。主要工程数量：路基挖土石方104.9万立方米，填土石方40.6万立方米，软基处理1.96万立方米，附属片石混凝土1.8万立方米，浆砌片石3.3万立方米；桥梁3座，人行天桥1座，涵洞8座；隧道2座，共计7026米（单线）。

建设单位为漳州漳永高速有限责任公司，设计单位为中交公路规划设计院有限公司，监理单位为江苏东南交通工程咨询监理有限公司。

2012年完成产值1165万元，开累完成产值1165万元，完成总价的2.8%。

【沈阳市绕城高速公路改扩建工程】九局四公司承建，工程起讫桩号K57+250-K59+604，位于下深沟立交与白塔堡立交之间，全长2.35公里。工程自2010年11月15日开工，2012年9月30日竣工，总造价30687万元。施工范围：特大桥1座（浑南高架桥A段），拆除路面及路基挖方共计21万立方米等。

建设单位为辽宁省高等级公路建设局，设计单位为辽宁省交通规划设计院，监理单位为辽宁驰通公路工程监理事务所。

2012年完成产值8353万元，开累完成产值33171万元，完成总价的100%。

【旅游产业大道东段（佟沟至白清寨）第2合同段】 九局六公司承建，位于沈阳市苏家屯区，起点为佟沟南，向东延伸途经14个村屯，跨越沈丹高速、十大线公路等，终点为白清寨东，路线全长16.16公里。2011年8月27日开工，2012年8月30日竣工，总造价10800万元。主要工程数量：路基挖方87.3万立方米，填方44.6万立方米，沥青路面31万平方米；中桥3座，小桥3座，盖板涵2座，圆管涵5道，平面交叉4处，道口14个，过道圆管涵20座。

建设单位为沈阳五里河建设发展有限公司苏家屯分公司，设计单位为沈阳市公路规划设计院，监理单位为北京中鑫伟业公路工程监理有限公司。

2012年完成产值9586万元，开累完成产值10811万元，完成总造价的100%。

【庄河至盖州高速公路第9合同段】 九局六公司承建，里程桩号为K81+600-K84+910，线路全长3310米。起始于盖州市小石硼乡杨树房村K81+600处，终于盖州市徐屯镇狼洞沟村K84+910处。有路基挖方0.55万立方米，填方9.3万立方米，上跨分离式立交桥1座、隧道1座5795米。2009年10月1日开工，2012年6月30日竣工，总造价24000万元。

建设为单位为辽宁省高等级公路建设局，设计单位为辽宁省交通勘测设计院，监理单位为辽宁驰通公路工程监理事务所。

2012年完成产值4239万元，开累完成产值23962万元，完成总造价的100%。

【龙瑞高速公路C04老团坡工程】 九局长春分公司承建，位于云南省保山市龙陵县境内，起点里程K19+220，终点里程K23+180，长度3.96公里。线路采用双向四车道高速公路标准建设，设计速度为每小时80公里，路基宽度24.5米，桥涵设计荷载采用公路-Ⅰ级。自2012年2月1日开工，预计2014年7月30日竣工，工程总造价38339万元。主要工程数量：路基土石方59.67万立方米；特大桥2座，大桥5座，中桥1座；隧道1座长285米；桥隧总长占线路长度的62.6%。

建设单位为云南龙瑞高速公路有限公司，设计单位为云南省交通规划设计研究院，监理单位为云南元土监理有限公司。

2012年完成产值2965万元，占总产值的7.7%。

【梅大高速公路土建工程1标段】 九局广州分公司承建，起点位于梅江区三角镇，与梅州西环高速公路程江至三角段相接。起点桩号为K0+000，终点桩号为K7+567.588，全长7.57公里。2010年11月4日开工，预计2013年5月31日竣工，工程总造价50600万元。主要工程数量：圣人山隧道（左线长2576米，右线长2565米）、龙坑隧道（左线长609米，右线长582米）；三角分离立交桥全桥长450米，漳龙铁路分离立交桥1130米，泮坑大桥480米，径下大桥330米以及总长为2064米的路基工程。

建设单位为广东博大高速公路有限公司梅大分公司，设计单位为广东省公路勘察规划设计院有限公司，监理单位为北京华通公路桥梁监理咨询有限公司。

2012 年完成产值 21958 万元，开累完成 35558 万元，完成占总价的 70%。

【江西德兴至上饶高速公路 B4 合同段】 九局广州分公司承建，位于江西省上饶市玉山县境内，主要经过必姆镇与临湖镇。起点桩号为 K44+600，终点桩号为 K48+900，全长 4.3 公里。主要工程数量：土石方 196 万立方米，大桥 626 米/4 座、小桥 2 座、涵洞 8 座、互通立交 1 处。2010 年 10 月 28 日开工，预计 2013 年 1 月 30 日竣工，工程总造价 11700 万元。

建设单位为江西省高速公路投资集团德兴至上饶高速公路项目建设办公室，设计单位为中国公路工程咨询集团有限公司，监理单位为江西省嘉和工程咨询监理有限公司。

2012 年完成产值 5347 万元，开累完成产值 11047 万元，完成总价的 98.7%。

【沈海复线高速公路莆田段 A2 合同段】 九局广州分公司承建，位于福建省莆田市仙游县石苍乡高阳村，终点位于菜溪乡坑下村，路线全长 5.68 公里。主要工程为分离式隧道 2 座，金钟 1 号隧道长度为左洞 2060 米、右洞 2133 米，金钟 2 号隧道长度为左洞 2692 米、右洞 2748 米；大桥 1 座，中桥 1 座，涵洞 2 座，通道 1 座；路基挖土石方 16.6 万立方米，路基填方 55.9 万立方米。2011 年 5 月 1 日开工，预计 2013 年 2 月 28 日竣工，工程总造价 46700 万元。

建设单位为莆田沈海复线高速公路有限责任公司，设计单位为福建省交通规划设计院，监理单位为福建省交通建设工程监理咨询公司。

2012 年度完成产值 21892 万元，开累完成 27734 万元，占合同总价的 59.4%。

【中山小榄快速干线工程 1 标段】 九局广州分公司承建，工程位于广东省中山市环镇西路与菊城大道的交叉口，起讫桩号 K12+538.8-K24+400，线路全长 11.86 公里。合同段内设置特大桥 7162.9 米/1 座，大桥 1625 米/2 座，涵洞 4 道；路基土石方 11.23 万立方米。不含预制梁，只做下部结构及悬浇梁。工程自 2012 年 3 月 1 日开工，预计 2014 年 8 月 31 日竣工，工程总造价 61406 万元。

建设单位为中山市发展集团有限公司，设计单位为中交公路规划设计院有限公司，监理单位为湖南湖大建设监理有限公司。

2012 年度完成产值 2607 万元，开累完成 2607 万元，占合同总价的 4.24%。

【宁波穿山至好思房公路工程】 中铁十局承建。工程概况：施工地点位于宁波市北仑区，标段长度 5339 米，合同价 69112 万元，合同工期 2010 年 3 月-2012 年 2 月。

主要工程数量：路基挖方 4.32 万立方米，填方 0.42 万立方米，圬工砌体 1.01 万立方米；桥梁 2 座，其中北仑高架主线桥 2904 米，大碶主线桥 2409 米；现浇箱梁 5651 米，其中大碶主线桥 4568 米，北仑高架桥 1083 米。

施工进度：桥梁下部结构全部完成，主线桥现浇梁全部完成，大碶互通匝道桥现浇梁设计 4199 米，完成 3862 米。

【西久公路 XJA1 合同段】 中铁十局承建。工程概况：施工地点位于青海省湟中县境内，线路长 5.93 公里，合同价 16080 万元，合同工期 2007 年 9 月-2009 年 6 月，业主调整工期 2012 年 12 月竣工。

主要工程数量：路基土石方 18.7 万立方米；沥青砼路面 1.9 万平方米，水泥砼路面 1.2 万平方米；隧道长 1 座/3050 米；桥梁 2 座/654 米，涵洞 6 座。

施工进度：已基本结束。

【汉鄂高速公路 HETJ-4 标工程】 中铁十局承建。工程概况：施工地点位于湖北鄂州，标段长度 8.5 公里，工程造价 31236 万元，合同工期 2009 年 7 月-2011 年 3 月。

主要工程数量：路基土石方 85 万立方米；特大桥 2 座/2590 米，其中小港特大桥 1469 米，连续梁（35+60+35）米，广山高架桥 1121 米，连续梁（72+125+125+72）米，制架箱梁 604 片。

施工进度：主体工程全部完成。

【广乐高速公路 T26 标】 中铁十局承建。工程概况：施工地点位于广东省清远市黎溪镇和飞来峡镇，标段长度 12.9 公里，合同价 75116 万元，合同工期 2011 年 6 月-2013 年 2 月。

主要工程数量：路基土石方 505 万立方米；桥梁 18 座/5866 米，其中特大桥 1 座/1170 米；制架梁 2502 片，现浇梁 240 米。

施工进度：路基土方完成 495 万立方米；桥梁桩基完成，墩柱（设计 677 个）完成 547 个；制梁完成 1501 片，架梁完成 996 片。

【广东省连州至怀集（二广）高速公路 17 标】 中铁十局承建。工程概况：施工地点位于广东省肇庆市怀集县，标段长度 9.192 公里，工程造价 23688 万元，合同工期 2010 年 11 月 1 日-2012 年 6 月 30 日。业主调整工期 2013 年 6 月竣工。

主要工程数量：路基土方 434 万立方米；特大桥 1 座

/1051 米，大桥 2 座/555 米，中桥 1 座/54 米，小桥、涵 40 座；制梁 860 片。

施工进度：路基土石方全部完成；制梁完成 834 片，架梁完成 730 片。

【永定湖雷至城关高速公路 LA1 合同段】中铁十局承建。工程概况：施工地点位于福建龙岩市永定县，全长 9.992 公里，工程造价 30251 万元，合同工期 2010 年 8 月 12 日-2012 年 8 月 11 日。

主要工程数量：路基土石方 400.69 万立方米；级配碎石底基层 28134 平方米，级配碎石基层 2205 平方米，水泥稳定碎石基层 27729 平方米，水泥混凝土面板 27168.1 平方米；大桥 7 座/1418.6 米；隧道 1 座/2216 米。

施工进度：主体工程全部完成。

【新疆 S242 线尼勒克-巩留公路工程】中铁十局承建。工程概况：本合同段位于新疆伊犁哈萨克自治州境内，标段长 65.29 公里(含 X776 省道改造 11.41 公里)，合同工期 2011 年 4 月-2012 年 11 月，业主调整日期 2013 年 9 月竣工，工程造价 39511 万元。

主要工程数量：路基土石方 259 万立方米，路面 63 万平方米；特大桥、大桥 3 座/2225.93 米，中小桥 6 座/342.72 米，涵洞 235 个；隧道 1 座 1139 米。

施工进度：路基土石方完成 233 万立方米；大桥桩基（设计 188 颗）完成 181 颗，墩台身（设计 138 个）完成 53 个；隧道开挖完成 800 米，衬砌完成 680 米。

【福建省莆永高速公路 A8 标段】中铁十局承建。工程概况：施工地点位于福建省安溪县福田乡尾洋村，标段长度 5.735 公里，工程造价 34550 万元，合同工期 2010 年 1 月 1 日-2012 年 12 月 31 日，业主调整竣工日期 2013 年 6 月 30 日。

主要工程数量：路基土石方 41 万立方米；大桥 2 座/1141.4 米，中桥 1 座/60.44 米；隧道 4 座/9591 米。

施工进度：路基土石方完成 27 万立方米；大桥 2 座桩基（设计 72 颗）完成 71 颗，墩台身（设计 52 个）完成 45 个；隧道 4 座开挖完成 4435 米，衬砌完成 2860 米。

【漳州南联络线南靖至龙海高速公路路基土建工程 A2 标】中铁十局承建。工程概况：施工地点位于福建省漳州市，标段起迄里程为 K14+000～K24+000，长度 10 公里，工程造价 30569 万元，合同工期 730 天，开工日期 2011 年 4 月 16 日。

主要工程数量：路基土石方方 322 万立方米；互通立交一处，大中桥 3 座/1431.6 米；涵洞 35 座；分离式隧道 2 座/3290 米。

施工进度：路基土石方完成 294 万立方米；标段桥梁总计 2170 米，完成 766 米；隧道完成 80 成洞米；涵洞完成 21 座。

【沈海复线高速公路漳州天宝至诏安段第 A12 标段】中铁十局承建。工程概况：施工地点位于福建省漳州市诏安县，标段长度 11.33 公里，工程造价 20900 万元，合同工期 2010 年 10 月-2012 年 9 月，业主调整后工期 2013 年 3 月竣工。

主要工程数量：路基土石方 427 万立方米；桥梁 6 座/942 米，T 梁制架 435 片；涵洞 38 座。

施工进度：路基土石方完成 421 万立方米；桥梁 6 座下部结构完成；T 梁预制完成 268 片，架设完成 166 片。

【川藏公路（西藏境）通麦至 105 道班段整治改建工程第二标段】中铁大桥局承建。

318 国道起点为上海，终点为西藏友谊桥，全长 5476 千米，是中国最长的国道。这是一条被公认为是中国路况最险、风景最美的公路；318 国道被中国国家地理评为“中国人的景观大道”。整治改建工程为 318 国道最后未铺设油面的路段，项目地处藏东南的高山峡谷地段，属青藏高原侵蚀切割最强烈地区。项目在世界第三大峡谷帕隆藏布大峡谷内穿行，沿线各类地质灾害频繁爆发。其中 1983-1985 年迫龙沟流石流导致原公路桥梁被冲毁，2000 年 6 月的易贡湖溃坝使帕隆藏布江水位突然上升 52m，最大流量达 120000 立方米/秒，给沿河两岸的西藏人民造成巨大灾难。标段全长 2.773 千米，成都侧接“通麦天险”，拉萨侧为“排龙天险”。工程造价为 3.4448 亿元。桥梁全长 743 米。桥梁主跨跨越迫龙沟泥石流区，主墩基础采用 30 根 φ2.5 米钻孔桩基础＋承台；索塔采用钢筋混凝土；上部为不等索距，混凝土梁+组合梁的混合梁斜拉结构。

迫龙沟特大桥 2 号墩完成桩基 6 根、3 号墩承台完成；土石方开挖 800 立方米、隧道开挖 11 米。

【厦门至成都高速公路贵州境织金至纳雍段第 5 合同段】中铁大桥局承建。

位于贵州织金县与纳雍县交界处。路线起于织金县以那镇，里程桩号为 K97+060，终于纳雍县平寨村，里程桩号为 K100+520。主线总长约为 3.42 千米。本合同段分为：武佐河特大桥、寒家崖大桥及平寨中桥、路基工程三大部分。具体分别如下所述。武佐河特大桥工程：本桥主桥为整幅设计，上部结构为 13×40 米先简支后连续 T 梁+178 米+380 米+178 米预应力混凝土斜拉桥+5×40 米先简支后连续 T 梁，左幅起点桩号 K97+281.280，终点桩号 K98+752.493，主桥中心桩号 K98+180.000，左幅全桥长 1471.213 米 m。右幅起点桩号 K97+281.280，终点桩号 K98+752.220，主桥中心桩号 K98+180.000，右幅全桥长 1470.94 米。为了提高主梁刚度、改善结构动力特性，两岸各设一辅助墩，辅助墩距离理论跨径线 53.125 米。寒家崖大桥及平寨中桥工程：左幅全长 450 米，起于 K99+270.000，终于 K99+720.000. 右幅全长 433 米，起于 K99+270.000，终于 K99+703.000。桥梁上部结构为 6×20+5×20+5×20+5×20 先简支后连续混凝土预应力 T 梁。平寨中桥工程：起于 K100+021.5，终于 K100+064.5，全桥长 43 米。路基工程：共有 5 段路基工程。

下部结构施工，主墩 15 号墩桩基完成 22 根，16 号墩桩基施工完成开始进行承台施工。

【恩来高速及恩黔高速鄂渝界段一期土建工程 6 标】中铁大桥局承建。

龙桥特大桥钢管拱肋共 40 节，已架设 4 节。孟家坪特大桥设计桩基 150 根，完成 116 根；承台设计 28 个，累计完成 16 个；主墩墩身设计 1107 米，完成 680 米。玛瑙塘大桥桩基设计 64 根，完成 48 根；承台设计 12 个，完成 9 个；主墩墩身设计 558 米，完成 394 米。

【汝城至郴州高速公路项目土建工程第 19A 标段】中铁大桥局承建。

5 号墩主塔施工开累完成 29.5 个节段，6 号墩主塔开累完成 27.4 个节段，共完成 56.9 个节段，占设计总数量的 65%。

【云南普立（黔滇界）至宣威公路土建工程 4 标】中铁大桥局承建。

全桥桩基、承台已经全部施工完成；完成 4 号墩主塔 2 节，5 号墩主塔 2 节，宣威岸重力式锚碇混凝土施工 21846 方，路基施工 80 米。

【沈阳四环 5 标】中铁大桥局承建。
主体工程完工，进行收尾工作。

【四川汶川至马尔康高速公路】中铁隧道承建汶马高速公路 C1 标。该标段合同工期 2012 年 7 月 1 日至 2016 年 12 月 15 日，合同价款 52288 万元。位于四川省阿坝州理县境内，路线全长 5.2 千米(以右线计)。本合同段主要是鹧鸪山隧道汶川端和洞外路基、桥涵等工程的施工，设计采用双向四车道高速公路，设计速度 80km/h。鹧鸪山隧道属于标段控制性工程，为深埋特长隧道，左线单洞总长 8808 米，右线单洞总长 8778 米，最大埋深 1400 米，本标段鹧鸪山隧道左线独头掘进长达 4300 米，右线独头掘进长达 4270 米，隧道存在断层破碎带、炭质板岩等不良地质，施工风险高，难度大，且工程地处高海拔地区，为标段控制性关键工程。2012 年完成施工产值 1743 万元，完成隧道成洞 96 米。

【京台线建瓯至闽侯高速公路】中铁隧道承建京台高速公路 JTA4 合同段。该标段合同工期 2012 年 9 月 17 日至 2015 年 6 月 16 日，合同价款 38442 万元。位于福建省闽侯县，线路全长约 5.860 千米。本合同段工程主要包括牛岩山隧道进口段、通风斜井、路基、涵洞等项目。牛岩山隧道是福建省在建的最长公路隧道，全长 9.2 千米，是全线重点控制性工程。中铁隧道承担左洞 5333 米，右洞 5314 米，隧道进口端采用独头掘进，另在距离隧道进口端 3.9 千米处，有左右通风斜井承担 1.4-1.5 千米的主洞施工任务。工期非常紧。2012 年年完成施工产值 4195 万元，完成隧道成洞 194 米。

【四川雅安至康定高速公路】中铁隧道承建雅康高速公路 C1 标段。该标段合同工期 2012 年 9 月 1 日至 2018 年 2 月 15 日，合同价款 118822 万元。位于四川省雅安市境内，线路全长 9.110 千米。工程主要为二郎山隧道，总长 6688 米，最大埋深 1352 米。二郎山隧道属于特长隧道，地质条件复杂，主要不良地质为高地应力条件下硬质岩的岩爆及软质岩的大变形、断层破碎带、穿越活动断裂、高压涌突水、岩溶、煤层等，不良地质地段施工风险高，难度大，属于隧道施工的重点，也是难点。2012 年年完成施工产值 1685 万元，完成隧道成洞 134 米。

【乐昌至广州高速公路】中铁隧道承建乐昌至广州高速公路项目第 T10 合同段。该标段合同工期 2010 年 7 月 16 日至 2013 年 12 月 25 日，合同价款 116625 万元。T10 合同段（K87+747-K99+000）全长 10.957 千米，位于广东省韶关市境内。该合同段主要包括长基岭隧道、龙归隧道；马渡互通立交 1 处；乳源河大桥；江湾河大桥等。长基岭隧道长 3940 米，属安全高风险隧道，岩溶、暗河及断层等不良地质处治是施工的重点和难点。截至 2012 年底开累完成施工产值 95411 万元，长基岭隧道全部贯通。

【青海玉树至共和公路】中铁隧道承建共玉公路 B7 标段。该标段合同工期 2011 年 5 月 10 日至 2013 年 7 月 31 日，合同价款 111068 万元。标段位于玉树藏族自治州玉树县、称多县境内，线路全长 23.5 千米。主要工程包括路基土石方 193.8 万立方米，圬工 15.6 万立方米；桥梁 5626 米/27 座，以及 B6、B8 标段桥梁上部施工；涵洞通道 917 横延米/40 道；互通立交 1 处；通天河隧道 3120 米/0.5 座(承担进口端 1560 米的任务，其中左洞长 1560 米、右洞长 1560 米)。天河隧道目前剩余均为Ⅳ级大变形围岩段，隧道埋深达 730 米，极易造成隧道出现大变形，安全风险较大，是本工程一个重点。工程位于高寒、高海拔地区，气候条件恶劣、含氧量低，施工机械及作业人员工作效率低，合理安排工序衔接、合理调配机械资源，提高工效，是本工程的一个重点。截至2012年底开累完成施工产值69385万元，通天河隧道开累完成成洞2517米。

【张涿高速公路】中铁隧道承建张涿高速公路张家口段L9合同段。该标段合同工期2010年3月23日至2013年10月1日，合同价款27182万元。位于河北省张家口市涿鹿县，全长4.084千米。其中分水岭隧道是一座双线特长、3车道隧道，合同段施工左线隧道长3261米，右线隧道长3182米，为全线控制性工程。截至2012年底开累完成施工产值20182万元，分水岭隧道开累完成成洞5048米。

【包头至茂名高速公路】中铁隧道承建包茂线陕西境铜黄高速公路TH-C14标。该标段合同工期2012年10月1日至2015年4月1日，合同价款39862万元。位于陕西省铜川市，全长2.280千米。主要工程焦坪隧道0.5座，左线隧道长2038米（全长4075米），右线隧道长2036米（全长4065米），是全线控制工程。截至2012年底开累完成施工产值113603万元，焦坪隧道开累完成成洞210米。

【福建龙岩漳永高速公路】中铁隧道承建福建龙岩漳永高速公路A2合同段。该标段合同工期2012年12月1日至2015年5月30日，合同价款32930万元。位于福建省龙岩漳平市官田乡境内，路线全长4.907公里（以右线计）。主要工程有：官田隧道0.5座（右线总长6151米，本合同内长2795米；左线总长6139米，本合同内长2780.824米）。官田隧道是全线重点控制性工程，采用独头掘进，工期非常紧。2012年底开始进场，当年没有产值。

【甘肃平凉至武都高速公路】中铁隧道承建甘肃平凉至武都高速公路成县至武都高速公路CW17标工程。该标段合同工期2010年12月15日至2013年12月15日，合同价款38088万元。位于甘肃省陇南市武都区，线路长3.96千米。主要工程为樊家山隧道、武都西隧道和。樊家山隧道左线全长3812米（标段承担1906米，16标承担1906米），樊家山隧道右线全长3768米（标段承担1882米，16标承担1886米），武都西隧道左线全长3763米（标段承担1880米，18标承担1883米），武都西隧道右线全长3781米（标段承担1889米，18标承担1892米）。本工程综合性强，技术含量高，地形复杂，地质条件差，施工场地狭窄，工期紧，环保、水保、土保及施工组织要求高。截至2012年底开累完成施工产值21700万元，隧道开累完成成洞4884米。

【湖南省炎陵至汝城高速公路】中铁隧道承建炎汝高速公路项目土建工程8标、12标、20标工程。

8标合同工期2010年4月29日至2012年10月29日，合同价款28247万元。位于湖南炎陵，路线全长4.9387千米。其中包括特长隧道1座，梅子山隧道左线3585米，右线长3578米。截至2012年底开累完成施工产值27451万元，隧道开累完成成洞7068米。

12标合同工期2010年5月20日至2013年6月30日，合同价款26977万元。位于湖南炎陵，线路全长3.218千米。大奎隧道左线长3192米，右线长2828米。本合同段隧道工程规模大隧道占95.65%，工程地质复杂，软弱围岩占的比例较大，，洞口浅埋偏压段、富水段、小净距段、不同级别围岩段洞身结构各不相同，施工工期较紧。截至2012年底开累完成施工产值23162万元，隧道开累完成成洞5302米。

20标合同工期2010年5月20日至2013年10月31日，合同价款27622万元。位于湖南郴州市桂东县，线路全长4.1千米。寒岭界隧道左线长2820米，右线长2820米。寒岭界隧道围岩级别差，Ⅳ、Ⅴ级围岩占隧道总长的58.87%；隧道洞身穿灰岩存在溶洞，穿煤层地段，且存在瓦斯。隧道洞身穿过F1、F2两条断层带及破碎带，F1断层带及破碎带长达820米。本合同段合同工期为30个月，前期征地拆迁困难、隧道地质复杂，地质因素不确定，瓦斯隧道施工将影响整个工期。截至2012年底开累完成施工产值20510万元，隧道开累完成成洞4182米。

【厦漳高速公路土建工程】中铁电气化局承建。为续建工程，于2010年4月29日开工。截至2012年底完成土石方29.61万方，清表完成42803平方米，隧道掘进1435.515折合洞米，涵洞完成114.6米，征地完成1处。

【广明高速公路土建工程】中铁电气化局承建。为续建工程，于2010年1月6日开工，截至2012年底佛陈大道跨线桥折合完成600延米，钻孔桩93根，承台完成26个，墩台完成48个，盖梁完成9个，预制梁完成10片；文登路高架桥折合完成800延米，钻孔桩139根，承台完成77个，墩柱完成104个，盖梁完成43个，预制梁完成97片，现浇梁完成100米，架梁2孔；花卉大道跨线桥完成170折合米。钻孔桩51根，承台完成19个，墩柱完成12个，盖梁完成14个，现浇梁完成75米。

【宝鸡蟠龙大道土建工程】中铁电气化局承建，为续建工程。PL3标段工程于2011年7月1日开工，计划于2013年6月30日竣工。截至2012年底，桥梁开工2座，完成桩基40根，系梁5根，承台10个，预制板梁71片。PL-1标段于2011年7月1日开工，截至2012年底完成路基土石方83.25万方，禁令河大桥折合完成2056.8米，预制梁533片，架梁26孔。

【沈海复线高速公路漳州段 A2 标工程】中铁电气化局承建。为续建工程，于 2011 年 4 月 1 日开工，到 2012 年底完成路基土石方 70 万方，涵洞 10 个，完成全部软基处理碎石桩、0.5mPTC 桩；完成桥梁桩基 245 根，系梁 165 榀，墩柱 302 根，盖梁 136 片，预制梁片 619 片，架设梁片 595 片。

【京台高速公路建瓯段 A1 标工程】中铁电气化局承建。为续建工程，于 2011 年 2 月 27 日开工，截至 2012 年底完成路基土石方 145 万方，其中填方完成 56 万方，挖方完成 89 万方，软基换填 17.68 万方，挡墙 4480 方，锚杆锚索 3850 米；桩基 216 根，墩柱 329 根，承台 7 个，预制梁片 238 片，架梁 134 片，现浇箱梁 11 联。完成涵洞 492 横延米，隧道完成 2230 成洞米。

【广深沿江高速公路（深圳段）项目第二合同段】 合同总额：45626 万元；合同工期:28 个月；施工单位：中铁港航局二公司。

工程概况：本合同段位于机场境内，包括机场特大桥下部结构 91 号墩-114 号墩，机场互通主线桥上部结构 27 孔 30 米组合箱梁的预制和架设、湿接缝施工、体系转换和桥面及附属工程施工，25 孔（27－31 米）变截面连续箱梁支架现浇和桥面及附属工程施工；下部结构 1 号墩-51 号墩的施工。本合同段桥孔跨组成（自北向南）为：（2×（5×30 米）＋4×30 米＋5×30 米＋2×（4×30 米））预制组合箱梁＋(3×40 米＋6×30 米＋5×30 米＋6×31 米＋5×27 米) 现浇箱梁。主桥桥墩均位于海中，海中基础及下部结构采用栈桥和平台施工法，栈桥布置在左右两幅桥的中轴线上，利用支栈桥与施工场地连接，主栈桥共计 2123 米，其中机场特大桥主线桥栈桥长 1653 米，机场互通分离式立交桥主栈桥长 470 米。

主要工程数量：桩基 557 根，承台 152 个，墩身 152 个，现浇梁 50 个施工段，预制梁 283 片。

截至 2012 年底完成产值 43414 万元（含变更）。本项目已于 2012 年竣工。

【贵州省大兴（湘黔界）至思南高速公路土建工程施工第 I 类工程第 DSTJ－18 标段】 合同总额：39000 万元。合同工期：29 个月。施工单位：中铁港航局集团第二工程有限公司。

工程概况：本项目工程为杭州至瑞丽国家高速公路贵州境大兴（湘黔界）至思南段第 18 合同段乌江特大桥，是杭瑞高速公路贵州省大兴至思南段上一座特大型桥梁，桥位路线在距思南县城下游约 2.5 公里处跨越乌江，线路起止里程 K143+610-K145+195，线路长 1.585 公里。

乌江特大桥全桥分左右两幅，单幅桥梁宽 14.5 米。右线桥梁起点桩号 K143+622，终点桩号 K145+162，桥梁中心桩号 K144+392；左线桥梁起点桩号 K143+620.400=STK143+619.428，终点桩号 STK145+161.028，桥梁中心桩号 K144+391.200=STK144+390.228。主桥采用五跨预应力混凝土连续刚构桥，主墩墩梁固结。跨径布置为 108+3×200+108 米，主桥长 816 米。全桥跨径组成（3×39.6）（左幅：3×40.4）米+（4×40）米 T 梁+（108+3×200+108 米）连续刚构+11×40 米 T 梁。桥梁全长 1540 米（左线 1541.6 米）。

截至 2012 年底累计完成 27992 万元。

【二连浩特至广州国家高速公路湖南省澧县（东岳庙）至常德高速公路项目土建工程第五合同段】 合同总造价：22997 万元。合同工期：32 个月。施工单位：中铁港航局集团第二工程有限公司。

工程概况：本合同段为二连浩特至广州国家高速公路湖南澧县（东岳庙）至常德公路工程第 5 合同段，位于湖南省常德市澧县、津市境内，起始于澧县澧澹乡永固村 K28+540，止于津市市第四办事处关山村 K31+000，全长 2.46 公里，其中路基长 0.11864 公里，澧水特大桥 2.342 公里。主要工程数量：路基挖土石方 2.2 万方，填方 1.3 万方。桥梁一座，长 2341.35 米，其中桥梁桩基础 370 根，系梁 170 个，墩柱 296 个，盖梁 137 个，预制小箱梁 404 片，预制 T 型梁 180 片，现浇连续箱梁 24719 立方。

截至 2012 年底累计完成 21655 万元。

【湖北省宜昌至巴东（鄂渝界）公路第 22 合同段】 工程总价：35268 万元。合同工期：45 个月。施工单位：中铁港航局集团第三工程有限公司。

工程概况：管段里程为：K130+364-K134+899.02，总长为 4.535 公里。主要工程有：路基：左线长 833.54 米，右线长 575.73 米，土石方 21.8 万方；桥梁：大桥 7 座，共计：左线长 1908.46 米，右线长 2103.17 米；4.011 公里（占管段线长的 43%。共有 20 米、30 米、40 米、45 米预制梁 912 片，现浇梁 T 梁 6 孔，预架梁 912 片，（70+130+70）6 跨连续 T 梁）（均为单线计算）；隧道：共 3 座。其中：1 公里以上 1 座，累计 3.719 公里（占管段线长的 41%，桥隧比例达到 84%）。

截至 2012 年底完成 35105 万元。

【贵州省赤水至望谟高速公路土建工程 RCTJ18 标】 工程总价：53305 万元。合同工期：30 个月。施工单位：中铁港航局集团第三工程有限公司。

工程概况：仁赤高速 RCTJ18 合同段位于贵州省遵义市习水县土城镇，起止里程为 K95+100-K100+000，全长

4.90399公里，总挖方79.42万立方，总填方34.93万立方，特大、大桥5538.677米/4座(左右幅)，其中井干田大桥左幅486.43米，右幅434.841米；枣子林大桥左幅165米，右幅135米；黄金湾特大桥左幅1256.088米，右幅1250.323米；土城特大桥左幅930.453米，右幅880.672米；制架梁665片、(107+200+107)米连续梁2联(左右幅)、分离式隧道895米/1座(左右洞)、涵洞119.75米/3道。

主要工程数量：桥梁4座左右幅合计5538.677米，隧道1座左右幅合计895米，路基1597.83米（其中：挖方79.42万立方，填方：34.93万立方），涵洞3道119.75米，预制梁665片、(107+200+107)米连续梁2联(左右幅)。

截至2012年底累计完成40704万元。

【湖北省郧十高速公路YSTJ-10合同段】 工程总价：38177万元。合同工期：24个月。施工单位：中铁港航局集团第三工程有限公司。

工程概况：湖北省郧县（鄂豫省界）至十堰高速公路，起于鄂豫省界鹁鸽峪，经郧县刘洞、谭山、白桑关镇，在郧县杨溪铺镇跨汉江，后经郧县青山、茶店镇，终点位于十堰市茅箭区，设互通对接汉十高速公路，路线全长66.945公里。本标段为第十合同段，起讫里程桩号为K55+000-K62+230，路线全长7.23公里。本标段路线起点位于十堰市郧县青山镇武家沟，设左家沟大桥，穿过青山镇九里岗，设九里岗分离立交（主线下穿），设柯家坡隧道，接皮家沟大桥，设鸭子河大桥跨鸭子河，于园岭小学处设罗溪沟大桥，接平地院隧道，终于平地院隧道洞身K62+230处，接第十一合同段。

主要工程数量：路基挖方148.68万方，路基填方142.64万立方，大桥4座（1437.58米），隧道2座（2606米），通道5道，涵洞6道，分离式立交1座。

截至2012年底累计完成13835万元。

【安邵高速公路土建施工TJ1标第五、六合同段】 工程总价：19000万元。合同工期：26个月。施工单位：中铁港航局集团第三工程有限公司。

工程概况：本标段位于湖南省涟源市伏口镇，里程范围为：K115+760-119+335，全长3.575公里。主要实物工程量：大桥2981.02单线米/12座；路基挖方11.76万立方，路基填方0.36万立方；挡护及排水圬工1.08万立方；土工格栅6760平方；隧道897双线米/2座；制架梁648片。钢筋1.054万吨；钢绞线572.8吨。

主要工程数量：桥梁12座/2981.02延长米，隧道2座长897延长米，路基12万立方，预制梁648片。

截至2012年底完成17893万元。

【咸阳至淳化至旬邑高速公路LJ-10标】 工程总价：25503万元。合同工期：12个月。施工单位：中铁港航局集团第三工程有限公司。

工程概况：咸阳至淳化至旬邑高速公路是陕西省规划建设的“2637”高速公路网中六条辐射线之一，项目建成后将与福银、连霍、西安绕城高速公路等互相连接，在区域综合运输网中具有十分重要的地位。是陕西省计划2009年至2012年建设的重点项目。其路线全长约94.007公里。本合同段为咸旬高速公路工程LJ-10合同段，起止桩号K74+500-K87+300，全长12.8公里。主要工程数量有路基挖方2076472立方，填方788502立方；大桥1043.6米/4座，中桥165.6米/2座，分离式立交桥249.8米/5座，天桥367.36米/7座，涵洞479.564米/8道，通道210.147米/7座。

主要工程数量：路基挖方2076472立方，填方788502立方；大桥1043.6米/4座，中桥165.6米/2座，分离式立交桥249.8米/5座，天桥367.36米/7座，涵洞479.564米/8道，通道210.147米/7座。

截至2012年底完成2797万元。

【榆商线榆林至绥德高速公路】 合同造价：38440万元。合同工期：15个月。施工单位：中铁港航局深圳有限公司。

工程概况：N14合同段为榆林至绥德高速公路土建工程的一部分，含隧道、桥梁、涵洞、通道、路基、附属等工程。起点里程为右线YK111+720，左线ZK111+740，终点里程为右线YK114+930，左线ZK114+970，线路右线3210米，左线3230米。工程内容主要有隧道3座，单洞左、右线总长5484米；路基填筑土石方11.4万立方，路基开挖土石方8.03万立方；2×13米小桥2座，1－6米通道1座，1－4米涵洞2座。

截至2012年底完成产值34857万元，本项目已于2012年竣工。

【中铁沈阳四环快速路BT项目】 中铁航空港集团承建路面工程第一标段、土建工程第一标段。其中：

路面工程第一标段合同价：39100万元。

合同工期：2011年9月1日至2013年5月31日，共计21个月。

中铁沈阳四环快速路BT项目路面工程第一标段，起讫里程为k0+000至k30+300，线路全长30.3千米。道路红线宽度70米，断面组成包括中央分隔带7米，主路2×12米，边分隔带2×5米、辅路2×7.5米、非机动车道2×3米、路侧绿化带2×4米。

主线：砂砾垫层（20厘米厚）734.482千平方米，水泥稳定碎石底基层（20厘米厚）700.668千平方米，水泥稳定碎石基层（20厘米厚）671.156千平方米，粗粒式沥青混凝土下面层（7厘米厚）632.189千平方米，中粒式SBS沥青混凝土中面层（5厘米厚）755.603千平方米，SMA沥青混凝土抗滑层表面层（4厘米厚）755.053千平方米；

辅线：砂砾垫层（20厘米厚）575.722千平方米，水泥稳定碎石底基层（20厘米厚）539.313千平方米，水泥稳定碎石基层（20厘米厚）507.179千平方米，中粒式沥青混凝土下面层（6厘米厚）477.731千平方米，细粒式SBS改性沥青混凝土表面层（4厘米厚）478.858千平方米；

非机动车道：砂砾垫层（15厘米厚）210.833千平方米，水泥稳定碎石底基层（20厘米厚）189.533千平方米，细粒式沥青混凝土表面层（5厘米厚）164.463千平方米，细粒式沥青混凝土表面层（4厘米厚）19.003千平方米。

2012年累完成施工产值44296万元。年累完成主要工程量：主路24千米，辅路27千米。

土建工程第一标段合同价：34000万元。

合同工期：2011年3月18日至2012年12月31，总工期21个月。

设计技术标准：快速路，主道100千米/小时，辅道40千米/小时。

中铁沈阳四环快速路BT项目土建工程第一标段，起讫里程K0+000至K9+000，位于沈阳西部地区，全长9.0千米。起于于洪区京沈高速公路与新蔡线交叉处，下穿京沈高速公路、西部出海铁路，上跨102国道、秦沈客专铁路。主要工程项目包括路基工程、桥涵工程、交叉工程、公路设施及预埋管线工程、其他工程。

2012年累完成施工产值22363万元，开累完成施工产值44160万元。年累完成主要工程量：路基2000米；涵洞34横延米；桥梁1536.6延米，其中钻孔桩完成72根，承台8个，墩身124个，盖梁完成94个，预制箱梁完成530片，架梁完成610片；完成暗排5490延米。

【湖南省益阳市苏家坝至新凤村高速公路】中铁航空港集团承建TJ3合同段。

合同价：25385万元

合同工期：合同工期：2012年4月1日至2013年12月31，共21个月。

湖南省益阳市苏家坝至新凤村高速公路TJ3合同段，起于益阳市赫山区龙光桥镇早禾村新屋冲（K8+000），终点为新市渡镇新凤村（K16+300），路线全长8.296千米。管段路基填挖方共266.3万立方米，其中填方134.8万立方米，挖方131.5万立方米；排水圬工5.3万立方米；共有4座桥梁：大桥885.86米/3座、中桥56.48米/1座。人行天桥101.02米/2座、圆管涵276.5米/7道、盖板涵353.75米/6道、盖板通道1033.31米/21道，过水隧道1座/250米，八斗仑分离式隧道1座，为标段控制性工程，左线长380米，其中IV级围岩165米，V级围岩185米，右线长325米，其中IV级围岩165米，V级围岩130米。

2012年累完成施工产值4010万元。年累完成主要工程量：隧道24延米，涵洞12.5横延米；路基土石方3.2万立方米，软基换填1.23万立方米。

【湄渝高速公路】中铁航空港集团承建莆田段A12合同段。

合同价：39435万元。

合同工期：2013年1月1日至2015年6月30日，共30个月。

湄渝高速公路莆田段A12合同段，起点里程为（桩号YK84+129，ZK84+119.793），位于游洋镇沽州村，线路延古溪布设，建沽州1号、2号桥、横顺大桥，穿古寨、乌里隧道至本合同段终点五星村（桩号YK89+687.66，ZK89+691.192），并设五星枢纽互通与沈海复线莆田段T型交叉，路线全长5.559千米（以右线计）。主要工程数量包括：主线桥梁1546.85米/3座；隧道1464米/2座；涵洞385.49米/5道；通道64.04米/1道；五星枢纽互通1处；路基长度1.977千米。总挖方121.89万立方米，总填方141.77万立方米，利用洞渣25.69万立方米，弃洞渣23.45万立方米。

2012年累完成施工产值300万元。年累完成主要工程量：拌合站临建基础；施工便道1000米；圆管便桥1座。

【河北省茅荆坝至承德公路工程】中铁航空港集团承建1标段。系中铁一局中标，重组前中铁一局一公司承建，重组后中铁航空港集团一公司承建。

合同价：92013万元。

合同工期：2011年3月20日至2014年1月21日，共34个月。

河北省茅荆坝至承德公路1标段，位于河北省承德市北部，起止里程：K2+125至K17+000，全长14.875千米。设计技术标准：按照全封闭、双向四车道高速公路标准建设，设计速度100千米/小时，路基及桥幅宽度，整体式半幅路基宽12.75米，分离式半幅路基宽13米。主要工程数量：路基土石方开挖35.2万立方米，土石方填筑125.1万立方米；分离式特长隧道1座，左线长2944米，右线2915米（茅荆坝特长隧道河北段长度）；长隧道1座1178米；特大桥4152.5米/3座；大桥1214米/2座；中桥122米/2座；涵洞通道13道。

2012年累完成施工产值48798万元，开累完成施工产值78412万元。年累完成主要工程量：土石方50.4万立方米；隧道成洞5085米；特大桥2065米；大桥867米；中桥

78 米；制梁 1537 片，架梁 1800 片，涵洞 121 横延米。

【钱江通道及接线工程】中铁航空港集团承建南接线段第 10 合同段。系中铁一局一公司中标，重组前中铁一局一公司承建，重组后中铁航空港集团一公司承建。

合同价：37935 万元。

合同工期：2010 年 11 月 1 日至 2012 年 10 月 31 日，共计 24 个月。

钱江通道及接线工程南接线段第 10 合同段，位于浙江省杭州市萧山区党山镇镇龙殿村，起讫里程：K37+902.5 至 K41+237.5，全长 3.335 千米。设计技术标准：高速公路双向六车道，桥幅宽度 33 米，设计时速为 100 千米/小时。主要工程量：主线高架桥 3335 米/1 座（桥宽 33 米），其桥梁上部结构主要有 27 联预应力混凝土先简支后连续梁、1 联跨信益线（40+60+40）米预应力连续箱梁；下部结构为 H 型敞口双柱式墩，设置有盖梁，底部为承台加桩基础。

2012 年累完成施工产值 18459 万元，开累完成施工产值 34345 万元。年累完成主要工程量：特大桥 1569 延米，其中钻孔桩 78 根，承台 28 个，墩身 86 个，盖梁 96 个，预制箱梁 773 片，架梁 800 片，桥面现浇 4429 立米方，桥面铺装 47805 平方米，护栏及其他附属工程 1170 米。

【仁怀至赤水高速公路】中铁航空港集团承建 RCTJ-19 合同段。系中铁三局中标，重组前中铁三局一公司承建，重组后中铁航空港集团四分公司承建。

合同价：26993 万元。

合同工期：2010 年 8 月 30 日至 2012 年 8 月 30 日，共计 24 个月。

设计技术标准：高速公路双向四车道；路基及桥幅宽度，整体式 21.5 米，分离式 11.25 米；设计时速为 80 千米/小时。

仁怀至赤水高速公路 RCTJ-19 合同段，位于贵州省习水县土城镇赤水河西岸，起讫里程：K100+000 至 K109+820，全长 9.819 千米。主要工程数量：大桥 1045 米/5 座，中桥 94 米/1 座，互通立交主线跨线桥 147 米/2 座。停车区一处；路基工程长度 8774.084 米，路基土石方开挖 228 万立方米，土石方填筑 154 万立方米。

2012 年累完成施工产值 16393 万元，开累完成施工产值 28031 万元。年累完成主要工程量：路基土石方 53.75 万立方米，涵洞 3 个，桥梁桩基 186 根，盖梁 60 个，墩柱 60 根，制梁 342 片，架梁 246 片。

【郑卢高速公路】中铁航空港集团承建洛宁至卢氏段 LSTJ-3 合同段。系中铁一局一公司中标，重组前中铁一局一公司承建，重组后中铁航空港集团一公司承建。

合同价：23618 万元。

合同工期：2010 年 12 月 01 日至 2012 年 05 月 31 日，共计 18 个月。

设计技术标准：高速公路双向四车道；路基及桥幅宽度，整体式 26 米，分离式 13 米；主线设计速度：100 千米/小时；上下匝道设计速度：80 千米/小时。

郑卢高速公路洛宁至卢氏段 LSTJ-3 合同段，位于河南省洛宁县赵村乡至西山底乡境内，起讫里程：K83+500 至 K93+100，全长 9.6 千米。主要工程数量：大桥 445.18 米/3 座，中桥 85.08 米/1 座，分离式立交桥 53.08 米/1 座，机耕天桥 55.12 米/1 座，互通式立交桥 93.99 米/2 座，互通立交主线跨线桥 105.16 米/1 座；路基挖方 175.3 万立方米，填方 157.3 万立方米；涵洞通道 1698.2 米/43 道；倒虹吸 33.7 米/2 道；隧道 411 延米/1 座（左线 411 米，右线 412 米），停车区 1 处，互通区 1 处。

2012年累完成施工产值13521万元，开累完成施工产值27717万元。年累完成主要工程量：路基土石方101.5万立方米；大桥305.8延米；中桥170延米；涵洞492横延米；隧道成洞317米；制梁31片；架梁445片。

【上海S6公路新建工程s6-5标标】中铁上海局一公司承建。

合同造价：39600万元。

合同工期：2010年8月28日-2012年3月31日。

工程概况：S6公路线路西起沈海高速公路－宝安公路立交，之后向东南转向蕰藻浜北岸，绕开轨道交通11号线马陆站之后转向东北，分别上跨204国道（沪宜公路）、沪嘉高速公路和浏翔公路后沿高压走廊南侧向东接入外环线北环与西环的相交点。途经宝山、嘉定两个区，道路规划为高速公路，道路红线宽度为60米，两侧隔离绿带各50米。S6－5标段主线高架工程范围是，上行起点桩号为K5+535.278（含对应墩及伸缩缝），上行终点桩号为K6+598.278（不含对应墩及伸缩缝），全长1063米；下行起点桩号为K5+499.278（含对应墩及伸缩缝），下行终点桩号为K6+607.278（不含对应墩及伸缩缝），全长1108米。另有匝道桥两座，NS1匝道桥起点桩号为K6+329.278，终点桩号为K6+579.278，全长250米；SX1匝道桥起点桩号为K6+286.278，终点桩号为K6+556.278，全长270米。S6－5标段地面道路范围是，K5+495-K6+800，道路全长1.305千米。地面道路桥梁3座（滑家浜桥40米、大长浜桥40米、云长泾桥54米）。还包括S6-5标-S6-7标范围内的966片小箱梁的预制、运输至架设点对应的地面及本标里程范围内梁板卸梁及安装。高架和地面道路不包括水泥稳定碎石基层、桥面防水层及以上路面工程。工程于2012年3月31日全部竣工验交。

施工进度：路基工程：路基完成 1200 米，开累完成 1200 米；桥梁工程：桥梁工程全部完成，其中：桩基完成 1398

根，桥墩台完成110个，预制箱梁996片，架设小箱梁308片；排水工程：完成排水管5103米。

【嘉闵高架路（北翟路-G2）及地面道路新建工程JMB1-4标工程】中铁上海局一公司承建。

合同造价：71240万元。

合同工期：2012年6月16日-2014年1月20日。

工程概况：JMB1-4标段起于虹桥动车段北侧，向北跨越封浜、金沙江西路和月华江，至月华江以北约70米止，管段位于嘉定区江桥镇，管段内有高架桥梁1.481千米、金沙江西路匝道桥2座、跨吴淞江地面桥北引桥1座、人非桥北引桥1座，跨月华江地面桥1座、地面道路1.504千米及JMB1-2标、JMB1-4及JMB1-5标范围内的1908片小箱梁的预制、运输任务。

施工任务部署：项目部下设五部二室，即工程技术部、安全质量部、物资机械部、工程经济部、财务部、综合办公室和试验室，并根据现场实际情况分制梁场和现场两大块管理。制梁场：负责JMB1-2、JMB1-4、JMB1-5三个标段的1908片箱梁预制、运输和本标段（JMB1-4标）小箱梁架设任务。现场：负责本标段所有线下工程施工任务。主要有主线高架、金沙江西路匝道、跨吴淞江地面桥北引桥、人非桥北引桥、跨月华江地面桥及地面道路。

施工进度：桥梁工程：完成PHC管桩180根。

【绥阳煤电一体化水泥项目基地至电厂道路】中铁上海局二公司承建。

合同造价：4195万元。

合同工期：2009年8月28日-2010年12月28日，调整后工期：2009年11月1日-2011年7月30日，实际开工时间：2009年11月15日。

工程概况：贵州省绥阳煤电化一体化工程基地至电厂道路位于绥阳县蒲场镇，离遵义市约39公里，距绥阳县城约11公里，基地至电厂道路起于规划的基地转盘，顺后水河而下至电厂储煤坪附近，路线长约2.85公里。按山岭重丘区二级公路标准，计算行车速度40公里/小时，路基宽度12米（即行车道宽2×3.5米，硬路肩宽2×1.5米，土路肩加固宽2×0.75米），有桥梁2座（169延米），涵洞10座（203.5延米）。

进度情况：2012年，完成建安产值739万元，开累完成4195万元，占合同金额的100%。经理部到位12人，外协队伍到位4家合计81人；机械进场13台，挖掘机5台、装载机2台、压路机1台、推土机1台、自卸车3台、吊车1台。2012年现场主要完成水泥稳定底基层39958平方米，水泥稳定基层38470平方米，C40混凝土路面36875平方米，预制梁制架30片。项目于2012年6月16日完工并进行了预验收。

【江苏省临海高等级公路如东段工程3标】中铁上海局二公司承建。

合同造价：18889万元。

合同工期：2011年6月12日-2012年8月31日。调整后工期：2011年6月12日-2012年12月30日，实际开工时间：2011年6月12日。

工程概况：桥梁工程特大桥536.22米1座，中桥48.10米1座，小桥30.08米1座，圆管涵18座，箱涵1座，盖板涵1座。后张法预制组合箱梁140片，先张法预制空心板梁192片。特大桥洋口大桥位于临海高等级公路如东段新建工程3标，桥梁中心桩号为K47+738.03，桥跨布置形式为（3-25）+（4-25）+（50+80+50）+（4-25）+（3-25）米，总长536.22米。桥梁主桥采用50+80+50米三跨预应力混凝土变截面连续箱梁跨越四贯河，两侧引桥采用两联先简支后连续部分预应力混凝土组合箱梁。洋口大桥采用挂篮施工工艺。道路工程一般路段采用双向四车道，路基顶宽26米，洋口港区路段采用双向六车道，顶宽33.5米，路基设计标高为中央分隔带外侧边缘处路面标高。

进度情况：2012年，完成建安产值11232万元，开累完成15471万元，占合同金额的81.9%；经理部现到位43人；外协队伍现到位6家（合计170人）；机械进场情况为机械现进场38台套，震动压路机1台、三轮压路机1台、循环钻机4台、龙门吊2台、混凝土搅拌机2组、装载机1台、发电机1台，挖掘机4台、推土机3台、路拌机1台；罐车3辆等。

主要形象进度：2012年，项目开累完成路基土石方57万立方米，完成陆家河桥、卫海闸桥及洋口大桥钻孔桩212根（全完）、盖梁48榀（全完），完成洋口大桥承台12个（全完），桥台肋板12个，立柱72根（全完）。预制梁场开累完成箱梁预制152片，占总量228片的66.7%，板梁预制2086片，占总量2280片的92%，完成箱梁架设126片，板梁架设1708片。完成洋口大桥连续梁18个节段，占总量86个节段的26%。

【广西桂来高速公路第四合同段工程】中铁上海工程局二公司承建。

合同造价：26898.5万元。

合同工期：2011年5月1日-2013年9月1日（暂定）。实际开工时间：2011年5月1日。

工程概况：桂平至来宾高速公路IV合同段包括主线（K210+000-K222+000）全长12千米和武宣联线3.8563千米。主线（K210+000-K222+000），路基土石方231.65万立方米；大、中桥194.17米/2座；小桥60.08米/2座；跨线立交桥186.2米/3座；线外桥49米/1座；钢筋混凝土盖板通道34个；钢筋混凝土圆管涵13个。武宣联线（LK4+500-LK8+356.3）为进出武宣县及周边乡镇的公路。路线长3.8563千米，路基土石方35.64万立方米，黔江特大桥749.68米/1座；涵洞8个。黔江特大桥上部结构为106米+200米+106米三跨一联的预应力混凝土变截面连续箱梁，主桥全长412米，整幅式布置。箱宽9.5米，翼板悬臂4.2米，全宽17.9米。两岸引桥分别采用2*30米和9*30米先简支后连续预应力混凝土T型梁，引桥共长337.682米。

进度情况：2012年，完成建安产值13138万元，开累完成17242万元，占合同金额的64.1%。项目管理人员50人，协作队伍9家270人；进场大型设备36套。

主要形象进度：2012年，项目主线完成填方124.2万立方米，钻孔桩71根，墩柱23个，扩大基础16个，台帽16个，盖梁12个，承台9个。完成预制梁59片，软基换填片石77883立方米，土工布施工69892平方米，土工格栅151580平方米，土工格室11488立方米，碎石垫层42546立方米，砂砾垫层28380立方米，排水防护按挡墙2000米、骨架防护5800立方米，排水沟690米。中和隧道完成中导洞148米（全完）超前支护148米（全完），小里程方向进口明洞开挖5米，出口明洞开挖10米，大里程边仰坡支护及中隔墙20米。联线黔江大桥完成钻孔桩99根（全完），承台、系梁全部完成，立柱完成24根，台身完成3个，盖梁8个。路基石方填筑70000立方米，阮籍换填21199立方米，台背回填1500立方米。

【沈阳四环快速路新建工程第十合同段】中铁上海工程局三公司承建。

合同造价：2.56亿元。

合同工期：2011年3月18日-2012年4月30日。

工程概况：工程设计为双向六车道城市快速路，设计行车速度：主线100千米/小时，辅路40千米/小时；道路红线宽度70米；道路标准断面为：3.0米(人行道)+7.5米(辅路)+5.0米(边分隔带)+12米（主路)+7.0米（中央分隔带）+12米（主路)+5.0米(边分隔带)+7.5米(辅路)+3.0米(人行道),全宽62米。主线桥分离式、菱形立交设计。主体工程包括桥梁9座（大桥3座、中桥3座、下穿框构桥1座、小桥2座、盖板涵1座）、路基土石方（主要为填方、挖方，特殊路基处理主要为鱼塘段抛石挤淤、清淤填片石）。

工程进度：截至2012年12月底，路基工程：全部完成。桥梁工程：剩余部分伸缩缝。

建安产值：截至2012年12月底，完成开累产值27248.8万元。

【省道225怀远县茨河大桥及接线工程】 中铁上海局第三分公司承建。

合同造价：8742万元。

合同工期：2012年11月—2014年5月。

工程概况：新建省道225怀远县茨河大桥及接线工程位于怀远县荆茨乡境内，起点桩号为K3+750，终点桩号为K10+085.7。起点与县道049相接，经荆茨乡石山村后唐家、老牛头和尤村并上跨茨河，终点与省道307（K89+650）正交连接，路线全长6335.7米。总体呈南北走向。

主要工程内容：茨河大桥（桥梁全长1446米）、路基工程（路基全长4889.7米，其中茨河大桥南侧路基长1637米，北侧路基长3252.7米）、盖板涵4座、圆管涵16座。新建路基横断面布置：1.5米（土路肩）+2.25米（硬路肩）+2×3.75米（行车道）+2.25米（硬路肩）+1.5米（土路肩），宽15米。路基工程主要填料为2%灰土、3%灰土、6%灰土。路面结构厚度为66厘米分别为：20厘米低剂量水泥稳定碎石+36厘米水泥稳定碎石+透封层+6厘米AC-20C(SBS)中粒式沥青混凝土+4厘米AC-13C(SBS)细粒式沥青混凝土。新建茨河特大桥桥梁全长1446米，桥跨布置为：3米+4×30米+8×(5×30)米+4×30米+3米，计10联，48孔。桥面总宽13米，布置为：0.5米（护栏）+2.25米（人非车道）+2×3.75米（行车道）+2.25米（人非车道）+0.5米（护栏）。桥梁下部结构采用钻孔灌注桩接墩柱、盖梁构造。桩顶（柱底）设系梁，不设承台。桥台基础为Φ1.2米桩基础（全桥共8根），桥墩基础为Φ1.6米桩（全桥共94根）；桥墩采用Φ1.4米圆形墩柱（全桥共94根，长918米),盖梁(47个)；桥台处采用肋墙式桥台。桥梁上部结构采用30米小箱梁，先简支后连续构造。全桥30米小箱梁192片，其中边跨边梁40片、边跨中梁40片、中跨中梁56片、中跨边梁56片。单片边跨边梁（最重）C50混凝土36.7立方米，预制重量91.2吨。桥面铺装厚度共20厘米，其中沥青混凝土厚10厘米,C40防水混凝土厚10厘米，在沥青与防水混凝土之间涂抹防水层。

工程进度：路基清表全部完成，累计完成112247平方米；试验室标定完成；施工便道完成3183米；涵洞完成4道；软塑土灰土处理完成5000立方米。

建安产值：截至2012年12月底，完成开累产值306万元。

【天津开发区南港工业区红旗路互通式立交桥工程】 中铁上海程局第四分公司承建。

合同造价：62980万元。

合同工期：2010年8月8日—2012年10月30日，工期日历天815天，实际开工时间为2010年9月16日。

工程概况：红旗路互通式立交工程位于南港工业区中心

节点，是连接南港港口与外阜的主要通道，是目前南港工业区在建的最大市政项目。立交桥采用“半定向、半苜蓿叶组合型、三层互通立交”形式，桥梁部分包括两条主线桥（东西向的红旗路主线桥梁、南北向的海港路主线桥梁）、13条匝道线，A、F、G、H、I、J、K线为桥梁结构；B、C、D、E、L、M线为路基结构。总桥面积为134014.1平方米。

产值情况：2012年完成25755.64万元，开累完成69490.8486万元。

形象进度：桥梁下部结构钻孔桩1817根全部完成；承（桥）台累计283（16）座全部完成；墩柱643个全部完成。桥梁上部结构（箱梁施工）红旗路路主线32联全部完成；海港路主线完成10联；A匝道3联全部完成；F匝道完成5联；H匝道完成7联；HL匝道1联全部完成；J匝道完成2联；K匝道完成2联。海港路主线右幅第四联（HZR9号～HZR13号）剩余两端部56米边跨；海港路主线右幅第六联（HZR17号～HZR21号）剩余两端部47米边跨；F匝道第六联（F16号～F20号）剩余两端部48米边跨；F匝道第七联（F20号～F24号）剩余两端部48米边跨。F匝道第五联（F16号～F16号）支架搭设一半，第九联（F27号～F30号）支架搭设完毕；G匝道第一联（G0号～G3号）、第二联（G3号～G7号）支架尚未搭设，第三联（G7号～G10号）、第四联（G10号～G13号）支架搭设完毕；H匝道第五联（H14号～H16号）支架搭设完毕；I匝道第一联（I0号～I3号）支架尚未搭设，第二联（I3号～I7号）、第三联（I7号～I11号）、第四联（I11号～I14号）支架搭设完毕；J匝道第一联（J0号～J4号）、第四联（J12号～J16号）支架搭设完毕；K匝道第二联（K4号～K7号）、第四联（K11号～K15号）支架搭设完毕。

防撞护栏施工8296米（占设计52%），其中：红旗路主线左幅、海港路主线左幅以及A、HL匝道全部施工完毕。桥面混凝土铺装65455平方米（占设计52%），其中：红旗路主线左幅、海港路主线左幅以及A、HL匝道全部施工完毕。桥面防水层以及沥青混凝土铺筑54645平方米（占设计43%），红旗路主线左幅、海港路主线左幅以及A、HL匝道全部施工完毕。桥梁硅烷浸渍防腐完成43500平方米（占设计25%），红旗路主线左幅、以及A、HL匝道全部施工完毕。泄水管安装500米（占设计6%），红旗路主线左右幅第三联以及A匝道施工完毕。伸缩缝完成682.6米（占设计44%），红旗路主线左幅、海港主线左幅以及A、HL匝道全部施工完毕。

道路排水工程：全线133000平方米道路工程沥青混凝土表面层及其附属工程全部施工完毕。红旗路主线两座涵洞以及BC匝道、海港路、H匝道、L匝道新增4座箱涵全部施工完毕。排水管道工程20500米全部施工完毕。

【天津开发区南港工业区海港路南段工程】 中铁上海局第四分公司承建。

合同造价：7896.3955万元。

合同工期：2010年4月30日－2010年12月10日，工期日历天225天，实际开工时间为2010年9月10日。竣工工期进行调整至2012年11月30日。

工程概况：海港路南段工程为城市Ⅰ级主干路，长1926.97米。雨污管道安装共计7595米，其中污水管道3749米，雨水管道3846米；涵洞16座。

产值情况：2012年全部完成，开累完成11562.6万元。

形象进度：工程全部结束，2012年12月22日通过竣工验收。

【天津开发区南部新兴产业区经五路道路及排水工程工】 中铁上海局第四分公司承建。

合同造价：4979.9942万元。

合同工期：2012年7月18日－2012年11月15日，工期日历天121天，实际开工时间为2012年12月1日。竣工工期进行调整至2013年6月30日。

工程概况：经五路规划为城市主干路，位于南部新兴产业区，是区域南北向的主要交通干道。南起港中公路（桩号为K0+000），北至规划纬一西路（桩号为K4+540.942），道路工程总长度为4540.942米。规划红线宽度为40米。标段为规划经五路（规划纬一西路－规划纬五西路）道路及排水工程（一标段）。标段施工全长1303.592米，里程号为K2+051.966～K3+355.558。

产值情况：2012年完成305.8万元，开累完成305.8万元。

形象进度：完成K3+235～K3+355.558段右线钢板桩围护、K3+305～K3+355.558段沟槽开挖、管道安装及回填。

【宜州至河池高速公路肯研互通式立交土建工程】 中铁上海局第五分公司承建。

合同造价：10404.7380万元。

合同工期：开工日期2011年5月10日，完工日期2012年11月9日，总工期18个月。

工程概况：广西河池互通是实现河池至都安高速公路与宜州至河池高速公路连接的枢纽立交，同时也是河池市的西出口，采用半定向Y型+单喇叭的组合型式。该互通内的宜河高速及单喇叭立交为一期工程，正在施工建设。由于宜河项目在施工图设计时，河池至都安项目还处于施工可研究阶段，因此，宜河项目只做了本互通的一期工程，综合考虑都安方向的接线，预留了二期工程位置。现根据河池至都安项目实施线位，完成河池西互通的二期工程。由于地形限制，结合交通量及综合考虑河池西一期单喇叭立交，该互通二期采用半定向Y型方案，主流方向F匝道下穿宜河高速，次流方向I匝道上跨宜河高速，以节省工程量和提高主流的行车安全。该互通主交通流F、G匝道均采用设紧急停车带的单向双车道断面，次交通流H、I匝道采用单向单车道断面。河池西互通立交工程匝道总长2915.3米，互通范围内共有4座匝道桥共1826.5米。

施工任务部署：根据工程分布、各专业工程量以及管理跨度和拟投入资源情况，投入4个作业队对全标段工程组织平行和流水作业，按期完成合同约定的全部施工任务。本标段按实际需求设1个箱梁制(存)梁场、1座混凝土搅拌站。根据施工组织设计安排，箱梁架设计划于2011年9月15日开始。

主要工程量：路基挖方29156立方米、路基填方51137立方米；本工程匝道总长2915.3米，互通范围内共有4座匝道桥共1826.5米，其中预制箱梁244片。

施工进度：路基土石方设计54.8万方，累计完成14万方。匝道桥设计4座，开工4座，完成钻孔桩155根、承台7个、系梁55个，完成台身立柱100个、帽梁58个，折合完成2877延米，制梁完成77片，架梁完成28片。涵洞暂未开工。

【柳州至武宣公路工程第六标段】 中铁上海局第五分公司承建。

合同造价：20972.4605万元。

合同工期：2012年10月16日－2014年12月16日。

工程概况：柳州至武宣公路是广西壮族自治区“四纵六横三支线”高速公路网的重要组成部分，为“纵3”三江至北海公路的主要构成路段。拟建象州连接线，起讫里程LK0+000～LK15+000，全长15公里。主要施工内容为路基、桥梁、涵洞的土建工程(不含路面)，其中路基土石方181.523万立方米；特大桥1001.1米/1座（象州柳江特大桥）；中桥139.04米/2座（黄来河中桥和龙富中桥）；涵洞1219.4米/49道；通道35.936米/1座。

施工进度：土石方开挖完成15.7万方，柳江特大桥完成桩基31根，其余均未启动施工。

【东兰县岩滩水电站水库移民遗留问题处理规划2012年四级公路项目工程】 中铁上海局第五分公司承建。

合同造价：8793.7072万元。

合同工期：2012年10月20日－2014年12月20日。

工程概况：东兰公路位于广西区河池市东兰县与南丹县境内。主要工程项目：东兰县隘洞镇至南丹吾隘镇四级公路19.291706公里（坡拉大桥136.04米；那就中桥93.04米；那怀大桥174.04米）；东兰县大同乡信河村纳巴桥至坡圩四级公路6.306773公里；东兰县纳巴至坡圩板下大桥；东兰县红水河大桥至三弄（下渡至三弄段）四级公路11.464803公里（下渡一桥87米；下渡二桥72.3米）；苏布－弄学四级公路14公里；苏布－罗福－干秀－干兰（东兰）四级路1.6771398公里；四合－板文－干兰四级路7.204629公里。管段长度：约59.94公里。

主要施工内容：东兰县隘洞镇至南丹吾隘镇四级公路（东兰段）19.291706公里（坡拉大桥136.04米，那就中桥93.04米，那怀大桥174.04米）；东兰县大同乡信河村纳巴桥至坡圩四级公路6.306773公里（板下大桥143.474米）；东兰县红水河大桥至三弄（下渡至三弄段）四级公路11.464803公里（下渡一桥87米；下渡二桥72.3米）；苏布－弄学四级公路（东兰段）14公里；苏布－罗福－干秀－干兰四级公路（东兰段）1.6771398公里；四合－板文－干兰四级路7.204629公里。

主要施工进度：完成苏布至弄学清表完成8公里、纳巴桥至坡圩路段清表完成2.5公里；隘洞至吾隘段原地面已复测15公里；下渡至三弄段原地面已复测5公里。

【宜昌市城乡路（城东大道-东站路）及东站路（城乡路-东山三路）工程】 中铁上海局市政公司承建。

工程总价：10616万元。

合同工期：2011年5月8日开工，合同工期210天。

工程概况：宜昌市城乡路（城东大道－东站路）市政工程起点为城东大道，终点为东站路，全长3024.7米，规划红线宽36米，双向6车道，车行道宽22米，两侧各设置宽4米的人行道；东站路（城乡路－东山三路）市政工程起点为城乡路，终点为东山三路，全长1000米，标准路段红线宽44米，双向6车道，车行道宽22.5米，两侧各设置宽6.75米的人行道；道路断面为一块板形式，不设专门的非机动车道，道路横坡设计为1.5%。车行道路面结构为沥青混凝土路面，人行道路面结构为荷兰砖；本工程的排水体制采用“雨污分流”体制。

主要工程数量：主要包括路基土石方、雨污管道和沥青混凝土路面工程。其中路基土石方175万立方米、雨污管道13千米、沥青路面20万平方米。

完成产值及形象进度：2012年完成土石方施工5万立方米，占设计工程量3%，开累完成100%。完成路基雨污管道8公里，占设计工程量62%，开累完成100%。完成沥青路面20万平方米，占设计工程数量100%。2012年完成产值6841万元，占年度计划的130%。

【宜都市陆城至五峰渔洋关一级公路改建工程第三标段】 中铁上海局市政公司承建。

工程总价：10286万元。

合同工期：2009年3月28日开工，合同工期24月，因业主征地拆迁原因延期。业主最新要求2012年10月初具备通车条件。

工程概况：工程起于聂河加油站附近，沿原S325省道经古潮音洞风景区、金涧电站、张家涧，穿越熊渡1号隧道后，止于熊渡电厂附近，起点桩号为K21+960，终点桩号为K26+770，路线全长4.807公里（短链1处，短2.75米）。工程设计桥梁2座，张家涧1号大桥起点为K25+283.5，终点为K25+414，桥梁总长130.5米；张家涧2号大桥采用左右线分离式设置，其中左线起点为K25+686.5，终点为K26+010，桥梁总长323.5米，右线起点为K25+748.5，终点为K25+912，桥梁总长163.5米。涵洞9道，计255.56延米。隧道1座，为分离式直线隧道，熊渡1号隧道右线隧道起止桩号分别为：K26+005～K26+768，隧道长763米，左线隧道起止桩号分别为：ZK26+010～ZK26+775，隧道长765米；左右线坡分别为2.99%上坡，属中隧道。

主要工程数量：主要包括路基土石方、雨污管道和沥青混凝土路面工程。其中路基土石方175万立方米、雨污管道13千米、沥青路面20万平方米。

完成产值及形象进度：2012年完成土石方施工3万立方米，占设计工程量5%，开累完成100%。完成特大中桥折合米78米，占设计工程量13%，开累完成100%。完成30米T梁制梁65片，占设计工程量56%，开累完成100%。2012年完成产值1745万元，占年度计划的97%。

【江苏省临海高等级公路如东段工程5标】 中铁上海局华海公司承建。

合同造价：40834万元。

合同工期：2011年6月12日—2012年8月31日。

实际开工时间：2011年7月12日。

工程概况：如东5标起讫里程为K60+000～K77+670，全线长17.67公里，全线路基土方总计305.9518万立方米。全线桥梁共计R235钢筋657.8吨，HRB335钢筋3339.4吨，钢筋网片297.5吨，钢绞线208.6吨，C30混凝土8494.5立方米（不含钻孔灌注桩），C40混凝土3101.8立方米，C50混凝土7396.2立方米，空心板梁由三标统一预制供给(R235钢筋138.6吨，HRB335钢筋846.2吨，钢绞线187.9吨，C50混凝土6091.3方)，1.2米直径钻孔灌注桩6936米，1.5米直径钻孔灌注桩10135米。全线1-8×4米箱涵2座共长74.4米，1-6×3.6米箱涵2座共长117.4米，3-8×4米箱涵1座长75.7米，圆管涵29座，总长1355.6米。

产值情况：2012年完成25309万元，开累完成34809万元。

形象进度：完成清淤110万立方米，占设计的100%，路基土方填筑223万立方米，占设计的92%，完成桥梁含结构施工占设计的90%。

【青海省西久公路拉脊山隧道工程一合同段】中铁建设分公司承建。

项目位于青海省东部，路线走廊所经地区位于拉脊山区，为高海拔严寒地区，冬季施工环境较为恶劣；工程线路全长5.930km，主要工程包括：隧道1座，拉脊山隧道2650m；大桥两座：其中骟马台大桥长度522m，大马鸡沟大桥长度132m；路基土石方18.7万方，防护工程3.8万方；涵洞四道；工程造价16080万元，合同工期32个月，2007年7月15日开工，2011年11月30日竣工，因隧道围岩变化频繁，实际竣工日期推迟至2012年12月。

项目主体工程已全部完工，并于2012年12月30日实现通车运营。

截至12月31日，本项目累计完成产值15500万元，占工程造价16080万元的96%。

【莆永线莆田段路基土建工程A6合同段】中铁建设分公司承建。

本合同段路线起点位于莆田市仙游县大济镇溪口村，路线长度11公里；主要工程数量包括桥梁5座，其中大桥4座，中桥1座；隧道2.5座，其中白鸽岭隧道全长1680m，古濑隧道全长535m，佛堂隧道全长437m；涵洞23道；通道7处。工程造价43884.65万元，2010年5月1日开工，2012年10月竣工。

项目主体工程已全部完工并顺利交验，并于2012年10月18日实现通车运营。截至12月31日，项目累计完成产值43108万元，占工程造价43885万元的98%。

【福建厦门至漳州高速公路漳州段路基土建工程A1标】中铁建设分公司承建。

本工程为福建省国家高速公路网厦成线厦门（海沧）至漳州（天宝）高速公路漳州段路基土建工程A1合同段，线路全长4644.876m，项目位于漳州市境内。主要工程有分离式隧道0.5座，涵洞及通道7座，大桥1座，中桥2座；其中灯火寨隧道进口端左线长2017m，右线长2010m。工程造价30319.75万元，合同工期24月，2010年6月8日开工，2013年12月竣工。

截至12月31日，项目累计完成产值23471万元，占工程造价30319的77%。项目路基工程挖方已全部完成，剩余少量防护工程；涵洞工程全部完成；桥梁工程全部完成。灯火寨隧道左线2017米，右线2010米。左洞开挖累计完成1490米，二衬累计完成1424米。右洞开挖累计完成1485米，二衬累计完成1395米。

【福建福州至永泰高速公路路基土建工程A8标】中铁建设

分公司承建。

福州至永泰高速公路A8合同段起点位于福州城峰镇穴利村附近，段路线长5.76km；主要工程内容包括路基254万方、桥梁7座/1441延米米、涵洞18座/764.96延米、隧道1.5座/1734延米等工程，其中丘山隧道左线765m，右线708m，湖台隧道左线999m，右线996m。工程造价32337.68万元，合同工期24月，2010年5月8日开工，2013年5月竣工。

项目除新增主线外一项（涵洞接长）变更外，其余主体及附属工程已全部完工，目前处于交工验收和竣工资料整理阶段，全线将于2013年5月1日通车运营。截至12月31日，项目累计完成施工产值30305万元，占工程造价32338万元的94%。

【海西高速公路沈海复线高速公路漳州天宝至诏安段路基土建工程A12标段】中铁建设分公司承建。

工程位于漳州市诏安县境内，全长11.33公里。项目主要结构物有大中桥梁6座942m（所罗大桥182米，心田大桥157米，霞葛互通跨线桥82m，东溪大桥282m，霞村大桥左幅132m右幅107m，结斜门大桥左幅132m右幅107m），互通立交1座（含匝道桥1座287m）；涵洞43道（含霞葛互通处6道，S309省道改路工程4道）。路基土石方开挖207.7万m3，路基填方162.6万m3。工程价值20899.92万元，合同工期24月，2010年10月开工，2012年9月竣工。由于业主红线内交地较晚，竣工日期调整为2013年3月底。

截至12月31日，项目累计完成施工产值13230万元，占工程造价20899.92万元的63%。项目路基土石方开累完成418.7万方，占合同数量427.73万方的98%；涵洞工程、附属圬工全部结束。桥梁工程累计完成折合成桥520米，占合同数量942米的55%。

【海西高速公路漳州南联络线南靖至龙海高速公路路基土建工程A2标段】中铁建设分公司承建。

漳州南联络线南靖至龙海高速公路A2标位于福建省龙海市九湖镇，项目线路总长10km，主要工程为湖山隧道（左线1645.481m，右线1645m）、内寮水库大桥（352.04m）、九湖分离大桥（左线977.54m，右线987.54m）、程溪中桥（97m）、漳州南互通主线桥及沿线路基、涵洞通道工程27道等。桥梁上部结构采用预应力混凝土T梁，桥面净宽13m，下部结构均采用柱式墩、桩基础；分离式立交桥2座、车行天桥2座及匝道桥1座合计648.28延米长。工程造价30568.75万元，合同工期24月，2011年1月1日开工，2012年12月30日竣工。受征地拆迁影响，实际开工日期为2011年4月16日，竣工日期暂时未定。

截至12月31日，项目累计完成施工产值12198万元，占工程造价30568.75万元的40%。项目路基石方累计完成287万方，占合同数量322万方的89%；涵洞累计完成折合成涵1036米，占合同数量1113米的93%。桥梁工程累计完成折合成桥766米，占合同数量2160.84米的35%。湖山隧道累计完成折合成洞80米，占合同数量3290.24米的2%。其中开挖累计完成122米；二次衬砌累计完成29米。

【汕头至湛江高速公路揭西大溪至博罗石坝段项目先行及控制性工程X1标段】中铁建设分公司承建。

项目位于广东省中部的低山丘陵区河源市紫金县古竹镇境内，全长1.35km。本标段主要有桥梁和路基组成，其中路基长315m，含盖板涵一座53.2m（1-4×3.5m）；桥梁1座东江特大桥桥长1035m。主要工程量为桥梁钻孔桩158根，系梁41个，墩柱96个，盖梁50个，预制架设30m小箱梁300片，跨东江现浇预应力混凝土连续刚构1联76+126+76m，共计钢材1.073万吨，混凝土5.3万方，土石10.59万方。工程造价15256.67万元，合同工期30月。开工日期2011年12月1日，竣工日期2014年6月。由于项目监理未与业主签订合同，开工令未下，项目实际于2012年8月25日正式开工。

截至12月31日，项目累计完成施工产值1313万元，占工程造价30568.75万元的9%。项目东江特大桥总长1035米，共有桩基158根、墩台56个、跨度30米的小箱梁预制、安装300片及76+126+76米现浇预应力混凝土连续刚构1联。累计完成折合成桥49.1米，占桥梁总长度1035.06米的5%，其中桩基础累计完成53根。

【广东博罗至深圳高速公路土建工程第四合同段】中铁建设分公司承建。

粤湘高速公路博罗至深圳段SJ-1合同段4标起点位于银屏山自然保护区西北侧的旗岭下，路线长度5.129km。工程内容包括路基工程（挖方11.98万方，填方54.37万方）、防排水工程（防护工程6370方，排水工程6444.7方）、涵洞工程（128.07m/2座）、改路工程（484.41m）、改沟工程（260m）、桥梁工程（2755.88/2座双幅）和隧道工程（5835/1座双线）。工程造价38392.27万元，2009年8月6日开工，2012年12月竣工。

截至12月31日，项目累计完成施工产值37966万元，占工程造价38392万元的99%。项目主体工程已全部完工并顺利交验，全线将于2013年1月通车运营。

【广东省中山市沙溪至月环土建工程施工招标第五合同段】中铁建设分公司承建。

项目为广珠西线二期工程的往南延续，本合同段为第五合同段，路线总长3.2875km。工程造价27088.89万元，合同工期26月，2010年3月16日开工，2013年3月竣工。

主要工程有：桥梁421.24m/4座；隧道2901单洞米/3座；互通立交1处，即三乡互通（含涵式通道43m/2道、涵洞152.3m/6道）；涵洞20m/1道，1-10m桥式通道2座。

截至12月31日，项目累计完成产值25408万元，占工程造价27089的94%。项目已6月4日至8日完成路基主线及三乡互通部分匝道交验；6月15日完成南龙隧道左线及斜飞凤隧道左线二衬脱空及基层标高交验。项目预计于2013年1月18日交工。

项目除新增主线外一项（涵洞接长）变更外，其余主体及附属工程已全部完工，目前处于交工验收和竣工资料整理阶段，全线将于2013年5月1日通车运营。

【广三高速公路扩建工程S03标段】中铁建设分公司承建。

本项目是在既有广三高速公路基础上左右两侧整体式加宽，由原来双向四车道扩建为双向八车道。项目全长14km。工程造价9518.55万元，2009年10月10日开工，2012年6月竣工。

截至12月31日，广三高速累计完成施工产值9518万元，占工程造价9518万元的100%。项目已于2012年6月完成交工验收工作。

【二广高速公路粤境连州至怀集段17标】中铁建设分公司承建。

二广高速位于怀集县梁村镇蓝钟河东岸，向西跨越蓝钟河、省道S349（设梁村互通），再经岗坪镇南侧至粤桂省界，与在建的广西灵峰至八步公路相接，路线全长9.192Km。主要工程量：特大桥1座，蓝钟河特大桥全桥长1037.56m，是本标段的控制性工程。大桥3座，匝道桥2座，小桥6座（涵式盖板桥），涵洞及通道35座，路基土石方4347922m³，其中路基开挖2050357m³，路基填筑2297565m³。工程造价约23121.67万元，2011年3月10日开工，2013年6月竣工。

截至12月31日，项目累计完成施工产值18784万元，占工程造价23122万元的84%。路基土石方累计完成400.9万方，占合同数量434.8万方的92%。蓝钟河特大桥:月累完成折合成桥31米，开累折合成桥783米，占桥梁总长度1038米的75%。

【郑卢高速公路洛宁至卢氏段11标】中铁建设分公司承建。

郑卢高速公路洛宁至卢氏段LNTJ-11标合同段全长6.85km。全线采用双向四车道高速公路标准，路基宽度24.5m，设计速度80km/h。线路上设置钢筋混凝土盖板通道8道，钢筋混凝土拱涵4道，钢筋混凝土盖板涵2道，桥梁5座（后凹大桥5×40+5×40m预应力混凝土装配式箱梁，前麻窝大桥3×30+（45+80+45）+4×30+3×30m预应力混凝土连续钢构+预应力混凝土装配式箱梁，沅子沟大桥5×30+4×40m装配式预应力混凝土连续箱梁，郭家埝大桥3×30+45+80+45+3×30m预应力混凝土连续钢构+预应力混凝土装配式箱梁，郭家埝1号大桥4×30m预应力混凝土连续箱梁）。工程造价26840.32万元，2010年12月20日开工，2013年3月31日竣工。

截至12月31日，项目累计完成施工产值24800万元，占工程造价26840万元的92%。前麻窝大桥、郭家埝大桥连续刚构于2012年12月17号完成双线合拢。

【岢岚至临县高速公路路基、桥隧工程LJ5标】中铁建设分公司承建。

山西省岢岚至临县高速公路LJ5合同段，线路全长10.2Km。主要的工程数量包括王家沟隧道1座，左线长2957m，右线长2984m；大桥4座共计1036.5m；路基挖土石方218.56万m3，填方116.89万m3，防护及排水工程117268.9圬工方，土工格栅62320m2；涵通道19座，共计1073.44m，其中盖板涵7座，拱涵12座。工程造价45802.45万元，合同工期19月。

截至12月31日，项目累计完成施工产值29217万元，占工程造价45802.44万元的64%。路基土石方累计完成367万方，目前剩余挖方12.5万方，填方12.5万方。太平沟1号大桥主体结构基本完成。王家沟隧道开挖累计完成5457米，占设计量的92%；仰拱铺底累计完成4798米，占设计量的81%；衬砌累计完成3818米，占设计量的64%。11月17日，王家沟隧道左线开挖贯通，成为全线首个贯通的长大隧道。

【临潼骊山经铁炉至蓝田公路改建工程I2标段】中铁建设分公司承建。

本工程西起国道310，南止国道312，连接了临潼区代王镇、马额镇、铁炉乡、小金山及蓝田县的金山镇、三官庙和蓝田县城。有土石方工程1109853m3，防护工程98072m3，涵洞15道。路面工程全长27.017公里，公路等级为二级。工程造价5629.55万元，2011年3月22日开工，2012年12月30日竣工。

项目主体工程已全部完工并顺利交验。

【宝鸡市蟠龙大道建设项目PL-1标段】中铁建设分公司承建。

本工程线路全长6.5km。合同总造价9512.99万元，合同工期22个月。本合同段的主要工程包括：路基5.167km，其中挖方76.23万m3、填方3.84万m3、砂砾垫层5.16万m3、灰土垫层3.45万m3、强夯0.8万m2、片石混凝土1.05

万 m3、浆砌片石防护 3.95 万 m3 等；盖板涵 5 座；大桥 4 座、中桥 4 座，桥长累计 1540 延米，其上部结构分别为 25m 后张法预制箱梁共 104 片、20m 先张法空心板梁共 462 片；下部结构为双柱式桥墩、肋板式和桩柱式桥台、钻孔桩基础。截至 12 月 31 日，项目累计完成施工产值 5213 万元，占工程造价 9513 万元的 55%。路基工程：路基挖方累计完成 68.4 万 m^3 、填土方 6579m^3 、M7.5 浆砌片石护面墙 9612m^3 、浆砌片石挡土墙 18500m^3 、C15 片石混凝土换填 6038m^3 ，路基砂砾垫层 26083m^3 、挡墙借砂砾填筑 15844m^3 、结构物台背回填砂砾 3921m^3 ；D=800mm 雨、污水管道和 D=1000mm 雨水主管道全部安装完成并回填，砖砌检查井全部完成。桥梁工程：8 座桥梁桩基全部完成 156 根，系梁完成 69 道；墩柱完成 94 根；盖梁完成 57 道；预制 25m 箱梁 104 片全部完成；20m 空心板实际完成 159 片，箱梁 26 孔全部架设完成，板梁架设 6 孔；暗板涵完成处 3 道。

【江苏省临海高等级公路（如东段）BT 工程】

投资总额：189800 万元。

工期安排：开工日期为 2011 年 6 月 12 日，竣工日期为 2014 年 4 月 11 日，总工期为 34 个月。

建设单位：江苏省如东县交通运输局。

投资项目法人：中铁南通投资建设管理有限公司。

施工总承包单位：中国中铁临海高等级公路如东项目总包部。

施工单位：中铁十局（一标）；中铁九局（二标）；

中铁上海局二公司（三标）；中铁七局（四标）；

中铁上海局华海公司（五标）；中铁四局（路面及交安）。

线路走向：路线起自海安如东交界，接老坝港工业园区规划振海路，项目起点桩号 K3+298，跨越北凌河南支线后，路线偏南向东，沿东南方向利用洋通大道，途经如东沿海经济开发区，洋口经济开发区，在一线海堤内侧沿 221 省道向南到达东安科技园区，最后路线止于如东与通州交界遥望港，项目终点桩号为 K77+670，全长 74.372 公里。

设计标准：项目采用一级公路标准进行建设，设计车速为 100 公里/时。一般路段采用 26 米的一级公路标准断面；港口及开发区路段 K12+850～K23+765、K43+685～K56+410 总长 23.64 公里，采用 33.5 米或 34.5 米的一级公路标准断面。

路面结构层：4 厘米 SUP-13 沥青混凝土+8 厘米 SUP-20 沥青混凝土+34 厘米水泥稳定碎石基层+20 厘米（4%水泥+8%石灰）稳定土底基层。

主要工程量：全线新建 70.902 公里，老路改造 3.47 公里千，路基填方 690.3 万立方米；水泥稳定碎石 64.7 万立方米、水泥石灰稳定土 39.9 万立方米，沥青面层 21.6 万立方米。桥梁 44 座共长 3710.85 米，其中大桥 8 座，长 2086.846 米（不含遥望港大桥）；中桥 24 座，长 1205.484 米；小桥 12 座，长 418.52 米。箱涵 16 座，长 971.7 米；圆管涵 152 道，长 5397.6 米。

桥梁工程全部采用钻孔桩基础，柱式墩台，上部结构除洋口大桥 7～10 号墩为 50+80+50 米预应力混凝土悬浇连续箱梁外，其他桥梁均为空心板梁或小箱梁。梁型主要有：25 米、30 米跨度的后张预应力小箱梁，20 米、16 米、13 米和 10 米跨度的先张空心板梁，8 米跨度的普通空心板梁。全线预制梁数量为：小箱梁 534 片；空心板梁 2992 片；普通板梁 192 片。分别在一、三、五标设置三个梁场进行集中预制，其中一标预制箱梁 106 片、板梁 1008 片；三标预制箱梁 228 片、板梁 2176 片；五标预制箱梁 200 片。

工程进度：截至 2012 年底，开累完成 BT 项目总投资 15.6 亿元，其中直接投资 14.8 亿元，间接投资（管理费和财务费用）0.8 亿元。2012 年完成产值 89002 万元（其中建安产值 75000 万元），占股份公司下达年度计划的 110%。其中，路基一标、二标全部完成，路基三标、四标、五标剩余底基层 18.4 公里，石灰土剩余 60 万立方米；桥梁下部结构除跨港大桥右幅 2 个盖梁外，全部完成；路面水稳单层单幅完成 151 公里，完成总量的 45%。

城轨工程

【北京地铁 6 号线 12 合同段】中铁三局承建。

合同价款：3.1282 亿元。

合同工期：2011 年 7 月 1 日-2013 年 12 月 31 日。

形象进度：年内完成车站二层主体结构，出入口、风亭、安全疏散口等附属结构完成 30%，盾构端头加固全部完成，右线盾构掘进 218 米，完成全长的 20%。

【北京地铁 6 号线信号系统工程】中铁四局承建。

合同造价：12289 万元（其中一期工程为 8352 万元，二期工程为 3937 万元）。

合同工期：2011 年 3 月 1 日-2013 年 6 月 30 日。

北京地铁 6 号线是一条贯穿中心城东西方向轨道交通线，西起海淀区的五路居，东至通州新城，全线长 43.130 公里。本次招标的北京地铁 6 号线工程范围包括：约 43.13 公里的双正线，正线范围内的折返线、渡线、存车线、车辆段及停车场的出入段场线、与相关线路的联络线；1 座控制中心；1 座备用控制中心（设于五里桥车辆段）；27 座正线车站（地下）；五里桥车辆段（含一条试车线）；东小营车辆段（含一条试车线）；五里停车场；工程配属的 64 列 8 辆编组列车；培训中心（暂定设于控制中心、五里桥车辆段）；维修中心（暂定设于五里桥车辆段）。

形象进度：10 月底一期主体工程全部完工。现在进行现场设备维保。北京地铁 6 号线一期工程于 2012 年 12 月 30 日试运营。

【北京地铁 6 号线玉带河-郝家府站区间】中铁六局承建。本标段为一站一区间，即。带河大街站位于通州城市核心区南部、玉带河大街以南、京杭运河西岸、滨河中路以西、玉带河东街以北。本站基本沿东西向布置于规划商业地块范围内，车站周边规划为商业用地。现状已结合新城建设基本完成拆迁。玉带河大街站为地下两层岛式站台站，并采用明挖顺筑法施工。车站共设 3 个出入口，设 1 个紧急疏散口；车站共设 2 个小风亭。分别设于车站两端；车站还设置 1 个无障碍出口，与 3 号出入口合建。出入口、风道、紧急疏散口均采用明挖法施工。带河大街站-郝家府站区间线路出站后向东南下穿玉带河大街，再转向东下穿北运河，继续向东下穿京哈铁路后，从杨坨村穿过，沿运河东大街下穿东六环路，止于东六环东侧、运河东大街北侧的郝家府站。玉带河大街站-郝家府站区间单线隧道长度 2209.750，采用盾构法施工。2 台盾构机从玉带河大街站东端左右线先后始发，到达郝家府站东端吊出，完成区间掘进。区间分别于里程右 K38+520.000、右 K39+715.000 设置 2 个联络通道兼泵站，于右 K39+120.000 设置 1 个区间风道兼联络通道。本工程位于北京市，合同额 3.48 亿元，开竣工日期 2011 年 7 月 1 日至 2013 年 7 月 20 日。2012 年 11 月 17 日，盾构分公司施工的北京地铁 6 号线盾构机率先始发。目前正下穿玉带河施工。

【北京地铁 6 号线供电系统及综合监控设备安装工程】中铁电气化局承建。为续建工程，于 2011 年 6 月 16 日开工，截至 2012 年 12 月 30 日开通运营。线路起点五路居，终点草房。包含专业：供电、接触网、综合监控等多个专业。五里桥车辆段：1 月 13 日接触网冷滑试验，1 月 16 日变电所送电，1 月 18 日接触网送电；东试验段（草房-褡裢坡）：4 月 1 日变电所送电，4 月 10 日接触网冷滑，4 月 14 日接触网送电；褡裢坡至朝阳门：8 月 6 日接触网送电；五路居至车公庄西：8 月 16 日变电所送电，8 月 18 日接触网送电；南锣鼓巷至车公庄：8 月 26 日变电所送电；朝阳门至车公庄西：9 月 6 日接触网冷滑，9 月 8 日接触网送电；五路停车场：10 月 16 日变电所送电，11 月 1 日接触网送电。

【北京地铁 6 号线一期 05 标】 合同造价：20252 万元。合同工期：41 个月。施工单位：中铁港航局集团第三工程有限公司。

工程概况：北京地铁 6 号线一期工程 05 标段褡裢坡站站位设置在朝阳北路与定福庄路的交叉路口偏南一侧，车站骑跨定福庄路呈东西向布置。起始于朝阳北路西端里程 K25+539.156，终止于朝阳北路东端 K25+897.456。车站为二层双柱三跨岛式站台车站，总长 358.3 米，净宽 19.5 米，标准段挖深 17.6 米。车站共设置 4 个出入口、3 个疏散出入口和两组风井。主体结构采用明挖顺筑法施工，围护结构形式为钻孔灌注桩+钢支撑的形式；1、2 号出入口通道采用暗挖法施工，3、4 号出入口采用明挖法施工。

截至 2012 年底完成产值 20064 万元。

【北京地铁 7 号线工程土建施工 02 合同段】中铁三局承建。

合同价款：7.8536 亿元。

合同工期：2010 年 5 月 1 日至 2014 年 12 月 30 日。

形象进度：菜市口站:完成电信管线、上水管路、天燃气管和热力方沟改移；完成围护桩 152 根；土方开挖完成

8.0 万方；完成主体结构 200.45 米；完成 2 号出入口结构 20%；完成 4 号出入口结构 20%。

广安门内站：完成横向小导洞 17 个；完成底边梁 318.4 米、底纵梁 219.2 米、顶纵梁 249.2 米、桩顶冠梁 498.4 米、拱顶初支及二衬 249.2 米；完成地下一层、地下二层初支及二衬的施工。广-菜区间：盾构井完成 17.1 米，完成暗挖区间初支及二衬 60 米；完成左线掘进 900 米，右线掘进 900 米。

【北京地铁 7 号线土建 05 标】中铁一局承建。北京地铁 7 号线 05 标段包括两站（广渠门内站、广渠门外站）两区间（磁器口站-广渠门内站区间、广渠门内站-广渠门外站区间），标段全长 2555.53m。广渠门内站主体采用暗挖法施工，广渠门外站主体采用明挖法施工，磁器口站-广渠门内站区间采用暗挖法施工，广渠门内站-广渠门外站区间采用盾构法施工。广渠门内站车站总长 235.4 米，宽 20.9 米，为双层三跨三连拱全暗挖岛式车站。广渠门外站车站总长 309.5 米，主体标准段净宽 19.5 米为两柱三跨地下双层岛式明挖车站。磁器口站-广渠门内站区间：沿广渠门内大街道路行进，区间全长 923.63 米（正线双延米）。广渠门内站-广渠门外站区间：主要沿广渠门内大街及广渠门外大街布置，呈东西走向，区间总长 1087 双线米。

合同价 70448.8 万元。

合同工期：2010-5-1 至 2014-12-30 实际开工 2011-8-12。

【北京地铁 10 号线二期工程通信系统设备安装工程】中铁五局承建。北京地铁 10 号线二期通信系统（含专用通信、公安通信、政务通信、办公自动化）设备的全部安装工程及部分材料的采购、相应的系统设备调试、对民用通信施工相关单位的管理、与土建单位的工程配合、相关技术培训、试运营前的临管维护、竣工图编制等服务内容。合同总额 10573.0840 万元。建设单位：北京市轨道交通建设管理有限公司，设计单位：北京全路通信信号研究设计院、北京城建设计研究院，监理单位：铁科院（北京）工程咨询有限公司。年累完成 5679 万元，开累完成 7052 万元，剩余价值 3521.08 万元。

【北京地铁 10 号线二期工程土建施工 07 标】 中铁六局承建。本合同段工程包括角门西站、角门东站-角门西站区间、角门西站-草桥站区间；车站采用明挖法施工，区间采用盾构法。角门西站位于嘉禾路（规划）和马家堡西路交汇路口下，沿嘉禾路东西向设置，与地铁 4 号线石榴庄站实现换乘。角门西站主体结构总长度 207.5m，由 35.1m 暗挖段主体及 172.4m 明挖主体构成。车站共设 4 个出入口，2 组风亭，4 个换乘通道，1 个消防疏散通道。角门东站-角门西站区间 1014.778m；角门西站-草桥站区间全长 1461.824m。区间采用盾构法施工。本工程位于北京市，合同额 3.829 亿元，开竣工日期 2008 年 12 月 28 日至 2012 年 12 月 30 日。2012 年 12 月 30 日，北京地铁 10 号线二期工程正式开通运营。

【北京地铁 10 号线二期 12 标】中铁隧道承建北京地铁 10 号线二期 12 标工程。本标段工程包括两座车站及其附属工程和两条盾构区间隧道及其附属工程，标段全长 3558.877 米。合同工期为 2008 年 12 月 28 日至 2013 年 9 月 20 日，合同总造价 82298 万元。两座车站均为换乘站，附属工程很多，公主坟站共有附属结构 17 个，西钓鱼台站有附属结构 7 个，两个区间共有附属结构 5 个，故工程规模大。公主坟站为 10 号线与地铁 1 号线的换乘车站，车站总长 193.65 米，东西两个主体结构净宽均 13.25 米，顶板覆土约为 5 米。本站采用分离岛式站台车站，结构型式为两端双层单跨拱顶直墙结构；中间下穿既有 1 号线段长 26.1 米，结构净宽 11.75 米，高 6.32 米，顶板覆土约 12.5 米，为单层双跨平顶直墙矩形结构，采用‘CRD+千斤顶’暗挖法施工。西钓鱼台站是 10 号线与远期地铁 3 号线的换乘车站，车站主体结构长约 172.3 米，两车站平面呈丁字型相交。10 号线车站呈南北向，3 号线车站呈东西向。本站明挖岛式车站，车站明挖标准段为地下两层五跨结构，扩大段为三层五跨明挖结构。公主坟站—西钓鱼台站区间长左线 2204.738 米；右线长 2200.34 米。区间左、右线间距约 70 米；公主坟站—西钓鱼台站为“V”字坡，最大坡度 20.535‰；西钓鱼台站—慈寿寺台站为“V”字坡，最大坡度 28.68‰。两区间采用盾构法施工，采用中铁装备公司生产的中铁 3 号、4 号盾构机进行掘进，隧道外径 6000 毫米，内径 5400 毫米，管片采用 C50P10 钢筋混凝土管片，环宽 1200 毫米。公西区间及西慈区间在 2012 年 3 月底全部掘进完成，公主坟站及西钓鱼台站主体结构及附属结构于 2012 年 6 月全部施工完成。

【北京地铁 10 号线二期工程供电系统及综合监控系统设备安装工程】中铁电气化局承建。为续建工程，于 2011 年 5 月 16 日开工。2012 年 12 月 13 日，北京地铁十号线二期供电工程完成竣工验收。2012 年 12 月 28 日（除西局--樊家村区间、宋家庄停车场不开通）开通运营。完成 27 个变电所设备安装、电缆敷设和试验及送电。其中：基础槽钢安装 3024 米；电缆支架安装 4614 组；接地扁钢安装 5871 米；电力及控制电缆敷设 54800 米；变电所设备安装 1342 台。完成 26 个区间电缆支架安装、环网电缆敷设施工。其中：电缆支架安装 96157 组；环网电缆敷设 81319 米。完成 25 个区间牵引网专业设备安装、电缆敷设及接触轨送电。其中：设备安装 88 台；电缆敷设 74250 米。完成 22 个车站 UPS

整合电源设备安装、电缆敷设及送电。其中：设备安装176台；电缆敷设8183米。完成22个车站综合监控系统线缆及管线安装、设备安装、电缆敷设及调试。其中：管线和线槽安装19146米；设备安装88台套；电缆敷设49914米。完成25个区间疏散平台安装。其中：疏散平台安装49684块。

【北京地铁10号线二期15标】 合同造价：29069万元。合同工期：38 个月。施工单位：中铁港航局集团第三工程有限公司。

工程概况：北京地铁10号线二期15合同段是慈寿寺站-车道沟站区间线路呈南北走向，位于京密引水渠西侧蓝靛厂南路西边绿地内。本区间隧道总长1282.171米，其中：明挖1121.009米；暗挖段：161.162米。本区间与五路停车场相连，区间在停车场出入线引入正线前是单线单洞结构，采用暗挖法施工；出入引入正线后是四线四洞结构，部分区段因道岔原因变为四线三洞结构及四线二洞结构，采用明挖法施工。本区间在K53+97.509-K53+127.509设轨排井。明挖基坑宽度约为23米，深度约为18米。围护结构采用钻孔灌注桩，基坑采用钢管支撑与锚索支撑相互结合体系。

截至2012年底完成产值32690万元。

【北京地铁10号线二期13标】 中铁航空港集团承建二期工程土建施工13合同段慈寿寺站。系中铁建工集团中标，重组前中铁建工集团北京公司承建，重组后中铁航空港集团北京公司承建。

合同价：94013万元。

合同工期：2010年4月26日至2012年9月28日，共30个月。

北京地铁10号线二期工程土建施工13合同段慈寿寺站，位于北京市海淀区玲珑路与蓝靛厂南路交叉口西北象限，东为蓝靛厂南路，西侧紧邻待建的14标段地铁列检库，南侧紧邻玲珑路，车站东南角与慈寿寺桥距离较近，为北京城区西四环与西三环之间重要的地下、公共交通枢纽。车站主体成“L”型布置，南北向为10号线，东西向为6号线，是6号线、10号线及S1线，3线换乘站。总建筑面积60197平方米，其中6号线主体结构采用三层三跨、局部三层四跨箱型框架结构、10号线主体结构采用两层三跨箱型框架结构。明挖顺作法施工，基坑围护结构为钻孔灌注桩+预应力锚索和围护桩+钢支撑支护形式。

2012年累完成施工产值13699万元，开累完成施工产值49070万元。2011年末主体结构及砌筑施工全部完工，2012年进行装修施工。

【北京地铁14号线10标】续建工程，中铁二局一公司承建。北京地铁14号线第10合同段全长2125米，合同总价4.6亿元，工期3.5年。

2012年，完成产值15008.5万元，开累完成22842.5万元，折合成洞137米。

【北京地铁14号线00标】中铁三局承建。

合同价款：4.0064亿元。

合同工期：2009年9月15日至2013年12月31日。

形象进度：陶然桥站：西侧基坑于1月1日前完成拆迁、导改及临电引入，开始施工。年内明挖主体结构全部完成。东侧基坑于7月1日前完成拆迁、导改，开始施工；主体结构完成40%，中部暗挖导洞开挖完成20%；主体结构降水井全部完成。永定门外站：暗挖段开挖至地下一层中板。陶-永区间：端头加固完成50%。北-陶区间：竖井完成；区间降水井完成；暗挖段开挖、初支完成100%完成，二衬完成83%。

【北京地铁14号线01标】中铁六局承建。北京地铁14号线工程01标为高架桥梁结构形式，起点桩号K0+156.5，终点桩号K4+737.555，总长约4.5公里。其中包括跨越永定河、西五环路和丰沙铁路等节点、两座车站（张郭庄站及新增园博园站）。上部结构主要形式为现浇箱梁，下部结构采用桩基础接承台接墩柱形式。本工程位于北京市，合同额3.1亿元，开竣工日期2010年5月1日至2013年5月8日。2012年11月1日，跨越丰沙铁路刚构转体桥顺利完成转体，至此该项目的控制性工程圆满完成，为全线顺利开通奠定了良好的基础。

【北京地铁14号线04合同段】 合同造价：41260万元。合同工期：2010年5月1日-2014年12月31日，因北京举办园博会，全部竣工时间提前至2013年1月15日。施工单位：中铁港航局集团第三工程有限公司。

工程概况：管段起讫里程为K8+534.25-K11+584.18，包括一站三区间。其中车站长度206.4米，区间长度2568.73米。本合同段线路出郭庄子车站后下穿京石高速、卢沟桥路后，沿丰体南路一直向东延伸，经过大井站后沿丰体南路向东穿西四环丰北桥，并沿丰台北路东行，经过七里庄站后沿丰台北路向东行至西局站。车站为两层双柱三跨结构，岛式站台车站，车站总长206.4米，标准段宽20.9米，车站共设4座出入口，2组风亭，2座紧急疏散出入口，出入口及风道下穿管线部分采用暗挖法施工，其余地段采用明挖施工。三段区间穿越的地层主要为卵石-圆砾层，暗挖法施工，隧道内采用机械压入式通风系统进行通风。隧道有单线单洞断面及双线单洞断面两种，单线单洞断面开挖宽度6.2米，采用台阶法施工；双线单洞断面最大开挖宽度12.05米，采用双侧壁导坑法开挖。

本合同段需要与 9 号线七里庄站换乘，在合同段终点需要与 10 号线二期西局站换乘。原合同工期中工程主体完工时间为 2013 年 6 月 30 日，因北京举办园博会，全部竣工时间提前至 2013 年 1 月 15 日。

主要工程数量：暗挖土方 210000（立方），明挖土方 126500（立方），喷射混凝土（立方）36400，车站 206（米），区间 2556（米），竖井 109（米），横通道（271 米）。工程重难点：标段内共有一级风险源 41 个，二级风险源 27 个，三级风险源 19 个。北京地铁 14 号线 04 标工程量大，工期异常紧迫，结构繁杂，风险高，技术难度大、管线改移、交通导改难。其中大井站和郭大区间右线 280 米长的双线单洞大断面施工是控制工期的重点，管段内暗挖区间下穿丰北桥立交桥区、武警建筑群、丰体中心地下水池以及区间叠加段等众多风险源是施工安全、质量控制的难点。

截至 2012 年底完成产值 39518 万元。

【北京地铁14号线土建施工24合同段工程】中铁上海工程局一公司承建。

合同造价：19269.372 万元。

合同工期：2010 年 11 月 20 日-2014 年 12 月 28 日，合同工期为 1499 天。

工程概况：北京地铁 14 号线土建工程 24 合同段包括善各庄站、善各庄站至终点区间，另包括一段出入段线。主要工程内容包括：车站、区间及出入线土建工程、装修工程、安装工程、降水工程、专项工作、站前广场、总负责及协调配合等。

善各庄站位于规划路南湖渠路与规划来广营东路交叉口及交叉口东北侧，沿规划南湖渠路东北-西南方向布置。车站周边规划条件尚不成熟，车站有效站台中心里程 K47+209.000，车站总长 277.49 米，起止桩号为右 K47+126.418（左 K47+116.888）-K47+403.980。车站设 4 个出入口、2 组风亭、1 个大端设备用房紧急疏散出口。

善各庄站后折返线区间（善各庄站至终点区间）线路出善各庄站后沿远期规划道路向东北方向敷设，下穿沈家村干渠到达区间设计终点，里程为右 YCK0+102.793-右 YCK0+282.460，总长 179.667 米。

出入段线工程（马泉营车辆段外）自善各庄站后区间终点开始，里程为：CK0+282.46-CK0+610，向北 357.54 米后，下穿香江北路（下穿后到达本标段终点）、西干沟引水渠，向东北方向继续前行，至香江北路车辆段。

施工进度：善各庄站完成土方 14.3 万立方米，降水井 118 口，钻孔桩 490 根，冠梁 620 米，钢支撑安装 100%。1—13 段结构施工完毕，土方回填完毕；出入段线完成土方 3.15 万立方米，钻孔桩 543 根，冠梁 705 米，降水井 112 口，1—16 段结构施工完毕，土方回填完毕；2 号风道施工完毕，D 号出入口结构施工完毕；C 号出入口 1、2、3 段底板施工完毕，1 段侧墙施工完毕，2 段侧墙钢筋绑扎完毕；B 号出入口钻孔桩施工 72 根，锚索施工 66 根；A 号出入口 1 段底板施工完毕，1 段侧墙钢筋绑扎 78%；折返线暗挖段 1—4 号洞开完支护完毕，5 号洞开挖支护 157 米，6 号洞开挖支护 147 米。

【北京地铁14号线26合同段工程】 中铁上海工局一公司承建。

合同总价：4213.4672 元。

合同工期：2012 年 9 月 10 日—2013 年 9 月 10 日。

工程概况：起点里程为 CK0+640.000，终点里程为 CK0+920.000，总长度约为 280 米，结构小里程端与矿山法出入段线相接。本段线路无废水、雨水泵房等附属结构；工程位于马泉营车辆段西侧围墙外侧、奶善路下方，西侧临近现况沈家村干渠。道路下方有少量通信及污水管线。本段结构起点段下穿西干渠。主体结构采用明挖法施工。结构施工时，需对奶善路进行二次导改，并对西干渠进行临时断流或导流。合同段主要工程内容包括：马泉营出入段线（CK0+640.000～CK0+920.000）土建工程、降水工程、总负责及协调配合等。

工程进度：完成了树木伐移及道路导改。

【南京地铁 3 号线 7 标】续建工程，中铁二局五公司承建。本标段为南京地铁 3 号线土建工程 D3-TA07 标，本标段起讫里程 K18+39.262-K21+057.175，全长约 3017 米，包括新庄站、新庄站-市政府站盾构区间左线设计长 2672.4 米，右线设计长 2667.6、市政府站（3 号线）两站一区间施工任务。

2012 年累完 20508 万元，累完产值 30591 万元，占设计 49117 万元的 62.3%。盾构左线推进累完 1051.2 米，占设计的 39.3%，盾构右线推进累完 1130.4 米，占设计的 42.4%，市政府站土石方开挖完成，主体结构工程底板累完 8 段，第一层中板 1 段，第二层中板 4 段。

【南京地铁 3 号线土建工程 D3-TA08 标段】中铁一局承建。本标段包括市政府站-浮桥站区间、浮桥站、浮桥站-大行宫站区间、大行宫站及大行宫站-常府街站区间盾构井；共 2 个车站、2 个区间和 1 个盾构井。浮桥站长 504.6m，标准段宽 20.6m，两端头宽 25，基坑深 16.1-19m，地下两层岛式车站。大行宫站外包总长 156.94m，标准段宽 22.2m，端头宽 26.2m，基坑深 23m，地下三层双柱三跨岛式换乘车站。市-浮区间左线 345.697m，右线 346m；浮-大区间左线 698.368m，右线 698m。

大行宫站主体结构已于 2012 年 10 月 9 日全部封顶。盾构井大-常盾构井底板施工完毕。浮桥站：浮桥站主体施工完成。市浮区间管片累计生产400环，浮大区间管片生产完毕。

施工单位：中铁一局城轨公司。

合同工期2010.12.1-2013.12.31。

合同价50052万元。盾构区间总长2088米。

【南京地铁机场盾构工程】续建工程，中铁二局城通公司承建。南京至高淳城际快速轨道南京南站至禄口机场段工程TA01标含1号工作井－禄口机场站和1号工作井－明挖过渡段两个区间双线隧道施工，共计4条隧道，6个联络通道，隧道总长7861.956公里。

截至2012年底，该项目累计完建安产值17824.35万元，为总价值23351.54万元的76%。

【南京地铁宁高城轨南禄段DJ-TA03标土建施工】中铁三局承建。

合同价款：1.896亿元。

合同工期：2011年11月1日至2013年6月30日。

形象进度：完成竖井三座，暗挖区间单线隧道2座约1107.66单线成洞米，暗挖区间双线隧道4座约621.47双线成洞米。

【南京地铁南京南控制中心】中铁四局承建。

合同造价：16171万元。

合同工期：2012年11月1日-2013年12月31日。

本工程建筑面积69750平方米，控制中心地上6层，地下2层，建筑高度28米，结构桩106根，建筑面积32955平方米；商业开发地上6层，建筑高度28米；地下2层，商业开发东北角66×21米处为负三层，商业开发33740平方米；主变电站地下1层，地上2层，建筑高度16米，建筑面积3055平方米，结构桩18根。围护结构钻孔桩550根，高压旋喷桩551根，土石方开挖约10万立方米。

工程重点及难点：控制中心及商业开发基坑开挖深度约10米，其中与宁和城际合建段开挖深度为20.7米，基坑开挖深度范围的土层主要为填土、软-流塑粉质粘土、可-硬塑的粉质粘土及风化基岩。填土层结构松散，密实性差，厚度较大，开挖易坍塌；第四系的软弱土含水量高，压缩性高，土质差，基坑开挖时极易产生侧向变形或土体流动，从而引起成开挖面失稳。因此，确保基坑土方开挖开挖安全是本项目施工成败的关键，也是本项目工程施工的重点和难点。

2012年工程进展：围护桩结构：钻孔桩设计550根，累完527根，旋喷桩设计550根，累完309根；结构桩：钻孔桩设计256根，累完83根。

2012年完成产值1473万元。

【南京地铁3号线土建工程D3-TA09标】中铁五局承建。本标段工程包括两个车站及两个盾构区间（大行宫站-常府街站盾构区间、常府街地下车站、常府街站-夫子庙站盾构区间、夫子庙地下车站）。大行宫站-常府街站区间双线长度约783.3米，盾构法施工；常府街站为半盖挖地下车站，车站长度199.8米，标准段宽度为19.6米，车站基坑开挖深度为17.23-17.94米；常府街站-夫子庙站区间双线长度约872米，盾构法施工；夫子庙站为三、五号线换乘站，车站长度185米，标准段宽度22.3米，基坑深度23.17米。合同总额40037.6636万元。建设单位：南京地下铁道有限责任公司，设计单位：广州地铁设计研究院有限公司、北京城建设计研究总院有限责任公司，监理单位：上海三维工程建设咨询有限公司。2011年7月18日开工，合同竣工时间2013年9月30日。年累完成8725万元，开累完成22307万元，剩余价值20361万元。

【南京地铁3号线24标】中铁七局三公司承建南京地铁3号线24标，本标段南京南站站-宏运大道站区间为暗挖矿山法，设计里程范围为右K31+948.779-右K32+664.091（左K31+K31+948.863-左K32+664.091），右线长度为715.312m（左线长度为715.228m）。结构形式暗挖矿山法区间，共设置两个竖井，1号竖井尺寸为8m×21.36m×17.417m（深），2号竖井尺寸为8m×21.36m×22.264m（深）。本标段矿山法隧道区间均为单线马蹄形隧道断面（净宽5.38m、净高5.5m），拱顶埋深4.05-14.27m。隧道结构采用复合式衬砌结构。初支参数：Φ42超前小导管；φ8钢筋网150×150mm；工22b型钢钢架，纵向间距500mm；C25网喷混凝土300mm厚；Φ25中空注浆锚杆，边墙设置，间距1000mmx1000mm，梅花形布置，L=3.0m。二衬参数：C35模筑钢筋混凝土、P10，350mm厚。2012年完成502万元，开累完产值502.47万元，占设计8701.6万元的5.77%。

【南京地铁4号线一期工程TA07标】中铁八局承建。紫金山北站-岔路口东站矿山法隧道位于蒋王庙街、宁栖路与玄武大道上，区间隧道全长2459.003m，矿山法施工，拱顶埋深约12.0-29.0m。区间内设置施工竖井2座、区间中间风井1座、联络通道5处，其中3处联络通道与竖井、风井合建。区间风井和施工竖井采用明挖法施工，联络通道采用矿山法施工。岔路口东站为南京地铁四号线的第11座车站，平行于玄武大道，呈东西方向布置在绿化带内。本站为地下二层岛式车站，车站总体建筑面积11507.70m²，主体建筑面积10149.36m²，附属建筑面积1358.34m²。车站长度为257m，站台宽度10.5m，覆土约2.3-3.6m，两端为矿山法施工区间。附属结构共设2个出入口、2个预留出入口、1个紧急消防疏散口和2组风亭。该段工程2012年6月1日开工，预计

2014年12月31日完工，总工期30个月。工程总投资为2.9亿元。2012年完成产值2061万元。

【南京地铁4号线一期工程土建施工D4-TA01标】 中铁上海局华海公司承建。

合同造价：66118.0863万元。

合同工期：2012年6月1日—2015年1月31日。

实际开工时间：2012年8月20日。

工程概况：

1.中保站：车站起止里程为：AK10+624～AK11+109。车站型式为地下两层岛式，拟采用地下连续墙支护结构。该车站是地铁4号线与9号线的换乘站，两线十字交叉，4号线上穿9号线。中保站外包总长525.6米，标准段总宽24.2米，端头井总宽28.4米，车站标准段开挖深度约19.76米，换乘段开挖约27.92米，站中心覆土4.4米。端头井地墙深度41米，墙厚为1米，标准段墙深36.5米，墙厚均为1米，换乘段地墙深度为50米，墙厚为1.2米，接头采用H型钢接头。主体结构基坑内部采用旋喷桩加固，东、西端头井裙边和抽条加固，标准段采用格栅式加固，加固范围均为3米，加固深度为坑底下3米，加固后土体qu≥1.0Mpa。车站主体结构由两个封堵墙分为三个基坑，西段基坑采用半盖挖顺做法施工，标准段基坑采用明挖顺做法施工，东段基坑采用盖挖+半盖挖顺做法施工。本站设9个出入口、1个无障碍出入口、1个消防疏散口以及3组风亭。附属结构围护采用钻孔桩，桩深24.5米，直径0.85米，间距1米。附属围护结构止水帷幕采用旋喷桩，土体qu≥1.0Mpa，附属结构基坑底加固，加固后土体qu≥1.0Mpa。

2.草场门站：车站起点里程为：左线CK12+544.40，终点里程为：左线CK12+799.21。草场门站为地下三层13米岛式站台车站，沿北京西路东西向设置，跨虎踞路，与草场门规划隧道结合。拟采用地下连续墙支护结构。该车站是地铁4号线与7号线的换乘站，两线十字交叉，4号线下穿7号线。

产值情况：2012年完成7014万元，开累完成7014万元。

形象进度：

1.中保站完成57幅；完成钻孔立柱桩34根；地基加固293根，其中空桩6270米，地基加固实桩1465米。

2.草场门站：完成主体地连墙完成16幅，完成附属地墙9幅。

【南京地铁10号线停车场房建工程总承包项目（D10-TA07标】中铁五局承建，项目地点位于南京市浦口区五里桥，宁合高速公路以北、华山路以东、光明西路以西所夹地块范围内。该工程为地铁车辆段工程，停车场用地长950m，宽300m左右，总占地面积23.96公顷。共设有14个单体，总建筑面积53905.32平方米。合同总额17066.5万元。建设单位：南京地下铁道有限公司，设计单位：中铁第四勘察设计院集团有限公司，监理单位：江苏建科建设监理有限公司。2012年3月10日开工，合同竣工时间2014年1月31日完工。年累完成5599万元，开累完成10048万元，剩余价值7018.5万元。

【昆明市轨道交通3号线土建工程西标段】中国中铁股份有限公司承建，中铁昆明建设投资有限公司全权管理。中铁二局、四局、八局、隧道局、上海局、港航局6家单位承担施工任务。本工程起点石咀站，终点市体育馆站，线路沿春雨路、人民西路敷设，标段全长7.89公里，工程主要包括石咀站、小渔村站、马街站、市体育馆站4座车站，石咀站-小渔村站-马街站-眠山站-沙沟尾站-西苑立交站-梁家河站-市体育馆站7个盾构区间，以及石咀明挖区间、石咀车辆段出入段线，共13个单位工程。中标价146500万元，合同工期为673日历天。

主要工程量及工程进展情况。截至2012年12月31日，昆明地铁3号线西标段开累完成施工产值83726万元，完成合同额146533万元的57%。

1.石咀站：为地下二层岛式站台车站，车站总长为436米，标准段宽19.3米，站台宽度10.4米，车站总建筑面积15201平方米，有效站台中心处顶板覆土厚度2.5米。车站共设4个出入口，5组风亭。车站主体结构于2012年8月2日封顶，剩余附属结构因征地拆迁原因，2012年暂未开工。

2.小渔村站：为地下二层岛式站台车站，车站总长为181.0米，标准段宽19.1米，站台宽度10.4米，有效站台长度120米，车站总建筑面积11561平方米，有效站台中心处顶板覆土厚度2.667米。车站共设3个出入口，2组风亭。车站主体结构于2012年4月14日封顶，剩余附属结构因征地拆迁原因滞后，2012年暂未开工。

3.马街站：为地下二层岛式站台车站，车站总长为175.3米，标准段宽19.1米，站台宽度10.4米，有效站台长度120米，车站总建筑面积10735平方米，有效站台中心处顶板覆土厚度3.1米。车站共设4个出入口，2组风亭。车站主体结构于2012年4月30日封顶，剩余附属结构因征地拆迁原因，2012年暂未实现开工。

4.市体育馆站：采用半盖挖法施工，为地下二层岛式站台车站，车站总长为271米，标准段宽19.1米，站台宽度10.4米，有效站台长度120米，车站总建筑面积15188平方米，有效站台中心处顶板覆土厚度3.118米。车站共设7个出入口，共设3组风亭。受征地拆迁及交通疏解等影响，主体围护结构分南北侧施工，主体结构在南侧场地施工。截至2012年12月31日，北侧地连墙施工31幅，剩余73幅，南侧待交通疏解后即可实施。

5. 明挖区间：石咀明挖区间与石咀站相连，线路总长239.8米，石咀车辆段线长206.7米，基坑深度7米-22米，基坑宽度10.5米-15.75米。石咀车辆段出入段线下穿受昆明市政府重点保护的昆石米轨2股道，以及水泥厂准轨1股道。截至2012年12月31日，石咀明挖区间主体结构完成10段，完成设计13段的77%；车辆段线完成5段，完成设计11段的46%。6. 盾构区间：石咀站-小渔村站-马街站-眠山站-沙沟尾站-西苑立交站-梁家河站-市体育馆站7个盾构区间，区间设计长度12555米，截至2012年12月31日，已完成盾构掘进9634米，其中石咀站-小渔村站-马街站-眠山站-沙沟尾站等4个盾构区间已实现双线贯通，剩余沙沟尾站-西苑立交站-梁家河站-市体育馆站3个盾构区间正在施工。盾构主要下穿地质为淤泥质粘土、粘土、粉质粘土、泥炭质土、粉砂、砂岩、粉砂岩夹泥岩等。

【昆明地铁首期工程土建12标】续建工程，中铁二局城通公司承建。工程于2010年4月14日中标，开工日期为2010年4月30日。该项目含昆明北站站、圆通街站、人民路站3个车站和区间隧道为昆明北站站-圆通街站、圆通街站-人民路站、人民路站-文化宫站3个区间，沿北京路成南北走向，其中盾构区间隧道单线长2954.836米。

截至2012年底，该项目累完工程产值42896.05万元，占全部施工任务的98.6%。

【昆明地铁3号线西标段】续建工程，中铁二局城通公司承建。工程合同造价4.96亿元。

该项目于2012年4月29日实现马街站主体结构顺利封顶，7月18日实现西-梁区间左线盾构始发，11月30日，市体育馆站110kV高压线迁改完成。截至2012年底，该工程累计完成产值18163.24万元，为全部生产任务的43.9%。

【昆明地铁市政配套项目】续建工程，中铁二局城通公司承建。昆明市轨道交通首期工程市政通道配套土建施工项目包含2个端头井和2个盾构区间，分别为昆明火车站站北端头井、得胜桥站东端头井和昆明火车站站-环城南路站-得胜桥站区间隧道。其中昆明火车站站北端头井长48米，采用明挖法施工；得胜桥站东端头井长108.4米，采用半盖挖法施工；区间线路双线总长3144.818米。

2012年，克服地铁车站半盖挖、盾构小半径曲线大众坡始发、盾构穿越昆明市盘龙江、文物建筑、既有地铁2号线及昆明铁路局三角大院等大片危旧民房，先后实现5月20日得胜桥东端头井主体结构施工全完，6月28日环-得区间右线盾构始发，完成盾构推进650环780成洞米，全年完成施工产值4436万元。

【昆明地铁严家山车辆段工程】中铁四局承建。

合同造价：3644万元。

合同工期：2012年6月1日-2013年5月30日。

昆明市轨道交通首期工程严家山车辆段与综合基地±0.00以上工程，选址于昆曲高速公路以北、逢源路以东，主要工程包含停车列检库、联合库、整体上盖、综合楼、牵引降压混合变电所、辅助办公楼、给水加压站、污水处理站、门卫1、门卫2。其中整体上盖下包含调机工程车库、洗车库、材料棚。车辆段用地面积142071.42平方米，上盖面积69332.17平方米，总建筑面积84688.09平方米。

工程完成及进展情况：截至2012年12月31日，开累完成电气工程专业：导线敷设59.61千米，线管预埋21.25千米。给排水及消防专业：室内消防水管1.82千米，给排水3.41千米。室外污水管0.90千米，废水管0.90千米，生活给水管0.80千米，雨水管0.75千米，雨水口36个，中水管0.50千米，各种井室110个；化粪池2个，清水池1座。

【昆明轨道交通3号线西标段】中铁四局承建。

合同造价：13900万元.。

合同工期：2011年7月1日-2013年1月31日。

本隧道工程含两个区间，分别为：眠山站-沙沟尾站区间，沙沟尾站-西苑立交站区间，单线总长2321.4米。

眠山站-沙沟尾站区间：右线起讫点里程YDK8+784.150-YDK9+076.550，长292.4米；左线起迄点里程为：ZDK8+784.150-ZDK9+302.750，长518.6米；

沙沟尾站-西苑立交站区间:区间右线起讫点里程为：YDK9+539.20-YDK10+294.40,长755.2米；左线起讫点里程为：ZDK9+539.20-ZDK10+294.40,长755.2米。区间在右线里程YDK9+900处设联络通道及废水泵房。

截至2012年底，产值开累完成10161万元。

形象进度：2012年底，眠山站-沙沟尾站区间盾构掘进完成；沙沟尾站-西苑立交站区间：左线完成总量的79%；右线完成总量的56%；董家沟桥：完成桥桩拔除施工；新运粮河桥：完成隧道范围内的桥桩拆除。

【昆明市轨道交通3号线工程太平村站土建工程】中铁四局城轨分公司承建。

合同造价：8700万元。

合同工期2012年6月1日-2013年8月31日。

太平村站是昆明地铁3号线工程的中间站。位于太平村东侧东绕城连接线和规划道路交叉口西北角地块内，沿东绕连接线北侧呈东西向布置，为地下两层局部地下一层侧式站台车站。东绕城连接线为6车道，现状道路红线宽50米，是连接昆明机场的一条快速交通干道，交通繁忙。

车站总长 193.3 米，标准段宽 22.8 米，有效站台长度 118 米，施工期间开挖深度 16.45 米。车站总建筑面积 11552 平方米。车站采用明挖顺作法施工，结构形式采用钢筋混凝土框架结构，其西端设交叉渡线。

车站起止里程为 YDK20+267.10—YDK20+460.40。车站大里程段接矿山法暗挖区间，小里程接明挖区间。

截至 2012 年底，产值完成 620 万元。

形象进度：截至 2012 年底，围护钻孔桩施工完成总量的 41%。

【昆明市轨道交通工程一标】中铁八局承建。昆明市轨道交通首期工程施工一标项目设计起点为右ⅠDK20+525，终点为右ⅠDK41+900。首期工程南段线路总长为约 21.375km，其中高架线长约 10.136km，地下线长约 11.095km，地面线长约 0.144km，含高架站 5 座，地下站 6 座。合同工期：2011 年 01 月 24 日至 2011 年 11 月 30 日。合同价 19138 万元，2012 年完成产值 8339 万元，完成铺轨 2.146km、开累 21.375km。2012 年 11 月 25 日完工。

【昆明市轨道交通 3 号线西标段】中铁八局承建。工期：2011 年 4 月 1 日-2012 年 3 月 30 日，合同价：11890 万元。2012 年完成投资 6211 万元。石咀车辆段出入线明挖区间主体结构设计 206 米、底板完成 133 米、顶板完成 87 米。石咀站明挖区间：主体结构设计 239 米、底板完成 219 米、顶板完成 197 米。

【昆明地铁 3 号线西标段】 合同总额：16191 万元。合同工期：12 个月。施工单位：中铁港航局集团第三工程有限公司。

工程概况：盾构区间线路右线起止里程为 YCK6+943.95-YCK8+605.950，长 1647.871 米（含 14.129 米短链），左线起止里程为 ZCK6+943.95-ZCK8+605.950，长 1667.589 米（含 5.589 米长链）。

区间起点为云南铜业专有铁路线东侧的眠山站，沿人民西路向西南方向左拐，经过春雨路、昆瑞路和人民西路三路交汇处，进入春雨路，并沿彩云路行进，最后抵达西山盐政管理所东侧的马街站。

区间隧道最小曲线半经 R=350 米，线间距 13.4-60 米。左右线纵坡坡度不同，左线为-10‰--4‰--1.86‰，右线线为-10‰--4‰--2‰，最大坡度 10‰，最小坡度 1.86‰。隧道埋深 10-21 米。区间采用通用衬砌环类型，隧道内径 5500 mm，管片幅宽 1.2 米，厚度 350 mm，管片采用 6 分块，其中一块小封顶块，两块邻接块和三块标准块，联络通道处区间隧道采用钢管片和钢筋混凝土管片组成的复合型管片环。

本区间位于昆明市主城区，自西向东横跨昆明断陷湖积盆地中部，盆地四周有山地围绕，自盆地内部向周围山区，发育显著多层夷平面地貌。本区间主要穿越的如下地质情况：粉土、圆砾、粉质粘土、泥炭粘土、砂岩、粉砂岩夹泥岩，本区间 CK7+630-CK8+177 段为全风化、强风化泥岩夹砂岩，部分地段存在泥炭质土或有机土，局部盾构底板位于两种地层上，含水量高，掘进姿态较难控制。本区间地下水主要有上层滞水、空隙潜水，地下水文埋深较浅，水位标高为 1867-1887 米。

截至 2012 年底完成产值 13453 万元。

【昆明轨道交通首期工程土建 5 标呈贡站】 中铁上海局第六分公司承建。

合同造价：26831 万。

合同工期：合同工期 548 日历天，开工日期：2010 年 5 月 10 日。

工程概况：车站有效站台中心里程为右 IDK36+602.821，包括车站设计起点里程右 IDK36+531.521 至车站设计终点里程右 IDK37+004.721 范围内主体部分和附属部分。车站总建筑面积为 26134.6 平方米，车站主体总长度 473.2 米，标准段总宽度 20.7 米，标准段基坑平均深度 16.85 米（换乘节点处 23.6 米，南端头井段深约 17.1 米，北端头井段深约 17.9 米），覆土厚度 2.43～3.25 米，地面设计标高约 1929.46～1931.1 米。

车站设 15 个出入口，属于近期工程的有 4 个 1 号线车站出入口、一个消防疏散口和 6 个物业开发出入口 11 个，另包括 1、2、5、6 号出入口、消防疏散口与 1 号风亭。出入口通道一般外包宽度为 5.5 米，基坑平均深度 10.4 米。

工程进度：完成全部工程，通过初验。

【昆明市轨道交通 3 号线西标段小渔村站】 中铁上海局第六分公司承建。

合同造价：14331 万。

合同工期：实际开工日期：2011 年 7 月 15 日；竣工日期：2013 年 1 月 31 日。

工程概况：车站主体总长度 181 米，标准段总宽度 19.7 米，设 4 个出入口（其中 1 个为预留），2 组共 6 个风亭，车站开挖深度 17.5～18.2 米。车站起止里程为 YDK5+842.4～YDK6+023.4。围护结构采用 800 毫米厚地下连续墙，竖向设 4 道内支撑加 1 道倒撑，第一层为钢筋混凝土支撑，其余为φ609 毫米钢支撑。

工程进度：完成车站主体的施工，附属工程已开始施工。

【郑州轨道交通 2 号线一期土建工程】由中国中铁股份有限公司采用施工总承包的模式负责实施。合同工期：2011 年

3月16日-2014年4月5日(1116天)。合同总额约34.1271亿元。线路长20.654km，均为地下线，设车站16座（其中紫荆山站与1号线同步实施），区间15个、联络线一处、出入段线一处、车辆段一处。地下车站主要采用明挖法施工，围护结构主要采用钻孔桩+三轴搅拌桩止水帷幕形式；地下区间主要采用盾构法，区间联络通道采用矿山法。

2011年3月16日，广播台站和向阳路站围护结构正式开始施工，标志着2号线正式开工。截至2012年12月31日，累计完成施工产值100904万元，占合同额341271万元的29.6%。

主体封顶2个站点（向阳路站、广播台站），全面开工2个站点(东风路站、南四环路站)，局部开工7个站点(新龙路站、国基路站、陇海东路站、帆布厂街站、航海东路站、长江路站、南环路站）。1个站点（北环路站）正在进行前期工程施工，剩余3个站点因规划、设计问题暂未开工。

1个盾构区间（南环路站-向阳路站区间）贯通，1个盾构区间（向阳路站-南四环站区间）正常掘进，2个区间明挖段（帆-航左线明挖段、向阳路站-南四环站区间明挖段）正常施工，其余区间均未开工。

联络线、出入段、车辆段因图纸、前期征迁未完成，暂未开工。

【郑州轨道交通1号线一期工程轨道安装工程施工01标】中铁四局承建。

合同造价：18187万元。

合同工期：2011年8月30日进场，11月26日开始铺轨，2012年6月30日完成正线及辅助线轨道铺设，2012年7月31日完成无缝线路铺设，2013年12月30日竣工。

郑州市轨道交通1号线一期工程为一条东西方向的直径线，贯穿郑州市东西发展主轴，覆盖东西主轴客流走廊。线路衔接碧沙岗综合服务中心、二七广场商业中心、郑东新区CBD、综合交通枢纽等区域及市级功能中心，同时联系紫荆商业中心、须水商业中心、西部大学城等重点地区；快速联系新郑州站和郑州火车站，加强城市轨道交通线网与铁路枢纽的衔接，实现城市交通与区域交通的一体化。

一期工程轨道安装工程01标，起于西流湖以西的凯旋路站，终于紫荆山站（轨道安装工程01标终点DK21+085.000），全线均为地下线，设站11个，均为地下车站。其中换乘站3座，分别为桐柏路站、二七广场站、紫荆山站。正线线路起讫里程：YDK9+146.000-YDK21+085.000；ZDK9+146.000-ZDK21+085.000，线路全长11.939公里。轨道型式有一般短枕式整体道床轨道、中等减振扣件轨道、橡胶隔振垫轨道、钢弹簧浮置板轨道。

一期工程轨道安装工程01标，设置凯旋路停车场一座，通过出入场线于正线相接。凯旋路停车场设于一期工程起点处凯旋路站以西、郑上路以北，包括出入场线及车场线。出场线长0.961公里，入场线长0.995公里，最小曲线半径为200米；车场线最小曲线半径为150米，车场线为平坡，在停车场北端设与国铁的联络线一处。

主要工程数量：整体道床28.076单线公里（其中钢弹簧浮置板整体道床3.092单线公里，橡胶减振垫整体道床6.733单线公里，立柱式检查坑整体道床1.845单线公里），碎石道床4.174单线公里，合计铺轨32.25单线公里；铺道岔33组（其中橡胶减振垫道岔3组），铺交叉渡线3组，无缝线路22.182单线公里。

机械设备和人员情况：移动龙门吊（12.5T-23.5米）2台，地铁铺轨车8台，地铁专用平板车2台。员工总数52人（其中经理部25人、队部27人），外协队伍作业人员34人。

完成情况：

铺设停车场道岔设计：19组，剩余2组。

铺道碴设计：11094立方米，剩余950立方米。

其余工程全部完成。

【郑州轨道交通2号线一期工程土建施工01工区】中铁五局承建。项目位于郑州市金水区柳林镇。标段左、右线起点里程DK9+437.700，左线终点里程DK12+185.650、右线终点里程DK12+283.450，左线全长2751.119米、右线全长2848.45米。施工范围包括两个车站及两个区间，分别为广播台站、广播台站-新龙路站区间（简称广新区间）、新龙路站、新龙路站-国基路站区间（简称新国区间）。广播台站和新龙路站为明挖法施工车站，广新区间和新国区间为盾构法施工区间。主要工程量：土石方388134m^3，混凝土94460m^3，钢筋18868t，钢支撑5025t，防水板48998m^2。合同总额51987万元（暂定）。建设单位：郑州市轨道交通有限公司，设计单位：中铁二院工程集团有限责任公司总体（工点院中铁第五勘察设计院有限责任公司），监理单位：上海同济工程项目管理咨询有限公司，施工单位：中铁五局集团第四工程有限责任公司。2011年3月16日开工，合同竣工时间2014年1月20日。年累完成1917.8万元，开累完成24009.9万元，剩余价值27977.2万元。

【郑州轨道交通2号线1期工程土建06标】中铁七局承建的此项目，2012年完成29007万元，开累完成产值38381万元，占合同价76106万元的50.4%。

形象进度：航海东路站：钻孔桩开累完成230根，占设计322根的71.4%。冠梁、挡土墙设计405米，开累完成301米。土方开挖2.3万立方米，占设计8.44万立方米的27.2%。主体结构完成了设计的4.2%。

长江路站：钻孔桩开累完成 261 根，占设计 329 根的 79.3%。土方开挖设计 6.88 万立方米，累计完成 3.6 万立方米，占设计的 52.3%。冠梁、挡土墙设计 454 米,开累完成 326 米。主体结构分 9 段施工，累计完成 1 至 5 段主体结构。

南环路站：南基坑主体结构已完，中基坑剩余围护结构受管线改移影响无法施工，北基坑结构 3 段结构已完成 2 段。

向阳路站：主体结构已完成；附属结构受场地限制暂未施工。

南环路站至向阳路站盾构区间：已完成。

南四环站：主要进行基坑开挖施工。

向阳路至南四环站明挖区间：风井结构正在施工。

向阳路站至南四环盾构区间：左线设计 1364 环，累计掘进 992 环，右线设计 1365 环，累计掘进 841 环。

【郑州轨道交通 2 号线工程 05 标段】九局西安分公司承建，工程位于河南省郑州市紫荆山路，由陇海东路站、帆布厂街站、帆布厂街站—航海东路站左线明挖区间、帆布厂街站—航海东路站—长江路站—南环路站左线盾构区间组成。项目包括 2 个车站，区间停车线明挖 208.6 米，3 个盾构区间 2461.92 米。开工日期 2012 年 4 月 1 日，计划竣工日期 2015 年 4 月 26 日。主要工程数量：陇海东路站车站主体，外包总长 197.2 米；帆布厂街站车站北端均为盾构始发，南端盾构到达，车站基坑长度 237 米，车站主体部分标准段基坑深度约 16.81 米，盾构段基坑深度约 18.1 米；帆布厂街站至航海东路站左线明挖区间段，结构为地下一层单跨结构，标准段结构宽 10.3 米，高 8.9 米，盾构段宽 12.4 米，高 10.33 米；航海东路站至长江路站区间段，区间共设置 2 个联络通道；长江路站至南环路站区间段，左线全长 588.025 米。

建设单位为中国中铁中原投资有限公司，设计单位为中国中铁隧道设计院集团有限公司，监理单位为北京赛瑞斯国际工程咨询有限公司。

2012 年完成产值 4060 万元。

【深圳地铁 11 号线】深圳地铁 11 号线 BT 项目 2012 年 1 月份中标，3 月份开始进场，4 月 19 日举行开工仪式，6 月份逐步开工，计划 2014 年 12 月 30 日土建贯通，2016 年 4 月 30 日开通试运营。

深圳市城市轨道交通工程 11 号线线路全长 51.5 公里，工程总投资约 284.6 亿元，其中 BT 范围内工程费暂定价约为 170 亿元。深圳地铁 11 号线土建工程由股份公司所属 13 家集团公司承建。截至 2012 年 12 月 31 日，累计进场管理人员 1251 人，劳务人员 2858 人，围护结构主要施工设备进场 360 台。全线 42 个工点局部围挡，占工点数 51 个的 82%，37 个工点开工，占总工点数的 73%。

2012 年累计完成投资 20.28 亿元，占年度计划 15 亿元的 135%，超额完成 2012 年生产计划。形象进度方面累计完成全线车站及明挖段围护结构 28.5%，土方工程完成 1.6%，高架段桩基完成 56.6%，承台完成 14.5%，墩柱完成 1.6%。

【深圳地铁 11 号线 BT 项目 11304-2 标、11306-1 标、11307 标】新建工程，中铁二局深圳地铁 11 号线 BT 项目经理部组织施工。中铁二局在深圳地铁 11 号线 BT 项目中承担了 11304-2 标、11306-1 标、11307 标共 3 个标段的土建施工任务及 11307 标的安装装修、轨道工程，工程造价约 35 亿元（概算未经评审）。

2012 年，完成施工产值 20074 万元，为南方公司年度计划 15169 万元的 132%，完成经理部年度计划 17938 万元的 110%。

【深圳地铁 11 号线项目 11306 标】中铁四局承建。

合同造价：202575 万元。

合同工期：2012 年 6 月 1 日-2016 年 6 月 30 日。

2012 年，深圳地铁工程是在抓好深圳地铁 5 号线各项目收尾消号清算、深圳北站综合交通枢纽工程的收尾整治、调概索赔的同时，重点投入到深圳地铁 11 号线项目 11306 标工程的施工准备及施工前期各项工作。其中深圳北站综合交通枢纽被评为国家建筑工程最高奖——鲁班奖。

深圳地铁 11 号线 11306 标，即沙井地下段-碧头站(不含松碧区间)以及松岗出入段线，共 3 站 2 区间和 1 出入线。区间从沙井地下段出发沿宝安大道由南向北前行，两次下穿衙边涌后到达后亭站后；继续沿宝安大道前行，下穿茅洲河、广深高速公路桥、松岗河后到达松岗站。松岗出入线从出松岗站引出后继续沿宝安大道前行下穿一过街天桥后向西北方向转入沙浦围村，穿越民房和沙圃围工业区部分厂房及松碧区间正线隧道后，沿朗碧路向北穿行到达松岗站车辆段。具体包括：沙井地下段-后亭站区间、后亭站、后亭站-松岗站区间、松岗站、碧头站、松岗出入段线的土建工程。

本标段起讫里程：CK45+740-CK51+532.840(不含松碧区间：CK49+749.2-CK51+077.740)、出入段线 CCK0+232.927-CCK1+830.0，共 6081.4 米。

工期节点安排：

本工程业主要求工期 4 年（不含勘察设计），为全面响应业主招标文件各里程碑工期要求，投标时确定的工期目标如下：

(1)、明挖车站主体结构完成：2014 年 7 月 30 日；

(2)、全线土建贯通：2015 年 1 月 30 日；

(3)、全线双线轨通：2015 年 7 月 1 日；

(4)、全线车站 35kV 电通：2015 年 9 月 30 日；

(5)、全线安装装修完成：2016 年 1 月 30 日；

(6)、开通试运营：2016 年 6 月 30 日。

主要工程量：

1、沙后区间：钻孔桩 962 根，旋喷桩 932 根，开挖土方 67600 立方米，结构混凝土 16162 立方米，竖井 2 座，盾构吊出井 1 座，矿山法暗挖隧道 156 米，盾构 1219 米（含空推段）。

2、后亭站：连续墙 156 幅，开挖土方 103865 立方米，混凝土结构 26359 立方米。

3、后松区间：竖井 1 座，矿山法暗挖 770 米，盾构 4084 米（含空推段）。

4、松岗站：明挖段连续墙 230 幅，开挖土方 218902 立方米，混凝土结构 46687 立方米；盖挖段连续墙 117 幅，开挖土方 111465 立方米，混凝土结构 25473 立方米。

5、碧头站：连续墙 224 幅，开挖土方 144094 立方米，混凝土结构 34436 立方米。

6、松岗出入线：连续墙 209 幅，开挖土方 70508 立方米，混凝土结构 22828 立方米，盾构 2162 米。

工程特点：

深圳地铁 11 号线 11306 标共 3 站 2 区间和 1 出入线，具体特点如下：

（1）、工程规模大、工法多、结构复杂、地质条件复杂、施工难度大

区间隧道沙井地下段-后亭站、后亭站-松岗站和出入线有明挖法、盾构法、局部矿山法，施工工序多，工序间转换复杂且频繁。车站施工工法既有明挖顺做法，又有盖挖逆作法。并且车站规模较大，松岗站长 494.2 米，碧亭站长 425.9 米，其中松岗站与 6 号线换乘，车站主体结构为二层三跨框架结构（局部三层），建筑空间关系复杂，底板埋深最深深处 25.6 米。围护桩、格构柱施工空间狭窄，防水工艺精细，换乘处采用盖挖法施工难度大。

（2）、环境复杂、交通流量大

本工程沿宝安大道走向，周围环境复杂，交通车流量大，行人拥挤，交通偶有拥堵，施工期间如何减少现况快速路大流量的交通影响和周边居民的生活影响尤为重要。

（3）、地下管线多、征拆难度大

车站周边地下各类管线较多，涉及电力、电信、热力、给水、天然气、污水、雨水等等。管线迁改、防护的工作量大，牵扯面广，难度大。其中后亭站和松岗站横跨车站部位有埋深 1.5 米、1.35 米的 DN150 的燃气管线，施工时需悬吊保护或改迁。

（4）、深圳施工环境保护、文明施工要求高，尤其在污水排放、施工噪音扰民方面管理严格

工程进展情况：

开累完成建安产值 15726 万元，占中铁南方公司下达年度计划 15079 万元的 104.3%，完成产值和形象进度始终处于全线各局前列。

全年共投入各类大型机械设备 106 台（套），投入劳动力 873 人。到 2012 年 6 月中旬，提前实现了碧头站、后亭站及沙（井）后（亭）区间暗挖竖井、松后区间竖井等 4 个重点单项工程的实质性开工，是全线各参建局中前期推进最快的单位之一，完成产值、施工推进、形象进度始终走在各标段前列，多次受到表彰和嘉奖。截至到去年底，开累完成建安产值 15726 万元，占年度计划 15079 万元的 104.3%，完成产值和形象进度始终处于全线各标段前列。

【深圳地铁 11 号线 BT 项目 11303 标】中铁五局承建。新中标项目，项目位于广东省深圳市宝安区西乡宝源路。本工程项目为一区间，始于宝安站，终止于碧海站，简称宝碧区间。右线起止里程 YCK21+380.2-YCK24+437.8，长 3057.752m；左线起止里程 ZCK21+380.2-ZCK24+437.8，长 3056.543m。整个区间均为盾构法施工。宝碧区间共设置一个中间风井和 6 个联络通道，中间风井里程为 YCK23+036，长度为 23.7m，采用三层二跨整体式现浇钢筋混凝土矩形框架结构，围护结构采用 1m 厚的地下连续墙＋内支撑。主要工程量：中间风井 23.7 米，区间盾构隧道左右线别为 3056.6m，属超长隧道，联络通道加固 3 个，端头加固，洞门 4 个。合同总额 40247.2334 万元。投资公司中铁南方公司，建设单位深市地铁集团有限公司，设计单位中国中铁二院工程集团有限责任公司，监理单位北京铁城建设监理责任有限公司。合同开工时间 2012 年 6 月 25 日，合同竣工时间 2015 年 3 月 08 日，实际开工时间 2012 年 6 月 25 日。年累完成 1767 万元，开累完成 1767 万元，剩余价值 38480 万元。

【深圳地铁 11 号线 BT 项目 11305-1 标段】九局广州分公司承建，主要包括四站五区间，车站为：桥头站、塘尾站、马安山站及沙井站，区间为站站区间及两端高架段，均为高架。标段起止里程为 YDK38+675.999-YDK45+630.100，全长 6954.1 米；自里程 YDK38+675.999-YDK41+297.788 为下部结构非 BT 范围，长 2621.8 米。工程自 2012 年 6 月 1 日开工，预计 2014 年 6 月 30 日竣工，工程总造价 67000 万元。主要工程数量：普通混凝土 151118 万立方米，普通钢筋 21948 吨，预应力钢筋 1540 吨，钢材 4971.9 吨，挖方 6.58 万立方米，填方 3.54 万立方米。

建设单位为深圳市地铁集团有限公司，设计单位为深圳市市政规划设计研究院，监理单位为广州轨道交通建设监理有限公司。

2012 年开累完成产值 4027 万元，完成总价的 6.0%。

【深圳地铁 11 号线 11301 标段】中铁隧道承建深圳地铁 11 号线 11301 标段。本标段施工范围包括“两站三区间”土建

工程：即车公庙枢纽站（11号线站，7、9号线站）、7号线农林站—车公庙站区间、9号线车公庙站—香梅站区间、11号线车公庙站—红树湾站区间。11号线车公庙站北侧近接1号线车公庙站，南侧紧邻丰盛町地下阳光街。11号线车公庙站将与1号线采用站厅换乘，1号线车站已经处于运营阶段。待建11号线车公庙站与地铁7、9号线车公庙站同期建设，呈L型设置，采用站厅换乘。农林站—车公庙站区间左线长1365.403米，右线长1369.999米。承担7号线左右线施工任务的盾构为2台中铁装备公司制造的土压平衡盾构机。线路最小曲线半径350米，最大纵坡为26.5‰。区间右线隧道埋深10-18米，左线隧道埋深10-28米。车公庙站—香梅站区间左线左线长1621.51米，右线长1365.692米。承担9号线左右线施工任务的机械为2台德国海瑞克公司制造的土压平衡盾构机。线路最小曲线半径400米，区间线路最大坡度为25.28‰。左线隧道顶埋深6.8米-18.4米，右线隧道顶埋深6.8米-26.2米。车公庙—红树湾站区间左线5491.882米，右线5480.374米，承担11号左、右线施工任务的机械为4台中铁装备公司制造的土压平衡盾构机。线路最小曲线半径600米，隧道最大纵坡28‰，隧道轨面埋深13.0-28.65米。

合同工期为49个月（2012年6月1日至2016年6月30日），合同价款286500万元。2012年完成施工产值9012万元，占总价的3.1%。

【深圳地铁11号线BT工程11304-1、11305标项目】 合同造价：100000万元。合同工期：未定。施工单位：中铁港航局集团深圳工程有限公司。

工程概况：深圳市地铁11号线BT项目11305标为碧海站-机场站区间高架段土建工程，里程为YCK26+238.23-YCK30+413.77，长4.175公里。高架桥总计133跨，其中挂篮悬臂浇注连续刚构（42.5+70+42.5米）2联、支架现浇连续梁（36+60+36米）1联，支架现浇简支梁（28米A梁13孔、28米B梁12孔、30米A梁34孔、30米B梁36孔、32米A梁14孔、32米B梁15孔）共计124跨。墩柱共计132个，其中连续刚构桥墩为双壁墩，31、32、34号墩为门式墩，其余为花瓣式桥墩。下部结构采用承台+冲击钻孔嵌岩桩基础，承台共计137个，桩径有φ1.2、φ1.5、φ1.8、φ2.0米四种，桩长10-85米，共552根。82号-93号墩处海中便道填海工程总面积4.3公顷。11304-1标过渡段里程为YCK30+413.77-YCK30+585.00，长171.23米，采用箱型结构，在保证轨顶线以上正常行车高度的前提下设置了高700米的混凝土花池台阶，其余为U形槽过渡。基础采用钻孔灌注桩基础设计，型式为横梁+钻孔桩，钻孔桩为直径1200米端承桩。明挖段里程为YCK30+585.00-YCK31+575.020，长908.722米，基坑埋深0-17.3米，宽度11.4-21.1米。主体结构采用现浇式钢筋混凝土矩型框架结构，为地下一层。

主要工程数量：碧机区间高架段：孔桩552根，承台137个，墩柱134个，箱梁133孔；机场南明挖段：搅拌桩145万米。旋喷桩7273孔，连续墙454幅。

2012年累计完成产值14695万元。

【深圳地铁11号线工程11303-3标】中铁航空港集团承建11303-3标段。

合同价：57000万元。

合同工期：2012年9月1日至2015年6月30日，共34个月。

深圳地铁11号线工程11303-3标段为一站一区间，包括碧海站（长613米），碧海站至机场站北碧海北区间（长1187米），包含矿山法施工段765米（双线1530米）明挖法施工段360米，路基段62米。

2012年累完成施工产值12701万元。年累完成主要工程量：地铁成洞173米，其中碧海站104米，明挖段69米；路基段20米。

【深圳地铁11号线后海站工程】 中铁上海局一公司承建。

合同造价：64000万元。

合同工期：2012年6月1日－2015年6月30日。

工程概况：位于广东省深圳市南山区，后海站位于海德三道与后海滨路交叉口处，沿海德三道呈东西向布置。工程范围包括后海站、红树湾站－后海站区间138.214米的暗挖段施工。后海站中心里程为YCK12+504.000，工程范围为车站的主体工程及附属工程（8个出入口、3个紧急疏散口、6个风亭、2台低噪冷却塔、1个地下通道）等土建工程。红树湾站－后海站区间里程范围YCK11+969.38～右线YCK12+107.594，右线约138.214米。后海站工程为明挖法施工车站及138.214米矿山法施工隧道，深基坑开挖及矿山法隧道施工为我项目部控制项目。

施工进度：连续墙施工完成187幅；围护结构钻孔桩完成23根；中立柱桩施工完成12根。

【深圳地铁7号线工程7306标笋岗站】 中铁上海局华海公司承建。

合同造价：13888.5511万元。

合同工期：2012年11月1日－2015年3月15日，实际开工时间：2012年11月17日。

工程概况：深圳地铁7号线笋岗站位于宝安北路与梅园路十字交叉口东侧，车站于梅园路下呈东西布设。车站西北侧为笋岗片区中心绿地广场，东北侧为笋岗大厦，车站西南侧为深圳市食品总公司仓储分公司。东南侧为道路周边绿地。车站里程为 DK26+498.343～DK26+726.704，长约 230 米。

车站为地下三层侧式车站，由上到下分别为站厅层、右线站台层、左线站台层。有效站台长度范围内公共区站台标准段宽度 10.4 米，有效站台长度 140 米。结构形式标准段为地下一层单跨无柱，地下二、三层双跨钢筋混凝土框架结构，局部为地下三层三跨钢筋混凝土框架结构。本站地面标高约 11.66～12.08 米，覆土厚度约 3.3 米～3.8 米。标准段结构外皮净高 21.84 米，结构外皮净宽 16 米。车站主体采用 1000 毫米地下连续墙围护结构，第一、第三道采用混凝土支撑增强围护结构整体性以更好地控制地面变形，第二、第四、第五道支撑及换撑均为钢支撑，钢支撑采用Φ609×16 钢管，拟采用明挖法施工。车站设 6 处出入口通道，其中 1 处为预留出入口通道；1 处紧急疏解通道、2 处外挂式风亭组。出入口通道及紧急疏散通道为单层单跨箱形结构和 U 型槽结构，外挂式风亭组为单层多跨钢筋混凝土箱形框架结构。

产值情况：2012 年完成 108.63 万元，开累完成 108.63 万元。

形象进度：2012 年 11 月份新开工，主要完成临建施工，小部分车站围护结构地基加固和旋喷桩施工。

【天津地铁 2 号线建天区间修复施工】中铁一局承建。计划 2012 年 12 月 31 日洞通。

进展：建国道站-天津站盾构区间：左线设计长度 533.504m，共 445 环，2012 年 9 月 5 日盾构始发，12 月 10 日贯通到达天津站。右线设计长度 497.384m，共 415 环，10 月 12 号盾构始发，12.24 到达天津站。历时 111 天施工的天津地铁工程天-建盾构区间左右双线隧道实现贯通，比原计划工期提前 6 天。

【天津地铁 2 号线第 16 合同段】中铁五局承建。天津市城市快速轨道交通线网规划中的地铁 2 号线自曹庄至李明庄正线全长 22.56 公里，全线设站 19 座，其中地下站 18 座，地面站 1 座。本合同段主要工程数量：房屋面积 87488 平方米；地下正线铺轨长 21.237 公里，地面正线铺轨 2.274 公里，车辆段铺轨 13.368 公里。同总额 61342 万元。建设单位：天津市地下铁道总公司，设计单位：铁道部第二勘察设计院集团有限公司，监理单位：中原监理有限公司。2009 年 4 月 15 日开工。年累完成 7670 万元，开累完成 67977 万元。2011 年 10 月 13 日交验，余东延线罩棚工程。2012 年 6 月 25 日是，东延机场罩棚段现场完工组织竣工验收中。

【西安地铁一号线通化门车站】中铁一局承建。西安地铁一号线规划西起咸阳市森林公园，东至纺织城，全长 31.8 公里。西安地铁通化门车站位于西安市金花北路与长乐路“十”字路口西侧。该站为地铁一号线与中远期地铁三号线的换乘站，两部分车站一次建成。一号线车站东西方向布置，三层三跨；三号线车站南北方向布置，两层多跨。车站总建筑 23070 平方米，工程造价 21140 万元。车站共设置 7 个出入口，其中Ⅶ号出入口为预留出入口，其他出入口分别设置于金花路十字路口的四个象限，满足出入车站、疏散及过街功能。

施工单位：中铁一局建安公司。

合同工期:2008 年 11 月 15 日-2013 年 6 月 27 日。一号线计划 2013 年.9 月 16 日通车。

【西安地铁 3 号线一期工程试验段土建施工项目试验段-1 标】中铁一局承建。本标段包括鱼化寨站、丈八北路站、鱼化寨站-丈八北路站区间（以下简称鱼-丈区间）、丈八北路站-延平门站区间（以下简称丈-延区间），共两站两区间，盾构法区间总长度为 5635m。

施工单位：中铁一局城轨公司。

合同工期:2011.4.1-2013.9.25。

合同总价 53873 万元。

【西安地铁二号线 TJSG-24 标航天城站工程】中铁建工承建。西安地铁二号线是贯穿西安南北的首条地铁线路，航天城站位于长安区长安北街与文化街和新华街相交路段下，车站呈南北向布置。本车站为地下 2 层岛式明挖车站，基坑长度 163.4 米，标准段宽度约 19.5 米，车站底板埋深约 16.8 米，基坑深度约 23.5 米，总建筑面积 9688 平方米。围护结构为设置有内支撑的钻孔灌注桩形式。

本工程由西安市地下铁道有限责任公司建设，中铁第一勘察设计研究院集团有限公司设计，广东重工建设监理有限公司监理。合同额 6145 万元。合同工期 2010 年 1 月 1 日～2011 年 12 月 31 日。2012 年完成产值 508 万元。年底进行 1 号、2 号、3 号出入口施工。

【西安地铁 1 号线 TJSG-14 标】中铁航空港集团承建一期工程汉城路至纺织城段土建施工 TJSG-14 标。系中铁三局中标，重组前中铁三局一公司承建，重组后中铁航空港集团三公司承建。

合同价：37604 万元。

合同工期：2009 年 4 月 15 日至 2011 年 12 月 31 日。

西安地铁 1 号线 TJSG-14 标起讫里程 YDK27+762.133 至 YDK31+431.569，线路跨度总长 3669 米，共包括三个区间(长乐坡至浐河东站区间、浐河东站至半坡站区间及半坡站至纺织城区间的土建工程施工)，其中左线盾构隧道长度 2216.88 米单线延米，右线盾构隧道长度 2254.476 米单线延米。另外还有部分区间采用明挖和暗挖法施工。标段内地铁线路靠近西安市长乐东路和纺北路，地面交通繁忙，车辆、行人较多，沿线房屋密集。线路三次穿过 f6 地裂缝、下穿浐河和立交桥等建筑物。

2012 年累完成施工产值 3125 万元，开累完成施工产值 36104 万元。年累完成主要工程量：长乐坡至浐河区间轨顶风道 270 米，二次衬砌 1992 立方米，风井及吊出井结构 2100 立方米；长乐坡至浐河及半坡至纺织城区间特殊变形缝 1210 米，半坡至纺织城区间盾构始发井上部结构 850 立方米。

【西安地铁三号线一期工程 D3TJSG-10 标段】中铁四局承建。

合同造价：31912 万元。

合同工期：2011 年 12 月-2014 年 9 月。

西安市地铁三号线一期工程鱼化寨至保税区段（不含试验段）D3TJSG-10 标段，包含一站一区间的土建施工项目，车站为咸宁路站，区间为延兴门站-咸宁路站区间。咸宁路站于金花南路（东二环）和咸宁路交汇路口现状路面下穿过，为西安市地铁三号线的中间站，由三号线车站部分和六号线车站部分共同组成，同时也是地铁三号线和地铁六号线的换乘站。延兴门站-咸宁路站区间由延兴门站引出后，自金花南路（东二环）与南二环相汇转盘起始，沿金花南路北行至咸宁路立交南侧，到达咸宁路站。

主要工程数量：咸宁路站（三号线）车站为地下二层结构，为双柱三跨箱型框架结构，岛式站台，长度为 213.25 米，总建筑面积为 17771 平方米；咸宁路站（六号线）车站与咸宁路站（三号线）车站“T”型换乘，为地下三层结构，为双柱三跨箱型框架结构，明挖岛式站台，车站有效站台长度为 118 米，总建筑面积为 16381.2 平方米；延兴门站-咸宁路站区间：本区间沿金花南路地下布设，区间线路左线长 546.917 米，右线长 545.591 米。

2012 年完成建安产值 4644 万元，累计完成 4644 万元。

【西安地铁三号线一期鱼化寨至保税区段（不含试验段）土建施工项目】中铁七局三公司承建的 D3TJSG-11 标段，合同总价：3.17 亿元。合同工期：2011 年 12 月 1 日开工，2014 年 7 月 15 日竣工，总工期 32.5 个月。线路跨度总长 1932.382 米，共包括一站两区间，长乐公园站、咸-长区间和长通区间。咸-长区间左线 763.993m（盾构）+188.687m（暗挖），总长度 952.68m，右线 760.572m（盾构）+195.859m（暗挖），总长度 956.431m。长乐公园站里程范围 DK29+803.610-DK29+961.810，120.65m（明挖）+23.65m（暗挖）+13.9m（明挖），合计 158.2m。长通区间左（右）线 758.67m（盾构）+13.7m（接收井）+45.375m（暗挖），总长度 817.751m。截至 2012 年底完成施工产值 2420 万元。占合同总价 3.17 亿的 8.2%。咸-长区间暗挖段竖井及横通道，暗挖隧道完成隧道正线初支完成 18 米，占隧道总长 380 米的 5%。长乐公园站四号出入口交叉段：围护结构已全部完成，基坑开挖完成 95%。长乐公园站围护桩完成 60%。

【西安地铁 4 号线试验段工程土建施工项目试验段-2 标工程】 合同总额：19920 万元。合同工期：2012 年 1 月 1 日至 2014 年 10 月 31 日，34 个月。施工单位：中铁港航局集团第三工程有限公司。

工程概况：大差市站位于西安市新城区、碑林区解放路、和平路、东大街十字路口。4 号线大差市站沿解放路、和平路呈南北向布置，为地下二层岛式（换乘节点处三层）站台车站，6 号线大差市站沿东大街呈东西向布置，与 4 号线呈“T”字岛换乘，设于地下三层。4 号线车站站台中心里程为 YCK15+598.500，车站总长 501.30 米，标准段宽 22.70 米，高 15.01 米，车站主体建筑面积为 24392.37 平方米，车站附属建筑面积为 3430.57 平方米（包括备用区域出入口通道面积），车站总建筑面积为 27822.94 平方米。车站采用 14 米宽岛式站台，有效站台长为 118 米。车站公共区共设置四个出入口通道和两个风亭，其中一个出入口为预留，车站备用区域共设置八个出入口，均为预留。车站埋深按照规划要求按顶板覆土不小于 3.00 米控制，在车站有效站台中心里程处顶板覆土厚度按 3 米控制，轨面埋深为 14.65 米，底板埋深为 16.03 米。工程造价 19920 万元。

截至 2012 年底完成产值 667 万元。

【西安市地铁 3 号线一期 TJSG-8 标段】中铁航空港集团承建一期 TJSG-8 标段。

合同价：36477 万元。

合同工期：2011 年 12 月 1 日至 2014 年 7 月 24 日，共 32 个月。

西安市地铁 3 号线一期 TJSG-8 标段，包括一个车站两个区间，即北池头站、小寨站至大雁塔站区间和大雁塔站至北池头站区间的土建工程施工。标段起讫里程为 YDK21+613.952 至 YDK24+461.502，跨度总长 2647.55 米。其中北池头车站全长 220.30 米，总建筑面积 13292.79 平方米，设 2 组风亭、4 个出入口、1 个疏散通道，本站为盾构始发站。

大雁塔站至北池头站区间左线全长 1063.84 米、右线全长 1069.02 米，包含 1 处联络通道兼废水泵房，区间采用盾构法施工，联络通道采用矿山法施工。

小寨站至大雁塔站区间全长 1306.86 米，包含 1 处联络通道兼废水泵房、1 处联络通道、1 处盾构吊出井兼施工竖井，区间采用盾构法施工，联络通道采用矿山法施工。

2012年累完成施工产值7188万元。年累完成主要工程量：土方开挖4063立方米；预应力锚索24根；管片预制1756延米；北池头车站围护结构钻孔桩366根，旋喷桩282根，冠梁挡土墙251米；北池头端头加固旋喷344根；小寨吊出井桩基29根；小寨站至大雁塔站区间联络通道兼废水泵房土体加固旋喷桩195根。

【武汉地铁三号线第十标段土建工程】中铁一局承建。本工程包括王家墩北站、王家墩中心站-王家墩北站-范湖站-菱角湖公园风井区间，共1站3区间和1座风井。盾构总长：4485米，采用两台铰接式土压平衡盾构机。

施工单位：中铁一局城轨公司。

合同工期2012年5月1日-2014年7月1日，总工期为24个月。

中标价：60783万元。

【武汉地铁四号线10标】中铁四局承建。

合同造价：9288.88万元。

合同工期：2012年3月7日-2013年6月30日。

武汉市轨道交通四号线二期工程十标线路全长1729米。设高架车站1座，为孟家铺站；设高架区间2个，分别为永安堂-孟家铺高架区间、孟家铺-黄金口高架区间,线路呈东西走向。两高架区间共长1609米，共有钻孔桩273根、墩台50个、26片现浇简支梁、7联现浇连续梁和1联45+70+70+45米挂蓝连续梁；孟家铺站为高架三层岛式站台车站，全长120米，首层架空，二层为站厅层，三层为站台层。车站基础采用桩孔灌注桩、承台和基础梁，主体为钢筋混凝土框架结构。

主要工程数量：

区间及车站共钻孔灌注桩343根，合计11802.8米，C35混凝土12127.45立方米(区间)，C30混凝土1681.22立方米（车站）；区间承台50个，C40混凝土6675.81立方米；区间墩身50个，C40混凝土3379.05立方米；区间现浇简支梁共有26片，现浇连续梁8联，其中1联为(45+70+70+45米）悬臂浇筑连续梁;车站一座，附属用房一座，过街天桥一座。

当年及开累完成建安产值和主要工程形象进度：

2012年总产值945万元。主要形象进度为:开累完成钻孔桩72根；承台9个(H米27、H米28、H米32-H米38号)；桥墩6个(H米28、H米33、H米34、H米35、H米37、H米38）；安装业主委托变压器630KVA和400KVA两个。

【西安地铁三号线】中铁十局承建。工程概况：施工地点位于西安市雁塔区科技路，本标段由一个车站和一个暗挖区间组成，工程造价29885万元，合同工期2011年12月-2014年7月。

主要工程数量：太白南路车站主体建筑面积14907平方米，车站长227.5米，车站设置7个出入口4组通道、2组7个风亭；太白南路站-吉祥村站区间左线长1441米，右线长1449米。

施工进度：车站围护桩338颗、冠梁504米全部完成。区间开挖（设计2890.6米）完成526米。

【武汉地铁三号线19标】中铁四局承建。

合同造价：49422万元。

合同工期：25个月。

武汉市轨道交通三号线土建工程第十九标段工程范围为：后湖大道站、后湖大道站-市民中心站(不含)区间、三金潭车辆段出入段线区间，共一站两区间。

后湖大道站为地下二层明挖岛式站台车站。车站总建筑面积为12747平方米，其中，主体建筑面积为8284平方米，附属建筑面积为3374平方米。本站外包总长206.6米，标准段总宽19.7米，站台宽度为11米，车站埋深约17.5米。后湖大道站-市民中心站区间线路起止里程分别为右（左）CK26+070.094和右（左）CK27+437.461，左线长：1343.790米（含短链23.577米），右线长：1367.367米，线路全长为2711.157米，采用盾构法施工。出入场线区间为盾构区间+明挖暗埋段，其中盾构区间长度1834.6米，明挖区间长度约为472米（含盾构井），线路起止里程分别为右（左）RCK0-001.600（CCK0-001.600）和右（左）RCK2+305.000(CCK2+318.984，左线长：2320.584米，右线长：2306.6米，线路全长为4627.184米。我公司负责后湖大道站和出入场线区间明挖暗埋段施工，后湖大道站-市民中心站区间和出入场线盾构区间由局城轨公司负责施工。

主要工程数量：

车站总建筑面积12747平方米,盾构区间长度3190.179米，明挖区间长度472米。

当年及累计完成建安产值，主要形象进度：

项目2012年6月份进场施工，截至2012年12月底累计完成产值6006.31万元，占合同产值的12%。

【武汉地铁2号线一期机电安装工程3标】(2)中铁四局承建。

合同造价：5388万元。

合同工期：2012年1月2日-2012年6月30日。

本标段的施工范围包括中山公园站、循礼门站、江汉路站、汉口风井及青年路站-中山公园站区间、中山公园站-循礼门站区间、循礼门站-江汉路站区间、江汉路站-积玉桥站区间，共3站4区间和1个风井的通风空调、给排水、低压配电及照明、设备用房装修。主要工程数量：3个车站 4 区间和 1 个风井的通风空调、给排水、低压配电及照明、设备用房装修。具体数量有：风管 24547 平方米，风阀、防火阀及消声器 994 台，风机 113 台，空调水管 5556 米，空调23台；给排水管道5949米，水泵54台，阀门247个；电力电缆 117018 米，线管 113702 米，导线 284477 米，灯具3650套，电缆桥架3486米，配电箱487台；铝天花 1309 平方米，墙面材料 98024 平方米，地面材料 11918 平方米，墙体砌筑4439米3，混凝土浇筑510米3，踢脚线5422米。

工程完成及进展情况：2012 年 11 月 26 日，该项目通过验收。

【武汉地铁 2 号线一期机电安装工程 4 标】中铁四局承建。

合同造价：4408 万元。

合同工期：2012 年 1 月 2 日-2012 年 6 月 30 日。

本标段的施工范围包括积玉桥站、体育南路站、中山北路车场、武昌风井及江汉路站-积玉桥站区间、积玉桥站-螃蟹甲站区间、螃蟹甲站-体育南路站区间、体育南路汉路站-洪山广场站区间、中山北路车场-体育南路站区间，共 2 站 1 个车场，5 区间和 1 个风井的通风空调、给排水、低压配电及照明、设备用房装修。

主要工程数量：2 个车站 1 个车场，5 区间和 1 个风井的通风空调、给排水、低压配电及照明、设备用房装修。具体数量有：风管 13863 平方米，风阀、防火阀及消声器 818 台，风机 114 台，空调水管 3897 米，空调 116 台；给排水管道 6339 米，水泵 79 台，阀门 343 个；电力电缆 98860 米，线管 93727 米，导线 277591 米，灯具 5035 套，电缆桥架 4110 米，配电箱 437 台；铝天花 938 平方米，墙面材料 69858 平方米，地面材料 17063 平方米，墙体砌筑 2366 米 3，混凝土浇筑 340 米 3，踢脚线 4213 米。

工程完成及进展情况：2012 年 11 月 26 日，该项目通过验收。

【武汉地铁 2 号线一期工程“卓越”造型站出入口屋盖】中铁四局承建。

合同造价：3886 万元。

合同工期：2012 年 7 月 1 日-2012 年 11 月 30 日。

武汉市轨道交通二号线一期工程“卓越”造型出入口屋盖工程包括范湖站、王家墩东站、青年路站、循礼门站、中山公园站、积玉桥站、螃蟹甲站、宝通寺站、街道口站、广埠屯站和光谷广场站共 11 座车站，总计 22 个出口。“卓越”造型出入口屋盖采用钢结构骨架，外包金属板，侧面及屋顶安装玻璃窗，整体采用流线型造型。

工程完成及进展情况：截至 2012 年 12 月 31 日，卓越号 24 个出入口全部施工完毕，并通过了初验。

【武汉轨道交通三号线土建工程（第 19 标段）】中铁四局承建。

合同造价：3091.7 万元。

合同工期： 2012 年 7 月 20 日-2014 年 7 月 26 日。

工程分别为：三金潭车辆出入段线-市民之家站区间、市民之家站-后湖大道站区间，两个区间均采用盾构法施工，区间单线总长 6370 米。

（1）三金潭车辆出入段-市民之家站区间：线路暂未定。

（2）市民之家-后湖大道站区间：区间线路起自后湖大道站，沿建设大道向北行，在黄孝河桥西侧侧穿黄孝河后，继续沿建设大道西北推行，下穿和谐大道至市民之家站止。线路起讫点及长度：本区间线路起止里程分别为右（左）CK25+956.333 和右（左）CK27+309.087，左线长：1329.590 米（含短链 23.164 米），右线长：1352.754 米，线路全长为 2682.344 米；区间分别在对应右线里程 CK26+300.00 和 CK26+900.000 处设置联络通道。

截至 2012 年底，完成产值 612 万元，形象进度：

盾构机正在中科检修改造；市民之家站西端头井高压旋喷桩加固：完成总量的 27%。

【武汉地铁轨道交通 4 号线一期】中铁四局承建。

合同造价：26476.47 万元.

合同工期：2012 年 9 月 20 日-2013 年 3 月 29 日。

武汉地铁 4 号线一期轨道工程起于 4 号线二期首义站与一期武昌站间 DK13+935 处，终点武汉火车站站（站场位于高铁武汉站高架站场地下）与规划中地铁 10 号线平行设站，经出入段线连接青山车辆段。

4 号线一期贯穿武汉市江南的武昌区、洪山区、青山区，设武昌火车站站、梅苑小区站、中南路站（与已试运的 2 号线共站）、洪山广场站（与 2 号线共站）、周家大湾站、青鱼嘴站、东亭站、岳家嘴站、铁机村站、罗家港站、园林路站、工业路站、工业四路站、杨春湖站、武汉火车站站计 15 个停靠站，线路全长 16.482 公里，均为地下线。

青山车辆段位于武汉火车站的东南方，包括出入段线、车场线、库前集中平过道、库外平过道、试车线等轨道结构。线路总长 12.889 公里。

武汉地铁四号线（一期）轨道工程，是武汉轨道交通的主干线路之一，建成通车后，轨道交通覆盖武汉三镇，连接三大火车站，将成为市民主要过江交通工具，对发展武汉经济意义重大。

机械设备和人员情况：移动龙门吊 10T-4 台，2 0 T2 台，地铁铺轨车及门吊 18 台，地铁专用平板车 17 辆，240 型轨道车 6 台(租 4)自备 2 台，290 型 1 台。管理人员 20 人，技术人员 18 人，生产人员 76 人，外聘人员 52 人，外协 540 人。

完成情况：

①正线浇注轨排设计 32.68 公里，开累完成 17.415 公里剩余 15.265 公里。

②单元轨焊接设计 32.68 公里，开累完成 6.475 公里，剩余 26.205 公里。

③应力放散设计 32.68 公里，开累完成 0 公里。

④正线浇注道岔设计 19 组，开累完成 11 组，剩余 8 组。

⑤交叉渡线浇注设计 3 组，开累完成 2 组，剩余 1 组。

⑥青山车辆段单开道岔铺设设计 39 组，开累完成 34 组，剩余 5 组。

⑦青山车辆段交渡铺设设计 2 组，开累完成 0 组，剩余 2 组。

⑧青山车辆段有碴轨道铺设设计 6.4 公里，开累完成 3.735 公里，剩余 2.665 公里。

⑨车辆段库内整体道床设计 6.5 公里开累完成 3.895 公里，剩余 2.065 公里。

【武汉地铁海洋乐园站】中铁五局承建。武汉海洋乐园站靠近博览中心天桥布置，位于博览中心西北向广场下。6 号线海洋乐园站包括地铁和商业开发两部分。其中：车站为地下二层岛式站台车站。南侧商业开发为地下一层。车站结构型式采用双层三跨结构。车站分二层布置，地下一层为设备层及公共区，地下二层为站台层。主要工程量：土石方开挖 11.79 万立方米，回填土方 2.43 万立方米，钢支撑 3915 吨。地下连续墙钢筋混凝土 21236 立方米，钢筋、型钢制安 4274 吨，三重管旋喷桩 10000 米，SMW 桩 72232 立方米，主体结构钢筋混凝土 26693 立方米。合同总额 23251 万元。建设单位：武汉地铁集团有限公司，设计单位：长江地铁勘察设计院，监理单位：上海建通工程建筑有限公司。2011 年 2 月 28 日开工。年累完成 9955 万元，开累完成 19721 万元，剩余价值 3529 万元。

【东莞轨道交通 R2 线 2312 标】续建工程，中铁二局四公司承建。东莞市城市快速轨道交通 R2 线 2312 标工程，工程中标价 30564.17 万元，管段长 4.223 公里。

2012 年，完成产值 12230.3 万元，占年度计划 23916 万元的 51%。累计完成 14849.1 万元，为设计 30564.16 万元的 49%。

【东莞轨道交通 R2 线 2303B 标】续建工程，中铁二局城通公司承建。合同造价为 6.41 亿元。本标段建设规模为 2 个区间隧道、车站 1 座，出入口 5 个及 2 组风亭。

2012 年，该项目累完建安产值 2.1865 亿元，为总价值 6.4101 亿元的 34.1%。其中包括：完成全部 193 幅地下连续墙；土方开挖 12.91 万立方米，为设计 16.5 万立方米的 78.2%；主体结构混凝土累计完成 12139 立方米，为设计混凝土 40000 立方米的 30.4%；盾构隧道累计完成 978.00 成洞米，为 2 个区间隧道设计总长 7439.357 成洞米的 13.1%。

【成都地铁 2 号线轨道工程】续建工程，中铁二局新运公司承建。标段共设车站 11 座，共计 31.84 公里，合同价 21978.8529 万元，2011 年 2 月 16 日开工。

2012 年，完成产值 13410 万元，主要实物指标：正线铺轨 22.37 公里，站线铺轨 3.25 公里，铺道岔 21 组，铺道砟 0.7 万方。9 月 16 日西区车站至成灌客运站实现长轨通，按期完成业主工期目标。12 月 20 日全线实现轨道通。

【成都地铁工程为 4 号、7 号线工程】中铁四局承建。

4 号线土建 7 标由中铁四局二公司总负责，二公司和城轨分公司负责施工。7 号线是由中国中铁以 BT 模式承建的项目，指挥部下辖由中铁四局城轨分公司组建的一分部、由中铁四局集团一公司组建的二分部、由中铁四局重庆分公司组建的三分部、由中铁四局集团二公司组建的四分部及由机电公司组建的机电分部。

一、4 号线工程：

合同造价：59600 万元。

合同工期：2012 年 2 月 1 日-2014 年 7 月 31 日。

成都地铁 4 号线一期工程土建 7 标主要工程量有“三站四区间”，包括玉双路站、双林路站、沙河站，省文联站-玉双路站以西盾构井盾构区间、玉双路站-双林路站-沙河站盾构区间、沙河站-工程终点左线盾构区间、玉双路站以西区间风井-玉双路站暗挖区间、沙河站-工程终点右线暗挖区间。车站总长度 646.200 米，明挖区间 51.059 米，暗挖区间 94.186 米，盾构区间 6806.922 米，根据局内部分劈意见，本标段项目由二公司总负责，与城轨分公司共同承担施工任务。其中玉双路站-双林站-沙河站盾构区间及双林路站划分给城轨分公司施工，其余由二公司施工。该标段 2012 年完成建安产值 1.74 亿元，沙河站、双林路站主体于年底提前半年实现封顶，下半年连续七次荣获成都地铁公司“文明施工先进工地”称号。

二、7 号线工程：

合同造价：150000 万元。

合同工期：2012 年 2 月 1 日-2015 年底完成洞通、轨通及地面工程，2016 年 6 月 1 日投入正式运营。

成都地铁 7 号线沿成都市二、三环之间环城布置，全线长 38.686 公里，共设 31 座车站，其中 19 座为换乘车站，工程地质以卵石层、泥岩为主。中铁四局承建成都地铁 BT

项目 7 号线 6 标土建工程和 10 标机电安装工程。土建施工任务为“六站四区间”，全线长 6.941 公里，分南、西两个区段，南段依次为琉璃场站、科华南路站、火车南站、神仙树站等四站三区间，西段依次为金沙博物馆站、一品天下站等两站一区间。其中，琉璃场站、火车南站、神仙树站及一品天下站为换乘车站。车站施工建筑面积 94194.09 平方米，盾构施工正线区间双线 5.81 公里。机电安装施工任务为“四站四区间”，即琉璃场站-神仙树站。

成都地铁 7 号线 6 标由以下单位参建。一分部（城轨分公司）承建火车南站、琉璃场站，二分部（一公司）承建科华南路站，三分部（重庆分公司）承建神仙树站，四分部（二公司）承建金沙博物馆站、一品天下站。盾构施工安排 4 台盾构，分别由一、四分部承建。其中，火车南站-科华南路站-琉璃场站区间 2 台盾构由一分部承建，神仙树站-火车南站区间 1 台盾构及茶店子站-金沙博物馆站右线区间 1 台盾构由四分部承建。成都地铁 7 号线 10 标机电安装施工由机电公司承建。受成都市政府交通规划影响，截至 2012 年底，7 号线 6 标和 10 标均未正式开工。

【成都地铁 2 号线一期及西延线机电安装与装修工程 A 标】中铁四局承建。

合同造价：17213 万元。

合同工期：2011 年 3 月 20 日-2012 年 11 月 10 日。

成都地铁 2 号线 A 标段主要工程范围：OCC 控制中心 9 至 17 楼办公楼装修工程、红光停车场、犀浦站、西区站、外国语站、互助站、信息路站、迎宾路站及相临区间机电安装及装修工程。包括：通风及空调系统、给排水系统、动力照明系统、水消防系统等安装和出入口、风亭、建筑精装修及除甲供设备外所需要的主材和辅材的采购。

工程完成及进展情况：截至 2012 年 12 月 31 日，该项目主体已施工完毕，正在进行单机调试和各系统联调。

【成都地铁 7 号线工程第七标段】中铁五局承建，新中标项目。项目位于成都市 2.5 环的武阳大道和科园大道，工程起点里程 YCK22+926.000，终点里程 YCK29+248.700，总长 6322.7 米。主要工程量：神仙树站-神仙树西站区间 2923.47 米，2 座联络通道一座泵房；神仙树西站-红牌楼站区间 2009.01 米，1 座联络通道一座泵房；红牌楼站-武侯双楠站区间 2707.34 米，2 座联络通道一座泵房；武侯双楠站-清水河大桥站区间 2261.64 米，2 座联络通道一座泵房。区间采用盾构法施工，联络通道采用矿山暗挖法施工。合同总额 108113 万元（暂定）。建设单位：成都地铁有限责任公司，设计单位：中铁隧道设计院、中铁工程设计院、中铁二院，监理单位：北京铁研建设监理公司。开工时间 2012 年 12 月 31 日，竣工时间 2015 年 5 月 10 日。

【成都地铁 2 号线（东延伸线）二期工程土建 2 标】中铁八局承建。成都地铁 2 号线二期工程（东延伸线）土建 2 标包含一站二区间，即：龙泉站、过渡段洞口-龙泉站-保安村站区间。其中，龙泉站为地下二层岛式明挖车站，车站主体长度 450m，采用明挖顺作法施工，在车站东西两个端头设盾构始发井；明挖区间长度 388m，亦采用明挖顺作法施工，在大里程端设置盾构吊出井；盾构区间单线全长 3552.07m，区间共分两段，即：过渡段洞口-龙泉站区间线路位于待开发区，西侧为民宅，东侧为农田和果园。龙泉站-保安村站区间南侧为已建和在建住宅小区，北侧为村庄和农田。盾构从龙泉站东端始发后一直沿龙宫北路向东行进，下穿怡和新城 A 区后转向龙西路，最后到达保安村站西端头盾构井吊出转场至龙泉站西端盾构井二次始发，到达过渡段洞口东端盾构井吊出离场。龙泉站-保安村站区间设置两处联络通道，2 号通道与泵房合建。该段工程自 2012 年 2 月 5 日开工，预计 2013 年 8 月 31 日完工，总工期 19 个月。总投资 368128 万元。2012 年完成产值 16865 万元。

【成都地铁 3 号线一期工程土建 1 标】中铁八局承建。成都地铁 3 号线一期工程土建 1 标范围为 DK19+681.35 至 DK23+733.32，主要单位工程量为设计起点至红牌楼南站暗挖区间、红牌楼南站、红牌楼南站-红牌楼站盾构区间（简称红-红区间）、红牌楼站、红牌楼站-高升桥站盾构区间（简称红-高区间）、高升桥站、高升桥站-高新大道站盾构区间（简称高-高区间），共计 3 个车站、3 段盾构区间、1 段暗挖区间。该段工程自 2012 年 4 月 25 日开工，预计 2014 年 8 月 31 日完工，总工期 27 个月。总投资为 6.78 亿元。2012 年完成产值 8101 万元。

【成都地铁 4 号线一期工程】中铁隧道承建成都地铁 4 号线一期工程 4 标段。该标段位于成都市青羊区，包括 3 站 3 区间，即苏坡立交站、清江路口站（含集中冷站）、成温立交站、苏坡立交站—清江路口站盾构区间、清江路口站—成温立交站盾构区间、成温立交站—草堂路站盾构区间。苏坡立交站车站主体全长 227.8 米，为地下二层岛式明挖车站，标准段宽 18.7 米，标准段高 12.8 米，车站东端左线设有一条停车线，停车线明挖段全长 222.8 米，标准段宽 9.9 米。标准段高 8.3 米，车站共设 5 个出入口、2 组低矮敞口风亭。清江路口站车站主体全长车站全长 205.2 米，标准段宽度为 20.9 米，底板埋深 19.6 米，车站附属结构设计为 4 个出入口，2 组风亭，与清江路下穿隧道和 7 号线合建，4、7 号线节点处底板埋深 27.2 米，与 7 号线换乘节点处为地下 4 层结构。成温立交站车站主体全长 173.2 米，标准段宽度为 18.7 米，标准段底板埋深 15 米，车站共设 4 个出入口，2

组地面风亭。本标段盾构区间为苏坡立交站—清江路口站—成温立交站，区间隧道总长4425.967单线延米，区间隧道采用盾构法施工，钢筋混凝土管片衬砌。隧道外径6000毫米，内径5400毫米。管片采用C50混凝土，抗渗等级P12，厚度300毫米，分为1.2米和1.5米两种幅宽。

合同总造价54496万元，合同工期2012年2月至2014年5月。2012年完成施工产值19222万元，占总价的35.3%。

【成都地铁3号线2标】中铁隧道承建成都地铁3号线2标工程。该标段位于成都锦江区内，包含四站四区间，分别为高新大道站、省体育馆站、磨子桥站、滨江路站、高新大道站—省体育馆站—磨子桥站—滨江路站—春熙路站盾构区间、1个盾构始发井及1个盾构吊出井。高新大道站是成都地铁3号线一期工程的中间站，为地下二层岛式车站，站后设单存车线。站位处于一环路与衣冠庙立交桥的交叉路口，车站主体沿一环路呈东西向布置。高新大道站主体结构总长216.803米，标准段宽19.7米，车站顶板埋深平均3.2米。省体育馆站是地铁1、3号线的换乘站，地处一环路南三段和人民南路三段交叉口之下。车站为地下双层双柱三跨13.0米岛式站台车站。车站外包总长为212.6米，车站标准段宽22.3米，深23.2米，西端盾构扩大段宽26.0米，深24.5米，顶板覆土约2.7米。磨子桥站位于新南路与林荫中街交叉口处，位于磨子桥北侧。车站为地下二层双柱三跨12米岛式站台车站。车站外包总长为180米，车站标准段宽20.9米，深约为17.84米，顶板覆土约为3米。滨江路站位于新南路与致民路交叉口处，车站为地下三层双柱双跨12.5米岛式站台车站。车站外包总长为140米，车站标准段宽21.6米，深24.39米，顶板覆土约3米。区间线路起于高新大道站，基本沿一环路敷设，到达省体育馆站；出省体育馆站后继续沿一环路敷设，然后以一个R-300的曲线转入科华北路（新南路），到达磨子桥站；出磨子桥站后线路基本沿新南路敷设，到达滨江路站；出滨江路站后下穿南河，进入红星路四段，本区间线路基本沿红星路敷设，止于春熙路站。区间隧道共7554.52米，采用盾构法施工，钢筋混凝土管片衬砌。盾构机采用中铁19号、23号、27号三台土压平衡盾构机，直径6280毫米。

合同工期为28.5个月，合同价款92579万元。2012年完成施工产值15229万元，占总价的16.5%。

【上海地铁11号线北段二期】续建工程，中铁二局新运公司承建。线路全长约22.886公里，共设13座车站，一座停车场。合同价47640.2723万元，2011年10月18日开工。

2012年，完成产值28434万元。11月5日正线实现短轨通。11月22日实现长轨通。

【上海地铁9号线工程】中铁四局承建。

合同造价：8728.28万元。

合同工期：2011年12月1日-2012年6月15日。

上海松江老城区公共交通配套工程，设计起点为松江南站站，设计终点为松江新城站（不含），线路全长约5.373公里，全部为地下线；共设车站3座，分别为松江南站站、醉白池站、松江体育中心站，均为地下站；与上海轨道交通9号线一期工程共用九亭车辆段。轨道结构一般地下线采用DTIII2型扣件、长枕埋入式钢筋混凝土整体道床；中等减振地段采用轨道减振扣件，高等减振地段采用中档钢弹簧浮置板轨道；特殊减振地段采用钢弹簧浮置板轨道；道岔采用60kg/米钢轨9号单开道岔、三开道岔、单渡线及其交叉渡线（城轨229型号），轨下基础采用短枕式整体道床。

完成情况：2012年12月30日正式交付运营。

【上海轨道交通11号线北段二期工程信号系统安装工程】中铁四局承建。

合同造价：9116万元（其中1357万元为暂列金）。

合同工期：2012年3月1日-2012年11月28日。2012年12月30日全线CBTC系统开通运营。

上海市轨道交通11号线北段二期工程是11号线北段一期工程的续建工程，线路全长约23.2公里，接一期工程的江苏路站，终点为罗山路站，设13座车站，一座车辆段，其中罗山路站为高架车站，其余车站均为地下站。所有车站站台均设置站台屏蔽门/安全门系统。川杨河车辆段和罗山路站接轨，设置两条出入场线。工程范围：全线正线区间及辅助线、出入场线的室外工程；全线正线13座车站室内、外工程；川杨河车辆段室内、外工程；控制中心室内、外工程。计划车辆段于2013年1月1日开始，2013年3月28日竣工。

存在问题：铺轨进度滞后影响轨旁设备安装。形象进度：正线工作量于2012年12月25日全部完成，已进入带电调试试验阶段。

【上海轨道交通13号线一期轨道工程】中铁五局承建。上海市轨道交通13号线一期工程13(1).GT.13标轨道工程，起点为华江路站，终点为南京西路站，正线全长16.468公里（双线），全线正线均为地下线路。合同总额44472.0037万元。建设单位：上海轨道交通十三号线发展有限公司，设计单位：中铁上海设计院集团有限公司、北京城建设计研究总院有限责任公司，监理单位：上海先行建设监理有限公司。2011年11月15日开工，合同竣工时间2014年6月30日。年累完成16677.84万元，开累完成22141.2万元，剩余价值22330.8万元。

【上海市轨道交通 11 号线北段延伸工程（安亭站～花桥站）11.H.3 标正线及辅助线轨道工程】 中铁上海局华海公司承建。

合同造价：6590.1003 万元。

合同工期：2012 年 4 月 1 日—2012 年 8 月 30 日。实际开工时间：2012 年 9 月 16 日。

工程概况：线路从上海市轨道交通 11 号线北段支线终点安亭站向西延伸，至花桥港浦路。线路大部分位于花桥商务城内，主要经过的道路为曹安公路、兆丰路、漕新路、同三国道、沪宁高速公路、曹浦路、梅浦路、徐公桥路、规划纵六路—规划纵一路和沿沪大道等。标段正线全长约 6 公里，均为高架线，新设车站 3 座。

产值情况：2012 年完成 4034 万元，开累完成 4034 万元。

形象进度：主要完整体铺轨 6 公里，道岔 6 组和交渡线 1 组。

【上海轨道交通 11 号线三林站】 中铁上海局华海公司承建。

合同造价：20968.6653 万元。

合同工期：2008 年 12 月 30 日—2010 年 4 月 30 日。调整后开、竣工时间：2010 年 4 月 30 日—2012 年 6 月 30 日，实际开工时间：2009 年 6 月 20 日。

工程概况：包含三林站和济三风井（中间独立风井，由上海二建和中环线一起施工）。三林地铁站位于上南路三林路路口的三林路下，车站呈东西走向，为地下二层双岛式站台车站。车站总长 486.623 米，标准净宽 26.8 米，端头井净宽 30.6 米。车站顶板覆土厚度约为 2.80 米，基坑标准段开挖深度约 15.8 米，端头井基坑开挖深度约 17.9 米，基坑环境保护等级为二级。围护结构采用地下连续墙，标准段墙厚 800 毫米，深 29 米，沿基坑深度方向依次设置第一道混凝土支撑和三道钢管支撑；端头井处墙厚 800 毫米，深 31 米；沿基坑深度方向依次设置第一道混凝土支撑和四道钢管支撑。支撑选用 φ609 钢管，壁厚 16 毫米。车站设置 5 个出入口、3 组风井、1 个预留出入口。采用 SMW 工法，钻孔桩+搅拌桩围护结构，开挖深度最深 12 米左右，设置 3 道钢支撑，支撑选用 φ609 钢管，壁厚 16 毫米。

产值情况：2012 年完成 5491.93 万元，开累完成 23500 万元

形象进度：该项目为收尾项目，施工内容已全部施工结束。

【上海市轨道交通 11 号线北段延伸工程（安亭站-花桥站）土建工程】 中铁上海局华海公司承建。

合同造价：27496.1011 万元。

合同工期：2011 年 6 月 30 日—2012 年 6 月 30 日，实际开工日期：2011 年 6 月 28 日。

工程概况：上海市轨道交通 11 号线北段工程（安亭站—花桥站）范围东起 11 号线北段支线终点站安亭站，西至花桥巷浦路；跨越的道路主要有曹安公路、兆丰路、漕新路、同三国道、沪宁高速公路、曹浦路、梅浦路、徐公桥路、规划纵六—规划纵一路和沿沪大道等。线路全长约 6000 米，全线为高架，设高架车站 3 座，分别为兆丰路站、光明路站、花桥站。最大站间距 3300 米，最小站间距 1100 米，平均站间距 1900 米。

合同工程范围：光明路站土建工程；花桥站土建工程；沪宁高速西侧（XDK2+494.000）～（XDK6+000.606）区间的土建工程、交通便道及检修便道工程。

产值情况：2012 年完成 18460.41 万元，开累完成 27500 万元。

形象进度：完成桥梁主体结构工程施工，完成桥面铺装和防撞墙施工，花桥站和光明路站车站主体结构施工。

【上海市轨道11号线北段（二期）11（北二）GT-5（东明路站、浦三路站）土建工程】 中铁上海局一公司承建。

合同造价：22498 万元。

合同工期：2009 年 8 月 31 日—2011 年 11 月 31 日，实际开工时间：2010 年 7 月 18 日。

工程概况：东明路站：车站外包全长 183.56 米，为地下两层多跨钢筋混凝土框架结构岛式站台车站，标准段结构净宽 18.4 米，基坑最大开挖深度为 18 米。基坑环境保护等级为二级。附属结构包括 4 个出入口及 2 组风井，均为地下一层箱形结构。主要采取明挖顺作法施工。浦三路站：车站外包全长 311.2 米，为地下两层单柱双跨或双柱三跨钢筋混凝土框架结构侧式站台车站，标准段结构净宽 26 米，基坑最大开挖深度为 19 米。基坑环境保护等级为二级。车站附属结构包括 4 个出入口及 3 组风亭，其中 2 号风亭内包于车站主体结构内，与主体结构同时施工。采取明挖顺作法施工。

进度情况：2012 年，完成建安产值 2423 万元，开累完成 22798 万元，占合同金额的 101.3%。经理部到位 35 人（经理、书记、总工在现场）；外协队伍到位 4 家（合计 180 人）；主要机械设备 9 套。

主要形象进度：2012 年，浦三路站完成站车站主体站台板、轨顶风道、端头井、风亭及 1～4 号出入口全部施工。浦三路站于 2012 年 5 月 22 日完成车站主体与附属结构施工验收。东明路车站：完成 1 号出入口、2 号出入口及东风井基坑开挖和结构施工。

【上海轨道交通 11 号线北段二期风水电工程】 中铁上海局二公司承建。

合同造价：4758.3万元

合同工期：2012年5月12日—2013年6月30日，实际开工时间：东明路站2012年5月20日；浦三路站6月20日。

工程概况：东明路站东明路和三林路交叉处的三林路下，主体沿东西走向，为地下二层岛式车站，共设有1,2,4共三个出入口，其中3号出入口预留。站厅层公共区面积为1476平方米，站台层公共区面积1252平方米。

浦三路站位于御桥路下，横跨浦三路，车站为地下二层侧式，共设有4个出入口。车站总净长308.4米，标准段净宽25.2米。站厅层公共区面积2390平方米，站台层公共区面积1410平方米。

进度情况：2012年，完成建安产值4300万元，开累完成4300万元，占合同金额的90.4%。经理部到位27人（经理、书记、总工在现场）；外协队伍现到位1家（合计110人）；主要机械设备9套。

主要形象进度：通风空调：东明路站厅层公共区风管安装100%，设备区风管安装100%，站台层公共区风管安装100%，设备安装100%；浦三路站厅层公共区风管安装100%，设备区风管安装100%，站台层风管安装100%；设备安装完成100%。剩余设备单机调试。

给排水与消防：东明路站厅层水管安装100%；站台层水管安装100%。浦三路站厅层水管安装100%；站台层水管完成100%。区间水管安装完成，共6500米。设备调试。

动力照明：区间线管安装100%，区间配电箱安装完成174台，区间电缆全部完成；东明路站厅层桥架安装100%，站台层桥架安装完成，配电箱及配线管安装，电缆敷设100%；浦三路站厅层公共区桥架安装100%，设备区安装100%，站台层完成，配电箱及配线管安装，电缆敷设100%。设备送电调试。

【杭州地铁火车东站】续建工程，中铁二局六公司承建。2011年11月28日开工，计划完工时间2014年6月30日。杭州地铁火车东站西广场地下空间连接工程合同价23469万元；建设规模：地下4层岛式车站，施工里程K20+826.954-K20+971.954，全长149米。

2012年，完成产值12489万元，累计完成施工产值12489万元；地连墙施工2012年5月31日完成。

【杭州地铁1号线工程车站（含区间）设备安装及设备区装修施工G标】中铁四局承建。

合同造价：7842万元。

合同工期：2011年5月1日-2012年9月30日。

杭州地铁1号线工程为浙江省重点建设项目，线路全长54公里，其中地下线47.36公里，高架线6.14公里，地上地下过渡段0.47公里。设车站34座（地下站31座，高架站3座）；主变电站（110kV）4座；车辆段和停车场各1处；控制中心1处。工程范围：本次投标范围为杭州地铁1号线工程车站（含区间）设备安装及设备区装修施工G标，主要包括凤起路站、文化广场、武林广场三个站的设备安装及设备区装修施工图中包含的所有工程内容。

形象进度：本标段合同内工程于2012年9月30日已基本完成。凤起路站、武林广场站、文化广场站于10月7日已通过单位工程验收。10月15日车站完工，已移交运营公司管理。2012年11月24日正式开通。

【杭州地铁一号线接触网、环网电缆、杂散电流防护、疏散平台安装工程】中铁电气化局承建，为续建工程。于2011年5月26日开工，截至到2012年开通。完成实物工程量：悬挂安装7920处、汇流排安装55.900公里、接触线架设55.900公里、隔离开关安装22处、分段绝缘器安装处11；支架安装129823组、扁钢安装108.823公里、环网电缆敷设310.1公里、电缆终端头240套；参比电极安装220个、电缆敷设95mm254公里、电缆敷设150mm212.5公里；化学锚栓安装131910根、钢梁安装32848根。

【杭州地铁1号线湘湖站及湘滨区间】建设分公司承建。

工程位于杭州市江南副城湘湖旅游度假区内，湘湖站位于风情大道与规划中湘西路交叉口处，工程包括一站一区间以及区间盾构施工。工程造价30621.42万元，2007年7月26日开工，2012年6月30日竣工。

主要工程为车站的主体工程及附属工程（包括15个出入口、1个紧急疏散口、7个风亭）等土建工程。湘湖站-滨康路站盾构区间（19号盾构），区间总长左线约1626.87m，右线约1687.57m，以及其中的1个联络通道、1个中间风井（兼作联络通道及泵房）等附属结构。

项目主体工程6月移交后续施工单位，7月18日区间隧道完成交工验收，8月附属工程全部交验，2012年11月24日杭州地铁全线实现通车运营。

【杭州地铁1号线工程城站站】 中铁上海局华海公司承建。

合同造价：9691.6289万元，清单调整后合同价为13808.74万元。

合同工期：2007年11月28日—2009年7月30日。调整后开、竣工时间：2008年04月06日—2012年05月30日，实际开工时间：2008年4月06日。

工程概况：车站总长160.038米；车站标准段宽度27.7米，5号线宽度为20.9米，顶板覆土厚度3.4米；1号线车站段地下2层，出入口及附属结构地下1层，预留的下穿5

号线段地下3层；本站设1号、2号、3A、3B共4个出入口，风亭3组；车站总建筑面积13256.3平方米。

产值情况：2012年完成998.12万元，开累完成14523.95万元。

形象进度：该项目本年为收尾项目，施工内容已全部施工结束。

【沈阳至铁岭城际铁路（松山路-道义）工程土建施工第二合同段】中铁三局承建。

合同价款：3.1215亿元。

合同工期：2010年4月5日至2012年2月5日。

业主要求工期：2012年10月30日土建工程全部完成。

形象进度：车站除站台板和轨顶风道外剩余附属工程2012年10月30日前全部完成。区间风井结构2012年4月3日前完成；区间盾构2268.1双延米2012年9月30日前完成。

【沈阳至铁岭城际铁路（松山路-道义）工程土建施工第三合同段】中铁三局承建。

合同价款：2.14亿元。

合同工期：2010年5月4日至2012年2月28日。

形象进度：车站剩余主体结构施工2012年4月30日前完成，区间盾构左右线总计1533.6m在2012年9月30日前全部完成。

【大连地铁209标】中铁三局承建。

合同价款：1.9937亿元。

合同工期：2009年11月1日至2012年1月30日。

业主要求工期：2013年7月9日。

形象进度：红旗西路站：完成剩余围护结构，明挖主体结构155.1米，2号风亭和1号出入口开挖支护。红南区间：完成左线开挖支护813米，右线开挖支护787米，左线衬砌施工1093米，右线衬砌施工895米。

【大连地铁一期工程103标】中铁五局承建。本标段起始里程为CK10+526.126至CK12+850.253，全长2324.127米，施工范围包括七十九中车站、七十九中-西安路区间（简称七-西区间）、西安路车站以及西安路-功成街区间（简称西-功区间）。合同总额38772万元。建设单位：大连市地铁建设指挥部，设计单位：中铁隧道勘察设计院，监理单位：上海天佑咨询有限公司。2009年9月8日开工，合同竣工时间2012年3月6日，调线后总工期大约持续到2014年8月。年累完成8848万元，开累完成27333万元，剩余价值11439万元。

【大连地铁一期工程204标段】 九局大连工程处承建，位于辽宁省大连市内，工程包括姚家站、姚家-南关岭区间、南关岭站和南关岭-南关岭镇部分区间。姚家站为半地上、半地下两层结构，站台中心里程为CK1+267.571，起迄点里程CK1+203.921-CK1+339.921，车站长136米，采用明挖施工。姚家-南关岭区间位于大连市华北路北侧，起止里程为DK1+339.921-DK2+380，线路长度为1040米。其中暗挖段470米，明挖段570米。南关岭车站为地下二层结构，车站中心里程DK2+770.901，车站设计起迄点里程为DK2+380-DK3+114.001，长度734米，包括站前明挖结构249.1米、车站主体484.9米，采用明挖施工。南关岭-南关岭镇暗挖区间起迄点里程DK40+234-DK40+945.599，长度711.6米。工程自2009年12月01日开工，预计2013年12月31日竣工，工程总造价34700万元。主要工程数量：车站土石方76万立方米，区间土石方7.2万立方米。车站2座：南关岭站长734.001米，姚家站长136米。暗挖区间共1181.6米，明挖区间共570米，均为单线单洞隧道。

建设单位为大连市地铁工程建设指挥部，设计单位为第三勘察设计院，监理单位为甘肃铁科建设工程咨询有限公司。

2012年完成产值7992万元，开工累计完成产值31851万元，完成总价的93.06%。

【大连地铁一期工程217标段】 九局大连工程处承建，位于辽宁省大连市境内，里程LDK0+001.080-LDK1+472.130，全长1424.18米。明挖隧道段起讫正线里程LDK0+001.080-LDK0+100，全长998.92米，出入段线设计里程LDK0+001.080-LDK0+188.142为长187.062米的明挖四线隧道段；出入段线设计里程LDK0+188.142-LDK0+940.000为长751.858米的明挖双线隧道段；LDK0+940.000-LDK1+000.000为长60米的U型槽段；LDK1+000.000-LDK1+026.870为长26.87米路基段；高架桥段正线里程LDK1+026.870-LDK1+472.130，全长445.26米。自2010年8月1日开工，预计2013年12月31日竣工，工程总造价10700万元。建设单位为大连市地铁建设指挥部，设计单位为中铁工程咨询设计集团有限公司，监理单位为大连大保建设管理有限公司。

2012年完成产值3140万元，开累完成产值6660万元，完成总价的60.73%。

【大连地铁201标段】中铁十局承建。工程概况：工程总造价22010万元，合同工期2009年9月-2012年4月，业主调整工期2014年4月竣工。本标段包括1个车站-交通大学（为地下双层岛式车站），1个区间-西安路站至交通大学站区间，其中盾构段区间长1330.7米，矿山法区间长466.3

米，合计区间 1797 米。

施工进度：盾构区间右线（设计 1326 米）已完，接收井至交通大学站右线区间（总长 322 米）盾构掘进完成 225 米。左线盾构始发竖井（深 34 米）开挖支护完；交通大学站 1 号明挖厅主体结构施工完，2 号明挖厅西侧和中间浅基坑段主体结构完，东侧深基坑负四层夹层板砼浇筑完成。

【大连地铁 205 标段】中铁十局承建。工程概况：主要包括南关岭站-华北路站区间、华北路站、华北路站-泉水路站区间，即“一站两区间”。区间长度 2087.01 米，车站长 161.5 米，合同造价 1.508 亿元，合同工期 2009 年 12 月 1 日-2011 年 5 月 29 日，业主调整工期要求 2013 年 11 月完工。

施工进度：左线（设计 2038 米）开挖完成 1916 米，右线（设计 2076 米）开挖完成 1975 米。

【大连市 202 路轨道线路延伸 9 标段工程】中铁八局承建。全长 4.94Km，合同工期：2010 年 4 月 5 日至 2011 年 6 月 30 日，实际开工：2010 年 3 月 25 日。合同价 20040 万元，2012 年完成投资 3692 万元。

【大连市 202 路轨道线路延伸工程轨道铺轨工程】中铁八局承建。大连市 202 路轨道线路延伸工程铺轨施工工程为大连至旅顺段城市轨道线路，线路全长 40.357 公里，其中高架线 31.021 公里，隧道总长 5.231 公里，地面线长 2.393 公里，铁山车辆段长 1.495 公里。工期要求:2011 年 6 月 1 日至 2011 年 12 月 31 日。工程投资 1.3 亿元，2012 年完成投资 1527 万元，地下线铺轨施工完成 4.57Km，高架线铺轨施工 1.708Km。

【青岛地铁三号线八标段】中铁三局承建。

合同价款：2.3834 亿元。

合同工期：2010 年 6 月 1 日至 2012 年 9 月 30 日。

形象进度：双山站：钻孔桩 39 根,旋喷桩 64 根,冠梁 372m,土石方开挖及相应支护 83390m3 车站主体混凝土 14385.6m3；双保区间：正线开挖支护 810m；保儿站：冠梁 55.7m，土石方开挖及相应支护 5.632 万方，车站主体混凝土 1.553 万方。

【青岛地铁一期工程 3 号线土建施工 01 标段】中铁四局承建。

合同造价：38268 万元。

合同工期：2010 年 6 月-2013 年 1 月。

工程概况：标段为青岛地铁一期工程 3 号线土建施工 01 标段，起点桩号为 K0+000（国铁青岛火车站），终点为 K2+747.3（地铁汇泉广场站），线路全长 2747.3 米，工程内容包括青岛火车站、青岛火车站-人民会堂站区间、人民会堂站、人民会堂站-汇泉广场站区间，共两个车站、两个区间。

（1）青岛火车站

青岛火车站是青岛市地铁一期工程（3 号线）的起点站，同时也是与规划 2 号线的换乘车站，2 号线车站主体已施工完成，是结合周围地下开发的地下二层岛式车站，未预留换乘条件，需本次结合改造。本站为地下三层岛式车站。车站全长 214 米，车站中心里程 K0+126.5。

本站站前区间为线路安全线，长约 68 米，下穿既有 2 号线车站（在下穿处其底板底埋深约为 14 米），本站的埋深主要受制于此。

（2）青岛火车站-人民会堂站区间

青岛火车站-人民会堂站区间工程，起点位于青岛火车站大里程端 K0+214，终点位于人民会堂站小里程端 K1+467.259，全长 1253 米，

（3）人民会堂站

人民会堂站位于大学路与太平路交汇路口北侧，西北侧紧临人民会堂，南侧和西侧有 7 棵银杏树，车站全长 144.4 米，标准段总宽 18.8 米，设备用房全部外挂于东侧空地。车站有效站台中心里程为 K1+538.059，车站起点里程 K1+467.259，车站终点里程为 K1+611.659。有效站台长 120 米，宽 10 米。车站采用岛式站台。

（4）人民会堂站-汇泉广场站区间

人民会堂站-汇泉广场站区间工程，起点位于人民会堂站大里程端区间起点里程 K1+611.659，终点位于汇泉站小里程端区间终点里程 K2+747.3，全长 1135.650 米。

2012 年完成建安产值 8068 万元，开累完成 16648 万元。

获得业主组织的一季度安全、质量、文明施工检查考核评比第一名；二季度安全、质量、文明施工检查考核评比第四名；上半年综合考核第二名；三季度安全、质量、文明施工检查考核评比第二名，二、三季度爆破控制竞赛优秀单位。

【青岛地铁二号线 1 标】中铁四局承建。

合同造价：20000 万元。

合同工期：2012 年 11 月-2015 年 6 月。

由中铁四局承建的青岛市地铁 2 号线一期工程土建施工 1 标一工区地处青岛市市北区，为 2 号线一期工程的起点。包括：泰山路站、泰山路站站后折返线两个工点，其中泰山路站长 234.5 米，折返线区间长 276.033 米,，线路总长 510.5 米。

2012 年完成建安产值 1200 万元，累计完成 1200 万元。

【青岛地铁一期工程3号线06标段】 九局承建，位于青岛市市区，正线长度2.6公里，包括宁夏路站-敦化路站区间（414米）、敦化路站、敦化路站-错埠岭站区间、错埠岭站、错埠岭站-清江路站区间，2站3区间。工程自2010年6月1日开工，预计2016年12月31日竣工，总造价37300万元。主要工程数量：钻孔桩10166.53延米，旋喷桩6196.05延米，土方42万立方米，商品混凝土9.6万立方米，钢筋1.4万吨。

建设单位为青岛市地下铁道公司，设计单位为中铁隧道勘测设计院有限公司，监理单位为山东济铁工程建设监理有限责任公司。

2012年完成产值3192万元，开累完成产值7387万元，完成总价的19.8%。

【青岛地铁一期工程（3号线）十三标段工程】 中铁八局承建。全长2.06Km。合同工期：2010年6月1日至2012年12月31日，实际开工：2010年9月13日。合同价34000万元，李君区间隧道设计1565米、2012年完成上台阶1172米、开累1375米，君峰路站主体隧道工程设计180米（2012年8月30日贯通）、二衬设计180米、2012年完成4米、开累4米，君西区间隧道设计1569米、2012年完成上台阶976米、开累1352米，西流庄站设计196米、底板完成128米、顶板完成65米。

【福州市轨道交通1号线05合同段】 中铁三局承建。

合同价款：4.9378亿元。

合同工期：2011年2月28日至2013年10月31日。

形象进度：东街口站：年度内完成车站主体围护结构、地基加固剩余全部工程，完成主体结构基坑开挖支护的83%，完成主体结构的80%，年内完成二号出入口全部工程。

南门兜站：年度内完成车站主体围护结构、地基加固剩余全部工程，完成主体结构基坑开挖支护的80%，完成主体结构的50%，年内完成2号出入口及环形过街通道剩余全部工程。

东街口-南门兜区间：完成盾构始发、接收端头加固，计旋喷桩1539.56m，深层搅拌桩14220m。8月前完成盾构安装、调试、始发，年内完成东街口站至南门兜站下行线区间485m掘进，并完成调头转场。南门兜-茶亭区间：完成盾构始发、接收端头加固，完成盾构进场安装、调试。洗马河桥桩基托换工程：年内完成全部桩基托换工程施工。

【福州市轨道交通1号线08合同段】 中铁三局承建。

合同价款：4.48亿元。

合同工期：2011年6月31日至2013年2月30日。

形象进度：葫芦阵站：年内完成车站剩余主体围护结构、降水井、冠梁及混凝土支撑施工；完成主体结构土方开挖及基坑支护，计土方63615.2m³；2月29日前完成车站南北端头井，并按要求交付，11月30日前完成主体结构全部剩余工程。

黄山站：年内完成车站剩余主体围护结构、降水井、冠梁及混凝土支撑施工；完成主体结构土方开挖及基坑支护，计土方61634.6m³；4月30日前完成车站南北端头井，并按要求交付，年内完成主体结构全部剩余工程。

三叉街-白湖亭站区间：年内完成白湖亭和三叉街站端头加固。

白湖亭—葫芦阵站区间：年内完成区间全部工程。

葫芦阵—黄山站区间：完成黄山站端头加固，两台盾构先后从葫芦阵站北端端头井调出，转场至南端端头井下井、安装、调试、始发，年内合计完成705m盾构掘进。

【福州市轨道交通一号线02标】 中铁四局承建。

合同造价：40700万元。

合同工期：2011年4月20日-2013年10月20日。

福州轨道交通一号线02标位于福州市晋安区五四北秀峰路，工程内容包含：秀山站、秀山站-罗汉山站区间、秀山站-罗汉山站区间明挖段、罗汉山站、罗汉山站-福州火车站区间，共计五个子单位土建工程。

车站主要工程数量：挖土石方157594立方米，高压旋喷桩12518米，围护结构混凝土18209立方米，主体结构混凝土40273立方米，柔性防水层49973立方米。区间主要工程数量：旋喷桩5934米，深层搅拌桩20832米，盾构掘进3916.72米，预制钢筋混凝土管片25059立方米，联络通道及泵房3个。

2012年完成建安产值5074万元，开累完成建安产值6084万元。

【福州市轨道交通一号线11标】 中铁四局承建。

合同造价：39700万元。

合同工期：2011年11月25日-2014年3月27日。

福州市轨道交通1号线工程土建施工11合同段包括新店车辆基地和清凉山停车场。两场为一南一北，相隔约30公里。新店车辆基地位于在建的东北绕城高速和规划埔党路南侧、规划厦坊路东侧、规划篁村路西侧、规划战坂路北侧，车辆段与象峰站接轨。新店车辆基地最大长宽尺寸约为1260米和300米；占地面积约465亩(红线面积)，总建筑面积约85372.2平方米。清凉山停车场位于福厦铁路福州南站东南侧，东抵福厦铁路、南邻铁路福州南动车段出入线，西接福峡路。地块外形为不规则几何图形，主体部分呈东西向长方形。占地面积约125亩(红线面积)，总建筑面积约25208.7平方米。轨道工程16.2公里。

主要工程项目包括明挖区间、站场路基、房建工程、轨道工程、建筑设备安装工程及综合管线安装工程。主要工程量有：明挖区间长度300.072米、房建工程110580.9平方米、站场路基填筑土石方103万立方米。

当年及开累完成建安产值和主要工程形象进度：

2012年度完成产值3800万元，开累完成产值3800万元。主要形象进度：明挖区间围护结构全部完成，明挖区间土石方全部完成，主体结构完成37%；站场土方完成65%；箱涵完成62%。

【福州市轨道交通1号线工程06合同段】中铁十局承建。工程概况：本合同段位于福州市区，本标段包括一站一区间，茶亭站-达道站区间、达道站，工程造价21706万元，合同工期2011年5月-2013年9月。

主要工程数量：区间上行1230米，下行1231米，采用盾构法施工。达道站为地下三层岛式曲线车站，车站主体长约142米，宽20.5米，地下一层为站厅层，地下二层为设备层，地下三层为站台层。

施工进度：车站主体结构北侧导墙（设计371立方米）完成312立方米，地下连续墙（设计1.1万立方米）完成6509立方米。

【南昌地铁1号线一期工程土建二标】中铁三局承建。

合同价款：3.7437亿元。

合同工期：2011年7月1日-2013年11月30日。

形象进度：长江路站：2012年8月31日完成长江路站主体结构施工。

长-珠区间：年内完成区间盾构掘进及联络通道全部工程施工。

长-蛟区间：6月份1号盾构机吊装至长江路站北端井下行线始发，年内完成长江路站至中间风井区间1352m的掘进，并完成过中间风井。7月份2号盾构机吊装至长江路站北端井上行线始发，年内完成长江路站至中间风井区间900m的掘进。

中间风井：9月底前完成围护结构及全部主体结构施工，提供盾构机过站条件。

【南昌地铁1号线土建五标】中铁五局承建，系在建工程。项目地点江西省南昌市最繁华的商业区，周围建筑物密集，线路走向为：自中山西路站终点开始，沿中山西路向东方向，紧邻中山桥穿过抚河，到达子固路站，过子固路站，沿中山路向东，到八一馆站；沿着中山路行进，穿过东湖，到八一广场站；八一广场站终点。主要工程数量：三站三区间，全长2520.214米，包括：中山西路站-子固路站区间、子固路站、子固路站-八一馆站区间、八一馆站、八一馆站-八一广场站区间、八一广场站。合同总额93217万元。建设单位：南昌轨道交通有限公司，设计单位：广州地铁设计研究院有限公司，监理单位：江西中昌工程咨询监理有限公司。2012年7月6日实际开工，合同开工时间2011年7月1日，合同竣工时间2014年12月31日。年累完成9748万元，开累完成19640万元，剩余价值73577万元。

【宁波市轨道交通1号线一期天童庄车辆段与综合基地±0以上工程施工2标】中铁三局承建。

合同价款：7.428亿元。

合同工期:2012年2月1日至2013年10月31日,2013年7月31日具备接车条件。

形象进度：3月1日正式开工，7月31日前完成全部建筑桩基，12月31日前完成C、D区承台、基础梁及一层盖（C、D区）。年内完成P1桥、渡架桥江1号、2号中桥的桩基、承墩身、梁部及附属工程。

【宁波市轨道交通1号线二期试验段】中铁四局承建。

合同造价：32234.7867万元。

合同工期：2012年2月10日-2014年5月31日。

宁波市轨道交通1号线二期试验段施工东起一期终点东环南路站，共设2个盾构区间、1座车站和1个明挖区间，分别为东环南路站-五乡西站盾构区间、五乡西站、五乡西站-U型槽盾构区间、U型槽明挖段。

东环南路站-五乡西站右线盾构区间长980.514米，左线盾构区间长1008.817米；五乡西站-U型槽盾构区间右线盾构区间长828米，左线盾构区间长825.759米；U型槽明挖段375米。

五乡西站主体位于天童庄车辆综合基地内，西南侧为东外环路，北侧为后塘河，河流离车站最近约90米；南侧及东侧为车辆段，车辆段盖上进行物业开发；北侧地块规划为商住用地。五乡西站为地下二层岛式站台车站，地下一层为车站站厅层，地下二层为车站站台层，底板埋深13.85-15.78米。

【宁波市轨道交通1号线一期天童庄车辆段与综合基地+0.00以上工程1标段】中铁四局承建。

合同造价：64764.3430万元。

合同工期：2012年3月1日-2013年10月31日。

宁波市轨道交通1号线工程天童庄车辆段与综合基地位于宁波市东外环路以东蔡江岸地区，东西长约1300米，南北长约330米。

本中标工程项目主要为车辆段盖下工程、上盖盖体，盖上厂前区部分（盖上物业住宅部分不属于本次招标范围）。涵盖车辆段房屋及附属工程、给排水、通风空调、低压配电、机电设备、轨道等多系统工程。包含：A 区、B 区盖体及盖体下检修主厂房、运用库、物资总库、污水处理站、维修车间、旋轮库、门卫 2 等单体建筑（含设备基础、地面及墙体装饰装修等）；C 区 JGC9 及 JGC12 区域的土建工程（含设备基础、地面及墙体装饰装修等）及盖上综合楼、综合维修中心、培训中心、食堂、公安分局的土建、装饰装修；P2、P3 桥、北侧永久道路及对应区域的盖下道路（不含沥青面层）；盖上综合楼、综合维修中心、培训中心、食堂、公安分局的给排水及消防、照明与配电、通风空调及门禁系统工程。

【宁波市轨道交通一号线一期高架土建工程 GTJ1109 标】中铁八局承建。工期：2011 年 1 月 1 日-2013 年 1 月 1 日，合同价 14918 万元，2012 年完成投资 4824 万元。站区间桥桩基设计 568 棵、完成 444 棵，墩台设计 87 个、完成 47 个，现浇梁设计 68 片、完成 7 片，车站工程：土石方设计 4349m3、完成 4349m3，主体结构设计 11611m2、完成 7300m2。

【长春地铁 1 号线人民广场站主体工程】 九局长春分公司承建，工程位于吉林长春市人民大街地下，设计起点里程 K18+93.20，终点里程 K18+303.50。车站主体为岛式站台，有效站台宽 13 米，为标准双层、三跨拱顶直墙结构，一般开挖深度为 22.69-24.60 米，车站主体总长度 210.3 米，标准段总宽度 21.8 米，车站南、北端均接盾构区间。自 2012 年 3 月 15 日开工，预计 2014 年 6 月 15 日竣工，工程总造价 21140 万元。主要施工范围：人民广场站南端明挖段、1 号临时竖井及横通道、1 号竖井及风道、1-4 号出入口，建筑面积 13065 平方米。

建设单位为长春市地铁有限责任公司，设计单位为北京城建设计研究总院有限责任公司，监理单位为北京建工京精大房工程建设监理公司长春市城市建设咨询有限公司联合体。

2012 年完成产值 4169 万元，占总产值的 19.7%。

【宁波市轨道交通 2 号线一期地下土建工程 TJ2108 标段】 中铁上海局华海公司承建。

合同造价：62548 万元。

合同工期：2010 年 12 月 30 日－2014 年 5 月 30 日，调整后开、竣工时间：2011 年 5 月 18 日－2014 年 5 月 30 日，实际开工时间：2011 年 5 月 18 日。

工程概况：本标段为汽车市场站、甬江北站和汽甬区间。汽车市场站为地下二层岛式车站，总长 218.95 米、宽 17.8 米，采用厚度 800 毫米的地下连续墙围护，设置 6 个出入口；汽甬区间为二层明挖区间总长 337.132 米，宽 17.8～19.3 米，采用 800 毫米的地下连续墙围护，设置 7 个出入口；甬江北站为换乘站，其中 2 号线为地下二层岛式车站，总长 246.8 米、宽 20.2 米，采用厚度 800 毫米地下连续墙围护；3 号线为地下三层岛式车站，总长 164.6 米、宽 21.5 米，采用厚度 1000 毫米地下连续墙围护，设置 6 个出入口、7 组风亭。

产值情况：2012 年完成 20561.96 万元，开累完成 32946.19 万元。

形象进度：完成 A、C、D、E、F 基坑土方开挖，完成主体结构板施工占设计的 60%，完成 B 基坑结构地连墙施工和基坑拔桩施工，完成 1、2、6、7 号出入口围护结构施工。

【宁波市轨道交通 1 号线一期工程地下工程 V 标段】 中铁上海局华海公司承建。

合同造价：37900 万元，另增加樱花主变电所的施工合同，合同造价 3378 万元。

合同工期：开工日期 2009 年 8 月 19 日，拟竣工日期 2013 年 5 月 31 日。

工程概况：宁波市轨道交通 1 号线一期工程 TJ-V 标项目樱花公园站，位于中山东路、中兴路交汇处，车站为 1、3 号线“L”型换乘站，1、3 号线设换乘联络线。1 号线车站为地下二层框架结构，1 号线车站在上，3 号线车站为地下三层框架结构，3 号线车站在下。车站设 7 个出入口、5 个风井。车站分三期施工：一期施工 1 号线车站，1 号风井、2、3 号出入口、主变电站及 3 号线车站北端头井；二期施工 3 号线车站、联络线及 4、5 号出入口；三期施工 1、6、7 号出入口。

产值情况：2012 年完成 9000 万元，开累完成 31242 万元。

形象进度：主要完成联络线、3 号线 12～21 轴主体结构地墙和地基加固。

【宁波市轨道交通 1 号线正线铺轨工程】 中铁上海局华海公司承建。

合同造价：25629.6118 万元。

合同工期：2012 年 4 月 10 日～2014 年 10 月 31 日。实际开工时间：2012 年 6 月 15 日。

工程概况：宁波市轨道交通 1 号线一期工程正线铺轨起点为市区西部的高桥镇，终点为东环南路站。正线线路全长 21.101 公里，其中高架线 5.523 公里、U 型槽过渡段 0.227 公里、地下线 15.051 公里；设 20 座车站，其中高架车站 5 座、地下车站 15 座。除正线铺轨工程外，还包括辅助线、联络线、出入场线和道岔。出入场线为：天童庄车辆综合基地出入段线和石路头停车场出入场线。道岔为：22 组 60-9 单开道岔和 5 组 60-9-5 交叉渡线。

产值情况：2012 年完成 14878 万元，开累完成 14878

万元。

形象进度：主要完成地下线铺轨 22.493 公里，道岔 11 组和交渡线 4 组。

【长沙市轨道交通 1 号线一期工程 3 标】中铁三局承建。

合同价款：3.7564 亿元。

合同工期:自双方约定的开工时间往后 27 个月(由于业主拆迁工作没有完成，至今施工场地未能提供，导致项目至今无法开工）。

形象进度：开福寺站：2012 年 6 月 2 日前完成包括施工围挡、项目部办公区及生活区建设和场地三通一平等临建工程。9 月 2 日前完成围护结构地下连续墙施工，主要包括混凝土 6842m3、钢筋 1166t、接头工字钢 207t；9 月 7 日前完成临时立柱桩施工；9 月 30 日前完成冠梁及第一道混凝土支撑施工，主要包括混凝土 992m3、钢筋 221t；年内完成基坑开挖土石方 60000m3 及支护混凝土 568m3，钢筋 194t，钢支撑 1019t。其他完成挡土墙和导墙混凝土 800m3，钢筋 96t。

湘雅路站：2012 年 9 月 5 日前完成包括施工围挡、民工生活区建设和场地三通一平等临建工程。年内完成部分车站围护结构（钻孔灌注桩）和临时立柱桩施工，主要包括灌注桩混凝土 13685m3，灌注桩钢筋 2079t 等。

营盘路站：2012 年 9 月 25 日前完成包括施工围挡、民工生活区建设和场地三通一平等临建工程。年内完成部分车站围护结构（钻孔灌注桩）和临时立柱桩施工，主要包括灌注桩混凝土 8205m3，灌注桩钢筋 1168t 等。

【长沙市轨道交通 1 号线一期工程 11 标段】

合同价款：2.6549 亿元。

合同工期：2011 年 6 月 10 日至 2013 年 4 月 10 日。

形象进度：大白路车站：年内完成车站主体结构基坑剩余土方开挖及支护工程，计土方 8578m3；2012 年 3 月 30 日前完成车站底板施工；6 月 30 日前完成车站顶板结构施工，合计完成主体结构钢筋 4699t，混凝土 24275m3，完成防水工程 9450m2。

大白路站-万家丽路站区间明挖段：年内完成全部剩余工程。包括剩余基坑开挖支护，计土石方 3380m3；3 月 30 日前完成区间全部主体结构施工，计混凝土 800m3，钢筋 94t；

大白路站-万家丽路站区间高架段：2012 年 2 月 20 日前完成全部剩余承台施工，计 6 个承台；3 月 20 日前完成全部剩余墩台施工，计 12 个墩台；2 月 15 日要完成第一孔箱梁施工；6 月 30 日前完成全部 30 孔现浇箱梁施工。

万家丽路车站：年内车站全部工程，包括完成桩基 600m；完成承台 15 个，合计 1365m3；完成墩身 15 个，计 776m3；完成梁部结构混凝土 1858.82m3，墩身及帽梁钢筋 560t。

万家丽路站-尚双塘车辆段区间：根据设计资料和征拆落实情况，及时展开施工，满足业主工期要求。

【长沙市轨道交通 2 号线一期工程土建施工 4 标】中铁五局承建。工程范围为湘江中路站，位于湘江东岸绿地内，顺橘子洲大桥东西向呈一字型布置，下穿湘江大道。车站为地下四层三跨岛式车站，站台宽 12m，车站总长度 137.5m，标准段宽 21.3m。车站围护结构采用 1000mm 厚地下连续墙+钢筋混凝土内支撑支护形式，车站采用明挖顺作法施工，基坑深约 30.11m，基坑宽 21.3-28.5m。车站主体内部结构采用整体式现浇钢筋混凝土矩形框架结构。主要工程量：明挖车站(YDK5+123.2-YDK5+260.7)137.5，为岛式车站 m，车站出入口 3 个，风井风道 2 组，消防疏散口 1 个。合同总额 16293 万元。建设单位：长沙市轨道交通集团有限公司，设计单位中国中铁二院工程集团有限责任公司，监理单位上海三维工程建设咨询有限公司。合同开工时间 2010 年 3 月 1 日，合同竣工时间 2012 年 7 月 28 日，实际开工时间：2010 年 6 月 4 日。年累完成 2012 年完成 5002.37 万元，开累完成 16213 万元，剩余价值 80.3 万元。

【长沙市轨道交通 1 号线一期工程 1 标】中铁五局承建。本项目线路全长 3.37 公里，包括两站两区间，其中汽车北站总长为 459.5 米（YDK9+907.4-YDK10+366.9），开福区政府站总长为 192 米（YDK11+446.3-YDK11+638.3）、汽车北站---开福区政府站区间（YDK10+366.9-YDK11+446.3）为盾构法施工，区段总长为 1079.4 米，开福区政府站---北辰三角洲站区间（YDK11+638.3-YDK13+276）为盾构法施工，区段总长为 1637.7 米，车站施工范围包括车站主体和出入口、风亭等附属结构，采用明挖顺作法施工，区间隧道施工范围包括隧道主体和联络通道、洞门等附属工程。合同总额 46223.97 万元。建设单位：长沙市轨道交通集团有限公司，设计单位：中铁第五勘察设计院集团有限公司，监理单位：上海地铁咨询监理科技有限公司。2011 年 6 月 18 日开工，合同竣工时间 2013 年 7 月 31 日。年累完成 13912 万元，开累完成 18857 万元，剩余价值 27366.97 万元。

【长沙市轨道交通 2 号线一期工程土建施工 5 标】中铁五局承建。项目包括溁湾镇站-橘子洲站区间、橘子洲站及橘子洲站-湘江中路站区间，施工场址从溁湾镇跨湘江至湘江中路，橘子洲站位于湘江橘子洲岛上，车站顺橘子洲大桥东西向呈一字型布置，橘子洲站施工范围包括车站主体和出入口、风亭风道等附属结构，采用明挖顺作法施工。车站为 12m 宽的岛式站台，主体结构型式采用四层三跨整体式现浇钢筋混凝土矩形框架结构。车站为岛式车站，总长 138m，标准段宽 22.2m，基坑开挖深度约 30.8-31.6m，基坑宽 22.2-25m，车站主体围护结构采用 1000mm 厚地下连续墙加钢筋混凝土内支撑支护形式。区间隧道施工范围包括隧道主体和联络通道、洞门等附属工程，区间隧道采用盾构法施工，盾构内径 5400mm，管片厚度 300mm，湴湾镇端设盾构端头始发井，湘江中路端设的盾构端头接收井。合同总额 29066 万元。建设单位：长沙市轨道交通集团有限公司，设计单位：中国中铁二院工程集团有限责任公司，监理单位：上海三维工程建设咨询有限公司。合同开工时间 2010 年 3 月 1 日，合同竣工时间 2012 年 7 月 28 日，实际开工时间 2010 年 7 月 2 日年。年累完成 14838.69 万元，开累完成 29702.97 万元，剩余价值 72 万元。

【长沙市轨道交通 1 号线一期工程土建施工项目 6 标】中铁五局承建。本标段工程范围为南湖路站、黄土岭站（原赤黄路站）、涂家冲站（原新建西路站）三个车站。南湖路站为地下二层、横向双跨岛式车站，车站主体结构长 192.6 米，标准段宽 18.9 米，加宽段 22.9，采用明挖顺做法施工；黄土岭为 1、4 号线换乘站地下二层（局部一层）横向双跨岛式车站，车站主体结构长 372.2 米，标准段宽 24.6 米，加宽段宽 32.6 米，采用半盖挖顺做法施工；涂家冲站为地下二层（部分三层）、横向双跨岛式车站，车站主体结构长 175.5 米，标准段宽 18.9 米，加宽段 18.9 米，采用明挖顺做法施工。合同总额 46108.89 万元。建设单位：长沙市轨道交通集团有限公司，设计单位：中国中铁四院工程集团有限责任公司，监理单位：北京铁研建设监理有限责任公司。年累完成 9035 万元，开累完成 11222 万元，剩余价值 34886.89 万元。

【长沙市轨道交通 2 号线】中铁航空港集团承建一期工程 8 标段。系中铁一局中标，重组前中铁一局一公司承建，重组后中铁航空港集团集团二公司承建。

合同价：24213 万元。

合同工期：自 2009 年 10 月 28 日至 2011 年 11 月 28 日，共 25 个月。

设计技术标准：使用年限为 100 年，车站结构安全等级为一级。车站结构抗震设防烈度 6 度。长沙市轨道交通 2 号线一期工程 8 标段由芙蓉广场站和迎宾路口站两个地铁车站组成。

芙蓉广场站位于五一大道与建湘路交汇处，主要位于五一大道上，为地下三层岛式车站。车站全长 149 米，围护结构采用 1 米厚的地下连续墙加设钢筋混凝土和钢管内支撑体系，标准段基坑总宽度 21.8 米，标准段基坑挖深 26.8 米。车站共设 5 个出入口，2 组风亭。本站为盾构过站。

迎宾路口站位于五一大道与迎宾路交汇处，车站沿五一路东西向布置，为地下二层岛式车站。车站全长 270.8 米，围护结构采用 ϕ1 米的桩基加设钢筋混凝土和钢管内支撑体系，标准段基坑总宽度 18.7 米，标准段基坑挖深 15.86 米。车站共设 6 个出入口，2 组风亭。迎宾路口站西端为盾构始发井，东端为盾构接收井。

2012 年累完成施工产值 10785 万元，开累完成施工产值 29840 万元。年累完成主要工程量：迎宾路口站土方开挖 2571.19 立方米、人工挖孔桩 99 根，旋挖桩 53 根，附属混凝土施工 2728 立方米；芙蓉广场站土方开挖 2460 立方米，附属混凝土施工 4106 立方米，暗挖隧道 40 延长米。

【南宁市轨道交通一号线一期工程土建施工 TJSG-13 标】中铁四局承建。

合同造价：29505.45 万元。

合同工期：2012 年 7 月 1 日-2014 年 12 月 1 日。

南宁市轨道交通一号线一期工程，西起西乡塘区石埠，途经大学路、衡阳西路、朝阳路、民族大道、高坡岭路、佛子岭路、凤岭北路、吉祥路，东至青秀区铁路火车东站，线路全长约 32.1 公里，设 25 座车站，均为地下站，盾构区间隧道单线总长约 52.472 公里。TJSG-13 标，包括民族广场站（不含）-麻村站（含）-南湖站（不含），共 1 站 2 区间。具体内容包括：①土建工程：包括建筑、结构设计图纸所示的全部内容，含主体及附属结构；②预留预埋工程：包括综合接地、防雷接地、防迷流以及管路、线槽、孔洞、防水套管等的预留预埋；③降水工程：包括降水工程中的全部内容；④专项工作：本工程内的非专项设计方案建（构）筑物保护、围挡内临时用地的恢复等。

主要工程数量：麻村站：挖土石方 108909 立方米、C20 混凝土 16777 立方米、C30 混凝土 6386 立方米、C35 混凝土 27998 立方米、C45 混凝土 2226 立方米、钢筋 6784 吨、高压旋喷桩 7657 米；民族广场站-麻村站区间（区间长度 1891.45 米）：盾构土石方 58961 立方米、预制钢筋混凝土管片 10263 立方米、管片钢筋 1724 吨、水泥粉煤灰衬砌同步压浆 12770 立方米、二次补充注浆 5108 立方米、加强型三轴搅拌桩 12423 米、双管旋喷桩（空桩）86548 米、双管旋喷桩（实桩）6473 立方米；麻村站-南湖站区间（区间长度 2310.37 米）：盾构土石方 72020 立方米、预制钢筋混凝土管片 12536 立方米、管片钢筋 2106 吨、水泥粉煤灰衬砌同步压浆 15598 立方米、二次补充注浆 6239 立方米、加强型三轴搅拌桩 9696 米、片、块石加固 4867 立方米、注浆（水泥浆+水玻璃）加固 17347 立方米。

【南宁市轨道交通 1 号线一期工程土建施工 TJSG-04 标】中铁上海局第五分公司承建。

合同造价：24733.6458万元。

合同工期：2012年12月10日—2015年8月10日。

工程概况：西乡塘客运站是南宁市轨道交通1号线由西往东的第四座车站，位于大学西路与梧桐路口交叉口，站台宽度为12米岛式站台，地下两层双柱3跨箱型框架结构(局部单柱双跨)，明挖法施工。车站起点里程为YCK4+578.202，车站终点里程为YCK5+048.002，总长469.8米，标准段外包总宽20.7米。车站顶板覆土厚度约2.8～3.7米。

车站设11个出入口，3组风亭(均为高风亭)，1组冷却塔。其中车站出入口5个，物业出入口5个，消防疏散出入口1个；主要服务于周边西乡塘客运站，公交车站，行政部门，相思湖核心商业区，嘉泰城投公司开发的宾馆、商场等。

西乡塘客运站施工范围为：建筑物保护及围挡和绿化恢复、降水工程、主体及附属结构、预留预埋工程等。管段长度：约469.8米。

主要工程数量：地下连续墙设计172幅；土方开挖设计17.47万方；高压旋喷桩设计4.4万米；混凝土支撑设计1486方；钢支撑设计2849吨，

施工进度：导墙已全部完成，地下连续墙完成87幅，占总量172幅的50.6%；格构柱立柱桩完成1根，占总量60根的1.7%，旋喷桩实桩完成475米，占总量44313米的1.1%，开累共完成产值3677.3万元，占工程总量的14.9%，安全质量全面受控。

【无锡地铁1号线车站机电（风、水、电）安装06标】中铁四局承建。

合同造价：9702万元。

合同工期：2011年10月1日-2014年5月31日。

无锡地铁1号线线路北起堰桥，南抵雪浪，向北有与江阴轨道交通线的接口，向南预留延伸到南泉，自北向南穿越了无锡市的惠山区、北塘区、崇安区、南长区、滨湖区等五个城区，正线全长29.42公里，其中高架线7.157公里，地面线100米，U型槽252米，地下线21.911公里。

工程范围：市民广场站、湖滨路站、大学城站、雪浪站及相应区间内的机电安装工程及车站装饰工程（含综合配套工程），包括低压配电系统安装调试、给排水及消防系统安装调试、通风空调系统安装调试、设备及管理用房建筑装修工程、装配式综合支架安装等。

形象进度：文化宫站：建筑装饰工程：刷底漆200平方米。给排水工程：衬塑钢管安装200米，衬塑管件安装100个。市民中心站：建筑装饰工程：抹灰100平方米，刷底漆200平方米。给排水工程：衬塑钢管安装200米，衬塑管件安装100个。长广溪站：建筑装饰工程：刷底漆200平方米，水泥砂浆地面100平方米，防火门安装10樘。通风空调工程：风管制作200平方米，风管安装200平方米。江南大学溪站：建筑装饰工程：各类砌体工程5立方米，刷底漆200平方米。通风空调工程：风管制作200平方米，风管安装200平方米。区间给排水：消防水管安装1000米，管道支架安装5000公斤。

【无锡地铁2号线车站机电（风、水、电）安装03标】中铁四局承建。

合同价款：8670万元。

合同工期：2012年11月1日-2014年12月1日。

无锡地铁2号线是西起自滨湖区青龙山南侧环太湖公路的梅园，向东沿梁溪路下穿京杭运河→五爱北路→人民路→下穿沪宁铁路→上马墩路→锡沪路→上跨312国道、沪宁高速公路→东安大道→下穿京沪高速铁路→至终点安镇西站。线路共穿越了无锡市滨湖区、南长区、崇安区、锡山区和新区等五个城区。2号线线路全长26.301公里，其中高架线6.734公里，地下线19.567公里（含U形槽），共设车站22座，其中高架站4座，地下站18座，平均站间距约1235.15米。全线在东端设查桥车辆段与综合基地，在西端设青龙山停车场。

工程范围：无锡地铁2号线工程03标（东林广场站、上马墩站、靖海公园站）及每站相邻两半个区间的风水电设备安装及车站设备管理用房建筑及装修工程，本标段同时包含上马墩站商业综合配套工程以及靖海公园站商业综合配套工程的风水电设备安装。质量保证期为：自2014年12月1日起，进入质量保证期，质量保证期为两年，其中软件的质量保证期为五年服务期限为产品的整个设计使用寿命。

【无锡地铁1号线轨道施工工程01标】 中铁上海局华海公司承建。

合同造价：19627.2269万元。

合同工期：2012年1月31日—2013年4月1日。实际开工时间：2012年5月12日。

工程概况：正线：无锡地铁1号线轨道工程01标正线轨道施工线路北起堰桥站、途径锡北运河站、西漳站、天一路站、刘潭站、广石站、江海站、无锡火车站、胜利门站、三阳广场站，在南禅寺站与02标分界（不含）。正线长度1339.5米(SK0+000～SK13+395.529)，其中高架线7157米(SK0+000～SK7+157)，地面过渡段100米，U型槽0.252公里（SK7+257～SK7+509），地下线5.887公里（SK7+509～SK13+395.529）。

西漳车辆段：位于无锡地铁1号西漳站北段，为地面式车辆段，设出入线与正线连接。车辆段铺轨总长11.701公里，其中出入线（地面线）0.29公里，库外线5.252公里，库内线4.954公里，试车线1.205公里。

产值情况：2012年完成12380万元，开累完成12380

万元。

形象进度：完成地下线 31.635 公里整体道床施工。

【无锡地铁 2 号线轨道工程 01 标】 中铁上海局华海公司承建。

合同造价：25828.3519 万元。

合同工期：2012 年 11 月 10 日－2013 年 10 月 31 日。

工程概况：设置铺轨基地 2 处，分别位于青龙山停车场及友春区间 U 型槽处。项目驻地在青龙山路与青龙山二路之间。轨道 1 标施工范围：SK0+000～SK15+665 段正线、辅助线及青龙山停车场轨道工程，铺轨 37.262 公里，其中正线道床 34.179 公里、停车场线路 3.083 公里。铺设道岔 35 组，其中正线 60 千克/米-9 号单开道岔 28 组、60 千克/米-9 号 5 米间距交叉渡线道岔 2 组，停车场 50 千克/米-7 号单开道岔 7 组、50 千克/米-7 号 5 米间距交叉渡线道岔 1 组。

产值情况：2012 年完成 256 万元，开累完成 256 万元。

形象进度：2012 年 11 月份新中标项目，主要进行 2 个铺轨基地临建施工。

【无锡市轨道交通 1 号线 GD01TJSG-18 标段】 中铁上海局华海公司承建。

合同造价：41116 万元。

合同工期：2009 年 11 月 1 日－2012 年 4 月 30 日，实际开工时间：2009 年 11 月 1 日。

工程概况：包括 2 站 1 区间：1.湖滨路站：位于五湖大道与观山路交叉口处，沿观山路东西向靠北侧布置，为地下二层 10 米宽岛式站台车站，车站东端设置区间人防隔断门。车站设置四个出入口、两组风亭。车站有效站台外包总长度 191.6 米，外包总宽 18.7 米。车站主体围护结构为 800 毫米厚地下连续墙，端头井处墙深 31 米，标准段墙深 28 米，槽段接头采用焊接工字钢，地下墙混凝土强度等级为 C35。附属围护结构为 SMW 桩，主要采用明挖法施工。2.雪浪站：采用地下连续墙围护结构，明挖顺作法施工。车站采用 800 毫米厚地下连续墙，基坑开挖深度 15.5～16.2 米；北端头井围护墙墙深为 30 米。基坑开挖深度约 17.2 米。3.出入场线：采用明挖顺作法施工，本次出入场线区间设计基坑由深至浅分别采用钻孔灌注桩围护、SMW 工法桩围，SMW 工法桩内插型钢 HN700×300×13×24，为 Q235b 钢。

产值情况：2012 年完成 2391.21 万元，开累完成 37264 万元。工程完工。

【苏州地铁 2 号线延伸线 II-Y-TS-02 标】 中铁四局承建。

合同造价： 62900 万元。

合同工期：2012 年 9 月 30 日-2015 年 10 月 31 日。

本标段为 2 站 3 区间，即：尹山湖中路站、东方大道站、邀湖路站-尹山湖中路站区间、尹山湖中路站-东方大道站区间、东方大道站-独墅湖南站区间。区间单线总长 6105.9 米，尹山湖中路站位于郭新东路和尹山中路路口下方，为地下两层岛式站台车站，车站长度为 422.6 米，标准段宽度为 19.1 米，深 16-19 米，覆土深度约 3 米左右。车站共有 7 个出入口，3 组风亭(其中 7 号出入口与 3 号风亭合建)。

东方大道站位于郭新东路与东方大道丁字交叉路口下方，沿郭新东路东西向布置。结构外包全长 222.6 米，标准段外包宽度为 19.1 米,深约 17.2-18.9 米。车站共有 3 个出入口，1 组风亭。

邀湖路站-尹山湖中路站区间线路始于邀湖路站东端，沿郭新东路下方穿行至尹山湖中路站西端。左右线总长 1803.959 米。

尹山湖中路站-东方大道站区间线路始于尹山湖中路站东端，沿郭新东路下方穿行至东方大道站西端。总长 735.016 米。

东方大道站-独墅湖站区间线路始于东方大道站东端，下穿花泾港河道后线路稍向北偏，下穿独墅湖公园、赏湖路、规划地块(一类居住地)以及京杭运河后，线路转向下穿过规划地块(二类居住地)后折向启月街到达独墅湖南站。左右线总长 3566.929 米。

截至 2012 年底，累完成产值 3500 万元，形象进度：

1. 东方大道站：导墙、地连墙完成，钻孔桩完成总量的 31%。

2. 尹山湖中路站：导墙累完成总量的 70%；地连墙累完成总量的 30%。

【苏州地铁 2 号线工程主线车站机电安装及装修施工项目】 中铁四局承建。

合同造价：13372 万元。

合同工期：2012 年 8 月 1 日-2013 年 6 月 30 日完工。

苏州市轨道交通 2 号线总体呈南北走向，线路起于相城区京沪高速铁路苏州站，经平江新城、苏州火车站、石路商业区、沧浪新城，终于吴中区迎春南路站，线路全长右线 26.557 公里，左线 26.535 公里。工程范围：本次投标为苏州市轨道交通 2 号线工程车站机电安装及装修施工项目 SRT2-13-3 标段。本标段包含：阳澄湖中路站-齐门北大街站地下区间（地下区间、敞开段，含齐门北大街站以北地下区间雨水泵房）、齐门北大街站，齐门北大街站-金民东路站区间、金民东路站、金民东路站-天筑路站区间、天筑路站，天筑路站-苏州火车站站半个区间（含与 4 标分界处区间泵房），与 SRT2-13-3 标段分界里程为右 DK12+645.00。合同价款及调整：1）本合同承包方式按照工程量清单计价的方式，采用综合单价与综合合价包干的形式总价合同。

形象进度：（1）动力照明专业：本周完成站厅公共区插座、照明电气配管敷设、齐门北-阳澄湖左线区间灯具已安装完成，照明配线完成 60%。（2）给排水专业：本周完成废水管道沟通进入废水泵房，与市政管网接驳已确定并完成砌筑井放样。（3）通风空调专业：本周完成设备区防火板安装 700 平方米、风机天方地圆安装完成 90%。空调器软接沟通 15%。

【苏州地铁 2 号线轨道项目（II—GS—01 标）】 中铁上海局华海公司承建。

合同造价：46430.8188 万元。

合同工期：2011 年 12 月 30 日－2013 年 6 月 30 日，实际开工时间：2012 年 3 月 18 日。

工程概况：苏州市轨道交通 2 号线主线北起相城区包括京沪高速铁路的苏州高速站站，南至吴中区的迎春南路站，全长 26.550 公里，其中地下线及过渡段长 19.409 公里[DK0+000.000～右 DK1+189.688（左 DK1+193.798）、右 DK8+332.432（左 DK8+332.269）～DK26+550.000]，高架线长 7.14 公里[右 DK1+189.688（左 DK1+193.798）～右 DK8+332.432（左 DK8+332.269）]。

产值情况：2012 年完成 33464.22 万元，开累完成 33464.22 万元。

形象进度：完成全线 55.3 千米正线整体道床施工。

【苏州地铁2号线机电安装及装修工程SRT2-13-7标】 中铁上海局二公司承建。

合同造价：10700 万元。

合同工期：2012 年 8 月 1 日－2013 年 6 月 30 日，实际开工时间：2012 年 8 月 1 日。

工程概况：包括胥江路站－宝带西路站半个区间（含与 6 标分界处区间泵房）、桐泾公园站、桐泾公园站－长吴路站区间、长吴路站、长吴路站－宝带西路站区间、宝带西路站区间、宝带西路站－旺吴路站半个区间。

1. 机电安装部分

（1）车站（含开发空间）及区间低压动力及照明系统、给排水及水消防系统、通风空调系统施工图范围内的设备采购（除甲供设备外）、安装、调试、联调、验收、试运行及保修期内的服务。

（2）根据安装需要对设备去走廊、公共区（含出入口）等管线密集区进行必要的支吊架综合，为区域内所有设备系统提供公用支架（不含地面管线敷设所需线槽等）。

2. 建筑装修部分

车站（含开发空间）建筑装修工程施工图范围内的材料的采购、安装及保修期内的服务。

进度情况：2012 年，完成建安产值 5300 万元，开累完成 5300 万元，占合同金额的 49.4%。经理部到位 27 人（经理、书记、总工在现场）；外协队伍到位 1 家（合计 115 人）；主要机械设备 9 套。

主要形象进度：2012 年项目通风空调专业：风管制作安装完成 90%，风阀及风机安装完成 70%；给排水及消防专业：水管安装完成 75%，各类泵安装 40%；动力照明专业：电缆、电线敷设 65%，配电箱及机柜安装 70%。

【苏州轨道交通 4 号线及支线工程土建施工项目Ⅳ-TS-19 标工程】 中铁上海局华海公司承建。

合同造价：56249.558 万元。

合同工期：2012 年 11 月 1 日－2015 年 10 月 31 日，实际开工时间：2012 年 12 月 8 日。

工程概况：龙翔路站位于龙翔路与东太湖交叉口西侧，位于东太湖路正下方，为明挖地下二层岛式车站。龙翔路站的结构外包全长 531.60 米，标准段外包宽度 19.9 米，局部外包宽度 15.4～27.2 米，底板埋深 15～17 米，覆土深度为 3 米。车站共设 7 个出入口（其中 1 个为消防出入口）、4 个风亭（期中 1 号口与 1 号风亭合建，2 号风亭与消防出入口合建）。

溪霞路站－龙翔路站盾构区间：线路：本区间线路自溪霞站出站后沿东太湖路向西，左右线分别从南北两侧绕过东太湖路 20 号桥后到达龙翔路站，区间长度 1448.608 米（右线），左右线总长 2897.216 米，区间在里程右 ZCK9+400、ZCK9+980 处共设两处联络通道，其中前一处兼排水泵站。

天鹅荡停车场出入场线区间：天鹅荡停车场出入场线线路由龙翔路站向西延伸，沿着东太湖路南侧前行，穿越大片绿地，上跨吴江路河，至出入场线路基段，终于天鹅荡停车场。工程设计范围为右 TCK0+311.60～右 TCK1+700.00，全长 1388.40 米。右 TCK1+520.00 处设雨水泵房。其中暗埋段 1218.40 米，敞开段 170 米。右 TCK0+311.60～TCK1+660.00 暗埋段+U 型槽段：本段长度 1348.40 双线米，基坑开挖深度为 15.21 米～2.16 米；线路沿太湖路南侧空地前行。

天鹅荡停车场：天鹅荡停车场位于 4 号线支线线路终点附近。停车场由路基、站场、桥涵组成。路基长 176 米，宽 12.7 米。站场面积约 32 万平方米，南北长约 960 米，东西宽约 400 米，本次建设±0.00 以下部分，主要为土方和道路，其中混凝土道路 9180 平方。新建桥涵两座，一座位于出入线 TCK1+760.85 处，跨径 6+6+6 米，宽度分别为 66.23 米、43.53 米、34.76 米；另一座位于停车场内 TCK2+229.26 米处，跨径 8+8+8 米，宽度为 26.8 米。

产值情况：2012 年完成 293.49 万元，开累完成 293.49 万元。

形象进度：2012 年 11 月份新开工，主要完成临建施工，龙翔路车站结构地连墙 10 幅。

【重庆轨道交通6号线二期】中铁隧道承建重庆轨道交通6号线二期复合式 TBM 试验段。本合同段为重庆轨道交通6号线二期工程的一部分，区间线路共分为三个区段，分别为：茶园段、蔡家段和北碚段。合同总价 153704 万元，合同工期 2010 年 5 月至 2012 年 6 月。茶园段主要包含 2 个区段，分别为茶园站—邱家湾站区间、邱家湾站—长生桥站区间及茶园站与复合式 TBM 始发井之间的钻爆法段和邱家湾站后黑沟桥下的明挖区间。线路走向为茶园站—邱家湾站—长生桥站。蔡家段位于重庆市北碚区蔡家组团，共包含 4 个区段，分别为嘉陵江北桥头洞口（曹家湾前入洞口）—曹家湾站区间、曹家湾站—蔡家站区间、蔡家站—向家岗站区间及向家岗站—向家岗站后出洞口（渝合高速小里程端出洞口）区间。线路走向为嘉陵江北桥头洞口（曹家湾前入洞口）—曹家湾站—蔡家站—向家岗站—向家岗站后出洞口（渝合高速小里程端出洞口）。北碚段位于北碚新城区和老城区，为北碚站前入洞口—五路口站前单渡线与单洞单线区间分界处段。该段地下区间分为三段，分别为北碚站前入洞口—北碚站区间、北碚站—天生站区间、天生站—五路口站区间。线路走向为北碚站前入洞口—北碚站—天生站—五路口站。

【重庆市轨道交通六号线一期工程供配电设备系统集成及安装工程】中铁电气化局承建，为续建工程。于 2011 年 9 月 20 日开工，截至 2012 年底完成基础浇注 289 个、立杆 178 根；承力索架设 20 条公里；锚段数 182 个；导线架设 30 条公里；附加线架设 21 条公里；变电所亭 10 座；设备基础 672 个；结构支架组立 972 组；主变就位 42 台；设备安装 582 台件；地网敷设 4.454 公里。

【重庆轨道交通 2 号线延伸段土建工程检修通道工程】中铁电气化局承建。为续建工程，于 2011 年 5 月 8 日开工。截至到 2012 年开通完成实物工程量：检修通道制作 485 跨、过渡平台制作 400 组、检修通道架设 379 跨、过渡平台安装 115 组。

【重庆轨道交通 3 号线南延伸段土建工程检修通道工程】中铁电气化局承建。为续建工程，于 2011 年 3 月 1 日开工。截至到 2012 年开通完成实物工程量：检修通道制作 731 跨、过渡平台制作 715 组、检修通道架设 731 跨、过渡平台安装 715 组。

【沈阳市浑南新区现代有轨电车一期 2 标工程】中铁四局承建。

合同造价：45856.1 万元。

合同工期：破除既有道路及绿化带、挖土外运及路基底层填筑施工 2012 年 5 月 10 日-2012 年 9 月 10 日，轨道工程施工 2012 年 7 月 15 日-2012 年 9 月 25 日因 K0+000-K3+500 路堑不具备施工条件无法预计施工完成时间。

本标段 2 号线从机场 T3 航站楼东侧设起点站，出站后沿机场中轴线、机场路路北侧绿化带、沈本大道、下穿机场高速立交、三环立交、沈抚铁路立交，沿天坛南街向北至浑南五路，最后在地铁 2 号线奥体中心站南侧终点站。线路正线 14.731 公里，2 号线与 5 号线联络线 0.347 公里，奥体中心交通枢纽线路 1.1 公里。设车站 17 座（不含预留车站 5 座），平均站间距 700。沿途主要经过机场东部办公区、航高基地、莫子山文化公园、软件园、奥体中心区域等经济点。

奥体中心综合交通枢纽为有轨电车 2 号线与 5 号线的终点站，地理位置优越，东侧为奥体中心体育馆，市政配套设施完善，即将举办的 2013 年全运会主赛场，西侧为女人街兴隆大家庭商业设施完善，紧邻地铁 2 号线奥体中心站，交通设施完善，北侧为同方大厦，南侧紧邻奥体中心综合体育馆。

主要人员、机械设备情况：项目部 85 人，外协队伍 500 人，经理部用车 7 部（含租赁 3 部）。

完成情况：设计围挡 15223.4 延米，全部完成；设计开挖土方 344782 立方米，完成 288815 立方米；设计 AB 料回填 30480 延米，完成 28124 延米；设计级配碎石回填 15240 延米，完成 13966 延米；设计水稳碎石回填 30480 延米，完成 27893 延米；设计混凝土找平层 30480 延米，完成 12846 延米；设计钢筋混凝土支承层 21117 延米，完成 8281 延米；设计混凝土轨枕层施工 15.24 公里，完成 11.394 公里；设计轨道铺设 15.24 公里，完成 11.394 公里；设计长轨锁定 15.24 公里，完成 8.431 公里；设计道岔铺设 20 组，完成 10 组。

存在的问题：电气化局施工沿线电缆槽、电缆井，盖板未及时恢复，需北车协调解决；急需 BWG 道岔用聚氨酯材料。

【杭州南车城市轨道车辆维修组装基地项目一期工程】中铁四局承建。

合同造价：约 44500 万元.。

本工程为杭州南车城市轨道交通车辆有限公司轨道车辆维修基地建设项目一期工程，位于杭州市萧山区靖江镇和顺村。项目建设规模为一期工程新建建筑物面积 3.7 万平方米，购置安装主要工艺设备 128 台套。

工程包括：（1）静调厂房，单层门式刚架结构，建筑面积为 4548.96 平方米；（2）组装厂房，单层门式刚架结构，建筑面积为 9205.56 平方米；（3）表面处理厂房，单层门式刚架结构，辅助用房为钢筋混凝土框架结构，建筑面积为 10381.55 平方米；（4）迁车台棚，单层门式刚架结构，建筑面积为1759.35平方米，占地面积为3518.70平方米；（5）厂区道路工程，占地面积为23255平方米；（6）调试电源室为三层框架结构形成，总建筑面积4547.90平方米，占地面积1495.59平方米。

工程数量：厂房25893平方米，其中，表面处理厂房10381平方米，组装厂房9205平方米，静调厂房4548平方米，牵车台大棚1759平方米；房屋建筑（三层框架）4547平方米；厂区道路23255平方米；厂区铁路线2.278公里；厂区桥梁2座；厂区围墙2787米；综合管网、设备安装。

人员情况：管理人员22人，劳务人员195人；计217人。

机械设备情况：挖掘机6台、压路机1台、自卸汽车4台、干拌砂浆机2台、地坪研磨机1台、翻斗车3辆、钢筋切断机2台、钢筋弯曲机2台、钢筋拉伸机1台、发电机100千瓦1台、5千瓦1台、电焊机5台、7.5千瓦真空泵10台、大抽水泵6台、小水泵10台，风泵机2台。目前能满足施工要求。

完成情况：①组装厂房、地坪铺碎、石垫层，均全部完成。②表面处理厂房的设备基础开挖，设计8个，完成4个；③表面处理厂房辅房的一层内墙砌筑基础，设计47个，完成27个；女儿墙钢筋绑扎、支模及混凝土浇筑基础，设计47个，完成18个。④迁车台棚的基础开挖，设计8个，垫层浇筑基础设计8个，基础钢筋绑扎、支模基础设计8个，全部完成。⑤调试电源室的一层柱、梁、板混凝土浇筑基础，设计42个，完成；二层钢筋绑扎及支模板基础，设计42个，完成21个。⑥生产综合辅助楼的支架搭设的基础，设计数33个，完成；一层柱钢筋绑扎基础设计33个，完成20个。⑦铁路桥桥台钢筋绑扎及混凝土浇筑均完成；铁路桥土模填筑设计500立方米，完成300立方米。⑧围墙的基础开挖，设计820个，完成752个；C15基础浇筑820个，完成752个；柱体砌筑基础设计820个，完成740个。⑨厂区道路的围栏安装设计2722米，完成150米；石屑层填筑碾压设计24832平方米，完成4000平方米。⑩雨污水管的基础开挖设计4910米，完成3009米。另外，厂区铁路线的排水沟设计1241米，完成900米；接触网基础开挖和接触网基础浇筑设计26个，完成22个；上道砟设计4300立方米，完成1026立方米。

【南京南站至禄口机场段工程胜太路站-南京南站区间】中铁四局承建。

合同造价：12900万元。

合同工期：2011年12月1日-2013年6月30日。

南京-高淳城际快速轨道机场段工程始于胜太路站，止于南京南站，其中委托施工段包含：5号工作井兼风井和轨排井、盾构区间段。本段共设2处联络通道，其中一处兼作废水泵房，城轨分公司负责4号井-5号井盾构区间工程：区间单线总长2998米。

盾构机出5号工作井后经公共停车场西转穿越农花河，沿机场高速公路向南行进，依次穿越拟建地铁十二号线、拟建宁芜货线隧道、京沪高铁跨机场高速公路连续梁桥群后，由东北向西南穿行，下穿机场高速立交桥及大片临建片区后到达盾构接收井4号工作井。右线里程范围YCK32+682.632-K34+176.170，总长1493.538米，左线里程范围ZCK32+688.542-ZCK34+193.909，长1505.367米。

截至2012年底，产值完成6501万元。

形象进度：截至2012年底，左线盾构掘进累完100.8米，占总量的7%；右线盾构掘进累完9.6米，占总量的0.3%；高铁加固桩基累完84根，占总量的63%。

【苏州高新区有轨电车1号线】中铁四局承建。

合同造价：12600万元。

合同工期：2012年5月30日-2014年5月30日。

苏州高新区有轨电车1号线工程线路东西向贯穿高新区，连接滨湖片区的生态城和科技城、阳山片区的浒墅关经济开发区、中心城片区的枫桥街道和狮山街道，在终点站苏州乐园站与在建的轨道交通1号线和规划中的轨道交通3号线相互换乘，1号线线路全长为18.133公里。

其中3标里程为SDK9+900-SDK14+094.02，长度4194.02米，包括建林路、华山路、湘江路道路改造工程及有轨电车工程等。

截至2012年底，累完成产值3612万元，形象进度：

1.建林路目前施工进展：

路基工程：桩全部完成；U型槽结构累完成总量的65%；

桥梁工程：无名河桥：钻孔桩总量4根，全部完成；马运河桥：钻孔桩总量8根，全部完成；承台：总量6座，累完成总量的50%；立柱：总量12根，累完总量的33%；

2.华山路目前施工进展：

路基工程：桩全部完成；有轨电车混凝土浇筑完成总量的84%；非机动车道混凝土浇筑完成总量的63%；机动车道总长2100米，累完总量的94%；

桥梁工程：华山路桥，桩完成，桥台总量2座，全部完成；盖梁总量4座，累完成总量的50%；

3.湘江路目前施工进展：

路基工程：桩完成，有轨电车、机动车道、非机动车道完成；接触网基础总量28座，累完总量的72%。

桥梁工程：枫津河桥桩完成，盖梁总量10座，累完成总量的40%；板梁总量11片，累完成总量45%。

【南京至高淳快速轨道南京南站至禄口机场段工程南京南站土建工程DJ-TA01标】中铁七局三公司承建此项目，工程造价19000万元。工期：2011年3月1日—2013年6月30日。本车站是南京至高淳快速轨道南京南站至禄口机场段工程的终点和12号线的起点，远期是地铁6号线、12号线的换乘站，并与已建好的1、3号线“T”型换乘。为地下两层岛侧式站台车站，主体结构采用钢筋混凝土箱体框架结构，标准段宽度47.2米，车站基坑开挖深度约为14.3米~15.6米。设3组风亭、5个出入口和1个紧急疏散口。主体结构采用盖挖逆做法施工。2012年累完成施工产值7725.4万元，开累完成施工产值14330万元，占合同总造价的75%。2012年累完成主要工程量：主体围护结构完成100%、主体工程盖挖土石方165663立方米完成100%、主体结构完成90%，附属围护结构78%。

【哈尔滨市轨道交通一号线一、二期工程供电系统设备采购及安装工程】中铁电气化局承建。为续建工程，于2011年10月18日开工，截至2012年底，完成实物工作量：一次电缆敷设753.69公里；高压柜167台、整流器柜12台、直流柜5台、排流柜6台、整流变压器16台、动力变压器安装50台、0.4kV低压开关柜安装419台、接地扁钢安装50125米、支架安装56629个、环网电缆敷设191.4公里、底座及绝缘子安装6603组、刚性汇流排安装39.4公里、导线架设39.1公里、回流箱安装8台、均流箱安装12台、SC36钢管敷设安装43.3公里、照明配电箱安装448台、区间动力照明电缆敷设264.5公里。

【哈尔滨市哈西地铁联络线一标段土建工程】中铁电气化局承建。为续建工程，于2011年4月15日开工，2012年完成起点——汽车齿轮厂站区间隧道全部初支778.15米，汽车齿轮厂站主体结构全部完成，汽车齿轮厂站——哈尔滨西客站区间隧道总长度972.28米，完成初支629.45米，明挖段主体总长度220.76米，完成170.04米。

【宁天城际轨道交通工程】中铁电气化局承建。于2012年5月28日开工，计划2013年12月土建工程建成，2014年6月30日投入运营。该工程为融资中铁电气化局直管施工工程。建设单位：南京地铁公司；设计单位：中铁第一勘察设计院集团有限公司；监理单位：北京铁研建设监理有限公司。由电化局东南分公司、西铁建设公司、西铁工程公司、铁路工程分公司、建筑公司、城铁公司负责施工。

宁天城际一期工程起点南京市大桥北路站，终点南京市金牛湖站，线路全长45.213公里，其中地下线约11.03公里，高架线约32.747公里，路基段约0.503公里，过渡段约1公里。全线设17座车站，其中6座地下站，11座高架站，分别在大桥北路站、泰冯路站和雄州站与地铁11号线、3号线和14号线换乘。宁天城际一期工程在线路中部设大厂东车辆段一座，在八百桥预留一座停车场。全线设大厂东和方州广场2座主变。本工程有以下几种车站形式：地下两层岛式车站、地下三层岛式车站（泰冯路站）、地面厅高架岛式车站（沿江镇站、大厂东站、扬子石化、长芦南、长芦）、地面厅高架侧式车站。全线区间隧道的施工方法以盾构法施工为主，在部分区段采用矿山法和明挖法。高架区间采用了“支架现浇、预制架设、悬灌法”等施工工艺。工程防水采用混凝土结构自防水为主、并设置附加防水层的综合性防水方案。

轨道钢轨：正线及辅助线采用60kg/m；车场线采用50kg/m；扣件：弹性分开式扣件；正线及辅助线均采用长枕预埋式整体道床；道岔：正线及辅助线采用9号道岔；车场线采用7号道岔。根据客流预测和车辆国产化要求，本线车辆选用车体宽为2.8m的B2型车，采用变频变压，直流接触网供电，车内设空调，按3动1拖4辆车编组，列车总长为80m，有效站台长度为80m，地下车站设置全高站台门系统，高架车站设置半高站台门系统。电源方案采用采用110kV/35kV两级电压集中供电方式，设大厂东和方州广场主变；牵引降压混合变电所及降压变电所进出线均采用35kV电压等级；牵引网采用直流1500V架空接触网；设电力监控系统，对供电系统的有关设备进行监视、控制和测量。

通信由传输、无线通讯、公务通信、专用电话、闭路电视、广播、时钟、UPS电源等子系统组成，构成传送语言、文字、数据和图象等各种信息的地铁专用通信网络系统。信号采用基于通信传输技术的CBTC移动闭塞ATC系统。采取分步开通的实施方案，先开通点式ATC系统，通车试运营后在保证不影响运营的前提下，一年之内完成系统的升级，最终实现信号系统全功能开通。

车站生产、生活给水与消防给水均采用市政自来水。各站生产、生活给水系统和消防给水系统分开设置，分别形成独立安全可靠的供水系统。地下车站内超过500平方米的商业开发场所应设自动喷水灭火系统，变电所、电源室、通信信号机房等重要电气设备用房需设自动灭火装置。各种污水、废水和雨水应分类集中，并按排水要求就近排放到城市污水系统或雨水排水系统。给排水系统实现自动监控及就地控制，并归入BAS系统监控管理。消防系统由FAS系统监控管理。本工程的设备均设置自动化监控系统，主要有：FAS/BAS系统，其中FAS火灾监控系统，独立设置，系统由中心级、车站级、就地级及独立光纤单环网构成，与综合监控系统在车站建立接口。BAS采用集成于综合监控系统方案，现场级BAS系统采用冗余总线网络方案。BAS通风空调、给排水、自动扶梯、电梯等设备运转情况的监控系统。FAS/BAS设中央和车站两级管理，设中央、车站和就地三级控制。AFC自动售检票监控系统，由线路中心（含票务中心）、车站计算机系统（含票务分中心）、维修系统、模拟培训系统及车站终端设备构成。本BT项目还包括江北大道快速化改造部分工程，主要包括江北的学府路、永新路、杨新路、晓山路、园东路、葛关路六座高架桥主体结构。全线土方挖方总量约为217.2万方，填方55.7万方。

2012年3月展开施工前期工作。截至到2012年底开工点有：TA02标临建及梁场建设；TA03标扬子石化站--长芦南站以及长芦南--长芦站高架区间的桩基工程，1号、2号梁场建设；TA04标六合区政府站和长芦站--六合区政府站明挖区间清淤及回填；TA05标方州广场站--沈桥站明挖区间围护结构施工；TA06标绕越节点桥连续梁下、方州广场站一沈桥站区间桩基施工以及1号、2号梁场建设。

全年土建专业完成情况为地下车站：全线5座地下车站围护结构施工完成95%，地下车站全部进入土方开挖和主体结构施工阶段。地下区间（盾构及明挖）：盾构管片生产3000环；3个明挖段围护结构完成85%，其中泰-沿明挖段和方-沈明挖段围护结构全部完成，主体共完成199米，具备盾构始发条件。高架车站：全线11座高架车站除盘城站和长芦站外，其余9座车站钻孔桩、承台施工全部完成，其中沿江镇站、大厂西站、沈桥站、八百桥站4座高架车站完成全部墩柱施工，进入站厅层施工。高架区间：全线高架区间桩基完成总量5967根94%，承台完成总量1184个的71%，墩身完成总量1161个的41%；控制性工程跨马汊河桥、跨雍庄立交枢纽承台施工完成，跨绕越高速已合拢；全线5座梁场预制箱梁463片，占总量1948的24%，架梁86片，占总量的4.5%。暗挖区间：大桥北路站-泰冯路站区间右线矿山法区段围护桩完成40根，总量67根的60%。车辆段：苗木迁移、地面清表、进场道路修建完成，主体工程人工挖孔桩、PHC管桩施工全部完成共3874根、主体混凝土施工完成50%，共16984立方米。

【山东红帆直线驱动列车试验线】 合同造价：50000万元。合同工期：9个月。施工单位：中铁港航局集团第三工程有限公司。

工程概况：试验线区间路基全长1573米，桥梁1233米，辅助线长约770米，区间路基土石方约66197立方，其中填方35374立方，防护工程3430立方，路基采用水泥改良土。项目配备生产房屋牵引变电所综合楼2768平方，检车库1243平方，敷设接触轨约3.3公里。

主要工程数量：桥梁1233米，辅助线长约770米。

截至2012年底完成产值11955万元。

【广州轨道交通6号线一期轨道工程轨道Ⅰ标】 中铁上海局一公司承建。

合同总价：13600万元。

合同工期：2011年9月15日—2012年12月28日，总工期470天。

工程概况：始起白云区的浔峰岗高架，贯穿荔湾区，终于越秀区的北京路站，正线线路里程为Z(Y)DK0+000～Z(Y)DK11+500，线路长度11.5双线公里，管内共设11个车站，有10个区间，还有部分出入段线（R(C)K0+200～R(C)K0+400）和5、6号线联络线路（LDK0+140～LDK0+676.394）的轨道工程施工，另还包括标段内的所有正线、出入段线、联络线以及浔峰岗停车场的感应板安装工程。

主要工作内容包括：前期准备及辅助设施工程、整体道床铺设、无缝线路铺设、道岔铺设、线路和信号标志安装、车挡及附属设备安装、人防门（防淹门）门槛施工及安装配合、下料口的封堵、基地轨排井的封堵、盾构过站及始发吊出井的回填、感应板的安装、桥面防水施工以及监理工程师指示的工程等。

施工进度：轨道铺设设计24484米，累计完成23802米；长轨焊接接头累计完成1856个头；道岔组装全部完成，共计17组；感应板安装设计32728米，累计完成32046米。年计划投资13386万元，累计完成13082.98万元，占年计划的97.7%。

市政工程

【坎布拉项目】中铁一局承建。本工程长约 85.00m，宽约 85.00m，主体结构高度 99.90m（含钢结构雕塑），地下局部四层，地面五层，总建筑面积约 23659.9m2。地下一层为设备用房和储藏间，层高 6.3m，地下二至四层无使用功能，层高分别为 3.7m、3.0m、3.0m；地上设五层裙房，第一层层高为 9.0m，二至四层层高为 4.3m，第五层层高为 6.0m；上部为钢结构雕塑。项目部承担的施工任务为下部结构和桩筏基础，及上部钢框架支撑结构。

2012 年 6 月 16 日签订施工合同。合同工期要求土建一次结构（指主体结构的承重构件部分）2012 年 8 月 30 日完工。二次结构 2013.5.31 全部完工。

坎布拉工程二次结构工程施工计划安排如下：

砌体工程采用煤矸石标准砖砌筑，砌体工程总方量 3870.78 立方米。2012 年 8 月 1 日-2012 年 11 月 30 日地上结构一-五层砌体工程施工完成。屋面工程 2013 年 3 月 20 日-2013 年 5 月 31 日完成主体屋面工程施工。

施工进展：目前冬休。地上五层墙柱混凝土主体施工完成。型钢制安：型钢柱、钢梁制作及安装 11 月已全部完成。

【宿州市新汴河大桥及引道工程】中铁一局四公司承建。工程总价 1.97 亿，原工期 2011.11.26-2013.5.26。计划 2013.10 完工。主桥为 85+145+85m 连续梁；换队伍后 4 月 22 日复工。

新汴河大桥钻孔桩设计 466 根，目前已全部完成。

合同 2012 年 9 月份已签定。中标价为：19741.66 万元，合同工期 540 天。

【金川大桥】设计全长 932.2 米，累完 751.8 米，累完 81%。2012 年 10 月 27 日金川大桥下部结构全部浇筑完毕。竣工日期安排为 2013 年 7 月 31 日。2012 年 12 月 30 日已放假，计划 2013 年 3 月初根据气温情况复工。

【贵阳龙洞堡机场扩建工程】续建工程，中铁二局一公司承建。贵阳龙洞堡机场扩建工程属机场扩建工程（包含房建与市政），位于贵阳龙洞堡国际机场现候机楼西侧，工程主要包括地下停车楼（停车库、制冷站）和对应段落的轻轨 2 号线土建工程两部分。合同价 23567 万元，合同工期为 2011 年 8 月 30 日-2012 年 10 月 22 日（共 420 历天）。

2012 年，完成产值 22116.6 万元，折合 857.8 成洞米，土石方完成 18.2 万方，开挖完成 752.4 米，铺底完成 799.3 米，衬砌完成 860.2 米，房屋建筑折合 66782 平方米，路面基层、面层完成 421 米，累计完成 24340.1 万元。

【玉树灾后重建项目】续建工程，中铁二局玉树灾后重建工程指挥部承建。主要负责玉树县结古镇南片区、下拉秀及勒巴沟景区等 25 个项目建设，房屋总建筑面积约 32.29 万平米，道路 16.35 公里。其中玉树县第一民族中学、西杭商住组团、扎南商住组团、胜利路商住组团二、下拉秀农牧民住房、扎西大同南统规自建房、西杭派出所、西杭社区卫生服务中心、勒巴沟-文成公主庙景区建设、勒巴沟景区内道路建设、禅古寺旅游接待点等 11 个项目已交付使用，建筑面积 29.06 万平米，占总面积的 90%；道路 5 公里，占总长度的 30%；其余在建项目主体结构已基本完成。

2012 年，完成产值 48495 万元，为计划 41948 万元的 115.6%。

【博士汽车试验场进场准备及道路施工】中铁四局承建。

合同造价：分别为 870 万元和 11999.8 万元

合同工期：2012 年 2 月 15 日-2012 年 12 月 9 日。

博世汽车地盘系统部项目规划总占地为 1000000 平方米，分三期实施。本次工程范围为一期工程，占地面积为 333300 平方米。一期工程计划在 2012 年 2 月 15 日开工，预计在 2012 年 12 月 9 日完成开始投入使用。计本项目由德方与上海现代设计（集团）有限公司市政工程设计院设计。一期工程包括两大部分，一部分为基础设施工程，另一部分为主建筑。我公司只施工基础设施工程部分，包括道路工程、给水工程、雨水工程、污水工程、通道工程、电气工程（包括道路照明、电力电信电缆管沟等工程）等。具体施工内容包括：主要基础管线设施(城市供水,消防,污水,雨水,道路照明，电力电信和电缆,围栏和大门)。测试模块：VDA 车辆动态实验区和加速车道区主进场道路及服务道路。

2012 年完成的主要工程形象进度：碎石路基 59 万立方米全完，透水管安装 4665 米全完，框架涵 5 座全完，电力完成 20%，沥青下面层完成 9.5 万平米，中面层完成 0.23 万平米。

【郑州宇通客车股份有限公司节能与新能源客车生产基地项目试车道工程】中铁四局承建。

合同造价：3027 万元。

合同工期：2012 年 4 月 9 日-2012 年 9 月 10 日。

工程地点位于郑州中牟县前程路与物流大道交叉口。招标范围为试车道图纸内所有内容（试车道电气图内容不包含在内，但需预埋过路管），及1处涉水池设计及施工。主要包括：5种特殊路1、水泥混凝土坏路长400米，宽度4米；2、搓板路长100米，宽度4米；3、石块路长120米，宽度4米；4、长波路长100米，宽度4米；扭曲路长50米，宽度4米；5、涉水池长50米，净宽5米，深度1米。

2012年完成的主要工程形象进度：高环水泥土换填1.7万立方米全完，沥青下面层、中面层、上面层17488平米全完。ESP水泥土换填7000方全完。普通混凝土路面完成6000平米。

【徐水动态坪广场项目】中铁四局承建。

合同造价：分别为8000万元、500万元和2030.51万元。

合同工期：2012年7月30日-2014年1月30日。

动态广场工程位于徐水大王店工业园区长城汽车场东侧，面积约15万平方米，用于车辆操纵稳定性评估。动态广场平面呈“水滴”状，为沥青路面。其中特殊路有：低μ沥青路面，高μ沥青路面，直线水漂路，低μ瓷砖路，噪音测试路。主要工程数量为：改良土15万立方米，预压土15.5万立方米，沥青路面14.9万平方米，浆砌片石水沟2700立方米，各种管道19000米。

②食堂、涂装—总装连廊、涂装—焊装连廊、交检车间土建工程主要工程。

③长城汽车股份有限公司徐水项目物流办公楼广场硬化、雨污水工程主要工程内容包括物流办公楼广场硬化；生态停车场、非机动车停车棚、篮球场硬化；广场警卫室、大门及附属土建工程；物流办公楼广场下方管道施工；物流广场电气预埋管、消防预埋管、高杆灯基础；高环外侧绿化浇洒管道；物流广场弱电预埋管。

2012年完成的主要工程形象进度：动态广场：路基挖方2.11万立方米全完，路基填筑16.5万立方米全完，卸载0.8万立方米。

食堂、涂装车间土建工程：全完

物流办公楼广场硬化、雨污水工程：全完。

【丰田汽车研发中心（中国）综合研发建设项目第1-5期性能评价道路工程之铺设工程】中铁四局承建。

合同造价：15083.9535万元。

合同工期：2012年8月1日-2013年9月30日。

工程位于江苏省常熟市东南开发区；主要工程内容：路基工程及铺设（周回路、刹车甬道、特性路等）。

2012年完成的主要工程形象进度：

路床开挖9.8万立方米全完，填方3.1万立方米全完。级配碎石完成2万立方米。路基改良处理6.5万立方米。

【重庆汽车技术研发与测试基地建设项目--汽车ABS噪声试验道路及涉水池工程】中铁四局承建。

合同造价：3280.2004万元。

合同工期：总工期100天，以业主下达开工令为准。

工程位于重庆北部新区金渝大道9号。工程内容主要包括汽车ABS、噪声试验道路及涉水池项目，道路总长982.3米；坡道和侧翻综合试验台工程，坡道试验台主要是单跨19米长的桥梁，侧翻试验台主要是建筑面积为87.48平方米房屋；给排水工程以及道路相关机电设备安装、试车场电力、照明、系统等。

2012年完成的主要工程形象进度：

填方8000方立方米全完，水泥稳定碎石7万立方米全完，坡道试验台、侧翻试验台全完。沥青路面AC-25完成30000平方米，

【重庆长安汽车综合试验场道路及附属工程施工】中铁四局承建。

合同造价：为22412万元和18725.8万元。

合同工期：2011年11月10日-2012年12月30日。

工程新增试验道路路基添加生石灰项目：（1）高速环道、动态广场、制动试验道、基本性能环道、舒适性道路、综合评价道路、标准坡道、强化试验道路、东部回旋及连接道路、西部回旋及连接道路、一般操纵稳定性路面和车外噪音测试道路的路基处理添加8%生石灰的项目；（2）按图施工高速环道路堤试验段（K2+240-K2+300）添加5%生石灰的项目。

（1）高速环道曲线段路面工程施工，北曲线段：K0+549.078-K2+205.075，南曲线段：K3+267.678-K4+924.315；主要工程内容：按设计修整路基、水泥稳定碎石层的摊铺压实、稀浆封层、沥青混凝土面层摊铺压实、所有沥青混凝土施工配合比的实验以及为完成以上工作内容所需的相关事宜。合同工期：270天。合同价：10828万元。

（2）试验道路路床添加6%的生石灰项目：高速环道、动态广场、中部土建（制动试验道路、基本性能环道和舒适性道路）、综合评价道路、标准坡道、强化试验道路、东部回旋及连接道路（除916A连接路）、西部回旋及连接道路、一般操纵稳定性路面。合同价：5528万元。

（3）临时设施、拌合场平基土石方工程：主要内容包括：①施工单位临时设施平场、拌合场平场土石方；②建设单位库房及平场、道路土石方；③发电机台班。合同价：510.8万元。

（4）①高速环道（K3+380-K3+520段）高填方路堤添加6%的石灰；合同价：912万元；②高速环道、动态广场、制动试验道路、基本性能环道和舒适性道路的堆载预压和卸

载。合同价：947 万元。

开工日期：2012 年 6 月 29 日，竣工日期：2013 年 3 月 31 日。

2012 年完成的主要工程形象进度：路床挖方完成 71.7 万立方米，路堤挖方完成 199.5 万立方米，路堤填方完成 166 万立方米，路床填筑完成 68.8 万立方米，预压卸载 23 万立方米，强化测试道完成 3.9 万平米，高环曲线路面工程完成 54%，高速环道完成 4.7 万平米。4 座小桥全完。

【天津滨海新区轻纺经济区二期市政基础设施工程五标段】中铁四局承建。

合同造价：5120 万元。

合同工期：2011 年 8 月 25 日-2012 年 5 月 30 日。

天津滨海新区轻纺经济区二期市政基础设施工程纺八路，为轻纺经济区二期中的南北向城市次干路，工程修筑起点轻一路，终点为轻四路，起点桩号为 F8K0+094.42,终点桩号为 F8K2+445.368，路线全长 2350.948 米。

主要包括道路工程、排水工程和箱涵工程。

道路工程主要工程量：路基石灰粉煤灰土 64216 平方米，回填山皮土 60412 立方米，钢塑土工格栅 63748 平方米，G100 涂塑钢管铺设 1200 米，18 厘米厚路面石灰粉煤灰土 60990 平方米，18 厘米厚石灰粉煤灰碎石（8：12：80）59449 平方米，18 厘米厚水泥粉煤灰碎石（4：16：80）57906 平方米，8 厘米粗粒式沥青混凝土 56084 平方米，5 厘米中粒式沥青混凝土 56084 平方米，4 厘米细粒式沥青混凝土 56084 平方米，粘油层 56084 平方米。

产值情况：年完成产值 4034 万元；开累完成产值 5120 万元。

完成情况：该工程已完工。

【蚌埠市政工程】中铁四局承建。

合同造价：15000 万元。

合同工期：2010 年 6 月-2012 年 6 月。

南湖路工程位于蚌埠市经济开发区的龙子湖西岸区南片区，是一条南北走向的城市次干道。，路基填筑设计 38875 立方米，8%灰土设计 8489.25 立方米。机动车道级配碎石设计 48505 平方米，龙滩路工程位于蚌埠市经济开发区的龙子湖西岸区南片区，是一条南北走向的城市次干道，路基填筑设计 70516 立方米，路基挖方设计 26340 立方米，清淤设计 255049 立方米，回填片石设计 54297 立方米，回填碎石设计 18101 立方米，它北起东海大道，南至环湖西路，中间与多条道路交叉.

2012 年工程进展：主体全部完工。

2012 年完成产值 4190 万元。

【贵州黔东工业区城市道路工程】中铁四局承建。

合同造价：16500 万元。

合同工期：2011 年 9 月 7 日-2012 年 12 月 31 日。

本标段为黔东循环经济工业园核心区城市主干道道路工程第二标段工程。起讫里程为 K4+000-K6+805.537，线路全长 2805.537 米，包括路基工程，桥涵工程。本标段路基工程总长 2350.197 米，多为高填深挖路段。

桥涵工程有：舞阳河大桥：本桥横跨舞阳河，与河道基本正交，分左右两幅，主跨为 100 米空腹式钢筋混凝土箱型拱，拱上为 13×8 米钢筋混凝土空心板，两岸引桥均为 20 米预应力钢筋混凝土空心板。全桥孔跨布置为 2×20＋13×8＋1×20 米，桥梁全长为 177.18 米，桥梁起点桩号为 K4+744.510，终点桩号为 K4+921.690，中心桩号为 K4+833.100；跨铁路桥：跨越株六复线，与铁路约成 45°斜交。位于路线上的桩号 K4+154-K4+283.5，桥梁全长 129.5 米。桥梁为预应力混凝土预制小箱梁，孔跨布置：左幅为 24.73+24.73+39.95+24.73 米，右幅为 25.34+25.34+40.64+25.34 米；舞溪寺大桥：本桥中心桩号为 K6+651.00，起点桩号 K6+577.5，终点桩号 K6+724.5，全长 147.0 米。在 K6+630 处上跨禾山溪，本桥上部采用 20＋4×25＋20 米现浇钢筋混凝土连续箱梁，下部采用柱式桥墩和肋板式桥台；K4+500 通道涵：孔数及跨径为 1-9.5×5 米，涵长 44.59 米，为现浇箱涵结构；K5+400 钢筋混凝土盖板涵：孔数及跨径为 1-2.4×2 米，涵长 46.26 米。

2012 年完成产值 10934 万元。

【北京电力管道工程】中铁四局承建。

合同造价：5547 万元。

合同工期：2011 年 10 月 12 日-2012 年 4 月 22 日。

北京未来科技城电力隧道三标，本标段施工范围为神华规划二路、神华规划三路、神华规划五路、北区一号路。施工工程量分别是神华规划二路：埋管/拉管 491.7 米，直线井 8 座，四通井 1 座；神华规划三路：埋管/拉管：1302.7 米，直线井 20 座，四通井 6 座；神华规划五路：埋管/拉管 1337 米，直线井 18 座，转角井 8 座，三通井 3 座，四通井 3 座；北区一号路：4.85×2.9 米双孔暗挖电力隧道 429 延长米，4.0×6.0 米竖井 4 座；2.0×2.3 米单孔暗挖电力隧道 711.9 延长米，Φ4.0 米埋管竖井 3 座，Φ5.2 米埋管竖井 4 座。

2012 年工程进展：主体全部完工。

2012 年完成产值 5008 万元。

【江东路部分节点改造工程】中铁四局承建。

合同造价：35242.2 万元。

合同工期：2012 年 10 月-2013 年 12 月。

本工程为江东路部分节点改造工程（水西门大街-应天大街段），主要工作内容包括水西门大街下穿隧道、应天大街高架桥及相关道路、排水、装饰装修工程。应天大街高架桥工程分为主线桥、G匝道桥、F匝道桥三部分。主线桥353.352米，G匝道桥全长636.097米，F匝道全长361.414米。下部结构均采用柱式墩、组合式桥台、钻孔灌注桩基础，钻孔桩为嵌岩桩。主线桥共四联，其中第四联为简支箱梁，其余为预应力混凝土连续箱梁。水西门下穿隧道长405米，其中暗埋段长134米，北侧敞开段长124米，南侧敞开段长147米。隧道横断面为双向六车道，采用单箱两孔钢筋混凝土结构。隧道结构标准横断面宽度28.2米，高度7.5米。采用明挖法施工。

2012年工程进展:钢筋加工场完1座,场地硬化完1248平方米,钢筋棚安装完,施工区域围挡均完,高压旋喷桩设计658根完,水稳设计1261米,累完305米,雨水管设计1076米，累完475米，污水管设计885米，累完435米，应天大街G匝道桥：桩设计74根,累完1根。

2012年完成产值：1653万元。

【亳州市政道排工程】中铁四局承建。

（一）人民西路情况简介

合同造价：2450万元（暂定）。

合同工期：2012年8月-2013年6月。

人民西路工程位于亳州市规划南片区的中部，东西走向的城市主干道。西起西一环路（105国道），东至涡阳路，中间与多条道路交叉。一期工程总长约1.0公里，道路红线宽度50米。主要工程量：清表土方11.4万立方米，填方5.5万立方米，道路水泥稳定碎石1.8万立方米，石灰土3.0万立方米，人行道板砖9347平米，人行道侧石8352延米，雨水管2622米，雨水检查井89座，污水管道2021米，污水检查井63座。

工程重难点：1）本工程位于亳州市谯城区，区域内为回民聚居区，施工区域均为商铺、住宅，征地拆迁难度大，截至到日前，工程拆迁进展不大；2）地上、地下既有管网较多，迁移、防护难度加大；3）雨污水管道沟槽深度较深，施工安全防护是重点。

2012年工程进展：目前工程进展不大。

2012年完成产值：累计完成150.6万元。

(二)亳州市涡河人民大桥重建工程临时便桥情况简介

合同造价：1420万元。

合同工期：2013年2月-2013年5月。

亳州市涡河人民大桥重建工程临时便桥位于亳州市谯城区老人民大桥东侧60米处，老人民大桥为沟通涡河两岸的交通要道，现已为危桥。为了缓解交通压力，亳州市谯城区重点工程建设管理局决定新建临时便桥。临时便桥全长235米，桥面宽度18米，，设计使用年限为5年。全桥钢材用量约1750吨

2012年工程进展：目前已完成0号台、16号台施工，即日将展开主体施工。

【津秦客专滨海北站车站西站工程】中铁四局承建。

合同造价：7448.4322万元。

合同工期：2012年4月-2012年12月。

津秦客运专线滨海北站车站西路工程（K0+083.53-K3+615.073），全长3.532公里，沿线圆管涵4座。

本工程南起现状津汉公路，北至规划四纬路，和既有的唐津高速公路和津秦客运专线均为西南-东北走向。车站西路标准断面总宽30米。

本工程为城市主干路，双向六车道，主要建设道路工程，同步实施照明、排水、交通工程等。路面结构分为新建路面结构和设施带结构。

本工程主要工程量为路基挖方64169立方米，挖淤泥13358立方米,6%戗灰填方56544立方米,10%灰土66148立方米，钢塑复合土工格栅153302平方米，级配碎石垫层58879立方米,18厘米二灰土100969平方米,18厘米二灰碎石96354平方米,18厘米水稳91740平方米，沥青油面粗粒式与细粒式各86286平方米。

工程进展：因征地拆迁原因至今尚未开工，项目部正在积极的推进各项工作的进展。

【重庆两江新区水土高新园次干道及支路一期工程】中铁四局承建。

（一）重庆两江新区水土园Z3路一标项目

合同造价：1387.2万元

合同工期：2012年2月-2012年6月。

重庆两江新区水土园Z3路一标项目，设计为城市次干路Ⅰ级，全长1230.537米（K0+654.88-K1+885.437）。道路为双向4车道，道路标准路幅宽23米。合同内容为：路面工程（含水稳层）、照明工程的土建部分、排水工程、交通工程以及附属工程。本工程主要包含土石方298000立方米，强夯14800平方米，水稳层26800平方米，沥青混凝土路面26500平方米，雨污水管道3250米，检查井107座。

2012年工程进展：挖方设计18.5万立方米,累完18.2万立方米；填方设计13.2万立方米,累完13.1万立方米；水稳设计10.2万平方米，累完9.2万平方米；沥青路面设计10.2万平方米，累完8.4万平方米；电力管设计5万米，累完4.7万米；雨水管道设计10900米，累完9160米；污水管道设计6150米，累完5950米。

2012年完成产值1380万元。

（二）重庆两江新区水土园次干道及支路一期工程项目

合同造价：5799.3万元

合同工期：2012年1月-2012年12月

重庆两江新区水土园次干道及支路一期工程项目：该项目道路全长约5.33公里，包括W2、W4、W6路和新龙变电站检修道路，W2路全长约2公里，路幅宽度26米；W4路全长约2公里，路幅宽度26米；W6路全长约1.33公里，路幅宽度16米，均为城市次干路Ⅰ级。新龙变电站检修道路全长0.6公里，路幅宽度4.5米，厂区道路（公路4级）标准。合同内容为：W2路、W4路、W6路范围内除路基工程、照明安装、绿化施工以外的所有内容，包括路面工程（含水稳层）、照明工程的土建部分、排水工程中的雨污水综合管网等配套工程施工。主要包含土石方工程310000立方，强夯29800平方，水稳层98000平方，沥青混凝土路面88000平方，雨污水管道17000米，检查井580座。

2012年工程进展：填方设计33.4万立方米，累完29.8万立方米；水稳设计2.68万平方米，累完2.6万平方米；沥青路面设计2.66万平方米，累完2.6万平方米；雨水管道设计1500米、污水管道设计1750米完。

2012年完成产值：5755万元。

【石家庄石炼路拓宽改造工程】中铁四局承建。

合同造价：3888.7321万元。

合同工期：2012年3月1日-2012年6月30日。

石炼路是化工基地的一条交通主干路，与石炼铁路相交，本次改造西起石环路（东三环八方桥下），东到丘头镇，折向南再向东接既有工业大街，起止桩号：K0+000-K3+306.085，全长3306米。整个项目主要分为4个部分：下穿铁路箱涵工程、道路工程、排水工程及泵站工程。

①下穿铁路箱涵顶进方向与铁路方向交角为90°，箱形桥净跨为7-16-7米，全宽33.4米、净高按6.5米、结构高度8.3米；设计基坑防护桩36根、线路防护桩48根、支撑桩8根、抗移桩10根；框架混凝土2304立方米，钢筋385t；上跨铁路2股道，为化工基地石炼化专用线；工作坑开挖土方6630立方米，滑板、后背梁共计混凝土376立方米，钢筋16.1吨。

②道路工程全长3306米，K0+000-K1+160段为旧路破除后新建道路。其中主要工程量为拆除旧混凝土路面、二灰基层、改良土各15709平方米；新建二灰基层5.62万平方米，混凝土路面5.25万平方米，人行道砖铺设3.75万平方米，缘石安砌1.62万米，片石混凝土挡墙7766立方米，排桩挡墙挖孔桩532米、钢筋17.3吨。

③道排工程设计雨水管总长度为：5901.48米；工业大街连接管总长662.10米。污水管长度1075.5米。

④泵站工程平面尺寸11.1×7.1米，埋深约10米，采用C35混凝土，抗渗等级P6，采用明挖法施工。泵房设四台水泵，并安装敷设钢管件及电缆。

2012年工程进展：土方设计7.2万立方米，累完6.2万立方米；机动车路面累完20700平方米；非机动车路面累完12500平方米；石炼路下穿铁路箱涵顶进：工作坑防护桩累完135根；箱涵顶进设计19.04米完；混凝土管道铺设设计7503.5米，开累5820米。

2012年完成产值：3126万元。

【铜陵市滨江大道北段二期工程】中铁四局承建。

合同造价：12260万元。

合同工期：2011年11月-2014年5月。

铜陵市滨江大道北段二期工程位于铜陵市西北部的铜陵经济技术开发区，道路滨临长江，为铜陵市规划的沿江外环的一段，路线起点接已建设完工的滨江大道北段一期，终点位于朱家咀至铜胥路，接即将建设的朱永路，项目建设里程5.679公里，本项目为城市次干道II级，路基横断面几何尺寸布置为：5米人行道+15米行车道+5米人行道。为城市次干道II级，主要内容为路基、路面、涵洞、市政排水、交通安全设施、绿化及照明等工程。

2012年工程进展：路基挖土方设计3.78万立方米，开累0.29万立方米，填方设计161.32万立方米，开累15.79万立方米，清淤设计21.5万立方米，开累5.83万立方米，回填片石设计6万立方米，开累0.12万立方米，土工格栅设计43.11万平方米，开累11.34万平方米，碎石垫层设计11.33万立方米，开累1.74万立方米。

2012年完成产值6092万元。

【南宁市英华大桥工程】中铁四局承建。

合同造价：49303.83万元。

合同工期：2012年10月15日-2014年9月14日。

英华大桥起于西岸风亭路，上跨亭江路，向东跨越邕江后，在柳沙半岛接英华路与半岛环线交叉口。主桥采用单索面悬索桥方案，引桥均采用现浇连续箱梁。

主要工程数量：英华大桥主线全长1017.763米。其中西岸引道长度为102.763米，宽度为51米，西岸引桥长度为277米，宽度为35.2米，主桥长度为500米，宽度37.7米，东岸引桥长度为138米，宽度35.2米。西岸设两条匝道与亭江路相接，匝道全长490.34米，其中桥梁部分200米，路基部分290.34米，宽度均为18.5米。西岸下层辅道长度600.43米，宽度9.5米。主桥孔跨布置为：45+410+45米，全长500米。主线孔跨布置为：4x30+2X25+(25+26+28+25)+(45+410+45)+5×27米，总长915米。匝道桥孔跨布置为4×25米。

【南平市武夷新区滨江西路、南林大道、纬三路、南林大桥工程施工项目Ⅰ标段】中铁四局承建。

合同造价：13005.84万元。

合同工期：2012年10月15日-2013年3月29日。

南平市武夷新区滨江西路工程施工项目Ⅰ标段南起童游大道（崇阳溪大桥），往北与纬十一路、纬十路、纬九路相交，下穿南林大道（南林大道主车道设上跨桥，两侧设辅道与滨江西路平交）后与纬十三路、纬十二路交，终点位于与纬三路交叉点以南54.2米处。起讫桩号K0+000-K1+880，道路中心线全长1880米，为城市支路。主要工程：路基工程、路面工程、综合管线工程、交通设施工程、绿化、园林景观工程、照明工程等。

主要工程数量：软基换填37798立方米；路基挖方8952立方米，填方437903立方米；沥青混凝土路面31448.9立方米；雨水管道4174米，污水管道2570米，给水管道2814米，电信管道3042米，交通电气管道3068米，电力管道2075米，路灯电缆管6680米；钢筋混凝土箱涵148.1米；浆砌排水沟1862.35米；景观绿化及沿岸护堤820米。

【沈阳至铁岭城际铁路工程（松山路-道义）三台子主变电所土建工程】中铁四局承建。

合同造价：2919.81万元。

合同工期：2012年12月10日-2013年08月30日。

沈阳至铁岭城际铁路工程（松山路-道义）三台子主变电所位于医学院-师范大学区间风井的西侧，北三环立交桥西南角绿地内。

变电所为钢筋混凝土框架剪力墙结构；地上一层，地下三层；地上一层布置楼梯间、进出风口，层高3米，地面覆土高1.5米；地下一层布置继电保护及通讯室、35千瓦无功补偿装置室、消防控制室、风机房、进出风口、楼梯、吊装口等，层高5.7米；地下二层布置变压器室、散热器室、66千瓦GIS室、35千瓦开关柜室、35千瓦接地变及接地电阻室、低压配电室、风机房、所用变室、进出风口、吊装口、楼梯等，层高5.4米；地下三层主要为电缆夹层，布置有水泵房、进出风口、吊装口等，层高4.6米，含高1.0米的垫层，变电所两侧各设一个直通室外疏散楼梯。

主要工程数量：变电所占地面积约1265.77立方米，建筑面积3555.77立方米。平面尺寸40.8*31.2米，基底深19.4米，为地下三层结构。暗挖电缆通道长度为29.5米，暗挖法施工。

【南昌九龙湖核心起步区市政道路工程项目】中铁四局承建。

合同造价：36161.73万元。

合同工期：2012年12月20日-2015年4月19日。

九龙湖核心起步区望城新区范围约5.5平方公里，主要包含物华路（320国道-学院北路）、东城大道（向莆铁路-学院北路）、创业中大道（320国道-学院北路）、希望大道（创业中大道-昌樟高速）4条主次干道及周边相关支路，建设内容包含道路、排水、桥梁、强电管沟、弱电管沟、交通设施等其它配套设施。

主要工程数量：本标段主要工程量包括创业中大道和希望大道西段主干道，长约3900米，及周边其它支路长约4635米工程。

【东莞虎门镇长堤路市政工程02标】中铁四局承建。

合同造价：44200万元。

合同工期：2011年1月29日-2012年10月29日。

东莞市虎门镇长堤路道路规划等级为城市次干路，北起虎门-厚街镇界（接厚街镇规划西环路），南至规划凤凰路（现况炮台路），路线全长约11.54公里，其中路堤合一段约9.38公里，路堤分离段约2.16公里；主线标准横断面为双向6车道，设计行车速度40公里/h，路基宽度38-41米。由中铁四局项目经理部承担施工任务的长堤路二标段起讫桩号为K4+980-K9+400，路线全长4.42公里，位于太平水道东岸，沿太平水道南行布线。路线起点位于长堤路水上派出所，途径则徐、金州、新湾、部队及南栅社区，终于新湾渔港码头。

工程内容包括路基土石方、桥涵构筑物、软基处理、给排水、电气、拆除结构物及相对应里程的堤防工程等。主要工程量有：桥梁3座计239米，路基挖方3.97万立方米，填方30.97万立方米，软基处理桩78.3万米，清淤换填6.96万立方米，围堰3.997公里，拆除工程混凝土及浆砌体4.6万立方米，给、排水、电气工程4.42公里，新建钢筋混凝土堤防挡墙3.997公里。

施工组织机构：本项目是中国中铁南方投资发展有限公司运营的BT项目，公司于2011年1月组建成立中铁四局五公司东莞长堤路项目经理部，经理部配置职工59人（含助勤人员），其中班子成员10人、技术人员20人、其他管理人员29人，经理部设“五部二室”。

施工队伍部署：主要劳务队伍共有10家，桥梁成孔灌注桩2家、拆除工程1家、桥梁、堤防主体工程2家、土石方工程2家、软基处理工程2家、堤防管桩工程1家。

2012年完成建安产值15017万元，开累完成产值25249万元。完成主要工程形象进度：软基处理桩29.96万米、道路土石方17.6万立方米、桥梁桩基201根、墩台身13个、预应力管桩完成16000米、围挡1834米、拆除路面4.4万立方米、拆除码头及既有挡墙2.8万立方米，堤防灌注桩701根，堤防水利直挡墙1080米。

【蚌埠市龙子湖西岸滨湖新区合作开发项目】中铁四局承建。

合同造价（暂定）：3000万元(人民币)。

合同工期：2011年5月20日-2013年5月20日。

龙子湖西岸地区位于景色秀丽的龙子湖风景区的核心区域，坐落于龙子湖以西、东海大道以南、解放路以东，紧邻行办公区和高铁新区。本工程主要为滨湖新区内市政道路景观照明、路灯安装、信号及标志标线专业工程。说明：本工程承包人：中铁天丰建筑工程有限公司。分包人：中铁四局集团电气化工程有限公司。我公司承担本工程中市政道路景观照明、路灯安装、信号及标志标线专业工程施工内容。形象进度：电缆保护管敷设18797米。电缆井完成556座，路灯完成991套。设备接地225套.

【巢湖市裕溪路改造工程BT项目】中铁四局承建。

合同总额：28388万元。

合同工期：2012年7月6日-2013年7月31日。

巢湖市裕溪路改造工程属于既有道路升级改造项目，工程设计里程范围K0+042-K6+663及210米铁路桥桥面,其中K0+323.523-K0+603.887 为巢湖大桥范围,K2+280.381-K2+428.911 为裕溪河大桥范围，两座桥不在本次设计改造范围内，即路线总长6.873公里，实际改造长度6.439公里，主要工作内容为道路工程、排水工程、照明工程、供电排管工程、交通（含监控）工程及铁路桥沥青面层。

主要工程数量及完成情况：

2012年度完成产值13677万元，道排工程完成65%，路面工程完成35%，照明供电交通工程完成29%。

【合肥市方兴大道工程BT项目】中铁四局承建。

合同总额：89206万元。

合同工期：2012年10月28日-2013年10月27日。

本工程大体呈东西走向，西起金寨路，东至沪蓉高速公路，自西向东依次为金寨路、青龙潭路、桃源路、蓬莱路、青鸾路、莲花路、佛掌路、天都路、玉屏路、始信路相交，方兴大道规划为城市快速路，设计时速80公里，红线宽度70米。施工起讫里程为K0-100-K7+380，总长7.48公里，共划分2个标段：第一标段：桩号K0-100-K3+600，总长3700米。第二标段：桩号K3+600-K7+380段，总长3780米。主要工作内容为道路工程、排水工程、桥梁工程、照明工程、绿化工程(含喷灌)、供电排管工程、交通（含监控）工程；

是一条连接滨湖新区、经济技术开发区和新桥国际机场的城市快速通道，全长7.5公里。截至2012年12月底，方兴大道项目完成投资1.109亿元。

主要工程数量及完成情况：

2012年度完成产值11815万元，道排、桥涵工程完成26%，路面工程完成0%，供电工程完成5%，照明工程完成0%，交通工程完成0%，绿化喷灌工程完成0%。

【淮南路网项目】中铁四局承建。

合同造价：13000万元。

合同工期：2010年3月-2012年12月。

本工程为淮南山南新区路网及水系工程建设项目，共计6条道路和两个水系改造。我单位承建2条道路的路基工程，南经十二路道路长2100米，红线宽度30米；南纬七路1+200-2+800，红线宽度60米。合计合同总价4007万。

淮南山南新区三期路网及水系工程项目【南纬六路，南纬九路，南纬七路延长段，C、J、K水系改造工程（南纬九路施工任务为淮河大道向东2公里的范围内，J水系施工任务为本次招标的50%）】。

【淮南下穿工程】中铁四局承建。

合同造价：27705万元。

合同工期：2011年9月-2013年9月。

南纬六路中央公园下穿隧道工程范围起自南经十一路，起点桩号为K0+000，自西向东分别与南经十二路、南经十三路相交，终于南经十四路，终点桩号为K1+403.534，道路全长1403.534米。中央公园下穿隧道为长距离浅埋式隧道，全长1135米，其中隧道暗埋段长775米，敞开段长360米。基坑中部K0+610--910段300米为人工景观湖。人工湖先行动工，人工湖挖出后，形成了较大的汇水区域，隧道穿人工湖段，自湖底向下还要继续下挖约11米。全隧道工程采用明挖顺作施工。

主要工程数量：根据设计文件，基坑土石方开挖45万立方米、钢筋混凝土浇筑5.9万立方米、钢筋约1万吨，回填素土3.8万立方米、回填5%灰土20万立方米、给排水埋设管道4公里、泵站房3座以及安装照明配套设施。

2012年完成建安产值7764万元，开累完成11207万元。

【兰永快速通道4标】中铁四局承建。

合同造价：40776万元。

合同工期：2012年4月-2014年12月。

兰州(新城)至永靖沿黄河快速通道土建工程LY4标段本，路线起点桩号K14+800，位于永靖县盐锅峡镇扶河村；路线终点桩号K24+450，位于永靖县盐锅峡镇盐集村，路线全长9.653公里。

主要工程数量：本标段路基挖方129.5万立方米，路基填筑102万立方米；大桥5座1790.5米，中桥4座234.04米，小桥4座86.86米，涵洞48道，互通式立交2处，平面交叉6处，公路养护区1处。

2012年完成建安产值5616万元，累计完成5616万元。

【三星电子项目快速公路】中铁四局承建。

合同造价：18897万元。

合同工期：2012年9月1日-2013年8月31日。

三星电子快速干线公路路基路面工程，K3+402 高架桥位于西安市长安区，地处渭河南岸的关中平原。桥梁中心桩号为 K3+402，起讫桩号为 K1+568-K5+236，桥梁全长 3668米，桥梁上部采用预应力混凝土箱梁，桥梁下部桥台采用柱台式桩基础，桥墩采用双幅双柱墩，钻孔灌注桩基础。

主要工程量：桩基304根，系梁132根，墩柱278根，盖梁130个，预制箱梁762片，安装箱梁762片，现浇箱梁4联342 米。桥面铺装 3668 米，防撞护栏 7336 米，路基全长428.417米，涵洞4座。

2012年完成建安产值9513万元，累计完成9513万元。

【合肥方兴大道综合建设工程二标段】中铁四局承建。

合同造价：10000万元。

合同工期：2012年11月-2013年11月。

主要工程K3+600-K5+000段的1400米的道排、桥涵及附属工程施工。其中，桥涵工程主要包括：青鸾路下穿立交1座（100米）、K4+565人行天桥1座（79.55米）、莲花路桥（一、二联）及有关配套附属工程。

【昆明经开区道路改扩建工程】中铁四局承建。

合同造价：2864万元。

合同工期：2011年10月20日-2012年10月31日。

本项目全长1260.85米，原为九九一厂进厂专用道路，路面宽度8米。道路的现状条件已无法满足现实需要，需尽享拓宽改造，道路横断面布置形式为 K0+000-K0+240 段人行、非机动车混行道宽3米，绿化带2.5米，机动车设计为双向4车道，共宽15米.本项目平面共设三个交点，交点桩号分别为K0+287.575、K1+090.365、K1+187.00交点半径分别为1500米、1100米、500米。本段共设了二处公交车停靠台，位于K0+580处，按40公里／h的时速设计，每个公交车站设计总长度为90米。

本项目完工，累完成产值2865万元。

【利辛一中滨河校区一期工程】中铁四局承建。

合同造价：14090万元

合同工期：2011年12月-2012年12月

本工程为利辛一中滨河校区一期工程，主要工程内容包括A号楼、B号楼、C号3栋呈“U”布置的教学楼，建筑面积约30910平方；每单元教学楼布置类似四合院，1栋教师办公楼组成，中间为内庭院，1 栋物理实验楼建筑面积约8346 平方；物理实验楼由主实验楼和阶梯教室组成，主实验楼由4栋五层楼呈“回”字形布置，中间为内庭院，阶梯教室2层，由连廊与主实验楼相连。1栋图书信息中心，建筑面积约13641平方，图书馆平面大致呈长方形，结构相对较复杂。1 栋食堂，建筑面积约 5909 平方，食堂平面为长方形。宿舍楼 1 号楼、2 号楼、3 号楼、4 号楼建筑面积约28586平方；篮球场、足球场、道路、给排水及附属工程。

项目组织机构：项目共设项目经理1人，项目总工程师1人，副经理2人，安全总监1人，下设工程部、安质部、物设部、财务部、办公室，共计 20 人；劳务分包队伍共 7家，分别为房建一队、房建二队、房建三队、装饰队、道路队、建筑安装队、综合管线队。

工程截至 2012 年 12 月 31 日底，完成产值 11102.00万元，占工程总造价的78.79%。

【南京城西干道综合改造工程（凤台路泵站增进水管）】

工程造价：3676万元。

合同工期：2012年5月-2012年9月。

南京城西干道综合改造工程（凤台路泵站增设进水管）为原穿越城西干道管道改建工程。工程主要工程内容有：

（1）内秦淮河边建一异形检查井（W1），钢筋混凝土结构，采用Φ800（1500 米）钻孔灌注桩支护、Φ800（约6000米）高压旋喷桩帷幕止水，明挖施工。

（2）增设Φ1800钢管两道共120米，穿越内秦淮河，沟槽采用围堰后开挖法施工，采用钢筋混凝土包裹。

（3）增设Φ2200钢筋混凝土管420米，共设工作井3座、接收井2座。

（4）既有Φ2200、Φ1000管道封堵2处。

工程重难点：地质条件复杂、地下既有管线交错复杂，顶管施工难度大；地处闹市区，文明施工要求高。

项目组织机构：项目共设项目经理1人，项目总工程师1人，副经理2人，安全总监1人，下设工程部、安质部、物设部、财务部、办公室，共计 22 人；劳务分包队伍共 6家，分别为桩基队、土石方队、构筑物队、顶管队、水下铺管队、管道封堵队。

工程截至2012年12月31日底，完成产值3346万元，占工程总造价的91.02%。

【淮南市山南新区南纬九路排水工程】中铁四局承建。

合同造价：10410万元。

合同工期：2012年2月-2012年12月。

本管网工程为淮南市山南新城区南纬九路道路建设工程的一部分，由污水管网工程、雨水管网工程组成。南纬九路道排工程（排水工程）东起南经十九路，西至南经六路。

单线长度约为 7.68 公里，管线总长约为 33.67 公里。本工程主要为南纬九路沿线的雨、污水工程的施工。

工程重难点：满堂支架安全保证是本工程的重难点。

项目组织机构：项目共设项目经理 1 人，项目总工程师 1 人，副经理 1 人，安全总监 1 人，下设工程部、安质部、物设部、财务部、办公室，共计 18 人；劳务分包队伍共 6 家，分别为顶管队、开槽队、沟槽回填队、沉井队、综合施工队、土建施工队。

工程截至 2012 年 12 月 31 日底，完成产值 3390 万元，占工程总造价的 32.56%。

【临港工业区三期部分道路（渤海二十三路（长江道-汉江道）、汉江道（渤海十八路-渤海二十六路）、渤海十七路（汉江道-长江道）道路排水工程】中铁五局承建，新建工程。项目地点位于天津临港工业区。该工程为市政道路工程，渤海二十三路（长江道-汉江道），K0+165.253-K0+634.808，长度 469.555m，宽度 16m。面积为 8623.9m2；排水管管径 φ300-φ2400，长度为 2255m，最大基坑深度 8.956m，基坑平均深度 6.757m。汉江道（渤海十八路-渤海二十六路），K2+432.332-K4+475.156，长度 2042.8m。宽度 12m，面积为 23844m2；排水管管径φ300-φ2400，长度为 5961m，最大基坑深度 7.926m，基坑平均深度 4.291m；渤海十七路（汉江道-长江道），长 413m，宽 12m，路面面积 4956 m^2；排水管管径φ300-φ1500，长 1044.3m，最大基坑深度 6.38m。合同总额 8336 万元。建设单位：天津临港工业区建设开发有限责任公司，设计单位：天津市市政工程设计研究院，监理单位：天津开发区泰达国际咨询监理有限公司。2012 年 7 月 20 日开工，合同竣工时间 2013 年 5 月 30 日完工（实际尚未竣工）。年累完成 5629 万元，开累完成 5629 万元，剩余价值 2707 万元。

【贵阳市窦官-火车北站 1 号线交通市政配套工程土建施工 6 标】中铁五局承建，项目地点贵州省贵阳市金阳国际会展中心。本段为贵阳市窦官至贵阳火车北站一号线交通市政配套工程土建施工 6 标，位于贵阳市金阳新区，标段起始里程为 YDK7+950-YDK9+850，标段线路长 1.9Km，本标段线路出会展中心站后，沿林城路下敷设，于 YDK7+726.137 右偏后在 YDK8+204 下穿拟扩建 210 国道，而后沿 210 国道中间绿化带下敷设，设朱家湾站、大寨站。朱家湾站至大寨站区间下穿中心环北线立交桥。本标段基坑开挖较深，最大挖深达 20m，等级为一级基坑。因此确保基坑稳定是本工程的一个重点。合同总额 33281 万元。建设单位：贵阳市城市轨道交通有限公司，设计单位：中铁二院集团有限责任公司，监理单位：贵州三维工程建设监理咨询公司。2012 年 8 月 20 日开工，合同竣工时间 2013 年 11 月 13 日。年累完成 720 万元，开累完成 720 万元，剩余价值 32561 万元。

【贵阳市盐沙线道路工程施工 A 标段】中铁五局承建。项目南起市北路、南垭路交叉口，线路途经雅关、偏坡、都拉营、沙文等集镇，北接麦沙大道，全线长约 17.1 公里，道路宽度 34 米（30 米），双向六车道，全程以城市快速路标准设置，合同工期暂定 540 天。A 标段里程桩号为 K0+000-K3+700，主要施工范围为 K0+000-K3+700 主线新建和 BK0+000-K2+400 造。全标段范围内共设计有小关 1 号桥、小关 2 号桥、小关老路桥、小关辅道桥、小关立交道路工程、小关 1 号隧道和小关 2 号隧道，其余为路基工程、排水工程相及关附属工程，不含沥青路面摊铺工程。合同总额 56000 万元。建设单位：贵阳市建设投资控股有限公司，设计单位：上海浦东建筑设计研究院有限公司，监理单位：贵州国龙项目管理咨询有限公司。2011 年 3 月 11 日开工。合同开工时间 2011 年 6 月 1 日，合同竣工时间 2012 年 12 月 5 日。年累完成 40339.88 万元，开累完成 48490 万元，剩余价值 5410 万元。

【贵阳机场扩建工程】中铁五局承建。工程主要由两大部分组成，第一部分是桥梁工程，油小线至 5 号路高架桥、航站区高架桥共计 3.8 万平方米，造价 1.21 亿元；第二部分是陆侧交通道路改造和航站楼前广场共 17.3 万平方米，造价 0.36 亿元，合同总造价 1.5744 亿元，土石方变更有 591 万元，合同总额 19460 亿。建设单位：贵州省机场集团有限公司，设计单位：中国民航机场建设集团公司、上海浦东建筑设计研究院有限公司、中国民航总院西南设计分院，监理单位：重庆联盛建设项目管理有限公司。2011 年 8 月 10 日开工，合同竣工时间 2013 年 3 月 20 日（变更）。年累完成 14266.38 万元，开累完成 18122.88 万元，剩余价值 1337.12 万元。

【沈阳市府恒隆广场与市府广场地下连接通道人防工程】中铁五局承建，系在建工程。项目地点辽宁省沈阳市沈河区市府广场小西路。本工程总建筑面积 1838.88 平方米，南北走向长度为 53.416m，北侧紧临市府广场地下结构设置东西两侧出地面楼梯。主要工程数量：基坑土方 2.1 万方，人工挖孔桩 1451 米，管线保护 28 根，结构钢筋 1440 吨，结构混凝土 6600 吨，防水面积 5443 平方米。合同总额 4217 万元。建设单位：沈阳市人民防空办公室，设计单位：沈阳市第二建筑设计院有限公司，监理单位：沈阳经济技术开发区信成建设管理有限公司华铁工程咨询有限责任公司。2012 年 6 月 15 日开工，合同竣工时间 2013 年 6 月 30 日（补充合同竣工日期 2015 年 6 月 30 日）。年累完成 3061.38 万元，开累完成 3435.88 万元，剩余价值 781.12 万元。

【国家级贵阳经济技术开发区道路基础设施建设5号路工程】中铁五局承建。项目施工桩号为K0+000-K0+709.836段，道路起点位于开发大道三期与花孟公路交叉处。主要工程量：路基挖土石方236029立方米，路基填筑20990立方米，路基弃方191000立方米，路基换填24039立方米，桥梁工程220米/1座，管道工程(含雨水、污水管)3314米，路面工程（一层）16974平方米。合同总额7975万元。建设单位：贵合投资发展有限公司，设计单位：中铁二院贵阳公司，监理单位：贵州纵益建设监理咨询有限公司。2011年5月8日开工，合同竣工时间2011年12月20日。年累完成1093万元，开累完成2409万元，剩余价值5566万元。

【贵阳高新技术产业经济带沙文生态科技产业园金苏大道-绕城高速公路互通式立交桥工程】中铁五局承建。大桥1座254.052米，涵洞及通道6道(其中主线接长涵2道)；路基断面：挖方21.32万立方米,填方8.87万立方米；路基面积：2.88万平方米(含水泥混凝土路面)；护排水工程161164立方米。合同总额5830万元。2011年4月21日开工，合同竣工时间2011年11月17日。年累完成3173万元，开累完成5230万元。

【党武至湖潮城市主干道2标】中铁五局承建，项目地点贵阳花溪区党武乡。贵阳至安顺平坝城市主干道（党武至湖潮段）2标段位于贵州省贵阳市党武乡，起讫桩号为K1+350-K3+100，路线全长1.75km。标段主要工程量：路基挖方约83.5万m3，填方约43.9万m3，浆砌圬工约2万方。涵洞3座，分别为K2+816（4×4m箱涵）、K2+530（4×3m人行地下通道）、K2+160（5×10m车行通道箱涵）。桥梁1座（小坡上分离式立交桥）合计长40.95m。合同总额13052万元。建设单位：贵阳金阳建设投资（集团）有限公司，设计单位：中国市政工程西南设计研究总院，监理单位：贵州省交通建设咨询监理有限公司。2012年12月4日开工，合同竣工时间2013年6月30日。年累完成80万元，开累完成80万元，剩余价值12920万元。

【玉厂路（朝阳洞路-沙冲路）新建工程】中铁五局承建，项目地点玉厂路（朝阳洞路-沙冲路）。新建工程起讫桩号为K0+000-K1+000，线路全长1km，沥青混凝土路面。K0+400路基宽度30m,双向六车道；K0+400-K1+000路基宽度20m,双向四车道。分成两期施工，第一期工程为K0+000-620段；第二期工程为K0+620-K1+000段。主要工程量为原路破除，路基土石方、路面及附属工程、给排水及通信、煤气管道等相关市政工程。合同总额1015.39万元。建设单位：贵阳市城市建设投资（集团）有限公司，设计单位：上海浦东建筑设计研究院，监理单位：四川名扬建设工程监理有限公司。2012年6月18日开工，合同竣工时间2012年12月5日。年累完成1500万元，开累完成1500万元，剩余价值0万元。

【贵阳轻轨二号线龙洞堡机场土建接驳2标】中铁五局承建，项目地点龙洞堡机场，北端区间（龙洞堡站-龙洞堡机场站），南端区间（龙洞堡机场站-小碧站）。本标段北端区间（为2号线龙洞堡站-龙洞堡机场站的一部分）左线ZDK43+500-ZDK44+156.735，长约656.735m，右线YDK43+500-YDK44+140，长约640m，南端区间（为2号线龙洞堡机场站-小碧站的一部分）ZDK44+805-ZDK+290，长约494.071m，右线YDK44+805-YDK+290，长约485m，区间线路水平间距10-15m。其中线路单线总长约1141.735m，隧道2座长约1141.735延长米。合同总额13145万元。建设单位：贵阳市城市轨道交通有限公司，设计单位：中铁二院工程集团有限责任公司，监理单位：成都大西南铁路监理有限公司贵阳分公司。2011年12月27日开工，合同竣工时间2012年12月26日。年累完成11678万元，开累完成11678万元，剩余价值1122万元。

【柳州市外环路（南外环）工程3标】中铁五局承建。柳州市外环路（南外环）工程3标，起止里程K2+000-K2+920，道路等级为城市主干道Ⅰ级，沥青混凝土路面。主要工程数量：路基土石方约35万方，桥梁2座132米，市政排水管道2732米，沥青路面34000平方米。合同总额4406万元。建设单位：柳州市城市投资建设发展有限公司，监理单位：中国轻工业南宁设计工程有限责任公司，设计单位：中铁第四勘察设计院集团有限公司。2011年4月20日开工，合同竣工时间2010年8月10日（因征地拆迁影响，工期延长）。年累完成938万元，开累完成：1252万元，剩余价值：1844万元

【广州市番禺区黄榄快速干线（西段）工程道路桥梁标】中铁五局承建。本标段起点桩桩号K5+960，止点桩号K7+571.525，全长1611.525米，其中主线桥梁共长604米，共有桥梁：大岗沥大桥、冲涌中桥、规划一路跨线桥、规划一路GHB0+095.6小桥、1座人行天桥和2座梯道桥。桥梁上部结构型式共有：预制T梁、预制箱梁、预制空心板、现浇箱梁等。主要工程数量：设计图路基挖土方总数为12369立方米，路基填土方总数为127938.6立方米；大桥1座562延米，中桥1座42延米，跨线桥1座252.4延米，小桥1座20.4延米，人行桥1座，梯道桥2座；过街箱涵4座265.5延米。合同总额17457.41万元。建设单位：广州市番禺交通建设投资有限公司，设计单位：武汉市政工程设计研究院有限责任公司，监理单位：广州市广州工程建设监理有限公

司。2010 年 1 月 18 日开工，竣工时间未确定。年累完成 1730.78 万元，开累完成 16470.3 万元，剩余价值 1287.1 万元。

【京广铁路保定站市政配套工程】中铁六局承建。知青路地道桥道路中心线与京广下行正线交点里程 DK134+386.75，斜交交角为 78.9° 结构主体为 8.0m+12.8m+12.8m+8.0m 四孔整体式现浇混凝土框构桥，轴向长度 138.5m，全宽 46.3m。地下商业通道为保定站改造市政配套工程，与保定站改同步施工。地下商业通道与京广下行正线交点里程 DK134+708.6，结构形式为型钢混凝土柱+型钢混凝土梁框架结构。轴向长度 122.55m，全宽 49.65m，东西方向贯穿保定站场，两端连接新建下沉广场。规划一亩泉河路顶桥中心线与京广下行正线交点里程 K135+135.64，交角为 81.2°，孔跨采用 14.5m-14.5m 双孔框架桥形式。框构采用场地预制并整体一次顶进施工，框架桥沿桥体中心线方向全长 44.62m，沿铁路方向总长为 32.38m。合同工期：2010 年 9 月 1 日-2014 年 12 月 31 日。合同额 13534 万元，本年度完成产值 4518 万元，截止 2012 年底开累完成 5922 万元。

【蓟汕快速路下穿津山铁路节点工程】中铁六局承建。位于天津市东丽区东大桥村，总体分为 U 型槽和雨水泵站 2 部分，U 型槽为 U15～U26 段，施工里程为 K23+403.00～K23+633.00，全长 230m，分左右两幅，每幅宽度 34 米，侧墙最高为 9 米。地道雨水泵站收水范围为北起道路设计中心里程桩号 K22+800，南至道路设计中心里程桩号 K23+900，全长约 1100 米，进水口处设置进水转弯井一座，进水管采用 d1800mm 柔性企口钢筋混凝土管，长度为 35m，雨水泵房采用钢筋混凝土结构，全地下结构形式，泵房内包含进水闸井、格栅、集水池、压力出水池等，另外还设有蝶阀井、综合配套建筑（包括变配电间、控制室、值班室、储藏室和卫生间）、发电机房及储油室，出水管采用 d1600mm 预应力钢筒混凝土管，长度为 928m，庭院外设用压力出水井七座、出水闸井一座及八字出水口。合同工期：2011 年 12 月 15 日-2012 年 12 月 10 日。合同额 1.5743 亿元，调整合同额 1.5743 亿元，本年度完成产值 1.3597 亿元，开累完成 1.3597 亿元。

【龙湖立交工程二标段】中铁六局承建。起止桩号为 K1+274.525～K1+899.265，全长 624.74m。匝道全长：3093.854m。龙湖街全互通立交包括的道路工程、桥梁工程及附属工程，其中道路工程包括立交主线（龙湖街、汇通路）与匝道两部分；桥梁工程包括立交主线桥、匝道桥；附属工程包括地面人行系统及黄龙江治理工程。合同工期：2010 年 9 月 25 日-2011 年 10 月 1 日。本年完成产值 3019 万元，开累完成 32969 万元。

【开源街西延第三标段工程】中铁六局承建。北同蒲 K17+076（同大铁路联络线 K0+336）大同市开源街 7.5m+14m+14m+7.5m 四孔框架地道桥位于山西省大同市，下穿开源街，铁路里程为北同蒲铁路 K17+076 和同大铁路联络线 K0+336。合同工期：2011 年 7 月 15 日-2012 年 5 月 14 日。实际开工日期 2011 年 12 月 1 日，本年完成产值 9201 万元，开累完成 9701 万元。

【郑州市黄河路下穿北编组站隧道（立交桥）工程】中铁七局集团承建。合同价款 10631 万元。该项目是既有城市主干路黄河路的西延段，位于郑州中心城区西北部，嵩山北路以东、沙口路以西、既有二环支路以北、农业路以南。本标段施工内容主要包括上到场隧道、西三角线箱桥、东三角线箱桥、下发场隧道以及雨水管下穿东三角线与下发场的雨水管护管涵工程。下穿主体结构均采用 2-17 米的矩形框架。东三角线与下发场新设雨水管，雨水管下穿东三角线与下发场铁路路基，新设 1-2.5 米护管涵箱涵，相应路基两侧 2.5 米外设置雨水管检查井。

一、西三角线箱桥、东三角线箱桥

两座箱桥主体均按斜交设计，西三角线与主线斜交 35°，东三角线与主线斜交 30°，矩形框架结构，尺寸如下：顶板厚 120 厘米，底板厚 120 厘米，边墙、中墙厚 100 厘米。西三角线箱桥结构全长 30.1 米，结构全高 8.5 米，结构净高 6.1 米，西三角线箱桥采用现浇施工。东三角线箱桥结构全长 12.1 米，结构全高 9 米，结构净高 6.6 米，箱桥采用架空线路，顶进施工，箱桥预制场地设置于东三角线西侧。

二、上到场隧道、下发场隧道

上到场隧道与下发场隧道主体均按正交设计，矩形框架结构尺寸如下：顶板厚 110 厘米，底板厚 110 厘米，边墙、中墙厚 100 厘米。上到场隧道结构全长 66.34 米，隧道分三节预制，每节长度分别为 31.1 米，22.1 米，13.1 米；结构全高 8.5 米，结构净高 6.3 米，采用架空线路，一二节采取顶进施工，第三节采用现浇施工。箱桥预制场地设置于上到场西侧，两节隧道间设置中继间。下发场隧道结构全长 81.84 米，隧道分四节预制，下发场东预制两节，长度为 28.9 米、15 米，下发场西侧预制两节，长度为 23.78 米、14 米，结构全高 9.8 米，结构净高 7.6 米；采用架空线路，顶进施工，箱桥预制场地设置于下发场东西两侧，采用对顶施工，两节隧道间设置中继间。

2012 年完成 4500 万元。完成了上到场顶进节框架预制及架空支点桩。完成下发场东侧顶级节框架预制，西三角框架现浇施工。

【福清市龙江南路 A 段道路工程】中铁七局承建。合同价款

23196万元。建设单位：福清市建设局；设计单位：中铁隧道勘测设计院有限公司；监理单位：厦门兴海湾监理咨询有限公司。工程位于福清市龙江南路，该工程即是对外交通过境公路又是城市主干路，是福清市外环路的组成部分，城市二级主干道，标准断面路副宽50米，双向六车道，左线线路总长2555.254米，右线线路总长2523.082米。2012年完成8910万元，开累完成22213万元，剩余价值983万元。

【郑州市北环辅道下穿立交桥】中铁七局承建。合同价款15183万元，合同工期：2010年11月5日—2012年5月1日，计划2013年6月底完工。截止到2012年完成情况：⑴下穿上发场箱桥：北环桥南侧（A2）箱桥顶进完成，北环桥北侧（A1）段箱桥顶进完毕，线路已恢复常速。⑵下穿机务折返段箱桥：北环桥南北两侧B1、B2箱桥顶进完毕。⑶下穿下到场箱桥全完。⑷下穿京广线箱桥全完并已通车；（5）下穿下到场除北环桥南侧 C2 挡墙栏杆未施工外已全部完成，京广线挡墙栏杆施工完毕。正在施工挡墙基础。（6）下穿上发场及折返段箱桥两侧附属U型槽施工完成1/2。⑸机车检查坑、红外线房屋和设备安装、铁路给水管道迁改、基本全完；施工井点继续降水。开累完成产值13665.597万元，开累完工率为90%。

【洛阳市滨河北路建设工程】中铁七局承建洛阳市滨河北路下穿定鼎路框架桥标段。合同价款：4584.1万元，合同工期：2012年10月10日—2013年4月10日。主要工程量：K0+008.088-K1+060，全长1.051公里。包括道路工程；A、B、C、D匝道工程；框架桥全长219.46米。土方14.08万立方米。完成情况：道路工程挖弃土15000立方米，雨水管道铺设180米，污水管道铺设100米，框架涵修建90米，2012年完成施工产值1195万元。

【成都天府大道南延线1标工程】中铁八局承建。

天府大道南延线工程位于成都天府新区，天府新区是成渝经济区“双核”发展格局的重要极核。“三纵一横”道路是天府新区规划“五纵十横”骨干网络的重要组成部分。天府大道南延线起点与现状华牧路（麓山大道）相交，终点至成都市域南侧边界，接眉山界，全长约26.1公里。主要工程数量：为桥梁共4座（均为预制箱梁），桥梁全长227m，预制箱梁260片；地下过街通道2座；人行过街天桥2座；框架箱涵1座，全长366.4横延米；路基全长1500m，路基土石方91万立方（其中挖方82万m3、填方45万m3）。合同工期：2012年4月-2012年12月。工程投资:4.64亿元。2012年完成投资42000万元，挖方82万m3，填方45万m3，桥梁228m，匝道2182m，预制及架梁260片。

【金堂大道南段（淮口至土桥）工程E标段】中铁八局承建。金堂大道连接金堂县与乐至县，本标段位于金堂县远郊，线路经过地区人口密度大，村庄众多。该公路设计等级为一级，双向六车道，设计车速80km/h，路基面、桥梁同宽，为29m。本段施工长度8.54km（k22+700-k31+240）。主要工程数量：陈家湾隧道左线长470m，右线长468m；桥梁4座：烂堰河大桥全长263.5m；蔡家河大桥全长218m；三湾堰大桥全长159m；石鸭子河中桥长86.06m。各式涵洞21座。路基土石方：挖方158万m^3，填方132万m^3。工期要求:调整为2010年3月至2012年3月。工程投资2.91亿元，2012年完成投资1881万元，道路路面沥青摊铺19万m2。

【永川区兴龙大道南段跨成渝铁路桥】中铁八局承建。该项目位于重庆永川市凤凰工业园区。桥梁部分起讫里程为K3+745-K4+126，全长381m；分别于k3+790处斜跨临江河，于k4+003处中心斜跨成渝铁路（k345+970.1）；本桥位于R=3500m的圆曲线上。桥梁上部结构采用装配式预应力混凝土连续T梁，孔跨以30m为主。跨成渝铁路处采用45m装配式预应力混凝土简支T梁。工期要求:调整为2011年3月至2012年3月。工程投资0.9亿元，2012年完成投资936万元，桥面沥青381m。

【城（口）万（源）快速公路通道工程CW9合同段八台山隧道】中铁八局承建。八台山隧道分属CW09、CW10合同段，主洞里程桩号K43+205-K48+480、长5277米，避难通道里程桩号YK43+206-YK48+450、长5244米，属特长隧道。隧道穿越的八台山，受地质构造控制，山脊由东向西横亘，山脊两侧为面积较小的山湾。形成山丘、山脊与沟谷相间形态，以山丘为中心形成向四周发育的“爪”状山沟；隧道轴线地面最高点位于洞身段44+610的山脊顶部，标高为1797.74m，一般地面标高740.0-1596.2m，最低点位于隧道进口的溪沟底部，标高为731.50m左右，相对高差856.2m。隧道区地貌形态为构造剥蚀、溶蚀中山地貌单元区。主要工程数量为八台山隧道(主洞)2800m，避难通道2800m。调整工期为2010年6月4日至2013年9月30日。工程投资1.67亿元，2012年已完成投资3791万元。

【六盘水市康乐北路延伸段B标段工程】中铁八局承建。

本工程位于贵州省六盘水市，该标段里程为K1+600-K2+734.199,全长1.134公里，主要工程数量：路基土石方5.2万方，康乐北路隧道（左、右）各460米。施工时间为2010年9月21日至2012年9月21日，工程投资为7052万元，2012年完成产值3150万元，完成主要工程数量：康乐北路隧道右洞全完；左洞167.2延米。

【**玉屏县舞阳河大桥**】中铁八局承建。工程位于贵州省玉屏县城320国道（中山路）北西侧、县人民政府办公楼后侧，横跨舞阳河，桥梁与河道正交。本桥采用4×40米空腹式拱桥，主拱圈为钢筋混凝土板拱，桥面宽13.5米，全桥长198.40米。主要工程数量：玉屏县舞阳河大桥198米：水下钻孔桩267米、水下混凝土691立方米、承台混凝土1280立方米、桥墩混凝土1285立方米、桥台基础混凝土2483立方米、桥台混凝土3192立方米、4号横墙混凝土1088立方米、主拱圈混凝土浇筑1907立方米。工期：2011年3月22日至2012年3月22日。工程投资：2713万元。2012年完成产值1716万元；完成主要工程数量：四跨主拱圈混凝土浇筑1907立方米、拱上结构混凝土浇筑3858.5立方米；茅坪道路一号道路K1+146.5涵76.7延米，挡墙1860立方米，茅坪道路四号道路中桥。

【**重庆涪陵区武陵山至太阳坳森林防火通道工程（第三标段）**】中铁八局承建。工程位于长江南岸涪陵区武陵山区。全长6.518公里，起止里程：K11＋022.00-K17＋540.00。主要工程数量：路基挖方36.7万方：其中土方开挖3.7万方、石方爆破开挖33万方；路基填筑16万万方、弃土21万方、片石混凝土挡墙12万方、涵洞18座354横延米、水泥稳定层5.8万平方米、沥青混凝土路面5.8万平方米。工期：2012年11月15日至2013年8月14日。工程投资：6414.012万元。2012年完成产值840万元，完成主要工程数量：路基土石方6万方。

【**川陕片区天丰路道路改造工程**】中铁八局承建。工程位于天回片区，西接万石路，东达川陕路。全长为1501.787米，其中道路段长1041.787米，隧道段长460米，红线宽40米，宝成铁路拨线工程606米，60kg/m混凝土枕无缝线路。工程内容包括大天路及万石路下穿铁路立交桥工程、大天路宝成铁路拨线工程、大天路下穿隧道工程、道路工程、排水工程、电力浅沟工程、桥梁工程、海滨堰河道改造工程、交通工程、照明工程等。投资16327万元；开工日期2011年2月12日，合同要求竣工日期：2012年2月11日。其中2011年6月至2012年3月由于业主单位变更而造成停工，于2012年6月25日复工，计划2013年6月30日完成。现下穿隧道主体工程、下穿隧道基坑支护桩、铁路便线新建及拨接工程及下穿隧道雨水泵站雨水出口管道工程完。

【**金清线道路工程**】中铁八局承建。施工内容路基土石方填筑、下穿通道外层防水层施工、污雨水管道施工。累计完成土石方57万方，剩余2万方。管沟累计开挖16348米；雨水管道累计安装8978米。污水管道安装累计完成7370米。检查井累计砌筑560座。人行天桥4座共计118米；累计完成30米。剩余88米。电力工程：电力管安装设计8410米，累计完成5510米。计划2013年1月30日全部完工。总体进度计划2013年3月底全部完工。

【**毕节倒天河综合治理一号路大桥**】中铁八局承建。大桥左右幅各长467米，宽34米，累计折合132成桥米。其中：左幅完成66成桥米，右幅完成了66成桥米。剩余335成桥米。计划2013年12月底全部完工。

【**贵阳市盐沙线道路工程施工D标段**】中铁八局承建。标段总长1800米。沿线包涵大小3座桥梁，都拉营立交主线桥长930米，双幅桥标准宽27米，都拉营立交下行匝道桥长290米，单幅桥宽9米，都拉营立交上行匝道桥长236米，单幅桥宽9米。工程于2011年8月22日开工，累计完成挖孔桩192根，完成承台75个，预制梁完成45米T梁12片，30米T梁120片，35米T梁52榀。制梁共计184片梁，现浇箱梁完成12联。架梁128片，剩余56片。完成折合2323成桥米，剩余60成桥米。计划完工时间2013年1月30日。路基土石方施工，完成挖填方41万方，高边坡完成19735平米，剩余1195平米。挡墙完成16760立方米，剩余6752立方米。计划完成2013年3月30日。

【**东站路道路工程**】中铁八局承建。道路全长约1.434km。土石方挖填90万方，其中挖方25万方，填方65万方。沿线设置高架桥1座长1144米，上下匝道路1对，人行地道2座。道路宽度45m。工程内容包括道路路线、路基、边坡防护与支挡、立交、桥梁、出入口以及相配套的雨污水管道、综合管线等工程。该工程于2012年6月10日开工，累计完成84万方，剩余6万方。桥梁累计折合620成桥米，剩余524米。预计2013年6月30日全部完成。

【**贵阳至遵义城市带主干道一期工程第3标段**】中铁八局承建。道路全长4.8Km，双向6车道，设计行车速度为60km/h。主要工程量：路基土石方89万方（由于施工图不全，部分数量为预估），其中挖方66万方，填方23万方；5*8m车行通道涵2座，过水涵洞3座，人行过街天桥2座，下拉互通匝道立交桥1座308米（麦沙大道跨线桥）。该工程于2012年7月1日动工，累计完成桩基50根；累计完成99成桥米。挡墙砌筑累计完成6020方，剩余1720方。计划2013年12月30日完成。

【**花溪高校聚集区栋青路道路工程施工A标段**】中铁八局承建。标段道路全长1270m。主要包括道路、桥梁、综合管网、附属工程。路基挖方126499m3、填方103196m3、清表19157m3、浆砌挡墙2753m3、护坡12730m2、人行道11430m2、截水沟590m。该工程于2011年7月20日开工，于2012年8月30日顺利完成。

【雅安苍坪山隧道】中铁八局承建。隧道全长184米，补设明洞5m,纵向坡度为3.00%，净宽12.0m、净高车行5.5m，人行3.0m。隧道连接段道路全长398.52米，为城市主干道III级，设计行车速度30Km/h。工程于2011年5月12日开工，截至2012年底隧道双线贯通，完成成洞288米，开累折合成洞340米。计划竣工时间2013年3月底。

【沈阳市二环路改造工程三、四标段】中铁八局承建。合同工期：2012年1月19日-2012年6月9日，合同价：66169万元，2012年完成投资53262万元。桥梁开累4463米。制梁200片，架梁200片，2012年10月25日完工通车。

【界首市东部新农村道路建设工程03标】中铁八局承建。合同工期：2011年11月2日-2013年7月28日，合同价：6664万元，2012年完成投资4621万元。2012年完成钻孔灌注基础桩2757米，墩台478米，制箱梁126片，架箱梁78片。

【桂林市西二环二标段工程】中铁八局承建。本工程为城市快速道路，设计车速为80km/h，道路红线宽度：50米、54米，双向6车道。地震烈度Ⅵ度。最小圆曲线半径1000米，最大纵坡1.936%。全长8.056km，沿线有如下主要构筑物分布:K11+840跨桃花江5*35米预应力连续箱梁桥；K14+180三孔29.85m+34.3m+29.85m普通钢筋混凝土连续箱梁跨线桥；K17+7701-16m简支空心板梁桥；沿线分布：1-5*3钢筋混凝土过水箱涵4座，1-5*4钢筋混凝土过人箱涵4座；在桃花江桥附近及K17+770，工期：24个月，2010年12月4日开工。合同价50940万元。2012年完成挖方301042m3，填方665080m3，道路级配碎石垫层205961m2，道路面层37197m2，涵洞工程1561米，给水管8167米，排水管13854米，桃花江桥152米。

【广西柳州市北外环路工程】中铁八局承建。合同工期:2009年7月1日-2013年4月30日，合同价：36316万元，2012年完成投资4614万元。路面工程完成6.8万m3，绿化工程完成370420m2，路灯工程360套。

【空港新城春华大道渝北段道路工程】中铁八局承建。春华大道渝北段道路工程位于重庆市空港新城，原设计道路全长为4.41Km。标准路幅宽度为44m和54m。主要工程内容为道路土石方、道路工程（路基边坡挡护、路面、人行道及附属）、排水工程和桥梁工程四部分组成。后因道路规划与拟建市中央公园规划发生冲突，对春华大道北段改线重新设计。主要分为以下五大部分：1）、春华大道保留段：即原春华大道未调整的870m；2）、春华大道西延段：道路全长1.7km；3）、春华大道北延段：该段道路全长1.74km，包含两座5跨×30m的桥梁；4）、春华大道平场土石方工程；5）、春华大道溢洪道接长段：为10.2m×5.5m的双孔箱涵接长，全长300m，含土石方回填配套工程。工期要求:调整为2011年2月至2014年6月。工程投资3.25亿元。2012年完成投资7476万元。

【安岳县安岳大道北段一期、二期、三期道路工程】中铁八局承建。安岳大道北段K0+000—K6+000，位于四川省安岳县岳阳镇、文化镇境内。道路总长6.0km,红线宽100米,分一标段K0+000—K2+087,二标段K2+087—K4+173,三标段K4+173—K6+000,主要工程内容有:道路工程、排水工程、桥梁工程。道路工程含低填浅挖路基处理、桥头路基处理、陡坡路堤或填挖交界处理工程、特殊路基处理工程、路基防护工程、路基路面排水工程、清理地表、取弃土场处理、高填深挖路基工程、路基坡面零星绿化工程、预制场及拌合场、施工便道、土石方工程、路面工程、预留过街管线通道工程、交通管理设施工程、钢筋混凝土盖板涵工程、道路照明工程、道路绿化工程，共19个分项工程；排水部分包括雨水网管工程、污水管网两部分（污水管网暂不纳入本次工程量）；桥梁范围共包含K1+050、K1+925、K2+058、K3+475共四座桥，工程建设内容分为均为桥梁及护岸工程。工期要求:调整为2011年2月至2013年12月。工程投资6.77亿元,2012年完成投资9636万元。

【悦来新城柑悦大道道路工程二标段】中铁八局承建。柑悦大道起于滨江大道北段，向东经会展大道北段、上跨规划道路，止于沙井湾立交引桥头，全长1.98km，城市主干道I级，设计速度50km/h。柑悦大道路幅宽度分两类，其中滨江大道至会展大道北段（桩号K0+000-K0+700）为双向六车道宽36m；会展大道至终点段（桩号K0+700-K1+980）为双向八车道宽44m。本工程全线含一座双向六车道长126m上跨桥。主要工程数量：挖方7万m3，填方45万m3，1座中桥，路面3.5万m3。调整工期：2012年4月-2013年1月。工程投资:0.76亿元，2012年完成投资6296万元。

【石家庄正定新区北京南大街】中铁八局承建。新城大道南起与滹沱大道相交处，设置部分互通一座，向北跨越滹沱河，设置滹沱大桥一座，大桥采用赵州桥式拱桥形式，然后跨越滹沱河北岸堤顶路，上跨滨水路，设置菱形立交桥一座。与临济路、东门路等多条规划路相交后，施工范围道路全长3.74km，其中综合管沟全长3.55km。主要工程数量：挖方

51 万 m3，填方 26 万 m3，道路全长 3.74km，其中综合管沟全长 3.55km，雨水管道长 2360m，污水管道长 3300m，跨周汉河桥一座。合同工期：2011 年 12 月-2012 年 10 月。工程投资:2.67 亿元。2012 年完成投资 26721 万元。

【石家庄正定新区上海南大街】中铁八局承建。本项目位于石家庄城市核心区东侧，南起滨水路北侧滹沱河大桥，北至正无路南侧(K23+623.7-K27+474.733)，全长 3851.033m。主要涉及范围：道路、桥梁、排水、交通工程、地下通道、综合管沟、绿化等工程。主要工程数量：挖土方 65 万 m3，填方 43 万 m3，道路及其附属工程 3851.033m，综合管沟工程 3320m，地下通道 4 座，双侧排水工程 3495m，桥梁工程一座。合同工期：2012 年 3 月-2012 年 10 月。工程投资:4.1 亿元。2012 年完成投资 41063 万元。

【石家庄正定新区重庆南大街】中铁八局承建。石家庄正定新区重庆南大街设计起点为滨水路，终点至正无路北一条街，起止里程从 K0+000 起 K4+619 止，全长 4619 米，包括地下综合管廊 3520m 及 2 座预应力空心板桥和 3 座地下通道。主要工程数量：挖方 59 万 m3，填方 90 万 m3，综合管廊 3520m，桥梁 2 座，地下通道 3 座，道路工程 4619m。合同工期：2012 年 3 月-2012 年 10 月。工程投资:2.96 亿元。2012 年完成投资 29643 万元。

【石家庄正定新区周汉河整治截污工程】中铁八局承建。周汉河整治工程全长约 13 公里，从西向东万分之二泛坡，保留 20 米的通航宽度，两岸以休闲广场及绿化带为主。河深在 3.1-4.2 米左右，两侧河岸均采用 C30 抗渗混凝土挡墙。在广场段设深水码头和浅水种植区。河北正定新区周汉河整治截污工程，西起京珠高速公路东至滹沱河，与整治后的周汉河大致并行，埋设于周汉河景观河南岸的绿化带中。管深在 6 米-7.5 米左右，穿越既有或规划道路的部分采用倒虹管(共四处)，深度在 12 米左右。管径 3 米，采用高密度聚乙烯（HDPE）缠绕结构壁管。主要工程数量：截污挖方 62 万 m3，周汉河整治截污填方 8 万 m3，截圬管安装 1773m。合同工期：2012 年 3 月-2012 年 10 月。工程投资:2.12 亿元。2012 年完成投资 21225 万元。

【石家庄正定新区迎旭西大道工程】中铁八局承建。迎旭西大道（东门路）东西贯穿石家庄市正定新区起步区，西起东门村，东西走向与规划路西上泽大街相交，经过园博园南侧，与新城大道及多条南北向规划路相交，终点至太行大街，道路全长 3.93Km，管沟主体长 3.86Km，雨水管道长 3.85X2Km(含 2.55Km 雨水方沟)，污水管道长 3.85x2Km，中桥 2 座，交叉口 1 座地下通道工程。主要工程数量：综合管沟 3860m，中桥 2 座，地下通道 1 座，雨水管道长 3.85*2Km（其混凝土方沟长 2.55km），污水管道长 3.85x2Km，综合管沟沟槽开挖土方 96.6 万 m3，回填 75 万 m3，排水管道双侧沟槽开挖 80.5 万 m3，回填 75.8 万 m3。合同工期：2012 年 3 月-2012 年 12 月。工程投资:3.81 亿元。2012 年完成投资 38100 万元。

【徐州三环东路高架快速路建设工程Ⅰ标段】 九局承建，位于江苏徐州市，作为徐州市未来城市发展的重要轴线，承担着徐州市南北向交通干道走廊的重要功能，同时形成徐州新老城区连接的重要通道。工程起讫里程 K1+750.000-K7+950.5，线路全长 8.2 公里，设置主线桥 1 座、立交桥 2 座，分别为主线高架桥、古州飞虹、响山路立交桥；设置兵马俑纵向地道 1 座；设置迎宾、和平路横向地道 2 座；设置黄山垄桥、故黄河桥地面桥 2 座；道路 2 段，总长 3323.65 延米，挖方 38.95 万立方米，填方 8.29 万立方米；排水工程 31905 延米，挖土石方 13.7 万立方米，填方 10.7 万立方米。全线出入口 11 对，其中地面出入口 3 对，高架上下匝道 8 对。工程于 2012 年 7 月 8 日开工，预计 2013 年 12 月 31 日竣工，工期 18 个月，总造价约 163300 万元。

该工程为 BT 建造模式，建设单位为徐州市交通局，设计单位为上海市政工程设计研究总院（集团）有限公司，监理单位为北京逸群工程咨询有限公司，投资公司为徐州东通建设发展有限公司，跟踪审计单位为江苏华社工程造价咨询有限公司。

2012 年完成产值 17121 万元，完成总价的 10%。

【巴中市麻柳湾大桥建设工程】 九局三公司承建，全桥长 431.63 米（含引道），主线桥梁长 368 米，桥面宽度 29 米，分左右幅，匝道路面宽为 9 米，引道长 63.68 米。桥梁基础采用桩基础，引桥下部结构为圆柱式结构，上部为 4×20 米等截面混凝土连续箱梁。主桥下部结构为花瓶墩，上部为 55 米+90 米+55 米变截面连续钢混组合箱梁。2012 年 02 月 01 日开工，预计 2013 年 9 月 30 日竣工，工程总造价 15000 万元。

建设单位为巴中市住房和城乡建设局，设计单位为四川省交通运输厅交通勘察设计研究院，监理单位为成都衡泰工程管理有限责任公司。

2012 年完成产值 7984 万元，开累完成 7984 万元，完成总价的 53%。

【沈阳北站综合交通枢纽改扩建-南广场 BT 工程】 九局四公司承建，位于沈阳北站南广场，工程自 2012 年 4 月 10 日开工，预计 2013 年 6 月 30 日竣工，工程总造价 16000

万元。主要工程数量：高架送站通道混凝土 9800 立方米，钢筋 1980 吨；进出站通道混凝土 2400 立方米，钢筋 500 吨；南广场铺装绿化 65000 平方米。

建设单位为沈阳市快速干道系统工程建设指挥部，设计单位为铁道第三勘察设计院集团有限公司，监理单位为沈阳市建设工程项目管理中心项目监理部。

2012 年完成产值 2903 万元，开累完成产值 2903 万元，完成总价的 18%。

【沈阳北站地下人防改扩建工程】 九局四公司承建，工程位于沈阳北站南广场，工程自 2012 年 8 月 1 日开工，预计 2013 年 6 月 30 日竣工，工程总造价 11000 万元。主要工程数量：钢筋 5542 吨，混凝土 38440 立方米，模板 67458 平方米，防水 35240 平方米。

建设单位为沈阳市人民防空办公室，设计单位为铁道第三勘察设计院集团有限公司、总参工程兵第四设计研究院，监理单位为沈阳市建设工程项目管理中心项目监理部。

2012 年完成产值 6239 万元，开累完成产值 6239 万元，完成总价的 57%。

【沈阳南北二干线东一环 1 标段工程】 九局四公司承建，工程起讫桩号 K0+131-K2+243.57，位于沈阳市东一环崇山东路（黑龙江街至柳条湖桥段），全长 2112.57 米。工程自 2012 年 3 月 15 日开工，2012 年 10 月 5 日竣工，工程总造价为 24059 万元。施工范围：桥梁上部结构，1561 米混凝土箱梁，277 米钢箱梁。混凝土 3.5 万立方米，钢筋 9800 吨，钢绞线 1291 吨。

建设单位为沈阳全运投资运营有限责任公司，设计单位为沈阳市市政工程设计研究院，监理单位为沈阳市振东建设工程监理有限公司。

【沈阳市南北二干线东一环 2 标段工程】 九局四公司承建，桥梁工程起点桩号 K3+189.76，终点桩号 K4+270.00，全长 1080.24 米，双向 6 车道。工程自 2012 年 3 月 11 日开工，2012 年 8 月 30 日投入使用，工程总造价 11626 万元。主要施工范围：桥梁上部结构，连续箱梁部分为钢筋 4142.38 吨，混凝土 14158.83 立方米，模板 43672.2 平方米；钢梁部分为钢筋 2064.23 吨，混凝土 476.3 立方米。

建设单位为辽宁省全运投资运营有限公司，设计单位为沈阳市市政工程设计研究院，监理单位为沈阳振东工程建设监理有限公司。

【沈阳市南北二干线东一环 3 标段工程】 九局六公司承建，工程为既有北海高架桥加宽，在现状北海高架西侧平行加宽一座高架桥，新建高架桥为单向 3 车道，桥梁全宽 12.75 米。新建高架桥共 41 跨，跨径布置除沈吉铁路跨线处外，跨径为 20.6 米和 19 米，沈吉铁路跨线处跨径 19+30+18=67 米；在沈吉铁路节点处的跨线桥两侧，同时修建 2 座下穿铁路框构桥，消除沈吉铁路节点平交。为提高道路通行能力，避免工程改造后形成交通瓶颈，对沈海立交北侧的现状 2 车道上匝道起坡点，南移 65 米至既有高架桥桥台并拓宽至 4 车道，同时对终点处现状人行道桥加长 7 米。工程自 2012 年 8 月 10 日开工，预计 2013 年 6 月 30 日竣工，工程总造价 13511 万元。

建设单位为沈阳全运投资运营有限责任公司，设计单位为沈阳市市政工程设计研究院、沈阳铁道勘察设计院有限公司，监理单位为沈阳铁道勘察设计院有限公司北海高架加宽段工程监理部。

2012 年开累完成产值 3712 万元，完成总价的 27.5%。

【沈阳市二环路高官台街道口改造工程】 九局七公司承建，工程位于沈阳市二环路上，北起观泉路，南至高官台街，跨越规划工农路、辉山明渠、陶瓷厂专用线及沈吉上下行线（现状为平交道口）。工程为新建 1 座上跨桥、上跨桥两侧各新建 1 座下穿框构桥，平交改为立交道口。工程 2011 年 11 月 5 日开工，竣工时间未定，工程造价 20919 万元。

建设单位为沈阳市城市建设管理局，设计单位为沈阳市城市规划设计院，监理单位为北京通达监理有限公司。

2012 年开累完成产值 5361.96 万元，完成造价的 26%。

【兰州市南山路西柳沟立交桥跨兰新线标段工程】 九局六公司承建，工程位于兰州市西出口、南山路西端，连接西新线、西固西路、南山路和南滨河路四条城市主干道（南山路规划为快速路），起着沟通城市内部路网和外围公路网络的作用，地理位置极为重要。桥梁全长 1235.67 米。2012 年 9 月 1 日开工，预计 2013 年 9 月 31 日竣工，工程总造价 11997 万元。

建设单位为兰州铁路局兰州枢纽工程建设指挥部，设计单位为上海市政工程设计研究总院，监理单位为甘肃铁一院工程监理有限责任公司。

2012 年开累完成产值 3000 万元，完成总价的 25%。

【沈吉线 K4+500 小十字街-工农路公铁立交桥】 九局七公司承建，工程位于沈阳市大东区工农路西南端，小什字街北端，跨越新开河、沈吉上下行线及专用线铁路，北连辽沈二街，南接中学堂路。工程设计道路全长 817.02 米，桥梁长 620 米；高架桥为双向四车道，桥梁全宽 17.5 米。桥下地面道路为双向两车道。工程包括：上跨铁路的主桥、引桥，两侧引道、路面工程、下穿铁路的人行地道、上跨新开河的人行桥、相关的照明工程以及工程引起的铁路相关排迁。工程2012年2月25日，预计2013年6月30日完工，工程造价10058万元。

建设单位为沈阳全运投资运营有限责任公司，设计单位为中铁二院工程集团有限责任公司，监理单位为四川铁科建设监理有限公司。

2012年开累完成产值6505万元，完成总价的65%。

【乌兰浩特市洮儿河乌兰大桥、钢铁大桥新建工程】 九局七公司承建，位于内蒙古乌兰浩特市境内，桥梁跨越洮儿河，桥位垂直于主河道。工程2011年5月25日开工，2012年9月30日竣工，总造价18900万元。乌兰大桥桥梁起点桩号为K0+121.598，桥梁终点桩号为K0+548.398，桥长426米。钢铁大桥桥梁起点桩号为 K0+251.6，桥梁终点桩号为K0+688.4，桥梁总长426米。工程引道总长570.16米。

建设单位为乌兰浩特市建设局，设计单位为中国城市建筑研究院，监理单位为吉林铁道勘察设计院。

【振连路大连湾3标段】九局大连工程处承建，工程位于大连市甘井子区大连湾镇，标段长度1129米，其中桥梁长度810米，起点里程为K5+948，终点里程为K6+758；路基长度为319米，起点里程为K6+758，终点里程为K7+077，土石方3.7万立方米。工程自2010年2月4日开工，预计2013年4月30日竣工，工程总造价10200万元。

建设单位为大连开发区振连路工程建设指挥部，设计单位为大连市市政设计研究院，监理单位为大连市大开建设咨询监理有限公司。

2012年完成产值6490万元，开累完成产值9800万元，完成总价的96%。

【中华路跨华北路、朱棋路立交桥工程】九局大连工程处承建，工程位于大连市甘井子区南关岭，标段长度424米，起点里程为K0+409.309，终点里程为K0+833.319。工程自2012年5月4日开工，预计2013年6月31日竣工，工程总造价12907万元。主要工程数量：桩基础75根，桥墩75根，现浇连续箱梁11联，混凝土预制小箱梁28片，盖梁6座。

建设单位为大连市城市建设管理局，设计单位为大连市市政设计研究院有限公司、吉林铁道勘查设计院有限公司，监理单位为上海天佑工程咨询有限公司。

2012年开累完成产值7004万元，完成总价的32.5%。

【大连市甘南路、棋南线工程】九局大连建设公司承建，甘南路工程起点位于华东路与原甘南路交叉处，沿现状甘南路上跨华北路、哈大铁路线、规划哈大铁路线，经南关岭环岛，继续向北方向，穿过南关岭白云灰厂，在骆驼山附近进入隧道。甘南路工程主要包括 2140 米桥梁工程与两条分别为2468.7米和2463.5米的隧道工程。棋南线工程起点位于华南广场，终点至棋盘村，为新建双向八车道城市主干路工程，线路全长7279米，其中棋南线立交桥长度1015米。工程自2011年6月23日开工，预计2013年11月30日竣工，工程总造价约80000万元。

建设单位为大连市甘井子区交通局，设计单位为大连市市政设计研究院有限责任公司，监理单位为华铁工程咨询有限责任公司及大连宝泉工程咨询有限公司。

2012年完成产值18210万元，开累完成产值28010万元，完成工程总价的35%。

【沈阳四环BT工程项目（路面工程）】中铁十局承建。工程概况：施工地点位于辽宁省沈阳市苏家屯区、铁西区，标段长度 33.536 公里，工程造价 59503 万元，合同工期 2011年9月-2013年5月。

主要工程数量：级配碎石垫层151.6万立方米；水稳碎石底基层124万平方米，水稳碎石基层138万平方米，下面层109万平方米，中面层131万平方米，上面层151万平方米。施工进度：级配碎石垫层全部完成，水稳碎石底基层完成104万平方米，基层完成103万平方米，下面层完成98万平方米，中面层完成63万平方米，上面层完成34万平方米。

【沈阳四环快速路七标】工程概况：合同工期2011年3月18日-2012年4月30日，工程造价2.05亿。

主要工程数量：大桥5座/1790米、中小桥5座，路基土方183万立方米。

施工进度：主体结构已完。

【合肥市徽州大道高架工程一标段】中铁十局承建。工程概况：施工地点位于合肥市包河区，标段长度1.16公里，工程造价35000万元，合同工期2011年11月-2012年7月。

主要工程数量：路基土方37万立方米；桥梁4498米，现浇连续梁52联（其中钢箱梁4联）。

施工进度：已全部完工。

【阜阳市颍东路下穿京九铁路立交桥】中铁十局承建。工程概况：施工地点位于安徽阜阳市，标段左幅长711.173米、右幅长718.968米，工程造价1.62亿，合同工期2011年5月-2012年8月，业主调整竣工日期2013年3月。

主要工程数量：主箱体2孔6.6米（左幅长45米、右幅长46.5米）、2孔13.6米（左幅长45米、右幅长46.5米）；U型槽76节。

施工进度情况：箱体预制、顶进（4孔，设计顶程73.2米）全部完成；U型槽（设计75节）完成。

【广西南宁外环公路土建工程 2 标】中铁十局承建。工程概况：施工地点位于南宁市西乡塘区，标段长度 19.132 公里，工程总造价：4.9 亿元，合同工期 2010 年 5 月-2012 年 12 月。

主要工程数量：路基挖土方 2125757 立方米、挖石方 973531 立方米，路基填方 3217035 立方米，水泥搅拌桩 358697 米，水泥稳定碎石（线外）36487 平方米，水泥砼面板（线外）22270 平方米，路面垫层 659726 平方米；桥梁 24 座，制架梁 1183 片，涵洞 58 个，通道 20 座。

施工进度：路基挖方完成 290 万立方米，填方完成 297 万立方米；桥梁墩台设计 314 个完成 232 个，制梁 585 片，架梁 424 片。

【广州南沙开发区凤凰三桥土建施工工程】 合同总价：63772 万元。合同工期：原合同工期为 30 个月，后因中途停工，2010 年复工后经业主口头承诺，工期暂定为 36 个月。实际开工：2010 年 9 月 3 日。施工单位：中铁港航局集团第二工程有限公司。

工程概况：本标段为广州市南沙区凤凰三桥工程位于南沙区横沥镇和万顷沙镇，起止里程为 K4+334.000-K7+465.152，主线全长 3.131 公里。凤凰三桥主桥起点由 K4+494.00-K5+004.00 之间长 510 米，为无推力钢箱系杆拱桥，主跨为 308 米的提篮式钢箱拱及钢箱梁结构，桥跨布置为 40+61+308+61+40 米的中承式系杆拱桥；引桥长 977.85 米，从 127 号墩开始桥跨布置为：（3×40+3×40+3×40+3×30+3×30+3×30+30+35+30+3×30）米的连续箱梁结构，箱梁采用单箱双室断面，引桥南沙侧于本标段起点 K4+334.00-K4+494.000（主桥起点），121 号-117 号之间为 4×40 米的连续箱梁结构，箱梁采用单箱三室断面；二涌中桥全长 66.097 米，桥梁上部结构采用 3×20 米简支预应力混凝土空心板梁结构。

截至 2012 年底累计完成 28951 万元。

【佛山市禅西大道二期工程 C2S01 标段】 合同总造价：21946 万元。合同工期 21 个月。施工单位：中铁港航局集团第二工程有限公司。

工程概况：佛山市禅西大道二期工程（季华路至樵乐路段）接禅西大道一期工程（罗村至季华路段）的终点，工程起点位于禅城区南庄镇交界处的东平水道大堤北侧，桩号 K6+403.024，向南跨过东平水道，穿过南庄镇的榕洲村，跨过南庄大道和吉利涌，然后经过乐从镇的上华村和良教村，终止于顺德区乐从镇的樵乐路（S363），桩号 K12+148，路线总长 5.74 公里。佛山市禅西大道二期工程（季华路至樵乐路段）路基桥涵标共划分为三个合同段，我单位承建的是 C2S-01 合同段，起点桩号 K6+403.024，终点桩号 K8+020.4，线路总长度为 1617.376 米。主要工程数量：桩基 428 根，承台 90 个，系梁 44 根，墩柱 90 个，现浇箱梁 14 个，预制小箱梁 150 个，主塔 612 立方米，斜拉索 4983 米。

截至 2012 年底累计完成 18616 万元。

【佛山市北滘至均安公路主干线高赞至南沙段第一合同段及顺德区鲤沙至指南段道路工程】 合同总造价：17830 万元。合同工期 18 个月。施工单位：中铁港航局集团第二工程有限公司。

工程概况：主道工程：佛山市北滘至均安公路主干线高赞至均安南沙段。是佛山一环快速干线东环段的南延伸线之一段，为佛山市干线公路网中规划纵五公路主干线的一部分。项目起点于高赞大桥西引桥与纵五交叉点，与北沙闸附近跨越容桂水道，终点位于均安镇南沙岛安成南沙大桥东引道延长线上。本合同段起点桩号 K19+140，终点桩号 K21+060，路线全长 1.92 公里。辅道工程：起点位于杏坛镇高赞立交中点，起点桩号 K18+500，终点于杏坛镇马宁特大桥北引道，桩号 K21+060，路线里程全长 2.56 公里。本项目实际起终点里程桩号：K18+740-K21+060，全长 2.32 公里，包括高赞立交桥底掉头及新联互通立交。工程数量主道：路基挖方：6.34 万立方米、路基填土：40.17 万立方米、软基处理 98.52 万立方米、路面:18.4 万平方米、桩基：186 根、承台：24 个、立柱：34 根、盖梁：14 片、预制梁：292 片、涵洞：37.12 米、桥台：24 座；辅道：路基挖方：5.69 万立方米、路基填土：38.82 万立方米、软基处理：117.05 万米、 路面:59.99 万平方米、桩基：202 根、承台：20 个、立柱：46 根、盖梁：18 片、预制梁：262 片、涵洞：34.5 米、桥台：20 座。

截至 2012 年底累计完成 15992 万元。

【广佛江快速通道江顺大桥】 合同总价：90306 万元，合同工期：2011 年 10 月 1 日-2014 年 10 月 1 日，施工单位：中铁港航局集团第二工程有限公司。

工程概况：江顺大桥主桥跨径布置为：（60+176+700+176+60）米，主桥全长 1172 米，全桥对称布置，边跨设一个辅助墩。主塔基础采用钻孔桩+圆哑铃型承台基础。主塔为 H 型塔，截面采用空心箱型断面。斜拉索采用平行高强钢丝斜拉索。斜拉索锚固采用钢锚梁锚固方案。主梁采用钢箱梁结构，支承体系采用半漂浮体系，配重梁采用混凝土箱梁。江顺大桥引桥均采用钻孔桩+矩形承台基础，混凝土墩身，上部结构为双幅预应力连续箱梁结构。我部施工的工程项目主要有：主桥东主塔27号塔墩基础、塔柱及上部结构钢箱梁、斜拉索施工；主桥25号、26号墩基础、墩身及压重混凝土梁现浇施工；顺德岸引桥及杏坛互通立交。

工程数量：主墩及辅助墩工程量：桩基21073.1立方米，钢筋2323吨；承台2921.6立方米，钢筋1333吨。

截至2012年12月底累计完成16100万元。

【洛阳市青岛路、景华路人防地下商业街一期】中铁航空港集团承建。

合同价：7000万元。

合同工期：2012年5月10日至2012年11月11日。

洛阳市青岛路、景华路人防地下商业街一期位于洛阳市涧西区青岛路和景华路，北起中州路以南，南至西苑路以北长约850米，东起景华路与青岛路交叉口东侧，西至景华路与牡丹路交叉口东侧，长约250米，地处繁华闹市。青岛路部分为地下一层结构建筑，景华路部分为地下二层结构建筑，主体设在青岛路与景华路正下方，总宽约21米，共分三跨，两边跨作为商业房，中间跨作为人行通道。

2012年累完成施工产值6229万元。年累完成主要工程量：开挖土方8.6万立方米，混凝土1.04万立方米。

【武汉市中北路延长线道路排水工程】中铁航空港集团承建4标。系中铁三局中标，重组前中铁三局一公司承建，重组后中铁航空港集团二公司承建。

合同价：20226万元。

合同工期：2010年10月30日开工，2012年4月30日竣工；其中桥梁部分2012年1月15日完工，共计19个月。

设计技术标准：城市快速路，设计车速：主线桥80千米/小时；上下桥匝道40千米/小时；地面辅道40千米/小时，桥梁设计荷载标准：公路-Ⅰ级。

武汉市中北路延长线道路排水工程4标，位于武汉市区东北角，南侧为东湖风景区，北侧为杨春湖城市副中心，与武汉火车站毗邻。线路西起主线桥N119号墩，东至三环线青化路立交西侧，桩号范围K3+900至K4+940.726，全长1040.726米。施工内容包含桥梁、道路及排水工程。

2012年累完成施工产值3138万元，开累完成施工产值19193万元。年累完成主要工程量：土方回填7400立方米，排水管道957米，水稳层31037平方米，混凝土路面34178平方米。防撞墙1906米，GBS防水层35889.5平方米，钢制边沟17405.9米。

【宝安区福永码头至洲石路道路工程】中铁航空港集团承建2标。系中铁三局中标，重组前中铁三局一公司承建，重组后中铁航空港集团深圳分公司承建。

合同价30830万元。

合同工期：2009年10月1日至2011年8月31日，计700天。

设计标准：道路等级为城市Ⅰ级主干道，双向六车道。

宝安区福永码头至洲石路道路工程2标，西起沿江高速福永立交，向东穿越凤凰山连接洲石路，道路全长11.089千米，主要工程量有：凤凰山隧道，左线长1331.58米，右线长1443.29米；两座匝道桥，三座框架涵及840米的软基处理。

2012年累完成施工产值6019万元，开累完成施工产值30839万元。年累完成主要工程量：涵洞64.5延米；路基1427.4延米，其中软基处理420米；桥梁86.4延米；隧道成洞452米。

【北京通州运河核心区市政配套工程赵登禹大街道路工程】

合同造价：3189万元。

合同工期：2012年5月29日－2013年7月4日。

施工单位：中铁上海局一公司。

工程概况：北京通州运河核心区市政配套工程赵登禹大街道路工程南起玉带河大街，北至故城东路，道路设计全长1095.75米。道路规划为城市次干路，设计车速40公里/小时，红线宽40米。道路横断面为三幅路型式，中间机动车道宽度16米，两侧机非分隔带各宽5米，两侧非机动车道各宽3米，最外侧人行道各宽4米。本工程在灯控路口处均设置人行过街（最小人行过街长度约200米，最大人行过街间距约300米），设公交港湾6处。

工程进度：完成给水管道铺设260米，再生水完成管道铺设285米，电信人孔井垒砌18个，管道铺设651米。雨水方沟底板侧墙混凝土浇筑401立方米。污水管线开挖土方554立方米，污水检查井1座，污水管线土方回填450立方米；雨水管线开挖土方1266.5立方米，雨水管铺设62米，雨水检查井8座，雨水管线回填400立方米。

【重庆两江新区水土高新园次干道及支路二期工程】

合同造价：4023万元。

合同工期：2012年6月25日－2013年2月20日。

施工单位：中铁上海局一公司。

工程概况：重庆两江新区水土高新园次干道及支路二期工程位于重庆市北碚区水土镇高新技术产业园内，线路全长5.065公里，工程包含W3路、W5路、Z2路、J1路。1. W3路起于碚金路，止于云汉大道，全长1.525公里，城市支路Ⅰ级，标准路幅宽度16米，双向两车道，设计车速为30公里每小时。2. W5路起于方正大道，止于大兴路，道路全长约1.08公里，城市支路Ⅰ级，标准路幅宽度16米，双向两车道，设计车速为30公里每小时。3. Z2路起于大兴路，止于万兴路，南北向，道路全长约 1.88 公里，城市次干道Ⅰ级，标准路幅宽度 26 米，双向四车道，设计车速为 40 公里每小时。4. J1 路起于大兴路，止于 W4 路，南北向，道路全长约 0.58 公里，城市支路Ⅰ级，标准路幅宽度 16 米，双向两车道，设计车速为 30 公里每小时。主要工程为道路范围内路基工程、路面工程（含水稳层）、雨污水管网工程、照明工程的土建部分、交通工程以及新增电力管道工程。

施工进度：1. 路基、路面工程：路基、路面工程全部完成。共完成路基挖方 9.8 万立方米，路基填筑 5.1 万立方米，水泥稳定级配碎石层 62300 平立方米，沥青混凝土路面 58625 平立方米；2. 雨污水管网工程：雨污管网工程全部完成，其中钢筋混凝土管道 664 米，双壁波纹管道 6942 米，玻璃钢夹砂管道 1440 米；3. 照明、电力、交通工程：照明、电力、交通工程完成 80%，共完成延米 3860 米。

【重庆思源片区保障性住房配套次干道道路工程】

合同造价：5631.4122万元。

合同工期：2012年11月28日—2013年5月26日。

施工单位：中铁上海局一公司。

工程概况：思源片区保障性住房配套次干道位于重庆市两江新区水土高新技术产业园（复兴镇）。工程主要为两条交叉道路，其中和源路为南北走向 K0+240～K2+818.856，全长约 2.579 公里；和源一支路为东西走向 K0+037.098～K1+141.194，全长 1.104 公里。道路标准宽度为 26 米,道路等级为城市次干道Ⅰ级。工程内容包括道路工程、照明工程、交通工程、综合管网、电力工程（不含电缆敷设）等配套工程。

施工进度：1. 路基、路面工程：完成路基挖方 21.3 万立方米，路基填筑 16.8 万立方米；2. 雨污水管网工程：雨污管网工程全部完成，其中钢筋混凝土管道 68 米，双壁波纹管道 868 米。

【重庆快速路三纵线红岩村嘉陵江大桥主塔基础工程】

合同造价：8864.17万元。

合同工期：2012年12月30日—2014年6月22日。

施工单位：中铁上海局一公司。

工程概况：重庆快速路三纵线红岩村嘉陵江大桥至五台山立交段工程是重庆市快速路网的重要组成部分，在红岩村处设立的红岩村嘉陵江大桥为路轨两用桥，北与建新西路、北滨路、红石路、盘溪路衔接，南与嘉陵路、牛滴路衔接，为高低塔双索面钢桁梁斜拉桥，主桥全长 720 米，主跨 375 米，主塔基础为混凝土桩、承台结构。

施工进度：栈桥设计长度138米，共设26根桩基，栈桥桩基已经同时开挖26根，开挖深度总共212米，栈桥栽桩桩基累计成孔26根，成桩26根，第6跨桥面板铺设完毕，栈桥桥台混凝土浇筑完成；抗滑桩设计22根，已全部完成；抗滑桩冠梁第4区立模加固完毕（19～22号孔），第3区（12～18号）钢筋绑扎完毕；帷幕注浆123根，开累完成90根，水位已降至岩面以下，根据地质勘察情况，岩层为沙质泥岩，防渗透性能非常好，可以满足施工要求，所以后续帷幕注浆施工取消；P3墩基坑全部清理完毕，P3墩封底混凝土全部浇筑完毕，P3墩基坑土方回填全部完毕，P3墩基坑钢围堰前3节钢围堰全部加工完毕（72块），底节以及第二节钢围堰全部拼装完毕（48块），下游基坑第三节钢围堰吊装焊接完成10块，上游基坑第三节钢围堰吊装焊接完成10块（为了方便桩基施工，暂时不继续吊装，待承台混凝土浇注完成后再继续）；P3墩下游挖孔桩完成12米，开累完成421米（终孔3个：3号、13号、19号）；P3墩上游挖孔桩完成21米，开累393米；P3墩桩基钢筋笼完成8个；南岸P4墩钢围堰加工完成16块；P4墩上游基坑底节钢围堰全部完成，封底混凝土浇注完成200立方米；P4墩下游基坑清基完成4800立方米。

【安徽当涂九山大桥及接线工程】

合同造价：17068.6767 万元。

合同工期：2012 年 10 月 20 日—2014 年 3 月 20 日。

施工单位：中铁上海局一公司。

工程概况：九山（青山河）大桥起讫桩号为 K0+963.8～K1+817.2，全长 853.4 米，其中主桥长 255 米。桥梁跨径布置为 2.2（桥台）+5×30+（46+52+46）+（70+115+70）+5×30+5×30+2.2（桥台）。主桥跨径布置为（70+115+70）米=255 米，通航孔跨径 115 米，为预应力混凝土直腹板变截面连续梁。在青山河东岸河堤设置（46+52+46）米的预应力混凝土直腹板等截面连续箱梁结构；引桥上部结构设计为预应力混凝土组合箱梁，单幅横桥向由 5 片 30 米小箱梁组成，全桥共设置 150 片预制小箱梁。半幅桥梁断面 16.75 米。主要技术标准：设计荷载：公路—Ⅰ级。设计车速：60 公里/小时。

施工进度：便道施工完1.33公里；搅拌站建成完毕；临时驻地完；钻孔桩设计218根，累计完成10根；临时用电架设完成。

【巢湖蔡岗泵站】

合同造价：1480 万元。

合同工期：2011 年 12 月—2012 年 9 月。

施工单位：中铁上海局第三分公司。

工程概况：项目为巢湖市蔡岗泵站工程，本次施工为泵站施工及机电设备安装。泵房排涝能力 22 立方米/秒，总装机容量 2960 千瓦。内设 5 台潜水混流泵，3 大 2 小配置，泵站建设内容包括进水箱涵 1 道，提升泵房 1 座，管理用房

1座（2层），出水压力箱涵1道，防洪闸井及出水口1座，龟山路及湖光路约350米的顶管工程，以及站区道路、围墙、机械及电控设备安装等。

工程进度：已全部完成。

建安产值：2012年完成年度产值1778万元，完成开累产值1778万元。

【亳州工业园西一环路道排工程】

合同造价：4000万元。

合同工期：2012年7月－2013年5月。

施工单位：中铁上海局第三分公司。

工程概况：设计为城市道路主干道Ⅱ级，设计行车速度：40公里/小时，道路红线宽度60米；道路标准断面为2×10.5米(机动车道)+2×3.0 米(机非分隔绿化带)+2×6.0 米(非机动车道)+2×5.0米（绿化带)+2×5.5米（人行道)。

工程进度：污水管道施工1052米，污水井砌筑34座；雨水管道施工 1791 米，雨水井砌筑 46 座；清表外运完成62500立方米，道路路基素土回填28212立方米，8%灰土回填22200平方米，级配碎石回填2840立方米，水泥稳定碎石回填25500平方米，10%灰土回填7490平方米，Φ300钢筋混凝土管完成1200米，雨水口115座。

建安产值：2012年完成年度产值2699万元，完成开累产值2699万元。

【宁国仙霞路西津河大桥工程】

合同造价：6630万元。

合同工期：2012年6月－2013年12月。

施工单位：中铁上海局第三分公司。

工程概况：宁国市仙霞路西津河大桥工程位于主城区西仙霞路跨越西津河处，南北两侧仙霞路均已成型，采用斜置拱塔双索面预应力混凝土斜拉桥，桥跨布置(90+110)米，桥梁全长205米，全宽40米，桥梁起点桩号K0+725.500，终点桩号K0+930.500，中心桩号K0+828.000。主梁采用双主梁肋板式结构形式，锚跨压重区域主梁采用箱型截面。主梁高度2.4米，肋高2.5米，单肋宽2.0米，锚跨密索区和墩项塔梁固结段主梁肋宽加宽至 4.0 米。主梁两肋间顶板厚0.3米，梁肋外侧顶板厚0.28米。主梁纵桥向每隔6米设置一道预应力混凝土横隔板(标准间距)，标准间距横隔板厚0.28米。锚跨尾段密索区横隔板间距为4.5米和3米两种，密索区横隔板厚 0.4 米。主梁压重段箱梁采用单箱三室构造，顶部厚0.3米，底板厚0.35米，腹板厚0.4米，压重混凝土采用C30混凝土。全桥主梁设置两道端横梁，端横梁宽度1.5米，主梁与塔墩固结区设置一道中横梁，中横梁高4米，宽5米。主梁采用纵横双向预应力体系，横桥间横隔板均配置横向钢束。主塔采用拱形塔，钢筋混凝土结构。桥面以上塔身向北岸倾斜12度，从承台顶起算，桥塔墩总高68.86米，桥面以上塔高约57米。主塔上塔柱25米范围采用椭圆型，塔柱轴线为椭圆曲线线性，主塔下塔柱为直线。主塔桥面以上塔身采用箱形截面。横桥向塔壁厚度0.8米，顺桥向塔壁厚度1.1米，接近主梁6米高范围塔壁加厚。纵桥向塔身宽的从塔顶宽 4.2 米线形变化至桥面塔梁固结处宽6.495米。桥面以下塔墩身采用矩形实心截面，纵桥向、横桥向均采用曲线变宽，纵桥向塔柱宽度6.73～10米，横桥向塔柱宽度3～5米。斜拉索采用扇形布置，横桥向采用双索面，梁上拉索布置在机非隔离带内。纵桥向主跨标准索间距6米，锚跨加密区索间距分别为4.5米和3.0米。塔上拉索间距1.7米，全桥共68根斜拉索，最长斜拉索122.754米，最短斜拉索长度16.942米，最大索重9.997吨。斜拉索采用高强度低松弛钢绞线拉索体系，每根拉索由 37～73根Φs15.2 毫米环氧喷涂钢绞线组成，标准抗拉强度1860MPa。斜拉索锚具采用AM250群锚体系，斜拉索在塔壁端锚固，在梁端单端张拉。主墩基础采用承台灌注群桩基础，承台顶设1.5米高搭座。主墩承台高4米，下设24根直径2米钻孔灌注桩，主墩桩基按摩擦桩设计。桥台采用桩柱式台、钻孔灌注桩基础，每台下设直径 1.5 米钻孔灌注桩 5根。

工程进度：完成钻孔桩22根。

建安产值：2012年完成年度产值1170万元，完成开累产值1170万元。

【梧州西江四桥主桥及引桥工程土建部分】

合同造价：26774.4981万元。

合同工期：2013年6月1日－2015年10月1日。

施工单位：中铁上海局第五分公司。

工程概况：梧州市西江四桥位于梧州市长洲岛尾端下游约 1.5 公里处，南岸起点与高旺路平交，跨越浔江、西堤路，向北连接日化路，路线终点位于日化路与新兴一路交叉口处，在工厂一路附近设匝道A、B，匝道A连接主线和西堤路，匝道 B 连接主线和工厂一路。主线路线总长2200.982 米（其中桥梁长 1506.5 米）；匝道 A 路线总长269.291米(其中桥梁长104.5米)；匝道B路线总长318.33米（其中桥梁长104.5米）。管段长度约2.2公里。

施工进度：征拆工作中。

【柳州文惠桥装修工程】

合同造价：809.8556万元。

合同工期：2012年11月11日－2013年4月30日。

施工单位：中铁上海局第五分公司。

工程概况：柳州文惠桥装饰工程为既有文惠桥的装饰工程，由于新旧文惠桥的基础形式、平面尺寸及顶面标高均不一致，影响了文惠大桥的景观效果，需要对新旧桥基础进行统一装饰。装饰结构采用钢管（钢桁架）挂设钢板的方法使新旧桥基础外观尺寸一致，通过在钢板表面进行涂装的手段使桥梁色彩统一。

旧桥1号、2号、3号和4号墩两侧及端头均设置φ630毫米钢管混凝土桩，相邻桩基之间及桩基与新桥承台之间设置横向联系。钢管桩外侧及顶端焊接10毫米厚钢板，使新旧桥基础外形一致，在钢板外表面刷一层浅灰色涂料，使新旧桥基础色彩统一。

施工进度：1～4 号墩下部钻孔植筋已完成。承台上部大部分受原施工单位H型钢影响无法进行钻孔作业，正与设计院联系。1 号墩 13 根钢管桩插打结束，钢管桩内钻孔完成23个，2号墩13根钢管桩插打完成，开始连接焊接及平台焊接。项目接近收尾。

【广西柳州汽车城东外环柳东段桥梁1标工程】

合同造价：4218.7772万元。

合同工期：2012年12月5日－2013年12月31日。

施工单位：中铁上海局第五分公司。

工程概况：强容路立交位于东外环柳东段 K8+500～K9+200 段，是汽车城北部片区、花岭片区、北环高速及汽车城核心区交通转换的枢纽立交。广西柳州汽车城东外环柳东段（K5+880～K8+845一期）强容立交桥梁工程（Ⅰ标段）包含强容立交A匝道桥和D匝道桥。A匝道桥桩号AK+1.3～AK+365.3，跨径组合为3×30米+3×30米+3×30米+3×30米，桥面宽度为22～23.659米（变宽），桥长364米，D匝道桥桩号DK+40.967～DK+146.17，跨径组合为4×25.3米，桥面宽度14米，桥长105.2米。A、D匝道均采用Y型桥墩和桩基础，A匝道采用桩柱式桥台，D匝道采用肋板式桥台，上部结构采用预应力混凝土连续箱梁结构，按A类预应力混凝土结构设计，均采用C50混凝土。梁体采用直腹板箱形截面梁，梁高1.8米，顶板厚25厘米，底板厚25厘米，边、中腹板宽度均为45厘米，悬臂长2.0米，端横梁厚度2.0米，中横梁厚度2.5米，腹板加厚段长度为2.5米。

施工进度：临建中。

【昆明主城老城区市政排水管网及调蓄池建设工程2标】

合同造价：5161万元。

合同工期：2011年7月19日－2012年7月15日（调整后未定）。

施工单位：中铁上海局第六分公司。

工程概况：乌龙河调蓄池与滇池北岸水环境治理工程白马庙雨水泵站合建，白马庙雨水泵站设计规模6.0立方米/秒，并在厂址旁新建一座监控中心，规划总占地面积11340平方米。乌龙河调蓄池规划容积1.1万立方米，设计平面尺寸为55米×33米，基坑深度12.8米。工程基坑支护采用直径1200灌注桩，止水桩采用高压旋喷桩，基坑采用钢支撑。工程桩采用直径800灌注桩。主体结构采用C40P8混凝土。总混凝土用量约为15000立方米，钢筋用量约1800吨。地下部分为调蓄池，地上部分为泵房及控制室。

工程进度：主体结构完成，剩余部分厂外管道。

【昆明主城区污水处理厂污泥处理处置工程】

合同造价：3997万元，调整后增加630万元。

合同工期：2010年3月18日－2010年9月15日(调整后未定)。

施工单位：中铁上海局第六分公司。

工程概况：昆明主城区城市污水处理厂污泥处理处置中心为建设一座设计处理规模为 100 吨绝干泥/天污泥处理厂，该项目建设的主要目的是通过采取工程处理、处置措施，使昆明市各个污水处理厂运行过程中产生的污泥减量化、稳定化、无害化，并最终实现污泥资源化利用的目标。项目采用中芬合作模式，污泥干化部分采用国内资金，污泥消化部分使用芬兰贷款，采用芬兰技术。土建工程包括工程范围内的新建构（建）筑物、管道施工、道路施工、辅助设施的土建施工及污泥干化车间及导热油锅炉房、污泥消化池、污泥卸料站、污泥脱水车间的设备安装。

工程进度：完成污泥干化区、办公区施工，污泥消化部分因图纸问题尚未动工。

【昆明第九污水处理厂进厂主干管工程】

合同造价：213491848日元，折合人民币1780万元。

合同工期：5个月。

施工单位：中铁上海局第六分公司。

工程概况：科发路直径1200污水干管设计起点为小屯立交桥，沿科发路敷设，至昌源北路后接入设计昌源北路直径 1650 污水干管，最后进入第九污水处理厂，管道桩号K0+00～K1+125，管道设计全长1125米；滇缅大道d1500～d1650污水干管设计起点为黄土坡立交桥，沿昆瑞公路（滇缅大道）铺设，至昌源北路后沿昌源北路敷设，最后进入第九污水处理厂，管道桩号 K0+000～K2+078，管道设计全长2078米。工作井15座，接收井8座，骑马检查井28座。

工程进度：完成总工程量约80%，科发路全部完成，昌源路完成WS15-WS8段。

【昆明主城南片排水管网工程（二环路外度假区子项-第二标段）工程】

合同造价：3247万元。

合同工期：合同工期7个月，开工日期：2012年4月18日施工单位：中铁上海局第六分公司。

工程概况：昆明主城南片排水管网完善工程（二环路外度假区子项--第二标段），位于云南省昆明市度假区，本区域西临草海，北至迎海路，南到滇池北岸湖滨路，东至滇池路，是昆明市重要的旅游景区、疗养地及高档住宅区。

昆明主城南片排水管网完善工程是滇池流域水污染防治国家“十二五”规划重点项目，工程在区域控制规划系统研究的基础上，将完善主城二环路外排水管网建设，建立科学有效的城市排水收集系统，最终实现昆明主城污水“全收集、全处理”的工作目标发挥重要作用。

工程为城区污水管网完善工程，是对现有市政污水管网的改善或是进一步的完善，共长约 8.2 公里，其中顶管 320 米，其余为开槽铺管，管径为 DN600\DN500，全线均在即有道路上施工，开挖深度 2～5 米。

工程进度：完成滇池路、红塔西路、观景路、怡景路、迎海路排水管道的施工，金柳路已完成 60%，计划 4 月 30 日前全部完成。

【沈阳南部污水处理厂工程项目总承包】

工程总价：88331.1337 万元。

合同工期：2009 年 7 月 16 日－2010 年 10 月 3 日。由于征地拆迁原因，直到 2011 年 4 月 1 日才开工，2011 年 11 月 10 日－2012 年 3 月 15 日为冬休期，计划竣工日期 2012 年 11 月 30 日，按照沈阳市政府要求 2012 年 6 月底达到二级处理通水目标。

施工单位：中铁上海局市政公司。

工程概况：沈阳南部污水处理工程是沈阳市生态城市建设的重点工程，位于沈阳市苏家屯区东谟家堡村，设计污水处理能力为 80 万吨/日，分为两期建设，一期处理能力为 60 万吨/日，一期占地 509 亩。

本项目污水处理工艺采用国内工艺成熟运行稳定的改良 A^2/O 工艺，设计出水达到国家《城镇污水处理厂污染物排放标准》（GB18918-2002）一级 A 的排放标准。服务范围包括浑河北岸（沈阳城区南部）剩余污水，以及浑河南岸长白地区、曹仲地区污水。环境效益可达到年消减 COD 约 6.1 万吨，消减 BOD 约 2.73 万吨。

主要工程数量：土建安装、设备采购及安装、联合试运行、运行验收等工作。主要包括粗格栅及污水提升泵房、细格栅及曝气沉砂池、改良 A^2/O 生化池、二沉池及配水井、中途提升泵房及雨水泵房、高效沉淀池、V 型滤池间、紫外线消毒池、鼓风机房、加药间、综合楼、机修车库仓库、污泥缓冲池、污泥脱水间及变电间等共计 39 个土建单体以及厂区暗渠和各种管道、厂区电缆敷设、厂区照明、室外工艺、仪表、自控、闭路电视监控系统、设备采购及安装、联合试车、运行验收等。其中土方 70 万立方米、混凝土 20 万立方米、钢筋 2 万余吨、模板 50 万平方米，各种管线总长 64 公里。

完成产值及形象进度：2012 年完成钢筋 2220 吨，占设计工程量 11%，开累完成设计工程量的 100%。完成混凝土 2500 立方米，占设计工程量 13%，开累完成设计工程量的 100%。完成工艺管道 41 千米，占设计工程量 85%，开累完成设计工程量 85%。2012 年完成产值 19379 万元占年度计划的 140%。

【上海白龙港污水治理白龙港片区南线输送干线完善工程（东段输送干管）SST2.6 标】

工程总价：21720 万元。

合同工期：2011 年 2 月 28 日－2012 年 8 月 28 日，因业主交地问题，进行了合同延期办理。

施工单位：中铁上海局工程有限公司。

工程概况：上海市污水治理白龙港片区南线输送干线完善工程，主要是长度约为 26.21 公里的污水输送干管。起点自浦东新区外环线和罗山路交叉口处西北侧向南穿越外环线后沿外观规划绿带 500 米边线敷设，从环东二大道立交起沿迎宾大道一直至远东大道西侧，敷设在道路南侧现状绿带内，并沿远东大道西侧绿带敷设至龙东大道，最后沿龙东支路南侧规划绿带敷设进入白龙港污水处理厂，处理后外排长江。SST2.6 标，从远东大道西侧远东 9 号井（不含远东 9 号井）至白龙港污水处理厂进水泵房，长约 3.98 公里，包括 3 座工作井和 2 座接收井，5 座检查井和 1 处透气井（与工作井或检查井合建）以及为进入各顶管井需要的便道、便桥的建设、填浜、已建桥的加固和监测等。干管拟采用顶管方式，敷设方式采用平行双管，顶管内径为 4000 毫米，外径为 4640 毫米，顶管底埋深 15.0～16.0 米。

完成产值及形象进度：完成产值 9627 万元，占年度计划的 89%。完成管道顶进 2998 米，占设计数量的 38%，开累完成设计总量的 41.2%。

【上海青草沙南汇支线 QNZ-C9 标施工工程】

工程总价：7568 万元。

合同工期：2011 年 2 月 15 日－2011 年 12 月 30 日。竣工日期变更为 2012 年 12 月 20 日。

施工单位：中铁上海局市政公司。

工程概况：南汇支线是青草沙水源地原水工程陆域输水系统的重要组成部分，承担着向川沙水厂、航头水厂、惠南水厂输送青草沙原水的重任。南汇支线工程全线共分 12 个标段，本工程为 9 标段管道、顶管井以及附属工程的总承包施工。本工程设计规模为 128 万立方米/天，工程内容为 2 根 DN1800 钢管，全线采用顶管施工工艺，两根管道主要敷设在 A2 公路东侧绿化带内，沿途将穿越轨道交通、沪南公路、立交匝道、民房等大型重要基础设施。

上海青草沙南汇支线 QNZ-C9 标，工程内容为 2 根 DN1800 钢管，单根管线 4232.1 米，总长 8464.2 米。全线采用顶管施工工艺，分四段顶管，长度分别为 1455.2 米、1422.8 米、67.5 米、1286.6 米，管道中心间距 5 米，钢管外壁 1820 毫米，壁厚 18 毫米，管道外防腐采用熔融结合环氧粉末涂剂，涂层厚度≥400 微米；内防腐采用水泥砂浆衬里。顶管井共 4 座，其中工作井 3 座，接收井 1 座。沿线顶管井内设有单向补压塔井、阀门井以及排气排水井等附属设施。

主要工程数量：顶管井 4 座，其中工作井 3 座，采用沉井施工；接收井 1 座，采用工法桩做围护结构。DN1800 钢管管道 8464.2 米，沿线顶管井内设有单向补压塔井 1 座、阀门井以及排气排水井各 1 座。

完成产值及形象进度：完成产值 6488 万元，占年度计划的 118%。完成管道顶进 8164.2 米，占设计数量的 96，开累完成 100%。2012 年 9 月底全线贯通。

【黄山市花山大桥工程】

工程总价：6927 万元。

合同工期：2010 年 10 月 19 日—2012 年 4 月 19 日，后业主变更为 2012 年 11 月 30 日前完成。

施工单位：中铁上海局市政公司。

工程概况：黄山市花山大桥位于屯溪区屯光镇境内，全长 606 米，其中主桥为 240 米独塔双索面斜拉桥，引桥为(3×30)+(4×30+3×30)360 米先简支后连续小箱梁，桥宽 34 米，为黄山市首座斜拉桥。该桥设计公路等级为双向四车道。斜拉索采用独塔双索面扇形布置，拉索在梁上标准间距为 6.0 米及 4.0 米，塔上标准间距为 2.0 米，斜拉索采用镀锌钢绞线，抗拉强度为 1860 兆帕，锚具采用钢绞线斜拉索群锚。斜拉索单侧 19 对，全桥共 76 根。

主要工程数量：混凝土 27000 立方米、钢筋 4270 吨、沥青路面 7200 平方米、人行道 1080 平方米。

完成产值及形象进度：完成产值 3179 万元，占调整年度计划的 99%。引桥部分主体结构完成，梁预制完成 40%、架设完成 64%，11 月 25 日引桥施工完成，2012 年 9 月 30 日完成主桥施工。

【黄山市文峰桥工程】

工程总价：4223.2 万元

合同工期：2011 年 11 月 29 日—2013 年 2 月 28 日，其中桥梁通车在 2012 年 11 月 15 日前完成。

施工单位：中铁上海局市政公司。

工程概况：黄山市文峰桥桥梁工程位于黄山市屯溪区黎阳镇和阳湖镇，南起率水河南侧已建文峰路，经文峰桥跨越率水河，与率水以北已建文峰路接顺，全长 480 米，工程范围包括桥梁工程、道路工程（含滨江南路、率水路两个交叉口）、排水工程、建筑工程、结构工程及相应的附属工程。

文峰桥跨径组合为 20 米+30 米+30 米+30.45 米+5.4 米+17.3 米+5.4 米+30.45 米+30 米+30 米+20 米，桥宽 28 米，总长 249 米，其中 20 米跨采用简支空心板梁，30 米跨采用简支变连续小箱梁，16.4 米跨采用简支小箱梁，5.4 米为连续跨，采用现浇箱梁，与小箱梁的盖梁连为整体。为了整体的景观效果，同时增强桥梁的实用性，在桥梁中心区域设置观光廊亭，在桥梁的人行道内设置人行廊道，为具有徽派风格的仿古廊桥。

本工程共有直径 1200 毫米桩基 84 根，5.2 米×5.2 米承台 12 个，7.2 米×8.6 米承台 4 个，多边形墩柱 12 个，薄壁墩 8 个，20 米空心板梁 48 片，30 米小箱梁 60 片，16.4 米小箱梁 10 片，合同总造价 4223.2 万元，合同工期为 2012 年 12 月 16 日—2013 年 3 月 15 日，根据屯溪区政府及建设单位要求，2012 年 11 月 15 日前需完成桥梁主体施工并满足通车条件。

主要工程数量：1.道路：路基挖方 760 立方米，路基填筑 1584 立方米，换填发泡轻质土 5330 立方米，HDPE 防渗土工膜 3939 平方米，L 型挡土墙 42.3 米，驳岸整治 64 米，沥青混凝土路面 5390 平方米，彩色人行道板 2183 平方米。2.桥梁：桥梁直径 1200 毫米钻孔灌注桩 1596 米，C20 混凝土 94.7 立方米，C30 混凝土 1792.8 立方米，C40 混凝土 2214.3 立方米，C50 混凝土 3316 立方米，沥青混凝土桥面 399 平方米，防水涂料 6424.2 平方米，支座 392 块，伸缩装置 168.2 米，人行道护栏 498 米，管道井 4 个。

完成产值及主要形象进度：完成产值 3885 万元，占年度计划的 139%。2012 年 9 月 15 日完成全部桥梁架设，11 月 15 日完成桥面系及附属。至年度完成廊亭钢结构，装饰工程正在施工中。

【中煤陕西榆林甲醇及综合利用项目系统工程给水加压泵房及消防水池】

工程总价：5186.6 万元。

合同工期：2012 年 2 月 15 日—2012 年 9 月 15 日。调整后竣工日期为 2013 年 3 月 30 日。

施工单位：中铁上海局市政公司。

工程概况：中煤陕西榆林甲醇及综合利用项目系统工程给水加压泵房及消防水池共含有清水池、吸水池、泵房、配电室、值班室 5 个单体土建工程及安装工程施工。消防水池为半地下式钢筋混凝土结构，由 3 座清水池和 1 座吸水池组成。每座清水池有效容积 15000 立方米，总有效容积 45000 立方米；吸水池有效容积 2000 立方米。泵房为半地下式结构，泵房布置脱盐水补水泵、生产水泵、低压消防泵、高压消防泵。配电室贴临加压泵房布置，设有低压配电室、高压配电室、控制室和两个变压器室。第一循环水装置，包括冷却塔及集水池、循环水泵房、辅助间、过滤间、吸水池、变配电所、回收水池、厂区道路等。

主要工程数量：含有清水池、吸水池、泵房、配电室、值班室5个单体土建工程及安装工程。

完成产值及形象进度：吸水池土建主体完工，进行满水试验；泵房下部池体完工，上部房建框架柱完成，完成砌体施工及内外抹灰及桁车安装，进行设备安装及屋面彩板安装。1号～3号清水池土建主体完工，后浇带完成，2号、3号池完成满水试验及土方回填。配电室、值班室上部框架完成，墙体砌筑及内墙抹灰完成。2012年度完成产值3362万元，总产值的65%。

【池州市清溪污水处理厂二期工程】

工程总价：3657.9万元。

合同工期：2011年11月29日－2013年2月28日。

施工单位：中铁上海局市政公司。

工程概况：池州市清溪污水处理厂二期工程包含土建施工、设备采购及安装等工作。其中主要建（构）筑物包括：1座厌氧池配水井、2座厌氧池、2座氧化沟（71.0×45.0×4.9米）、1座配水井及污泥泵池、2座二沉池（42.0米直径）、1座仓库机修电修车间等。新增4万吨/日配套设备的一期建（构）筑物包括：粗格栅及进水泵房、细格栅及旋流沉砂池、污泥脱水机房、紫外线消毒槽。

主要工程数量：主要建（构）筑物包括：1座厌氧池配水井、2座厌氧池、2座氧化沟（71.0×45.0×4.9米）、1座配水井及污泥泵池、2座二沉池（42.0米直径）、1座仓库机修电修车间等。

完成产值及形象进度：2012年度土建部分全部完成，国产设备采购安装完成35%。2012年度完成产值3113万元，完成产值占年度计划的120%。

【金通二大道跨线桥及连接工程】

合同造价：7381.69万元。

合同工期：2011年7月28日－2012年12月30日。实际开工时间：2011年9月20日。

施工单位：中铁上海局华海公司。

工程概况：金通二大道位于通州区西南部，线路呈东西走向，连接通州区石江公路（S223）和南通市钟秀东路。该项目不仅是通州区与南通市区之间一条重要的城市交通通道，同时也是通州区公路县道网中的一条规划道路，沿线主要村镇有正场村、周照港村、利民村、董家埭村、双盟村、先锋镇。

项目起点位于崇川区、通州区界河西侧，连接新建的钟秀东路，设计起点桩号为K0+246.95。路线向东跨越宁启高速公路后终点与在建的金通二大道连接，终点桩号为K0+854.977。路线机动车道长608.027米；非机动车道（A和B）设计起点桩号AK0+061，终点桩号AK1+120，长1059米。项目采用城市主干道II级标准，设计速度60公里/小时，桥梁设计荷载为公路Ⅰ级，人群荷载：3.5千牛/平方米。

产值情况：2012年完成4805万元，开累完成6817万元。

形象进度：主要完成桥梁主体结构、箱梁预制和架设，路基土方填筑施工，累计完成90%。

【深圳观澜河污水工程】中铁建设分公司承建。

观澜河干流污染治理工程观澜调蓄池工程（3号）根据市政府常务会议纪要（四届一五七次）及深圳市住房和建设局（深建函【2010】131号）文件要求，作为深圳固戍污水处理厂一期“鲁班奖”获奖项目的奖励工程。调蓄池施工场地位于深圳市宝安区观澜河右岸，观澜应急污水厂对面，距离西侧观澜河约为30m。拟开挖基坑占地面积约2.6万平方米，开挖深度15.9-21.7m，基坑开挖周长约740m。主体构筑物主要有：调蓄池池体、池内格栅间、池内跌水间、池内车道、提升泵房、闸门井。工程造价20000万元，合同工期24月，2010年10月3日开工，2013年4月26日竣工。

截至12月31日，项目基坑开挖支护完成土石方开挖爆破16.28万方及相关支护内容，基坑相关分部工程完成验收工作；除新增泵房、配电房外主体结构工程全部完成；完成调蓄池底板、侧墙、框架梁、柱及顶板混凝土浇筑6.22万方，并于2012年12月13日进行结构封顶；调蓄池附属部分外防腐完成50%，内防腐完成试验段；基坑回填北侧A-V轴完成第一段验收。新增项目大湖交通桥完成施工围堰及直径1.4m冲孔桩4条，共计87米；箱涵连接段完成围堰施工及第一段箱涵（H0+057-H0+040）土方开挖，共计1637.1方。项目累计完成产值20788万元，占工程造价20000万元的104%。

【重庆两江新区长安南路道路工程】中铁建设分公司承建。

两江新区长安南路道路工程位于重庆市两江新区鱼嘴镇内，设计等级为城市次干道路Ⅱ级，合同段起点为朝阳西路（K0+000），跨越长堰溪，途经郭鱼路平交、C26平交、规划路平交，终点位于唐复路南北干道（K2+106.599），线路全长2106.599米。设计主要工程内容为：路基土石方（挖方：约12万方，填方：约14万方）、防护及排水（网格护坡6882平方）、桥梁工程（预应力现浇箱梁，桥长188m）、雨污水管（HDPE双壁波纹管2019m、Ⅱ级钢筋混凝土管1853m）、水稳层及沥青路面等。

合同工期210日历天，合同金额3634万元，由于旧路改造段工程量减半（约减少合同金额550万元），变更后（预计批复变更金额约为350万元）合同金额约为3400万元。

截至12月31日，项目累计完成施工产值2009万元，占工程造价 3400 万元的 59%。路基工程：新建路基（K0+324-K0+960段）右幅已全部施工完毕，左幅水稳层已铺设完毕，网格护坡完成约 6600m2。管网工程：新建路基段管网施工全部完成，累计施工管道约 1300m，检查井 27座。桥梁工程：累计完成桩基50根，承台13个，墩柱11个，现浇箱梁两联6跨共计3400m3，全桥主体工程已全部完成，目前仅剩余人行道板及桥面系。

【沈阳四环快速路交通BT工程】中铁建设分公司承建。

沈阳四环快速路全长131.982公里，全线共设置大型桥梁46座，其中跨浑河大桥2座，铁路分离式立交桥10座，高速分离式立交桥6座，菱形互通立交27座，跨线桥1座；中小型桥梁51座；路基挖方592万立方米（其中弃方18万立方米），填方1010万立方米（其中外借方504万立方米）。路面主路3106千平方米，辅路1856千平方米，人行道643千平方米；相关的绿化工程、房建工程、交通工程、监控设施等。设计行车速度主线100公里/小时；辅路40公里/小时道路红线宽度70米。土建工程建安费约为38亿元、路面工程建安费约为 20 亿元（工程总投资额约 65亿元）。2011年3月1日开工，2013年7月31日竣。

路基工程：路基土石方开累完成1598万方，占合同数量1604万方的99%；涵洞开累完成11670折合成涵米，占合同数量11673米的99%；桥梁开累完成23120折合成桥米，占合同数量23121米的99%；附属圬工开累完成292647方，占合同数量293000方的99%。

路面工程：路面砂砾垫层开累完成5044千平方米，占合同数量5909千平方米的85%；路面水泥稳定碎石底基层开累完成4708千平方米，占合同数量5013千平方米的94%；路面水泥稳定碎石基层，开累完成4518千平方米，占合同数量5477千平方米的83%；沥青混凝土下面层开累完成4129千平方米，占合同数量4681千平方米的88%；沥青混凝土中面层开累完成2593千平方米，占合同数量3084千平方米的84%；沥青混凝土上面层开累完成2348千平方米，占合同数量5715千平方米的41%；路缘石安装开累完成859999延长米，占合同数量1048780延长米的82%。

机电工程：敷设PE管开累完成424.3千米，占合同数量471.64千米的90%；敷设钢管开累完成121.9千米，占合同数量122.214千米的99%；敷设波纹管开累完成598.8千米，占合同数量613.24千米的98%；设备基础制作开累完成6082个，占合同数量7109个的86%；10.4m路灯安装开累完成6191个，占合同数量7375个的84%。

截至12月31日，项目累计完成产值51.27亿元，占工程造价65亿元的79%。

【江顺大桥及配套道路BT工程】中铁建设分公司承建。

江顺大桥工程是规划连接江门市蓬江区与佛山市顺德区的桥梁。项目起点位于顺德区杏坛镇，中间跨越西江干流，终于江门市北部的蓬江区棠下镇附近。顺德岸通过互通立交与顺番公路、高富路快速对接，并顺接顺德区主干线杏龙路；江门岸通过互通立交连接滨江大道，并顺接后续建设的广佛江快速通道江门段工程。项目按双向6车道一级公路、设计时速为80km/h标准设计。

工程总投资额 28.6 亿元，其中土建工程建安费约为24.3亿元，合同工期42个月，2011年10月12日开工，2015年4月11日竣工。

项目路线全长约 3.58KM，其中江顺大桥工程桥长约2250米，桥宽40米，主桥为双塔斜拉桥，跨径布置形式为（60+176）米+700米+（176+60）米，索塔采用塔高为186米的H型桥塔。其中主桥数量：钻孔桩92根，墩台6个，钢箱梁1016米，斜拉索44对。

截至12月31日，项目累计完成产值29746万元，占工程造价28.6亿元的10%。江顺大桥主塔混凝土浇筑已完成了 9 节，下横梁模板支架搭设完毕进行钢筋绑扎。Z2、Z5辅助墩已施工完毕，Z1、Z6 过渡墩桩基已经施工完毕。东西引桥工作面也逐步展开。建设路-迎宾路立交工程因征拆及招标工作等影响于10月8日正式开工，截至目前已完成钻孔支护桩5800米，基底处理水泥搅拌桩1.2万米，抗拔桩410米，冠梁80米。

【广东轨道交通产业园配套基地工程】中铁建设分公司承建。

广东轨道交通产业园区配套基地首期“三路一块”工程项目包括：厂前路 2.61 公里、连接线 1.14 公里、疏港路3.0公里，园区软基处理590亩。工程总投资额约25亿元，其中土建工程建安费约为10.78亿元，合同工期18个月，2011年7月28日开工，2013年1月27日竣工。

厂前路总造价约2.41亿；公路等级采用城市主干路Ⅰ级，设计行车速度60km/h，道路标准路基宽度34m，机动车道宽2×（3.5+2×3.75）m，中间带宽度4（中央分隔带）+2×0.5（路缘带）m。

江门南站连接线（一期）总造价约0.26亿；全长1.14公里。采用一级公路兼城市道路设计标准，设计车速60km/h，路基宽度25m，双向四车道。

疏港路（一期）总造价约1.37亿；线路全长3Km。采用一级公路技术标准，兼顾城市道路功能，设计速度60km/h，路基总宽度为40m，双向六车道通行，中央分隔带宽为 3m，行车道宽 2×3×3.5m，人行道宽 2×2.5m，绿化带宽 2×4.5m。

截至截至 12 月 31 日，本项目累计完成产值 25760 万元，占工程造价 220000 万元的 12%。南车厂前路在新会区政府工期要求内顺利交付使用，疏港路（1.15 公里）、江门南站连接线全部完工。金瓯路所辖四个标段临建工程全部完成，交通疏导及围闭完成 1070 米（半幅），完成排水工程水泥搅拌桩 2090 米，麻园河危桥改造工程桥头范围水泥搅拌桩 8500 米。西环路隧道：完成路基土石方 9 万立方米，桥梁钻孔桩 60 米，隧道右洞完成开挖 90 米，左洞完成开挖 20 米。

【长沙县交通 BT 工程】中铁建设分公司承建。

长沙交通 BT 项目工程包括黄兴大道南北延线、人民路东延线（长沙县段）、万家丽北路北延线、开元大道东延线与三环线连接线、省道 S207 线南延线、黄江公路东延线等子项目组成，工程估算总投资 22.35 亿元。

1、黄兴大道南延线全长 5.954km，按城市Ⅰ级主干道标准设计，投资估算 2.5 亿元，开工日期：2012 年 10 月 8 日，计划竣工日期：2014 年 7 月；

2、黄兴大道北延线一期路面工程（已竣工）全长 24.26km，沥青混凝土路面，造价额 1.48 亿元；

3、黄兴大道北延线二期工程项目全长 20.075km，Ⅱ级公路标准，投资估算 2 亿元，开工日期：2011 年 6 月 28 日，计划竣工日期：2013 年 1 月 30 日；

4、人民路东延线（长沙县段）全长约 6.017km，为新建路段，按城市Ⅰ级主干道标准设计，投资估算 6.3 亿元，开工日期：2011 年 8 月 15 日，计划竣工日期：2013 年 7 月；

5、万家丽北路北延线工程全长 3.897km，按城市Ⅰ级主干道标准设计，为新建路段，投资估算 3 亿元，开工日期：2011 年 8 月 5 日，计划竣工日期：2013 年 6 月；

6、开元大道东延线与三环线的连接线项目全长 11km，Ⅰ级公路标准，投资估算 3.6 亿元（未开工）；

7、省道 S207 南延项目路线长 22.5km，Ⅱ级公路标准，投资估算 3.85 亿元；

8、黄江大道工程全长 15.4km，按城市Ⅰ级主干道标准设计，投资估算 5 亿元（未开工）。

截至 12 月 31 日，已开工四个工程项目累计完成产值 68000 万元，占工程造价 223500 万元的 30%。1、黄兴大道北延线二期工程：路基、桥涵工程完成设计 100%，沥青路面完成设计 84%。2、人民路东延线（长沙县段）：路基、桥涵工程完成设计 86%，沥青路面完成设计 6%。3、万家丽北路北延线：路基工程完成设计 100%，捞刀河大桥完成设计 92%，沥青路面施工正准备开展。4、黄兴大道南延线：完成项目组建，路基、桥涵工程完成设计 3%。

【顺德 BT 项目碧桂路、容桂大道工程】中铁建设分公司承建。

顺德 BT 项目是中国中铁股份公司与顺德区政府战略合作的重点项目，也是广州市 2010 年亚运会的重点工程。碧桂路工程项目全长 14.12km，合同工期二年，工程造价 16.5 亿元，2008 年 5 月 20 日开工，2010 年 4 月 20 日竣工。项目受征地拆迁影响，项目预计 2013 年底完工。

该项目主要包括三洲路口整治工程、碧桂路南国路立交工程、碧桂路高架工程、碧桂路德胜路立交工程、小黄圃至华口村公路跨线桥工程、扁滘村至容边村公路跨线桥工程、大岑村至南区快速路改造工程、红星至海尾快速路改造工程等 8 个单项工程。主要工程数量：特大桥 6 座/6034.2 延米，大桥 7 座/1775.54 延米，小桥 1 座/30 延米，涵洞 9 座/261.82 横延米，地道 5 座/2325.24 延米，软基处理段总长度 9577.54 米。

截至 12 月 31 日，本项目累计完成产值 139844 万元，占工程造价 165000 万元的 85%。项目三洲路口高架桥、碧桂路高架桥、扁滘跨线桥、碧桂路德胜路立交桥已通车。主要剩余工程大岑村至南区快速路改造项目剩余的路面工程、红星至海尾快速路改造工程完成 304 片小箱梁的预制及架设，和桥面铺装等附属工程，因征地拆迁问题仍未完工，目前正在积极协调解决征地拆迁问题。

【顺德 BT 项目高富路、红旗路工程】中铁建设分公司承建。

佛山市顺德快速干线高富路、红旗路工程，全长 24.6km，是佛山市一环南拓工程的重要组成部分，也是顺德区快速干线网首期工程的重点项目。工程造价 23.6 亿元，2008 年 8 月 30 日开工，2010 年 10 月 31 竣工。受征地拆迁影响，经业主已批复，红旗路、高富路工期暂延至 2013 年底。

高富路工程为新建公路，全长 13.046km，主要工程有：高富路跨线桥工程（3.534km），百安互通工程（1.6km），西登至昌教段工程（2.6km），齐宁路跨线桥工程（3.3km），杏坛二环路跨线桥工程（2.012km）。总建安约 13.6 亿元。

红旗路工程为既有公路改造，全长 11.594km，工程分布在杏坛镇和容桂镇内，重点工程有：大福基-龙涌口村快速路工程(2.08km)、细滘-红旗村快速路改造工程(2km)、红星至海尾快速路改造工程（2.206km）、海尾立交工程(1.14km)、高赞大桥容桂岸桥底调头车道(1.518km)和高赞立交(2.65km)。总建安约 10 亿元。

截至 12 月 31 日，本项目累计完成产值 148300 万元，占工程造价 236000 万元的 63%。高富路主体工程全部完工，主线实现了 12 月 30 日达到通车条件的总体目标。红旗路高赞立交主线实现了12月30日达到通车条件的总体目标。

【佛山市高明区BT工程】中铁建设分公司承建。

佛山市高明区BT工程项目包括高明区快速路海天地道BT工程、沧江四桥和西江新城土地一级开发项目，其中沧江四桥、海天地道BT工程为在建项目，西江新城正在做施工准备。

1、海天地道BT工程位于高明区荷城街道境内，路线全长1.34Km。主要工程量有软基处理；路基挖方73705m3，路基填方56399m3；下穿隧道1座670成洞米；涵洞2座514.4m；排水管道工程3982m3。工程投资总额为2.7225亿元，总建设工期18个月，2011年4月30日开工，计划于2013年7月竣工。

2、沧江四桥工程：位于高明区沧江工业园内，是杨西线人和至西安河村段公路工程的组成部分。路线全长约0.793公里。为双向八车道，设计时速80km/h，路基宽度47.5m。沧江四桥跨径组合10×20+2×40+12×20=520米，桥梁宽度为2×19.25(包括人行道)。工程投资总额为1.0852亿元，2010年9月17日开工，2012年6月竣工。

3、西江新城由三个BT项目组成：体育中心工程、文化中心工程和城市道路工程。今年未开工，正在做施工准备工作。

截至12月31日，项目开累完成产值为37768万元，其中海天立交完成产值18800万元，沧江四桥完成产值7868万元，西江新城完成产值11100万元。

沧江四桥工程于2012年6月19日完成了竣工验收，工程交工证书于9月30日签发，目前正在进行收尾工作和竣工清算，在积极跟进回购工作；海天立交工程地道主体已完工，正在进行外墙装饰、沥青路面、机电照明、绿化工程施工，计划2013年1月31日实现主线通车；西江新城土地一级开发项目中，体育中心游泳馆锚杆、喷锚完成90%，土方开挖完成90%；体育馆进行桩基础静载试验工作；体育场完成混凝土灌注桩2/3；文化中心展览馆完成第四层楼板混凝土浇筑，大剧院的支护桩完成2/3；明湖开挖完成2/3，软基处理完成1/2；新江路、滨湖路、秀丽路、苏河路荷富路一期二标和二期二标正在进行排水工程和路基工程的施工，明湖南、北路正在进行清淤和软基处理。

【柳州“三桥一路”BT项目】中铁交通投资建设。柳州市“三桥一路”BT项目位于广西壮族自治区柳州市区内，由双拥大桥、维义大桥、广雅大桥和北外环快速路四个子项目组成，柳州市人民政府授权柳州市城市投资建设发展有限公司(简称城投公司)作为项目业主，对本项目进行回购，并支付回购资金。柳州市人民政府采用挂牌公开招标的方式选择中国中铁股份有限公司作为“三桥一路”BT项目的投资建设主体。2008年12月5日，中国中铁股份有限公司授权中铁交通投资集团有限公司（简称中铁交通）与柳州市城市投资建设发展有限公司签订了《BT项目建设转让合同》，并由中铁交通实施投资建设。项目设双拥大桥、维义大桥、广雅大桥和北外环路等四个子项目，总投资约35亿元，项目于2009年6月1日陆续开工，项目工期30个月，回购期2年。其中，双拥大桥、维义大桥及（部分）北外环路快速路段已于2012年8月6日交付柳州市政府投入使用。

双拥大桥：设计总长度为1937米，主桥宽43.5米，结构型式为A型单索吊桥，机动车双向六车道。项目于2009年6月1日开工，2011年5月19日主桥钢箱梁合龙，10月28日完成初步验收，12月12日完成竣工验收，累计合同总价为10.0900亿元，其中，建安费8.3012亿元。

维义大桥：设计总长度为2660米，主桥宽43.5米，结构型式为海鸥式双联拱桥，机动车双向八车道。项目于2009年6月1日开工，2011年4月20日主桥钢箱梁合龙，10月31日完成初步验收，12月13日完成竣工验收，累计合同总价为9.5547亿元，其中，建安费8.3423亿元。

广雅大桥：全长1410.487米，主桥宽36米，结构型式为海鸥式钢绗架拱桥，机动车双向四车道。项目于2009年10月1日开工。截至2012年12月31日施工进度：桩基开累完成108根，占设计总量的88%；墩身开累完成30个，占设计总量的83%；现浇梁开累完成519.3米，占设计总量992米的52%；主拱涂装完成26%；拱顶检修小车安装完成。截至2012年12月31日，合同计量完成7.1705亿元，其中，建安费5.4989亿元。

北外环路：全长8100米，宽70米，机动车双向十车道，路面为沥青混凝土面层。项目于2009年7月1日开工，截至2012年12月31日施工进度：1、道路部分：除马岭村、6+400处电塔、香兰村三处小段落未完成，其余全部完成。2、桥梁部分：桩基、墩身、桥台全部完成；现浇梁开累完成50米，占设计总量的22%；引道土石方开累完成1.9万方，占设计总量的74.5%。截至2012年12月31日，合同计量完成6.8599亿元，其中，建安费4.2171亿元。

【桂林“一路两江”BT项目】中铁交通投资建设。桂林市“一路两江”工程采用BT模式建设，经桂林市采用公开招标程序，由中国中铁股份有限公司中标本项目。2010年12月27日，中国中铁股份有限公司与桂林市经济建设投资总公司签订《桂林市一路两江BT工程建设移交合同》。经中国中铁股份有限公司授权，中铁交通投资集团有限公司于2010年12月24日在桂林注册成立全资子公司—广西桂林铁程交通投资有限公司，作为桂林项目的建设投资、融资及回购载体。2011年初组建了中铁桂林市一路两江项目工程指挥部，作为具体实施桂林项目工程总承包的现场管理机构。项目由中铁二局、中铁三局和中铁八局承担施工任务。项目总投资270014万元，其中建安费为163089万元，于2011年8月1日陆续开工，分为西二环路、南溪河河道综合整治工程、小东江流域环境综合整治工程等3个子项目，西二环路项目工期为2年，南溪河和小东江项目工期为1年；项目回购期3年，分7次回购，第一次回购40%，以后每半年回购10%。截至2012年12月31日，桂林“一路两江”项目完成投资72321万元，其中非建安完成20268万元，建安完成49067万元。小东江项目因存在征地拆迁难度大、归属权限不清、回购风险大等因素，在总投资额保持不变的前提下，于2012年12月25日，成功完成了小东江项目置换西二环路三期项目合同签订工作。

1.西二环路项目：全长19.04Km，道路红线宽度分为60m、54m、50m三种形式，双向六车道，为沥青混凝土路面，设计时速80Km/小时。截至2012年12月31日形象进度：路基工程，挖淤泥、挖杂填土年度完成1000605m³，完成设计的92.44%，换填片石、碎石年度完成702533m³，完成设计的95.11%，填方1282580m³，完成设计80.41%；涵洞工程，圆管涵年度完成3125m，完成设计的88.38%，箱涵年度完成663m，完成设计的79.08；给排水工程，排水管年度完成27777m，完成设计的53.31%，给水工程年度完成17210m，完成设计的46.85%；桥梁工程年度完成346m，完成设计的90.04%；路面工程，路面垫层年度完成187177m²，完成设计的26.98%，水温下基层年度完成146024m²，完成设计的12.69%。

2.南溪河环境综合整治项目：长约10.2公里，西起秀峰区路口村，东至漓江，项目主要内容包括：清淤疏浚工程、景观岸线改造工程、通航设施工程等。截至2012年12月31日形象进度：截污工程年度完成5605.24m，完成设计的50.92%；水利工程，挖淤泥68619.25m³，完成设计的81.26%，挖石方16767.14m³，完成设计的68.84%，挖其他土方25117.22m³，完成设计的10.12%，填方3415.28m³，完成设计的10.26%，干砌片石777.47m³，完成设计的13.36%，浆砌块石3881.29m³，完成设计的22.50%，C15混凝土基础年度完成2821.45m³，完成设计的37.02%。

3.西二环路三期项目：全长5411.73m，宽度分为50m、55m两种形式，设计时速60km/h，主要工程量雨水管11610米，污水管6275米，桥梁2座，涵洞9座，挖方38万方，填方40方。机动车道路面为20cm级配、40水泥稳定碎石基层、8cm粗粒式沥青混凝土、6cm中粒式沥青混凝土和5cm改性沥青混凝土，分别约14万平米；人行道及非机动车道为15cm级配、26cm水泥稳定碎石、8cm中粗粒式沥青混凝土、6cm细粒式沥青混凝土约为7.6万平米，总拆迁面积约为34144平米。

【南宁龙岗新区BT项目】中铁交通投资建设。南宁市邕宁区龙岗新区城市基础设施二期建设项目采用BT模式建设，经南宁市邕宁区人民政府组织谈判，由中铁交通投资集团有限公司（以下简称中铁交通）通过竞争性谈成为该项目的投资商。2012年3月27日，中铁交通与南宁市邕宁区土地储备中心签订《南宁市邕宁区龙岗新区城市基础设施二期BT建设项目投资建设－转让合同》。中铁交通于2012年6月26日在南宁市邕宁区注册成立全资子公司——广西南宁铁程投资有限公司，作为南宁龙岗新区项目的建设投资、融资及回购载体。2012年7月组建了中铁南宁龙岗新区项目工程指挥部，作为具体实施南宁龙岗新区项目工程总承包的现场管理机构。项目建安投资约29.9亿元，具体包括子项目有蒲庙－百济二级公路，全长45.661公里，投资约5.0亿元；新江－中和二级公路，全长29.175公里，投资约3.0亿元；五合临港产业园区和东部工业集中区部分路网工程，投资约21.9亿元。项目总工期3年，各子项目回购期为2年，每半年回购一次，每期均按25%进行回购。至目前为止，正式划拨我公司建设的项目有两条二级公路和东部集中区部分路网工程，建安投资约16.6亿元；其中有7条市政道路完成了施工招标工作，由中铁港航局承担施工任务，建安投资约5.4亿元，其余工程因项目业主前期建设手续办理未完成而无法开展施工招标工作。第一批子项目7条市政道路于2012年12月2日开工，截至2012年12月31日，完成建安产值766.43万元。

第一批子项目：包含7条市政道路，分别为蒲新路、蒲新临1路、康宁路、八鲤工业临3路、八鲤工业临4路、八鲤工业临6路、永乐路，总约长14Km，项目内容包括：道路工程、涵洞工程、排水工程（雨、污水工程）、交通工程、绿化工程、照明工程等。施工图已到位，因项目业主建设用地手续未办理完毕，无法办理施工许可证。共交付施工用地2.7公里，占线路总长的19.3%。完成工程量：康宁路水泥搅拌桩完成8129根，挖方4000方；临6路挖方21600方，不良土开挖8800方。

【东莞虎门长堤路市政道路】中铁南方公司所属东莞公司建设管理，中铁二局、四局、十局承建。项目合同价13.57亿元，合同工期为21个月，路线全长11.55公里，全线共设置桥梁9座、涵洞17座。主要工程内容有：地基处理、道路、桥梁、给排水、电气、路面、交通、园林景观、照明和堤防工程等。

截至2012年12月，累计完成各种地基处理桩235万米，占总量的80.7%；预应力混凝土梁预制完成705片，占总量的100%；桥梁桩基础完成515根，占总量的92.3%；涵洞完成889m，占总量的96.4%。其中，起点和终点段路基已经完成水稳层施工（1.2Km 完成沥青下面层），共计 3.6Km；可施工的堤防挡墙全部完成，累计完成 4.5Km，占总量 7500m 的 60.4%；城区段（泵房至部队沙场）路基基本成型。

工业和民用建筑

【**中铁贵州国际旅游体育休闲度假中心项目**】中铁贵州国际旅游体育休闲度假中心项目（以下简称“中铁国际生态城项目”）是由股份公司和贵州省黔南州、龙里县两级政府共同打造的贵州省重点项目，也是贵州省制定的“十二五旅游发展规划明确的十大旅游项目”之一，同时还是省委、省政府明确的“大贵阳城市群”城市建设重点项目，黔中经济圈建设的重点项目。中铁国际生态城项目位于贵州省黔南州龙里县谷脚镇贵龙城市经济带内，距贵阳市区 15 公里，距贵阳龙洞堡国际机场仅 6 公里，项目规划用地总面积 30000 亩（其中一期规划用地 22000 亩，二期规划用地 8000 亩），采取一、二期整体联动推进，滚动开发的模式，拟规划建设超五星级酒店群旅游配套、温泉 SPA 度假中心、民族风情小镇、喀斯特峡谷探险观光、国际康体养生中心、超大型购物 SHOPPINGMALL、商务办公、企业总部基地、文化艺术中心、综合居住等核心项目，是集“旅、居、业”为一体的现代生态田园综合新城，兼具了大量房建、市政、路桥等中国中铁传统主业强项，也涵盖了包括高尔夫、酒店、旅游、文化、养生、养老、商务、宗教等众多新兴板块项目，预计总投资约 505 亿元，整体开发进度约为 10 年。2011 年 4 月成立的中铁贵州旅游文化发展有限公司主要负责代表股份公司全面履行中铁国际生态城投资合作协议和全面负责项目开发建设工作。

截至 2012 年末，中铁贵州公司共完成施工生产产值 71492 万元。完成全年计划的 98.2%，其中：房建工程完成 39905 万元，累计开工建筑面积 41.9 万平方米，移交村民入住 10.5 万平方米，房屋竣工 9.1 万平方米，主体封顶 10.4 万平方米，中铁贵龙新苑一期 1、2、3、8、9 栋移交村民入住，5、6、7、10、11 栋及贵龙小学房屋竣工，中铁贵龙新苑二期 1、2、3、12、13、15、16、17、18 栋全面开工。白晶谷 A 区展示区全面进入精装修阶段，室外景观全面进入苗木种植阶段。白晶谷 B 区展示区全面进入初装修阶段，室外景观进入施工阶段。白晶谷 C 区抗衰老中心、高尔夫会所主体封顶，酒店平基完成。

市政工程完成 6853 万元，累计修建道路 13 公里，完成土石方 220 万方，路面工程 3.3 万平方米，涵洞 432 延米。白晶谷一号道路工程全部完成。白晶谷环线和白晶中路土石方工程已完成 80%的工程量。凝翠路土石方工程完成 20%。

石漠化治理工程完成 11957 万元，完成土石方 172 万方，A 球场全部完成，B 球场除铺沙种草外，其余分项工程全部完成。C 球场正式开始施工土石方工程。

景观工程完成 3565 万元，供水工程完成 5917 万元，室外给排水及电气、管网工程完成 2734 万元，其他零星工程 561 万元。龙滩供水工程正式通水。白晶谷水池工程，猫洞供水工程全部完成。白晶谷内施工专电工程完成。中心湖一级水面正式蓄水。地热工程钻探完成 50%。

【**海南清水湾棕榈泉国际花园**】新建项目，中铁二局海南清水湾棕榈泉国际花园项目经理部组织施工。项目位于海南省陵水黎族自治县英州镇，地处中国海南省清水湾旅游度假区内。项目总规划用地面积 29.95 公顷，其中居住用地面积 26.61 公顷，总规划建筑面积约 41.79 万平方米。高层住宅地上 22-24 层，地下 2 层。住宅总建筑面积 347266 平方米，其中地上建筑面积 319266 平方米，地下建筑面积 28000 平方米；酒店及会所总建筑面积为 71456 平方米，其中地上建筑面积 49408 平方米，地下建筑面积 22048 平方米。一期工程建筑面积约 191252 平方米：包括 1-6 号楼高层住宅、酒店及会所、15 栋别墅、相关环境配套工程。本项目为施工总承包，合同暂定价值为 20 亿元人民币。

2012 年，完成施工产值 21157 万元。

【**贵阳花果园项目**】新建工程，中铁二局贵阳花果园项目组织施工。花果园项目位于贵阳市花果园彭家湾、五里冲地区，属于贵阳市目前规模最大的城中村棚户区及旧城改造项目，占地 6000 亩、总建筑面积 2200 万平米，涵盖“大贵阳”发展战略多条中心交通主轴的市政道路，位于“大贵阳”战略的绝对中心区位，属于市中心最大规模住宅与办公区域。本项目开发规模巨大，公司目前承建的共有建筑 79 栋、建筑面积约 730 万平米、造价约 135 亿元，分六个区域由四家子公司负责施工，建筑层数为 34-70 层，建筑高度均超 100 米，最大高度达 210 米，均属于超高层建筑。

2012 年，完成施工产值 9.2 亿元，折合建筑面积 99 万平米。

【**成都规划馆综合楼**】续建工程，中铁二局建筑公司承建。工程位于成都市高新区金融城 4 号地块，由成都市兴城投资有限公司开发，总建筑面积 113000 平方米

2012 年，共完成施工产值 7.5 亿元，完成建筑面积 113000 平方米。

【**泉州东海滨城**】新建工程，中铁二局建筑公司承建。工程由 12 幢 31-37 层（建筑高度 98.3 到 116.75 米）高层建筑和 2-3 层裙楼组成，建筑物的使用功能为商住，设整体两层

地下室，地下室范围外扩于主楼和裙楼边界外。工程的附属建筑有 1 幢 3 层幼儿园，幼儿园无地下室。拟建工程总占地面积 99405.70 平方米，总建筑面积 454278.73 平方米。

2012 年，完成施工产值 9220 万元，完成建筑面积 55238 平方米。

【望江锦园Ⅰ期、Ⅱ期工程】新建工程，中铁二局六公司承建。本工程为望江锦园工程，位于成都市锦江区静居寺路 20 号。2012 年 1 月 10 日开工，计划完工时间 2014 年 4 月；合同价 58261 万元；建设规模为 8 栋高楼施工，总建筑面积约为 265616.26 平方米。

2012 年，完成施工产值 21202 万元，累计完成施工产值 21202 万元；完成房建施工面积 219506 平方米；本项目是公司首次涉及高层房建施工项目。

【青岛市普集路铁路职工住宅】续建工程，中铁二局青岛职工住宅楼指挥部组织施工。该工程由 27 栋高层住宅、地下车库以及小学、幼儿园、会所、下沉广场组成，总建筑面积 71.71 万平方米。

2012 年，完成施工产值 36477 万元，为计划 38848 万元的 93.9%。

【青岛市普集路铁路职工住宅】续建工程，中铁二局青岛职工住宅楼指挥部组织施工。该工程由 27 栋高层住宅、地下车库以及小学、幼儿园、会所、下沉广场组成，总建筑面积 71.71 万平方米。

2012 年，完成施工产值 36477 万元，为计划 38848 万元的 93.9%。其中，四公司承建的青岛市普集路铁路职工住宅项目的土石方、边坡支护和房屋主体工程，施工产值年度完成 16343.7 万元，为年度计划 36000 万元的 45%。累计完成 69384.3 万元，占设计 76644 万元的 90%。主要工程形象：房屋建筑面积设计 335492 平方米，累计完成 87869 平方米，占设计的 73%。房屋设计 11 栋，7 月份主体全部封顶，目前 8-11、16-20 号楼主体验收完成，16-20 号楼现施工外墙保温，7 号楼、16 号楼进行室内抹灰。建筑公司承建 12 号-15 号、22 号-25 号高层住宅楼，建筑面积约 19 万平方米。2012 年，完成施工产值 1.0 亿元，完成房屋建筑面积 44150.11 万平方米。

【贵州省黎平至洛香高速公路机电（含隧道机电）工程】中铁四局承建。

合同造价：7131.7 万元。

合同工期：实际开工日期：2012 年 2 月 26 日-2012 年 6 月 26 日

本项目为贵州省黎平至洛香高速公路第 14 合同段，路线全长 50.620832 公里，全线共设互通 4 座，设置隧道 5 座，隧道总长约 6.022 公里。本合同段包含独冲隧道、二望坡隧道、潘老寨隧道、顿洞隧道、上皮林隧道。本项目包括高速公路监控工程、通信工程、收费工程、隧道监控工程、隧道通风工程、隧道供电照明工程及隧道消防工程。

形象进度：设备维护；设备安装。

【贵州省遵义至毕节公路机电工程 33 合同段】中援四局承建。

合同造价：6671 万元。

合同工期：2011 年 11 月 30 日-2012 年 11 月 29 日。

本项目起点为遵义龙坑镇，终点毕节市鸭池镇石桥村，全线长 174.054 公里。项目起点龙坑枢纽立交至白蜡坎枢纽立交段设计速度 100 公里/h，路基宽度 33.5 米，双向六车道，路段长 29.364 公里；白腊坎枢纽立交至金沙互通式立交段设计速度 100 公里，路基宽度 26 米，双向四车道，路段长 33.628 公里；金沙互通式立交至项目终点设计速度 80 公里，路基宽度 24.5 米，双向四车道，路段长 111.062 公里。工程范围：本标段为 33 合同段，范围包括全线通信、收费、监控三大系统的联合设计、供货（制造）、运输、现场交验、仓储、保管、安装、测试、开通、培训、验收（完工、交工、竣工）和 24 个月缺陷责任期等全套服务。试运行时间：6 个月。正式开工日期：2012 年 2 月 18 日。

形象进度：2012 年 5 月 31 日 13 时整，遵义至白腊坎路段通信及收费系统开通，投入使用。2012 年 7 月 26 日 12 时整，遵义至金沙路段通信及收费系统开通，投入使用。2012 年 12 月 31 日 19 时整，金沙至归化路段通信、收费系统开通，投入使用。

【贵州省板坝（桂黔界）至江底（黔滇界）高速公路机电工程 JD3 标段】中铁四局承建。

合同价：合同中标价为 5329 万元。

合同工期：计划 2011 年 4 月 30 日-2011 年 11 月 28 日竣工。正式开工日期 2011 年 9 月 18 日。

本项目路线全长 126.939 公里，全线共设互通 8 座，设置隧道 17 座，隧道总长约 20.17 公里，其中长隧道 10 座，中隧道 3 座，短隧道 4 座。本合同段桩号 ZK81+057.4-ZK106+580、YK81+060-YK106+620，包含顶效 1 号、2 号、兴义 1 号、2 号、坪东、乌沙隧道机电工程等 6 座隧道，隧道里程长度左幅 7.975 公里、右幅 8.040 公里。本合同段工程范围包括隧道监控、供配电照明、通风、消防系统和附属工程，合同为总承包合同，我公司负责提供供货、运输、安装、调试、开通、试运行、培训、文件和 24 个月缺陷责任期等全套服务。

形象进度：于 2012 年 5 月 31 日完成所有设备安装。

【蚌埠市喜迎门小区二期C标段】

合同造价：25979万元。中铁四局承建。

合同工期：2011年11月25日-2013年6月6日。

蚌埠市喜迎门小区二期C标段工程位于安徽省蚌埠市，总建筑面积167848平方米。地下一层地下室，地上10栋11-27层住宅楼和两栋单层商铺。8号楼建筑面积12824米；9号、10号、11号楼建筑面积8635平方米；12号楼建筑面积5352平方米；13号楼地上建筑面积19616平米方；14号楼地上建筑面积21958平方米；15号楼地上建筑面积21958平方米；16号楼地上建筑面积19531平方米；17号楼地上建筑面积19983平方米。地下车库建筑面积20533平方米；其中人防总面积10081平方米。8号、13号-17号楼27层，9号-11号楼18层，12号楼11层，商业用房1层。

本工程为政府保障性住房工程，受到省市领导及社会各界的高度关注。工程的核心任务是在施工中通过严格的程序控制和过程控制，实现“过程精品”，在工期紧张的前提下达到质量标准，把本工程建造成一流的建筑精品。质量目标为：争创安徽省优质工程“黄山杯”。

总施工顺序按照先地下、后地上；先结构、后围护；先主体、后装修；先土建、后专业，结构施工中提前穿插装修的施工原则（以填充墙砌筑、安装和地面基层施工为主），统筹组织施工。各专业之间，各施工班组之间必须充分利用时间与空间，处理好各自的穿插施工关系。提前插入装饰阶段。

投入劳动力按照进场时间，依次安排各工种劳动力。基础施工时投入劳动力585人，主体结构施工时投入劳动力546人，地下室及主体施工时投入劳动力800人，室外工程施工时投入劳动力80人。

【蚌埠市二中新校区新建工程】中铁四局承建。

合同造价：23736万元。

合同工期：2012年1月30日-2012年12月30日。

蚌埠市二中新校区新建工程位于安徽省蚌埠市黄山大道南侧、虎山东路西侧，建设单位是蚌埠市城市投资控股有限公司。建筑总用地面积达20.3333公顷，校园建筑群面积约为128011平方米，其中地上108712平方米；地下19299平方米。单体个数12个（I段综合教学楼总建筑面积为33150平方米，其中地上29607平方米，地下3543平方米。建筑层数地上为5层，地下为1层，单体个数为3个；II段综合实验楼总建筑面积为15703平方米，其中地上11703平方米，地下4000平方米。建筑层数地上为5层；地下为1层，单体个数为1个；III段综合艺术楼总建筑面积为9728平方米，建筑层数为5层，单体个数为1个；Ⅳ段综合行政楼总建筑面积为14719平方米，其中地上8093平方米，地下6626平方米，建筑层数地上为4层，地下为1层，单体个数为1个；V段综合体育馆总建筑面积为11056平方米，其中地上8648平方米，地下2408平方米，建筑层数地上为2层，地下1层，单体个数为1个；VI段生活服务楼总建筑面积为10828平方米，其中地上10029平方米，地下799平方米，建筑层数地上为5层，地下为1层，单体个数为1个；VII段学生宿舍楼总建筑面积为32826.9平方米，其中地上30903.7平方米，地下1923.2平方米，建筑层数地上为6层；地下为1层，单体个数为4个）。

本工程建筑外立面造型独特，结构型式新颖，基础形式多样，校园建筑群结构各异，各种工艺较多，有抗浮锚杆、空心楼板、后张法预应力、54米大跨度钢桁架以及人防工程，专业技术性强，质量要求高，施工难度大，为保证本工程建成一流精品，施工中设立技术质量保证组织，配备高素质的且具有同类工程施工经验的专业技术人员，应用成熟可靠的施工经验和先进可行的工艺措施，有针对性地制定专项方案。在施工过程中如何通过严格的过程控制、程序控制和环节控制，通过“过程精品”控制，实现工程一流的建筑风格和一次验收合格的质量目标，是本工程最核心的任务。

【蚌埠陶山小区二期工程】中铁四局承建。

合同造价：51126万元。

合同工期：2012年2月10日-2012年12月31日。

蚌埠陶山小区二期D标工程位于蚌埠市燕山路以南，蚌西路以东，建设单位是蚌埠市城市投资控股有限公司。

工程总建筑面积114440平方米，工期紧迫，土建、安装工作多，交叉施工项目多。如何通过人、财、物力的投入和有力的保证措施，进行科学的策划、组织、管理，高效的协调和实施，有效的控制工期，使工程按照业主的要求如期高质量的完成是本工程施工组织中十分重要的内容。

本工程为政府保障性住房工程，受到省市领导及社会各界的高度关注。工程的核心任务是在施工中通过严格的程序控制和过程控制，实现“过程精品”，在工期紧张的前提下达到质量标准，建造成一流的建筑精品。争创蚌埠市优质工程“珍珠杯”及安徽省优质工程“黄山杯”。

【中铁四局机关商品房及大酒店】中铁四局承建。

合同造价：约60000万元。

合同工期：2011年5月18日-2013年12月31日。

局机关商品房及大酒店项目系机关大院改造开发项目，分为商品房和大酒店两个地块，开发建设57号、58号、59号楼3幢高层住宅和1幢大酒店，项目总占地面积27.4亩，建筑面积约10万平方米，其中，住宅最高33层，总建筑面积为73800平方米，总套数498户。大酒店15层，建筑面积 14031 平方米，规划建设集住宿、餐饮、会议为一体的综合性酒店。该项目由房地产公司按市场化模式进行开发和运营管理。在前期工作中，房地产公司与合肥市领导以及政府有关部门积极沟通，使大院土地以挂牌方式进行供应，并于 2011 年 2 月 21 日以 660 万元/亩（参考价 650 万元/亩）的价格成功竞得。2011 年 5 月 18 日，项目举行了奠基仪式，2012 年 9 月 29 日，大酒店主体结构封顶；11 月 27 日，57 号楼主体结构封顶，58 号、59 号楼主体结构施工进入尾声。57 号楼及大酒店项目分别通过了合肥市安全文明示范工地和安徽省安全质量标准化示范工地验收。58、59 号楼通过了合肥市安全文明示范工地验收。

【昆明王家营标准工业厂房建设项目一标段】中铁五局承建，系新建工程。项目地点昆明市呈贡区大冲工业园。本标段主要包括：5 号、6 号厂房、10 号大型标准库，过磅房工程（不含消防、室外规划道路、绿化及综合管网工程等），建筑面积约 40388.99 平方米。本标段重点工程为 5 号、6 号厂房及 10 号大型标准库，项目实施难点为厂房钢结构安装及标准库箱形柱和钢梁的安装。主要工程数量：钢结构制作安装 3112 吨、彩钢板安装 37560 平方米、钢筋制作安装 178 吨、混凝土浇筑 10120 立方米、砌块 420 千块。合同总额 5414 万元。建设单位：云南泛亚物流集团有限公司，设计单位：西南有色昆明勘测设计（院）股份有限公司，监理单位：成都衡泰工程管理有限责任公司。2012 年 5 月 11 日开工，竣工 2012 年 10 月 8 日，工期延长。年累完成产值 4747.44 万元，开累完成 5207 万元，剩余价值 207 万元。

【开阳县环湖新区土地一级整理环湖大道、迎宾大道工程】中铁五局承建。环湖大道长 550 米（含 148 米桥），宽 32 米；迎宾大道长 2919 米（含 256 米桥），宽 40 米。建设单位：中铁五局集团置业开阳投资有限公司，设计单位：贵州省建筑设计研究院，监理单位：贵州三维工程建设监理咨询有限公司。开工时间：2012 年 7 月 9 日，合同工期两年。开累产值完成 7348 万元，剩余产值 13642 万元。

【贵阳市南明区中坝路保障性住房建设工程 B 标段】中铁五局承建，新建工程。项目地点位于贵阳市中坝。该工程为保障性住房工程，项目由 6 栋高层建筑物组成，其中 3 栋 30 层，3 栋 32 层，总建筑面积 130000 平方米。合同总额 18179.8 万元。建设单位：贵阳市公共住宅建设投资有限公司，设计单位：贵州省建筑设计研究院，监理单位：国龙项目管理有限公司。2012 年 3 月 1 日开工，计划竣工时间 2014 年 3 月。年累完成 9564 万元，开累完成 12732 万元，剩余价值 5447.8 万元。

【贵州省贵阳市新王府公寓 1、2、3、5 号商住楼】中铁五局承建。4 栋商住楼：地上商业三层，住宅 32 层，地下室四层，建筑高度 98.8 米，框架剪力墙结构。主要工程数量：房屋面积 105395 平方米。合同总额 11430 万元。建设单位：贵州兆基房地产开发有限公司，设计单位：贵州化兴建设监理有限公司，监理单位：中国华西工程设计建设有限公司。2009 年 4 月 10 日开工，竣工时间 2012 年 12 月 31 日前。年累完成 2074 万元，开累完成 13340 万元，剩余价值 854 万元。

【贵州省遵义市水榭花都项目】中铁五局承建。4 栋高层商住楼，裙楼 5 层，上部结构 27 层。主要工程数量：房屋建筑面积 127162 平方米。合同总额 11292 万元（现 14704 万元）。建设单位：遵义瑞港企事业主地产开发有限公司，设计单位：贵州化工医药规划设计院，监理单位：贵州建工监理咨询有限公司。2007 年 9 月 23 日开工，合同工期 585 天。年累完成 1413 万元，开累完成 14704 万元。2012 年 6 月 25 日至 2012 年 9 月 25 日进行收尾工作。

【贵州大学花溪校园扩建工程 7 标】中铁五局承建。贵州大学花溪校园扩建工程第 7 标段位于贵州省贵阳市花溪区吉林村。本标段分一号学生宿舍区（含 1 号宿舍、2 号宿舍、3 号宿舍、4 号宿舍、5 号宿舍、6 号宿舍、学生服务中心共 7 栋），二号学生宿舍区（含 1 号宿舍、2 号宿舍、3 号宿舍、4 号宿舍、学生活动中心共 5 栋），总建筑面积约 141260 平方米，合同总额 22388 万元（现 24403 万元）。建设单位：贵州大学，设计单位：贵阳市建筑设计院有限公司，监理单位：贵州三力建设监理有限责任公司、贵州弘典工程建设咨询有限公司、贵州国龙项目管理咨询有限公司。2010 年 11 月 15 日开工，合同竣工时间 2011 年 6 月 12 日。年累完成 2578 万元，开累完成 24403 万元。交验。

【贵州都匀福安凯莱大饭店工程】中铁五局承建。建筑面积：地下室 48448 平方米，地上 62000 平方米，高度 104.4 米，框架-剪力墙结构，层高 3.3-20.4 米，标准层 3.3-4.1 米，地下 5 层，地上 24 层。五星级酒店 2.5 万平方米，酒店式公寓 1.7 万平方米，裙房建筑（商业及停车场）6.9 万平方米。房屋建筑面积 110448 平方米。合同总额 16800 万元。建设单位：贵州黔南福安房地产开发有限公司，设计单位：重庆市卓创国际工程设计有限公司，监理单位：贵州建工监理咨询有限公司。2010 年 4 月 22 日开工，合同竣工时间 2011 年 6 月 21 日。年累完成 288 万元，开累完成 3935 万元。2012 年 3 月 25 日至 2012 年 9 月停工清算。

【贵州贵阳银海元隆广场（A 区）1、2 号楼】中铁五局承建。2 栋商住楼，地下室 4 层，标高-21.2 米，上部 31 层（其中：裙楼 2 层，住宅 29 层）；10 号楼：859 万元，7451 平方米（-2、6 层）；消防工程 2008 万元。总建筑面积 85396 平方米。合同总额 15057 万元。建设单位：贵州银海益沣房地产开发有限公司、贵州地矿投资有限公司，设计单位：贵阳市建筑设计院有限公司，监理单位：贵州建工监理咨询有限公司。2010 年 7 月 5 日开工，合同工期 650 天，总工期至 2012 年 4 月 21 日。年累完成 3490 万元，开累完成 14213 万元。

【青海交通职业技术学院新校区生活保障区建设工程施工 A 标段】中铁五局承建。学生公寓 4 栋 38407 平方米，共 6 层，建筑高度 20 米；老师公寓 1 栋面积 2718 平方米，共 6 层，建筑高度 18 米；食堂及后勤服务中心 1 栋，面积 18330 平方米，共 4 层，建筑高度 18 米。合同总额 12231.1192 万元。建设单位：青海省地方铁路局，设计单位：青海建筑勘测设计研究院，监理单位：青海省工程监理公司。2010 年 9 月 29 日开工，合同竣工时间 2012 年 9 月 30 日。年累完成 5007 万元，开累完成 12465 万元，剩余价值 1266 万元。

【青藏花园五期项目（青藏铁路公司职工保障性住房项目）】中铁五局承建。13 栋房屋，其中，10 栋 33 层，2 栋 30 层，1 栋 12 层。建筑面积 264861 平方米。合同总额 46960 万元。建设单位：青藏铁路公司生活基地建设指挥部，设计单位：中国中建设计集团有限公司。开工时间 2012 年 2 月 20 日，竣工时间 2014 年 8 月 8 日。年累完成 12110 万元，开累完成 15727 万元，剩余价值 31233 万元。

【成都清水·路苑六组团项目】中铁五局承建。本工程位于成都青羊区黄土村武清路段（原成都西货场）总组团街区的西南角，占地面积 3.2 万平方米，总建筑面积约 15 万平方米，由 11 栋 18 层住宅楼及一层地下车库和配套小区商业建筑构成。合同总额 27009 万元。建设单位：成都铁路地区旧改中心，设计单位：四川建筑西南设计研究院有限公司，监理单位：四川康利建设项目管理有限责任公司。开工时间 2010 年 10 月 15 日，竣工时间 2012 年 10 月 3 日，实际开工 2010 年 5 月 1 日，合同工期 720 天。年累完成 5404 万元，开累完成 27009 万元。

【贵阳市乌当区新庄村公租房工程】中铁五局承建。工程位于贵阳市乌当区新庄村，分廉租房（含 L-4、L-6、L-7、L-8、L-9、L-10、L-11 共 7 栋），公租房（G-1、G-2、G-3 共 3 栋），公共设施（幼儿园、小学、球场），总建筑面积约 187000 平方米。合同总额 23913 万元。建设单位：贵阳市公共住宅建筑投资有限公司，设计单位：华西建筑设计院，监理单位：贵州化兴建设监理有限责任公司。2011 年 11 月 1 日开工。年累完成 4050 万元，开累完成 4050 万元，剩余价值 19863 万元。

【中铁贵龙新村项目】中铁五局承建。项目位于贵州省龙里县谷脚镇。工程简况：本工程为二类高层民用建筑，地上住宅部分耐火等级为二级，地下商业服务网点耐火等级为一级，设计使用年限为 50 年；5 栋单体高层建筑，总建筑面积约为 100000 平方米，1 号楼、2 号楼为—2+18 层，3 号楼为-1+18 层，8 号、9 号楼为 11 层，框支剪力墙结构，抗震设防烈度为六度。主要工程数量：建筑面积 100000 ㎡。合同总额 28764 万元。建设单位：中铁贵州旅游文化发展有限公司，设计单位：贵州筑城建筑设计有限公司，监理单位深圳广厦顾问有限公司。实际开工 2011 年 11 月 10 日，竣工时间 2012 年 8 月 31 日。 2012 年已完工程数量 144202 ㎡、未完工程数量 37141 ㎡。年累完成 23388 万元，开累完成 23388 万元，剩余价值 5376 万元。

【新建拉萨至日喀则铁路站后工程 FJ1 标段】中铁七局承建。合同价款 2.7 亿元。建设单位：铁道部拉日铁路建设总指挥部；设计单位：中铁第一勘察设计院集团有限公司；监理单位：兰州交大工程咨询有限公司。新建拉萨至日喀则铁路站后工程 FJ1 标段包括 DK0+900-DK257+350 本群体工程位于新建拉萨至日喀则沿线站点，海拔高程 3500m-4000m。沿线车站及区间的生产、生活房屋，共计建筑面积 45380.13m2（不含站房和桥隧守护房屋面积共计 22000m2）。年累完成 7985 万元，开累完成 13987 万元，剩余价值 13533 万元。

【郑州铁路局经开集团住宅小区工程】中铁七局承建。合同价款 6123 万元。建设单位：郑州铁路局建房管理办公室；设计单位：河南省城市规划设计研究院；监理单位：河南省兴豫建设管理有限公司。工程位于郑州市沙口路，建筑面积 3.9 万平方米，3 栋住宅楼，每栋 26 层。年累完成 3096 万元，开累完成 6123 万元。

【郑西客运专线荥阳南站站房工程】中铁七局承建。合同价款 1.7 亿元。建设单位：郑西铁路客运专线右线责任公司；设计单位：中铁第四勘察设计院集团有限公司；监理单位：北京现代洛阳监理分站。工程位于河南省荥阳市，主站房建筑总面积 3998.8m2，建筑层数为一层，局部二层，建筑总高度 18.4m。站房基础采用人工挖孔桩，主体结构为钢筋混凝土框架结构体系；主体屋面采用网架结构。年累完成 1176 万元，开累完成 4473 万元，剩余价值 12620 万元。

【西安国际花园东苑住宅工程】中铁七局承建。合同价款

1.3 亿元。建设单位：陕西中产置业有限公司；设计单位：中国建筑西北设计研究院、西安市设计研究院；监理单位：中煤陕西中安项目管理有限公司。工程位于西安浐灞生态区广安路南、广运大道东、西安酒厂西侧，总建筑面积 70588m2，共计 7 栋住宅楼，1 号、2 号、6 号-8 号楼为 18 层，4 号，5 号楼为 11 层，住宅楼为剪力墙结构，地下车库、商铺为框架结构。年累完成 4099 万元，开累完成 5344 万元，剩余价值 8062 万元。

【乌铁局库尔勒 42 区住宅楼及单身宿舍】中铁七局承建。合同价款 1.2 亿元。建设单位：乌鲁木齐铁路局集资建房建设指挥部；设计单位：中铁工程设计院有限公司；监理单位：乌铁监理咨询公司。工程位于新疆库尔勒市平安路 42 区，建筑总面积 67558m2，新疆库尔勒 42 区职工住宅 25 号至 33 号楼房建小高层工程。年累完成 3999 万元，开累完成 11899 万元，剩余价值 384 万元。

【铁路青岛北客站安置区项目 E-1、F-1 区工程】中铁七局承建。合同价款 2.1 亿元。建设单位：青岛海创开发建设投资集团有限公司；设计单位：青岛城市建筑设计院有限公司；监理单位：青岛海大工程监理咨询有限公司。工程位于青岛市李沧区沧安路以北、安顺路以东，总建筑面积 92113.14m2，共有 3 号、5 号、7 号楼 3 栋住宅楼，每栋 28 层，筏板基础，框架结构。年累完成 8960 万元，开累完成 16000 万元，剩余价值 5836 万元。

【中铁瑞景茗城二期住宅楼】中铁八局承建。该项目投资 5936 万元，2009 年 6 月 26 日开工，于 2012 年 11 月 22 日完工交验，一次合格。

【中铁•奥维尔】中铁八局承建。该项目投资 3.6 亿元，2011 年 4 月 18 日开工，计划 2013 年 8 月 30 日完工。目前 A 区主体部分完工，B、C2 标段已于 2012 年 11 月 30 日完工交验，一次合格，C1 区开工筹备中。现完成投资 2.5 亿元。

【中信广场】中铁八局承建。

合同预计投资 49000 万元(合同暂定价格)。2011 年 9 月 23 日开工，计划 2013 年 9 月 23 日完工。目前已是装潢装饰后期施工阶段，完成投资 6444 万元。

【银海樱花語 A3 地块】中铁八局承建。

银海樱花語 A3 地块总建筑面积 134935.56m2。结构形式：房屋结构 1-15 栋均为 12 层全现浇剪力墙结构，建筑面积合计 106251.30m2，地下车库为双层全现浇框架剪力墙结构，建筑面积为 28684.26m2。开工日期为 2011 年 3 月 2 日，竣工日期为 2012 年 9 月 30 日。合同暂定价为 16500 万元，2012 年完成投资 4682 万元，完成房屋建筑 38000m2。2012 年 9 月 30 日完工。

【中铁·百年印象 I 期住宅】中铁八局承建。中铁属·百年印象属昆明市城中村改造项目，位于昆明市经济技术开发区小麻苴片区，距市中心八公里。该项目总用地面积 108 亩，总建筑面积约 28 万平方米，建筑密度为 21.5%，绿化率为 45.31%，容积率为 3.31，共 23 栋高层建筑，住宅总户数为 1976 户，商业面积约 12 万平方米。分 A、B 期建设，A 期 11 栋，B 期 12 栋。合同工期：2010 年 7 月 10 日-2011 月 12 月 30 日，合同价 50000 万元，2012 年完成投资 17291 万元。完成房屋建筑 135627.51m2。

【渝铁家苑•西区】中铁八局承建。该项目投资 14600 万元，承建渝铁家苑西区二标段，其中包括：2 号车库建筑面积为 6500 平方，5 号、6 号、7 号、8 号、9 号、10 号楼住宅主体，建筑面积为 112000 平方，总建筑面积约为 12 万方，2009 年 12 月 30 日开工，于 2012 年 12 月 31 日完工。

【金怡源购物中心 B 区】中铁八局承建。该项目投资 8500 万元，2010 年 2 月 1 日开工，于 2012 年 5 月 15 日完工交验，一次合格。

【金怡源购物中心 C 区】中铁八局承建。项目投资 34000 万元，2012 年 4 月 5 日开工，计划 2013 年 5 月 31 日完工。目前裙楼主体完 90%，塔楼主体完 70%，裙楼砌体完 45%，塔楼砌体完 30%，完成投资 6000 万元。

【金怡源购物中心 D 区】中铁八局承建。项目投资 26000 万元，2011 年 4 月 28 日开工，计划 2013 年 10 月 31 日完工；目前一标段外墙装饰部分和二标段砌体及室内抹灰部分全部完工，完成投资 14862 万元。

【中铁·瑞景颐城】中铁八局承建。项目投资 2.5 亿元，2011 年 11 月 1 日开工，计划 2014 年 4 月 30 日完工。目前主体 I 标段主体部分地下室完工，II 标段主体完工。

【江苏连云港金榜华府】中铁八局承建。该项目投资 28000 万元，2010 年 10 月 30 日开工，计划 2013 年 12 月 31 日完工。目前一期十一栋楼基本完工，17 号楼主体完成 23 层，完成投资 10600 万元。

【蓝光·香江国际土建总包工程】中铁八局承建。本工程位于四川省南充市，该项目共计 3 个标段，15 号、18 号、19 号楼为一个标段；16 号、17 号楼为一个标段；28 号-32 号楼为一个标段，总面积 98913 平方米（建筑面积），工期：2010 年 1 月 30 日至 2012 年 12 月 31 日，工程投资 1.82 亿元，2012 年完成产值 1200 万元，完成主要工程数量：16 号楼、17 号楼全完，已于 2012 年 12 月 4 日竣工交验；15、18、19 号楼合同段和 28-32 号楼于 2011 年 12 月 1 日竣工交验。

【中国东方航空西安维修基地新机库主体工程】中铁八局承建。本工程位于陕西省西安市，总高度 36.35 米。主要工程数量：1 栋 36443 平方米，建筑由机库大厅及附楼组成，附楼地上 6 层，地下 1 层。建筑物占地面积 21180 平方米，总建筑面积 36443 平方米。其中机库大厅建筑面积 15751 平方米，附楼部分建筑面积 20692 平方米。机库大厅结构为钢筋混凝土柱，钢网架结构，大厅跨度 155 米，进深 79.65 米。工期：2012 年 3 月 1 日至 2013 年 12 月 31 日。工程投资：13766 万元。2012 年完成产值 7200 万元，完成主要工程数量：基础工程、主体框架完；砌体完成 70%、南附楼安装预埋管线完、机库大门半成品构件完、外墙板加工。

【清水·路苑】中铁八局承建。该项目投资 31831 万元，2010 年 9 月 28 日开工，2012 年 12 月 4 日完工交验，一次合格。

【富仕康保障性安居住房】中铁八局承建。富仕康员工保障性安居住房（二期）B-6 综合楼投资 6200.04 万元，2011 年 2 月 15 开工，于 2012 年 3 月 15 日完工交验，一次合格。富仕康员工保障性安居住房（三期）A 区三标段 A-3 投资 18040 万元，2011 年 3 月 11 日开工于 2012 年 5 月 28 日完工交验，一次合格。

【屏山新县城】中铁八局承建。该项目计划投资约 6 亿元，预计总投资 12 亿元，2011 年 1 月 3 日开工，计划 2014 年 12 月完工；目前完成投资 53251 万元。

【屏山新安镇】中铁八局承建。该项目计划投资约 2.013 亿元，预计总投资 4 亿元，2010 年 12 月 26 日开工，计划 2014 年 12 月完工；目前完成投资 29281 万元。

【蓝光观岭别墅】中铁八局承建。项目总投资 3700 万元，2012 年 8 月 16 日开工，计划 2013 年 8 月 31 日完工。

【电信大楼还建工程】中铁八局承建。项目投资 6137.5263 万元，2012 年 10 月 23 日开工，计划 2013 年 6 月 30 日完工，目前正在进行地下室施工。

【3508 厂项目】中铁八局承建。项目投资 15075.2377 万元，2012 年 11 月 2 日开工，计划 2014 年 4 月 2 日完工。目前地下室部分完工。

【新津徐家渡社区项目】中铁八局承建。项目投资 12000 万元，2012 年 4 月 20 日开工，计划 2013 年 1 月 20 日完工。目前装饰部分完工、园林铺装完成 40%。

【蓝光锦绣城 6-10 栋土建总包项目】 项目投资 14000 万元，2012 年 10 月 10 日开工，计划 2014 年 11 月 5 日完工。

【雅安一名微晶工程】中铁八局承建。投资 8000 万元，2012 年 8 月 10 日开工，计划 2013 年 9 月 30 日完工。目前五栋厂房已完，研发楼主体完 90%。宿舍楼基础完，办公楼待图纸。

【广元工农一期还建房项目】中铁八局承建。投资 8000 万元，2012 年 8 月 7 日开工，计划 2014 年 1 月 27 日完工。目前 7 号、8 号、9 号、10 号人工挖孔桩基础完 3180 米。

【遂宁世界华人财富会所二期】中铁八局承建。遂宁世界华人财富会所工程位于遂宁市河东新区，北临遂宁涪江三桥东引道，西南临东平大道，东临城市规划路，北望遂宁新行政中心，西、东、南为规划居住区、商业区环绕。本工程为原遂宁世界华人财富会所门厅、报告厅、大展厅部分功能调整和改造项目。总建筑面积为 54952.23m2，建筑基底面积为 39112.07m2，共有 5 层（其中±0.000 以下两层，±0.000 以上 3 层），建筑总高度 33.35 米（室外地面至玻璃外壳顶），其中±0.000 以下高度为 6.0m（至室外地面）；±0.000 以上主体建筑高度为 23.82 米。总建筑面积 54952.23m2，建筑基底面积 39112.07m2，共有 5 层。

【安宁亚泉湾商住小区】中铁八局承建。安宁亚泉湾商住小区 2 号、3 号、4 号、5 号楼及部分车库建筑面积 81401.43m2。2 号、3 号、4 号为地下 2 层，地上 34 层；5 号地下 2 层，西单元地上 11 层，东单元地上 18 层。设计使用年限：50 年；建筑物抗震设防列度：8 度；地下室及一类建筑耐火等级为一级、二类建筑耐火等级为二级。地下室及屋面防水等级为二级。砌体施工质量控制等级为 B 级。室内环境污染控制类别：住宅为Ⅰ类，公建为Ⅱ类。工期要求：2011 年 2 月 20 日至 2012 年 11 月 15 日。工程投资 1.06 亿元，2012 年完成投资 3863 万元，完成建筑面积 16793m2。

【成都市成华区江湾城住宅项目】中铁八局承建。成都市成华区川棉厂住宅项目第 1A 期工程位于四川省成都市二环路东三段。本工程用地原为成都市川棉厂的厂房，施工场地以西为成都市二环路，以北为实验小学，以西为锦绣东方小区，以南为某小区。"成都市成华区川棉厂住宅项目"规划建设用地为 111537.740m2。本工程总建筑面积为 46388m2，为 2 栋楼共 3 个单元及地下室组成。1A 期 19 号楼为会所商铺 1 号楼为住宅，住宅由 B 和 C 两个单元组成，B 型为 31 层，型为 29 层，地上建筑面积 27735.75m2。建筑高度 105.6m。地下室为一层，用途为车库及设备用房，建筑面积 18652.25m2。工程等级：一级。建筑耐久年限：三类，使用年限 50 年以上。建筑耐火等级：一级。地下室耐火等级一级。抗震设防烈度：7 度。地下室防水等级：二级。房屋面防水等级：二级。工期要求：2011 年 2 月至 2012 年 7 月。工程投资 0.88 亿元，2012 年完成投资 2190 万元，完成建筑面积 7868m2。

【遂宁河东新区联福小区（A、B、C 区）工程二标段】中铁八局承建。遂宁联福住宅小区 II 标段工程位于遂宁市河东新区。本工程用地为河东新区开发用地，西侧为德水路规划道路，南侧为北安路，东侧为东平大道延伸段。本工程规划建设净用地总面积为 56031.7m2。本工程总建筑面积 108875.4m2，容积率为 3.0。其中地上建筑面积为 84811.3m2，地下建筑面积为 24065.4m2，包括 4 栋高层住宅及地下车库等。该小区底层为商铺和局部住宅，其上为住宅，由 B+B，和 B+C 两个单元组成，B、C 型均为 18 层，建筑高度 54.25m。工程投资 1.83 亿元。

【"峨半家园"工程】中铁八局承建。"峨半家园"分为一期工程和二期工程，其中一期工程合同价值为 11000 万元；二期工程按照发包人提供的设计文件中的房屋建筑、装饰及水电安装工程，总建筑面积 101650.61m2。主要建筑包括：多层住宅共 18 栋。施工内容有各栋建筑物的建筑基础、土建主体、室内外装饰装修、水电安装工程;室外附属及环境工程，包括室外道路、园林景观绿化、室外给排水、室外电力、室外消防、室外弱电综合管网、室外安防、天燃气。2011 年一期工程全部完成，并竣工交验。2012 年进行二期工程的施工。

【昆明市蒋家营城中村改造项目】中铁八局承建。金恒财富广场工程总建筑面积为 277874.33m2，由 3 栋住宅和 3 栋商业组成。住宅部分地下车库两层，商业部分地下三层。主要工程数量：总建筑面积为 277874.33m2，住宅楼为 34F/-2F，1 号商业楼 35F/-3F，2 号商业楼 23F/-3F，3 号商业楼 27F/-3F。工期要求：2 年。工程投资：8 亿元。2012 年完成投资 7170 万元，完成建筑面积 21843m2。

【重庆市公安局高新技术产业开发区业务技术用房】中铁八局承建。重庆市公安局高新技术产业开发区业务技术用房位于重庆市二郎科技新城。建筑面积为 30651.16m2，20 层（其中地下 2 层，地上裙楼 3 层，塔楼 15 层），属于民用高层办公建筑，由地下车库、设备用房、办公及配套功能组成，为框架-剪力墙结构。建筑高度为 85.93m。地下建筑面积 73204.38m2。主要工程数量：建筑面积为 30651.16m2，20 层（其中地下 2 层，地上裙楼 3 层，塔楼 15 层）。工期要求：2012 年 7 月-2014 年 1 月。工程投资：0.6 亿元。2012 年完成投资 1960 万元，完成建筑面积 9996m2。

【中渝香奈公馆平基土石方及挡墙工程】中铁八局承建。项目位于重庆市北部新区新牌坊新溉大道北侧，整个平基范围分为南北两个区。南区地下室地坪标高是 310.70-312.00m,根据建筑方案，建筑场地地下室开挖后，将在四周形成长约 1084.33m,高约 4-23m 的岩质边坡;北区地下室地坪标高是 334.00-336.10m,根据建筑方案，建筑场地地下室开挖后，将在四周形成长约 1670.1m,高约 3-24.5m 的岩质边坡;边坡以中风化砂岩和泥岩为主,坡顶局部 1.0-6.8m 为土层和强风化岩层。拟建场区无断层通过，无滑坡、无边坡失稳、无软弱夹层等不良地质现象，场区基岩分布连续、稳定，构造裂隙不发育，地质构造和水文地质条件较简单，本场地内的环境水及土对钢筋混凝土无腐蚀性。主要工程数量：平基土石方工程量约 100 万 m3，挡墙总长度约 1400 米。新增抗滑滑桩工程总共 34 根桩，桩长 16.1m-43.7m,总挖方量 5560m3。工期要求：2012 年 12 月-2013 年 11 月。工程投资：0.86 亿元。2012 年完成投资 1751 万元，完成土方外运 24 万 m3，种植土转运 2011 方，完成喷锚支护 652m2，抗滑桩挖孔完成 1000m3。

【九龙坡区军干一所危旧房改造工程】中铁八局承建。九龙坡区军干一所危旧房改造工程位于重庆市九龙坡区场家坪冶金村，其西侧为冶金路。东北面与重庆艺术学校相邻，南面与九龙坡区检察院隔路相望，交通十分便利。拟建场地十分狭窄呈不规则的矩形，东西方向约 60 多米，南北方向约 30 多米。原始地形标高在 257-256m 左右。本工程为单体建筑，平面呈较规则的矩形，塔楼高 20 层，2 层裙楼，2 层地下室。本工程嵌固位置为-1 层顶板，即±0.000＝259.3m 标高层。总建筑面积为 1 万 4 千余㎡。工期要求：2011 年 5 月-2013 年 4 月。工程投资：0.27 亿元。2012 年完成投资 2279 万元，完成建筑面积 11914m2。

【贵阳金阳汇城项目】中铁八局承建。工程位于贵阳市金阳新区。合同价 4200 万元。合同工期为 23 个月。建筑面积 40725 ㎡，地下 2 层，地上 21 层。总高 75.1m。结构为现浇框架-剪力墙。该工程于 2010 年 8 月 27 日开工，于 2011 年 7 月 24 日主体完工。另增加室内外墙装修工程 1500 万元。

该工程于2012年10月已竣工验收。

【蓟县新城示范镇A地块一期工程】 九局二公司承建，总建筑面积63905.59平方米。开工日期2011年10月10日，预计2013年6月15日竣工，总工期403天，总造价12750万元。施工范围为10-18号住宅楼。11、12、14、16-18号楼为17层，15号楼为15层，10、13号楼为24层。钻孔灌注桩基础，钢筋混凝土剪力墙结构，框架混凝土结构。

建设单位为天津市蓟县新城建设投资有限公司，设计单位为天津市华汇工程建设设计有限公司，监理单位为天津市国际工程建设监理公司。

2012年完成产值11662万元，完成总价的91.5%。楼房主体封闭。

【蓟县新城示范镇A地块二期工程】 九局二公司承建，工程共计8栋楼，建筑面积56915.39平方米。2012年2月16日开工，预计2013年5月31日竣工，工程总造价11671万元。

建设单位为天津市蓟县新城建设投资有限公司，设计单位为天津市华汇工程建设设计有限公司，监理单位为天津市国际工程建设监理公司。

2012年完成产值10298万元，完成总价的88.24%。楼房主体封闭。

【蓟县新城示范镇A地块八期农民还迁经济适用房工程】 九局二公司承建，工程总建筑面积约为66143.19平方米，钻孔灌注桩基础，钢筋混凝土剪力墙结构。2012年11月12日开工，预计2014年5月30日竣工，总造价14440万元。

建设单位为天津市蓟县新城建设投资有限公司，设计单位为天津市华汇工程建设设计有限公司，监理单位为天津市国际工程建设监理公司。

2012年完成产值300万元，完成总价的2.08%。

【吉林铁道职业技术学院新校区工程4标段】 九局二公司承建，工程共8栋楼，总建筑面积为53129.44平方米。2012年4月18日开工，预计2013年7月30日竣工，总造价11166万元。

建设单位为吉林铁道职业技术学院，设计单位为哈尔滨工业大学设计研究院，监理单位为吉林鼎信建设工程项目管理有限公司。

2012年完成产值7749万元，完成总价的69.4%。

【中铁九局总部大厦工程】 九局四公司承建，工程分为一期、二期，一期为中铁九局总部办公楼A座，总建筑面积43080平方米，二期为中铁九局总部大厦B、C座。一期工程自2010年8月18日开工，预计2013年7月31日竣工并具备验收条件，工程总造价10000万元；二期自2011年9月18日开工，预计2013年6月末主体完工，2014年6月末交付使用，工程总造价40000万元。

设计单位为中国建筑东北设计研究院有限公司，监理单位为沈阳市建都工程建设监理有限公司。

2012年，一期完成产值3000万元，开累完成产值10000万元，完成总价的100%；二期完成产值8430万元，开累完成产值10100万元，完成总价的的25%。

【中国医科大学沈北新校园建设项目】 九局四公司承建，工程位于沈阳市沈北新区蒲河大道77号。工程包括公共教学楼、图书馆综合楼、9号研究生宿舍楼、10号研究生宿舍楼，建筑面积86925平方米，钢筋用量5205吨，混凝土用量43412立方米，砌体用量20807立方米。工程自2010年6月18日开工，预计2013年6月30日竣工，总造价14900万元。

建设单位为中国医科大学，设计单位为新大陆建筑设计公司、中国建筑东北设计研究院、哈尔滨工业大学建筑设计院，监理单位为沈阳建筑大学建设项目管理公司。

2012年完成产值9759万元，开累完成产值14261万元，完成总价的96%。

【辽宁省残疾人中等职业技术学校工程】 九局四公司承建，工程位于沈阳市东陵区祝家镇柏叶村，包含仿真实训楼、图书馆、学生食堂、文体馆、学生公寓A、学生公寓B、锅炉房、大车库、连廊A、连廊B，共计10个单位工程，总建筑面积38649.05平方米。工程自2011年6月25日开工，2012年5月30日竣工，工程总造价10390万元。

建设单位为辽宁省十二届全运会接待场所办公室，设计单位为辽宁省建筑设计研究院，监理单位为沈阳建筑大学建设项目管理公司。

【沈阳市河畔新城住宅工程】 九局四公司承建，工程位于沈阳市浑南新区，用地面积18000平方米，总建筑面积87450平方米，其中住宅建筑面积72620平方米，物业用房建筑面积230平方米，地下车库建筑面积12550平方米，设备用房建筑面积2050平方米。工程自2011年7月6日开工，2012年9月30日前初装修完成，2013年9月10日精装修完成。工程总造价14628万元。

建设单位为沈阳华新联美置业有限公司，设计单位为辽宁省建筑设计研究院，监理单位北京赛瑞斯国际工程咨询有限公司。

2012年完成产值约5443万元，开累完成产值9443万元，完成总价的65%。

【辽宁省反腐倡廉教育基地】 九局四公司承建，位于沈阳市苏家屯区大羊安村。1标段由办案用房、证人楼、武警营房、地下车库、人防工程组成，2标段由综合配套用房和警示管组成。总建筑面积 32787.9 平方米，其中混凝土工程 19928 立方米、钢筋工程 2848 吨。工程自 2011 年 7 月 30 日开工，预计 2013 年 5 月 30 竣工，总造价 11873.3 万元。

建设单位为辽宁省第十二届全运会接待场所基建办公室，设计单位为东北设计院，监理单位为沈阳建筑大学建设项目管理公司。

2012 年完成产值 7368 万元，开累完成产值 9966 万元，完成总价的 84%。

【秦皇岛市华跃城西区工程】 九局四公司承建，位于河北省秦皇岛市海港区，工程包括 1-6 号楼及地下车库，总建筑面积 107030.65 平方米，其中地上建筑面积 90125.87 平方米，地下建筑面积 16904.78 平方米。工程自 2011 年 9 月 30 日开工，预计 2013 年 9 月 30 日竣工，工程总造价 20280 万元。

建设单位为飞龙房地产开发有限公司，设计单位为北京龙安华诚建筑设计有限公司，监理单位为石家庄安泰建设监理有限公司。

2012 年完成产值 8563 万元，开累完成产值 10074 万元，完成总价的 50%。

【梅河口水郡华庭住宅小区一期工程】 九局长春分公司承建，位于吉林省梅河口市，工程建设用地 39059 平方米，建筑面积 81858 平方米，其中住宅面积 56165 平方米，商业面积 7315 平方米，地下建筑面积 18378 平方米。主体结构为现浇钢筋混凝土剪力墙结构。施工范围：住宅 6 层，8 层，9 层，11 层，18 层，住宅投影外沿街商业 2 层，住宅投影范围内底层商业 1 层，汽车库地下 1 层。工程自 2011 年 6 月 5 日开工，2012 年 1020 日竣工验收，总造价 10773.7 万元。

建设单位为梅河口鸿泰房地产开发有限责任公司，设计单位为联安国际建设设计有限公司，监理单位为吉林省北华建设项目管理有限公司梅河口分公司。

【广州盛德大厦工程】 九局广州分公司承建，位于广州市天河区黄埔大道 371 号，工程总用地面积 6302.7 平方米，由写字楼一栋，地上 20 层，地下室两层；住宅楼一栋，地下室两层，地上 37 层；裙楼六层的建筑物组成，均为钢筋混凝土框架剪力墙结构，写字楼建筑总高度为 88.6 米，住宅楼建筑总高度 123.7 米。地下室建筑面积 8396 平方米，地上建筑面积 58186 平方米，总建筑面积 66582 平方米。合同工期 600 日历天，总投资约 25000 万元，根据业主要求，装修部分发生工程量变更，变更后合同额为 34639 万元。。建设单位为广州盛德房地产开发有限公司，设计单位为广东省建工设计院，监理单位为广州建筑工程监理有限公司。

【清雅居公租房工程第一标段】中铁十局承建。工程概况：本工程位于济南市天桥区东沙王路以东，东沙片区 B-2 地块。总建筑面积 183622.12 平方米，其中一标段 44383.97 平方米，含 1 号楼和地下车库，合同价 1.123 亿元，合同工期 2011 年 8 月-2013 年 8 月。

施工进度：主体工程完成。

【济南市西蒋峪片区公共租赁住房工程建设项目】中铁十局承建。工程概况：本工程位于济南市旅游路以南、龙洞路以西、西蒋峪片区。二标段施工范围包括 A-4 号楼～A-9 号楼及部分地下车库，其中 A-4 号楼建筑面积 19314.48 平方米，A-5 号楼建筑面积 10872.23 平方米，A-6 号楼建筑面积 19295.33 平方米，A-7 号楼建筑面积 10702.98 平方米，A-8 号楼建筑面积 10426.53 平方米，A-9 号楼建筑面积 8335.06 平方米。合同价 2.56 亿元，合同工期 2011 年 5 月 31 日-2012 年 10 月 31 日，调整后的竣工日期为 2013 年 6 月 30 日。

施工进度：1 号楼主体结构施工完成，8 号楼完成主体 1-4 层施工，9 号楼完成主体 1-4 层施工。

【济南市经十路 518 号住宅工程】中铁十局承建。工程概况：本工程位于经十西路、兴济河东南，南接连成水岸住宅区，东邻中铁济南设计院，共有 4 栋高层住宅楼，1 栋幼儿园。总建筑面积 91692 平方米，其中地上 73192 平方米（住宅面积 70369 平方米，配套公建面积 2823 平方米），地下建筑面积 18500 平方米，设计住户 720 户。合同价 2 亿元，合同工期 2011 年 7 月 6 日-2013 年 7 月 9 日。

施工进度：1-4 号楼主楼及车库主体施工全部完成，室内墙砖 1 号、2 号、4 号楼铺贴至 13 层，3 号楼铺贴至 20 层；主楼外墙保温施工完成 90%；裙房主体及外墙保温施工完成；幼儿园主体施工完成。

【烟台富海怡景花苑小区工程】中铁十局承建。工程概况：工程包括 8 栋 32 层高层住宅楼和地下车库，房屋建筑面积 150017.07 平方米，合同造价 3.8 亿元，合同工期 2010 年 3 月 1 日-2012 年 6 月 30 日，甲方调整竣工日期为 2013 年 6 月。

施工进度：8 栋住宅楼装饰装修基本完成。

【山东海阳核电厂工程】中铁十局承建。工程概况：建筑面积：47702 平方米，工程造价 22390 万元，合同工期 2010

年12月5日-2012年10月31日，经业主调整竣工日期为2013年6月30日。

施工进度：综合办公楼主体结构完成，安装工程基本完成，装饰装修完成80%；培训中心及档案馆外墙石材干挂基本完成，模拟机厂房保温完成70%；综合检修厂房屋面防水完成90%；200吨生化站工程完工。

【济南站北货场住宅楼工程】中铁十局承建。工程概况：共分为两个区，一区八栋楼，二区九栋楼，每区包含地下车库部分，建筑面积36.12万平方米，合同工期2011年11月1日-2014年6月30日，合同造价10.41亿。

施工进度：两区楼房主体工程全部完成，展开二次结构施工。

【济南铁路局聊城地区益民小区、安民小区北区、建设路职工住宅小区工程】中铁电气化局承建。为续建工程，2011年3月16日开工。2012年针对超长结构无缝施工，安民小区北区地下车库，原设计地下室侧墙、顶板均按30米设置一道伸缩缝，项目部采取技术措施取消伸缩缝的设置，采用SY-T配置补偿收缩混凝土接续无缝结构施工。针对地下车库密肋楼盖施工，在总结建设路小区和铁路益民小区密肋梁结构模壳技术基础上，在安民小区北区采用周转型塑料模壳代替传统模板施工，此方法减少模板、混凝土和钢筋用量，加快了施工速度，节约了工程成本，提高了混凝土感观质量。6月21日，建设路小区主体结构封顶。6月22日，铁路益民小区主体结构封顶。11月17日，安民小区主体安民小区北区主体结构封顶。截至年末，建设路小区和铁路益民小区砌体结构、室内抹灰、细石混凝土地面、屋面保温、屋面防水工程完成，安民小区北区主体结构完成。

【津秦客运专线唐山、滨海北、滦河站站房及相关工程】中铁电气化局承建。为续建工程，工程包括唐山站房、滨河北站房、滦河站站房三个项目，工程于2010年10月1日开工，截至2012年底完成实物工作量如下：

唐山站房工程：2012年主要为西站房收尾和东站房施工。高速场正线桥是施工难点之一，填补了中铁电气化局集团建筑公司在此领域的施工空白。在胸墙及墩柱施工中，根据正线桥工程特点，确定“以正线桥墩柱及胸墙施工、正线桥堆载预压、正线桥梁体施工及桥面防水施工”为主要控制点的施工思路，尽可能降低混凝土单位用水量，在配合比设计时采用三低（低砂率、低塌落度、低水胶比）、二掺（掺高效减水剂和高效引气剂）、一高（高粉煤灰掺量）降低含泥量与杂质含量。针对正线桥梁体施工中选用安德固脚手架对正线桥进行支撑。4月14日，高速场正线桥结构施工完成，施工质量符合设计及规范要求。4月20日，高架区地下通道主体结构施工完成。5月6日，预埋地铁工程全部完成。6月3日，高架层顶板结构施工完成。6月30日，高架区钢结构施工完成。8月31日，东站房主体混凝土结构施工完成。11月，东站房异形柱、异形梁施工完成，经现场检测。施工质量达到设计及规范要求。在日常施工管理中，项目部坚持每天交班例会制度，及时沟通现场情况，从而随时优化施工组织方案。截至年末，西站房施工收尾，东站房外立面施工完成，脚手架落地。

滨海北站房工程：2012年主要进行站房装修和站台雨棚装修施工。施工中，对重点工序、重点节点严格质量检验，逐个检查每一个连接节点，确定连接稳固后进行报验，经监理检查同意，进入后续施工工序。在外墙保温施工中，采用水泥发泡保温板。该项材料的防火等级和保温性达到了设计要求，更有粘接性能好的特点，与加气块或混凝土墙面均能很好粘接。10月，提供四电用房。截至年末，站房装修工程完成70%，站台雨棚工程完成85%。

滦河站房工程：2012年4月10日，南、北站房完成基础结构施工。7月9日，南站房主体结构封顶。8月20日，北站房主体结构封顶。南、北主体结构施工期间，针对候车厅高支模脚手架方案，由专业脚手架公司组织专家论证并报总监理审批。5月，二次结构开始与主体结构穿插进行，至9月末基本完成，之后与设备安装同步进行。10月上旬精装修队伍进场，12月11日精装深化设计得到确认，精装修开始施工。，10月14日，站台雨棚深化图纸得到确认，截至年末完成施工任务。

【玉树灾后重建项目】中铁建工参与承建。新建工程。玉树灾后重建工作国家拟投资320亿元，由国家投资和地方投资两部分，其中国家投资初步估计为75%，规划定性为原址重建，并将整个玉树州结古镇划分为东南西北四大板块，分别由中国铁建、中国中铁、中国水利水电和中国建筑四家央企承担，加上定点援助巴塘乡的辽宁省援建和结古镇的市政配套援建北京市，共有六家援建单位。中央要求，要力争三年时间基本完成恢复重建任务，使灾区基本生产生活条件和经济社会发展全面恢复并超过灾前水平，生态环境切实得到保护和改善，实现“居民拥有新家园、生态迈上新台阶、设施得到新改善、城乡呈新面貌、社会和谐新局面”的五新重建目标。

玉树重建规划由中规院编制。结古镇南区由中国中铁负责，规划面积86万平方米，3年内需要完成城南片区内的城镇居民住房建设，教育、医疗、文化、社会管理等公共服务设施建设，交通、能源、水利、市政、农牧区等基础设施的建设，生态环境保护建设，特色产业和服务业设计建设，干线公路建设；共计120余个项目，涉及到房建、水利、市政、电力、公路、桥梁、绿化等相关专业内容，其中房建面积约为63万平方米，308省道569公里、水电站1座，便民桥梁加固6座，输电线路敷设27公里。由中铁二局和中铁建工两个独立局各承担50%的援建任务，总造价45亿左右。

2012年，中铁建工集团完成产值43197万元，玉树机场市内保障基地项目工程装修阶段，920套居住组团主体施工阶段。粮油组团项目3号砌筑，1号封顶，2号二层施工完成。城南社区卫生服务中心主体施工。胜利路商住组团1住宅部分完成、室外完成。玉树援建扎西大通北民房竣工。电信局枢纽楼完成装修95%。气象局业务用房完成装修98%。玉树行政中心主体封顶。下拉秀农牧民房共计313户，交工310户。胜利路商住组团三1号—4号楼完成，扎北统规自建区（253户，80平方米）252户具备竣工交验条件，下拉秀镇农牧民住房（99户）23户交工；玉树县第一幼儿园完成初步验收；胜利路组团一大众社区12号—33号楼完成22栋散水以内工程量，室外工程完成90%；玉树县工商地税完成散水以内工作的80%，玉树县就业和社会保障完成散水以内工作的80%，玉树县结古镇街道办完成散水以内工作的70%；玉树县计生、急救（1986平方米，4层），完成散水以内工作的90%，室外管网铺设完成；玉树县行政中心会议接待中心完成外保温工作50%。玉树县行政中心干部职工周转房完成混凝土主体结构20%巴塘滨水休闲组团完成混凝土主体结构80%，砌体结构10%。

【中航广场】中铁建工承建。本工程是集办公、公寓及商业为一体的综合楼，位于福田区深南路原天虹商场地块。总建筑面积238645平方米，地上建筑含2栋塔楼，其中办公楼49层，建筑高度245米；公寓46层，建筑高度166米。商业裙楼6层，高度31.0米，地下室4层，总深度19.8米，框筒结构，人工挖孔灌注桩基础。

深圳中航广场工程由深圳和记黄埔中航地产有限公司投资开发，深圳市建筑设计研究总院设计，深圳市华西建设监理有限公司进行监理。合同额26626万元，合同工期2007年6月8日-2010年2月2日，2012年继续列为集团重点工程，完成产值6192万元，一期竣工，二期地铁接口处结构施工。

【重庆国际大厦】中铁建工承建。本工程是集办公、商业、宾馆为一体的综合性、智能性大厦，位于重庆市渝中区新华路201号，占地面积8000平方米,总建筑面积为99470.15平方米，建筑总高250.8米（不含设备机房高度），建筑层数63F/－5F，筒中筒结构，地下5层，地上63层，框筒结构，人工挖孔灌注桩基础。

本工程由重庆市建筑设计院设计，重庆展翔房地产开发有限公司、重庆中兴房地产开发有限公司进行开发，北京中建建设监理公司进行监理。合同额8233万元。合同工期2008年11月1日-2010年9月30日。2012年继续列为集团重点工程，完成产值2830万元。年底进行工程收尾。

【深圳南山商业文化中心】中铁建工承建。本工程是一座集办公、酒店、公寓及商业为一体的综合性超高层综合建筑群，位于深圳市南山区后海片区，海德一路与后海大道交汇处东北角。总用地面积25727平方米，总建筑面积232045平方米，地下室3层，覆盖了基本上整个用地面积，上部分为A、B2栋塔楼及1栋裙房，其中：A栋塔楼建筑高度为300.8米，建筑面积116970平方米，61层；B栋塔楼建筑高度156米，建筑面积44280平方米，36层；裙房建筑高度24米，4层。地下室覆盖面积大，呈东西方向长129.7米，南北方向长140.4米，地下3层，用做停车场及设备房，停车场车位1130个。框筒结构，人工挖孔灌注桩基础。

深圳南山商业文化中心工程由深圳市香江置业有限公司投资兴建，北京市建筑设计研究院设计，深圳市九州建设监理有限公司进行监理。合同额8.7亿元。合同工期2008年12月18日-2011年12月30日。2012年继续列为集团重点工程，完成产值19099万元。年底进行主体施工。

【青岛国际贸易中心】中铁建工承建。本工程是集办公、酒店、商业、疗养于一体的综合性大厦，位于青岛市东海路北侧，香港路南侧，山东路西侧，毗邻华仁大厦，建筑面积37.8万平方米，地下4层，地上为A座、B座、C座及裙房四部分，A座47层、B座51层；C座46层。基础结构形式为筏板基础，地下部分为框架剪力墙结构，主体结构为框肢一剪力墙结构。

本工程由青岛中金渝能置业有限公司建设，北京市建筑设计研究院青岛北洋设计有限公司设计，青岛理工大学建设工程监理咨询公司进行监理。中铁建工集团承建A座和B座，合同额156613万元。合同工期2009年6月1日-2012年5月31日。2012年继续列为集团重点工程，完成产值32716万元，年底砌筑、装修施工。

【泰山·基业工程】中铁建工承建。本工程是集办公、商业、宾馆为一体的综合性智能化大厦，位于青岛市香港中路以南、汕头路以西的中央商务CBD区心腹地段，南北长约70米，东西长约93米，总建筑面积为109092平方米，其中地下24109平方米，地上84983平方米，地下5层，地上46层（自然层65层），地上建筑总高242米，高位转换框支剪力墙结构，筏板基础。

该工程由青岛中核元诚置业有限公司建设，山东大卫国际建筑设计有限公司设计，山东新昌隆建设咨询有限公司监理。合同额19596万元。合同工期2009年2月-2012年1月。2012年继续列为集团重点工程，年完成产值232万元，主体施工阶段。

【河北省唐山市唐山香格里拉大酒店一期】中铁建工承建。本工程位于唐山市路北区大理路与长虹道交口，为香港嘉里集团投资的多功能国际五星级大酒店。总建筑面积为84361平方米，其中地下2层，地上24层，地上建筑总高112米，高位转换框支剪力墙结构，筏板基础。

该工程由“瑞和置业（唐山）有限公司”建设，“四川山鼎建筑工程设计咨询有限公司”设计，“北京兴电国际工程管理公司”监理。合同额77987万元。合同工期2011年7月-2013年6月。2012年继续列为集团重点工程，年完成产值10488万元，主体结构完，砌筑施工。

【中铁南方总部大厦】中铁建工承建。中铁南方总部大厦工程位于深圳市南山区后海滨路与创业路交汇处东南侧。总用地面积5253.04平方米，总建筑面积57567.85平方米，是一座集办公、商业为一体的综合性高层建筑群。建筑主要由1栋高层办公及裙楼（结构形式为框架剪力墙）构成，地下室三层，覆盖了基本上整个用地面积，地下室建筑面积14530平方米。建筑层数，地下3层，地上24层，框架-剪力墙结构，钻孔灌注桩基础。整个工程建成后气势宏伟，造型美观。该工程方由中铁南方投资发展有限公司建设，中铁工程设计院有限公司设计，深圳市华西建设监理有限公司监理，合同额万元。合同工期2011年9月28日-2013年4月30日。2012年继续列为集团重点工程，年完成产值7101万元。年底进行主体结构施工。

【中铁产业园诺德中心商业办公楼】中铁建工承建。本工程位于北京丰台区南四环西路，由四栋高层办公楼组成，地下三层，四栋建筑物在地下室连为一个整体，地下室顶部以上各自独立，1号办公楼地上建筑面积64950平方米，其中主楼11层，高度50米，建筑面积为33979平方米；配楼10层，建筑面积为27140平方米；会议室2层，建筑面积为6500平方米。地下室建筑面积为42792平方米；2号、3号、4号办公、商业楼地上21层，高度80米。建筑面积140000平方米，地下三层，建筑面积26500平方米。合同工期为2011年4月25日-2012年7月31日。

该工程由北京诺德置业有限公司建设，中铁工程设计院有限公司设计，北京中建协工程咨询有限公司监理。合同额45000万元，合同工期2011年4月-2012年7月。2012年继续列为集团重点工程，年完成产值11252万元，已竣工。

【济南铁路局青岛职工住宅楼工程房建工程】 合同造价：37000万元。合同工期：24个月。施工单位：中铁港航局集团深圳工程有限公司。

工程概况：工程位于青岛市市北区普集路15、17号，东临大港居住区及昌乐河，南临胶济铁路专线及泰山路居住区，西靠铁路大港站和港口，北临青岛站列车中转站及青岛港。总占地面积为14.457公顷，总建筑面积为650865.54平方，工程结构类型有框架结构、框剪结构、剪力墙结构三种类型，基础类型有桩筏基础、独立基础加防水板两种。劳动力部署：济南铁路局青岛职工住宅楼工程项目部为合作管理型项目部，配备管理人员60人。主要设备进场12台套，作业人员130人。

截至2012年底完成产值34180万元。

【长安观澜安居商品房项目】 合同造价：约50000万元。合同工期：28个月。施工单位：中铁港航局集团深圳工程有限公司。

工程概况：长安观澜安居商品房工程位于深圳市龙华新区观澜街道规划新丹路南侧，项目承揽包括4、8两栋楼及地下车库、幼儿园、3、9两栋楼正负零以上工程，其中3、4、8号楼为34层，9号楼为33层和1个独立的商业结构，地下车库1层，幼儿园为3层，总建筑面积为150933平方米。

截至2012年底完成产值4324万元。

【西咸新区秦汉新城周礼佳苑安居小区一标段】 合同造价：24000万元。合同工期：18个月。施工单位：中铁港航局集团深圳工程有限公司。

工程概况：西咸新区秦汉新城周礼佳苑安居小区工程一标段分为两个包，一包包含15-20号楼共计6栋单体，建筑面积38902.64平方米；二包包含3号商业、4号商业、社区服务中心、幼儿园、地下车库（二区、三区、四区）工程，建筑面积：40075.54平方米。

5号楼座：地下一层（675.48平方米）地上住宅9层72户(6377.12平方米)，建筑总面积7052.6平方米，建筑基底面积为715.68平方米。建筑高度26.55米。

16号楼座：地下一层（675.48平方米）地上住宅9层72户（6377.12平方米），建筑总面积7052.6平方米，建筑基底面积715.68平方米。建筑高度26.55米。

17号楼座：本建筑为中高层住宅，地下一层（675.48平方米）地上住宅9层72户（6377.12平方米），建筑总面积7052.6平方米，建筑基底面积715.68平方米。建筑高度26.55米。

18号楼座：地下一层（337.26平方米）地上住宅9层36户（3218.4平方米），建筑总面积3555.66平方米，建筑基底面积357.36平方米。建筑高度26.55米。

19号楼座：地下一层（807.24平方米）地上住宅9层72户（7580.42平方米），建筑总面积8391.66平方米，建筑基底面积 861.24 平方米。建筑高度 26.55 米。

20 号楼座：地下一层（403.62 平方米）地上住宅 9 层 72 户（3792.21 平方米），建筑总面积 4195.83 平方米，建筑基底面积 430.62 平方米。建筑高度 26.55 米。

幼儿园：建筑总面积 1856.5 平方米，建筑基底面积 965.5 平方米，地上 2 层，建筑高度 7.650 米。

截至 2012 年底完成产值 8501 万元。

【中铁佛山市高明西江新城核心启动区合作开发项目】中铁航空港集团承建第一标段。

合同价：48000 万元。

合同工期：2012 年 9 月 23 日至 2014 年 8 月 31 日。

中铁佛山市高明西江新城核心启动区合作开发项目第一标段，位于佛山市高明区西江新城核心区内，是西江新城核心区内的标志性建筑。占地面积约 250 亩。地块东西最宽处长约 440 米，南北约 380 米。建设内容包含一场两馆：8000 座体育场、4200 座体育馆（其中固定座位 2900 个，活动座位 1300 个）、1000 座游泳馆及大型体育健身广场，三栋单体建筑及两条室外钢结构景观廊架。远期预留体育学校、体育幼儿园、三星级酒店用地。结构为钢混框架——钢结构。游泳馆，体育馆和体育场，均为 3 层，地下建筑面积 4400 平方米，场馆高 24 米。

2012 年累完成施工产值 5070 万元。年累完成主要工程量：土方开挖 2 万立方米；混凝土灌注桩 725 根；地下室底板混凝土 2449 立方米；溶洞处理 4230.9 立方米。

【平潭综合实验区澳前安置小区工程】中铁航空港集团承建。

合同价：123000 万元。

合同工期：2012 年 9 月 28 日至 2015 年 3 月 28 日，共 30 个月。

平潭综合实验区澳前安置小区，选址于福州市东南部沿海的平潭综合试验区，现澳前镇玉楼村、玉道村及紫玉村地界，属于少雄山与鸡公垄两山山坳之间的山谷地。工程主要由 A1、A2、A3 安置房地块、A4 小学地块及仙峰公园地块五个部分组成，总建筑面积约 53.3 万平方米。

A1 地块用地面积 45600 平方米，为 9 栋 10 至 13 层单元式住宅，1 至 3 层的集中商业及社区配套用房，其中地下室面积 30650 平方米，地上建筑面积 91500 平方米。

A2 地块用地面积 74100 平方米，为 14 栋 10 至 14 层单元式住宅，1 至 3 层的集中商业及社区配套用房，其中地下室面积 59650 平方米，地上建筑面积 143300 平方米。

A3 地块用地面积 39100 平方米，为 11 栋 14 至 18 层单元式住宅，1 至 2 层的社区配套用房，其中地下室面积 32300 平方米，地上建筑面积 127400 平方米。

A4 地块用地面积 39800 平方米，为 4 栋 4 层教学楼，4 至 5 层的图书馆及科技楼，5 层的教师及学生宿舍楼，建筑面积 20556.590 平方米，公园地块用地面积 29577 平方米。

2012 年累完成施工产值 1590 万元。年累完成主要工程量：项目部临建、拌和站场坪及基础硬化，地表清除 7.87 万平方米，土石方 10.6 万立方米。

【北京市丰台区卢沟桥乡 C9 地块公建项目】中铁航空港集团承建。

合同价：163721 万元

合同工期：2013 年 1 月 31 日至 2016 年 5 月，共 39 个月。

北京市丰台区卢沟桥乡 C9 地块公建项目，为商业金融综合体，包括：办公、商场、地下车库和附属配套设施。位于丰台区西三环丽泽桥西南角，丰台北路南侧，紧邻北京丽泽金融商务区，东至益泽路，西至泥洼东路，南至丽泽金融商务区定向安置房居住用地，北至丰台北路。项目规划总用地面积：57348.95 平方米（其中建设用地面积：33019.393 平方米）；建筑面积 233293.22 平方米（其中地上建筑面积：165095.31 平方米；地下建筑面积：68197.91 平方米）；建筑基底面积：12346.10 平方米；建筑高度 99.90m。拟建建筑物划分为Ⅰ区、Ⅱ区、Ⅲ区三个区域，Ⅰ区、Ⅱ区、Ⅲ区各为一个结构单元，Ⅱ区、Ⅲ区为带四层裙房的塔楼，Ⅲ区四层以上为双塔结构。基础结构形式为筏板基础，主体结构形式为框架剪力墙结构，屋盖结构形式为现浇钢筋混凝土。

2012 年累完成施工产值 15900 万元元。年累完成主要工程量：土方 38 万立方米、钢筋 7300 吨、混凝土 41000 立方米、防水 36999 平方米。

【北京海关职工住宅建设项目】中铁航空港集团承建。

合同价：44186 万元。

合同工期：945 日历天，开工日期为 2012 年 3 月 25 日，至 2014 年 10 月 25 日竣工，历时 31 个月。设计结构安全等级为二级；抗震设防烈度 8 度；使用年限：50 年。

北京海关职工住宅建设项目，位于北京经济技术开发区 X13R1 地块，建设单位为中华人民共和国北京海关。建筑用地面积 30400 平方米，总建筑面积 110762 平方米，由 6 栋住宅、2 栋公建和 1 个地下车库组成。车库及住宅楼地下二、三层部分为人防工程，抗力级别为核五级。1 号、2 号、3 号住宅楼地上 27 层，地下 3 层；4 号、5 号、6 号住宅楼地上 17 层，地下 3 层；7 号、8 号楼为小区管理用房，地上 2 层。基础为筏板基础，住宅为钢筋混凝土剪力墙结构，地下车库为框架剪力墙结构。

2012 年累完成施工产值 16838 万元。年累完成主要工程量：土方开挖 178079 立方米；边坡支护 11765 立方米；

CFG 桩 1846.15 米；基础顶板及外墙防水 18042.34 平方米；车库顶板防水 6250 平方米；钢筋 8387.5 吨；混凝土 49328.3 立方米。

【北京市广安门铁路住宅小区施工总承包工程】中铁航空港集团承建 A 标段。系中铁建工集团中标，重组前中铁建工集团北京公司承建，重组后中铁航空港集团北京公司承建。

合同价：51202 万元。

合同工期：792 日历天，开工日期为 2010 年 8 月 1 日至 2012 年 9 月 30 日竣工。设计技术标准：建筑一类；耐火地下一级，地上二级；抗震设防烈度 8 度；使用年限：50 年。

北京市广安门铁路住宅小区施工总承包工程 A 标段，位于北京市宣武区手帕口南街 80 号，由北京京铁房地产开发公司开发，总建筑面积约 18.4 万平方米，由 5 栋住宅、7 栋公建和 1 个地下车库组成。车库及住宅楼地下二、三层部分为人防工程，抗力级别为核五级。车库及住宅均为地下三层；B3 住宅地上 27 层，B4、B5、B6、B7 住宅地上 29 层；公建地上 3 层。基础为筏板基础，住宅为剪力墙结构，公建及车库为框架剪力墙结构。

2012 年累完成施工产值 22331 万元，开累完成施工产值 38137 万元。年累完成主要工程量：地上主体结构及地下室混凝土 53661 立方米；二次砌筑 12561 立方米；墙面抹灰 27 万平方米；钢筋绑扎完成 1.9 万吨；截至 2012 年末，主体结构全部封顶。

【海南省三亚市美丽之冠大酒店工程】中铁航空港集团承建。

合同价：108888 万元。

合同工期：2011 年 2 月 20 日至 2013 年 2 月 21 日；结构工期 2011 年 3 月 1 日至 2012 年 3 月 31 日；其中七星级酒店工期为 910 天。

三亚美丽之冠大酒店工程位于海南省三亚市新风路 299 号、三亚市临春河畔，整个工程由六栋产权式酒店、一栋产权式公寓及一栋白金五星级酒店、一栋七星级酒店及地下车库、裙房等建筑物组成，总建筑面积约 65.8 万平方米（其中地下约 32.3 万平方米，地上约 33.5 万平方米），结构形式为桩筏基础、框架-剪力墙结构。地下室单层最大建筑面积约 9.7 万平方米。

每栋楼的地上结构均采用国内独有的圣诞树造型，外挑部分大量采用钢筋混凝土预应力组合桁架超长悬挑，层间错落阶梯状挑出，最大悬挑长度约 13.5 米，结构复杂，施工难度大，目前国内尚无类似结构形式。施工中采用高支模落地脚手架配合高空型钢悬挑支模架相结合的方法，利用安全计算软件辅助计算，全过程实时监控支撑脚手架及结构组合桁架变形，严格控制组合桁架内外脚手架拆除顺序，确保脚手架施工安全及结构施工质量。

2012 年累完成施工产值 42559 万元，开累完成施工产值 110012 万元。年累完成主要工程量：混凝土 9.1 万立方米；钢筋 1.7 万吨；有粘结预应力 45.99 吨；无粘结预应力 247.78 吨。截至 2012 年末，地上结构全部封顶。

【山西省大同市新建市级美术馆工程】中铁航空港集团承建。

合同价：40219 万元

合同工期：2012 年 11 月 12 日至 2013 年 5 月 31 日。

山西省大同市新建市级美术馆工程位于大同市御东文化核心区西南地块，南北向长度为 206 米，东西向长度为 178 米。主展厅为一层，功能用房局部分为两层，总建筑面积为 32238.5 平方米。建筑主体由四个从 36 米到 24 米不等三角锥体相连而成，建筑层数为地下 3 层（地下夹层、地下展厅层、避难层），基础采用灌注桩基础，主体结构地下为钢筋混凝土框架-剪力墙结构，地上为钢结构空间桁架体系，屋面直立锁边成型耐候钢板系统。

工程控制重点为钢结构工程整体滑移，钢结构工程滑移总重约 3500 吨，滑移共计前行约 206 米，采用计算机同步控制的液压千斤顶推进；本工程钢结构屋盖造型复杂、跨度大、滑移距离长以及采用的施工工艺，在国内外尚属首次。

2012 年累完成施工产值 28358 万元，开累完成施工产值 40219 万元。年累完成主要工程量：混凝土 5.8 万立方米；钢结构 3900 吨；钢筋 9400 吨；防水 66550 平方米；锚杆 3037 根。

2012 年 12 月 14 日钢结构整体滑移顺利完成。

【北京市门头沟小园安置房 2C 地块工程】中铁航空港集团承建。

合同价：35400 万元

合同工期：2012 年 1 月 10 日至 2014 年 7 月 6 日，共 30 个月。

小园安置房 2C 地块工程为北京市门头沟 S1 线区域组团 01-11 地块及曹各庄桥户营村土地一级开发定向安置房项目组成部分，位于门头沟区石龙开发区南部，紧邻石门环岛，其中 2C 地块位于小园项目北侧，南侧临近莲石东路，距北京城区 20 千米。该地块共有六栋高层住宅 1 号-3 号、5 号楼均为地上 25 层，地下 2 层；4 号楼为地上 14 层，地下 2 层；6 号楼为地上 13 层，地下 1 层；地下车库两层；地块内共设置 4 处人防出入口。工程总建筑面积 162597 平方米，其中 1 号楼 36061 平方米、2 号楼 17876 平方米、3 号楼 26748 平方米、4 号楼 21543 平方米、5 号楼 17845 平方米、6 号楼 17123 平方米、地下车库 19535 平方米，其它配套设施及附属建筑建筑面积约合 5397 平方米。主体结构形式为框架剪力墙结构。

2012 年累完成施工产值 18579 万元，开累完成施工产值 22299 万元。年累完成主要工程量：浇筑混凝土 40283 立方米；支设模板 194275 平方米；钢筋加工及绑扎 8479 吨；截至 2012 年底，地下车库及 1 号至 6 号楼主体结构全部封顶。

【北京市六郎庄拆迁安置用房】中铁航空港集团承建二标段。

合同价：47349 万元

合同工期：2011 年 8 月 15 日,至 2013 年 5 月 31 日竣工，共 21 个月。抗震设防烈度为八度；抗震等级为二级。

六郎庄拆迁安置用房二标段项目为北京市拆迁安置重点项目，位于北京市海淀区树村。地上部分建筑面积 117872.8 平方米，地下部分建筑面积 47950.87 平方米，总建筑面积 165823.67 平方米，由 11 栋住宅楼、2 栋公建及 1 个地下车库组成。其中 1 号、2 号、17 号楼为地下 1 层、地上 10 层；3 号、20 号楼为地下 2 层、地上 10 层；4 号、15 号楼为地下 2 层、地上 8 层；16 号、18 号楼为地下 1 层、地上 9 层；19 号、21 号楼为地下 2 层、地上 9 层。基础为筏板基础，住宅为全现浇剪力墙结构，地下车库为框架结构。2012 年累完成施工产值 36057 万元，开工累计完成施工产值 42457 万元。年累完成主要工程量：钢筋 9227.12 吨；混凝土 26766.35 立方米；模板 186456.8 平方米；地面垫层 17748 平方米；室内抹灰 114437.6 平方米；外墙抹灰 31546 平方米；外墙面砖 18862 平方米。

【浙江安吉凯蒂猫家园工程】

合同造价：1.5亿元。

合同工期：2012年7月1日-2013年12月31日，计划2014年5月1日达到开园要求。

施工单位：中铁上海工程局一公司。

工程概况：浙江安吉凯蒂猫家园项目是浙江省“十二五”规划中的重点旅游开发项目，也是长三角区域继上海迪士尼乐园之后的第二个大型国际综合性旅游度假区。该项目由上海银润(控股)集团公司和卡通小猫“HelloKitty”的拥有者——日本三丽鸥公司共同合作，落户安吉经济开发区文化休闲产业创意园。工程规划用地面积294667.2平方米，总建筑面积48852.2平方米，其中地上建筑面积41120.6平方米，地下室建筑面积7731.6平方米，为多幢多层建筑。建筑类别入口商业为Ⅰ类，其余单体为Ⅲ类。工程内容为：园区内所有建筑安装工程（包括土方及护坡、道路、建筑物、构筑物、造型钢结构、室内外精装饰、消防、电气、给排水、通风空调、弱电智能化及技防、燃气、通信综合配套等所有工程）。

施工进度：截至 2012 年 12 月 31 日，开工 5 个单体，已完成 4 个单体主体结构，累计产值 648.45 万元。其中：房建完成建筑面积 2060.7 平方米；土方开挖累计完成 54770 立方米；6 个单体完成基础土方开挖，挖孔桩开挖 335 米，目前开孔 62 根；排水管道铺设：停车场 C 区完成排水管铺设 125 米，砌筑检查井 6 座；挡土墙：后勤用房区块完成挡土墙 300 米，累计浇筑混凝土 2860 立方米。

【沈阳市四环快速路新建工程平罗管理养护中心工程】

合同造价：1400 万元。

合同工期：实际开工时间 2012 年 7 月。

施工单位：中铁上海工程局第三分公司。

工程概况：该工程是沈阳四环快速路中的养护绿化应急处理的必备设施，位于永安新城北部、浦河新城西部，该项目用地南紧邻规划四环路的沈阳市于洪区平罗镇，在沈阳市四环快速路的北半环（西 121+000 公里向北到东 47+500 公里桩止）的居中位置，便于北半环的道路养护、绿化养护、防灾与应急时间的处理。总建设用面积 33333 平方米，总建筑面积 6983.68 平方米。

工程进度：综合楼基础建设完成及地圈梁开始浇筑，车库基础浇筑完成。

建安产值：2012 年完成年度产值 170 万元，完成开累产值 170 万元。

【安徽世福仪器有限公司芜湖厂房、办公楼及附属安装工程】

合同造价：1340 万元。

合同工期：2012 年 11 月 20 日-2013 年 3 月 18 日。

施工单位：中铁上海工程局第三分公司。

工程概况：本项目为安徽世福仪器有限公司厂房机电安装工程，工程内容比较多，包括中央空调，消防，供电，供排水，压缩空气等。

工程进度：室外雨、污水管道已施工完成，雨水管道 688 米、检查井 56 个、污水管道 164 米、检查井 6 个。

建安产值：2012 年完成年度产值 150 万元，完成开累产值 150 万元。

其他工程

【杭州钱江通道及接线工程南接线段02标】中铁四局承建。

合同造价：52800万元。合同工期：24个月。

管段起讫里程K16+685.5-K18+455.5，路线长度1770米，包括非互通高架桥、互通区主线高架桥及匝道工程。本标段主线部分连续箱梁16联，匝道部分连续箱梁23联，预制小箱梁48片，涵洞9座。路基填筑总填方236048立方米，总挖方量13051立方米。地面高程一般在4.0米-6.4米。现多被开垦为鱼塘和农田等，表层有厚度不一的耕填土，多以粉土出现。

截至12月31日底，完成产值34703万元，占总价的65.6%。

工程进展情况：

路基土石方：路基填筑设计23.6万立方米，开累完成23.5万立方米，完成占设计的98.5%；路基挖方设计1.3万立方米，累计完成1.3万立方米，完成占设计的100%；软基处理设计12.24万立方米，累计完成11.7万立方米，完成占设计的95.6%。

桥梁工程：设计承台172个，开累完成172个，完成占设计的100%；墩台身设计181座，开累完成181座，累计完成设计的100%;支架现浇连续梁设计39联，悬臂浇筑现浇梁完成0联，开累完成22.2联，完成占设计的57%;完成预制小箱梁0片，开累完成48片，累计完成设计的100%，完成防撞护栏浇筑60米,累计完成320米;完成支架地基处理0联，支架搭设2联，支架预压1联

排水工程设计114.04万元，累计完成95.8万元完成占设计的84.0%。

【杭州钱江通道及接线工程南接线段03A标】中铁四局承建。

合同造价：43454.56万元

合同工期：22个月

南接线段路线起点桩号K15+850,衔接钱江隧道南岸出口,终点桩号为K43+560,路线长27.71公里。全线设新湾枢纽、齐贤枢纽2处;设六工段、党湾和益农3处互通;六工段互通连接线1处,养护工区1处,管理分中心1处,超限检测站1处。主线设计速度100公里/小时，整体式路基标准宽度33.5米,桥梁、涵洞宽度33.0米,双向按6车道设计标准。

钱江通道及接线工程南接线段第03A合同段K18+455.5-K20+908.9,路线长度2453.4米,全部为主线高架桥工程。

截至12月31日底，完成产值32558.21万元，占总价的74.9%。

工程进展情况：

标段内桥梁为高架桥，设计钻孔桩466根，开累完成466根；设计承台75个，开累完成75个；设计墩身75个，开累完成75个墩；开累完成14+0.5*2联；开累完成1.5联；开累完成178个球型支座；开累完成146个垫石；占设计总量的3.2%，开累完成2122.67米，开累占设计总量的86.5%。

【天津市汉沽区污泥干化处理项目】中铁四局承建。

合同造价：2815万元。

合同工期：2011年6月28日~2012年3月31日。

本工程建设规模为日处理市政污泥200吨，年运行时间不小于7500小时，污泥干化采用两级干化工艺；干化后的污泥含水率由80%降至40%-10%可调；干化热源为汉沽垃圾焚烧发电厂提供的蒸汽;干化后的污泥量约为:66.7-44.4吨/d,污泥采用车送到东侧的滨海新区垃圾焚烧发电厂的垃圾储坑,与生活垃圾混合后进行焚烧处理。建筑面积:4908.3平方米,框架结构,工艺管道最大管径350毫米,管道长度:1236米。

施工及技术服务范围是:污泥干化工房及厂区内所有土建及设备安装工程（不含桩基）、废水处理站、废水调节池、污泥干化工艺管道施工及安装、工艺设备安装、电气及自控系统、室外工程等。

2012年完成产值1450万元；开累完成产值2781万元。

完成情况：该工程已完工。

【临港工业区部分道路工程黄河道（渤海三十路~渤海三十七路）道路、排水工程】中铁四局承建。

合同造价：13100万元。

合同工期：2010年5月29日~2011年6月30日。

工程位于天津市滨海新区临港工业区，桩号范围为K5+452.616~K7+710.000，全长约2257米。主要工程内容包括河道土方开挖66000立方米、土方卸载446040立方米、钢板桩5038延长米、大口井1058座、DN300~DN1000管总长9905米、特殊检查井185座、路基回填10%灰土63209立方米、铺设土工格栅111190平方米、路基摊铺水泥石灰土524799平方米、路基摊铺二灰土81952平方米、水泥稳定碎石157824平方米、路肩土方填筑77009立方米、侧石安装9144米、道路面层沥青混凝土71367平方米。

劳动力部署：临港工业区部分道路工程黄河道项目部设5

部2室，下辖4个项目队，负责完成剩余工程的施工生产任务。现场管理人员58人，作业人员124人。

2012年完成2370万元；开累完成产值10255万元。

完成情况：完成河道土方开挖66000立方米、土方卸载245016立方米、钢板桩2712延长米、大口井545座、DN300~DN1000管总长5018米、特殊检查井85座、路基回填10%灰土31786立方米、铺设土工格栅54010平方米、路基摊铺水泥石灰土258901平方米、路基摊铺二灰土45976平方米、水泥稳定碎石63130平方米、路肩土方填筑38510立方米、侧石安装4572米、道路面层沥青混凝土35684平方米。

存在问题：受拆迁影响，北半幅暂时无法施工。

【天津市北塘污水处理厂工程（一期工程及再生水工程）】中铁四局承建。

合同造价：23500万元。

合同工期：2009年12月24日~2011年12月31日。

北塘污水处理厂（一期）工程地处天津滨海新区北塘区，日处理约15万立方米/日。主要工程内容包括：新建生物池二座、初沉池二座、二沉池八座、二沉池集配水井二座、曝气沉砂池二座、进水泵房一座、建筑工程17座及附属工程；工程造价约20158万元。

北塘再生水厂工程占地面积12750.8平方米，主要包括再生水处理车间、清水池、加氯间、送水泵房、室外工程、自动化控制仪表安装工程。该工程主要采用超滤（UF-S）+反渗透（RO）工艺，建成后最高供水规模4.5万立方米/日。

2012年完成产值100万元；开累完成产值23610万元。

完成情况：该工程已完工。

【临港工业区部分道路工程三期一标段】中铁四局承建。

合同造价：6118万元。

合同工期：2011年3月15日-2011年11月30日

本标段由汉江道、湘江道、金沙江道三条道路组成，起点为渤海十二南路，终点为渤海十六路南路。从北至南依次为汉江道（渤海十二路-渤海十六南路之间），桩号范围为K0+045.135-K1+331.544，全长约711米；湘江道（渤海十二路-渤海十六南路之间），桩号范围为K0+045.24-K1+346.27，全长约696米；金沙江道（渤海十二路-渤海十六南路之间），桩号范围为K0+018.303-K1+413.746，全长约755米。三条道路中汉江道、金沙江道为支路；湘江道为城市次干路。

本工程管道总长度约3982.8米（其中汉江道管道长约1286.4米，湘江道管道长约1301米，金沙江道管道长约1395.4米），包括设计范围内的雨、污水管道工程。排水管道按一雨一污设计。

2012年度完成产值845万元；开累完成产值6118万元。

完成情况：该工程已完工。

【银川第六污水处理厂建设项目设计采购施工（EPC）总承包项目】中铁四局承建。

合同造价：8323万元。

合同工期：2011年8月7日-2012年10月30日

银川市第六污水处理厂第一期工程设计污水处理能力每日5万立方米，第一期工程分步分期实施建设，一步工程设计污水处理能力每日2.5万立方米；二步工程设计污水处理能力每日2.5万立方米，根据污水处理厂进水水量的增长情况启动建设和投入运行。

施工及技术服务范围是：建筑安装工程施工（施工范围主要为粗格栅及进水泵房、细格栅及曝气沉砂池等18个单体结构物，除发包人采购的设备、材料除外）、初步完工、培训调试试运行配合、竣工验收直至通过环保验收，完成质量保修期内的缺陷修复，向业主移交合格的工程（交钥匙工程）。

2012年度完成产值5340万元；开累完成产值5340万元。

完成情况：该工程构筑物和建筑物主体完成；管网施工完成。

【临港工业区部分道路工程渤海十八路道路排水工程】中铁四局承建。

合同造价：7882万元。

合同工期：2011年8月1日-2012年6月30日

本标段包括道路、排水、桥梁工程，施工范围为渤海十八路（长江道-珠江道），桩号为K0+019.689-K1+610.664，全长约1590.975米，道路建筑面积43070.81平方米，起点接长江道，终点到珠江道。管道总长6961米，其中雨水管道总长2982米，污水道路总长1792米，收水支管总长2187米。桥梁位于渤海十八路与长江道交口附近，长江道南侧，上跨景观河道。桥梁修筑起点、终点为K0+61.251-K0+91.711，总长30.46米，桥梁桩基中心线与道路设计中心线夹角95度。

2012年度完成产值5529万元；开累完成产值7710万元。

完成情况：该工程已完工。

【湖南永州冷水滩下河线污水处理厂二期】中铁四局承建。

合同造价：3005万元。

合同工期：2012年8月-2012年6月

本项目为永州市冷水滩区下河线污水处理厂二期工程，位于湖南省永州市冷水滩区下河线内，占地面积1.08公顷，其中一期规模为5万吨/天，本期规模5万吨/天，主体结构物共5座，分别为AAO生化池（长74.1米，宽57.3米）、二沉池（外径54.1米）、污泥浓缩池（外径16.6米）、机修间及运行附房、车库。

2012年完成产值3005万元；开累完成产值3005万元。

完成情况：该工程已完工。

【浙江台州黄岩桥污水处理厂】中铁四局承建。

合同造价：5648万元

合同工期：2012年2月-2012年8月

远期建设规模为日处理污水6万吨，服务范围包括院桥镇、高桥街道、沙埠镇以及南城街道的东南部排水区。一期实施日处理污水1.95万吨的污水处理厂一座及配套管网泵站，共计有构筑物19座。概算总投资19104万元，其中污水处理厂一期工程9491万元，配套截污管道工程9913万元。污水厂采用改良型A/A/O污水处理工艺，出水排放标准执行国家《城镇污水处理厂污染物排放标准》（GB18918-2002）一级A类标准。

构筑物包括：粗格栅间、污水提升泵房、细格栅、曝气沉砂池、AOO生化池、二沉池、高效沉淀池、盘式滤池、接触消毒池、巴氏流量渠、污泥贮池、清水池、厂区总图水路、电路。

建筑物包括：变配电室、鼓风机房（预计2012年4月30日前完工）；污泥浓缩脱水机房、加氯加药间、仓库机修车间、综合楼、门卫、在线监控室、中控室。

2012年度完成产值5587万元；开累完成产值5587万元。

完成情况：该工程已完工。

【成都市青白江区污水处理厂技改项目（二期）】中铁四局承建。

合同造价：11700万元。

合同工期：2012年2月16日-2012年5月31日

本标段成都市青白江区污水处理厂占地69亩，2000年建成投产，目前已运行9年。设计处理能力10万吨/日，目前平均污水处理量8.9万吨/日。主要处理青白江城区和工业集中发展区近14万人口的生活污水和30多家企业的工业污水。本工程内容是厂内技术改造，将处理后污水的排放标准从GB8978-1996一级标准提高到GB18918-2002一级A标准。主要施工内容包括调节池、水解酸化池、高效沉淀池、鼓风机房及配电间、加药间、配水井，以及7条氧化沟改造施工和厂区污水管线改造工程等。

2012年度完成产值7080万元；开累完成产值7080万元。

完成情况：完成1号初沉池管线切改处对接；3号氧化沟污泥清理已全部完成；水解酸化池1区池壁钢筋绑扎已全部完成；3区池壁钢筋绑扎完成50%；水解池2区底板钢筋加工及绑扎完成476t；鼓风机房及变配电间房心土回填全部完成；鼓风机房一层框架柱钢筋绑扎和梁底模板安装完成；调节池底板混凝土浇筑全部完成；4号氧化沟砌筑工作全部完成。

【山东胶南污水处理厂】中铁四局承建。

合同造价：7916万元。

合同工期：2012年3月1日-2013年3月31日

本工程位于山东省青岛市胶南市经济技术开发区大河东村世纪大道旁，总占地面积约31534.18平方米，总建筑物占地面积约15909.22平方米，污水处理规模15×104立方米/d。施工范围主要为粗格栅与进水泵房、细格栅与曝气沉砂池、初沉池、初沉池集水井及污泥泵房、生物池、二沉池、回流污泥及剩余污泥泵房、高效沉淀池、接触池、鼓风机房、加药间及变配电间、加氯间、污泥浓缩池、污泥浓缩池集配泥井及污泥脱水机房共计19个单体结构物。

2012年度完成产值1730万元；开累完成产值1730万元。

完成构筑物的桩基施工；完成厂区便道工程；二沉池6-1池壁混凝土浇筑完毕；初沉池4-1、4-2池壁混凝土浇筑完毕；初沉池集配水井及污泥泵房池壁钢筋绑扎完毕；生物池一区底板及池壁吊模混凝土浇筑完成；三区、八区底板钢筋绑扎；七区脚手架搭设，池壁立筋绑扎；六区、九区垫层浇筑完毕。

【昆明嵩明县污水处理及再生水工程、安宁市第二自来水厂供水工程】中铁四局承建。

合同造价：9310万元。

合同工期：2012年6月30日-2012年12月31日

（1）嵩明县污水处理及再生水工程

本工程为嵩明县污水处理厂二期工程，施工地点位于云南省昆明市嵩明县杨林工业园区。主要工作内容为：生物池、臭氧接触池、混凝过滤池、送水泵房、加药加氯间、臭氧制备间、其他生产运营设备及临时工程。其中生物池建筑面积2663.85平方米；臭氧接触池建筑面积125平方米；混凝过滤池建筑面积283.688平方米；送水泵房建筑面积258.75平方米；加药加氯间建筑面积222.75平方米；臭氧制备间建筑面积191.25平方米。

（2）安宁市第二自来水厂供水工程

本工程为安宁市第二自来水厂供水工程，施工地点位于云南省安宁市。主要工作内容：配水井、两座网格反应斜管沉淀池、虹吸滤池、清水池、加药间、综合楼、门房。其中配水井建筑面积32.34平方米；网格反应斜管沉淀池建筑面积每座216平方米，共计432平方米；虹吸滤池建筑面积

432 平方米；清水池建筑面积 858.49 平方米；加药间建筑面积 416.16 平方米；综合楼建筑面积 1008.72 平方米；门房建筑面积 63 平方米。

2012 年完成产值 930 万元；开累完成产值 930 万元。

完成项目驻地建设；便道全部完成；降水全部完成；生物池工程开挖完成 40%；底板完成 20%；送水泵房工程开挖完成 80%。

【津南污水处理厂（一标）工程】中铁四局承建。

合同造价：12000 万元

合同工期：2012 年 8 月 9 日-2013 年 9 月 30 日

工程简介：工程位于天津市津南区大孙庄，东距天嘉湖；星耀五洲 3 公里；北距大沽排水河 4 公里，南距八里台示范镇 2.6 公里，西距津公路和唐津高速公路 2 公里。日处理能力为 55 万立方米/日的污水处理厂。构筑物面积约为 34000 平方米，基础深度约为 4.8 米，施工内容包括初沉池、生物池及污泥泵房、二沉池、二沉池配水井一系列构筑物。

产值情况：年度完成产值 5750 万元；开累完成产值 5750 万元。

【天津市大港港东新城污水处理厂】中铁四局承建。

合同造价：5398 万元。

合同工期：2012 年 6 月 5 日-2013 年 3 月 31 日

工程简介：工程位于天津市滨海新区大港李港铁路以南、港塘公路以西。污水处理厂远期处理规模为每日 10 万立方米，近期处理规模每日为 2.5 万立方米，近期占地面积 34087 平方米，本项目为污水处理厂一期工程，处理规模每日为 1.25 万立方米（部分单体按照每日 2.5 万立方米）。

年度完成产值 430 万元；开累完成产值 430 万元。

完成项目部驻地建设；厂区便道完成 500 米；围墙完成 100 米；完成生物池、二沉池配水井及污泥泵房、二沉池、机械混合池及滤池的基础桩基工程。

【澳前海峡客运码头疏港道路建设项目】中铁四局承建。

合同造价：8936 万元。

合同工期：2012 年 8 月-2013 年 5 月。

澳前海峡客运码头疏港道路工程位于平潭综合实验区澳前组团内，在平潭岛东南部，西起旧万宝路，终点至澳前镇。

主要工程数量：澳前海峡客运码头疏港道路（一期 A 标），道路全长约 2.800 公里，红线宽度 60 米。本次项目为一期工程，先实施北侧 30 米，利用北侧主车道的两个车道，和远期的 2.5 米边分带作为近期 30 米路幅的中分带，辅道作为机动车道的两个车道，形成双向四车道断面，路面宽 7.5 米。工程主要内容包括：①道路工程；②交通及沿线设施工程；③涵洞工程；④雨水、污水工程；⑤给水、燃气工程；⑥电力、电信工程；⑦道路照明工程。

2012 年完成建安产值 1589 万元，累计完成 1589 万元。

【西气东输三线东段隧道工程第 2EPC 项目】中铁五局承建，新建工程。项目地点江西省瑞金市（福建省长汀县）。本标段隧道长度 6.7554 公里，位于江西省瑞金市境内，主要工程数量：隧道 6.7554 千米/7 座，伴行路路基 9.965 公里，共计土石方 34.10 万方，涵洞 33 座；胡岭隧道（1564.1 米）为控制工程。合同总额 13689.9673 万元。建设单位：中国石油天然气股份有限公司管道建设项目经理部，设计单位：中铁二院集团有限责任公司；监理单位：华铁工程咨询有限责任公司西气东输三线东段隧道工程监理项目部。2012 年 9 月 24 日开工，合同竣工时间 2013 年 8 月 31 日。年累完成 6231.13 万元，开累完成 6829.13 万元，剩余价值 6860.84 万元。

【牛栏江-滇池补水输水线施工 12 标大五山隧洞】中铁五局承建，系新建工程。项目地点昆明市盘龙区双龙乡庄房村。本标段为输水线路桩号 103+838.701～107+764.445。主要工程数量：即大五山隧洞 25+234.256～29+160 段（3965.96 米）及其 2 条施工支洞（未完成部分）土建工程。合同总额 17340.94929 万元。建设单位：云南省牛栏江—滇池补水工程建设指挥部，设计单位：中国水电顾问集团昆明勘测设计研究院。监理单位：北京海策工程咨询有限公司。2012 年 1 月 15 日开工，竣工日期 2013 年 9 月 30 日。年累完成产值 10898 万元，开累完成 16424 万元，剩余价值 917 万元。

【贵阳市花溪南部污水处理厂及配套管网工程】中铁五局承建，项目地点贵阳市花溪大学城。污水管起讫里程：K0+000～K6+331.308，临时压力管起讫里程为 K0+000～K3+178，管道线路总长 9.5 千米。本工程工程重点：是贵阳市花溪区南部新建污水处理厂新建截污管，管径为 DN600，长约 1690 米、截污管采用 DN600 钢管，壁厚 8 毫米，一根 6 米的管重量为 0.75 吨，压力等级 1.0MPa，纵坡为 1‰。该段工程地理环境恶劣、交通极为不便，管道较重，多在悬臂作业，仅能采用人工运输，人工运输长达 900 余米，管道及材料运输极其为困难，工作效率低，工作难度大。合同总额 3500 万元，建设单位：贵阳市建设投资控股有限公司，设计单位：贵阳建筑勘察设计有限公司，监理单位：贵州三维工程建设监理咨询公司。2012 年 3 月 15 日开工，合同竣工时间 2012 年 8 月 31 日。年累完成 3500 万元，开累完成 3500 万元。

【贵州省三穗县塘冲水库工程 C1 标】中铁五局承建，项目地点贵州省三穗县塘冲村。塘冲水库是六洞河第二级综合开发利用水利工程，上衔上塘水库，下接附廓水库。塘冲水库枢纽工程位于滚马乡塘冲村河段，坝址控制流域面积 185 千立方米，多年平均年径流量 1.024 亿立方米。主要工程：大坝、溢洪道、冲砂、放空兼导流隧洞、引水隧洞及发电厂房、金属结构制作安装。水库大坝高 53.5 米，坝顶长 392.776m 米；导流洞总长 411.779 米，引水洞总长 421.163 米，溢洪道长 142 米。合同总额 14201 万元。建设单位：黔东南州水利投资有限责任公司，设计单位：贵州省水利水电勘测设计研究院，监理单位：贵州黔水工程监理有限责任公司。2012 年 12 月 12 日开工，合同竣工时间 2015 年 6 月 20 日。年累完成 0 万元，开累完成 0 万元，剩余价值 14201 元。

【北京地铁昌平线与 8 号线联络线工程机电专业设备安装工程】中铁五局电务公司承建，新建工程，中标时间 2012 年 11 月 1 日。昌 8 联络线工程是一条连接昌平线与 8 号线的轨道交通线，旨在分流昌平线建成后对 13 号线的客流压力，提高回龙观地区轨道交通的服务水平，充分发挥 8 号线骨干作用的轨道交通线。整条线位于昌平区，能提高昌平新城区域轨道交通服务水平，促进、带动昌平新城发展，顺应城市总体规划要求，加快国际化城市建设步伐。北京市轨道交通昌平线与 8 号线联络线工程自昌平线朱辛庄站同台（换乘）始，出站后线路上跨七北路折向东南，再上跨育知路后由高架转为地下，至回南北路折向东，沿规划的回南北路，经育知东路、文体西路、文华路、文华东路至黄平西侧路折向南与 8 号线二期工程相接。线路总长 6.293 千米，其中高架和过渡段长 1.700 千米，地下线长 4.593 千米。设置三座车站，一座高架站为朱辛庄站（与昌平线换乘），两座地下站为平西府站、育知路站。昌 8 联络线工程机电安装标范围为：朱辛庄站（高架站与昌平线换乘）、平西府站（地下站）、育知路站（地下站）三站三区间，线路总长 6.293 千米，其中高架和过渡段长 1.700 千米，地下线长 4.593 千米。合同总额 10608.3776 万元。建设单位：北京市轨道交通建设管理有限公司，设计单位：中铁电气化勘测设计研究院有限公司，北京城市建筑设计院，监理单位：天津路安监理公司。2012 年 12 月 1 日开工，合同开工时间 2012 年 8 月 1 日，合同竣工时间 2013 年 12 月 28 日。年累完成 60 万元，开累完成 60 万元，剩余价值 10548.3776 万元。

【北京地铁 10 号线二期工程通信系统设备安装工程】中铁五局电务公司承建。主要工程量：通信系统钢管敷设，桥架、机房设备和终端安装，设备调试及线缆敷设。10 号线二期车站，除丰台、泥洼站外，区间除首经贸-丰台、丰台-泥哇、泥哇-西局（两站三区间），其余 21 站、2 个停车场、一中心、区间 22 个，2 个停车场出入线工作。及部分材料的采购、相应的系统设备调试、对民用通信施工相关单位的管理、与土建单位的工程配合、相关技术培训、试运营前的临管维护、竣工图编制等服务内容。合同总额 10573.0840 万元。建设单位：北京市轨道交通建设管理有限公司，设计单位：北京全路通信信号研究设计院、北京城建设计研究院，监理单位：铁科院（北京）工程咨询有限公司。合同开工时间：2010 年 12 月 20 日，合同竣工时间：2012 年 12 月 30 日年累完成 5679 万元，开累完成 7052 万元，剩余价值 3521.08 万元。

【贵州省黔中水利枢纽工程总干渠C1标】中铁五承建。项目位于贵州省六枝特区梭戛乡，标段起点为水源工程渠首电站尾水池出口，桩号为总干0+000，末端为李家寨隧洞进口前10米处，桩号为总干12+094，总长12.094千米。总干渠C1标明渠5段共7052米，隧洞2座共4575米（梭嘎隧洞长3143米、下安助隧洞长1432米），渡槽2座共467米（平寨渡槽长217米、白鸡坡渡槽长250米）。渠系配套建筑物有渠首节制闸、白鸡坡节制闸及泄水堰、4个分水斗门、7座排洪渡槽、4座排洪涵洞、20座人行桥（预留5座）、渠外排水沟10条长750m等。金属结构有渠首及白鸡坡节制闸的闸门、放空闸阀及启闭设备的安装，4个斗门闸阀及启闭设备安装、以及进口检修门槽等。合同总额10375万元。建设单位：贵州省水利投资有限责任公司，设计单位：贵州省水利水电勘测设计院，监理单位：广州新珠工程监理有限公司。开工时间2011年6月25日，竣工时间2014年2月28日，实际开工2011年6月25日。年累完成4588万元，开累完成6871万元，剩余价值3504万元。

【大理市三哨水库扩建工程项目施工三标】中铁五局承建，系新开工程。项目地点云南省大理市凤仪镇。主要工程数量：本工程Ⅱ号引水隧洞长 1684 米，陡槽 220 米。合同总额 1174.18 万元。建设单位：大理市建设管理局；设计单位：大理市水勘院；监理单位：大理禹光工程监理咨询有限公司。2012 年 7 月 26 日开工，竣工时间 2013 年 10 月 26 日。年累完成产值 265 万元，开累完成 837 万元，剩余价值 337 万元。

【柳州市城郊污水收集系统工程管网修复第一合同段】中铁五局承建，系新开工程。项目地点广西省柳州市。本合同段钢筋混凝土排水管（渠）总长约 2611.57 米。主要工程数量：壶西大桥西现状排水沟截污工程：截污管管径为 d500~d1500，管道总长为 562 米，其中顶管施工部分，d1000~d1500 管长为 532.63 米。红光大桥南现状排水沟截污工程：截污管管径为 d400，管道总长 425 米。驾鹤路现状排水沟截污工程：截污管管径为 d300~d800，管道总长为 227 米。柳州高中排水管截污工程：截污管管径为 d400~d1000，管道总长为 174.57 米，其中顶管施工部分，d1000 管长为 160.77 米，大开挖施工部分，d400 管长为 13.80 米。铁桥西水电段排水沟截污工程：截污管管径为 d400~d1000，管道总长为 1223 米，其中顶管施工部分，d1000 管长为 1194 米，开挖施工部分为 d400~d600 管长为 29 米。合同中标价 1012 万元。建设单位：柳州市污水治理有限责任公司，设计单位：柳州市市政设计科学研究院，监理单位：柳州市诚信建设监理有限责任公司。2012 年 5 月 30 日开工，竣工时间 2012 年 11 月 25 日。开累完成 1012 万元。

【云南昆明市城东片区关上南路雨水泵站、雨水箱涵工程】中铁五局承建，系新开工程。项目地点云南省昆明市。本项工程是滇池北岸水环境综合整治工程当中的子项目之一，主要内容是关上南路雨水泵站、雨水箱涵。片区雨水由箱涵收集，经全地下式雨水泵站提升后通过压力管排入清水河，解决关上片区部分地段水淹的问题。建设单位：昆明市滇池北岸水环境综合治理工程建设管理局，设计单位：广州市市政工程设计研究院，监理单位：昆明建设咨询监理有限公司。主要工程量：箱涵：2146m；污水管道：1172m；泵房一座；管理用房一座。合同总额 4055 万元。年累完成产值 950 万元，开累完成 4055 万元。

【贵阳市会文至渔安 220 千伏线隧道工程】中铁五局承建，项目地点贵阳市会文巷。项目施工段为电缆隧道进口里程为 K0+000，出口里程为 K1+320，单线隧道全长 1320 米，区间下设 3 个竖井。电缆沟位于贵阳市东山路和渔安 220kV 变电站，总长 2052 米，为线路明挖施工段。工程数量：隧道 1 座长 1320 延长米，明挖电缆沟长 2052m。合同总额 4807.225253 万元。建设单位：贵阳供电局，设计单位：贵州电力设计研究院，监理单位：贵州三力建设监理有限责任公司。合同竣工时间 2013 年 3 月 25 日。年累完成 757 万元，开累完成 757 万元，剩余价值 4373 万元。

【中铁五局晋宁县酸水塘水库输水隧洞工程】中铁五局承建，项目地点昆明市晋宁县酸水塘村。本标段工程范围是输水隧洞工程（全长：3475.281m 米），位于晋宁县昆阳镇酸水塘村委会以南 2km 处的龙母河上，埋深 0.74~190.91m，底板坡度为 i=1/500。工程主要内容包括：进口引渠段、有压洞段、竖井段、无压洞段、出口明渠段，及施工临时工程。合同总额 1550.8 万元。建设单位：晋宁县酸水塘水库工程建设管理局，设计单位：昆明市水利水电勘测设计院，监理单位：云南润滇工程技术咨询有限公司。2011 年 12 月 1 日开工，合同竣工时间 2013 年 11 月 30 日。年累完成 829 万元，开累完成 829 万元，剩余价值 1950 万元。

【贵州省盘县下屯水电站工程】中铁五局承建，项目地点贵州省盘县新民乡。下屯水电站水库总库容 970 万立方米，正常蓄水位 1173.00 米，相应库容 814 万立方米；死水位 1167 米，死库容 596 万 m3；有效库容 245 万 m3。电站装机容量 20MW，正常尾水位 1123.90 米。根据《水电枢纽工程等级划分及设计安全标准》（DL5180-2003）和《防洪标准》（GB50201-94）的规定，本工程为Ⅳ等小（1）型。合同总额 9153 万元。建设单位：盘县楼下河水电开发有限公司，设计单位：贵州中水建设管理股份有限公司，监理单位：贵州智龙水利监理有限公司。2012 年 8 月 3 日开工，合同竣工时间 2014 年 5 月 27 日。年累完成 1035 万元，开累完成 1035 万元，剩余价值 7118 万元。

【水利水电工程—长河坝水电站】中铁八局承建。长河坝水电站项目部承担的长河坝水电站响水沟大桥、大渡河大桥及枫林沟大桥工程。其工程主要包括：响水沟大桥（一孔净跨径为 133 米中承式钢管混凝土拱桥，桥梁全长为 154.0 米）、大渡河特大桥（93.5 米+210 米+93.5 米三跨一联的预应力砼连续刚构桥，桥梁全长 411.4 米，桥高 210m）、枫林沟大桥（48+80+48 米三跨一联预应力砼连续刚构桥，桥全长 182 米，桥高 60 米），以及边坡防护工程该段工程自 2011 年 4 月 1 日开工，预计 2013 年 8 月 10 日完工，总工期 28 个月。。工程总投资为 1.063 亿元。2012 年完成产值 7459 万元，开累已完成产值 10239 万元。

【四川木里河俄公堡水电站引水隧洞】中铁八局承建。木里河俄公堡水电站引水系统工程 C4-1 标工程位于四川省木里县境内的木里河上，该隧道为引水隧道，其主要为俄公堡水电站发电而建，里程范围：引 0+050-引 4+350，全长 4.3km，为圆形有压隧洞。标段起点里程标高为：2297.368m，标段终点里程标高为 2290.801m，纵向流水面坡度为-1.65‰。引用流量 191.1m3/s，混凝土衬砌洞段成洞洞径 8.00m，喷锚支护洞段成洞洞径 8.30m。分别于里程 1+470 和 3+250 位置与 1 号支洞和 2 号支洞相交。其中 1 号支洞长 316.65m，2 号支洞长 777m。主要工程数量：1 号支洞长 316.85m；2 号支洞长 777m，主洞长 4300m。工期要求：调整为 2008 年 12 月 15 日至 2013 年 6 月 30 日。工程投资 1.14 亿元。2012 年完成投资 4303 万元，主洞开挖 349m，衬砌 1780m。

【中缅天然气管道工程（国内段）第四合同项】中铁八局承建。本工程起点：云南省昆明市富民县者北乡下河里村，终点：云南省曲靖市富源县后所镇发五多村，隧道10座共计10721.59米，隧道断面3.8米×3.8米，石油及天然气管道共用。其中重点控制性工程：小对方隧道2130米，小黑箐隧道1459.9米。项目工程地点四个县：富民县（下河里隧道712.4米、竹子菁隧道1202.71米，小对方隧道2130米）；寻甸县（大脑包隧道457米、小黑菁隧道1459.9米、大松棵隧道843.36米）；马龙县（北道岭隧道1091.74米、假角山隧道1076米）；富源县（石口子隧道1376米、分水岭隧道372.48米）。工期：2011年7月18日至2012年12月31日。工程投资2.17亿元。2012年完成产值20111万元，完成主要工程数量：下河里隧道657.6延米、竹子菁隧道1132.12延米、小对方隧道1998.81延米、大脑包隧道371延米、小黑菁隧道1264.3延米、大松棵隧道789.96延米、北道岭隧道1091.74延米、假角山隧道1076米、石口子隧道1376延米、分水岭隧道349.28延米。

【中缅天然气管道工程（国内段）第五合同项】中铁八局承建。本工程起点：贵州省盘县断江镇丘田村，终点：贵州省关岭县坡贡镇板寨村至客布村，隧道13座共计11825.82米，隧道断面3.8米×3.8米，石油及天然气管道共用。其中重点控制性工程：狮子山隧道2484.07米。项目工程地点分三市四个县：盘县（八丘田隧道1051.81米、松林头隧道868.4米、响水隧道446.19米、营盘山隧道1190.51米）；普安县（水打田1号隧道342.37米、水打田2号隧道412.39米、水打田3号隧道649.54米、上马基隧道1110.43米、狮子山隧道2484.07米）；晴隆县（银子洞隧道979.63米）；关岭县（大坡隧道510.58米、猴儿关隧道1002.88米、长石头隧道777.02米）。工期：2011年7月18日至2012年12月31日。工程投资2.14亿元。2012年完成产值19600万元；完成主要工程数量：八丘田隧道1014.51延米、松林头1号隧道257延米、松林头2号隧道289.1延米、响水隧道380.36延米、营盘山隧道1132.21延米、水打田1号隧道281.48延米、水打田2号隧道337.59延米、水打田3号隧道583.54延米、上马基隧道993.43延米、狮子山隧道2325.94延米、银子洞隧道940.23延米、大坡隧道493.87延米、猴儿关隧道934.28延米、长石头隧道726.23延米。

【西气东输二线工程（东段）隧道工程】中铁八局承建。

本工程位于浙江省杭州市，主要工程数量：庙尖山隧道446.66米、东王山隧道543.7米。合同工期：2011年2月15日至2012年3月30日。工程投资：898万元。2012年完成产值649万元，完成主要工程数量：东王山隧道340.3延米。

【武汉石化80万吨/乙烯工程上游配套工程】九局二公司承建，工程主要负责埋深较深、下穿铁路专用线构筑物的部分沉井及顶管施工。合同总造价为5000万元。2012年4月10日开工，2012年12月31日竣工。建设单位为中石化武汉分公司，设计单位为武汉炼化工程设计有限公司，监理单位为武汉兴宇监理有限公司。

2012年完成产值4798万元，完成总价的96%，工程主体竣工。

【伊春鹿鸣钼矿工程】九局机械设备公司参建，位于黑龙江省伊春市鹿鸣林场事业区内。鹿鸣钼矿为斑岩型成因的特大型钼矿床，矿石工业类型为单一的钼矿石，矿石品位一般在0.03%-0.11%之间，矿区内保有工业钼矿资源量79504.74万吨，钼金属量717662.90吨，平均品位0.090%。矿山露天开采服务年限为51年。伊春鹿鸣钼矿采选工程由伊春鹿鸣矿业有限公司开发，该公司注册地点在伊春市，隶属中铁资源集团有限公司。

矿山基建期2年，包括采场办公楼、车辆存放库、设备保养间、仓库、加油站等设施以及外部联络道路的施工，占地面积约21万平方米；路基工程包括进出场、场区内、场区至采区境界外道路路基，占地面积约3.6公里，总体挖方量54万立方米，填方量40万立方米。

2013年下半年投产，2014年达产，稳产45年。达产后年产原矿1500万吨/年，岩石1200万吨/年，采剥总量2700万吨/年。露天开采境界内平均剥采比0.80吨/吨。2012年完成产值25018万元，开累完成产值29371万元。

【莆田市妈祖城核心区基础设施建设项目填海造地及内湾护岸工程】 合同造价：41121万元。合同工期：36个月。施工单位：中铁港航局集团第一工程有限公司。

工程概况：妈祖城核心区填海造地工程面积约341.04万平方米，位于莆田市忠门半岛东南湄洲湾畔的妈祖故里。本工程施工项目以场地吹填、砂袋护岸、施打排水板、东片区部分挖方工程和场地平整等为主。核心区内三个填海造地片区位于内湾，滨海路海堤已经修建完成，无通航建筑，运砂船不能直接进入内湾供砂填筑，妈祖阁山脚下海边受潮汐影响不大，且风浪不大，海堤前水域尺度能方便布置贮砂坑和绞吸船吹填造地作业，具备良好的施工条件。

截至2012年底完成产值37951万元（含变更），本项目已于2012年竣工。

【中铁南方装备基地软基处理工程】 合同造价：36000万元。合同工期：14个月。施工单位：中铁港航局集团第一工程有限公司。

工程概况：中铁南方工程装备基地位于广东省中山市火炬开发区临海工业园东六围内，基地面积1000亩。东六围四面环水，原先为围垦耕种地，地形较为平坦、低洼，表层土质为淤泥或淤泥质土。基地场地一面临水，东海堤为抛石海堤，三面须修筑砂袋围堰进行合围。场地无道路直通，只能靠水路进行运输。初期造地施工通过吹填泥砂的方式形成，随后进行软基处理施工。

截至2012年底完成产值36714万元（含变更），本项目已于2012年竣工。

【中铁南方工程装备中山基地项目1号、7号泊位板桩码头工程】 合同造价：19183万元。合同工期：7个月。施工单位：中铁港航局集团第一工程有限公司、中铁港航局集团第二工程有限公司。

1号泊位码头工程主要包括长约202.4米的5000吨级装码头，此外还包括场地北侧约28.5米封头段。拟建码头及护岸结构均采用板桩式直立式岸壁结构。7号泊位码头工程为船坞式结构，其上布置2台龙门吊机横跨船坞，码头采用单锚板桩墙结构，挖入式布置型式，挖入式港池宽55.0米，纵深160米。板桩墙采用ф1.0米钻孔灌注桩连续排列而成，板桩墙后设置ф0.8米旋喷桩防漏砂；在桩顶现浇宽1.6米，高4.2米的钢筋混凝土胸墙，在桩墙后设连续式钢筋混凝土锚碇墙，锚碇墙中心线距离码头前沿线距离为25米，锚碇墙高度3.5米，厚0.5米，锚碇墙下设置0.5米厚的片石垫层，墙前设置抛填10-100kg的块石。胸墙与锚碇墙间用ф0.85米钢拉杆连接，拉杆间距1.85米。挖入式港池前端两侧与6号泊位和8号泊位交界处各设置一个宽约25米，长约30米的墩台，墩台厚2.5米，桩基采用ф1.0米钻孔灌注桩。码头两侧设置两条钢轨，两轨中心距码头前沿3.5米，轨距1.5米。轨道基础采用双排ф1.0米灌注桩，间距均为3.75米，其上设置C30桩帽，桩帽上现浇C30钢筋混凝土轨道梁。

截至2012年底完成产值16264万元（含变更），本项目已于2012年年底竣工。

【福建富源石化仓储码头工程】 合同造价：10900万元。合同工期：18个月。施工单位：中铁港航局第一工程有限公司。

工程概况：福建富源石化仓储发展有限公司码头工程的建设地点位于湄洲湾港肖厝港区肖厝作业区内，行政区划属泉州市泉港区界山镇下朱村。地理位置约在东经118°57′06″，北纬25°13′19″（南浦电厂5万吨级煤码头的西北面）。工程建设主要规模为建设5000吨级液体化工泊位一个，结构按1万吨级设计。本工程主要建设项目包括：工作平台、栈桥、设施平台、引堤（+8.5米标高以上）、停泊及回旋水域挖泥、工艺管线钢架混凝土基础以及配套装卸工艺、供电照明、消防设施预埋件等。

截至2012年底完成产值8838万元。

【广西北海LNG接收站陆域形成工程】 合同造价：30800万元，合同工期：6个月，施工单位：中铁港航局第一工程有限公司。

工程概况：广西北海LNG接收站陆域形成工程位于广西壮族自治区南端、北海市东部的铁山港工业区内，东南临铁山港湾，北至北铁一级公路，西至南康江，距离已建成的铁山港国际深水码头仅3公里。根据总平面布置，场地陆域面积约40公顷，护岸总长2560米，主要施工内容包括1767.8米斜坡式护岸、222.2米直立式护岸、570米袋装砂围堰以及陆域形成等内容。

产值情况：2012年年度完成产值30204万元。

【平阳县宋埠-西湾围垦区吹填软基处理工程】 合同造价：34442万元，合同工期：2012年1月10日-2013年6月15日，施工单位：中铁港航局第一工程有限公司。

工程概况：平阳县宋埠－西湾围垦区吹填软基处理工程(吹填及软基处理项目)位于温州市平阳县宋埠-西湾围垦区内，北邻瑞安，东沿东海，南连苍南。本工程位于平阳县宋埠－西湾围垦区吹填软基处理工程范围内。本工程建设规模为5580亩，平面分隔采用填筑施工隔堤形成并分为北四区、中一区、中二区、中三区、中四区；南一区、南二区、南三区、农一区、农二区，围区外侧涂面较低的5580亩土地采用吹填砂回填，其中4711亩吹填工业建设用地采用真空预压处理，剩余农一区、农二区869亩农耕地采用自然晾晒风干。

产值情况：2012年度完成产值21178万元

【海南炼化码头改扩建系列工程】 合同造价：40800万元，合同工期：2011年12月12日-2013年8月29日。施工单位：中铁港航局第一工程有限公司。

工程概况：海南炼化码头改扩建系列工程地属海南省洋浦经济开发区，由海南炼化码头1号泊位改造工程、海南炼化2号泊位改造工程、新建5000吨级化工泊位工程、新建7号泊位工程、新建8号泊位工程五个项目组成。

1号泊位改造工程新建一座宽11.5米、长608米的引堤和宽11.5米、长1569米引桥，接至海南炼化现有30万吨级码头平台。我部主要承担608米长新建引堤和上部结构的施工。

2号泊位改造工程现有防波堤新建一座宽10米的管架桥，分为北、西两段，北段在扩建防波堤上，长度为747.7米，西段为新建钢引桥，长度431.5米；管架桥上敷设管线和电缆（线）；该泊位主要装卸成品油。我部主要承担新建引桥管桩基础及上部墩台、260米长扩建引堤、500米长扩建防波堤、55 米长防波堤拐弯段内侧车道加宽、上部管架及航道疏浚施工。

6 号泊位建设 1 个 5 千吨级化工泊位，码头长 221 米，现有工作船泊位加长 45 米；新建长 143 米的引堤连接至现有防波堤，向东转向加宽现有防波堤和引堤南侧，连接至陆域；码头配套工艺、消防、电气、控制等设备、管线；该泊位为 PX 项目配套。我部主要承担新建 1 个 5 千吨级码头并将原工作船码头加长 45 米，改扩建防波堤引堤 352.5 米长，新建引堤 143 米长及炸礁疏浚施工。

7 号泊位工程建设 1 个 1 万吨级成品油泊位，泊位长 190 米，通过长 135 米，宽 8 米的引桥连接至 6 号泊位，与 6 号泊位共用管廊至陆域；码头配套工艺、消防、电气、控制等设备、管线；该泊位主要装卸成品油。我部主要承担 190 米长 1 万吨级油码头、50 米×30 米工作平台、5 个系缆墩和炸礁疏浚的施工。

8 号泊位工程现有防波堤向南延长 230 米，在现有 3# 泊位南侧，延长防波堤段内侧建设 1 个 1 万吨级成品油泊位，泊位长 176 米；码头配套工艺、消防、电气、控制等设备、管线；该泊位主要装卸成品油。我部主要承担 176 米长的 1 万吨级油码头、50 米×30 米工作平台、5 个系缆墩、230 米长防波堤延长和炸礁疏浚的施工。

产值情况：2012 年度完成产值 22700 万元。

【盐城港大丰港区三期通用码头工程施工项目 TYMT-SG1 标段】 合同造价：64983 万元，合同工期：2012 年 3 月 23 日-2013 年 5 月 22 日，施工单位：中铁港航局第一工程有限公司。

工程概况：拟建的盐城港大丰港区 5 万吨级通用码头工程，布置于已建大丰港二期工程北侧，与二期工程距离 950 米，其中南侧 550 米为预留 2 个 5 万吨级散货泊位岸线，北侧 400 米为预留万吨级船舶进出通道。工程新建 2 个 50000 吨级通用泊位（水工结构按 10 万吨级散货船设计），拟建（构）筑物包括码头、引桥及变电所平台。码头总长度为 560 米，宽度为 53 米，采用高桩板梁式结构，上部结构为现浇桩帽节点、叠合预应力横梁、叠合预应力纵向梁系、叠合面板。码头排架间距 9 米，每榀排架布置 12 根，基桩采用Φ1.2 米 PHC 管桩和Φ1.2 米钢管桩，前排桩帽下布置 2 根 PHC 桩，中间每个桩帽布置一对钢管桩（叉桩），后桩帽布置一对 PHC 管桩。引桥全长 2919.954 米，宽为 18.0 米，采用高桩墩台、预应力空心大板结构。引桥每跨约 24 米，在靠近码头水深的地方区域采用Φ1.0 米钢管桩，第一榀排架布置 8 根桩，其中 3 对叉桩，2 根直桩；中部引桥基桩采用Φ1.0 米 PHC 管桩，每榀排架布置 5-6 根桩；近岸端水深较浅的区域采用Φ1.0 米钢管桩，每榀排架布置 5-4 根桩。为增加引桥的纵向刚度，每 4 跨布置 1 榀 6 根桩的排架，其中 2 对纵向叉桩。引桥上部结构为现浇横梁、叠合预应力空心大板。变电所平台平面尺寸 40 米×25 米，采用高桩墩式结构，基桩为Φ1.2 米 PHC 管桩，上部结构为现浇混凝土墩台。

产值情况：2012 年度完成产值 45616 万元。

【厦门港古雷航道二期工程】 工程总价：9569 万元。合同工期：2011 年 6 月 30 日-2013 年 7 月 19 日。施工单位：中铁港航局集团航道工程公司。

工程概况：厦门港古雷航道二期工程是在现有古雷 10 万吨级航道的基础上进行扩建的工程。航道设计范围为：从古雷 10 万吨级航道起点 A 点起至规划港区南 9 号泊位附近的 E 点，航道全长 12.84 公里，其中 A 点至 D 点建设长约 9.53 公里 的 15 万吨级乘潮单向航道（同时满足 10 万吨级油船全潮双向通航，以及 15 万吨级油船和 5 万吨级散货船交汇通航），D 点至 E 点建设 5 万吨级单向航道（3.31 公里）。工程新增用海面积 6.19 平方公里。

主要工程数量：泊位船舶回旋水域共用水域内的疏浚工程量为 53.02 万了敷面膜，炸、清礁工程量为 49.59 万立方米。新抛航标 3 座。

截至 2012 年底完成产值 9569 万元，本项目已于 2012 年竣工。

【汕尾华润电力海丰电厂围填海场平工程】 合同造价：32315 万元。合同工期：23 个月。施工单位：中铁港航局三公司。

工程概况：华润电力海丰电厂 2×1000 米 W 超超临界燃煤发电机组工程厂址位于汕尾市海丰县小漠镇澳仔村，地理坐标为北纬 22° 45′ 12.6″，东经 115° 2′ 40.5″，东距海丰县城约 56 公里，距离汕尾市约 32 公里（直线距离），西侧紧邻惠州市惠东县；小漠镇位于海丰县城南西部南海海岸边，厂址位于小漠镇南约 2 公里，距西面的沃仔沟村、沙浦心村的距离分别为 0.8 公里和 1.5 公里。深汕高速公路和 G324 国道从厂区北侧（距离约 14 公里）通过，国道、高速公路与厂址之间有 X121 县道连接，交通较为便利。厂区地貌以滨海残丘台地和潮间浅海为主，北侧为旺公山，东、南及西侧为红海湾（南海）。规划装机容量 4×1000kW，本期装机容量 2×1000kW，预留扩建余地。围填海场平工程分东、西、南护岸，其中东护岸约 976 米、西护岸约 388 米、南护岸约 557 米，防波堤约 1186 米，开山土石方 4688900 立方米。主要工程数量：护岸分东护岸 976 米、西护岸 388 米、南护岸约 557 米，防波堤约 1186 米，开山土石方约 4688900 立方米。边坡支护 GPS2 主动防护网约 1400 平方米，普通砂浆锚杆 109.8 吨，植生袋 28031 平方，锚杆框架钢筋混凝土 2165 立方米。

截至2012年底完成产值16859万元。

【刘大线航道整治工程项目】 工程总价：9364万元。合同工期：20个月。施工单位：中铁港航局集团航道工程公司。

工程概况：刘大线航道是江苏省干线航道网规划“两纵四横”中的二纵“连申线”的组成部分，是大丰港的疏港航道，整治航道里程55.553公里。我司承建其中第四标段，位于江苏省盐城市大丰市境内，起点位于新团船闸下游引航道终点，经新团河、胜利河、平地开挖段，终点位于北中心河与斗龙港交会处。

主要工程数量：标段总长12.156公里，包括新建护岸25479.8米，软基处理8119.7延米，开挖水上方206.8万立方米、水下方37.7万立方米，回填39.3万立方米，填筑围堰2万立方米。

截至2012年底完成产值9014万元。

【黄骅港综合港区、散货港区20万吨级航道防波堤延伸工程二标段】 合同造价：25272万元，合同工期：合同开、竣工时间为2012年10月9日-2013年10月8日，实际开工时间为2012年10月9日。施工单位：中铁港航局集团航道工程公司。

工程概况：黄骅港位于河北省和山东省交界处、沧州市区以东约90公里的渤海之滨，其地理坐标为38° 19′ N/117° 52′ E，漳卫新河（河北省境内）与宣惠河（山东省境内）交汇的大口河（流程仅4.5公里）在此入海。黄骅港海上距天津60海里，陆上112公里；东距龙口约149海里，陆上280公里；西距黄骅市45公里。本工程项目是建设黄骅港综合港区、散货港区航道北侧防波堤一标段防沙堤的延伸段，沿一标段防波堤向东延伸至-8.0米水深处，设计堤顶标高为-2.0--3.0米，堤顶宽度为3米的拦沙潜堤，采用抛石斜坡堤结构，堤心由10-100千克块石筑成，堤心石外侧及两侧堤脚为200- 400千克(250-500千克)垫层块石，护面块体采用4吨（5吨）重扭王字块，堤顶安放混凝土压顶块体，地基处理采用砂垫层、塑料排水板与土工织物加筋相结合的方案，里程：NY4+400-NY8+800，总长4.4千米，其主要功能为拦沙减淤。

截至2012年底完成4877万元。

【江苏盐城港大丰港区三期通用码头引堤工程】 合同造价：9470万元。合同工期：合同开、竣工时间为2012年3月29日-2012年8月25日，实际开工时间为2012年3月29日。由于2012年8月受台风影响，风损严重，导致工期延后。施工单位：中铁港航局集团航道工程公司。

工程概况：江苏盐城港大丰港区三期通用码头引堤工程位于江苏省盐城市大丰港区内。引堤全长约2.2公里，其中东西堤944.341米，南北堤1284.069米。工程主要结构形式如下：引堤基础铺设砂肋加筋软体排和抛石护底；引堤堤身充填袋装砂棱体和吹填砂（堤头抛填堤心石）；引堤临海侧护面铺设400克/平方聚酯加筋无纺土工布、袋装碎石理坡、灌砌块石、安装栅栏板、扭王字块体。

截至2012年底完成产值8781万元万元。

【高栏港大平湾八期填土工程】 合同造价：25770万元。合同工期：12个月。施工单位：中铁港航局集团爆破工程公司。

工程概况：大平湾八期填土工程位于珠海高栏港大平湾，范围东到现有海堤路，南到北一路东南面的现有水泥路，西到东六路（规划）南段市政管线走廊，北到北三路（规划）。总填土面积420万平方米，总测量理论填方量约1673万立方米。

截至2012年底完成产值23003万元。

【珠海航空产业园定家湾南用地场平一期（续建）项目部】 合同造价：4542万元。合同工期：6个月。施工单位：中铁港航局集团爆破工程公司。

工程概况：珠海航空产业园定家湾南用地平整工程一期（续建）项目位于珠海市金湾区三灶镇，项目总填土面积约933496.30平方米，总填方量为326万立方米，前期完成吹填施工112万立方米，本次招标工程量为剩余的214万立方米(以上填方量均含 20%沉降量)。工程内容：包括土石方的爆破、开挖、汽车装运、填土、平整及与工程相关的一切附属设施及费用。填土工程完成标高要求达到黄海高程3.4米。

截至2012年底完成产值2841万元。

【梧州中心港区李家庄作业区仓码码头三期工程】 合同总额：15279万元，合同工期：21个月天，施工单位：中铁港航局集团第二工程有限公司。

工程概况：广西梧州仓码李家庄码头三期扩建工程位于梧州市万秀区梧（州）封（开）一级公路南侧，地处李家庄码头东侧下游西江岸坡，南临西江，地貌属西江一级基座阶地，由岸边平台及河流岸坡两地貌单元组成。本工程拟建设一个2000吨级多用途泊位（岸线长度118米），两个3000吨级多用途泊位（岸线长度 210 米）。施工范围主要包括码头平台主体框架结构施工，泊位港池和回旋水域疏浚工程，护岸工程，后方集装箱堆场工程，龙门吊机轨道梁工程以及与整体项目相关的道路、电力、给排水、消防等配套工程。

工程数量：泊位3个，泊位长度318米，港区总面积

8.99 万立方米，护岸挡土墙 567.3 米，堆场挡土墙 226.5 米，疏浚量约 20 万立方米，回填 1 万立方米，钢筋用量约 7027 吨，混凝土用量约 6.6 万立方米，水下抛石 7644 立方米，陆上抛石 8169 立方米，浆砌块石 8314 立方米，碎石倒滤层 13358 立方米，回填砾砂 48062 立方米，挖泥量 65779 立方米。

截至 2012 年底累计完成 10822 万元。

【昆明市晋宁县酸水塘水库输水隧道】 合同总额：1405 万元，合同工期：24 个月，施工单位：中铁港航局集团第三工程有限公司

工程概况：酸水塘水库位于晋宁县昆阳镇酸水塘村委会，是以解决城镇供水为主，兼有农田灌溉的小型蓄水工程，水库最大坝高 31.9 米，坝顶高程 2000.50 米，坝顶长 198.7 米控制径流面积 28.6 平方公里，总库容 382 万立方米。本标段的工程范围是输水隧洞工程，全长 3475. 281 米，工程主要内容为：进口引渠段、有压洞段、竖井段、无压洞段、出口明渠段及支洞工程。该工程由我公司和中铁五局贵州公司联合施工，双方商定我公司施工隧洞出口段。主要工程有隧洞无压段 1597.6 米，支洞 113 米和临时工程。

截至 2012 年底累计完成 631 万元。

【珠海港高栏港区南水作业区鑫和件杂货码头工程】 合同总额：11839 万元，合同工期：8 个月，施工单位：中铁港航局集团广东海洋工程有限公司。

工程概况：珠海港高栏港区南水作业区鑫和件杂货码头工程由珠海港鑫和码头有限公司兴建，规模为 1 个 5000 吨级泊位和 1 个 3000 吨级泊位（水工结构按 5 万吨级设计）。建设地点为西护岸的西侧，码头长 270 米、宽 35 米，引桥长 90 米，工程建设包括疏浚工程、水工工程、设备制造安装工程、给排水、供电及照明、通信及导助航配套工程等。

工程数量：码头岸坡、港池、回旋水域及航道的疏浚施工；码头的水工工程施工，包括码头前方、后方桩台各 1 座、接岸引桥 3 座、岸坡抛石护坡（不包括码头 PHC 桩的采购）

截至 2012 年底累计完成 8131 万元。

【中铁港航局集团有限公司胶南舾装码头项目】 合同造价：4978 万元，合同工期：2012 年 9 月 16 日- 2013 年 7 月 15 日施工单位：中铁港航局集团深圳工程有限公司。

工程概况：古镇口舾装码头改造工程位于胶南市古镇口港区内，工程包括：加原 90 米施工码头改造为突堤式码头、并加长 210 米；加原施工码头根部拆除后，改造成顺岸式堤根，外侧于岸线持平。码头为沉箱重力式结构，共 24 个沉箱(长 19.9 米、宽 14.95 米、高 11.5 米的 14 个；长 19.9 米、宽 14.95 米、高 10.5 米的 6 个；长 14.95 米、宽 7.7 米、高 10.5 米的 4 个). 码头宽 20 米，前沿顶高程 6 米，210 米码头前沿水深-8 米，其余前沿水深-6.5 米。主要工程数量：基槽开挖 12 万立方米，石方回填 20 万立方米，混凝土 5 万立方米，钢筋 4400 吨，沉箱 24 个，360 米胸墙兼管沟。

截至 2012 年底完成产值 3401 万元。

【黑龙江省抚远东极飞行区场道工程】中铁航空港集团承建。

合同价:12000 万元，合同工期：30 个月。

新建黑龙江省抚远东极飞行区场道工程位于黑龙江省抚远县客运站以南直线距离约 19 千米处。本期建设跑道长 2500 米，道面宽 45 米，两侧道肩宽各 1.5 米，总宽度 48 米；在跑道西南端、西南端以内 500 米处和东北端分别设置 1 个梯形掉头坪（共 3 个），宽度 31.5 米，短边长 65 米，总面积约 3000 平方米。距跑道东北端 700 米处，新建一条联络道，道面宽 23 米，两侧道肩均为 1.5 米宽，总宽度 26 米；民航站坪设置 4 个机位（4C)，站坪尺寸 130.5 米×240 米，站坪平行跑道侧道肩宽 3.5 米，总面积；跑道两端各设置一个防吹坪（长 60 米，宽 48 米）。飞行区钢筋围界高 2.5 米，长 9002 米，导航台周围部分设长 350 米砖围界；巡场路路面宽 3.5 米，最小弯道半径 20 米，总面积为 28390 平方米。

2012 年累完成施工产值 7070 万元。年累完成主要工程量：完成山皮石垫层 24.3 万立方米，水稳层 6.2 万立方米，混凝土 5.7 万立方米。截至 2012 年末，跑道、联络道、站坪工程完成。

【陕西省府谷县和谐煤矿地面建筑末煤仓工程】中铁航空港集团承建。

合同价 1988 万元，合同工期:12 个月。

陕西省府谷县和谐煤矿地面建筑末煤仓工程，由 3 座 Φ 18 米圆筒仓组成，结构类型为钢筋混凝土圆筒仓结构及仓顶框架结构，构筑物距地面总高度 46.6 米。设计为丙类建筑，按 6 度抗震设防，框架位于圆筒仓上，框架抗震等级按三级考虑。工程安全等级为二级，使用年限 50 年。场地标准冻结深度 1.46 米，基本风压值 0.40 千牛/平方米，场地内无地下水。地基基础设计等级为甲级，基础下砂岩上部用 C20 混凝土垫层垫至基础，基础为 C35 混凝土。房心土采用素土分层压实回填，压实系数不小于 0.94。

2012 年累完成施工产值 1441 万元。年累完成主要工程量：混凝土 6700 立方米，钢筋 900 吨。

【中电投绥阳化工有限责任公司电石场平工程项目】中铁建设分公司承建。主要工程内容为对场地施工范围按设计要求

进行清理或处理，包括各区域林木、杂草、垃圾、废碴及障碍物的清理外运；土石方开挖（含爆破）、运输、抛石挤淤、回填碾压、场地平整、施工临时排水；厂区内泉眼处理、厂区内截洪沟施工、区块间挡墙、边坡防护治理施工，河道整治（河道HDM0+0-HDM7+402.95及S0104-05图纸包含的所有施工内容；河道一期未施工完成的HDM7+402.95-HDM10+523断面之间的草皮骨架护坡及回填土石方量）、厂区围墙、护栏等全部工作内容。合同工期10个月，于2012年7月1日正式开工。项目中标价8164.6万元（含400万元合同预留金和460万暂估价均由业主掌握使用）。

截至12月31日，本项目累计完成产值4142万元，占工程造价8164.6万元的51%。项目主要完成土石方开挖累计完成74.31万方，占合同数量92.5万方的80%；土石方填筑累计完成73.43万方，占合同数量94.2万方的78%。锚杆石层支护1962米，锚索石层支护1027米，泄洪沟525米。

海外工程

【马来西亚吉隆坡新捷运（MRT）项目】该项目是马来西亚政府兴建“大吉隆坡”城市捷运系统一期工程的一部分，项目起于 Semantan 北洞口(CH1+002.794)，止于 PasarSeni 车站小里程端。主要工程包括 KLCentral 地下车站以及车站两端 2.7KM 的区间隧道。合同总造价 8.98 亿马币（约 18 亿人民币），工期 5 年。项目的实施充分发挥股份公司集团优势，联合了中铁系统的港航局、上海局、隧道局、九局、西南研究院、隧道设计院以及中铁装备等七家单位参与建设。2012 年 2 月 20 日，中国铁路工程马来西亚有限公司与中铁隧道局海外公司组建“南洋隧道工程公司”作为项目的合同主体和实施主体。2012 年 7 月 18 日，取得项目授标函，9 月 19 日取得预付款。截至 2012 年底，项目已累计完成合同总价的 3%。

【委内瑞拉平原铁路项目】中铁一局承建。开工日期：2009 年 12 月 8 日，2009 年 12 月 8 日至 2011 年 8 月 15 日（不含站后及铺架）。合同总价：56500.91 万美元（暂定）折合人民币：38.53 亿元（不含铺架任务）。

2012年年累计完成施工产值48001.74万元，占年计划60000万元的 80%；开累完成 1999766.8 万元，占总造价 385336 万元的 51.8%。

路基工程：开累完成挖方 688.6 万方，占设计挖方 694.77 万方（不含站场）的 99.1%；开累完成填方 377.6 万方，占设计填方 422.1 万方的 89.5%。

桥梁工程：项目管段范围内设计桥梁 12 座、总桥长 1843.8延长米，其中：大桥10座1685.25米，中桥2座158.55米，桥梁开工 11 座、主体完工 0 座，开累完成 294.4 米，占总量的 16%。

涵洞工程：施工许可段设计 2706.35 米/123 座，开工 119 座。本月完成涵洞折算 68.5 横延米，年累完成 744.2 横延米，开累完成 2296 横延米。

施工总人数 1029 人，其中中方人员 88 人（在委人员），委籍管服人员 17 人，聘用委籍工人 179 人。本月施工分包商队伍 81 家（包括项目部自组施工队伍），分包商人员共计 745 人。分包商投入施工设备 40 台，我项目部自有设备 135 台，另指挥及生活车辆 34 台。

现管段内各项工程施工正常，基本形成大干局面。当地已进入旱季，天气对施工的影响大大降低。

【斐济低造价住房项目】中铁一局承建。年度完成 6672 万元，开累完成 10198.33 万元，占合同额 20000 万元的 51%。

【斐济 PRB 廉租房项目】中铁一局承建。年度完成 3228.9 万元，开累完成 3470.8 万元，占合同额 8000 万元 43.4%。进度正常，安全质量受控。

【斐济国王路升级改造项目】中铁一局承建。年度完成 5450.07 万元，开累完成 8889.66 万元，占施工总额 9784 万元的 91%。

【斐济 BUCABAY 公路升级改造项目】中铁一局承建。年度完成 10488.86 万元，累计完成 14000 万元，占合同额 31374 万元的 44.6%。

【斐济 MOTO 公路升级改造项目】中铁一局承建。年度完成 4264.82 万元，累计完成 4437.63 万元，占合同额 5195.2 万元的 85.4%。项目进展正常，安全质量受控良好。

【斐济 NAVUA 河清淤项目】中铁一局承建。年度完成 1628 万元，累计完成 1628 万元，占合同额 100%。

【文莱 356 套住房】中铁二局承建。文莱 356 套住房项目业主是文莱达鲁萨兰国政府发展部公共工程局（JKR)，对外合同主体是 ALISAN-JAYA 和中铁二局联合体，为固定单价合同，合同金额 3264.46 万美元。该项目分为 Type-D 型（15 栋 126 套）、Type-E 型（12 栋 106 套）、Type-F 型（12 栋-106 套）、Type-SD 型（9 栋 18 套），分两期交付。根据国际建筑市场发展趋势、文莱国家建筑行业特点和项目工程实际，国际部对该项目采取属地化管理模式，国际部共派出 6 人组成项目经理部，其他人员包括现场项目经理等全部属地聘请。

2012 年，完成产值 232.46 万美元，开累 3264.46 万美元，完成 100%。于 2012 年 9 月 12 日完成全部房屋、道路等工程交验，竣工图纸已经完成，2012 年 10 月 11 日一期工程 104 套住房的保修期结束。

【埃塞俄比亚铁路勘察设计】中铁二局埃塞俄比亚亚的斯亚贝巴-吉布提铁路 Sebeta-Adama-Mieso 段勘察设计项目合同金额 6254 万美元，合同生效日期为 2010 年 8 月 6 日，工期为 2010 年 9 月至 2012 年 3 月。该项目业主是埃塞俄比亚铁路总公司，对外合同主体是中铁二局和中铁二院联合体。

2012 年，完成产值 21.59 万美元，开累 531.59 万美元，完成 100%。完成全部设计成果并移交业主，顺利安排业主选派 27 人到西南交通大学进行专业技能培训，完成项目外账审计，圆满履行合同义务。

【委内瑞拉铁路】中铁二局参建。委内瑞拉铁路项目为EPC总承包合同，该项目对外合同主体是中国中铁股份有限公司。中铁二局承建标段位于委内瑞拉瓜里科州境内，线路起讫里程为Km258+—Km317+300，全长59千米；主要工程内容有：路基工程约58千米，桥梁工程0.55千米/4座，涵洞136座。内部分包价38231万美元。

2012年，完成产值26708万元，为计划31500万元的84.8%。

【埃塞俄比亚铁路】续建工程，中铁二局埃塞国铁项目经理部组织施工。埃塞俄比亚SEBTA-ADAMA-MIESO段新建准轨铁路是埃塞俄比亚国家铁路网一期工程项目一号线的第一段，是埃塞政府"新五年计划"中的重点项目。线路全长329.96公里。该项目为中铁二局与中铁二院联合以中国中铁名义开发的EPC项目，2011年10月25日正式签订项目EPC合同，总工期为4年。工程造价为18.41亿美元。

2012年，埃塞项目共完成产值6852.7万美元，其中：路基土石方完成162.8万方，占设计总量3600.9万方的4.5%；涵洞完成278.3横延米，占设计总量7079.8横延米的3.9%；桥梁开工4座，均进行人工挖孔桩施工；框架桥开工1座，进行基础施工。

【埃塞轻轨项目】新建工程，中铁二局埃塞轻轨项目经理部组织施工。亚的斯亚贝巴轻轨工程由东西线和南北线组成，属于半封闭式的城市轨道交通系统。该工程规划正线全长约75公里，项目合同标价47500万美元，合同工期2012年1月31日至2015年1月31日。本次实施两条线路的一期工程，线路总长约31.025公里，其中路基22.996公里，桥梁7.245公里，隧道0.784公里，铺轨67.8双线公里（含车辆段铺轨）。

2012年，埃塞轻轨项目共完成施工产值2932万美元，其中路基土石方完成37062立方米（挖方28664立方米，填方8398立方米），占设计的7.23%，桥梁桩基成孔196米，隧道明挖土石方29628立方米，占设计的13.8%；完成初步设计文件和部分先期开工段施工图设计文件。

【印度德里地铁CC20标】中铁三局承建。建设单位：德里地铁公司。

工程概况：Mayapuri与DelhiCantt区间隧道盾构施工及地下车站的设计与施工，总造价约4.36亿人民币。(6855万美元)CC20：标段全长2073m，地下车站1座，车站长221.6m，TMB隧道总长2*1065m，开挖隧道总长185m+118m，明挖段长度264m+218m，附属建筑1座，地下连续墙500m.已开工，2012年10月成立项目部，委托四公司管理，目前进展顺利。

【印度德里地铁CC24标】中铁三局承建。建设单位:德里地铁公司。工程概况：LajpatNagar至HazratNizamuddin区间盾构施工及地下车站的设计与施工，总造价约11.68亿人民币，工期42个月。2012.9.28已签订合同。（18352万美元）CC24：标段总长5725m，地下车站4个，TBM隧道总长2*3420m，开挖隧道总长860m，明挖段长240m，辅助建筑物1座，地下连续墙570m。已开工，2012年10月成立项目部，委托四公司管理，目前进展顺利。

【坦桑尼亚道路升级项目MSOGA-MSOLWAROAD】中铁三局承建。建设单位：坦桑尼亚道路公路局。工程概况：土石方、路面施工、路肩施工，桥涵及排水施工（工程造价510万美元）已开工，委托天津分公司管理。

【援尼泊尔加德满都内环路拥堵路段改造项目】中铁三局承建。工程概况：加德满都内环路拥堵路段（K11+450至K20+950）改造项目主要包括：修建主线双向四车道+辅道双向四车道+双向自行车道+双向人行道，其中包括公交车站、停车场、维修主线跨河桥、新建辅道跨河桥及一处简易城市立交，新建三个过街天桥。该项目援款使用限额为34100万元人民币。2012年10月17日递交资审。

【委内瑞拉北部平原铁路】中铁四局承建。合同总价：75亿美元（其中：中铁四局23亿美元）。合同工期：2009年10月31日-2013年2月。委内瑞拉吨inaco-Anaco铁路(简称迪阿铁路）为委内瑞拉国家规划铁路网中北部平原铁路（全长1115公里）中的一段，线路西起科赫德斯(Cojedes)州的迪那科（tinaco），东至安索阿特吉（AnzoáTegui）州的阿那科（Anaco），优化后的线路正线全长462.3公里。

该铁路项目是中委两国在《委内瑞拉玻利瓦尔共和国开展铁路技术和投资合作框架协议》下的项目。作为中国政府推荐的项目执行公司，CREC于2009年7月30日与委内瑞拉铁路局（简称IFE）正式签订了项目EPC总承包合同。

2009年10月20日，IFE向CREC支付了8亿美圆预付款，该笔预付款全部来源于中委基金。

迪阿铁路为旅客列车最高运营速度每小时220公里、货车最高运营速度每小时120公里的客货共线铁路。全线经过设计优化后，除有总长13.23公里的桥梁（占正线总长度的2.9%）外，其余均为路基工程。沿线设置10个车站，其中Dosca米inos车站、Chaguanamas车站分别将与意大利公司承建的Sanjuan-Sanfernando铁路、Chaguanamas-Cabruta铁路衔接。

该工程由中国中铁委内瑞拉分公司具体负责，由中铁二院设计，中国中铁所属一局、二局、四局、九局、十局参建。

中铁四局管段土建工程全长 180 公里，里程为 K000+000-K180，经过科赫德斯（COJEDES）州的迪那科市（TINACO）、瓜里科（GUARICO）州的迪斯纳多斯（S.FCO.DETIZNADOS）和奥迪斯（ODIZ）市，全管段共设 3 个客运站，1 个货运站和 1 个中转站，270 公里铺轨工程（K0-K270）。由于工程规模大，工期紧，局组建了局项目经理部负责四局管段施工组织、工程指挥和协调工作，调集中铁四局所属一公司、二公司、五公司、八分公司等四个综合施工管理能力较强的子（分）公司成立项目分部，参与项目建设。

2012 年，委铁项目面临着合同到期如何实现合同有效延续，还面临着如何应对大选之年可能出现的社会动乱、确保中方人员安全的严峻考验。委铁经理部在 2012 年的施工中，坚持以“普通段抓收尾，抓内外验；优先段抓产值，抢开通”为目标，取得了较好成效。自股份公司委分公司 2012 年 8 月份启动劳动竞赛后，在 8、9、10 月的考评中均排名全线前列，累计获得委分公司奖励 12 万美元。

项目人员情况：截至 2012 年 12 月 31 日：

机械设备情况：局经理部累计从国内购置机械设备 593 台，其中路基施工 308 台，桥涵施工 94 台，辅助机械 179 台，三厂设备 12 台，设备原值人民币 2.87 亿万元。2012 年，我部充分发挥和利用设备厂家赴委技术服务人员的资源和技术优势，搞好委铁项目现场机械的使用、保养、维修及配件供应等工作，提高设备的使用率和完好率。

截至 12 月 31 日，2012 年度完成产值折合人民币 12.7 亿元人民币，占年度任务的 103%。

【新建委内瑞拉北部平原吨 INACO—ANACO 铁路铺架工程】中铁四局承建。合同造价：约 3.9 亿美元。合同工期：2010 年 2 月 25 日-2013 年 3 月。

新建铁路委内瑞拉北部平原吨 INACO—ANACO 铁路，西起科赫德斯（COJEDES）州的迪那科（TINACO），东至安索阿特吉（ANZOATEGUI）州的阿那科（ANACO），线路全长 471.5 公里，其中桥梁 150 座，总延长为 40.366 公里，占线路正线总长度的 8.8%。

中铁四局八公司委铁项目部承担 K0+000-K270+000 段 270 公里铺架工程，主要工程为：车站 7 座，铺轨 270 正线双公里。同时承担制枕厂、轨排场、焊轨厂的施工任务。

设计标准：线路等级：I 级；正线数目：双线；最小曲线半径：2800 米；旅客列车设计速度：220 公里；正线线间距：4.6 米；最大坡度：10‰；到发线有效长度：800 米；牵引种类：电力；机车类型：客车采用动车组列车；货车机车采用 SSJ3；牵引质量：客车 1100 吨，货车 4000 吨；闭塞方式：自动闭塞。

轨道工程标准：钢轨：正线及联络线路基地段钢轨采用 UIC60 新轨。正线轨道上无缝道岔及伸缩调节器的钢轨应与正线轨道钢轨类型一致。轨枕及扣件：正线路基采用 2.6 米长 III 型有挡肩混凝土轨枕，桥梁上采用III型有挡肩混凝土桥枕。轨枕按 1667 根/公里铺设。扣件采用弹条 II 型扣件。道床：有碴轨道道床采用 I 级标准碎石道碴，道碴材质应符合规定，道床厚度 35 厘米。

开工日期：2009 年 9 月，委铁项目即开始进行线路调查和前期的筹备工作。八分公司委铁项目 2010 年 2 月 25 日“两厂”工程（制枕厂、焊轨厂、铺轨基地）开始建设。

项目组织机构及人员情况：八分公司委铁项目部 2009 年 11 月成立，目前经理部共设五部一室：工程部、工经部、安质部、机物部、财务部、办公室；下设综合队负责“两厂”现场施工。目前现场人员：中方人员在委 16 人（人员分布情况：项目领导 3 名；办公室 2 名，机物部 1 名，工经部 1 名，工程部 1 名；财务部 3 名（其中翻译 1 名）；综合队 5 名，回国休假 4 名。委藉人员：聘请委籍劳工 38 人，委籍管理人员 6 人。

完成情况：焊轨厂达到单机运转条件；制枕厂制枕 1400 根；暂未铺轨。

【援毛里塔尼亚总统府办公楼、国际会议中心维修项目】中铁四局承建。合同造价：6871 万元人民币。合同工期：2011 年 7 月 8 日-2012 年 7 月 8 日。

该项目是属于国家商务部的援外项目，该项目不是一个新建项目，是一个对原有建筑已经维修和翻新的项目。具体的施工背景为毛里塔尼亚政府总统府办公楼、国际会议中心建设与上世纪 90 年代，当时由我国政府援建。但是随着使用年限递增，自然环境的侵蚀，以及设备技术的不断进步，两个单位工程已经越来越显示出落后时代，特别是毛塔地区每年的季节性风沙侵袭，更加速了设备的老化，这些设备的老化已经无法满足原有的基本使用功能。故我国政府决定对其进行翻新援建，项目施工的主要内容为对总统府办公楼以及国际会议中心进行装饰上的的翻新和设备的更新和安装。

总统府办公楼和国际会议中心的基本情况如下：总统府办公楼基地约 11774 平方米范围，总建筑面积约 5295 平方米，由总统府办公楼、附属设备用房组成。其中主建筑物总统府办公楼地上四层，总建筑总高度约 21.00 米，混凝土框架结构；附属设备用房为一层建筑，其中附属设备用房面积约 180 平方米，水泵房面积约 100 平方米；国际会议中心基地：整个国际会议中心基地约 120580 平方米范围，总建筑面积约 9016 平方米，由国际会议中心、别墅（六栋）、变配电间、水泵房组成。其中主建筑物国际会议中心地上三层，总建筑总高度约 12.8 米，混凝土框架结构；水泵房（变配电间）为一层建筑，面积约 368 平方米。

该项目的规模和具体内容为更换总统府办公楼空调系

统，提供液压维修梯等；更换国际会议中心空调系统、4套同声传译系统、800人会议扩声系统；更换元首别墅空调系统、淋浴设备以及相应的装饰装修工程。。

该项目于2012年10月30日通过商务部专家组内部竣工验收，2012年11月1日顺利交付给毛塔政府，超额完成了公司下达的各项任务目标，实现了名誉、效益双丰收。

援毛里塔尼亚总统府办公楼、国际会议中心维修项目在2012局的各项劳动竞赛中成绩优异，先后荣获2012年度中铁四局“先进集体”荣誉称号、“三工建设示范单位”荣誉称号和“红旗项目部”荣誉称号。

【埃塞俄比亚梅加公路项目】中铁四局承建。合同造价：5620万美元。合同工期：2010年12月20日-2013年12月20日。

AddisAbaba（雅迪斯）-Moyale（莫亚乐）主干道的长度约200公里，是东非大通道的一部分，是埃塞为匹配非洲高速标准而进行道路升级的政府举措。公司承建的标段就在这条主干道上，我公司承建的是Ageremaria米(啊格瑞玛雷)－mega（梅加）公路的第二标段，全长为97.8公里，起点为Yabelo(亚贝罗)镇的三岔口处，终点为米ega(梅加)镇，起始点里程桩号分别为K94+500-K192+300。

本工程主要施工内容为对原有路面进行拓宽、升级、改造。现有公路于数年前建成，双表处路面，路面宽度5.5米左右，经过城镇段路面宽7米左右，标段整个路况较好。本次施工的主要内容是将现有97.8公里沥青双表处道路改造升级为DS3标准沥青混凝土路面。升级后路面设计车速为80公里/h，沥青路面厚度5厘米。一般路段改造后总宽10米，其中行车道宽2×3.5米,路肩宽2×1.5米；城镇路段道路总宽19米，其中行车道宽2×3.5米，停车道宽2×3.5米，人行道宽2×2.5米。拓宽部分沥青面层以下路面结构形式为20厘米厚的机械稳定天然砂砾材料（20%粉碎石）底基层+17.5厘米厚的碎石基层，路肩位置采用双表面处理。

该项目是中铁四局海外公司与埃塞公路局签订的施工合同，使用合同文本为1987年版FIDIC条款，合同投标价为7.7亿元埃塞比尔（约合5620万美元），扣除预留金、指定暂定金、计日工后的不含增值税的合同净价款为：586,961,554.9埃塞比尔。本合同为工程量清单报价,计价项目为清单内所列项目，凡合同内所注明的清单项目工作内容及其隐含的内容均为承包商义务。工程款以40%当地币、60%美元的比例支付，美元与当地计价款金额按1:13.6695固定汇率折算。资金来源来自非洲发展银行贷款。合同签订后业主已支付总合同款20%的预付款。

埃塞俄比亚梅加公路项目荣获了2011年集团公司评选的年度“项目文化建设示范点”荣誉称号。

【中国驻阿曼使馆新建工程】中铁四局承建。合同造价：3947万元人民币。合同工期：2010年8月1日-2012年1月15日。

该项目属于中国外交部的驻外领馆建设工程。项目位于阿曼首都马斯喀特新建使馆区内，西临阿联酋使馆、东临埃及使馆，南侧为双车道市政道路，隔路与使馆中心绿地相望，北侧临海，据海岸线约150米。使馆用地东西约70米，南北约180米，与相邻使馆用地间距约5米，与市政道路间留有20米绿化带。该项目总占地面积12588平米，总建筑面积约4004.27平米。该项目包括签证楼、办公及接待楼、大使官邸、馆员宿舍楼、车棚、设备用房、室外道路管网七个单位构成。其中签证楼建筑面积187平米，办公楼及接待楼1686平米，大使官邸593平米，馆员宿舍楼1181平米，设备用房288平米，车棚10平米。除车棚采用柱下独立基础加钢结构外，其他单位工程均为地基采用桩基础，主体结构为钢筋混凝土框架结构。

该项目是2010年12月中铁四局海外公司与外交部签订的施工合同，合同投标价为39470230.66元人民币，合同工期为17个半月。从2010年8月1日至2012年1月15日。但是由于桩基础设计变更，经过外交部审批同意，实际与2011年9月28日正式开工，工期顺延至2013年3月13日完工。

2012年中国驻阿曼使馆新建项目，在集团公司组织的各项劳动竞赛中，获得了“项目思想政治工作示范点“荣誉称号。

【埃塞俄比亚铁路项目工程】中铁四局承建。合同造价：约3.18亿元人民币。合同工期：2012年2月12日-2014年8月31日。

亚的斯亚贝巴(SEBETA)-米索（MIESO）段新建准轨铁路是埃塞国家铁路网一期工程项目一号线的第一段，是埃塞政府“新五年计划”中的重点项目。线路位于埃塞俄比亚中部高原，西起亚的斯亚贝巴西南方向的SEBE吨A，向东经ADA米A至米IESO。其中，SEBE吨A-ADA米A为双线，长度约为114公里；ADA米A-米IESO为单线，长度约为213公里。包括路基、桥涵、轨道、车站、供电、机务、车辆段、给排水、通信系统、信号系统、信息系统、综合维修中心、房屋等建设施工，以及系统调试和运营培训；不包括机车车辆采购。设计速度为120公里，采用电气化、半自动闭塞系统。本标段为第六标，土建工程起讫里程为：DK260+000-DK300+000段全长40公里的工程。主要工程内容为：一座车站，15座桥梁（其中大桥6座，中桥9座，其中Awash1号大桥为悬臂连续梁，长155.55延米），47座涵洞，土石方挖方约114.01万方，填方约90.86万方，以及加固防护。

该项目自2012年6月23日第一批人员进场后，迅速开展各项工作，克服各种困难，公司机关、埃塞分公司、埃塞公路项目部牢固树立"一盘棋"思想，交桩、测量、设备选型、营地选址、建设，物资采购供应等各项工作有条不紊，部分工作走在了股份公司埃塞铁路各参战单位前列。特别是施工必备条件的现场各种资源配置如水、电、砂、石、土源的落实，为全面开工奠定了坚实的基础。

【中国援安哥拉卢安达总医院维修与扩建工程】中铁四局承建。合同造价：3.22 亿元人民币。合同工期：2011 年 12 月30日-2014年5月31日。

本工程是目前中国政府对外援建的最大在建项目，引进了中国政府、安哥拉人民及国内外媒体的广泛关注。工程地址位于安哥拉卢安达省，总占地约 5 公顷，原项目于 2006 年投入使用，建筑面积为 7914 平方米。中安两国政府决定对该项目进行改造和扩建。工程中标价 3.22 亿元人民币，合同工期 29 个月。改造扩建后医院总建筑面积 22000 平方米，包括已建成的周转用房（建筑面积为 1360m2），本期工程实际建筑面积为 20640 平方米，医院规模为 268 床，其中包含 ICU 床位 17 床、NICU 床位 12 床。未含留观床位 24 床，透析床位 14 床，普通床位 288 张。建成投入后以妇幼为主的综合性医院，将有效改善安哥拉人民的就医条件。该工程于 2011 年 12 月 30 日正式开工，因桩基承载力不足，现场处于停工状态，经多方努力，项目于 2012 后 11 月下旬全面复工。

2012 年中国援安哥拉卢安达总医院维修与扩建工程，在集团公司组织的各项劳动竞赛中，获得了"三工建设先进单位"荣誉称号及 2012 年上半年局"重点工程夺红旗"劳动竞赛优胜单位荣誉称号。

【委内瑞拉杜伊谷农业综合开发项目工程情况】中铁四局承建。合同造价：6600.9890 万元人民币。合同工期：2013 年 5 月 30 日。项目经理部地址：委内瑞拉加拉加斯。业主单位：委内瑞拉国家农村发展署（INDER）、中国电子进出口总公司。

委内瑞拉杜依谷农业综合项目是委内瑞拉社会主义新农村建设的重点建设项目，建成后不仅为委内瑞拉提供日厂 20 吨乳制品和果汁，带动当地经济发展，也为以后委内瑞拉全国畜牧业实行科学高效的生产集约化具有重要意义。项目位于委内瑞拉的米兰达州内，由乳品加工厂、挤奶单元、饲料加工厂、取水系统、灌溉系统、筒仓和收料系统等十个子项目组成。中铁四局集团公司负责乳品厂、挤奶单元二个子系统土建、供排水、道路、照明及钢结构厂房设计、采购和施工。

本项目由委内瑞拉国家农村发展署（INDER）代表委内瑞拉政府作为建设方，中国电子进出口总公司进行设计、施工总承包。委内瑞拉分公司对本项目分包施工。

（三）工程难点、重点分析

1、该项目涉及专业多，工期短，工序繁，管理跨度大是该项目的难点。由于业主对图纸和工程数量变更频繁，对有序组织施工和工期造成一定影响。

2、厂房钢结构在国内按设计图纸加工好成品海运至委内瑞拉，以降低造价，节约成本。由于业主资金有限，在保证工程质量的前提下，尽量避免额外工程的产生。

【安哥拉社会住房一期市政配套工程和二期住房工程及其中室外市政配套工程】中铁四局承建。中铁四局与安哥拉战后重建委员会于2007年11月签订了安哥拉社会住房项目一期工程，一期工程包括1万套住宅、公用建筑及室外配套工程。原合同总建筑面积 141.5 万平方米，其中：住宅建筑总面积 135 万平方米，公用建筑总面积 6.5 万平方米，室外配套工程包括住宅区内道路、给排水管道、电话电视管线、绿化等。之后因将建筑面积调整为使用面积，调整后的建筑总面积为 171.88 万平方米，其中，住宅建筑面积 164.38 万平方米，公用设施建筑面积 7.5 万平方米。合同额也有原来的 7.04 亿美元调整后 8.55 亿美元。

2011 年 11 月 23 日，由中铁四局集团安哥拉项目经理部主导运作的安哥拉社会住房一期市政配套工程和二期 5000 套住房工程框架协议顺利签署，其中室外市政配套工程补充合同造价 5.51188888 亿美元（按美元：人民币为固定汇率 1：6.33）。

室外市政配套工程包括：市政道路、住宅区道路、给水输水管网和给水泵站、市政给水、住宅区内给水、市政和住宅区内雨水、住宅区内污水、市政污水、污水排水系统、污水处理厂、市政电力、住宅区电力、市政通信、住宅区内通信、土方平衡以及进场道路工程。

2011 年底，经理部、各分部班子成员、管理人员全部到位，现场已有 5315 名中国员工，安籍员工 2134 名。

各单位承建的工程数量具体如下：

一公司分部由一公司组建施工，负责 6 区 42 栋、7 区 6 栋共 48 栋房屋，以及 6 区室外配套工程，八条市政道路工程，进场道路工程的施工；

二公司分部由二公司组建施工，负责 8 区 9 栋、10 区 36 栋、12 区 32 栋共 77 栋房屋，以及上述区块的室外配套工程和路 7 以南的市政给水工程的施工；

五公司分部由五公司组建施工，负责 1 区 39 栋、3 区 36 栋、8 区 27 栋共 102 栋房屋的施工，以及 1 区、3 区室外配套工程的施工；

八分部由八公司组建施工，负责 2 区 46 栋、4 区 28 栋、5 区 12 栋共 86 栋房屋及 2 区、4 区室外配套工程、进场道路排水箱涵的施工；

建筑公司分部由建筑公司组建施工，负责部分 5 区 34 栋、7 区 20 栋、9 区 20 栋、11 区 37 栋共 110 栋房屋及上述区域室外配套工程的施工；

电气化公司分部由电气化公司组建施，负责 12 个区块、八条市政高低压电力工程及通信工程，以及 6 区、8 区及路 7 以北的市政给水工程；

市政公司分部由市政公司组建施工，负责加压泵站及给水输水管线、污水处理厂及污水总干管工程的施工。

2011 年安哥拉项目共完成建安产值 36 亿元，提前一个月完成年初局下达的施工生产任务。开累完成建安产值 54.9 亿元。

2011 年 9 月 16 日，安哥拉多斯桑多斯总统到中铁四局安哥拉项目工地视察。对项目建设所取得的成绩给予了高度赞扬。

截至 2012 年 10 月 5 日，一期工程 10002 套房屋已交验约 9484 套，其中业主将 194 套房屋变更到二期工程实施。市政配套工程除污水处理厂因业主正在进行设计图纸审核确认外，其余工程已全面开工；连接本项目的进场道路工程已完成右幅箱涵及右幅路床 80%工程量，进场道路工程右幅道路计划在 2012 年 12 月 31 日达到通车条件。

【斯里兰卡南部铁路】中铁五局承建。新建工程，中标时间 2012 年 8 月 22 中标。项目位于斯里兰卡南部省，是斯里兰卡现有 Colombo 至 Matara 铁路的延长线 I 期工程。起止里程为 DK0+044-DK26+461，长 26.417 公里。线路设计时速 120km/h，为当地最高列车设计时速。工程内容：桥、涵、隧、路基、站场、轨道和站房等。合同总额 108200 万元，建设单位：斯里兰卡交通部铁路局（简称 MOT），业主单位：中国机械进出口（集团）有限公司（简称 CMC），设计单位：柏诚工程技术（北京）有限公司与中铁建第五勘察设计研究院联合体，监理单位：斯里兰卡中央工程咨询局（简称 CECB）。2013 年 8 月 1 日开工，竣工日期为 2016 年 2 月 1 日。

【加纳北部省电网项目】中铁五局承建。新建工程，中标时间 2012 年 7 月 2 日。项目位于加纳共和国北部地区，项目包括 160 个村庄。施工范围：低压和高压网络设计；11.5KV 和 34.5KV 线路清障；11.5KV、34.5KV 中压架空线施工和安装；415V 低压线施工和安装；变压器安装；单相、三相电表和入户连接的安装；最终配电图(竣工)的设计，编制及提交；通电调试。合同总额 15902 万元。建设单位：加纳国家能源部，设计单位：湖南省建筑工程集团总公司，监理单位加纳北部省电力局。开工时间 2012 年 8 月 23 日，竣工时间 2015 年 12 月 31 日，实际开工 2012 年 8 月 23 日。

【贝宁 GP 公路项目】中铁五局承建。新建工程，中标时间 2012 年 1 月 11 日。项目位于贝宁共和国政府所在地科托努市，起于 GODOMEY（戈多美，即目前中国援建立交桥西头），止于 PAHOU（巴乌）“T”字路口，全长 16.5Km，是阿比让-拉格斯商业通道的一部分。工程内容：路基土石方工程，排水工程，三网迁改。合同总额 40802 万元。建设单位：贝宁陆、空运输及公共工程部，设计单位：路易斯伯杰公司，监理单位：路易斯伯杰与贝宁当地监理公司联营体。开工时间 2012 年 4 月 15 日，竣工时间 2014 年 4 月 15 日。年累完成 13360 万元，开累完成 16340 万元，剩余价值 8623 万元。

【贝宁 38km 北方便道项目】中铁五局承建。新建工程，中标时间 2012 年 3 月 27 日。本工程起止地点为马郎维尔至尼日利亚边境，属于跨国道路。道路全长 32 公里，工程内容：新建涵洞 15 座，接长涵洞 7 座。合同总额 1547 万元。建设单位：贝宁政府公路局，设计单位：CIRA-SARL 监理公司，监理单位：CIRA-SARL 监理公司。2012 年 7 月 4 日开工，合同开工时间 2012 年 4 月，竣工时间待定。年累完成 255 万元，开累完成 255 万元，剩余价值 1292 万元。

【加纳 BURMACAMP（LOT2）项目】中铁五局承建。新建工程，中标时间 2012 年 2 月 29 日。公路项目是北马军营道路 I 期，位于加纳阿克拉闹市区，全长 3.66 公里，为新建双向 4 车道的城市道路（含 4 米宽中央隔离带），每车道宽 3.5 米，主要工程内容：路基土石方、水沟、涵洞、9 跨、每跨 20 米的分离式现浇简支梁桥 1 座，桥全长 180（20x9）米，下设环形交叉路口。跨度为 24 米的车行天桥 1 座并附有两排共 600 米长的挡土墙及人行道、沥青路面及附属工程。现项目新增标尾一公里路基。合同总额 13118 万元。建设单位：加纳政府公路局，设计单位：DIWI 设计公司，监理单位】Comptranengineering&planningassociates。2012 年 11 月 15 日开工，合同开工时间 2012 年 9 月 1 日，合同竣工时间 2014 年 5 月 15 日。

【援肯尼亚甘塞公路新增破损路面修复项目】中铁五局承建。新建工程，中标时间 2012 年 7 月 30 日。工程为“援肯尼亚甘塞公路既有 13.5 千米路段新增破损路面修复工程”，工程内容：AC-16C 中粒式沥青砼路面施工 5158 立方米；250 米浆砌盖板边沟及 140m 边沟涵施工；15.38 千米既有边沟及 13.52 千米路肩清理。合同总额 2483 万元。建设单位：中华人民共和国商务部，设计单位：铁道第三勘查设计院集团有限公司，监理单位：广州万安建设监理有限公司。开工时间 2012 年 9 月 30 日，竣工时间 2013 年 9 月 29 日，实际开工 2012 年 11 月 20 日。

【利比里亚邦矿边坡治理项目】中铁五局承建。新建工程，中标时间2012年10月15日。项目位于利比里亚邦州的邦镇与邦峰境内。主要工程数量有：锚杆3060米、灰土回填594方、土方开挖8.15万方、C15素砼垫层228方、C20喷射砼75.6方、C25钢筋砼131方、C30素砼挡土墙1929方、三维植被网防护1.76万平方。合同总额1678万元。建设单位：中利联投资（利比里亚）邦矿有限公司，设计单位：中冶集团武汉勘察研究院有限公司，监理单位：湖南和天工程项目管理有限公司。开工时间2012年11月1日，竣工时间2013年2月28日，实际开工2012年10月29日。

【利比里亚邦矿先期复产工程项目】中铁五局承建。新建工程，中标时间2012年8月。本工程位于利比里亚邦州邦矿，为中利联（香港）矿业有限公司投资建设的利比里亚邦矿先期100万t/a铁精矿项目采矿辅助工程。主要工程数量：四栋成品炸药库、矿山机修厂、矿山仓库和采场汽车加油站的建筑工程（包括矿山移动变电站等各变电所）；矿山机修厂和矿山仓库的主体设备的安装工程。采场汽车加油站的除两台成套加油机不采购外的所有设备仪器仪表采购、运输、安装工程；爆破器材库、矿山机修厂、矿山仓库和采场汽车加油站的所有配套工程采购、运输与安装工程。爆破器材库、矿山机修厂、矿山仓库和采场汽车加油站等四座建筑物至厂区主干道的道路工程，矿石运输道路；从磨矿筛分厂房10KV变电所出线柜下端头起到采场10KV移动配电站的所有电气设备设施的安装工程；从磨矿筛分厂房10KV变电所出线柜下端头起到其它变电所的输变电设施的采购、运输、安装工程；生产高位水池至采矿用户之间的输水管线的采购、运输、安装工程；采矿用户生活水从到生活区主水管上接起。全部钢结构件，防腐防锈处理并达到设计标准。合同总额4378万元。建设单位：中利联投资（利比里亚）邦矿有限公司，设计单位：中国恩菲工程技术有限公司，监理单位：湖南和天工程项目管理有限公司。开工时间2012年6月15日，竣工时间待定，实际开工2012年6月15日。

【昆曼公路湄公河大桥项目】中铁五局参建。项目地点老挝—泰国边境（会晒—清孔），项目全长11.624公里(其中泰国老挝境内各占5公里多)，工程内容和范围：主桥（75+3x110+75mT形刚构工程）全长480米。工程内容：桥梁工程、涵洞工程、道路工程、房屋建筑工程等。其中道路泰国侧为双向四车道，老挝侧为双向两车道；两座边检控制楼，分别位于泰国侧和老挝侧；一个交通转换区。中铁五局与泰国KrungThon公司组成联合体，中铁五局在此工程中主要承建此工程的跨越湄公河的主桥（75+3x110+75米T形刚构）老挝境内7公里路基及排水、边境检查站等工程。合同总额13218万元。建设单位：老挝公共工程及交通部公路局、泰国交通部公路局，设计单位：泰国监理协会、日本监理协会，监理单位：亚洲工程咨询有限公司（泰国）、西安方舟工程咨询有限公司（中国）、老挝交通工程咨询公司（老挝）。开工时间2010年6月9日，竣工时间2013年6月10日，实际开工2010年6月11日。年累完成6336万元，开累完成9370万元，剩余价值3848万元。

【援安巴机场新航站楼项目】中铁五局参建。项目位于安提瓜岛东北部，项目为V.C伯德国际机场新建航站楼及设备用房。新建航站楼平面为矩形，建筑主体长度为153.60米，航站楼最大进深为63.40米。建筑面积为16067平方米，地上二层，建筑总高度为18.5米；结构类型为框架结构，除屋面为钢结构以外，其余均为钢筋混凝土结构。合同总额28980万元。建设单位：中华人民共和国商务部，设计单位：北京伯尔明建筑工程设计有限公司，监理单位：中国建筑东北设计研究院有限公司。开工时间2011年12月31日，竣工时间2013年12月31日，实际开工2012年4月8日。年累完成2210万元，开累完成2210万元，剩余价值26770万元。

【援塔吉克斯坦丹加拉区（总统故乡）学校项目】中铁五局承建。项目地点塔吉克斯坦哈特隆州丹加拉区，工程为对外援助成套项目，占地面积200*100平方米，包含1教学楼、1门卫室、1配电室锅炉房、及室外工程。合同总额2203万元。建设单位：中华人民共和国商务部，设计单位：青岛建筑设计研究院集团股份有限公司，监理单位：新疆成汇工程管理有限公司。开工时间2012年5月15日，竣工时间2013年5月14日，实际开工2012年5月15日。年累完成923万元，开累完成923万元，剩余价值1280万元。

【加纳POASEBRIDGE项目】中铁五局承建。项目位于西部SEKONDI，合同线路总长度为288.079米，其中引道长227.419米,桥长60.66m，共两跨；下部构造为钻孔灌注桩基础，设计桩直径为1200毫米,桩长12米，共24根，墩台采用实体钢筋混凝土，上部为简支预制倒“T”型普通钢筋混凝土梁，预制梁板长21米,共16片；桥面包含1.5米中央分隔带，1.45米人行道及0.5米护栏总宽度为13米。合同总额2302万元。建设单位：加纳政府公路局，设计单位：DeokeConsultLimited，监理单位：DeokeConsultLimited。开工时间2011年8月25日，竣工时间2014年8月25日。年累完成1797万元，开累完成2302万元。

【肯尼亚C15公路项目】中铁五局承建。项目位于东非肯尼亚西部省，北距肯尼亚第三大城市基苏木160公里。项目为一个28.7公里新建公路工程。主要施工内容有：路基清表，排水工程，涵洞工程、路基土石方工程，水泥稳定天然砂砾底基层和基层，双层沥青表面处治面层，标志标线，波形护栏等交通设施工程。原路面为泥结碎石路面，建设工期及质保期均为24个月。新建路面结构为1.5米硬路肩+6.5米行车道+1.5米硬路肩，底基层和基层均为水泥稳定天然砂砾，面层为双层沥青表面处治路面。合同总额12218万元。建设单位：肯尼亚高速公路局，设计单位：MotiConsultantLtd，监理单位：MotiConsultantLtd。开工时间2011年9月7日，竣工时间2013年9月6日，实际开工2011年9月7日。年累完成5178万元，开累完成5178万元，剩余价值7040万元。

【尼日利亚Kuru-Maiduguri铁路维修项目】中铁五局承建。线路全长640km，工程内容：线下工程：清表，清涵洞，新增水沟，涵洞桥梁维修，路基修补。合同总额32800万元。建设单位：尼日利亚铁路公司，设计单位：尼日利亚铁路公司。2011年12月开工，合同开工时间2011年11月，合同竣工时间2012年8月。年累完成4840万元，开累完成4840万元，剩余价值29327万元。

【利比里亚邦矿铁路项目】中铁五局承建。工程起讫点里程为：DK0+000～DK8+944.17正线长度为8.944千米，位于利比里亚邦州邦峰矿工业区。主要工程数量：区间路基7.242km线下工程（DK0+000～DK7+242.49，其中挖方21.53万方、填方18.85万方）；圆管涵9座176.74横延米（孔径为1.5米和2.0米）、框架涵7座81.6横延米（3*3.5米、3.5*4米和4*4.7米）；站场房建和给排水工程；全线轨道工程和相关附属工程。合同总额17212万元。建设单位：中利联投资（利比里亚）邦矿有限公司，设计单位：中铁工程设计咨询集团有限公司，监理单位：湖南和天工程项目管理有限公司。2012年2月20日开工，合同开工时间2012年1月19日，合同竣工时间2013年1月19日。年累完成8472万元，开累完成8472万元，剩余价值8740万元。

【斐济国王公路NAQIA和WANIBOA桥项目】中铁五局承建。该项目位于斐济共和国纳齐亚村和瓦里博阿村，距苏瓦首都约60公里。NAQIA桥位于KingsRoad的CH21+070处，上部结构为5跨20米的简支I型梁，总长103.608米；每跨7片梁，共计35片梁；桩基础为打入H型钢桩42根，直径1350毫米，钻孔灌注桩8根；墩身最高高度为11.532米；WAINIBOA桥位于KingsRoad的CH17+050处，上部结构为5跨20米的简支I型梁，总长103.219米，每跨7片梁，共计35片梁；桩基础为打入H型钢桩43根，直径1350毫米钻孔灌注桩8根。合同总额3189万元。建设单位：亚洲发展银行和斐济政府，设计单位：太平洋工程咨询公司；监理单位：斐济政府工程部。合同开工时间2010年9月27日，合同竣工时间2012年11月30日。实际开工2011年11月30日年累完成1549万元，开累完成3120万元，剩余价值69万元。

【加纳恩沙瓦姆-阿坡德瓦公路工程改造项目(N-A)】中铁五局承建。施工合同段其里程桩为CH23+800～CH33+100,道路全长9.3公里,立交桥4处8座，工程量以土石方和路面为主，合同总价54621万元。建设单位：加纳政府公路局；设计单位：加纳COMPTRAN工程咨询公司；监理单位：加纳COMPTRAN工程咨询公司。2008年9月20日开工，合同开工时间2008年6月17日,合同竣工时间2012年12月31日。年累完成10610万元,开累完成45090万元,剩余价值9531万元。

【加纳WOSHIE-POKUASE（SECTION2）项目】中铁五局承建。项目为双向各2个行车道，全线路基总宽度为60米。主要工程量：结构物共设9座箱涵和1座跨铁路立交小桥；平面设环形交叉路口4处，平面交叉路口小支线27处；附属工程：路缘石共117,770米，预制人行道路面混凝土砖共2,817,400块，U型水沟共37,524米；沼泽、淤泥路段，换填长度共1.65千米。合同总额36010万元。建设单位：加纳政府公路局，设计单位：DIWI设计公司。监理单位：LOUISBERGERSAS。2011年11月1日开工，合同开工时间2011年1月17日，合同竣工时间2014年11月1日。年累完成12035万元，开累完成12535万元，剩余价值23475万元。

【加纳阿基摩塔-欧芬卡公路工程项目(A-O)】中铁五局承建。项目起点为ACHIMOTA,终点OFANKOR,为双向8车道，全长5.852公里。主要工程量：换填片石15万立方米,石方开挖14万立方米；路基填方38万m3，砂砾底基层3.5万立方米,级配碎石基层3.5万立方米,沥青面层3.8万立方米,立交桥3座，人行天桥4座。合同总额116802万元。建设单位：加纳交通部；设计单位：加纳公路局；监理单位：加纳公路局。2007年4月15日开工，合同原定竣工时间2009年11月15日，变更后竣工时间为2011年5月15日。年累完成33204万元，开累完成107950万元，剩余价值8852万元

【加纳恩沙瓦姆-阿坡德瓦公路工程改造项目(N-A)】中铁五局承建。加纳NA项目是加纳首都阿克拉至第二大城市库玛西公路主干道的一部分，始于援建项目终点，终点到Akuffokrom，绕开恩沙瓦姆集镇。本施工合同段其里程桩为CH23+800～CH33+100,施工长度9.3公里，立交桥4处8座，

工程量以土石方和路面为主。合同总额 54621 万元。建设单位：加纳政府公路局，设计单位：加纳 COMPTRAN 工程咨询公司，监理单位：加纳 COMPTRAN 工程咨询公司。开工时间 2008 年 6 月 17 日，竣工时间 2012 年 12 月 31 日，实际开工 2008 年 9 月 20 日。年累完成 10610 万元，开累完成 45090 万元，剩余价值 9531 万元。

【斯里兰卡北部公路一期工程 C7 标 84km 公路改建项目】中铁五局承建。该工程为斯里兰卡贾夫纳半岛市连接通道，全长 83.46 公里，为既有公路改扩建工程，属斯里兰卡 AB 级公路。合同总额 60699 万元。建设单位：斯里兰卡民主社会主义共和国交通部公路发展局(RDA)；设计单位：中铁五局(集团)海外工程分公司（设计施工总承包）；监理单位：斯里兰卡中央工程咨询局（CECB）。2011 年 6 月 9 日开工，合同竣工时间 2013 年 12 月 9 日。年累完成 17814 万元，开累完成 20889 万元，剩余价值 39810 万元。

【贝宁 77 公里公路项目】中铁五局承建。项目位于贝宁共和国境内，是贝宁北部通往尼日尼亚的通道，工程始于 N|DALI 市，经 NIKI 市，到达 CHIKANDOU，止于尼日尼亚边境。该工程是从恩达里-尼基-基岗杜-尼日利亚边境道路沥青化工程(77 公里)。整体工程主要包括：整治一条长 77 千米的主干道、铺沥青；修建 4 个结构工程（三个框架桥，一个钢筋砼梁桥）及工地拆销、复原；在 Biro 修建并装备 1 座收费站/过磅处；47 千米的乡村道路整治；复原主干道沿线的社会教育基础设施和健康设施的围墙；为妇女团体和协会提供 200 辆双轮运货车。主要工程数量：路基清表 118 万平方米，填方 34.37 万立方米，挖方 4.87 万立方米，弃方 28.42 万立方米，软土等特殊路基处理 8700 立方米，基坑层 33.3 万立方米，底基层 20.9 万立方米，基层 19.8 万立方米，透层 91.5 万平方米，双表处面层 1.67 万立方米，钢筋混凝土多梁桥一座，框架桥三座，涵洞 64 座共 770 米，排水工程(边沟等)、防护工程 7.6 万米，路缘石 1.924 万米，乡村道路整治 47.2 千米。合同总额 24963 万元。建设单位：贝宁政府公路局，设计单位：CIRA-SARL 监理公司，监理单位：CIRA-SARL 监理公司。年累完成 13360 万元，开累完成 16340 万元，剩余价值 8623 万元。

【埃塞俄比亚 118 公里道路项目】中铁七局承建，业主为：埃塞俄比亚公路局。工程造价：8485.14 万美元。合同工期：2008 年 8 月 22 日—2012 年 6 月 22 日。调整后合同工期为 2008 年 8 月 22 日—2013 年 10 月 31 日。本项目位于埃塞俄比亚东北部，由联邦埃塞俄比亚政府出资修建，全标段均为新建道路，是埃塞俄比亚境内 IREBTI-AFDERA 道路项目第二合同段 K61+000 至 K178+100，全线总长 117.309 公里。设计荷载，HL-93；限制最大纵坡，9.00%；最大速度，85km/h；最小曲线半径，110 米。设计沥青砼面层宽 7.0 米，厚 0.05 米，基层厚 0.175 米，底基层除 K79～K95、K125～K129、K146～K160 厚 0.325 米外，其余为 0.25 米。2012 年完成产值 3060 万美元，开累完成产值 6711 万美元。

【刚果（金）利卡西至科卢韦奇道路升级项目】中铁七局承建。业主为：MITPR 刚果（金）加丹加省基础设施、公共工程和重建部。工程造价：14040 万美元。合同工期：2010 年 7 月 1 日—2014 年 7 月 1 日。项目位于刚果（金）加丹加省，是利卡西通往科洛维奇的一条公路，全长 186 公里。该条道路修建按照国内二级公路标准，路面结构形式为 25 厘米级配碎石基层+1 厘米沥青表处+5 厘米中粒式沥青混凝土，路面现状为红土路面设计。2012 年完成产值 5643 万美元，开累完成产值 7981 万美元。

【刚果（金）卢卡卡 137 公里公路项目】中铁七局承建，业主为：刚果（金）加丹加省基础设施、公共工程和重建部。工程造价：11572 万美元。合同工期：2009 年 2 月 28 日—2011 年 8 月 28 日。项目位于刚果（金）加丹加省，是通往赞比亚边境城市卡森加的一条公路，全长 207 公里，该项目为首期，全长 137.1 公里。项目是中国中铁与刚果（金）政府签署的“资源换项目”一揽子协议中的一部分，该条道路修建按照国内二级公路标准，路面结构形式为 25cm 水泥稳定基层+5 厘米中粒式沥青混凝土，路面现状为红土路面。2012 年完成产值 0 万美元，开累完成产值 9911.94 万美元。

【卢本巴希市政及 BOT 维修养护项目】中铁七局承建，业主为：刚果（金）公路管理公司。工程造价：512.0432 万美元。合同工期：2011 年 1 月 1 日—根据业主资金。项目位于刚果（金）加丹加省卢本巴希市，包括卢本巴希城市道路修复工程项目和 BOT 养护项目。卢本巴希城市道路修复工程共 9 条道路，长 27 公里，大多道路为红土路面，坑洼不平，车辆难以通行，修复内容，整平既有道路，施做 25 厘米水稳基层，施工单层沥青表处，铺设 3 厘米沥青砼面层。BOT 养护工程为卢本巴希—卡松布兰萨公路日常性养护，2009 年签订养护期限为 1 年，2010 年续签合同 3 年，养护费用每年 50 万美元。后将卢本巴希市政道路剩余工程（卢本巴希市政 9 号路卡哈维亚路）及 BOT 养护剩余工程纳入一个大合同——卢本巴希市政及 BOT 养护工程。

主要工程数量：市政道路 6.7 公里，水稳基层 53600 平方米，透 53600 平方米，表处 53600 平方米，面层 46900 平方米，以及 BOT 道路 2.5 年的日常维修养护工作。2012 年完成产值 334 万美元，开累完成产值 617 万美元。

【塞拉利昂 3.38 公里道路项目】中铁七局承建，业主为：塞拉利昂国家公路局。工程造价：1950 万美元。合同工期：2011 年 7 月 11 日—2012 年 7 月 11 日。3.38 公里项目是从 Lumley 海滩警察局到 HillcotJunction 的市政道路扩宽工程，全长 3.45 公里，路面既有车道为 6.6 米，扩宽后的路面为双向 4 车道，每幅宽 7.32 米，每车道宽 3.66 米。2012 年完成产值 1005 万美元，开累完成产值 1528 万美元。

【塞拉利昂 5.2 公里道路项目】中铁七局承建，业主为：塞拉利昂国家公路局。工程造价：2007 万美元。合同工期：2010 年 10 月 7 日—2011 年 10 月 6 日。调整后合同工期为 2010 年 10 月 7 日—2012 年 2 月 7 日。该项目是从 Lumely 海滩警察局到 Congo 大桥的市政道路扩宽工程，全长 5.2 公里，路面既有车道为 6.7 米，扩宽后的路面为双向 4 车道，每幅宽 7.32 米，每车道宽 3.66 米，每侧水沟上方路肩宽 1.5 米。2012 年完成产值 348 万美元，开累完成产值 1826 万美。

【塞拉利昂 62 公里道路修复项目】中铁七局承建，业主为：塞拉利昂国家公路局。工程造价：3321 万美元。合同工期：2010 年 12 月 6 日—2012 年 12 月 5 日。调整后合同工期为 2010 年 12 月 6 日—2013 年 6 月 6 日。该项目位于 Lungi 机场向东南 5 公里处，既有道路为红土路面改造升级为沥青混凝土路面，道路全长 62.198+6.5 公里（6.5 公里为 Lungi 城市道路，既有路况为红土路），还有 30 公里的红土路修复路段；此外还有一座 13 米长的小桥。2012 年完成产值 1383 万美元，开累完成产值 2111 万美元。

【塞内加尔马塔姆桥项目】中铁七局承建，业主为：塞内加尔公路局。工程造价：1481 万美元。合同工期：2011 年 7 月 1 日—2012 年 12 月 31 日。调整后合同工期为 2011 年 7 月 1 日—2013 年 1 月 1 日。玛塔木三座桥梁位于塞内加尔 Ourossogui 市到 Matam 的国家公路上，距离首都达喀尔约 700km。从 Ourossogui 至 Matam 依次为 1 号桥、2 号桥、3 号桥，桥的长度分别为：Matam1（140 米），Matam2（340 米），Matam3（40 米）。三座桥均为单车道，限重 3 吨，均为简支梁桥。本项目为在三座老桥旁新建三座新桥和桥间道路，老桥和公路仍保留。项目里程全长 1740 米，其中新建道路为 1200 米。主要工程数量：桩基础砼 2610 立方米，上部结构砼 5600 立方米，结构物钢筋 985 吨，路基填方 70000 立方米，沥青砼 1600 立方米。2012 年完成产值 578 万美元，开累完成产值 692 万美元。

【坦桑尼亚 84.6 公里公路项目】中铁七局承建，业主为：坦桑尼亚国家公路局。工程造价：8329 万美元。合同工期：2009 年 3 月 10 日—2012 年 3 月 10 日。调整后合同工期为 2009 年 3 月 10 日—2012 年 8 月 10 日。该工程是从 DAREDA 到 MINJINGU 的道路升级工程，线路全长 84.633 公里，道路标准为将原来的砾石红土道路升级改造为沥青路面道路，路面为双车道全宽 6.5 米，每车道宽 3.25 米，路肩宽 1.5 米。路基断面自下而上为土方、水泥稳定土 C1、水泥稳定土 C2、级配碎石 CRR，路面为 50 毫米厚沥青砼，其中线路在 BABATI 城市处需将既有双层表处路面升级改造为沥青砼路面。线路在 SB136+518.17 处新建 4×12.6 米的桥梁一座，在 BM13+583.83 处新建 2×12.6 米的桥梁一座，二桥的结构形式基本相同，下部为 φ0.6m 的桩基础，上部结构为钢筋砼梁，每跨 5 片梁，桥面行车道为沥青砼面层。除此之外，沿线需要修建多处圆管涵、排水设施和路面附属设施。

主要工程数量：清表 102 公顷，挖方（包括表层土清除）453000 立方米，G3 填方 725000 立方米，G7 填方 31500 立方米，G15 填方 55900 立方米，C1 水泥稳定土 151000 立方米，水泥稳定土 C2152000 立方米，CRR 级配碎石 150000 立方米，单层表处 325000 平方米，60/70 渗透沥青 3960 吨，MC-30 轻质沥青 1035400L，50 毫米厚沥青砼 32700 立方米，砼管涵 3500 米，排水结构砼 15300 立方米，钢护栏 27300 米，水稳用水泥 20000 吨。2012 年完成产值 512 万美元，开累完成产值 8300 万美元。

【坦桑尼亚 42 公里公路项目】中铁七局承建，业主为：坦桑尼亚国家公路局。工程造价：3804 万美元。合同工期：2011 年 1 月 3 日—2012 年 9 月 3 日。调整后合同工期为 2011 年 1 月 3 日—2013 年 4 月 4 日。项目部位于坦桑尼亚西北重镇 Tabora，是 Tabora 经过 Urambo 去 Kigoma 的主干道，项目起点为 Tabora 市，终点为 Ndono 镇，项目全长为 42 公里。为将既有红土路升级成沥青双表路面路面。既有红土路行车车速基本能达到 60-70km/h。

主要工程数量：清表 180 万平方米，移除清表土 170000 立方米，普通挖方弃土 80000 立方米，石方挖方 22000 立方米，路基填方 959200 立方米，C1 水泥稳定土 100500 立方米，CRR 级配碎石 74000 立方米，双层表处、20/10 碎石 440000 平方米，圆管涵 1579 米。2012 年完成产值 888 万美元，开累完成产值 1287 万美元。

【坦桑尼亚 85.5 公里公路项目】中铁七局承建，业主为：坦桑尼亚国家公路局。工程造价：6369 万美元。合同工期：2010 年 12 月 15 日—2012 年 12 月 14 日。该项目是从姆万扎/玛拉边界到姆索玛镇的公路升级工程，里程段为 K99+180-K185+630，全长 86.5 公里。该路原路况较好，为既有双表道路。主要工程内容：既有道路帮宽后，将既有沥青路面破碎作为底基层 20 厘米厚 C1 水稳，C1 水稳层上为

CRS，道路行车道7米宽，面层为沥青混凝土，路肩为双表层，每侧2米，主要工作项目包含：施工便道、清表、填挖方、既有路面铣刨形成C1水稳、CRR级别级配碎石基层、沥青混凝土路面、双表路肩、新建管涵、路缘石及其他附属设施、新建2座小桥（均为2孔，桥面长分别为35.2米、52.2米）。

主要工程数量：土方开挖24050立方米，土方回填304800立方米，既有路面铣刨150000立方米，C1水稳190000立方米，级配碎石145000立方米，乳化沥青360000升，透层762500升，沥青混凝土31500立方米，路肩双表327000平方米，管涵900米，矩形沟400米。2012年完成产值2826万美元，开累完成产值4000万美元。

【乌干达75公里道路项目】中铁七局承建，业主为：UgandaNationalRoadsAuthority。工程造价：7418万美元。合同工期：2011年3月1日—2014年3月1日。本工程位于乌干达西北部地区的Mbarara省，为第二标段，起点为Kazo(里程K68+000)，经Ibanda(里程K100+353)，终点为Kamwenge(里程K143+000)，项目全长75km公里。本项目道路以Ibanda分两个段，第一段Kazo到Ibanda约32公里，为微丘地形；第二段Ibanda到Kamwenge约43公里，为山岭地形。项目主要是对既有红土道路面层的拓宽、取直、升级为双表路面，G30底基层、级配碎石级层、沥青双层表处面层，新建4座桥梁。2012年完成产值2725万美元，开累完成产值4154万美元。

【援塞内加尔儿童医院项目】中铁七局承建，业主为：中华人民共和国商务部。工程造价：1102万美元。合同工期：2010年6月26日—2012年3月25日。本工程位于塞内加尔首都达喀尔新区，达喀尔2号公路旁，距离市中心约40公里；建筑结构的安全等级二级；设计使用年限50年；框架抗震等级：门诊楼、医技楼及住院楼为三级，其余框架结构四级。；抗震设防烈度6度。2012年完成产值353万美元，开累完成产值1145万美元。

【赞比亚340公里道路升级项目】中铁七局承建，业主为：赞比亚公路局。工程造价：4464万美元。合同工期：2011年2月16日—2012年8月16日。调整后合同工期为2011年2月16日—2013年8月16日。本工程起点距离首都卢萨卡约500公里，路况良好。工程内容为对全线306公里现有表处道路行车道进行维修并加铺双表处，同时对306公里路肩进行水稳施工并加铺单表处，另外对部分路况较差地段进行重建施工，完成其他附属工程。

主要工程数量：重建段土方7665立方米，路肩水稳140495立方米，重建段底基层1575立方米，重建段水稳基层10725立方米，透层982398平方米，单表2858991平方米，二表1915400平方米，旧路面修补45000m平方米，附属工程306公里。2012年完成产值903万美元，开累完成产值1618万美元。

【赞比亚50公里道路项目】中铁七局承建，业主为：赞比亚公路局。工程造价：2132.34万美元。合同工期：2011年1月10日—2012年5月10日。调整后合同工期为2011年1月10日—2013年2月10日。项目位于赞比亚中央省，起点LANDLESSCORNER距离赞比亚首都LUSAKA65km，距离中央省省会KABWE73公里.项目终点MUMBWA距离首都150公里。项目全长115公里，分为两个标段，Lot2为我公司承建，KM65至项目终点MUMBWA，共50.7公里。2012年完成产值226万美元，开累完成产值1800万美元。

【坦桑19.2公里项目】中铁七局承建，业主为：坦桑尼亚公路局。工程造价：1481万美元。合同工期：2012年12月1日—2011年12月1日。该工程为多多马至巴巴提道路升级项目第二标段，包括Bonga—Babati（KM231+800—KM247+995）段及kondoa（KM148+500）镇2.72公里分支道路，是对即有红土路的升级改造。2012年完成产值309万美元，开累完成产值1084万美元。

【坦桑尼亚阿鲁沙市政项目】中铁七局承建，业主为：阿鲁沙市政委员会。工程造价：707万美元。合同工期：2012年6月1日—2013年8月31日。该项目是阿鲁沙市政道路升级项目第二标段，全长共计9.39公里，双向两车道沥青混凝土路面；项目共分为四个标段：分别为：MAJENGO-BUMIKO段(1.91公里)、COL.NDOMBA段(1.36公里)、NJIRO段(4.38公里)和NMC-PPF段(1.74公里)到Musoma（姆索玛）。2012年完成产值131万美元，开累完成产值131万美元。

【塞内加尔发耶桥项目】中铁七局承建，业主为：塞内加尔公路局。工程造价1074万美元。合同工期：2011年5月15日—2012年10月14日。该桥为新建桥梁，桥长150延米，施工项目包括桥梁主体及两端约2公里的道路，新建道路为双向单车道，路面为沥青双表。法耶桥基础为钻孔桩，桥墩直径与钻孔桩相同，无承台；上部结构为预制混凝土梁。2012年完成产值462万美元，开累完成产值977万美元。

【塞拉利昂经援项目】中铁七局承建，业主为：中国商务部。工程造价17950万元。合同工期：2012年4月26日—2014年4月26日。该段公路自塞拉利昂首都弗里敦科索镇至丽晶村，路线基本沿现有公路布设，路线总长度约11公里，沥青混凝土路面，双向两车道，路基宽10米，行车道宽7

米。大小乔共计 5 座。2012 年完成产值 962 万美元，开累完成产值 862 万美元。

【赞比亚 131.5 公里项目】中铁七局承建，业主为：赞比亚道路发展署。工程造价 5248 万美元。合同工期：2011 年 8 月 28 日—2013 年 8 月 28 日。调整后合同工期为：2011 年 8 月 28 日—2015 年 2 月 28 日。项目位于赞比亚南方省，合同段起点为 Munyumbwe，距离赞比亚手都卢萨卡月 280 公里，终点为 Njami，距离 Lusaka 约 100 公里。全长 131.5 公里。2012 年完成产值 989 万美元，开累完成产值 989 万美元。

【赞比亚奇阿瓦桥项目】中铁七局承建，业主为：赞比亚国家公路局。工程造价 1115 万美元。合同工期：2012 年 7 月 11 日—2013 年 10 月 11 日。Chiawa 桥位于赞比亚与津巴布韦交界处 Chirundu 地区，跨 Kafue 河。距离首都卢萨卡约 145 公里。

工程内容：桥梁全长 140 米，跨度为 40 米+60 米+40 米，两边各修建 800 米的引道。主要工程量为钻孔桩 524 米，混凝土 1270 立方米，钢梁 347 吨，土方 2.1 万立方米。2012 年完成产值 220 万美元，开累完成产值 220 万美元。

【金沙萨市凯旋大道市政道路工程】中铁八局承建。道路全长 3.665 公里,施工内容包括路基、沥青路面、排水沟、桥涵、人行道和照明工程等。合同额 2923 万美元，工期 18 个月，自 2010 年 1 月 1 日-2011 年 6 月 30 日,其中 K1+500-K3+665 段,按刚方要求于 2010 年 6 月 30 日前交付，满足刚方建国 50 周年“6.30”阅兵需求。2012 年完成照明工程和人行道等超合同价部分。

【金沙萨市 630 大道 2 标市政道路工程】中铁八局承建。道路长 2.5 公里，宽 15 米，主要施工内容包括场地清理、给排水工程、桥涵工程、路基、路面、交通和照明工程等。工期 18 个月,自 2011 年 1 月 1 日-2012 年 6 月 30 日。合同总价 1934 万美元，K6+454 巴索科中桥签订补充合同后已于 2012 年 10 月完成。

【金沙萨市卢蒙巴大道 2 标市政道路工程】中铁八局承建。道路全长 5.8 公里，主要工程量：新建桥梁 4 座，1-10m 立交桥 1 座；Matete（7+11+10+11+4）m 空心板梁桥 1 座；Ndjili(3*22m)预应力 T 梁桥 1 座;Nsanga(1-13)m 小桥 1 座，涵洞 7 座。开工日期 2011 年 6 月，合同工期 30 个月，合同造价 9344 万美元。2012 年完成半幅路面沥青铺设工作。

【西开赛省卡南加市机场路及卢蒙巴路】中铁八局承建。包括卢蒙巴大道（3.9 公里）和机场路（6.97 公里），合计 11.87 公里；合同总额 2259 万美元；开工日期 2011 年 6 月，合同工期 12 个月，主要工程量沥青面层 14.2 万平方米，土石方 19.6 万方。截至 2012 年底，卡南加卢蒙巴路已完成沥青路面施工；机场路现正进行路面工程施工。

【摩洛哥丹吉尔至肯尼特拉高速铁路土建工程北线项目第 3 标段】中铁八局承建。本工程位于摩洛哥丹吉尔省和拉哈茨省（TANGERETLARACHE）的 KHMISSSAHEL,LAOUAMRASIDIELYAMANI 这三个区，线路全长 26.6 公里,起讫里程：PR312+500-PR341+301（不包括跨越卢克斯河谷上的高架桥）;承担该里程段的设计施工总承包。主要工程数量：路基 26.6 公里，挖填土石方 1681 万方（挖方 1030 万方,填方 651 万方）;桥梁 21 座,其中公路桥(PRO) 13 座、铁路桥（PRO）8 座，共计 0.8 千米，均为小桥；箱涵 21 座、管涵 62 座、共计 2800 横延米。工期：2012 年 3 月 1 日至 2014 年 8 月 30 日。工程投资：104985 万元。2012 年完成产值 4000 万元；完成主要工程数量：地勘、测量和设计出图工作；路基土石方 8.8 万方。

【委内瑞拉北部平原第纳科至阿纳科铁路工程】九局大连工程处承建，位于委内瑞拉瓜里科州境内，起点里程为 K317+300，终点里程为 K366+900，线路全长 49.6 公里。途经城市为土库彼多、萨拉萨。工程自 2010 年 2 月 6 日开工，预计 2013 年 5 月竣工，总造价 32242.79 万美元。主要工程数量：大桥 3 座，涵洞 142 座，上跨立交桥 26 座。路基挖方 537.4 万立方米，填方 236.3 万立方米，级配碎石 41 万立方米，植草 72.1 万平方米，排水沟混凝土 3.9 万立方米等。

建设单位为委内瑞拉国家铁路局，设计单位为铁道第二勘察设计院集团有限公司。

2012 年完成产值 1703.75 万美元，开累完成产值 15412.56 万美元，完成总价的 47.8%。

【朝鲜胜利经济贸易联合会社友谊水泥厂 100 万吨水泥生产线工程】 九局一公司承建，工程位于朝鲜黄海北道胜湖郡胜湖友谊水泥厂内。朝鲜友谊水泥厂是中国四川铭川乘宇机电设备有限公司运作实施的 EPC+T 项目，地点位于平壤东北 35 公里处，属资源换项目。合同价款 13500 万元人民币，为可调整的单价合同，按照实际完成工程量进行结算。该水泥厂设计年产为 100 万吨，项目分为生产区与办公区及附属区两部分组成，占地约为 180 亩。工程于 2012 年 4 月 15 日开工，计划 2014 年 4 月 15 日竣工。主要工程数量：钢构约 3500 吨（轻钢网架），安装总重约为 7000 吨。混凝土 5 万立方米，土方挖方 7.5 万立方米，砖砌体 400 立方米、毛石砌体 660 立方米、填方约 3.5 万立方米。

建设单位为四川铭川乘宇机电设备有限公司，设计单位为四川晨光工程设计院，监理单位为四川科力工程设计咨询有限公司。

2012 年已开工的有 4 个子项工程：窑头熟料冷却及输送、窑中、窑尾预热器系统和生料均化库。完成产值为 177.5 万元。完成总量的 1.3%。

【委内瑞拉海尔工业园工程】 九局四公司承建，项目位于委内瑞拉米兰达州亚雷区圣弗朗西斯科教区，内容为建设一座包含冰箱、洗衣机、空调等产品在内的，年产量约 80.5 万台套的家电工业园区。工程总征地面积 627693.9 平方米，总建筑面积 245852 平方米，道路广场等铺砌面积 131815.7 平方米，绿地率 27.7%。共分为两期开发。

1 期：包含冰箱厂、给水站、回收站、空压站、环戊烷罐区以及化学品库，建筑面积 35340 平方米，于 2011 年 11 月 27 日完成与海尔的合同签订。合同总价 58968000 美元，其中包含海尔税金 2328480 美元。

2 期：包含洗衣机厂、空调厂、钣金注塑厂、CKD 仓库、污水处理站以及室外管网，室外管网包含室外给水管线、室外排水管线、室外电力管线、室外信息管线、室外消防管线以及室外燃气管线。建筑面积 73468 平方米，于 2012 年 5 月 4 日完成与海尔的合同签订。合同总价 15648.56 万美元，其中包含海尔税金 617.92 万美元。

建设单位为委内瑞拉科技部，设计单位为中国轻工业长沙工程有限公司，监理单位为委内瑞拉 TractoEquip,C.A。2012 年完成产值 10000 万美元，开累完成产值 12881 万美元，完成总价的 60%。

【委内瑞拉比西亚电站项目】 九局大连工程处承建，项目位于委内瑞拉西部梅里达州（MERIDA）比西亚市，为建设一座总装机容量 50 万千瓦级的联合循环电站工程。工程建设一套二拖一燃油、燃气双燃料联合循环发电机组，主机设备包括 2 台型号为西门子 SGT6-5000F(4)的燃机及其发电机、2 台余热锅炉、1 台蒸汽轮发电机组以及 3 台升压主变压器。中铁九局承建电厂场平及主体的土建工程，合同金额场平部分为 649.36 万美元、土建部分为 3557.61 万美元。其中场平部分包括厂区清障及土方工作，土建部分包括燃机区域、余热锅炉区域、汽机房、汽机岛区域、集中控制楼、厂区道路、厂区系统管道区域、厂区控制设备区域、配电设备区域、停车场区域、厂区消防保护、二氧化碳设备区域、大件设备维修平台等 13 个区域的土建工程。主体开工时间为 2012 年 1 月 12 日，合同工期为 10 个月。

建设单位为委内瑞拉电力公司，总包单位为中工国际工程有限公司，设计单位为美国沃利帕森（WP）设计公司，土建管理单位为天津电力建设公司（TEPC）。

2012 年完成产值 1869.34 万美元，开累完成产值 2483.24 万美元，完成总价的 56.1%。

【委内瑞拉铁路十局施工情况】 工程概况：标段长度 98.4 公里，工程造价 76829.08 万美元，合同工期 2009 年 8 月 6 日-2012 年 12 月 5 日。

主要工程数量：路基土方 1592 万立方米，特大桥 1 座 737 米，大桥 3 座，小桥涵 242 座。

施工进度：路基土方完成 1166 万立方米；桥梁桩基（设计 758 颗）完成 425 颗，墩台身（设计 92 个）完成 20 个，小桥涵开工 165 座，完成 160 座。

【斯里兰卡南部高速公路项目】 中铁七局承建。工程概况：施工地点位于斯里兰卡南部省跨 Galle 区和 Matara 区，标段长度 30.25 公里，工程造价 40355 万元，合同工期 2011 年 4 月-2013 年 4 月，业主调整工期 2013 年 9 月 30 日完工。

主要工程数量：路基土石方 146 万立方米；桥梁 8 座（新建 1 座，其余为修缮），涵洞及通道 176 座；路面底基层、基层约 20 万立方米。

施工进度：路基挖方（设计 59.8 万立方米）完成 54.5 万立方米，填方（设计 71.2 万立方米）完成 70 万立方米，石方爆破（设计 15.5 万立方米）完成 12.9 万立方米；碎石加工（30 万立方米）完成 18 万立方米；路面底基层（12 万立方米）完成 5 万立方米，基层（8 万立方米）完成 1.1 万立方米。

【摩洛哥拉巴特绕城高速公路布里格里格河谷斜拉桥项】 中铁大桥局承建。年内完成塔柱 5.5 节；T 梁：4 片。完成产值 1266.56 万美元，开累完成 2318.69 万美元。

【坦桑尼亚基甘博尼斜拉桥】 中铁大桥局承建。年内完成栈桥 441 米、完成地勘，陆上 500 米，水中 405 米；11、完成搅拌站安装及调试；完成钻机安装及运行 50%；完成 8 号墩钻孔平台，7 号钻孔平台 22%；完成 1 根Φ1.5m 试桩；完成 4/5/6/7/8 号栈桥加宽段；完成Φ1.5m 试桩荷载试验，并提交了试验报告。完成产值 511 万美元，开累完成 511 万美元。

【赞比亚芒古至塔博公路桥】 中铁大桥局承建。年内完成Φ1.2m 桩基 190 根，墩身 56 个，盖梁 20 座，桥台 2 个，空心板预制 160 片，K15 栈桥及 K19 栈桥已全部完成，K22 栈桥全部完成，完成Φ1.5m 荷载试验桩 1 根。完成产值 1300.901 万美元，开累完成产值 1417.18 万美元。

【伊朗德黑兰北部高速公路一期项目】 中铁隧道集团承建。德黑兰北部高速公路连接伊朗首都德黑兰和北部里海旅游城市查卢斯，全长约 120 千米。一期工程路线全长 31.481 千米；业主为德黑兰北部高速公路公司；资金来源为 85%中国政府提供买方信贷，15%伊朗业主自筹；合同金额 4 亿美元。主要工程数量有挖方（含改河、改渠、改路）550 万立方米，填方 181.9 万立方米，弃方超运 13241056 立方米·千米；特大桥 319 米（双线/1 座），大桥 1755.58 米（单线/11 座），中桥 620.4 米（单线/7 座），小桥 22.44 米（双线/1 座），立交桥 44.32 米（单线/1 座），改路小桥 17.64 米（单线/1 座）；钢筋混凝土盖板涵（单线/15 座、双线/46 座），石拱涵（双线/1 座）；特长分体隧道 9739.76 米（单线/2 座），长分体隧道 4785 米（单线/2 座），中短分体隧道 6980.506 米（单线/20 座），联拱隧道 1180 米（双线/4 座）。联合体成员单位：中铁上海建工集团占（55%）、中铁隧道集团海外工程有限公司占（45%）。

截至 2012 年末，STA 项目开累完成 16286.1 万美元，占合同总额的 40.7%。其中中铁隧道集团有限公司所占股份比例为 45%，即 7328.7 万美元。业主已累计批准验工计价款为 13006 万美元。业主累计付款为 10837 万美元。

【吉隆坡巴生河谷捷运地下北段项目】中铁隧道集团承建。一期工程（KVMRT）起于雪兰莪双溪武洛（SUNGAIBULOH），止于加影(KAJANG)，线路全长 51 公里，其中 41.5 公里为高架工程（含 27 座车站），9.5 公里为地下工程（含 7 座地下车站）。在政府组织的一期工程竞标中，马矿业-金务大联营体成功夺标。通过前期商务运作以及金务大高层多次现场考察中国中铁下属隧道局工地，作为总承包商，马矿业-金务大联营体确认将地下工程北段，以“背靠背”分包方式，授于东方国际分公司与隧道局联合组建的南洋隧道工程公司，合同总额约 3 亿美元元。合同工期 52 个月，2012 年 8 月 1 日至 2016 年 11 月 30 日。

分包工程范围起自 SEMANTAN(CH1+002.794)的北洞口，止于 PASARSENI 车站西端头，该段工程包括：1 座 KLSENTRAL 地下车站，和车站两端的区间隧道。主要工程量：合同范围内的车站、隧道工程详细施工图纸设计；区间隧道及附属结构物建筑安装工程；区间隧道内径 5.8 米，单线双洞长 2700 米；KLSENTRAL 地铁车站的结构、建筑及设备安装工程。该站为 2 层岛式车站，站长 167 米。其中车站土方开挖 18.9 万立方米，混凝土工程 7.3 万立方米，钢筋工程 1.3 万吨，支撑结构混凝土工程 0.8 万吨、防水工程 3.4 万平方米。

联合体成员单位：中国中铁马来西亚分公司（占 60%股份）、中铁隧道集团海外工程有限公司（占 40%股份）。

截至 2012 年南洋隧道公司项目开累完成 3050 万马币，即 1006.6 万美元，占合同总额的 3.3%。其中中铁隧道集团有限公司所占股份比例为 40%，即 402.6 万美元。

【白俄罗斯奥希波维奇-日洛宾铁路电气化项目】中铁电化局承建。2012 年 4 月 3 日在施工现场举行开工典礼，标志着白俄罗斯奥希波维奇-日洛宾铁路电气化建设项目正式进入施工阶段。2012 年 3 月和 5 月分批提交了接触网安装图设计文件、变电一次设计文件、变电二次设计文件，并得到业主批复，作为施工依据。完成全线物资设备供货工作。接触网专业完成除供电线架设外的所有工作量，包括腕臂底座及腕臂安装 1498 套，吊柱安装 57 根，附加线肩架安装 2500 套，车站软索安装 139 处，隔离开关安装 49 台，避雷器安装 38 台，分段绝缘器安装 45 台，承力索架设、接触线架设、悬挂调整各 120 条公里，加强线架设 79 条公里，回流线架设 84 条公里，架空地线架设 60 条公里。变电专业完成博布鲁伊斯克变电所的电缆敷设、所有设备的安装、调试，日洛宾变电所室外设备的安装工作，4 个开闭所和 1 个分区所的安装工作。项目原计划 2012 年 12 月 25 日全线竣工，由于白方接触网专业供电线支柱未组立，导致无法架线，推迟到 2013 年 4 月完成；变电专业主要受白方土建工程影响，预计 2013 年 6 月完成。

【德黑兰地铁四号线 H4 变电所工程、德黑兰地铁 1 号线北延线高压所工程、地铁 5 号线工程三、四期及补充八合同项目】中铁电化局承建。各项工作已经完成，正在敦促伊方尽快发放临时验收证书。车间设备供货项目：TUSRC-EM-21 合同项下的设备由电化局供货的共 17 项设备，其中 1 项设备已于 2011 年 11 月颁发最终验收证书，5 项设备已于 2009 年 11 月 23 日颁发临时验收证书，目前正在申请最终验收证书，6 项设备已全部安装调试完毕移交给 TWM，申请临时验收证书，剩余的 5 项设备未移交，等待国内设计院及厂家的处理意见。TUSRC-RS-JV-1(102 项)合同设备：29 项设备于 2009 年 9 月 7 日颁发临时验收证书，目前正在申请最终验收证书。58 项设备于 2012 年 6 月 11 日颁发临时验收证书，目前正在消缺和申请最终验收证书，5 项设备于 2011 年 11 月申请临时验收证书，未交付的 10 项设备中 1 项在海关损坏，1 项取消供货，6 项设备 10 月份已经移交，正在申请临时验收证书，剩余 2 项设备正在等国内提供解决方案。

【香港 830 项目】中铁电化局承建。2012 年，根据港铁、俊和联合体最新施工计划，830 接触网工程进场时间延迟，送电和通车时间不变。接触网一次安装工程计划由 2013 年 4 月 14 日推迟到 2013 年 5 月 26 日开工，二次安装计划由 2013 年 10 月 27 日推迟到 2014 年 1 月 6 日开工。接触网工程于 2014 年 11 月 9 日完成送电，计划于 2015 年 5 月通车。正线一次安装：2013 年 5 月—2014 年 10 月；二次安装：2014 年 1 月—2014 年 10 月。石岗停车场一次安装：2013 年 5 月—2013 年 12 月；二次安装：2014 年 1 月—2014 年 6 月；

西九龙车站一次安装：2014年2月—2014年5月，二次安装：2014年6月—2014年10月。根据港铁、俊和联合体最新的变更令和施工计划，参照设计图纸，主要工程数量中支柱由145根减少为123根，其他工程数量不变。项目进展情况：2012年常驻项目部人数：电化公司20人，设计院2人，国际公司1人。截至2012年底，已完成第一、二阶段全部设计任务，完成第三阶段设计任务（绘制施工图）的60%；与11家物资供货商签订14份采购合同，完成物资、施工机械出关运输及在港检测方案；完成项目部管理人员粤语培训，以及首批16人次工作签证办理工作等。

【乌兹别克斯坦项目】中铁电化局承建。2012年7月31日质保期结束，业主向联合体颁发最终验收证书。2012年12月25日，中铁电气化局与中技公司共管账户清算完毕，标志本合同甲乙双方完成项目决算，结束该项目的合同关系。

【阿尔及利亚巴哈吉四万人体育场】中铁建工承建。本工程位于阿尔及利亚的阿尔及尔省 BARAKI（巴哈吉）县，是一座40000人座的足球体育场。场地平面近似椭圆形，长轴长约230米，短轴长约209.6米。整个体育场采用下沉式设计，结构由碗状钢筋混凝土看台与钢结构罩棚构成，看台下结构在南侧部分为地上3层，在东、西、北侧部分为地上2层。南侧有3个车道由地面经地下2层入口进入场内，东、西、北侧有25个观众入口从地上1层进入四周看台区。从场内地面开始计算，看台高度则为24.00米-32.33米，钢结构罩棚的最大高度为52.18米。

该工程由阿尔及尔省青年体育与旅游局 MOKHTARI.H 建设，法国 ATSP 公司、法国 DVVD 公司、法国 GLI 公司、中铁工程设计院有限公司设计，法国 ATSP 公司、法国 DVVD 公司、法国 GLI 公司监理。合同额102255万元，合同工期2009年8月-2010年12月。2012年继续列为集团重点工程，年完成产值7296万元，年底进行主体结构施工。

【坦桑尼亚基甘博尼跨海大桥及引道工程】中铁建工与大桥局联合承建。中铁建工主要负责两岸引道及项目附属设施的施工，包括桥台后引道路堤填筑、路面基层和沥青路面铺筑、桥面沥青路面铺筑、桥面栏杆制作及安装、引道和桥面的照明、收费站及其他辅助设施的施工。本工程位于坦桑尼亚，达累斯萨拉姆市，大桥全长680米，主桥为钢筋混凝土双塔单索面斜拉桥，主跨200米，桥面宽32米，双向6车道。桥面以上桥塔高55米，每座塔上有9对斜拉索与桥面相连。

该工程由坦桑尼亚国家社保基金会建设，项目资金来源：由坦桑尼亚国家工程部和国家社保基金会共同出资。中铁建工合同额6954万美元，合同工期2012年2月-2015年2月。2012年列为集团重点工程，年完成产值417万美元，年底前进行桩基施工。

生产组织经营

【概况】 2012年，全球经济持续低迷、国内经济下行压力加大，在铁路建设减缓的严峻形势下，中国中铁股份有限公司（以下简称中国中铁）工业企业攻坚克难，稳中求进，在巩固国内市场的基础上积极开拓国际市场，保持路内市场优势的同时不断拓展路外业务，全年完成新签合同额 130.3 亿元，营业额108亿，营业收入97.24亿元，上交母公司净利润5.65亿元。

【主要产品和生产厂家】 主要生产厂家有中铁山桥集团有限公司、中铁宝桥集团有限公司、中铁科工集团有限公司、中铁隧道装备制造有限公司等 4 家公司。生产的主要产品有：钢梁钢结构、道岔、工程机械、盾构、城轨交通等。其中中铁宝桥加大了城轨交通设施的市场开发力度，重点开发了城市旅游观光轨道钢结构产品，承建了西安曲江轨道观光游览项目，实现营业收入0.95亿元。

【资源整合和结构调整】 2012 年，中铁山桥成立了山海关桥梁公司、中铁南方工程装备有限公司，加快了江苏中铁山桥重工有限公司建设，扩大了中铁山桥钢结构建筑安装公司经营实力和经营规模。其中山海关桥梁公司以大跨度重型钢结构为主导产品，以建筑钢结构和机械钢结构为延伸产品，以技术服务为多元经营业务；中铁山桥南方装备公司以钢桥总拼装和制造为主导产品，以海洋工程装备和大型机械制造为支撑产品，以物流和船舶服务为多元经营业务；江苏中铁山桥重工有限公司以大跨度桥梁为主导产品，以港口机械为支撑产品，以技术服务、安装、抢修检测为产品延伸业务，以物料配送、码头装卸及仓储等物流服务为多元经营；中铁山桥钢结构建筑安装公司向钢结构工程总承包方向发展，以钢桥梁架设施工为主导业务，以钢拱梁制造和桥梁维修加固为支撑业务，以土建工程施工为多元经营业务。

中铁宝桥2012年重点扩能项目，整合机修车间及机械车间成立了机械分公司，以增强机械产品的研发制造能力和市场竞争力。以生产中低速磁浮交通产品、高速磁浮交通产品、跨座式单轨交通产品及悬挂式轨道交通产品为主。三通一平已全部完工，机加厂房主体工程基本完工，设备搬迁技术准备工作包括厂房内专用母线设计和采购工作、厂房天然气取暖设计和采购、设备工艺布局、设备基础图纸全部完成。

【新产品研发和技术升级】 2012 年度，中国中铁工业企业继续加大科技攻关力度、加快推进新产品研发。

中铁山桥完成项目课题评审39项，其中钢桥钢结构产品细部设计及工艺研究类13项，道岔产品设计及工艺开发类20项，机械产品开发研制类6项。完成上级科研项目10项。为提升科研能力和创新能力，争取国家级科研项目 3 项、中国中铁科研项目6项、港珠澳大桥管理局专题研究项目1项。

中铁宝桥全年共计完成35种道岔新产品开发，技开技措共立项64项，其中钢箱梁桥板单元自动化焊接技术研究项目和超声相控阵技术在钢箱梁焊接与制造中的应用研究项目被列为中国中铁重大课题和重点课题，“宁波市湾头大桥钢桁梁”项目获得2012年度全国优秀焊接工程一等奖。

中铁科工获批各级、各类科技计划项目 17（项•次）。“混凝土路面白改黑施工用全浮动式共振破碎机”获批中央国有资本经营预算节能减排资金项目；“城轨交通U型梁运架施工关键技术及装备研制”获批国家科技部科研院所技术开发研究专项资金项目。组织完成科技成果鉴定4项，其中通过省级科技成果鉴定3项、中国中铁科技成果评审1项。“小曲线半径穿越山岭隧道箱梁运架一体机”通过湖北省科技成果鉴定，达到国际领先水平；“裸岩河床水下控制粒径爆破人造覆盖层施工技术”、“深水基础桩堰同步施工围堰原位拼装施工技术”通过湖北省科技成果鉴定，分别达到国内领先、国际先进水平。

中铁装备2012年度评审验收课题17项，其中1项通过河南省科技厅课题验收，4项参加中国中铁科技成果评审。“硬岩盾构成套装备关键技术研究”项目成果水平国际先进，部分领先；“盾构互联网远程实时监控系统的研制”项目成果水平国际先进；“大直径泥水盾构控制系统消化吸收与设计”项目成果水平国内领先。

【设备升级】 2012 年，中铁山桥顺利完成了山桥产业园一期工程建设并正式投产，产业园引进板单元船位焊接机器人4台、U肋板单元定位焊接机器人2台、横隔板焊接机器人2台，这些设备的引进在钢结构行业尚属首次，为国际领先；引进了23米过渡坡铣边机、20米三边铣边机、18米双边坡口铣边机及2000吨数控双联动折弯机。其中23米渡坡铣边机可同时对一纵边和一横边进行坡口铣削，这使得我公司成为继上海振华港机后，第二家使用此类设备的生产厂家。先进设备的引进对保证港珠澳大桥产品质量和工期提供重要保障，同时显著增强了中铁山桥在钢结构领域的核心竞争力。

【大型设备集中采购】 公司加强大型设备集中采购管理工作，完善采购和评价体系，建立健全各项管理制度，建立合格供应商名单、完善大型设备调配机制等。将盾构、客运专线箱梁制运架设备和常规铁路施工铺架设备、混凝土湿喷机等产品列入中国中铁内部统一采购计划，加强统一采购的组织和管理。中国中铁和所属各单位两级机构大型设备采购集中度达到占全年新增设备投入的85%以上。

【装备水平进一步提高】 至2012年，股份公司主要施工设备总台数达到73000台，原值约350亿元，净值约176亿元，总功率进656万千瓦。2012年全公司新增主要施工设备5858台，设备采购投入约33亿元。装备结构得到有效改善，全公司围绕高速铁路、城市轨道交通、长大桥梁和隧道、大体量混凝土和超高层建筑等高技术工程建设领域，加大设备投入和技术创新，增加大型、专用、高技术含量、高价值的设备，提高企业工程建造技术水平。截止2012年底，全公司共有TBM/盾构等设备162台，占有全国地铁盾构数量的三分之一。目前全公司除了中铁大桥局、中铁建工集团等单位未保有盾构设备外，其他14个工程局都拥有盾构设备，其中中铁隧道集团自有46台，中铁一局自有25台，中铁二局自有14台，位列设备保有数量前三名。

【设备管理和现场检查监督】 全公司设备管理工作围绕现场，加大制度建设和现场管理，各集团公司结合本企业特点，创新管理，相应出台了一系列管理制度与办法。这些措施有效提高了本单位施工机械化水平，推动了工程项目机械设备标准化管理工作。为贯彻股份公司执行力建设的要求，结合管理提升工作，工业设备部集中组织对中铁四局等九个单位的大型设备集中采购、设备管理体系、设备预算编制与执行情况、设备安全与维护以及海外项目设备管理等五个方面进行调研和督导，通过这个活动，了解相关单位设备管理情况，为进一步规范施工设备管理，提高设备运行效益奠定了基础。

【加强管理】 2012年注重发挥全面预算在落实战略发展规划、高效配置资源、强化考核监控、有效防控风险、实现降本增效等方面的重要作用。继续运用全面预算管理对生产经营指标进行事前预测、事中控制、事后考核，使企业管理向科学化、精细化、标准化过渡，对生产经营指标顺利完成起到了推动的作用。2012年继续加强成本监管力度，坚持以目标成本和费用控制为核心，通过强化管理经费预算控制，降低非生产性消耗。实行比价采购的办法，货比三家、择优选购，做到同质的买低价，同价的就近买，以达到降低成本的目的。继续开展“清仓查库、降本增效”专项效能监察活动。防止潜亏挂账，保证存货质量。另外以管理提升活动为契机，完善公司存货管理制度，在保证收发料的基础上加强库房管理，树立零库存管理理念，减少资金占用。不断强化生产系统管理。充分发挥生产系统的计划调度、资源整合、综合协调职能，优化资源配置，降低物流成本，增加效益。加紧完工项目结算，加快资金回笼。积极加强货款清收工作，进一步落实责任，加大考核力度，加强内部协调，采取合理有效的措施，确保货款的及时收回，努力降低应收款余额，保证企业生产经营所需资金。

【中铁山桥生产经营主要指标】 中铁山桥集团有限公司2012年公司实现新签合同额55.83亿元；营业收入38.10亿元；利润总额2.51亿元；工业增加值14.60亿元。

2012年公司完成钢梁钢结构17.35万吨；整组道岔4680组；尖轨配件14900根；锰钢辙叉12900个；机加工辙叉13860个；机械产品23台；高强度螺栓198万套；铸铁件2656吨；道岔锻件1273吨。

【中铁山桥产业基地建设】 2012年，根据中国中铁股份有限公司和中铁山桥“十二五”发展规划的要求，按照科学合理布局的原则，在江苏如皋基地的基础上，又建设了山海关产业园和广东中山两大钢梁钢结构和大型机械设备制造基地，同时还规划建设武汉、包头两个铁路器材制造基地，使中铁山桥形成了更为完善的战略布局，为集团化建设提供了条件，为现代化、国际化建设奠定了基础。按照钢桥梁制造行业国内领先、世界一流的标准，在山海关产业园装备了目前最先进的制造公路钢箱梁板单元的现代化、智能化设备，在广东中山建成了国内最大、最先进的钢箱梁拼装基地，实现了钢结构产品制造的大型化、工厂化、标准化、装配化，使钢箱梁的制造达到了世界先进水平，推动了钢梁钢结构行业的技术进步。

【中铁山桥工业产品生产情况】 2012年，钢结构生产项目多、品种杂，其中港珠澳大桥、美国阿拉斯加铁路桥、铜陵长江大桥由于工期要求紧、质量要求高、制造难度大，成为全年钢结构生产的重点和难点，特别是港珠澳大桥的生产融先进的理念、全新的厂房、智能化的设备和尖端的技术于一体，代表着当今最先进的钢箱梁制造水平。为保证重点项目的完成，中铁山桥制定了专项网络计划，优化配置各种生产要素，满足生产要求。2012年7月18日，举行了港珠澳大桥板单元开工典礼，正式拉开港珠澳大桥板单元制造的帷幕；同年12月28日钢箱梁总拼在广东中山基地开始，使港珠澳大桥生产进入新的阶段。在认真组织和科学安排下，钢结构产量不断创出新高，钢一车间、钢二车间分别创出月产7207吨和9002吨的历史月产最高记录。全年先后收竣了德大铁路黄河大桥、郑焦城际铁路黄河桥、郑州桃花峪黄河大桥、九江长江公路大桥、美国阿拉斯加铁路桥、摩洛哥桥、挪威桥钢塔等国内外20个项目。

道岔产品随着下半年铁路建设项目的恢复，客专道岔、GLC道岔需求急剧增加，中铁山桥克服生产周期短等困难，先后完成了津秦客专、厦深客专、大西客专等国家重点项目的高速道岔及沈阳局、南宁局、上海局、广州局等路局大修项目道岔，满足了客户需求。在机械产品生产上，生产了2000吨轨道式门式起重机、300吨桥式起重机等产品。

【中铁山桥承揽主要任务】 2012年，中铁山桥集团有限公司在钢梁钢结构产品市场上，先后中标了港珠澳大桥、湖北恩施忠建河大桥、重庆寸滩长江大桥和成都市府河大桥等桥梁制造工程。港珠澳大桥是连接香港、珠海、澳门三地的跨海通道，在世界桥梁建设史上具有特殊意义，举世瞩目，中铁山桥集团有限公司以绝对优势中标了港珠澳大桥钢箱梁制造工程。道岔营销在巩固已有市场的同时，积极开拓城轨、能源通道等新的市场领域，在低迷市场形势下取得了较好业绩。2012年下半年在铁路市场理性回归的条件下，加大客专道岔市场的营销力度，先后中标了兰新二线、杭长线、沪昆线等线路的客专道岔，巩固了中铁山桥在道岔市场的占有率。为突破海外市场，积极探索创新海外市场的营销模式，在北京建立了国际贸易公司，实行营销前移战略。同时集中公司优质资源，一举中标了1.5万吨的美国纽约韦拉扎诺海峡大桥。全年海外项目实现新签合同额5亿元人民币。

【中铁宝桥生产经营主要指标】 2012年，集团公司完成新签合同额43.5亿元，完成企业营业额35.4亿元，实现营业收入35.5亿元，完成利润总额2.48亿元。完成钢梁钢结构17.8万吨，整组道岔3489组，AT尖轨4111根，辙叉14160个。

【中铁宝桥承揽主要任务】 2012年，集团公司把经营销售工作放在龙头位置，在主业产品的市场困局中抢机遇、抓订单。道岔销售紧盯基建大项目、稳定大维修用户、扩大地铁市场，全年揽回整组道岔3936组，高锰钢辙叉10538个，尖轨配件12417根，合同总额19.3亿元。钢结构订货在市场大幅萎缩情况下，百折不回，坚持先算账、控风险的原则不动摇，取得了较好业绩。集团公司相继中标港珠澳大桥、大连南部滨海大道桥、南京过街通道步行桥、海南洋浦大桥和厦漳、嘉绍防护栏制安项目，总重约9.9万吨、总额12.7亿元。

【中铁宝桥工业产品生产情况】 2012年，全公司生产系统克服上半年任务不均衡等不利因素，快速应对下半年产品产量快速恢复所带来的挑战，实现工业总产值34.6亿元，同比增长17.8%。一是生产整组道岔3489组，为年计划的90.6%，同比增长7.9%。生产AT尖轨4111根。二是生产辙叉14160个，为年计划的113.3%，同比增长0.5%。其中完成合金钢辙叉和北美嵌入式拼叉888个组，为年计划的148%；完成出口商品辙叉3536个，同比增长42%。三是全公司完成钢梁钢结构17.8万吨，为年计划的107.7%，同比增长19.7%。

其中，钢结构车间、宝工、桥源公司精心组织、加班加点，完成了郑焦黄河大桥、晋陕黄河特大桥、西安曲江轻轨工程制造任务；曲江梁柱安装竣工，郑焦桥和晋陕桥现场施工顺利推进。扬州公司组织22个项目14个经理部完成钢结构成品9万吨，天元公司完成钢梁钢结构2.23万吨，宝工公司完成钢结构1.32万吨，汕头项目部注重基础管理、狠抓过程落实，组织5个项目共完成1.33万吨。桥源公司生产完成7900吨。南京公司运用ERP严密生产组织，把薪点工资与班产完成率直接挂钩，生产整组道岔606组、轨类配件4800根，实现产值2.6亿元。实业公司努力开发气体新客户，实现收入5800万元。科技公司持续开发市场，实现自营2240万元。工贸分公司抓服务、保生产、保运输，完成营业额2400万元，实现自营202万元。工程公司中标人行天桥151万元工程，负责管理4个工程施工工作，实现营业收入2000万元。房地产公司以职工住宅小区建设和北门扩能改造工程为重点，完成营业收入2300万元。

【中铁科工生产经营主要指标】 2012年，集团公司完成新签合同额20.59亿元，完成股份公司计划20亿元的103%，较2011年增长1.50%；完成营业额17.73亿元，完成股份公司计划17亿元的104.3%，较2011年增长0.22%；完成营业收入15.11亿元，完成股份公司计划15亿元的100.7%，较2011年增长3.35%；实现归属母公司净利润2645万元，完成股份公司计划2600万元的101.73%，较2011年增长12.73%。各项经营指标较2012年度预算指标以及2011年度实际完成情况实现了双超，职工收入平均增长10.2%。在不平凡之年，企业发展、员工收入增长均取得了较好成绩。

【中铁科工市场营销情况】 集团大营销工作取较好成绩。为了构建集团公司大营销体系，通过近几年的探索与发展，集团公司本部组建了西南分公司，各子分公司新增了营销分部、经营性事业部、片区经营分公司，营销机构共计达到了29个。集团公司市场营销网络体系基本形成，同时构建了集团公司市场营销信息网络管理平台，对全集团市场营销信息实行统一管理，对于重点市场信息，由集团公司统一协调、统一运筹、上下互动、横向联合，实现资源共享，有效推进了集团公司大营销工作的发展。

产业领域得到进一步拓宽。一是充分发挥钢结构制造优势，致力进入建筑钢结构制造行列，2012年开始进入，当年突破1亿元经营业绩；二是充分利用自主创新产品——共振破碎机，开展旧混凝土路面修复施工作业业务；三是完成了智能立体车库新产品的研制，同时取得了智能立体车库制造A级资质、安装维修A级资质，开辟了新的市场业务；四是盾构制造、组装、维修新业务发展势头较好，合同额超过了1亿元；五是首次独立承揽了江西五桂悬索大桥、乌溪江桥隧工程施工项目，开辟了新的施工领域；六是充分利用生产盾构的大型机加工设备，拓展了悬索桥主缆索鞍索夹加工新业务、葛洲坝水电站发电机组重型推力头及镜面板精密加工长期业务；七是西南片区经营有新的进展，开辟了云南能源开发新业务；八是开展165架桥机定点维修、大修新业务。

海外经营工作取得好成绩。一是承接了缅甸公路桥钢梁项目；二是签订了五台用于印度地铁施工盾构及后配套制造订单；三是新研制的三轴搅拌桩机再次进入越南施工市场。2012年，全集团海外业务订单超过了1.5亿元，取得了好的成绩。

资质申报工作取得新进展。为了拓宽主导业务，集团公司下大力气着手申报铁路及建筑总承包资质。2012年，在股份公司的关心下，在股份公司相关兄弟单位的支持下，经过努力，基本完成了业绩资料的收集工作，力争在2013年申报成功。

【中铁科工工业生产情况】 2012年，生产施工工作在“抓安全、重质量，促进管理效益不断提升”工作思路的指导下，全面超额完成了年度企业营业额任务指标，实现了全年“安全零事故”的工作目标。

机械产品生产规模与制造质量稳步提升。一是成功研制了50吨门座式起重机、2000吨轨道式门式起重机、4000吨模块化平板运输车、190吨铁路T型梁倒运架桥机、智能立体车库、大直径复合桩机、20米转盘式三轴搅拌桩机、900吨运架分离与运架一体过隧架桥机、500米长钢轨铺轨机组、320吨及400吨钢梁桥面架梁起重机、盾构等新产品；二是大型运架设备、TJ165架桥机、铺轨机、电机车、各类桩机等传统产品制造质量得到较大的提升。

钢梁钢结构制造与安装取得较好成绩。2012年，集团公司承建了20多座大中型桥梁的钢梁制造与安装项目，遍布全国多个区域。一是厦深铁路榕江特大桥、柳州广雅公路特大桥、贵广线北江大桥、重庆粉房湾长江大桥等多座特大桥钢梁的制造与安装项目；二是重庆千厮门嘉陵江大桥、铜陵长江大桥、黄冈长江大桥、安庆长江大桥等多座特大桥钢梁的制造项目；三是完成了武汉、合肥、昆明、贵阳、西安等多个城市多座立交桥钢箱梁的制造与架设任务；四是继2011年承建贵阳筑城广场四座景观桥之后，作为承包方，承接了贵阳未来方舟项目两座钢桥的整体施工，其中，钢拱桥横向桥面宽达50米，居国内同类型桥梁之最；五是大型厂房建筑钢结构制造与安装业务逐步扩大，并已逐步成为集团公司的主导产品之一。

桥梁工程施工取得新突破。一是完成了湖北潜江市东荆河大桥施工；二是作为总承包方，首次承接的江西上饶五桂悬索大桥施工，主跨钢梁已经合拢，中塔施工已经完工；三是作为总承包方，承接的浙江丽水市遂昌县乌溪江特大“桥隧”工程，其中隧道施工已安全贯通，钢拱桥正在施工中。五桂大桥和乌溪江“桥隧”工程的施工，为集团公司今后承接特大型桥梁及隧道施工积累了丰富的经验，并创造了较好的经营业绩。

【中铁科工企业管理情况】 一、财务管理工作取得明显实效。2012年，集团公司财务管理与双清工作在“抓清收、控支出，确保全集团生产经营正常运行”工作思路的指导下，年度财务收入与利润指标圆满完成，较好地保证了全集团生产经营正常运行。

强化了资金集中管理工作。全年资金集中度为94.2%，比上年提高9.3个百分点；及时为各子分公司办理调剂资金业务、担保业务和开具银行承兑汇票业务，保证了集团公司各单位生产经营资金的正常运行；通过集中资金及票据的统筹与调剂使用，为集团公司节约了财务费用支出，并取得一定的资金集中收益。

健全了双清工作组织机构。集团公司出台了《中铁科工集团双清工作指引手册》，对集团公司总部及各子分公司双清工作组织机构的建立、各级领导分工、双清工作职能部门设置、双清及应收账款信息的处理与传送、考核办法等系统工作进行了规范。

建立了双清工作考核评比机制。一是集团公司将各单位的双清工作分解到集团每一位领导身上，并纳入个人年度KPI绩效考核，直接与领导年薪挂钩；二是各单位将每一个项目的双清工作，分解到每一位班子成员身上，实行项目收款“终身制”，并纳入个人年度KPI业绩考核，直接与领导年薪挂钩；三是经营部门、项目部的年度考核，直接与项目回款进行挂钩；四是集团公司设立了年度双清工作评比机制，对双清工作抓得比较好的单位给予奖励，有效促进了双清工作开始“向好”转变。

二、管理提升活动得到稳步推进

查问题，定措施，有效开展管理提升活动。集团公司及各子分公司分别召开了研讨会，一是分析查找影响企业发展的主要问题，并形成管理自我诊断报告共计18份，查出需要提升改进的问题和薄弱环节共计87项。查找的问题涉及到项目管理、科技创新、人力资源、基础管理、风险管控、营销体系、干部队伍建设等领域；二是针对存在的具体问题，制定了整改措施，并确定了项目整改分管领导、主责部门，明确了整改目标、制定了实施计划，目前正在有效推进之中。

以“三保一降”为主题，开展大干120天劳动竞赛活动。2012年四季度，遵照股份公司要求，集团公司开展了以“保证生产施工安全、保证年度指标完成、保证管理提升、降低应收账款”为主题的“大干120天”劳动竞赛活动。组织召开了与各子分公司进行一对一经济运行督导与管理提升的对接会，各单位高度重视、分析问题到位、制定措施切实可行、分阶段抓好落实，对全面完成2012年各项经营指标、管理提升、降低应收账款等工作起到了重要推进作用。

三、人才队伍建设工作稳步推进

集团招聘工作圆满完成。2012 年，集团公司招聘与引进人员共计 96 人。其中：机械制造等急需工科专业 78 人，管理类 11 人，技术工 7 人，企业人才结构更趋合理。

员工培训工作扎实开展。全年集团公司组织各类人员培训班共计 95 期，参加培训人数达 1847 人次。主要有领导干部执行力建设培训、三级企业领导人培训、安全培训、职业健康安全管理体系内审员培训、新员工岗前培训、转岗培训、技能培训、继续教育培训、班组长管理提升培训、工会干部培训、特种作业人员及特种设备作业人员培训与取证工作等。集团公司全年培训工作受到了股份公司的通报表扬。

认真做好职称评定与技能鉴定工作，人才队伍逐步扩大。2012 年，集团公司通过职称评审的初级职称 210 人，中级职称 28 人。推荐并获批教授级高级工程师 4 人、高级工程师 3 人、高级经济师 1 人、高级会计师 1 人、高级政工师 1 人、中级政工师 1 人；通过技能鉴定的高级技师 7 人、技师 11 人、高级工 21 人、中级工 7 人、初级工 1 人，共涉及 12 个工种。

积极开展了技能竞赛活动。一是九桥公司梅建峰和机械院卢聪参加股份公司第十一届青年技能竞赛，分别获第二和第十七名，被股份公司分别授予“中国中铁青年岗位能手标兵”和“中国中铁青年岗位能手”称号；二是依据电工青年技能竞赛，评选出九桥公司梅建峰和机械院卢聪为集团公司首席电工；三是组织开展了集团公司第二届技能大赛电焊工技能竞赛，九桥公司选手王中美、袁萍、刘青分别获得大赛前三名，被授予“中铁科工集团岗位能手标兵”称号，王中美为集团公司首席技工，刘青由中级工直接晋升为高级工。被评为集团公司首席技工的人员，由集团公司给予两年每月 500 元的首席技工工资津贴。

【中铁科工生产厂家及主要产品】 千厮门嘉陵江大桥主桥为公轨两用桥梁，下层为双线轨道交通，上层为双向四车道汽车交通（城市次干道）。为单塔单索面钢桁梁斜拉桥，桥跨布置为 88+312+240+80 米，主桁长 720 米，主跨为 312 米。总工程量约为 19423 吨，共 45 个节间。2011 年 11 月开工，首节段杆件已于 2012 年 6 月按甲方要求发运，12 月底，成品累计完成 9660 吨(配套 23 个节间)，占总量的 50%；工地安装累计完成 10 个节间。

铜陵公铁两用长江大桥为安徽省 2008 年“861”计划重点建设项目，是京福高铁安徽段项目的一个控制性工程，同时还是合肥-庐江-铜陵铁路和铜陵至巢湖高速公路的过江通道，位于安徽省铜陵市铜官山河段荻港水道中部，大桥主桥为 90+240+630+240+90 米五跨连续钢桁梁斜拉桥，主梁为钢桁梁，全长 1290 米。上层为 6 车道公路桥面，下层为四线铁路桥面。桁宽 2×17.1 米，节间长度 15 米。钢梁采用国内首次应用的整体桁片式结构设计，桁片规格为长 30 米（桥纵向），高 18 米，宽 2.85 米。单桁片最重约 360 吨。斜拉桥主梁为板桁结合钢桁梁，主塔及桥墩处三片主桁下均设有竖向刚性支座，纵向为活动，在两主塔处主塔横梁与三片主桁之间设纵向液压阻尼支座。总工程量约为 36000 吨，共 42 个节间，22 个桁段。因甲方设计未确定，2011 年 9 月 2 日至 2012 年 4 月份停工。截止到 12 月份，弦杆成品累计完成 46 根（4296 吨）配套 7 个桁段；桁片涂装累计完成 5 个桁段（重量为 8018 吨）；发运 5 个桁段（重量为 8018 吨）。公路桥面板总拼制造：累计完成 8 个桁段；铁路桥面板总拼制造：累计完成 6 个桁段。年内要求完成折合成品 23000 吨，实际完成 23037 吨；总拼要求完成 14.5 节间，实际完成 14.5 节间(即 8 个桁段)；工地累计架设 4 个桁段。

贵广铁路北江桥为钢桁梁斜拉桥，边支点至辅助墩 57.5 米，辅助墩至桥塔 109.25 米，两桥塔之间 230 米，梁端至边支座中心 1.0 米，桥梁全长 565.5 米。总工程量约为 19208 吨，共 49 个节间。合同约定完工工期为 2011 年 6 月 14 日。2011 年因甲方原因部份停工。截止到 2012 年 12 月底成品累计完成 9716 吨（配套 10 个节间），占总量的 51%；发运累计完成 6947 吨（11 节间），占总量的 36%。甲方计划今年架主塔处各 5 个节间，已架设 5014 吨（10 节间）。工期略有滞后，主要原因：一是前期图纸设计滞后；二是因设计变更造成材料变更，三是甲方架设计划延后；四是甲方资金原因停工。

上饶五桂桥主跨为 158 米的自锚式悬索钢箱梁结构，主跨径组合 60+50+158 米，单塔柱空间双索面结构。主桥整体式钢箱梁，标准梁段长 9 米，顶板宽 45 米，地板宽 33 米，中间隔离带宽 5 米，梁高 2.5 米，共 29 个节段。总工程量约为 5655 吨，共分 29 节间。板单元制造于 10 月底全部完成，钢梁架设 11 月全部完成。工程施工累计完成全桥 164 根桩基；全桥 26 个承台；引桥桥台 2 个；全桥墩身及系梁 22 个（其中主桥 6 个、引桥 16 个）

湖北潜江东荆河大桥工程是潜江市 318 国道复线重点工程之一。全长 1547 米，共 380 根桩基，49 个承台，188 根立柱，47 个盖梁，2 座桥台，576 片预应力混凝土 T 梁。2010 年开工，截止到 2012 年 12 月底累计完成：30 米 T 梁 516 片（合同总量 516 片），50 米 T 梁 60 片（合同总量 60 片） 架设全部完成；仅剩部分附属工程未完成，其总体形象进度为 96.5%。甲方架设滞后造成后续工作停工。

浙江乌溪江大桥位于遂昌县西部乌溪江库区（湖南镇水库），项目起点位于遂昌县湖山乡红星坪村，起点桩号为 K0+000，经麻车坪西侧、跨乌溪江、至弯坑，终点位于凉山头村，终点桩号为 K1+320，路线全长 1.32 公里。其中特大桥 376 米/1 座，隧道 355 米/1 座，水泥砼路面。本项目主要工程乌溪江特大桥桩号 K0+368.3～K0+744.3，全长 376 米，主跨为 260 米上承式钢管混凝土拱桥，上部为预应力砼 T 梁，下部为柱式墩、U 台。弯坑隧道桩号 K0+795～K1+150，全长 355 米，其中明洞 10 米，暗洞 345 米。完工工期合同规定为 2014 年 8 月 30 日。截止到 2012 年 12 月底，路基土石方开挖累计完成 62212 立方米，占总量的 53.5%(全线土石方总计 116127 立方米)； K0+995-K0+881 段隧道洞身开挖及初期支护累计完成355米,占总量的100%。

机械设备完成台数219台。主要产品有:搬、提、运、架设备、盾构机、打桩机、隧道施工后配套设备、混凝土搅拌站。2012年承接了特瑞特克盾构设备。

【中铁装备生产经营情况】 2012年,中铁装备累计完成新签合同额10.5亿元,为股份公司年度计划9亿元的116.7%,同比增长21.4%;全年盾构订单占据国内市场半壁江山,实现了历史性突破。公司全年完成营业额10.3亿元,为股份公司年度计划8亿元的128.8%,同比增长4.4%;营业收入8.5亿元,为股份公司年度计划7亿元的121.4%,同比增长2.7%;资产总额达12.7亿元,同比增长63.4%。

截至2012年底,中铁装备累计突破100台,累计掘进里程突破100公里,首台出口海外的盾构——用于马来西亚项目的盾构实现出厂;2012年,公司生产制造及改造盾构26台套,并开发完成168、188、280等型号旋挖钻机以及湿喷机等新产品的设计生产。

【中铁电气化局电气化器材生产情况】 2012年,中铁电气化局电气化器材生产情况见表6-1。

表6-1 中铁电气化局2012年电气化器材生产情况

	单位	工厂处合计		
		计划	完成	%
一、产值				
1.现行价格				
工厂处	万元	110000	115999	105.5
北京赛尔克瑞特电工有限公司	万元	10000	7251	72.5
2.销售产值				
工厂处	万元	110000	115999	105.5
北京赛尔克瑞特电工有限公司	万元	10000	7251	72.5
二、主要产品产量				
1.接触网配件	万套		714	
2.砼支柱	根		25270	
3.砼等径支柱	根		13039	
4.电力电杆	根		11328	
5.钢柱、硬横梁	根		34757	
6.变压器	台		1486	
7.开关板	面		1088	
三、质量				
1.机电产品一次合格率	%	90	100	111.1
2.砼支柱合格率	%	98	99.82	101.86
3.配件(钢件)	%	98	100	102.04
(铸件)	%	60	75	125
(精铸件)	%	73	78	106.8
四、劳动生产率				
1.全员劳动生产率	元/人		816225	
五、安全				
1.千人负伤率	‰	6	0	
六、利润				
1.利润总额	万元		568	
七、设备				
1.机械利用率	%	90	115	127.8
2.主要设备完好率	%	90	99	110

【中铁二局工业生产情况】 中铁二局有工业企业2家，为中铁二局五公司南宁机械厂、四川中铁勤宏钢结构有限责任公司。

1、南宁机械厂。位于广西南宁市友谊路45-21号，占地面积15000平方米，有设备固定资产200万元，是一家专业的钢模板加工企业。现有员工100余人，有专业技术职称和取得技术等级的80人，已通过GB/T 19001-2008质量管理体系认证。

南宁机械厂是中国模板协会会员，自2009年以来连续三年被评为模板及脚手架行业诚信企业，先后参加国内一系列大型工程的模板制作与设计工作，获得社会各界的认可和好评。如攀枝花炳草岗大桥获四川天府杯优质工程奖、四川省丰都长江大桥获国家成质工程奖、南宁大桥为世界首座大跨径斜吊拱曲线桥、京津城际高速公路、南宁市竹溪立交、石亭江大桥、苏州地铁、林织铁路、黔桂铁路等都有本厂加工的钢模板。

经过多年来的研究、开发和现场制作实践，在工民建模板、水工模板、道桥模板以及各种钢结构加工方面均积累丰富的经验。主要产品有挂篮、台车、墩身模板、液压爬模、档渣墙模板、盖梁、系梁模型、万能杆件、箱梁、T梁等。年生产钢模板8000吨以上，具有良好的社会口碑和信誉。

2012年南宁机械厂总资产3503.67万元，年完产值约4000万元，营业收入2716.16万元，净利润42.65万元。

2、四川中铁勤宏钢结构有限责任公司。位于成都市龙泉驿区大面镇青台山路381号，占地120余亩。主要从事设计、制造大型公路、铁路桥墩及桥梁模板、挂篮、钢结构厂房架设等工程，生产产品主要为箱梁模板、墩模模板、高铁全液压台车、隧道仰拱快速施工设备和水沟电缆槽。

先后为成渝高铁、兰渝铁路、成武高速公路制作隧道水沟电缆槽模板和仰拱快速施工设备共计16台，为中铁二局三公司天府大道南延线二标设计制作钢筋加工棚、箱梁、板梁、平板模、墩模等；为中铁二局三公司阆中嘉陵江大桥设计制作桥墩模板；为中铁八局桥梁公司市政工程项目部设计制作公路箱梁模板约120吨；为成都华川公路建设集团设计制作二环路东三标异型模板约450吨，为中铁十五局郑开城际铁路端模的设计制作和内模的改制，为中铁二局战备物资管理组做部分战备物资矫正涂装保养。

公司在管理方面完善规章制度，重点强调“生产过程的质量和成本控制，绩效考核的完善与兑现”，转变工作方式，加强技术力量，提高技术管理水平，加大对新产品的开发力度。

2012年公司完成钢结构加工收入571.52万元，现生产销售情况良好。

【中铁四局工业生产情况】 2012年中铁四局完成企业营业额425.66亿元（其中：工业2.63亿元），为局年度计划420亿的101.34%，为股份公司年度计划385亿元的110.56%。

1．中铁四局百瑞得交通工程科技有限公司

合肥中铁四局百瑞得交通工程科技有限公司于2004年通过变更隶属关系和收回投资的方式变更为中铁四局集团控股子公司，是国内首家自主研发、生产反光膜的高新技术企业。2012年12月18日，公司从合肥市高新区科学大道114号搬迁到包河区宿松路与南二环交口的中铁四局科技大楼办公。

公司年度主要经济指标超额完成，取得优异发展业绩。2012年公司承揽任务6455万元，占局年度计划5000万元的129 %；全年完成产值1.8亿元，占局年度计划6000万元的300%，创公司成立以来最高记录。三是实现净利润216万元（含消化历史坏账121万元），占局年度计划152万元的142%，并偿还了局1136万元的贷款。

企业管理水平进一步提升。一是落实以制度为起点，完善职能管理机构。公司2012年在原有制度的基础上，又下发了《百瑞得公司营销奖惩办法》等50余个文件，使公司在管理制度上得以健全和完善。新成立了工程经济合同部、企管部、审计部，完善了公司内部管理机构。二是规范资金管理，推行“三个集中”。在项目部强力推行了集中决算、集中审批、集中支付新的财务管理办法；推行了资金ＡＢ帐户申报制度，从而规范了公司及项目部的资金使用，确保了资金正常回流。三是“双清”工作取得好的效果。全年完成清欠任务6441.93万元，较好地完成了年度清欠任务。

企业产品再添新项目。公司在近二年已形成六大类22个产品的基础上，2012年，又进入了城市绿化领域，开始涉足城市绿化工程，企业转型实现了新的突破。

科技研发稳步推进。《RPC活性粉末混凝土成套技术》科研项目顺利结题，并顺利通过中国中铁股份公司科技成果专家鉴定，并获中国中铁股份公司2012年度“科技进步”二等奖。公司编制的“干-湿热养护RPC构件工法 ”荣获安徽省“省级工法证书”。申报了《RPC混凝土盾构管片》科研立项。

2．中铁四局钢结构公司工程

2012年，钢结构公司施工生产存在跨度大、项目多、体量小以及大量站房雨棚需要整治加固等诸多困难，面临管理压力巨大、生产任务繁重和安全形势严峻的现实，公司上下齐心协力，在主要领导亲自带领下，科学组织、合理安排，真抓实干，顺利完成全年各项生产目标，安全质量基本做到有序可控。

2012年，钢结构公司完成企业营业额10.4亿元，占局年初下达产值计划9.3亿元的112%，占局调整计划10.1亿元的103%。其中，国内铁路项目完成产值6.4亿元，占总产值的 61.5%，国内非铁路项目完成产值 3.9 亿元，占总产值的 37.5%，非铁路市场发展明显提速，比去年同期上涨 25 个百分点。2012 年产值完成 5000 万以上的项目 5 个，包括苏州站、杭州东站、集包二线、南昌西站、成绵乐以及制造分公司；产值完成 3000 万以上的项目 9 个，包括合肥铁路枢纽南环线、沈本大道立交桥、上海地铁 11 号线和上海大功率机车检修库等。2012 年公司铁路客站雨棚工程共 15 项（不含雨棚加固），完成产值 5.76 亿元，占总产值的 55%；桥梁钢结构工程共 7 项，完成产值 1.1 亿元，占总产值的 10.6%。2012 年公司钢结构总产量为 4.65 万吨，其中铁路客站雨棚及其他建筑钢结构 4.15 万吨，桥梁钢结构 0.5 万吨；完成钢结构雨棚建筑面积约 13 万平方米。

2012 年，钢结构公司共承揽工程 42 项（不含雨棚加固），其中，国内铁路工程 18 项，国内非铁路工程 21 项，海外工程 3 项。竣工工程 18 项，一次交验合格率 100%，包括新大连站、襄樊东站、宁杭客专四站、德阳站、北京御马坊、恩斯克厂房、徽州大道钢箱梁、长城汽车厂以及委内瑞拉牛奶厂等工程。其中新大连站、德阳站、襄樊东站、北城站已经顺利开通运营；沈本大道立交桥、恩斯克厂房、北京御马坊等一批路外工程也较出色的完成全部施工内容，受到业主单位的好评。结转至 2013 年在建工程 13 项，包括合肥铁路枢纽南环线、苏州站、杭州东站、集包二线、南昌西站、上海地铁 11 号线、上海大功机以及邯郸物流园等。其中合肥铁路枢纽南环线经开区及南淝河特大桥在公司的统筹安排及协调组织下攻克诸多技术难题，顺利完成柔性拱拱脚合拢和经开区特大桥的全桥落梁任务；集包二线雨棚工程公司领导现场驻点盯控，项目部精心组织，确保了集包二线顺利完成“11.30”节点目标，保证了包头站二三站台的顺利开通，受到了业主及局指的高度评价；杭州东站经理部合理组织，春节前大部分工作量完成，目前 1-13 站台已经通电，开始进行联调联试。苏州站全体员工奋力拼搏，春节前也基本实现了部分节点工期目标； 未开工及停工的工程 6 项，包括宁安城际、南宁英华大桥、南京江东路改造、福州地铁、宁波地铁、沈丹客专系杆拱以及委内瑞拉钢桥，其中南宁英华正在进行前期的施工准备和技术准备；列入铁道部第二批加固雨棚在春运结束后都在陆续启动；委内瑞拉由于首开段由 K0-K130 调整到 K130-K288 区间段，涉及到我公司对 K130-K180 段正在进行路基和涵洞的施工，按照目前委国的施工节奏，暂不具备开工条件。

2012 年，中铁四局钢结构共 42 个雨棚工程需要加固整治，20 个列入铁道部第一批涉及高铁城际雨棚加固项目工作已基本完成，其中包括沪杭客专六站、宁杭客专四站、南京北扩、南京南站、紫金山站、大连站、新大连站、蚌埠站、水家湖、北城站等；列入铁道部第二批加固雨棚在春运结束后都在陆续启动。

3. 安徽中铁四局工程材料科技有限公司

2012 年完成企业营业额 1.76 亿元。新签合同额 2.2 亿元，占公司年度目标 2 亿元的 110%，占局下达指标 1 亿元的 220%。良好的经营业绩主要来自于：依靠优惠政策，规避不良竞争，牢牢守住局内市场。年内共参与局内外加剂项目 8 个，中标金额 0.46 亿元，占年度外加剂新签合同额的 40%。开拓经营思路，紧盯 BT 项目，大力拓展局外市场。全年 BT 项目新签合同额 5978 万元，占年度外加剂新签合同额的 53%，占年度目标的 30%。特别是深圳地铁 BT 项目，签订外加剂供应合同 24200 吨，新签合同额达到 5727 万元，成都地铁 BT 项目签订 2000 吨，合同额 578 万元。同时昆明地铁和局内 BT 南京地铁项目，目前也在积极开展经营工作中。发挥技术优势，实现品牌承诺，确保高铁项目最后市场。充分发挥公司高铁砂浆充填层国内技术领军优势，干粉料中标总价 1 亿元。4、延展高铁技术，涉足路外项目，成功用于公路项目。在江北产业园累计供应乳化沥青 400 多吨，产品的使用性能也赢得了施工方高度评价。2012 年公司签订了巢湖裕溪路乳化沥青项目，新签订供货合同 600 吨，合同金额 219 万元。

公司技术中心通过了省、市级技术中心认定，为公司相关资质的申请、科技项目的申报打下基础。国家级中小企业技术创新基金项目《高速铁路 CA 砂浆用关键材料的研究与应用》获得通过，获得科技部的无偿资助。新获发明专利 5 项、实用新型专利 1 项，截至目前 2012 年底共申报国家专利 22 项，获得授权 16 项，其中发明专利 7 项。聚羧酸系高性能减水剂通过了铁道部产品认证，成为全国首家获得减水剂 CRCC 认证证书的企业。双清工作取得全面胜利，全年计划回笼资金 18969 万元，实际回笼资金 19215 万元，完成率 101.31%。开发了 ERP 管理系统，整合了物资采购、生产计划、产品销售、库存管理等多个管理环节，为产品信息化管理奠定了基础。

【中铁六局工业生产经营情况】 2012 年，中铁六局集团有限公司涉及工业生产的主要有四个子分公司的下属机构，分别为中铁丰桥桥梁有限公司北京分公司，太原铁建公司的桥梁构件公司、日化厂，北京中铁信达经贸有限公司北京灯塔电气有限责任公司，电务工程有限公司太原分公司电务器材部。

中铁丰桥桥梁有限公司北京分公司 2012 年完成工业总产值 4535 万元，工业销售产值 3532 万元，新签合同额 5755 万元，主要产品为铁路建设的桥梁模型、轨枕模型和桥梁配件等。

太原铁建公司的桥梁构件分公司成立于 2008 年 1 月，主要经营范围：铁路桥梁支座、公路桥梁支座、橡胶密封制品（止水带、密封圈）。2012 年产值 328 万元，生产铁路铸钢支座01-8152支座67孔，8144支座34套，盆式橡胶8173型支座241孔，各类支座配件56套。主要销售于北京铁路局北京工电大修段、天津京铁工电铁路工程公司、中铁一局多丰铁路项目、中铁十二局神河高速项目、中铁二十二局承德遵小铁路铺架项目、中铁电气化局华亭中煦铁路专用线项目等。太原铁建公司日化厂2012年产值132.2万元，生产洗手液45702瓶，洗衣液19304万瓶，淋浴液9105瓶，护肤霜19000瓶。

北京中铁信达经贸有限公司北京灯塔电气有限责任公司2012年完成工业产值2400万元，工业销售产值2100万元，共生产灯塔180座，灯桥1800延米。北京灯塔电气有限责任公司前身系北京铁路灯塔厂，成立于1988年，1995年9月经改制成为有限责任公司，2011年由中铁六局集团收购为全资子公司，主要产品有升降式投光灯塔、升降式高杆灯塔、铁路站场照明灯桥、电气化铁路接触网钢柱、通信铁塔及桅杆、站台折臂灯杆和马路弯灯，具备年生产站场照明灯桥18000延米、升降式灯塔1500座、接触网钢柱1000余吨的能力。

电务工程有限公司太原分公司电务器材部主要产品是大站组合柜及其配套信号产品，用于信号专业施工，2012年完成新型组合柜66个，阻容插接件65台，槽道227米，主要用于新建太原南站、保定站改保定站，津秦客专秦皇岛东站等工程项目。

【中铁建工生产厂家及经营情况】 一、中铁建工北京机械制造公司原名中铁建厂工程局涿州机电设备安装公司，于2002年8月7日，应集团公司改制要求，名称变更为中铁建工北京机械制造有限公司，为中铁建工集团下设的全资子公司。

2012年，中铁建工北京机械制造有限公司主要产品业务：冲压产品、高铁配套调整器产品、钢结构加工生产、机电设备安装及其他产品销售等。年内生产了北汽军车铰链及钣金件、福田汽车钣金系列、新大洋电动车铰链、北车集团道岔垫板、萧山机场钢构、铁路钢轨精调器、广州大功率基地灯塔灯桥、站房屋面抗风夹等系列产品。

二、中铁建工钢结构有限公司，是中铁建工集团有限公司的全资子公司。公司是在组建于20世纪70年代的原铁道部建厂工程局三处机械厂(后更名为中铁建工集团上海分公司钢结构公司)的基础上，由中铁建工集团强力整合内部资源组建成立中铁建工集团南京钢结构分公司，2009年注资2000万元注册全资子公司，2010年在原有注册资本金的基础上追加8500万元(总资本金为1亿500万)，更名为中铁建工集团钢结构有限公司。

公司具有钢结构工程专业承包壹级资质，主营各类型钢结构工程设计、施工；钢结构构件研发、制造、加工、销售、安装及技术服务；地基与基础工程、房屋建筑工程施工；机械设备租赁；建筑材料销售；自营和代理各类商品及技术的进出口业务。

公司座落于南京市六合区，占地面积270余亩，建有一、二、三号加工厂房、机加工车间、油漆车间、行政办公楼、科技楼、科研楼等生产办公设施，总建筑面积约108000平方米；拥有箱型梁、H型钢、管桁架等16条生产线，七辊校平机、折边机、剪板机、相贯切割机、数控钻床、自动切割设备、自动焊接设备450多台套。拥有20吨至220吨汽车吊机、履带吊机、龙门吊机50余台。钢结构年制作生产能力可达20万吨，钢结构年安装生产能力可达15万吨。2012年，中铁建工北京机械制造公司物资、设备、生产系统成功通过了DNV国际质量体系认证组织TS16949/ISO9000质量体系复审。2012年，承揽的重点经营生产任务如下：(一)屋面抗风夹生产。对生产车间的排产，从工序、设备、人员仔细挖潜，确保日产出一万套。40天完成了40万套(80万件)屋面抗风夹的生产。(二)完成了北车集团54组道岔垫板加工制作。(三)完成了6000套LT90调整器的生产加工任务。(四)完成了广州大功率基地灯塔灯桥项目。(五)完成了福田P201钣金件4000辆份生产。(六)完成北汽军车铰链及钣金件2000辆份生产任务。(七)完成了新疆哈密东机务折返段股道自动化项目。(八)完成了邯黄铁路桥面系钢构件计300吨的制作。全年完成新签合同额5566万元，完成总产值4564万元。

【中铁西南院工业生产经营情况】 2012年，公司完成经营开发指标7.07亿元，为股份公司下达年度任务7.0亿元的101%，超额完成计划指标。其中，铁路新签合同额37182万元；公路新签合同额3886万元，同比增长9.7%；市政新签合同额5795万元，同比增长60.7%；城轨新签合同额16367万元，同比增长53.1%；其它新签合同额7519万元，同比增长120.4%。

2012年公司完成营业收入4.33亿元，为股份公司下达年度任务4.22亿元的102.6%，超额完成计划指标。其中，铁路营业额24322万元；公路营业额4710万元，同比增长177.1%；市政营业额2436万元，同比增长82.5%；城轨营业额7910万元，同比增长108.0%；其它新签合同额3796万元，同比增长7.7%。

此外，公司中标的吉隆坡地铁监控量测项目(1352万马币，折合433万美元)和印度班加罗尔等地铁设计项目(40万欧元，折合51.7万美元)分别于2012年10月12日、11月10日成功签订合同。其中，吉隆坡地铁监控量测项目是公司全面实施“走出去”战略后签订的第一个海外项目，实现了公司海外项目零的突破，为进一步拓展海外市场奠定了基础。

钢梁钢结构

【钢梁钢结构项目概况】 2012 年共新承揽桥梁钢结构 45.87 万吨，承揽了港珠澳大桥、大连市南部滨海大道工程、重庆机场专用快速路工程南段寸滩长江大桥、恩施至来凤高速公路忠建河大桥等项目；年内生产桥梁钢结构 51.3 万吨，为马鞍山长江公路大桥、新建合肥至福州铁路铜陵长江大桥、郑州至焦作城际铁路黄河桥、山西中南部铁路通道、中朝鸭绿江界河公路大桥、重庆东水门长江大桥、重庆千厮门嘉陵江大桥、大榭对外第二公路通道、北江特大桥等提供了钢梁。

【中朝鸭绿江界河公路大桥】 由中铁山桥集团有限公司承揽制造的中朝鸭绿江界河公路大桥为商务援建项目，建成后一半归朝鲜管理，该项目于 2011 年 12 月签订合同。该桥位于丹东新城区国门湾，大桥路线的中方起点位于丹大高速公路汤池互通立交处，终点于朝方南新义州西南角。桥址由丹东新城区兴丹大街北侧跨江入朝，线路全长约 17 公里，其中中方一侧约 11 公里，朝方一侧约 6 公里；桥面为双向六车道，主跨径满足双向通航 360 米，净高 32 米。

中朝鸭绿江界河公路大桥主跨 86+229+636+229+86 米的五跨连续钢斜拉桥。由主梁和两座索塔组成，桥梁结构为半漂浮体系。主梁为单箱多室扁平流线形封闭钢箱梁，斜拉索在钢箱梁梁端采用钢锚箱锚固，在索塔端采用钢锚梁锚固。该桥主跨处于 R=12000 米的圆弧竖曲线上，钢箱梁主要尺寸为钢箱梁高 3.5 米，含风嘴全宽 33.5 米，不含风嘴顶板宽 29.0 米，底板宽 23.2 米（所有尺寸均为钢箱梁内轮廓线处尺寸），全桥钢箱梁总重约 2.3 万吨，桥面板双向横坡 2.0%。钢箱梁分为共 11 种类型 87 个梁段，梁段间工地连接除顶板 U 形加劲肋采用高强度螺栓连接外，其它部分均为焊接。

索塔高 197 米，塔内设钢锚梁和钢牛腿作为锚固和传力结构。每个塔柱钢锚梁 17 节，分 4 类，各锚固一对斜拉索。钢箱梁由顶板、底板、锚腹板、横隔板、纵隔板及风嘴组成。底板分为平地板和斜底板，梁段最长 16 米，最短 8 米。平底板与斜底板的对接位置在斜底板处，最外侧平底板单元需组装后折弯。锚腹板由外腹板和锚箱组成，锚箱沿纵桥向和横桥向均设有角度，且每个锚箱的角度各不相同，需通过立体放样确定位置和各零件的外形尺寸，对应腹板内侧加劲也随角度变化，并与横隔板加劲相交叉，大大增加了制造难度。

【摩洛哥布里格里格河谷斜拉桥】 由中铁山桥集团有限公司承揽制造的摩洛哥布里格里格河谷斜拉桥钢横梁制造合同于 2012 年 1 月 31 日签订，全桥计 171 片钢横梁+1 片试验梁，共计 2355 吨。横梁根据桥上安装位置的不同，分为三类。结构类型均为工型结构，标准横梁长度为 25.9 米，中心高度 1.88 米，材质为 S355N/NL，制作执行欧标。

由于横梁为变高异形工型，造成上盖板多处煨弯，增加了横梁制作难度；根据横梁板厚、长度、组装顺序等条件，腹板切割增加精确的预拱度；为保证横梁轨道梁连接孔尺寸精度，设计后孔样板钻孔。

【美国阿拉斯加州塔纳纳河桥】 由中铁山桥集团有限公司承揽制造的美国阿拉斯加州塔纳纳河桥中标时间为 2011 年 9 月。该桥位于美国阿拉斯加州北部铁路延伸段 1A 号段上，连接 FAIRBANKS 和 DELTA JUNCTION，横跨塔纳纳河。距军事区 70 公里，与通往军事区的道路相连。桥址处冬季时间长，非常寒冷，可施工时间很短，工期紧，对桥梁质量要求极高。

该桥为栓焊简支上承式钢板梁桥，主要由主梁、横梁、道渣板、下平联、附属设施等构成，材质为 A709 50w 耐候钢。桥梁跨径为 50.19 米，共 20 跨，桥梁全长 1005.9416 米。全桥共 80 片主梁，每片主梁高 3.4417 米，梁长 50.3 米，共重 6783 吨。

该桥材质为耐候钢，耐候钢焊接对中铁山桥集团有限公司乃至整个中国桥梁界来说都是全新的技术，需要通过大量试验掌握焊接参数，摸索焊接变形与收缩量。该桥梁高与梁长均比以往我国制造的钢板梁大。主梁腹板与上下盖板焊接连接，主梁间与横梁及下平联栓接连接，主梁上表面通过道渣板栓接成为整体。

其制造难度主要体现在：

1. 主梁钢板最厚板厚达到 57.2 毫米，且材质均为耐候钢，焊接参数不好掌握，加劲板立位焊缝容易出现裂纹。美国 ASTM 标准要求火焰加热温度不能高于 650 度，收缩量及变形不好控制。

2. 由于主梁超长、超高，受美国阿拉斯加州运输局对运梁的限制，每次只能运一片梁，这样导致厂内试装完后必须拆成单片运输，主梁相对没有太大刚度， 这就要求每一跨的四片主梁相互之间的制造允许偏差极小，才能保证工地顺利架设。

3. 按美国标准要求，孔径最大只比螺栓大 1.5 毫米，且不允许厂内铣孔。这对钻孔精度提出了极大挑战，稍有偏差就没办法保证栓孔重合率。这就需要综合考虑各种因素，重新定制钻头，制定合理的钻孔方案。

4. 该桥工期紧，且全桥 100%试装，试装后还要求浇水自然锈蚀，这对工期安排、场地人员配置，都是严峻的考验。

5. 按美标要求，主梁盖板接料必须射线探伤，但由于主梁盖板板厚太厚，无法采用 X 射线探伤，只能采用铱 192 放射源进行探伤。这给环保及安全措施带来了麻烦，也增加了制造难度。

【新建合肥至福州铁路铜陵长江大桥】 由中铁山桥集团有限公司承揽制造的合福铁路铜陵长江大桥钢桁梁，于 2011 年 1 月中标 B 标段，本标段总重 34244 吨，材质为 Q370qE。合同要求工厂完成主桁桁片、横联桁片、桥门桁片、公路桥面板块、铁路桥面板块厂内制造、负责完成钢梁运输和安装过程中桥上焊接及涂装工作。

主桥为（90 米+240 米+630 米+240 米+90 米）五跨连续钢桁梁斜拉桥，钢桁梁共 86 个节间，全长 1290 米（其中 B 标 44 个节间，长 652.5 米），主桁为 N 字形桁架，三片主桁对应三索面布置，桁高 15.5 米，桁宽 2×17.1 米，节间长度 15 米。钢梁采用国内首次应用的整体桁片式结构设计，每 2 个节间为一个桁片式单元，单片桁重约 330 吨，单片桁长 30 米。桁片之间采用高强度螺栓连接，采用节点外拼接方式。

钢桁梁铁路和公路桥面板均采用正交异性钢板桥面，在主桥钢桁梁结构受力较大的区域及边墩和辅助墩需要压重的部位，铁路桥面采用正交异性钢箱桥面。

每个竖杆处均设有桁架式横联，以提高结构抗扭转能力。横联为三角形桁架形式，桁架高约 5 米，“工”形杆件，杆件高 440 毫米，宽 400 毫米。边墩、辅助墩及主塔处设置有桥门架。

主桁和横联、桥门在工厂制作成桁片形式是本桥一大特点，也是制造难点。桁片结构复杂，尺寸大，制作过程长，焊接变形很难控制，螺栓孔位置精度难以保证；单元件及桁片尺寸大、重量大，吊装、运输都有难度；对工装设备能力要求高。

【恩施至来凤高速公路忠建河特大桥】 由中铁山桥集团有限公司承揽制造的恩施至来凤高速公路忠建河特大桥钢桁加劲梁制造项目于 2012 年 5 月签订合同。该桥位于湖北省宣恩县，桥梁上跨忠建河，是湖北恩来、恩黔高速公路全线重点控制性工程，是全线桥梁中最大的一座，大桥为双塔索面钢桁加劲梁斜拉桥，桥长 1063 米，主跨 400 米，主塔高度 245 米。

忠建河特大桥全桥合同重量共计 11240.45 吨。主桥全长 760 米，为（46+134+400+134+46）米双塔双索面钢桁加劲梁斜拉桥。钢桁加劲梁设计为 N 形桁架，两片主桁，主桁中心间距 26 米，桁高 6 米，节间长度分为 6、5、4 米三种，主桁采用焊接整体节点结构形式。主桁上弦杆采用箱形截面，顶面设置 2%横坡，腹杆采用 H 形截面。横向联结系包括上、下横梁及横梁腹杆。上下平联采用双交叉形，杆件采用焊接工形截面。主桥桥面系采用钢-混凝土组合梁，在主桁横梁处设置连续支座。

本桥弦杆、横梁均采用采用整体节点箱形结构，整体节点杆件占制造比重较大。主桁弦杆每根杆件设两个大型节点，且上弦杆在节点位置设锚固结构，上弦杆的箱体断面为顶面倾斜形状，为此如何保证两大型节点间距以及箱体各断面栓孔的空间位置关系，是制造精度控制的关键难点。

【港珠澳大桥】 由中铁山桥集团有限公司承揽制造的港珠澳大桥主体工程桥梁工程 CB01 合同段于 2012 年 3 月中标。港珠澳大桥是由广东省牵头粤港澳三地共同建设的特大型交通基础设施，连接香港、澳门、珠海三地，工程规模宏大，受到三地民众、媒体和社会高度关注。大桥建设目标是建设世界级跨海大桥，为用户提供优质服务，成为地标性建筑。

港珠澳大桥工程包括三项内容：一是海中隧道工程；二是香港、珠海和澳门三地口岸；三是香港、珠海、澳门三地连接线。其中港珠澳大桥主体工程桥梁工程全长约 22.9 千米，东自西人工岛结合部非通航孔桥深水区非通航孔桥的分界墩起（K13+413），西至拱北/明珠附近的海中填筑的珠海/澳门口岸人工岛止（K35+890），主要包括三座通航孔桥（九洲、江海直达、青州航道桥）、浅水区非通航孔桥及深水区非通航孔桥三大部分。其中深水区非通航孔桥采用 110 米跨钢箱连续梁；浅水区非通航孔桥采用 85 米跨组合连续梁；青州航道桥为双塔钢箱梁斜拉桥；江海直达航道桥为三塔钢箱梁斜拉桥；九洲航道桥为双塔组合梁斜拉桥。CB01 合同段工程范围为部分深水区非通航孔桥+青州航道桥，里程为 K13+413～K22+083，全长 8.670 公里，包含附属设施，钢结构总重约 18.3 万吨。

青州航道桥桩号里程为 K17+633～K18+783，桥长 1.15 公里，总重 29355 吨，该桥采用双塔双索面钢箱梁斜拉桥，桥跨布置为 110+236+458+236+110=1150 米。中跨和次边跨布设斜拉索，边跨不布设斜拉索。主梁采用流线型扁平钢箱梁。

深水区非通航孔桥桩号里程为 K13+413～K17+263 和 K18+783～K22+083，桥长 0.37 公里，总重 132012 吨，该桥采用连续钢箱梁体系，中间墩一侧设置固定减隔震支座、另一侧设置横行滑动减震支座，其他中墩与过渡墩一侧设置纵向滑动减隔震支座、另一侧设置双向滑动减隔震支座。标准联采用 6×110=660 米六跨钢箱连续梁桥。

跨越崖 13-1 气田管线桥桩号里程为 K17+263～K17+633，桥长 0.37 公里，总重 7498 吨，该桥采用连续梁体系，中墩及过渡墩均采用高阻尼橡胶隔震支座横桥向设置抗震挡块。连跨布置采用 110+150+110 =370 米三跨变截面钢连续梁桥。

桥面系附属设施含机电工程预留预埋件、防撞栏杆、检修道栏杆、路缘石、泄水系统，重约 1.4 万吨。

港珠澳大桥的关键工艺及技术创新主要体现在：

1. 钢板采用板材预处理自动生产线进行赶平、抛丸、喷漆、烘干。

2. 钢板下料采用空气等离子及火焰数控切割机精密切割；切割设备同时完成自动划线、标识喷写，全面提升机械自动化水平。

3. U 肋制作：钢板下料后用双面铣床加工边缘；栓孔连接的 U 肋采用先孔法卡样板制孔，提高标准化水平；在专用数控铣床上同时加工 U 肋两侧坡口，钝边尺寸精度控制在 0.5 至 1 毫米，坡口角度正负 0.5 度。最后在数控折弯机上压制成型。

4. 板单元组装：U 肋板单元采用自主研发的自动机床进行组装和定位焊。首先进行焊缝部位自动打磨和除尘；再利用机械卡具进行 U 肋的自动定位和压紧，保证组装间隙小于 0.5 毫米；采用日本先进的机器人焊接系统进行定位焊，实现 U 肋定位焊自动化，保证 U 肋坡口根部焊接质量。

板肋板单元也采用自主研发的自动组装机床实现焊缝部位自动打磨和除尘、自动定位、压紧、定位焊，提高自动化程度和生产效率。

5. 板单元焊接：U 肋板单元在反变形胎上焊接，通过自动液压卡具预设双向反变形，用多头机器人焊接系统进行船位焊接。该机器人焊接系统采用世界先进的电弧跟踪技术，实现对坡口根部位置偏差的智能化跟踪调整，跟踪精度达到 0.2 毫米，解决了以往多头龙门焊机机械探针或光电跟踪偏差大的问题。配合反变形、船位施焊技术，确保焊缝根部熔合、内在质量、外观成型及板单元焊后平整度，避免焊后矫正。

横隔板单元在平台上用专用焊接机器人系统进行施焊，大幅提升焊接质量和效率。

6. 板单元焊接后，采用自动倒棱设备对非焊接自由边棱角进行圆角铣削，解决以往人工砂轮打磨效率低、质量差的问题。

7. 钢箱梁整体拼装全部在厂房内完成，避免日光照射和恶劣天气对拼装、焊接质量的影响，实现全天候作业，有效提高钢箱梁质量和生产效率。

钢箱梁整体拼装采用多节段连续匹配组装、焊接和预拼装同时完成的长线法施工技术。制定合理组焊顺序有效控制节段尺寸和线形；广泛采用数字焊机进行施焊，提高数字化焊接水平和信息化管理水平，有效保证焊接质量稳定性。

8. 钢箱梁由两台 2000 吨龙门吊吊运装船，装船方案安全、高效，满足全桥大节段钢箱梁的装船要求。

【厦漳大桥】 2012 年 2 月，中铁宝桥中标厦漳大桥钢护栏钢结构制造。厦漳跨海大桥工程起于厦门马青路院前处，止于漳州龙海市后宅处。线路全长 9335 米，其中桥梁长度为 8546 米，北汊桥梁长 6692 米，南汊桥梁长 1854 米，海门岛及漳州岸接线长 789 米。大桥工程主要包括北汊北引桥、北汊主桥、北汊南引桥、海门岛立交及收费服务区、南汊北引桥、南汊主桥、南汊南引桥、海平互通立交。北钢护栏沿桥纵向标准每幅桥设置两道，共计四道；海平立交 A 匝道、B 匝道、疏港公路桥单幅设置两道；桥面钢护栏根据其结构及使用功能分为四类：防撞栏杆、检修道栏杆、移动式防撞栏杆、开启式防撞栏杆。全桥钢护栏总重约 6200 吨。

【大连市南部滨海大道工程】 2012 年 5 月，中铁宝桥中标大连市南部滨海大道工程。主桥为三跨双层地锚式悬索桥，加劲梁为钢桁架结构，两端设混凝土重力式锚碇。计算跨径：180 米+460 米+180 米＝820 米，主桥桁架轴线宽 24 米。主梁纵坡 1.5%，车行道横坡 1.5%，人行道向内横坡 1.0%。主缆横桥向间距 25.2 米，吊杆顺桥向间距 10 米。西引桥钢箱梁为跨度 70 米的封闭箱型结构，钢桁架材质采用 Q345qE，总工程量约 3 万吨。

【嘉绍大桥】 2012 年 10 月，中铁宝桥中标总重约 7600 吨的嘉绍大桥风障和防撞护栏制作安装工程。

嘉绍跨海大桥北起海宁尖山围垦区，跨钱塘江水域，至上虞九六围垦区，全长 10.137 公里。桥面系分为北副航道桥及引桥桥面系和主航道桥桥面系。桥面系钢结构部分由防撞护栏、立柱、底座板、风障、抑振板、检修道栏杆、检修平台等组成。引桥防撞护栏立柱设在混凝土底座上，护栏底座与立柱采用地脚螺栓连接。防撞护栏立柱采用钢板焊接成型，顺桥向标准间距为 1.5 米。主航道桥在索塔区附近两幅主梁的内侧防撞护栏上设置风障，风障为立柱加风障条的结构形式。

主要工程制安的内容是：嘉绍大桥主航道桥的风障、防撞护栏、检修道护栏和北副航道桥及引桥防撞护栏（含护栏混凝土底座及装饰板、预埋钢板、交通工程预埋件、支座检修平台等）制作安装、涂装、缺陷修复等。工程主要材质有 Q390D、Q345D、Q235B、20 号钢，计划于 2012 年 9 月 15 日开工，工期为 8 个月。

【珠澳大桥 GB05-G2 标段】 2012 年 11 月，中铁宝桥中标港珠澳大桥 GB05-G2 标段。CB05-G2 合同段包括主跨为 268 米 的九洲航道桥、85 米 跨径浅水区非通航孔桥，处于 K32+722～K35+370 桩号段，全长 2648 米，钢结构总工程量约 39939.4 吨。

浅水区非通航孔总长1955米，包括3联6×85米和1联5×85米钢-混组合连续梁桥。该桥采用整墩分幅布置，桥面总宽33.1米，两幅主梁中心距16.8米。主梁采用单箱单室分幅等高组合连续梁，单幅桥宽16.3米，截面中心线处梁高4.3米，桥面横坡2.5%。主梁采用“U型钢梁+混凝土桥面板”的组合结构，钢主梁主体材质为Q345qD。

九洲航道桥采用双塔单索面钢-混组合梁5跨连续斜拉桥，桥跨布置为（85+127.5+268+127.5+85）米，全长693米。九洲航道桥采用塔、梁、墩固结的结构体系，结构简洁线条流畅。主塔采用钢-混结构，“风帆”造型，景观优美。主梁采用分离式开口钢主梁+混凝土桥面板组合截面。

【中铁科工钢梁钢结构制造情况】 2012年，共完成钢梁制造9.7亿元，完成钢梁制造16.16万吨，主要项目：广东榕江特大桥钢梁制造安装、贵广线北江大桥钢梁制造安装、安庆长江大桥钢梁制造、重庆市江津区粉房湾长江大桥主桥钢桁梁制造及安装、新建合肥至福州铁路铜陵长江大桥钢梁制造、重庆千厮门嘉陵江大桥、昆明绕城公路钢箱梁制造及安装、贵阳市未来方舟城区景观桥。

【中铁六局钢梁钢结构制造情况】 中铁丰桥桥梁有限公司北京分公司2012年完成工业总产值4535万元，工业销售产值3532万元，新签合同额5755万元，主要产品为铁路建设的桥梁模型、轨枕模型和桥梁配件等。

北京中铁信达经贸有限公司北京灯塔电气有限责任公司产品情况：1.SDT系列升降式投光灯塔已在全国（除海南、台湾省外）各省、全路18个铁路局广泛使用，并纳入铁道部TB/T2865-1997标准。2.自行开发、研制了SDT-PTZQ新型自升旋转组合式灯桥（转臂灯桥），该灯桥在安装过程中实现自提升、旋转、对接，无需吊装作业，实现了运输生产的无干扰安装施工。此项发明于2001年取得了“实用新型专利证书”。3.接触网钢柱通过铁道部产品技术质量监督检测中心检测鉴定，符合TB/T2921-1998行业标准规定，并在电气化铁路区段推广使用。

太原铁建公司的桥梁构件分公司成立于2008年1月，主要经营范围：铁路桥梁支座、公路桥梁支座、橡胶密封制品（止水带、密封圈）。2012年产值328万元，生产铁路铸钢支座01-8152支座67孔，8144支座34套，盆式橡胶8173型支座241孔，各类支座配件56套。主要销售于北京铁路局北京工电大修段、天津京铁工电铁路工程公司、中铁一局多丰铁路项目、中铁十二局神河高速项目、中铁二十二局承德遵小铁路铺架项目、中铁电气化局华亭中煦铁路专用线项目等。

【中铁九局四公司钢结构】 中铁九局目前有两家钢结构施工企业，分别为中铁九局四公司钢结构公司和中铁九局一公司锦州机电设备制造安装分公司。

1.中铁九局四公司钢结构公司位于沈阳市大东区锦园路4号，主要从事各种钢构件的设计、制作和安装。公司具有10000平方米的钢结构加工基地，2100平方米的钢结构加工车间，一套H型钢生产线。

H型钢主要生产工艺过程为板条的切割下料、定位组立成型、自动埋弧焊接、翼缘矫正、筋板焊接钻孔、抛丸除锈、喷漆等。H型钢生产线由多头直条火焰切割机、H型钢组立机、龙门式自动埋弧焊机、H型钢翼缘矫正机和抛丸机等相应的自动设备完成各个工艺过程的具体工作。它的最大组合能力可生产出长15米、高1.5米、宽0.8米的H型钢，整条生产线的年产量可达7000吨，是目前国内较先进的生产线。

2012年主要承建：1. 沈阳市南北二干线（东一环）建设工程钢箱梁工程（二标段），工程2012年3月开工，2012年9月竣工。工程西起柳条湖立交桥，东南至北海高架北引道，全长1120米，包括3跨钢箱梁的制作安装，其中跨径40米共1跨（北大营街处），跨径50米共2跨。梁顶宽为23米，单箱五室。梁高（中心处）2.295米～2.467米，底板水平，横坡通过调整腹板高度形成。顶板厚度16毫米～30毫米，底板厚度16毫米～30毫米，腹板厚度12毫米～16毫米。顶板底板腹板设置纵向加劲肋。横隔板标准间距2m，其间设置腹板竖向加劲肋。在横桥向支座内侧设置钢箱限位挡块。用钢量为2008吨。钢结构部分工程造价约为3100万元。2.海尔委内瑞拉工业园包装箱制作工程，工程2012年3月1日开工，2012年10月30日竣工。共制作包装铁箱150个，包装木箱430个，并完成全部580个包装箱的集港物品出货。工程造价610万元。3.沈阳市体育运动学校体操训练馆钢屋架工程，工程2012年6月5日开工，2012年7月30日竣工。建筑面积约为2110平方米，屋架形式采用圆管梯形桁架屋架，共9榀，每榀跨度为35.9米。屋架支座为钢筋混凝土柱、梁，左右两侧设钢筋混凝土抗风柱，与钢屋架连接，通过支托与天体板链接。所有埋件及钢构件采用Q235B级钢材，上下弦杆管材为Φ203×14，腹杆为Φ152×5.5及Φ114×4。屋架桁架底标高为15.2米，屋架高度为1.2～2.4米。用钢量94吨，工程造价95万元。4.辽宁省残疾人中等职业技术学校食堂、图书馆钢结构梁制作安装等工程，该工程包括食堂图书馆钢结构梁制作安装、文体馆钢结构屋面网架、天窗及、宿舍AB造型龙骨及雨棚制作安装。开工日期为2011年8月20日，竣工日期为2012年5月10日。钢结构梁共八根，单根平均长度为25米，单重9.7吨。网架101吨。工程造价约为225万元。

全年完成钢结构产值约为4490万元。

【中铁九局四公司钢结构】 中铁九局一公司锦州机电设备制造安装分公司具有钢结构工程专业承包壹级资质，拥有数控管相贯切割机、数控切割机、便携式数控火焰切割机、等离子切割机、剪切机、半自动卧式带锯床、铣边机、联合冲剪机、龙门式移动数控钻床、摇臂钻床、液压板料折弯压力机、开式可倾压力机、弯板机、三辊卷板机、19 辊薄板矫平机、逆变弧焊机、二氧化碳气体保护焊机、电弧螺柱焊机、自动埋弧焊机、龙门埋弧焊机、喷砂机、通过式抛丸清理机、H 型钢矫正机、H 型钢组立机、门式起重机、桥式起重机、电动单梁起重机、汽车起重机等钢结构生产施工专用设备。共有机械动力设备 221 台（辆）。

2012 年，承建了沈阳枢纽、乌兰浩特站无站台柱雨棚工程；盘锦、锦州南、平齐线双辽、茂林、保康等站和萧永线钱清站货物站台及行包风雨棚及桥栏杆制作安装工程；前庄线潘家坝、前阳和杭长线钢管拱桥制作安装工程；乌兰浩特站声屏障制作安装工程；沈局和哈局部分箱式变电站和高低压开关柜制作安装工程。结合市场形势，在原有设备的基础上，2012 年投入资金 450 余万元，新购置了电动葫芦门式起重机、联合冲剪机、液压闸式剪板机、数控电液伺服折弯机、数控门式火焰切割机、自动钢板坡口机、二氧化碳气体保护焊机和铣边机等钢结构生产加工设备，使钢结构生产走上了专业化、规模化、标准化管理轨道。

道岔和提速道岔

【道岔产品概况】 2012 年，公司新签整组道岔 7958 组，生产道岔 8169 组，同时加大了对铁路维修和地铁市场的开发；新签高锰钢辙叉 16786 个，生产高锰钢辙叉 22727 个；

【中铁山桥道岔产品】 2012 年中铁山桥主要道岔品种见表 6-2。

表 6-1 中铁山桥 2012 年主要道岔品种一览表

序号	图号	产品名称	主要结构特点	容许通过速度（km/h）		应用时间
				直向	侧向	
1	客专线（10）018	时速 250 公里客运专线铁路 60 千克每米钢轨 12 号单开道岔	尖轨为相离半切线型，采用 13.64 米长的 60D40 弹性可弯尖轨，尖轨尖端为藏尖式。转辙器间隔设置带施维格滚轮的滑床板和防跳限位装置，基本轨内侧采用弹性夹扣压。可动心轨辙叉采用钢轨组合型，心轨采用 60D40 钢轨制造，短心轨后端为滑动端，翼轨采用轧制特种断面翼轨制造。可动心辙叉侧线设置护轨，护轨为分开式，护轨基本轨内侧采用弹性夹扣压。	旅客列车 250 千米每小时，货物列车（轴重 25 吨）120 千米每小时	均为 50 千米每小时	2012.10
2	SC681	整体道床 60 千克每米钢轨 9 号单开道岔	本道岔为地铁设计，尖轨采用相离圆曲线线型，60AT 弹性可弯尖轨，尖轨尖端为藏尖式，跟端采用间隔铁结构。尖轨非工作边、工作边斜度均为 1:4。辙叉采用高锰钢整铸辙叉，护轨为分开式，采用 50 千克每米钢轨制造。	100 千米每小时	35 千米每小时	2012.8
3	SC559PZ	75 千克每米钢轨 12 号拼装辙叉（高锰钢整铸叉心）	本辙叉结构型式为带翼轨的高锰钢叉心与钢轨栓接拼装，叉心轮轨作用面进行爆炸硬化工艺处理，本辙叉具备高锰钢辙叉的优点，并可实现与岔内岔外的任何联接形式。	轴重 25 吨 90 千米每小时	40 千米每小时	2012.1
4	SC710	1520 毫米轨距 50 千克每米钢轨 9 号单开道岔	采用 50AT 7.073 米割线型曲线尖轨，尖轨尖端为藏尖式，跟端采用间隔铁结构。辙叉采用高锰钢整铸辙叉，护轨为分开式，采用 43 千克每米钢轨制造。轨下基础采用混凝土岔枕。	旅客列车 120 千米每小时货物列车 80 千米每小时	均为 30 千米每小时	2012.4

5	SC711	1520 毫米轨距 50 千克每米钢轨 12 号单开道岔	采用 50AT 13.08m 长弹性可弯尖轨，尖轨尖端为藏尖式，跟端采用限位器结构。辙叉采用高锰钢整铸辙叉，护轨为分开式，采用 43 千克每米钢轨制造。轨下基础采用混凝土岔枕。	旅客列车 120 千米每小时，货物列车 80 千米每小时	均为 35 千米每小时	2012.4
6	SCW1143	1067 毫米 50N 钢轨 16 号单开道岔	采用 70S 12.95 米长弹性可弯尖轨，尖轨尖端为藏尖式，基本轨采用 50N 钢轨制造，辙叉采用高锰钢整铸辙叉，护轨为分开式，采用 33 千克每米钢轨制造，轨下基础采用混凝土岔枕。	130 千米每小时	60km/h	2012.6
7	SCW1163	BS100A 钢轨 12 号单开道岔	采用 50AT 相切圆曲线线型，弹性可弯尖轨，尖轨尖端为藏尖式，跟端采用限位器结构。辙叉采用高锰钢整铸辙叉，辙叉趾跟端端头均焊接 BS100A，护轨为分开式，采用 33 千克每米钢轨制造。轨下基础采用混凝土岔枕。	120 千米每小时	35k 千米每小时	2012.4
8	SCW1211	60E1 钢轨 10 号单开道岔	采用 60E1A1 切线线型弹性可弯尖轨，尖轨尖端为藏尖式，跟端采用限位器结构。尖轨采用一机多点的牵引方式，采用双层垫板结构，通过绝缘调整片实现与道床的绝缘，辙叉采用高锰钢整铸辙叉并进行爆炸硬化，辙叉趾跟端端头均焊接 60E1 钢轨，护轨为分开式，采用 33 千克每米钢轨制造。轨下基础采用混凝土岔枕。	80 千米每小时	35 千米每小时	2012.6

【中铁宝桥道岔产品】 2012 年中铁山桥主要道岔品种见表 6-3。

表 6-3 中铁宝桥 2012 年主要道岔品种一览表

序号	图 号	产品名称	主要结构特点	容许通过速度（km/h）		应用时间
				直 向	侧 向	
1	CZ2310	50 千克每米钢轨 6 号对称道岔 5 米间距交叉渡线	尖轨为半割线型曲线尖轨，用 50AT 钢轨制造，尖轨尖端为藏尖式，跟端采用活接头结构，导曲线半径为 180 米，辙叉为直线型，辙叉与菱形交叉连接一侧为双轨式，菱形交叉部分均为双轨式，锐、钝角辙叉相同可以互换使用。单开辙叉、菱形交叉双轨式辙叉及短轨均采用高锰钢整铸式。为减小尖轨侧磨，尖轨前端设置分开式迎轮防磨护轨，直股护轨为分开式，采用槽型轨制造，护轨顶面高出基本轨顶面 12 毫米。扣件采用Ⅱ型弹条分开式可调扣件，基本轨外侧设扣压轨撑。	35	2012.2	
2	CZ2312	92 改进型 50 千克每米钢轨 9 号组合道岔	转辙器采用 6.45m 50AT 直线尖轨，跟部为间隔铁式活接头联结。设计动程为 152 毫米。扣件采用 B 型弹条扣件。辙叉为高锰钢整铸式，高锰钢整铸辙叉下设铁垫板；护轨采用槽型护轨，护轨工作边顶面高出基本轨顶面 12 毫米。钢轨轨下及高锰钢整铸辙叉下设 5 毫米厚橡胶垫板，护轨垫板下设 7 毫米厚橡胶垫板，其它垫板下设 10 毫米厚橡胶垫板。	35	2012.11	
3	CZ2313	92 改进型 50 千克每米钢轨 9 号组合道岔	转辙器采用 6.45 米 50AT 直线尖轨，跟部为间隔铁式活接头联结。设计动程为 152 毫米。扣件采用 B 型弹条扣件。辙叉为高锰钢整铸式，高锰钢整铸辙叉下设铁垫板；护轨采用槽型护轨，护轨工作边顶面高出基本轨顶面 12 毫米。钢轨轨下及高锰钢整铸辙叉下设 5 毫米厚橡胶垫板，护轨垫板下设 7 毫米厚橡胶垫板，其它垫板下设 10 毫米厚橡胶垫板。	35	2012.11	

4	CZ2314	92 改进型 50 千克每米钢轨 9 号组合道岔	转辙器采用 6.45 米 50AT 直线尖轨，跟部为间隔铁式活接头联结。设计动程为 152 毫米。扣件采用 B 型弹条扣件。辙叉为高锰钢整铸式，高锰钢整铸辙叉下设铁垫板；护轨采用槽型护轨，护轨工作边顶面高出基本轨顶面 12 毫米。钢轨轨下及高锰钢整铸辙叉下设 5 毫米厚橡胶垫板，护轨垫板下设 7 毫米厚橡胶垫板，其它垫板下设 10 毫米厚橡胶垫板。	35		2012.11
5	CZ2315	92 改进型 50 千克每米钢轨 9 号组合道岔	转辙器采用 6.45 米 50AT 直线尖轨，跟部为间隔铁式活接头联结。设计动程为 152 毫米。扣件采用 B 型弹条扣件。辙叉为高锰钢整铸式，高锰钢整铸辙叉下设铁垫板；护轨采用槽型护轨，护轨工作边顶面高出基本轨顶面 12 毫米。钢轨轨下及高锰钢整铸辙叉下设 5 毫米厚橡胶垫板，护轨垫板下设 7 毫米厚橡胶垫板，其它垫板下设 10 毫米厚橡胶垫板。	35		2012.11
6	CZ2316	92 改进型 50 千克每米钢轨 9 号组合道岔	转辙器采用 6.45 米 50AT 直线尖轨，跟部为间隔铁式活接头联结。设计动程为 152 毫米。扣件采用 B 型弹条扣件。辙叉为高锰钢整铸式，高锰钢整铸辙叉下设铁垫板；护轨采用槽型护轨，护轨工作边顶面高出基本轨顶面 12 毫米。钢轨轨下及高锰钢整铸辙叉下设 5 毫米厚橡胶垫板，护轨垫板下设 7 毫米厚橡胶垫板，其它垫板下设 10 毫米厚橡胶垫板。	35		2012.11
7	CZ2317	深圳城市轨道交通三期工程 50 千克每米钢轨 7 号单开道岔(砼枕)总布置图	半割线型曲线尖轨（割距 4 毫米），割线型直线辙叉（割距 12 毫米），导曲线半径 150 米。采用 8.21 米 50AT 弹性可弯尖轨，弹性可弯跟端设间隔铁。曲线尖轨理论尖端厚度为 2 毫米，以增加尖轨粗壮度。采用内锁闭，尖轨设一个牵引点，牵引点动程为 152 毫米。固定型辙叉采用整铸式高锰钢辙叉。护轨为分开式，采用 UIC33 槽型钢轨制造，护轨顶面高出基本轨顶面 12 毫米。扣件采用Ⅲ型弹条分开式可调扣件。钢轨及锰叉下设置 5 毫米厚橡胶垫板，垫板下设置 10 毫米 厚橡胶垫板。	80	30	2012.11
8	CZ2318	城市轨道交通 50 千克每米钢轨 7 号单开道岔	转辙器采用 8.54 米 50AT 弹性可弯尖轨，尖轨尖端为藏尖式，弹性可弯跟端设间隔铁。电务转换设备按联动内锁闭设计；尖轨设一个牵引点，牵引点动程为 152 毫米。固定辙叉采用高锰钢整铸式，辙叉下设置铁垫板。护轨为分开式，采用 43 千克每米钢轨制造，护轨顶面高出基本轨顶面 12 毫米。扣件采用Ⅰ型弹条分开式可调扣件。钢轨轨下及高锰钢辙叉下设置 5 毫米厚橡胶垫板，铁垫板下设置 10 毫米厚橡胶垫板。	80	25	2012.11
9	CZ2319	成都地铁2号线50千克每米钢轨7号单开道岔	转辙器采用 50AT 曲线尖轨，跟端采用间隔铁式活接头联结。固定型辙叉采用高锰钢整铸式。护轨为分开式，采用 43 千克每米钢轨制造，采用可调式轨撑扣件，护轨顶面高出基本轨顶面 12 毫米。扣件采用 B 型弹条分开式可调扣件。钢轨及锰叉下设置 5 毫米厚橡胶垫板，铁垫板下设置 5 毫米厚塑料垫片。	80	25	2012.11
10	CZ2320	成都地铁 2 号线 50 千克每米钢轨 7 号道岔 5 米间距交叉渡线	采用 50AT 曲线尖轨，跟端采用间隔铁式活接头联结。单开辙叉为高锰钢整铸式（与菱形交叉连接一侧为双轨式），锐角辙叉与钝角辙叉采用高锰钢整铸式双轨辙叉，单开辙叉与钝角辙叉之间的短轨接头应采用冻结接头。护轨为分开式，采用 43 千克每米钢轨制造，附加护轨采用 50 千克每米钢轨制造。扣件采用 B 型弹条分开式可调扣件。钢轨及锰叉下设 5 毫米厚橡胶垫板，垫板下设 5 毫米厚塑料垫片。	80	25	2012.11
11	CZ2321	城市轨道交通 50 千克每米钢轨 7 号 5 米间距交叉渡线（碎石道床）	采用 8.54 米 50AT 弹性可弯尖轨，尖轨尖端为藏尖式，弹性可弯跟端设间隔铁。交叉渡线中的 A(B)型辙叉、锐角辙叉及钝角辙叉均采用高锰钢整铸式，辙叉下设置铁垫板。护轨为分开式，采用 43 千克每米钢轨制造，附加护轨采用 50 千克每米钢轨制造。扣件采用Ⅰ型弹条分开式可调扣件。钢轨轨下及高锰钢辙叉下设置 5 毫米厚橡胶垫板，各垫板下设置 10 毫米厚橡胶垫板。	80	25	2012.12
12	CZ3516	60 千克每米钢轨 9 号道岔 4.6 米间距交叉渡线	采用 10.68 米的 60AT 弹性可弯尖轨，尖轨尖端为藏尖式，弹性可弯跟端设间隔铁。固定辙叉采用高锰钢整铸式，辙叉下设置铁垫板。护轨为分开式，采用 50 千克每米钢轨制造，护轨顶面高出基本轨顶面 12 毫米。附加护轨为间隔铁式，采用 60 千克每米制造。扣件采用Ⅱ型弹条分开式可调扣件。钢轨及锰叉下设 10 毫米厚橡胶垫板，铁垫板下设 12 毫米厚橡胶垫板。	100	35	2012.2
13	CZ3517	城市轨道交通 60 千克每米钢轨 9 号	采用 10.68 米长的 60AT 弹性可弯尖轨，尖轨尖端为藏尖式，弹性可弯跟端设间隔铁。固定辙叉采用高锰钢整铸式，辙叉下设置	100	35	2012.3

		5.0米间距交叉渡线	铁垫板。护轨为分开式，采用50千克每米钢轨制造，护轨顶面高出基本轨顶面12毫米。扣件采用Ⅱ型弹条分开式可调扣件。钢轨及锰叉下设10毫米厚橡胶垫板，铁垫板下设12毫米厚橡胶垫板。			
14	CZ3518	城市轨道交通 60千克每米钢轨12号5米间距交叉渡线	采用13米 60AT弹性可弯尖轨，尖轨尖端为藏尖式，弹性可弯跟端设间隔铁。辙叉采用高锰钢整铸式，辙叉下设置铁垫板。护轨为分开式，采用50千克每米钢轨制造，护轨顶面高出基本轨顶面12毫米。扣件采用Ⅱ型弹条分开式可调扣件。钢轨轨下及高锰钢辙叉下设置10毫米厚橡胶垫板，各垫板下设置12毫米厚橡胶垫板。	120	50	2012.4
15	CZ3519	重载铁路 60千克每米钢轨12号固定型辙叉单开道岔（砼枕）	采用相离单圆曲线线型，导曲线半径350米，相离值40.8毫米，在曲尖轨顶宽69.8毫米处做半切，对应冲击角为0° 41'52"；并在基本轨和尖轨密贴段将基本轨工作边一侧刨切3毫米，以增加尖轨厚度。钢轨设置1：40轨底坡或轨顶坡。辙叉直侧股护轨采用UIC33槽型轨制造，护轨高出基本轨顶面12毫米，基本轨内侧采用弹性夹扣压。扣件采用弹性分开式弹条Ⅱ型扣件。钢轨轨下设置5毫米厚橡胶垫板，板下设置10毫米厚橡胶垫板。	160	45	2012.5
16	CZ3520	60千克每米钢轨12号Ⅱ型5.5米间距单渡线	采用60AT12.4米弹性可弯尖轨，尖轨尖端为藏尖式，跟端采用限位器结构。护轨为分开式，用50千克每米钢轨制造，护轨顶面高出基本轨顶面12毫米。钢轨、辙叉及护轨垫板下设置5毫米厚橡胶垫板，其它垫板下均设置10毫米厚橡胶垫板。钢轨设置1：40轨底坡或轨顶坡。扣件采用Ⅱ型弹条分开式可调扣件。	160	50	2012.7
17	CZ3524	60千克每米钢轨9号13.0米间距交叉渡线（整体道床）	采用11.2米的60AT弹性可弯尖轨，尖轨尖端为藏尖式，弹性可弯跟端设间隔铁；辙叉采用高锰钢整铸式，辙叉下设置垫板；护轨为分开式，采用33千克每米槽型钢轨制造，护轨顶面高出基本轨顶面12毫米。扣件采用Ⅲ型弹条分开式可调扣件。钢轨下和辙叉下设10毫米厚橡胶垫板，护轨垫板下设置7毫米厚橡胶垫板，其余垫板下设置12毫米厚橡胶垫板。	35		2012.9
18	CZ3525	深圳地铁三期工程 60千克每米钢轨12号单开道岔（无砟）	采用13051毫米长的弹性可弯尖轨，用60AT钢轨制造，尖轨尖端为藏尖式，跟端采用间隔铁结构。采用直线型整铸高锰钢整铸辙叉。护轨为分开式，用槽型钢制造，护轨顶面高出基本轨顶面12毫米。钢轨设置1:40轨底坡或轨顶坡。扣件采用Ⅲ型弹条分开式可调扣件。钢轨、辙叉下设置5毫米厚橡胶垫板，板下设置10毫米厚弹性垫板。	120	50	2012.11
19	CZ3526	城市轨道交通60千克每米钢轨9号单开道岔（整体道床）	采用10.68米的60AT弹性可弯尖轨，尖轨尖端为藏尖式，弹性可弯跟端设间隔铁。固定辙叉采用高锰钢整铸式，辙叉下设置铁垫板。护轨为分开式，采用50千克每米钢轨制造，护轨顶面高出基本轨顶面12毫米。扣件采用Ⅱ型弹条分开式可调扣件。钢轨及锰叉下设10毫米厚弹性垫板，铁垫板下设12毫米厚弹性垫板。	100	35	2012.11
20	CZ3527	城市轨道交通60千克每米钢轨9号单开道岔	采用10.68米的60AT弹性可弯尖轨，尖轨尖端为藏尖式，弹性可弯跟端设间隔铁。固定辙叉采用高锰钢整铸式，辙叉下设置铁垫板。护轨为分开式，采用50千克每米钢轨制造，护轨顶面高出基本轨顶面12毫米。扣件采用Ⅱ型弹条分开式可调扣件。钢轨及锰叉下设10毫米厚弹性垫板，铁垫板下设12毫米厚弹性垫板。	100	35	2012.11
21	CZ3528	城市轨道交通60千克每米钢轨9号5.0米间距交叉渡线	采用10.68米长的60AT弹性可弯尖轨，尖轨尖端为藏尖式，弹性可弯跟端设间隔铁。固定辙叉采用高锰钢整铸式，辙叉下设置铁垫板。护轨为分开式，采用50千克每米钢轨制造，护轨顶面高出基本轨顶面12毫米。扣件采用Ⅱ型弹条分开式可调扣件。钢轨及锰叉下设10毫米厚橡胶垫板，铁垫板下设12毫米厚橡胶垫板。	100	35	2012.12

22	CZ3529	时速350公里客运专线铁路60千克每米钢轨18号5.0米间距单渡线（有砟）	尖轨为相离半切线型，采用21450毫米长的60D40弹性可弯尖轨，尖轨尖端为藏尖式。尖轨跟端按设限位器、间隔铁和不设传力机构三种方案设计。转辙器间隔设置带施维格滚轮的滑床板和防跳限位装置，基本轨内侧采用弹性夹扣压。可动心轨辙叉采用钢轨组合型，心轨采用60D40钢轨制造，短心轨后端为滑动端，翼轨采用轧制的特种断面翼轨。可动心轨辙叉侧线设置护轨。护轨为分开式，采用33千克每米槽型钢制造，护轨顶面高出基本轨顶面12毫米，护轨基本轨内侧采用弹性夹扣压。扣件采用分开式Ⅱ型弹条扣件。	350	80	2012.12
23	CZ3533	城市轨道交通 60千克每米钢轨伸缩量1000毫米单向钢轨伸缩调节器	基本轨与尖轨贴合面采用半径300米的圆曲线，圆曲线与轨距线相切，尖轨实际尖端轨头宽1毫米。伸缩器范围内设1:40轨底坡与线路保持一致。尖轨采用60AT钢轨制造，尖轨尖端采用藏尖式。尖轨固定，基本轨作相对伸缩，设置导向轨撑支撑基本轨轨腰及扣压轨底。	100		2012.12
24	CZ2919	92改进型50千克每米钢轨9号5.0米间距二渡二交道岔组合（砼枕）	复式交分道岔菱形短轴长度为1437毫米；交叉渡线菱形中钝角辙叉范围内轨距采用1440毫米，轨距过渡在锐角趾端接缝前完成。扣件采用B型弹条分开式可调扣件，轨距块设计安装号数如下：钢轨工作边一侧，安装13号轨距块；钢轨非工作边一侧，安装11号轨距块；辙叉部分一侧安装13号轨距块，另一侧安装11号轨距块；接头安装接头轨距块；绝缘接头两侧安装绝缘轨距块；7-17号轨距块为备用轨距块，供现场铺设调整用。轨下基础采用无挡肩混凝土岔枕。	35		2012.5
25	CZ2920	92改进型50千克每米钢轨9号5.0m/6.5米间距三渡四交组合道岔(砼枕)	复式交分道岔菱形短轴长度为1437毫米；交叉渡线菱形中钝角辙叉范围内轨距采用1440毫米，轨距过渡在锐角趾端接缝前完成。扣件采用B型弹条分开式可调扣件，轨距块设计安装号数如下：钢轨工作边一侧，安装13号轨距块；钢轨非工作边一侧，安装11号轨距块；辙叉部分一侧安装13号轨距块，另一侧安装11号轨距块；接头安装接头轨距块；绝缘接头两侧安装绝缘轨距块；7-17号轨距块为备用轨距块，供现场铺设调整用。	35		2012.7
26	CZ2921	60千克每米钢轨12号6.5米间距一渡一交道岔组合（砼枕）	复式交分道岔菱形短轴长度为1436毫米；交叉渡线菱形中钝角辙叉范围内轨距采用1440毫米，轨距过渡在锐角趾端接缝前完成。扣件采用Ⅱ型弹条分开式可调扣件，轨距块设计安装号数如下：钢轨工作边一侧，安装13号轨距块；钢轨非工作边一侧，安装11号轨距块；辙叉部分一侧安装13号轨距块，另一侧安装11号轨距块；接头安装接头轨距块；绝缘接头两侧安装绝缘轨距块；7-17号轨距块为备用轨距块，供现场铺设调整用。轨下基础采用无挡肩混凝土岔枕。	120	45	2012.7
27	CZ2922	92改进型60千克每米钢轨12号5米间距四渡六交道岔组合（砼枕）	“92改进型60千克每米钢轨12号5.0米间距交叉渡线(CZ569)和“改进型60千克每米钢轨12号复式交分道岔（CZ2529)”进行组合设计的。适用于平行线路。复式交分道岔菱形短轴长度为1436毫米；交叉渡线菱形中钝角辙叉范围内轨距采用1440毫米，轨距过渡在锐角趾端接缝前完成。扣件采用Ⅱ型弹条分开式可调扣件。本道岔的轨下基础采用混凝土岔枕。	120	45	2012.8
28	CZ2923	60千克每米钢轨12号5.3米间距一渡一交道岔组合(Ⅱ型弹条、砼枕)	根据60千克每米钢轨12号5.3m间距交叉渡线(Ⅱ型)(CZ550)和60千克每米钢轨12号改进型 复式交分(CZ2651)进行组合设计。复式交分道岔菱形短轴长度为1436毫米；交叉渡线菱形中钝角辙叉范围内轨距采用1440毫米，轨距过渡在锐角趾端接缝前完成。扣件采用Ⅱ型弹条分开式可调扣件。轨下基础采用混凝土岔枕。渡线用岔枕均垂直于直股钢轨；复式交分道岔用岔枕按平行于其菱形中轴布置。	120	45	2012.8

29	CZ2924	92 改进型千克每米千克每米钢轨 12 号 5 米间距二渡二交道岔组合(混凝土岔枕)	根据 CZ569(SC340)和 CZ2529 进行组合设计。适用于两平行线路。复式交分道岔菱形短轴长度为 1436 毫米；交叉渡线菱形中钝角辙叉范围内轨距采用 1440 毫米，轨距过渡在锐角趾端接缝前完成。扣件采用Ⅱ型弹条分开式可调扣件，轨距块设计安转号数如下：钢轨工作边一侧，安装 13 号轨距块；钢轨非工作边一侧，安装 11 号轨距块；辙叉部分一侧安装 13 号轨距块，另一侧安装 11 号轨距块；接头安装接头轨距块，绝缘接头两侧安装绝缘轨距块。7-17 号轨距块为备用轨距块，供现场铺设调整用。轨下基础采用混凝土岔枕。渡线用岔枕均垂直于直股钢轨；复式交分道岔用岔枕按平行于其菱形中轴布置。	120	45	2012.9
30	CZ2925	92 改进型 50 千克每米钢轨 9 号 5.0 米间距二渡三交道岔组合（砼枕）	根据"92 改进型 50 千克每米钢轨 9 号 5.0m 间距交叉渡线（CZ2210）"和"92 改进型 50 千克每米钢轨 9 号复式交分道岔（CZ2214）"进行组合设计。复式交分道岔菱形短轴长度为 1437 毫米；交叉渡线菱形中钝角辙叉范围内轨距采用 1440 毫米，轨距过渡在锐角趾端接缝前完成。扣件采用 B 型弹条分开式可调扣件，轨距块设计安装号数如下：钢轨工作边一侧，安装 13 号轨距块；钢轨非工作边一侧，安装 11 号轨距块；辙叉部分一侧安装 13 号轨距块，另一侧安装 11 号轨距块；接头安装接头轨距块；绝缘接头两侧安装绝缘轨距块；7-17 号轨距块为备用轨距块，供现场铺设调整用。	100	35	2012.9
31	CZ2926	92 改进型 50 千克每米钢轨 9 号 5.3 米间距一渡二交道岔组合	根据“92 改进型 50 千克每米千克每米钢轨 9 号 5.3 米间距交叉渡线”CZ2211、“92 改进型 50 千克每米钢轨 9 号复式交分道岔”CZ2214 进行组合设计。复式交分道岔菱形短轴长度为 1437 毫米；交叉渡线菱形中钝角辙叉范围内轨距采用 1440 毫米，轨距过渡在锐角趾端接缝前完成。扣件采用 B 型弹条分开式可调扣件，轨距块设计安装号数如下：钢轨工作边一侧，安装 13 号轨距块；钢轨非工作边一侧，安装 11 号轨距块；辙叉部分一侧安装 13 号轨距块，另一侧安装 11 号轨距块；接头安装接头轨距块；绝缘接头两侧安装绝缘轨距块；7-17 号轨距块为备用轨距块，供现场铺设调整用。	100	35	2012.11
32	CZ2927	92 改进型 50 千克每米钢轨 9 号 5 米/6.5 米间距二渡三交道岔组合（砼枕）	根据 92 改进型 50 千克每米钢轨 9 号 5.0 米间距交叉渡线(CZ2210)、92 改进型 50 千克每米钢轨 9 号 6.5 米间距交叉渡线(CZ2213)和 92 改进型 50 千克每米钢轨 9 号复式交分道岔(CZ2237)进行组合设计。复式交分道岔菱形短轴长度为 1437 毫米；交叉渡线菱形中钝角辙叉范围内轨距采用 1440 毫米，轨距过渡在锐角趾端,轨距过渡在锐角趾端接缝前完成。扣件采用 B 型弹条分开式可调扣件，轨距块设计安装号数如下：钢轨工作边一侧，安装 13 号轨距块。钢轨非工作边一侧，安装 11 号轨距块；辙叉部分一侧安装 13 号轨距块，另一侧安装 11 号轨距块；接头两侧安装接头轨距块（绝缘轨距块）。7-17 号轨距块为备用轨距块，供现场铺设调整用。本道岔的轨下基础采用无挡肩混凝土岔枕。	100	35	2012.12
33	CZ1536	1000 毫米轨距 BS80A 钢轨 10 号单开道岔	尖轨采用 BS80A 钢轨制造，采用可调连杆连接，保证尖轨密贴。轨腰采用补强型式，尖轨跟端采用限位器结构。转辙器采用一点牵引，尖轨尖端开口为 130 毫米。辙叉采高锰钢整铸式辙叉，进行爆炸预硬化处理；辙叉趾端、跟端均在厂内焊接标准 BS80A 钢轨。扣件采用Ⅲ型分开式可调弹性扣件。护轨为分开可调式，采用 UIC33 钢轨制造，护轨顶面高出基本轨顶面 12 毫米。所有垫板均为整体铸造式。除尖轨范围外，轨下及护轨垫板下设置 5 毫米厚的橡胶垫板，其余垫板下设置 10 毫米厚的橡胶垫板。	90	30	2012.8

34	CZ1538	1000 毫米轨距 BS100A 钢轨 12 号单开道岔	尖轨采用 50AT 钢轨制造，采用可调连杆连接，保证尖轨密贴。并设置弹性可弯段，跟端压型与 BS100A 钢轨连接。转辙器采用一点牵引，尖轨尖端开口为 130 毫米。辙叉采高锰钢整铸式辙叉，进行爆炸预硬化处理；辙叉趾端、跟端均在厂内焊接标准 BS100A 钢轨。扣件采用III型分开式可调弹性扣件。护轨为分开可调式，采用 UIC33 钢轨制造，护轨顶面高出基本轨顶面 12 毫米。垫板均为整体铸造式。除尖轨范围外，轨下及护轨垫板下设置 5 毫米厚的橡胶垫板，其余垫板下设置 10 毫米厚的橡胶垫板。	120	40	2012.8
35	CZ1539	广深港高速铁路（香港段）CHN60 钢轨9号单开道岔（无砟）	尖轨采用长为 14120 毫米的 60E1A5 制造，尖轨尖端为藏尖式，跟端弹性可弯，跟端压型为 CHN60 钢轨断面。跟端采用限位器传力结构；转辙器采用 2 点牵引，采用钩型外锁闭装置，第一牵引点动程为 160 毫米，第二牵引点动程为 88 毫米；转辙器间隔设置带施威格辊轮滑床板，安装辊轮滑床板岔枕序号为 No.6、11、15 和 18；基本轨内侧采用施威格弹性夹扣压。间隔设置防跳限位装置，安装防跳限位装置的滑床板岔枕序号为 No.7、和 14；钢轨设置 1：40 的轨底坡或轨顶坡；转辙器滑床台板表面设置镀硬铬减磨防锈涂层；除标准垫板外，其余垫板均采用整铸垫板。护轨为分开式，采用 33C1 钢轨制造，护轨顶面高出基本轨顶面 12 毫米，护轨基本轨内侧采用施威格弹性夹扣压。	160	35	2012.12
36	CZ1540	广深港高铁（香港段）CHN60 钢轨 9 号单开道岔（有砟）	尖轨采用长为 14120 毫米的 60E1A5 制造，尖轨尖端为藏尖式，跟端弹性可弯，跟端压型为 CHN60 钢轨断面。跟端采用限位器传力结构。转辙器采用 2 点牵引，采用钩型外锁闭装置，第一牵引点动程为 160 毫米，第二牵引点动程为 88 毫米；转辙器间隔设置带施威格辊轮滑床板，安装辊轮滑床板岔枕序号为 No.6、11、15 和 20；基本轨内侧采用施威格弹性夹扣压。间隔设置防跳限位装置，安装防跳限位装置的滑床板岔枕序号为 No.7 和 14；辙叉采用焊接式高锰钢辙叉。钢轨设置 1：40 的轨底坡或轨顶坡。转辙器滑床台板表面均设置镀硬铬减磨防锈涂层。所有垫板均采用整铸垫板。辙叉在直、侧线均设置护轨。护轨为分开式，采用 33C1 钢轨制造，护轨顶面高出基本轨顶面 12 毫米，护轨基本轨内侧采用施威格弹性夹扣压。	160	35	2012.12

机械类产品

【机械产品概况】 中铁科工承揽提运架设备 8 台套，生产完成 24 台套，中铁山桥、宝桥、科工共完成其他机械产品 243 余台套；中铁装备、科工当年承揽盾构 36 台，生产完成盾构及后配套 71 台。

【中铁科工机械产品概况】 中铁科工一是成功研制了 50 吨门座式起重机、2000 吨轨道式门式起重机、4000 吨模块化平板运输车、190 吨铁路 T 型梁倒运架桥机、智能立体车库、大直径复合桩机、20 米转盘式三轴搅拌桩机、900 吨运架分离与运架一体过隧架桥机、500 米长钢轨铺轨机组、320 吨及 400 吨钢梁桥面架梁起重机、盾构等新产品；二是大型运架设备、TJ165 架桥机、铺轨机、电机车、各类桩机等传统产品制造质量得到较大的提升。

表 6-4　中铁科工 2012 年度机械产品销售情况

产品类别	新签合同	已交付
T 梁架桥机	4 台	4 台
轮胎式搬运机	1 台	1 台
轮胎式提梁机	2 台	2 台
铺轨机	1 台	1 台
门式起重机	6 台	6 台
电机车	7 台	7 台

港口设备	3台	3台
盾构机	4台	4台
桩工机械	124台	124台
合　计	152台	152台

【YJ900型运架一体机】 适用于山区铁路客运专线（桥隧相连）20米、24米、32米双线整孔混凝土箱梁（含曲线梁、现浇梁前后的箱梁）的架设；能在铁路客运专线混凝土箱梁预制场吊运，并能够把混凝土箱梁从预制场地通过便道、路基、桥梁（包括钢结构连续梁、单跨及多跨连续现浇梁等）、涵洞运至架梁工位完成架梁作业，而且对路基及桥面不造成任何损害；可在不需要任何辅助设施的情况下，利用设备自身功能和自带辅具，进行工地转移、调头、吊运混凝土箱梁穿越铁路客运专线隧道，并能做到在作业过程中不会和已完成工程发生碰撞，方便快捷的完成第一孔梁及最末两孔梁的架设任务。能够买足隧道进、出口的零距离、负距离及隧道内架梁。

【MDEL900提梁机】 该设备是为高铁建设而研制的特大型成套专用设备之一。主要用于从制梁场将预制混凝土箱梁吊至存梁场或将箱梁吊装至运梁车上。同时能完成架桥机在梁场的组装及拆装工作。该设备采用了多项先进的控制技术，操作灵活方便、安全可靠。

【TJ165型架桥机】 TJ165型架桥机由主机、机动平车、倒装龙门吊三大独立部分组成，是回轮运转单臂式铁路架桥机。TJ165型架桥机采用主机定位架梁、机动平车运送梁片，龙门吊倒装梁片的作业方式。作业程序简单、施工安全。

【DPK32铺轨机】 该设备是一种全悬臂的多功能重型铺轨机，适用于铁路新线施工和既有改造工程中铺轨架梁作业的专用设备。可以满足铺轨机作业的多种要求，综合速度高的特点，运轨速度达到60千米每小时。

【CPG500 高速铁路铺轨机组】 高速铁路铺轨机组专用铺设无缝线路而研制，它完全不同于传统的铺轨机。把生产线搬运到铺轨设备上，是铺轨设备的一次革命性进步。该设备具有施工效率高、布枕精度好、自动化程度高、对曲线适应能力强、能够有效保障和提高轨道的初始平顺性等优点。对提高线路开通速度和保证高速行车具有重要作用，将成为我国高速铁路建设中的主要设备。

【JXKB 系列直交变频电池工矿电机车】 该设备已形成8-60吨的完整产品系列，采用了直交变频调速及计算机智能控制技术。具有启动牵引力大，制动、运行可靠等特点。适用于地铁隧道等封闭环境运输物料使用。与之配套的设备有砂浆车、渣土车、管片车、人员运输车等车辆。

【中铁装备机械产品概况】 截至2012年底，中铁装备累计突破100台，累计掘进里程突破100公里，首台出口海外的盾构——用于马来西亚项目的盾构实现出厂；2012年，公司生产制造及改造盾构26台套，并开发完成168、188、280等型号旋挖钻机以及湿喷机等新产品的设计生产。

【中铁五局机械类产品】 1、研发全液压自行式挂篮。新研发的全液压自行式挂篮改进了挂篮主桁联接方式和材料拼接，使得周转次数翻倍并且安全性大大提高。同时设计增加了前中横梁，行走方式改为全液压自动行走，降低了使用成本，承载能力提高了 20%以上，减轻了劳动强度，提高了生产效率。

3、自主研发的SJZ30砂浆搅拌站。整机采用计算机自动控制运行；PLC精确控制各种配合料的称量；并具有称量落差补偿功能。具有专用的视频监控装置，搅拌站的主机出浆口及砂料斗式提升等部份的运行状况， 都能在控制室实时监控。研制了大规格（1500L）、湿式、悬臂立轴砂浆搅拌机，解决了卧式砂浆搅拌机轴端密封的难题。创新设计了粉料添加剂全自动计量配给机、砂骨料秤的给料分砂装置和砂骨料出料的减压装置。研制了砂骨料的双链条、斗式、垂直提升机。搅拌楼全封闭包装；所有粉料给料运送、称量均为密封状态并设管道与专用除尘装置相连；该搅拌站的成功研制和推向市场，将改变国内地铁盾构隧道施工中，很多施工单位采用简易混凝土搅拌站生产砂浆的状况，提高我国城市地铁盾构施工砂浆搅拌装备的档次、自动化水平、城市闹市区的环保节能方面的水平，减轻工人的劳动强度，提高砂浆的现场拌制质量和工效。

4、WY-200L型挖掘装载机。挖掘装载机建设主要由挖装机构、运输机构、行走装置、液压系统、和电力系统等组成，专为地下，铁路、公路长大隧道施工无轨装碴而设计。同时也适用于煤矿、矿山、水利、水电等隧道施工无轨装碴运输，五局机电公司是该新产品设计、制造、销售为一体和厂家。WY-200L 挖掘装载机技术研究与开发”与轨行式挖装机有很大的区别，本项目首创了“负载敏感控制系统在挖掘装载机上的应用，实现了节能与液压油温的有效控制；底盘主梁架和机臂等采用了箱型断面结构，提高结构强度和刚度；输送槽的采用‘无齿’从动轮、主动轴可分部拆装结构、链条托链保护及链条支承导轨”等，对产品的可靠性及稳定性有了很大的提高。该产品工作效率达到130立方米～160立方米每小时，较以往产品提高1倍；系统压力等级由18MPa提高至28MPa，特别是液压油温可控制在60摄氏度左右，提高了液压系统的稳定性和液压元件的寿命。目前，WY-200L 挖掘装载机的价格控制为 95 万元 / 台，进口类似设备（德国 ITC312）为 733 万元 / 台，性价比：1 / 7.7。该产品 4 个技创新查新点属于“国内未见文献报道”，6 项专利获国家专利局授权，整体性能达到行业领先水平。

【中铁西南院机械类产品】 中铁西南院全资子公司中铁岩锋成都科技有限公司（下简称“岩锋公司”），主要产品有：TK 系列转子活塞式混凝土湿喷机、TKJ15 型喷射机组、模板台车、炮泥机、喷射混凝土外加剂及外掺料等，具备年产湿喷机 3000 台、年产喷射机组 100 套的能力。

岩锋公司 2012 年新签合同额为 5396 万元，实现销售收入 5156 万元（含税），上缴国家税收约 868 万元，上缴中铁西南院管理费 300 万元，实现净利润 724 万（本数据含代垫成本）。岩锋公司实际实现经营净利润 1024 万元，利税总额 1892 万元。

2012 年，岩锋公司过一系列的工业性试验和设计优化，完成了混凝土喷射机组系列：TKJ-15AⅠ、AⅡ型多个产品的研发工作，实现混凝土喷射机组产品化和系列化并成功推向市场，完成从样机到产品的飞跃。

1. TKJ-15AI 型混凝土喷射机组

TKJ-15型机械手是结合我国隧道施工特点而研制的大型湿喷机组。该机组由TK150型湿喷机、机械手、速凝剂添加装置、轮式装载机底盘等组成，机型紧凑、合理；喷射机与行走底盘可分离，可组合，使用灵活；采用创新型臂架结构，最大喷射高度可达13米，宽度17米，能满足铁路双线隧道施工要求。喷射试验表明，TKJ-15型混凝土喷射机组生产率达15 立方米每小时，可满足喷混凝土快速机械化施工的要求。该机组特别适用于软弱围岩隧道施工支护，能简化施工方法，形成软弱围岩快速机械化施工成套技术。

TKJ-15 型混凝土喷射机组继承了转子活塞式湿喷机的技术特点，能实现管道均匀稀薄流输送，喷层表面平整，厚度控制准确；另外该机选用铰接车架，转弯半径小；选用大型越野轮胎，路面通过性好，爬坡能力强；不需支腿，能快速进场与撤场；臂架结构形式特别适宜台阶法施工。TKJ-15 型混凝土湿喷机组操作采用遥控控制系统，确保作业人员安全，进一步改善作业环境；与进口机械手相比较，综合功效达到 60%～80%，价格仅为 1/3 左右，性价比高。

2. TK 系列转子活塞式湿喷机

TK 系列转子活塞式湿喷机是岩锋公司经过多年艰苦攻关后取得的拥有自主知识产权的重要科研成果，具有综合工效高、喷层混凝土性能高（密实、匀质）、设备可靠性高、混凝土与速凝剂材料消耗低，“三高一低”的特点。

该成果现已广泛应用于铁路、公路、隧道、市政、水电等行业。先后获得：1998 年度铁道部科技进步二等奖，1999 年度国家技术发明三等奖，并入选 1999 年度国家重点新产品和 2000 年度国家级新产品计划。2010 年，TK 系列湿喷机列入了中国中铁股份公司集中采购设备目录。2012 年，TK600 型湿喷机获得“中国质量评价协会科技创新成果奖”。

TK 系列湿喷机产品型号包括 TK300、TK500、TK600、TK750、TK150、PS5I-H 等。

3. JSS6-D 型双螺旋搅拌输送机

JSS6-D 型双螺旋搅拌输送机是矿用湿喷机的配套产品，是一种在喷射作业现场实现计量加水和均匀搅拌的新型设备，该设备的成功应用，较好的解决了矿山小断面巷道湿喷作业中搅拌、上料机械化的难题。

2012 年，公司还在特种建材产业化工作取得新突破，研发的 CRTS Ⅱ板式无砟轨道 CA 砂浆专用修补材料，在实际应用中形成了一套完整的现场施工修补体系，成功应用于杭甬高铁 CA 砂浆修补，并获业主好评。

中铁西南院工程地质研究所经过多年经验积累，通过一系列试验及性能优化，生产出 HSP 地质预报系统及 SF12 多功能瞬态面波仪。

1. HSP 地质预报系统

HSP 地质预报系统——无线传输方式地质预报仪，是在“水平声波剖面法”的基础上，成功开发的一套施工期地质预报的系统，支持无线网络技术，适用于 TBM 施工，可以连续记录刀盘剪切岩体时的弹性波信号，并应用特殊背景噪声去除技术，提高信噪比，从而实现实时地质超前预报。

2. SF12 多功能瞬态面波仪

中铁西南院工程地质研究所于 2012 年 9 月 6 日成功研制出首台 SF12 型多功能瞬态面波仪。仪器为 24 位 A\D 转换、24 道、采样率 8us～600us 多档可调、采样长度 1K～32K 多档可调，动态增益为 120dB、外触发，数据存储格式为国际标准 sgy/sg2 地震数据格式，采集界面操作简单，其功能及性能参数不逊于国内外相关仪器。广泛应用于岩土工程勘察中，如软土地基加固处理效果检测、公路、机场跑道质量无损检测以及空洞、岩溶、古墓等埋深、范围等探测。新研发的面波勘探仪已在沪昆高铁多个标段的岩溶路基注浆质量检测中成功应用，取得了良好的经济效益。

混凝土及其他产品

【中铁五局天威外加剂产品】 中铁五局科研所紧贴行业市场需求，加大科技研发力度，通过对外技术交流和自主研发，

2012年4月，科研人员研制出新的速凝剂生产工艺及配方，新速凝剂减少了混凝土的回弹量，应用到了沪昆客专贵州段8标和沪昆客专云南段1标，在性价比的比较上，提高产品的质量，降低产品成本。为了不依赖于公司前期仅有的450减水剂配方，科研所进行对比实验，得到多个效果与450减水剂性能等同的配方，从而摆脱第三单体主要减水剂原料生产厂家的约束，实现多个原材料采购厂商的备选，达到稳定原材料供应，保证产品质量的效果。科研所又在6月份研制出具有国内领先水平的自密实混凝土专用减水剂后，9月又研制出了用于密闭空间自密实混凝土的粘度改性材料，以上两项成果均成功运用于成绵乐施工现场。这两项技术的突破，标志着天威公司已经完全掌握了高速铁路无砟道III型轨道板自密实混凝土的施工技术和关键原材料的生产技术，这为天威公司向建材行业的高端发展提供了技术支撑，也为天威公司带来新的经济增长点。公司的环保型高性能减水剂及其复配技术应用项目获得贵阳市科技型中小型企业创新基金项目经费10万元。第五，公司高性能混凝土保坍剂合成技术开发及工业化生产获得2012年贵州省地方特色产业中小企业发展资金40万元。天威公司被确认为贵州省“国家鼓励类产业企业”。

【中铁六局混凝土产品】 2012年，各本单位承揽预应力梁、混凝土轨枕、电气化器材及新开发的其他产品情况为：

中铁丰桥桥梁有限公司京丰谷分公司2012年累计确认收入7402万元。2012年生产津滨延长线轨道板135块；生产新产品梯形轨枕1680块，包括北京地铁10号线梯形轨枕10块，上海地铁梯形轨枕1670块；生产北京地铁14号线用新II型轨枕4284根，以上收入均计入铁路工程。

中铁六局集团电务工程有限公司太原分公司电务器材部主要产品是大站组合柜及其配套信号产品，用于信号专业施工，2012年完成新型组合柜66个，阻容插接件65台，槽道227米，主要用于新建太原南站、保定站改保定站，津秦客专秦皇岛东站等工程项目

【中铁六局灯塔电气产品】 北京中铁信达经贸有限公司北京灯塔电气有限责任公司2012年完成工业产值2400万元，工业销售产值2100万元，共生产灯塔180座，灯桥1800延米。北京灯塔电气有限责任公司前身系北京铁路灯塔厂，成立于1988年，1995年9月经改制成为有限责任公司，2011年由中铁六局集团收购为全资子公司，主要产品有升降式投光灯塔、升降式高杆灯塔、铁路站场照明灯桥、电气化铁路接触网钢柱、通信铁塔及桅杆、站台折臂灯杆和马路弯灯，具备年生产站场照明灯桥18000延米、升降式灯塔1500座、接触网钢柱1000余吨的能力。

【中铁六局电务器材】 电务工程有限公司太原分公司电务器材部主要产品是大站组合柜及其配套信号产品，用于信号专业施工，2012年完成新型组合柜66个，阻容插接件65台，槽道227米，主要用于新建太原南站、保定站改保定站，津秦客专秦皇岛东站等工程项目

【中铁八局吐库制梁场】 南疆线吐鲁番至库尔勒段增建第二线PJS1标段铺架工程桥梁数量为1008孔通桥(2005)2101客货共线铁路预制后张法简支T梁的预制(其中32米梁746孔，24米梁86孔，16米梁112孔，12米梁64孔)，为完成桥梁的预制，在吐鲁番设立制梁场。计划供货期从2009年5月至2011年10月，历时30个月。2008年9月1日开始梁场基建施工，2008年12月31日开始试制第一孔桥梁。2012年8月20日完成生产。

【中铁八局其他业务情况】 汽车销售服务完成整车销售16262辆，为年度计划21151台的76.89%；完成车辆维修39462台次；完成立项品牌一个，即上海大众斯柯达品牌。现代物流业务累计完成集装箱到发8690TEU，为年度计划15000TEU的57.93%；物流业务完成收入13769.7万元，为年度计划16000万元的86.06%。青白江集装箱物流基地于2012年建成并正式投入使用；青白江散货物流基地正在按计划推进建设。物资贸易业务完成收入133259.84万元，其中，现代物流公司完成收入126537万元，实现物资贸易新签合同额121930万元。

【中铁九局桥梁分公司】 中铁九局桥梁分公司具有预制构件贰级资质，2001年取得32米后张法混凝土铁路简支梁生产许可证书。2010年，桥梁分公司通化梁场、东乌旗梁场、嘉峪关梁场、东港梁场通过铁道部产品质量技术监督检验中心的鉴定，获得《32米铁路预制后张法简支T梁国家生产许可证》；同时嘉峪关梁场、衢州梁场通过铁道部产品质量技术监督检验中心的鉴定，获得《32米铁路预制后张法简支箱梁国家生产许可证》。桥梁分公司为辽宁省混凝土协会理事单位，公司生产的32米后张法预应力混凝土简支梁被评为2009-2010年度辽宁省混凝土协会“金厦杯”奖。公司现有后张法制梁台座100座，先张法生产线1条，年生产能力：预制梁1500孔，CRTS I型无砟轨道板20000块；存梁场存放能力：铁路桥梁1140孔、CRTS I型无砟轨道板存板10000块。公司具有计量器具260台，试验室具备部二级试验室能力。

2012年，完成各跨度桥梁1544孔（按两片式架设计），折合长度约57800延长米；预制轨道板16556块，RPC盖板槽191034立方米，实现产值11.1亿元。主要工程有丹大铁路工程229孔铁路T梁，杭长客专329孔铁路箱梁，兰新铁路工程363孔铁路箱梁、75孔铁路T梁，通灌铁路工程74孔铁路T梁，平齐线工程98孔铁路T梁，吉图珲客专工程310孔铁路箱梁、22孔铁路T梁；盘营客专工程3137块铁路轨道板，杭长客专工程13419块铁路轨道板等。

【中铁九局锦州制梁厂】 中铁九局一公司锦州制梁厂以

生产预应力混凝土铁路简支梁为主，兼营公路桥梁、工业、民用构件。公司具有预制构件二级、预应力工程三级资质，并通过铁道部质检中心认证，于2010年8月取得了32米后张法预应力混凝土铁路桥 T 型简支梁生产许可证。产品销往东北地区及全国各地，同时还承建铁路、公路、涵洞、路面等工程施工项目。公司拥有桥梁生产台座12个，年生产32米桥梁能力可达240孔，拥有5个存梁区，可存放32米桥梁85孔。公司构件生产场区面积3万平方米，年生产各类工业民用构件可达2万立方米。公司场内拥有三条铁路专用线、两个搅拌站，一个国家注册二级试验室，场区内有80T双梁门式起重机两台、10t单梁门式起重机两台、5t单梁门式起重机一台。

2012年完成产值9041万元，产品合格率100%。预制盘营客运专线各类型预应力混凝土后张梁74孔，共发运各类型混凝土梁128孔。

2012年3月24日，成立绍兴县制梁场，并顺利通过了北京铁道部专家审核组的现场核查，取得了32米预应力混凝土简支T梁生产许可证。绍兴县制梁场预制各类型预应力混凝土后张梁300孔，完成产值7515万元，其中32米后张梁282孔，24米后张梁18孔。

【中铁港航局船舶建造】 中铁港航局2012年5月17日签订80客位交通船建造合同。2012年6月4日签订18方挖泥船船体部分建造合同。

生产工艺及技术创新

【技术创新概况】 2012年度，中国中铁工业企业继续加大科技攻关力度、加快推进新产品研发。中铁山桥完成项目课题评审39项，中铁宝桥全年共计完成35种道岔新产品开发，中铁科工获批各级、各类科技计划项目17（项•次），中铁装备2012年度评审验收课题17项。

1. 道岔产品：

中铁山桥在重载线路道岔优化研究方面开展了拼装辙叉的上道试铺试验，产品试制取得成功。开展了曲线尖轨耐磨性及整组道岔优化的进一步研究。针对客专道岔生产制造及应用中出现的问题进行了相关技术研究，对提高生产效率、保证产品质量起到了积极作用。完成80多项特殊道岔设计任务。城市轻轨系列道岔研发方面新设计的地铁道岔已成功应用于杭州地铁，目前正在与西南交大、铁二院、深圳地铁公司联合开发深圳地铁道岔通用图；同时承担了既有线转辙器改造的试验项目，已完成方案，待审查后用于深圳地铁既有线试验。

中铁宝桥全年共计完成35种道岔新产品开发，主要包括：重载铁路用道岔、“工联岔”道岔、CZ2516系列道岔用固定型辙叉、广深港（香港段）高速铁路用道岔等。

2. 辙叉产品：

中铁山桥进行了快速线路GLC系列道岔开发，已完成合金钢材料试验和三组合金钢辙叉产品。开展了GLC（09）05合金钢叉心和锰钢拼装叉心研究，已完成设计方案和主体结构。针对可动心轨辙叉第二牵引点转换力过大问题，展开可动心轨辙叉研究，转换力由原来的4100N降至1500N。

中铁宝桥完成53种辙叉新产品的设计开发，其中：国内16种，港台地区16种，国外21种，特别是在嵌入式叉心出口的基础上，完成了出口北美5个型号组装辙叉的批量生产。

3. 钢梁钢结构产品方面：

中铁宝桥完成重庆东水门长江大桥、洛阳伊河大桥、晋陕黄河特大桥等十座大桥的技术准备、研发实验和制造工艺工作。

中铁山桥开展了钢筋混凝土索塔钢外壳制造技术研究；大型斜拉桥全焊钢索塔制造技术研究；结合铜陵长江大桥开展了整体桁片式设计的大型桁梁桥制造工艺研究，填补了钢桥制造中又一项新技术空白，成功指导了主桁整体桁片的焊接生产。

4. 工程机械产品：

中铁科工重点开展了“2000 吨轨道式门式起重机”、“MQ5030 门座式起重机”、“旧水泥路面共振破碎关键设备”、“围海造地淤泥固化施工设备”等新产品和新工艺的研究。

5. 城轨交通产品：

中铁宝桥在西安曲江观光线轨道工程技术准备及技术服务中，经受住了严峻的考验，圆满完成了任务并积累了宝贵的经验。

【中铁山桥生产工艺和技术创新情况】 2012年，公司积极实施“科技强企”战略，坚持“科技优先”的方针，不断加大自主创新、集成创新的力度，加快新产品研发、工艺改进和技术升级换代的步伐。一年来，先后完成了国家级科研项目3项、中国中铁股份有限公司科研项目6项、港珠澳大桥管理局专题研究项目1项、公司级技术开发39项、发明专利1项和实用新型专利2项、道岔国内新产品141项、道岔国外新产品17项。其中中铁南方基地2000T轨道式门式起重机制造工艺技术、港珠澳大桥4000吨钢箱梁运输方案暨自行式模块运输车技术、高速道岔制造关键技术、客运专线无砟道岔铺设技术、大跨度钢桁梁桥制造技术、三索面主桁公铁两用斜拉桥建造技术、桥梁耐候钢焊接技术、港珠澳大桥钢箱梁制造技术和焊接数据管理系统及铁路重载75-12号高锰钢拼装式辙叉技术（在线路运行中通过运量已达3.5亿吨）等已经达到了国内或国际先进水平。公司与中铁二院签订了战略合作协议，在技术合作联合开发方面迈出了新的步伐。

2012年获省部级科技进步奖3项，《三索面主桁公铁两用斜拉桥建造技术》获中国铁道协会科技进步特等奖；《客运专线无砟道岔铺设技术》获二等奖；《大跨度钢桁梁桥制造新技术研究》获河北省科技进步三等奖和中国中铁股份有公司科学技术特等奖。公司制造的苏通长江公路大桥获国家优质工程金奖、哈尔滨松浦大桥获全国优秀焊接工程一等奖，公司荣获了秦皇岛市创新型企业称号。

【中铁宝桥生产工艺和技术创新情况】 2012年公司研发部立足市场开发道岔新产品35种。重载道岔75-12、60-12两个型号三种产品设计方案和厂内试制，分别通过了铁道部科技司组织的评审和验收。加强地铁道岔联合设计工作，保持地铁设计和市场的领先优势。完成了53种辙叉新产品的设计开发，北美自护式辙叉轨底气孔攻关取得成功，满足了出口辙叉批量生产需求。经过设计优化后的合金钢辙叉质量趋于稳定，上道通过运量已达到2.05亿吨，2亿吨使用寿命的目标已初步实现。“时速200公里60kg/m钢轨18号单开道岔的研制”获宝鸡市科技进步二等奖。“嵌入式高锰钢辙叉的研制”项目通过了中国中铁科技成果评审。

2012年公司结构机械部打破专业界限，以项目为单位积极开展技术工作，全年完成42项投标技术方案编制工作，进行技术准备和技术服务项目20个。先后完成了桂林、宁波轻轨工程设计任务，轻轨产品设计初具规模。大力开展新品开发和技术研究工作，总结、提升、优化了全系列低速磁悬浮道岔、全系列跨座式单轨道岔设计制造技术；开发了悬挂式空列道岔与轨道、新型支座、智能化集装箱起重机等新产品；积极开拓桥梁健康检测市场；紧跟国内外新设计、新技术、新工艺发展方向，不断提高大节段钢梁制造及检测技术水平。南京大胜关长江大桥公铁两用特大钢桁梁桥获29届国际桥梁大会乔治·理查德森奖。宁波湾头大桥钢桁梁获全国优秀焊接工程一等奖。

2012年公司完成技开技措40项。有2个项目被中国中铁列为重大和重点课题，并获研发经费资助；中低速磁浮全系列道岔产业化获宝鸡市重大科技专项资金支持。扬州公司取得8项实用新型专利授权。高速磁浮道岔国产化研制获宝鸡市科技进步一等奖。公司再获国家“高新技术企业”称号。

【中铁科工科技创新】 中铁科工集团充分发挥中国中铁施工装备技术研发中心、铁道部施工机械标准化技术归口单位、高新技术企业、湖北省和武汉市两级首批创新型企业、湖北省与江西省两个省级企业技术中心及各子分公司技术中心等平台的作用，不断健全、完善集团公司技术创新体系。2012年，集团公司科技成果鉴定、奖励，专利申请、授权，标准制修订等科技创新指标完成量均创历史新高，全面且超额完成股份公司下达的年度考核指标；全年共筹集外部科技经费1696.3万元（包括：科技立项1617万元、科技奖励41.6万元、标准编制35万元、专利资助2.7万元）。科技创新工作主要业绩如下：

1.获批外部各级、各类科技计划项目18（项•次），获批科技计划项目经费1617万元。

中铁科工集团抓住“旧水泥路面共振破碎再生技术和关键设备的研制及推广应用”项目，重点运作多渠道申报各级、各类科技计划取得较好业绩，该项目同年获批为“中央国有资本经营预算节能减排资金项目”、“武汉市工业企业自主创新资金项目”、“股份公司科技计划重大项目”，共获批资金1370万元；同时，该项目申请“国家科技部科技支撑计划项目”的申报工作也得到了有效的推进，已完成项目入库和出库前必要的专家审查或论证。

“大吨位箱梁运架设备群安全施工远程监控系统”项目成果产业化工作并取得一定成绩。“大吨位箱梁运架设备群安全施工远程监控系统”项目成果在被批准为“国家两化融合重点项目”并授牌的基础上，又被国家安监总局、国家质检总局确定为大型起重机械安全监控管理系统的重点研制单位和前期示范、安装试点企业，并获得30万元示范经费。这些政策的导向为集团公司“大吨位箱梁运架设备群安全施工远程监控系统”的产业化道路指明了方向，奠定了基础。

“城轨交通U型梁运架施工关键技术及装备研制”获批为国家科技部科研院所技术开发研究专项资金项目；“港珠澳大桥2000t/62米双轨门式起重机的研制”、“围海造地淤泥固化施工技术及关键设备的研制”等项目获批为股份公司科技计划重大项目。

表6-5 中铁科工2012年获批外部各级、各类纵向科技计划项目情况一览表

序号	项目名称	批准立项部门	资助金额（万元）
1	旧水泥路面共振破碎再生技术和关键设备的研制及推广应用	中央国有资本经营预算节能减	1280

		排资金项目		
2	城轨交通U型梁运架施工关键技术及装备研制	国家科技部		125
3	围海造地淤泥固化施工技术及关键设备的研制	股份公司	重大项目	30
4	港珠澳大桥2000t/62米双轨门式起重机的研制			20
5	旧水泥路面共振破碎再生技术及关键设备研制			30
6	超厚锻件约束焊的工艺研究及其在盾构机驱动箱制造中的应用		重点项目	20
7	铁路T梁架桥机新型起升机构关键技术研究			20
8	4000t模块化动力平板运输车研制			0
9	大跨度、大吨位三点复合支撑钢桁梁浮拖法架设施工工艺研究		引导项目	0
10	大吨位、大跨度钢梁"斜拉索加劲一次顶推"施工技术的研究			0
11	独塔自锚式钢箱梁悬索桥空间三维双索面缆索施工技术的研究			0
12	预制骨芯水泥土搅拌劲桩施工技术及施工设备的研制			0
13	中山基地动态平衡四联杆门座起重机的研制			0
14	在役铁路T梁架桥机技术状态检测及检修的研究			0
15	正交异性钢桥面板模块化制造工艺研究			0
16	混凝土路面白改黑施工用全浮动式共振破碎机	武汉市工业企业自主创新资金		60
17	大吨位箱梁运架设备群安全施工远程监控系统	国家安监局、质检局示范试点		30
18	武汉市知识产权优势培育企业	武汉市知识产权局		2
合　计				**1617**

表6-6　中铁科工2012年获批外部各级、各类科技奖励情况一览表

序号	获奖名称	奖项名称
1	中铁科工集团有限公司	武汉市首批创新型企业
2		武汉市知识产权优势培育企业
3		中国施工企业管理协会科学技术奖技术创新先进企业
4	董平华	中国施工企业管理协会科学技术奖技术创新先进个人
5	小曲线大坡度单线箱梁架桥机	湖北省科技进步奖三等奖
6	东江大桥刚性悬索加劲钢桁梁结构关键力学特性研究	广东省科技进步奖二等奖
7	双线多箱同步起吊箱梁架桥机	武汉市科学技术奖二等奖
8	深水基层桩堰同步施工围堰原位拼装施工技术	九江市科技进步奖二等奖
9	TJ165A型分体式架桥机	中国铁路工程总公司科学技术奖一等奖
10	南广铁路桂平郁江钢桁斜拉桥建造技术研究	中国铁路工程总公司科学技术奖一等奖
11	双线多箱同步起吊箱梁架桥机	中国施工企业管理协会科学技术奖技术创新成果一等奖
12	无砟轨道全液压双向行驶运板车	中国施工企业管理协会科学技术奖技术创新成果二等奖
13	小曲线单线箱梁运梁车	中国施工企业管理协会科学技术奖技术创新成果二等奖
14	ZPC160型自行式转盘车	中国施工企业管协会科学技术奖技术创新成果二等奖
15	大坡道小半径曲线铁路450吨级箱梁制运架施工技术及关键设备	中国施工企业管理协会科学技术奖技术创新成果二等奖
16	GB/T 25335-2010《铁路T梁架桥机》等3项国家标准	武汉市标准制定奖励一等奖
17	轨枕吊装布设装置	武汉市发明专利优秀奖

表6-7　中铁科工2012年科技成果鉴定（评审）一览表

序号	项目名称	组织鉴定单位	成果水平
1	小曲线半径穿越山岭隧道箱梁运架一体机	湖北省科学技术厅	国际领先
2	深水基础桩堰同步施工围堰原位拼装施工技术	湖北省科学技术厅	国际先进
3	裸岩河床水下控制粒径爆破人造覆盖层施工技术	湖北省科学技术厅	国内领先
4	盾构机薄壁嵌入式尾盾制造技术	中国中铁股份有限公司	国际先进
5	南广铁路桂平郁江钢桁斜拉桥建造技术研究	中国中铁股份有限公司	国际先进

表6-8　中铁科工2012年专利申请情况一览表

序号	专利名称	专利类型	申请日
1	一种大吨位运架设备安全监控管理模型	发　明 实用新型	2012.02.08
2	一种基于私有协议的户外施工设备无线网络控制系统	发　明 实用新型	2012.02.08
3	铁路T梁架桥机新型起升机构	发　明 实用新型	2012.04.12
4	一种架梁桅杆吊机	发　明	2012.08.03
5	铁路铺轨机的导轨自动化回送系统	发　明 实用新型	2012.08.20
6	一种高栈桥钢管桩基础爆破人造覆盖层的施工工艺	发　明	2012.08.27
7	一种双壁钢围堰桩基础施工平台下原位拼装施工技术	发　明	2012.08.27
8	大面积双壁钢围堰封底一次砍球的施工技术	发　明	2012.08.27
9	一种隧道救援起重机	发　明 实用新型	2012.09.17
10	一种内嵌式注浆块盾构机尾盾的制造方法	发　明	2012.10.24
11	一种长钢轨铺轨机组	发　明 实用新型	2012.12.21
12	用于围海造地海滩淤泥固化的地基加固稳定机械	实用新型	2012.07.27
13	一种低重心转盘式三轴搅拌钻机	实用新型	2012.07.27
14	一种架梁桅杆吊机的中桁支撑机构	实用新型	2012.08.03
15	一种桩工机械施工监测记录仪	实用新型	2012.08.24
16	一种高栈桥钢管桩基础爆破孔	实用新型	2012.08.27
17	一种双壁钢围堰桩基础施工平台	实用新型	2012.08.27
18	一种大面积双壁钢围堰封底施工平台	实用新型	2012.08.27
19	铁路T梁节段式架桥机	实用新型	2012.09.25
20	穿越隧道箱梁运架一体机	实用新型	2012.11.20
21	驮梁小车液压驱动系统	实用新型	2012.11.20
22	一种用于长钢轨铺轨机的布枕装置	实用新型	2012.12.21
23	一种平行四边形截面杆件锚箱定位技术	发明+实用新型	2012.11.14
24	一种平行四边形截面整体节点杆件划线钻孔工艺	发明	2012.11.14
25	一种平行四边形腹杆孔群检测工艺	发明	2012.11.14
26	一种平行四边形腹杆孔群检测装置	实用新型	2012.11.14

表 6-9　中铁科工 2012 年专利授权情况一览表

序号	专利名称	专利类型	授权日
1	客货共线无缝线路铺架工法及用于架设铁路 T 梁的架桥机	发　明	2012.03.07
2	能通过隧道且实现隧道口架梁的架桥机及其架桥工序	发　明	2012.04.11
3	一种箱梁转运平台及其移梁和装梁工序	发　明	2012.08.01
4	自行式转盘车	发　明	2012.08.29
5	分体导梁式过隧道架桥机	实用新型	2012.04.11
6	一种适应小曲线过孔的架桥机走行装置	实用新型	2012.04.18
7	一种静压搅拌复合桩机	实用新型	2012.07.11
8	一种基于私有协议的户外施工设备无线网络控制系统	实用新型	2012.10.03
9	一种大吨位运架设备安全监控管理模型	实用新型	2012.10.31

表 6-10　2012 年中铁科工归口管理及参与制修订国家和铁道行业标准一览表

序号	类型	标准名称	制定或修订	参与程度	完成情况或进度计划
1	GB	起重机械 安全监控管理系统	制定	参编	已颁布实施 GB/T 28264-2012
2	TB	扣件螺栓机动扳手	修订		已颁布实施 TB/T 3099-2012

【中铁装备技术创新】 中铁装备制定了盾构产品工艺管理办法，编制形成」系统的盾构产品工艺标准体系和《盾构产品工艺标准手册》。全年，中铁装备共计投入科研经费 3132.3 万元，加大了关键技术攻关和新产品研发力度，在 TBM、顶管机、泥水盾构、矩形盾构以及煤矿掘锚机、桩工机械产品以及煤巷快速掘锚机技术研究等方面实现了新的进展突破；开展了盾构技术基础实验及理论研究，完成流体多功能试验台、主驱动密封试验台等 6 个试验台的设计开发工作。

【中铁三局生产工艺及技术创新】 2012 年 4 月 22 日，集团公司与五公司、六公司共同研发的“京沪高铁 1-112 米提篮拱桥综合施工技术研究”等 4 项科技成果的省级鉴定会在山西省人大会议中心顺利召开。会议由山西省科技厅主持、集团公司技术开发部组织。经到会专家讨论、鉴定，“京沪高铁 1-112 米提篮拱桥综合施工技术研究”、“堰吉河中承式劲性骨架箱肋拱桥施工综合技术研究”、“九龙江特大桥高潮汐深水长大钻孔桩及大体积砼承台施工技术研究”等 3 项科研成果达到国际先进水平；“CRTS Ⅰ型板式无砟轨道测量控制及施工工艺”达到国内领先水平。

2012 年 7 月 6 日，集团公司和五公司依托南广铁路郁江双线特大桥研发的“高速铁路深水基础大跨度钢桁斜拉桥成套施工技术”省级科技成果鉴定会在山西省人大会议中心顺利召开。会议由山西省科技厅主持、集团公司技术开发部组织。经到会专家讨论、鉴定，“高速铁路深水基础大跨度钢桁斜拉桥成套施工技术”达到了国际先进水平。

2012 年 10 月 25 日至 30 日，中国中铁股份有限公司在北京组织召开了 2012 年度科技成果评审会，中铁三局集团有限公司有 8 个项目参加了本次评审。其中 1 项达到国际领先水平，4 项达到国际先进水平，2 项达到国内领先水平，1 项达到国内先进水平。经与会专家质疑和讨论，一致认为“物料平衡法控制间歇式拌和机生产工艺与沥青混合料施工控制技术”创新性突出，经济和社会效益显著，达到国际领先水平，“艰险峡谷山区四线双幅大跨度单 T 刚构曲线桥综合施工技术研究”、“大跨度海鸥式双孔中承系杆拱与三角刚构墩组合钢箱拱桥综合施工技术研究”、“后张预应力混凝土桥梁张拉自动控制施工技术研究”、“富水砂卵石地层盾构下穿营运铁路及地面建构筑物综合施工技术研究”等 4 项科技成果具有创新性，效益良好，推广应用前景广阔，达到国际先进水平，“浅埋条件下超近距离立体交叉隧道施工力学行为及对策研究”、“铁路客运专线杭长Ⅱ标 900 吨小曲线（900 米）箱梁架设研究”等 2 项科技成果有一定的创新，且经济和社会效益明显，达到国内领先水平，“高速铁路含大直径漂石土湿陷性黄土路基高桩板结构关键施工技术研究”经济和社会效益良好，对类似工程具有参考意义，达到国内先进水平。

【中铁六局生产工艺及技术创新】 顶升钢管拱级配钢纤维混凝土配制技术达到国内领先水平。《混凝土拌和物性能》、《混凝土力学性能》编入铁道部《铁路混凝土试验检测规程》。全年有 7 项科技成果通过了股份公司评审。先后获评省部级工法 19 项，新获 8 项发明专利，20 项实用新型专利。

【中铁建工集团工业技术革新及专利成果】 2012 年，中铁建工加大钢结构科研经费投入，加强科研技革项目立项，取得主要科研成果：1.钢结构加工厂《施工工装改造为龙门起重机》荣获集团公司技术研究奖；2.太原南站《大跨度放射伞状空间桁架高精度信息化分块安装》获股份公司技术研究奖；3.《加工厂焊接 H 型钢加工工法（GZSJGFJG-2011-67）》获集团公司工法三等奖。

科技管理

【科技管理概况】 加强创新制度建设，完善配套管理办法。根据股份公司管理提升活动的总体安排，2012 年股份公司加强了企业创新制度建设，完善了相关管理办法。一是大力推进股份公司科技管理信息系统建设。为充分利用信息化手段提升股份公司科技管理水平，规范管理流程，最大限度地实现知识信息资源共享，股份公司加大了《科技管理信息系统》的开发力度，11 月该系统顺利通过了股份公司组织的专家验收评审，实现了股份公司科技信息、科技管理、技术中心、教学交流、企业标准、成果推广、节能减排等网络化管理，大大提高了股份公司整体科技管理水平。二是进一步完善科技创新管理办法。根据科技发展需要，结合股份公司实际情况，制定了《中国中铁股份有限公司科技开发计划管理办法》、《中国铁路工程总公司科学技术奖奖励办法》和《中国中铁科技奖励专项基金管理办法》，以及相关配套管理细则，规范了管理程序，提高了管理质量。三是科技创新硕果累累。全公司通过各级科技成果鉴定、评审或验收 555 项，其中通过省部级鉴定评审 84 项。全公司获国家部级科技进步奖 3 项、省部级科技进步奖 116 项；省部级工法 267 项；专利授权 632 项，其中发明专利 151 项。完成标准编制 21 项，其中国标 6 项。

盾构及掘进技术国家重点实验室通过验收，极大提高了企业综合竞争实力。

【中铁二院科技机构设置】 中铁二院的科技机构，包括技术中心（业务范围为科技管理）、科学技术研究院（业务范围为科技研发）两个部门。

2012 年 1 月，中铁二院组建成立了科学技术研究院，将技术管理与科技研发分离开来，充实了科研力量，有效汇聚了原本相对分散的科研技术资源。截至 2012 年底，中铁二院已构建了以技术中心为主导，以各生产研究院为基础，以科学技术研究院、博士后工作站和四川省院士（专家）工作站、以及国家及省部级联合重点实验室为高端创新平台，与国内外知名企业、高等院校、科研机构等联合开展“产、学、研”合作创新，覆盖陆地交通领域，集理论研究、工程试验、设计应用、产品制造于一体的“两级四层”技术创新组织机构和科技创新体系。分述如下：

1. 中铁二院科技管理机构

中铁二院设立技术中心作为科技管理机构，负责全院技术管理、质量管理、三大部类（科研、标准化、业务建设）管理、科技情报管理，承担中铁二院的技术文件和图纸审查、重大技术方案会审、勘察设计现场调研与指导、中铁二院规程规范编制、科研项目实施、科研成果转化等工作。同时，兼管中铁二院史志编撰、交通战备、工程地质勘察质量检查、《高速铁路技术》期刊编辑出版等工作。

2. 中铁二院科技研发机构

2012 年 1 月，为进一步加强核心技术、基础应用技术及前瞻性技术研发，顺应国家及行业政策导向，抢占技术创新战略制高点，构建完善的技术研发体系，经中铁二院第二届董事会（第 8 次）会议研究，中铁二院工程集团有限责任公司科学技术研究院正式成立。

科学技术研究院下设综合管理部、科技战略研究所、工程研究所、产品研究所、基础研究所、CAI 应用研究所及博士后工作站七个部门。

科学技术研究院负责中铁二院基础性、前瞻性和重大科研课题等的研发工作；配合生产单位开展结合工程的重大科研项目的研究，协助解决研发中的技术难题；开展产学研联合，拓展研究经费来源渠道；参与中铁二院科技发展规划和科研年度计划的编制；负责该院承担科研项目的研发管理，包括课题的申报、质量及进度控制和成果转化等工作。同时负责博士后工作站的管理工作。

【中铁二院科技工作概况】 2012 年，中铁二院以技术创新、产品优化、信息化水平提升和科技人才队伍建设为重点，加大科技投入和研发力度，进一步提升了科技创新引领企业发展的能力。大力培养科研队伍，推进科技成果转化，全面提升勘察设计技术水平，推动企业向创新型企业转变。中铁二院目前有 41 个技术专业，能基本满足基本建设工程全过程的技术需要，企业的综合优势、系统集成优势明显加强。

2012 年，中铁二院共下达科研计划 229 项，科研经费 1.1 亿元，完成科研项目 48 项，有 20 项成果通过省部级及中国中铁评审鉴定。主持编写行业标准规范2项。收集整理了国际铁路技术标准，编译出版了7种语言的铁路常用词汇词典，为中国铁路技术走向世界创造了条件。被授予有效专利74项，开展工法研究15项。

中铁二院2012年度开展的主要科技管理及科技活动情况如下：

一、科研管理

(一)科研投入情况

根据中铁二院“十二五”科技发展规划，2012年下达科学技术研究计划229项，计划经费11096.77万元。(其中铁道部项目20项，计划经费1120.7万元；建设指挥部项目3项，计划经费30万元；中国中铁总公司项目25项，计划经费2316.45万元;集团公司项目181项,计划经费7629.62万元)。

年内，中铁二院在铁道部《科技开发计划指南》的指导下，组织申报了2012年铁道部科技开发计划21项；中铁股份公司科技开发计划10项，并参与铁道部科研开发计划项目投标4项。

（二）科研项目过程管理

2012年。中铁二院与铁道部签订了3项科研合同(“铁路隧道结构极限状态设计方法研究”、“铁路路基支挡结构极限状态设计方法研究”“高墩大跨桥梁桥上无缝线路技术深化研究”)。

年内，为提高科研项目申报水平、按期完成率、成果转化率，中铁二院召开了“提高科研项目申报水平与完成率、成果转化率措施研讨会”，出台了提高科研项目申报水平与完成率、成果转化率的具体措施，督促各部门付诸实践，以开创科研项目申报水平高、按期完成率好、成果转化及时的局面

（三）科研成果完成情况

2012年，中铁二院共完成科研项目26项（其中铁道部8项，中铁股份公司3项，中铁二院15项）；完成铁道部科技开发计划课题2011年年度执行情况表27项，撰写了项目自查情况总结；完成中铁股份公司科技开发计划课题半年度执行情况表27项，撰写了项目自查情况总结。

年内，中铁二院共有桥梁、隧道、路基、轨道、测量、电气化、经调等专业计20项科研成果，通过了四川省、云南省科技厅，铁道部科技司及总公司科技成果评审及鉴定（四川省8项，云南省1项，铁道部1项，总公司10项）。其中“乌蒙山二号四线车站隧道修建技术研究”、“地震区铁路桥梁抗震减灾措施及快速抢通技术方案研究”等2项成果水平达到了国际领先水平；“西南山区铁路路基工程设计风险识别与防治对策研究”、“火山灰水泥基材在路基加固与防护工程抗环境水侵蚀中的应用技术研究”等15项成果水平达到了国际先进水平，“铁路客运专线桥梁可更换伸缩装置”等3项成果水平达到了国内领先水平。

（四）科研成果申报

2012年，中铁二院共申报四川省科技进步奖17项，各类学会、协会科技奖7项。

(五)科研成果获奖

2012年，中铁二院科研成果获奖情况详情参见本栏目分目三《成果和进步》内容。

二、标准化管理

(一)2012年，中铁二院下达标准化编制计划共207项；总计产值2871.00万元；总经费1966.00万元。

(二)2012年，中铁二院根据铁道部建设司编制《2012年铁路建设标准》的要求，组织申报铁路建设标准建议计划项目17项(标准规范3项，标准设计6项，规范科研8项)。

(三)2012年，中铁二院申请获得了《铁路工程安全风险管理技术规程》编制任务。为此成立了以中铁二院总工程师为主编的课题组，按铁道部计划年底完成的要求，大力推进该项工作。同时，争取到技术标准《铁路隧道设计规范》、《铁路防雷、电磁兼容及接地设计规范》、《铁路声屏障工程设计规范》主编工作，以及规范科研“铁路防雷、电磁兼容及接地工程有关技术标准的研究”、“铁路风险管理有关分级标准研究”、“铁路工程第三方检测有关标准的研究”的研究工作。

(四)2012年，中铁二院所承担铁道部技术标准编制项目《铁路隧道设计规范规范（编制大纲）》、《铁路隧道设计规范(极限状态法)（编制大纲）》、《铁路防雷、电磁兼容及接地设计规范（编制大纲）》、《铁路工程建设风险管理技术规范（征求意见稿）》、《铁路声屏障工程施工质量验收标准（送审稿》，通过了铁道部建设司审查。

(五)2012年，中铁二院主编的《铁路工程不良地质勘察规程》（TB10027-2012）、《铁路工程地质钻探规程》(TB10014-2012 ）分别于2012年4月9日、2012年4月16日正式发布实施。

(六)2012年，根据铁道部经规院统一部署，中铁二院组织检查了院在编铁道部工程建设标准项目进展情况及推进计划项目共计63项，并按季度上报铁路工程建设标准编制进度情况。

(七)编制2012年《现行有效常用规范目录》1期300余册，编制2012年《现行有效标准设计图纸目录》1期300余册。

三、业务建设管理

2012年，中铁二院下达业务建设及其它内容计划共计167项，年度计划产值3076.54万元（其中部控项目13项，产值449.52万元；总公司控1项，产值12万元；院控项目153项，产值2615万元）。年度经费367.5万元。

四、发展新兴板块中铁轨道交通高科技产业园

中铁轨道交通高科技产业园，定位为国家级轨道交通高科技产业创新与服务基地和西部轨道交通产业的发展载体，作为中国中铁与成都市政府强强合作，共同推进的战略项目，目标是整合轨道交通相关资源，引入国内外交通领域的优秀企业，形成高科技企业的集群和技术创新中心。2012年，中铁二院从入园企业的各种需求入手，打造从企业员工

到企业法人全链条的服务体系，在产业园内设立物资、设备采购中心或窗口，为入园企业提供重要的市场信息，中国中铁系统内 2 个国家重点实验室及 6 个专业研发中心也在园区设立了窗口或分支机构。产业园瞄准轨道交通产业链中"设计、施工、运营"的高科技新需求，整合中国中铁和四川省、成都市轨道交通资源，奠定成都市在我国轨道交通研发基地中的龙头地位。现已有中铁二院、中铁一局、中铁二局、中铁科工、通力集团等行业知名企业签约入园。同时，南车集团、中铁通号集团以及杭州东忠等龙头企业也正和产业园洽谈入驻事宜。

五、中铁二院 2012 年度其他科技活动

(一)配合铁道部、总公司及院属各职能部门，完成各种上报科研资料及数据统计工作。

(二)完成了第五批国家创新型企业试点的申报工作。

(三)组织完成中南大学、北京交大等院校的科技合作技术交流工作，以建立更广泛深入的产学研合作，签订战略合作协议。

(四)完成 2012 年度中铁二院科研技术管理流程手册的内部控制工作评价，以及科研项目立项流程的穿行测试工作。为完善中铁二院下属各设计研究院的内部控制工作的开展，评审了 14 家设计研究院的科学技术管理流程手册。

(五)完成中央企业技术改造工作调研，并结合《国务院关于促进企业技术改造的指导意见》，就中铁二院企业技术改造现状、存在的问题及贯彻落实文件精神的措施形成报告并上报。

(六)完成 2012 年中铁二院创新方法培训首期培训班培训工作。

【中铁二院综合技术管理】 2012 年度，中铁二院制定下发了《依法合规开展勘察设计技术管理办法》等 12 项规章制度，对公司的技术、质量管理体系的强化和完善提供了有力保障。

2012 年，中铁二院开展的综合技术管理工作情况如下：

一、技术管理规章制度的制定

(一)2012 年，中铁二院为加强和规范技术管理，制定了《关于加强油气管线和易燃易爆等危险品勘察设计技术管理的通知》、《关于印发公路、市政道路工程勘察设计技术管理补充规定的通知》、《关于印发依法合规开展勘察设计技术管理办法的通知》、《关于印发《变更设计审签技术管理规定》的通知》、《关于加强铁路线路穿越军事保护区等重大区域技术管理的通知》等技术管理规章制度 12 项。

(二)为开展海外项目和高速铁路勘察设计工作提供借鉴和参考资料，组织编制了《海外项目勘察设计技术指导性文件汇编》及《铁路建设项目设计审查意见文件汇编》。

(三)为满足当前勘察设计需要，提高勘察设计质量，对《新建铁路勘察细则》、《新建高速铁路勘察细则》、《改建铁路勘察细则》进行了修编。

二、专业设计分工协调工作

2012 年，中铁二院为加强专业间的技术协调与分工，对"连续梁上接触网特殊基础设计"、"站内地道设计"、"地下水供水水源勘探以及编制重大项目社会稳定风险分析报告"等专业设计分工进行协调，形成会议纪要，以便各相关专业遵照执行。

三、技术公文汇编编制工作

(一)完成了 2011 年度技术公文汇编的搜集、整理工作，装订成册并发放到各个单位。

(二)加强对各类技术文件和各项技术管理规章制度的动态管理，对历年技术公文汇编中的作废文件进行了清理，并在院局域网上公布作废文件目录清单。

四、节能管理工作

(一)及时贯彻执行《中华人民共和国节约能源法》，下发《关于印发 2012 年节能减排工作要点的通知》，编制下发了《中铁二院节能减排管理办法》。

(二)在中铁股份公司下达 2012 年度节能减排量化考核指标后，以中铁二院技〔2012〕178 号文对节能减排量化考核指标进行层层分解，以确保完成节能减排指标。

(三)制定《中铁二院工程集团有限责任公司绿色办公室工作管理办法》，在全院范围内推广创建绿色办公室工作。

(四)下发《关于报送节能减排统计监测报表和总结分析报告的通知》，及时、准确、完整地统计监测报表数据。

2012 年，获国家优质工程银奖 3 项，获詹天佑奖 2 项，全国优秀测绘工程奖 1 项，省部级以上及各类协会、学会科学技术进步奖 25 项。获省部级优秀工程勘察设计奖 54 项，优秀工程咨询成果奖 10 项，优秀测绘工程奖 1 项，

【中铁二院博士后工作站】 中铁二院博士后工作站始建于 2006 年，2012 年以前归口于中铁二院技术中心管理。2012 年 1 月，为更好地做到"产学研"相结合，博士后工作站划归新成立的中铁二院科学技术研究院管理。2012 年度，中铁二院博士后工作站现有在站博士后研究人员 5 人，共投入科研经费 97.0 万元。其 2012 年度工作情况概述如下：

一、博士后招收情况及成果

2012 年，中铁二院博士后工作站新招博士后研究人员 3 人，出站博士后 2 人。

2012 年，出站博士后研究人员在站期间，承担或参与承担研究项目 2 项，获得国家专利 3 项，以第 1 作者发表论文 19 篇，其中 EI 检索 3 篇。

二、2012 年在站博士后人员结构及研究课题(见表 7-1)

表 7-1　中铁二院 2012 年在站博士后人员结构及研究课题

姓名	性别	年龄	学科	研究课题
薛新华	男	33	路基工程	路堤沉降动态控制方法研究
王子云	男	36	地下工程	地下工程通风风能主动利用关键技术研究
徐进	男	37	公路选线	基于“行驶轨迹+行驶速度”协同控制的山区公路路线设计理念与实现技术
赵栋	男	34	光纤工程	基于光纤微光学编码的路基沉降远程自动监测系统研究
曾晓辉	男	31	铁路轨道	高速铁路无砟轨道耐久性提升综合技术研究
路军富	男	35	隧道工程	铁路隧道复合式衬砌结构可靠度设计方法关键问题研究
司学通	男	31	桥梁工程	空间多线大跨铁路桥-列车耦合系统动力分析及其行车舒适性与安全性的研究

三、博士后管理制度建设

2012 年，中铁二院博士后工作站根据全国博士后管委会、四川省人力资源和社会保障厅有关文件精神，结合中铁二院博士后工作实际，对原有的《中铁二院工程集团有限责任公司博士后科研工作站管理办法》进行修订，调整、完善了博士后研究人员的招收及管理。

四、科技研发

(一)薛新华博士开展的《路堤沉降动态控制方法研究》，采用理论分析和试验手段，对路堤沉降动态变化规律进行了研究;对常用地基沉降计算预测方法的适用性进行了系统的研究，推荐了适用的相关方法；首次开展了利用载荷试验 p-s 曲线预测沉降的研究，提出了修正双曲线切线模量法和弦线模量法预测沉降的方法；编制了地基沉降预测的软件包，包括了 M-B 联合法、修正双曲线切线模量法以及沉降差等方法。具有重要的理论意义和工程实用价值，取得了较为突出的创新性成果。

(二)王子云博士研究课题 《地下工程通风风能主动利用关键技术研究》，研发了风能风机机械结构型式；首次提出了垂直轴风力机和轴流通风机特性匹配方法，并对垂直风力机性能参数进行了优化分析;设计了风能风机模型试验系统，首次成功地对风能风机进行了模型试验。其研究结果表明，利用垂直风力机截获风能，来驱动轴流通风机是可行的，可作为地下工程风能主动利用的关键设备。该项目研究具有较高的学术和创新价值。

(三)徐进博士进站以来主要从事山区复杂公路路线设计理论与方法等方面的研究。该课题建立了适用于复杂道路的“行驶轨迹-行驶速度”协同决策模型与算法，成功解决了现有 V85 模型只能调整半径 R 一个要素的缺陷。该课题所提出的新方法更贴近公路设计的基本思想，尤其适用于起伏地形公路的线形设计，具有较强的创新性，对山区公路线形设计具有很重要的意义，并已在中铁二院 3 条山区公路线形设计上成功应用。

五、学术交流活动

(一)2012 年 8 月，赵栋博士作为青年工作组成员，在吉林长春召开的“创新求发展，协作谋共赢，2012•科学工具创新高峰论坛”会上，作了光纤传感仪器及其产业化相关内容的发言。

(二)2012 年 9 月，曾晓辉博士参加了成绵乐客运专线年度技术交流会议。对无砟轨道底座板施工、青白江桥无砟轨道施工底座板及桥梁保护层、青白江站无砟轨道施工（精调作业）等 10 个工地进行了现场观摩和技术交流。

(三)2012 年 10 月，赵栋博士在江苏南京召开的“光纤传感技术及其在智能电网中的应用”国际研讨会上，作了“干涉型光纤分布式传感技术在电网声发射动态监测中的应用探讨”的主题报告。

(四)2012 年 10 月，赵栋博士参加了在北京召开的国际性的系列学术会议——“第 22 届国际光纤传感大会”。

(五)2012 年 10 月，曾晓辉博士参加了成绵乐 CRTSIII型板式无砟轨道施工技术交流会。现场察看 CRTSIII型板式无砟轨道先导段施工质量。

(六)2012 年 10 月，曾晓辉博士参加铁道部科技计划重大项目——“高速铁路道岔监测技术研究”评审会。检查项目在新津的道岔试验基地，汇报项目研发进度及成果，提出上道试用方案。

(七)2011 年 11 月，徐进博士参加由北京交通大学主办的“2011 年全国博士生学术论坛（交通运输工程）”，会上宣读了研究论文“弯道宽度对车辆行驶轨迹和速度的影响分析”。

【中铁设计咨询科技管理】 中铁设计咨询职能部门设立有科技管理处，其职能主要为：负责公司“三大部类”管理、技术管理、质量管理。负责公司质量、职业健康安全和环境体系管理。有关专业的协会、学会工作。所属异地综合设计分公司设有相应的科研及技术管理部门。

2012 年集团公司开展的各类科研项目 56 项，其中铁道部科研项目 7 项（其中主持 2 项），股份公司科研项目 16 项，集团公司科研 21 项、软件 12 项。通过科研成果验收评审 36 项，其中通过股份公司成果评审 2 项，铁道部评审 3

项，集团公司内部科研成果评审 23 项、软件成果评审 8 项。全年新增授权专利 8 项（其中发明专利 1 项、外观专利 1 项、实用新型 6 项）。承担铁道部标准编制 6 项、标准设计 5 项。获得建设部工法 1 项。年内有 10 项科技成果获科学技术成果奖（其中省部级奖 6 项、股份公司级奖 4 项）。

2012 年，中铁设计咨询开展的技术管理工作主要有：

1.进一步完善了集团公司科技管理规章制度，全年印发了《变更设计管理规定》、《勘察设计质量考核办法》等 11 项技术质量管理规章制度，编制了《集团公司科技管理文件汇编》、《勘察设计咨询法定文件选编》等资料。

2.加强勘察设计过程质量控制，全年组织重要技术评审和研讨活动共计 34 次，开展了 10 次勘察中间检查、8 次重大项目的勘察资料验收。

3.持续开展质量信息反馈，各个生产单位按月上报技术质量信息综合报告，由科技处汇总成册进行交流，2012 年，科技处共印发《技术质量信息报告》12 期，发布《技术质量工作报告》4 期。

4.开展技术文件质量评定，2012 年共对 912 个勘察设计咨询技术文件的质量进行了评定，其中优秀 299 个、良好 606 个、合格 7 个，合格率 100%，优良率 99%，优秀品率 33%。

5.对重点项目进行质量考核，2012 年共对 9 个不同阶段的重点勘察项目、9 个不同阶段的重点设计项目进行了考核，并根据考核结果落实与产值分配挂钩的奖惩。

6.集团公司职业健康安全和环境管理体系工作起步，完成了管理体系文件的编写，并于 2012 年 6 月 1 日正式发布实施，初步完成了危险源和环境因素的识别评价工作。

【中铁大桥院科技管理】 中铁大桥院长期重视基础科研工作并成立专门的研究机构——科研院，主要从事软件开发、桥梁抗风抗震、前沿高端课题研究以及计算机应用。从前身电算组开始，已有 35 年，涌现出不少以院士、大师为代表的高端科技人才。截至 2012 年底，科研院有专业技术人员 22 名，其中教授级高工 3 名、高工 9 名、工程师 8 名，专业覆盖桥梁、力学、计算机等。

2012 年工作情况：1.桥梁空间分析软件（3DBridge）：在 2011 年的基础上主要完成了动力计算的基本功能和公铁规范检算功能，作为一个空间分析软件基本的计算功能的开发初步完成。2.桥梁结构设计系统（SCDS）软件：应用频率高，咨询技术支持、加密工作量偏大，开发工作集中在温度荷载模式的拓展、温度自应力在规范检算中加以体现。3.桥梁下部结构设计系统 BFDS：软件的计算功能基本完善。4.PC 箱梁绘图软件：在 2011 年的工作基础上将以节段为对象提高到以全桥为对象，现标准节段工作已完成。并从全桥入手建立模型，构造部分信息采集完成，构造图可绘制。5.悬索桥几何非线性计算软件：按照当初三步走的规划，现在正在做第一步。搭建了一个平台，计算程序可以在上面运行。实现了主菜单的“项目”、“静力分析”、“影响线分析”和“显示”按钮；左侧树形菜单显示已有的数据卡；实现了图形的显示功能。6.高速列车与桥梁耦合振动研究：车桥耦合振动分析程序继续用于集团公司的项目计算，该部分计算功能基本趋于稳定，同时，如期开展了风-车-桥耦合振动的研究，掌握了其中的一系列重要的理论，并完成了主要的程序代码的编写。7.桥梁防船撞研究：研究从零起步，独立完成港珠澳大桥九州航道桥的计算和设计。8.数值风洞（CFD）：以股份公司引导课题《基于三维节段模型的数值风洞计算研究》为背景，尝试了三维 CFD 技术，建立基于三维节段模型的流固耦合数值仿真计算模型，进行桥梁结构的风致振动研究。

【中铁西北院科技机构及管理】 科技处是中铁西北院开展科学研究、技术创新、科技服务、科技合作与交流等工作管理的职能部门。主要职责有：制定该公司科技工作的中长期发展规划、年度计划和相关规章制度，立项和管理计划项目和合作委托项目，组织申报科技成果、知识产权、科技奖励，筹划科研基地、研发平台（重点实验室、工程技术中心等），组织和协调对外学术交流与重大学术活动，统计和宣传公司科技信息，组织和协调其它重大科技事务。

总工办是中铁西北院负责技术管理工作以及新技术推广，组织技术文件的审查、审定以及对各子（分）公司的技术支持的职能部门。主要职责有：负责该公司质量管理体系、职业健康安全管理体系、环境管理体系（简称三体系）的日常运行与维护，负责该公司开发类各种奖项的申报以及公司专家组专家的日常管理事务。

科研所是中铁西北院下属的专门科研和技术创新机构，主要从事特殊土的力学及工程性质、特殊土地区工程病害及防治技术研究。目前科研所在编人数 26 人，其中正高级职称 2 人，副高级职称 6 人，工程师人 13 人，硕士以上学历人数 18 人，占总人数的 70%。下设有冻土与盐湖、黄土与裂土、沙漠环境与工程地质三个研究室，分别负责三个专业方向的科学研究与技术开发工作，中铁西北院滑坡与高边坡研究室也挂靠于科研所。科研所格尔木冻土试验室、风火山冻土定位观测站、数值仿真室，为科研与开发工作提供试验手段、试验基地及其它辅助服务。另设特殊土工程技术中心，负责对科研所技术文件的审核和技术开发工作。2012 年科研所共获专利 10 项，其中发明专利 3 项，实用新型专利 7 项；2012 年获省部级一等奖 2 项。

格尔木冻土与环境工程试验室是由青藏铁路公司与中铁西北院在中铁西北院格尔木基础试验基地共同扩建而成。地址位于中铁西北院格尔木分院，共设九个试验室和一个野外观测试验基地，建筑面积为 1542 m²，设备原价值 616 万元。现已形成了仪器仪表试验室、冻土热物理试验室、冻土物理及力学试验室、土工试验室、混凝土及材料力学试验室、低温试验室、原位测试试验室、热棒检测试验室、水析试验室等9个试验室以及线路路基、桥梁、隧道现场检测等多功能综合试验室。

2012年，试验室不仅出色完成了“青海省热水至江仓公路冻土工程地质专项勘察”、“青海省龙门至木里公路冻土工程地质专项勘察”、“青海省花石峡至上贡麻公路冻土工程勘察”、“青海省热水至木里公路冻土工程勘察”、“青海省308线路补充勘察”、“青海省214国道勘察”等项目的室内、室外冻土以及常规试验，而且还改进了测温元件制作工艺，使测温元件的测量精度达到了±0.03℃，进一步提高了测温元件加工的市场占有率。格尔木冻土与环境工程试验室的建立将有助于解决青藏铁路、青藏高原输油管线、输电线路、公路等线形工程建设及运营中在冻土和环境工程方面的技术难题，为工程冻土和高原环境工程学科领域提供理论依据和技术支撑。

风火山冻土观测站是中国唯一一座全年有人值守的高原冻土观测站，海拔4750m，中铁西北院于1961年在青藏高原腹部地区建设而成，至今已连续观测51年，开展的观测项目有气压、气温、地面温度、太阳辐射、相对湿度、风速、风向、降水量、蒸发量、日照、深孔地温、天气现象等26个项目，配备的OSSMO观测系统，能对所有开展的观测项目实现自动化采集，对采集数据实行24小时微机监控，确保数据的准确性。通过风火山冻土定位观测站多年来的试验监测，取得了大量监测数据和科技成果，基本解决了青藏铁路建设中的“三大难题”之一的多年冻土问题，为党中央国务院决策和建设青藏铁路提供了基础数据和技术支撑。2012年，风火山冻土观测站顺利完成了所有项目要求的观测任务，按季度对观测资料进行整理分析，编制2012年风火山冻土定位观测站月、年报表，根据本站观测资料和其它高原观测站的数据，编写“2012年青藏高原风火山地区气候和冻土变化特征”研究报告，与以前多年的观测资料进行对比分析，总结风火山地区气候、冻土变化趋势，为研究青藏铁路工程稳定性提供科学依据，对青藏铁路的安全、可靠运营具有十分重大的意义。管理归口科研所。

工程检测试验中心。1967年，中铁西北院集各研究科室试验仪器设备，抽调骨干技术人员组建了工程检测试验中心。先后参与了100多项国家重点工程建设项目的试验检测、监测任务，涉及铁路、机场、公路、水电、煤矿等行业（工程项目），取得了多项重大科研成果，多次获得国家及部级科技奖。2004年12月，该中心被抽选为中国40家重点国家级计量认证评审审查(验收)试验室之一，并顺利通过了国家计量认证复审/换证的审查验收，换发了计量认证合格证；2008年，检测中心获得甘肃省交通厅《交通建设工程试验检测机构资质等级证书》（交（公）工检证字第(33)号）；2009年通过了甘肃省建设厅资质复查，取得了建筑工程检测甲级、市政工程检测甲级、岩土工程检测甲级、地基基础和主体结构检测甲级、公路（桥梁）工程检测甲级、民用建筑工程室内环境质量检测乙级、建筑结构可靠性鉴定检测等资质，具备了在铁路、公路建设、水运、航运等领域从事试验检测的各项资质；2011年9月，通过国家认可委的监督评审，并申请扩项116个参数。目前，该中心试验室可进行410个项目参数的实验能力，是铁路系统试验项目最齐全的试验室之一。2012年，该中心试验室紧抓高铁、城轨、环境保护等项目机遇，积极拓展了防水材料、管材、保温材料及环境工程的多项试验参数，试验室面积增加至1000m2，室内试验仪器280台/套，目前试验室下设力学室、化学室、沥青及沥青混合料室、水泥室、碱活性室、无机结合料室、土工室、防水材料室、混凝土耐久性室，配合比室，石料加工室、混凝土标养室等，顺利通过了建设厅年检及交通部综合乙级资质复查换证，并严格贯彻执行“盲样管理”程序，保证了检测过程不受人为干扰，实现最大程度的试验公正、公平，2012年度承揽合同额约350万，成为西北同行业中实力最强的检测试验单位之一。

【中铁西南院科技管理】 2011年7月25日，公司成立中铁西南院科技研发中心(以下简称研发中心)。研发中心是从事科技研发工作的主要机构，负责企业的技术创新的规划和实施，指导和管理下属各实体技术创新工作。根据研发中心职能和任务，研发中心的主要机构包括研发机构、管理机构和决策机构，具体机构设置如下：

1.研发机构主要有隧道及地下工程研究所、桥梁与结构工程研究所、工程地质研究所、工程地质灾害研究所、机械研究所五个研究所；

2.管理机构为研发中心办公室，负责研发中心的日常管理，与科学技术部合署办公；

3.决策机构为专家委员会，负责研发中心科研项目立项、检查、评审等重大事情的决策。

2012年公司科技工作重点围绕完善科技管理体系、提升科技创新能力、提高科技成果水平、强化知识产权保护管理、扩大公司影响力等开展工作。2012年度，修订完善科技管理办法4项，制定实施信息化管理办法4项；对目前使用的1052项技术标准进行了现场核查。

2012年，公司在研重大科研项目50项，先后通过国家科技部、铁道部、四川省、总公司和重大工程业主等渠道申报项目36项，新立项科研项目25项，合同额合计2468.34万元，其中获得外部科研经费资助合同额合计1451.37万，自筹资金合同额合计1016.97万元；通过评审（鉴定）项目8项、获科技成果奖24项；组织申报国家专利16项，其中国家发明专利5项、国家实用新型11项，获得授权国家专利13项，其中国家发明专利1项、国家实用新型专利12项；组织参加国内外学术会议10次。

【中铁一局科技管理】 2012年，中铁一局紧密围绕股份公司年度科技工作要点，结合企业年度重点工作安排计划，以服务生产经营、服务施工生产为理念，积极开展精细化管理，采用KPI考核，较好的完成了本年度各项工作任务，在股份公司上半年对各单位的考核中，中铁一局科技管理与技术研发工作均按计划完成了各项任务，取得了满分2.5的加分。

一、以科研项目化管理为抓手，深入推进精细化管理。编制《2012年中铁一局集团有限公司技术研发项目计划》，其中A类项目86项，计划申报专利30项，中铁一局总计科技投入为53548万元，满足股份公司对科技投入不低于上年度营业额（438.88亿元）1.2%的考核指标要求，并协同财务部制定下发了《关于进一步规范A类科研项目等费用列销核查工作的通知》。

二、以国家级企业技术中心为平台，加强创新能力建设，拓展和提升研发项目水平，争取扶持资金。

（一）完成向国家财政部申报《中央国有资本经营预算重大技术创新及产业化资金项目》2项："技术中心综合研发试验基地建设—创新能力建设项目"、"隧道快速施工成套装备研究及产业化—产业化项目"；

（二）完成向陕西省申报国家级企业技术中心"以奖代补"项目1项，获得50万元奖励资金；

（三）成功申报并通过"陕西省科技创新重点团队"认定，并以此申报了"陕西省科技创新重点研发项目"；

（四）完成向股份有限公司、铁道部等申报科技立项23项。其中："复合黄土地层盾构过地裂带及深基坑关键施工技术"、"深圳地铁车公庙大型交通枢纽建造关键技术研究"、"基于点云信息的既有铁路线路状态检测及评估技术研究"、"安嵩地方铁路下穿草海盾构隧道研究"、"大跨度双层框构桥顶进关键施工技术"等5个项目被列为股份公司年度重点技术开发项目，获得60万元经费支持；

（五）分别完成向国家发改委、陕西省工信厅上报"国家级企业技术中心"中期评价及"省级企业技术中心"评估考核资料；完成了向股份公司上报《国家认定技术中心及轨道技术中心调研报告》和《企业技术改造工作调研报告》。

三、积极推进隧道标准化施工。结合石林隧道施工，完成编写了《隧道标准化施工工艺工法工装标准及流程》。

四、根据形势发展变化及市场需求，组建技术专家组和科技攻关小组。成立了"深圳地铁11号线技术专家组"和"新领域科技攻关小组"，明确了组织体系、工作规划和人员职责分工等，并以解决现场施工难题难点为目的，全面开展工作。与相关单位、设计院及院校联系，策划参与了"深圳地铁前海枢纽工程"项目设计。

五、加强制度建设，推进管理创新。中铁一局在原有管理制度基础上，制定并下发了《节能减排考核量化指标》和《2012年节能减排工作推进方案》，迎接并接待了陕西省科技厅"科技创新团队"检查、中南大学调研考察等活动。

六、提早策划，安排成果评审或鉴定，组织多渠道申报参评国家及省部级科技奖。

【中铁二局科技管理】 2012年是组织实施公司"十二五"科技发展规划承上启下的一年，也是转变发展方式、提高发展质量的关键之年，公司紧密围绕科技管理、施工技术方案审批与服务、工程试验管理、节能减排管理、信息化建设管理、测量管理体系运行等6项职能开展工作，全面完成全年工作目标。

加快技术中心升级工作，公司技术中心于10月在深圳高交会上授牌为"国家认定企业技术中心"。积极介入科技研发，确保重难点科研项目稳步推进，本年度技术中心共主持或参与科研项目13项。积极做好技术方案审批与现场技术服务工作，本年完成70个二级以上桥梁施工技术方案审查、批复，组织并参加桥梁施工技术方案审查会27场次；完成各类隧道岩土施工技术方案和安全技术方案审查、批复共计67个。努力强化工程试验管理，2012年8月，对子公司共9个中心试验室进行试验工作专项检查；制定《混凝土拌合站生产过程动态监控管理办法》、《关于进一步加强混凝土拌合站监控系统管理工作的通知》等，积极做好混凝土拌合站动态监控管理工作。积极推进测量管理体系运行，目前，二、三、五、六公司顺利通过中启认证中心的监督审核。大力开展信息化建设，2012年计算机中心继续关注和收集特级资质就位信息化考评相关信息，完成"中国中铁项目综合信息管理平台"软硬件运维和数据备份工作和"工程项目综合信息管理平台"系统升级和权限分配，积极解决"工程项目综合信息管理平台"升级后出现的问题。努力推进节能减排工作开展，组织对城通公司成都地铁项目、新运公司成都地铁项目、新建成渝铁路、一公司思剑高速公路2标等节能减排标准化工地建设进行检查、验收，共评选出一公司思剑高速公路2标等8个优秀标准化工地，对其进行表彰奖励。

【中铁三局科技管理】 2012年，为进一步深化集团公司技术创新体系、充分发挥技术中心的平台作用，集团公司领导决定把技术中心建设工作向子公司延伸，由集团公司技术中心负责组织推进、并提供指导协助。年内，子公司技术中心的组建及认定工作取得重大进展，六公司、电务公司、建安公司、五公司相继通过市级企业技术中心认定，其中六公司还向省级企业技术中心迈进，于11月被顺利认定为第16批山西省省级企业技术中心。目前，集团公司省级企业技术中心达到2家，通过市级企业技术中心认定的单位达到4

家。

天昇测绘公司于11月以94.2的高分顺利通过国家高新技术企业认定专家评审，于2013年1月通过国家科技部审核备案，成为集团公司第二家获得高新技术企业认定的单位。

集团公司省级企业技术中心积极组织开展技术创新工作、顺利通过年度考评，并获得“山西省技术中心建设成就奖”和“山西省劳动竞赛委员会集体一等功”两项殊荣。

【中铁四局科技管理】 2012年3月6日组织召开了中铁四局2012年度技术工作会议，明确了2012年的全局技术工作目标，并对重点技术工作任务进行了认真的分解和落实。

根据局技术工作会精神和全局施工技术管理运行情况及新需求，技术中心及时下发了《2012年上半年局重难点项目技术指导分工》（中铁四技[2012]102号），认真研究了局重难点项目，根据项目特点明确了技术指导人员，做到了技术管理有重点，分工指导有针对性，同时梳理了全局在建项目技术特点，明确了局重点监控的施组、方案项目，做到重点突出，难点全局把控。

结合专业片区管控模式，技术中心出台了《关于发布局施工技术管理办法相关补充规定的通知》（中铁四技[2012]140号）及《关于施工技术管理办法中涉及施组部分进行修订的通知》（中铁四技[2012]599号），局及时调整出台了施工技术管理的相关补充规定，明确了“施组方案审查由专业片区管控小组组长牵头、技术中心组织进行”的原则，并重点加强了现场方案执行情况、方案编制质量情况、问题整改闭合情况、子（分）公司施组方案管理情况的管控，技术系统在施工生产中发挥了重要作用。

2012年，局技术中心共411批次对168个重点项目进行了技术指导和监控，共提出1009条技术管理问题，下发了1份调度通知、9份告知书和1份全局通报。重点对合福铁路、宁波轨道交通、成都地铁、西安地铁、沪昆客专江西段等项目进行了现场技术监控；在现场完成了成都地铁、西安地铁、沪昆客专江西段、武汉地铁、深圳地铁等50个项目综合性施组和关键施工方案的技术研讨。对公路预制梁技术管理，局借鉴了铁路桥梁投产鉴定的成功经验，对全局范围的公路预制梁场实行投产鉴定，并出台了相关管理办法。全年先后组织了9个公路制梁场的局级投产鉴定和检查，显著提高了局公路制梁水平和工程质量。通过指导和监控，现场施工技术管理进一步规范，有效保障了施工生产的顺利推进。

2012年，局先后在昆明地铁、城都地铁项目现场举办2期地铁施工技术及盾构操作培训班；在项目总工及工程部长、项目测量主管、项目工经部长、安全总监及安质部长等岗位业务培训班上进行了施工技术管理、科技研发管理等岗位培训；选派多人参加了股份公司举办的桥梁施工、城市轨道交通设计与施工、隧道及地下工程施工管理、盾构机械操作及工程项目设备管理等专业技能培训；与华中科技大学联合举办了1期BIM技术培训班。通过技术培训，有效地增强技术人员业务素质和专业技能水平，大大提升了全局施工技术管理能力。

【中铁五局科技管理】 2012年，中铁五局建立健全了技术创新体系。加强专业技术人才队伍的建设。制定了一系列技术人才激励政策，进一步完善了技术人才工作机制，提高了技术人才的待遇，稳定了技术人才队伍。全局2012年分配高校毕业生482人，其中：硕士研究生10人、本科生338人、专科生134人。签约2013届毕业生343人（硕士研究生5人、本科293人、专科45人），主要以重点院校和原铁路公路院校土木工程专业的高学历毕业生为主。全年新增教授级高工1人、高级工程师59人、高级经济师15人、高级会计师13人、工程师385人。全年共完成职业技能鉴定2487人，其中：初级工615人、中级工1285人、高级工387人、技师160人（劳务工技师46人）、高级技师40人。六公司尹忠文、谢海瑞入选重庆市建设工程行业首批安全专家库专家。

强化岗位技能（技术）培训。分别组织了17名桥梁和7名地铁技术及管理人员参加股份公司举办的桥梁和盾构TBN施工技术培训。在中南大学培训中心组织一期119名物资管理人员培训班。经贵州省住建厅、安全生产局批准，建立了特种作业人员培训基地。

加强现场技术指导和服务，开展重难点工程科技攻关。局科技设计部先后派人深入古浪至成都高速公路、五公司奉溪高速公路E4合同段、沪昆云南段壁板坡隧道、天津市地铁2号线红旗路站、拉日铁路地热隧道、北京地铁6号线15标、长沙地铁等重难点工程，现场检查，指导完成各种报告、施工方案、计算书、检算报告等10余个。

1项成果获得中国工程爆破科学技术进步二等奖，1项成果通过省部级鉴定，5项成果通过股份公司评审，12项成果评定，2个课题列入贵州省经信委技术创新课题，分别获得40万和50万元政府资金支持，1个课题列入股份公司2012年度科技发展计划重点课题，5个课题列入股份公司2012年度科技发展计划引导课题。共获得了27件国家专利，发明专利2件，实用新型专利25件。

以节能减排标准化工地建设为重点，抓好节能减排工作。下发《关于下达2012年节能减排考核量化指标的通知》，对纳入节能减排考核的17个单位，下达了营业额综合能耗指标。2012年全局“单位营业额综合能耗”指标降幅为3.5%；五局一公司的“长沙市轨道交通2号线4标5标”和五局六公司“新建铁路衡茶吉线衡阳至井冈山段工程站前工程

HCJ-2 标段” 2 个工程项目被授予股份公司 2012 年度“节能减排标准化工地”。

【中铁六局科技管理】 2012 年，中铁六局科技系统进一步加强了对全局技术创新体系的建设。首先，通过明确工作职责，加强对目标指标完成情况的过程检查和指导，进一步强化了子分公司科技管理部门的职能，激发了子分公司科管部门的工作积极性，增强了科管系统工作的执行力。由太原公司与中铁十七局联合完成“YQXZ240t-60A3 架桥机架设 60 米钢箱梁施工技术”通过山西省科技厅组织的成果鉴定，成果水平为国内领先。第二，进一步加强了技术中心的建设，在不断强化对技术中心 5 个技术分中心和 9 个专业研究室管理的同时，根据集团公司专业技术人才队伍的变化情况，及时对技术中心机构和成员进行了调整，补充了一大批优秀技术人员，有效保证了技术中心的科研实力和专业领先能力。第三，通过组织召开技术中心工作会议，明确了各研究室和分中心的年度工作任务，强化了各专业研究室和分中心的职责，加强了对技术中心的日常管理和检查，使技术中心真正起到了技术研发机构的作用。第四，通过召开科技部长会议，准确把握全局科研工作的方向，科技管理实现了三个重要转变，即：由单纯追求成果向追求实用，为生产经营管理服务的转变；由课题、工法、专利研究相互无关联开展，向课题、工法、专利总体策划，实现相互支撑的转变；由工程完工后的技术总结，向注重超前研究，为施工方案的确定和优化提供可靠的数据分析支持的转变。

【中铁七局科技管理】 中铁七局科技创新管理工作由集团公司技术中心负责。2012 年，以年初工作会议确定的工作方针和目标为指针、以集团公司首届科技大会精神为动力，中铁七局科研开发工作紧密围绕施工生产经营管理，开展科技立项、科技成果鉴定、工法开发、专利研究等工作，覆盖了集团公司在建的重点工程项目，解决了施工生产中技术难题。重、特、大、难施工技术方案编制、审查、审批有了质的提升，超前谋划、计划编制、及时审批已经从一种强制性要求逐步养成为一种日常技术工作行为。全面落实首届科技大会精神，以提高科技成果的时效性为抓手，在提升企业科技水平上下功夫，科技研发取得丰硕成果。

【中铁八局科技管理】 2012 年，根据八局的实际情况和各子（分）公司的自身实际，并结合股份公司对科技工作的具体要求，制定了《中铁八局集团有限公司 2012 年科研项目计划》。针对科技开发、工法成果、QC 成果、专利工作、科研经费、科技奖励以及节能减排等方面的问题，完善了相关管理办法，建立健全了科技管理制度。编制了科技管理工作的标准化程序，对管理程序、工作方法、工作内容及范围做了明确的要求，使科技管理工作更标准、更规范，成果管理流程更加有序、便捷和高效，确保了科技成果的质量和水平。同时加大了激励和监管力度，更加充分地调动了广大科技人员的积极性、主动性和创造性，为此，集团公司荣获了中国施工企业管理协会“2011 年度科技创新先进企业”和“先进个人”的光荣称号。

科技部和研发中心总定员 13 人，到位 12 人。完善了科技创新体系，先后成立了中铁八局科学技术委员会、中铁八局专家委员会、中铁八局技术中心和“中铁八局科技研发中心，以及“中铁八局工程检测中心。为进一步整合技术资源，组建了中铁八局企业技术中心，技术中心下设科技管理部、研发中心、信息中心和检测中心。其中研发中心下设十个专业研究所，检测中心下设八个国家认定试验室。技术中心主任由集团公司总经理兼任，副主任由集团公司总工程师兼任。同时成立了技术中心专家委员会。负责组织并管理集团公司的科研项目攻关、试制、试验和“四新”技术推广应用工作，牵头重大新技术方案和重大科技攻关项目的研究与开发。2011 年 11 月，中铁八局企业技术中心通过了国家发改委认定。

为加强集团公司知识产权管理工作，促进企业自主知识产权的形成，更好地保护专利权、著作权、商标专用权，促进企业科学技术进步和创新以及企业经营、管理、企业文化和科学技术的发展，集团公司还建立了多层次的知识产权管理机构，成立了中铁八局知识产权战略委员会，下设专利管理委员会、著作权管理委员会、商标管理委员会及知识产权管理办公室。各子公司也设立了相应的机构，形成了知识产权管理网络。截止到 2012 年底，专职从事科技开发工作的科技人员有 348 人，科技管理 44 人，共计 392 人。

信息中心根据股份公司“五统一”工作的总体安排，推进集团公司“五统一”建设，完善以域为中心的统一身份认证和管理系统。完成了集团公司信息化建设硬件改造；完成了工程项目管理系统的软件升级工作；完成了视频会议网络及设备、办公计算机软硬件及网络技术维护、管理、控制保障工作。保证集团公司财务、办公自动化、工程项目管理、互联网站、医保、物资、设备、成本、档案、计量等多个管理信息系统以及二公司、四公司、建筑公司、电务公司托管的 OA 服务器共计 40 余台套服务器正常运行。

【中铁九局科技管理】 2012 年，中铁九局大力推进科技研究及技术创新体系建设，逐步地完善了由科学技术部牵头，以局技术中心为研发机构，以各子分公司为研发核心，依托工程项目，以大中型建设项目技术创新课题组为技术创新实体的科技开发模式及科技管理框架，在全局积极参与客运专线建设的新形式下，强攻关键技术。2012 年在科技工作方面开创了崭新工作局面，并在一些重点和关键技术上取得突破。主要开展课题研究、工法开发、合理化建议、专利开发、项目管理信息化建设等多项工作。结合九局施工生产任务，面对建筑市场的需求，深入开展相关课题研究，并积极组织进行省级科技成果鉴定，为九局的经营开发与施工生产提供技术支撑。同时为沈丹客专、盘营客专、宇松铁路、杭长客专及吉图珲客专等大型工程项目提供各类技术支持，为工程的顺利施工提供优质服务。

【中铁十局科技管理】 2012年，局共审查科技课题立项申请45项，共签订局级以上科研合同30项，有9项在股份公司立项，16项列为山东省省级技术创新项目；评审科技成果37项（局级成果22项，股份公司成果8项，省级成果6项）；申报科技成果奖励19项，获得了省级（含国家认可的社会力量设奖）科学技术奖9项；省级技术创新优秀奖励33项。

34项工法被评为局级工法，获得省级工法32项。

新增专利申请54项，其中发明专利17项；新增专利授权44项，其中发明专利授权4项。

局技术中心顺利通过山东省经信委组织的复审，继续保持省级技术中心资格。

节能减排标准化工地建设取得重要进展，《兰州中心滩黄河大桥》与《大西客运专线制梁与制枕项目》被评为2012年度股份公司节能减排标准化工地。

全年主办项目管理系统、科技管理系统、铁路工程试验、MADIS结构分析软件等多期培训班，共计670多人次，提高了工程技术人员的业务水平。

【中铁大桥局科技管理】 中铁大桥局组建了博士后科研工作站，印发了《中铁大桥局集团有限公司博士后管理工作暂行办法》和《中铁大桥局集团有限公司博士后考核办法》，并向湖北省博士后管理工作协调委员会报送了博士后工作计划和博士后需求信息。

【中铁隧道科技机构与管理】 中铁隧道科技机构由中铁隧道盾构及掘进技术国家重点实验室（以下简称“重点实验室”）、中铁隧道集团有限公司工程试验中心（以下简称“试验中心”）、中铁隧道集团有限公司技术中心（以下简称“技术中心”）三部份组成。

一、重点实验室是以中铁隧道集团为依托，以重点工程为实践，联合国内外相关企业、大学和研究机构，通过应用基础与工程实践验证，形成具有自主产权的盾构制造和生产成套技术产业，同时为国家盾构产业提供强有力的技术支撑和服务。在此基础上，打造技术创新、人才培养、学术交流基地，实现我国重大装备业的重大突破。

重点实验室于2010年1月6日由国家科技部批准建设，于2010年9月21日通过可行性论证，于2012年4月26日建成揭牌，于2012年11月22日通过国家科技部建设验收；是国家第二批企业国家重点实验室中首家建成、首家通过建设验收的重点实验室。

重点实验室总建筑面积为1.3万平方米，包括刀盘刀具技术、系统集成与控制、盾构施工控制等三个研究方向；现有固定员工 61 人。近年来，重点实验室承担科研课题 36项，其中国家级课题5项；获省部级以上科技进步奖27项，其中“盾构装备自主设计制造关键技术及产业化”获 2012年国家科技进步一等奖；获授权发明专利8项、实用新型专利17项；发表论文81篇，被SCI/EI收录12篇；出版专著3部。拥有“河南省地下工程技术与装备创新团队”、“河南省隧道技术与装备院士工作站”及“河南省盾构及掘进技术国际联合实验室”。

重点实验室的专家队伍不仅有关于盾构研制方面丰富的技术和经验储备，而且有关于盾构掘进地质适应性方面丰富的施工技术和经验积累，在重点实验室的现有研发队伍中，有已经涉足盾构领域长达十多年之久的土木专家，有着盾构掘进施工方面丰富的技术和经验。

重点实验室实行开放、流动、联合、竞争的运行机制，与相关高等院校、科研院所及企业建立广泛、密切的合作关系，共同致力于盾构行业技术的整体进步与提高。在开放交流方面，重点实验室和国内多家科研院所、高校、企事业单位保持良好的合作关系。

二、试验中心于2010年7月1日从技术中心（原科研所）划出，副处级单位，按照分公司运行。试验中心成立于1980 年，原名铁道部隧道工程局试验室，主要承担铁路、公路、建筑工程原材料、岩土、半成品、结构与构件成品的质量检验和工程监控量测及爆破地震效应测试，以及新材料、新技术、新工艺的开发与推广应用，同时进行科研专题的研究、试验人员的培训，并参与施工现场的技术服务和承担全集团试验工作的管理职能等工作。经过30年的发展，材料检测已跻身行业前列。

试验中心现有资质：(一)资质认定计量认证证书(证书编号：2009001020N)，2012年2月颁发新证(证书编号：2012001020N)，颁发单位为中国国家认证认可监督管理委员会；(二)公路工程综合乙级试验检测资质(编号：豫GJC乙040)，颁发单位为河南省交通基本建设质量检测监督站。

2012 年，试验中心下设综合部、业务部、检测部、财务部4个部门，在岗员工45人。全年共承担云桂、长株潭、渝利、贵广、张唐、合福、金温、南广、石家庄、西秦岭、关角、吉图珲等试验分部《高性能气密性混凝土的试验研究及仪器研发和改进》、《10 公里以上运距衬砌混凝土配制技术与工艺》课题、多个技术服务、多个治理项目，新上西成、成兰、渝黔试验分部、实体检测分部以及多个裂缝及渗漏水治理项目；各项任务均超额完成集团下达的指标；全年无责任安全事故、无客户重大投诉。

三、技术中心主要从事隧道及地下工程领域新技术、新材料、新工艺、新设备研究开发和应用推广。始建于 1978 年，2010 年经国家发改委、科技部、财政部、海关总署和国家税务总局联合认定为国家级企业技术中心。

技术中心拥有先进的仪器设备及雄厚的技术力量，全中心固定资产原值超过 2000 万元；现有在岗职工 109 人，其中博士、硕士共 23 人，大专以上学历人员 92.7%；有副高级及以上职称 23 人，中级职称人员 50 人；有一级注册建造师 4 人，注册岩土师 1 人（另有 1 名通过一级结构工程师考试，1 名通过注册建造师考试，正在进行注册）；有享受国务院特殊津贴 1 人，中国中铁总公司专家 4 人，集团公司一级专家 1 人。并设有《河南省隧道技术与装备院士工作站》。中心下设发展规划部、技术研发部、综合部（人力资源部）、财务部等四大系统管理部门；拥有结构工程研究所，岩土工程研究所，环境工程研究所，材料、装备及信息技术研究所等四大研发团队，具备专业化的科技研发能力；同时，还拥有作为集团公司专业化协作体系组成部分的注浆公司。

2012 年，主要科研项目 41 项，主要技术服务 23 项，获总公司科技进步奖特等奖、一等奖各 1 项，获国家发明专利 6 项、计算机软件著作权 1 项。全年承揽任务 11720 万元，其中科研 2795 万元；完成营业额 8223 万元，完成集团公司下达计划 8000 万的 102.8%，其中科研完成 2848 万元，技术推广 5375 万元；完成营业收入 8030 万元；全年实现利润总额 684 万元，净利润 512 万元；完成固定资产投资 146 万元；员工收入、福利与企业规模、效益同步增加，在岗员工人均收入 13.09 万元。

自技术中心成立以来，在监控量测与信息化施工技术、隧道结构稳定性研究、软弱破碎围岩新奥法施工、注浆及防排水、控制爆破、通风防尘、岩爆及大变形、瓦斯及揭煤、高应力区及大跨度等特殊隧道施工技术及新工艺、新材料和新设备研究等领域，都取得了可喜成果和突破性进展。先后获国家科技进步奖 8 项，省部级科技进步奖 59 项，国家级工法 5 项，国家发明专利 7 项和国家实用新型专利 28 项。

【中铁建工科技与管理】 中铁建工科技创新管理工作由集团公司技术中心负责。2012 年中铁建工集团的科研开发工作紧密围绕施工生产经营管理，开展科技立项、科技成果鉴定、工法开发、专利研究等工作，覆盖了集团公司在建的重点工程项目，解决了施工生产中技术难题。2012 年科研立项共 97 项，总计完成 66 项，完成延续项目 10 项；评审出集团级科技进步奖 28 项；评审通过集团级工法 79 项。通过“股份公司科技成果评审”9 项，获得股份公司“科学技术奖”6 项，获得省部级及社会力量科技奖项共 10 项，获得国家级工法 0 项，11 项工法通过省部级评审。授权发明专利 3 项、实用新型专利 17 项。在中施协主办的全国科技创新表彰大会上，受表彰先进单位 2 个，先进个人 2 名。

【中铁港航局科技机构与管理】 1. 省级企业技术中心建设

2012 年 5 月公司顺利通过了广东省省级企业技术中心的复审工作。公司技术创新体系以技术中心为核心，各职能部门对技术创新活动进行管理和指导，下属子、分公司技术中心及研发机构具体开展各项职能的技术创新活动，形成至上而下的完整的技术创新体系。

2. 工程检测中心建设

重组后集团公司以二公司工程检测中心为基础成立了集团公司工程检测中心。2012 年度，工程检测中心完成了国家认监委铁道评审组对计量认证的复审工作；将工程检测中心原有公路检测丙级资质顺利升级为公路检测乙级资质。工程检测中心的进一步提升为公司技术创新提供了有力的保障。

3. 测绘中心建设

重组后集团公司以二公司测绘中心为基础成立了集团公司工程测绘中心。2012 年度，测绘中心顺利通过由广东省测绘产品质量监督检查中心进行的现场评审，完成了国家测绘乙级资质的评定工作。

4. 爆破技术研究中心建设

为了加大自主知识产权的开发，提升深水爆破领域的研发力量，集团公司实施了“产学研”一体的创新模式，与武汉科技大学合资建立了“爆破技术研究中心”。双方合作开发的《水下炸礁技术研究与应用》获得了中国工程爆破协会 2012 年度科学技术进步一等奖。

【中铁航空港科技机构与管理】 中国中铁航空港建设集团有限公司技术中心是中铁航空港的技术开发和管理机构，是企业技术创新体系的核心，是企业技术进步的主要技术依托。2012 年技术中心工作紧密围绕施工生产与经营开发，开展科技立项、科技成果鉴定、工法开发、专利研究等工作，覆盖了中铁航空港在建的重点工程项目。中铁航空港还与中国人民解放军后勤工程学院合作，成立了国家救灾应急装备工程技术研究中心中国中铁航空港建设集团有限公司分中心，合作《地下工程电渗透防渗防潮装置研究》等四个项目课题。

【中铁上海局科技机构与管理】 技术中心负责施工技术管理、科技管理、试验检测、节能减排、信息化建设等方面管理制度和办法的制定、监督、检查和落实；建立以技术中心为核心的施工技术管理体系，负责全公司施工技术管理工作；负责科技情报和科技信息的检索和收集，负责新技术、新工艺、新材料、新设备研发工作；负责对在建工程重大科技攻关项目的研究、组织和实施进行管理；负责公司工程试验、工程测量和计量管理工作；负责公司节能减排工作；加强行业学会间的联系，负责管理与协调有关科学技术协会、学会组织的各项工作；负责公司信息化建设、计算机网络应用管理工作。技术中心设立技术管理科、技术开发科、网络信息科、试验检测科。在册 12 人，其中主任 1 人，副主任 2 人，公司副总工程师 2 人，另聘用技术顾问 1 人。2012 年公司技术中心完成安徽省级企业技术中心评价，运行良好。

下发《中铁上海工程局有限公司临时支架设施管理办法》（中铁上海技术（2012）94 号），规范和加强临时支架设施的施工安全监督管理。下发《中铁上海工程局有限公司网络与信息安全事件应急预案》（中铁上海技 23 号），提高公司应对网络与信息安全事件能力，形成科学、有效、反应迅速的应急工作机制。下发《中铁上海工程局有限公司信息化管理办法》（中铁上海技术]244 号），进一步规范公司信息化管理工作。编制印发了《工程项目施工技术管理指导手册》，促进项目技术管理标准化、规范化，指导项目总工、工程部长和技术主管提高项目技术管理的统筹策划能力，适时梳理各项业务管理状态，查缺补漏，提高管理效率。印发《关于加强工程项目施工技术信息管理的通知》，加强对工程项目施工技术工作的监督、指导与管理。编制施组方案范本，统一和规范公司施工组织设计和专项施工方案编制的格式和内容标准，提高项目经理部的施组方案编审能力，逐步提高方案指导性、经济性和适用性。

2012 年，公司技术中心组织施组方案评审 74 次，审批施组方案 48 个。完成苏州市轨道交通 2 号线、兰新无砟轨道、襄阳小清河、南京地铁 4 号线、杨浦货 8 线、金通二大道、黄山市文峰桥、宁国西津河大桥、福州市螺洲大桥南接线工程、柳武高速公路、亳州安置房 BT 项目等施工组织设计的评审批复工作。完成上海地铁 11 号线花桥站钢箱梁制作安装、北京地铁暗挖、宁波地铁深基坑、广西桂来高速中和隧道施工、宁国仙霞路斜拉桥、宜河高速连续梁、大西客专钢桁安装等专项施工方案的评审批复工作。通过公司、子分公司两级管理，使全公司在建项目施工组织设计和危险性较大分部分项工程开工前方案审查率达到 100%，保证了技术方案的科学合理，有效发挥了施组方案对施工生产的指导作用。

2012 年 7 月份对检测中心试验操作间进行了改造和修缮，增设接待室、标准物质室、化学药品室和样品加工室，规范检测流程，解决试验操作间串通控温难的问题。对设备进行更新，对不符合新标准要求和功能陈旧受限的 12 台试验设备进行报废处理，通过招标的方式购置主要试验设备 15 台。健全完善试验检测资质，分别于 2012 年 4 月和 2012 年 8 月组织两次针对公路检测资质申请的集中办公和培训，2012 年 9 月顺利通过安徽省交通建设工程质量监督局专家组的资质评审，取得公路综合乙级试验检测资质。2012 年 8 月参加国家认证委组织的试验检测能力验证，被授予为“能力验证合格实验室”。加强项目试验监督检查，对公司直管项目试验工作进行全面监督检查，下达 64 份书面整改通知。组织试验检测专项检测，对江苏如东项目路基填筑和金温铁路项目隧道支护施工质量进行抽查。按照试验检测管理办法的要求，全年审核 C50 及以上和特殊要求的混凝土配合比 36 个。

【中铁科工科技机构与管理】 中铁科工集团设立有科技部，全部负责集团公司科技管理工作。以中铁工程机械研究设计院（分公司）这一主要研发单位为载体，成立了企业技术中心，作为集团公司的研发机构。集团所属的机械成套、中铁九桥、中铁重工、轨道交通装备等子（分）公司均成立有技术中心，作为集团技术中心的分中心。

企业技术中心为集团公司新技术、新产品、新工法等技术研发的核心队伍，集团公司可根据重点研发项目的需要合理调配技术人员和试验设施。

中铁工程机械研究设计院（分公司）作为研发主体设有工程车辆、液压技术、电气自动化、桥梁机械、结构工程、桩工机械等 6 个设计研究所和工程计算、信息化工程、电气成套制作、液压成套制作等 4 个中心，具有丰富的科研试验经验，研发设备等设施齐全。下属中铁科工集团机械成套分公司、中铁九桥工程有限公司、中铁重工有限公司、中铁科工集团轨道交通装备有限公司等多家子（分）公司是集团公司研发产品中试及产业化发展的实施单位，占地面积逾 500 亩的“轨道交通施工装备研制基地”建设项目于 2009 年度被国家发展和改革委员会、工业和信息化部联合批准为国家重点产业振兴和技术改造重点建设项目，目前已建成并投入使用。

【中铁装备科技机构与管理】 中铁装备的科技机构有科技开发部、设计研究总院、各二级单位技术部、郑州市盾构及掘进工程技术研究中心、河南省盾构成套装备工程技术研究中心等科技机构和单位。公司科技开发部是公司科研系统主管部门，负责公司科研和技术管理，对外代表公司开展与科技有关的活动；设计研究总院主要负责产品设计及编制技术标书、新产品开发、新技术研发、基础技术试验研究、标准制订等技术创新类工作 ；各二级单位技术部主要负责本单位的技术生产、技术服务、质量检测等工作；郑州市盾构及掘进工程技术研究中心、河南省盾构成套装备工程技术研究中心是政府主管并依托中铁隧道装备制造有限公司组建的市、省科技创新平台，与设计研究总院共享科研资源并运行盾构技术实验室。

攻关研究课题

【股份公司重大科研课题情况】 2012 年，加强科技开发集中管理力度，按照“统筹规划、集中管理、需求牵引、工程依托、项目引领、系统推进、分级实施”的原则，科技设计部编制了《中国中铁股份有限公司 2012 年度科技开发计划》。列入股份公司 2012 年度科技开发计划、并由股份公司直接管理的课题共 249 项，总经费为 110257 万元，股份公司支持经费共计 2686 万元。其中，“铁路全焊钢桁梁技术研究”等 22 项为重大课题，“隧道施工期围岩级别快捷判定技术及配套仪器研究”等 68 项为重点课题，“大跨度悬索桥几何非线性计算软件开发”等 159 项为引导课题。各单位列入股份公司 2012 年度科技开发计划的科研课题共有 1115 项，总经费 423005 万元。2012 年度股份公司科技开发计划立项的项目以港珠澳大桥、沪通铁路长江大桥、成兰铁路、深圳地铁、昆明地铁、刚果（金）铜钴矿等重大重点工程为依托，重点研究解决铁路全焊钢桁梁技术、钢箱梁桥板单元自动化制造及焊接技术、港珠澳大桥 2000t/62m 双轨门式起重机的研制、超大断面矩形盾构的研制、刚果（金）铜钴矿生产粗制电解钴试验研究等关键技术。

【中铁二院重点攻关研究课题】 2012 年，中铁二院以技术创新、产品优化、信息化水平提升和科技人才队伍建设为重点，加大科技投入和研发力度，进一步提升了科技创新引领企业发展的能力。全年共下达科研计划 229 项，科研经费 1.1 亿元，其中铁道部项目 20 项，计划经费 1120.7 万元；建设指挥部项目 3 项，计划经费 30 万元；中国中铁总公司项目 25 项，计划经费 2316.45 万元；中铁二院项目 181 项，计划经费 7629.62 万元。完成科研项目 48 项，有 20 项成果通过省部级及中国中铁评审鉴定。其重点攻关研究课题具体内容及进展情况见表 7-2。

表 7-2 中铁二院 2012 年重点攻关研究课题情况表

顺序	项目名称	2012 年进度要求	起止时间	主持单位	负责人
1	大瑞铁路复杂地质艰险山区重大工程地质问题研究——高边坡稳定性分析评价与预测和特殊支挡工程研究	结题	2008-2010	土建一院	冯俊德
2	大瑞铁路复杂地质艰险山区工程建设成套技术研究－－高地温深埋特长隧道修建关键技术研究	结题	2008-2011	土建一院	张海波 杨昌宇
3	大瑞铁路复杂地质艰险山区工程建设成套技术研究——高墩大跨桥梁修建关键技术研究	结题	2008-2011	土建一院	陈克坚 何庭国
4	大瑞铁路复杂地质艰险山区工程建设成套技术研究——高陡边坡特殊支挡工程技术研究	结题	2008-2011	土建一院	冯俊德
5	高速铁路桥梁技术深化研究--大跨度上承式钢桁拱桥设计技术研究	结题	2010-2012	土建一院	陈克坚
6	高速铁路特大跨度钢筋混凝土拱桥关键技术研究	结题	2010-2012	土建一院	陈　列

7	艰险困难山区高速铁路隧道关键技术研究--艰险困难山区高速铁路复杂地质隧道修建技术	结题	2010-2012	土建一院	喻　渝
8	新线建设关键技术研究—云桂铁路膨胀土岩溶地段关键技术研究	结题	2010-2012	土建一院	冯俊德
9	艰险困难复杂地质条件下路基桥梁修建关键技术研究	2013年1月-6月，1.滑坡岩堆及抗滑支挡工程与桥墩基础相互作用有限元分析、室内大尺寸试验模型设计及准备。2.成兰铁路试验段高陡自然边坡地质调查，分类统计，破坏模式研究。3.高承压水、松软地基条件下现场桥梁试桩试验方案设计及准备。4.现场踏勘、调查泥石流概况，在充分利用地质提供资料情况下，补充完善基础资料。5.高烈度地震区深沟桥梁合理结构形式研究。6.收集查看国内外有关地震预警技术的资料，尤其是复杂地质条件下的地震预警技术方案。2013年7月-12月，1.滑坡岩堆及抗滑支挡工程与桥墩基础相互作用的室内模型试验、试验材料参数试验。2.成兰铁路试验段高陡自然边坡成灾评价。3.高承压水、松软地基条件下现场桥梁试桩试验。（4）泥石流对桥墩冲击作用模型实验方案设计及准备。5.高烈度地震区深沟桥梁合理结构形式研究。6.结合本线桥梁结构及路基特点，进行地震预警设备选型，并研究设备安装方案。	2012-2015	土建一院	许佑顶 王智猛
10	艰险困难山区高速铁路桥梁关键技术研究—山区高速铁路桥梁高墩结构设计技术研究	结题	2010-2012	土建二院	鄢　勇
11	新线建设关键技术研究-A 型高墩大跨度混凝土连续刚构桥设计技术研究	结题	2010-2012	土建二院	陈思孝
12	艰险困难山区高速铁路综合技术研究—高陡边坡运营安全防灾监控及报警系统技术研究	结题	2010-2012	土建二院	李楚根
13	高速铁路无砟轨道耐久性提升综合技术研究	结题	2011-2012	土建二院	朱　颖 颜　华
14	高墩大跨桥梁桥上无缝线路技术深化研究	1.选择工点，开展桥上无缝线路参数测试，形成桥上无缝线路参数相关测试报告 2.结合调研及现场测试结果，深入研究桥上无缝线路计算理论，完善桥上无缝线路的检算指标和检算方法。 研究高墩大跨结构桥墩低刚度、相邻墩台大刚度差等因素对桥上无缝线路及行车品质的影响，建立高墩大跨桥梁桥上无缝线路计算理论与方法。	2012-2014	土建二院	田春香
15	铁路隧道结构极限状态设计方法研究	一、铁路隧道复合式衬砌及洞门极限状态法设计表达式、目标可靠度及分项系数的检验、校准确定方法。 二、 (一)提出《铁路隧道设计规范》按概率极限状态设计时适合于复合式衬砌及洞门的规范修改条文； (二)整理研究成果； (三)准备结题验收。	2012-2013	土建二院	赵万强

16	大瑞铁路复杂地质艰险山区工程建设成套技术研究——灾害防治新材料和新技术研究	结题	2008-2011	通号院	许佑顶 杨　岗
17	牵引电气设备国际标准制定研究——IEC电气化铁路绝缘合成组件国际标准制定研究	召开国内影子工作组会议，对绝缘合成绳索组件标准的各阶段工作组文件进行审查鉴定，鉴定修改后提交给IEC/TC9，与PT62724（绝缘合成绳索组件国际标准工作组）专家讨论，形成最终国际标准草案（FDIS）。	2011-2013	电化院	林宗良
18	工程前期关键技术研究—川藏铁路灾害类型及其特征调查研究	1.结合川藏铁路重大工程的初步规划进行补充调查；总结各灾种对川藏铁路全线的影响方式与程度；提出线路原则、局部方案和重大工程的风险调控原理和对策。 2.撰写课题研究报告，完成图件的整饰，提交课题结题报告。	2011-2013	技术中心	朱　颖 魏永幸 何学刚
19	铁路工程结构极限状态法设计标准转轨技术研究——铁路路基支挡结构极限状态设计方法研究	2013年01月-2013年03月：根据支挡结构设计的功能函数的特点、根据影响反映安全性功能函数和适用性功能函数的各项指标的特性，选择合适的算法计算统计现有规范中各支挡结构的可靠指标，经分析和初步校准后确定目标可靠指标，分析研究目标可靠指标的适用范围。将结果与国内外已有的成果进行对比、分析和研究，确定目标可靠指标。根据铁路等级、行车速度、设计使用年限、荷载性质，结合使用环境等级，提出对目标可靠指标进行分级的概念。　2013年04月-2013年06月：研究极限状态设计表达式中的荷载组合：对什么情况下采用什么样的荷载代表值，应参照国外规范，结合传统经验，通过经验校准，确定恰当的荷载分项系数。研究极限状态设计表达式中的抗力分项系数及组合。　2013年07月-2013年10月：基于可靠度理念的基本规定、一般规定、荷载设计规定、抗力计算规定、外部和内部极限状态设计方程、为保证结构可靠性的构造规定及施工质量要求的规定。 2013年11月-2013年12月：根据分报告内容，总结本科研的研究思路、理论、方法和结论，形成《总报告》，总结科研工作的详细过程，形成《工作报告》。准备结题验收。	2012-2013	科研院	魏永幸 罗一农
20	复杂地质环境与高列度地震区高墩大跨桥梁抗震技术研究	完成科研报告，申请评审或鉴定	2006-2008	土建一院	游励辉
21	南广铁路郁江大跨钢桁斜拉桥桥上无缝线路受力特性研究	结题	2009-2010	土建一院	姚　力
22	高速铁路道岔位于路桥过渡段技术要求及处理措施研究	结题	2009-2011	土建一院	高柏松
23	成九铁路地震次生地质灾害长期监测与预警技术研究	结题	2009-2012	土建一院	王智猛
24	巨厚冰碛层综合加固治理技术研究	结题	2009-2010	土建一院	李建国
25	高速铁路高墩简支梁桥桥墩合理横向静力刚度研究	结题	2010-2011	土建一院	曾　焰
26	大跨度上承式钢桁拱桥拱上梁研究	结题	2010-2012	土建一院	游励晖
27	成兰铁路桥梁工程泥石流防治技术研究	1月至8月，编写正式报告和论文。9月至12月评审结题。	2012-2013	土建一院	刘发明

28	铁路多线高墩大跨度预应力混凝土连续刚构建造关键技术研究	1、开展并完成1、4子课题的理论分析、计算模型，完成1、4子课题的阶段性技术成果报告；2、进行阶段性成果报告的审查。	2012-2015	土建二院	于　洋
29	困难艰险山区高速铁路救援系统研究	成果验收、结题。	2010-2013	土建二院	葛根荣
30	山区高速铁路高陡路堑边坡地质灾害防灾安全监控系统技术研究	1、编写总报告。2、成果验收、结题。	2010-2014	土建二院	李楚根
31	CRTSIII型板式无砟轨道系统在成渝高速铁路中的深化研究	1.对各项理论、结构设计和试验研究报告进行评审、归档。 2.开展CRTSIII型无砟轨道的制板及施工工艺研究工作，完成相关研究报告，并进行评审归档。	2010-2015	土建二院	颜　华
32	山区高速铁路高墩、大跨连续结构桥梁无砟轨道关键技术研究	完成所有课题研究工作，完成研究分项报告。	2010-2015	土建二院	鄢　勇
33	高速铁路大断面瓦斯隧道修建技术研究	现场测试，验证揭煤防突措施、初期支护气密性、水汽分离装置有效性等。	2010-2015	土建二院	曹　彧
34	成贵客运专线陡坡路基桩板式挡墙变形控制研究	继续现场数据采集，累积试验数据，完成现场试验报告（长期服役性能研究报告）；完成设计技术总结报告；完成施工工艺报告；形成研究总报告；进行项目评审。	2010-2014	土建二院	周　成
35	城市隧道设计标准研究	1.结合各依托工程实际情况，确定各依托工程沿线各重要建构筑物结构安全控制标准；2.确定各依托工程设计及施工优化方案；3.针对优化后的设计施工方案，研究城市铁路明挖隧道施工对周围环境结构安全性的影响规律；4.结合施工，收集现场实测数据，并进行整理分析。	2010-2015	土建二院	胖　涛
36	岩溶地区衬砌结构安全及耐久性研究	1.编制课题研究大纲。 2.完成调研工作，并依托在建的岩溶隧道工程，提出岩溶隧道的分类。 3.根据岩溶隧道分类及相应地质条件和相互关系，建立理论分析模型和数值分析模型，进行渗流规律，水荷载分布及大小等方面的计算分析，指导施工。 4.依托在建隧道工程，开展岩溶隧道水压力分布规律、衬砌结构安全性的现场试验。 5.提出岩溶隧道衬砌结构安全设计具体措施。 6.在成贵、成渝线的类似情况典型隧道的修建过程中，将理论分析、现场试验、数值模拟的结果同实际情况进行对比分析，指导施工的同时对研究成果进行验证。	2010-2015	土建二院	陈赤坤
37	高速铁路线路方案舒适度评价方法与系统研究	1.系统集成与应用及编写研究报告 2.研究报告、工作报告、查新报告、结题	2010-2013	土建二院	胡建平
38	城际轨道交通车站布局及换乘研究	1月至3月，城际轨道交通车站站型选择 4月至6月，城际轨道交通车站主要运营设施设备配置 7月至9月，城际轨道交通车站换乘设计 10月，典型城市群城际轨道交通系统实例分析 11月至12月，完成研究报告及评审	2012-2013	土建二院	杜文华
39	成兰铁路高烈度地震区铁路综合选线关键技术研究	结题	2008-2011	地勘公司	朱　颖
40	委内瑞拉（海外）高速铁路通信信号系统集成技术适应性研究	结题	2011-2012	通号院	高建强
41	纤维增强树脂基复合材料在轨道交通电气化工程中的应用研究	结题	2011-2012	电化院	潘　英

42	高地震、高海拔地区牵引变电电气设备与布置的适应性研究	结题	2011-2012	电化院	汪秋宾
43	27.5-10.5kV 电力电源成套设备技术研究与开发	1、完成例行实验报告。2、完成型式试验报告	2012-2013	电化院	陈　刚
44	牵引供电在线监测及维修管理信息系统	结题	2010-2012	旷谷公司	董凤翔
45	铁路浅埋大跨强膨胀土隧道关键技术研究	年度计划：结合施工进程，与施工方合作，开展现场的监控量测及施工方法研究时进行必要的数值模拟分析。 年度目标：形成年度监控量测报告及阶段性的研究成果报告	2011-2014	昆明公司	杨　翔
46	准米套轨铁路关键技术研究	结题	2011-2012	昆明公司	张可军
47	勘察设计一体化、数字化、智能化技术深化研究	结题	2011-2013	技术中心	胡新明

【中铁设计咨询科研开发课题】 2012 年中铁设计咨询开展的各类科研项目 56 项，其中铁道部科研项目 7 项（其中主持 2 项），股份公司科研项目 16 项，中铁设计咨询内部立项科研项目 21 项、软件开发项目 12 项。（铁道部、中国中铁股份有限公司科研项目见表 7-3、7-4）

表 7-3　中铁设计咨询 2012 年承担的铁道部科研课题

序号	合同编号	项目名称
1	2012G006-A	高速铁路桥隧关键技术研究——下穿高速铁路通道工程沉降控制技术研究
2	2012G010-F	高速铁路钢轨及道岔关键技术研究—高速道岔和钢轨伸缩调节器应急处置技术及装备研究
3	2012G002-1-1	30 吨轴重重载铁路桥梁关键技术研究
4	2012G004-B	大型养路机械关键技术研究--大型养路机械作业测量技术研究
5	2012G010-C	高速铁路钢轨及道岔关键技术研究--客专道岔辊轮的国产化技术研究
6	铁建科字（2012）-2	客货共线铁路简支箱梁标准研究
7	z2012-075	30 吨轴重重载道岔试验研究

表 7-4　中铁设计咨询 2012 年承担的中国中铁股份有限公司科研课题

序号	合同编号	项目名称
1	2012-重大-04	单索面 w 形腹板截面铁路斜拉桥设计研究
2	2012-重点-06	基于 P-Y 法的铁路桥梁地震荷载工况下的设计研究
3	2012-重点-07	三角钢管桁架混凝土桥面板铁路组合桥梁设计研究
4	2012-重点-27	复杂地质条件下长大隧道及地下工程修建技术
5	2012-重点-33	隧道围岩级别划分评价体系的深化研究
6	2012-重点-57	大坡度装车环线上列车制动的研究
7	2012-引导-11	客货共线铁路整体式桥面预制 T 梁设计与运架研究
8	2012-引导-12	腹板镂空铁路槽形梁桥设计研究
9	2012-引导-13	铁路 T 梁降噪措施研究
10	2012-引导-76	地铁隧道穿越江底岩溶地层设计施工关键技术研究
11	2012-引导-91	吹填土地基增压防堵真空预压加固关键技术研究
12	2012-引导-92	城市有轨电车轨道用道岔的研究

序号	合同编号	项目名称
13	2012-引导-118	小运量、重载、单相电气化铁路研究
14	2012-引导-119	城际铁路电力供电系统中性点接地方式研究
15	2012-引导-120	东莞至惠州城际轨道交通项目盾构隧道内接触网悬挂方案研究
16	2012-引导-121	同相供电牵引变电所成套设计技术研究

无砟轨道 62 号道岔作为国内自主研发高速道岔的系列产品之一，是由中铁设计咨询负责的铁道部重大科研项目，轨道院作为主持单位，全面主持 62 号道岔的设计、研制、施工铺设、联调联试等工作。在运营单位工务、电务人员的共同配合下确保了 62 号道岔的侧向速度试验圆满完成。

2012 年 8 月，国内自主研发的 62 号道岔顺利完成侧向通过速度试验，最高试验速度达到 230 公里/小时，超出了设计时速 10 公里/小时。这标志着中国在高速铁路大号码道岔的研究、设计、制造、铺设方面取得重大突破，成为既法国、德国之后，第三个掌握该项技术的国家。无砟轨道 62 号道岔铺设于长春西站北咽喉，连接哈大客专正线和长春联络线，是国内自主研发的世界首例最大号码无砟轨道道岔，是继自主研发完成时速 250 公里和时速 350 公里 18 号、42 号道岔后又一最新科研成果，代表了国内高速道岔的最高水平。该道岔全长 201 米，共设置 12 个牵引点，道岔直向允许通过速度为 350 公里/小时，侧向允许通过速度为 220 公里/小时。

【中铁大桥院攻关研究课题】 2012 年，中铁大桥院继续加大科技研究与技术创新的投入，加大各类科研项目的申报工作力度，并与国内高等院校、研究院所合作，对一些重大项目进行专题研究。新承担国家科技支撑项目 1 项(与中铁大桥局合作)：《艰险困难山区及特殊地区高速铁路建造技术—海洋长大桥梁建造关键技术研究及高端装备研制》；正在开展的铁道部科研项目 3 项 ：《艰险困难山区高速铁路桥梁关键技术研究—大跨度公铁两用钢箱系杆拱桥关键技术研究》、《高速铁路大跨度钢桥无砟轨道关键技术研究》、《工程前期关键技术研究-海峡通道桥隧工程关键技术前期研究》；新承担中国中铁股份有限公司科研项目 9 项，其中重大课题 2 项：《铁路全焊接钢桁梁技术研究》、《长距离、高精度跨海高程传递测量方法研究》，重点课题 3 项：《钢绞线斜拉索在大跨度铁路斜拉桥中的应用》、《高速列车-桥梁耦合振动研究》、《海域深水钻探技术研究》，引导课题 4 项：《大跨度悬索桥几何非线性计算软件开发》、《桥梁结构受火灾后评估及诊治研究》、《大跨度桥梁数字化养护管理系统研究》、《中小城市 CORS 系统建设与应用》。

【中铁西北院攻关研究课题】 2012 年，中铁西北院新承担中国铁路工程总公司课题 8 项，按照合同的目标和要求，进展情况正常，并已取得阶段性创新成果。其中主持重大课题 2 项：“高寒地区混凝土梁桥耐久性病害与修补技术研究，制定了课题研究大纲和工作计划，收集了有关青藏铁路混凝土梁桥耐久性病害的主要技术资料，对青藏铁路已采取耐久性加固措施的桥梁的修复及防护效果的病害进行了检测和调查；“基于‘3S’技术的青藏铁路多年冻土区线路工程数字信息系统开发与应用研究”，完成了课题研究大纲的编写，初步搭建了青藏铁路多年冻土区线路工程数字信息系统 DEMO，完成了青藏铁路部分气象、地质、线路状态等方面资料的收集工作。

2012 年度，中铁西北院在研自主创新课题 9 项，进展情况良好。其中“改性纳米硅复合材料体系加固土遗址应用研究”，编制了课题研究大纲，研发出土遗址土体加固材料、裂隙灌浆材料和防风化材料；“湿陷性黄土隧道基底无振动挤密处理技术研究”课题通过开展样机试制、现场试验、专家论证、方案优化等工作，逐步形成了“湿陷性黄土地基无排土无振动挤密处理技术”，并研制了“可移动无排土无振动挤密机”和“自进式无排土无振动挤密器”等施工机具，申报了多项国家专利，目前正积极向宝兰客运专线等工程建设进行推广应用。

【中铁西南院攻关研究课题】 2012 年度，公司加大科研攻关研究课题的开发与管理力度，新立项科研项目 25 项，其中国家科技部科研项目 1 项、铁道部科研项目 2 项、股份公司重大和重点科研项目 5 项、股份公司引导项目 5 项、其他单位委托科研项目 12 项。

公司在研重大科研项目 51 项，其中科技部科研项目 5 项、铁道部科研项目 10 项、股份公司科研项目 12 项、自主立项科研项目 4 项、其他科研项目 20 项。详见表 7-5。

表 7-5 中铁西南院 2012 年重大研究课题情况表

序	课题名称	立项级别	进展

号			情况
1	沉管隧道运营期间结构安全长期监控和沉降预测及处理技术研究	总公司重点课题	完成
2	隧道围岩稳定性及其控制技术研究——高地应力及富水隧道设计理论和方法	铁道部课题	完成
3	高速铁路隧道关键技术研究——高速铁路隧道内列车附加空气阻力研究	铁道部课题	完成
4	青岛地铁线路合理埋深研究项目	其他科研项目	完成
5	隧道防坍塌预报预警监测系统	总公司重大课题	延续
6	高速铁路隧道气动效应计算软件	总公司重大课题	延续
7	铁路隧道纳米辅助料高性能混凝土应用技术研究	总公司重大课题	延续
8	高速铁路隧道无砟轨道对微气压波激化作用及洞口环境保护研究	总公司重点课题	延续
9	高水位富水隧道衬砌水压力分布特征及排导结构形式优化研究	总公司重点课题	延续
10	既有隧道病害检测及整治技术研究	总公司重点课题	延续
11	轨道交通施工监测信息管理平台开发	总公司重点课题	延续
12	自膨胀式锚杆的研制及应用	总公司重点课题	延续
13	严寒地区隧道综合修建技术	总公司重点课题	延续
14	既有线铁路隧道病害综合整治技术与设备研究	总公司重点课题	延续
15	高地应力强震区隧道修建技术应用研究	总公司重点课题	延续
16	岩体温度法隧道施工掌子面前方涌水预报仪研发及推广应用	总公司重点课题	延续
17	TBM 施工地下水超前预报技术推广应用专项研究	总公司重点课题	延续
18	城市浅层高精度勘探技术及设备研制	总公司重点课题	延续
19	隧道施工期围岩级别快捷判定技术及配套仪器研究	总公司重点课题	延续
20	基于动力特性的铁路桥墩损伤识别技术研究	总公司重点课题	延续
21	高海拔特长铁路隧道运营安全保障体系研究	铁道部课题	延续
22	隧道围岩稳定性及其控制技术研究---数字化隧道技术研究	铁道部课题	延续
23	高速铁路桥隧关键技术研究——既有隧道病害检测及整治技术研究	铁道部课题	延续
24	城区铁路隧道减振施工新技术研究	铁道部课题	延续
25	山区铁路小径流试验综合观测研究	铁道部课题	延续
26	新线建设关键技术研究—铁路隧道喷锚支护技术深化研究	铁道部课题	延续
27	高风险岩溶隧道安全施工技术综合研究	铁道部课题	延续
28	关角隧道信息化施工与安全预警系统研究——关角隧道关键技术信息研究	铁道部课题	延续
29	既有隧道病害快速整治设备的设计与研究	科技部课题	延续
30	既有隧道病害检测及整治技术研究	科技部课题	延续
31	既有线铁路隧道病害综合整治技术与设备研究	科技部课题	延续
32	隧道全断面预加固施工技术及设备研制	科技部课题	延续
33	隧道施工安全监测技术及设备研究	科技部课题	延续
34	江路南延线沉管隧道工程砂基础关键技术研究	其他科研项目	延续
35	南广铁路隧道位移自动化监测系统应用研究	其他科研项目	延续
36	厦门市莲岳隧道工程——第三方监控量测研究	其他科研项目	延续
37	基于湿喷技术的矿山井巷高效安全环保成套施工技术研究	其他科研项目	延续
38	煤矿湿喷技术研究	其他科研项目	延续
39	旧堡隧道科研报告项目	其他科研项目	延续
40	蒋庄煤矿湿喷高效应用技术研究	其他科研项目	延续
41	青岛地铁单层衬砌高性能喷射混凝土研究	其他科研项目	延续
42	隧道高性能喷射混凝土初期支护新技术试验研究	其他科研项目	延续
43	木寨岭隧道（单线）炭质板岩段支护结构及施工方法研究	其他科研项目	延续

44	巴桃高速公路米仓山隧道通风竖井施工关键技术研究	其他科研项目	延续
45	汾江路南延线沉管隧道运营自动化监控系统方案研究	其他科研项目	完成
46	复杂山区公路建设信息管理系统研究及应用	其他科研项目	延续
47	向莆铁路雪峰山隧道进口段衬砌开裂机理及处理措施研究	其他科研项目	延续
48	压电法隧道超前地质预报技术可行性研究	自主立项课题	延续
49	岩质隧道空洞（岩溶洞穴、采空区）及盾构施工隧道软土地层漂石的预报技术研究	自主立项课题	延续
50	站桥合一形式地铁高架车站结构设计方法研究	自主立项课题	延续
51	大距离跨孔声波探测技术研究	自主立项课题	延续

【中铁通号院攻关研究课题】 2012 年科研立项 7 项。其中，铁道部 1 项为，客货共线铁路信号室外设备安装图。中国中铁股份公司 1 项为，电气化铁路电磁兼容管理及系统工程研究。中铁电气化局集团公司 4 项，分别为，智能站内轨道电电路方案研究；地铁综合信息查询系统；电气牵引横向连接线、吸上线对信号轨道电路特性影响的研究；铁路路基设备监控预警研究。通号院 1 项为，设计管理信息系统开发（一期）。

上年延续项目 13 项（2008—2011 年）。分别是：高速铁路防灾安全监控系统施工规范等研究（2011 年铁道部项目）；高速铁路牵引供电对信号电缆干扰和危害研究（2011 年总公司项目）；铁路防灾安全监控系统监控单元主机及其地震监控子系统中的应用研究（2010 年总公司项目）；客运专线铁路防灾监控系统研究、信号 CBTC 系统国产化研究（2009 总公司项目）；长区段电码化补偿电容优化设置方案研究、城市轨道交信号系统牵引计算及仿真软件研制、高速铁路牵引供电对信号电缆干扰和危害研究（2011 年集团公司项目）；新光源长寿命灯泡、提高转辙机在恶劣条件下安全可靠性的研究、城市轨道交通信息传输与接入平台应用研究、客运专线铁路防灾监控系统研究（2009 集团公司项目）；既有电化区段信号设备接地系统研究、ZPW-2000 系列区间自闭软件升级版开发（2011 年院项目）；铁路客运专线电磁辐射强度的研究（2008 年总公司延续及待结题项目）

【中铁电化院攻关研究课题】 《胶（州）新（沂）铁路电气化工程可行性研究》获得天津市 2012 年度优秀工程咨询成果二等奖，《湘桂铁路柳州至南宁段电气化改造工程预可行性研究》、《华东二通道合肥至杭州铁路电气化改造工程预可行性研究》、荣获天津市 2012 年度优秀工程咨询成果三等奖。《京沪高速铁路电力牵引供电系统设计》荣获 2012 年度总公司优秀设计一等奖。《珠江三角洲城际快速轨道交通广州至佛山段供电系统工程设计》、《南京地铁二号线工程供电系统设计》荣获总公司优秀设计二等奖。《深圳地铁四号线二期工程供电系统设计》荣获总公司优秀设计三等奖。

【中铁二局攻关科研课题】 2012 年度完成公司科研项目 27 项，其中有单线铁路无轨运输高瓦斯突出隧道瓦斯治理、复杂环境大规模深孔爆破振动控制及振动监测信息化技术研究、桂林西二环城市快速干道下穿桂林北火车站特大框架桥施工技术研究、特大断面地下储油洞库群施工技术、隧道光爆质量评价体系与智能控制技术、高瓦斯隧道施工技术、中铁二局试验监督管理系统、青岛北客站综合施工技术、高原冻土区高速铁路路基施工技术等。完成中国中铁科研项目验收 1 项，完成总公司评审 3 项，完成四川省科技成果鉴定 2 项。

【中铁三局攻关研究课题】 2012 年度，集团公司研发项目立项 106 项、补充立项 10 项，共计 116 项，覆盖“七个重点专业领域”。其中，重大研发项目 14 项、重点研发项目 32 项、引导研发项目 71 项，计划投入科研经费累计约 7.5602 亿元，支出 7.8338 亿元。

2012 年度，集团公司申请铁道部课题 4 项；组织申请股份公司科研课题 10 项、批复 10 项，其中重点课题 2 项、引导课题 8 项，支持经费 30 万元；累计申请山西省技术创新项目 8 项、有 5 项批复。为加大对年度重大、重点研发课题的过程管理和监督指导力度，技术开发部及时跟踪项目研发进度，先后赴柳州广雅大桥、西平田家窑 2 号大桥、石长湘江大桥、霍永城川河大桥、张唐丰宁隧道、沪昆贵州段朱沙堡隧道、东莞（南京）地铁、大西客专等项目，积极指导或参与课题研发、并提供高效优质的技术服务，确保了项目研发进度、保障了项目的施工质量和生产安全。截至年底，结题研发课题 38 项、正常进展课题 77 项、取消 2 项。

【中铁四局攻关研究课题】 2012 年中铁四局共下达三批科研计划，新立项课题 48 项；13 个项目获股份公司科研立项，5 个项目被列为安徽省科研攻关项目。完成局科研成果评审 21 项、通过安徽省级鉴定成果 7 项、通过股份公司成果评审成果 8 项、通过铁道部科技司验收成果 1 项。

【中铁五局攻关研究课题】 《高性能聚羧酸保坍剂技术研

发及工业化生产》、《隧道内挖斗装载机成果转化及产业化》课题列入贵州省经信委技术创新课题，分别获得40万和50万元政府资金支持。申报股份公司的6个课题得到立项，其中《新型敞口式盾构施工技术》课题列为股份公司科技计划重点课题，获得20万元资金支持，《地铁施工质量安全管理系统的研发与应用技术研究》、《土压平衡盾构穿越湘江复合地层施工技术研究》、《中低速磁悬浮安装技术研究》、《中低速磁悬浮轨道梁施工技术研究》、《钢弹簧浮置板道床施工工艺改进研究》等5课题列入股份公司科技发展计划引导课题。3月份，完成《沪昆客运专线壁板坡隧道关键施工技术研究》课题申报书，向贵州省科技厅申报贵州省科技支撑计划工业类项目。完成贵州省重大科技专项——《贵广高速铁路施工关键技术研究及应用》实施成效报告。完成12个科技成果评定，1项成果通过省部级鉴定，5项成果通过股份公司评审。

【中铁七局攻关研究课题】 2012年，中铁七局组织召开了首届科技大会。科技立项紧密围绕施工生产和经营管理，积极开展科技攻关，为企业技术进步提供了储备，为施工方案的制定提供了数据支持，进一步提高了经营管理工作效率。2012年，集团公司共新立项30项、结转项目54项，其中《拱桥体外预应力锚索转换支撑体系施工技术研究》列入股份公司重点课题。8项成果通过省（部）级鉴定，其中《墩顶纵向支撑膺架法在跨线施工的设计与应用》等5项获评国内领先水平，《复杂地质条件下超长冲孔桩施工技术》等3项获评国内领先水平；4项成果通过股份公司评审，《滑坡群地段隧道施工变形控制技术研究》获评国际先进水平，《既有高速铁路插铺有砟1/41高速道岔综合施工技术研究》等3项获评国内领先水平；年内通过省部级鉴定和股份公司评审的成果数量创集团公司成立以来最高纪录，无论是成果质量还是数量都取得长足进步。《客运专线有碴轨道精调技术》等2项课题获集团公司科技进步一等奖，《跨既有线刚架桥模板台车施工技术》等10项课题获集团公司科技进步二等奖，《42号无砟高速道岔施工技术研究》等13项课题获集团公司科技进步三等奖。《神府高速公路大断面黄土隧道施工技术研究》获得中施协科学技术奖技术创新成果二等奖，集团公司荣获中施协"科技创新先进企业"、2011年度"河南省建筑业技术创新先进企业"称号。

【中铁八局攻关研究课题】 2012年，集团公司科研项目计划新增21项，承担股份公司课题4项。全年，主持完成了《成绵乐客专德阳站新能源及节能技术研究与应用》、《高速客专新型车站综合自动控制系统及施工工艺研究》、《成都地铁1号线一期供电系统工程综合施工技术研究》、《V型深沟预制箱型拱桥无吊扣塔缆索吊装施工关键技术研究》等多项股份公司重点科研项目的研究攻关。同时，还完成了2012年度四川省产业技术研究与开发资金项目计划——企业技术中心创新能力提升专项《客运专线快速制梁技术研究》。此外，还主持并参与完成了多项铁道部现行铁路工程技术标准的编制及修订工作；主编完成了《高速铁路轨道工程施工质量验收标准》英文版与正式出版的中文版技术指标核对，已正式报批；完成了《铁路轨道工程施工质量验收标准》编制大纲的编写；完成了《高速铁路无砟轨道支承层》编制大纲、征求意见稿的编写工作；参加《高速铁路CRTSⅠ型板式无砟轨道用水泥乳化沥青砂浆》、《高速铁路CRTSⅡ型板式无砟轨道用水泥乳化沥青砂浆》、《高速铁路CRTSⅠ型板式无砟轨道凸形挡台填充聚氨酯树脂（CPU）》、《高速铁路沉降观测评估技术规程》的编写工作。

【中铁九局攻关课题研究】 2012年，中铁九局共完成课题研究14项，评审出企业级课题10项，奖励企业级课题10项；推荐上报股份公司课题项目2项：其中高寒地区大型露天矿挖装设备设计、研制与成套技术研究被股份公司列为2013年度重点课题，青岛地铁敦化路塔柱式地铁车站施工关键技术研究被股份公司列为2013年度引导课题；股份公司拨付2011年度立项的新型混凝土矿物掺合料及低碳水泥的研制及试验研究重大课题研究经费共计15万元。

【中铁十局重大科研课题】 截至2012年度，局科技开发计划立项项目累计197项（其中A类项目1项，B类项目143项，C类项目53项），结合科研项目的创新性和主要研究内容，其中62项科研项目被列为2012年度重点科研课题（含往年结转项目）。除少数项目因设计变更或施工进度推迟等特殊原因外，大多数科研项目进展情况正常，有序可控。全年，共开展重点科研项目推进20余项次，其中，进展情况较好、取得成果显著的项目有：

"大连地铁综合施工技术研究"（济铁公司），该课题已总结并形成了"小半径曲线地铁盾构施工技术研究"等成果资料，并形成多项工法、专利，课题成果于是10月25日被股份公司评审为国内领先水平，并参评股份公司2012年度科学技术奖。

"兰渝铁路人和场隧道穿越城市住宅、水库等特殊地段电子爆破综合技术研究"（三建公司），课题组已完成了相关过程研究工作，于10月25日通过股份公司成果评审，成果水平评为国内领先。

"基于信息化和模块化的铁路桥梁预制施工集成技术"（四公司），该课题为合作研发项目。课题组已完成了相关过程研究工作，于11月29日通过山东省科技成果鉴定，成果水平评为国际领先，目前，课题组正在着手准备山东省科学技术奖的申报工作。

"玄武岩纤维无磁混凝土施工技术"(青岛公司),目前,课题组已完成了无磁混凝土及玄武岩纤维筋的课题研究资料,已获得局工法,上报了参评省级工法,有关专利正在申报中。

"轴重32吨重载铁路线路卸载及加固技术的研究与应用"(八公司),课题组已总结形成了课题研究报告并通过局成果评审,10月25日通过股份公司评审并评为国内领先水平,并参评股份公司2012年度科学技术奖。

"新井口嘉陵江特大桥主桥深水基础施工技术研究"(济铁公司),该课题成果经股份评审为国际领先水平,课题组正在进一步完善成果资料,准备后序报奖工作。

"大型铁路运营客站加固改造施工综合技术研究"(建筑公司),该课题已总结形成了课题研究报告等成果资料并通过局成果评审,12月18日通过山东省科技成果鉴定,被评为国内领先水平。

"基于信息化的CRTS I型双块式轨枕制造技术"(四公司),该课题已总结形成了课题研究报告等成果资料并通过局成果评审,12月18日通过山东省科技成果鉴定,被评为国内领先水平。

另外,"复杂地层明暗挖结合立体交叉洞室群分离岛式地铁车站综合施工技术"(济铁公司)、"整体大宽幅连续梁协作体系的独塔双索面无背索斜拉桥综合施工技术"(四公司)、"西安地铁平行穿越地裂缝施工技术"(西北公司)、"基于三维仿真技术的复杂站场改造技术研究与应用"(青岛公司)、"重载铁路-台前北站渗水土高路基施工技术研究"(八公司)、"河北风电场工程综合施工技术"(天津公司)等课题总结性成果已基本完成。

【中铁大桥局攻关研究课题】 本年度新立项国家科研课题3项、政府支持项目1项、总公司科研项目6项,详见表7-6。组织推荐8项科研课题(见表7-7)参加总公司科技评审,4项科研成果被评定为"国际领先水平";4项科研成果评定为"国际先进水平"。完成9项集团公司内科研成果验收结题。

表7-6 中铁大桥2012年局科研资金情况表

序号	项目名称	获得经费支持(万元)	批准立项单位
1	海洋长大桥梁建造关键技术研究及高端装备研制	375	科技部
2	52000千牛米建筑起重机械技术研发与产业化	21	科技部
3	2000米级斜拉桥FRP关键应用技术集成	86.3	科技部
4	数字化桥梁、隧道综合管养系统应用与服务	1000	武汉东湖新技术开发区管理委员会
5	三塔四跨悬索桥上部结构施工技术研究	40	总公司
6	钢桁梁桁片式架设技术研究	40	总公司
7	梭形塔钢混组合梁斜拉桥建造技术及监控监测技术研究	30	总公司
8	桥梁整体顶升、顶推施工成套技术及工艺研究	30	总公司
9	强涌潮区单桩独柱柔性墩刚构节段预制悬拼施工技术研究	20	总公司
10	超声相控阵技术在钢桥中的应用	20	总公司

表7-7 中铁大桥局2012年通过科技成果评审项目

序号	项目名称	组织评审单位	成果水平
1	武汉二七长江大桥大跨度结合梁斜拉桥施工技术	中国中铁股份有限公司	国际领先
2	跨多条高速铁路超宽变幅城市桥梁建造技术	中国中铁股份有限公司	国际领先
3	马鞍山长江公路大桥中塔施工技术	中国中铁股份有限公司	国际领先
4	活动支架辅助不变幅架梁吊机架设钢箱梁施工技术	中国中铁股份有限公司	国际领先
5	复杂水文地质条件下大型沉井基础施工技术	中国中铁股份有限公司	国际先进
6	黄冈长江大桥主塔墩顶钢梁架设新技术	中国中铁股份有限公司	国际先进
7	黄冈长江大桥主塔快速施工技术	中国中铁股份有限公司	国际先进
8	新型液体质量双调谐减振技术研究及应用	中国中铁股份有限公司	国际先进

【中铁隧道攻关研究课题】 1. 盾构刀具磨损超声波检测技术研究及应用。随着盾构机制造技术的发展,盾构机的适应

地层范围越来越广，盾构技术不仅在比较均匀，单一的土层中得到广泛应用，在各种软硬交替的复合地层中的应用也开始逐步推广。刀具磨损严重是盾构在复合地层中施工遇到的最大难题之一，刀具磨损检测技术是盾构施工的一个重要研究课题。

刀具磨损的检测方法主要有开仓检查、掘进参数分析、异味添加剂、岩渣性状分析等。开仓检查的方法最为直接有效，但却存在很高的风险，可能造成开挖面的坍塌，进而影响隧道周边建筑物的安全。掘进参数分析法则是通过对一些最基本、最重要的掘进参数(如掘进速度、千斤顶总推力、刀盘扭矩、刀盘转速、土舱压力等)进行分析后，建立掘进过程中总推力、总扭矩与掘进速度之间的关系，进而基本判断刀具的磨损情况，而刀具的实际磨损状况依然需要进仓检查获得。异味添加剂法只能在刀具磨损达到预先的限值才能发挥作用，且在土压平衡式盾构和泥水式盾构中效果不佳。岩渣出现问题时，刀具磨损就已经很严重了，不利于施工的统筹安排。

本研究项目旨在总公司现有技术的基础上，通过在刀具中预埋超声波测量装置以获取刀具磨损数据，实时检测刀具磨损情况，掘进施工中可以根据磨损情况及时对刀具进行更换，减少被迫停机次数，进一步加快施工进度，保证施工及环境安全，并可在其他工程中推广应用，应用前景广泛。

2．高地热条件下隧道施工技术研究。随着铁路建设的飞快发展，技术水平提高，隧道工程的长度、断面和埋深都在不断增加。但随着埋深的增加，温度也不断增加，研究表明：平均开挖深度每增加100米，温度将升高3摄氏度，如果有熔岩、温泉或放射性物质等特殊情况，其温度将会更高。针对高地温环境下隧道施工技术方面的研究还很少，不够健全，还有很多技术难题有待解决。因此，高地热条件下隧道施工技术研究在地下工程领域中的研究就显得意义重大。

世界各国在近年都曾遭遇过高地热的不利状况，却没有专项的施工工艺和系统的理论指导。在建的拉日铁路，隧道埋深1172米，最高温度100摄氏度；即将建设的高黎贡山隧道，埋深1130米，最高温度75摄氏度，是国内外所罕见的。高地热的环境将带来一系列的工程问题，比如建筑材料性能的下降、工作人员效率的降低、通风系统负担的加重、机械设备的低效甚至受损、以及热水突涌等特殊工程地质灾害。

本课题以拉日铁路为依托工程，利用资料调研、室内、外试验的方法，分析高地温对隧道喷射混凝土、注浆堵水和混凝土衬砌材料和工艺的影响，研制出适合高地温环境下隧道注浆堵水、喷射混凝土和混凝土衬砌的材料配方和施工工艺；采用优化通风设计，增大通风量，通风并辅以制冷相结合的技术路线，将环境温度控制在28摄氏度以内。拟开发形成一套高温隧道施工通风、降温及人员防护成套技术；采用地质分析为基础，超前探测与监测为手段的技术路线。通过分析隧道穿越区域的地热热源，确定其在岩性、结构构造、地下水性质等方面的特征，判断热害产生的区段与性质，为进一步的详细探测打下基础；将地热探测技术纳入隧道地质超前预报工序，在常规地质超前探测的基础上，采用钻孔测温法、红外探测法等方法进行地热探测。开发隧道掌子面超前温度监测技术，进行掌子面超前温度实时监测。从而形成一套隧道地热超前探测和监测配套技术。

通过项目研究，解决拉日铁路隧道和高黎贡山隧道面临的高地热问题，满足工程的工期、安全、质量目标。形成一套高地温条件下隧道地温预测、施工堵水、支护关键技术。

3．底盾构隧道结构优化与大型孤石处理技术研究。社会经济的不断发展带动并促进了海底隧道建设，据不完全统计，国外近百年来修建的海底隧道也有百余座，比较著名的主要有：日本青函隧道，主隧道全长53.85公里，其中海底部分23.3公里；1994年建成的英吉利海峡海底隧道；丹麦从1990-1997年间建成了长约8公里的大带海峡隧道；挪威的Tromsoysand公路隧道和Trall沿海油/气管线引线隧道两条水下隧道，这些工程经验为我国近年来的海底隧道设计和施工提供了许多借鉴之处。

台山核电站取水隧洞主要采用大断面泥水盾构施工，为我国第一条大断面长距离的海底盾构隧洞工程。该工程地质条件复杂多变，特别是在海底软硬不均地层条件下进行隧道盾构施工时，会遇到许多技术挑战，这些挑战集中体现在大型孤石的精确探测与预处理、对不同地层情况下刀具磨损情况进行统计，刀具的磨损、泥水盾构施工时的风险控制等方面。

本课题以台山核电取水隧洞施工为依托，以理论研究为基础，通过本课题研究，掌握海底盾构隧道大型孤石精确探测及预处理技术，海底盾构隧道结构外荷载测试及隧道结构优化，海底盾构隧道软硬不均地层刀具磨损统计分析及泥水盾构施工风险管理，提升台山核电站取水隧道安全、快速施工能力，在确保质量和安全的前提下提高施工进度，创造良好经济效益。同时，本课题的研究将为后续越海或过江隧道工程提供很好的参考和借鉴，应用前景广阔，因此社会效益巨大。

4．京石客专多线并行大跨明暗挖隧道综合修建技术研究。随着路网的完善和扩能改造、提速及高速路网的发展等，将带来大量在既有线旁修建新线、一次性建成复线、新建铁路与公路并行等工程现象，新建交叉既有线施工工程日渐增多。随着建设规模的加大，这类工程越来越多，越来越复杂，近接隧道工程问题已成为当前地下工程施工中重要的不可回避的问题，它涉及到各种工法、工艺技术甚至施工顺序等环节。因此，广泛、深入、系统地开展地下工程中隧道近接施工的力学机制及对策研究，对相应施工技术，监、检测技术、工法等进行研究与开发，建立影响控制与管理标准等关键技术研究显得尤为迫切。

项目结合京石客专石家庄隧道开展了“京石客专多线并行大跨明暗挖隧道综合修建技术研究”项目的研究工作。进行了“城区大面积临近既有线长大铁路隧道多工法施工安全风险管理与控制技术”专题立项研究，开发了“基于WEBGIS的多元全程风险预测管理系统、可调预应力抗振锚固技术、隧道围岩变形分布式光纤超前（径向）监测技术、深大基坑围护结构系统分布式光纤实时监测技术、高精度模压式地层补偿技术”申报了七项国家专利和一项著作权；总结出“下穿既有线暗挖双联拱大跨隧道施工工法”和“长距离近接营业线大体量软土隧道明挖（盖挖）施工工法）”。实现了大规模基坑围护结构的位移实时监控，保证了施工过程“零”事故，取得了显著经济与社会效益。

5. 严寒地区隧道综合修建技术。近年来，随着交通事业的快速发展，特别是中西部开发战略的推进和振兴东北老工业基地政策的逐步落实，在西部高海拔和北部高纬度寒冷地区将会新建大量的隧道，与以往隧道相比，这些隧道的规模更大，技术要求更高（机电设施增多，高速运行的要求等），而气候条件却更加恶劣。如何在这些新建隧道中采取行之有效的措施，以避免冻害现象的发生，是当前隧道工程界迫切需要解决的问题。

寒区隧道工程作为一个重要研究课题被提到日程，是因为它具有一系列非冻土区所没有的特点与问题，或者一些问题虽具有共性，但在寒区中反映更为深刻，因此寒区隧道工程特殊性所带来的问题早已引起寒区国家工程界的普遍重视。从国内寒冷地区的铁路隧道和欧美、日本等国寒冷地区的铁路、公路隧道的使用情况来看，冻害现象十分严重，甚至出现了因严重冻害而导致隧道主体结构报废和运营期间发生重大交通安全事故。

中国建国以来，在东北高纬度地区修建了数十座严寒及寒冷地区隧道，如牙林线的岭顶隧道、嫩林线的西岭1号及2号隧道、西罗奇2号隧道、白卡尔隧道，卡图线的土门岭隧道等，洞外最低气温均在-50摄氏度以下，由于这些地区气候寒冷或严寒，加之，对寒冷地区隧道工程的特点缺乏认识，因此这些地区的隧道修建一直处于边修建、边冻害、边处理、边摸索的状况。不少隧道冻害不仅在修建时就很严重，在交付运营之后，时隔几年、十几年仍在陆续出现新的冻害，其冻害程度十分罕见。此外，西北的乌鞘岭隧道、奎先隧道、老关角隧道和七道梁隧道的冻害情况也很典型，新疆国道217线天山段的玉希莫勒盖隧道甚至没有运营几年就因为冻害在隧道内形成冰塞而报废。

本课题为总公司重大课题，通过本课题研究，解决严寒隧道修建的冻害问题，满足工程的工期、安全、质量目标。形成一套严寒条件下隧道围岩温度及风流温度预测、分段防冻融、洞口防冻、防排水关键技术。

6. 工程结构模拟试验平台研究。工程结构模型试验技术是研究大型岩土工程问题的重要手段，并在工程科研、设计以及论证方面发挥了重要作用。国际上如美国、前苏联、德国、意大利、日本、挪威等发达国家都先后开展了大型岩土工程结构模拟方面的试验研究工作，针对大型矿井顶板围岩稳定、大坝坝体与坝基的岩体稳定、大型洞室围岩稳定与支护等工程问题，进行卓有成效的研究工作，并研制了相应的试验设备。国内如中科院武汉岩土力学研究所、清华大学、山东大学、铁道部西南科学研究院、西南交通大学、北京交通大学等等单位，都先后开展了这方面的研究工作，研制了规模不等的配套模型试验设备。

然而我国各科研院所现有的岩土工程物理模型试验平台都有着一定的局限性。最为突出的一点就是大尺寸试验平台和立体模型试验平台相对较少，其次就是各试验平台的试验范围较窄，尤其是在水下工程方面的物理模型试验方面。由于大多数平台都不具备水压密封性，因此无法进行相关试验。而在实际工程需求中，水下工程特别是水下长大隧道方面的需求已经越来越多越来越迫切，因此研制一套能够进行在水压和地层压力同步加载情况下的三维和平面试验平台很有现实和理论指导意义。

本项目所研发的工程模拟试验平台是针对地下工程施工环境及施工方法进行大比尺模拟的试验平台，具备了多向加载和高水压环境模拟的试验能力。所研发的工程模拟试验平台以大比尺为主要特点，集成先进的加载控制系统和监测系统。该项目的研发将深入到相似理论、大尺寸构件机械制造、机电一体化、高精度传感监测等领域。

7. TBM施工的地铁关键技术研究。近年来，我国地铁工程发展势头迅猛，地铁施工方法一般有暗挖法、明挖法、盾构法、TBM法。暗挖法作为一种传统的施工方法，占用场地小、适用范围广、不受隧道断面尺寸和形状的限制，适用于各类围岩。但是暗挖法施工进度慢，作业效率低，劳动强度大，安全性差。施工的防水质量不易保证。盾构法作为一种先进的施工方法，具有施工速度快，安全程度高，对地面的干扰小等优点，但是盾构法主要用于城市软岩的环境中。TBM主要用于硬岩隧道的施工，TBM法修建隧道工程时，能大幅缩短建设周期，提高建设质量，确保施工安全和极大地减小对周围环境的影响，并能通过TBM法的长距离应用产生规模效益，从总体上可较大幅度地降低工程造价。近年来，硬岩TBM掘进机先后在铁路建设、水利水电等领域广泛采用，TBM在隧道的施工中得到了较好的应用，但在城市硬岩中，利用硬岩式TBM机在地铁隧道中的施工，在国内还没有先例，国内外关于TBM施工的地铁技术方面的书籍很少，仅有的资料多是关于TBM在山岭隧道方面的施工技术资料，山岭隧道和城市地铁施工既有相同点，也有很大的不同点，如城市地铁工程结构形式更复杂，断面形式多变，隧道间距一般较小，在空间位置上，有水平方向的并行，也有竖直方向的上下交叉、重叠等，地质条件多变，以上一系列的不同点，决定了 TBM 在山岭隧道和城市地铁施工中会有很大的不同，因此迫切需要对当前 TBM 施工的地铁工程技术进行详细的归纳、总结，以帮助、指导施工一线工程师更好地采用 TBM 施工地铁工程。

本科研课题依托总公司已建和在建的采用 TBM 施工的地铁工程，对 TBM 设备适应性评价及优化、城市地铁 TBM 施工对环境的影响、泥岩地质条件下 TBM 快速掘进技术、掘进效率技术、TBM 施工中通风降尘技术、TBM 过站技术、TBM 先行过站大跨径地铁车站扩挖施工技术、TBM 通过城市石质重叠隧道时的施工技术进行技术总结和研究，形成一套完整的施工技术资料，为今后 TBM 在地铁工程中施工提供一定的指导作用和借鉴经验。

8．深埋高智能超大直径盾构关键技术联合研究。21 世纪是地下空间的世纪，盾构是地下工程的重要施工装备。作为世界最大的隧道及地下工程施工市场，中国的市场潜力正在迅速释放，盾构产业将具有广阔的市场前景。《国家装备制造业调整和振兴规划》“装备制造业技术进步和技术改造投资方向”中明确重点支持直径≥10 米的盾构。进行“超埋深高智能超大直径盾构关键技术研究”，能够促进我国盾构机中超埋深技术及高智能控制技术的研发，并能对我国超大直径盾构机生成制造起到积极的推动作用。

国内所有的超大直径盾构的关键技术和装备均从国外引进，国内制造企业只能作为国外制造商的分包，仅做一些技术含量低，能耗大的结构件加工和组装等工作，没有真正涉及核心技术，与市场需求形成较大矛盾。通过对超大直径盾构的研制，可实现核心关键技术的突破，掌握超埋深高智能超大直径盾构的总体设计和制造的集成技术，拥有自主知识产权，使我国盾构成套装备整体技术水平达到国际领先水平，最终使我国在国际盾构技术行业中具有较强的竞争优势。

本项目针对跨江越海隧道超大埋深、超高水压、超大断面、特长距离及地质复杂多变的特点，主要开展超高水压条件下主轴承密封、盾尾密封及管片接缝密封的设计技术，超高水压条件下刀具快速更换技术，大功率高性能节能环保型变频驱动技术等关键技术攻关，掌握超埋深超大直径盾构总体设计及集成技术，形成自主知识产权，提高我国大型装备制造的自主设计水平。

通过国际合作，引进国外先进超大直径盾构的设计技术，邀请海瑞克公司专家来华进行技术指导、培训交流，进一步掌握国外大直径盾构的在总体设计、系统集成技术和高水压条件的盾构密封等关键设计技术，提高我国超大直径盾构整机的自主设计水平，引领超大直径盾构技术前沿。

9．盾构电液测控方法与系统集成技术研究。21 世纪是地下空间的世纪，盾构作为地下工程的重要施工装备，在地下空间开发中起着举足轻重的作用。盾构是一种特殊的大型施工设备，涉及多学科、多系统，电液控制系统的载荷顺应性、协调可控性、控制可靠性直接制约着盾构整体工作的稳定性，通过理论和实践相结合，深入研究电液控制系统关键技术问题，重点研究各控制系统规律、电液控制系统故障再现与分析研究。通过研究，掌握电液系统动力传递规律和突变载荷顺应性设计理论、电气控制优势与液压控制优势协调控制理论、电液控制的节能高效与控制灵敏度设计理论，进一步完善电液控制技术测控方法，自主开发盾构电液控制技术、核心元器件和系统。

本课题通过研究盾构电液控制系统的动力传递规律及测试方法，以提高盾构推进系统、刀盘驱动系统、管片装运系统等电液系统的可靠性和能量利用率；并研制出电液系统综合性能测试平台，用于模拟测试盾构各电液系统的综合性能，用于盾构电液系统现场故障的实验室再现和分析、核心元件和子系统的寿命试验。通过研究，掌握盾构电液控制系统的动力传递规律和测试方法，解决制约盾构电液控制系统的关键问题，并有效减少盾构的故障率，以提高盾构施工的稳定性、安全性和可靠性。

10．岩机结合多模式盾构掘进全过程模态综合实验平台。国内针对盾构研发制造及应用开展了一些初步试验研究，积累了一定经验。西南交通大学研制了直径 φ52 毫米的土压平衡式模型盾构机，可以在室内完成刀盘掘削、出土、推进、管片拼装、及盾尾注浆等过程。同济大学岩土工程重点实验室研制的土压平衡盾构模拟实验机，土箱结构为顶部敞开，便于测量地表变形。中铁隧道集团有限公司、浙江大学、上海隧道工程股份有限公司联合研制的 φ1800 毫米盾构模拟试验台，模拟土压平衡盾构及泥水盾构的掘进过程。

在国家 863 计划的资助下，中铁隧道集团有限公司建成了国内首个隧道掘进机实验室，并研制出了具有自主知识产权的直径 φ2500 毫米盾构控制系统检测试验台（国家发明专利号：200610160040.8），初步形成了国内盾构设计制造及应用的产学研用体系。但由于我国实验平台功能普遍单一且实验手段与国外有一定差距，亟需开展全过程的、综合性的模态实验及数据采集。

本课题通过对盾构掘进地质研究和相关实验平台研究现状的调研，进行盾构实验样机、土箱、始发和到达装置总体方案设计，重点进行盾构实验样机集成、盾构岩机结合刀盘关键技术研究、土箱设计及压力模拟技术、实验数据实时采集及信号处理技术、实验平台远程监控技术等方面的关键技术开展研究，最后完成盾构及掘进全过程模态实验综合平台研制。通过建立关键部件设计模型，提高自主设计盾构水平，节约盾构制造成本。通过关键部件地层适应性实验，解决适应性关键技术，提高盾构设计及制造工艺水平，解决生产成本。

11. 木寨岭隧道围岩变形机理与控制技术。随着铁路建设规模的逐步扩大，长大铁路隧道逐渐增多，隧道穿越地层地质条件也日趋复杂多变，增加了施工难度和风险。尤其是高地应力软岩特长隧道如何进行经济、合理、高效的大变形控制技术，是施工面临的一大难题。

在以往的工程实例中，对待高地应力软岩隧道大变形控制问题，主要采取以加强支护为主的措施，即“以抗为主”，但随着隧道埋深的增大，地应力也随之增大，屡屡出现支护破坏的现象，造成大量的套拱、拆换拱及坍塌等废弃工程，甚至出现后期衬砌开裂等现象危及运营安全，同时施工成本大大增加，施工效率急剧降低。因此，一味地加强支护已逐渐不适应高地应力软岩隧道施工技术的发展，必须对大变形控制技术进行深入研究，进一步提高综合性效益。

本课题结合国内外资料调研，依托新建兰渝铁路木寨岭隧道工程，针对高地应软岩隧道大变形控制，首先从大变形机理入手，对大变形成因、影响因素及变形规律进行分析，再通过应力释放结合变形控制措施，使地应力经预先释放后降低其作用于隧道结构上的应力，再结合行之有效的支护加强措施，采用“抗放结合”的策略，使应力释放与支护加强有机地结合起来，将变形控制在允许范围之内，从而减少拱架拆换，节约施工成本，加快施工进展，研究形成经济、合理、高效的综合性大变形控制技术。

12. 大直径土压平衡盾构穿越湘江及地表复杂建（构）筑物施工关键技术研究。国内外以隧道方式跨越江、河、湖、海水域的工程越来越多，由于水底隧道施工面临巨大的安全风险，采用盾构隧道居多。而已经进行的大直径盾构水底隧道，通常采用不同直径泥水平衡盾构，如我公司已修建或正在建的武汉长江隧道（Φ11.38 米）、南水北调穿黄隧道（Φ9.0 米）、广深港狮子洋盾构铁路隧道（Φ11.2 米）、台山核电海底取水隧道（Φ9.03 米）、等均为泥水平衡盾构施工；虽然大直径土压平衡盾构在上海均匀地层中获得成功应用，但是上海长江隧道也是采用 Φ15.43 米泥水气压平衡盾构进行施工。在大直径跨江海隧道中，已经建成的丹麦大海峡隧道采用 4 台 Φ8.75 米土压平衡盾构开挖，而对于采用大直径土压平衡盾构隧道穿越典型的复合地层，在国内外应用极为少见。

相对于泥水平衡盾构而言，土压平衡盾构虽然没有复杂的泥水处理系统，但是刀盘所受扭矩较大，对于盾构选型和设备配置技术、开挖面稳定、盾构同步注浆浆液配制及施工技术、土压平衡盾构碴土改良技术等问题具有其特点，迫切需要攻关解决。

对于大直径盾构隧道穿越敏感建筑物沉降控制技术，国内外均有成功的经验，主要通过数值模拟、现场试验、实时监测等方法，研究施工导致的地层损失、沉降的特性以及施工参数优化等，由于地质条件和环境条件的复杂性，尚难以达到 0 沉降控制目标。对于湘江隧道盾构穿越（紧邻）既有线及（构）建筑物施工，特别是穿越国防科技大学地段，地质条件难以探明条件下，大直径土压平衡盾构掘进实现 0 沉降，类似成果国内外尚未见报道，这也是本项目需要解决的关键难题。

国内外开展的盾构隧道风险管理研究，主要针对地铁盾构，且大多位于陆域，有关水底盾构施工风险管理技术研究可直接借鉴的经验不多。水下隧道的施工具有环境复杂、工程动态性和时效性的特点，是一项高风险地下工程，存在等级较高的风险源，缺乏系统的风险评估方法，特别是针对大直径土压平衡盾构施工风险的控制尚不足，给水下隧道盾构施工风险管理带来很大困难。

由此可见，针对长株潭城际铁路湘江隧道建设项目下穿湘江和地表复杂、建（构）筑物敏感等实际条件，通过开展盾构机选型及配套设备选型技术研究，盾构穿越湘江的关键施工技术研究， 盾构穿越（紧邻）既有线及（构）建筑物施工技术研究，盾构穿越国防科技大学 0 沉降掘进技术研究，大直径土压平衡盾构穿越湘江及地表复杂建（构）筑物施工风险评价与控制技术研究，

通过本课题的研究将填补国内外复杂不均匀地层大直径土压平衡盾构水底隧道施工的空白，解决施工关键技术难题，实现安全、经济、高效的管理目标。

13. 穿黄工程水底大直径输水盾构隧道环锚预应力衬砌施工技术研究。穿黄工程是南水北调中线总干渠与黄河交叉的建筑物，是总干渠上规模最大，技术最复杂，并控制工期的关键性工程。穿黄隧洞穿越河床覆盖层，地质条件复杂，围土中有全砂层、全壤土层、半砂半土层，有泥砾石夹层、钙质结核层，还有孤石和古树等障碍物，采用盾构法施工，在盾构保护下形成拼装式结构；穿黄隧洞地处黄河游荡性河段，最大冲刷深度为 20 米，河床冲淤变化剧烈，隧洞需要适应冲淤变化引起的纵向沉降；穿黄隧洞为水工隧洞，输送流量大、断面尺寸大，除承受外部水、土压力外，还承受较高的内水压力，内水压力高达 0.55MPa（隧洞底部——下同），外部水压力为 0.4MPa，所形成的隧洞衬砌需要严格防范由于内水外渗和地震作用引起的破坏；由于以上的工作特点，穿黄隧洞设计上与常规的水工隧洞和盾构法施工的交通隧道均有所不同，需要结合其工作特点研究合理的衬砌结构型式。经对国内外工程进行检索，具有上述类似工作条件和规模的隧洞工程，以埃及国的穿越苏伊士运河的萨拉姆（EL SALAM）输水隧洞工程较为典型。其它以热电厂的进水隧洞和排水隧洞较多，但隧洞断面尺寸和长度均较小；此外日本国有若干水工隧洞，如神田川地下调节池，断面尺寸较大，但不是在水底穿越的输水隧洞；又如日本国东京大田区污水

处理隧洞，断面尺寸也比较大，设有双层衬砌，但内衬未按单独承担内部水压设计，只起着将内压传递至外衬，再与外部水、土压力相平衡的作用。

基于上述工作条件，穿黄隧洞采用新型的双层衬砌结构，外衬为拼装式管片环，内衬为预应力混凝土结构，内、外衬单独工作，确保安全承载；隧洞纵向分段设置永久缝，衬段以螺栓相连，可以适应由于冲淤作用和地震作用引起的纵向变形；在隧洞中按多断面、多种监测仪器，实现自动化监测，最大限度回避风险。此种复合衬砌结构为新型结构型式，通过1：1仿真模型，在内衬厚度仅为45厘米偏薄的情况下，成功实现了单索2250~2500KN级的张拉，在国内属首次应用，结构创新、工艺复杂，确保工程安全，具有明显的社会效益。

通过本课题的研究，开展1:1仿真试验，经过修正后取得相应的参数，环锚预应力后张法的设计与研究，环锚预应力施工技术的应用。掌握管片手孔回填施工技术，内衬分段接缝防水施工技术，环锚张拉精细化施工技术，快速衬砌施工技术的关键技术。

14.复杂环境内城市水下超大断面超浅埋分岔暗挖隧道理论方法、技术工艺和施工安全技术研究。　　长沙市营盘路湘江隧道工程位于银盆岭大桥和橘子洲大桥居中偏南位置，是连接长沙河西与河东的重要通道。分岔段暗挖隧道开挖断面大（最大开挖面积380平方米）、分岔段跨度大（最大跨24.5米），现场地质条件复杂（由上自下依次为路面、杂填土、粉质粘土、卵石圆砾、全（强）风化板岩、中风化板岩）、超浅埋（埋深最浅6.5米），地质条件变化频繁，周边环境复杂（分岔隧道穿越湘江大堤、地表动荷载大的潇湘大道、莅临溁银桥），且采用矿山法施工，施工过程中风险极大。

对于复杂环境内城市水下超大断面超浅埋分岔隧道的施工技术，不管是设计领域还是施工领域都尚属于较前沿的新阶段，还非常缺乏科学、系统、完整的研究，基本属于空白状态。通过本课题研究，优化施工方案，选择合理的隧道的施工方法，控制施工过程的技术风险。主要研究内容包括：复杂环境内城市水下超大断面超浅埋分岔隧道地层地表和洞内加固改良技术，大断面超浅埋分岔隧道分部开挖理论模拟计算技术，超大断面超浅埋分岔隧道开挖方法及开挖后洞室围岩支护措施研究，浅埋暗挖水下隧道开挖、支护及变形控制技术，近距离双线分岔大断面隧道开挖施工顺序，超大断面分岔隧道的减震爆破，超大断面超浅埋分岔隧道地下生命管线变形控制与安全保护研究，超浅埋暗挖水下分岔隧道下穿湘江大堤施工技术。

通过本项目工程实践和本课题的研究掌握以下关键技术复杂地质环境内城市水下隧道地质分析与加固改良技术，超小近距双线分岔大断面隧道开挖关键技术，浅埋暗挖分岔大断面隧道变形控制技术，分岔大断面隧道二衬施工与临时支撑拆除关键技术，分岔大断面隧道快速施工的机械选择与配套技术，为以后类似工程提供借鉴。

15．土压平衡盾构机泥膜形成技术研究。随着我国经济的高速增长和社会基础建设的不断发展，地下交通、水利等基础建设也进入一个新的里程碑，在复杂地层中的穿江越海工程中，泥水盾构具有土压平衡盾构所无法比拟的先天优势，据不完全统计，国内主要穿江越海隧道盾构法施工基本都采用泥水加压盾构机，由于地层的复杂性和富水性的客观存在，在盾构施工过程中，在出现必须进入气压或泥水仓作业的情况时，敞开式进仓作业是不可实施的。因此，必须采用带压进仓进行作业，必要时还需进行带压潜水作业。在国内、外，泥水盾构机通过在支承环前面的密封仓中注入适当压力的高质量泥浆能使其在开挖面形成泥膜支承土体稳定，保证掌子面稳定，达到不透水、不漏气的目的，作业人员在高压情况下通过人仓进入工作面检查和作业，完成作业后进入人仓逐步减压出仓，泥水盾构带压进仓是一项较成熟的施工技术。

带压进仓必须基本将土仓或泥水仓土、泥出空，用压缩空气来平衡掌子面水土压力，在不采用地面加固的情况下，受地层裂隙影响，气压损失过大，无法达到保压效果，土压平衡盾构受设备、工艺等限制，很难在掌子面形成致密泥膜，从而达到保压效果，直接带压进仓困难。通过对掌子面密闭性研究（泥膜形成后保压），从而更深入的研究土压平衡盾构机在复合地层推进刀具更换技术。

本课题以南京地铁3号线03标为依托，通过对盾构机及配套设备改造研究以及盾构推进施工动态过程中形成泥膜的各种施工工艺和参数研究。将总结土压平衡盾构机在软硬不均复合地层掌子面形成稳定泥膜的施工工艺和参数数据，确定盾构机设备性能对应需求及过程操作参数设定与配套设施匹配功能选择。达到全面掌握压平衡盾构机泥膜形成技术，使土仓达到气密性效果，保证安全快速施工，节约刀具检查、更换措施性成本，达到良好的经济和社会效益。

16．盾构（TBM）导向系统开发。在盾构（TBM）掘进过程中，导向系统的主要作用是能够连续测量盾构姿态数据，并显示在主控室电脑屏幕上；主司机按照姿态数据调整盾构掘进参数，保证盾构按照隧道设计轴线精确掘进。

国外导向系统型号主要有德国的VMT、PPS、TACS，英国的ZED、日本的演算工房等，一般都与固定的盾构型号捆绑销售，也可单独销售，每套价格120万元～180万元；技术服务和硬件修理不太及时且费用昂贵。

国产开发的导向系统主要有上海米度、上海力信、上海城建自主开发的系统等，考虑全站仪和电脑后，价格一般为55万元～65万元（依配置）；国产系统在精度和可靠性方面与国外系统基本相同，使用寿命因时间尚短，尚无法确认，现场测量工作量比国外系统小一些，技术服务更到位，修理费用应该更低，但非常用功能比国外系统要少（与铰接油缸行程传感器的联系、管片安装模块、修正曲线、平面图显示、盾构与洞外办公室的联系等功能）。

通过对导向系统硬件、软件、系统集成及工具软件的研究，预期达到逐步更换老旧导向系统，满足新配置的盾构（TBM）使用的目的，自主掌握硬件制造和维修技术，大幅减小现场技术服务和硬件维修、更换费用，更及时、更好的服务于现场。

17. 水下大直径盾构隧道力学行为分析研究。我国采用盾构法施工水下隧道大规模建设是从 20 世纪 90 年代开始，近 10 年内修建了大约 30 条水下大直径公路、铁路或引水盾构隧道，如武汉长江隧道、南京长江水下隧道、上海崇明岛长江隧道、广深港狮子洋隧道、南水北调穿黄隧道等，盾构法已经成为穿越江海大型隧道的主流施工方法，正朝着大断面、高水压、大埋深、长距离和高速化施工的方向大步前进。但是我们对盾构隧道土木力学方面的本源问题尚未进行综合系统的研究，比如基本的荷载问题、结构的参数取值、合理的计算分析方法、异常施工工况的力学行为等，与我国该领域高速发展的现状不相匹配，急需收集第一手的实测、试验资料，同时进行综合化、系统化的研究，提高基础研究的水平。

本课题以长沙市南湖路湘江隧道、长株潭城铁湘江隧道、广东台山核电站引水隧道、汕头苏埃隧道、南京地铁三号线过江隧道等大型盾构过江隧道为依托，采用现场实测、模型试验、数值分析等手段，对水下大直径盾构隧道管片水土压力荷载、接头参数、计算模型、承载情况等基础力学行为以及管片大幅纠偏、错台、上浮等施工中的异常力学行为进行分析研究。

通过研究能够为下一步类似工程提供理论支持，对结构安全性、耐久性和经济性能进行更为客观地评价，有利于合理控制管片的含钢量，为降低工程造价提供依据，并在对盾构施工中异常状态下的受力进行研究的基础上为设计施工提供解决途径。

【中铁电气化局重大科研课题及进展情况】 2012 年，中铁电气化局集团针对高速铁路、客运专线、城市轨道交通建设中的难点问题开展科技攻关，在牵引供电技术、通信及信息技术、土建及工民建、运营维护、节能环保等关键技术领域实现了新的突破。集团公司投入 1042 万元，用于 104 项科研课题的研发，有 32 项成果通过评审验收。承担国家、铁道部和中国中铁股份公司重大科研课题 15 项，其中：国家科技支撑计划 2 项、国家高技术研究发展计划（863 计划）1 项、铁道部科研计划 5 项、总公司科研计划 7 项。7 项通过评审验收，8 项正在进行中。

1、"十一五"国家科技支撑计划"中国高速列车关键技术研究及装备研制--高速列车牵引供电技术"课题研究。已基本完成，目前正在进行鉴定文件的准备。为了加强对科研经费的监督和管理，做好国家审计署专项经费审计的准备工作，中铁电气化局集团有限公司科技部、财务部组织预算审计培训，明确科研经费的开支范围及标准，规范会计核算行为。并组成督导小组，对浙江大学、常州太平洋电力设备（集团）公司等子任务承担单位进行中间检查和业务指导，对检查中发现的问题及时进行纠正，通过示范和情况通报，起到了很好的督促和警示作用。课题将于 2013 年上半年结束。

2、"十二五"国家科技支撑计划"智能高速列车系统关键技术研究及样车研制--全息化运行环境感知系统"。主要研究内容是：面向京沪高速铁路运营和高速列车系统智能化的需求，研究多维建模和动态感知技术，构建包括工务工程系统、列车运行控制系统、牵引供电系统的列车运行环境的全息化静态数字化平台和感知系统。课题承担单位为中国铁路通信信号集团公司，中铁电气化局集团有限公司为参加单位之一，2012 年度完成科研合同签订、研发工作启动。

3、国家高技术研究发展计划(863 计划）"高速铁路重大关键技术及装备研制--高速铁路基础设施服役状态检测技术--牵引变电关键设备和接触网在线监测技术"。重点研究的关键技术是：(1) 铁路供电系统运行安全及在线监测系统；(2) 接触网安全状态实时检测技术；(3) 接触网张力、弹性、振动性能等在线监测系统技术；(4) 接触网状态在线检测设备及关键技术；(5) 基于受电弓图像识别技术的接触网状态监测及装置研制。中国铁道科学研究院铁道建筑研究所为子课题委托方，中铁电气化局集团有限公司作为子课题责任人，2012 年度完成科研合同签订、研发工作启动。

4、2011 年承担铁道部科研重大课题"高速铁路综合雷电防护关键技术研究—牵引供电系统雷电防护深化研究"。由中铁电化局与中国电力科学研究院联合承担，目前正在进行中。

5、2011 年承担铁道部科研重大课题"高速铁路综合雷电防护关键技术研究—雷电防护系列标准研究"，由中铁电化局与中国铁道科学研究院联合承担，目前正在进行中。

6、铁道部科研重点课题"高速铁路牵引供电技术总结"。（合同编号：2011J020），2011 年开始启动，由中铁电化局与中国铁道科学研究院联合承担。目前正在进行中。

7、铁道部科研重点课题" 牵引供电新产品及新技术研究--牵引供电系统安全可靠性研究"， 目前正在进行中。

8、完成铁道部科研重点课题"京沪高速铁路牵引供电系统施工、调试及检测关键技术研究"， 研究成果于 2012 年通过铁道部组织的结题验收。

9、完成中国中铁股份公司 2011 年重大科研课题"中低速磁悬浮钢铝复合接触轨系统及零部件研制"，获两项国家专利，具有自主知识产权，填补了国内空白，研究成果于2012 年分别通过陕西省鉴定和总公司评审，获总公司科学技术二等奖。

10、完成中国中铁股份公司 2011 年重点科研课题“带自润滑的低电阻受电弓滑板材料研究” 研究成果于 2012 年 10 月通过总公司评审，获总公司科学技术三等奖。

11、完成中国中铁股份公司 2012 年科研课题“城市轨道交通数字化通信电流保护技术研究”，研发了基于 IEC61850 规约 GOOSE 网络通信技术的数字化通信电流保护技术，研究成果于 2012 年 10 月通过总公司组织的评审。

12、完成中国中铁股份公司 2012 年科研课题“架空刚性接触网平面布置方案技术研究”，出了架空刚性接触网平面布置的新型方案，有效地解决了碳滑板磨耗不均匀的技术难题，实现了重大技术突破，研究成果于 2012 年 10 月通过总公司评审。

13、2011 年承担中铁股份公司科研重大课题“能馈式牵引供电系统方案设计及相关装备研制”课题正在进行中。

14、2011 年承担中铁股份公司科研重点课题“高速铁路牵引供电系统对信号电缆的干扰和危险影响研究”课题正在进行中。

15、2012 年承担中国中铁股份公司科研课题“电气化铁路电磁兼容管理及系统工程研究”，计划两年完成，目前课题正在进行中。

【中铁建工科研课题】 2012 年集团科技项目立项 97 项，其中重点项目 58 项、引导项目 27 项、一般项目 12 项；12 年完成科研技革项目 66 项。2012 年申报股份公司科研课题 12 项，被列为重大课题 1 项、重点课题 3 项，引导课题 8 项；完成股份公司科技开发项目课题 6 项。

【中铁港航局科研课题】 2012 年集团公司科技研发费用共计 2.94 亿元，占集团公司产值的 3.3%。其中，本年度集团公司确定局级科研课题 20 项，其中 4 项科研课题列入中国中铁股份有限公司科研课题项目；此外，集团公司共 6 项局级科研课题结题，另有 4 项子公司自选科研课题也完成结题。结题课题拟在由集团公司专家评审后，用于工法、专利及科技奖的开发。

【中铁航空港科研课题】 2012 年科技开发立项 89 个项目，A 类课题 72 项，B 类课题 17 项，资金计划总计 15111 万元，其中集团公司计划投入 1116 万元，子、分公司配套资金 13995 万元。其中股份公司重点课题 3 项。项目课题覆盖桥梁修建技术、施工装备及工业产品制造技术、重载铁路修建技术及路基工程、高速铁路成套建造技术、房屋建筑技术、隧道及地下工程修建技术、机场及其它技术、信息化技术及软科学研究和节能减排技术领域 9 个重点领域及关键技术。《曲线型放射伞状施工测量信息化技术研究》、《钢筋混凝土后张预应力大跨度悬挑桁架结构施工研究》、《西安地铁复杂地层、浅埋隧道暗挖施工技术研究与盾构穿越砂卵石层及连续穿越小半径曲线段施工技术》三项被列为股份公司科技开发重点课题。

召开了 2012 年度企业工法评审会、科技成果专项技术评审会，并与国家救灾应急装备工程技术研究中心联合召开合作项目阶段性总结评审会，对《地下工程电渗透防渗防潮装置研究》、《海水海砂结构混凝土新技术应用示范》、《无机保温结构一体化墙体》三项项科研项目完成了阶段性总结评审。

【中铁上海局攻关研究课题】 2012 年，中铁上海工程局在股份公司立项 5 项，其中重点课题 1 项，引导课题 4 项。（见表 7-8）

表 7-8 中铁上海局 2012 年课题一览表

序号	课题名称	备注
1	晋陕黄河特大桥 2×108m 单 T 刚构加劲钢桁梁制造及安装施工技术研究	重点课题
2	山区湍急河流深水无覆盖层倾斜坚硬裸岩桥梁基础施工关键技术研究	引导课题
3	微承压水粉砂层地下连续墙预降水槽壁加固技术研究	引导课题
4	冻害地区高地下水位深路堑施工关键技术研究	引导课题
5	客运专线桥梁跨黄河故道生态保护与节能减排技术研究	引导课题

其中引导课题“微承压水粉砂层地下连续墙预降水槽壁加固技术研究”已经在股份公司进行科技成果评审，获得国内领先的评审意见，并获股份公司科学技术奖三等奖。“山区湍急河流深水无覆盖层倾斜坚硬裸岩桥梁基础施工关键技术研究”已经在公司结题。其余项目正在进行科研开发，进展顺利。

【中铁科工攻关研究课题】 2012 年，中铁科工攻关研究课题：

1. 山岭高铁高效率隧道口零距离架梁运架设备

（1）立项批复情况：2010 年度国家科技部专项资金项目、2010 年度股份公司重点项目。

(2) 进展情况:“山岭高铁高效率隧道口零距离架梁运架设备”的技术方案已通过中国中铁股份有限公司组织的评审,授权有国家发明专利和实用新型专利,已生成制造四台套设备,首台套设备已于2012年6月20日在武夷山工地开始梁片首架,满足施工要求。

2. 客货共线快速无缝线路新型铺架工法与设备

(1) 立项批复情况:2009年度国家科技部专项资金项目、2009年度股份公司重点项目

(2) 进展情况:该项目成果授权有国家发明专利和实用新型专利,已制造出样机并已投入工地架梁施工,满足施工要求。

3. 模块化无缝线路长钢轨铺轨机组

(1) 立项批复情况:2005年度国家科技部专项资金项目、2010年度股份公司重点项目

(2) 进展情况:已制造出样机并已投入湘桂铁路工地铺轨施工,满足施工要求。项目成果已通过湖北省科技成果鉴定,达到国际领先水平。

4. 中铁南方装备制造基地2000吨轨道式门式起重机

(1) 立项批复情况:2012年度股份公司重大项目。

(2) 进展情况:“中铁南方装备制造基地2000吨轨道式门式起重机”的方案设计、技术设计、安装技术方案均通过股份公司评审,目前样机已基本制造完成。

5. 中铁南方装备制造基地MQ5030门座式起重机

(1) 立项批复情况:2012年度股份公司引导项目。

(2) 进展情况:“中铁南方装备制造基地MQ5030门座式起重机”的方案设计、技术设计均通过股份公司评审,安装技术方案通过集团公司评审,目前样机已基本制造完成。

6. 变频节能12方电铲

(1) 立项批复情况:2012年度集团公司重点项目。

(2) 进展情况:“变频节能12方电铲”项目已完成技术设计,即将进行集团公司技术设计评审。

7. KY250型牙轮钻机

(1) 立项批复情况:2012年度集团公司重点项目。

(2) 进展情况:“KY250型牙轮钻机”项目正在进行方案设计。

8. 独塔自锚式钢箱梁悬索桥空间三维双索面缆索施工技术

(1) 立项批复情况:2012年度股份公司引导项目、2012年度集团公司重点项目。

(2) 进展情况:“独塔自锚式钢箱梁悬索桥空间三维双索面缆索施工技术”项目已完成技术设计,研发成果正在指导工程施工。

9. 城轨交通U型梁运架施工关键技术及装备研制

(1) 立项批复情况:2012年度国家科技部专项资金项目、2012年度股份公司重大项目。

(2) 进展情况:“城轨交通U型梁运架施工关键技术及装备研制”由中铁科工集团联合中铁二院共同研究,目前正在结合工程实际进行方案设计。

【中铁装备攻关研究课题】 开展了“超大断面矩形盾构研制”,掌握了具有自主知识产权的土压平衡矩形盾构顶管机设计制造技术,该设备生产制造完成后将应用于郑州中州大道下穿隧道工程;通过综合日本和欧洲两种模式泥水盾构的优点比对,开展了“ф6.3米泥水盾构样机的研制”,取得关键技术突破,实现制造泥水盾构样机的能力;通过产学研相结合,攻克并创新性的解决双模式TBM复杂地层适应性技术和系统集成设计、制造技术难题。

【中铁南方公司攻关研究课题】 为提升深圳地铁11号线工程技术水平,中铁南方公司对11号线工程重难点进行梳理总结,结合ф6980毫米盾构区间、车公庙枢纽、南山站及南前区间与下穿隧道、前海湾站工程,编制了4项课题(深圳复杂地质Φ7米复合式土压平衡盾构设计、研制与施工成套技术研究、深圳地铁车公庙综合交通枢纽建造关键技术研究、大跨度小净距重叠隧道及隧道与车站合建综合修建技术研究和填海复杂地层大型平行换乘地铁车站综合修建关键技术研究)申报2012年重大科研课题。经2012年7月28日第四次总经理办公会审查,批准立项。经过股份公司评审,其中两项立为股份公司2012年重点课题,并提供共50万元经费资助;一项为引导课题。

课题立项后,中铁南方公司组织了4项课题研究单位的招标工作,通过评标,选择了4家单位(西南交通大学、北京交通大学、中南大学和中国矿业大学)分别参与11号线的课题研究工作。为推动课题进展,组织了4项课题启动会,明确了课题组组成、各方职责、研究内容、目标等。课题研究正按计划有序推进。

【总公司党校攻关研究课题】 2012年,党校承担中组部科研课题1项,中国中铁股份公司科技部立项科研课题3项,四个科研项目均已完成研究任务,取得研究成果,并实现了预期研究目标。见表7-9。

表 7-9　总公司党校 2012 年科研项目情况一览表

序号	项目名称	主要研究成果	批准立项单位
1	企业经营管理人员培训问题研究	本课题阐释了企业经营管理人员培训工作现状和存在的问题；分析了企业经营管理人员培训工作面临的新形势、新要求；提出了加强企业经营管理人员培训工作的对策建议。	中组部
2	EPC 模式的工程建设项目管理研究与应用	本课题采用理论与实践相结合的方法，对 EPC 项目的产生、发展进行了描述，对比 EPC 与其他主要项目管理模式的优劣，总结了 EPC 项目管理模式设计管理、采购管理、施工管理的控制要点，并对以上三个阶段的成本、质量、进度控制方面提出了相应的优化措施；对 EPC 项目的组织结构、合同管理、风险管理、信息管理以及 HSE 管理进行了论述，对中国中铁的 EPC 项目进行了总结，最后结合实例对通过 EPC 项目管理模式进行了实证研究。	股份公司科技部
3	中国中铁全面预算管理体系构建研究	本课题根据中国中铁全面预算管理的现状，用定性描述和定量分析相结合的方法，引入战略管理和平衡计分卡、经济增加值、作业分析等思想构建中国中铁全面预算管理体系，并提出了保障措施。对全面预算管理的目标、编制、审批、执行、控制、调整、反馈和分析等进行研究，深入剖析了目前中国中铁全面预算管理的现状和存在问题，并进行原因分析，建立基于中国中铁全面预算管理体系，并提出了本企业进行全面预算管理的保障措施。	股份公司科技部
4	中国中铁品牌管控研究	本课题通过将品牌管控理论与企业品牌管控实践有机结合，综合运用管理学中的 SOWT、四象限矩阵分析工具对中国中铁品牌协同进行分析研究。对中国中铁品牌管控的现状和问题进行深入的分析，建立基于中国中铁品牌管控的体系构建和保障措施。	股份公司科技部

成果和进步

【股份公司科研成果情况】　2012 年股份公司共获各种奖项有：国家科技进步奖 3 项；中国土木工程詹天佑奖 8 项；省部级科技进步奖 116 项；省部级优秀工程勘察设计奖 56 项；全国优秀工程咨询成果奖 14 项；、省部级优秀工程咨询成果奖 16 项；中国铁路工程总公司科技进步奖 118 项；中国中铁股份有限公司优秀工程勘察设计奖 79 项；中国中铁股份有限公司优秀工程咨询成果奖 31 项。

【中铁二院科研成果与技术进步】　2012 年，中铁二院工程勘察、设计、咨询创优工作取得了可喜的成绩。年内，中铁二院获各类协会、学会及成都市科学技术进步奖 20 项；获国家优质工程奖 3 项；优秀工程咨询成果奖 12 项，其中国家级 3 项，省部级 9 项；省部级优秀工程勘察设计奖 48 项；省部级优秀工程勘察设计计算机软件奖 3 项；优秀工程建设标准设计奖 2 项；优秀测绘工程奖 2 项，其中国家级 1 项，省部级 1 项；其他奖项若干。

一、中铁二院 2012 年度主要科研成果

1．“多排埋入式抗滑桩加固大型滑坡技术”、“高速铁路平面最小曲线半径计算理论及参数标准研究”等 4 项，获中国施工企业协会科技进步一二等奖。

2．“多排埋入式抗滑桩加固大型滑坡技术”、“客运专线中等压缩性土地基沉降特性及处理技术研究”、“郑西客运专线湿陷性黄土地基处理技术试验研究”等 4 项，获中国岩石力学会科学技术一、二等奖。

3．“乌蒙山二号四线车站隧道修建技术研究”、“动车组性能的线路最大坡度确定与节能坡度研究”、“铁路客站现代管理集成平台系统”、“南广铁路桂平郁江钢桁斜拉桥建造技术研究”、“客运专线铁路长联大跨深水基础连续

梁桥关键技术研究”，获中国铁路工程总公司科学技术一等奖。

4. “客货共线铁路长联大跨度及常用跨度预应力砼连续梁（刚构）设计及下部结构线刚度限值研究”，获成都市科技进步一等奖。

5. “面向铁路行业的测绘数据集成共享及三维仿真可视化系统研发及应用”，获测绘学会科学技术三等奖。

（注：中铁二院 2012 年度科研成果获奖详情参见栏目十《荣誉篇》内容。）

6. 依托科研成果，2012 年中铁二院开发了幕帘风阀、通道式蒸发冷凝器、SGJ-I-TEY-1 型轨道几何状态测量仪、气体绝缘自耦变压器、CRTS Ⅲ型板式无砟轨道精调测量系统、测绘数据集成数据共享平台、铁路三维仿真可视化系统、地质灾害综合治理三维分析决策系统、城市轨道交通车辆基地综合管控平台、高速铁路地震监测报警系统等产品产业化项目。

其中，幕帘风阀已完成样机生产和定型实验工作，通道式蒸发冷凝器正在进行产品样机的生产，SGJ-I-TEY-1 型轨道几何状态测量仪已于 2012 年 9 月获取铁道部《铁路专用计量器具新产品技术认证证书》，气体绝缘自耦变压器已完成样机的研制工作并投入试运行，城市轨道交通车辆基地综合管控平台、工程项目施工进度形象管理系统、高速铁路地震监测报警系统均已投入试运行。

7. 已投入运行的新产品有秸秆高分子复合吸声板、并联开关站、球铰式竖向限位器。

其中，秸秆高分子复合吸声板采用农业秸秆为主要材料，具有隔声吸音效果好、轻质高强、耐火、防水等优点，2012 年销售额达到 234 万元。并联开关站已通过科技成果鉴定并取得实用新型专利，在 2012 年宝成铁路扩能改造项目中成功应用，销售额为 83.9 万元。球铰式竖向限位器已成功应用在地震九度区桥梁，防止桥梁在地震中因竖向地震力而落梁，其球铰式结构可实现桥梁正常运营时的温度位移和转动，2012 年销售额为 100 万元。

二、中铁二院 2012 年度主要技术进步概况

2012 年，中铁二院坚持以“提高思想认识、解决突出问题、创新体制机制、促进科学发展”为目标，围绕中铁二院《“十二五”科技发展规划》确定的总体目标开展工作。在复杂艰险山区铁路勘察设计关键技术方面，保持国内领先，居世界领先水平；在城市轨道交通设计成套技术方面，居国内领先，达世界先进水平。同时，海外铁路工程勘察设计技术方面，取得新的突破。创新战略与规划实施取得了较好的成绩。

1. 技术创新体系基本情况

中铁二院探索并实施基于资源整合模式的开放式创新之路，截至 2012 年底，已形成以技术需求为导向，以产学研相结合为纽带，以战略联盟为保障，最大程度利用外部科技资源的技术创新体系，企业综合创新能力提升显著。

中铁二院技术创新体系以自身作为研发投入和技术创新的主体，国外与美国 Autodesk 公司、澳大利亚沃利帕森斯公司，国内与十多所高校、研究院、以及多家中铁企业形成长期、稳定的产学研结合的战略联盟。

在复杂艰险山区高速铁路设计关键技术、高速铁路勘察设计技术创新与集成、重大工程修建关键技术、城市轨道交通设计技术集成、低碳、节能、环保新技术新工艺、基于物联网技术的工程健康监测与预警预报技术、企业信息化等领域，中铁二院通过产学研联合科技攻关，取得了一批具有国内领先水平的自主知识产权科技成果，较好地实现了“十二五”科技发展规划目标，满足了企业可持续发展的需要。

2. 技术创新基础设施建设

2012 年，中铁二院在研究实验、检测和信息化领域，创新基础设施建设卓有成效。中铁二院工程测试中心是获得认证的国家级实验室，具备较完善的研究开发及试验的基础条件，承担着大量生产、科研的试验和检测使命。

中铁二院持有测绘系统乙级测绘航空摄影业务《测绘资质证书》，拥有参与国家测绘地理信息及各种航空摄影项目良好基础。

中铁二院与高校共享研发设备和资源，组建“抗震工程技术四川省重点实验室”、“综合运输四川省重点实验室”、“陆地交通灾害防治技术国家工程实验室”、“环境与工程监测光纤应用技术实验室”和“数字化轨道交通技术国家工程实验室”，着力推进创新基础设施建设。

3. 技术创新机制建设

2012 年，为适应铁路建设形势发展要求，进一步明确和完善各专业设计分工、配合，满足高速铁路、客运专线勘察设计需要，根据现行生产体制和目前勘察设计工作实际，中铁二院在制定或完善了《中铁二院节能减排管理办法》、《城市轨道交通工程车辆基地设计文件审查签署暂行规定》、《中铁二院申报国家级、省部级科技成果奖管理办法》、《电气化接触网专业与站前相关专业借口配合技术管理暂行规定》等 15 项技术管理规章制度。

为加快实施“科技兴企”和“人才强企”战略，中铁二院以培养院士、大师、专家等领军人物为主导，加快高端人才的引进和培养步伐，努力培养造就一大批科技拔尖人才、技术创新人才、经营管理人才、复合型的政工人才和高素质的技能人才。2012 年，印发了《关于进一步加强集团公司专家申报工作的实施意见》，加强专家人才库管理，为集聚高端人才、联合科研攻关搭建好重要平台。依据《中铁二院优秀科技论文管理办法》，从当年员工发表在核心期刊上的科技论文中评选出优秀科技论文予以奖励，全年有 78 篇文章获得优秀科技论文奖励。

4．合作技术创新情况

2012年，由西南交大、中铁二院等单位联合组建的“陆地交通灾害防治技术国家工程实验室”，获得国家发改委的批准。该实验室是由西南交通大学牵头，联合中铁二院、中科院成都山地所、四川省交通厅公路院和成都新筑股份公司共同组建的技术研发基地，采用产学研用五方共建技术研发基地的产学研用合作模式，构建以资产为纽带、成果共享、风险共担的运行机制。

2012 年，中铁二院博士后工作站联合高校优质资源，开展风能风机关键技术及其应用、基于“路线(路段、桥梁、隧道)-驾驶人-车辆”系统动力学仿真的公路行驶特性分析与设计控制、路堤沉降动态控制方法、基于光纤微光编码的路基沉降远程自动监测系统、高速铁路无咋轨道耐久性提升综合技术——基于水力劈裂磨蚀与溶蚀高速铁路无咋轨道破坏等课题研究。2012 年度工作站研究的多项成果已获得多项发明和实用新型专利。

【中铁设计咨询科研成果与技术进步】 2012年中铁设计咨询完成的科研及软件开发项目，通过铁道部评审3项，通过中国中铁股份有限公司评审2项。中铁设计咨询对内部立项科研及软件开发项目的评审共31项（其中软件开发项目8项）。（铁道部、股份公司评审项目见表7-10）

表7-10　中铁设计咨询2012年通过铁道部、股份公司科研评审的项目

序号	项目名称	组织评审验收单位
1	时速350公里60公斤/米钢轨18号无砟道岔	铁道部
2	大跨度桥梁建造关键技术研究—大跨度中承式钢箱拱桥建造关键技术	铁道部
3	客专道岔用辊轮的国产化技术研究	铁道部
4	包西铁路黄河特大桥设计研究及应用	股份公司
5	75公斤/米钢轨18号固定辙叉的研究	股份公司

2012年初，中铁设计咨询桥梁院《高速铁路常用跨度桥梁技术》荣获中国铁道学会科学技术奖特等奖。《高速铁路常用跨度桥梁技术》形成了较为完整的客运专线常用跨度梁设计理论和设计方法，解决了高速行车条件下的结构适用性和列车运行的安全性、舒适性问题，从而确立了具有中国自主知识产权的高速铁路常用跨度桥梁结构体系，并形成了客运专线预制整孔简支箱梁制造、运输、架设成套技术。有关常用跨度简支箱梁技术已于2010年1月获得发明专利，并于2011年获中国专利优秀奖。《时速350公里客运专线铁路无砟轨道后张法预应力混凝土双线简支箱梁》获2007年第九次铁路工程建设优秀标准设计一等奖、全国优秀工程设计金奖和全国工程勘察设计行业国庆60周年“作用显著标准设计项目”大奖。

2012年8月，在中国铁路电气化技术装备交流大会及产品展示会上，中国北车集团唐山轨道客车有限责任公司时速300公里动调试验线技术改造工程获得中国铁道学会颁发的“中国铁路电气化十大应用成果奖”。该项目配套的供电改造工程设计由中铁设计咨询电化院负责完成，一般供电工程是单一的电压等级单一电流制式输出，而本工程特点是设计的动调变配电所能同时提供直流500伏、直流750伏、交流25千伏等三种供电制式电源。交流25kV系统进线由电缆引自京哈正线银城铺站，出线为四回交流25kV。厂内交流6kV三相电力电源经变电所的变电整流，可通过切换分别输出750伏、1500伏两种直流电压。动调变配电所输出的三种不同电流制式和不同电压等级牵引电源，为动态、静态试验线机车同时提供可靠及多样的能源保证。此项创新技术在国内尚属首次。

2012年中铁设计咨询有6项科技成果获部、省级科技成果奖。（见表7-11）

表7-11　中铁设计咨询2012年获部、省级科技成果奖项目

序号	项目名称	获奖类别	等级
1	高速铁路常用跨度桥梁技术	中国铁道学会科学技术奖	特等奖
2	无砟轨道结构混凝土材料试验研究及工程应用	中国铁道学会科学技术奖	二等奖
3	铁路客运专线整孔箱梁快速预制技术	中国铁道学会科学技术奖	一等奖
4	北京市六环路斜拉桥关键技术	北京市科学技术奖	三等奖
5	高速铁路常用跨度桥梁技术	北京市科学技术奖	三等奖
6	SGJ -T-CEC-I型客运专线轨道几何状态测量仪系统	中国施工企业管理协会科学技术奖	二等奖

【中铁大桥院科研成果和技术进步】 2012年，中铁大桥院有6项科技成果经过股份公司科技成果鉴定会评审，其中《三主桁双连拱整体桥面钢桁连续梁桥创新设计》、《双层公路三主桁刚性悬索加劲钢桁梁桥新技术》、《港珠澳大桥GNSS连续运行参考站系统》3项成果被专家认定为达到国际领先水平，《大跨度铁路钢桁拱桥设计技术》达到国际先进水平，《独塔展翅混合梁空间索面自锚式悬索桥创新设计》达到国内领先水平，《高速列车-桥梁耦合振动研究》达到国内先进水平。

【中铁西北院科研成果和技术进步】 2012年，中铁西北院有9项成果通过鉴定和评审，7项成果获奖。由中铁西北院主持的"湿陷性黄土地区高速铁路地基路基沉降控制技术的研究与应用"成果获得甘肃省科技进步一等奖，主持的"兰新铁路百里风区风沙灾害防治技术研究及应用"成果获得新疆维吾尔自治区科技进步一等奖；参加的"兰新铁路既有线路基基床病害整治技术研究"成果获得甘肃省科技进步二等奖，主持的"砖石古塔地震破坏机理与抗震加固工程措施研究"、"岩土锚固新技术在西北地区土遗址保护加固中的应用研究"2项成果均获得中国施工企业管理协会科学技术奖技术创新成果二等奖，主持的"青藏铁路多年冻土区生态修复新技术应用研究"、"青藏铁路多年冻土区桥头路基下沉原因及治理措施研究"2项成果均获得中国中铁科学技术二等奖。

"湿陷性黄土地区高速铁路地基路基沉降控制技术的研究与应用"获甘肃省科技进步一等奖。国家科研院所技术开发研究专项资金项目，该项目针对湿陷性黄土地区高速铁路地基路基沉降控制的技术难题，以郑西高速铁路为工程依托，通过现场调查、室内试验和现场试验、理论计算和数值模拟等方法，研究提出了湿陷性黄土地区高速铁路地基路基沉降控制的成套技术。项目主要取得了如下研究成果：①首次通过大规模现场试坑浸水试验和工程地质调查，对郑西高速铁路沿线黄土场地的湿陷类型与等级、湿陷性土层下限深度、自重湿陷量修正系数βo等湿陷性特征进行了分段评价；②首次通过实体路基的沉降变形观测和大型浸水试验，研究了高铁技术条件下改良黄土路堤以及柱锤冲扩桩、挤密桩、强夯等地基处理方法控制沉降变形的工程效果，并提出了适用范围；③研发了"多点组合式沉降观测方法及装置"，采用组合式结构设计，可进行分层沉降和施工过程中的沉降观测，测试精度高，为动态监测高铁路基变形、控制路基沉降提供了一种经济、有效手段；④研发了"地基深部分层变形观测方法和装置"，可有效捕捉地基不同深度的变形，客观确定湿陷性土层的下限深度、浸水影响范围等，提高了黄土场地湿陷性评价的客观性和全面性；⑤综合相关规范并在现场实体路基试验验证的基础上，提出了高铁技术条件下水泥土柱锤冲扩桩、挤密桩地基的质量检测标准建议值；⑥提出了水泥土柱锤冲扩桩、挤密桩等地基的复合模量与桩体模量、桩间土模量之间所满足的非线性关系式。

"兰新铁路百里风区风沙灾害防治技术研究及应用"获新疆维吾尔自治区科技进步一等奖。科技部项目，该项目采用室内试验、风洞试验、数值模拟和现场试验等方法，查明了兰新铁路百里风区特大风随时空的分布规律，研究分析了不同类型挡风墙的防风效果。计算出现有挡风墙条件下列车安全运行的风速、车速限值，确定了不同类型车辆临界倾覆风速——车速曲线，完善补充了大风天气行车安全组织措施，提出了强风地区铁路安全运输的防风技术体系，提升了强风地区列车运行科学合理的调度水平。研究分析戈壁风沙流的活动特点等，提出了风沙流密度概念及其测定方法，创立了沙荷载的计算方法，研发了针对强风地区的不同材料（混凝土、PE网、陶力、冲孔钢板、金属涂塑网）以及不同结构型式（斜插板、箱式、活动箱体式等）的防沙装置、固沙抑尘试剂系列及植物绿化等措施，提出了风沙灾害的综合防治技术体系。

【中铁西南院科研成果和技术进步】 2012年度，公司共完成8项课题的科技成果评审（鉴定），其中通过鉴定的科技成果为2项、通过评审的科技成果6项。具体如下：

1. 参加完成的科技成果"超高墩大跨预应力混凝土连续钢构桥梁设计与控制关键技术研究" 通过四川省科技厅组织的科技成果鉴定；

2. 参加完成的科技成果"水压力作用下隧道仰拱开裂机理及预防与整治研究"通过天津市科委组织的科技成果鉴定；

3. 参加完成的科技成果"宜万铁路大跨T构设计与施工试验研究"通过中铁建筑工程总公司组织的科技成果评审；

4. 参加完成的科技成果"高速铁路隧道关键技术研究"通过中铁建筑工程总公司组织的科技成果评审；

5. 主持完成的科技成果"高地应力及富水隧道设计理论和方法研究" 通过中国中铁股份有限公司组织的科技成果评审；

6. 主持完成的科技成果"HSP206型隧道超前地质预报仪推广应用研究"通过中国中铁股份有限公司组织的科技成果评审；

7. 主持完成的科技成果"隧道突水、涌水、突泥等灾害发生机理、预报及处理技术的研究"通过中国中铁股份有限公司组织的科技成果评审；

8. 主持完成的科技成果"沉管隧道运营期间结构安全长期监控和沉降预测及处理技术研究"通过中国中铁股份有限公司组织的科技成果评审。

【中铁电化院科研成果和技术进步】 院智多星小组的《解决 6 号线车辆段接触网均回流电缆连接位置与轨道信号绝缘节冲突问题》、海亿小组的《解决上海 2 号线东延伸接触网接驳时间过长问题》在 2012 年分别参加总公司和集团公司系统的 QC 小组成果发表会，智多星小组在总公司的 QC 小组成果发表会上获得第一名，并直接获得总公司唯一申报全国优秀 QC 成果的名额，智多星小组已获得 2012 年全国优秀质量管理小组称号，海亿小组获得铁道部优秀质量管理小组称号。院获得 2012 年北京市质量管理小组活动优秀企业、总经理韩鲁斌和总工程师王立天获得 2012 年北京市质量管理小组活动卓越领导者、院质量主管陆志东获得 2012 年北京市质量管理小组活动优秀推进者。

【中铁通号院科研成果和技术进步】 成果评审：1、“城市轨道交通（集中告警）平台研究”，2012 年 6 月通过中铁电化局集团公司组织的成果评审。2、“铁路路基设备信息化监控及预警”，2012 年 11 月通过成都铁路局组织的成果评审。

成果获奖：“地铁既有线信号改造方案研究”，2012 年 2 月获北京市科学技术奖二等奖。

优秀设计：1、“改建铁路沪昆线百亩井至大龙段自动闭塞改造工程可行性研究”，获 2012 年中铁股份公司优秀工程咨询成果二等奖。2、“改建铁路湘桂铁路柳州至南宁段电气化改造工程可行性研究(信号)”，获 2012 年中铁股份公司优秀工程咨询成果三等奖。3、“车站电码化计算机辅助设计软件开发”，获 2012 年中铁股份公司优秀工程计算机软件一等奖。4、“地铁牵引计算软件开发”，获 2012 年中铁股份公司优秀工程计算机软件三等奖。5、“改建铁路沪昆线百亩井至大龙段自动闭塞改造工程可行性研究”，获 2012 年中国工程咨询协会优秀咨询成果三等奖，2012 年北京市优秀咨询成果三等奖。

QC 成果：2012 年，建筑所 QC 小组“沪昆线向韶站站台挡土墙方案优化”，获中铁电气化局集团公司优秀质量管理成果奖；通信所八通线 QC 小组“提高地铁既有线改造 PC 米设备过渡倒接准确率”和地铁分院革新 QC 小组“优化视频监视架构，减少线槽布放空间”获股份公司勘察设计与咨询系统优秀质量管理成果奖；地铁所 QC 小组“提高北京地铁 16 号线折返能力”获北京市“京铁杯”优秀质量管理小组称号；信号所牵引计算 QC 小组“提高京广线部分车站正线通过能力”获国家工程建设（勘察设计）优秀 QC 小组称号。

表 7-12　中铁通号院 2012 年软件著作权登记

室外电缆配线软件 V1.0	证书号：软著登字第 0398995 号	登记号：2012SR030959
防灾安全监控系统调度终端软件 V1.0	证书号：软著登字第 0398941 号	登记号：2012SR030905
牵引计算软件 V1.0	证书号：软著登字第 0398739 号	登记号：2012SR030703
电缆统计软件 V1.0	证书号：软著登字第 0398668 号	登记号：2012SR030632
地铁综合信息查询系统 V1.0	证书号：软著登字第 0398582 号	登记号：2012SR030546
地铁牵引计算软件 V1.1	证书号：软著登字第 0398578 号	登记号：2012SR030542

【中铁一局科研成果和技术进步】 2012 年，中铁一局完成各级科技成果评审或鉴定、验收项目 45 项。分别为：“地铁高架换乘站机电系统接口集成及总联调技术研究”等 27 项成果通过集团公司科技评审或验收；组织完成“京沪高速铁路济南黄河大桥综合施工技术”等 11 项成果通过股份公司科技评审；组织完成“公路 3000 吨级宽幅移动模架研制及应用技术”等 4 项成果通过陕西省科技鉴定。组织完成了“西安地铁关键技术研究”陕西省科技验收。1 项成果通过甘肃省科技鉴定。并完成公司承担股份公司重大或重点技术开发项目中期检查 17 项。

完成申报参评各级科技成果奖 47 项。分别为：配合股份公司完成“乌鞘岭特长隧道复杂高地应力条件下软岩大变形控制及快速施工综合技术”向国家申报科技进步奖评选；组织完成“海底隧道关键施工技术研究”等 9 项成果向陕西省申报参评科技奖；策划并组织完成向河北省申报参评科技成果奖 1 项——“寒冷地区高墩大跨度小半径曲线多跨连续刚构桥施工关键技术研究”、向福建省申报参评科技成果奖 1 项——“厦门翔安海底隧道建设与运营成套技术”、向四川省申报参评科技成果奖 1 项——“火山灰水泥基材在路基加固与防护工程抗环境水侵蚀中的应用技术研究”、向上海市申报参评科技成果奖 1 项——“城市轨道交通高等级减振降噪集成技术研究与产业化应用”；组织完成“软弱地质条件下长距离小净距重叠隧道盾构法施工技术”等 12 项成果向中国施工企业协会申报参评科技奖；组织完成“团泊新桥彩针状斜拉钢塔及宽幅钢梁综合施工技术”等 6 项成果向中国公路学会申报参评科技奖；组织完成“节段拼装造桥机设计与应用研究”等 15 项成果向股份公司申报参评科技奖。

获得各级科技成果奖 29 项。分别为：“海底隧道关键施工技术研究”等 4 项成果获得陕西省科学技术奖（其中：二等 1 项、三等 3 项）；“异形双套拱塔斜拉桥关键施工技术”

等9项成果获得中国施工企业协会科学技术奖（其中：一等5项、二等4项）；“公路3000t级宽幅移动模架研制及应用技术” 等 11 项成果获得中国铁路工程总公司科学技术奖（其中：一等4项、二等2项、二等5项）；参加完成的“特长公路隧道施工及营运期结构安全一体化监控技术研究”获中国公路学会科学技术一等奖；参加完成的“山区高墩短工期液压滑模施工技术在龙生特大桥的应用”获贵州省公路学会科学技术三等奖；参加完成的“寒冷地区高墩大跨度小半径曲线多跨连续刚构桥施工关键技术研究”获河北省科技进步三等奖；参加完成的“城市轨道交通高等级减振降噪集成技术与产业化应用”获上海市科技进步二等奖；参加完成的“轨道交通阻尼弹簧浮置道床隔振系统成套技术研究及产业化”获北京市科学技术一等奖；中铁一局荣获中国施工企业管理协会授予的“中国施工企业技术创新先进单位”称号。向陕西省申报“企业技术中心建设先进单位”。

表7-13　中铁一局2012年度获得省部级科学技术奖项目清单表

序号	项目名称	获奖等级	获奖年度	获奖单位
1	海底隧道关键施工技术研究	陕西省二等奖	2012	中铁一局集团有限公司
2	武广高速铁路浏阳河隧道施工关键技术	陕西省三等奖	2012	中铁一局集团有限公司
3	软弱地质条件下长距离小净距重叠隧道盾构法施工技术	陕西省三等奖	2012	中铁一局集团有限公司
4	高速铁路黄河特大桥综合施工技术	陕西省三等奖	2012	中铁一局集团有限公司
5	寒冷地区高墩大跨度小半径曲线多跨连续刚构桥施工关键技术研究	河北省科技进步三等奖	2012	中铁一局集团有限公司
6	城市轨道交通高等级减振降噪集成技术与产业化应用	上海市科技进步奖	2012	中铁一局集团有限公司
7	特长公路隧道施工及营运期结构安全一体化监控技术研究	中国公路学会一等	2012	中铁一局集团有限公司
8	轨道交通阻尼弹簧浮置道床隔振系统成套技术研究及产业化	北京市科学技术一等奖	2012	中铁一局集团有限公司

表7-14　中铁一局2012年度获国家认可的社会力量设奖项目清单表

序号	项目名称	获奖等级	获奖年度	获奖单位
1	京沪高速铁路济南黄河大桥综合施工技术	总公司一等奖	2012	中铁一局集团有限公司
2	沈阳地铁2号线暗挖车站逆向引孔PBA法及大直径污水管线防护关键技术研究	总公司一等奖	2012	中铁一局集团有限公司
3	BQL1300-64节段拼装造桥机的设计与应用研究	总公司一等奖	2012	中铁一局集团有限公司
4	公路3000吨级宽幅移动模架研制及应用技术	总公司一等奖	2012	中铁一局集团有限公司
5	哈尔滨地铁松花江漫滩区严寒条件下车站及盾构区间关键施工技术	总公司二等奖	2012	中铁一局集团有限公司
6	80 米简支钢-混凝土组合桁架结构桥梁施工技术	总公司二等奖	2012	中铁一局集团有限公司
7	基于策略管理的通用机电设备监控系统设计与研究	总公司三等奖	2012	中铁一局集团有限公司
8	不中断交通繁忙干道桥提篮式钢管拱施工关键技术	总公司三等奖	2012	中铁一局集团有限公司
9	高速铁路无砟轨道线路精调综合技术	总公司三等奖	2012	中铁一局集团有限公司
10	LG900h辅助导梁式架桥机施工技术	总公司三等奖	2012	中铁一局集团有限公司
11	多跨曲线桥梁断柱整体顶升技术研究	总公司三等奖	2012	中铁一局集团有限公司
12	黄土地区高速铁路修建关键技术-郑西客专陕西段专题研究	中施企协一等奖	2011	中铁一局集团有限公司
13	异形双套拱塔斜拉桥关键施工技术	中施企协一等奖	2011	中铁一局集团有限公司
14	168000kN自锚上承式拱桥转体施工技术	中施企协一等奖	2011	中铁一局集团有限公司
15	软弱地质条件下长距离小净距重叠隧道盾构法施工技术	中施企协一等奖	2011	中铁一局集团有限公司
16	黄土地层及全断面砂质地层土压平衡盾构掘进技术研究	中施企协一等奖	2011	中铁一局集团有限公司
17	寒冷地区高速公路高墩大跨度曲线连续刚构桥悬灌施工关键技术	中施企协二等奖	2011	中铁一局集团有限公司
18	梁拱组合桥大节段拖拉浮运成桥技术	中施企协二等奖	2011	中铁一局集团有限公司
19	南京河西长江漫滩复杂地层盾构施工综合技术研究	中施企协二等奖	2011	中铁一局集团有限公司
20	复杂地层条件下超深超大地连墙综合施工技术	中施企协二等奖	2011	中铁一局集团有限公司
21	山区高墩短工期液压滑模施工技术在龙生特大桥的应用	贵州省公路学会三等	2012	中铁一局集团有限公司

表 7-15　中铁一局 2012 年度通过省部级、总公司级成果评审鉴定项目清单

序号	项　目　名　称	评审鉴定单位	完成单位
1	京沪高速铁路济南黄河大桥综合施工技术	中国中铁股份有限公司	中铁一局集团有限公司
2	基于策略管理的通用机电设备监控系统设计与研究	中国中铁股份有限公司	中铁一局集团有限公司
3	不中断交通繁忙干道桥提篮式钢管拱施工关键技术	中国中铁股份有限公司	中铁一局集团有限公司
4	沈阳地铁 2 号线暗挖车站逆向引孔 PBA 法及大直径污水管线防护关键技术研究	中国中铁股份有限公司	中铁一局集团有限公司
5	哈尔滨地铁松花江漫滩区严寒条件下车站及盾构区间关键施工技术	中国中铁股份有限公司	中铁一局集团有限公司
6	景区复杂环境多跨中承式拱桥整体定向爆破拆除技术	中国中铁股份有限公司	中铁一局集团有限公司
7	高速铁路无砟轨道线路精调综合技术	中国中铁股份有限公司	中铁一局集团有限公司
8	铁路施工企业机车车辆管理系统	中国中铁股份有限公司	中铁一局集团有限公司
9	BQL1300-64 节段拼装造桥机的设计与应用研究	中国中铁股份有限公司	中铁一局集团有限公司
10	80 米简支钢-混凝土组合桁架结构桥梁施工技术	中国中铁股份有限公司	中铁一局集团有限公司
11	浅埋砂层复杂环境下双连拱隧道施工技术	中国中铁股份有限公司	中铁一局集团有限公司
12	公路 3000 吨级宽幅移动模架研制及应用技术	陕西省科学技术厅	中铁一局集团有限公司
13	LG900h 辅助导梁式架桥机施工技术	陕西省科学技术厅	中铁一局集团有限公司
14	多跨曲线桥梁断柱整体顶升技术研究	陕西省科学技术厅	中铁一局集团有限公司
15	西安地铁黄土地层条件下深基坑及盾构隧道施工关键技术研究	陕西省科学技术厅	中铁一局集团有限公司
16	新建西平铁路 80 米跨钢-混凝土组合桁梁施工技术研究	甘肃省科学技术厅	中铁一局集团有限公司

【中铁二局科研成果与技术进步】　2012 年获四川省科技进步奖 2 项：《超深埋大断面特长隧洞群施工关键技术》二等奖，《复杂环境富水粉土粉砂地层土压平衡盾构施工关键技术研究》三等奖；获总公司科学技术奖 5 项：《超深埋大断面特长隧洞群施工关键技术》特等奖，《深圳北站工程关键施工技术》、《复杂城市环境下软硬交互地层浅埋小净距隧道关键施工技术》、《预埋套管式混凝土道岔板制造技术研究》一等奖，《复杂环境富水粉土粉砂地层土压平衡盾构施工关键技术》二等奖。获得中国施工企业管理协会 2011 年度科学技术奖 3 项：《深圳北站工程关键施工技术》、《风积沙隧道施工力学行为及关键技术》一等奖，《大坡道小半径曲线铁路 450 吨级箱梁制运架施工技术及关键设备》二等奖。

表 7-16　中铁二局 2012 度获省（部）级科技进步奖项目汇总表

序号	获奖名称	级别	获奖时间	获奖单位	奖励单位	
1	独塔斜拉连续刚构组合桥关键施工技术	二等奖	2011	中铁二局股份有限公司、中铁二局第五工程有限公司	中国铁道学会	学秘 [2012]2 号
2	客运专线无砟轨道制造、施工成套设备及工艺研究	二等奖	2011	中国中铁股份有限公司、中铁八局集团有限公司、中铁二局集团有限公司、中铁六局集团有限公司、中铁四局集团有限公司、高速铁路建造技术国家工程实验室	中国铁道学会	学秘 [2012]2 号
3	超深埋大断面特长隧洞群施工关键技术	二等奖	2012	中铁二局第二工程有限公司、中国水电顾问集团华东勘测设计研究院、西南交通大学、北京交通大学	四川省	
4	复杂环境富水粉土粉砂地层土压平衡盾构施工关键技术	三等奖	2012	中铁二局股份有限公司城通公司、西南交通大学	四川省	

表 7-17 中铁二局 2012 年度获总公司级科技进步奖项目汇总表

序号	获奖名称	级别	获奖时间	获奖单位	奖励单位	
1	超深埋大断面特长隧洞群施工关键技术	特等奖	2012	中铁二局股份有限公司、中铁二局第二工程有限公司、中国水电顾问集团华东勘测设计研究院、西南交通大学、北京交通大学隧道及地下工程试验研究中心	总公司	中铁程办〔2013〕6 号
2	深圳北站工程关键施工技术	一等奖	2012	中铁二局股份有限公司	总公司	中铁程办〔2013〕6 号
3	复杂城市环境下软硬交互地层浅埋小净距隧道关键施工技术	一等奖	2012	中铁二局股份有限公司、中铁二局第一工程有限公司、西南交通大学	总公司	中铁程办〔2013〕6 号
4	预埋套管式混凝土道岔板制造技术研究	一等奖	2012	中铁二局股份有限公司、中铁二局集团新运工程有限公司、广州南方高速铁路测量技术有限公司	总公司	中铁程办〔2013〕6 号
5	复杂环境富水粉土粉砂地层土压平衡盾构施工关键技术	二等奖	2012	中铁二局股份有限公司、西南交通大学	总公司	中铁程办〔2013〕6 号

【中铁三局科研成果和技术进步】 2012 年 4 月 22 日，集团公司与五公司、六公司共同研发的“京沪高铁 1-112 米提篮拱桥综合施工技术研究”等 4 项科技成果的省级鉴定会在山西省人大会议中心顺利召开。会议由山西省科技厅主持、集团公司技术开发部组织。经到会专家讨论、鉴定，“京沪高铁 1-112 米提篮拱桥综合施工技术研究”、“堰吉河中承式劲性骨架箱肋拱桥施工综合技术研究”、“九龙江特大桥高潮汐深水长大钻孔桩及大体积砼承台施工技术研究”等 3 项科研成果达到国际先进水平；“CRTSⅠ型板式无砟轨道测量控制及施工工艺”达到国内领先水平。

2012 年 7 月 6 日，集团公司和五公司依托南广铁路郁江双线特大桥研发的“高速铁路深水基础大跨度钢桁斜拉桥成套施工技术”省级科技成果鉴定会在山西省人大会议中心顺利召开。会议由山西省科技厅主持、集团公司技术开发部组织。经到会专家讨论、鉴定，“高速铁路深水基础大跨度钢桁斜拉桥成套施工技术”达到了国际先进水平。

2012 年 10 月 25 日至 30 日，中国中铁股份有限公司在北京组织召开了 2012 年度科技成果评审会，中铁三局集团有限公司有 8 个项目参加了本次评审。其中 1 项达到国际领先水平，4 项达到国际先进水平，2 项达到国内领先水平，1 项达到国内先进水平。经与会专家质疑和讨论，一致认为“物料平衡法控制间歇式拌和机生产工艺与沥青混合料施工控制技术”创新性突出，经济和社会效益显著，达到国际领先水平，“艰险峡谷山区四线双幅大跨度单 T 刚构曲线桥综合施工技术研究”、“大跨度海鸥式双孔中承系杆拱与三角刚构墩组合钢箱拱桥综合施工技术研究”、“后张预应力混凝土桥梁张拉自动控制施工技术研究”、“富水砂卵石地层盾构下穿营运铁路及地面建构筑物综合施工技术研究”等 4 项科技成果具有创新性，效益良好，推广应用前景广阔，达到国际先进水平，“浅埋条件下超近距离立体交叉隧道施工力学行为及对策研究”、“铁路客运专线杭长Ⅱ标 900 吨小曲线（900m）箱梁架设研究”等 2 项科技成果有一定的创新，且经济和社会效益明显，达到国内领先水平，“高速铁路含大直径漂石土湿陷性黄土路基高桩板结构关键施工技术研究”经济和社会效益良好，对类似工程具有参考意义，达到国内先进水平。

2012 年度集团公司科技成果丰硕。通过股份公司级以上各级鉴定（评审）的科技成果 16 项，完成年度计划的 160%，其中省级鉴定 5 项、铁道部验收评审 3 项、股份公司评审 8 项，有 1 项达到国际领先水平、8 项达到国际先进水平；获得各级科技奖 13 项，完成年度计划的 130%，其中省级科技进步奖有 2 项、一等奖有 7 项，省部级和一等奖获得比例较往年均有较大提升。

表 7-18 中铁三局 2012 年新通过鉴定（评审）的科技成果一览表

序号	成果名称	鉴定/评审单位	鉴定/评审证书号	鉴定/评审日期	成果水平
1	南广铁路桂平郁江钢桁斜拉桥建造技术研究	铁道部	2010G004-F	2012-2-22	
2	高速铁路无缝线路铺设技术研究	铁道部	2008G031-10	2012-2-27	
3	京沪高速铁路大跨度无砟桥梁线形控制技术研究	铁道部	2010G029-C	2012-3-1	
4	京沪高铁 1-112 米提篮拱桥综合施工技术研究	山西省	晋科鉴字[2012]058 号	2012-4-22	国际先进
5	堰吉河中承式劲性骨架箱肋拱桥施工综合技术研究	山西省	晋科鉴字	2012-4-22	国际

			[2012]059 号		先进
6	九龙江特大桥高潮汐深水长大钻孔桩及大体积砼承台施工技术研究	山西省	晋科鉴字[2012]060 号	2012-4-22	国际先进
7	CRTS Ⅰ型板式无砟轨道测量控制及施工工艺	山西省	晋科鉴字[2012]061 号	2012-4-22	国内领先
8	高速铁路深水基础大跨度钢桁斜拉桥成套施工技术	山西省	晋科鉴字[2012]182 号	2012-7-6	国际先进
9	艰险峡谷山区四线双幅大跨度单 T 刚构曲线桥综合施工技术研究	股份公司	中铁股份技评字[2012]第 062 号	2012-10-25	国际先进
10	大跨度海鸥式双孔中承系杆拱与三角刚构墩组合钢箱拱桥综合施工技术研究	股份公司	中铁股份技评字[2012]第 070 号	2012-10-25	国际先进
11	后张预应力混凝土桥梁张拉自动控制技术研究	股份公司	中铁股份技评字[2012]第 076 号	2012-10-26	国际先进
12	铁路客运专线杭长Ⅱ标 900 吨小曲线（900m）箱梁架设研究	股份公司	中铁股份技评字[2012]第 083 号	2012-10-26	国内领先
13	富水砂卵石地层盾构下穿营运铁路及地面建构筑物综合施工技术研究	股份公司	中铁股份技评字[2012]第 080 号	2012-10-26	国际先进
14	浅埋条件下超近距离立体交叉隧道施工力学行为及对策研究	股份公司	中铁股份技评字[2012]第 087 号	2012-10-27	国内领先
15	高速铁路含大直径漂石土湿陷性黄土路基高桩板结构关键施工技术研究	股份公司	中铁股份技评字[2012]第 096 号	2012-10-28	国内先进
16	物料平衡法控制间歇式拌和机生产工艺与沥青混合料施工控制技术	铁道部	中铁股份技评字[2012]第 102 号	2012-10-28	国际领先

表 7-19　中铁三局 2012 年新获科学技术奖一览表

序号	成果名称	授奖单位	获奖等级	主要研究单位
1	青海柴木铁路铁路冻土沼泽湿地路基修筑综合技术	青海省	二等	中铁三局集团公司
2	200km/h 时速铁路大跨度 V 型连续刚构拱组合桥施工关键技术及其理论研究	山西省	二等	中铁三局集团有限公司
3	大型近接暗挖换乘地铁车站施工关键技术研究	广州市	一等	中铁三局集团有限公司
4	客运专线无砟轨道非对称大跨度混凝土连续刚构桥施工关键技术研究	中施企协	一等	中铁三局集团有限公司
5	时速 350 千米高速铁路无砟轨道大跨度连续梁拱组合桥梁施工关键技术	中施企协	一等	中铁三局集团有限公司 中国铁道科学研究院铁道建筑研究所 中铁三局集团第二工程有限公司
6	繁华城区复杂地质条件下泥水盾构综合施工技术研究	中施企协	一等	中铁三局集团有限公司 中铁三局集团有限公司广东公司 广州市地下铁道总公司 中铁三局集团有限公司桥隧分公司
7	宽幅多室波形钢腹板 PC 组合箱梁施工关键技术	中施企协	一等	中铁三局集团有限公司 中铁三局集团第二工程有限公司
8	不良地质盖挖逆作地铁车站深基坑开挖关键技术研究	中施企协	二等	中铁三局集团有限公司 中铁三局集团有限公司桥隧工程分公司
9	深厚淤泥质土地基条件下桥梁支架现浇施工方案研究	中施企协	二等	中铁三局集团有限公司 中铁三局集团华东建设有限公司 中铁三局集团有限公司桥隧工程分公司
10	南广铁路桂平郁江钢桁斜拉桥建造技术研究	股份公司	一等	中铁二院工程集团有限责任公司 南广铁路有限责任公司 西南交通大学 中铁三局集团有限公司 中铁科工集团有限公司
11	物料平衡法控制间歇式拌和机生产工艺与沥青混合料施工控制技术	股份公司	一等	中铁三局集团有限公司 中铁三局集团第五工程有限公司
12	京沪高铁 1-112 米提篮拱桥综合施工技术研究	股份公司	二等	中铁三局集团有限公司 中铁三局集团第五工程有限公司
13	CRTS-Ⅰ型板式无砟轨道测量控制及施工工艺	股份公司	三等	中铁三局集团有限公司 中铁三局集团第六工程有限公司

【中铁四局科技成果】 2012 年，中铁四局集团公司获中国土木工程詹天佑大奖二项：沈阳地铁工程项目、深圳北站枢纽项目；获安徽省科技进步二等奖 1 项，三等奖 2 项；获中国铁路工程总公司科技进步一等奖 3 项、二等奖 6 项、三等奖 1 项；获中国施工企业管理协会科技进步一等奖 2 项、二等奖 4 项；获中国质量评价协会创新成果奖 7 项；获中国公路学会科技进步三等奖 1 项。

表 7-20　中铁四局 2012 年度获省部级及社会力量设奖成果统计表

序号	项目名称	获奖等级	授奖单位
1	高速铁路浅埋小净距大跨度隧道群关键	二等奖	安徽省人民政府
2	基于预应力及上下部结构共同作用的大跨度异形拱桁架结构关键技术	三等奖	安徽省人民政府
3	大型预应力框架体系铁路旅客站房关键施工技术	三等奖	安徽省人民政府
4	花岗岩软硬交互地层盾构施工关键技术研究	一等奖	中国施工企业管理协会
5	大跨度单主缆单索面宽幅悬索桥施工技术研究	一等奖	中国施工企业管理协会
6	预制箱梁模板及配套工装化施工技术研究	二等奖	中国施工企业管理协会
7	高速铁路浅埋小净距大跨度隧道群关键技术	二等奖	中国施工企业管理协会
8	预埋套管式高速道岔板预制与施工技术	二等奖	中国施工企业管理协会
9	客运专线无砟道岔铺设技术研究	二等奖	中国施工企业管理协会
10	跨高铁三箱钢混叠合曲线连续梁施工关键技术	三等奖	中国公路学会
11	高速铁路浅埋小净距大跨度隧道群关键技术	优秀奖	中国质量评价协会
12	SLC1500B 高速铁路水泥乳化沥青砂浆搅拌泵送灌注车研制	优秀奖	中国质量评价协会
13	客运专线预制箱梁液压模板开发	优秀奖	中国质量评价协会
14	汽车试验场拱形不平整路及圆凸起路施工技术研究	优秀奖	中国质量评价协会
15	地铁低净空隧道简单链型悬挂接触网系统施工技术研究	优秀奖	中国质量评价协会
16	首条国产示范线信号 CBTC 系统施工技术研究	优秀奖	中国质量评价协会
17	花岗岩软硬交互地层盾构施工关键技术研究	优秀奖	中国质量评价协会
18	特大断面地铁车站暗挖施工技术研究	一等奖	中国铁路工程总公司
19	跨铁路营业线大跨度简支钢桁梁建造新技术	一等奖	中国铁路工程总公司
20	宜昌东站站房综合施工技术研究	一等奖	中国铁路工程总公司
21	跨高铁三箱钢混叠合曲线连续梁施工关键技术	二等奖	中国铁路工程总公司
22	软弱围岩浅埋大断面隧道下穿高速铁路关键技术	二等奖	中国铁路工程总公司
23	大跨度异形双曲面拱桁架空间网钢结构施工关键技术研究与应用”	二等奖	中国铁路工程总公司
24	石武客运专线黄河桥大跨度钢桁梁 CPIII测量技术研究	二等奖	中国铁路工程总公司
25	RPC 活性粉末混凝土构件预制关键技术研究	二等奖	中国铁路工程总公司
26	时速 350 公里高速铁路大跨度钢梁有砟轨道无缝线路施工技术研究”	三等	中国铁路工程总公司
27	高速铁路 48 米简支箱梁（湿接缝）节段拼装施工技术研究	二等	中国铁路工程总公司

表 7-21　中铁四局 2012 年度获得中国中铁、省部级及以上优质工程

<table>
<tr><th>序号</th><th>奖项名称</th><th>工程名称</th><th>颁奖单位</th></tr>
<tr><td rowspan="2">1</td><td rowspan="2">中国建设工程鲁班奖</td><td>深圳北站综合交通枢纽工程</td><td rowspan="2">建设部、中国建筑业协会</td></tr>
<tr><td>沈阳地铁一号线工程</td></tr>
<tr><td>2</td><td rowspan="3">国家优质工程</td><td>宜昌东站工程</td><td rowspan="3">国家工程建设质量奖审定委员会</td></tr>
<tr><td>3</td><td>合肥市长江西路高架快速路综合建设工程</td></tr>
<tr><td>4</td><td>云南水麻高速公路</td></tr>
</table>

5	全国用户满意建筑工程	上海嘉定区惠平路跨铁路立交桥	中国质量协会
6	中国建筑钢结构金奖	南京南站无站台柱雨棚钢结构工程	中国建筑金属结构协会
7		蚌埠站无站台柱雨棚及相关钢结构工程	
8	全国优秀焊接工程	柳州双拥大桥钢箱梁制造工程	中国工程建设焊接协会
9		集包二线古城湾特大桥钢桁梁制造工程	
10		合肥南环线包河大道特大桥 1-128 米系杆拱	
11		宁波绕城高速公路公跨铁立交桥工程	
12	安徽公路交通优质工程奖	铜汤高速公路路面 4 标	安徽公路建设行业协会
13	江苏省优质工程“扬子杯”	南京纬七路	江苏省住房和城乡建设厅
14		南京地铁一号线南延线（安德门-南京南站-竹山路-医科大学站）	
15		南京地铁二号线一期(油坊桥站-汉中门站-新街口-马群站)	
16	天津市“结构海河杯”奖	东郊污水处理厂升级改造工程（一合同、三合同）	天津市建筑业协会
17		东郊污水处理厂升级改造工程（二合同、四合同）	
18	重庆市市政工程金杯奖	重庆市轨道交通一号线 13 标马家岩车站及区间隧道工程	重庆市市政工程协会
19	海南省建筑施工优质结构工程	海南万宁兴隆旅游区环境综合整治工程一期(康乐桥、明珠桥)	海南省建设工程质量安全检测协会
21	山西省市政金杯示范工程	太原市杨家堡污水处理厂升级改造工程	山西省市政工程协会
22	辽宁省优质工程	沈阳南华置地广场	辽宁省建筑业协会
23	广东省优质工程	深圳北站综合交通枢纽工程	广东省建筑业协会
24	铁路优质工程	新建宜万铁路 W1 标铺架工程	铁道部
25		南京铁路枢纽 NJ-3 标秦淮新河特大桥	
26		新建西宝客专工程 XBDJ 标段西安北联络线特大桥	
27		南京南站站场土建工程	
28		昌九城际铁路电气化集成工程	
29		武广铁路客运专线 GDGCⅡ标段铺轨工程	
30		新建沪宁城际铁路站前Ⅰ标跨经五路特大桥	
31		新建福厦铁路站前Ⅳ标洪塘双线特大桥	
32		江油车站站房灾后重建工程	
33	中国中铁杯优质工程	天津滨海新区北塘污水处理厂（一期）工程	中国中铁股份有限公司、中国建筑业协会工程建设质量管理分会
34		深圳地铁 5 号线 5304 标	
35		西安地铁二号线渭河车辆段-1 标段综合楼和控制中心工程	
36		深圳地铁 2 号线工程土建 2202 标段科苑站	
37		沈阳地铁 2 号线沈阳北站站	

38		深圳地铁1号线续建接触网工程	
39		无锡惠澄路2标葑溪大桥	
40		新建沪宁城际铁路站前Ⅰ标（仙林段～、宝华段）综合工程	
41		武广客专捞刀河特大桥	
42		上海大众试车场一期扩展工程	
43		合肥长江西路高架快速路综合建设工程	
44	中国中铁优质工程	江油车站站房灾后重建工程	中国中铁股份有限公司
45		南京南站站前工程	
46		深圳地铁5号线5304标	
47		成都地铁2号线一期工程土建21标	
48		天津滨海新区北塘污水处理厂（一期）工程	
49		深圳地铁2号线工程土建2202标段科苑站	
50		沈阳地铁2号线沈阳北站站	
51		西安地铁二号线渭河车辆段1标	
52		深圳地铁1号线续建接触网工程	
53		深圳地铁2号线工程安装、装修工程2标段	
54		上海大众试车场一期扩展工程	
55		合肥长江西路高架快速路综合建设工程	
56	中国中铁优质工程	云南S230线六库至曼海桥二级公路土建3标	中国中铁股份有限公司
57		新建沪宁城际铁路站前Ⅰ标跨经五路特大桥	
58		新建西宝客专工程XBDJ标段西安北联络线特大桥	
59		南京铁路枢纽NJ-3标秦淮新河特大桥	
60		武广客专XXTJⅡ标捞刀河特大桥	
61		无锡惠澄路2标葑溪大桥	
62		新建福厦铁路站前Ⅳ标洪塘双线特大桥	
63		南京铁路枢纽大定坊特大桥	
64		新建沪宁城际铁路站前Ⅰ标（仙林段～、宝华段）综合工程	
65		武广铁路客运专线GDGCⅡ标段铺轨工程	
66		新建宜万铁路W1标铺架工程	
67		昌九城际铁路电气化集成工程	

表7-22 中铁四局2012年度获得省部级及以上优秀质量管理小组和量信得过班组

序号	奖项名称	获 奖 小 组	颁奖单位
1	全国优秀质量管理小组	四公司合福三分部QC小组	中国质量协会
2	全国工程建设优秀质量管理小组（中建协）	一公司和清公路项目QC小组	中国建筑业协会工程建设质量管理分会
3		五公司钉形桩质量控制QC小组	
4		机电公司沪昆客专一项目部QC小组	

5		钢构公司合肥铁路枢纽南环线钢桁梁安装 QC 小组	
6		七分公司武罐 22 标隧道排水安装 QC 小组	
7		装饰公司深圳项目部 QC 小组	
8		钢构公司合肥铁路枢纽南环线钢桁梁制造第二 QC 小组	
9	全国工程建设优秀质量管理小组（中施协）	一公司精测大队 QC 小组	中国施工企业协会
10		一公司江北产业集中区三项目部 QC 小组	
11		一公司南环铁路一分部 QC 小组	
12		二公司宁波铁路枢纽二分部QC小组	
13		二公司上海地铁QC小组	
14		四公司南环三分部QC小组	
15		四公司测量大队QC小组	
16		四公司工地模架中心 QC 小组	
17		五公司RTK测量QC小组	
18		五公司成绵乐乳化沥青QC小组	
19		七分公司甘青段兰新 11 标项目部路基 QC 小组	
20		建筑公司张唐铁路七队 QC 小组	
21		装饰公司科技大楼项目部 QC 小组	
22		电气化公司阜淮电化 QC 小组	
23		城轨分公司高桥墩滑模施工垂直度控制 QC 小组	
24		机电公司沪昆客专二项目部 QC 小组	
25		机电公司深圳地铁 5 号线项目部 QC 小组	
26	全国质量信得过班组	一公司和清公路项目部制梁班组	中国质量协会
27		四公司下塘制梁场轨道板打磨班组	
28	铁道部优秀质量管理小组	五公司成绵乐防撞墙 QC 小组	中国铁道企协质量管理委员会
29		电气化公司杭州东信号 QC 小组	
30	安徽省优秀质量管理小组	一公司淮南山南新区目 QC 小组	安徽省质量管理协会
31		二公司宁波枢纽三分部 QC 小组	
32		四公司合福三分部 C 小组	
33		五公司岩溶钻孔桩处理 QC 小组	
34		七公司兰新甘青段项目部沉降观测 QC 小组	
35		八公司洛湛经理部 QC 小组	
36		装饰公司宜昌东站项目部 QC 小组	
37		钢构公司南环线钢桁柔性拱不锈钢复合钢板桥面板加工制造质量控制 QC 小组	
38		电气化公司宁启复线信号 QC 小组	
39		南京分公司宁杭客专五分部第一 QC 小组	
40		南京分公司宁杭客专五分部第二 QC 小组	
41		物资工贸公司安哥拉项目国内物资采购站 QC 小组	
42	江苏省优秀质量管理小组	二公司宁波铁路枢纽北环线二分部 QC 小组	江苏省质量管理协会
43		二公司宁波铁路枢纽北环线三分部 QC 小组	
44		二公司杭州东站扩建项目部四分部 QC 小组	
45	安徽省建筑行业优秀 QC 小组	一公司和清项目部 QC 小组	安徽省工程质量监督检测管理协会
46		四公司工地模架中心 QC 小组	

47		七分公司武罐22标隧道排水QC小组	
48		装饰公司科技大楼项目部QC小组	
49		钢构公司合肥南环线钢桁梁制造第二QC小组	
50		一公司江北产业集中区三项目部QC小组	
51		一公司南环铁路一分部QC小组	
52		二公司上海地铁QC小组	
53		四公司合福三分部QC小组	
54		七分公司甘青段兰新11标项目部路基QC小组	
55		建筑公司张唐铁路七队QC小组	
56		电气化公司阜淮电化QC小组	
57		城轨分公司高桥墩滑模施工垂直度控制QC小组	
58	江西省建筑行业优秀质量管理小组	五公司RTK测量QC小组	江西省建筑业协会
59		五公司钉形桩质量控制QC小组	
60		机电公司沪昆客专一项目部QC小组	
61		机电公司沪昆客专二项目部QC小组	
62		机电公司深圳地铁五号线项目部QC小组	
63		机电公司钢结构分公司QC小组	
64	安徽省质量信得过班组	四公司下塘制梁场轨道板打磨班组	安徽省质量管理协会
65	中国中铁股份有限公司优秀质量管理小组	一公司精测大队QC小组	中国中铁股份有限公司
66		二公司宁波铁路枢纽二分部QC小组	
67		四公司测量大队QC小组	
68		装饰公司深圳项目部QC小组	
69		五公司成绵乐防撞墙QC小组	
70		电气化公司杭州东信号QC小组	
71		钢构公司合肥南环线钢桁梁安装QC小组	
72		八公司机养段QC小组	
73		建筑公司集包增建第二双线QC小组	

表7-23　中铁四局2012年度局级及以上安全标准（示范）工地

序号	奖项名称	项目名称	获奖单位	颁奖单位	文件号
一	国家级奖项				
1	国家“AAA”级安全标准工地	太原杨家堡污水处理厂	建筑公司	中国建筑业协会	建协安[2012]6号
二	省、部级奖项				
1	安徽省建筑施工安全质量标准化示范工地	上海通用汽车研发试验中心（广德）项目路面工程A6标	一公司	安徽省住房与城乡建设厅	建质函〔2012〕510号
2	广西交通厅“平安工地”	六河高速路面D标	一公司	广西壮族自治区交通运输厅	桂交安监发[2012]149号
3	江苏省公路水运省级“示范工地”	芜申线（高溧段）航道整治工程WSXGL-SG-QL1标	二公司	江苏省交通运输厅	苏交质[2013]2号
4	江苏省公路水运省级“示范工地”	锡溧漕河常州段航道整治二期工程XLCH-EQQL标	二公司	江苏省交通运输厅	苏交质[2013]2号
5	天津市文明工地	唐津高速公路（河北丰南界-塘承高速）扩建工程第二合同段	三公司	天津市建筑业协会	津建协字[2013]第6号
6	天津市文明工地	天津滨海新区汉沽市政污泥	三公司	天津市建筑业协会	津建协字

		干化处理项目			[2013]第6号
7	天津市文明工地	津南污水处理厂工程（纪庄子污水处理厂迁建）项目一合同（构筑物）工程	三公司	天津市建筑业协会	津建协字[2013]第6号
8	天津市文明工地	天津临港工业区渤海十八路道路排水桥梁工程	三公司	天津市建筑业协会	津建协字[2013]第6号
9	交通运输部公路水运工程“平安工地”	江西省德兴至上饶高速公路B1合同段	四公司	交通运输部	交通部网站公示
10	天津市文明工地	天津地铁二号线第二合同段	四公司	天津市建筑业协会	津建协字[2012]第3号
11	交通运输部公路水运工程“平安工地”	武罐高速公路22合同段	七公司	交通运输部	甘交安监[2012]26号
12	甘肃省公路工程“平安工地”	武罐高速公路5标段	七公司	甘肃省交通运输厅	甘交安监[2013]7号
13	甘肃省建设工程文明工地	武罐高速公路3合同段武都高架特大桥	七公司	甘肃省建筑业联合会	甘建联[2012]14号
14	山东省市政工程安全文明工地	青岛地铁3号线土建01标	七公司	山东省住房和城乡建设厅	鲁建城字[2012]60号
15	上海市重大工程文明工地	轨道交通9号线铺轨4标	八公司	上海市重大工程建设办公室	沪重建[2013]1号
16	安徽省建筑施工安全质量标准化示范工地	电气化公司宏源望湖城1、3、4#楼工程	建筑公司	安徽省建设厅	建质函[2012]510号
17	安徽省建筑施工安全质量标准化示范工地	电气化公司宏源望湖城2#楼及地下车库	建筑公司	安徽省建设厅	建质函[2012]510号
18	安徽省建筑施工安全质量标准化示范工地	淮南山南大剧院	建筑公司	安徽省建设厅	建质函[2012]958号
19	安徽省建筑施工安全质量标准化示范工地	淮南阳光城一期五标	建筑公司	安徽省建设厅	建质函[2012]958号
20	安徽省建筑施工安全质量标准化示范工地	安徽省体育学院训练馆	建筑公司	安徽省建设厅	建质函[2012]958号
21	安徽省建筑施工安全质量标准化示范工地	中铁滨湖名邸一期	建筑公司	安徽省建设厅	建质函[2012]1193号
22	安徽省建筑施工安全质量标准化示范工地	中铁四局57#楼及大酒店	建筑公司	安徽省建设厅	建质函[2013]70号
23	安徽省建筑施工安全质量标准化示范工地	蚌埠二中新校区	建筑公司	安徽省建设厅	建质函[2013]70号
24	安徽省建筑施工安全质量标准化示范工地	淮南香樟苑	建筑公司	安徽省建设厅	建质函[2013]70号
25	安徽省建筑施工安全质量标准化示范工地	淮南银杏苑	建筑公司	安徽省建设厅	建质函[2013]70号
26	安徽省建筑施工安全质量标准化示范工地	蚌埠陶山小区B标	建筑公司	安徽省建设厅	建质函[2013]70号
27	安徽省建筑施工安全质量标准化示范工地	蚌埠陶山小区C标	建筑公司	安徽省建设厅	建质函[2013]70号
28	安徽省建筑施工安全质量标准化示范工地	蚌埠陶山小区D标	建筑公司	安徽省建设厅	建质函[2013]70号
29	安徽省建筑施工安全质量标准化示范工地	蚌埠桃园高铁新村	建筑公司	安徽省建设厅	建质函[2013]70号
30	安徽省建筑施工安全质量标准化示范工地	蚌埠喜迎门小区	建筑公司	安徽省建设厅	建质函[2013]70号
31	上海市重大工程文明工地	上海轨道交通11号线信号安装工程	电气化公司	上海市重大工程建设办公室	沪重建[2013]1号
32	北京市文明安全工地	北京地铁6号线信号工程	电气化公司	北京市住房和城乡建设委员会	京建发[2013]58号
33	江苏省建筑施工省级文明工地	无锡地铁1号线车站（风水、电）机电安装06标	电气化公司	江苏省住房城乡建设厅	江苏建设网公示
	股份公司奖项				
1	中国中铁安全标准工地	郑卢高速土建12标官道口互通立交桥	一公司	中国中铁股份有限公司	中铁股份安[2012]196号
2		江苏省芜申线航道整治工程	二公司		

		桥梁一标泓口大桥			
3		天津东郊污水处理厂升级改造工程	三公司		
4		合肥南环线南站高架桥	四公司		
5		成绵乐铁路客运专线华金大道立交特大桥	五公司		
6		兰新铁路甘青段明水特大桥	七公司		
7		新建武汉至宜昌铁路 HYZQ-6 标段铺架工程	八公司		
8		集包铁路 210 特大桥	建筑公司		
9		合肥中铁科技大楼	装饰公司		
10		杭州东改扩建四电工程	电气化公司		

表 7-24　中铁四局 2012 年环境保护获奖情况统计表

序号	奖项名称	项目名称	授奖单位
1	国家重点环境保护实用技术示范工程	石武铁路客运专线（河南）站前工程一标段生态防护工程	中国环境保护产业协会
2	安徽省重点环境保护实用技术示范工程	合肥新桥国际机场高速公路一标段生态防护工程	安徽省环境保护产业协会
3	安徽省重点环境保护实用技术示范工程	合肥铁路枢纽南环线工程二分部管段环保生态防护工程	安徽省环境保护产业协会
4	安徽省重点环境保护实用技术示范工程	张家口--集宁铁路四电工程	安徽省环境保护产业协会
5	安徽省环境保护示范工地	淮南山南新区道路管网工程	安徽省环境保护产业协会
6	安徽省环境保护示范工地	合福铁路安徽段站前一标六分部	安徽省环境保护产业协会
7	安徽省环境保护产业骨干企业		安徽省环境保护产业协会
8	安徽省环境保护产业骨干企业		安徽省环境保护产业协会
9	安徽省环境保护产业优秀企业		安徽省环境保护产业协会
10	安徽省环境保护产业优秀企业		安徽省环境保护产业协会
11	安徽省环境保护产业优秀企业		安徽省环境保护产业协会

【中铁五局科研成果和技术进步】《基坑支撑结构安全高效拆除爆破技术研究》成果获评“国际先进”，10 月份该成果获中国工程爆破科学技术进步二等奖，2 项成果通过省部级鉴定，6 项成果通过股份公司评审，其中《独墩双钢拱塔斜拉桥施工技术研究》、《饮用水源保护区铁路施工生态环保技术研究》、《中低速磁悬浮轨道梁施工技术研究》、《柔性双肢变截面空心墩施工技术研究》等 4 个成果获评“国内领先”，《路基智能压实过程控制系统的应用技术研究》成果获得“国内先进”结论。9 个课题分别被贵州省、股份公司、中国工程爆破协会列入技术创新课题。获得省级工法 18 项、股份公司级工法 6 项、局级工法 14 项。获专利 20 项，其中发明专利 3 项，实用新型专利 17 项。五局被评为中国施工企业管理协会科技创新先进企业、贵州省企事业单位知识产权试点示范先进单位。推进节能减排标准化工地建设，单位营业额综合能耗降低 3.5%，2 个项目被授予“股份公司节能减排标准化工地”。2012 年获得省部级 20 项、总公司级工法 6 项，评审通过了 14 项局级工法。共获得了 27 件国家专利（以获得专利证书为准），其中发明专利 2 件，实用新型专利 25 件。电务城通公司申报的《无线射频电缆接续施工工效提高创新》QC 成果荣获 2012 年度全国工程建设优秀质量管理小组三等奖。建筑公司与北京理工大学联合研发的《基坑支撑结构安全高效拆除爆破技术研究》项目，获中国爆破业协会科技进步二等奖。

【中铁六局科研成果和技术进步】 2012 年，通过注重前期立项策划，加强对研究过程的指导，中铁六局整体科研水平有了较大提升，科技成果的档次得到了大幅度提高。全年共计完成课题研究 13 项，其中，《近邻、重叠隧道盾构施工技术研究》等 2 项科技成果获中国施工企业协会科技成果奖，共 7 项成果通过股份公司评审，其中 4 项达到国际先进水平，这是集团公司历年来科技成果总体水平最高的一次，《时速 350km/h 津秦客运专线施工、检测综合施工技术研究》通过天津市鉴定，达到国际先进水平，《YQXZ240t-60A3 架桥机架设 60m 钢箱梁施工技术》通过了山西省科技厅鉴定。共 7 项成果获得股份公司科技进步奖，其中盾构分公司《长距离全断面砂卵石地层盾构高效施工关键技术研究》等 2 项成果获股份公司科技进步一等奖，1 项二等奖、2 项三等奖，天津公司《高速铁路框架桥施工精度控制技术研究及新型成套装备研发应用》获天津市科技进步二等奖；全年获省部级工法 21 项，专利 50 项，使集团公司累计持有专利总数达 148 项；节能减排方面，由于组织得力，准备周密，北京公司京包高速公路工程第 3A 合同段和盾构分公司北京地铁六号线二期十四标项目获得股份公司“节能减排标准化工地”荣誉称号，受到股份公司表彰。

【中铁七局科研成果和技术进步】 2012年，集团公司在深水施工、大跨度复杂桥梁、高风险隧道、大型铺架施工、营业线施工等“高新难”工程中，通过强化技术攻关、攻坚克难，在多项领域实现了施工能力新突破，积累了宝贵的技术经验。

2012年，集团公司科技课题管理工作开展顺利。全年共审查科技课题立项申请68项，经集团公司技术中心发文确定的科研课题共计30项。有12项自主开发的科技成果经专家推荐并顺利通过局级以上成果鉴定评审，其中通过省级鉴定的成果8项，通过股份公司评审的成果4项，见表7-25。

表7-25 中铁七局2012年通过局级以上鉴定（评审）的科技成果一览表

序号	成果名称	成果水平	鉴定证书号	鉴定（评审）组织单位
1	三峡库区滑坡群地段隧道施工变形控制技术研究	国内领先	豫科鉴委字[2012]第498号	河南省科技厅
2	地铁车站砂卵石地层基坑承压水预防技术研究	国内领先	豫科鉴委字[2012]第499号	河南省科技厅
3	挖孔桩钢模自沉下导拼装式护壁施工工艺	国内先进	鄂科鉴字[2012]第07号	湖北省建设厅
4	跨既有线刚架桥模板台车施工技术研究	国内领先	豫科鉴委字[2012]第500号	河南省科技厅
5	墩顶纵向支撑膺架法在跨线施工中的设计与应用	国内领先	豫科鉴委字[2012]第501号	河南省科技厅
6	客运专线有碴轨道精调技术	国内领先	鄂科鉴字[2012]第05号	湖北省建设厅
7	复杂地质条件下超长冲孔桩施工技术	国内先进	鄂科鉴字[2012]第06号	湖北省建设厅
8	既有高速铁路插铺有砟41#高速道岔施工技术	国内领先	中铁股份技评字[2012]第016号	中国中铁股份有限公司
9	无砟轨道不破板条件下路基加固施工技术研究	国内领先	中铁股份技评字[2012]第025号	中国中铁股份有限公司
10	三峡库区滑坡群地段隧道施工变形控制技术研究	国际先进	中铁股份技评字[2012]第030号	中国中铁股份有限公司
11	下穿铁路道岔群顶进大跨度箱桥施工技术研究	国内领先	中铁股份技评字[2012]第078号	中国中铁股份有限公司
12	V型峡谷大吨位箱拱悬索吊装技术研究	国内先进	中路建协科鉴字[2012]第017号	中国公路建设行业协会

【中铁八局科技成果】 2012年，全年共完成局级科技成果13项，通过省部级科技成果评审及鉴定2项，达到国内领先水平；荣获省部级科技进步奖6项，其中获中国施工企业管理协会科技进步特等奖1项、二等奖1项、贵州省科技进步三等奖1项、成都市科技进步二等奖1项、三等奖2项；完成局级QC成果20项，获省部级以上QC成果奖55项，其中国家级QC成果9项；获国家专利授权12项，其中发明专利4项；申报国家专利13项，其中发明5项。目前累计获得有效专利授权107项。其中许多科技成果具有很高的经济和社会效益，而且锻炼了队伍，培养了人才，储备了核心技术，提高了中铁八局在该领域的技术实力和市场开发信誉度。

2012年，集团公司荣获省部级科技进步奖6项，其中《双块式无砟轨道施工关键设备国产化研制》获中国施工企业管理协会科学技术奖特等奖；《高速铁路线下工程变形监测及评估技术与数据处理系统研究》获中国施工企业管理协会科学技术奖二等奖；《贵阳花溪1-175米钢管混凝土拱桥施工关键技术研究》获贵州省科技进步三等奖；《高速铁路桥面系附属构件材料、制造工艺及成套设备研究》获成都市科技进步二等奖；《复杂山区铁路扩能改造铺架工程综合施工技术》、《高速铁路RPC电缆槽盖板材料及制造工艺研究》获成都市科技进步三等奖。

【中铁九局成果与进步】 2012年，沈阳地铁隧道衬砌混凝土腐蚀与检测技术研究、大跨度预应力型钢与高强混凝土组合梁桥关键技术研究、楼面板上吊装大跨度钢管桁架施工关键技术研究及高速铁路大跨度曲线坡道连续梁桥转体技术和工艺深化研究4项科技成果通过辽宁省级及股份公司科技成果鉴定。大跨度预应力型钢与高强混凝土组合梁桥关键技术研究及既有客运专线CTCS-2型列车控制系统安装和调试技术研究及应用2项成果获得中施企协科技进步二等奖；楼面板上吊装大跨度钢管桁架施工关键技术研究及高速铁路大跨度曲线坡道连续梁桥转体技术和工艺深化研究2项成果获得股份公司科技进步三等奖。

【中铁十局科研成果和技术进步】 2012 年，共完成局级科技成果评审（验收）22 项，其中五公司 5 项，济铁公司、四公司、青岛公司各 4 项，八公司 3 项，建筑公司 2 项。（见表 7-26）

完成股份公司成果评审 8 项，其中济铁公司 2 项，五公司 2 项，二公司、三建、青岛、八公司各 1 项。经评审委员会专家一致认定，济铁公司完成的“兰渝 14 标新井口嘉陵江特大桥主桥深水基础施工技术研究”达到国际领先水平，另外有 6 项成果达到国内领先水平，1 项达到国内先进水平。

完成山东省科技厅成果鉴定 6 项，其中四公司 4 项，建筑公司 2 项。经鉴定委员会专家一致认定，四公司完成的“基于信息化和模块化的铁路桥梁预制施工集成技术”达到国际领先水平，另外有 2 项成果达到国际先进水平，3 项达到国内领先水平。（见表 7-27）

表 7-26　中铁十局 2012 年通过局级评审的科技成果一览表

序号	成果名称	成果水平	成果鉴定证书号	评审组织单位	科技成果完成单位
1	济宁光府河斜拉桥叠合梁施工技术研究	国内领先	中铁十科评字[2012]第 01 号	局	济铁公司
2	铁路多线高墩大跨预应力混凝土连续刚构施工技术	国内领先	中铁十科评字[2012]第 02 号	局	五公司
3	大跨度、Y 型渐变双联拱断面铁路三线隧道施工技术研究	国内领先	中铁十科评字[2012]第 03 号	局	五公司
4	跨江海潮汐影响下高桩承台有底单壁钢吊箱围堰施工技术	国内领先	中铁十科评字[2012]第 04 号	局	五公司
5	重庆白洋滩水厂 45.5 米深内径 18.5 米取水深井综合施工技术	国内先进	中铁十科评字[2012]第 05 号	局	五公司
6	大断面鱼腹式混凝土连续箱梁施工技术研究	集团公司先进	中铁十科评字[2012]第 06 号	局	五公司
7	轴重 32 吨重载铁路线路卸载及加固技术研究	国内领先	中铁十科评字[2012]第 07 号	局	八公司
8	跨京沪铁路 2×56mT 构转体施工技术	国内领先	中铁十科评字[2012]第 08 号	局	八公司
9	上跨铁路宽幅钢梁施工技术	集团公司领先	中铁十科评字[2012]第 09 号	局	八公司
10	兰渝嘉陵江特大桥深水基础施工技术研究	国内领先	中铁十科评字[2012]第 10 号	局	济铁公司
11	既有铁路石质路堑爆破开挖与安全防护技术	国内先进	中铁十科评字[2012]第 11 号	局	济铁公司
12	既有铁路高路堤帮宽对既有线的安全监测与施工控制技术	国内先进	中铁十科评字[2012]第 12 号	局	济铁公司
13	跨晋江地形复杂多曲面连续箱梁特大桥综合施工技术研究	国内领先	中铁十科评字[2012]第 13 号	局	建筑公司
14	徐州主站房结构加固施工综合技术研究	国内领先	中铁十科评字[2012]第 14 号	局	建筑公司
15	玄武岩纤维无磁混凝土施工技术	国内领先	中铁十科评字[2012]第 15 号	局	青岛公司
16	基于三维仿真技术的复杂站场改造技术研究与应用	国内领先	中铁十科评字[2012]第 16 号	局	青岛公司
17	跨既有线门式墩帽梁施工技术研究	国内先进	中铁十科评字[2012]第 17 号	局	青岛公司
18	罗布大桥大体积混凝土裂缝控制技术研究	集团公司领先	中铁十科评字[2012]第 18 号	局	青岛公司
19	基于信息化和模块化的铁路桥梁预制施工集成技术	国际领先	中铁十科评字[2012]第 19 号	局	四公司
20	高水位粉砂土地质下穿多股线路框架桥顶进综合技术	国内领先	中铁十科评字[2012]第 20 号	局	四公司
21	长箱体、下穿多股道铁路框架桥对顶综合施工技术	国内领先	中铁十科评字[2012]第 21 号	局	四公司
22	基于信息化的 CRTS Ⅰ型双块式轨枕制造技术	国内领先	中铁十科评字[2012]第 22 号	局	四公司

表 7-27　中铁十局 2012 年通过局级以上鉴定（评审）的科技成果一览表

序号	成果名称	成果水平	成果鉴定证书号	鉴定（评审）组织单位
1	基于信息化和模块化的铁路桥梁预制施工集成技术	国际领先	鲁科成鉴字[2012]第 1134 号	山东省科技厅
2	基于信息化的 CRTS Ⅰ型双块式轨枕制造技术	国际领先	鲁科成鉴字[2012]第 1511 号	山东省科技厅
3	大型铁路运营客站加固改造施工综合技术研究	国内领先	鲁科成鉴字[2012]第 1510 号	山东省科技厅
4	高水位粉砂土地质下穿多股线路框架桥顶进综合技术	国际先进	鲁科成鉴字[2012]第 1135 号	山东省科技厅
5	跨晋江地形复杂多曲面连续箱梁特大桥综合施工技术研究	国内领先	鲁科成鉴字[2012]第 1513 号	山东省科技厅
6	长箱体、下穿多股道铁路框架桥对顶综合施工技术	国内领先	鲁科成鉴字[2012]第 1512 号	山东省科技厅
7	轴重 32T 重载铁路线路卸载及加固施工技术研究	国内领先	中铁股份技评字[2012]第 032 号	股份公司
8	小半径曲线段地铁复合式盾构施工综合技术研究	国内领先	中铁股份技评字[2012]第 037 号	股份公司
9	浅埋大跨近距下穿密集建筑群和水库隧道钻爆新技术研究	国内领先	中铁股份技评字[2012]第 046 号	股份公司
10	大跨度、Y 型双连拱渐变断面铁路三线隧道施工技术研究	国内先进	中铁股份技评字[2012]第 060 号	股份公司
11	兰渝铁路新井口嘉陵江四线特大桥深水基础施工技术	国际领先	中铁股份技评字[2012]第 084 号	股份公司
12	灌梁无走行轨三角挂篮施工技术研究	国内领先	中铁股份技评字[2012]第 091 号	股份公司
13	跨江海潮汐影响下高桩承台有底单壁钢吊箱围堰施工技术	国内领先	中铁股份技评字[2012]第 098 号	股份公司
14	跨既有线门式墩帽梁施工技术研究	国内领先	中铁股份技评字[2012]第 104 号	股份公司

【中铁大桥局科研成果和技术进步】　2012 年中铁大桥局共有 1 项科技成果获美国国际桥梁学会乔治理查德森奖，1 项成果获湖北省企业技术创新工程一等奖，2 项成果分获湖北省科技进步一、二等奖；4 项成果分获中国施工企业管理协会科技创新成果特等奖、一等奖、二等奖；1 项成果获中国公路学会科技进步三等奖；一项成果获中国钢结构协会科技进步三等奖；7 项成果分获中铁工程总公司科学技术特等、一等、二等奖，具体情况见表 7-28：

表 7-28　中铁大桥局 2012 年度获省部级、总公司科技进步奖及国家、国际认可社会力量奖

序号	项目名称	奖励类别	获奖等级
1	南京大胜关长江大桥	美国国际桥梁大会	乔治理查德森奖
2	大跨度桥梁建造关键技术及其产业化	湖北省企业技术创新工程奖	一等奖
3	土木工程智能防灾-结构振动智能控制技术的研究与应用	湖北省科技进步奖	一等奖
4	峡谷大跨径隧道式锚碇钢桁加劲梁悬索桥关键技术研究与示范	湖北省科技进步奖	二等奖
5	京沪高速铁路南京大胜关长江大桥施工技术	中国施工企业管理协会科技创新成果	特等奖
6	渝利铁路韩家沱长江大桥钢梁架设施工技术	中国施工企业管理协会科技创新成果	一等奖
7	宜万铁路宜昌长江大桥施工关键技术	中国施工企业管理协会科技创新成果	一等奖
8	大跨度系杆拱桥滑动平转施工技术	中国施工企业管理协会科技创新成果	二等奖
9	液一气耦合压差式竖向位移监测系统的研制及产品应用	中国公路学会科技进步奖	三等奖
10	渝利铁路韩家沱长江大桥钢梁架设施工技术	中国钢结构协会科技进步奖	三等奖
11	武汉二七长江大桥大跨度结合梁斜拉桥施工技术	中铁工程总公司科学技术奖	特等奖
12	活动支架辅助不变幅架梁吊机架设钢箱梁施工技术	中铁工程总公司科学技术奖	一等奖

13	复杂水文地质条件下大型沉井基础施工技术	中铁工程总公司科学技术奖	一等奖
14	新型调谐式减振技术研究及其应用	中铁工程总公司科学技术奖	一等奖
15	黄冈长江大桥主塔快速施工及墩顶钢梁架设新技术	中铁工程总公司科学技术奖	二等奖
16	跨多条高速铁路城市桥梁建造技术	中铁工程总公司科学技术奖	二等奖
17	马鞍山长江公路大桥中塔施工技术	中铁工程总公司科学技术奖	二等奖

【中铁隧道科研成果和技术进步】 2012年，中铁隧道获奖如下：

1.《盾构装备自主设计制造关键技术及产业化》获2012年度国家科学技术奖一等奖；

2.《浅埋跨海越江隧道暗挖法设计施工与风险控制技术》获2012年度河南省科技进步一等奖；

3.《东方红-WZJ300挖桩机》获2012年度河南省科技进步二等奖、2012年度洛阳市科技进步一等奖；

4.《厦门翔安海底隧道建设与运营成套技术》获2012年度福建省科技进步一等奖；

5.《北京地铁工程建设安全风险控制及信息化管理平台的研究与应用》获2012年度北京市科学技术一等奖；

6.《水下超浅埋大断面立交隧道修建技术研究》获2012年度中国铁路工程总公司科学技术特等奖；

7.《高速铁路特长水下高风险隧道盾构施工及对接技术》获2012年度中国铁路工程总公司科学技术特等奖；

8.《长大隧道钻爆法快速施工关键技术与装备研究》获2012年度中国铁路工程总公司科学技术特等奖；

9.《高原高寒地区特长铁路隧道施工关键技术研究》获2012年度中国铁路工程总公司科学技术一等奖；

10.《中天山隧道快速施工综合技术研究》获2012年度中国铁路工程总公司科学技术一等奖；

11.《软弱地层复杂结构三线大跨度断面地铁隧道施工技术》获2012年度中国铁路工程总公司科学技术一等奖；

12.《双线四洞地铁暗挖区间隧道重叠交叉施工技术研究》获2012年度中国铁路工程总公司科学技术二等奖；

13.《城市长大水下公路盾构隧道结构稳定性及人员安全疏散研究》获2012年度中国铁路工程总公司科学技术二等奖；

14.《海底隧道钻爆法修建技术及风险控制研究》获2012年度洛阳市科技进步一等奖、2011年度中国施工企业管理协会科技创新成果一等奖；

15.《浅埋高风险隧道下穿密集民房施工爆破震动控制技术》获2012年度洛阳市科技进步一等奖、获2011年度中国施工企业管理协会科技创新成果一等奖；

16.《大型江底地下互通式立交枢纽建造与运营核心技术》获2012年度中国岩石力学与工程学会科学技术一等奖；

17.《龙厦铁路象山隧道复杂地质条件下关键施工技术研究》获2011年度中国施工企业管理协会科技创新成果特等奖；

18.《城市软弱围岩浅埋大跨下穿构造物、上跨既有线暗挖车站施工技术》获2011年度中国施工企业管理协会科技创新成果一等奖；

19.《盾构变频驱动系统的研制》获2011年度中国施工企业管理协会科技创新成果一等奖；

20.《深大基坑、盖挖逆作地下换乘站受力变形规律分析及环境控制研究》获2011年度中国施工企业管理协会科技创新成果一等奖；

21. 集团公司荣获“中国施工企业管理协会技术创新成果特等奖”、“中国土木工程学会先进会员单位”、“洛阳市自主知识产权创新重点保护单位”等称号。

【中铁电气化局科研成果和技术进步】 2012年度中铁电气化局获各级科学技术奖励7项，其中：国家科技进步奖1项；中国中铁股份公司科学技术奖4项，中国施工企业管理协会科技创新成果奖2项（见表7-29）。2012年中铁电气化局7项重大科研成果通过省部级（含总公司）鉴定评审和验收（详见表7-30）。

表7-29 中铁电气化局2012年科学技术奖获奖项目表

序号	项目名称	奖励名称	奖励等级
1	牵引供电关键设备安全运行检测技术与应用	国家科技进步奖	二等奖
2	城市轨道交通架空接触网雷电防护研究	中国中铁股份公司科学技术奖	特等奖
3	中低速磁悬浮钢铝复合接触轨系统及零部件研制	中国中铁股份公司科学技术奖	二等奖
4	接触网腕臂及吊弦数控预配平台的研制	中国中铁股份公司科学技术奖	二等奖
5	带自润滑的低电阻受电弓滑板材料研究	中国中铁股份公司科学技术奖	三等奖
6	电气化铁道用27.5kV气体绝缘开关柜(GIS)的研制	中施企协科技创新成果奖	一等奖

7	客运专线接触网零件系列产品的研制	中施企协科技创新成果奖	一等奖

表 7-30　2012 年中铁电气化局科研成果通过省部（含总公司）级鉴定（评审）项目表

序号	项目名称	完成单位	组织评审单位
1	中低速磁悬浮钢铝复合接触轨系统及零部件研制	中铁电气化局 宝鸡器材公司	陕西省、股份公司
2	带自润滑的低电阻受电弓滑板材料研究	中铁电气化局 一公司	中国中铁股份公司
3	城市轨道交通数字化通信电流保护技术研究	中铁电气化局 电化设计院	中国中铁股份公司
4	架空刚性接触网平面布置方案技术研究	中铁电气化局 电化设计院	中国中铁股份公司
5	高速铁路技术总结	中铁电气化局 电化设计院	铁道部
6	牵引供电新产品及新技术研究--牵引供电系统安全可靠性研究	中铁电气化局	铁道部
7	京沪高速铁路牵引供电系统施工、调试及检测关键技术研究	中铁电气化局	铁道部

【中铁建工科研成果和技术进步】　2012 年 9 项科技成果顺利通过股份公司评审。深圳分公司“大跨度桁架及空间网格结构施工技术研究” 成果达到国际先进水平；北京分公司“大连北站综合施工技术研究”、“高架层重型吊车走行平台与拱形钢桁架施工技术研究”、 青岛公司“超高层复杂结构转换层施工技术研究”、 钢结构公司“复杂钢构件加工技术研究”、钢结构公司与航空港联合申报的“太原南站工程综合施工技术研究”等 5 项成果达到国内领先水平；华北分公司“深层淤泥质路段污水顶管施工技术研究”、安装公司“中铁产业化园智能化系统设计施工技术研究”、装饰公司“海拉尔站球体金属屋面与穹顶拉膜天花施工技术研究”等 3 项成果达到国内先进水平。

荣获 2012 年度股份公司级科学技术奖总计 6 项，其中一等奖 2 项，二等奖 3 项、三等奖 1 项。即北京分公司“ 大连北站综合施工技术研究”和青岛公司“超高位复杂结构转换层施工技术研究” 获得一等奖；深圳分公司“ 大跨度桁架及空间网格结构施工技术研究”、北京分公司“ 高架层重型吊车走行平台与拱形钢桁架施工技术研究”、 钢结构公司与航空港集团联合申报的“太原南站工程综合施工技术研究”获得二等奖、“复杂钢构件加工技术研究”获得三等奖。

荣获中施企协创新成果 4 项，受表彰先进单位 2 个，先进个人 2 名。其中 “南极中山站工程综合施工技术研究”、“大跨度空间桁架力系逆向转换及改造施工技术研究与应用”、“大跨度放射伞状空间桁架高精度信息化分块安装技术研究”获科技创新成果奖一等奖、“狭窄空间软土深基坑快速施工技术研究”获科技创新成果二等奖。中铁建工集团有限公司和北方公司被评为中施协科学技术奖技术创新先进企业，西南分公司的曹少卫和北方公司的曹景全被评为技术创新先进个人。

2012 年设计院也获得 6 项优秀工程设计奖项。“苏州工业园区 68047#地块”、“置地甲江南（一期）”、“苏州乐园水上世界”和“苏州工业园区荣域花园” 获江苏省住建厅优秀工程设计奖；“国大御温泉渡假小镇”获河北省优秀工程勘察设计奖评审委员会所颁发的优秀工程设计二等奖；“北京市轨道交通大兴线工程南兆路车辆段”获北京市规划委员会的优秀工程设计三等奖。

表 7-31　中铁建工 2012 年科技成果获奖情况一览表

序号	成　果　名　称	申报单位	获奖等级
1	郑州东站复杂结构施工技术研究	深圳分公司	特等
2	填海区复杂地质条件下多种支护形式深基坑施工技术研究	深圳分公司	一等
3	南昌西站综合施工技术	上海分公司	一等
4	中铁产业园智能化系统设计与施工技术研究	安装公司	一等
5	超高层结构加强层施工技术	深圳分公司	二等
6	物流传输系统在智能建筑中的应用	深圳分公司	二等
7	既有线站房工程综合施工技术	深圳分公司	二等

8	钢结构多层叠加整体提升施工技术研究	上海分公司	二等
9	施工现场定型化工具系统综合应用技术研究	上海分公司	二等
10	股道间HPE液压插入钢管柱技术研究	北方公司	二等
11	多曲面建筑的BIM综合机电施工技术	安装公司	二等
12	海拉尔站球体金属屋面与穹顶拉膜天花施工技术研究	装饰公司	二等
13	79米大跨度加32.5米大悬挑钢桁架滑移施工技术	南京钢结构公司	二等
14	超限复杂建筑的幕墙安装施工技术	深圳分公司	三等
15	高铁站房站台雨棚抗风揭实验研究	深圳分公司	三等
16	特狭型智能照明系统在变截面尺寸建筑中的应用	北京分公司	三等
17	高水位砂土地质条件下深基坑施工技术研究	上海分公司	三等
18	珠海站深大基坑降水与“站桥合一”复杂结构工程施工技术研究	广州分公司	三等
19	密肋空心楼盖结构设计及应用施工技术	西南分公司	三等
20	深层淤泥质路段污水顶管施工技术	华北分公司	三等
21	型钢混凝土组合结构及大跨度重型钢桁架结构技术研究	华北分公司	三等
22	移动式轨道轮脚手架高空作业平台研究	西北分公司	三等
23	下承式钢桁梁顶推施工技术	路桥公司	三等
24	超高大跨度重钢结构厂房施工技术研究	青岛公司	三等
25	机电安装工程管道支吊架施工工艺	安装公司	三等
26	大跨度焊接球网架分区整体提升安装技术	钢结构公司	三等
27	《室外热力管道检查井》国家标准图集编制	设计院	三等
28	新型轨道车辆工艺技术研究（100% 低地板车）	设计院	三等

【中铁港航科研成果和技术进步】 2012年，集团公司向广东省住建厅和中国工程爆破协会2家省部级单位申报了7项科技成果鉴定，其中4项由广东省住建厅鉴定，3项由中国工程爆破协会鉴定，鉴定涵盖了路桥、水下爆破、陆上控制爆破等专业领域。经2家机构分别组织专家组评审，结论为申报的7项科技成果均达到国内领先及以上水平，符合科技创新要求，其成果能起到推动技术进步的作用。

【中铁航空港科研成果和技术进步】 2012年，中铁航空港集团获股份公司科技进步二等奖2项、三等奖1项；取得了省部级工法5项；获得省级科技示范工程2项；获中国施工协会管理协会科技进步奖一等奖1项。科技成果具体情况：1）《太原南站工程施工技术研究》和《1-80m钢——混凝土组合桁架桥梁施工技术》获股份公司科技进步二等奖，《体外预应力拆装梁膺架法施工现浇箱梁技术研究》获股份公司三等奖；2）太原南站工程获山西省科技示范工程；甘肃大剧院兼会议中心工程获甘肃省科技示范工程；3）《大跨度放射伞状空间桁架高精度信息化分块安装技术研究》获中国施工协会管理协会科技进步奖一等奖。

【中铁上海局科研成果和技术进步】 2012年，公司召开2次科研、工法立项会议，开展科研开发项目12项，工法开发项目22项，公司拨款274.5万元。申报股份公司科研立项5项，完成股份公司科技成果评审2项。获2项省部级科学技术进步奖，5项社会力量科学技术进步奖：股份公司科学技术奖二等奖1项、三等奖1项；中国施工企业协会科学技术奖科技创新成果奖一等奖1项、二等奖1项；中国质量评价协会科技创新奖科技创新成果优秀奖3项。（见表7-32，7-33）

表7-32 中铁上海局2012年中施协等社会力量科技进步奖

序	成果名称	完成单位	获奖等级	颁发单位	备注
1	三层立体交叉地铁换乘车站施工对古建筑群保护关键技术研究	一公司	科技创新成果奖优秀奖	中国质量评价协会	

序	成果名称	完成单位	获奖等级	颁发单位	备注
2	大跨度单主缆宽幅悬索桥施工技术研究	一公司	科学技术奖技术创新成果奖一等奖	中国施工企业管理协会	
3			科技创新成果奖优秀奖	中国质量评价协会	
4	大直径地下污水泵站无内支撑两墙合一施工关键技术研究	市政公司	科技创新成果奖优秀奖	中国质量评价协会	
5			科学技术奖技术创新成果奖二等奖	中国施工企业管理协会	

表 7-33　中铁上海局 2012 年中国中铁股份公司科技进步奖

序	成果名称	完成单位	获奖等级	颁发单位	备注
1	高速铁路 48 米简支箱梁（湿接缝）节段拼装施工技术研究	一公司	股份公司科学技术奖二等奖	股份公司	
2	地下连续墙穿越微承压水粉砂层预降水防坍成槽壁技术研究	华海公司	股份公司科学技术奖三等奖	股份公司	

【中铁科工科研成果和技术进步】 中铁科工集团充分发挥中国中铁施工装备技术研发中心、铁道部施工机械标准化技术归口单位、高新技术企业、湖北省和武汉市两级首批创新型企业、湖北省与江西省两个省级企业技术中心及各子分公司技术中心等平台的作用，不断健全、完善集团公司技术创新体系。

2012 年，集团公司科技成果鉴定、奖励，专利申请、授权，标准制修订等科技创新指标完成量均创历史新高，全面且超额完成股份公司下达的年度考核指标；全年共筹集外部科技经费 1696.3 万元（包括：科技立项 1617 万元、科技奖励 41.6 万元、标准编制 35 万元、专利资助 2.7 万元）。科技创新工作主要业绩如下：

1. 获批外部各级、各类科技计划项目 18（项•次），获批科技计划项目经费 1617 万元。

中铁科工集团抓住“旧水泥路面共振破碎再生技术和关键设备的研制及推广应用”项目，重点运作多渠道申报各级、各类科技计划取得较好业绩，该项目同年获批为“中央国有资本经营预算节能减排资金项目”、“武汉市工业企业自主创新资金项目”、“股份公司科技计划重大项目”，共获批资金 1370 万元；同时，该项目申请“国家科技部科技支撑计划项目”的申报工作也得到了有效的推进，已完成项目入库和出库前必要的专家审查或论证。

“大吨位箱梁运架设备群安全施工远程监控系统”项目成果产业化工作并取得一定成绩。“大吨位箱梁运架设备群安全施工远程监控系统”项目成果在被批准为“国家两化融合重点项目”并授牌的基础上，又被国家安监总局、国家质检总局确定为大型起重机械安全监控管理系统的重点研制单位和前期示范、安装试点企业，并获得 30 万元示范经费。这些政策的导向为集团公司“大吨位箱梁运架设备群安全施工远程监控系统”的产业化道路指明了方向，奠定了基础。“城轨交通 U 型梁运架施工关键技术及装备研制”获批为国家科技部科研院所技术开发研究专项资金项目；“港珠澳大桥 2000t/62 米双轨门式起重机的研制”、“围海造地淤泥固化施工技术及关键设备的研制”等项目获批为股份公司科技计划重大项目。

表 7-34　中铁科工 2012 年获批外部各级、各类纵向科技计划项目情况一览表

序号	项目名称	批准立项部门		资助金额（万元）
1	旧水泥路面共振破碎再生技术和关键设备的研制及推广应用	中央国有资本经营预算节能减排资金项目		1280
2	城轨交通 U 型梁运架施工关键技术及装备研制	国家科技部		125
3	围海造地淤泥固化施工技术及关键设备的研制	股份公司	重大项目	30
4	港珠澳大桥 2000t/62m 双轨门式起重机的研制			20
5	旧水泥路面共振破碎再生技术及关键设备研制			30
6	超厚锻件约束焊的工艺研究及其在盾构机驱动箱制造中的应用		重点项目	20
7	铁路 T 梁架桥机新型起升机构关键技术研究			20
8	4000t 模块化动力平板运输车研制			0

9	大跨度、大吨位三点复合支撑钢桁梁浮拖法架设施工工艺研究		引导项目	0
10	大吨位、大跨度钢梁"斜拉索加劲一次顶推"施工技术的研究			0
11	独塔自锚式钢箱梁悬索桥空间三维双索面缆索施工技术的研究			0
12	预制骨芯水泥土搅拌劲桩施工技术及施工设备的研制			0
13	中山基地动态平衡四联杆门座起重机的研制			0
14	在役铁路T梁架桥机技术状态检测及检修的研究			0
15	正交异性钢桥面板模块化制造工艺研究			0
16	混凝土路面白改黑施工用全浮动式共振破碎机	武汉市工业企业自主创新资金		60
17	大吨位箱梁运架设备群安全施工远程监控系统	国家安监局、质检局示范试点		30
18	武汉市知识产权优势培育企业	武汉市知识产权局		2
合　计				1617

2. 获批外部各级、各类科技奖励17（项•次），其中，集体获奖3项、个人获奖1项、项目成果获奖13（项•次）。集团公司获批武汉市首批创新型企业、武汉市知识产权优势培育企业、中国施工企业管理协会技术创新先进单位；重工公司董平华同志获批为中国施工企业管理协会技术创新先进个人；项目成果"小曲线大坡度单线箱梁架桥机"获得湖北省科技进步奖三等奖；"东江大桥刚性悬索加劲钢桁梁结构关键力学特性研究"获得广东省科技进步奖二等奖；"双线多箱同步起吊箱梁架桥机"同年获得武汉市科技进步奖二等奖、中国施工企业管理协会科学技术奖技术创新成果一等奖；"南广铁路桂平郁江钢桁斜拉桥建造技术研究"和"TJ165A型分体式架桥机"两项目均获中国铁路工程总公司科学技术奖一等奖；"GB/T 25335-2010《铁路T梁架桥机》等3项国家标准"获得武汉市标准制定奖励一等奖；发明专利"轨枕吊装布设装置"获得武汉市发明专利优秀奖。

表7-35　中铁科工2012年获批外部各级、各类科技奖励情况一览表

序号	获奖名称	奖项名称
1	中铁科工集团有限公司	武汉市首批创新型企业
2		武汉市知识产权优势培育企业
3		中国施工企业管理协会科学技术奖技术创新先进企业
4	董平华	中国施工企业管理协会科学技术奖技术创新先进个人
5	小曲线大坡度单线箱梁架桥机	湖北省科技进步奖三等奖
6	东江大桥刚性悬索加劲钢桁梁结构关键力学特性研究	广东省科技进步奖二等奖
7	双线多箱同步起吊箱梁架桥机	武汉市科学技术奖二等奖
8	深水基层桩堰同步施工围堰原位拼装施工技术	九江市科技进步奖二等奖
9	TJ165A型分体式架桥机	中国铁路工程总公司科学技术奖一等奖
10	南广铁路桂平郁江钢桁斜拉桥建造技术研究	中国铁路工程总公司科学技术奖一等奖
11	双线多箱同步起吊箱梁架桥机	中国施工企业管理协会科学技术奖技术创新成果一等奖
12	无砟轨道全液压双向行驶运板车	中国施工企业管理协会科学技术奖技术创新成果二等奖
13	小曲线单线箱梁运梁车	中国施工企业管理协会科学技术奖技术创新成果二等奖
14	ZPC160型自行式转盘车	中国施工企业管协会科学技术奖技术创新成果二等奖
15	大坡道小半径曲线铁路450吨级箱梁制运架施工技术及关键设备	中国施工企业管理协会科学技术奖技术创新成果二等奖
16	GB/T 25335-2010《铁路T梁架桥机》等3	武汉市标准制定奖励一等奖

	项国家标准	
17	轨枕吊装布设装置	武汉市发明专利优秀奖

3.组织完成科技成果鉴定5项，其中，通过湖北省科技成果鉴定3项、通过股份公司科技成果评审2项。

集团公司独立完成的“小曲线半径穿越山岭隧道箱梁运架一体机”通过湖北省科技成果鉴定，达到国际领先水平；“裸岩河床水下控制粒径爆破人造覆盖层施工技术”、“深水基础桩堰同步施工围堰原位拼装施工技术”通过湖北省科技成果鉴定，分别达到国内领先、国际先进水平；“盾构机薄壁嵌入式尾盾制造技术”通过股份公司科技成果评审，达到国际先进水平。此外，集团公司参与完成的“南广铁路桂平郁江钢桁斜拉桥建造技术研究” 也通过股份公司科技成果评审，达到国际先进水平。

表7-36　中铁科工2012年科技成果鉴定（评审）一览表

序号	项目名称	组织鉴定单位	成果水平
1	小曲线半径穿越山岭隧道箱梁运架一体机	湖北省科学技术厅	国际领先
2	深水基础桩堰同步施工围堰原位拼装施工技术	湖北省科学技术厅	国际先进
3	裸岩河床水下控制粒径爆破人造覆盖层施工技术	湖北省科学技术厅	国内领先
4	盾构机薄壁嵌入式尾盾制造技术	中国中铁股份有限公司	国际先进
5	南广铁路桂平郁江钢桁斜拉桥建造技术研究	中国中铁股份有限公司	国际先进

【中铁装备科研成果和技术进步】　2012年，中铁装备参与的“盾构装备自主设计制造关键技术及产业化”项目获国家科技进步一等奖，“复合盾构机的研制”项目获河南省科技进步奖一等奖，“盾构变频驱动系统的研制”项目获中国施工企业管理协会技术创新一等奖；“硬岩盾构成套装备关键技术研究及应用”通过河南省重大科技专项验收，并获中国铁路工程总公司科学技术一等奖；“盾构互联网远程实时监控系统的研制”项目获中国铁路工程总公司科学技术二等奖。

【华铁咨询科研成果和技术进步】　2012年10月，华铁工程咨询有限责任公司“地铁暗挖车站扣拱初支钢架连接”、“拼装式人工挖孔防护装置”两项技术获实用新型技术专利。

工法与专利

【股份公司工法与专利情况】 2012 年，股份公司共获得 267 项省部级工法，新增有效专利授权 632 项，其中发明专利 151 项。

【中铁二院专利与工法管理】 2012 年，中铁二院的专利与工法管理工作，由技术中心科研标准管理科转至新成立的成果转化办公室，仍隶属技术中心。中铁二院 2012 年专利与工法管理工作概况及成果，分述如下：

一、专利成果及管理工作概况

1. 2012 年，中铁二院共申报专利 91 项（发明专利 22 项，实用新型 68 项，PCT 国际专利申请 1 项）。同时，获得国家知识产权局授权专利 73 项（发明专利 14 项，实用新型 59 项）。

2. 办理成都市专利资助 66 项、金牛区专利资助 66 项。

3. 完成 CRTSIII型板式无砟轨道专利情况调查报告。

4. 获得四川省专利实施与促进专项资金项目 1 项。

5. 编制中铁二院专利证书汇总。

6. 完成中铁二院十二五科技成果汇编工法、专利部分内容的编撰工作。

7. 配合成都市科技局，完成 2012 年全国专利调查问卷。

8. 参加成都市科技成果推介会，制作专利展板，宣传二院专利成果。

9. 制定中铁二院专利技术转让合同。

10. 参与调研“环保通用电机质比振动器”产品，就其专利授权情况进行调查。

2012 年，中铁二院继续认真实行知识产权战略，加大了企业知识产权工作的力度，强化了专利法规宣传和专利知识普及。其专利申请与保护工作，取得了明显成效。同时，建立健全了专利管理制度，走规范化之路，把专利管理部门的职责，专利产权的管理，专利奖惩，专利工作的考核等内容，纳入专利管理制度。鼓励员工的业务创新和职务发明，对发明人按照一定数额进行奖励，为员工提供了技术交流的平台，以提高员工自主创新的积极性。

二、工法管理工作概况

（一）2012 年，中铁二院通过评审，颁布了 3 项院级工程建设施工工法（铁路钢桥面环氧沥青混凝土柔性保护层施工工法、A 型超高桥墩斜腿施工工法、铁路牵引变电所预绞式电力金具施工工法）。

（二）组织申报四川省省级工法 5 项。下达 15 项院级工法，年度计划产值 210 万元，年度经费 21 万元。

（三）对各生产院工法进展完成情况进行检查，清算产值。

2012 年，中铁二院的工法管理，在巩固已有成绩的基础上，继续深入开展申报、评审工作。在积极应用新技术、新工艺的同时，及时总结、交流，不断创新，以工法进步带动企业自主创新能力的提高，进一步提升中铁二院建设工程的设计施工水平。

表 7-37 中铁二院 2012 年所获有效专利一览表（发明 14 项，实用新型 59 项，共 73 项）

序号	专利名称	申请时间	授权时间	专利批准号	专利类型
1.	岩溶地层桩孔护壁构造及桩孔施工方法	2009.04.01	2012.01.04	ZL200910058778.7	发　明
2.	铁路钢桁梁斜拉桥整体复合式索梁锚固结构	2010.03.29	2012.01.25	ZL201010134155.6	发　明
3.	钢桁梁斜拉桥抑制涡激振动装置安装构件	2010.03.29	2012.02.01	ZL201010136313.1	发　明
4.	变高度连续钢桁梁铁路桥检查车	2010.07.08	2012.01.11	ZL201010221349.X	发　明
5.	用于对蒸发换热器进行周期性补水的蒸发换热周期补水器	2010.04.29	2012.04.25	ZL201010158380.3	发　明
6.	一种复合改性剂及由其制得的低强度混凝土	2009.03.10	2012.07.04	ZL200910058553.1	发　明
7.	一种抗侵蚀剂及含有该抗侵蚀剂的砌筑砂浆材料	2009.03.13	2012.07.04	ZL200910058596.X	发　明
8.	用于黄土边坡植物护坡的客土	2010.03.29	2012.06.27	ZL201010134229.6	发　明
9.	板式无砟轨道减振构造	2010.04.08	2012.05.30	ZL201010141947.6	发　明
10.	均流通风装置	2010.05.04	2012.08.22	ZL201010162056.9	发　明
11.	可熔断锁定装置	2010.03.29	2012.08.29	ZL201010134164.5	发　明
12.	钢桁梁斜拉桥抑制涡激振动装置	2010.03.29	2012.08.29	ZL201010134238.5	发　明

13.	软土上建筑垃圾场地地基加固构造	2011.03.10	2012.08.29	ZL201110056535.7	发　明
14.	长联、大跨连续结构桥人字型超高空心墩	2011.06.09	2012.12.26	ZL201110154328.5	发　明
15.	高速铁路客运专线桥梁螺旋滑道式应急逃生设施	2011.05.29	2012.01.04	ZL201120176019.3	实用新型
16.	高速铁路隧道边墙离壁式射流风机安装衬砌结构	2011.06.22	2012.01.04	ZL201120212054.6	实用新型
17.	高烈度膨胀土地区高回填隧道明洞衬砌构造	2011.06.22	2012.01.04	ZL201120212052.7	实用新型
18.	铁路隧道内转辙机安装段衬砌构造	2011.06.22	2012.01.04	ZL201120212133.7	实用新型
19.	排水锚杆及既有挡土墙修复加固构造	2011.05.10	2012.01.04	ZL201120145298.7	实用新型
20.	用于极软土地基加固的碎石桩	2011.05.23	2012.01.04	ZL201120167231.3	实用新型
21.	立交铁路隧道衬砌构造	2011.06.22	2012.01.18	ZL201120212971.4	实用新型
22.	多线不等高铁路陡坡危石防治明洞构造	2011.06.22	2012.01.18	ZL201120211903.6	实用新型
23.	铁路隧道接长明洞落石防护构造	2011.06.22	2012.01.18	ZL201120211851.2	实用新型
24.	一种桥上无砟轨道构造	2011.05.20	2012.01.18	ZL201120162586.3	实用新型
25.	铁路隧道保温水沟结构	2011.06.22	2012.01.11	ZL201120211901.7	实用新型
26.	Ⅵ级围岩双线隧道衬砌支护结构	2011.06.22	2012.02.01	ZL201120212116.3	实用新型
27.	铁路隧道深埋富水软弱带围岩超前支护构造	2011.06.22	2012.01.18	ZL201120212058.4	实用新型
28.	高速铁路客运专线桥梁塔楼式应急逃生设施	2011.05.29	2012.02.01	ZL201120175185.1	实用新型
29.	高速铁路客运专线桥螺旋梯步式应急逃生设施	2011.05.29	2012.01.11	ZL201120178612.1	实用新型
30.	一种高速铁路轨道控制网的测量标志预埋件组件	2011.05.12	2012.01.25	ZL201120149905.7	实用新型
31.	消除小边跨连续梁支座负反力构造	2011.05.09	2012.02.08	ZL201120144660.9	实用新型
32.	四线大跨隧道不等参初期支护构造	2011.06.09	2012.02.22	ZL201120192096.8	实用新型
33.	平原地区非饱和土地基高速铁路路基结构	2011.07.23	2012.04.11	ZL201120262466.0	实用新型
34.	山区大型弃碴场加固防护构造	2011.08.30	2012.04.11	ZL201120320774.4	实用新型
35.	砂层路堑边坡生态防护构造	2011.07.23	2012.02.22	ZL201120262468.X	实用新型
36.	强降雨地区高速铁路改良土路基结构	2011.07.23	2012.02.22	ZL201120262341.8	实用新型
37.	地铁车站复合式屏蔽门	2011.08.01	2012.04.11	ZL201120276612.5	实用新型
38.	地下车站复合式通风构造	2011.08.11	2012.04.11	ZL201120290888.9	实用新型
39.	高速铁路护桥棚洞结构	2011.06.22	2012.05.23	ZL201120212046.1	实用新型
40.	高速铁路深厚软土地基路堤构造	2011.08.30	2012.05.23	ZL201120320487.3	实用新型
41.	高速铁路陡坡路基组合结构构造	2011.08.30	2012.05.23	ZL201120320168.2	实用新型
42.	山区沟槽路堑路基排水结构	2011.09.09	2012.05.23	ZL201120337916.8	实用新型
43.	地下槽形结构抗浮构造	2011.09.09	2012.05.23	ZL201120337983.X	实用新型
44.	桥梁球铰式竖向限位装置	2011.09.28	2012.05.16	ZL201120379413.7	实用新型
45.	地下车站屏蔽门、安全门转换装置	2011.08.24	2012.07.11	ZL201120309885.5	实用新型
46.	高速铁路倾斜地层软弱地基加固构造	2011.09.09	2012.07.11	ZL201120338375.0	实用新型
47.	高速铁路路堑基床排水结构	2011.09.09	2012.05.30	ZL201120338487.6	实用新型
48.	高速铁路岩溶强烈发育车站道岔区路基加固构造	2011.09.09	2012.05.30	ZL201120339290.4	实用新型
49.	城市轨道交通高架站局部通风器	2011.10.09	2012.05.30	ZL201120378842.2	实用新型
50.	一种用于钢与混凝土组合结构的柔性焊钉剪力连接构件	2011.11.29	2012.07.11	ZL201120483536.5	实用新型
51.	用于柔性防护网受力变形监测的光纤光栅弯曲传感器	2011.12.02	2012.07.11	ZL201120494780.1	实用新型
52.	一种电气化铁路自耦变压器所	2012.01.04	2012.08.29	ZL201220001113.X	实用新型

53.	一种电气化铁路可调串联电容补偿装置	2011.12.20	2012.08.29	ZL201120535675.8	实用新型
54.	一种电气化铁道专用变压器	2011.12.30	2012.08.29	ZL201120568667.3	实用新型
55.	大体积空心混凝土隧道衬砌结构	2011.12.30	2012.08.29	ZL201120568115.2	实用新型
56.	铁路钢桁斜拉桥桥面系横梁构造	2011.12.26	2012.08.29	ZL201120549845.8	实用新型
57.	钢桁斜拉桥压重构造	2011.12.26	2012.08.29	ZL201120550439.3	实用新型
58.	一种可快速维修的整体式无砟轨道结构	2011.12.15	2012.08.29	ZL201120528162.4	实用新型
59.	桥梁三向限位装置及桥梁三向限位减震构造	2011.12.13	2012.08.29	ZL201120518967.0	实用新型
60.	一种光纤光栅振动传感器	2011.12.02	2012.08.29	ZL201120494819.X	实用新型
61.	城市轨道交通多功能小负荷用电设备电控系统	2011.12.13	2012.10.10	ZL201120518823.5	实用新型
62.	铁路钢桁斜拉桥横联、接触网连接构造	2012.03.28	2012.10.10	ZL201220122941.9	实用新型
63.	双阀排风均流装置	2012.05.17	2012.11.28	ZL201220220909.4	实用新型
64.	电气化铁道牵引网交流融冰系统	2011.12.20	2012.09.05	ZL201120535231.4	实用新型
65.	铁路钢桁斜拉桥粘滞阻尼器连接构造	2012.03.29	2012.10.31	ZL201220126044.5	实用新型
66.	铁路钢桁斜拉桥混凝土挡风结构	2012.03.28	2012.10.17	ZL201220123041.6	实用新型
67.	分段式扭结自耦变压器所	2011.12.29	2012.12.26	ZL 201120563782.1	实用新型
68.	用于电气化铁路牵引供电系统同相供电的电子牵引变压器	2012.03.31	2012.12.26	ZL 201220131575.3	实用新型
69.	中低速磁浮直线轨道梁	2012.05.21	2012.12.26	ZL 201220229068.3	实用新型
70.	中低速磁浮车挡桥墩构造	2012.05.21	2012.12.26	ZL 201220229483.9	实用新型
71.	中低速磁浮小半径曲线连续梁	2012.05.21	2012.12.26	ZL 201220229612.4	实用新型
72.	中低速磁浮曲线轨道梁	2012.05.21	2012.12.26	ZL 201220229549.4	实用新型
73.	风压分解承受幕帘风阀	2012.06.06	2012.12.26	ZL 201220263679.X	实用新型

【中铁设计咨询获专利项目】 2012年11月，国家知识产权局授予中铁设计咨询所属中铁济南工程技术有限公司研发的“超低高度液压动力头式回转钻机” 实用新型专利。该专利主要是针对超低高度施工环境和市场需求，可广泛应用于铁路工程线下、地铁、隧道等狭小空间条件下的钻孔灌注桩施工作业，能够显著提高施工安全系数，大幅度节省降水费用，大大缩短施工工期，具有广阔的市场前景。

国家知识产权局于2012年8月29日授予中铁设计咨询电化院研发的“桥梁斜拉索灯具安装装置”实用新型专利。该实用新型专利通过套筒将灯具和线缆安装集于一体，安全性高，能够适应多种灯具，并方便拆卸维修更换；安装灯具之后的斜拉索端面形状为圆形，外表面有均匀分布排列的凹凸点，能够最大程度减缓风致震动、雨致震动对斜拉索受力造成的影响，保证桥梁的安全。且灯具装饰的夜景效果能够与桥梁自身景观很好融合。

2012年10月，国家知识产权局授予中铁设计咨询桥梁院研发的“一种混凝土梁顶推用导梁结合部构造”和“一种桥面板连接结构”两个项目实用新型专利。《一种混凝土梁顶推用导梁结合部构造》实用新型专利，将混凝土主梁本身的纵向预应力筋直接锚固到与钢导梁相连接的连接件上，增强了钢导梁与混凝土主梁结构的整体连接，有效改善超宽混凝土主梁与钢导梁结合段的受力状态，保证了顶推过程中结合部的安全。《一种桥面板连接结构》实用新型专利，在面板之间采用相互搭接扣合的连接方式，加固了桥面板接缝的强度，提高了预制桥面板的传力能力和其结构耐久性。

截至2012年末，中铁设计咨询共有有效专利34项（其中发明专利10项）。2012年中，新申请专利19项（其中发明专利5项），另申请外观专利1项，著作权登记2项。2012年中新获得授权专利8项（其中发明专利1项、外观专利1项、实用新型6项）。新获专利项目见表7-38。

表7-38　2012年中铁设计咨询新增有效专利项目

序号	专利名称	授权日	专利号	专利类型
1	一种折返道岔	2012-4-11	2011202540966	实用新型
2	新型辙叉钢轨	2012-4-11	2011202537639	实用新型

3	一种球型钢支座	2012-8-22	201120504377.2	实用新型
4	桥梁斜拉索灯具安装装置	2012-8-29	201120560201.9	实用新型
5	一种混凝土梁顶推用导梁结合部构造	2012-10-31	201120559998.0	实用新型
6	一种桥面板连接结构	2012-10-10	201120503272.5	实用新型
7	磁化水管	2012-4-25	201010288678.6	发明
8	马头型墩	2012-12-12	2012302024657	外观

【中铁设计咨询 2012 年承担的规范、产品标准编制项目】 2012 年中铁设计咨询主编或参编的规范、规程和产品标准编制项目共 7 项。(见表 7-39)

表 7-39 2012 年中铁设计咨询承担的规范、产品标准编制项目

序号	项目名称	类别	参、主编
1	铁路隧道设计规范(可靠度)	规范	参编
2	铁路轨道设计规范(可靠度)	规范	参编
3	铁路桥梁设计规范(可靠度)	规范	参编
4	铁路后张法预应力混凝土梁管道压浆技术条件	产品	主编
5	铁路混凝土桥面防水层技术条件	产品	主编
6	合金钢组合辙叉	产品	主编
7	混凝土岔枕	产品	参编

【中铁设计咨询 2012 年承担的部级标准设计项目】 由中铁设计咨询主编的行业标准《高速铁路预制先张法预应力混凝土简支梁》(送审稿)通过铁道部审查。该行业标准是铁道部 2011 年标准计划项目,编制过程中编写组结合合宁线、青藏线先张梁等设计、试验成果,提出了高速铁路预制先张法预应力混凝土简支梁的技术要求、检验方法、检验规则、标志与制造技术证明书和保管、运输、架设等施工要求,经过对征求意见稿反馈意见的充分研究,提出了采纳与不采纳理由,并进行了修改后,形成送审稿报送审查。2012 年 11 月 21 日,由铁道部经规院组织铁道部科技司、运输局、标准计量所、质检中心,铁科院、铁一院、铁三院,北京局,中铁二、四、六、十二、十四局等单位的有关人员对该标准内容进行了审查,提出了具体修改意见。会议一致通过修改后的标准送审稿,编制组完成报批稿后再行报部批准颁发。

对中铁设计咨询负责设计的时速 160、200 公里客货共线铁路设声屏障简支 T 梁通用参考图通过部级审查。2012 年 10 月 23 日,铁道部经济规划研究院组织有铁道部运输局工务部、工管中心、鉴定中心,铁科院,北京铁路局,铁一、二、三、四院,中铁上海院,中铁六局等单位专家参加的审查会,对中铁设计咨询负责设计的《时速 160、200 公里客货共线铁路设声屏障简支 T 梁通用参考图》(10 套),进行了审查。经专家组评审,认为设计图纸采用的技术指标符合现行规范规定,总体方案合理,图面清晰,内容完整,执行了铁道部技术委员会专家委员会“简支 T 梁设置声屏障设计方案专家论证会”的有关意见,符合施工图审查深度要求。该通用参考图解决了近期国内客货共线铁路建设中简支 T 梁设置声屏障的技术难题。

2012 年中铁设计咨询主编或参编部级标准设计项目 5 项。见表 7-40。

表 7-40 中铁设计咨询 2012 年主编或参编部级标准设计项目

序号	项目名称	类别	参主编
1	客货共线铁路简支梁	制订	主编
2	预应力混凝土宽枕	修订	主编
3	50 公斤/米钢轨 9 号道岔用混凝土岔枕	修订	主编
4	60 公斤/米钢轨 9 号道岔用混凝土岔枕	修订	主编
5	10KV 电力架空线路铁塔安装图(转角铁塔)	修订	主编

【中铁大桥院专利】 2012 年，中铁大桥院申报了“框架墩墩顶横梁与PC连续箱梁横隔梁合为一体的双层公路桥”、“大跨度桥梁自平衡抗风装置”、“大跨度自锚式叠合梁悬索桥主梁施工方法”、“双层预填料式过滤管”、“空心板桥单板受力加固方法”等16项专利（其中发明专利占11项）。“双层桥面拱桥吊杆锚固结构”、“钢桁梁箱型截面杆件排水装置”、“双层预填料式过滤管”、“新型桥梁检修车”4项实用新型技术成果获授权取得专利证书。

【中铁西北院专利与计量工作】 2012 年，中铁西北院未获得工法。

中铁西北院质量管理体系经过七年的运行，已实现了程序化、规范化管理。在质量管理体系运行过程中，为进一步完善公司“三标一体化”进程，借力2012年公司全面开展“管理提升和执行力建设年”活动，由总工办牵头，在全公司开展三体系认证工作，组织了“质量QMS、环境EMS、健康安全OHSAS ”三体系认证培训，对质量手册、程序文件和作业指导书进行了相应修改和换版，对公司三体系覆盖范围的单位和部门进行了内部审核。由于对三体系文件及时修改，不断完善，内审工作严格认真，管理体系运行日趋规范，一次性通过了外部质量认证公司的三体系认证。此次认证工作使各部门、各单位在严格执行公司质量手册、适时更新程序文件和完善管控流程方面得到强化，全面提升了公司的管理水平，使企业竞争力得到增强。

中铁西北院于1999年首次通过国家计量认证。近十年中，该公司以工程试验检测中心为主要计量单位，建立了计量认证管理体系，并结合专业发展有效运行。经过十余年专业技术领域的拓展和管理提升，试验检测技术和试验能力取得长足进步，计量认证管理体系几经换版更新，机构设置也更加区域合理。2012 年底，该公司计量认证管理体系接受了计量认证复查评审和专业能力考核，受到评审组一致肯定，并取得了良好的专业能力考核成绩，计量认证参数也同时拓展为31类，包含对123项产品331个独立试验参数的计量认证，计量认证业务范围覆盖了铁路、公路、市政、环境、水利等多个领域，使试验检测行业成为该公司新的经济增长点。

2012年，中铁西北院申请并受理专利14项，其中发明专利6项，实用新型专利8项；有20项专利获得授权，其中发明专利6项，实用新型专利14项。2012年中铁西北院获得的专利和申请并受理的专利见表7-41、7-42。

表7-41 中铁西北院2012年获得专利一览表

序号	名称	授权日期	专利号	类型
1	一种煤炭抑尘剂及其制备方法	2012-5-23	Z1 200910265220.6	发明
2	维护多年冻土地基热稳定的方法及配套的太阳能制冷装置	2012-8-29	Z1 201010005249.3	发明
3	一种快速安全环保的非开挖式抗滑桩施工方法	2012-10-3	Z1 201110024826.8	发明
4	湿陷性黄土地基的无振动挤密处理方法	2012-9-19	Z1 201110129104.9	发明
5	自锁器及具有该自锁器的自锁型预应力锚索	2012-2-15	Z1200810186875.X	发明
6	混凝土梁锚下预应力检测的方法及实现该方法的装置	2012-6-6	Z1200810190261.9	发明
7	伞状无振动挤密扩孔装置	2012-1-18	Z1 201120159097.2	实用新型
8	无振动挤密扩孔设备	2012-1-18	Z1 201120159094.9	实用新型
9	无振动横向挤密扩孔装置	2012-1-18	Z1 201120159093.4	实用新型
10	一种多点组合式沉降观测装置	2012-1-18	Z1 201120212240.X	实用新型
11	箱体式活动沙障	2012-4-25	Z1 201120257163.X	实用新型
12	滑坡转化型泥石流的新型防治结构	2012-7-4	ZL 201120411510.X	实用新型
13	锥形无振动挤密扩孔装置	2012-5-30	ZL 201120338803.X	实用新型
14	自动化多点组合式沉降观测仪	2012-6-6	ZL 201120401603.4	实用新型
15	拼装式锚杆或锚索框架	2012-7-18	ZL 201120488097.7	实用新型
16	深水基坑围护及止水的自锁型围护桩结构	2012-7-11	ZL 201120477846.6	实用新型
17	递控式锚杆	2012-9-5	ZL 201120477930.8	实用新型
18	高梯度分层旋转立式集沙仪	2012-10-31	ZL 201220097416.6	实用新型

19	风钻成孔及钻进除尘设备	2012-12-26	ZL201220313605.2	实用新型
20	锚索预应力荷载补偿或卸荷装置	2012-4-18	ZL201120253338.X	实用新型

表 7-42　中铁西北院 2012 年专利申请受理一览表

序号	名称	申请日期	申请号	类型
1	高梯度分层旋转立式集沙仪	2012-3-15	201210068284.9	发明
2	风钻成孔及钻进除尘设备	2012-7-2	201210223002.8	发明
3	拼装式立体挡沙栅栏	2012-7-9	201210235262.7	发明
4	旋转式机械沙障	2012-7-9	201210235264.6	发明
5	适用于多年冻土区的变形监测基准点装置及其安装方法	2012-10-24	201210409352.3	发明
6	一种适用于多年冻土区的保温盲沟设施及施工方法	2012-10-24	201210408875.6	发明
7	风钻成孔及钻进除尘设备	2012-7-3	201220313605.2	实用新型
8	高梯度分层旋转立式集沙仪	2012-3-15	201220097416.6	实用新型
9	拼装式立体挡沙栅栏	2012-7-9	201220329010.6	实用新型
10	旋转式机械沙障	2012-7-9	201220329008.9	实用新型
11	立式阻沙网	2012-10-22	201220540944.4	实用新型
12	一种用于防护多年冻土区路基边坡的装置	2012-10-22	201220540907.3	实用新型
13	适用于多年冻土区的变形监测基准点装置	2012-10-24	201220547325.8	实用新型
14	一种适用于多年冻土区的保温盲沟设施	2012-10-24	201220546841.9	实用新型

【中铁西南院规范与专利】　2012 年，公司组织参编的国家、地方和行业规范有以下 3 项：

（1）“丙烯酸盐喷膜防水应用技术规程”；

（2）“中国高速铁路工务技术”；

（3）“铁路工程纤维混凝土结构技术规程”。

2012 年，公司获得授权国家专利 14 项，其中国家发明专利 1 项、国家实用新型专利 13 项，详见表 7-43。2012 年，公司申请并受理的国家专利 11 项，其中国家发明专利 4 项，国家实用新型专利 12 项，详见表 7-44。

表 7-43　中铁西南院 2012 年获得专利一览表

序号	专利名称	申请日期	授权日期	专利证书号	专利类型
1	适用钻爆施工隧道连续皮带出碴方法及其实施系统和设备	2010.5.11	2012.2.8	ZL 2010 1 0168803.X	发明专利
2	模拟施工现场注浆的室内加压注浆试验装置	2011.7.29	2012.2.15	ZL 2011 2 0274454.X	实用新型
3	风送型混凝土湿喷机进风量智能化自动控制系统	2011.9.21	2012.4.18	ZL 2011 2 0355122.4	实用新型
4	一种液体速凝剂雾化装置	2011.9.21	2012.05.30	ZL 2011 2 0354678.1	实用新型
5	锚杆锚固质量电磁法检测发射装置	2011.08.18	2012.05.30	ZL 2011 2 0300992.1	实用新型
6	高原冻土隧道冻融圈监测系统	2011.12.8	2012.7.11	ZL 2011 2 0507583.9	实用新型
7	用于混凝土喷射且具有移动式回转支柱的臂架	2011.11.8	2012.7.11	ZL 2011 2 0437411.9	实用新型
8	一种具有高分辨率的弯扭式点检波器	2011.12.26	2012.8.15	ZL 2011 2 0550949.0	实用新型
9	一种模拟岩质滑坡水力启动的室内试验机	2011.9.16	2012.7.4	ZL 2011 2 0347641.6	实用新型
10	路基沉降遥测系统	2011.11.3	2012.7.4	ZL 2011 2 0429954.6	实用新型
11	桥梁动静位移测试装置	2011.11.3	2012.7.4	ZL 2011 2 0430034.6	实用新型

12	一种测试曲线隧道通风沿程摩擦阻力系数的模拟实验装置	2012.04.11	2012.12.12	ZL 2012 2 0150625.2	实用新型
13	多级分段免注浆自胀紧式锚固锚杆	2012.6.7	2012.12.12	ZL 2012 2 0265604.5	实用新型
14	多级分段免注浆自锚固棘刺式锚杆	2012.6.7	2012.12.12	ZL 2012 2 0265605.X	实用新型

表 7-44　中铁西南院 2012 年申请专利一览表

序号	专利名称	申请时间	专利类型
1	多级分段免注浆自胀紧式锚固锚杆	2012.6.7	发明专利
2	一种 CA 砂浆填充层修补专用界面剂及其制备方法	2012.8.20	发明专利
3	一种测试曲线隧道通风沿程摩擦阻力系数的模拟实验装置	2012.04.11	发明专利
4	一种曲线隧道通风沿程摩擦阻力系数模拟试验方法	2012.04.11	发明专利
5	一种既有铁路隧道病害整治用隧道拱顶钢拱架安装机	2012.11.08	发明专利
6	多级分段免注浆自胀紧式锚固锚杆	2012.6.7	实用新型
7	多级分段免注浆自锚固棘刺式锚杆	2012.6.7	实用新型
8	自锁紧摇柄式收敛计张力加载自动控制装置	2012.5.4	实用新型
9	一种测试曲线隧道通风沿程摩擦阻力系数的模拟实验装置	2012.04.11	实用新型
10	一种既有铁路隧道病害整治用隧道拱顶钢拱架安装机	2012.11.08	实用新型
11	一种可自动调节冲程的计量泵	2012.12.10	实用新型
12	一种喷射混凝土的喷射喷嘴	2012.12.10	实用新型
13	地质预报仪	2012.12.14	实用新型
14	大能量电火花发射头	2012.12.20	实用新型
15	一种可自动卸料的矿车	2012.12.18	实用新型
16	桥梁支座检测仪	2012.11.30	实用新型

【中铁电化院专利情况】 2012 年共获得 11 项国家专利，其中发明专利 4 项，实用新型专利 5 项，外观设计专利 2 项；今年新申请三项专利，其中 2 项发明专利 1 项实用新型专利。

获得 4 项发明专利分别是：“单相双极气体绝缘开关设备”、“城市轨道交通接触网球头电极避雷器”、“电气化铁路牵引供电系统用防雷保护间隙”、“电气化铁路牵引供电系统用避雷装置”；获得 5 项实用新型专利分别是：“电气化铁路牵引供电系统用防雷保护间隙”、“电气化铁路牵引供电系统用避雷器”、“断路器用绝缘杆”、“单相高压真空断路器”、“高压真空灭弧室”；获得 2 项外观设计专利分别是：“绝缘套筒”、“单极真空负荷开关”。

新申请的专利包括“一种基于 IEC61850 规约的数字化通信电流保护技术”和“绝缘接触网悬挂装置”。

【中铁一局专利情况】 截止 2012 年，中铁一局已拥有有效专利 170 项（其中：发明专利 34 项，实用新型 136 项）。2012 年已完成申报专利 48 项（其中：发明专利 13 项，实用新型 35 项），见表 7-45；取得专利授权 50 项（其中：发明专利 13 项，实用新型 37 项），见表 7-46。

表 7-45　中铁一局 2012 年获得受理专利清单

序号	名称	专利类别	完成单位
1	铁路轨排组装生产线自动翻枕前混凝土轨枕调整系统	实用新型	中铁一局集团有限公司
2	CRTSⅡ型轨道板快速粗放定位器	实用新型	中铁一局集团有限公司
3	桥梁支座锚固料移动式自动搅拌装置	实用新型	中铁一局集团有限公司
4	手摇式轨道板端封拆卸器	实用新型	中铁一局集团有限公司
5	恶劣环境中混凝土结构物施工养护方法	发　明	中铁一局集团有限公司
6	严寒地区混凝土结构物基础防冻处理方法	发　明	中铁一局集团有限公司

7	混凝土简支箱梁张拉用千斤顶吊架	实用新型	中铁一局集团有限公司
8	一种下行式移动模架主梁纵向移动装置	实用新型	中铁一局集团有限公司
9	移动模架主梁纵向移动装置	实用新型	中铁一局集团有限公司
10	长距离顶管中继间用滚动式密封结构	实用新型	中铁一局集团有限公司
11	无砟轨道板铺板施工用侧移限位装置	实用新型	中铁一局集团有限公司
12	架桥机过路基用推行装置及架桥机过路基方法	发 明	中铁一局集团有限公司
13	架桥机过路基用推行装置	实用新型	中铁一局集团有限公司
14	双块式轨枕生产用振捣平台	实用新型	中铁一局集团有限公司
15	一种大跨度连续梁施工用移动模架及施工方法	发 明	中铁一局集团有限公司
16	一种大跨度连续梁施工用移动模架	实用新型	中铁一局集团有限公司
17	一种超声波焊接枪头	实用新型	中铁一局集团有限公司
18	铁路桥梁防落梁挡块安装系统	实用新型	中铁一局集团有限公司
19	一种预制装配式钢弹簧浮置板轨道施工工艺	发 明	中铁一局集团有限公司 上海申通地铁集团有限公司
20	地铁通信漏缆夹具的底座	实用新型	中铁一局集团有限公司
21	隧道施工通风系统节能运行控制系统及方法	发 明	中铁一局集团有限公司
22	重叠盾构隧道施工用移动式连续支护系统	实用新型	中铁一局集团有限公司
23	模板运输支架	实用新型	中铁一局集团有限公司
24	护栏模板移动小车	实用新型	中铁一局集团有限公司
25	地铁隧道通信系统施工作业梯车	实用新型	中铁一局集团有限公司
26	一种下导梁式架桥机过隧道施工方法	发 明	中铁一局集团有限公司
27	工地钢轨焊接接头平直度调校装置	实用新型	中铁一局集团有限公司
28	伸缩式高瓦斯隧道通风装置	实用新型	中铁一局集团有限公司
29	地铁大跨度车站主体结构及其柱拱法施工方法	发 明	中铁一局集团有限公司 中铁一局集团第二工程有限公司
30	基于柱拱法施工成型的地铁大跨度车站主体结构	实用新型	中铁一局集团有限公司 中铁一局集团第二工程有限公司
31	基于连续梁布设换装点的铁路T型梁架设施工方法	发 明	中铁一局集团有限公司
32	基于骨架梁的大跨度隧道拱部二次衬砌钢筋绑扎施工方法	实用新型	中铁一局集团有限公司 中铁一局集团第二工程有限公司
33	一种基于骨架梁的大跨度隧道拱部二次衬砌钢筋绑扎结构	发 明	中铁一局集团有限公司 中铁一局集团第二工程有限公司
34	黄土地层地铁隧道土压平衡盾构施工方法	实用新型	中铁一局集团有限公司
35	拱肋调节器	实用新型	中铁一局集团有限公司
36	轨道运输车用防溜装置	实用新型	中铁一局集团有限公司
37	带有自动机械臂的防水板铺设设备	实用新型	中铁一局集团有限公司
38	一种立卧结合式挤压机	实用新型	中铁一局集团有限公司
39	盾构机土舱保压系统的模拟系统	实用新型	中铁一局集团有限公司
40	地下围护结构顶部超灌混凝土破坏器	实用新型	中铁一局集团有限公司
41	一种预制T梁移梁台车	实用新型	中铁一局集团有限公司
42	隧道衬砌养生台车	实用新型	中铁一局集团有限公司
43	地铁车站结构施工用双向受理满堂脚手架	实用新型	中铁一局集团有限公司
44	管棚钻机钻杆自动装卸装置	实用新型	中铁一局集团有限公司
45	钢拱架安装设备	实用新型	中铁一局集团有限公司

46	一种桥梁断柱顶升用墩柱续接施工结构	发明	中铁一局集团有限公司
47	一种桥梁断柱顶升用墩柱续接施工方法	发明	中铁一局集团有限公司
48	一种钢筋混凝土烟囱拆除方法	发明	中铁一局集团有限公司

表 7-46　中铁一局 2012 年取得授权专利清单

序号	项　目　名　称	专利类别	完成单位
1	公路双导梁架桥机及调头方法	发　明	中铁一局集团有限公司
2	软土地区地铁基坑开挖用防渗堵漏施工方法	发　明	中铁一局集团有限公司
3	多功能底座模板精调棱镜适配器	发　明	中铁一局集团有限公司
4	大跨度节段拼装造桥机及其拼装施工工艺	发　明	中铁一局集团有限公司
5	自动控制缆索吊吊钩提升高度不超过设定极限高度的方法	发　明	中铁一局集团有限公司
6	一种可变向挂篮轮式走行系统及方法	发　明	中铁一局集团有限公司
7	双线流线型圆端实体墩墩帽钢筋整体绑扎施工方法	发　明	中铁一局集团有限公司
8	高速铁路无砟轨道轨道板全自动精调设备	发　明	中铁一局集团有限公司
9	一种用于基坑的支撑立柱及其施工方法	发　明	中铁一局集团有限公司
10	长距离小净距重叠盾构隧道用可移动式轮式台车支撑系统	发　明	中铁一局集团有限公司
11	恶劣环境中混凝土结构物施工养护方法	发　明	中铁一局集团有限公司
12	架桥机过路基用推行装置及架桥机过路基方法	发　明	中铁一局集团有限公司
13	一种具有横移功能的龙门吊及其使用方法	发　明	中铁一局集团有限公司
14	机制砂风选除尘设备	实用新型	中铁一局集团有限公司
15	精密三角高程上桥测量装置	实用新型	中铁一局集团有限公司
16	一种桥梁施工用浮式钻孔平台	实用新型	中铁一局集团有限公司
17	一种多功能白灰放线车	实用新型	中铁一局集团有限公司
18	一种隧道施工用运输机构	实用新型	中铁一局集团有限公司
19	隧道拱架安装作业车	实用新型	中铁一局集团有限公司
20	便携式液压钢筋弯曲机	实用新型	中铁一局集团有限公司
21	滑移式箱梁预制养护棚	实用新型	中铁一局集团有限公司
22	高墩桥梁施工平台	实用新型	中铁一局集团有限公司
23	高速铁路无砟道岔横向调整定位装置	实用新型	中铁一局集团有限公司
24	一种地下连续墙接头清理器	实用新型	中铁一局集团有限公司
25	一种桥梁荷载试验挠度测试系统	实用新型	中铁一局集团有限公司
26	一种切割桥墩整体顶升不平衡高差限位自控系统	实用新型	中铁一局集团有限公司
27	一种切割桥墩整体同步顶升施工导向系统	实用新型	中铁一局集团有限公司
28	上承式拱桥水平转体施工用双悬臂纵向约束装置	实用新型	中铁一局集团有限公司
29	一种后张法预应力管道压浆密封罩	实用新型	中铁一局集团有限公司
30	隧道多功能作业车	实用新型	中铁一局集团有限公司 长沙悦诚机电科技有限公司
31	隧道多功能作业车用拱架安装支架	实用新型	中铁一局集团有限公司 长沙悦诚机电科技有限公司
32	桥梁支座锚固料移动式自动搅拌装置	实用新型	中铁一局集团有限公司
33	CRTS Ⅱ型轨道板快速粗放定位器	实用新型	中铁一局集团有限公司
34	手摇式轨道板端封拆卸器	实用新型	中铁一局集团有限公司
35	混凝土简支箱梁张拉用千斤顶吊架	实用新型	中铁一局集团有限公司
36	双块式轨枕生产用振捣平台	实用新型	中铁一局集团有限公司
37	移动模架主梁纵向移动装置	实用新型	中铁一局集团有限公司
38	铁路轨排组装生产线自动翻枕前混凝土轨枕调整系统	实用新型	中铁一局集团有限公司
39	长距离顶管中继间用滚动式密封结构	实用新型	中铁一局集团有限公司
40	架桥机过路基用推行装置	实用新型	中铁一局集团有限公司
41	无砟轨道板铺板施工用侧移限位装置	实用新型	中铁一局集团有限公司
42	一种大跨度连续梁施工用移动模架	实用新型	中铁一局集团有限公司
43	一种超声波焊接枪头	实用新型	中铁一局集团有限公司
44	铁路桥梁防落梁挡块安装系统	实用新型	中铁一局集团有限公司
45	一种下行式移动模架主梁纵向移动装置	实用新型	中铁一局集团有限公司
46	地铁通信漏缆夹具的底座	实用新型	中铁一局集团有限公司
47	重叠盾构隧道施工用移动式连续支护系统	实用新型	中铁一局集团有限公司
48	护栏模板移动小车	实用新型	中铁一局集团有限公司
49	模板运输支架	实用新型	中铁一局集团有限公司
50	地铁隧道通信系统施工作业梯车	实用新型	中铁一局集团有限公司

【中铁二局工法与专利】 2012年，公司共申请专利31件，其中发明专利16件；获得授权专利37件（见表7-47），其中发明专利18件，实用新型专业19件，软件著作权1件。2012年，获得中国中铁工法2项，公路工法3项，省级工法18项。见表7-48。

表7-47　中铁二局2012年授权专利汇总表

序号	专利类别	专利领域	专利名称	专利号	授权日	专利权人
1	实用新型	城市轨道交通	一种无挡肩轨枕打磨装置	ZL 201120160086.6	2012/1/4	中铁二局股份有限公司、中铁二局集团新运工程有限公司
2	发明	隧道工程	海底隧道断层破碎带铣挖支护施工方法	ZL 200910305045.9	2012/1/18	中铁二局股份有限公司、中铁二局第二工程有限公司
3	发明	桥梁工程	桥梁缆索吊装施工用吊具的吊装方法	ZL 200810148075.9	2012/2/29	中铁二局股份有限公司、中铁二局第五工程有限公司
4	发明	隧道工程	后张法预应力锚穴凿毛器及施工方法	ZL 200910263559.2	2012/2/29	中铁二局股份有限公司
5	发明	高速铁路	一种群枕式长钢轨铺轨机组及其铺轨方法	ZL 201010585301.7	2012/3/12	株洲长远铁路建机有限公司、中铁二局股份有限公司
6	实用新型	高速铁路	道岔板测量精调装置	ZL 201120166199.7	2012/4/18	中铁二局股份有限公司、中铁二局集团新运工程有限公司
7	发明	隧道工程	前偏心不耦合装药的光面爆破施工方法	ZL 200910059196.0	2012/4/25	中铁二局股份有限公司、中铁二局第三工程有限公司
8	实用新型	桥梁工程	铰接抽拉式钢内模	ZL 201120247414.6	2012/5/23	中铁二局股份有限公司、中铁二局第一工程有限公司
9	实用新型	桥梁工程	一种旋挖钻捞渣筒	ZL 201120403575.X	2012/6/6	中铁二局股份有限公司、中铁二局第五工程有限公司
10	实用新型	高速铁路	钢筋绑扎胎具及其活动定位卡	ZL 201120410464.1	2012/6/20	中铁二局股份有限公司、中铁二局集团新运工程有限公司
11	实用新型	高速铁路	拼装式道岔板模型	ZL 201120410482.X	2012/6/20	中铁二局股份有限公司、中铁二局集团新运工程有限公司
12	发明	城市轨道交通	盾构机带压开仓作业施工方法	ZL 200810045035.1	2012/7/4	中铁二局股份有限公司
13	发明	城市轨道交通	一种适用于上软下硬复合地层的盾构法隧道同步注浆浆液	ZL 200910306484.1	2012/7/4	中铁二局股份有限公司、中铁二局股份有限公司城通公司
14	发明	建筑工程	钢筋桁架楼承板施工方法	ZL 201010623509.3	2012/7/4	中铁二局股份有限公司、中铁二局集团有限公司
15	实用新型	桥梁工程	一次性冲压成型钢筋弯曲设备	ZL 201120473452.3	2012/7/11	中铁二局股份有限公司、中铁二局集团新运工程有限公司
16	实用新型	高速铁路	定位销锁定式翻板工装	ZL 201120410483.4	2012/8/1	中铁二局股份有限公司、中铁二局集团新运工程有限公司
17	发明	隧道工程	后装式孔口管及其安装方法	ZL 200910305019.6	2012/8/22	中铁二局股份有限公司、中铁二局第二工程有限公司
18	发明	建筑工程	四边形环索弦支结构及施工工艺	ZL 201010623507.4	2012/8/29	中铁二局股份有限公司、中铁二局集团有限公司

19	发明	隧道工程	采用模糊模式识别预测隧道瓦斯的方法	ZL 200910301576.0	2012/9/5	中铁二局股份有限公司
20	实用新型	隧道工程	一种风动设备供风系统	ZL 201120527610.9	2012/9/5	中铁二局股份有限公司、中铁二局第二工程有限公司
21	实用新型	高速铁路	用于群枕式铺轨机组的轨枕匀设装置	ZL 201120532527.0	2012/9/5	中铁二局股份有限公司、中铁二局集团新运工程有限公司、株洲长远铁路建机有限公司
22	实用新型	高速铁路	一种CRTSIII型轨道板精调定位配套用精调门吊	ZL 201120546462.5	2012/9/5	中铁二局股份有限公司、中铁二局集团新运工程有限公司
23	发明	高速铁路	一种沥青水泥砂浆	ZL 200710050932.7	2012/9/12	中铁二局股份有限公司
24	实用新型	高速铁路	一种轨道板用低收缩自密实混凝土模型	ZL 201120563604.9	2012/9/12	中铁二局股份有限公司、中铁二局集团新运工程有限公司
25	实用新型	公路工程	一种大型绞坡道物流运输系统	ZL 201120563605.3	2012/9/12	中铁二局股份有限公司、中铁二局第一工程有限公司
26	实用新型	公路工程	一种用于大型绞坡道物流运输的载重台车	ZL 201120563660.2	2012/9/12	中铁二局股份有限公司、中铁二局第一工程有限公司
27	实用新型	高速铁路	一种路基轨道板后张预应力纵向连接施工工具	ZL 201220002223.8	2012/9/12	中铁二局股份有限公司、中铁二局集团新运工程有限公司
28	发明	测量工程	GPS 测量二维基线向量网的平差处理方法	ZL 200910167883.4	2012/10/3	中铁二局股份有限公司
29	发明	高速铁路	板式无砟道岔施工方法	ZL 200710051021.6	2012/10/10	中铁二局股份有限公司
30	发明	公路工程	一种风积沙隧道的施工方法	ZL 201110106576.2	2012/11/7	中铁二局股份有限公司、中铁二局第一工程有限公司
31	实用新型	高速铁路	一种无砟轨道板的存放定位装置	ZL 201220192224.3	2012/11/7	中铁二局股份有限公司、中铁二局集团新运工程有限公司
32	发明	高速铁路	无砟轨道长钢轨铺设方法	ZL 200710051011.2	2012/11/14	中铁二局股份有限公司
33	发明	高速铁路	一种高速铁路双线隧道仰拱的施工工艺	ZL 201110057368.8	2012/11/14	中铁二局股份有限公司、中铁二局集团有限公司
34	实用新型	高速铁路	移动闪光焊机改进型推瘤装置	ZL 201220199260.2	2012/11/14	中铁二局股份有限公司、中铁二局集团新运工程有限公司
35	实用新型	高速铁路	一种称量混凝土拌合站外加剂的装置	ZL 201220222947.3	2012/11/28	中铁二局股份有限公司、中铁二局集团有限公司
36	实用新型	铁路工程	一种铁路沟槽盖板预制构件的自动脱模装置	ZL 201220223162.8	2012/11/28	中铁二局股份有限公司、中铁二局第四工程有限公司
37	发明	高速铁路	低温条件长轨锁定施工方法	ZL 200710051022.0	2012/12/12	中铁二局股份有限公司

表 7-48 中铁二局 2012 年度获部（省）级以上工法项目汇总表

序号	评审日期	工法编号	项目名称	完成单位	公布文号	类别
1	2011	SCGF 006-2011	多连跨钢结构雨棚施工工法	中铁二局股份有限公司 浙江东南网架股份有限公司	川建建发[2012]406 号	二级
2	2011	SCGF 011-2011	大跨度悬挑桁架施工工法	中铁二局股份有限公司 广东杭萧钢构有限公司	川建建发[2012]406 号	二级
3	2011	SCGF 014-2011	大面积双向单索幕墙张拉施工工法	中铁二局股份有限公司 中铁二局集团装饰装修工程有限公司	川建建发[2012]406 号	二级

4	2011	SCGF 018-2011	大吨位异形铸钢件安装及焊接施工工法	中铁二局股份有限公司 广东杭萧钢构有限公司	川建建发[2012]406 号	二级
5	2011	SCGF 020-2011	砂石土地层载体桩施工工法	中铁二局股份有限公司 中铁二局集团建筑有限公司	川建建发[2012]406 号	二级
6	2011	SCGF 030-2011	超厚八边型钢箱柱加工及焊接施工工法	中铁二局股份有限公司 广东杭萧钢构有限公司	川建建发[2012]406 号	二级
7	2011	SCGF 040-2011	大面积组合节能防水屋面系统工法	中铁二局股份有限公司 中铁二局集团装饰装修工程有限公司	川建建发[2012]406 号	二级
8	2011	SCGF 057-2011	后切式背栓干挂石材幕墙施工工法	中铁二局集团装饰装修工程有限公司	川建建发[2012]406 号	二级
9	2011	SCGF 091-2011	太阳能光伏发电系统安装工法	中铁二局股份有限公司 中铁二局集团电务工程有限公司	川建建发[2012]406 号	二级
10	2011	SCGF 106-2011	隧道水沟电配缆槽移动模架施工工法	中铁二局股份有限公司 中铁二局第二工程有限公司	川建建发[2012]406 号	二级
11	2011	SCGF 109-2011	隧道仰拱与填充移动模架施工工法	中铁二局股份有限公司 中铁二局第二工程有限公司	川建建发[2012]406 号	二级
12	2011	SCGF 110-2011	水钻平行跟进管棚施工工法	中铁二局股份有限公司 中铁二局第一工程有限公司	川建建发[2012]406 号	二级
13	2011	SCGF 137-2011	城市地铁下穿河渠暗挖施工工法	中铁二局股份有限公司 中铁二局第四工程有限公司	川建建发[2012]406 号	二级
14	2011	SCGF 142-2011	水压、浅眼、中深孔综合爆破法拆除单孔箱型拱桥施工工法	中铁二局股份有限公司 中铁二局第一工程有限公司	川建建发[2012]406 号	二级
15	2011	SCGF 151-2011	铰接抽拉式空心板梁钢制内模施工工法	中铁二局股份有限公司 中铁二局第一工程有限公司	川建建发[2012]406 号	二级
16	2011	SCGF 160-2011	MZ900 上承式单导梁移动模架造桥施工工法	中铁二局股份有限公司 中铁二局第四工程有限公司	川建建发[2012]406 号	二级
17	2011	SCGF 184-2011	DSZ32m/900t 型上行式双导梁移动模架施工工法	中铁二局股份有限公司 中铁二局第四工程有限公司	川建建发[2012]406 号	二级
18	2012	GGG(冀) C3089-2012	桥梁预应力智能张拉压浆施工工法	湖南联智桥隧技术有限公司 汇通路桥建设集团有限公司 中铁二局股份有限公司		二级

【中铁三局工法与专利】 2012 年，中铁三局获各级工法取得新突破，推荐申报的省级工法有 36 项获得批准，通过率 90%，申报的公路工法有 3 项通过审查，通过率 75%，完成年度计划的 156%。(见表 7-49)

2012 年，集团公司积极引导企业职工强化专利意识、树立正确的专利战略理念，把专利开发和企业的经济效益紧密结合起来，通过顺应“技术专利化、专利标准化、标准垄断化”的竞争规则，加大企业对专利开发工作的力度、提升专利的质量和数量，并着力提高发明专利比例。集团公司加大奖励力度，有力促进企业职工开发专利工作的积极性。2012 年，集团公司授权新专利 59 项，其中发明专利 14 项，是历年来开发专利数量最多的一年；受理新专利 69 项（见表 7-50），其中发明专利 18 项。截至目前，集团公司有效专利总数达到 156 项，其中发明专利 32 项。

表 7-49 中铁三局 2012 年新获得省部级工法一览表

序号	标 准 名 称	标准类别	标 准 号	颁布年月	主持或参与
1	铁路车站大跨度无柱雨棚钢柱螺栓调节精确安装施工工法	省级工法	SJGF12-15-64	2012-5-2	主持
2	石质边坡绿色防护挂网喷混植生一次成型施工工法	省级工法	SJGF12-15-152	2012-5-2	主持
3	冻结法盾构接收施工工法	省级工法	SJGF12-15-163	2012-5-2	主持
4	超浅埋VI级围岩隧道下穿泄洪通道施工工法	省级工法	SJGF12-15-164	2012-5-2	主持
5	既有电气化铁路隧道病害综合整治施工工法	省级工法	SJGF12-15-165	2012-5-2	主持

序号	标　准　名　称	标准类别	标 准 号	颁布年月	主持或参与
6	城市狭小空间三重管高压旋喷桩施工工法	省级工法	SJGF12-15-166	2012-5-2	主持
7	长大隧道风机安装施工工法	省级工法	SJGF12-15-167	2012-5-2	主持
8	三维坐标测设隧道轮廓线工法	省级工法	SJGF12-15-168	2012-5-2	主持
9	软基膺架法现浇大跨度连续梁施工工法	省级工法	SJGF12-15-189	2012-5-2	主持
10	带系杆斜腿刚构支架现浇预应力混凝土梁施工工法	省级工法	SJGF12-15-190	2012-5-2	主持
11	变截面曲弦高强钢钢桁架景观桥拼装施工工法	省级工法	SJGF12-15-191	2012-5-2	主持
12	空心墩自承式内模封顶施工工法	省级工法	SJGF12-15-192	2012-5-2	主持
13	高潮汐深水长大直径钻孔桩施工工法	省级工法	SJGF12-15-193	2012-5-2	主持
14	高压射水辅助插打钢板桩施工工法	省级工法	SJGF12-15-194	2012-5-2	主持
15	高速铁路客运专线高板桩施工工法	省级工法	SJGF12-15-195	2012-5-2	主持
16	高速铁路斜拉桥预应力混凝土索塔施工工法	省级工法	SJGF12-15-196	2012-5-2	主持
17	铁路钢桁梁斜拉桥挂索施工工法	省级工法	SJGF12-15-197	2012-5-2	主持
18	铁路双线钢桁梁斜拉桥单向不对称悬臂拼装施工工法	省级工法	SJGF12-15-198	2012-5-2	主持
19	大型“钢-混凝土 V 型”刚构墩施工工法	省级工法	SJGF12-15-199	2012-5-2	主持
20	紧邻高速铁路路基桩基础气举反循环施工工法	省级工法	SJGF12-15-200	2012-5-2	主持
21	900m 小曲线 900t 箱梁架设施工工法	省级工法	SJGF12-15-201	2012-5-2	主持
22	长大桥梁 C40 细石纤维防水混凝土保护层机械摊铺工法	省级工法	SJGF12-15-202	2012-5-2	主持
23	既有营业线无缝线路人工换枕施工工法	省级工法	SJGF12-15-226	2012-5-2	主持
24	大胜关桥伸缩调节器铺设施工工法	省级工法	SJGF12-15-227	2012-5-2	主持
25	新建时速 200～250 公里有碴客运专线机械化养路施工工法	省级工法	SJGF12-15-228	2012-5-2	主持
26	铁路客运专线低温下无缝线路焊轨、放散锁定施工工法	省级工法	SJGF12-15-229	2012-5-2	主持
27	铺设 CRTSⅡ型板式无砟轨道 900t 简支箱梁梁面三次抹面施工工法	省级工法	SJGF12-15-230	2012-5-2	主持
28	CRTS Ⅰ 型无砟轨道静态调整三阶段、四区段、七流程施工工法	省级工法	SJGF12-15-231	2012-5-2	主持
29	CFG 桩头三维定向机械化切割施工工法	省级工法	SJGF12-15-232	2012-5-2	主持
30	物料平衡法控制间歇式拌和机生产沥青混合料施工工法	省级工法	SJGF12-15-236	2012-5-2	主持
31	铁路 900t 双线简支箱梁“四电”预埋槽道精确定位施工工法	省级工法	SJGF12-15-257	2012-5-2	主持
32	穿刺线夹安装施工工法	省级工法	SJGF12-15-258	2012-5-2	主持
33	高速铁路电力远动系统施工工法	省级工法	SJGF12-15-259	2012-5-2	主持
34	铁路既有直放站设备移设开通工法	省级工法	SJGF12-15-260	2012-5-2	主持
35	地铁乘客信息显示系统设备安装工法	省级工法	SJGF12-15-261	2012-5-2	主持
36	铁路调度集中系统（CTC）施工及调试工法	省级工法	SJGF12-15-262	2012-5-2	主持
37	高速公路生态渗透排水技术施工工法	公路工法	GGG(中企) A3-2012	2012-12-20	主持

序号	标　准　名　称	标准类别	标 准 号	颁布年月	主持或参与
38	高潮汐深水长大直径钻孔桩施工工法	公路工法	GGG(中企)C2-2012	2012-12-20	主持
39	大型“刚-混凝土V型”钢构墩施工工法	公路工法	GGG(中企)C2-2012	2012-12-20	主持

表7-50　中铁三局2012年新授权专利一览表

序号	专利名称	授权时间	专利号	专利类别
1	一种沥青混合料拌合机上的双箱热骨料隔档筛分机	集团公司 五公司	2012-1-18	ZL201120247323.2
2	后张预应力桥梁压浆封堵盖杯	集团公司 建安公司	2012-1-18	ZL2011201166746.1
3	一种沥青混合料拌合机上的单箱热骨料隔档筛分机	集团公司 五公司	2012-1-21	ZL201120247780.1
4	高速铁路CRTSⅡ型混凝土轨道板承规台多功能测量定位架	集团公司 建安公司	2012-1-25	ZL200910259875.2
5	一种双进料系统热拌间歇式沥青混合料拌合机	集团公司 五公司	2012-2-22	ZL201120247820.2
6	牵引电机励磁连接线	集团公司 （运输分公司）	2012-3-7	ZL201120284030.1
7	机车用直流变换器	集团公司 （运输分公司）	2012-3-7	ZL201120284032.0
8	30‰大坡道900吨架桥机	集团公司	2012-3-7	201120252018.2
9	电力机车取暖设备稳压电路	集团公司 （运输分公司）	2012-3-14	ZL201120284029.9
10	新型电机接地碳刷	集团公司 （运输分公司）	2012-3-14	ZL201120291276.1
11	桥梁接触网平台混凝土浇筑用的托架体系	集团公司 （七公司）	2012-3-14	ZL201120277408.5
12	独立上下运梁车的架桥机	集团公司	2012-3-14	201120252020.X
13	一种双塔五跨钢桁梁斜拉桥的快速施工方法	集团公司 （五公司）	2012-4-4	201110102316.8
14	一种预制梁预应力胶皮管固定方法	集团公司	2012-4-4	201010561355-X
15	一种推拉式端模	集团公司	2012-4-11	ZL201120137946.4
16	用于机车上电压力表和压力传感器连接匹配校验装置	集团公司 （运输分公司）	2012-4-11	ZL201120284031.6
17	活动堵头法灌注下水混凝土的施工方法	集团公司 五公司	2012-4-18	201010297900-9
18	轨道板及水泥乳化沥青砂浆模板的固定装置及方法	集团公司	2012-4-18	ZL201010507081.6
19	钻孔桩钢筋笼吊放安装器	集团公司 六公司	2012-4-18	201120308130.3
20	电力机车空气干燥器温控装置	集团公司 （运输分公司）	2012-5-9	ZL201120284028.4
21	机车撒砂控制器	集团公司 （运输分公司）	2012-5-9	ZL201120291279.5
22	电力机车螺杆空压机防堵塞冷却器	集团公司 （运输分公司）	2012-5-9	ZL201120291277.6
23	机车牵引绕组过电压吸收装置	集团公司 （运输分公司）	2012-5-9	ZL201120291286.5
24	外置注浆管式盾构	集团公司	2012-5-23	ZL200910074155.9
25	轨排粗调尺	集团公司	2012-5-23	201120297351.5
26	机车车钩防跳装置	集团公司 （运输分公司）	2012-5-30	ZL201120284027.X
27	机车司机室壁炉	集团公司 （运输分公司）	2012-5-30	ZL201120291281.2
28	改进型防漏油机车齿轮箱	集团公司 （运输分公司）	2012-5-30	ZL201120291272.3
29	盾构前移推进装置	集团公司	2012-5-30	ZL201120347699.0

序号	专利名称	授权时间	专利号	专利类别
30	盾构接收与始发端头的双井式加固方法及双井式盾构接收方法	集团公司	2012-5-30	201010123683-1
31	间歇式拌和机生产热拌沥青混合料配合比设计的方法	集团公司 五公司	2012-7-4	ZL201010606871.X
32	桥梁深水基础钻孔桩与围堰平行施工的方法	集团公司 五公司	2012-7-4	201010508183-X
33	一种圆锥端混凝土桥墩钢模板的制作方法	集团公司 （运输分公司）	2012-7-4	200910227853-8
34	配合高大边跨现浇施工用托架配重结构	集团公司 六公司	2012-7-11	201120466814.6
35	盾构始发或接受端头洞门维护工艺	集团公司	2012-7-11	201010562717-7
36	隧道防水层多功能铺设小车	集团公司	2012-7-11	201120470206.2
37	往复式阻力仪	集团公司 五公司	2012-7-11	201120470421.2
38	一种沥青混合料试模	集团公司 五公司	2012-7-11	201120469704.5
39	定向阻力式沥青混合料动稳定度试验仪	集团公司 五公司	2012-7-11	201120470224.0
40	一种沥青混合料压实成型机	集团公司 五公司	2012-7-11	201120470154.9
41	道岔弦线测量装置	线桥公司 集团公司	2012-7-11	201120470210.9
42	桥上埋入式道岔侧向支撑装置	线桥公司 集团公司	2012-7-11	201120470212.8
43	梁底检查小车	广州分公司 集团公司 武汉辉创	2012-7-11	201120470209.6
44	自动平衡吊喂缆索装置	集团公司	2012-8-1	201120496050.5
45	一种预应力钢筋混凝土索塔的预应力端头锚箱	集团公司 五公司	2012-8-1	201120496021.9
46	海上风能发电风机安装装置	集团公司	2012-8-22	201120549236.2
47	用于桥梁悬臂浇筑施工的挂篮及施工方法	集团公司 六公司	2012-8-29	ZL201110091764.2
48	连续式快速强夯	集团公司 五公司	2012-9-5	201220021814.X
49	双轴驱动式强夯	集团公司 五公司	2012-9-5	201220021822.4
50	沟壑地区高墩桥梁梁体混凝土浇筑泵管落地钢桁架栈桥	集团公司 七公司	2012-10-3	201220034455.1
51	盾构接收与始发端头网格式加固方法及盾构接收方法	集团公司	2012-10-3	201010123721.3
52	预制桥梁全长测量定位架	集团公司 建安公司	2012-10-31	201110134604.1
53	运梁车制动系统	集团公司 线桥公司	2012-10-31	201220176458.9
54	超低位托梁台车	线桥公司 集团公司	2012-11-28	ZL20122015527.8
55	运梁车转向架平衡臂关节转动轴套	线桥公司 集团公司	2012-11-28	201220155520.6
56	关节转动轴套拆装装置	线桥公司 集团公司	2012-11-28	201220155518.9
57	一种用于混凝土对称浇筑的输送管道分路装置	集团公司	2012-11-28	201220151859.9
58	楼宇节能换气装置	集团公司 五公司	2012-12-5	201220241071.7
59	一种用于拆装架桥机的辅助装置	线桥公司 集团公司	2012-12-19	201220259567.7

【中铁四局工法开发】 2012 年中铁四局的工法开发工作　根据国内建设市场的需要和企业科技发展战略，以建设项目

为依托，紧密结合工程实际，积极进行新工艺、新技术的开发与应用，提高了企业的施工技术水平。

在工法开发管理上主要抓了以下几个方面工作：第一，工法开发立项紧跟新技术发展动向，适应形势的发展需要，在立项前做好信息检索，开发前沿新技术，并进行工法的系统性和升级的延续性开发；第二，工法立项与科研项目和专利技术结合的项目，在出科研成果时或之前，完成工法的开发；第三，强化工法管理制度和过程管理，及时掌握工法合同项目实施情况，确保工法开发及时结题；第四，加强项目的评审，在对工法关键技术评审的基础上，确立成果的先进性，提高工法开发质量和水平；第五，拓展一二级工法申报渠道，除铁道部、安徽省等外，在公路工法和子公司所在地申报项目上逐年增多，为开发更多高级别的工法成果奠定基础；第六，进行工法的推广应用，编制印发了《企业级工法汇编》第九辑，下发到项目技术人员，把新技术应用到实际工程中，由于措施得力，工法开发成果显著。

2012 年局下达了二批工法开发计划，共立项 52 项工法开发项目，项目涉及桥梁工程："跨铁路大跨度连续梁转体施工工法"、"长节段钢管拱肋与系梁劲性骨架整体安装施工工法"等；隧道与地下工程："浅埋超小净距隧道下穿密集民房施工工法"、" 地铁区间穿古建筑群微振爆破工法"；线路轨道工程："客运专线双块式无砟轨道轨排框架法施工工法"、" 城市轨道交通三开道岔施工工法"等；路面、试车场工程："汽车试验场噪音路面施工工法"、"高精度沥青摊铺智能控制施工工法"等；建筑钢结构工程："大跨网架结构空中悬拼安装施工工法"等重要技术领域，并签订项目合同。根据合同进度，对工法结题项目，逐项进行关键技术和工法评审，组织召开了 2012 年度企业级工法审定会，有"时速 350km 高速铁路大跨度钢梁有砟轨道无缝线路施工工法"等 29 项审定为年度企业级工法；2012 年获得安徽省级工法 12 项，公路工法 4 项；获得 2011-2012 年度铁道部工法 5 项。

表 7-51　中铁四局 2012 年度获得省级、企业级工法名单

序号	项　目　名　称	工法编号	完成单位	备 注
1	试车场高速环道曲面控制施工工法	AHGF04—12	一公司	省级
2	大跨度钢桁梁 CPIII测量工法	GZSJGF04-12-02	一公司	企业级
3	铁路梁预制自动温控蒸汽养护系统施工工法	GZSJGF04-12-03	一公司	企业级
4	亚热带山区高速公路长大纵坡路面抗车辙施工工法	GZSJGF04-12-04	一公司	企业级
5	智能全站仪二等水准跨河测量施工工法	GZSJGF04-12-05	一公司	企业级
6	汽车试验场打鼓音路面施工工法	AHGF10—12	一公司	省级
7	曲线段高墩大跨径连续刚构施工工法	GZSJGF04-12-07	二公司	企业级
8	软土地区临近营业铁路深基坑施工防护工法	GZSJGF04-12-08	二公司	企业级
9	具有防电功能的移动支架现浇跨电气化铁路桥梁施工工法	GZSJGF04-12-09	二公司	企业级
10	大跨钢管系杆拱桥半跨骨架拼装成形整体吊装合拢施工工法	AHGF02—12	二公司	省级
11	大直径超长钻孔桩钢筋笼快速制作与安装施工工法	AHGF01—12	二公司	省级
12	大直径混凝土管道内衬修补施工工法	AHGF05—12	三公司	省级
13	吹沙填海地域降水井辅助工字钢围护结构基坑施工工法	GZSJGF04-12-12	三公司	企业级
14	室内大型设备安装侧向就位施工工法	GZSJGF04-12-13	三公司	企业级
15	复杂环境地铁超深基坑施工工法	GZSJGF04-12-14	四公司	企业级
16	地下管道导向钻进反向扩孔拉管施工工法	GZSJGF04-12-15	四公司	企业级
17	跨越既有铁路连续梁水平转体施工工法	GZSJGF04-12-16	五公司	企业级
18	跨越营运线大跨度连续梁系杆拱施工工法	GZSJGF04-12-17	五公司	企业级
19	铁路槽型梁预制施工工法	GZSJGF04-12-18	五公司	企业级
20	时速 350km 高速铁路大跨度钢梁有砟轨道无缝线路施工工法	GZSJGF04-12-19	八分公司	企业级
21	隧道内短枕式三开道岔整体道床施工工法	AHGF04—12	八分公司	省级
22	城市轨道精密控制网（SCP）测量工法	AHGF04—12	八分公司	省级
23	10kV 柴油发电机组与 10kV 供电系统联动施工工法	GZSJGF04-12-22	电气化公司	企业级
24	既有客运专线站改信号工程联锁、列控及 CTC 软件挂联调试施工工法	GZSJGF04-12-23	电气化公司	企业级
25	客运专线列控 CTCS-2 系统过渡 CTCS-0 系统施工工法	AHGF03—12	电气化公司	省级
26	不等高钢桁架相交多杆件节点整体制作无支架安装施工工法	GZSJGF04-12-25	钢结构公司	企业级
27	大跨度钢桁梁柔性拱带拱顶推架设工法	AHGF08—12	钢结构公司	省级
28	宽桥面钢箱梁梁段预变形组拼施工工法	GGG（中企）C3002-2012	钢结构公司	部级
29	钢箱梁节段倒装总拼制造工法	AHGF09—12	钢结构公司	省级
30	内倾式玻璃幕墙施工工法	AHGF11—12	装饰安装公司	省级
31	密肋梁空腔楼盖系统施工工法	AHGF12—12	装饰安装公司	省级
32	盾构穿越沼气地层施工工法	GGG（中企）D6001-2012	城市轨道公司	部级

【中铁四局专利管理】 2012 年局进一步加大专利工作力度，紧密联系实际，结合高难新施工工程，布署全局的专利

战略工作，下达了局年度专利申请初步计划 61 项及专利申请目标计划超 100 项。为实施局专利战略，局相关人员对重点申请项目深入基层同技术人员一起挖掘具有专利技术项目，并解答、指导技术人员撰写专利材料，取得良好效果，成绩显著，申请专利和获得授权专利的数量大幅度增加。2012 年申请专利 145 项（包括同时申请发明和实用新型专利 19 项），其中，发明专利 52 项；获得国家授权专利 120 项，其中，发明专利 25 项；著作权 2 项，获得国家授权专利数量大幅度增长。在授权专利中，有涉及高速铁路无砟轨道建设和维护技术的：“铁路客运专线双块式无砟轨道道床板双线施工方法”、“轮轨式高速铁路板式无砟轨道砂浆层剔除机”、“ 轮胎式高速铁路板式无砟轨道砂浆层剔除车”、“一种无砟轨道填充修补剂及其制备方法”等；有用于沥青搅拌环保的设备：“废粉湿排机”；有铁路桥梁中应用的：“钢桁梁柔性拱桥带拱顶推施工方法”、“大跨度连续钢桁梁带拱顶锥装置”等高铁施工重要相关专有技术；还有我局具有优势技术的试车场系列技术：“沥青噪音路面施工方法”、“ 试车场高速环道边坡修整方法”等，这些专利的授权，有效地保护了企业自主知识产权，增强了我局的核心技术，提高了我局的市场竞争力。

2012 年我局参加安徽省首届发明专利奖申报工作，申报的发明专利“乳化沥青砂浆的制备方法”获得了专利奖“金奖”，并综合评议（经国家知识产权局专家）名列第一推荐申报中国第十五届专利奖，安徽省将其列为优秀专利产业化合同项目给予支持，同时，安徽知识产权局编印《2012 安徽专利奖》宣传画册，为项目及企业进行宣传，提升了企业的形象。

表 7-52　中铁四局 2012 年度获国家专利授权项目汇总表

序号	专 利 名 称	权利人	类型	专利号	专利申请日	授权公告日
1	一种挂蓝下卧式走行的导向控制系统	中铁四局集团第一工程有限公司	实用新型	ZL201120166442.5	2011.5.24	2012.01.04
2	一种独立小混凝土基础钢混制梁台座	中铁四局集团第一工程有限公司	实用新型	ZL201120166336.7	2011.5.24	2012.01.04
3	一种提梁机 π 型基础梁	中铁四局集团第一工程有限公司	实用新型	ZL201120166425.1	2011.5.24	2012.01.04
4	一种无砟轨道底座板钢筋定位机具	中铁四局集团第一工程有限公司	实用新型	ZL201120172654.4	2011.05.27	2012.01.04
5	一种拼装节式水箱塔架	中铁四局集团第一工程有限公司	实用新型	ZL201120154194.2	2011.5.16	2012.01.11
6	分节段拼装的水箱塔架	中铁四局集团第一工程有限公司	实用新型	ZL201120154145.9	2011.5.16	2012.01.18
7	一种高度可调的分节段拼装水箱塔架	中铁四局集团第一工程有限公司	实用新型	ZL201120154183.4	2011.5.16	2012.01.11
8	土木工程结构物台背回填沉降观测仪	中铁四局集团第一工程有限公司	实用新型	ZL201120172672.2	2011.05.27	2012.02.29
9	一种混凝土底座板两侧排水坡刮坡装置	中铁四局集团第一工程有限公司	实用新型	ZL201120172688.3	2011.05.27	2012.02.01
10	方便防护墙倒运模板的运板装置	中铁四局集团第一工程有限公司	实用新型	ZL201120172690.0	2011.05.27	2012.02.01
11	一种木制砂框临时支座	中铁四局集团第一工程有限公司	实用新型	ZL201120172662.9	2011.05.27	2012.01.18
12	一种可平移钢管蒸养棚	中铁四局集团第一工程有限公司	实用新型	ZL201120172670.3	2011.05.27	2012.01.18
13	一种轨道转向装置	中铁四局集团第一工程有限公司	实用新型	ZL201120178432.3	2011.05.31	2012.01.18
14	轨道板 CA 砂浆灌注封边角钢装置	中铁四局集团第一工程有限公司	实用新型	ZL201120242915.5	2011.7.12	2012.04.18
15	一种快速测量铁路路基边坡坡度的简易装置	中铁四局集团第一工程有限公司	实用新型	ZL201120242932.9	2011.7.12	2012.05.16
16	水准仪高度精调结构	中铁四局集团第一工程有限公司	实用新型	ZL201120258019.8	2011.7.21	2012.04.25
17	试车场路面圆形凸台定位装置	中铁四局集团第一工程有限公司	实用新型	ZL201120258002.2	2011.07.20	2012.05.02
18	一种半自动拱涵施工模板	中铁四局集团第一工程有限公司	实用新型	ZL201120257980.5	2011.7.21	2012.05.02

19	轨道板砂浆灌注防侧滑压紧装置	中铁四局集团第一工程有限公司	实用新型	ZL201120262990.8	2011.7.25	2012.04.18
20	大体积长悬臂盖梁施工装置	中铁四局集团第一工程有限公司	实用新型	ZL201120263018.2	2011.7.25	2012.04.18
21	挂篮上卧式走行装置	中铁四局集团第一工程有限公司	实用新型	ZL201120263014.4	2011.7.25	2012.04.18
22	上承式挂篮主桁架移动装置	中铁四局集团第一工程有限公司	实用新型	ZL201120262968.3	2011.7.25	2012.04.18
23	挂篮悬拼式行走装置	中铁四局集团第一工程有限公司	实用新型	ZL201120262997.x	2011.7.25	2012.04.18
24	挂蓝下卧式走行的组合轮	中铁四局集团第一工程有限公司	实用新型	ZL201120263036.0	2011.7.25	2012.04.18
25	曲面沥青摊铺施工装置	中铁四局集团第一工程有限公司	实用新型	ZL201120262972.x	2011.7.25	2012.04.18
26	数控曲面纵向网格摊铺装置	中铁四局集团第一工程有限公司	实用新型	ZL201120263022.9	2011.7.25	2012.04.18
27	可调内膜	中铁四局集团第一工程有限公司	实用新型	ZL201120262986.1	2011.7.25	2012.04.18
28	可调式提浆整平机	中铁四局集团第一工程有限公司	实用新型	ZL201120262974.9	2011.7.25	2012.04.18
29	桥梁施工中的下承式挂篮及其应用	中铁四局集团第一工程有限公司	发明	ZL201110051329.7	2011.03.03	2012.05.02
30	一种组合式防护棚架	中铁四局集团第一工程有限公司	实用新型	ZL201120342095.7	2011.9.14	2012.05.30
31	铁路路基浆砌片石拱形骨架护坡的定位模具	中铁四局集团第一工程有限公司	实用新型	ZL201120342091.9	2011.9.14	2012.05.30
32	一种挂式托架	中铁四局集团第一工程有限公司	实用新型	ZL201120342082.x	2011.9.14	2012.05.30
33	可调式钢筋绑扎胎具	中铁四局集团第一工程有限公司	实用新型	ZL201120263038.x	2011.7.25	2012.06.13
34	薄壁高墩半自动喷水养生系统	中铁四局集团第一工程有限公司	实用新型	ZL201120387446.6	2011.10.13	2012.06.13
35	薄壁空心高墩中隔板	中铁四局集团第一工程有限公司	实用新型	ZL201120387370.7	2011.10.13	2012.06.13
36	墩身模板错台调节器	中铁四局集团第一工程有限公司	实用新型	ZL201120400117.0	2011.10.20	2012.06.20
37	隧道施工通用型衬砌台车	中铁四局集团第一工程有限公司	实用新型	ZL201120400112.8	2011.10.20	2012.06.20
38	满堂支架施工梁体底板斜模支垫结构	中铁四局集团第一工程有限公司	实用新型	ZL201120400116.6	2011.10.20	2012.06.27
39	带钢管柱的门式墩加固结构	中铁四局集团第一工程有限公司	实用新型	ZL201120400104.3	2011.10.20	2012.06.27
40	一种框架涵模板	中铁四局集团第一工程有限公司	实用新型	ZL201120400113.2	2011.10.20	2012.07.04
41	小面积深基坑孔桩路基加固施工装置	中铁四局集团第一工程有限公司	实用新型	ZL201120387301.6	2011.10.13	2012.07.04
42	一种利用定型模具制作钢筋笼的方法	中铁四局集团第一工程有限公司	发明	ZL201010601191.9	2010.12.22	2012.07.04
43	一种预应力内卡式千斤顶	中铁四局集团第一工程有限公司	实用新型	ZL201120400120.2	2011.10.20	2012.07.18
44	钢筋混凝土连续梁零号块施工支撑结构	中铁四局集团第一工程有限公司	实用新型	ZL201120504111.8	2011.12.07	2012.07.25
45	三角挂篮桁架定形结构	中铁四局集团第一工程有限公司	实用新型	ZL201120504103.3	2011.12.07	2012.07.25
46	铁路路基接触网基础环形地脚螺栓定位模具	中铁四局集团第一工程有限公司	实用新型	ZL201120502874.9	2011.12.07	2012.07.25
47	预制梁台座吊装孔装置	中铁四局集团第一工程有限公司	实用新型	ZL201120387546.9	2011.10.13	2012.08.08
48	对拉式托架桁	中铁四局集团第一工程有限公司	实用新型	ZL201120426398.7	2011.11.02	2012.08.08

49	倒梯形桁架	中铁四局集团第一工程有限公司	实用新型	ZL201120426312.0	2011.11.02	2012.08.08
50	一种钢混制梁台座	中铁四局集团第一工程有限公司	发明	ZL201010219080.1	2010.07.07	2012.08.22
51	拼装式可调钢筋绑扎胎具支架	中铁四局集团第一工程有限公司	发明	ZL201010219109.6	2010.07.07	2012.08.22
52	铁路桥梁承台中顶层钢筋网片的定位施工方法	中铁四局集团第一工程有限公司	发明	ZL201110050790.0	2011.03.03	2012.08.22
53	二等水准点上桥测量方法	中铁四局集团第一工程有限公司	发明	ZL201110204124.8	2011.07.21	2012.09.19
54	一种钻孔泥浆分离装置	中铁四局集团第一工程有限公司	实用新型	ZL201220067482.9	2012.02.28	2012.10.17
55	一种桥墩支承垫石预留锚栓孔定位胎具	中铁四局集团第一工程有限公司	实用新型	ZL201220067214.7	2012.02.28	2012.10.17
56	一种由 CRM 履带式重物搬运车构建的钢桁梁拖拉架	中铁四局集团第一工程有限公司	实用新型	ZL201220134135.3	2012.04.01	2012.11.21
57	适用于试车场曲面模板放样的棱镜基座	中铁四局集团第一工程有限公司	实用新型	ZL201220171845.3	2012.04.23	2012.12.05
58	一种适用于移动模架的移动钢筋绑扎胎具	中铁四局集团第一工程有限公司	实用新型	ZL201220169104.1	2012.04.20	2012.12.05
59	沥青波浪路施工方法	中铁四局集团第一工程有限公司	发明	ZL201110113053.0	2011.5.4	2012.12.05
60	软弱围岩斜井转正洞施工方法	中铁四局集团有限公司、中铁四局集团第二工程公司	发 明	ZL 20101110251.9	2010.01.10	2012.01.04
61	保护性拆除拱桥的方法	中铁四局集团有限公司中铁四局集团六公司	发 明	ZL 200710134268.4	2007.10.08	2012.03.14
62	轮胎式线上走行水泥乳化沥青砂浆搅拌车	中铁四局集团、南昌机电安装公司	发 明	ZL201010240292.8	2010.07.26	2012.05.23
63	一种大截面工字型钢梁翻转夹具	中铁四局集团钢结构公司	实用新型	ZL201020651905.2	2010.12.10	2012.02.08
64	一种不规则自应力张拉整体结构的索力检测装置	中铁四局集团钢结构公司	发 明	Zl 201010260128.9	2010.07.13	2012.04.25
65	富含承压水软土层盾构进洞风险控制施工方法	中铁四局集团二公司	发明	ZL 2010101112519	2010.02.09	2012.05.23
66	全止水侧墙模板系统	中铁四局集团第四工程有限公司、中铁四局隧道局集团有限公司	实用新型	ZL 2011204204495	2011.10.28	2012.06.13
67	一种精确控制无砟轨道双组份修补材料出胶量的灌注装置	安徽中铁工程材料科技有限公司	实用新型	ZL 201120571063.4	2011.12.31	2012.6.28
68	铁路客运专线无砟轨道床板双线施工方法	中铁四局集团有限公司、中铁上海局第一工程公司	发明	ZL 200910251679.0	2009.12.31	2012.07.04
69	高速铁路预制箱梁液压内模桁架式行走轨系统	中铁四局集团第四工程有限公司	发明	ZL 2010102163607.0	2010.07.02	2012.07.25
70	一种两布一膜滑动层铺设方法及其拉紧装置	中铁四局集团有限公司	发明	ZL 201010512205.X	2010.10.19	2012.07.04
71	不规则自应力张拉单元螺栓球穿芯节点施工工艺	中铁四局集团钢结构公司	发明	ZL 201010581197.4	2010.12.10	2012.08.15
72	带拱顶推钢桁梁柔性拱支撑框架	中铁四局集团钢结构公司	实用新型	ZL 201120457764.5	2011.11.18	2012.08.15
73	带拱顶推钢桁梁柔性拱支撑抱箍	中铁四局集团钢结构公司	实用新型	ZL 201120457755.6	2011.11.18	2012.08.15

74	钢桁梁柔性拱桥正交异性桥面板板块的拼装胎架	中铁四局集团钢结构公司	实用新型	ZL 201120457785.7	2011.11.18	2012.08.15
75	一种花键式锚头	中铁四局集团钢结构公司	实用新型	ZL 201120457752.2	2011.11.18	2012.08.15
76	倒四角锥锥心落地式管核心四管柱	中铁四局集团钢结构公司	实用新型	ZL 201120457793.1	2011.11.18	2012.08.15
77	盾构机舱内掌子面加固结构	中铁四局集团有限公司	实用新型	ZL 201120552673.X	2011.12.29	2012.08.08
78	用于盾构机舱内掌子面加固施工的盾构机改进结构	中铁四局集团有限公司	实用新型	ZL 201120552614.2	2011.12.29	2012.08.15
79	一种用于管道内壁防腐处理的设备	中铁四局集团第三建设工程有限公司	实用新型	ZL 201220003637.2	2011.12.29	2012.08.15
80	一种肋板梗肋施工模板	中铁四局集团第三建设工程有限公司	实用新型	ZL 2012200024553	2012-1-5	2012.08.15
81	半自动桩芯清泥机	中铁四局集团第三建设工程有限公司	实用新型	ZL 201220002727X	2012-1-5	2012.08.15
82	搪瓷钢板饰面干挂固定件	中铁四局集团建筑装饰安装工程有限公司	实用新型	ZL 25055620414.4	2011.12.27	2012.08.08
83	一种无砟轨道填充修补剂及其制备方法	中铁四局集团有限公司	发明	ZL 201010270091.2	2010.08.31	2012.08.15
84	一种用于支座垫石预留螺栓孔的定位架	中铁四局集团第三建设有限公司	实用新型	ZL 201220002729.9	2012-1-5	2012.09.05
85	地铁隧道中盾构机顶推调头施工的顶推系统	中铁四局集团有限公司	实用新型	ZL 201120552672.5	2011-12-26	2012.09.05
86	预制空心梁折叠抽拉式钢制内模系统	中铁四局集团第四工程有限公司	实用新型	ZL 201110335033.8	2011.10.25	2012.07.11
87	超大断面隧道六部开挖的施工方法	中铁四局集团有限公司、中铁四局集团第四工程有限公司	发明	ZL 200910145094.0	2009.09.27	2012.08.22
89	现浇混凝土构筑物及一般预制构件节能保温模板	中铁四局集团有限公司	实用新型	ZL 201120185189.8	2011.06.03	2012.03.14
90	六边形式锚头	中铁四局集团钢结构公司	实用新型	ZL 201120457775.3	2011.11.18	2012.10.03
91	桥梁挂篮悬浇施工用挂篮桁片千斤顶对称预压施工方法	中铁四局集团建筑有限公司	发明	ZL 201010515865.3	2010-10-21	2012-8-8
92	一种卫生间楼板混凝土浇筑施工中用预埋套管	中铁四局集团建筑有限公司	实用新型	ZL 201120373988.8	2011-9-29	2012-5-23
93	用于建筑物俯倾斜面的人造石材装饰挂板	中铁四局集团建筑有限公司	实用新型	ZL 201220043475.5	2012-2-11	2012-9-26
94	用于建筑物的污水处理装置	中铁四局集团建筑有限公司	实用新型	ZL 201220078844.4	2012-3-6	2012-9-26
95	具有虹吸雨水管道的网架屋顶	中铁四局集团建筑有限公司	实用新型	ZL 201220237032.X	2012-5-25	2012-9-27
96	用于高层建筑变形缝位置剪力墙的定型模板	中铁四局集团建筑有限公司	实用新型	ZL 201220278057.4	2012-6-14	2012-10-31
97	一种聚羧酸减水剂的制备方法	安徽中铁工程材料科技有限公司	发明	ZL 201010515271.2	2010.10.21	2012.08.07
98	聚羧酸减水剂的制备方法	安徽中铁工程材料科技有限公司	发明	ZL 201010515356.0	2010.10.21	2012.05.08
99	轮轨式高速铁路板式无砟轨道砂浆层剔除机	中铁四局集团有限公司	实用新型	ZL 201220009758.8	2012.01.10	2012.11.07
100	轮胎式高速铁路板式无砟轨道砂浆层剔除车	中铁四局集团有限公司	实用新型	ZL 201220034581.7	2012.01.15	201211.21

101	废粉湿排机	中铁四局集团有限公司城轨	实用新型	ZL 201220009757.3	2012.01.10	2012.11.21
102	一种大口径长距离钢顶管施工方法	中铁四局集团有限公司	发明	ZL 201010501830.4	2010.09.30	2012.11.21
103	一种水泥沙浆的制备方法	中铁四局集团有限公司	发明	ZL 201010270096.5	2010.09.02	2012.11.21
104	混凝土简支箱梁支座灌浆模板结构	中铁四局集团第五工程有限公司	实用新型	ZL201120280492.6	2011.08.30	2012.04.04
105	隧道钢制快速拆装临时仰拱	中铁四局集团第五工程有限公司	实用新型	ZL 201220030455.4	2.12.01.30	2012.09.19
106	吊篮预埋螺栓限位、固定装置	中铁四局集团第三建设有限公司	实用新型	ZL 2012202264886	2012.05.21	2012.11.28
107	卡销式桩基钢筋笼定位锁	中铁四局集团第三建设有限公司	实用新型	ZL 2012202264903	2012.05.21	2012.11.14
108	降水井辅助钢板桩施工道路排水的基坑支护结构	中铁四局集团第三建设有限公司	实用新型	ZL 2012202240237	2012.05.21	2012.11.28
109	大跨度连续钢桁梁带拱顶锥装置	中铁四局钢结构有限公司	实用新型	ZL 2012205585.X	2012.03.20	2012.12.19
110	一种槽型梁模板	中铁四局集团第五工程有限公司	实用新型	ZL201120546696.X	2011. 12. 23	2012.11.14
111	一种轨道板预制混凝土运输与布料系统	中铁四局集团第五工程有限公司	发明	ZL201010224061.8	2010.7.12	2012.7.25
112	用于城市轨道道岔滑床板施工的下顶式可调支撑	中铁四局集团有限公司	实用新型	ZL201220292554X	2012-6-20	2012.12.26
113	地铁道床施工中的混凝土输运系统	中铁四局集团有限公司	实用新型	ZL201220340813.1	2012-7-13	2012.12.26
114	风机段台架	中铁四局集团第二工程有限公司	实用新型	ZL 201120338144.X	2011.09.09	2012.9.5
115	隧道水沟电缆槽整体模板	中铁四局集团第二工程有限公司	实用新型	ZL201120152368.1	2011.05.13	2012.3.21
116	连续落梁装置用退锚器	中铁四局集团第二工程有限公司	实用新型	ZL 201220087168.7	2012.3.9	2012.10.3
117	连续落梁系统	中铁四局集团第二工程有限公司	实用新型	ZL 201220087177.6	2012.3.9	2012.10.3
118	大直径钢护筒步进式导向架	中铁四局集团第二工程有限公司	实用新型	ZL 201220159411.1	2012.4.16	2012.12.26
119	大直径污水管道吊挂系统	中铁四局集团第二工程有限公司	实用新型	ZL 201210183782.8	2011.08.25	2012.4.18
120	跨越铁路营业线钢桁梁桥无平衡重平转施工方法	中铁四局集团第二工程有限公司	发明	ZL 201110003092.5	2010.10.29	2012.12.05
121	试车场高速环道 SBS 控制系统	中铁四局集团第一工程有限公司	著作权	2012SRI26672	2012.07.27	2012.12.18
122	项目技术管理绩效考核系统	中铁四局集团第一工程有限公司	著作权	2012SR109182	202.07.12	2012.11.14

【中铁四局规范标准及计量管理工作】 2012 年在体系运行过程中，组织局机关各相关部门和子分公司进行计量管理员、误差理论培训 42 人，测量过程设计培训 11 人，测量管理体系内审员培训 12 人，保证了人员的配备及技术能力能满足各过程所规定的要求。

根据局 2012 年度内部审核工作安排，六至七月份检查了局各相关单位及项目质量、测量、环境和职业健康安全管理体系运行的有效性。从审核结果看，体系运行达到了预期效果。确保了计量方针的适宜性、有效性并实现了确定计量目标，对体系审核过程中发现的一些问题及时进行了整改。2012 年 12 月中启计量体系认证中心带领审核组来我局进行测量管理体系年度监审，体系复审一次性通过。

【中铁四局规范标准工作】 参编的国家标准《地铁工程施工安全评价标准》(GB50715-2012)和住建部行业标准《建筑施工起重吊装工程安全技术规范》(JGJ276-2012)于 2012 年 6 月 1 日颁布实施；主编的铁路行业标准《铁路路基工程施工机械配置指导意见》(铁建设［2012］113 号)和《铁路

给水排水工程施工机械配置指导意见》(铁建设［2012］113号)于2012年7月1日颁布实施。

【中铁五局工法与专利】 中铁五局高度重视核心自主知识产权的保护工作，在专利信息捕捉、申报渠道上逐步成熟，专利申报由追求数量的实用新型申报向追求创新质量的发明专利申报转变。2012年度，集团公司新专利申请受理19件，其中，发明专利9件，实用新型专利10件。新增授权专利21件，其中，发明专利3件，实用新型专利18件。五局获得了“第三批全省企事业单位知识产权试点示范先进单位”和“2011年度贵州省专利申请工作先进单位”称号，同时，五局被确定为“2012年贵州省知识产权优势培育企业”，获得政府支助20万。(见表7-53和7-54)。

表7-53 中铁五局2012年新获得的专利授权

序号	专利名称	专利号	专利类型	申请日	授权公告日
1	一种牵索挂篮弧形首	ZL201110046347.6	发明	2011.02.28	2012.08.15
2	牵索挂篮走行吊挂装置	ZL201110102124.7	发明	2011.04.22	2012.08.08
3	桥梁薄壁空心墩手拉葫芦提升作业平台及其施工方法	ZL201110060626.8	发明	2011.03.14	2012.12.05
4	无砟轨道板张拉防漏检标识结构	ZL201120273518.4	实用新型	2011.07.29	2012.05.16
5	架桥机架设单线铁路曲线隧道内32m梁走行轨道	ZL201120437402.X	实用新型	2011.11.08	2012.07.11
6	四面均为变截面的薄壁高墩群翻模施工标准钢模板的结构	ZL201120469764.7	实用新型	2011.11.23	2012.07.11
7	连续变截面隧道衬砌模板台车	ZL201120488035.6	实用新型	2011.11.30	2012.07.11
8	液压隧道衬砌台车行走链条调节装置	ZL201120488054.9	实用新型	2011.11.30	2012.07.11
9	地槽式沥青脱桶箱	ZL201120455852.1	实用新型	2011.11.17	2012.07.11
10	砂砾石清洗装置	ZL201120512988.1	实用新型	2011.12.12	2012.07.11
11	大跨度连续梁施工支架结构	ZL201120495335.7	实用新型	2011.12.02	2012.10.10
12	恒张力车组架线剩余尾线装置	ZL201120506958.X	实用新型	2011.12.08	2012.10.31
13	铁路信号联锁模拟测试系统	ZL201220050831.6	实用新型	2012.02.17	2012.10.31
14	液体速凝剂小型生产装置	ZL201220019116.6	实用新型	2012.01.17	2012.10.31
15	多功能砂浆搅拌系统	ZL201120354585.9	实用新型	2011.09.21	2012.07.04
16	一种铁路接触网架线高空作业车	ZL201220052287.9	实用新型	2012.02.17	2012.10.17
17	一种铁路电务施工用简易轨道运输车	ZL201220052288.3	实用新型	2012.02.17	2012.10.17
18	一种高速铁路液压螺栓扳手	ZL201220052290.0	实用新型	2012.02.17	2012.10.17
19	一种钢轨钻孔机	ZL201220052294.9	实用新型	2012.02.17	2012.10.17
20	一种电务施工用液压拉力器	ZL201220052296.8	实用新型	2012.02.17	2012.10.17
21	一种恒张力架线车	ZL201220052297.2	实用新型	2012.02.17	2012.10.17

表7-54 中铁五局2012年省部级、局级工法汇总表

序号	级别	工法名称	批准文号	工法编号	编制单位	有效与否
1	贵州省	双斜钢拱塔原位无支架拼装施工工法	黔建建通［2012］446号		中铁五局集团建筑工程有限责任公司 中铁五局集团贵州工程有限公司	

2	贵州省	双斜钢拱主塔大型履带起重机吊装施工工法	黔建建通[2012]446号		中铁五局集团建筑工程有限责任公司 中铁五局集团贵州工程有限公司	
3	贵州省	双轮铣深搅法止水帷幕施工工法	黔建建通[2012]446号		中铁五局集团建筑工程有限责任公司	
4	贵州省	路基填筑施工质量智能控制工法	黔建建通[2012]446号		中铁五局（集团）有限公司	
5	贵州省	隧道切缝药包岩石定向断裂爆破工法	黔建建通[2012]446号		中铁五局（集团）有限公司	
6	贵州省	弧形渐变色玻璃马赛克墙面施工工法	黔建建通[2012]446号		中铁五局集团建筑工程有限责任公司	
7	贵州省	高速铁路无砟轨道线路静态精确调整施工工法	黔建建通[2012]446号		中铁五局（集团）有限公司	
8	贵州省	隧道针梁式滑行模架仰拱衬砌施工工法	黔建建通[2012]446号		中铁五局（集团）有限公司	
9	贵州省	变化水位强透水性圆砾层深基坑施工工法	黔建建通[2012]446号		中铁五局集团建筑工程有限责任公司	
10	贵州省	免粉刷砂加气混凝土砌块干法砌筑施工工法	黔建建通[2012]446号		中铁五局集团建筑工程有限责任公司	
11	贵州省	双斜钢拱独塔斜拉桥施工工法	黔建建通[2012]446号		中铁五局集团建筑工程有限责任公司	
12	贵州省	城市下穿通道矩形顶管施工工法	黔建建通[2012]446号		中铁五局（集团）有限公司	
13	贵州省	JQ900架桥机过提篮系杆拱桥施工工法	黔建建通[2012]446号		中铁五局（集团）有限公司	
14	贵州省	钢弹簧浮置板轨道排法施工工法	黔建建通[2012]446号		中铁五局（集团）有限公司	
15	贵州省	地下铁道钢弹簧浮置板整体道床交叉渡线道岔支架法施工工法	黔建建通[2012]446号		中铁五局（集团）有限公司	
16	贵州省	地下连续墙导墙移动模架施工工法	黔建建通[2012]446号		中铁五局（集团）有限公司	
17	贵州省	小曲率半径和缓和曲线CRTS III型无砟道板模板安装施工工法	黔建建通[2012]446号		中铁五局集团建筑工程有限责任公司	
18	贵州省	客运专线铁路CRTS III型板式无砟轨道混凝土轨道板预制施工工法	黔建建通[2012]446号		中铁五局集团建筑工程有限责任公司	
19	总公司	路基填筑施工质量智能控制工法	中铁股份科技[2012]101号	CREC05-2012-01	中铁五局（集团）有限公司	
20	总公司	高速铁路无砟轨道线路静态精确调整施工工法	中铁股份科技[2012]101号	CREC05-2012-02	中铁五局（集团）有限公司	
21	总公司	隧道切缝药包岩石定向断裂爆破工法	中铁股份科技[2012]101号	CREC05-2012-03	中铁五局（集团）有限公司	
22	总公司	隧道针梁式滑行模架仰拱衬砌施工工法	中铁股份科技[2012]101号	CREC05-2012-04	中铁五局（集团）有限公司	
23	总公司	地下铁道钢弹簧浮置板整体道床交叉渡线道岔支架法施工工法	中铁股份科技[2012]101号	CREC05-2012-05	中铁五局（集团）有限公司	
24	总公司	钢弹簧浮置板轨道轨排法施工工法	中铁股份科技[2012]101号	CREC05-2012-06	中铁五局（集团）有限公司	
1	中铁五局	地下连续墙导墙移动模架施工工法	中铁五科技[2013]7号	GZSJGF05-2012-01	电务城通公司	
2	中铁五局	城市下穿通道矩形顶管施工工法	中铁五科技[2013]7号	GZSJGF05-2012-02	二公司	
3	中铁五局	小曲率半径和缓和曲线CRTS III型无砟道板模板安装施工工法	中铁五科技[2013]7号	GZSJGF05-2012-03	建筑公司	
4	中铁五局	客运专线铁路CRTS III型板式无砟轨道混凝土轨道板预制施工工法	中铁五科技[2013]7号	GZSJGF05-2012-04	建筑公司	
5	中铁五局	盾构法隧道同步双液注浆施工工法	中铁五科技[2013]7号	GZSJGF05-2012-05	电务城通公司	
6	中铁五局	钢筋混凝土柱式检查坑施工工法	中铁五科技[2013]7号	GZSJGF05-2012-06	建筑公司	

7	中铁五局	城市深基坑围护支撑结构控制爆破拆除施工工法	中铁五科技[2013]7号	GZSJGF05-2012-07	建筑公司	
8	中铁五局	阴雨潮湿及严寒条件下温拌沥青公路面层施工工法	中铁五科技[2013]7号	GZSJGF05-2012-08	机械化公司	
9	中铁五局	高速公路混凝土护栏凤凰眼施工工法	中铁五科技[2013]7号	GZSJGF05-2012-09	机械化公司	
10	中铁五局	后张法预应力智能张拉施工工法	中铁五科技[2013]7号	GZSJGF05-2012-10	机械化公司	
11	中铁五局	灰土挤密桩施工工法	中铁五科技[2013]7号	GZSJGF05-2012-11	建筑公司	
12	中铁五局	隧道岩溶富水区涌水突砂预防与处治工法		GZSJGF05-2012-12	一公司	
13	中铁五局	PC（PCF）板安装施工工法		GZSJGF05-2012-13	二公司	
14	中铁五局	上跨既有线电气化铁路门式墩盖梁支架现浇施工工法		GZSJGF05-2012-14	二公司	

【中铁六局工法与专利】 2012年，全年获省部级工法21项，专利50项，使集团公司累计持有专利总数达148项。

【中铁七局专利工作】 2012年，共组织各公司择优申报16项专利（其中：发明专利3项，实用新型专利12项）。今年及往年申报的专利通过24项，其中“高速公路拓宽天桥拆除方法”、“隔离式桥墩防撞装置”2项为发明专利。

【中铁八局工法与专利】 2012年，共完成局三级工法成果31项，获省部级工法成果16项，其中四川省二级工法成果5项、重庆市二级工法成果4项、云南省二级工法成果4项、贵州省二级工法成果3项。其中2项推荐申报国家级工法。

【中铁八局计量工作】 在计量工作方面，集团公司科技部对各子公司（含检测中心）进行了摸底调查。根据调查结果，结合集团公司三体系（质量、环境、职业健康安全）贯标的要求，科技部编制并组织实施了《中铁八局集团有限公司监视和测量装置管理办法》。同时，还完善升级了中铁八局计量器具计算机网络管理系统，有效提高了工作效率，由此，2012年11月通过了中建协三体系外部认证审核。

【中铁九局工法与专利】 2012年，中铁九局新获授权专利7项（其中发明专利1项），见表7-55。新申请专利10项，见表7-56。

2012年，中铁九局共完成工法27项，评审出企业级工法16项，奖励企业级工法16项；获省级工法6项，见表7-57。

7-55　中铁九局2012年度获授权专利

序号	专利名称	专利类型	专利号	专利权人	专利申请日期	授权公告日期
1	桥梁拖拉滑道装置	发明	ZL 2010 1 0506799.3	中铁九局集团有限公司	2010.10.14	2012.02.01
2	多功能组合轨道动力平车	实用新型	ZL 2011 2 0525535.2	中铁九局集团有限公司	2011.12.15	2012.08.22
3	多用途箱梁吊装孔距转换装置	实用新型	ZL 2011 2 0525528.2	中铁九局集团有限公司	2011.12.15	2012.08.22
4	轨道板钳口测距尺	实用新型	ZL 2011 2 0374077.7	中铁九局集团有限公司	2011.09.27	2012.05.30
5	钳口尺	实用新型	ZL 2011 2 0370622.5	中铁九局集团有限公司	2011.09.27	2012.05.30
6	底脚套管测距仪	实用新型	ZL 2011 2 0368995.9	中铁九局集团有限公司	2011.09.30	2012.07.04
7	模具钳口尺	实用新型	ZL 2011 2 0371680.X	中铁九局集团有限公司	2011.09.30	2012.05.30

7-56　中铁九局2012年度获受理专利

序号	专利名称	专利类型	申请号	专利权人	专利申请日期
1	一种水泥基阻燃泡沫混凝土	发　明	201210341387.8	中铁九局集团工程检测试验有限公司	2012.09.05
2	环保型高效甲醛清除剂	发　明	201210341411.8	中铁九局集团工程检测试验有限公司	2012.09.05

3	双块式道床刚度检测反力装置	实用新型	201220387693.0	中铁九局集团工程检测试验有限公司	2012.08.01
4	M型混凝土轨枕螺纹道钉硫磺锚固强度检测器	实用新型	201220387688.X	中铁九局集团工程检测试验有限公司	2012.08.01
5	灌水法储水筒改良检测装置	实用新型	201220387317.1	中铁九局集团工程检测试验有限公司	2012.08.03
6	拌和站粉料仓抽样阀门	实用新型	201220470743.1	中铁九局集团工程检测试验有限公司	2012.09.05
7	现场混凝土拌合物性能试验平台	实用新型	201220470766.6	中铁九局集团工程检测试验有限公司	2012.09.05
8	全自动流动度测试仪	实用新型	201220499236.0	中铁九局集团工程检测试验有限公司	2012.09.23
9	混凝土弹性模量测定仪	实用新型	201220499238.X	中铁九局集团工程检测试验有限公司	2012.09.23
10	压浆高速搅拌机	实用新型	201220532385.2	中铁九局集团工程检测试验有限公司	2012.10.09

7-57　中铁九局2012年度获省级工法一览表

序号	工法名称	工法级别	工法编号	编制单位
1	CRTSIII型板式无砟轨道混凝土轨道板台座法预制工法	辽宁省级	SJGF098-1-2012	中铁九局集团有限公司
2	轻便型栓接托架施工临近既有线高墩连续梁0#块施工工法	辽宁省级	SJGF097-1-2012	中铁九局集团第六工程有限公司 朝阳建设集团有限公司
3	高速铁路动车出入段大坡道（30‰）架梁施工工法	辽宁省级	SJGF096-1-2012	中铁九局集团有限公司
4	光缆接续防拉断措施施工工法	辽宁省级	SJGF100-1-2012	中铁九局集团电务工程有限公司 朝阳建设集团有限公司
5	灰土挤密桩施工工法	辽宁省级	SJGF068-1-2012	中铁九局集团有限公司 辽阳建设集团有限公司
6	山岭地区隧道口架梁施工工法	辽宁省级	SJGF099-2-2012	中铁九局集团第一工程有限公司 中铁九局集团第二工程有限公司

【中铁十局工法与专利】　2012年，局获得32项工法获得省部级工法（见表7-58），34项工法被确定为2012年度局级工法。新增专利申请54项，其中发明专利17项；新增专利授权44项，其中发明专利授权4项。（见表7-59）

表7-58　中铁十局2012年获得省部级工法汇总表

序号	工法名称	工法编号	工法等级
1	异型开放式有刃角双壁钢围堰施工工法		铁道部部级
2	新型钢绞线穿束机快速穿束施工工法		铁道部部级
3	大跨度无站台柱雨棚H型钢平面组合结构张弦梁施工工法		铁道部部级
4	盾构小半径曲线段单井整体始发施工工法	LEGF-406-2012	山东省省级
5	盾构长距离小半径富水岩层掘进施工工法	LEGF-407-2012	山东省省级
6	盾构穿越富水碎裂岩层壁后注浆施工工法	LEGF-408-2012	山东省省级
7	营业线石方浅孔弱松动微差爆破工法	LEGF-409-2012	山东省省级
8	跨既有铁路2×56米T构转体施工工法	LEGF-410-2012	山东省省级
9	免拆聚苯乙烯泡沫芯模压杠法预制空心板梁施工工法	LEGF-411-2012	山东省省级
10	浅埋大跨近距下穿密集建筑群和水库隧道钻爆施工工法	LEGF-412-2012	山东省省级
11	水泥砼路面碎石化施工工法	LEGF-413-2012	山东省省级
12	铁路隧道CRTS Ⅰ型双块式无砟道床施工工法	LEGF-414-2012	山东省省级
13	临近既有线旋挖干法成孔抗滑桩施工工法	LEGF-415-2012	山东省省级
14	钢管混凝土系杆拱桥施工工法	LEGF-416-2012	山东省省级
15	长箱体、下穿多股道铁路框架桥对顶工法	LEGF-417-2012	山东省省级

16	高水位粉砂土地质下穿多股线路框架桥顶进工法	LEGF-418-2012	山东省省级
17	龙门吊电缆线自动收放走行工法	LEGF-419-2012	山东省省级
18	基于信息化的CRTS Ⅰ型双块式轨枕快速预制工法	LEGF-420-2012	山东省省级
19	三线大跨度、Y型渐变断面隧道施工工法	LEGF-421-2012	山东省省级
20	软土地区深基坑支护的PCMW工法	LEGF-422-2012	山东省省级
21	粉质砂土地质钻孔桩桩底压浆施工工法	LEGF-60-2012	山东省省级
22	跨既有线门式墩便梁支架体系施工工法	LEGF-423-2012	山东省省级
23	无磁玄武岩纤维筋混凝土结构施工工法	LEGF-424-2012	山东省省级
24	无磁砌体施工工法	LEGF-425-2012	山东省省级
25	轴重32T重载铁路线路卸载及加固施工工法	LEGF-426-2012	山东省省级
26	动车轨道桥预埋件快速施工工法	LEGF-427-2012	山东省省级
27	大跨度H型钢张弦梁高空换索施工工法	LEGF-428-2012	山东省省级
28	棒内盲接光缆接续工法	LEGF-429-2012	山东省省级
29	静压法施工临近既有线预应力管桩工法	LEGF-457-2012	山东省省级
30	免拆聚苯乙烯泡沫芯模压杠法预制空心板梁施工工法	GGG(中企) C3126-2012	公路工程
31	新型钢绞线穿束机快速穿束施工工法	GGG(中企) C3127-2012	公路工程
32	盐渍土地区混凝土结构物施工工法	GGG(中企) A1005-2012	公路工程

表7-59 中铁十局2012年授权专利情况一览表

序号	专利名称	专利类型	发明单位
1	一种无砟轨道板铺板扣板器	发明	三建公司
2	轻便型张拉架	发明	四公司
3	龙门吊电缆线收放装置	发明	四公司
4	箱涵顶进施工中防止箱涵低头的方法及所用的钢制船头坡	发明	科技部
5	盾构单井整体始发皮带机辅助装置	实用新型	济铁公司
6	一种滚刀卸取设备	实用新型	济铁公司
7	一种管片运输小车	实用新型	济铁公司
8	整体移动式钢筋混凝土拱涵拱圈钢模架	实用新型	二公司
9	一种泡沫芯模预制空心板梁的模具	实用新型	二公司
10	一种门式墩刚构连续梁	实用新型	四公司
11	一种挂篮自动走行系统	实用新型	四公司
12	前卡式千斤顶	实用新型	四公司
13	下穿铁路框架桥小夹角大高度斜向顶进施工既有线加固装置	实用新型	四公司
14	一种加长型反压牛腿	实用新型	五公司
15	一种钢管支架砼基础结构	实用新型	五公司
16	一种顶升套箱下放装置	实用新型	五公司
17	钢桁梁拉锚器	实用新型	八公司
18	悬臂顶推钢桁梁纵横向终点渐变导向装置	实用新型	八公司
19	用于架桥机的无线控制应急制动装置	实用新型	八公司
20	用于架桥机的应急制动装置	实用新型	八公司
21	用于卷扬机的钢丝绳乱绕的报警装置	实用新型	八公司
22	用于梁体横移装置的无线控制装置	实用新型	八公司
23	大跨度张弦梁	实用新型	建筑公司

序号	专利名称	专利类型	发明单位
24	一种预应力张弦梁高空换锁装置	实用新型	建筑公司
25	一种梁体施工吊篮小车	实用新型	建筑公司
26	一种钢筋调直简易支架	实用新型	建筑公司
27	一种梁顶钢绞线运输小车	实用新型	建筑公司
28	一种钢绞线穿束装置	实用新型	建筑公司
29	车站信号设备模拟盘	实用新型	电务公司
30	区间信号设备模拟盘	实用新型	电务公司
31	沥青桶吊钩	实用新型	西北公司
32	路面施工水平调配装置	实用新型	西北公司
33	隧道挖掘机机斗	实用新型	西北公司
34	砂箱支座	实用新型	西北公司
35	支架沉降变形观测装置	实用新型	科技部
36	一种外模板	实用新型	科技部
37	一种公路先张梁长线台座肋板式横梁	实用新型	科技部
38	新型路基边坡防护结构及所用的预制混凝土块	实用新型	科技部
39	一种边坡护砌砌块模具	实用新型	科技部
40	一种新型止水带钢筋卡	实用新型	云桂Ⅰ标
41	沥青桶吊钩	外观设计	西北公司
42	路面施工水平调配装置	外观设计	西北公司
43	隧道挖掘机机斗	外观设计	西北公司
44	砂箱支座	外观设计	西北公司

【中铁大桥局工法与专利】 组织申请发明专利43项，实用新型16项。获得美国专利1项，国家授权发明专利27项、实用新型专利22项。截至2012年底，集团公司获得发明专利授权117项，实用新型专利授权126项。详见表7-60。

本年度获得湖北省工法4项，总公司工法7项，评选出集团公司级工法20项，截止2012年底集团公司共发布三级工法119篇。详见表7-61。

表7-60　中铁大桥局2012年授权专利统计表

序号	专利号	专利名称	专利类型	授权日期
1	US 8215607B2	一种斜拉索刚性连接空间杠杆质量减振装置	美国专利	2012.07.10
2	ZL201010274952.4	斜拉桥钢桁梁架梁吊机的走行装置及使用方法	发明	2012.02.15
3	ZL200910259854.0	PC钢绞线斜拉索的索力测试方法	发明	2012.02.29
4	ZL200910183427.9	箱梁钢筋骨架整体绑扎、整体吊装系统及其施工方法	发明	2012.02.29
5	ZL200910272399.8	一种斜拉索柔性连接空间杠杆质量减振装置	发明	2012.04.04
6	ZL200910227608.7	钢管桩锁口结构及钢管桩围堰的止水方法	发明	2012.05.09
7	ZL200910227606.8	小角度斜交跨越公路或铁路线路的多跨门式框架墩现浇梁的施工方法	发明	2012.05.23
8	ZL200910062899.9	一种公铁两用斜拉桥的三桁式主梁结构及其安装方法	发明	2012.05.30
9	ZL201010197661.X	扣索锚固方法及专用装置	发明	2012.05.30
10	ZL201010197647.X	拱桥主拱多次竖转施工中上、下拱肋的连接方法及中间铰	发明	2012.05.30
11	ZL201010586136.7	悬浇连续梁0号块与下部结构同步快捷施工方法及装置	发明	2012.05.30
12	ZL201110028073.8	大吨位钢箱梁在陆域及浅滩区的提升滑移系统及施工方法	发明	2012.07.04
13	ZL201010197658.8	用于多次竖转法施工钢拱桥的支架系统	发明	2012.07.04
14	ZL201010272922.X	用于桥梁顶推施工的滑块	发明	2012.07.04
15	ZL201010273070.6	三桁式连续钢桁梁顶推装置及其布置方法	发明	2012.07.04
16	ZL201010624513.1	一种大型钢沉井施工中水平摆动的止摆方法	发明	2012.07.04
17	ZL201010215013.2	斜桁杆件测量用滑移式直角器	发明	2012.07.04
18	ZL201010117945.3	PC钢绞线斜拉索施工中的索力监控方法	发明	2012.09.05
19	ZL201010583754.6	一种可拆装式牛腿及其安装方法	发明	2012.09.05

20	ZL201010592591.8	一种箱梁定位临时支座及箱梁定位施工方法	发明	2012.09.05
21	ZL201010610183.0	一种减小钢围堰封底混凝土厚度和防止渗漏的方法	发明	2012.09.05
22	ZL201010610990.2	一种附着式拉索索力监测装置	发明	2012.10.10
23	ZL201010621009.6	一种桥梁钻孔桩孔壁口防护方法	发明	2012.10.17
24	ZL201010622634.2	一种大型钢沉井整节段吊装接高施工方法及设备	发明	2012.10.17
25	ZL201110009660.2	活动支架辅助不变幅架梁吊机架设钢箱梁方法及活动支架	发明	2012.11.21
26	ZL201010621040.X	一种钢套箱围堰底部与河床间缺口的封闭方法	发明	2012.11.28
27	ZL201110084586.0	无平行边围堰气囊下河方法	发明	2012.11.28
28	ZL201110007219.0	一种移动式现浇支架及箱梁现浇支架移动施工方法	发明	2012.11.28
29	ZL201120211455.X	一种钢筋混凝土梳齿锚	实用新型	2012.02.22
30	ZL201120239116.2	拼装式钢管立柱系统	实用新型	2012.02.29
31	ZL201120253684.8	一种围堰转向马口及围堰定位系统	实用新型	2012.03.07
32	ZL201120295952.2	无砟轨道无砟过渡枕钢模	实用新型	2012.05.30
33	ZL201120282555.1	一种钢桁梁桁片单元和钢桁梁结构	实用新型	2012.05.30
34	ZL201120397338.7	桥梁施工用现浇模架	实用新型	2012.07.04
35	ZL201120469962.3	跨线挂篮	实用新型	2012.07.11
36	ZL201120556158.9	超大型沉井的取土装置	实用新型	2012.09.12
37	ZL201120556167.8	用于大吨位钢桁梁的顶推施工的滑块倒换系统	实用新型	2012.09.12
38	ZL201120537858.3	一种钢围堰的锁口结构	实用新型	2012.09.12
39	ZL201120554815.6	裙筒式深水大型基础	实用新型	2012.09.12
40	ZL201220010497.1	用于施工深水单桩独柱墩混凝土箱梁 0#块的支架	实用新型	2012.10.17
41	ZL201220032969.3	一种新型桥梁设置基础	实用新型	2012.10.17
42	ZL201120526327.4	一种隐形附着式低高度导向架	实用新型	2012.10.17
43	ZL201220039213.1	钢桁架桥杆件空间角度可调节吊具	实用新型	2012.10.31
44	ZL201220046677.5	斜拉桥主塔区钢桁梁架设辅助用的模拟钢桁梁的底座支架	实用新型	2012.10.31
45	ZL201220128280.0	桥梁施工用自浮式托架支架	实用新型	2012.11.21
46	ZL201120554830.0	墩顶提升吊架	实用新型	2012.12.05
47	ZL201220126347.7	锚垫板	实用新型	2012.12.05
48	ZL201220200554.2	双曲线型索塔横梁调节式托架	实用新型	2012.12.05
49	ZL201220210339.0	一种自动实时检测扭矩的电动扳手	实用新型	2012.12.05
50	ZL201220183668.0	混凝土防撞墙模板施工台车	实用新型	2012.12.12

表 7-61 中铁大桥局集团 2012 年工法汇总表

序号	工法名称	工法级别
1	海上整孔箱梁整体运架施工工法	湖北省建协
2	市政桥梁“干”字形墩上下盖梁施工工法	〃
3	海湾大桥单桩独柱墩施工工法	〃
4	围堰内无封底混凝土、开口高低刃脚双壁钢围堰施工工法	〃
5	小角度斜交跨既有线框架墩移动支架施工工法	中铁大桥局集团
6	“人”字型高墩 9m 爬模施工工法	〃
7	无横联三主桁斜边桁钢梁悬臂拼装工法	〃
8	巨型围堰气囊法转角度下河工法	〃
9	跨线桥全封闭宽幅挂篮施工工法	〃
10	钢管混凝土桩锚固嵌岩施工工法	〃
11	64m 大跨度铁路混凝土简支箱梁现浇施工工法	〃
12	破碎岩体大吨位预应力群体岩锚施工工法	〃
13	大跨度连续钢桁拱无顶落梁、多重拉索辅助架设与合龙施工工法	〃
14	大跨度钢桁拱梁膺架法半悬臂架设施工工法	〃
15	钢混叠合塔塔柱施工工法	〃
16	跨既有铁路大跨度简支系杆拱平转落梁施工工法	〃
17	高强度砾石层中钢板桩围堰施工工法	〃
18	独柱柔性墩超宽连续刚构节段预制拼装施工工法	〃

19	跨既有铁路多跨预应力混凝土连续梁整体顶推施工工法	〃
20	自动控制冲击钻机施工工法	〃
21	基于预制板作模板的钢护栏混凝土基座施工工法	〃
22	桥梁外包式混凝土防撞墙施工工法	〃
23	架梁吊机架设墩顶节间钢梁施工工法	〃
24	浅覆盖地层深水大直径超深钻孔桩清水成孔施工工法	〃

【中铁隧道工法与专利】2012 年，中铁隧道评审通过企业级工法 18 项，获省部级以上工法 17 项；取得专利 13 项(其中发明专利 8 项，实用新型 1 项，外观设计 3 项，软件著作权 1 项)。详见表 7-62、7-63、7-64。

表7-62　中铁隧道2012年工法项目一览表

序号	工 法 编 号	工 法 名 称	级别
1	GZSJGFSD-12-1	城市水下匝道与正洞合流暗挖隧道施工工法	企业级
2	GZSJGFSD-12-2	盾构隧道遇基岩孤石地层预处理施工工法	企业级
3	GZSJGFSD-12-3	引水隧洞管片衬砌豆砾石回填灌浆施工工法	企业级
4	GZSJGFSD-12-4	软土富水高水压地层深埋联络通道施工工法	企业级
5	GZSJGFSD-12-5	泥水盾构水下穿越地层破碎段施工工法	企业级
6	GZSJGFSD-12-6	隧道超前导洞水磨钻非爆施工工法	企业级
7	GZSJGFSD-12-7	隧道连续配筋混凝土路面施工工法	企业级
8	GZSJGFSD-12-08	高原地区特长隧道长斜井皮带机出碴工法	企业级
9	GZSJGFSD-12-09	富水第三系未成岩砂层隧道洞内超前多级分层降水施工工法	企业级
10	GZSJGFSD-12-10	采用新型台车铺设防水卷材施工工法	企业级
11	GZSJGFSD-12-11	MJS 工法桩施工工法	企业级
12	GZSJGFSD-12-12	直线矩形高墩利用工字木梁悬臂施工工法	企业级
13	GZSJGFSD-12-13	人防隧道扩建成地铁暗挖区间施工工法	企业级
14	GZSJGFSD-12-14	穿越既有结构围护桩施工工法	企业级
15	GZSJGFSD-12-15	地铁明挖站上盖钢箱梁“π”形支架门吊架设工法	企业级
16	GZSJGFSD-12-16	单斜井双正洞隧道施工通风工法	企业级
17	GZSJGFSD-12-17	盾构刀盘检修工作间施工工法	企业级
18	GZSJGFSD-12-18	富水砂质围岩大断面隧道高压喷射注浆加固与洞内降水施工工法	企业级
19	GGG（中企）D1151-2012	城市江底分岔大洞室暗挖隧道施工工法	部级
20	GGG（中企）D1152-2012	长大隧道机械手湿喷混凝土施工工法	部级
21	TJBJGF-11.12-108	长大隧道机械手湿喷混凝土施工工法	部级
22	TJBJGF-11.12-109	皮带机出碴条件下 TBM 掘进与拱墙衬砌并行施工工法	部级
23	TJBJGF-11.12-110	自行式仰拱模板浇筑砼施工工法	部级
24	TJBJGF-11.12-111	中心水沟切割劈裂施工工法	部级
25	TJBJGF-11.12-112	无门架新型隧道模板台车衬砌施工工法	部级
26	TJBJGF-11.12-113	明挖三联拱隧道台车衬砌施工工法	部级
27	TJBJGF-11.12-114	富水砂卵石底层大直径泥水盾构掘进施工工法	部级
28	CRECSD-2012-01	长大隧道机械手湿喷混凝土施工工法	部级
29	CRECSD-2012-02	皮带机出碴条件下 TBM 掘进与拱墙衬砌并行施工工法	部级
30	CRECSD-2012-03	自行式仰拱模板浇筑砼施工工法	部级
31	CRECSD-2012-04	中心水沟切割劈裂施工工法	部级
32	CRECSD-2012-05	无门架新型隧道模板台车衬砌施工工法	部级
33	CRECSD-2012-06	明挖三联拱隧道台车衬砌施工工法	部级
34	CRECSD-2012-07	富水砂卵石底层大直径泥水盾构掘进施工工法	部级
35	CRECSD-2012-08	大跨门型刚构跨河桥钢箱主梁原位拼装工法	部级

表7-63　2012年中铁隧道获得专利一览表

序号	专利名称	专利类型	颁证日期（授权公告日）	专利号
1	隧道围岩变形分布式光纤超前监测方法	发明	2012-08-15	ZL 201010595164.5

2	可调节预应力锚固装置	发明	2012-08-15	ZL 201010595142.9
3	振动平衡锚固装置	发明	2012-08-15	ZL 201010595161.1
4	铁路、公路隧道矩形沟的切割劈裂法施工工艺	发明	2012-08-18	ZL 200910065832
5	一种孔内注浆并有效止浆的方法及装置	发明	2012-07-04	ZL 200910227702.2
6	隧道防水材料铺设装置及其铺设方法	发明	2012-07-18	ZL 201010582601.X
7	自行式仰拱模板施工方法	发明	2012-11-07	ZL 201010375573.7
8	一种隧道掘进机主轴承大齿圈轮齿的开仓修复方法	发明	2012-12-04	ZL 201110171614.2
9	用于拱架间纵向连接的U型装置	实用新型	2012-01-25	ZL 201120111494.2
10	模板台车	外观设计	2012-08-15	201230014957.3
11	防水板铺设机	外观设计	2012-08-15	201230014956.9
12	拱架安装机	外观设计	2012-08-15	201230014955.4

表7-64 2012年中铁隧道新增著作权一览表

序号	软件名称	著作权人	类型	授予日期	登记号	证书号
1	单斜井双正洞射流通风系统软件V1.0	中铁隧道集团有限公司	软件著作权	2012-8-6	2012SR070899	软著登字第0438935号

【中铁电气化局专利、工法与计量】 2012年中铁电气化局获2项发明专利（分别于2010年、2011申请），25项实用新型专利被授权（其中4项为2011年申请、21项为2012年申请）。开发企业级工法21项；获铁道行业部级工法5项、陕西省工程建设省级工法2项。6个检测中心顺利通过国家认监委的换证评审。（见表7-65、7-66）

表7-65 中铁电气化局2012年专利申请及授权项目表

序号	名称	申请日	授权日	类型	专利号
1	铁路电气化接触网工具吊弦	2010.06.28	2012.08.22	发明专利	201010218575.2
2	高精度超长工件多工位数控钻削中心	2011.05.25	2012.11.14	发明	201110137622.5
3	一种无轨承力索架线车	2011.05.25	2012.02.22	实用新型	201120170692.6
4	高空顶棚钻孔装置	2011.05.25	2012.1.11	实用新型	201120170944.5
5	顶推梁导向纠偏装置	2011.05.25	2012.1.18	实用新型	zl201120171026.4
6	一种接触网吊弦线夹安装卡具	2011.07.22	2012.02.22	实用新型	zl201120262322.5
7	接触轨侧下接触用绝缘支撑	2012.04.24	2012.11.14	实用新型	201220178628.7
8	轻型汇流排定位线夹	2012.04.24	2012.11.14	实用新型	201220178642.7
9	中低速磁悬浮侧受流钢铝复合接触轨端部弯头	2012.05.16	2012.12.05	实用新型	201220221939.7
10	中低速磁悬浮侧受流钢铝复合接触轨小曲线膨胀接头	2012.05.16	2013.1.16	实用新型	201220221998.4
11	中低速磁浮侧受流钢铝复合接触轨绝缘支撑装置	2012.05.16	2012.12.05	实用新型	201220222319.5
12	中低速磁悬浮钢铝复合接触轨过渡弯头	2012.05.16	2012.12.05	实用新型	201220222202.7
13	电缆敷设万向平衡板	2012.04.24	2012.11.14	实用新型	201220179392.9
14	隔离开关升降架	2012.04.24	2012.11.14	实用新型	201220179651.8
15	接触网冷滑试验简易受电弓	2012.04.24	2012.12.05	实用新型	201220177906.7
16	铁路桥梁防撞墙和电缆沟壁打孔用水钻支架	2012.04.24	2012.12.05	实用新型	201220179394.8
17	梯车全方位驻车万向轮	2012.04.24	2012.12.05	实用新型	201220177908.6
18	一种槽道光缆敷设器	2012.04.24	2012.11.14	实用新型	201220178643.1

19	一种吊弦安装间距测量仪	2012.04.24	2012.11.14	实用新型	201220178614.5
20	一种轮式弹性吊索张力精调仪	2012.04.24	2012.11.14	实用新型	201220177907.1
21	一种多功能通讯接口测试仪	2012.05.16	2012.12.05	实用新型	201220221996.5
22	轨前测量仪	2012.04.24	2012.11.21	实用新型	201220179393.3
23	长大隧道风压排水装置	2012.04.24	2012.11.14	实用新型	201220178627.2
24	变压器线圈结构	2012.04.24	2012.12.26	实用新型	201220178641.2
25	一种三相独立磁路铁芯电抗器	2012.04.24	2012.12.26	实用新型	201220178611.1
26	电气化导线扭面器	2012.04.24	2012.11.14	实用新型	201220176415.0
27	铁路多功能抢修支柱	2012.04.24	2012.12.05	实用新型	201220178613.0

表 7-66 2012 年中铁电气化局获省部级工法项目表

序号	项目名称	工法等级	工法编号
1	350km/h 客运专线接触网整体式腕臂及刚性绝缘吊弦施工工法	二级	TJBJGF-11.12-162
2	客运专线防灾安全监控系统施工工法	二级	TJBJGF-11.12-161
3	220kV 室内型 GIS 组合电器安装工法	二级	TJBJGF-11.12-160
4	大跨度多联跨钢结构单跨分步安装施工工法	二级	TJBJGF-11.12-133
5	自平衡试桩法及应力测试施工工法	二级	TJBJGF-11.12-134
6	地铁车站上下穿越地铁运营线施工工法	二级	SXSJGF2012-011
7	矮塔斜拉桥斜拉索体系施工工法	二级	SXSJGF2012-010

根据试验室计量认证的要求，2012 年 8 月和 10 月分别在保定电气化局职工学校和北京京沪维管公司举办两期试验员培训班，8 个电气试验室、宝鸡接触网器材检测中心和京沪高铁维管公司的 74 名试验员参加培训，经过理论和实际操作考核取得铁道部质检中心颁发的试验员或试验工程师证。

10 月在泰安举办全局各试验室主任研讨会，会上对预防性电气试验标准进行研讨，并交流了试验验室在试验工作中的经验。

根据国家认监委《关于开展 2012 年实验室资质认定专项监督检查工作的通知》的精神，组织各试验室进行自查自纠，制定切实可行的整改措施，并于 8 月底向国家认监委上报中铁电化局电气试验中心的自查报告。组织集团公司电气试验中心的电化试验室和城轨试验室，在北京地铁 6 号线进行试验室之间的比对试验，各试验室对同一检测项目的检测结果一致，验证和提高了各试验室的检测水平。

【中铁电气化局规范标准工作】 2012 年完成“电气化铁路 27.5kV 和 2×27.5kV 交流金属封闭开关设备和控制设备”、“电气化铁路 27.5kV 单相交流交联聚乙烯绝缘电缆及附件”，“轨道交通 1500V 及以下直流牵引电力电缆及附件”等三项国际标准。完成“高速铁路工程静态验收技术规范”、“电气化铁路动态无功补偿装置”、“电气化铁路接触网隧道内预埋槽道”等三项铁道行业标准。

【中铁建工工法与专利】 2012 年，中铁建工评审通过集团级工法 79 项，申报并通过评审的省部级工法 11 项。授权发明专利 3 项、实用型专利 17 项。见表 7-67、68。

表 7-67 2012 年中铁建工获得省部级工法一览表

序号	工法名称	批准单位	工法编号	获奖单位
1	大跨度放射伞状空间桁架分块安装施工工法	北京建委	BJGF12-027-313	钢结构公司
2	地铁综合接地铜放热焊接施工工法	北京建委	BJGF12-027-314	安装公司
3	既有大跨度拱形桁架多轨道不等标高滑移施工工法	北京建委	BJGF12-027-315	北京分公司
4	框架锚杆及桩板式挡墙联合护坡施工工法	铁道部	tjbzgf-11.12-137	北方公司
5	钢筋桁架模板施工工法	铁道部	tjbzgf-11.12-138	广州分公司
6	钢筋砼环梁包钢管柱复杂节点施工工法	铁道部	tjbzgf-11.12-139	上海分公司

7	大跨度放射伞状空间桁架高精度信息化分块安装施工工法	铁道部	tjbzgf-11.12-140	钢结构公司
8	铝锰镁合金菱形金属球形屋面板施工工法	铁道部	tjbzgf-11.12-141	装饰公司
9	隐蔽式金属铝单板吊顶检修口施工工法	铁道部	tjbzgf-11.12-142	装饰公司
10	小口径 PE-Xc 管道防冻吹水施工工法	铁道部	tjbzgf-11.12-143	安装公司
11	大跨度钢桁架负载切割、滑移、接长施工工法	铁道部	tjbzgf-11.12-144	北京分公司

表 7-68　中铁建工 2012 年专利开发情况一览表

序号	专利名称	授权号	备注
1	与建筑主体结构随层施工提升的电梯井道施工脚手架装置	201120197769.9	上海
2	旋挖钻机钻头	201120034536.7	深圳
3	电梯井自稳操作平台	201110024667.1	北方
4	一种手工切割钢板圆洞装置	201120162149.1	北方公司
5	多功能可移动重叠式防护棚	201120210474.0	铁工建设
6	建筑用外用电梯门联锁系统	201120252953.9	北方公司
7	用于建工场地的组装式灯架结构	201120349258.4	上海分
8	施工升降机系统用层门闭锁系统	201120358826.7	北京分
9	建筑工地用人货电梯防护门	201120544899.5	上海分
10	多功能氧气/乙炔瓶运输车	201120544920.1	上海分
11	施工现场环境参数综合监控系统	201120465917.0	装饰公司
12	无砟轨道板定位板无废料落料模	201220014155.7	机械
13	动车组检修移动式顶层作业平台	201010532918.2	设计院
14	高层建筑外檐施工安全防护结构	201220101665.8	北方
15	地下停车场的截水沟沟盖	201220151344.9	北方
16	具有防止建筑结构开裂作用的滑动支座	201220075781.7	北京分
17	可转向移车台受电装置	201010532917.8	设计院
18	全自动家用节水装置	201220160917.4	深圳
19	塔吊防斜吊报警装置	201220160863.1	深圳
20	一种桩基定位装置	201220243249.1	北方公司

【中铁港航局专利、工法开发情况】　2012 年度，公司组织评审、确定局级工法 11 项，其中 3 项被评为广东省省级工法、2 项被评为中国中铁股份有限公司工法、2 项被评为公路工程工法。集团公司授权的发明专利 2 项，实用新型专利 6 项；正在公示阶段的发明专利 3 项，实用新型专利 2 项。（见表 7-69、7-70）

表 7-69　中铁港航局 2012 年度工法授权清单

序号	项目名称	时间	评审机构	状态	编号
1	海底深水爆破工法	2012年	广东省住房和城乡建设厅	评为广东省工法	GDGF204-2012

2	空间外倾斜系杆拱拱肋架设工法	2012年	广东省住房和城乡建设厅	评为广东省工法	GDGF205-2012
3	多联同步连续梁顶升施工工法	2012年	广东省住房和城乡建设厅	评为广东省工法	GDGF206-2012
4	多联同步连续梁顶升施工工法	2012年	中国公路建设行业协会	评为公路工程工法	GGG(粤)C3-2012
5	空间倾斜系杆拱拱肋架设工法	2012年	中国公路建设行业协会	评为公路工程工法	GGG(粤)C4-2012
6	多联同步连续梁顶升施工工法	2012年	中国中铁股份有限公司	评为股份公司工法	CRECGH-02-2012
7	空间倾斜系杆拱拱肋架设工法	2012年	中国中铁股份有限公司	评为股份公司工法	CRECGH-01-2012

表 7-70　中铁港航局 2012 年专利开发清单

序号	专利名称	专利类别	专利号	进展
1	斜拉桥索道管定位装置	实用新型	201120129241.8	授权
2	一种桥梁拱肋整体提升安装方法	发明	20101618194.3	授权
3	一种移梁台车及使用该移梁台车纵横移梁的方法	发明	201010618191.X	授权
4	一种隧道防水结构	实用新型	201220153314.1	授权
5	一种隧道支护结构	实用新型	201220153333.4	授权
6	一种深水钻孔方法	发明	201010618228.9	正在公示
7	一种深水深孔水下起爆网路的贴身防护方法	发明	201010618164.2	正在公示
8	一种碎石桩的水下施工方法	发明	201110005634.2	正在公示
9	一种用于水下钻孔爆破的装药配重器	实用新型	201220303697.6	授权
10	一种用于超深水平炮孔装药的推杆送药器	实用新型	201220303682.X	授权
11	炸礁船水下钻孔空压机供气互换系统	实用新型	201220303497.0	授权
12	吊箱围堰喇叭口堵漏结构	实用新型		正在审核
13	一种围堰的下放导向装置	实用新型		正在审核

【中铁航空港技术规范与工法】 国家军用标准情况:与中国人民解放军理工大学、空军工程大学、空军工程设计研究局等单位共同起草《军事工程高性能纤维增强混凝土施工技术规范》(秘密)(GJB7444-2012)、《军用机场排水工程设计规范》(GJB2130A-2012)两项国家军用标准，并于 2012 年 5 月 1 日公布实施。

2012 年中铁航空港获得批准省部级工法共计 5 项（见表 7-71）

表 7-71　2012 年度中铁航空港获得的省部级工法

序号	工法编号	工法名称	级别
1	GGG(京)C3118-2012	体外预应力拆装梁膺架法现浇箱梁施工工法	公路部级工法
2	SJGF055-1-2012	大跨度焊接球网架空间累计滑移施工工法	辽宁省省级工法
3	SJGF056-1-2012	土壤源热泵地埋管系统安装施工工法	辽宁省省级工法
4	SJGF057-1-2012	THF-1 型防水施工工法	辽宁省省级工法
5	GJGF11-34	地下室混凝土结构后浇带施工工法	甘肃省省级工法

【中铁上海局工法与专利】 2012 年，公司下达两批工法开发计划，共 22 项，形成企业级工法 14 项；申报省部级工法，获得省部级工法 1 项。同时，在认真开展工法、科研开发的同时，对开展项目深入挖掘、查新，申报发明专利 25 项，实用新型专利 31 项；授权发明专利 7 项，授权实用新型专利 30 项。见表 7-72、7-73。

表7-72　2012年中铁上海局省部级工法成果项目表

序号	工法名称	工法编号	完成单位	工法等级	备注
1	宽桥面单一纵隔板钢箱梁单滑道多点连续顶推施工工法	GGG(中企)C3116-2012	一公司	省部级	中路建协 （2012）111号

表7-73　2012年中铁上海工程局专利情况一览表

序	专利名称	专利类别	授权号	备注
1	保护性拆除拱桥的方法	发明	ZL200710134268.4	
2	铁路客运专线双块式无砟轨道道床板双线施工方法	发明	ZL200910251679.0	
3	联合支护开挖溶蚀地质深基坑及其施工方法	发明	ZL201010246647.4	
4	复杂地质条件下的联合围堰及其施工方法	发明	ZL201010246649.3	
5	宽桥面单一纵隔板钢箱梁顶推机构及顶推方法	发明	ZL201010246696.8	
6	高主塔吊装门架支反力约束固定结构	发明	ZL201010246700.0	
7	CRTSⅡ型轨道板横向出板方法及板场	发明	ZL201010246713.8	
8	钻孔桩钢筋笼胎具	实用新型	ZL201120327472.X	
9	大截面异形墩帽模板	实用新型	ZL201120328742.9	
10	高腹板箍筋吊具	实用新型	ZL201120327346.4	
11	深水中围堰钢板桩插打导向结构	实用新型	ZL201120328731.0	
12	钻孔桩捞渣筒钻	实用新型	ZL201120327475.3	
13	护筒串联泥浆循环系统	实用新型	ZL201120327323.3	
14	墩身翻模施工第二段墩身模板支撑体系	实用新型	ZL201120327347.9	
15	钻孔桩声测管通管器	实用新型	ZL201120328738.2	
16	钻孔桩桩顶混凝土检测器具	实用新型	ZL201120327325.2	
17	墩身保温模板	实用新型	ZL201120327324.8	
18	节段梁拼装造桥机节段支撑横梁	实用新型	ZL201120327466.4	
19	预应力锚下螺旋筋制作装置	实用新型	ZL201220247820.7	
20	利用梁段纵向预埋钢筋的端模固定结构	实用新型	ZL201220248453.2	
21	一种用于污水物理处理的粗格栅沉井	实用新型	ZL201120337419.8	
22	一种污水预处理系统设备	实用新型	ZL201120335354.3	
23	一种用于桥墩模板上的活动平台	实用新型	ZL201120335740.2	
24	一种进水泵房	实用新型	ZL201120336142.7	
25	一种有关地铁明挖车站三角支撑结构的建筑物	实用新型	ZL201120565209.4	
26	一种有关地铁明挖车站单侧高支模结构的建筑物	实用新型	ZL201120561537.7	
27	一种适用于顶拉结合在软土中铺设大直径管道的工具管	实用新型	ZL201120561562.5	
28	改良型A/A/O池	实用新型	ZL201120561564.4	
29	公铁两用钢轨接头焊接施工车	实用新型	ZL201120427383.2	
30	便携式钢轨焊接接头中高频电感应加热正火装置	实用新型	ZL201120427379.6	
31	一种可拆卸式地墙钢筋笼桁架	实用新型	ZL201120447528.5	
32	地铁铺轨道床施工移动的搅拌车	实用新型	ZL201120427386.6	
33	一种地铁隧道水沟与道床一次性浇筑模板结构	实用新型	ZL201120447122.7	
34	一种围海冲填地质基础钢筋骨架水泥砂浆护筒	实用新型	ZL201120565228.7	
35	用于龙门吊轨道的路基箱板结构	实用新型	ZL201220238325.x	
36	钢筋砂浆护筒	实用新型	ZL201120463781.X	
37	压浆密封罩	实用新型	ZL201120500890.4	

【中铁上海局标准规范工作】 2012年，公司参与标准规范编制3项、编著书籍1项，其中《污水处理卵形消化池工程技术规程》和《铁路给水排水施工机械配置指导意见》已发布实施，《浮置板轨道技术规范》于2012年11月发布，《单主缆斜吊杆悬索桥关键技术及风险管理》于2012年8月发行。技术中心为加强全公司标准规范管理，动态跟踪规范、标准的发布及更新情况，已2次更新公司工程建设标准目录。

【中铁上海局计量工作】 公司于2012年12月4日完成体系内审，并在12月19日通过了中启计量体系认证中心组织的年度监督审核。

【中铁科工专利工作】 1.新申请专利26项，其中发明专利14项，其余均为实用新型专利。见表7-74。

新申请的14项发明专利为："一种大吨位运架设备安全监控管理模型"、"一种基于私有协议的户外施工设备无线网络控制系统"、"铁路T梁架桥机新型起升机构"、"一种架梁桅杆吊机"、"铁路铺轨机的导轨自动化回送系统"、"一种高栈桥钢管桩基础爆破人造覆盖层的施工工艺"、"一种双壁钢围堰桩基础施工平台下原位拼装施工技术"、"大面积双壁钢围堰封底一次砍球的施工技术"、"一种隧道救援起重机"、"一种内嵌式注浆块盾构机尾盾的制造方法"、"一种长钢轨铺轨机组"、一种平行四边形截面杆件锚箱定位技术、一种平行四边形截面整体节点杆件划线钻孔工艺、一种平行四边形腹杆孔群检测工艺。

表 7-74　2012 年中铁科工专利申请情况一览表

序号	专利名称	专利类型	申请日
1	一种大吨位运架设备安全监控管理模型	发　明	2012.02.08
		实用新型	
2	一种基于私有协议的户外施工设备无线网络控制系统	发　明	2012.02.08
		实用新型	
3	铁路 T 梁架桥机新型起升机构	发　明	2012.04.12
		实用新型	
4	一种架梁桅杆吊机	发　明	2012.08.03
5	铁路铺轨机的导轨自动化回送系统	发　明	2012.08.20
		实用新型	
6	一种高栈桥钢管桩基础爆破人造覆盖层的施工工艺	发　明	2012.08.27
7	一种双壁钢围堰桩基础施工平台下原位拼装施工技术	发　明	2012.08.27
8	大面积双壁钢围堰封底一次砍球的施工技术	发　明	2012.08.27
9	一种隧道救援起重机	发　明	2012.09.17
		实用新型	
10	一种内嵌式注浆块盾构机尾盾的制造方法	发　明	2012.10.24
11	一种长钢轨铺轨机组	发　明	2012.12.21
		实用新型	
12	用于围海造地海滩淤泥固化的地基加固稳定机械	实用新型	2012.07.27
13	一种低重心转盘式三轴搅拌钻机	实用新型	2012.07.27
14	一种架梁桅杆吊机的中桁支撑机构	实用新型	2012.08.03
15	一种桩工机械施工监测记录仪	实用新型	2012.08.24
16	一种高栈桥钢管桩基础爆破孔	实用新型	2012.08.27
17	一种双壁钢围堰桩基础施工平台	实用新型	2012.08.27
18	一种大面积双壁钢围堰封底施工平台	实用新型	2012.08.27
19	铁路 T 梁节段式架桥机	实用新型	2012.09.25
20	穿越隧道箱梁运架一体机	实用新型	2012.11.20
21	驮梁小车液压驱动系统	实用新型	2012.11.20
22	一种用于长钢轨铺轨机的布枕装置	实用新型	2012.12.21
23	一种平行四边形截面杆件锚箱定位技术	发明+实用新型	2012.11.14
24	一种平行四边形截面整体节点杆件划线钻孔工艺	发明	2012.11.14
25	一种平行四边形腹杆孔群检测工艺	发明	2012.11.14
26	一种平行四边形腹杆孔群检测装置	实用新型	2012.11.14

2. 获得专利授权 9 项，其中发明专利 4 项，实用新型专利 5 项。见表 7-75。

获批授权的 4 项发明专利为："客货共线无缝线路铺架工法及用于架设铁路 T 梁的架桥机"、"能通过隧道且实现隧道口架梁的架桥机及其架桥工序"、"一种箱梁转运平台及其移梁和装梁工序"、"自行式转盘车"等。

表 7-75　2012 年中铁科工专利授权情况一览表

序号	专利名称	专利类型	授权日
1	客货共线无缝线路铺架工法及用于架设铁路 T 梁的架桥机	发　明	2012.03.07
2	能通过隧道且实现隧道口架梁的架桥机及其架桥工序	发　明	2012.04.11
3	一种箱梁转运平台及其移梁和装梁工序	发　明	2012.08.01
4	自行式转盘车	发　明	2012.08.29
5	分体导梁式过隧道架桥机	实用新型	2012.04.11
6	一种适应小曲线过孔的架桥机走行装置	实用新型	2012.04.18
7	一种静压搅拌复合桩机	实用新型	2012.07.11
8	一种基于私有协议的户外施工设备无线网络控制系统	实用新型	2012.10.03
9	一种大吨位运架设备安全监控管理模型	实用新型	2012.10.31

3. 铁道行业标准化归口管理工作取得新进展，颁布实施了 1 项国家标准和 1 项铁道行业标准，首次获得武汉市标准制定奖励一等奖。见表 7-76。

作为铁道部施工机械标准化技术归口单位，归口管理并主编或参编了 1 项国家标准、17 项铁道行业标准的制修订工作，其中颁布实施 2 项，报批 4 项，并获批标准制修订及复审工作经费 35 万元。此外，按铁道部标准体系研究和铁道标准复审工作要求与安排，组织完成了归口管理的 24 项铁道标准（包括铁道国家和行业标准）的复审工作，同时组织召开了标准体系研究工作会议，完成了体系研究项目建议并行文上报铁道部，全面完成了各项工作。

表 7-76　2012 年中铁科工归口管理及参与制修订国家和铁道行业标准一览表

序号	类型	标准名称	制定或修订	参与程度	完成情况或进度计划
1	GB	起重机械 安全监控管理系统	制定	参编	已颁布实施 GB/T 28264-2012
2	TB	扣件螺栓机动扳手	修订		已颁布实施 TB/T 3099-2012

【中铁装备专利工作】　2012 年，中铁装备新取得国家授权专利 58 项，其中实用新型专利 56 项，发明专利 2 项。

【华铁咨询专利工作】　2012 年 10 月，华铁工程咨询有限责任公司“地铁暗挖车站扣拱初支钢架连接”、“拼装式人工挖孔防护装置”两项技术获实用新型技术专利。

【中铁交通公司工法工作】　公司 2012 年柳州三桥一路项目科技开发再创新成果。双拥大桥的《溶蚀透水地质条件下锚碇深基坑施工工法》和《510 米钢箱梁单端多点连续顶推施工工法》与广雅大桥《钢箱截面“三角刚构”施工技术》于 7 月 25 号被评为股份公司企业工法；双拥大桥《宽桥面钢箱梁单滑道多点连续顶推施工工法》和《溶蚀透水地质条件下锚碇深坑施工工法》，成为继《大跨度钢桁拱梁膺架法半悬臂架设施工工法》首个部级工法后，于 2013 年 4 月再获交通运输部“2012 年度公路工程工法”。

所属高速公路运营公司 2012 年新开课题有平正公司《抗滑-I 型雾封层施工》、德商公司《光伏电池的应用》和《微表处技术治理沥青路面早期病害》，全兴公司《新材料工艺处理砼路面麻面露骨病害》课题，延续课题为富砚公司《高速公路沥青路面预防性养护技术研究》，目前均在实施阶段。

设计经营管理

【股份公司设计经营管理】 2012 年，股份公司加强了生产经营管理，勘察设计与咨询业务取得新成绩。一是面对严峻的市场形势，股份公司各勘察设计咨询企业调整思路，研究对策，制定措施，全力开拓，努力扩大市场份额，狠抓生产组织管理，生产经营业务平稳增长。2012 年全公司共开展项目总数 2133 项，其中勘察设计 1406 项、咨询 350 项、监理 319 项、国外项目 58 项，重点工程项目有：云贵、贵广、大瑞、兰渝、成渝、蒙西至华中等高速铁路、客运专线、复杂山区铁路项目；北京、上海、深圳、广州、成都、郑州、长沙、昆明等城市轨道交通项目；港珠澳大桥、铜陵公铁两用长江大桥、武汉鹦鹉洲长江大桥等重大桥梁工程项目；中老铁路、中缅铁路、埃塞俄比亚铁路、格鲁吉亚第比利斯绕城铁路等海外工程项目；实现了跨领域、跨行业和跨国生产经营。二是股份公司勘察设计企业加快转变发展方式，加大了产业结构调整和资源整合的力度。中铁二院和中铁置业联合开发的中铁轨道交通高科技产业园正式开工建设和销售；中铁二院与中铁山桥、中国信保、相关地方政府；中铁咨询与中国铁通；中铁西北院与中交公路规划院、中铁一局、中铁港航局；中铁大桥院与中航国际、珠海市规划院、清华大学等分别签署了战略合作协议，进一步加强了政企合作、企业间合作、校企合作，通过深层次、多领域的内外部合作、交流，产学研相结合，为企业调整产业结构、实现健康发展提供了良好的契机。中铁二院与中铁科工合资成立了中铁机械装备研究设计院有限公司，还成立了宝凤（四川）电气新技术有限公司、中铁二院四川智源工程检测有限责任公司、中铁二院物业服务有限公司等，使勘察设计多元化发展稳步推进。三是加强资质动态管理，勘察设计与咨询资质取得新的拓展。2012 年，积极开展工程咨询单位资格认定工作。股份公司作为初审单位，组织完成了所属设计研究企业的咨询资质期满重新认定工作，12 家申报企业全部通过国家发改委组织的评审和认定，取得了 434 项工程咨询资质；2012 年全公司新增勘察设计资质 20 项，其中 15 家工程集团公司获得了 16 项设计行业甲级资质。中铁咨询、中铁西北院取得了工程建设项目招标代理机构资格证书；中铁西南院取得特种结构补强专业工程承包资质证书，中铁大桥院取得铁路桥梁检定评估甲级资质，为设计研究企业拓展业务提供了更为广阔的发展空间。完成了股份公司个人注册咨询师的注册工作，为股份公司咨询资质的延续提供了支持。四是科技设计部利用股份公司集团优势，加强了股份公司投资项目、BT 项目和国际工程项目的前期工作协调和项目评审。先后多次组织召开了昆明、成都、深圳等城轨 BT 项目评审会和协调会，强化了设计施工互动，加强了项目风险管理，为项目的顺利开展提供了技术支持和决策咨询。结合深圳、成都、昆明城市轨道交通等一批重大 BT 项目的实施，及时举办了首期城市轨道交通 BT 项目概预算培训班。组织专家对柬埔寨柏威夏至沙密港新建铁路及跨海大桥等海外项目进行咨询评估，组织开展了蒙西至华中铁路投资可行性研究，完成了《关于对新建蒙西至华中地区铁路煤运通道工程项目投资调研的分析报告》，参与了海口市东海岸如意岛投资项目、西澳铁路项目等股份公司重大项目的评审，为公司领导提供决策依据。积极开展咨询业务，设计咨询分公司先后中标并实施了蒙东煤炭物流园区铁路专用线新建工程可研、秦皇岛海港区民族路南延伸道路建设工程项目设计、天津铁路枢纽西南环线扩能改造工程施工图审核等 10 余项项目的设计咨询工作。五是强化管理，努力提高服务质量和水平。为统筹股份公司“十二五”勘察设计与咨询工作，组织编制并发布了《中国中铁“十二五”勘察设计与咨询发展规划》，制定发展目标、指标、战略和保障措施，引导勘察设计企业保持持续稳定发展；按照公司统一部署，有序推进监理自查自纠专项治理工作，在自查自纠的基础上组织开展了督导检查，进一步规范了监理管理，促进股份公司监理业务的健康发展；组织开展勘察设计研究企业内控体系评价检查，进一步健全内控体系建设，完善全面预算管理体系，提高企业运行质量，推动管理提升；组织召开了股份公司勘察设计与咨询工作座谈会，总结经验，分析存在问题，研究设计咨询市场面临的新形势，探讨勘察设计与咨询企业的健康发展途径和对策。定期编辑《科技设计信息》、《股份公司城市轨道交通 BT 项目勘察设计动态》、《勘察、设计、咨询、监理项目台帐》和《国家发改委批复的城市轨道交通情况》。及时开展国内外企业对标分析和勘察设计板块经济活动分析，提出相关建议意见；为更好准确把握政策走向和市场发展趋势，全面掌握市场先机，收集整理了国家、国资委、相关行业、各省市、股份公司等 58 个“十二五”规划文件，为领导决策服务。完成 ENR/《建筑时报》联合主办的“中国承包商 60 强和工程设计企业 60 强”的申报及相关宣传工作；组织专家对《铁路建设工程勘察设计管理办法》、《中国地震动参数区划图》、《勘察设计注册工程师继续教育管理暂行办法》等行业管理办法进行认真研究和意见反馈，为行业发展服务；密切与相关部委和协会的沟通联系，积极争取政策支持，作为中国勘察设计协会副理事长和中国工程咨询协会副会长单位，参加了中国工程咨询协会第五届会员代表大会和中国勘察设计协会五届二次常务理事会；组织参加了京交会国际工程服务发展大会，积极为所属勘察设计企业搭建交流平台，做好为政府服务、为行业发展服务、为企业发展服务的各项工作。六是积极开展设计创优，不断提高勘察设计质量。股份公司坚持开展设计创优活动，编制了创优规划，实行了创优动态管理，加强了项目创优过程的监管控，工程勘察设计与咨询创优取得良好成绩。组织召开了股份公司勘察设计与咨询质量管理小组成果发布与评审会，评选出股份公司优秀工程勘察设计奖79项、优秀工程咨询奖31项、优秀质量管理小组38个。积极组织推荐国家级和省部级奖项，获得省部级勘察设计奖56项；全国优秀工程咨询成果奖14项、省部级咨询成果奖16项。获得国家级优秀QC小组2个、铁道部优秀QC小组10个、国家工程建设（勘察设计）优秀QC小组10个。

股份公司在2012年ENR“全球最大150强设计企业”中排名第25位；在ENR“中国工程设计企业60强”中铁二院工程集团有限责任公司排名第4位、中铁大桥勘测设计院集团有限公司排名第53位。

【中铁二院2012年设计工作概况】 2012年度，中铁二院面对铁路市场大幅萎缩的困难局面，转变经营思路，加快整合经营资源，对铁路市场寸土必争的同时，大力推进国内国际工程项目、城市轨道交通、公路和市政工程、工程总承包、产品产业化等业务发展，保持了平稳持续发展势头。全年完成勘察设计实物工作量3355.79线路折算公里，为年度目标2300.07折算公里的145.90%，是2011年完成勘察设计实物工作量3834.77线路折算公里的87.5%。完成地质钻探81.99万实钻米，为2011年148.98万实钻米的55.0%。在铁道部2011年下半年铁路施工图考核中，中铁二院获得B类第一名，2012年上半年B类第二名，实现了中铁二院提出的“坚决杜绝C类，确保B类，努力进入A类”的目标。现将中铁二院2012年设计工作概况分述如下：

一、铁路工程项目

根据铁道部2012年勘察设计工作计划安排以及地方和路局要求，2012年，中铁二院共承担了铁路勘察设计项目111项、咨询项目34项，合计145项。其中前期项目28项、初步设计项目18项、在建项目40项、收尾配套项目19项、咨询项目34项、站房设计6个。年内还完成了2257公里的初测、1325公里的定测、2948公里的补充定测、各类航测制图约26520平方公里、精密测量10650公里。

二、城市轨道交通工程项目

2012年，中铁二院承担的城市轨道交通工程勘察设计项目，主要分布在成都、重庆、昆明、贵阳、广州、深圳、东莞、杭州、上海、宁波、南京、合肥、厦门、南昌、北京、郑州、青岛、西安、石家庄、武汉、长沙、南宁、佛山等城市。全年共承担勘察设计项目116项，其中工程可行性研究项目22项、总体总包29项、工点系统52个（其中车站工点约290座、区间隧道约330个）、设计咨询13项。

三、公路及市政交通工程项目

2012年，中铁二院承担的公路市政交通工程勘察设计项目，主要分布在广州、深圳、四川、福建、重庆、南京、珠海、郑州、云南、兰州等省市。全年共承担公路市政交通工程勘察设计项目103项，其中可行性研究项目14项、初步设计项目18项、施工图设计项目27项、配合施工项目30项、咨询项目14项。

四、国外后期项目

2012年，中铁二院承担的海外工程后期项目主要分布在亚洲、非洲、南美洲，涉及委内瑞拉、尼日利亚、埃塞俄比亚、缅甸、老挝、阿根廷、几内亚等多个国家。全年共承担勘察设计项目17项，其中总包项目1项、铁路项目12项、公路项目3项、港口改扩建项目1项（含专用线）。

五、工程总承包项目

2012年，中铁二院承担的工程总承包项目主要分布在四川、贵州、云南、天津等地区，全年共承担项目30项，其中：新开工项目7项、续建项目10项、收尾项目13项。

【中铁设计咨询设计经营管理】 2012年中铁设计咨询全年实现营业收入18.96亿元，同比上年增长10.9%；利润总额1.76亿元，同比上年增长7.1%；新签合同额30.23亿元，同比上年增长4%；资产负债率65.85%，同比上年增加9.46%。

一、国内市场经营开发。中铁设计咨询面临仍然比较严峻的外部市场环境，公司在做好在建项目的同时，以经营开发为首要任务，加大力度开拓城轨交通等路外市场，同时不断调整、优化业务结构，努力发展新兴业务，全力打造“核心突出，多元并举”的业务格局。2012年在保持新签合同额总量持续增长的前提下，非铁路勘察设计业务新签合同额比重由上年的51.2%上升到58.7%。城市轨道交通业务实现了总体总包的突破，全年共组织参加了12个城市共63个标段的投标，取得了15个标段的勘察设计任务。承揽了呼包鄂榆、中原、太原三个城市群综合交通体系规划项目。国内市场新签合同额，铁路部分12.49亿元，城市轨道交通部分2.04亿元，公路及市政部分1.49亿元，咨询（含岩土工程）1.85亿元，监理3.23亿元，总承包6.21亿元。

二、国外市场经营开发。2012年中铁设计咨询依靠股份公司整体开发海外市场的优势，积极参与股份公司及所属公司承揽的项目，做好项目前期的配合工作。同时在完成好已承担项目的基础上，争取更多的国家商务部援外项目。近年来，公司以互利共赢为原则，积极开展与大型企业的合作，参与海外项目。年内承担了蒙古国铁路达赛线（519公里）、利比里亚东部山区铁矿资源开发项目、中国援牙买加外交外贸部办公楼等项目勘察设计。国外市场新签合同额2.31亿元，同比上年增加116%，是股份公司下达年计划的181%。

三、项目生产管理。2012年，中铁设计咨询勘察设计生产的特点是急、难、散、小，项目前期工作与投标项目多，轨道交通和海外项目增加。公司继续强化“做好在建项目就是最好的经营”理念，加强项目策划、细化计划安排、狠抓工作落实，合理调配生产资源，重视业主要求，增强服务意识。强化安全生产管理，全年进行现场安全检查17次，涉及生产项目20个，有效促进了安全生产管理制度的落实，杜绝了安全生产责任事故。

四、管控体系。2012年中铁设计咨询在已经通过认证的质量管理体系的基础上，再增加环境与职业健康安全2个管理体系，年内编制完成了体系文件并发布执行，对内部审核员进行了培训。加强了对勘察设计过程的检查和成品文件质量的评定，公司组织了10次中间检查和8次勘察资料验收，对912个文件质量进行了评定，促进了质量稳定提高，在2012年上半年铁道部组织的铁路在建项目施工图考核中取得A类，总排名第二。年内强化技术岗位竞聘机制，各单位副总工程师重新竞聘上岗。

五、科技创新。2012年中铁设计咨询科技投入的费用继续保持在营业收入的3%以上。全年开展各级、各类科研开发和软件开发项目56项，其中铁道部科研项目7项（主持2项），股份公司科研项目16项，集团公司科研21项、软件12项。通过科研成果验收评审36项，其中通过股份公司成果评审2项，铁道部3项，集团公司内部科研成果评审23项、软件成果评审8项。新增授权专利8项（其中发明专利1项、外观1项、实用新型6项)。承担铁道部标准编制6项、标准设计5项。获得建设部工法1项。

2012年中铁设计咨询获得国家、省部（含总公司级）级科技成果奖、优秀勘察设计奖、优秀咨询成果奖共22项，其中国家级奖3项、省部级奖15项、总公司级奖4项。

六、设计工作概况。2012年中铁设计咨询完成勘察设计实物工作量：铁路设计1762.71折算公里，同比上年减少9.1%；城市轨道交通设计313.21折算公里，同比上年增加23.6%；工程测量475.25标准平方公里，同比上年减少25.9%；工程地质19.01万实钻米（其中，综合项目10.73万实钻米），同比上年减少53.6%。

【中铁西北院设计经营】 中铁西北院自1961年建院以来，勘察设计业务的开展以传统优势专业科研技术力量为依托，集特殊、重大应用理论及灾害防治工程措施研究、开发和创新为一体，持有地质灾害治理工程甲级勘察证书、地质灾害治理工程甲级设计证书、地质灾害工程甲级咨询证书、市政行业桥梁乙级设计证书、工程勘察专业类岩土工程甲级资质证书，以所属专业分公司——勘察设计分公司为主，主要承担滑坡、高边坡、冻土、沙漠、盐渍土等地质灾害的勘察、设计、咨询与研究工作，在特殊地质路基与地质灾害防治领域取得骄人成绩。近年来，随着国家加大基础设施建设投入，该公司紧抓机遇，在扎根西北深入开发甘肃、青海、四川、福建、广州等省原有市场的基础上，2012年在已有新疆、陕西、山西、内蒙市场的基础上，又成功开拓了宁夏市场。该公司继续保持滑坡、高边坡治理水平在国内的领先、国际先进的地位，积累了丰富的设计管理经验，拥有良好的办公环境条件，完善的设计设施和多种设计结构分析软件。同时该公司不断扩大业务范围，在2012年分别进入了中石油及水利水电等新领域，并承揽了《兰成输油管道滑坡勘察设计》、《东川水电站库区滑坡、边坡地质灾害进行评估工作》等项目，初步建立了良好的市场口碑和专业品牌。

2012年，中铁西北院进一步加大对设计市场的开发与投入，新签勘察设计合同0.59亿元，完成0.56亿元。

一、重庆市场

2012年，中铁西北院在重庆市场共承揽项目14项，合同额约1101万元。其中《成渝三通道沿线边坡病害咨询》、《巫山至万州高速公路沿线边坡病害咨询》、《重庆奉节-云阳高速公路沿线边坡病害勘察设计》等项目已经实施完成；《巫奉二期李家湾滑坡群》项目现在正在实施方案设计阶段；攀枝花机场滑坡项目之后，又与中国民航机场建设集团规划设计总院开展合作，参与了《重庆机场扩建工程高填方边坡咨询》项目，重庆江北机场东航站区及第三跑道扩建项目总投资近300亿元，扩建范围场地地形起伏较大，飞行区设计填方边坡高度超过160米，刷新了高填方机场边坡高度记录。2012年7月，中国民航机场建设集团公司规划设计总院委托中铁西北院针对边坡专项问题进行了技术咨询。

二、四川市场

2012年，中铁西北院在四川市场主要包括铁路市场和公路市场，其中公路市场占主要份额。2010年10月，该公司首次介入四川攀枝花机场滑坡勘察设计项目，在治理过程中得到了四川机场建设集团的认可，为公司继续开拓当地民航市场奠定了坚实的基础。2012年该公司又在攀枝花机场承揽了《四川省攀枝花机场滑坡勘察设计监测》、《四川省攀枝花机场9号滑坡设计》、《攀枝花机场道面区处理设计》三个项目，且均已提交了设计报告，并通过了审查，合同额约555万元。2010年9月份，该公司首次介入四川广甘高速公路，2012年3月承揽了广甘高速公路沿线高边坡、滑坡等的勘察设计及咨询工作沿线地质灾害勘察设计施工，现已经完成实施任务。

三、青海市场

中铁西北院近年来在青海公路地质病害勘察设计市场一直占有较大份额。2012年，中铁西北院在青海承揽项目17项，合同额约1594万元。其中《S101线沿线滑坡地质灾害工后评估》项目已提交评估报告；《S208线斑马滑坡勘察》

项目已提交勘察报告;《共玉公路鄂拉山隧道出口滑坡勘察》项目已经实施完成,《共玉公路鄂拉山隧道出口滑坡设计》项目已经提交设计报告,并开始实施刷方工程;《西久公路K326+200～+800段改线》项目正在实施。

四、甘肃市场

2012年,中铁西北院共承揽甘肃市场项目7项,合同额约为383万元。其中《兰新铁路K104+500～600段边坡勘察设计》、《兰新铁路K104+500～600段边坡施工》项目已经实施完成;新承担了《宝中铁路K329路基病害勘察设计》项目。2012年6月,受兰州铁路局工务处及兰西工务段委托,中铁西北院对兰新铁路K104滑坡进行详细工程地质调查,并提出工程处治措施的设计及施工方案。项目部于2012年8月进场,9月动工,11月上旬完成了全部项目,受到兰州铁路局及所属有关单位的认可和表扬。

五、水利水电新市场

2012年,中铁西北院成功进入石油及水利水电新市场。一是4月承揽了大庆油田建设集团有限责任公司联合体EPC项目部委托的“兰成输油管道滑坡勘察设计”项目,对受多次强降雨影响、坡面出现整体变形、变形范围最远距管沟处约45m、裂缝贯通、变形明显、管沟内侧坡脚处坍塌物质堆填的滑坡进行勘察和设计。二是5月承揽了黄河上游水电开发有限责任公司陇电分公司委托的东川水电站库区滑坡、边坡地质灾害评估项目。

【中铁西南院设计经营】 公司设计业务开展以50余年的传统优势专业——隧道及地下工程专业为技术依托,以轨道交通、铁路设计为主业。经过数年的发展,成立了全资子公司——中铁成都轨道交通设计院有限公司。中铁西南院在国内外轨道交通、铁路、工业与民用建筑等市场上锻炼培养出了一支朝气蓬勃、充满活力的设计师团队;积累了丰富的设计管理经验;拥有良好的办公环境条件,完善的设计设施和多种设计结构分析软件。业务范围涵盖城市轨道交通设计、铁路专用线设计、桥隧设计、水电站铁路防护设计等方面。现持有市政行业轨道交通专业甲级设计证书、铁路工程甲级咨询证书、市政行业桥梁乙级设计证书、工程勘察专业类(工程测量、岩土工程)甲级资质证书,并通过了ISO9001质量管理体系认证。

截至2012年12月31日,设计业务新签合同额4806万元(其中国内业务人民币4486.92万元;海外业务欧元40万元,折算人民币为319.08万元),全年实现营业收入2843.18万元。

【中铁大桥院设计经营管理】 2012年,中铁大桥院经营开发工作的总体思路是各生产单位要从思想上、制度上进行转变和创新,以适应新的经营开发模式。集团公司更新营销策略,采用灵活多变的手法开拓市场,取得了经营开发的好成绩,主要体现在以下三个方面:

1.转变思想,重新定位自身角色。公司的规格升级、规模扩大,标志着进入一个更高的发展平台,各部门、各单位都需要转变思想,重新定位自身角色,改变原有部门的单一职能。具体来说,计划经营部从单一的经营开发职能向经营开发和管理职能并重,充分发挥部门在经营开发工作的管理、协调和指导工作;各生产院、分公司,充分利用技术人员优势,培养既能生产又能开发的复合型管理人才,并逐渐提升成为经营开发的中坚力量;各子公司着力改变独立作战的经营模式,加强与各院、分公司、其他子公司、计划经营部的联系,在业务上加强彼此间的学习和交流;机关各部门加强与计划经营部的对口衔接,做好服务和支持工作。

2.各生产单位正确认识到转变部门职能的必要性和可行性。生产人员为业主做服务,长期保持联络,由他们出面和业主沟通,协助收款和二次经营开发,让经营开发人员更能集中精力于新市场和新项目的开发工作中,提高效率。经营模式的转变,使得全体职工的经营开发和服务意识得到加强,收款成效显著提高。

3.树立资质维护意识。资质是经营开发工作的敲门砖、垫脚石,资质的维护对于集团公司开展经营开发工作是非常重要的支持。集团公司着力于配置合理的技术人员和积累工作业绩,2012年,继市政道路甲级资质成功申领后,集团公司又获取了公路行业公路乙级的资质,桥隧公司获取了铁路桥梁检测评定甲级资质和特种专业工程(结构补强)专业承包资质,为集团公司扩展业务领域奠定了基础。

【中铁隧道院设计经营管理】 中铁隧道勘测设计院有限公司(以下简称“隧道院”)成立于1978年11月20日,历经铁道部隧道局勘测设计处、中铁(洛阳)隧道勘测设计院等时期,2004年6月16日改制。2008年3月搬迁天津。

隧道院是从事铁路隧道、公路隧道、市政公用(道路、桥梁、城市隧道、轨道交通)、水利水电、工业与民用建筑、岩土与地下工程等勘察设计、咨询、施工图审查、监理等工程业务的大型勘察设计企业。是具有独立法人资格的经济实体,持有住房和城乡建设部颁发的工程勘察综合类甲级、工程设计甲级和国家发改委颁发的工程咨询甲级资质证书。通过了ISO9001/ISO14001/OHSAS18001三体系认证。

隧道院机关系统管理部门有院办公室(董事会办公室、法律事务部、企划部)、人力资源部(干部部)、财务部、经营合同部、生产计划部、技术中心、科技部、物管部、党群部(企业文化部、工会(监审、纪委、监事会办公室)、团委)、检测中心、文印中心和洛阳分院。设有北京、华东、华南、西北、西南、中原、厦门7个负责片区经营工作的办事处。

生产经营系统由八个分院、三个控股子公司组成，分别为：第一设计分院、第二设计分院、第三设计分院、第四设计分院、第五设计分院、勘察分院、测绘分院、工经分院；三个控股子公司子是：中铁合肥建筑市政工程设计研究院有限公司、中铁隧道洛阳监理有限公司、中铁隧道洛阳工程设计审查咨询有限公司。有各类专业技术人员547人，占在册职工总数的75.2%，其中高级职称119人，中级职称261人，初级职称167人。

2012年，隧道院资产总额2.66亿元，其中流动资产1.58亿元，固定资产净额6263万元，负债总额7060万元，股东权益1.95亿元。2012年资产负债率26.56%。在岗职工年平均收入168471元，同比增长5.1%。

2012年，隧道院完成营业额4.4438亿元，同比增长16.86%；新签合同105项，合同价款7.000866亿元。

【中铁工程设计院设计经营】 2012年全院新签合同额4.27亿元，增长率为32.2%；营业收入4.03亿元，增长率为25.2%；利润总额3348万元，增长率为162.2%。

2012年，设计院坚定不移推动科学发展，加快转变经济发展方式，坚持用科学发展观统领全局，紧紧围绕业务拓展、产品结构调整、体制机制创新三大主题，大力打造企业核心竞争力，全方位进行企业能力再造，积极寻找企业新的经济增长点，圆满完成年度各项生产经营任务。生产经营工作主要呈现五个特点：

第一，经营工作的理念实现重大转变。重视和加强了中国中铁内部的市场经营活动，紧紧跟踪和密切配合股份公司以BT为主的生产经营和投资战略，牢固树立“以项目建市场”的理念，以设计项目为平台，通过我院独特的建筑设计、工业设计优势，以高质量的产品和服务，赢得了客户，赢得了市场。

第二，中标合同的规模和层次逐年提高。1000万元以上的合同占总合同的33.5%，个别建筑设计单项合同达到了2000万元，这得益于我院企业综合实力的提高，设计技术水平的不断进步，企业品牌影响力的逐年积累。

第三，地铁设计业务有所突破。近年来，我院在北京、上海、南宁、大连等城市先后参与了多项地铁设计任务，并荣获了北京市规划委颁布发的北京市轨道交通建设贡献奖，为我院进一步拓宽轨道交通设计市场打下了良好的基础。在股份公司支持下，我院取得了成都地铁、昆明、石家庄地铁的部分设计任务。我院的建筑设计、铁路工业设计、地铁设计逐渐形成了设计咨询板块中的三大支柱性业务。

第四，铁路工业设计创造了崭新的业绩。经过我院设计人员的努力，投资21亿元的神华集团黄骅机车车辆检修中心通过了专家和业主评审，该中心成为具有国内一流、国际先进水平的、集机车车辆修理和货车组装新造为一体的大型装备修造基地，为我院立足铁路，服务于大型中央企业的多元发展赢得了良好声誉。

第五，经过多年开拓积累和持续努力，我院以设计咨询、装备制造、工程勘察、岩土工程为主要载体的四大业务板块结构趋于合理。

2012年勘察设计评奖报优和科技管理工作取得了丰硕的成果：

科技创新成为我院发展的内在动力。2012年获省部级优秀工程设计奖六项，获股份公司优秀工程设计奖二项，获国家级优秀工程咨询成果奖一项，获股份公司优秀工程咨询成果奖三项，获铁道部、股份公司优秀QC小组各一项，获地方级优秀设计奖四项，获集团公司科技进步奖一项，发明专利二项，实用新型专利一项。

1.获省部级优秀工程设计奖六项：

《苏州工业园区68047号地块》获江苏省优秀工程设计一等奖；

《置地甲江南（一期）》、《苏州乐园水上世界》、《苏州工业园区荣域花园》获江苏省优秀工程设计三等奖；

《国大御温泉渡假小镇》获河北省优秀工程设计二等奖；

《北京市轨道交通大兴线工程南兆路车辆段》获北京市优秀工程设计三等奖。

2.获股份公司优秀工程设计奖二项：

《苏州高新国际商务广场》获股份公司优秀工程设计一等奖；

《中国北车集团北京南口机车车辆机械厂高速重载铁路道岔生产项目》获股份公司优秀工程设计三等奖。

3.获国家级优秀工程咨询成果奖一项：

《唐山轨道客车有限责任公司高速动车组检修基地建设项目可研报告》获中国工程咨询协会优秀工程咨询成果三等奖。

4.获股份公司优秀工程咨询成果奖三项：

《太原轨道公司退城搬迁入园建厂技术改造项目一期建设工程可行性研究报告》获股份公司优秀工程咨询成果一等奖；

《唐山轨道客车有限责任公司天津产业基地轨道车辆一期工程建设项目可行性研究报告》获股份公司优秀工程咨询成果二等奖；

《高速检测列车及400公里高速动车组研发和试验平台建设项目可行性研究报告》获股份公司优秀工程咨询成果三等奖。

5.获铁道部、股份公司优秀QC小组各一项：

“移动式顶层作业平台的研制QC小组”获铁道部优秀

QC 小组称号；

“降低厂区生活用水成本 QC 小组”获股份公司优秀 QC 小组称号。

6. 获多项地方级优秀设计奖：

《青山酒店》、《苏州高新广场》、《天都花园》获苏州市优秀设计二等奖；

《钻石广场》获苏州市优秀设计三等奖。

7. 获集团公司级科技进步奖一项：

《高速动车组高级修工艺研究》获集团公司科技进步二等奖。

8. 发明专利二项，实用新型专利一项：

发明专利为《动车组检修移动式顶层作业平台》、《可转向移车台受电装置》；

实用新型专利为《两轴轴距高精度自动测量装置》。

【中铁二局设计工作概况】 中铁二局集团勘测设计院有限责任公司是由中铁二局股份公司控股的全资子公司，具有建筑工程专业甲级、铁路工程甲（Ⅱ）级；城乡规划编制乙级（暂定）；工程勘察专业类（岩土工程、工程测量）乙级；市政行业（给水工程、排水工程、道路工程、桥梁工程）专业乙级、风景园林工程设计专项乙级；房屋建筑、铁路、公路监理乙级资质。设有规划、建筑、结构、电力、电气、暖通、给排水、风景园林、装饰装修、造价、线路、桥梁、隧道、路基、岩土、设备设施、轨道交通、测绘、监理、咨询、工程经济、电子信息等专业，拥有先进的技术设备和设计手段，实现全程计算机信息化设计及管理，是专业设备配套、技术力量雄厚、设计手段先进、管理方法科学的综合性设计院。2008 年，通过“ISO9001 质量管理体系”及“ISO14001 环境管理体系”认证。2012 年，设计院获“2012 年度中国优秀勘察设计企业”、“全国 AAA 级信用示范设计单位”称号，承担勘察设计任务的灾后重建项目青海省玉树县第一民族中学获“2012 年度全国优秀建筑工程设计奖”称号。

2012 年，通过整合设计资源、深化改革，在房建、铁路、公路等领域的专业实力和独立经营能力明显改善，新签合同额突破亿元大关，率先达到“十二五”目标。2012 年，全年完成新签合同额 13592.82 万元（含与其他单位联合中标的 1666.29 万元监理合同），为集团公司下达年度计划 6000 万元的 226.55%，同比增长 121.50%；完成企业营业额 5863 万元，为集团公司下达年度计划 4000 万元的 146.57%，同比增长 38.18%；完成产值 6994.47 万元，为集团公司下达年度计划 4000 万元的 174.86%，同比增长 122.42%；企业总资产达 5992 万元，较年初 4114 万元增加 1878 万元，增长 45.65%；全年实现净利润 621 万元，为集团公司下达预算额 100 万元的 621%，企业实现扭亏为盈。

【中铁六局设计经营管理】 中铁六局集团有限公司工程设计与咨询业务得到逐步加强，2012 全年先后完成了 10 余项可研和施工图设计，成功取得岩土工程设计乙级等 4 项资质。

2012 新签设计项目 13 个，合同额 2579 万元，完成 2012 年度计划的 128.95%，同比增加 1583 万元，增长 158.93%；包括结构检算 35 项、施工图设计 10 项、施工图审核 3 项和咨询服务各 0 项。其中，独立承揽项目 4 个，合同额 203.2 万元，占总合同额的 7.88%；承揽对外工程设计 10 项，合同额 2354 万元，占总合同额 91.27%。2012 年，完成设计产值 321 万元，完成年度计划的 49.38%，是 2010 年完成产值 180 万元的 178.3%。

【中铁九局设计经营管理】 中铁九局勘察设计院于 2009 年 10 月 8 日成立，与局勘察设计部实行“一个机构，两块牌子”的管理模式。2011 年 9 月 11 日，中铁九局公布《关于撤销中铁九局集团有限公司勘察设计部的通知》（中铁九局劳〔2011〕220 号），勘察设计院正式以公司模式经营管理。2012 年 3 月 28 日，取得了铁道行业甲（Ⅱ）级设计资质；2012 年 7 月 6 日，取得了市政行业（道路工程、桥梁工程）专业乙级设计资质。

勘察设计院有员工45人，其中勘察设计人员34人。在设计上应用桥梁博士结构设计软件、迈达斯结构设计软件、桥梁通绘图软件、科宝华地道桥CAD系统、midas FEA（有限元仿真分析软件）、奥思特三位桥梁结构计算分析通用系统-ASBEST、曲线梁桥设计计算程序、理正岩土系列软件、PKPM建筑设计软件、铁道部工程概（预）算系统软件、同望公路工程造价管理系统、广联达计价软件等结构计算及预算软件。具备完成各种结构设计和大临工程设计、检算、复核的能力，具备完成大中型铁路、铁路专用线、各种桥隧、铁路大修、房屋建筑等工程设计的能力。

2012 年，中铁九局勘察设计院完成各类设计任务 2499 万元，主要包括：九局内大型临时工程检算及设计 52 项、铁路专用线设计 1 项、地方外委市政工程施工图设计 9 项、沈阳铁路局更新改造水害复旧及大修工程设计 40 余项及房建工程设计 15 项等。

【中铁成都公司设计工作概况】 中铁成都公司代表股份公司负责成都地铁 1 号线南延线、3 号线、7 号线工程 BT 项目建设和投融资管理工作，中国中铁首次介入从初步设计至施工图设计全过程的设计管理，包括初设方案与施工方案的无缝对接、初步设计概算编制及评审、施工图设计调整及优化，为合同计价及施工创造了有利条件。

1、成都地铁 BT 项目 1 号线南延线参与设计单位共 7

个，2012年7月初完成初步设计评审，2012年土建专业共完成1632册施工图；机电专业共完成176册用户需求书的编制，保证了1号线南延线于2012年6月实质性开工的需求。

2、成都地铁BT项目3号线参与设计单位共13个，2012年3月完成初步设计评审，2012年土建专业共完成2610册施工图；机电专业共完成176册用户需求书的编制，保证了3号线于2012年4月实质性开工的需求。

3、成都地铁BT项目7号线参与设计单位共15个，2012年7月完成初步设计预评审，2012年提供了8个站点施工用设计资料；保证了7号线于2012年8月实质性开工的需求。

4、启动BT项目范围的科研立项管理工作。

铁路设计

【中铁二院承担国内铁路勘设项目及执行情况】 2011年，中铁二院共承担国内铁路项目144项（前期项目43项、在建项目43项、收尾配套项目17项、咨询项目33项、站房项目8项）。开展了可研设计17项约967公里（其中16项约757公里为可研精度的补充技术方案研究）、初步设计16项约1159公里（其中12项约996公里为初步设计精度的补充技术标准研究）。开展了沪昆、成渝、三万南、云桂、贵广、广大等43个项目的施工图设计，完成交付了约2120公里的站前施工图、约1481公里的站后施工图。开展了成都东客站、六沾、达万、南涪、海东、仁丽、漯阜、盘锦港、贵阳枢纽改貌铁路货运中心等9个项目概算清理工作，以及成灌、成都货车外绕线、襄渝、黔桂、黄织、乐巴、贵阳枢纽、武广、郑西、胶济、大丽、福厦、南昌枢纽引入、洛张、青岛集装箱、仁丽、海东等17个项目的收尾配套工作。开展了武广、石太、广珠、广深港、京沪等共33个设计项目咨询工作。

此外，2011年中铁二院还完成了环评报告7项、水保报告7项。完成了各类航测制图约43840平方公里、精密测量约8310公里。完成了初测约3180公里、定测约2300公里、地质钻探约141.77万实钻米。

2011年，中铁二院承担的国内重点铁路项目计划执行情况分述如下：

一、可行性研究、初步设计项目（43项，约8428公里）

1. 西成客专广元至江油段（170公里）：修改初步设计未批复，正在开展安全质量评估。

2. 成都至贵阳铁路（486公里）：初步设计未批复，正在开展安全质量评估。

3. 成都至雅安铁路（99公里）：补充方案研究已完成，初步设计工作暂停，待铁道部明确标准后开展初步设计。

4. 成昆复线成都至峨眉段（100公里）：补充可研已完成。

5. 成昆复线峨眉至广通段（500公里）：米易至攀枝花、永仁至广通段补充可研已完成，未批复。

6. 重庆至贵阳铁路（347公里）：修改初步设计未批复，正在开展安全质量评估。

7. 重庆至万州城际铁路（250公里）：修改初步设计未批复，正在开展安全质量评估。

8. 渝怀复线涪陵至怀化段（538公里）：可研修编已报部，未批复。

9. 贵阳枢纽小碧至白云联络线（75公里）：初步设计修编文件已报部，未批复。

10. 黄桶至百色铁路（292公里）：可研文件已报部，未批复。

11. 毕节至织金铁路（82公里）：可研已批复，正在开展补充可研及初步设计工作。

12. 织金至纳雍铁路（75公里）：可研已批复，初步设计已报部。

13. 玉屏至铜仁铁路（57公里）：初步设计文件已完成，未批复。

14. 玉溪至磨憨铁路（490公里）：可研文件已完成，待审查。

15. 磨憨物流园区一期工程：可研已批复，正在开展初步设计准备工作。

16. 丽江至香格里拉铁路（139公里）：初步设计审查后修编文件已完成报送，正在开展安全质量评估。

17. 南宁至金城江铁路（220公里）：可研修编已报部，未批复。

18. 南宁至凭祥铁路（200公里）：可研修编已报部，未批复。

19. 南昆线南宁至百色段增二线（198公里）：可研修编已完成，未批复。

20. 合浦至湛江铁路（121公里）：可研未批复。初步设计已完成，由于技术标准调整，已重新编制可研文件，待可研文件获批后，按批复的可研修改后再报送建指。

21. 合浦至铁山港铁路（27公里）：补充方案已完成，正在开展初步设计修编工作。

22. 海南西环快速铁路（345公里）：可研已批复，正在开展安全质量评估。

23. 琼州海峡跨海工程（43 公里）：正在开展可研工作。

24. 孟平线增建二线孟庙至平顶山西段（99 公里）：初步设计未批复。

25. 武汉新港铁路香炉山至黄州段（39 公里）：初步设计未批复。

26. 深圳至中山过江通道：可研修编文件已完成，正在开展初步设计准备工作。

27. 广梅汕铁路龙湖南至汕头段增建二线（23 公里）：可研已完成，待批复后立即开展初步设计工作。

28. 林泉支线（30 公里）：已完成可研设计，待批复。

29. 界首至临泉路（28 公里）：可研文件已完成，待审查。

30. 珲春至东宁铁路（170 公里）：可研修编已完成，正在开展初步设计准备工作。

31. 黔桂铁路增二线（520 公里）：正在开展可研设计准备。

32. 浦梅铁路宁化至梅州段（240 公里）：正在开展可研设计准备。

33. 叙永至毕节铁路（156 公里）：正在开展初测及可研设计准备工作。

34. 纳雍至六盘水铁路（75 公里）：正在开展可研设计准备工作。

35. 攀枝花至毕节铁路（460 公里）:正在开展可研设计准备工作。

36. 广元至巴中铁路扩能（177 公里）：正在开展可研设计准备。

37. 郑万铁路重庆湖北段（480 公里）：正在开展可研设计准备工作。

38. 长汀至泉州铁路（280 公里）：正在开展可研设计准备工作。

39. 福建漳洲古雷港口铁路支线（65 公里）：正在开展可研设计准备工作。

40. 沈阳至吉林铁路扩能（260 公里）：正在开展可研设计准备工作。

41. 成都至浦江铁路（99 公里）：初步设计已批复，补充方案研究已完成，正在开展站前施工图设计。

42. 成都站扩能改造（99 公里）：补充方案研究已完成，待标准确定后开展下步工作。

43. 广通至大理扩能（173 公里）：站前施工图已基本交付完毕。

二、在建项目（43 项，约 7687 公里）

1. 沪昆客专玉屏至昆明段（744 公里）：正在开展施工图设计，已交付 90%以上施工图。

2. 贵阳至广州铁路（600 公里）：站前施工图已基本交付完成。

3. 云桂铁路（715 公里）：正在开展施工图设计，已交付 95%以上施工图。

4. 成都至兰州铁路（450 公里）：正在开展施工图设计。计划年底完成。

5. 成渝客运专线（307 公里）：正在开展施工图设计，计划年底完成。

6. 南宁至广州铁路（160 公里）：站前施工图已交付完毕，正在开展站后施工图设计。

7. 柳南城际段（220 公里）：站前施工图已基本完成，正在开展站后施工图设计。

8. 成绵乐城际铁路（322 公里）：站前施工图基本交付完成，正在开展站后施工图设计

9. 兰渝铁路广元至重庆段（401 公里）：站前施工图已基本交付完成。

10. 厦门至深圳铁路（203.8 公里）：站前施工图已基本交付完毕，正在开展站后施工图设计工作。

11. 成都动车组检修基地：初步设计已批复，正在按供图计划开展站前施工图设计。

12. 成都至都江堰铁路彭州支线（21 公里）：站前、站后施工图已基本全部交付完毕。

13. 和谐型大功率电力机车检修段：正在按供图计划开展站前施工图设计。

14. 巴中至达州铁路（125 公里）：站前施工图已基本交付完成。

15. 渝怀复线重庆至涪陵段（99 公里）：站前施工图已基本交付完毕，正在开展站后施工图设计。

16. 遂渝增建二线铁路（140 公里）：站前、站后施工图施工图已基本交付完成。

17. 重庆至利川铁路（259 公里）：站前施工图及不受设备招标影响的站后施工图已交付完毕。

18. 南川至涪陵铁路（85 公里）：站前、站后施工图已基本交付完毕，正在开展概算清理工作。

19. 三江至万盛至南川铁路（57 公里）：站前施工图已交付完毕。

20. 达州至万州电化铁路（157 公里）：概算清理已报部并完成审查。

21. 贵阳市环城快速铁路东北环段（55 公里）：初步设计已批复，正在按供图计划开展施工图设计。

22. 贵阳枢纽改貌铁路货运中心：站前施工图已全部交付，正在开展站后施工图设计。

23. 贵阳至开阳铁路（55 公里）：正在按供图计划开展施工图设计。

24. 久长至永温线（36 公里）：正在开展站前施工图设计。

25. 林歹至织金铁路（130 公里）：站前施工图已基本

交付完成，正在开展站后施工图设计。

26. 六盘水至沾益铁路（253 公里）：站前、站后施工图已全部交付，正在开展概算清理准备工作。

27. 昆明枢纽扩能改造工程（50 公里）：正在开展站前施工图设计。

28. 昆明枢纽东南环线（37 公里）：正在开展站前施工图设计。

29. 昆明至玉溪复线（49 公里）：正在开展站前施工图设计

30. 大理至瑞丽铁路（338 公里）：大理至保山段施工图已全部交付，已于建指签订站后施工图供图协议；保山至瑞丽段初步设计已审查，未批复。

31. 昆明至广通铁路（112 公里）：站前、站后施工图已交付完毕，正在开展概算清理准备工作。

32. 玉溪至蒙自铁路（143 公里）：站前施工图已交付完毕，正在开展站后施工图设计工作。

33. 蒙自至河口铁路（141 公里）：站前施工图已基本交付完毕。

34. 湘桂线永州至柳州段（350 公里）：站前施工图已基本完成，正在开展站后施工图设计。

35. 广西沿海铁路（261 公里）：站前施工图已基本交付完毕，正在开展站后施工图设计。

36. 南宁枢纽：正在按供图计划开展施工图设计。

37. 南昌枢纽京九、向莆引入相关工程（78 公里）：正在按供图计划开展施工图设计。

38. 湄洲湾南岸铁路支线（40 公里）：正在按供图计划开展站前施工图设计。

39. 福建漳州港尾铁路（46 公里）：站前施工图已全部完成。

40. 武汉新港铁路滠口至香炉山段（18 公里）：正在按供图计划开展站前施工图设计。

41. 漯河至阜阳扩能改造（206 公里）：站前施工图已全部交付、正在开展站后施工图设计工作。

42. 盘锦港疏港铁路（54 公里）：站前施工图已交付完毕，正在开展站后施工图设计及概算清理准备工作。

43. 衙门庙至白音华（167 公里）：站前施工图已交付完毕，正在开展站后施工图设计。

三、收尾配套项目（17 项）

2011 年，中铁二院开展了下述 17 个项目的收尾配套工作：

成都至都江堰铁路、成都货车外绕线、襄渝线、黔桂线、黄织铁路、乐巴铁路、贵阳枢纽、武广客运专线、郑西客运专线、胶济客运专线、大理至丽江铁路、福厦线、南昌枢纽引入相关工程、洛阳至张家界电化、青岛集装箱、仁和至丽江铁路、海南东环线城际铁路等。

四、咨询项目（33 项）

2011 年，中铁二院继续开展下述 33 个项目的设计咨询工作：

沪昆铁路客运专线湖南段、石门至长沙铁路增建第二线、新建铁路广州至珠海（含中山至江门）城际快速轨道交通工程、新建铁路北京至上海高速铁路工程（徐州至上海段）、新建铁路石太客运专线、新建铁路石家庄至武汉客运专线（河南段）、新建铁路武广客运专线及武汉站、广州南站相关工程、新建北京至石家庄铁路客运专线、新建石家庄至武汉铁路客运专线（河北段）、京石客专石家庄枢纽改建工程、杭州市彩虹快速路工程（滨江段）、新建吉林至珲春铁路、改建锦州至阜新至高台山铁路、新建铁路拉萨至日喀则线、改建铁路枢纽太原南站及相关工程（不含太原南站站房及相关工程）、新建武汉至黄冈铁路、新建武汉至黄石铁路、新建武汉至咸宁铁路、新建武汉至孝感铁路、新建铁路西宁站改造及相关工程西宁站房及西宁西过渡工程、新建合福铁路铁路客运专线（安徽段）、新建合福铁路铁路客运专线（闽赣段）、新建兰新第二双线铁路甘青段、广西沿海铁路黎塘至钦州段扩能改造工程、新建铁路玉林至铁山港线、新建铁路广深港客运专线广深段、新建铁路合肥铁路枢纽南环线工程、改建铁路合肥枢纽合肥南货场搬迁工程、汉宜铁路、新建沈阳南站工程、新建铁路广州至珠海段复工工程、新建龙岩至厦门铁路、宁西线南阳至合肥段增建第二线工程（含小励联络线）等。

五、大型站房项目（8 项）

继续开展石家庄站、合肥南站、青北站北站、重庆西站、重庆北站、厦门站、南宁调度楼、成都东站等大型站房设计。

六、补充技术标准研究、建设时机研究项目

1. 根据铁道部要求，2011 年，中铁二院开展了西成客专广元至江油段、成都至贵阳铁路、重庆至万州城际铁路、沪昆客专玉屏至昆明段、成渝客运专线、成绵乐城际铁路、兰渝铁路广元至重庆段、贵阳至广州铁路、柳南城际段、厦门至深圳铁路、重庆至贵阳铁路、成都至蒲江铁路等 12 个项目补充标准研究（初步设计精度）。

2. 2011 年，中铁二院开展了成昆复线成都至峨眉段扩能、重庆至贵阳铁路、毕节至织金铁路、合浦至铁山港段、成都至雅安铁路、重庆至万州城际铁路、成都至贵阳铁路、成都至兰州铁路、丽江至香格里拉铁路、织金至纳雍铁路、云桂铁路南宁至百色段客货共线、海南西环快速铁路、南宁至凭祥铁路、成都枢纽（包括大功率机车检修、动车组检修基地）、界首至临界铁路、合浦至铁山港段等 16 个项目补充技术方案和标准研究（可研精度）。

七、站房梳理

根据铁道部鉴定中心要求，2011 年，中铁二院对玉溪至蒙自铁路、六盘水至沾益铁路、厦门至深圳铁路、重庆至利川铁路、成绵乐客运专线、青岛北客站、石家庄站、合肥南站、绵阳站等初设已审未批复、初设已批复未开工及在建项目共49个车站站房及雨棚进行了设计标准梳理。

1.梳理站房面积538737平方米，雨棚面积637895平方米。

2.根据梳理结果重新上报变更设计36项，并根据变更设计批复重新变更，包括各站无站台柱雨棚改为有柱雨棚在内的施工图36项。

八、生产生活房屋复查

1.2011年5月以来，中铁二院为落实铁道部“重配套、上必须”的要求，开展了各线生产、生活配套设施的梳理和调研工作，对已投运的成灌、福厦、海东、黄织、成都东客站等5个项目，在建的厦深、六沾、玉蒙、南涪、贵阳枢纽改貌、遂渝二线、成绵乐、渝利、成彭、蒙河、成都和谐检修基地动车所、昆明枢纽、林织线、兰渝线等14个项目，已批待建的长昆、成兰、成渝、西成、成昆、渝黔、渝万、贵广、兰渝、贵枢市域（贵开、久长）、渝涪、成蒲等12个项目进行了重点梳理。

2.编写了福州至厦门铁路、海南东环铁路、成都至都江堰铁路项目的生产、生活配套设施调研报告。

3.向成都局、南昌局、昆明局等各铁路局提交了总建筑面积217.5万平方米的各项目生产、生活设施文件及附表。

4.编制了相关梳理文件及调研报告，并形成报部文件。

九、安全质量大检查

1.2011年，中铁二院根据铁道部《关于开展铁路在建项目质量安全大检查的通知》、《关于铁路建设项目勘察设计质量安全检查工作有关要求的通知》、以及计划司铁路建设项目勘察设计质量安全检查评估工作指导意见，为深刻吸取“7.23”特大铁路交通事故教训，就时速200公里/小时及以上铁路项目进行了认真梳理，并对中铁二院承担范围内重点的7个设计项目、6个运营项目、20个在建项目进行了自查。共查出并整改了当前存在的问题978个、今后需加强的问题130个。检查站房项目70个。其中已投入运营的客站36座、在建客站18座、正在开展设计的客站16座，共查出并整改了当前存在的问题41个。

2.对已批可研未开工项目，在安全质量检查的基础上重新进行项目安全评估，完成编制了中铁二院承担范围内的西安至成都、成都至贵阳、重庆至万州、成都至兰州、丽江至香格里拉、海南西环、重庆至贵阳扩能铁路共计7个项目的安全评估报告。

【中铁设计咨询承担国内铁路勘测设计、咨询项目】 2011年，中铁设计咨询共承担铁路项目91项（9186.1公里），包括：铁路重点项目（铁道部计划项目及大型项目）44项（7741.6公里），其中，前期工作（预可、可研）项目20项（3573.3公里）、初设项目8项（936.5公里）、施设及配合施工项目16项（3231.8公里）；地方铁路及厂矿企业专用线项目47项（1317.7公里），其中，前期工作（方案、预可、可研）项目35项（769.5公里）、初设项目5项（141.5公里）、施设及配合施工项目7项（406.8公里）。项目分类如下：

一、铁路重点项目

（一）方案研究、规划、预可行性研究、可行性研究项目20项（3573.3公里）

1.新建铁路天成至贲红线天成至河东村段可行性研究。南起大准铁路樊家站，北至河东村站。工程相关的樊家疏解线、改建局部大准线。正线全长65.770公里，樊家疏解线3.675公里，改建大准线5.829公里。已完成可研。

2.新建铁路天成至贲红线河东村至贲红段可行性研究。南起河东村站，终至集通铁路贲红站；工程相关的贲红疏解线、改建局部集通线。线路正线全长69.292公里，贲红疏解线4.081公里，改建集通线0.545公里。已完成可研。

3.新建焦作至济源城际铁路预可行性研究。本线工程焦作（含）至济源东（含）；与焦作至晋城铁路疏解线工程；济源至洛阳相关工程。线路全长64.200公里。已完成预可研。

4.新建靖边至延安至韩城铁路预可行性研究。杨桥畔（含）至延安北至下峪口（含）线路；靖边地区杨桥畔至海子壕上行疏解线及杨桥畔站改扩建工程；韩城地区风口至下峪口上行疏解线及下峪口、韩城地区改扩建工程；延安地区联络线及改扩建工程。正线长度为347.533公里，其中单线309.523公里，双线38.01公里，联络线长度为10.123公里。已完成预可研。

5.新建焦作至晋城铁路预可行性研究。焦作至晋城铁路按城际铁路建设，旅客列车速度目标值200公里/小时。线路全长59.331公里。已完成预可研。

6.新建郑州至新乡城际铁路预可行性研究。郑州站至新乡东站贯通正线；引入郑州枢纽相关配套改建工程。速度目标值：200公里/小时，预留250公里/小时条件；正线全长86.923公里，其中利用既有线13.146公里，新建正线全长73.777公里。已完成预可研。

7.新建齐齐哈尔至海拉尔至满洲里客运专线预可行性研究。齐齐哈尔南站至满洲里站，含齐齐哈尔铁路枢纽、海拉尔、满洲里铁路地区等配套工程。速度目标值：250公里/小时。新建线路全长653.534公里。已完成预可研。

8.新建毕节至遵义铁路预可行性研究。新建毕节至遵义铁路，线路长约191公里。2010年完成预可研后，2011年按铁道部计划司要求，补充单线和接轨点方案。已完成预可研。

9.新建锡林浩特至绥中港铁路可行性研究。线路北起内蒙古自治区锡林浩特市，经赤峰、宁城进入辽宁省境内，经凌源、建昌至绥中县黄家屯（规划绥中港）。线路全长659.826公里。双线、电气化铁路。桥隧总长210.226公里，桥隧占线路总长的31.86%。已完成可研。

10. 新建东胜至鄂尔多斯机场线铁路可行性研究。新建城际铁路东胜站至鄂尔多斯机场站，含动车运用所和走行线，以及由于联络线引入引起的既有包神铁路东胜站改建工程；包鄂、呼鄂城际铁路引入城际铁路东胜站相关工程。新建双线长度54.442公里（地下段长6.602公里、路基段长18.98公里、高架段长28.860公里）。已完成可研。

11. 新建陶利庙至纳林河铁路可行性研究。新建陶利庙至纳林河铁路自恩陶线终点至纳林河。新建正线全长24.92公里。已完成可研。

12. 大秦线4.5亿吨配套工程津蓟线电化改造应急工程可行性研究。津蓟线汉沟镇站至蓟县站电化改造工程91公里；大秦津蓟上行联络线（含蓟县西）8.907公里；大秦津蓟下行联络线（含蓟县西）8.602公里；津哈蓟联络线4.007公里；相关工程大石庄至段甲岭联络线（含两端车站）改造工程。已完成可研。

13. 新建柳州至肇庆铁路可行性研究（补充方案研究）。柳州至肇庆段（含两端铁路枢纽和地区）。线路全长414.56公里。中铁设计咨询为总体单位和中铁隧道院联合承担勘测设计，2010年已完成送审稿，但尚未立项，为配合建设单位立项，2011年2月再次深化研究梧州至肇庆段方案，补充上报铁道部。

14. 石家庄至太原铁路扩能可行性研究。本次改造工程包括通信信号系统改造、牵引供电系统改造、小半径曲线改造、提高牵引定数、个别车站到发线延长。线路总长203公里。全路通号院负责通信信号设计，其它专业设计由中铁设计咨询负责。已完成可研。

15. 包神线万水泉南至石圪台段万吨扩能改造工程可研。工程包括：万水泉南站（含）至石圪台站（含），正线长度144.65公里，涉及工程，关碾房、纳林沟门、韩家村、巴图塔、布尔台共5个站万吨改造工程，以上5个站站内的包神线增加二线、塔韩线引入、巴准线引入和专用线等；新建巴图塔至布尔台站间联络线1条，长度2.416公里；站后配套工程。已完成可研。

16. 新建兴和至商都铁路预可行性研究（补充）。线路北端自在建张集线庙梁站接轨南端至集通线大东沟站，线路全长99.817公里。2010年已完成预可研，2011年10月建设单位提出接轨点改为兴和工业园，南端改为商都站，不再考虑集二联络线。年内完成补充。

17. 新建沈阳至本溪城际铁路预可行性研究。线路全长约60公里。已完成预可研。

18. 新建贲红至丹州营铁路（集通线至大准线联络线）工程预可研。线路长度130公里，预可研已完成。

19. 济南铁路枢纽总体规划。结合环渤海地区山东半岛城市群城际轨道交通网规划(2011-2020年)的批复，对济南铁路枢纽总体规划进行研究，环渤海地区山东半岛城市群城际轨道交通线网引入济南市方案研究已经完成。

20. 白阿线明水河至阿尔山段扩能可研。既有铁路扩能改造及阿尔山地区配套改建工程，改建后线路长度116.3公里，其中双线绕行段91.6公里、与既有线并行段24.8公里。完成了可研。

（二）初步设计项目8项（936.5公里）

1. 新建北京至张家口城际铁路初步设计。北京至张家口城际铁路为客运专线速度目标值250公里/小时以上，线路全长174.3公里。年内初步设计审查后，根据国家发改委和铁道部计划司意见再对北京枢纽布局和八达岭设站方案补充研究，11月完成了补充研究。

2. 新建张家口至呼和浩特铁路初步设计（鉴修）。本线为自张家口南至呼和浩特东线路全长286公里，按客运专线标准，速度目标值250公里/小时。年内完成初步设计，11月完成安全评估报告。

3. 新建荆州至岳阳铁路初步设计（鉴修）。线路自荆沙线沙市东站引出至京广线岳阳北站，全长169.487公里，电气化铁路。项目由中铁设计咨询、中铁大桥院、中铁电化院联合设计。年内，完成初步设计鉴定后修改补充。

4. 郑州至焦作城际铁路云台山支线初步设计（鉴修）。云台山支线起于新建郑焦线修武西站，终于云台山风景区，线路长36.6公里。本线为城际铁路郑焦线支线，速度目标值200公里/小时。完成初步设计审查后修改。

5. 新月线增建第二双线初步设计（鉴修）。新月线增建第二双线为货运专线，电化双线铁路，自新荷线的新乡东站至月山站，线路全长79.88公里。年内完成初步设计（鉴修）。

6. 白阿线芒罕屯至明水河段扩能初步设计。既有铁路扩能改造，改建后线路长度95.4公里，其中双线绕行段57.5公里、与既有线并行段37.9公里。完成了初步设计。

7. 湛江东海岛铁路初步设计。东海岛线从既有湛江西站海安端接轨引出，引入湛江钢厂站，线路全长34.9公里。2009年已完成初步设计，2011年应建设单位要求，按铁道部新定额重新编制概算，已完成。2011年7月由于湛江市职工教育基地规划，湛江西站规划扩建及湛江钢铁基地工厂站位置调整等原因，应建设单位要求，重新编制修改可研，已完成。

8. 东胜至鄂尔多斯机场铁路初步设计。线路自包神线东胜车站引出，至鄂尔多斯机场航站楼正北侧设机场地下站，为线路终点，线路全长59.861公里，比照城际铁路建设标准，速度目标值120公里/小时。年末完成了初步设计及局部地段施工图。

（三）施工图设计及配合施工项目 16 项（3231.8 公里）

1. 新建吉图珲铁路客运专线施工图设计及配合施工。线路全长 360.602 公里。桥隧总长 246.071 公里，占正线长度 68.24%，新建车站 8 座。站前施工设计已完成，部分站后施工设计尚在进行，已开工的工点配合施工。已完成工程量 18%。

2. 新建南宁至广州铁路施工图设计及配合施工。中铁设计咨询承担的桂平至肇庆东段线路长度 284.917 公里，桥隧总长占线路长度的长度 59.94%。部分站后施工设计尚在进行，已开工的工点配合施工。工程已完成：路基（含站场）土石方 98%，桥梁完成 89%。涵洞完成 99%。隧道完成 87%。站后工程 2%。

3. 新建山西中南部铁路通道施工图设计及配合施工。线路全长 1257 公里。配套建设与岢瓦、太焦、京广、京九、京沪线的联络线。中铁设计咨询设计范围内线路长度 920 公里。桥隧占线路长度的 53.6%；全线路基土石方总量 13676 万立方米。部分施工设计还在进行，已开工的工点配合施工。已完成工程量的一半以上。

4. 新建郑州至焦作城际铁路施工图设计及配合施工。本线为城际铁路，速度目标值 200 公里/小时，线路全长 77.785 公里。其中新建线路长 68.137 公里，利用既有京广线 9.648 公里，桥梁占线路长度的 44%。完成施工图设计。本项目共分为两个标段：其中黄河特大桥为一标段，其余为二标段。一标段完成钻孔桩 4022 个，承台 332 个；二标段完成钻孔桩 4381 个，承台 425 个，墩台 306 个，水泥搅拌桩 335.4332 万延米，土石方 472 万立方米，框架小桥 8769 顶平米，框架涵洞 1521 横延米/座。

5. 新建德龙烟铁路德大段施工图设计及配合施工。新建正线全长 255.645 公里；滨州地区滨州西至滨沾线杀虎刘线路所联络线长 4.691 公里；滨州西至滨州北联络线长 1.661 公里；东营地区刘集线路所至淄东线史口站联络线长 2.699 公里。进行内燃改电化设计和 6 处立交变更设计。开工工点配合施工，工程已完成约 50%。

6. 新建长春至吉林城际铁路（长春市域段）施工图设计及配合施工。中铁设计咨询设计范围长春站至与铁三院设计分界点段线路全长 56.256 公里。除龙嘉机场站和西营城子站站房工程、龙嘉机场站连廊工程未完成外，其余工程已全部完成。2011 年 1 月 11 日正式开通。

7. 东莞至惠州城际轨道交通项目施工图设计及配合施工。本线速度目标值 200 公里/小时，线路全长 99.816 公里，其中，桥梁段总长 40.176 公里(含高架站)，地下段长 54.403 公里（含地下站），全线新建车站 17 座（地下 10，地面 1，高架 6）。动车运用所 1 座。进行站前施工图设计（标准调整后）。已开工工点配合施工。已完成工程量：隧道 38.7%；桥梁 48.2%；路基土石方 64.2%；双块式轨枕 49.9%；车站建筑 27.4%。

8. 新建茂名至湛江铁路施工图设计及配合施工。线路全长 102.99 公里。完成站前施工图、完成个别工点Ⅰ类变更设计。已完成工作量：区间及站场土石方 89%；大中桥 54%；小桥涵 80%以上。

9. 新建太原至兴县铁路配合施工。太兴铁路由既有太岚线汾河至镇城底段增建二线改造和新建镇城底至白文铁路组成。起点为太原北编组站的汾河站，终点为山西中南部铁路通道的白文站。太兴铁路项目分两段实施，其中太静段线路总长 95 公里，静兴段线路总长 82.7 公里。隧道掘进完成 30 公里，桥梁开工 49 座，土方完成 936 万立方米。

10. 新建新街至恩格阿娄至陶利庙铁路施工图设计及配合施工。本线分为两段，新街至恩格阿娄段线路全长 91.239 公里；恩格阿娄至陶利庙段线路全长 83.7 公里。完成站后剩余部分施工图设计。除路基附属工程外，工程已基本完工，进入收尾。

11. 新建海天至青岛铁路施工图设计及配合施工。线路自德龙烟线海天站接轨至胶济线芝兰庄站，线路全长 90.186 公里。完成个别工点Ⅰ类变更设计。完成工程量：区间及站场路基土石方 450 万方，特大桥开工 7 座，大桥开工 15 座，中桥开工 24 座，涵洞开工 272 座，预制梁完成 563 片。

12. 新建郑州至新郑机场城际铁路施工图设计。线路自郑州站至郑州机场 T1 航站楼北侧设新郑机场站，线路全长 43.024 公里，其中，利用既有线及在建郑州枢纽西南联络线 14.155 公里，改建陇海上行线 0.8 公里，新建线路 28.069 公里。桥隧占新建线路的 89.7%。站前施工图设计修改基本完成。

13. 新建荆门至沙市铁路施工图设计。线路自焦柳线荆门南站引出至沙市（货）站，线路长度 79.141 公里。站前施工图设计已完成。

14. 东乌与包西联络线工程施工图设计。线路起自呼准鄂铁路格德尔盖站，，经由包西铁路鄂尔多斯站，止于既有东乌铁路桃林站西端。线路全长 47.331 公里。站前施工图设计已完成。

15. 包头至西安铁路通道（包头至大保当段）配合施工。线路全长 236.672 公里。完成新街站房Ⅰ类变更设计，防沙、固沙设计。工程进入收尾配套。

16. 南同蒲电气化改造工程配合施工。工程包括：南同蒲正线 301.30 公里、介西支线 44.95 公里、高显曲沃联络线 7.9 公里、万安义棠联络线 2 公里、改建车站 40 个。除环保工程、机务工程开工较晚未能完工外其它专业均已完成竣工验收工作。

二、地方铁路及厂矿企业专用线项目

（一）方案研究、规划、预可行性研究、可行性研究项

目35项（769.5公里）

1. 开展方案研究和规划研究的项目10项，主要有：新街西站煤炭装车基地方案研究、锡林浩特地区铁路枢纽总图规划、哈尔滨至佳木斯铁路沿线铁路专用线规划、乌审旗铁路集疏运规划、董家口港区铁路规划、神华准格尔矿区煤炭伴生资源循环经济产业发展规划、鄂尔多斯市外运铁路通道规划、鄂尔多斯市危险化学品铁路规划、柳州市铁路建设“十二五”规划研究、柳州至百色铁路规划研究。

2. 新建榆林康隆铁路专用线方案研究。本线位于陕西省靖边县能源化工区，在太中银铁路的杨桥畔铁路专用线终点上接轨，线路长度约4.5公里。完成方案研究。

3. （江苏）沿江城际铁路“先行先试”方案研究。研究工作尚在进行，截至2011年末，已完成《研究工作大纲》的编制，并会同合作单位江苏省交通研究院两次向江苏省铁路办做了汇报。

4. 阿尔山口岸加工区铁路建设规划。对阿尔山市口岸园区、加工区、大型物流区、铁路等进行规划。截至年末规划尚在进行中。

5. 内蒙古自治区呼包鄂城际铁路建设规划，年末已完成建设规划修编。项目中含呼和浩特、包头、鄂尔多斯三个城市的城市轨道交通规划，截至年末，尚未完成。

6. 新建营盘壕煤矿铁路专用线预可研。线路自乌审旗站南端引出，至营盘壕矿井，全长14.2公里。预可研已完成。

7. 新建达旗羊场矿井铁路专用线预可研。本项目位于内蒙古自治区鄂尔多斯市境内，自包西线大塔站接轨，自东向西新建铁路专用线，线路长度约100公里。预可研已完成。

8. 呼吉尔特矿区（北部）铁路专用线预可研。北部矿区专用线包括6部分：巴彦淖尔矿井专用线；达海庙矿井专用线；图克矿井专用线；葫芦素矿井专用线；中煤350万吨化肥项目专用线；中天合创二甲醚项目专用线。专用线总长度48.5公里。已完成预可研。

9. 呼吉尔特矿区（南部）铁路专用线预可研。南部矿区专用线包括三部分：自新恩线大牛地站至母杜柴登矿井专用线，全长12.1公里；自母杜柴登矿井专用线出岔至沙拉达吉矿井专用线，全长2公里；专用线引入所引起的大牛地站改扩建工程。年内完成了方案研究，可研正在进行中。

10. 锦泰精细化工园铁路专用线预可研。专用线自红庆河站南咽喉引出，至锦泰化工园，新建线路长度为199.745公里。另建锡尼联络线工程11.876公里。年内完成预可研。

11. 莘县古云铁路货场专用线预可研。专用线于在建山西中南部铁路通道范县车站接轨，至莘县化工园区东侧古云货场站内，正线长度为12.2公里，下行疏解线4.935公里。年内完成预可研。

12. 内蒙古圣兴投资有限公司扎萨克物流园区铁路专用线预可研。项目位于鄂尔多斯市伊金霍洛旗新街镇境内，拟在察哈素铁路专用线预留的新街东站北侧札萨克物流园区设装车站，对新街地区专用线进行整合规划。已完成预可研。

13. 河北大唐国际丰宁2×1000兆瓦发电项目铁路专用线预可研。本线位于多丰线上黄旗站接轨，线路长度约15公里。12月下旬开展预可研编制。

14. 新建转龙湾矿井铁路专用线预可研。项目位于内蒙古鄂尔多斯市达拉特前期境内，自准东铁路接轨，线路长度约16公里。已完成预可研。

15. 内蒙古元和集团公司朝克、乌优特煤田专用线预可研。专用线自巴珠线上干其毛德站引出至朝克煤田设装车站，出站后前行至乌优特煤田东侧设乌优特煤田装车站，线路全长26.717公里。已完成预可研。

16. 新建石拉乌素矿井铁路专用线预可研。项目位于内蒙古鄂尔多斯市伊金霍洛旗境内，线路自台格庙站西端引出至石拉乌素装车站。正线全长15.2公里。已完成预可研。

17. 河南省内黄铁路专用线预可研。专用线自山西中南部铁路井店站引出，向东北至小屯村东侧设陶瓷工业站。正线长度18.800公里，井店上行疏解线长4.220公里。已完成预可研。

18. 河南省滑县铁路专用线预可研。本线自中鹤粉业铁路专用线中鹤粉业站接轨引出，至滑县新区东侧设滑县站，正线长度29.8公里，同时修建胡庄站东端环形疏解线，长度为5.803公里。已完成预可研。

19. 新建海阳至凤城地方铁路可研。线路西起蓝烟铁路的海阳站至凤城港，新建正线全长58.4公里，海阳港进港铁路8.9公里。国铁Ⅱ级铁路、单线、速度目标值120公里/小时。已完成可研。

20. 新建铁路郭家沟至大石家线可研。本项目包括：郭家沟至大石家下行联络线，线路长12.05公里；上行联络线自郭家沟站东侧引出，与下陈线路所相连，线路长2.185公里。联络线总长14.235公里。在大石家设货场。已完成可研。

21. 准东铁路扩能工程（侯家梁至格德尔盖段）可研。线路东起自准东铁路侯家梁站，西止于东乌—包西铁路联络线格德尔盖站，线路全长32.476公里，双线。年内完成可研。

22. 胜利东二号矿至锡林浩特北站铁路扩建工程可研。锡林浩特北站至大唐国际胜利东二矿站贯通正线15.468公里一次性增建二线；相关配套工程改扩建。已完成可研。

23. 绥中港疏港铁路可研。本项目为沈山线前卫站至绥中港工业园，线路长10.467公里。已完成可研。

24. 新建巴彦高勒矿井铁路专用线可研。专用线位于内蒙古自治区鄂尔多斯市，线路自呼吉尔特专用线沙拉吉达站接轨至巴彦高勒矿井，线路长度约12公里。已完成可研。

25. 张家口煤炭物流中心可研。本项目主要在张集线万全西站进行改扩建，设计新增到发线4股道，到达场和出发场按横列式布置。物流中心，设翻车机、装车站和空车集结线。已完成可研。

26. 鲁中煤炭储备物流有限公司铁路专用线可行性研究。因煤炭到、发量增加，需改造桓台站站场。铺轨长度7.329公里。已完成可研。

27. 华宝庆丰物流园铁路专用线可研。专用线起于董家口港铁路产业园站南端，出站后线路于麦墩村南折向西设华宝庆丰物流园站，线路全长2.475公里。产业园站增建1条到发线；物流园站设2条到发线。已完成可研。

28. 新建铁路乌兰陶勒盖集疏运系统可研。本项目位于内蒙古自治区鄂尔多斯市乌审旗境内，自在建新恩陶铁路乌兰陶勒盖站接轨，并新建煤炭集疏运站和货场。已完成可研。

29. 国电保定西北郊热电厂铁路专用线可研。线路自京广线于家庄站引出，至满城温屯村西侧设电厂站为终点，全线新建线路12.885公里，利用及电气化改造既有线12.987公里，已完成可研。

30. 山东清沂山石化有限公司铁路专用线工程可研。专用线从山西中南部通道的沂水西站，东咽喉引出，牵出线围着龙山布置，装卸线布置在山的南侧。铺轨9.7公里。已完成可研。

31. 新泰市东源煤炭储备配送中心铁路专用线可研。专用线接轨于山西中南部通道的天宝站，设装卸线4条，铺轨5.4公里。已完成可研。

32. 浩宇物资集团铁路专用线可研。专用线自山西中南部铁路莒县西站接轨，至浩宇能源厂区西侧工业站，线路全长10.981公里。已完成可研。

33. 海汇集团铁路专用线可研。专用线自在建山西中南部铁路莒县西站接轨，至海汇集团工业站，线路全长4.924公里。

34. 黄岛站扩能改造工程可研。工程改扩建内容：增建上行到发场（II场），设到发线4条有效长满足1050米，并预留发展条件；3修建上行到发场与下行到发场（I场）之间的联络线；既有调车场10～12道到发线延长至1050米；III场尾部牵出线延长满足整列转场要求；既有驼峰进行自动化改造。铺轨约9公里。已完成可研。

35. 介西线孝义市区改线工程可研。工程分为两部分：介西线改线全长17.1公里，其中孝南至孝义市间为双线，长6.7公里，孝义市至白壁关为单线，长10.4公里。改建孝柳线全长11.7公里，全部为单线。已完成可研。

（二）初步设计项目5项（141.4公里）

1. 查干淖尔煤田专用线初步设计。线路东起既有锡桑线白音库伦站接轨的查干淖尔煤田铁路专用线终点查干淖尔站引出，至拟建锡林浩特至二连铁路的哈朱尚德站，线路全长82.6公里。已完成初步设计。

2. 阿城钢铁公司厂前站改造工程初步设计。厂前站增加2条站线，既有站线有效长向两端延长，厂区新增设8条装卸线，2条机车检修库线。已完成初步设计。

3. 太原煤气化龙泉能源发展有限公司铁路专用线初步设计。本线接轨于新建太兴铁路的静游站，至其矿井工业广场装车站，线路全长5.5公里。已完成初步设计。

4. 太钢袁家村矿铁路专用线初步设计。专用线自新建太原至兴县铁路岚县站至太钢袁家村矿铁路专用线装车站，线路长度8.38公里。已完成初步设计。

5. 寿光至邹平铁路（博兴至邹平段）初步设计。本段线路东起兴广铁路，向西经桓台县终至邹平县孙镇，线路长度38.15公里，另修建博汇支线4.65公里及淄东联络线2.1公里。已完成初步设计。

（三）施工图设计及配合施工项目7项（406.8公里）

1. 寿光至邹平铁路（寿光至广饶段）施工图设计。工程包含四个部分，其中寿光至广饶段西起兴广铁路华泰站，东至益羊铁路田柳站，线路全长36.839公里；自本线化龙站接轨的华星支线，线路全长3.432公里；益羊铁路寿光段改线工程，改线起点自寿光市孙家集镇的边线王村北，改线段正线全长21.801公里；自改线段新建的寿光站接轨的晨鸣支线，线路全长6.09公里。地方铁路Ⅰ级（按国铁II级标准）；单线。已完成站前施工图设计。

2. 承德新建水库承隆铁路改线施工图设计。改线段线路总长6.437公里，其中隧道3座（总长5.31公里）。已完成施工图设计。

3. 东北农垦总局“”九三”铁路专用线施工图设计。专用线接轨于富嫩线上九三站农1线引出，至九三物流园装卸场，物流园装卸场设3条到发兼货物线。正线全长6.316公里。已完成施工图设计。

4. 遵化至小寺沟地方铁路配合施工。线路全长121.849公里。工程进度:隧道、路基、桥梁均已完成80%以上。

5. 新建多伦至丰宁地方铁路配合施工。线路全长117.86公里。线下工程已完成90%以上。

6. 新建虎什哈至丰宁地方铁路（二期）工程配合施工。线路全长48.204公里。线下工程已完成90%以上。

7. 新建岫岩至庄河铁路配合施工。线路全长69.522公里。工程已基本完成，进入收尾。站后不受设备招标影响部分施工图（咨询稿）已经完成。

【中铁西南院铁路设计】　（1）已完成项目

渝怀线涪陵西站涪陵化工专用铁路线改扩建。项目从渝怀线涪陵西站接轨，专用线内设站台仓库装卸线、散堆装货物装卸线各1条，存车线1条，机待线1条。由于运量增加造成货物列车积压车站，为保证车站及渝怀线正常运营,对专用线装卸线进行扩能改造。目前该项目已于2012年12

月31日竣工并投入生产。

（2）在建项目

中石油久长油库铁路专用线。项目位于贵阳市修文县久长镇境内，从既有川黔铁路久长站接轨，区域范围内有既有川黔铁路、在建久长至永温铁路及拟建渝黔铁路，其中渝黔铁路距久长油库铁路专用线距离约13千米。目前该项目施工图纸已经完成，正在建设中。

中石油昆仑燃气有限公司西南分公司贵阳液化气储配库铁路专用线。项目位于贵阳市修文县久长镇境内，自川黔线久长车站中石油久长油库专用线上接轨至液化气专用线装卸作业区，线路全长0.381km。全线以路基通过，无桥隧工程。铁路专用线项目总用地69.8亩，其中：永久用地37.2亩，临时用地32.6亩。目前该项目施工图纸已经完成，正在建设中。

【中铁电化院铁路设计】 1.京沪高速铁路工程。新建京沪高速铁路北京南站（不含）至虹桥站及相关工程，起讫里程为DIK1+750～DK1305+700，正线长度1318公里，包括黄河大桥、大胜关长江大桥、相关新建线路（联络线、动车走行线）、天津西站及枢纽、济南站及枢纽、南京南站、上海虹桥站及枢纽的全部电气化工程。全线将按设计速度350公里/小时，初期运营速度300公里/小时设计，一次建成高速铁路双线线路。2011年1月完成变电所施工图咨询版；2月完成变电所施工图正式版；4月完成接触网工区维修机具、设备技术规格书的编写工作；5月完成供电车间维修机具、设备技术规格书的编写工作；6月完成施工图预算初稿编写工作；开展全线施工配合及调试，2011年6月30日开通。

2.黎湛电气化工程。该线位于广西自治区境内，全长约310公里。路网中与之相连通往西南地区的湘桂线柳州至南宁段、黔桂线、南昆线均改造为或即将改造为电气化铁路，南广铁路也正在建设中，南广铁路贵港至黎塘段客货分线运输。其建设可以使本线与周边电气化线路配套成网，改善运输组织条件，提高运输灵性性。2011年5月完成预可研文件的编制工作并上报；2011年6月10日通过了预可研审查；2011年7月15完成预可研文件的补充编制工作。

3.广梅汕铁路龙川至潮安段电气化改造工程。广（州）梅（州）汕（头）铁路是一条横贯中国广东中部和东部的铁路，跨越17个市县，总长度480公里，该铁路是粤东铁路干线。始于广(州)深(圳)铁路东莞常平站，经惠州、博罗、河源、龙川、五华、兴宁、梅州、丰顺、榕城、湘桥等县(市)区，止于汕头市龙湖区。汕头段起自汕头市下蓬镇的 家园村，向南经陈厝寨、渔洲、跨汕樟路、汕汾公路、陈厝寨、合仔寮、南片埔、陈厝合、书斋脚，终于合仔村北侧，长11.5公里。境内设汕头北站，含位于陈厝寨西侧的货运区段站和位于泰山路中段与珠池路尾交汇处的汕头客运站。建成后将与京广铁路、京九铁路、广深铁路、三茂铁路相连。线路全长349.7公里，2011年主要完成了站场线路的补充测量工作，由于初步设计审查正式批复未下发，指挥部没有具体的计划，所以本年度项目无具体进展。

4.宁启铁路电气化改造工程。宁启线西起南京站，迄与东端的南通市，线路全长283.018正线公里。2011年完成了场址变更后扬州、南通的补充钻探工作；开展接触网、电力、供变电及配套房屋、暖通、给排水的施工图设计工作；进行外部电源配合；现场接触网、电力施工配合；完成了扬州、南通牵引变电所施工图设计及出版工作。

5.胶新线电气化改造工程：胶新线自胶济线的胶州站接轨至陇海线的新沂西站，单线铁路正线全长303公里，另外有其他线路长度18.8公里，为东部地区的路海通道及山东铁路“四纵四横”的重要组成部分。胶新线沿途经过胶州、诸城、五莲、莒县、沂水、沂南、临沂北、至新沂，跨越了山东省东南部及江苏省北部的新沂市。2011年3月完成了征地图的设计工作；2011年5月完成了施工图预算的编制工作；2011年6月完成了施工图总说明书的编写工作；2011年7月完成了补充定测工作；2011年11月完成了全部施工图设计工作。

6.湘桂铁路柳州至南宁段电气化工程。湘桂线期自湖南省衡阳市，经湖南的永州市，广西的桂林、柳州、南宁，止于凭祥市，线路全长1013公里。其中永州至柳州段，既有为单线铁路，线路全长约384公里，柳州至南宁段为复线铁路，线路全长约251公里。2011年4月完成了全线定测工作。2011年5月完成了初步设计文件并报铁道部。

7.京通铁路电气化工程。京通铁路起于北京枢纽的昌平站，终于通辽枢纽的通辽站，线路全长804.765公里。京通铁路隶属北京铁路局和沈阳铁路局管辖，分界里程为K244+565。连接华北与内蒙古东部地区，是进出关对外客货运输的辅助通道之一，现状为单线、内燃机车牵引，牵引定数为3500吨、4000吨，部分5000吨。京通铁路昌平（不含）至通辽，共有车站88个；其中区段站4个（怀柔北、隆化、赤峰、通辽站），中间站55个，会让站29个。全线共有桥梁478座42569.2延米，占线路全长的5.3%，最长的桥梁为k511+684老哈河特大桥，桥长1446.8延米。最大跨度桥为白河大桥的3-128米连续下桁钢梁桥。全线共有隧道116座，总长73441.1延长米，占正线全长的9.1%；隧道均位于昌平—赤峰之间，其中昌平—隆化段有隧道92座51597延长米占该段线路长度的21.1%。最长的隧道是k209+642处的红旗隧道，长度5848.3延长米。按照部2011年勘察设计工作安排，京通铁路电化2011年1月完成预可研审查，5月完成可研。公司2010年11月上旬已完成预可研并报部，但预可研至今未组织审查。可研工作尚未开展。

【中铁通号院铁路设计】 1.胶新线铁路电气化改造工程。胶州至新沂铁路位于山东省的东南部和江苏省的东北部，东濒黄海，是东北至长江三角洲地区陆海通道的组成部分。胶新线北起胶济线的胶州站，向南经诸城市、五莲县、莒县、沂水县、沂南县，在临沂市境内与兖石线相接，再经郯城县至陇海铁路的新沂站止。正线全长 303.330 公里。

由中铁电气化勘测设计研究院、北京电铁通信信号勘测设计院、中铁工程设计咨询集团有限公司济南设计院共同设计，中铁电化院为总体设计单位。北京电铁通号设计院承担该工程的通信、信息、信号、通信信号供电、三电房屋及路外通信防护设计。通号院各专业于 2010 年 12 月开始施工图设计，通信、信息、房建、电力专业于 2011 年 4 月完成全部施工图设计，信号专业由于受设备选型的限制，于 2011 年 4 月完成室外图纸设计，室内结配线图要等到设备招标确定厂家后进行设计。2012 年 6 月，铁道部工程管理中心下发工管工技函[2012]176 号《关于胶新线铁路电气化改造工程施工图审核报告审查意见的函》，2012 年 7 月，胶新线开始施工招标和设备招标工作，各专业配合建设指挥部进行招标、完成剩余图纸及现场施工配合工作。

2.沪昆线株娄段自动闭塞改造工程。沪昆线株洲至娄底段位于湖南省中东部，是西南地区经湖南省通向华东地区的主要运输线。该段铁路东起株洲枢纽，由田心站出岔，在十里冲站上下行线并行，向西经湘潭、湘乡、棋梓桥等地，在娄底洛湛线益娄段相接。正线全长 135.824 公里。

通号院承担该工程的自动闭塞改造及通信、电力、房建配套工程的设计，2010 年 6 月，开展沪昆线株娄段自动闭塞改造工程施工设计。2010 年 12 月，完成工程主体图纸设计，其余微机监测及 TDCS 施工图计划 2011 年 2 月完成；与娄底站结合部分图纸经与广铁集团电务处、娄底扩能工程指挥部及相关设计、施工单位协商后，于 2011 年 4 月完成。

2011 年本项目完成施工图设计，并于 2011 年 12 月底全线顺利开通。此期间，通号院与建设单位和施工单位紧密配合，派相关人员协助现场解决问题，确保顺利开通，得到广铁集团表扬。

3.沪昆线百亩井—酒店塘间自动闭塞改造工程。沪昆线百亩井至大龙段位于湖南省中部，是西南地区通向湖南省及华东地区的主要运输线。该段铁路东起百亩井站，向西南经新化、烟溪、溆浦、怀化、新晃等地，与成都局管辖的大龙站相接。正线全长 421.51 公里。

由北京电铁通信信号勘测设计院承担该工程的通信、信息、信号、通信信号供电、三电房屋设计任务。工程于 2011 年 4 月完成设计现场勘测，2011 年 8 月开始初步设计，2011 年 10 月完成初步设计并报部审批。2011 年 12 月，铁道部组织专家进行论证，完成审查初步设计。项目总投资为 6.7 亿元。2011 年 12 月各专业完成施工图设计准备工作。

4.轨道交通运行控制系统国家工程研究中心建设项目工程。轨道交通运行控制系统国家工程研究中心建设项目是根据国家发改委、铁道部和教育部的批复，由北京交通大学牵头，联合中国铁路通信信号集团公司，中国铁道科学研究院、中国铁路投资公司共同申报组建，由北京市海淀区工商局批准注册成立，具有独立法人资格的实体，同时开展国家工程研究中心建设工作，建设内容主要包括 5 个平台 15 个子平台，具体建设平台名称见表 7-77。

表 7-77　大平台建设项目统计表

序号	平台名称	平台建设项目
1	列车运行控制系统实验平台	轨道交通运行控制系统实验技术体系
		CTCS-3 级列控系统车载设备互联互通测试子平台
		CTCS-3 级列控系统 RBC 功能测试子平台
		高速条件下应答器性能测试子平台
		基于城市轨道交通列控系统（CBTC）测试子平台
		移动体定位测试子平台
2	列车运行控制系统关键技术研究平台	基于模型的系统开发子平台
		安全计算机开发子平台
		列控系统间通用协议标准化设计及验证子平台
		线路通过能力仿真分析子平台
3	列车运行控制系统集成与仿真平台	列车运行控制系统集成与仿真平台
4	列车运行控制系统产业化平台	列控设备定型试验和检验子平台
		列车运行控制系统电磁兼容试验子平台

序号	平台名称	平台建设项目
5	轨道交通移动通信关键技术研究与测试平台	高速铁路数字移动通信网络及终端测试子平台
		城市轨道交通无线局域网络及终端测试子平台

工程设计由北京电铁通信信号勘测设计院有限公司牵头，与北京筑通建筑勘察设计院有限公司组成联合体共同承担该项目的可行性研究及勘察设计任务，其中北京电铁通信信号勘测设计院有限公司为总体设计单位。北京电铁通号设计院承担该工程的5大平台总体设计、配套房屋改造设计、配套电力改造设计、配套通信设计。根据铁道部工程设计鉴定中心（铁鉴函〔2010〕1859号）《关于轨道交通运输控制系统国家工程研究中心建设项目初步设计的批复》进行设计。

本建设项目2010年4月完成可行性研究，2010年6月8日通过了铁道部工程鉴定中心在北京组织召开的对《轨道交通运行控制系统国家工程研究中心建设项目可行性研究报告》的评审会；2010年6月开始进行初步设计，2010年12月完成初步设计并报部审批，同年12月铁道部组织专家进一步论证，审查初步设计，核定本项目总投资为2亿元。

房建、电力专业于2011年8月开始施工图设计，于2011年10月完成全部施工图设计，于2011年10月底通过铁三院施工图审核和铁道部工程管理中心的批复。

5大平台及配套通信部分于2011年8月开始施工图设计，于2011年12月完成全部施工图设计，于2011年12月底通过铁三院施工图审核，并报铁道部工程管理中心批复。

本建设项目正在进行招标文件的编制。

5. 新建铁路玉林至铁山港线工程。新建铁路玉林至铁山港线位于广西壮族自治区境内，北起玉林市，途经玉林市的福绵区、博白县，从玉林、钦州、北海三市交界处通过后，再经北海市的合浦县、铁山港区，与在建铁山港支线连接。正线约131公里，运营长度合计144.3公里（玉林Ⅱ场中心—在建铁山港支线终点兴港站）。近期新建沙田镇、博白、顿谷、沙河镇、曲樟、闸口镇六个车站。

本工程由中铁四院南宁勘察设计院有限公司负责，中铁电气化勘察设计研究院有限公司、北京电铁通信信号勘察设计研究院有限公司共同设计，中铁四院南宁院有限公司为总体设计单位。北京电铁通号设计院承担该工程的通信、信息、信号、通信信号供电、三电房屋及路外通信防护设计。通号院各专业于2010年10月开始施工图设计，通信、信息、信号专业于2011年底完成室外部分施工图设计，由于受站前路基、桥、遂及设备选型的限制，预计2012年12月完成全部施工图纸设计。

6. 湘桂铁路柳州至南宁段电气化改造工程。湘桂铁路柳州至南宁段是广西、海南及粤西地区东出和北上的重要通道，也是内陆地区连接东南亚乃至亚太经济圈的主要运输通道。

湘桂线进德至邕宁段正线公里K546+121至K761+993段原为双线非电气化国铁Ⅰ线铁路，现改建为双线电气化铁路。本线正线运营长度合计217公里，共有白山、凤凰、来宾、良江、平塘、小平阳、和吉村、黎塘Ⅰ场、黎塘Ⅱ场、稔竹、沙江、六景、伶俐13座车站。

本工程由中铁电气化勘察设计研究院有限公司、北京电铁通信信号勘察设计研究院有限公司共同设计，中铁电气化勘察设计研究院有限公司为总体设计单位。北京电铁通号设计院承担该工程的通信、信息、信号、通信信号供电、三电房屋及路外通信防护设计。通信、信息、信号、通信信号供电、三电房屋及路外通信防护设计于2011年3月开始初步设计，2011年5月完成初步设计并报部审批，预计2012年7月进行鉴定，该项目通号院承担设计范围内总投资为2.9亿元。

【中铁工程设计院承担的铁路工业设计项目】 2011年，中铁工程设计院共承担铁路工业设计项目90项，重点项目主要有：

1. 南车青岛四方机车车辆股份有限公司提升高速动车组制造水平和延伸服务能力建设项目：新增高速动车组30列/年，新增铝合金城轨地铁车辆150辆/年，新增动车组五级修150列/年；

2. 铁路货车和特种货车（含出口货车）改造建设项目建设内容调整项目：投资5000万元；

3. 交流传动机车及高速动车组传动装置与风源系统产业化能力提升技术改造项目(初步设计)：投资7.8亿元；

4. 和谐号城际动车组技术平移项目：投资5.3亿元；

5. 退城搬迁入园建厂技术改造项目一期建设工程：投资12.5亿元；

6. 新型电力机车检修和提高工程车制造工艺水平技术改造项目：投资3.3亿元；

7. 煤机装备一期（无轨胶轮车）建设项目：投资1.4亿元；

8. 提升铁路货车水平及关键零部件专业化生产技术改造项目：投资3.8亿元；

9. 大连旅顺经济开发区特种集装箱多元产业基地项目（初步设计）：投资2.2亿元；

10. 重载快捷及出口铁路货车大型部件制造水平提升技术改造项目：投资4亿元；

11. 动车组和机车牵引与控制国家重点实验室北车基地建设项目：投资3亿元；

12. 天津城轨车辆修造基地建设项目（一期工程）初步设计：投资3亿元；

13. 哈车钢材物流基地建设项目：投资1.2亿元；

14. 青岛四方庞巴迪铁路运输设备有限公司高速车铝合金车体制造及实验基地建设项目涂装厂房：建筑面积25095.85平米；

15. 轻轨车辆生产基地建设项目一期工程：车体、表面处理、总装及调试试验部分，年生产轻轨车辆200辆；

16. 长春轨道客车股份有限公司高速列车系统集成国家工程实验室建设项目：投资3622万元；

17. 南车长江车辆有限公司株洲分公司技术改造项目：投资2.3亿元；

18. 长春轨道客车股份有限公司高速动车组能力提升技术改造项目初步设计：投资1.9亿元；

19. 长春轨道客车股份有限公司高速动车组转向架制造系统技术改造项目初步设计：投资3.5亿元；

20. 长春轨道客车股份有限公司城轨车辆提能技术改造项目初步设计：投资3.7亿元；

21. 长春轨道客车股份有限公司完善高速动车组制造平台建设项目初步设计：投资9.9亿元；

22. 长春轨道客车股份有限公司时速350公里动车组制造平台建设项目初步设计：投资22.6亿元；

23. 南车株洲电力机车有限公司不锈钢城轨车辆建设项目初步设计：投资2.1亿元；

24. 南车青岛四方机车车辆股份有限公司提升高速动车组制造水平和延伸服务能力建设项目：投资2.7亿元；

25. 南车长江车辆有限公司武汉分部货车配套项目：投资8600万元；

26. 南车长江车辆有限公司常州分公司技术改造项目：年检修铁路货车7000辆；

27. 长春轨道客车装备有限责任公司车轴及轮对修造基地建设项目：投资44.5亿元，建筑面积约90000平米；

28. 海峡轨道客车维修组装项目：总图规划、初步设计、施工图设计，年组装轨道车辆300辆，建筑面积69374平方米；

29. 南车青岛四方机车车辆股份有限公司调试整备厂房：建筑面积7553平米；

30. 大连机车旅顺基地环形试验线建设项目：外环4587米、内环4552米；

31. 广东南车轨道交通车辆维修基地建设项目：投资15.9亿元。

【中铁隧道院铁路设计】

1. 南广铁路隧道：完成全线98座隧道中的94座隧道的设计，尚余4座隧道未贯通。

2. 云桂铁路红石岩隧道：年内进行了现场变更设计，进入配合施工阶段。

3. 渝黔线天坪隧道：年内完成了施工图咨询、审查会和全部施工图的设计，目前已进入配合施工阶段。

4. 宝兰铁路朱家山、太宁隧道：年内完成初步设计鉴修，并获铁道部建设中心批准；完成两隧道站前专业的施工图设计。

5. 山西中南部铁路通道南吕梁山隧道：完成南吕梁山隧道施工图设计，正在配合施工；太兴线二青山铁路隧道施工图设计已经完成，正在进行配合施工。

城轨设计

【中铁二院承担的城轨设计项目及执行情况】 2011年，中铁二院承担并开展了城市轨道交通前期项目20项(约420公里)、总体总包项目27项（约600公里)、咨询项目13项、工点及系统设计49项。重点城轨项目计划执行情况如下：

一、总体总包项目（27项，约600公里）

1. 深圳城市轨道交通11号线（51.73公里)：总体设计已完成设计及审查，初步设计已通过评审，总包工作正在开展。

2. 东莞市城市快速轨道交通R2线工程(37.768公里)：全线共15个车站、14个区间，总体设计、初步设计、土建招标设计已完成。各车站和区间正在进行施工图设计及总体、总包日常工作，部分车站开始配合施工。

3. 重庆市轨道交通3号线二期工程施工图设计(18.875公里)：已于2011年9月28日开通试运行。

4. 深圳地铁3号线首期段（32.912公里)：已于2010年12月28日通车。

5. 深圳地铁3号线西延段工程(8.733公里)：已于2011年6月28日通车。

6. 布吉客运枢纽工程总体总包工作（车站69900平方米，线路1.38)：施工图设计已完成，正开展配合施工。

7. 深圳地铁2号线（13.86公里)：已开通试运营，正进行技术总结工作以及结算工作；总包工作仍在开展。

8．深圳地铁2号线东延线（20.65公里）：已开通试运营，正进行技术总结工作以及结算工作，总包工作仍在开展。

9．深圳地铁6号线（37.89公里）：正在开展并行段初步设计。

10．青岛市地铁2号线一期工程（29.7公里）：初步设计已完成，正在开展施工图设计及总体总包工作。

11．深圳市益田中心广场地下停车库工程（益田站配套工程）（65400平方米）：地下部分和地上部分土建已完成，机电设备已招标，待机电安装。

12．成都地铁2号线一期工程（22.38公里）：除车站附属建筑图—地面部分正在进行会签工作外，全线车站其余施工图已交付。全线系统工程施工图设计已按业主要求交付了大部分，正配合施工。

13．成都地铁2号线二期工程（19.5公里）：西延线工程车站施工图设计工作已取得进展，犀浦站的车站设备区装修、公共区装修以及车站导向系统已送咨询。西延线系统工程与2号线一期工程进展情况一致；东延线已收集完最新版线站位方案，准备正式开展施工图设计工作。

14．成都地铁4号线一期工程总体（19公里）：正开展工点施工图设计工作，进行了围护结构、主体结构的会签。各系统、总体与工点单位进行了会签意见沟通。

15．成都地铁3号线一期工程总体（19.957公里）：已完成工程可行性研究工作，正在进行总体设计和初步设计及总体总包工作。

16．杭州地铁2号线一期（30.488公里）：东南段施工图设计工作已基本完成，西北段施工图设计正在开展中。机电系统方面，正配合业主单位进行东南段部分的机电设备招标工作。

17．上海轨道交通9号线二期（14.5公里）：已于2009年年底通车试运营。正在进行遗留附属工程的施工配合。

18．上海地铁9号线三期（东延伸）工程（13.808公里）：已完成总体设计文件的编制及评审工作。完成工程可行性研究的修编工作及国家正式评审。正进行总体协调工作并开展初步设计。

19．北京地铁8号线二期工程总体总包（17.5公里）：初步设计已完成，正在开展施工图设计和总包管理工作。北段土建、设备施工图设计已基本完成，现阶段主要工作为配合施工。南段施工图设计正进行中，现阶段主要工作是协调各专业，实施设计质量、进度管理控制，开展施工图设计专业会签和总体审签工作。

20．北京轨道交通昌平线与八号线联络线工程总体总包（6.3公里）：初步设计已完成，正开展施工图设计和总包管理工作。

21．郑州市轨道交通2号线一期工程（18.045公里）：已完成初步设计，正进行施工图设计工作和总包工作。

22．长沙市轨道交通1号线一期工程总体总包（23.86公里）：已完成初步设计、土建招标设计文件。正开展主体建筑和主体结构施工图设计及配合施工。

23．广州市轨道交通5号线滘口—文冲（原文园）段设计联合总体（40.5公里）：已于2009年12月28日通车，正在开展设计变更清理、合同变更清理、设计总结编写和归档工作。

24．广州市轨道交通6号线首期工程(浔峰岗—燕塘段)设计联合总体（21.7公里）：土建施工施工图已完成80%，除三个车站主体因外部原因未完成之外，其它车站主体结构设计已完成。机电工程正在进行施工招标。

25．广州市轨道交通6号线东延段工程(燕塘—高塘石)设计联合总体（10.4公里）：燕塘—长湴段土建施工施工图已完成80%。长湴—高塘石段正开展施工图设计。

26．广州市轨道交通6号线二期工程高塘石—香雪段设计联合总体（24.3公里）：正在开展土建施工图设计，机电工程正在配合土建施工图设计。

27．厦门地铁1号线总体（31.3公里）：已完成总体阶段设计工作，其中试验段2站1区间(城市广场站—塘边站)已完成初步设计。工点设计单位已进场，各类专题报告正在梳理过程中。

二、前期项目（20项，约420公里）

1．深圳轨道交通11号线工程可行性研究（52公里）：由中铁二院承担的工程可行性研究报告、环评、水保均已已完成。

2．深圳市城市轨道交通12号线工程可行性研究报告（34.3公里）：由于业主原因，该项目暂停。

3．上海轨道交通9号线三期（东延伸）工程：工程可行性研究报告已通过评审。

4．郑州市轨道交通4号线（33.21公里）：4号线全线工程可行性研究待线网修编成果出来后开展后续工作。

5．北京地铁8号线三期工程（18公里）：已完成规划方案编制，并通过专家评审。工程可行性研究报告已基本编制完成，待业主审查。

6．重庆市轨道交通5号线一期工程（37.8公里）：已交付工程可行性研究报告（中间稿），待审查。

7．杭州地铁2号线二期工程（13.3公里）：已完成工程可行性研究报告文件。

8．杭州地铁6号线工程可行性研究报告（54.8公里）：已完成工程可行性研究报告文件。

9．杭州地铁7号线（35.8公里）：已完成工程可行性研究报告文件。

10．西安地铁4号线（3站、3区间）：正在进行试验段车站讨论。

11．西安地铁 6 号线（41.08 公里）：正在开展工程可行性研究工作。

12．成都地铁 1 号线南延伸线（3.3 公里）：已完成正式工程可行性研究报告，待审查。

13．成都地铁 7 号线一期（15 公里）：正在进行工程可行性研究报告文件编制，已提交送审稿。

14．昆明市安宁都市快线（15 公里）：正在进行准备工作。配合昆明市规划局和中国地铁咨询公司进行快线网的方案细化、编制及审批工作，并与地方政府、规划部门的沟通与汇报。

15．昆明地铁 4 号线（45.3 公里）：已完成工程可行性研究报告编制策划书并提交业，正在开展工程可行性研究报告的编制工作。

16．昆明地铁 3 号线西延伸（4.16 公里）：正在开展工程可行性研究报告的编制工作。

17．贵阳轨道交通 2 号线工程（4.16 公里）：已完成工程可行性研究报告文件初稿。

18．佛山 2 号线工程可行性研究（32.0 公里）：正在编制工程可行性研究报告。

19．厦门地铁 2 号线一期工程（25.7 公里）：已完成工程可行性研究报告初稿，暂无审查意见。主要支撑性专题报告基本编制完成，个别专题项目尚在进一步完善中。

20．合肥地铁 2 号线（27.3 公里）：各专业已基本完成方案研究以及文本编制。待客流与环评专业资料完成后，进行修改并形成工程可行性研究报告初稿交付轨道公司。

三、咨询项目（13 项）

1．宁波市轨道交通 1 号线一期工程设计咨询（20.89 公里）：正在开展施工图咨询工作，完成部分施工图审查。

2．宁波市轨道交通 2 号线一期工程设计咨询（28.41 公里）：正在开展施工图咨询工作，完成部分施工图审查。

3．昆明市轨道交通首期工程设计监理（含施工图审查）（42 公里）：完成施 90%土建施工图的审查，正在开展首期工程北段施工图强审工作。

4．郑州 1 号线施工图强审：已完成全线车站主体、区间施工图设计审查。完成了大部份附属结构施工图审查，还余下个别与物业结合的尚未完成。

5．青岛地铁 3 号线一期工程设计咨询（包括施工图强审）：完成了部分结构施工图、建筑施工图的审查工作。

6．深圳城市轨道交通 11 号线勘查测量监理（51.73 公里）：　已进入详勘阶段。

7．广州市轨道交通 5 号线工程（滘口—文园段）设计咨询[5SZC 标]：正在开展设计变更清理、合同变更清理、设计总结编写和归档工作。

8．广州市轨道交通 6 号线工程（浔峰岗—燕塘段）设计咨询[6SZD 标]：正在开展设计变更清理、合同变更清理、设计总结编写和归档工作。

9.广佛线设计咨询：正在开展设计变更清理、合同变更清理、设计总结编写和归档工作。

10.广州市轨道交通一号线加装屏蔽门工程设计咨询：正在开展设计变更清理、合同变更清理、设计总结编写和归档工作。

11.广州市轨道交通 3 号线工程后评估：已完成初稿，准备和地铁公司交流后出正式稿。

12.昆明轨道交通 6 号线设计监理（含施工图审查）：已完成初步设计、总体设计及招标设计文件的审查，完成 90%土建施工图审查及机电系统用户需求书审查。

13.石家庄城市轨道交通 1 号线一期工程设计咨询：正在开展设计咨询工作。

四、工点系统(49 个)

1.广州地铁 6 号线（21.7 公里）：正在开展施工图设计工作及配合施工。

2.广州地铁 2、8 号线（31.98 公里）：已于 2010 年 11 月 3 日通车。

3.广佛线（32.32 公里）：已于 2010 年 11 月 3 日通车。

4.广州地铁 3 号线北延段：已于 2010 年 9 月 25 日通车。

5.广州地铁 4 号线北延段：已于 2010 年 11 月 3 日通车。

6.广州地铁 7 号线（27.831 公里）：在开展招标设计及编制用户需求书。

7.广州地铁 9 号线（20 公里）：正在进行设备采购招标设计，编制用户需求书。

8.广州地铁 13 号线（57 公里）：招标设计已经完成，配合业主进行土建招标。

9.深圳地铁 2 号线（32.22 公里）：正在开展设计变更清理、合同变更清理、设计总结编写和归档工作。

10.深圳地铁 2 号线东延线（20.65 公里）：正在开展设计变更清理、合同变更清理、设计总结编写和归档工作。

11.深圳市地铁 3 号线在建段及西延段（20.65 公里）：已完成所有施工图交付。

12.深圳机场轨道交通枢纽工程：正在进行配合施工。

13.成都地铁 2 号线一期工程（22.38 公里）：全线车站除车站附属建筑图—地面部分正在进行会签工作外，其余所有施工图已交付。全线系统工程施工图设计已按业主要求交付了大部分。

14．成都地铁 2 号线二期工程（19.5 公里）：西延线系统工程已完成 80%施工图设计。东延线已收集完最新版线站位方案，准备正式开展施工图设计工作。

15．成都地铁 4 号线一期工程（19.5 公里）：正在开展施工图设计，已完成围护结构、主体结构的会签。

16．重庆市轨道交通 3 号线二期工程（18.875 公里）：已完成童家院子、金渝、经开园、鸳鸯、凉井、回兴、双龙、滨港、江北机场共9个车站及系统专业施工图，正在开展配合施工。

17. 贵阳城市轨道交通1号线（31.9公里）：正进行全线初步设计，工程可行性研究报告待批复。

18. 贵阳城市轨道交通2号线（26.8公里）：正在开展工程可行性研究。

19. 上海轨道交通 2 号线东延伸线（29.63 公里）：已于2010年3月底通车试运营。

20. 上海轨道交通7号线(37723.42平方米)：已于2009年11月底通车。

21. 上海轨道交通9号线二期（14.5公里）：正在开展初步设计。

22. 上海轨道交通9号线三期（东延伸）工程（13.808公里）：已完成工程可行性研究报告文件修编工作。完成总体设计文件及评审工作。地面建筑提前进入方案设计阶段。准备开展初步设计。

23. 上海轨道交通12号线(21869平方米/44.25公里)：正在开展剩余施工招标图设计，配合业主完成施工总承包的招标工作。

24. 上海轨道交通 13 号线祁连山南路站、真北路站（22887 平方米）：已完成真北路站内部结构及祁连山南路施工图设计，正在配合项目公司完成祁连山南路站周边公交配套工作。

25. 杭州地铁 1 号线（20.89 公里）：各车站已完成施工图设计。

26. 杭州地铁2号线一期工程（23.445公里）：正在开展初步设计优化，西北段已开展施工图设计，钱江路站已完成施工交付。新塘路—钱江世纪城站已完成初步设计审查，正开展施工图设计。

27. 宁波地铁 1 号线一期工程（20.89 公里）：正在进行配合施工。

28. 宁波地铁1号线二期工程（23.445公里）：已完成全部土建部分施工图设计。

29. 宁波市轨道交通2号线一期工程：已完成全部车站和区间的土建部分施工图设计。系统专业正在配合其它专业的设计工作，编制用户需求书。

30. 南京地铁 1 号线南延线（2.2 公里）：已完成施工图交付，正进行配合施工。

31. 南京地铁2号线：正在开展土建及设备安装、装修配合施工，相应处理现场变更设计工作。

32. 南京地铁4号线：设计方案正在进一步优化、完善。

33. 西安地铁 1 号线（31.83 公里）：已完成 2 站 3 区间主体部分施工图，包括主体建筑、主体结构、防水、土建接地、区间竖井、人防第一分册、车站部分附属施工图。

34. 西安地铁2号线（26.4公里）：正在进行工程消防验收。

35. 西安地铁3号线（50.5公里）：已完成初步设计工作。

36. 西安地铁4号线（35.2公里）：已完成和平门、大差市、五路口和李家村—和平门、和平门—大差市、大差市—五路口区间招标设计。

37. 北京地铁7号线土建工点标（08、09合同段）(24公里)：正在开展施工图设计。

38. 北京地铁7号线土建工点标（16合同段）：正在开展施工图设计。

39. 北京地铁8号线二期工程（17.3公里）：基本完成施工图设计，正进行配合施工。

40. 北京轨道交通昌平线与八号线联络线工程工点设计（区间土建设计）(6.3公里)：已完成约40%施工图设计。

41. 武汉地铁：已基本交付完毕土建施工图。

42. 郑州地铁1号线（26.2公里）：已完成60%的施工图送审工作。

43. 南昌地铁1号线：正在开展施工图设计。

44. 青岛地铁3号线一期工程（1车站1车辆段和部分系统）：已开展车库主体建筑施工图设计及附属建筑施工图设计。开展现场配合施工。

45. 青岛地铁2号线一期工程（25.2公里）：已二签完成所有工点车站的设计文件。系统文件已提交正式版。

46. 长沙地铁1号线一期工程（23.6公里）：正在进行各站的主体建筑、结构的施工设计。

47. 长沙地铁 2 号线一期工程（22.26 公里）：正在进行各站的附属施工图、变更图的设计以及施工配合阶段。

48. 合肥地铁：车站部分5号中间风井已送总体审，6号风井已完成涉路安全技术论证，已开展施工图设计。

49. 东莞市城市快速轨道交通 R2 线（37.768 公里）：全线所有车站、区间已完成总体设计、初步设计和招标设计，正在开展施工图的设计。

【中铁设计咨询承担的城轨设计项目】 2011 年，中铁设计咨询承担的城轨设计项目（工点设计）17 项，主要分布在北京、深圳、广州、太原、青岛、上海、长沙、大连等城市，承担项目中，前期工作（预可、可研、初设）8项；施工图设计及咨询9项。主要项目如下：

一、前期工作（预可行性研究、可行性研究、初步设计）项目

1. 广州至清远城际轨道交通预可研（修编）。本线包括机场北至清远飞来湖段和广州北至汽车学院两段线路，总长68.261公里，桥隧占线路总长的90%以上，新建车站11座（高架6、地下4、地面1）。2009年曾完成初步设计，后暂停。经铁道部广东省商定，调整设计标准，重新启动，完成

预可研修编。

2. 太原市轨道交通1号线可研。1号线一期工程线路起于西山矿务局，终于龙城大街东站，线路全长约24.07公里，设桥梁1座，长约0.215公里，其余全为地下线；共设置车站20座，全部为地下站，平均站间距为1.247公里，在线路西端设西山矿务局停车场1座、南端设马练营车辆段及综合维修基地1座及全线网共享控制中心1座。

3. 深圳地铁7号线SJ3、SJ11标初步设计。SJ3标（土建）设计范围包括：红岭北站、八卦岭—红岭北 1个站 1个区间，路线长度963.491米；SJ11标（土建）设计范围包括：丽水站（含站前单渡线站后折返线）、丽水—西丽区间、西丽站（含单渡线）、西丽—文光区间共2站2区间，线路总长3.062公里。完成初步设计。

4. 北京轨道交通燕房线（主线）工程初步设计（05标段为高架段设计；06标为轨道系统设计）。

5. 长沙市轨道交通 3号线一期工程土建设计一标段初步设计。标段设计范围内线路起于长沙市坪塘镇，穿越湘江至书院路止，全长11.4公里，共包括：莲坪大道站、洋湖垸站、洋湖公园站、南二环站、靳江路站、书院路站6座车站及莲坪大道站至书院路站6个区间。完成初步设计。

6. 青岛地铁2号线一期工程土建5标初步设计。标段设计范围3个站3个区间，包含同安路站、汽车东站、东韩站及站前区间，总长度约3.7公里。已完成初步设计。

7. 深圳地铁9号线3站3区间初步设计。城市轨道交通续建项目。设计范围包括：红岭北站、园岭站、红岭站及笋岗—红岭北、红岭北—园岭、园岭—红岭3个站3个区间，线路长度2.74公里。完成初步设计。

8. 上海市轨道交通11号线北段（安亭站至花桥站）轨道系统初步设计。项目线路全长6公里，均为高架线。已完成初步设计。

二、工点施工图设计及咨询项目

1. 北京地铁7号线04、05标施工图设计。北京地铁7号线04、05标段土建部分共包括5站6区间，5个站为虎坊桥、菜市口、磁器口、珠市口和崇文三里河站，线路长度5.23公里。接续施工设计。

2. 北京地铁8号线二期北段02标（土建）施工图设计。标段包括3个站（回龙观东大街站、霍营站、育新站）4个区间，线路长度4.81公里。

3. 北京地铁8号线二期06标（轨道系统）施工图设计。8号线二期工程，线路全长17.54公里。已完成施工图设计。

4. 北京地铁9号线2个站3个区间，线路长度1.95公里，完成施工图设计，配合施工。

5. 青岛地铁3号线一期工程土建4标施工图设计。标段设计范围5个站5个区间，包括清江路站、双山站、保儿站、河东站、万年泉路站及各站后区间，总长度约5.8公里。施工图设计已完成。

6. 大连地铁1号线、2号线施工图设计。大连地铁1号线4站4区间，线路设计长度4.086公里；2号线2站2区间线路设计长度 2.539公里。接续施工设计，10月因建设方原因暂停。

7. 广州市轨道交通线网综合维修基地及物流基地设计咨询。项目系广州市地下铁道总公司为已开通运营线网新建的综合维修基地和物流基地。总建筑面积：29742平方米。主要房屋有综合办公楼、综合维修楼、工务及机加工维修楼、立体仓库、车库等。工程概算总额 1.4299 亿元。至 2011年底完成25%。

8. 广州市轨道交通3号线北延段工程总体设计咨询。全长30.80公里，建成通车。

9. 北京地铁14号线施工图审核。14号线起永定河路西侧的芦井路，终点朝阳区来广营站，线路全长47.2公里，其中地下42.2公里，高架4.5公里，地面及U型槽过渡段500米，全线共设 36座车站，除芦井路为高架站外，其余均为地下车站，车站中有14座换乘站。另在张仪村设停车场一处，香江路北侧设车辆段一处。审核工作尚在进行。

【中铁西南院城轨设计】 1. 成都地铁 7 号线车站设计项目。 2012年，公司承担了成都地铁7号线城北客运站、九里堤路口站（带配线）、建材南路站（标准站）、川师站（换乘站）、光华村站（换乘站）5个车站的设计。目前城北客运站现场协调管线改迁，正在进行方案落实的可行性。建材南路和川师站围护结构施工图出图正按照最新的地勘参数计算。光华村站和城北客运站围护结构图纸送审，九里提路口顶板施工图送审。九里堤车站和城北客运站已开始施工。

2. 成都地铁2号线东延线项目。公司承担的龙泉站和保安村站设计。保安村站、龙泉站图纸土建部分（建筑、结构、通风、空调、动力与照明）已全部完成并已提交正式图纸；附属变更图纸强审也已完成；开始进行消防审查准备工作。目前，该项目正在建设中。

3. 成都地铁3号线高新大道站项目。公司承担了成都地铁3号线高新大道站主体围护结构、盖挖顶板图纸和桩基托换设计。目前已提交正式图纸，该项目正在建设中。

4. 吉隆坡地铁监控量测项目。公司参与吉隆坡地铁监控量测项目。马来西亚吉隆坡巴生谷新大众捷运系统（MRT），将连接双溪毛糯（Sungai Buluh）及加影（Kajang）通往吉隆坡市中心。全长达51公里（其中从马鲁里到中环广场长9.5km，设有8个捷运站为地下坠道），途经八打灵、吉隆坡市中心、加影共35个捷运站（其中4个将设在现有的综合站，方便乘客转搭电动火车、单轨火车或轻快铁）。目前项目进展顺利。

5. 印度班加罗尔地铁设计。公司参与印度班加罗尔地铁设计项目。该项目穿越城区商业和居民区。项目第一阶段包括两条电气化双线通道，总长 42.30 千米。东西走向通道长 18.10 km，起点为 Baiyappanahalli，终点为 Mysore 路。南北走向通道长 24.20 千米，起点为 Nagadandra，终点 Puttenahalli。全线 42.30 千米中，位于地下部分长达 8.822 千米。项目始建于 2011 年，目前正在建设中。

【中铁大桥院城轨设计】 1. 完成宁波轨道交通一号线二期工程的施工图。中铁大桥院设计范围为育王岭隧洞东桥隧分界点—松花江路站区间，全长约 8.3 公里，含两站及三区间。邬隘站设置于规划的钱塘江南路道路绿化带内，为三层侧式车站，设备用房外置；大碶站设置于钱塘江中路路中，骑跨凤洋河，为三层岛式车站，站后设置交叉渡线，设备用房外置。

2. 完成南宁轨道南宁市轨道轨道交通 1 号线工程部分施工图设计。中铁大桥院承担的土建设计 I 标段全长约 3.35 公里，含石埠站、罗文站等两个地下车站，石埠站—罗文站、罗文站—车田坪站等两个盾构地下区间，以及出入场线地下段（含明挖、暗挖法施工）区间，该项目是各种区间功法齐全的项目。

3. 完成武汉地铁 6 号线初步设计初稿。本标段包含工业学院站（不含）—东方马城站—金银湖站—环湖西路站—金银湖停车场（不含）3 站 4 区间。其中中铁大桥院承担金银湖站、环湖西路站、金银湖站—环湖西路站区间、金银湖停车场出入段线（两站两区间）的设计。

4. 完成武汉地铁 7 号线的方案设计。该项目是 2012 年年中标的两个地铁项目之一。本标段包含东方马城站（包括折返线）、长丰站、东方马城站—长丰站区间、长丰站—常码头站区间、长丰停车场出入场线（两站三区间）。其中中铁大桥院承担长丰站、长丰站—常码头站区间、长丰停车场出入场线（一站两区间）的设计。

【中铁隧道院城轨设计】 参与全国 20 多个城市的轨道交通 60 多条线的设计工作，共有 293 个轨道交通（地铁）项目，2012 年完成营业额近 3 亿元，一直是隧道院主营业务领域。主要城市重点轨道交通进展情况：

一、北京地铁

6 号线　一期（5 站 7 区间）：年内主要完成附属工程施工图设计、地面厅及站前广场、变更设计及现场配合施工，已于 2012 年 12 月 30 日开通试运营；二期（2 站 3 区间）：年内完成物资学院站附属建筑、结构及内部结构设计图；北关站结合一体化需求，完成车站主体及结构、主体建筑及预留 R1 线北关站围护结构施工图；区间完成主体结构设计，现场配合施工进展顺利；西延工程：土建设计 03 标段包括 2 站 2 区间：廖公庄站（暗挖）、田村站（暗挖），廖公庄站—田村站区间（矿山法）、田村站——期起点区间（盾构+矿山法）。完成总体方案设计及评审，设计工作全面展开。

7 号线（2 站 2 区间）：完成两站附属出入口、换乘通道的建筑、结构设计及变更设计，现场配合施工进展顺利。

8 号线　二期（6 站 7 区间）：完成主要车站及区间的变更设计及配合施工，年底北段（安华桥站—鼓楼站—什刹海站）开通运营；三期工程（3 站 2 区间）：永定门外站与 M14 换乘；木樨园桥北站、木樨园桥南站项目已完成初步设计文件，目前正开展初步设计深化及招标图设计。

9 号线（3 站 3 区间）：完成军事博物馆站换乘通道施工图、变更设计及配合施工工作。除军博站未能实现换乘外，其余年底已通车试运营。

14 号线（1 站 10 区间）：年内主要完成蒲黄榆站主体及附属建筑和结构施工图，安蒲区间主体结构，车站及区间现场变更及风险源设计和配合施工。

16 号线：年内主要是各站前期工作的协调，包括拆迁、占地、交通导改、管线改移及树木伐移等。5 月开始第一批施工图设计，完成国家图书馆站基坑及万寿寺站施工竖井结构设计；苏州桥站方案调整，苏州桥及三里河路北口及国～三区间进行初设补充评审并通过，期间完成招标设计。

二、沈阳地铁

北延线（沈阳至铁岭城际铁路工程（松山路—道义）），年内完成车站附属及内部的建筑、结构设计并配合施工；

9 号线：承揽土建 3 标、7 标的设计任务，主要进行五站六区间的初步设计，并于 12 月份完成初步设计的专家评审；

10 号线工程：承担第 7、11 标段任务，两标段的北段均为先期开工段。今年主要完成北段 3 站 3 区间初步设计，并通过专家审查。

三、广州轨道交通

8 号线北延（3 站 4 区间）：完成初步设计和招标设计，包含三个站物业的开发的概念设计；

轨道交通 6 号线首期工程及延长工程：完成首期五个站的剩余附属施工图，全面进入各个车站的机电配合施工阶段。完成首期工程地面附属的规划施工图报建。延长线两个站完成招标设计，进入主体建筑和结构的施工图设计阶段。

广州市城市轨道交通 7 号线：完成三站的建筑结构方案调整、土建招标设计和基坑围护结构送审图。

广州市城市轨道交通 21 号线（3 站 4 区间）：完成 3 站 4 区间、1 出入场线的方案设计，完成暹岗站的初步设计和招标设计正式文件，完成其余站点区间的初步设计文件。

广佛线车站及区间：桂城站已通车，鹤洞站、石溪站、沥滘站（除部分附属）各专业施工图基本完成，正在配合土建施工。澜石站完成初步设计、招标设计、车站主体围护结构施工图、车站主体建筑、结构施工图、风水电装修专业招标图设计。

广深港客专福田站及相关工程：完成福田站车站设备施工图、车站附属建筑结构施工图审查，以及隧道接触网、供电、轨道图纸审查，车站重大变更（5个）审查、益田路隧道、深港隧道工法重大变更审查，专项咨询报告已全部完成。项目完成工作量80%。

四、深圳地铁二期工程

1号线、2号线、4号线：完成竣工通车共计10个项目的所有配合施工及设计文件归档结算，包括1号线续建三站两区间、2号线首期三站三区间、2号线东延6站6区间、4号线两区间、设计施工总承包4、7、18、2205、2206、2222标。

9号线、11号线：初步设计通过专家评审，并完成了初步设计修编以及主体部分土建施工图设计。

五、南京地铁

3号线：D3—XS02标为2010年中标项目。该标段共6站6区间（总体设计阶段，增加一座车站），其中浦珠路站—滨江路站区间为三号线下穿长江段，该区间结构形式为单洞双线结构，采用大直径泥水平衡盾构施工，为国内地铁首创加强技术攻关。过江隧道设计QC小组完成《地铁长大直径盾构隧道横断面和管片分块优化设计》课题初稿，配合业主完成车站及区间防雷报审；完成地面四小件及商业开发招标设计；根据业主要求，完成7个车站孔洞梳理；现场服务，完成8册变更设计。

12号线工程及总体总包设计：与中铁上海设计院集团有限公司、中铁大桥勘测设计院有限公司组成联合体，中标南京地铁12号线总体总包项目。完成可行性研究报告，河西先期开工段四站四区间总体设计、初步设计及评审工作，先期开工段黄河路站与天河路站主体围护结构送审稿。河西段四站四区间已开展施工图设计，南京南站—中和街五站六区间开展总体设计。

11号线：承揽了工程起点段的2站2区间的设计任务，正在顺利推进。

六、无锡地铁

1号线：标段共包含6站2区间及1个明挖区间的施工图设计工作，主要进行了附属结构、车站内部结构及盾构区间的施工，目前1号线各车站主体结构已全部封顶，部分车站附属结构已施工完毕，盾构区间已全部贯通。

2号线:共包含3站8区间施工图设计工作，主要进行了车站主体结构、附属结构、车站内部结构施工及盾构区间的施工。

设计工作主要完成三站剩余的车站主体结构、车站内部结构施工图设计，三站全部车站附属建筑、结构施工图设计；盾构区间设计任务中，完成了8个区间剩余的所有相关施工图纸；在进行施工图设计的同时完成了一系列由于现场施工条件变化引起的建筑、结构施工图变更设计。

七、武汉地铁

武汉轨道交通2号线:一期工程WGS203标段，2012年底竣工，年内主要完成了最后的装修及验收工作。

武汉轨道交通3号线:一期工程WGS305标合同共有4站4区间，年内完成王家墩中心站及北端停车线全部围护结构及部分主体结构，王家墩北站完成了主体结构施工，范湖站完成了全部围护结构及部分主体结构，王家墩北站——范湖站区间左右线已开始施工；一期工程WGS403标合同共有3站3区间，年内完成3个车站主体建筑的风道设计、出入口和风亭围护设计、综合管线施工图，2站附属建筑、结构施工图设计及变更设计；二期工程是武汉市第二条过长江地铁。WGS4204标段共有3站3区间，年内完成3站主体围护及内部结构施工图设计，3区间已完成部分建筑、结构施工图设计。

武汉地铁6号线：一期工程起于武汉经济技术开发区汉阳三角湖，穿越汉江，第二标段3站2区间、第三标段3站4区间、七标段有3站3区间及金银湖停车场出入场线，年内完成初步设计并通过专家评审。

武汉轨道交通7号线：土建二标段2站2区间、土建三标段有3站3区间，年内均进行方案设计。

武汉地铁8号线：WGS807标段有1站2区间，年内进行方案设计。

八、郑州地铁：

郑州轨道交通1号线:02标段有4站4区间，完成附属及设备施工图设计，正在进行配合施工。

郑州轨道交通2号线:04标段有3站3区间，完成2站围护结构和3站主体结构施工图设计，初步设计修编和区间部分施工图设计。

郑州轨道交通4号线:6站2区间，完成初步设计，2站围护结构和主体结构施工图设计。

九、青岛地铁一期工程（3号线）

土建02标共3站3区间：年内完成全部施工招标设计及第一批土建施工图设计。

土建03标4站4区间：年内完成四站及区间全部土建施工图设计及设备专业招标设计，并配合施工；同时完成一个区间隧道的洞通。

【中铁电化院城轨设计】 1.深圳地铁1号线续建工程。全线23.3公里。采用直流1500V架空接触网供电。供电系统、变电所系统、接触网系统、杂散电流防护系统、电力监控系统的初步设计、施工设计。采用直流1500V架空接触网供电。2011年完成后通段施工配合，现场开通调试配合，后通段工程于2011年6月15日开通试运行。

2.重庆市轨道交通 3 号线一期工程。线路全长 21.16 公里，设 18 座车站，其中地下车站 5 座，高架车站 13 座。在唐家院子附近设车辆段及综合基地 1 处，在龙头寺火车客站附近黑房子设控制中心 1 座，建成后将服务于本线及六号线的运营管理，通过环线与 4 号线、5 号线控制中心实现功能互补，也可与大坪控制中心(一、二线共用)实现联网。包括供电系统、牵引、降压变电所系统、综合接地系统、接触轨系统、电力监控系统、供电车间的初步设计设计、施工设计。采用直流 1500V 跨座式独轨供电。计划 2011 年建成通车。2011 年完成了设备安装调试，施工安装配合，送电配合，于 2011 年 12 月 30 日开通运营。

3.南京地铁机场段工程。南京南站至机场段工程（南京至高淳城际快速轨道一期工程）为南京南站至禄口机场段（以下简称机场线），南起禄口机场，北至南京南站，全长约 34.9 公里，其中高架段长约 16.3 公里，过渡段长约 0.8 公里，地下段长约 17.8 公里。机场线共设置 8 座车站，其中地下车站 5 座。2011 年 7 月完成初步设计工作，2011 年 8 月开展土建配合，完成了技术规格书的编写工作。

4.上海轨道交通 11 号线（安亭至花桥）工程。线路呈东西走向，途径花桥集中型自由办公区（先导区）、国际化商住配套区、复合型生态办公区（核心区）和行政居住综合区四个规划区域。线路全长约 5.992 公里，均为高架线，设站 3 座，分别为兆丰路站（高架三层半路侧车站）、光明路站(高架三层路中车站)、花桥站(高架三层路中车站)。2011 年完成了甲供设备技术规格书及施工招标文件，完成了接触网施工图设计。

5.北京地铁九号线工程。位于城市西部，整体呈南北走向，分布在丰台、海淀两个行政区。线路全长为 16.5 公里，全部为地下线，共设车站 14 座，线路在南端的六圈沿六圈路东西向设车辆段 1 座。九号线工程除西客站及其两端区间和白石桥站及其两端区间已经建成外，其他一次建成。采用 B 型车，3 动 3 拖的 6 辆编组方案。包括供电、杂散电流防护、牵引、降压变电所、综合接地、牵引网及全线车站 UPS 电源整合的初步设计、施工图设计。采用 DC750V 三轨供电。预计 2011 年 12 月底建成通车。2011 年完成了施工图设计，完成了开通段设计总结编制，先通段于 2011 年 12 月 31 日开通运营。

6.北京地铁 6 号线一期工程。从五路站至草房站，线路全长 30.1 公里，共设车站 22 座。计划 2012 年 12 月 31 日竣工通车。2011 年完成了预埋件通用图的设计，完成了全线变电施工图设计，地下接触网设备安装施工图设计，完成了外部电源报审图的设计。

7.北京地铁 8 号线二期工程。为南北走向的一条线路，基本贯穿北京市南北中轴线，线路全长 39.888 公里，运营长度 39.127 公里，其中一期工程（奥运支线）4.528 公里，二期工程（回龙观东—森林公园、熊猫环岛—美术馆东街）18.122 公里，远期工程（地安门—五福堂）17.238 公里，全部为地下线；设车站 30 座，其中一期工程 4 座，二期工程 12 座，远期工程 14 座，全部为地下站，在回龙观设车辆段一处、在大红门设停车场一处，计划 2012 年 12 月 31 日竣工通车。2011 年完成了施工图设计，完成北段施工、调试、验收、开通等配合工作，开展其余施工配合，北段于 2011 年 12 月 31 日开通运营。

8.北京地铁 16 号线工程。线路全长 22.27 公里，全部为地下线；共设车站 16 座，其中换乘站 10 座，平均站距约 1.51 公里，全线在丰西编组站东侧设榆树庄车辆段。线路北起苏州街，经苏州桥、紫竹桥、紫竹院、白石桥、甘家口、三里河、木樨地、甘石桥、丽泽商务区、丰台火车站、丰台科技园、南至榆树庄。2011 年完成了完成了初步设计文件的编制及修编工作。

9.苏州市轨道交通 2 号线工程。线路全长 26.386 公里，高架线长 6.57 公里，地下线长 19.146 公里、地面线及敞开段长 0.67 公里。全线设 22 座车站，其中高架车站 5 座，地下车站 17 座；计划 2012 年 12 月 31 日竣工通车。2011 年完成了供电系统、综合监控、FAS/BAS、门禁、气体灭火的用户需求书的编写工作；完成了供电、变电、杂散电流、电力监控、综合监控、FAS/BAS 等专业乙供设备技术规格书的编写工作，完成施工招标文件的编制，完成施工招标图纸的出图工作，完成了供电、变电、杂散电流、电力监控、综合监控、FAS/BAS 等专业进行车辆段上盖物业开发后的配合及报审图的出图工作。

10.长沙市轨道交通 2 号线一期工程。长沙市轨道交通 2 号线一期工程起点为汽车西站站，向东穿越岳麓山丘陵，在溁湾镇附近穿越湘江，然后沿五一大道到古曲路站转向南，经黎托，到新长沙站站，最后到达终点光达站，正线长 22.262 公里，均为地下线路；共设车站 19 座，均为地下站；设置一个运营控制中心，在线路终点光达站附近设置一座黄兴车辆段与综合基地。计划将于 2013 年建成通车。2011 年完成施工招标素材审查及修改，完成了施工招标文件的编写工作，完成了用户需求书的编写及修改，开展了设备招标的配合工作，开展施工招标图的设计工作。

11.郑州市轨道交通 2 号线一期工程。线路起于天山路，止于站马屯。途经开元路、郑花路、花园路、紫荆山路、花寨路，全长 26.7 公里，全线设车站 21 座，车辆段一处，停车场一处。平均站间距 1.3 公里。2 号线一期工程由广播台站至终点站马屯，均为地下线，共设 15 个站，分别为新龙路站、国基路站、北环路站、东风路站、农业路站、黄河路站、紫荆山站、东大街站、陇海东路站、帆布厂街站、航海东路站、长江路站、南环路站、向阳路站、终点；包括换乘站 6 处，分别为：国基路站、农业路站、紫荆山站、东大街站、陇海东路站和航海东路站；在站马屯设车辆段一处；在国基路站设置一座110/35千伏主变电所。计划2012年12月31日建成通车。2011年完成了初步设计及修改工作，开展土建施工图设计配合工作。

12. 天津地铁5号线供电系统工程。工程北起北辰区双街，南至西青区梨园头，沿线经过北辰、河北、河东、河西、南开、西青六个行政区；正线规划全长33.595公里，其中地下线32.6公里，地面线及过渡段0.995公里；全线共设29座车站，其中地下车站28座，地面站1座。另在梨园头设车辆段1座，在双街设停车场1座，全线设主变电所2座、控制中心1座（与4、6号线的控制中心合建）。本工程线路长，站点密集，地下车站多，换乘站多，工程量大，结构复杂。2011年成了前期开工车站的初步设计概算修编工作；完成设备系统消防报审图纸；完成与专业设计配合与互提资料。

【中铁通号院城轨设计】 1. 北京地铁15号线通信信号系统工程。线路全长约41.4公里，共设车站20座，其中地下线27.7公里，高架线13.7公里，地下车站16座，高架车站4座；在望京北设置马泉营车辆段一座，与14号线共用，在潮白河东设俸伯停车场一座。北京地铁15号线一期工程于2009年3月开工建设，分三段实施：中段：望京西（含）—后沙峪（含），长约20.2公里，地下线路长10.1公里，高架线路10.1公里，9座车站，其中5座地下车站，4座高架车站，已于2010年12月28日先期建成通车；东段：后沙峪（不含）—俸伯（含），长约10.8公里，4座地下车站，已于2011年12月31日开通运营；西段：望京西站（不含）—清华东站（含），长约10.4公里，共设7座地下车站，计划于2014年年底开通运营。

通号院负责北京地铁15号线一期工程的通信、信号系统设计工作。2011年6月完成北京地铁15号线一期工程西延段（清华东—北沙滩）初步设计文件以及设计概算文件，并通过专家评审；完成信号系统培训中心施工设计图纸。10月完成15号线一期东段的防雷报审工作。11月全部完成15号线一期东段设计变更文件。

2. 北京地铁7号线通信信号系统工程。北京地铁7号线线路全长23.67公里，全部为地下线，全线共设车站21座，平均站间距1.14公里，原焦化厂内设置车辆段一处。本线控制中心设在小营的第二指挥中心，并在焦化厂车辆段内设置备用控制中心，当主用中心遭到不可测因素破坏时能够人工切换至备用控制中心继续监控线路列车运行。

北京地铁7号线由公司负责通信系统和信号系统的设计。设计范围包括：23.67公里的正线，包括其中的折返线、渡线、存车线及与车辆段联络线等。21座正线车站；初期配属的6辆编组列车；1座控制中心及一座备用控制中心；焦化厂车辆段（含试车线）1座；维修及培训中心，通信信号系统工程投资总概算为：8.9亿元。

2011年通号院7号线设计项目组执行设计总体组制订的工程设计计划，按设计阶段工期要求及时提交设计文件。3月完成初步设计C版概算的修编，并通过北京市规划委组织的北京地铁7号线工程初步设计评审会专家组评审。8月完成初步设计D版文件及概算的修编。10月完成通信、信号、PIS系统的设备集成采购招标书的编写工作。配合土建工点单位完成施工设计阶段车站建筑预留预埋的提资及确认。配合综合管线专业完成初步设计D版车站综合管线通信、信号、PIS专业管线的布置与调整。配合相关设备专业进行设计接口工作，制定接口方案和工程实施划分。

3. 南昌市轨道交通1号线一期通信信号系统工程。南昌市轨道交通1号线一期工程线路长约28.743公里，均为地下线，共设地下车站24座，平均站间距1239米。通号院负责南昌地铁1号线一期工程的通信、信号系统设计工作。通信系统包含专用通信系统、民用通信系统、公安通信系统三部分，共计19个子系统；信号系统包含ATP子系统、ATS子系统、ATO子系统以及CI子系统。通信信号总投资8.3亿元，其中通信4亿元，信号4.2亿元。

2011年主要设计工作完成情况：通信系统：根据总体院关于电源整合方案调整和信号设计机房单设的要求，车辆段、停车场、控制中心通信电源不进行整合，完成电源系统整合方案的修改；完成车站综合机房调整后的车站建筑平面的确认；配合土建施工设计的开展，完成土建结构开孔、敷管等预留、预埋；完成用户需求书的修改和标段划分与调整；完成施工设计阶段专业间的提资；配合控制中心土建初步设计工作的开展，完成各类机房面积的提资。

信号系统：根据总体院关于信号电源不进行电整合的要求，完成电源系统整合方案调整后的信号电源系统设计；完成信号设备机房单设后的车站建筑平面的确认；配合土建施工设计，完成土建结构开孔、敷管等预留、预埋；完成施工设计阶段专业间的提资；完成用户需求书的修改；开展过赣江中间风井设置的方案研究；配合控制中心土建初步设计工作的开展，完成机房面积的提资。

4. 北京地铁16号线通信信号系统工程。北京地铁16号线线路全长26.10公里，全部为地下线，共设车站17座，平均站间距1.54公里，终点设置停车场一处，出入段线长885米。北京地铁16号线及海淀山后线线建成后贯通运营，两线共用控制中心（小营二中心）及备用控制中心（北安河车辆段），车辆采用8A编制。

通号院负责北京地铁16号线的通信、信号系统设计工作。2011年4月通过了总体方案设计的审查。2011年6月通过了初步设计审查。2011年7月开始施工图设计，配合土建、管综等专业施工图，并开始用户需求书编制工作。

5. 北京轨道交通海淀山后线通信信号系统工程。海淀山后线线路全长 23.37 公里，其中高架线 8.45 公里，地下线 14.92 公里。共设车站 13 座，其中高架站 5 座，地下站 8 座，平均站间距 1.86 公里。出入段线为高架线，全长 800 米。海淀山后线及北京地铁 16 号线建成后贯通运营，两线共用控制中心（小营二中心）及备用控制中心（北安河车辆段），车辆采用 8A 编制。通号院负责北京轨道交通海淀山后线的通信、信号系统设计工作。2011 年 4 月通过总体方案设计的审查。2011 年 6 月通过初步设计审查。2011 年 7 月开始施工图设计，配合土建、管综等专业施工图，并开始用户需求书编制工作。

6. 长沙市轨道交通 1 号线一期工程。线路全长 33.86 公里。共设车站 25 座，其中地下站 19 座，高架站 6 座，线路北端设停车场，南端设车辆段。全线在尚双塘设车辆基地 1 处，占地面积约 30.7 公顷，设主变电所 2 座，控制中心准备与 2 号线同设在火车站处，地铁 1、2 号线共用。施工设计于 2010 年 9 月开始，主要配合土建、管综等专业施工图设计。2011 年设计工作完成情况：1 月至 12 月配合土建专业完成建筑施工图主体及附属的提资及确认。1 月完成通信系统与主变电所的设计分工及界面。3 月完成信号用户需求书编制。4 月完成通信系统长沙轨道交通 1 号线乘客信息系统方案设计的编制。4 月 10 日完成通信系统用户需求书提交总体、咨询审查。5 月完成信号用户需求书总体、咨询审查，并根据总体、咨询意见修改用户需求书。6 月完成信号用户需求书业主审查；完成通信、信号系统接口文件的编制；完成通信传输设备系统制式调研报告。7 月完成通信系统用户需求书第一次业主审查。8 月完成通信、信号系统工程筹划计划表；完成轨道交通安全大检查及通信、信号系统自查；9 月完成通信、信号系统关于长沙 1 号线采用 A 型车可行性论证材料；12 月完成长沙轨道交通工程机电系统设计自查报告及交叉检查报告。长沙市轨道交通 1 号线线路全长 33.86 公里。共设车站 25 座，其中地下站 19 座，高架站 6 座，线路北端设停车场，南端设车辆段。全线在尚双塘设车辆基地 1 处，占地面积约 30.7 公顷，设主变电所 2 座，控制中心准备与 2 号线同设在火车站处，地铁 1、2 号线共用。

7. 福州市轨道交通 1 号线工程（一期）。福州市轨道交通 1 号线线路全长约 29.2 公里，共设 24 座地下车站，平均站间距 1.237 公里。设新店车辆段与综合基地 1 座和福州南停车场 1 座；设南门站主变电所 1 座和黄山站主变电所 1 座；设控制中心 1 处（达道路站处）。福州市轨道交通 1 号线工程(一期)设计范围为象峰站—福州南站站，线路长度约 24.78 公里，车站 21 座，均为地下车站，其中 5 座为换乘车站。福州市轨道交通 1 号线工程(一期)通信信号系统工程投资总概算为：6.57 亿元，其中通信系统 3.14 亿元，信号系统 3.43 亿元。

通号院于 2009 年年底中标福州市轨道交通 1 号线通信系统（含 PIS）、信号系统合同段并开始设计。2010 年 3 月通过了总体设计专家审查。2010 年 9 月通过了初步设计专家审查。2010 年 9 月开始施工设计，并与各土建标段进行施工设计配合，开始通信、信号系统招标文件的编制。

2011 年完成大部分土建标段施工设计配合任务；信号用户需求书编制工作，经过与业主和总体院、咨询院反复沟通，也于 11 月通过专家评审，等待报发改委审批。通信用户需求书编制工作，经过与业主和总体院、咨询院多次讨论，已基本定稿，等待业主组织专家评审。

8. 长沙市轨道交通 3 号线一期工程。3 号线一期工程从坪塘莲坪大道站至星沙龙角路站，线路长 35.483 公里，平均站间距为 1.407 公里，设车站 26 座，其中地下站 24 座、高架站 2 座；在莲坪大道站西北、南三环的南侧设洋湖垸车辆段，在龙角路站的东南设置张公塘停车场；在侯家塘附近与 1 号线共享主变电所，另在星沙大道站附近新设主变电所 1 座；与 1、2、4、5 号线共享利用 2 号线杜花路控制中心；在万家丽北路站设与 5 号线间的联络线。

2011 年主要设计工作完成情况：7 月中标长沙市轨道交通 3 号线一期工程通信、信号系统设计 3 标。8 月完成通信、信号系统对土建技术要求文件的编制。9 月完成通信、信号系统车辆段、停车场用房需求文件的编制。10 月完成通信、信号系统用电量需求和换乘车站相关资源及进控制中心路由的需求提资。11 月完成通信、信号系统总体方案审查。12 月完成初步设计说明书初稿的编制。长沙市轨道交通 3 号线一期工程线路全长约 33.4 公里，设置 24 座，全线推荐地下敷设方式。在坪塘镇南三环南侧、规划联江路北侧设置停车场，在长沙县星沙镇龙角路东侧、开元路南侧地块、319 国道北侧地块设置车辆段。长沙市轨道交通 3 号线一期工程衔接了坪浦镇、岳麓山大学城、贺龙体育馆、侯家塘商业中心、东塘商业中心、长沙火车站、长沙大学、星沙通程商业中心等重要功能中心和枢纽地区，快速串联了坪浦组团、主城区和星马组团，分担现状建成区南北向交通压力，引导城市向西南、东北方向拓展，为主城区对外辐射的西南—东北向骨干线路。长沙市轨道交通 3 号线一期工程由通号院负责通信系统和信号系统的设计。

9. 长沙市轨道交通 4 号线一期工程。长沙市轨道交通 4 号线一期工程（月亮岛路—桂花大道）线路全长 32.9 公里，设 23 座车站，均为地下车站，其中换乘站 13 座，平均站间距 1466 米，最大站间距 2260 米，为北二环路站至长望路站区间，最小站间距 780 米，为赤黄路站至砂子塘站区间。4 号线一期工程设车辆段一处，位于银杉路东侧，湘江西侧，北二环以北约 1 公里的地块内，设主变电站两座（分别为西湖公园、体育公园），控制中心一座，均以 2 号线共享。长沙市轨道交通 4 号线一期工程由通号院负责通信系统和信号系统的设计。

2011 年主要设计工作完成情况：7 月中标长沙市轨道交通 4 号线一期工程通信、信号系统设计 3 标。8 月完成通信、信号系统对土建技术要求文件的编制。9 月完成可研文件的修编。10 月完成通信、信号系统用电量需求和换乘车站相关资源及进控制中心路由的需求提资。11 月完成通信、信号系统总体方案审查。12 月完成初步设计说明书初稿的编制。长沙市轨道交通 4 号线一期工程线路全长 29.1 公里，共设 21 座，全线推荐采用地下敷设方式。在北二环路与银杉路东北象限设车辆段。

【中铁工程设计院承担的城轨设计项目】 2011 年，中铁工程设计院承担的城市轨道交通工程项目主要有 3 项。

城轨主要项目执行情况分述如下：

1. 南宁轨道交通 1 号线屯里车辆段（含工艺）及出入段线地面线：施工招标设计阶段；

2. 南宁轨道交通 1 号线停车场（含工艺）及出入线地面线：施工招标设计阶段；

3. 南宁东站综合交通枢纽地下空间：方案设计阶段。

桥隧设计

【中铁二院承担的桥梁设计主要项目及执行情况】 中铁二院 2012 年度承担的重大桥梁设计项目简介如下：

一、沪昆客专（长沙～昆明段）桥梁设计主要项目

北盘江特大桥：该桥梁全长 727.25 米，主桥为 445 米上承式钢筋混凝土拱桥，建成后将成为世界最大跨度的钢筋混凝土拱桥。位于贵州省关岭县和晴隆县之间，为双线客运专线，设计活载为 ZK 活载，轨道类型为有砟轨道，最高设计行车速度为 250 千米每小时，基础预留进一步提速条件。

设计重点比选了拱圈混凝土浇筑顺序，已基本确定了混凝土外包顺序。依托钢管混凝土劲性骨架，外包拱圈两侧边室混凝土，待两边室浇筑形成后，再浇筑中室顶、底板混凝土。在外包两侧边室混凝土时，利用斜拉扣索调整拱圈内力状态。

该桥梁 2011 年开工，2012 年主要完成了两岸拱座及引桥基础的开挖，缆索吊机的架设、拱座、引桥桩基础及承台混凝土的浇筑施工。正在进行拱座处 2 号、3 号交界墩施工，劲性骨架的现场拼装。

二、云桂铁路桥梁设计主要项目

南盘江特大桥：该桥全长 852.430 米，主桥为 416 米上承式钢筋混凝土拱桥。位于弥勒雷打滩水电站库区上游 18.5 千米处，大桥为远期 250 千米每小时双线客运专线，设计活载为中—活载，轨道类型为有砟轨道。

设计中已基本确定了混凝土外包顺序。依托钢管混凝土劲性骨架，外包拱圈两侧边室混凝土，待两边室浇筑形成后，再浇筑中室顶、底板混凝土。在外包两侧边室混凝土时，利用拱圈混凝土平衡加载和斜拉扣索相结合的方法调整拱圈混凝土和劲性骨架的内力状态。

该桥 2012 年施工，主要完成了两岸拱座及引桥基础的开挖，缆索吊机的架设、拱座及边坡防护、引桥桩基础及承台混凝土的浇筑施工。正在进行拱座处 5 号、6 号交界墩施工，劲性骨架的制造和拼装。

三、南广铁路桥梁设计主要项目

桂平郁江特大桥：该桥全长 11.3276 千米，为双线特大桥，主桥为（36+96+228+96+36）米双塔双索面钢桁斜拉桥。斜拉索上端锚固于主塔上，下端锚固于主桁上弦节点，主桥为半漂浮体系，主塔与主梁间设纵向阻尼器，采用纵向阻尼约束体系。主梁为下承式钢桁梁，三角形桁架，两片主桁，桁间距 15 米，桁高 14 米，节间长度 12 米。主桁采用焊接整体节点结构形式，材质 Q370qE。主桁弦杆均采用箱形截面，腹杆根据受力的不同采用箱形截面和 H 形截面。

设计标准为双线铁路，线间距 4.6 米，有砟轨道，设计速度目标值为千米每小时。该大桥于 2012 年 8 月竣工。

四、南钦铁路桥梁设计主要项目

三岸邕江特大桥：该桥为双线特大桥，主桥为（132+276+132）米下承式连续钢桁拱桥。主桁采用 N 型桁架，桁宽 15 米，标准节间长度 12 米。边跨为变高度桁架，中支点处设第三加劲弦，高度 18 米。主跨拱肋下弦杆距系杆中心 58 米，拱顶桁高 9 米。拱肋采用二次抛物线，拱肋上弦与边跨上弦圆曲线匀顺过渡。

设计标准为 200 千米每小时客货共线、远期千米每小时客运专线双线铁路。大桥于 2012 年 2 月竣工。

五、丽香铁路桥梁设计主要项目

金沙江特大桥：经过三年多的比选和论证，2012 年，丽香线金沙江特大桥桥位由原设计的 8 号桥位改到其上游约 1.6 千米处的 27 号桥位。桥式方案为（110+660+98）米钢桁悬索桥，为我国首座铁路悬索桥。主缆垂跨比 1/10，矢高 66 米。主跨 660 米设置吊索，边跨不设吊索。钢梁主桁横向中心距 25 米。中跨主缆横向间距 25 米，主缆在边跨设 1 度的偏角，形成空间缆。

桥塔采用双柱式门式框架结构，丽江岸主塔塔高 196 米，香格里拉岸主塔塔高 156 米。主塔基础采用分离式嵌固式桩基础，桥台采用分离式桥台。两岸均采用隧道式锚碇。

主跨660米钢桁梁悬索桥方案，于2012年11月通过了铁道部组织的桥式方案审查。

六、改建铁路重庆至贵阳线扩能改造工程引入重庆枢纽桥梁设计主要项目

渝黔引入重庆枢纽桥梁合计102座—39639.93米，其中特殊桥梁8座—11092米，涵洞172座—5651米。

1. 新白沙沱六线钢桁梁斜拉桥长江特大桥：该桥为改建铁路重庆至贵阳线扩能改造工程引入重庆枢纽的关键控制性工程。大桥位于重庆市江津区珞璜镇长江白沙沱河段，为上、下分层六线铁路桥，主桥采用（81+162+432+162+81）米六线铁路钢桁梁斜拉桥，分上下两层，上层为四线客车线，下层为双线货车线。现处于施工图设计阶段。

线路等级：上层四线客车线、I级铁路、有砟轨道；下层双线货车线、I级铁路、有砟轨道。按一次铺设跨无缝线路设计，采用60千克每米钢轨。具有多线、大跨、重载等明显特征，是世界上首座六线铁路桥，世界桥梁史上第一次采用双层布置的铁路钢桁梁斜拉桥结构。

2. 桂花屋基双线特大桥，该桥跨越既有线及新建线，主跨孔跨布置（37+2×56+37)连续梁。墩形采用圆端形墩、门式墩。现处于施工图设计阶段。

七、改建铁路重庆至贵阳线扩能改造工程引入贵阳枢纽桥梁设计主要项目

渝黔引入贵阳枢纽共有铁路桥梁37座，合计14536.65米，特殊桥16座，比例约为43.2%；框架桥11座，合计2205平方米；框架涵20座，合计1851.5平方米；盖板涵33座，合计750.2米；人行天桥1座，合计66.2平方米。

渝黔客车上行联络线重点大桥——都溪村特大桥：该桥位于贵阳市白云区都拉乡都溪村，依次上跨拟建的成贵左线桥梁、在建的东北环左、右线桥梁、拟建的成贵右线桥梁及拟建的渝黔客车线路基，同时跨地下车输厂管径80厘米输水管道以及154县道及铝厂专用线。现处于施工图设计阶段。

桥上线路为单线，设计时速千米每小时、有砟轨道，位于曲线半径R=800米的左偏曲线上，线路分别为15.6‰上坡和23.2‰下坡。下穿的5处铁路线，其中东北环及成贵左右线设计速度250千米每小时、无砟轨道，渝黔客车线设计速度200km/h、有砟轨道。

八、成峨铁路桥梁设计主要项目

成峨既有铁路成都至昆明线（成都南至峨眉段）扩能改造工程：全线新建铁路桥梁共计45座，14856.36延长米，占正线长度的11.18%。其中新建单线桥梁共计27座，新建双线桥梁共计17座，新建四线桥梁1座；全线新建、接长、改建涵洞共计501座。现处于初步设计阶段。

九、成都至蒲江铁路桥梁设计主要项目

成蒲正线铁路桥梁全长57.056千米，占全线线路总长度的57.8%。线路穿越温江、崇州、大邑、邛崃、蒲江等多个城区，跨越了成都绕城高速公路、第二绕城高速公路、成温邛高速公路、成雅高速公路及多条城市道路以及江安河、杨柳河、金马河、羊马河、黑石河、白马河、西河、干溪河、斜江河、南河、临溪河、清泉河、西门河、清水河、府河等。成都至蒲江正线11个车站中的6个车站位于桥上。西环增建二线铁路桥梁全长2.182千米，占全线线路总长度的12.1%。线路穿越成都市金牛区、青羊区、武侯区、郫县等多个城区，跨越了老成灌路、蜀西路等多条城市道路以及清水河、府河等。现处于施工图设计阶段。

十、西安至成都铁路客运专线桥梁设计主要项目

西成客专（四川段）：正线桥梁81座，总长约43千米，特殊结构桥梁20余座。设计中采用了预应力混凝土连续梁及6×32米先简后联道岔连续梁等，其中主跨144米连续梁为国内铺设无砟轨道高速铁路最大跨度连续梁。结合地形特点本线采用了不同跨度的预应力混凝土T构跨越高速公路。联络线特殊结构采用了（48+88+48）米预应力混凝土连续梁。6×32米先简后联道岔连续梁为国内铁路首次采用。

本线著名桥梁有广元嘉陵江特大桥、白龙江特大桥、江油特大桥等。

由于线路多次与输油管道交叉，斜交角度较小，如采用连续梁跨越则不经济，且视觉上连续梁并无跨越物，通过多方案研究比较后采用了多种跨度的门式墩，其中门式墩最大跨度26米，墩高43米。

十一、重庆机场专用快速路工程南段桥梁设计主要项目（公路桥）

寸滩长江大桥及南引道工程：长4.05千米，为城市快速路，双向八车道，设计速度80千米每小时，重点工程有寸滩长江大桥、腾龙立交。总投资约30亿元。寸滩长江大桥全长1.8千米，主跨880米，桥型采用一跨过江的悬索桥方案，塔柱采用具有浓郁巴渝文化风格的牌楼造型。大桥建成后，作为新机场快速路的标志性工程，就如同进出重庆的一扇大门，将成为重庆又一标志性建筑，也是武汉以上长江上游主跨最大的跨江大桥。

【中铁二院2012年承担的隧道设计主要项目及执行情况】

中铁二院2012年度承担的重大隧道设计项目简介如下：

一、云桂铁路隧道设计主要项目

1. 云桂铁路坡录元隧道：位于阳圩～平安区间，全长11926米，为人字坡隧道，最大埋深约450米，阳圩车站昆明端进入隧道516米。隧区内发育有2个背斜和一向斜，受构造影响局部发育有次一级的小褶曲。洞身地下水为基岩裂隙水，平常期涌水量Q=23229m3/d，雨洪期涌水量Q=46458m3/d。主要工程地质问题为顺层。辅助坑道模式为“进口平导+2斜井”。

设计总工期为 47.97 个月，开工时间为 2010 年 7 月，正洞开累计完成 3848 米，现施工正常，局部存在围岩级别变更及开挖过程中的塌方、掉块等。

2. 云桂铁路孟村隧道：位于平安～富宁区间，双线隧道，左右线线间距为 4.6 米，最大埋深约 371 米。隧道处于中低山区，构造较复杂，隧道洞身穿过孟村断层、板桑一号和板桑二号断层的断层破碎带。地下水以基岩裂隙水为主，水量弱-中等，局部含较丰富层间水，隧道正常涌水量 10903.91m3/d，最大涌水量 21807.82m3/d。线路右侧、左侧分别设置斜井，长度分别为 1193 米、999 米，均采用无轨双车道运输方式；线路左侧设置长 125 米长的横洞一座，采用无轨单车道运输方式。

全隧设计工期为 51.3 个月，开工时间为 2010 年 7 月，正洞开累完成 2822 米，现施工正常，局部存在围岩级别设计变更。

3.云桂铁路富宁隧道：位于平安至富宁区间，全长13625米，最大埋深约455米，双线隧道，左右线线间距4.6米～4.761米，设计为人字坡。洞身共有2处浅埋段，最小埋深拱顶以上约10米。隧道区水文地质较复杂，主要为基岩裂隙水及岩溶水，富水性中等～强。区内不良地质主要为断层破碎带、危岩落石、岩溶、岩体风化破碎等。隧道设置“两横洞+两平导+一斜井”的辅助坑道模式。

设计总工期 48.25 个月，开工时间为 2010 年 7 月，正洞开累完成 4184 米，现施工正常，局部存在围岩级别设计变更。

4. 云桂铁路小寨隧道：位于白腊寨～广南区间，全长6486m，双线隧道，线间距4.6米，线路设计为15.5‰单面上坡。本隧属溶蚀、侵蚀中山山地地貌，最大埋深263米。隧区范围内地下水以孔隙潜水及基岩裂隙水、岩溶水为主。不良地质为岩溶、危岩落石、顺层及顺层偏压，特殊岩土为红黏土。采用“进口平导+横洞”的辅助坑道模式。

设计总工期 49.63 个月，2010 年 7 月开工，正洞开挖累计完成 585 米。该隧道横洞进入正洞后受断层影响，围岩破碎，且存在膨胀性，开挖后变形严重，目前采取的措施为加强支护，调整工法，并进行专项课题进行研究。其余掌子面施工正常，局部存在围岩级别设计变更。

5. 云桂铁路长庆坡隧道：位于珠琳～普者黑区间，为 200 千米每小时预留 250 千米每小时条件的客货共线双线隧道，线间距 4.6 米，全长 12676 米，坡度为人字坡，最大埋深约 290 米。洞身有三处浅埋段，最小埋深拱顶以上约 10 米。测区属构造溶蚀低中山地貌，该段不良地质为岩溶、危岩落石、泥石流，特殊岩土为红黏土及松软土。设置 4 个横洞。

设计工期 45.1 个月，2010 年 7 月开工，正洞开累完成 4726 米。现施工正常，局部存在围岩级别变更。

6. 云桂铁路老石山隧道：位于石林～阳宗区间，双线隧道，线间距 4.6 米，设计为人字坡，全长 8075 米。本隧属滇东南高原低中山地貌，地势起伏较大。隧道最大埋深 590 米。主要不良地质为岩溶、高压水、断层破碎带、有害气体、仰坡顺层及滑坡，特殊岩土为膨胀土、石膏、红粘土。设置“2 平导”的辅助坑道模式。

设计工期为 52.43 个月，2010 年 7 月开工，正洞开挖累计完成 2541 米。2012 年出口平导施工发现瓦斯(天然气)，瓦斯浓度较高，后根据现场情况及加深勘探资料进行了专项研究，并编制了《老石山隧道瓦斯（天然气）处理 I 类变更设计》。其余掌子面施工正常，局部存在围岩级别变更。

二、沪昆客专（长沙～昆明段）隧道设计主要项目

1. 沪昆客专哪旁隧道：位于贵定北～贵阳东区间，全长 7124 米，双线隧道，线间距 5.0 米，全隧为 25‰的单面上坡。隧道属浅（中）切割高原低中山地貌，主要属喀斯特岩溶地貌，垂直节理较发育。本隧不良地质为岩溶、岩堆。采用“2 横+1 平”的辅助坑道方式。

2010 年 12 月开工，本隧尚余 4158 米尚未施工。土建工程施工贯通工期为 32.85 个月（不含无砟轨道铺设），预计 2013 年 6 月贯通。

2. 沪昆客专斗磨隧道：位于安顺西～关岭区间，双线隧道，线间距 5.0 米，人字坡，最大埋深约 246 米。隧址区的地质构造较为简单，为单斜构造，节理较发育。不良地质现象主要为岩溶、煤层瓦斯及采空区、危岩落石等，特殊岩土为松软土、膨胀土、石膏。进口端线路前进方向右侧设置平导，全长 1170 米，共设置 5 个横通道与正洞连接。

2010 年 12 月 25 日开工，按进口、出口两个工区组织施工，进口工区完成 367 米正洞施工，出口工区完成 509 米正洞施工，本隧尚余 1200 米尚未施工。

3. 沪昆客专高家屯隧道：位于普安～盘县区间，双线隧道，线间距 5.0 米，隧道纵向为单面上坡，最大埋深约 170 米。隧道属溶蚀低山地貌。不良地质为岩溶及岩溶水、顺层偏压，特殊岩土为石膏、红黏土、松软土。右侧设置一座横洞，土建控制工期为 53 个月（不含无砟轨道铺设）。

2011 年 5 月 10 日时间开工，按进口、横洞两个工区组织施工，进口工区完成 1107 米正洞施工，横洞工区完成 1248m 正洞施工，本隧尚余 4062 米未施工。

4. 沪昆客专大坪地隧道：位于曲靖北～嵩明区间，双线隧道，线间距 5.0 米，全长 7629 米，最大埋深约 290 米。隧道位于杨林盆地北东侧，穿越 6 条断层。主要不良地质为岩溶、岩堆、危岩落石、顺层偏压，另施工过程中可能遇到有害气体。辅助坑道为两斜井，贯通工期 51.5 个月（不含无碴轨道施工工期）。

2010 年 11 月开工，按进口、1 号斜井、2 号斜井、出口工区组织施工，现隧道完成 4197 米正洞施工，尚余 3432

米未施工。

5．沪昆客专文笔山隧道：位于嵩明～杨林区间，双线隧道，线间距为5.0米，设计为人字坡 ，最大埋深280米。隧道属侵蚀构造低中山地貌，穿越区断裂构造发育。主要不良地质为可溶岩、弱膨胀岩、有害气体。设置两横洞，贯通工期为52.7个月（不含无碴轨道施工工期）。

2010年11月开工，按进口、1号横洞、2号横洞、出口工区组织施工，现隧道完成2511米正洞施工，本隧尚余5273米未施工。

三、六沾铁路隧道设计主要项目

1．六沾铁路乌蒙山一号隧道：位于贵州省境内六沾线梅花山车站出站端，以单洞双线型式穿越梅花山，全长6451米，设计行车速度160千米每小时，通行双层集装箱。最大埋深约500m，地质条件极为复杂，地下水丰富且部分地段水位高；预测雨季最大涌水量为217500 m^3/d。全隧分布3段煤系地层，为高瓦斯隧道。线路前进方向右侧设置平行导坑，全长6455.98米。

全隧分进出口两个工区（含平导），均为高瓦斯工区，2007年9月开工， 2011年5月贯通，2012年12月6日正式通车运营。

2．六沾铁路三联隧道：位于云南省境内新背开柱车站出站端，为单洞双线隧道，全长12214米，该隧道最大埋深约280m。隧道区域发育6条断层和1个向斜。隧道进口下穿既有贵昆线，中部约1080米范围分布宣威群煤系地层，1＃斜井工区为瓦斯突出工区。辅助坑道采用方案为“三平两斜”方案。

全隧分进口工区、一号斜井工区、二号斜井工区及出口工区共四个工区组织施工。该隧2008年6月开工， 2012年4月贯通，2012年12月6日正式通车运营。

四、广昆铁路隧道设计主要项目

1．广昆铁路秀宁（安禄）隧道：位于禄丰南车站与双湄村车站之间，全长13187米，设计时速200千米，单洞双线隧道，洞内采用单面上坡。洞身通过5个褶曲构造及8条区域性断层，工程地质条件复杂，施工中易发生突水、突泥等施工灾害。辅助坑道方案为“进口平导+洞身4个斜井”。

截止2012年底，安禄隧道共有4个工区4个掌子面同时施工，共掘进正洞13027米，剩余160毫米。现各掌子面施工均正常，预计本隧在2013年3月15日左右贯通。

2．广昆铁路老东山隧道：位于广通北车站与禄丰南车站之间，全长7578米，最大埋深370米。洞身主要穿过的地层为白垩系泥岩夹砂岩、泥灰岩，砂岩夹泥岩，侏罗系泥岩夹砂岩、泥灰岩。本隧施工过程中由于围岩条件差，加之地层构造应力的影响，施工过程中初期支护变形开裂严重，

截止2012年10月1日，老东山隧道全隧已贯通，现正在施作洞内无砟道床。

五、蒙河（蒙自～河口）铁路隧道设计主要项目

1．蒙河铁路屏边隧道：位于沙田坝至屏边车站区间，全长10381米，为全线最长隧道，设计为单面下坡。屏边车站伸入隧道出口约 562 米，采用“左洞双线＋右洞单线”（2+1）分修，其余段落为单线隧道。设计采用”一平一斜一横”的辅助坑道方案。

本隧土建工程总工期为40个月，分进口、横洞、斜井、平导和出口共五个工区。4个工区7个掌子面同时施工。截止2012年底，本隧进口工区与横洞工区及斜井工区与出口工区均已贯通，剩余横洞工区与斜井工区867米尚未施工。2012年施工基本正常。

2．蒙河铁路平寨隧道：位于屏边～莲花潭车站之间，全长8052米，屏边车站伸入隧道进口端，形成车站隧道长73 米。段内构造发育，洞身常年流水，地表水较发育，地下岩溶裂隙水、构造裂隙水丰富，基岩裂隙水较丰富。采用“两横一平”的辅助坑道方案。

本隧道土建工程总工期38.17个月，截止2012年底，本隧各工区均未贯通，目前一横和二横间剩余 295 米未施工，二横与出口工区 417 米尚未施工。2012 年施工基本正常。

六、海南西环铁路隧道设计主要项目

1．海南西环铁路颜春岭隧道：全长2860米，位于两座古火山口之间的滨海平原区，最大埋深约35米。洞身主要穿越玄武岩全～弱风化地层及10余处竖向发育的熔岩通道痕迹，物探判释结果为玄武岩强风化、全风化组成。设计采用微型桩、混凝土换填等措施进行基底加固。 隧道左右两侧65～200米分别为东洋海油气管和福山油田输气管，设计采用控制爆破开挖；同时针对洞身多次穿越熔岩通道痕迹，采用地质雷达及超前钻孔进行超前地质预测预报，并采用超前管棚加强支护。

2．海南西环铁路新凤凰一、二号隧道：分别长585米和805米，位于三亚市凤凰机场附近，均为浅埋隧道（最大埋深30米），主要穿越花岗岩全强风化层、人工弃土等。针对洞口全风化层较厚、地下水位高的特点，设计采用 CRD 法、定向钻管棚及井点降水等措施降低暗挖隧道的风险，两隧道分别下穿三亚空管中心之气象站和发报台，设计采用控制爆破开挖，降低对空管设施的影响。

七、贵广铁路隧道设计主要项目

1．贵广铁路岩山隧道：全长 14695 米，最大埋深 640米，为贵广线第一长隧，Ⅰ级风险。隧道穿越泥质砂岩，发育有22条断层及5个褶曲，全隧预测涌水量 114424m3/d。进口浅埋且近接木材厂厂房段。设计中通过反压回填方案成功穿越。洞身 3 次浅埋下穿寨蒿河，最浅处拱顶埋深 4m，设计中采用咬合桩结合抗浮压顶梁等新型结构穿越。全隧设置3座斜井和1座横洞，设计中创新地利用正洞和平导坡度差，在浅埋地段设计了一座“剪刀差”平导，解决了排水问题。

本隧道已于2012年8月6日贯通。

2. 贵广铁路三都隧道：全长14637米，最大埋深660米，为贵广线第二长隧，Ⅰ级风险岩溶隧道。隧址发育2组背斜、4组向斜、4条断层，预测涌水量150428m3/d。进口浅埋下穿村庄。设计中采用地表旋喷加固结合洞内加强支护设计方案成功穿越。全隧顺坡排水，进行超前地质预报、注浆、施工防灾等设计，有效降低岩溶隧道施工风险。全隧设置2座平导、3座横洞，创新地设计了一号横洞跨正线过水构筑物，使横洞顺接洞身平导顺坡排水。

本隧道预计于2013年4月30日贯通。

3. 贵广铁路天平山隧道：天平山隧道全长14005米，最大埋深760米，贵广线第三长隧，Ⅰ级风险。洞身基岩为以页岩、炭质页岩为主的软质岩，埋深大，存在塑性变形问题。设计中对洞身软质岩变形段，通过辅助坑道选取试验段，得出合理的支护参数应用于正洞施工。

本隧道预计于2013年1月18日贯通。

4. 贵广铁路油竹山隧道：全长9896米，最大埋深700米，Ⅰ级风险岩溶隧道。洞身基岩主要为白云岩、灰岩，穿越2条断层、1个背斜，节理密集带众多，预测涌水量168250m3/d。进、出口各设计一座平导，全隧顺坡施工排水。

本隧道已于2012年12月23日贯通。

5. 贵广两安隧道：全长12658米，出口段95米为花岗岩的全风化层，地下水丰富，设计时借鉴城市基坑经验，采用“钢管桩+冠梁+锚杆+横撑”相结合的支护体系成功穿越。

本隧道已于2012年8月1日贯通。

八、成绵乐客运专线隧道设计主要项目

1. 成绵乐客专机场路隧道：位于成都市区，全长5390米。隧道沿机场路左侧辅导引入双流机场方向。沿线地表房屋密集，道路纵横交错。隧道依次下穿成昆铁路西环联络线、三环路蓝天立交、3座市政管线隧道、成雅高速公路、机场高速、绕城高速公路。隧道沿线区域地下通讯电缆、光缆、水管、气管、电力线密集。隧道洞身主要穿越泥岩与卵石土层。

全隧采用明挖法施工，施工工法主要为围护桩+钢支撑或全放坡开挖。隧道设计难点为下穿蓝天立交桥及3座市政隧道隧道段，为保证市政隧道内各类管线的正常运营，设计采用托架方案对市政隧道进行保护。

2. 成绵乐客专双流机场隧道：地处成都市双流机场，隧道全长6470米（包含双流机场车站）。隧道依次下穿簇马路，、江安河、少管所、机场高速公路、双流机场规划停机坪、迎宾路、广都大道。隧道中部设有双流机场地下车站，区间隧道与地下车站相连的过渡段，采用双线明挖衬砌与四线明挖衬砌渐变过渡的方式衔接。隧道沿线区域地下通讯电缆、光缆、水管、气管、电力线密集。隧道洞身主要穿越卵石土层。

全隧采用明挖法施工，施工工法主要为围护桩+钢支撑或全放坡开挖。隧道设计难点主要为与双流机场地下站相接停机坪段四线大跨衬砌，衬砌最大净跨23米，隧道上部为双流机场停机坪。

九、渝利铁路隧道设计主要项目

1. 渝利线万寿山隧道：位于重庆市石柱县境内，全长13468米，为渝利线第一长隧。隧道最大埋深588米，隧道岩层倾角较缓，质软，暴露易风化遇水易软化，易发生隧道拱部掉块塌方，采用加强拱部初期支护的措施，为快速化施工提供了保障。本隧设置三个横洞，施工工期为36个月。

本隧于2011年8月18日贯通。

2. 渝利线长洪岭隧道：位于丰都县江池镇境内，全长13294米，为渝利线第二长隧。隧道最大埋深420米。为防止拱部围岩掉块坍方，设计采用加强拱部初期支护的措施，根据现场围岩状况分别采用拱部格栅钢架、拱部W钢带、初喷早强砼的措施，保证了隧道的施工安全。设置一座横洞及两座斜井，

本隧施工总工期33个月。于2011年4月29日贯通。

3. 渝利铁路火风山隧道：位于重庆市区，按设计时速120千米每小时客货共线（通行双层集装箱）双线隧道设计，全长9386米。隧道洞顶地表建筑物分布密集，隧道开挖采用微振控制爆破技术，采用减振楔形掏槽形式和多段大间隔微差爆破，建立防震孔带。加强支护强度，严格控制支护变形。建立监控量测预警机制，对爆破振动、建筑物沉降、洞内支护变形、支护初期应力等项目进行实时监测，保障了施工安全及第三方生命财产安全。本隧设置3座斜井。

本隧道已于2012年12月24日贯通。

十、兰渝铁路隧道设计主要项目

1. 兰渝铁路熊洞湾隧道：全长6938米，设计时速200公里。隧道进口端以可溶岩为主，出口端以煤系地层为主。地下水发育，为高瓦斯隧道。出口下穿绵广高速公路，埋深仅5m左右。设计采用掌子面封闭、大管棚超前支护，并对支护措施进行加强暗挖通过。出口端设置有轨运输平导以形成巷道式通风，施工高瓦斯段。

设计工期为48.6月（含无砟道床施作），2010年9月12日开工，预计于2013年2月4日贯通。

2. 兰渝铁路梅岭关隧道：全长8271米，设计时速200公里。隧道穿越厚层砾岩、砂岩、泥岩、泥岩互层，有深层天然气等有害气体可能顺着岩层构造裂隙上逸，为高瓦斯隧道。设置进出口平导，采用巷道式通风。

施工工期为38.97月（含无砟道床施作），2009年10月28日开工，预计2013年3月16日贯通。

十一、成渝客运专线隧道设计主要项目

1. 成渝客专新龙泉隧道：全长7328米，为全线第一长

隧，穿越地层为泥岩夹砂岩，是本线最长的高瓦斯双线隧道。本隧设置进口平导、主辅斜井+三号斜井的方案。其中进口及主辅斜井工区为高瓦斯工区，三号斜井及出口工区为低瓦斯工区。

施工工期为32.2个月（不含无砟道床施作）。

2．成渝客专新中梁山隧道：采用左右线分修，左线隧道全长4124米，右线隧道全长4119米。设计时速250千米，本隧为成渝客专控制工程。隧道主要穿越地层为泥岩夹砂岩、泥岩夹砂页岩及灰岩，隧道不良地质主要为瓦斯、岩溶及采空区。左线施工工期34个月，右线施工工期34.8个月。本隧出口设置一斜井。设计中采取了加深炮眼、超前钻孔、红外探水及地质雷达等多项超前地质预报措施，确保隧道施工安全。根据岩溶发育的地质特点，隧道断面设计为圆形，在地下水发育段采用帷幕注浆、局部径向注浆及承受一定水压的加强衬砌，确保地表水及地下水环境的安全。对与既有隧道立交处，采取了先期施工、拆换既有衬砌、大管棚及控制爆破等措施。

3．成渝客专新红岩隧道：位于沙坪坝～重庆路段，全长6699米。地表房屋建筑密集。穿越地层为泥岩夹砂岩。隧道沿既有段由单线隧道扩挖成双线隧道、双线绕行段为新建双线。本隧洞身设置二个横洞。埋深0～15米采用非爆破法开挖、15～30米采用非爆开挖+控制爆破法开挖、30～50米采用控制爆破法开挖、埋深50米以上采用弱爆破法开挖。对浅埋段埋深小于15米的地表房屋采用临时安置措施，确保地表建构筑物安全。

十二、川藏铁路隧道设计主要项目

川藏铁路成康段二郎山隧道：全长16319米，最大埋深2010米，为成康段控制工期的Ⅰ级风险隧道。隧道下穿二郎山大熊猫栖息地世界自然遗产保护区以及二郎山国家森林公园，环保要求高。隧道区域地层出露较完整，发育有4条断裂2条褶皱。全隧预测涌水量87084m3/d。全隧的不良地质有煤层瓦斯、高地温、岩溶、活动断层、岩爆、大变形等。为超前探明前方地质情况、根据防灾救援的要求、施工排水和施工通风的需要，及满足工期要求，全隧设贯通平导1座，结合平导和进口桥梁设置救援站一座。

十三、西成客运专线隧道设计主要项目

2012年度，西成客专已完成修改初步设计和施工图设计工作。全线隧道共42座，其中正线隧道36座，联络线隧道5座，宝成改线隧道1座，总长98.05千米。最长隧道为小安隧道，长13.43千米。全线Ⅰ级风险隧道3座，分别是小安隧道、黄家梁隧道及金家岩隧道。

十四、成昆铁路米易至攀枝花段扩能改造工程隧道设计主要项目

2012年度，成昆线完成可研修改和初步设计工作。全线隧道共25座，其中双线隧道18座，联络线隧道7座，总长122587米。最长隧道为营盘山隧道，长17925米。全线大于5千米隧道共有9座，双线隧道占全线双线段线路长度的80%。

十五、广通至大理铁路隧道设计主要项目

2012年度，广大线完成了施工图分标工作。全线隧道共42座，其中双线隧道41座，共75.43千米。单线隧道1座，长2.29千米。全线最长的隧道为普棚1号隧道，长13.80千米。全线Ⅰ级风险隧道3座，分别是普棚1号隧道、祥云隧道及祥和隧道；II级风险隧道3座，分别是广通4号隧道、下庄1号隧道及下庄4号隧道。

十六、织金至毕节铁路隧道设计主要项目

2012年度，织毕铁路已完成单线方案的初步设计、风险评估、补定测、施工图设计及分标工作。其中隧道共28座，隧道总长46.79千米，最长隧道为吴家寨隧道，全长4.99千米。

杨家坡隧道为高瓦斯隧道并具有瓦斯突出风险，设计采用瓦斯排放孔对瓦斯进行排放。法启隧道进口通过法启大型岩堆体，设计中采用锚固桩+接长明洞+清方等措施进行处理。

【中铁设计咨询桥隧设计项目】 1.莞惠城际轨道交通跨北海河连续梁桥。2012年11月28日，莞惠城际轨道交通重难点工程之一的跨北海河（80+150+150+80）米连续梁桥顺利合龙。北海河宽150米，规划为IV级航道，双向通航。根据航道和水利管理部门意见，同时满足该河段上游码头停船靠岸的需要和避开河段下游闸口，并考虑工期原因，最终审查通过采用（80+150+150+80）米混凝土连续梁，梁体挂篮悬臂现浇方案。跨北海河（80+150+150+80）米连续梁是当时国内跨度最大的无砟轨道预应力混凝土连续梁，也是中铁设计咨询设计的首座超百米无砟轨道连续梁。本次设计对大跨预应力桥梁结构的抗剪、徐变变形控制及四跨连续梁的支座布置进行了深入研究。

2.张涿高速公路永定河大桥永定河大桥是张家口至涿州高速公路卧佛寺连接线（康祁公路）的控制性工程，桥址位于官厅水库拦河坝下游怀来县与北京市交界处。本桥由中铁设计咨询承担设计。主桥布置为（58+93+97+58）米组合刚构，桥梁全长308米，采用双转体施工跨越既有丰沙铁路及永定河。其中2号桥墩为56米高墩，转体系统设计在承台顶面以上16米处桥墩中间部位；3号桥墩采用特殊的临时锁定设计，带支座墩底转体。两处转体角度分别为65度和74度，转体重量分别达到7200吨和6100吨。设计难度大，施工工艺复杂，高墩转体通过精细的稳定性检算和工法研究。2012年5月8日，桥梁施工中实施二次转体成功，成桥效果达到了设计预期的高标准要求。

3.德大铁路黄河特大桥。中铁设计咨询设计的德大铁路

黄河特大桥位于山东省东营市利津县麻湾村，是德大铁路全线唯一重点控制性工程。该桥全长 8092.74 米，主桥为 1-（120+4×180+120）米下承式变高度连续钢桁梁，跨堤引桥为 1-106 米简支组合拱，堤内引桥为 16 孔 56 米简支箱梁，两侧堤外引桥为跨度 32、24 米的简支 T 梁。主桥全长 961.4 米，主桁采用 N 形桁上弦变高桁式，双桁结构。桥面系采用密布横梁正交异性钢桥面板体系。主桥钢梁共计 80 个节间，用钢量 2.2 万吨，高强螺栓 55 万套。钢梁架设从黄河东、西两岸向中间进行，2012 年 12 月 24 日上午 11 时 18 分，随着最后一个螺栓拧紧就位，德大铁路黄河特大桥主桥连续钢桁梁于中跨水上合龙。

【中铁大桥院桥梁设计项目】 1. 武黄城际铁路黄冈公铁两用长江大桥。黄冈公铁两用长江大桥是武汉城市圈规划的重要工程，大桥地理位置重要，既是京九和武九两条铁路联络线上的过江通道，也是大广高速公路和汉鄂高速公路连接的重要纽带，同时，还是武汉城际轨道通往黄冈的重要过江通道。

大桥全长 4.01 公里，包括公铁合建段长 2.567 公里。主桥为钢筋混凝土主塔钢桁梁斜拉桥，桥面按上、下两层布置。上层四车道高速公路，设计时速 100 公里，下层铁路为双线客运专线，设计时速 200 公里及以上，道碴桥面。主桥混凝土用量 11.5 万立方米，钢材用量 4.5 万吨。大桥主桥跨度布置为（81+243+567+243+81）米=1215 米，采用半飘浮体系，主塔和钢桁梁之间设置流体阻尼器对地震荷载进行抑制。主梁采用等高度连续钢桁梁，双主桁，N 形桁架结构，公路桥面宽 29.5 米，铁路桥面宽 18 米。为与上下层不等宽桥面相适应，主梁采用倒梯形截面，上弦主桁间距 27.5 米，下弦主桁间距 16.0 米，桁高 15.5 米，腹杆倾斜设置，主桁采用平行四边形箱形截面。公路桥面采用采用纵、横梁支承的正交异性板结构，铺设 6 厘米混养沥青混凝土；铁路桥面采用密横梁支承的正交异性板结构，通过剪力钉固定道碴槽板。斜拉桥主塔结构设计为“钻石”形钢筋混凝土结构，塔高 190 米。塔上斜拉索锚固区采用应力锚固形式，斜拉索采用平行钢丝斜拉索。主塔基础均采用 Φ3.0 米大直径钻孔灌注桩。

该桥由中铁大桥院设计，2012 年完成施工图设计，进行配合施工工作。

2.京福铁路铜陵长江公铁两用大桥。铜陵长江公铁两用大桥是连接安徽省长江两岸的一条快速通道，总长 6.03 公里，大桥下层为设计时速 350 公里京福铁路客运专线双线和 200 公里合庐铜 I 级铁路双线共四线铁路，上层为设计时速 100 公里的双向六车道高速公路。

大桥主桥为两塔五跨钢桁梁斜拉桥，跨径布置为（90+240+630+240+90）米，主跨 630 米，单孔双向通航。钢桁主梁为板桁结合结构，N 型桁架。主桁总宽度定为 34.2 米，横向采用三片主桁布置，桁高 15.5 米，节间长度 15 米。京福客运专线线路中心线和庐铜铁路线路中心线的线间距定为 14.3 米。上、下弦杆设计时均考虑板桁共同作用，上、下弦杆均采用箱形截面。主桁节点采用焊接整体节点。铁路和公路桥面系均采用密横梁正交异性钢板桥面。在主桥钢桁梁结构受力较大的区域及边墩和辅助墩需要压重的部位，铁路桥面局部采用正交异性箱型钢桥面。在其它结构受力较小的区域，将钢箱底板及其加劲肋取消，仅在横梁处设置横梁下缘底板。主塔采用倒 Y 形混凝土主塔，塔高 212 米。主塔采用梯形截面，以增加主塔景观和减小风阻。斜拉索采用钢绞线斜拉索，空间扇形三索面布置。全桥共 228 根斜拉索。单根斜拉索最大索力约 1300 吨，单根斜拉索最大截面束数为 131 束 Φ15.2 的镀锌钢绞线。主塔墩基础为 3 号和 4 号墩。其中 3 号墩位于深水区，常水位时水深达 36 米。4 号墩位于南岸高滩处。3 号主塔墩基础选用沉井基础。沉井外形轮廓尺寸为 62×38 米，沉井总高度为 68 米，其中下部 50 米采用浮运钢沉井，上部 18 米采用混凝土沉井。沉井采用不排水吸泥下沉的施工工艺，沉井底部放置在细圆砾土层中。岸滩处 4 号主塔墩为降低取土对大堤的影响，采用 55 根 Φ2.8 米钻孔桩基础。

铜陵长江公铁两用大桥主要技术特点和创新点：1.荷载重、跨度大。铜陵桥为四线铁路、六车道高速公路，主桥主跨达 630 米，大桥规模居同类桥梁世界第一。2.钢桁梁全焊接桁片的设计与施工。铜陵桥钢桁梁采用全焊接桁片的设计与施工方案，其优势在于：可减少工地的拼接和焊接工作量，提高了工作效率和质量。由于吊重较轻，对运输、吊装设备要求大为降低。全焊接的节点构造减少了拼接数量，增加了钢梁外观效果。3.箱型铁路桥面的采用。随着跨度增加，主桁杆件需要的板厚越来越大。在铜陵桥主塔根部采用了箱型铁路桥面，可有效减小主桁杆件的截面尺寸，降低制造安装难度。4.在铁路斜拉桥中首次采用钢绞线斜拉索。采用钢绞线斜拉索时，可采用单束安装和张拉，使用轻型设备即可完成。单束钢绞线均有独立的 PE 护套，增加了索的耐久性，同时可简化主梁连接的构造。5.大型深水浮运钢沉井的采用。铜陵桥 3 号主塔基础下部采用了大型深水浮运钢沉井。沉井基础整体性好，抗船舶撞击能力强，需要的施工辅助措施少，节约大临工程的投资，经济性好。

该桥由中铁大桥院设计，2012 年完成全部施工图设计，进行配合施工工作。

3.武汉鹦鹉洲长江大桥。武汉鹦鹉洲长江大桥位于武汉市中心城区，是《武汉市城市总体规划（2009~2020 年）》中明确的过长江通道。鹦鹉洲长江大桥将作为城市一环线上一个重要的长江大桥，是城市新一环线的重要组成部分，是主城区“三环十三射”道路网系统的重要组成部分，也是一环线西进、南扩的关键性、控制性工程。

大桥桥址距下游武汉长江大桥约 2.0 公里，距上游规划杨泗港过江通道约 3.2 公里，距白沙洲大桥 6.3 公里。北接汉阳鹦鹉大道，南连武昌复兴路。桥梁总长度 3.42 公里，主桥为（200+2×850+200）米钢-混凝土叠合梁三塔悬索桥，八车道公路，桥面全宽 38 米，为城市快速路。主缆矢跨比为 1/9，每根主缆由 114 股索股组成，每根索股由 127 丝直径为 5.1 毫米的镀锌高强钢丝组成，主缆采用平行钢丝预制束股法制作，钢丝极限抗拉强度为 1770 兆帕。加劲梁为钢-混凝土叠合梁，梁高 3 米，钢梁采用工字型钢板梁，混凝土桥面板厚为 20 厘米，标准节段长 15 米，吊索中心距为 36 米，两片钢主梁的中心距为 31.2 米。中塔采用钢-混叠合塔，叠合面在桥面以下，塔柱高为 152 米，钢结构上塔柱高 107.5 米，混凝土下塔柱高 44.5 米。中塔基础采用 39 根 Φ2.8 米钻孔灌注桩，桩长 40.0 米。边塔采用钢筋混凝土结构，全高 129.2 米。北边塔基础采用 44 根 Φ2.0 米钻孔灌注桩，桩长 72.5 米；南边塔基础采用 20 根 Φ2.8 米钻孔灌注桩，桩长 40.0 米。北锚碇采用圆形沉井基础，沉井外轮廓直径 66.0 米，高为 46.0 米，共为 9 节，底节厚 6.0 米，为钢壳混凝土；其余各节为钢筋混凝土。南锚碇采用地下连续墙基础，基础外径 68 米，基础高 25.14 米，壁厚为 1.5 米。

武汉鹦鹉洲长江大桥主要技术特点和创新点：1.对三塔两跨悬索桥技术进行了延伸，拓宽了多塔悬索桥的应用范围；大桥通过边跨增加吊索，江滩无桥墩，不改变汉阳江滩现状.。2.为世界首座主缆连续的三塔四跨悬索桥，也是世界最大跨度的三塔四跨悬索桥。3.大跨悬索桥首次采用钢-混凝土叠合梁作为主梁，桥面为混凝土结构，可克服钢箱梁结构的桥面铺装的耐久性问题。4.汉阳侧锚碇基础采用环型截面多圆井孔的新型沉井结构，施工时采用不排水下沉，避免了对附近高楼及长江大堤的影响。

该桥由中铁大桥院设计，2012 年完成全部施工图设计，进行配合施工工作。

4.港珠澳大桥。港珠澳大桥跨越珠江口伶仃洋海域，连接香港特别行政区、广东省珠海市、澳门特别行政区，是我国拟修建的一条超大型跨海公路通道，是我国继三峡工程、青藏铁路、南水北调、西气东输、京沪高铁之后，又一超大基础设施项目。总长约 35.6 公里，其中香港段长约 6 公里，粤港澳三地共同建设的主体工程长约 29.6 公里；主体工程采用桥隧组合方案，其中隧道约 6.7 公里，桥梁约 22.9 公里。中铁大桥院承担 DB02 标段施工图设计工作。

港珠澳大桥桥梁工程 DB02 标段浅水区非通航孔桥采用 85 米连续组合梁桥，全长 5440 米，共 64 孔，其中九洲航道桥以东共 53 孔，九洲航道桥以西共 11 孔，跨径布置采用 6×85 米及 5×85 米两种。浅水区非通航孔 85 米连续组合梁桥采用整墩分幅布置，桥面总宽 33.1 米，两幅主梁中心距 16.8 米，桥梁中心线处梁缝宽 0.5 米。主梁采用单箱单室分幅等高组合连续梁，单幅桥面宽 16.30 米，主梁中心处梁高 4.3 米，桥面横坡 2.5%。基础采用钢管复合桩，桥墩为空心墩，墩身及承台均为预制，采用大型浮吊安装。

九洲航道桥采用双塔单索面钢-混组合梁斜拉桥，主跨设单孔双向通航，桥跨布置为（85+127.5+268+127.5+85）米，全长 693 米。边中跨比例为 0.476:1，边跨设置主要目的为平衡边墩及辅助墩的负反力。主桥位于半径 R=14500 米的竖曲线上，主跨桥面标准宽度为 36.8 米，两侧过主塔后渐变至 33.1 米，桥面设 2.5%横坡。九洲航道桥采用塔、梁、墩固结体系。主梁采用分离式开口钢箱+混凝土桥面板的组合截面。主塔采用钢-混结构，“风帆”造型，景观优美。斜拉索采用竖琴形布置，梁上索距 12.5 米，塔上索距 6.1 米。主塔基础采用 22 根钢管复合桩，有钢管段直径 2.5 米，无钢管段直径 2.2 米，嵌岩桩，行列式布置，桩长分别为 57 米和 74 米，桩底持力层为中风化花岗岩。承台为高桩承台，平面尺寸 36.5×23.5 米（横桥向×纵桥向）。承台顶标高+3.8 米，承台厚 5 米，封底混凝土厚 2.0 米。承台采用 C45 混凝土，钢管复合桩钢管采用 Q345C 钢材，桩身采用 C40 水下混凝土。

珠澳口岸人工岛连接桥桥梁总长为 235 米，桥跨布置为（3×65+40）米，4 跨一联，采用预应力混凝土连续箱梁桥。连接桥 220～222 号墩采用整墩分幅形式，其余采用分墩分幅布置形式，为了与人工岛上暗桥顺畅衔接，连续梁截面采用变宽方式，单幅桥桥面宽度由 16.30 米逐渐变化至 39.204 米，采用单箱多室截面，桥梁宽度变化时，保持悬臂板长度和外腹板斜率不变，依靠逐渐变化底板宽度来实现。连续箱梁截面中心处高 4.0 米，悬臂板长 3.50 米，桥面设 2.5%横坡。220～222 号桥墩采用矩形空心墩，钢管复合桩基础。223 号墩采用矩形实心墩，224 号墩采用高低墩，均采用钻孔灌注桩基础。

2012 年，中铁大桥院进行港珠澳大桥 DB02 标段的施工图设计工作。

5.宜昌市庙嘴长江大桥。宜昌市庙嘴长江大桥上距葛洲坝 2.7 公里，下距夷陵长江大桥 4.9 公里，连接宜昌市主城区、西坝以及点军区。工程按照城市主干路、双向六车道标准设计，路线全长 3.2 公里，总投资 27.6 亿元。

大桥分为大江桥、三江桥、江南引桥、西坝互通、江北立交五大部分，其中大江桥采用单跨 838 米钢板结合梁悬索桥，三江桥采用主跨 210 米中央索面高低塔混凝土斜拉桥。主要技术特点：大江桥采用钢板结合加劲梁，有效的解决了悬索桥传统钢桥面板桥面铺装耐久性差的难题；大江桥主缆、吊索及三江桥斜拉索采用锌-铝合金镀层高强钢丝，可有效提高结构的耐久性；大江桥西坝锚碇地下连续墙基础卵石地层成槽关键技术为国内首创；三江桥采用中央索面超宽单箱多室混凝土主梁。

该桥由中铁大桥院设计，2012 年完成初步设计，开展施工图设计。

【中铁西南院桥隧设计】 新都物流大道下穿宝成铁路框架地道桥勘察设计。项目新建道路中心线东段与物流大道东段中心线一致，无平曲线，与宝成铁路正交；为适应地形和交通需求，以道路与宝成铁路中线交叉处为 K0+00 里程，道路起讫里程-K0+129—+K0+86，全长 215m。项目于 2012 年 5 月进场勘察，目前已提交施工图。

【中铁大桥局桥隧设计】

1. 河南方城凤瑞桥设计
2. 荆门石化方案设计
3. 白鹤滩电站三滩悬索钢桥工程设计
4. 深圳市盐田北山工业区二期出入口铁路框架桥设计

四电设计

【中铁二院四电设计市场经营开发情况】

一、站后通信、信号、信息设计项目的经营开发

2012 年，中铁二院站后通信、信号、信息设计中，共签定签订铁路、城市轨道交通、市政及公网项目勘察设计合同 121 项(份)，合同总金额为 6888 万元，为年初所下达预定指标的 1.72 倍。主要项目有：

（一）海南东环高速铁路红线内隧道覆盖共建工程东环高速铁路光缆联建工程一阶段勘察设计合同

（二）湘桂线提速改造扩能工程永州至柳州 GSM-R 工程勘测场强测试技术服务合同

（三）新建成都局 OTN 骨干环网（北环）等工程设计费支付协议

（四）成昆线乐山至黄联关新建自动闭塞工程的设计费支付协议

（五）新建铁路向莆线乐化城际场至三江镇段列控系统配套应答器数据编制

（六）广州市轨道交通八号线北延段工程（文化公园至白云湖）通信信号系统设计合同

（七）广州地铁 4 号线南延信号设计合同

（八）广州市轨道交通 21 号线工程信号系统设计合同

（九）新建云桂铁路引入昆明枢纽南站站房信息工程设计合同

（十）上海市信息管线工程设计及其补充协议等

2012 年，中铁二院还签订了朔黄重载铁路新型宽带移动通信系统小觉至西柏坡试验段工程总承包合同，合同金额 3716 万元。

2012 年度，中铁二院完成站后通信、信号、信息设计催收款 3812 万元，是下达指标的 1.91 倍。

二、铁路、城市轨道交通、公路交通等电气化设计项目的经营开发

2012 年，中铁二院共承揽铁路、城市轨道交通和公路交通机电工程等外委设计项目 11 项、承揽铁路和城市轨道交通咨询项目 10 项、承揽总承包任务 4 项。新签外委合同额计 3020 万元。主要项目有：

1. 铁路：签订了田东、田阳和六塘专用线电化改造总承包、广西沿海钦州至钦州港 10kV 电力贯通线的施工总承包等项目。

2. 城市轨道交通：签订了无锡市轨道交通 2 号线工程供电系统集成服务、无锡市轨道交通 1、2 号线主变电所用户需求书编制等项目。

3. 公路市政：签订了莆田市妈祖城核心区经营性电力、给水管网建设等项目。

4. 其他：中铁二院所属电化院与其他生产院和子公司展开多方面合作，先后协助中铁二院下属生产单位土一院、土二院、土三院、环研院、南宁分院、贵阳公司、重庆公司、昆明公司、市政公司等单位，全年共完成其他机电工程设计项目 17 项。

2012 年度，中铁二院催收合同款到帐 1645 万元，均超额完成年初所下达的任务指标。

【中铁二院通信、信号、信息系统承担的主要生产任务】 中铁二院站后通信、信号、信息系统设计项目，主要由中铁二院所属通信信号设计研究院承揽。2012 年度，其所承揽的主要设计项目如下：

一、铁路项目（35 项）

1. 西成客专广元至江油段（170 千米）
2. 重庆至万州城际铁路（250 千米）
3. 成都至贵阳铁路（486 千米）
4. 海南西环快速铁路（345 千米）
5. 重庆至贵阳铁路（347 千米）
6. 丽江至香格里拉铁路（139 千米）
7. 成昆铁路复线成都至峨眉段（100 千米）
8. 成昆铁路复线峨眉至广通段（500 千米）等初设
9. 川藏铁路成都至康定（新都桥段）(325 千米)

10. 川藏铁路拉萨至林芝段（405 千米）

11. 渝怀复线涪陵至怀化段（538 千米）可研及初设

12. 沪昆客专玉屏至昆明段（744 千米）

13. 云桂铁路（715 千米）、成渝客运专线（307 千米）

14. 贵阳至广州铁路（600 千米）

15. 成绵乐城际铁路（322 千米）

16. 兰渝铁路广元至重庆段（401 千米）

17. 重庆至利川铁路（259 千米）

18. 渝怀复线重庆至涪陵段（99 千米）

19. 贵阳至开阳铁路（55 千米）

20. 长久至永温线（36 千米）

21. 蒙自至河口铁路（141 千米）

22. 玉溪至蒙自铁路（143 千米）

23. 六盘水至沾益铁路（253 千米）

24. 广西沿海铁路（261 千米）

25. 南宁至广州铁路（160 千米）

26. 湘桂线永州至柳州段（350 千米）

27. 柳南城际段（220 千米）

28. 厦门至深圳铁路（204 千米）

29. 漯河至阜阳扩能改造（206 千米）及枢纽相关工程

30. 南昌枢纽京九、向莆引入等相关工程（78 千米）

31. 成都枢纽相关工程施工设计

32. 贵阳枢纽相关工程施工设计

33. 昆明枢纽相关工程施工设计

34. 南宁枢纽相关工程施工设计

35. 柳州枢纽的相关工程施工设计。

二、地铁项目（29 项）

1. 广州地铁（7、9、21 号线、4 号线南延、8 号线北延）

2. 深圳地铁（6、11 号线）

3. 东莞地铁（2 号线）

4. 佛山地铁（2 号线）

5. 杭州地铁（1、2 号线）

6. 上海地铁（9 号线三期）

7. 北京地铁（8 号线二期）

8. 宁波地铁（1 号线二期、2 号线）

9. 青岛地铁（3 号线）

10. 合肥地铁（2 号线）

11. 成都地铁（2、3、7 号线）

12. 重庆地铁（5 号线）

13. 西安地铁（1、3、4 号线）

14. 贵阳地铁（1 号线）

15. 昆明地铁（3、4 号线）

16. 厦门地铁（1 号线）

17. 南宁地铁（1 号线）。

三、境外项目（12 项）

1. 尼日利亚铁路现代化项目伊都至卡杜纳段（187.45 千米）

2. 尼日利亚阿布贾城铁项目（77.782 千米）

3. 委内瑞拉北部平原铁路（470 千米）

4. 委内瑞拉 FMO 铁矿专用线改扩建工程（123.2 千米维修改造、12.5 千米增建二线）

5. 新建泛亚铁路磨憨/磨丁至万象段（中老铁路）项目（417.682 千米）

6. 埃塞俄比亚亚的斯亚贝巴至吉布提铁路项目（319 千米）

7. 埃塞俄比亚轻轨项目（31 千米）

8. 几内亚马塔康至卡利亚铁矿重载专用线项目（291.7 千米）

9. 缅甸木姐至皎漂铁路运输系统（中缅铁路）项目（884 千米）

10. 格鲁吉利亚现代化铁路项目（既有线改造 22 千米、新建双线 38.3 千米）

11. 格鲁吉利亚第比利斯绕城铁路项目（新建双线 28.73 千米、既有线改造增建二线 9.96 千米）

12. 孟加拉国栋吉至巴扎尔铁路增建二线工程（64.2 千米）。

【中铁二院承担的通信、信号、信息系统设计重大工程项目】

2012 年度，中铁二院承担了如下通信、信号、信息系统设计重大工程项目：

一、朔黄重载铁路新型宽带移动通信系统工程

1. 工程概况及完成情况：朔黄铁路西起山西省神池县神池南站，东至河北省黄骅港港前站，为国家Ⅰ级干线、双线电气化铁路，重载路基，正线总长 592 公里，共计 34 个车站 33 个区间。

朔黄铁路将基于新一代无线宽带通信 TD-LTE 技术，研究和开发满足朔黄重载铁路实际无线通信业务需求的 1.8GHz 新型宽带移动通信系统，实现重载列车同步操控、可控列尾、调度通信、视频传输等语音和数据移动通信业务。

朔黄重载铁路新型宽带移动通信系统研究及小觉至西柏坡试验段建设工作、LTE 网络性能测试、LTE 网络承载业务试验，已于 2012 年 11 月 6 日完成。截止 2012 年底，该项目正在进行朔黄铁路全线工程设计，工程总投资约 8.3 亿。

2. 工程特点：LTE 是 3GPP（3G 合作项目）开发的以 OFDM/MIMO 为核心技术的无线通信技术。LTE 采用扁平化网络结构，系统可靠性高，在数据业务速率、频谱利用率、端到端的数据传输时延、移动性能等方面均优于窄带系统 GSM-R 和 WiMAX。

朔黄铁路宽带移动通信系统是全球重载铁路第一个LTE网络，在全球首次采用LTE系统承载重载铁路专用安全业务。截止2012年底，国内外没有任何类似先例和可以参考的标准，该项目具有开创性的意义。

该项目的实施，对LTE系统在铁路的应用，包括网络规划、工程设计、系统测试、技术标准等方面均具有重要的指导意义，使中铁二院轨道交通移动通信技术处于国际先进水平。

1. 工程概况及完成情况：杭州地铁1号线起于萧山湘湖站，止于下沙16号路站、临平城北工业园区站，规划线路全长约61千米，设车站37座，分三期进行建设。一期、二期工程同步建设，线路长约48千米，设30座车站（27座下站、3座高架站）、一个车辆段、一个停车场和一个控制中心。2008年5月增设下沙段，线路长约6千米，设3座地下车站。2009年再增设临平高铁站，临平高铁站与一期、二期工程同步建设。

截止2012年底，杭州地铁1号线通信、信号、AFC系统已完成全部的施工图设计、施工配合及系统调试工作。2012年11月，一期工程、二期工程、临平高铁站工程同步开通载客试运营。

2. 主要工程特点及技术创新：专用通信系统的PIS首次采用了5.8G的WIFI实现车地间多媒体信息传输。增设数字广告系统（DAS）。在公安通信视频监视系统中，采用高清视频监视系统对车站实时监视。在民用通信系统中引入了三大运营商的2G、3G移动通信业务，同时为预留4G移动通信业务的引入条件。信号系统采用在交汇区域列车自动调整追踪标识号（TID）和目的地号（DID）方案，避免运营混乱。车辆段、停车场计算机联锁系统增加与电力调度系统的接口，在计算机联锁系统人机见面上显示车场供电分区带电状况。车场计算机联锁系统人机界面上实现了车场内列车车组号的自动追踪功能。

三、成都地铁2号线二期工程通信、信号系统

1. 工程概况及完成情况：成都地铁2号线二期工程分为东、西延线，其中西延线长约8.735千米，共设6座车站，一座红光停车场；东延线长约10.750千米，共设6座车站。成都地铁2号线控制中心与1、3、4号线共用，设置于世纪城区域控制中心。成都地铁2号线二期西延线工程预计2013年6月开通运营，东延线工程预计2014年9月开通运营。

2012年3月，完成二期西延线工程通信、信号系统的施工图设计。截止年底，完成了二期西延线工程通信、信号系统的施工配合、系统调试、联调等工作；开展了二期东延线工程的主要土建、风、水、电、装修及综合管线配合等工作。预计2013年6月完成二期工程西延线通信、信号系统的综合联调并实现载客运营，2013年8月完成二期工程东延线通信、信号系统的施工图设计。

2. 主要工程特点及技术创新：成都地铁2号线存在与国铁成灌线并行的线路，针对成灌铁路接触网弓网离线放电对成都地铁2号线弱电系统的电磁干扰问题，中铁二院在国内首次进行了该课题的专题技术研究。为实现站台范围内的资源共享，首次实现了与国铁通信系统中的广播、视频、时钟及乘客信息等子系统的接口。

四、遂渝二线铁路信号工程

1. 工程概况及规模：遂渝二线为既有遂渝线增建二线，西起遂成线新桥站接轨，南连襄渝线黄桷线路所引入重庆枢纽。全线正线长度131.122，另含遂宁南遂宁端下行疏解线4.79千米，石子山（原北碚北）重庆端下行货车联络线2.134千米。其中新桥至遂宁南为新建双线，遂宁南至黄桷线路所为增建二线。遂渝二线沿线共8个车站。行车指挥方式为调度集中系统（CTC系统），采用自动闭塞、CTCS－2级列控系统。

2. 工程特点：本线由黄桷线路所引入重庆枢纽采用的正线切频方式为成都局首次采用，为此中铁二院进行了专题研究，制定了设置方案。遂渝二线代建兰渝工程的渭沱站有4组30号道岔，制定了特殊的道岔跳线方式和特殊的发码电路。

五、南宁东站信息工程

1. 工程概况及规模：新建南宁东站位于南宁市凤岭区北侧，站房建筑面积119935平方米，旅客高峰小时发送量18855人，站台雨棚面积76003平方米，覆盖13站台24台面30线。南宁东站站房由三层平面构成，即高架层、站台层及出站层。另外设有出站夹层、站台夹层、商业夹层。

2. 主要工程特点：南宁东站客运信息系统包括旅客服务信息系统、票务系统、其他信息系统及服务设施。其中旅客服务信息系统集成管理平台为核心，综合显示系统、客运广播系统、视频监视系统、时钟系统、信息查询系统、入侵报警系统等旅客服务子系统在集成管理平台统一操作界面下进行集中监控和管理。票务系统由票务系统服务器、接口服务器、光纤交换机、磁盘阵列、客票安全设备、业务管理终端、维护管理终端、打印机及现场设备等组成。现场设备包括自动售票机、窗口售票机、进/出站闸机、补票机等，分布于站房高架层、站台层、出站层各处。其他信息系统及服务设施包括求助设施、办公信息系统、公安管理信息系统、综合布线系统、有线电视系统。

六、成绵乐城际铁路信号工程

成绵乐江油至成都东段正在铺轨，成都东至峨眉山段路基施工完毕尚未铺轨。2012年，除绵阳站、乐山至峨嵋山段受I类变更的影响及成都枢纽东南环线尚未招标外，信号施工图已经全部设计完成，其中相关宝成线三合场、绵阳站、

绵阳北站已经开通。

【中铁二院承担的通信、信号、信息系统设计新技术应用】 2012 年，中铁二院在通信、信号、信息系统设计中应用了如下新技术：

一、在朔黄重载铁路宽带移动通信系统工程中采用先进的 TD-LTE 技术，是全球第一个 4G 铁路网络。同时，首次采用 LTE 系统承载重载铁路专用安全业务。

二、在成都铁路局骨干环网工程中，首次负责路内 OTN 系统设计。

三、中铁二院首次进行现代有轨电车信号系统技术的研究与工程应用。结合埃塞俄比亚亚的斯亚贝巴轻轨 LRT 项目的开展，首次研究了现代有轨电车信号系统的技术并应用于工程中。

四、在国内首创地铁专用无线通信与城市应急无线通信网共用基站及交换设备。成都地铁 2 号线专用无线列调与成都市无线通信网共用一套基站及交换设备，采用虚拟网络的概念进行设计和建设，减少了系统设备配置，节省了工程投资，实现了地铁专用通信设备与城市通信网的资源共享。

五、中铁二院院史上一次性开通最长地铁线路的弱电系统，且设计采用了多项新技术。

六、在国内首次进行地铁开行快、慢车混合运营方式的信号系统方案研究与工程应用。这种快、慢车混合开行是国内针对城市郊区长大线路客流分布不均衡，为提高列车旅行速度、压缩乘客出行时间而探索的一种比较复杂和全新的运营组织模式。广州地铁 21 号线的信号系统设计是中铁二院应对地铁特殊运营组织模式的一次大胆尝试，也是中铁二院信号专业配合行车组织进行系统应用方案设计的一次技术突破。

七、在国内地铁工程中首次采用 802.11n 通信制式。中铁二院设计的西安地铁 1 号线乘客信息系统（PIS），在国内首次采用 802.11n 制式标准组建系统的宽带移动数字传输子系统，运用该标准进行组网，将传输带宽从 50MHz 提高到 100MHz，增加了传输信息量，使图像传递更加清晰，并且大大拓宽了业务应用范围。

八、首次进行中低速磁悬浮信号系统的适应性研究与工程应用。2012 年，依托株洲中低速磁悬浮 EPC 项目，中铁二院首次对信号系统与磁浮道岔的控制接口、适用于磁悬浮的信号轨旁设备及列车车载测速设备、信号轨旁设备及车-地通信设备在磁浮环境中的电磁兼容特性等方面进行了深入研究，并对轨旁设备的安装方式进行了详细设计。

九、首次进行城市公共智能交通系统 ITS 的技术研究。今年随着中铁二院集团公司智能交通院的成立，中铁二院开始进行城市公共智能交通领域的技术研究。

【中铁二院承担的电气化设计项目及完成情况】 2012 年，中铁二院共完成电气化勘测设计项目任务和三大部类综合工作量 2378 电化折算公里（不含地铁轻轨和外委项目），为 2011 年 2957 电化折算公里 80.4%。

2012 年，铁路建设逐渐复苏，生产任务集中、铁路施工图设计工作量巨大、配合施工点多面广、工期紧张。城市轨道交通和公路项目的竞标工作较 2011 年有较大增加。海外项目进入施工图设计及配合施工阶段，工作量增幅较大。中铁二院 2012 年度承担的电气化设计项目及完成情况分述如下：

一、铁路项目

1. 全年完成国内铁路项目可研 405 千米、可研修编及补充 1507 千米、初步设计 416 千米、初步设计修编及补充约 800 千米、施工图及施工图修改设计累计 3000 正线千米。

2. 完成海外铁路可研 365 千米、初步设计 760 千米。

3. 开展了厦深线、玉蒙线等 20 多个项目的配合施工工作及京石客专等 12 个项目的设计咨询工作。

4. 完成了若干项目的投标、方案研究、预可研、概算清理、过渡工程设计、变更设计及其他零星任务等工作。

5. 2012 年度开通的电气化铁路有：厦深线漳厦段、盘锦港铁路、玉蒙铁路、遂渝铁路增建二线、广西沿海铁路南宁～钦州段、钦州～防城港段、南川～涪陵铁路、漯阜铁路、湘桂铁路永州～灵川段、六沾复线，年度开通铁路项目 9 项，达到中铁二院历史之最。

二、地铁项目

全年承担并开展的主要项目 30 余项。

1. 完成合肥地铁 2 号线等 7 个项目的投标工作。

2. 完成东莞地铁 R2 线，杭州地铁 2 号线、昆明轨道交通 3 号线、上海地铁 12 号线一期、9 号线三期南延伸、成都地铁 2 号线延伸线等 13 个项目的施工图设计。

3. 完成深圳地铁 6 号线、埃塞俄比亚轻轨、成都地铁 3 号线一期工程等 10 个项目的初步设计。

4. 承担贵阳地铁、长沙、青岛、合肥等地多条线路的总体管理设计。

5. 开展尼日利亚、埃塞俄比亚 2 个海外城轨项目设计。

6. 开展宁波地铁等 7 个项目的设计咨询。

7. 开展无锡地铁、宁波地铁等 3 个项目的供电系统集成服务和无锡、成都地铁 2 个项目的供电系统施工监理。

三、公路及市政项目

1. 完成京昆高速路复线重庆至广安段等 7 个公路、市政项目的投标工作，其中郑州市三环路功能及景观照明项目为中铁二院组织独立投标并中标的市政交通工程的首项设计任务。

2. 开展福建三明至明溪高速公路、大广高速公路 D3、D4 标段、南京城西干道综合改造一期工程等 18 个项目的交通工程设计。

四、境外项目

1. 完成伊朗德黑兰～库姆～伊斯法罕铁路的可研、埃塞俄比亚铁路亚的斯亚贝巴～吉布提铁路、中老铁路等项目设计工作。

2. 完成埃塞俄比亚铁路项目EPC报价及“南美洲两洋通道方案研究”、“土库曼斯坦高铁项目前期方案补充研究”等前期工作。

3. 开展了尼日尔输变电项目、尼日利亚阿布贾城铁和埃塞亚的斯亚贝巴城市轨道供电系统设计的研究工作。

五、产品产业化工作

全年开展了新业务领域的拓展和相关业务的开发工作，中铁二院集团公司所属电化院主持的多项科研项目和专利项目进入研发的关键时机。由电化院代集团公司管理的四川艾德瑞电气有限公司于2012年12月27日挂牌成立，铁路电气化新产品的产品产业化工作打开新的局面。

六、三大部类项目

全年完成三大部类项目共计41项，其中科研15项（部控2项、股份公司控4项、集团公司控9项）、规范及标准设计11项（部控4项、集团公司控7项）、业务建设4项、工法2项、软件开发9项。

【中铁二院承担的电气化设计项目主要工程简介及完成情况】

一、新建成渝铁路为客运专线

正线长度305千米，速度目标值250千米每小时，采用四电集成施工管理模式。牵引供电系统采用AT供电方式，牵引变电所采用220kV进线型式，牵引变压器类型采用三相Vx接线。全线新建5座AT牵引变电所，6座AT分区所，10座AT所。改建成都调度中心（拟建）。正线接触网悬挂方式采用全补偿弹性链形悬挂设计。站线、渡线、联络线、动车走行线采用全补偿简单链形悬挂设计。

该线于2010年12月正式开工。

二、新建海南西环铁路为客货共线

正线长度345千米，速度目标值200千米每小时，采用四电集成施工管理模式。牵引供电系统采用带回流线的直接供电方式，牵引变电所采用220kV进线型式，牵引变压器类型采用三相Vv接线。全线新建7座牵引变电所，利用海口、三亚变电所的预留条件增加设备。新建8座分区所，改扩建海口电力调度所。接触网采用同相单边供电，供电臂末端设分区所，可实现上下行并联及越区供电。接触网采用全补偿简单链形悬挂方式。

该线计划预计于2013年内开工建设。

三、改建铁路重庆至贵阳线扩能改造及相关配套工程

全线总建筑长度432.190千米，速度目标值200千米每小时。牵引供电系统采用带回流线的直接供电方式。全线新建11座220kV牵引变电所和1座110kV牵引变电所，采用三相Vv接线牵引变压器。重庆西牵引变电所与电力变配电所合建。新建13座分区所和1座开闭所，改造成都电力调度所。接触网采用全补偿简单链形悬挂。利用贵广铁路工程在建的贵阳北供电车间，对本线新建牵引供电及电力设施进行运营维护管理。

四、新建铁路重庆至利川铁路为客货共线

正线长度262.278千米，速度目标值200千米每小时。牵引供电系统采用带回流线的直接供电方式，牵引变电所采用220kV进线型式，牵引变压器类型采用三相Vv接线。正线新建7座牵引变电所、8座分区所、9座并联开关站，重庆枢纽内改建重庆北牵引变电所。新建重庆北开闭所、唐家沱分区所兼开闭所、井口分区所，在既有重庆牵引供电调度所新设渝利线调度台。接触网采用同相单边供电，供电臂末端设分区所，可实现上下行并联及越区供电，并联开关站实现接触网上下行全并联供电；接触网采用全补偿简单链形悬挂方式。

该线计划于2013年开通运行。

五、格鲁吉亚绕城铁路

线路全长约38.69千米，其中新建双线区段线路长28.73千米、既有单线增建二线线路长9.96千米，速度目标值100千米每小时。牵引供电系统采用3.3kV直流供电方式，新建牵引变电所采用110kV电压进线。牵引变压器类型采用三相△/Y接线。全线新建2座牵引变电所，改造1座牵引变电所；接触网采用双边供电方式；接触网采用半补偿式弹簧悬挂方式。

该线正在进行施工设计工作。

六、埃塞俄比亚铁路公司亚的斯亚贝巴-吉布提铁路项目新建SEBETA-ADAMA-MIESO段铁路

线路长度327.254千米，速度目标值为120千米每小时，其技术参数均参照中华人民共和国相关规范、标准和参考图纸。牵引供电系统采用单相工频25kV交流制，带回流线的直接供电方式。牵引变电所采用132kV进线型式，牵引变压器类型采用三相Vv接线。全线新建7座牵引变电所，3座分区所；接触网采用同相单边供电，供电臂末端设分区所，可实现上下行并联及越区供电。接触网采用全补偿简单链形悬挂方式。

2012年度，按照EPC总承包的技术标准，完成了接触网平面布置图及安装图、牵引变电所一次图设计。

七、新建铁路南宁至广州铁路（中铁二院设计范围）

黎塘西站至桂平站段，左线全长115.857千米、右线全长115.873千米。柳广上下行联络线双单线合计总长14.189千米。新建AT牵引变电所3座、分区所3座、AT所4座、直供开闭所1座，改建南宁电力调度所1处。接触网采用同

相单边供电，供电臂末端设分区所，可实现上下行并联及越区供电。接触网采用全补偿简单链形悬挂方式。

截止2012年底，已完成大部分施工图，并开展了配合施工工作。

八、新建铁路贵阳至广州客运专线（贵阳北～贺州段）

正线长度856.899千米，中铁二院为总体设计单位，设计范围为贵阳北～贺州段，正线长度597.542千米（铁四院作为参加设计单位，设计范围为贺州～广州南，正线长度259.357千米），速度目标值千米每小时。中铁二院设计范围内：牵引供电系统龙里北～贺州正线采用自耦变压器(AT)供电方式，贵阳北～龙里北、贵阳枢纽联络线、桂林地区联络线采用带回流线的直接供电方式。牵引变电所采用220kV进线型式，牵引变压器类型采用三相Vx接线。新建AT牵引变电所14座、AT分区所13座、AT所20座、直供开闭所1座，增容改造直供牵引变电所1座。牵引调度及远动系统纳入广州调度所。接触网采用同相单边供电，供电臂末端设分区所，可实现上下行并联及越区供电。贵阳枢纽段接触网采用全补偿简单链形悬挂方式，老罗堡至贺州段接触网采用全补偿弹性链形悬挂方式。

2012年底，完成了四电集成文件编制及审查，提供了大部分施工图。

九、新建铁路成都～绵阳～乐山铁路客运专线电气化工程

正线长度318千米，速度目标值250千米每小时。牵引供电系统采用单相工频25kV交流制，AT供电方式。新建牵引变电所6座、分区所7座、AT所12座，牵引变电所采用2台单相变压器，三相V/X联结的接线方式。接触网正线采用全补偿弹性链形悬挂、站线采用全补偿简单链形悬挂。

2012年，完成了部分施工图、计划2013年建成。

十、广通至昆明段扩能改造工程为既有成昆线增建复线工程

采用施工图招标方式开展工程招标。本工程广通～温泉段新建复线，线路长81.92千米，速度目标值160千米每小时。牵引供电系统采用带回流线的直接供电方式。新建牵引变电所采用220kV进线、牵引变压器类型采用三相Vv接线；既有牵引变电所维持110kV进线、阻抗匹配平衡牵引变压器。全线新建牵引变电所1座、分区所2座，利用改造既有牵引变电所1座；利用既有昆明电力调度所。接触网采用同相单边供电，供电臂末端设分区所，可实现上下行并联及越区供电；接触网采用全补偿简单链形悬挂方式。

2012年，完成了招标施工图设计，已通过铁道部审查。

十一、新建云南国际铁路通道（蒙自～河口段）

该线为客货混跑单线铁路，正线长约141千米，速度目标值120千米每小时。牵引供电系统采用带回流线的直接供电方式，牵引变电所采用110kV进线型式。全线新建牵引变电所5座，河口北牵引变压器采用单相变，其余牵引变压器采用三相Vv接线，并设动态无功功率补偿装置。接触网采用同相单边供电，两相邻牵引变电所间电分相处设联络开关，可实现越区供电。接触网采用全补偿简单链形悬挂方式。

2012年，完成了大部分施工图设计，计划于2013年建成。

十二、昆明市轨道交通3号线工程

该项目是昆明市东西向交通骨干线，线路全长约23.5千米。一期工程由石咀站至东部客运站，全长约19.158千米，共设车站17座，均为地下车站。设石咀车辆段和放马桥停车场；与1、2号线共用昆明北控制中心。供电系统采用110/35kV两级电压集中供电方式，牵引供电系统和动力照明配电系统共用35kV供电网络。设沙沟尾、放马桥主变电所。牵引供电系统采用DC750V接触轨（下部授流）供电、走行钢轨回流方式。共设13座牵引降压混合变电所（其中正线11座，车辆段、停车场各1座），6座降压变电所，2座跟随式降压变电所。

本工程是中铁二院在国内承担的第一项采用DC750V接触轨供电的城市轨道交通设计任务，工程设计中包容性预留了中压逆变回馈型再生制动能量吸收装置接入条件。中铁二院与昆明轨道公司、时代电气联合研制的该类产品已处于挂网试运行阶段。

十三、无锡地铁1号线为南北向交通骨干线

线路全长29.42千米，其中高架线路全长7.16千米。全线设车站24座，其中高架站5座，地下站19座。设西漳车辆段、雪浪停车场、三阳广场主变电所、金城路主变电所，控制中心设于金城路站附近。供电系统采用集中式110/35kV两级电压供电，牵引、动力照明混合网络供电方式。牵引供电制式采用DC1500V接触轨受电、走行轨回流方式。全线共设置110/35kV主变电所两座、牵引降压混合变电所14座、降压变电所13座、跟随式降压变电所4座。

中铁二院承揽了该工程供电系统设备集成管理任务，截止2012年底，已完成供电系统75%的设备供货及安装，预计2014年6月开通试运营。

十四、东莞市城市快速轨道交通R2线工程

该项目是一条由北部——西南方向的市域快速干线，线路全长37.787千米，其中地下线长33.602千米（占线路总长的88.92%）。全线共设车站15座，在东城街道茶山站西侧设车辆段1座，控制中心设于西平站西北侧。全线共设置2座主变电所。供电系统采用集中式110/35kV两级电压供电，牵引和动力照明共用35kV供电网络。采用DC1500V架空接触网供电、走行轨回流方式。地下区段采用刚性悬挂，地面及高架区段采用柔性悬挂。全线设置13座牵引降压混合变电所（含车辆段1座），6座独立降压变电所。

截止2012年底，已完成初步设计评审，正在开展施工

图招标设计和施工配合。

十五、郑州市三环线快速化景观亮化工程

该项目是郑州老城区与其他城市功能片区之间的快速通道，线路全长 44 千米，本次设计范围共 29.8 km。本次投标景观亮化呈现点、线、面三结合，构思出“中原亮环，活力之光”的设计主题，突出中原文化的根源性、原创性、包容性、开放性、传承性，充分展现郑州的活力，以第一名的成绩中标。

2012 年，已完成西三环航海立交、陇海立交预留预埋及道路照明及供电的设计和景观亮化施工设计全线总体设计方案。

其他设计

【中铁二院承担的公路及市政交通工程设计项目及执行情况】 2012年，中铁二院全年共承担公路市政交通工程勘察设计项目103项。其中可行性研究项目14项、初步设计项目18项、施工图设计项目27项、配合施工项目30项、咨询项目14项。主要分布在广州、深圳、四川、福建、重庆、南京、珠海、郑州、云南、兰州等省市。

2012 年度中铁二院公路及市政交通工程设计项目完成情况如下：

一、工程可行性研究项目（14项）

1. 郑州市紫荆山路、长江路组合立交系统及相关工程：已完成工程可行性研究报告。

2. 珠海市香（洲）海（泉湾）路（40.816 千米）：已完成工程可行性研究报告。

3. 珠海市洪湾至高栏港高速公路（港珠澳大桥西沿线）(37.598千米)：已完成工程可行性研究报告。

4. 海口市如意岛规划开发项目工程：由于岛型调整，正在编制过程工程可行性研究报告。

5. 兰州市经一路工程（21.974 千米）：已完成工程可行性研究报告。

6. 南充西河南路至黄莲湾路桥隧工程（2.4千米）：已完成工程可行性研究报告编制工作。

7. 成都成华区圣灯片区基础设施配套项目一期工程勘察设计审查：已完成工程可行性研究报告审查工作。

8. 德阳市钱塘江路、沱江路、韩江路、西外街、黄河西路、规划二路下穿宝成、成绵乐工程(4.934千米)：已完成工程可行性研究报告编制工作。

9. 大件公路外绕线新津段（双流界～兴物一路）建设项目（4.87千米）：正在编制过程工程可行性研究报告。

10. 湄洲湾至重庆高速公路三明（莘口）至明溪（城关）段项目（33千米）：已完成工程可行性研究报告编制工作。

11. 南京城西干道综合改造工程(6.13 千米)：已完成工程可行性研究报告修编工作。

12. 甘孜州猫子坪至磨西公路（8.89千米）：已完成工程可行性研究报告修编工作。

13. 江市调顺跨海桥工程项目（9.494千米）：建议书、预可研、工程可行性研究报告修编工作均已完成。

14. 广州市新化快速路申请报告修编（10千米）：已完成工程可行性研究报告修编工作。

二、初步设计及施工图设计项目（45项）

1. 湄渝高速三明莘口至明溪城关段（原海西高速明溪联络线）(30.52千米)：施工图设计已完成，正在开展配合施工工作。

2. 大广高速公路粤境连平至从化段勘察设计（D3标）（39.555千米）：施工图设计已完成。

3. 大广高速公路粤境良口至中和里段（D4标）(34.305千米)：施工图设计已完成。

4. 广州增城沙庄至花都北兴二期工程（44.222千米）：初步设计已完成，正在开展施工图设计。

5. 六合区江北绕行线（机场段）改造工程(3.25千米)：初步设计已完成，施工图设计还未开展工作。业主计划近期启动该项目。

6. 南京苜蓿园大街改造工程设计（重新设计）(1.72 千米)：初步设计、施工图设计已完成。

7. 郑州市国道G107郑汴路互通立交工程（2.5千米）：初步设计、施工图设计已完成。

8. 巴基斯坦国道路网修复工程（154 千米）：施工图设计已完成。

9. S217 甘孜至新龙至理塘君坝大桥段公路改建工程（164 千米）：初步设计已完成，正在进行施工图设计。

10. 湄洲湾至重庆高速公路S2标三明段勘察设计(31.5千米)：正在开展初步设计工作。

11. S212线西昌缸窑至宁南公路改造工程(124.593 千米)：初步设计已完成，正在开展施工图设计。

12. 蒙古北京街道道路改造方案（1 千米）：已完成施工图设计。

13. 海南西环铁路公路改移道路（11千米）：初步设计文件已交付．施工图设计待定。

14. 粤赣高速老庄田大桥、白洋大桥验算：已完成。

15. 南京城西干道二期勘察设计（1.67千米）：初步设计、施工图已完成。

16. 海口市人工岛规划开发项目工程：正在配合总体组开展路线和路面工作，正在进行工程可行性研究报告修编工作。

17. 南充西河南路至黄莲湾路桥隧工程（2.4 千米）：工程可行性研究报告修编工作、施工图设计已完成。

18. 京昆高速公路重庆至广安段（34千米）：正在开展施工图设计。

19. 崇州怀远定江桥、元胜路、街安路勘察设计（20.3千米）：初步设计、施工图设计已完成。

20. 南充大西街交通综合改造工程（1.84 千米）：已完成一期工程0.69千米的初步设计及施工图设计。

21. 成安渝兴隆服务区、管理中心、乐至互通变更设计：

已完成。

22.达州州河大桥与210省道连接处变更设计：已完成。

23.成洛大道东延线（五凤至洛带段）快速通道工程勘察设计（11.69 千米）：工程可行性研究报告、初步设计已完成。正在开展施工图设计。

24.成都市二环路羊西线～商贸大道工程勘察设计（6千米）：初步设计已完成。

25.兰州市北环路东段工程：可研已完成，已完成先行开工段2千米的施工图设计及全线的初步设计。

26.南充市西河南路接黄莲湾路桥隧工程（2.4千米）：已完成施工图送审稿。

27.甘孜州猫子坪至磨西公路（1.3 千米）：工程可行性研究报告、初步设计已经完成，待初步设计评审后开展施工图设计。

28.成华区圣灯片区基础设施配套项目一期工程勘察设计审查：工程可行性研究报告、初步设计及施工图审查工作已完成。

29.G318、G108 路面大修工程及国省干线公路标识系统改造勘察设计（450千米）：正在开展施工图设计。

30.南京城西干道一期工程：受到材料单价调整、方案变化等原因，全部需要修编。工程可行性研究报告、初步设计、施工图修编已完成。

31.成都市建设北路北延线（蜀龙路五期）项目二标段：初步设计和施工图设计已经完成。

32.北兴互通B匝道安全整治工程：初步设计及施工图设计已完成。

33.广深沿江高速公路“6.29”事故烧伤桥梁修复加固施工图设计：已完成设计。

34.广州市南沙港快速路特大桥径流收集系统等施工图设计：正在进行施工图设计。

35.洪雅至峨眉山旅游快速通道新建工程（洪雅线止戈至峨眉山旅游外环线公路新建工程）勘察设计（46.67 千米）：正在进行初测、初勘及初步设计工作。

36.成都市红星路下穿隧道通风设施改建工程施工图设计：正在进行施工图设计。

37.昆玉高速公路与广福路连接线工程：已完成工程可行性研究报告、初步设计。

38.成都市火车北站扩能改造配套工程勘察设计：该项目业主统一纳入二环路改造中，因此本项目已经取消。前期中铁二院做了初步方案研究和测量。

39.渝黔线夜郎河双线特大桥：已完成设计工作。

40.成绵乐客专各标段Ⅰ类变更设计：已完成设计工作。

41.广州新化快速路D1-1标和全线分段开通方案变更设计：正在进行中，下部设计计划2013年2月25日已交付，其余设计由于方案未定，总体组正在进行协调。

42.广州大广高速公路 D3 合同段施工图变更设计（12.3km）：已完成施工图设计。

43.湄渝高速福建三明（莘口）至明溪（城关）段施工图变更设计：已完成施工图变更设计。

44.拉萨市柳东大桥勘察设计：方案设计、初步设计已经完成，正在开展施工图设计。

45.东莞地铁会展中心站、旗峰公园站道路交叉设计：方案设计已完成，下阶段任务等待业主通知。

三、配合施工项目（30项）

1.货运大道绕城高速公路互通立交工程：正在进行配合施工工作。

2.机场高速公路北延线二期东湖上下道增设匝道工程：正在进行配合施工工作。

3.广西柳州至武宣公路工程勘察设计：正在进行配合施工工作。

4.达州洲河大桥、明月江大桥（0.57 千米）：正在进行配合施工工作。

5.新洲至化龙快速路（11 千米）：正在进行配合施工工作。

6.成都至简阳旅游快速通道（16.1 千米）：正在进行配合施工工作。

7.广州东圃特大桥连续刚构加固：已完成。

8.成自泸高速公路：正在进行配合施工工作。

9.湖南省洞口至新宁高速公路工程：正在进行配合施工工作。

10.广深沿江高速公路勘察设计：正在进行配合施工工作。

11.武隆县政府滑坡、柏杨坪滑坡整治工程：正在进行配合施工工作。

12.郑州西三环～科学大道立交工程：正在进行配合施工工作。

13.广州东南西环高速公路异形板梁加固工程：已完成。

14.大邑县市政基础设施工程总承包：正在进行配合施工工作。

15.成安渝高速公路勘察设计（115 千米）：正在进行配合施工工作。

16.郑州市京广路～沙口路快速通道工程（5.4 千米）：正在进行配合施工工作。

17.福建省莆田市妈祖城核心区基础设施项目：已完成施工图设计，正在开展配合施工工作。

18.南大梁高速公路：已完成施工图设计，正在开展配合施工工作。

19.渠县渠江二桥：已完成施工图设计，正在开展配合施工工作。

20.泉州环城高速公路南安至石井段：已完成施工图设

计，正在开展配合施工工作。

21．郑州花园口互通式立交新建工程：已完成施工图设计，正在开展配合施工工作。

22．郑州市郑汴路互通立交工程（2.5 千米）：已完成施工图设计，正在开展配合施工工作。

23．渠县北城快速通道（南大梁高速公路渠县互通连接线）：正在进行配合施工工作。

24．南充大西街交通综合改造工程（1.84 千米）：正在进行配合施工工作。

25．湄渝高速福建三明（莘口）至明溪（城关）段（30.52 千米）：已完成施工图设计，正在开展配合施工工作。

26．南京城西干道综合改造工程：正在进行配合施工工作。

27．天府新区“三纵一横”重大基础设施项目－正公路及铁路立交节点：正在开展配合施工工作。

28．渠县渠江明月大桥：已完成施工图设计，正在开展配合施工工作。

29．津蓟高速公路延长线：已完成施工图设计，正在开展配合施工工作。

30．广州东莞大道延长线：已完成施工图设计，正在开展配合施工工作。

四、咨询项目 14 项

1．京昆高速公路重庆至广安初步设计审查：已完成。

2．广安市肖溪镇供水及基础设施建设工程设计设计审查：已完成初稿的审查。

3．渠县土溪至渠县城快速通道设计审查：已完成路线方案审查。

4．猫子坪至磨西公路设计审查：已完成审查。

5．江西省铅山县城至上武高速公路鹅湖互通连接线工程设计审查：正在进行审查。

6．四川五福大道（五凤至洛带段）环境影响评价、崇州市元胜路和街安路排水设计及醴茶路 K76+022 平交排水施工图审查：已完成审查。

7．江西省上饶纬三路设计审查（7.25 千米）：已完成审查。

8．江西婺源县火车站片区道路工程一期（站前大道、詹天佑大道、天佑北路、天佑南路）设计审查：已完成审查。

9．重庆梁平至忠县高速公路工程（78 千米）：已完成审查。

10．贵州省坝坨开发区乌江三桥工程：已完成审查。

11．贵州省沿河土家族自治县沙子隧道工程：已完成审查。

12．国道 205 深圳段改建工程、布吉路改造工程竣工图审查：已完成审查。

13．重庆涪陵江南片区荔枝园立交工程、涪陵区长江一桥南桥头改造工程设计咨询：正在进行审查。

14．江西省大二线（婺源县城段）一级公路建设项目设计审查：正在进行审查。

【中铁二院承担的房建工程设计项目及完成情况】 中铁二院承担的房建工程设计项目，主要为依附于铁路工程项目的站房设计，同时涉及其他交通市政工程的房建设计。2012 年，中铁二院开展的铁路站房及其他房建工程项目，共计完成投标 100 项，预可研、可研 20 项，初步设计、施工图设计 60 项，站房及地铁项目 30 项，国外项目 20 项，配合施工 8 项，咨询 5 项。

一、2012 年中铁二院承担的房建工程设计项目

（一）投标及站房方案竞选项目（100 项）

新建长沙至昆明客运专线（14 个站）、巴达线（5 个站）、海南西环线建筑概念设计方案（13 个站）、兰渝线（6 个站）、成都西站房、织毕线、成兰线、成昆线、川藏线、铜仁至玉屏线、襄渝线、中铁轨道交通高科技产业园规划方案设计、贵阳至广州铁路、新建成贵铁路客运专线、新建铁路成都至蒲江客运专线、昆明巫家坝中心站方案竞标、西成线、贵阳枢纽、渝黔铁路扩能改造工程、新建成贵铁路客运专线、新建磨丁至万象线建筑概念设计方案、贵阳东广场规划、双流机场客站规划、昆明调度楼、绵阳、德阳公安楼、三亚凤凰机场站、其他雨棚及改造项目、双流机场客运枢纽站规划，地铁 7 号线催家店停车场、地铁 7 号线狮子山车辆段方案，长寿北地下空间规划，宝兰客专甘肃段设计咨询和施工图审核，穗莞深城际新塘~白云机场段、成都建设北路北延线（蜀龙路五期）项目二标段，民航西藏自治区管理局驻昌都站办公楼、驻成都办事处，成都双流机场客运枢纽规划、厦漳泉、莆宁平、莆宁平城际轨道综合交通规划、钦州东广场规划，新疆乌鲁木齐站房施工图审核、青岛北地下空间等 100 个项目。

（二）预可研、可研项目（20 项）

海南人工岛项目上岛通道及交通集散地配套工程、防城港至百色铁路、南昌枢纽湾里支线、新建绵阳～遂宁铁路预可研、拉萨至林芝铁路预可修编、内蒙古麻地梁煤矿铁路专用线、浦梅铁路、长泉铁路（含吉安至永安段）、遵义地区既有川黔铁路改移工程、郑万铁路等 20 个项目。

（三）初步设计、施工图设计项目（60 项）

玉溪至蒙自铁路、南昌枢纽京九、向莆引入相关工程、贵阳改貌货运中心生产生活设施Ⅰ类变更批复后核备概算及施工图设计、西成客专广元至江油段、巴中～达州铁路、渝黔线、六沾线昆明局管段、南宁枢纽南环线、成绵乐城际铁路、福厦线、厦深线、盘锦港疏港铁路、三万南线、漯阜铁路电气改扩能改造、成渝客专修改初设、蒙河线、海南西环快速铁路、西成客专广元至江油段、成都至贵阳铁路、织

金～毕节、黄织线、成都至兰州铁路、成昆线成都至峨眉段扩、重庆至贵阳铁路、云桂铁路、海南西环快速铁路、丽香线、广大铁路、昆明枢纽、广西沿海新建铁路、渝利线重庆北动车运用所、贵广铁路站房初步设计及“四电集成”、成都至浦江铁路、西成线、昆广线、兰渝线、湘桂线、柳南城际段、贵广线、南川至涪陵线、渝利线、成都至九寨沟(兰洲)、达万线、等60个项目。

（四）站房及地铁项目（30项）

重庆北站市政配套工程、渝利线3个站（长寿北、涪陵北、双溪站）、漯阜线(周口，项城，沈丘，界首，太和)、合肥南站房、石家庄站房、六盘水站房、大瑞线（保山、永平、漾濞站）、蒙河线（屏边、河口北、蒙自）站房、万源站房、南广线（桂平、平南）站房、渝利线3个站（长寿北、涪陵北、双溪站）、长寿站地下空间、重庆北站、重庆西站、广西沿海铁路钦州东站房、青岛北站、青岛海创地下广场、龙洞堡站、京石客专（石家庄站房）、南宁东站地铁、合肥南站房、重庆西地铁、重庆北地铁、南宁东站地铁、石家庄地铁、青岛地铁火车北站、重庆T2、T3航站楼、南宁东站地铁车站、贵阳北站站前广场、川藏铁路康定至昌都段、贵阳北站站房承轨层等30个项目。

（五）国外项目（20项）

尼日利亚铁路，阿布贾城铁，尼日尔（尼亚美～特拉铁路项目、尼亚美～阿尔利特铁路项目）、乌干铁达路，南美洲玻利维亚双洋通道，委内瑞拉铁路，几内亚矿山专用线，埃塞俄比亚铁路，中老(磨憨至万象)铁路，格鲁吉亚第比利斯绕城铁路，泛亚铁路(磨憨至磨丁至万象)，委内瑞拉车站、住宅区规划、大学规划，尼日利亚车站方案，加纳医学院方案，塞拉利昂新弗里敦国际机场（10000平方米），援坦桑尼亚外交部办公楼项目，佛得角学校项目等20多个项目。

（六）配合施工（8项）

黄织线、沾昆线、成都枢纽、贵阳枢纽、漯阜线、盘锦港疏港铁路、海南东环线、六沾线等配合施工项目。

（七）咨询项目（5项）

沈阳南、贵阳北、昆明南、新建杭州至长沙客运专线、新建铁路兰新二线等5个项目。

二、2012年中铁二院主要车站房建工程简介及完成情况：

（一）部分方案竞选、投标项目

1．青岛北站地下空间：该项目与铁路青岛北站及地铁青岛北站密切联系，部分区域结构共用，功能共享。已经完成初步设计，局部方案进行调整（消防）。东、西广场进入施工图（咨询）设计阶段。现新客站东西广场和周边地下空间建设已经启动。

2．钦州东站房及站前平台下架空方案（钦州东广场规划）：经铁道部鉴定中心批复，初步设计方案为旅客通过站前广场室外楼梯到达站房，室外楼梯与站房下部为填土。钦州市政府委托设计将站房下部架空，作为公交车、出租车、社会车下客区，实现各类交通工具间的换乘。

3．成都西站：为成都～蒲江铁路首发起点站，建筑面积约6000平方米，车站类型为客运站，车站等级为特等站，车站规模为8台16线。成都西站建成正式投入运营以后，成都铁路枢纽地位将会得到极大提升。

（二）部分初步设计、施工图设计主要项目

1．京石客运专线石家庄新客站站房：该项目由中铁二院和中国建筑设计院联合设计，堪称铁路建筑精品，2012年12月26日正式开通，投入运营。石家庄新客站是京石客专、石武客专、石太客专、石青客专引入石家庄的一座集铁路、地铁、城市道路公共交通换乘功能于一体的现代化大型铁路交通枢纽站，以“拱桥”为造型特点。客运车场按两场设计，自东向西分别为高速场和普速场，规模为13台30线，其中普速场规模为4台9线，高速场规模为9台21线。新客站东、西广场分两期进行建设，首先进行的是西广场建设，二期建设东广场。目前投用运营的主要是西广场和主体站房部分，新客站西广场地下工程已经主体封顶。站房东广场及地下交通正在施工，预计整个石家庄站将于2013年6月全部竣工。

2．海南西环线快速铁路——三亚凤凰站：该项目按1000人规模设计为中型站房，包含主站房，客运系统机房以及车站办公、公安办公等用房。站房总建筑面积为5300平方米，换乘天桥总建筑面积为4660平方米，站台雨篷总建筑面积5775平方米。已完成初步设计修编工作。

3．兰渝铁路站房工程项目：新建兰渝铁路线路长度788.75km，自兰州站至江北站（重庆第二客站）运营长度823.84 km。中铁二院承担其四川境内的站房工程设计任务。主要车站有苍溪站、阆中站。苍溪站站房规模按最高聚集人数400人设计，设计总面积2999.28平方米，车场规模为3站台面6线。阆中站按2000人规模设计为中型站房，设到发线9条（含正线2条），基本站台1座，中间站台2座。站房总建筑面积合计7952.90平方米。

兰渝铁路自2008年9月26日在兰州开工，计划工期6年，现已完成初步设计。预计2014年全线建成通车。

【中铁二院承担的海外工程设计项目及完成情况】 2012年，中铁二院实施的海外项目共17项。其中，委内瑞拉中部铁路、委内瑞拉北部铁路、中老铁路、中缅铁路、孟加拉铁路、埃塞俄比亚铁路、尼日利亚铁路拉各斯至卡杜纳段、尼日利亚阿布贾城轨等项目，正处于稳步开展阶段。

2012年中铁二院承担的海外工程设计项目完成情况(17项，约4980公里)

1．孟加拉国栋吉至巴扎尔铁路增建二线工程（64.2千米)：自2011年11月正式开工以来，完成了合同0单元总体要求约95%工作量（余下约5%为日常维护至项目结束)，A单元土方工程约30%工作量，其余各项工作正陆续展开。

2.缅甸木姐至皎漂铁路运输系统（中缅铁路)项目(884千米)：2011年7月初，成立中缅铁路现场工作组，开始组织协调全线可行性研究工作，2012年4月27日完成可研文件（含国内国外版)，已提交缅方。

3.新建泛亚铁路磨憨/磨丁至万象段（中老铁路）项目(417.682千米)：2012年5月14日，铁道部鉴定中心对《新建老挝磨丁至万象铁路可研报告总说明书(提供老挝版本)》进行审查后，根据中铁二院安排，于10月30日完成全线初步设计文件编制，之后将适时启动施工图设计及补定测相关工作。

4.委内瑞拉北部平原铁路（470千米)：继续开展站后详细及配合施工工作。地勘配合施工补钻52孔，截止2012年10月30日，已累计完成31孔903.70米，占已布钻孔工作量的60%。站后专业继续开展详细设计，已交付10个车站站房建筑及结构设计、3个货场设计、1个机务基地、全线PMZ及相应的水电设计。

5.委内瑞拉PALUA（帕鲁阿）港口改扩建工程（含2.5千米专用线)：2011年11月底，中铁二院和中铁十局联合体与委内瑞拉CVG集团签订该项目合同。联合体于2012年3月底，完成了该项目的营地建设、地质钻探和勘察测量工作。4月底，联合体完成了项目的初步设计工作。其中铁路专用线部分在5月初完成审查，并在5月30日提交详细设计；港口部分在6月中旬完成审查。
该项目于2012年6月底正式开工，继续进行相关专业的设计修改及配合施工工作。

6.委内瑞拉FMO铁矿专用线改扩建工程（123.2千米维修改造、12.5千米增建二线)：2012年8月24日，中铁二院和中铁十局联合体与委内瑞拉CVG集团签订该项目合同。现已完成全线CP0的测量，部分控制点检测，埋设控制桩范围约80千米。各线路、桥涵、地质等专业开始前期工作准备。计划于业主开工令下达后4个月内完成初步设计。

7.埃塞俄比亚亚的斯亚贝巴至吉布提铁路项目（319千米)：2012年2月，中铁二院与中国中铁亚的斯亚贝巴—米挨索铁路项目经理部签署《亚的斯亚贝巴—吉布提铁路EPC项目第1和第2标段：SEBETA—ADAMA—MIESO勘察设计分包合同》。中铁二院于2012年7月31日前，完成全部站前专业施工图，于8月24日前，全部提交并于10月25日完成了全部站前施工图的修改，同时完成了站后专业的施工图。

8.埃塞俄比亚轻轨项目（31千米)：2012年2月，中铁二院与中国中铁埃塞俄比亚轻轨项目经理部签署《亚的斯亚贝巴东西线和南北线（一期）轻轨EPC项目勘察设计分包合同》。10月31日中铁二院交付埃塞轻轨项目的初步设计文件，之后按现场需要陆续交付数段先期开工段施工图。

9.尼日利亚铁路现代化项目伊都至卡杜纳段（187.45千米)：2012年，继续完成施工图修改完善工作，完成站后工程优化方案设计，并按咨询意见完成了修改和答复。

10.尼日利亚阿布贾城铁项目（77.782千米)：根据业主要求，中铁二院于2012年4月完成可研修编文件编制及上报，11月完成编制全线77.782千米阿布贾城铁工程设计方案（修编）说明书，完成调整后的一期工程设计文件及概算。

11.阿根廷贝尔格拉诺货运铁路改造项目(1335千米)：2012年初，完成测量大纲、勘察大纲、设计原则及勘察设计实施大纲、标段工程数量计算、轨道结构研究等设计工作。根据业主要求，完成赴现场配合CMEC进行招标文件资料的收集及编制工作。

12.几内亚马塔康至卡利亚铁矿重载专用线项目(291.7千米)：2012年1月6日，完成可研设计文件的编制及上报，除配合业主审查外的合同内容已全部完成。

13.阿尔及利亚东西高速公路项目（52千米)：继续组织进行BPE（施工图）刷新工作，整个设计配合工作结束时间难以确定。

14.援蒙古乌兰巴托北京街改造项目(0.9千米)：2012年11月，完成该项目施工图设计并上报商务部，11月底通过了该项目内、外部审查。

15.援巴基斯坦国道公路网维修项目(193千米)：2012年7月，完成该项目施工图设计并上报商务部，于8月中旬通过内、外部审查。

16.格鲁吉亚第比利斯绕城铁路项目（新建双线28.73km,既有线改造增建二线9.96千米)：2012年继续完善站前施工图设计，开展配合施工工作及站后施工图设计。截止2012年底，已完成全部勘察设计工作的89%，获监理批复为A的占全部勘察设计工作量的75%。其中站前工作完成98%，获监理批复为A的占站前工作量的94%。

17.格鲁吉亚现代化铁路项目（既有线改造22千米，新建双线38.3千米)：2012年8月，中铁二院与中铁十局于签订勘察设计分包合同。2012年12月，完成站前施工图设计并交付施工。

【中铁二院承担的EPC工程设计项目及完成情况】 2012年，中铁二院新成立的工程总承包管理部，以增强对总承包业务的职能管控和运作水平为中心，迅速开展相关工作。建立的公司ES管理工作体系以及制订实施的《工程总承包项目环境、职业健康安全管理指导意见》等，进一步健全了公司安全生产管理体系，有效预防了安全风险的发生。

2012年，中铁二院承担的EPC总承包项目共计30项。

其中，新开工项目 7 项、在（续）建项目 10 项、收尾项目 13 项。2012 年中铁二院 EPC 项目共完成产值 8.12 亿元（含孟加拉项目 1.78 亿元），完成收款 7.72 亿元（含孟加拉项目 1.57 亿元）。分述如下：

一、在（续）建项目（10 项）

1．桐梓煤化工基地铁路专用线工程 EPC 项目：合同额 32000 万元，由中铁二院成都公司承担，累计完成工程量的 68.8％，工程遇到地质、拆迁等问题影响，进展未达到预期目标。

2．贵州省六盘水市花园路至水钢隧道工程：合同额 12600 万元，成都公司承建，累计完成工程量的 88.4%。存在问题：公司同业主的招投标手续没有完成；工程资金没有计划，工程进度款的支付存在一定的困难。

3．枕头坝一级水电站水库蓄水区铁路防护处理工程：合同额 10470 万元，成都公司承建，累计完成工程量的 74.5%。土地补偿问题尚存在不利于施工的多种因素。

4．法国贷款广汉市城镇市政基础设施灾后重建项目——城镇供水设施、雒南污水处理厂 DB 总承包：合同额 7380 万元，环研院承建，累计完成工程量的 98%。正在进行竣工验收工作。

5．改建工业企业铁路陕西钢铁有限责任公司铁路专用线改扩建工程总 EPC 总承包合同：合同额 7261 万元，西安公司承建，累计完成工程量的 30%。由于陕西钢铁有限公司被陕西煤化集团公司兼并，单位重组工作完毕，土地征用恢复进行。

6．法国贷款四川省灾后重建罗江县基础建设重建工程城镇供水设施及管网工程 DB 总承包：合同额 3180 万元，环研院承建，累计完成工程量的 90%。由于业主提供施工条件未到位，导致停工 4 个月，继续停工中。

7．遵义县南楠公路上跨川黔线铁路立交桥及铁路防护迁改工程 EPC：合同额 2913 万元，成都公司承建，体已经完工。存在问题：业主资金到位不及时，出具报告反映并进行多方协调。

8．南车株洲电力机车有限公司中低速磁浮试运线 EPC：合同额 7529.31，土建一院承建，累计完成工程量的 100%，目前正在配合株机公司和西南交大进行车辆调试。

9．湖北省建材供销公司铁路专用线工程施工总承包合同：合同额 4144.96 万元，武汉公司承建，累计完成工程量的 39.1%。施工一期工程已完工，2010 年 1 月至 6 月，卸 1、卸 2 线陆续交付使用。因征地拆迁等原因，暂停剩余工程的施工。累计收款额 1380 万元。

10．孟加拉栋吉至派布罗巴扎尔增建二线铁路项目含达卡至吉大港正线信号工程 EPC：合同额 130597 万元，土建三院承建，累计完成工程量的 14.02%。

二、新开工项目（7 项）

1．云南冶金集团建水产业集群基地专用铁路项目：合同额 17560 万元，由昆明公司和土建一院共同承建，累计完成工程量的 35.3%。

2．蒲城清洁能源化工有限责任公司 180 万吨甲醇 70 万吨聚烯烃项目铁路专用线站前工程 EPC 总承包合同：13064 万元，西安公司承建，累计完成工程量的 57.6%。

3．陕西延长石油集团四川中心油库铁路专用线工程设计、施工总承包：合同额 11244 万元，土建二院承建，专用线工程完成。收款 3373 万元。车站相关工程由于土地手续未完善，暂时还未施工。目前正在积极协调地方政府办理征地事宜。

4．朔黄重载铁路新型宽带移动通信系统小觉至西柏坡试验段工程总承包：合同额 3716 万元，通号院承建，主体工程已经完成，下一步主要完成项目验收、总结工作。

5．瓮福磷矿区中低品位磷矿综合利用项目-杨柳坪工业站配套改造工程：合同额 1028 万元，成都公司承建，累计完成工程量的 22.3%。由于业主要求 2013 年 1 月 31 日必须达到开通条件，要求分包单位加大施工人员、机械设备的投入才能确保工程按期完工。

6．新建钦州至钦州港 10kV 电力贯通线及配电所设计施工总承包：合同额 1075 万元，电化院承建，施工前期准备。

7．水江铁路（企业）企业专用线工程 EPC 总承：合同额 5893.58（含补充合同），重庆公司承建，相关工程的站后工程，已完成并通过验收；企业专用线部分，下一阶段的施工合同已签订，由于建设单位资金困难，待建设单位资金落实到位情况而定，一旦落实将实施。

三、收尾、结束项目（13 项）

法国贷款大邑县市政基础设施灾后重建项目 DB 总承包、陕西陕煤韩城矿业有限公司象山矿井铁路专用线改扩建工程总承包、大庆石化 120 万吨/年乙烯改扩建工程铁路改建项目 EPC 总承包合同(含补充合同)、国电驻马店热电有限公司 2*330MW 供热机组铁路专用线工程电厂站工程总承包合同、中国铝业水江铁路(企业)专用线工程(相关工程部分)、安宁市西一绕市政道路与大黄磷铁路专用线平交道口、安宁市安县市政道路与大黄磷铁路专用线平交道口工程、昆明南车城轨装备基地建设项目动调线工程、梧贵高速上跨南广铁路立交通道 EPC 工程、河南天冠企业集团有限公司铁路专用线二期工程 EPC 总承包合同、拉法基瑞安（重庆）实业有限公司湿渣取料机一侧轨道破损整改工程总承包、六塘站专用线电气化改造工程总承包合同、田东站专用线电气化改造工程总承包合同、田阳站专用线电气化改造工程总承包合同

【中铁二院 2012 年度其他新兴设计领域】 2012 年，中铁二院根据市场发展前景和调研论证后顺势设立的智能交通

设计研究院、民航机场设计研究院和智源检测公司以及太原分院、毕节分院等多家机构，既完善了市场布局，也提升了公司在新兴领域和地域的市场竞争能力；调整职能、重新定位后的车辆商旅管理中心，将推行差旅集中采购，不仅能使员工的出行更加方便快捷，也能有效降低公司的差旅成本、提高资金使用效率。

【中铁设计咨询承担的海外工程设计项目】 2012年中铁设计咨询进行前期配合、投标及已经承担的海外项目主要有24项，大部分在亚洲、非洲、南美洲。其中，进行前期配合的项目5项；投标项目2项；开展预可、可研项目10项；开展初设、施工图设计及施工的项目7项。

1. 新建蒙古铁路达赛线达兰扎来盖特至赛音山达段铁路（519公里）。5月份完成预可研，7月份完成可研和部分段落站前施工图。

2. 新建柬埔寨百威夏铁矿至沙密港铁路项目。6月份完成预可行性研究。9月份完成可行性研究。

3. 乌克兰波利斯波里国际机场至基辅市轨道交通项目（37.4公里）。11月份完成可研修改。

4. 老挝爬立山铁矿至拟建巴山钢铁厂铁路专用线项目（110公里）。6月份完成项目建议书。

5. 安哥拉三所铁路培训学校。9月份完成可行性研究、环境影响评价。

6. 沙特阿拉伯JUBAI港物流中心工业园区配套铁路工程。12月份施工基本完成。

7. 喀麦隆共和国N11公路改造工程（347公里）。4月份完成可研。

8. 老挝万道至怀共铁路项目（125公里）。7月份完成项目建议书。

9. 加纳西部铁路（330公里）。8月份完成投标文件。

10. 印尼中加里曼丹运煤专线（392公里）。9月份完成投标文件。

11. 朝鲜南阳至罗津铁路改造工程（158.6公里）。待提供资料后，安排可研。

12. 利比里亚Bomi东部山区铁矿DSO矿石资源开发利用（矿山开发部分）项目。12月份完成可研。

13. 利比里亚邦矿铁路EPC工程（9公里），12月份正在进行铺轨和调试工作。

14. 巴基斯坦国道修复项目，施工图已完成，正在进行配合施工。

15. 乍得阿贝歇-比尔廷公路改造项目（92公里），12月完成外业勘测。

16. 澳大利亚阿尔法煤矿铁路ECI设计，12月完成ECI商务合同及技术条款谈判工作，计划赴现场考察。

17. 香港中利联利比里亚邦矿既有76公里铁路改造EPC工程，12月份完成可研。

18. 援塔吉克斯坦二所中学校舍勘察设计，总建筑面积8000平方米。完成初步设计。

19. 援塞内加尔达喀尔大学孔子学院校舍勘察设计，建筑面积1200平方米。开展施工图设计。

20. 援几内亚比绍体育场维修改造工程总包，已施工完成。

21. 援吉布提哈桑达莱特体育场维修改造工程总包，完成施工图。

22. 援牙买加外交外贸部办公楼勘察设计，总建筑面积1.2万平方米，年内中标。

23. 巴基斯坦卡拉奇至白沙瓦铁路电气化改造工程，方案研究。

24. 斯里兰卡科伦坡至康提铁路提速改造工程，前期现场考察。

【中铁设计咨询承担的EPC设计项目】 2012年中铁设计咨询承担EPC总承包项目（不含城轨及海外工程）6项，完成产值2.70亿元。项目情况如下：

1. 新建察哈素矿井铁路专用线（设计、施工）总承包。线路总长度17.155公里，桥梁3796.83延长米，隧道总长3843延长米，项目合同额8.17亿元。续建工程，至2012年底，累计完成投资2.55亿元。

2. 新建桂林康密劳铁合金有限公司铁路专用线（设计、施工）总承包。线路长度1.4公里，三街站及相关工程改造，项目金额8767.5万元。续建工程，2012年6月完工，12月通过静态验收。

3. 青海俄家台坎布拉四星级酒店建设总承包。总建筑面积29013平方米。合同总价1.76亿元。续建工程，至2012年底，累计完成投资3059万元。

4. 新建察汗淖集运站铁路专用线工程（设计、施工、技术咨询）总承包。项目位于鄂尔多斯市境内，主要包括集运站配套的铁道工程、集运站集运系统总体布置及装车系统、集运站外部进出道路等相关工程。合同总金额约5.7亿元。新建工程，2012年设计工作尚在进行中。

5. 中棉集团山东物流园有限公司铁路专用线项目（设计、施工）总承包。新铺轨1.35公里，新建生产和生活房屋1780平方米，混凝土硬化面6.15万平方米，雨棚1.8万平方米，合同额5976万元。新建工程。

6. 大同煤矿集团朔州矿业公司金沙滩运销站工程（设计、施工）总承包。万吨煤炭集运站，合同额6200万元。2012年末，工程已基本完成。

【中铁西南院其他设计】 1.南部白鹤香洲边坡治理工程设计。白鹤香洲房产二期开挖边坡治理工程位于白鹤香洲房产二期楼盘开发范围内。边坡治理工程面积约 8054.5 平方米，根据斜坡各个区域位置、岩体风化深度及土层深度的不同，将边坡治理工程用分为 2 个边坡段进行治理，目前项目进展顺利。

2. 汶川县教育局后山边坡勘查设计。 汶川县教汶川县教育研究培训基地拟建工程主要由接待大厅、综合办公楼、教学楼、培训中心招待所等相关设施组成。项目调查的范围约为 0.2 平方千米，评估范围 40233 平方米，穿越路线长约 3500 米，测绘地质剖面 2 条，长约 500 米。通过现场调查和资料收集分析，完成了地质灾害危险性现状评估和预测评估，评估工作严格按委托要求、国土资源部相关技术要求进行。

3. 芦山县佛图寺塔地基基础加固变更设计。 佛图山佛图寺为著名佛教文化发源地，始建于元朝，是我国宝贵的民族文化遗产，具有极高历史价值。佛图寺塔因年久失修，塔基不稳，造成塔身倾斜，随时有崩塌的可能。项目在原有勘察成果基础上进行补充地质调查测绘和勘探试验，对地基承载力、沉降变形和塔体整体稳定性进行分析评价并根据评价结果对佛图塔做出具有针对性的地基基础加固施工图设计。

【中铁隧道院市政设计】

1. 佛山桂城越秀星汇云锦商业开发（A\B\C 地块）。完成 A、B 地块的围护结构施工图设计、A、B 地块的联合初步设计，进入施工图设计阶段。C 地块完成设备专业施工图设计。A、B、C 三个地块进入全面配合施工阶段。

2. 马来西亚吉隆坡 MRT 项目的设计咨询。启动了马来西亚吉隆坡 MRT 项目的设计咨询工作，完成了部分土建施工图的设计及审查。

3. 长沙市营盘路湘江隧道工程。完成傅家洲竖井方案设计及剩余附属工程的配合施工以及本项目施工图设计文件归档；完成设计工作量确认、设计费确认及尾款结算；完成《长沙市营盘路湘江隧道工程复杂条件浅埋大跨水下隧道修建关键技术研究》子课题：浅埋大跨水下隧道设计关键技术研究报告编制，配合集团公司完成科研项目鉴定及科研报奖。

4. 长沙市南湖路湘江隧道工程。完成工程的剩余土建设计及设备施工图设计；完成隧道洞门造型方案及洞身装修设计，已通过市政府评；全面开展现场配合施工；开展本项目《长沙湘江大型江底盾构隧道建设关键技术》子课题——“穿越湘江大直径盾构隧道设计研究”的科研，现已基本完成子课题报告的初稿。

5. 无锡太湖广场（人防）地下商业开发工程。太湖广场项目主要进行了主体结构施工；完成了工程的主体施工图设计以及由于现场施工条件变化引起的主体建筑、结构施工图变更设计。

6. 郑州市黄河路下穿北编组站隧道：年内完成上到场接触网供电线的迁改变更设计、东三角线和下发场箱涵近铁路施工变更设计、下发场接触网迁改变更方案设计以及现场配合施工。

【中铁工程设计院承担的建筑设计项目】 2012 年，中铁工程设计院承担并开展了 78 项，其中主要的建筑设计项目有：

1. 北京诺德中心，建筑面积 238515.73 平方米；

2. 潜江 61 批次地块修规、方案、扩初、施工图设计，建筑面积 164100 平方米；

3. 吴江 20110205 地块住宅项目，建筑面积 102400 平方米；

4. 敕勒川嘉园小区，建筑面积 327265.05 平方米；

5. 苏地 2011-B-35 地块施工图设计，建筑面积 283632 平方米；

6. 苏盐合作园区港区/开发区片标准厂房、公租房、研发中心一期工程，建筑面积 375000 平方米；

7. 鸿升国际汽车城，建筑面积 147554 平方米；

8. 2012 年海淀区老旧小区综合治理项目二标段，建筑面积 301852 平方米；

9. 凤凰金庭居住区，建筑面积 142770.18 平方米；

10. 北京联合大学应用文理学院第二教学楼，建筑面积 20776 平方米；

11. 南京市第一医院扩建门急诊楼项目，建筑面积 32289.53 平方米；

12. 城市广场北项目，建筑面积 178000 平方米；

13. 河北保定幼儿师范高等专科学校新校区，建筑面积 153835 平方米；

14. 中棉集团南宫棉花产业化示范基地项目，建筑面积 158420 平方米；

15. 溧阳市东门旧城改造项目，建筑面积 378887 平方米；

16. 马涧高层动迁房，建筑面积 290000 平方米；

17. 东海水晶公园水晶国际广场，建筑面积 180000 平方米。

【中铁工程设计院承担的 EPC 工程设计项目】 2012 年，中铁工程设计院承担并开展了 5 项，其中主要的 EPC 工程设计项目有：

1. 无锡地铁 1 号线西漳车辆段移动试架车机、移车台、转向架转盘、轮对转盘、转向架升降工作台、全列车吹扫吸尘；

2. 无锡地铁 2 号线工程带基础非标工艺设备采购项目；

3. 广珠城际轨道交通有限公司广州南存车场三层作业

平台、轨道桥；

4. 内蒙古集通铁路三层作业平台、轨道桥(整备库)；

5. 上海动车段三层作业平台、轨道桥。

【中铁工程设计院承担的工程勘察及岩土工程项目】

2012年，中铁工程设计院承担并开展了46项，其中重点项目有：

1. 玉树项目；

2. 北京诺德国际广场钻孔灌注桩工程项目；

3. 北京诺德中心人防通道工程项目；

4. 北京诺德中心动力中心工程项目；

5. 北京市地面沉降监测与防治研究项目；

6. 北京地铁 14 号线张仪村停车场蓄水池支护工程项目；

7. 北京地铁14号线张仪村停车场地基支护钢管桩支护工程项目；

8. 太原轨道交通装备有限责任公司"退城搬迁入园"建厂技术改造项目；

9. 唐山轨道客车有限责任公司时速 380KM8 列动车组制造能力提升技术改造项目（总组装厂房）；

10. 唐山轨道客车有限责任公司高速动车组试验线和制造能力提升技术改造项目（转向架厂房）；

11. 唐山丰南青少年体验中心支护工程项目；

12. 锡林浩特整备库、站修库CFG桩基础工程项目；

13. 集通铁路集团公司管内部分桥涵加固工程第三标段旋喷桩工程项目；

14. 广州至清远城际轨道交通项目（广州北至清远段定测2标段）。

【中铁大桥局其他设计】

1. 郑州市航海路立交动力计算及工程施工配合

2. 深圳市碧岭—三洲田道路与三洲田水库上坝公路交叉口设计

3. 芜湖市鸠江开发区道路设计

4. 深圳市盐田区华大基因市政配套工程设计

技术咨询与服务

【专家咨询与监理工作】 充分发挥股份公司专家委员会作用，广泛开展设计咨询活动。先后组织专家对股份公司实施的昆明、成都、深圳等城轨 BT 项目进行了专家评审，重点对概算和技术方案进行了评审，开展了设计施工互动，有效控制了风险，保证了工程质量，提升了项目效益。组织专家对伊朗德伊高铁的技术接口、标准以及技术方案进行论证，对柬埔寨柏威夏至沙密港新建铁路等海外项目以及股份公司投资的江门大道北线工程等 BT 项目开展咨询评估，为公司领导提供决策依据。积极开展咨询业务，设计咨询分公司充分利用咨询资质先后中标并实施了蒙东煤炭物流园区铁路专用线新建工程可研、秦皇岛海港区民族路南延伸道路建设工程项目设计、天津铁路枢纽西南环线扩能改造工程施工图审核等 10 余个项目的设计咨询，为公司发展提供了业务支持。

有序推进监理自查自纠专项治理工作。股份公司在 16 家监理企业自查的基础上组织三个检查组进行了督导检查，帮助监理企业进一步规范管理，促进监理业务健康发展。在全国工程监理企业工程监理收入前 100 名排序名单中，华铁咨询位列第 1 名，连续二年名列榜首。

【中铁二院咨询监理业务的经营开发】 2012 年，中铁二院集中开展了监理业务自查自纠工作，确保了公司监理业务的依法经营、规范管理和健康发展。其下属的咨询监理公司（子公司），全年共完成各类咨询监理招投标文件 56 余项，实际签订监理服务合同 35 个，新签合同金额 1.8 亿元。年内监理收入 1.8038 亿元，利润总额 1183 万元，上交企业所得税 1159 万元，监理公司本年度新增固定资产 1417 万元，实现了实现国有资本保值增值，圆满地完成年初提出的生产经营目标。

2012 年度，中铁二院咨询监理公司承担了下述主要的铁路、市政工程、公路及海外监理项目：

1. 青藏铁路花园五期工程 A 标。

2. 成都市中心城区缓堵保畅“两快两射两环”项目二环路东段改造工程。

3. 苏州轨道交通 2 号线工程轨道施工监理。

4. 商务部援贝宁公路维修扩建内部管理总承包合同。援利比里亚打井项目（EPC）监理总承包合同。

5. S305 线富顺段绕城改造工程 A 段（一期）工程。

6. 武汉市中央商务区核心区地下交通环廊工程二标段。

7. 云南省盐津县黄葛槽至水田坝公司建设工程。

8. 深圳市城市轨道交通 7 号线监理工程。

9. 国家成渝地区泸渝高建、房建工程。

10. 沈阳地铁 10 号线 JLI 标工程监理。

11. 重庆机场专用快速路工程南段寸滩大桥监理工程。

12、。四川阿坝州银杏乡银杏坪沟泥石流综合治理工程监理。

【中铁设计咨询承担的技术咨询与工程监理项目】 2012 年中铁设计咨询完成技术咨询（含技术咨询、工程检测、地勘监理）营业额 1.27 亿元，同比上年增加 0.19 亿元；工程监理（含岩土工程）2.71 亿元，同比上年增加 0.15 亿元。

承担主要技术咨询项目 19 项。郑州至徐州客运专线、大同至西安客运专线、张家口至唐山铁路、邯长线扩能工程、唐山北至唐山客车线等项目施工图审核；武汉铁路局调度运营系统、温福线雨棚加固、甬台温线雨棚加固、蒙古国矿山车辆检修基地、上海动车段等项目施工图审核；额托克旗铁路专用线建设规划咨询；靖江新港区铁路专用线初步设计咨询；广州地铁 8 号线北延段、4 号线南延段总体咨询；广州地铁 9 号线、13 号线咨询；北京地铁 7 号线和 14 号线土建工程、北京市海淀山后线等项目施工图强审。

承担主要工程监理项目 21 项。续建铁路监理项目有：北京至石家庄客专、石家庄至武汉客专、西安至宝鸡客专、合肥至福州客专、沈阳至丹东客专、大同至西安客专、吉林至珲春铁路、云桂线铁路（云南段）、山西中南部铁路通道、青岛至荣成城际铁路工程、邯济铁路扩能工程等项目标段的施工监理；新开工铁路监理项目有：重庆至贵阳铁路扩能改造工程、西安至成都铁路西安至江油段、集通线扩能改造工程等项目的标段施工监理；续建城市轨道交通监理项目有：北京地铁 10 号线二期工程、6 号线一期工程、7 号线工程的标段土建工程监理，北京地铁 15 号线一期工程、杭州地铁 2 号线一期工程的轨道系统监理；新开工的城市轨道交通监理项目有，北京地铁昌平线、深圳地铁 7 号线、南京地铁 4 号线、南宁轨道交通 1 号线标段土建工程监理。

【中铁大桥院工程监理】 2012 年，中铁大桥院在监工程和项目管理任务共 26 项，分布在全国各地。其中在监铁路项目 3 项，分别是：石武客运专线河南南段、合福客专安徽段、成渝客运专线。在监公路桥梁及市政项目 23 项，其中上海地区 1 项：上海辰塔越江长江大桥；福建省 1 项：泉州湾跨海大桥；江苏省 8 项：泰州长江大桥、南京四桥、崇启长江大桥、江苏高等级公路灌河大桥、南通东沙大桥、南通通启B标、无锡北中路、江海大道B标；湖北省7项：武汉二七长江公路桥、襄樊汉江三桥、沌口军山片区基础设施建设工程监理、武汉江汉六桥、鹦鹉洲长江大桥上部结构安装、鹦鹉洲长江大桥接线工程、沌口开发区基础设施项目管理；广东省4项：广州凤凰一、二、三桥、港珠澳大桥岛遂工程、珠海横琴二桥、珠海省道S366主线改建工程；内蒙古省2项目：乌海甘德尔大桥一标、二标。各项目监理人员长期坚守在施工现场，严格按照监理规范和公司各项工作制度开展现场监理工作，所监理项目的工程质量和安全等总体处于受控状态。

【中铁大桥院桥隧诊治】 2012年，中铁大桥院桥隧诊治工作情况如下：1.维修加固。主要项目包括武汉长江二桥维修设计的前期及设计、九江长江大桥公路桥改造工程的可行性研究、南京长江大桥公路桥维修工程的方案研究、广东汕头海湾大桥的系列维修设计、芜湖长江大桥公铁共用部分维修工程的初步设计、湖北枝城长江大桥公路桥维修设计、广东虎门大桥主缆维修设计、广东顺德百丈大桥维修工程的初步设计、湖北阳新陵园大道立交桥维修设计、宁波招宝山大桥结构评估、江门蓬江人行铁桥加固方案等等。

2.施工监控及健康监测。主要项目包括福建厦漳跨海大桥施工监控、武黄城际黄冈长江大桥施工监控、济宁京杭运河大桥施工监控及荷载试验、武汉鹦鹉洲长江大桥施工监控与健康监测的投标及监控实施、武汉江汉六桥施工监控与健康监测的投标及监控实施、郑黄长江公铁两用桥的健康监测实施、武汉二七长江大桥的健康监测实施、黑瞎子岛乌苏大桥施工监测等等。另外，还有一些较大项目的前期工作，如广东江顺大桥施工监控与健康监测、铜陵长江大桥施工监控与健康监测、江西赣州武陵大桥施工监控、安徽淮北相王大桥施工监控、港珠澳大桥施工监控（后没参与投标）、荆岳铁路2座大桥健康监测方案、平潭跨海大桥健康监测方案等等。

3.检测试验。主要的生产项目有宜兴农村公路桥梁检测、赞比亚桥梁试桩与桩基检测、乌海甘德尔黄河大桥试桩、苏州斜港大桥试桩、南京长江二桥桥梁普查、南京雨花桥荷载试验、南京古雄桥荷载试验、南京纬八路等九座桥梁检测、宁波招宝山隧道及老羊白岭隧道的检测、广东佛山三水大桥线形及索力检测等等。

【中铁西北院咨询与监理】 2012年，中铁西北院技术专家承担并完成的咨询项目主要有：

1. 2012年3月，滑坡专家王恭先对攀枝花机场9号滑坡调查后，建议四川机场集团抓紧治理，之后，四川机场集团委托中铁西北院进行设计，现已开始施工。

2. 2012年5月，滑坡专家王恭先对内蒙呼集新高速公路三个滑坡进行了咨询，之后由中铁西北院西安分公司承担了三个滑坡的勘察设计和施工任务。

3.2012年6月，滑坡专家王恭先对湟水河东川水电站滑坡灾害进行了评估，之后由中铁西北院勘察设计分公司完成评估报告；对重庆机场第三跑道高填方稳定进行咨询，之后，北京民航设计院委托中铁西北院承担了部分设计任务。

4. 2012年7月，滑坡专家王恭先对贵州板江高速公路约10处高路堤变形进行了咨询，之后由中铁西北院西南分公司承担了勘察设计和部分施工任务。

5. 2012年5月-11月，滑坡专家王恭先对陕西府谷电厂对近一公里长高边坡进行了咨询，之后由中铁西北院西安分公司承担了勘察设计任务。

6.2012年6月-12月，滑坡专家王恭先多次对舟曲县锁儿头滑坡治理方案进行咨询论证，最终确定了治理方案，并由中铁西北院工程公司承担了施工任务。

7. 2012年7月，对中铁西北院南方分院作地勘监理的一高速公路作咨询并作学术报告。之后对深汕高速公路K101滑坡泄水洞施工中问题进行了咨询。

8.2012年7月30日，滑坡专家王恭先对中铁西北院西南分院承担的广巴、广南高速公路连接线处滑坡进行了咨询。

9.2012年8月，滑坡专家王恭先对中铁西北院工程公司施工的兰州北绕城九州隧道边坡滑塌进行了咨询。

10. 2012年9月，滑坡专家王恭先对中铁西北院承担的青海省S101线十余处滑坡和边坡勘察设计进行了咨询。

11. 2012年11月，滑坡专家王恭先对重庆巫奉高速公路二期李家湾大滑坡进行了咨询，业主委托中铁西北院承担了勘察设计和应急工程施工。

12.2012年11月-12月，滑坡专家王恭先对安徽省公路设计院设计的马鞍山至巢湖高速公路边坡变形和滑坡进行了咨询，之后由中铁西北院勘察设计分公司完成了咨询评估报告的编写。

13. 2012年1月，黄土与软土地基处理专家楚华栋参加了中铁西北院主持的“湿陷性黄土地区高速铁路路基沉降控制技术”课题成果鉴定会，提出了“南宁车站的桩基试验方案”及“西格二线海晏附近路基病害治理”的书面意见。

14. 2012年2月初，黄土与软土地基处理专家楚华栋对“东航西安基地机库前站坪地基处理”进行咨询评审，参加了中铁西北院主持的“高速铁路路基技术深化研究——湿陷性黄土地基工程体系深化研究”在铁道部的科研项目验收会，在南宁协作开展了中铁西北院承担的1500吨堆载压桩，300吨堆载压桩，1100吨堆载压桩吨，4000吨自平衡法试桩，3000吨堆载锚桩联合压桩，深层平板荷载试验，45吨抗拔等大型桩基试验项目，至4月基本完成了整个试验的规划、设备筹措、试验方法汇总及部分试验。

15. 2012年5月，黄土与软土地基处理专家楚华栋对中铁西北院新疆分公司承担的精伊霍和北疆铁路病害进行了调查，提出的精伊霍路基病害调查小结与对策建议和利用旋喷技术治理路基病害的新思路，得到乌鲁木齐铁路局认可。

16. 2012年6月和8月，黄土与软土地基处理专家楚华栋代表中铁西北院主持了兰新第二复线的路基预压沉降评审，主持了中铁西北院承担监理和基坑检测任务的兰州鸿运金茂大厦和兰州国际贸易中心项目评审，主持了兰州地铁项目的基坑支护与降水工程项目评审。

17. 2012年7月，黄土与软土地基处理专家楚华栋参加了科研所提出的“关于开展蒙华铁路黄土区课题研究的建议”讨论会，并提出了书面建议。

18 2012年8月，黄土与软土地基处理专家楚华栋参加了铁道部郑西高速铁路路基问题研讨会。

19. 2012年11月，黄土与软土地基处理专家楚华栋主持了兰州铁路局委托的崇信黄土高填方路基设计方案的审定。

20. 2012年11月，黄土与软土地基处理专家楚华栋多次参加了宝中线路基病害问题的讨论，对利用旋喷技术整治路基病害的方案逐步完善，并在宝中线路基病害治理中得到应用。

21. 2012年11月，黄土与软土地基处理专家楚华栋参加了中铁西北院主持的“湿陷性黄土地区高速铁路地基路基沉降控制技术的研究与应用”课题成果答辩，该项目获甘肃省科技进步一等奖。

22. 2012年11月-12月，黄土与软土地基处理专家楚华栋参加了兰州西站桩基试验检测工作，在试验中提出并验证了“桩基试验荷载装置的新方法”，该方法已由中铁西北院申请了发明专利。

23. 2012年11月，黄土与软土地基处理专家楚华栋承担了中铁铁四局安哥拉住房工程试验的咨询工作，提出的“工程浸水现场模拟试验”方法被中铁四局采用。

2012年，中铁西北院承担并完成的主要检测项目情况：

2012年，该公司在铁路、公路、市政、水利等领域新签工程检测合同额5682万元，完成产值4000万元，新开拓了交通、水利、地铁检测市场，拓展了钢结构检测、水利工程检测、环境监测、风险评估、深基坑监测等新检测项目和内容，在国家计量认证中及时申请并补充了相关参数和资质范围。年底完成了新建南宁东站站房试验桩3000T全堆载静载试验。

2012年，中铁西北院承揽的主要监理项目情况：

1. 兰渝铁路工程监理二标段。 该项目属于续建铁路工程，设计时速目标值为200K千米每小时，工程造价30亿元。监理标段线路长70km，其中路基长9km；桥梁10.3km/15座，其中特大桥5座；隧道49.3 km /13座，其中高风险隧道1座。该工程2009年3月开工，计划2014年9月完工。标段监理费3563. 1万元，2012年年底已完成工程量的88.60%。

2. 贵广铁路项目监理第四标段。 该项目属于续建双线铁路，设计时速目标值为250千米每小时，正线全长857公里，工程造价81亿元。该项目的建设还包括了贵阳、广州铁路枢纽改造及桂林、贺州相关铁路配套工程的工程监理、岩溶路基、岩溶隧道工程监理，标段监理费6580. 7万元。2008年12月开工，计划2014年12月完工，2012年年底已完成工程量的86.45%。

3. 兰州至重庆线兰州枢纽货车北环线及兰州北编组站1标段。 该项目属于续建铁路工程，设计时速目标值为200千米每小时，工程造价25.9亿元。监理标段的线路长29.1km，包括道路改移、管线迁改、区间及站场路基工程、桥梁工程、隧道工程监理，监理费2209万元，2009年8月开工，计划2013年12月完工。2012年年底已完成工程量的93.37%。

4. 新建兰新铁路第二双线兰州至西宁段工程LXJL1标段。 该项目属于续建铁路工程，设计时速目标值为200千米每小时，工程造价47.4亿元。监理标段包含路基14057米、桥梁24174米/33座、隧道47627米/14座、无砟道床铺设171.7单线公里、站场1座、站后工程，其中DK1+700～DK18+235只包括站后工程。监理费6134万元，2009年12月开工，计划2014年12月完工。2012年年底已完成工程量的71.49%。

5. 新建兰新铁路第二双线哈密至乌鲁木齐段工程LXJL5标段 该项目属于续建铁路工程，设计时速目标值为350千米每小时，工程造价58.8亿元。监理标段线路长187.9km，其中桥梁工程21.5千米/91座，路基工程166千米，涵洞468座，为双块式无砟道床铺轨374.154公里。2009年12月开工，计划2014年12月完工，监理费4451万元，2012年年底已完成工程量的81.25%。

6. 湘桂铁路黎塘至南宁段扩能改造工程和新建南宁至黎塘铁路工程监理三标。 该项目属于续建铁路工程，设计时速目标值为200千米每小时，工程造价59.5亿元。监理的内容包括DK743+000～DK746+500段站前工程，柳南D1K711+905～K791+000、南黎DK711+929.7～DK787+500，除南宁东站DK743+000～DK746+500范围的房屋、雨棚、天桥、旅客站台场坪地面硬化外的所有站后和未纳入LN-5、

LN-6 标段的站前工程。2009 年 11 月开工，预计 2014 年 6 月完工，监理费 5943.2 万元，2012 年年底已完成工程量的 47.41%。

7. 新建沪昆铁路客运专线杭州至长沙（江西段）JXJL2 标。 该项目属于续建铁路工程设计时速目标值为 350 千米每小时，工程造价 526.9 亿元。监理 DK430+172～DK569+839 正线长 151.6 千米；区间及站场路基工程，桥梁工程，隧道工程。 2010 年 5 月开工，预计 2014 年 10 月完工，监理费 1.07 亿元。2012 年年底已完成工程量的 75.10%。

8. 新建沪昆铁路客运专线长沙至昆明段（贵州）。 该项目属于续建铁路工程，设计时速目标值为 350 千米每小时，工程造价 680 亿元。监理工程的起讫里程为 DK593+500～DK693+138，正线长度为 99.6 千米，监理范围为新建沪昆铁路客运专线长沙至昆明段（贵州）站前工程〔不含贵阳枢纽及相关工程（DK693+138～DK731+600）和壁板坡隧道〕施工总价承包对应的站前及站后工程施工监理（对应施工 5、6 标）。隧道 40 座/65482m（茅坪山 7730 米、山塘坳、杨柳冲、新庄、沙坪 6584m、白岩脚 4467m、铜堡、旧寨、顶溪山、哪嗙 7120 米、高山 3363 米、苗天 3341 米），特大桥 17 座，大桥 29 座，中桥 16 座，车站 1 座，路基 10136 米。监理费 4281.6 万元，2010 年 9 月开工，计划 2014 年 9 月完工。2012 年年底已完成工程量的 58.33%。

9. 新建长沙至昆明铁路客运专线湖南段。 该项目属于续建铁路工程，设计时速目标值为 350 千米每小时，工程造价 345 亿元。监理的正线长 416 公里，设湘潭北站、韶山南站、娄底南站、邵阳北站、溆浦南站、新怀化站、芷江北站、新晃西站共 9 座车站。主要工程数量为：路基 284 段，长度 58.7 千米，土石方 2567 万立方米；桥梁 274 座 161Km，预制架设整孔箱梁 4419 孔，现浇梁 65 孔，连续梁 89 联；隧道 125 座 194.2 千米，正线铺轨 833.5 铺轨公里；站线铺轨 35.8 铺轨公里，站线铺碴 58000 千米，铺道岔 154 组；联锁道岔 320 组。监理费 3093.3 万元，2010 年 9 月开工，计划 2014 年 8 月完工。2012 年年底已完成工程量的 78.44%。

10 西宁站改造及相关工程监理 3 标 该项目属于改扩建工程，主要包括改建货车车辆段、客车车辆段（含客车整备所）、改造西宁机务段、新建动车运用所、西宁东大机段站前、站后土建及本次初设批复范围内的所有“三电”及管线迁改、站后四电工程。工程造价 14 亿元，监理费 1345 万元。 2012 年 9 月开工，计划 2014 年 11 月完工。2012 年年底已完成工程量的 10.78%。

11 兰州市轨道交通试验段工程监理项目 该项目包括世纪大道站、世纪大道站～迎门滩站区间。世纪大道站位于银安路与规划中的世纪大道交叉口处，车站设于银安路路中心下方平行于银安路东西方向。车站全长 304 米，总建筑面积为 17608.98 平方米；世纪大道站～迎门滩站区间，右线全长 570.322 米，左线全长 639.322 米，全区间采用盾构法施工。本工程监理费 433.91 万元，监理费 433 万元，2012 年 8 月开工，计划 2015 年 8 月完工。2012 年年底已完成工程量的 28.78%。

12. 湄洲湾港口铁路支线监理。 该项目属于续建铁路工程，工程造价 7.6 亿元。全段线路总长 54.95 千米，主要工程数量为：区间路基土石方 324.2 万立方米，站场路基土石方 128.2 万立方米，水泥搅拌桩 115.28 万延米，涵洞 107 座/1806.04 米，小桥 11 座/154.97 米，中桥 6 座/479.35 米，大桥 2 座/419.05 米，特大桥 1 座/765.75 米，公跨铁立交桥 11 座/609.42 米，架梁 32 孔/64 片，站场房建 9061.94 平方米，铺轨 72 千米及四电工程。2008 年 12 月开工，预计 2013 年 12 月完工，监理费 883 万元。2012 年年底已完成工程量的 63.86%。

13. 新建兰新第二双线哈密枢纽。 该项目属于新开工铁路项目，标段全长 9.4 千米，含哈密站改造工程，新建地区车场到发线 5 条，客车场到发线 13 条，新建站台 5 座。监理标段路基长 8.1 千米；单线特大桥 1 座 895.9 延长米，中桥 1 座 63.8 延长米，小桥 13 座 335.64 延长米，新建涵洞 22 座；正线铺轨 23.9 公里，站线铺轨 25.8 公里。2010 年 8 月开工，预计 2014 年 6 月完工，监理费 651 万元。2012 年年底已完成工程量的 3.86%。

【中铁西南院咨询与监理】 公司以传统铁路市场为依托，积极开展技术咨询与服务工作，主要涉及铁路工程、公路工程、市政公用工程（含地铁、轻轨、隧道、桥梁工程）等多个方面的检测、监测、超前地质预报、设计咨询等。

1. 新建兰新铁路第二双线新疆段 LXTJ-1 标段隧道地质超前预报及隧道无损检测。 兰新铁路第二双线线路横跨甘、青、新三省区，全长 1776 千米，公司承担了（新疆段）14 座隧道的超前地质预报项目及无损检测工作，隧道总长约 19 千米，该标段地下水枯竭，水量较少，施工中主要面对断层破碎带及软弱夹层，其中达坂城隧道全长 4565 米，为兰新二线第一长隧，集中了构造、高地应力和破碎带等多种地质问题。

2. 沪昆铁路贵州段注浆施工质量检测。项目地处云贵高原低山区，路基主要以填方通过，路基中心填高小于 7m。覆盖层为坡残积红黏土，具有弱膨胀性。下伏基岩为奥陶系下统桐梓组白云岩，浅灰色，隐晶质结构，薄-中厚层状构造，节理裂隙很发育。地下水埋深较大，地下水主要为第四系孔隙水、基岩裂隙水及岩溶水，表水入渗是本段岩溶地面塌陷的主要诱因。地表调查见溶蚀破碎带、溶洞等岩溶现象发育。公司对易塌陷区进行岩溶地面塌陷注浆加固，以“边探边灌，探灌结合”的原则，对路基岩溶整治效果，进行检测。

3.新建贵阳至广州铁路GGTJ-2段隧道超前地质预报。贵广快速铁路始于贵州省贵阳市，经贵州都匀、广西桂林、贺州、广东肇庆至广州新客运站，全长约857千米，公司承担了其中9座隧道的地质超前预报任务，隧道总长56千米，包括4座长度超过8千米的特长隧道。

4.贵阳枢纽白云至龙里北联络线站前工程II标段隧道超前地质预报。 新建贵阳枢纽正线长度约53.5千米。全线桥隧比约72%。计划工期42个月。隧道全长26579米，包括18座隧道。其中龙洞堡隧道穿越机场，施工难度较大，地质情况复杂，隧道埋深较浅，岩溶发育。项目对隧道开挖前方及隧道底部岩溶情况均进行了详细的探测，并提出了相应的建议措施为隧道的顺利施工提供了保障。

5.兰渝铁路西秦岭隧道TBM施工出口段超前地质预报。西秦岭隧道起讫里程为 DK395+122～DK423+358，长度28.236千米，设计为两条单线隧道，线间距40米，采用两台TBM掘进机施工。公司负责出口右线隧道，使用自行研究获得的国家技术专利技术“一种适合TBM施工的地质超前预报技术”进行超前地质预报，取得良好的预报效果。

6.新建兰渝铁路附近皇泽寺隧道及皇泽寺文物保护区震动监测。宝成线既有皇泽寺隧道位于新建兰渝铁路冉家浩隧道与国家重点文物保护单位-皇泽寺之间，距离皇泽寺较近。公司主要承担了安全监测工作。

7.贵州省盘县红果防洪工程亦资孔排洪隧洞施工地质预报及监控量测项目。 贵州省盘县红果防洪工程亦资孔排洪隧洞全长1.2千米，公司主要承担地质预报及监控量测任务，目前项目进展顺利。

8.贵阳市阿哈水库饮用水源保护区金竹片区污水治理工程排污隧洞施工地质预报及监控量测项目。阿哈水库金竹排污隧洞全长2340米，隧洞进口位于阿哈水库畔烂泥沟东北帮堡山脚40米左右。隧洞有两个拐弯，弯度较大，出口位于中曹司大桥北侧约50米。隧洞长度增加，线形较弯曲。隧洞起点高程1114.5米。公司主要承担隧洞施工地质预报及监控量测任务，目前项目进展顺利。

9.成都地铁BT项目。该项目为公司2012年新签试验检测项目，年内完成：钢筋原材试验2328组、钢筋连接试验2065组、混凝土抗压9396组、玻璃纤维筋132组、配合比设计82组、防水材料120组、现场压实度试验4400次，低应变桩身完整性检测730根，累计出具报告19315组/次。

10.天府大道南延线BT项目。 中铁西南院承担天府大道南延线牧华路至第二绕城高速段试验检测。2012 年内完成钢筋原材检测1168组、钢筋焊接检测997组，水泥检测106组，验证混凝土配合比117组、设计砂浆配合比7组、砂浆抗压567组、净浆抗压75组，混凝土抗渗试验10组，混凝土抗压9805组，粗集料检测616组、细集料427组，土工试验进行83组，现场地基承载力试验1740点、压实度试验8195点、平整度43点、弯沉检测32098点，厚度检测1118点，超声波检测桩基1440根，防水卷材15组，土工格栅9组、土工布1组、速凝剂3组、压浆剂16组，外加剂检测2组，石材检测2组、复合土工膜4组、橡胶止水带4组、膨胀止水带3组、矿粉检测47组、无侧限抗压强度试验401组、马歇尔稳定度测定16组，浸水马歇尔流值测定86组、沥青抗剥落试验4次、路面钻芯厚度725点、路面渗水282次、洒布量检测182次、稀浆封层抽提试验29次、絮状木质纤维5次，玄武岩矿物纤维检测5次、防水粘结涂料检测3组、乳化沥青检测9次、普通沥青2次，70#沥青45次，乳化沥青131次。

11.纳黔SY3监理试验室项目。该项目为中铁西南院承担纳黔高速SY3合同段C15-C20合同段土建标试验检测。从2009年2月进场到2012年12月项目结束，纳黔SY3监理试验室项目共完成土工试验229组、水泥试验465组、细集料试验444组、粗集料试验459组、石料抗压试验138组、砂浆抗压试验1057组、锚杆拉拔试验282组、净浆抗压试验736组、弯沉检测3450点、混凝土抗压试验10395组、地基承载力试验254组、路基压实度试验27064点、锚杆力学性能试验6组，净浆配合比验证试验40组、砂浆配合比验证试验78组，混凝土配合比验证244组、钢筋原材力学性能试验988组、焊接及连接钢筋力学性能试验449组。

12.汾江路南延线沉管隧道工程砂基础关键技术研究项目。 截止2012年底已完成沉管隧道砂基础液化指标及抗震性能分析其中砂土物理力学指标测试进行了 3 种砂级配下的9组试验，动三轴试验预计进行3种级配和2种围压下的5组试验。涡流对砂基础的影响研究已进行4种水流速度工况、2种砂级配下的8组试验。模型试验中，在给定水流流态下，根据研究要求和试验条件确定相似比，由管段沉放及压砂施工工序确定试验工况。砂基础密实度检测方法研究已采用了面波、地震映像、应力波等多种方法进行试验，现场检测时，在沉管隧道底部分车道沿隧道纵向布置 6 条测线，每条测线间距1.5米采集一个下部砂基础密实度实测数据，共布设290个测点，全隧道共计布置1740个测点。其余两项研究内容压砂工艺试验研究、砂基础预抬升量研究将采用模型试验，1:1足尺模型已在峨眉基地施工完成。

【中铁隧道院设计咨询】

1. 南昌地铁1号线咨询：完成合同中部分车站主体围护结构、主体建筑、主体结构施工图审查，完成部分区间施工图审查以及综合监控、AFC、屏蔽门、FAS、BAS、通风空调系统系统用户需求书（第二版）审查。

2．南昌地铁2号线总体咨询：完成2号线总体设计、初步设计技术要求以及土建、机电、系统各专业初步设计文件咨询审查，配合总体和业主进行2号线向国家发改委报批，完成2号线初步设计审查。

3．厦门第二西通道咨询：完成初步设计文件、招标设计文件的审查工作，并提交审查意见，同时受业主委托，完成厦门环岛路（墩上——集美大桥段）道路工程施工图审查。

4．郑州市轨道交通1号线一期工程咨询：当年完成全线的附属结构设计咨询、车站内部二次结构设计咨询、机电设备设计和装修设计咨询。

【中铁大桥局专家咨询与监理】 中铁大桥局2012年监理工作新签合同总额约1.4亿元，创历史新高。全年承揽的项目中，涵盖了公路、市政、铁路等行业领域，初步实现了公司经营多元化的目标。

学会及学术活动

【学会及学术活动】 2012 年度，完成了各期《铁道工程学报》的编辑、出版和发行工作。共发表地质与路基专业论文 70 余篇、线路与轨道专业论文 20 余篇、桥梁与隧道专业论文 70 余篇、电气化铁路专业论文 20 余篇、城市轨道工程专业论文 40 余篇、枢纽站场与房建专业论文 20 余篇、工程经济与管理专业论文 20 余篇；编辑出版了《铁道工程学报》（增刊）—铁路道岔论文集。

组织并完成了股份公司及其所属单位主管、主办公开发行科技期刊的年检工作。保质按时地完成了股份公司主管的《桥梁建设》、《世界桥梁》、《现代隧道技术》、《隧道建设》、《路基工程》、《铁道标准设计》、《铁道勘察》、《电气化铁道》、《高速铁路技术》等 9 个期刊的出版工作。代表中国铁道学会组织了 2012 年海峡两岸通道（桥隧）工程学术研讨会，参加了由中国铁道学会工程分会组织召开的工程地质与路基专业委员会第 23 届年会、铁路暖通空调学术年会、第六届线路专委会二次会议、爆破安全技术与管理研讨会等专业会议。

组织完成了股份公司关于第十一届中国土木工程詹天佑奖、中国公路学会科学技术奖、中国铁道学会科学技术奖等奖项的申报、评审、报送工作。

【中铁二院学会及学术交流概况】 2012 年度，中铁二院学会共接收来自各级学会文件 65 件。在中国科协、四川省科协、中国铁道学会、中国土木工程学会、四川铁道学会、四川土木建筑学会、成都土木建筑等学会的指导下，开展了以下学术活动：

1. 对中铁二院参加的全国 148 个学会和协会进行了日常的管理工作，组织各单位参加不同的学会、协会活动，做到上情下达，下情上转。

2. 参加各学会的工作会议，根据各学会年度工作安排，在全院开展学会的工作。

3. 对部分学会进行了换届及发展个人会员工作。改选中国岩石力学与工程学会第七届理事会理事候选人。填报中国工程建设标准化协会铁道分会换届资料。

4. 报送《中国铁道学会工程分会第六届线路专业委员会组成人员》名单至铁道工程分会。填报《全国优秀科技工作者推荐表》，报送《公路与自然》理事会资料。报送《四川省科学技术协会第八次代表大会代表登记表》。重新确认中铁二院“中国铁道学会工程分会桥梁专业委员会委员”确认登记。

5. 办理完成学会年度会费缴纳工作，办理其它费用的交纳手续。

6. 对各学会及各单位组织的交流会进行通知、联络、组稿及组织参会人员的统计工作，参加有关专业的交流会，为各专业专业研讨会组稿 134 篇。

7. 发送交流刊物，各学会交流的铁道知识、铁道工程学报、铁道学报、四川建筑、四川铁道、川铁信息、四川测绘等期刊 7200 余册发送各有关处及作者手中。

8. 开展宣传报道工作，为《川铁信息》、《四川省土木建筑学会会讯》、《北京全路通信信号情报网网讯》等提供中铁二院科技成果、学术交流信息，报送四川省科技青年联合会编印出版《科技精英风采》画册资料。积极完成领导交办的各项工作。

【中铁设计咨询学术期刊编辑出版】 中铁设计咨询设有编辑部，负责学术期刊《铁道标准设计》（月刊）和《铁道勘察》（双月刊）的编辑出版工作。2012 年两个刊物质量稳定提高。2012 年《铁道标准设计》第五次入编《中文核心期刊要目总览》交通运输类核心期刊。《铁道标准设计》荣获第三届中国工程咨询行业十佳报刊提名奖。《铁道勘察》荣获第二届全国优秀测绘期刊提名奖。

【中铁设计咨询承办全国第八届铁路隧道年会】 2012 年 9 月 24 日至 25 日由铁道部工程设计鉴定中心主办，集团公司和沈阳铁路局承办的第八届铁路隧道年会在吉林市召开。本届年会以“严寒地区隧道修建技术”为主题，交流了“对于防冻设计基本认识”、“关于寒区隧道冻害问题及防冻设计探讨”、“关于白河至和龙段铁路工程隧道防排水设施整治总结汇报”、“关于寒区隧道冻害防治技术”的学术报告，参会代表围绕严寒地区隧道修建技术进行了研讨，组织参观了吉图珲铁路拉法山隧道。本届隧道年会的召开，为解决寒冷地区隧道设计、施工、维修中的技术难题，提供了许多有益的思路。

【中铁西北院学会及学术交流】 2012 年，中铁西北院学委会组织了一系列学术会议，主要包括组织技术人员参加了“ 第十二次全国岩石力学与工程学术大会”、“运营期冻土工程问题及研究学术会议”、“2012 年海峡两岸土木工程学术研讨会暨干寒地区材料与结构耐久性学术研讨会”、“第三届全国水利水电边坡工程防护与生态修复技术研讨会”、

“2012 年中国水土保持学会年会暨学术研讨会”、“2012 年甘肃省科协学术年会”、“甘肃省创新方法主题报告会”等专业技术大会。

【中铁西南院学会及学术交流】 2012 年，公司参加了“丙烯酸盐喷膜防水应用技术规程”、“中国高速铁路工务技术”和“铁路工程纤维混凝土结构技术规程”3 项技术规程（规范）的编制工作。完成了全年《现代隧道技术》编辑出版工作，刊登论文 184 篇；完成各类技术汇编、论坛论文集、会议论文集、专业杂志等共计百万余字的编辑出版工作。公司当选为成都轨道交通协会第一届理事会副会长单位，总经理李林当选为第一届理事会副理事长；公司董事长梅志荣当选为第七届中国岩石力学与工程学会常务理事。公司组织参加国内外学术会议 10 次，其中参加铁路隧道年会、全国工程地质大会等国内学术会议 9 次，参加在泰国举行的 2012 世界隧道年会暨国际隧道协会（ITA）第 38 届会员国大会 1 次。

2012 年，公司 6 次组织员工撰写论文，组织投稿 20 余篇。

【中铁二局学会及学术交流】 2012 年，向支会发送“铁道工程学报”、“铁道知识”、“四川铁道”、“川铁信息”等杂志共计 2000 余本，对普及会员专业知识，传播先进技术，增加科技信息交流，促进知识更新，提高技术水平起到良好作用；积极组织会员为“四川铁道”杂志撰稿，发表论文。

【中铁三局学会及学术交流】 2012 年，为加强和推进 2012 年度技术创新工作，召开了“连续梁施工技术交流暨 2012 年度集团公司总工程师会议”；为强化子分公司的技术创新管理工作，推进企业技术中心的建设工作，针对榆太地区子分公司举办了“企业技术创新及技术中心建设”培训班；组织向中国建筑业协会“大体量、高难度土木工程技术质量成果研讨会”进行论文投稿，编辑出版《科技通讯》内部刊物 4 期等。

【中铁四局安徽省铁道学会】 2012 年安徽省铁道学会认真践行科学发展观，在省科协的领导下，在中国铁道学会和挂靠企业的指导和关怀下，紧紧围绕挂靠单位的生产经营工作，在组织建设、科普宣传、学术交流、期刊出版等方面做了大量的工作，较好地完成了 2012 年度制定的各项任务，在安徽省民政厅组织的评估活动中评为 3A 等级学会，并连续第九年被中国铁道学会评为期刊发行工作先进集体。

2012 年科技周，安徽省铁道学会认真贯彻中国铁道学会文件精神，以“携手建设创新型国家”及“促进铁路科技创新，大力提升服务质量”为主题，通过制作展板、编印宣传资料等多种形式，重点宣传中国铁路在抓服务“硬件”改善，服务“软件”加强，全面提升铁路服务质量方面，大力实施科技创新所取得的一系列成果，积极塑造铁路“以服务为宗旨，待旅客如亲人”，努力让人民群众满意的良好形象，营造全社会关心支持铁路科学发展，携手建设创新型国家的浓厚氛围。学会组织开展了一系列活动：科技周期间，围绕铁路提速共制作科普展板 25 块；科普板报 15 块；标语横幅 12 个；发入科普图书、杂志 52 册；科普手册、传单 2600 份；举办科技知识培训班 3 期，参加培训人数 90 人次；播放科教片 40 场，参加人数 800 余人次；举办科技讲座 12 次，400 余人次参加；提出合理化建议 400 条，参加人员 350 人次；在省学会、各分会的主要站段及工厂进行广泛宣传，收到较好效果。

2012 年省学会、各分会和专业委员会开展各种学术活动 16 个，参加人数 1210 人，交流学术论文 389 篇。比较突出的有：7 月 10 日至 11 日，省铁道学会在合肥市肥东县召开了 2012 年中铁四局桥梁施工技术现场交流会。中铁四局副总经理兼总工程师伍军出席会议并讲话。安徽省科协学会部部长田万龙到会祝贺。来自局机关、各子分公司、工程指挥部的技术工作者近 70 人参加会议。

2012 年，铁道学会会刊《铁道建设》、《科技信息》的编辑、出版、发行工作均正常进行。今年四期共发表有关线路与路基、桥梁技术、隧道与地下工程、综合技术等方面的论文 59 篇，转载科技论文 64 篇，另出版了一期增刊共发表文章 150 篇。编辑部在认真贯彻国家有关科学技术和出版方面政策、法令、条例的前提下，保持了一贯的较好质量，为广大员工提供了一个很好的学术交流的平台。

【中铁五局贵州省铁道学会】 2012 年，贵州省铁道学会发挥学会团体优势，为社会服务，为企业服务，为广大会员和科技工作者服务。开展学术活动，6 月 28 日组织开展了技术培训与技术讲座。12 月 14 日，由贵州省铁道学会和成都铁路局贵阳办事处联合举办的“贵州辖区铁路工务系统论文交流会”在贵阳黔灵酒店召开，领导、论文作者及科技人员共计 33 人参加了会议。此次会议，共征集论文 41 篇，经过专家评审，评出一、二、三等奖和鼓励奖共 10 篇，在大会上做了交流，并对论文作者颁发荣誉证书和奖金。完成贵州省铁道学会法人代表变更工作。5 月，中铁五局组织召开贵州省铁道学会六届二次常务理事会。贵州省铁道学会理事长（中铁五局董事长、党委书记）马江黔主持了会议，贵州省铁道学会 10 个会员单位的 20 余名常务理事及代表参加了会议。会议增补及调整了常务理事人员；通过了学会工作报告；通报了学会会费收支情况及省科协和中国铁道学会秘书长会议精神。贵州省铁道学会参加贵州省科协、省民政厅、中国铁道学会组织的各项活动。完成了《贵州铁道》季刊（4

期）的出版发行工作，其中，为配合会员单位——贵广铁路有限责任公司召开“贵广高速铁路建设施工现场技术交流会”需要，编辑《贵广高速铁路建设论文专集》——《贵州铁道》第4期出版发行，为技术交流和科技人员晋升职称论文发表奠定基础。为提高贵州铁路工务、电务系统科技人员素质，根据会员单位要求，贵州省铁道学会征集工务系统论文41篇，电务系统论文23篇，编辑2012年《贵州铁道》增刊——《贵州铁路工务电务系统论文集》，收录论文48篇，使得工作中的一些好方法、好点子、好经验得以文字记录，为企业留下了宝贵的财富，为科技人员搭建了很好的学术交流平台。编辑出版2期《简报》。2012年，贵州省铁道学会被评为“贵州省科协系统先进集体”受到贵州省人力资源和社会保障厅及贵州省科协表彰（全省只有4个学会获此殊荣），并在贵州省科协第八次代表大会上受到表彰。

【中铁六局学会及技术交流】 自2009年以团体会员身份在股份公司的统一组织下加入中国铁道学会以来，中铁六局一直都是铁道学会会员，积极参加学会组织的各项活动，同时在公司内部进一步加强了成果推广和技术交流。在充分利用知识管理系统、OA系统中开辟的“工程师园地”专栏和集团公司网站进行宣传和交流的同时，今年，共计出版《工程科技与管理》期刊二期，收录论文65余篇。同时，在国内核心期刊推荐发表论文15篇。为广大技术人员搭建起了一个很好的技术交流平台，不仅激发了广大技术人员的科技创新热情，同时，也推动了科研成果向现实生产力的转化。

【中铁七局学会与学术交流】 2012年，集团公司编辑出版内部刊物《科技通讯》4期，并在业内进行广泛交流。

【中铁八局学术交流】 2012年，参加了中国铁道学会工程分会在云南昆明举办的“第五届线路委员会年会”；参加成都轨道交通协会和国家轨道交通产业技术创新联盟理事单位；参加了中国土木工程学会工程质量分会理事扩大会议；参加了中国工程建设标准化协会铁道分会第三届代表大会及理事会；参加了中国铁道学会铁道工程学会工程地质与路基专业委员会第二十三届年会；参加了四川省铁道学会年度理事会、工作会及技术交流培训；参加了四川省工程爆破协会第五届一次常务理事会、工作会及技术交流培训。

【中铁九局学会及学术交流】 2012年，共参加各类学会和协会22家。积极参加中施协、中建协、铁建协、辽宁省建协、辽宁省质协等协会组织的QC小组活动评审、三优评选、会员单位联络员会议等活动，加强了与各协会的联系。2012年，获国家级优秀质量管理小组4个，辽宁省优秀质量管理小组20个。2012年，出版发行内部刊物《中铁九局科技》（季刊）4期，共发表论文97篇。

【中铁十局学会及学术交流】 根据去年参加学会团体工作的情况及今年的工作要求，对局参加的学术团体进行梳理，有针对性选择了与今年工作有密切相关的13个团体学会开展学术交流，共新办理入会手续3项；订阅各类学术杂志5本；向各学会上报学术活动总结2份，推荐会员5人次，推荐理事长3人次；参加学会举办的各类评奖15项。并与山东省科技情报所联系，积极参加2011年度山东省科技年鉴的编纂工作，提供了我局科技创新的图片与资料，促进了局在山东省范围的科技交流，提高了局在全省的影响力。

【中铁大桥局学会及学术交流】 2012年，中铁大桥局利用科协和学会平台举荐广大科研人员及其学术成果，推荐的多篇技术论文发表在国家有影响力的专业期刊上，全年向《铁道工程学报》推荐17篇论文，采用7篇。集团公司总工程师秦顺全当选新一届省科协副主席，工程技术部部长皮汉萍当选新一届省科协委员，集团公司526F总工程师李军堂被评为“全国优秀科技工作者”，集团公司副总工程师宋伟俊副总工获“中国施工企业管理协会科技创新先进个人”称号。

【中铁隧道学会及学术交流】 1. 4月19日-20日，中铁隧道在长沙举办水下立交隧道修建技术交流会暨院士行活动。

2. 5月18日-24日，组织中国土木工程学会隧道及地下工程分会代表团赴泰国曼谷参加国际隧道与地下空间协会第38届年会及2012年世界隧道大会。本次会议的主题是“为了全球社会的隧道及地下空间”。

3. 8月，组织参加在内蒙古海拉尔举办的“运营安全与节能环保的隧道及地下空间暨交通基础设施建设第三届全国学术研讨会”。

4. 10月10日，中国土木工程学会第15届年会暨隧道及地下工程分会第17届年会在昆明召开。会议主题为“可持续发展的隧道及地下空间利用”。

5. 10月，中铁隧道在郑州召开低碳环保优质工程修建技术专题交流会。

6. 11月1日-2日，组织参加在台湾溪头召开的第11届海峡两岸隧道与地下工程学术与技术研讨会。研讨会主题为“全生命周期之隧道与地下工程”。

7. 11月28日-29日，中国土木工程学会隧道与地下工程分会在成都举办隧道掘进机（盾构、TBM）专业委员会第五次学术与技术研讨会。

【中铁电气化局学会及学术交流】 2012年铁道学会电气

化委员会按照中铁电气化局“十二五”科技发展规划和2012年科技发展的目标要求，把“立足科学发展，着力自主创新，完善体制机制，促进社会和谐”作为开展学会工作的指导方针，树立“为政府服务、为企业服务、为社会服务”的理念，开展学会活动。近年来，随着京津城际、合武、武广、沪宁、京沪、郑西、京石、哈大等多条高速铁路客运专线的陆续开通运营，对牵引供电系统安全运行要求越来越高，为解决高速铁路运营、维护、管理中存在的一些新技术难题，提高设计施工、科研生产、运营维护的技术手段，总结高速铁路电气化建设取得的经验和科技成果，中国铁道学会电气化委员会及供变电分委员会于2012年12月1日-2日在江苏常州组织召开 “高速铁路牵引供电系统安全可靠性技术交流会”。本次会议共征集优选论文16篇，并编辑出版“高速铁路牵引供电系统安全可靠性技术”论文集。经过与会专家评审，选出优秀论文5篇，推荐参加中国铁道学会2012年度优秀论文的评选，已完成推荐中国铁道学会优秀论文的上报。

【中铁港航局学术及学会交流】 2012年度集团公司参加了8家行业协会，并积极参加协会组织的各项学术交流活动。参加的协会有：中国工程爆破协会、广东省工程爆破协会、港口科技协会、水运建设行业协会、水运工程科技信息网协会、广东省建筑行业协会、路基工程协会、水运工程协会。

【中铁航空港学术及学会交流】 2012年中铁航空港参加了中国公路建设行业协会、中国施工企业管理协会、中国建筑业协会等多个学术团体协会；与《现代隧道技术》、《路基工程》两个业内主流期刊杂志开展长期合作。

【中铁装备学会及学术交流】 积极参加行业协会，中铁装备成为中国工程机械工业协会掘进机分会副会长单位，参与了国家、行业盾构标准的编制以及盾构生产厂家资质评审办法的起草工作。

教育与培训

【股份公司教育与培训概况】 2012 年，公司围绕企业发展需要，研究制定《股份公司 2012 年培训计划》，不断加大教育培训力度，促进了员工队伍能力素质的整体提升。一是认真抓好领导人员培训。股份公司有 7 名领导参加了中组部、中纪委、国资委等上级单位组织的高层次培训，选送 2 名所属企业正职参加了中组部厅局级干部进修班。举办了第七期领导人员中央党校理论培训班，对 57 名二级企业领导人员进行了 15 天封闭式培训。组织了西南交大 EMBA 进修班两次集中学习；二是大规模实施项目管理、技术人员培训。与有关所属单位联合组织举办了项目经理培训班、隧道及地下工程施工管理与技术人员培训班、城市轨道交通设计与施工培训班、桥梁施工技术培训班、盾构 TBM 施工技术培训班等重点班次，培训项目管理、技术人员 680 人次。三是加强了海外业务培训。与国际业务部联合举办了国际工程项目风险管控培训班，从信息获取、投标报价、组织实施、法律风险等方面对各单位海外业务负责人共计 60 多人进行了培训。四是有效开展总部员工培训。结合机关实际，举办了“团队沟通和执行力提升”专题讲座，选派 11 名员工参加财务金融、法律实务、人力资源等方面的外部培训，特别是组织周末讲座式培训较好地解决了工学矛盾；五是组织实施了国家专业技术人才知识更新工程高级研修项目。经过与国家人力资源和社会保障部沟通汇报，公司申报的国家专业技术人才知识更新工程 2012 年高级研修项目《复杂地质条件下隧道及地铁施工技术》成功获批，并获得 25.8 万元中央财政专项资金支持。该项目于 12 月初在郑州组织实施，所属二级企业副总经理及有关地市地铁公司负责人共 40 余人参加了研修。

【总公司党校教育与培训】 2012 年，总公司党校举办培训班 34 期，比 2011 年增加 7 期，增长 26%；培训学员 3112 人次，比 2011 年增加 395 名，增长 14.5%。举办的班次分别为中国中铁群众安全生产监督工作标准化建设培训班、第十期三级企业领导人员培训班、中央国家机关会计人员继续教育培训班（5 期）、宣传骨干培训班、党建政研会重点立项课题研讨会、企业法律顾问考前培训班、石家庄铁道大学 2011 级工程硕士班、中铁航空港集团党支部书记培训班、中铁航空港集团通讯员培训班、团干部培训班、第三期秘书培训班、第十一期三级企业领导人员培训班、中铁港航局集团党支部书记培训班、一级注册建造师考前培训班（4 个专业）、中铁大桥院领导干部培训班、二级社会体育指导员培训班、工会干部培训班、中铁置业集团内控建设及评价培训班、三级企业纪委书记培训班、西南交大 2012 级工商管理研究生班、保密工作培训班、工商管理硕士全国联考考前辅导班、中铁七局党支部书记培训班、子公司董办（监办）主任培训班、学习宣传党的十八大精神理论骨干培训班、女职工大众健身操和民族健身操培训班。其中，引进来班次 5 期，比 2011 年增加 3 期；送教上门班次 1 期。

2012 年，党校教育培训工作的主要做法和取得的成绩如下：

一、在工作中贯彻培训理念。在培训工作中，党校坚持以“一五三五”工作思路为指导，秉承“视品牌如生命，待学员如亲人”的培训理念。从课程设计到学员管理及后勤服务始终遵循服务中国中铁、为中国中铁的发展培养有用人才，充分体现党校的价值和作用的原则。课程设置围绕提高学员的党性修养、素质能力，培养学员的创新意识，打造中国中铁核心竞争力。在学员管理过程中标准化流程化工作，为学员提供优质服务。

二、优化课程设计，提高培训效果。针对国际国内政治经济形势的变化和企业的不断发展，企业管理者的管理能力诉求、专业知识诉求不断提高等情况，党校专业人员积累知识，了解企业发展现状，提升综合素养，增强对企业管理者的培训需求的职业敏感性，完善课程设计，提高培训效果。一是加强学习。在工作之余挤出时间学习，同时，通过参加学员座谈会、相互交流研讨等方式，提高工作能力和工作效率。二是调研培训需求信息。2012 年，先后组织教师到七局、中铁装备、中原投资、四局、四局七分公司、四局建筑公司、四局党校、大桥局、大桥院、宝桥等单位进行调研，获取培训需求信息。三是成立课程研发小组。定期就某个培训班次设计课程菜单，建立培训班专题库。课程研发小组成员分析、研究各单位的培训需求，对 2013 年新增的项目经理、项目总工、项目党工委书记、二级公司新提拔的局级领导、处级干部后备人员等从培训对象、培训目标以及培训课程等方面进行学习研讨，形成培训方案。四是汇总学员座谈会信息。通过学员座谈会获取培训建议，汇总、研究后，调整课程内容断改进、完善课程方案。五是电话回访。班主任不定期对老学员电话回访，追踪培训效果，获取反馈意见，完善课程设计方案。

三、开发最优师资，提高培训质量。2012 年，党校与各知名商学院建立联系，加强与一流培训机构交流，开发教师资源。制定师资库管理制度，完善师资评价考核体系，实行优胜劣汰，加强师资库的动态管理。党校现有师资库规模近300人，2012年通过多种渠道猎取优质师资，包括中宣部学习出版社、中纪委研究室、《求是》杂志社、对外经贸大学、清华大学、清华大学继续教育学院、中央党校、北京智益德管理咨询公司、中国社会科学院、河北省保密局等单位的专家、学者、教授。

四、加强制度建设，提高管理水平。2012年，党校完善各种工作流程，提高学员报到、开班典礼、学员管理、结业典礼、师资评估和学员鉴定整个流程中的工作标准化和流程化水平。制定完善了班主任工作规范、学员管理规定、档案管理办法、专家库管理办法、班主任第一次班会的发言规范、培训规范以及培训工作特殊节点之工作细则。

五、加强班主任管理，提高工作效率。2012年，党校采取有效措施提高班主任工作效率。一是班主任每周集中学习一次理论知识，定期举办经验交流会。二是设立班主任工作提示栏。，班主任每天把当日和次日的工作列在提示栏上，设专人负责提示班主任每天的工作重点。三是开班之前对班主任进行培训，强调班级管理每个环节的规定动作和注意事项。

六、完善创新培训方法。（一）现场教学，实践教学。组织学员到系统内在石家庄的在建工程项目部、革命圣地西柏坡进行现场教学、实践教学。（二）研讨式教学。在课程方案中有针对性的设计研讨题目。培训过程中学员按照选题进行分组研讨，小组研讨成果以PPT的形式在班上做汇报，并汇编成册报送股份公司干部部。（三）教学活动方案化。对班会、开班典礼、研讨会、座谈会、实践教学、联欢会等教学活动进行方案设计，保证各种教学活动的顺利进行。4.对学员提出“三个一”的要求。即学员在培训结束返回单位后，向上级组织汇报一次学习成果，给下级单位主讲一堂党课，在本单位组织一次研讨。

七、培训模式有创新。2012年，党校受邀到大桥院、中铁南方投资送教上门，取得初步成效。与中铁航空港、中铁置业、中铁七局合作举办5期培训班。与西南交大、石家庄铁道大学联合举办工商管理硕士、工程硕士学习班。

八、圆满完成高峰期的培训任务。2012年6月，党校同期举办企业法律顾问考前培训班和中央国家会计人员培训班，330多名学员，三地住宿，两地上课，班主任全程跟班，与学员同吃同住同上课，做好管理服务。2012年12月，党校同期举办学习“党的十八大”精神理论骨干培训班、股份公司董监办主任培训班和中铁七局党支部书记培训班，近300名学员。党校通过精心安排、协调，圆满完成培训任务。

九、培训效果及学员评价。学员们普遍反映，培训班准备充分，课程设置针对性强，培训内容新颖、重点突出，效果好，后勤服务到位。根据学员反馈，主要培训效果如下：

（一）了解最新的国际、国内政治经济形势及中国中铁面临的机遇与挑战，开阔视野、明确任务；

（二）坚定了理想信念，增强了党性意识、责任意识、大局意识、法律意识和廉洁自律的意识；

（三）提升了企业管理能力，提升了自身专业能力；

（四）学员之间学习了兄弟单位的经验，建立了广泛的联系。

【咸阳干院教育与培训】 2012年，在总公司和宏达中心的领导下，学院紧紧抓住管理关系变更的重大历史机遇，紧密围绕“把学院建成与中国中铁战略目标相适应，功能突出、特色鲜明的现代化培训机构”的发展目标，以发展办学为主业，以强化培训为主导，积极开展成人高等学历教育和职业技术教育，强力推进校产资源开发的前期工作，全面加强管理，适时启动内部深化改革，努力创收节支，全年创收1249万元；各项工作取得较好成效，形成了良好的发展基础和强劲的发展势头。全年举办各类培训班37个，培训干部3058人次；举办高职和中职学历班16个，在校学生371人；函授和远程成人教育学历班在册学员1081人；联合办学在校学生2419人，办学总收入1138万元，基本上实现年度经营目标。

1.强化培训主导，突出主动服务，创新培训机制

以校企合作为突破，努力打造市场化运行，全方位服务企业的培训机制。一是紧紧围绕学院目标定位，明确岗位培训的主导地位。通过对学院发展目标的深入研究、反复论证，学院上下对充分发挥中国中铁培训中心的职能，突出岗位培训在办学格局中的主导地位形成了高度的共识，大家充分认识到，发展培训不仅是增加办学收入，维系学院生存的需要，更是确立学院的功能地位，实现学院长期发展决定性因素，坚定了以培训为主导，以办好培训为使命，以大力发展培训促进学院长期发展的信心和决心。二是发挥优势，办好传统培训项目。工程管理尤其是项目管理是学院长期形成的传统优势项目，作为陕西省住房和城乡建设厅首批设置的建筑施工企业技术管理人员资格考试培训单位，学院在建筑类专业管理人员的取证培训方面优势明显。全年举办了股份公司注册安全工程师继续教育、设备管理人员培训、中铁航空港项目经理继续教育、学院物业管理人员培训等培训班7个，培训干部847人；举办建筑类岗位证书培训班30个，培训人员2211人。三是以校企合作为突破，努力打造市场化运行，全方位服务企业的培训机制。为增强培训的针对性和服务企业的主动性，学院遵循宏达中心“校企合作”的职业教育发展思路，着力于打造市场化的培训运作机制，变被动坐等为“走出去”主动寻找，主动服务；变期次办班、短期合作为与企业签订合作协议，形成长期的战略层面合作新机制，先后与中铁航空港建设集团、中国十七冶集团和中铁港航集团签署了企校合作协议，通过双方积极互动，尤其是学院积极

主动地深入企业，了解企业需求，制定适合企业的培训菜单，真正实现培训的适用性、实用性和高效性。为此，学院还选派教师进驻航空港，在实地考察、深入了解、认真研究的基础上，实施问题排摸和管理诊断，提出培训菜单，推进企校合作良性发展。经过校企双方的共同努力，“航空港企业经济人员培训班”已经正式开班。

2.成人教育稳步推进，办学规模持续扩大

2012年，学院坚持正确的办学指导思想和“服务企业、服务施工一线、服务学生”的办学宗旨，函授教育、远程教育较好的完成了本年度的工作任务，现有教学班13个，注册学生737人。我院哈工大远程教育学习中心，注册学生达到344人。目前函授、远程教育共有注册学生1081人，较上年增加55人，发展形势喜人。

3.职业教育迎难而上，努力创造发展条件

2012年是中职学校成立后的第三个年份，也是成长发展历程中极为重要的一年。受招生市场以及学校知名度、影响力等因素的影响，2012年招生人数有严重下滑，实际招生93名，在校生总计371人。通过强化校园文化培育，加强基础管理和规范制度，深化办学内涵建设，学校教学秩序、教学质量有了切实的保障，就业率达到97%，另有31人考入成人函授教育大专学历班。在与中核二四建设有限公司、山东蓝海酒店集团实施订单培养基础上，年内又与中国十七冶集团签订了校企合作协议，为来年扩大招生规模打下了基础。

4.加强教学管理，保证教学质量

一是强化基础管理，落实理论教学以及实习实训各个教学环节，圆满完成了与陕西工业职业技术学院合办的2009级学生的后期管理及毕业安置工作，履行了双方约定的全部责任和义务。二是努力促进教学质量监控体系的实施，切实保障培训质量和教学质量。坚持教学工作制度化、规范化运行，落实教学检查、教学质量监督保障制度。三是专职教师教学工作量饱满，保障了教师队伍的稳定。通过努力，维系了与咸阳师范学院的合作关系，院内教学项目保持一定规模，26位专职教师全年完成教学任务合计13550余课时，人均521课时，最高者达1181课时，保证了教师在发挥专业优势的基础上，维系了较高的收入。鼓励教师提高对学院发展办学的适应性，有针对性的选派8名教师外出进行业务交流和业务培训，选派两名青年教师参加管理知识培训，鼓励教职工开展学术研究，对公开发表论文作者进行奖励，努力提高业务能力和科研水平，促进了教学质量的全面提高。

5.精心谋划运筹，确保有序推进，校园土地开发取得新进展

在宏达中心和中心主要领导的高度重视下，自2012年7月13日宏达中心委派的咸阳学院校园土地开发前期工作组正式进驻我院开始，学院围绕校园土地开发精心运筹，强力推进，开展了一系列卓有成效的工作，取得了突破性的进展。一是在确定学院发展目标和发展定位的基础上形成开发工作的总体思路；二是校园开发建设方案的制定和完善，围绕学院发展目标和定位，以满足发展需要为目标，进一步科学论证开发方案，洽谈合作开发企业。三是深入开展开发方案的可行性研究和论证，为此，学院成立校园土地开发领导小组，全面开展各项工作，目前校园土地开发可行性研究报告已经完成并且上报。四是与中铁一局正方房地产开发公司签署合作意向协议，为完成校园土地开发项目立项程序奠定基础。经过多次的洽谈和协商，学院认为一局正方公司的合作条件与学院的整体设想和诉求距离较近，尤其是双方对教学培训房屋建筑还建项目标准相吻合，加之其具备地缘人脉优势和相应的资金实力，在同类项目的开发上也有许多的成功案例，故做了郑重选择，并与12月3日签订了意向性协议，满足了宏达中心和总公司履行内部决策程序的必备条件。

6.合理安排资金，加大设施投入，办学条件有了新改善

在学院经费十分紧张的情况下，我们坚持精打细算、厉行节约、勤俭办学，加强预算管理，实行经费包干，尽量压缩非教学、非经营性开支，合理安排资金用于购置办学设备、维修改造生活设施。办学和生活设施的改善，全年投资267万元，保障了学院的正常运转。

一年来，在中铁宏达资产管理中心的正确领导和大力支持下，经过全院教职员工的顽强拼搏，攻坚克难，圆满实现学院发展史上历史性的转折和平稳过渡，初步形成功能定位明确的多元化办学格局和良好的发展势头，积极推进校产开发的前期工作有序进行，实现了职工人均收入同比增加8%的预期目标。

【中铁三局教育与培训】 2012年，为进一步提高集团公司科技管理水平、加大对施工新技术的开发与应用、提升科技人员的业务素质，先后组织开展或参加了“施工临时结构设计检算培训班”、“股份公司桥梁施工技术培训”、“全省建筑行业技术中心座谈会”、“中国铁道学会路基分会年会”、“中国公路学会桥梁与结构工程分会举办的全国桥梁学会会议”、“山西岩石力学学会举办的第二届代表大会和学会交流会”、“第十届全国工程爆破学术会议”等10余次专业学术会议。

【中铁四局员工教育与培训】 2012年，全局紧紧围绕员工文化层次、技能情况、项目特点、企业发展方向，认真抓好职工教育培训工作。开展了取证培训。全年先后举办了4期建设部安全生产管理人员取证及延期复审培训班、4期公路安全生产管理人员新取证及延期复审培训班、5期质检员取证及延期复审培训班、3期施工员取证及延期复审培训

班、2 期材料员延期复审及新取证培训班、1 期铁路试验工程师取证培训班、1 期公路试验检测考前培训班；选派 47 名人员参加了中国交通建设行业协会举办的公路生产管理人员 A 证继续教育培训班。全年共计举办取证培训 19 期，培训 2286 人。同时，举办了为期 11 天的一级建造师考前培训班（培训 362 人），培训规模和培训人数为历年之最，取得了良好效果。开展了岗位业务培训。组织举办了 1 期总工和工程部长岗位业务培训班、4 期项目测量主管培训班、5 期项目总会和财务部长培训班、2 期项目工经部长培训班、项 1 期目安全总监和安质部长，全年共计举办岗位规范化培训班 13 期，培训 996 人。举办了工程商务英语脱产培训班，并在昆明地铁项目现场举办了盾构施工技术及操作培训班（第一期）。同时，陆续编写了项目经理、项目总工、工程部长、工经部长、安质部长和财务部长等岗位规范化培训教材。开展了委外培训。先后选派 179 名人员参加了企业领导人员培训、项目经理培训、总会计师培训、城市轨道交通设计与施工培训、桥梁工程施工技术和隧道及地下工程施工管理人员培训以及盾构机械操作工及工程项目设备管理培训班。开展了高技能人才考核评价和技能鉴定。举办了全局第四届青年技能大赛，组织开展了 2012 年度高技能人才考核评价工作，各单位上报参加高技能人才考核评价共计 232 人，经局资格审查共有 199 人符合审报条件。业绩评审中，经土建类、机电类、电气类、铁路运输类四个类别分组评审，优秀 15 人，合格 163 人，不合格 21 人。在生产现场能力考核和理论知识考试阶段，共有技师 72 人合格，高级技师 36 人合格，淘汰了 55 人。

【中铁五局教育与培训】 2011 年，根据股份公司要求和培训计划，大力实施全员培训工作，全面提高员工队伍素质，为全面完成我局生产经营目标提供有力的人才保障，促进企业的生产经营。按照局、子分公司分级分类培训的原则，采取自培与送培、业余与脱产相结合的培训方式，按计划选送人员参加了培训，全年共送培 211 人。其中，选送 6 名同志参加了股份公司第十期三级企业领导人员培训班、2 名同志参加中央党校第七期培训班、10 名同志参加隧道及地下施工管理及技术人员培训班、2 名同志参加中央党校第七期培训班；组织 2 名同志参加了股份公司组织的国际工程项目风险管理培训、组织 11 名同志参加交通局长培训班学习、5 名同志参加股份公司城市轨道交通培训班、5 名同志参加股份公司 2012 年第一期项目经理培训班学习；组织了铁路、建筑专业一级建造师 168 人参加了继续教育培训。举办全局财务人员培训班，参加培训 1705 人次，

围绕企业施工生产和经营管理开展培训。举办工程试验检测人员上岗培训班， 125 人参培人员分别取得了上岗证书。举办全局合同管理法律风险防范培训班，对各子公司从事合同、机械物资、财务、经营、工程管理等方面的 41 名管理人员进行了培训。强化海外工程项目管理，举办了海外工程项目培训班，通过培训提高海外工程管理人员储备。为强化对项目成本的控制力，举办工程造价管理培训班，培训人数由计划的 60-80 人增加至 102 人。全局还相继举办项目党组织书记岗位能力培训班、“三类人员”安全生产知识考核取证培训等，聘请了一批局内外具有较高水平的专业人员授课，培训人员 413 人，有 265 人取得了相应的资格证书。2012 年 4 月、7 月分别在贵阳及长沙组织全局安全生产管理人员共 301 人参加了水利部、建设部三类人员培训班，均通过考核，取得安全生产考核合格证；局法律部在机械化公司举办合同法律风险防范培训班，局各单位从事合同、设备、物资和法律工作的管理人员 40 余人参加培训；局工程部于 2012 年 11 月 13 日和 2012 年 12 月 14 日分两次在长沙进行了 120 人参加的推进“项目综合管理信息系统”的培训；2012 年，举办工会干部培训班 2 期，培训专兼职工会干部 107 人，子分公司工会举办培训班或以会带训，培训工会干部 170 人次。期间，五局选派 8 人专职工会干部参加省总、股份公司工会举办的各类培训班。

【中铁六局教育与培训】 2012 年，中铁六局全局共举办各类培训班 284 期，培训 12350 人次。全年结合集团公司实际需求，选送 96 人参加了股份公司培训，较好地落实了股份公司培训计划。集团公司本部年度计划办班 35 期，截止目前办班 28 期，培训 2680 人次，计划办班完成率 80%；各子分公司年度计划办班共 310 期，实际办班 256 期，培训 9670 人次。重点抓了三项工作。

一是完善基础，进一步提升员工教育培训管理水平。理顺培训职能，管理制度得到进一步完善。结合公司实际，修订完善了公司员工教育培训管理办法。明确了实施新开工项目进场人员培训的责任主体及流程，并从需求分析、计划制定、组织实施、效果评估及资料收集等方面，对新开工项目进场人员培训工作提出了具体的规范要求。结合“十二五”人才发展战略规划，制定了《关于“推行岗位任职资格制度，实施岗位能力素质达标工程”的方案》，就实施岗位能力素质达标工程提出了总体目标，即“十二五”期间，建立一个网络教学管理平台，梳理一册业务能力标准，编制一套达标标准化课程，完善一批保障制度努力使员工持证上岗率达 100%，管理及专业技术人员年度继续教育完成率达 100%，岗前、岗位、转岗培训合格率达 100%，员工的岗位能力素质与岗位要求匹配度 90%以上。

二是创新管理手段，完善网络教学管理平台。针对以往使用管理平台过程中遇到的问题，优化改进了管理平台的班级管理、考核管理、课程管理以及社区论坛等功能模块，同时增加了统计报表、统计分析等功能。完善后的网络教学管

理平台功能齐全，实用性强，顺利通过了公司科研成果评审和鉴定，为实施岗位能力素质达标工程奠定了基础。

三是突出重点，有效落实培训计划。为全面推进合福铁路隧道工程施工，针对新进场和已在施工现场的一线施工管理人员，在合福指挥部二分部举办了隧道施工应急培训班，培训59人，其中46人参加了培训考试，考试合格率100%。

【中铁七局教育与培训】 2012年，中铁七局采取四项措施，全面加强教育培训工作。

1、全力构建专业技术骨干人才梯队。以专家、专业技术骨干队伍建设为龙头，拟订出台了《集团公司技术专家和主任（副主任）工程师管理办法》，健全了专家的分级选拔、阶梯培养和动态管理机制，建立了专家考核制度，完善了配套的薪酬和相关待遇激励制度，并把主任（副主任）工程师作为一线骨干，纳入专家后备队伍管理，优化了其考核评审和聘任制度，畅通了工程技术人员职业发展通道。本年度共评审通过一级专家6名，二级专家13名，主任工程师42名，副主任工程师45名。在此基础上，我们以专业技术职务评聘为平台，按照“层级合理、管理细化、突出业绩、持续激励”的原则，做好专业技术人员选拔评审，年内共评审通过教授级高级工程师3人，高级工程师89人，高级会计师11人，高级经济师7人，工程师340人。不断优化了集团公司专业技术人才结构，推进了骨干专业技术人才队伍的壮大和梯队的形成。

2、深入推进职业项目经理队伍建设。全面修订了《项目经理管理办法（暂行）》，对项目经理的准入、晋升、选拔、聘任、薪酬激励、日常管理等进行了进一步规范，设立了各级职业项目经理最低薪酬保障制度，健全了项目经理述职、考核和培训制度，使项目经理的资格认证和聘任实现了评聘分开，推进了项目经理持证上岗，畅通了项目经理职业发展通道，最大限度的提升项目经理管理创效积极性。同时，我们实施了项目经理业绩档案制度，建立了集团公司项目经理信息库，将项目经理的基本信息、管理业绩、职业培训、奖惩等纳入信息化管理，促进了信息共享，并为干部选拔任用提供了重要依据。今年，我们通过积极组织与推荐、评审通过一级职业项目经理3人，二级职业项目经理3人，三级职业项目经理16人，四级职业项目经理38人，考核聘任三级项目经理12人，四级项目经理47人，促进了项目经理队伍向专业化、职业化、市场化方向的发展。

3、充分重视新入职专业技术人员培养。围绕“控制招聘数量，提高招聘质量”的思想，从改进招聘管理工作入手，制定了符合企业发展需要的招聘计划，并统一部署，圆满完成了年度毕业生招聘工作。同时，着力完善大中专毕业生招聘、培训、培养、选拔、任用管理体系，切实改变重招聘轻培养现象，重点做好毕业生见习指导老师制度落实和毕业生培养效果评比、优秀见习生选拔和优秀见习生提前定职工作。加强对各公司培养计划制定、入职培训、定职前培训、岗位适应性培训的监督指导，通过考核，对584名毕业生进行了定职，对新招聘的196名大中专毕业生进行了入职前培训，并评选出集团公司24名优秀见习指导老师和24名优秀见习生。在此基础上，有效强化了毕业生薪酬待遇和特殊补贴的落实力度，使专业技术人才队伍发展基础得到进一步夯实。

4、加速推进技能人才队伍建设。我们以技能人才培训、技能鉴定和技师、高级技师评聘为突破口，持续优化技能人才队伍，改善作业人员结构。一年来，分别与中铁山海关桥梁学校、武汉铁路职业技术学院、中铁大桥局职工培训中心等院校合作分期举办了线路工、桥梁装吊工、测量工、试验工等二十多个工种的的高级工、技师、高级技师鉴定前培训，300余名学员参加了培训。全年共鉴定20余个工种的技能人员419人，超额完成了年度计划。其中鉴定合格人员273人，高级工104人、技师115人、高级技师37人，进一步改善了技能人才队伍结构。在此基础上，我们以赛促培，结合股份公司2012年组织的电工、工程测量和盾构机械操作工技能大赛，组织了广泛的赛前培训与选拔，分别选派集团前四名选手参加了股份公司第十一届青年技能大赛各专业比赛，并在电工比赛中取得团体第二名、盾构机械操作工比赛取得团体第四名的好成绩，受到股份公司的表彰奖励。同时，今年集团公司还被股份公司推荐为“中央企业职工技能竞赛先进单位”。

【中铁九局教育与培训】 一、培训班情况。2012年，中铁九局全年共举办培训班2422个（不含一级和委外培训），培训人员71037人（次），包括外协队伍37580人（次）。全员培训率达到100%，局机关本部和各子分公司自办班完成计划的100%，送出培训完成计划100%。其中：一级培训（股份公司、委外），委外培训班26个，培训人员231人（次）；二级培训（局、直属项目经理部），局机关主办培训班53个，培训人员6346人（次）、直属项目经理部举办培训班14个，培训人员468人（次）；三级培训（各子分公司机关），各子分公司举办培训班432个，培训人员16508人（次）；四级培训（各子分公司项目经理部），各子分公司项目经理部举办培训班1923个，培训人员47715人（次）。

二、培训重点工作。（一）制定并下发年度培训计划，明确了年度培训目标和重点工作；从组织领导、资源投入、激励机制、考核评价4个方面入手，完善培训管理体系、保证培训工作良好运行、构建终身教育体系、健全培训考核及效果验证体系。全年培训计划班次51个，新增班次2个，现已全部完成。（二）开展能力素质提升培训工作。为确保九局管理提升活动有效推进，在全局范围内深入开展“大学习、大培训、大教育”活动，人事部与机关党委每周三开展集中培训，提升员工团队意识、主人翁精神、思想境界、管理水平，现已开展7期，共培训475人（次），取得了较好的培训效果。（三）开展隧道管理提升培训。按照九局隧道专项提升工作计划，隧道施工培训分为导师带徒、项目自培和检查验收三个阶段。一是指定隧道技术专家带徒弟，确定培养目标、阶段、方案，有明确的考核指标。二是选派部分人员到中铁隧道局职工大学参加脱产培训，第一期共60人参加培训，培训效果较好。三是精选培训电子版课件，并发放培训教材550本，由项目总工或技术专家亲自授课，开展自学活动，全部课程约56课时，由项目灵活安排课程，培训结束后，由局人事部统一组织考试、考核。

【中铁十局教育与培训】 加强科技培训工作，为十局创新体系建设提供科技支撑，全年主办项目管理系统、科技管理系统、铁路工程试验、MADIS结构分析软件等多期培训班，共计培训670多人次，提高了工程技术人员的业务水平。

【中铁大桥局教育与培训】 **2012年**，集团公司共培训员工44779人次。其中干部8841人次；作业层员工（含农民工）35938人次。集团公司本部组织各类培训班32期，共培训员工2337人次。其中，举办领导人员轮训班1期，培训45人；项目管理培训班1期，培训48人。选派输送中铁股份公司及地方政府组织的相关培训240人次。

【中铁建工教育与培训】 2012年，以满足企业需求为重点，认真开展各种管理培训工作。组织248名项目经理分区域进行了执行力及管理提升培训，集团公司领导亲自带队并组织授课；组织集团公司10名优秀项目经理参加股份公司组织的项目经理培训班；指导二级公司根据自身要求开展项目管理培训，通过集中授课、研讨交流、观摩考察，使项目经理提高了对项目管理的认识。

4月份，联合北京市建委在天津举办了安全生产“三类人员”及专业管理人员岗位培训班，共培训考核相关人员564人；配合安质环保部指导二级公司开展了集团公司安全生产培训月活动，共14期，培训员工2800人；与当地安全生产管理部门合作，在施工现场开展特种作业人员培训及考核取证工作，共培训电工、电焊工、架子工、塔吊、厂内机动车驾驶等专业特种作业人员100人；为推进集团公司信息化建设，举办了统计信息系统培训班，共培训60人；联合财务部、审计处组织了2012年度财务和审计人员业务考试，共有304人参加；组织集团公司机关及二级单位相关人员参加军工涉密安全保密监督管理专项培训，满足集团公司军工板块经营招投标需要；组织协调20多人10余次参加铁道部及股份公司组织的城市轨道交通、隧道及地下工程、工程质量地质雷达、工程设备管理、桥梁技术、盾构技术等一系列培训班。

组织9人报名参加股份公司系统内在哈尔滨铁道职业技术学院举办的职工高职学历教育培训。组织23人报名参加总公司党校与西南交通大学联合举办的工商硕士进修班；完成了21人西北工业大学工程硕士学历教育工作。

【中铁航空港教育与培训】 2012年度中铁航空港举办各类培训班27个，参加股份公司、建设管理部门等单位组织的各类培训班33个，累计培训1300余人次。中铁航空港员工（包括所属各子、分公司员工）参加各级各类培训班，累计近7000余人次。2012年中铁航空港集团公司着重组织或参加了以下培训：

1.组织领导干部培训。中铁航空港领导班子成员及子、分公司领导班子成员参加股份公司组织的领导人员中央党校理论培训班和两期三级企业领导人员培训班。

2.组织党委纪委及团干部培训。重视党委纪委及团委方面的培训，参加了股份公司组织的国有企业纪检监察干部培训班、团干部培训班和学习宣传党的十八大精神理论骨干培训班，自办纪检监察干部培训班与党支部书记和通讯员培训班。

3.组织各种考前辅导和继续教育培训。鼓励执业资格取证及各类岗位证书取证，并严格执行国家及行业的继续教育。参加及自办注册建造师、试验检测员、检测工程师、机械管理员岗位证书、企业法律顾问、三类安全人员、管理体系内审员的考前辅导班，参加注册安全工程师、三类安全证书、会计人员的继续教育。

4.组织或参加专项技术培训。组织了新兴业务方面的专项技术培训自办班，参加股份公司组织的城市轨道交通设计与施工培训班、隧道及地下工程施工管理及技术人员培训班、桥梁施工技术和盾构TBM施工技术培训班。

5.组织参加学历教育。鼓励员工参加学历教育，提高学历水平。参加了中铁党校分别于西南交通大学和石家庄铁道大学合办的工商管理硕士（MBA）培训班和工程硕士培训班，组织员工参加哈尔滨铁道职业技术学院的高职学历教育。

6.参加各类资格认证培训。参加中央企业信息管理师职业资格认证、中央企业班组长岗位管理资格认证、国际项目经理专业资质认证。

7.组织参加各项业务培训。组织自办了公文管理培训班、资金管理系统培训班、财务决算会暨财务信息化培训会、创建国家优质工程培训班、经济管理培训班、统计信息系统培训、内控体系建设培训、档案管理培训班、成本管理和投标报价培训班、工会干部培训班、消防安全知识培训、安全质量管理人员业务培训、职业健康安全管理体系要求培训班、专业技术职务任职资格评审暨职业项目经理评审培训班。参加股份公司举办的人力资源部负责人培训班、职工董事监事高级课程研修班、保密工作培训班、完事管理系统培训班、国际工程项目风险管控培训班。

8.组织技能人才培训。自办技师和高级技师岗位技能培训班，约70人参加。

【中铁上海局员工培训】 依照培训计划，全年举办各类培训班95期，培训员工2879人次。其中“团队建设”、“沟通艺术”、“批判性思维”、“职业卫生健康”等专题讲座4期，培训员工317人次；取证培训班13期，培训883人次，取证880本，分别是：建安A/B/C证268本，交安A/B/C证180本，铁路试验员证89本，施工、质检、材料、机械、安全、资料员证343本；施工技术和岗位能力培训班3期，培训141人次，内容涉及重点工程安全施工技术、盾构施工技术等；业务水平及关键岗位能力培训班18期，培训772人次，内容涉及项目管理、工经管理、机械物资管理、投融资管理、人力资源和工会管理等项业务；新分配大中专毕业生培训上岗率达100%，计186人次。选送108名优秀管理人员、24名副处级以上干部参加股份公司、上海市建交委各项委外培训。组织专升本学历培训2期，培训人员268人次。140人次参加一级建造师、注册安全工程师、注册造价工程师考前培训班；31人参加铁路一级建造师继续教育培训，考试合格率达100%。

【中铁二院职工教育与培训】 中铁二院的职工教育培训管理工作，由院人力资源部负责。2012年，在集团公司职工教育培训管理方面，完成了如下工作：

一、职工教育培训年度概况

2012年，中铁二院教育培训工作紧密结合公司生产经营和发展战略，深入开展了一系列多层次、多样化、具有较强针对性和前瞻性的教育培训。这些教育培训，增强了公司团队综合管理、创新和执行能力，加强了国际化人才培训，完善、更新和优化了员工知识结构，提高了员工的技术理论水平、专业技能和技术创新能力，促进了工作质效全面提升。年内开办了“中铁二院交子技术大讲堂”，请院士、国内外知名专家前来授课，为广大技术人员及时掌握前沿科技提供了广阔平台。结合“走出去”战略，与西南交大签订合作协议，举办了多期外语能力提升班。全年培训情况如下：

（一）2012年，中铁二院共计培训13096人次（人数5615人），其中，领导人员培训533人次，专业技术及管理人员培训12051人次，技术工人培训512人次。

（二）集团公司层面共计培训人数3199人次，举办培训班44期。主要包括孟加拉项目现场英语强化培训、领导英语强化培训、国际工程英语培训、国际工程合同管理与FIDIC条款应用培训、EPC项目管理培训、城市轨道交通设计总体总包培训、总工总体培训、专家人才培训、安全生产管理培训、驾驶员培训班等，其中计划内办班32期，培训人数2035人次。

（三）根据生产形势需要，组织完成了集团公司计划外办班12期，培训人数1164人次。此外，送外培训308人次，送外参加学历学位培训1人。

（四）组织开展员工职称计算机报名，完成考务工作，全年参加计算机考试361人，876个模块。

（五）2012年，中铁二院交子大讲堂共邀请龚晓楠院士等相关专家学者作学术讲座6次，组织公司内部技术专家讲座8次、针对分院子公司存在的问题派专工到现场结合项目作过程指导8次，培训员工共922人次。

二、职工教育培训管理

（一）2012年，中铁二院完成了全院继续教育工作管理及证书的发放、登记、验证工作。年度学历验证工作，全年共验收整理学籍档案资料34份。办理了全院继续教育工作管理及证书的发放、登记、验证工作，全年共发验证人数935人。

（二）根据程序文件要求，中铁二院人力资源部注重培训质量管理，完成了培训记录资料的收集、整理和归档工作。集团公司培训工作在内部审核和外部审核检察中，无观察项和不合格项，得到了认证方的认可。

（三）组织基层开展2012年培训工作总结，各类培训数据统计上报，以及2013年培训需求调查。

三、人才队伍建设概况

2012年，中铁二院按照“服务发展、高端引领”的基本要求，根据中铁二院《“十二五”人才发展规划》，重点加强了对高层次人才的培养选拔和推荐工作。

（一）年内，出台了领导人员交流、淘汰、问责等方面的十余项办法，确定了生产单位和管理部门领导编制，加强后备干部管理，对领导人员报告个人有关事项做出规定，干部管理的科学化水平明显提高。按照德才兼备、以德为先的选人用人标准，全年共提拔副处职以上领导35名，交流9名，公开招聘副处职领导1名，调入1名。

（二）建立了专家申报后备人选专项信息库，出台了《院士大师培养与管理办法》，全年共申报省部级以上专家68人次，各类专家库专家318人次。全院共有18人成为国务院政府特殊津贴、詹天佑奖、茅以升铁道工程师奖推荐人选，4人获评“四川省工程勘察设计大师”称号。全年共评审教授级高工49人，高级工程师281人，新招聘博士4人，硕士研究生89人。

【中铁设计咨询职工培训】 2012年中铁设计咨询按照公司发展战略和年度工作目标，结合各单位人力资源现状和各单位的培训需求，编制下发了《中铁设计咨询2012年度职工教育培训工作安排》，各单位根据计划要求，进行了本单位落实计划的细化安排，报公司培训主管部门备案。全年公司培训5700余人次。其中：集团公司共举办首期中层领导干部培训班、新型轨道交通讲座、职业健康安全与环境体系文件培训班、工程总承包系列培训班、新员工培训班、科技论文写作培训班等共10余期，400余人次受训；选送干部参加总公司干部培训30余人次；各单位自行组织业务培训4000余人次。集团教育培训经费使用320余万元，同比上年增加了100万元。2012年培训工作呈现出以下特点：1.对领导干部的培训力度进一步加大。全年共选派副处级及以上领导干部30余人次参加股份公司及以上其他单位组织的各类培训；组织了首期中层领导干部培训班，培训班以2008年以来新提拔的中层领导干部为培训对象，着重培训岗位能力和政治理论素养；党委组织了基层党支部书记培训班。2.培训的针对性更加突出。各单位针对专业技术人员的特点、岗位要求及成长需要开展各类业务培训，如：线站院开展了外业调查及相关知识培训，项目总体设计培训，举办了配合施工知识讲座等多类型培训。3. 以新技术、新知识、规程规范、新业务成果分享等为重点的培训项目逐步增多。如：桥梁院多次组织员工开展了新技术、新软件等培训，城交院、电化院邀请行业专家讲解新规程、规范。4.充分挖掘、利用培训资源。各单位除邀请行业专家、教授来公司授课和举办讲座外，并积极挖掘内部师资力量，利用公司内部有技术特长和经验丰富的技术人员开展相互交流。充分利用视频设备扩大培训的受众面。

【中铁科工教育与培训】 1.2012年5月4日-18日，中铁科工副总经理胡建伟参加了股份公司组织的第七期领导人员中央党校理论培训班。

2.2012年8月21-31日，中铁科工重工公司总经理舒伟浩、九桥公司总会计师参加了股份公司党校第十一期三级企业领导人员培训。

【中铁西北院教育与培训】 2012年中铁西北院共组织各部门、子（分）公司员工参加各种培训452人次，培训内容包括项目安全管理培训、既有线施工安全培训、三体系标准内容培训、新进员工入职培训、产品质量检验人员培训等。

（归纳整理，重点将本单位组织的培训简要叙述，总结教育培训工作，参加外部培训只保留相关数据，请参考其他单位）

【中铁西南院教育培训】 公司重视人才引进和教育培训，2012年公司从各种渠道引进人才16人，引进全国各大高校毕业生20名。为加强后备人才的培养，与西南交通大学合作实施了高级管理人员工商管理硕士（EMBA）教育项目，安排了19名管理和经营方面的人员进行集中学习。为加强在职教育培训工作，制定了年度培训计划，组织执业资格证培训17个班次，共169人，业务培训29个班次，共471人，学历教育5次，共46人，举办了《领导干部素质与能力提升》、《企业转型与创新思维》等讲座。完成了2012年专业技术职务任职资格评审，晋升初级、中级技术职称26人、高级技术职称12人、教授级高级技术职称1人。

公司加强对子公司职工教育培训的督导，鼓励、引导子公司广泛开展教育培训活动，提高持证率。四川铁科建设监理有限公司组织了隧道塌方防范技术、隧道仰拱施工质量控制技术、正洞涌突水（泥）危害应急预案关键技术等技术培训及讲座10次；桥梁施工技术、隧道施工技术、瓦斯隧道施工技术等培训7次；混凝土结构工程施工质量验收规范以及注浆相关要求等培训 3 次以及成都地铁春熙路站人工挖孔桩施工技术、高支模和支架安全专项方案等培训活动。中铁岩锋成都科技有限公司全年完成各类培训共计59期，其中外部培训16期，内部培训43期，参训人员共计598人.次，培训计划项目完成31项，全年计划培训完成率97%，内部群体培训一次合格率100%，二次培训合格率100%。检测公司全年参培762人次，取证人数22人。内部培训12场/次，内容包含专业技术、新规范、安全、质量体系等方面。外部培训8场/次，内容包含检测技术、内审知识、行业取证培训等方面。

【华铁咨询教育与培训】 2012年，华铁咨询继续有效开展教育与培训各项工作，参加建设部组织的国家注册监理工程师各专业培训班八期共计168人次，注册设备监理师培训班四期共计54人次，造价工程师继续教育一期19人次，注册一级建造师继续教育一期20人次，注册安全工程师继续教育一期20人次，注册一级结构师继续教育三期3人次；参加铁路监理协会、设备监理协会组织的铁路监理工程师继续教育共六期，99人取得相应培训证书，铁路总监理工程师培训共二期，27人取得相应培训证书，北京市安全监理员培训二期，59人取得相应培训证书，中国中铁企业领导人培训班1人取得相应培训证书，海南入省备案培训4人取得相应培训证书。参与了股份公司组织的包括新任职领导人员培训、企业负责人副职绩效考核、工资总额预算管理、劳务派遣用工管理培训、学习宣传党的十八大精神理论骨干培训、中国中铁工会机关干部技能培训、保密工作培训等内容的培训班。

董事会、监事会工作

【"三会"筹备和服务】 筹备并召开总公司董事会会议5次，均以通讯表决方式召开，会议审议并通过议案9项。筹备并召开股东大会2次；股份公司董事会会议8次（其中通讯表决2次）；董事会各专门委员会共15次；监事会会议7次；董事沟通会1次。收集整理议案材料234项，起草会议决议和纪要尽60余份，针对企业发展战略、财务预决算、重大投融资、重要人事任免等重大议题，作出决策101项。

【信息披露】 起草公告及通函156项。其中，A股公告59项，包括临时公告29项，定期报告6项，公司章程1项，公司治理12项，股东大会资料2项，其它9项；H股公告及通函97项，包括公告（中英文）18项，海外监管公告42项，通函20项，财务报告（中英文）2项，宪章文件3项，股本变动月报表12项。

【定期报告编制及披露】 完成了2011年报工作、2012年一季报、半年报和三季报编制和发布工作；编制了《业绩路演模拟问答》、《业务数据一览表》以及《与同行企业业绩比较分析》；制作了公司宣传短片和推介PPT。

【投资者关系管理】 完成定期报告业绩路演活动。参加资本市场论坛、峰会等活动十余次，与近百名分析师、基建经理进行了沟通会谈。邀请中银国际等近30家投资机构的30余位基金经理、分析师，适时组织反向路演。2012年，董事长李长进荣获中国上市公司最受尊敬企业家、最具影响力上市公司领袖等荣誉称号；总裁白中仁荣获中国上市公司最具创新力十大领军人物、最佳CEO等荣誉称号。上交所对公司董事会秘书及其领导的团队连续四年考核成绩为优秀，公司董事会秘书于腾群被上交所评为2012年在公司治理工作方面表现优异的十名董秘之一，并连续四年获得中国上市公司"金牌董秘"、"最佳董秘"和"中国主板上市公司百佳董秘"称号，第三次荣获"最具创新力董秘"称号，第二次荣获"中国上市公司最佳创富董秘"称号。

【股权管理】 督促公司董事、监事、高级管理人员及其他相关人员遵守公司股票买卖相关规定。认真做好公司股东持股资料的保管工作，密切保持与董事、监事和高管的沟通，确保信息对称。不定期核查持股变动情况。年内公司董事、监事和高级管理人员及其他内幕信息知情人未发生违规持股现象。

【产权代表管理】 召开产权代表述职会议1次、产权代表联席会2次；印发《关于做好产权代表履职支持服务工作的通知》和《关于加强股份公司委派的股东代表、董事、监事向股份公司专项报告的通知》，对子公司董事会监事会日常工作机构做好股东代表、外部董事、监事履职支持服务提出了具体要求，同时也进一步加强了产权代表专项报告力度，强化子公司对公司董事会、总裁办公会及子公司董事会的决议跟踪检查力度，充分调动产权代表的履职积极性和有效性。产权代表根据任职单位实际分别从公司治理、海外经营、投资管理、安全质量、党建思想政治工作、品牌建设、成本管理、内控与风险管理等角度出发，提出改进意见和建议，形成专题调研报告26篇。

【规范子公司董事会运作】 印发《中国中铁股份有限公司2012年度董事会监事会日常工作要点》；加强对全公司执行《对外发布信息审查办法》、《重大事项内部报告制度》等制度落实情况的监督；落实董事会决议执行跟踪检查制度，组织公司独立、外部董事前往贵阳、昆明对董事会决议的投资项目的执行情况进行检查评价，形成《董事会决议跟踪检查与评价情况的报告》。

【董事会试点工作】 依据国资委董事会试点办公室《关于对中国中铁股份有限公司董事会2010年度工作的意见》（董办〔2011〕36号），研究制定上报《中国中铁董事会2010年度工作的整改报告》并认真整改落实；撰写了公司《中国中铁股份有限公司董事会2011年度履职报告》、《中国铁路工程总公司2011年度建设规范董事会工作报告》；完成了国资委《母子公司治理》课题的研究和报告撰写工作；参与了国资委对“建设世界一流企业公司治理内涵”、《外部董事履职管理办法》等课题研讨。

【配合证券监管机构工作】 根据北京上市公司协会《关于开展倡导独立董事、监事会最佳实践工作的通知》，形成《中国中铁股份有限公司独立董事最佳实践材料》；根据北京证监局《关于开展北京辖区上市公司规范运作自查自纠的通知》要求，开展公司自查自纠工作，并将自查自纠报告上报北京证监局；根据上海证券交易所《上海证券交易所上市公司董事会秘书管理办法（修订）》和《关于做好上市公司董事会秘书2011-2012年度考核工作的通知》，完成董事会秘书2011-2012年度履职报告书，报上交所；就上交所发布的《关于利用交易大厅为上市公司路演服务的方案（征求意见稿）》和《上海证券交易所上市公司现金分红指引（征求意见稿）》反馈书面修改意见和建议；根据交易所的相关要求及时通过“上市公司专区”填报在线调查表9项。

【服务国有企业监事会工作】 完成了2011年度企业年度报告；根据国有企业监事会对中国中铁2011年度监督检查发现的问题和整改意见，完成了《中国铁路工程总公司关于落实国有企业监事会2011年度监督检查有关整改意见的报告》；起草了关于加强高风险业务管理的整改措施、加强南非投资公司的公司治理和华刚矿业公司治理整改措施方案；印发《中国中铁股份有限公司企业年度工作报告填报质量综合评价办法（试行）》；根据国资委办公厅《关于进一步支持配合监事会开展监督检查工作有关事项的通知》，制定了《支持配合国有企业监事会开展监督检查工作制度》；印发了《关于国有企业监事会07办2012年度实地监督检查的通知》，并组织完成对中铁五局、中铁建工、中铁海西、中铁电气化局、中铁置业、中铁总部、中铁东北投资公司、中铁八局、中铁国际、中铁物贸、中铁大桥局、中铁资源等等12家单位实地监督检查；组织参加了中国中铁年度职工代表大会、工作会议、反腐倡廉建设工作会议、安全质量工作会议、股份公司专职产权代表2011年度工作述职会议和专兼职产权代表联席会议、董事会会议、监事会会议、总裁办公会等会议；协助完成监事会对中国中铁境外国有资产检查的整改及沟通汇报工作；形成了《支持配合国有企业监事会工作相关文件汇编》，收录了现行有效的国有企业监事会工作相关法律法规、制度办法等38个规范性文件，发至公司董事、监事、高级管理人以及各部门。

【公司治理业务培训】 董事、监事和部分高管人员参加国务院国资委举办的“2012年国资委-清华大学董事课程培训”4人次；参加董事会试点中央企业高管薪酬管理工作沟通培训2人次；参加北京证监局举办的“北京辖区上市公司2012年度董事监事培训”8人次。有关工作人员参加董事会秘书任职资格培训2人次；参加香港特许秘书公会业务培训2人次；参加中央企业监事会工作培训4人次；参加北京上市公司协会市值管理培训1人次。组织公司董事前往香港地区就香港证监会新修订的《证券及期货条例》关于股价敏感信息、内幕消息管理和关连交易的规定等内容进行系统学习。举办了子公司董事监事董秘培训和子公司董办监办主任培训班各1期。

综合管理

【总公司办公厅】 总公司办公厅与股份公司总裁办（党办）合署办公，是总公司、总公司党委和股份公司、股份公司党委的综合办公机构，是协助公司领导处理公司日常工作的职能部门。

总裁办公室（党办）由综合保密、文书、秘书、信访维稳四个模块组成，主要职责：

1. 负责总裁办（党办）的全面工作。

2. 负责公司领导公务活动安排和公司、公司党委综合性重要会议的筹备和会务组织工作，组织起草、修改公司主要领导在综合性会议上的重要讲话及重要文稿。

3. 负责总裁办（党办）报销审批，归口管理接待费、交通费及大型综合性会议的会议费等费用的审批。

4. 负责股份公司对外公共关系工作，协调对外联络和接待工作。负责对上、对下及对总部各部门的协调工作。

5. 负责处理股份公司党委日常事务，协调党建、宣传及群众工作。

6. 按照总部质量、环境、职业健康安全管理体系标准运行的要求，负责总裁办文件控制程序、协商与交流控制程序的制定，并对其运行、监督检查实施领导。

7. 负责指导公司和公司党委内外公文传递、公司领导批示传达、公司和公司党委重要会议及领导讲话、批示中提出的重要决策、重点工作和重要指示的督查督办工作。

8. 负责指导全公司信息调研、收集、整理、编撰和上报工作。

9. 负责公司秘书工作的指导与管理。

10. 负责指导公司信访、保密、档案、收发、值班工作。

11. 协助公司领导组织处理突发性事件和重大事故。

12. 完成领导交办的其他工作。

【以文辅政】 2012年，坚持把以文辅政作为办公室最突出、最核心的职能，积极为企业出主意、想办法，切实发挥参谋助手作用。围绕企业重点难点工作，深刻领会上级和领导意图，深入了解和分析企业管理实际，先后起草和修改了2012年度工作会、职代会、经济活动分析会、廉政建设专题会、安全生产专题视频会、管理提升现场会、加快铁路建设动员视频会、全面预算管理专题会、工程经济管理现场交流会等重要会议以及各类专题会议的领导讲话共计180余篇，有力推动了企业重点工作的全面推进。特别是针对所属个别单位发生的重大经济案件、重大安全事故、重大不稳定事件等重点难点问题，详细了解实情，如实撰写有关材料，为上级领导了解情况、公司领导正确决策提供了详实的信息，最大限度地减少了事件带来的不利影响。同时，充分发挥传、帮、带作用，采取压担子、交任务、定责任等多种形式，加强了对办公室人员、特别是秘书人员写作能力的培养和锻炼，进一步提高了办公室人员的写作能力。

【督查督办】 2012年，坚持以执行力建设为抓手，紧密围绕企业中心工作、重要会议、重要决议、领导重要指示等内容，积极开展督查督办工作，确保企业政令畅通。根据2012年工作会议精神，及时印发了《关于对落实2012年工作会议任务进行集中督办的通知》，明确了79项督查工作内容，确定了完成标准、时间节点和责任人。先后对12次总裁办公会，12次大交班会，36次小交班会，60余次专题会议等决定事项进行了跟踪督办，对2012年上半年和全年董事会和总裁办公会议决议执行情况进行了梳理汇总，特别是对每次党委办公会议定事项都进行综合通报，做到了事事有人办，件件有回音，大大提高了企业的管控能力。同时，积极配合相关业务部门，加大了对总部机关有关规章制度的规范管理，对企业上市以来的暂行、试行制度进行了全面清理，并明确了修订计划安排。

【服务保障】 2012年，坚持高标准、严要求，统筹谋划，精心安排，积极加强内外协调和沟通联系，全力做好综合服务保障工作。先后完成各类公务接待活动96次，服务人次超过3200余人。特别是年初，积极策划会议方案，协同有关部门一周内连续组织召开了三届二次全委（扩大）会、一届三次职代会、2012年工作会、安全质量会、反腐倡廉会等会议，取得了积极成效。认真做好值班工作，先后组织安排节假日值班75人次，接听各类咨询、报告电话超过5000个，处理国家各部委紧急通知21项，月均出车410台次，确保企业工作畅通有序。

【维稳信访】 2012年，坚持关口前移、重心下沉，加强指导协调，有效维护了企业和社会稳定。积极贯彻全国和中央企业维稳工作会议精神，及时明确了全年维稳信访工作的总体要求和六项重点任务，印发了《中国中铁股份有限公司信访工作管理办法（试行）》（股份办发〔2012〕39号），特别是围绕党的十八大、全国两会等重要和敏感时期，先后下发了《关于做好2012年全国“两会”期间有关工作的通知》、《关于进一步加强十八大召开前及期间安全维稳工作的通知》等，建立了企业突发事件信息报告制度，坚持24小时值班以及稳定情况日报和周报制；针对北京市五七家属工养老保障等历史遗留问题，积极争取地方政府支持，彻底解决了这一问题，结束了长达5年、上万人次的集体上访；针对六局合福铁路工地纠纷、四局万寿路16号院改造、七局郑州公司与分包队经济纠纷引发等不稳定情况，采取直接协调指导的工作方式，多次深入现场，有效促进了问题的解决。同时，先后两次在全公司开展了矛盾纠纷排查化解工作，及时掌握了各单位存在的信访突出问题，加大了协调指导力度，落实了防范措施，实现了“一减少、两杜绝”的工作目标。全公司到国资委上访量继续下降，连续三年退出前十名，12名同志、3家单位获得国资委表彰。特别是因病去世的刘颖慧同志生前在中央企业维稳信访表彰大会上，作为唯一代表在大会上做事迹发言，并得到了国资委王勇主任和邵宁副主任的高度赞扬，同时，刘颖慧同志还被授予中国中铁女职工楷模称号。

【文书工作】 坚持以“零失误”为工作标准，严格遵循实事求是、准确规范、精简高效、安全保密的原则，不断强化文书工作管理，确保企业公文的正常流转。根据公文流转特点，结合人员变化实际，进一步明确了收发、登记、分办、传递、用印、整理、归档、销毁等各节点的职责，使公文处理做到及时、准确、安全。全年共处理各类收文件3146件，处理各类发文1518件，发送和接收文件机要文件2788件（发件233件。收件2555件，其中，国资委交换站446件、国务院交换站2109件）。开具各类介绍信126份，监刻印章13枚，安排用印出差7人次，完成公文流转文件套红1165个，打印文件资料等54423页。总公司被评为国资委2011年度公文报送无差错单位。严格执行收发工作制度，确保了总部机关报刊、挂号、纸包、包裹等及时接收和分送，全年总收发量超过2.3万件。

【信息调研】 2012年，坚持把信息调研作为办公室的一项重要任务，不断加大信息调研工作力度。结合今年以来企业面临的新形势和新情况，进一步加强了对信息工作的领导，规范了信息工作审批流程，细化了编报任务，加大了考核力度，增强了信息的实用效能。全年共编发《中国中铁信息》190期，采编各类信息2097条，编发《情况通报》45期。共上报国资委办公厅491条（篇），国资委《央企要情》等刊物采用110条（篇），另有97条信息被国务院国资委网站采编刊登。与2011年相比，报送数量减少28.84%，但采用量增长7.27%，信息质量大幅提高，其中有8篇综合类信息被国资委采用。公司2012年度在国资委信息工作年度统计中累计得分235分，较上年增长67.86%，继2011年度首次突破百分大关之后，又连续突破了200分大关，得分排名位列中央企业信息工作第18位，较2011年排名进步10个位次，这是我公司信息工作至今为止取得的最好成绩。特别是结合当前企业改革发展中需要解决的10余项重要问题，拟定了年度调研课题及安排方案，明确了15个调研选题，并积极配合公司领导深入基层调研，经过历时两个多月的调查研究，形成了16篇有价值的调研成果，提出了新的发展举措，有力促进了企业转型升级；结合“管理提升”活动，积极选取摘编基层单位的好经验好做法，及时发布至内部信息平台和各单位，供大家学习、交流和借鉴，有力推动了企业管理提升。

【保密工作】 公司保密办公室设在办公厅内，总公司党委重视保密工作，针对形势、任务及保密工作的重大问题及时作出具体部署。2012年的主要工作：按照国资委保密委和股份公司保密委员会关于做好保密工作和保密工作责任制的要求，认真履行职责，严格执行保密工作责任制，做到把保密工作与其他工作同步考虑、同步研究、同步落实，保证了保密工作的顺利开展。加强保密教育，举办了全公司保密干部培训班，增强了保密工作针对性和实效性，不断增强领导干部的保密意识。健全完善制度，强化保密工作管理，开展保密工作专项检查，特别是强化计算机信息系统和涉密移动存储介质的安全保密工作以及加强商业秘密保护，确保企业核心秘密的安全。

【档案工作】 2012年，坚持从加强管理入手，采取多种措施，扎实推进档案基础工作。加大对各单位档案工作的组织、管理及指导力度，年初印发了《中国中铁2012年度档案工作要点》。成功举办了中国中铁2012年档案专业知识培训班，来自所属34家单位的107名档案工作人员参加了培训，并获北京市档案局颁发的档案上岗资格培训证书。加大档案编研工作力度，今年首次组织档案利用事例汇编，并对重点工程项目档案管理、汛期档案安全保管及重大项目档案等进行了专项安排部署。组织开展4次系统内档案协作组活动，特别是作为组长单位，成功主办了中央企业档案工作第八协作组本年度第二次会议，进一步加深了互动交流。积极参与全国档案法制知识有奖竞赛活动，全公司专、兼职档案及文书人员近6978人参加。加强档案信息化建设，完成中国中铁“档案工作评价系统”和“档案统计年报系统”两个系统的前期研发。总公司被国资委评为中央企业档案工作年度评价B级企业（优秀）。

【史志工作】 2012年，创新总公司年鉴编纂形式和流程，组织全公司参与一校、二校，首次组织专家进行三校，再经四校后正式出版发行了《中国铁路工程总公司年鉴》（2011年卷）书号：ISBN 978-7-113-16394-5，全书计120万字，共印1000册，分发各有关单位。完成《中国铁路工程总公司年鉴》（2012年卷）的组稿、一校工作，及时组织完成了国资委《国资年鉴》、铁道部《中国铁道年鉴》、建设部《中国建设年鉴》和《建筑业年鉴》、交通部《中国交通年鉴》、铁道部《中国铁路志》人物篇等供稿工作。

【重要接待工作】 优化接待程序，规范接待流程，提高接待质量，圆满地完成了公司高层各项接待任务。共完成各类重要接待、签约任务42批次，接待服务1000余人次。主要接待了国外政要和内阁成员及驻华使节、来股份公司进行业务洽谈的外企负责人，国内部委领导及相关司局负责人、地方政府党政负责人、相关中央企业负责人以及重要客户，安排公司与地方政府、相关企业签约仪式等。

【车队管理】 车队安全行车60多万公里，日出车均25台次，人均月出车30天，在人员减少和代驾任务多的情况下，全年无大小任何事故，完成各项用车任务，评为地区交通安全先进单位。在压缩预算，不购新车的情况下，在管理近百台车的车务手续和50台车辆全面管理工作，实行单车核算单立台帐，老旧车辆合理调配管理，严控油料和修理费用，保证各项费用不超预算，严控长途出车，为系统内外单位办理交通车管事务40多件及机关宿舍等车证办管工作。

【制度建设】 大力推进标准化管理，认真梳理了办公室的现有规章制度，先后对11项不适应当前情况的办法、规定进行了重新修订，补充制定了12项新的管理办法，绘制了涉及办公室工作的30项业务流程图，并在此基础上汇编形成了办公室工作管理手册，有力指导了各项工作。结合国资委办公厅考核要求，起草完成了办公室公文、信息、档案、信访、保密等业务工作评价办法，印发了《中国中铁股份有限公司办公室工作综合评价考核办法（试行）》（股份办发〔2012〕79号），首次对全公司办公室工作进行评价考核。

【加强自身建设】 2012年，坚持苦练内功、夯实基础，切实加强办公室队伍建设，大力推动办公室工作制度化、规范化。继续开展培训年活动，先后举办了第二期办公室负责人、第三期秘书业务知识、信访干部、保密工作业务等培训班，培训人员超过800人，特别是成功举办了中国中铁2012年档案专业知识培训班，来自所属34家单位的107名档案工作人员参加了培训，并获得北京市档案局颁发的档案上岗资格培训证书，极大提升了办公室工作人员的业务水平。同时，紧密结合总部机关“学、争、创”活动，下发了《关于在全公司办公室系统开展“学习刘颖慧，做爱岗敬业好员工”活动的通知》，狠抓办公室作风建设，激励办公室全体人员立足本职、争创一流，推动了办公室工作整体水平的进一步提升。

战略管理

【编制 2013-2015 年发展规划】 编制 2013-2015 年发展规划。根据国资委关于发展规划滚动调整的有关规定和股份公司领导要求，战略规划部组织相关部门在回顾总结 2011-2012 年发展规划执行情况、预测分析未来发展环境的基础上，9 月中旬完成了《中国中铁股份有限公司 2013-2015 年发展规划》编制工作，经股份公司总裁办公会、股份公司董事会战略委员会和股份公司董事会审议通过，现正拟文上报国资委。

【开展管理提升活动】 2012 年 3 月国资委开展中央企业管理提升活动以来，股份公司高度重视，精心组织，全力推进。一是全面加强组织领导。公司成立由党政主要领导挂帅的管理提升领导小组和工作机构，研究决定管理提升活动中的重大问题。建立了定期报告制度，及时了解和掌握管理提升活动开展情况。编发工作简报，加强交流指导。共编发工作简报 107 期。二是迅速启动管理提升。5 月 7 日，公司召开全公司管理提升活动启动视频会议，对全公司开展管理提升活动进行了安排部署。截止 6 月底，全公司大部分二级企业通过各种方式都已召开启动动员大会。三是认真进行自我诊断。按照时间节点要求，全公司 47 个二级企业向公司上报了自我诊断报告。四是科学制定提升方案。按照国资委的统一部署和要求，下发了《中国中铁全面开展管理提升活动工作方案》的通知，逐步形成了具有本单位特色的管理提升模式。五是扎实开展提升活动。各单位紧密联系企业实际，按照轻重缓急，难易程度，扎实开展管理提升，切实解决制约企业发展的关键问题。六是组织现场推进交流。8 月 12 日至 13 日，公司在沈阳四环项目部工地举行了中国中铁管理提升现场推进会，对第一阶段的工作进行了认真总结，对下一阶段工作进行了安排和部署。七是及时进行转段。按照国资委的要求，上报了《中央企业管理提升转段备案表》，下发了《中国中铁管理提升活动第二阶段工作方案》，活动全面进入第二阶段。11 月 13 日，国有企业监事会听取了中国中铁关于管理提升工作的汇报，对公司开展管理提升活动给予了充分肯定。

【内控体系建设】 一是推进工程项目内控体系建设。股份公司内控体系“逐级推进、横向到边、纵向到底、全面覆盖”的工作部署，在总部、二级及三级单位基本完成内控体系建设的基础上，股份公司进一步将内部控制体系纵向延伸到项目部层面。制定了《工程项目内控体系建设工作方案》。完成了中铁二局、中铁四局、中铁隧道项目内控体系建设试点工作。编写股份公司具有规范性和指导性的《工程项目内部控制指导手册》。手册作为股份公司工程项目内部控制体系建设的通用性模板，2013 年将在全公司各类项目经理部推广实施。二是推动公司非上市企业建立内控体系，宏达资产管理中心内控体系建设于 10 月底顺利完成。三是做好内控缺陷整改落实工作。对德勤内控审计和公司内控自我评价中发现的管理缺陷，进行了认真整改，上报了整改报告。四是加强制度建设。年初下发了发总部 2012 年规章制度制定及修订计划，确保制度管理的计划性和规范性。全年召开管理制度评审会议共计 10 次，制定各项管理制度 73 个，对公司“试行”和“暂行”超过一年以上的 84 个规章制度进行了全面清理。五是协助开展 2012 年内控审计工作。六是参与国资委监事会开展公司资金管理、招投标、采购业务内部控制专项检查。

2 月 13 日，北京辖区上市公司监管工作会议对股份公司内部控制工作提出了表扬作为两家内控建设经验交流单位之一，我公司进行了交流发言，

9 月 25 日，中国上市公司内部控制指数发布会暨高峰论坛在北京隆重召开，评选出 2012 年中国上市公司内部控制百强企业，中国中铁连续两年位居前列，中国中铁董事长李长进荣获中国上市公司内部控制杰出领袖称号。会上，中国中铁作了题为《内部控制和风险管理体系构建及信息系统》的交流发言，国资委改革局于宝恒副局长对中国中铁内控管理和信息化工作给予了高度评价。

【全面风险管理工作】 按照国资委的要求，组织各职能部门结合企业实际，在风险管理初始信息收集和所属各单位风险评估结果的基础上，编制风险评估调查问卷。识别出 2012 年股份公司十个重大风险，编制完成《2012 年度全面风险管理报告》，经公司董事会批准，上报国资委。

【压缩企业管理层级】 按照董事会要求，对压缩管理层级、缩短管理链条工作进行了安排部署，下发了《关于下达 2012 年四级及以下法人企业清理注销计划的通知》，各单位高度重视，精心组织，列入全年重点工作，强力推进。共清理整合四级及以下企业 9 家，有 7 家企业接近尾声，其余 5 家正在办理有关注销手续。

【协调解决重组问题】 按照公司领导的要求，战略规划部

与相关部门组成调研组对中铁三局移交航空港的部分铁路项目进行了调研，提出了建议和意见。协助公司领导多次召开专题会议，重点对中铁航空港和中铁一局、三局、建工集团企业重组涉及工程项目管理及业绩划分等问题进行了协调，通过召开座谈会和双方协调会，推进中铁航空港与三家单位项目承诺书、业绩划分协议和协议书的签订。

七、帮助企业积极申报资质。按照特级资质就位的要求，完成所属各单位铁路特级资质就位工作。一局取得公路工程施工总承包特级资质证书，中铁二局、建工集团、航空港取得房屋建筑施工总承包特级设计和施工双证。三个新重组企业铁路特级资质按新标准要求，配备了设计人员，满足了标准要求，申报材料已编制完成，等待申报。三个新重组企业一级资质在去年取得较好成绩的基础上，上海局又取得了房建、公路、公路路基，上海局二公司取得市政，航空港和港航局取得了公路资质。新重组企业一级以下资质全部申报成功，满足了施工生产的需要。

【战略合作协议签署工作】 根据国资委资源大整合、大联合的要求，先后组织起草、评审、完成了中国中铁与平安信托、中国兵器、云南省、中国保利、北京矿冶研究总院、南昌市、佛山市签订战略合作协议的相关工作，并与上述省市和企业签订了战略合作协议。为实现“大市场、大业主、大项目”的战略转型奠定了基础。

【计划统计工作】 加强国家宏观经济形势和建筑市场的研究分析，根据企业发展战略，积极参与企业经济运行调研督导，及时了解和掌握企业的实际，加强计划工作科学性和指导性，下达了 2012 年企业生产经营指导性计划。下发了《关于开展 2012 年度统计执法的通知》，对 2012 年执法检查工作进行了安排布置。各单位按照通知要求，进行自查自纠，并将结果上报股份公司。根据《关于股份公司统计信息系统上线运行有关问题的通知》要求，积极开展各项工作，统计信息系统已于今年 7 月份在全公司投入试运行，目前运行良好，明年将正式运行。在国家统计局 2011－2012 年度部门建筑业统计数据质量评比中，荣获一等奖。

干部管理

【领导班子考察调整】 深入贯彻落实干部管理十项制度办法，进一步加强了对所属单位领导班子和领导人员的监督管理和考察调整。根据各单位年度考核、领导班子成员试用期满考核以及发生的安全质量事故等情况，加大问责和淘汰力度，对中海外、二局、三局、电化局、隧道集团、航空港等单位的 9 名领导人员进行了免职或降级处理。针对部分单位领导班子缺员情况，及时对补充人选进行推荐考察，配齐配强了领导班子成员。今年以来，共调整变动领导人员 60 人，其中提拔正职 6 人，提拔副职 11 人，交流 11 人，免职 4 人，降级 5 人，退休 4 人，职务调整 19 人，优化了所属单位班子结构，提升了整体功能，有力推动了企业改革发展。

【四好班子建设】 全面推进争创“四好”领导班子活动，授予中铁四局集团有限公司、中铁建工集团有限公司、中铁一局集团有限公司、中铁十局集团有限公司、中铁置业集团有限公司、中国中铁股份有限公司工程建设分公司、中铁山桥集团有限公司、中国中铁股份有限公司委内瑞拉分公司、中铁宝桥集团有限公司、中铁南方投资发展有限公司、中铁大桥勘测设计院有限公司、中铁西南科学研究院有限公司、中铁二院工程集团有限责任公司 13 家单位领导班子 2012 年度“四好班子”称号，并按照股份公司《“四好”领导班子考核评比暂行办法》规定，给予上述单位每名班子成员当年年薪 5%的一次性奖励。

【法人治理结构建设】 7 月中旬组织开展中铁港航局、中铁南方投资、中铁西南投资等 3 家企业董事会、监事会任期届满考核评价工作，对董事会、董事和监事会、监事进行全面考核评价，提出下届法人治理结构人选建议方案，经股份公司党委研究，确定新一届董事会、监事会的组成人员。

【干部管理机制建设】 5 月 31 日，《中国中铁股份有限公司二级企业领导班子后备干部管理暂行办法》正式发布实施，对后备干部队伍进行集中选拔、全面培养、统一管理、统筹使用，这是股份公司、股份公司党委在新形势下，从企业干部队伍建设的实际需要出发做出的重要决策，是中国中铁干部人事制度改革的一项重大举措，将有利于中国中铁干部队伍建设科学化、系统化、规范化。

【职业项目经理评审】 落实项目经理管理办法，召开股份公司一、二级职业项目经理资格评审会议，2012 年评审通过一级职业项目经理 46 人、二级职业项目经理 80 人。

【人力资源信息系统软件开发】 推广股份公司人力资源信息管理系统的应用，完成了全系统各二级单位系统管理员的培训工作，提高全系统人力资源管理的水平和效率。

【干部培训】 2012年紧紧围绕企业发展需要，研究制定了《股份公司2012年培训计划》，不断加大教育培训力度，促进了员工队伍能力素质的整体提升。一是认真抓好领导人员培训。2012年，股份公司有7名领导参加了中组部、中纪委、国资委等上级单位组织的高层次培训，选送2名所属企业正职参加了中组部厅局级干部进修班。举办了第七期领导人员中央党校理论培训班，对57名二级企业领导人员进行了15天封闭式培训。组织了西南交大EMBA进修班两次集中学习；二是大规模实施项目管理、技术人员培训。与有关所属单位联合组织举办了项目经理培训班、隧道及地下工程施工管理与技术人员培训班、城市轨道交通设计与施工培训班、桥梁施工技术培训班、盾构TBM施工技术培训班等重点班次，培训项目管理、技术人员680人次。三是加强了海外业务培训。与国际业务部联合举办了国际工程项目风险管控培训班，从信息获取、投标报价、组织实施、法律风险等方面对各单位60名海外业务负责人进行培训。四是有效开展总部员工培训。结合机关实际，举办了“团队沟通和执行力提升”专题讲座，选派11名员工参加财务金融、法律实务、人力资源等方面的外部培训，特别是组织周末讲座式培训较好地解决了工学矛盾；五是组织实施了国家专业技术人才知识更新工程高级研修项目。经过与国家人力资源和社会保障部沟通汇报，公司申报的国家专业技术人才知识更新工程2012年高级研修项目《复杂地质条件下隧道及地铁施工技术》成功获批，并获得25.8万元中央财政专项资金支持。该项目于12月初在郑州组织实施，所属二级企业副总经理及有关地市地铁公司负责人共40余人参加了研修。

劳资社保管理

【劳资社保部】 劳资社保部编制18人，其中部长1人、副部长2人、职员15人，部内不设机构。

【组织机构调整】 根据股份公司推进“走出去”战略的需要，对总部12个相关部门职能进行调整，进一步完善加强境外资产和境外业务监管的职能分工。完成股份公司预算管理委员会等6个总部内设机构、中铁成都投资公司等12个子（分）公司、成都轨道交通工程指挥部等5个指挥部，以及以股份公司名义中标的34个项目经理部的机构设置、调整工作。

【劳动用工管理】 一是推进劳务企业集中管理。组织开展调研，完成《股份公司劳务企业管控调研报告》；组织开展专项检查，加强基层劳务企业使用管理；指导中铁五局积极探索劳务建设组织化和班组建设，提升现场管控能力；推进风险管控体系建设，完成《劳务企业管理风险管控报告》；建立劳务信息通报制度，召开专题研讨会，促进管理信息系统的升级优化，增强了各单位劳务企业的集中管控能力。二是研究制定《加强境外用工管理的指导意见》，提出了加强境外用工管理的工作目标、工作原则和主要工作要求，促进了全系统针对境外用工的管控能力建设。三是密切跟踪《劳动合同法》有关劳务派遣用工条款的修订变化，积极、慎重地参与国家有关部门组织的征求意见会议，并结合股份公司实际提出合理化建议。督促劳务派遣用工单位超前谋划，采取措施严控劳务派遣用工数量，积极规避新法条的实施带来的用工风险。四是强化用工管理措施得到国家有关部委认可。股份公司劳务企业使用管理制度建设、“四个集中”、“两个统一”、农民工“五同”管理等做法受到建设部、国资委好评；通过国资委的评选推荐，中铁大桥局荣获“全国就业先进单位”称号。

【缓解农民工工资拖欠问题】 一是建立农民工工作信息定期报送制度，按照国资委要求对企业农民工管理和农民工工资发放情况进行动态监控。同时多管齐下，通过组织或参加效能监察、专项检查、集体合同检查、安全大检查等形式，强化对所属单位农民工工资支付情况的督导落实。二是有效缓解拖欠农民工工资问题。2011年末统计拖欠农民工工资67亿元，截止2012年12月底，拖欠农民工工资25.2亿元，总体拖欠金额下降62.4%，切实履行了中央企业的社会责任。三是认真做好了“两节”期间农民工工资支付和保障工作。及时转发人社部、国资委等六部委《关于开展农民工工资支付情况专项检查的通知》，认真组织部署和落实，维护了企业和社会的和谐稳定。四是股份公司积极保障农民工合法权益，解决拖欠农民工工资的预警机制得到国资委和中共中央政治局委员王兆国同志的充分肯定，并在《要情简报》上明确批示，予以宣传。

【落实特定就业政策补助资金】 按照财政部有关规定，认真做好中央财政特定就业政策补助资金清算收尾工作，2011年清算取得中央财政特定就业政策补助资金718.59万元，该笔资金专项用于补助各单位原再就业中心“4050”人员社保费用。1998年至2011年股份公司累计获得中央财政补助6.86亿，对保障困难企业下岗职工基本生活、维护社会稳定、促进企业发展发挥了重要作用。

【技能鉴定和高技能人才评价工作】 一是超额完成职业技

能鉴定计划。2012年，全公司共13141人（包括外部劳务队伍员工）参加职业技能鉴定和高技能人才评价，完成鉴定计划的140%。通过鉴定和评价的人数10692人，总通过率81.3%。其中，鉴定合格初级工1576人，中级工3153人，高级工3330人，评价合格技师1812人，股份公司审定合格高级技师821人。二是严格控制高技能人才评价工作质量。各单位严格执行高技能人才评价流程，严格控制直接参加评审的评优人员数量，股份公司认真组织召开高级技师审定会，严把高级技师评审关口。努力提升所属技能鉴定站质量管理，中铁四局、九局被国家人社部评定为国家级示范职业技能鉴定站（全国企业仅5家）。三是积极推动劳务工高技能人才评价试点。指导中铁五局结合架子队建设需要，积极探索对劳务工开展高技能人才评价，通过建立制度，广泛宣传，明确标准，认真审查，系统培训，严格考评等工作流程，对80多名劳务工进行了考核评价，其中46名获得技师职业资格。此项举措使得现场劳务工技能水平得到明显提升，确保了劳务工队伍的长期稳定。

【优秀高技能人才培养】 一是成功举办了股份公司盾构机械操作工、工程测量和电工技能培训班（近500人参加）和第十一届青年技能竞赛盾构机械操作工、工程测量、电工技能大赛，18名同志脱颖而出，分别荣获“全国青年岗位能手”或“中央企业技术能手”称号。二是股份公司高技能人才培养获得国家殊荣。大桥局王国英等2人被评为全国技术能手，中铁电化局被评为国家技能人才培育突出贡献奖单位，中铁三局孙洪利被评为国家技能人才培育突出贡献奖个人。中铁一局白芝勇等4名高技能人才申报享受2012年国务院政府特殊津贴。股份公司在“全国建筑业职业技能大赛砌筑工决赛”中取得优异成绩，农民工选手韩志良荣获“全国建筑业技术能手”称号。三是以窦铁成和巨晓林两个国家级技能大师工作室为依托，大力推动高技能人才培养和技术创新工作，申请国家专利两项，获得多项科技成果。2012年窦铁成、巨晓林作为工人队伍中的先进典型，双双当选为党的十八大代表。

【社会保险工作】 一是推进“老工伤”人员等纳入社会统筹管理，督办相关企业加大工作力度，全年新纳入2962人，减轻了企业负担。二是推进基本医疗保险属地管理，督促相关企业积极主动与当地医保部门协商，寻求政策支持，全年参加基本医疗保险新增5135人。三是完成在京单位家属工纳入养老保险统筹，解决了1048名家属工参保，维护了企业和社会的稳定。四是认真履行社保代办机构职能，规范新退休人员的初审和申报，在京单位全年获批新退休人员750人。修订代办机构财务管理工作职责和流程、档案管理办法，加强基础建设。做好社会保险待遇调整和养老保险关系转移接续，落实领取待遇人员资格认证，保证离退休人员养老金按时足额发放。全年从北京市社保中心获得养老金差额款1亿多元。五是修订总部补充医疗保险办法，增加支付渠道，进一步减轻参保人员医疗负担，提高总部医疗保障水平。

【企业年金清理规范工作】 一是根据股份公司企业年金方案和管理办法，指导纳入清理规范的成员企业制订年金实施方案，今年批复七局、电化局、中铁咨询集团和中铁资源集团等4家单位年金方案，已批复企业年金规模占清理规范总量的55%。二是发文公布法人受托、账户管理、托管、投资管理机构框架合作协议，明确服务项目和收费标准，提供了成员企业年金市场化运作依据。三是完成总部年金清理规范，建立了总部年金计划，移交了基础信息和年金基金，实现了市场化管理和运营。

【历史遗留问题工作管理】 一是指导各单位按属地原则落实国企职幼教退休教师待遇。牵头组织向北京市国资委申报六局、建工、航空港、三局四公司等4家单位职幼教退休教师生活补贴款。目前48名退休教师2011年上半年18.9万元款项已顺利发放到位。2011年下半年4家单位51名退休教师约51万元生活补贴已申报北京市国资委审核。二是督导企业公安机构移交地方工作。有移交人员的26个省市中至今只有2个省（四川、山西，共计346人）因地方政府各种原因延迟未完成移交。总公司分离办指导二局、三局与地方联系协商，争取加快进度。

【人力资源管理专项提升】 一是建立健全组织机构，成立人力资源管理专项提升活动领导小组和办公室，强化人力资源管理专项提升活动的组织领导。二是开展自查诊断。组织各单位认真梳理人力资源管理工作中的短板和薄弱环节，认真编制和提交诊断报告。三是制定实施方案。组织各单位认真研究制定了人力资源管理提升工作方案，明确改进计划、措施，扎实有序推进落实。股份公司在汇总深入研究分析的基础上，形成了股份公司人力资源管理提升活动情况汇报，并按要求上报国资委。通过扎实开展专项提升活动，促进了全系统人力资源管理水平的提升。

【劳动定额和劳动标准工作】 一是参加人社部、铁道部组织的《中华人民共和国国家职业大典（铁道行业部分）》修订工作，上报88个工种的修订资料，结合中国中铁实际积极发挥影响作用。二是针对人社部《特殊工时管理规定（征求意见稿）》提出修改意见，认真评估工时政策调整对公司造成的影响，及时递交《关于工时管理规定政策变动对股份公司工资总额及用工管理造成若干影响的预测报告》。三是股份公司作为行业代表，成为劳动学会劳动标准委员会常务理事单位，积极做好了相关工作。

财务管理

【财务部职责及定员】 财务部是全公司财务工作的主管部门，设股份公司财务部部长1人，总公司财务部长1人，副部长2人，定员35人，现员25人。

财务部的职责为：（一）负责制订和组织实施公司财务战略。（二）制订和组织实施公司财务管理制度、会计政策和会计核算办法。（三）负责组织实施统一会计核算，编制、合并（汇总）公司满足境内外要求的财务会计报告和其他财务会计信息。（四）组织财务预算的编制和执行，提供相关财务预算管理工作的分析报告。（五）负责组织公司业绩考核体系的建立和实施；组织建立财务风险管理体系，实施财务风险预警制度。（六）监督、检查公司各级财务机构对会计准则、财务会计政策、财务战略和财务制度的贯彻实施情况。（七）组织建立和实施财务绩效评价制度，组织实施财务绩效评价工作。（八）组织实施公司直管项目财务管理工作，负责公司总部工资和资产管理。（九）负责组织实施公司财务信息化工作。（十）负责会计学会管理工作。（十一）负责公司的涉税管理和税收筹划工作。

【全面预算管理】 2012年，组织编制股份公司及总公司2012年度预算，向国资委上报正式预算，并得到国资委批复；完成股份公司2012年预算调整工作，经总裁办公会和董事会批准后，向各二级企业进行批复，并向国资委进行报告。认真做好一季度、半年度和三季度预算执行情况分析工作，将分析结果以议案的形式上报总裁会和董事会。按照全面预算管理战略为先、业务预算、资本预算与财务预算紧密衔接的要求，启动股份公司2013年度全面预算编制工作。

全面预算管理咨询项目主要工作基本完成。具体完成情况如下：在项目前期准备阶段，为掌握全面预算管理的需求，项目组围绕战略与年度目标、财务、人力资源、经营、工程等方面，向股份公司各单位、各层级、各业态广泛收集资料并以分析。同时多次组织专题研讨会，与股份公司各业务部门就项目工作达成多项共识，为项目的顺利开展奠定了良好的基础。项目调研诊断阶段。在公司领导的大力推动下，2月28日正式召开全面预算管理咨询项目启动会，白总裁出席会议并做了重要指示。按照工作计划，项目组开展了深入、广泛的现场调研访谈，在总部访谈了公司领导和10个预算主责部门，共32人次，形成22份访谈记录；对8个二级单位及其下属三级单位、项目部等进行访谈，调研了157个部门，共339人次，形成208份访谈记录，回收2106份有效问卷。项目组在充分调研的基础上，形成了《中国中铁全面预算管理调研诊断报告》。项目整体框架设计阶段。项目组在诊断报告的基础上，召集两家咨询公司高层及外部专家学者，探讨全面预算管理最佳实践，研讨整体框架的设计方案，统一管理思路，并和股份公司总部各业务部门进行充分沟通，逐渐明确了分层级、分业态、分流程设计思路主线。在经过广泛征求意见和多次专题沟通会议之后，形成了中国中铁全面预算管理手册框架。项目详细设计阶段。项目组要按照公司领导关于咨询项目要“以内为主、外联内合，建立适合中国中铁的具有自主知识产权的全面预算管理体系”的精神和要求，充分调动公司内外部专家参加到详细设计阶段的有关工作中来，对全面预算管理手册各层级和各业态内容进行详细的撰写。在形成初稿的基础上召开详细设计专题研讨会，完善修订稿，形成《中国中铁全面预算管理手册》，并于10月9日向管理层进行了专项汇报，得到了管理层的认可。推广应用阶段。项目组将按照公司全面预算管理宣贯工作专题会议要求，制订计划，明确分工，已经正式启动了全面预算管理宣贯材料的编写工作。项目组正在按照评审验收汇报会议要求，制订全面预算管理业务知识培训计划，拟分层级、分业态开展培训，切实将《手册》主要内容贯彻落实到基层单位，有效指导全面预算管理工作。

【国有资本经营预算工作】 积极加强与财政部和国资委的沟通联系，充分利用国家政策，争取资金支持。2012年公司申报国资预算及财政专项资金项目10项，目前已到账资金14822万元，正按要求逐笔拨付给各项目承担单位。同时，不断加强公司国资预算管理工作，接受了国资委委派的中审亚太审计事务所对公司2010年度国有资本预算资金的流转、管理、使用、国有资本权益落实情况的现场审计，未发现公司违规使用预算资金。根据财政部加强财政支出管理，强化支出责任，建立科学、合理的财政支出绩效评价管理体系，提高财政资金使用效益的相关要求，组织开展2008-2011年中央国有资本经营预算项目绩效自评工作。

【决算管理工作】 2012年，做好2011年度财务决算组织工作。在年度决算编制过程中，及时掌握各企业2011年度财务决算编报的工作进度，了解各单位在决算编制中遇到的问题，召开2011年度财务决算集中会审会议，对所属各单位的问题进行了集中讨论和解决，与德勤会计师事务所充分沟通和配合，按时完成了股份公司2011年度财务报告编制和披露工作。

按照国资委和财政部财务决算编报工作的要求，完成股份公司和总公司 2011 年度财务决算的编制，以及要求的相关统计信息的收集和上报；参加国资委召开的中央企业 2011 年度财务决算会审会议，认真答复国资委在审核决算过程中提出的各项问题，圆满完成了公司 2011 年度财务决算上报工作。

在完成定期财务报告工作的同时，财务部还按时保质地完成了财政部厂办大集体决算及固定资产投资决算的布置、编制和上报。

安排布置股份公司各企业 2012 年一季度、半年度和三季度财务决算编制工作，按时完成季度财务报告的编制与披露工作。向股份公司领导、各部门提供财务数据并进行数据分析等相关工作。根据 2012 年度中央企业财务决算布置会议的要求，安排 2012 年度公司财务决算的组织、布置及培训工作。

为贯彻落实国资委对我公司 2011 年度财务决算批复的精神，财务部认真分析和总结 2011 年度财务决算管理工作中的经验和不足，结合日常财务管理中反映和出现的问题，组织专人针对每一家二级单位的 2011 年度财务决算进行了一对一的批复。

为满足外部信息披露需要及内部管理的要求，提高决算报表填报效率，财务部多次召集二级企业的业务骨干，会同德勤、浪潮、思源相关专家，对浪潮报表表式优化进行充分研讨，并于 10 月底开展了浪潮报表系统优化重建及全面测试工作，对年报及季报进行优化重建，将使报表填报更科学和有效。

根据财政部驻京专员办关于做好执行企业会计准则的有关要求，收集、汇总、整理相关材料，拟写《中国铁路工程总公司关于在京企业执行企业会计准则情况的报告》，并上报财政部驻京专员办。

根据总裁办公会有关要求，组织股份公司各单位完成了内部利润分配工作，部分完成了股份公司对外分配利润的有关工作。

【财务分析工作】 2012 年，财务部在公司领导的亲自部署下，不断深化财务分析工作，密切关注企业经济运行状态，及时发现企业生产、经营和管理中的突出问题，对运行过程全面控制。本年开展了以下工作：

召开年度经济活动分析会。5 月 3 至 4 日，组织召开 2011 年度暨 2012 年一季度经济活动分析会。会议采取“上下互动、点面结合、综合对标”的形式，由股份公司总部 11 个部门从分管业务角度对全公司经济运行情况进行了总结和点评，并提出管理建议；德勤会计师事务所对股份公司发展提出了七个方面的建议；各子企业对本单位经济运行情况进行了分析，梳理了发展中的主要问题，分别从主客观方面分析了原因，提出了完成年度指标的具体措施。李长进董事长、白中仁总裁、李建生副总裁分别作了重要讲话。

完成了 2011 年四季度、2012 年前三个季度重点项目财务分析工作，了解和掌握股份公司重大项目阶段性财务成果。起草了《总部投资及承包项目收益管理暂行办法》，针对总部项目进一步明确了内部经济利益关系，有效地引导了总部项目的资源配置，并促进了配套制度的完善。目前正在对既有项目进行测算工作。

完成了股份公司 2011 年度和 2012 年一季度和半年度的财务预警报告。为增强企业风险管理意识，提高财务预警工作质量，已着手准备修订股份公司《财务预警管理暂行办法》。

召开 2012 年度中期经济活动分析会。9 月 10-11 日，股份公司在总部召开中期一对一经济活动分析会。股份公司领导，总部各部门负责人，中铁二、三、六、九局，中铁资源、中铁交通集团等 6 家子企业总经理、总会计师及相关部门负责人参加了会议。6 家子企业分别汇报了本单位上半年生产任务和经济指标完成的不利情况，总结了在经营开发、财务指标、企业管理及项目管理中存在的主要困难和问题，提出了扭转困难局面的工作思路和保障措施。总部各部门对汇报单位上半年及前 8 个月的经济运行情况进行交流讨论，公司领导对汇报单位的生产经营情况进行分析和点评，白总裁对会议进行总结，同时对下半年的生产经营任务提出要求。

组织承办了财政部召开的中央企业经济运行座谈会，得到了财政部领导的好评。

【产权管理工作】 认真完成日常资产及产权管理工作，在产权转让和资产评估工作中严格执行国资委、财政部有关制度和办法，严把机构选择、评估审核、进场交易和协议转让关，规范产权管理行为，所有的评估报告均由股份公司选定的评估机构出具。开展了以下具体工作：

财务部共完成了 11 个增资及注资事项的批复；3 项协议转让事项；13 个资产评估报告的备案工作。对评估报告进行严格审核，对资产金额较大、评估内容较复杂的评估报告请专家进行审核。对存在的问题进行答复、修改，对因评估方法不合理而影响评估结果的退回重新进行评估，切实保障国有权益。

向国资委报送公司 2011 年度协议转让情况、2011 年度资产评估项目统计分析、境外投资中个人代持境外产权和设立离岸公司等情况、2011 年境外产权情况、产权工作计划等五个报告。

在国资委的统一部署下，开展企业产权全面重新登记。组织各级单位进行产权重新登记，落实登记工作人员，明确登记责任制，建立有效的信息沟通方式，提出分阶段实施的工作方案；在产权登记过程中，及时向国资委、领导小组、久其公司进行汇报、沟通、反馈，不断完善登记操作手册，提出软件优化建议，督促各单位按时间节点完成相关工作，完成进度在各央企中名列前茅，受到通报表扬。从目前初步登记结果看，公司纳入登记范围企业户数为933家，其中，已通过公司审核企业户数有911家。

组织二级企业董事长、产权代表、董监事及总会计师到上海联合产权交易所进行培训、学习。上交所副总裁吴红斌亲自编写了案例和教案，演示了产权交易整个过程，讲解了进场交易过程中从决策到操作中的关键点，并对产权管理的发展趋势进行了展望。通过此次学习对公司产权管理工作由操作层、管理层向决策层深化，对公司产权管理工作的进一步深化、细化产生良好的促进作用。

组织开展《中央建筑企业产权管理工作研究》课题研究。成立了由公司财务部及多位二级公司产权管理工作人员组成的课题研究小组，并邀请国资委产权局专家以及中联、中水、上交所等中介机构有关专家指导课题研究。此项课题研究对规范子企业的产权交易、资产评估等行为，推进产权流转，优化非上市资产的配置，增强子企业资本运作和资源配置能力等方面起到重要推动作用。现课题已近完成，总计5万余字，正待报送铁道财会学会和国资委。

制定公司产权管理办法。在国资委产权管理制度体系初步完善的情况下，拟定公司产权管理办法。通过办法，明确产权管理职能部门和工作内容，建立产权管理责任体系，细化工作流程，探索运用产权管理后评价，形成闭合的产权管理体系。

参加上海联合产权交易所在上海召开的“联交所2012年度会员大会”，邀请会员单位共同探讨新型资本市场的构建，沟通交流如何在新形势下探索创新。会上对2011年度在产权交易中表现突出的会员单位予以表彰，公司作为上海联合产权交易所的央企会员，荣获2011年度的“最佳产权交易组织奖”。

对沈桥厂的破产费用管理进行实地调研，在此基础上撰写调研报告，拟定处理方案，通过相关程序决策，实行一次性拨付、九局代管的管理模式。

【业绩考核管理工作】 按照《关于认真做好2012年中央企业负责人经营业绩考核工作有关事项的通知》（国资发综合〔2012〕8号）要求，并根据2011年度公司的决算数据和2012年预算数据，向国资委报送《关于呈报2012年度董事会企业测试评价目标建议值的报告》。本年完成了以下工作：

全程跟踪年度决算进展，根据国资委令第8号，对2011年生产经营状况进行了深入分析，并对2011年度考核指标完成情况进行了全面总结，认真填报相关资料，并正式向国资委上报《中国铁路工程总公司关于2011年度董事会企业测试评价总结分析情况的报告》。根据2012年7月收悉的国资委《关于中国铁路工程总公司负责人2011年度经营业绩测试评价结果的通知》，我公司各项考核指标目标值均圆满完成且有加分表现，综合考虑各项考核因素，国资委给予我公司2011年度经营业绩测试评价综合得分130.2分，测试评价结果为B级。

做好董事会对经理层的2011年度业绩考核。在财务指标方面，EVA和营业收入指标均较好完成预算，得满分且有加分；利润总额和新签合同额指标由于受到全球整体经济形势和国内基建市场低靡的影响，略有扣分。在财务部负责的管理指标和高管个人KPI指标方面，除设计板块毛利率略有扣分外，其他指标均得满分。

根据各二级单位2011年决算数、2012年预算数对各二级单位2011年度业绩进行了综合考核评价。经公司总裁办公会审议批准后，将二级单位业绩考核结果予以公布，同时对中铁四局等23家业绩考核评价为优秀等级的单位进行通报表彰。

根据国资委《关于开展中央建筑企业经济增加值监测工作的通知》要求，从2012年第二季度起，公司每季度末均按照国资委快报数据编制并上报《中央建筑企业经济增加值及驱动因素监测表》，以深入推进中央建筑企业经济增加值考核工作，通过分析企业价值创造关键驱动因素，实现企业管理水平的提升。完成并上报了《公司经济增加值考核工作总结的报告》。

组织承办了国资委综合局召开的中央建筑企业经济增加值考核与监测工作座谈会。会上，国资委综合局副局长段晓峰、考核二处处长张晓红、公司副总裁李建生都做了重要讲话，强调经济增加值理念有效促进了各中央企业的经营水平、提高了企业价值创造能力。同时，我公司在会上就《EVA在施工企业业绩考核中的运用》做了专题汇报，受到与会领导和企业的好评。

参加了由国资委综合局召开的关于制定《价值管理指导意见》的座谈会。会上，我公司就价值管理驱动因素及国资委如何有效地指导各央企推进EVA考核做了详尽说明，与会企业也都做了认真发言，会议收获颇丰，利于我公司一方面总结业绩考核工作经验，一方面加大力度推进EVA考核理念。

在国务院国资委“管理提升”的精神指引下，财务部积极探索开展价值管理工作，通过引入EVA指标，客观评价产权价值，实现产权管理水平的专项提升；将经营业绩的理念引入后备干部考核，实现人才队伍管理水平的专项提升；发挥EVA导向作用，合理配置企业资源，实现投资决策管理水平的专项提升。以价值管理理念为抓手，实现企业管理提升目标。

【税务管理工作】 加强对各涉税税种、税收优惠政策、境内外税收政策差异、地方特殊税收政策以及企业内部重组、关联交易等特定涉税事项的研究，制定税务应对措施，实施税收筹划。

下发《关于做好2012年税务工作的通知》。通知以加强税务管理和税收筹划工作、规范会计核算、规避税务风险为出发点，布置了2012年七个方面的重点税务工作，为集团税务管控工作指明了方向。

完成了2011年度各单位税务工作总结汇总报告。汇总报告总结了2011年度完成的主要税务工作，并按照“主要问题、有关建议、有关税务政策应用探讨、其他巨额涉税问题、BT项目涉税问题、宏达中心涉税问题、委铁项目遇到的重大税务问题及建议、目前需解决的主要问题”等八个方面，进行了梳理汇总。

组织与外部专业税务中介机构进行了关于编写企业集团《税务管理手册》的前期研究论证，并组织在京部分二级子企业有关人员对手册的框架设计进行了研讨究，为下一步拟写《税务管理手册》打下了坚实的基础。

积极组织完成国家税务总局对公司专项税务检查的各项迎检工作。一是组织召开了迎接国家税务总局税收专项检查工作视频会议，会议要求各二级单位领导高度重视、加强组织协调，力求保质保量、务必狠抓落实，税企有效沟通地迎接税务专项检查。二是组织召开在京二级企业座谈会，对二级单位的涉税事项和可能存在的税务风险进行了摸底。三是完成了股份公司总部、北京地区各单位(汇总)及股份公司各单位(全国汇总)的税务自查报告，并分别报送至有关税务稽查主管部门。四是积极配合税务机关的抽查工作，安排统一了解和收集各地区各单位税务抽查的情况，协调解决相关问题。五是针对检查中发现的一些共性问题，积极和国家税务总局、北京市国税和地税部门进行沟通。

组织完成了股份公司2011年度企业所得税汇算清缴工作；按期缴纳营业税、增值税、房产税、土地使用税等；办理公司防伪税控；对公司A股、H股以及债券所涉及的QFII、个人、机构等代扣代缴企业所得税及个人所得税；为上海公司、深圳地铁、建设公司、中原公司等单位办理外经证注销、延期；按规定使用和保管总公司、股份公司、中铁人才防伪税控开票专用设备；完成各类日常的税务实务、税务行政及税务信息工作。

积极参加德勤税务师事务所、中翰联合税务师事务所以及北京中税经联管理咨询中心等举办的各类税务讲座，学习、交流和掌握最新的税务动态和税务政策的变化。

【财务信息化管理工作】 完善财务信息集成平台建设，不断优化增强核算、报表和管理功能，为各项财务会计工作的开展和企业经济决策提供支持。

启动中铁财务信息集成平台6.0升级工作。制定有关升级工作的计划。重点收集各单位平台应用的建议和意见，组织召开问题讨论研讨会，会同软件公司开发修改系统和新平台的集成联调、测试等工作。在总部试点升级及完善，总结总部升级情况，制定全面升级方案推进平台升级工作。

信息平台相关模块的开发推广应用方面。BI系统的框架模型已开发完成，正在总部服务器上搭建测试，将进行应用，在总结应用情况的基础上全面推广；资产管理平台整合开发方面，产权管理系统配合国资委统一推广系统在准备上线、培训、推广应用；债权债务管理系统已完成业务需求方案的研究确定，待签订开发合同后在新平台下组织开发实施。

实施经费预算管理和网上报销系统。制订应用开发计划，协调各方按计划开展系统的测试、试用、培训和征集修改建议等有关工作。在各方努力下总部已经完成了上线应用工作，应用效果较好，系统在进一步完善之后拟在全公司范围推广应用。

参与配合全面预算管理咨询工作。参与讨论交流全面预算管理的信息化需求方案的制定，系统解决方案的设计及信息系统的选型和模拟测试环境的搭建试用等工作，为系统建设做好准备。

完成日常信息系统的维护工作。按时完成股份公司各类报表表式的修改、更新、调整及下属单位的更新工作；拟定重组单位报表实施方案，配合重组单位，完成数据迁移；配合决算快报人员完成2011年年度决算数据、2012年度季度决算数据、2012年度财务快报数据的上报；联合浪潮、德勤等中介机构完成对年度和季度报表在报表软件中的修订；协调中铁财务信息集成平台的相关开发方，信息集成平台运行存在的问题进行梳理和修改，并进行验证。

【债务风险管控】 研究制订2012年度股份公司债权债务管理工作思路和计划，对公司资产负债率的增长原因及公司当前面临的主要债务风险进行了全面分析，提出了六项具体措施措施，并形成了公司2012年度《债务风险管控方案》，同时将该方案上报国资委。

按时完成债权管理（清理清收）各项统计报告。按周统计各单位铁路建设资金收款情况，内部报告；按月统计各单位铁路建设资金情况表，上报国资委；按月统计各单位债权债务管理报表，并分析上报国资委《占资情况月报表》。

开展分析研究，提交债权债务管理软件功能需求，并制订该项工作需要的相关报表。编写了一期财务信息通报“双清”专题材料，组织落实“双清”专项工作任务。

根据公司《全面预算管理办法》和2012年度《债务风险管控方案》，结合中期预算调整工作，测算、下达各单位债务风险管控相关管理指标。其中财务状况类指标三项：资产负债率、应收账款周转率、三项应收款率；债权债务清算清收管理指标五项：分年度到期外欠款清收率（3 项）、到期质保金清收率、已完工未结算款余额。

积极落实股份公司董事会和股份公司领导关于加强工程质量保证金问题的要求，努力降低铁路项目质保金及保留金（即“审计预留金”）扣留比例高、拖欠时间长对企业造成的不利影响，下发电报，组织开展一次铁路项目质保金、保留金统计分析工作，并以最新统计结果为基础向铁道部相关领导作专题汇报，起到良好效果。

【管理提升活动】 按照总部机关召开的“2012 年机关党委工作会议暨 2011 年度员工业绩考核动员会”领导讲话精神和工作部署，结合公司党委相关通知要求，财务部持续开展创先争优活动，对财务部支部创先争优活动整改、员工业绩考核整改、贯彻股份公司工作会议精神分解、协助公司领导开展调研以及加强执行力建设等工作的有关情况进行了系统地梳理总结，多次召开部门专题研讨会对相关内容进行细化落实，积极推进开展“双学”（学雷锋、学郭明义）活动，不断加强本部门自身建设。

按照股份公司管理提升活动的总体要求和统一部署，财务部迅速启动。召开部门动员会，学习传达领导讲话和文件。确定了通过公司管理提升活动来促进财务管理水平提高的总体要求；坚持将遵循管理提升与日常工作相结合、提升措施与年度财会工作要点相结合、提升活动与争优创先活动相结合的原则，建立了以部长为主要领导责任人，各分管副部长协调配合，部门员工全员参与的组织构架。财务部部门员工结合工作实际，在深入学习讨论分析的基础上，开展岗位自我诊断，找出了日常管理中存在的问题，提出了整改提升的具体措施，并在此基础上形成了诊断报告。

【财务培训工作】 为适应企业发展的需要，促进财务人员财务转型、实现价值创造，提高财务人员参与综合性、精细化管理的业务能力，财务部制订方案，采取多种形式，分层次有重点对财务人员进行了各种专业理论、知识的培训。

制定了 2012 年在京单位中级以下会计人员培训计划，以财务预算和风险管理为培训的主要内容，全年举办 13 期培训班，计划培训会计人员 1800 余人。截止到目前，已举办了 6 期培训班，圆满地完成了任务。公司在京单位的高级职称财会人员也全部完成了国管局在国家行政学院及北京国家会计学院等培训基地举办的高级财会人员继续教育培训。

为提高各集团公司总会计师、财务部门负责人及财务骨干的职业素质和执业能力，组织各子企业的总会、财务部门负责人及业务骨干参加国资委干部教育培训中心举办的 2012 年上半年国有企业总会计师岗位培训班，共参加三期，有 32 人参加了培训。

与东北财经大学联合举办了“中国中铁 2012 年高端财务人才培训班”，全系统各子企业共有 50 名总会计师和财务部长参加了培训。东北财大的专家从风险管理等五大方面开展深入细致的培训，学员反映收获颇丰。

根据财政部举办的 2012 年全国会计领军（后备）人才培训工作的要求，组织下属单位报名参加考试，经过严格审查，将夏建雄等 5 名同志推荐到财政部参加全国会计领军（后备）人才培训考试。

【内部管理和财会学会工作】 建立完善了比较高效、畅通的快报全级次报送体系，月度经济运行情况分析更加细致，月度财务信息 质量大幅提升，成为各级领导和相关部门掌握企业经济运行情况最及时的主渠道和直通车。随着企业内部管理提升和外部监管不断深入的要求，及时收集、汇总、分析各项指标，动态监测经济运行及预算执行情况，为企业提供更快、更准、更全的财务信息是快报工作一贯的目标。

编排组织 2012 年度历次总裁办公会、董事会、审计委员会、预算委员会、股东大会等涉及财务部 70 个议案，并在会后与相关部门对接后续工作情况。截至目前全部议案办理情况顺利。

完成 2012 年总部经费预算的汇总编制、上会审批、分劈下达工作；完成总公司、股份公司、人才中心的日常资金往来、账务核算、快报编制、报表填制、会计档案管理等工作。

根据相关要求，结合财务部实际，配合部门领导拟定财务部 2012 年度部门 KPI 指标，并报送干部部。

完成 12 期《财务信息通报》的编辑发表。

组织安排 2012 年《财富》500 强申报工作。将经审计的股份公司 2011 年财务报告翻译成英文并按要求格式正式报送到《财富》杂志社。从《财富》世界 500 强企业公布的最新排名中，股份公司以 712.63 亿美元的营业收入排名第 112 名，中央企业排名第八。

积极实施财会课题研究，坚持利用课题成果加强和改善企业的财务管理。今年 4 月在铁道财会学会软科学课题专家评审会上，公司在 2011 年申报的财务科研课题获得一等奖 2 项、二等奖 16 项、三等奖 17 项，取得了优异成绩。

积极开展学术交流活动，全年共征集论文 160 多篇，论文内容涉及财务管理、会计核算、财会信息化、会计职业道德、内部审计等工作的各个方面。经过专家严格评审把关，精选出 60 篇较高水平的论文，报送《国际商务财会》发表。

2012 年 2 月在海南举办的“第六届中国交通运输业财务与会计学术研讨会”上，总公司财务部李平撰写的论文《EVA 在建筑企业业绩考核中的运用》荣获研讨会优秀论文评比二等奖。6 月份在铁道财会学会举办的《铁道财会》优秀论文评比中，由总公司财会学会推荐，彭娜撰写的论文《经济增加值在中国企业绩效评价中的应用研究与前景分析》，目前在全路各单位推荐的优秀论文中评比得分排名第 14。

为了表彰在公司发展中做出突出业绩和重大贡献的先进会计工作者，下发了《关于评选股份公司先进会计工作者的通知》，经各单位推荐，股份公司评定小组审定，对在 2010-2011 年度财会工作中成绩突出的 121 名同志授予了“中国中铁股份有限公司 2010-2011 年度先进会计工作者”称号。通过表彰先进会计工作者活动，鼓励先进，树立典型，进一步推动全公司财务管理工作的深入开展。

在中国铁道财会学会举办的成立三十周年活动中，中国铁路工程公司财会学会获得全路先进财会学会荣誉称号，中铁二局、中铁四局、中铁十局、中铁大桥局财会学会获得全路财会学会先进集体荣誉称号，陈强等 5 名同志获得全路财会学会先进个人的荣誉称号。这是对全公司财会学会这些年所做工作的认同和表彰。

2011 年中国中铁举办了首届财务会计职业技能大赛，涌现出一批精通业务、具有较高政策水平和丰富财务工作经验的会计人才。为关心这批人才的成长，大赛后总公司财会学会专门建立了大赛财务会计岗位能手人才信息库，对岗位能手实行动态跟踪管理。通过各单位上报的《中国中铁财务会计岗位能手情况调查表》，除了有 3 名同志因个人原因调出本单位外，所有同志在大赛后，能够积极参加单位组织的业务培训、论文发表及课题研究。一些人获得了股份公司或集团公司“先进财会计工作者”及其他荣誉称号，一些人职务得到提升或调到重要工作岗位。各集团公司能够积极发挥这些会计人才在增强企业竞争力等方面的重要作用，创造条件为这批会计人才提供了施展才能的舞台。

为活跃财务人员的文化生活，弘扬中国中铁企业文化，展示广大财务工作者积极进取、顽强拼搏的精神风貌，今年二月由财会学会和摄影学会共同举办第二届财务系统摄影比赛，截至目前已收到 25 个单位选送的 700 多幅参赛作品。经专家评选，已将 90 幅优秀作品报铁道财会学会，参加 11 月份全路财会人员优秀摄影作品比赛。

资本运营管理

【资本运营部】 资本运营部成立于2008年3月，是对全公司资金运动全过程进行专业化管理，实现资金有效配置和风险控制，满足公司生产经营发展所需资金的职能部门。主要负责管理和指导全公司境内外各种直接和间接市场融资、金融投资及金融信用资源等工作；负责审批和监管境内外实施的融资计划；负责制订、组织实施境内外资金管理的制度并对境内外资金管理工作进行业务指导和监督检查；负责集中管理资金和账户，负责资金预算的编制与执行；负责境外资金汇率风险管理工作的业务指导和监督检查，组织套期保值业务的实施和监管；负责管理各项担保、反担保、各类保函、保证、信贷证明等中间业务办理工作；负责组织编制、汇总、审核年度融资和金融投资预算及调整业务；负责研究国际、国内金融市场环境和政策，拟订相应的管理建议和对策等。部门现员13人。

2012年资本运营部紧密围绕公司“保发展、调结构、强管理、促稳定”的中心工作，认真贯彻落实管理提升活动有关要求，练内功、强管理，不断强化资金和融资的集中管理，积极拓展融资渠道，提高基层服务能力，各项工作平稳推进。

【管理制度建设】 为规范全公司工程项目资金管理和确保债务融资活动各项业务标准化，提高债务融资活动的科学性和可实施性，2012年制定并发布股份公司《工程项目资金管理指导意见》、《债务融资工具信息披露管理制度》和《债务融资管理办法》，进一步健全公司资金管理制度体系。

【金融资源管理】 截至2012年底，全公司已获得各合作银行综合授信8514亿元，其中贷款授信3262亿元。前五大银行共授信5730亿元，占全部授信总额的67.3%，分别为中国银行1650亿元、建设银行1364亿元、工商银行977亿元、农业银行900亿元、交通银行839亿元。

截至2012年底，全公司已使用综合授信额度3423亿元，已使用贷款授信1306亿元。用信前五位的分别为建设银行783亿元，占22.89%；中国银行606亿元，占17.69%；工商银行423亿元，占12.37%；农业银行412亿元，占12%；交通银行369亿元，占10.79%。

【资金集中管理】 截至2012年底，全公司（不含内部账户）账户12866个，其中资金系统六家合作银行账户10190个，六大行以外及外币账户2676个，实际授权成功账户个数为7809个，实际成功并上线有余额的账户7316个。

2012年全公司资金集中度月平均74.58%，完成2012年度70%的考核目标；全年资金上线率月平均41.89%；年底全公司合并口径存贷比为42.14%；年底各级资金中心合计吸收内部存款为958亿元，基本保持了平稳；年底各级资金中心合计发放内部调剂款为1034亿元，集中资金运用程度进一步提高；全年各级资金中心合计节约财务费用为16亿元。

【资金统筹调配】 2012年根据各单位的资金存量情况、重点单位和项目需要，及时办理了调剂款的到期、回收和调整，既有效控制了调剂款的整体规模，又支持了重点单位和项目需要，保证了资金链安全。截至2012年底，总部及二级资金中心合计发放内部调剂款为1034亿元，较上年末834亿元增加200亿元，增幅24%，集中资金运用程度进一步提高。

【资金系统运行】 全年通过资金系统办理上收、下拨及对外付款业务405089笔，成功380042笔，成功率93.82%。其中建设银行办理288038笔，成功275477笔，成功率95.64%；工商银行办理51112笔，成功46005笔，成功率90.01%；中国银行12388笔，成功10244笔，成功率82.69%；农业银行办理23037笔，成功20114笔，成功率87.31%；交通银行28117笔，成功26288笔，成功率93.50%；民生银行办理2397笔，成功1914笔，成功率79.85%。

【资金系统培训】 为提高各单位新进人员业务操作能力，促进各单位资金集中管理水平上台阶，2012年有针对性对航空港、大桥院、九局、隧道局等四个单位进行了上门培训服务，并在总部集中召开资金管理系统暨头寸预算业务培训班。通过现场协助指导以及培训，扎实推进各单位资金管理工作，尤其是大桥院、航空港以及九局资金管理工作已大幅提升，集中度更是稳步提高，均超过66%的最低要求。

【担保业务管理】 公司施行对外担保统一集中管理，开展对外担保预算控制，建立和完善全系统对外担保定期监管和风险分析平台，并及时办理相关信息披露。截至2012年底，全公司全口径对外担保总额493.92亿元，扣除对全资子公司担保后的对外担保总额为228.23亿元，较2011年底235.78亿元减少7.55亿元，在公司生产经营和投资活动保持持续增长的情况下，有效地控制住了对外担保风险。

【融资集中管控】 依据公司“十二五”战略规划、面临的形势及各业务板块、各单位实际情况，及时制定、调整全年融资预算，克服了预算不足与生产经营需求增长的矛盾，确保了公司和各单位生产经营对资金的需求，进一步明确了融资管控的具体目标。

继续强化执行融资审批制度、信息报送和分析制度，结合国家宏观经济政策、货币政策及市场变化，及时对各单位融资业务进行指导和协调，确保融资规模、融资成本和存贷比得到有效控制。

2012年末公司融资总额1623.76亿元，为全年融资预算总额1700.88亿元的95.47%，较2011年增长315.32亿元，增长率24.1%，较2011年度增长率下降了一半多。

【私募债券发行】 为进一步拓宽了融资渠道，调整和优化债务结构，重点推进了私募债券研究和发行工作。2012年3月29日，公司本部取得100亿元私募债券注册通知书，9月24日完成2012年度首期10亿元私募债券的发行，票面利率为5.53%，期限为5年。

同时，公司二届董事会第十四次会议审议同意，通过了20家子公司总额253.5亿元的私募债券发行额度。根据各子公司发行进展安排，已完成中铁二局、八局和大桥局等3家子公司发行方案审核，并正式批复。其中中铁二局已于11月23日完成15亿元首发、期限3年，票面利率6.26%。

【国际信用评级】 在公司领导的支持和各部门的协助下，公司国际信用评级工作进展顺利，并取得了国际评级机构的广泛认可，股份公司外币长期企业信用评级先后被标普、惠誉确认为BBB+，展望为稳定，成为目前国内建筑行业中获得国际信用评级最高的企业。

国际信用评级结果充分表明了国际评级机构对公司过往业绩、未来偿债能力和长期发展的肯定和认可。它将为公司进入国际金融、资本市场提供重要条件，有助于提升公司在国际资本市场形象，增进投资者对公司发行境外债的认可，有助于公司在国际市场上拓宽融资渠道、降低融资费用等。

【财务公司筹建】 积极推进财务公司筹建事宜，包括与主管部门沟通、开展调研论证、履行决策程序及准备申报材料。一是积极与国资委、银监会、北京银监局、财务公司协会建立了业务联系和沟通，并取得各主管部门对公司成立财务公司所遇到的相关问题的帮助和支持。二是集中开展了对中铁建、中冶、中铝、中粮、中电投等财务公司的调研，对财务公司的定位、盈利模式及业务范围、组织架构、外部监管、IT系统、税收及申办等情况作了全面调研，研究设计财务公司运作的基本框架。三是总公司和股份公司分别召开总经理办公会、总裁办公会和董事会，审议并表决通过了《关于申请设立集团财务公司》的议案，并按要求正式披露。四是在北京银监局的指导下，组织专门团队开展资料收集和编撰工作，于8月8日报送了整套批筹的白版材料，10月22日完成了正式报送，11月1日获得受理通知，11月23日报送至中国银监会审批。12月19日，正式发函至银监会非银部，于年底前促成公司主要领导与银监会领导的会晤，进一步加快筹建审批进程。

【产业基金筹建】 为推进产融结合，探索解决资产负债率高企问题，增强可持续融资能力，公司积极开展中铁建信（北京）投资基金管理公司设立的前期准备工作。经过充分论证，公司与建设银行合作成立基建产业基金的资金来源渠道通畅，可投资的项目储备丰沛，投资项目后续融资额度移除表外具备可实现的条件，基建产业基金设立和运作的可操作性较强。

【团队建设】 2012年资本运营部3人参加高级职称考试全部通过，2人参加高级职称评审全部通过，1人通过中级财会职称考试，2人通过银行人员从业资格考试，部门员工知识结构与职业素养大大拓展，支部人才培养局面良好。

投资开发管理

【投资发展部职责】 定员13人，2012年实际就位6人，主要职责为：1.负责制订股份公司基础设施投资业务（以BT、BOT、TOT等模式投融资建设的基础设施项目）、房地产业务、矿产资源业务（含境外，下同）的管理制度，组织实施相关投资板块的发展战略和年度投资计划；2.负责以股份公司名义开展的基础设施和房地产投资项目的信息收集、追踪，可行性研究，项目合同谈判、评审、签约和建设监管等工作；负责组织有关部门和单位提出股份公司投资项目的任务分配方案；3.负责组织股份公司所属二级子（分）公司基础设施、房地产、矿产资源投资项目的可行性研究评审、报批和合同评审等工作；4.负责指导股份公司所属二级子（分）公司开展基础设施、房地产和矿产资源投资项目的开发和管理等工作；5.负责对股份公司及所属二级子（分）公司基础设施投资、房地产和矿产资源业务的监管工作；6.负责股份公司所属二级子（分）公司BOT和TOT类高速公路、水务等投资项目运营的归口管理工作；7.配合做好股份公司及所属二级子（分）公司基础设施、房地产和矿产资源投资项目的后评价工作。

【完善规章制度】 一是修订完善了部门职能，进一步明确了部门的监管职责与范围；二是完成了《中国中铁房地产管理暂行办法》的修订工作；三是制定下发了《关于严格履行新上项目审批程序的通知》和《关于实行投资项目开工报告审批制度的通知》，进一步规范投资行为，防范投资风险，维护股份公司投资决策程序及管理办法的严肃性。

【规避投资风险】 一是分别编制完成了实业投资“2012年-2014年”和“2013年-2015年”两个三年滚动发展规划，合理控制规则规模与节奏，充分发挥规划对投资的指引作用；二是撰写完成了《推动新兴业务发展的调研报告》，从战略角度出发提出了“控制投资规模、防范投资风险、优化管理构架、完善问责机制”等7项推动实业投资健康发展的意见与建议；三是开展了为期半年的投资大检查，全面梳理三大板块投资现状，查找问题，制定并落实整改措施，提出有关意见和建议；四是牵头联合公路建设行业协会开展“绿通车”专项调研，完成调研报告并呈报交通运输部等有关部委，引起高度重视，批示为“收费条例修订时的政策参考”，有效促进了《收费公路管理条例》修正案及公路收费标准调整等政策的出台。五是专项梳理了BT项目回购情况及风险评估。

【严格预算管理】 坚持“围绕主业、突出重点、量入为出、有保有压”的投资原则，三大板块全年完成投资579亿元，为年度投资预算570亿元的101.6%，其中：基础设施板块完成投资216亿元，为年度预算214亿元的101%；矿产资源板块完成投资43亿元，为年度投资预算的100%；房地产板块完成投资320亿元，为年度投资预算313亿元的102%，其中：（1）土地一级开发完成投资25亿元，为年度计划31亿元的81%；（2）房地产二级开发完成投资295亿元（在建项目开发195亿元、购地款100亿元），为年度计划282亿元的105%。

【严控新增项目】 坚持“优中选优、严控新增”的原则，全年共对140余个投资项目进行论证、比选和评审，推荐上会项目36个，其中35个通过投资决策程序，新增投资总规模1476亿元，其中：基础设施投资项目23个、投资规模1280亿元；土地一级开发项目2个、投资规模57亿元；房地产二级开发项目10个、投资规模139亿元。

【加强项目监管】 一是加强在建项目过程监管。以投资大检查为契机，对19家二级单位的40个投资项目进行了现场督导检查，对存在的问题进行指导协调、整改落实；二是加强BT项目回购监管。协调中铁交投回收柳州三桥一路项目全部年度回购款16亿元；指导隧道局就会展中心支线项目的回购签订补充协议，年度回购7亿元；督促中海外采取催收回购款等措施盘活存量资产；三是加大房地产销售力度。年度销售面积260万平米、较上年186万平米增长40%，去库存面积50万平方米，完成销售额220亿元、较上年150亿元增长47%，整体销售率74.6%、较上年提高5.4个百分点；四是加强矿产资源项目监管。将华刚公司纳入管理范围

并提出 “分期投入、滚动发展”的实施指导意见，分别对华刚、MKM矿、绿纱矿和钴盐厂四个境外资源项目进行了现场督导检查。

【提高投资收益】 加强项目成本和回款管理，提高投资收益。除BOT高速公路外，三大板块共实现年度投资收益101亿元，较上年62亿元同比大幅增长63%，利润率高于传统业务水平，其中：1.基础设施投资实现收益35亿元，较上年同比增长100%，平均投资利润率为16.4%；2.土地一级开发在考虑税收筹划和超正常施工利润（5%）后，预计收益8亿元，受放缓开发节奏影响较上年同比减少5亿元，投资利润率为32.8%；3.房地产二级开发报表利润15亿元，考虑税收筹划和超正常施工利润（5%）39亿元，较上年同比增加25亿元，投资利润率为18%；4.矿产资源板块预计实现净利润4亿元，归属母公司净利润4亿元，与上年基本持平。

【创新商业模式】 在开展总结经验的基础上，进一步创新商业模式，占领市场制高点、提高投资话语权。一是创新BT投资模式：成都地铁项目进一步开创“工可+初步设计+投融资+设计施工总承包+回报+过程回购”的BT模式，将1号线、3号线和7号线整体打包投资建设，发挥公司勘察设计施工一体化的综合优势；福州地铁拟以 “项目资本金投资+设计施工总承包+回报”的资本金BT合作模式，降低公司资产负债率；二是创新房地产开发模式：亳州项目采取“概念设计+规划+投融资+设计施工总承包+固定回报+土地出让溢价分梯次分红”的开发模式，带动勘察设计业务和施工任务，实现当年决策、当年实施、当年收益的良好效果；龙里项目采取以土地一级开发为主，房地产开二级发为辅的开发策略，与专业化公司进行股权合作，拓宽融资渠道，快速实现投资收益；遵义共青湖房地产项目中，与信托公司合作开展房地产“前期信托+销售回款+回购”的表外融资模式，降低资产负债率；三是积极探索BDOT建设模式（地铁BOT投资与房地产联动开发模式），拓展BT投资与房地产开发联动模式，与深圳地铁公司就深圳地铁上盖及沿线物业的联合开发初步达成 “代建开发”的合作模式。

【加强业务培训】 2012年通过“以会代培”和举办培训班的方式对公司近1000余人次进行投资业务培训，使股份公司投资业务的决策、建设及管理水平得到整体提升。一是在深圳举办股份公司基础设施投资培训班，对24个二级单位的104名人员进行培训；二是对南方公司的20余人进行培训；三是对中铁一局及其下属单位的200余人进行培训；四是对中铁隧道局及其下属单位70余人进行培训；五是对股份公司下属30余家子公司的70余位董事会秘书、监事进行投资业务方面的培训。

法律事务管理

【法律事务部】 中国中铁股份有限公司法律事务部定员编制9人，其职能如下：

1.负责公司法律事务的管理。建立法律事务工作机制；制订、落实法律事务管理规章制度；推进全系统总法律顾问制度的落实，加强法律顾问机构和队伍建设；组织开展普法工作；检查和指导公司所属单位法律事务工作。

2.负责公司重大决策、重要规章制度的合法性审查和合同管理工作。负责公司合资合作、对外担保、股权质押、和关联（关连）交易等重大经营管理和决策的法律论证；组织或参与重要规章制度起草论证，审核规章制度草案的合法性；参与重大项目的谈判、合同起草和审查；指导公司所属单位境内、外业务的法律尽职调查、法律论证以及合同评审、合同综合管理等工作。

3.负责法律纠纷管理和法律维权工作。负责组织办理公司为当事人，及公司员工因履行职务而发生的民事、行政、刑事等各类法律案件；负责调解公司所属各单位之间的经济纠纷；负责公司开展业务所需的境内、外法律服务机构的选择、管理和评价等工作；协调和指导公司所属单位境外业务产生的法律纠纷的处理。

4.负责办理国内工商及事业单位登记管理业务，组织办理国际业务商事登记管理工作。负责子公司章程管理；指导新设子公司工商注册登记；指导子公司办理国际业务的商事登记所涉文件准备、翻译、公证、认证及跟踪管理工作。

5.负责公司各类业务法律环境的研究工作，参与国家法规制定和立法工作。跟踪境内业务法律环境变化和论证工作；搜集研究境外业务主要经营地国家和地区所适用的法律法规工作；制定预防法律风险的措施和对策。

6.办理法定代表人授权业务；组织处理有关股权、知识产权（专利、商标、版权、商业秘密等）、行政许可、矿业权等权属管理的法律事务；处理上市公司运作和市场监管中涉及的法律事务；研究处理国内外与非政府组织相关的法律事务等。

【完善总法律顾问制度】 根据国务院国资委提出的2012-2014年中央企业法制工作的第三个三年目标的要求，

法律事务部认真研究领会，积极规划部署落实，给国务院国资委呈报了《中国铁路工程总公司落实中央企业法制工作第三个三年目标的实施方案》（中铁程办[2012]8号），并向所属各子分公司印发了《中国中铁股份有限公司落实中央企业法制工作第三个三年目标的实施方案》（中铁股份法务〔2012〕23号），对股份公司及所属各子、分公司贯彻落实的重点内容、具体措施、工作计划等作出了详细的规定和明确的要求。

【合同管理工作】 2012年，全公司法律系统共审查合同75006份，标的额约计8038亿元人民币；股份公司法律部审查各类合同192份，标的额约计53亿元人民币。

为应用推广股份公司工程承包项目合同管理课题的研究成果，法律部制定并下发了《工程项目合同管理办法》（中铁股份办发[2012]28号），《工程项目合同管理操作指引》及常用合同示范文本（中铁股份法务[2012]60号），为全公司系统进一步提高工程项目合同管理水平，有效控制合同风险、实现合同管理标准化提供了制度保障和行之有效的操作步骤。

【参与企业重大决策把关工作】 2012年，全公司法律系统参与重大决策法律审核共计1869件；股份公司法律事务部参与重大决策法律审核共计45件。法律部重点参与了海口如意岛项目、深圳地铁11号线及成都地铁BT项目、沈阳北站南北广场BT工程项目、成都天府大道南沿线建设项目、天府新区“三纵一横”重大基础设施建设项目、委内瑞拉FMO铁矿专用线项目、西澳大利亚铁路项目、伊朗德黑兰霍梅尼国际机场项目等重大投资项目的法律论证、法律服务工作，并出具多份法律意见书供领导参考决策。

【法律纠纷处理】 股份公司法律纠纷主要由两个部分组成，一是外部纠纷；二是内部纠纷。2012年，股份公司总部没有新发生诉讼和仲裁案件，也没有发生因违法造成重大法律风险事件。全公司系统发生法律纠纷2740起，涉及标的额51亿元人民币。有效维护了企业的合法利益。对于所属二级企业发生的重大法律纠纷，始终坚持进行适时监控，跟踪管理。特别是对进入诉讼、仲裁阶段的重大案件，主动参与把关。如针对河南平正高速公路公司股权转让纠纷仲裁案件、中铁九局“宇松铁路工程质量”和中铁置业“青岛国际贸易中心项目股权转让”等重要案件，法律事务部持续关注进展情况，并适时提供有关的法律指导和服务。

针对波兰A2高速公路项目发生的问题，积极进行参与和指导。法律事务部多次适时组织召开专题研讨会对有关问题进行深入研讨，出具专题的会议纪要给予及时的法律指导，对诉讼的组织及案件的走向起到重要指导作用。

2012年全年，共受理内部经济纠纷案件20起，涉案金额达1.5亿元。其中经过调解已经达成调解协议的16起。股份公司通过内部纠纷调解工作不仅为全公司系统节约外聘律师费、诉讼费、执行费和其他办案经费达1000万余元，更重要的是维护了上市公司的整体形象。

【加强普法工作】 法律事务部作为普法工作的归口管理部门，结合生产经营实际，针对经济发展模式的深刻变化，不断加大法制宣传力度，积极开展法制宣传教育，不断增强企业管理人员及全体员工的法律意识及风险防范意识，积极应对危机、防范企业经营风险，进一步扩大了普法教育的成果。法律部一方面利用集中讲座、报纸等传统形式进行普法宣传，通过网络、征文、12•4普法宣传日进行普法宣传等形式来进一步提高员工学法、守法的积极性，深入开展法制宣传和教育，同时又利用中国中铁报，组织刊载普法文章加大了法制工作的宣传力度；组稿编辑出版了《中国中铁法律事务》，提高了全体员工学法用法的积极性。通过不断创新普法形式，加大法制宣传力度，不断增强企业管理人员及全体员工的法律意识及风险防范意识，进一步扩大了普法教育的成果。

【其他法律事务工作】 2012年，法律事务部共开具授权委托书235份；完成包括总公司、股份公司企业法人营业执照年检、中铁成都投资有限公司、中铁交通投资集团有限公司等企业名称核准等各项工商登记事务16件；制定、修改、批复子公司章程修正案22份。

审计工作

【审计部职责与工作】 股份公司审计部是股份公司内部审计职能部门，主要职责是：

1.负责制订、实施股份公司审计规章制度。负责行使内部审计监督权，实施内部审计监督。负责开展股份公司董事会审计委员会赋予的工作。

2.负责制订和实施股份公司审计工作计划。负责组织开展各类审计业务，提交审计报告和建议；

3.负责对股份公司所属二级子（分）公司境内外企业和项目的经济活动、资本运营、国有资本变动等实施审计监督。

4.负责股份公司内部审计工作规范化和信息化建设。履行股份公司内部审计协会的职责。

5. 负责协调与国家审计署、国资委和中国内部审计协会等单位的工作关系。

6. 负责股份公司内部控制评价等工作。

股份公司审计部定员 13 人。

2012 年，全公司共完成审计项目 2229 项，其中：工程项目审计 792 项，经济责任审计 279 项，经济效益审计 234 项，财务收支审计 157 项，管理绩效审计 123 项，内控制度审计 88 项，财务决算审计 76 项，专项审计、基建项目审计等其他项目 480 项。股份公司审计部 2012 年开展审计项目 17 项，其中：经济责任审计 8 项，投资项目审计 2 项，内控制度及财务收支审计 3 项，境外项目审计 4 项。通过审计，促进增收节支 7,155 万元，提出审计建议被采纳 7369 条。

【审计工作重点与审计项目计划】 2012 年 3 月 22-24 日，股份公司审计工作会议在苏州召开，股份公司 32 家二级子公司的审计部门负责人参加了会议，股份公司副总裁马力出席会议并做重要讲话。马力副总裁对年度审计工作提出了具体要求：一是全面推进内部审计“免疫系统”功能建设，加快构建以风险为导向、以控制为主线、以治理为目标、以增值为目的的现代内部审计模式；二是认真贯彻落实中办、国办《党政主要领导干部和国有企业领导人员经济责任审计规定》，进一步推动经济责任审计的深化、规范和提高；三是加强海外项目审计监督力度，防范海外经营风险，维护好境外国有资产权益；四是认真开展企业内部控制评价，提高公司治理水平；五是加大工程项目审计、经济效益审计和专项审计，切实提高风险管控能力；六是加强审计队伍建设，为企业内部审计工作的发展提供组织保障等。为公司开展审计工作指明了方向。股份公司审计部提出了 2012 年股份公司内部审计工作的总体思路、重点工作任务以及 2012 年审计项目计划安排，对推动 2012 年股份公司审计工作的全面开展起到了重要作用。中铁四局、二局、三局、七局、电气化局和隧道局等单位分别就开展企业内部控制评价、经济责任审计、工程项目审计、境外项目审计以及配合政府审计等工作，进行了大会经验介绍和交流。

【内部控制审计】 股份公司审计部《关于聘用 2012 年度内部控制审计机构的建议报告》，先后通过了 4 月 22 日的股份公司总裁办公会、4 月 26 日的股份公司第二届董事会审计委员会第八次会议、第二届监事会第八次会议以及 4 月 27 日的股份公司第二届董事会第十二次会议审议通过，同意聘用德勤华永会计师事务所为股份公司 2012 年度内部控制审计机构。

【内控评价工作】 开展内控评价是五部委《企业内部控制基本规范》和《企业内控评价指引》的要求，是公司需要对外披露的重要事项，是公司董事会和管理层十分关注和重视的工作，也是审计部的重要职责。2012 年 8 月审计部在西安中铁一局组织举办了 2012 年股份公司内控评价培训班。2012 年 9 月编写下发了《股份公司 2012 年度内控评价工作方案》并组织开展了对机关总部的内控评价。2012 年 12 月初编写了《股份公司对所属单位的内控评价抽查工作方案》，12 月底审计部已基本完成总部内控现场评价工作，评价涉及 20 个业务部门和 131 个流程。日常还负责指导所属单位开展评价工作。2012 年内控评价检查共安排了对包括中铁三局、五局等 11 个子公司的内控评价抽查工作。审计部在 2012 年总部内控评价实施中，通过自主开展内控评价，在内控技术层面，培养和锻炼了一批内控评价骨干，有利于内控评价工作的长期稳定的开展，同时也为公司节省了外聘费用。

【经济责任审计】 2012 年，审计部根据《中央企业经济责任审计管理暂行办法》、《中央企业经济责任审计实施细则》以及《股份公司经济责任审计办法》规定，先后组成审计组，开展了对中国海外工程有限公司原总经理方远明、中铁港航局集团公司原董事长于洪潮、中铁五局集团公司原董事长张敏、中铁信托有限责任公司原董事长李建生、中铁山桥集团公司原董事长吴兆安、华刚股份有限公司原总经理闵国暐、中铁南方投资公司原董事长（周世祥）、中铁十局集团公司原董事长程广朝和总经理沈尧兴等 7 个单位、8 名领导人员的经济责任审计工作。审计过程中，审查了企业负责人任期财务决算报告、部分会计账簿凭证及相关经济资料，查阅企业相关管理制度，对企业资产、负债、所有者权益、任期内国有资本保值增值以及企业内部控制和风险管理等情况进行审计核实，并对重要子企业或重点项目进行了延伸，同时重点关注了公司治理、内部控制以及风险管理等方面的事项。

【投资项目审计】 针对近年来股份公司投资规模不断扩大，项目投资额度较大，投资及收益回收周期较长，存在一定风险的情况，审计部在年初将投资项目审计列入了 2012 年度股份公司的审计工作计划，分别开展了对中铁昆明建设投资公司投资项目审计和对中铁海西公司投资项目审计。通过审计，在肯定项目公司所做大量工作的同时，揭示了由于国家对房地产的调控和地方政府违约给投资项目带来的风险，指出了在投资管理、合同管理、薪酬管理、财产管理、财务管理和会计核算等方面存在的缺陷，对加快完善公司治理、完善内控体系建设、做好合同签订与风险防范工作、加强风险管理和内部控制、加大融资和市场开发力度等提出了建设性的审计建议。

【财务收支与内控审计】 2012 年，审计部加强了对企业内部控制建立健全与执行情况的监督检查，开展了对管理机构中铁宏达资产管理中心和中铁物贸公司、中铁建工设计院的内部控制及财务收支审计，全面查找内部控制中存在的缺陷和漏洞。通过审计，发现了在资产管理、预算管理、薪酬管理、产权管理、资产管理以及会计核算等方面存在的问题，提出了建设性的审计建议。

【境外企业和项目审计】 随着股份公司国际化经营战略的实施，境外业务不断拓展，由于国际政治和经济形势的变化以及管控不到位等原因，境外项目的投资和经营存在着固有风险。2012 年股份公司审计部加强了对境外公司和境外项目的审计监督，将其列为审计部门重要职责。加强了与相关部门的信息沟通，及时掌握境外项目的相关情况。2012 年审计部开展境外企业和项目审计 4 项，开展了对中海外公司、中铁国际公司、中铁资源集团公司及华刚矿业股份公司境外企业和项目的审计或审计调查，对促进规范境外企业经营行为，维护境外国有资产权益，防止国有资产流失，起到了积极作用。

【国资委内控专项检查】 2012 年 9 月-10 月，审计部配合国资委 07 办开展了“中央企业内部控制专项检查工作”，对股份公司总部、中铁物贸公司和中铁大桥局的资金管理、招投标和采购业务的内部控制进行了专项检查。股份公司总部资金管理内部控制检查的部门主要是资本运营部、投资发展部和财务部；招投标内部控制检查的有工业设备部（机械设备采购）、经营开发部（铁路项目投标）、科技设计部（总部信息化设备采购）和行管部（办公用品采购业务）；采购业务内部控制检查了中铁物贸公司。对中铁大桥局的检查分别按资金管理、招投标和采购三项主要业务进行，抽查了大桥局最大的 BT 项目武汉鹦鹉洲长江大桥项目经理部，抽查了一家子公司即大桥局五公司。在马总的直接领导下，在有关业务的大力支持下，检查工作进展顺利。

【监理单位专项治理】 2012 年 11 月，审计部派出 5 人参加了由科设部牵头组织的监理单位专项治理检查工作，对股份公司所属监理单位自行开展的自查自纠及整改情况进行检查、督导和验收，按照股份办发科技（2012）89 号文的要求，重点对各单位和项目自查自纠工作的开展和整改情况，内控制度的建立和运行情况，以及经营管理、劳务用工管理、资金管理、成本管理、资产管理和证书管理等内容进行了抽查与验收。经检查，各监理单位及其上级单位都认真组织了自查，并对自查发现的大部分问题进行了整改，但各监理单位仍需进一步规范资金管理、劳务用工管理、收入成本管理，进一步完善内控制度。四个监理组对督导检查中发现的问题与各监理公司交换了意见，提出了进一步整改要求。通过检查督导工作，促进监理单位规范管理。

【评先表彰工作】 根据《股份公司审计工作评比办法》，2012 年审计部开展了审计工作先进单位和先进个人评选表彰工作，对在 2011 年审计工作中做出突出成绩的先进单位和先进工作者进行了评选和表彰，共评选表彰了中铁二局、三局、四局、七局、电气化局和建工集团公司等 6 个审计工作先进单位和 73 名先进工作者，促进股份公司内部审计工作的深入开展。

安全质量环保工作

【制度建设】 为深入贯彻落实党中央国务院、国资委等部委有关要求，安质部在广泛听取公司成员单位意见的基础上，研究制定和印发了《中国中铁股份有限公司安全生产“十二五”规划》，全面分析了企业面临的安全生产形势和当前存在的主要问题，明确了企业“十二五”时期安全生产工作的指导思想和工作目标，明确提出了“零事故”理念、安全质量工作的主要任务和保障措施，对促进全公司生产状况持续稳定和实现根本好转，促进企业健康、协调、可持续发展具有重要指导意义。在现有规章制度基础上，安质部组织修订《安全质量责任事故追究办法》、《环境保护管理办法》、《优质工程评选办法》等管理文件。

【安全质量大检查和安全稽查工作】 按照公司年度安全质量工作安排，安质部组织于 3 月 10 日-25 日对中铁二局成渝客专等2011年发生事故的现场及30个在建重点工程项目进行了质量安全大检查。5月、6月，稽查总队派出两个安全质量常态化稽查组对公司参与建设的沪昆客专长昆段、蒙河铁路、云桂铁路、林织铁路、南宁枢纽、贵阳枢纽等10个二级子公司的18个项目部、41个工点进行了检查。8月，安质部牵头以中铁二局、三局、九局、电化局为主，抽选了涉及铁路、公路、市政地铁领域共22个在建项目进行了安全生产、设备管理专项检查。各单位和项目按照公司的统一安排，逐级推动开展了高频次的定期安全质量检查和隐患排查整改工作，纠正违规违章，规范作业行为，有力的促进了项目安全质量管理工作。

【安全质量活动和专项整治工作】 2012年以来，针对施工现场出现的新情况、新问题，安质部先后下发了《关于开展强化措施落实防范火灾事故专项治理工作的通知》、《关于加强工程支撑体系等应用管材合规性检查的紧急通知》、《关于全力做好铁路客站雨棚质量整改工作的通知》、《关于开展安全生产领域“打非治违”专项行动的通知》、《关于开展预防施工起重机械、脚手架等坍塌事故专项整治工作的通知》、《关于股份公司2012年“安全生产月”活动安排的通知》、《关于加强汛期安全生产工作的通知》等一系列管理文件，组织开展了防范火灾事故专项治理、应用管材合规性专项检查、铁路客站雨棚质量问题整改、“打非治违”专项行动、预防施工起重机械及脚手架坍塌事故专项整治、“安全生产月”活动等各项安全质量活动和专项整治工作，并取得了一定成效，促进了安全质量管理工作。

【安全生产标准化建设工作】 结合国资委管理提升活动和有关安全质量标准化建设要求，为全面推进企业安全生产标准化建设，进一步规范企业安全生产行为，改善安全生产条件，安质部制定了《中国中铁股份有限公司安全生产标准化建设工作指导意见》，对各单位和项目分阶段、有重点的推动安全生产标准化建设工作进行了安排，提出了明确目标和要求，目前各项工作正在有序推进。

【推进隧道防坍塌监测预警系统科研项目】 4月13日-25日，安质部组织召开了隧道防坍塌监测预警系统项目进展协调推进会，会议就预警系统建立、预警边界值确定和专家组建立、科研项目推进等问题达成统一意见。

【应急救援体系建设】 结合获得国家政策补偿时机，安质部积极推动专业应急抢险救援队伍建设，并与有关部门加强联系，争取救援业务指导。5月12日-13日，国家应急救援指挥中心领导对中铁二局昆明救援基地建设情况进行专项督查，稽查组观看了应急救援队的“出警、支设帐篷、压力支撑体系、小导洞抢险作业和180钻机操作”等现场演练，检查了救援基地生活办公设施、设备器材库，查看了有关规章制度建设情况，对公司应急救援基地建设前阶段工作给予了肯定。

【安全质量培训工作】 根据股份公司年度培训计划安排，安质部积极组织开展教育培训工作。2012年，安质部在总部机关、咸阳干院、郑州铁路党校先后举办了工程创优、注册安全工程师继续教育、建筑业“三类人员”考核、公路水运“三类人员”考核等5期培训班，共计1000余名安全质量管理人员接受了培训。进一步提高了有关领导干部和专职人员安全生产认识水平、整体素质和业务能力。

【质量创优工作】 2012年，安质部还牵头本年度鲁班奖申报工作，公司申报的甘肃大剧院兼会议中心、深圳北站综合交通枢纽工程、成都东客站、新建武汉天兴洲公铁两用大桥正桥、深圳港大铲湾港区一期工程、天津市团泊新城团泊新桥工程等6个项目通过鲁班奖评审（中国中铁获鲁班奖累计达到113项）。

【召开安全质量会议】 2012年，安质部作为主责部门筹备了安全质量工作会议，主要完成了领导讲话材料初稿、邀请国家安监总局嘉宾领导、起草总局领导讲话初稿、与清华大学沟通邀请教授授课、会议文件组成的策划与实施、会场展板审定制作、会场布设等工作。根据股份公司2012年工作需要，安质部还先后组织召开了季度安全质量视频会议、安全质量环保监管工作座谈会、6月5日安全生产专题视频会议、隧道防坍塌监测预警系统项目进展协调推进会和2次安委会会议。

国际业务管理

【外事管理工作】 2012年，股份公司办理因公出国（境）团组626个，其中自组团588个，双跨团组38个，累计审批出访1870人次；开具出境证明198张，累计396人次；邀请来华访问团组30个，累计人员71人次；办理出国（赴港澳）团组护照和通行证963本，办理出国（赴港澳）签证、签注1764人次。因公出国（境）执行公务涉及国家和地区有：香港、澳门、台湾、日本、韩国、朝鲜、蒙古、越南、老挝、柬埔寨、泰国、缅甸、马来西亚、新加坡、印尼、斯里兰卡、印度、巴基斯坦、孟加拉、伊朗、沙特、卡塔尔、阿联酋、哈萨克斯坦、土库曼斯坦、乌兹别克斯坦、英国、法国、德国、意大利、瑞士、西班牙、俄罗斯、塞尔维亚、美国、加拿大、委内瑞拉、巴西、阿根廷、古巴、刚果（金）、加纳、坦桑尼亚、肯尼亚、阿尔及利亚、乍得、多哥、乌干达、澳大利亚、新西兰、斐济等51个。

【一季度对外经营例会】 1月12日，总部机关组织召开了中国中铁2012年一季度对外经营例会视频会议。会上，国际业务部陈之功部长传达了国资委《中央企业“十二五”国际化经营战略实施纲要》以及国资委《关于中国铁路工程总公司境外国有资产检查整改意见的通知》的精神；周孟波副总裁作了重要讲话，总结了2011年全公司外经工作，分析了2012年面临的内外形势，提出了2012年的总体思路、主要目标和重点工作，并对有关重点海外项目提出了具体要求。另外，与会人员和视频会议会人员共同听取了各单位2011年国际化经营业务开展情况以及2012年开展国际化经营目标和思路汇报；并通过视频对十八个国际化经营区域进行了主责分工进行了讨论。

【中国中铁境外项目管理专题会议】 1月16-17日，股份公司副总裁周孟波在成都主持召开了“中国中铁境外项目管理专题会议”，与会人员对国际项目管理理念、管理惯例进行了梳理、研讨和交流，对埃塞俄比亚亚的斯亚贝巴-吉布提铁路项目管理实施方案、埃塞俄比亚亚的斯亚贝巴轻轨铁路项目管理实施方案、孟加拉Tongji至Bhairab Bazar铁路项目实施进展情况、南非莫洛托走廊轻轨铁路项目前期工作等五项事宜分别进行了专题研究。会上，周孟波副总裁要求大家，要树立国际项目管理理念，认真学习国际上知名企业大型境外项目管理先进经验，全面推进项目精细化管理和全面预算管理；同时，对目前中国中铁境外在建项目管理模式、成本管理、管理体系等进行了全面部署。与会代表讨论热烈并积极响应。

【中国中铁全球区域经营工作专题会议】 2月10日上午，周孟波副总裁在总部主持召开了中国中铁全球区域经营工作专题会议。会上，周孟波副总裁和与会人员共同研究了“国际业务部提出的关于中国中铁全球十八个区域市场划分方案”，并对区域市场划分如何部署以及下一步工作提出了要求。一是，进一步完善全球区域市场划分和责任分工。要求国际业务部根据会议研究意见尽快完善中国中铁全球区域市场划分表和“责任分工”内容；二是，进一步抓住区域化经营的重点和切入点。要求找准重点培育的30个国别市场，并积极投入力量，充实资源，重点推进；三是，进一步完善区域经营配套制度。要求结合集中管控、区域经营和精细化管理的指导思想，进一步健全与之相适应的管理办法，尤其是以中国中铁名义中标的境外项目的管理办法。四是，区域市场划分表和境外项目管理办法要尽快出台。抓好区域经营工作，是当前和今后一段时间全公司外经业务的重点工作，是实现中国中铁“十二五”国际化经营目标的有力保障，各单位要提高认识，深刻理解区域经营的重要性和必要性，在实际工作中认真贯彻落实。

【研究波兰A2高速公路项目的专题会议】 3月9日，股份公司总裁白中仁主持召开专题会议研究波兰A2高速公路项目相关事宜。会上，与会人员认真听取并讨论了中海外、中铁隧道局“关于波兰A2高速公路项目国内外诉讼、验工计价、分包商处理以及下一步工作计划情况汇报”，白总对该项目下一步工作提出了明确要求。

第一，深刻认识客观形势，加强境外业务安全风险管理。要求各相关单位和机关部门全面贯彻国家有关部委安全风险文件精神，认真落实3月5日股份公司境外资产检查整改情况汇报会议上国资委监事会主席时希平风险管控要求，积极做好2011年度股份公司年报披露中波兰A2高速公路项目解释工作，在资本市场上尽可能消不利影响，维护企业形象。第二，高度重视组织领导，做好项目诉讼的准备和应对工作。要求中海外、中铁隧道领导班子要高度重视并做到“亲自督办、亲自安排、亲自过问”，要把这项工作作为当前一项头等大事来对待，要将亏损降到最小。第三，认真制定计划，做好项目诉讼工作。要求进一步理清思路、认真收集证据并制定详细的工作计划、应诉预案以及和解实施方案；要明确关键环节和时间节点，要责任到人，狠抓落实。第四，加强总部监督指导，做好业务支持和配合工作。总部各部门要积极配合，做到建立定期会议制度，保证信息及时到位。第五，加紧研究信息披露方式。要求董事会认真研究项目信息披露方式，中海外、中铁隧道局安排专人做好配合工作。此外，白总还要求中海外、中铁隧道领导班子以及波兰项目后续处置小组人员要摆正心态、放下包袱，理清思路，统一思想，坚定信心，尽一切努力做好当前的诉讼和其他善后工作。

【研究坦桑尼亚至赞比亚铁路项目大修改造前期工作专题会议】 3月25日上午，股份公司副总裁周孟波在坦桑尼亚达累斯萨拉姆中铁建工集团坦桑尼亚分公司会议室主持召开会议，专题研究坦桑尼亚至赞比亚铁路项目大修改造前期工作有关事宜。会上，周总针对中铁二院“关于项目大修改造方案专题汇报”内容和项目前期工作以及下一步安排进行了说明与部署。在工程改造方案方面，要求工程改造方案单独成册，题目直接切题，坚持“先修复、后改造”原则，把非洲大陆铁路互连互通等规划作为远景进行描述；对于已建成未开放的41个车站，要按照一次建成使用考虑；在运营管理方案方面，要求运营管理方案单独成册，不仅题目要明确，而且，对不同运营管理方案还要全面进行比较。推荐方案中，要包括坦赞铁路局股比结构、政府担保、中方企业贷款规模、期限利率、盈亏年限、冗员处置、公司治理架构等因素；在项目实施模式方面，一是，要求向商务部上报可研建议报告工作完成后，抓紧做好向商务部、铁道部、财政部、口行、国开行、中非基金等部门汇报工作；二是，要做好中国中铁和中土（中铁建）分别承担坦桑尼亚段和赞比亚段设计施工总承包以及股权管理等拟定工作。

【研究伊朗高铁项目专题会议】3 月 18 日，李长进董事长在成都主持召开了伊朗高铁项目专题会议。李长进董事长听取了中铁国际、中铁二院的工作汇报，随后就实施伊朗高铁项目的意义及今后工作要求、实施组织方式等作了明确指示，再次要求中铁国际抓紧落实贷款银行和预付款支付到位等工作，并要求中铁二院做好有关资料的审查复核工作。

【二季度对外经营例会】4 月 10 至 11 日，“中国中铁 2012 年二季度对外经营例会”在武汉中铁大桥局召开。股份公司副总裁周孟波，副总工程师汪建刚、郑机、闽国暐、张继华、温德智、陈诗平，股份公司总部有关部门和所属单位的领导以及有关人员参加了会议。会上，与会人员对境外项目管理进行了交流，并就以国际项目精细化管理和如何提高国际化经营水平两个主题进行深入研究研讨。周孟波副总裁认真听取各单位一季度国际化经营业务开展情况汇报，并在会上作了重要讲话。周孟波副总裁全面分析了 2012 年一季度全公司外经工作的开展情况以及存在的问题， 对下一步海外业务总体发展思路、海外项目精细化管理等工作提出了具体要求。

【拜会了来华访问的泰王国总理英拉】4 月 18 日下午，白中仁总裁在北京国贸大酒店贵宾厅拜会了来华访问的泰王国总理英拉阁下，双方进行了亲切友好的会谈。白总裁首先感谢英拉总理百忙中接见中国中铁有关人员；接着向英拉介绍了中国中铁的业务范围、规模和公司实力以及中国中铁在中国高速铁路建设中所作的突出贡献等情况。随后，白总裁向英拉总理表达了高度重视两国领导会见中所谈到的两国高速铁路发展合作问题，以及中国中铁承担对泰国计划修建的曼谷至清迈高速铁路、曼谷至老挝万象铁路工程意愿。英拉总理听了白总裁的介绍后感到十分高兴，她说，她将高度重视中泰双方政府关于高铁项目合作备忘录内容，愿意与中国中铁这样有实力和技术的中国公司进行合作，希望中国中铁今后继续保持与泰国交通部的联系。白总裁接着向英拉总理递交了我公司对泰国高铁项目的兴趣函，英拉总理当即指示泰国交通部部长及时与中国中铁进行联系。

【中国中铁和中国南车组成的中国企业代表团友好访问突尼斯】4 月 23 -25 日，白中仁总裁应突尼斯政府投资和国际合作部部长利安德•拜塔比邀请，率领中国中铁和中国南车组成的中国企业代表团赴突尼斯进行友好访问。访问期间，代表团先后拜会了中国驻突尼斯大使火正德和突尼斯总理哈马迪•杰巴利政府要员以及执政的突尼斯复兴党主席等人。

4 月 23 日抵达突尼斯的当天下午，白中仁总裁率代表团全体成员拜会了中国驻突尼斯大使火正德，向火正德大使报告了本次应突尼斯投资和国际合作部长邀请来访突尼斯的寻求商业机会和有关业务开展等情况，火正德大使对白中仁总裁等一行的拜访表示欢迎，并表示，中国驻突尼斯大使馆愿意随时为中资企业提供帮助和支持。此外，火正德大使还介绍了突尼斯政治、经济的基本情况，以及在突开展业务需要注意的有关事项。

4 月 24 日下午，白中仁总裁率领中国企业代表团拜会了突尼斯国家总理哈马迪•杰巴利阁下，双方相互祝贺后，白总裁向总理阁下介绍了中国中铁、中铁南车等基本情况；通报了此前与突尼斯交通部部长、投资和国际合作部部长、外交部部长的会谈要点，同时表达了中国中铁将认真研究突尼斯交通部和国际合作部提出的项目计划，选择合适的项目，及时与突方有关部委沟通，共同探讨项目的合作模式、确定工作目标，积极稳步地推进有关项目开展意愿。 杰巴利总理听取白中仁总裁情况介绍后，表示十分愿意加快推进造福突尼斯人民的相关项目建设。对白中仁总裁率领代表团的到访以及帮助突尼斯建设表示感谢，会见结束后，白中仁总裁接受了突尼斯国家电视台的专访；拜会了突尼斯交通部长卡利姆•哈鲁尼、投资和国际合作部长利安德•拜塔比、外交部长阿卜杜塞拉姆；听取了突尼斯交通部长哈鲁尼关于突尼斯未来几年基础设施发展计划和近期将要推进的铁路、公路、城市地铁等项目情况介绍；并且，还就一些基础设施项目合作达成初步意向。接受了投资和合作部长拜塔比提供的关于引进外资项目清单。24 日晚上，白中仁总裁率领中国企业代表团应突尼斯执政党主席拉希德•加努西邀请，访问了该党总部。

归国途中，4 月 25 日晚上，代表团在土耳其转机停留期间，白中仁总裁在伊斯坦布尔市市政厅会见了伊斯坦布尔市长卡迪尔•托普巴什和常务副市长亚当•巴斯托克，双方就土耳其基础设施规划和相关法律和伊斯坦布尔市直接向国外贷款等问题进行了详细沟通，并就伊斯坦布尔基础设施项目建设与开发达成意向。

白中仁总裁此次率团访问，使中国中铁与突尼斯政府高层之间建立了联系，了解了突尼斯政治、法律和市场环境，并就突尼斯首都突尼斯城地铁、法斯克斯市地铁和突（突尼斯城）--法（法斯克斯市）城市轻轨、国家高速公路网等大型 EPC 项目和住房建设项目合作达成初步意向，为中国中铁今后在土耳其开展业务打下了基础。

【老挝总理通邢. 塔马冯率团来访】5 月 29 日上午，老挝总理通邢•塔马冯率领老挝政府代表团一行到中国中铁进行访问，李长进董事长、白中仁总裁等公司领导及相关部门人员列队欢迎。欢迎仪式后，通邢总理首先参观了中国中铁业绩展示厅，听取了李长进董事长和白中仁总裁关于中国中铁发展历程介绍，并亲自为中国中铁题写了“我谨代表老挝人民民主共和国政府，对有机会访问中国中铁并得到你们的热情接待感到非常高兴。希望老挝人民民主共和国和中华人民共和国能合作开发铁路建设，祝贵公司及同志们圆满完成任务并取得更大的成绩”题词。随后，通邢总理与李长进董事长、白中仁总裁进行了亲切友好的会谈。

会谈中，李董事长向通邢总理汇报了关于中老铁路项目从2010年中国中铁成立中老铁路筹备组开始所做的“现场勘测、可行性研究报告编制和完成初步设计以及施工准备”等大量前期工作情况；表达了对老挝各级政府在中老项目前期工作推进中所给予中国中铁大力支持和帮助的感激之情；表示了中国中铁将在勘察设计、施工和采购等方面积极推进的决心。希望并建议在项目建设模式和融资问题方面老挝有关部门采取国家之间的借贷方式以解决资金问题。

通邢总理对中国中铁的热情欢迎、接待以及为中老铁路项目所做的大量卓有成效的工作表示感谢；对中国中铁多年来在国内外铁路、公路、桥梁等领域取得的成绩表示赞赏。通邢总理表示，建设中老铁路既是老挝党、政府和人民的热切希望，也是老中两国领导人达成的重要共识，更是两国人民的一件大事。通邢总理赞赏中国中铁从2010年开始针对项目所进行的勘察设计和各项前期准备工作，并代表老挝党和政府对此给予高度评价，希望通过老中两国有关部门密切配合与沟通，尽快解决包括融资在内的有关问题，使中老铁路项目取得双方满意的实质性进展。通邢总理最后祝愿中国中铁今后在国内外建设领域取得更大的成就，并期待在今后四至五年的时间里将老中铁路顺利建成。会谈结束后，通邢总理愉快地与中国中铁参加会见人员合影留念。

【加纳水利、工程与住房部部长伊诺奇. 泰耶. 蒙萨来访】 6月1日，周孟波副总裁在股份公司总部会见了加纳水利、工程与住房部部长伊诺奇•泰耶•蒙萨一行 。会见中，周孟波副总裁重点介绍了中国中铁在加纳房地产开发、安哥拉和委内瑞拉等国保障房建设方面的情况，并感谢蒙萨部长给予中国中铁的支持与信任，希望中国中铁能有机会在加纳实施更多的基础设施项目。蒙萨部长首先十分感谢多年来中方专家和技术人员对加纳的支援和建设，随后介绍了加纳国内目前的住房现状以及未来的规划发展情况，愿意并希望中国中铁能够继续参与加纳的房地产开发，从而加快加纳保障房建设进度。会谈结束后，周孟波副总裁与蒙萨部长签署了中国中铁与加纳水利、工程与住房部“30000套保障房建设项目谅解备忘录”。

【总裁会见来华的巴基斯坦总统阿瑟夫. 阿里. 扎尔达里】 6月6日下午，白中仁总裁在北京莱佛士酒店会见了来华出席上合组织会议的巴基斯坦总统阿瑟夫•阿里•扎尔达里阁下，随后与扎尔达里总统阁下及巴方随行官员共同出席了中铁一局与巴基斯坦首都发展署合作备忘录的签字仪式。该备忘录就中铁一局承建巴基斯坦首都伊斯兰堡 L-15 区城区6000套住宅达成一致，初步估计项目一期合同金额约6亿美元，资金来源为中国政府优惠贷款。中铁一局总经理和民锁与巴基斯坦首都发展署主席法尔卡德•易库巴尔分别代表中方和巴方在备忘录上签字。国际业务部部长陈之功参加了会见和签字仪式。

【三季度对外经营例会】 7月2日-3日，中国中铁2012年三季度对外经营例会在北京股份公司总部召开。股份公司副总裁周孟波，副总工程师郑机、陈诗平，股份公司总部有关部门负责人和所属单位的领导以及有关人员参加了会议。会上，中铁二局和中铁二院在会上分别就埃塞俄比亚的斯亚贝巴-吉布提铁路项目、亚的斯亚贝巴轻轨铁路项目，孟加拉 Tongji 至 Bhairab Bazar 铁路项目的实施进展情况做了管理专题汇报；会议听取了各与会单位关于本单位上半年外经工作完成情况和下半年工作计划的汇报；与会人员围绕着《中国中铁海外工程项目物资集中采购管理办法》（征求意见稿）和《中国中铁境外项目法律风险管理指引》（讨论稿）以及境外项目管理进行了交流，周孟波副总裁认真听取各单位上半年国际化经营业务开展情况汇报，分析了2012年前两季度全公司外经工作中存在问题原因，针对三季度乃至下半年的外经工作作了重要安排并提出要求。一是要认真梳理三个调研报告，努力推动调研成果的落实。二是要狠抓海外大项目的经营开发，做好区域市场的经营管理，实现点与面的有机结合。

【中国中铁与中国澳大利亚商会签署谅解备忘录】 7月13日上午，中国中铁与中国澳大利亚商会在北京中国大饭店举行了双方谅解备忘录签字仪式。白中仁总裁和中国澳大利亚商会主席沈文分别代表中国中铁、中国澳大利亚商会在备忘录上签字，澳大利亚副总理兼国库部长韦恩•斯旺阁下出席并见证了签字仪式。该谅解备忘录的签定，促进了中国中铁与中国澳大利亚商会成员企业的交流与合作，为进一步开发澳洲及其周边地区市场奠定了基础。

【澳大利亚前副总理兼国库部长马克. 维尔来访】 8月13日下午，股份公司副总裁周孟波在总部欢迎并会见了澳大利亚前副总理兼国库部长马克•维尔阁下。

会见中，周总向客人介绍了中国中铁在基础设施建设领域取得的成绩和近期在房地产、矿产资源等新兴领域开发经营以及目前公司在海外53个国家和地区开展对外投资、国际工程承包、进出口贸易并将逐步成为大型综合企业等情况。马克•维尔阁下感谢周总的热请接待，并赞叹中国中铁取得的成就。 同时，马克•维尔阁下也向周总介绍了澳大利亚绿地投资和成熟资产投资方面的情况，并重点介绍了西澳大利亚铁路项目、地铁及城市轨道交通建设项目的情况。他说，此次是与中国中铁的初次见面，希望以此作为契机，今后不断地开展与中国中铁的合作，共同开发澳大利亚及其周边地区的项目。

【中国中铁代表团访问了俄罗斯国家铁路公司】8 月 15 日下午，中国中铁股份有限公司总裁白中仁率领中国中铁代表团访问了俄罗斯国家铁路公司，与俄罗斯国家铁路公司第一副总裁莫洛佐夫等就加强双方铁路建设领域合作等事宜进行了会谈并交换意见。

会谈中，白总裁概括介绍了中国中铁经营与发展基本情况以及在铁路建设方面所取得的成绩。俄方通报了到 2030 年前俄罗斯随着经济增长铁路年运量达到 13 亿吨所需求新增 1.6 至 2 万公里干线铁路网规划等以及为实现 2030 年铁路运量目标，俄罗斯将采用包括吸引私人投资 PPP 和 BOT 等多元化投资方式加快铁路干线建设想法。双方会谈亲切友好，就共同开发独联体国家基础设施建设市场达成共识。中国驻俄罗斯大使馆凌激公参、于新一秘出席了会谈。

【研究中海外毛里塔尼亚公司和科特迪瓦公司经营管理工作专题会议】8 月 22 日，股份公司总裁白中仁主持召开专题会议，研究中海外毛里塔尼亚公司和科特迪瓦公司经营管理工作事宜，股份公司总部有关部门和中海外负责人参加了会议。会议首先听取了中海外主要领导的工作汇报。白中仁总裁在对中海外下一步工作提出总体指导思路和具体要求：一是立足商务、借助法律和合同，妥善处理好毛里塔尼亚公司和科特迪瓦公司的项目潜亏问题，努力把项目的损失减少到最低；二是采取合理、可行、有效的措施，控制成本、降低亏损。三是密切与各方沟通联系，并且确保中海外响应机制及时有效。

【美国玛奈尔公司主席托尼．玛奈尔来访】8 月 31 日下午，股份公司总裁白中仁在总部欢迎并会见了美国玛奈尔公司主席托尼•玛奈尔，双方就美国旧金山至芝加哥高速铁路项目等事宜进行了交流。

会见中，白总裁首先向玛奈尔先生一行介绍了中国中铁在铁路、公路、城市轨道交通建设方面所拥有的设计施工、运营临管服务优势，铁路道岔、钢梁钢结构工业制造产品进入美国市场以及中国中铁成为全球最大综合建筑类企业等情况；随后，表达了一直关注美国建筑市场并希望以修建美国高速铁路项目为契机，开展与玛奈尔公司的全面合作意愿。玛奈尔先生听完白总裁讲话后，对中国中铁在建筑领域所取得的成绩表示赞赏并对白总裁的接见表示感谢。同时，玛奈尔先生对寻找到一个在铁路等基础设施建设领域有领先优势而且有雄厚实力和丰富经验的公司并能共同开发建设美国历史上“第一条高速铁路”（洛杉矶至旧金山）的中国中铁正公司感到高兴，玛奈尔表示，愿意与中国中铁合作。双方对会谈结果十分满意，期待并希望此次会见将成为开展美国历史上“第一条高速铁路”合作的起点。

【中国进出口银行优惠贷款部李济臣总经理来访】9 月 24 日下午，股份公司总裁白中仁在股份公司总部欢迎中国进出口银行优惠贷款部李济臣总经理等一行 15 人，并与代表团成员进行了座谈与交流。

座谈与交流中，白总裁向李济臣总经理介绍了中国中铁的基本情况以及目前中国中铁十几年来“走出去”国际化业务从无到有，从小到大，并在 2011 年全公司新签合同额超过 65 亿美元和完成营业额 30 亿美元海外业务发展情况；回顾了长期以来，中国中铁与口行有着良好的合作关系，先后于 2005 年 4 月、2006 年 7 月、2009 年 1 月三次签署了双方的战略合作协议，不断深化双方合作；同时，感谢多年来伴随中国中铁海外业务增长在刚果（金）财政资源化一揽子合作基础设施建设项目、埃塞俄比亚铁路等许许多多项目进出口银行给予的大力支持。李济臣总经理感谢白总裁亲自出席本次调研与座谈活动；介绍了来中国中铁调研与座谈想法；随后，详细地回答了各股份公司各参加座谈单位提出的问题，并对中国中铁今后下一步如何开展好国际业务提出了诚恳建议。 此次李济臣总经理一行来我公司开展的“两优”贷款使用和项目开发调研与座谈，将有力推动双方在国际项目上经营与开发上的进一步合作。

【四季度对外经营例会】10 月 11 日，中国中铁 2012 年四季度国际业务经营例会在北京股份公司总部召开，会议采取视频形式，股份公司副总裁周孟波，副总工程师汪建刚、郑机、闵国暐、陈诗平，副总会计师张继华以及总部有关部门负责人和部分所属单位的领导以及有关人员在主会场参加了会议，京外单位的领导和有关人员在各自分会场参加会议。

会上，张继华副总会计师作了关于“PPP 投融资模式研究”的讲座；国际业务部陈之功部长通报了 2012 年前三季度全公司国际业务经营指标完成情况及四季度需要重点解决注意的八个方面问题；中海外等十个单位先后汇报了本单位国际业务开展以及任务完成情况。周孟波副总裁听完讲座和各单位汇报后，强调了当前市场环境下研究 PPP 模式的重要性，总结了全系统三季度外经工作，并对四季度和今后一个时期全公司国际业务工作提出了具体要求。一是要紧盯海外重点开发项目，争取年内取得重大突破；二是要继续抓好在建海外工程，努力解决项目实施过程中的关键问题；三是以全面预算管理为抓手，着重抓好国外工程项目责任成本预算管理；四是加大海外项目监管力度，深化国别市场研究；五是高度重视与世界范围内的金融机构、大财团、大企业集团的合作。

【“外事管理系统”培训会议】11 月 28 日，中国中铁股份有限公司在总部召开了“外事管理系统”培训会议，所属各单位负责外事管理和人员审查的部门人员共计 76 人出席了会议。会议回顾了 2012 年公司外事工作的开展情况，总结分析了当前存在的问题，介绍了 2013 年外事工作设想并提出了相关工作要求。会上，外事管理系统开发单位，股份公司国际业务部和干部部分别讲解了外事管理系统的操作流程、注意事项，并进行了答疑。

【签署柬埔寨柏威夏矿山铁路及沙密港港口项目商务合同协议书】12月31日上午，中国中铁股份有限公司与柬埔寨钢铁矿业集团在柬埔寨首都金边举行了"柬埔寨柏威夏矿山铁路及沙密港港口项目商务合同协议书签字仪式"，柬埔寨王国公共交通部部长特拉姆先生、副部长苏坤先生、国会秘书倪穆先生，中国中铁股份有限公司总裁白中仁出席签字仪式。中国中铁股份有限公司副总裁周孟波主持仪式并与柬埔寨钢铁矿业集团代表在项目商务合同协议书上签字。

柬埔寨柏威夏矿山铁路及沙密港港口是柬埔寨王国两项重要的基础设施建设项目，铁路线路全长404.481公里，铁路和港口合同总额为60,241,263,259元人民币，折合96亿美元，合同工期72个月，承包商从收到预付款30天后起算工期，柬埔寨钢铁矿业集团以矿石预售、国内外发行债券、吸引基金和银行贷款等方式进行融资，中国中铁协助柬埔寨钢铁矿业集团开展融资并进行该铁路项目EPC总承包。

柬埔寨王国公共交通部部长特拉姆先生在签字仪式上致辞，他表示，柬埔寨柏威夏矿山铁路及沙密港港口项目是柬埔寨王国的一项重要基础设施建设项目，它的建成将极大解决柬埔寨柏威夏矿山资源外运的问题，并带动沿线地区经济发展，拉动经济内需，为柬埔寨创造更多的就业机会，同时，也提高柬埔寨王国的基础设施建设水平。他对中国中铁股份有限公司和柬埔寨钢铁矿业集团在该项目上的合作表示赞赏，并表示柬埔寨王国政府和公共交通部将全力支持该项目的实施。

【走出去"战略实施情况】 中国中铁股份有限公司2012年新签境外工程及设计项目等合同所在国家和地区情况

1、新签工程项目合同所在的国家和地区

巴新、博茨瓦纳、乌干达、刚果金、赞比亚、肯尼亚、南非、澳门、柬埔寨、伊朗、乍得、安哥拉、尼日利亚、阿联酋、喀麦隆、香港、印度、斐济、埃塞俄比亚、阿尔及利亚、圭亚那、贝宁、加纳、委内瑞拉、马拉维、文莱、坦桑尼亚、朝鲜、老挝、塞拉利昂、沙特、斯里兰卡、安提瓜岛、尼日尔、塞内加尔、津巴布韦、几内亚、利比里亚、马来西亚、吉尔吉斯斯坦等40个。

2、新签道岔及钢结构产品加工项目合同所在国家和地区

丹麦、美国、韩国、香港、新西兰、台湾、泰国、印度尼西亚、挪威、越南、苏格兰、缅甸、伊拉克、塞拉利昂、埃塞俄比亚、委内瑞拉、尼日利亚等17个。

3、新签设计合同项目所在国家和地区

佛得角、缅甸、几内亚、埃塞俄比亚、格鲁吉亚、蒙古、刚果（金）、南部非洲、东盟、印度、密克罗、尼西亚、巴基斯坦、利比里亚、巴基斯坦等15个。

4、中国中铁股份有限公司2012年底境外在建项目所在国家和地区情况。

截止到2012年12月底，股份公司全系统境外在建工程项目和设计以及产品加工项目总数369个，涉及56个国家和地区。其中，境外在建工程296个，设计项目37个，道岔及钢结构产品加工项目24个。目前，境外在建项目合同总额是256.1912亿美元，尚未完成的合同总额163.1700亿美元，在尚未完成的境外在建工程项目中，500万美元以上较大的项目有220个；上亿美元项目有33个；另外，道岔及钢结构、机械产品加工远销美国、丹麦、苏格兰、韩国、挪威、新西兰、印尼、塞拉利昂等18个国家和地区（包含在56个国家和地区之中）。

科技设计管理

【科技设计部】 科技设计部定员22人。主要职责为：

1.负责制订和落实股份公司科技发展战略、中长期科技发展规划以及科技工作管理规章制度。

2.负责股份公司科研及勘察设计咨询管理工作。依据股份公司勘察设计管理办法，做好境内外勘察设计管理工作。负责股份公司技术标准、工法的编制和管理，专利技术申报和知识产权保护等工作。承担设计咨询分公司工作。

3.负责股份公司科技项目研究开发和重大科技项目攻关工作。负责先进技术的引进、消化、吸收和创新工作。负责国家重点实验室指导和监管、博士后工作站管理工作。负责股份公司技术中心工作。

4.负责股份公司科技学术类团体的归口管理工作。负责与外部相关学术类团体的联系，承担中国铁道学会铁道工程分会秘书处工作。负责《铁道工程学报》的编辑出版及其它相关工作。负责总公司科技期刊的主管工作。

5.负责股份公司各类科技专家委员会工作，参与专家和科技人才队伍建设，参与对专家委员会专家的考核和调整工作。

6.负责股份公司信息化战略的实施、信息化建设及信息化管理工作。

7.负责股份公司节能减排战略的实施和节能减排管理工作。

【制度建设】 2012年，坚持从制度建设入手，加强业务管理，先后制定并组织实施了科技、勘察设计、节能减排等"十二五"发展规划，制定并完善了科技专项资金管理、科研立

项、科技奖励、信息化项目管理等办法，有效地指导了全公司科技设计工作。坚持并进一步完善了部门考核，定量、定性考核到部门业务板块、到员工，规范了部门管理。积极开展创先争优和学习宣贯十八大精神活动，营造了心顺、气正的工作氛围。完成了部门12项定量KPI指标，实现了年初计划工作目标。

【节能减排】 2012年节能减排工作取得新突破。一是加强业务督导，组织实施了股份公司“十二五”节能减排规划，开发并应用了中国中铁节能减排综合管理信息系统，节能减排管理体系进一步完善。二是积极开展节能减排标准化工地建设，组织标准化工地评选，共评选出35个股份公司节能减排标准化工地项目，有力推动了项目节能减排和降本增效，显著提升了项目管理水平和效益。三是重点项目申报取得突破，推荐的“牵引供电数控节能装置产业化”获国家重大科技成果产业化项目，推荐的“轨道交通电气化领域牵引供电系统节能减排新技术应用示范”等4个项目获批中央国有资本经营预算节能减排项目，并获国家财政资金4967万元；黄冈公铁两用大桥和泰山基业两个项目获“全国绿色示范工程”称号，合福铁路长临河制梁场项目获“国家重点环境保护示范工程”称号。四是积极开展节能减排宣传活动和管理培训，严格节能减排考核，提升企业干部员工的节能减排意识，树立节能减排理念，促进了企业节能减排。五是严格执行国标能源管理体系，依靠技术进步，发展低碳经济，公司节能减排目标全面实现。2012年度全公司能源消耗总量为319.9727万吨标煤，万元营业收入综合能耗0.0688吨标煤，较上年下降了7.2%。

【信息化建设】 2012年进一步加大了信息化的建设力度，有效支撑了公司各业务系统的有效运转。加强信息化制度建设，制定并实施了股份公司信息化项目管理、网站群技术架构和视频会议建设标准等10项管理办法和制度，加大指导和服务于所属各二级单位的信息化建设力度。积极开展电子商务平台建设，遵循“统一规划、分期实施、先重点后扩展”原则，提出了二期建设规划，组织编制并评审了“股份公司电子商务平台需求报告”，有序推进了电子商务平台应用架构建设。成都灾备中心机房建设完成，实现了OA办公数据、基础平台等数据的异地备份。强化安全管理，开展信息系统等级保护和定级工作，对总部目前运转的22套业务信息系统、69台网络设备和163台服务器逐一进行定级备案，确保系统安全。继续推进“五统一”信息化基础平台项目的部署和应用，使用范围不断扩大，截至2012年底纳入管理的域用户已达到51730个，域服务器44台，受管理服务器计算机4178台，邮件帐户41287个，OCS帐户39302个。搭建信息化建设绩效评价平台，首次开展了所属企业信息化建设绩效评价工作，以评促建、以评促管，均衡提高所属单位的信息化建设和管理水平。围绕基础性管理，实施反垃圾邮件网关和邮件归档，加强网络和应用交付能力，积极推进信息化大平台建设和ERP管理咨询工作，研究设计股份公司信息化建设的蓝图规划和行动路线。严格日常管理工作，提高和优化了总部网络管理能力，确保股份公司网络信息安全和运行稳定，为信息系统运转提供了良好的环境，同时对资金系统、财务系统、人力资源系统、全面预算管理信息系统和工程项目管理系统的建设优化和改进提供了技术支撑。

经营开发管理

【经营开发部职责】 1.负责经营开发部全面工作。负责公司的经营开发、成本管理和二次经营业务工作。

2.贯彻执行国家有关法律、法规，执行公司董事会及党、政的有关决议、决定。

3.负责制定、落实公司国内基建业务经营开发战略，主持编制经营协调和成本管理的有关办法、规章制度等。

4.负责组织、协调和指导所属单位的经营开发工作，协调与所属单位对口部门的业务关系。

5.负责公司本部资质证书使用的审批管理工作。

6.负责并指导、协调所属单位与有关部委和相关政府部门的业务联系工作。

7.负责部门内控体系的运行和维护工作，负责部内工作的组织、管理及考评。

8.完成领导交办的其他工作。

【经营思路】 突出抓好建筑市场政策研究，对政策变化迅速做出反应，有针对性地制定经营开发策略，收效显著。2012年，国家和有关部委陆续颁布实施了《招投标法实施条例》、《铁路建设工程施工招标投标实施细则》、《关于铁路工程项目进入地方公共资源交易市场招投标工作的指导意见》、《国际金融组织项目国内竞争性招标文件范本》。经营开发部及时组织各单位进行深入学习研究，对招投标重大政策变化进行分析解读，及时转变理念，顺应市场形势。特别是铁道部9月6日加快铁路建设推进会以后，针对不同项目的招标条件，采取不同的投标策略，在保证市场分额和中标质量上取得了良好的成效，2012年铁路项目中标价平均在限价基础上降造 0.15%左右，中标质量非常高。

【品牌营销】 积极开展高层营销、品牌营销，加强与政府层面的合作联系，重大项目、重点区域工程总承包取得新突破。白中仁总裁、段秀斌副总裁亲自带队，先后拜访了昆明局、西安局、成都局、郑州局、兰州局等铁路局相关建设单位领导以及青岛市、广州市、昆明市、成都市等地的政府负责人，积极开展高层经营工作，推动了所属各单位的经营开发工作层次提高、力度提升，对提高工总的市场份额起到重要促进作用。特别是以股份公司资质积极开展设计施工总承包项目，发挥整体优势，成功中标郑州市中州大道下穿隧道设计施工总承包、青岛地铁 2 号线一期工程、蒙西铁路特大桥施工总承包等项目，提高了中国中铁品牌影响力和美誉度，对于后续工程的经营开发工作奠定了良好的基础。

【区域经营】 突出抓好区域经营工作的深化，集团整体优势进一步发挥，区域市场占有率和中标质量显著提高。2012 年先后组织召开了西北、东北、西南地区区域经营工作会，巩固区域经营成果，深入推动区域经营合作，充分发挥区域内股份公司所属单位市场经营资源和集团整体优势，促进所属施工企业尤其是三级企业在区域非铁路市场经营开发工作的合作与配合，扩大市场份额，提高中标质量。

【服务提升】 大力加强对二级、三级公司的经营服务工作，提升服务质量，着力推动三级子公司之间加强横向合作。2012 年经营开发部大力提升对各级子公司的服务工作，在投标证明、地方注册备案文件、信誉证明等文件的支持上，既坚持原则，又灵活高效，全年办理各类投标、备案文件 80 多套/次。对于突发性的投标告状、扯皮等问题，无论是二级还是三级单位发生的，均迅速采取有力措施，尽快解决问题，保证股份公司整体效益的最大化。

在着力提升对三级子公司投标服务工作的同时，大力倡导、推动系统内三级公司之间的联合、协作，2012 年组织召开了工总电务系统单位座谈会（三级公司）、工总及建总电务系统联席会议（三级公司）、工总及建总四电集成专业会议、工总及建总房建特级资质企业会议等四次专业会议，搭建沟通交流的平台，创造三级公司横向合作的机会，并探讨了铺架专业公司的合作模式。极大提高了三级子公司的联合协作意识，内部凝聚力不断增强。

【资质使用管理】 突出加强股份公司资质使用审批管理工作，从源头上做好风险管控。经营开发部 2012 年累计审批使用股份公司资质投标 120 余次。

【成本管理整章建制】 推动各单位逐步完善工经管理制度及体系建设。年初印发了《中国中铁股份有限公司工程项目成本管理指导意见》文件，促进各单位对工经管理工作的重视、推动各单位完善工经管理体系、加强横向联系交流，各单位工程管理机构逐步完善，工程经济管理职能职责逐渐明确。截止 9 月底，公司所属 17 个工程局均设置了工程经济管理部门为加强和推动全公司工程经济管理工作提供了根本保证。

【概算清理】 加强组织指导重大铁路项目的概算清理。针对公司所属工程局承建铁路项目的工程造价相关问题，先后向国资委、铁道部专题报告。报告反映的费用等问题，得到有关部门的重视。

【定额修编】 积极参与铁路工程造价标准体系修订工作，从根本上维护施工企业长远利益。2012 年主要承担了铁道部造价体系的《工期与成本定量关系研究》、《临时工程费研究》等重要课题的研究和概预算定额的修编等工作，通过参与课题研究及铁路定额修订，积极反映施工企业存在的问题和困难，促进铁路概算合理定价，推动改变当前的铁路项目工程造价管理不合理体制，部分建议在修订中被采纳，为维护企业的长远利益取得了积极成效。

【交流培训】 组织举办首次工经管理会议和首次工经工作现场交流会，促进全系统工经管理工作的提升。组织开展工经管理调研工作，总结、推广工经管理成功经验。促使各单位对工程经济管理工作进一步提高认识，查找差距，取长补短，相互促进，推动全公司工程经济管理工作再上新台阶。

【玉树灾后重建】 2012 年是玉树灾后重建决战之年，中国中铁玉树灾后重建现场指挥部在股份公司直接领导下和青海省、玉树州县地方部门的大力支持下，在中铁建工、中铁二局两个局指以及下属项目部共 300 多名参建职工的共同努力下，充分调动 7000 余名劳务队伍员工的工作积极性，始终坚持股份公司董事长、党委书记李长进提出的“开工必先，全程领先”指导思想和“设计出图最快、项目开工最早、形象进度最好、投资完成最大、工程质量最优”五个“最”指示精神，大力发扬“艰苦不怕吃苦、缺氧不缺精神、高原再创奇迹、玉树再立新功”的中国中铁玉树援建精神，严格按照股份公司各项规章制度和各阶段管理要求，严格执行国家规范相关标准，严格执行青海省玉树灾后重建现场指挥部下达的计划安排，实现了 2012 年基本完成重建任务的目标，得到了各级领导的充分肯定。

中国中铁主要负责结古镇城南片区和下拉秀农牧民住房建设。援建项目共计 52 项，总面积为 74 万平方米，其中城乡住房 9 项，建筑面积为 57.15 万平方米；公共服务设施

26 项，建筑面积为 11.54 万平方米；其它项目 17 项，建筑面积为 5.31 万平方米。截至 2012 年底，已交付使用项目 2 项，完工初验项目 15 项。

工程管理

【工程管理部】 负责制订和实施股份公司工程项目管理的规章制度。指导、监督、协调股份公司所属单位的工程项目管理工作。负责组织生产调度会议，检查落实生产调度命令。负责在建国内工程项目信息管理。负责股份公司与有关部委的业务联系及国内工程项目信誉评价工作。负责指导股份公司所属单位的铁路运输工作，协助办理路用车审批、自轮运转设备过轨运输等事宜。负责股份公司国防交通战备和人防等工作。参与股份公司国内工程项目安全质量事故调查和相关处理工作。负责对股份公司及所属二级子（分）公司各类境外工程项目和非矿业投资项目等施工生产进行业务指导和监督抽查工作。

2012 年 4 月，中国锋调离到中国海外工程有限责任公司。

2012 年 7 月，唐连成调离到中铁昆明建设投资有限公司任副总经理。

【加强工程项目管理】 制定并发布了《工程施工分包管理暂行办法》和“2012 年施工生产管理、工程项目管理工作要点”，发布了《工程项目施工生产管理办法》。组织召开了施工分包座谈会，对合理利用社会资源、规范施工分包行为以及分包中存在的问题进行了交流和探讨，并在归纳、汇总后提交了工程施工分包管理调研报告。对福建和贵州 9 家二级公司实施的 10 个在建公路项目进行了专项调研、检查，深入了解公路工程项目的管理状况及存在的问题，提交了公路工程项目管理的专项调研报告。以项目成本管理为重点，对三局桥隧分公司、六局太原公司及其部分项目进行了调研、检查，深入了解了上述人数众多、历史久远的三级公司的项目管理，特别是成本管控情况，并提交了关于三级公司项目管理的调研报告。组织召开了公司项目管理经验交流会，总结了各单位近年来在项目管理方面的探索成果和取得的成效，交流推广了先进的项目管理经验。根据近年来对企业和项目的检查、调研，结合今年项目管理交流会的经验介绍，将各单位项目管理成功的主要经验汇总、归纳，向公司有关领导提交了《工程项目强化管理提高效益的经验总结和相关建议》。

【施工生产督促协调工作】 在周、月交班会和季度的生产安全视频会上通报各单位国内项目产值完成情况，就施工生产和项目管理中存在的问题提出改进措施与意见。组织召开了施工生产视频对话会，由分管领导与完成任务较差的单位领导进行视频或当面对话，深刻分析施工生产中存在的问题，督促有关单位抓好相关措施的落实。对部分业主来函、来访反映项目施工组织与管理问题，督促相关单位采取有力措施，认真加以解决；对需与业主沟通协调的问题进行了协调；对内部单位因企业重组和内部分包在项目上存在分歧的事宜进行了协调。

【工程项目现场检查和督导工作】 对多个国内铁路、公路、地铁项目及坦桑尼亚公路与房建项目进行了检查和督导；参加了孟加拉铁路项目的检查；参加了哈大铁路联调联试驻点督导；对哈大路基冻胀整治进行了检查、落实。参与了公司安全质量检查活动和对京石、石武铁路车站雨棚安全质量的专项检查，根据检查分工提出了具体的意见、建议或整改要求。

【工程信息系统管理工作】 及时编制《生产周报》、《施工月报》、《大交班资料》，按月整理提供了援疆工程项目建设进展情况，相关地区、路局、铁路大线等的在建项目情况。收集并整理了 2012 年全公司在建的重、难点工程项目。收集、汇总铁路工程项目停工、复工的有关情况并上报国资委。为推进工程项目综合管理信息系统的应用，在通过项目实地调研后召开了系统平台升级改进的研讨会，提出了新的需求报告，召开了系统应用推进视频会，组织 6 家投资公司和 17 家二级施工企业行了系统升级、培训工作，起草了《投资公司运行工程项目综合管理信息系统方案》。

【战备、人防、运输工作】 下发年度《战备工作要点》，召开战备年度工作会，组织中铁六局战备专业保障队伍的战备保障演练，组织各单位开展战备物资储备仓库达标考核工作。与国家机关人防办和在京各单位签订年度《人防工作责任书》，组织和参加了有关人防工作的学习、培训、宣传活动，加强了地下空间综合整治和使用管理，战备、人防工作有序开展。召开了年度路用车会议，年内铁路运输报批路用车辆 88 批次 5049 辆，循环运梁专列 8 列 384 辆，满足了各单位施工生产需要。

【BT 项目和以公司资质中标项目的管理】 收集了以股份公司资质中标项目的施组，组织进行项目评审，出具审核修改意见，报分管领导进行批复。参加公司 BT 项目、总包项目及以公司资质中标项目的标前评审、可研评审、合同评审、初步设计审查等评审工作。加强对公司 BT 项目、总承包项目和以公司资质中标项目的关注和监管。

工业设备管理

【工业设备部】 1.负责编制、实施股份公司工业板块发展战略。负责制订和落实股份公司机械设备装备规划和机械设备管理制度。

2.负责组织新型、大型机械设备的研制开发及相关技术的推广、应用等工作。

3.负责组织大型施工设备集中招标采购和调配工作。负责协调股份公司重大总承包项目的机械设备配置工作。负责对重要工业产品生产进度、产品质量，重大工程的重大机械装备项目进行监管。

4.负责对股份公司工业企业重大投资项目、技术改造项目，重大设备投资项目进行评审、监管。

5.协调股份公司工业企业生产经营等工作。协助工业企业办理产品生产许可证等有关工作。

6.配合有关部门开展工业企业改制重组等有关工作。

薛林部长调任中铁山桥任董事长，沈平同志任部长。

【推进全面预算管理工作】 根据股份公司实施全面预算管理工作的总体安排，配合财务部门以及咨询公司进行全面预算管理建立全面预算管理的实施方案，首先到工业企业试点单位中铁宝桥进行了全面预算调研工作，形成了调研报告，协助咨询公司进行工业企业全面预算管理框架设计，多次参加全面预算管理工作相关会议对方案进行研讨，并与咨询公司相关人员和宝桥的相关人员就全面预算管理手册的工业业态的相关内容进行了详细的讨论，同时征求了山桥、科工、装备等单位意见形成了在满足全面预算管理要求并且操作性强的为股份公司全面预算管理的实施工作的做好推进工作。

【开展钢结构和出口锰叉成本调研】 为进一步落实沈阳会议精神，结合工业企业的实际情况我部门人员到中铁科工进行管理提升活动督导。在各单位自查的基础上先后到科工本部、中铁重工、中铁九桥公司、中铁山桥对进行实地考察和督导。钢结构和出口锰钢辙叉这两种产品的成本管理和预算控制情况进行调研。就 2012 年 8 月以前的生产经营活动进行检查和指导，针对科工利润和营业收入完成量不足的情况和钢结构毛利率低的情况进行调研、分析，对提高管理提升和全面预算管理的认识、推动执行力和管理能力的提升、强化产业结构调整提高竞争力、严格控制质量安全、强化项目管理控制、建立好员工职业发展通道、增强今年完成各项指标信心等提出了七个方面提出了指导意见。有力地促进了中铁科工管理提升活动的有效开展。在山桥对对抽样项目对标分析的基础对强化产品成本管理、降本增效的途径和稳定市场市场价格的措施进行了研讨，对股份公司推进全面预算管理工作进行了宣贯和部署，对正在实施的铜陵大桥、港珠澳大桥钢结构项目管理及成本控制和确保全面完成今年的各项生产经营任务提出了要求。

【组织参加铁路技术装备展】 经铁道部和商务部批准、铁道科学研究院主办的“第十一届中国国际现代化铁路技术装备展”于 2012 年 11 月 27 日-30 日在中国国际展览中心举行。经股份公司领导同意，此次股份公司统一组团参展。我部负责了本次参展的组织工作，此次股份公司展团包括中铁宝桥、科工，一局建工机械，四局钢结构，建厂局设计院五家企业，通过展板、模型、宣传片、宣传册等多种形式展示桥梁钢结构、道岔、铁路施工专用设备、无柱雨棚、车辆段检修设备等主要产品，其中中铁科工新研发的的长钢轨铺轨机和中铁宝工研发的公铁两用挖掘机备受国内外参观者的关注。展会期间在股份公司的统一协调和组织下，各单位既分工明确又相互协作，体现了中国中铁良好的精神风貌和形象。由于组织工作出色、展台设计新颖，股份公司被展览会组委会授予“最佳展览组织工作奖”和“最佳展示设计奖”，并受到铁道部科技司的表扬。

【强化设备管理执行力建设】 为落实股份公司管理提升工作和执行力建设，结合股份公司安全质量大检查工作，对中铁四、五、六、七、十局，中铁大桥局、上海局、港航局，中海外等九个单位设备管理部门进行了设备管理工作专项检查，主要从大型设备集中采购、设备管理体系、设备预算编制与执行情况、设备安全与检查等四个方面进行；同时调研海外项目设备管理与各位对股份公司设备管理的意见和建议。通过这次检查，进一步规范了全公司的设备管理工作，促进提高设备运行效益。同时也摸清了家底，对下一步开展管理提升工作奠定了基础。

【加强设备投资预算管理】 组织各局对大型设备优质供应商进行评估和优化，进一步规范对供应商的管理；强化了海外施工设备的采购管理，对一次采购量在5000万元以上或涉及两个局以上同时采用的海外施工项目所需设备股份公司组织统一采购。今年股份公司共审批各施工企业集团和海外公司等19个单位大型施工设备采购申请74项，批准采购大型施工设备XX台套，金额31.53亿元，占全年设备投资预算32.2亿元的97.92%。全年股份公司和各集团公司二级组织的集中采购施工设备6272台套，总额32.25亿元，集中采购度达到85%以上。其中：股份公司组织的大型施工设备采购185台套，金额2.4亿元人民币，主要是大宗海外施工设备和矿用设备。

【组织现场技术交流会】 6月份在桂林中铁五局湘桂铁路施工现场我们组织召开了500米长轨铺轨机组现场技术交流会，CCPG500型长钢轨铺轨机组是由中铁科工集团与中铁五局集团联合研制的新型铺轨机组，设备技术先进，产品工艺成熟，首次试铺连续铺轨62KM无故障，获得了业主与用户的一致好评。与会人员实地考察了机组的作业情况并进行了技术交流，对该设备给与了较高的评价，认为可以作为一项新工艺、新产品在股份公司内部推广使用。同时就工业企业与施工单位合作共赢、发挥公司整体优势等进行了沟通和探讨，推动强强联合、创新升级。截止到8月18日全线160KM钢轨已经全部铺完，设备连续运转无故障，平均每日铺轨2KM，基本达到国际先进水平。

【开展盾构机管理培训工作】 结合各局施工特点，强化作业人员培训。根据股份公司《2012年培训计划》，针对今年各局地铁项目较多的实际，我部联合咸阳干部管理学院于6月18日-6月21日在山海关举办了“工程项目设备管理培训班”，共有18个单位99名项目设备管理和技术人员参加培训。本着从工程实际出发、重点解决现场实际问题为原则，此次培训邀请了公司内、外部的专家从盾构设备的分类与施工安全，设备的构造，电气、液压原理，设备现场的使用与维修，状态检测与故障诊断，泥水盾构的特点和项目设备标准化管理等方面进行授课。最后对学员进行了考试，经考核，培训效果良好。在培训期间还下发了调查问卷，征求学员对股份公司设备管理的意见和建议。

行政管理

【行政管理部定员与职责】 1.负责股份公司总部机关办公用品、办公电话管理以及低值易耗品的计划、采购和领用管理。

2.负责股份公司总部机关办公楼的物业管理公司选用、物业合同签订和履行及日常监督管理工作。

3.负责股份公司总部机关的办公室、会议室、办公家具的使用管理。负责股份公司总部机关劳动保护用品的计划、采购、发放工作和员工健康体检、计划生育、贯标等工作。

4.负责股份公司安全保卫工作的指导和总部机关的安全保卫、卫生防疫、绿化、“门前三包”、消防及社会治安综合治理、公务车辆泊位管理等工作。

5.负责组织落实股份公司总部机关所在地各级地方政府要求的其他社会事务工作，总部机关其他日常事务和后勤保障等工作。

6.负责股份公司离退休工作的指导和总部离退休人员的管理工作。

部门定员10人，其中部长1人、副部长2人、职员7人。

【开展系统调研】 公司、公司党委高度重视，行政管理部履职尽责、周密策划、精心组织了公司层面系统全面的调查研究。在公司领导许廷旺的带领下，4月1日-28日分别在北京、成都、武汉、郑州四个片区对33家二级企业和5家三级企业的离退休干部管理和企业内部治安保卫工作进行了深入调查了解。通过召开座谈会、听取汇报、查看制度、实地考察等形式，基本掌握了全公司离退休干部管理与企业内部治安保卫工作的基本现状、机构建立、人员配备以及制度建设等情况，摸清和找准了工作存在的主要问题与不足。对此，经分析研究，形成了两项工作调研报告，提出了进一步加强和改进离退休干部管理和企业内部治安保卫工作的意见与建议，得到了公司领导的高度重视和认可。

【离退休干部管理】 通过系统调研，认真研讨了如何围绕中心、服务大局、进一步做好新形势下离退休干部工作的思路和措施。7月25日组织召开了股份公司成立以来首次离退休干部工作座谈会。国资委企干二局有关领导亲临会议进行指导，公司党委书记、董事长李长进，党委常委、总经济师许廷旺出席会议并作重要讲话。会议回顾总结了近年来全公司离退休干部工作经验，安排部署了新时期离退休干部工作与任务，有效推动了全公司离退休干部队伍的和谐稳定。

同时，坚持发挥好示范作用，认真做好总部机关的离退休干部管理工作。除做好来信来访、费用报销和阅文、阅报等日常工作外，在两节期间，先后对130多名老领导、老同志进行了走访、慰问，并组织召开了新春茶话会，认真听取老同志的意见和建议。“五一”节前，公司、公司党委领导亲自批示，对总部机关老领导、老同志进行走访慰问，为总部机关离退休干部发放节日慰问金。在中秋、国庆节前向总部机关230余名离退休干部发放了节日补贴，并走访慰问离退休人员30余名，将公司领导的关心、关切、关怀传递到离退休干部家中和心坎上。为保障离退休干部的身心健康，组织了200余名老同志进行了健康体检工作，并在原有的检项基础上新增加了2项内容；组织总部机关副局级以上离退休干部参加了中组部京西宾馆专题报告会，进一步提高了离退休干部对形势、任务的认识；坚持就近、节俭的原则，先后组织了郊游、垂钓等多项喜闻乐见的活动，丰富了老同志的业余文化生活；通过积极沟通协调，争取北京市社会保险基金管理中心的支持，公司总部、中铁电化局、中铁隧道局、中海外共计 180 名退休员工免费参加了北京市退休职工健康疗养活动，进而确保了离退休干部“两项待遇”的落实。

【内部治安保卫工作】 为加强和规范内部治安保卫工作，填补企业公安队伍移交后内部治安保卫工作的空白，在深入调研的基础上，8月24日组织召开了中国中铁内部治安保卫工作会议，这是企业公安机关移交后和股份公司成立以来首次召开的内部治安保卫工作会议。公司总裁白中仁、总经济师许廷旺出席会议并作重要讲话，北京市公安局铁路工程公安局党委书记、局长亢军亲临会议进行了指导。会议系统分析了境内境外、社会与企业内部治安保卫工作面临的形势和任务，表彰了先进典型，交流了工作经验，全面研究部署了今后一个时期、特别是党的十八大期间企业治安保卫工作，有力地推动了内部治安保卫工作系统深入开展。为了进一步做好十八大期间的企业内部治安保卫工作，9月20日-10月12日，会同北京市铁路工程公安局，对公司所属在京4个二级公司14个三级公司和6个工程项目进行了内部治安消防工作重点抽查检查，对检查情况、总体评价、及存在问题以公司文件进行了通报。同时，下发了《关于做好十八大期间企业内部治安保卫工作的通知》，制定了总部机关突发事件应急预案，联合召开了北京地区各单位舆情控制、信访维稳和内保工作会议，并建立了公司上下内保日常工作联系制度。通过一系列的工作，“十八大”期间全公司实现了内部和谐、平安稳定。同时，坚持人防、物防、技防的有机结合，严格办公大楼的安防，积极预防，妥善处理了 32起145人次闹访和群访，总部机关实现了“重大恶性案件零发生、群死群伤治安灾害事故零发生、影响恶劣群体性事件零发生”的目标，为公司持续健康发展做出了新的贡献。

【总部后勤管理】 始终坚持“后勤不后”的管理理念，深入贯彻“以人为本、服务为先”的工作方针，有效地保障了企业和广大员工的切身利益。根据公司、公司党委主要领导关于解决职工住房问题的要求，就总部员工住房问题进行了认真细致的调查研究，同所属在京的中铁六局、中铁建工、航空港、中铁资源、宏达中心等单位进行了沟通，摸清自有土地利用情况，积极探索多种建房、购房方式，提出了关于解决职工住房问题的方案，组织开展了中铁建梧桐苑住宅项目限价商品房的团购工作，有56名机关员工参加团购；根据公司有关办法，对办公用品、办公耗材集中采购进行了公开招标，有效地降低了办公费用；认真做好办公用品、办公耗材领用、办公电话、办公家具调整安装等工作，满足了机关员工办公的需要；主动改进服务形式，一改过去取暖费个人缴纳、分散到机关报销的方式，对总部机关员工居住集中的16个小区302名员工进行统一缴费；完成了南门改造和总部机关绿化施工，完成了广场地面整修和门牌石施工，总部机关美化绿化亮化工程基本完成；着力提高员工生活质量，对天使食府供餐进行了不间断的督查，保障了员工就餐质量和服务水平；按照“以人为本、关爱健康”的要求，经对多家体检机构和医院比选，首次将总部员工体检安排在三级甲等医院进行，并在原有检项的基础上新增了3项体检内容，受到员工的一致欢迎。通过积极的探索和总结，总部后勤管理工作得到了国资委主管部门的充分肯定，在今年国资委召开的部分中央企业后勤管理座谈会上进行了经验介绍，受到了与会单位的一致好评。

【总部物业服务】 认真贯彻公司管理提升活动要求，对总部物业管理与服务工作制定了全面提升服务质量的工作目标，通过规范流程、确定标准、提升素质、严格检查、注重反馈等手段保证目标的实现。指导物业公司重新修订了《办公楼巡视检查流程及标准》、《三级会议服务操作流程及标准》、《绿植养护标准及流程》、《入室保洁规范化流程》、《安全保卫岗位职责及工作流程》等制度，且通过IS09002质量体系认证实施；督促物业公司清退了不符合总部物业服务需要的绿植公司，并进行了重新公开招标确定了新的绿植服务公司；组织专业人员对物业公司相关人员开展了安保、礼仪、服务、维修等专业知识的培训；结合总部物业管理考核办法，以巩固提升、纠错改进为目标，“位对位、点对点”的多次进行了定期不定期检查与考核，对发现的问题及时改进。此外，根据总部的实际情况和季节变换，利用节假日和非工作时间组织专业人员，先后对大楼空调、避雷、通风、消防报警、给水、监控、泛光照明、电梯和防水等系统进行了定期维修与维保，确保了员工有一个优异的办公环境。一年来，通过季度的员工调查反馈和考核，物业的管理服务满意度达到90%以上，受到广大员工的好评。

【总部节能减排工作】 结合总部实际，制定下发了《关于认真做好2012年度总部机关节能减排工作的通知》，对总部机关节能减排总体要求、工作目标、工作重点和保障措施等方面提出了明确要求。同时，结合节能减排月宣传活动，开展了以“节能我先行、低碳新生活”为主题的宣传活动，制作宣传展板、张贴宣传标语，提高广大员工节能减排意识，促进了总部全员节能减排工作的开展。为不断创新总部节能减排工作，提高工作的科学化、系统化，联合科技设计部设立了节电专业课题组，聘请专业公司进行指导和咨询，对制冷系统进行节能改造，调整了公共区域照明、更换了节能光源。一年来，总部的节能减排工作取得了良好的进展，截至11月，同比去年节约用电5.6%，全面实现了年初制定的节能目标。

【总部事务工作】 精心组织编制年度预算，在部门内按照业务模块分别建立台账，督促有关部门严格执行预算，全年预算执行情况良好。积极配合承办了中央企业郭明义爱心团队授旗仪式等国资委举办的多项重大活动及总部机关员工安全质量宣誓活动、门牌石揭幕仪式、总部后备干部人员考察动员会议等，从会议服务、安全保卫和会场布置等多方面提供了保障，保证了活动的顺利举行；按照公司领导提出的收支两条线的要求，与中铁国际、委内瑞拉分公司、东方国际建设分公司进行了洽谈，达成租赁协议，进一步完善了C座租赁工作，确保了总部的正常收益。作为公司总部社会事务的相关责任部门，高度重视与总部所在地各级政府的协调沟通工作，认真完成各级政府交办的社会事务工作。进一步加强了与北京市铁路工程公安局、万寿路街道办事处、北京城市综合执法局海淀分局、海淀区质量技术监督局、供电局、五棵松消防中队、自来水公司等政府和主管部门的沟通协调工作，积极参加有关政府和部门组织的会议和培训，认真贯彻有关会议精神和政策规定，对相关部门所提出的问题和建议认真落实，建立了定期沟通协商机制。此外，在国资委主管部门的指导下，积极向有关中央企业学习先进的后勤管理经验，并开展了多次沟通交流，进一步拓宽了后勤管理工作的思路和视野。

【创先争优】 认真深入开展创先争优活动，全面贯彻落实公司关于加强机关建设的各项要求。组织部门员工开展集中学习和自学，学习政治理论知识、有关会议精神和公司文件规定，不断提高员工业务素质和能力，争创“学习型”部门。同时根据五位一体、合署办公的特殊性，注重团队建设，大力倡导全员做好行政管理、离退休干部管理、内部治安保卫、机关党委、机关工会工作的理念，进一步增强员工的大局意识和责任意识。针对本部门归集管理费用多、服务对象多、且涉及员工利益多的工作特点，坚持公平、公正、公开的原则，狠抓廉洁与作风建设，强化员工的服务意识和遵廉守廉意识。同时，组织部门员工积极参加总部开展的各项活动，部门的团队意识、大局意识、服务意识、创新创优意识有明显的加强，得到了总部各部门和广大员工的认可，支部荣获机关创先争优先进党支部。

物资管理

【主要经济指标】 2012年，全公司累计在2905个重点工程项目上实施了物资集中采购，占项目总数量3339个的87%；物资集中采购供应总额为1256.3亿元，占施工项目所需主要物资供应总额1467.2亿元的85.6%（计划指标为70%），占年度集采指标1100亿元的114.2%。

全公司累计从厂家直接采购钢材458万吨、金额为199亿元，占采购总额497亿元的40%(计划指标为35%)；水泥2648万吨、金额为110亿元，占采购总额141亿元的78%（计划指标为75%）；钢轨17.2万吨、金额为11.1亿元，占采购总额17.6亿元的63%（计划指标为65%）。

各单位继续推进工程项目大宗物资集中招标采购，全公司累计招标采购2286次，招标采购物资总额达346亿元，降低采购成本15. 8亿元，降价幅度达4.5%。

【建立专项集采制度，规范专项用料管理】 为整合股份公司系统内钢轨需求，增强企业的市场议价能力，充分发挥股份公司与各大资源厂家建立的战略合作关系，实现系统内专项资源的集采专供，扩大采购规模，降低采购及供应成本并让利于股份公司所属各集团公司，股份公司于今年2月份出台了《中国中铁股份有限公司钢轨集中采购管理办法》，明确各级物资部门的职责和要求，理顺采购供应关系，加强计划管理，规范业务流程，真正实现“集中采购、共同配送”的集约化管理模式。截至11月份，股份公司对中铁一局、二局、三局、四局等单位所属的杭州地铁、大连地铁、南京地铁、兰新二线等19个项目所需的钢轨实行了集中采购，累计采购供应数量为3.1万吨，采购金额约1.5亿元。通过规模和批量采购优势，获得了厂家优惠的出厂价格，降低了采购成本。另外，为进一步加强股份公司专项资源的集中采购管理，深化股份公司与中石油的战略合作关系，实现系统内施工生产用油的集采专供，统一供应渠道，降低采购供应成本，物资采购管理中心拟草了《中国中铁股份有限公司油品集中采购管理办法》（草案），明确了股份公司系统内油品管理的集采模式及结算方式，为明年即将施行的油品集采工作提供制度保障。

【实施项目管理交底，加大集采管控力度】 随着股份公司直管工程项目的增多，项目物资管理的幅度与难度不断增大，为进一步加强股份公司直管工程项目物资集中采购管理，更好地控制采购与供应成本，提高现场服务质量，加大股份公司对项目物资集中采购的监督和控制，物资采购管理中心上半年开始对深圳地铁 11 号线、郑州地铁、成都地铁、昆明地铁等直管项目开展物资管理交底工作，按照股份公司有关物资集中采购管理方面的制度和办法，就项目经理部物资管理部门的职能定位、职责范围、采购权限的划分、招标采购、合同管理、计划管理、进货验收、现场管理、材料成本控制及检查考核等方面的内容进行宣贯与解读，理顺采购供应关系，夯实管理基础，使其在项目开始就步入良性运行轨道。同时，为科学合理地组织项目物资集中采购及供应工作，物资采购管理中心参与并指导了深圳地铁 11 号线、昆明地铁、成都地铁及青岛地铁 2 号线一期工程项目物资集中采购及供应方案的编制工作，根据各项目的实际情况，明确各项目采购供应主体的组建、集中采购的品种范围、采购供应及结算方式等。

【完善招标管理平台，实施铁路项目自购物资集中招标】 为适应铁路建设项目物资采购模式的变化，进一步加强自购物资集中采购管理，物资采购管理中心下发了《于进一步加强铁路施工项目物资集中采购管理的通知》（中铁股份物资〔2012〕160 号文），将原先的甲控物资包括钢材、水泥、外加剂、粉煤灰及部分通讯信号设备等，全部纳入股份公司及各集团公司物资集中采购范围。为实施自购物资集中招标，物资采购管理中心完善了股份公司物资集中采购招标管理平台：一是针对目前专家库人员数量较少、专业范围较窄等问题，积极开展中国中铁股份有限公司物资招标评标专家库专家评委的补充推荐与甄选工作。目前，推荐专业包括物资、工程经济、路基、桥梁、隧道、轨道、四电（通信、信号、电力及电气化）、房建、钢结构、装饰装修、给排水及机电设备等，基本上能够满足以后招标评标工作的需要。二是加强供应商管理。在既有供应商资源的基础上对各集团公司近年来的所有合格供应商进行了收集和整理，并按照大类、区域的不同进行分类整理，为下一步构建股份公司统一的供应商资源，完善分级管理体制，建立统一规范的各级供应商评定标准和认定程序，实现供应商准入制等打下基础。

【开展管理提升活动，改进集采工作质量】 为深入贯彻国资委在昆明召开的中央企业采购管理提升专题培训会议的精神和要求，全面落实股份公司开展管理提升活动第二阶段的安排和部署，对标先进，创新管理，物资采购管理中心认真学习了中石化、中石油、武钢集团及东风公司等国内部分企业先进的集采管理经验，认真查找存在的问题及管理短板，制订了《股份公司物资集中采购管理专项提升方案》，明确了近远期的工作目标、管理思路、主要任务及采取的具体措施，以实现“六个提升”。

各集团公司按照活动要求积极开展物资集中采购自我诊断，深入查找集中采购管理中存在的主要问题和薄弱环节，认真分析问题产生的原因，并制定具体整改和提升措施。截至 11 月底，根据集团公司制定提升方案统计分析，目前全公司集采存在的问题 10 余项，共制定提升措施 20 余项，包括集采目标的落实、项目集采管理台账、非铁路钢轨采购、物资招标、配送模式、供应商管理、战略采购、资源渠道建设及完善采购平台等各个方面。通过开展管理提升活动，各集团公司能够有针对性地制定一些具体的、可操作性强的整改提升措施，有效地改进了集采工作质量。

【打造电子商务平台，推进物资采购电子化进程】 为搭建股份公司物资集中采购电子商务平台，7-8 月份，物资采购管理中心先后与中石化、中石油、中铁建等央企的物资集中采购管理部门进行了学习和交流，重点就电子商务平台的建设进行了深入调研，包括平台建设的企业背景、管理现状、发展历程以及平台建设的具体内容，包括项目范围、实施模块、系统架构、业务流程、物资编码、计划管理、采购方式及供应商管理等方面的内容，在此基础上提出了《中国中铁物资采购电子商务系统建设方案》，包括物资采购电子商务系统建设的战略定位、物资采购需求分析、基于电子商务的物资采购方案、电子商务系统的效益分析、服务范围及投资预算等，并组织各集团公司物资管理部部长和物资管理信息系统管理员参与的方案研讨会，形成了具体的评审意见，物资采购管理中心根据各单位提出的意见和建议进行了修改和完善。

2012 年四季度，根据中国中铁采购电子商务平台建设的整体规划和分工，物资采购管理中心正积极配合科技设计部，开展有关物资采购电子商务平台建设方面的准备工作，一是参与中国中铁电子商务平台需求报告的拟草和评审工作；二是分别与国内一些知名的软件服务商就物资采购电子商务系统的技术方案进行了交流和沟通，并对项目风险进行了分析和讨论，提出了具体的应对措施；三是组织编制平台建设项目招标文件，并提出了具体的招标方案，为下一步平台建设项目的招标工作做好准备；四是组织相关部门开展基础数据的收集工作，包括物资编码和供应商资源，明确了部门分工和阶段性工作安排。

非上市资产管理

【组织机构及编制】 截至2012年底，中铁宏达系统已建立了中心本部、分中心和非上市单位三级管理体系。中心本部设有综合部(党群工作部)、经营管理部、业务管理部、人力资源部（干部部)、财务部、社会事业管理部6个职能部门，部门定员编制为35人；宏达分中心20个；非上市单位32家，其中职业教育单位13家，医疗单位17家，其他单位2家。全系统年末职工人数4789名。

【主要职能】 代表总公司，负责对划入中铁宏达中心的单位和资产进行管理；根据工作进程与管理需要，确定分支机构的设立、变更或撤销；负责对分支机构、非上市单位的政策指导、工作督导、组织协调、重要事项的审批等；负责对非上市单位和资产的接收、监管，受理分支机构、非上市单位资产处理方案，并按审批权限办理申报、审批、资产核销等项工作；负责制定资产管理、财务管理、劳动人事等各项规章制度，并抓好落实；负责编制、汇总、上报财务会计报表、统计报表等；负责中铁宏达中心其他日常工作。

【工作情况】 2012年，在总公司、总公司党委的正确领导和重视支持下，在总部机关的指导帮助下，在各有关集团公司的理解配合下，宏达领导班子团结带领全系统广大干部职工，坚持“围绕一个中心、突出两大主题、抓好三个关键”的基本思路，坚定信心，勤奋努力，实现了营业收入稳步增长、内部管控全面加强、企业改革取得突破、经济效益稳步提升，全面超额完成年度各项目标指标任务。全年实现营业收入9.2亿元，为年度计划的118%；实现利润总额4100万元，为年度计划的186%；新签资产经营合同额1.16亿元，为年度计划的161.9%；完成资本性投资16,534万元，重点建设项目取得阶段性成果；全系统职工人均年收入突破5万元，增长10%以上；职工队伍和谐稳定，没有发生安全质量事故和群体性上访事件及进京上访事件。企业整体运行状况进一步好转，各项工作都取得了可喜成绩。

【企业发展】 2012年，全系统认真实施“十二五”发展规划，教育医疗单位发展环境和发展条件得到较大改善，企业盈利能力明显增强，已经连续三年实现整体盈利。2012年在没有重大资产处置的情况下，实现了营业收入和经济效益稳步增长。一、二、三、四局分中心等单位对宏达营业规模贡献突出，一、四局分中心对宏达效益贡献度较大。教育单位实现营业收入3.34亿元，其中哈尔滨铁铁道职业技术学院年收入已突破1亿元，郑州铁路技师学院、武汉铁路桥梁学校、大桥局培训中心等单位年收入在2000万元以上。医疗单位实现营业收入4.8亿元，其中二局中心医院成为首个年营业收入突破1亿元大关的单位，一局西安中心医院突破5000万元，四局第二医院、一局华县中心医院、四局中心医院、山桥医院去年年营业收入都在3000万元以上，医疗单位整体营业收入和效益已连续两年超过教育单位。咸阳管理干部学院归属宏达直接管理以来，认真贯彻落实总公司、总公司党委的要求，发展思路和发展定位更加明确，改革发展和经营管理等各项工作出现了新的局面。哈尔滨铁铁道职业技术学院成为国家100所骨干高职院校首批重点建设单位之后，在总公司的重视支持下，去年又获得了教育部批准的全国第一家单独面向企业内部招收职工开展普通高等学历教育的试点单位，进一步确立了校企合作办学体制。武汉铁路桥梁学校成功获批国家1000所骨干中职院校第二批重点建设单位，得到了国家相关政策和资金支持。山桥高级技校申办技师学院获得政府批准。衡水铁路电气化学校新校区已经投入使用。一局华县中心医院、一局西安中心医院、四局第二医院等单位经营环境得到大大改善。

【资产经营管理】 宏达中心始终坚持把存续资产盘活作为主营业务，坚持以存量换增量、以不良换优良、以资产换资金、以盘活换效益的经营理念，突出重点，深化经营，充分挖掘资产潜力，注重发挥分中心职能。2012年，首次下达了资产经营新签合同额计划，并纳入分中心绩效考核目标责任书，对全面深入开展资产经营起到了积极的推动作用。加强了资产经营信息员队伍建设，建立资产动态信息月报制度，加强了对存续资产的适时监控。在资产盘活利用方面，先后与九局等多家单位搭建合作平台，依法合规支持了主业单位发展；在资产处置方面，先后与五局等多家单位共同推进，确保了国有资产保值增值；在土地开发利用方面，先后与一局等多家单位开展合作，取得了实质性进展。此外，对资产转让进场交易进行了积极探索。在上海工程局的积极配合和支持下，通过产权市场向社会公开寻找资产受让人，成功实现了襄樊闲置资产的进场交易，为国有资产处置拓宽了渠道。实践证明，宏达管理的存续资产虽然良莠不齐，但是，通过有效经营管理，不仅很好支持了主业单位的发展，而且实现了国有资产保值增值，取得了较好的经济效益；不仅成为了宏达主要的收益渠道，而且还支持扶持了存续单位的发展；同时，还依法合规地支持了主业单位有效解决职工住房问题。

【重点工程项目】 2012年，总公司批准的六大重点工程项目建设取得了突破性进展，形成了良好开局，创造了存续单位发展的历史。一是哈尔滨铁道职业技术学院新校区建设正式启动。通过既有校区土地置换，实现购地900亩的哈铁院新校区建设项目已于2012年5月11日举行奠基仪式；二是郑州铁路技师学院新校区全面开工建设。购地600亩的新校区建设项目于去年5月28日正式开工建设。目前工程进展全部按计划实施，2012年12月底已顺利实现一期开工的9栋楼全部封顶；三是武汉铁路桥梁学校和大桥局培训中心两校整合建设新校区取得实质性进展。总公司已经批准同意立项和规划，目前，拟通过既有校区78亩土地开发，购地360亩建设新校区的规划用地已与武汉市汉南区签订了协议，项目招商等工作正在有序进行；四是阜阳新医院建设项目加紧推进。经总公司批准同意，购地100亩建设中国中铁阜阳中心医院项目取得实质性突破，土地已经获得，设计招标已经完成，目前正在进行项目整体规划设计和其它各项前期准备工作；五是衡水电气化学校新校区建成投入使用。衡水电气化学校通过既有校区48亩土地置换150亩土地建设的新校区已经基本建成，并于去年11月16日完成整体搬迁；六是咸阳管理干部学院校园新建及改造和土地开发项目取得实质性进展。项目可研已经完成，项目立项和规划已获总公司批准，与开发商的意向协议已经签订，并将得到总公司2亿元的内部调剂资金支持。此外，山桥高级技校新建综合楼项目、一局华县中心医院装修改造项目已竣工投入使用，一局西安中心医院、二局中心医院装修改造项目已部分竣工和基本完成，四局中心医院、五局培训中心等单位新建和改造项目顺利完成。

【企业管理提升】 2012年，宏达中心坚持以管理提升活动和执行力建设年活动为抓手，进一步加大管理力度，增强了企业管控能力。制定的宏达中心"十二五"发展规划得到总公司正式批准，结束了宏达没有发展规划的历史，也标志着宏达进入了新的发展阶段；对18家存续单位的"十二五"发展规划进行了审核批复；在全系统全面开展管理提升活动，召开了管理提升现场推进会，提出了"抓好五个建设、强化五个提升、实现五个转变"的重点任务和目标要求，郑州铁路技师学院等8个单位在会上做了情况交流；同时在机关本部开展了管理提升活动，促进了作风建设、制度建设、反腐倡廉建设、能力素质建设等本部机关"六项建设"。在全系统开展了以提高经营效率和效果为目标、以风险管控为导向的内控体系建设工作，形成了36万字的内控体系文件；建立了年度目标指标考核制度，连续五年与各分中心签订年度目标责任书；对本部机关各部门和全体员工进行了年度考核评价；建立了领导人员和机关职务消费管理办法、资本性投资管理办法、重点建设项目管理办法等重要制度；继续聘请大成律师事务所为宏达的常年法律顾问单位，进一步完善风险防范和审计监督机制，配合总公司审计部完成了对宏达中心组建以来的全面审计，同时完成了对9个分中心和存续单位的内部审计工作。宏达已经连续五年获得德勤审计出具的无保留意见的审计报告。

【企业改革】 2012年，在总公司的重视支持下，宏达中心按照市场化原则和现代企业管理要求，努力构建责权利相统一、管人管事管资产相结合的运行体制机制，体制机制改革实现重大突破。一是完成了咸阳管理干部学院划入宏达中心管理的接收工作。总公司决定，从2012年6月1日起，由宏达中心实施对咸阳干院的全面管理。宏达中心先后派出人员对干院进行了全面调研和干部考察，下发了加强干院各项管理的指导意见，确定给予1000万元调剂资金支持干院发展，经总公司党委同意，调整充实了干院领导班子，实现了干院管理的平稳过渡；二是实现了二局中心医院产权多元化改制。经总公司批准同意，宏达中心与中铁二局共同推进二局中心医院实施产权多元化改制取得成功，引入社会资本3649.4万元，医院的硬设施、软管理均得到改善，激活了医院管理机制，提升了医院市场地位和创收创效能力；三是积极探索分中心运行体制机制。2012年初，宏达中心把探索分中心新的运行体制机制作为一项重点工作，对分中心实行公司制运作进行了深入探索和研究，目前，初步形成了分中心公司制运作试点的设想和公司制改造的策划方案；四是初步形成了多元产业发展思路。根据宏达中心系统四大板块业务的发展需要，组建了宏达中心实体公司筹备组。

【企业和谐稳定】 2012年，宏达中心系统各级党群组织以迎接党的十八大为主线，紧密围绕企业中心任务，充分发挥政治优势，深入开展宣传教育活动，进一步统一了广大干部职工的思想和行动。党的十八大胜利召开后，全系统各级党组织迅速掀起学习宣传贯彻十八大精神的热潮，很快形成了贯彻落实十八大精神，思考谋划企业发展的局面。创先争优活动有声有色，促进了企业发展质量的明显改善。认真落实党风廉政建设责任制，严格执行廉洁从业若干规定，坚决贯彻党风建设和反腐倡廉工作要求，把惩防体系建设整体纳入年度工作考核目标，作为党员领导干部民主生活会、述职述廉的重要内容，深化了反腐倡廉建设。坚持想问题、办事情、作决策从职工群众的根本利益出发，落实职工工资正常支付和"五险一金"等各项福利待遇保障，没有发生拖欠职工工资的现象，切实维护了职工群众的合法权益。开展"双学双扶10项行动"，做好扶贫帮困工作，落实好"三不让"承诺，抓好送温暖活动，全系统筹措发放送温暖资金240多万元，走访慰问困难职工、困难党员2000余人次，确保了企业和谐稳定。

企业党的工作

【总公司党委】 2012 年，公司各级组织和广大干部职工面对前所未有的生产经营压力和各种突发性危机事件，坚定执着、迎难而上、攻坚克难、开拓进取，取得了难能可贵的发展业绩。各级党组织紧密围绕企业“保发展、调结构、强管理、促稳定”的中心工作，充分发挥政治核心作用，为确保企业持续稳定发展做出了不懈努力。

【以实际行动迎接党的十八大胜利召开】 公司党委紧密围绕迎接党的十八大召开这一主线，以“保安全生产、保工程质量、保舆情控制、保企业稳定”为重点，深入开展企业发展战略、形势任务、“两个坚定不移”等方面的宣传教育，不断统一全公司广大干部职工的思想和行动。认真组织开展十八大代表推荐选举，三位同志光荣当选十八大代表，是公司历史上当选党的全国代表大会代表最多的一次。全面动员广大干部职工开展以“六比六创”为重点的劳动竞赛以及群众安全生产监督员、青年安全监督岗活动，特别是在党的十八大召开前夕，组织全公司 3900 多个工程项目部掀起“大干 120 天”竞赛高潮，为全面实现企业年度各项目标做出了积极贡献。结合管理提升活动，积极开展加强执行力建设、全面预算管理、外协队伍管理、清收清欠等方面的督导宣传，组织由公司领导带队的 13 个调研组，深入基层对企业改革发展中需要解决的十余项重要问题进行了专题调研，通过党委中心组集中研讨，提出了新的发展举措，有力地促进了企业转型升级。十八大召开后，公司党委又迅速启动学习宣传贯彻十八大精神活动，通过党委中心组学习、举行专题辅导会、举办骨干培训班、编发宣传提纲、召开研讨会、领导班子民主生活会等途径，认真学习领会十八大精神，谋划企业发展的新思路和新举措，推动了企业新的发展。

【全面深化“创先争优”活动】 各级党组织按照中央和国资委党委的统一部署，深入开展以“基层组织建设年”为重点的创先争优活动。加强基层党组织书记培训，共举办培训班 60 多期，培训 2400 多人次；对全公司 7900 多个基层党支部进行了全面调查摸底，对标分类，加强整改，进一步推进了基层党建标准化建设，职工群众对公司创先争优活动评价满意率达到 95.9%；召开了创先争优总结表彰大会，对全公司 100 个集体、242 名个人进行了表彰，巨晓林被授予“全国创先争优活动优秀共产党员”称号；探索开展了“深圳地铁党旗红，共建联控当先锋”等主题实践活动，总结推广了中铁四局外协队伍“党员代表”、工会协理员等制度，玉树灾后重建“两基一强抓党建，双标共建新玉树”、中铁置业“区域、企地、产业链条”共建等经验。公司党委探索创新基层党组织建设的经验得到中组部、国资委的充分肯定。

【加快推进企业文化建设】 各级党群组织认真贯彻落实党的十七届六中全会精神，进一步加强了企业文化建设。公司党委在深入调研的基础上，制定了中国中铁企业文化发展战略实施纲要，推出了中国中铁核心价值体系，实施了 12 项文化工程建设；中国中铁青藏铁路建设精神与大庆精神、铁人精神、载人航天精神一同被誉为中央企业先进精神，在全国各地巡回报告，受到广泛赞誉；大桥局“桥文化”、七局三公司“家文化”受到中央领导同志充分肯定，多家企业被评为中央企业“企业文化示范单位”，10 余家单位获全国文明单位称号；深入开展学雷锋、学郭明义活动，广泛开展“双学双扶”10 项行动，股份公司领导班子成员带头联系 1 个三级困难企业、帮扶 2 名困难职工，全公司各级领导干部共帮扶困难单位 147 个、困难职工 1938 人，个人资助帮扶资金 173 万多元，营造了团结奋进的企业氛围；参与拍摄了纪录片《中国公路》、《城•轨》，参与拍摄的电视连续剧《雪域天路》荣获全国“五个一工程奖”；组织了京沪高铁、哈大客专等一批重点工程报道，连续五年在全国重要媒体刊发稿件突破 1 万篇，扩大了企业知名度。

【不断加大反腐倡廉力度】 公司党委首次召开了反腐倡廉建设工作会议，把防范企业廉政风险列入重大风险之一，提出了明确工作目标和要求。一年来，全公司各级党委和纪委认真落实党风廉政建设责任制，公司党委领导带队对有关单位进行党风廉政责任落实情况的检查；深入开展“执行力建设年”活动，进一步完善惩防体系，强化监督约束，规范从业行为，严肃党纪政纪；针对协作队伍管理问题，对 17 个子分公司和29个项目部进行了专项效能监察，清退不合格队伍298支。加大办案力度，全年共配合中纪委、国资委纪委及地方机关查办涉及企业的案件104件，立案查办违纪违法案件78件，给予党纪政纪处分137人，推进了企业风清气正。

【全面推进和谐企业建设】 各级党群组织认真贯彻党的“依靠”方针，深入开展“三工建设”、“三不让”承诺和“送温暖”活动，深化“五同”管理，加强离退休管理工作，采取得力措施，认真解决职工群众在上岗就业、收入分配、规范内退、安全生产、职业健康、五险一金和住房等方面存在的突出问题，先后筹措资金1亿多元，为24万多名一线职工、困难职工及家庭解决实际困难；对青海玉树灾后重建参建职工先后进行了三次较大规模的慰问；组织有关部门对援建坦赞铁路殉职人员进行了专项慰问，并对海外职工的工作生活情况进行了调研，对薪酬、休假等海外职工关注的重点问题进行了研究。特别是采取有力措施，全力解决拖欠职工和农民工工资问题，有力维护了企业和社会稳定，进一步调动了广大职工发展企业的积极性，全年共有75个集体、个人获全国五一劳动奖状、工人先锋号、火车头奖章等荣誉称号，推出了刘颖慧、范成江等一批新的典型。

【果断应对企业重大危机事件】 公司党委坚持把维护企业发展大局作为重大职责，针对少数单位发生的重大经济案件、重大安全事故、重大不稳定事件等重点难点问题，冷静分析，沉着应对，加强请示汇报、加强沟通协调、加强舆情引导，并认真汲取经验教训，痛定思痛，举一反三，推进整改，着力控制和减轻对企业的负面影响。召开了所属单位党政主要领导专题会议，提出了狠刹“六种歪风”的要求。公司党委又对全公司监理单位全面开展了自查自纠，通过集中整治，扭转了企业被动局面。

组织工作

【组织部】 公司党委组织部是主管全公司党的组织建设工作的业务部门。其主要职责是：贯彻执行党的路线、方针、政策和公司党委及上级组织部门的指示、决定，调查、了解和掌握全公司党的组织工作情况；负责研究制定党建工作方面的政策、制度、规划和实施办法，并负责贯彻落实；检查公司所属企业党委贯彻执行民主集中制、参与重大问题决策和发挥政治核心作用的情况，针对突出问题提出加强改进意见和建议；检查指导全公司各级党委贯彻执行党代会、民主生活会等项制度情况；做好公司所属企业党委换届选举和届中增补委员的指导、审批工作；负责所属企业党员领导干部民主生活会的检查指导；会同有关部门了解掌握公司所属企业党委班子建设情况，协同干部部门完成公司党委交办的所属企业党委班子的考核工作；负责贯彻落实公司党委加强基层党组织建设的总体要求，规划指导全公司基层党组织建设，提出加强项目部党组织和基层党支部建设的意见和措施；制定全公司加强党员教育、管理和发展党员工作的规划和措施，检查指导贯彻落实情况，提出加强改进意见；指导全公司开展党内“创先争优”、“创岗建区”等创建活动，负责做好公司党委和上级党组织表彰的先进基层党组织、优秀共产党员、优秀党务干部的推荐工作，会同政研会抓好党建工作方面的研究，做好先进典型的选树和总结推广工作；检查指导公司所属企业党费的收缴、使用和管理工作；负责公司党委留用党费的收缴、使用和管理；指导所属企业党委组织部门搞好党内统计工作；做好公司党内资料统计和分析工作；做好党内有关刊物的征订、分发工作；管理和指导全公司党员党籍、组织关系工作，受理与党的组织工作相关的来信、来访；负责公司本部党群机构设置及编制定员工作；了解和掌握所属企业党群工作机构定编定员及有关情况；负责全公司确定和更改参加革命工作时间以及落实干部政策遗留问题的政策指导和协调；承办局级干部更改参加革命工作时间以及落实干部政策遗留工作；完成上级组织和领导交办的其它工作。定员5人，设部长1人，副部长1人，现员3人。

【党组织和党员队伍状况】 至2012年底，公司系统共有党的基层委员会784个，其中局级党委35个，处级党委407个，其他党委342个。有党工委754个，党总支796个，党支部8106个，其中生产一线党支部5720个，多经党支部128个，离退休党支部680个，机关党支部1237个，其他党支部341个。

全公司共有党员154594名，其中预备党员6415名；女党员24743名，占党员总数16%。党员队伍年龄结构：35岁以下46353名，占党员总数29.9%；36—45岁35132名，占党员总数22.7%；46—54岁25447名，占党员总数16.5%；55—59岁12677名，占党员总数8.2%；60岁以上34985名，占党员总数22.6%。文化结构：大专以上文化程度81760名，占党员总数52.9%；中专及高中文化程度41475名，占党员总数26.8%；初中及以下31359名，占党员总数20.3%。职业结构：在职党员109949名，占党员总数71.1%，离退休党员43629名，占党员总数28.2%。在职党员中工人党员21899名，占党员总数14.2%；党政管理人员37206名，占党员总数24.1%；各类专业技术人员50844名，占党员总数32.9%。

【开展创先争优活动】 按照中央企业创先争优活动领导小组和公司党委的部署安排，组织部指导帮助所属各级党组织认真组织、扎实推进创先争优活动各项工作，取得了显著成效。一是起草印发了《关于对基层党组织和党员开展创先争优活动情况进行群众评议的指导意见》、《全公司创先争优活动2012年重点工作》、《关于做好创先争优活动专项表彰推荐评选工作的通知》、《关于表彰创先争优先进基层党组织、优秀共产党员和优秀党务工作者的决定》、《关于认真抓好创先争优活动总结和建立健全创先争优长效机制的通知》等文件，对全公司创先争优活动作出具体部署。二是扎实开展群众评议。2月26日，公司党委结合公司一届三次职代会开展了全公司创先争优活动群众评议，职工代表对公司党委开展创先争优活动总体评价满意率达到了95.8%。全公司各级党组织共召开评议大会 8655 场次，参与评议的群众达 126443 人次。对公司基层党委创先争优活动评价满意率95.9%，对公司基层党支部创先争优活动评价满意率86.9%，对公司基层党员创先争优活动评价满意率87.7%。在9月20日召开的中央企业创先争优活动经验交流总结会上，国资委主任、党委书记王勇对中国中铁"百千万创先争优示范工程"给予高度评价。三是结合全公司创先争优的生动实践，总结的《在创先争优活动中不断提升基层党建科学化水平》的理论文章，在5月21日召开的全国创先争优活动理论研讨会上作书面经验交流，并被评为优秀理论成果。该理论文章同时被《求是》杂志社研究所采用，入选《先锋的力量——全国创先争优典型经验选编》一书。四是对全公司创先争优活动的基本情况进行了全面回顾，总结了创先争优活动中取得的主要成效和基本经验，提出了进一步巩固和深化创先争优活动活动的主要措施，形成总结报告上报中央企业创先争优活动领导小组。同时，指导各所属单位对创先争优活动的有效做法和成功经验进行归纳梳理，努力构建创先争优活动长效机制，推动创先争优常态化长效化。

【加强领导班子思想政治建设】 2012年，全公司各级组织部门和广大组织工作者在公司党委的领导下，紧密围绕企业生产经营中心和党委工作重心，大力加强领导班子思想政治建设和作风建设，为增强企业党组织的创造力、凝聚力和战斗力，全面完成企业年度各项任务提供了政治保证和组织保障。党的十八大召开之后，公司党委组织部按照公司党委安排部署，及时指导所属各级党组织采取中心组学习、举办专题辅导会、举办骨干培训班、编发宣传提纲、召开研讨会、领导班子民主生活会等多种形式，组织广大党员特别是党员领导干部深入学习、深刻领会、准确把握党的十八大精神，并以会议精神指导开展创先争优活动、指导领导班子思想政治建设、基层党组织建设和党员队伍建设、指导党群共建等基础性工作，推动企业党建工作再上新水平。公司党委还组织领导班子召开了为期两天的中心组学习会议，重点学习了胡锦涛同志在中国共产党第十八次全国代表大会上的报告，习近平总书记在党的十八届一中全会上的讲话，习近平总书记在中央政治局第一次集体学习时的讲话，中共中央政治局关于改进工作作风、密切联系群众的八项规定等讲话和文件精神。会议还传达了习近平近日关于改进工作作风的讲话，中办国办关于改进工作作风、改进调查研究的补充规定，国资委关于规范中央企业负责人职务消费座谈会精神等。在认真学习的基础上，中心组成员还围绕学习领会十八大精神谈了收获体会。

【做好党的十八大代表推荐提名选举】 做好党的十八大代表推荐提名选举工作是一项重大的政治任务。党委组织部按照中央精神和国资委党委的要求，精心组织、周密谋划，做到政策学习领会到位，各个环节沟通汇报到位，各项要求执行落实到位，切实做好十八大代表推荐提名选举等有关工作。6月4日，在中央企业系统（在京）党代表会议上，总公司董事长，股份公司党委书记、董事长李长进同志光荣当选党的十八大代表；5月11日，在中共陕西省第十二次代表大会上，中铁一局窦铁成同志光荣当选党的十八大代表；6月29日，在中共北京市第十一次代表大会上，中铁电气化局巨晓林同志光荣当选党的十八大代表。股份公司先后有3名同志光荣当选党的十八大代表，这是公司历史上当选中央党代表最多的一次，也是中央企业最多的一家。党的十八大召开期间，党的十八大代表李长进在中央企业代表团分组讨论上作重点发言，窦铁成、巨晓林也分别在陕西省和北京市代表团分组讨论会上作了发言，中央和地方媒体对巨晓林同志在会上的发言作了报道。巨晓林同志还参加了党的十八大中外记者招待会，回答了记者提问，在社会上取得了良好反响。十八大闭幕后，组织部按照公司党委要求，与党委宣传部联合举办学习宣传党的十八大精神理论骨干培训班，总公司董事长，股份公司党委书记、董事长李长进同志就学习宣传贯彻党的十八大精神作了辅导报告，党的十八大代表窦铁成、巨晓林同志畅谈参加十八大的感受和学习十八大精神的体会。

【召开各级领导班子民主生活会】 12月28日，按照国资委党组织要求，协助公司党委召开了2012年度领导班子民主生活会，公司领导班子成员结合国资委企干二局向领导班子和班子成员反馈的考察意见，联系领导班子思想和工作实际，认真查找了在思想、工作、作风等方面存在的问题和不足，深入开展批评与自我批评，并制定切实可行的整改措施。11月5日，公司党委下发了《关于召开2012年度党员领导干部民主生活会的通知》，明确了会议主题和议题，对所属各单位召开民主生活会作出了专门安排部署。公司所属 46 家单位严格按照公司党委要求召开了2012年度党员领导干部民主生活会，各级领导班子成员联系自身实际，结合基层党员群众提出的意见建议和管理提升年活动要求，认真对照查找了自身在党性观念、联系群众、作风修养、廉洁从业等方面存在的突出问题，研究分析了影响和制约企业科学发展的主要矛盾，思考谋划了下一步推进的思路，提出了针对性的整改落实措施。

【开展项目党建、农民工党建和区域党建工作】 公司各级组织部门和广大组工干部坚持以加强项目党建、农民工党建、区域党建为重点，努力完善企业党建工作标准化体系。9月份组织部与中铁建设投资集团、深圳地铁公司进行多次沟通，并牵头协同党群各部门一起认真起草了《开展“深圳地铁党旗红，共建联控当先锋”主题实践活动实施方案》，就开展主题实践活动进行安排部署。10月23日，公司党委在深圳地铁11号线组织召开了“深圳地铁党旗红，共建联控当先锋”主题实践活动启动仪式。总公司董事长，股份公司党委书记、董事长李长进作重要讲话，总公司总经理，股份公司党委副书记、副董事长、工会主席姚桂清为启动仪式揭牌，公司党委副书记、纪委书记王秋明宣读了活动方案。深圳地铁集团公司党委书记、董事长林茂德，党委副书记、纪委书记李鲁宁，深圳地铁集团公司党群部门负责人，深圳地铁11号线分公司有关领导，股份公司党群部门负责人，南方公司有关领导，中铁一局等14个参建单位的项目负责人参加了启动仪式。8月16日，按照公司党委的安排部署，组织部深入中铁四局二公司宁波铁路枢纽新建北环线项目等生产施工一线，采取召开专题座谈会、约谈农民工代表和“党员代表”、查看内业资料等形式，围绕推行“党员代表”委派制、向海外协作队伍选派政治工作联络员等情况开展了深入调研，并形成了详实的调研报告。向外协队伍委派“党员代表”作为农民工党建的有益探索和范本，在深圳地铁11号线建设中已经推广应用。9月13日，组织部与中铁资源党委在黑龙江伊春市中铁资源鹿鸣钼矿建设现场联合召开区域党建工作研讨会，听取了中铁资源鹿鸣钼矿有限公司党建工作情况和各参建单位项目部党建工作情况介绍，深入研究了区域党建工作，讨论通过了《鹿鸣钼矿区域党建工作联合指导委员会章程》，选举产生了区域党建联委会主任委员和副主任委员人选，推动了区域党建工作的深入开展。同时，各级组织部门以加强基层党组织建设为重点，大力推动党建工作“融入中心同步化、项目党建标准化、主题活动特色化、党员作用主体化、教育管理人文化”，提高了基层党建工作科学化水平。

【加强基层党组织建设】 组织部坚持以夯实企业党建工作基础为重点，坚持不懈地抓好抓基层打基础各项工作，不断创新和丰富基层党建工作载体，推动了全公司基层党组织建设再上新水平。2012年，党委组织部按照党章规定和《基层党组织选举工作条例》的要求，督促指导中铁大桥局、山桥、西南院、科工、信托、建工集团等6家单位筹备召开了党代会，指导他们起草党代会工作报告，按照《党章》和党的有关选举工作条例对他们的选举程序、选举办法进行严格审核，指导选举产生了党委会和纪律检查委员会，完成了党委的换届选举工作。在对成都投资公司、昆明公司、东方国际等3家新组建单位进行深入调研的基础上，分别指导他们成立了党工委和纪工委，明确了党组织和纪检监察组织的隶属关系、主要职责、基本职能和机构配置；做好中铁西南投资管理有限公司党委、纪委更名有关事宜，将中铁西南投资管理有限公司党委、纪委更名为中铁交通投资集团有限公司党委、纪委。对总部机关党委、机关纪委的组成人员进行补充调整，确保机关党委、机关纪委工作的有效开展。与北京市委组织部进行协调，帮助设计咨询党委与北京市委建立党的地方领导关系，进一步理顺了设计咨询集团党组织关系的管理体制。

【加强党员队伍建设】 2012年，公司各级组织部门也坚持以全面提升广大党员各项综合素质为抓手，深入结合学习贯彻党的十八大精神、创先争优活动、“保发展、调结构、强管理、促稳定”等年度重点工作，采取中心组学习、形势任务教育、领导干部宣讲、党员党课学习等多种形式广泛开展党员教育管理工作。一是认真落实《关于做好基层党支部书记培训工作的指导意见》，大规模开展基层党组织书记轮训工作。一年来，所属各单位采取分批轮训、点名调训、集中培训等方式，共举办各类基层党支部书记和党务干部培训班60多期，培训基层党支部书记和党群干部2400多人。5月10日，在中组部和国资委联合举办的“国有企业党支部书记示范培训班”上，公司党委介绍了《以项目党建为重点，探索创新基层党组织建设的新路子》的经验，受到了中组部、国资委有关领导的充分肯定。二是按照中组部和国资委党委的要求，指导中铁电气化局制作了巨晓林同志的电视新闻片，代表中央企业参加全国党员教育电视片观摩交流活动。我们指导中铁一局精心制作的集中反映窦铁成同志先进事迹的电视党员教育片《金牌工人》，被中组部授予活动最高奖项——全国党员教育电视片观摩交流活动特别作品奖。这是近20年来公司获得中组部党员教育交流的最高奖项。组织部选送的《历史性的跨越》一书入围全国党员教育培训优秀教材，并在中国共产党员网站上进行展示交流。三是按照公司党委要求，切实加强党费收缴、使用和管理工作。按照中组部办公厅《关于开展2012年全国党内统计半年报工作有关事项的通知》精神和国资委党委有关要求，指导各单位做好党内数据统计工作，为党的十八大的召开提供最新的党内统计翔实数据。四是起草下发了《关于填报2007-2012年上半年党费工作有关情况统计表的通知》，对所属各单位党费使用情况进行全面摸底调查，进一步增强党费收缴、使用和管理工作的严肃性，确保了党费管理和党统工作的规范运行。

【培养选树先进典型】 公司各级组织部门坚持把培育选树先进典型、总结推广党建经验作为一项重点工作来抓，充分发挥了先进典型的示范带动作用。“七一”前夕，组织部按照公司党委的安排部署，对中铁电气化局巨晓林同志的先进事迹进行了收集整理，并及时推荐上报国资委党委。6月28日，在人民大会堂隆重召开的全国创先争优表彰大会上，巨晓林同志被中央授予“全国创先争优优秀共产党员”荣誉称号。6月27日，公司党委组织召开了庆祝建党91周年暨创先争优活动表彰总结大会，中铁五局党委、中铁七局三公司党委、中铁建工集团深圳分公司郑州东站指挥部党总支、中铁置业蚌埠公司党支部、中铁一局优秀党员吕云霞等5个单位和个人，分别从不同角度介绍了创先争优活动的一些好的经验做法，会议还对全公司100个创先争优先进党组织、162名优秀共产党员和80名优秀党务工作者进行了表彰。通过培养选树党建工作先进典型，进一步激发了广大职工群众学习先进、赶超先进、争当先进的积极性和主动性，在全公司形成了“典型引路，齐争共创”的生动格局。

【开展基层组织建设年】 中央确定2012年为基层组织建设年。按照中央、国资委党委的要求，组织部起草下发了《关于在创先争优活动中开展基层组织建设年的实施意见》，明确了活动的总体要求、主要目标、指导原则、方法步骤和具体措施，建立了“基层组织建设年”工作责任制。转发了国资委党委办公室《关于做好中央企业党组织分类定级工作的通知》，明确了分类定级工作的要求、目标和措施。全公司各级党组织按照分类定级指标，以调研座谈、问卷调查、个别访谈和自查自评等多种形式，认真完成了分类定级工作。据统计，在7956个基层党组织中，4787个基层党组织被评定为“好”，占60%；2406个基层党组织被评定为“较好”，占30.2%；701个基层党组织被评定为“一般”，占8.8%；62个基层党组织被评定为“较差”，占1%。在普遍调查摸底的基础上，党委组织部陪同公司领导就如何推进生产一线党组织建设，深入到30多个单位进行了重点调研，全面分析基层党建的新情况新问题，查找薄弱环节，明确工作思路，提出整改措施，形成了调研报告。6月1日，中央企业“基层组织建设年”第五检查组组长、国资委宣传工作局局长卢卫东一行莅临公司总部机关检查指导“基层组织建设年”活动开展情况，对我们的工作给予充分肯定和高度评价。

【加强自身建设】 一年来，公司各级党委组织部门认真研究新形势下企业党建工作面临的新情况、新问题，深入贯彻党的十八精神，大力落实习近平、刘云山、赵乐际等中央领导同志对组织部门自身建设提出的新要求，不断加强自身建设，努力推动全公司党建思想政治工作再上新台阶。公司党委组织部按照公司党委的要求，在配齐配强党务干部的同时，结合企业实际，采取送高校深造、举办培训班、交叉任职、岗位交流等形式，加强了对组工干部的培训，不断提高组工干部的思想政治素质和理论基础，提高组工干部的工作能力和业务水平，努力培养一支讲党性、重品行、做表率的复合型组工干部队伍。公司各级党委组织部门还紧密围绕现代企业制度条件下党建工作面临的新情况、新问题和新任务，深入开展调查研究，坚持以改革创新精神研究和解决党建工作、组织工作中的新情况和新问题，对今后一个时期全公司党建思想政治工作提出了许多有益的意见和建议，推动基层党建工作持续深入开展。

宣传思想和文化工作

【企业文化（党委宣传）部】 负责制定、实施股份公司企业文化发展战略和相关制度，组织实施企业文化建设和品牌建设；负责党的路线、方针、政策以及公司重大决策、重要部署的宣传工作；负责政治理论教育和员工队伍的思想教育工作；负责党委中心组理论学习的组织工作。负责政工职称评审工作；负责企业对外宣传工作，组织实施对外宣传报道，负责股份公司网站信息更新工作；负责牵头管理股份公司履行社会责任的相关工作；负责股份公司统战工作；负责防范和处理邪教等工作；负责对股份公司各级党校、政研会及报刊媒体的指导工作。定员8人，现员8人，设部长1人，副部长2人。

2012年，全公司宣传思想文化工作紧密围绕股份公司“推进两大转变、实现二次创业，建设世界一流企业”的战略目标和“保发展、调结构、强管理、促稳定”的中心工作，着力抓好思想理论武装、形势任务教育、对外宣传报道、新闻舆论应对、企业文化建设、精神文明创建等重点工作，为企业改革发展提供了思想保证、精神动力、舆论支持和文化支撑。

【认真学习宣传党的十八大精神】 一是起草下发了股份公司党委《关于认真学习宣传贯彻党的十八大精神的通知》，对全公司学习宣传贯彻十八大精神作出了安排部署。二是组织召开了总部机关、在京单位“传达学习党的十八大精神报告会”，股份公司党委书记、董事长李长进报告了十八大盛况，传达了十八大精神，总裁白中仁对全公司认真学习贯彻十八大精神提出了具体要求。三是12月4-8日，在总公司党校举办了学习宣传十八大精神理论骨干培训班，邀请中宣部、中纪委、国资委有关领导和专家以及股份公司李书记、姚书记分别进行理论辅导，对各二级企业党委领导、宣传部长、组织部长、报社总编、党校校长等理论骨干128人进行了深入系统的培训。四是12月13—14日，股份公司党委中心组组织了集中学习研讨，认真学习领会十八大精神。五是及时编发了宣传提纲，在公司内网开辟了学习十八大专栏，营造了浓厚的学习氛围。股份公司党委先后组织中心组认真学习全国“两会”精神、胡锦涛“7.23”重要讲话和党的十八大精神，紧密围绕企业实际，深入研讨推动转型升级、夯实基础管理、促进科学发展等23个重点课题。公司党委荣获中宣部“学习型党组织建设创新理论征文”活动组织奖和“回顾辉煌历程、喜迎党的十八大”读书竞赛活动集体奖。

【大力加强生产经营中的宣传思想工作】 深入开展形势任务教育。组织编写了加强执行力建设、全面预算管理、外协队伍管理、清收清欠保发展等贯彻落实股份公司工作会议精神的“四论”，在中国中铁报刊登，并汇编下发基层单位组织宣讲。组织编写了公开选拔后备干部、加强全面预算管理、学习十八大精神等宣传提纲，并在公司内网开辟专栏，为推进两个坚定不移、实现年度目标任务提供思想保证和精神动力。不断加强施工现场思想政治工作。在玉树指挥部召开了“两基一强抓党建，双标共建新玉树”主题实践活动现场观摩会，在深圳地铁项目启动了“深圳地铁党旗红、共建联控当先锋”主题实践活动，与深圳地铁集团联合举办了中国中铁英模报告会，窦铁成、巨晓林的先进事迹和中国中铁青藏铁路建设精神，引起了强烈的反响。

【加强党建思想政治工作理论研究】 完成了全国党建研究会立项的重点课题“国有企业党员干部模范践行社会主义核心价值体系研究”任务，承办了中央企业党建政研会12课题组交流研讨会和优秀成果评选会。股份公司党委书记、董事长李长进当选中央企业党建思想政治工作研究会副会长，中铁四局、中铁七局武汉公司、委内瑞拉分公司等3家单位荣获中央企业思想政治工作先进单位，一局党委书记张为和、二局四公司原党委书记张文杰、隧道局北京直径线党工委书记劳劲、建工集团工会主席卢卫平、二院宣传部长刘运辉等5名同志荣获中央企业优秀思想政治工作者，中国中铁呈报的《积极探索科学发展规律，推进企业体制机制创新》研究成果荣获一等奖。

【加强企业文化建设】 一是对公司企业文化建设情况进行了调研，形成了调研报告。研究制定了《中国中铁企业文化发展战略（实施纲要）》，总结提炼了中国中铁核心价值体系，重新梳理了12项文化建设内涵，明确了今后一个时期企业文化建设的目标任务。二是参加了第七届中国企业文化论坛，姚书记代表中国中铁作了《以先进企业文化促进农民工向新型产业工人转化》的发言，受到中宣部领导的高度评价。三是大力推广中铁大桥局“桥文化”，受到中央政治局委员、国务院副总理张德江的高度赞扬；指导中铁七局三公司进一步完善了“家文化”的建设方案、建设理念，受到中宣部副部长申维辰的高度评价；中铁置业荣获“中央企业企业文化示范单位”。四是评选表彰了50个股份公司级项目文化建设示范点。将国家安监总局和清华大学教授安全生产专题讲座制作成专题片，发放到基层单位。五是参与拍摄的40集电视连续剧《雪域天路》荣获全国“五个一工程奖”，参与拍摄的21集大型纪录片《中国公路》在央视播出，参与策划制作了12集电视记录片《城•轨》。制作了《起航2012》等专题片，编写了《龙腾哈大》一书。在总部大楼迎宾石上组织撰写了《历史性的跨越》，118个字象征中国中铁118年的奋斗历程。

【加强精神文明建设】 一是文明单位创建成果丰硕。在国资委精神文明建设表彰大会上，股份公司李长进书记作了《大力加强精神文明建设，为打造世界一流企业提供强大动力》的经验交流，并播放了中国中铁专题片《力量源泉》，中国中铁有7家单位荣获全国文明单位。二是推动学雷锋、学郭明义活动常态化。3月4日，国资委党委在中国中铁举行了“中央企业郭明义爱心团队授旗仪式”。股份公司党政工团发出《关于广泛开展“双学双扶”十项行动的指导意见》。据不完全统计，2012年，全公司共有1064名三级以上企业领导班子成员帮扶困难企业(项目部)147个、困难职工1938人173.48万元。全公司成立郭明义爱心团队1300余支，开展公益活动4100余场次。三是中国中铁青藏铁路建设精神成为中央企业先进精神。4月9日，中央企业先进精神首场报告会在国资委举行，中国中铁“艰苦不怕吃苦，缺氧不缺精神，风暴强意志更强，海拔高追求更高”的青藏铁路建设精神，与大庆精神、铁人精神、载人航天精神一起成为中央企业先进精神的代表。4—6月，中央企业先进精神报告团分别到广东等8个省市、神华等5个央企和厦门大学巡回报告14场，10多万人聆听报告，在全社会产生积极的反响。

【加大新闻宣传力度】 2012年全公司在各大媒体刊发稿件11311篇，连续五年突破一万篇。股份公司网站发布信息1046条。一是“两个毫不动摇”宣传。4月22日，中央电视台新闻频道东方时空栏目，报道了《走进国有企业•中国中铁为180万农民工搭建就业平台》，4月23日，中央人民广播电台新闻和报纸摘要节目进行了报道。5月15日，人民日报头版《走进国企》栏目刊登了长篇通讯《中国中铁让180万农民工有归属感》，并配发编者按。二是哈大线宣传。先后在4月16日、4月25日、6月27日、组织中央新闻媒体进行了集中宣传报道。特别是10月5日，组织中央电视台等媒体对哈大线开通试运行进行了现场采访，央视朝闻天下和午间新闻先后对普兰店海湾特大桥、一局隧道、九局移动架桥以及电气化等工程进行了报道。三是重点工程宣传。紧紧抓住哈罗铁路全线贯通、玉蒙铁路铺通、第十次出征南极等契机，分别组织新华社等中央媒体和各大网站进行宣传报道。特别是7月20—22日，中央电视台对哈罗铁路贯通进行了为期三天的现场直播。四是玉树重建宣传。4月14日，玉树地震2周年，央视新闻联播和晚间新闻报道了中国中铁施工的玉树第一民族中学。9月28日，中国中铁玉树灾后重建五大商住组团竣工，我们组织新华社、人民日报、中央电视台、青海日报、青海电视台等媒体采访报道近百篇。

【先进典型和专题宣传】 两节期间，我们组织人民日报、新华社等中央新闻媒体，对窦铁成、巨晓林进行了集中宣传报道。中央电视台新闻直播间“新春走基层”栏目报道了《劳模窦铁成的新春》。十八大前，组织中央媒体对股份公司的三位十八大代表进行了专访，从8月上旬到十八大召开期间，中央和地方数百家媒体及网站分别进行了报道。我们还组织新华社记者对刘颖慧同志的先进事迹进行了宣传报道；组织经济日报对中国中铁科技创新成果进行了专题采访报道，8月27日，经济日报以《中国中铁走在工程建筑自主创新前列》、《转型创新 不进则退》为题整版进行了宣传报道。10月，人民日报整版报道了中铁二院的发展历程。12月10日，人民日报两个整版报道了与民族伟业风雨同舟的中铁建工集团。我们还制作了参加京交会的画册，策划组织了昆明地铁、成都地铁、深圳地铁11号线开工典礼。十八大前，参加了由中宣部、国家发改委举办的“科学发展•成就辉煌”大型图片展，中国中铁承建的青藏铁路、大胜关大桥、京津城际、东海大桥、苏通大桥以及自行研制的盾构设备等图片分别展出，有效提升了中国中铁的社会影响力和知名度。

【海外宣传】 会同工会、国际部制定了坦赞铁路宣传方案，加强了与新华社非洲分社等媒体的联系，组织采访了相关人员。4月29日，新华网刊登通讯《中铁建工集团在坦桑尼亚续写坦赞铁路佳话》，5月18日，人民网刊登《在“走出去”战略中做强做大—中国中铁建工集团坦桑尼亚公司发展纪实》。组织人民日报记者走进刚果（金），先后在人民日报刊发《中国企业和非洲共同成长》、《中刚人民有着兄弟般的友谊》，对中国中铁援建刚果（金）进行了报道。中央新闻媒体还对中缅油气管道等重点工程进行了报道。积极参与海外大型展览推介会，制作了中国中铁参加第八届世界高铁建设展览会、中非贸易博览会、莫斯科推介会等宣传片和画册。

【积极应对舆论危机】 一是建立了突发事件舆论应对工作机制，根据区域分布和经营布局，明确了股份公司、二级公司、三级公司及工程项目部的舆论风险防控范围和职责分工，形成分层负责、区域分工、上下协同、资源共享的舆论应对机制。二是坚持每月召开舆情联席会议，及时分析研判舆情，加强日常舆情监控。三是积极应对舆论危机。5月19日，中铁三局五公司湖南炎汝公路发生隧道爆炸事故后，在股份公司领导指挥下，立即启动处置预案，迅速赶赴事故现场，及时与中宣部、国务院新闻办、国资委、新华社、中央电视台以及地方宣传部门和新闻媒体联系，采取前方后方协同作战、一对一的方法做工作，有效控制了事故舆情。9月初，微博发布六局合福铁路发生冲突的信息和照片，引起媒体关注。按照公司领导要求，我们迅速启动预案，组织积极应对，最大限度地减少了负面炒作。此外，我们还指导中铁七局武汉公司、中铁十局中南通道、中铁四局万寿路拆迁，妥善应对媒体跟踪。四是积极做好十八大期间的舆情监控工作。11月5日，专门下发《关于切实做好十八期间安全稳定舆情工作的通知》，要求全公司各单位确保安全生产、确保队伍稳定、确保舆情平稳、确保安保受控。

【加强社会责任工作】 一是按照证监会和上交所要求，编制了《2011年中国中铁社会责任报告》。二是贯彻国资委社会责任管理提升的要求，积极开展定点扶贫、援疆援藏等工作，积极参加国资委社会责任培训、研讨等活动。三是指导各单位加强社会责任管理，充分履行中央企业社会责任，积极开展扶贫帮困、路地共建、公益事业、志愿服务等工作。2012年，中国中铁进入《财富》（中文版）企业社会责任排行榜前25强，名列第22位，较上年提升23名。

【加强宣传干部队伍建设】 5月20—26日，在石家庄党校举办了股份公司2012年宣传骨干培训班，120名学员参加培训。组织了政工职称评审，全公司206人申报高级政工师，195人获得通过。根据股份公司党委安排，参与了公开选拔后备干部的考察工作。股份公司宣传部荣获总部机关“创先争优先进党支部”。认真贯彻《中共中央关于加强新形势下党外代表人士队伍建设的意见》，深入开展“爱企业、献良策、作贡献”活动，充分发挥统战工作促进企业科学发展的特殊作用，及时向国资委统战部上报有关情况。进一步加强防范和处理邪教工作，确保企业和社会的和谐稳定。

纪检监察工作

【组织机构】 总公司纪委监察部配备人员 11 人，其中，总公司党委副书记、纪委书记 1 人，纪委副书记、监察部长 1 人，纪委副书记 1 人；办公室 2 人，案件检查室 3 人，案件审理宣传教育室 1 人，执法监察室 2 人。总公司和所属 46 个单位及其下属 295 个子公司全部建立了纪检监察组织。全公司共配备专职纪检监察人员 789 名。总公司和所属 44 个单位纪委书记都由同级党委副书记担任（其中中铁信托、海西公司、物贸公司纪委书记由党委书记担任）。

【主要职能及工作】 总公司纪委监察部在总公司党委、总公司的领导下，认真贯彻十七届中央纪委七次全会和中央企业反腐倡廉建设工作会议精神，全面落实公司党代会战略部署，紧密围绕“保发展、调结构、强管理、促稳定”的中心任务，以增强执行力为重点，深化领导人员作风建设；以落实廉洁从业制度为重点，规范领导人员从业行为；以协作队伍管理效能监察为重点，促进项目规范管理，强化监督约束，严肃惩治腐败，进一步完善惩防体系，为中国中铁稳步发展提供有力保证。

【主题教育活动】 公司党委明确了“五促五个明显提升”的基本要求，提出了构建执行力建设长效机制的总体目标。各单位大力宣传“无条件执行、高效率执行、高标准执行、创造性执行”的执行理念，共设立执行力建设专栏 1834 个，编发宣传资料和期刊 1168 期，组织集中教育 57000 人次，领导人员撰写心得体会 4860 篇，营造了良好的活动氛围。积极开展大调查、大讨论、大剖析活动，举办专题讨论 806 场次，查找工作作风不实、危机意识不足、工作能力不强、执行效率不高等方面突出问题 236 项，收集意见和建议 3218 条，修订完善管理制度 192 项。公司纪委带队深入 4 个二级企业、2 个三级企业和 4 个工程项目进行检查，对查摆出的 87 个突出问题进行整改督导。

【专项教育整治】 针对刘志军案件涉及企业问题、电化局案件、四川铁科公司小金库问题，及时组织召开了“6.20”、“7.3”、“8.3”三次专题会议，通报重大案件情况，反思深层次原因，开展自查自纠专项治理。各级纪检监察组织切实履行监督职责，以“若干规定”实施办法、“三重一大”决策制度、“四个集中”管理制度为重点，加强企业重大决策部署和规章制度贯彻落实的监督检查，规范权力运行。严格执行问责规定，对波兰 A2 项目重大亏损问题进行专项调查，实施问责；对通过中介中标违纪问题相关责任人进行党纪政纪处理；对“5.19”、“5.21”等责任事故、六沾项目私设小金库等问题相关人员予以责任追究和纪律处分，严肃追究有关领导人员的责任。

【查办违纪违法案件】 各级纪检监察组织坚持从严治党、从严执纪，深入分析违纪违法案件的特点和规律，紧密围绕工程项目，突出六大类办案重点，严肃查处了一批重大违纪违法案件。针对国资委纪委转来的六沾项目小金库问题、国家审计署长沙特派办发现的四川铁科公司小金库问题，公司纪委整合办案资源，认真开展调查核实，实事求是形成核实报告，得到国资委纪委高度评价。发挥企地共建协调机制作用，加强与上级办案部门沟通联系，积极配合中纪委查办刘志军案件、湖北省检察院查办电化局案件等，保障了企业稳定发展大局。2012 年，全公司共受理信访举报 565 件次，摸排掌握案件线索 210 件，其中：初核 198 件，初核查结 168 件；立案 78 件，结案 71 件；给予党纪政纪处分 137 人，责任追究 53 人，组织处理 12 人，被依法判刑 21 人；案件涉及总金额 8101 万元，办案挽回直接经济损失 1756 万元。同时，配合查办涉及企业案件 104 件。

【效能监察工作】 各级纪检监察组织抓住协作队伍管理这一影响企业经济效益、项目安全质量、干部廉洁从业、企业稳定发展的突出问题，从制度建设、责任落实、问题整改、日常管理、现场监管五个方面入手，通过自查自纠、督导检查、巩固提高三个阶段重点工作，促进了协作队伍管理使用进一步合法合规，违法分包转包问题得到进一步遏制，现场监管和架子队管理进一步加强，项目安全质量管理进一步可控。公司纪委联合相关部门，深入 17 个二级企业和 29 个项目部，重点对协作队伍管理的制度建设、准入年审和考核、招标选用、合同签订、工资发放和培训、现场安全监管等 5 个大项、31 个子项进行督导检查，提出整改项 111 个，建议项 88 个，并及时督促整改形成闭环。

【党风廉政建设责任制】 公司党委高度重视党风建设和反腐倡廉工作，党政主要领导和两位副书记亲自带队，对中海外、中铁一局、五局、交通投资等 9 个单位落实党风廉政建设责任制情况进行检查，对各级领导人员履行“一岗双责”、落实“三重一大”、自觉廉洁从业等提出明确要求。公司纪委积极协助党委落实检查方案，组织问卷调查896人次、召开座谈会12个、与39名领导人员进行了廉洁谈话，从4个方面、分38项内容，对惩防体系建设情况进行了客观评价，深入了解党风建设基本情况和主要问题，提出整改要求和措施。

【自身建设】 认真贯彻落实中央纪委等四部委《关于加强和改进中央企业和中央金融机构纪检监察组织建设的若干意见》，召开了中国中铁纪检监察组织建设专题会议，总结近年来纪检监察组织建设基本情况，部署加强和改进自身建设重点任务，制定《关于加强和改进全公司纪检监察组织建设的实施意见》、《纪委书记述职制度实施意见》和《2013-2015年纪检监察干部培训工作规划》，进一步明确了各级纪检监察组织的职能定位，细化了机构设置、人员配备的具体要求，完善了纪委全委会、纪委书记述职评价、联合办案等工作机制，提出了重大项目纪委书记派驻制新课题。去年，公司纪委组织31名二级企业纪委书记参加国有企业监察部长培训，对91名三级企业纪委书记进行业务培训；首次组织9个单位纪委书记向纪委全委（扩大）会述职；围绕纪检监察工作重点难点问题进行理论研讨，评选优秀理论成果36篇，各级纪检监察干部的履职能力、纪检监察工作服务企业发展的能力得到进一步提升。

【重要事件和活动】 1月6日-8日，公司党委书记、董事长李长进带领检查组，采取问卷调查、民主座谈、查阅资料、个别谈话、听取汇报等形式，先后深入到北京铁建公司和中铁六局机关本部，对党风廉政建设责任制落实和反腐倡廉建设情况进行了检查。

1月8日-9日，公司党委副书记、纪委书记王秋明等一行参加了中铁上海局领导班子民主生活会，通过问卷调查、民主座谈、查阅资料、听取汇报等形式对党风廉政建设责任制落实情况进行检查。

1月17日，国资委召开中央企业反腐倡廉建设工作会议，总结2011年中央企业反腐倡廉建设工作，通报2011年中央企业案件情况，部署2012年工作任务。国资委主任、党委书记王勇，监察部副部长郝明金出席会议并讲话，国资委副主任、党委副书记黄淑和主持会议并传达了十七届中央纪委第七次全会精神，国资委纪委书记、党委委员强卫东作了工作报告。公司党委书记、董事长李长进，总裁白中仁，党委副书记、纪委书记王秋明参加会议。

2月27日，中国中铁首次召开反腐倡廉建设工作会议，会议传达了十七届中央纪委第七次全会和中央企业反腐倡廉建设工作会议精神，通报了2011年查办案件工作情况，总结了2011年党风建设和反腐倡廉工作情况，部署了2012年重点任务。国资委纪委书记、党委委员强卫东出席会议并作重要指示，公司党委书记、董事长李长进作重要讲话，公司总裁白中仁主持会议。公司领导及高管、纪委委员、总部部门以上负责人，专职产权代表，公司所属各单位董事长、总经理、党委书记、纪委书记、工会主席、团委书记，以及国资委纪委一室主任袁先立，国有企业监事会07办副主任李慧敏、监事魏新岚等共计300余人出席了会议。

2月28日，公司纪委召开纪委书记座谈会，会议交流了部分单位反腐倡廉建设工作经验，部署了执行力建设年活动和协作队伍管理效能监察工作安排，调整了纪检监察支会，与会代表围绕中国中铁反腐倡廉建设工作会议精神进行了座谈讨论。公司纪委委员、纪委监察部全体成员、各子分公司纪委书记共60余人参加会议。

3月7日-9日，公司党委副书记、纪委书记王秋明带领调研组深入中铁隧道集团三公司和中铁南方投资公司，通过个别谈话，问卷调查，座谈讨论、听取汇报等形式，对加强基层党组织建设，规范协作队伍管理和创新反腐倡廉建设体制机制等工作进行调研。

3月13日，公司党委下发通知，在全公司开展“执行力建设年活动”，要求各级领导人员大力强化执行意识、落实执行要求、提高执行能力、加强执行监督，通过开展执行力建设年活动，大力强化“四项制度”的落实，努力实现“五促五个明显提升”。

3月21日，国资委纪委召开中央企业纪委书记、纪检组组长述职会议，部分中央企业纪委书记、纪检组组长进行述职。公司党委副书记、纪委书记王秋明参加会议。

3月29日-4月1日，国资委纪委举办中央企业纪委书记（纪检组组长）研讨培训班，围绕中央企业“十二五”发展规划和“一抓、两保、三突出”工作重点，开展国有企业革重点难点问题、当前国际形势、中央企业违法违纪案件特点及查办对策、巡视工作概述、干部监督等进行专题培训。公司党委副书记、纪委书记王秋明参加培训。

4月18日-19日，公司党委副书记、纪委书记王秋明带领调研组，深入中铁四局二公司和中铁置业蚌埠公司，重点就加强基层党组织建设，规范协作队伍管理等工作进行调研。

5月8日，国资委纪委召开国资委纪委通讯员座谈会，传达学习全国反腐倡廉宣传教育工作座谈会精神；部署2012年中央企业反腐倡廉宣传重点工作；对写作新闻通讯稿件进行专题辅导。公司纪委派人参加会议。

6月5日-8日，为确保执行力建设年活动取得实效，公司党委副书记、纪委书记王秋明对中铁大桥局、中铁科工集团、中铁大桥院执行力建设年活动开展情况进行督导检查。

5月31日，公司纪委在京召开加强纪检监察组织建设座谈会，了解掌握各单位贯彻落实12号文件情况，特别是新建单位、上游业务企业纪检监察组织机构设置、人员配备、工作开展情况，对进一步加强纪检监察组织自身建设提出明确要求。公司纪委副书记、监察部长王宏光，部分在京二、三级企业纪委书记、项目党工委书记参加会议。

6月20日，公司党委在沈阳召开廉政建设专题会议，通报了近期重大案件情况，分析案件带来的重大影响和产生的深层次原因，对当前和今后一个时期切实加强反腐倡廉建设做出部署。公司所属各单位党委书记、董事长、总经理共100余人出席了会议。

6月26日，中央纪委监察部、国资委和湖南省省委联合召开深入学习陈超英同志先进事迹座谈会。公司党委书记、董事长李长进，党委副书记、纪委书记王秋明参加会议。

7月2日，中央纪委、监察部、国资委纪委联合召开部分中央企业党政纪主要负责人会议，通报重点案件情况，部署有关工作。公司党委书记、董事长李长进，总裁白中仁，党委副书记、纪委书记王秋明参加会议。

7月3日，公司纪委组织召开了关于刘志军案件涉及中央企业有关问题后续处理工作专题会议，明确了17家施工单位集中教育整治工作的目标和重点。公司17家施工企业主要领导、纪委书记参加会议。

7月4日，公司区域联建华北二片区会议在黑龙江伊春中铁资源鹿鸣矿业公司召开，公司党委副书记、纪委书记王秋明，纪委副书记苑宝印及中海外、中铁建工、航空港、设计咨询等9个片区单位的纪委书记、监察部长和中铁九局董事长、纪委书记，中铁资源所属企业党委书记、纪委书记30余人参加了会议。会议传达了股份公司“6.20”沈阳会议精神、“7.2”中纪委会议精神，围绕深入推进执行力建设年活动进行了深入交流，明确了下一阶段片区工作重点。

7月5日，公司党委副书记、纪委书记王秋明到中铁资源鹿鸣公司现场调研指导工作，看望慰问生产一线建设者。

7月12日-19日，国资委纪委举办中央企业监察部长（主任）培训班，公司纪委副书记、监察部长王宏光参加培训。公司纪委在中国纪检监察学院举办纪检监察业务培训班，中铁一局、二局、三局、四局、八局等近30个单位纪委书记（副书记），以当前反腐倡廉建设的形势与任务、案件检查和审理工作，企业效能监察、国内外宏观经济形势等为重点，接受了培训。

8月9日-10日，中国中铁反腐倡廉区域联建华北一片区工作会议在中铁山桥港珠澳大桥项目召开。中铁六局、九局、十局等9个成员单位的纪委书记、副书记、监察部长参加了会议。会议通过了片区工作思路，交流了今年以来反腐倡廉重点工作进展，汇报了贯彻落实“7·2”中纪委会议和股份公司反腐倡廉专题教育会议精神情况，并重点围绕如何创建“廉洁示范工程”展开了研讨，交流了经验。公司党委副书记、纪委书记王秋明，纪委副书记苑宝印，广东省监察厅派驻港珠澳大桥工程监察专员办公室副主任张海，港珠澳大桥管理局党委副书记、行政总监韦东庆出席会议并做重要讲话，对企地共建廉洁示范工程，共同打造反腐倡廉区域合力提出了要求。

8月13日-14日，深圳市地铁集团与中国中铁等央企，共同召开深圳地铁三期工程BT模式“共建联控”专项工作研讨会。国务院国资委纪委、深圳市纪委、组织部、检察院等领导出席会议。深圳地铁三期工程建设、设计、监理、施工单位主要领导100余人参加了会议。公司党委副书记、纪委书记王秋明参加会议并讲话。中铁南方公司董事长王卫在研讨会上做了BT项目党建和廉政建设经验交流发言。会议以“共建‘双方共管’党建工作模式，联合防控廉洁风险，确保‘工程优质、工作高效、干部优秀、资产安全’，创立‘企业廉洁合作公信力’品牌”为主题，围绕“共建联控、注重实效、服务中心、促进发展”进行了深入探讨，决定参建各方共同推动“共建联控”专项工作，共同建立更为紧密的联合工作机构和工作机制。

8月31日，中央纪委监察部、国务院国资委联合召开规范中央企业负责人职务消费座谈会。中央纪委副书记、监察部部长、国家预防腐败局局长马馼，国务院国资委主任、党委书记王勇出席会议并讲话，对进一步规范中央企业负责人职务消费提出要求。117家中央企业的主要负责人和纪委书记（纪检组组长），中央纪委监察部、中央组织部、财政部、审计署、国务院国资委机关有关厅（室、局）的负责同志参加了会议。公司党委副书记、纪委书记王秋明、副总裁章献参加会议。

9月10日-13日，国资委举办预防和应对跨国商业贿赂风险培训班。公司副总工程师郑机，公司纪委副书记、监察部长王宏光参加培训。

9月14日，国资委组织召开了中央企业反腐倡廉管理提升专题视频培训会议，公司纪委委员，纪检监察机关全体成员在总部机关参加了会议，进行了对标学习。

10月17日-18日，中国中铁纪检监察组织建设推进会暨2012年纪委书记会议在成都召开。会议以“加强自身建设，提高履职能力，为深化反腐倡廉建设提供坚强组织保证”为主题，全面总结了近年来纪检监察组织建设基本情况，进一步明确了当前和今后一个时期加强纪检监察组织建设的重点任务。中国中铁党委书记、董事长李长进出席会议并讲话，总裁白中仁作书面讲话，党委副书记、纪委书记、监事会主席王秋明做工作报告。公司纪委委员、所属各子、分公司纪委(纪工委)书记、副书记、监察（审计）部长，公司纪委全体人员，共计100余人参加了会议。公司纪委副书记苑宝印主持会议。

10月29日-11月2日，公司纪委在总公司党校举办中国中铁三级企业纪委书记培训班。中纪委原宣教室主任戴俭明，国资委纪委案件审理室主任罗景一，公司党委副书记、纪委书记王秋明，及公司纪委部分室主任分别作了专题讲座，来自83个三级企业的91名纪委书记和有关人员参加了培训。

11月1日，国资委召开中央企业廉洁文化建设推进会，总结交流党的十七大以来中央企业廉洁文化建设经验成果，研究部署工作，推进中央企业廉洁文化建设深入发展。国资委纪委书记、党委委员强卫东出席会议并讲话。公司党委副书记、纪委书记王秋明参加会议。公司《扎实推进廉洁文化建设，着力打造廉洁中国中铁》的经验材料做大会书面交流。

11月2日，国资委纪委召开中央企业查办案件工作座谈会，总结交流中央企业查办案件工作的经验和做法，研究当前中央企业违纪违法案件的特点，部署深入推进查办案件工作任务。公司党委副书记、纪委书记王秋明参加会议，并做大会经验介绍。

11月15日-24日，国资委纪委举办中央企业纪检监察业务培训班，对案件检查、案件审理、企业效能监察及廉洁文化建设等纪检监察专业知识进行培训。公司纪委审教室主任参加培训。

11月20日，公司纪委下发《中国中铁股份有限公司2013-2015年纪检监察干部教育培训规划》（中铁股份纪审〔2012〕7号），对今后三年纪检监察干部教育培训工作作出明确规定；下发《中国中铁股份有限公司纪委书记述职制度实施意见》（中铁股份纪审〔2012〕8号），对公司所属二级企业纪委（纪工委）书记向公司纪委全委（扩大）会述职工作作出明确规定。

11月22日-23日，公司党委副书记、纪委书记王秋明一行，对中铁大桥局信访举报处理和案件检查工作进行调研。调研组深入大桥局机关和大桥局六公司，详细查阅了近年来各级单位信访举报受理，案件线索初核，立案受理调查、移送审理处分等基础资料，特别是上级交办案件处理情况和配合办案情况，与大桥局纪检监察干部进行了座谈，全面了解近年来大桥局党风和反腐倡廉建设情况，对新形势下加强纪检监察工作提出要求。

11月27日-29日，公司党委副书记、纪委书记王秋明，纪委副书记苑宝印等一行，深入长沙城市轨道交通1号线一期1标项目、五局新办公楼、职工住宅楼建设现场、五局一公司和局机关，通过召开座谈会，进行问卷调查，查阅基础资料，与五局部分领导班子成员个别谈话等方式，对五局党风廉政建设责任制落实、惩防体系建设推进等情况进行了全面检查。

12月18日，公司党委副书记、纪委书记王秋明一行，对中铁二局深圳公司执行力建设、协作队伍管理效能监察和信访案件等工作进行调研。

12月18日，国资委纪委召开中央企业效能监察工作推进会，总结交流中央企业效能监察工作的经验和做法，发布2009-2012年度中央企业效能监察典型示范项目，部署推进下一步效能监察工作。公司纪委副书记、监察部长王宏光参加会议。

12月20日，深圳地铁11号线举行“阳光和谐，廉洁工程”主题活动暨创建廉洁示范线启动仪式。深圳市纪委监察局、市人民检察院、深圳地铁集团，以及公司党委副书记、纪委书记王秋明等领导出席会议并讲话。中铁南方公司及公司各参建项目党工委书记、项目经理、纪检监督员等共计80余人参加了活动。会议期间，深圳市监察局和深圳市地铁公司领导共同为深圳地铁11号线“廉洁示范线”揭牌；各参建项目党工委书记共同签署了创建廉洁示范线共建宣言。

工会工作

【组织机构】 股份公司工会隶属于中华全国铁路总工会和国务院国资委群众工作局领导，下有48个所属单位工会和工委组织，股份公司工会机关设：办公室、组织民管部、生产宣传部、生活保障女工部、火车头体育协会。主要职责有：

1.领导全公司各级工会组织贯彻落实党的路线、方针、政策和公司党委及上级工会有关指示、决定，依照工会章程独立自主地开展工作。2.按照公司党委和上级工会的总体要求，确定公司工会工作指导思想、工作目标、工作任务，制定工作规划，及时对全公司工会工作进行总结和部署。3.指导所属企业工会组织围绕企业生产经营的实际，开展群众生产、劳动竞赛、合理化建议、技术革新等活动，动员和组织广大职工为企业改革发展多做贡献；做好先进生产（工作）者和劳动模范的评选、表彰和管理工作。4.按照《工会法》、《中国工会章程》、《劳动法》等有关法律法规，指导所属企业工会组织做好签订集体合同、协调劳动关系和劳动争议工作，维护职工的合法权益。5.帮助、指导所属企业工会建立职工互助合作保障体系，开展好“三不让”活动，帮助困难职工解决实际问题。加强职工文化建设，开展健康向上的文化体育活动。6.依照国家规定监督企业贯彻执行劳动安全、工业卫生标准；参与公司安全生产规章制度的制定和安全管理工作；参与重大工伤事故的处理；组织指导开展群众性的安全生产活动。7.配合党委、行政搞好职工宣传教育和企业文化建设；抓好职工思想政治、职业道德、技术业务和科学文化教育，不断职工队伍综合素质。8.协助党组织加强各级工会组织建设；指导基层工会组织开好工会代表大会；协助党委管理工会干部；抓好工会干部的培训；搞好工会干部的日常管理和思想政治工作。9.负责公司工会经费的收缴、使用、管理和年度经费预、决算工作；审查批准所属企业工会经费年度预、决算计划；严格工会经费审查监督制度；指导所属企业工会组织依法管理和使用工会财产，确保工会经费和财产合理使用及安全运行。10.负责公司女职工委员会工作，加强各级女职工组织建设，指导开展特色活动，维护女职工的合法权益。11.完成公司党委和上级工会交办的其它工作。

【召开一届三次职代会】 2月25日至26日，中国中铁一届三次职代会在北京总部机关召开。李长进、白中仁，姚桂清等公司班子成员同来自全公司所属各单位 247 名职工代表出席了会议。

公司党委书记、董事长李长进在大会上谈到本次会议及以后工作重点时，着重提出四点要求：一要牢固树立宗旨观念，充分发挥职工群众主力军作用。二要倡导和谐文化理念，着力构建企业和谐劳动关系。三要强化民主管理意识，深入推进以职代会为基本形式的民主管理工作。四要发扬改革创新精神，不断推进厂务公开民主管理工作创新发展。

公司总裁白中仁向大会作行政工作报告。在讲话中提出四点要求：一是要进一步发挥职代会作用，深化职工民主管理工作。二是要进一步提高职工素质，大力推进职工队伍建设。三是要进一步团结引导职工，大力推进企业文化建设。四是积极支持工会工作，充分发挥工会组织的作用。

公司副总裁马力向大会作一届二次职代会提案处理和一届三次职代会提案征集情况报告，公司副总裁章献作2011年《集体合同》履行情况和2012年《集体合同》文本起草情况的报告。在全体大会上，职工代表同与会的所属各单位高管人员、总部机关中层正职还听取了公司领导向职代会述职述廉报告，审议了职工监事的（书面）述职报告，并采用无记名投票方式对 13 名公司领导班子和高管人员进行了民主评议和满意度测评。职工代表还对“创先争优”活动进行民主评议。来自基层的 7 名职工代表就企业改革经营发展等问题发表了提案。会上，白中仁和姚桂清分别代表公司方、职工方签订了 2012 年《集体合同》。

【召开二届十一次全委（扩大）会议】 2 月 28 日下午，中国中铁工会二届十一次全委（扩大）会议在北京召开。股份公司党委书记、董事长李长进，股份公司总裁白中仁到会作重要讲话，股份公司工会二届委员会委员以及所属单位工会主席 70 余人参加了会议。

姚桂清主席在工作报告中全面总结回顾了 2011 年全公司工会工作，提出了 2012 年工会工作的总体思路:并要求做好六个方面工作：一是认真贯彻落实十七届六中全会和公司党代会精神，切实抓好职工形势任务教育和企业文化工作；二是广泛开展群众性经济技术创新工程，充分发挥职工在推进企业科学发展中的主力军作用；三是以“面对面心贴心实打实服务职工在基层”活动为主线，切实维护职工合法权益，努力构建企业和谐劳动关系；四是进一步健全完善职代会制度，不断深化职工民主管理；五是以“二次创业、巾帼建功”为主线，积极推动女职工工作创新发展；六是全面加强工会自身建设，进一步提升工会工作水平。

会议增替补选了股份公司工会第二届委员会委员、常委。

【召开二届七次经审工作会议】 2012 年 2 月 29 日，公司工会二届七次经审工作会议在总部机关召开，股份公司工会副主席、经审委主任刘建媛及全体经审会委员和经审办公室 11 人参加了会议。

会上，公司工会经审办公室主任白敏芳通报了公司本级 2011 年预算执行情况，部署了下一阶段经审工作。经审委员集体审查了股份公司本级 2011 年决算和 2012 年预算并提出意见建议。

【召开女工委二届五次全委（扩大）会议暨女工工作创新研讨会】 股份公司工会女工委二届五次全委（扩大）会议暨女工工作创新研讨会 3 月 30 日至 31 日举行。股份公司女工委委员、所属各单位女工委主任及部分三级子分公司女工负责人共计 90 余人齐聚一堂，共商女职工工作发展大计。国资委群工局综合处长孙洁、铁总女工委副主任李龄到会讲话。刘建媛在报告中对 2011 年的女工工作进行了全面总结，对 2012 年女工工作做了部署。会上，12 个单位女工负责人就如何开展女工工作进行了论文发布，34 家二、三级女工委就所开展的女职工特色活动进行了声、像、文擂台赛成果展示，与会人员采用民主打分形式对展示作品进行了评比，并对评选出 8 项成果进行了奖励。会上还增替补了股份公司二届女工委员。

【召开经审工作暨重点工作推进研讨会】 4 月 18 日至 19 日，股份公司工会在重庆召开了经审工作会议暨重点工作推进研讨会，来自基层单位的 70 多名工会干部及经审工作人员参加了会议。

会上，股份公司工会副主席、经审委主任刘建媛，对进一步做好工会经审工作提出了四项要求：一是强化责任意识。二是强化监督意识。三是强化服务意识。四是强化自警意识。会议还就新形势下如何做好工会工作进行了研讨，听取了各单位关于工会年度重点工作推进落实情况的汇报，会议还听取了中铁隧道集团工会等十二家单位就开展“面对面、心贴心、实打实服务职工在基层”活动、深化劳动竞赛、推行工资协商等有特色、有影响、有成效的品牌活动介绍。

【召开庆“五一”再踏新征程劳模座谈会】 4月26日，在京的股份公司领导与参加清华大学劳模研修班和先进女职工素质提升班的160余名学员欢聚一堂，亲切座谈。共同庆祝“五一”国际劳动节。

总裁白中仁代表首先公司衷心感谢劳模和先进人物为中国中铁改革发展所做出的特殊贡献。他希望劳模和先进人物在推进公司加快发展，转型升级，建设世界一流企业的伟大进程中，施展才华，建功立业。

参加座谈会的劳模和先进人物代表在发言中汇报了自己的成长经历、取得的成绩和学习体会。

股份公司副董事长、党委副书记、工会主席姚桂清发表讲话。他首先代表股份公司对劳模和先进人物为中国中铁改革的深入、经营的发展所做出的特殊贡献表示感谢。他要求全公司各级组织都要大力弘杨劳模精神，广大员工要学习劳模坚定不移的理想信念，坚持不懈的奋斗精神，刻苦钻研的拼搏毅力，爱岗敬业的优秀品格。姚桂清最后要求全公司各级组织都要关心劳模的政治成长环境，落实劳模的经济待遇，爱护劳模的身心健康，解除劳模的后顾之忧。

【召开基层信息直报点负责人座谈会】 为深入了解“面、心、实”活动在基层单位贯彻落实情况以及一线职工对工会开展“面、心、实”活动的评价。5月30日至31日，股份公司工会在北京总部机关召开信息直报点项目部工会负责人座谈会。股份公司工会副主席刘建媛及工会机关人员、直报点项目部工会干部共31人参加了会议。

与会的17个项目部中，从事铁路基建项目的有11个，从事地铁项目的1个、从事公路建设项目的3个、从事房建工程的2个。经历了去年下半年资金短缺的困难后，各项目部均陆续恢复到正常施工状态，但资金都比较紧张。座谈会上，各直报点负责人介绍了当前一线职工工作、生活和思想状况、职工和农民工工资发放情况以及“面对面、心贴心、实打实服务职工在基层”活动在基层单位贯彻落实情况，并就项目管理和工会工作等进行了交流研讨。公司工会根据大家反映的有关职工就业上岗、工资保障、休息休假、技能培训、三工建设、一线职工婚恋难等带有普遍性、一时又不易解决的6大类问题，编辑整理成《工会内参》，提交有关领导参阅，反映职工的利益诉求，力求在政策和制度层面上推动有关问题得以解决。

【召开“二次创业杯”劳动竞赛现场经验交流会】 中国中铁“二次创业杯”劳动竞赛现场经验交流会7月30日在武汉鹦鹉桥建设工地举行。国资委群工局副局长郭保民、股份公司领导李长进、姚桂清、章献等到会并讲话，总裁白中仁向会议致信。股份公司安全质量环保部、科技设计部、工程管理部、企业文化部(党委宣传部)负责人及公司所属各单位工会主席、工委主任、生产部长等90余人参加了会议。

董事长、党委书记李长进在讲话中对中铁大桥局所开展的“长江大桥杯”劳动竞赛给予高度评价，认为其经验很值得其他单位学习借鉴。总裁白中仁在致信中对各级工会组织在新形势下开展建功立业劳动竞赛提出了要求。

副董事长、党委副书记、工会主席姚桂清在讲话中对下一步如何深化劳动竞赛提出十项要求：一要着眼于对职工的思想教育，二要着眼于安全质量，三要着眼于基层，四要着眼于提高经济效益，五要着眼于让协作队伍参与，六要着眼于科技创新、人才培育，七要着眼于提高管理水平，八要着眼于党政工团行政合力，九要着眼于关心职工生产生活，十要着眼于形式内容的不断创新。

出席会议的领导向中铁一局工会等10个“党工共建创先争优”先进集体颁发了奖状。与会人员现场参观了中铁大桥局鹦鹉洲大桥工地，参观了大桥局桥文化展览，听取了中铁大桥局、鹦鹉洲长江大桥项目部、四公司、黄冈桥项目部以及中铁四局、中铁八局等六家单位开展劳动竞赛的经验介绍。

【召开二届十二次全委（扩大）会议】 7月31日，公司工会召开二届十二次全委（扩大）会议。二届工会委员、所属各单位工会主席、工委主任等50余人参加了会议。

会议听取并审议了股份公司副董事长、党委副书记、工会主席姚桂清所作的《凝心聚力共克时艰为实现企业年度发展目标贡献力量》工作报告。在部署下半年工会工作重点时姚桂清提出六点：一要深入贯彻落实“7•30”会议精神，深入推进劳动竞赛，确保年度生产经营任务完成。二要认真组织开展群安员工作联合互检，深入推进群安工作标准化，确保实现企业安全生产。三要加强一线职工书屋建设，大力开展向一线职工送图书活动，促进职工队伍素质提升。四要认真抓好集体合同履行，切实关心职工生产生活，努力维护职工队伍稳定。五要积极推进农民工入会工作，进一步加强协作队伍规范管理，努力创建和谐劳动关系。六要开展两个文件落实情况督促检查，进一步加强基层工会组织建设，不断增强工会组织活力。

【全国总工会慰问中铁六局员工】 1月11日上午，全国总工会副主席、国务院国资委副主任黄丹华来到中铁六局慰问干部员工。

黄丹华副主席一行先来到北京地铁10号线工地，为中铁六局一线员工送去了猪肉、鸡蛋等慰问品。随后，黄丹华来到全国劳模、丰桥公司副总经理赵秀丽家中，向赵秀丽致以新年的问候，并感谢她为高速铁路建设作出的杰出贡献，她希望赵秀丽继续发扬模范的作用，为企业员工树立一个好的榜样。

在中铁六局机关，黄丹华副主席与中国中铁及中铁六局领导班子成员、部门负责人进行了座谈。股份公司副董事长、党委副书记、工会主席姚桂清从生产经营、改革创新、社会责任、和谐企业建设、“四个一流”职工队伍建设、工会工作等方面工作以及2012年的总体思路和任务进行了简要汇报。中铁六局董事长卢建中代表中铁六局接受了黄丹华副主席送来的30万元慰问金。

公司工会副主席刘建媛等陪同全总领导进行慰问。

【扎实推进“面对面、心贴心、实打实服务职工在基层”活动】 根据全总和铁总“面对面、心贴心、实打实服务职工在基层”安排部署，2月初，股份公司工会立即召开常委会和办公会议，结合企业的实际，研究制定贯彻落实措施：一是制定下发“服务职工在基层”活动具体实施意见；二是结合“面、心、实”活动，在工会干部中广泛开展“大兴调查研究之风、大兴联系群众之风、大兴学习理论之风”活动；三是建立工会常委联系点制度；四是更新和完善一线项目部工会信息直报点制度。

【认真做好2012年“两节”送温暖工作】 2012年“两节”期间，全公司共筹集送温暖资金10362余万元。其中，股份公司筹集资金600万元，比上年增加一倍，并全部下拨到所属各单位。所属各单位共筹集资金9762余万元，用于“两节”生活慰问8900余万元，用于改善职工工作、生活、文化条件800余万元。“两节”送温暖期间，全公司有5000多名处级以上领导带头参加了各种走访慰问活动，共走访慰问职工、农民工24万余人。其中，重点走访慰问困难职工2.38万余人，慰问75名全国劳动模范和近600名省部级以上先进模范人物，亲切看望了为中国革命和建设和企业改革发展做出重要贡献的13名健在的老红军、443名老战士、3251名离休老干部和11名国家工程院士、设计大师等。

【参加中央企业工会工作视频会议并作经验介绍】 2月21日，国资委主持召开的中央企业工会工作视频会议在京举行，这是国资委首次召开的中央企业工会工作会议。中国中铁、中航工业、神华集团、南方航空、中粮集团等5家企业在大会上作经验介绍，国资委副主任姜志刚出席会议并作了讲话，股份公司副董事长、党委副书记、工会主席姚桂清代表中国中铁作了题为《以规范花建设为重点，不断提升公司职代会建设科学化水平》的经验介绍。

姚桂清在大会发言中就中国中铁认真贯彻党的依靠方针，坚持“依靠职工办企业，办好企业为职工”的经营理念，推进中国中铁职代会建设、创新职工民主管理工作的有效机制作了经验介绍。一是积极适应企业推进现代企业制度的新变化，着力推进公司职代会建设规范化，形成了以总公司职工民主联席会议为龙头，以二、三级公司职代会为主要载体，以职工董事监事为重要渠道，以工程项目部厂务公开为基础的中国中铁职工民主管理格局。二是不断加大职工民主管理力度，着力推进公司职代会职权规范化，认真落实了审议建议权、决定权和评议监督权。三是健全完善职代会组织保障体系，着力推进职代会运作规范化，公司先后荣获“全国五一劳动奖状”、“全国厂务公开民主管理先进单位”和“全国模范职工之家”等荣誉称号。

【公司女职工委员会获全国妇联表彰】 3月7日，创先争优巾帼建功全国三八红旗手（集体）表彰大会在北京人民大会堂隆重举行。中国中铁工会女工委被全国妇联授予“全国三八红旗集体”光荣称号。中共中央政治局委员、全国人大常委会副委员长王兆国，中共中央政治局委员、国务委员、国务院妇女儿童工作委员会主任刘延东、全国妇联主席陈至立等领导出席了会议。股份公司工会副主席、女工委主任刘建媛到会代表中国中铁股份公司女职工委员会上台领取奖状和奖牌。

【举办“婚姻和家庭”女工培训班】 3月9日至11日，股份公司工会女工委邀请国内著名学者李玲瑶博士、董进宇博士来公司总部机关授课。股份公司所属北京地区各单位女工、中铁四局、中铁十局部分女工干部共三百余人参加了培训。

在3天的授课过程中，李教授和董博士以自己的亲身经历、所见所思为主线，从观念更新、个人修养、教育熏陶与学习、婚姻家庭和亲子教育等方面，帮助参加培训的听众在学习与反思中拥有智慧人生。

3月11日下午，全体学员听取了股份公司信访办公室刘颖慧同志的先进事迹介绍。刘颖慧同志从事信访工作十余年，以强烈的事业心和责任感，对信访工作充满热情，凭借良好的政治素质和职业道德，炼就了过硬的业务本领，特别是在身患重病后仍然坚持工作，在普通平凡的工作岗位上，为维护企业和社会稳定做出了积极贡献。股份公司工会决定授予刘颖慧同志“中国中铁女职工楷模”荣誉称号，号召在全公司女职工中开展向刘颖慧同志学习的活动。

【举办群众安全生产监督工作标准化建设培训研讨班】 2012年3月中旬，股份公司在石家庄党校举办了群众安全生产监督工作标准化建设培训研讨班。公司所属24家施工企业工会生产部部长、部分三级公司工会负责人、项目部工会负责人、项目部安全总监等共计99名学员参加了培训。

在本次培训班上，组织学员认真学习了李长进董事长、白中仁总裁在股份公司2012年安全质量工作会议上的讲话；学习了国家安全生产行业标准《企业安全生产标准化基本规范》、《中国中铁股份有限公司安全生产标准化建设工作指导意见》、《中国中铁股份有限公司安全生产“十二五”规划》及中国中铁《工程项目安全质量检查标准》；邀请了股份公司安质部、工会等同志作了安全生产讲座，对《群众安全生产监督工作指南》进行了解析。

【举行第九届铁道部机关领导干部乒乓球赛】 4月7日下午，第九届铁道部机关领导干部乒乓球赛在股份公司总部机关举行。来自铁道部办公厅、安监司、全国铁路总工会、全国铁道学会、工管中心、多经中心、史志中心、中国铁道出版社、人民铁道报社等有关部门及中铁物资的20多位司局级领导干部参加了比赛。股份公司副董事长、党委副书记、工会主席姚桂清出席开幕式，代表公司党政工组织发表了热情洋溢的讲话，并与铁道部机关乒乓球协会主席、全国铁道学会秘书长吕长清为荣获本次比赛第一名的铁道部总规划师郑建等四位领导颁发奖杯。

【参加中央企业困难职工帮扶工作座谈会】 4月12日，国务院国资委在扬州召开中央企业困难职工帮扶工作座谈会，国资委副主任姜志刚出席会议并讲话，他对中国中铁帮扶工作给予充分肯定，特别是对中国中铁对困难职工致困原因的深入分析、新时期困难职工标准的界定、建立救助专项资金和完善帮扶体系、建立长效机制等做法予以高度评价。

中国中铁股份有限公司副董事长、党委副书记、工会主席姚桂清代表中国中铁作为特邀单位参加会议并做了题为《不断深化困难职工帮扶工作，着力推动企业和谐稳定持续发展》的经验介绍。重点介绍了中国中铁以“三不让”帮扶救助为核心的“困难补助、补充医疗保险、职工互助保险、‘三不让’帮扶救助、职工大病医疗贷款”五级保障体系做法和以职代会为重要抓手的帮扶长效机制，特别是针对新形势下困难职工帮扶工作遇到的新情况新问题，提出了关于重新界定困难职工标准、解决好内退职工和下岗待岗职工再就业问题以及困难农民工帮扶和建立专项资金等五个课题，受到了与会代表的高度赞同。

【举办首期劳模疗休养研修班和第四期先进女职工素质提升研班修】 4月27日，股份公司举办的首期劳模疗休养研修班和第四期先进女职工素质提升研修班在清华大学举行了结业典礼。来自全公司各条战线的72名劳动模范74名先进女职工结束了为期一周的研修培训。股份公司副董事长、党委副书记、工会主席姚桂清在百忙之中抽出时间为学员进行授课。股份公司工会副主席刘建媛出席了开班仪式和结业典礼并讲话。

姚桂清主席在讲座中对劳模和先进女职工提出了三个方面的期望。一是要坚持不懈的努力工作、奋勇前进。二是要有一个理性平和、包容开放的心态。要明白金无足赤人无完人道理，劳模同志不必背负太多的心理压力，只要认真工作，努力付出就可以了。三是要安排照顾好家庭。劳模先进人物始终坚持在一线工作，对家庭的照顾难免有不周的地方。因此，劳模同志们一定要把家庭的事情料理好，不要过于强求自己，要着力解决好家庭的困难。

刘建媛副主席在开班仪式上介绍了本次研修班课程设置的总体情况，并要求学员珍惜机会认真学习思考，尽快实现从员工到学生、从单位到学校、从家庭到集体的转变，遵守学校的校规、维护劳模的荣誉、维护好企业的声誉。

股份公司工会举办的这两个研修班邀请了清华大学、北京大学等国内一流学府的专家学者为学员们授课，是一次思维观念创新的洗礼。

【开展“送清凉”活动】 8月7—12日，股份公司工会副主席刘建媛受公司党政工团组织委托，率生活保障女工部、组织民管部负责人，前往兰新第二双线甘青段开展“送清凉”活动，看望慰问全体参战员工，送去股份公司领导和各级组织的关心与关怀。

刘建媛副主席一行实地察看了施工现场及职工宿舍，了解职工就餐、学习及文化娱乐等方面的情况，向参建员工发放了西瓜、绿豆、饮料等慰问品和电扇、洗衣机等生活用品，并与一线职民工代表、工会干部进行了座谈，听取他们的意见和建议。刘建媛副主席在讲话中代表股份公司领导和股份公司党政工团组织向全体参建员工表示亲切慰问，对他们为中国中铁的发展所付出的辛勤劳动表示衷心感谢和崇高敬意。

【开展对援建坦赞铁路殉职人员家庭走访慰问活动】 8月至9月。为纪念我国援建坦赞铁路40周年，体现中国中铁各级组织对殉职人员的缅怀、对殉职人员遗属的关怀，公司领导安排部署了走访慰问工作，公司工会会同有关部门专题研究了走访慰问方案。各单位成立了慰问小组，由局工会副主席或下属单位党政工领导亲自带队，深入到每一位查明现状的殉职人员家中进行走访慰问，并送去了慰问品和2000—3000元的慰问金。据统计，这次活动共走访慰问26户家庭29人，发放慰问金和慰问品合计8万余元。

【组织开展“学习宣传实践中国特色社会主义工会发展道路网络有奖征文”活动】 按照全总要求，股份公司工会组织开展“学习宣传实践中国特色社会主义工会发展道路网络有奖征文”活动，共收集到工运理论研究论文和调研报告近二百篇，推荐了137篇上报全总。9月28日，中华全国总工会在北京举办“学习宣传实践中国特色社会主义工会发展道路网络有奖征文”颁奖仪式。中国中铁工会作为获奖单位代表出席颁奖仪式，并被全总领导授予“优秀组织奖”奖牌。中铁四局五公司工会副主席李军平《浅谈企业转型时期职工职业发展权益与工会维权机制创新》荣获二等奖，中铁一局三公司工会副主席郝占树《浅谈新形势下项目工会干部的能力建设》、中铁六局北京铁建公司工会工作部刘川文《关于践行中国特色社会主义工会维权观，做好新时期国有企业维权工作的思考》、中铁宝桥集团公司辙叉车间工会主席吴卫民《理论创新是打造工会工作品牌的重要利器》分别荣获优秀奖。

【组织群众安全生产监督工作联合互检】 8月至9月，股份公司工会联合安质部，组织中铁一局、四局、六局、八局、九局、十局、大桥局、隧道局、建工集团、建设分公司等十家单位的工会副主席、生产部长、安质部负责人先后在哈尔滨、沈阳、吉图珲客运专线等地在建工程项目进行群安工作互检。通过检查现场、查看内业、座谈交流、相互评分等方式，推进了安全质量和群安工作的标准化、规范化，有效促进了群安工作的扎实开展。

【举办首届中国中铁职工董事、职工监事培训班】 10月22日-26日，中国中铁首期职工董事、监事高级课程研修班在清华大学成功举办。股份公司所属二级公司及部分三级公司共73名职工董事、职工监事参加了培训。股份公司副董事长、党委副书记、工会主席姚桂清，工会副主席刘建媛出席了培训班开学和结业典礼。

本次培训班是股份公司自2006年实行职工董事、职工监事制度以来第一次对职工董事、职工监事进行全面、系统的业务培训。股份公司副董事长、党委副书记、工会主席姚桂清结合公司实际及当前面临的新形势新任务，专门讲授了《中国中铁职工董事、职工监事制度的探索与实践》。培训班还专门围绕职工董事、职工监事工作中的热点、重点和难点问题进行了研讨。

【举办女工大众健身操、民族健身操培训】 为活跃女工生活，提高女工身心健康，12月20-21日在石家庄党校举办了大众健身操、民族健身操培训，聘请北京体育大学教练进行了现场培训指导，所属各单位80余人女职工参加；为下一步在全公司女职工中开展大众健身操、民族健身操普及推广打好基础。

【股份公司所获荣誉】 3月7日，中国中铁股份公司女职工委员会被全国妇联授予“全国三八红旗集体”光荣称号。“中国中铁女职工楷模”刘颖慧被全国妇联追授为“全国三八红旗手”，中铁一局三公司西宝客专项目部实验室主任郑小红、中铁电气化局西安电化公司西安地铁一号线项目副总工张晓彤、中铁建工集团西南分公司党委书记杨忠轩等3人被铁总授予“全国铁路先进女职工”称号，股份公司工会王丹、中铁七局武汉公司女工委主任唐静等2人被授予“全国铁路先进女职工工作者”称号，中铁二院成都地铁三站项目部、中铁六局太原铁建天和职业服饰公司、中铁十局西北公司经营开发部等3个集体被授予“全国铁路先进女职工集体”称号，中铁二局工会女工委、中铁四局工会女工委等2个集体被授予“全国铁路先进女职工组织”称号。

【评选表彰活动】 1.股份公司工会女职工委员会授予中铁一局建工机械有限公司技术开发部等46个集体“中国中铁先进女职工集体”荣誉称号，张新玲等70名女职工“中国中铁先进女职工”荣誉称号，同时表彰中国中铁先进女职工组织34个，中国中铁先进女职工工作者48名。

2.4月27日，在总部机关召开了庆祝“五一”“五四”暨表彰第二届中国中铁“十大专家型技术工人”、“十大杰出女性”、“十大新型农民工”和第五届“中国中铁十大杰出青年”先进人物视频会议。股份公司总裁白中仁，副董事长、党委副书记、工会主席姚桂清，副总裁、财务总监、总法律顾问李建生，副总裁马力，董事会秘书于腾群等公司领导及高管参加了会议。受表彰的“四个十大”先进人物和总部机关各部门负责人以及各单位领队共80余人在主会场参加了会议。股份公司所属各二、三级单位，各工程项目指挥部党政工团领导、机关部门负责人在分会场参加了会议。

表彰会上，姚桂清主席代表股份公司党政工团宣读了“四个十大”表彰决定。股份公司领导为“四个十大”先进人物颁发了奖章和证书。“四个十大”先进人物代表在会上作了事迹报告。

3.7月17日，下发《关于表彰中国中铁“双学双扶10项行动”职工群众建言献策金点子表彰决定》。授予中铁一局等5家单位“中国中铁‘双学双扶10项行动’职工群众建言献策优秀组织单位”称号；授予中海外工程管理部职员刘振磊等30名同志“中国中铁‘双学双扶10项行动’职工群众建言献策金点子奖”。

4.10月10日，第二届中华女性书画摄影大赛组委会隆重举行了颁奖典礼。中国中铁工会女工委获得“优秀组织奖”，有3名女职工分获银奖、铜奖、优秀奖，有8名女职工获入围奖。

【下发重要文件】 1.2月21日，下发《中国中铁股份有限公司工会常委联系点制度》。2.2月22日，下发《关于开展“面对面、心贴心、实打实服务职工在基层”活动实施意见》。3.3月20日，下发《关于在全公司工会系统开展“大兴三风”建设的通知》。4.5月4日，下发《关于表彰2011年度“二次创业杯”劳动竞赛先进集体的决定》。5.5月4日，下发《关于授予刘颖慧同志“中国中铁女职工楷模”称号的决定》。6.5月4日，下发《中国中铁股份有限公司工会机关干部联系职工实施办法》。7.7月4日，下发《关于开展2012年“党工共建创先争优”评选表彰活动的通知》。8.7月17日，下发《关于表彰中国中铁“双学双扶10项行动”职工群众建言献策金点子奖的决定》。9.8月2日，下发《关于表彰党工共建创先争优先进集体和先进个人的决定》。10.8月2日，下发《关于加强形势任务教育开展为一线职民工送图书活动的通知》。11.9月3日，下发《关于建立劳动竞赛月报制度的通知》。12.9月5日，下发《关于广泛开展坚持“两个坚定不移”大干120天劳动竞赛活动的通知》。13.12月10日，下发《关于组织广大职工认真学习宣传贯彻党的十八大精神的通知》。14.12月25日，下发《于评选表彰股份公司先进女职工集体、个人的通知》。15.12月25日，下发《关于在女职工中开展大众健身操、民族健身操推广普及和比赛活动的通知》。

共青团工作

【团组织和团员队伍状况】 股份公司现有35岁以下青年12万余人，其中团员青年5万余人。有46个直属团（工）委，376个二级团委，2543多个团（总）支部。2011-2012年度，全公司有14个团委荣获省级“五四红旗团委”，有2个团组织荣获“全国五四红旗团委（支部）”。

【二届九次全委（扩大）会】 1月28日，共青团中国中铁二届九次全委（扩大）会议胜利召开。股份公司领导李长进、白中仁、姚桂清出席会议并作重要讲话。公司团委书记李新生代表股份公司团委作了题为《凝心聚力，攻坚克难，为企业实现新的发展战略目标贡献力量》的工作报告。各单位团委负责人45人参加了会议。

【中央企业郭明义爱心团队”授旗仪式】 3月4日，中国中铁成立青年志愿者服务队国务院国资委“中央企业郭明义爱心团队”授旗仪式。国资委主任、党委书记王勇，中宣部副部长申维辰出席仪式。

【读书征文活动】 3月14日，团委在全公司广大青年中深入开展以“树崇高理想，铸钢铁意志”为主题的《钢铁是怎样炼成的》读书学习活动，评选、表彰了《钢铁是怎样炼成的》读书征文活动优秀作品，公司主要领导向广大青年寄语为作品汇编《前进的力量》作序。

【“四新三讲”主题教育活动】3月29日，团委启动了“四新三讲”主题教育活动。下发《关于开展“四新三讲”主题教育活动的通知》，号召各级团组织积极邀请领导作辅导、组织青年大讨论、号召青年读好书、引导青年做贡献、鼓励青年献良策、引导青年学雷锋、发动团干上一线，共开展各类活动7558场。

【中国中铁郭明义爱心团队授旗仪式】 5月3日，“中国中铁郭明义爱心团队——总部青年在行动”授旗仪式在总部举行，股份公司副董事长、党委副书记、工会主席姚桂清出席授旗仪式，总部机关80余名团员青年参加了授旗仪式。以此次授旗仪式为起点，股份公司总部机关的七支郭明义爱心团队将陆续启动开展一系列活动。

【中国中铁纪念建团90周年新老团干座谈会】 5月4日，“中国中铁纪念建团90周年新老团干座谈会”在总部举行，来自在京各单位的45名新老团干代表参加了座谈会，股份公司领导李长进、白中仁、姚桂清出席了座谈会，为参加座谈老团干颁发了印有“青春事业，薪火相传，铭记激情燃烧的岁月”字样的工作纪念牌，并与新老团干合影留念。

【中央企业共青团五四表彰】 6个集体被命名为“中央企业青年文明号”，4个单位被授予“中央企业五四红旗团委”称号，3个单位被授予“中央企业五四红旗团支部称号”，4名个人被授予“中央企业优秀共青团干部”称号，2名个人被授予“中央企业优秀共青团员”称号，中铁大桥局王国英当选为10名中央企业杰出青年岗位能手之一，获奖集体和个人为中央企业受表彰最多的单位。

【青年DV作品征集评选活动】 5月31日，2012年度“成长•共享—青年视界看中铁”青年DV作品征集评选活动圆满结束。121部参赛作品中共评出一等奖5个、二等奖5个、三等奖10个以及最佳画面奖、最佳声效奖、最佳选题奖、最佳创意奖。

【总部机关三人制篮球赛】 6月7日，联合机关党委、体协等部门举办的总部机关2012年“三人制”篮球联赛拉开战幕，股份公司副董事长、党委副书记、工会主席姚桂清出席开幕式。

【第十一届青年技能竞赛】 6月19日-21日，中国中铁第十一届青年技能竞赛盾构机械操作工技能大赛在郑州隆重举行，16家单位的64名选手参加了比赛，比赛由中铁装备公司承办。中铁装备、中铁隧道、中铁五局、中铁七局、中铁六局分别获得大赛团体前五名。7月3日-5日，中国中铁第十一届青年技能竞赛电工技能大赛在山海关举行，来自20家单位的80名选手参加了比赛，股份公司副总裁章献出席闭幕式。7月12日-15日，中国中铁第十一届青年技能竞赛工程测量工比赛在哈尔滨举行，来自22个单位的110名选手参加了比赛，股份公司副总裁章献出席闭幕式。

【香港大学生暑期实习活动】 6月25日，第六届“共创新世界”香港暑期实习团的的三名香港中文大学学生到中国中铁开展暑期实习。股份公司副董事长、党委副书记、工会主席姚桂清接见了实习团成员。

【央企“管理提升，青年先行”主题实践活动推进会】 8月3日，团委参加中央企业“管理提升，青年先行”主题实践活动现场推进会并作典型经验交流。

【2012年度团干部培训班】 8月5日，中国中铁2012年团干部培训班在石家庄举行，118名专兼职团干部参加了此次培训。培训学员以三级单位团委书记为主体，包含部分新任职二级单位团委负责人及重点工程项目团支部书记。培训班期间还同时安排了中国中铁所属单位团委负责人年中述职会。团训班期间，还开展了“Fun动青春，乐活中铁”趣味运动会。

【中国中铁“党团共建，创先争优”总结表彰大会】 8月9日，召开中国中铁“党团共建，创先争优”总结表彰大会。股份公司副董事长、党委副书记、工会主席姚桂清为获奖集体代表颁奖并作重要讲话，41个所属单位团委负责人和118名培训班学员以及部分获奖集体代表参加了表彰大会。

【青海玉树地震灾后重建中央企业先进青年集体和个人表彰大会】 8月10日，青海玉树地震灾后重建中央企业先进青年集体和个人表彰大会在玉树隆重召开。中央企业团工委书记许高峰，共青团青海省委书记申红兴，玉树州州长王玉虎等领导出席会议，中国中铁4个先进青年集体和个人受表彰。

【中国商飞集团学习交流活动】 8月27日，到中国商飞集团开展参观学习交流活动，并同中国商飞集团公司团委进行了共青团工作交流。

【第二届中国中铁魅力团支书评选活动】 8月29日-31日，第二届中国中铁魅力团支书评选活动决赛在中铁上海上海局举办，来自全公司29家单位的58名基层团支部书记参加决赛，活动最终评选出了一、二、三等奖以及活动设计奖、才艺展示奖。

【青年安全监督岗签名宣誓大接力活动】 9月10日，团委启动了“坚持两个坚定不移，大干120天”青年安全监督岗签名宣誓大接力活动。活动以日常工作为基础，以岗员技能大赛以及各类安全文化活动为重点，以签名宣誓大接力活动为主线，积极配合各级安全部门，扎实开展事故隐患排查，加大生产安全教育培训和监督力度。

【组建中国中铁男子篮球队】 9月18日，“中国中铁男子篮球队”组建仪式在郑州举行，“中国中铁男子篮球队”教练员和所属17个单位的31名运动员参建了组建仪式。10月15日，由中国建筑业协会主办第二届全国建筑业“国基杯”篮球赛在郑州开幕，中国中铁12名队员组成“中国中铁代表队”参加了比赛。

【开通中国中铁共青团手机报】 9月23日，《中国中铁共青团手机报》正式开通。手机报内容包括股份公司团委信息、基层团情联播、青年心声、青年励志语、生活小贴士等栏目，发送对象覆盖了公司主要领导、各单位党委领导、部分新老团干约200余人。

【“神华杯”中央企业青年志愿者DV大赛】 9月27日，“神华杯”中央企业青年志愿者DV大赛评审会在北京召开，董秘于腾群应邀担任评委。评审会评出一等奖6部、二等奖8部、三等奖10部，股份公司推荐了《坚守，从雷锋到郭明义》、《爱传递、传递爱》、《慰问农民工》等3部作品，其中2部获一等奖、1部获三等奖。作品《坚守，从雷锋到郭明义》还获得最具创意奖和最佳音效奖。

【学习宣传贯彻十八大】 11月8日，中国中铁共青团微博开设“关注十八大”专栏，直击十八大开幕式现场。累计有3000多个基层团委、团支部，70000余名青年通过电视、网络、手机、微博等多种形式收听收看了开幕式。11月20日，团委召开北京地区团干部学习贯彻十八大精神座谈会，邀请十八大代表巨晓林作专题辅导。

【中国中铁团干部小课堂】 12月4日，“中国中铁团干部小课堂”在公司总部正式开讲，北京地区各单位10余名团干部参加了讲座。

【第三届中国中铁青年安全监督岗岗员技能大赛】 12月19日，第三届中国中铁青年安全监督岗岗员技能大赛在股份公司总部隆重举行，股份公司领导白中仁、姚桂清、刘辉出席决赛。来自股份公司所属24个单位的72名优秀岗员参加理论考试，并于考前与30余名团干部一起举行了隆重的宣誓仪式。中铁隧道、中铁电气化局、中铁上海局、中铁航空港、中铁装备、中铁大桥局分获团体一、二、三等奖，中铁十局吴春明15名的选手荣获“优秀岗员”称号。

机关党委工作

【机关党委】 机关党委、机关工会与行政管理部合署办公，机关党委书记、机关工会主席与行政管理部负责人交叉任职。机关党委职员1人。主要职责：

1. 负责公司总部及直属单位党员、员工的政治理论学习，提高总部及直属单位员工的政治素质。

2. 负责公司总部及直属单位党组织的思想、组织、作风建设；定期召开总部党员大会；督促检查党组织召开党员大会和生活会的情况。

3. 负责抓好机关党风建设，监督检查机关完善惩防体系和落实党风廉政建设责任制及有关规定的落实情况，做好对违纪党员的教育和处理工作。

4. 结合机关改革发展和生产经营工作实际，抓好机关精神文明建设，做好员工的思想政治工作。

5. 负责制定总部员工培训规划，协助有关部门抓好总部员工培训计划的落实。

6. 负责机关党内统计工作，做好总部党费收缴、使用和管理工作，转递党组织关系。

7. 抓好机关党组织“三会一课”制度的落实；组织开展党内建设活动，做好表彰和推荐先进党组织和优秀共产党员、优秀党务干部工作。

8. 负责机关和直属单位党委、总支和支部换届选举工作。

9. 做好发展党员工作。指导党组织做好对预备党员和积极分子的培养教育和考查工作。

10. 加强党员教育和管理，发挥党组织的战斗堡垒作用和党员的先锋模范作用，提高机关党组织的战斗力。

11. 认真贯彻落实工会工作的法规、规章和制度，组织会员学习党的方针政策，建设有理想、有道德、有文化、有纪律的职工队伍。

12. 加强民主管理，发挥维护、建设、参与和教育职能。做好职工的社会保障工作，建立完善的职工互助保障体系，解决职工的实际困难。

13. 积极开展群众性的劳动竞赛，合理化建议活动和组织开展文化体育活动。

14. 围绕公司改革发展和稳定中心，认真研究和部署机关工会的工作，动员组织广大会员立足本职，建功立业。

15. 抓好所属工会组织的组织建设和思想建设，发挥所属工会组织的作用，抓好各级工会干部的培训工作。

16. 加强对机关共青团组织的政治领导，支持其独立负责地开展工作。

17. 完成领导交办的其它工作。

【加强党建标准化建设】 2012年，认真贯彻落实“基层组织建设年”工作要求，坚持制度先行、规范管理，强组织、增活力，党建工作标准化水平有新提高。一是召开了2012年机关党委工作会议暨2011年度员工业绩考核动员会。贯彻落实了公司党代会、职代会和工作会等一系列会议精神，对2012年机关党的工作进行了统筹安排和系统部署。二是制定并实施了《总部机关党支部工作标准化建设考评办法》。年初，对机关22个党支部《党支部工作手册》填写情况进行了统一检查，针对检查中发现的问题，从组织设置、制度建设、教育管理、主题活动、党员发展、党费收缴、内业资料等方面确定了考评标准，制定并实施了《考评办法》。三是制定下发了《关于进一步加强和改进新形势下机关党的建设工作的意见》，明确了新形势、新任务、新时期机关党建工作总体要求和主要任务，确立了机关党建抓什么、怎么抓、以什么样的措施抓到位等具体思路，建立了创先争优的长效机制。四是制定下发了《关于加强股份公司所属单位党组织关系管理的通知》，理顺了机关党委与公司所属单位在组织关系转接、党员发展、党费收缴和党内统计等方面的管理关系，规范了工作程序。五是加强了领导班子和组织建设。调整了机关党委、纪委工会班子组成人员，加强了党委班子力量，充实完善了纪委班子，重新选举产生了工会新班子。同时，指导3个党支部完成了班子的补充调整和改选工作，确保党支部班子建设到位。六是规范了党建基础工作。本年度转递组织关系70人，保证了党员及时编入党组织并参加党内活动；组织了21名入党积极分子参加了为期五天的脱产培训学习，确保发展对象学习不走过场；严格把关，规范程序，发展预备党员1名，预备党员转正6名；加强机关党务公开工作，丰富党务公开内容，编发了《机关党建》18期。

【深入开展总部创先争优活动】 全面落实创先争优活动各项要求，做到了贯彻走在前、成果做表率、多措并举创实效。一是认真进行群众评议，推动了创先争优活动深入开展。制定下发了《关于对党支部和党员开展创先争优活动情况进行群众评议的通知》，召开工作会议进行安排和布署。22个党支部全部开展了群众评议工作，257名党员群众参加了评议活动。252名党员中，接受群众评议的党员248人，评议率达98.4%。群众评议对党支部的满意度达100%，对党员的满意度达99.6%。二是丰富活动载体，营造了创先争优活动浓厚氛围。国资委“中央企业郭明义爱心团队”授旗仪式在机关成功举办，机关党委以此为契机，以“岗位学雷锋、争做好员工”为主题，积极开展“双学”活动，践行雷锋精神、向郭明义同志学习、向刘颖慧同志学习，利用先进典型和先进事迹影响、感召、带动和激发了广大员工创先争优的自觉性、主动性和积极性。三是领导亲自点评指导，推进创先争优活动扎实进行。4月上旬，公司领导姚桂清、许廷旺带领机关党委、干部部利用两天的时间集中听取了23个支部（部门）创先争优活动整改和执行力建设等工作情况的汇报，并进行逐一点评，对亮点充分肯定，指出存在的不足，提出改进要求，推动创先争优活动扎实进行。四是总结表彰提升，建立了创先争优活动长效机制。召开了庆祝建党91周年暨创先争优活动总结表彰会议，总结了创先争优活动的好经验，表彰了创先争优活动中涌现出的10个先进党支部、40名优秀共产党员和12名优秀支部工作者。干部部党支部、科技设计部党支部荣获中国中铁创先争优先进基层党组织，杨良、刘颖慧荣获中国中铁创先争优优秀共产党员，丁荣昌、苑宝印荣获中国中铁创先争优优秀党务工作者。创先争优活动的开展使机关党建标准化建设有了新加强、服务企业发展取得了新成效、机关工作作风有了新变化、员工群众得到了新实惠。

【推进学习型党组织建设】 高度重视学习型机关、学习型党组织建设，通过深化理论学习、优化学习载体，进一步提高机关广大党员干部群众思想理论和政治素质。为各支部购买了《怎样当好支部书记》、《支部书记工作方法十谈》等学习资料，提高了支部书记工作能力与水平；为机关每位党员发放了学习卡，激发党员干部学习热情；组织开展了“强素质、做表率”读书活动，联系企业实际，学以致用，破解企业发展难题；会同公司团委开展了《钢铁是怎样炼成的》主题读书征文活动，发放英语学习词典、《钢铁是怎样炼成的》等书籍600余本，并对主题读书征文活动收到的61篇征文进行了评比表彰，营造了浓厚的学习氛围；会同安质环保部举行了员工安全质量宣誓活动，从机关做起、从自身做起，增强安全生产意识；会同干部部举办了“团队沟通与执行力”专题讲座，邀请专家进行辅导，提高了员工团队合作意识；组织机关各党支部收听收看胡锦涛同志在建党91周年发表的重要讲话以及在党的十八大上所作的报告，为机关和直属单位党员购买《十八大报告》、新修改的《党章》及各类学习辅导资料1300余册，并召开机关深入学习宣传贯彻党的十八大精神动员部署会议、深入学习宣传贯彻党的十八大精神专题会议，部署和推动了机关深入学习、广泛宣传、全面贯彻党的十八大精神工作；提出并开展“六个一”学习教育活动，组织动员机关和广大党员干部职工迅速掀起了学习党的十八大精神的热潮。通过这些学习活动的开展，在机关形成了重视学习、崇尚学习、坚持学习的良好氛围，机关党员员工学习能力得到提升，知识素养不断提高。

【加强执行力和廉洁建设】 机关党委和各支部认真落实公司、公司党委“执行力建设年”工作要求，结合创先争优活动整改与提高的实际，积极配合公司领导深入基层开展专题调研工作，了解基层和施工一线的新情况，帮助解决基层的实际问题，并在工作中做到热情服务、耐心指导、高效办事，推进了执行力建设，促进机关管理工作提升，有效解决了“门难进、脸难看、事难办”的问题，机关工作中存在的“庸、懒、散”现象得到明显改变，党员干部员工、创业创新创优的责任感、紧迫感进一步增强。机关党委先后组织召开了机关廉洁建设专题会议、刘志军违纪案件情况通报会议、薄熙来违纪案件查处情况通报会议，强化了对党员干部的党性教育和反腐倡廉教育。各支部书记坚持“一岗双责”制度，管好自己的人、管好身边的人、管好分管的人，进一步解决了少数党员干部“不适应、不符合”和在党性党风党纪等方面的不足和问题。通过开展各类主题教育活动，提高了机关领导干部廉洁从政意识和广大党员廉洁从业的自觉性，培育了爱岗敬业、优质服务、勤俭节约、高效廉洁的作风。通过身边的典型案例加强警示教育，不断增加机关党员干部危机意识和风险意识，强化了党性观念、大局观念和廉政观念。机关工作作风有了新转变，形成了爱岗敬业之风、服务基层之风、廉洁从业之风，进一步树立了服务型、清廉型机关的良好形象。

【推进党群共建】 以党建带工建、党建带团建，进一步加强了机关建设，增添了机关新的生机与活力。机关党委、工会策划的新春团拜会推陈出新，给机关广大员工留下了美好印象。各类文娱体育活动的认真组织，舞蹈、蓝球、乒乓球、台球、羽毛球比赛有序地开展，不仅强身健体，还为机关员工之间的交流与沟通提供了广阔的平台。“三八”节举办“完美服饰与色彩搭配”主题讲座、女职工体检新增检项，让“半边天”感受到公司更细致的关怀。机关团委“五四”青年节“双学双扶十项行动”，选树并表彰青年岗位能手标兵7名、青年岗位能手25名、优秀团干部7名，激发了青年员工建功立业的热情；刘颖慧患病期间，公司领导和员工共有303人捐款10.46万元，充分展示了机关员工团结友爱、“一方有难、八方支援”的爱心精神；《钢铁是怎样炼成的》读书征文活动优秀作品汇编成册，公司党政主要领导亲自题词作序，发至每位员工，激发了机关员工创业做贡献、创优当先锋的积极性。这些活动活跃了机关文化生活，推进了团队建设与和谐文明机关建设，有效地激发了广大党员员工的工作热情，增强了机关凝聚力、向心力和活力。

机关工会工作

【职工文体生活】 1月20日组织召开2012年总部机关迎新春联谊会。公司领导与总部员工欢聚一堂，共迎新春。李书记代表公司领导班子全体给总部员工送关怀、送祝福，公司领导抽奖形式为总部员工送温暖、送心意，机关23个部门的员工以视频方式向公司领导和员工表达祝福与心愿，同时进行文艺联欢与演出，进一步增强机关的凝聚力、向心力和活力。5月、6月份机关工会会同公司体协、团委，相继组织开展了员工乒乓球、篮球、桌球等喜闻乐见、充满活力、有益于身心健康的活动。通过丰富多彩的比赛，展现了机关员工良好的精神风貌，丰富了机关员工业余生活，进一步增强了广大员工的团队意识和拼搏进取精神，营造了良好的机关文化。同时，为总部员工办理2012年公园年票340余张。

【召开机关会员代表会议】 2月17日机关工会召开了第一次会员代表大会，应到会正式代表58人，实到会正式代表56人。会议按照民主程序，采取无记名投票差额选举方式，选举产生了由韩东等9名同志组成的机关工会第一届委员会。会议采取无记名投票等额选举方式，选举产生了由张利生等3名同志组成的经费审查委员会。会议采取无记名投票等额选举方式，替补选举产生了韩东为股份公司职工代表。

2月17日，机关工会第一届委员会召开第一次会议，无记名投票等额选举产生了工会主席、副主席。经费审查委员会召开第一次会议，无记名等额选举产生了经费审查委员会主任。机关工会委员会、主席、副主席、经费审查委员会及主任和替补选举职工代表的组成名单及有关的得票情况如下：

工会委员会委员：(9名，按姓氏笔划为序排列)王伟、李平、刘涵宁、刘赪、汪涛、张利生、常玉伟、蒋莉、韩东。

主席：韩东，副主席：刘赪。

经费审查委员会委员：(3名，按姓氏笔划为序排列)刘刚、张利生、夏珊珊。

经费审查委员会主任：张利生。

替补选举公司职工代表：韩东。

【“送温暖”慰问工作】 坚持经常性送温暖活动，春节期间慰问机关困难员工。坚持日常员工生老病、住院送温暖。“三八”妇女节、“六一”儿童节为女职工和14岁以内儿童员工发放慰问金共计76800元，在元宵节、端午节、中秋节等传统节日为职工办福利，把企业的关怀送到每位员工。同时，努力做好女职工工作，按期组织了每年的女职工妇科体检工作，有60余名参加了妇科检查，没发现一例妇科病症。以“三八”妇女节、女职工妇科检查为载体，逐年增加慰问费，续保了“女职工安康保险”。在总裁办公室高级经理刘颖慧患病期间，机关工会组织开展了“学习郭明义、向刘颖慧同志献爱心”捐助活动，向身患重病、却心系岗位、坚持工作的刘颖慧同志伸出了援助之手，机关303人为其捐助共计104600元，机关工会于8月31日代表公司、公司党委、公司领导和总部全体员工将捐助资金和爱心送到刘颖慧手中。

【计划生育工作】 做好日常的计生工作，为初婚员工办理了生育光荣证。核准办理了独生子女补贴，热情办理育龄职工的“准生证”，独生子女关系转接等工作，年终将2012年调入人员的计划生育关系，进行了统计、确认、核算，发通知单配合劳资部，保证年终计生补贴的按时发放。

【会费管理】 及时收缴、上解工会会费，管好、用好工会经费努力为职工办实事。根据工会财务工作群众性和独立性特点，坚持做到收好、管好、用好各项经费，使有限工会经费发挥较大的作用，切实保障职工活动的合理需求。认真配合开展高云主席离任审计工作，接受了上级工会经费审计，机关工会认真充分准备，将近年来经费的收缴、管理、使用等情况向经审委做了总结汇报，并与经审委交换了意见，得到肯定和好评。

【体检保健工作】 为保障总部员工的身体健康，经对多家体检机构和医院比选，并充分听取广大员工的意见和建议，9月26、27日组织总部全体员工在解放军307医院进行了健康体检。考虑近几年总部员工患重大疾病员工增多的情况，体检项目增加了常见多发恶性肿瘤、胃部早期慢性疾病的早期筛选及男职工前列腺和女职工子宫B超等项目，有276名员工参加体检。在组织做好员工健康体检的基础上，11月22日下午，特邀卫生部健康教育首席专家、中国人民解放军301医院赵霖教授来总部机关做养生保健讲座；11月27日，特邀现代牧业公司来总部机关进行生活饮用奶类用品的现场宣推，在总部员工中积极宣传普及养生保健知识，努力提高员工健康意识。

【餐厅日常管理】 努力保持与送餐公司的沟通，监督饭菜的卫生、质量、品种、数量，收集整理机关食堂就餐管理意见和建议，并针对总部员工反映的主要问题，要求天使食府按照整改通知限期整改。对餐厅破损桌椅进行了维修、更换，针对员工和天使食府普遍反映的问题，制定发布了《关于规范用餐事项》，规范了餐厅管理工作。

报 社

【报社】《中国中铁》报创刊于2003年1月，原名《中国铁路工程》报，是由中国铁路工程总公司党委主办的、在全公司内部发行的报纸，截至2012年底已出刊486期。目前报社定员5人，现员4人，设总编1人，副总编2人，部员2人。

2012年，中国中铁报社围绕公司党代会提出的发展战略目标与工作会议确立的“保发展，调结构，强管理，促稳定”的中心工作要求，强化政治意识、大局意识、责任意识、阵地意识、导向意识，坚持团结、稳定、鼓劲和正面宣传的方针，追求“每期有看点，每月有亮点，每阶段有重大题材报道”的目标，不断拓展报道思路，创新报道手段，在版面设计、栏目策划上与时俱进，较好地发挥了报纸统一思想、凝心聚力、树形鼓劲、交流信息、教育引导的作用。在编辑部人手极为紧张的情况下，克服各种困难，全年共出版发行报纸48期，其中24期8个版，1期6个版，同步上传网络数字报48期，累计290个版；从51420篇来稿中，编发稿件4459篇；全年印发报纸96万份。

【舆论引导和新闻宣传】1.注重策划，成功完成了总公司党代会、包括年初工作会在内的各种重要会议和党的十八大精神的宣传任务。

2.把握重点，根据公司不同阶段重点工作打造阶段性宣传强势，报导了全面预算管理、后备干部公开选拔、管理提升和“大干120天”劳动竞赛、安全、经营开发等工作。

3.不断推进，持续抓好公司党群工作重大活动和题材的报道，重点报道了创先争优、“执行力建设年”、“双学双扶”等活动。

4.聚焦典型，深度挖掘，宣传报道了一大批先进典型。宣传报道的总部机关刘颖慧、四局范成江、五局黄东林，17名中国中铁专家，创先争优先进人物等，发挥出较强的影响力。

5.丰富文化，多角度办好文艺副刊，满足广大员工对中国中铁精神家园多层次的需求。

【重大题材、深度报道的稿件采写】2012年，报社坚持实践“三贴近”（贴近实际、贴近生活、贴近群众）工作原则，开展“走转改”（走基层、转作风、改文风）活动。在人员紧、报纸出版周期固定的情况下，各版编辑互相协作，挤出时间，下基层采写文章。在股份公司和北京地区现场采访、拍照约150余人次，采写稿件近百篇，并为有关部门提供了大量照片。为配合坦赞铁路大修改造经营工作，撰写刊发了中铁建工坦桑尼亚公司发展纪实长篇通讯《在走出去战略中做强做大》，同时在新华网、人民网发表。为沈阳四环BT项目、玉树援建工程、中铁交通成立5周年活动采写了长篇通讯；采写并宣传了刘颖慧先进事迹。在公司领导的指导下，配合企业中心工作、重点任务，撰写了《立足自身渡难关》、《直面困难，共克时艰》等本报评论员文章，强化了舆论引导力。

【管理提升】一、努力提高报社采编人员的思想水平和业务能力

（一）在报社采编人员中开展思想教育活动，包括：创先争优、“双学双扶”、每周公司形势任务通报学习、日常政治理论和党的十八大精神学习、新闻业务学习。

（二）继续抓好基层通讯员队伍建设。应邀深入基层开展培训工作，据不完全统计，参加听课的基层单位骨干通讯员达900多人次；继续实施骨干通讯员轮训并帮助工作制度，今年基层选送了6人先后到报社接受培训。

（三）以通讯会议的形式召开第三次编委会会议暨新闻业务研讨会，征询了各单位对报纸工作的意见和建议。

（四）开展各类评比活动，有效激发了广大通讯员的创作热情。先后开展了《中国中铁》报优秀通讯员、发行员、发行单位、投稿组织单位，好新闻、摄影、“建言献策，共谋发展”征文等评比活动。

积极推荐优秀作品参加全国铁路好新闻评选。报社报送的2011年度3篇作品，全部获得该奖项最高奖一等奖，创造了历年参评的最好成绩。

二、其他工作

进一步改进《中国中铁》报通联发行工作，保证报纸发行到位。

进一步优化数字报网络建设，结合报社10周年庆祝活动，对数字报进行了改版，美化了页面，优化了搜索功能。

发挥行业优势，与地方新闻媒体建立常态化联系，积极推介稿件，应对突发舆情。今年，帮助有关单位从不少网站上撤除了可能会给企业带来负面影响的泄密性报道。陪同人民日报社摄影记者对中铁隧道部分在建工程进行采访，在《人民日报》上刊发了2/3个版面图片新闻。9月，报社同志当选全国铁路记协常务理事、副主席，进一步扩大了《中国中铁》报的影响力。

【报道重点工作】1.认真做好贯彻落实党的十八大精神、股份公司系列会议精神的新闻宣传报道工作。

2.围绕股份公司重点工作，精心组织策划，抓好新闻宣传报道工作。

3.继续改进与提高报纸宣传工作质量。通过报庆10周年座谈会和第四次编委会暨新闻工作研讨会，梳理各单位意

见建议，制订整改方案和措施，改进工作，提高质量。改进工作作风，改进文风。多编发贴近生产生活、贴近员工群众的稿件，“做大题、写短文”、破除“八股”模式，编精政务新闻，写活写短纪实通讯类文章；关注焦点问题，在坚持正面宣传和舆论引导为主的前提下，加强新闻舆论监督，激浊扬清。

4. 加强内部建设，促进报社各项工作水平的全面提升。

5. 认真开展评奖工作，促进基层单位新闻宣传工作与通讯员写稿水平得到不断提升。

政研会工作

【落实工作部署】 2012 年，公司各级党建思想政治工作研究会坚持以科学发展观为指导，以“保发展、调结构、强管理、促稳定”为中心，以企业党建思想政治工作的重大理论和现实问题为主攻方向，本着理论研究与实践探索并举、重在应用研究的宗旨，坚持围绕中心、服务大局，立足应用、指导实践，努力形成一批具有理论前瞻性、实践指导性的研究成果，推动企业党建思想政治工作改进创新，为促进企业实现科学发展和谐发展提供了思想和精神保证。

各级党建政研会继续认真贯彻《关于加强和改进全公司党建政研会工作的指导意见》，进一步加强了党建政研会工作。部分新组建的单位，着手建立了党建政研会组织；随着机构改革和领导班子调整，各单位及时调整了党建政研会领导成员。基本建立健全了股份公司、集团公司、子(分)公司三级研究会组织网络。各级党建政研会坚持面向基层、为基层服务的原则，研究活动以基层为主，研究课题以当前为主，研究目的以应用为主，着力研究企业改革发展稳定中的难点、热点问题，为企业决策提供参考，充分发挥了党建政研会调查研究、理论探讨、交流经验、传播信息、咨询服务、参谋助手的作用。

【参加全国党建研究会课题研究活动】 2012 年 3 月份，根据全国党建研究会下达的研究课题，结合公司实际确定申报了重点立项课题，根据全国党建研究会批复，中国中铁作为唯一一家中央企业与吉林省、浙江省、贵州省、安徽省、宁夏回族自治区、内蒙古自治区、青岛市、长春市的党建研究会，中央国家机关、全国文化系统党建研究会，外交部机关党委，全国总工会机关党委等十多个单位共同承担 2012 年度全国党建研究会的重点立项课题——“党员干部模范践行社会主义核心价值体系研究”，并独家承担“国有企业党员干部模范践行社会主义核心价值体系研究”子课题报告。根据全国党建研究会 2012 年度重点课题研究实施方案，于 5 月 25 日在石家庄中铁工程总公司党校召开了 2012 年重点立项课题“国有企业党员干部模范践行社会主义核心价值体系研究”研讨会。会后起草了在全国党建研究会立项的“国有企业党员干部模范践行社会主义核心价值体系研究”子课题研究报告初稿。于 10 月 24——26 日在河南新乡参加了全国党建研究会召开的“党员干部模范践行社会主义核心价值体系研究交流研讨会”，按照会议的要求，结合党的十八大精神，压缩修改了子课题研究报告，按照统一格式印制子课题报告，于 11 月 20 日前上报给全国党建研究会秘书处和总课题牵头单位－宁夏自治区党建研究会。

【推荐中央企业党建政研会第三届理事】 根据国资委党委关于召开第二届中央企业思想政治工作表彰大会暨中央企业党建思想政治工作研究会第三次会员代表大会的通知精神，及时完成了第三届理事推荐表等有关材料上报。在中央企业党建政研会第三次会员代表大会会议上，中国中铁党委书记、董事长李长进当选为中央企业党建思想政治工作研究会理事、常务理事及副会长。

【参加中央企业课题研究活动】 根据中央企业党建政研会的安排，继续开展了 2011－2012 年度重点课题研究工作。一季度完成了“加强境外工程项目党建工作探索与研究”报告主件初稿，二季度完成了“加强农民工、劳务工党建工作的探索与研究”报告主件初稿，三季度认真收集整理编写了两个课题研究报告附件，按照中央企业党建政研会秘书处规定的通用格式印制了课题研究报告，于10月17－19 日在青岛参加了中石油牵头的中央企业党建政研会第二课题组研究成果初评会，会后，按照统一格式，认真印制了课题报告主附件合订本，填写推荐表，于 11 月初向第二课题组牵头上报了课题研究报告主附件材料，参加中央企业党建政研会组织的优秀研究成果评审。

【承担中央企业第十二组牵头工作】 作为中央企业党建政研会第十二课题组的牵头单位，经过认真筹备，于 6 月 3 日至 5 日，在安徽黄山召开了中央企业党建思想政治工作研究会第十二课题组研究成果交流研讨会。这次会议由中国中铁主办，中国中铁四局承办。中央企业党建政研会领导和第十二课题组成员单位的代表近 40 人参加会议，中国中铁、中国电力投资集团等 26 家中央企业的代表在会上发言，交流了 28 个课题研究报告，推出了一批党建思想政治工作研究的新成果。会议结束前，国务院国资委宣传工作局副局长毛一翔作了讲话，充分肯定了会议的各项工作，中央企业党建政研会研究部部长李世华对对下一步的课题研究工作提出了要求。于 9 月 23－26 日，在兰州召开了第十二课题组研究成果初评会，这次会议由中铁西北科学研究院承办。中央企业党建政研会研究部部长李世华出席会议并讲话，中国中铁等 26 家中央企业成员单位课题组负责人参加了会议，在广泛深入交流各单位立项课题研究成果的基础上，进行优秀研究成果评选，中国中铁党委《加强农民工、劳务工党建工作的探索与研究》的课题报告获得与会人员的一致好评。会后认真收集汇总了 26 家成员企业修改后的研究成果主附件合订本，填写了第十二课题组推荐意见，起草了中央企业党建政研会第十二课题组 2011－2012 年度研究工作总结，于 11 月初向中央企业党建政研会评报送了有关资料，圆满完成了第十二课题组 2011－2012 年度研究工作任务。

【党建政研会研究成果】 经过专家评审，中国中铁党委课题组承担的“国有企业党员干部模范践行社会主义核心价值体系研究”子课题研究报告、“加强境外工程项目党建工作调查与研究”自选课题调研报告同获二等奖。根据中央企业党建思想政治工作研究会“关于表彰 2011－2010 年度优秀研究成果和课题研究优秀组织单位的决定”。中国中铁上报的重点立项研究课题《加强农民工、劳务工党建工作的探索与研究》、《加强境外工程项目党建工作的探索与研究》两项研究成果分别获得中央企业党建思想政治工作优秀研究成果一、二等奖，同时中国中铁还获得 2011—2012 年度课题研究优秀组织奖。至此，中国中铁已经在中央企业获得党建思想政治工作优秀研究成果五连冠，是中央企业唯一获此殊荣的单位。

【指导二级企业开展重点课题研究活动】 为了巩固和扩大研究成果，股份公司党建政研会转发了中央企业党建政研会的立项研究课题，召开各单位党建政研会秘书长会议，进行了重点课题研究工作业务培训，中铁一、六、八、九局、大桥、电化、建工集团 7 个二级企业的党建政研会自愿向中央企业党建政研会申报了 2011—2012 年度立项研究课题，积极开展重点课题调研活动，推出一批具有较高水平的研究成果。其中，中铁电气化局的《国有企业政治优势转化为竞争力的探索与实践》、中铁建工集团的《项目党建标准化实践与研究》课题报告分别获得二等奖；中铁一局的《履行社会责任工作实践研究》、中铁六局的《工程施工企业企业文化建设评价体系实践与研究》、中铁八局的《国有建筑施工企业离退休职工思想工作调查与研究》、中铁九局的《建筑施工企业建设学习型党组织实践与研究》、中铁大桥局六公司的《建筑企业高技能人才队伍建设情况调研》课题报告分别获得三等奖。

【参加中国企业文化研究会开展的活动】 根据中国企业文化研究会关于举办“第六届中国企业文化百人学术论坛暨全国企业文化（玉柴）现场会”的通知，我们认真起草并按时上报了中国中铁“推进社会主义核心价值体系向企业价值理念转化的实践与研究”的研究报告，参加优秀研究成果评选。于 7 月 14－16 日在广西玉林参加了“第六届中国企业文化百人学术论坛暨全国企业文化（玉柴）现场会”会议，中国中铁党委《推进社会主义核心价值体系向企业价值理念转化的实践与研究》的课题报告获全国企业文化科研成果一等奖，是这次唯一一家以集体研究成果获一等奖的单位。

【围绕企业改革发展开展研究工作】 根据中国中铁党代会提出的实现“一大目标”、达到“五个标准”、推进“六大战略”企业新的发展战略。公司各级党建政研会围绕企业改革发展稳定大局，以“保发展、调结构、强管理、促稳定”为中心，以提高企业党的建设科学化水平为目标，以加强思想政治、领导班子、基层党组织、企业文化、党风廉政、和谐企业“六大建设”为重点，紧密结合本单位实际，选择了一批企业改革发展稳定和党建思想政治工作中的重点、热点、难点问题作为研究课题，深入开展党建思想政治工作调查研究活动，推出了一批具有前瞻性、针对性、指导性的优秀研究成果，为企业应对挑战、攻坚克难、转型升级、谋求新的发展提供了思想政治保证。国资委《企业文明》杂志于 2012 年第四期刊登了公司政研会经过深入调研，撰写的政治优势是怎样转化为企业发展优势的——关于中国中铁八局八年发展历程的调研报告，从一个侧面，反映了中国中铁党建思想政治工作促进企业发展取得的成果。

【提高《中国中铁党建》办刊水平】 坚持以改革创新精神办刊物，紧紧围绕企业改革发展和生产经营中心，紧紧围绕企业党建思想政治工作的重点工作和重大活动，精心策划，精心选题，精心组稿、选稿、编稿，把《中国中铁党建》办成了版式新颖、图文并茂、内容丰富、理论联系实际，体现中国中铁特色和基层工作特点，具有权威性、指导性、可读性和有说服力与感染力的刊物。2012 年，《中国中铁党建》共出刊 6 期，刊登了 280 多篇文章，增强了刊物内容的针对性、实效性，提高刊物在企业和职工中的吸引力和影响力。

高级技术专家

【2012年新增高级技术专家】

教授级高级工程师：

中铁一局　苌建奎　王树旺　谯生有　杨庆勇　杨宏伟　张金灵　吕永宏　严　斌　温江涛　张新义　曾大庆　王亚美　李　坚　李晓峰

中铁二局　蒋光全　邹宏伟　吴　明　贺志荣　马　辉　陈自力

中铁三局　黄怀朋　王新洁　段建国　赵阳晨　张民栓　张克治　鲁建邦　王建亮　高建利　张　威　贾士俊

中铁四局　王传越　张宏斌　张杰胜　牛子民　任在栋　杨　翼　付国才　李　强　贾炳义　杨贤武　程林华　张　坤　陈秀花　李祥平　洪　源　冯依朋　亢　凯　熊庆华

中铁五局　蒲青松

中铁六局　杨振江　王春河　肖志强　安润扣　蔡忠泽　姜　敏

中铁七局　褚中理　陶福金　拓守盛

中铁八局　米骥德　倪贵诗　姚　辉

中铁九局　张润文　夏志华　王长江　李旭东

中铁十局　郭凤芝　李　晖　王福光　刘志坚　文　璐

中铁大桥局　宋小三　姚发海　龚国锋　王晓敬　潘　军　皮军云　刘爱林　兰其平　晏敬东　钟继卫　彭旭民

中铁隧道局　翟学东　李少利　韩静玉　赵庚亮　张新洲　阮清林　李红军　罗占夫　王　刚　贺维国　王昌洪　刘金祥

中铁电气化局　刘　杰　高　鸣　杨智华　李汉卿　周　琳　董安平　陈建明

中铁建工　周志立　王世明　杨智艳　魏　振　曹少卫　宋建辉

中铁二院　周定祥　李　能　杜宇本　雷旭友　钟　新　吴学全　李慧君　殷继兴　陈扬义　鄢　勇　周　成　曹　彧　潘樾富　汪秋宾　王学林　杨　捷　王庆生　石义军　柴家远　周明亮　李学军　廖成强　缪胜林　韩　鹏　谢　林

中铁设计咨询　蒋泽军　奚文媛　曾若飞　刘玉亮　杨　帆　石　山　席　社　李红侠　刘保红　马竹青　李坤丰

中铁港航　谢季军　金　沐

中铁航空港　姜志刚

中铁上海局　刘兴斌　严从林

中铁建设投资　刘继强

中铁大桥院　舒思利　李明华　苏　杨

中铁西北院　王秉勇

中铁西南院　周　波

中铁山桥　金荣铭　胡广瑞　张　瑶　曹东威　徐向军

中铁宝桥　张洲旭

中铁科工　魏　菲　叶　文　郑自元

建设分公司　张永强

总部机关　马　力　李凤超　裴清宁　李卫华

省部级有突出贡献的优秀专家：

中铁二局　陈　叔　刘仁智　王　勇　邱学良　何开伟　王云波　林　原

省部级学术技术带头人：

中铁二局　卿三惠　林　原　潘永光　刘乃生　丁　睿　李友明

截至2012年底高级技术专家：

【中国工程院院士】

方秦汉　中铁大桥勘测设计院集团有限公司

秦顺全　中铁大桥局集团有限公司

【中国勘察设计大师】

杨　进　中铁大桥勘测设计院集团有限公司
卓宝熙　中铁工程铁设计咨询集团有限公司
马庭林　中铁二院工程集团有限责任公司
徐恭义　中铁大桥局勘测设计有限公司
高宗余　中铁大桥勘测设计院有限公司

【国家级有突出贡献的中青年专家】

杨　进　中铁大桥局勘测设计院公司
王梦恕　中铁隧道集团有限公司
马其祥　中铁电气化局集团有限公司
沈长耀　中铁工程铁设计咨询集团有限公司
王建宇　中铁西南科学研究院有限公司

【新世纪百千万人才工程国家级人选】

秦顺全　中铁大桥局集团有限公司
高宗余　中铁大桥勘测设计院集团有限公司
徐恭义　中铁大桥勘测设计院集团有限公司
徐升桥　中铁工程设计咨询集团有限公司
廖小平　中铁西北科学研究院有限公司

【中国青年科技奖】

秦顺全　中铁大桥局集团有限公司
何庭国　中铁二院工程集团有限责任公司

【省部级有突出贡献的中青年专家】

中铁一局　郭民龙
中铁大桥局　陈洪钺　刘均岩　张立超　赵梅桥　余启新　张春新　刘自明　秦顺全　宋　杰
中铁二院　张　雄　曾德礼　朱　颖　胡光常　扈　森　陶伟明　许志艳　李海光　周　建
中铁设计咨询　黄铁生　李胜华
中铁西南院　梅志荣

【享受政府特殊津贴人员】

总公司机关　诸均安　秦凇君　李际中　轩辕啸雯　白继承　吴信然　郝光隆　张建峰　孙德永　刘　辉　刘　春　何振宁　李怡厚　刘成军　史柏生　白中仁
中海外　郑　亮　熊光裕
中铁一局　甘道佑　白文清　叶录年　杜谟远　程槐朗　杨兆虎　欧阳泉　韩　溥　朱　飙　张松柏　黄海清　钱家安　张金夫　窦铁成　范恒秀　和民锁　白芝勇
中铁二局　罗正荣　关世贵　王守仁　郭子明　张泽民　杨鉴凌　邵祚钧　鲍子固　龚　倩　田少民　付仁泰　王永国　郑宝迪　王云波　任绍刚
中铁三局　阴飞龙　缪垂祖　刘志江　虞铁春　郭喜忠　杨世福　刘章奎　王家林　李修森　吴仁友　赵宗礼　边炳龛　付其栋　刘宏刚　赵延心　刘同良　张俊兵
中铁四局　宋桂华　金新康　盛仁声　周柏常　朱善乃　李湘涛　罗传义　黄天培　石　麟　钱文展　成振远　周振强　李学民　闫子才
中铁五局　王　开　乔培枫　雷国琳　徐志洪　邓松华　李荣泰　宋德光　付永贵　房晓军
中铁六局　钱树青　赵剑发　肖于太
中铁七局　王斯华　刘林山
中铁八局　赵　智　冀嵩山　任仁南
中铁九局　李成富　左良仁　孙宏义
中铁十局　肖时开
中铁大桥局　陈守容　邱　岳　赵煜澄　戴宗诚　曹春元　周民侠　刘长元　李瀛沧　邵克华　林荫岳　任旭初　彭月燊　林国雄　王夑培　秦顺全　陈元喜　吴时才　陶建山　谢红兵　宋伟俊　刘杰文　秦环兵　潘东发　文武松　王国英
中铁隧道　蒋中庸　姚一飞　谭曼怡　李才儒　吴鸣冈　刘昌用　王梦恕　范国文　洪开荣　刘招伟　李治国　李友坤　张文庭
中铁建工　陈明辉　陆增育　杨金绪　郁　鑫　朱　瑞　周德方　宋贵元　周旭歧　浦中修　黄守和　杨　煜
中铁电气化局　谢书佐　严秀聪　徐蕴芳　王立朗　张振华　顾鸿鹏　姚　磐　陆明强　容仕宽　吴高荣　曹东白　史集芬　马其祥　肖培龙　王立天
中铁航空港　王兆增
中铁上海局　田兴善　周建国　林其荃
中铁设计咨询　沈长耀　东玉振　卓宝熙　胡志贵　郑魁信　沙志国　蒋秉和　郑天中　丁伯皋　洪　瑚　陈绍光　李鸿敏　齐顺卿　徐升桥　赵凤德　吴锦元　于兴义　李胜华　许有全
中铁二院　苏光亨　孙泽民　李闫生　陈俊真　陈国亮　郝昭謇　陈光曦　吴宗俭　田宜鑫　倪鹤龄　李泽民　陈俊虎　徐良德　陈浩然　徐　勇　李海光　马庭林　方亚非　符德川　张祉道　蒋忠信　林　骏　陈克坚　李安洪　高　杨　朱　颖　魏永幸

中铁大桥院　高宗余　方秦汉　杨　进　徐恭义　张　敏
中铁山桥　屈运平　高德春　王德胜　张芸玲　徐安友
王柏重　于宝东　魏云翔
中铁宝桥　王振明　张庆魁　孙昌茂　李　毅　常秉立
夏桂钰　董彦录
中铁科工　冯保之　李育桃　黄渝成　张显忠　张仲礼
张智莹　党春太　鄢怀斌　唐志奋
中铁西北院　徐邦栋　李　嘉　刘光代　王恭先　李传珠
谌壮丽　杨海容　马　骥　楚华栋　丁靖康
徐峻龄　黄小铭　董敏玉　廖小平　王　桢
朱本珍　马惠民
中铁西南院　王建宇　王子谦　沈寿长　谭炳炎　陈成宗
郭辉南　叶华祥　刘棣华　朱桂兰　王石春
高尔洋　柴永模　管敏鑫　罗朝廷　段美贵
王良玮　高菊如　何发亮　严金秀
中铁隧道装备　李建斌

【詹天佑铁道科学技术奖】

股份公司机关　何振宁　郑　机
中铁一局　张金夫
中铁二局　丁　睿
中铁三局　张俊兵　辛振省
中铁五局　房晓军　苟祖宽　蒲青松
中铁八局　王智勇
中铁大桥局　林国雄　黄支金　陶建山　潘东发　秦顺全
宋伟俊　曹春元　顾金钧　邵克华
中铁大桥院　肖海珠　高宗余　杨　进　方秦汉　徐恭义
陈　新　徐　伟　石建华
中铁隧道　王梦恕　李治国　吕建乐　洪开荣　朱世友
万姜林
中铁建工　袁振兴
中铁电气化局　容仕宽　刘宝锟　李金华　陆明强　孟祥奎
王立天　张云太　丁为民
中铁设计咨询　卓宝熙　甄春相　柳学发　邓运清　雷慧峰
崔俊杰　孙超额
中铁二院　李海光　蒋楚生　马庭林　张祉道　蒋忠信
孙泽民　林　骏　李安洪　陈克坚　徐　勇
陶伟明　朱　颖　徐升桥
中铁山桥　徐安友
中铁宝桥　陶祖纪
中铁科工　鄢怀斌　王员根
中铁西南院　严金秀　罗朝廷
中铁西北院　马惠民　屈耀辉　廖小平

【铁道部有突出贡献的中青年专家】

股份公司机关　何振宁　李怡厚　陈唯一
中铁一局　黄海清　钱家安
中铁三局　刘宏刚　赵延心　陈启平
中铁五局　房晓军
中铁六局　钱树青
中铁八局　赵　智
中铁大桥局　何建豫　吴时才　陈元喜　涂光骞
黄支金　孙笑萍
中铁隧道集团　刘招伟　王梦恕　刘昌用
中铁电气化局　史集芬　曹东白　张战平　杨文彬　容仕宽
中铁二院　苏光亨　李闰生　周　建　李安洪　曾昭强
中铁设计咨询　东玉振　郑天中　丁伯皋　洪　瑚　陈绍光
齐顺卿　李胜华　黄铁生
中铁大桥院　徐恭义
中铁山桥　徐安友
中铁宝桥　张庆魁
中铁科工　张仲礼　栗培章　鄢怀斌

【总公司有突出贡献的中青年专家】

股份公司机关　刘成军
中铁一局　张金夫　张松柏　范恒秀
中铁二局　邱学良　卿三惠
中铁三局　张俊兵　于善毅
中铁四局　李学民　闫子才
中铁五局　黄　武　杨安杰
中铁六局　肖于太
中铁八局　杨先凤　谢录杲
中铁大桥局　秦顺全　陶建山　宋伟俊　谢红兵　周外男
刘杰文　潘东发
中铁大桥院　万田保　高宗余
中铁隧道　范国文　李治国　洪开荣　张继奎
中铁电气化局　陆明强　肖培龙　沈九江　于　增
中铁建工　杨　煜　郑　明
中铁二院　陈克坚　徐　勇　高　扬　李德才　敖云碧
王　智
中铁设计咨询　徐升桥　于兴义　许有全
中铁山桥　王柏重　于宝东　魏云祥
中铁西南院　何发亮　高菊如　宋　冶　李苍松
中铁西北院　王　桢　王引生　朱本珍　马惠民　廖小平
中铁科工　党春太　张智莹　尹　卫　李　玲
中铁资源　钟长汀
中铁装备　李建斌
中铁港航　郭秀春
中铁南方　史柏生

【茅以升铁道工程师奖】

中铁一局　欧阳泉　李昌宁　李育朝
中铁二局　谭文杰
中铁四局　吴　波　段相生
中铁八局　王智勇
中铁大桥局　邵克华　文武松　余本俊　唐寰澄　胡汉舟　文武松　毛伟琦
中铁隧道　马锁柱　孙　谋　李红军
中铁电气化局　陆明强　邢尊军　姜春林　苏鹏程　刘峰涛　张云太　李汉卿
中铁建工　徐洪球
中铁宝桥　李　松
中铁二院　王茂靖　罗世培　何庭国　石义军　陈克坚　袁　明　陈思孝
中铁设计咨询　申兆繁
中铁大桥院　高宗余　徐恭义　石建华　肖海珠　万田保
中铁西南院　李苍松

【铁道部拔尖人才】

股份公司机关　白中仁　李开言　郑　机　陈唯一　王宗怀　汪建刚
中铁一局　项志敏　苟　彪　符照星　戴　维
中铁二局　赵勤俭　刘仁智　王广钟　刘剑斌
中铁三局　温晓林　段建国　张作义　贾定祎
中铁四局　宿　万　闫子才　孔　遁
中铁五局　陈晓春　曹吉波　黄　武　房晓军　陈德斌　刘少林
中铁六局　贾文彬　肖于太
中铁八局　赵　智
中铁十局　应建林
中铁大桥局　秦顺全　黄支金　汪双炎　文武松　张立超　陶建山　刘自明
中铁隧道　杨盛双　刘招伟　万姜林　范国文　宋建平　罗　琼
中铁建工　丁秦生　蒋显德　战佳斌
中铁电气化局　于　增　孟　力　赵印军　姜春林　李显欣
中铁二院　张海波　王国昌　吴刘忠球　蒋楚生　敖云碧　魏德勇　李生权　朱　颖　方昌福　徐银光　陈克坚　陶伟明　高贻贵　王公社　朱　雁　唐先国　王保林
中铁设计咨询　吴克聪　许有全　马景含　吴麦奎　于兴义　崔俊杰　雷慧锋　侯文英　汪春杰　徐升桥　徐小华　邓运清　曹永刚　孙超额
中铁大桥院　徐恭义
中铁山桥　金荣铭　于宝东　王柏重　李慧成
中铁宝桥　周惠春
中铁科工　鄢怀斌　李　玲　唐智奋　杨祖新
中铁西北院　朱本珍　廖小平
中铁西南院　严金秀　罗朝廷
中铁南方公司　刘建国

【总公司拔尖人才】

股份公司机关　冯慧光　杨启兵　张永强　刘建廷　郑　机　蔡泽民
中铁一局　范恒秀　王宗琦　郝志宏　马丁乙　岳毅科　李振周　马成武　吴成魁　崔科宇　徐永祥　乔　岗　宁　锐　闵拥军　刘东晨　刘普文　高建勋　司军平　李育朝　夏　宏　李显实　樊　斌　高洪涛　孙兆兴　陈　军　李宏涛　李永鹏　郝小苏　赵　斌　卓普周　项志敏　苟　彪　符照星　戴　维
中铁二局　蔡　伟　王　麒　代伯寿　任中田　龙援青　林　原　匡　明　潘永光　何拥军　潘　伟　王宇辉　邹　杰　蒲　伟　杨　洵　刘仁智　唐志成　郜小群　蒋光全　刘乃生　李友明　杨旭初　刘　阳　丁　睿　李朝晖　王大奇　黄世红　谭文杰　邹宏伟　王广钟　刘剑斌
中铁三局　贾士俊　王守君　魏家君　宋云灿　张作义　贾定祎　郎需岭　张照宁　张宏伟　秦建卫　温晓林　段建国　刘中华　要　旭　秦德进　贾志强　程文斌　王炳华
中铁四局　吴成福　黄邦良　肖亚荣　胡世山　林　绩　杨国新　徐永茂　李学民　郭立君　吴　楷　魏进文　黄　新　汤航辉　吴　波　章国辉　孔　遁　闫子才
中铁五局　舒　畅　陈思俊　陈广森　陈　麟　梁承欢　李传健　杨远明　董盛国　沈曼盛　何程茂　何晓春　欧阳华勇　杨文国　刘少林
中铁六局　郭继龙　孙　焱
中铁七局　许青峰　薛宁鸿　拓守盛
中铁八局　王银之　吴海涛　何国辉　郭相武　张　峰
中铁九局　刘海东　高明洲　金　耀
中铁十局　王　谦　沈　周　孙立海
中铁大桥局　赵志尚　张德铭　许交武　秦顺全　潘东发　王天亮　赵梅桥　黄支金　宋　杰　周明星　肖根旺　周外君　周汉麟　马远刚　余本俊　王戒躁　于祥君　刘自明　宋伟俊　涂满明　张立超　刘杰文
中铁隧道　张　炜　周校光　郑大榕　唐　忠　卓　越　高　军　杨立新　周书明　赵　华　赵春华

叶康慨　徐军哲　丁　锐　唐果良　翟　可
陈洪光　吕剑英　谢仁根　杨盛双　洪开荣
刘招伟　万姜林　范国文　宋建平　罗　琼
马锁柱　朱世友　吕建乐　孙　谋

中铁电气化局　陕振岗　裘　韧　韦　国　高大刚　张建华
胡懿洲　何劲松　孙才勤　丁为民　杨文彬
姜春林　王立天　肖培龙　李显欣　苏鹏程
刘峰涛

中铁建工　杨　煜　段永传　龙清波　杨玉喜　孟庆军
宋建辉　张坤涛　丁秦生　郑　明　穆亦龙
王　静　王　英　袁振兴　蒋显德　战佳斌

中铁二院　贺惠琴　潘樾富　黄银孙　葛根荣　张文健
陈　列　林宗良　甘善杰　秦小林　朱泳标
罗　庆　熊　冰　姚　力　刘卫东　石义军
余颜丽　吴刘忠球　张　雄　蒋楚生　敖云碧
王茂靖　李生权　朱　颖　胡光常　徐银光
李安洪　曾昭强　扈　森　陈克坚　许志艳
曾德礼　罗世培　何庭国

中铁设计咨询　武　农　张忠良　杜文山　高静青
刘永锋　任为东　韩改新　崇六喜　彭岚平
郭宏锐　张建瑞　陈平萍　甄春相　于兴义
吴麦奎　许有全　马景含　徐升桥　柳学发
申兆繁　张东风　崔显付　崔俊杰　雷慧锋

中铁大桥院　胡长灿　张　强　高宗余　徐恭义　万田保
石建华

中铁资源　易政青

中铁山桥　果连成　魏云祥　鹿广清　孟祥红　金荣铭
于宝东

中铁宝桥　李军平　李　松　董彦录　胡小斌
周惠春

中铁科工　张同宝　谢厚生　尹　卫　张智莹
欧阳博涵　于永平　杨祖新

中铁置业　张安民　潘盛上　郑　勇

中铁西北院　王引生　蒋富强　郑　静　张俊德　张红利
宋响军　王建松

中铁西南院　李苍松　胡元芳

中铁南方　张国亮

咸阳干院　廖晓明　张根凤

【正高级专业技术人员】

股份公司机关　李长进　白中仁　刘　辉　周孟波　章　献
曹小林　郑　机　吴建元　李开言　汪建刚
季志华　刘成军　王喜军　闵国暐　徐安华
陈唯一　薛　林　罗育桂　王宗怀　李海明
史柏生　陈铁师　韩学诠

中海外　荆秀芬　黄福波

中铁一局　孙永刚　和民锁　项志敏　郭民龙　马海民
范恒秀　崔科宇　窦忠孝　李振周　戴　维
许铁力　马丁乙　杨育僧　张金夫　胡守正
于俊红　李昌宁　王跃西　闵拥军　祝西文
罗　方　雷向锋　樊　斌　郭　炜　张宝强
李小林　安国勇　李永鹏　符昭星　闫群东
杜　强　唐德贤　肖代宁　王德旭　陈　军
金奇峰　郝小苏　刘旭全　贺　庆　胡文俊
卓普周　汶文钊　雒红卫　王崇新

中铁二局　唐志成　邓元发　王广钟　林　原　王云波
蔡　伟　卿三惠　陈　叔　胡　建　刘世杰
刘仁智　任中田　任宗军　蒲建明　方世林
匡　明　陈道圆　唐宇田　翁文福　蔡以智
潘永光　何拥军　王心利　何开伟　唐浩先
李友明　杨旭初　侯永和　杨家松　郜小群
赵勤俭　刘乃生　刘学力　黄世红　李朝永
黄俊文　秦仁佩　罗兴财　韩兴旭　辜文凯
郑玉辉

中铁三局　范富国　黄天德　张俊兵　徐建中　白立刚
于善毅　韩志强　张宁南　王　彬　贾定祎
容建华　杨林浩　常乃超　王模公　雷为民
要　旭　刘中平　任立志　赵东荣　唐宇田
王　勇　翁文福　潘永光　何拥军　王心利
何开伟　唐浩先　李友明　赵　勇　宋富荣
温德智　郝　刚　韩仁海　魏家君　张作义
原郭兵　刘中华　李新远　王　惟　李新民
朱铁岩　桑志亮　张英才

中铁四局　李学民　张文禄　吴成福　邓　民　汤航辉
肖家安　张庭华　林　蹟　闫子才　孔　遁
高锦林　蔡小林　苏学波　董燕囡　王福恩
何贤军　王怀海　赵　飞　黄　新　杨国新
赵东荣　宿　万　杨仲杰　郭法生　李为强
胡世山　张志传　杨家林　刘皖怀　褚明东
陈宝民　郝又猛　杨红卫　王圣涛　周新亚
赵中华　孙爱军　李　冰　肖亚荣　徐毛宏
夏　阳　刘雪平　郭庆智　耿　锦　张庆远
阮正洁　刘　瑜　程维国　许宝成

中铁五局　舒　畅　徐中义　黄　武　陈　麟　房晓军
谭光宗　王永义　许伟书　王贵霞　杨安杰
黄成俊　陈克望　邓矿辉　吴为爱　何晓春
沈曼盛　黄双胜　杨安书　贺建端　李树德
刘少林　陈德斌　税明东　史建明　齐康平

中铁六局　肖于太　刘　松　李小和　卢建中　杨新平
贾文彬　刘胜尧　刘林周　赵剑发　王东旭

戴焕文　秦剑晟　杨炳勋　张恩龙　周恒武
熊守富　唐红　王朝义　裴健　高海宏
刘坚　杨会军　袁悦　王民焕　杨世武
贾素姣　赵根田

中铁七局　刘永红　刘林山　张炳根　张西海　许青峰
王随新　王建军　郭建群　刘凤兰　师　健
毛锁明　卢家友　刘　坚　杨会军　王民焕
张继源　杜翔斌

中铁八局　赵　智　李　俊　郭相武　冀嵩山　陈晓栋
谢录杲　张俊峰　吴利清　张　峰　敬启双
何国辉　王银之　张　勇　杨先凤　秦瑞谦
左兴明　张开聪　袁大鹏　杨　峰　董冲锋
梅　红　罗　磊　徐敦美　赵双林　高传伟
董天鸿　李　劲

中铁九局　王　猛　刘冬跃　周文明　王旭光　白海峰
金　耀　李　杨　于建军

中铁十局　沈尧兴　武海光　董文德　张维超　周瑞泽
杨兰松　朱俊山　王爱平　林定权　沈　周
邵双修　张炳林

中铁大桥局　连泽平　张君武　周外男　刘自明　文武松
宋　杰　刘杰文　李军堂　吴方明　谢红兵
赵梅桥　王政兵　黄支金　张春新
秦顺全　陶建山　张德铭　宋伟俊　李兴华
李德坤　张立超　冯广胜　肖根旺　陈志宜
肖佳鹏　汪正兴　蔡登山　田启贤　王天亮
汪双炎　王戒躁　欧阳华林　徐　进
潘东发　高兴泽　朱云翔　罗瑞华　陈宁贤
王贵明　王员根　徐雪峰　陈开利　毛伟琦
杨齐海　胡汉舟　周祖干　胡国庆　孟　莎
张少峰　李富仓　季跃华　刘幸福　沈阳云
张红心　朱志虎　刘承亮　涂满明　周超舟
王跃年　赵志尚　贾卫中　王东辉　刘　俊
傅新军　马润平　周明星　徐炳法　黄龙华
许溶丰　高培成　黄晓航　张瑞霞　张爱花
农代培　戴振洋　孙俊敏　曹克强　吴向军
于祥君　孟　钢　彭建萍　陈　炜　程宝辉
安群慧　何祖发　傅战工　马　涛　许佳平
黄显宇　全建设　杨梦纯　许交武　李艳哲
刘晓霞　查道宏　邹纪民　李述宝　李华军
雷运华　胡贵琼　童智详　郑平伟　徐海鹰

中铁隧道　王梦恕　崔　原　张继奎　郭大焕　范国文
宋建平　罗　琼　唐　忠　万姜林　刘招伟
夏安琳　庄金波　刘东亮　周校光　马锁柱
洪开荣　丁　锐　刘坤鹏　郑大榕　杨盛双
刁天祥　杨秀权　唐　健　冯　健　卓　越
杨立新　李治国　陈　建　吴全中　吕建乐
张昌伟　郑玉欣　王洪勇　杜道龙　张先锋
姚　兰　朱亮来　卢智强　尤显明　赵玉良
陈　馈　干昆蓉　方俊波　刘建飞　郭　群
徐　辉　张双亚　孙　谋　李彦军　宋　仪
郑新定　张　炜　高　军　陈庆怀　郭卫社
屈天祥　琚时轩　吕剑英　闫高翔　王志刚
金强国　熊江陵　于明华　孙振川　叶康慨
李建华　徐福东　张　存　谢朝军

中铁电气化局　马其祥　孟宪浩　陆明强　吕　波　赵印军
于　增　田胜利　王立天　李金华　单圣熊
曹东白　李继胜　喻　军　王青斌　陕振岗
肖培龙　程德勤　沈九江　姜春林　孙成良
谢　潇　孟　力　丁为民　李显欣　王作祥
高大纲　刘峰涛　丁晋春　孟祥奎　苏鹏程
孙才勤　任拴院　王　宁

中铁建工　刘文斌　徐洪球　杨　煜　李　耀　王　英
孙佩明　郭怀金　易　良　段永传　王沧州
陈淑民　郑　明　张松甫

中铁二院　李海光　马庭林　张海波　李安洪　敖云碧
张文健　陈　列　许佑顶　曾昭强　魏永幸
游励晖　魏德勇　朱　颖　扈　森　陈克坚
张小强　漆宝瑞　蒋楚生　袁　明　荀定才
曾德礼　王茂靖　肖道坦　胡新明　刘先万
胡光常　周　建　高　扬　冯俊德　薛晓滨
刘名君　徐银光　秦小林　喻　渝　黄　俊
许志艳　耿　直　屈　科　王　科　颜　华
郑天池　葛根荣　高　宏　潘　英　方昌福
牟　俊　郑建伟　张华明　甘善杰　张雪才
李德才　罗　庆　李　敏　周　勇　李生权
林世金　唐　林　邓健儿　刘　华　卢建康
闵卫鲸　李光慧　彭炳芬　熊　冰　蒋良文
陆传菁　陶伟明　陈赤坤　高丰农　王　成
方亚非　张　雄　俞济涛　杨惠东　朱祖华
王　建　刘卫东　王　智　罗一农　李光辉
唐万春　熊灵阳　李　坚　刘昌义　周　义
郭建勋　赵万强　周路时　林宗良　高夕良
刘志军　李建强　杨　英　程　昂　陈章明
姚　力　罗照新　戴胜勇　曾满元　杨建民
段永奇　王仕春　王晋川　刘启峰　涂　强
何义宏　宋随弟　韩　康　刘莉蓉　张可军
李聪林　汪国信　张广泽　朱泳标　王国昌
赖紫辉　李云华　李正祥　徐　勇　何庭国
孙　莺　邱　健　侯　勇　朱　敏　陶孟华

	杨　岗	蔡　亮	廖建州	向　红	廖　宇
	钟星灿	喻　波			
中铁设计咨询	黄铁生	李寿兵	张金武	刘春彦	于兴义
	陈进昌	陈红念	吴麦奎	蒋伟平	曹永刚
	甄春相	杜文山	张　庆	许有全	杨正武
	徐升桥	杜士杰	邓运清	高静青	柳学发
	李胜华	马国友	张素敏	陈学峰	张晓卫
	王　菁	张金龙	侯爱滨	吴克聪	侯文英
	陆亚军	田新明	张忠良	韩改新	郑晓龙
	施顺涛	刘　杰	魏　放	申兆繁	王修华
	赵德文	李汶京	刘家锋	夏瑞伶	张大春
	任为东	彭岚平	王文利	王开群	农大柱
	齐传生	张　钊	张锐敏	罗元新	姚楚峰
	崔显付	崔俊杰	雷慧锋	魏宏伟	吴彩兰
	王国民	刘忠旗	刘永峰	李　辉	赵金顺
中铁大桥院	徐　伟	万田保	方秦汉	杨　进	徐恭义
	陈　新	高宗余	易伦雄	张　敏	田道明
	庄　勇	梅新咏	方辉兵	黄燕庆	曾小怀
	胡　勇	李光耀	朱利明	陆勤丰	张　强
	刘汉顺	吴迪军	宁伯伟	肖海珠	罗先钰
	张建军	曾洪贤	李龙安	李振岭	胡昌炳
	夏支埃	王东晖	陈德柱	朱运河	高宝峰
	王应良	熊小莉	张自荣	尹巧珍	周传斌
	石建华	李卫平	汪　磊	段雪炜	张燕飞
	张必准	彭振华	谷熠岩	李世文	李书银
	王天华				
中铁国际	卢　勃	陈诗平			
中铁科工	唐智奋	栗培章	党春太	尹　卫	张智莹
	胡建伟	容　毅	李　玲	杨祖新	李晓钢
	林承朝	唐秋生	陈　灵	周以福	张启贵
	于永平	李书学	鄢怀斌	江爱国	王员根
中铁山桥	刘恩国	王柏重	魏云祥	于宝东	李士斌
中铁宝桥	李　毅	李军平			
中铁西北院	朱本珍	牛怀俊	马惠民	王锡来	廖小平
	方建生	郑　静	李文军	王文灿	王　桢
	王引生	侯殿英	谢明皆		
	张红利	蒋富强	张忠平	宋响军	熊治文
	王建松	张俊德			
中铁西南院	梅志荣	李　林	严金秀	粟　健	陈礼伟
	何发亮	高菊如	胡元芳	谷明成	宋　冶
	罗朝廷	伍晓军	李苍松	魏　鸿	李　蓉
	唐　英	万晓燕	陈　钒	谢衔光	
华铁咨询	王伟宁				

优秀施工企业和企业家

【全国优秀施工企业】　中国施工企业管理协会评选(2012年度)。

中铁一局集团第四工程有限公司
中铁一局集团城市轨道交通工程有限公司
中铁一局集团电务工程有限公司
中铁一局集团建筑安装工程有限公司
中铁二局第一工程有限公司
深圳中铁二局工程有限公司
中铁三局集团电务工程有限公司
中铁三局集团建筑安装工程有限公司
中铁四局集团第三建设有限公司
中铁四局集团第五工程有限公司
中铁四局集团建筑工程有限公司
中铁四局集团钢结构有限公司
中铁五局（集团）有限公司
中铁五局集团路桥工程有限责任公司
中铁五局集团建筑工程有限责任公司
中铁七局集团有限公司
中铁八局集团昆明铁路建设有限公司
中铁八局集团第四工程有限公司
中铁八局集团建筑工程有限公司
中铁九局集团电务工程有限公司
中铁十局集团济南铁路工程有限公司
中铁隧道集团三处有限公司
中铁大桥局股份有限公司
中铁大桥局集团第一工程有限公司
中铁建工集团有限公司
中铁上海工程局有限公司
中铁上海工程局第一工程有限公司
中铁航空港建设集团北京有限公司

【中国工程建设优秀职业经理人（高级）】　中国施工企业管理协会评选(2012年度)。

孙永刚　中铁一局集团有限公司

杜林军　深圳中铁二局工程有限公司
张金福　中铁三局集团第二工程有限公司
黄　林　中铁三局集团建筑安装工程有限公司
耿树标　中铁四局集团第三建设有限公司
夏　阳　中铁四局集团钢结构有限公司
曾　健　中铁五局（集团）有限公司
彭立军　中铁五局集团物资实业有限责任公司
冷　静　中铁五局集团建筑工程有限责任公司
张建国　中铁七局集团有限公司
张　峰　中铁八局集团第四工程有限公司
栾宏源　中铁八局集团昆明铁路建设有限公司
罗润敏　中铁八局集团市政工程有限公司
张金波　中铁九局集团电务工程有限公司
杨玉泉　中铁十局集团济南铁路工程有限公司
张吉纯　中铁建工集团北方工程有限公司
孙述灿　中铁上海工程局第一工程有限公司
马立强　中铁航空港建设集团北京有限公司

【全国工程建设优秀项目经理】 中国施工企业管理协会评选(2012年度)。

何小龙　中铁一局集团有限公司
孔凡强　中铁一局集团第四工程有限公司
魏　军　中铁一局集团天津建设工程有限公司
贾虎军　中铁一局集团天津建设工程有限公司
李　毅　中铁二局第一工程有限公司
靳连杰　中铁二局第四工程有限公司
黄元平　中铁二局集团新运工程有限公司
李冠东　中铁三局集团有限公司
吴也平　中铁三局集团有限公司
马海军　中铁三局集团电务工程有限公司
赵金汉　中铁四局集团有限公司
徐华生　中铁四局集团有限公司
张中保　中铁四局集团有限公司
徐学松　中铁四局集团第一工程有限公司
王希勇　中铁四局集团第四工程有限公司
刘兆前　中铁四局集团电气化工程有限公司
欧阳旭　中铁四局集团建筑工程有限公司
巫校兵　中铁五局（集团）有限公司
叶　黔　中铁五局（集团）有限公司
黄成勇　中铁五局（集团）有限公司
朱胥仁　中铁五局（集团）有限公司
李奇峰　中铁五局集团机械化工程有限责任公司
成　红　中铁五局集团建筑工程有限责任公司
周　晨　中铁五局集团建筑工程有限责任公司
熊守富　中铁六局集团有限公司
冯百华　中铁七局集团有限公司
马洪涛　中铁七局集团电务工程有限公司
鲁　强　中铁七局集团电务工程有限公司
刘佳银　中铁八局集团市政工程有限公司
王　华　中铁八局集团建筑工程有限公司
许　涛　中铁八局集团第四工程有限公司
王春林　中铁九局集团有限公司
李火榆　中铁九局集团有限公司
杨　武　中铁十局集团第二工程有限公司
耿贤军　中铁十局集团济南铁路工程有限公司
张红心　中铁大桥局股份有限公司
王贵明　中铁大桥局股份有限公司
李红旗　中铁大桥局股份有限公司
潘明亮　中铁隧道集团有限公司
翟飞飞　中铁隧道集团有限公司
惠建永　中铁隧道股份有限公司
陈建明　中铁电气化局集团有限公司
王六生　中铁建工集团有限公司
刘凡民　中铁建工集团有限公司
单　云　中铁建工集团有限公司
张全安　中铁建工集团有限公司
刘　水　中铁上海工程局市政工程有限公司
叶成诚　中铁上海工程局第一工程有限公司
邓永驰　中铁上海工程局市政工程有限公司
赵文君　中铁上海工程局华海工程有限公司
陈忠灵　中铁航空港建设集团北京有限公司
戴成业　中铁航空港建设集团有限公司北京第八分公司
刘　强　中铁港航局集团有限公司

【全国工程建设优秀质量管理小组活动优秀企业】 中国建筑业协会评选(2012年度)。

中铁二局第三工程有限公司
中铁四局集团第四工程有限公司
中铁六局集团有限公司
中铁六局集团石家庄铁路建设有限公司
中铁七局集团有限公司
中铁八局集团第三工程有限公司
中铁九局集团第六工程有限公司
中铁电气化局集团有限公司电气化公司
中铁建工集团有限公司

【全国工程建设优秀质量管理小组活动优秀推进者】 中国建筑业协会评选（2012年度）。

王国炜　中铁二局第一工程有限公司
辜君丽　中铁四局集团第四工程有限公司
董炬洪　中铁七局集团有限公司
赵志刚　中铁七局集团有限公司

吕燕霞　中铁建工集团有限公司深圳分公司
张国锋　中铁隧道集团二处有限公司
张进伟　中铁电气化局集团有限公司电气化公司

【全国工程建设优秀质量管理小组】 国家工程建设质量奖审定委员会评选（2012 年度）。
一等奖（排名不分先后）
中铁一局集团桥梁工程有限公司德大铁路黄河特大桥 QC 小组
中铁一局集团城市轨道交通工程有限公司无锡轨道交通 1 号线土建工程 17 标项目部 QC 小组
中铁二局股份有限公司城通公司成都地铁 2W-1 标项目部 QC 小组
中铁三局集团第六工程有限公司大西项目经理部 QC 小组
中铁一局集团第五工程有限公司彩云之南 QC 小组
中铁电气化局集团北京建筑工程有限公司第十一项目部辉煌机电 QC 小组
中铁三局集团有限公司运输工程分公司准格尔铁路运输段机务 QC 小组
中铁四局集团第一工程有限公司精测大队 QC 小组
中铁一局集团桥梁工程有限公司沪杭客运专线七标三分部 QC 小组
中铁七局集团郑州工程有限公司石武客专第一项目部 QC 小组
中铁一局集团电务工程有限公司宝鸡材料厂设备维修 QC 小组
中铁三局集团电务工程有限公司电气化一公司 QC 小组
中铁四局集团第四工程有限公司南环铁路三分部 QC 小组
中铁十局集团有限公司济铁公司合肥项目部 QC 小组
中铁四局集团第二工程有限公司宁波铁路枢纽北环线二分部 QC 小组
中铁电气化局集团第一工程有限公司网六段合福客专 QC 小组
中铁大桥局集团第一工程有限公司长钢轨静态精调质量控制 QC 小组
中铁二局股份有限公司城通公司东莞地铁 R2 线 2304 标 QC 小组
中铁一局集团天津建设工程有限公司阳光 100QC 小组
二等奖（排名不分先后）
中铁四局集团第四工程有限公司测量大队 QC 小组
中铁九局集团第一工程有限公司盘营客专工程 TJ-1 标段一工区 QC 小组
中铁电气化局集团一公司五分公司京沪阳光 QC 小组
中铁大桥局集团第一工程有限公司钢箱梁焊接质量控制 QC 小组
中铁二局第一工程有限公司思剑高速公路 2 标第三 QC 小组
中铁一局集团物资工贸有限公司德大寿光制梁场 QC 小组
中铁二局集团建筑有限公司青岛普集新区 QC 小组
中铁十局集团有限公司西北公司西商路面 QC 小组
中铁十局集团济南铁路工程有限公司兰渝七分部 QC 小组
中铁四局集团有限公司第七工程分公司兰新 LXS-11 标高铁路基 QC 小组
中铁一局集团第二工程有限公司盾构分公司哈尔滨地铁一期工程 8 标出段线盾构 QC 小组
中铁三局集团第五工程有限公司孙宝忠 QC 小组
中铁二局第三工程有限公司华阳项目部 QC 小组
中铁六局集团电务工程有限公司太原信三 QC 小组
中铁大桥局赣龙铁路 GL-2 标工程指挥部赣龙铁路 GL-2 标叶坪隧道开挖质量控制 QC 小组
中铁上海工程局第一工程有限公司柳州市双拥大桥 QC 小组
中铁七局集团有限公司武汉公司六狼山隧道光面爆破 QC 小组
中铁四局集团第五工程有限公司 RTK 测量 QC 小组
中铁一局上海分公司上海轨道交通 12 号线土建 27 标 QC 小组
中铁隧道集团二处有限公司兰渝连续皮带创新 QC 小组
中铁隧道股份有限公司台山核电取水隧洞工程项目部 QC 小组
中铁隧道集团二处有限公司持之以恒 QC 小组
中铁五局集团机械化工程有限责任公司泉州南石 A1 标段项目部 QC 小组
中铁九局集团第六工程有限公司杭长客专连续梁施工技术 QC 小组
中铁航空港集团第一工程有限公司西平项目部 QC 小组
中铁建工集团有限公司深圳分公司福田科技广场项目部 QC 小组
中铁四局集团第一工程有限公司江北产业集中区项目经理部 QC 小组
中铁四局集团第一工程有限公司南环铁路一分部 QC 小组
中铁一局集团电务工程有限公司杭州地铁 1 号线 QC 小组
中铁一局集团物资工贸有限公司沪昆芷江制梁场 QC 小组
中铁八局集团第三工程有限公司六沾作业队隧道 QC 小组
中铁隧道股份有限公司台山核电取水隧洞工程项目部 QC 小组
中铁科工集团有限公司厦深铁路榕江特大桥钢梁架设 QC 小组
中铁上海设计院集团有限公司天津地铁六号线停车场建筑创作 QC 小组
中铁八局集团昆明铁路建设有限公司昆明地铁六号线项目部“飞翔之心”QC 小组
中铁二局第四工程有限公司青岛北客站站场工程地基加固

QC 小组
中铁三局集团有限公司运输工程分公司准格尔铁路运输段列检 QC 小组
中铁隧道集团二处有限公司争优创新 QC 小组
中铁港航局集团第二工程有限公司鼎湖特大桥第一项目部箱梁质量控制 QC 小组
中铁六局集团太原铁建天和工程公司资料管理 QC 小组
中铁二局第二工程有限公司杭州地铁 1 号线火车东站 QC 小组
中铁建电气化局集团南方工程有限公司汉宜项目部电气化 QC 小组
中铁七局集团电务工程有限公司通信第一分公司狼牙 QC 小组
中铁大桥局第四工程公司模板脚手一体化在桥梁高墩施工中的应用 QC 小组
中铁一局集团新运工程有限公司赤大白铁路运输公司机务 QC 小组
中铁二局第一工程有限公司贵州大学项目部第一 QC 小组
中铁二局机械筑路工程有限公司预应力二次张拉 QC 小组
中铁一局上海分公司无锡太湖大道 THD02 标 QC 小组
中铁六局集团电务工程有限公司彩虹 QC 小组
中铁三局集团电务工程有限公司通号一公司沪昆线 QC 小组
中铁四局集团建筑装饰安装工程有限公司科技大楼项目部 QC 小组
中国建筑一局（集团）有限公司山东分公司四〇一医院综合病房楼项目部 QC 小组
中铁四局集团机电设备安装有限公司深圳地铁五号线项目部 QC 小组
中铁一局集团第四工程有限公司巴准铁路马石梁隧道 QC 小组
中铁一局集团城市轨道交通工程有限公司广州地铁六号线 7 标天天项目部 QC 小组
中铁二局第二工程有限公司成都地铁 2 号线西延伸线第三 QC 小组
中铁六局集团太原铁路建设有限公司租赁分公司 QC 小组
中铁十局集团有限公司四公司清徐制梁场新型千斤顶 QC 小组
中铁上海工程局市政公司南线东段 SST2.6 标项目部 QC 小组
中铁四局集团电气化工程有限公司阜淮电化 QC 小组
中铁四局集团机电设备安装有限公司沪昆客专二项目部 QC 小组
中铁一局集团第四工程有限公司铜大喀斯特 QC 小组
中铁一局集团天津建设工程有限公司滨海新区西外环二标 QC 小组
中铁七局集团武汉工程有限公司尼日棚洞 QC 小组
中铁八局集团第三工程有限公司长昆五分部 QC 小组
中铁四局集团第二工程有限公司盾构施工 QC 小组
中铁一局集团建筑安装工程有限公司西安地铁通化门站工程项目部 QC 小组
中铁二局集团建筑有限公司成都规划馆项目部 QC 小组
中铁一局集团城市轨道交通工程有限公司西安地铁 6 标项目部 QC 小组
中铁建工集团有限公司南昌西站 QC 小组
中铁五局集团机械化工程有限责任公司衡茶吉项目 QC 小组
中铁三局集团第五工程有限公司南广项目部 QC 小组
中铁四局集团建筑工程有限公司张唐铁路七队 QC 小组
中铁九局集团第二工程有限公司 CFG 桩桩长 QC 小组
中铁七局集团第三工程有限公司昆明枢纽四经部 QC 小组
中铁二局第一工程有限公司惠兴九标第一 QC 小组
中铁一局集团新运工程有限公司设备管理公司项目大修队 QC 小组
中铁七局集团电务工程有限公司愚公移山 QC 小组
三等奖（排名不分先后）
中铁隧道集团二处有限公司孔桩开挖 QC 小组
中铁隧道集团二处有限公司争优创新 QC 小组
中铁隧道集团二处有限公司彩云之南 QC 小组
中铁隧道集团二处有限公司武昆八标孔桩开挖 QC 小组
中铁隧道集团二处有限公司山西二分部施工测量 QC 小组
中铁五局电务公司无线射频电缆接续施工工效提高创新 QC 小组
中铁建工集团有限公司郑州东站 QC 小组
中铁六局集团石家庄铁路建设有限公司第十五项目部 QC 小组
中铁二局新运工程有限公司龙厦架梁队 QC 小组
中铁上海工程局市政工程有限公司上海白龙港扩建二期 W2.3 标 QC 小组
中铁航空港建设集团有限公司北京第六分公司 QC 小组
中铁建工集团有限公司大庆西站 QC 小组
中铁四局集团第四工程有限公司工地模架中心 QC 小组
中铁一局集团物资工贸有限公司德大寿光制梁场 QC 小组
中铁三局集团有限公司桥隧工程分公司广雅 QC 小组
中铁大桥局集团第六工程有限公司鹦鹉洲长江大桥北锚碇沉井钢壳施工 QC 小组

【铁道部优秀质量管理小组】 中国铁道企业管理协会评选（2012 年度）。

中铁一局集团第三工程公司蒙河项目部 QC 小组

中铁一局集团有限公司广州分公司南广铁路项目二分部QC小组
中铁二局集团电务工程有限公司淮南项目部QC小组
中铁三局集团第二工程有限公司石长铁路项目QC小组
中铁三局集团第七工程有限公司西平铁路田家窑2号桥QC小组
中铁四局集团第五工程有限公司成绵乐防撞墙QC小组
中铁四局集团电气化工程有限公司杭州东信号QC小组
中铁五局集团第一工程有限责任公司贵广铁路项目部QC小组
中铁五局集团第五工程有限责任公司 贵广铁路第二项目部QC小组
中铁六局集团电务工程有限公司北京电力工程分公司石太客专QC小组
中铁六局集团有限公司桥隧分公司昆玉项目部QC小组
中铁七局集团郑州工程有限公司佛肇城际GZZH-9标项目部QC小组
中铁八局集团第二工程有限公司乐雅高速公路TJ5标项目部QC小组
中铁八局集团电务工程有限公司二项目三电迁改QC小组
中铁九局集团第三工程有限公司黑山湖连续梁QC小组
中铁十局集团有限公司第四工程公司清徐制梁场快速穿束质量控制QC小组
中铁十局集团西北工程有限公司兰渝铁路项目系杆拱施工QC小组
中铁大桥局集团武汉桥梁科学研究院有限公司反力墙建设QC小组
中铁隧道集团三处有限公司沪昆客专第二项目部QC小组
中铁电气化局集团有限公司电气化公司器材厂兴科QC小组
中铁建工集团有限公司华北分公司北京诺德中心QC小组
中铁九局集团第四工程有限公司中国医科大学新校园工程QC小组
中铁二局集团新运工程有限公司勇攀高峰QC小组
中铁上海工程局华海有限公司宁波市轨道交通一号线一期工程TJ-V标QC小组
中铁航空港建设集团第一工程有限公司榆绥项目部QC小组
中铁七局集团武汉工程有限公司渠江二桥项目部QC小组
中铁港航局集团第三工程有限公司昆明地铁项目部QC小组
中铁电气化勘测设计研究院有限公司智多星QC小组
中铁工程设计咨询集团有限公司京沙QC小组
中铁通信信号勘测设计（北京）有限公司 信号所牵引计算QC小组
中铁二院工程集团有限责任公司中老铁路断面采集QC小组
中铁二院工程集团有限责任公司贵广铁路地质QC小组
中铁工程设计院有限公司移动式顶层作业平台研制QC小组
中铁二院工程集团有限责任公司大瑞线高黎贡山隧道施工环境保障研究 QC小组
中铁工程设计咨询集团有限公司确保大吨位顶推混凝土曲线梁结构安全QC小组
中铁电气化勘测设计研究院有限公司海亿QC小组
中铁工程设计咨询集团有限公司线站QC小组
中铁一局建工机械有限公司80m钢梁QC小组
中铁宝桥集团有限公司道岔制造工艺研究QC小组
中铁隧道装备制造有限公司提高滚刀刀箱制作合格率QC小组
中铁宝桥集团有限公司技术一 QC小组
中铁山桥集团有限公司机一车间技术QC小组
中铁隧道装备制造有限公司泡沫泵QC小组
中铁山桥集团有限公司铸钢车间浇注QC小组
中铁科工集团有限公司YJ900运架一体机QC小组
中铁八局集团桥梁工程有限责任公司混凝土制品分公司QC小组
中铁六局丰桥桥梁有限公司海兴分公司QC小组

【全国工程建设质量管理优秀企业】 中国建筑业协会 工程建设质量管理分会评选（2012年度）。
中铁四局集团建筑装饰安装工程有限公司
中铁二局第一工程有限公司
中铁隧道集团一处有限公司
中铁一局集团电务工程有限公司
中铁电气化局集团有限公司
中铁电气化局集团第一工程有限公司
中铁四局集团第二工程有限公司
中铁上海工程局有限公司

【全国工程建设质量管理先进工作者】 中国建筑业协会工程建设质量管理分会（2012年度）。
陈宝民　中铁四局集团钢结构有限公司
毕清泉　中铁四局集团机电设备安装有限公司

【全国质量管理小组活动卓越领导者】 中国质量协会评选(2012年度)。
张建国　中铁七局集团有限公司
黄清云　中铁建工集团有限公司
马明生　中铁电气化局集团有限公司电气化公司
王世明　中铁建工集团有限公司深圳分公司
杨红卫　中铁四局集团第四工程有限公司

周成斌　中铁八局集团第三工程有限公司
胡光全　中铁二局第一工程有限公司
赵晓斌　中铁二局第三工程有限公司

【全国建筑业企业优秀项目经理】 中国建筑业协会评选。(2012 年度)

曾益平　中铁一局集团城市轨道交通工程有限公司
赵宏科　中铁一局集团电务工程有限公司
段先春　中铁二局集团电务工程有限公司
宋明亮　中铁三局集团有限公司
鲍尚玉　中铁四局集团电气化工程有限公司
马文开　中铁四局集团建筑工程有限公司
由胜巍　中铁九局集团有限公司
张文芳　中铁十局集团第三建设有限公司
赵　烨　中铁十局集团济南铁路工程有限公司
刘杰文　中铁大桥局股份有限公司
季跃华　中铁大桥局股份有限公司
肖广良　中铁隧道股份有限公司
吉明军　中铁建工集团有限公司
李广彬　中铁建工集团有限公司
刘德彬　中铁建工集团有限公司
张永林　中铁上海工程局第一工程有限公司
宋　芊　中铁上海工程局市政工程有限公司
何正伦　中国中铁航空港建设集团有限公司北京第八分公司
刘洪河　中铁航空港建设集团北京有限公司
许兆交　中铁港航局集团第三工程有限公司

【全国建筑业优秀企业家】 中国建筑业协会评选。(2012 年度)

白中仁　总裁 中国中铁股份有限公司
和民锁　总经理　中铁一局集团有限公司
许宝成　总经理　中铁四局集团有限公司
张回家　总经理　中铁五局（集团）有限公司
段永传　总经理　中铁建工集团有限公司
荣树森　董事长　中铁上海工程局有限公司
王声扬　董事长、总经理中铁二局第一工程有限公司

【茅以升科学技术奖—建造师奖】 北京茅以升科技教育基金会评选。

中铁一局集团有限公司　和民锁
中铁一局集团有限公司　崔科宇
中铁二局股份有限公司　林原
中铁二局股份有限公司　王云波
中铁三局集团有限公司　邹本波
中铁四局集团建筑工程有限公司　李鹏程
中铁八局集团有限公司　赵智
中铁隧道集团有限公司　赵玉良
中铁建工集团有限公司　郑明

【全国工程建设 QC 小组活动优秀企业】 中国建筑业协会评选。(2012 年度)

中铁四局集团建筑装饰安装工程有限公司
中铁四局集团机电设备安装有限公司
中铁二局集团建筑有限公司
中铁二局第五工程有限公司
中铁八局集团第三工程有限公司
中铁八局集团有限公司

【全国工程建设 QC 小组活动优秀小组长】 中国建筑业协会评选。

陈秀花　中铁四局集团机电设备安装有限公司

【全国建筑业优秀企业家】 中国建筑业协会评选。(2012 年度)

白中仁　总裁 中国中铁股份有限公司
和民锁　总经理　中铁一局集团有限公司
许宝成　总经理　中铁四局集团有限公司
张回家　总经理　中铁五局（集团）有限公司
段永传　总经理　中铁建工集团有限公司
荣树森　董事长　中铁上海工程局有限公司
王声扬　董事长、总经理中铁二局第一工程有限公司

【全国工程建设 QC 小组活动优秀企业】 中国建筑业协会评选。(2012 年度)

中铁四局集团建筑装饰安装工程有限公司
中铁四局集团机电设备安装有限公司
中铁二局集团建筑有限公司
中铁二局第五工程有限公司
中铁八局集团第三工程有限公司
中铁八局集团有限公司

【全国工程建设 QC 小组活动优秀成果制片】 中国建筑业协会评选。

中铁一局集团电务工程有限公司苏州地铁 QC 小组
中铁二局第二工程有限公司贵广项目部 QC 小组
中铁五局集团第六工程有限责任公司京沪高铁 QC 小组

【全国工程建设优秀 QC 小组】 中国建筑业协会评选。(2012 年度)

中铁四局集团第一工程有限公司和清公路项目 QC 小组
中铁四局集团机电设备安装有限公司沪昆客专一项目部 QC

小组
中铁四局集团第五工程有限公司钉形桩质量控制 QC 小组
中铁五局集团第六工程有限责任公司京沪高铁 QC 小组
中铁八局集团电务工程有限公司接触网一项目部 QC 小组
中铁二局第二工程有限公司贵广项目部 QC 小组
中铁二局第一工程有限公司北京地铁 14 号线第一 QC 小组
中铁一局集团第五工程有限公司兰渝铁路项目部 QC 小组
中铁一局集团电务工程有限公司苏州地铁 QC 小组
中铁六局集团太原铁路建设有限公司钢结构钢箱梁 QC 小组
中铁电气化局集团第一工程有限公司二分公司新广州站 QC 小组
中铁三局集团有限公司桥隧工程分公司张艳文 QC 小组
中铁大桥局集团第一工程有限公司嵌岩无封底围堰侧面止水技术研究 QC 小组
中铁一局集团天津建设工程有限公司于家堡一标项目 QC 小组
中铁六局集团太原铁路建设有限公司钢结构钢箱梁 QC 小组
中铁二局城通公司上海地铁 QC 小组
中铁隧道集团一处有限公司梁板保护层控制 QC 小组
中铁二局第三工程有限公司贵广铁路止水带安装质量 QC 小组
中铁二局第五工程有限公司钦北铁路一项目第 2QC 小组
中铁二局集团建筑有限公司成都规划馆项目部 QC 小组
中铁二局集团电务工程有限公司神朔项目部 QC 小组
中铁二局股份有限公司城通公司广州市轨道交通六号线盾构 8 标项目部 QC 小组
中铁二局第一工程有限公司贵州大学项目部第一 QC 小组
中铁八局集团第三工程有限公司玉屏舞阳河项目 QC 小组
中铁一局五公司长沙地铁项目部 QC 小组
中铁一局三公司临潼渭河特大桥项目部 QC 小组
中铁一局桥梁公司西宝改扩建项目部 QC 小组
中铁一局电务公司深圳 414 环控 QC 小组
中铁四局集团建筑装饰安装工程有限公司深圳项目部 QC 小组
中铁隧道集团一处有限公司平榆项目经理部 QC 小组
中铁五局集团机械化工程有限责任公司蓝周 A5 标探索 QC 小组
中铁四局集团钢结构有限公司合肥铁路枢纽南环线钢桁梁制造第二 QC 小组
中铁十局集团有限公司第八工程公司兰渝项目部机动平车 QC 小组
中铁二局第一工程有限公司胡光全 QC 小组
中铁八局集团市政工程有限公司贵阳市北京东路 D 标项目 QC 小组
中铁七局集团武汉工程有限公司准朔铁路六狼山隧道 4#斜井反破排水 QC 小组

【第四届全国优秀建造师】建协建[2012]4 号
马海民　中铁一局集团有限公司
张永林　中铁上海工程局第一工程有限公司

【第四届全国建设工程优秀项目管理工作者】
张国强　中铁一局集团第四工程有限公司

【推进工程项目管理先进企业】
中铁一局集团有限公司
中铁四局集团有限公司
中铁五局（集团）有限公司
中铁大桥局集团有限公司
中铁建工集团有限公司

【全国质量信得过班组】
中铁八局集团电务工程有限公司二项目部三电迁改班
中铁隧道集团二处有限公司青岛地铁爆破 QC 小组

【中国中铁股份有限公司优秀企业】 中国中铁股份有限公司评选（2012 年度）。
中铁一局集团城市轨道交通工程有限公司
中铁一局集团第四工程有限公司
深圳中铁二局工程有限公司
中铁三局集团建筑安装工程有限公司
中铁三局集团电务工程有限公司
中铁四局集团第三建设有限公司
中铁四局集团钢结构有限公司
中铁五局（集团）有限公司
中铁八局集团昆明铁路建设有限公司
中铁八局集团建筑工程有限公司
中铁九局集团电务工程有限公司
中铁十局集团济南铁路工程有限公司
中铁隧道集团二处有限公司
中铁隧道集团三处有限公司
中铁建工集团有限公司
中铁上海工程局第一工程有限公司
中铁航空港第一工程有限公司
中铁航空港建设集团北京有限公司

【中国中铁股份有限公司优秀企业家】 中国中铁股份有限公司评选（2012）。
孙永刚　中铁一局集团有限公司
雷　威　中铁一局集团建筑安装工程有限公司

杜军林　深圳中铁二局工程有限公司
黄　林　中铁三局集团建筑安装工程有限公司
耿树标　中铁四局集团第三建设有限公司
夏　阳　中铁四局集团钢结构有限公司
彭立军　中铁五局集团物资实业有限责任公司
曾　健　中铁五局（集团）有限公司海外工程分公司
栾宏源　中铁八局集团昆明铁路建设有限公司
罗润敏　中铁八局集团市政工程有限公司
张金波　中铁九局集团电务工程有限公司
杨玉泉　中铁十局集团济南铁路工程有限公司
张吉纯　中铁建工集团北方工程有限公司
范喜德　中铁上海工程局华海工程有限公司
马立强　中铁航空港建设集团北京有限公司

【中国中铁股份有限公司优秀项目经理】 中国中铁股份有限公司评选（2012年度）。

谢保良　中铁一局集团第二工程有限公司
李季晖　中铁一局集团第三工程公司
蒋红伟　中铁一局集团第四工程有限公司
孔凡强　中铁一局集团第四工程有限公司
王　征　中铁一局集团第五工程有限公司
何小龙　中铁一局集团第五工程有限公司
刘争耀　中铁一局集团城市建设工程有限公司
赵战锋　中铁一局集团建筑安装工程有限公司
刘金果　中铁一局集团建筑安装工程有限公司
赵宏科　中铁一局集团电务工程有限公司
张亚军　中铁一局集团电务工程有限公司
曾益平　中铁一局集团城市轨道交通工程有限公司
高虎军　中铁一局集团桥梁工程有限公司
魏　军　中铁一局集团天津建设工程有限公司
卢耀栋　中铁一局集团市政环保工程有限公司
韩连军　中铁一局集团新运工程有限公司
李　毅　中铁二局第一工程有限公司
罗　飚　中铁二局第一工程有限公司
李轮思　中铁二局第二工程有限公司
彭明忠　中铁二局第二工程有限公司
刘宗奎　中铁二局第四工程有限公司
靳连杰　中铁二局第四工程有限公司
何　彬　中铁二局第五工程有限公司
李登辉　中铁二局第六工程有限公司
陈琼宇　中铁二局第六工程有限公司
任小平　中铁二局第六工程有限公司
陈长春　中铁二局集团建筑有限公司
邹天海　中铁二局集团建筑有限公司
段先春　中铁二局集团电务工程公司
李晓明　中铁二局集团电务工程公司
刘建强　中铁二局集团电务工程公司
黄元平　中铁二局集团新运工程有限公司
任德元　中铁二局集团新运工程有限公司
高文虎　中铁二局集团新运工程有限公司
满宏明　中铁二局集团装饰装修工程有限公司
辜长军　中铁二局股份有限公司城通公司
王光明　中铁二局重庆工程公司
易图兵　中铁二局哈大铁路客运专线项目经理部
王顺平　中铁二局大西铁路客运专线指挥部
罗朝基　中铁二局石武客运专线项目经理部
邹本波　中铁三局集团有限公司
徐丛国　中铁三局集团有限公司
王书谦　中铁三局集团有限公司
徐德军　中铁三局集团第二工程有限公司
陈晓军　中铁三局集团第三工程有限公司
马　锋　中铁三局集团第四工程有限公司
贾枝喜　中铁三局集团第六工程有限公司
王文元　中铁三局集团电务工程有限公司
崔黎明　中铁三局集团有限公司线桥工程分公司
苗中华　中铁三局集团有限公司运输工程分公司
张彦红　中铁三局集团有限公司
闫英军　中铁三局集团有限公司
胡广森　中铁四局集团有限公司
徐学松　中铁四局集团第一工程有限公司
张华明　中铁四局集团第一工程有限公司
赵金汉　中铁四局集团第二工程有限公司
王希勇　中铁四局集团第四工程有限公司
徐华生　中铁四局集团有限公司第七工程分公司
刘兆前　中铁四局集团电气化工程有限公司
欧阳旭　中铁四局集团建筑工程有限公司
杜世军　中铁四局集团钢结构有限公司
危培松　中铁四局集团有限公司城市轨道交通工程分公司
崔振东　中铁四局集团有限公司城市轨道交通工程分公司
李家旺　中铁五局集团第一工程有限责任公司
韦礼群　中铁五局集团第一工程有限责任公司
谢扬宝　中铁五局集团第二工程有限责任公司
刘　伟　中铁五局集团第二工程有限责任公司
陈延安　中铁五局集团第四工程有限责任公司
蒋　思　中铁五局集团第四工程有限责任公司
刘建陵　中铁五局集团第五工程有限责任公司
吴治金　中铁五局集团第五工程有限责任公司
巫校兵　中铁五局集团第六工程有限责任公司
张　斌　中铁五局集团机械化工程有限责任公司
杨长维　中铁五局集团电务城通工程有限责任公司

赵国文　中铁五局集团电务城通工程有限责任公司
吕兵新　中铁五局集团路桥工程有限责任公司
徐洪刚　中铁五局集团贵州工程有限责任公司
熊守富　中铁六局集团有限公司
焦建民　中铁六局集团有限公司
高立状　中铁六局北京铁路建设有限公司
任喜信　中铁六局集团有限公司
贾二庭　中铁六局集团石家庄铁路建设有限公司
贾珍则　中铁六局集团太原铁路建设有限公司
李宝俊　中铁六局集团电务工程有限公司
王　立　中铁七局集团武汉工程有限公司
易柏华　中铁七局集团武汉工程有限公司
付幼慰　中铁七局集团武汉工程有限公司
冯百华　中铁七局集团郑州工程有限公司
胡晓良　中铁八局集团昆明铁路建设有限公司
刘佳银　中铁八局集团市政工程有限公司
王　华　中铁八局集团建筑工程有限公司
王继伟　中铁九局集团第六工程有限公司
董玉明　中铁九局集团有限公司大连工程处
蔡玉田　中铁九局集团第一工程有限公司
王国平　中铁九局集团第四工程有限公司
里佐文　中铁九局集团有限公司
杜以波　中铁九局集团第六工程有限公司
耿贤军　中铁十局集团济南铁路工程有限公司
王欣德　中铁十局集团济南铁路工程有限公司
黄龙聚　中铁十局集团建筑工程有限公司
杨　武　中铁十局集团第二工程有限公司
曹丙海　中铁十局集团建筑工程有限公司
武新耀　中铁十局集团第二工程有限公司
陈志宜　中铁大桥局股份有限公司
许交武　中铁大桥局股份有限公司
张红心　中铁大桥局股份有限公司
罗瑞华　中铁大桥局股份有限公司
工贵明　中饮大桥局股份有限公司
邓敬雄　中铁大桥局股份有限公司
张君武　中铁大桥局集团上海工程有限公司
刘晓阳　中铁大桥局集团第一工程有限公司
杨文涛　中铁大桥局集团第一工程有限公司
钱　兵　中铁大桥局集团第二工程有限公司
陈　明　中铁大桥局集团第四工程有限公司
吴爱兵　中铁大桥局集团第四工程有限公司
程方宏　中铁大桥局集团第四工程有限公司
李华军　中铁大桥局集团第五工程有限公司
黄升利　中铁大桥局集团第五工程有限公司
邓乾新　中铁大桥局集团第六工程有限公司
田兴科　中铁大桥局集团第七工程有限公司

潘明亮　中铁隧道集团有限公司
徐贵平　中铁隧道集团一处有限公司
赵纪平　中铁隧道集团一处有限公司
翟飞飞　中铁隧道集团一处有限公司
王国安　中铁隧道股份有限公司
王业刚　中铁隧道股份有限公司
惠建永　中铁隧道股份有限公司
闫红江　中铁隧道集团四处有限公司
叶建文　中铁隧道集团四处有限公司
李小岗　中铁隧道集团二处有限公司
黄昌建　中铁隧道三处有限公司
刘秋雨　中铁隧道三处有限公司
陈建明　中铁电气化局集团有限公司
李爱军　中铁电气化局集团有限公司
王旭东　中铁电气化局集团第一工程有限公司
桂建明　中铁电气化局集团第三工程有限公司
牛新道　中铁电气化局集团西安铁路工程有限公司
黄利刚　中铁电气化局集团西安铁路建设有限公司
张选良　中铁电气化局集团西安铁路建设有限公司
吴铁成　中铁电气化局集团西安电气化工程有限公司
陈　永　中铁电气化局集团有限公司城铁公司
刘德彬　中铁建工集团北方工程有限公司
曹景全　中铁建工集团北方工程有限公司
吕宏祥　中铁建工集团有限公司华北分公司
赵永良　中铁建工集团有限公司承包总公司
许　良　中铁建工集团有限公司西南分公司
杨红波　中铁建工集团青岛工程有限公司
王海波　中铁建工集团有限公司深圳分公司
张全安　中铁建工集团有限公司深圳分公司
贾庆军　中铁建工集团有限公司西北分公司
李广安　中铁建工集团有限公司北京路桥分公司_
袁桂臣　中国铁工建设有限公司
王福海　中铁建工集团安装工程有限公司
张　涛　中铁建工集团安装工程有限公司
钱少波　中铁建工集团有限公司上海分公司
单　云　中铁建工集团有限公司北京分公司
岳立明　中铁建工集团有限公司北京分公司
叶成诚　中铁上海工程局第一工程有限公司
王　勇　中铁上海工程局第二工程有限公司
邓永驰　中铁上海工程局市政工程有限公司
罗兴渠　中铁上海工程局有限公司第六分公司
刘志彬　中铁上海工程局有限公司第四分公司
刘　强　中铁港航局集团第三工程有限公司
陈忠灵　中铁航空港建设集团北京有限公司
刘秀英　中铁航空港建设集团北京有限公司
王东云　中铁航空港集团第二工程有限公司

张治国　中铁航空港集团第二工程有限公司
叶天翔　中铁航空港建设集团有限公司北京第六分公司
戴成业　中铁航空港建设集团有限公司北京第八分公司

【中国中铁股份有限公司优秀质量管理小组】 中国中铁股份有限公司评选（2012 年度）。
中铁一局集团电务工程有限公司　三公司苏州地铁 QC 小组
中铁一局集团物资工贸有限公司　寿光制梁场 QC 小组
中铁一局集团桥梁工程有限公司　德大铁路黄河特大桥 QC 小组
中铁一局集团城市建设工程有限公司 咸阳渭滨苑 QC 小组
中铁一局集团城市轨道交通工程有限公司　宁波地铁 TJ-2101 标 QC 小组
中铁一局集团建工机械有限公司　机械厂质量 QC 小组
中铁一局集团有限公司上海分公司　无锡太湖大道 THD02QC 小组
中铁一局集团第三工程公司　蒙河项目部 QC 小组
中铁一局集团有限公司广州分公司　南广铁路项目二分部 QC 小组
中铁二局第二工程有限公司　成都地铁防护棚架顶成本控制 QC 小组
中铁二局第三工程有限公司　异型钢箱梁线形控制 QC 小组
中铁二局股份有限公司城通公司　杭州地铁 1-2 标 QC 小组
中铁二局第一工程有限公司　北京地铁 14 号线第一 QC 小组
中铁二局集团新运工程有限公司　勇攀高峰 QC 小组
中铁二局集团电务工程有限公司　淮南项目部 QC 小组
中铁二局第四工程有限公司　提高剪力墙结构钢筋绑扎质量 QC 小组
中铁二局第五工程有限公司　苏州轨道交通先锋 QC 小组
中铁三局集团有限公司桥隧工程分公司　广雅 QC 小组
中铁三局集团有限公司运输工程分公司　准格尔铁路运输段列检 QC 小组
中铁三局集团第六工程有限公司　大西项目经理部 QC 小组
中铁三局集团有限公司桥隧工程分公司　张艳文 QC 小组
中铁三局集团第二工程有限公司　石长铁路项目 QC 小组
中铁三局集团第七工程有限公司　西平铁路田家窑 2 号桥 QC 小组
中铁三局集团第五工程有限公司　南广项目部 QC 小组
中铁三局集团有限公司广州分公司　第一工程段莞惠城际 GZH-7 标 QC 小组
中铁三局集团第四工程有限公司　北京地铁 10 号线二期 05 标 QC 小组
中铁四局集团第一工程有限公司　精测大队 QC 小组
中铁四局集团第二工程有限公司　宁波铁路枢纽二分部 QC 小组
中铁四局集团第四工程有限公司　测量大队 QC 小组
中铁四局集团第五工程有限公司　成绵乐防撞墙 QC 小组
中铁四局集团电气化工程有限公司　杭州东信号 QC 小组
中铁四局集团建筑装饰安装工程有限公司　深圳项目部 QC 小组
中铁四局集团有限公司第八工程分公司　机养段 QC 小组
中铁四局集团建筑工程有限公司　集包增建第二双线 QC 小组
中铁四局集团钢结构有限公司　合肥南环线钢桁梁安装 QC 小组
中铁五局集团第二工程有限责任公司 杭长项目部 QC 小组
中铁五局集团第四工程有限责任公司 杭长客专项目部第二分部锥墩模板 QC 小组
中铁五局集团机械化工程有限责任公司　衡茶吉铁路 QC 小组
中铁五局集团机械化工程有限责任公司　局蓝周 A5 标探索 QC 小组
中铁五局集团第一工程有限责任公司 贵广铁路项目部 QC 小组
中铁五局集团第五工程有限责任公司 贵广铁路第二项目部 QC 小组
中铁五局集团路桥工程有限责任公司 沪昆客专横峰梁场 QC 小组
中铁五局集团机械化工程有限责任公司　泉州南石 A1 标项目部 QC 小组
中铁五局集团电务工程有限责任公司 北京地铁 10 号线二期通信工程项目部 QC 小组
中铁六局集团电务工程有限公司　彩虹 QC 小组
中铁六局集团太原铁路建设有限公司 租赁分公司 QC 小组
中铁六局集团电务工程有限公司　太原分公司信三 QC 小组
中铁六局集团有限公司桥隧分公司　安质部 QC 小组
中铁六局集团电务工程有限公司　北京电力工程分公司石太客专 QC 小组
中铁六局集团有限公司桥隧分公司　昆玉项目部 QC 小组
中铁六局集团天津铁路建设有限公司 津秦客专项目部 QC 小组
中铁六局集团太原铁路建设有限公司 资料管理 QC 小组
中铁六局集团太原铁路建设有限公司 太原市长风文化商务

区市政工程 QC 小组

中铁七局集团电务工程有限公司　通信第一分公司狼牙 QC 小组

中铁七局集团第三工程有限公司　昆明枢纽四经部 QC 小组

中铁七局集团郑州工程有限公司　石武一项 QC 小组

中铁七局集团第三工程有限公司　昆明枢纽铁路东南环线工程指挥部 QC 小组

中铁七局集团武汉工程有限公司　渠江二桥项目部 QC 小组

中铁七局集团郑州工程有限公司　佛肇城际 GZZH-9 标项目部 QC 小组

中铁七局集团第一工程有限公司　洛北制梁场 QC 小组

中铁七局集团第二工程有限公司　勉县汉江大桥工程 QC 小组

中铁七局集团第五工程有限公司　西安房建项目部 QC 小组

中铁八局集团电务有限公司　二项目 QC 小组

中铁八局集团建筑有限公司　中铁瑞景茗城 QC 小组

中铁八局集团第三有限公司　六沾作业队隧道 QC 小组

中铁八局集团市政有限公司　北京东路 D 标 QC 小组

中铁八局房地产开发公司　中铁八局房开公司 QC 小组

中铁八局汽车公司　中铁汽车 QC 小组

中铁八局第四有限公司　第二 QC 小组

中铁八局第二有限公司　乐雅高速公路 TJ5 标项目部 QC 小组

中铁八局第三有限公司　长昆三项目分部 QC 小组

中铁九局集团第一工程有限公司　盘营客专 TJ-1 标段一工区 QC 小组

中铁九局集团第六工程有限公司　杭长客专连续梁施工技术 QC 小组

中铁九局集团第二工程有限公司　CFG 桩桩长质量控制小组

中铁九局集团有限公司　前庄项目部管桩 QC 小组

中铁九局集团第四工程有限公司　中国医科大学新校园工程 QC 小组

中铁九局集团第三工程有限公司　黑山湖连续梁 QC 小组

中铁九局集团有限公司桥梁分公司　RPC 混凝土电缆槽盖板强度和外形外观试验 QC 小组

中铁九局集团第七工程有限公司　盘营客专项目部 QC 小组

中铁十局集团有限公司第八工程公司　兰渝项目部机动平车 QC 小组

中铁十局集团有限公司第四工程公司　清徐制梁场新型千斤顶 QC 小组

中铁十局集团西北工程有限公司　兰渝铁路项目系杆拱施工 QC 小组

中铁十局集团西北工程有限公司　西商路面 QC 小组

中铁十局集团济南铁路工程有限公司　合肥项目部 QC 小组

中铁十局集团有限公司第四工程公司　清徐制梁场快速穿束质量控制 QC 小组

中铁十局集团有限公司第四工程公司　兰渝 14 标第十分部 QC 小组

中铁十局集团第五工程有限公司　昆山经理部 QC 小组

中铁十局集团第二工程有限公司　莞惠城际线下工程沉降观测 QC 小组

中铁十局集团山东鲁铁工业物资有限公司　电气化器材厂 QC 小组

中铁大桥局股份有限公司　赣龙铁路 GL-2 标叶坪隧道开挖质量控制 QC 小组

中铁大桥局集团第四工程有限公司　模板脚手一体化在桥梁高墩施工中的应用 QC 小组

中铁大桥局集团第六工程限公司　鹦鹉洲长江大桥北锚碇沉井钢壳施工 QC 小组

中铁大桥局集团第一工程有限公司　嵌岩无封底围堰侧面止水技术研究 QC 小组

中铁大桥局集团武汉桥梁科学研究院有限公司　反力墙建设 QC 小组

中铁大桥局集团第二工程有限公司　江六高速 JL-GL2 标项目部 QC 小组

中铁大桥局集团第五工程有限公司　爬模施工挂座板安装质量控制 QC 小组

中铁大桥局集团第七工程有限公司　鹦鹉洲长江大桥南锚碇施工 QC 小组

中铁大桥局集团第八工程有限公司　新桥双线特大桥主桥墩身外观质量控制小组

中铁隧道集团二处有限公司　连续皮带创新 QC 小组

中铁隧道集团二处有限公司　昆明轨道试验段二标 QC 小组

中铁隧道股份有限公司　台山核电取水隧洞工程项目部 QC 小组

中铁隧道集团一处有限公司　平榆项目经理部 QC 小组

中铁隧道集团三处有限公司　沪昆客专第二项目部 QC 小组

中铁隧道集团三处有限公司　杭州彩虹路项目部 QC 小组

中铁隧道集团三处有限公司　乐广高速 T10 标项目部 QC 小组

中铁隧道集团三处有限公司　市政二公司 QC 小组

中铁隧道集团三处有限公司　南昌市轨道交通 1 号线一期工程土建八标 QC 小组

中铁电气化局集团第一工程有限公司　　网六段合福 QC 小组
中铁电气化局集团第一工程有限公司　　五分公司京沪阳光 QC 小组
中铁电气化局集团北京建筑工程有限公司　第十一项目部新建客运专线武汉调度所辉煌机电 QC 小组
中铁电气化局集团第一工程有限公司　　二分公司新广州站 QC 小组
中铁电气化局集团有限公司电气化公司　　器材厂兴科 QC 小组
中铁电气化局集团第一工程有限公司　　一分公司五队 QC 小组
中铁电气化局集团北京建筑工程有限公司　聊城项目部水城之星第二 QC 小组
中铁电气化局集团北京建筑工程有限公司　聊城项目部水城之星第一 QC 小组
中铁建工集团有限公司　　南昌西站 QC 小组
中铁建工集团有限公司　　郑州东站 QC 小组
中铁建工集团有限公司　　大庆西站 QC 小组
中铁建工集团有限公司　　泰山基业 QC 小组
中铁建工集团有限公司　　北京诺德中心 QC 小组
中铁建工集团有限公司　　青岛武船 QC 小组
中铁建工集团有限公司　　天保项目部 QC 小组
中铁建工集团有限公司　　阿尔及利亚体育场项目 QC 小组
中铁建工集团有限公司　　汉宜线仙桃西站 QC 小组
中铁上海工程局第一工程有限公司　　上海 S6 公路 5 标 QC 小组
中铁上海工程局第一工程有限公司　　柳州双拥大桥项目部 QC 小组
中铁上海工程局市政有限公司　sst2.6 标项目部 QC 小组
中铁上海工程局第一工程有限公司　　北京地铁八号线二期工程轨道三标 QC 小组
中铁上海工程局第一工程有限公司　　金温铁路扩能改造工程指挥部 QC 小组
中铁上海工程局第一工程有限公司　　南宁铁路枢纽 I 标一项目部 QC 小组
中铁上海工程局市政有限公司　白龙港扩建二期 W2.3 标 QC 小组
中铁上海工程局华海有限公司　天津红旗路互通式立交桥项目 QC 小组
中铁上海工程局华海有限公司　宁波市轨道交通一号线一期工程 TJ-V 标 QC 小组
中铁航空港建设集团第六分公司　　门头沟小园 2C 项目部 QC 小组
中铁航空港建设集团辽宁工程有限公司　　沈阳四环项目 QC 小组
中铁航空港建设集团第一工程有限公司　　西平铁路第二项目部 QC 小组
中铁航空港建设集团第一工程有限公司　　榆绥项目部 QC 小组
中铁航空港建设集团第一工程有限公司　　兰新项目部 QC 小组
中铁港航局集团第三工程有限公司　兰新铁路客运专线路基沉降观测 QC 小组
中铁港航局集团第二工程有限公司　鼎湖特大桥第一项目部箱梁质量控制 QC 小组
中铁港航局集团第三工程有限公司　钢结构工程分公司桥墩模板设计 QC 小组
中铁港航局集团第三工程有限公司　仁怀至赤水高速公路 RCTJ-18 合同段 QC 小组
中铁港航局集团第三工程有限公司　兰新铁路客运专线大通制梁场混凝土施工 QC 小组
中铁港航局集团第三工程有限公司　昆明地铁三号线 QC 小组
中铁港航局集团深圳工程有限公司　榆绥高速 N14 标 QC 小组
中铁科工集团中铁九桥工程有限公司 厦深铁路榕江特大桥钢梁架设 QC 小组

【中国中铁股份有限公司优秀质量管理小组最佳制作】 中国中铁股份有限公司评选（2012 年度）。
中铁三局集团有限公司桥隧工程分公司　　广雅 QC 小组
中铁四局集团第二工程有限公司　　宁波铁路枢纽二分部 QC 小组
中铁六局集团太原铁路建设有限公司 租赁分公司 QC 小组
中铁九局集团第二工程有限公司　　CFG 桩桩长质量控制小组
中铁十局集团有限公司第四工程公司　　清徐制梁场新型千斤顶张拉质量控制 QC 小组
中铁电气化局集团北京建筑工程有限公司　第十一项目部新建客运专线武汉调度所辉煌机电 QC 小组
中铁隧道集团二处有限公司　　连续皮带创新 QC 小组

劳模和先进单位及个人

【全国五一劳动奖章获得者】

白中仁　中国中铁股份有限公司总裁

马朴亭　中铁二局集团公司作业队长 农民工

杨改锁　中铁航空港集团第一工程有限公司工人

季跃华　中铁大桥局集团有限公司副总经理

漆宝瑞　中铁二院党委书记、董事长

方国建　中铁二局党委副书记、纪委书记、工会主席

夏发宝　中铁八局昆明铁路建设公司副总经理

唐祥兵　中铁八局拉日铁路指挥部二分部项目经理

史松建　中铁一局集团辛运公司上海地铁 2 号线养护项目线路养护队队长

洪开荣　中铁隧道集团盾构机掘进技术国家重点实验室主任

聂成玉　中铁建工集团灾后重建现场指挥部工程部长

韩海峰　中铁建工集团玉树灾后重建现场指挥部项目总工程师

黄光省　中铁二局集团玉树灾后重建工程指挥部工程部长

杨国庆　中铁二局集团玉树指挥部第二项目部经理部技术员

【全国五一劳动奖状】

中铁电气化局集团第一工程有限公司

中铁五局集团拉日铁路工程指挥部

中铁二局玉树灾后重建指挥部

中铁建工集团玉树灾后重建指挥部

【全国“工人先锋号”】

中铁六局集团北京铁路建设有限公司京新高速公路（五环-六环路段）上地铁路分离式立交工程 3A 项目部

中铁建工集团国际工程公司南极项目部

中铁十局建筑公司中南通道工程项目经理部

中铁大桥局集团有限公司武汉至黄冈城际铁路项目部

中铁隧道一处有限公司龙厦铁路项目经理部

中铁隧道三处有限公司广深港客运专线羊台山隧道 SD1 标项目经理部

中铁隧道集团有限公司宁波市轨道交通 1 号线一期工程 TJ-II 标项目部

中铁隧道集团有限公司青岛地铁一期工程试验段项目部

中铁二局第一工程有限公司思剑项目部

中铁五局集团第六工程公司第一架梁作业队架梁工班

中铁电气化局西铁工程公司北京地铁 10 号线二期 06 标项目部

中铁一局集团城市轨道交通工程有限公司盾构维修租赁中心

中铁大桥局集团公司武汉鹦鹉洲大桥有限公司鹦鹉洲桥项目部

【火车头奖杯获得单位】

中铁一局集团天津建设工程有限公司

中铁五局集团电务城通公司长沙市轨道交通 1 号线一期工程 1 标项目经理部

中铁六局集团昆明枢纽铁路工程项目部

中铁八局集团昆明铁路建设有限公司

中铁十局集团第五工程有限公司

中铁隧道集团有限公司南疆吐库二线 SK2 标工程指挥部

中铁上海工程局第一工程有限公司

【火车头奖章获得者】

吴东正　中国海外工程有限责任公司高级工程师

郭钟文　中铁一局广州分公司佛肇城际 GZZH-4 标项目部总工程师

李轮思　中铁二局第二工程有限公司成渝客专项目部经理

谢　伟　中铁二局电务公司神朔项目部接触网工

张潼民　中铁三局五公司机械厂钢结构加工制作班工班长

杨宝生　中铁三局工程经济部部长

王传越　中铁四局第一工程有限公司总经理

孙爱军　中铁四局第五工程有限公司总工程师

曾　辉　中铁五局一公司拉日铁路工程指挥部总工程师

郭　海　中铁六局盾构分公司副总经理、总工程师

王　相　中铁七局海外公司卢本巴希项目副经理

赵国昌　中铁七局洛栾高速嵩栾段 SLTJ.2 标段项目部高级电焊工

张朝国　中铁八局建筑工程公司屏山新县城项目经理部总工程师

程　利　中铁九局第四工程有限公司副总经理

孙文甸　中铁九局大连工程处委铁项目部工长

陈圣玉　中铁十局电务工程有限公司经营开发部经理

余献权　中铁大桥局四公司五分公司渝利项目部装吊工

罗瑞华　中铁大桥局武汉鹦鹉洲长江大桥项目部经理

戴润军　中铁隧道集团兰渝铁路西秦岭隧道工程副指挥长

毛振海　中铁电气化局三公司第三工程段三队副队长

张宝柱　中铁电气化局西安电气化公司董事长、党委书记

侯国树　中铁建工集团北方公司铁路和谐型大功率机车广州检修基地工程常务副指挥长

郑　明　中铁建工集团上海分公司南昌西站项目部经理

王　燕(女)中铁建工集团工会副主席

陈建强　中铁航空港集团辽宁公司总经理

纪庆和　中铁上海工程局市政公司工会主席

韩建东　中铁上海工程局华海公司宁波地铁一号线经理

郑玉明　中铁港航局第三工程有限责任公司副总工程师

曾德礼　中铁二院集团公司土建一院埃塞俄比亚项目经理

蒋小锐　中铁咨询集团城市轨道交通设计院高级工程师

王万荣　中铁大桥院芜湖规划设计研究院有限公司院长

韩凤权　中铁山桥集团道岔车间刨二班班长

车　伟　中铁宝桥集团道岔车间主任

李晓钢　中铁科工集团工程机械研究设计院常务副院长

陆全发　蚌埠中铁置业投资发展有限公司总经理

郭万根　中铁资源集团刚果(金)国际矿业公司总经理

蒋　莹　华铁工程咨询公司副总经济师兼经营开发部部长

曾令标　中铁宏达中心西安铁路工程职工大学校长

【铁路客运专线建设火车头奖杯】（22 个）

贵广铁路有限责任公司（2 个）

中铁二局贵广铁路工程指挥部二项目部

中铁五局贵广铁路工程指挥部第三项目部

成渝铁路客运专线有限责任公司（1 个）

中铁二局成渝客专 CYSG-5 标项目经理部第一分部

南广铁路有限责任公司(2 个)

中铁一局南广铁路 NGZQ-6 项目铺轨分部

中铁大桥局南广铁路 NGZQ-8 标工程指挥部

沪昆铁路客运专线湖南有限责任公司（2 个）

中铁一局沪昆客专长昆湖南段项目经理部

中铁隧道集团沪昆客专长昆湖南段项目经理部

沪昆铁路客运专线江西有限责任公司（2 个）

中铁四局沪昆客专江西段站前工程 HKJX-7 标项目经理部九工区

中铁五局沪昆客专江西段站前工程 HKJX-2 标项目经理部一分部

沪昆铁路客运专线浙江有限责任公司（1 个）

中铁九局杭长客专浙江段项目经理部

沪昆客专云南有限责任公司（2 个）

中铁五局沪昆铁路客运专线云南段项目经理部

中铁一局云桂铁路云南段项目经理部

宁安铁路有限责任公司（1 个）

中铁大桥局安庆长江大桥工程指挥部二分部

大西铁路客运专线有限责任公司（2 个）

中铁十局大西铁路客运专线指挥部

中铁上海工程局大西铁路客运专线指挥部

厦深铁路广东有限公司(2 个)

中铁八局厦深铁路（广东段）工程指挥部

中铁二院厦深铁路（广东段）项目部

柳南铁路有限责任公司(1 个)

中铁七局湘桂铁路扩改工程柳南段 1 标指挥部运架项目部

向莆铁路股份有限公司(1 个)

中铁电气化局向莆铁路系统集成项目部

南宁湘桂线提速扩能改造工程建设指挥部（1 个）

中铁二局湘桂铁路扩能改造工程Ⅳ标指挥部第三项目部

丹大快速铁路有限责任公司(2 个)

中铁九局东通道前庄线工程 DT2 标段项目经理部

中铁九局东通道前庄线工程 DT2 标段第二作业队

【铁路客运专线建设火车头奖章】（65 名）

贵广铁路有限责任公司（3 名）

李树峰　中铁二局贵广铁路工程指挥部一项目部常务副经理

吕保良　中铁五局一公司副总经理兼贵广铁路工程指挥部第三项目部经理

孙水武　中铁隧道集团贵广铁路工程指挥部材料厂厂长

沪昆铁路客运专线贵州有限责任公司（3 名）

宋明亮　中铁三局沪昆客专贵州段工程指挥部常务副指挥长

桂景旺　中铁五局沪昆客专贵州段工程指挥部总工程师

郑天池　中铁二院副总工程师、项目部经理兼总工程师

兰新铁路甘青有限公司（2 名）

王　强　中铁四局兰新铁路甘青段项目经理部常务副经理

王　超　中铁八局兰新铁路甘青段项目经理部三工区经理

晋豫鲁铁路通道股份有限公司（1 名）

吴　俊　中铁七局山西中南部铁路通道 ZNTJ-14 标项目部常务副经理

京福闽赣铁路客运专线有限公司（2 名）

史红军　中铁一局京福铁路客专闽赣Ⅴ标项目经理部第五项目分部经理

赵继忠　中铁隧道集团京福铁路客专闽赣Ⅵ标项目经理部党工委副书记

成渝铁路客运专线有限责任公司（3名）

刘鹏程　中铁二局成渝客专CYSG-5标项目经理部常务副经理

何国敏　中铁八局成渝客专CYSG-1标项目经理部工程部部长

王开云　中铁二院成都至重庆铁路客运专线配合施工项目部路基专业设计负责人

哈齐铁路客运专线有限责任公司（1名）

谢亚洲　中铁电气化局三公司哈齐客专项目部信号分部经理

南广铁路有限责任公司(5名)

温江涛　中铁一局南广铁路项目部副经理

党　军　中铁三局南广铁路项目部二分部经理

龚宇飞　中铁大桥局南广铁路项目部西江特大桥项目分部经理

王怀亮　中铁电气化局南广铁路四电系统集成项目部总工程师

高　岩　中铁二院南广铁路项目部副总工程师

云桂铁路广西有限责任公司（1名）

孙庆国　中铁十局云桂铁路（广西段）项目部副经理

沪昆铁路客运专线湖南有限责任公司（2名）

肖国庆　中铁大桥局沪昆客专长昆湖南段项目经理部二分部常务副经理

蒲小平　中铁隧道集团沪昆客专长昆湖南段第三项目分部经理

成绵乐铁路客运专线有限责任公司（3名）

易　捷　中铁二局成绵乐铁路工程指挥部党委书记、副指挥长

唐　刚　中铁五局成绵乐铁路工程乐山指挥部第二项目部

机修工

张　彬　中铁电气化局成绵乐铁路工程指挥部工程部长

沪昆铁路客运专线江西有限责任公司（3名）

王　华　中铁四局沪昆客专江西段站前工程HKJX-7标项目经理部九工区经理

陈佐林　中铁五局沪昆客专江西段HKJX-2标项目经理部经理

徐加文　中铁二院（成都）咨询监理公司沪昆客专江西段JXJL-4标监理项目部副总监

沪昆铁路客运专线浙江有限责任公司（2名）

杨政军　中铁四局杭长客专浙江段项目经理部安全总监

肖琼朝　中铁五局杭长客专浙江段项目经理部第二分部经理

沪昆客专云南有限责任公司（4名）

雷向锋　中铁一局云桂铁路云南段项目经理部经理

唐陶文　中铁五局沪昆客专云南段项目经理部总工程师

赵　宇　中铁十局云桂铁路云南段项目经理部经理

吴学全　中铁二院土建一院沪昆客专长沙（玉屏）至昆明段配合施工项目部副经理兼副总工程师

京福铁路客运专线安徽有限责任公司（1名）

余本俊　中铁大桥局合福铜陵长江大桥项目部副总工程师

宁安铁路有限责任公司（1名）

徐炳法　中铁大桥局宁安铁路安庆长江大桥工程指挥部常务副指挥长兼党工委书记

大西铁路客运专线有限责任公司（1名）

孙述灿　中铁上海工程局大西客专工程指挥部指挥长

厦深铁路广东有限公司(1名)

贾安林　中铁电气化局厦深铁路（广东段）项目部经理

柳南铁路有限责任公司(1名)

周关学　中铁二院柳南项目部总工程师

向莆铁路股份有限公司(3名)

胡庆堂　中铁十局向莆铁路FJ-2标指挥部指挥长助理、安全总监

曹开乾　中铁大桥局向莆铁路闽江桥项目经理部经理

郑　明　中铁建工集团南昌西站项目部经理

宁杭铁路有限责任公司（1名）

童国强　中铁四局宁杭客专工程指挥部党工委副书记

沪杭铁路客运专线股份有限公司（1名）

原西建　中铁一局沪杭客专七标项目经理部副经理

东南沿海铁路福建有限责任公司（2名）

李宝成　中铁二局厦深铁路工程指挥部指挥长兼党工委书记

游　旭　中铁二院厦深铁路隧道专业负责人

南宁湘桂线提速扩能改造工程建设指挥部（3名）

章友恒　中铁五局湘桂铁路扩能改造工程Ⅰ标指挥部党工委书记

孙　吉　中铁电气化局湘桂站后Ⅱ标指挥部工程部部长

王　芳　中铁二院集团有限责任公司湘桂线隧道专册

广西沿海铁路扩能改造工程建设指挥部（1名）

朱丽蓉　中铁二院工程集团有限责任公司工程师

兰渝铁路有限责任公司（2名）

张世军　中铁十局兰渝铁路LYS-14标段项目经理部分部经理

郑孝福　中铁隧道集团兰渝铁路西秦岭隧道工程指挥部总工程师

哈牡铁路客运专线有限责任公司（1名）

陈　岩　中铁三局牡绥铁路工程三标项目经理部经理

丹大快速铁路有限责任公司(4 名)

陈宴龙　中铁九局前庄项目经理部党工委书记

张明武　中铁九局前庄项目经理部总工程师

金　龙　中铁九局前庄项目经理部第一作业队副队长

李连海　中铁九局前庄项目经理部东港制梁场常务副场长

湖北城际铁路有限责任公司（1 名）

邓永峰　中铁大桥局武汉至黄冈城际铁路联合体项目部工程部长

京广铁路客运专线河南有线责任公司（1 名）

邹德林　中铁建工集团深圳分公司石武客专河南段项目经理

京沈铁路客运专线辽宁有限责任公司（1 名）

李德元　中铁九局盘营一标项目部经理

兰新铁路新疆有限责任公司（4 名）

陈　杰　中铁一局兰新铁路第二双线项目部五工区工程师

王佑江　中铁二局兰新铁路第二双线项目部二工区工程师

陈仕山　中铁四局兰新铁路第二双线项目部二工区工人

王福恩　中铁四局兰新铁路第二双线项目部五工区工程师

【国务院国资委中央企业 2012 年度经营业绩考核工作先进单位】

中国铁路工程总公司

【国务院国资委 2012 年度中央企业产权登记工作先进单位】

中国铁路工程总公司

【第六届中国交通运输业财务与会计学术研讨会二等奖】

李平

【铁道财会全路优秀论文评比二等奖】

彭娜

【全路先进财会学会】

中国铁路工程公司财会学会

【全路财会学会先进集体】

中铁二局、中铁四局、中铁十局、中铁大桥局财会学会

【北京市单位内部安全保卫工作集体三等功】2012 年度

中国中铁股份有限公司保卫部

【全国铁路体育先进单位】

中国中铁一局集团公司

中国中铁四局集团八分公司运输工程段

中国中铁大桥局集团公司

中国中铁电气化局集团公司

中国中铁建工集团公司

中国中铁上海工程局一公司

中国中铁宝桥集团公司

中国中铁航空港集团第一工程公司

中国中铁港航局深圳工程公司

中国中铁置业集团公司

【全国铁路体育先进个人】

刘　玫　中铁一局

胡光辉　中铁二局

胡志勇　中铁三局

安保田　中铁四局

谭建平　中铁五局六公司

沈忠芳　中铁六局

杨保国　中铁七局郑州工程公司

陶　昆　中铁八局昆明房建公司

刘　君　中铁九局

沙莉娜　中铁十局西北公司

郭　辉　中铁电气化局

何毅华　中铁隧道集团公司

徐　萍　中铁二院

马　建　中铁设计咨询集团

王福纪　中铁山桥集团有限公司

邵　鑫　中铁宏达资产管理中心

陈振华　中铁资源集团公司

【国家级二级职业技能竞赛及行业职业技能竞赛】

王保利　中国铁路工程总公司中铁隧道装备公司技术服务分公司

赵江涛　中国铁路工程总公司中铁隧道装备公司技术服务分公司

李　吉　中国铁路工程总公司中铁五局集团电务城通公司

王英锋　中铁宝桥集团辙叉车间从事维修电工

梅建峰　中国铁路工程总公司中铁科工集团九桥公司

张立创　中国铁路工程总公司中铁宝桥集团有限公司道岔车间

门学刚　中国铁路工程总公司中铁大桥局一公司测绘公司

刘立正　中国铁路工程总公司中铁二局五公司精测队

王光富　中国铁路工程总公司中铁大桥局一公司

【全国优秀共青团干部】　2012 年度。

王　越　中铁一局集团有限公司团委书记

【全国优秀共青团员】　2012 年度。

胡小虎　中铁七局郑州工程有限公司郑机项目部项目预算合同部部长

【全国五四红旗团委】　2012 年度。

中铁二局集团四川遂宁绵遂高速公路有限公司团委

【中央企业五四红旗团委】　2012 年度。

中国铁路工程总公司电气化局集团公司团委

中国铁路工程总公司中铁九局集团公司团委

中国铁路工程总公司中铁四局集团公司团委

【中央企业五四红旗团支部】　2012 年度。

中国铁路工程总公司中铁港航局二公司江顺大桥项目经理部团支部

中国铁路工程总公司宝桥集团有限公司铸钢车间团支部

【中央企业优秀共青团员】

刘长虹　中国铁路工程总公司中铁七局通信三公司团支部

宋岩峰　中国铁路工程总公司中铁山桥集团机关团委

【中央企业优秀共青团干部】

鲁淑敏　中国铁路工程总公司航空港集团公司团委书记

曹子牧　中国铁路工程总公司建工集团公司团委书记

徐鹏程　中国铁路工程总公司中铁十局集团公司团委书记

【第十三批（2013～2015 年度）中央企业五四红旗团委创建单位】

中国铁路工程总公司中铁五局集团公司团委

中国铁路工程总公司中铁三局集团公司团委

中国铁路工程总公司中铁六局集团公司团委

【中央企业青年文明号】

中国铁路工程总公司中铁一局电务公司八公司

中国铁路工程总公司中铁八局海外公司刚果（金）项目部

中国铁路工程总公司中铁隧道集团四处有限公司市政一公司

中国铁路工程总公司中铁上海工程局一公司兰新铁路工程指挥部

中国铁路工程总公司中铁二局五公司苏州轨道交通Ⅳ-TS-05 标项目经理部

中国铁路工程总公司中铁设计咨询桥梁院莞惠城际项目组

【中央企业杰出青年岗位能手】

林鹏远　中国铁路工程总公司隧道集团二处有限公司

【中央企业青年岗位能手】

李　元　中国铁路工程总公司宣传部

梁　伟　中国铁路工程总公司大桥局股份有限公司设计分公司

李　楠　中国铁路工程总公司中铁隧道装备制造有限公司盾构分公司

【首届中央企业金牌青年志愿者】

中铁隧道集团隧道股份有限公司　吴海之

【技能比赛授予“中央企业青年岗位能手”】

花　岩　中国铁路工程总公司中铁隧道装备制造有限公司技术服分公司

周继泉　中国铁路工程总公司中铁五局集团电务城通有限公司

田玉龙　中国铁路工程总公司中铁隧道股份公司

王　超　中国铁路工程总公司中铁建工集团安装工程有限公司

韩治中　中国铁路工程总公司中铁宝桥集团有限公司

贾伟波　中国铁路工程总公司中铁隧道股份有限公司 TBM 六公司

方　俊　中国铁路工程总公司中铁大桥局七公司

文　平　中国铁路工程总公司中铁五局集团第四工程有限责任公司

【第二届“中央企业青年五四奖章”】

胡　波　中国铁路工程总公司中铁建工集团坦桑尼亚有限公司总经理兼党委副书记

【第二届“中央企业青年五四奖章提名奖”】

于小四　中国铁路工程总公司中铁七局电务公司总工

董小龙　中国铁路工程总公司中铁宝桥集团有限公司机械车间工人

【中国中铁《企业年度报告》填报工作先进单位及个人】

一、《企业年度工作报告》填报工作优秀企业

中铁二院工程集团有限责任公司
中铁十局集团有限公司
中铁大桥局集团有限公司
中铁置业集团有限公司
中铁四局集团有限公司
中铁九局集团有限公司
中铁七局集团有限公司
中铁隧道集团有限公司
中铁二局集团有限公司
中铁建工集团有限公司
中铁一局集团有限公司
中铁五局（集团）有限公司
中铁八局集团有限公司
二、《企业年度工作报告》填报工作良好企业
中铁隧道装备制造有限公司
中铁南方投资发展有限公司
中铁设计咨询集团有限公司
中铁宝桥集团有限公司
中铁航空港建设集团有限公司
中铁港航工程局有限公司
中铁资源集团有限公司
中铁交通投资集团有限公司
中铁电气化局集团有限公司
华铁工程咨询有限责任公司
中铁山桥集团有限公司
中铁西南科学研究院有限公司
中铁宏达资产管理中心
三、《企业年度工作报告》填报工作先进个人
中海外　王贺彩、张紫峰
中铁一局　孙永刚、党纪勇、陈宏立
中铁二局　唐志成、曾永林、刘天平
中铁三局　秦永虎、陈玉芬
中铁四局　张河川、何　文、张文豪
中铁五局　张回家、周海辉、王淑利
中铁六局　梅家周、樊景蕙
中铁七局　王宗怀、何继中、宛霞
中铁八局　曹　义、王国明、严斐
中铁九局　苑宝印、刘长城、穆永亮
中铁十局　沈尧兴、郭建封、师　良
中铁大桥局　刘自明、古继洪、陈　华
中铁隧道　刘　忻、杜潮继、房立华
中铁电化　王建军、张艳冰
中铁建工　刘荣耀、郭俊亮、黄一粟
中铁港航局　王宏利、李旭科
中铁航空港　彭德宏、许国强
中铁上海局　李宁、陈　谦
中铁二院　漆宝瑞、胡光涛、郝婕
中铁咨询　郭宏军、李瑞林
中铁大桥院　付宏平、粟　晓
中铁西北院　方建生、杨东营
中铁西南院　蒋光辉、张海蓉
华铁咨询　经　越、冯志华
中铁山桥　廖　克、卓长伟
中铁宝桥　潘志军、张晓华
中铁科工　胡建华、张莉
中铁隧道装备　宁辉东、姜宗福
中铁信托　解义才、邹纯余
中铁置业　王子光、马永红、霍国玺
中铁国际　宋广森、孙晶晶
中铁资源　杨宏伟、霍伟
建设分公司　王立平、王耀辉
中铁物贸　白鹤林、杨喜生
中铁交通　陈元海、王画
中铁南方　李同杰、吴国强
中铁海西　陈宏、郭新民
中铁中原　王建军、刘茂华
中铁贵州　王闵、李国松
中铁宏达　谷有志、梁伟
总公司党校　韩平易、马瑶

【中国中铁信息工作先进单位及个人】

一、中国中铁 2012 年度信息工作先进单位：
中铁一局集团有限公司
中铁五局（集团）有限公司
中铁二局集团有限公司
中铁隧道集团有限公司
中铁电气化局集团有限公司
中铁四局集团有限公司
中铁七局集团有限公司
中铁港航局集团有限公司
中铁八局集团有限公司
中铁上海工程局有限公司
中铁九局集团有限公司
中铁二院工程集团有限责任公司
中铁交通投资集团有限公司
中铁南方投资发展有限公司
中铁大桥勘测设计院集团有限公司
中铁西南科学研究院有限公司
中铁置业集团有限公司
中铁科工集团有限公司

二、中国中铁股份有限公司信息工作先进个人（36人）

苏　星　张刘敏　中铁一局集团有限公司

谌　锴　卫　强　涂　韦　中铁五局（集团）有限公司

沈泽喜　张　志　中铁二局集团有限公司

房立华　　　　　中铁隧道集团有限公司

史　喆　　　　　中铁电气化局集团有限公司

蔡长善　　　　　中铁四局集团有限公司

郁冬青　梁元柱　中铁七局集团有限公司

杨　飞　李旭科　苏　林　中铁港航局集团有限公司

宋顺军　雷钱良　中铁八局集团有限公司

顾　荣　　　　　中铁上海工程局有限公司

范鹏蛟　　　　　中铁九局集团有限公司

罗　乐　李逢春　中铁二院工程集团有限责任公司

罗蓓君　赵海龙　中铁交通投资集团有限公司

仲　磊　付梦祥　杨志刚　中铁南方投资发展有限公司

林冠华　洪　芬　中铁大桥勘测设计院集团有限公司

黄　兴　　　　　中铁西南科学研究院有限公司

杨　成　张昊云　中铁置业集团有限公司

黄弼贤　陈　庚　中铁科工集团有限公司

段银华　　　　　股份公司董办（监办）

陈一鑫　　　　　股份公司总裁办（党办）

尚宪鹏　　　　　股份公司企业文化部（党委宣传部）

【中国中铁2012年度“四好领导班子”】

中铁一局集团有限公司

中铁四局集团有限公司

中铁八局集团有限公司

中铁大桥局集团有限公司

中铁建工集团有限公司

中铁上海工程局有限公司

中铁二院工程集团有限责任公司

中铁工程设计咨询集团有限公司

中铁大桥勘测设计院集团有限公司

中铁山桥集团有限公司

中铁置业集团有限公司

中铁信托有限责任公司

中铁建设投资集团有限公司

中国中铁工程建设分公司

中国中铁委内瑞拉分公司

【2012年股份公司评审通过的高级技师名单】

（共821名）

一、中铁一局（40名）

谷奕涛　王岳勉　孙福民　张　健　何　斌　米玉新　杨　洪
高志国　李建国　彭青松　李增云　夏君生　张　林　张部令
李晓勇　张颖军　郭宏峰　张　永　郝伟璞　史松建　吴永强
郑　琦　张永成　徐万利　王迎成　薛吉保　程红军　王晓明
梁　芳　顾兴均　周传清　蒲　辉　李安平　叶再友　张利科
贾　奎　陆剑峰　张　宁　邹　虎　张旭洲

二、中铁二局（96名）

周　伟　陈　林　王　磊　李　桃　代小平　张国润　王　毅
蒲贵英　廖川江　李金祥　刘孝堂　简　平　王　政　刘小东
唐仁均　陈　刚　任　聪　宋宪祥　苏厚新　唐建林　王龙才
王湘平　徐　雷　曾远彬　章建彬　赵　涛　岳劲松　文红军
王华仁　李　卫　敬　佳　曹树彬　雷清华　赵　勇　张维涛
李修正　谢方林　唐术端　蒋　斌　吴　明　甘泽炳　李立忠
徐　平　邓　军　金　宝　李瑞光　倪应春　彭世龙　唐益辉
涂　涛　龙永强　陈　刚　韩明勇　石代建　肖　剑　罗　勇
马安辉　雷　勇　李基海　赵国琪　罗禹强　唐万里　杨洪清
白利蓉　张文英　杨　莉　陈东梅　周宗荣　王云贵　邓建军
周世军　钟援非　潘　成　刘　明　袁真伦　贺泽刚　彭　英
蔡小波　王永全　代朝阳　陈　刚　冉向东　吴孝杨　赵迎芬
杨朝芬　陈　刚　赖言华　刘　毅　周文才　范华东　蒲绍举
罗洪彬　袁　涛　龙　勇　龙　明　梁建岛

三、中铁三局（96名）

高文义　李　磊　马青山　马铁成　佟庆龙　王东升　肖读望
张　峰　李文祥　李同州　李新荣　刘京才　柳方路　王晓杰
吴从进　张玉龙　赵俊海　旷岳山　张文林　周广华　曹爱升
费彦峰　李保军　李文东　王　峰　徐曙军　张佰安　赵保生
赵桂军　胡建忠　王孝军　袁金设　张克田　康玉安　李来久
李庆林　牟善清　孙建忠　杨群山　张双彪　刘　贵　马永阳
彭新泉　魏尽辉　曹　伟　耿海鹰　景卫刚　刘建刚　刘康伟
刘晓东　任宏伟　王现伟　吴其峰　许　健　姚东生　张廷平
楚彦杰　崔向阳　侯万玉　李生明　刘海旗　刘长贵　芦长春
齐建庆　杨洪武　张红伟　张思斌　张燕飞　周志强　李海文
景长虹　刘　涛　朱宝安　高会军　丁希清　李敬军　纪义海
孙雪池　赵文平　陈付杰　黄云元　李燕兵　杨运能　高庆增
衡引良　李淑泽　梁吉生　孙秀斌　唐京平　王铁来　陈　辉
贾国忠　武文平　田友民　周相凯　刘正利

四、中铁四局（50名）

王疆兴　肖建民　曾晓伟　齐建国　徐宝兰　贺　丽　邢小伟
朱志强　聂　辉　张世友　李德军　李旭东　李多好　张　胜
李明鹏　王永杰　宁国明　朱善美　程　起　朱金海　盛好满
左其彬　李宁波　贾新仕　汪吉庆　傅承建　邓小勇　薛来云
王传奇　韩建军　王　安　闫志军　朱海龙　张　斌　陆中伟
吕　新　吴志强　曹永兵　任远兰　周小荣　王　岭　陈　玺
李卫东　周逢雨　瞿光宗　夏　松　宋　军　王新仁　刘　宏
雷著平

五、中铁五局（40名）

钱晓光　雷红社　侯树民　顾世全　张　如　杜汉斌　陈兆先

刘志文 王传连 杨隆武 龚 靖 陈茂武 胡 勇 谭水生 岳 壮 张 坤 李 君 赖 建 毋其贵 刘贵文 谷 斌 邹光玖 唐胜勇 马 勇 辛国德 郑贵斌 杨应铁 谢启明 陈照荣 刘玉峰 王 岗 罗正尧 王海义 翟建中 舒建军 郑凤喜 尹 伦 刘玉强 陈 南 王海宁

六、中铁六局（44名）

罗树君 王存海 段铁生 张大雁 张领进 高建忠 王云富 王建军 罗自镜 张爱军 孟春柱 陈树国 王永胜 苏 东 贾俊华 李活群 侯建贵 郝景彬 杨永恒 杜学顺 冯海军 王银龙 于金平 赵颖彬 李建国 谭新宝 李明喜 陈凤祥 李培文 袁 波 韩国荣 高月贵 李建军 孙贵京 刘金国 毛明利 王凤松 许春红 杜俊生 段卫华 张国成 李志刚 张敬义 安彦军

七、中铁七局（37名）

赵荣贵 白军兴 郭志军 贾新华 汪 波 王金山 梁青利 高建波 王文华 付保华 申晓军 李忠信 申路君 周忠基 余太平 杨玉民 朱 波 刘彦堂 王保胜 鲁梁红 陈 华 乔文生 缑清方 李新欧 顾中文 王 宇 余 伟 宋俊杰 陈献军 陈小阳 杜洪兵 郝砚增 王合国 王银山 张根喜 金竹林 张建斌

八、中铁八局（45名）

陈 勇 何成宗 黄恩友 罗云孝 陈 彬 刘书明 刘光吉 王 强 罗 和 刘千寻 刘 军 申银华 钟国雄 夏仲光 唐大勇 徐瑞华 文淑华 丁凯蓉 吴前兵 戴彦君 廖才东 周 易 胡志友 周光明 杨 凯 周 军 吕青骏 郑 坤 李 骏 束玉洪 王跃昆 王勤华 田志旭 张庆梅 钟 涛 胡相芝 白德伟 郭 成 陈 涛 罗应华 胡金明 郭甫中 罗 俊 田 光 周新发

九、中铁九局（53名）

温名威 石绍辉 张 博 宋 军 刘 波 高 林 范 凯 李德元 陈 光 刘国忠 于学风 邹 宣 李 剑 尹建忠 金吉成 王助民 闫 俊 刘大为 李建林 董锐锋 尹龙君 郑 勇 郭志新 于海彬 靳建明 杜 秋 张竹江 秦学柱 邹世孝 封文利 金铁栋 周广财 任 武 魏培龙 李 杰 陈立公 张金忠 张占坡 陈志辉 郑玉江 欧阳克林 穆庆文 高 山 马 勇 陈立敏 张 东 孙玉忠 姜云利 闫俊山 包建伟 杨树安 鲁建君 何 斌

十、中铁十局（46名）

董跃俊 李 刚 纪新军 王乐新 段开荣 闫宪忠 郭群富 李东波 王海亮 吉红飞 闫 琦 胡兆云 马良信 侯茂君 王培利 苏云博 陶贺联 姜广军 张厚东 杜贤锋 毋晓红 朱新华 齐应峰 李继萍 石 云 陶良成 王成良 石发科 郑茂荣 张 强 马正东 杨注高 董宪猛 王 磊 焦念伟 牛其文 马文刚 王文兴 王道奎 高成华 王希岭 张淑萍 方志胜 黄远平 韩金成 李九天

十一、中铁大桥局（54名）

宋全有 马海涛 杨小林 姚 勇 富 杰 张晓明 彭伟文 方勇明 贾大国 彭邦华 师 明 姜诗喜 陆仲巨 史瑞翔 殷 刚 杨国有 赵京平 吕浦生 李亚平 黄少勇 余任文 李锡强 刘会涛 王晓燕 孙文华 龚建港 林风雷 纪振峰 陈湘君 陈小兵 廖 伟 唐桂超 谢 浩 张贵川 赵尚超 周红梅 祝艳华 刘 钢 曹建生 林 强 朱加山 赵德林 黄艳辉 刘晓光 时淼钊 吴三伟 刘 潮 翟锦洲 刘 宏 黄家云 乔雪峰 许海洞 张旭峰 赵尚俊

十二、中铁隧道（57名）

胡定农 何 明 李光辉 段士海 何正彪 冯 俊 冯跃东 蒋长纪 冉中波 黄永红 龙 均 袁春林 王治军 何拥军 冯成山 王 军 孙志海 郭忠明 王伟伟 孟跃辉 雷 勇 魏玉移 苏瑞波 李跃兵 彭国建 曾 勇 李咸兵 黄祖政 冀永祥 李仕彬 孟贤康 钟 峰 马 焱 袁洪荣 侯 敏 卢 军 罗 勇 罗云德 庞传海 何正兵 文德华 李俊伟 王 军 吴国勋 赵兴全 朱 彬 龙弟奎 黎建军 王定富 吴益明 程国江 张晓祥 王永生 张 良 刘龙兵 傅华刚 黄 智

十三、中铁电气化局（66名）

陈 涛 田 霆 周国勤 余红儒 曹春刚 石林勤 王 哲 王领国 齐亚辉 李清亚 史庆丰 田 佳 赵荣有 赵 锰 李新刚 吕 涛 杨海东 罗前忠 蒋 勇 马顺平 刘启焕 陈 强 张 进 肖永峰 杨 俊 陈国伟 胡 明 张 成 刘道宽 曾裔德 黄仕权 杜明忠 肖 黔 刘明华 杨朋程 朱孝民 刘繁宗 韦跃松 王晓波 李全武 张广勋 陈文峰 孟庆生 王文亮 付广灿 张 谦 姚联刚 张双剑 白利华 王峰涛 李愿民 谭 军 支学涛 刘金生 邓长春 赵庆建 葛广林 赵军利 张青芳 刘 东 冯 勇 韩铁军 方 毅 王 珂 戴 毅 郭 兵

十四、中铁建工（19名）

廖 斌 曾 科 陈泽林 吴培利 李曾科 朱宪民 陈 兵 谢大超 李志刚 高显忠 黄 河 庾 鹏 张建春 苏本兴 岳文华 肖爱华 杨建民 刘宝安 胡 宾

十五、中铁港航局（12名）

郭小波 房永昌 胡和诚 韦英元 王抢林 张奇刚 段斌武 刘 永 王金强 刘雪飞 胥树扬 蒋远丽

十六、中铁航空港（16名）

侯玉梅 汤礼进 冯彦武 郑海生 常厚军 李志忠 王志安 刘 斌 王永俊 刘新战 张 鹏 李军伟 何建新 王 伟 朱绍宁 温仰信

十七、中铁上海局（28名）

高 君 李贤云 李忠华 耿庆生 李中明 陈 斌 万宝珠 叶 荣 刘灵林 王运辉 张 闽 张宝军 张继湘 罗坤先 康永泰 刘 云 黄 勃 王 军 郭清河 冯 涛 张树彬

李春生　宋华良　邓卫斌　尹建军　孟晓军　曲国庆　李多成

十八、中铁二院（1名）

彭　彬

十九、中铁山桥（10名）

吕志坤　张　健　赵继军　郭永红　巫新宇　宋　振　黄　凯　刘波云　欧阳廷义　刘顺利

二十、中铁宝桥（4名）

石　伟　徐力强　马　钦　袁　泉

二十一、中铁科工（7名）

张汉昌　徐　捷　王中美　徐　辉　朱江敏　吴华伟　韩　锋

【中国中铁审计工作先进单位及个人】

一、先进单位

1. 中铁二局集团有限公司
2. 中铁三局集团有限公司
3. 中铁四局集团有限公司
4. 中铁七局集团有限公司
5. 中铁电气化局集团有限公司
6. 中铁隧道集团有限公司

二、先进工作者

中铁一局集团有限公司　　乩秀琴　高小康　陈卫国　昝雪琴

中铁二局集团有限公司　　徐晓强　高建霞　叶仲成　张青友　唐小明

中铁三局集团有限公司　　赖　萍　徐明明　武国栋　卢　巍　陈文青

中铁四局集团有限公司　　方文胜　程　静　郭　湘　吴　懿　熊　伟　杨学农

中铁五局（集团）有限公司　　杨延富　何勇　李英明　曾志宏

中铁六局集团有限公司　　马金达　张北京　李俊芳　田春华

中铁七局集团有限公司　　金龙华　王党锋　韩俊峰　邱青桃

中铁八局集团有限公司　　唐先德　程先敏　孔　静　汪广平

中铁九局集团有限公司　　佟胜旺　肖桂新　范　璐　赵　靖

中铁十局集团有限公司　　杨淑华　李　伦　韩翠萍　王　静

中铁电气化局集团有限公司　　初惠芳　赵程远　杨奇明　薄宝刚　邵建强

中铁大桥局集团有限公司　　肖忠宽　吴　旭　邓敏顺　沈齐波　叶梦呓　袁维平

中铁隧道集团有限公司　　沈菊花　刘军灵　田春梅　郑东

中铁建工集团有限公司　　朱宇峰　张　涛　张雪莲

中国海外工程有限责任公司　　王　洋

中国中铁航空港建设集团有限公司　　李爱国　高正发

中铁港航局集团有限公司　　陈　斌

中铁上海工程局有限公司　　常　旭

中铁置业集团有限公司　　张红生

中铁二院工程集团有限责任公司　　杨　莉　周　华

中铁工程设计咨询集团有限公司　　赵晶晶

中铁西南投资管理有限公司　　王军超

中铁山桥集团有限公司　　王明慧

【股份公司工业系统优秀质量管理小组】

中铁一局建工机械有限公司　　80m钢梁QC小组

中铁宝桥集团有限公司　　道岔制造工艺研究QC小组

中铁隧道装备制造有限公司　　提高滚刀刀箱制作合格率QC小组

中铁宝桥集团有限公司　　技术一 QC小组

中铁山桥集团有限公司　　机一车间技术QC小组

中铁隧道装备制造有限公司　　泡沫泵QC小组

中铁山桥集团有限公司　　铸钢车间浇注QC小组

中铁科工集团有限公司　　YJ900运架一体机QC小组

中铁八局集团桥梁工程有限责任公司　　混凝土制品分公司QC小组

中铁六局丰桥桥梁有限公司　　海兴分公司QC小组

中铁一局建工机械有限公司　　起重机制作攻关QC小组

中铁隧道装备制造有限公司　　降低主驱动故障率QC小组

中铁山桥集团有限公司　　钢一车间技术QC小组

中铁科工集团有限公司　　技术中心QC小组

中铁科工集团有限公司　　提高黄冈桥主桁弦杆平行四边形箱口尺寸质量合格率控制QC小组

【中国中铁四好工会班子、工会工作先进集体、优秀工会工作者和优秀工会积极分子】

一、“四好工会班子”名单

中铁一局集团有限公司工会

中铁二局集团有限公司工会

中铁四局集团有限公司工会

中铁八局集团有限公司工会

中铁大桥局集团有限公司工会

中铁建工集团有限公司工会

中铁二院工程集团有限公司工会

中铁大桥院集团有限公司工会

中铁置业集团有限公司工会

中铁资源集团有限公司工会

二、“工会工作先进集体”名单

中国海外工程有限责任公司机关工会

中铁一局五公司工会

中铁一局建安公司工会

中铁二局一公司工会

中铁二局五公司工会

中铁三局六公司工会

中铁四局一公司工会

中铁四局电气化公司工会

中铁五局机械化公司工会

中铁五局建筑公司机械安装分公司工会

中铁六局盾构分公司工会

中铁六局石家庄铁建公司工会
中铁七局武汉公司工会
中铁七局电务公司工会
中铁八局一公司工会
中铁八局昆建公司工会
中铁九局二公司工会
中铁九局四公司工会
中铁十局电务公司工会
中铁十局第三建设有限公司工会
中铁大桥局二公司工会
中铁大桥局七公司工会
中铁隧道集团一处有限公司工会
中铁隧道集团三处有限公司工会
中铁电气化局集团第三工程公司工会
中铁电气化局集团有限公司机关工会
中铁建工集团北方公司工会
中铁建工集团承包公司工会
中铁航空港集团北京公司工会
中铁上海工程局华海公司工会
中铁港航局深圳公司工会
中铁二院昆明公司工会
中铁设计咨询集团济南设计院工会
中铁大桥院集团城建院工会
中铁山桥集团桥梁公司工会
中铁宝桥扬州公司工会
中铁科工集团九桥工程有限公司工会
中铁西南院轨道交通设计院工会
中铁交通投资集团富砚公司工会
中铁信托有限责任公司工会第一支会
中铁置业集团青岛祥丰有限公司工会
中铁资源集团伊春鹿鸣矿业有限公司工会
中铁国际川铁公司工会
华铁咨询燕丰物业管理有限公司工会

三、“优秀工会工作者”名单

中铁一局集团建工机械有限公司工会主席　李　静
中铁一局集团第二工程有限公司工会副主席　苏彦军
中铁一局新运工程有限公司工会主席　魏运生
中铁二局集团机关工会副主席　龚伟涛
中铁二局二公司工会副主席　张彦峰
中铁二局三公司工会女工委主任　马　燕
中铁三局二公司工会主席　马国良
中铁三局集团电务工程有限公司工会主席　杨建滨
中铁三局集团有限公司工会办公室主任、体协秘书长　胡志勇
中铁四局集团第二工程有限公司工会副主席　李芃芃
中铁四局第八工程分公司工会副主席　吕　刚
中铁四局物资工贸有限公司工会主席　章恒平
中铁五局一公司工会主席　刘忠元
中铁五局二公司工会副主席　周　丽
中铁五局电务城通公司工会副主席　何光琦
中铁六局北京铁建公司工会主席　张凤贵
中铁六局太原铁建公司工会主席　渠小伟
中铁七局海外公司工会工作部部长　刘希莹
中铁七局集团有限公司工会工作部部员　王　晋
中铁八局集团房开公司工会主席　龚良富
中铁八局集团第四工程有限公司工会主席　王丕华
中铁九局集团有限公司工会工作部部长　刘　君
中铁九局集团六公司工会副主席　齐曼芳
中铁十局西北公司工会主席　邢玉福
中铁十局四公司工会主席　李振阔
中铁大桥局集团公司工会权益维护部部长　王德华
中铁大桥局一公司工会副主席　杜勇山
中铁大桥局五公司工会副主席　黄方明
中铁隧道集团公司工会组织民管部部长　宁建东
中铁隧道勘测设计院有限公司工会主席　王洪勇
中铁电气化局集团西安通号处工会主席　李永顺
中铁电气化局集团衡水学校工会主席　金岱荣
中铁电气化局集团工会生产宣教部部长　刘英华
中铁建工集团钢结构公司党委副书记、纪委书记、工会主席　张建伟
中铁航空港集团辽宁工程有限公司工会主席　李建华
中铁上海工程局有限公司工会组织民管部副部长　吕羿宏
中铁港航局集团工会办公室主任　唐　忠
中铁二院党委组织部部长、机关工会主席　吴　玉
中铁山桥集团有限公司工会委员　周　博
中铁宝桥工贸分公司工会主席　高贵林
中国海外工程有限责任公司工会委员　石云芳
铁科工集团重工公司工会办公室主任　栗秋梅
中铁置业蚌埠投资发展有限公司工会主席　毕礼刚
中铁资源集团满洲里有限公司工会主席　孙福海
中铁国际经济合作有限公司工会副主席　苏亮昆
中铁大桥院南京桥隧诊治公司工会主席　杨建成
中铁西北科学研究院有限公司科研所工会主席　魏永梁
中国铁路工程总公司党校副校长、工会主席　王军芳
中铁中原投资发展有限公司工会工委副主任　李培增
中铁贵州旅游文化公司工会主席、纪委书记、董事会秘书　王　闽

四、“优秀工会积极分子”名单

中铁一局广州分公司武汉地铁王家墩中心站项目工会主席　郭　伟

中铁一局集团城建公司综合部副主任 张 颖

中铁一局正方房地产公司综合部副部长 吴彩虹

中铁二局集团安质环保部工会主席 景志君

中铁二局四公司东莞轨道交通 2312 标项目党工委书记、工会主席 杨金辉

中铁二局六公司团委干事 范义君

中铁三局集团公司纪委监察部工会支会主席 杜国平

中铁三局集团广东建设公司助理工程师 崔 建

中铁三局集团线桥公司运输工程段物资主任、工会主席 张 淼

中铁四局四公司南京城西干道项目部党工委书记、工会主席 范君贤

中铁四局工程材料公司党委书记 沈卫山

中铁四局集团钢结构有限公司党委副书记、工会主席 尹志强

中铁五局建筑公司贵阳绿地新都会项目部工程部部长、工委委员 肖 星

中铁五局六公司兰新项目部综合部部长、工委委员 武 乐

中铁五局五公司兰新项目部办公室副主任、工委委员 马洪文

中铁六局丰桥公司京丰谷分公司党支部书记、工会主席 刘兆丰

中铁六局呼和浩特铁建公司直属第六项目部党工委书记、工会主席 张 杰

中铁七局集团有限公司办公室副主任 陈喜庆

19. 中铁七局三公司西华山隧道项目部党工委书记、工会主席 白稳超

中铁八局集团现代物流有限公司机关工会主席 孙爱云

21. 中铁八局集团有限公司党委宣传部部长、机关工会一支席 廖 坚

中铁九局七公司第十一项目部党支部书记、工会主席 葛晓东

中铁九局大连外建公司大连地铁 217、219 项目部经理 高 岩

中铁十局青岛公司社管中心主任兼社管中心工会主席 刘持范

中铁十局八公司办公室副主任、机关工会主席 赵 征

中铁大桥局六公司鹦鹉洲项目党工委副书记、工会主席 王 靖

中铁大桥局四公司江顺大桥项目部党工委副书记、工会主席 郑亚宁

中铁隧道集团有限公司董事会秘书 刘 忻

中铁电气化局集团第二工程公司四段段长 雷 新

中铁电气化局西铁工程公司津秦客专第一项目部综合办公室主任 龚欣胜

中铁建工集团安装工程有限公司综合办公室副主任 苏宝春

中铁建工集团青岛工程有限公司工会副主席 徐承爱

中铁航空港集团北京第六分公司项目支部副书记、工会工委主任 李曼莉

中铁上海工程局有限公司社管中心副主任、机关工会主席 黄 强

中铁港航局集团二公司工会财务主管 陈 琳

中铁二院西安公司党群工作部部长、工会办公室主任 王公社

中铁设计咨询集团太原设计院工会委员 范怡山

中铁大桥勘测设计院海外事业部副部长、女工委主任 孙 琦

中铁山桥集团建筑安装公司党支部书记、工会主席 李彦民

中铁宝桥集团宝工公司工会主任干事 曹宁生

中铁科工集团机械研究设计院电气成套中心副主任、工会委员 王 伟

中海外摩洛哥分公司工会负责人 王宇红

中铁信托有限责任公司综合管理部职员、女工委员 唐文婷

中铁置业集团有限公司党群部主管 聂媛媛

中铁资源集团青海热贡公司党支部副书记 申风堂

中铁国际川铁公司党群工作部职员 马义琼

中铁西北科学研究院有限公司工程师 周 鹏

中铁西南科学研究院有限公司检测公司工会委员 杨 梅

中铁交通投资集团有限公司群众工作部职员、工会出纳 赵良松

中铁建设投资集团有限公司工会办公室主任 梁 璞

华铁咨询党群工作部部长、工会办公室主任 刘小刚

中铁宏达中心综合部职员 李 薇

中铁工程建设分公司沈阳四环 BT 总包部工会工委主任、综合部部长 宋程鹏

中铁隧道装备制造有限公司工会办公室主任 王 伟

委内瑞拉分公司综合部职员 杨能兵

股份公司机关工会副主席 刘 赪

【中国中铁青年文明号】

中铁一局广州分公司武汉地铁三号线王家墩中心站项目部

中铁一局桥梁公司德大项目部

中铁一局五公司云桂铁路项目部
中铁一局物贸公司大西客专渭南轨枕场
中铁二局四川绵遂高速公路永兴收费站
中铁二局瑞隆物流公司业务部
中铁二局物资公司东莞材料厂
中铁三局电务公司通号二公司阜六项目部
中铁三局广州分公司工程管理部
中铁三局五公司财务会计部
中铁四局二公司神华准池铁路杀虎口隧道项目部
中铁四局四公司合肥市铜陵北路高架项目部
中铁四局五公司兰新铁路第二双线三工区哈密轨枕厂
中铁五局二公司杭长项目部
中铁五局五公司共和至玉树公路 A5 标项目部隧道队
1 中铁五局机械化公司泉州公路 A1 标
中铁六局北京铁路建设公司直属第十五项目部
中铁六局石家庄铁路建设公司第十一项目部
中铁六局太原铁建太原铁路枢纽西南环一项目部
中铁七局二公司临合项目部
中铁七局五公司中南部铁路通道 ZNTJ-14 标第一项目分部
中铁七局武汉公司花城大道项目部
中铁七局郑州公司沁北电厂项目部
中铁八局房开公司中铁•丽景书香项目部
中铁八局建筑公司中信广场项目部
中铁八局现代物流公司物贸中心
中铁八局一公司春华大道项目部
中铁九局一公司盘营铺板作业队
中铁九局长春地铁项目部农民工青年突击队
中铁九局三公司四川广巴项目部
中铁九局四公司委内瑞拉海尔工业园项目
中铁十局海外分公司肯尼亚 A-N 公路项目部
中铁十局天津公司滨河路项目部
中铁十局西北公司榆绥路面项目部
中铁十局云桂铁路云南段项目部
中铁大桥局股份公司金阳大街高架桥项目部
中铁大桥局武汉桥梁特种技术公司京广线汉水铁路桥换梁项目部
中铁大桥局第一工程公司武汉鹦鹉洲长江大桥项目部
中铁隧道二处西气东输三线东段隧道工程第三标段 EPC 项目部
中铁隧道股份公司台山核电站取水隧洞项目部
中铁隧道四处郑东新区房建项目部
中铁隧道一处共玉项目部
中铁电气化局城铁公司北京地铁 6 号线供电项目部
中铁电气化局景旭房地产公司中景江山赋项目部
中铁电气化局运管公司西延维管处绥德工务段机械化作业队
中铁建工房地产公司北京诺德中心成本部
中铁建工深圳分公司福田科技广场项目部
中铁建工南宁东客站工程项目部
中铁港航局航道公司大丰引堤项目部
中铁港航局青岛分公司青岛长江路西延项目部
中铁港航局三公司昆明地铁 3 号线项目部盾构掘进班
中铁航空港辽宁公司德大项目部
中铁航空港深圳地铁 11 号线 11303-3 标项目部
中铁航空港重庆第四分公司西安地铁 3 号线项目部
中铁上海局一公司北京地铁 14 号线 24 标项目部叶成诚青年突击队
中铁上海局华海公司无锡地铁 1 号线轨道工程 01 标青年突击队
中铁上海局市政公司黄山花山大桥工程项目部
中铁二院公路市政院设计二处
中铁二院西安公司轨道交通设计处
中铁设计咨询济南院青岛地铁项目部
中铁设计咨询城交院成都地铁项目部
中铁设计咨询线站院张呼铁路项目设计组
中铁大桥院勘测院平潭海峡跨海大桥勘察项目部
中铁山桥道岔技术部
中铁山桥钢一车间电焊四班
中铁山桥桥梁公司焊一班
中铁宝桥道岔研发部
中铁宝桥钢结构车间拼装组
中铁宝桥辙叉车间机加工二组
中铁科工机械成套分公司技术开发部
中铁装备技术服务分公司售后服务项目组
中铁装备设备分公司生产车间
中铁信托财富管理中心
中铁置业盛丰公司人杰水岸项目部
中铁资源苏尼特左旗芒来矿
中铁国际川铁尼日利亚子公司科吉州洛克佳市盘山公路项目部
中铁西南院设计院成都地铁号线项目部
华铁咨询北京地铁 7 号线第三总监办
中铁交通广西全兴高速公路公司全州凤凰收费站
南方公司规划设计部
贵州公司招商工作小组
成都公司成都轨道交通工程指挥部
东方国际建设分公司南洋隧道公司商务部
委内瑞拉分公司商务合同部
股份公司董事会办公室（监事会办公室）

【中国中铁青年岗位能手】

中铁一局党委办公室 黄　涛
中铁一局桥梁公司 韩彦朋
中铁一局四公司 武西荣
中铁一局西宝客专指挥部 张海龙
中铁二局建筑公司 徐　智
中铁二局深圳公司 刘湄华
中铁二局新运公司 徐春林
中铁三局二公司 宋永华
中铁三局太原设计院 翟宇航
中铁三局技术中心 郭星亮
中铁四局房地产公司 聂　成
中铁四局海外分公司 林　军
中铁四局人力资源部 王金鹤
中铁五局机电公司 皮佐成
中铁五局四公司 闫明超
中铁五局一公司 毛永胜
中铁六局电务公司 王希杰
中铁六局太原铁建公司 李俊宏
中铁六局天津铁建公司 王朝腾
中铁七局海外公司 胡长磊
中铁七局三公司 李玉龙
中铁七局一公司 何　军
中铁七局中产置业公司 耿相伟
中铁八局电务公司 易孝平
中铁八局二公司 钱　剑
中铁八局海外分公司 陈云涛
中铁八局兰渝铁路工程指挥部 晏　蕾
中铁九局二公司 姜逢超
中铁九局大连海外建设公司 宋子文
中铁九局七公司 王　东
中铁九局三公司 徐　锋
中铁十局成本管理部 贾维杰
中铁十局二公司 刘克然
中铁十局建筑公司 刘德江
中铁十局山东鲁铁工业物资公司 张同栋
中铁大桥局股份公司设计分公司 胡雄伟
中铁大桥局股份公司设计分公司 罗晓甜
中铁大桥局股份公司设计分公司 朱云萍
中铁大桥局五公司 罗志伟
中铁大桥局八公司 吴宝军
中铁隧道技术中心 彭桂彬
中铁隧道京隧建公司 王庆兵
中铁隧道勘测设计院 李海洋
中铁隧道公司办公室 房立华
中铁电气化局一公司 于　迪
中铁电气化局北京建筑公司 孙荣荣
中铁电气化局西铁公司 马建军
中铁建工坦桑尼亚公司 谢志翔
中铁建工深圳投资公司 孙军仓
中铁建工设计院勘察分院 田行健
中铁港航局船舶分公司 王江华
中铁港航局办公室 秦　春
中铁港航局一公司 陆志远
中铁航空港杭州分公司 任海松
中铁航空港北京公司 霍建利
中铁航空港三公司 张旭飞
中铁上海局一公司 王寿庚
中铁上海局五分公司 向德军
中铁上海局市政公司 李泉泉
中铁二院地铁院 包　晗
中铁二院建筑院 段小东
中铁设计咨询轨道院 骆　焱
中铁设计咨询冶金院 高艳磊
中铁设计咨询建筑院 孙　婷
中铁设计咨询诚业监理公司 李桂玲
中铁设计咨询济南工程公司 邢介东
中铁大桥院一院 蔡敦松
中铁山桥港珠澳大桥项目部 刘　申
中铁山桥工程机械事业部 刘新奇
中铁山桥钢一车间 张　浩
中铁宝桥经营销售部 李　亮
中铁宝桥宝鸡桥源钢结构公司 夏平平
中铁宝桥动力车间 朱志鼎
中铁科工机械成套分公司 张丰民
中铁装备设计研究总院 卓兴建
中铁装备设计研究总院商务部 陈贝贝
中铁置业湖南青竹湖置业公司 曾丽娟
中铁资源绿纱矿业公司 石玉臣
中铁国际香港公司 胡广明
中铁西北院咨询公司 赵建刚
中铁西南院办公室 钟婉俐
华铁咨询上海公司 姜瞿俊
中铁交通菏泽德商高速公路公司 苏　飞
南方公司计划合同部 吕永刚
中原公司郑州地铁工程指挥部 杨亚天
贵州公司团工委 丁佳玉
成都公司机电部 段　虎
东方国际建设分公司马来西亚分公司 汪佑平
委内瑞拉分公司综合部/团工委 卜　阳
中铁第一太平中铁办公楼项目 孙　钰
中铁第一太平中铁办公楼项目 常世敏

【中国中铁 2012 年度总部先进单位及个人】

1. 2012 年度机关创先争优先进党支部（10 个）

总裁办公室（党办）党支部
战略规划部党支部
干部部（党委干部部）党支部
财务部党支部
科技设计部党支部
行政管理部党支部
企业文化部（党委宣传部）党支部
党委组织部党支部
纪委（监察部）党支部
工会团委党支部

2、2012年度机关创先争优优秀支部工作者（12名）
王怀远　王源海　邓飞喜　冯慧光
李夏初　沈　平　张喜学　张利生
林　鑫　屈建国　撒应群　樊玉智

3、2012年度机关创先争优优秀共产党员（40名）
丁荣昌　万　明　邓志胜　石　磊　石晓烽
史　洁　白敏芳　朱　沛　刘志伟　刘贵明
刘颖慧　刘建锁　刘建廷　孙旭东　李　博
李　伟　李卫华　杨路帆　杨文博　杨　良
杨建华　杨书华　吴　茵　何　宁　陈光建
陈文志　陈之功　范永贵　尚宪鹏　罗庆梅
单保中　赵艳杰　胡丁旺　贺传亮　柴海楼
黄从治　曹建生　游利平　谭风华　戴　骥

【《中国中铁》报2012年度优秀单位及个人】

一、优秀通讯员
中海外　米晶姝　钟　海
中铁一局　牛荣健　吴　烨　史飞龙　张陕峰　薛　亮　党立红
中铁二局　廖金阳　邓显杰　冯显宗　周云勇　黄朝华　唐海军
中铁三局　李志勇　梁海斌　李　颖　张贺义　王新平　回予明
中铁四局　张红雷　舒郁仁　项　建　江龙余　白　杰　张泽莲
中铁五局　袁蓉生　何增旺　张小俊　谢永彬　谢崇志　陈　凯
中铁六局　郑海鹏　王保军　部战胜　肖　博　郭贵生
中铁七局　杨　静　邹昌成　余立强　钟克生　柏仁荣
中铁八局　王　帅　陈兴鹏　廖　飞　高艳芬　罗　乐
中铁九局　王　宾　李卫东　王梅迪　张莉莉　赵庆富
中铁十局　刘宏志　李　卿　杨　红　董剑平　宋　磊
中铁大桥局　刘家华　成莉玲　孙奇忠　祁曙光　罗京新
中铁隧道　宋宝华　宋世斌　巴国淼　张立为　李文春
中铁电气化局　郭永俊　胡　斌　罗瑞军　贺玉琴　曹忠义
中铁建工　梁　秦　杨正华　李晓东　戴荣里　倪亚菲
中铁港航局　雷　礼　王建国　李经萍　贾美玲　王金红
中铁航空港　郭玉明　马　欢　王　冲　王　刚　王玉杰
中铁上海局　姚庆国　赵晓亮　李　颖　张华先　芦连宝
中铁二院　郑馥璇　孟美辰
中铁设计咨询　韩　晶　吴好进
中铁大桥院　林冠华　王福源
中铁山桥　张吉森　李家泉
中铁宝桥　周亚全　商志勇
中铁科工　李　涛　洪杰雄
中铁装备　李　毅　韩世强
中铁信托　王重明　邹纯余
中铁置业　杨　成　蒋治成
中铁资源　何征东　张湘涛
中铁国际　梅晓茜　亓永慧
中铁物贸　杨喜生
中铁西北院　常正功　杨东营
中铁西南院　黄　兴　石维明
中铁交通　聂　鸿
建设分公司　王耀辉
委内瑞拉分公司　杨能兵
总公司党校　王兴安　李　勃
宏达中心　郭　宇
中铁机关总部　吕月胜　闫　旭　杨文博　张睿开
李　巍　范勤学　尚宪鹏　李　元

二、优秀发行员
中海外　孙　静
中铁四局　张红雷
中铁六局　郑海鹏
中铁七局　邹昌成
中铁十局　李　卿
中铁大桥局　刘家华
中铁隧道　宋世斌
中铁西北院　梁小慧
中铁西南院　黄　兴
总部机关　高丽萍

三、优秀发行单位
中铁一局集团有限公司
中铁三局集团有限公司
中铁八局集团有限公司
中铁九局集团有限公司
中铁隧道集团有限公司
中铁电气化局集团有限公司
中铁建工集团有限公司
中铁港航局集团有限公司
中铁航空港建设集团有限公司
中铁上海工程局有限公司

四、优秀投稿组织单位
中铁二局集团有限公司
中铁四局集团有限公司

中铁五局集团有限公司
中铁六局集团有限公司
中铁十局集团有限公司
中铁大桥局集团有限公司
中铁置业集团有限公司
中铁二院工程集团有限责任公司
中铁资源集团有限公司

【中国铁路好新闻作品】

一、铁路报纸好新闻作品

通讯特等奖《大爱倾玉树——中国中铁玉树灾后援建纪实》程建伟　夏宜兵　柴泽杰

消息一等奖《穿越“生命禁区”“死亡之海”　中铁一局铺通哈密至罗布泊铁路》牛荣健　杜芳栋　张实宏　景龙辉

通讯一等奖《用大爱温暖人生——记中铁电气化局“活雷锋”王秀军》曹忠义

副刊（散文）三等奖《工程人的月亮》戴荣里

二、铁路优秀新闻业务论文一等奖

《“走转改”有效提升新闻工作水平》　程建伟　夏宜兵

优秀工程勘察设计奖

【优秀工程勘察设计奖】　2012 年度股份公司获国家和省部级优秀工程勘察设计奖以及总公司评出优秀工程勘察设计奖、2012 年度股份公司勘察设计与咨询优秀质量管理小组见表 10-1、10-2。

表 10-1　中国中铁获得的优秀工程勘察设计奖（2012）

序号	项目名称	获奖类别	获奖级别	获奖等级	获奖单位
1	黔桂铁路工程地质勘察	勘察	四川省	一等	中铁二院工程集团有限责任公司
2	成都地铁 1 号线一期工程岩土工程勘察	勘察	四川省	一等	中铁二院工程集团有限责任公司
3	高烈度地震区铁路工程地质与环境地质综合选线	勘察	四川省	一等	中铁二院工程集团有限责任公司
4	洛湛铁路南岭山脉紫金山越岭段工程地质选线	勘察	四川省	二等	中铁二院工程集团有限责任公司
5	大理至丽江铁路北衙隧道工程地质勘察	勘察	云南省	三等	中铁二院工程集团有限责任公司
6	大瑞铁路大理至保山段工程勘测	勘察	云南省	二等	中铁二院工程集团有限责任公司
7	厦门翔安海底隧道综合工程勘察	勘察	湖北省	一等	中铁大桥勘测设计院集团有限公司
8	广州市轨道交通四号线控制测量及施工测量监测工程项目 C 标	勘察	天津市	三等	中铁隧道勘测设计院有限公司
9	天津西站综合交通枢纽工程岩土工程详细勘察	勘察	天津市	一等	铁道第三勘察设计院有限公司
10	新建京沪高速铁路上海虹桥站房及相关工程岩土工程详细勘察	勘察	天津市	三等	铁道第三勘察设计院有限公司
11	武汉市三环线东段（青化路立交-老武黄立交）道路工程勘测第 1 标段详细勘察	勘察	湖北省	三等	中铁二院武汉勘察设计研究院有限责任公司
12	广州地铁五号线鱼珠车辆段与综合基地工程设计	设计	四川省	一等	中铁二院工程集团有限责任公司
13	成都至都江堰铁路桥梁设计	设计	四川省	一等	中铁二院工程集团有限责任公司
14	成都地铁 1 号线一期工程盾构区间隧道设计	设计	四川省	一等	中铁二院工程集团有限责任公司
15	成都至都江堰铁路 CRTSIII型板式无砟轨道设计	设计	四川省	一等	中铁二院工程集团有限责任公司
16	上海轨道交通 9 号线二期工程嘉善路站	设计	四川省	二等	中铁二院工程集团有限责任公司
17	新建遂宁至成都双线铁路路基设计	设计	四川省	二等	中铁二院工程集团有限责任公司
18	重庆市云阳县宝塔滑坡群防治工程设计	设计	四川省	二等	中铁二院工程集团有限责任公司
19	广州地铁五号线中山八站及站后停车线	设计	四川省	二等	中铁二院工程集团有限责任公司

20	阿尔及利亚东西高速公路	设计	四川省	二等	中铁二院工程集团有限责任公司
21	上海轨道交通9号线二期工程通风空调系统设计	设计	四川省	二等	中铁二院工程集团有限责任公司
22	成都地铁1号线通信系统设计	设计	四川省	二等	中铁二院工程集团有限责任公司
23	新建成都至都江堰铁路信号系统设计	设计	四川省	二等	中铁二院工程集团有限责任公司
24	北京北站改造工程北京北站主站房及无站台柱雨棚	设计	四川省	二等	中铁二院工程集团有限责任公司
25	广州市轨道交通2、8号线延长线工程通信、信号系统设计	设计	四川省	三等	中铁二院工程集团有限责任公司
26	成都至都江堰铁路站台安全门系统工程设计	设计	四川省	三等	中铁二院工程集团有限责任公司
27	上海市轨道交通9号线二期工程供电系统设计	设计	四川省	三等	中铁二院工程集团有限责任公司
28	沪昆铁路城区段铁路与城市道路立交工程	设计	云南省	一等	中铁二院工程集团有限责任公司
29	昆明铁路局黄龙山大机检修、培训、试验基地及焊轨厂改扩建工程	设计	云南省	二等	中铁二院工程集团有限责任公司
30	武汉天兴洲公铁两用长江大桥正桥工程	设计	湖北省	一等	中铁大桥勘测设计院集团有限公司
31	东江双层公路刚性悬索加劲钢桁梁桥创新设计	设计	湖北省	一等	中铁大桥勘测设计院集团有限公司
32	青岛胶州湾隧道工程	设计	天津市	一等	中铁隧道勘测设计院有限公司
33	北京地铁4号线工程宣武门站设计	设计	天津市	二等	中铁隧道勘测设计院有限公司
34	深圳地铁1号线续建工程“深大站”	设计	天津市	三等	中铁隧道勘测设计院有限公司
35	广州地铁5号线小北站设计	设计	天津市	三等	中铁隧道勘测设计院有限公司
36	南京地铁2号线工程上海路站～新街口站矿山法区间设计	设计	天津市	三等	中铁隧道勘测设计院有限公司
37	京沪高速铁路天津西站站房工程	设计	天津市	二等	铁道第三勘察设计院有限公司
38	天津市中心城区快速路工程（二期）西北半环南仓道铁东路立交	设计	天津市	一等	铁道第三勘察设计院有限公司
39	深圳地铁1号线续建工程桥梁设计	设计	天津市	二等	铁道第三勘察设计院有限公司
40	北京控股中低速磁浮列车唐山试验线桥梁设计	设计	天津市	二等	铁道第三勘察设计院有限公司
41	北京轨道交通大兴线桥梁设计	设计	天津市	三等	铁道第三勘察设计院有限公司
42	辽宁省滨海公路（大连市段）	设计	天津市	三等	铁道第三勘察设计院有限公司
43	北京轨道交通大兴线工程	设计	天津市	一等	铁道第三勘察设计院有限公司
44	天津站交通枢纽五经路地道设计	设计	天津市	二等	铁道第三勘察设计院有限公司
45	深圳地铁1号线（罗宝线）续建工程总体设计	设计	天津市	三等	铁道第三勘察设计院有限公司
46	天津市区至滨海新区快速轨道交通工程中山门西段工程～十一经路站（含站后折返区间）地下结构工程	设计	天津市	三等	铁道第三勘察设计院有限公司
47	上海市轨道交通宜山路站9号线转4号线换乘通道工程结构设计	设计	天津市	三等	铁道第三勘察设计院有限公司
	胶济铁路青岛站改造工程	设计	国家	二等	中铁工程设计咨询集团有限公司
48	郑州市河医北公铁立交桥（高阳桥）维修加固工程	设计	河南省	一等	中铁工程设计咨询集团有限公司
49	刚果（金）金沙萨市630大道道路工程	设计	河南省	一等	中铁工程设计咨询集团有限公司
50	新菏线新乡东站扩建工程	设计	河南省	一等	中铁工程设计咨询集团有限公司
51	宝鸡机务检修设施灾后重建工程	设计	河南省	三等	中铁工程设计咨询集团有限公司
52	京广线武汉铁路局时速200～250千米区段位移观测桩测设	设计	河南省	三等	中铁工程设计咨询集团有限公司

53	刚果（金）卢本巴希至卡苏莫努公路改建工程	设计	河南省	三等	中铁工程设计咨询集团有限公司
54	国道 319 公路 K2270+440～K2270+960 段（涪陵迎宾大道五中后门）滑坡治理工程	设计	甘肃省	二等	中铁西北科学研究院有限公司
55	武汉铁路集装箱中心站工程	设计	湖北省	二等	中铁二院武汉勘察设计研究院有限责任公司
56	武汉铁路局武汉北站货检安全集中监控系统工程	设计	湖北省	三等	中铁二院武汉勘察设计研究院有限责任公司
57	包西铁路通道黄河特大桥地质勘察	勘察	总公司	一等	中铁工程设计咨询集团有限公司
58	莞惠城际轨道交通精密工程测量	勘察	总公司	一等	中铁工程设计咨询集团有限公司
59	京沪高速铁路南京大胜关长江大桥工程勘察	勘察	总公司	一等	中铁大桥勘测设计院集团有限公司
60	青岛胶州湾隧道工程勘察	勘察	总公司	一等	中铁大桥勘测设计院集团有限公司
61	深圳地铁 5 号线工程岩土工程详细勘察	勘察	总公司	二等	铁道第三勘察设计院集团有限公司
62	缅甸铁路木姐至腊戍段卫星立体测图及 POS 辅助数码航空摄影测量	勘察	总公司	二等	铁道第三勘察设计院集团有限公司
63	呼和浩特铁路局综合测绘项目	勘察	总公司	二等	中铁工程设计咨询集团有限公司
64	琼州海峡跨海通道工程水下地形测绘	勘察	总公司	二等	中铁大桥勘测设计院集团有限公司、长江委水文局长江三峡水文水资源勘测局
65	海东线泥石流抢险测量	勘察	总公司	三等	中铁二院工程集团有限责任公司
66	兖石线 K169+680～K170+245 路基塌陷整治工程勘察	勘察	总公司	三等	中铁工程设计咨询集团有限公司 四川省西南大地工程物探有限公司
67	刚果（金）卢本巴希至卡苏莫努公路改建工程测量	勘察	总公司	三等	中铁工程设计咨询集团有限公司
68	芜湖星光灿烂大剧院岩土工程勘察	勘察	总公司	三等	中铁芜湖建筑设计研究院有限公司
69	广州市轨道交通二、八号线拆解工程控制测量及施工测量检测工程项目	勘察	总公司	三等	中铁隧道勘测设计院有限公司
70	海南东环铁路工程设计	设计	总公司	一等	中铁二院工程集团有限责任公司
71	成都东客站及相关工程设计	设计	总公司	一等	中铁二院工程集团有限责任公司、中国建筑西南设计研究院、法国 AREP 公司
72	深圳地铁 3 号线横岗双层车辆段与综合基地工程设计	设计	总公司	一等	中铁二院工程集团有限责任公司
73	郑州市中心区铁路跨线桥工程	设计	总公司	一等	中铁二院工程集团有限责任公司
74	上海轨道交通 9 号线二期工程	设计	总公司	一等	中铁二院工程集团有限责任公司
75	新建成都至都江堰铁路降噪工程	设计	总公司	一等	中铁二院工程集团有限责任公司
76	郑西客运专线湿陷性黄土地区桥梁设计	设计	总公司	一等	中铁二院工程集团有限责任公司
77	京沪高速铁路北京至徐州段路基工程设计	设计	总公司	一等	铁道第三勘察设计院集团有限公司
78	京沪高速铁路特大型站房信息系统设计	设计	总公司	一等	铁道第三勘察设计院集团有限公司
79	新建北京客运专线基础设施维修基地	设计	总公司	一等	铁道第三勘察设计院集团有限公司
80	新建铁路东都至平邑线沈村煤矿采空区治理工程	设计	总公司	一等	中铁工程设计咨询集团有限公司、西南交通大学
81	京沪高速铁路南京大胜关长江大桥设计	设计	总公司	一等	中铁大桥勘测设计院集团有限公司
82	宜万铁路万州长江大桥工程设计	设计	总公司	一等	中铁大桥勘测设计院集团有限公司
83	沈阳地铁 1 号线中街站结构设计	设计	总公司	一等	中铁隧道勘测设计院有限公司
84	京沪高速铁路电力牵引供电系统设计	设计	总公司	一等	中铁电气化勘测设计研究院有限公司
85	苏州高新国际商务广场	设计	总公司	一等	中铁工程设计院有限公司、AAI 国际建筑师事务所
86	广州市轨道交通 2、8 号线延长线工程沙园站及昌岗中路站～沙园站～凤凰新村站区间	设计	总公司	二等	中铁二院工程集团有限责任公司

87	成都东站客运信息系统	设计	总公司	二等	中铁二院工程集团有限责任公司
88	深圳地铁2号线首期工程红树湾站～世界之窗站区间隧道、世界之窗站北折返线区间隧道	设计	总公司	二等	中铁二院工程集团有限责任公司
89	成都东客站电气化工程设计	设计	总公司	二等	中铁二院工程集团有限责任公司
90	成都枢纽成昆货车外绕线工程设计	设计	总公司	二等	中铁二院工程集团有限责任公司
91	胶济客运专线铁路路基设计	设计	总公司	二等	中铁二院工程集团有限责任公司
92	京沪高速铁路京徐段中间站站房综合楼工程设计	设计	总公司	二等	铁道第三勘察设计院集团有限公司
93	京沪高速铁路车站高架桥设计	设计	总公司	二等	铁道第三勘察设计院集团有限公司
94	太中银铁路特殊路基设计	设计	总公司	二等	铁道第三勘察设计院集团有限公司
95	深圳地铁5号线（环中线）工程信号系统设计	设计	总公司	二等	铁道第三勘察设计院集团有限公司
96	洛阳机车有限公司襄樊分公司污水处理工程	设计	总公司	二等	铁道第三勘察设计院集团有限公司
97	京沪高速铁路北京到徐州段电力系统设计	设计	总公司	二等	铁道第三勘察设计院集团有限公司
98	深圳5号线工程环控系统设计	设计	总公司	二等	铁道第三勘察设计院集团有限公司
99	徐州站客运设施改造工程	设计	总公司	二等	中铁工程设计咨询集团有限公司
100	新建长春至吉林城际铁路工程（长春市域）	设计	总公司	二等	中铁工程设计咨询集团有限公司
101	石环公路跨石太铁路分离式立交主桥	设计	总公司	二等	中铁工程设计咨询集团有限公司
102	援加蓬国家体育场	设计	总公司	二等	中铁工程设计咨询集团有限公司
103	济南建邦黄河公路大桥设计	设计	总公司	二等	中铁大桥勘测设计院集团有限公司
104	深圳地铁1号线续建工程深大站设计	设计	总公司	二等	中铁隧道勘测设计院有限公司
105	珠江三角洲城际快速轨道交通广州至佛山段供电系统工程设计	设计	总公司	二等	中铁电气化勘测设计研究院有限公司
106	南京地铁2号线工程供电系统设计	设计	总公司	二等	中铁电气化勘测设计研究院有限公司
107	贵阳改貌铁路货运中心工程	设计	总公司	三等	中铁二院工程集团有限责任公司
108	上海市轨道交通11号线北段一期工程枫桥路站结构设计	设计	总公司	三等	铁道第三勘察设计院集团有限公司
109	京沪高速铁路天津西站站房工程上客高架桥工程设计	设计	总公司	三等	铁道第三勘察设计院集团有限公司
110	新建铁路太原至中卫（银川）线轨道设计	设计	总公司	三等	铁道第三勘察设计院集团有限公司
111	南同蒲线（榆次至侯马北段）电气化扩能改造工程	设计	总公司	三等	中铁工程设计咨询集团有限公司
112	中国北车集团北京南口机车车辆机械厂高速重载铁路道岔生产项目	设计	总公司	三等	中铁工程设计咨询集团有限公司、中铁工程设计院有限公司
113	连云港市海棠路下穿铁路立交桥工程	设计	总公司	三等	中铁工程设计咨询集团有限公司
114	济南市经八路2号院高层住宅工程	设计	总公司	三等	中铁工程设计咨询集团有限公司
115	太中银铁路清徐战略装车点铁路专用线工程	设计	总公司	三等	中铁工程设计咨询集团有限公司
116	国道112线高速公路天津东段工程跨京沪铁路主桥	设计	总公司	三等	中铁工程设计咨询集团有限公司
117	阳盂高速桃河特大桥跨石太铁路主桥工程	设计	总公司	三等	中铁工程设计咨询集团有限公司
118	新菏线新乡东站改扩建工程	设计	总公司	三等	中铁工程设计咨询集团有限公司
119	刚果（金）金沙萨市630大道道路工程	设计	总公司	三等	中铁工程设计咨询集团有限公司
120	神木北车轮工厂	设计	总公司	三等	中铁工程设计咨询集团有限公司 北京中天正通工程设计有限公司

121	无锡市金匮大桥设计	设计	总公司	三等	中铁大桥勘测设计院集团有限公司
122	山东泰安方特欢乐世界主题公园设计	设计	总公司	三等	中铁芜湖建筑设计研究院有限公司、深圳华强文化科技有限公司
123	深圳地铁2号线（蛇口线）东延线侨香站	设计	总公司	三等	中铁隧道勘测设计院有限公司
124	深圳地铁2号线（蛇口线）东延线工程安托山站～侨香站矿山法区间隧道	设计	总公司	三等	中铁隧道勘测设计院有限公司
125	深圳地铁4号线二期工程供电系统设计	设计	总公司	三等	中铁电气化勘测设计研究院有限公司
126	时速250公里客运专线（城际铁路）有砟轨道后张法预应力混凝土简支整孔箱梁（双线、单箱单室）	标准设计	总公司	一等	中铁工程设计咨询集团有限公司
127	时速200公里客货共线铁路双线明洞（普通货物运输）	标准设计	总公司	二等	中铁二院工程集团有限责任公司
128	时速200公里客货共线铁路单线明洞（普通货物运输）	标准设计	总公司	三等	中铁二院工程集团有限责任公司
129	数字地球铁路三维空间选线设计系统	计算机软件	总公司	一等	中铁二院工程集团有限责任公司、中南大学
130	车站电码化计算机辅助设计软件开发	计算机软件	总公司	一等	中铁通信信号勘测设计(北京)有限公司
131	高速铁路轨道控制网数据采集与处理系统	计算机软件	总公司	二等	中铁工程设计咨询集团有限公司
132	中铁大桥桥梁结构健康监测系统软件（V1.0）	计算机软件	总公司	二等	中铁大桥勘测设计院集团有限公司
133	数字地形图自动化处理系统	计算机软件	总公司	三等	中铁二院工程集团有限责任公司、北京四维远见信息技术有限公司
134	地铁线路调线调坡辅助设计软件	计算机软件	总公司	三等	中铁二院工程集团有限责任公司
135	地铁牵引计算软件开发	计算机软件	总公司	三等	中铁通信信号勘测设计(北京)有限公司

表10-2　2012年度股份公司勘察设计与咨询优秀质量管理小组

序号	小组名称	获奖级别	获奖单位
1	确保大吨位顶推混凝土曲线梁结构安全QC小组	国优	中铁工程设计咨询集团有限公司
2	智多星QC小组	国优	中铁电气化勘测设计研究院有限公司
3	武汉北站货检安全集中监控系统设计QC小组	国家工程建设（勘察设计）	中铁二院工程集团有限责任公司
4	确保大吨位顶推混凝土曲线梁结构安全QC小组	国家工程建设（勘察设计）	中铁工程设计咨询集团有限公司
5	中铁二院重庆公司站场处QC小组	国家工程建设（勘察设计）	中铁二院重庆勘察设计研究院有限责任公司
6	电务所通信QC小组	国家工程建设（勘察设计）	中铁工程设计咨询集团有限公司郑州设计院
7	上海闵浦二桥公路全封闭声屏障方案设计QC小组	国家工程建设（勘察设计）	中铁二院工程集团有限责任公司
8	电化水暖所变电QC小组	国家工程建设（勘察设计）	中铁工程设计咨询集团有限公司济南设计院
9	京沙QC小组	国家工程建设（勘察设计）	中铁工程设计咨询集团有限公司
10	信号所牵引计算QC小组	国家工程建设（勘察设计）	中铁通信信号勘测设计（北京）有限公司
11	中老铁路断面采集QC小组	国家工程建设（勘察设计）	中铁二院工程集团有限责任公司
12	大瑞线高黎贡山隧道施工环境保障研究QC小组	国家工程建设（勘察设计）	中铁二院工程集团有限责任公司
13	智多星QC小组	总公司	中铁电气化勘测设计研究院有限公司
14	京沙QC小组	总公司	中铁工程设计咨询集团有限公司
15	信号所牵引计算QC小组	总公司	中铁通信信号勘测设计（北京）有限公司
16	中老铁路断面采集QC小组	总公司	中铁二院工程集团有限责任公司

17	贵广铁路地质QC小组	总公司	中铁二院工程集团有限责任公司
18	移动式顶层作业平台研制QC小组	总公司	中铁工程设计院有限公司
19	大瑞线高黎贡山隧道施工环境保障研究QC小组	总公司	中铁二院工程集团有限责任公司
20	确保大吨位顶推混凝土曲线梁结构安全QC小组	总公司	中铁工程设计咨询集团有限公司
21	海亿QC小组	总公司	中铁电气化勘测设计研究院有限公司
22	线站QC小组	总公司	中铁工程设计咨询集团有限公司
23	大连市城市轨道交通设计QC小组	总公司	中铁隧道勘测设计院有限公司
24	地铁所QC小组	总公司	中铁通信信号勘测设计（北京）有限公司
25	黑瞎子岛乌苏大桥景观照明设计QC小组	总公司	中铁大桥勘测设计院有限公司
26	铜陵公铁两用长江大桥钢梁设计QC小组	总公司	中铁大桥勘测设计院有限公司
27	飞翔QC小组	总公司	中铁西南科学研究院有限公司
28	新型支护技术应用QC小组	总公司	中铁西南科学研究院有限公司
29	长沙市南湖路湘江隧道设计QC小组	总公司	中铁隧道勘测设计院有限公司
30	重庆奉溪路勘察设计QC小组	总公司	中铁西北科学研究院有限公司
31	砌体工程施工质量验收监控QC小组	总公司	中铁西北科学研究院有限公司
32	天津新港北集装箱中心站地基处理QC小组	总公司	中铁工程设计咨询集团有限公司
33	黄万线重载铁路运输组织QC小组	总公司	中铁二院工程集团有限责任公司
34	博斯普鲁斯海峡三桥动力分析QC小组	总公司	中铁大桥勘测设计院有限公司
35	热能回收利用QC小组	总公司	中铁工程设计院有限公司
36	太原院电化所QC小组	总公司	中铁工程设计咨询集团有限公司
37	甘肃文县高楼山隧道设计QC小组	总公司	中铁隧道勘测设计院有限公司
38	中缅铁路工经QC小组	总公司	中铁二院工程集团有限责任公司
39	通信所八通线QC小组	总公司	中铁通信信号勘测设计（北京）有限公司
40	新乡渠东电厂信号QC小组	总公司	中铁工程设计咨询集团有限公司
41	龙厦铁路超前地质预报QC小组	总公司	中铁隧道勘测设计院有限公司
42	地铁分院革新QC小组	总公司	中铁通信信号勘测设计（北京）有限公司
43	成昆线路基专业设计QC小组	总公司	中铁二院工程集团有限责任公司
44	天津地铁2号线QC小组	总公司	中铁隧道勘测设计院有限公司
45	北京地铁八号线二期设计QC小组-	总公司	中铁隧道勘测设计院有限公司
46	西藏加查大桥施工监控QC小组	总公司	中铁西南科学研究院有限公司
47	暮云箱梁混凝土外观质量控制QC小组	总公司	中铁西北科学研究院有限公司
48	中交股份余江轨道板场CRTSⅡ型轨道板外观质量控制QC小组	总公司	中铁西北科学研究院有限公司
49	隧道地质预报QC小组	总公司	中铁西南科学研究院有限公司
50	兰新铁路甘青段砼灌注桩桩头凿除与吊装质量控制QC小组	总公司	中铁西北科学研究院有限公司

优秀工程咨询成果奖

【优秀工程咨询成果奖】 2012年股份公司获国家和省部级优秀工程咨询成果奖以及股份公司评出优秀工程咨询成果奖见表10-3。

表 10-3　中国中铁获得优秀工程咨询成果奖（2012）

序号	项目名称	获奖级别	获奖等级	完成单位
1	新建成都至贵阳铁路乐山至贵阳段可行性研究	国家	一等	中铁二院工程集团有限责任公司
2	厦泉漳大都市区同城化综合交通暨衔接规划	国家	一等	中铁二院工程集团有限责任公司
3	新建沪昆铁路客运专线长沙至昆明段可行性研究报告	国家	一等	铁道第三勘察设计院集团有限公司
4	合福铁路铜陵公铁两用长江大桥可行性研究	国家	二等	中铁大桥勘测设计院集团有限公司
5	铁路“十二五”发展规划环境影响报告书	国家	二等	铁道第三勘察设计院集团有限公司
6	黄冈公铁两用长江大桥工程可行性研究	国家	三等	中铁大桥勘测设计院集团有限公司
7	新建青岛至荣成城际铁路工程可行性研究报告	国家	三等	铁道第三勘察设计院集团有限公司
8	胶（州）新（沂）铁路电气化工程可行性研究	国家	三等	中铁电气化勘测设计研究院有限公司
9	山西中南部铁路通道南吕梁山隧道工程可行性研究报告	国家	三等	中铁隧道勘测设计院有限公司
10	成都地铁 4 号线一期工程可行性研究报告	国家	三等	中铁二院工程集团有限责任公司
11	鞍山至海城城际铁路工程	国家	三等	沈阳铁道勘察设计院有限公司
12	新建张家口至呼和浩特铁路节能评估报告书	国家	三等	中铁工程设计咨询集团有限公司
13	改建铁路沪昆线百亩井至大龙段自动闭塞改造工程可行性研究	国家	三等	中铁通信信号勘测设计(北京)有限公司
14	唐山轨道客车有责任险公司高速动车组检修基地建设项目可研报告	国家	三等	中铁工程设计院有限公司
15	天津西站交通枢纽配套南广场地下工程可行性研究报告	天津市	一等	铁道第三勘察设计院集团有限公司
16	天津西站冷热电三联供专题研究报告	天津市	一等	铁道第三勘察设计院集团有限公司
17	广州港铁路集疏运能力评估报告	天津市	一等	铁道第三勘察设计院集团有限公司
18	改建铁路天津铁路枢纽西南环线扩能改造工程可行性研究报告	天津市	二等	铁道第三勘察设计院集团有限公司
19	大连地铁 1 号线工程可行性研究报告	天津市	二等	铁道第三勘察设计院集团有限公司
20	胶（州）新（沂）铁路电气化工程可行性研究	天津市	二等	中铁电气化勘测设计研究院有限公司
21	滨海站交通枢纽配套市政地下空间工程项目核准报告	天津市	三等	铁道第三勘察设计院集团有限公司
22	新建铁路天津南港铁路工程环境影响报告书	天津市	三等	铁道第三勘察设计院集团有限公司
23	青岛至连云港铁路水土保持方案报告书	天津市	三等	铁道第三勘察设计院集团有限公司
24	华东二通道合肥至杭州铁路电气化改造工程预可行性研究	天津市	三等	中铁电气化勘测设计研究院有限公司
25	湘桂铁路柳州至南宁段电气化改造工程预可行性研究	天津市	三等	中铁电气化勘测设计研究院有限公司
26	宜昌紫云地方铁路项目可行性研究报告	湖北省	三等	中铁二院武汉勘察设计研究院有限责任公司
27	圃田现代综合物流园区可行性研究	河南省	三等	中铁工程设计咨询集团有限公司
28	郑州客运段五里堡新建客运生产楼可行性研究	河南省	二等	中铁工程设计咨询集团有限公司
29	新建重庆至万州铁路可行性研究报告	重庆市	一等	中铁二院工程集团有限责任公司
30	新建铁路南涪线水江车站中国铝业重庆分公司铁路（企业）专用线可行性研究	重庆市	三等	中铁二院工程集团有限责任公司
31	蒙西至华中地区铁路煤运通道工程预可行性研究	总公司	一等	铁道第三勘察设计院集团有限公司、中铁工程设计咨询集团有限公司、中铁第四勘察设计院集团有限公司
32	万州长江三桥（牌楼长江大桥）预可行性研究	总公司	一等	中铁大桥勘测设计院集团有限公司、中国国际工程咨询公司
33	新建成都至贵阳铁路乐山至贵阳段可行性研究	总公司	一等	中铁二院工程集团有限责任公司

34	新建石家庄至济南铁路客运专线工程可行性研究报告	总公司	一等	铁道第三勘察设计院集团有限公司
35	新建青岛至荣成城际铁路工程可行性研究报告	总公司	一等	铁道第三勘察设计院集团有限公司
36	北京调度所运营调度系统可行性研究报告	总公司	一等	铁道第三勘察设计院集团有限公司
37	南京地铁 10 号线一期工程可行性研究报告	总公司	一等	中铁二院工程集团有限责任公司
38	厦泉漳大都市区同城化综合交通暨衔接规划	总公司	一等	中铁二院工程集团有限责任公司
39	太原轨道公司“退城搬迁入园建厂技术改造项目”一期建设工程可行性研究报告	总公司	一等	中铁工程设计院有限公司
40	铁路“十二五”发展规划环境影响报告书	总公司	一等	铁道第三勘察设计院集团有限公司、铁道部经济规划研究院
41	秦沈客运专线牵引供电系统扩能改造可行性研究报告	总公司	二等	铁道第三勘察设计院集团有限公司
42	唐山轨道客车有限责任公司天津产业基地轨道车辆一期工程建设项目可行性研究报告	总公司	二等	中铁工程设计院有限公司
43	武汉鹦鹉洲长江大桥两岸接线工程可行性研究	总公司	二等	中铁大桥勘测设计院集团有限公司、武汉市城市建设投资开发集团有限公司、武汉市规划研究院、武汉市交通发展战略研究院
44	新建铁路云桂线水土保持方案报告书	总公司	二等	中铁二院工程集团有限责任公司
45	新建呼和浩特至准格尔至鄂尔多斯铁路工程可行性研究报告	总公司	二等	铁道第三勘察设计院集团有限公司
46	新建铁路龙口至烟台线可行性研究报告	总公司	二等	中铁工程设计咨询集团有限公司
47	新建铁路太原至兴县线太原至静游段铁路工程水土保持方案报告书	总公司	二等	中铁工程设计咨询集团有限公司、铁道科学研究院
48	东莞市城市快速轨道交通线网建设规划车辆段、综合基地设置专题研究	总公司	二等	中铁二院工程集团有限责任公司
49	改建铁路沪昆线百亩井至大龙段自动闭塞改造工程可行性研究	总公司	二等	中铁通信信号勘测设计(北京)有限公司
50	改建铁路湘桂铁路柳州至南宁段电气化改造工程可行性研究（信号）	总公司	三等	中铁通信信号勘测设计(北京)有限公司
51	高速检测列车及 400 公里高速动车组研发和试验平台建设项目可行性研究报告	总公司	三等	中铁工程设计院有限公司
52	珠海市金港横琴北段（横琴二桥）工程可行性研究报告	总公司	三等	中铁二院工程集团有限责任公司
53	黄岛站扩能改造工程可行性研究报告	总公司	三等	中铁工程设计咨询集团有限公司、北京全路通信信号研究设计院有限公司
54	合肥市轨道交通 2 号线工程可行性研究阶段客流预测报告	总公司	三等	中铁二院工程集团有限责任公司
55	铁路行业财务基准收益率补充测算与调整研究	总公司	三等	铁道第三勘察设计院集团有限公司
56	内蒙古自治区铁路集运站规划研究报告	总公司	三等	铁道第三勘察设计院集团有限公司
57	新建地方铁路寿平线寿光至广饶段工程可行性研究报告	总公司	三等	中铁工程设计咨询集团有限公司
58	新建铁路东乌至包西铁路联络线工程水土保持方案报告书	总公司	三等	中铁工程设计咨询集团有限公司、中铁第一勘察设计院集团有限公司
59	亳州芜湖工业园控制性详细规划	总公司	三等	中铁芜湖规划设计研究院有限公司
60	圃田现代综合物流园区可行性研究	总公司	三等	中铁工程设计咨询集团有限公司
61	太湖广场地下空间开发（人防工程）一期工程项目建议书	总公司	三等	中铁隧道勘测设计院有限公司

优质工程奖

【国家优质工程奖】 2012 年，中国中铁获得国家优质工程奖 21 项。（见表 10-4）

表 10-4　中国中铁获国家优质工程项目（2012）

获奖工程	奖励等	获奖单位
上海崇明越江通道（长江隧桥）工程	金质奖	股份公司、大桥局、上海工程局、武汉大桥工程咨询监理
苏通长江公路大桥	金质奖	大桥局、山桥
石忠高速公路忠县长江大桥	银质奖	一局桥梁公司
宜昌东站站房及无柱雨棚工程	银质奖	四局
合肥市长江西路高架快速路综合建设工程	银质奖	四局
昆明主城二环快速系统改扩建工程南二环段福海立	银质奖	八局昆铁公司
涪陵石板沟长江大桥	银质奖	八局一公司
南宁调度所工程	银质奖	建工集团
天津站改扩建工程站房工程	银质奖	建工集团
郑西铁路客运专线渭南渭河特大桥	银质奖	一局、航空港
武汉至广州客运专线新建武汉动车段工程	银质奖	七局武汉公司
成昆铁路货车外绕线工程绕城双线特大桥	银质奖	二院
大庆至广州高速公路（江西境内）武宁至吉安段九岭	银质奖	五局
小河至安康高速公路包家山隧道	银质奖	隧道股份、电化局三公司
天津大道工程	银质奖	一局
哈尔滨市宣化街交通疏解工程	银质奖	山桥
国道主干线子洲至靖边高速公路建设项目	银质奖	一局、五局、大桥局、
国道主干线（GZ40）云南水富至麻柳湾高速公路项目	银质奖	三局、四局、大桥局、二院（成都）咨询监理
四川西昌（黄联关）至攀枝花公路	银质奖	二院（成都）咨询监理
苏州工业园区综合保税大厦	银质奖	建工集团安装公司
新建海南东环铁路三亚站	银质奖	二院

【中国建筑工程鲁班奖】 2012 年，中国中铁获得中国建筑工程鲁班奖 6 项。（见表 10-5）

表 10-5　中国中铁获中国建筑工程鲁班奖项目（2012）

工程名称	施工单位
深圳北交通枢纽工程	中铁南方公司、中铁二局、中铁建工集团承建，有关三级公司参建
甘肃省大剧院-会展中心工程	中国中铁航空港集团承建
成都东站	中铁建工集团承建
天兴洲特大桥正桥工程	中铁大桥局与中铁十二局承建
深圳港大铲湾港区集装箱码头一期工程	中铁二局集团公司与中交四航局联合承建
天津市团泊新城团泊新桥工程	中铁一局集团与天津第一市政工程有限公司联合承建

【中国中铁优质工程奖】 2012 年股份公司共评出中国中铁优质工程奖 128 项。见表 10-5

表 10-5　中国中铁优质工程项目及获奖单位（2012）

序号	项目名称	获奖单位
一	住宅工程（3 项）	
1	清水.路苑三组团	中铁八局集团建筑工程有限公司

2	广西军联项目金领公馆・住宅楼	中铁隧道集团四处有限公司
3	天津港保税区生活区二期项目-B05-1 区住宅工程	中铁建工集团有限公司
二	公共建筑工程（21 项）	
1	郑西铁路客运专线华山北站	中铁一局集团建筑安装工程有限公司
2	郑西客运专线渭南北站站房工程	中铁一局集团建筑安装工程有限公司
3	广元车站站房灾后重建工程	中铁二局集团有限公司 中铁二局建筑有限公司
4	江油车站站房灾后重建工程	中铁四局集团建筑工程有限公司
5	南京南站站前工程	中铁四局集团有限公司
6	武九线电气化改造工程武九客车联络线及九江站配套工程	中铁六局集团有限公司 中铁六局集团太原铁路建设有限公司
7	新建北京动车段走行线工程	中铁六局集团有限公司 中铁六局集团太原铁路建设有限公司
8	宾川鸡足山索道工程	中铁八局集团昆明铁路建设有限公司
9	德阳车站站房	中铁八局集团第四工程有限公司
10	通辽枢纽扩能改造工程通辽南站	中铁九局集团有限公司
11	聊城站客运设施改造工程	中铁十局集团有限公司 中铁十局集团（济铁工程）有限公司
12	天津市和平区应急人防指挥中心	中铁建工集团有限公司
13	玉树县第二完全小学	中铁建工集团有限公司
14	半岛传媒大厦	中铁建工集团有限公司
15	苏州高新国际商务广场	中铁建工集团有限公司
16	成都东站	中铁建工集团有限公司
17	新建上海至南京城际轨道交通站房Ⅱ标（常州站、无锡站、惠山站、戚墅堰站、无锡新区站）	中铁建工集团有限公司
18	南宁调度楼工程	中铁建工集团有限公司
19	汉口站改造工程	中铁电气化局集团有限公司、中铁电气化局集团北京建筑工程有限公司
20	西安北站动车运用所	中铁电气化局集团有限公司、中铁电气化局集团西安铁路建设有限公司
21	新建北京地区列车餐饮加工配送基地工程	中铁电气化局集团有限公司、中铁电化局集团第一工程有限公司
三	市政工程（19 项）	
1	天津市区至滨海新区快速轨道交通工程中山门西段工程 SZn 标段	中铁一局集团第二工程有限公司
2	苏州市轨道交通 1 号线 I-TS-11 标	中铁一局集团城市轨道交通工程有限公司
3	武汉市轨道交通 2 号线一期工程汉青区间（C1 标）	中铁一局集团城市轨道交通工程有限公司
4	沈阳市大伙房水库输水配套工程东部净水厂总承包工程	中铁一局集团市政环保工程有限公司
5	深圳地铁 5 号线 5304 标	中铁四局集团有限公司
6	成都地铁 2 号线一期工程土建 21 标	中铁四局集团第二工程有限公司
7	天津滨海新区北塘污水处理厂（一期）工程	中铁四局集团第三建设有限公司
8	深圳地铁 2 号线工程土建 2202 标段科苑站	中铁四局集团第五工程有限公司
9	沈阳地铁 2 号线沈阳北站站	中铁四局集团第五工程有限公司
10	西安地铁 2 号线渭河车辆段 1 标	中铁四局集团第七工程分公司
11	深圳地铁 1 号线续建接触网工程	中铁四局集团电气化工程有限公司
12	深圳地铁 2 号线工程安装、装修工程 2 标段	中铁四局集团机电设备安装有限公司
13	深圳市轨道交通二期 3 号线老街站换乘综合体工程	中铁隧道集团有限公司

		中铁隧道集团三处有限公司、
14	南京地铁 1 号线南延线 TA01 标土建工程	中铁隧道集团有限公司 中铁隧道集团二处有限公司
15	重庆市轨道交通 1 号线建设项目朝沙段供电线路系统工程	中铁电气化局集团有限公司城铁公司
16	重庆市轨道交通 3 号线一期工程	中铁电气化局集团有限公司城铁公司
17	深圳地铁 2 号线接触网项目	中铁电气化局集团有限公司城铁公司
18	深圳地铁 5 号线设备系统集成项目	中铁电气化局集团有限公司城铁公司
19	深圳地铁 4 号线二期工程 455 合约—供电、接触网和轨旁辅助设备工程	中铁电气化局集团第三工程有限公司
四	公路工程（14 项）	
1	渭蒲高速 C-C03 合同段	中铁一局集团第二工程有限公司
2	太（原）澳（门）公路广东省顺德碧江至中山沙溪段第 13 合同段	中铁一局集团第二工程有限公司
3	库尔勒至库车高速公路工程第十一合同段	中铁一局集团第三工程有限公司
4	铜大高速公路第二合同段综合工程	中铁一局集团第四工程有限公司
5	黑龙江省吉黑高速公路北安至黑河段第四合同段综合工程	中铁一局集团第四工程有限公司
6	上海大众试车场一期扩展工程	中铁四局集团第一工程有限公司
7	合肥长江西路高架快速路综合建设工程	中铁四局集团第四工程有限公司 中交第四公路工程局有限公司
8	云南 S230 线六库至曼海桥二级公路土建 3 标	中铁四局集团第二工程有限公司
9	晋城环城高速公路第五合同段工程	中铁六局集团太原铁路建设有限公司
10	四川省乐山至宜宾高速公路工程 LJ16 合同段	中铁六局集团太原铁路建设有限公司
11	昆明市三环闭合工程 4 标段	中铁八局集团昆明铁路建设有限公司
12	昆明新机场专用高速路（两面寺~新机场）工程跨铁路合同段工程	中铁八局集团昆明铁路建设有限公司
13	海源南路改扩建工程下穿沪昆铁路段工程	中铁八局集团昆明铁路建设有限公司
14	福建省永安至武平（闽粤界）高速公路龙岩段 A7 合同段	中铁隧道集团一处有限公司
五	桥梁工程（40 项）	
1	临潼渭河特大桥工程	中铁一局集团第三工程有限公司
2	保阜高速公路黑崖沟 2 号特大桥	中铁一局集团第四工程有限公司
3	厦蓉高速公路高尧 I 号大桥	中铁一局集团第五工程有限公司
4	十天高速汉滨大桥	中铁一局集团桥梁工程有限公司
5	新建铁路成都至都江堰铁路工程崇义特大桥	中铁二局股份有限公司 中铁二局第四工程有限公司
6	新建宜万铁路 17 标野三河大桥	中铁二局股份有限公司 中铁二局第五工程有限公司
7	广深港客运专线 ZH-3 标龙塘特大桥	中铁二局股份有限公司 中铁二局第四工程有限公司
8	京沪高速铁路土建工程 JHTJ-5 标段镇江京杭运河特大桥	中铁三局集团第二工程有限公司
9	京沪高速铁路土建工程 JHTJ-5 标段秦淮河特大桥	中铁三局集团华东建设有限公司
10	广珠城际轨道交通工程 ZH-1 标小榄水道特大桥	中铁三局集团有限公司广州分公司
11	广珠城际轨道交通工程 ZH-1 标跨广珠西线特大桥	中铁三局集团有限公司广州分公司
12	新建沪宁城际铁路站前 I 标跨经五路特大桥	中铁四局集团第一工程有限公司
13	新建西宝客专工程 XBDJ 标段西安北联络线特大桥	中铁四局集团第一工程有限公司
14	南京铁路枢纽 NJ-3 标秦淮新河特大桥	中铁四局集团第二工程有限公司

15	武广客专 XXTJ II 标捞刀河特大桥	中铁四局集团第二工程有限公司
16	无锡惠澄路 2 标葑溪大桥	中铁四局集团第二工程有限公司
17	新建福厦铁路站前 IV 标洪塘双线特大桥	中铁四局集团第五工程有限公司
18	南京铁路枢纽大定坊特大桥	中铁四局集团第七工程分公司
19	新建铁路温福线（福建段）站前工程III标段大云特大桥	中铁六局集团有限公司
20	新建铁路温福线（福建段）站前工程III标段飞鸾特大桥	中铁六局集团有限公司
21	京包高速公路（五环路-六环路段）工程上地铁路分离式立交桥	中铁六局集团有限公司
22	新建铁路成都东客站跨绕城高速立交特大桥	中铁七局集团郑州工程有限公司
23	武广客运专线仙人湖特大桥	中铁八局集团第二工程有限公司 中铁八局集团桥梁工程有限公司
24	阜阳市颍上路泉河大桥工程	中铁八局集团昆明铁路建设有限公司
25	云南“希夷之大理” 大型实景演出剧场-彩虹桥工程	中铁八局集团昆明铁路建设有限公司
26	青岛海湾大桥土建工程第五合同段	中铁九局集团第一工程有限公司
27	沪宁城际铁路京杭运河特大桥	中铁十局集团（第三建设）有限公司
28	武汉天兴洲公铁两用长江大桥正桥工程	中铁大桥局集团有限公司
29	宜昌长江大桥	中铁大桥局股份有限公司 中铁大桥局集团第一工程有限公司
30	京沪高速铁路南京大胜关长江大桥	中铁大桥局股份有限公司
31	淳安县环湖公路上江埠大桥	中铁大桥局股份有限公司、 中铁大桥局集团第一工程有限公司
32	郑州市中心区铁路跨线桥工程	中铁大桥局股份有限公司、 中铁大桥局集团第一工程有限公司
33	武汉市黄浦大街—金桥大道快速通道工程(工农兵路～三金潭立交)跨京广铁路桥工程	中铁大桥局股份有限公司、 中铁大桥局第七工程有限公司
34	恩施市红旗大桥及接线工程	中铁大桥局股份有限公司、 中铁大桥局第七工程有限公司
35	北京市六环路（良乡～寨口段）工程第 12 合同段	中铁大桥局股份有限公司、中铁六局集团有限公司、中铁大桥局集团第六工程有限公司、中铁六局北京铁路建设有限公司
36	沪蓉国道主干线湖北省恩施至利川高速公路第 X6 合同段小河桥工程	中铁港航局集团第二工程有限公司
37	新建京沪高速铁路土建工程二标段禹济特大桥	中铁航空港集团辽宁工程有限公司
38	新建京沪高速铁路滁河特大桥	中铁航空港集团第三工程有限公司 中铁航空港集团重庆第四分公司
39	新建宜万铁路落布溪大桥	中铁航空港集团第三工程有限公司 中铁航空港集团重庆第四分公司
40	石武铁路客运专线张庄漳河特大桥	中铁上海工程局第一工程有限公司
六	隧道工程（5 项）	
1	新准铁路线马石梁隧道	中铁一局集团第四工程有限公司
2	新建铁路精伊霍线 DK89+321.5 克孜勒萨依隧道	中铁二局股份有限公司 中铁二局第二工程有限公司
3	山西省太原至佳县高速公路吕梁段架梁山隧道	中铁隧道集团三处有限公司 中铁隧道集团有限公司
4	渝湘高速公路 E2 合同段西黔隧道(原鹰嘴岩隧道)	中铁隧道集团有限公司、 中铁隧道集团二处有限公司
5	四川省雅安经石棉至泸沽高速公路 C13 合同段大宝山隧道	中铁隧道集团有限公司 中铁隧道集团一处有限公司

七	铁路综合工程（10项）	
1	新建太原至中卫（银川）铁路绥靖SJS-III标DK383+260～DK405+800段综合工程	中铁二局股份有限公司 中铁二局机械筑路工程有限公司
2	新建沪宁城际铁路站前I标（仙林段DK11+667.5～DK14+370、宝华段DK25+404～DK29+100）综合工程	中铁四局集团第一工程有限公司
3	新建武汉铁路集装箱中心站	中铁五局集团第二工程有限公司 中铁五局集团电务工程有限公司
4	石家庄至太原客运专线Z11标段工程	中铁六局集团太原铁路建设有限公司
5	攀枝花钒钛产业园区铁路专用线工程迤资站改扩建项目	中铁八局集团昆明铁路建设有限公司
6	上西铺煤焦战略装车点工程	中铁八局集团昆明铁路建设有限公司
7	沈阳铁路局苏家屯机务段内燃机车检修基地工程	中铁九局集团第四工程有限公司
8	沈阳西部工业走廊铁路工程	中铁九局集团第六工程有限公司 中铁九局集团第七工程有限公司
9	襄渝二线安康至梁家坝段03标	中铁大桥局股份有限公司 中铁大桥局集团第四工程有限公司
10	襄渝铁路安康至重庆段增建第二线工程站前工程ZH-1标达州枢纽站改扩建综合工程	中铁电气化局集团有限公司、 中铁电气化局集团西安铁路建设有限公司
八	轨道及线路工程（5项）	
1	空军济南0822铁路专用线工程	中铁一局集团北京分公司
2	武广铁路客运专线GDGCⅡ标段铺轨工程	中铁四局集团第八工程分公司
3	新建宜万铁路W1标铺架工程	中铁四局集团第八工程分公司
4	新建郑州铁路集装箱中心站工程	中铁七局集团郑州工程有限公司
5	沈吉线东陵站客车停留线建设工程	中铁九局集团第四工程有限公司
九	铁路四电（11项）	
1	新建铁路宜万线宜昌东至万州段信号工程	中铁二局集团电务工程有限公司
2	改建铁路沪汉蓉通道武汉至安康增建二线襄樊至胡家营段XYS-09标段牵引供电工程	中铁二局集团电务工程有限公司 中铁三局集团电务工程有限公司
3	襄渝线安康至重庆增建第二线工程安康至梁家坝段站后四电工程（XYNZH-03标段）	中铁三局集团电务工程有限公司
4	昌九城际铁路通信、信号、牵引供电及电力供电系统集成	中铁三局集团电务工程有限公司 中铁二局集团电务工程有限公司 中铁四局集团电气化工程有限公司
5	长江埠至荆门铁路电气化改造工程CJZH	中铁五局集团电务工程有限公司
6	兰新线嘉红电化改造工程	中铁五局集团电务工程有限公司
7	新建京沪高速铁路上海虹桥相关工程“四电”专业	中铁七局集团电务工程有限公司
8	京哈铁路秦皇岛至沈阳段列控系统改造工程	中铁九局集团电务工程有限公司
9	通霍铁路通辽北至霍林河段扩能改造三电工程	中铁九局集团电务工程有限公司
10	新建海南东环客运专线铁路DHZH-1标段电气化工程	中铁电气化局集团有限公司 中铁电气化局集团第二工程有限公司

【中国中铁安全标准工地（车间）】 2012年股份公司共评出中国安全标准工地（车间）109个。（见表10-6）

表10-6 2012年中国中铁安全标准工地（车间）

序号	工程项目	施工单位	项目经理
一	综合工程（26项）		

1	厦成高速公路漳州段 A1 合同段	中国中铁股份有限公司工程建设分公司 中铁隧道集团一处有限公司	宋新杰
2	二广高速公路第 17 标	中国中铁股份有限公司工程建设分公司 中国十局集团有限公司广州分公司	刘　祥
3	云桂铁路（云南段）站前工程七标段	中铁一局集团第五工程有限公司	李秀君
4	沈阳四环快速路交通 BT 工程第 8 合同段	中铁一局集团第四工程有限公司	蒋昌利
5	汕头——揭阳高速公路二标段	中铁一局集团第二工程有限公司	马　强
6	成渝铁路客运专线 CYSG-5 标	中铁二局机械筑路工程有限公司	陈世川
7	牡丹江至绥芬河铁路工程三标	中铁三局集团第四工程有限公司	陈　岩
8	沪昆铁路客运专线杭州至长沙（湖南）段Ⅱ标	中铁三局集团桥隧工程分公司	李世安
9	大同至西安客运专线 7 标（四项目部）	中铁三局集团第六工程有限公司	王建亮
10	新建铁路衡茶吉线 HCJ-2 标	中铁五局集团第六工程有限公司	肖乾祝
11	新建铁路大塔-四眼井吴四段站前工程	中铁六局集团呼和浩特铁路建设有限公司	邓永丰
12	昆阳至玉溪扩能改造工程站前 II 标	中铁六局集团有限公司桥隧分公司	孔庆暖
13	京沪高速铁路天津西站站场及相关工程	中铁六局集团有限公司京沪高速铁路天津西站工程项目部	郝建国
14	新建铁路巴准线工程	中铁九局集团第一工程有限公司	刘　威
15	湖南省浏阳（黄泥界）至醴陵高速公路项目路面工程	中铁十局集团第二工程有限公司	王世成
16	中铁沈阳四环快速路交通 BT 工程路面第四标段	中铁十局集团西北工程有限公司	陈全顺
17	沪昆客专长昆湖南段 CKTJ-1 标	中铁大桥局集团沪昆客专长昆湖南段项目部	张春新
18	山西中南部铁路通道 ZNTJ-16 标	中铁大桥局集团山西中南部铁路通道项目部	黄锡柱
19	沪昆客专湖南段 CKFJ-6 标	中铁隧道集团有限公司	张建设
20	山西阳泉西环高速公路 LJ3 标	中铁隧道集团一处有限公司	孙联伟
21	西康二线铁路工程西康二线项目	中铁电气化局集团西铁工程公司	王怀明
22	郑卢高速公路洛阳至洛卢段土建工程 3 标	中铁航空港建设集团第一工程有限公司	王维涛
23	新建兰新铁路第二双线（红柳河-哈密段）站前工程 LXTJ3 标段	中铁航空港建设集团第一工程有限公司	白爱民
24	兰新铁路(第二双线)甘青段 LXS-10 标	中铁航空港建设集团第三工程有限公司	刘建伟
25	沪昆铁路湖南段 CKTJ-1 标（第一项目分部）	中铁港航局集团第二工程有限公司	戴登宇
26	妈祖城核心区基础设施建设项目	中国中铁海西妈祖城建设指挥部	李建军
二	桥梁工程（21 项）		
1	中铁一局德大铁路综合Ⅲ标段黄河特大桥	中铁一局集团桥梁工程有限公司	祁润平
2	山西省霍永高速公路城川河特大桥	中铁三局集团山西隰延高速公路投资有限公司	李腾云
3	合肥南环线南站高架桥	中铁四局集团第四工程有限公司	刘承良
4	江苏省芜申线航道整治工程桥梁一标泓口大桥	中铁四局集团第二工程有限公司	吴曙光
5	郑卢高速土建 12 标官道口互通立交桥	中铁四局集团第一工程有限公司	赵卫华
6	成绵乐铁路客运专线华金大道立交特大桥	中铁四局集团第五工程有限公司	莫永春
7	集包铁路 210 特大桥	中铁四局集团建筑工程有限公司	张学云
8	兰新铁路甘青段明水特大桥	中铁四局集团第七工程分公司	王　强
9	兰新铁路第二双线张掖至红柳河工程 LXS-12 标段西店村特大桥	中铁五局集团机械化工程有限公司	李永青
10	大思 15 标上坝大桥	中铁五局集团贵州工程有限公司	徐红刚
11	新建杭长铁路客运专线 HCZJ-5 标罗家溪特大桥	中铁五局集团第四工程有限公司	肖琼朝
12	成绵乐客专 8 标青衣江特大桥	中铁五局集团第二工程有限公司	吴月新

13	泉州环城高速公路南安至石井段阿 A1 标西溪特大桥	中铁五局集团机械化工程有限公司	潘树鼎
14	郑州市京广路—沙口路快速通道上跨铁路工程	中铁七局集团郑州工程有限公司	杜友志
15	大渡河长河坝水电站工程大渡河特大桥	中铁八局集团第二工程有限公司	唐顺治
16	邢汾高速公路邢台与翼晋界段上跨京广铁路立交桥工程	中铁十局集团济南铁路工程有限公司	金　宝
17	兰州中心滩黄河大桥	中铁十局集团第三建设有限公司	张汪钊
18	武汉鹦鹉洲长江大桥正桥工程	中铁大桥局集团武汉鹦鹉洲长江大桥项目部	罗瑞华
19	新建南京至安庆铁路铜陵东安庆长江大桥工程	中铁大桥局集团宁安铁路安庆长江大桥工程指挥部	季跃华
20	郑州至焦作城际铁路工程 HNCJS-NO. 1 标	中铁大桥局集团第一工程有限公司	刘晓阳
		中铁宝桥集团有限公司	陈　峰
21	大西铁路客运专线第 11 合同段晋陕黄河特大桥	中铁上海工程局第一工程有限公司	孙述灿
三	隧道工程（5 项）		
1	京福铁路客专闽赣Ⅷ标梧山隧道（出口方向）	中铁二局第二工程有限公司	黄　文
2	新建贵广铁路Ⅲ标段高兴隧道	中铁五局集团第五工程有限公司	叶　黔
3	晋豫鲁铁路通道工程 ZNTJ-10 标范家山隧道	中铁五局集团第一工程有限公司	吴　彪
4	云桂铁路 YGT-4 标六分部幸福隧道	中铁十局集团第三建设有限公司	缪国亿
5	新建铁路兰州至重庆线西秦岭特长隧道工程 XQLS2 标段 TBM 工区	中铁隧道集团有限公司	张昌伟
四	四电工程（8 项）		
1	衡茶吉铁路四电工程	中铁二局电务工程有限公司	李晓明
2	改建铁路杭州铁路枢纽杭州东站扩建四电工程	中铁四局集团电气化工程公司	鲍尚玉
3	广西沿海铁路黎塘至钦州扩能改造工程	中铁六局集团电务工程有限公司	张志勇
4	洛张电化洛阳枢纽配套改造工程 LYSN 标段	中铁七局集团电务工程有限公司	王建敏
5	改建铁路南疆线轮台至库车等四段增建第二线三电工程 LASD 标段	中铁七局集团电务工程有限公司	王文献
6	新建西安至平凉铁路站后四电工程 XPZH 标段	中铁电气化局集团西安电化公司	冯军峰
7	杭甬客运专线系统集成项目	中铁电气化局集团第一工程有限公司	杜　鏖
8	新建哈尔滨至大连客运专线电力及牵引供电系统集成（含附属房屋）项目	中铁电气化局集团有限公司	王青斌
五	制梁场、铺架和临管运输（7 项）		
1	兰渝铁路 LYS-13 标南充制梁场	中铁一局集团物资工贸有限公司	李　巍
2	新建兰新铁路第二双线（哈密至乌鲁木齐段）站前工程 LXTJ5 标鄯善轨枕预制场	中铁二局新运工程有限公司	韩晓东
3	神朔、朔黄铁路联合运输项目	中铁三局集团有限公司运输分公司	杨　泓
4	新建武汉至宜昌铁路 HYZQ-6 标铺架工程	中铁四局集团第八工程分公司	余金荣
5	新建杭州至长沙铁路客运专线浙江段轨道板预制场	中铁九局集团有限公司桥梁分公司	贾有权
6	新建铁路大同至西安客运专线晋中轨枕场	中铁十局集团第四工程有限公司	赵永军
7	兰渝铁路站前二标段箱梁预制	中铁八局集团桥梁工程有限公司	江箭儒
六	房建（14 项）		
1	西安市大明宫东区综合住宅小区家具城工程	中铁一局集团城市建设工程有限公司	张鹏茂
2	成都规划馆综合楼	中铁二局集团建筑有限公司	侯　海
3	合肥中铁科技大楼工程	中铁四局集团建筑装饰安装公司	李　亮
4	中国东方航空西安维修基地新机库主体工程	中铁八局集团第三工程有限公司	杜　洋
5	成都中信广场工程	中铁八局集团建筑工程有限公司	杨　勇

6	中国医科大学沈北新校园工程图书馆综合楼	中铁九局集团第四工程有限公司	王国平
7	大连北站	中铁建工集团北京分公司	宋　鹏
8	沈阳站	中铁建工集团北京分公司	岳立明
9	南昌西站	中铁建工集团上海分公司	郑　明
10	国家智能电网科研产业（南京）基地 A 标	中铁建工集团上海分公司	杨春生
11	新建铁路广州至珠海城际轨道交通珠海站房及配套工程	中铁建工集团承包总公司	陈　明
12	广深铁路布吉辅助客运站站房	中铁建工集团承包总公司	付绪志
13	成都青羊光华新区商业、住宅项目一期	中铁天丰建筑工程有限公司	陈　利
14	济南铁路局青岛职工住宅楼工程	中铁港航局集团有限公司	张繁荣
七	市政工程（5 项）		
1	上海 S6 公路新建工程 S6-5 标段	中国中铁股份有限公司上海办事处 中铁上海工程局第一工程有限公司	刘跃生
2	舟曲县城供排水恢复重建工程污水处理厂	中铁一局集团市政环保工程有限公司	刘志锋
3	天津东郊污水处理厂升级改造工程	中铁四局集团第三建设有限公司	杨贤贵
4	呈七路改扩建工程一标段	中铁八局集团昆明铁路建设有限公司	和鹏飞
5	重庆市两江新区一横线项目	中铁隧道集团四处有限公司	闫红江
八	城市轨道交通工程（21 项）		
1	无锡地铁 2 号线土建工程 11 标	中铁一局集团城市轨道交通工程有限公司	周洪谋
2	哈尔滨轨道交通 1 号线一期轨道工程	中铁一局集团新运工程有限公司	王新年
3	东莞市城市快速轨道交通 R2 线 2302 标	中铁一局集团城市轨道交通工程有限公司	王江卡
4	武汉地铁 2 号线机电安装 1 标	中铁一局集团建筑安装工程有限公司	贺小平
5	宁波轨道交通 2101 标	中铁一局集团城市轨道交通工程有限公司	黄贵彬
6	东莞市城市快速轨道交通 R2 线土建工程	中铁二局第四工程有限公司	金　洲
7	上海地铁 11 号线北段二期	中铁二局新运工程有限公司	陈远旭
8	东莞市城市快速轨道交通 R2 线【试验段 2304 标】	中铁二局城通公司	辜长军
9	北京地铁 14 号线 10 标	中铁二局第一工程有限公司	王湘华
10	北京地铁 7 号线 02 标项目部	中铁三局集团第四工程有限公司	海　胜
11	宁高城轨南禄段 DJ-TA03 标	中铁三局集团华东建设有限公司	井　源
12	北京地铁 14 号线工程土建施工 01 合同段	中铁六局集团北京铁路建设有限公司	李玉川
13	郑州轨道交通 2 号线一期工程土建施工 06 工区	中铁七局集团有限公司	张志军
14	长沙市轨道交通 2 号线 1 期工程土建 SG-12 标	中铁七局集团第三工程有限公司	杨鑫炎
15	成都地铁 2 号线供电系统总承包工程	中铁八局集团电务工程有限公司	张　健
16	西安地铁 2 号线 D2TJSG-26 标	中铁九局集团有限公司西安分公司	李文国
17	重庆轨道交通 6 号线二期试验段	中铁隧道集团二处有限公司	周泽民
18	东莞轨道交通 R2 线 2307 标	中铁隧道集团三处有限公司	张仲行
19	昆明市轨道交通 3 号线土建施工西标段小渔村站	中铁上海工程局市政工程有限公司	王　柏
20	上海轨道交通 11 号线北段工程 11.H.2 标	中铁上海工程局华海工程有限公司	李小保
21	北京地铁 14 号线 04 标	中铁港航局集团第三工程有限公司	田和平
九	安标车间（2 项）		
1	168 物流基地(车间)	中铁八局集团现代物流有限公司	狄允文
2	保德利电气设备有限责任公司铸造车间	中铁电气化局集团工厂处 保德利电气设备有限责任公司铸造车间	陈宏斌

科技成果奖

【科技成果奖】 2012年，股份公司获得国家科技进步奖、省部级科学技术奖和股份公司评出的科学技术奖。（见表10-8、10-9）

表10-8　2012年中国中铁股份有限公司获科学技术进步奖情况

（国家级、土木工程詹天佑奖）

序号	项目名称	获奖级别	获奖等级	完成单位
	盾构装备自主设计制造关键技术及产业化	国家	一等	
	京津城际铁路工程	国家	一等	
	牵引供电关键设备安全运行检测技术与应用	国家	二等	
1	上海崇明越江通道（长江隧桥）	土木工程詹天佑奖		中国中铁股份有限公司、中铁大桥局股份有限公司、中铁上海工程局有限公司、中铁武汉大桥工程咨询监理有限公司
2	深圳北站综合交通枢纽工程	土木工程詹天佑奖		中铁二局股份有限公司、中铁南方投资发展有限公司、中铁二局集团装饰装修工程有限公司、中铁四局集团有限公司、中铁建工集团有限公司、深圳中铁二局工程有限公司、中铁二局集团电务工程有限公司、中铁二局第四工程有限公司
3	锦屏水电枢纽工程锦屏山隧道	土木工程詹天佑奖		中铁二局股份有限公司、中铁二局第二工程有限公司
4	深圳港大铲湾港区集装箱码头一期工程	土木工程詹天佑奖		中铁二局股份有限公司、深圳中铁二局工程有限公司
5	深圳地铁3号线	土木工程詹天佑奖		中铁二院工程集团有限责任公司、中铁电气化局集团宝鸡器材有限公司、中铁二局股份有限公司、中铁隧道集团有限公司
6	北京地铁4号线	土木工程詹天佑奖		中铁隧道勘测设计院有限公司、中铁三局集团有限公司
7	沈阳地铁1号线	土木工程詹天佑奖		中铁四局集团有限公司、中铁九局集团有限公司、华铁工程咨询责任有限公司
8	小河至安康高速公路包家山隧道	土木工程詹天佑奖		中铁隧道股份有限公司

表10-9　2012年中国中铁股份有限公司获科学技术进步奖情况

（省部、学会、协会和总公司奖）

序号	项目名称	获奖级别	获奖等级	完成单位
1	盾构装备自主设计制造关键技术及产业化	国家	一等	浙江大学，上海隧道工程股份有限公司，中铁隧道集团有限公司，中铁隧道装备制造有限公司，杭州锅炉集团股份有限公司
2	京津城际铁路工程	国家	一等	铁道第三勘察设计院集团有限公司，京津城际铁路有限责任公司，铁道部工程设计鉴定中心，铁道部工程管理中心，中国铁道科学研究院，中国中铁股份有限公司，中国铁建股份有限公司，中国铁路通信信号股份有限公司，北京铁路局，唐山轨道客车有限责任公司
3	牵引供电关键设备安全运行检测技术与应用	国家	二等	西南交通大学，大秦铁路股份有限公司，中铁电气化局集团有限公司，国家轨道交通电气化与自动化工程技术研究中心
4	轨道交通阻尼弹簧浮置道床隔振系统成套技术研究及产业化	北京市	一等	北京市轨道交通建设管理有限公司、北京城建设计研究总院有限责任公司、北京市劳动

				保护科学研究所、北京市科学技术研究院、北京九州一轨隔振技术有限公司、北京世纪静业噪声振动控制技术有限公司、中铁一局集团有限公司
5	上海长江隧桥工程建设关键技术	上海市	一等	中铁大桥局集团有限公司
6	城市轨道交通高等级减振降噪集成技术与产业化应用	上海市	一等	中铁一局集团有限公司、中铁上海工程局华海工程有限公司、中铁五局(集团)有限公司
7	天津西站项目风险控制与绩效评价管理系统	天津市	二等	铁道第三勘察设计集团有限公司
8	采用管节新型预制技术的沉管隧道设计、施工关键技术研究	天津市	三等	中铁隧道勘测设计院有限公司
9	高速铁路地震监控系统关键技术研究	天津市	三等	铁道第三勘察设计集团有限公司
10	新型路基结构技术研究	天津市	三等	铁道第三勘察设计集团有限公司
11	全三相△/ψ接线牵引变压器技术研究	天津市	三等	铁道第三勘察设计集团有限公司
12	土木工程智能防灾-结构振动智能控制技术的研究与应用	湖北省	一等	武汉理工大学、中铁大桥局集团有限公司、天津大学、中铁大桥勘测设计院集团有限公司
13	大跨度桥梁建造关键技术及其产业化	湖北省	一等	中铁大桥局集团有限公司
14	峡谷大跨径隧道式锚碇钢桁加劲梁悬索桥关键技术研究与示范	湖北省	二等	中交第二航务工程局有限公司、中交公路规划设计院有限公司、镇胜公路坝陵河北盘江大桥建设指挥部、中铁大桥局集团武汉桥梁科学研究院有限公司、贵州桥梁建设集团有限责任公司、华中科技大学
15	小曲线大坡度单线箱梁架桥机	湖北省	三等	中铁科工集团有限公司
16	55 吨全回转爬坡架梁起重机	湖北省	三等	武桥重工集团股份有限公司
17	山区大跨钢桁梁悬索桥新技术	湖北省	三等	中铁大桥勘测设计院有限公司
18	52000 千牛米上回转自升式超大型塔式起重机开发与应用	湖南省	一等	中铁大桥局集团有限公司
19	铁路数字选线关键技术研究与应用	湖南省	二等	中铁二院工程集团有限责任公司
20	HXXS-NB / 380V 型混合再生制动能量吸收设备研发与应用	湖南省	三等	中铁电气化勘测设计研究院有限公司
21	浅埋暗挖水下软岩双洞隧道修建关键技术	湖南省	三等	中铁隧道股份有限公司
22	成都地铁盾构隧道工程建设关键技术	四川省	一等	西南交通大学、成都地铁有限责任公司、同济大学、中铁二院工程集团有限责任公司、西南交通大学建筑勘察设计研究院、中铁隧道股份有限公司、中铁十三局集团有限公司
23	客运专线供电综合 SCADA 系统	四川省	一等	成都交大光芒科技股份有限公司 、西南交通大学 、国家轨道交通电气化与自动化工程技术研究中心、铁道第三勘察设计院集团有限公司
24	超深埋大断面特长隧洞群施工关键技术	四川省	二等	中铁二局股份有限公司、中铁二局第二工程有限公司、中国水电顾问集团华东勘测设计研究院、西南交通大学、北京交通大学隧道及地下工程试验研究中心
25	超高墩大跨预应力混凝土连续刚构桥梁设计与控制关键技术	四川省	三等	四川雅西高速公路有限责任公司、四川省交通运输厅公路规划勘察设计研究院、西南交通大学、中铁西南科学研究院有限公司、柳州欧维姆机械股份有限公司
26	复杂环境富水粉土粉砂地层土压平衡盾构施工关键技术研究	四川省	三等	中铁二局股份有限公司、西南交通大学
27	海底隧道关键施工技术研究	陕西省	二等	中铁一局集团有限公司、中铁一局集团第五工程有限公司
28	武广高速铁路浏阳河隧道施工关键技术	陕西省	三等	中铁一局集团有限公司、中铁一局集团第五工程有限公司

29	软弱地质条件下长距离小净距重叠隧道盾构法施工技术	陕西省	三等	中铁一局集团有限公司、中铁一局集团城市轨道交通工程有限公司
30	高速铁路黄河特大桥综合施工技术	陕西省	三等	中铁一局集团有限公司、中铁一局集团桥梁工程有限公司
31	旧堡隧道富水破碎围岩施工灾害控制技术研究	山西省	二等	中铁十二局集团第二工程有限公司、中铁十二局集团有限公司、石家庄铁道大学、中铁西南科学研究院
32	城际客运专线电力、电气化施工与检测施工技术研究	山西省	三等	中铁三局集团有限公司、中铁三局集团电务工程有限公司
33	时速350千米高速铁路无砟轨道大跨度连续梁拱组合桥梁施工关键技术	山西省	三等	中铁三局集团有限公司、中铁三局集团第二工程有限公司、中国铁道科学研究院铁道建筑研究所
34	高速铁路浅埋小净距大跨度隧道群关键技术	安徽省	二等	中铁四局集团有限公司、中铁四局集团第二工程有限公司、中南大学
35	基于预应力及上下部结构共同作用的大跨度异形拱桁架结构关键技术	安徽省	三等	安徽省建筑科学研究设计院、合肥市重点工程建设管理局、同济大学、中铁四局集团钢结构有限公司
36	大型预应力框架结构体系铁路旅客站房关键施工技术	安徽省	三等	中铁四局集团有限公司、中铁四局集团建筑工程有限公司、合肥工业大学
37	坝陵河大桥建设关键技术研究	贵州省	二等	中铁九桥工程有限公司
38	贵阳花溪1-175米钢管混凝土拱桥施工关键技术研究	贵州省	三等	中铁八局集团第一工程有限公司
39	寒冷地区高墩大跨度小半径曲线多跨连续刚构桥施工关键技术研究	河北省	三等	中铁一局集团有限公司
40	长大隧道开敞式掘进机皮带出碴与衬砌平行作业技术	河北省	三等	中铁隧道集团二处有限公司
41	钻爆法施工的海底隧道最小岩石覆盖厚度确定方法及其关键技术	山东省	一等	山东大学、青岛国信胶州湾交通有限公司、中铁隧道勘测设计院有限公司、中交第二公路勘察设计研究院有限公司
42	东方红-WZJ300挖装机	河南省	二等	中国一拖集团有限公司，中铁隧道集团有限公司
43	浅埋跨海越江隧道暗挖法设计施工与风险控制技术	河南省	三等	中铁隧道集团有限公司，中铁隧道勘测设计院有限公司，北京交通大学，中南大学，招商局重庆交通科研设计院有限公司，中铁隧道股份有限公司，中铁隧道集团二处有限公司
44	厦门翔安海底隧道建设与运营成套技术	福建省	一等	厦门路桥建设集团有限公司、中交第二公路勘察设计研究院有限公司、中铁隧道集团有限公司、中铁十八局集团有限公司、中铁二十二局集团有限公司、中铁一局集团有限公司、西南交通大学、北京交通大学
45	西北地区湿陷性黄土路基变形特点及加固措施研究	甘肃省	三等	中铁西北科学研究院有限责任公司
46	双块式无砟轨道施工关键设备国产化研制	中施企协	特等	中铁八局集团有限公司
47	龙厦铁路象山隧道复杂地质条件下关键施工技术研究	中施企协	特等	中铁隧道集团有限公司；中铁隧道集团有限公司技术中心；福州大学；中铁隧道集团勘测设计院有限公司
48	特大跨径钢桁拱桥建造技术及应用	中施企协	特等	重庆中港朝天门长江大桥项目建设有限公司；中铁大桥勘测设计院集团有限公司；招商局重庆交通科研设计院有限公司；重庆交通大学、中铁山桥集团有限公司、中铁宝桥集团有限公司；中交二航局第二工程有限公司
49	京沪高速铁路南京大胜关长江大桥施工技术	中施企协	特等	中铁大桥局集团有限公司；中铁大桥勘测设计院集团有限公司
50	多排埋入式抗滑桩加固大型滑坡研究	中施企协	一等	中铁二院工程集团有限责任公司；西南交通大学；中国人民解放军后勤工程学院

51	电气化铁道用 27.5kV 气体绝缘开关柜（GIS）的研制	中施企协	一等	中铁电气化局集团有限公司；常州太平洋电力设备（集团）有限公司；中铁电气化勘测设计研究院有限公司
52	双线多箱同步起吊箱梁架桥机	中施企协	一等	中铁科工集团有限公司
53	客运专线接触网零件系列产品的研制	中施企协	一等	中铁电气化局集团有限公司；中铁电气化局集团宝鸡器材有限公司；宝鸡保德利电气设备有限责任公司
54	黄土地区高速铁路修建关键技术-郑西客专陕西段专题研究	中施企协	一等	中铁第一勘察设计院集团有限公司；西南交通大学；郑西铁路客运专线有限责任公司；中铁二十三局集团有限公司；中铁一局集团有限公司
55	高速铁路平面最小曲线半径计算理论及参数标准研究	中施企协	一等	中铁二院工程集团有限责任公司；西南交通大学
56	山区软岩大跨大断面四线铁路车站隧道施工新技术研究	中施企协	一等	中铁十三局集团有限公司；西南交通大学；中铁十三局集团第二工程有限公司；中铁二院工程集团有限责任公司
57	浅埋高风险隧道下穿密集民房施工爆破震动控制技术	中施企协	一等	中铁隧道集团有限公司；北京交通大学；中铁隧道集团一处有限公司
58	时速 350 千米高速铁路无咋轨道大跨度连续梁拱组合桥梁施工关键技术	中施企协	一等	中铁三局集团有限公司；中国铁道科学研究院铁道建筑研究所；中铁三局集团第二工程有限公司
59	异形双套拱塔斜拉桥关键施工技术	中施企协	一等	中铁一局集团有限公司；中铁一局集团厦门建设工程有限公司
60	客运专线无砟轨道非对称大跨度混凝土连续刚构桥施工关键技术研究	中施企协	一等	中铁三局集团有限公司
61	大跨度单主缆单索面宽幅悬索桥施工技术研究	中施企协	一等	中铁上海工程局有限公司；中铁上海工程局第一工程有限公司；中铁四局集团有限公司
62	宁安铁路安庆长江大桥主墩深水基础施工关键技术	中施企协	一等	中铁大桥局集团有限公司
63	168000kN 自锚上承式拱桥转体施工技术	中施企协	一等	中铁一局集团有限公司；中铁一局集团桥梁工程有限公司
64	渝利铁路韩家沱长江大桥钢梁架设施工技术	中施企协	一等	中铁大桥局集团有限公司
65	宜万铁路宜昌长江大桥施工关键技术	中施企协	一等	中铁大桥局集团有限公司
66	南极中山站工程综合施工技术研究	中施企协	一等	中铁建工集团有限公司
67	大跨度空间桁架力系逆向转换及改造施工技术的研究与应用	中施企协	一等	中铁建工集团有限公司；浙江精工钢结构有限公司；北京铁路局
68	深圳北站工程关键施工技术	中施企协	一等	中铁二局股份有限公司；浙江杭萧钢构股份有限公司；中铁二局集团装饰装修工程有限公司
69	大跨度放射伞状空间桁架高精度信息化分块安装技术研究	中施企协	一等	中铁建工集团有限公司；中国中铁航空港建设集团有限公司
70	深大基坑、盖挖逆作地下换乘站受力变形规律分析及环境控制研究	中施企协	一等	中铁隧道集团有限公司；洛阳理工学院；中铁隧道集团有限公司技术中心
71	城市软弱围岩浅埋大跨下穿构造物、上跨既有线暗挖车站施工技术	中施企协	一等	中铁隧道集团有限公司；中铁隧道集团三处有限公司
72	盾构变频驱动系统的研制	中施企协	一等	中铁隧道集团有限公司；中铁隧道装备制造制造有限公司
73	软弱地质条件下长距离小净距重叠隧道盾构法施工技术	中施企协	一等	中铁一局集团有限公司；中铁一局集团城市轨道交通工程有限公司
74	繁华城区复杂地质条件下泥水盾构综合施工技术研究	中施企协	一等	中铁三局集团有限公司；中铁三局集团有限公司广东公司；广州市地下铁道总公司；中铁三局集团有限公司桥隧分公司
75	黄土地层及全断面砂质地层土压平衡盾构掘进技术研究	中施企协	一等	中铁一局集团有限公司；中铁一局集团城市轨道交通工程有限公司
76	花岗岩软硬交互地层盾构施工关键技术研究	中施企协	一等	中铁四局集团有限公司；中铁四局城市轨道交通工程分公司

77	近邻、重叠隧道盾构施工技术研究	中施企协	一等	中铁六局集团有限公司；中铁六局集团有限公司盾构分公司
78	海底隧道钻爆法修建技术及风险控制研究	中施企协	一等	中铁隧道集团有限公司；青岛国信胶州湾交通有限公司；中铁隧道股份有限公司；西南交通大学
79	风积沙隧道施工力学行为及关键技术	中施企协	一等	中铁二局股份有限公司；西南交通大学；中铁二局第一工程有限公司
80	宽幅多室波形钢腹板 PC 组合箱梁施工关键技术研究	中施企协	一等	中铁三局集团有限公司；中铁三局集团第二工程有限公司
81	高速铁路浅埋小净距大跨度隧道群关键技术	中施企协	二等	中铁四局集团有限公司；中铁四局集团第二工程有限公司
82	高速铁路线下工程变形监测及评估技术与数据处理系统研究	中施企协	二等	中铁八局集团有限公司；中铁二院工程集团有限责任公司
83	SGJ-T-CEC-I 型客运专线轨道几何状态测量仪系统	中施企协	二等	中铁工程设计咨询集团有限公司
84	高速铁路弓网受流状态稳定性监测及评估技术研究	中施企协	二等	中铁第四勘察设计院集团有限公司；广深港客运专线有限责任公司；武汉大学；广珠城际铁路有限责任公司；中铁电气化工程局集团有限公司
85	ZPC160 自行式转盘车	中施企协	二等	中铁科工集团有限公司；中铁重工有限公司、
86	地基处理新技术应用研究	中施企协	二等	中铁第四勘察设计院集团有限公司；中铁十一局集团有限公司；中南大学；中铁十局集团有限公司
87	岩质滑坡水力启动模型与预测预警方法研究	中施企协	二等	中铁西南科学研究院有限公司
88	预制箱梁模板及配套工装通用化施工技术研究	中施企协	二等	中铁四局集团有限公司；中铁四局集团第一工程有限公司
89	客运专线无砟道岔铺设技术研究	中施企协	二等	中铁四局集团有限公司；中铁四局集团有限公司第八工程分公司
90	桥上 CRTSII 型板式无砟轨道施工技术再创新研究	中施企协	二等	中铁六局集团有限公司；中铁六局太原铁路建设有限公司
91	预埋套管式高速道岔板预制与施工技术	中施企协	二等	中铁四局集团有限公司；河北新大地机电制造有限公司；中铁四局集团第五工程有限公司
92	小曲线单线箱梁运梁车	中施企协	二等	中铁科工集团有限公司
93	无砟轨道全液压双向行驶运板车	中施企协	二等	中铁科工集团有限公司
94	既有客运专线 CTCS-2 级列车控制系统安装和调试技术研究及应用	中施企协	二等	中铁九局集团有限公司
95	复杂困难地层隧道及地下工程防水技术研究	中施企协	二等	中铁西南科学研究院有限公司
96	大坡道小半径曲线铁路 450 吨级箱梁制运架施工技术及关键设备	中施企协	二等	中铁二局股份有限公司；中铁科工集团有限公司；中铁二局新运工程有限公司
97	寒冷地区高速公路高墩大跨度曲线连续刚构桥悬灌施工关键技术	中施企协	二等	中铁一局集团有限公司；中铁一局集团第四工程有限公司
98	深厚淤泥质土地基条件下桥梁支架现浇施工方案研究	中施企协	二等	中铁三局集团有限公司；中铁三局集团有限公司桥隧工程分公司；中铁三局集团华东建设有限公司
99	下穿客货共线电气化铁路框架桥深基坑、小夹角斜向顶进综合技术	中施企协	二等	中铁十局集团有限公司
100	桥梁混凝土空心墩温度作用及效应研究	中施企协	二等	中铁西南科学研究院有限公司；中铁第四勘察设计院集团有限公司
101	大跨度预应力型钢与高强混凝土组合梁桥关键技术研究	中施企协	二等	中铁九局集团有限公司；东北大学
102	梁拱组合桥大节段拖拉浮运成桥技术	中施企协	二等	中铁一局集团有限公司；中铁一局集团厦门建设工程有限公司
103	大跨度系杆拱桥滑动平转施工技术	中施企协	二等	中铁大桥局集团有限公司

104	狭窄空间软土深基坑快速施工技术研究	中施企协	二等	中铁建工集团有限公司
105	砖石古塔地震破坏机理与抗震加固工程措施研究	中施企协	二等	中铁西北科学研究院有限公司
106	岩土锚固新技术在西北地区土遗址保护加固中的应用研究	中施企协	二等	中铁西北科学研究院有限公司；新疆文物古迹保护中心
107	南京河西长江漫滩复杂地层盾构施工综合技术研究	中施企协	二等	中铁一局集团有限公司；中铁一局集团城市轨道交通工程有限公司
108	复杂地层条件下超深超大地连墙综合施工技术	中施企协	二等	中铁一局集团有限公司；中铁一局集团有限公司广州分公司；中铁一局集团天津建设工程有限公司
109	不良地质盖挖逆作地铁车站深基坑开挖关键技术研究	中施企协	二等	中铁三局集团有限公司；中铁三局集团有限公司桥隧工程分公司
110	深圳富水复合地层浅埋暗挖地铁施工沉降规律及控制技术研究	中施企协	二等	北京交通大学；铁道第三勘察设计院集团有限公司
111	大直径地下污水泵站无内支撑两墙合一施工关键技术研究	中施企协	二等	中铁上海工程局有限公司
112	神府高速公路大断面黄土隧道施工技术研究	中施企协	二等	中铁七局集团有限公司；中铁七局集团第二工程有限公司
113	悬索桥主缆分布传力锚固系统设计施工关键技术研究	公路学会	特等	南京重大路桥建设指挥部、西南交通大学、中交公路规划设计院有限公司、中交第二航务工程局有限公司、中交第二公路工程局有限公司、中铁宝桥集团有限公司
114	三塔悬索桥中间塔设计关键技术	公路学会	一等	江苏省交通规划设计院股份有限公司、江苏省长江公路大桥建设指挥部、同济大学、中铁大桥勘测设计院有限公司、西南交通大学
115	特长公路隧道施工及营运期结构安全一体化监控技术研究	公路学会	一等	浙江台金高速公路有限公司、浙江省交通规划设计研究院、西南交通大学、中铁十五局集团有限公司、中铁一局集团有限公司
116	高速公路螺旋型曲线隧道营运安全控制技术研究	公路学会	一等	四川雅西高速公路有限责任公司、西南交通大学、湖南省交通规划勘察设计院、中铁西南科学研究院有限公司、中铁二十三局集团有限公司、中铁十二局集团第一工程有限公司
117	液一气耦合压差式竖向位移监测系统的研制及产品应用	公路学会	三等	中铁大桥局集团有限公司、中铁大桥局集团武汉桥梁科学研究院有限公司
118	跨高铁三箱钢混叠合曲线连续梁施工关键技术	公路学会	三等	中铁四局集团有限公司、中铁四局集团第二工程有限公司、东南大学
119	神府高速公路大断面黄土隧道施工技术研究	公路学会	三等	中铁七局集团有限公司、中铁七局第二工程有限公司
120	水下超浅埋大断面立交隧道修建技术研究	总公司	特等	中铁隧道集团有限公司、中铁隧道集团二处有限公司、中铁隧道股份有限公司
121	三主桁双连拱整体桥面钢桁连续梁桥创新设计	总公司	特等	中铁大桥勘测设计院集团有限公司
122	武汉二七长江大桥大跨度结合梁斜拉桥施工技术	总公司	特等	中铁大桥局集团有限公司、中铁大桥局集团第五工程有限公司、中铁港航局集团第二工程有限公司
123	高速铁路特长水下高风险隧道盾构施工及对接技术	总公司	特等	中铁隧道集团有限公司、北京交通大学、中铁隧道股份有限公司、中铁隧道集团有限公司技术中心
124	超深埋大断面特长隧洞群施工关键技术	总公司	特等	中铁二局股份有限公司、中铁二局第二工程有限公司、中国水电顾问集团华东勘测设计研究院、西南交通大学、北京交通大学隧道及地下工程试验研究中心
125	长大隧道钻爆法快速施工关键技术与装备研究	总公司	特等	中铁隧道集团有限公司、中铁隧道装备制造有限公司、中国一拖集团有限公司
126	双层公路三主桁刚性悬索加劲钢桁梁桥创新设计	总公司	特等	中铁大桥勘测设计院集团有限公司
127	城市轨道交通架空接触网雷电防治研究	总公司	特等	中铁电气化勘测设计研究院有限公司、山东

				迅实电气有限公司、中铁电气化局集团有限公司
128	特大断面地铁车站暗挖施工技术研究	总公司	一等	中铁四局集团有限公司、中铁四局集团第四工程有限公司
129	活动支架辅助不变幅架梁吊机架设钢箱梁施工技术	总公司	一等	中铁大桥局集团有限公司、中铁大桥局集团第五工程有限公司
130	高原高寒地区特长铁路隧道施工关键技术研究	总公司	一等	中铁隧道集团有限公司、中铁隧道集团有限公司技术中心、中铁隧道股份有限公司、中铁隧道集团二处有限公司、洛阳理工学院
131	乌蒙山二号四线车站隧道修建技术研究	总公司	一等	中铁二院工程集团有限责任公司、西南交通大学、中铁十三局集团有限公司
132	TJ165A 型分体式架桥机	总公司	一等	中铁科工集团有限公司、中铁重工有限公司
133	沈阳地铁 2 号线车站逆向引孔 PBA 法及大直径污水管线防护关键技术研	总公司	一等	中铁一局集团有限公司、中铁一局集团第二工程有限公司
134	BQL1300-64 节段拼装造桥机的设计与应用研究	总公司	一等	中铁一局集团有限公司、中铁一局集团第四工程有限公司
135	深圳北站工程关键施工技术	总公司	一等	中铁二局股份有限公司
136	复杂城市环境下软硬交互地层浅埋小净距隧道关键施工技术	总公司	一等	中铁二局股份有限公司、中铁二局第一工程有限公司、西南交通大学
137	跨铁路营业线大跨度简支钢桁梁建造新技术	总公司	一等	中铁四局集团有限公司、中铁四局集团第二工程有限公司
138	（120+248+120）m 大跨度刚构连续梁-柔性拱组合桥钢管拱竖转安装	总公司	一等	中铁六局集团有限公司、中铁六局集团太原铁路建设有限公司
139	长距离全断面砂卵石地层盾构高效施工关键技术研究	总公司	一等	中铁六局集团有限公司、中铁六局集团有限公司盾构分公司
140	复杂水文地质条件下大型沉井基础施工技术	总公司	一等	中铁大桥局集团有限公司、中铁大桥局集团第二工程有限公司
141	新型调谐式减振技术研究及其应用	总公司	一等	中铁大桥局集团有限公司、中铁大桥局集团武汉桥梁科学研究院有限公司
142	中天山隧道快速施工综合技术研究	总公司	一等	中铁隧道集团有限公司、西南交通大学、中铁隧道股份有限公司
143	超高位复杂结构转换层施工技术研究	总公司	一等	中铁建工集团有限公司
144	动车组性能的线路最大坡度确定与节能坡度研究	总公司	一等	中铁二院工程集团有限责任公司、石家庄铁道大学
145	HSP206 型隧道超前地质预报仪推广应用研究	总公司	一等	中铁西南科学研究院有限公司
146	大跨度铁路钢桁拱桥设计技术	总公司	一等	中铁大桥勘测设计院集团有限公司
147	铁路客站现代管理集成平台系统	总公司	一等	中铁二院工程集团有限责任公司、成都铁路局客站指挥部、易程科技股份有限公司成都东站项目部
148	预埋套管式混凝土道岔板制造技术研究	总公司	一等	中铁二局股份有限公司、中铁二局集团新运工程有限公司、广州南方高速铁路测量技术有限公司
149	南广铁路桂平郁江钢桁斜拉桥建造技术研究	总公司	一等	中铁二院工程集团有限责任公司、南广铁路有限责任公司、西南交通大学、中铁三局集团有限公司、中铁科工集团有限公司
150	包西铁路黄河特大桥设计研究及应用	总公司	一等	中铁工程设计咨询集团有限公司、同济大学
151	京沪高速铁路济南黄河大桥综合施工技术	总公司	一等	中铁一局集团有限公司、中铁一局集团桥梁工程有限公司
152	物料平衡法控制间歇式拌和机生产工艺与沥青混合料施工控制技术	总公司	一等	中铁三局集团有限公司、中铁三局集团第五工程有限公司
153	软弱地层复杂结构三线大跨度断面地铁隧道施工技术	总公司	一等	中铁隧道集团有限公司、中铁隧道集团二处有限公司
154	硬岩盾构成套装备关键技术研究及应用	总公司	一等	中铁隧道装备制造有限公司
155	公路 3000T 级移动模架研制及应用技术	总公司	一等	中铁一局集团有限公司、中铁一局集团有限公司第三工程公司

156	客运专线铁路长联大跨深水基础连续梁桥关键技术研究	总公司	一等	中铁二院工程集团有限责任公司、中国铁道科学研究院、中国船舶重工集团第七二五研究所、中铁大桥局集团有限公司
157	大连北站综合施工技术研究	总公司	一等	中铁建工集团有限公司、浙江精工钢结构有限公司、铁道第三勘察设计院集团有限公司、同济大学建筑设计研究院（集团）有限公司、沈阳铁路局新大连站工程建设指挥部
158	宜昌东站站房综合施工技术研究	总公司	一等	中铁四局集团有限公司、中铁四局集团建筑工程有限公司
159	秀山隧道五里箐向斜大容量高压水富集区施工技术研究	总公司	二等	中国中铁股份有限公司工程建设分公司、中铁五局（集团）有限公司、中铁五局集团第一工程有限责任公司
160	滑坡群地段隧道施工变形控制技术研究	总公司	二等	中铁七局集团有限公司、中铁七局集团第三工程有限公司、兰州交通大学
161	无砟轨道不破板条件下路基加固施工技术研究	总公司	二等	中铁七局集团有限公司、中铁七局集团武汉工程有限公司
162	双线四洞地铁暗挖区间隧道重叠交叉施工技术研究	总公司	二等	中铁隧道集团有限公司、中铁隧道集团三处有限公司
163	大跨度桁架及空间网格结构施工技术研究	总公司	二等	中铁建工集团有限公司、江苏沪宁钢机股份有限公司
164	重叠盾构隧道关键技术研究	总公司	二等	中铁二院工程集团有限责任公司、西南交通大学
165	75kg/m 钢轨 18 号固定型辙叉的研究	总公司	二等	中铁工程设计咨询集团有限公司
166	青藏铁路多年冻土区桥头路基下沉原因及治理措施研究	总公司	二等	中铁西北科学研究院有限公司
167	哈尔滨地铁松花江漫滩区严寒条件下车站及盾构区间关键施工技术	总公司	二等	中铁一局集团有限公司、中铁一局集团第二工程有限公司
168	80m 简支钢-混凝土组合桁架结构桥梁施工技术	总公司	二等	中铁一局集团有限公司、中铁航空港建设集团有限公司、中铁一局集团第五工程有限公司、中铁航空港建设集团第一工程有限公司、兰州交通大学、中铁第一勘察设计院集团有限公司
169	复杂环境富水粉土粉砂地层土压平衡盾构施工关键技术	总公司	二等	中铁二局股份有限公司、西南交通大学
170	跨高铁三箱钢混叠合曲线连续梁施工关键技术	总公司	二等	中铁四局集团有限公司、中铁四局集团第二工程有限公司、东南大学
171	软弱围岩浅埋大断面隧道下穿高速铁路关键技术	总公司	二等	中铁四局集团有限公司、中铁四局集团第二工程有限公司、西南交通大学
172	大跨度异形双曲面拱桁架空间网钢结构施工关键技术研究与应用	总公司	二等	中铁四局集团有限公司、中铁四局集团钢结构有限公司
173	跨既有铁路大跨度斜拉桥混凝土曲线箱梁长距离、单点曲线顶推研究	总公司	二等	中铁六局集团有限公司、中铁六局集团北京铁建公司
174	小半径曲线段地铁复合式盾构施工综合技术研究	总公司	二等	中铁十局集团有限公司、中铁十局集团济南铁路工程有限公司
175	跨多条高速铁路城市桥梁建造技术	总公司	二等	中铁大桥局集团有限公司
176	马鞍山长江公路大桥中塔施工技术	总公司	二等	中铁大桥局集团有限公司、中铁大桥局集团第四工程有限公司、安徽省高速公路控股集团有限公司
177	黄冈长江大桥主塔快速施工及墩顶钢梁架设新技术	总公司	二等	中铁大桥局集团有限公司
178	城市长大水下公路盾构隧道结构稳定性及人员安全疏散研究	总公司	二等	中铁隧道集团有限公司、北京交通大学、武汉大学、中铁第四勘察设计院集团有限公司
179	高速铁路防异物入侵刚性防护网技术研究	总公司	二等	中铁二院工程集团有限责任公司、西南交通大学、四川奥思特边坡防护工程有限公司
180	城际铁路线网布局规划方法及应用研究	总公司	二等	中铁二院工程集团有限责任公司、西南交通大学
181	青藏铁路多年冻土区生态修复新技术应用研究	总公司	二等	中铁西北科学研究院有限公司

182	高地应力及富水隧道设计理论和方法研究	总公司	二等	中铁西南科学研究院有限公司、中国地震局地壳应力研究所、兰州交通大学、北京交通大学、兰渝铁路有限责任公司、贵广铁路有限责任公司
183	港珠澳大桥 GNSS 连续运行参考站系统	总公司	二等	中铁大桥勘测设计院集团有限公司
184	嵌入式高锰钢辙叉的研制	总公司	二等	中铁宝桥集团有限公司
185	盾构互联网远程实时监控系统的研制	总公司	二等	中铁隧道装备制造有限公司
186	北京客运专线基础设施维修基地关键技术研究	总公司	二等	铁道第三勘察设计院集团有限公司
187	复杂山区铁路岩质路堑边坡稳定性评价方法及设计对策研究	总公司	二等	铁道第三勘察设计院集团有限公司
188	太原南站工程综合施工技术研究	总公司	二等	中铁航空港建设集团有限公司、中铁建工集团有限公司、中铁航空港建设集团北京有限公司
189	独墩双钢拱塔斜拉桥施工技术研究	总公司	二等	中铁五局（集团）有限公司、中铁五局集团建筑工程有限责任公司
190	轴重 32T 重载铁路线路卸载及加固施工技术研究	总公司	二等	中铁十局集团有限公司、中铁十局集团有限公司第八工程公司
191	高架层重型吊车走行平台与拱形钢桁架施工技术研究	总公司	二等	中铁建工集团有限公司、浙江精工钢结构有限公司、中铁第一勘察设计研究院集团有限公司、沈阳铁路局
192	地震区铁路桥梁抗震减灾措施及快速抢通技术方案研究	总公司	二等	中铁二院工程集团有限责任公司、西南交通大学、成都亚佳工程新技术开发有限公司
193	电气化铁路隧道内自耦变压器技术研究及应用	总公司	二等	中铁二院工程集团有限责任公司、天威云南变压器股份有限公司
194	4A 级漂流景区高陡峡谷两侧特大桥桥基控制爆破及防护综合技术	总公司	二等	中铁港航局集团有限公司
195	独塔展翅混合梁空间索面自锚式悬索桥创新设计	总公司	二等	中铁大桥勘测设计院集团有限公司
196	高速列车-桥梁耦合振动研究	总公司	二等	中铁大桥勘测设计院集团有限公司
197	供水系统节水节能的技术及其新装置设备研究	总公司	二等	铁道第三勘察设计院集团有限公司
198	高速铁路 48 米简支箱梁（湿接缝）节段拼装施工技术研究	总公司	二等	中铁上海工程局有限公司、中铁四局集团有限公司、中铁上海工程局第一工程有限公司
199	京沪高铁 1-112m 提篮拱桥综合施工技术研究	总公司	二等	中铁三局集团有限公司、中铁三局集团第五工程有限公司
200	接触网腕臂及吊弦数控预配平台的研制	总公司	二等	中铁电气化局集团第一工程有限公司、中铁电气化局集团有限公司
201	无砟轨道 CRTS Ⅲ型板精调测量系统研究	总公司	二等	中铁二院工程集团有限责任公司
202	石武客运专线黄河桥大跨度钢桁梁 CPⅢ测量技术研究	总公司	二等	中铁四局集团有限公司、中铁四局集团第一工程有限公司
203	潮汐条件下单壁钢吊箱围堰施工技术研究	总公司	二等	中铁十局集团有限公司、中铁十局集团第五工程有限公司
204	RPC 活性粉末混凝土构件预制关键技术研究	总公司	二等	中铁四局集团有限公司、合肥中铁百瑞得交通工程科技有限公司
205	新型钢绞线穿束机快速穿束综合施工技术	总公司	二等	中铁十局集团有限公司
206	中低速磁悬浮钢铝复合接触轨系统及零部件研制	总公司	二等	中铁电气化局集团宝鸡器材有限公司、中铁电气化局集团有限公司
207	既有线框架式桥涵施工技术指南	总公司	三等	中铁六局集团有限公司、中铁六局集团太原铁路建设有限公司、中铁六局集团北京铁路建设有限公司、中铁六局集团天津铁路建设有限公司
208	多跨曲线桥梁断柱整体顶升技术研究	总公司	三等	中铁一局集团有限公司、中铁一局集团有限公司上海分公司
209	多联同步连续梁顶升新技术	总公司	三等	中铁港航局集团有限公司

210	三线铁路大跨度预应力混凝土连续弯梁技术研究	总公司	三等	铁道第三勘察设计院集团有限公司
211	高速铁路箱梁预制场快速建场综合施工技术	总公司	三等	中铁十局集团有限公司
212	基于策略管理的通用机电设备监控系统设计与研究	总公司	三等	中铁一局集团有限公司、中铁一局集团电务工程有限公司
213	不中断交通繁忙干道桥提篮式钢管拱施工关键技术	总公司	三等	中铁一局集团有限公司、中铁一局集团桥梁工程有限公司
214	高速铁路无砟轨道线路精调综合技术研究	总公司	三等	中铁一局集团有限公司、中铁一局集团新运工程有限公司
215	LG900H 辅助导梁式架桥机施工技术	总公司	三等	中铁一局集团有限公司、中铁一局集团桥梁工程有限公司
216	CRTS-Ⅰ型板式无砟轨道测量控制及施工工艺	总公司	三等	中铁三局集团有限公司、中铁三局集团第六工程有限公司
217	时速 350 公里高速铁路大跨度钢梁有砟轨道无缝线路施工技术研究	总公司	三等	中铁四局集团有限公司、中铁四局集团有限公司第八工程分公司
218	路基智能压实过程控制系统的应用技术研究	总公司	三等	中铁五局（集团）有限公司、中铁五局集团机械化工程有限责任公司
219	中低速磁悬浮轨道梁施工技术研究	总公司	三等	中铁五局（集团）有限公司、中铁五局集团第五工程有限责任公司
220	穿越既有铁路淤泥地层深基坑施工关键技术研究	总公司	三等	中铁六局集团有限公司、中铁六局集团天津铁路建设有限公司
221	既有高速铁路插铺有砟 1/41 高速道岔综合施工技术研究	总公司	三等	中铁七局集团有限公司、中铁七局集团郑州工程有限公司
222	下穿铁路道岔群顶进大跨度箱桥施工技术研究	总公司	三等	中铁七局集团有限公司、中铁七局集团郑州工程有限公司
223	大跨度预应力型钢与高强混凝土组合梁桥关键技术研究	总公司	三等	中铁九局集团有限公司、东北大学
224	高速铁路大跨度曲线坡道连续梁桥转体技术和工艺深化研究	总公司	三等	中铁九局集团有限公司
225	楼面板上吊装大跨度钢桁架施工关键技术研究	总公司	三等	中铁九局集团有限公司
226	新型前卡式千斤顶快速张拉施工技术	总公司	三等	中铁十局集团有限公司
227	大跨度 Y 型渐变双连拱断面铁路三线隧道施工技术研究	总公司	三等	中铁十局集团有限公司、中铁十局集团第五工程有限公司
228	带自润滑的低电阻受电弓滑板材料研究	总公司	三等	中铁电化局集团第一工程有限公司、中铁电气化局集团
229	复杂钢构件加工技术研究	总公司	三等	中铁建工集团有限公司
230	柔性焊钉抗剪性能试验及应用研究	总公司	三等	中铁二院工程集团有限责任公司、同济大学、衡水宝力工程橡胶有限公司
231	天府广场大型复杂地下空间综合技术研究	总公司	三等	中铁二院工程集团有限责任公司、西南交通大学、四川法斯特消防安全性能评估有限公司
232	城际铁路合理车站分布及配线设置数量的研究	总公司	三等	中铁二院工程集团有限责任公司、西南交通大学
233	基于层状体系的无砟轨道铁路路基结构设计理论与应用研究	总公司	三等	中铁二院工程集团有限责任公司、西南交通大学
234	隧道突水、涌水、突泥等灾害发生机理、预报及处理技术的研究	总公司	三等	中铁西南科学研究院有限公司
235	太中银铁路桥上无缝道岔区轨道设计及桥梁结构型式研究	总公司	三等	铁道第三勘察设计院集团有限公司
236	地下连续墙穿越微承压水粉砂层预降水防坍成槽加固技术研究	总公司	三等	中铁上海工程局有限公司、中铁上海局华海工程有限公司、上海地矿工程勘察有限公司
237	体外预应力拆装梁膺架法施工现浇箱梁技术研究	总公司	三等	中铁航空港建设集团有限公司、中铁航空港集团第一工程有限公司

所属单位

【中国海外工程有限责任公司】 中国海外工程有限责任公司是具有独立法人地位的国有大型综合性企业，前身为原外经贸部直属的中国成套设备出口公司（简称成套公司）的重要组成部分。1987 年成套公司组建中成海外公司，1991 年 10 月成为部直属企业并正式更名为中国海外工程总公司（简称中海外）。1998 年底中海外划归原中央企业工委。2003 年 12 月 19 日经国资委批准，中海外与中国铁路工程总公司进行重组，成为其全资子公司。2006 年 12 月更名为中国海外工程有限责任公司。

公司的经营范围和主业：向境外派遣各类劳务人员（不含海员，有效期至 2017 年 10 月 10 日）。承包国外工程和境内外资工程；承担各类海外工业、民用建筑工程的咨询、勘察和设计。利用外方资源、资金和技术在境内开展劳务合作。承担中国对外经济援助项目。进出口业务。工业与民用建筑工程总承包。市政工程、装饰工程、水力电力工程，港口建设、道路桥梁工程施工；设备安装；建筑材料、工程机械的销售；自有房屋出租；房地产的开发经营及物业管理。

公司主营业务为对外承包工程和国家援外项目。拥有建设部核发的房屋建筑工程施工总承包、铁路工程施工总承包和市政公用工程施工总承包壹级资质，以及“公路路面施工壹级资质”和“建筑装饰装修工程专业承包壹级资质”。1995 年以来，中海外连年被美国《工程新闻记录》列入 225 家全球最大国际工程承包商。1999 年中海外通过了 ISO9002 系列国际质量标准体系认证，获得了英国 UKAS 和中国船级社认证中心颁发的国际国内两套证书。

中海外在 23 个国家派驻有常设机构，在全球 60 多个国家（地区）承建实施了公路、机场、桥梁、码头、港口、铁路、市政公用工程、房屋建筑、农田水利和中国对外经济技术援助工程，如国家议会大厦、政府建筑群、总统山庄、民航大楼、商业中心、体育场馆、驻外使馆等各类大、中型项目一千多个，在境外建成了化工厂、糖业联合体、制药厂、纺织厂，拥有自己的矿产资源开发企业和纺织制药企业，累计派出各类劳务人员 6 万余人次，拥有房屋建筑工程施工总承包壹级资质、市政公用工程施工总承包壹级资质、公路路面专业总承包壹级资质和建筑装修装饰工程专业总承包壹级资质；通过 ISO9001、ISO14000 环境、OHS18000 职业健康／安全管理等国际质量标准体系认证；先后荣获“中国对外承包工程企业市场开拓奖”、“中国对外经济技术合作五星奖”、“全国建筑业企业工程总承包先进企业”、“全国模范劳动关系和谐企业”、“中国海外项目管理体系建设”获 IPMA 国际项目管理大奖优胜奖等。

在任领导：
董事长：项晓凯 王紫光
总经理：黄天德
党委书记：王紫光
副总经理： 施平、赵翔、张伟、吴继邦
党委副书记、纪委书记：赵超英
总会计师：王贺彩

地址：中国北京海淀区紫竹院路 1 号 7 号楼中海外大厦
邮编：100048
电话：010-88566601/6602
传真：010-88566998
网址：www.covec.com
电子邮箱：covec@covec.com

【中铁一局集团有限公司】 中铁一局集团有限公司是世界 500 强企业——中国中铁股份有限公司的全资子公司。公司具有铁路、公路工程施工总承包特级资质，房屋建筑、市政公用工程施工总承包壹级资质，铁路铺轨架梁、桥梁、隧道、公路路面工程专业承包壹级资质和城市轨道交通工程专业资质等。

截至 2012 年底，公司在册员工 27217 人，其中各类专业技术人员 14126 人，拥有高级职称的 966 人，教授级高工 66 人，享受国家级政府津贴的 3 人。拥有各类机械设备 4775 台（套），其中盾构机 29 台。公司资产总额 288.30 亿元，净资产 42.52 亿元。2012 年，公司实现新签合同额 580.45

亿元，企业营业额420.75亿元。

公司前身为铁道部第一工程局，1950年5月始建于甘肃天水，1970年由乌鲁木齐迁至西安，2000年改制为中铁一局集团有限公司。60多年来，参建干、支线铁路100多条,完成铺轨2.4余万公里，约占新中国铁路铺轨总量的七分之一；累计修建公路6700余公里，完成房屋建筑1200余万平方米、市政工程120余项。公司业务范围覆盖除港澳台以外的全国各省、市、自治区，并在巴基斯坦、斐济、委内瑞拉、圭亚那等十多个国家开展海外工程承包业务。

2000年以来，公司牢牢把握大规模基础设施建设的历史机遇，参与了京沪高速铁路和武广、郑西、哈大、京石、沪杭、西宝等十几条客运专线建设，努力占领中国铁路建设的制高点。全国31个已开工建设城市轨道交通的城市中，公司参加了28个城市的地铁和轻轨建设，涉及土建工程，轨道工程，机电设备安装及装修工程，通信、信号、供电工程四大领域12个专业。同时，公司BT、海外业务、承包运输、房地产、市政和水务等建筑业上、下游及“上中下游”一体化业务也取得了较大进展。

公司始终坚持“百年大计，质量为本”的方针，铸就了一座座不朽的精品工程。有56项工程获国家优质工程奖，其中青藏铁路工程荣获国家科技进步特等奖;获得中国建筑工程鲁班奖12项、詹天佑土木工程大奖10项；5项工程被评为新中国成立60年“百项经典暨精品工程”。公司始终坚持科技兴企战略，有16项科研成果达到当时的国际先进水平，有100余项科研成果处于国内领先地位，获得专利授权170项。同时，公司还获得“全国五一劳动奖状”、“全国工程建设质量管理优秀企业”、“全国重合同守信誉企业”、“全国企业文化建设优秀单位”等几十项国家级和省部级荣誉。

公司始终以高度的政治责任感，全面履行国有企业的社会责任。先后完成了唐山地震、南疆铁路、宝成铁路等多项重大抢险任务。特别是在“5.12”抗震抢险中，广大党员干部职工历经13个昼夜的连续奋战，圆满完成了宝成铁路109隧道等十多项急难险重任务，并提前两个月完成新109隧道改线工程施工，受到中央和铁道部领导的高度称赞。公司还参与了2010年玉树地震救灾抢险和“震中生命线”——国道213线汶川至映秀段、鹰厦铁路、国道217新疆库车段、京福客专等抗洪抢险工作，充分履行了企业的社会责任。

公司1998年通过GB/T19002－ISO9002标准质量体系认证后,严格执行标准要求和质量文件规定,使每一个过程都得到有效控制。2001年通过GB/T19001-2000标准转换认证，2003年通过环境和职业健康安全管理体系认证。近年来，公司在保持企业管理体系持续有效运行的基础上，结合企业发展实际，先后开展了“制度建设年”、“执行力建设年”、“标准执行年”、“流程管理年”、“项目管理认证”、加强基础管理、完善体制机制、精细化管理及规范质量安全行为等系列管理活动，企业管理水平和产品质量持续提升，抵御风险能力进一步增强，为企业全面协调可持续发展提供了有力保障。

“十二五”期间，机遇与发展并存，在新的起点上，公司做出了推进“国际化战略、多元化发展、区域化经营、精细化管理、专业化生产”的战略部署。全体员工将继续发扬“诚信创新、永争一流”的企业精神，践行“追求卓越是我们的人生品格”的企业核心价值观，加强标准化管理，夯实管理基础，提高企业综合实力和品牌影响力，努力把中铁一局打造成管理科学、技术突出、文化先进、士气高昂的优秀企业！

在任领导：

董事长　孙永刚

总经理　和民锁

党委书记　张为和

副总经理　曹根子、郭民龙、马海民、崔科宇、张亚君、朱卫东、李冬立、郭　炜、赵怀利

总会计师　党继勇

总工程师　范恒秀

纪委书记　王恩华

工会主席　曹根子

地址：陕西省西安市雁塔北路1号

邮编：710054

电话：029—87864150

传真：029—82327689

网址：http://www.crfeb.com.cn

电子邮箱：Ztyj@crfeb.com.cn

【中铁二局集团有限公司】 中铁二局前身系西南铁路工程局，组建于1950年6月12日。1952年12月15日，为适应和贯彻铁路新线施工管理办法，西南铁路工程局奉命撤销，同时以施工局为主体成立直属铁道部的新建铁路工程总局第二工程局；1958年5月26日，继宝成铁路全线通车后，更名为铁道部第二工程局；1979年1月起，铁道部第二工程局分建为第二、五两个工程局；1998年成功改制为中铁二局集团有限公司，1999年9月发起设立中铁二局股份有限公司，2001年5月28日“中铁二局”股票上市，成为铁路建设行业第一家建立现代企业制度和股票上市的企业。

截止2012年底，中铁二局总资产656.76亿元，年综合生产能力700亿元以上，拥有全资及控股子公司25个、分公司及事业部11个；员工2.3万人，其中专业技术人员1.2万人；具有铁路、房建、公路等20余个施工总承包特级和总承包一级资质，43个专业承包一级资质，涉及铁路、公路、市政、电气化等建筑业诸多领域；通过质量管理体系、环境管理体系和职业安全健康管理体系认证，享有对外经营

权和对外贸易权。

近年来，具有“开路先锋”特质的中铁二局人团结一致，同心同向，在超额完成企业第一、二阶段发展战略目标基础上，正在实施新的发展战略，沿建筑业价值链纵向一体化，推进工程施工、房地产、国际业务、物流、基础设施投资及管理、设计咨询、商业物业等业务协调发展，努力实现改革发展新跨越。

2012年是集团公司公司通过“三保两抓一控”，克服“五难一大”困难，企业营业额、新签合同额均提前完成年度计划，连续6年稳居中国中铁系统榜首。全年获省部级以上荣誉41项，被评为全国17家创鲁班奖金奖企业之一、建筑业先进企业，连续三年入选上市公司社会责任榜。年完成企业营业额673.6亿元，为公司董事会年度目标620亿元的108.6%；完成施工产值375.3亿元，为公司董事会目标340亿元的110.4%；完成新签合同额8136646万元，为公司董事会年度工作目标620亿元的131.2%，并实现公司董事会确定“十二五”发展战略规划目标，企业营业额、施工产值和新签合同额均超额完成总公司下达年度计划目标，企业营业额、新签合同额在总公司系统14家集团公司中绝对值排名第一。

在任领导：

唐志成　集团公司总经理、副董事长、党委副书记，股份公司董事长、党委副书记

郑建中　集团公司董事长、党委副书记，股份公司党委书记、副董事长

邓元发　集团公司党委书记、副董事长，股份公司总经理、副董事长、党委副书记

郭敬辉　集团公司、股份公司党委副书记、纪委书记

方国建　集团公司工会主席

龙援青　股份公司副总经理、总经济师

王广钟　股份公司副总经理

张次民　股份公司副总经理

林　原　股份公司副总经理

刘剑斌　股份公司副总经理

王云波　股份公司副总经理

曾永林　股份公司副总经理、总会计师

邓爱民　股份公司副总经理

卿三惠　股份公司副总经理、总工程师

蔡　伟　集团公司副总经理

熊志勇　股份公司副总经理

崔江利　集团公司副总经理

地址：中国四川成都市马家花园路10号

电话：86-028-86442050

传真：86-028-87663096

邮编：610032

网址：www.cregc.com.cn

电子邮箱：sbmsc@cregc.com.cn

【中铁三局集团有限公司】 中铁三局集团有限公司前身是铁道部第三工程局，成立于1952年4月1日。从1953年至1999年，三局是几经易名、几经迁徙。1953年从库图段工程处更名为铁道部新建铁路总局第十工程局。1954年第十工程局撤销，成立哈尔滨铁路管理局工程分局。1955年哈尔滨铁路管理局工程分局撤销，成立了铁道部新建铁路工程总局第七工程局。当年第七工程局撤销，成立了东北森林铁路工程处。1958年4月21日，东北森林铁路工程处撤销，成立了东北铁路工程处，处机关设在黑龙江省哈尔滨市。当年12月1日，处机关迁到了海拉尔市，成立了海拉尔铁路工程局筹备处。1959年1月1日，海拉尔铁路工程局成立。1961年海拉尔铁路工程局又改称为东北铁路工程局。1963年5月20日，局机关由海拉尔迁往哈尔滨。1968年6月1日，东北铁路工程局改称铁道部第三铁路工程局。1970年7月，铁道部与交通部、邮电部所属邮政部分合并，成立新的交通部，铁道部第三铁路工程局改称为交通部第三铁路工程局。1972年4月，随着施工任务的南移，铁三局机关由哈尔滨市迁到了山西省太原市。1975年国家恢复成立铁道部，5月1日交通部第三铁路工程局改称为铁道部第三工程局。1984年11月改称为铁道部第三工程公司，1985年9月又恢复了铁道部第三工程局的名称。1999年8月铁道部第三工程局更名为中铁第三工程局，与铁道部脱钩。2000年11月28日，随着企业改革的深入，公司改制，中铁三局集团有限公司成立。

中铁三局是中国首批工程总承包建筑企业，具有铁路工程施工总承包特级资质、公路工程施工总承包、房屋建筑工程施工总承包、市政公用工程施工总承包一级资质的大型综合性建筑施工企业，具有铁路工程施工总承包特级资质，可承接房屋建筑、公路、铁路、市政公用、港口与航道、水利水电各类别工程的施工总承包、工程总承包和项目管理业务。集团公司下属22个子分公司，拥有员工2.6万人，其中，高级技术职称人才929人。公司拥有总资产159亿元，各类机械设备7000台(套)，年施工生产能力500亿元以上。1999年通过GB/T19001标准认证，2003年顺利通过了ISO14001环境管理体系认证及GB/T28001职业健康安全管理体系认证。

成立60年来，共完成100多条新线、复线铁路的修建和技术改造工程，完成的铁路里程总长度超过12000公里。同时，公司还在高等级公路、水利、电力、通信、城市轨道交通、房屋建筑、铁路运输、市政公用工程、工程设计、投资等领域取得了优良的业绩，施工领域已拓展到国内29个省、市、自治区。进军海外市场硕果累累，在坦桑尼亚、尼

日利亚、埃塞俄比亚、埃及、阿联酋、伊拉克、新加坡、蒙古等国家承担铁路、房建、电厂、公路、水利等工程项目。

多年来，公司凭借雄厚的实力和优秀的企业文化，赢得了丰厚的社会效益。2002 年被评为“全国质量效益型先进企业”，荣获“全国用户满意施工企业”，2003 年被认定为国家高新技术企业， 2004 年荣获“全国守合同重信用企业”，公司 2005 年、2006 年连续荣获“全国优秀施工企业”，2008 年获得“全国五一劳动奖状”并多次获得 “全国安康杯优胜企业”、“火车头奖杯”等荣誉，连续十几年被山西省评为“AAA”级资金信用等级企业。

2012 年，中铁三局实现营销额 362.69 亿元，同比增上 17.3%；营业额 306.78 亿元，增长 10.98%;净利润 2.83 亿元，总资产年末为 237.39 亿元，较年初 202.39 亿元增长 35 亿元，增长 17.3%;公司在岗员工平均收入达到 52445 元，企业迎来了良性发展的态势。

2012 年，公司结构调整稳步推进，BT 投资项目二期签约，房地产业务多项目并进，工程服务单位产值稳步增长，铁路运输品牌彰显，集团开始进入多业并举的时代；铁路市场连中 5 标，在股份公司系统中达到领先，城轨、房建、公路、市政等路外市场再度发力，海外营销额超越历年，路内、路外和海外均衡营销初步实现；子分公司区域布局日趋合理，区域指挥部作用进一步显现。

2012 年，召开了“西平会议”，全面开启了项目治理的新篇章，坚持推行项目分级管理，规范收尾项目管理，严格治理超验超拨，深入开展经济活动分析，加大了二次经营力度，扎实推进“四个集中”，企业经济运行管控能力进一步增强。全公司深刻吸取各类维稳及安全质量事故教训，深入开展大反思、大检查、大整顿活动，初步实现了安全质量形势企稳回升。深入现场组织生产推进，按期开通重点项目，实现在建重大项目进展顺利，全年共完成单位工程 404 件，合格率 100%，获国家级优质工程奖 4 项。

2012 年，落实国资委和股份公司关于管理提升活动的工作安排，以点带面，带动企业整体管理水平的提升。加大人才培养力度，注重技术拔尖人才的选拔，控制毕业生引进规模，依法清理离岗员工千余人，队伍结构进一步优化。大力推进科技创新体系建设，成为中铁系统中获得工法、专利数量最多的企业之一。加强全面风险管理，推进企业内控体系建设，加大法律审核把关力度，全面展开绩效、经济责任、工程项目审计、内控等专项审计并配合好外部审计，多方位加强舆情管理，在突发事件面前维护了企业利益。

2012 年，继续发挥党政工团齐抓共管的优势，坚定不移地贯彻办好企业为职工的方针，完善了工资正常增长机制，职工收入进一步增加，生产生活和后勤保障条件进一步改善。继续实施“三不让承诺”、“金秋助学 ”、“送温暖”、“走访老劳模、老战士”等助困工程，推进农民工“五同管理”，优先解决农民工工资问题，落实维稳责任，维护了集团公司正常的工作秩序和社会秩序。

在任领导：

高令旗：董事长、党委书记（2012 年 6 月离任）

高令旗：副董事长、党委副书记，主持董事会、党委工作（2012 年 6 月任职）

刘宝龙：总经理（2012 年 6 月离任），党委副书记、副董事长

刘宝龙：副总经理、主持经理层工作（2012 年 6 月任职），仍任党委副书记、副董事长

张　杰：党委副书记、纪委书记、监事

董国斌：工会主席、副总经理、职工董事

黄怀朋：副总经理、总经济师、董事（2012 年 6 月不再担任副总经理、总经济师职务）

谢大鹏：副总经理、董事

郝　刚：副总经理、董事

张作义：副总经理

杨林浩：副总经理

李新远：副总经理

葛复存：副总经理

孙养俊：副总经理

谭世俊：副总经理

张庆远：副总经理（2012 年 6 月调出）

王树伟：副总经理

张振兴：副总经理

常乃超：副总经理、总工程师

秦永虎：副总经理、总会计师

地址：山西省太原市迎泽大街 269 号

邮编：030001

电话：0351—4038637

传真：0351—4088024

网址：http:www.ztsj.com.cn

电子邮箱：bgs@ztsj.com.cn

【中铁四局集团有限公司】 中铁四局集团有限公司（简称“中铁四局”）前身最早是 1950 年组建的中国人民志愿军抗美援朝铁道工程总队。铁道工程总队于 1953 年 11 月从朝鲜凯旋回国。同年，铁道部陆续在全国组建 12 个工程局、4 个专业工程公司，铁四局即其中之一。后经多次归并组合和调整，于 1966 年正式更名为铁道部第四工程局（简称“铁四局”）。铁四局 2000 年 6 月 28 日改制为中铁四局集团。2007 年 9 月，中铁四局母公司——中国铁路工程总公司以整体重组、独家发起方式设立了“中国中铁股份有限公司”，11 月，中国中铁在上海、香港两地相继成功上市，中铁四局主业资产即随其上市。

中铁四局集团是一家具有综合施工能力的跨行业、跨国经营的国有控股大型建筑企业。全集团年生产、经营能力在500亿元以上。

全集团现有资质76项，其中，拥有铁路施工总承包特级（含铁道行业工程设计甲Ⅱ级）资质，在铁路、公路、市政、房建、机电安装等领域拥有20项总承包一级资质，在铁路、水利水电、港口和航道工等领域拥有4项总承包二级资质，在房建、铁路、市政等领域拥有5项总承包三级资质，拥有46项专业承包资质，以及国外承包工程资质和对外经营权。集团现有铁道行业甲（Ⅱ）级、建筑工程甲级、市政工程（道路、桥梁、排水）乙级设计资质，以及城市规划编制丙级、工程勘察及工程测量乙级等多项资质；并具有房建工程监理甲级、铁路工程监理乙级资质。具体业务包括铁路、公路、市政、水务环保、地铁、工业民用建筑、电力、通信、信号、电气化接触网、机场、码头、汽车试验（赛车）场、装饰装璜等工程施工；钢结构制作安装、机电设备安装；工程装备、新材料研发生产；工程设计与监理；物流、商贸、服务业，以及房地产、BT等投资项目。业务分布在全国各地及海外7个国家。

中铁四局共有18家全资子公司；3家控股子公司；14家分公司；4家事业编制单位；1家代管单位。共有23个直属工程指挥部（项目经理部），经营性办事处有20个。

截至2012年底，在册员工21444名，其中各类管理人员13376名、各类技能人员8068人。在管理人员中，专业技术人员12004人，其中高级职称1034人（正高级人员69人）、中级职称3039人。在技能人员中，高级技师211人、技师610人。拥有一级注册建造师637人、二级注册建造师188人。2012年共引进高校毕业生277人。

2012年，举办取证培训19期，培训2286人。举办岗位规范化培训班13期，培训996人。组织开展2012年度高技能人才考核评价工作，共有199人符合审报条件。

2012年，完成新签合同额518.5亿元，同比增加118.2亿元，占股份公司下达计划400亿元的129.6％，在股份公司排名第三。其中完成国内非铁路工程营销额337亿元，占年度计划240亿元的140.4％，同比增加96.5亿元，连续两年跨上新百亿元台阶。

2012年，完成营业额425.7亿元，占股份公司下达计划350亿元的121.6％，在股份公司排名第二，连续3年全年企业营业完成超过400亿元，共有29个子（分）公司超额完成了年度计划。

2012年，公司实施“5553”专业片区管控新模式，推行了约束性条款底线管理、安全质量管理组织设计制度、安全总监委派制度，对项目管控的多层次、深入性与全覆盖，实现了安全质量“零责任事故”目标。2012年，深圳北站工程获得中国建设工程“鲁班奖”，深圳北站、沈阳地铁一号线工程获得中国土木工程“詹天佑”大奖；宜昌东站工程、合肥市长江西路高架快速路综合建设工程、云南水麻高速公路分别获得国家优质工程；上海嘉定区惠平路跨铁路立交桥获得全国用户满意建筑工程；南京南站无站台柱雨棚钢结构工程、蚌埠站无站台柱雨棚及相关钢结构工程分别获得中国建筑钢结构金奖；柳州双拥大桥钢箱梁制造工程、集包二线古城湾特大桥钢桁梁制造工程、合肥南环线包河大道特大桥1-128m系杆拱、宁波绕城高速公路公跨铁立交桥工程分别获得全国优秀焊接工程。省部级优质工程30项；获得全国优秀质量管理小组和班组3个，其他国家级优秀质量管理小组25个；获得国家级安全标准工地2项，省部级安全标准（文明）工地12项；获得国家级重点环境保护实用技术示范工程1项。2012年，实现归属于母公司净利润5.41亿元；企业综合毛利率7.77%，较2011年度的6.78%提高0.99个百分点；净资产收益率14.84%。虽然营业收入较2011年下降，但净利润较2011年5.29亿元增长2.34%。工经工作持续推进。2012年，共58个铁路项目合同总额1145亿元，专项清欠共回收资金126.3亿元，完成目标的109.4%。

2012年，全年实现净利润5.41亿元，占股份公司年度预算4.1亿元的131.95%，在系统基建板块二级企业中继续位列第一。公司同中国建筑科学研究院等8家单位共同创建了“中国BIM联盟”，并成为“高速铁路建造技术国家工程实验室”理事单位，高新技术企业通过国家复审，电气化公司通过高新技术企业认定；工程材料科技公司、钢结构公司技术中心通过了安徽省认定。全年申请专利102项，获得国家授权专利92项，为历年之最；获安徽省科技进步奖3项、行业协会科技进步奖13项；获安徽省重大专项课题立项1项，安徽省科技攻关项目立项5项，填补了安徽省立项空白。获省部级工法14项。其中，“水泥乳化沥青制备方法”获安徽省首届专利金奖，并被作为“安徽省优秀专利产业化项目”获20万元专项资金支持。

在15个开展公路信用评价的省份中，公司五个公路一级资质共获得32个A级和AA级，尤其在交通运输部综合评价中，五个公路一级资质和电气化、机电安装资质均获得AA级或A级的良好业绩。公司被国务院国资委授予“中央企业思想政治工作先进单位”荣誉称号；获全国总工会“全国工会职工法律援助服务示范单位”称号；获1个全国“安康杯”竞赛优胜单位，1个安徽省标杆班组，1个安徽省“安康杯”优胜单位，2个火车头奖章，4个中国中铁“工人先锋号”；职业技能考核站荣膺首批262个国家级示范职业技能鉴定所（站）之一。

2012年，公司共投入“三不让”、“送温暖”等扶贫慰问资金1743万元，对17593名在皖参保退休人员养老金进行调增，人均月增182元；加大“三工”建设资金的投入，全面提升“三工”建设质量，全年“三工”建设资金投入47万元；员工人均年收入达85347元，其中在岗员工达90897元，同比分别增长20.65%、20.6%；看望和慰问各级劳模，共发放慰问金 176700 元。高度重视职工群众健康权，将休养指标由全年 900 名调整到 923 名，共组织职工健康体检 17688 人次，体检费用 560.5 万元。坚定不移地培育先进文化，1 人当选 2012 年 12 月份“安徽好人”，1 人当选安徽省劳模，实现了企业发展和文化进步的相对统一。

在任领导：

董事、董事长：张河川

董事、副董事长：许宝成

董事：王传霖、何文、刘永红、程广朝、毛小民、段广和

总 经 理：许宝成

副总经理：王砚才、张建场、李学民、王传霖、闫子才、汪志成、张庭华、邵刚、王西明、耿锦、刘勃、伍军

总会计师：何 文

总工程师：伍军

监事、监事会主席：陈路明

监事：刘宝来、资宝成、李以文、方文胜

地址：安徽省合肥市望江东路 96 号

邮编：230023

电话：0551-65244114 65246109

传真：0551-63632921

网址：ctce@ctce.com.cn

【中铁五局（集团）有限公司】 中铁五局前身为 1950 年 6 月 12 日成立的西南工程局。1952 年 12 月 15 日，铁道部决定撤销西南工程局，在西南地区以原西南铁路工程局的人员为基础，组建铁道部新建铁路工程总局第二工程局等六个铁路施工单位。1958 年 5 月 7 日，铁道部新建铁路工程总局第二工程局更名为铁道部第二工程局。1958 年 10 月 15 日，铁道部撤销铁道部第二工程局，以二局为基础，组建铁道部贵阳工程局，进入“工管合一”时期。1961 年，“工管合一”恢复为“工管分离”。1961 年 8 月 15 日，铁道部西南铁路工程局改名为铁道部第二工程局。1971 年 9 月 1 日，交通部和铁道部合并，改称交通部，原铁道部第二铁路工程局也改为交通部第二铁路工程局。1975 年铁道部、交通部分离，4 月 1 日原交通部第二铁路工程局又改称为铁道部第二铁路工程局。1979 年 1 月 1 日，铁道部第二铁路工程局分建第二、第五两个工程局。分建后的铁五局机关驻地为贵阳。1999 年 12 月 29 日，铁道部第五工程局改制为中铁五局（集团）有限公司。

中铁五局前身为 1950 年 6 月 12 日成立的西南工程局。1952 年 12 月 15 日，铁道部决定撤销西南工程局，在西南地区以原西南铁路工程局的人员为基础，组建铁道部新建铁路工程总局第二工程局等六个铁路施工单位。1958 年 5 月 7 日，铁道部新建铁路工程总局第二工程局更名为铁道部第二工程局。1958 年 10 月 15 日，铁道部撤销铁道部第二工程局，以二局为基础，组建铁道部贵阳工程局，进入“工管合一”时期。1961 年，“工管合一”恢复为“工管分离”。1961 年 8 月 15 日，铁道部西南铁路工程局改名为铁道部第二工程局。1971 年 9 月 1 日，交通部和铁道部合并，改称交通部，原铁道部第二铁路工程局也改为交通部第二铁路工程局。1975 年铁道部、交通部分离，4 月 1 日原交通部第二铁路工程局又改称为铁道部第二铁路工程局。1979 年 1 月 1 日，铁道部第二铁路工程局分建第二、第五两个工程局。分建后的铁五局机关驻地为贵阳。1999 年 12 月 29 日，铁道部第五工程局改制为中铁五局（集团）有限公司。

中铁五局是世界 500 强企业中国中铁股份有限公司的全资子公司，注册资本金 17.3 亿元，注册地贵州省贵阳市。公司下辖 17 个子公司，22 个分公司。公司现有员工 22684 人，共有各级各类专家 129 人，专业技术人员 9776 人。公司现有机械设备 5268 台套，固资设备总值约 27.45 亿元，其中拥有地铁盾构及后配套设备 5 套，预制箱梁搬、提、运、架设备 8 套。

中铁五局具有铁路工程施工总承包特级资质，房建、公路、水利水电、市政公用工程施工总承包壹级资质，桥梁、隧道、公路路面、公路路基工程施工专业承包壹级、城市轨道工程专业承包资质。中铁五局具有援外成套项目实施企业 A 级资质，具有外经、外贸权，是中国对外承包工程商会会员单位，在加纳等 10 多个国家设立了分公司或驻外办事机构。公司主要从事国内外建筑施工、房地产开发、酒店经营、资本运营等业务。

中铁五局是中国较早组建省级企业技术中心的建筑施工企业之一，掌握复杂地质条件下的高速公路、高速铁路、客运专线软土路基，长大、突泥涌水、溶洞群、特大断面隧道施工关键技术，高墩大跨、深水基础施工技术；900 吨箱梁现浇及预制架设，无砟轨道预制铺设、精调施工关键技术；TDCS 列车调度指挥系统、GSM-R 通信系统、高寒地区高压电缆敷设接续施工工艺和道岔融雪系统构成及测试技术。掌握繁华城区复杂环境大型地铁车站、浅埋暗挖地铁隧道施工综合关键技术、区间土压平衡盾构操作技术。在工程机械开发、计算机信息技术运用等方面也具有较强的实力。

中铁五局秉承“勇于跨越、追求卓越”的企业精神，以打造百年不朽工程为己任，竭诚为境内外顾客奉献至臻精品。改革开放以来，中铁五局先后参加了全国 80 多条铁路主干线，100 多条公路主干线，以及全国各地机场码头、城市轨道、水利水电、市政工程的建设。近几年来，在武广、京沪、哈大、沪昆等国家“四纵四横”高速铁路网建设中发挥了主力军作用。公司承建的工程质量优良，共有 25 项工程获鲁班奖、詹天佑奖、国家优质工程奖或全国用户满意工程等国家级奖项。所建工程创造了多项全国、亚洲、世界纪

录。

中铁五局是国内最早贯彻实施国际管理标准的建筑施工企业之一，先后通过 ISO9000、ISO9001 国际质量体系，ISO14001 国际环境管理体系和 GB/T28001 职业健康安全管理体系认证。遵循“依靠科技、规范管理、持续改进、顾客满意”的质量方针，以科学的管理、精湛的技术、优良的装备、文明的施工，取得了显著业绩，获得了各界好评。1998 年受国务院表彰，成为全国十四家先进单位和企业之一；1999 年被评为“中国企业形象 AAA 级单位”、“全国优秀施工企业”、“十五年来全国最佳施工企业”，荣获“全国五一劳动奖状”；2000 年被评为“全国质量效益型先进施工企业”、“全国质量管理小组活动优秀企业”；2001 年荣获“九五铁路先进企业”、“1998-2000 年度贵州省有突出贡献的国有企业”称号；2002 年被评为“贵州省红旗文明单位”和“全国建筑安全生产先进集体”；2003 年荣获“全国安康杯优胜企业”；2004 年荣获“中央企业先进集体”、“贵州省优秀企业”；2005 年 10 月，被中央文明委评为“全国精神文明建设工作先进单位”；2006 年荣获“全国工程建设质量管理优秀企业”、“全国企业文化建设工作优秀单位”称号；2007 年荣获“全国守合同重信用单位”称号； 2011 年荣获“全国企业文化建设 2011 年度优秀单位”、“全国模范劳动关系和谐企业”、“全国文明单位”称号。2012 年中铁五局党委被评为贵州省企事业单位党建工作先进党委；上铁五局荣获“企业文化建设优秀单位”；被评为中国施工企业管理协会科技创新先进企业、贵州省企事业单位知识产权试点示范先进单位。

2012 年，中铁五局围绕“以科学发展为主题，以转变发展方式为主线，以练内功、强管理、调结构为主措”的总体工作思路，积极应对市场变化，夯实基础管理，实现了持续发展。全年，完成新签合同额 405 亿元、完成企业营业额 331.9 亿元。2012 年，中铁五局对电务公司与城通公司进行合并重组，成立电务城通公司。成立成都工程分公司。成立拉萨、呼和浩特、济南、重庆分公司，塔吉克斯坦、斯里兰卡、肯尼亚、加纳、贝宁、新加坡分公司和斐济办事处。在局本部增设了投资管理部、工程经济管理部。取得铁路施工总承包特级、铁道行业设计。

在任领导：

董事长、党委书记：马江黔

总经理、副董事长、党委副书记：张回家

党委副书记、纪委书记：于保林

党委副书记、工会主席、副总经理：齐康平副总经理：黄武

副总经理：徐中义

副总经理、总法律顾问：陈广森　总工程师：陈德斌

副总经理：梁承欢、陈佐林、刘晓辉、房晓军

总会计师：周海辉

副总经理：曹吉波

地址：贵州省贵阳市枣山路 23 号

邮编：550003

电话：0851-8180150

传真：0851-8180960

网址：www.ztwj.cn/

电子邮箱：Twjjb@public.gz.cn

【中铁六局集团有限公司】 中铁六局集团有限公司的前身是北京铁路建设集团有限公司，始建于 1953 年 1 月 1 日。原名北京铁路局北京工程处，1992 年 9 月更名为北京铁路工程总公司，2001 年 12 月改制为北京铁路建设集团有限公司。2003 年 11 月中国铁路工程总公司按照国资委、铁道部《关于将铁道部部属第二第三勘测设计院等 22 户企业划转中国铁路工程总公司有关问题的批复》（国资改革函〔2003〕373 号）文件精神，将接收的北京铁路建设集团有限公司、太原铁路建设集团有限公司、呼和浩特铁路建设（集团）有限责任公司和丰台桥梁工厂四家企业重组成立为中铁六局集团有限公司。组建方式为：以北京铁路建设集团有限公司“更名扩股”，于 2003 年 12 月 18 日变更工商注册，注册资本 53628 万元，隶属于中国铁路工程总公司，2004 年元月 6 日正式挂牌成立的国有特大型建筑施工企业。2007 年 9 月 17 日变更为中国中铁股份有限公司的全资子公司，注册资本金 13.875 亿元。

中铁六局总部位于北京，现下设有北京、太原、呼和浩特、天津、石家庄铁建公司和电务工程、中铁丰桥桥梁、北京置业、北京中铁天易科技发展、北京中铁信达经贸、海外工程等 11 个子公司和桥隧、广州、盾构、铺架、设计院等 5 个分公司。现有员工近 16000 人，各类专业技术人员近 6000 人，其中高中级职称人员 2400 余人，一级建造师 300 余人，拥有各类先进的施工设备 4300 余台（套），年施工能力 200 亿元以上。

公司拥有铁路工程施工总承包特级、房屋建筑、市政、公路工程施工总承包一级，桥梁、隧道、铁路铺轨架梁工程专业承包一级，城市轨道交通、环保、钢结构、地基与基础、土石方、建筑装修装饰、电力、铁路电务、铁路电气化、城市及道路照明、建筑智能化、电信、通信、管道、爆破与拆除、预拌商品混凝土、混凝土预制构件、房地产专业承包等 75 项资质，以及国家（CMA）计量认证资质、公路工程试验检测综合乙级等资质。同时，拥有对外承包工程资格证书。

地址：北京市海淀区万寿路 2 号

邮编：100036

传真：010-68157693

网址：www.crsg.com.cn/

【中铁七局集团有限公司】 中铁七局集团有限公司创建于2003年12月25日，由原郑州铁路工程建设集团、武汉铁路工程建设集团、洛阳、襄樊、安康铁路工程有限公司和中铁一局三公司六家单位重组成立的国有控股大型施工企业，公司注册地在河南省郑州市。公司具有铁路工程施工总承包特级、公路工程施工总承包壹级、房屋建筑工程施工总承包壹级、市政公用工程施工总承包壹级、桥梁工程专业壹级、公路路基工程专业承包壹级、隧道工程专业承包壹级、城市轨道交通工程专业及水工隧洞工程专业承包壹级等多项资质。同时具有国家外经贸部授予的境外工程承包经营权。

中铁七局集团有限公司下辖2个分公司、6个经营分公司、11个全资子公司、1个省级技术中心和1个铁道行业甲Ⅱ级资质设计分公司。集团公司年新签合同额300亿元以上，企业营业收入250亿元以上。截止2012年底，集团总资产达198.52亿元。公司拥有各类大型施工机械5000余台（套），其中有从美、英、德、日、瑞典等国引进的隧道全断面掘进三臂台车、门式台车、砼三联喷护机械、大型土石方挖装运输机械、移动砼拌合工厂、盾构机等大型施工机械设备以及HZQ900型铁路客运专线用整孔箱梁架桥机、900吨轮胎式运梁车、500吨铁路客运专线用门式起重机等铁路客运专线专用机械。

中铁七局集团有限公司施工足迹遍布全国各地，以及东南亚、中东、非洲、南美洲等多个国家，完成了一大批在国内外都具有重大影响力的工程建设项目。铁路方面，特别是客运专线，先后参与了秦沈、郑西、胶济、合武、沪宁、石武、汉宜、贵广、郑焦、柳南等客运专线的建设，其中有公铁两用斜拉桥中跨度第一的武汉天兴洲长江大桥，公铁两用桥长度世界第一的郑州黄河公铁两用桥工程。参与了京广、陇海、焦枝、襄石、大秦、西康、南疆、内昆、宝兰、渝怀、青藏、西延、兰渝、巴达、准朔、等多条铁路一级干线和山西中南部通道重载铁路的施工。公路方面，先后参与了京珠、大广、厦蓉、青兰、包茂、兰海、沈海、京珠、襄十、漯平、烟黄、乌奎、榆靖、长晋、许平南、华福、滨博、江珠、沪杭甬、青兰、神府、十天、连霍等主干线及支线高速公路的施工。城轨地铁方面，先后参与了广州、深圳、杭州、沈阳、西安、郑州、重庆、苏州、南京、武汉等多个城市的地铁轻轨施工。水利水电方面，先后参与了引大入秦、引硫济金、引冯济羊、南水北调等多项水电工程建设。市政工程方面，先后参与了上海共和路立交桥工程、苏州官渎里立交桥工程、宜昌夷陵长江大桥工程、泸州长江大桥工程、南京长江三桥工程、南京玄武湖隧道工程等一批重点市政项目的建设。在房建、通信、电力等方面也具有雄厚的施工资源和良好的施工业绩，集团公司《铁路既有线250km/h接触网施工综合施工技术》及《京沪高铁上海虹桥枢纽牵引供电综合技术》均达到了国内领先水平，“四电”施工技术研究取得较快进展。海外工程施工方面，先后到朝鲜、科威特、坦桑尼亚、赞比亚、几内亚、尼日利亚、伊拉克、沙特、塞内加尔、马里共和国、莫桑比克、刚果（金）等多个国家，承担了有国际影响的工程施工，取得了良好的经营业绩，实现了海外市场的滚动发展。

中铁七局集团有限公司在建筑施工行业一直保持着良好的信誉和经营业绩，工程合同履约率100%，工程质量合格率100%。荣获中国建筑工程“鲁班奖”和国家优质工程奖10项、省部级优质工程奖50余项。在科技创新成果方面，拥有下承式钢管拱肋公路跨铁路桥双向转体施工工法等国家级工法7项，多功能电动转辙机操纵台等专利技术40余项，并主持编制了多项铁道行业工程建设行业标准。集团公司曾多次获得“中国500家最大经营规模建筑业企业”、“铁路、公路、隧道、桥梁建筑业行业100家最大经营规模企业”、“全国优秀施工企业”、“全国最佳施工企业”、“全国守合同重信用企业”、“全国铁路安全生产先进单位”，顺利通过了ISO9002质量管理体系国际、国内认证；ISO14000环境管理体系、GBT18000职业健康安全管理体系认证。2010年，集团公司荣获“全国五一劳动奖状”。2012年，集团公司荣获河南省“省长质量奖”。

在任领导：
董事长 王宗怀
党委书记 姜满金
总经理 张建国
副总经理、总经济师 王继伟
副总经理 刘宝贵
副总经理、工会主席 陈建杭
总会计师 何继中
副总经理 罗育桂、王随新、毛锁明、罗建平
副总经理、总工程师 董炬洪
党委副书记、纪委书记 赵可信
副总经理 程志强
总经理助理 郭建群

地址：河南省郑州市航海东路1225号
邮编：450016
电话：0371-67723150
传真：0371-67723109
网址：www.crsg.cn

【中铁八局集团有限公司】 中铁八局集团有限公司是国家特级资质综合性施工企业，组建于2003年12月22日，隶属中央大型企业、世界500强企业---中国中铁股份有限公司。

中铁八局机关设在素有天府之国美誉的四川省成都市。下属 14 个子（分）公司分别设在四川、贵州、云南和重庆三省一市，并在广州、福州、兰州设有 3 个驻外办事处。截至 2012 年底，全局共有员工 10817 人，其中一级建造师 333 人，教授级高工 36 人，高级职称 411 人，中级职称 1750，初级职称 3707 人；拥有各类先进的工程机械设备 4500 余台（套）；注册资本 156428.48 万元，施工能力 500 亿元以上。

中铁八局是在中国铁路基础性改革的主辅分离中，重组了由铁路系统剥离出来的原成都铁路工程集团、昆明铁路建设集团和中铁成都桥梁厂组建而成。组建后企业资质等级迅速提升，企业生产经营规模迅速扩大，企业科技创新能力迅速增强。

中铁八局具有铁路工程施工总承包特级资质和房屋建筑工程施工总承包壹级、公路工程施工总承包壹级、市政公用工程施工总承包壹级、水利水电工程施工总承包贰级别、通信工程施工总承包叁级、桥梁工程专业承包壹级、隧道工程专业承包壹级、公路路基工程专业承包壹级、铁路铺轨架梁工程专业承包壹级等方面资质，同时具有城市轨道交通工程专业承包资质。

企业规模已从成立之初的年新签合同额 30 多亿元，迅速扩大到现在的年新签合同额 360 亿元以上；科技创新方面，在无砟轨道、无砟道岔、铁路客运专线工程、铁路综合工程、桥梁施工、CA 砂浆配方等多个领域拥有技术领先地位；生产经营范围于 2010 年 4 月在原经营范围中有所增加，2012 年无变动情况。中铁八局正在由原来单一的建筑施工向投资管理、项目策划、房地产开发、工业设备制造销售、汽车销售维修、仓储物流、混凝土制品，以及其他能够涉及的业务进行了大力拓展，形成了“一业为主，多元经营”的科学发展新格局。

中铁八局组建后，先后 8 次荣获中国建筑工程鲁班奖（国家优质工程金奖）；2012 年，又有 2 项工程获国家优质工程银奖；并先后获得 96 项省、部级优质工程。生产的混凝土轨枕被评为国家级优质产品；连续创造了 29 项中国企业新纪录，累计获得国家有效专利授权 107 项，国家级工法 15 项，主、参编了 9 项部级标准和规范，并先后荣获全国建筑业科技进步与技术创新先进企业、全国创新型企业、全国“五一”劳动奖状、全国最佳施工企业、全国优秀施工企业、全国文化管理先进单位、全国企业文化建设 50 强、文化部 2008 中国优秀企业形象十佳单位、建国 60 周年•中国企业文化典范单位、中国企业文化建设百家重诚信单位、“十一五”全国建筑业科技进步与技术创新先进企业等荣誉称号。2012 年，又分别荣获“中国最具影响力企业文化建设单位”和“全国优秀施工企业”荣誉称号。

在任领导：

曹　义　集团公司董事长

杨　峰　集团公司总经理、党委副书记

徐敦美　集团公司党委书记、副董事长

赵　智　集团公司副总经理、总工程师

唐　云　集团公司副总经理

李　俊　集团公司副总经理

尹　成　集团公司党委副书记、纪委书记

王国明　集团公司副总经理、总会计师、总法律顾问

郭相武　集团公司副总经理

董冲锋　集团公司副总经理

左兴明　集团公司副总经理、工会主席

陈守忠　集团公司副总经理、总经济师

喻修正　集团公司副总经理

张俊峰　集团公司副总经理

地址：成都市金牛区金科东路 68 号

邮编：610036

电话：028—87518338

传真：028—87517929

网址：www.cr8gc.com

电子邮箱：zjl@cr8gc.com

【中铁九局集团有限公司】 中铁九局集团有限公司由原沈阳铁路工程建设集团有限公司、沈阳铁路局锦州工程（集团）有限责任公司、沈阳铁路局吉林建设工程集团有限公司三家企业重组而成。于 2003 年 12 月 23 日经国家工商行政管理总局核准，在辽宁省沈阳市工商局注册，2003 年 12 月 26 日，中铁九局在沈阳正式挂牌成立，是集施工、科研、房地产开发、机加工为一体的多功能、大型集团。

公司具有国家住房和城乡建设部批准的铁路工程施工总承包特级资质；公路工程、市政公用工程、房屋建筑工程施工总承包一级资质；水利水电工程施工总承包二级资质；矿山工程、通信工程施工总承包三级资质；桥梁工程、隧道工程、铁路铺轨架梁工程、装饰装修工程专业承包一级资质；城市轨道交通工程专业承包资质；钢结构工程、铁路电务、铁路电气化工程专业承包一级；预拌商品混凝土、混凝土预制构件、机电设备安装、公路路基、公路路面、爆破与拆除、土石方工程专业承包二级等三十余项资质。此外，还具有铁道行业甲（Ⅱ）级设计资质、建筑行业（建筑工程）专业乙级设计资质。 公司先后通过了 ISO9001：2008 质量体系、GB/T50430-2007、ISO14001：2004 环境管理体系、GB/T28001：2001 职业健康安全管理体系的认证。

截至 2012 年末，九局有 23 个成员企业和所属单位。分布在辽宁、吉林、广东、四川和上海四省一市，包括中铁九局集团第一、第二、第三、第四、第六、第七、第九、电务工程有限公司、大连海外建设有限公司、沈阳房屋开发有限公司、大连建设有限公司、沈阳亚航物资有限公司、工程试

验检测公司、爆破工程有限公司14家全资子公司；四川建升房地产开发有限公司、广州盛德房地产开发有限公司2家控股公司；机械设备分公司、桥梁分公司、广州分公司、成都分公司、上海分公司、西安分公司、勘察设计院7家分公司。

局属驻外办事处6个，分别是北京办事处、济南办事处、兰州办事处、南宁办事处、福州办事处、杭州办事处。

中铁九局主营范围为：铁路、公路、市政、房屋建筑、水利水电、隧道、桥梁、城市轨道交通、钢结构、土石方、爆破、铺架、土木工程建筑、电力、信号、通信线路安装、电气化、环保水处理、装饰装修、暖通制冷、幕墙施工；锅炉安装；对外援助成套项目工程施工；承包境外工程及境内国际招标工程、上述工程所属的设备和材料的出口、对外派遣上述境外工程所需的劳务人员；检测试验、工程设计、特种设备安装、维护、保养、改造、租赁；周转材料、机械设备租赁；预拌混凝土、预制构件（含桥梁构件）、建筑材料、钢材销售。

截至2012年末，中铁九局共有员工19571人，拥有专业技术职务人员6352人，其中，正高级9人、副高级494人、中级1740人、中级以下4109人；取得国家一级注册建造师资格的有335人、国家二级注册建造师资格的有307人；取得国家各类注册资格证书的有788人。拥有机械设备达到6066台，总装备价值14.32亿元。

中铁九局2008年取得省级技术中心认证，2009年取得辽宁省高新技术企业认证。获国家鲁班奖2项，国家优质工程2项，省部级优质工程69项；主编国家行业标准2项、参编4项；荣获国家和省部级科技进步奖18项，国家级工法7项，省部级工法59项；发明及实用型专利25项；连续多年被国家和辽宁省评为企业信誉AAA级单位、重合同守信用单位和全国质量效益型先进施工企业。

在任领导：

董事长　　柳汉桥

总经理　　张润文

党委书记　　王　猛

副总经理　　李春喜（4月9日退休）　韩顺学

刘海东　赵金祥　杨绍平　彭　齐

工会主席

副总经理　　宋玉国

副总经理　　周文明（12月22日任）

总工程师　　周文明（12月22日免）

总工程师

副总经理　　金　耀（12月22日任）

总会计师

总法律顾问　　刘长城

党委副书记

纪委书记　　汪国明

总经理助理　　薛江伟

股份公司专职董事、监事　　方永忠　　（2012年返聘）

地址：辽宁省沈阳市沈河区敬宾街3-1号

邮编：110013

电话：024-62042635　031-42635

传真：024-62041245　031-41245

网址：http://www.crjj.com/crjj

电子邮箱：crjjbgs@163.com

【中铁十局集团有限公司】　中铁十局集团有限公司是根据国资委、铁道部（国资改革〔2003〕89号、国资改革函〔2003〕373号文件）及中国铁路工程总公司《关于筹备成立中铁十局集团有限公司的通知》（中铁程劳〔2003〕385号文），通过变更“原济南铁路工程（集团）有限责任公司”名称和重组原“中铁三局集团第三工程有限公司”、原“中铁四局集团第三工程有限公司”设立的，于2003年12月26日在山东省工商行政管理局登记注册。

中铁十局是以建筑工程施工总承包为主的跨行业跨国经营的国有特大型企业集团，拥有铁路施工总承包特级，公路、市政、房建施工总承包壹级，桥梁工程、铁路铺轨架梁工程、隧道工程、环保工程、钢结构工程、铁路电务、电气化工程及路基、路面、土石方工程、装修、建筑智能化、机电设备安装工程专业承包壹级，爆破与拆除、水利水电、电信等工程总承包贰级，城市轨道交通工程专业资质。拥有对外承包工程资格证书和对外援助成套项目A级资质。

中铁十局是中国中铁股份有限公司的全资子公司，注册资本金为13.34亿元。截至2012年末，局资产总额201.3亿元，下设24个子分公司，年施工能力300亿元以上。公司现有员工14684人，共有各类专业人员8205人，其中拥有高中级及以上专业技术职务人员2711人，一级建造师近340人。

经过多年的拼搏和发展，公司在铁路、公路、市政、房建施工和房地产开发等诸多领域取得了令人瞩目的业绩。先后参与了京九铁路、青藏铁路、京沪高铁、沪杭高铁、沪宁城际、宜万铁路、胶济客专、温福铁路、甬台温铁路、合武铁路、太中银铁路、向莆铁路、兰渝铁路、大西铁路、云桂铁路、中南铁路通道等百余条国家大型铁路工程建设，承建了济南、青岛、徐州、烟台、泰州、济南西站等新客站和铁路枢纽工程，新建、改建、扩建铁路干线、支线6000多公里，先后参与了济青、京沪、连霍、济广等百余条高速公路建设，建成高速公路总长1500多公里，参建各类大桥、特大桥1000多座。参建了广州、深圳、成都、大连、武汉、福州、长春、西安、贵阳等多个城市的地铁和轻轨交通项目，完成了国内诸多城市千余项高层建筑、大型厂房、城市立交、电气化工程、汽车试验场、高尔夫球场、环保水务等工程项目。此外，还参与了白俄罗斯、委内瑞拉、南部苏丹、乌干达、肯尼亚、斯里兰卡等国外工程项目施工以及采矿投资开发等项目的运作。

公司承建的工程项目先后荣获“中国建筑工程鲁班奖”、“中国土木工程詹天佑大奖”、“国家优质工程银质奖”和“中国市政工程金杯奖”等国家级优质工程奖 15 项，山东省“泰山杯”等省部级优质工程奖 67 项。获得国家级工法 13 项，省部级工法 106 项。获得省部级科技进步奖（含国家认可的社会力量设奖）共 42 项，获得专利授权 102 项。通过了“质量管理体系”、“环境管理体系”、“职业健康安全管理体系”认证，先后被授予“全国优秀施工企业”、“全国优秀诚信企业”、“全国精神文明建设工作先进单位”、“全国公路行业优秀施工企业”、“全国质量效益型先进施工企业”、“重合同守信用企业”、“‘十一五’全国建筑业科技进步与技术创新先进企业”、“山东省企业文化建设十佳单位”、“山东省劳动关系和谐企业”、“富民兴鲁劳动奖状”等多项荣誉称号，连续多年保持山东省“最佳信贷诚信企业”称号。

在任领导：

沈尧兴　董事长、党委副书记
万冠群　党委书记、副董事长
杨兰松　总经理、党委副书记
贺贤栋　党委副书记、纪委书记
黄新宇　工会主席、副总经理
武海光　副总经理
董文德　副总经理、总法律顾问
汪保华　副总经理
郑胜庄　副总经理
陈国清　副总经理
王爱平　总工程师
王祥玉　副总经理
吴永兵　副总经理
郭建封　总会计师
崔　军　副总经理
熊宝琳　董事会秘书
薛飞红　总经理顾问
郭凤芝　总经理助理（6 月 27 日任职）

地址：山东省济南市高新区舜泰广场 7 号楼
邮编：250101
电话：0531-82461026
传真：0531-82461260
网址：www.cr10g.com
电子邮箱：ztsj@cr10g.com

【中铁大桥局集团有限公司】 中铁大桥局集团有限公司是中国中铁股份有限公司旗下的全资子公司，由原创建于一九五三年四月的铁道部大桥工程局改制而成的一家现代化企业，是集桥梁科学研究、工程设计、土建施工、装备研发四位于一体的、具有施工总承包特级资质的建筑企业，并率先通过 ISO9000 质量体系和 ISO14000 环境管理体系认证。

1950 年经中央人民政府指示，铁道部开始武汉长江大桥的筹建工作，1953 年 4 月成立“铁道部新建铁路总局武汉大桥工程局”。1954 年 1 月，滕代远部长代表铁道部向政务院总理、副总理及委员提交了《关于修建武汉长江大桥的报告》。1954 年 1 月 21 日，政务院召开第 203 次政务会议，通过《中央人民政府政务院关于修建武汉长江大桥的决定》，正式任命彭敏为大桥局局长，武汉市委书记王任重兼任政治委员。

大桥局成立初期，下辖 5 个从事施工生产的工程队（段），局机关设 20 个职能科（室），共有职工 2533 人，主要任务是修建衡阳湘江大桥、武汉长江大桥及其配套的桥涵工程。

1957 年 10 月武汉长江大桥建成通车。1958 年 3 月，大桥局改称“铁道部大桥工程局”。此后，所辖施工生产单位逐步扩编为 8 个工程处（厂），局机关科（室）相继升格为处（室），并成立了勘测设计院、桥梁科学研究所、中心医院、子弟学校等单位，成为一个具有综合职能，集科研、设计、施工、制造于一体的大型专业化工程局，职工人数增至 2 万多，施工点遍布全国各大水系，并成为当时全国唯一能在长江、黄河上修桥的专业化队伍。

1970 年 8 月，铁道部与交通部合并，大桥局亦改称“交通部大桥工程局”。1975 年 3 月，铁道部与交通部分设，本局仍属铁道部，名称恢复为“铁道部大桥工程局”。此前及此后，单位名称还有“革命委员会”、“桥梁与基础工程公司”等短期变更，但隶属关系及内部机构均无实质性变化。

2000 年 10 月，大桥局与铁道部脱钩，更名为“中铁大桥工程局”，属中铁工程总公司领导，仍是一个集科学研究、勘测设计、建筑施工、机械制造四位于一体的大型施工企业。

2001 年 4 月 26 日，大桥局改制为“中铁大桥局集团有限公司”，向现代企业制度迈出了重要一步。随即，集团社管中心成立，集团公司各单位、部门相继改制、改革。

2004 年 10 月 28 日，经国务院国有资产监督管理委员会批准，中铁大桥局股份有限公司依法成立。中铁大桥局股份有限公司是由中铁大桥局集团有限公司、武汉钢铁（集团）公司、中铁隧道集团有限公司、中铁山桥集团有限公司、铁道科学研究院共同发起，以中铁大桥局集团有限公司桥梁建设等土建施工资产改制重组设立的股份有限公司。

截至 2012 年底，集团公司拥有总资产 209.38 亿元，集团公司现有子公司 18 个，其中：施工板块 12 个，物流板块

1个，科研板块1个，房地产板块2个（其中一个项目公司），其他2个；分公司12个，其中专业化分公司5个；在建直属项目部13个。另根据市场营销的需要，设立营销类分公司21个、办事处13个。集团公司机关设部室22个，其中行政部门15个，党群部门7个。集团公司现有员工13000余名，拥有中国工程院院士2名、全国工程勘察设计大师3名、国家有突出贡献专家1名、享受国务院特殊津贴的专家26名、省部级有突出贡献专家16名、教授级高级工程师112名、高级工程师598名、各类专业技术人员7246名。

中铁大桥局是世界上设计建造桥梁最多的企业，一直引领着中国桥梁事业发展。迄今，公司在国内外设计建造了2000余座大桥，总里程2000余公里，并先后参加了铁路干线和高等级公路建设。修建了一大批精品名优工程，获得了一大批奖项，其中，获国家科技进步奖29项，新中国成立60周年“百项经典暨精品工程”10项，中国建筑工程鲁班奖25项，詹天佑大奖18项，创中国企业新纪录37项，拥有专利246项。现已建的知名大桥包括中国万里长江第一桥武汉长江大桥，中国独立自主、自力更生修建的第一座长江大桥南京长江大桥，中国首座三跨钢性梁柔性拱公铁两用大桥九江长江大桥，中国首座低塔公铁两用斜拉桥芜湖长江大桥，世界跨度最大的公铁两用斜拉桥武汉天兴洲长江大桥，世界首座六线高速铁路大桥南京大胜关长江大桥，世界最长公铁两用大桥郑新黄河大桥，中国第一座真正意义上的跨海大桥东海大桥，世界最长的跨海大桥杭州湾跨海大桥，世界最高海拔铁路青藏铁路上的标志性工程拉萨河特大桥，港澳地区标志性建筑澳门西湾大桥、深圳湾公路大桥，孟加拉国最大的桥梁帕克西大桥，世界跨度最大的三塔斜拉桥武汉二七长江大桥，长江口第一桥上海长江大桥等，树立了新中国桥梁建设的一座座丰碑；在建的特大型桥梁包括韩家沱长江铁路大桥、武汉鹦鹉洲长江大桥、黄冈公铁两用长江大桥、九江长江二桥、泰州长江大桥，铜陵公铁两用长江大桥、安庆长江铁路桥、马鞍山长江大桥、南京四桥、桃花峪黄河大桥等等。先后参与了京津、温福、合武、甬台温、福厦、武广、哈大、石武、津秦、渝利、京沪、京福、南广、南钦等众多铁路客运专线（高速铁路）工程建设。

2012年，集团新签合同额301.6亿元，完成企业营业额224.8亿元，面对前所未有的复杂形势和困难局面，创造了非凡的经营业绩。尤其是荣获创鲁班奖工程突出贡献奖、天兴洲桥荣获鲁班奖，大胜关桥荣获国际桥梁大会（IBC）“乔治•理查德森奖”，上海崇明越江通道工程和苏通长江公路大桥获得国家优质工程金质奖，铜陵长江大桥工程荣获国家AAA级安全文明标准化工地等成绩的取得，汉宜铁路、石武客专、黑瞎子岛“神州东方第一桥”乌苏大桥、厦漳跨海大桥、南京长江四桥、海南清澜湾跨海大桥等40项工程建成或竣工，充分展示了集团的良好形象和强大实力。

在任领导：
刘自明：集团公司董事长
胡汉舟：集团公司总经理
文武松：集团公司党委书记
谭国顺：股份公司总经理（11月退休）
秦顺全：集团公司总工程师
古继洪：集团公司总会计师
王政兵：集团公司副总经理、总经济师（4月免职）
黄支金：集团公司副总经理
张春新：集团公司副总经理
高兴泽：集团公司副总经理
刘杰文：集团公司副总经理
李富仓：集团公司副总经理
秦汉桥：集团公司工会主席、副总经理
季跃华：集团公司副总经理
张跃进：集团公司党委副书记、纪委书记
蔡登山：集团公司副总经理

地址：湖北省武汉市汉阳大道38号
邮编：430050
电话：027-84842526
传真：027-84842430
网址：www.ztmbec.com
电子邮箱：mbecjb@ztmbec.com

【中铁隧道集团有限公司】 中铁隧道集团（China Railway Tunnel Group，缩写CTG）是以中铁隧道集团有限公司为核心企业，集勘测设计、建筑施工、科研开发、机械修造四大功能为一体的国内隧道和地下工程领域最大的企业集团，隶属于中国中铁工程总公司。

中铁隧道集团有限公司法定代表人：郭大焕；注册资本：16.483473亿元；公司住址：河南省洛阳市老城区状元红路；网址：http://www.ctg.ha.cn。

中铁隧道集团是国内隧道和地下工程领域最大的企业集团。1978年5月，为修建黄河水下隧道，经铁道部报请国务院批准，在河南洛阳成立铁道部4501工程指挥部，同年10月，国务院批准将4501工程指挥部改组为铁道部隧道工程局，1999年9月，隧道工程局与铁道部脱钩，更名为“中铁隧道工程局”。2001年5月，隧道工程局实行公司制改造，组建了以中铁隧道集团有限公司为核心企业，集勘测设计、建筑施工、科研开发、机械修造四大功能为一体的中铁隧道集团，隶属于中国中铁股份有限公司。

集团主要经营范围和资质包括：铁路工程施工总承包特级；公路工程施工总承包壹级；市政公用工程施工总承包壹级；房屋建筑工程施工总承包壹级；机电安装工程施工总承包壹级；隧道工程、桥梁工程、水工隧洞工程、公路路基工程、机电设备安装工程、土石方工程、地基与基础工程专业承包壹级，城市轨道交通工程专业承包资质（不分级）；铁道行业甲(Ⅱ)级设计资质；公路水运工程试验检测机构综合乙级；市政行业（桥梁工程、城市隧道工程、轨道交通工程、道路工程）专业甲级、公路行业（特长隧道）专业甲级、公路行业（公路）专业乙级、铁道行业（隧道）专业甲级设计；工程勘察综合类甲级；测绘资质甲级；工程咨询甲级（铁路隧道、公路隧道、城市轨道交通、市政公用工程（桥梁、隧道）、岩土工程、工程测量、水文地质）；工程咨询乙级（建筑、市政公用工程）。工程咨询甲级：铁路、市政公用工程（市政交通）、水文地质；工程咨询丙级：市政轨道交通、公路、建筑、市政公用工程（给排水））；科研、设计及技术服务等。集团公司及主业子公司均通过了GB/T19001标准质量管理体系、GB/T24001环境管理体系和GB/T28001职业健康安全管理体系认证。

2012年，集团有施工子（分）公司9个，勘测设计院1个，设计分公司1个，技术中心1个，国家重点实验室1个，隧道设备制造公司1个，1个海外工程公司，以及北京、南京、广州、西安、成都、武汉6个片区指挥部，在建工程项目320多个，施工队伍遍布全国各地及中东、东南亚地区。全集团现有员工15175人，拥有各类专业技术人员7827人，各类技术工人6348人，其中中国工程院院士、国家级有突出贡献专家各1人，享受国务院政府特殊津贴12人，一级建造师501人。集团资产总额236.29亿元，固定资产原值35.24亿元，所有者权益31.95亿元。集团保有机械设备7074台套。现有TBM、盾构68台套，是国内拥有盾构、TBM门类最齐全、数量最多的施工企业，年隧道施工能力在600公里以上。

全年完成营业额336亿元(其中施工营业额320亿元)，较上年净增15.3亿元，完成股份公司年计划265亿元的126.8%、完成集团公司年计划270亿元的124.4%。其中，境内施工完成319亿元、境外施工完成1亿元，勘测设计完成4.44亿元。全集团年累完成隧道成洞329.6公里，桥梁年累完成64.977.95公里，土石方年累完成4391万方。六沾三联、京石客专石家庄、龙厦象山、玉蒙铁路、通灌铁路、武汉地铁2号线一期越江隧道，北京地铁六号线一期、重庆地铁一号线、六号线一期、宁武高速A1标、莆永高速A6标建成通车。南广五指山、西平永寿梁、贵广同马山、京福花山、沪昆长城岭、梨子坪、雪峰山二号、渝利方斗山、巴准王家梁、铜黄高速马家梁隧道等控制工程顺利贯通；马寨双线特大桥、大成村特大桥、安图布尔哈通特大桥完成铺架；兰渝西秦岭隧道创TBM月掘进842米全国纪录，台山核电站项目创大断面泥水盾构月掘进564环全国纪录；南水北调穿黄工程、北京地下直径线、中天山、引洮供水等盾构及TBM项目取得突破。国内首条海底沉管隧道舟山沈家门港海底隧道沉管成功沉放对接。集团首台运架一体机（YJ900）实现首架。伊朗高速公路控制工程塔龙隧道双线贯通。年内竣工交验单位工程227件，合格率100%，环境保护达标。

中铁隧道自成立以来，完成了一大批科技含量高的国家重点工程建设任务。建成或参与建成的著名长大隧道有：国内当时最长的铁路双线隧道衡广复线大瑶山隧道（14.3公里）、国内当时最长的铁路单线隧道兰武二线乌鞘岭隧道（20.5公里）、国内首次采用TBM掘进机修建的西安安康秦岭特长隧道(18.5公里)、国内最长的岩溶隧道渝怀铁路第一长隧圆梁山隧道（11.1公里）、国内长大瓦斯隧道侯月铁路第一长隧云台山隧道（8.2公里）、国内首条客专石太客专太行山隧道（27.8公里）、襄渝铁路最长隧道——新大巴山隧道（10.6公里）、武当山隧道（7.7公里）、合武铁路最长隧道大别山隧道（13.2公里）、国内设计时速350公里的最长山岭隧道——武广客专大瑶山隧道（10.1公里）、国内最长、标准最高同时也是世界上速度目标值最高的水底隧道——广深港客专狮子洋隧道等工程。公路工程已建成或参与建成的著名长大隧道有：国内海拔最高的国道317线鹧鸪山隧道（4.4公里、海拔4000米）、川藏公路最长的二郎山隧道(4.2公里)、广渝高速公路最长的华蓥山隧道(4.7公里)、重庆忠石高速公路最长的方斗山隧道（7.6公里），还修建了万里长江第一隧——武汉长江公路隧道（3.63公里）、厦门翔安海底隧道（3.2公里）、青岛胶洲湾海底隧道（3.3公里），杭州庆春路过钱塘江隧道（3.0公里）等，共建成各类隧道近3000公里。

中铁隧道坚持技术研发战略，致力于隧道与地下工程领域新技术、新工艺的研究、开发与运用，首创了浅埋暗挖工法，率先在国内引进、吸收并全面掌握了新奥法施工技术，尤其是在断层破碎带、软弱围岩、膨胀性围岩、高地应力、含煤瓦斯地层、涌水、岩溶、岩堆、流砂、黄土等复杂特殊地质条件下的隧道和地下工程施工方面，有其精湛的工艺和独到的技术。近几年在运用大型先进设备施工技术方面取得突破，盾构TBM累计掘进380.8公里，其中，盾构掘进295.2公里，TBM掘进85.6公里。至2012年末，共有494项科研成果通过企业或省部级等科技主管部门评审、鉴定和验收，其中具有国际领先水平16项，国际先进水平77项，国内领先水平118项，国内先进水平68项。获国家科技进步奖10项（含特等奖1项）、获“中联重科杯”华厦建设科学技术奖3项、省部级科技进步奖141项。已获得国家专利67项，创国家级工法19项、部级工法83项、企业级工法178项。集团奉行“至精、至诚，更优、更新”的企业精神，精心锻造精品工程，先后荣获国家建筑工程鲁班奖14项，国家土木工程詹天佑大奖19项，国家优质工程金奖5项、银奖13项，国家设计金奖3项、银奖2项，省部级优质工程奖104项。国家科技部将“盾构及掘进技术国家重点实验室”设在集团公司，中国土木工程学会将隧道与地下工程分会设在集团，依托集团建设的“河南省隧道技术与装备院士工作站”

获河南省科技厅评审通过，集团公司技术中心被认定为国家级技术中心。集团公司先后获得“中铁工程总公司优秀企业”、“河南省优秀施工企业”、“河南省优秀思想政治工作企业”、“全国优秀施工企业”、“全国首批建筑业AAA级信用企业”、“中国优秀企业”、“中国诚信单位”、“全国用户满意施工企业”、“全国模范职工之家”、“全国安康杯竞赛优胜企业”、“全国企业文化建设工作先进单位”、“全国五一劳动奖状”、“全国工人先锋号”等荣誉。

在任领导：
董事长　郭大焕
总经理　张继奎
党委书记　丁荣富
副总经理　崔原、宋建平、范国文、唐忠、罗琼、陈　建
高伟、赵玉良、王水海
总经济师　宋建平
总会计师　裴广进
总工程师　洪开荣
党委副书记、纪委书记　张瑞刚
工会主席　崔　原

地址：河南省洛阳市状元红路
邮编：471009
电话：059-33141（路电）　0379-62633141（市电）
传真：059-32040（路电）　0379-61869988（市电）
电子邮箱：www.ctg.ha.cn

【中铁电气化局集团有限公司】 中铁电气化局集团有限公司（原铁道部电气化工程局）成立于1958年9月，2001年8月改制为有限公司，2003年11月西安铁路工程（集团）有限责任公司整体并入。中铁电气化局集团有限公司是世界企业和世界品牌双500强，《福布斯》全球企业2000强榜单排名第322位、全球建筑行业排名第5位企业——中国中铁股份有限公司的成员企业。是集科研、设计、施工、器材生产、工程咨询、建设监理、运营维管、电信研究、物资供应、房地产开发为一体，能够承担铁路电气化建设接触网、电力、变电、通信、信号、房建、土木工程、城市地铁、轻轨等各项专业工程设计、施工、维护管理等任务的国家大型技术密集型企业集团，具有铁路工程总承包特级和机电安装、市政工程总承包一级资质及电气化、电务、桥梁、隧道、公路路基、土石方、铁路铺架等多个专业承包一级资质及城市轨道专业资质和境外工程承包经营权，截至2012年底中铁电气化局集团集团拥有资质69项，其中总承包资质29项，专业承包资质40项。在总承包资质中特级1项、一级15项、二、三级13项。在专业承包资质中，一级26项，二、三级14项。银行信用等级AAA级，通过了ISO9000质量认证。公司总部设在北京万寿路南口中铁电气化大厦。至2012年末，中铁电气化局集团由中铁电气化局集团有限公司及其控股或全资的18个子公司组成。中铁电气化局集团有限公司下设14个分公司、事业部以及社会管理中心。

至2012年12月底企业资产总额276.32亿元，共有机械设备5650台。其中大型轨行设备469台，技术装备率达到5.27万元/人，动力装备率31.06千瓦/人，机械装备总功率38.7万千瓦。职工20455人，其中管理人员、专业技术人员10745人，工人9710人。中级及以上专业技术职务人员5354人，其中教授级高工39人，高级技术职称869人，中级技术职称3540人，高级技师324人，技师943人。2012年，完成新签合同额393.75亿元，为年度计划的135.8%，列股份公司第5位；完成企业营业额309.98亿元，为年度计划的125%，列股份公司第6位。实现利润总额6.12亿元、归属母公司净利润4.48亿元，分别为年度预算的132.8%、128.1%。职工全员人均年收入6.5101万元，在岗职工人均年收入7.1110万元，分别比上年增长2.3%、2.42%，实现稳中有升目标。

全年新开工项目58项，建成开通76项。建成、开通电气化铁路3058正线公里，贯通隧道7437洞米，建成桥梁折合30154延米，铺轨36公里，建成投产各类房屋57.9万平方米，地铁盾构施工5.9公里。完成施工产值270亿元。城铁、房建、公路、市政、设计咨询等板块强劲增长，保证了全年任务目标的完成。特别是建成开通世界上第一条高寒高铁——哈大客专，树起又一座新的里程碑；建成开通集团第一个高铁土建项目——京石客专，创造了一流质量；首次完成海青线上跨济青高速公路、胶济客专转体梁施工，填补了集团桥梁施工技术空白。集团有关单位先后参加阿里、呼和浩特、京原、陇海铁路及北京地铁10号线等救灾抢险，彰显了国企的社会责任。2012年竣工验收单位工程1856件，竣工验收房建工程46.85万m2，一次验收合格率100%，未发生重大、大质量事故。公司连续实现12473天无重大质量事故。工业产品质量出厂合格率达到100%，维管合同履约率100%，每百万千瓦时责任跳闸次数、年责任故障停电累计时间控制在各铁路局规定的指标以内。

2012年获得国家优质工程银质奖3项；获得全国市政金杯示范工程2项，获得省部级优质工程21项（其中：铁路优质工程一等奖6项、二等奖4项，北京市政基础竣工长城杯金奖1项、北京市政基础设施结构长城杯金质奖4项、北京市安装工程优质奖1项、陕西省市政金奖示范工程1项、陕西省建设工程长安杯1项、河北省结构优质工程1项、河南省结构中州杯工程1项、中国电力优质工程奖1项）；获得中国中铁优质工程11项；获得集团公司优质工程27项。（删除获奖名称，此内容已在荣誉篇中有相关表述）获国家级优秀QC成果4项，其中一公司光明QC小组，被中国质量协会推荐作为中国代表团派出13个QC小组之一参加

了在吉隆坡举行的2012年国际质量管理小组大会，获一等奖。获行业国优、省部级优秀QC成果55个。3个班组获全国质量信得过班组，14个班组获2012年度北京市质量信得过班组。2012年度集团公司获全国质量管理小组活动优秀企业、全国工程建设质量管理优秀企业。中铁电气化局集团一公司党委被评为北京市创先争优先进基层党组织，集团公司党委创先争优典型经验被北京市国资委编入全市国有企业24个经验交流材料之一，集团公司、电气化公司、城铁公司获2011年度“首都文明单位”，集团公司获中国企业文化建设先进单位称号，集团公司第九次获得全国“安康杯”竞赛优胜企业，1名职工获“首都劳动奖章”，2名职工获铁道部“火车头奖章”，中铁电气化局集团一公司获“五一劳动奖状”。

在任领导：

董事长、党委书记　王其增（6月9日主持党政全面工作）

总经理　刘志远（6月7日批捕）

副总经理　王青斌、齐学勇（10月31日退休）

曹相和、韦　国、蒋玉林、张建喜

周志宇、沈九江、李爱敏、刘德海

张文贵（11月15日调出）、赵印军

总经济师　李爱敏

总工程师　于　增

总会计师　王建军

总法律顾问　王建军

党委副书记　张建喜、刘志远、刘月森

纪委书记　刘月森

工会主席　蒋玉林

总经理助理　董安平、李争科、邹领权

地址：北京万寿路南口金家村一号

邮　编：100036

电话：46560

传真：46590

网址：WWW.CREEB.NEP

电子邮箱：EEB@EEB.CN

【中铁建工集团有限公司】 中国中铁建工集团有限公司是世界500强企业——中国中铁股份有限公司的全资子公司。主营业务为勘测设计、工程施工、工程监理、设备安装、装修装饰、市政交通、加工制造、物资贸易、大型钢结构制作安装、房地产开发等。具有国家房屋建筑施工总承包特级资质，铁路工程、市政公用工程、机电安装工程、地基与基础工程、建筑装修装饰工程、钢结构工程、起重设备安装工程等多项一级总承包资质并拥有对外经营权。

中铁建工集团是在成立于1953的铁道部建厂公司和铁道部工厂设计事务所的基础上，于1965年整编为铁道部第五设计院，后更名为铁道部建厂工程局。由1998年再次更名为中铁建厂工程局的基础上，经2002年改制后组建的。

中铁建工集团下属9个分公司和13个子公司，业务分布在全国31个省、市、自治区和亚洲、欧洲、非洲等16个国家。现有员工7460人，各类专业技术和管理人员4377人，其中高级技术职称人员334人，中级技术职称人员1008名，国家一级注册建筑师15人，国家一级注册结构师23人，注册岩土工程师6人，注册咨询工程师11人，国家一级注册建造师391人，享受国务院津贴的专家11人。拥有各类大型先进机械3000余台，总功率60800千瓦，年生产和经营规模达两百亿元以上。国内建筑企业首批通过IS090001质量管理体系和IS014001环境管理体系OHSAS18001职业健康安全管理体系认证；两次荣获“创鲁班奖工程特别荣誉奖”，获得“全国文明单位”、“全国五一劳动奖状”、“全国优秀企业管理奖”、“全国优秀施工企业”、“全国企业文化50强”等荣誉。

中铁建工集团坚持“以诚信、智慧、科技、管理铸就更高质量和更富情感的建筑精品”的质量方针，先后荣获80项国优、鲁班奖(包括参建奖)；获得北京长城杯、上海白玉兰杯、深圳金牛杯、山东泰山杯、福州榕城杯和铁道部优质工程奖等近百项。中铁建工集团先后获得国家级科技进步奖特等奖1项，省部级科技进步奖37项，国家级工法5项，省部级工法34项，国家专利22项，部级优秀勘测奖1项，国家优秀咨询奖1项。北京南站工程荣获英国皇家建筑师协会（RIBA）2009国际年奖。

五、六十年代，设计建造了新中国第一座汉阳枕木防腐工厂、西安车辆修理厂、成都机车车辆厂、资阳内燃机车厂、丰台桥梁厂钢筋混凝土轨枕工艺生产线，建成了新中国第一座大型火车站——北京火车站，援建了第一座国外火车站一坦桑尼亚达累斯萨拉姆火车站。这7项“共和国第一”，记录着中铁建工集团昨天的辉煌。

改革开放以来，中铁建工集团在铁路建设的主战场和东部沿海地区承建了一大批有影响的重大工程项目。在国家西部大开发、走出去战略的引领下，也取得了丰硕的成果。北京站、深圳站、贵阳站、昆明站、南京站、拉萨站、长沙站、武昌站和北京南站等知名火车站的建成是中铁建工的经典之作。正在承建的郑州、福州、呼和浩特、太原、成都等站已初具规模；中铁建工集团从50年代承建北京十大建筑北京站以来，先后承建各类铁路站房近百座，一举确立了在铁路站房建设领域的龙头地位。朔黄铁路、迁曹铁路、大秦铁路、六沾铁路等新线建设和改造，记录了中铁建工集团在铁路线路建设上的新作为。国家图书馆、青岛海上皇宫、上海南证大厦、上海滨江茗苑、深圳五洲宾馆、深圳市民中心、深圳赛格群星广场、深圳东方玫瑰园、贵州电视大楼、福州高法大楼、贵航大厦等地标性工程，展示了中铁建工集团在高层、高标准、高等级公用与民用建筑领域的光辉业绩和非凡实力。坦桑尼亚达累斯萨拉姆火车站、吉布提和卢旺达国家体育场、约旦亚喀巴电站、乞力马扎罗大酒店、南极长城站和中山站扩建等200多项工程的建设，标志着中铁建工集团在国际市场的竞争力。在，中铁建工集团在超高层、深基坑、大跨度等高科技建筑领域屡创新高，创造了国家数字图书馆超万吨钢屋架结构整体提升的世界纪录，建设了代表中国铁路站房最高水平的北京南站。这两项工程光荣当选“当代北京十大建筑”。在新中国成立60周年“百项重大经典建设工程”的评选，由中铁建工集团承建或参建的青藏铁路格尔木至拉萨段、京津城际铁路、北京站、大秦铁路及扩能工程、南京站、国家图书馆、苏州科技文化中心等7项工程入选，极大地提升了中铁建工的社会知名度。

中铁建工集团建设了创世界海拔最高的现代化车站—拉萨站；世界海拔最高的现代化物流中心—那曲物流中心；亘古南极的第一个永久性建筑—中国南极长城站；中国第一条高速铁路京津城际铁路的起始站、终到站——北京南站、天津站；中国第一座数字化图书馆—国家图书馆；被誉为东北第一高楼的中国中铁·诺德大厦；西南第一高楼的重庆国际大厦。

50多年的光辉历程，中铁建工集团实现了从路内到路外，从国内到国外，从单一的铁路工厂到大型的工业与民用建筑，从单纯的设计施工到工程总承包，从一般的房建工程到超大型、高科技含量工程施工的跨越发展。在新的征程上，中铁建工集团正以新的姿态，高举科学发展的旗帜，不断超越自我，提升软实力、打造硬品牌，向着行业领先、国内知名企业的目标迈进！

在任领导：

董事长	刘荣耀
总经理	段永传
党委书记	崔宝华
副董事长	崔宝华
党委副书记	刘荣耀、段永传、李选民
纪委书记	李选民
副总经理	刘炳才、邱振虎、李成生、黄振庭、穆亦龙、孟庆军、毕彦春、周志立
总会计师	郭俊亮
总经济师	刘玉华
总工程师	杨　煜
工会主席	卢卫平

地址：北京市丰台区南四环西路128号
邮编：100070
电话：010-51136666
传真：010-51136668
邮箱：crceg@crceg.com

【中铁港航局集团有限公司】 中铁港航局集团前身是中国人民解放军海军工程建设总局，成立于1952年9月。1992年6月成立海军大亚湾工程建设局，1995年8月成立广东中海工程建设总局，1998年10月转制并入三九集团，后并入华润集团。2008年11月并入中国中铁股份公司变更为中铁港航工程局有限公司，2010年10月三家中铁三级施工单位重组进入中铁港航局。2011年1月10日，变更为中铁港航局集团有限公司，设立中铁港航局集团。是一个具有铁路工程施工总承包特级、房屋建筑工程施工总承包壹级、公路工程施工总承包壹级、港口与航道工程施工总承包壹级、市政公用工程施工总承包壹级、矿山工程施工总承包参级、地基与基础工程专业承包壹级、土石方工程专业承包壹级、桥梁工程专业承包壹级、爆破与拆除工程专业承包壹级、城市轨道交通工程专业承包资质的大型国有施工企业。

公司现有职工5040人，其中具有专业技术职称人数总计2499人：高级技术职称人员277名，中级技术职称人员692名，具有国家各级注册工程师共度234人。施工范围分布于广东、广西、海南、福建、浙江、江苏、山东、云南、湖南、辽宁、沈阳等地区，主要承建工程有港口、航道、码头，公路和铁路桥梁、市政工程以及其它水工建筑物、爆破、土石方及陆域吹填、软基处理等多项工程。2012年集团公司拥有各类型施工设备（不含测量实验仪器和指挥小车）682台/套，其中船机设备情况：船舶机械15艘（未计正在建造中的18立方米的挖泥船）。

公司机关设置为董事会、监事会（与党群部联合办公）；行政职能机构设置为：办公室、经营开发中心、人力资源部、企业发展部、项目管理中心、设备物资部、财务部、技术管理中心、安全质量环保部、工程经济部、法律事务部、审计部、投资发展部、宏达资产管理分中心；党委部门机构设置为党委工作部、董事会秘书处、纪委、团委、工会、党委干部部、宣传科、报社。公司现有控股子公司3个、全资子公司13个、分公司2个、 5个经营开发中心、100个项目经理部、北京、沈阳、广州、南宁、海口、武汉、杭州、贵阳、青海等9个办事处。

2012年，集团公司就重组后的业绩划分问题分别与被重组企业原主管局进行了联络、沟通和组织对接，经双方友好协商，共划转工程业绩（含在建）42项到中铁港航局（其中：从中铁五局共划转业绩14项，从中铁大桥局划转业绩28项），并签订了业绩划分协议书，完成了划转业绩的归集。2012年3月29日，设立了“中铁港航局集团置业有限公司”。公司注册资本金为5000万元，持股比例为100%。2012年4月26日投资设立了“中铁港航局集团西北投资开发有限公司”。公司注册资本金为1亿元，持股比例为100%。2012

年5月31日合资设立了“中铁港航局集团涉水工程建设咨询（北京）有限公司”，公司注册资本金为600万元，持股比例为51% 。2012年12月，根据中铁股份公司的部署和要求，集团公司完成了“中铁南方工程装备有限公司”股东的变更，不再持有该公司100%股权。2012年12月26日，集团公司完成注册资本金增资变更，注册资本金由8亿元变更为11.872亿元。

2012年，全集团完成新签合同额150亿元，占年度计划的138.9%；完成营业额105亿元，占年度计划的101.9%；实现利润6500万元，同比增长6.6%；职工人均工资63605元，同比提高10.59%；在岗职工人均工资70773元，同比提高8.15%。尤其是新签合同额和企业营业额双双突破百亿大关，创下历史新高。

截至2012年末，全公司实有员工5107人，管理及专业技术人才3416人，技能人才1691人。管理及专业技术人才中高级职称277人，中级职称692人，初级职称1525人。技能人才中高级技师45人，技师187人，高级工514人。

截止2012年12月31日，资产总额92.57亿元，较年初增加21.03亿元，增长率为29.4%；负债总额79.72亿元，较年初增加17.05亿元，增长率为27.2%；所有者权益合计12.82亿元，较年初增加3.95亿元，增幅44.56%；资产负债率 86.12%，受益于股东注资 3.72 亿元和出售中铁南方100%股权，资产负债率较上年末回落1.5个百分点。

在任领导：
吴成福　集团公司董事长
黄江刚　集团公司党委书记、副董事长
郭秀春　集团公司总经理、党委副书记
王珂平　集团公司党委副书记、纪委书记、监事会主席
王宏利　集团公司副总经理、总会计师、总法律顾问
樊江源　集团公司工会主席、副总经理
金德成　集团公司副总经理
许伟章　集团公司副总经理
谢季军　集团公司副总经理
罗超群　集团公司副总经理
柯松林　集团公司副总经理、总工程师
张　超　集团公司副总经理

地址：广州市科学城香山路11号
邮编：510660
电话：020-62863370
传真：020-62863333
网址：http://www.crpcec.com/

【中国中铁航空港建设集团有限公司】 中国中铁航空港建设集团有限公司是世界 500 强企业——中国中铁股份有限公司的全资子公司。公司改制前为中国航空港建设总公司，前身为空军工程建设总局和空军直属工程总队，分别于1987年和1953年成立。1998年12月由部队整体移交地方，先后隶属于三九企业集团和华润集团。2009年12月，并入中国铁路工程总公司。2010年10月经改制重组，将原中铁一局一公司、中铁三局一公司、中铁建工集团北京有限公司整体重组并入，组建了中国中铁航空港建设集团有限公司。

公司下辖一、二、三、北京、辽宁、颐和监理、投资（基金）管理、天翔房地产等8个子公司和机场、四、五、六、七、八、深圳、杭州、设计等9个分公司，在册员工8000余人，一、二级注册建造师420余人，专业技术和管理人员近4000人。具有房屋建筑工程施工总承包特级、房屋建筑工程设计甲级资质；铁路工程施工总承包特级、铁道行业设计甲II级资质；公路、市政公用、机电设备安装工程施工总承包壹级、建筑装饰装修工程设计与施工一体化壹级和土石方、钢结构、公路路基、公路路面、桥梁、隧道、机场场道工程专业承包壹级资质，具有城市轨道交通工程专业承包资质、测绘乙级资质、房屋建筑工程监理甲级和航天航空工程监理甲级资质。公司可承建房建、公路、铁路、市政公用、港口与航道、水利水电、矿山工程施工总承包、工程总承包和项目管理及开展设计主导专业人员齐备的施工图设计业务。具有进出口贸易和劳务输出经营权。通过了 ISO9001 质量管理体系、ISO14001环境管理体系、GB/T28001职业健康安全管理体系认证，拥有AAA级资信，具备年营业额200亿元以上的施工能力。

公司所属子、分公司先后参加了国内外120余条长大铁路干线、客运专线及高速铁路工程建设，新建、改建、扩建铁路4300余千米；参加了国内外140余条高等级和高速公路工程建设，完成新建、改建、扩建公路700余千米；承建了国内外数百项工业与民用建筑及国家重点公共设施工程；承建了30多项机场新建、改建、扩建工程，以及40多项市政工程、地铁工程和城市轨道交通工程，30 多项大跨度、高难度、新工艺的钢结构工程，50多项装饰装修工程和10余项大型水利水电工程。

公司有百余项工程荣获“鲁班奖”、“詹天佑奖”、“国家优质工程奖”、“国家市政工程金奖”、“国家钢结构工程金奖”等国家和省部级大奖。先后取得省部级和国家级工法11项、取得国家专利27项，主编和参编国家行业和全军建设标准7项，荣获国家科技进步成果奖1项。

根据《公司法》等相关法律法规和《公司章程》规定，公司建立完善了董事会、监事会及相关的规章制度和议事规则，公司层面的法人治理结构设计与运行较为科学规范。董事会由七名成员组成，其中董事长一名，副董事长一名，内部董事二名，外部董事二名，职工董事一名。监事会由五名成员组成，其中监事会主席一名，外部监事两名，职工监事两名。经理层是公司的执行机构，在董事会领导下，执行董

事会决议并负责公司日常经营管理。经理层设总经理一名，副总经理七名，总会计师、总工程师、总法律顾问各一名，党群系统有党委书记一名，纪委书记一名，工会主席一名。

公司通过牢固树立业务多元化、经营区域化、管理一体化的理念，积极推进向人才密集型、管理精细型、效益增长型的快速转变，使企业真正成为专业特色明显、市场布局合理、竞争优势突出的建筑承包综合集团。公司坚持“区域化经营、专业化发展、精细化管理”的经营思路，以管理机制创新为手段，以提升发展质量为目标，不断增强企业生机与活力，着力把公司建设成为中国中铁旗下的优秀骨干成员企业。

在任领导：
董 事 长：刘书英
总 经 理：项志敏
党委书记：初继旺
党委副书记、纪委书记：贾惠平
工会主席、副总经理：张宝强
副总经理：张超生
副总经理、总工程师：胡守正
总会计师：彭德宏
副总经理：张卫红　耿午阳　袁禧泉　王宝恩　王夙君

地址：北京市海淀区闵庄路87号
邮编：100093
电话：010-62720600
传真：010-62720612
网址：www.caccc.com.cn

【中铁上海工程局有限公司】 中铁上海工程局有限公司成立于2010年12月30日，由原中国中铁股份有限公司上海分公司、中铁三局华海公司、中铁四局市政分公司整体重组而成，是具有铁路总承包特级资质和专业承包资质的大型综合性建筑施工企业。公司注册资本5亿元。公司经营范围涉及建筑工程，通信工程，建筑装潢工程，建筑科技专业领域内的技术开发、技术咨询、技术转让、技术服务，物业管理，从事货物及技术的进出口业务，国际货物运输代理，建材、机械设备的销售，自有设备租赁（不得从事金融租赁），机械设备维修（除特种设备），承包与其实力、规模、业绩相适应的国外工程项目，对外派遣实施上述境外工程所需的劳务人员。

2012年，公司实现新签合同额142.04亿元，完成年度营销指标的101.46%，提前15天完成年度营销目标；施工生产顺利推进，完成营业额85.4亿元；实现净利润7000万元，完成年度净利润预算指标的100%；实现了第二个安全年。公司获2012年度全国工程建设质量管理优秀企业，被评为“上海市用户满意施工企业”、“上海市文明单位”；长江隧桥工程获国家优质工程金奖；柳州双拥大桥工程获国家“AAA级安全文明标准化诚信工地”；获铁道部优质工程1项；铁道部优秀质量管理小组1个，上海市优秀质量管理小组成果一等奖4项；获中施协、中质协、股份公司科技进步奖7项，省部级公路工法1项；5项工程被评为“上海市十佳用户满意工程”；上海市合同信用等级AAA级和守合同重信用企业。

2012年，公司开展课题研究12项，工法开发22项；申报股份公司课题4项；7项科技成果通过上海市、股份公司及行业协会鉴定；9项科研课题成功申请研发费用加计扣除，通过闸北区科委审核。申报上海市、铁道部级工法10项；获得专利授权37项，其中发明专利7项；2个项目被股份公司评为“节能减排标准化工地”；公司测量管理体系通过认证，以一公司名义取得试验检测综合乙级资质，为企业长远发展奠定了基础。

2012年，引进各类高校毕业生190人，其中，博士1人，硕士研究生4人，本科158人；有针对性地开展教育培训，举办各类业务培训班52期，培训2488人次，其中，各类取证880本；配合新公司组建，平稳划转内部重组人员524人；健全薪酬及绩效管理机制，统一了全公司薪酬制度，规范了KPI考核机制；出台了《劳动用工管理办法》，指导全公司逐步规范劳动用工管理；人力资源结构进一步优化。

在任领导：
荣树森　董事长
孔　逋　总经理、党委副书记
梁永兴　党委书记
易铁军　党委副书记、纪委书记
李　宁　总会计师、总法律顾问
李　杨　副总经理
赵　斌　副总经理
王辉州　副总经理、工会主席
李　亮　副总经理
徐江洪　副总经理
张贺华　副总经理
高锦林　副总经理、总工程师

地址：上海市闸北区江场三路272号
邮编：200436
电话：021-60768240
传真：021-60768572
网址：www.crecsh.com

【中铁二院工程集团有限责任公司】 中铁二院创建于1952年，其前身为1952年2月成立的铁道部设计局西南设计分局。1956年1月，更名为铁道部第二设计院。建院以来，先后命名、更名为：铁道部第二设计院（文革期间称：铁道部第二设计院革命委员会）、交通部第二铁路设计院（1970年）、铁道部第二设计院（1975年）、铁道部第二勘测设计院（1978年）、铁道部第二勘测设计公司（对外名称：中国华阳工程咨询公司，1984年）、铁道部第二勘测设计院（1985年）、铁道第二勘测设计院（2001年）、中铁二院工程集团有限责任公司（2006年）。中铁二院先后隶属铁道部设计总局、铁道部基建总局、中国铁路工程总公司（隶属国资委）。

2001年，中铁二院完成了由事业单位向企业法人的转变，成为具有独立法人地位的科技型企业，更名为铁道第二勘察设计院。2003年9月27日，根据国资委要求（国资改革[2003]89号文），铁二院脱离铁道部划归中国铁路工程总公司。2007年1月17日，铁二院在成都工商行政管理局完成“中铁二院工程集团有限责任公司”注册登记。

2003年，国资委、铁道部联合发出国[资改革函[2003]89号文件，中铁二院划转进入中国铁路工程总公司。根据中铁程劳[2004]151号文，武汉中铁勘察设计研究院、西安中铁勘察设计研究院于2004年4月并入中铁二院，成都铁路局勘测设计院、昆明铁路局勘测设计院于2005年4月并入中铁二院，成为中铁二院下属全资子公司。2007年1月17日，“铁道第二勘察设计院”经国家工商总局核准，更名为“中铁二院工程集团有限责任公司”，完成新的企业法人注册登记工作。

截至2012年底，中铁二院持有国家甲级勘察、设计、咨询、工程监理、工程总承包、环境评价等29项资质证书和对外经营资格证书，获有ISO9001质量管理体系认证证书，ISO14001、OHSAS18001环境、职业健康安全管理体系认证证书，以及英国皇家认可委员会（UKAS）颁发的“国际标准认证证书”。设有线路、轨道、地质、路基、桥梁、水文、隧道及地下工程、站场、通信、信号、信息化、机车车辆、机械、结构、建筑、给排水、暖通、环保、电力、电气化、造价、采矿选矿、机场电子及航测等41个专业，可承接中国工程设计行业划分表中全部21个行业的有关业务。2009年，经国家发改委批准，中铁二院成为铁路、城市轨道交通投资评估的咨询机构，是国内铁路行业勘察设计企业中率先获建设部颁发的具有公路勘察设计“四甲”资质证书的企业。

中铁二院主要承担铁路、公路、城市轨道交通、城市规划、通信信号、工业与民用建筑等工程项目的勘测设计、工程咨询、工程监理及工程总承包等业务，同时涉及投融资、房地产、国际教育培训、产品产业化等多种业务领域。其勘测设计手段和技术装备不断更新发展，GPS全球卫星定位、CAD和数字测量、光电测距、液压机械传动钻机、静力触探、计算机成图等高科技手段广泛应用于勘察设计，计算机技术在广域网系统、远程设计及勘测设计一体化、办公自动化、远程视讯会议和工程图档计算机管理等方面已全面普及。

中铁二院工程集团有限责任公司设董事会、监事会，其常务工作由董监办负责。

截止2012年底，中铁二院直属勘察设计研究单位17个，有测绘分院、交通规划研究院、土木建筑设计研究一院、土木建筑设计研究二院、土木建筑设计研究三院、地下铁道设计研究院、公路与市政设计研究院(原名交通设计研究院，2012年更名)、建筑工程设计研究院、环境工程研究院、通信信号研究设计院、机械动力工程设计研究院、电气化设计设计研究院、工程经济设计院、南宁勘察设计研究院（原名南宁分院，2012年更名）、济南勘察设计研究院（原名济南分院，2012年更名）、科学技术研究院（包括1个博士后科研工作站）、教育培训中心（卓越国际教育培训中心）。

2012年度，中铁二院增设了5家子公司，截至2012年底，全院共拥有18家全资子公司。主要业务领域为工程勘察设计的子公司有：中铁二院西安勘察设计研究院有限责任公司、中铁二院武汉勘察设计研究院有限责任公司、中铁二院成都勘察设计研究院有限责任公司、中铁二院昆明勘察设计研究院有限责任公司、中铁二院重庆勘察设计研究院有限责任公司、中铁二院华东勘察设计有限责任公司、中铁二院贵阳勘察设计研究院有限责任公司、中铁二院成都地勘岩土工程有限责任公司。主要业务领域为工程技术管理服务的子公司：中铁二院咨询监理有限责任公司、中铁二院成都市政工程技术咨询有限责任公司。其他业务领域的子公司：中铁二院置业开发有限责任公司成都铁二院图文印务有限责任公司中铁二院成都建设发展有限责任公司、四川中铁二院环保科技有限公司、四川迈铁龙科技有限公司、四川艾德瑞电气有限公司、四川旷谷信息工程有限公司、四川智源工程检测有限责任公司。

驻外经营分院18家，有北京分院、上海分院、南京分院、福州分院～厦门分院、深圳分院、广州分院、海南分院、沈阳分院、珠海分院、南昌分院、郑州分院、新疆分院、拉萨分院、常州分院、太原分院、合肥分院、长沙办事处

境外经营机构7家，有印度分公司、缅甸办事处、委内瑞拉分公司、尼日利亚分公司、阿尔及利亚分公司、香港分公司、老挝分公司

公司设有集团公司办公室（院办）、人力资源部、安全生产监督管理部、财务部、投融资部、审计部、计划经营部、海外经营部、生产项目管理部、企业发展规划部、法律事务部、产业部、技术中心、信息技术中心、档案馆、离退休人员管理中心、铁路工程公安局直属第二公安分处，车辆商旅服务中心等。

截至2012年底，全院在册职工总数为5320人。干部4537人（其中党政干部1184人，技术干部3271人），内退及其它不在岗人员82人，具备高级职称具备高级职称1353

人(含正高178人)，中级职称2017人；初级职称1175人。工人783人，其中高级技师3人、技师55人、高级工495人，中级工111人，初级工119人（含普工)。各类业界知名专家近200人，各类注册执业资格人员近500名。形成了一支专业齐全、结构合理的优秀勘察设计队伍。

2012年度，中铁二院设备购置预算（含调整）2571件（套)，预算总金额4461.5万元。最终完成2277件（套)，金额3440.10万元。

在任领导：

董事长：漆宝瑞

副董事长：朱　颖

董事：李德忠（专职外部董事)、杜远华（职工董事)、张文健、郑建伟、胡光涛、扈　森

董事会秘书：王书龙

监事会主席：李安宁（专职外部监事）

监事：孙建晞、刘文荣、刘步勇（职工监事)、余　霞（职工监事）

党委书记：漆宝瑞

党委副书记：朱　颖、杜远华（兼任工会主席)、孙建晞（兼任纪委书记）

总经理：朱　颖

副总经理：张文健、郑建伟、扈　森、胡光涛、闵卫鲸、陆建华、许佑顶、张雪才、王书龙、李生权

总工程师：许佑顶

总会计师：胡光涛

总法律顾问：王书龙

工会主席：杜远华

地址：四川省成都市通锦路3号

邮编：610031

电话：45120（028-86445120）

传真：45250（028-86445250）

网址：www.creegc.com

电子邮箱：mgldz@163.com

【中铁工程设计咨询集团有限公司】 中铁工程设计咨询集团有限公司（英文名称：China Railway Engineering Consultants Group CO., Ltd. 缩写CEC)(以下简称中铁设计咨询)。中铁设计咨询是中国中铁股份有限公司的全资子公司（法人独资公司)；注册资本：32986万元人民币；注册地：北京市中关村科技园区丰台科技园；办公地：北京市丰台区广安路15号中铁咨询大厦。中铁设计咨询主要经营范围：工程勘察、工程设计、工程咨询、工程监理、工程总承包、产品与技术研发。截至2012年底，资产总额23.9亿元。

中铁设计咨询拥有工程设计综合甲级资质、工程勘察综合甲级资质；拥有工程咨询、工程造价咨询、工程监理、测绘、地质灾害治理工程勘查和设计以及地质灾害危险性评估等甲级资质；工程招标代理机构资质、特种设备（压力管道）设计许可资质，建设项目环境影响评价乙级资质；并拥有北京市轨道交通施工图设计文件审查和国家商务部批准的对外工程承包经营资格。中铁设计咨询通过了ISO9001质量管理体系认证。公司是国家级高新技术企业、国家自主创新示范区第三批百家创新型试点企业、国家火炬计划重点高新技术企业。

中铁设计咨询按照《公司法》要求，设立决策、执行和监督机构，规范建立法人治理结构。公司设立董事会、监事会、经理层。

中铁设计咨询根据生产经营管理和主要业务的需要建立组织机构。设立了董监事会办公室、公司办公室、企业策划处、计划经营处、海外经营处、人力资源处、财务处、科技处、资产管理处、纪检监察审计处、法律事务处，党委办公室、团委、工会办公室和离退休管理办公室等管理部门。公司本部设立了线路站场设计研究院、航测遥感研究院、地质路基设计研究院、桥梁设计研究院、城市轨道交通设计研究院、轨道设计研究院、工程经济设计研究院、建筑设计研究院、电气化设计研究院、通讯信号设计研究院、环境工程设计研究院、机械动力设计研究院、矿产冶金设计研究院等13个专业分公司和工程总承包公司、咨询公司等生产单位；在异地注册设立了济南设计院、郑州设计院、太原设计院3个综合勘察设计分公司。在呼和浩特、南京、石家庄、广东、哈尔滨、沈阳、南宁、新疆、西安、昆明、上海、武汉、四川、福州、青岛等地设立了驻外分院（或分公司)。设立了产品中心、信息中心、编辑部、图文中心、物业中心等事业制、辅助生产及后勤保障单位。

中铁设计咨询下设北京中铁诚业工程建设监理有限公司、中铁济南工程建设监理有限公司、中铁济南工程技术有限公司、中铁设计咨询集团北京工程检测有限公司等4家全资子公司及控股的山西中铁北车建设工程有限公司。

截至2012年底，中铁设计咨询在职员工2265人。其中各类专业技术人员2062人，占职工总数的91%；专业技术人员中，具有高级专业技术职称的693人（其中，提高工资待遇高级工程师76人)，中级专业技术职称的865人。截至2012年底有各类生产办公设备合计6600余台套，设备价值2.08亿元。

2012年，在铁路基本没有新开项目，铁路设计企业依然压力大，形势严峻的外部市场环境下，中铁设计咨询按照新一轮发展战略，积极开拓铁路以外的其它业务市场，以增加营业收入，全年营业额实现19.39亿元，同比上年增长11%；全年新签合同额30.23亿元，同比上年增长4%，两项指标均再创新高。同时，公司凭借良好的生产经营及严格的

成本费用控制制度，降低成本支出，通过增收节支全年实现利润总额1.76亿元，同比上年增长7%。根据中国勘察设计协会2012年公布的“勘察设计单位2011年营业收入和勘察设计收入排名”，中铁设计咨询营业收入在全国工程勘察设计企业营业收入排名中名列第79名；勘察设计收入在全国工程勘察设计单位勘察设计收入排名中名列第13名。这是中铁设计咨询自2005年至2011年连续7年勘察设计收入全国排名前50名。2011年度工程项目管理营业收入排名第31，比上年度排名提升了7名；2011年度工程总承包完成合同额排名118，比上年度提升了8名。2011年度工程造价咨询企业营业收入排名第23。

2012年，中铁设计咨询完成不同阶段的主要勘测设计、咨询、工程总承包项目共174项；累计完成勘察设计实物工作量：铁路1762.71折算公里；城市轨道交通313.21折算公里；工程测量475.25标准平方公里；工程地质19万实钻米。

2012年，中铁设计咨询全年科研开发投入继续保持在公司年营业收入的3%以上。年内，开展的各类科研项目56项，包括：铁道部科研项目7项（其中主持2项）；股份公司科研项目16项；中铁设计咨询内部科研项目21项、软件开发项目12项。全年科研开发、软件开发项目成果通过鉴定评审36项，其中，铁道部科研评审3项，股份公司评审2项，中铁设计咨询内部评审23项、软件8项。年内有10项科技成果获科学技术奖（其中省部级奖6项、股份公司级奖4项）。全年新增授权专利8项（其中发明专利1项、外观专利1项、实用新型6项）。截至2012年末，中铁设计咨询共有有效专利34项（其中发明专利10项）。

2012年中铁设计咨询获国家级、部、省级优秀工程勘察设计奖及优秀咨询成果奖共计12项，其中国家级优秀勘察设计、优秀咨询成果奖3项；省（市）级优秀勘察设计奖、优秀咨询成果奖9项。获国家级、部、省级优秀质量管理小组共20项次，其中全国优秀质量管理小组1项次；国家工程建设（勘察设计）优秀质量管理小组4项次；部、省级优秀质量管理小组15项次。

在任领导：
董事长　黄铁生（2012年12月21日 免）
　　　　刘永红（2012年12月21日 任）
总经理　李寿兵(2012年月12月21日 为法定代表人)
副总经理　刘春彦、于兴义、辛　兵、陈红念
　　　　　颜廷祥、蒋伟平
总工程师　陈红念（兼）
总会计师　郭宏军
总法律顾问　郭宏军（兼）
党委书记　张金武
党委副书记　李寿兵（兼）
　　　　　何梦通
纪委书记　何梦通（兼）
工会主席　辛　兵（兼）

地址：北京市丰台区广安路15号
邮编：100055
电话：010-51835097
传真：010-52691111
网址：http：//www.cec-cn.com.cn
电子邮箱：ztzx@cec.com.cn

【中铁大桥勘测设计院有限公司】 中铁大桥勘测设计院集团有限公司，简称中铁大桥院，始建于1950年8月，根据党和国家关于修建武汉长江大桥的决定，铁道部设计局成立武汉大桥测量钻探队；1953年3月，在武汉大桥设计组和武汉大桥测量钻探队的基础上，成立大桥设计事务所；1957年12月，大桥设计事务所成为铁道部专业设计院大桥设计处；1986年3月，大桥局勘测设计处更名为大桥局勘测设计院；2001年10月，按照国家关于勘察设计单位体制改革的要求，经国家工商行政管理局核准，武汉市工商行政管理局注册，原“铁道部大桥工程局勘测设计院”更名为“中铁大桥勘测设计院”；2003年，按照中铁工程总公司的统一部署，完成股份制改造，成立“中铁大桥勘测设计院有限公司”；2010年，中铁大桥勘测设计院有限公司升格为正局级单位，由中国中铁股份有限公司直接管理；2011年，成立中铁大桥勘测设计院集团，公司更名为“中铁大桥勘测设计院集团有限公司”。

中铁大桥院是国内唯一一家以桥为主、多元发展的勘测设计集团，持有国家颁发的工程勘察（综合类）、工程测量、公路设计（特大桥梁）、铁道设计（铁路桥梁）、市政公用设计（桥梁工程、城市隧道工程、轨道交通工程）、市政行业（道路工程）、工程咨询、工程造价咨询、市政公用工程监理、公路工程监理、铁路工程（铁路桥梁工程）监理、工程总承包、建筑行业（建筑工程）设计、城乡规划编制等甲级资格证书，主要承担规划测量与工程测量，岩土工程及工程地质勘察，铁路和公路桥梁设计，市政桥梁、地铁轻轨、隧道设计，桥梁、隧道的试验、检测、监测、加固改造，建筑设计，城乡规划编制，以及工程咨询、工程监理等业务。

中铁大桥院下设子公司四个：中铁武汉大桥工程咨询监理有限公司、中铁大桥（南京）桥隧诊治有限公司、中铁城市规划设计研究院有限公司、中铁时代建筑设计院有限公司；分公司四个：华东分公司、郑州分公司、沌口分公司、福建分公司。

六十多年来中铁大桥院共勘测设计咨询了公路、铁路、市政等大型、特大型桥梁850余座，工程项目遍布全国各地及十余个国家与地区。具有代表性工程有：武汉长江大桥、

南京长江大桥、九江长江大桥、芜湖长江大桥、武汉长江二桥、汕头海湾人桥、西陵长江大桥、澳门西湾大桥、东海大桥、杭州湾大桥、重庆朝天门长江大桥、郑州黄河公铁两用大桥、武汉天兴洲长江大桥、京沪高速铁路南京大胜关长江大桥等。先后获国家科技进步奖 19 项、詹天佑大奖 9 项、全国优秀勘察设计奖 13 项等国家级奖项 40 余项，获省部级科技进步奖、优秀设计奖、优秀勘察奖等百余项，创中国企业新纪录 11 次；获得专利权证书 34 项，其中发明专利 19 项，实用新型专利 15 项，并取得软件著作权 7 项。公司通过 ISO9001:2008 标准认证，取得质量管理体系认证证书。2008 年被国家认定为高新技术企业，并于 2011 年通过复审。2011 年连续第八次被湖北省省委、省政府授予“最佳文明单位”称号。

截至 2012 年底，中铁大桥院职工总数 841 人，其中中国工程院院士 2 人，全国工程设计大师 3 人，国家级专家 3 人，教授级高工 56 人。

2012 年，公司生产经营再上新台阶，超额完成各项生产任务，其中，新签合同额 5.57 亿元，完成营业额 5.39 亿元，利润总额 6043 万元。勘测设计质量合格率 100%，优良率 100%。年内承担的主要勘测设计项目有：渝黔铁路白沙沱长江大桥、蒙西至华中煤运通道公安长江大桥和洞庭湖大桥、武汉至黄冈城际铁路黄冈公铁两用长江大桥、宁安城际铁路安庆长江大桥、合福铁路客运专线铜陵公铁两用长江大桥、福平铁路海潭海峡大桥，港珠澳大桥、重庆寸滩长江大桥、万州长江三桥、宜昌庙嘴长江大桥、武汉鹦鹉洲长江大桥、乌海甘德尔两座黄河大桥、咸阳正阳渭河大桥、武汉江汉六桥、福州琅岐闽江大桥、中缅石油管道澜沧江跨越工程，湖北五峰县两河口大桥及接线工程、南京纬七路东进工程，南京麒麟科技园道路及地下通道工程、南京纬一路隧道工程，武汉轨道交通 6、7、8 号线、广州轨道交通 4 号、21 号线、南京地铁 12 号线、宁波轨道交通 1 号线、南宁轨道交通 1 号线、成都地铁 6 号线等。主要监理项目有：石武客运专线、成渝客运专线、合福客运专线、港珠澳大桥岛隧工程、鹦鹉洲长江大桥及接线工程、南京长江四桥、泰州长江大桥、崇启长江大桥、武汉江汉六桥、武汉地铁 6 号线等。主要诊治项目有：武汉长江二桥维修、九江长江大桥公路桥改造、芜湖长江大桥公铁共用部分维修、南京长江大桥公路桥维修、广东汕头海湾大桥系列维修，黄冈长江大桥、鹦鹉洲长江大桥、福建厦漳跨海大桥、武汉江汉六桥施工监控，赞比亚桥梁及乌海甘德尔黄河大桥试桩等。主要建筑设计项目有：渝利铁路丰都站、石柱站，沪昆高铁玉山南站、抚州东站、弋阳站，安徽宏恒光伏产业园、芜湖新桥·阳光半岛住宅区、芜湖金浩仁和天地小区、池州书香名邸小区、马鞍山蓝山雅筑小区一期工程、繁昌县公安局办公楼等。主要规划设计项目有：芜湖市城市总体规划、芜湖市新区规划、高沟镇中小企业产业园起步区详规、芜湖县都市新苑安置区规划、贵阳小关生态功能板块规划设计、贵阳龙里生态城规划设计，亳州市谯城区安置房工程、芜湖市区域雨污水改造工程设计等。

在任领导：
董事长　刘成军
副董事长　田道明
总经理　张　敏
副总经理　庄勇、黄燕庆、周传斌、张强、付宏平
总工程师　高宗余
总会计师　付宏平
党委书记　田道明
党委副书记　张　敏　汪小平
纪委书记、工会主席　汪小平

地址：湖北省武汉市汉阳大道 34 号
邮编：430050
电话：(027) 84846738
传真：(027) 84844209
网址：http://www.brdi.com.cn
电子邮箱：webmaster@brdi.com.cn

【中铁山桥集团有限公司】 中铁山桥集团有限公司即原山海关桥梁厂，始建于 1894 年，是中国最早建成的铁路桥梁工厂，2001 年改制为中铁山桥集团有限公司。

2012 年公司实现新签合同额 55.83 亿元；营业收入 38.10 亿元；利润总额 2.51 亿元；工业增加值 14.60 亿元。

2012 年公司完成钢梁钢结构 17.35 万吨；整组道岔 4680 组；尖轨配件 14900 根；锰钢辙叉 12900 个；机加工辙叉 13860 个；机械产品 23 台；高强度螺栓 198 万套；铸铁件 2656 吨；道岔锻件 1273 吨。

2012 年度公司获得了“2012 年全国施工行业先进企业”、“河北省政府质量奖”、“河北省质量效益型先进企业”、“中国中铁 2012 年度管理提升优秀单位”等荣誉称号。

2012 年，公司先后完成了国家级科研项目 3 项、中国中铁股份有限公司科研项目 6 项、港珠澳大桥管理局专题研究项目 1 项、公司级技术开发 39 项、发明专利 1 项和实用新型专利 2 项、道岔国内新产品 141 项、道岔国外新产品 17 项。其中中铁南方基地 2000T 轨道式门式起重机制造工艺技术、港珠澳大桥 4000t 钢箱梁运输方案暨自行式模块运输车技术、高速道岔制造关键技术、客运专线无砟道岔铺设技术、大跨度钢桁梁桥制造技术、三索面主桁公铁两用斜拉桥建造技术、桥梁耐候钢焊接技术、港珠澳大桥钢箱梁制造技术和焊接数据管理系统及铁路重载 75-12 号高锰钢拼装式辙叉技术（在线路运行中通过运量已达 3.5 亿吨）等已经达到了国内或国际先进水平。公司与中铁二院签订了战略合

作协议，在技术合作联合开发方面迈出了新的步伐。2012年公司制造的湖南矮寨大桥、重庆南溪长江大桥、厦漳跨海大桥、安庆长江铁路大桥等顺利合龙或通车。

2012年获省部级科技进步奖3项，《三索面主桁公铁两用斜拉桥建造技术》获中国铁道协会科技进步特等奖；《客运专线无砟道岔铺设技术》获二等奖；《大跨度钢桁梁桥制造新技术研究》获河北省科技进步三等奖和中国中铁股份有公司科学技术特等奖。公司制造的苏通长江公路大桥获国家优质工程金奖、哈尔滨松浦大桥获全国优秀焊接工程一等奖，公司荣获了秦皇岛市创新型企业称号。

公司拥有大专以上学历人员1700余人，其中硕士研究生90人，全日制本科生697人，从事管理和技术工作占65%，从事项目施工和生产一线工作占35%，大大提升了员工队伍的整体素质。公司有中国中铁股份有限公司级、省部级、国家级专家7人、教授级工程师12人，为企业的持续发展提供了人才保证。

2012年，公司取得符合ISO9001：2008和GB/T50430-2007两项标准的质量管理体系认证证书；美国AISC认证覆盖了产业园；德国DVS认证增加了设计和欧盟一致性评估CE资质证书，公司成为中国钢桥梁制造企业取得此项认证的第一家。

公司成立了工程机械事业部、北京国际贸易公司、房地产公司、科技开发公司、物流公司、物业公司等单位，初步形成了突出主业、多元发展的格局。

在和谐企业建设中，坚持企务公开制度，实行工资集体协商，加强企业的民主管理，采用多种渠道吸纳员工的合理化建议，通过“三不让”、发放一次性困补、两节送温暖等形式，为困难和患病职工共支付各种补助费 126万元。

在任领导：

董事长：吴兆安（2012年1月1日离任）、薛林（2012年1月1日任）

总经理：刘恩国

副总经理：李慧成、金荣铭、赵英杰、王柏重、于保东

总经济师、总法律顾问：李受年（2012年5月30日离任退休）、张英（2012年7月31日任总经济师）、李慧成（2012年10月24日兼任总法律顾问）

总工程师：魏云祥

总会计师：廖　克

党委书记：郭长江

党委副书记、纪委书记：田　苗

工会主席：赵英杰

地址：河北省秦皇岛市山海关区南海西路35号

邮编：066205

市电：0335－5151185

路电：0340－40033

传真：0335－5153186

网址： www.crsbg.com

电子邮箱：crsbg@crsbg.com

【中铁宝桥集团有限公司】 中铁宝桥集团有限公司即原宝鸡桥梁工厂，始建于1966年7月，是中国最早建成的铁路桥梁工厂之一，2009年1月，改制为中铁宝桥集团有限公司。

中铁宝桥集团有限公司即原宝鸡桥梁工厂，始建于1966年7月，是中国最早建成的铁路桥梁工厂之一，2009年1月，改制为中铁宝桥集团有限公司。

中铁宝桥集团有限公司下属9个子公司：天元发展实业有限公司、汕头宝桥钢结构有限责任公司、宝鸡桥源工贸有限责任公司、宝桥科技有限公司、宝桥房地产有限公司、宝桥实业有限公司、宝桥（扬州）钢结构有限公司、宝桥（南京）有限公司、中铁宝工有限责任公司。

2012年，集团公司完成新签合同额43.5 亿元，完成企业营业额35.4 亿元，实现营业收入35.5 亿元，完成利润总额2.48 亿元。完成钢梁钢结构17.8万吨，整组道岔3489组，AT尖轨4111根，辙叉14160个。

2012年，集团公司把经营销售工作放在龙头位置，在主业产品的市场困局中抢机遇、抓订单。道岔销售紧盯基建大项目、稳定大维修用户、扩大地铁市场，全年揽回整组道岔3936组，高锰钢辙叉10538个，尖轨配件12417根，合同总额19.3亿元。钢结构订货在市场大幅萎缩情况下，百折不回，坚持先算账、控风险的原则不动摇，取得了较好业绩。集团公司相继中标港珠澳大桥、大连南部滨海大道桥、南京过街通道步行桥、海南洋浦大桥和厦漳、嘉绍防护栏制安项目，总重约9.9万吨、总额12.7亿元。

2012年公司研发部立足市场开发道岔新产品35种。重载道岔75-12、60-12两个型号三种产品设计方案和厂内试制，分别通过了铁道部科技司组织的评审和验收。加强地铁道岔联合设计工作，保持地铁设计和市场的领先优势。完成了53种辙叉新产品的设计开发，北美自护式辙叉轨底气孔攻关取得成功，满足了出口辙叉批量生产需求。经过设计优化后的合金钢辙叉质量趋于稳定，上道通过运量已达到2.05亿吨，2亿吨使用寿命的目标已初步实现。“时速200公里60kg/m钢轨18号单开道岔的研制”获宝鸡市科技进步二等奖。“嵌入式高锰钢辙叉的研制”项目通过了中国中铁科技成果评审。

2012 年公司结构机械部打破专业界限，以项目为单位积极开展技术工作，全年完成42项投标技术方案编制工作，进行技术准备和技术服务项目20个。先后完成了桂林、宁波轻轨工程设计任务，轻轨产品设计初具规模。大力开展新品开发和技术研究工作，总结、提升、优化了全系列低速磁

悬浮道岔、全系列跨座式单轨道岔设计制造技术；开发了悬挂式空列道岔与轨道、新型支座、智能化集装箱起重机等新产品；积极开拓桥梁健康检测市场；紧跟国内外新设计、新技术、新工艺发展方向，不断提高大节段钢梁制造及检测技术水平。南京大胜关长江大桥公铁两用特大钢桁梁桥获 29 届国际桥梁大会乔治•理查德森奖。宁波湾头大桥钢桁梁获全国优秀焊接工程一等奖。

2012 年公司完成技开技措 40 项。有 2 个项目被中国中铁列为重大和重点课题，并获研发经费资助；中低速磁浮全系列道岔产业化获宝鸡市重大科技专项资金支持。扬州公司取得 8 项实用新型专利授权。高速磁浮道岔国产化研制获宝鸡市科技进步一等奖。公司再获国家“高新技术企业”称号。

在任领导：
董事长　黄振宇
总经理　李宗民
副总经理　张琳　王辉平　梁世来　董彦录
总工程师　吉敏廷
财务负责人　潘志军
党委书记　洪军
党委副书记　黄明仓
工会主席　梁世来

地址：陕西省宝鸡市清姜路 80 号
电话：（市电）0917-3351818 3351188
传真：0917-3353371
邮编：721006
网址：http://www.crbbg.com/
电子邮箱：baoqiao@crbbi.com

【中铁科工集团有限公司】 中国中铁科工集团，总部位于九省通衢的武汉市，隶属于世界 500 强企业中国中铁股份有限公司，由原“中铁工程机械研究设计院有限公司”、“中铁大桥局集团第七工程有限公司”、“中铁重工有限公司”等三家单位重组，于 2008 年 5 月正式挂牌成立，是一家集产科研服务一体化的新型工业集团。注册资本 5.5 亿元，总资产逾 20 亿元。

企业属性：国有大型企业。国家高新技术企业、铁道部施工机械标准化技术归口单位、省级企业技术中心、中国中铁施工装备技术研发中心。

产业结构：科研设计，工业制造，工程施工与安装，科技检测与监控。

主营业务：铁路公路、桥梁隧道、港口站场、市政建筑、能源开采等工程施工与作业装备的研发制造，大型钢梁结构制造与安装，土建工程施工，科技检测与监控等。

主导产品：桥梁、线路、隧道、基础、采矿等各类工程施工设备，港口、站场作业机械，以及钢梁钢结构产品等。

人才优势：拥有享受国务院政府特殊津贴专家 10 人，中国中铁专家 1 人，铁道部及总公司有突出贡献中青年专家 8 人，获铁道部及总公司拔尖人才 14 人，茅以升/詹天佑大奖 7 人。近千名各类专业技术人员中，教授级高工 27 人，高级职称 78 人，中级职称 262 人，技师、高级技师 120 余人。

科技创新：集团公司共获批各级科技立项 79 项；获各级、各类科学技术奖 41 项，其中省部级以上 21 项。通过省部级科技成果鉴定（评审）23 项；授权专利达到 50 项，其中发明专利 12 项；主持、参加国家和铁道行业标准的制定和修订 45 项，其中有 5 项国家标准和 33 项铁道行业标准已颁布实施。

行业地位：在铁路与轨道交通工程等大型专用施工设备研制领域，核心技术达到国际先进水平；大型桥梁钢结构制造与架设技术，位居行业前列。

企业精神：创新超越追求卓越。

愿景目标：建设成为“行业领先、国际知名”具有较强竞争实力的大型工业企业集团。

在任领导：
董事长、党委副书记　唐智奋
总经理、党委副书记　鄢怀斌
党委书记、副董事长　栗培章
党委副书记、纪委书记　杨历生
副总经理　陈晓鸿　杨祖新　张延西　胡建伟
总工程师　李　玲
总会计师　胡建华
工会主席　陈晓鸿

地址：湖北省武汉市洪山区徐东大街 45 号
邮编：430066
电话：027-86821959　86827773
传真：027-86711266
网址：www.crsic.cn
电子邮箱：yx@crsic.cn

【中铁隧道装备制造有限公司】 2008 年 3 月，中铁隧道集团整合内部盾构研发制造资源，以中铁隧道股份有限公司新乡机械制造分公司为依托，在洛阳注册成立由中铁隧道集团公司控股、中铁隧道股份有限公司参股的中铁隧道集团隧道设备制造有限公司，属于中铁隧道集团旗下二级子公司、中国中铁股份公司三级子公司。

2009 年 12 月，为将大型全断面隧道掘进机自主设计制造业务打造成为中国中铁股份公司支柱产业，同时根据中国中铁与河南省战略合作协议，中国中铁股份公司对内部盾构研发制造资源进行整合重组，以中铁隧道集团隧道设备制造有限公司为依托，将中铁隧道集团隧道设备制造有限公司整体升格为二级子公司，在国家郑州经济技术开发区注册成立，并更名为“中铁隧道装备制造有限公司”，成为中国中铁旗下从事大型全断面掘进机等隧道装备专业化制造的全资子公司。

中铁装备已在国家郑州经济技术开发区建有国内最大的盾构研发制造基地，在河南新乡建有隧道及地下工程施工专用设备研发生产基地和盾构配套生产基地，盾构年产能40台套；在成都、合肥和福州等地有合作生产基地，合作生产盾构能力20台套，合计年产值可达10亿元以上。公司现有员工950余人，其中机械、电气、液压、工艺等各类设计人员200余人，生产技术人员145人，各类技师170人，售后服务150人，专业技术人员占员工总数的60%以上，属技术密集型企业。公司下设盾构分公司、设备分公司、技术服务分公司、机电工程分公司等4个分公司，1个设计研究总院、1个技术研究中心和1个控股子公司中铁三力公司。

中铁装备拥有盾构研发制造的自主知识产权，采用“自主设计、自主研发、全球采购”的国际化运作模式，形成了集研发设计、加工制造、组装调试、技术服务、施工反馈、修造翻新、营销租赁一体化的盾构产业链。为加快推进盾构国产化进程，为国家基础建设提供更为优良的施工装备，中铁装备在完成国家“863”计划盾构项目的基础上，继续着力在盾构优化设计、硬岩盾构整机技术研究、TBM关键技术研究、大小直径盾构、大型泥水盾构、矩形盾构等方面加大科研开发力度，不断推动公司的研发步伐，致力于打造“盾构家族”产品的系列化。

公司在坚持以盾构产业化为主线的同时，积极实施多元化发展战略，已开发有系列隧道专用设备，其中，公司直交变频机车、管片车、砂浆车、出碴矿车已销往新加坡。另外，公司已研制出混凝土湿喷机，并投入工业性试验； 65T内燃机车正在进行研发试制；新型衬砌模板台车顺利通过铁道部工业性试验验收，并投入现场施工，达到国内领先水平。同时，公司已开发出桩机设备、煤矿掘进设备等。

截至2012年底，中铁装备订单已累计突破100台套，已出厂盾构被广泛应用于北京、天津、沈阳、大连、西安、杭州、郑州、重庆、无锡、成都、宁波、武汉、广州、深圳等城市的地铁和市政项目，在地质适应性、安全可靠性和掘进进度等方面均有不俗表现，同时公司通过提供专业咨询和优质服务为施工保驾护航，已经成为国内隧道装备的中坚力量之一。

在任领导：

董事长、党委书记	李建斌
总经理、副董事长、党委副书记	韩亚丽
党委副书记、纪委书记、工会主席	张红星
副总经理、总经济师	谭顺辉
副总经理	赵　华
副总经理	方新强
副总经理、总工程师	张宁川
总会计师、总法律顾问、董事会秘书	宁辉东
副总经理	张志国

地址：河南省郑州市经济技术开发区第六大街99号
电话：0371-60608666
传真：0371-60608800
邮编：450016

【中铁信托有限责任公司】 中铁信托有限责任公司（简称中铁信托，原名为衡平信托有限责任公司）是经中国银行业监督管理委员会批准，以金融信托为主营业务的非银行金融机构，注册资本20亿元。2002年12月，由原成都工商信托投资有限责任公司和成都金通信托投资公司合并新设立衡平信托。2005年10月，中国铁路工程总公司和其下属的中铁二局集团有限公司收购了衡平信托 72.39%的股权。2007年7月，按照中国银监会《信托公司管理办法》换发了新的金融许可证，成为全国首批换发金融许可证的信托公司之一。2008年12月，经批准，正式更名为“中铁信托有限责任公司”。

中铁信托业务范围涵盖资金信托、动产信托、不动产信托、有价证券信托、投资基金、证券承销、投资银行业务等；办理居间、咨询、资信调查等业务；以存放同业、拆放同业、贷款、租赁、投资方式运用固有财产；以固有财产为他人提供担保，从事同业拆借以及法律法规规定或中国银行业监督管理委员会批准的其他业务。2008年9月，中国银监会核准中铁信托特定目的信托受托机构资格；2009年11月，经中国银行业监督管理委员会四川监管局批复，中铁信托获得以固有资产从事股权投资的创新业务资格。

2012年，中铁信托根据信托市场、行业发展态势以及公司实际情况，牢牢把握信托行业大发展机遇，坚持以品牌建设为统揽，深入实施全员风控、全员营销、全员拓展战略，大力开展管理提升活动，继续打造“营销+风控”的双核竞争力，监管评级首度晋升至2级，蝉联了“中国优秀信托公司”称号。从业务拓展看，进一步确定符合自身特点与资源优势的市场定位，纵深推进“大优客户”业务发展战略，与行业和区域龙头优势企业继续保持了良好的合作伙伴关系。从创新业务看，成功设立了全国信托行业第三家、四川省内金融机构首家博士后创新实践基地，债券业务成功孵化，获得银行间市场交易商协会会员资格。从产融结合看，建立了以“投融资+中铁建设管理+中铁施工（议标）”的业务优化模式，推动信托投融资与系统内主营业务的良性互动。从营销看，银行、券商等渠道合作进一步深化，与民生银行总行签署了战略合作协议，全年直销规模首次突破100亿元，在行业中名列前茅。从风险管理看，“横向到边、纵向到底”的矩阵式风险控制体系全面建成，驾驭经营风险的能力不断提升，没有发生一例风险项目。从品牌责任看，牵头与四川省慈善总会成立了“中铁信托爱心基金”，合作伙伴、信托委托人等的首期捐赠已达240余万元。

2012年，全年实现营业收入13.3亿元，完成年度预算133%，同比增长34%；实现利润总额10.9亿元，完成年度预算135%，同比增长40%；实现归属母公司净利润8.09亿元，完成年度预算135%，同比增长40%。本年度公司信托资产规模首次突破1000亿元，达到1056亿元。全年新增信托规模892亿、项目338个。其中，集合资金信托220个、规模369亿元，规模同比增长86%；单一资金信托102个、规模483亿元，规模同比增长279%；财产管理信托16个，规模40亿元。

在任领导：
董事长、党委副书记　王俊明
总经理、党委副书记　景开强
党委书记、纪委书记　郭敬辉
监事长、纪委副书记　董寰
副总经理、总法律顾问　李文众
副总经理、董事会秘书　陈赤
副总经理　孙毅
副总经理、总会计师、工会主席　解义才
副总经理　王石

地址：四川省成都市航空路1号国航世纪中心B座
邮编：610041
电话：028-86029144
财富热线：4008-085-085，028-87789999，028-86277999
传真：028-86029198
网址：www.crtrust.com
电子邮箱：crtc@crtrust.com

【中铁置业集团有限公司】 中铁置业集团有限公司是中国中铁股份有限公司为完善产业布局、做强做大房地产业务而成立的全资子公司，是中国中铁房地产板块业务的核心企业。国务院国资委于2006年下半年批准将房地产开发作为中国铁路工程总公司主营业务后，中国铁路工程总公司于2007年1月18日研究决定成立中铁置业发展有限公司。2月14日，公司在国家工商总局成功注册。4月28日，中铁置业发展有限公司更名为中铁置业集团有限公司。

2008年3月，中铁置业注册资本由6亿元增加至21亿元。公司经营范围包括：房地产开发与经营、策划、咨询，建筑工程施工，市政工程，装饰装修，建筑材料销售，机械设备租赁，投资管理，物业管理及相关服务。集团公司具有房地产一级资质，并通过了质量、环境、职业健康安全管理体系认证。2009年11月，中铁置业被中关村科技园区管委会授予“高新技术企业”称号。集团公司下属的建筑公司具有建筑施工总承包一级资质，物业公司具有物业服务一级资质，新业投资咨询公司具有全国房地产经纪机构资质。

公司坚持“立足区域、面向全国”的发展思路，实施全国性开发战略，推行“集团-区域-项目”三级管控模式，先后组建了上海、西安、沈阳、贵阳、山东等五大区域公司，初步建立起覆盖环渤海、长三角、珠三角中心经济区域以及全国各中心城市的全国性战略布局。截止2012年底，在北京、深圳、成都、石家庄、上海、沈阳、三亚、长沙、贵阳、西安、济南、青岛、烟台、秦皇岛、厦门、杭州、蚌埠、遵义、亳州等19个大中城市拥有35家子公司。公司从单一开发向投资咨询、设计、施工、营销策划和物业服务等房地产上中下游的全面渗透，形成了完整的产业链条，同步开发面积超过1000万平方米。

公司坚持走专业化发展之路，2012年采取系列新举措不断提升企业核心竞争力。先后获取了西安高新写字楼、三亚二期、成都轨道产业园、遵义共青湖、贵阳十二滩等二级开发项目和亳州土地一级开发项目，由单一住宅项目逐步向商业地产、旅游地产、产业园区等项目拓展；设计研发了“水岸”、“缤纷”、“逸都”三个产品系列，打造中铁置业的系列化标准化产品；开辟了银行信贷、房地产信托、保理业务、基金机构、企业合作等多种融资渠道，全年净增融资72亿元；全面推行项目计划任务书管理，实现了项目开发环节由节点管理向系统管理转变；在22个项目实施总控成本管理，成本管控效果明显；物资由集中采购向战略采购迈进，战略采购价格优势凸显；扎实开展了“五讲五查五提升”和深化管理提升活动，公司综合实力得到进一步增强。

公司坚持“人才强企”战略和“人人都能成才，人人都是人才”理念，打破传统的选人用人观念，建立了市场化选人用人机制，吸引了大批优秀人才加盟。公司由成立之初的13人扩大到如今的2152人，平均年龄34岁，其中研究生以上学历人员120人，中高级职称人员624人，大专以上学历人员占员工总量的95%。2012年，集团公司领导班子连续第四年被中国中铁股份有限公司授予“四好班子”称号。

中铁置业坚持“营造美好空间，造福社会大众”的企业宗旨及“诚信为本、合作共赢”的经营理念，努力实现客户需求、员工发展、企业利益、社会责任的和谐统一。在传承中国中铁优秀文化、吸收外来文化的基础上，中铁置业打造了以“家文化”为核心的特色企业文化，形成了“爱满家园、和谐发展”的良好氛围。2012年，中铁置业顺利通过国务院国资委首批“中央企业企业文化建设示范单位”社会公示。

中铁置业依托“中国中铁”强大的品牌优势，坚守“信任责任源自责任”的品牌理念，从产品品质和客户服务入手，努力打造"中铁置业"的市场品牌，提升中国中铁房地产板块的整体市场竞争力。坚持"设计新巧省、施工精细快"的产理念，不仅在工程质量上做到内实外美，而且把绿色、节能、环保的理念融入产品之中，公司荣获了由全国工商联房地产商会举办的第8届精瑞科学技术奖评比的"绿建成就企业奖"。2010年，中铁置业集团名列中国房地产开发企业50强测评排行第23名，公司先后两次荣获中国住交会"中国房地产名企"称号。

2012 年，中铁置业取得了销售额突破百亿元。全年完成销售额119.6亿元，实现营业收入83.2亿元，实现利润总额13.1亿元、净利润9.9亿元，归属母公司净利润8.6亿元。与成立之年2007年相比，中铁置业营业收入增长20.8倍，总资产增长10.6倍，利润总额增长21.9倍。中铁置业六年累计实现归属母公司净利润21.94亿元。

在任领导：

董事长：郑　勇（至2012年12月20日）

董事长：王子光（2012年12月20日任职）

党委书记：郑　勇

总经理：王子光（至2012年12月20日）

总经理：朱　洁（2012年12月20日任职）

党委副书记：戴玉民（副总经理）

纪委书记、工会主席、监事会主席：戴玉民（至2012年12月20日）

副总经理：马永红（财务总监）、邓荣飞、陈月东
王玉良、张学军、朱长清（总工程师）

党委副书记、纪委书记、工会主席、监事会主席：张春胜（2012年12月20日任职）

地址：北京市丰台区广安路15号

邮编：100055

电话：010-58095801

网址：www.crreg.com.cn

邮箱：hr@crreg.com.cn

【中铁资源集团有限公司】 中铁资源集团有限公司是集地质勘查、矿山开发、商贸物流于一体的国际化、综合型矿产资源开发集团，是由中国中铁股份有限公司独家发起设立的全资子公司，公司注册资本金为人民币30亿元，总部设在北京。

2007年1月18日，经中国中铁股份有限公司（当时称中国铁路工程总公司）第一届董事会第二次会议研究，决定设立"中国铁路工程集团有限公司资源开发分公司"，主要负责集团公司国际、国内资源项目的开发工作；组织资源投资项目的跟踪、前期立项、报建审批、设计工作。下设综合部、财务部、地勘部、金属部、非金属部。资源开发公司的成立是股份公司立足当前，着眼长远，进行政业结构的调整，保证企业持续健康发展的又一重大举措。

2008年4月29日经中国中铁股份有限公司第一届董事会第九次会议通过，股份公司决定，在资源开发分公司的发展基础上，成立"中铁资源有限公司"，作为股份公司的资源开发专业化子公司。注册资本金10亿元人民币，由股份公司全额出资。中铁资源的经营范围拟为"贵金属、有色金属、黑色金属和非金属等资源开采、加工及销售；煤炭开采、洗选加工、煤炭及煤炭制品的销售；矿井建设；仓储及运输；国内外自然资源开发的技术研究、咨询、勘探及设计；进出口业务、对外经济合作；基础设施投资建设；用自有资金兴人企业和投资项目。

2009年4月28日中国中铁股份有限公司第一届董事会第十九次会议决定：中铁资源有限公司更名为中铁资源集团有限公司至今。

截至2012年底，中铁资源集团有限公司共拥有境内外26家全资、控股和参股公司，设立了3家办事处和2家分公司。中铁资源集团有限公司主要从事境内外矿产资源的投资开发，拥有的矿产品种主要有煤、铜、钴、黄金、钼等。在经营范围上，中铁资源集团有限公司广泛涉猎贵金属、有色金属、黑色金属和非金属等资源开采、销售；国内外自然资源开发勘探设计、技术研究及技术咨询；货物进出口、仓储服务；施工总承包；项目投资等，形成"矿山开发、地质勘查、商贸物流、金融投资"多业并举的经营格局。

在经营区域上，中铁资源集团有限公司坚持国内国外"两个市场"协调开发，国内市场延伸到内蒙古、新疆、青海、黑龙江、云南、河北、四川、广西等多个资源大省（区）；海外市场拓展到非洲的刚果（金）、大洋洲的澳大利亚、亚洲的蒙古、哈萨克斯坦、吉尔吉斯坦、印尼、老挝和美洲的委内瑞拉等多个国家，并在不断加快向周边开发的步伐。

中铁资源集团有限公司走过了将近四年的发展历程，企业经历了从无到有、从小到大的艰苦创业过程，企业发展实现了一个又一个进步。"潜龙在渊，蓄势待发"。中铁资源集团有限公司广纳海内外人才，组建起由国家矿产资源方面学科带头人、地质研究院所专家、工程建设优秀管理者和海外专业人才为支柱的技术、管理团队，集聚起雄厚的竞争实力。中铁资源集团有限公司作为中国中铁资源业务板块的承载主体，肩负着实现中国中铁在全国乃至全球矿产资源领域战略目标的历史使命。中铁资源集团有限公司将秉承"勇于跨越，追求卓越"的企业精神，开拓创新，锐意进取，与海内外各界朋友精诚合作，互利双赢，携手共创美好明天。

在任领导：

董事长：易政青

总经理、党委副书记：吴建元

党委书记、副总经理：李　辉

党委副书记、纪委书记、工会主席：佟立国

副总经理：赵庆云（2012年8月免）

副总经理：毛德宝

总会计师、总法律顾问：杨宏伟

副总经理：孙瑞文（2012年6月任华刚矿业公司执行董事）

副总经理：罗晓春（2012年6月任）

总工程师：王含渊

总地质师：钟长汀

地址：北京市海淀区西四环中路16号院中铁资源大厦

邮编：100039

电话：010-88213160

传真：010-88213080

网址：www.crmrc.com.cn

【中铁国际集团有限公司】 中铁国际集团有限公司（以下简称“中铁国际集团”）是由世界企业500强、世界品牌500强企业——中国中铁股份有限公司(CREC)为实施“大海外”战略、加快“走出去”步伐、整合系统内外经资源而设立的专业化外经公司，由中铁国际经济合作有限公司、中国中铁委内瑞拉公司、东方国际建设分公司、中国中铁老挝公司整合组建，中铁国际集团注册资本金10亿元人民币。

中铁国际集团负责独立开展外经业务，代表中国中铁股份有限公司从事外经投融资业务，负责对运作类项目、投资类项目以及运营管理类等项目进行经营开发和管理等工作；负责对其以中国中铁名义和自身名义中标实施的项目进行监督、管理和服务，全方位开拓国际工程承包市场。

目前，中铁国际集团下辖4家国内机构、15家境外公司和10家境外代表处，业务范围遍及亚洲、非洲、南美洲、大洋洲和中东欧等区域的多个国家和地区。在香港、马来西亚、印尼、委内瑞拉、南非、尼日利亚等17个国家和地区均有在建项目。

公司主要职能：负责完成股份公司下达的各项经营管理考核指标，独立开展外经业务，经营管理所属单位和分支机构的各项业务；经股份公司授权，代表股份公司从事外经投融资业务，负责对运作类项目、投资类项目以及运营管理类等项目进行经营开发和管理等工作；负责对其以中国中铁名义和自身名义中标实施的项目进行监督、管理和服务。负责中铁国际集团所属各子分公司的人员管理、资产管理、业绩考核和风险控制等工作。

经营范围：施工总承包；专业承包；铁路工程、公路工程、桥梁工程、隧道工程、港航工程、航空港工程、电力工程、通信工程、房屋建筑、市政工程、机电安装工程、供排水工程，水利水电工程、热力工程、能源工程；铁路、城铁、公路等基础设施的运营及维护；投资及投资管理；矿产资源开发，矿产资源技术开发、技术转让、技术咨询、技术服务；工程项目管理；工程招标及代理；工程造价咨询；工程技术咨询；工程预算、审计；工程监理；技术进出口；货物进出口；进出口代理；销售机械设备及一般建筑材料；机械设备租赁；职业培训，向境外派遣各类劳务人员；房地产开发；酒店餐饮服务；旅游服务。公司具体经营业务以公司登记机关核发的营业执照为准。中铁国际集团作为中国中铁国际化经营的重要平台和载体，将始终秉承和发扬中国中铁的优良传统，紧紧抓住国家“走出去”发展战略这一机遇，落实“人才兴企”的核心战略，优化经营模式，创新激励机制，为打造中国中铁国际化事业主力军而努力奋斗。

地址：北京市海淀区复兴路69号中国中铁大厦C座

邮编：100039

电话：010-52680099

传真：010-52680088

网址：www.crecgi.com

【中铁物贸有限责任公司】 中铁物贸有限责任公司前身为中国中铁股份有限公司物贸分公司，成立于2007年2月。2010年12月，为加快产业结构调整，实现企业可持续发展，加快推进两大转变，实现二次创业，根据股份公司总体部署，决定在物贸分公司基础上，改制成立中铁物贸有限责任公司，并于2010年12月8日完成工商注册。中铁物贸有限责任公司是中国中铁股份有限公司独家出资成立的子公司，注册资金1.8亿元。公司经营范围：销售钢材、水泥、建筑材料、机械电器设备、电子产品、通讯器材、五金交电、日用品、化工产品（不含一类易制毒化学品及危险化学品）、橡胶制品、金属材料、焦炭、有色金属、煤炭、燃油、木材及其制品、石材及其制品、林业产品；经济信息咨询（不含中介）；招投标代理；仓储服务；设备租赁；项目投资；资产管理；货物进出口、技术进出口、代理进出口。

中铁物贸有限责任公司前身为中国中铁股份有限公司物贸分公司，成立于2007年2月。2010年12月，为加快产业结构调整，实现企业可持续发展，加快推进两大转变，实现二次创业，根据股份公司总体部署，决定在物贸分公司基础上，改制成立中铁物贸有限责任公司，并于2010年12月8日完成工商注册。中铁物贸有限责任公司是中国中铁股份有限公司独家出资成立的子公司，注册资金1.8亿元。公司经营范围：销售钢材、水泥、建筑材料、机械电器设备、电子产品、通讯器材、五金交电、日用品、化工产品（不含一类易制毒化学品及危险化学品）、橡胶制品、金属材料、焦炭、有色金属、煤炭、燃油、木材及其制品、石材及其制品、林业产品；经济信息咨询（不含中介）；招投标代理；仓储服务；设备租赁；项目投资；资产管理；货物进出口、技术进出口、代理进出口。

中铁物贸有限责任公司同时承担中国中铁股份有限公司“物资采购管理中心”的管理职能，推进股份公司“两级集中采购平台，三级管理机构”的建立。公司总部设在北京，下设综合处、业务管理处、招投标处、经营管理处、财务处、纪检监察审计处、国际业务管理处等管理部门，以及部管物资代理服务部、轨道材料事业部等经营单位。公司成立以来，已先后在北京、深圳、佛山、郑州、昆明、沈阳、成都、合肥、上海、武汉、西安、石家庄、莆田、南通等地设有子、分公司和物供中心，负责股份公司直管项目的物资集采供应管理；在昆明、贵阳、成都、重庆、兰州、乌鲁木齐等地设有 14 个现场项目经理部，负责西北、西南五个路局 34 个项目的铁道部部管物资代理服务。

自中国中铁全面推行物资集中采购管理后，中铁物贸有限责任公司分别代表中国中铁与中国建材、河北钢铁、攀钢、包钢、武钢、韶钢、裕丰、天瑞、昆钢等大型资源企业建立战略合作伙伴关系，同时与中国中铁下属各局物贸公司及物资管理机构建立紧密的合作经营关系。中铁物贸有限责任公司将秉承股份公司“勇于跨越，追求卓越”的企业精神，全面推行精细化管理，按照股份公司对物贸公司“立足中铁，面向市场，走出国门”的企业定位，以“物通三江、贸达四海，诚信服务、永争一流”的企业精神为指导，整合中国中铁既有物流资源，着力打造“中国中铁物贸”品牌，建立中国中铁物资产业板块。

在任领导：

总经理、党工委书记、纪工委书记、工会工委主任：白鹤林

副总经理：蒋岩松、朱定法、朱建平

总会计师：杨向歌

地址：北京市丰台区莲花池南里 26 号中铁工程大厦 7-8 楼

邮编：100055

电话：010-51846757

传真：010-51876607

【中铁西北科学研究院有限公司】 中铁西北科学研究院有限公司（简称中铁西北院），是世界 500 强排名第 95 位、中国建筑业排头兵的中国中铁股份有限公司旗下的二级成员单位，成立于 1961 年，原隶属于铁道部科学研究院，名称为西北研究所。1992 年 11 月 1 日，铁道部科学研究院西北研究所更名为铁道部科学研究院西北分院。2000 年 10 月，作为国家第二批 134 个转制科研院所之一，铁道部科学研究院西北分院进入中国铁路工程总公司，更名为中铁西北科学研究院，2001 年 10 月 1 日进入中国中铁股份有限公司，2005 年 12 月 26 日改制为有限公司。2007 年，随中国中铁股份有限公司在上海、香港同时上市。

中铁西北院设有 15 个机关职能管理部门、1 个科研机构——科研所，设有甘肃铁科建设工程咨询有限公司、甘肃中铁建设工程有限公司和甘肃兴科物业管理有限公司 3 个全资子公司，设有勘察设计分公司、工程检测试验中心、文物保护与特殊工程加固中心、南方分公司、格尔木分公司、西南分公司、西安分公司、新疆分公司、西藏分公司等 9 个分支机构，设有中铁二院西北勘察设计有限责任公司和沈阳铁科工程监理有限公司 2 个合资公司。

截至 2012 年底，中铁西北院拥有由多名国际、国内知名的岩土工程专家组成的专家委员会和一支 4 名博导、10 名硕导，共 384 人组成的员工队伍。其中副高及以上职称人员 73 人，15 名专家享受“国务院特殊津贴”。公司党政领导班子由 9 人组成：董事长刘成军，法定代表人、总经理、副董事长、党委副书记朱本珍，党委书记、工会主席牛怀俊，党委副书记、纪委书记刘文龙，副总经理马惠民，副总经理、董事会秘书方建生，副总经理张国帅，副总经理、总工程师郑静，副总经理、总法律顾问王引生。

中铁西北院是以特殊地质路基与地质灾害防治为重点专业，以特殊、重大应用理论及灾害防治工程措施为主攻方向，集研究、勘察、设计、试验、工程检测、监测、监理、咨询、施工、环保与环评为一体、取得 ISO9001 质量管理体系、ISO14001:2004 环境管理体系和 GB/T28001-2011 职业健康安全管理体系认证的综合性高新技术企业，拥有国内先进的岩土工程试验室与低温试验室，配备有先进的专业测试仪器设备及勘察、施工等配套设备。设有滑坡与高边坡、冻土与盐湖、黄土与地基基础、沙漠与环境工程地质、裂土（膨胀土）、环保与环评、文物保护及建筑物纠偏、岩土工程检测八个专业。实施以科学研究为基础，科技开发为支柱，多种经营为补充的战略方针，坚持“科研创新与生产紧密结合，将科研成果转化为生产力”的特色发展之路。主要经营范围为：土木工程及地质灾害防治工程的科学研究、工程测量、试验、测试、检测、监测、勘察、设计、施工（均凭资质证）；文物保护和加固工程、防腐工程、土石方工程、建筑防水工程（均凭资质证）；工程技术咨询服务，成果转让、新工艺的开发应用，绿化环境工程治理，环境设备的制造、销售、安装、调试，房地产开发、房屋租赁；节能材料、五金交电（不含进口摄、录像机）、化工产品（不含危险品）、建筑材料的批发零售；物业管理、住宿（限分支机构经营）。

按照加强和规范对“三重一大”决策事项的要求，董事会把握“抓大局、把方向、谋发展”的定位，不断提高决策的科学性，2012 年度审议各类议案共计 20 项，各位董监事认真研判形势，科学高效决策，从企业资产的安全性、盈亏的真实性、投资的合理性和企业经营活动的合法合规性等方面，着力化解和规避企业发展中的各种风险。按照中国中铁开展“调查研究年”活动的有关要求，外部董、监事深入一

线开展调研工作，对中铁西北院总体发展和决议执行情况做了全面深入了解，实时掌握专业布局和重点项目的动态，为决策和监督等履职工作提供了有效的信息支持。

2012 年，继续发挥高新技术企业的科技优势，加大科技创新和知识产权保护的力度，在多方面取得了可喜的成绩。新开科研项目 18 项，合同额 1053 万元。其中公司外科研项目 15 项，合同额 1011 万元，包括科技部项目 2 项，省部级项目 2 项，其它项目 11 项。延续科研项目 60 项，有 9 项成果通过鉴定和评审，通过鉴定和评审的成果数量较 2011 年增长了 50%，3 项课题通过了科技部和铁道部组织的验收。7 项成果获奖，其中公司主持的 2 项科研成果分别获得了甘肃省、新疆维吾尔自治区科技进步一等奖，参加的 1 项成果获得甘肃省科技进步二等奖，2 项成果获得中国施工企业管理协会科学技术奖技术创新成果二等奖，2 项成果获得中国中铁科学技术二等奖。此外，还有 3 项成果正在申报国家和铁道学会有关奖项。申请并受理专利 14 项，其中发明专利 6 项，实用新型专利 8 项；有 20 项专利获得授权，其中发明专利 6 项，实用新型专利 14 项，授权发明与实用新型专利数量较 2011 年分别增长了 20%和 100%。自主研发的“松软土地基无排土无振动挤密处理技术”取得新进展，获得“无振动挤密扩孔设备”等 5 项国家专利。

在任领导：

董事、董事长：刘成军（兼职外部董事）

董事、副董事长：朱本珍（非外部董事）

董　　事：王凤江（专职外部董事）

董　　事：修　贵（专职外部董事）、牛怀俊（非外部董事、郑　静（非外部董事）

职工董事：尹长君

董事会秘书：方建生(兼)

监事、监事会主席：刘　坚（专职外部监事）

监　　事：曹建生（专职外部监事）
侯殿英（非外部监事）

职工监事：赵坤印　谢明皆

总 经 理：朱本珍

副总经理：马惠民、方建生、张国帅、郑静、王引生

总工程师：郑　静(兼)

总法律顾问：王引生(兼)

副总会计师：廖小龙

地址：甘肃省兰州市民主东路 365 号中铁科技大厦 A 座

邮编：730000

电话：0931-4934554

传真：0931-4934524

网址：http://www.crnric.com

Email:crnric@163.com

【中铁西南科学研究院有限公司】 中铁西南科学研究院有限公司（以下简称“公司”）是一家科技型企业，其业务范围包括隧道及地下工程、桥梁及工程结构、地质灾害防治工程的科学研究、检测、监理、设计、技术开发、服务、转让、咨询；工程机械、材料、计算机及软件的研究、生产、销售、维修；灾害预防及防治技术的研究、技术服务、环保产品与材料的研制、生产、销售；自营和代理各类商品和技术的进出口。

1959 年 12 月 15 日，公司始建于成都，前身是铁道部隧道科学技术研究所。1961 年 3 月，归属铁道部科学研究院，命名为铁道部科学研究院西南研究所。1966 年搬迁至峨眉山市关山。1985 年经铁道部批准，迁回成都。1992 年更名为铁道部科学研究院西南分院。2000 年 10 月，执行国务院和部党组决定，从铁科院剥离，进入中国铁路工程总公司，正式冠名为中铁西南科学研究院。2001 年 6 月，在成都市工商行政管理局注册登记。2006 年 2 月 13 日完成现代企业制度的建立，在成都市工商行政管理局注册为中铁西南科学研究院有限公司，注册资本金 2431.84 万元。其中中国中铁占股 95.89%，出资 2331.84 万元，中国铁道科学研究院（原铁科院）出资 100 万元，占股 4.11%。2008 年 3 月 3 日，公司按照中国中铁的有关安排完成小产权收购，成为中国中铁一元股东的全资子公司。2009 年，中国中铁股份有限公司先后两次追加投资 3000 万元，共增资 6000 万元。2010 年 1 月完成工商备案，公司注册资金由原来的 2431.84 万元增加到 8431.84 万元整。2011 年，中国中铁股份有限公司追加投资共计人民币 6,000 万元，2011 年 6 月完成工商备案，公司注册资金增加到人民币 14,431.84 万元。

公司拥有四川铁科建设监理有限公司、中铁岩锋成都科技有限公司、中铁成都工程检测咨询有限责任公司和中铁成都轨道交通设计院有限公司、中铁成都桥梁技术有限公司 5 个全资子公司，成都中铁教育有限公司一个参股子公司。另设有工程公司、广东分公司、华北分公司、西北分公司、东北分公司、华东分公司 6 个分公司，以及建设指挥部、成都轨道项目部、昆明轨道项目部、北京办事处等机构。2011 年 7 月 25 日，公司成立中铁西南院科技研发中心，下设隧道及地下工程、工程地质研究、工程地质灾害防治、桥梁与结构工程结构、隧道工程机械、科技信息研究六个研究所。

截至 2012 年 12 月 31 日，公司全年完成营业收入 4.33 亿元，为中国中铁下达年度任务 4.22 亿元的 102.6%。完成经营指标 7.08 亿元，为中国中铁下达年度任务 7 亿元的 101%；实现归属母公司净利润 3738 万元，达到中国中铁对资本回报的要求；企业净资产达到 2.55 亿元，比上年末增长 9.91%。

公司在喷锚支护技术、软弱围岩隧道修建技术、隧道地

质超前预报、工程岩体稳定性分析、长大隧道施工机械化、工程检测的地球物理方法、新型桥梁结构、泥石流灾害防治技术、以及隧道工程信息研究等方面，取得过一批具有重大社会效益和经济效益的研究成果。特别是在成昆铁路、大瑶山隧道、秦岭隧道、广州地铁等重大工程的科技攻关中，以及高速铁路隧道设计技术参数、沉管水下隧道可行性研究等项目的研究工作中创造过辉煌的业绩。转企后，企业积极面向市场开展技术咨询和技术服务业务，承接勘察设计、工程承包、工程监理、工程检测、监控量测等业务，并逐步向社会建筑业大市场全面渗透拓展，涉足于铁路、公路、地铁、水利、矿山等多个领域。经过 50 多年的发展，已成为以隧道及地下工程、地质灾害防治和新型桥梁结构为主要专业的、适应市场经济的、具有一定特色和创新能力及技术配套的科技型企业。

截至 2012 年底，公司累计通过评审（鉴定）的科技成果 163 项，其中省部级鉴定（评审）119 项，其他级别鉴定（评审）44 项。共获得 197 项科研成果奖励，其中国家级奖励（国家科技进步奖、自然科学奖和发明奖）24 项，部、省级奖励 136 项，市、局级奖励 37 项。“成昆铁路关村坝隧道快速施工”、“预应力钢筋混泥土铁路桥梁”、“小流域暴雨径流分析与计算” 等 5 项成果获全国科学大会奖。“青藏铁路工程”、“大瑶山长大铁路隧道修建新技术”、“在复杂地质险峻山区修建成昆铁路新技术” 获国家科学技术进步特等奖。“隧道含水构造等不良地质超前预报定量识别及其灾害防治关键技术” 获国家科技进步二等奖。“宜万铁路高压富水大型充填岩溶及断裂带隧道修建技术”获中国铁道学会铁道科技特等奖。“宜万铁路复杂山区岩溶隧道设计关键技术”、“高速铁路隧道气动效应研究及工程实践” 获中国铁道学会铁道科技一等奖。“郑西客专大断面黄土隧道施工方法与监控技术”、“宜万铁路复杂山区桥式结构技术”、“隧道（洞）仰拱模板台车与 TBM 联合作业的设计与研究”获中国铁道学会铁道科技二等奖。“隧道连续皮带机出碴技术与设备国产化研究”、“宜万铁路齐岳山高压富水岩溶隧道施工技术研究” 获中施企协会科学技术一等奖等。此外，累计取得国家发明专利、实用新型专利共 39 项。其中 “TK-961 型混凝土湿喷机” 获国家技术发明三等奖。

截至 2012 年 12 月 31 日，中铁西南院（含子公司）员工人数 918 人，其中在职职工 502 人，外聘人员 416 人。在职职工中科技人员和管理干部 459 人，其中公司领导班子 9 人，三总师副职 5 人，中层干部（公司本部各单位正副职及子公司班子成员）68 人 。

公司在隧道、桥梁及地质灾害防治等领域有着很高的声誉。企业编辑出版的《现代隧道技术》为全国中文核心期刊。公司定期组织召开“海峡两岸隧道学术交流会”及“隧道及地下工程技术动态报告会”等大型国际性会议，加强国际交流的同时，提高了企业国际知名度。企业拥有 6 名国家、省部级专家，其中多名专家在国内享有较高声誉。

在任领导：
董事长　梅志荣
总经理、党委副书记　李林
党委书记　唐云
副总经理　粟健　严金秀　罗朝廷　魏鸿
党委副书记、纪委书记、工会主席　万晓燕
总工程师　伍晓军

地址：四川省成都市西月城街 118 号
邮编：610031
网址：www.swi.com.cn
电话：（028）67580052
传真：（028）67580052
电子邮箱：crecswi@163.com

【中铁工程建设分公司】 2000 年 9 月 28 日中国铁路工程总公司与铁道部脱钩，成为中央直接管理的特大型施工企业集团。脱钩后的中国铁路工程总公司按照混合型控股公司兼有生产经营职能的定位，为适应加入 WTO 后国内建筑市场竞争的需要，对机关总部进行了战略性重组，为解决总部无核心企业、生产经营职能空位的问题，在总公司领导的大力支持下，抽调管理和技术骨干，注入资金、配置设备，于 2001 年 4 月 18 日组建中国铁路工程总公司工程承包公司（中铁工程建设公司前身）。并明确其作为总部直属分公司以中铁工程总公司名义参加国内铁路、公路和市政工程投标，并代表中国铁路工程总公司履行对中标项目从开工至竣工交验全过程项目管理的基本职能。

承包公司组建后，开拓进取、积极努力，严格按照建设部资质审查的要求，于 2002 年 7 月 1 日取得了建设部新颁铁路工程施工总承包特级，公路工程、市政公用工程施工总承包一级及隧道、桥梁、路基等专业一级施工资质。十年来，中铁工程建设公司以不断扩大国内建筑市场份额创新经营为龙头，以加强中标项目管理不断扩大 “中国中铁” 品牌效应为主线，全面落实总公司质量方针，锐意进取、开拓经营，按国内建筑市场发展的规律探索出一条以工程项目为纽带，按照国际惯例和 ISO9000 质量管理体系认证要求，在全总公司 200 多个工程公司中选择出 13 个在桥梁、隧道、铁路、公路、市政综合工程施工中，管理科学、专业技术领先、施工实力优秀、业绩突出的工程公司（工程处）作为中铁工程建设公司管理的施工主体单位，优势互补、强强联合，按市场竞争要求配置资源，共同闯市场，合作创品牌。并创造出具有典型中国中铁总部特色的创新经营模式，实现了中国中铁工程建设公司从无到有、从小到大、从弱到强的跨越式发展。

从2001年4月18日总公司组建工程承包公司，2004年4月18日更名为中铁工程建设公司，2007年9月12日更名为中国中铁股份有限公司工程建设分公司以来，在激烈的国内市场竞争中，以中国中铁名义中标新签合同额累计433.3亿元，累计完成施工营业额281.6亿元，累计实现净利润7.5亿元。中国中铁资质在广州、陕西、辽宁等多省市荣获“A”或“AA”级信誉评价，成为业内的佼佼者。

以沪蓉西国道主干线八字岭四线分叉式隧道、攀枝花金沙江斜拉特大桥、北京市轨道交通首都机场线01标段、重庆石忠高速公路方斗山隧道、深圳固戍污水处理厂等为代表，一大批技术含量高、施工难度大的标志性工程安全优质的顺利竣工。柳州双冲特大桥、深圳固戍污水处理厂、重庆石忠高速方斗山隧道、沪蓉西国道八字岭隧道等工程凭借精品质量分别获得2005年度、2008年度、2009年度和2011年度“中国建设工程鲁班奖”；攀枝花金沙江斜拉特大桥荣获2010年度“国家优质工程奖”；昆明朱家村立交桥工程荣获2008年度“铁道部火车头优质工程奖”；昆明掌鸠河输水工程荣获2005年度国家“安康杯”；此外，还有多项工程荣获全国工程建设优秀质量管理小组和业主评选的先进施工单位荣誉称号。

由中国中铁工程建设分公司管理以中国中铁名义中标的在建工程项目总计46个，遍布全国19个省市，总合同额372亿元，其中以顺德BT公路工程（总投资40亿元）、玉蒙铁路秀山特长隧道（全长10.302KM）、沈阳四环BT工程（65亿元）、长沙公路BT工程（总投资25亿元）、广东轨道交通产业园配套基地BT+EOC项目总投资（25亿元）、江门江顺大桥及配套道路BT和工程总承包项目（28.6亿元）等为代表的工程总承包项目，极大地提升了公司的管理层次，不断创新的发展历程产生了较大的社会影响力。

2008年9月27日，根据工程建设分公司的经营规模、业务发展和管理需求，中国中铁股份有限公司发文正式明确工程建设分公司与各工程局集团相同管理的职级。中铁工程建设公司全体员工始终发扬中国中铁“勇于跨越、追求卓越”的企业精神，深入学习实践科学发展观，不断提高发展质量、不断地总结成功经验，按照“锲而不舍、追求完美，百折不挠、勇争第一”的企业理念，更好、更快地走自己的发展之路、创新之路。

中国中铁工程建设公司将以“坚持科学发展，构筑和谐企业、创造社会价值”为己任，与各界朋友携手共赢，共同创造更加美好的明天。

在任领导：

股份公司副总经济师王立平兼任建设公司总经理（党工委书记）、珠三角投资发展公司董事长；副总经理曹小林（党工委副书记、纪工委书记）；副总经理李川（兼中南投资发展公司总经理、东北投资发展公司总经理）；总工程师张永强（工会工委主任）；总经济师叶樵；珠三角投资发展公司总经理杨永康

地址：北京西客站南广场中铁工程大厦A座

邮编：100055

电话：010-51843841

传真：010-51843925

电子邮箱：crc@crecg.com

【华铁工程咨询有限公司】 华铁工程咨询有限责任公司经铁道部批准，国家工商总局审批、北京市工商行政管理局注册的国有公司，于1984年10月成立，原名为中国铁道工程咨询公司，1992年更名为华铁工程咨询公司，2007年经中国中铁股份有限公司批准改制为华铁工程咨询有限责任公司。

公司具有国家发改委批准的甲级工程咨询资质、建设部批准的综合工程监理资质和国家质检总局批准的甲级设备监理资质。是中国工程咨询协会、北京市工程咨询协会会员单位，是中国设备监理协会副理事长单位、中国铁道工程建设监理协会常务理事单位、中国建设监理协会理事单位、北京市建设监理协会副会长单位，取得GB/T19001-2008/ISO9001:2008标准质量管理体系认证、GB/T24001-2004/ISO14001:2004环境管理体系认证、GB/T28001-2001职业健康安全管理体系认证。

公司技术实力雄厚，专业配套齐全，管理手段先进、安全质量管理到位。可承揽铁路工程、机电安装工程、房屋建筑工程、公路工程、市政公用工程、地铁轻轨工程、铁道及城市轨道工程的车辆工程、通信及信号工程、线路工程、电力及牵引供电、自动化控制系统的安装及调试的监理业务和铁路、市政、公路、地铁轻轨、房屋建筑的评估和工程项目管理咨询业务。

公司成立近三十年来，在30多个省、市、自治区承担了数百项国家重点工程和大中型建设项目的工程监理任务，以其科学的管理、先进的技术、完善的制度和严谨的质量管理保证体系创造了监理行业的突出业绩。先后荣获国家优质工程银奖3项，中国建筑工程鲁班奖6项，詹天佑大奖4项，火车头奖、省部级一等奖数十项，火车头奖章及各省部级先进个人460人次。2008年获得“中国建设监理创新发展20年工程监理先进企业”、2010年获得“首届全国优秀设备工程监理单位”；多次获得铁道部和省部级“先进监理单位”、中国中铁“建功立业杯先进集体”、“先进基层党组织”、“青年文明号”、“五四红旗团委”、“工人先锋号”等荣誉称号。

公司设有工程监理咨询部、经营开发部、法律事务部、企业规划发展部、办公室、人力资源部、财务部、党群工作部、城市轨道事业部、内控审计部、董事会（监事会）办公

室、行政监察部等12个只能管理部门，拥有3个全资子公司，1个控股子公司和14个分公司。

公司多年来始终坚持以市场为导向，大力拓展经营领域，产业结构不断优化，自主创新能力不断增强，企业保持了快速良好的发展势头。特别是近十年来，在科学发展观的正确指引下，华铁咨询领导班子紧跟国家经济快速发展步伐，恪守“艰苦创业、积极进取、开拓市场、为业主提供满意服务”的发展理念，公司员工始终奉行“严格监理，提供顾客超值服务；预防污染，贯彻法律法规要求；以人为本，保证职工健康安全；持续改进，提升企业管理水平”的质量/环境/职业健康安全管理方针，努力达到“合同履约率100%，顾客满意率 100%”质量目标。以良好的信誉，精湛的技术，优良的质量，完善的体系，尽心为社会发展贡献力量。经营规模不断扩大，高速铁路、城市轨道交通业务不断拓展，现已成为以铁路、地铁轻轨、市政及公路、房屋建筑等工程施工监理为主体，相关技术咨询、设备监理、工程项目管理为辅业的综合性咨询监理企业。

2010~2011 年连续两年营业收入为全国监理百强企业第一名。

在任领导

总经理：么少英

董事长：毕征才

党委书记兼副总经理：王 军

党委副书记、纪委书记、工会主席：经 越

副总经理：王伟宁、杨 明、孙继伟、于晓东

地址：北京市丰台区丰台北路36号华铁咨询大厦

邮编： 100071

电话/传真：010-63319661

网址：http://wt.crec.cn/htgczx/tabid/399/Default.aspx

电子邮箱： huatie@yeah.net

【中国中铁委内瑞拉分公司】 根据2008年10月30日中国中铁股份有限公司第一届董事会第十五次会议通过的关于成立中国中铁委内瑞拉公司的决议和股份公司承揽、建设委内瑞拉玻利瓦尔共和国北部平原迪那科（TINACO）—阿那科（ANACO）段铁路工程项目的管理需要，经 2009 年 8 月 18 日股份公司本年度第 7 次总裁办公会议研究决定成立中国中铁委内瑞拉分公司。

根据2008年10月30日中国中铁股份有限公司第一届董事会第十五次会议通过的关于成立中国中铁委内瑞拉公司的决议和股份公司承揽、建设委内瑞拉玻利瓦尔共和国北部平原迪那科（TINACO）—阿那科（ANACO）段铁路工程项目的管理需要，经 2009 年 8 月 18 日股份公司本年度第 7 次总裁办公会议研究决定成立中国中铁委内瑞拉分公司。

一、主要职能

（一）负责代表股份公司协调与委内瑞拉国家政府及有关部门的关系，按照股份公司对其“委托经营，独立核算，自负盈亏”的管理模式开展工作，履行两国框架协议下企业应该承担的责任和义务。

（二）负责履行中国中铁与委内瑞拉国家铁路局签订的合同，对委内瑞拉北部平原迪那科（TINACO）—阿那科（ANACO）段铁路工程项目设计、施工实行总承包管理。

（三）负责对股份公司及所属成员企业在委内瑞拉和中南美洲地区开展生产经营、组织项目实施的管理、协调、监督工作。

（四）负责按期完成股份公司下达的经营、生产、安全、利润等指标，并对责任成本、效益和债权、债务及相关经济、法律责任负责。

（五）负责股份公司及所属成员企业在委内瑞拉和中南美洲地区工程项目工期、安全质量、环境保护等事项的管理工作。负责对生产性安全事件和非生产性安全事件的管理和应急处理工作。

（六）负责执行股份公司各项管理制度，并结合实际，做好分公司有关人事、财务、薪酬管理和境外账户资金安全等工作。

（七）受股份公司党委委托，负责在委内瑞拉的股份公司及成员企业的党群和思想政治工作。

二、分公司机构设置

（一）分公司领导层：总经理 1 人，常务副总经理 1 人，副总经理（分别主管生产管理、资源配置，商务管理业务）3人，总会计师1人。

（二）分公司共设5个部门：综合事务部、工程管理部、商务合同部、财务部、国内工作部。

三、工程概况

委内瑞拉迪那科（TINACO）—阿那科（ANACO）铁路为委内瑞拉国家规划铁路网中北部平原铁路（全长1115公里）中的一段，线路西起科赫德斯（Cojedes）州的迪那科（Tinaco），东至安索阿特吉（Anzoátegui）州的阿那科（Anaco），优化后的线路正线全长462.3公里，路基开挖土石方4750万断面方，路基填筑土石方2442断面方，铁路桥梁13.23公里，376孔钢混结合梁，涵洞988座，上跨立交公路桥8.6万平方米。

2009年7月30日中国中铁股份公司与委内瑞拉公共工程和住房部在委内瑞拉首都加拉加斯签订了迪阿铁路工程合同。该合同为集设计、施工、设备采购为一体的EPC合同，总造价75亿美元，合同工期40个月。

迪阿铁路设车站 10 个，其中客运站 8 个，客货共站 2 个。

2012年完成情况。截至2012年12月31日，累计完成建安产值 24.58 亿美元（含税），占合同总价 75 亿美元的

32.8%。其中，2012年完成建安产值4.70亿美元。

四、施工技术管理

（一）施工管理

1.计划管理工作密切联系内外部因素。

2012年上半年继续贯彻“量入为出”的建设原则，紧紧围绕达到外部验工条件，完善已开工工程防排水设施来安排施工生产。充分利用有限资金，遵循逐段完善，逐步成型施工指导思想。2012年6月，中委两国高委会秘书处会议提出将K128至K289+200段作为项目优先开通段后，计划管理工作紧贴两国政府的大思路进行安排，调整下半年的施工生产重心，围绕“优先段拉通、普通段缓建”两大目标调整制订具体施工计划，明确阶段目标，科学组织生产，并细化了优先段分项工程的形象和任务，以此确保年度施工产值目标的要求，又能最大限度满足两国政府加快优先段建设进度的需要。细化施工计划到各月，进一步分解到每周，在周报中详细分解到各工点，对每周完成情况与计划数据做分析，及时纠正，采取措施确保每月基本能按计划完成任务，做到能对项目动态实时把控。

2.严控工程数量，做好阶段性对内验工工作。

深入做好全线工程数量管理台账工作。实事求是对每月、每个季度检查结果进行工程数量台账登记，及时完善设计工程总量、设计变更工程数量，并要求所有数据有相应工点基础数据做支撑，现场图片和现场测量原始数据做依据。同时，对内部各作业单位验工按其进行外验后所对应内验的工程量进行验工，而外部验工的桥、路基按公里数计算，涵洞按座计算等，为了及时有效对各单位外验所对应实际完成实物工程量，又建立了一系列外验所对应内验工程量的验算标准和excel表验算程序编制，使外验对应内验数据更切合实际，计算也能有所简化。

3.组织劳动竞赛活动，推动项目目标实现。

中委两国高委会秘书处会议在明确了2011年验工款来源和确定了迪阿铁路全线的优先开通段后，在新任务和新形势下，分公司制定了“普通段促成型、优先段保拉通”两大工作目标。从8月份开始，针对各项目部实施段落性质的异同，分别制订了各项目部间普通段、优先段月度劳动竞赛办法。竞赛以鼓励为主，在各项目部间营造了比、赢、赶、超的良好氛围，切实推动了普通段的外验成型率，为优先段按期拉通奠定了基础。

4.完善施工组织设计，超前谋划。

在高委会秘书处会议后，根据K128至K289+200段现场实际完成情况和工程设计总量，以及现场目前人员机械设备配置等做详细分析后，又细化为K128--K166定为优先拉通段，K166--K253+900定为优先开通段，K253+900--K258+200定为首先铺轨段。立即编制《委内瑞拉北部平原铁路首铺段施工组织设计》、《委内瑞拉北部平原铁路km128--km253.9段施工组织设计》以及《km253.9--km289.2段施工组织设计》，初步确定基床级配碎石、轨枕预制、钢箱梁制造等一系列问题，准确定位下一步施工工作重点，明确关键性施工方案。

（二）、技术管理

1.设计工作稳步推进。

截止2012年底，项目勘测设计工作已进入收尾阶段，测绘和地勘工作已全部完成，全线已获环境部授权，站前专业及部分站后专业设计已通过审查并交付施工。优先段部分道路改移、跨线桥环评许可及设计，站场建筑设计已获得B级通过。钢箱梁焊接工艺、道岔制作工艺及流程正在进一步与设计监理、业主IFE说明中。

2.认真解释，积极协调，设计优化再获成果。

对高挖方边坡混凝土当地人施工困难、成本高昂实际情况，经过现场踏勘，详细计算，多次与当地环保部门解释说明，通过坡顶卸载扩大开挖面后恢复植被，边坡混凝土与植草成本比较，取消了一大批原设计为骨架护坡、锚杆框架梁的段落。随着许多原始森林地段开工，经过实地勘察，水文计算，在原设计基础上优化取消涵洞17座，箱涵变为圆管涵21座，在满足现场排水功能前提下也降低项目直接支出。

项目沿线碎石材料相当匮乏，级配碎石远不能满足基床表层填筑需求，从2012年9月起，分公司成立了由分公司、设计院及各施工单位组成的基床表层级配碎石设计、施工技术攻关小组，首先从设计技术上研究天然级配砂砾的可行性，在得出天然级配砂砾技术上可行的前提下，再进行料源调查、原材料取样室内试验及现场施工试验，在保证工程质量、满足各项设计技术指标的前提下，采用级配砂砾替代级配碎石，最大限度降低工程成本，提高项目抗风险能力。

3.逐步排查，加大成品工程保护。

年初，分公司组织对全线现场排水系统完成情况逐一进行排查，督促各施工单位在雨季来临前认真安排，做好截水沟、边沟、涵沟顺接等防护性工程；对浸水路堤、涵洞排水不畅地段，派大型挖掘设备拉长拉深排水渠，与附近农场主协商帮其挖掘大型水塘，有效避免第二、三季度雨季对成品工程的破坏。路基成型段设置围栏，禁止外部车辆及牲畜进入，桥涵工程遵循开工必完，一气呵成原则，这样减少预留钢筋锈蚀，减少施工开挖后雨水对基坑的冲刷。

五、安全质量管理

委铁项目虽然经历了项目缓建、总统大选、原总统去世等不利因素影响，但分公司继续通过建立健全质量管理制度、强化企业主体责任和各级管理人员质量职责、增加质量巡查批次、加大质量处罚力度等手段，与时俱进，全年工程质量可控，无环境方面的投诉，很好地完成了年度目标。同时，认真贯彻执行了我国《安全生产法》、《建设工程安全生产管理条例》、《建设工程质量管理条例》和分公司《委铁项目迪阿铁路施工安全质量奖惩管理办法》及委内瑞拉国家有关法律法规，坚持“以人为本”，全面落实“安全第一，预防为主”方针和安全生产、工程安全责任制。强化施工现场管理，积极开展“安全质量月”活动，组织定期、不定期的质量、安全检查，加大安全质量检查频次，查找隐患，促进现场安全质量改进和稳步提高。2012 年分公司共组织进行了全面安全质量检查 8 次，桩基、路基、过渡段、桥梁和排水系统等专项检查 6 次，不定期巡查 15 次，针对重要的质量问题和安全隐患，下发检查通报 10 期，项目自实施起连续三年确保了安全生产“零死亡”和工程质量“零缺陷”。

（一） 2012 年的中委两国高委会秘书处会议重新确定了迪阿铁路全线的优先开通段，分公司加强了现场质量监控，以首开段工程质量为重点，全面开展质量管理。围绕劳动竞赛办法，每月按照对优先段和普通段的不同要求，有针对性地分别进行安全质量大检查，并将检查结果作为劳动竞赛评比的一项重要指标。

（二）认真对待监理和常工的投诉，对监理和常工提出的问题，及时进行转发，并按照质量管理办法对问题单位进行处罚，同时在每月的综合考评中进行扣分。

（三）加强与驻地监理和常工的沟通和协调，充分利用他们的人力资源、社会资源和专业技能等，提高对现场质量的管控；充分利用分公司与总监每月一次、各部与驻地监理常工每周一次的通风协调会，协商方案，深化信任，消除分歧，增强友谊。

（四）雨季施工季节，加强完善路基涵洞进出口排水系统，重点强调急流槽和拦水缘石的提前施作，并进行排水系统专项劳动竞赛和质量检查。

（五）以年度计划为目标，对将要开展的级配碎石、贯通电缆、跨线桥、钢梁、站场和铺轨制枕等施工制定专门的作业指导书和验收标准，以首开段工程质量为重点，开展质量管理。

（六）开展劳动竞赛等评比活动，以经济奖惩和行政处罚相结合的办法，促进质量管理工作，消除工程施工中的“重主体、轻附属”现象。

（七）强化标准学习，健全完善制度，狠抓责任落实，夯实质量标准化工作基础。突出超前预防，创新发展，不断提升工程的质量标准化水平。

（八）加强重大施工方案的审定和把关，切实落实高处作业、深路堑开挖作业、深路堑高边坡防护作业、桥梁制运架设备、施工用电的安全措施，科学组织施工，确保万无一失。

（九）加强安全文明施工教育，制定安全施工生产责任制，逐级签订安全生产责任状。

（十）按照总公司文件要求继续开展安全和质量月活动，在活动中，围绕“科学发展，安全发展”活动主题，依据“党政工团，齐抓共管”的原则，分公司及各参建单位分工协作、积极参与，取得了良好的效果。9 月份开展了“2012 年质量月”活动，围绕“贯彻《质量发展纲要》，推进质量强国建设”的主题，各部充分利用录像、宣传栏、标语等形式进行质量宣传，收到较好效果。

六、党的组织建设

委内瑞拉分公司党工委共建立一级党工委 1 个，二级党工委 6 个，三级党工委 4 个，专职党工委书记（副书记）11 人，2012 年全线共有党员 212 名，占员工总数的 37%。

（一）建立党工委工作制度。制定了《关于加强委铁项目党建思想政治工作的指导意见》。明确了委铁项目党建思想政治工作的重点。按照《党章》规定，制定了重大问题集体决策制度、重要情况报告制度、党风廉政建设制度等党工委工作制度。

（二）领导班子建设。分公司各级领导班子以创建“四好班子”建设为载体，以“六个第一”为目标，加强政治理论及海外管理知识学习，提高建设委铁项目重大意义认识，发扬团结协作精神，树立中国中铁一盘棋思想，以身作则，廉洁自律，讲求奉献、服务基层、艰苦奋斗、求真务实，使各级领导班子成为“政治素质好、经营业绩好、团结协作好、作风形象好”，具有影响力、凝聚力、战斗力和执行力的坚强领导集体。

（三）创新海外党建工作。分公司党工委提出海外党建工作遵循“五不公开”的原则和发挥“五个更好”的要求，创造性地开展工作。即：党组织机构不公开，党组织政治核心作用和战斗堡垒作用发挥更好；党内职务不公开，党建思想政治工作开展更好；党员身份不公开，党员先锋模范作用发挥更好；党内活动不公开，党建活动推动中心工作的作用发挥更好；党内文件不公开，党的路线方针政策在海外的贯彻执行更好。

（四）党建主题实践活动。开展“建功委铁、争当先锋”、创建“党员先锋号”、争创“四强”党组织和争做“四优”共产党员等党内主题活动。

（五）宣传报道工作。成立了通讯报道组及基层通讯报道小组。2012 年共在《中国中铁》报发稿 61 篇。在中央级媒体发稿 42 篇。积极帮助和指导基层单位做好工地宣传工作。

【中国中铁东方国际建设分公司】 2012 年 2 月 14 日，股份公司年度第 2 次总裁办公会议研究决定，成立“中国中铁股份有限公司南洋分公司”，后于 2012 年 5 月 24 日，经工商局核准注册正式成立“中国中铁股份有限公司东方国际建设分公司”。其主要职能为：代表股份公司实施印度尼西亚、马来西亚、新加坡、文莱以及周边澳大利亚、伊朗等国家的工程承包、资源市场开发以及相关项目的管理；受股份公司委托，负责管理马来西亚工程公司、新加坡分公司、中国中铁印尼有限责任公司等。公司目前设综合管理部、市场营销部、商务合约部、人力资源部、财务部、党群工作部、科技设计部、工程技术部、安质环保部、物资管理部(和“物贸公司”合署办公）、非洲事业部等 11 个部门。现有员工 44 名，其中常驻国外工作人员 28 名。

马来西亚吉隆坡新捷运（MRT）项目是公司成功开发的第一个项目，项目的实施实现了中国中铁在马来西亚市场的新突破，对于提升“中国中铁”在国际上的知名度，推行股份公司国际化战略，推动区域经营具有深远影响。公司全体员工集中精力，重点工作向项目倾斜，全面落实“四项目标”，努力实现“四大成果”，确保项目成为股份公司系统内的“国际示范样板工程”。“四大目标”指通过项目的影响力，实现再承接 2～3 个项目的经营目标；通过加强全面预算管理，实现效益目标；通过项目的科技创新，获得一定科技创新奖项的科技发展目标；通过加强项目管理，实现杜绝安全质量环保等事故的管理目标。“四大成果”指人才培养出成果，造就一批管理、商务、成本预算、盾构技术等方面的高级国际人才；项目管理出成果，通过建立合理的商业组织模式，加强过程控制，实施全面预算管理，确保项目成为股份公司系统内部的“国际示范样板工程”；延伸产业出成果，通过项目的实施，初步具备符合国际项目发展的设计能力，以及可以此为契机独立生存和发展的进出口贸易能力；品牌效应出成果，通过项目的实施提升“中国中铁”在该区域的品牌形象，同时扩大东方国际在系统内部的影响力，提高知名度。

除马来西亚吉隆坡新捷运（MRT）项目外，公司正在跟踪开发的项目有：马来西亚市场的南部铁路项目、槟城海底隧道项目、马来西亚铁路技改项目等；印度尼西亚市场的南苏门答腊煤炭运输铁路专用线项目、中加里曼丹运煤铁路专用线项目、梭罗至泗水铁路项目等；澳大利亚 ALPHA 煤炭运输专用线项目、伊朗高速公路项目、喀麦隆西北大区环大区公路项目、泰国东海岸铁路增建二线项目等周边区域市场的开发。公司区域市场布局初具雏形，以马来西亚、印尼为中心向周边国家辐射的东南亚经营开发格局初步确立。

公司领导班子构成：
总经理：陈诗平
副总经理：蔡泽民、刘维志
总经理助理：蔡红生、孙航

地址：北京市丰台区丰台北路 36 号华铁咨询大厦 9 层
邮编：100071
电话：010-83897014
传真：010-83897014

【中铁交通投资集团限公司】 中铁交通投资集团限公司主营高速公路投资、建设、运营，市政、交通基础设施投资，土地整理开发，是中国中铁从事高速公路板块投资、建设、运营服务的专业公司。公司于 2007 年 12 月 28 日在广西南宁注册，注册资本金于 2012 年 9 月增至 28 亿元。

公司前身是中铁工程广西项目管理中心，成立于 2005 年 8 月 5 日，代表股份公司履行中国中铁与广西区政府签订的“两路一铁”项目（即全兴、岑兴高速公路和田东至德保铁路）《合作投资框架协议》的相关职责，主要负责广西岑兴、岑梧、全兴高速公路项目的投资、融资、建设、运营管理工作，并以中国中铁名义在广西地区开展生产经营活动。2007 年 12 月 28 日，根据业务发展需要，股份公司决定在中铁工程广西项目管理中心基础上成立中铁西南投资管理有限公司，2009 年 12 月 18 日，股份公司决定将其所属的富砚、平正、德商、渝邻、岑兴、全兴公司划归西南公司集中统一管理，2010 年 2 月 25 日，公司升格为正局级单位管理，2012 年 7 月 23 日正式更名为中铁交通投资集团有限公司。

中铁交通投资集团有限公司自成立以来，依托央企背景，充分发挥品牌、资金、人才、管理等优势，迅速发展壮大，经营业绩逐年攀升，管理的总资产达 245 亿元，总投资 167 亿元，年营业额 25 亿元。公司在山东省、河南省、云南省、重庆市和广西等全国五个省市自治区管理运营 7 条高速公路，累计运营里程达 603 公里。公司在广西柳州市投资建设“三桥一路”（维义大桥、广雅大桥、双拥大桥、北外环路）市政 BT 项目，其中维义大桥、双拥大桥已于 2012 年 8 月 6 日交付柳州市政府正式投入使用；在广西桂林市投资建设“一路两江”（西二环路、南溪河整治、小东江整治）BT 项目；在广西南宁市投资邕宁区龙岗新区城市基础设施（蒲庙—百济二级公路、新江—中和二级公路、八鲤工业区和蒲新小区路网工程）BT 项目，云南昆明市投资草海项目（草海北片区及其安置地块，市政基础设施和配套工程）。

中铁交通投资集团有限公司现有子公司、指挥部共 15 个，分别是：广西梧州岑梧高速公路有限公司，广西岑兴高速公路发展有限公司，广西全兴高速公路发展有限公司，河南平正高速公路发展有限公司，中铁菏泽德商高速公路建设发展有限公司，云南富砚高速公路有限公司，重庆渝邻高速公路有限公司，广西柳州铁程交通投资有限公司，中铁柳州市三桥一路工程指挥部，广西桂林铁程交通投资有限公司，中铁桂林市一路两江项目工程指挥部，广西南宁铁程投资有限公司，中铁南宁龙岗新区项目工程指挥部，昆明铁程投资有限公司，中铁昆明草海项目工程指挥部。

2012 年 6 月，公司职能部门整合，由 13 部 3 室变为 9 部 3 室，即董事会办公室（监事会办公室）、党（纪）委办公室、公司办公室、人力资源部、财务会计部、投资发展部、高速公路管理部、工程管理部、安全质量环保部、法律事务部、内控审计部、群众工作部（团委），其中董事会办公室（监事会办公室）、党（纪）委办公室合署办公，工程管理部、安全质量环保部合署办公，法律事务部、内控审计部合署办公，原投资管理部与市场开发部合并为投资发展部，原运营管理部更名为高速公路管理部。截至 2012 年 12 月 31 日，公司及所属各单位共有各类员工 1616 人，其中，中铁系统 165 人（其中正式员工 162 人，中铁助勤 3 人），其他股东派遣 16 人，公司聘用 538 人，劳务派遣及其他 897 人。

在任领导：

董事长、党委书记：　蔡甲胜

总经理：　徐坤甲

副总经理兼总工程师：　刘宁

党委副书记、纪委书记、工会主席：　徐洮刚

副总经理：　王新忠

总会计师兼总法律顾问：　陈元海

地　址：广西南宁市金湖路 63 号金源 CBD 现代城 26 层

邮　编：530021

电　话：0771-2372950

传　真：0771-5561630

网　址：www.crecic.com

电子邮箱：ztjttz@163.com

【中铁南方投资发展有限公司】 中铁南方投资发展有限公司（以下简称公司）成立于 2008 年 1 月，注册资本金 10 亿元人民币。

公司本部共设 13 个职能部门：董监（党群）办、综合部、投资发展（地产开发）部、工程管理部、征地拆迁部、安质环保部、物资设备部、规划设计部、计划合同部、财务部、信息部。受股份公司委托管理指挥部 6 个：中国中铁深圳地铁 5 号线 BT 项目建设指挥部（与公司合署办公），中国中铁深圳地铁十一号线 BT 项目建设指挥部（与公司合署办公），中国中铁深圳地铁枢纽工程指挥部，中国中铁东莞虎门长堤路市政工程项目建设指挥部(与东莞公司合署办公)，中国中铁深圳地铁 5 号线塘朗车辆段保障性住房建设指挥部、中国中铁深圳市观澜安居商品房工程项目建设指挥部（与观澜公司合署办公)。下设 5 个子公司 1 个直属指挥部：中铁南方遵义投资有限公司、中铁南方（东莞）投资有限公司、深圳中铁观澜投资有限公司、南昌中铁投资有限公司(筹备)、深圳中铁南方物业管理有限公司（筹备），总部大厦工程指挥部。公司现有员工 165 人，其中管理人员 137 人，管服人员 28 人。其中，研究生（含硕士）9 人，本科 103 人，大专 25 人；教授级高级工程师 5 人，副高职称 32 人，中级职称 67 人，初级职称 31 人。

2012 年，公司上下科学组织、实干图强，在中国中铁的坚强领导下，认真贯彻落实年度工作总体要求，精诚团结，奋发有为，开创了公司发展的新局面。一是超额完成各项经济指标。全年完成企业营业额 41.66 亿元，为董事会目标 40.82 亿元的 103%；新签合同额 228 亿元，实现了股份公司提出的深圳地铁三期工程首标必中目标，单项工程合同额创历史之最；实现利润总额 1.15 亿元，为董事会目标 9910 万元的 116%。二是项目进度、安全、质量、效益全面受控。各项目进度可控，全年无安全生产、工程质量责任事故和环境污染事件，深圳北站枢纽荣获“鲁班奖”。三是转型升级取得成功。2012 年 12 月 20 日，股份公司总裁办公会议决定南方公司由项目公司改制为经济实体公司；四是员工人均收入稳步增长。在岗员工人均年收入较 2011 年增长 5.2 %。

在任领导：

总经理、党工委书记、法人代表：付漳湖

董事长：王卫

副总经理：李才文、赵勇、张淦华

副总经理、总工程师：张国亮

财务总监、总法律顾问：李同杰

地址：广东省深圳市南山区龙珠七路中爰大厦 11-12 楼

邮编：518055

电话：0755-33952171

传真：0755-33952180

网址：www.crec-s.com

【中铁海西投资发展有限公司】 中铁海西投资发展有限公司于 2008 年 10 月在福建省莆田市注册成立。是中国中铁股份有限公司在东南地区的唯一一家全资二级子公司，注册资本金 2 亿元人民币，经营范围包括项目投资、工程勘察、设计、施工、建筑工程物资购销、建设项目管理。

中铁海西投资发展有限公司于 2008 年 10 月在福建省莆田市注册成立。是中国中铁股份有限公司在东南地区的唯一一家全资二级子公司，注册资本金 2 亿元人民币，经营范围包括项目投资、工程勘察、设计、施工、建筑工程物资购销、建设项目管理。

公司设董事会和监事会，董事会由 1 名外部董事和 4 名内部董事共 5 人组成，设董事长 1 名；监事会由 2 名外部监事和 1 名职工监事共 3 人组成，设监事会主席 1 名。公司经理层设总经理 1 名，副总经理、总工程师、财务总监（兼总法律顾问）各 1 名。海西公司健全了党政工团组织，董事长兼任党工委书记，共有党员 22 人。

海西公司成立之初，设有综合办公室（董、监事会办公室）、工程管理部（安质部）、计划合同部、财务部、建设协调部（党群工作部）、设计部、物资部 7 部一室。后因公司发展需要，经 2011 年公司一届六次董事会审议通过了公司增设运营策划部和投资发展部，将原计划合同部更名为“经营开发部”。调整后公司现有 9 部一室。2012 年，为推动公司区域经营工作又在福州、厦门设立了办事处，主要负责与地方政府及相关部门、单位进行协调沟通。

公司现有定员39人，其中股份公司总部委派4人，股份公司所属成员单位助勤29人，项目部抽借及社会招聘6人。公司现有高级职称9人（其中教授级高级职称2人），中级职称18人。

2008年7月11日中铁海西公司获得妈祖城核心区项目最终投资人通知书。股份公司与莆田市政府签订了《项目投资框架协议书》。2008年7月30日项目举行开工仪式，各施工单位进场；2008年10月、中铁海西公司在莆田市注册成立；2009年7月22日股份公司与莆田市政府签订《妈祖城核心区项目投资开发合作合同》；2009年8月28日，妈祖城核心区项目初步设计审查完成，2009年10月完成施工图设计；2010年8月下旬项目实现局部开工；2010年11月23日，完成施工图预算确认；2010年8月，项目全面开工；2011年12月5日项目区域内贤良路1、2号桥、莆禧路桥等主体全部完工。2011年10月15日，区域内路网基础完成；2011年10月，填海造地工程基本完成，项目土地基本具备了出让条件。2011年6月17号，公司妈祖城土地营销策划工作全面启动；2011年12月8日，公司重新调整了部门设置，提请公司一届六次董事会审议通过，成立了营销策划部、经营开发部。2012年，5月在福州成立了办事处，10月在厦门成立了办事处。

公司董事会严格按照国资委、股份公司的要求和《公司法》、《公司章程》等有关规定，结合公司实际，严格把握大局，不断完善公司治理结构，本着“定方向、决大事、控风险”的基本原则，不断完善运行机制，规范运行程序，充分发挥科学决策作用。一是严格对公司财务预（决）算、重大投融资、内部控制和风险管理、公司的各项管理制度进行审核和决策；二是正确处理与监事会、经理层之间的关系，支持和保证了经理层依法行使执行权，并主动接受监事会的监督。特别是涉及公司的重大决策、重要人事任免、重大项目安排和大额度资金运作等“三重一大”问题，严格依法合规操作，使决策真正的做到依法、科学和民主。三是在董事会的运行中不断完善各项规章制度，修改完善了《董事会议事规则》、《监事会议事规则》、《总经理工作规则》和《董事会秘书工作规则》等各项规章制度。四是推动全面预算管理工作，根据股份公司的工作要求和公司年度预算编制总体部署，制定了《海西公司经费管理办法》，将各项经济指标分解到各部门进行分口把关，逐级分解指标，落实责任，尤其对审计过程中发现的问题，认真进行跟踪整改落实。同时，积极与福州、厦门、北京等地区的金融机构加强沟通，不断拓宽融资渠道，完成融资10.7亿元，保证了妈祖城项目建设的顺利进行。

2012年8月，撤销公司董事会和监事会，设执行董事、监事。海西公司依照相关议事程序和工作规则开展工作，依法合规履职，保证公司各项工作的有序开展和顺利进行，以适应新的法人治理结构，确保公司的规范、高效运转。

2012年妈祖城项目已进入收尾配套阶段，由地方政府主导的拆迁、经营性管网建设等问题迟迟得不到落实，公司不等不靠见缝插针，针对妈祖城项目建设的遗留问题与地方政府建立定期协调沟通机制，先后完成了滨海大堤雨水排放系统、贤良路1号和2号桥面栏杆及涂装等重大设计变更问题；制定了《经营性管网施工质量控制管理办法》及施工组织安排，保证了市政配套的雨污水管线的埋设，保证了政府投入的弱电、电力、给水、燃气管道等经营性管网施工的展开；会同设计单位与地方政府共同对莆禧古城保护、道路交叉功能完善等工作进行了全面对接。充分体现了“先沟通再实施、先认定再确认”的办事准则。经过全体员工的共同努力，全年仍完成投资2.91亿元，开累完成投资18.93亿元，占施工图预算24.86亿元的76%。年度完成建安产值1.78亿元，开累完成建安产值11.99亿元，占施工图预算建安产值14.94亿元（含预备费2.14亿元及大临工程0.32亿元）的80%。

截至2012年底，妈祖城项目桥梁工程荣获莆田市优质工程奖“壶山杯”，并荣获福建省工程质量最高奖项“闽江杯”；按照福建省总工会、安全生产监督管理局的要求，坚持参加了福建省“安康杯”劳动竞赛活动，并连续两年荣获福建省“安康杯”劳动竞赛先进单位称号；3家参建单位也由此分别荣获省、市级“工人先锋号”荣誉称号，由于工作成绩突出今年福建省已被推荐进入全国“安康杯”评选行列。

妈祖城项目土地招商推介（或营销策划）工作是公司的重点任务。公司紧紧围绕制约土地收储的海域使用权证转换、控规优化修编、海域占用等由政府主导的工作，加强与省、市主管部门协调沟通，配合地方政府按照要求完善原始资料和审批手续。同时，采取多种形式的营销策划和宣传活动促进土地出让工作。一是公司主要领导亲自带队，走出去学习借鉴兄弟单位类似的土地一级开发项目的经验做法和运作模式，开阔了视野、拓展了思路。二是积极与莆田市政府配合开展宣传推介活动，2011、2012年，连续两年参加了厦门“九•八”投洽会暨地交会”；2012年3月，参加了上海地交会；2012年10月与中央电视台联合制作，并在央视七套播放了项目宣传片；在莆田市区显著位置通过户外LED屏幕播放项目概况；在厦门设立了项目营销展示中心。通过广泛的宣传工作和主动推介活动，妈祖城项目知名度不断扩大，影响也越来越广，已受到国内众多大型房开商的广泛关注。碧桂园控股集团、恒大地产、复星地产、阳光城集团、重庆巨象、重庆富洲、三盛集团等多家房地产开发企业对本项目产生了投资意向。其中，碧桂园控股集团多次拜会莆田市政府领导，并于2011年12月底，与莆田市政府、公司就投资合作开发的有关事项形成会议纪要。2012年恒大地产两次来妈祖城项目进行考察调研，表达了拟整体拿地开发的初步想法。重庆巨象实业对一期中的429亩（环城路至内湾）有意向，4次来现场踏勘，并就前期控规条件拟提出新规划方案与莆田市政府进行基础性土地商洽。三是及时对项目土地成本进行测算，结合项目实际情况，将项目土地开发净地块成本按一年、三年、五年运营期分别进行测算，为实施土地出让提供了可靠的参考。四是根据项目土地运营总体实施方案，与地方政府共同协商，将妈祖城核心区土地分割成四个组团地块，进行分期递进式推出的5年出让计划，五是为降低项目开发风险，争取最佳收益，公司在进行了广泛咨询和全面市场调查分析的基础上，制定了配合政府共同营销出让，以前期投资置换土地，实施一、二级联动开发等多种土地出让运营方案。

全面拓展建筑市场领域、提升区域经营工作能力，有利于推动公司的长远发展、持续发展、转型发展。一是公司调整了领导分工，由一名副总经理挂帅主抓区域经营工作，通过人员整合成立了投资发展部，分别在福州、厦门设立了办事机构，为经营工作的扎实开展和全面推进奠定了基础。二是加强公司投资管理，建立健全规章制度，相继制定了《中铁海西投资发展有限公司投资管理暂行办法》、《中铁海西投资发展有限公司项目投资评审管理暂行办法》、《中铁海西投资发展有限公司投资项目后评价管理暂行办法》等一系列管理办法。三是以福州、厦门、泉州等经济发达地区为开展经营工作的重点，辐射东南其他地区，以城市基础设施和一级土地开发、保障房建设、城市综合体项目为主要投资领域。2012年公司追踪项目共计18个。其中协助股份公司重点追踪福州地铁2号线；公司自主追踪重点项目4个，分别为泉州市泉港石化工业区南山片区公用物流工程、泉州市台商投资区金屿大桥工程、泉州市鲤城区高山B地块安置区、龙岩市市政道路工程。四是加强与各级地方政府相关部门、单位的沟通协调，主动介入项目的前期工作，为工作创造良好的环境。根据股份公司与厦门市政府“6.29”会谈会议纪要的有关精神，牵头促成了中铁装备与厦门厦工合作成立隧道装备制造合资公司。

公司党建工作紧密结合实际，按照股份公司党委的要求，本着既要有明确的目标性，又能体现企业凝聚力的原则，以重在解决问题，取得实效为宗旨，确定了“认清新形势、明确新目标、迎接新挑战、实现新发展”为主题的创先争优活动。一是以充分发挥党员模范带头作用为重点，广泛开展党员先锋岗和党员示范岗创建活动。公司及各施工单位共建立57个党员先锋岗，评选了19个党员示范岗。二是以推进公司任务目标实现为重点，围绕施工生产、安全质量、投融资、党建、为员工办实事和公司长远发展等方面，完善了党工委公开承诺内容。三是以坚持提高员工队伍素质、着力打造学习型企业为重点，有针对性地组织了土地管理、海洋管理、房地产营销策划知识等的学习活动，并结合公司战略管理、市场开发、公司发展创新、可持续发展等问题，深入学习了党的十八大精神。四是以完善妈祖城项目收尾配套建设为重点，把创先争优活动同“三项主题教育”和“四强”“四优”党组织主题实践活动，以及“百千万创先争优示范工程”活动结合起来，积极响应股份公司“大干120天劳动竞赛活动”的号召，公司认真组织协调，明确目标任务，制定了科学合理的进度计划安排，保证了活动的有序开展。

在任领导：

董事长、党工委书记　　史柏生

总 经 理　　王喜军

副总经理　　李建军（妈祖城项目指挥长）

财务总监　　段乐骋（总法律顾问，2012年6月调出）

总工程师　　陈　宏

地址：福建省莆田市湄洲湾北岸开发区

邮编：351152

电话：0594—6977111

传真：0594—6913009

网址：crceg-haixi.com

电子邮箱：crecg__zthx@163.com

【中铁中原投资发展有限公司】 中铁中原投资发展有限公司简称“中铁中原公司”是中国中铁股份有限公司在河南省郑州市设立、注册的全资子公司，2010年8月成立，公司注册资本金1亿元人民币。

公司主要职责和任务是代表股份公司全面履行中国中铁股份有限公司和河南省政府、郑州市人民政府签订的《战略合作框架协议》，负责与河南省及中原地区洽谈有关城际铁路、城市轨道工程、规模较大的市政工程、土地一级整理与开发等领域的建设管理及投融资工作。同时，代表中国中铁股份有限公司履行郑州轨道交通 2 号线一期土建工程的总承包职责，统筹组织、指挥和协调中国中铁各参建单位的有关工作。

公司致力于基础设施项目投资建设、城市轨道交通投资建设和土地一级开发，是中国中铁从事上游基础设施投资和建设管理的专业公司。公司下设综合部、财务部、计划合同部、工程管理部、安质环保部、设备物资部、投资发展部7个部门。公司在职人员37人，均为中高级管理人员和专业技术人员，其中教授级高级工程师2人，享受政府特殊津贴专家1人，具备一级建造师、安全工程师等各类执业资格证书10人。

在任领导：

董事会董事（5人）:赵庆武　冯慧光　林　鑫　毛小民　刘少魏；赵庆武任董事长

监事会监事（3人）：魏振国　席福禄　王怀远　李家标；魏振国任监事会主席

总经理：刘少魏。副总经理（3人）：刘林山、王建军

（兼总工程师）、杨马庄（兼工会工委主任、纪工委书记）。

董事会秘书：武晋龙

公司机关党支部3人：李培增、李家标、高　毅。李培增任书记，李家标任组织委员，高　毅任宣传委员

地址：河南省郑州市航海东路1225号

邮编：450016

值班电话：0371-67727300

传真：0371-67727301

电子邮箱：ztzygs@163.com

【中铁印尼有限责任公司】 2010年3月23日，中国中铁与印尼巴克塔山泛太平洋铁路公司（简称BATR）签署《印尼南苏门答腊煤炭铁路运输专用线项目》设计、施工、运营总承包合同（简称DBO合同）。经股份公司2011年3月23日本年度第二次总裁办公会议研究决定成立中国中铁印尼有限责任公司，代表股份公司负责印尼南苏门答腊煤炭运输铁路专用线项目的各项工作。2011年6月7日下发中铁股份劳【2011】255号文件《关于成立中国中铁印尼有限责任公司的通知》。2011年8月10日股份公司下发中铁股份外【2012】356号文件《关于中国铁路工程（马来西亚）有限公司管理归属关系变更有关问题的批复》，决定从8月1日起，将中铁国际所属的中国铁路工程（马来西亚）有限公司交由中国中铁印尼公司全权管理，原中铁国际管理的中国中铁股份有限公司新加坡分公司管理关系也随马来西亚公司一并转移。

2011年7月12日，中国中铁印尼公司召开一届一次股东会、董事会及监事会，通过公司《章程》，选举公司董事长、监事会主席，聘任公司经理层，完成公司法人治理结构法定程序，并经7月19日、22日股份公司总裁办公会、二届六次董事会审议通过。9月20日，公司申报在印度尼西亚设立有限责任公司获得国家商务部审批，取得《境外投资许可证》。11月25日，办理完毕外汇登记备案手续。

中国中铁印尼公司注册资本金150万美元，由中国中铁股份有限公司单一股东出资，注册地在印度尼西亚雅加达。

在任领导：

董事长：周孟波（法定代表人）

总经理：陈诗平

副总经理：蔡泽民、刘维志

地址：北京市丰台区丰台北路36号华铁咨询大厦9层

邮编：100071

电话：010-83897014

传真：010-83897014

【中铁贵州旅游文化发展有限公司】 在贵州省委、省政府提出打造“工业强省和城镇化带动战略”以及“央企入黔”，大力发展“黔中经济圈”的背景下，2010年12月26日，在北京人民大会堂举行的贵州省面向央企招商会上，中国中铁股份有限公司与贵州省黔南州、龙里县两级政府签订正式协议，双方共同打造中铁贵州国际旅游体育休闲度假中心项目（以下简称：“中铁国际生态城项目”）。项目被列为“贵州省十二五旅游发展规划十大旅游项目”之一，2012年明确列入《贵州省生态文化旅游发展规划》，同时也是“大贵阳城市群”城市建设重点项目和黔中经济圈重点项目。

中铁国际生态城项目正式签约后，2011年2月21日，股份公司发文（中铁股份劳〔2011〕121号）成立“中铁贵州旅游文化发展有限公司”。2011年4月12日，中铁贵州旅游文化发展有限公司（以下简称：“中铁贵州公司”）在贵州省龙里县注册挂牌成立，公司注册资本金3亿元人民币，其中，股份公司出资1.53万元，拥有股权51%；中铁五局出资8700万元，拥有股权29%；深圳市欧迈建筑设计有限公司（合作方）出资6000万元，拥有股权20%。

中铁贵州公司经营范围：旅游、体育、文化、教育、医疗卫生项目投资、开发、经营；酒店、会所、影城投资、开发、经营；地热资源勘查、开发、经营；取水；土地整理；园林、园艺、农业开发；城市基础设施投资、建设；工程准备；房地产开发、经营；房地产相关产业的投资、相关产业的经营；二、三类机电产品、建筑材料、装饰材料、预制构件、五金交电、汽车配件、陶瓷、家具的批零兼营；城市公共交通投资经营；新能源、新材料、新工艺投资、开发、经营；项目投资；工程技术研发、经营；法律法规许可的其他投资业务。

中铁贵州公司主要职能是：一是负责代表股份公司全面履行股份公司与贵州省黔南州及龙里县人民政府签订的中铁国际生态城项目投资合同书及相关协议。二是负责中铁国际生态城项目的建设管理及投、融资工作。三是负责联系、协调与地方政府、设计、监理等单位的关系，并对项目工期、安全质量、责任成本、效益等负责。2011年7月5日，股份公司下文成立了“中铁贵州国际旅游体育休闲度假中心项目工程建设指挥部”（以下简称“项目工程建设指挥部”），与中铁贵州公司实行“一套班子、两块牌子”的管理方式，负责中铁国际生态城项目所有工程建设相关事宜。

中铁贵州公司负责开发建设的中铁国际生态城项目位于贵州省黔南州龙里县谷脚镇贵龙城市经济带内，距贵阳市区15公里，距贵阳龙洞堡国际机场6公里，项目规划用地总面积30000亩（其中一期规划用地22000亩，二期规划用地8000亩），采取一、二期整体联动推进，滚动开发的模式，拟规划建设超五星级酒店群旅游配套、温泉SPA度假中心、民族风情小镇、喀斯特峡谷探险观光、国际康体养生中心、超大型购物SHOPPING MALL、商务办公、企业总部基地、文

化艺术中心、综合居住等核心项目，是集“旅、居、业”为一体的现代生态田园综合新城，兼具了大量房建、市政、路桥等中国中铁传统主业强项，也涵盖了包括高尔夫、酒店、旅游、文化、养生、养老、商务、宗教等众多新兴板块项目，预计总投资约505亿元，整体开发进度约为10年。

截至2012年底，中铁贵州公司拥有全资（控股）子公司3个：龙里县铁五建置业有限公司、贵州中铁兴隆房地产开发有限公司、贵州中沐温泉投资有限公司。参股子公司7个：贵州中泽酒店投资管理有限公司、贵州麓岛乡村运动投资管理有限公司、贵州中泰景新置业有限公司、贵州中黔盛房地产开发有限公司、贵州中裕达房地产开发有限公司、贵州中福达房地产开发有限公司。中铁贵州公司本部设10部1室：董（监）事会办公室（党群工作部），综合部（人力资源部）、财会审计部、法律合约部、市场开发部、项目招商部、营销策划部、预算部、设计部、安全质量监察部、工程管理部，其中董（监）事会办公室（党群工作部）、预算部和安全质量监察部为2012年新设部门。

截至2012年末，中铁贵州公司开累完成投资29亿元，2012年度累计完成投资22.5亿元（其中建安部分完成约9亿元）。

在任领导：

董事长、党工委书记：张　敏

总经理、项目工程建设指挥部指挥长：邓树传

副总经理：张庆远

纪工委书记、工会主席、董事会秘书：王　闽

财务总监：李家标

地址：贵州省龙里县山林路1号

邮编：550005

电话：0851-5195888

传真：0851-5195007

项目地址：贵州省黔南州龙里县谷脚片区“中铁国际生态城”

邮编：551200

电话：0851-5195016

传真：0851-5195015

【中铁昆明建设投资有限公司】 中铁昆明建设投资有限公司成立于2011年12月8日，原名中铁泛亚建设投资有限公司，2012年3月正式更名为中铁昆明建设投资有限公司，由中国中铁股份有限公司独家发起，公司注册资本2亿元，是中国中铁为西南地区战略经营布局而成立的二级分公司。公司的经营范围为投融资、工程建设管理、物资设备采购租赁。

中铁昆明建设投资有限公司受中国中铁股份公司委托，全权代表中国中铁履行与云南省和昆明市人民政府签署的战略合作协议，负责与云南省、昆明市政府有关部门洽谈开展在高速公路、市政工程、城际铁路、轨道交通、保障房建设和房地产开发、滇池整治等基础设施领域的投资合作项目；同时代表中国中铁在云南地区行使协调、指挥等权力，负责统筹组织、监督和协调中国中铁及所属单位在云南省的经营开发、施工生产和工程管理等工作。中铁昆明建设投资有限公司的成立，是中国中铁紧紧抓住云南省加快建设面向东南亚开放重要桥头堡的有利时机，积极投身云南省、昆明市的经济社会建设和城市基础设施建设的具体体现，为中国中铁与云南省、昆明市深化战略合作，实现共赢发展奠定了坚实基础。

2012年，中铁昆明建设投资有限公司按照“高标准，高起点，打造一流建设投资公司”的宗旨，从零开始、白手起家，在公司组建、制度建设、市场开发、融资策划、项目管理、内部控制等方面展开了卓有成效的工作。现已形成“公司-项目经理部-项目分部”三级管理模式，即：公司本部设6个职能部门（综合部、融资财务部、工程设计部、安质环保部、经济合同部、物资设备部），下设3个项目经理部，各项目经理部下设由股份公司所属各参建单位组建的若干项目分部。截止2012年12月31日，公司及所属各单位共到岗员工75人，分别从股份公司、中铁一局、二局、四局、五局、七局、八局、大桥局、隧道局、上海局、港航局等单位抽调。全年共出台54个管理制度和办法，全公司的管理架构体系已基本建成并开始正常运转，满足了公司开展各项工作业务的需要。

2012年，中铁昆明建设投资有限公司顺利中标昆明轨道交通1号线延长线工程、3号线延长线工程、4号线工程和安宁至嵩明地方铁路安宁段工程4个BT项目，合同额共计340亿元。在建的昆明轨道交通3号线西标段总承包项目完成施工产值66613万元，全年未发生等级安全质量环保事故（事件），在各级检查中多次获得好评。

在任领导：

执行董事、党工委书记　季志华

总经理、党工委副书记　王广钟

副总经理、总工程师　邓　民

副总经理　刘登科

副总经理、纪工委书记、工会工委主任　郑　杰

副总经理　唐连成（2012年12月22日调离）

副总经理　史金洪　陈安惠

财务总监　王　恺

监　　事　肖　圣

地址：云南省昆明市西山区清苑路68号

邮编：650118
电话：0871-68107718
传真：0871-68107718

【中铁成都投资发展有限公司】 2012年1月11日，中国中铁股份有限公司与成都市人民政府签定了《关于成都地铁建设合作协议》，以“投融资+设计施工总承包+回报”的模式建设成都地铁1号线南延线、3号线、7号线工程。2月8日，中国中铁股份有限公司宣布成立中铁成都投资发展有限公司（以下简称成都公司），代表股份公司全面履行合作协议及BT项目建设和投融资管理工作。2月23日，中国中铁股份有限公司与成都市政府共同举办了加快成都新一轮地铁建设动员大会，标志着中国中铁与成都市政府的合作迈上了新高度。3月2日，成都公司在完成工商注册的当天，正式递交了成都地铁招商参选文件。3月9日，地铁公司来函，确认中国中铁为成都地铁3号线一期工程、7号线和1号线南延线首期工程BT项目承办方，同时启动了投融资建设合同谈判。3月30日，成投公司向成都兴城公司提交了招商参选文件，4月9日领取天府大道南延线中标通知书。

成都公司执行董事、党工委书记郑建中，总经理张继奎，副总经理杨玉德、王勇、薛军、刘仁智，副总经理、总工程师万姜林，监事李平，财务总监肖圣。成立了中国中铁成都轨道交通工程指挥部、中国中铁天府大道南延线工程指挥部。成都公司设立了综合部、工程管理部、预算合同部、安质环保部、物资设备部、机电部、投资发展部、征地拆迁协调部、融资财务部、科技设计部等10个部门。成立了党工委、纪工委、工会工委和团工委等组织，配备了相应人员，总人数控制在股份公司下达的总定员内。

地址：四川省成都市西月城街118号
邮编：610031
电话：028-65109326
传真：028-65109333

【中铁北方投资发展有限公司】 2012年11月13日，石家庄轨道公司与中国中铁关于石家庄市城市轨道交通1号线一期工程土建及相关工程投资建设项目相关事宜进行了澄清和谈判，双方签订了项目谈判备忘录。11月26日签订了石家庄市城市轨道交通1号线一期工程土建及相关工程投资建设项目合同框架协议。项目采用BT（“投融资—建设”）管理模式。石家庄市政府委托石家庄市轨道交通有限责任公司为BT主办方，中国中铁股份有限公司为BT承办方。地铁1号线是骨架线中一期工程的一部分，西起西王站，东至东兆通站，沿中山西路、中山东路、长江大道和秦岭大街敷设，线路长度23.9公里，均为地下线。共设车站20座（中国中铁投资19座），19个区间，设东兆通车辆段与综合维修基地、张营停车场各一处，以及位于中山东路与谈固东街交口处的控制中心一座，建设总工期为54个月。河北省将轨道交通项目列为省重大项目和省重点建设项目，石家庄市将该项目列为石家庄市城市建设“一号”工程。市委市政府提出地铁1号线2017年7月1日前开通试运营，明确要求“要挂图作战，倒排工期”。

股份公司于2012年12月26日成立中铁北方投资发展有限公司和中铁石家庄地铁1号线工程建设指挥部，实行“两个机构，一套人员，合署办公”。公司按投资管理、建设管理和监管施工管理 “三位一体”履行职能，是投融资中心、建设管理中心和培训中心。指挥部代表股份公司，按照“三个方案一体化”原则，组织好设计施工总承包管理，履行石家庄地铁1号线合约职责。公司注册资本金人民币贰亿元，全部由中国中铁股份有限公司出资，是中国中铁股份有限公司全资子公司。

根据股份公司对北方公司机构设置的总体要求和地铁1号线投融资建设的实际需要，公司与指挥部实行“两个机构、一套人员、合署办公”，暂设置以下7个部门：工程部、安质部、设物部、设计部、合同部、财务部、综合部。其中工程部涵盖征迁工作，合同部涵盖投资经营工作，财务部涵盖投融资管理工作。

地铁1号线工可报告已通过专家审查，正等待国家发改委批复，预计2013年2月份可能得到批复。在项目投融资模式上，省政府明确拟采取“政府资本金+BT+车辆融资租赁+银行贷款”的投融资模式。BT回购资金拟通过贷款解决。石家庄市轨道公司做为融资主体，已向国家开发银行申请地铁1号线贷款100亿元，并将融资基本资料上报相关银行评审。国家开发银行河北省分行为贷款牵头行，与工行、农行、中行、建行、交行组成银团。轨道公司拟于2013年4月份完成各银行对其授信工作。项目总体设计已经完成，并于2012年11月底通过专家预评审。正在开展详勘和初步设计工作。现已完成15个车站和3个区间的送审稿。另外有4个车站设计尚未稳定，分别是北国商城站、省博物馆站、海世界站和火车东站站。

随着公司主要管理人员陆续到位，加强公司和指挥部的正规化、规范化建设已提到日程。要按照股份公司的要求，适应BT投融资建设和公司持续发展的需要，本着科学合理、顺畅高效的原则，健全组织机构，做好定岗、定编、定员、定责工作。建立和完善各项规章制度，明确各级组织和部门的工作职责。认真学习和借鉴股份公司有关BT投资项目的经验，结合石家庄地铁1号线实际，建立BT投融资建设管理模式、管理流程与管理制度，并重点渗透和体现到合同中。主要是投融资方案、前期工程建设管理、施工图共管、工程建设管理和安全质量管理等。融资工作要坚持“量出为入”、长短结合、多渠道、众方式、低成本原则，认真研究融资结构、融资渠道、融资方式和融资成本，努力将融资成本降到最低。做为BT项目承办方，最大风险在于能否按时足额回收投资和收益。因此，在投资回收方式设计方面，要在股份公司与轨道公司签订的框架协议基础上，仔细研究回收时间、回收金额和回收方式。尤其是在回收金额的计算上，要做到严谨科学、不少不漏，确保在正式合同签订中占有主动，最大限度地规避风险。在投资建设阶段，投资工作要注重从设计源头抓起，优化施工组织设计，采用新工艺、新方法、新材料，实行物资集中招标采购，最大限度地降低投资成本，获得最大的经济效益。本项目采用BT投融资建设模式，从资本运作到生产建设要做到“筹资成本最低化、财务风险最小化、营运资本最活化、资产配置与结构最优化、投资效益最佳化、纳税管理合理合法化”。要达到以上目标，必须从费用构成到资本运作进行全面解剖，进行全面的市场调查、分析和预控，将BT项目风险控制在可控范围内。通过多元化投资组合，降低融资风险；设计共管，降低技术风险；参与定额编制，降低概算风险；积极配合，降低前期工程影响。依据股份公司与轨道公司签订的框架协议及备忘录的基本原则，认真分析合同存在的风险，从融资管理、费用管理、工程管理、设备物资管理、安全质量管理等方面进行全面研究分析，搞好合同谈判，为项目建设管理和运用奠定良好基础。

要按照建立学习型组织的要求，加强员工的学习和培训。制定学习培训工作规划，适时聘请国内投融资、资本运作、建设管理、设计管理、概预算编制等专家进行培训，先请进来，再走出去，培养优秀人才，培育优秀团队，使员工更有价值，增强员工的幸福感和成就感。

公司与指挥部办公人员按固态与动态配置。筹备组已经到位22人，根据前期工作需要，临时抽调有关人员26人，人员总计48人，各项筹备工作正在紧张进行。公司人员根据投资建设管理进展和区域管理需要将适时调整。指挥部人员依据土建、铺轨、安装工程分三阶段调整。依据公司发展与项目进展，人员逐步竞聘引入，高峰期总人数控制在50人以内。

投资建设合同是项目建设的依据和大纲，为做好合同谈判工作，分别成立了合同谈判领导小组和工作小组，负责合同底稿的起草、谈判和成稿工作。经多次沟通协商，已同轨道公司达成一致，采用深圳地铁5号线、7号线、11号线及成都地铁3号线的合同文本作为合同底稿，对重要合同条款，组织专业人员反复研讨论证，聘请国内地铁投资领域专家进行指导，以确保合同条款的科学、严谨和合理。现已完成了两套合同草本，并进行了逐条分析和比对，为下一步合同谈判工作做好相关准备。同时，加强了与业主的沟通，按照“部门及时对接，总体提前确定”的合同谈判原则，全方位开展合同谈判工作。围绕工程界面划分、设计共管、施工管理、工期及里程碑的确定、验工计价管理、投融资管理等方面，已先后进行了6次工作研讨和沟通。

在任领导：

执行董事、党工委书记　史柏生

总经理、党工委副书记　刘少魏

副总经理：修　贵

地址：河北省石家庄市桥东区裕华路56号中铁商务广场B座15层

邮编：050011

电话：0311-66179005

【中国中铁股份有限公司驻上海办事处】 上海办事处是中国中铁股份有限公司派出机构。1988年10月，经上海市人民政府批准成立铁道部基本建设总局驻上海联络处（后更名为中国铁路工程总公司驻上海联络处），注册地在上海市闸北区；2002年6月变更为中国铁路工程总公司驻上海办事处；2011年9月变更为中国中铁股份有限公司驻上海办事处。

2010年12月，企业重组后，股份公司对上海办事处的职能和人员编制进一步明确，其主要职能有：代表股份公司与上海市政府、有关职能部门、业主建设单位、行业协会沟通与联系；负责股份公司在沪和新进沪企业的审批、管理及协调、服务工作；代表股份公司负责中国中铁上海工程指挥部日常工作，负责股份公司在沪企业突发事件应急处理的指导、协调；贯彻落实上海地方党建以及股份公司区域党建、工建的工作部署。同时，任命沈秋根为办事处主任、上海地区党工委书记，徐建明任办事处副主任。

2007年4月，成立中国中铁上海轨道交通工程指挥部，2008年1月，更名为“中国中铁上海工程指挥部”。2011年3月28日，指挥部主要领导人员调整：股份公司副总裁刘辉兼任中国中铁上海工程指挥部指挥长，沈秋根任常务副指挥长，徐建明任副指挥长。

2011年4月，上海办事处、上海工程指挥部迁入新址合署办公。下设建管处、综合办公室；现员5人。2012年主要工作情况如下：

2012年，纳入办事处管理的进沪单位41家。其中一级企业1家，二级企业15家，三级企业25家；新增进沪企业1家：中铁济南工程建设监理有限公司；退出上海市场3家，分别是：中铁二局集团公司、中铁二院（成都）咨询监理有限责任公司、中铁建工集团北方公司。年内按要求完成在沪企业年度电子诚信手册申请、变更、核定、备案及各类人员信息变更、资证管理工作。10-11月份，完成上海市建筑业企业资质动态核查工作，中国中铁所属进沪40家企业全部通过，通过率为100%。

为提高驻沪企业中标质量和中标概率，办事处延伸触角、主动作为，为驻沪企业提供信息、牵线搭桥，积极开展区域市场营销协调工作。2012年，经办事处协调的江、浙、沪项目投标37个，中标项目20个，中标总额近30亿。

2012年，股份公司在沪共有9家单位参与上海地铁9号、11号、12、13、16号线工程建设任务，其中土建项目10个，铺轨和“四电”项目18个。为确保区域安全生产，办事处、指挥部认真贯彻落实各级有关安全生产的部署和要求，每月召开在沪轨道交通工作会议，传达各级安全生产文件精神，协调解决施工中出现的问题，及时掌握参建单位施工进度、安全质量、文明施工情况，同时协助、配合上海市安质监总站、上海申通集团对在建项目进行检查。2012年，上海地区工程项目未发生安全质量事故，安全质量控制总体良好。

2012年，系统共申报上海市优秀QC成果24个，其中获一等奖13个，二等奖6个，三等奖5个，两项QC成果被推选为国家级发布成果；6人被评为QC小组活动“优秀推进者”，6人被评为质量管理小组活动“先进工作者”；在安全生产评选活动中，9家单位被评为先进集体，5人被评为“安全生产先进个人”；在用户满意企业评选中，有5家单位被评为“上海市用户满意企业”；6个项目被评为“上海市十佳用户满意工程”；在上海市重大工程文明工地评选中，1个项目被评为“市重大工程文明示范工地”，10个项目被评为“市重大工程文明工地”。

2012年，在股份公司党委及上海市合作交流党委的领导下，坚持以区域党建引领和服务区域生产经营指导方针，因地制宜开展党建工作。

组织召开驻沪单位党组织负责人会议，学习贯彻党的十八大精神，并结合上海地区在建项目管理情况进行深刻剖析，就如何提升管理水平、防控经营风险等问题进行研讨，确保区域经营持续稳定发展。

结合基层组织建设年要求，对6家驻沪基层单位党组织在组织设置、组织制度、组织发挥作用以及流动党员管理等方面进行调研，为推进区域党建工作标准化发挥了作用。

指导基层单位开展文明单位创建活动，做好2011-2012年度市级、合作交流系统级文明单位的申报、自查、网络在线创建系统培训工作。中铁上海局、中铁大桥局上海分公司、中铁建工集团上海分公司3家单位推荐申报2011－2012年度市级文明单位，中铁一局上海分公司、中铁上海局市政公司2家单位推荐申报市合作交流系统文明单位。

利用对外交流平台，向上海市合作交流党委推介驻沪企业在创先争优活动、项目党建标准化管理中好的经验和做法，进一步增强了中国中铁品牌党建在沪的影响力，受到上海市合作交流党委的高度评价。2012年，中铁一局上海分公司党委开展“创建铁成班组、争当铁成式员工”活动，推动了新型职工队伍建设，成为上海市合作交流党建经验交流工作的亮点。

大力开展立功竞赛活动，密切配合上海申通地铁轨道交通指挥部开展经常性地检查指导和月度综合评比工作，定期参加总结讲评会议并做好意见反馈，督促相关单位落实整改事项，同时做好先进典型的推选工作。2012年，在上海轨道交通立功竞赛表彰中，有7家驻沪单位11个项目部被评为先进集体，4人被评为优秀建设者，4人获“上海市建设功臣”荣誉称号。

地址：上海市江场三路278号2楼
邮编：200436
电话：021－60768216
传真：021－60768206

【中国中铁哈大铁路客运专线工程指挥部】 2012年12月1日，哈大高铁正式开通运营。五年多的建设过程中，在股份公司和哈大客专公司的正确领导和大力支持下，指挥部带领各参建单位充分发挥组织优势、管理优势、协调优势、人才优势、技术优势、装备优势，以施工组织设计为纲，以制运架及“三铺”为主线，优化施组设计，掌控项目进程，强化现场协调，确保整体推进，在全线的施工生产中 始终保持领先态势，充分发挥了表率和示范作用。尤其是2012年面对巨大的安全及工期压力，圆满完成了联调联试及冻胀整治等施工任务，保证了顺利开通运营。主要工作情况如下：合力攻坚，施工产值全面完成。坚持以确保联调联试和开通运营为目标，加强与业主、设计、咨询、监理、地方政府等相关各方的沟通协调，发扬“知行合一、永争第一”的哈大精神，统筹兼顾，超前谋划，靠前指挥，落实责任，研究施工生产形势，清理剩余工程量，倒排工期，梳理施组，明确方案，加大奖惩力度。各参建单位顾全大局，调集力量，中铁一局、八局攻坚克难按期、优质完成了冻胀整治工程，中铁二局合理组织按期完成了大连北站、沈阳两大枢纽轨道工程。整个TJ-1标全年共完成投资计划53891万元，占年度计划53800万元的100.2%，开累完成2479335万元，占合同额2494622万元的99.4%。

2012年4月20日，哈大客专辽阳至普湾段率先进入联调联试阶段。施工单位主要负责针对动检车检测出的超限指标进行轨道精调和检测过程中发现的问题进行整改。各局项目部紧紧围绕轨道动态检测车检测数据，及时进行现场分析，对轨道几何状态及时进行调整，消除超限点，确保了联调联试的顺利进行。先后经历了159天，动检车走行近44万km圆满完成了联调联试任务。

东北地区是中国受冻害影响最严重的地区，路基冻胀在东北地区具有普遍性、不确定性、不可避免、根治困难的特点，哈大铁路客运专线是世界上第一条穿越高寒地区的长大无砟轨道高速铁路。冻胀整治攻坚战在2012年打响，这场战役是保开通、保安全的前提，是保声誉、保成果的关键，是对中国中铁“招之能来，来之能战，战之能胜”铁军的考验。指挥部统筹考虑，全面部署，突出重点，靠前指挥，会同各参建单位从方案策划入手，细致进行现场勘查，不断优化施工组织。中铁一局和八局主要领导亲自过问，分管领导现场督阵，项目部领导冲锋陷阵，认真谋划，精心组织，有序施工，有效地推进冻胀整治工程施工进展。全体参建员工各司其职、各负其责，团结一致、不辞辛苦，跟时间赛跑，在行车干扰累计时间达到 14 天，期间又受到辽宁省历史上罕见台风“达维”影响的情况下，克服了工期紧、任务重、干扰大、场地小、隐患多等诸多困难，历经近一个月的浴血奋战，安全、高效、优质地完成了施工任务，得到了哈大客专公司和中国中铁领导的高度赞扬，为哈大客专的顺利开通奠定了坚实基础。

指挥部坚持“安全第一、预防为主、综合治理”的方针，根据 2012 年 TJ-1 标安全生产风险源的实际情况，进一步强化安全质量管理体系运行，时刻紧绷安全质量管理之弦，以工程运输安全、既有线施工安全、高空作业安全、大型设备施工安全、路基冻胀整治、联调联试为管控重点，加大日常监督检查频次，及时发现或消除安全和质量事故隐患，杜绝违规违章施工行为，确保哈大客专 TJ-1 标安全质量无事故。2012 年，在哈大铁路客专 TJ-1 标施工范围内，未发生安全生产一般及以上事故，未发生一般 C 类及以上铁路交通事故，未发生工程质量一般及以上事故，安全生产状况平稳，工程质量可控，全面完成了指挥部的安全质量目标。

指挥部围绕 2012 年施工生产情况，制定了宣传工作指导意见，明确了宣传报道重点，组织各参建单位党组织积极开展对外宣传报道工作。2012 年 7 月人民铁道报记者到管段内进行“走基层、转作风、改文风”采访，并做了专版报道；铁道部影视中心先后两次到现场拍摄，制作了哈大高速铁路专题片；10 月 8 日，哈大高铁试运行，中央电视台进行直播，中铁五局施工的西海特大桥、中铁大桥局施工的普兰店海湾特大桥均有出镜。12 月 2 日，人民铁道报标题为《铁肩担大任，高铁建奇功》的文章对中国中铁哈大高铁建设情况进行了专版报道；11 月，25 万字的《龙腾哈大》正式出版发行，充分宣传报道了中国中铁哈大客专的项目管理和文化建设成果，有力提升了中国中铁的品牌形象。

地址：辽宁省沈阳市苏家屯区红椿路 88 号米拉晶典小区 C2-111

邮编：110111

电话：024-31484503

传真：024-31484502

【中铁宏达资产管理中心】 中铁宏达资产管理中心于 2007 年 5 月成立。隶属于中国铁路工程总公司，是总公司国有独资的重要成员企业，在国家工商行政管理总局登记注册的全民所有制企业，依法享有民事权利、承担民事责任，对总公司委托经营的国有资产效益负责。宏达中心所属单位主要为职业教育院校和医疗服务单位，资产分布在全国 28 个省自治区直辖市的 144 个市县。职业教育院校大多数为国家、各省重点和示范性高职、高专、技师技工院校；医疗服务单位为各省、市、区医保定点医院、新农村合作医疗定点医院。宏达中心有分支机构 20 个，职业教育院校 13 个，医疗服务单位 17 个，资产总额 20.7 亿元。

在任领导：

主任、党委副书记　姜洪友

党委书记　韩仁海

总会计师　李欣

副主任、纪委书记、工会工委主任　董晓明

副主任　刘彦斌、张光弟

地址：北京市丰台区莲花池南里 26 号中铁工程大厦 A 座

邮编：100055

电话：010-51843628

传真：010-51843550

网址：http://www.zthd.com.cn

【中国铁路工程总公司党校】 中国铁路工程总公司党校于 1984 年经铁道部党组批准成立，是中国铁路工程总公司党委的重要工作部门，主要任务是培训总公司系统的干部。成立 28 年来，党校开班 41 个大专班，参加学历教育 2481 人；举办各类短期培训班 257 期，培训党、政、工、青和各类专业人才 16082 人次。这些学员中，有些走上了局、初级领导岗位，有的多次受到党和国家领导人接见，有的当选全国劳动模范、全国三八红旗手、全国优秀企业家、全国优秀项目经理、全国纪检监察先进工作者、优秀思想政治工作者、优秀党务工作者、火车头奖章获得者、共和国青年功臣、青藏铁路建设标兵。

总公司党校位于河北省石家庄市裕华东路 56 号中铁商务广场。党校拥有 5 个现代化多媒体教室，118 间准四星级标准客房，3000 多平方米的高品位酒店，教学、办公、餐饮、住宿自成体系，各类现代化教学设施一应俱全。党校拥有一支高素质的教育、科研、咨询、管理、服务团队，有功能强大的信息资源网络、雄厚的师资力量、前沿的培训项目、专业的科研人才队伍和热情的培训服务团队。新时期党校人在新平台上展示新作为，坚持“一五三五”的发展思路，秉承“视品牌如生命、待学员如亲人”,“两带来、三带走”和“三个一”的培训理念，以“夯实一个基础，实现两个突破”为重点，坚持高效、专业、精细、优质的服务标准，全力打造高端培训品牌，朝着建设中央企业一流党校的目标迈进。

2012 年，党校从课程设计到学员管理及后勤服务各环节始终遵循服务中国中铁、为中国中铁的发展培养有用人才，充分体现党校的价值和作用的原则。课程设置围绕提高学员的党性修养、素质能力，培养学员的创新意识，打造中国中铁核心竞争力。在学员管理过程中标准化流程化工作，为学员提供优质服务。2012 年举办各类培训班 34 期，培训学员 3112 人次，分别比 2011 年增长了 26%和 14.5%。其中，通过与各单位沟通，引进培训班 5 期，送教上门 1 期。

2012 年，党校承担了中组部“国有企业经营管理人员培训课题”研究项目，集中力量推出了此项目的研究成果；积极配合中国中铁学习宣传贯彻党的十八大精神，组织编写了四讲学习贯彻党的十八大精神宣讲材料，先后在《中国中铁》报上刊出；配合总公司党委宣传部组织编写了面向基层一线广大党员和职工的《学习贯彻党的十八大精神宣传提纲》。2012 年，党校申请承担了“中国中铁全面预算管理体系构建研究”、“EPC 模式的工程项目管理研究与应用”、“中国中铁股份有限公司品牌管控研究”课题项目研究任务。通过大量收集资料、广泛开展调研、集中力量科研攻关，高质量完成了课题研究任务。2012 年，党校主办的《学习与探索》、《中外建筑最新动态》杂志分别出刊 7 期。《学习与探索》推出了中铁大桥局专刊。刊物的栏目不断丰富，理论性、工作指导性、可读性不断增强，在系统内外的影响力明显提升。

2012 年，党校加强资产管理，规范了台账管理和操作流程。在资产合理购置、资产盘点、台账管理、维修保养、残值利用、资产报废、会议室的使用等方面，制定了一系列标准化流程并认真执行。加强了合同管理，明确了合同管理的标准和操作规范。与光明渔港、国大酒店合作经营管理达到预期目标，取得稳定的收益。教室、会议室的利用率进一步提高。后勤保障、安全保卫等方面的工作进一步规范，制定《突发事件应急预案》、《安全大检查制度》，建立消防档案，协助大厦物业公司进行了消防演练及安全防火知识教育。

2012 年，党校扎实推进管理提升活动，加强内控体系建设，突出精细化作业、精细化管理和服务，全校的综合能力全面提高。一是涉及各个岗位、覆盖工作全面的制度建设不断加强，制定了制度建设菜单，含 61 个需建立、修订和完善的制度。二是干部人事管理、劳动工资管理和离退休管理服务工作，主动履行政策、执行制度、落实福利待遇。档案管理、应用和机要保密工作基础扎实，不断加强。三是规范公文流转、公文处理工作。党校工作信息简报、网站新闻资讯更加丰富、适时、准确，新闻、信息稿件上报数量和刊稿数量较往年有所提高。四是对外接待工作克服困难，做到了坚持制度、协调有序、有礼有节、热情周到，保证了以教学为中心的各项工作的需要。

在任领导：
常务副校长　马元林
副校长、工会主席　王军芳
副校长、机关党委书记　韩平易

地址：河北省石家庄市裕华东路 56 号
邮编：050011
电话：0311-67660609
传真：0311-67660610
网址：www.crecdx.com
电子邮箱：ztdx2008@163.com

【中铁咸阳管理干部学院】 中铁咸阳管理干部学院前身是铁道部基建总局咸阳干部学校，成立于 1981 年 9 月（[81] 铁基学 1483 号）。1985 年经陕西省人民政府同意（陕高教成 [85] 45 号），铁道部（[85] 铁干培字 1209 号）批准改为铁道部管理干部学院咸阳基建学院，由中国铁路工程总公司管理。2001 年由于总公司和铁道部脱勾，经总公司批准，更名为中铁咸阳管理干部学院。2012 年 6 月，总公司决定，学院划归中铁宏达资产管理中心直接管理。

学院占地 138 亩，建筑面积 80000 平方米，其中用于教学、行政用房 40000 平方米。有教学楼 3 栋约 13209 平方米，学生宿舍楼 4 栋约 15000 平方米，学生食堂 2 个约 2784 平方米。图书馆面积 1106 平方米，藏书 10 万余册，中外期刊 400 多种。电教电算中心建筑面积 1053 平方米，有计算机 130 台，建成了局域网，并入了宽带互联网。有 48 座的多媒体语音室和 100 座的学术报告厅及土木工程实验室和工程测量实验室。有学生活动的操场、球场等活动场地。有 1100 平方米 800 座的礼堂。有 500 门程控电话的通讯设备。有招待所、浴池以及配套齐全的水、电、天然气等生活服务设施。学院固定资产约 3377 多万元。

学院现有在册教职工 173 人，其中在岗 127 人，有专职教师 23 人，其中具有正副教授、高级工程师等高级职称 18 人，具有讲师、工程师等中级职称 40 人。具有国家注册造价师 2 人，注册监理师 2 人，注册建筑师 1 人。另外聘请 38 名专家为兼职教师。

全年举办各类培训班 37 个，培训干部 3058 人次；举办高职和中职学历班 16 个，在校学生 371 人；函授和远程成人教育学历班在册学员 1081 人；联合办学在校学生 2419 人，办学总收入 1138 万元，基本上实现年度经营目标。

在任领导：
院　　长：江德贤
党委书记：梁永和
副 院 长：周民勇　黄鸿初
纪委书记：梁永和
工会主席：周民勇

地址：陕西省咸阳市秦皇中路 5 号
邮编：712000
电话：029—32879710
传真：029—32879741
网址：http:www.ztgy.cn
邮箱：ztyb_123@.com

托管机构

【中国中铁昆明工程指挥部】 “十二五”开局以来，随着党中央、国务院关于支持云南省加快建设面向西南开放重要桥头堡意见的决策实施，股份公司在滇业务量不断扩大，为了满足在云南省及昆明市生产经营的需要，股份公司站在统揽全局的高度，于2012年7月行文将原“中国中铁昆明轨道交通工程指挥部”更名为“中国中铁昆明工程指挥部”，并调整其主要职能，由股份公司领导任指挥长，两位常驻昆明的副总工程师任副指挥长，指挥部与中铁昆明建设投资有限公司合署办公，代表股份公司协调在云南省的经营开发，监管在建工程项目的施工生产，有效整合资源，发挥整体优势，加大监管力度，提升项目管控能力，确保股份公司所有在滇项目良性运转。

2012年，中铁昆明工程指挥部制定了《中国中铁昆明工程指挥部工程项目监管办法》，并对股份公司及各成员企业在滇工程项目进行了全面梳理，为所有监管项目建立了监管台帐。截至2012年12月31日，首批纳入中国中铁昆明工程指挥部监管的项目共有34个，其中，重点监管项目10个，一般监管项目24个，股份公司多个成员企业参与了施工。

昆明工程指挥部将从2013年1月份起，对监管项目开始进行定期检查，并将通过每半年在股份公司范围内公布《中铁昆明工程指挥部项目监管情况通报》的方式，将各监管项目现场管理、任务完成、建设业主对项目的履约评价等情况及时向股份公司和各成员企业本部进行通报，对项目出现的问题，督促参建单位及时进行有效整改。通过一系列的监管措施，确保各在滇施工项目安全、质量处于可控状态，管理体系运转有序。

在任领导：

刘　辉　中国中铁股份有限公司副总裁、总工程师；中国中铁昆明工程指挥部指挥长

季志华　中国中铁股份有限公司副总工程师；中国中铁昆明工程指挥部副指挥长

王广钟　中国中铁股份有限公司副总工程师；中国中铁昆明工程指挥部副指挥长

地址：云南省昆明市西山区清苑路68号

邮编：650118

电话：0871-68107718

传真：0871-68107718

【中铁珠三角投资发展有限公司】 中铁珠三角投资发展有限公司（2011年12月22日经国家工商局批准由中铁佛山投资发展有限公司变更现名）是2008年6月30日由佛山市工商行政管理局批准成立的。注册资本金15000万元，经营范围是：项目投资、建设项目管理。公司设董事长一人，总经理一人，副总经理一人，总工程师一人，设办公室、财务部、经营开发部、物资设备部四个部门。下辖江顺大桥、南车基地和高明投资项目三个总包项目经理部。

2012年，是中国中铁的管理提升年，也是珠三角投资公司持续发展的关键年。按照建设分公司王立平总经理年初工作会议上提出的“总结成功经验，把握发展机遇，抓管理讲学习，攻难关克时艰”的重要指示精神，抓住机遇，统筹规划，科学安排，创新经营，严格管理，落实责任，真抓实干，实现了安全质量平稳可控，节点工期有效保证，施工产值节节攀升，全面完成了年初签订的各项经营承包考核指标。

1、直管目标：

江顺大桥总包部完成施工产值36300万元，配套道路工程计划完成产值3036万元，高红路总包部完成施工产值35000万元，占年度产值计划30000万元的117%；南车基地总包部完成施工产值20000万元，南车直属部江顺大桥工程配套项目“三路一隧”（胜利南路、金瓯路、江睦路、西环路隧道）完成10000万元；高明总包部完成施工产值48906万元。

2、监管目标：

江顺大桥、高红路、碧桂路、高明投资项目、博深四标合同段、深圳观澜调蓄池等工程项目均实现了全年安全生产无事故。工程一次验收合格率100%，优良率95%以上，满足股份公司与业主签订的质量目标要求。

3、安全目标：按照“一个确保，六个杜绝”的安全生产总体要求，实现了安全生产“零事故”。

4、质量目标：按照“建绿色环保城市景观工程，争创鲁班奖”的质量管理要求，样板引路，铸造精品，实现了质量“零缺陷”，已完工程一次验收合格率达到100%，满足股份公司与业主签订合同的质量目标要求。

3、融资情况：珠三角投资公司在建设公司领导和财务部的大力支持和帮助下，全年完成贷款75000万元，预计到年底还能到款25000万元，基本满足了施工生产需要。

4、沧江四桥BT项目于2012年6月19日顺利交工，高明区政府自2012年9月30日开始进入回购。一些设计变更资料已经交监理公司并进入审计后期。

南车基地厂前路已将全部竣工资料移已完成交工验收，预计江门新会区政府12月下旬开会通过将实现回购。

5、新签合同额指标：

2012年11月9日成功中标江门市江门大道北线BT工程项目。项目总投资28.8亿元。

6、管理费指标：

坚持勤俭节约的原则，严控非生产性支出，特别是严格执行建设分公司关于职工加班费、差旅费的管理规定，全年支付管理费400万元，实现管理费支出可控。

【中铁中南投资发展有限公司暨长沙交通BT工程总包项目部】 一、工程概况

中国中铁高度关注潜力巨大的长株潭城市群一体化基建市场，为实施中国中铁在中南地区的发展战略和“立足上游业务，扩大经营领域”的战略目标， 中国中铁凭品牌和综合实力与长沙县政府多次沟通，并就长沙空港高铁和星沙新城建设相配套的交通工程建设模式进行洽谈。长沙县委县政府落实科学发展观，创新拉动基础设施建设的模式，打破常规，采取目前国内较先进的、集投融资、工程总承包、移交（回购）等为一体的建设模式。于2010年9月8日，双方本着合作共赢的原则，就长沙县“十二五”规划建设的重点工程项目，以投资—建设—移交（BT）回购方式达成合作共识。以实现工程融资、优质、快速、安全、廉政的诸多目标。

2010年11月25日，湖南省委书记、省人大主任周强在长沙会见了国务院国有重点大型企业监事会主席石大华、中国中铁股份有限公司总裁白中仁一行，从高层推动了项目的落地。11月26日由省政府组织召开“中国中铁参与湖南基础设施建设”座谈会后，双方合作步伐进一步加速前进。

2010年12月24日，长沙县人民政府积极贯彻湖南省委省政府《关于加强与中央企业对接合作工作指导意见》的精神，本着立足长远、强强联合、优势互补、互惠互利、合作双赢、共同发展的原则，通过严格规范的公开招标程序确定由中国中铁股份公司作为长沙县重点交通道路项目的合法投资人。并于2011年1月10日，双方正式签订《投资建设移交合同》。中铁作为长沙县重点道路交通项目的投资建设方，投资22.35亿元对长沙县“十二五”规划建设的重点交通道路工程项目进行融资建设和工程总承包。

由中国中铁融资加工程总承包方式建设的长沙交通BT工程，是长沙县“十二五”规划建设的城市交通骨干网重点建设工程，包括长沙市人民路东延线（空港城段）、万家丽北路北延线、黄兴大道南延线、黄兴大道北延线、省道S207南延线、黄江公路东延线等子项目组成，总投资22.35亿元。

长沙交通BT工程项目位于长沙县境内，作为“三湘第一县”，又处于长株潭“两型社会”综合配套改革试验区的核心地带，长沙县区位和交通优势得天独厚。县域内形成以开元路、S207为骨干的“五纵十三横”道路交通已有万家丽路等16个现代化交通接口与省会长沙实现无缝对接，先后实施了省内最大的城市湖泊松雅湖成湖、黄花机场扩建、万家丽路建设等一批重大城市基础设施项目。

2011年1月10日在长沙县举行了重点交通道路投资建设项目合同签约仪式；中国中铁股份有限公司与长沙县交通运输局签订《长沙县黄兴大道南延线等道路工程项目投资-建设-回购合同》。自签订合同后，中铁工程建设分公司根据股份公司授权，2月份组建中国中铁投资发展有限公司暨中铁长沙交通BT工程总包部，负责长沙区域的黄兴大道北延线一期路面工程、黄兴大道北延线二期路基工程、人民路东延线（长沙县段）路基工程、万家丽北路北延线工程项目的监管，随着各项目的相继开工。两年多来，中铁中南公司暨长沙总包部高度重视与地方政府的协调沟通，提出“建景观工程，让政府放心，让人民满意”的核心理念，得到了地方政府的充分认可和大力支持，合作势态良好。

2012年是长沙项目全面推进的一年， 1月1日，长沙县县长张庆红等一行领导，深入长沙交通BT工程重点建设项目之一的万家丽北路工程检查指导工作，张县长对中国中铁长沙总包部项目部的工作表示肯定，并高度赞扬了施工现场的安全质量和文明施工情况。2月3日，湖南省长沙市市长张剑飞、长沙市委常委、副市长、政法委书记虢正贵，市委常委、统战部部长文树生长沙县县委书记杨懿文、县长张庆红等领导一行在中国中铁长沙交通BT工程总包部领导及长沙县交通局局长王元意的陪同下，视察长沙县黄兴大道北延线二期工程施工建设情况，张剑飞市长看到光洁平整的预制桥梁体时感叹说“中国中铁打出来的梁体不仅没有气泡和蜂窝麻面，而且表面光洁平整圆润，色泽亮丽。绑扎的钢筋整洁规范，桥梁模版、钢筋崭新无锈，交给你们中国中铁这样的国企干我们放心。可以组织相关部门和单位来学习观摩。”在4月份长沙市交通建设质量监督站会同长沙市干线办对长沙市在建干线公路项目进行了质量安全大检查，黄兴大道北延线二期工程获得第一名。6月27日长沙县黄兴大道南延线沪昆高铁下穿工程暨南延线动员大会开工典礼仪式在南延线沪昆高铁下隆重举行。9月 5日，在长沙县举行了重点交通道路投资建设项目合同补充协议（二）签约仪式。12月13日，由长沙县审计局审计的黄兴大道北延线一期路面工程正式审计报告下达，为项目回购提供了政策依据。2012年内完成黄兴大道北延线一期路面工程两期回购，回购款共计6414万元（其中：2012年7月31日，第一期3743万元；2012年12月21日，第二期2671万元）。

自8月起，长沙总包部遵照中国中铁股份有限公司和建设公司关于开展“管理提升年”活动的部署，结合长沙总包部当前形势和任务，以及项目管理现状，开展了“形

象提升月”活动收效显著，并持续地推进至全年。10 月 29 日，洞株公路（长沙段）隆重举行开工典礼，省政协胡彪主席、副省长于来山、陈润儿书记、张文雄书记、张剑飞市长及建设公司李川副总经理等领导与会。中国中铁长沙总包部组织了中铁二局、中铁十局、中铁航空港局等单位参加了此次开工仪式，400 人的方阵队伍向湖南各界和领导展示了中国中铁的风采。截止 2012 年底中铁中南投资发展有限公司暨中国中铁长沙总包部管理的长沙 BT 各个子项目的建设，在有序的推进，2012 年 12 月中铁中南投资发展有限公司获长沙县政府“突出贡献奖单位”荣誉称号。

二、安全、质量、文明施工及环境保护目标

1、质量目标：消灭质量问题，杜绝质量事故，已完工程自检合格率 100%，一次验收合格率 100%，确保工程质量在长沙市同期同类工程领先，实现与业主签订合同的质量目标要求，综合工程质量确保达到省部级优质工程标准，争创国家级优质工程，并满足项目创优规划要求。

2、安全目标：确保实现安全无责任事故，杜绝死亡事故，无人身重伤及以上事故，年负伤频率控制在 0.5%以下，无等级火警事故，无机械及交通事故，无食物中毒等其它事故。消灭违章指挥，消灭违章作业，消灭惯性事故，创建安全文明工地。

3、文明施工及环境保护目标。达到相关法律、法规及设计标准，满足当地政府的要求。

三、完成情况

1、产值及形象进度完成情况

截至 2012 年 12 月 31 日，长沙交通 BT 工程完成验工计价产值 48520 万元，占建设公司下达年度计划 45200 万元的 107%。其中：黄兴大道北延线一期路面工程完成验工产值 71 万元，黄兴大道二期路基工程完成验工产值 7070 万元，人民路东延线完成验工产值 23109 万元，万家丽北路北延线完成验工产值 18270 万元。

主要形象进度为：黄兴大道北延线二期工程：路基、桥涵工程完成设计 100%，沥青路面完成设计 84%。人民路东延线（长沙县段）：路基、桥涵工程完成设计 86%，沥青路面完成设计 6%。万家丽北路北延线：路基工程完成设计 100%，捞刀河大桥完成设计 92%，沥青路面施工正准备开展。

2、总工期目标完成情况

黄兴大道北延线一期路面工程 2010 年 12 月开工，已于 2011 年 12 月 12 日正式交工。黄兴大道北延线二期路基工程于 2011 年 6 月正式开工，路基、路面主体工程全部完成，预计 2013 年元月通车。人民路东延线 2011 年 4 月 28 日举行动工仪式，2011 年 8 月正式开工，预计 2013 年 11 月竣工通车；万家丽北路北延线 2011 年 8 月正式开工，2013 年 6 月份主体工程可完工，总体工期均能满足业主及合同要求。

3、安全、质量指标完成情况

我们遵循建设公司《关于加强 2012 年安全生产管理的通知》要求，坚持“安全第一、预防为主、综合治理”的方针，全面贯彻落实五项基础工作。以健全规章制度，夯实安全生产基础，强化企业安全生产主体责任为重点，严肃查处现场各类“三违”行为，全面加强安全生产监管，遏制事故苗头，坚决防范事故的发生。

黄兴大道北延线一期路面工程，全长 24.26km，沥青砼路面，投资 1.4898 亿元；一次性通过湖南省长沙市交通工程质监站的验收，合格率为 100%。被列为长沙市交通局质量监督站现场观摩工地，稀浆封层工艺被列为沥青路面施工推广工艺。该工程于 2011 年 9 月 28 日举行了通车典礼并与该年 12 月验交完毕。目前已取得二期回购款共 6414 万元。

黄兴大道北延线二期工程，路线全长 20.075km，Ⅱ级公路标准，投资约 2 亿元，2011 年 6 月正式开工，2013 年 1 月可完工。在长沙市县有关部门检查现场施工过程中，都给予了高度评价

人民路东延线（空港城段），全长约 6.017km，市政Ⅰ级公路标准，投资 6.3 亿元。2011 年 4 月 28 日举办隆重的开工仪式，湖南省省委周强书记、国务院大型企业监事会石大华主席及股份公司刘辉副总裁等领导出席，由周强书记宣布项目开工。2013 年 11 月可完工。2012 年 12 月，获长沙县 2012 年度市政项目综合考评第二名。

万家丽北路北延线工程，全长 3.897km，按城市Ⅰ级主干道标准设计，建安投资 3.1 亿元，2011 年 8 月正式开工，2013 年 6 月份主体工程可完工。2012 年 12 月，获长沙县 2012 年度市政项目综合考评第一名。

长沙交通 BT 工程项目自开工以来，全部工程一次验收合格率 100%，未发生一起质量事故。取得了安全无事故、质量零缺陷的业绩，实现了安全质量目标，目前万家丽北路北延线正在准备创建湖南省建设工程“芙蓉奖”。

地址：湖南省长沙市长沙县碧桂园花园里 2 街 51 号
邮编：410100
电话及传真：0731-84098529/0731-85283470（综合部）
0731-84079561（财务部）
电子邮箱：ztznyxgs@163.com

【中铁东北投资发展有限公司暨沈阳四环项目】 2011 年 1 月 18 日，中国中铁股份有限公司与沈阳市人民政府正式签订战略合作框架协议，对沈阳四环快速路采用国际先进的 BT 管理模式实施工程总承包，正式拉开了经济发达省会城市与上市央企全方位、大规模合作的建设序幕。

沈阳四环快速路的建设得到了辽宁省、沈阳市政府的大力支持和中国中铁股份有限公司的高度重视。项目中标后，中国中铁立即成立了中铁东北投资发展有限公司，代表中国中铁全面履行沈阳四环快速路的投资建设；迅速抽

调精兵强将，组建精干高效的中铁四环快速路交通 BT 工程总包项目部，从中国中铁十七大工程局集团精选 15 个优秀项目管理团队参加沈阳四环的大会战、大建设。

新建的沈阳四环快速路位于未来沈阳主城区边缘，将浑南新城、佟沟新城、沙河新城、浑河新城、铁西产业新城、胡台新城、永安新城、蒲河新城、新城子新城、沈抚新城等 10 个新城区联成一体。

四环路线路全长 132 公里，直径 40 公里，包围面积 1254 平方公里。三、四环平均间距 8 公里。共经过沈阳六个区。全线共设置大型桥梁 46 座，其中跨浑河大桥 2 座，铁路分离式立交桥 10 座，高速公路分离式立交桥 6 座，互通立交 27 座，跨线桥 1 座。路基挖方 593 万立方米，填方 998 万立方米。

沈阳四环快速路是辽宁省、沈阳市“十二五”规划的重点工程项目，又是 2013 年十二届全运会的重要配套项目，，道路等级为城市快速路。设计速度为主路 100 公里/小时；辅路 40 公里/小时。标准横断面按 70 米宽断面一次性实施。主路六车道，辅路四车道。是沈阳历史上建设里程最长、投资规模最大、智能化水平最高、绿化效果最好的城市快速路，早日建成沈阳四环快速路对完善路网建设体系，拓展城市发展空间，推动沈阳经济快速发展、着力改善民生有着重要的社会影响。

沈阳四环 2012 年施工生产的总体要求是：坚持以科学发展观为指导，深入贯彻中国中铁党代会和工作会议精神，以中国中铁对沈阳市政府的三大承诺为总目标，以路面施工为主线，以安全生产零事故为关键，以精细化管理为手段，以创先争优为动力，以劳动竞赛为载体，快字当头，干字加力，进一步调整施工组织，加大资源投入，采取有效措施，全面完成 2012 年施工生产任务，力争完成施工产值 42 亿元，以优异的成绩兑现中国中铁对沈阳市政府的承诺。

在企业生产管理上：沈阳四环快速路是辽沈地区第一条高标准的城市快速路，为优质高效的建设好沈阳四环快速路，中国中铁将坚持“生态环保、安全至上、以人为本、资源节约”的建设理念： 以“安全第一、质量至上”为目标，以科技创新为依托，以标准化管理为手段，快速有序，建城市景观路；优质高效、树中铁新丰碑。中国中铁股份有限公司副总经济师、中铁东北投资发展有限公司执行董事王立平代表中国中铁在沈阳四环快速路誓师动员大会上郑重承诺“三大目标”：

通过科学管理，以人为本，确保安全，绿色环保，给沈阳市人民一个幸福和谐的环境；

通过科技进步，精细施工，建城市景观工程，争创鲁班奖，给沈阳市政府一个满分的答卷；

通过实施工程总承包，充分发挥“中国中铁”品牌、资金、技术、项目管理四大核心竞争力，专业分工，大兵团作战，在沈阳创造前所未有的施工速度，力争 26 个月完成 65 亿元的投资建设项目，确保十二届全运会，向沈阳市政府兑现庄严的承诺！思路决定出路，态度决定高度，企图决定版图，格局决定结局。围绕上述三大目标，沈阳四环先于理念、高于标准，广于范围，勇于创新，基于创效，坚持创新引路，文化领航，精心总结出“12345”项目管理理念。即秉承一种精神：勇于跨越，追求卓越；瞄准两大目标：工程优质，干部优秀；抓好三项体系：安全生产体系，质量管理体系，成本控制体系；推进四项标准化管理：制度建设标准化，人员配备标准化，现场管理标准化，过程控制标准化；实现五大工程：精品工程，安全工程，节约工程，环保工程，廉洁工程。着力夯实三基（基层、基础、基本功），强化三力（领导力、执行力、控制力），打造三创（创先、创优、创效），一种“奋战四环、奉献四环、建功四环、成才四环”的四环精神在 132 公里的施工战线上蔚然成风。

在项目管理上，中国中铁总揽全局、统筹安排、科学组织、创先争优，扎实开展以“比优质工程，创国际企业新品牌；比安全生产，创大型企业新形象；比自主创新，创现代企业新实力；比成本控制，创上市企业新效益；比员工素质，创一流企业新特色；比协作队伍，创和谐企业新业绩”为特色的“新六比六赛”劳动竞赛活动，计划科学组织“四大战役”劳动竞赛，实现沈阳四环的决战决胜！

在科技创新上，沈阳四环充分发挥科技创新优势，大力开展科技攻关和 QC 小组活动。沈阳四环三大重点难点控制性工程——高坎大桥，针对施工工期紧、地质复杂多变等情况，积极开展科技攻关，进行工艺性试桩，成功解决主塔直径 2.5 米，桩长 30m，岩石抗压强度达到 100MP 的钻孔桩在高强度岩层旋挖钻成孔的技术难题，桩基成孔时间由 45 天一根缩短为 3 天一根，该施工技术国内首创，已申请国家专利；研究总结出“钢板桩围堰螺杆钻在圆砾石层中的应用”技术革新，围堰施工工效提高 17 倍，钢板桩插打由 1 天 2 根加快为 1 天 48 根，通过科技创新创效，高坎大桥主塔施工工期提前 6 个月，取得明显的经济效益和社会效益。

为了确保路面施工质量，路面施工采用国际先进的安迈 5000 型沥青拌合站，该设备采用的是国际国内最先进的工艺，系列产品堪称安迈沥青搅拌站的经典之作.该产品最大产量 400t/h，配备原装 MA5 同步啮齿式搅拌器，媲美瑞士钟表机芯般精确传动结构以提供沥青搅拌所需要的强大动力，最大可增至 6 区间 450t 成品仓.独特的结构设计得以加装几乎所有工艺的沥青添加剂加料口，安迈将在该机型上提供包括冷热回收、纤维、泡沫沥青、多粉添加等全套加装接口。此款拌合站在国内拥有量仅四台，沈阳四环快速路应用这款拌合站充分彰显了沈阳市政府和中国中铁各层领导对四环快速路的高度重视。

路基施工针对沈阳地区冬季时间长，气候温度低、冻层厚、冻融对路基影响及破坏性较大等特点，针对高填方地段、富水地段、桥头台后填土段引入全国第一台 THC 系列高速液压强夯机，有效避免了对桥台的冲击破坏。该设备可以快捷、迅速地安装于挖掘机或履带吊车上，具有良好的机动性、可控性和高效性，是一种独特性的快速夯实设备，大大提高了路基的密实度。

沈阳四环三大重难点控制性工程之一，沈阳四环全线唯一的转体桥——跨秦沈客专转体桥，是国内首座快速路跨高铁、双幅水平同步转体桥，该地处沈阳市于洪区，里程K3+667.4处同秦沈客运专线交叉，交叉角度52°。秦沈客运专线为双线电气化无缝线路，交叉处路基填方高度为4.6m。路基填料为级配碎石。为减少上部结构施工对铁路行车安全的影响，该桥跨铁路部分采用平衡转体法施工。即先在铁路两侧平行铁路方向浇筑梁体,然后通过转体使主梁跨过铁路，再浇筑两端合拢段,使全桥贯通。转体部分采用2-80mT型刚构连续箱梁，转体重量11800t。该桥在实践中成功总结出《攻克富水流砂紧邻客专深基坑施工难题》,荣获全国工程建设优秀质量管理QC小组二等奖。

在党建和企业文化建设上，沈阳四环党旗红，创先争优争先锋。充分发挥“党员先锋岗”、“工人先锋号”和“青年突击队”三面旗帜的引领作用，着力打造四环“三工建设”和“六个一”工程，创先争优，凝心聚力，攻坚克难，建功四环，制作宣传短片《四环风采》、工地报刊《四环飞虹》和宣传画册《四环丰碑》，中国中铁报、辽宁日报、沈阳日报，辽宁电视台、沈阳电视台等10多家新闻媒体多次深入施工现场重点采访，凤凰网、新华网、搜狐网、新浪网等数十家网络媒体深度宣传报道,大大提升了中国中铁的知名度和美誉度，凸现出中国中铁“勇于跨越，追求卓越”的企业文化。

【中国中铁股份有限公司桂来高速公路第四合同段工程】

合同造价：26898.5万元。

合同工期：2011年5月1日—2013年9月1日(暂定)，实际开工时间：2011年5月1日。

施工单位：中铁上海局二公司。

工程概况：桂平至来宾高速公路IV合同段包括主线K210+000-K222+000）全长12千米和武宣联线3.8563公里。主线（K210+000-K222+000)，路基土石方231.65万立方米；大、中桥194.17米/2座；小桥60.08米/2座；跨线立交桥186.2米/3座；线外桥49米/1座；钢筋混凝土盖板通道34个；钢筋混凝土圆管涵13个。武宣联线（LK4+500～LK8+356.3）为进出武宣县及周边乡镇的公路。路线长3.8563公里，路基土石方35.64万立方米，黔江特大桥749.68米/1座；涵洞8个。黔江特大桥上部结构为106米+200米+106米三跨一联的预应力混凝土变截面连续箱梁，主桥全长412米，整幅式布置。箱宽9.5米，翼板悬臂4.2米，全宽17.9米。两岸引桥分别采用2×30米和9×30米先简支后连续预应力混凝土T型梁，引桥共长337.682米。

进度情况：2012年，完成建安产值13138万元，开累完成17242万元，占合同金额的64.1%。项目管理人员50人，协作队伍9家270人；进场大型设备36套。

主要形象进度：2012年项目主线完成填方124.2万立方米，钻孔桩71根，墩柱23个，扩大基础16个，台帽16个，盖梁12个，承台9个。完成预制梁59片，软基换填片石77883立方米，土工布施工69892平方米，土工格栅151580平方米，土工格室11488立方米，碎石垫层42546立方米，砂砾垫层28380立方米，排水防护按挡墙2000米、骨架防护5800立方米，排水沟690米。中和隧道完成中导洞148米(全完)，超前支护148米(全完)，小里程方向进口明洞开挖5米，出口明洞开挖10米，大里程边仰坡支护及中隔墙20米。联线黔江大桥完成钻孔桩99根（全完)，承台、系梁全部完成，立柱完成24根，台身完成3个，盖梁8个。路基石方填筑70000立方米，软基换填21199立方米，台背回填1500立方米。

【黄山市文峰桥工程】

工程总价：4223.2万元。

合同工期：2011年11月29日—2013年2月28日，其中桥梁通车在2012年11月15日前完成。

施工单位：中铁上海局市政公司。

工程概况:黄山市文峰桥桥梁工程位于黄山市屯溪区黎阳镇和阳湖镇，南起率水河南侧已建文峰路，经文峰桥跨越率水河，与率水以北已建文峰路接顺，全长480米，工程范围包括桥梁工程、道路工程（含滨江南路、率水路两个交叉口)、排水工程、建筑工程、结构工程及相应的附属工程。

文峰桥跨径组合为20米+30米+30米+30.45米+5.4米+17.3米+5.4米+30.45米+30米+30米+20米，桥宽28米，总长249米，其中20米跨采用简支空心板梁，30米跨采用简支变连续小箱梁，16.4米跨采用简支小箱梁，5.4米为连续跨，采用现浇箱梁，与小箱梁的盖梁连为整体。为了整体的景观效果，同时增强桥梁的实用性，在桥梁中心区域设置观光廊亭，在桥梁的人行道内设置人行廊道，为具有徽派风格的仿古廊桥。

工程有直径1200毫米桩基84根，5.2米×5.2米承台12个，7.2米×8.6米承台4个，多边形墩柱12个，薄壁墩8个，20米空心板梁48片，30米小箱梁60片，16.4米小箱梁10片，根据屯溪区政府及建设单位要求，2012年11月15日前需完成桥梁主体施工并满足通车条件。

主要工程数量：道路：路基挖方760立方米,路基填筑1584立方米，换填发泡轻质土5330立方米，HDPE防渗土工膜3939平方米，L型挡土墙42.3米，驳岸整治64米，沥青混凝土路面5390平方米，彩色人行道板2183平方米。桥梁：桥梁直径1200毫米钻孔灌注桩1596米，C20混凝土94.7立方米，C30混凝土1792.8立方米，C40

混凝土 2214.3 立方米，C50 混凝土 3316 立方米，沥青混凝土桥面 399 平方米，防水涂料 6424.2 平方米，支座 392 块，伸缩装置 168.2 米，人行道护栏 498 米，管道井 4 个。

完成产值及主要形象进度：完成产值 3885 万元，占年度计划的 139%。2012 年 9 月 15 日完成全部桥梁架设，11 月 15 日完成桥面系及附属工程，至年末完成廊亭钢结构，装饰工程正在施工中。

【中煤陕西榆林甲醇及综合利用项目系统工程给水加压泵房及消防水池】

工程总价：5186.6 万元。

合同工期：2012 年 2 月 15 日－2012 年 9 月 15 日。调整后竣工日期为 2013 年 3 月 30 日。

施工单位：中铁上海局市政公司。

工程概况：中煤陕西榆林甲醇及综合利用项目系统工程给水加压泵房及消防水池共含有清水池、吸水池、泵房、配电室、值班室 5 个单体土建工程及安装工程施工。消防水池为半地下式钢筋混凝土结构，由 3 座清水池和 1 座吸水池组成。每座清水池有效容积 15000 立方米，总有效容积 45000 立方米；吸水池有效容积 2000 立方米。泵房为半地下式结构，泵房布置脱盐水补水泵、生产水泵、低压消防泵、高压消防泵。配电室贴临加压泵房布置，设有低压配电室、高压配电室、控制室和两个变压器室。第一循环水装置，包括冷却塔及集水池、循环水泵房、辅助间、过滤间、吸水池、变配电所、回收水池、厂区道路等。

主要工程数量：含有清水池、吸水池、泵房、配电室、值班室 5 个单体土建工程及安装工程。

完成产值及形象进度：吸水池土建主体完工，进行满水试验；泵房下部池体完工，上部房建框架柱完成，完成砌体施工及内外抹灰及桁车安装，进行设备安装及屋面彩板安装。1 号-3 号清水池土建主体完工，后浇带完成，2 号、3 号池完成满水试验及土方回填。配电室、值班室上部框架完成，墙体砌筑及内墙抹灰完成。2012 年度完成产值 3362 万元，总产值的 65%。

【利辛县城市道路工程】

工程总价：5424.1447 万元。

合同工期：开工日期：2012 年 4 月 20 日 合同工期：230 天。

施工单位：中铁上海局市政公司。

工程概况：2012 年利辛县城市道路施工工程 I 标段，位于利辛县城区，包括长春路（光明路－驻马沟），道路红线宽度为 40 米，全长 286.56 米，设计时速为 40 公里/小时，双向四车道；永兴路（光明路－驻马沟），道路红线宽度为 40 米，全长 285.829 米，设计时速为 40 公里/小时，双向四车道；国强路（光明路－驻马沟），道路红线宽度为 15 米，全长 287.557 米，设计时速为 20 公里/小时，双向两车道；驻马沟西路（永兴路－阜蒙河），道路红线宽度为 15 米，全长 1807.106 米，设计时速为 20 公里/小时，双向两车道；光明路（永兴路－延陵大道），道路红线宽度为 48 米，全长 868.667 米，设计时速为 40 公里/小时，双向四车道；延陵大道（和平路－光明路），道路红线宽度为 40 米，全长 653.322 米，设计时速为 50 公里/小时，双向六车道。

主要工程数量：包含路基土石方 21 万立方米，雨污管道 17 公里，沥青路面 14 万平方米。

完成产值及形象进度：光明路、延陵大道慢车道沥青铺设完成，道路标线施工完成，永兴路、长春路、驻马沟路人行道砖铺设完成，路灯、道路标识标牌安装完成。延陵大道路灯基础施工完成，光明路人行道基层施工完成 3000 平方米，长春路、驻马沟路人行道砖铺筑完成 2000 平方米。完成路基土石方 19 万立方米，雨污管道 14 公里，沥青路面 9 万平方米。2012 年度完成产值 3084 万元，占总产值的 57%。

【蚌埠市杨台子污水处理厂二期 10 万吨滤池、紫外消毒渠工程】

工程总价：516 万元。

合同工期：开工日期：2012 年 3 月 1 日 合同工期：90 天。

施工单位：中铁上海局市政公司。

工程概况：包含滤池和紫外消毒渠各 1 座。

主要工程数量：包含滤池和紫外消毒渠各 1 座。

完成产值及形象进度：2012 年 8 月份全部完工。2012 年度完成产值 516 万元，占总产值的 100%。

【池州市清溪污水处理厂二期工程】

工程总价：3657.9 万元。

合同工期：2011 年 11 月 29 日开工，计划 2013 年 2 月 28 日竣工。

施工单位：中铁上海工程局市政工程有限公司。

工程概况：池州市清溪污水处理厂二期工程包含土建施工、设备采购及安装等工作。其中主要建（构）筑物包括：1 座厌氧池配水井、2 座厌氧池、2 座氧化沟（71.0×45.0×4.9 米）、1 座配水井及污泥泵池、2 座二沉池（42.0 米直径）、1 座仓库机修电修车间等。新增 4 万吨/日配套设备的一期建（构）筑物包括：粗格栅及进水泵房、细格栅及旋流沉砂池、污泥脱水机房、紫外线消毒槽。

主要工程数量：主要建（构）筑物包括：1 座厌氧池配水井、2 座厌氧池、2 座氧化沟（71.0×45.0×4.9 米）、1 座配水井及污泥泵池、2 座二沉池（42.0 米直径）、1 座仓库机修电修车间等。

完成产值及形象进度：2012 年度土建部分全部完成，国产设备采购安装完成 35%。2012 年度完成产值 3113 万元，完成产值占年度计划的 120%。

【江苏省临海高等级公路（如东段）BT工程】

投资总额：18.98亿元。

合同工期：2011年6月12日—2014年4月11日。总工期为34个月。

建设单位：江苏省如东县交通运输局。

投资项目法人：中铁南通投资建设管理有限公司。

施工总承包单位：中国中铁临海高等级公路如东项目总包部。

施工单位：中铁十局（一标）；中铁九局（二标）；

中铁上海局二公司（三标）；中铁七局（四标）；

中铁上海局华海公司（五标）；中铁四局（路面及交安）。

线路走向：

路线起自海安如东交界，接老坝港工业园区规划振海路，项目起点桩号K3+298，跨越北凌河南支线后，路线偏南向东，沿东南方向利用洋通大道，途经如东沿海经济开发区，洋口经济开发区，在一线海堤内侧沿221省道向南到达东安科技园区，最后路线止于如东与通州交界遥望港，项目终点桩号为K77+670，全长74.372公里。

设计标准：

本项目采用一级公路标准进行建设，设计车速为100千米/时。一般路段采用26米的一级公路标准断面；港口及开发区路段 K12+850～K23+765、K43+685～K56+410总长23.64公里，采用33.5米或34.5米的一级公路标准断面。

路面结构层：4厘米SUP-13沥青砼+8厘米SUP-20沥青混凝土+34厘米水泥稳定碎石基层+20厘米（4%水泥+8%石灰）稳定土底基层。

主要工程量：

全线新建70.902公里，老路改造3.47公里，路基填方690.3万立方米；水泥稳定碎石64.7万立方米、水泥石灰稳定土39.9万立方米，沥青面层21.6万立方米。桥梁44座共长3710.85米，其中大桥8座，长2086.846米（不含遥望港大桥）；中桥24座，长1205.484米；小桥12座，长418.52米。箱涵16座，长971.7米；圆管涵152道，长5397.6米。

桥梁工程全部采用钻孔桩基础，柱式墩台，上部结构除洋口大桥7-10号墩为50+80+50米预应力混凝土悬浇连续箱梁外，其他桥梁均为空心板梁或小箱梁。梁型主要有：25米、30米跨度的后张预应力小箱梁，20米、16米、13米和10米跨度的先张空心板梁，8米跨度的普通空心板梁。全线预制梁数量为：小箱梁534片；空心板梁2992片；普通板梁192片。分别在一、三、五标设置三个梁场进行集中预制，其中一标预制箱梁106片、板梁1008片；三标预制箱梁228片、板梁2176片；五标预制箱梁200片。

工程进度：截至2012年底，江苏临海高等级公路如东段BT工程项目开累完成BT项目总投资15.6亿元，其中直接投资14.8亿元，间接投资（管理费和财务费用）0.8亿元。2012年完成产值89002万元（其中建安产值75000万元），占股份公司下达年度计划的110%。其中，路基一标、二标全部完成，路基三标、四标、五标剩余底基层18.4公里，石灰土剩余60万方；桥梁下部结构除跨港大桥右幅2个盖梁外，全部完成；路面水稳单层单幅完成151公里，完成总量的45%。

【中国中铁股份有限公司孟加拉铁路项目部】 2012年度，中铁二院所属中国中铁股份有限公司孟加拉铁路项目部，承担的海外工程总承包项目——孟加拉国栋吉至派罗布巴扎尔铁路增建二线工程EPC项目，其工作概况简介如下：

一、项目简况

（一）线路走向及地理位置

孟加拉国Tongi（栋吉）至Bhairab Bazar（派罗布 巴扎尔）铁路增建二线工程，起于 Tongi（栋吉），途经Narshingdi（纳尔辛迪），终于Bhairab Bazar（派罗布 巴扎尔）。

本项目为既有铁路的增建二线铁路工程（米轨）。线路长度为64.27km，桥梁总长1.32km。

（二）主要工程内容

线路长度为64.27km，站前工程为12个车站的改建（含轨道、站房、雨篷、人行天桥、站场给排水、站场电力）、40座桥梁、31座涵洞、200.82万m3路基土方、84.64km铺轨长度；站后工程为12个车站的信号、通信工程基于系统设计、设备制造、交货、安装、试验、调试、试运营、培训、交付的交钥匙工程。

（三）总工期

合同工期为1095天。开工日期为2011年11月2日，竣工日期为2014年10月31日。

（四）监理工程师

SMEC International Pty Ltd., Australia （澳大利亚）。

二、项目部人员组成及部门设置

项目部设项目经理1名、项目副经理4名、总工程师1名。下设控制部、工程技术部、采购部、安质环保部、财务部、综合部。

项目经理：闻东

项目副经理：于长林、白云博、黄仁清、袁亮

项目总工程师：任杰

三、项目现场施工进度情况(数据截至2012年12月底)

（一）测量进度

水准点测量、平面控制测量、既有线复测、新线中桩放线测量均已100%完成。路基横断面测量已完成75%。

（二）地勘进度

路基地质钻孔完成 182 个，桥梁完成地质钻孔 32 个。

（三）各单元施工进度情况

1．总体要求进度（0 单元）

目前现场实物工程量已完成，但由于工程师营地的永久用电入网工作未完成（受制与孟加拉当地供电部门，正在协调推进中），造成无法正式移交工程师，导致本章节未能获得工程师全额期中支付。

2．土方进度（A 单元）

2012 年，已开工路基段落总长度 29.05 km。

清表工程总量 1,052,190 m2，已完 455,300 m2，完成 43.27%；

挖方工程总量 31,000 m3，已完 19,585 m3，完成 63.2%；

填方工程总量 2,008,170 m3，已完 695,000 m3，完成 34.6%；

砂垫层工程总量 50,000 m3，已完 14,000 m3，完成 28.0%；

底碴工程总量 241,137 m3，已完 4158 m3，完成 1.7%；

边坡植草工程总量 399040 m2，已完 79,700 m2，完成 20.0%。

通过项目部在雨季合理的施工组织，加大工、料、机的投入，同时增加施工段落，本章节实际进度已经赶超目标进度。

3．轨道工程（B 单元）

（1）线路方案

全线线路平纵断面设计方案已获工程师批准，线路方案的获批无疑是对 CREC 技术实力的最大肯定。

（2）轨道设计工作

钢轨，轨枕，道岔，扣件等设计工作正在开展，部分图纸已经获得工程师批准。

（3）采购

轨道部分采购为本项目重要进口采购部分，对项目的工期具有举足轻重的影响。正按照签订初步采购协议，拟定采购清单、询价、厂家报价、签发信用证、生产、第三方检测机构检验 、发货、运输、交验的步骤进行相关采购工作。钢轨、轨枕道岔、扣件、绝缘节等已签署采购协议，钢轨、轨枕已签发信用证，生产厂家正在生产中。

4．桥涵工程（C 单元）

34#桥、79#桥；小桥：38#桥、72#桥；涵洞：42#箱涵、43#管涵已经开始施工。79#桥已完成工作桩 234 根（共 277 根），完成 3 个承台浇筑，12 号墩已完成混凝土浇筑。72#桥已完成工作桩 34 根。本章节实际进度基本符合工程师批复的进度计划。

5．车站建筑物工程（D 单元）

车站建筑物施工图设计已完成，并针对涉及到通信信号的设备房和平交道口的信号看守房与 LSIS 通信信号工程师联合会签施工图，施工图已上报并获得工程师批准。计划于 2012 年 11 月开始，将人员和设备进入部分满足施工条件的车站。

6．信号和通信工程（E 单元）

对各车站的前期调查工作已经全部结束，多次与工程师召开专题会议商谈技术方案，并在 NARSINDI 车站进行新型信号灯展示。正开展相关施工图报批工作。预计第一批进口材料、设备将于 2012 年 12 月底，到达施工现场。

7．辅助工程（F 单元）

已完成全线所有高架电缆、平立交道、地下管线等调查工作。根据合同约定，电力迁改工作由承包商负责，但在实际过程中，由孟加拉电力部门 PBD 负责迁改，承包商协调配合。目前只反映出了我方对该单元的支付情况已经远超计划目标，但现场实际的工作呈现滞后状态。项目部已就此问题提请业主召开相关各方参加的迁改工作协调会，以期积极推进此项工作的进行。

综合目前各单元施工进展情况，本项目进度在总体上处于可控状态。

四、项目收款情况及费用控制

（一）收款情况

本项目截止 2012 年 12 月验工计价总共进行六期，亚行及业主分别支付各自款项，项目部实际到账总计：1，585，598，890 塔卡（已扣质保金及完税），收款情况正常，第五期验工计价已申请报批。

（二）费用控制

1．工程费用控制

针对本项目土方工程分包商不平衡报价问题，以及软基处理工程项存在的费用风险，项目部以软基处理设计方案为突破口，通过技术优势，说服业主及工程师，在保证质量及工期的前提下，采用对我方最为有利的软基处理施工方法。软基处理技术方案已报工程师，并与工程师进行过多次交流，基本得到工程师认可，等待批准。此方案一旦批准，在本项目中最大的工程费用风险将会得到彻底的解决，土方工程单元亏损部分也将大幅减少。

2．管理费用控制

从项目开始至今，项目部始终贯彻勤俭节约的原则，对项目管理费用进行严格控制，管理成本保持在较低水平。

人员变动情况

表 11-1 总公司和股份公司领导变动情况（2012）

文号	日期	内容
国资党委干二〔2012〕217 号	2012-10-18	报国资委同意，中国铁路工程总公司一届三次职代会团长联席会议于 2012 年 10 月 20 日以通讯表决的方式，审议通过了《中国铁路工程总公司职工董事选举办法》，同意毛小民同志不再担任中国铁路工程总公司职工董事，选举刘建媛同志为中国铁路工程总公司职工董事。

表 11-2 总公司机关和直属单位负责人变动情况（2012）

文号	日期	内容
中铁程任免〔2012〕2 号	2012-7-31	经研究，刘彦斌任中铁宏达资产管理中心副主任。试用期一年。
中铁程任免〔2012〕3 号	2012-7-31	经研究，张光弟任中铁宏达资产管理中心副主任。试用期一年。

表 11-3 总公司、股份公司下属单位局级领导变动（2012）

文号	日期	内容
中铁股份党任免〔2012〕1 号	2012-1-1	经研究，免去吴兆安中铁山桥集团有限公司党委副书记、党委委员职务。
中铁股份党任免〔2012〕2 号	2012-1-1	经研究，薛林任中铁山桥集团有限公司党委副书记。
中铁股份党任免〔2012〕3 号	2012-1-5	经研究，免去王军民中铁电气化铁路运营管理有限公司党委书记、党委委员职务，退休。
中铁股份党任免〔2012〕4 号	2012-1-5	经研究，王宝善任中铁电气化铁路运营管理有限公司党委书记，张秦洛任党委副书记。
中铁股份党任免〔2012〕5 号	2012-1-19	经研究，免去郑杰中国中铁老挝分公司党工委委员职务。
中铁股份党任免〔2012〕6 号	2012-1-19	经研究，免去郑建中中铁二局集团有限公司党委副书记、党委常委，中铁二局股份有限公司党委书记、党委委员职务；任中铁成都投资发展有限公司党工委书记。
中铁股份党任免〔2012〕7 号	2012-1-19	经研究，免去温德智中国中铁老挝分公司党工委书记、党工委委员、纪工委书记、工会工委主任职务，任中铁成都投资发展有限公司党工委副书记。
中铁股份党任免〔2012〕8 号	2012-1-19	经研究，免去杨玉德中国中铁老挝分公司党工委委员职务，任中铁成都投资发展有限公司党工委委员。
中铁股份党任免〔2012〕9 号	2012-1-19	经研究，免去王勇中国中铁老挝分公司党工委委员职务，任中铁成都投资发展有限公司党工委委员。
中铁股份党任免〔2012〕10 号	2012-1-19	经研究，薛军任中铁成都投资发展有限公司党工委委员。
中铁股份党任免〔2012〕12 号	2012-2-21	根据股份公司安委会关于对兰新铁路第二双线甘青段小平羌隧道“4.20”重大事故的处理意见，经研究，免去邓元发中铁二局集团有限公司党委书记职务，任党委副书记，主持党委工作。
中铁股份党任免〔2012〕13 号	2012-2-21	根据股份公司安委会关于对兰新铁路第二双线甘青段小平羌隧道“4.20”重大事故的处理意见，经研究，免去孙继伟华铁工程咨询有限责任公司党委委员职务。
中铁股份党任免〔2012〕14 号	2012-3-27	经研究，免去蔡甲胜中铁西南投资管理有限公司纪委书记职务，仍任党委书记。
中铁股份党任免〔2012〕15 号	2012-3-27	经研究，徐洮刚任中铁西南投资管理有限公司党委副书记、纪委书记，为工会主席人选。请按有关规定办理。
中铁股份党任免〔2012〕17 号	2012-4-9	经研究，免去李春喜中铁九局集团有限公司党委常委职务。
中铁股份党任免〔2012〕18 号	2012-4-9	经研究，免去闵国暐华刚矿业股份有限公司党工委书记职务，仍任党工委委员。
中铁股份党任免〔2012〕19 号	2012-4-9	经研究，免去王政兵中铁大桥局集团有限公司党委常委、中铁大桥局股份有限公司党委常委职务。
中铁股份党任免〔2012〕20 号	2012-4-16	经研究，吴家兴任华刚矿业股份有限公司党工委书记。试用期一年。
中铁股份党任免〔2012〕27 号	2012-5-30	经研究，免去李受年中铁山桥集团有限公司党委委员职务。

中铁股份党任免〔2012〕28号	2012-6-14	经研究，中铁西南科学研究院有限公司粟健不再担任工会主席职务，仍任党委委员；万晓燕为工会主席人选，仍任党委副书记、纪委书记。请按有关规定办理。
中铁股份党任免〔2012〕29号	2012-6-29	经研究，免去高令旗中铁三局集团有限公司党委书记职务，任党委副书记，主持党委工作。
中铁股份党任免〔2012〕30号	2012-6-9	经研究，免去刘志远中铁电气化局集团有限公司党委副书记、党委常委职务。
中铁股份党任免〔2012〕31号	2012-7-31	经研究，方国建不再担任中铁二局集团有限公司、中铁二局股份有限公司工会主席职务；仍任中铁二局集团有限公司、中铁二局股份有限公司党委副书记、纪委书记。请按有关规定办理。
中铁股份党任免〔2012〕32号	2012-7-31	经研究，张文杰任中铁二局集团有限公司、中铁二局股份有限公司党委常委，为工会主席人选。试用期一年。请按有关规定办理。
中铁股份党任免〔2012〕33号	2012-7-31	郭毅试用期已满，经考核，同意按期结束试用，继续任中铁国际经济合作有限公司党委副书记、纪委书记、工会工委主任。任职时间从二〇一一年三月三十日起计算。
中铁股份党任免〔2012〕34号	2012-7-31	经研究，免去李林中铁西南科学研究院有限公司党委书记职务，任党委副书记。
中铁股份党任免〔2012〕35号	2012-7-31	经研究，免去唐云中铁八局集团有限公司党委常委职务，任中铁西南科学研究院有限公司党委书记。
中铁股份党任免〔2012〕36号	2012-7-31	经研究，刘林山任中铁中原投资发展有限公司党工委委员。
中铁股份党任免〔2012〕27号	2012-7-31	经研究，张敏不再担任中铁贵州旅游文化发展有限公司纪工委书记、工会主席职务，仍任党工委书记。请按有关规定办理。
中铁股份党任免〔2012〕38号	2012-7-31	经研究，邓树传任中铁贵州旅游文化发展有限公司党工委副书记。
中铁股份党任免〔2012〕39号	2012-7-31	经研究，张庆远、李家标任中铁贵州旅游文化发展有限公司党工委委员。
中铁股份党任免〔2012〕40号	2012-7-31	经研究，中铁贵州旅游文化发展有限公司王闽纳入股份公司管理，任党工委委员、纪工委书记，为工会主席人选，试用期一年。请按有关规定办理。
中铁股份党任免〔2012〕41号	2012-7-31	经研究，免去季志华中国中铁昆明工程指挥部党工委书记、党工委委员、纪工委书记、工会工委主任职务，仍任中铁昆明建设投资有限公司党工委书记。
中铁股份党任免〔2012〕42号	2012-7-31	经研究，郑杰任中铁昆明建设投资有限公司党工委委员、纪工委书记、工会工委主任，刘登科、唐连成、史金洪、陈安惠任党工委委员。
中铁股份党任免〔2012〕43号	2012-7-31	经研究，薛军任中铁成都投资发展有限公司工会工委主任，仍任党工委委员。
中铁股份党任免〔2012〕44号	2012-7-31	经研究，杨玉德任中铁成都投资发展有限公司纪工委书记，仍任党工委委员。
中铁股份党任免〔2012〕45号	2012-7-31	经研究，刘仁智、万姜林任中铁成都投资发展有限公司党工委委员。
中铁股份党任免〔2012〕46号	2012-7-31	经研究，免去张雪才中国中铁股份有限公司委内瑞拉分公司党工委委员职务。
中铁股份党任免〔2012〕47号	2012-7-31	经研究，免去闵国暐华刚矿业股份有限公司党工委委员职务。
中铁股份党任免〔2012〕48号	2012-7-31	经研究，免去吴家兴华刚矿业股份有限公司党工委书记、党工委委员职务。
中铁股份党任免〔2012〕49号	2012-7-31	经研究，免去梅志荣中铁西南科学研究院有限公司党委副书记职务，任党委委员。
中铁股份党任免〔2012〕50号	2012-8-31	经研究，恢复邓元发中铁二局集团有限公司党委书记职务。
中铁股份党任免〔2012〕52号	2012-10-25	经研究，免去赵庆云中铁资源集团有限公司党委委员职务。
中铁股份党任免〔2012〕53号	2012-10-25	经研究，免去谭国顺中铁大桥局股份有限公司党委常委职务。
中铁股份党任免〔2012〕54号	2012-11-19	经研究，恢复孙继伟华铁工程咨询有限责任公司党委委员职务。
中铁股份党任免〔2012〕55号	2012-12-20	经研究，免去史柏生中铁海西投资发展有限公司党工委书记、党工委委员职务；调中铁北方投资发展有限公司工作，任党工委书记。
中铁股份党任免〔2012〕56号	2012-12-20	经研究，免去刘少魏中铁中原投资发展有限公司党工委委员职务；调中铁北方投资发展有限公司工作，任党工委副书记。
中铁股份党任免〔2012〕57号	2012-12-20	经研究，朱洁任中铁置业集团有限公司党委副书记。
中铁股份党任免〔2012〕58号	2012-12-20	经研究，免去戴玉民中铁置业集团有限公司纪委书记职务，不再担任工会主席职务；仍任党委副书记。请按有关规定办理。
中铁股份党任免〔2012〕59号	2012-12-20	经研究，张春胜任中铁置业集团有限公司党委副书记、纪委书记，为工会主席人选。试用期一年。请按有关规定办理。
中铁股份党任免〔2012〕60号	2012-12-20	经研究，免去项晓凯中国海外工程有限责任公司党委副书记、党委委员职务。

中铁股份党任免〔2012〕61号	2012-12-20	经研究，免去黄铁生中铁工程设计咨询集团有限公司党委常委职务。
中铁股份党任免〔2012〕62号	2012-12-22	经研究，周振国任中国中铁股份有限公司青岛地铁工程建设指挥部党工委书记。
中铁股份党任免〔2012〕63号	2012-12-22	经研究，免去唐连成中铁昆明建设投资有限公司党工委委员职务，任中国中铁股份有限公司青岛地铁工程建设指挥部纪工委书记、工会工委主任。
中铁股份党任免〔2012〕64号	2012-12-22	经研究，龙明华任中国中铁股份有限公司青岛地铁工程建设指挥部党工委副书记。
中铁股份任免〔2012〕1号	2012-1-1	经研究，免去吴兆安中铁山桥集团有限公司董事长、董事职务，不再担任法定代表人，退休。
中铁股份任免〔2012〕2号	2012-1-1	经研究，免去薛林股份公司工业设备部部长、中铁科工集团有限公司董事职务，不再担任中铁隧道装备制造有限公司副董事长、董事职务。调中铁山桥集团有限公司工作，任董事长，为法定代表人，试用期一年。
中铁股份任免〔2012〕3号	2012-1-5	经研究，免去王军民中铁电气化铁路运营管理有限公司副董事长、董事职务。请按有关规定办理。
中铁股份任免〔2012〕4号	2012-1-5	经研究，免去王宝善中铁电气化铁路运营管理有限公司董事长职务，不再担任法定代表人，任副董事长。请按有关规定办理。
中铁股份任免〔2012〕58号	2012-1-6	经研究，张秦洛任中铁电气化铁路运营管理有限公司董事长，为法定代表人。试用期一年。请按有关规定办理。
中铁股份任免〔2012〕57号	2012-1-19	经研究，免去季志华中铁泛亚建设投资有限公司董事长职务，任执行董事，仍为法定代表人。
中铁股份任免〔2012〕58号	2012-1-19	经研究，肖圣任中铁泛亚建设投资有限公司监事。
中铁股份任免〔2012〕59号	2012-1-19	经研究，免去郑杰中国中铁老挝分公司副总经理职务；任中铁泛亚建设投资有限公司副总经理、中国中铁昆明轨道交通工程指挥部副指挥长。
中铁股份任免〔2012〕60号	2012-1-19	经研究，刘登科任中铁泛亚建设投资有限公司副总经理、中国中铁昆明轨道交通工程指挥部副指挥长。
中铁股份任免〔2012〕61号	2012-1-19	经研究，免去郑建中中铁二局集团有限公司董事长、董事职务，不再担任中铁二局股份有限公司副董事长、董事职务；任中国中铁股份有限公司副总经济师，中铁成都投资发展有限公司执行董事，为法定代表人。请按有关规定办理。
中铁股份任免〔2012〕62号	2012-1-19	经研究，免去温德智中国中铁老挝分公司常务副总经理职务；任中铁成都投资发展有限公司总经理；仍任股份公司副总工程师。
中铁股份任免〔2012〕63号	2012-1-19	经研究，免去杨玉德中国中铁老挝分公司副总经理职务，任中铁成都投资发展有限公司副总经理。
中铁股份任免〔2012〕64号	2012-1-19	经研究，免去王勇中国中铁老挝分公司副总经理、总工程师职务，任中铁成都投资发展有限公司副总经理。
中铁股份任免〔2012〕65号	2012-1-19	经研究，免去薛军中铁南方投资发展有限公司副总经理职务，任中铁成都投资发展有限公司副总经理。
中铁股份任免〔2012〕67号	2012-1-19	经研究，肖圣兼任中铁成都投资发展有限公司财务总监。
中铁股份任免〔2012〕70号	2012-2-21	根据股份公司安委会关于对兰新铁路第二双线甘青段小平羌隧道“4.20”重大事故的处理意见，经研究，唐志成不再担任中铁二局集团有限公司总经理职务，为副总经理人选，主持经理层工作，仍任副董事长、法定代表人。请按有关规定办理。
中铁股份任免〔2012〕71号	2012-2-21	根据股份公司安委会关于对兰新铁路第二双线甘青段小平羌隧道“4.20”重大事故的处理意见，经研究，孙继伟不再担任华铁工程咨询有限责任公司副总经理职务。请按有关规定办理。
中铁股份任免〔2012〕72号	2012-2-21	经研究，刘仁智、万姜林到中铁成都投资发展有限公司助勤，任总经理助理。助勤期至该项目结束。
中铁股份任免〔2012〕77号	2012-3-16	经研究，沈平为中铁隧道装备制造有限公司国有股股东代表。
中铁股份任免〔2012〕78号	2012-3-27	经研究，徐洮刚不再担任中铁西南投资管理有限公司副总经理职务。请按有关规定办理。
中铁股份任免〔2012〕82号	2012-4-9	经研究，免去方远明中国海外工程有限责任公司副董事长、董事职务，任调研员。
中铁股份任免〔2012〕83号	2012-4-9	经研究，黄天德任中国海外工程有限责任公司董事，仍任总经理。
中铁股份任免〔2012〕84号	2012-4-9	经研究，张喜学兼任中铁二局集团有限公司董事长。
中铁股份任免〔2012〕85号	2012-4-9	经研究，闫子才任中铁四局集团有限公司董事，仍任副总经理。
中铁股份任免〔2012〕86号	2012-4-9	经研究，刘宁任中铁西南投资管理有限公司董事，仍任副总经理、总

		工程师。
中铁股份任免〔2012〕90号	2012-4-9	经研究，免去季志华兼任的中铁南方投资发展有限公司副董事长、董事职务。
中铁股份任免〔2012〕92号	2012-4-9	根据中国中铁股份有限公司监察部《关于给予张继奎行政降级处分的决定》(〔2012〕中铁股份监决字第10号)，经研究，张继奎不再担任中铁隧道集团有限公司总经理职务，为副总经理人选，主持经理层工作，仍任副董事长。请按有关规定办理。
中铁股份任免〔2012〕93号	2012-4-9	经研究，孙航不再担任中国海外工程有限责任公司总工程师职务，调中国中铁股份有限公司南洋分公司工作。请按有关规定办理。
中铁股份任免〔2012〕95号	2012-4-9	经研究，李春喜不再担任中铁九局集团有限公司副总经理职务，退休。请按有关规定办理。
中铁股份任免〔2012〕96号	2012-4-9	根据国发〔1978〕104号文件规定，经研究，批准范胜利退休。专职外部董事、监事续聘至2012年12月31日。
中铁股份任免〔2012〕97号	2012-4-9	经研究，免去闵国暐中国中铁股份有限公司副总工程师职务。
中铁股份任免〔2012〕98号	2012-4-16	经研究，吴家兴不再担任中铁七局集团有限公司副总经理职务。请按有关规定办理。
中铁股份任免〔2012〕99号	2012-4-16	经研究，张志国为中铁隧道装备制造有限公司副总经理人选。试用期一年。请按有关规定办理。
中铁股份任免〔2012〕100号	2012-4-9	经研究，赵勇兼任中国中铁深圳城市轨道交通十一号线BT项目建设指挥部指挥长。
中铁股份任免〔2012〕101号	2012-4-9	经研究，王政兵不再担任中铁大桥局集团有限公司副总经理、总经济师，中铁大桥局股份有限公司副总经理、总经济师、董事职务。请按有关规定办理。
中铁股份任免〔2012〕102号	2012-4-9	杨向歌试用期已满，经考核，同意按期结束试用，任中铁物贸有限责任公司总会计师。任职时间从二〇一一年三月三十日起计算。
中铁股份任免〔2012〕103号	2012-4-9	蔡泽民试用期已满，经考核，同意按期结束试用，任中国中铁印尼有限责任公司副总经理。任职时间从二〇一一年三月二十八日起计算。
中铁股份任免〔2012〕104号	2012-4-9	刘维志试用期已满，经考核，同意按期结束试用，任中国中铁印尼有限责任公司副总经理。任职时间从二〇一一年三月二十八日起计算。
中铁股份任免〔2012〕105号	2012-4-9	赵华试用期已满，经考核，同意按期结束试用，任中铁隧道装备制造有限公司副总经理。任职时间从二〇一一年三月二十八日起计算。
中铁股份任免〔2012〕107号	2012-4-9	经研究，温德智任中国中铁成都轨道交通工程指挥部指挥长。
中铁股份任免〔2012〕120号	2012-5-9	经研究，王立平任中国中铁股份有限公司重庆分公司总经理，张永强任技术负责人。
中铁股份任免〔2012〕121号	2012-5-9	经研究，王立平任中国中铁股份有限公司太原分公司总经理，张永强任技术负责人。
中铁股份任免〔2012〕124号	2012-5-28	经研究，刘志远不再担任中铁电气化局集团有限公司法定代表人，王其增为法定代表人。请按有关规定办理。
中铁股份任免〔2012〕126号	2012-5-30	经研究，李受年不再担任中铁山桥集团有限公司总经济师职务，退休。请按有关规定办理。
中铁股份任免〔2012〕133号	2012-6-1	庄勇试用期已满，经考核，同意按期结束试用，任中铁大桥勘测设计院有限公司副总经理。任职时间从二〇一一年五月三十日起计算。
中铁股份任免〔2012〕134号	2012-6-1	黄燕庆试用期已满，经考核，同意按期结束试用，任中铁大桥勘测设计院有限公司副总经理。任职时间从二〇一一年五月三十日起计算。
中铁股份任免〔2012〕135号	2012-6-1	周传斌试用期已满，经考核，同意按期结束试用，任中铁大桥勘测设计院有限公司副总经理。任职时间从二〇一一年五月三十日起计算。
中铁股份任免〔2012〕136号	2012-6-1	张强试用期已满，经考核，同意按期结束试用，任中铁大桥勘测设计院有限公司副总经理。任职时间从二〇一一年五月三十日起计算。
中铁股份任免〔2012〕137号	2012-6-1	高宗余试用期已满，经考核，同意按期结束试用，任中铁大桥勘测设计院有限公司总工程师。任职时间从二〇一一年五月三十日起计算。
中铁股份任免〔2012〕138号	2012-6-1	付宏平试用期已满，经考核，同意按期结束试用，任中铁大桥勘测设计院有限公司副总经理、总会计师。任职时间从二〇一一年五月三十日起计算。
中铁股份任免〔2012〕139号	2012-6-6	经研究，陈诗平任中国中铁股份有限公司东方国际建设分公司总经理，仍任中国中铁股份有限公司副总工程师、中国中铁印尼有限责任公司总经理。
中铁股份任免〔2012〕140号	2012-6-6	经研究，蔡泽民任中国中铁股份有限公司东方国际建设分公司副总经理，仍任中国中铁印尼有限责任公司副总经理。
中铁股份任免〔2012〕141号	2012-6-6	经研究，刘维志任中国中铁股份有限公司东方国际建设分公司副总经理，仍任中国中铁印尼有限责任公司副总经理。

中铁股份任免〔2012〕142号	2012-6-29	经研究，免去方远明中国海外工程有限责任公司调研员职务，聘任为中国中铁股份有限公司派往所属企业专职董事、监事。聘期至2012年12月31日。
中铁股份任免〔2012〕143号	2012-6-29	经研究，李亚铭不再担任中国海外工程有限责任公司总经济师职务，调中国中铁老挝分公司任总经理助理。请按有关规定办理。
中铁股份任免〔2012〕144号	2012-6-29	经研究，免去陈同洲中国中铁航空港建设集团有限公司调研员职务。
中铁股份任免〔2012〕145号	2012-6-9	经研究，刘志远不再担任中铁电气化局集团有限公司总经理、副董事长、董事职务。请按有关规定办理。
中铁股份任免〔2012〕146号	2012-6-29	经研究，高令旗不再担任中铁三局集团有限公司董事长职务，任副董事长，主持董事会工作，仍为法定代表人。
中铁股份任免〔2012〕147号	2012-6-29	经研究，黄怀朋不再担任中铁三局集团有限公司副总经理、总经济师职务。请按有关规定办理。
中铁股份任免〔2012〕148号	2012-6-29	经研究，张庆远不再担任中铁三局集团有限公司副总经理职务，调中铁贵州旅游文化发展有限公司工作，为副总经理人选。请按有关规定办理。
中铁股份任免〔2012〕149号	2012-6-29	经研究，刘宝龙不再担任中铁三局集团有限公司总经理职务，为副总经理人选，主持经理层工作，仍任副董事长。请按有关规定办理。
中铁股份任免〔2012〕170号	2012-7-31	高伟试用期已满，经考核，同意结束试用，继续任中铁隧道集团有限公司副总经理。任职时间从二〇一〇年十二月二十四日起计算。
中铁股份任免〔2012〕171号	2012-7-31	经研究，张英为中铁山桥集团有限公司总经济师人选，试用期一年。请按有关规定办理。
中铁股份任免〔2012〕172号	2012-7-31	经研究，严金秀不再担任中铁西南科学研究院有限公司董事职务，仍任副总经理。
中铁股份任免〔2012〕173号	2012-7-31	经研究，唐云不再担任中铁八局集团有限公司副总经理职务，任中铁西南科学研究院有限公司董事。请按有关规定办理。
中铁股份任免〔2012〕174号	2012-7-31	经研究，刘林山任中铁中原投资发展有限公司副总经理，仍任中国中铁郑州地铁建设工程指挥部副指挥长。
中铁股份任免〔2012〕175号	2012-7-31	经研究，中铁贵州旅游文化发展有限公司邓树传比照集团公司副职纳入股份公司管理，仍任总经理、董事，试用期一年。
中铁股份任免〔2012〕176号	2012-7-31	经研究，程芝元不再担任中铁贵州旅游文化发展有限公司副总经理职务，黄立不再担任财务总监、董事职务。请按有关规定办理。
中铁股份任免〔2012〕177号	2012-7-31	经研究，李家标调中铁贵州旅游文化发展有限公司工作，纳入股份公司管理，为财务总监、董事人选。试用期一年。请按有关规定办理。
中铁股份任免〔2012〕178号	2012-7-31	经研究，季志华不再担任中国中铁昆明工程指挥部常务副指挥长职务，任副指挥长，仍任中国中铁股份有限公司副总工程师、中铁昆明建设投资有限公司执行董事。
中铁股份任免〔2012〕179号	2012-7-31	经研究，王广钟任中国中铁股份有限公司副总工程师、中铁昆明建设投资有限公司总经理，试用期一年。仍任中国中铁昆明工程指挥部副指挥长。
中铁股份任免〔2012〕180号	2012-7-31	经研究，唐连成不再担任中国中铁股份有限公司工程管理部副部长、中国中铁昆明工程指挥部副指挥长、总经济师职务；调中铁昆明建设投资有限公司工作，任副总经理，试用期一年。
中铁股份任免〔2012〕181号	2012-7-31	经研究，史金洪调中铁昆明建设投资有限公司工作，任副总经理，不再担任中国中铁昆明工程指挥部副指挥长职务。试用期一年。
中铁股份任免〔2012〕182号	2012-7-31	经研究，郑杰、刘登科、邓民、贾科不再担任中国中铁昆明工程指挥部副指挥长职务。
中铁股份任免〔2012〕183号	2012-7-31	经研究，陈安惠调中铁昆明建设投资有限公司工作，任副总经理。试用期一年。
中铁股份任免〔2012〕184号	2012-7-31	经研究，张雪才不再担任中国中铁股份有限公司委内瑞拉分公司总工程师职务，结束助勤，回中铁二院工程集团有限责任公司工作，任副总经理。
中铁股份任免〔2012〕185号	2012-7-31	经研究，史柏生不再担任中铁海西投资发展有限公司董事长职务，任执行董事，仍为法定代表人；仍任中国中铁股份有限公司副总工程师。
中铁股份任免〔2012〕186号	2012-7-31	经研究，王喜军、陈宏、段乐骋、吴泽林不再担任中铁海西投资发展有限公司董事职务；刘宝来不再担任监事会主席职务，仍任监事，舒畅不再担任监事职务。
中铁股份任免〔2012〕187号	2012-7-31	经研究，赵庆武不再担任中铁中原投资发展有限公司董事长职务，任执行董事，仍为法定代表人。
中铁股份任免〔2012〕190号	2012-7-31	经研究，孙瑞文比照集团公司正职管理，试用期一年。仍任中铁资源集团有限公司副总经理。

中铁股份任免〔2012〕192号	2012-7-31	经研究，刘仁智调中铁成都投资发展有限公司工作，任副总经理。试用期一年。
中铁股份任免〔2012〕193号	2012-7-31	经研究，万姜林调中铁成都投资发展有限公司工作，任副总经理、总工程师。试用期一年。
中铁股份任免〔2012〕198号	2012-7-31	经研究，推荐孙瑞文为刚果公路管理公司董事、总经理人选，闵国暐不再担任董事、总经理职务。请按有关规定办理。
中铁股份任免〔2012〕234号	2012-10-25	经研究，免去谷和金、张泽民中国中铁航空港建设集团有限公司调研员职务，退休。
中铁股份任免〔2012〕236号	2012-10-25	经研究，谭国顺不再担任中铁大桥局股份有限公司总经理、董事职务，退休。请按有关规定办理。
中铁股份任免〔2012〕237号	2012-10-26	根据本人申请，经研究，同意段乐骋辞职，免去中铁海西投资发展有限公司财务总监职务。
中铁股份任免〔2012〕238号	2012-11-15	经研究，同意张文贵调中国交通建设股份有限公司工作；不再担任中铁电气化局集团有限公司副总经理职务，请按有关规定办理。
中铁股份任免〔2012〕240号	2012-11-1	经研究，周振国任中国中铁股份有限公司驻山东省负责人。
中铁股份任免〔2012〕241号	2012-11-1	经研究，周振国任中国中铁股份有限公司青岛分公司总经理。
中铁股份任免〔2012〕246号	2012-12-20	经研究，免去史柏生中铁海西投资发展有限公司执行董事职务，不再担任法定代表人；调中铁北方投资发展有限公司工作，任执行董事，为法定代表人；仍任股份公司副总工程师。请按有关规定办理。
中铁股份任免〔2012〕247号	2012-12-20	经研究，免去刘少魏中铁中原投资发展有限公司总经理、中国中铁郑州地铁建设工程指挥部常务副指挥长职务；调中铁北方投资发展有限公司工作，任总经理。
中铁股份任免〔2012〕248号	2012-12-20	经研究，免去郑勇中铁置业集团有限公司董事长职务，不再担任法定代表人；任副董事长。请按有关规定办理。
中铁股份任免〔2012〕249号	2012-12-20	经研究，王子光不再担任中铁置业集团有限公司总经理职务，任董事长，为法定代表人。请按有关规定办理。
中铁股份任免〔2012〕250号	2012-12-20	经研究，免去张学军中铁置业集团有限公司董事职务，仍任副总经理。
中铁股份任免〔2012〕251号	2012-12-20	经研究，朱洁任中铁置业集团有限公司董事，为总经理人选。试用期一年。请按有关规定办理。
中铁股份任免〔2012〕252号	2012-12-20	经研究，戴玉民不再担任中铁置业集团有限公司监事会主席、监事职务。请按有关规定办理。
中铁股份任免〔2012〕253号	2012-12-20	经研究，张春胜任中铁置业集团有限公司监事，为监事会主席人选。请按有关规定办理。
中铁股份任免〔2012〕264号	2012-12-21	经研究，免去项晓凯中国海外工程有限责任公司董事长、董事职务，退休。
中铁股份任免〔2012〕265号	2012-12-21	经研究，黄天德不再担任中国海外工程有限责任公司法定代表人职务，仍任总经理、董事。请按有关规定办理。
中铁股份任免〔2012〕266号	2012-12-21	经研究，王紫光任中国海外工程有限责任公司董事长，为法定代表人。请按有关规定办理。
中铁股份任免〔2012〕267号	2012-12-21	经研究，免去黄铁生中铁工程设计咨询集团有限公司董事长、董事职务，不再担任法定代表人，退休。请按有关规定办理。
中铁股份任免〔2012〕268号	2012-12-21	经研究，李寿兵为中铁工程设计咨询集团有限公司法定代表人，仍任总经理、副董事长。请按有关规定办理。
中铁股份任免〔2012〕269号	2012-12-21	经研究，免去刘永红中铁工程设计咨询集团有限公司监事职务，任董事长。
中铁股份任免〔2012〕270号	2012-12-22	经研究，孙成明不再担任中铁五局（集团）有限公司副总经理职务。请按有关规定办理。
中铁股份任免〔2012〕271号	2012-12-22	经研究，周文明不再担任中铁九局集团有限公司总工程师职务，为副总经理人选。请按有关规定办理。
中铁股份任免〔2012〕272号	2012-12-22	经研究，金耀为中铁九局集团有限公司总工程师、副总经理人选。试用期一年。请按有关规定办理。
中铁股份任免〔2012〕273号	2012-12-22	经研究，胡汉舟为中铁大桥局股份有限公司总经理人选；仍任中铁大桥局集团有限公司总经理、董事，中铁大桥局股份有限公司董事。请按有关规定办理。
中铁股份任免〔2012〕274号	2012-12-22	经研究，张春新为中铁大桥局股份有限公司董事人选，仍任中铁大桥局集团有限公司、中铁大桥局股份有限公司副总经理。请按有关规定办理。
中铁股份党任免〔2012〕275号	2012-12-22	经研究，高兴泽为中铁大桥局股份有限公司董事人选，仍任中铁大桥局集团有限公司、中铁大桥局股份有限公司副总经理。请按有关规定办理。

中铁股份党任免〔2012〕276号	2012-12-22	经研究，孙瑞文任中铁资源集团有限公司董事，仍任副总经理。
中铁股份党任免〔2012〕277号	2012-12-22	经研究，周振国任中国中铁股份有限公司青岛地铁工程建设指挥部指挥长，仍任股份公司安全总监。
中铁股份党任免〔2012〕278号	2012-12-22	经研究，免去唐连成中铁昆明建设投资有限公司副总经理职务，调中国中铁股份有限公司青岛地铁工程建设指挥部工作，任副指挥长。
中铁股份党任免〔2012〕279号	2012-12-22	经研究，龙明华到中国中铁股份有限公司青岛地铁工程建设指挥部助勤，任副指挥长。
中铁股份党任免〔2012〕281号	2012-12-22	经研究，周振国任中国中铁股份有限公司青岛市地铁2号线一期工程土建一标项目总部经理，仍任股份公司安全总监。
中铁股份党任免〔2012〕282号	2012-12-22	经研究，免去唐连成中铁昆明建设投资有限公司副总经理职务，任中国中铁股份有限公司青岛市地铁2号线一期工程土建一标项目总部副经理。
中铁股份党任免〔2012〕283号	2012-12-22	经研究，龙明华到中国中铁股份有限公司青岛市地铁2号线一期工程土建一标项目总部助勤，任副经理。

表11-4　总公司机关部门负责人变动情况（2012）

文号	日期	内容
中铁程任免〔2012〕1号	2012-4-17	李平试用期已满，经考核，同意按期结束试用，继续聘任为总公司财务部部长，聘期至2012年12月31日。
中铁程党任免〔2012〕1号	2012-4-17	苑宝印试用期已满，经考核，同意按期结束试用，继续聘任为总公司纪委副书记，聘期至2012年12月31日。
中铁程党任免〔2012〕2号	2012-4-17	陈文志试用期已满，经考核，同意按期结束试用，继续聘任为总公司纪委办公室主任，聘期至2012年12月31日。
中铁程党任免〔2012〕3号	2012-4-17	裴清宁试用期已满，经考核，同意按期结束试用，继续聘任为总公司党委干部部副部长，聘期至2012年12月31日。
中铁程党任免〔2012〕4号	2012-4-17	郑黎试用期已满，经考核，同意按期结束试用，继续聘任为总公司工会办公室主任，聘期至2012年12月31日。
中铁程党任免〔2012〕5号	2012-4-17	陈宝华试用期已满，经考核，同意按期结束试用，继续聘任为总公司工会生活保障女工部部长，聘期至2012年12月31日。
中铁程党任免〔2012〕6号	2012-12-24	刘治国试用期已满，经考核，同意按期结束试用，继续聘任为总公司工会组织民管部部长，聘期至2012年12月31日。
中铁程党任免〔2012〕7号	2012-12-24	曹彬试用期已满，经考核，同意按期结束试用，继续聘任为总公司团委副书记，聘期至2012年12月31日。

表11-5　股份公司机关部门负责人变动情况（2012）

文号	日期	内容
中铁股份党任免〔2012〕11号	2012-1-16	根据国发[1978]104号文件规定，批准毛小民（高级政工师）退休。自2013年2月1日起生效。
中铁股份党任免〔2012〕21号	2012-4-17	苑宝印试用期已满，经考核，同意按期结束试用，继续聘任为股份公司纪委副书记，聘期至2012年12月31日。
中铁股份党任免〔2012〕22号	2012-4-17	陈文志试用期已满，经考核，同意按期结束试用，继续聘任为股份公司纪委办公室主任，聘期至2012年12月31日。
中铁股份党任免〔2012〕23号	2012-4-17	王伟试用期已满，经考核，同意按期结束试用，继续聘任为股份公司体协秘书长，聘期至2012年12月31日。
中铁股份党任免〔2012〕24号	2012-4-17	裴清宁试用期已满，经考核，同意按期结束试用，继续聘任为股份公司党委干部部副部长，聘期至2012年12月31日。
中铁股份党任免〔2012〕25号	2012-4-17	郑黎试用期已满，经考核，同意按期结束试用，继续聘任为股份公司纪委办公室主任，聘期至2012年12月31日。
中铁股份党任免〔2012〕26号	2012-4-17	陈宝华试用期已满，经考核，同意按期结束试用，继续聘任为股份公司工会生活保障女工部部长，聘期至2012年12月31日。
中铁股份党任免〔2012〕65号	2012-12-24	刘治国试用期已满，经考核，同意按期结束试用，继续聘任为股份公司工会组织民管部部长，聘期至2012年12月31日。
中铁股份党任免〔2012〕66号	2012-12-24	曹彬试用期已满，经考核，同意按期结束试用，继续聘任为股份公司团委副书记，聘期至2012年12月31日。

统计资料

表 11-6 基建建设任务、产值分类完成情况-统建 2 表（2012 年）（万元）

项目\机构	合计	一局	二局	三局	四局	五局	六局	七局	八局	九局	十局	大桥局	隧道局	电化局	建工	航空港	港航局	上海局
一、工程任务总额	38305539	3766588	3472040	2727385	3165947	2962241	1795638	2014500	1675054	1426207	2125231	1707261	3267919	2974983	2172358	1221359	1056341	774486
（一）铁路工程	17575028	1591210	1703094	1389793	1462235	1308617	1203981	800760	698272	824582	917169	728233	1382374	2091867	590070	341790	319064	221918
（二）公路工程	6392234	573730	526394	520305	619205	907648	112512	589719	149590	162760	650006	449457	573929	104772	2592	175791	171800	102024
其中：高速公路	3925989	397974	443008	446948	217182	670053	91645	473033	58103	102128		377209	492895	39136	2592		114084	
（三）市政工程	4044666	475162	320369	98437	266643	169952	227598	11419	401386	193472	373098	468227	445640	100790	67034	93986	105566	225886
（四）房建工程	4294723	198438	494028	232648	116266	264107	45135	51856	253309	178018	151054	301	23210	223979	1480527	530122	40864	10861
（五）水利电力工程	295882		36887			54712	58077	23096	15897	285		20244	80391	5662			631	
（六）港口与航道工程	215967		14524							0							201443	
（七）机场工程	38429		26449			2210				0						9770		
（八）城市轨道交通工程	3882744	764476	323815	479987	133165	229887	140875	99033	95143	45873	21376	13083	719975	433532	29429	42818	105626	204650
（九）其他工程	793432	163572	26480	6215	102990	25108	7460	131626	61457	21217	12528	27716	42400	14381	2706	27082	111347	9147
二、承包工程完成情况	0																	
（一）直接从建设单位承揽工程完成的产值	37117021	3762513	3459798	2727385	3165947	2962241	1704112	2014500	1575971	1411448	2125231	1673371	3267919	2076418	2144575	1221359	1049747	774486
1、自行完成施工产值	36790948	3762513	3459798	2727385	3165947	2962241	1704112	2014500	1552999	1411448	2125231	1673371	3267919	1918255	2102133	1221359	947251	774486
2、分包出去工程的产值	326073				0				22972	0				158163	42442		102496	
（二）从建设单位以外承揽工程完成的产值	786153				0		13860			14759		33890		689267	27783		6594	
三、基建建设产值（建筑业总产值）	0																	
其中 1：装修装饰工程产值	552606	0	55096		31553	5516	2000		4303	0				207705	170882	75551	0	
其中 2：在外省完成的产值	26280494	3338684	2979655	2111661	1863311	1864176	938385		828163	819363	1487661	1386170	3235767	1910968	1836074	948574	731882	
四、竣工产值	13053163	1210396	229648		976461	2577512	363649		685338	292763	637569	1276274	1403655	942697	653992	1112782	690427	
五、建筑业增加值	2419172	442956				349995	244804		183525	100097	176394	296994	490188	134219				

表 11-7　基建建设实物工程量完成情况表（2012 年）

项目\机构		合计	一局	二局	三局	四局	五局	六局	七局	八局	九局	十局	大桥局	隧道局	电化局	建工	航空港	港航局	上海局
一、土石方合计	万立方米	361087	7574	5772	5877	6684	5699	2835	13836	3035	292386	6307	1339	1713	1685	263	1102	3679	1301
二、隧道长度	—	0																	
1、设计长度	折合米	831288	116208	77029	66326	16800	130742	23460	8258	15571	33086	26497	9837	237051	5624	46	51218	13535	0
2、换算长度	折合米	1242153	182380	128298	81710	32398	155027	38607	87553	18165	35757	47518	17856	380052	5624	46	16171	11316	3675
三、地铁成洞	折合米	131923	39782	23608	9784	4191	7183	328	1405	1217	1596	1516	0	33062	1384	0	430	6388	49
四、桥梁长度	—	0																	
1、设计长度	折合米	1086188	61942	75539	91731	158493	59262	44398	36008	52468	111793	68786	99759	37740	27301	889	117728	31366	10985
2、换算长度	折合米	1367878	109302	140452	117929	127801	89478	51226	70667	72202	116805	105466	154265	69700	40755	899	37659	43596	19676
其中：大中桥	—	0																	
1、设计长度	折合米	866247	60279	72136	49610	155784	24175	33698	25215	39345	58239	62725	99739	33270	26068	837	86040	31289	7798
2、换算长度	折合米	1096776	107278	137049	66187	114582	54602	33853	25574	55670	65043	88589	154245	61078	38291	847	31323	43477	19088
五、架梁	—	0																	
1、铁路架梁	孔	31285	4224	3271	3052	3206	2172	564	2830	3961	3132	2939	812	95	292	2	0	637	96
2、公路架梁	片	56694	6626	3460	2633	8416	4284	469	3894	1893	199	6244	6375	1894	980	0	4166	2788	2373
六、涵渠	折合横延米	316680	24118	23409	11260	18196	16391	9829	129441	21192	4982	30611	4711	12120	1751	553	4617	727	2772
七、铺轨	公里	4502	0	1244	229	0	863	436	784	45	49	590	0	6	4	28	0	0	224
1、正线	公里	6394	2058	1168	441	350	775	296	176	162	191	527	0	6	17	7	0	0	220
2、站线	公里	1291	299	76	91	70	88	140	170	40	181	63	3	0	34	21	0	0	15
3、轻轨	折合米	6800	0	0	0	0	0	0	0	6800	0	0	0	0	0	0	0	0	0
八、通信及信号	—	0																	
1、通信线缆	条公里	12805	454	184	1056	787	1509	397	465	154	209	396	0	0	7118	0	0	0	76
其中：电缆线路	条公里	7958	85	130	408	318	1080	69	143	154	31	396	0	0	5068	0	0	0	76
2、自动闭塞	折合正线公里	2740	64	2	203	205	116	115	109	210	55	392	0	0	1269	0	0	0	0
九、电力及牵引供电	—	0																	

1、供电线路	折合正线公里	7119	423	164	385	173	80	380	409	81	94	104	0	0	4826	0	0	0	0
其中：电缆线路	折合正线公里	4482	25	7	213	118	54	175	130	40	49	97	0	0	3574	0	0	0	0
2、牵引网	折合正线公里	6187	58	254	134	63	169	295	141	80	221	156	0	0	4608	8	0	0	0
其中：接触网	折合正线公里	6140	58	254	134	63	148	295	141	80	221	156	0	0	4582	8	0	0	0
3、牵引变电所	折合处	232	0	2	25	4	6	0	2	5	0	0	0	0	188	0	0	0	0
十、给排水管路	公里	14206	0	42	3	132	0	31	28	1846	6479	39	36	19	5341	1	4	0	205
十一、圬工总量	万立方米	417131	219	3040	1757	0	169	297	118	83	410025	642	464	15	70	1	38	183	10
十二、公路	折合公里	1014	154	58	44	25	225	91	104	27	6	137	22	16	13	4	70	15	4
其中：高速公路	折合公里	688	120	38	22	4	165	90	27	16	2	113	19	15	2	1	46	8	0
十三、公路路面	平方米	48004314	3274627	790399	6922367	228678	27156782	74779	794537	324227	52926	7165686	198208	766738	0	0	174481	79878	1
十四、房屋	折合平方米	19807521	1696740	2852490	835709	225899	102895	186720	107345	1025947	836429	860834	0	133257	1119040	7524224	2186751	48451	64790
其中：住宅	折合平方米	13040227	1637647	1860194	599411	87819	61100	28798	65968	639311	348660	727828	0	56984	664359	4146407	2035796	45619	34326
十五、单位工程施工个数	个	18113	2616	2618	1188	1366	1124	1916	439	180	310	846	449	126	3342	531	639	293	130
其中：本年新开工个数	个	5348	694	602	526	522	166	434	165	55	82	215	152	41	1270	184	143	34	63
十六、单位工程竣工个数	个	4475	825	596	148	255	198	93	45	49	66	132	99	21	1667	44	116	74	47
1、一次交验合格个数	个	3586	362	596	102	206	198	64	48	37	45	96	99	21	1473	44	104	77	14
十七、房屋建筑施工面积	平方米	43195534	2616495	12329505	1007324	2309827	5828361	409451	214634	4151699	1894793	2815715	0	669884	3314292		5570373	46819	16362
其中 1：本年新开工面积	平方米	27875322	1893485	8325250	474185	1194489	1866609	173685	53614	2390941	700725	468629	0	565274	788107	7918404	1045563	0	16362
其中 2：高层建筑施工面积	平方米	23250749	1497970	9976921	422969	1340424	0	6500	73109	2599971	701771	1615926	0	249103	1086225		3634361	45499	0
十八、房屋建筑竣工面积	平方米	9423032	751438	744734	146265	138612	961645	359584	69214	2020962	429945	133604	0	98864	978763	1382025	1207180	0	197
其中 1：一次交验合格面积	平方米	9207212	751438	744734	141585	126924	961645	359584	69214	1942096	429945	127544	0	17068	946230	1382025	1207180	0	0
其中 2：高层建筑竣工面积	平方米	4123143	325529	233974	56597	56494	0	0	28767	1147711	117525	99598	0	0	500223	735212	821513	0	0
其中 3：按主要用途分	—	0																	
1、厂房、仓库	平方米	543784	7444	0	5526	1202	87468	0	27967	233261	0	3924	0	3635	0	39308	134049	0	0

2、住宅	平方米	5667797	385599	493182	56597	119137	547260	40295	28767	1583877	223330	99598	0	0	463503	738563	888089	0	0
3、办公用房	平方米	855265	1480	79854	0	18273	102938	0	0	135608	9498	29323	0	13433	77214	261356	126288	0	0
4、批发和零售用房	平方米	57060	0	0	0	0	0	0	0	57060	0	0	0	0	0	0	0	0	0
5、住宿和餐饮用房	平方米	240079	0	0	0	0	74087	0	0	0	0	0	0	0	0	158391	7601	0	0
6、居民服务业用房	平方米	55479	0	0	0	0	43914	0	0	0	11565	0	0	0	0	0	0	0	0
7、教育用房	平方米	177371	0	0	0	0	101160	0	0	0	45209	0	0	0	0	31002	0	0	0
8、文化、体育和娱乐用房	平方米	139144	0	125088	0	0	0	0	0	0	11659	0	0	0	0	0	2397	0	0
9、卫生医疗用房	平方米	6941	0	0	0	0	0	0	0	0	6941	0	0	0	0	0	0	0	0
10、科研用房	平方米	67230	0	46610	0	0	0	0	0	0	0	0	0	0	0	20620	0	0	0
11、铁路站房	平方米	712621	9172	0	84142	0	0	315449	11245	11156	121743	0	0	0	102944	24776	31923	0	71
12、其他用房	平方米	900261	347743	0	0	0	4818	3840	1235	0	0	759	0	81796	335102	108009	16833	0	126
十九、房屋建筑竣工产值	万元	2609225	306976	148479	80412	24254	170153	63912	10254	302754	230185	24986	0	38239	370437	626943	210746	0	495
其中按主要用途分	—	0																	
1、厂房、仓库	万元	91219	200	0	700	192	39835	0	4468	23412	0	794	0	1153	0	7954	12059	0	452
2、住宅	万元	975357	56435	98636	11382	21675	65748	32302	4447	253864	37851	16505	0	0	78467	152459	145586	0	0
3、办公用房	万元	191267	450	15971	0	2387	16825	0	0	7619	2673	7537	0	3417	2162	87187	45039	0	0
4、批发和零售用房	万元	10604	0	0	0	0	0	0	0	8559	0	0	0	0	0	2045	0	0	0
5、住宿和餐饮用房	万元	32338	0	0	0	0	11800	0	0	0	0	0	0	0	0	18815	1723	0	0
6、居民服务业用房	万元	22413	0	0	0	0	13293	0	0	0	9120	0	0	0	0	0	0	0	0
7、教育用房	万元	35099	0	0	0	0	16839	0	0	0	14880	0	0	0	0	3380	0	0	0
8、文化、体育和娱乐用房	万元	50716	0	25017	0	0	0	8000	0	0	2024	0	0	0	0	14425	1250	0	0
9、卫生医疗用房	万元	2630	0	0	0	0	0	0	0	0	2630	0	0	0	0	0	0	0	0
10、科研用房	万元	18974	0	8855	0	0	0	0	0	0	0	0	0	0	0	10119	0	0	0
11、铁路站房	万元	217070	2760	0	68330	0	0	22962	1239	9300	37651	0	0	0	0	74817	0	0	11
12、其他用房	万元	961538	247131	0	0	0	5813	648	100	0	123356	150	0	33669	289808	255742	5089	0	32

表 11-8　基建建设材料消耗、安全、质量、施工机械情况表（2012 年）

项目\机构	合计	一局	二局	三局	四局	五局	六局	七局	八局	九局	十局	大桥局	隧道局	电化局	建工	航空港	港航局	上海局
一、全部材料消耗费用	13650337	1511237	1601593	1245449	1407849	1038542	569245	301132	595745	771916	991535	873549	665, 885	367221	990279	315241	145874	258045
其中：1、钢材	5534969	646720	498400	500429	462542	477396	191683	232025	211936	215933	255227	519225	499, 661	124879	355272	94315	118609	130717
2、木材	76633	6349		1272	24032	5756	2909	509	2710	5306	1532	1479	5, 706	1338	14608	1777	939	411
3、水泥	1453701	140069	168170	156080	116489	174293	44446	68598	50883	79736	74356	105332	160, 518	23823	16569	17324	26326	30689
二、主要材料消耗量	—	—	—	—	—	—	—	—	—	—	—	—	—	—	—	—	—	—
1、钢材	12108764	1473984	1106612	1176096	946945	1067999	419033	447382	499676	545851	564711	965248	1, 119, 540	274802	745217	212961	263449	279258
2、木材	427286	45935		6021	40582	40182	15246	28827	36990	27631	11319	8299	42, 015	7510	91419	8461	4435	12414
3、水泥	34106734	3408178	3865931	3712840	2630309	4091374	1041611	1825782	1243970	1781544	1929817	2455601	3, 731, 008	558652	393899	398029	550978	487211
三、安全质量	—	—	—	—	—	—	—	—	—	—	—	—	—	—	—	—	—	—
1、重大质量事故损失金额	650	0		0	0		0		0	650				0	0	0	0	0
2、重大质量事故次数	0	0		0	0		0		0	0				0	0	0	0	0
3、工伤事故次数	5	0		1	0		0		0	0	1		3	0	0	0	0	0
4、死亡人数	37	0		20	0		0		0	0	4		13	0	0	0	0	0
5、重伤人数	6	0		1	0		0		0	0	2		3	0	0	0	0	0
四、年末自有机械设备	—	—	—	—	—	—	—	—	—	—	—	—	—	—	—	—	—	—
1、总台数	71150	4775	4341	5546	3461	5353	5387	5571	4755	6049	4169	6901	7, 599	3523	1430	678	694	918
2、总功率	6481781	541533	448158	1047166	421671	658449	230626	572066	294992	301531	297306	261590	779, 099	291169	80247	108360	72950	74868
其中：施工机械	8425985	541533	380934	945342	320350	620840	2875060	489508	217220	261839	297306	219698	779, 099	173541	67724	108360	71438	56193
其中：本年购进	432598	39337	22237	26052	45517	30489	12188	69337	17454	35445	45916	20824	38, 747	9682	4533	8991	1512	4337
3、机械设备原值	11262360	375484	338703	387644	240266	278700	117058	248700	181450	123488	106974	277668	411, 527	7943813	61824	44225	74844	49992
4、机械设备净值	8146549	196106	143884	181909	135038	161023	55517	113730	78171	72444	62800	139776	204, 691	6484091	21389	20501	49192	26287

表 11-9　工业主要产品、产量（2012 年）

类别名称	计量单位	总计	中铁一局	中铁二局	中铁五局	中铁六局	中铁八局	中铁电化局	中铁宝桥	中铁山桥	中铁科工	隧道装备
甲	乙	01	04	05	07	08	09	12	13	14		
钢梁钢结构	吨	522384	3888			5668			177732	173472	161624.3	
铁路道岔	组	8169							3489	4680		
高锰钢整铸辙岔	个	27060							14160	12900		
钢水	吨	35116							15791	19325		
高强度螺栓	万套	198								198		
提运架机械	台	24									24	
起重机械	台	1							1			
桩工机械	台	133									133	
盾构盾体制造及后配套	台/套	63									27	36
其它机械	台	0										
改装砼汽车	辆	0										
商品砼	M^3	1134230	560815	573415								
水泥	吨	116963			116963							
砼桥梁支座	孔	1654	1567			79	8					
砼支柱	根	53082						53082				
钢柱	根	38002						38002				
接触网配件	万套件	699						699				
变压器	台	1486						1486				
洗手液	万瓶	2				2						
洗衣液	万袋	2				2						
护肤霜	万瓶	1				1						
机具制造	台	86	86									
服装	套(件)	0										

大衣	件	0										
横梁	吨	336						336				
开关板（配电箱）	个	1088						1088				
叶面肥		275	275									
钢模版制作	吨	8200	8200									
污水处理	吨	0										
灯塔	座	162				162						
灯桥	延米	1645				1645						
新型组合柜	个	0										
槽道	米	0										
挂黄	套	0										
阻容插接件	台	0										
作业车	台	52						52				
砼岔枕	组	419					419					
砼轨枕	根	111223					111223					
III型枕	根	35747					35747					
公路梁	片	4246					4246					
公路梁	片	26					26					
污水处理	吨	5358	5358									
桥梁支座（半成品）	套(件)	2624				2624						
电瓶牵引车	台	11									11	
其它机械	台	24									24	

表 11-10　施工机械设备资产变动情况表（2012 年）

序号	单位	已签合同			本年已付款金额（万元）	新增机械			报废机械				备注
		台数	金额（万元）	功率（KW）		台数	价值（万元）	功率（kw）	台数	原值(万元)	功率（kw）	所占资产比重 %	
1	中铁一局	325	34678.21	29923.40	15,999.97	377	39548.95	39337.4	304	13208.65	23453.8	3.78%	
2	中铁二局	718	49632.83	163812.40	42,188.00	200	9982.12	22237.1	261	28633.65	26437	0.08%	
3	中铁三局	198	15311.70	20081.00	4,944.93	186	9692.90	14723	473	7180.50	32552	1.90%	
4	中铁四局	585	58327.86	38327.30	38,318.99	266	32519.42	45516.6	284	7432.49	20107.7	3.45%	
5	中铁五局	521	16351.73	36855.11	10,610.74	465	16197.34	24288.6	520	13829.35	43880.4	5.04%	
6	中铁六局	346	12279.37	13358.23	3,517.70	339	7303.39	12905.9	78	1215.26	2804.5	1.10%	
7	中铁七局	325	9241.98	30328.00	4,781.44	813	25852.14	76364	200	5416.42	19666	2.27%	
8	中铁八局	350	22481.55	13357.93	17,264.85	396	7799.61	17454.4	280	2292.20	9380.12	1.31%	
9	中铁九局	563	18870.70	36500.00	9,284.60	527	19504.24	37909.13	439	3506.10	26526.82	2.76%	
10	中铁十局	194	4286.16	12151.95	3,878.53	527	14088.93	45916.85	225	3234.34	6106.5	3.13%	
11	中铁大桥局	700	15172.47	22818.30	10,946.88	671	13480.46	19564.1	307	6386.65	8205.3	3.00%	
12	中铁隧道	752	45366.25	35194.80	11,584.07	501	20615.43	38744.55	308	6709.67	22415	1.72%	
13	中铁电气化局	83	3793.00	7653.00	3120.00	233	6079.00	16059	213	3299.68	11582.6	1.86%	
14	中铁建工	130	6688.10	4705.80	4,475.31	24	6424.99	4662.8	114	2014.40	10508	4.80%	
15	中铁港航	21	10360.73	3297.50		21	10360.75	3297.5	5	33.18	286.5	0.40%	
16	中铁航空港	2	8800.00	1819.00	2,400.00	70	2739.28	8991	68	3089.25	7468.2	0.07%	
17	中铁上海局	45	1650.34	1890.00	1,555.68	22	407.54	1190	7	111.00	913	0.23%	
	合计	5858	333292.98	472074	184871.69	5638	242596.49	429162	4086	107592.79	272293		

注：所占资产比重按年初设备原值计算。

表 11-11　中国中铁股份公司技术动力装备情况年报（2012 年）

序号	单位名称	自有机械设备台数（台）	年末自有机械设备价值（万元）		自有机械设备总功率（kw）	年末全部职工实有数（人）		技术装备率（净值）（万元/人）		动力装备率（KW/人）		年建安价值（万元）	装备生产率（万元）	设备新度系数%
			原　值	净　值		合计	其中：工人	全部职工	其中：工人	全部职工	其中：工人			
1	中铁一局	4775	375, 483. 86	196, 105. 66	541533. 00	27611	12242	7. 10	16. 02	19. 61	44. 24	3, 783, 212. 54	19. 29	52. 00
2	中铁二局	4341	338, 703. 62	143, 884. 06	448158. 39	18431	6012	7. 81	23. 93	24. 32	74. 54	3, 459, 797. 00	24. 05	42. 00
3	中铁三局	5602	393, 441. 34	187, 327. 28	1046509. 71	25456	12601	7. 36	14. 87	41. 11	83. 05	2, 569, 737. 30	13. 71	48. 00
4	中铁四局	3461	240, 265. 99	135, 038. 22	421671. 36	21444	8068	6. 30	16. 74	19. 06	52. 26	3, 647, 450. 00	27. 01	56. 20
5	中铁五局	5353	278, 699. 64	161, 023. 33	658448. 90	19425	5618	8. 29	28. 66	33. 09	117. 20	2, 962, 241. 00	18. 40	57. 78
6	中铁六局	5387	117, 057. 70	55, 516. 91	230626. 00	14554	7740	3. 81	7. 17	15. 85	29. 80	1, 823, 310. 00	32. 84	47. 40
7	中铁七局	5571	237, 140. 00	113, 730. 00	572006. 00	13522	5715	8. 41	19. 9	42. 31	100. 01	1, 969, 428. 00	17. 32	48. 00
8	中铁八局	4755	181, 449. 72	78, 171. 25	294991. 71	10817	4492	7. 2	17. 4	27. 3	65. 75	1, 675, 054. 00	21. 43	43. 00
9	中铁九局	6066	143, 211. 09	80, 009. 00	301531. 00	11829	5281	6. 76	15. 15	25. 49	57. 10	1, 622, 065. 00	20. 27	56. 00
10	中铁十局	4169	106, 974. 07	62, 800. 50	297306. 29	15419	6306	4. 07	9. 96	19. 28	47. 15	2, 355, 853. 00	37. 31	59. 00
11	中铁大桥局	6901	277668. 43	139775. 65	261589. 5	12937	5215	10. 8	26. 8	20. 2	50. 5	1, 707, 261. 00	12. 21	50. 34
12	中铁隧道	7599	411, 526. 00	204, 691. 03	779098. 73	15275	6355	13. 40	32. 21	51. 00	122. 60	3, 267, 920. 00	18. 13	42. 55
13	中铁电气化局	5371	181, 887. 88	92, 969. 71	376631. 00	37392	6489	3. 39	14. 33	13. 75	58. 04	2, 695, 747. 00	28. 99	51. 11
14	中铁建工	1430	61, 823. 95	21, 389. 06	80247. 22	8182	1598	2. 6	13. 4	9. 8	50. 2	2, 172, 000. 00	101. 5	34. 50
15	中铁港航	694	74, 844. 37	49, 192. 13	68015. 94	4671	1593	10. 53	30. 88	14. 56	42. 7	1, 055, 700. 00	21. 46	65. 73
16	中铁航空港	679	44, 225. 23	20, 500. 75	108994. 38	6954	2904	2. 9	8. 1	15. 65	43. 59	1, 229, 126. 60	59. 95	46. 00
17	中铁上海局	887	49, 532. 26	26, 078. 87	73340. 33	4615	2078	5. 65	12. 55	15. 89	35. 29	862, 456. 00	33. 07	52. 65
	股份公司合计	73041	3, 513, 935. 15	1, 768, 203. 41	6560699. 46	268534	100307	6. 58	17. 62	24. 43	65. 40	38, 858, 358. 44	21. 97	50. 31

表 11-12.1　中国中铁股份有限公司主要成员企业劳动工资情况（2012）

指标 / 单位	全部职工				在岗职工			
	期末人数	平均人数	工资总额（元）	平均工资（元）	期末人数	平均人数	工资总额（元）	平均工资（元）
综合小计	262897	264865	15324968647	57860	225749	226658	14872351611	65616
中海外	428	519	116763461	224978	404	495	115256664	232842
中铁一局	26923	27448	1379056703	50243	22742	23143	1346418250	58178
中铁二局	21238	21519	1428006952	66360	18406	18459	1380226634	74773
中铁三局	24904	25115	1050104660	41812	19549	19151	1004571709	52455
中铁四局	21265	21223	1470310558	69279	19365	19340	1434852680	74191
中铁五局	23262	22977	1036887696	45127	19229	19425	1000262391	51494
中铁六局	14554	14547	827858738	56909	12074	12201	790273092	64771
中铁七局	14188	14257	702468963	49272	12060	12131	676536093	55769
中铁八局	10821	11022	677412833	61460	10186	10357	666855800	64387
中铁九局	11565	11759	496019872	42182	10063	10094	481229137	47675
中铁十局	14192	14325	749350156	52311	11505	11511	712920506	61934
中铁大桥局	13680	14104	839630520	59531	11745	11984	809568019	67554
中铁隧道	15275	15424	1029412740	66741	13611	13686	1006609101	73550
中铁电气化局	20490	20789	1358820648	65362	18298	18630	1328256159	71297
中铁建工	9619	9604	913956441	95164	8717	8623	896862835	104008
中铁港航	5142	5017	306521146	61097	4629	4376	296934731	67855
上海工程局	4744	4742	300377234	63344	4151	4139	295212064	71324
航空港	7991	8070	358523639	44427	6401	6511	346064898	53151
中铁国际	303	306	40945188	133808	302	305	40932483	134205
中铁置业	2313	2098	242540499	115606	2312	2097	242508365	115645

工厂小计	12764	12940	685301053	52960	10923	11115	667269816	60033
山桥厂	4863	4894	299324164	61161	4762	4894	299324063	61161
宝桥厂	5296	5434	256106955	47130	3963	4046	239222023	59126
中铁科工	2251	2274	98438541	43289	1844	1837	97292337	52963
隧道装备	354	338	31431393	92992	354	338	31431393	92992
设计院小计	10067	9959	1968131939	197623	9774	9638	1962247938	203595
第二设计院	6561	6482	1317464538	203250	6430	6339	1314840979	207421
中铁设计咨询	2319	2288	461560965	201731	2236	2198	460400864	209464
大桥院	845	841	149686344	177986	792	781	148298716	189883
华铁公司	342	348	39420092	113276	316	320	38707379	120961
科研企业小计	860	860	90629547	105383	852	849	90475818	106568
西北院	358	357	40760743	114176	354	352	40705520	115641
西南院	502	503	49868804	99143	498	497	49770298	100141
其他单位	2688	2351	442782779	188358	2663	2325	442044225	190127
建设分公司	44	44	8397877	190861	44	44	8397877	190861
中铁物贸	139	135	13847791	102576	139	135	13847791	102576
中铁资源	1674	1367	190561612	139401	1673	1366	190538377	139486
总部机关	300	284	61326022	216127	295	278	61165103	220018
交通投资	165	160	30641944	191512	160	155	30641944	197690
建设投资	155	155	29362974	189439	155	155	29362974	189439
中铁信托	211	206	108644558	527401	197	192	108090158	562970
总公司合计	293065	294815	18707702138	63456	253351	253999	18224559864	71751
股份公司总计	289276	290975	18511813965	63620	249961	250585	18034389408	71969
宏达中心	3789	3840	195888173	51013	3390	3414	190170456	55703

表 11-12.2　中国中铁股份有限公司主要成员企业劳动工资情况（2012）

指标 单位	非在岗职工				从业人员				其他从业人员			
	期末人数	平均人数	生活费	平均生活费（元）	期末人数	平均人数	劳动报酬	平均劳动报酬	期末人数	平均人数	劳动报酬	平均劳动报酬
综合小计	37148	38207	452617036	11846	253579	255651	15892509532	62165	27830	28993	1020157921	35186
中海外	24	24	1506797	62783	3431	3782	220531338	58311	3027	3287	105274674	32028
中铁一局	4181	4305	32638453	7582	23190	23726	1360271895	57333	448	583	13853645	23763
中铁二局	2832	3060	47780318	15614	19859	19952	1434883270	71917	1453	1493	54656636	36609
中铁三局	5355	5964	45532951	7635	19924	19511	1018726831	52213	375	360	14155122	39320
中铁四局	1900	1883	35457878	18831	19952	19900	1455512357	73141	587	560	20659677	36892
中铁五局	4033	3552	36625305	10311	20077	20772	1033847558	49771	848	1347	33585167	24933
中铁六局	2480	2346	37585646	16021	13855	13924	875667537	62889	1781	1723	85394445	49561
中铁七局	2128	2126	25932870	12198	12331	12390	683531447	55168	271	259	6995354	27009
中铁八局	635	665	10557033	15875	10707	11085	698327073	62997	521	728	31471273	43230
中铁九局	1502	1665	14790735	8883	13404	13694	550825594	40224	3341	3600	69596457	19332
中铁十局	2687	2814	36429650	12946	11877	11929	728380729	61060	372	418	15460223	36986
中铁大桥局	1935	2120	30062501	14180	15033	14935	904599557	60569	3288	2951	95031538	32203
中铁隧道	1664	1738	22803639	13121	14597	14677	1055941355	71945	986	991	49332254	49780
中铁电气化局	2192	2159	30564489	14157	27529	27744	1669724903	60183	9231	9114	341468744	37466
中铁建工	902	981	17093606	17425	8799	8705	901235636	103531	82	82	4372801	53327
中铁港航	513	641	9586415	14955	5091	5153	312404480	60626	462	777	15469749	19910
上海工程局	593	603	5165170	8566	4634	4580	313180895	68380	483	441	17968831	40746
航空港	1590	1559	12458741	7991	6577	6705	355911226	53081	176	194	9846328	50754
中铁国际	1	1	12705	12705	302	305	70804965	232147	0	0	29872482	#DIV/0!
中铁置业	1	1	32134	32134	2410	2182	248200886	113749	98	85	5692521	66971

工厂小计	1841	1825	18031237	9880	11246	11457	677201573	59108	323	342	9931757	29040
山桥厂	101	0	101	#DIV/0!	4762	4894	299324063	61161	0	0	0	#DIV/0!
宝桥厂	1333	1388	16884932	12165	4043	4127	241900426	58614	80	81	2678403	33067
中铁科工	407	437	1146204	2623	2083	2094	104404885	49859	239	257	7112548	27675
隧道装备	0	0	0	#DIV/0!	358	342	31572199	92316	4	4	140806	35202
设计院小计	293	321	5884001	18330	12214	11819	2075184689	175580	2440	2181	112936751	51782
第二设计院	131	143	2623559	18347	6526	6425	1321595721	205696	96	86	6754742	78544
中铁设计咨询	83	90	1160101	12890	419	860	12077470	14044	104	116	4263852	36757
大桥院	53	60	1387628	23127	792	781	148298716	189883	0	0	0	#DIV/0!
华铁公司	26	28	712713	25454	2556	2299	140625536	61168	2240	1979	101918157	51500
科研企业小计	8	11	153729	13975	1329	1217	103650329	85169	477	368	13174511	35800
西北院	4	5	55223	11045	415	398	43348340	108915	61	46	2642820	57453
西南院	4	6	98506	16418	914	819	60301989	73629	416	322	10531691	32707
其他单位	25	26	738554	28682	4335	3869	493373763	127528	1672	1544	51329539	33250
建设分公司				#DIV/0!	300	300	25598548	85328	256	256	17200670	67190
中铁物贸				#DIV/0!	170	166	14992660	90317	31	31	1144869	36931
中铁资源	1	1	23235	23235	2721	2287	208665863	91240	1048	921	18127486	19682
总部机关	5	6	160919	27986	313	293	63087381	215499	18	15	1922278	130324
交通投资	5	5		0	478	475	43028810	90587	318	320	12386866	38709
建设投资					156	156	29910343	191733	1	1	547369	547369
中铁信托	14	14	554400	39600	197	192	108090158	562970				#DIV/0!
总公司合计	39714	40816	483142274	11837	287153	288476	19470331443	67494	33802	34477	1245771580	36134
股份公司总计	39315	40390	477424557	11820	282703	284013	19241919886	67750	32742	33428	1207530479	36124
宏达中心	399	426	5717717	13422	4450	4463	228411557	51179	1060	1049	38241101	36455

文件辑要

2012 年中国铁路工程总公司党委发文目录

发文字号	文件标题
中铁程党组[2012]1 号	中国铁路工程总公司党委关于选举产生出席中央企业系统（在京）党代表会议代表情况的报告
中铁程党组[2012]2 号	中国铁路工程总公司党委关于确定中央企业系统（在京）党的十八大代表候选人推荐人选情况的报告
中铁程党组[2012]3 号	中国铁路工程总公司党委关于 2011 年度领导班子民主生活会有关情况的报告
中铁程党组[2012]4 号	关于中共中国铁路工程总公司第三次（中国中铁股份有限公司第一次）代表大会和总公司第三届（股份公司第一届）委员会、纪律检查委员会第一次全体会议选举结果的报告
中铁程党组[2012]5 号	关于表彰创先争优先进基层党组织、优秀共产党员和优秀党务工作者的决定
中铁程党纪[2012]6 号	关于在承揽铁路工程项目中存在突出问题的检查报告
中铁程党组[2012]7 号	中国铁路工程总公司党委关于深入开展创先争优活动总结的报告
中铁程党干[2012]8 号	关于调整中国铁路工程总公司职工董事的请示
中铁程党干[2012]9 号	关于调整中国铁路工程总公司扶贫开发领导小组的通知

2012 年中国铁路工程总公司发文目录

发文字号	文件标题
中铁程办[2012]1 号	关于中铁四局集团第二医院扩建项目立项事宜的批复
中铁程董[2012]2 号	关于中国铁路工程总公司内幕信息管理情况的报告
中铁程办[2012]3 号	关于呈报中国铁路工程总公司房地产业务情况的报告
中铁程办[2012]4 号	中国铁路工程总公司关于所属中铁三局 2011 年度减持所持上市公司股票情况的报告
中铁程办[2012]5 号	中国铁路工程总公司关于加强境外中资企业安全生产管理工作情况的报告
中铁程董[2012]6 号	关于报送《中国中铁董事会 2010 年度工作的整改报告》的报告
中铁程办[2012]7 号	关于报送所属中铁资源海外两个项目 2011 年度国外矿产资源风险勘查专项资金年度工作报告及成果专报的报告
中铁程办[2012]8 号	关于呈报《中国铁路工程总公司落实中央企业法制工作第三个三年目标的实施方案》的报告
中铁程财[2012]9 号	关于中国铁路工程总公司 2010 年度中央企业国有资本经营预算执行情况及决算情况的报告
中铁程财[2012]10 号	中国铁路工程总公司关于国资委“小金库”专项治理督导检查有关问题整改情况的报告
中铁程办[2012]11 号	关于呈报中国铁路工程总公司 2011 年度《企业年度工作报告》的报告
中铁程办[2012]12 号	关于委托哈尔滨铁道职业技术学院在我公司系统内进行高考单独招生的请示
中铁程办[2012]13 号	关于中国中铁 2012 年度开展套期保值业务情况的报告
中铁程办[2012]14 号	中国铁路工程总公司关于呈报国务院国资委境外国有资产检查整改意见落实方案的报告
中铁程办[2012]15 号	关于将矿产资源开发经营增列为中国铁路工程总公司主业的请示
中铁程办[2012]16 号	关于中国铁路工程总公司主辅分离辅业改制企业有关后续情况的报告
中铁程财[2012]17 号	关于中国铁路工程总公司 2011 年度产权协议转让有关情况的报告
中铁程财[2012]18 号	关于呈报中国铁路工程总公司 2012 年度财务预算报表的报告
中铁程办[2012]19 号	关于呈报中国铁路工程总公司《2011 年节能减排统计监测汇总报表》及《2011 年节能减排总结分析报告》的报告

发文字号	文件标题
中铁程办[2012]20 号	关于表彰 2011 年度中铁路工程总公司科学技术奖获奖成果的决定
中铁程财[2012]21 号	关于中国铁路工程总公司 2011 年度国有资产评估项目统计分析情况的报告
中铁程财[2012]22 号	关于请求协调免除所属航空港公司所欠税费及申请国资经营预算重组发展资金支持有关问题的请示
中铁程办[2012]23 号	关于呈报中国铁路工程总公司在京单位 2011—2012 年跨年结转和新申请建房计划的报告
中铁程办[2012]24 号	关于委内瑞拉北部平原铁路项目迪那科至阿那科段进展情况的报告
中铁程财[2012]25 号	关于郑州铁路高级技工学校迁建项目有关事宜的批复
中铁程办[2012]26 号	关于呈报 2012 年董事会企业测试评价目标建议值的报告
中铁程办[2012]27 号	关于中国铁路工程总公司离退休公安民警移交地方政府管理有关问题的请示
中铁程财[2012]28 号	关于哈尔滨铁道职业技术学院新校区建设及既有校区开发项目有关事宜的批复
中铁程办[2012]29 号	关于中国铁路工程总公司申请 2012 年度资源性产品进口财政补贴的请示
中铁程办[2012]30 号	关于中国铁路工程总公司政策性破产企业离休人员医疗保障及办社会职能情况的报告
中铁程办[2012]31 号	关于申报 2012 年国家重大科技成果转化项目事宜的请示
中铁程财[2012]32 号	关于中国铁路工程总公司境外投资中个人代持境外产权和设立离岸公司等情况的报告
中铁程办[2012]33 号	中国铁路工程总公司关于企业转型升级战略实施有关情况的报告
中铁程董[2012]34 号	中国铁路工程总公司关于呈送《中国中铁股份有限公司董事会 2011 年度履职报告》的报告
中铁程办[2012]35 号	关于中国铁路工程总公司 2011 年度特定就业政策补助资金清算情况的报告
中铁程办[2012]36 号	中国铁路工程总公司关于推荐申报国家重点节能技术的请示
中铁程财[2012]37 号	中国铁路工程总公司关于 2011 年度资产减值准备财务核销管理工作情况的报告
中铁程财[2012]38 号	中国铁路工程总公司关于 2011 年度财务决算备案合并范围变动情况的报告
中铁程财[2012]39 号	中国铁路工程总公司关于 2011 年度账销案存资产管理工作情况的报告
中铁程财[2012]40 号	关于报送《中国铁路工程总公司 2011 年度境外子企业财务决算报表》的报告
中铁程财[2012]41 号	关于报送《中国铁路工程总公司 2011 年度企业财务会计决算报表》的报告
中铁程财[2012]42 号	中国铁路工程总公司关于申报 2011 年度国有资本收益的请示
中铁程财[2012]43 号	关于报送《中国铁路工程总公司 2011 年度企业财务决算报表》的报告
中铁程财[2012]44 号	关于报送中国铁路工程总公司 2011 年度利润分配方案的报告
中铁程财[2012]45 号	关于上报中国铁路工程总公司 2011 年度固定资产投资决算报表的报告
中铁程财[2012]46 号	关于中国铁路工程总公司 2011 年境外产权情况的报告
中铁程财[2012]47 号	关于报送《中国铁路工程总公司产权管理工作计划》的报告
中铁程办[2012]48 号	关于调整中国铁路工程总公司人民防空委员会的通知
中铁程办[2012]49 号	关于呈报中国铁路工程总公司 2011 年度工效挂钩工资清算及 2012 年度工效挂钩方案的请示
中铁程办[2012]50 号	关于呈报《中国铁路工程总公司 2012 年度全面风险管理报告》的报告
中铁程财[2012]51 号	关于中国铁路工程总公司 2012 年度债务风险管控方案的报告
中铁程办[2012]52 号	关于呈报中国中铁 2012 年软件正版化工作计划和“全国软件正版化工作示范单位”推荐材料的报告
中铁程董[2012]53 号	于呈报《中国铁路工程总公司 2011 年度建设规范董事会工作报告》的报告
中铁程财[2012]54 号	中国铁路工程总公司关于申报 2012 年度进口贴息资金的请示
中铁程财[2012]55 号	中国铁路工程总公司关于 2011 年度董事会企业测试评价总结分析情况的报告
中铁程财[2012]56 号	中国铁路工程总公司关于申请 2012 年施工新技术与开发资金支持有关事宜的请示
中铁程办[2012]57 号	中国铁路工程总公司关于调整所属中铁电气化局利用丰台区金家村一号院自用土地建设职工住宅规划方案有关问题的请示
中铁程办[2012]58 号	中国铁路工程总公司关于申报 2012 年“两化深度融合”专项资金的请示
中铁程财[2012]59 号	中国铁路工程总公司关于预申报 2013 年国有资本经营预算项目有关问题的请示

发文字号	文件标题
中铁程财[2012]60 号	中国铁路工程总公司关于申请 2012 年国有资本经营预算重大技术创新及产业化资金支持的请示
中铁程办[2012]61 号	关于中铁咸阳管理干部学院划归中铁宏达资产管理中心直接管理的通知
中铁程办[2012]62 号	中国铁路工程总公司关于开展开源节流、降本增效工作措施的报告
中铁程财[2012]63 号	中国铁路工程总公司关于所属在京企业执行企业会计准则情况的报告
中铁程办[2012]64 号	关于所属中国中铁航空港建设集团有限公司利用自用土地老旧楼房改造和新建职工住宅申请规划意见书的请示
中铁程办[2012]65 号	关于请求协调所属中铁建工广州琶洲跨国采购中心工程项目重大法律纠纷有关事宜的请示
中铁程办[2012]66 号	关于恳请出面协商云南省昆明市政府解决昆明应急救援基地永久用地事宜的请示
中铁程办[2012]67 号	中国铁路工程总公司关于开展中央企业资源整合与业务合作有关情况的报告
中铁程办[2012]68 号	中国铁路工程总公司关于 2011 年度高级管理人员业绩考核和薪酬兑现情况的报告
中铁程办[2012]69 号	关于申报 2012 年度中央国有资本经营预算节能减排项目事宜的请示
中铁程办[2012]70 号	关于印发《中国铁路工程总公司社保代办机构社会保险业务档案管理实施细则（试行）》的通知
中铁程财[2012]71 号	关于中国铁路工程总公司 2012 年上半年业绩考核指标执行情况的报告
中铁程办[2012]72 号	关于设立中国中铁香港投资有限公司相关事宜申请办理境外投资项目备案的请示
中铁程财[2012]73 号	中国铁路工程总公司关于 2012 年度预算调整的报告
中铁程办[2012]74 号	关于所属中铁四局集团有限公司北京市万寿路西街 16 号院危旧房改造项目立项延期事宜的请示
中铁程办[2012]75 号	关于变更中铁资源控股股份有限公司投资总额等有关事项的请示
中铁程办[2012]76 号	中国铁路工程总公司关于内部控制体系建设工作开展情况的报告
中铁程财[2012]77 号	关于所属中国中铁航空港建设集团有限公司重组发展申请国有资本经营预算资金支持有关事宜的请示
中铁程办[2012]78 号	关于所属中铁电气化局集团有限公司对外提供担保有关事宜的请示
中铁程办[2012]79 号	关于下达总公司 2011 年度工效挂钩清算结果和 2012 年度工效挂钩基数的通知
中铁程办[2012]80 号	中国铁路工程总公司关于申请中央国有资本经营预算安全生产保障能力建设专项资金支持的请示
中铁程办[2012]81 号	中国铁路工程总公司关于 2011 年度相关中央国有资本经营预算安全生产保障能力建设项目实施情况的报告
中铁程办[2012]82 号	中国铁路工程总公司关于将从事幼教教师工作的退休保育人员纳入解决国有企业职教幼教退休教师待遇范围有关问题的请示
中铁程办[2012]83 号	关于印发《中国铁路工程总公司科学技术奖奖励办法》的通知
中铁程办[2012]84 号	关于中国铁路工程总公司设立财务公司事宜的请示
中铁程办[2012]85 号	关于修订《中国铁路工程总公司章程》事宜的请示
中铁程财[2012]86 号	中国铁路工程总公司关于聘任德勤华永等会计师事务所继续承担财务决算审计工作事宜的报告
中铁程财[2012]87 号	关于中国铁路工程总公司经济增加值考核工作总结的报告
中铁程财[2012]88 号	中国铁路工程总公司关于 2013 年资本预算支出计划申报的报告
中铁程财[2012]89 号	关于中国铁路工程总公司变更注册资金事宜的请示
中铁程办[2012]90 号	中国铁路工程总公司关于 2011 年度负责人薪酬管理和董事报酬管理总结的报告
中铁程办[2012]91 号	关于报送《中国中铁股份有限公司 2013～2015 年发展规划》的报告
中铁程财[2012]92 号	中国铁路工程总公司关于呈报 2013 年预算主要指标预报表的报告
中铁程办[2012]93 号	国铁路工程总公司关于落实转变经济发展方式工作意见有关情况的报告
中铁程财[2012]94 号	关于申报第四批因主辅分离辅业改制分流富余人员核减国有权益的请示 2012
中铁程财[2012]95 号	中国铁路工程总公司关于 2012 年度财务决算备案情况的报告
中铁程办[2012]96 号	关于批转股份公司审计部《对中铁宏达资产管理中心 2009 年-2011 年度内部控制和财务收支审计的报告》的通知

发文字号	文件标题
中铁程办[2012]97号	中国铁路工程总公司关于申请验收高速铁路建造技术国家工程实验室的请示
中铁程办[2012]98号	中国铁路工程总公司关于申请验收高速铁路建造技术国家工程实验室事宜的请示
中铁程董[2012]99号	中国铁路工程总公司关于落实国有企业监事会2011年度监督检查有关整改意见的报告
中铁程办[2012]100号	中国铁路工程总公司关于落实国务院国资委境外资产检查整改意见情况的报告
中铁程财[2012]101号	关于开展2008-2011年中央国有资本经营预算支出项目绩效评价工作情况的报告
中铁程办[2012]102号	关于所属中铁六局集团子公司中铁丰桥桥梁有限公司申请利用自用土地建设职工住宅并进行规划调整的请示
中铁程董[2012]103号	关于印发《支持配合国有企业监事会开展监督检查工作制度》的通知
中铁程办[2012]104号	中国铁路工程总公司关于申报2013年重点产业振兴和技术改造专项的请示

2012年中国铁路工程总公司发函目录

发文字号	文件标题
中铁程董函[2012]1号	关于变更中国中铁国有企业监事会联系人有关事宜的函
中铁程办函[2012]2号	中国铁路工程总公司关于在京职教幼教机构退休教师生活补贴重新测算后的请示
中铁程办函[2012]3号	关于拟派所属中铁一局程凯峰等贰人赴香港执行项目管理任务有关事宜的请示
中铁程办函[2012]4号	关于呈报2012年度中国铁路工程总公司在京单位土地利用年度计划的报告
中铁程办函[2012]5号	关于所属中铁四局安哥拉项目农民工集体罢工事件处理情况的报告
中铁程办函[2012]6号	关于中国铁路工程总公司在安哥拉开展业务情况的报告
中铁程办函[2012]7号	关于申请李耀平等贰人在港工作签注延期征求意见的函
中铁程办函[2012]8号	关于拟延长何龙林等5人赴澳门工作时间的函
中铁程董函[2012]9号	关于国有企业监事会07办事处2012年度对股份公司系统进行实地监督检查的通知
中铁程办函[2012]10号	关于中铁宏达资产管理中心“十二五”发展规划有关问题的批复
中铁程办函[2012]11号	关于报送中国铁路工程总公司2011年度档案统计年报的函
中铁程办函[2012]12号	关于申请将所属哈尔滨铁道职业技术学院设为国家级专业技术人员继续教育基地有关事宜的请示
中铁程办函[2012]13号	关于恳请出面协调安排泰国总理英拉与中国中铁总裁会面有关事宜的函
中铁程办函[2012]14号	关于对宏达中心公安资产无偿移交地方核减国有权益事宜的批复
中铁程办函[2012]15号	关于2011年度中央、国务院文件清退监销工作情况的报告
中铁程办函[2012]16号	关于武汉铁路桥梁学校和武汉铁路桥梁技工学校两校整合异地迁建项目立项有关事宜的批复
中铁程办函[2012]17号	关于申请办理岑道勇境外护照更换事宜的函
中铁程办函[2012]18号	关于报送中铁电气化勘察设计研究院有限公司工程勘察资质申请材料的函
中铁程办函[2012]19号	关于上海崇明越江通道长江大桥工程申报国家优质工程有关问题的确认函
中铁程办函[2012]20号	关于哈尔滨铁道职业技术学院减免调剂款利息有关问题的批复
中铁程办函[2012]21号	关于派所属中铁电气化局张健等壹拾贰人赴香港项目工作有关事宜的请示
中铁程办函[2012]22号	中国铁路工程总公司关于报送所属十二家单位工程咨询资格认定申请材料的函
中铁程办函[2012]23号	关于所属中铁国际助理工程师彭世民办理工作签注延期事宜的请示
中铁程办函[2012]24号	关于申请延长所属中铁大桥局集团有限公司何锋等肆人在港工作时间的请示
中铁程办函[2012]25号	中国铁路工程总公司关于呈报《波兰A2高速公路项目案例分析》的函
中铁程办函[2012]26号	关于邀请国管局领导到中国中铁及所属航空港公司检查指导工作的函
中铁程办函[2012]27号	关于公司非上市企业建立内控体系的通知
中铁程财函[2012]28号	关于中铁二局合作实施成都金牛片区旧城改造项目有关问题的批复

发文字号	文件标题
中铁程办函[2012]29号	中国铁路工程总公司关于呈报企业负责人职务消费预算方案备案的报告
中铁程办函[2012]30号	中国铁路工程总公司关于职务消费自查情况的报告
中铁程办函[2012]31号	中国铁路工程总公司关于上半年生产经营及相关情况的报告
中铁程办函[2012]32号	中国铁路工程总公司关于2012年度工资总额计划（预算）的报告
中铁程办函[2012]33号	关于平正公司履行《股权转让协议》事项有关工作安排的通知
中铁程办函[2012]34号	中国铁路工程总公司关于推荐申报国家重点节能技术的请示
中铁程办函[2012]35号	关于中铁六局呼和铁路建设有限公司利用呼和浩特市海西路自用土地集资建设经济适用房事宜的批复
中铁程办函[2012]36号	中国铁路工程总公司关于申请国有企业职教幼教退休教师2011年7-12月生活补贴有关事宜的请示
中铁程办函[2012]37号	中国铁路工程总公司关于开展全面风险管理工作有关情况的报告
中铁程办函[2012]38号	关于申请预拨2012年度国别政策进口专项资金的请示
中铁程办函[2012]39号	中国铁路工程总公司关于上报2012年上半年《中央企业节能减排统计监测汇总报表》及《节能减排总结分析报告》的报告
中铁程办函[2012]40号	关于中国铁路工程总公司2012年全国节能宣传周活动情况总结的报告
中铁程办函[2012]41号	
中铁程办函[2012]42号	中国铁路工程总公司关于落实《关于做好房地产开发用地有关工作的紧急通知》精神有关措施的报告
中铁程办函[2012]43号	中国铁路工程总公司关于申报2012年对外经济技术合作专项资金事宜的请示
中铁程办函[2012]44号	关于下达中铁宏达资产管理中心主要负责人2011年薪酬结算和2012年预发标准的通知
中铁程办函[2012]45号	关于下达中国铁路工程总公司党校主要负责人2011年薪酬结算和2012年预发标准的通知
中铁程办函[2012]46号	关于下达咸阳管理干部学院主要负责人2011年薪酬结算和2012年预发标准的通知
中铁程办函[2012]47号	关于下达哈尔滨铁道职业技术学院主要负责人2011年薪酬结算的通知
中铁程办函[2012]48号	关于高速铁路建造技术国家工程实验室建设投资情况的报告
中铁程办函[2012]49号	关于报送所属中铁山桥集团有限公司“200km-350km/小时高速铁路道岔研发与设备制造基地技改项目”自查报告的函
中铁程办函[2012]50号	中国铁路工程总公司关于安全生产保障能力建设专项资金资金性质有关问题的请示
中铁程办函[2012]51号	关于中国铁路工程总公司管理信息化工作有关情况的报告
中铁程办函[2012]52号	中国铁路工程总公司关于报送相关重点产业振兴和技术改造专项项目阶段性总结资料的报告
中铁程办函[2012]53号	关于中国铁路工程总公司2012年上半年国外矿产资源风险勘查专项资金工作情况的报告
中铁程办函[2012]54号	关于中国铁路工程总公司管理提升活动第一阶段工作情况的报告
中铁程办函[2012]55号	关于申请办理李发良、胡广明在港工作签注延期事宜的函
中铁程办函[2012]56号	关于中国铁路工程总公司深入学习贯彻落实全国科技创新大会有关文件精神情况的报告
中铁程办函[2012]57号	关于平正公司股权转让余款支付有关事宜的批复
中铁程办函[2012]58号	关于中铁宏达资产管理中心2012年度中期预算调整事宜的批复
中铁程办函[2012]59号	关于中国铁路工程总公司所属万家企业节能有关工作情况的报告
中铁程办函[2012]60号	关于商请办理《桥梁建设》、《世界桥梁》期刊转企改制事宜的函
中铁程办函[2012]61号	关于申请办理李向辉在港工作签注延期事宜的函
中铁程办函[2012]62号	关于《路基工程》变更期刊编辑部主任事宜的批复
中铁程办函[2012]63号	关于做好《中国铁路工程总公司年鉴（2011年卷）》发行工作的通知
中铁程办函[2012]64号	关于平正公司股权转让补充协议有关事宜的批复
中铁程财函[2012]65号	关于中铁宏达资产管理中心2011年度财务决算事宜的批复
中铁程办函[2012]66号	中国铁路工程总公司关于中国中铁股份有限公司对外担保有关事宜的请示
中铁程办函[2012]67号	关于出具相关铁路工程项目中标确认证明事宜的请示

发文字号	文件标题
中铁程办函[2012]68号	中国铁路工程总公司关于上报2012年前三季度《中央企业节能减排统计监测汇总表》及《节能减排总结分析报告》的报告
中铁程办函[2012]69号	关于呈报2013年度中国铁路工程总公司在京单位土地利用年度计划的报告
中铁程办函[2012]70号	关于申请办理肖正勤护照境外换发的函
中铁程办函[2012]71号	关于申请办理吕枫在港工作签注延期事宜的函
中铁程办函[2012]72号	关于报送“盾构及掘进技术国家重点实验室”申请验收报告的请示
中铁程办函[2012]73号	关于举办2012武汉国际桥梁科技论坛有关事宜的请示
中铁程办函[2012]74号	关于对60kg/m钢轨18号辙叉拼装式结构设计进行审查有关事宜的请示
中铁程办函[2012]75号	关于报送2014年基础研究重大战略需求方向的函
中铁程办函[2012]76号	关于为所属中铁隧道集团有限公司王坤等11人申请办理赴澳门工作签注的函
中铁程办函[2012]77号	关于拟派所属中铁一局集团有限公司唐德贤等陆人赴香港执行项目管理任务事宜的请示
中铁程办函[2012]78号	关于处置位于襄樊市和新乡市相关资产有关事宜的批复
中铁程办函[2012]79号	关于中国中铁软件正版化工作情况的报告
中铁程办函[2012]80号	中国铁路工程总公司关于铁路项目停工复工有关情况的报告
中铁程办函[2012]81号	关于我公司拟派员赴香港、澳门继续执行项目测量任务的请示
中铁程办函[2012]82号	关于我公司拟派员赴澳门执行项目管理任务的请示
中铁程办函[2012]83号	关于我公司派员赴台湾执行任务的请示
中铁程办函[2012]84号	关于所属中铁大桥勘测设计院有限公司增派方辉兵等伍名技术人员赴香港、澳门执行桥梁控制测量任务事宜的请示
中铁程办函[2012]85号	中国铁路工程总公司关于开展管理提升活动情况的报告
中铁程办函[2012]86号	中国铁路工程总公司关于开展中央企业资源整合与业务合作有关情况的报告
中铁程办函[2012]87号	中国铁路工程总公司关于国际化经营典型案例材料有关修改建议意见的报告
中铁程办函[2012]88号	关于中铁宏达资产管理中心本部试行企业年金制度事宜的批复
中铁程办函[2012]89号	中国铁路工程总公司关于申报2013年桥梁循环运输专列计划的函
中铁程办函[2012]90号	关于我公司拟为方辉兵等10人加急办理一年多次赴澳门签注的请示
中铁程办函[2012]91号	关于中铁电气化局集团有限公司西安通信信号工程处集资建房事宜的批复
中铁程办函[2012]92号	关于报送中铁二院工程集团有限责任公司工程设计资质申请材料的函

2012年中国中铁股份有限公司公司党委发文目录

发文字号	文件标题
中铁股份党办[2012]1号	关于认真学习宣传贯彻总公司第三次（股份公司第一次）党代会精神的通知
中铁股份党宣[2012]2号	关于印发《学习贯彻中共中国铁路工程总公司第三次（股份公司第一次）代表大会精神宣传提纲》的通知
中铁股份党宣[2012]3号	关于转发《中国铁路工程总公司贯彻落实“三重一大”决策制度实施办法》的通知
中铁股份党干[2012]4号	关于印发《中国中铁所属单位团委负责人管理办法（试行）》的通知
中铁股份党组[2012]5号	关于中国共产党中铁西南科学研究院有限公司第二次代表大会有关事宜的批复
中铁股份党组[2012]6号	关于表彰“红旗项目部”的决定
中铁股份党宣[2012]7号	关于成立中国中铁精神文明建设领导机构的通知
中铁股份党报[2012]8号	关于《中国中铁》报2012年报道重点的通知
中铁股份党干[2012]9号	关于股份公司2011年培训计划落实情况的通报
中铁股份党组[2012]10号	关于中共中铁四局集团有限公司委员会增补党委委员和党委常委事宜的批复
中铁股份党纪[2012]11号	关于对中国海外工程有限责任公司违规发放领导人员经营奖励有关问题处理情况的通报

发文字号	文件标题
中铁股份党宣[2012]12 号	关于印发《2012 年全公司宣传思想文化工作要点》的通知
中铁股份党纪[2012]13 号	关于开展执行力建设年活动的通知
中铁股份党组[2012]14 号	关于印发《2012 年全公司党委组织工作要点》的通知
中铁股份党组[2012]15 号	关于在全公司创先争优活动中开展基层组织建设年的实施意见
中铁股份党组[2012]16 号	关于印发《中国中铁党委创先争优活动 2012 年重点工作安排》的通知
中铁股份党宣[2012]17 号	关于广泛开展“双学双扶 10 项行动”的指导意见
中铁股份党组[2012]18 号	关于加强股份公司所属单位党工委党组织关系管理的通知
中铁股份党组[2012]19 号	关于召开中国共产党中铁山桥集团有限公司第三次党员代表大会有关事宜的批复
中铁股份党组[2012]20 号	关于中铁大桥局集团有限公司党委、纪委换届候选人预备人选事宜的批复
中铁股份党组[2012]21 号	关于成立中共中铁成都投资发展有限公司工作委员会和纪律检查工作委员会的通知
中铁股份党组[2012]22 号	关于成立中共中铁昆明建设投资有限公司工作委员会和纪律检查工作委员会的通知
中铁股份党干[2012]23 号	关于印发《中国中铁股份有限公司二级企业领导班子后备干部管理暂行办法》的通知
中铁股份党组[2012]24 号	关于中铁西南科学研究院有限公司党委、纪委换届候选人预备人选有关事宜的批复
中铁股份党组[2012]25 号	关于中铁山桥集团有限公司党委、纪委换届候选人预备人选有关事宜的批复
中铁股份党干[2012]26 号	关于表彰 2011 年度股份公司“四好”领导班子的决定
中铁股份党报[2012]27 号	关于调整《中国中铁》报编辑委员会成员的通知
中铁股份党干[2012]28 号	关于印发《2012 年公开选拔所属企业领导班子副职后备干部工作实施方案》的通知
中铁股份党纪[2012]29 号	关于 2011 年度股份公司所属有关单位领导人员述廉议廉情况的通报
中铁股份党宣[2012]30 号	关于建立突发事件舆论应对工作机制的通知
中铁股份党组[2012]31 号	关于中共中铁西南科学研究院有限公司第二次代表大会和第二届委员会、纪律检查委员会第一次全体会议选举结果有关事宜的批复
中铁股份党组[2012]32 号	关于中共中铁山桥集团有限公司第三次代表大会和第三届委员会、纪律检查委员会第一次全体会议选举结果有关事宜的批复
中铁股份党组[2012]33 号	关于认真抓好创先争优活动总结和建立健全创先争优长效机制的通知
中铁股份党宣[2012]34 号	关于开展工程项目文化建设达标检查验收工作的通知
中铁股份党组[2012]35 号	关于中共中铁大桥局集团有限公司第三次代表大会和第三届委员会、纪律检查委员会第一次全体会议选举结果有关事宜的批复
中铁股份党报[2012]36 号	关于表彰《中国中铁》报 2011 年度优秀通讯员、优秀发行员、优秀发行单位、优秀投稿组织单位决定
中铁股份党办[2012]37 号	关于认真做好股份公司所属各单位工会组织新建、换届有关事项的指导意见
中铁股份党组[2012]38 号	关于召开中国共产党中铁建工集团有限公司第三次代表大会有关事宜的批复
中铁股份党组[2012]39 号	关于召开中国共产党中铁科工集团有限公司第一次代表大会有关事宜的批复
中铁股份党组[2012]40 号	关于成立中共中国中铁股份有限公司东方国际建设分公司工作委员会和纪律检查工作委员会的通知
中铁股份党组[2012]41 号	关于调整补充机关党委、机关纪委组成人员事宜的批复
中铁股份党工[2012]42 号	关于印发《中国中铁股份有限公司职工董事、职工监事考核评价暂行办法》的通知
中铁股份党组[2012]43 号	关于撤销中国中铁昆明轨道交通工程指挥部党工委和纪工委有关事宜的批复
中铁股份党组[2012]44 号	关于中铁西南投资管理有限公司党委、纪委更名事宜的批复
中铁股份党组[2012]45 号	于开展“深圳地铁党旗红，共建联控当先锋”主题实践活动的通知
中铁股份党宣[2012]46 号	关于切实做好党的十八大期间企业安全稳定舆情工作的通知
中铁股份党组[2012]47 号	关于召开 2012 年度党员领导干部民主生活会的通知
中铁股份党组[2012]48 号	关于召开中国共产党中铁十局集团有限公司第三次代表大会有关事宜的批复
中铁股份党组[2012]49 号	关于中铁科工集团有限公司党委、纪委换届候选人预备人选有关事宜的批复
中铁股份党组[2012]50 号	关于中铁信托有限责任公司党委、纪委换届候选人预备人选有关事宜的批复

发文字号	文件标题
中铁股份党宣[2012]51 号	关于认真学习宣传贯彻党的十八大精神的通知
中铁股份党宣[2012]52 号	关于印发《认真学习贯彻党的十八大精神宣传提纲》的通知
中铁股份党组[2012]53 号	关于中铁建工集团有限公司党委、纪委换届候选人预备人选有关事宜的批复
中铁股份党组[2012]54 号	关于对中共中铁科工集团有限公司第一次代表大会和第一届委员会、纪律检查委员会第一次全体会议选举结果的批复
中铁股份党干[2012]55 号	中国中铁股份有限公司党委关于加强对干部德考核的意见
中铁股份党办[2012]56 号	关于开展第六届“中国中铁十大杰出青年”评选活动的通知
中铁股份党宣[2012]57 号	关于印发《中国中铁企业文化发展战略（实施纲要）》的通知
中铁股份党办[2012]58 号	关于印发《股份公司领导班子和总部机关关于改进工作作风、密切联系职工群众的十二项具体措施》的通知
中铁股份党办[2012]1 号	关于认真学习宣传贯彻总公司第三次（股份公司第一次）党代会精神的通知
中铁股份党宣[2012]2 号	关于印发《学习贯彻中共中国铁路工程总公司第三次（股份公司第一次）代表大会精神宣传提纲》的通知
中铁股份党宣[2012]3 号	关于转发《中国铁路工程总公司贯彻落实“三重一大”决策制度实施办法》的通知
中铁股份党干[2012]4 号	关于印发《中国中铁所属单位团委负责人管理办法（试行）》的通知
中铁股份党组[2012]5 号	关于中国共产党中铁西南科学研究院有限公司第二次代表大会有关事宜的批复
中铁股份党组[2012]6 号	关于表彰“红旗项目部”的决定
中铁股份党宣[2012]7 号	关于成立中国中铁精神文明建设领导机构的通知
中铁股份党报[2012]8 号	关于《中国中铁》报 2012 年报道重点的通知
中铁股份党干[2012]9 号	关于股份公司 2011 年培训计划落实情况的通报
中铁股份党组[2012]10 号	关于中共中铁四局集团有限公司委员会增补党委委员和党委常委事宜的批复
中铁股份党纪[2012]11 号	关于对中国海外工程有限责任公司违规发放领导人员经营奖励有关问题处理情况的通报
中铁股份党宣[2012]12 号	关于印发《2012 年全公司宣传思想文化工作要点》的通知
中铁股份党纪[2012]13 号	关于开展执行力建设年活动的通知
中铁股份党组[2012]14 号	关于印发《2012 年全公司党委组织工作要点》的通知
中铁股份党组[2012]15 号	关于在全公司创先争优活动中开展基层组织建设年的实施意见
中铁股份党组[2012]16 号	关于印发《中国中铁党委创先争优活动 2012 年重点工作安排》的通知
中铁股份党宣[2012]17 号	关于广泛开展“双学双扶 10 项行动”的指导意见
中铁股份党组[2012]18 号	关于加强股份公司所属单位党工委党组织关系管理的通知
中铁股份党组[2012]19 号	关于召开中国共产党中铁山桥集团有限公司第三次党员代表大会有关事宜的批复
中铁股份党组[2012]20 号	关于中铁大桥局集团有限公司党委、纪委换届候选人预备人选事宜的批复
中铁股份党组[2012]21 号	关于成立中共中铁成都投资发展有限公司工作委员会和纪律检查工作委员会的通知
中铁股份党组[2012]22 号	关于成立中共中铁昆明建设投资有限公司工作委员会和纪律检查工作委员会的通知
中铁股份党干[2012]23 号	关于印发《中国中铁股份有限公司二级企业领导班子后备干部管理暂行办法》的通知
中铁股份党组[2012]24 号	关于中铁西南科学研究院有限公司党委、纪委换届候选人预备人选有关事宜的批复

2012 年中国中铁股份有限公司公司发文目录

发文字号	文件标题
中铁股份安质[2012]1 号	关于印发《中国中铁股份有限公司 2012 年安全生产、工程质量、环境保护、职业健康监督管理工作要点》的通知
中铁股份规划[2012]2 号	关于设立中铁隧道集团吉林建设有限公司有关问题的批复
中铁股份科技[2012]3 号	关于表彰 2011 年度股份公司节能减排标准化工地的决定

发文字号	文件标题
中铁股份财务[2012]4号	关于印发《中国中铁股份有限公司财务决算考核评比办法》的通知
中铁股份规划[2012]5号	关于设立中铁九局集团第九工程有限公司等二家子公司有关问题的批复
中铁股份规划[2012]6号	关于华铁咨询设立北京华铁燕丰物业管理有限公司有关问题的批复
中铁股份劳社[2012]7号	关于成立中国中铁昆明第九污水处理厂进厂主干管工程项目经理部的通知
中铁股份劳社[2012]8号	关于成立中国中铁股份有限公司西安地铁三号线TJSG-8标项目经理部的通知
中铁股份规划[2012]9号	关于合资设立北京中铁物贸矿产有限公司有关问题的批复
中铁股份工业[2012]10号	关于印发中铁南方装备制造基地2000t轨道式门式起重机技术设计评审意见的通知
中铁股份安质[2012]11号	关于印发《中国中铁股份有限公司职业安全健康监督管理规定》的通知
中铁股份劳社[2012]12号	关于成立中国中铁股份有限公司预算管理委员会的通知
中铁股份规划[2012]13号	关于设立中铁四局集团钢结构工程辽宁有限公司等二家公司有关问题的批复
中铁股份工程[2012]14号	关于印发《中国中铁股份有限公司工程施工分包管理暂行办法》的通知
中铁股份劳社[2012]15号	关于公布《中国中铁股份有限公司企业年金基金受托管理框架合作协议》等十三个协议的通知
中铁股份劳社[2012]16号	关于成立中国中铁股份有限公司埃塞俄比亚分公司的通知
中铁股份安质[2012]17号	关于印发《中国中铁股份有限公司安全生产标准化建设工作的指导意见》的通知
中铁股份安质[2012]18号	关于印发《中国中铁股份有限公司安全质量及灾害事故（事件）应急预案》的通知
中铁股份科技[2012]19号	关于印发《中国中铁股份有限公司信息化项目管理办法》的通知
中铁股份财务[2012]20号	关于印发《中国中铁股份有限公司2012年度财会工作要点》的通知
中铁股份董办[2012]21号	关于印发《中国中铁股份有限公司内幕信息知情人登记管理制度》的通知
中铁股份审计[2012]22号	关于批转股份公司审计部《关于对中国中铁航空港建设集团有限公司原总经理刘书英同志任期经济责任审计的报告》和《任期经济责任审计评议书》的通知
中铁股份法务[2012]23号	关于印发《中国中铁股份有限公司落实中央企业法制工作第三个三年目标的实施方案》的通知
中铁股份劳社[2012]24号	关于印发《中国中铁股份有限公司2012年劳资社保工作要点》的通知
中铁股份劳社[2012]25号	关于成立中铁成都投资发展有限公司的通知
中铁股份劳社[2012]26号	关于成立中国中铁成都轨道交通工程指挥部的通知
中铁股份劳社[2012]27号	关于调整中铁泛亚建设投资有限公司机构设置的通知
中铁股份办发[2012]28号	关于印发《中国中铁股份有限公司工程项目成本管理指导意见》等文件的通知
中铁股份安质[2012]29号	关于表彰中国中铁股份有限公司2010-2011年度安全生产“一先两优”的决定
中铁股份劳社[2012]30号	关于印发《中国中铁股份有限公司加强全员业绩考核工作的指导意见》的通知
中铁股份干部[2012]31号	关于印发《中国中铁股份有限公司2012年培训计划》的通知
中铁股份外经[2012]32号	关于中铁九局集团有限公司设立澳门常设办事处有关问题的批复
中铁股份外经[2012]33号	关于中铁九局集团有限公司设立哈萨克斯坦代表处有关问题的批复
中铁股份劳社[2012]34号	关于成立中国中铁股份有限公司南洋分公司的通知
中铁股份物资[2012]35号	关于印发《中国中铁股份有限公司钢轨集中采购管理办法(试行)》的通知
中铁股份物资[2012]36号	关于下达2012年物资集中采购工作计划的通知
中铁股份财务[2012]37号	关于印发《中国中铁股份有限公司总部投资及承包项目收益管理暂行办法》的通知
中铁股份科技[2012]38号	关于印发《中国中铁股份有限公司2012年科技设计工作要点》的通知
中铁股份办发[2012]39号	关于印发《中国中铁股份有限公司信访工作管理办法（试行)》的通知
中铁股份安质[2012]40号	关于转发国家安监总局等《关于进一步加强安全生产群众监督工作的指导意见》的通知
中铁股份规划[2012]41号	关于中铁建工集团设立济南中铁诺德物业管理有限公司有关问题的批复

发文字号	文件标题
中铁股份法务[2012]42号	关于印发《中国中铁股份有限公司2012年度法制工作要点》的通知
中铁股份法务[2012]43号	关于修订《中铁港航局集团有限公司章程》的批复
中铁股份干部[2012]44号	关于印发《中国中铁股份有限公司2012年干部管理工作要点》的通知
中铁股份法务[2012]45号	关于印发《中铁成都投资发展有限公司章程草案》的通知
中铁股份审计[2012]46号	关于批转股份公司审计部《关于对中铁荷泽德商高速公路建设发展有限公司原总经理赵庆武同志任期经济责任审计的报告》和《任期经济责任审计评议书》的通知
中铁股份审计[2012]47号	关于批转股份公司审计部《关于对中铁隧道勘测设计院有限公司2010年度及2011年度1-9月内部控制和财务收支审计的报告》的通知
中铁股份外经[2012]48号	关于中海外设立中国海外工程东帝汶有限责任公司有关问题的批复
中铁股份劳社[2012]49号	关于印发《中国中铁股份有限公司2012年职业技能鉴定及高技能人才评价工作计划》的通知
中铁股份劳社[2012]50号	关于成立中国中铁深圳市观澜安居商品房工程项目建设指挥部的通知
中铁股份劳社[2012]51号	关于成立中国中铁深圳城市轨道交通十一号线BT项目建设指挥部的通知
中铁股份法务[2012]52号	关于制定《中铁昆明建设投资有限公司章程》的通知
中铁股份劳社[2012]53号	关于成立中国中铁池州市清溪污水处理厂二期工程项目经理部的通知
中铁股份劳社[2012]54号	关于成立中国中铁蚌埠杨台子污水处理厂二期滤池及紫外消毒渠工程项目经理部的通知
中铁股份劳社[2012]55号	关于成立中国中铁黄山市文峰桥工程项目经理部的通知
中铁股份经营[2012]56号	关于请求解决所属中铁四局兰新铁路第二双线（新疆段）风沙地区施工费用有关问题的请示
中铁股份科技[2012]57号	关于印发《中国中铁股份有限公司“十二五”节能减排规划》的通知
中铁股份科技[2012]58号	关于下达2012年股份公司节能减排量化考核指标的通知
中铁股份规划[2012]59号	关于设立中铁九局集团通信工程有限公司有关问题的批复
中铁股份法务[2012]60号	关于印发《中国中铁股份有限公司工程项目合同管理操作指引》及常用合同示范文本目录的通知
中铁股份审计[2012]61号	关于表彰2011年度股份公司审计工作先进单位和先进工作者的决定
中铁股份工程[2012]62号	关于印发《中国中铁股份有限公司2012年施工生产管理及工程项目管理工作要点》的通知
中铁股份劳社[2012]63号	关于成立中国中铁股份有限公司上海轨道交通11号线北段延伸工程（安亭站-花桥站）11.H.3标工程项目部的通知
中铁股份劳社[2012]64号	关于成立中国中铁股份有限公司昆明主城区排水管网完善工程南片度假区第二标段项目经理部的通知
中铁股份科技[2012]65号	关于表彰中国中铁2011年度节能减排青年先进集体和个人的决定
中铁股份劳社[2012]66号	关于中铁泛亚建设投资有限公司更名的通知
中铁股份劳社[2012]67号	关于表彰中国中铁2011年度青年文明号和青年岗位能手的决定
中铁股份董办[2012]68号	关于印发《中国中铁股份有限公司2012年度董事会监事会日常工作要点》的通知
中铁股份劳社[2012]69号	关于成立中国中铁股份有限公司企业负责人职务消费管理工作领导小组的通知
中铁股份劳社[2012]70号	关于成立中国中铁股份有限公司陕西榆横煤化工加压泵房工程项目经理部的通知
中铁股份劳社[2012]71号	关于成立中国中铁股份有限公司利辛县城市道路一标段工程项目经理部的通知
中铁股份劳社[2012]72号	关于成立中国中铁股份有限公司重庆分公司的通知
中铁股份劳社[2012]73号	关于成立中国中铁股份有限公司太原分公司的通知
中铁股份劳社[2012]74号	关于公布调整后的股份公司总部各部门主要职能的通知
中铁股份办发[2012]75号	关于表彰2011年度信息调研工作先进单位和先进个人的决定

发文字号	文件标题
中铁股份规划[2012]76号	关于下达2012年四级及以下法人企业清理注销计划的通知
中铁股份办发[2012]77号	关于表彰深圳地铁5号线暨深圳北站综合交通枢纽优秀建设单位和优秀建设者的决定
中铁股份科技[2012]78号	关于公布2012年度股份公司勘察设计与咨询优秀质量管理小组评审结果的通知
中铁股份科技[2012]79号	关于下达中国中铁股份有限公司2012年度工法开发计划和2012年度专利申请计划的通知
中铁股份规划[2012]80号	关于印发《中国中铁全面开展管理提升活动工作方案》的通知
中铁股份董办[2012]81号	关于转发股份公司2011年度年报和2012年一季报的通知
中铁股份规划[2012]82号	关于表彰2012年度中国中铁股份有限公司优秀质量管理小组的决定
中铁股份规划[2012]83号	关于成立中国中铁股份有限公司管理提升活动领导小组的通知
中铁股份劳社[2012]84号	关于公布2011年度年审不合格外部劳务队伍名单的通知
中铁股份安质[2012]85号	关于股份公司2012年“安全生产月”活动安排的通知
中铁股份劳社[2012]86号	关于获国资委2011年度中央企业职工技能大赛优秀选手、先进单位和优秀工作者表彰有关情况的通报
中铁股份科技[2012]87号	关于成立中国中铁股份有限公司伊朗德伊高铁项目专家技术组的通知
中铁股份资金[2012]88号	关于印发《中国中铁股份有限公司总部投资项目资金管理暂行办法》的通知
中铁股份劳社[2012]89号	关于成立中国中铁股份有限公司天府大道南延线工程指挥部的通知
中铁股份劳社[2012]90号	关于成立中国中铁股份有限公司江海产业园前期配套项目经理部的通知
中铁股份审计[2012]91号	关于批转股份公司审计部《关于对中铁七局集团有限公司原总经理刘永红同志任期经济责任审计的报告》和《任期经济责任审计评议书》的通知
中铁股份审计[2012]92号	关于批转股份公司审计部《关于对中铁七局集团有限公司原董事长姜满金同志任期经济责任审计的报告》和《任期经济责任审计评议书》的通知
中铁股份审计[2012]93号	关于批转股份公司审计部《关于对中铁电气化勘测设计研究院有限公司2010年度和2011年度1-9月内部控制和财务收支审计的报告》的通知
中铁股份劳社[2012]94号	关于印发《中国中铁股份有限公司所出资企业负责人职务消费管理办法》的通知
中铁股份科技[2012]95号	关于印发《中国中铁股份有限公司2012年度科技开发计划》的通知
中铁股份科技[2012]96号	关于进一步深化中国中铁青年创新创效活动的意见
中铁股份劳社[2012]97号	关于印发《中国中铁股份有限公司子公司负责人薪酬管理补充规定》的通知
中铁股份工业[2012]98号	关于表彰2012年度股份公司工业系统优秀质量管理小组的决定
中铁股份财务[2012]99号	关于公布中国中铁股份有限公司所属二级单位2011年度业绩考核结果的通知
中铁股份财务[2012]100号	关于2011年年度暨2012年一季度财务风险预警结果情况的通报
中铁股份科技[2012]101号	关于公布2012年度中国中铁股份有限公司工法（第一批）的通知
中铁股份劳社[2012]102号	关于成立中国中铁股份有限公司南钢工程项目经理部的通知
中铁股份经营[2012]103号	关于请求解决京沪高速铁路工程费用有关问题的紧急请示
中铁股份安质[2012]104号	关于印发《中国中铁股份有限公司安全生产“十二五”规划》的通知
中铁股份安质[2012]105号	关于印发《中国中铁股份有限公司安全生产“十二五”规划宣传提纲》的通知
中铁股份劳资社[2012]106号	关于中国中铁昆明轨道交通工程指挥部更名等事项的通知
中铁股份劳社[2012]107号	关于成立中国中铁股份有限公司昆明市安嵩地方铁路工程安宁段等3个项目经理部及有关事项的通知
中铁股份董办[2012]108号	关于印发《中国中铁股份有限公司董事会秘书工作规则》的通知
中铁股份董办[2012]109号	关于印发《中国中铁股份有限公司章程》的通知
中铁股份董办[2012]110号	关于印发《中国中铁股份有限公司董事会审计委员会议事规则》的通知
中铁股份董办[2012]111号	关于印发《中国中铁股份有限公司董事会议事规则》的通知

发文字号	文件标题
中铁股份董办[2012]112号	关于印发《中国中铁股份有限公司董事会提名委员会议事规则》的通知
中铁股份董办[2012]113号	关于印发《中国中铁股份有限公司董事会薪酬与考核委员会议事规则》的通知
中铁股份财务[2012]114号	关于成立中国中铁股份有限公司产权登记工作领导小组的通知
中铁股份劳社[2012]115号	关于成立中国中铁股份有限公司郑州市下穿中州大道隧道工程项目经理部的通知
中铁股份财务[2012]116号	关于表彰中国中铁股份有限公司2010-2011年度先进会计工作者的决定
中铁股份科技[2012]117号	于公布2012年度中国中铁股份有限公司工法（第二批）的通知
中铁股份科技[2012]118号	关于推进信息化基础平台建设实现统一身份管理的通知
中铁股份劳社[2012]119号	关于表彰中国中铁第十一届青年技能竞赛先进集体和先进个人的决定
中铁股份办发[2012]120号	关于对2012年《集体合同》签订及上半年履行情况检查的通报
中铁股份办发[2012]121号	关于成立股份公司自查自纠领导小组的通知
中铁股份法务[2012]122号	于印发《中国中铁股份有限公司法律纠纷案件管理暂行办法》的通知
中铁股份审计[2012]123号	关于批转股份公司审计部《关于对中铁昆明建设投资有限公司进行内部控制及财务收支审计的报告》的通知
中铁股份劳社[2012]124号	关于成立中国中铁股份有限公司神华鄂尔多斯煤制气项目经理部的通知
中铁股份劳社[2012]125号	关于成立中国中铁配合国资委专项调研组开展波兰 A2 高速公路项目专项调研工作领导小组的通知
中铁股份物资[2012]126号	关于进一步加强股份公司直管工程项目物资集中采购管理的通知
中铁股份劳社[2012]127号	关于认真开展人力资源管理提升工作的通知
中铁股份劳社[2012]128号	关于加强人工成本管理控制有关事项的通知
中铁股份董办[2012]129号	关于印发《中国中铁股份有限公司关联交易管理制度》的通知
中铁股份科技[2012]130号	关于2012年上半年中国中铁股份有限公司所属单位节能减排统计监测工作情况的通报
中铁股份办发[2012]131号	关于做好十八大召开前及期间维稳信访工作的通知
中铁股份劳社[2012]132号	关于明确深圳地铁11号线BT项目各土建标段项目经理部组建单位有关事宜的通知
中铁股份审计[2012]133号	关于批转股份公司审计部《关于对中铁信托有限责任公司原董事长李建生同志任期经济责任审计的报告》和《任期经济责任审计评议书》的通知
中铁股份投资[2012]134号	关于实行投资项目开工报告审批制度的通知
中铁股份审计[2012]135号	关于印发《中国中铁股份有限公司2012年度内部控制评价工作方案》的通知
中铁股份干部[2012]136号	关于下达2013年股份公司各子、分公司人才引进计划的通知
中铁股份审计[2012]137号	关于批转股份公司审计部《关于对中铁海西投资发展有限公司经营情况审计的报告》的通知
中铁股份审计[2012]138号	关于批转股份公司审计部《关于对中铁五局集团有限公司原董事长张敏同志任期经济责任审计的报告》和《任期经济责任审计评议书》的通知
中铁股份劳社[2012]139号	关于下达股份公司2011年度工效挂钩清算结果和2012年度工效挂钩基数的通知
中铁股份监察[2012]140号	关于协作队伍管理效能监察检查情况的通报
中铁股份劳社[2012]141号	关于成立中国中铁股份有限公司上海嘉闵高架 JMB1-4 标项目经理部的通知
中铁股份办发[2012]142号	关于成立股份公司突发事件应急处置工作领导小组的通知
中铁股份科技[2012]143号	关于成立盾构及掘进技术国家重点实验室理事会的通知
中铁股份科技[2012]144号	关于印发《盾构及掘进技术国家重点实验室理事会章程》的通知
中铁股份工程[2012]145号	关于印发《中国中铁股份有限公司工程项目施工生产管理办法》的通知
中铁股份办发[2012]146号	关于印发《股份公司2012年中期经济活动分析报告》的通知
中铁股份科技[2012]147号	关于中国中铁股份有限公司科技开发计划课题2012年度中期检查情况的通报
中铁股份科技[2012]148号	关于学习贯彻国资委中央企业管理信息化会议精神的通知

发文字号	文件标题
中铁股份审计[2012]149号	关于批转股份公司审计部《关于对中铁山桥集团有限公司原董事长吴兆安同志任期经济责任审计的报告》和《任期经济责任审计评议书》的通知
中铁股份财务[2012]150号	关于2012年二季度财务风险预警分析结果情况的通报
中铁股份科技[2012]151号	关于成立中国中铁电子商务平台建设工作领导小组、工作组、课题组的通知
中铁股份劳社[2012]152号	关于印发《中国中铁股份有限公司加强境外薪酬管理指导意见（试行）》的通知
中铁股份科技[2012]153号	关于印发《中国中铁股份有限公司科技开发计划管理办法》的通知
中铁股份董办[2012]154号	关于发布股份公司2012年半年报的通知
中铁股份董办[2012]155号	关于发布股份公司关联法人名单的通知
中铁股份经营[2012]156号	关于解决所属中铁四局兰新铁路第二双线百里风区风沙施工降效有关问题的请示
中铁股份科技[2012]157号	关于印发《中国中铁科技奖励专项基金管理办法》的通知
中铁股份法务[2012]158号	关于印发《中国中铁股份有限公司境外项目法律风险管理指引》的通知
中铁股份劳社[2012]159号	关于印发《中国中铁股份有限公司加强境外用工管理指导意见（试行）》的通知
中铁股份物资[2012]160号	关于进一步加强铁路施工项目物资集中采购管理的通知
中铁股份劳社[2012]161号	关于成立中国中铁股份有限公司科技期刊体制改革工作领导小组和筹备组的通知
中铁股份董办[2012]162号	关于印发《〈中国中铁股份有限公司企业年度工作报告〉填报质量综合评价办法（试行）》的通知
中铁股份行管[2012]163号	关于在京单位和工程项目内部治安与消防检查情况的通报
中铁股份劳社[2012]164号	关于成立中国中铁股份有限公司青岛地铁2号线工程指挥部的通知
中铁股份企宣[2012]165号	关于进一步加大全面预算管理宣贯力度的通知
中铁股份劳社[2012]166号	关于成立中国中铁股份有限公司青岛分公司的通知
中铁股份董办[2012]167号	关于印发《股份公司董事会授权经理层决定部分投资事项的方案》的通知
中铁股份科技[2012]168号	关于印发《中国中铁股份有限公司“十二五”勘察设计与咨询发展规划》的通知
中铁股份企宣[2012]169号	关于表彰“中国中铁工程项目文化建设示范点”的决定
中铁股份财务[2012]170号	关于股份公司2011-2012年度财务决算编报情况的通报
中铁股份规划[2012]171号	关于印发《中国中铁股份有限公司管理提升活动第二阶段工作方案》的通知
中铁股份资金[2012]172号	关于印发《中国中铁股份有限公司债务融资工具信息披露管理制度》的通知
中铁股份董办[2012]173号	关于表彰2011年度《企业年度工作报告》和股份公司2011年《年报》编制优秀单位和先进个人的决定
中铁股份办发[2012]174号	关于印发《中国中铁股份有限公司总裁办公会议规则》的通知
中铁股份办发[2012]175号	关于印发《中国中铁股份有限公司专题会议规则》的通知
中铁股份董办[2012]176号	关于印发《中国中铁股份有限公司高级管理人员薪酬与考核管理办法》的通知
中铁股份劳社[2012]177号	关于成立中铁贵阳投资发展有限公司的通知
中铁股份劳社[2012]178号	关于印发《中国中铁股份有限公司境内直属项目机构负责人薪酬管理暂行办法》的通知
中铁股份安质[2012]179号	关于发布《中国中铁优质工程评选办法》的通知
中铁股份财务[2012]180号	关于2012年三季度财务预警结果情况的通报
中铁股份科技[2012]181号	关于表彰2012年度股份公司节能减排标准化工地的决定
中铁股份审计[2012]182号	关于批转股份公司审计部《关于对中铁物贸有限责任公司进行财务收支及内部控制审计的报告》的通知
中铁股份审计[2012]183号	关于批转股份公司审计部《关于对中铁港航局集团有限公司原董事长于洪潮同志任期经济责任审计的报告》和《任期经济责任审计评议书》的通知
中铁股份规划[2012]184号	关于表彰中国中铁2012年度优秀企业、优秀企业家、优秀项目经理的决定
中铁股份规划[2012]185号	关于印发《中国中铁股份有限公司统计工作管理办法》的通知

发文字号	文件标题
中铁股份安质[2012]186 号	关于印发《中国中铁股份有限公司环境保护管理办法》的通知
中铁股份安质[2012]187 号	关于印发《中国中铁股份有限公司安全质量责任事故追究办法》的通知
中铁股份安质[2012]188 号	关于表彰第十一届全国技术能手和国家技能人才培育突出贡献奖的通知
中铁股份劳社[2012]189 号	关于中国中铁股份有限公司青岛地铁 2 号线工程指挥部更名为中国中铁股份有限公司青岛地铁工程建设指挥部的通知
中铁股份安质[2012]190 号	关于印发《中国中铁股份有限公司安全质量事故责任认定与责任追究解除实施细则》的通知
中铁股份劳社[2012]191 号	关于成立中国中铁股份有限公司青岛市地铁 2 号线一期工程土建一标项目总部的通知
中铁股份劳社[2012]192 号	关于成立中国中铁股份有限公司蒙西华中铁路公安长江及洞庭湖特大桥项目经理部的通知
中铁股份办发[2012]193 号	关于做好 2013 年“两节”送温暖活动的通知
中铁股份办发[2012]194 号	关于对 2012 年《集体合同》下半年履行情况检查的通报
中铁股份审计[2012]195 号	关于批转股份公司审计部《关于对中铁工程设计院有限公司 2010 年和 2011 年度内部控制和财务收支审计的报告》的通知
中铁股份安质[2012]196 号	关于表彰 2012 年度中国中铁安全标准工地（车间）的决定
中铁股份财务[2012]197 号	关于印发《中国中铁股份有限公司产权管理暂行办法》的通知
中铁股份财务[2012]198 号	关于印发《中国中铁股份有限公司产权登记管理暂行办法》的通知
中铁股份财务[2012]199 号	关于印发《中国中铁股份有限公司资产评估管理暂行办法》的通知
中铁股份财务[2012]200 号	关于印发《中国中铁股份有限公司资产评估机构选聘管理暂行办法》的通知
中铁股份财务[2012]201 号	关于印发《中国中铁股份有限公司产权转让管理暂行办法》的通知
中铁股份财务[2012]202 号	关于印发《中国中铁股份有限公司境外产权管理暂行办法》的通知
中铁股份财务[2012]203 号	关于印发《中国中铁股份有限公司产权管理评价暂行办法》的通知
中铁股份劳社[2012]204 号	关于成立中国中铁股份有限公司江门大道 BT 工程总包项目经理部的通知
中铁股份财务[2012]205 号	关于印发《中国中铁股份有限公司财务预警管理办法》的通知
中铁股份财务[2012]206 号	关于表彰 2010 至 2011 年度财务信息化建设先进集体及个人的决定
中铁股份财务[2012]207 号	关于印发《中国中铁股份有限公司全面预算管理办法》的通知
中铁股份劳社[2012]208 号	关于成立中铁北方投资发展有限公司的通知
中铁股份劳社[2012]209 号	关于谷奕涛等 821 名同志高级技师任职资格的通知
中铁股份安质[2012]210 号	关于表彰第三届中国中铁青年安全监督岗员技能大赛先进集体和个人的决定
中铁股份资金[2012]211 号	关于印发《中国中铁股份有限公司债务融资管理办法》的通知

2012 年中国中铁股份有限公司公司发函目录

发文字号	文件标题
中铁股份规划函[2012]1 号	关于报送《中国中铁股份有限公司内部控制规范实施工作总结》的函
中铁股份工业函[2012]2 号	关于中铁山桥集团有限公司企业名称变更情况说明的函
中铁股份工业函[2012]3 号	关于中铁南方装备制造基地有关事宜声明的函
中铁股份劳社函[2012]4 号	关于中铁海西投资发展有限公司增加编制等事宜的批复
中铁股份科技函[2012]5 号	关于 2011 年度中国铁路工程总公司科学技术奖拟获奖成果征求意见的通知
中铁股份规划函[2012]6 号	关于下达中铁西南投资管理有限公司 2012 年生产经营指导性计划的通知
中铁股份规划函[2012]7 号	关于下达中铁资源集团有限公司 2012 年生产经营指导性计划的通知

发文字号	文件标题
中铁股份规划函[2012]8号	关于下达中铁置业集团有限公司2012年生产经营指导性计划的通知
中铁股份规划函[2012]9号	关于下达中铁隧道装备制造有限公司2012年生产经营指导性计划的通知
中铁股份规划函[2012]10号	关于下达中铁科工集团有限公司2012年生产经营指导性计划的通知
中铁股份规划函[2012]11号	关于下达中铁宝桥集团有限公司2012年生产经营指导性计划的通知
中铁股份规划函[2012]12号	关于下达中铁山桥集团有限公司2012年生产经营指导性计划的通知
中铁股份规划函[2012]13号	关于下达华铁工程咨询有限责任公司2012年生产经营指导性计划的通知
中铁股份规划函[2012]14号	关于下达中铁二院工程集团有限责任公司2012年生产经营指导性计划的通知
中铁股份规划函[2012]15号	关于下达中铁工程设计咨询集团有限公司2012年生产经营指导性计划的通知
中铁股份规划函[2012]16号	关于下达中铁大桥勘测设计院集团有限公司2012年生产经营指导性计划的通知
中铁股份规划函[2012]17号	关于下达中铁西南科学研究院有限公司2012年生产经营指导性计划的通知
中铁股份规划函[2012]18号	关于下达中铁西北科学研究院有限公司2012年生产经营指导性计划的通知
中铁股份规划函[2012]19号	关于下达中铁信托有限责任公司2012年生产经营指导性计划的通知
中铁股份规划函[2012]20号	关于下达中国海外工程有限责任公司2012年生产经营指导性计划的通知
中铁股份规划函[2012]21号	关于下达中铁一局集团有限公司2012年生产经营指导性计划的通知
中铁股份规划函[2012]22号	关于下达中铁二局集团有限公司2012年生产经营指导性计划的通知
中铁股份规划函[2012]23号	关于下达中铁三局集团有限公司2012年生产经营指导性计划的通知
中铁股份规划函[2012]24号	关于下达中铁四局集团有限公司2012年生产经营指导性计划的通知
中铁股份规划函[2012]25号	关于下达中铁五局（集团）有限公司2012年生产经营指导性计划的通知
中铁股份规划函[2012]26号	关于下达中铁六局集团有限公司2012年生产经营指导性计划的通知
中铁股份规划函[2012]27号	关于下达中铁七局集团有限公司2012年生产经营指导性计划的通知
中铁股份规划函[2012]28号	关于下达中铁八局集团有限公司2012年生产经营指导性计划的通知
中铁股份规划函[2012]29号	关于下达中铁九局集团有限公司2012年生产经营指导性计划的通知
中铁股份规划函[2012]30号	关于下达中铁十局集团有限公司2012年生产经营指导性计划的通知
中铁股份规划函[2012]31号	关于下达中铁大桥局集团有限公司2012年生产经营指导性计划的通知
中铁股份规划函[2012]32号	关于下达中铁隧道集团有限公司2012年生产经营指导性计划的通知
中铁股份规划函[2012]33号	关于下达中铁电气化局集团有限公司2012年生产经营指导性计划的通知
中铁股份规划函[2012]34号	关于下达中铁建工集团有限公司2012年生产经营指导性计划的通知
中铁股份规划函[2012]35号	关于下达中铁港航工程局有限公司2012年生产经营指导性计划的通知
中铁股份规划函[2012]36号	关于下达中铁上海工程局集团有限公司2012年生产经营指导性计划的通知
中铁股份规划函[2012]37号	关于下达中国中铁航空港建设集团有限公司2012年生产经营指导性计划的通知
中铁股份规划函[2012]38号	关于下达中铁国际经济合作有限公司2012年生产经营指导性计划的通知
中铁股份规划函[2012]39号	关于下达中铁物贸有限责任公司2012年生产经营指导性计划的通知
中铁股份规划函[2012]40号	关于下达中铁南方投资发展有限公司2012年生产经营指导性计划的通知
中铁股份规划函[2012]41号	关于下达中铁中原投资发展有限公司2012年生产经营指导性计划的通知
中铁股份规划函[2012]42号	关于下达中国中铁股份有限公司工程建设分公司2012年生产经营指导性计划的通知
中铁股份财务函[2012]43号	关于对中铁一局集团有限公司2012年度预算主要指标的批复
中铁股份财务函[2012]44号	关于中铁二局集团有限公司2012年度预算主要指标的批复
中铁股份财务函[2012]45号	关于中铁三局集团有限公司2012年度预算主要指标的批复
中铁股份财务函[2012]46号	关于中铁四局集团有限公司2012年度预算主要指标的批复
中铁股份财务函[2012]47号	关于对中铁五局（集团）有限公司2012年预算主要指标的批复
中铁股份财务函[2012]48号	关于对中铁六局集团有限公司2012年度预算主要指标的批复

发文字号	文件标题
中铁股份财务函[2012]49号	关于对中铁七局集团有限公司2012年度预算主要指标的批复
中铁股份财务函[2012]50号	关于对中铁八局集团有限公司2012年度预算主要指标的批复
中铁股份财务函[2012]51号	关于对中铁九局集团有限公司2012年度预算主要指标的批复
中铁股份财务函[2012]52号	关于对中铁十局集团有限公司2012年度预算主要指标的批复
中铁股份财务函[2012]53号	关于对中铁大桥局集团有限公司2012年度预算主要指标的批复
中铁股份财务函[2012]54号	关于对中铁隧道集团有限公司2012年度预算主要指标的批复
中铁股份财务函[2012]55号	关于对中铁电气化局集团有限公司2012年度预算主要指标的批复
中铁股份财务函[2012]56号	关于对中铁建工集团有限公司2012年度预算主要指标的批复
中铁股份财务函[2012]57号	关于对中国中铁航空港建设集团有限公司2012年度预算主要指标的批复
中铁股份财务函[2012]58号	关于对中铁上海工程局有限公司2012年度预算主要指标的批复
中铁股份财务函[2012]59号	关于对中铁港航局集团有限公司2012年度预算主要指标的批复
中铁股份财务函[2012]60号	关于对中铁国际经济合作有限公司2012年度预算主要指标的批复
中铁股份财务函[2012]61号	关于对中国海外工程有限责任公司2012年度预算主要指标的批复
中铁股份财务函[2012]62号	关于对中铁二院工程集团有限责任公司2012年度预算主要指标的批复
中铁股份财务函[2012]63号	关于对中铁工程设计咨询集团有限公司2012年度预算主要指标的批复
中铁股份财务函[2012]64号	关于对中铁西南科学研究院有限公司2012年度预算主要指标的批复
中铁股份财务函[2012]65号	关于对中铁西北科学研究院有限公司2012年度预算主要指标的批复
中铁股份财务函[2012]66号	关于对中铁置业集团有限公司2012年度预算主要指标的批复
中铁股份财务函[2012]67号	关于对中铁大桥勘测设计院有限公司2012年度预算主要指标的批复
中铁股份财务函[2012]68号	关于对华铁工程咨询有限责任公司2012年度预算主要指标的批复
中铁股份财务函[2012]69号	关于对中铁宝桥集团有限公司2012年度预算主要指标的批复
中铁股份财务函[2012]70号	关于对中铁信托有限责任公司2012年度预算主要指标的批复
中铁股份财务函[2012]71号	关于对中铁山桥集团有限公司2012年度预算主要指标的批复
中铁股份财务函[2012]72号	关于对中铁隧道装备制造有限公司2012年度预算主要指标的批复
中铁股份财务函[2012]73号	关于对中铁科工集团有限公司2012年度预算主要指标的批复
中铁股份财务函[2012]74号	关于对中铁物贸有限责任公司2012年度预算主要指标的批复
中铁股份董办函[2012]75号	关于太中银铁路有限责任公司公司治理有关事宜函
中铁股份安质函[2012]76号	关于兰新铁路
中铁股份财务函[2012]77号	关于下达中铁资源2011年国外矿产资源风险勘查专项资金支出（拨款）的通知
中铁股份财务函[2012]78号	关于对中铁资源集团有限公司2012年度预算主要指标的批复
中铁股份经营函[2012]79号	关于提请对《临时工程费研究》工作大纲进行审查的函
中铁股份劳社函[2012]80号	关于中铁七局集团有限公司试行企业年金制度的批复
中铁股份法务函[2012]81号	关于修订《中铁资源集团有限公司章程》的通知
中铁股份法务函[2012]82号	关于修订《中国中铁航空港建设集团有限公司章程》的批复
中铁股份法务函[2012]83号	关于中铁资源集团有限公司变更住所注册地址有关事宜的批复
中铁股份财务函[2012]84号	关于向中铁泛亚建设投资有限公司投入注册资本金的通知
中铁股份财务函[2012]85号	关于向中铁成都投资发展有限公司投入注册资本金的通知
中铁股份行管函[2012]86号	关于恳请帮助协调解决所属中铁南方公司员工住房用地有关事宜的函
中铁股份劳社函[2012]87号	关于中铁物贸有限责任公司增加编制等事宜的批复
中铁股份财务函[2012]88号	关于对中铁中原投资发展有限公司2012年度预算主要指标的批复
中铁股份财务函[2012]89号	关于对建设分公司2012年度预算主要指标的批复

发文字号	文件标题
中铁股份财务函[2012]90号	关于对中铁泛亚建设投资有限公司2012年度预算主要指标的批复
中铁股份财务函[2012]91号	关于对中国中铁哈大铁路客运专线工程指挥部2012年度预算主要指标的批复
中铁股份财务函[2012]92号	关于对中国中铁股份有限公司委内瑞拉分公司2012年度预算主要指标的批复
中铁股份财务函[2012]93号	关于对中国中铁印尼有限责任公司2012年度预算主要指标的批复
中铁股份财务函[2012]94号	关于对中铁贵州旅游文化发展有限公司2012年度预算主要指标的批复
中铁股份财务函[2012]95号	关于对中铁南方投资发展有限公司2012年度预算主要指标的批复
中铁股份财务函[2012]96号	关于对中铁西南投资管理有限公司2012年度预算主要指标的批复
中铁股份财务函[2012]97号	关于对中铁海西投资发展有限公司2012年度预算的批复
中铁股份外经函[2012]98号	关于蒙古国乌兰巴托市政立交桥项目有关事宜的请示
中铁股份资金函[2012]99号	关于为广东轨道交通产业园区配套基地BT项目融资提供担保事宜的批复
中铁股份资金函[2012]100号	关于为江顺大桥及配套工程BT项目融资提供担保事宜的批复
中铁股份工业函[2012]101号	关于委托中铁山桥组织建设中铁中山基地钢结构场区的通知
中铁股份资金函[2012]102号	关于申请注册待偿还余额不超过100亿元的非公开定向债务融资工具的函
中铁股份规划函[2012]103号	关于中铁一局集团有限公司“十二五”发展规划事宜的批复
中铁股份规划函[2012]104号	关于中铁二局集团有限公司“十二五”发展规划事宜的批复
中铁股份规划函[2012]105号	关于中铁三局集团有限公司“十二五”发展规划事宜的批复
中铁股份规划函[2012]106号	关于中铁四局集团有限公司“十二五”发展规划事宜的批复
中铁股份规划函[2012]107号	关于中铁五局（集团）有限公司“十二五”发展规划事宜的批复
中铁股份规划函[2012]108号	关于中铁六局集团有限公司“十二五”发展规划事宜的批复
中铁股份规划函[2012]109号	关于中铁七局集团有限公司“十二五”发展规划事宜的批复
中铁股份规划函[2012]110号	关于中铁八局集团有限公司“十二五”发展规划事宜的批复
中铁股份规划函[2012]111号	关于中铁九局集团有限公司“十二五”发展规划事宜的批复
中铁股份规划函[2012]112号	关于中铁十局集团有限公司“十二五”发展规划事宜的批复
中铁股份外经函[2012]113号	关于中铁上海工程局有限公司办理对外承包工程经营资格证书有关问题的批复
中铁股份外经函[2012]114号	关于恳请为所属中铁上海工程局有限公司办理对外承包工程经营资格与对外劳务合作经营资格有关事宜的函
中铁股份规划函[2012]115号	关于中铁大桥局集团有限公司“十二五”发展规划事宜的批复
中铁股份规划函[2012]116号	关于中铁隧道集团有限公司“十二五”发展规划事宜的批复
中铁股份规划函[2012]117号	关于中铁电气化局集团有限公司“十二五”发展规划事宜的批复
中铁股份规划函[2012]118号	关于中铁建工集团有限公司“十二五”发展规划事宜的批复
中铁股份规划函[2012]119号	关于中国中铁航空港建设集团有限公司“十二五”发展规划事宜的批复
中铁股份规划函[2012]120号	关于中铁上海工程局有限公司“十二五”发展规划事宜的批复
中铁股份规划函[2012]121号	关于中铁港航局集团有限公司“十二五”发展规划事宜的批复
中铁股份规划函[2012]122号	关于中国海外工程有限公司“十二五”发展规划事宜的批复
中铁股份规划函[2012]123号	关于中铁国际经济合作有限公司“十二五”发展规划事宜的批复
中铁股份规划函[2012]124号	关于中铁置业集团有限公司“十二五”发展规划事宜的批复
中铁股份规划函[2012]125号	关于中铁二院工程集团有限责任公司“十二五”发展规划事宜的批复
中铁股份规划函[2012]126号	关于中铁西南科学研究院有限公司“十二五”发展规划事宜的批复
中铁股份规划函[2012]127号	关于中铁工程设计咨询集团有限公司“十二五”发展规划事宜的批复
中铁股份规划函[2012]128号	关于中铁大桥勘测设计院集团有限公司“十二五”发展规划事宜的批复
中铁股份规划函[2012]129号	关于华铁工程咨询有限责任公司“十二五”发展规划事宜的批复
中铁股份规划函[2012]130号	关于中铁山桥集团有限公司“十二五”发展规划事宜的批复

中铁股份规划函[2012]131号	关于中铁宝桥集团有限公司“十二五”发展规划事宜的批复
中铁股份规划函[2012]132号	关于中铁隧道装备制造有限公司“十二五”发展规划事宜的批复
中铁股份规划函[2012]133号	关于中铁科工集团有限公司“十二五”发展规划事宜的批复
中铁股份规划函[2012]134号	关于中铁信托有限责任公司“十二五”发展规划事宜的批复
中铁股份规划函[2012]135号	关于中铁西南投资管理有限公司“十二五”发展规划事宜的批复
中铁股份规划函[2012]136号	关于中铁物贸有限责任公司“十二五”发展规划事宜的批复
中铁股份规划函[2012]137号	关于中铁南方投资发展有限公司“十二五”发展规划事宜的批复
中铁股份法务函[2012]138号	关于修订《中铁工程设计咨询集团有限公司章程》的批复
中铁股份规划函[2012]139号	关于公布中国中铁股份有限公司2012年度工程合格供方名单的通知

2012年中国中铁股份有限公司公司发网络电报目录

发报编号	标题
2012-1	关于股份公司统计信息系统推广应用工作的通知
2012-2	转发铁道部关于全力解决农民工和职工工资拖欠问题紧急通知的通知
2012-3	关于清理补报2011年企业营业额完成情况的通知
2012-4	关于召开2011年度中国铁路工程总公司科学技术奖评审会的通知
2012-5	关于召开股份公司2012年节能减排工作视频会议的通知
2012-6	转发国务院安委会办公室关于切实做好2012年元旦春节期间安全生产工作的通知
2012-7	关于举办中铁南方基地2000T轨道式龙门式起重机技术设计评审会的通知
2012-8	关于召开股份公司玉树地震灾后重建领导小组工作会议的通知
2012-9	关于召开股份公司2012年节能减排工作视频会议的补充通知
2012-10	关于中铁四局务必尽快妥善处理安哥拉项目部农民工集体讨薪事件的通知
2012-11	关于加快解决职工和农民工工资拖欠问题的紧急通知
2012-12	关于报送有关铁路在建项目拖欠工资情况的紧急通知
2012-13	关于推荐国家科学技术奖励评审专家的通知
2012-14	关于做好专职产权代表2011年度工作述职的通知
2012-15	关于研究国资委对中国中铁境外国有资产检查所提整改意见等事宜的通知
2012-16	关于成都地铁四号线工程采购盾构事宜的通知
2012-17	关于召开中国中铁2012年度工作会议等有关会议的通知
2012-18	关于报送境外机构和人员安全管理情况的通知
2012-19	关于召开昆明市轨道交通BT项目工程可行性研究报告专家评审会议的通知
2012-20	关于做好全国“两会”期间地下空间安全管理工作的通知
2012-21	关于2011年中国中铁视频会议系统运行情况的通报
股份传2012-22	关于对股份公司专业研发中心及国家认定企业技术中心开展调研工作的通知
股份传2012-23	关于召开境外资产检查整改情况汇报会的通知
股份传2012-24	关于做好2012年税务工作的通知
股份传2012-25	关于报送境外产权管理相关资料的紧急通知
股份传2012-26	关于开展全面预算管理咨询调研工作的通知
股份传2012-27	关于对离退休干部管理和内部治安保卫工作调研的通知
股份传2012-28	关于组织开展2012年上半年安全质量大检查的通知
股份传2012-29	关于开展总部在建投资及承包项目收益及资金收支统计与测算工作的通知

发报编号	标题
股份传 2012-30	关于加强在建工程支撑体系周转料管理的紧急通知
股份传 2012-31	关于召开 2012 年股份公司审计工作会议的通知
股份传 2012-32	关于举办城市轨道交通设计与施工培训班的通知
股份传 2012-33	中国中铁股份有限公司关于中铁山桥中标港珠澳大桥主体工程钢箱梁采购与制造项目 CB01 合同段的贺电
股份传 2012-34	关于离退休干部管理和内部治安保卫工作调研计划的通知
股份传 2012-35	关于召开编制《国际业务法律风险防范指导意见》研讨会的通知
股份传 2012-36	关于加强施工项目复工过程安全生产工作的通知
股份传 2012-37	关于举办 2012 年第一期项目经理培训班的通知
股份传 2012-38	关于召开迎接国家税务总局稽查局税务检查工作布置会议的通知
股份传 2012-39	关于报送 2012 年度工法、专利开发计划的通知
股份传 2012-40	关于召开股份公司 2012 年一季度施工生产安全质量管理视频例会的通知
股份传 2012-41	关于报送 2012 年第一季度法律纠纷案件情况的通知
股份传 2012-42	关于迎接国家税务总局 2012 年税收专项检查有关工作安排的通知
股份传 2012-43	关于开展“企业三级法人职能定位”有关课题调研的通知
股份传 2012-44	关于召开施工单位第三十二次质量管理成果发表会的通知
股份传 2012-45	关于召开中国中铁 2012 年二季度对外经营例会的通知
股份传 2012-46	关于举办隧道及地下工程施工管理及技术人员培训班的通知
股份传 2012-47	关于做好 2011-2012 年度铁路建设工程部级工法申报工作的通知
股份传 2012-48	关于收听收看中央企业先进精神报告会的通知
股份传 2012-49	关于召开 2012 年股份公司勘察设计与咨询 QC 成果评审会的通知
股份传 2012-50	关于召开股份公司工程经济管理研讨会的通知
股份传 2012-51	关于召开股份公司 2012 年度科研计划立项评审会的通知
股份传 2012-52	关于召开 2011 年度暨 2012 年一季度经济活动分析会的通知
股份传 2012-53	关于做好 2012 年企业法律顾问资格考试有关工作的通知
股份传 2012-54	关于举办 2012 年宣传骨干培训班的通知
股份传 2012-55	关于召开成都地铁 3 号线初步设计专家评审会议的通知
股份传 2012-56	关于参加“盾构及掘进技术国家重点实验室”揭牌仪式的通知
股份传 2012-57	关于召开深圳地铁五号线、北站枢纽总结表彰暨 11 号线 BT 项目誓师大会的通知
股份传 2012-58	关于举办第七期领导人员中央党校理论培训班的通知
股份传 2012-59	关于召开企业风险管控调研座谈会的通知
股份传 2012-60	关于组织开展设备融资租赁业务的通知
股份传 2012-61	关于境外国有资产检查整改工作的通知
股份传 2012-62	关于召开 2012 年安全质量环保监管工作座谈会的通知
股份传 2012-63	关于召开开展管理提升活动视频会议的通知
股份传 2012-64	关于进一步加强推进哈大客专联试联调及收尾工作的通知
股份传 2012-65	关于拟对在委内瑞拉机构和人员开展加强境外人员安全管理工作检查的通知
股份传 2012-66	关于举办中国中铁第一期子公司董事监事董秘培训班的通知
股份传 2012-67	关于召开有关单位施工生产视频约谈对话会的通知
股份传 2012-68	关于召开股份公司 2012 年度政府、行业协会评选的专家选拔推荐会议的通知
股份传 2012-69	关于做好 2011 年度中国施工企业管理协会科学技术奖申报工作的通知

发报编号	标题
股份传 2012-70	关于做好 2012 年中央国有资本经营预算重大技术创新及产业化资金项目申报工作的通知
股份传 2012-71	关于上报 2012 年度科技开发计划的通知
股份传 2012-72	关于召开 2012 年股份公司工业系统质量管理小组成果发表会的通知
股份传 2012-73	关于报送 2011 年度企业公务用车情况的紧急通知
股份传 2012-74	关于全力做好铁路客站雨棚质量整改工作的通知
股份传 2012-75	关于召开“国有企业党员干部模范践行社会主义核心价值体系研究”重点课题研讨会
股份传 2012-76	关于填报承包商会 32 国别市场调查表的通知
股份传 2012-77	关于做好 2012 年公路工程工法申报工作的通知
股份传 2012-78	关于对沪昆客专等项目进行质量安全常态化稽查的通知
股份传 2012-79	关于召开伊朗德伊项目专家组首次会议的通知
股份传 2012-80	关于开展安全生产领域“打非治违”专项行动的通知
股份传 2012-81	关于加强汛期安全生产工作的通知
股份传 2012-82	关于举办 2012 年度注册安全工程师继续教育培训的通知
股份传 2012-83	关于 2011 年度内部利润分配的通知
股份传 2012-84	关于召开铁路建设工程部级工法及关键技术评审会的通知
股份传 2012-85	关于开展投资项目大检查的通知
股份传 2012-86	关于湖南炎汝高速公路八面山隧道“5.19”爆炸事故的通报
股份传 2012-87	关于征求铁路工程建设管理规章修订建议的通知
股份传 2012-88	转发国务院安委办关于认真贯彻落实国务院领导同志重要批示精神 进一步加强建筑施工和道路交通安全工作的通知
股份传 2012-89	关于征求《中国中铁全面预算管理手册》整体框架设计意见的通知
股份传 2012-90	关于召开股份公司安全质量专题视频会议的通知
股份传 2012-91	关于中铁隧道局京福铁路客专“5.21”爆模事故的通报
股份传 2012-92	转发铁道部工程质量安全监督总站近期监督检查有关问题通报的通知
股份传 2012-93	关于举办一级建造师考前辅导冲刺班的通知
股份传 2012-94	关于召开《中国中铁全面预算管理手册》框架设计研讨会的通知
股份传 2012-95	关于在股份公司系统内开展高职学历教育的紧急通知
股份传 2012-96	关于举办 2012 年度股份公司工程项目设备管理培训班的通知
股份传 2012-97	关于法律事务管理部门积极配合做好国家税务总局 2012 年税收专项检查相关准备工作的通知
股份传 2012-98	关于举办中国中铁盾构机械操作工培训班的通知
股份传 2012-99	关于定期提报沈阳四环快速路跨越沈西编组站立交桥、跨越京哈线 K679+420 转体钢构立交桥安全质量监控要点的通知
股份传 2012-100	关于举办第二期中国中铁办公室负责人高级研修班的通知
股份传 2012-101	关于对沪昆、兰新铁路等项目进行工程经济管理调研的通知
股份传 2012-102	关于举办长轨铺轨机组现场技术交流会的通知
股份传 2012-103	关于开展安全生产标准化工作摸底调查的通知
股份传 2012-104	关于举办中国中铁第十一届青年技能竞赛盾构机械操作工技能大赛的通知
股份传 2012-105	关于 2012 年企业法律顾问资格考前培训报名情况的通报
股份传 2012-106	关于召开工程分包管理座谈会的通知

发报编号	标题
股份传 2012-107	关于开展企业技术改造工作调研的通知
股份传 2012-108	关于股份公司统计信息系统上线运行有关问题的通知
股份传 2012-109	关于举办电工、工程测量技能培训班及第十一届青年技能竞赛电工、工程测量技能大赛的通知
股份传 2012-110	关于编报 2012 年半年度财务报表的通知
股份传 2012-111	关于报送 2012 年中期法律事务工作报表的通知
股份传 2012-112	关于召开《境外项目法律风险管理指引》专家研讨会的通知
股份传 2012-113	关于召开中国中铁 2012 年三季度对外经营例会暨举办国际工程项目风险管控培训班的通知
股份传 2012-114	关于开展 2012 年度《统计法》执行情况检查的通知
股份传 2012-115	关于召开中国中铁庆祝建党 91 周年暨创先争优活动总结表彰大会的通知
股份传 2012-116	关于总公司党校与西南交大联合举办工商管理硕士（MBA）进修班的通知
股份传 2012-117	关于总公司党校举办工程硕士培训班的通知
股份传 2012-118	关于做好 2012 年企业职工薪酬调查工作的通知
股份传 2012-119	关于开展工程项目内控体系建设的通知
股份传 2012-120	关于加强地铁工程基坑施工防护工作的通知
股份传 2012-121	关于召开公路工程工法关键技术评审会的通知
股份传 2012-122	关于升级和完善工程项目综合管理信息系统的通知
股份传 2012-123	关于学习提高铁路建设工程安全风险管理技能的通知
股份传 2012-124	转发国资委等三部委关于做好强降雨天气防范应对紧急通知的通知
股份传 2012-125	关于征求《中国中铁股份有限公司“十二五”勘察设计与咨询发展规划》意见的通知
股份传 2012-126	关于报送科技创新案例的通知
股份传 2012-127	转发财政部商务部关于做好 2012 年对外经济技术合作专项资金申报工作通知的通知
股份传 2012-128	关于进一步做好近期宣传报道工作的通知
股份传 2012-129	关于进一步提高认识确保质量尽快做好雨棚加固施工的通知
股份传 2012-130	关于对 2012 年《集体合同》上半年履行情况进行检查的通知
股份传 2012-131	关于开展投资项目现场检查工作的通知
股份传 2012-132	关于征求《中国中铁股份有限公司境外项目法律风险管理指引（征求意见稿）》修改意见的通知
股份传 2012-133	关于加强股份公司委派的股东代表、董事、监事向股份公司专项报告的通知
股份传 2012-134	关于举办人力资源部负责人培训班的通知
股份传 2012-135	关于召开中国中铁离退休干部管理工作座谈会的通知
股份传 2012-136	关于开展全面预算管理手册详细设计工作有关分工安排的通知
股份传 2012-137	关于做好企业境外安全管理体系及制度建设自查工作的通知
股份传 2012-138	关于加强全公司房地产开发用地管控工作的紧急通知
股份传 2012-139	关于组织参加中央企业安全生产工作视频会议的通知
股份传 2012-140	转发财政部商务部《进口贴息资金管理办法》的通知
股份传 2012-141	关于举办第三期中国中铁办公室秘书业务知识培训班的通知
股份传 2012-142	关于召开股份公司所属监理单位自查自纠专项治理工作部署会的通知
股份传 2012-143	关于贯彻落实中央企业安全生产视频会议精神的通知
股份传 2012-144	关于中铁电气化局厦漳高速公路雷公山隧道“7.29”坍塌事故的通报

发报编号	标题
股份传 2012-145	转发铁道部关于开展铁路建设项目大型机械设备施工安全隐患排查专项整治活动通知
股份传 2012-146	关于开展设备管理执行情况大检查活动的通知
股份传 2012-147	关于做好 2012 年中国优秀工业设计奖申报工作的通知
股份传 2012-148	关于举办城市轨道交通 BT 项目概预算培训班的通知
股份传 2012-149	关于召开中国中铁管理提升现场推进会议的通知
股份传 2012-150	关于组织开展 2012 年在建工程质量、安全专项检查工作的通知
股份传 2012-151	关于填报《2011 年度社会保险费缴纳情况统计表》的通知
股份传 2012-152	关于国资委波兰 A2 高速公路项目专项调研组所需材料提交事宜的通知
股份传 2012-153	关于开展现金管理专项检查的通知
股份传 2012-154	关于召开中国中铁内部治安保卫工作会议的通知
股份传 2012-155	关于举办中国中铁内部控制评价培训研讨班的通知
股份传 2012-156	关于报送国内铁路缓、停建项目经济损失的紧急通知
股份传 2012-157	关于召开全面预算管理咨询项目专题研讨会的通知
股份传 2012-158	关于召开股份公司进一步加强工资总额管理专题会的通知
股份传 2012-159	关于认真贯彻落实《中国中铁股份有限公司关联交易管理制度》的通知
股份传 2012-160	关于切实做好选拔二级企业领导班子后备干部相关后续工作的通知
股份传 2012-161	关于中铁十局 “8.23”和中铁隧道“8.24”事故的通报
股份传 2012-162	关于积极妥善解决拖欠农民工和职工工资问题的紧急通知
股份传 2012-163	关于对安全质量稽查大队建设及工作开展情况调查摸底的通知
股份传 2012-164	关于对技术标准编制工作情况进行梳理的通知
股份传 2012-165	关于工程项目综合管理信息系统升级和应用的通知
股份传 2012-166	关于做好管理提升活动第二阶段工作安排的通知
股份传 2012-167	关于召开铁路建设项目施工动员视频会议的通知
股份传 2012-168	关于举办 2012 年股份公司节能减排视频培训会议的通知
股份传 2012-169	关于召开工程项目管理交流座谈会的通知
股份传 2012-170	关于召开股份公司职业项目经理资格评审会议的通知
股份传 2012-171	关于报送 2012 年三季度法律纠纷案件的通知
股份传 2012-172	关于报送承建京沪高铁工程有关情况的通知
股份传 2012-173	关于申报股份公司 2012 年度科技成果的通知
股份传 2012-174	关于召开劳务企业使用管理信息系统专题研讨会的通知
股份传 2012-175	关于参加 2012 年铁路企业法律顾问注册培训班的通知
股份传 2012-176	关于组织开展在京单位和工程项目治安消防检查的通知
股份传 2012-177	关于填报使用“两优”贷款项目信息的通知
股份传 2012-178	关于召开中国中铁 2012 年四季度对外经营例会的通知
股份传 2012-179	转发铁道部关于迅速开展铁路建设施工安全大检查通知的通知
股份传 2012-180	关于征订《路桥施工图册》软件的通知
股份传 2012-181	关于开展住房公积金建立缴存情况摸底调查的通知
股份传 2012-182	关于妥善处理部分群众抗议日本政府非法“购岛”游行问题切实维护社会稳定的紧急通知
股份传 2012-183	关于召开股份公司 2012 年三季度施工生产安全质量管理视频例会的通知
股份传 2012-184	关于做好中秋国庆“两节”期间有关工作的通知

发报编号	标题
股份传 2012-185	关于征求《中国中铁全面预算管理手册》意见和建议的通知
股份传 2012-186	关于延后一天召开 2012 年四季度外经例会的通知
股份传 2012-187	关于召开股份公司社会保险主要业务指标统计会议的通知
股份传 2012-188	关于召开项目综合管理信息系统推进会的通知
股份传 2012-189	关于进一步加强十八大召开前及期间安全维稳工作的通知
股份传 2012-190	关于征求《2013 年科技开发计划立项指南》建议的通知
股份传 2012-191	关于召开科技成果评审会及科研计划项目中间检查的通知（成都片区）
股份传 2012-192	关于召开科技成果评审会的通知（北京片区）
股份传 2012-193	关于召开科技成果评审会及科研计划项目中间检查的通知（武汉片区）
股份传 2012-194	关于召开股份公司 2012 年度工程系列（研究设计）高级工程师任职资格评审会的通知
股份传 2012-195	关于召开股份公司勘察设计与咨询工作座谈会的通知
股份传 2012-196	关于召开新建铁路柬埔寨柏威夏铁矿至沙密线及沙密港跨海大桥可行性研究报告专家评审会议的通知
股份传 2012-197	关于举办桥梁施工技术培训班的通知
股份传 2012-198	关于转发《营业税改征增值税试点有关企业会计处理规定》的通知
股份传 2012-199	关于参加国资委中央企业 2012 年度财务决算布置培训视频会议的通知
股份传 2012-200	关于对股份公司系统职务消费、工资总额控制、拖欠农民工工资和职业技能鉴定进行专项检查的通知
股份传 2012-201	关于深入开展创建“全国建筑业绿色施工示范工程”的通知
股份传 2012-202	关于举办盾构 TBN 施工技术培训班的通知
股份传 2012-203	关于 2012 年 1-9 月工资总额执行情况的通报
股份传 2012-204	关于抓住时机、加大工作力度，全面完成年度各项经济指标的紧急通知
股份传 2012-205	关于做好十八大期间企业内部治安保卫工作的通知
股份传 2012-206	关于开展股份公司信息系统安全等级保护建设需求调研的通知
股份传 2012-207	关于召开“中国中铁科技管理信息系统”验收会的通知
股份传 2012-208	关于召开全面预算暨财务工作会议的通知
股份传 2012-209	关于召开工程经济管理现场交流会议的通知
股份传 2012-210	关于成立蒙西至华中铁路荆岳段公安长江公铁两用特大桥和洞庭湖特大桥工程投标组织机构及编标工作安排的通知
股份传 2012-211	关于对 2012 年度《集体合同》履行情况进行检查的通知
股份传 2012-212	关于举办工程项目综合管理信息系统培训班的通知
股份传 2012-213	关于召开股份公司 2012 年度会计系列高级专业技术职务任职资格评审会的通知
股份传 2012-214	关于召开中国中铁管理提升汇报会的通知
股份传 2012-215	转发人力资源社会保障部等六部委关于开展农民工工资支付情况专项检查通知的紧急通知
股份传 2012-216	关于召开传达学习十八大精神报告会的通知
股份传 2012-217	关于举办中国中铁第一期子公司董办（监办）主任培训班的通知
股份传 2012-218	关于召开 2012 年度《企业年度工作报告》填报工作视频会议的通知
股份传 2012-219	关于做好 2012 年度《企业年度工作报告》填报工作的通知
股份传 2012-220	关于组织编写秦沈客运专线施工技术论文的通知
股份传 2012-221	关于切实做好冬季施工安全质量管理工作的通知

发报编号	标题
股份传 2012-222	关于召开股份公司 2012 年度工程系列（工程技术）高级专业技术职务任职资格评审会的通知
股份传 2012-223	关于中国中铁节能减排综合管理信息系统上线试运行的通知
股份传 2012-224	关于举办 2012 年中国中铁保密工作培训班的通知
股份传 2012-225	关于举办中国中铁外事管理系统培训班的通知
股份传 2012-226	关于传达 2012 年度《企业年度工作报告》填报工作视频会议精神的通知
股份传 2012-227	关于做好 2012 年度中国铁路工程总公司科学技术奖申报工作的通知
股份传 2012-228	关于举办科技管理信息系统培训的通知
股份传 2012-229	关于召开股份公司 2012 年度经济系列高级专业技术职务任职资格的通知
股份传 2012-230	关于报送 2012 年法律事务工作报表的通知
股份传 2012-231	关于举办财务信息集成平台相关培训的通知
股份传 2012-232	关于举办学习宣传党的十八大精神理论骨干培训班的通知
股份传 2012-233	关于举办复杂地质条件下隧道及地铁施工技术高级研修项目的通知
股份传 2012-234	关于召开股份公司 2012 年教授级高级工程师任职资格评审工作的通知
股份传 2012-235	关于开展 2012 年内控评价检查的通知
股份传 2012-236	关于召开《施工工艺手册》审定会的通知
股份传 2012-237	关于召开全面预算管理信息系统建设需求评估研讨会的通知
股份传 2012-238	关于召开股份公司 2012 年机械设备管理工作会议的通知
股份传 2012-239	关于举办 2012 年第二期项目经理培训班的通知
股份传 2012-240	关于召开企业年金工作推进会的通知
股份传 2012-241	关于提交境外部分地区经营业务开展情况相关材料的通知
股份传 2012-242	关于召开 2012 年度中国铁路工程总公司科学技术奖评审会的通知
股份传 2012-243	关于做好 2013 年铁道部科技研究开发计划项目申报工作的通知
股份传 2012-244	关于《中国国有企业·劳模卷》征文的通知
股份传 2012-245	关于召开股份公司 2012 年四季度施工生产安全质量管理视频例会的通知
股份传 2012-246	关于报送 2012 年度管理提升活动工作总结的通知
股份传 2012-247	关于填报商务部对外投资合作重点项目库有关事宜的通知
股份传 2012-248	关于认真做好 2013 年元旦、春节期间有关工作的通知

2012 年中国中铁股份有限公司公司总裁办发文目录

发文字号	文件标题
股份办发财务[2012]1 号	关于印发《中国中铁股份有限公司总部差旅费管理实施细则》的通知
股份办发科技[2012]2 号	转发国资委关于 2012 年中央企业企业信息管理师国家职业资格认证工作有关事项通知的通知
股份办发[2012]3 号	关于印发《中国中铁股份有限公司文件发送总表》的通知
股份办发[2012]4 号	关于 2011 年四季度全公司信息报送及采用情况的通报
股份办发[2012]5 号	关于 2011 年度股份公司档案工作评价结果的通报
股份办发规划[2012]6 号	关于编报《2012 年度企业全面风险管理报告》的通知
股份办发[2012]7 号	关于做好 2012 年春节期间有关工作的通知
股份办发[2012]8 号	关于印发《中国中铁股份有限公司公文主题词表》的通知
股份办发劳社[2012]9 号	转发财政部 人力资源社会保障部关于中央管理企业 2011 年度特定就业政策补助资金清算及有关问题通知的通知

发文字号	文件标题
股份办发劳社[2012]10号	关于成立中国中铁股份有限公司总部经费管理委员会的通知
股份办发科技[2012]11号	转发国家发改委等十二部委关于印发万家企业节能低碳行动实施方案的通知
股份办发规划[2012]12号	关于做好2012年至2014年滚动规划编制工作的通知
股份办发[2012]13号	转发北京市住建委关于编报中央和军队在京单位2011年—2012年跨年结转和新申请建房计划通知的通知
股份办发外经[2012]14号	转发国务院国资委关于加强中央企业境外安全风险防范工作紧急通知的通知
股份办发安质[2012]15号	转发张德江副总理在全国安全生产电视电话会议上重要讲话的通知
股份办发工程[2012]16号	关于转发《中央国家机关人民防空工程和普通地下室安全使用管理办法》的通知
股份办发[2012]17号	关于做好2012年全国“两会”期间有关工作的通知
股份办发工程[2012]18号	关于转发《2011年中央国家机关人防工作总结》和《2012年中央国家机关人防工作要点》的通知
股份办发监察[2012]19号	关于继续深化协作队伍管理效能监察工作的通知
股份办发[2012]20号	关于认真学习贯彻股份公司2012年工作会等一系列重要会议精神的通知
股份办发财务[2012]21号	关于印发2012年度规章制度制定及修订计划的通知
股份办发财务[2012]22号	关于推进全面预算管理咨询项目有关工作安排的通知
股份办发[2012]23号	关于做好总部机关档案及时归档工作的通知
股份办发[2012]24号	关于印发《中国中铁股份有限公司2012年度档案工作要点》的通知
股份办发科技[2012]25号	转发国家发展改革委办公厅关于组织推荐国家重点节能技术通知的通知
股份办发监察[2012]26号	转发国务院国资委《2012年中央企业效能监察工作指导意见》的通知
股份办发干部[2012]27号	关于股份公司总部员工2011年度业绩考核实施方案的通知
股份办发财务[2012]28号	关于转发国务院国资委关于加强中央企业特殊资金（资产）管理通知的通知
股份办发[2012]29号	关于在全公司办公室系统开展“学习刘颖慧，做爱岗敬业好员工”活动的通知
股份办发科技[2012]30号	关于申报2012年度股份公司勘察设计优秀质量管理小组的通知
股份办发科技[2012]31号	转发铁道部关于废止认真做好建设管理试点工作等五个文件通知的通知
股份办发行管[2012]32号	关于认真做好2012年度总部机关节能减排工作的通知
股份办发劳社[2012]33号	关于做好2011年度工效挂钩清算及2012年度工效挂钩方案申报工作的通知
股份办发[2012]34号	关于2011年度全公司信息调研工作情况的通报
股份办发干部[2012]35号	关于做好2012年享受国务院政府特殊津贴等专家选拔推荐工作的通知
股份办发工程[2012]36号	转发国管局等关于进一步加强中央国家机关人防工程建设管理工作通知的通知
股份办发劳社[2012]37号	关于建立农民工工作信息定期报送制度的通知
股份办发[2012]38号	转发中央国家机关房改办等关于在京中央单位已购公房上市出售有关问题通知的通知
股份办发[2012]39号	关于2012年一季度全公司信息报送及采用情况的通报
股份办发干部[2012]40号	转发中央组织部等关于表彰第十二届中国青年科技奖获奖者决定的通知
股份办发干部[2012]41号	关于做好2012年职业项目经理资格评审及聘任工作有关问题的通知
股份办发科技[2012]42号	转发国家发改委等七部委《关于下一代互联网“十二五”发展建设的意见》的通知

2012年中国中铁股份有限公司公司纪委发文目录

发文字号	文件标题
中铁股份纪办[2012]1号	关于开展反腐倡廉重点课题调查研究的通知
中铁股份纪办[2012]2号	关于深入开展反腐倡廉区域联建活动的通知

发文字号	文件标题
中铁股份纪监[2012]3号	转发国资委纪委《关于报送中央企业效能监察工作推进会有关会议材料的通知》
中铁股份纪审[2012]4号	关于开展刘志军案件涉及企业问题集中教育整治工作的实施方案
中铁股份纪审[2012]5号	转发强卫东在中央企业反腐倡廉管理提升专题视频会议上的讲话的通知
中铁股份纪审[2012]6号	关于表彰2012年度纪检监察优秀论文的决定
中铁股份纪审[2012]7号	关于印发《中国中铁2013-2015年纪检监察干部培训工作规划》的通知
中铁股份纪审[2012]8号	关于印发《中国中铁股份有限公司纪委书记述职制度的实施意见》的通知
中铁股份纪办[2012]9号	关于转发中央纪委《关于纪检监察机关认真学习贯彻党的十八大精神的通知》的通知
中铁股份纪办[2012]1号	关于开展反腐倡廉重点课题调查研究的通知
中铁股份纪办[2012]2号	关于深入开展反腐倡廉区域联建活动的通知
中铁股份纪监[2012]3号	转发国资委纪委《关于报送中央企业效能监察工作推进会有关会议材料的通知》

2012年中国中铁股份有限公司工会发文目录

发文字号	文件标题
中铁股份工会[2012]1号	关于中铁隧道装备制造有限公司召开第一次工会会员代表大会请示的批复
中铁股份工会[2012]2号	关于成立中国中铁股份有限公司工会华刚矿业股份有限公司工作委员会的批复
中铁股份工会[2012]3号	关于成立中国中铁股份有限公司工会贵州旅游文化发展有限公司工作委员会的批复
中铁股份工会[2012]4号	关于中铁航空港建设集团有限公司工会第一届委员会和经费审查委员会选举结果的批复
中铁股份工会[2012]5号	关于余霞任职的批复
中铁股份工会[2012]6号	关于中国中铁一届三次职代会职工代表增补选工作的通知
中铁股份工会[2012]7号	关于调整股份公司工会内部经费分成比例的通知
中铁股份工会[2012]8号	关于中铁上海工程局有限公司召开一届一次职工代表大会请示的批复
中铁股份工会[2012]9号	关于王衍海任职的批复
中铁股份工会[2012]10号	中国中铁股份有限公司工会常委联系点制度
中铁股份工会[2012]11号	关于评选2011年度“二次创业杯”劳动竞赛先进集体的通知
中铁股份工会[2012]12号	关于中国中铁股份有限公司机关工会召开会员代表大会请示的批复
中铁股份工会[2012]13号	关于中铁航空港建设集团有限公司召开一届一次职工代表大会请示的批复
中铁股份工会[2012]14号	关于中铁隧道装备制造有限公司工会第一届委员会、经费审查委员会候选人预备人选的批复
中铁股份工会[2012]15号	关于中铁大桥勘测设计院集团有限公司召开一届一次职工代表大会请示的批复
中铁股份工会[2012]17号	关于中铁港航局集团有限公司召开一届一次职工代表大会请示的批复
中铁股份工会[2012]18号	关于中铁国际经济合作有限公司工会召开第一次工会会员代表大会请示的批复
中铁股份工会[2012]19号	关于开展“面对面、心贴心、实打实服务职工在基层”活动实施意见
中铁股份工会[2012]20号	关于印发《2012—2013年股份公司工会常委联系点分工安排》的通知
中铁股份工会[2012]21号	关于表彰中国中铁一届二次职工代表大会优秀提案组织单位和优秀提案的决定
中铁股份工会[2012]22号	关于中国中铁股份有限公司机关工会第一届委员会和经费审查委员会选举结果的批复
中铁股份工会[2012]23号	关于中铁国际经济合作有限公司第一届委员会、经费审查委员会候选人预备人选的批复
中铁股份工会[2012]24号	关于中铁隧道装备制造有限公司召开一届一次职工代表大会请示的批复
中铁股份工会[2012]25号	关于成立中国铁路工会中铁贵州旅游文化发展有限公司委员会的批复
中铁股份工会[2012]26号	关于中铁国际经济合作有限公司召开一届一次职工代表大会请示的批复
中铁股份工会[2012]27号	关于印发李长进、白中仁、姚桂清等领导在股份公司会议上讲话的通知工会二届十一次全委（扩大）
中铁股份工会[2012]28号	关于中铁国际经济合作有限公司工会第一届委员会和经费审查委员会选举结果的批复
中铁股份工会[2012]29号	关于授予刘颖慧同志“中国中铁女职工楷模”称号的决定
中铁股份工会[2012]30号	关于在全公司工会系统开展“大兴三风”建设的通知
中铁股份工会[2012]31号	中国中铁股份有限公司工会机关干部联系职工实施办法

发文字号	文件标题
中铁股份工会[2012]32 号	关于转发中华全国铁路总工会《关于开展“职工才艺大赛”活动的通知》
中铁股份工会[2012]33 号	关于转发中华全国铁路总工会《关于开展“我为节能减排做贡献”活动的通知》的通知
中铁股份工会[2012]34 号	关于转发《中华全国总工会关于学习宣传实践中国特色社会主义工会发展道路的决议》的通知
中铁股份工会[2012]35 号	关于转发中华全国铁路总工会《关于开展“人民铁路为人民，优质服务保安全”铁路职工宣传画作品展的通知》的通知
中铁股份工会[2012]36 号	关于增替补中国中铁工会第二届女职工委员会委员的通知
中铁股份工会[2012]37 号	关于表彰 2011 年度“二次创业杯”劳动竞赛先进集体的决定
中铁股份工会[2012]38 号	关于印发股份公司《2012 年集体合同》的通知
中铁股份工会[2012]39 号	关于中铁隧道装备制造有限公司工会第一届委员会和经费审查委员会选举结果的批复
中铁股份工会[2012]40 号	转发铁总女工委《关于“铁路巾帼风采”摄影比赛获奖情况的通报》的通知
中铁股份工会[2012]41 号	关于丁宁任职的批复
中铁股份工会[2012]42 号	关于转发中共中央纪委等 6 部委《企业民主管理规定》和中华全国总工会《关于规范召开企业职工代表大会的意见》的通知
中铁股份工会[2012]43 号	转发《关于举办“学习宣传实践中国特色社会主义工会发展道路网络有奖征文”活动的通知》的通知
中铁股份工会[2012]44 号	关于修订《股份公司工会财务工作竞赛评审办法》的通知
中铁股份工会[2012]45 号	关于刘晶虹任职的批复
中铁股份工会[2012]46 号	关于徐振玲任职的批复
中铁股份工会[2012]47 号	关于中铁二局集团有限公司工会第三届委员会和经费审查委员会候选人预备人选的批复
中铁股份工会[2012]48 号	关于中铁二局集团有限公司召开四届一次职工代表大会请示的批复
中铁股份工会[2012]49 号	关于开展 2012 年“党工共建创先争优”评选表彰活动的通知
中铁股份工会[2012]50 号	关于成立中国中铁股份有限公司工会东方国际建设分公司工作委员会的批复
中铁股份工会[2012]51 号	关于吴俊诚任职的批复
中铁股份工会[2012]52 号	关于印发股份公司副董事长、党委副书记、工会执行姚桂清在股份公司工会财务工作会议上的讲话通知
中铁股份工会[2012]53 号	关于中铁西南科学研究院有限公司工会召开第二次工会会员代表大会请示的批复
中铁股份工会[2012]54 号	关于印发《中国中铁股份有限公司工会资本性支出管理办法》的通知
中铁股份工会[2012]55 号	关于表彰中国中铁“双学双扶 10 项行动”职工群众建言献策金点子奖的决定
中铁股份工会[2012]56 号	关于股份公司工会 2011 年度财务工作竞赛评比结果的通报
中铁股份工会[2012]57 号	关于中铁二院工程集团有限公司召开第二次工会会员代表大会请示的批复
中铁股份工会[2012]58 号	关于同意中铁山桥工会筹建职工文化活动中心的批复
中铁股份工会[2012]59 号	关于中铁西南科学研究院有限公司工会第二届委员会和经费审查委员会选举结果的批复
中铁股份工会[2012]60 号	关于转发铁总《关于授予工程建筑、装备制造等单位火车头奖杯奖章的决定》的通知
中铁股份工会[2012]61 号	关于核销沈阳桥梁厂工会经费的批复
中铁股份工会[2012]62 号	关于确认股份公司工会“财务会计管理规范化建设”达标单位的通知
中铁股份工会[2012]63 号	关于表彰党工共建创先争优先进集体和先进个人的决定
中铁股份工会[2012]64 号	关于加强形势任务教育开展为一线职民工送图书活动的通知
中铁股份工会[2012]65 号	关于印发姚桂清主席在股份公司工会二届十二次全委（扩大）会议上讲话的通知
中铁股份工会[2012]66 号	关于印发李长进、白中仁、郭保民、姚桂清在中国中铁“二次创业杯”劳动竞赛现场经验交流会上讲话的通知
中铁股份工会[2012]67 号	关于做好 2012 年“金秋助学”活动有关事宜的通知
中铁股份工会[2012]68 号	关于印发中铁大桥局劳动竞赛经验的通知
中铁股份工会[2012]69 号	关于广泛开展坚持“两个坚定不移”大干 120 天劳动竞赛活动的通知
中铁股份工会[2012]70 号	关于中铁二局集团有限公司工会第三届委员会和经费审查委员会选举结果的批复
中铁股份工会[2012]71 号	关于张文杰任职的批复
中铁股份工会[2012]72 号	关于印发《中国中铁股份有限公司工会深入开展工会好班子创建活动考核办法》的通知
中铁股份工会[2012]73 号	关于中铁西南投资管理有限公司工会更名的批复
中铁股份工会[2012]74 号	关于成立中国铁路工会中铁成都投资发展有限公司工作委员会的通知
中铁股份工会[2012]75 号	关于中铁二院工程集团有限责任公司工会委员会和经费审查委员会候选人预备人选的批复

发文字号	文件标题
中铁股份工会[2012]76 号	关于中国中铁股份有限公司工会东方国际建设分公司工会工委人员组成的批复
中铁股份工会[2012]77 号	中国中铁股份有限公司工会关于加强和规范集团公司工会物资采购管理的通知
中铁股份工会[2012]78 号	关于成立中国中铁股份有限公司工会昆明投资公司工作委员会的批复
中铁股份工会[2012]79 号	中国中铁“大干 120 天”劳动竞赛第一月度情况通报
中铁股份工会[2012]80 号	关于中铁二院工程集团有限公司工会第二届委员会和经费审查委员会选举结果的批复
中铁股份工会[2012]81 号	关于转发《中华全国总工会关于表彰全国五一劳动奖状、全国五一劳动奖章和全国工人先锋号的决定》的通知
中铁股份工会[2012]82 号	关于王计良任职的批复
中铁股份工会[2012]83 号	关于李培增任职的批复
中铁股份工会[2012]84 号	关于做好中国中铁一届四次职工代表大会提案征集工作的通知
中铁股份工会[2012]85 号	关于表彰全国铁路体育先进单位和先进个人的通知
中铁股份工会[2012]86 号	关于中铁成都投资发展有限公司工会工委组成人员的批复
中铁股份工会[2012]87 号	关于组织广大职工认真学习宣传贯彻党的十八大精神的通知
中铁股份工会[2012]88 号	关于在女职工中开展大众健身操、民族健身操推广普及和比赛活动的通知
中铁股份工会[2012]89 号	关于评选表彰股份公司先进女职工集体、个人的通知

2012 年中国铁路工程总公司团委发文目录

发文字号	文件标题
中铁股份团[2012]1 号	关于开展“安全生产，青年争先”主题实践活动的通知
中铁股份团[2012]2 号	关于认真学习宣传贯彻总公司第三次（股份公司第一次）党代会精神的通知
中铁股份团[2012]3 号	关于建立中国中铁共青团协作区工作制度的通知
中铁股份团[2012]4 号	关于开展“每日一题”QQ 群畅聊活动的通知
中铁股份团[2012]5 号	关于在全公司广大青年中深入开展学雷锋活动的实施意见
中铁股份团[2012]6 号	关于认真做好 2011 年度团费收缴工作的通知
中铁股份团[2012]7 号	关于 2011 年度中国中铁青年网信息报送情况的通报
中铁股份团[2012]8 号	关于进一步深化学习型团组织建设活动的通知
中铁股份团[2012]9 号	关于开展中国中铁 2012 年度共青团理论研究工作的通知
中铁股份团[2012]10 号	关于开展《钢铁是怎样炼成的》读书活动的通知
中铁股份团[2012]11 号	关于印发《中国中铁共青团 2012 年工作要点》的通知
中铁股份团[2012]12 号	关于开展“CREC 每日一句”有奖问答活动的通知
中铁股份团[2012]13 号	关于开展 2012 年度中国中铁优秀青年项目经理和优秀青年项目总工评选活动的通知
中铁股份团[2012]14 号	关于表彰中国中铁 2011 年度五四红旗团委、五四红旗项目团支部、优秀团员、优秀团干部的决定
中铁股份团[2012]15 号	关于印发李长进、白中仁、姚桂清在共青团中国中铁二届九次全委（扩大）会议上的讲话的通知
中铁股份团[2012]16 号	关于印发《中国中铁股份有限公司团委创先争优活动阶段性公开承诺（2012.1-2012.7）》的通知
中铁股份团[2012]17 号	关于开展“四新三讲”主题教育活动的通知
中铁股份团[2012]18 号	关于开展“纪念建团 90 周年、喜迎党的十八大”主题活动的通知
中铁股份团[2012]19 号	关于印发《中国中铁共青团 2012 年度理论研究计划》的通知
中铁股份团[2012]20 号	关于转发团中央《关于认真学习宣传贯彻胡锦涛总书记在纪念中国共产主义青年团成立 90 周年大会上重要讲话的通知》的通知
中铁股份团[2012]21 号	关于表彰哈大铁路客运专线工程建设先进青年集体和个人的决定
中铁股份团[2012]22 号	关于做好党团共建“百千万创先争优示范工程”表彰推荐工作的通知
中铁股份团[2012]23 号	关于开展第二届“中国中铁魅力团支书”评选活动的通知
中铁股份团[2012]24 号	关于做好 2012 年度大中专毕业生接受服务工作的通知
中铁股份团[2012]25 号	关于表彰中国中铁青年 DV 大赛优秀参赛作品的通知

发文字号	文件标题
中铁股份团[2012]26号	关于表彰2012年度中国中铁优秀青年项目经理和优秀青年项目总工的决定
中铁股份团[2012]27号	关于在重点工程建设中深入开展青春建功主题实践活动的实施意见
中铁股份团[2012]28号	关于开展“管理提升，青年先行”主题实践活动的通知
中铁股份团[2012]29号	关于表彰中国中铁“党团共建，创先争优”活动先进集体和优秀个人的决定
中铁股份团[2012]30号	关于转发《姜志刚在中央企业共青团学习贯彻胡锦涛总书记在纪念建团90周年大会上重要讲话座谈会上的讲话》的通知
中铁股份团[2012]31号	关于开展2011-2012年度中国中铁模范师徒评选活动的通知
中铁股份团[2012]32号	关于开展中国中铁青年散文作品征集活动的通知
中铁股份团[2012]33号	关于表彰第二届中国中铁“魅力团支书”评选活动决赛获奖选手的决定
中铁股份团[2012]34号	关于开展在广大青年中深入开展“百元节约、千元增效”主题实践活动的通知
中铁股份团[2012]35号	关于开展“坚持两个坚定不移，大干120天”青年安全监督岗签名宣誓大接力活动暨举办第三届中国中铁青年安全监督岗岗员技能大赛的通知
中铁股份团[2012]36号	关于表彰2011-2012年度“中国中铁模范师徒”的决定
中铁股份团[2012]37号	关于表彰《钢铁是怎样炼成的》读书征文活动优秀作品的决定
中铁股份团[2012]38号	关于做好2012年度共青团和青年工作基础台账的通知
中铁股份团[2012]39号	关于开展中国中铁青年原创MV征集活动的通知
中铁股份团[2012]40号	关于转发中央企业团工委《关于认真学习贯彻党的十八大精神的通知》的通知
中铁股份团[2012]41号	关于调整2013年度共青团协作区组长单位的通知
中铁股份团[2012]42号	关于开展2013年度“中国中铁优秀青年项目经理、优秀青年项目总工”评选活动的通知
中铁股份团[2012]43号	关于评选2012年度“中国中铁五四红旗团委、五四红旗项目团支部、优秀团员、优秀团干部”的通知
股份团组[2012]1号	关于李圣同志任命的复函
股份团组[2012]2号	关于共青团中铁资源集团有限公司第一届委员会委员候选人预备人选建议名单的批复
股份团组[2012]3号	关于同意召开共青团中铁二局集团有限公司第四次代表大会的批复
股份团组[2012]4号	关于同意召开共青团中国中铁五局（集团）有限公司第三次代表大会的批复
股份团组[2012]5号	关于对共青团中铁资源集团第一次代表大会选举结果的批复
股份团组[2012]6号	关于成立共青团中铁成都投资发展有限公司工作委员会的通知
股份团组[2012]7号	关于共青团中铁成都投资发展有限公司团工委委员人选的批复
股份团组[2012]8号	关于同意召开共青团中铁二院工程集团有限责任公司
股份团组[2012]9号	关于共青团中铁八局集团有限公司第二次代表大会暨共青团中铁八局集团有限公司二届一次全委会议选举结果的批复
股份团组[2012]9号	关于同意免去侯杰同志中国中铁上海地区团工委书记职务的批复
股份团组[2012]10号	关于对共青团中铁二院工程集团有限责任公司第二次代表大会及第二届委员会第一次全体会议选举结果的批复
股份团组[2012]11号	关于共青团中铁五局（集团）有限公司第三届委员会组成人员候选人预备人选的批复
股份团组[2012]12号	关于同意中铁国际团委委员调整的复函
股份团组[2012]13号	关于对共青团中铁南方投资发展有限公司工作委员会人员组成暨成立共青团中国中铁深圳地铁11号线工作委员会的批复
股份团组[2012]14号	关于共青团中铁五局（集团）有限公司第三次代表大会和第三届委员会第一次全体会议选举结果的批复
股份团组[2012]15号	关于同意召开共青团中铁十局集团有限公司第一次代表大会的批复
股份团组[2012]16号	关于成立共青团中铁昆明建设投资有限公司工作委员会和工作委员会人员组成的批复
股份团组[2012]17号	关于对变更委内瑞拉分公司团工委成员的复函
股份团组[2012]18号	关于同意共青团中铁西南投资管理有限公司委员会名称变更的批复
股份团组[2012]19号	关于同意推荐吴锟同志为中铁二院团委副书记协商函的复函
股份团组[2012]20号	关于白昆同志拟任中铁宝桥集团有限公司团委副书记的复函
股份团组[2012]21号	关于同意召开中铁十局集团有限公司第一次团员代表大会以及第一届委员会组成人员候选人预备人选的批复

发文字号	文件标题
股份团组[2012]22 号	关于同意召开中铁电气化局集团有限公司第三次代表大会的批复
股份团组[2012]23 号	关于共青团中铁十局集团有限公司第一次代表大会和第一届委员会第一次全体会议选举结果的批复
股份团组[2012]24 号	关于郭俊庆同志拟任中铁置业集团有限公司团委副书记的批复
股份团组[2012]25 号	关于成立共青团中国中铁股份有限公司东方国际建设分公司工作委员会的通知
股份团电[2012]1 号	关于召开共青团中国中铁二届九次全委（扩大）会议的通知
股份团电[2012]2 号	关于举办中国中铁 2012 年团干部培训班的通知
股份团电[2012]3 号	关于举办第三届中国中铁青年安全监督岗岗员技能大赛决赛的通知
股份团电[2012]4 号	关于举办第二届中国中铁“魅力团支书”评选活动决赛的通知

专题资料

以先进企业文化促进农民工向新型产业工人转化

——第七届中国企业文化论坛发言

今年，国资委决定在中央企业全面开展以“强基固本、控制风险、转型升级、保值增值、做强做优、科学发展”为主题的管理提升活动，该活动切合中央企业改革发展的实际，对于应对当前国内国际复杂多变的市场环境，提高市场竞争能力，推动中央企业做强做优，建设世界一流企业具有重大指导意义。

经过多年的改革发展，中国中铁的整体实力得到明显增强，但与世界一流企业相比，不仅在装备、技术等硬实力方面存在差距，在管理、人才等软实力方面也存在很大差距。特别是在管理创新方面，目前还没有取得实质性突破。按照国资委开展管理提升活动的总体要求，在深入调查研究、开展自我诊断的基础上，企业重点要抓好“五个强化，五个提升”。

一是强化项目管理，提升项目盈利能力。近些年来，随着施工生产规模不断扩大，企业高度重视并积极加强和改进工程项目管理，全公司项目管理质量和水平有了很大程度的提高。但从总体上看，项目管理仍处于粗放管理的状态，重揽轻管、以包代管、包而不管、管理过程粗放、监控不到位的问题还十分突出，项目效益流失比较严重。为此，在全公司范围内把加强以工程项目为重点的标准化和精细化管理作为管理提升活动的一项重要任务，以深入落实中国中铁制定的工程项目成本管理、资金管理、合同管理、分包管理、劳务企业使用管理和新修订的安全质量管理等制度办法为抓手，大力开展“项目管理专项提升”，深入推进资金、物资、设备、劳务队伍的“四个集中”管理，创新管理模式、规范管理行为、优化管理手段、提高队伍素质，形成管理有序、运作高效、过程可控、效益突出的管理体系，实现工程项目由粗放管理向精细管理的转变，推动企业管理迈上一个新台阶。

二是强化外协队伍管理，提升企业管控能力。随着企业规模的不断扩大，外协队伍已成为企业施工生产的重要力量。因此，在管理提升活动中把加强外协队伍管理作为重点来抓，要求各单位全面推进“五个纳入”、“四个集中”和“两个统一”管理：“五个纳入”即纳入领导班子绩效考核、纳入施工生产全过程管理、纳入项目党建思想政治工作、纳入职工队伍建设、纳入工程项目效能监察，形成党政纪工齐抓共管的合力；“四个集中”，即集中准入、集中选择、集中年审、集中发布；“两个统一”即统一管理流程、统一评价标准。要大力推广架子队管理模式，坚持“以我为主”，牢牢把握项目施工的主动权，通过强化对作业层的管理和控制，有效防范项目管理风险，严格控制外协队伍总量，严禁违法转包和违规分包，坚决整顿和清理不合格外协队伍。要加快劳务基地建设，提高外协队伍和劳务工的整体素质，切实加强分包工程的过程监控，做到监管制度、监管人员、管控措施、奖罚措施“四个到位”，使外协队伍管理有一个明显的提升。

三是强化基础管理，提升企业竞争能力。目前，股份公司共有法人企业 712 户，其中三级公司 429 户。三级公司是企业承上启下的重要管理层级，是全面参与市场竞争的经营主体，是加强项目管理的主责层面，也是我们夯实企业发展基础、提升企业发展质量的关键所在。在当前的市场环境下，迫切需要发挥三级公司的市场竞争主体、企业管理主责的作用，提高市场份额、加强基础管理。因此，在管理提升活动中要把做实三级公司、提高市场竞争能力作为首要任务来抓。要实行分类管理，加大三级公司绩效考核的力度，特别是对一些存在亏损和潜亏问题的三级公司，要逐个进行分析，查明亏损原因，提出专项提升方案，实行领导包干责任制，限期进行整改。要加大三级公司支持扶持力度，帮助解决三级公司生产经营存在困难和问题。

四是强化内控管理，提升风险防范能力。当前，随着国内外经济形势的交织影响，企业改革发展面临的形势依然复杂多变，各种现实和潜在的风险骤然增多。在这种情况下，进一步加强内部控制体系建设，不断增强企业抵御风险的能力和水平，确保企业持续健康稳定发展，比以往任何时候都显得更为紧迫和重要。为此，在去年积极开展内控审计和自我评价工作的基础上，紧密围绕“目标、风险、控制”这一主线，针对当前企业面临的安全质量、企业投资、海外经营、协作队伍管理、企业稳定和干部廉洁等风险，深入开展风险评估，优化管控流程，强化管控措施，严格监督评价，建立健全企业内部控制和风险管理体系，推进内部控制持续改进与优化。要通过管理提升活动，认真梳理企业管理中的薄弱环节和潜在风险点，全面加强基础管理，完善内部风险管理报告制度，建立“企业定期体检”制度，对“ 三重一大”、投融资业务、重大海外项目要建立专项风险评估，消除可能发生的重大隐患，确保企业重大风险得到有效控制。

五是强化创新管理，提升转型升级能力。管理创新和体制创新是实现企业发展方式转变的关键因素。要通过管理提升活动，进一步提高企业管理科学化、现代化水平，发挥管理创新对企业转变发展方式的积极作用，提高企业经营效益和发展质量，促进企业发展方式、盈利模式、运营机制的根本转变。要认真贯彻国资委《中央企业“十二五”转型升级战略实施纲要》，按照中国中铁“推进两大转变、实现二次创业，建设世界一流企业”的“十二五”发展战略，加快组织、产业、产品、人员结构调整，推进增长方式由主要依靠要素投入、规模扩张向主要依靠科技进步、劳动者素质提高、管理创新转变。要加快制订企业转型升级战略，坚持转升并举，通过结构调整、科技创新、加强管理、科学发展，推动企业转型升级，使企业在“十二五”期间发展质量显著提高、产业结构明显改善、组织结构不断优化、科技创新能力不断增强、节能减排成效显著、管理水平不断提升，把中国中铁打造成为具有国际竞争力的世界一流企业。

接触网高级工巨晓林

——不一般的农民工

《人民日报》(2012 年 08 月 18 日 04 版)

他朴实敦厚，从来都呵呵笑着承认自己农民工的身份；他个头不高，却被工友们称为“小巨人”；他高中文化，却写出了填补电气化铁路施工培训空白的教科书。

20 多年来，他写下了 70 多本、超过 22 万字的笔记，先后研发和革新接触网施工工艺 40 多项，创造经济效益 600 多万元，成为了有名的技术创新能手。

他，就是中国中铁电气化局集团第一工程公司接触网高级工巨晓林。

在工地上，一米六左右的巨晓林毫不起眼，但是对电气化局集团的数万名员工来讲，他却是无人不知、无人不晓的“导师级”人物。近年来，每一位新来的接触网专业员工都会收到公司内部出版、巨晓林编写的《接触网施工经验和方法》。这本 62 页的书中详尽介绍了几十种接触网施工创新办法，还附有他自己画的施工操作小插图。

巨晓林仍然清晰记得 1987 年他成为中国中铁电气化局集团一公司的一名“农民合同工”的场景，24 岁的他面对集铁路接触网、电力、电务、工务等多种专业技术为一体的电气化铁路施工技术，没有选择退却。白天，他在施工中跟着师傅学，晚上，放下饭碗又撵着师傅问。营地熄灯后，他悄悄打着手电筒，把学到的知识记在笔记本上。

工友们说，没见过像巨晓林这么爱学习的人。他的床头总放着 3 种工具：字典、尺和绘图笔；无论走到哪儿，身上也总带着 3 件物品：图纸、书、笔记本。多年来，他积累的专业书、笔记本和各种图纸等“财富”满满当当地装了 3 大箱。

“干一行，爱一行，就得出个名堂；干一行，爱一行，我们也能实现梦想！”这是巨晓林常对工友说的一句话。

因为热爱，所以“较真”。有一次巨晓林去检查协作队伍施工质量，发现包工头用皮尺测量基础坑，由于皮尺的松紧程度不一样难免会有误差。回到驻地，他找到两根直尺，动手制作了一个折叠式的测尺，只要把测尺打开拉直，基础坑的尺寸就会丝毫不差。

“咱们农民工，身手也不凡，开启那机器轰轰响，造出精品走四方……农民工，新时代的人；农民工，吃苦奉献的人；农民工，祖国不可缺少的人！”这首在工地上写出来的诗，浸透了巨晓林 20 多年的汗水，饱含着他对工作的无限热爱。

问他这些年苦不苦？他只是简单一句：农村人，干活儿不苦！就是靠着这样的精神，他从一名农民工成为了高级工。

经过多年的不懈追求，2008 年 9 月，巨晓林终于实现了加入中国共产党的夙愿，成为一名有信念有组织有追求的先进分子。

尽管获得了很多荣誉，但在巨晓林身上，你总能看到中国农民勤劳朴实、热爱生活的品德，看到一名普通劳动者的本色。他说：“我还是希望做个普普通通、扎扎实实的工人。我心里始终有一个梦想：用知识武装自己的头脑，用技术提高农民工的地位！”

中国中铁——走在工程建筑自主创新前列

《 经济日报 》(2012 年 8 月 27 日)

雪域高原上列车飞驰，崇山峻岭中隧道纵横，江河湖海上桥梁飞架……这 10 年中，无数重大工程建设让人们叹为观止。这些工程，凝聚了我国建筑业自主创新的不懈努力。重大技术的突破，重要设备的突围，中国中铁在这支创新的队伍中奋力前行。

作为我国建筑行业的排头兵，中国中铁股份有限公司不断深化科技创新体制机制，大力开展科技攻关，取得了一大批具有自主知识产权的核心技术，保障了国家重点工程项目的顺利实施和建筑技术的飞跃提升。

截至目前，中国中铁获国家科技进步奖 91 项，省部级科技进步奖 1252 项，授权专利 1977 项，成为建筑行业的领军企业。中国中铁连续 7 年进入世界 500 强，成为全球第二大工程承包商。

建平台完善创新体系

在不同等级类型的技术研发平台建立的过程中，中国中铁形成了独具特色的“两级四层”技术创新体系

经过多年的探索，中国中铁逐步构建了以企业为主体、以市场为导向、以项目为载体、以国家级实验室为依托、以技术中心为平台、以专业研发中心为骨干，联合搞攻关、开放搞科研的“两级四层”技术创新体系，为技术创新创造了有利条件。

在这个体系中，中国中铁成功申报了高速铁路建造技术国家工程实验室和盾构与掘进技术国家重点实验室，承担国家重大科技专项，引领行业技术发展，为企业科技创新搭建了高级研发平台；设立桥梁、隧道、电气化、轨道、工程机械、工程材料及检测技术等 6 个专业研发中心，负责 6 个专业核心技术的研发和归口管理，集中了公司 80%以上的发明专利和实用新型专利、70%以上的科技奖励和工法，形成了全方位专业研发平台；拥有 6 个国家认定企业技术中心、19 个省级认定企业技术中心，承担了全公司 95%以上的科研项目，是企业基础性技术开发平台。这些平台的搭建为企业自主创新奠定了坚实的工作基础。

在推动企业技术创新的过程中，中国中铁还对具有公司特色的科技创新长效机制进行了积极探索和实践，初步建立了有利于公司又好又快发展的技术创新长效机制，确保了企业技术创新工作的持续开展。在制度上，中国中铁制定了科技开发管理办法、科研经费使用管理办法、科技进步奖励办法、工法管理办法、专利管理办法等一系列制度办法，用制度来保证技术创新落到实处。在规划上，中国中铁坚持每 5 年制定一次企业科技发展规划，明确战略定位，确定研发目标、发展方向和重点任务；每年制定年度科技开发计划，指导各成员企业开展关键技术攻关。在经费保障上，中国中铁每年都按照上一年度营业总收入一定比例的资金作为企业科技研发专项经费，用于公司科研课题的研究。2011 年，中国中铁的科技投入达 97 亿元。此外，中国中铁把科技创新纳入了企业领导人员绩效考核，将考核结果直接与各子公司领导班子薪酬挂钩，促使企业开展技术创新。

围绕关键技术寻求突破

一个个国家科学技术进步奖项见证着企业关键技术的不断突破，核心竞争力在这些突破过程中显著提升

中国中铁在创新中十分注重对关键技术的创新和突破，通过在项目建设中不断攻克关键技术，提高企业解决问题的能力和施工水平，提升了企业的知名度和竞争力。如在参与高速铁路和客运专线修建过程中，中国中铁针对项目中出现的技术难关不断组织科技攻关，通过引进消化吸收再创新，不断实现重大突破。

结合中国首条无砟轨道铁路—遂渝无砟轨道试验段，中国中铁研发了多种型式的无砟轨道结构，解决了基础沉降控制、线路刚度均匀化等关键技术难题，创造了大跨度桥上铺设无砟轨道的世界纪录，形成了具有自主知识产权的无砟轨道成套技术，为我国高速铁路发展奠定了坚实的基础。“遂渝线无砟轨道关键技术研究与应用”科技成果获 2010 年国家科技进步一等奖。结合京津、武广等高速铁路，中国中铁先后攻克了大吨位箱梁制运架技术和无砟轨道设计、制造等关键技术难题，自主研制了具有国际先进水平的大吨位架桥机、CA 砂浆搅拌车等关键设备，全面系统掌握了高速铁路修建技术，成功建成了时速 350 公里的京津、沪宁城际铁路等高速铁路。以自主创新技术为核心的京沪高速铁路顺利建成，标志着中国中铁具备了引领世界高速铁路建设的实力，也为公司实施“走出去”战略奠定了坚实的技术基础。

经过关键技术的重点突破，目前，中国中铁在高速铁路、大跨度桥梁、节能减排等方面取得了一大批具有自主知识产权的核心技术，显著提升了企业的核心竞争力，支撑引领了企业的发展。在攻克项目难关时，中国中铁坚持自主创新，装备制造技术得到明显提高。在高速铁路道岔、特大型桥梁施工专用装备、隧道施工专用设备等制造技术方面都取得新突破。在高速道岔制造技术方面，成功研制了系列高速道岔、提速道岔和 GLC(工联岔)系列道岔，研发出了具有自主知识产权的高锰钢与钢轨焊接中间介质，填补了国内多项空白；在桥梁施工装备制造技术方面，先后研制出提升能力达 3000 吨居于世界领先水平的“天一号”起重船、适应桩长达 95 米的海上打桩船、起重能力达 700 吨的大型钢桁梁架设专用装备、大跨度钢桁拱架设的爬坡架梁吊机。这些装备制造技术方面的提升，大大增强了中国中铁的国际竞争力。

整合资源推动成果转化

坚持企业的创新主体作用，海纳百川共同攻关，新技术加速转化的同时，企业获得了源源不断的发展动力

在多年的自主创新过程中，中国中铁始终坚持企业是科技创新主体，坚持“产、学、研、用”联合开发模式，按照“强强联合、优势互补、利益共享”的原则，加强与高等院校、科研院所、世界知名企业的合作，广泛吸纳社会科技资源。

近年来，中国中铁发挥自身“四位一体”的资源优势，联合部分科研院所和企业，围绕高速铁路建设，在理论基础、设计标准、施工验证、成套设备研制等方面开展了技术合作，先后攻克了湿陷性黄土和软土地区沉降变形控制、大吨位箱梁制运架和跨大江大河等复杂桥梁建设、高速列车重联运行接触网等高速铁路建设关键技术难题，在保证京沪等高速铁路建设顺利进行的同时，有效提高了企业自主创新能力。

中国中铁自主研制的土压平衡盾构、硬岩盾构、硬岩掘进机及隧道施工配套专用设备等产品及相关控制技术已成功应用于我国的高速铁路、地铁、市政、水利、核电、山岭隧道项目，生产制造各种型号 TBM 和盾构机超过 50 台套；自主研制的大吨位箱梁制运架成套设备，销售近 100 台，实现产值 10 多亿元，实现利税过亿元；可动心轨单开道岔及高速道岔，占有中国 70%以上的道岔市场份额，并出口至各大洲的多个国家和地区；高速铁路高强高导接触网导线、新型合金接触网供电工具及气体绝缘大容量开关柜等系列产品，在可靠性、安全性等方面达到国际先进水平，实现了同类产品的国产化，打破了国外产品的垄断。这些成果的转化，有利于企业调结构、促转变，为企业发展提供了原动力。

创新无止境。在新的发展条件下，中国中铁将继续完善创新体系，进一步加大科技投入，提升企业核心竞争力，加快转变发展方式，为我国经济社会发展做出更大贡献。